D1919407

## Hier finden Sie alle Formulierungsbeispiele zur Übernahme in Ihre Textverarbeitung:

http://ch.beck.de/HausmannOdersky-IPR-3A

## So laden Sie die Dateien herunter:

- Rufen Sie die oben genannte Internetseite in Ihrem Browser auf.
  Achten Sie dabei bitte auf die vorgegebene Groß-/Kleinschreibung!
- Geben Sie im dafür vorgesehenen Feld Ihren persönlichen Freischaltcode ein:

| B567-EC0F-EFEB |
|---|

- Speichern Sie die benötigte/n Datei/en auf Ihrer Festplatte.

**Bei Fragen hierzu sind wir Ihnen gerne behilflich:**

hotline@beck.de

Hausmann/Odersky

Internationales Privatrecht in der Notar- und Gestaltungspraxis

# Internationales Privatrecht in der Notar- und Gestaltungspraxis

## Personenrecht und Rechtsgeschäfte, Familienrecht, Erbrecht, Schuldvertrags- und Sachenrecht, Gesellschaftsrecht


Herausgegeben von

**Prof. Dr. Rainer Hausmann**
em. o. Professor an der Universität Konstanz

**Dr. Felix Odersky**
Notar in Dachau

Bearbeitet von den Herausgebern und

**Justizrat Dr. Daniel Schäuble**
Notar im Landesdienst in Waldshut-Tiengen

**Dr. Fabian Wall**
Notar in Ludwigshafen am Rhein



3., neu bearbeitete und erweiterte Auflage 2017

C.H.BECK

Zitiervorschlag:
Hausmann/Odersky/*Bearbeiter* IPR § … Rn. …

**www.beck.de**

ISBN 978 3 406 68298 8


Wilhelmstraße 9, 80801 München
Druck: Beltz Bad Langensalza GmbH
Neustädter Straße 1–4, 99947 Bad Langensalza

Satz: Konrad Triltsch Print und digitale Medien GmbH,
Ochsenfurt-Hohestadt
Umschlaggestaltung: Martina Busch, Grafikdesign, Homburg Saar

Gedruckt auf säurefreiem, alterungsbeständigem Papier
(hergestellt aus chlorfrei gebleichtem Zellstoff)

# Vorwort

Als *Notar Prof. Dr. Günther Schotten* im Jahr 1994 die 1. Auflage seines Buches *Das Internationale Privatrecht in der notariellen Praxis* veröffentlichte, füllte er eine Lücke in der Bibliothek vieler Notare. Aufgrund der Zunahme internationaler Bezüge in der wachsenden EU fand das IPR seinen Weg von einem typischen Gerichtsrecht in die notarielle Praxis. Diese hatte sich vor allem bei der Gestaltung von Eheverträgen und Verfügungen von Todes wegen mit einer immer größer werdenden Anzahl von Mandanten mit unterschiedlicher Staatsangehörigkeit und Vermögen, das über verschiedene Länder verteilt war, zu beschäftigen. Das Kollisionsrecht selbst war aber seinerzeit noch ausschließlich aus nationalem Blickwinkel verfasst. Auch die im Jahr 2006 von *Prof. Schotten* und Notarin *Cornelia Schmellenkamp* gemeinsam betreute 2. Auflage basierte noch auf diesem nationalen Gesetzesstand. Zwar war die europäische Rechtsentwicklung mit gemeinsamen Zuständigkeits-, Anerkennungs- und Vollstreckungsregeln, insbesondere in den Verordnungen Brüssel I und Brüssel II, bereits vorangeschritten; eine kollisionsrechtliche Vereinheitlichung stand damals aber noch aus.

Zehn Jahre später hat sich das Internationale Privatrecht grundlegend verändert, da nun für einen Großteil der Regelungsbereiche unmittelbar europäisches Recht gilt. Dieses umfasst zunächst die Verordnungen Rom I und Rom II zum internationalen Schuldrecht, die vor allem für Berater im anwaltlichen und unternehmerischen Bereich von großer praktischer Bedeutung sind. Diese beiden Instrumente werden auf dem Gebiet des internationalen Familien- und Erbrechts inzwischen ergänzt durch die Verordnung Rom III zum internationalen Ehescheidungsrecht, die Unterhaltsverordnung mit dem Verweis auf das Haager Unterhaltsprotokoll und die für die notarielle Praxis besonders wichtige Erbrechtsverordnung. Hinzukommen die am 8. Juli 2016 im Amtsblatt verkündeten beiden neuen Verordnungen zum internationalen Güterrecht von Ehegatten und von eingetragenen Lebenspartnern, die im Wege der Verstärkten Zusammenarbeit von zunächst 18 Mitgliedstaaten zwar erst ab Januar 2019 gelten werden, bei der zukunftsorientierten Abfassung von Ehe- und Partnerschaftsverträgen mit Auslandsberührung aber schon ab sofort in die Betrachtung einzubeziehen sind. Beide Verordnungen sind daher, insbesondere soweit die objektive Anknüpfung des Güterrechts und die Rechtswahlmöglichkeiten betroffen sind, bereits eingearbeitet. Zusammenfassend kann man also mittlerweile von einem „Europäischen Kollisionsrecht" sprechen, das dazu geführt hat, dass dem EGBGB nur noch eine Lückenbüßerfunktion zukommt. Zugleich hat sich das IPR immer mehr zu einem „Beraterrecht" entwickelt, da für viele Regelungsbereiche weitreichende und neuartige Rechtswahlmöglichkeiten eröffnet wurden, die geprüft und sachgerecht eingesetzt werden müssen.

Diese Rechtsentwicklung hat dazu geführt, dass das Handbuch vollständig neu gefasst werden musste. Mit seinem Inhalt und Aufbau soll es aber weiterhin sowohl einen systematischen Einstieg in das IPR, beginnend bei den allgemeinen Lehren, bieten als auch Antworten auf sehr spezifische Fragen ermöglichen und schließlich mit zahlreichen Fallbeispielen, Formulierungshilfen und ergänzenden Hinweisen die konkrete Anwendung durch den juristischen Berater erleichtern. Dabei wurden möglichst alle in der juristischen Beratungspraxis interessierenden Regelungsbereiche behandelt, so dass im Vergleich zur Vorauflage das Unterhaltsrecht und das Schuldvertragsrecht, letzteres betreut von Notar *Dr. Schäuble*, erheblich erweitert sowie das Ehescheidungsrecht und das Gesellschaftsrecht, letzteres betreut von Notar *Dr. Wall*, erstmals aufgenommen wurden.

Der Umfang des Textteils ist dabei auf mehr als das Doppelte der Vorauflage angewachsen. Dagegen wurden die aus der 2. Auflage bekannten Länderberichte und tabellarischen Übersichten zur Volljährigkeit sowie zum Ehegüter- und Erbrecht nicht mehr fortgeführt, da solche Zusammenfassungen immer das Risiko eines zu stark vereinfachten Aussagegehalts bergen und zudem häufig schnell veralten. Außerdem wird die Anwendung von Auslandsrecht durch die erweiterten Rechtswahlmöglichkeiten und den Übergang vom Staatsangehörigkeits- zum Aufenthaltsprinzip im internationalen Familien- und Erbrecht in Zukunft weiter zurückgehen. Diesbezüglich wird daher auf die in den letzten zehn Jahren erheblich verbesserten Recherchemöglichkeiten im Internet verwiesen, insbesondere auf die hervorragende Datenbank des Deutschen Notarinstituts.

Wir hoffen, mit dieser neu gefassten Auflage den *„Schotten/Schmellenkamp"* nicht nur für die notarielle Praxis, sondern auch für alle anderen beratenden Juristen sinnvoll weiterentwickelt zu haben und bedanken uns bei allen, die zum Gelingen dieses Werks beigetragen haben.

München, im Juli 2016

*Rainer Hausmann*
*Felix Odersky*

# Vorwort zur 2. Auflage

Seit dem Erscheinen der ersten Auflage dieses Buches vor nahezu zwölf Jahren hat das Internationale Privatrecht bedeutsame Veränderungen erfahren, nicht zuletzt durch die weiter zunehmende Mobilität der Menschen und die damit einhergehende Internationalisierung ihrer Lebens- und Vermögensverhältnisse.

Im Binnenmarkt macht das Europäische Gemeinschaftsrecht seinen Einfluss geltend. Durch den Amsterdamer Vertrag wurde die Vergemeinschaftung des Internationalen Privat- und Zivilverfahrensrechts eingeleitet. Der Vorschlag der Kommission für eine Verordnung zur Ersetzung des Römischen EWG-Übereinkommens über das auf vertragliche Schuldverhältnisse anzuwendende Recht („Rom I") liegt ebenso vor wie der Vorschlag für eine Verordnung über das auf vertragliche Schuldverhältnisse anzuwendende Recht („Rom II"). Aus dem Bereich des Familienrechts sind sowohl das Unterhaltskollisionsrecht als auch das Scheidungskollisionsrecht bereits Gegenstand entsprechender Verordnungsentwürfe. Der Konsultationsprozess zur Vorbereitung der Vereinheitlichung des Internationalen Ehegüter- und Erbrechts auf Gemeinschaftsebene wurde durch die von der Kommission vorgelegten Grünbücher in Gang gesetzt. Das vom Europäischen Rat im November 2004 angenommene Haager Programm zur Stärkung von Freiheit, Sicherheit und Recht in der Europäischen Union sieht die Fertigstellung entsprechender Rechtsakte bis zum Jahr 2011 vor. Auch das Gesellschaftsrecht unterliegt gerade auf EU-Ebene durch zahlreiche Rechtsakte (Richtlinien und Verordnungen) und insbesondere durch die Rechtsprechung des EuGH einem starken Wandel. Die Vergemeinschaftung des Internationalen Privatrechts ist mit Kollisionen und Überschneidungen verschiedenster Rechtsquellen auf verschiedenen Ebenen verbunden.

Als Folge der Ratifikation des Haager Adoptionsübereinkommens und durch die deutschen Ausführungs- bzw. Ergänzungsgesetze hat das Internationale Adoptionsrecht nicht nur für grenzüberschreitende Adoptionen, sondern auch für das deutsche materielle Recht wichtige Verbesserungen erfahren.

Die klassische Ehe (und Familie) weicht zunehmend anderen Formen des Zusammenlebens ohne Trauschein. Von den zahlreichen Staaten, die inzwischen das Rechtsinstitut formalisierter Partnerschaften eingeführt haben, hat Deutschland als erstes Land eigene umfassende kollisionsrechtliche Regelungen für die eingetragene gleichgeschlechtliche Lebenspartnerschaft normiert.

Diese Neuerungen und Veränderungen berücksichtigt die neue Auflage ebenso wie die Einflüsse der für die notarielle Tätigkeit bedeutsamen Neukodifikationen und Reformen des ausländischen Internationalen Privatrechts auf das deutsche Recht. Das Buch wurde insgesamt durchgesehen und neu bearbeitet. Dabei wurden Literatur, Rechtsprechung und gesetzliche Veränderungen bis Herbst 2006 ausgewertet.

Unverändert geblieben ist die Zielsetzung dieses Buches, dem mit der Lösung von rechtlichen Sachverhalten mit Auslandsberührung betrauten Notar, aber auch allen anderen mit der Materie befassten Rechtsanwendern, eine praxisorientierte Hilfestellung zu bieten, wobei das Schwergewicht auf den Kernbereichen der notariellen Tätigkeit und hier insbesondere auf dem Internationalen Familienrecht und dem Internationalen Erbrecht liegt.

Köln und Leverkusen, im Herbst 2006

*Günther Schotten*
*Cornelia Schmellenkamp*

# Vorwort zur 1. Auflage

Dieses Buch ist eine speziell auf die notarielle Tätigkeit ausgerichtete Darstellung der allgemeinen und besonderen Grundbegriffe und Probleme des Internationalen Privatrechts.

Das Internationale Privatrecht gilt als ein schwieriges Rechtsgebiet, das lange Zeit vor allem aus theoretischem Interesse bearbeitet wurde. Früher erlangte es auch nur in seltenen Fällen praktische Bedeutung. Dies hat sich im Laufe der letzten Jahrzehnte grundlegend geändert. Deutschland ist, wie viele andere Länder der Welt, inzwischen in komplexen internationalen Beziehungen involviert. Millionen Ausländer leben und arbeiten in Deutschland, Deutsche haben sich im Ausland niedergelassen. Mit zunehmender Tendenz erwerben Ausländer in Deutschland und Deutsche im Ausland Vermögen. Die Zahl der gemischt-nationalen Ehen steigt. Den grenzüberschreitenden Wirtschaftsverflechtungen und Investitionstätigkeiten folgt zwangsläufig die Internationalisierung der Lebens- und Vermögensverhältnisse. Damit kommt dem Internationalen Privatrecht eine neue, nicht mehr zu unterschätzende praktische Bedeutung zu.

Durch das Gesetz zur Neuregelung des IPR aus dem Jahre 1986 ist das Internationale Privatrecht in hohem Maße zu „einem Recht der Notare geworden, welche die Auswirkungen der nunmehr in vielen Fällen denkbaren Rechtswahl im internationalen Familien- und Erbrecht zu prüfen haben und so den Parteien zu einer voraussehenden Gestaltung ihrer persönlichen Rechtsverhältnisse verhelfen können" (so *Jayme,* IPRax 1986, 270). Die Bedeutung dieses Rechtsgebiets für das Notariat geht so weit, dass heute nahezu jeder Notar regelmäßig mit Fragen des Internationalen Privatrechts konfrontiert wird.

Die Komplexität des Internationalen Privatrechts einerseits und die große Bedeutung dieser Rechtsmaterie für die notarielle Tätigkeit andererseits haben den Inhalt und die Darstellungsweise dieses Buches geprägt. Zum besseren Verständnis der theoretischen Ausführungen und zur Erleichterung der praktischen Arbeit sind so viele Beispiele, Ratschläge zur Vertragsgestaltung und Formulierungsvorschläge aufgenommen worden, wie dies möglich war.

Das Buch wendet sich primär an alle Notare, die mit dem Internationalen Privatrecht nicht immer in ausreichendem Maße vertraut sind, jedoch viele kollisionsrechtliche Fälle in eigener Verantwortung mit weitreichenden Folgen zu lösen haben. Es soll ihnen helfen, die im Bereich des Internationalen Privatrechts notwendigen Kenntnisse zu erwerben und diese in der Praxis, insbesondere bei der Vertragsgestaltung, sicher anzuwenden. Der Kern des Buches wird deshalb durch das bestimmt, was die traditionelle Tätigkeit des Notars ausmacht. Im Vordergrund stehen hierbei das internationale Familien- und das internationale Erbrecht. Das Buch wendet sich darüber hinaus aber auch an Rechtsanwälte, die in der Vertragsgestaltung tätig sind, sowie Richter, die kautelarjuristische Gestaltungen auf Wirksamkeit und Folgen zu beurteilen haben. Aufgrund seiner praxisorientierten Darstellung mit zahlreichen Beispielen eröffnet es schließlich auch Studenten und Referendaren einen interessanten Zugang zum Internationalen Privatrecht, einer Rechtsmaterie, die für jeden Juristen in Zukunft immer wichtiger wird.

Köln, im Herbst 1994 *Günther Schotten*

# Inhaltsübersicht

# Inhaltsverzeichnis

**3. Teil. Familienrecht**

# Verzeichnis der Formulierungsbeispiele

**5. Teil. Schuldvertrags- und Sachenrecht**

**§ 16. Schuldvertragsrecht**

# Abkürzungsverzeichnis

| | |
|---|---|
| aA | anderer Ansicht |
| ABGB | Allgemeines Bürgerliches Gesetzbuch v. 1.6.1811 (Österreich) |
| Abk. | Abkommen |
| abl. | ablehnend |
| ABl. | Amtsblatt |
| ABl. EG | Amtsblatt der Europäischen Gemeinschaften |
| ABl. EU | Amtsblatt der Europäischen Union |
| Abs. | Absatz |
| abw. | abweichend |
| AC | The Law Reports, Appeal Cases (Zeitschrift/Großbritannien) |
| AcP | Archiv für die civilistische Praxis (Zeitschrift) |
| Actes | Actes et documents de la Conférence de la Haye de droit international privé |
| AdWirkG | Adoptionswirkungsgesetz v. 5.11.2001 |
| AdVermG | Adoptionsvermittlungsgesetz v. 22.12.2001 |
| aE | am Ende |
| AEntG | Arbeitnehmer-Entsendegesetz v. 20.4.2009 |
| AEUV | Vertrag über die Arbeitsweise der Europäischen Union idF v. 9.5.2008 |
| aF | alte Fassung |
| AG | Amtsgericht; Aktiengesellschaft |
| AGB | Allgemeine Geschäftsbedingungen |
| AGG | Allgemeines Gleichbehandlungsgesetz v. 14.8.2006 |
| AktG | Aktiengesetz v. 6.9.1965 |
| All E.R. | The All England Law Reports (Zeitschrift/Großbritannien) |
| allg. | allgemein |
| allgM | allgemeine Meinung |
| Alt. | Alternative |
| aM | anderer Meinung |
| AmJCompL | The American Journal of Comparative Law (Zeitschrift/USA) |
| An.Der.Int. | Anuario de Derecho Internacional (Zeitschrift/Spanien) |
| ÄndG | Änderungsgesetz |
| AnfG | Gesetz über die Anfechtung von Rechtshandlungen eines Schuldners außerhalb des Insolvenzverfahrens v. 5.10.1994 |
| Anh. | Anhang |
| Anl. | Anlage |
| Anm. | Anmerkung |
| AnwBl. | Anwaltsblatt |
| Anz. | Anzeiger |
| App. | Cour d'appel; Corte d'appello |
| ArbG | Arbeitsgericht |
| arg. | argumentum |
| Art. | Artikel |
| AsylG | Asylgesetz idF v. 2.9.2008 |
| Aud. Prov. | Audiencia Provincial (Berufungsgericht/Spanien) |
| Aufl. | Auflage |
| Aufs. | Aufsatz |
| AUG | Auslandsunterhaltsgesetz v. 23.5.2011 |
| ausf. | ausführlich |
| AusfG | Ausführungsgesetz |

AuskÜ ................ Europäisches Übereinkommen betreffend Auskünfte über ausländisches Recht v. 7.6.1968
AuslG ................. Ausländergesetz v. 9.7.1990
AuRAG .............. Auslands-Rechtsauskunftsgesetz v. 5.7.1974
AVAG ................ Anerkennungs- und Vollstreckungsausführungsgesetz idF v. 30.11.2015
AWD ................. Außenwirtschaftsdienst des Betriebs-Beraters

BAG .................. Bundesarbeitsgericht
BAGE ................ Entscheidungen des Bundesarbeitsgerichts
BAnz. ................. Bundesanzeiger
BayObLG ........... Bayerisches Oberstes Landesgericht
BayObLGZ ......... Entscheidungen des Bayerischen Obersten Landesgerichts in Zivilsachen (bis 2004)
BB ..................... Der Betriebs-Berater (Zeitschrift)
Bd. .................... Band
BeckOK BGB ...... Beck'scher Online-Kommentar zum BGB
BeckOGK ........... Beck'scher Online-Großkommentar
BeckRS .............. Beck-Rechtsprechungssammlung (Jahr und Nummer)
Begr. .................. Begründung
Beil. ................... Beilage
Bek. ................... Bekanntmachung
Bekl. .................. Beklagte(r)
belg. .................. belgisch
Bem. .................. Bemerkung
ber. .................... berichtigt, bereinigt
bes. .................... besonders
Beschl. ............... Beschluss
bestr. .................. bestritten
betr. ................... betreffend, betreffs
BeurkG .............. Beurkundungsgesetz v. 28.8.1969
BFH .................. Bundesfinanzhof
BFHE ................ Entscheidungen des Bundesfinanzhofs
BG .................... Schweizerisches Bundesgericht
BGB .................. Bürgerliches Gesetzbuch idF v. 2.1.2002
BGBl. ................. Bundesgesetzblatt
BGE .................. Entscheidungen des Schweizerischen Bundesgerichts
BGH .................. Bundesgerichtshof
BGHZ ............... Entscheidungen des Bundesgerichtshofs in Zivilsachen
Bl. ..................... Blatt
BMJ ................... Bundesministerium der Justiz
BNotO ............... Bundesnotarordnung idF v. 24.2.1961
BR .................... Bundesrat
BRD .................. Bundesrepublik Deutschland
BR-Drs. ............. Bundesrats-Drucksache
BReg ................. Bundesregierung
Brüssel I-VO ........ Verordnung (EG) Nr. 44/2001 über die gerichtliche Zuständigkeit und die Anerkennung und Vollstreckung gerichtlicher Entscheidungen in Zivil- und Handelssachen v. 22.12.2000
Brüssel Ia-VO ...... Verordnung (EU) Nr. 1215/2012 über die gerichtliche Zuständigkeit und die Anerkennung und Vollstreckung gerichtlicher Entscheidungen in Zivil- und Handelssachen v. 12.12.2012

| | |
|---|---|
| Brüssel II-VO | Verordnung (EG) Nr. 1347/2000 über die Zuständigkeit und Vollstreckung von Entscheidungen in Ehesachen und in Verfahren betreffend die elterliche Verantwortung für die gemeinsamen Kinder der Ehegatten v. 29.5.2000 |
| Brüssel IIa-VO | → EuEheVO |
| BSG | Bundessozialgericht |
| BSGE | Entscheidungen des Bundessozialgerichts |
| Bsp. | Beispiel |
| BT | Bundestag |
| BT-Drs. | Bundestags-Drucksache |
| BtG | Betreuungsgesetz v. 12.9.1990 |
| Buchst. | Buchstabe |
| BVerfG | Bundesverfassungsgericht |
| BVerfGE | Entscheidungen des Bundesverfassungsgerichts |
| BVerwG | Bundesverwaltungsgericht |
| BVerwGE | Entscheidungen des Bundesverwaltungsgerichts |
| BVFG | Bundesvertriebenengesetz idF v. 10.8.2007 |
| BW | Bugerlijk Wetboek (Niederlande) |
| BWNotZ | Zeitschrift für das Notariat in Baden-Württemberg |
| bzgl. | bezüglich |
| bzw. | beziehungsweise |
| ca. | circa |
| CA | Court of Appeal (England) |
| Cah.dr.eur. | Cahiers de droit européen |
| Cass. | Cour de cassation; Corte di cassazione |
| Cass. civ. | Cour de cassation, chambre civile |
| Cc | Code civil (Frankreich); Codice civile (Italien); Código civil (Spanien/Portugal) |
| ch. | Chapter |
| ChD | Chancery Division (Abteilung des London High Court) |
| CIEC | Commission Internationale de l'Etat civil |
| CISG | Convention on Contracts for the International Sale of Goods v. 11.4.1980 (UN-Kaufrecht) |
| Clunet | Journal du droit international (Zeitschrift/Frankreich) |
| CMR | Übereinkommen über den Beförderungsvertrag im internationalen Straßengüterverkehr v. 19.5.1956 |
| Cpc | Code de procédure civile (Frankreich); Codice di procedura civile (Italien) |
| CR | Computer und Recht (Zeitschrift) |
| D. | Recueil Dalloz (Zeitschrift/Frankreich) |
| DAVorm | Der Amtsvormund (Zeitschrift; bis 31.12.2000) |
| DB | Der Betrieb (Zeitschrift) |
| ders. | derselbe |
| DEuFamR | Deutsches und Europäisches Familienrecht (Zeitschrift) |
| dh | das heißt |
| dies. | dieselbe(n) |
| DIP | Droit International Privé |
| Dir. fam. | Diritto di famiglia (Zeitschrift/Italien) |
| Dir. int. | Diritto internazionale (Zeitschrift/Italien) |
| Diss. | Dissertation |
| DIZPR | Deutsches Internationales Zivilprozessrecht |

| | |
|---|---|
| DJ | Deutsche Justiz (Zeitschrift) |
| DNotI | Deutsches Notarinstitut |
| DNotI-Report | Informationsdienst des Deutschen Notarinstituts |
| DNotZ | Deutsche Notar-Zeitschrift |
| Dok. | Dokument |
| DONot | Dienstordnung für Notarinnen und Notare |
| DR | Deutsches Recht (Zeitschrift) |
| DRiZ | Deutsche Richterzeitung |
| DS | Recueil Dalloz Sirey (Zeitschrift/Frankreich) |
| DStR | Deutsches Steuerrecht (Zeitschrift) |
| DVO | Durchführungsverordnung |
| DZWir | Deutsche Zeitschrift für Wirtschaftsrecht |
| EFTA | European Free Trade Association |
| EG | Einführungsgesetz; Europäische Gemeinschaft |
| EGBGB | Einführungsgesetz zum Bürgerlichen Gesetzbuch idF v. 21.9.1994 |
| EGInsO | Einführungsgesetz zur Insolvenzordnung v. 5.10.1994 |
| EG-PKHG | Gesetz zur Umsetzung gemeinschaftsrechtlicher Vorschriften über die grenzüberschreitende Prozesskostenhilfe in Zivil- und Handelssachen in den Mitgliedstaaten v. 15.12.2004 |
| EGV | Vertrag zur Gründung der Europäischen Gemeinschaft idF der EU-Beitrittsakte v. 16.4.2003 |
| EheVO | → EuEheVO |
| EheVO 2000 | → Brüssel II-VO |
| Einl. | Einleitung |
| einstw. | einstweilig |
| EMRK | Europäische Konvention zum Schutz der Menschenrechte und Grundfreiheiten idF v. 22.10.2010 |
| engl. | englisch |
| entspr. | entsprechend |
| Entw. | Entwurf |
| ENZ | Europäisches Nachlasszeugnis |
| EO | Exekutionsordnung (Österreich) |
| ERA-Forum | Forum der Europäischen Rechtsakademie (Zeitschrift) |
| ErbR | Zeitschrift für die gesamte erbrechtliche Praxis |
| Erg. | Ergebnis |
| ErgLfg | Ergänzungslieferung |
| ErwSÜ | → ESÜ |
| ESÜ | Haager Übereinkommen zum internationalen Schutz Erwachsener v. 13.1.2000 |
| ESÜAG | Gesetz zur Ausführung des Haager Übereinkommens zum internationalen Schutz Erwachsener v. 17.3.2007 |
| EU | Europäische Union |
| EuBvKpfVO | Verordnung (EU) Nr. 655/2014 zur Einführung eines europäischen Beschlusses zur vorläufigen Kontenpfändung im Hinblick auf die Erleichterung der grenzüberschreitenden Eintreibung von Forderungen in Zivil- und Handelssachen v. 15.5.2014 |
| EuBVO | Verordnung (EG) Nr. 1206/2001 über die Zusammenarbeit zwischen den Gerichten der Mitgliedstaaten auf dem Gebiet der Beweisaufnahme in Zivil- oder Handelssachen v. 28.5.2001 |
| EuEheVO | Verordnung (EG) Nr. 2201/2003 über die Zuständigkeit und die Anerkennung und Vollstreckung von Entscheidungen in Ehesachen |

| | |
|---|---|
| | und in Verfahren betreffend die elterliche Verantwortung v. 27.11.2003 |
| EuErbVO ........... | Verordnung (EU) Nr. 650/2012 über die Zuständigkeit, das anzuwendende Recht, die Anerkennung und Vollstreckung von Entscheidungen und die Annahme und Vollstreckung öffentlicher Urkunden in Erbsachen sowie zur Einführung eines Europäischen Nachlasszeugnisses v. 4.7.2012 |
| EuGFVO ........... | Verordnung (EG) Nr. 861/2007 zur Einführung eines europäischen Verfahrens für geringfügige Forderungen v. 11.7.2007 |
| EuGH ................ | Gerichtshof der Europäischen Union |
| EuGHE .............. | → Slg. |
| EGMR ............... | Europäischer Gerichtshof für Menschenrechte |
| EuGüVO ........... | Verordnung (EU) Nr. 2016/1103 zur Durchführung einer Verstärkten Zusammenarbeit im Bereich der Zuständigkeit, des anzuwendenden Rechts und der Anerkennung und Vollstreckung von Entscheidungen in Fragen des ehelichen Güterstands v. 24.6.2016 |
| EuGVÜ ............. | Brüsseler EWG-Übereinkommen über die gerichtliche Zuständigkeit und die Vollstreckung gerichtlicher Entscheidungen in Zivil- und Handelssachen v. 27.9.1968 |
| EuGVVO ........... | → Brüssel I-VO |
| EuInsVO ........... | Verordnung (EG) Nr. 1346/2000 über Insolvenzverfahren v. 29.5.2000 |
| EuInsVO nF ........ | Verordnung (EU) Nr. 848/2015 über Insolvenzverfahren v. 20.5.2015 |
| EuKaufVO .......... | Vorschlag für eine Verordnung (EU) über ein gemeinsames Europäisches Kaufrecht v. 11.10.2011 |
| EuLF .................. | The European Legal Forum (Zeitschrift) |
| EuMVVO ........... | Verordnung (EG) Nr. 1896/2006 zur Einführung eines europäischen Mahnverfahrens v. 12.12.2006 |
| EuPartVO .......... | Verordnung (EU) Nr. 2016/1104 zur Durchführung der Verstärkten Zusammenarbeit im Bereich der Zuständigkeit, des anzuwendenden Rechts und der Anerkennung und Vollstreckung von Entscheidungen in Fragen güterrechtlicher Wirkungen eingetragener Partnerschaften v. 24.6.2016 |
| EuR .................. | Europarecht |
| Eur.L.Rev. .......... | European Law Review (Zeitschrift/Großbritannien) |
| Eur.Rev.Priv.L. .... | European Review of Private Law (Zeitschrift/Niederlande) |
| EuSchutzMVO ..... | Verordnung (EU) Nr. 606/2013 über die gegenseitige Anerkennung von Schutzmaßnahmen in Zivilsachen v. 12.6.2013 |
| EuSorgeRÜ ......... | Europäisches Übereinkommen über die Anerkennung und Vollstreckung von Entscheidungen über das Sorgerecht für Kinder und die Wiederherstellung des Sorgerechts v. 20.5.1980 |
| EuÜ ................. | Genfer Europäisches Übereinkommen über die internationale Handelsschiedsgerichtsbarkeit v. 21.4.1961 |
| EuUntVO .......... | Verordnung (EG) Nr. 4/2009 des Rates über die Zuständigkeit, das anwendbare Recht, die Anerkennung und Vollstreckung von Entscheidungen und die Zusammenarbeit in Unterhaltssachen v. 18.12.2008 |
| EUV ................. | Vertrag über die Europäische Union idF des Vertrages von Lissabon v. 13.12.2007 |
| EuVTVO ........... | Verordnung (EG) Nr. 805/2004 zur Einführung eines europäischen Vollstreckungstitels für unbestrittene Forderungen v. 21.4.2004 |

EuZVO ............. Verordnung (EG) Nr. 1393/2007 über die Zustellung gerichtlicher und außergerichtlicher Schriftstücke in Zivil- oder Handelssachen in den Mitgliedstaaten v. 13.11.2007
EuZVO 2000 ....... Verordnung (EG) Nr. 1348/2000 über die Zustellung gerichtlicher und außergerichtlicher Schriftstücke in Zivil- oder Handelssachen v. 29.5.2000
EuZW ............... Europäische Zeitschrift für Wirtschaftsrecht
eV ..................... eingetragener Verein
EVÜ .................. Römisches EWG-Übereinkommen über das auf vertragliche Schuldverhältnisse anzuwendende Recht v. 19.6.1980
EWG ................. Europäische Wirtschaftsgemeinschaft
EWiR ................ Entscheidungen zum Wirtschaftsrecht (Zeitschrift)
EWiV ................ Europäisches Wirtschaftliche Interessenvereinigung
EWR ................. Europäischer Wirtschaftsraum

f. ....................... für; folgende
FamFG ............... Gesetz über das Verfahren in Familiensachen und in den Angelegenheiten der freiwilligen Gerichtsbarkeit v. 17.12.2008
FamFR ............... Familienrecht und Familienverfahrensrecht (Zeitschrift)
FamG ................. Familiengericht
FamGB ............... Familiengesetzbuch
FamGKG ............ Gesetz über Gerichtskosten in Familiensachen v. 17.12.2008
Familia ............... Rivista di diritto della famiglia e delle sucessioni in Europa (Zeitschrift/Italien)
Fam.L.Q. ............ Family Law Quarterly (Zeitschrift/Großbritannien)
FamPrax ............. Familienrechtliche Praxis (Zeitschrift/Schweiz)
FamRÄndG ......... Familienrechtsänderungsgesetz v. 11.8.1961
FamRB .............. Der Familienrechtsberater (Zeitschrift)
FamRBint ........... Der Familienrechtsberater International (Zeitschrift)
FamRZ .............. Zeitschrift für das gesamte Familienrecht
ff. ...................... fortfolgende
FFE ................... Forum Familien- und Erbrecht (Zeitschrift)
FG ..................... Finanzgericht; Freiwillige Gerichtsbarkeit
FGB ................... Familiengesetzbuch
FGG .................. Gesetz über die Angelegenheiten der freiwilligen Gerichtsbarkeit idF v. 20.5.1898 (jetzt: FamFG)
FGPrax ............... Praxis der Freiwilligen Gerichtsbarkeit (Zeitschrift)
Fn. .................... Fußnote
Foro it. ............... Foro italiano (Zeitschrift/Italien)
Forum ................ → FFE
FPR ................... Familie, Partnerschaft, Recht (Zeitschrift)
frz. ..................... französisch
FS ..................... Festschrift
FuR ................... Familie und Recht (Zeitschrift)

G ...................... Gesetz
Gaz.Pal. ............. La Gazette du Palais (Zeitschrift/Frankreich)
GBl. .................. Gesetzblatt
GBO .................. Grundbuchordnung idF v. 26.5.1994
GbR .................. Gesellschaft bürgerlichen Rechts
gem. .................. gemäß
ges. ................... gesetzlich
gewA ................ gewöhnlicher Aufenthalt

| | |
|---|---|
| GewSchG ........... | Gesetz zur Verbesserung des zivilrechtlichen Schutzes vor Gewalttaten und Nachstellungen sowie zur Erleichterung der Überlassung der Ehewohnung bei Trennung v. 11.12.2001 |
| GG .................... | Grundgesetz für die Bundesrepublik Deutschland v. 23.5.1949 |
| ggf. .................... | gegebenenfalls |
| Ggs. ................... | Gegensatz |
| Giur.it. ............... | Giurisprudenza italiana (Zeitschrift/Italien) |
| GKG .................. | Gerichtskostengesetz idF v. 27.2.2014 |
| GmbH ................ | Gesellschaft mit beschränkter Haftung |
| GmbHG ............. | Gesetz betreffend die Gesellschaften mit beschränkter Haftung idF v. 20.5.1898 |
| GmbHR ............. | GmbH-Rundschau (Zeitschrift) |
| GNotKG ............ | Gerichts- und Notarkostengesetz v. 23.7.2013 |
| GPR .................. | Zeitschrift für Gemeinschaftsprivatrecht |
| grds. .................. | grundsätzlich |
| Grdz. ................ | Grundzüge |
| griech. ................ | griechisch |
| GS ..................... | Gedächtnisschrift; Großer Senat |
| GVBl. ................ | Gesetz- und Verordnungsblatt |
| GVG .................. | Gerichtsverfassungsgesetz idF v. 9.5.1975 |
| GWB ................. | Gesetz gegen Wettbewerbsbeschränkungen idF v. 26.6.2013 |
| hA ..................... | herrschende Ansicht |
| HAdoptÜ ............ | Haager Übereinkommen über den Schutz von Kindern und die Zusammenarbeit auf dem Gebiet der internationalen Adoption v. 29.5.1993 |
| HAdoptÜAG ....... | Adoptionsübereinkommens-Ausführungsgesetz v. 5.11.2001 |
| HBÜ ................. | Haager Übereinkommen über die Beweisaufnahme im Ausland in Zivil- oder Handelssachen v. 18.3.1970 |
| HdB .................. | Handbuch |
| HGB .................. | Handelsgesetzbuch v. 10.5.1897 |
| HGÜ ................. | Haager Übereinkommen über Gerichtsstandsvereinbarungen v. 30.6.2005 |
| HK .................... | Handkommentar |
| HKÜ ................. | Haager Übereinkommen über die zivilrechtlichen Aspekte internationaler Kindesentführung v. 25.10.1980 |
| HKUntÜ ............ | Haager Übereinkommen über das auf Unterhaltsverpflichtungen gegenüber Kindern anzuwendende Recht v. 24.10.1956 |
| HKUntVÜ .......... | Haager Übereinkommen über die Anerkennung und Vollstreckung von Entscheidungen auf dem Gebiet der Unterhaltspflicht gegenüber Kindern v. 15.4.1958 |
| hL ..................... | herrschende Lehre |
| HL ..................... | House of Lords (England) |
| hM .................... | herrschende Meinung |
| HöfeO .............. | Höfeordnung idF v. 26.7.1976 |
| HR .................... | Hoge Raad (Niederlande) |
| HRR ................. | Höchstrichterliche Rechtsprechung (Zeitschrift) |
| hrsg. .................. | herausgegeben |
| Hrsg. ................. | Herausgeber |
| Hs. .................... | Halbsatz |
| HTestformÜ ........ | Haager Übereinkommen über das auf die Form letztwilliger Verfügungen anzuwendende Recht v. 5.10.1961 |

HUntGÜ ........... Haager Übereinkommen über die internationale Geltendmachung der Unterhaltsansprüche von Kindern und anderen Familienangehörigen v. 23.11.2007
HUntÜ ............. Haager Übereinkommen über das auf Unterhaltspflichten anzuwendende Recht v. 2.10.1973
HUntVÜ ........... Haager Übereinkommen über die Anerkennung und Vollstreckung von Unterhaltsentscheidungen v. 2.10.1973
HUP .................. Haager Protokoll über das auf Unterhaltspflichten anzuwendende Recht v. 23.11.2007
HZPÜ ............... Haager Übereinkommen über den Zivilprozess v. 1.3.1954
HZÜ ................. Haager Übereinkommen über die Zustellung gerichtlicher und außergerichtlicher Schriftstücke im Ausland in Zivil- oder Handelssachen v. 15.11.1965

ICLQ ................ The International and Comparative Law Quarterly (Zeitschrift/Großbritannien)
idF .................... in der Fassung
idR .................... in der Regel
idS .................... in diesem Sinne
iE ...................... im Einzelnen
iErg .................. im Ergebnis
ieS .................... im engeren Sinne
IHR .................. Internationales Handelsrecht (Zeitschrift)
iHv .................... in Höhe von
ILPr .................. International Litigation Procedure (Zeitschrift/Großbritannien)
insbes. ............... insbesondere
InsO .................. Insolvenzordnung v. 5.10.1994
int. .................... international
Int.Enc.Comp.L. International Encyclopedia of Comparative Law
IntErbRVG ........ Internationales Erbrechtsverfahrensgesetz v. 29.6.2015
Int.Fam.L. .......... International Family Law (Zeitschrift/Großbritannien)
IntFamRVG ........ Internationales Familienrechtsverfahrensgesetz v. 26.1.2005
IntGesR ............. Internationales Gesellschaftsrecht
IPG .................. Gutachten zum internationalen und ausländischen Privatrecht
IPR .................. Internationales Privatrecht
IPRax ............... Praxis des Internationalen Privat- und Verfahrensrechts (Zeitschrift)
IPRG ................ Gesetz über das Internationale Privatrecht
IPRspr. ............... Die deutsche Rechtsprechung auf dem Gebiet des Internationalen Privatrechts
iRd .................... im Rahmen des/der
iRv .................... im Rahmen von
iSd .................... im Sinne des/der
iSv .................... im Sinne von
ital. .................... italienisch
iVm .................. in Verbindung mit
iwS .................... im weiteren Sinne
IZPR ................ Internationales Zivilprozessrecht
IZVR ................ Internationales Zivilverfahrensrecht
iZw .................. im Zweifel

JA ..................... Juristische Arbeitsblätter (Zeitschrift)
JAmt .................. Das Jugendamt (Zeitschrift)
JbIntR ............... Jahrbuch für Internationales Recht

| | |
|---|---|
| JbItalR | Jahrbuch für italienisches Recht |
| JBl. | Juristische Blätter (Zeitschrift/Österreich) |
| JbOstR | Jahrbuch für Ostrecht |
| JCP | Juris Classeur Périodique (Zeitschrift/Frankreich) |
| JFG | Jahrbuch für Entscheidungen in Angelegenheiten der Freiwilligen Gerichtsbarkeit und des Grundbuchrechts |
| JN | Jurisdiktionsnorm v. 1.8.1895 (Österreich) |
| J.Priv.Int.L. | Journal of Private International Law (Zeitschrift) |
| JR | Juristische Rundschau (Zeitschrift) |
| JT | Journal des Tribunaux (Zeitschrift/Belgien) |
| Jura | Juristische Ausbildung (Zeitschrift) |
| JurBüro | Das juristische Büro (Zeitschrift) |
| JuS | Juristische Schulung (Zeitschrift) |
| JW | Juristische Wochenschrift |
| JZ | Juristenzeitung |
| Kap. | Kapitel |
| KB | The Law Reports, King's Bench Division (Zeitschrift/England) |
| KG | Kammergericht Berlin; Kommanditgesellschaft |
| KGJ | Jahrbuch für Entscheidungen des Kammergerichts Berlin |
| KindRG | Kindschaftsrechtsreformgesetz v. 16.12.1997 |
| KJHG | Kinder- und Jugendhilfegesetz (Sozialgesetzbuch VIII) v. 26.6.1990 |
| Kl. | Kläger |
| Komm. | Kommentar |
| KonsG | Konsulargesetz v. 11.9.1974 |
| KostO | Kostenordnung (Gesetz über die Kosten in Angelegenheiten der freiwilligen Gerichtsbarkeit) idF v. 26.7.1957 |
| krit. | kritisch |
| KSÜ | Haager Übereinkommen über die Zuständigkeit, das anzuwendende Recht, die Anerkennung, Vollstreckung und Zusammenarbeit auf dem Gebiet der elterlichen Verantwortung und der Maßnahmen zum Schutz von Kindern v. 19.10.1996 |
| LAG | Landesarbeitsgericht |
| LES | Liechtensteinische Entscheidungssammlung (Zeitschrift) |
| Lfg. | Lieferung |
| LG | Landgericht |
| liecht. | liechtensteinisch |
| lit. | litera (Buchstabe) |
| LJZ | Liechtensteinische Juristen-Zeitung |
| LM | Nachschlagewerk des Bundesgerichtshofs in Zivilsachen, hrsg. v. *Lindenmaier* und *Möhring* |
| LMK | Kommentierte BGH-Rechtsprechung, hrsg. v. *Lindenmaier* und *Möhring* |
| LPartG | Lebenspartnerschaftsgesetz v. 16.2.2001 |
| L:Q.Rev. | Law Quarterly Review (Zeitschift/Großbritannien) |
| Ls. | Leitsatz |
| LSG | Landessozialgericht |
| LugÜ | Luganer Übereinkommen über die gerichtliche Zuständigkeit und die Vollstreckung gerichtlicher Entscheidungen in Zivil- und Handelssachen v. 30.10.2007 |

| | |
|---|---|
| LugÜ1988 | Luganer Übereinkommen über die gerichtliche Zuständigkeit und die Vollstreckung gerichtlicher Entscheidungen in Zivil- und Handelssachen v. 16.9.1988 |
| m. | mit |
| MDR | Monatszeitschrift für Deutsches Recht |
| Mitt. | Mitteilungen |
| MittBayNot | Mitteilungen des Bayerischen Notarvereins (Zeitschrift) |
| MittRhNotK | Mitteilungen der Rheinischen Notarkammer (Zeitschrift; ab 2001: RNotZ) |
| Mod.L.Rev | The Modern Law Review (Zeitschrift/Großbritannien) |
| MSA | Haager Übereinkommen über die Zuständigkeit und das anzuwendende Recht auf dem Gebiet des Schutzes von Minderjährigen v. 5.10.1961 |
| MÜ | Montrealer Übereinkommen zur Vereinheitlichung bestimmter Vorschriften über die Beförderung im internationalen Luftverkehr v. 28.5.1999 |
| MüKo | Münchener Kommentar |
| mwN | mit weiteren Nachweisen |
| MwSt. | Mehrwertsteuer |
| mWv | mit Wirkung vom |
| Nachw. | Nachweis(e) |
| NCPC | Nouveau Code de procédure civile v. 15.9.2003 (Frankreich) |
| NdsRpfl | Niedersächsischer Rechtspfleger |
| nF | neue Fassung |
| niederl. | niederländisch |
| NILR | Netherlands International Law Review (Zeitschrift/Niederlande) |
| NJ | Neue Justiz (Zeitschrift) |
| N.J. | Nederlandse Jurisprudentie (Zeitschrift/Niederlande) |
| NJOZ | Neue Juristische Online-Zeitschrift |
| NJW | Neue Juristische Wochenschrift |
| NJWE-FER | NJW-Entscheidungsreport Familien und Erbrecht |
| NJW-RR | Neue Juristische Wochenschrift, Rechtsprechungsreport |
| NJW-Spezial | NJW Spezial (Zeitschrift) |
| NK | Nomos-Kommentar |
| notar | Zeitschrift des deutschen Notarvereins |
| NotBZ | Zeitschrift für die notarielle Beratungs- und Beurkundungspraxis |
| Nr. | Nummer |
| NZFam | Neue Zeitschrift für Familienrecht |
| NZG | Neue Zeitschrift für Gesellschaftsrecht |
| NZI | Neue Zeitschrift für das Recht der Insolvenz und Sanierung |
| OGH | Oberster Gerichtshof (Österreich) |
| oHG | Offene Handelsgesellschaft |
| o.J. | ohne Jahr |
| ÖJZ | Österreichische Juristen-Zeitung |
| OLG | Oberlandesgericht |
| OLGE | Die Rechtsprechung der Oberlandesgerichte auf dem Gebiete des Zivilrechts |
| OLG-NL | OLG-Rechtsprechung Neue Länder |
| OLGR | OLG-Report, Zivilrechtsprechung der Oberlandesgerichte |

| | |
|---|---|
| OLGZ | Entscheidungen der Oberlandesgerichte in Zivilsachen (1965–1994) |
| ÖNotZ | Österreichische Notarzeitschrift |
| OR | Bundesgesetz über das Obligationsrecht (Schweiz) |
| ÖRiZ | Österreichische Richterzeitung |
| öst. | österreichisch |
| öst. IPRG | österreichisches Bundesgesetz über das internationale Privatrecht v. 15.6.1978 |
| OVG | Oberverwaltungsgericht |
| P. | Probate, Divorce and Admiralty Law Reports (Zeitschrift/Großbritannien) |
| PKH | Prozesskostenhilfe |
| plc | private limited company |
| poln. | polnisch |
| port. | portugiesisch |
| PStG | Personenstandsgesetz v. 19.2.2007 |
| QBD | Queen's Bench Division (Abteilung des London High Court) |
| RabelsZ | Zeitschrift für ausländisches und internationales Privatrecht |
| RAG | Reichsarbeitsgericht |
| RAGE | Entscheidungen des Reichsarbeitsgerichts |
| RAnwG | Gesetz über die Anwendung des Rechts auf internationale zivil-, familien- und arbeitsrechtliche Beziehungen sowie auf internationale Wirtschaftsverträge (Rechtsanwendungsgesetz/DDR) v. 5.12.1975 |
| Rb | Rechtbank (Niederlande) |
| RdA | Recht der Arbeit (Zeitschrift) |
| RdC | Recueil des Cours de L'Académie de droit international de La Haye (Niederlande) |
| RegBegr | Begründung des Regierungsentwurfs |
| RegE | Regierungsentwurf |
| Rev.belge dr.int. | Revue belge de droit international (Zeitschrift/Belgien) |
| Rev.crit. | Revue critique de droit international privé (Zeitschrift/Frankreich) |
| Rev.dr.int.dr. comp. | Revue de droit international et de droit comparé (Zeitschrift/Belgien) |
| Rev.esp.der.int. | Revista española de derecho internacional (Zeitschrift/Spanien) |
| Rev.hell.dr.int. | Revue hellénique de droit international (Zeitschrift/Griechenland) |
| Rev.int.dr.comp. | Revue internationale de droit comparé (Zeitschrift/Frankreich) |
| Rev.trim.dr.civ. | Revue trimestrielle de droit civil (Zeitschrift/Frankreich) |
| Rev.trim.dr.eur. | Revue trimestrielle de droit européen (Zeitschrift/Frankreich) |
| Rev.trim.dr.fam. | Revue trimestrielle de droit familial (Zeitschrift/Frankreich) |
| RG | Reichsgericht |
| RGBl. | Reichsgesetzblatt |
| RGZ | Entscheidungen des Reichsgerichts in Zivilsachen |
| RheinZ | Rheinische Zeitschrift für Zivil- und Prozessrecht des In- und Auslands |
| Riv.dir.civ. | Rivista di diritto civile (Zeitschrift/Italien) |
| Riv.dir.eur. | Rivista di diritto europeo (Zeitschrift/Italien) |
| Riv.dir.int. | Rivista di diritto internazionale (Zeitschrift/Italien) |

| | |
|---|---|
| Riv.dir.int.priv. proc. | Rivista di diritto internazionale privato e processuale (Zeitschrift/Italien) |
| Riv.dir.proc. | Rivista di diritto processuale (Zeitschrift/Italien) |
| Riv.trim.dir.proc. civ. | Rivista trimestrale di diritto e procedura civile (Zeitschrift/Italien) |
| RIW | Recht der internationalen Wirtschaft (Zeitschrift) |
| Rl. | Richtlinie der Europäischen Union |
| Rn. | Randnummer |
| RNotZ | Rheinische Notarzeitung (seit 2001) |
| Rom I-VO | Verordnung (EG) Nr. 593/2008 über das auf vertragliche Schuldverhältnisse anzuwendende Recht v. 17.6.2008 |
| Rom II-VO | Verordnung (EG) Nr. 864/2007 des Europäischen Parlaments und des Rates über das auf außervertragliche Schuldverhältnisse anzuwendende Recht v. 11.7.2007 |
| Rom III-VO | Verordnung (EU) Nr. 1259/2010 des Rates zur Durchführung einer Verstärkten Zusammenarbeit im Bereich des auf die Ehescheidung und Trennung ohne Auflösung des Ehebandes anzuwendenden Rechts v. 20.12.2010 |
| ROW | Recht in Ost und West (Zeitschrift) |
| Rpfl. | Rechtspfleger |
| Rpfleger | Der deutsche Rechtspfleger (Zeitschrift) |
| RpflG | Rechtspflegergesetz idF v. 14.4.2013 |
| Rs. | Rechtssache |
| Rspr. | Rechtsprechung |
| RVG | Rechtsanwaltsvergütungsgesetz v. 5.5.2004 |
| Rz. | Randziffer |
| S. | Satz, Seite |
| s. | siehe; section |
| s.a. | siehe auch |
| SA | Seufferts Archiv für Entscheidungen der obersten Gerichte in den deutschen Staaten |
| SCE | Societas Cooperativa Europae (Europäische Genossenschaft) |
| SCE-VO | Verordnung (EG) Nr. 1435/2003 über das Statut der Europäischen Genossenschaft v. 22.7.2003 |
| ScheckG | Scheckgesetz v. 14.8.1933 |
| SchlHA | Schleswig-Holsteinische Anzeigen (Zeitschrift) |
| SchwJbIntR | Schweizerisches Jahrbuch für internationales Recht |
| schwz. | schweizerisch |
| SE | Societas Europae (Europäische Aktiengesellschaft) |
| SEAG | SE-Ausführungsgesetz v. 22.12.2004 |
| sec. | section |
| SE-VO | Verordnung (EG) Nr. 1257/2001 über das Statut der Europäischen Gesellschaft v. 8.10.2001 |
| SGB | Sozialgesetzbuch |
| SGG | Sozialgerichtsgesetz |
| SigG | Gesetz über Rahmenbedingungen für elektronische Signaturen v. 16.5.2001 |
| SJZ | Schweizerische Juristenzeitung |
| Slg. | Sammlung der Rechtsprechung des Gerichtshofs der Europäischen Gemeinschaften/der Europäischen Union (seit dem 1.1.2012 eingestellt) |

| | |
|---|---|
| s. o. | siehe oben |
| sog | so genannte |
| Sp. | Spalte |
| span. | spanisch |
| st. | ständige |
| str. | streitig |
| stRspr. | ständige Rechtsprechung |
| StAG | Staatsangehörigkeitsgesetz v. 22.7.1913 |
| StAZ | Das Standesamt (Zeitschrift) |
| s. u. | siehe unten |
| SZ | Entscheidungen des österreichischen Obersten Gerichtshofs in Zivil- und Justizverwaltungssachen |
| SZIER | Schweizerische Zeitschrift für Internationales und Europäisches Recht |
| SZR | Zeitschrift für Schweizerisches Recht |
| | |
| TMG | Telemediengesetz v. 26.2.2007 |
| Trav.Com.fr.d.i.p. | Travaux du Comité français de droit international privé |
| Trib. | Tribunal, Tribunale |
| tschech. | tschechisch |
| Tz. | Textziffer |
| | |
| u.a. | und andere(s); unter anderem |
| UAbs. | Unterabsatz |
| uÄ | und Ähnliche(s) |
| Übk. | Übereinkommen |
| UKlaG | Gesetz über Unterlassungsklagen bei Verbraucherrechts- und anderen Verstößen idF v. 27.8.2002 |
| umf. | umfassend |
| UmWG | Umwandlungsgesetz v. 28.10.1994 |
| UN | Vereinte Nationen |
| ung. | ungarisch |
| UNIDROIT | Institut International pour l'Unification du Droit Privé |
| UNÜ | New Yorker Übereinkommen über die Anerkennung und Vollstreckung ausländischer Schiedssprüche v. 10.6.1958 |
| unveröff. | unveröffentlicht |
| UrhG | Urheberrechtsgesetz v. 9.9.1965 |
| Urt. | Urteil |
| usw | und so weiter |
| uU | unter Umständen |
| | |
| v. | von; vom; versus |
| vAw | von Amts wegen |
| VersAusglG | Versorgungsausgleichsgesetz v. 3.4.2009 |
| VerschG | Verschollenheitsgesetz idF v. 15.1.1951 |
| VersR | Versicherungsrecht (Zeitschrift) |
| Vfg. | Verfügung |
| VFGüterstG | Gesetz über den ehelichen Güterstand von Vertriebenen und Flüchtlingen v. 4.8.1969 |
| VG | Verwaltungsgericht |
| VGH | Verwaltungsgerichtshof |
| vgl. | vergleiche |
| vH | vom Hundert |

VO .................... Verordnung
Vorb. .................. Vorbemerkung
VuR .................. Verbraucher und Recht (Zeitschrift)

WarnRspr. ........... Rechtsprechung des Reichsgerichts, hrsg. v. *Warneyer*
WDÜ ................ Wiener Übereinkommen über diplomatische Beziehungen v. 18.4.1961
WEG ................. Wohnungseigentumsgesetz v. 15.3.1951
WG .................... Wechselgesetz v. 21.6.1933
WiRO ............... Wirtschaft und Recht in Osteuropa (Zeitschrift)
WKÜ ................. Wiener UN-Übereinkommen über konsularische Beziehungen v. 24.4.1963
W.L.R. ............... The Weekly Law Reports (Zeitschrift/Großbritannien)
WM .................. Wertpapier-Mitteilungen (Zeitschrift)
WPNR .............. Weekblad voor Privaatrecht, Notariaat en Registratie (Zeitschrift/ Niederlande)

Yb.Priv.Int.L. ....... Yearbook of Private International Law (Jahrbuch Schweiz)

ZaöRV ............... Zeitschrift für ausländisches öffentliches Recht und Völkerrecht
zB ..................... zum Beispiel
ZBernJV ............ Zeitschrift des Bernischen Juristenvereins (Schweiz)
ZBl. .................... Zentralblatt für die juristische Praxis (Österreich)
ZBlJR ............... Zentralblatt für Jugendrecht und Jugendwohlfahrt
ZErb ................. Zeitschrift für Steuer- und Erbrechtspraxis
ZEuP ................ Zeitschrift für Europäisches Privatrecht
ZEV .................. Zeitschrift für Erbrecht und Vermögensnachfolge
ZfA ................... Zeitschrift für Arbeitsrecht
ZFE ................... Zeitschrift für Familien- und Erbrecht
ZfJ .................... Zentralblatt für Jugendrecht
ZfRV ................. Zeitschrift für Rechtsvergleichung, Internationales Privatrecht und Europarecht (Österreich)
ZGB .................. Zivilgesetzbuch (DDR; Schweiz)
ZGR ................. Zeitschrift für Unternehmens- und Gesellschaftsrecht
ZHR ................. Zeitschrift für das gesamte Handels- und Wirtschaftsrecht
Ziff. ................... Ziffer
ZIP .................... Zeitschrift für Wirtschaftsrecht
ZKJ ................... Zeitschrift für Kinder- und Jugendrecht
ZMR ................. Zeitschrift für Miet- und Raumrecht
ZNotP .............. Zeitschrift für die Notar-Praxis
ZPO .................. Zivilprozessordnung idF v. 5.12.2005
ZRP .................. Zeitschrift für Rechtspolitik
ZSR .................. Zeitschrift für Schweizerisches Recht
zT ..................... zum Teil
zust. .................. zustimmend
ZustG ............... Zustimmungsgesetz
ZVG .................. Gesetz über die Zwangsversteigerung und die Zwangsverwaltung idF v. 20.5.1898
ZVglRWiss ......... Zeitschrift für vergleichende Rechtswissenschaft
ZVormW ........... Zeitschrift für Vormundschaftswesen (Schweiz)
zZ ..................... zur Zeit
ZZP .................. Zeitschrift für Zivilprozess
ZZP Int. ............ Zeitschrift für Zivilprozess International

# Literaturverzeichnis


| | |
|---|---|
| Althammer/*Bearbeiter* | *Althammer* (Hrsg.), Brüssel IIa Rom III, Kommentar, 2014 |
| *Andrae* IntFamR | *Andrae*, Internationales Familienrecht, 3. Aufl. 2014 |
| Bamberger/Roth/*Bearbeiter* | *Bamberger/Roth* (Hrsg.), BGB, Kommentar zum Bürgerlichen Gesetzbuch in 3 Bänden, 3. Aufl. 2012 (siehe auch → BeckOK BGB/*Bearbeiter*) |
| *v. Bar* IPR II | *von Bar*, Internationales Privatrecht, Band II: Besonderer Teil, 1991 |
| *v. Bar/Mankowski* IPR I | *von Bar/Mankowski*, Internationales Privatrecht, Band I: Allgemeine Lehren, 2. Aufl. 2003 |
| BeckNotar-HdB/*Bearbeiter* | *Heckschen/Herrler/Starke* (Hrsg.), Beck'sches Notar-Handbuch, 6. Aufl. 2015 |
| BeckOGK/*Bearbeiter* | beck-online.GROSSKOMMENTAR, Stand 6/2016 |
| BeckOK BGB/*Bearbeiter* | Beck'scher Online-Kommentar BGB, 39. Edition (Stand: 1. 5. 2016) (siehe auch → Bamberger/Roth/*Bearbeiter*) |
| Bergquist/*Bearbeiter* | *Bergquist/Damascelli/Frimston/Lagarde/Odersky/Reinhartz*, EU-Erbrechtsverordnung, Kommentar, 2015 |
| BLAH/*Bearbeiter* | *Baumbach/Lauterbach/Albers/Hartmann* (Hrsg.), Zivilprozessordnung, Kommentar, 74. Aufl. 2016 |
| Burandt/Rojahn/*Bearbeiter* | *Burandt/Rojahn* (Hrsg.), Erbrecht: BGB, FamFG, ZPO, BeurkG, GBO, EGBGB, EStG, ErbStG, EuErbVO, Kommentar, 2. Aufl. 2014 |
| Dasser/Oberhammer/*Bearbeiter* | *Dasser/Oberhammer*, Lugano-Übereinkommen (LugÜ), Kommentar, 2. Aufl. 2011 |
| *Demharter* GBO | *Demharter*, Grundbuchordnung, Kommentar, 30. Aufl. 2016 |
| Erman/*Bearbeiter* | *Erman*, BGB, Handkommentar in 2 Bänden, 14. Aufl. 2014 |
| Fackelmann/Heinemann/*Bearbeiter* | *Fackelmann/Heinemann* (Hrsg.), GNotKG Gerichts- und Notarkostengesetz, Kommentar, 2013 |
| *Ferid* IPR | *Ferid*, Internationales Privatrecht, 3. Aufl. 1986 |
| Ferid/Firsching/Dörner/Hausmann/*Bearbeiter* | *Ferid/Firsching/Dörner/Hausmann* (Hrsg.), Internationales Erbrecht, Loseblatt-Kommentar, 97. Ergänzungslieferung (Stand: 5/2016) |
| Ferrari/*Bearbeiter* IntVertragsR | *Ferrari/Kieninger/Mankowski/Otte/Saenger/Schulze/Staudinger*, Internationales Vertragsrecht: Rom I-VO, CISG, CMR, FactÜ, Kommentar, 2. Aufl. 2012 |
| Frieser/*Bearbeiter* | *Frieser* (Hrsg.), Fachanwalts-Kommentar Erbrecht, 4. Aufl. 2013 |

Gebauer/Wiedmann/ *Bearbeiter* ....................... *Gebauer/Wiedmann* (Hrsg.), Zivilrecht unter europäischem Einfluss, Die richtlinienkonforme Auslegung des BGB und anderer Gesetze – Kommentierung der wichtigsten EU-Verordnungen, 2. Aufl. 2010

*Geimer* IZPR ............... *Geimer*, Internationales Zivilprozessrecht, 7. Aufl. 2015

Geimer/Schütze/ *Bearbeiter* ....................... *Geimer/Schütze* (Hrsg.), Europäisches Zivilverfahrensrecht, 3. Aufl. 2010

Geimer/Schütze/*Bearbeiter* IRV ........................... *Geimer/Schütze* (Hrsg.), Internationaler Rechtsverkehr in Zivil- und Handelssachen, Loseblatt-Handbuch, 51. Ergänzungslieferung (Stand: 2/2016)

von der Groeben/ *Bearbeiter* ...................... *von der Groeben/Schwarze/Hatje* (Hrsg.), Europäisches Unionsrecht, 7. Aufl. 2015

*Hausmann* IntEuSchR ..... *Hausmann*, Internationales und Europäisches Ehescheidungsrecht, Kommentar, 2013

Henssler/Strohn/ *Bearbeiter* ...................... *Henssler/Strohn* (Hrsg.), Gesellschaftsrecht: BGB, HGB, PartGG, GmbHG, AktG, GenG, UmwG, InsO, AnfG, IntGesR, Kommentar, 3. Aufl. 2016

HK-BGB/*Bearbeiter* ........ *Schulze/Dörner/Ebert/Hoeren/Kemper/Saenger/Schreiber/Schulte-Nölke/Staudinger*, BGB, Handkommentar, 8. Aufl. 2014

HK-ZPO/*Bearbeiter* ........ *Saenger* (Hrsg.), ZPO, Handkommentar, 6. Aufl. 2015

*Hess* ........................... *Hess*, Europäisches Zivilprozessrecht, 2008

*v. Hoffmann/Thorn* IPR .... *von Hoffmann/Thorn*, Internationales Privatrecht, 9. Aufl. 2007

*Jayme/Hausmann* ........... *Jayme/Hausmann* (Hrsg.), Internationales Privat- und Verfahrensrecht, 18. Aufl. 2016

Johannsen/Henrich/ *Bearbeiter* ...................... *Johannsen/Henrich* (Hrsg.), Familienrecht: Scheidung, Unterhalt, Verfahren, Kommentar, 6. Aufl. 2015

jurisPK-BGB/*Bearbeiter* ... *Herberger/Martinek/Rüßmann/Weth* (Hrsg.), juris-Praxiskommentar BGB, Gesamtausgabe in 6 Bänden, 7. Aufl. 2014

*Kegel/Schurig* IPR .......... *Kegel/Schurig*, Internationales Privatrecht, 9. Aufl. 2004

*Keller/Siehr* IPR ............. *Keller/Siehr*, Internationale Lehren des Internationalen Privatrechts, 1986

Korintenberg/*Bearbeiter* ... *Korintenberg* (Hrsg.), GNotKG: Gerichts- und Notarkostengesetz, Kommentar, 19. Aufl. 2015

*Kropholler* IPR .............. *Kropholler*, Internationales Privatrecht, 6. Aufl. 2006

*Kropholler/v. Hein* .......... *Kropholler/von Hein*, Europäisches Zivilprozessrecht: EuGVO, Lugano-Übereinkommen, EuVTVO, EuMVVO, EuGFVO, Kommentar, 9. Aufl. 2011

*Linke/Hau* ................... *Linke/Hau*, Internationales Zivilverfahrensrecht, 6. Aufl. 2015

*Looschelders* .................. *Looschelders*, Internationales Privatrecht: Art. 3–46 EGBGB, Praxiskommentar, 2013

Lutter/Hommelhoff/
*Bearbeiter* ...................... *Lutter/Hommelhoff* (Hrsg.); GmbH-Gesetz, 18. Aufl. 2012

Magnus/Mankowski/
*Bearbeiter* ...................... *Magnus/Mankowski* (Hrsg.), Brussels Ibis-Regulation, 2. Aufl. 2016

MHdB GesR VI/
*Bearbeiter* ...................... *Leible/Reichert* (Hrsg.), Münchener Handbuch des Gesellschaftsrechts, Band 6: Internationales Gesellschaftsrecht, Grenzüberschreitende Umwandlungen, 4. Aufl. 2013

MüKoBGB/*Bearbeiter* ..... *von Hein* (Hrsg.), Münchener Kommentar zum Bürgerlichen Gesetzbuch, Band 10: Internationales Privatrecht I und Band 11: Internationales Privatrecht II, 6. Aufl. 2015

MüKoFamFG/
*Bearbeiter* ...................... *Rauscher* (Hrsg.), Münchener Kommentar zum FamFG, 2. Aufl. 2013

MüKoGmbHG/
*Bearbeiter* ...................... *Fleischer/Goette* (Hrsg.), Münchener Kommentar zum GmbHG, 2. Aufl. 2015

MüKoHGB/*Bearbeiter* ..... *K. Schmidt* (Hrsg.), Münchener Kommentar zum HGB, 3. Aufl. 2013f. und 4. Aufl. 2016

MüKoZPO/*Bearbeiter* ..... *Krüger/Rauscher* (Hrsg.), Münchener Kommentar zur Zivilprozessordnung, 4. Aufl. 2013

Münch/*Bearbeiter* FamR ... *Münch* (Hrsg.), Familienrecht in der Notar- und Gestaltungspraxis, 2. Aufl. 2015

Musielak/Voit/
*Bearbeiter* ...................... *Musielak/Voit* (Hrsg.), ZPO: Zivilprozessordnung, Kommentar, 13. Aufl. 2016

*Nagel/Gottwald* IZPR ..... *Nagel/Gottwald*, Internationales Zivilprozessrecht, 7. Aufl. 2013

NK-BGB/*Bearbeiter* ........ Nomos-Kommentar zum BGB, Band 1: BGB Allgemeiner Teil, EGBGB (Hrsg.: *Heidel/Hüßtege/Mansel/Noack*), 3. Aufl. 2016 und Band 6: Rom-Verordnungen, EuErbVO, HUP (Hrsg.: *Hüßtege/Mansel*), 2. Aufl. 2015

NK-NachfolgeR/
*Bearbeiter* ...................... *Kroiß/Horn/Solomon* (Hrsg.), Nomos-Kommentar Nachfolgerecht: Erbrechtliche Spezialgesetze, 2015

*Oppermann/Classen/*
*Nettesheim* .................... *Oppermann/Classen/Nettesheim*, Europarecht, 7. Aufl. 2016

Palandt/*Bearbeiter* .......... *Palandt,* Bürgerliches Gesetzbuch, 75. Aufl. 2016

Prütting/Gehrlein/
*Bearbeiter* ...................... *Prütting/Gehrlein* (Hrsg.), ZPO, Kommentar, 8. Aufl. 2016

PWW/*Bearbeiter* ........... *Prütting/Wegen/Weinreich* (Hrsg.), BGB, Kommentar, 11. Aufl. 2016

*Raiser/Veil* KapGesR ...... *Raiser/Veil*, Recht der Kapitalgesellschaften, 6. Aufl. 2015

Rauscher/*Bearbeiter* ........ *Rauscher* (Hrsg.), EuZPR/EuIPR: Europäisches Zivilprozess- und Kollisionsrecht, 4. Aufl. 2015f.

| | |
|---|---|
| Reithmann/Martiny/*Bearbeiter* | *Reithmann/Martiny* (Hrsg.), Internationales Vertragsrecht, 8. Aufl. 2015 |
| *Schack* IZVR | *Schack*, Internationales Zivilverfahrensrecht mit internationalem Insolvenzrecht und Schiedsverfahrensrecht, 6. Aufl. 2014 |
| Schlosser/Hess/*Bearbeiter* | *Schlosser/Hess*, EuZPR: EU-Zivilprozessrecht, Kommentar, 4. Aufl. 2015 |
| *Schotten/Schmellenkamp* IPR | *Schotten/Schmellenkamp*, Das internationale Privatrecht in der notariellen Praxis, 2. Aufl. 2007 |
| *Schütze* | *Schütze*, Deutsches Internationales Zivilprozessrecht unter Einschluss des Europäischen Zivilprozessrechts, 2. Aufl. 2005 |
| Schwerdtfeger/*Bearbeiter* | *Schwerdtfeger* (Hrsg.), Gesellschaftsrecht, Kommentar, 3. Aufl. 2015 |
| *Siehr* | *Siehr,* Internationales Privatrecht: Deutsches und europäisches Kollistionsrecht für Studium und Praxis, 2001 |
| Soergel/*Bearbeiter* | *Soergel*, BGB mit Einführungsgesetz und Nebengesetzen, 13. Aufl. 2000 ff. |
| Staudinger/*Bearbeiter* | *Staudinger,* Kommentar zum BGB mit Einführungsgesetz und Nebengesetzen, Bearb. 1996 ff. |
| Stein/Jonas/*Bearbeiter* | *Stein/Jonas* (Hrsg.), Kommentar zur Zivilprozessordnung, 22. Aufl. 2002 ff. und 23. Aufl. 2012 ff. |
| Streinz/*Bearbeiter* | *Streinz* (Hrsg.), EUV/AEUV: Vertrag über die Europäische Union und Vertrag über die Arbeitsweise der Europäischen Union, 2. Aufl. 2012 |
| Süß/*Bearbeiter* ErbR | *Süß* (Hrsg.), Erbrecht in Europa, 3. Aufl. 2015 |
| Süß/Ring/*Bearbeiter* EheR | *Süß/Ring* (Hrsg.), Eherecht in Europa, 2. Aufl. 2012 |
| Thomas/Putzo/*Bearbeiter* | *Thomas/Putzo* (Hrsg.), ZPO: Zivilprozessordnung, 37. Aufl. 2016 |
| unalexKomm/*Bearbeiter* | *Simons/Hausmann* (Hrsg.), unalex-Kommentar zur Brüssel I-VO, 2012 |
| Wachter/*Bearbeiter* | *Wachter* (Hrsg.), Praxis des Handels- und Gesellschaftsrechts, 3. Aufl. 2015 |
| Wieczorek/Schütze/*Bearbeiter* | *Wieczorek/Schütze* (Hrsg.), ZPO, Großkommentar, 3. Aufl. 1994 ff. und 4. Aufl. 2013 ff. |
| *Wolff* IPR | *Wolff*, Das Internationale Privatrecht Deutschlands, 3. Aufl. 1954 |
| WürzNotar-HdB/*Bearbeiter* | *Limmer/Hertel/Frenz/Mayer* (Hrsg.), Würzburger Notarhandbuch, 4. Aufl. 2015 |
| *Zimmermann* | *Zimmermann*, ZPO, Kommentar, 9. Aufl. 2011 |
| Zöller/*Bearbeiter* | *Zöller* (Hrsg.), ZPO: Zivilprozessordnung, 31. Aufl. 2016 |

# 1. Teil. Einführung

## § 1. Begriff und Rechtsquellen des IPR

Übersicht



### A. Begriff

**Schrifttum:**

*Jahr,* Internationale Geltung nationalen Rechts, RabelsZ 54 (1990), 481; *Koch,* Kollisionsrecht und Auslandsbezug: Wie international ist das IPR?, FS Magnus, 2014, 475.

#### I. Mehrdeutigkeit des Begriffs

1 Die Bezeichnung internationales Privatrecht ist mehrdeutig. Es kann darunter dreierlei verstanden werden:

- Internationales Privatrecht **im Wortsinn** ist international einheitlich geltendes Privatrecht, im günstigsten Falle Weltrecht, mindestens „mehrstaatliches" Privatrecht.[1] Man bezeichnet es am besten als „Internationales Einheitsrecht", wie zB das Einheitliche Wechsel- und Scheckrecht der Genfer Abkommen von 1930/31[2] oder das Einheitliche UN-Kaufrecht von 1980 (→ Rn. 19).[3]
- Internationales Privatrecht **im weiten Sinne** ist die Gesamtheit der Rechtssätze einer „Außenbeziehung", dh von Sachverhalten, die über den räumlichen Geltungsbereich einer einzelnen Rechtsordnung hinausgehen. Hierzu gehören etwa Vorschriften für Import- und Exportverträge oder für national gemischte Ehen. Diese Normen können einerseits internationales Privatrecht im Wortsinn sein (so zB das UN-Kaufrecht); sie können aber auch rein nationales Recht darstellen. In diesem weiten Sinne wird das IPR insbesondere in *Belgien, Frankreich* und *Italien* verstanden; es umfasst dort auch Gebiete, die wie das Fremdenrecht (→ Rn. 18) oder das internationale Zivilprozessrecht (→ Rn. 16f.) in Deutschland nicht dem IPR zugerechnet werden.
- Für das internationale Privatrecht **im engen Sinne** gibt Art. 3 letzter Hs. EGBGB eine Legaldefinition. Danach „bestimmt sich das anzuwendende Recht bei Sachverhalten mit einer Verbindung zu einem ausländischen Staat nach den Vorschriften dieses Kapitels (Internationales Privatrecht)."

2 Ein Sachverhalt mit Auslandsberührung wird also nicht unmittelbar durch Sachnormen geregelt, sondern dadurch, dass zunächst auf eine der berührten Rechtsordnungen verwiesen wird; man spricht deshalb auch von *„Verweisungsrecht"* oder *„Kollisionsrecht"* und bezeichnet IPR-Vorschriften dementsprechend auch als Verweisungs- oder Kollisionsnormen.[4] Internationales Privatrecht in diesem engen Sinne ist demnach die Gesamtheit der Rechtssätze, die bestimmen, welchen Staates Privatrecht anzuwenden ist. Es ist nicht notwendig internationales Recht, sondern großenteils rein nationales, innerstaatliches Recht. Jeder Staat verfügt mithin über sein eigenes Internationales Privatrecht. International ist das IPR also nur insoweit, als es sich auf internationale Sachverhalte bezieht.

## II. Inhalt der Definition in Art. 3 Abs. 1 S. 1 EGBGB

### 1. IPR-Vorschriften

3 Die Definition in Art. 3 letzter Hs. EGBGB ist freilich zu eng ausgefallen und deshalb irreführend.[5] Durch die Neufassung von 2008[6] wird immerhin klargestellt, dass sich das deutsche IPR nicht nur auf die „Vorschriften dieses Kapitels", dh auf die Art. 3a bis 46d EGBGB beschränkt. Es umfasst vielmehr darüber hinaus auch die im **Recht der Europäischen Union** enthaltenen Kollisionsnormen, die das nationale IPR der Mitgliedstaaten bereits in wichtigen Bereichen des Schuld-, Familien- und Erbrechts abgelöst haben (→ Rn. 48ff.), ferner alle in **völkerrechtlichen Verträgen** enthaltenen Kollisionsnormen (→ Rn. 33f.).[7] Der Vorrang des europäischen und staatsvertraglichen Kollisionsrechts wird in Art. 3 Nr. 1 und Nr. 2 EGBGB ausdrücklich hervorgehoben.

4 Auch die Verweisung in Art. 3 letzter Hs. EGBGB auf die „Vorschriften dieses Kapitels" deckt freilich das gesamte Spektrum des autonomen deutschen Kollisionsrechts keineswegs ab. Dieses kennt vielmehr zahlreiche **Kollisionsnormen in Sondergesetzen** außerhalb des EGBGB, die gleichfalls Bestandteil des deutschen IPR sind (vgl. etwa §§ 1 bis 3 AsylG, Art. 91 bis 98 WG, Art. 60 bis 66 ScheckG, § 17a DepotG, § 185 Abs. 2 GWB). Schließlich sind auch nach der Reform von 1986 und den seitherigen zahlreichen

---

[1] *Wolff*, Internationales Privatrecht, 1933, S. 4.
[2] *Jayme/Hausmann* Nr. 120–124.
[3] BGBl. 1989 II 588 = *Jayme/Hausmann* Nr. 77.
[4] Zur Struktur von Kollisionsnormen näher → § 2 Rn. 1ff.
[5] MüKoBGB/*v. Hein* EGBGB Art. 3 Rn. 9ff., *v. Hoffmann/Thorn* IPR § 1 Rn. 15ff.
[6] Rom II-Anpassungsgesetz vom 10.12.2008, BGBl. I 2004; in Kraft seit 11.1.2009.
[7] MüKoBGB/*v. Hein* EGBGB Art. 3 Rn. 16.

Ergänzungen des Kollisionsrechts im EGBGB wichtige Teile des deutschen IPR – wie zB das internationale Gesellschaftsrecht (→ § 18) oder das IPR der rechtsgeschäftlichen Stellvertretung (→ § 6) – noch nicht kodifiziert, so dass insoweit auf **Richterrecht** zurückzugreifen ist. Eine korrekte Definition des IPR hat auch diese spezialgesetzlichen und richterrechtlichen Kollisionsregeln mit einzuschließen. Demgegenüber zählen spezielle materiell-rechtliche Regelungen für internationale Sachverhalte (→ Rn. 22) nach deutschem Verständnis nicht zum internationalen Privatrecht, wenngleich die Grenzziehung weder im europäischen und staatsvertraglichen IPR (vgl. zB Art. 14 HUP; → § 10 Rn. 198 ff.) noch im autonomen IPR (vgl. zB Art. 7 Abs. 2 EGBGB; → § 4 Rn. 16 ff.) immer scharf durchgehalten wird.[8]

Die Verweisungen des deutschen IPR sind jedoch grundsätzlich nur auf **staatliches Recht** gerichtet. Stammesrecht oder religiöses Recht kann daher vom deutschen Richter, aber auch vom Notar oder Rechtsanwalt iRd rechtlichen Gestaltung nur angewandt werden, wenn es Bestandteil der Rechtsordnung des Staates ist, auf die verwiesen wird. Als „Staat" idS gilt jeder souveräne Staat, ohne dass es auf seine völkerrechtliche Anerkennung ankäme. Entscheidend ist nur, dass das Recht auf dem Gebiet dieses Staates tatsächlich angewandt wird.[9] 5

## 2. Auslandsberührung

**a) Erfordernis?** Die Anwendbarkeit der Kollisionsregeln des EGBGB setzt nach der Legaldefinition in Art. 3 letzter Hs. EGBGB weiterhin eine „Verbindung zu einem ausländischen Staat" voraus. Damit orientiert sich der deutsche Gesetzgeber am EU-Kollisionsrecht, dessen Kompetenzgrundlage in Art. 81 AEUV auf „Zivilsachen mit grenzüberschreitendem Bezug" beschränkt ist.[10] Deutsche Gerichte wären also nur dann zur Anwendung von Kollisionsrecht verpflichtet, wenn sich aus dem Vorbringen der Parteien ein Auslandsbezug ergibt,[11] an dessen Vorliegen zT strenge Anforderungen gestellt werden.[12] Danach ließe das IPR die Frage offen, weshalb in reinen Inlandsfällen die jeweilige *lex fori* zur Anwendung kommt. Die Anwendung deutschen Rechts folgt nach diesem Verständnis des IPR als eines „Sonderrechts für Auslandssachverhalte" aus der Rechtssetzungskompetenz des inländischen Gesetzgebers für ausschließlich inlandsbezogene Sachverhalte und bedarf daher keiner besonderen Begründung.[13] 6

Dagegen spricht freilich, dass die Bedeutung einer Auslandsberührung für die Beurteilung eines konkreten Falles nicht im Voraus bestimmt werden kann, sondern sich erst als Ergebnis der Subsumtion des Sachverhalts unter die maßgeblichen Kollisionsnormen ergibt.[14] Aus diesem Grunde ist die Vorüberlegung, ob ein Sachverhalt mit Auslandsberührung vorliegt, entbehrlich. Das inländische IPR ist vielmehr auf jeden im Inland zu beurteilenden Sachverhalt anwendbar, ohne Rücksicht auf dessen nationalen oder internationalen Charakter.[15] Dafür lässt sich auch anführen, dass eine scharfe Grenzziehung zwischen Fällen mit einer 7

[8] Zum Verhältnis zwischen internationalem Einheitsrecht und IPR MüKoBGB/*v. Hein* EGBGB Art. 3 Rn. 14 mit weiteren Beispielen.

[9] *Kegel/Schurig* IPR § 1 IV 2 b; BeckOK BGB/*Lorenz* IPR Einl. Rn. 1.

[10] Eine „Verbindung zum Recht verschiedener Staaten" wird daher auch in den kollisionsrechtlichen EU-Verordnungen vorausgesetzt, vgl. Art. 1 Abs. 1 Rom I-VO, Art. 1 Abs. 1 S. 1 Rom II-VO, Art. 1 Abs. 1 Rom III-VO.

[11] Vgl. idS BGH NJW 2003, 2020; OLG Düsseldorf RIW 1995, 1025.

[12] Vgl. OLG Hamm StAZ 1999, 75 und FamRZ 1999, 1426 (1427).

[13] IdS die Gesetzesbegründung in BT-Drs. 10/504 zu Art. 3 EGBGB: „(…) für reine Inlandsfälle scheidet eine Anwendung des IPR von vorneherein aus"; zust. *E. Lorenz* FS Kegel, 1987, 310 ff.; Palandt/*Thorn* EGBGB Art. 3 Rn. 2; Erman/*Hohloch* EGBGB Art. 3 Rn. 4.

[14] Zutr. *Keller/Siehr* IPR S. 254 ff.; *v. Hoffmann/Thorn* IPR § 1 Rn. 21 f.; BeckOK BGB/*Lorenz* EGBGB Art. 3 Rn. 2; MüKoBGB/*v. Hein* EGBGB Art. 3 Rn. 12; Staudinger/*Hausmann* EGBGB Art. 3 Rn. 7 f.

[15] *Keller/Siehr* IPR S. 254 f.; *Kegel/Schurig* IPR § 1 III; *v. Hoffmann/Thorn* IPR § 1 Rn. 21 f.; zu Recht krit. zum Verständnis des IPR als Sonderrecht für Auslandssachverhalte auch *Stoll* IPRax 1984, 1; *Lüderitz* FS Kegel II, 1987, 345 ff.; *Jahr* RabelsZ 54 (1990), 481 (500 ff.). Für eine pragmatische Handhabung MüKoBGB/*v. Hein* EGBGB Art. 3 Rn. 13.

(entscheidungserheblichen) Auslandsberührung und sog „reinen Inlandsfällen" ausgeschlossen scheint.[16] Dies gilt gerade auch auf dem Gebiet der **internationalen Rechtsgestaltung,** die häufig bereits zu einem Zeitpunkt vorzunehmen ist, in der es an einer Auslandsberührung des Sachverhalts noch fehlt, die aber gerade auch die Möglichkeit bedenken muss, dass es zu einem späteren Zeitpunkt zu einer solchen kommen könnte. Daher gelten etwa die Kollisionsnormen der EuErbVO zur Rechtswahl in einer Verfügung von Todes wegen auch schon dann, wenn es sich bei deren Vornahme noch um einen reinen Inlandsfall handelt, weil der deutsche Erblasser seinen gewöhnlichen Aufenthalt noch im Inland hat, er aber durch die Wahl deutschen Rechts Planungssicherheit gerade für den Fall schaffen möchte, dass er zu einem späteren Zeitpunkt seinen gewöhnlichen Aufenthalt ins Ausland verlegt (näher → § 15 Rn. 98).

8 **b) Art der Auslandsberührung.** Auch zur Frage, wie die geforderte Verbindung des Sachverhalts zum Auslandsrecht beschaffen sein muss, äußert sich Art. 3 letzter Hs. EGBGB nicht. Die Anhänger einer auf die Regelung von Auslandssachverhalten beschränkten Funktion des IPR lassen demgemäß jedwede Auslandsbeziehung genügen; diese könne sich etwa aus der ausländischen Staatsangehörigkeit oder dem ausländischen Wohnsitz bzw. Aufenthalt eines Beteiligten oder aus der Vornahme eines Rechtsgeschäfts, der Begehung einer unerlaubten Handlung oder der Belegenheit einer Sache im Ausland ergeben. Ein ausreichender Auslandsbezug soll bei einem Schuldvertrag nach der Gesetzesbegründung[17] bereits in der Wahl eines ausländischen Rechts durch die Vertragsparteien liegen.[18] Ein reines Inlandsgeschäft wird aber nicht schon durch die Wahl ausländischen Rechts zu einem Auslandssachverhalt.[19]

## III. Zwingende Geltung

9 Die Anwendung des IPR hängt nicht davon ab, dass eine Partei sich auf die Maßgeblichkeit ausländischen Rechts beruft. Kollisionsrecht ist vielmehr von deutschen Gerichten und Behörden von Amts wegen anzuwenden.[20] Die Lehre vom fakultativen Kollisionsrecht[21] hat sich in Deutschland nicht durchgesetzt. Im Rahmen ihrer rechtsgestaltenden Tätigkeit haben Rechtsanwälte und Notare daher die einschlägigen Kollisionsnormen zu kennen und zu beachten. Werden sie übersehen oder unrichtig angewandt, so kann dies **Schadensersatzansprüche** des Mandanten wegen Falschberatung auslösen. Dies gilt nicht nur in Bezug auf Kollisionsnormen des EGBGB, sondern auch für solche, die in EU-Verordnungen oder in Staatsverträgen enthalten sind, soweit diese für die *Bundesrepublik Deutschland* verbindlich sind. Während auf eine Verletzung des ausländischen Rechts, auf welches das deutsche IPR verweist, weder die Revision noch die Rechtsbeschwerde nach dem FamFG gestützt werden kann,[22] ist die richtige Anwendung des deutschen Kollisionsrechts ferner in vollem Umfang revisibel.[23]

## IV. Funktion

10 Ist die Legaldefinition des IPR in Art. 3 letzter Hs. EGBGB somit auch zu eng ausgefallen, so bringt sie doch zutreffend zum Ausdruck, dass es nicht Sache des IPR ist, für den

[16] *V. Hoffmann/Thorn* IPR § 1 Rn. 23.
[17] BR-Drs. 222/83, 35.
[18] Zust. Palandt/*Thorn* EGBGB Art. 3 Rn. 2; Erman/*Hohloch* EGBGB Art. 3 Rn. 3.
[19] Zutr. *Stoll* IPRax 1984, 1; *Kindler* RIW 1987, 660 (661).
[20] BGH NJW 1993, 2305 (2306); 1998, 1321; 2009, 916 Rn. 8; BeckOK BGB/*Lorenz* EGBGB Art. 3 Rn. 6.
[21] Vgl. insbes. *Flessner* RabelsZ 34 (1970), 547 ff.
[22] BGHZ 198, 14 = NJW 2013, 3656 Rn. 18 ff. mAnm *Hau* IPRax 2014, 397; **aA** *Hau* FamRZ 2009, 821 (824); *Hess/Hübner* NJW 2009, 3132 ff.; *Geimer* IZPR Rn. 2601.
[23] BGHZ 136, 380 (386) = NJW 1998, 1395; BGH NJW 2009, 916 Rn. 8.

zu beurteilenden Sachverhalt eine Sachentscheidung zu treffen; vielmehr geht es allein darum; diejenige staatliche Privatrechtsordnung zu ermitteln, der diese Sachentscheidung zu entnehmen ist. Die Rechtsanwendung in Fällen mit Auslandsberührung erfordert daher stets eine **Prüfung in zwei Schritten:** Im ersten Schritt ist mit Hilfe des IPR diejenige Rechtsordnung zu bestimmen, die für die Beurteilung des Sachverhalts maßgeblich ist *(kollisionsrechtliche Ebene)*. Im zweiten Schritt ist den Sachnormen der so gefundenen Rechtsordnung sodann die eigentliche Entscheidung der aufgeworfenen Rechtsfrage zu entnehmen *(sachrechtliche Ebene)*.[24]

Beispiel: 11
Ist ein deutscher Staatsangehöriger mit letztem gewöhnlichen Aufenthalt in Mallorca ohne Hinterlassung einer Verfügung von Todes wegen verstorben, so ist im ersten Schritt mit Hilfe der Kollisionsnormen der EuErbVO das maßgebliche Erbstatut zu ermitteln. Diesbezüglich verweist Art. 21 Abs. 1 EuErbVO auf spanisches Recht. Da Spanien auf dem Gebiet des Erbrechts ein Mehrrechtsstaat ist, entscheiden nach Art. 36 Abs. 1 EuErbVO sodann die Normen des spanischen interlokalen Privatrechts über die Unteranknüpfung (→ § 2 Rn. 144 f.).

Führt die kollisionsrechtliche Prüfung zur Anwendung des materiellen Erbrechts von Mallorca, so ist diesem im zweiten Schritt zu entnehmen, wer den Erblasser zu welchen Quoten beerbt hat.

## B. Abgrenzung zu verwandten Rechtsgebieten

### I. Sonstiges Kollisionsrecht

#### 1. Interlokales Privatrecht

**a) Allgemeines.** Interlokales Privatrecht **(ILR)** wird benötigt, wenn innerhalb eines Staates das Privatrecht in einzelnen Gebieten (Bundesstaaten, Ländern, autonomen Regionen) unterschiedlich geregelt ist. Eine solche territoriale Rechtsspaltung findet sich etwa in *Großbritannien*, den *USA, Kanada, Australien, Mexiko* und *Spanien*.[25] Demgegenüber sind die Regeln des interlokalen Privatrechts in *Jugoslawien* und der *UdSSR* infolge der völkerrechtlichen Anerkennung der früheren Teilrechtsordnungen als selbständige Staaten weitgehend obsolet geworden. Die maßgebliche Teilrechtsordnung wird in erster Linie durch die Normen des interlokalen Privatrechts des betroffenen Mehrrechtsstaates bestimmt. Diese Vorschriften haben also innerhalb eines Mehrrechtsstaates die gleiche Funktion wie das IPR im Verhältnis verschiedener souveräner Staaten. Nur wenn es in dem Mehrrechtsstaat – wie zB in den *USA* – an gesetzlichen Regeln zum interlokalen Privatrecht fehlt, ist es Sache der verweisenden Rechtsordnung, selbst Regeln für die Unteranknüpfung bereitzustellen. Im deutschen Kollisionsrecht ist hierfür Art. 4 Abs. 3 EGBGB maßgeblich; in völkerrechtlichen Verträgen und EU-Verordnungen finden sich allerdings idR vorrangige spezielle Kollisionsregeln zur Unteranknüpfung für den Fall einer Verweisung auf das Recht eines Mehrrechtsstaates (näher → § 2 Rn. 136 ff.). 12

**b) Innerdeutsches Kollisionsrecht.** Das innerdeutsche Kollisionsrecht war bis zur Wiedervereinigung gespalten. Die ehemalige DDR betrachtete die Bundesrepublik als Ausland und wandte deshalb auf deutsch-deutsche Sachverhalte die allgemeinen IPR-Vorschriften des Rechtsanwendungsgesetzes von 1975 an. Demgegenüber war die DDR aus der Sicht der Bundesrepublik kein Ausland; deshalb wurden damals in der Bundesrepublik die Regeln des IPR auf innerdeutsche Konflikte nur entsprechend angewandt, um die maßgeben- 13

[24] *Schotten/Schmellenkamp* IPR § 1 Rn. 1.
[25] Vgl. Staudinger/*Hausmann* EGBGB Art. 4 Rn. 377 ff.

de deutsche Teilrechtsordnung zu bestimmen. Da die hM in der Bundesrepublik auch vor der Wiedervereinigung von einer einheitlichen gesamtdeutschen Staatsangehörigkeit ausging, war die Staatsangehörigkeit als Anknüpfungsmoment fraglich; stattdessen stellte man auf den gewöhnlichen Aufenthalt in einem der beiden deutschen Teilstaaten ab. Unterschiede auf dem Gebiet des Privatrechts bestehen auch nach der Wiedervereinigung in den alten und neuen Ländern fort, insbesondere im Sachen-, Familien- und Erbrecht (vgl. dazu Art. 231 bis 235 EGBGB). Zur Bestimmung der maßgeblichen Teilrechtsordnung sind nunmehr die – in Analogie zu Art. 3 ff. EGBGB entwickelten – Grundsätze des innerdeutschen Kollisionsrechts einheitlich in ganz Deutschland anzuwenden.[26]

### 2. Interpersonales Privatrecht

14 Interpersonales Recht findet dann Anwendung, wenn innerhalb eines Staates das Privatrecht nicht territorial, sondern nach der Zugehörigkeit zu bestimmten Personengruppen gespalten ist. Praktisch bedeutsam ist insbesondere die Differenzierung nach der Stammes- oder Religionszugehörigkeit. Personal gespalten ist das Privatrecht zB in *Griechenland,* wo für Moslems zT islamisches Recht gilt. Unterschiedliches Recht für verschiedene Religionsgruppen (sog interreligiöses Recht) gilt aber vor allem in zahlreichen Staaten des Nahen Ostens (zB in *Israel, Iran, Jordanien, Syrien* und im *Libanon*) und Nordafrikas (zB in *Ägypten, Algerien, Libyen* und *Marokko*).[27] Die Bestimmung des anwendbaren Rechts bei personaler Rechtsspaltung ist in erster Linie Sache des Staates, der eine solche Unteranknüpfung vornimmt (zB Art. 15 Rom III-VO, Art. 37 EuErbVO, Art. 34 EuGüVO/EuPartVO, Art. 17 HUP, Art. 49 KSÜ). Ansonsten gelten die Regeln zum interlokalen Privatrecht in einem territorial gespaltenen Staat – wie zB Art. 4 Abs. 3 S. 1 EGBGB – entsprechend (näher → § 2 Rn. 163).

### 3. Intertemporales Privatrecht

15 Intertemporales Privatrecht regelt die Kollision unterschiedlicher Rechte, die auf dem gleichen Staatsgebiet in zeitlicher Hinsicht gegolten haben. Es bestimmt mithin, auf welche Fälle nach der Einführung neuen Rechts noch die alten Rechtsnormen weiter angewandt werden sollen. Praktische Bedeutung auf dem Gebiet des IPR hat insbesondere die aus Anlass des IPR-Gesetzes von 1986 eingeführte intertemporale Kollisionsnorm in Art. 220 EGBGB (zum Ehegüterrecht → § 9 Rn. 142 ff.). Die mit Einführung des BGB und des EGBGB in den neuen Bundesländern geschaffenen Übergangsvorschriften in Art. 230 ff. EGBGB sind hingegen inzwischen weitgehend obsolet.

## II. Internationales Zivilverfahrensrecht

16 Das internationale Zivilverfahrensrecht (IZVR) regelt – zumindest unmittelbar – nicht das anzuwendende Recht, sondern befasst sich mit den Auswirkungen einer Auslandsberührung des Sachverhalts auf das gerichtliche Verfahren. Schwerpunkt ist die Regelung der internationalen Gerichtszuständigkeit, dh die Abgrenzung der Jurisdiktionsbereiche der deutschen und der ausländischen Gerichte, sowie die Anerkennung und Vollstreckung ausländischer Entscheidungen. Auch das IZVR ist im Ausgangspunkt rein nationales Recht. So ist die internationale Zuständigkeit in Verfahren der freiwilligen Gerichtsbarkeit in den §§ 99 ff. FamFG geregelt; in der streitigen Gerichtsbarkeit wird sie – wie auch in § 105 FamFG – aus den Vorschriften über die örtliche Zuständigkeit (§§ 12 ff. ZPO) abgeleitet (sog **Doppelfunktionalität der Gerichtsstandsnormen**).[28] Entsprechend fin-

---

[26] Vgl. statt vieler MüKoBGB/*Sonnenberger,* 4. Aufl., EGBGB Art. 236.
[27] Vgl. Staudinger/*Hausmann* EGBGB Art. 4 Rn. 382 ff.
[28] Vgl. BGHZ 44, 46 (47); 106, 300 = IPRax 1990, 47 mAnm *Coester-Waltjen* IPRax 1990, 26; BGH NJW-RR 2007, 1570; NJW 1999, 1395; *Geimer* IZPR Rn. 946 mwN.

den sich die Vorschriften für die Anerkennung und Vollstreckung ausländischer Entscheidungen für streitige Verfahren in §§ 328, 722f. ZPO und für Verfahren der freiwilligen Gerichtsbarkeit in §§ 107 bis 110 FamFG. Allerdings wird das autonome IZVR ebenfalls in weitem Umfang durch Staatsverträge und EU-Recht verdrängt bzw. überlagert (→ Rn. 33ff., 52ff.).

Eine umfassende Darstellung auch des internationalen Verfahrensrechts hätte den Rahmen dieses Handbuchs gesprengt, denn für die rechtsgestaltende Praxis steht das Kollisionsrecht im Vordergrund. In den Kapiteln des besonderen Teils werden daher jeweils nur knappe Hinweise zur internationalen Zuständigkeit der deutschen Gerichte und zur Anerkennung und Vollstreckung ausländischer Entscheidungen in Deutschland gegeben. Auf verfahrensrechtliche Aspekte wird nur dort näher eingegangen, wo sie bereits bei der Rechtsgestaltung – zB bei der Beurkundung eines Ehe- oder Erbvertrags oder bei der Vornahme einer Rechtswahl – zu berücksichtigen sind. Auf dem Gebiet der internationalen Zuständigkeit wird daher insbesondere die Abfassung von Gerichtsstandsvereinbarungen im internationalen Unterhalts- und Erbrecht (→ § 10 Rn. 201ff.; → § 15 Rn. 98f.) sowie im internationalen Schuldvertragsrecht (→ § 16 Rn. 176ff.) behandelt. Ferner ist auf Zuständigkeitsfragen auch dort einzugehen, wo kollisionsrechtlich das Gleichlaufprinzip gilt, ein international zuständiges Gericht also – wie vor allem im internationalen Kinder- und Erwachsenenschutzrecht (→ § 5 Rn. 23ff., 87ff.) – stets sein eigenes Recht anwendet. 17

## III. Fremdenrecht

Fremdenrecht sind die Normen, die Fremde (Ausländer, Staatenlose) – seien es natürliche oder juristische Personen – anders, dh idR weniger günstig, behandeln als Inländer. Es werden also auch Sachverhalte mit Auslandsberührung geregelt; aber – anders als im IPR – nicht mit Hilfe von Verweisungsnormen, sondern durch Sachnormen mit einem ausländischen Tatbestandselement. Die Anwendung von Fremdenrecht setzt also die Geltung inländischen Rechts auf den Sachverhalt voraus. Beispiele für Fremdenrecht finden sich vor allem im Ausländer- und Asylrecht (zB im Aufenthaltsgesetz vom 30.7.2004), ferner im Grundstücksrecht (Art. 86 EGBGB), im Erbrecht (§§ 1944 Abs. 3, 1954 Abs. 3 BGB), im Zivilprozessrecht (§§ 110 bis 113 ZPO) und im Urheberrecht (§ 121 UrhG). Die Anwendung von Fremdenrecht auf Unionsbürger ist nach Art. 18 AEUV unzulässig. 18

## IV. Internationales Einheitsprivatrecht

Wenn mehrere Staaten ein inhaltlich gleiches Privatrecht haben, so ist dies kein IPR (im engeren Sinn), weil es sich um Sachnormen und nicht um Verweisungsnormen handelt. Das internationale Einheitsprivatrecht wird (missverständlich) auch als „IPR im Wortsinn" bezeichnet (→ Rn. 1). Soweit durch Staatsverträge materielles Einheitsrecht geschaffen wird, geht dieses in seinem (räumlichen, sachlichen und zeitlichen) Anwendungsbereich dem nationalen Sachrecht vor. Beispiele für solche Staatsverträge sind: 19

- Wiener UN-Übereinkommen über Verträge über den internationalen Warenkauf **(CISG)** vom 11.4.1980;[29] für die *Bundesrepublik Deutschland* in Kraft seit 1.1.1991.[30]
- UNIDROIT Übereinkommen von Ottawa über das internationale Factoring **(FactÜ)** vom 28.5.1988;[31] für die *Bundesrepublik Deutschland* in Kraft seit 1.12.1998.[32]
- Genfer Abkommen über das Einheitliche Wechselgesetz vom 7.6.1930[33] und über das Einheitliche Scheckgesetz vom 19.3.1931.[34]

[29] BGBl. 1989 II 588 = *Jayme/Hausmann* Nr. 77.
[30] BGBl. 1990 II 1477.
[31] BGBl. 1998 II 172 = *Jayme/Hausmann* Nr. 78.
[32] BGBl. 1998 II 2375.
[33] RGBl. 1933 II 377.

– Genfer Übereinkommen über den Beförderungsvertrag im internationalen Straßengüterverkehr **(CMR)** vom 19.5.1956;[35] für die *Bundesrepublik Deutschland* in Kraft seit 5.2.1962.[36]
– Montrealer Übereinkommen zur Vereinheitlichung bestimmter Vorschriften über die Beförderung im internationalen Luftverkehr **(MÜ)** vom 28.5.1999;[37] für die *Bundesrepublik Deutschland* in Kraft seit 28.6.2004.[38]

20 In der Europäischen Union wird die Schaffung materiellen Einheitsrechts auf dem Gebiet des **Kaufrechts** angestrebt.[39]

21 Staatsverträge des internationalen (materiellen) Einheitsrechts verdrängen aber nicht nur das nationale Sachrecht, sondern grundsätzlich auch das nationale **Kollisionsrecht,** da es aufgrund der Rechtsvereinheitlichung zur Kollision unterschiedlicher Rechtsordnungen nicht mehr kommen kann. Allerdings enthalten vor allem die Vorschriften über den räumlichen Anwendungsbereich von Staatsverträgen des Einheitsprivatrechts häufig ihrerseits sog **Abgrenzungs- oder Anwendungsnormen.**[40] Diese berufen das Einheitsrecht zT ohne Vorschaltung des nationalen oder europäischen Kollisionsrechts zur Anwendung (wie zB Art. 1 Abs. 1 lit. a CISG, Art. 2 FactÜ); teilweise machen sie die Anwendung aber auch davon abhängig, dass das nationale IPR auf das Recht eines Vertragsstaats des Einheitsrecht verweist (wie Art. 1 Abs. 1 lit. b CISG). Ferner weist internationales Einheitsrecht notwendig Lücken auf (vgl. zB Art. 4 CISG); daher bedarf es zu deren Ausfüllung der ergänzenden Anwendung nationalen Rechts, das wiederum mit Hilfe der Kollisionsnormen der *lex fori* zu ermitteln ist.

## V. Sachnormen für Auslandssachverhalte

22 Von Kollisionsnormen zu unterscheiden sind auch Sachnormen, die ein ausländisches Tatbestandselement aufweisen. Handelt es sich um inländische Sachnormen, so kommen sie nur zur Anwendung, wenn das deutsche oder europäische IPR auf deutsches Sachrecht verweist. Eine solche Norm ist etwa § 92c HGB, der eine Abbedingung des Ausgleichsanspruchs eines Handelsvertreters gestattet, wenn dieser seine Tätigkeit außerhalb der EU und des EWR verrichtet (dazu → § 2 Rn. 23). Die Vorschrift räumt den Parteien nicht etwa eine kollisionsrechtliche, sondern nur eine materiell-rechtliche Dispositionsbefugnis ein. Ihre Anwendung setzt also voraus, dass nach Maßgabe der Art. 3ff. Rom I-VO deutsches Handelsvertreterrecht gilt. Ähnliche Sachnormen, die aufgrund des Auslandsbezugs des Sachverhalts das inländische materielle Recht modifizieren, sind etwa § 1944 Abs. 3 und § 1954 Abs. 3 BGB. Von „Sachnormen im IPR" spricht man schließlich auch dann, wenn IPR-Kodifikationen Sachnormen enthalten, die einen besonders engen Zusammenhang mit dem eigentlich geregelten Kollisionsrecht aufweisen. Beispiele sind etwa Art. 14 HUP (Unterhaltsbemessung; → § 10 Rn. 198ff.) und Art. 32 EuErbVO (Kommorientenvermutung).

23 Außerdem gehört in diesen Zusammenhang die Frage, ob im Tatbestand deutscher Sachnormen verwendete Rechtsbegriffe auch mit Hilfe ausländischer Sachnormen konkretisiert werden können, oder ob die inländische Sachnorm erfordert, dass ein von ihr vorausgesetztes Tatbestandsmerkmal notwendig im Inland erfüllt sein muss und deshalb nicht im Ausland verwirklicht werden kann. Es stellt sich zB die Frage, ob die Beurkun-

[34] RGBl. 1933 II 537.
[35] BGBl. 1961 II 1120.
[36] BGBl. 1962 II 12.
[37] BGBl. 2004 II 459.
[38] BGBl. 2004 II 1371.
[39] Vgl. den Vorschlag für eine Verordnung (EU) über ein Gemeinsames Europäisches Kaufrecht vom 11.10.2011, KOM (2011) 635 endg. = *Jayme/Hausmann* Nr. 81; dazu näher Reithmann/Martiny/*Stürner* IVR Rn. 6.187ff.
[40] Vgl. *Kropholler* IPR § 12 I 1a; *Basedow* FS v. Hoffmann, 2011, 50 (56f.); *Mansel* WM 2012, 1253 (1262); MüKoBGB/*v. Hein* IPR Einl. Rn. 96ff.

dung durch einen ausländischen Notar dem Formerfordernis des § 311b Abs. 1 BGB oder des § 15 Abs. 4 GmbHG genügt. Hierfür können folgende Regeln aufgestellt werden: **Naturereignisse und verfahrensunabhängige Privathandlungen** erfüllen den Tatbestand einer inländischen Sachnorm grundsätzlich auch dann, wenn sie im Ausland stattgefunden haben. Demgegenüber gilt dies für **Behördenakte und verfahrensgebundene Privathandlungen** nur dann, wenn diese den von der inländischen Sachnorm eigentlich vorausgesetzten Behördenakten bzw. verfahrensgebundenen Privathandlungen des deutschen Rechts zumindest **funktional gleichwertig** sind (zur Substitution näher → § 3 Rn. 89 ff.).

Darüber hinaus kann der Auslandsbezug iRd **Ausfüllung unbestimmter Rechtsbegriffe** in deutschen Sachnormen, zB bei der Konkretisierung des „Kindeswohls" in § 1666 BGB oder der „guten Sitten" in § 138 BGB, zu berücksichtigen sein. 24

**Beispiel:** 25
Die 16jährige türkische Staatsangehörige A war bis zu ihrem 6. Lebensjahr in der Türkei aufgewachsen und lebt seit nunmehr zehn Jahren im Haushalt ihrer Eltern in Berlin. Die Eltern erziehen die A nach ihren strengen islamischen Moralvorstellungen. A darf keine Hosen tragen, muss die Arme bedeckt halten und darf keinen Kontakt zu männlichen Jugendlichen pflegen. Als die Eltern ihr androhen, sie demnächst in die Türkei zurückzubringen und dort mit einem von den Eltern ausgewählten Mann zu verheiraten, wendet sich A an das zuständige Familiengericht in Berlin mit der Bitte um Hilfe. Wie wird das Gericht entscheiden?

Das Familiengericht Berlin ist nach Art. 8 Abs. 1 EuEheVO für die Entscheidung international zuständig und hat hierbei nach Art. 15 Abs. 1 KSÜ deutsches Recht zugrunde zu legen (→ § 5 Rn. 23 ff.). Dies bedeutet freilich nicht, dass die heimatliche Rechts- und Sittenordnung der Eltern über die erzieherische Behandlung, die sie ihren Kindern angedeihen lassen, bei Entscheidungen im Aufenthaltsland über Eingriffe in das Sorgerecht nicht berücksichtigt werden könnten. Der Begriff einer „Gefährdung des Kindeswohls" in § 1666 BGB ist vielmehr vor dem Hintergrund der in der Familie herrschenden traditionellen türkisch-islamischen Moralvorstellungen auszulegen. Diese können allerdings bei gewöhnlichem Aufenthalt aller Beteiligten im Inland nur berücksichtigt werden, solange sie nicht mit den verfassungsrechtlichen Vorgaben des Art. 6 GG in Konflikt geraten.[41]

**Beispiel:** 26
Die Firma A GmbH mit Sitz in Hamburg hat bei der ebenfalls in Hamburg ansässigen X-Versicherung einen Versicherungsvertrag für einen Seetransport von drei Kisten mit Kunstgegenständen (afrikanischen Masken und Figuren) von Port Harcourt/Nigeria nach Hamburg abgeschlossen, für den deutsches Recht gelten sollte. Auf dem Transport gingen sechs wertvolle Bronzefiguren verloren. Die A GmbH macht deshalb Entschädigungsansprüche gegen die X-Versicherung geltend. Diese wendet ein, der Versicherungsvertrag sei unwirksam, weil der versicherte Transport gegen ein nigerianisches Ausfuhrverbot von Kunstgegenständen verstoßen habe.

Nach dem vereinbarten deutschen Recht scheidet ein Verstoß des Versicherungsvertrages gegen § 134 BGB aus, weil das nigerianische Verbotsgesetz im Inland keine unmittelbare Verbindlichkeit besitzt. Es handelt sich auch nicht um ein Verbot, durch das unmittelbar deutsche Interessen geschützt werden und das aus diesem Grunde gegen § 138 BGB verstößt. Das nigerianische Ausfuhrverbot dient vielmehr der Erhaltung des künstlerischen Erbes im Ursprungsland und bezweckt dessen Schutz vor einer Ausplünderung durch ausländische Kunstliebhaber. Dieser Schutzzweck ist aber auch im Inland zu beachten, so dass der

[41] Vgl. KG NJW 1985, 68.

Verstoß gegen das nigerianische Ausfuhrverbot zugleich einen Verstoß gegen die „guten Sitten" iSv § 138 BGB bedeutet.[42]

### VI. Staatsangehörigkeitsrecht

27 Auch wenn das IPR die Staatsangehörigkeit vor allem im internationalen Personen-, Familien- und Erbrecht noch häufig als Anknüpfungsmerkmal verwendet, gehört das Staatsangehörigkeitsrecht selbst nicht zum IPR. Es handelt sich vielmehr um öffentliches Recht, welches das IPR lediglich ergänzt. Dabei gilt der Grundsatz, dass jeder Staat selbständig darüber entscheidet, welche Personen er als seine Staatsangehörigen ansieht. Aus deutscher Sicht ist insoweit das Staatsangehörigkeitsgesetz idF vom 15.7.1999[43] maßgeblich.

## C. Rechtsquellen

28 Während das IPR früher überwiegend Richterrecht war, sind heute die wichtigsten Rechtsquellen Staatsverträge und nationale IPR-Gesetze, die jedoch seit 2007 zunehmend durch europäisches Verordnungsrecht verdrängt werden. Während EU-Verordnungen in den teilnehmenden Mitgliedstaaten nach Art. 288 Abs. 2 AEUV automatisch gelten, sind Staatsverträge in den Vertragsstaaten nur verbindlich, wenn sie in dem hierfür vorgeschriebenen Verfahren in nationales Recht transformiert worden sind. In Deutschland bedarf es hierfür nach Art. 59 Abs. 2 GG eines Zustimmungsgesetzes.[44]

### I. Staatsverträge

**Schrifttum:**
*Gottschalk,* Allgemeine Lehren des IPR in kollisionsrechtlichen Staatsverträgen, 2002; *von Hein,* Konflikte zwischen völkerrechtlichen Übereinkommen und europäischem Sekundärrecht auf dem Gebiet des IPR, FS M. Schröder, 2012, 29; *Jayme,* Staatsverträge zum Internationalen Privatrecht – Internationalprivatrechtliche, staatsrechtliche und völkerrechtliche Aspekte, BerGesVR 16 (1075), 7; *Kreuzer,* Gemeinschaftskollisionsrecht und universelles Kollisionsrecht, FS Kropholler, 2008, 129; *Meyer-Sparenberg,* Staatsvertragliche Kollisionsnormen, 1990; *Volken,* Konventionskonflikte im IPR, 1977.

#### 1. Bedeutung

29 Vor allem seit dem 2. Weltkrieg wurde das autonome deutsche Kollisionsrecht zunehmend durch völkerrechtliche Verträge überlagert, die von verschiedenen internationalen Organisationen – der Haager Konferenz, dem Europarat, UNCITRAL, UNIDROIT und der Internationalen Zivilstandskommission (CIEC) – ausgearbeitet wurden. Diese Staatsverträge behalten ihre Wirksamkeit idR auch auf Gebieten, die zwischenzeitlich durch europäisches Kollisionsrecht harmonisiert wurden; dies gilt jedenfalls im Verhältnis zu Staaten, die nicht der Europäischen Union angehören (näher → Rn. 60). Von der *Bundesrepublik Deutschland* vor dem 3.10.1990 abgeschlossene Staatsverträge gelten seit diesem Tag auch für die neuen Bundesländer einschließlich Ost-Berlin.[45]

30 **a) Kollisionsrechtliche Staatsverträge.** Auf dem Gebiet des Kollisionsrechts sind für die Rechtsgestaltung aus deutscher Sicht vor allem die folgenden **mehrseitigen Staatsverträge** von größerer praktischer Bedeutung:

[42] Vgl. BGHZ 59, 82 = NJW 1972, 1658.
[43] BGBl. 1999 I 1618 = *Jayme/Hausmann* Nr. 275.
[44] Vgl. näher Staudinger/*Hausmann* EGBGB Art. 3 Rn. 29 ff.; *v. Bar/Mankowski* IPR I § 3 Rn. 47.
[45] Vgl. *Wittkowski,* Die Staatensukzession in völkerrechtliche Verträgen unter besonderer Berücksichtigung der Herstellung der staatlichen Einheit Deutschlands, 1992, S. 197 ff. Vgl. zum deutsch-iranischen Niederlassungsabkommen von 1929 BGHZ 160, 332 (338) = FamRZ 2004, 1952 mAnm *Henrich.*

- Genfer UN-Abkommen über die Rechtsstellung der Flüchtlinge **(GK)** vom 28.7. 1951;[46] für die *Bundesrepublik Deutschland* in Kraft seit 25.5.1954 (→ § 2 Rn. 46 ff.),
- New Yorker UN-Übereinkommen über die Rechtsstellung der Staatenlosen vom 28.9.1954;[47] für die *Bundesrepublik Deutschland* in Kraft seit 24.1.1977 (→ § 2 Rn. 42),
- Haager Übereinkommen über den internationalen Schutz von Erwachsenen **(ErwSÜ)** vom 13.1.2000;[48] für die *Bundesrepublik Deutschland* in Kraft seit 1.1.2009 (→ § 5 Rn. 78 ff.),
- Haager Protokoll über das auf Unterhaltspflichten anzuwendende Recht **(HUP)** vom 23.11.2007;[49] für die *Bundesrepublik Deutschland* in Kraft seit 18.6.2011 (→ § 10 Rn. 4 ff.),[50]
- Haager Übereinkommen über die Zuständigkeit der Behörden und das anzuwendende Recht auf dem Gebiet des Schutzes von Minderjährigen **(MSA)** vom 5.10.1961;[51] für die *Bundesrepublik Deutschland* in Kraft seit 17.9.1971 (→ § 5 Rn. 5 f.),
- Haager Übereinkommen über die Zuständigkeit, das anzuwendende Recht, die Anerkennung, Vollstreckung und Zusammenarbeit auf dem Gebiet der elterlichen Verantwortung und der Maßnahmen zum Schutz von Kindern **(KSÜ)** vom 19.10.1996;[52] für die *Bundesrepublik Deutschland* in Kraft seit 1.1.2011 (→ § 5 Rn. 3 f., 17 ff.),
- Haager Übereinkommen über das auf die Form letztwilliger Verfügungen anzuwendende Recht **(HTestformÜ)** vom 5.10.1961,[53] für die *Bundesrepublik Deutschland* in Kraft seit 1.1.1966 (→ § 15 Rn. 177 ff.).

Andere multilaterale Staatsverträge sind für die *Bundesrepublik Deutschland* zwar bisher 31 **nicht in Kraft** getreten. Sie können jedoch, soweit sie allseitige Geltung beanspruchen auch für die deutsche Gestaltungspraxis relevant werden, wenn das deutsche Kollisionsrecht auf das Recht eines Staates verweist, von dem dieser Staatsvertrag ratifiziert worden ist. Denn aus ihm kann sich gegebenenfalls eine nach Art. 4 Abs. 1 EGBGB zu beachtende Rück- oder Weiterverweisung ergeben (→ § 2 Rn. 127).[54] Zu nennen sind insbesondere die folgenden Haager Übereinkommen:

- Haager Übereinkommen über das auf die ehelichen Güterstände anzuwendende Recht vom 14.3.1978 (→ § 9 Rn. 22 ff.),[55]
- Haager Abkommen über die internationale Nachlassverwaltung vom 2.10.1973,[56]
- Haager Übereinkommen über das auf Trusts anwendbare Recht und über die Anerkennung von Trusts vom 1.7.1985,[57]
- Haager Übereinkommen über das auf die Rechtsnachfolge von Todes wegen anzuwendende Recht vom 1.8.1989.[58]

[46] BGBl. 1953 II 560 = *Jayme/Hausmann* Nr. 10.
[47] BGBl. 1976 II 474 = *Jayme/Hausmann* Nr. 12.
[48] BGBl. 2007 II 323 = *Jayme/Hausmann* Nr. 20.
[49] ABl. 2009 L 331, 19 = *Jayme/Hausmann* Nr. 42.
[50] Das Übereinkommen wurde von der EU mit Wirkung für ihre Mitgliedstaaten abgeschlossen und bildet deshalb einen Bestandteil des sekundären EU-Rechts; → Rn. 63 f.
[51] BGBl. 1971 II 217 = *Jayme/Hausmann* Nr. 52.
[52] BGBl. 2009 II 603 = *Jayme/Hausmann* Nr. 53.
[53] BGBl. 1965 II 1145 = *Jayme/Hausmann* Nr. 60.
[54] Dazu näher Staudinger/*Hausmann* EGBGB Art. 4 Rn. 148 ff.
[55] Text (englisch/französisch): http//:www.hcch.net Nr. 25. Das Übereinkommen ist für *Frankreich, Luxemburg* und die *Niederlande* in Kraft getreten.
[56] Text (englisch/französisch): http//:www.hcch.net Nr. 21. Das Übereinkommen ist *für Portugal, Tschechien* und die *Slowakei* in Kraft getreten.
[57] Text (englisch/französisch): http//:www.hcch.net Nr. 30; deutsche Übersetzung in IPRax 1987, 55. Das Übereinkommen ist für *Australien, Italien, Kanada, Liechtenstein, Luxemburg,* die *Niederlande, Malta, San Marino,* die *Schweiz* und das *Vereinigte Königreich* in Kraft getreten.
[58] Text (englisch/französisch): http//:www.hcch.net Nr. 32; deutsche Übersetzung in MittRhNotK 1997, 221. Das Übereinkommen ist nur von der *Niederlande* ratifiziert und in das niederländische IPR übernommen worden. Nach dem Inkrafttreten der EuErbVO gilt es auch in den *Niederlanden* nur noch für vor dem 17.8.2015 eingetretene Erbfälle.

32 Hinzukommen einige wenige **bilaterale Staatsverträge:**
- Deutsch-iranisches Niederlassungsabkommen vom 17.2.1929;[59] nach dem 2. Weltkrieg wieder in Kraft seit 4.11.1954 (→ § 8 Rn. 5f., → § 9 Rn. 27ff., → § 10 Rn. 17ff. und → § 11 Rn. 13ff.),
- Deutsch-türkisches Nachlassabkommen vom 28.5.1929;[60] nach dem 2. Weltkrieg wieder in Kraft seit 1.3.1952 (→ § 15 Rn. 348ff.),
- Deutsch-sowjetischer Konsularvertrag vom 25.4.1958;[61] in Kraft seit 24.5.1959.[62]

33 **b) Verfahrensrechtliche Staatsverträge.** Wichtige verfahrensrechtliche Staatsverträge gelten insbesondere
1. auf dem Gebiet der internationalen Gerichtszuständigkeit, zB
   - das Luganer Übereinkommen über die gerichtliche Zuständigkeit und die Anerkennung und Vollstreckung von Entscheidungen in Zivil- und Handelssachen vom 30.10.2007;[63] für die EU und ihre Mitgliedstaaten in Kraft seit 1.1.2011,[64]
   - das Haager Übereinkommen über Gerichtsstandsvereinbarungen vom 30.6.2005;[65] für die EU und ihre Mitgliedstaaten (mit Ausnahme *Dänemarks*) in Kraft seit 1.10.2015;[66]
2. auf dem Gebiet der Anerkennung und Vollstreckung von ausländischen Entscheidungen, zB
   - das Haager Übereinkommen über die Anerkennung und Vollstreckung von Unterhaltsentscheidungen **(HUntVÜ)** vom 2.10.1973;[67] für die *Bundesrepublik Deutschland* in Kraft seit 1.4.1987,[68]
   - das Haager Übereinkommen über die internationale Geltendmachung der Unterhaltsansprüche von Kindern und anderen Familienangehörigen **(HUntGÜ)** vom 23.11.2007;[69] für die EU und ihre Mitgliedstaaten (mit Ausnahme *Dänemarks*) in Kraft seit 1.8.2014,[70]
   - das Luxemburger Europäische Übereinkommen über die Anerkennung und Vollstreckung von Entscheidungen über das Sorgerecht für Kinder und die Wiederherstellung des Sorgerechts **(EuSorgeRÜ)** vom 20.5.1980;[71] für die *Bundesrepublik Deutschland* in Kraft seit 1.2.1991;[72]
3. auf dem Gebiet der internationalen Rechtshilfe, zB
   - das Haager Übereinkommen über den Zivilprozess **(HZPÜ)** vom 1.3.1954;[73] für die *Bundesrepublik Deutschland* in Kraft seit 1.1.1960,[74]
   - das Haager Übereinkommen über die Zustellung gerichtlicher und außergerichtlicher Schriftstücke im Ausland in Zivil- oder Handelssachen **(HZÜ)** vom 15.11.1965;[75] für die *Bundesrepublik Deutschland* in Kraft seit 26.6.1979,[76]

---

[59] RGBl.1930 II 1006 = *Jayme/Hausmann* Nr. 22.
[60] RGBl.1930 II 748 = *Jayme/Hausmann* Nr. 62.
[61] BGBl. 1959 II 233.
[62] Der Vertrag gilt auch nach Auflösung der ehemaligen *Sowjetunion* im Verhältnis zu den meisten der aus ihr hervorgegangenen selbständigen Staaten fort, vgl. die Nachweise bei *Jayme/Hausmann* Nr. 35 in Fn. 1.
[63] ABl. 2009 L 147, 5 = *Jayme/Hausmann* Nr. 152.
[64] Das Übereinkommen wurde von der EU mit Wirkung für ihre Mitgliedstaaten abgeschlossen und bildet deshalb einen Bestandteil des sekundären EU-Rechts; → Rn. 63f.
[65] ABl. 2009 L 133, 3 = *Jayme/Hausmann* Nr. 151.
[66] Das Übereinkommen wurde von der EU mit Wirkung für ihre Mitgliedstaaten abgeschlossen und bildet deshalb einen Bestandteil des sekundären EU-Rechts; → Rn. 63f.
[67] BGBl. 1986 II 826 = *Jayme/Hausmann* Nr. 181.
[68] BGBl. 1987 II220.
[69] ABl. 2011 L 192, 51 = *Jayme/Hausmann* Nr. 182.
[70] Das Übereinkommen wurde von der EU mit Wirkung für ihre Mitgliedstaaten abgeschlossen und bildet deshalb einen Bestandteil des sekundären EU-Rechts; → Rn. 63ff.
[71] BGBl. 1990 II 220 = *Jayme/Hausmann* Nr. 153.
[72] BGBl. 1991 II 392.
[73] BGBl. 1958 II 577 = *Jayme/Hausmann* Nr. 210.
[74] BGBl. 1959 II 1388.
[75] BGBl. 1977 II 1453 = *Jayme/Hausmann* Nr. 211.
[76] BGBl. 1979 II 779.

– das Haager Übereinkommen über die Beweisaufnahme im Ausland in Zivil- oder Handelssachen **(HBÜ)** vom 18.3.1970;[77] für die *Bundesrepublik Deutschland* in Kraft seit 26.6.1979,[78]
– das Haager Übereinkommen über die zivilrechtlichen Aspekte internationaler Kindesentführung **(HKÜ)**vom 25.10.1980;[79] für die *Bundesrepublik Deutschland* in Kraft seit 1.12.1990,[80]
– das Haager Übereinkommen über den Schutz von Kindern und die Zusammenarbeit auf dem Gebiet der internationalen Adoption **(HAdoptÜ)** vom 29.5.1993;[81] für die *Bundesrepublik Deutschland* in Kraft seit 1.3.2002;[82]

4. auf dem Gebiet der internationalen Schiedsgerichtsbarkeit, zB
   – das New Yorker UN-Übereinkommen über die Anerkennung und Vollstreckung ausländischer Schiedssprüche **(UNÜ)** vom 10.6.1958;[83] für die *Bundesrepublik Deutschland* in Kraft seit 28.9.1961,[84]
   – das Genfer Europäische Übereinkommen über die internationale Handelsschiedsgerichtsbarkeit **(EuÜ)** vom 21.4.1961;[85] für die *Bundesrepublik Deutschland* in Kraft seit 25.1.1965.[86]

## 2. Vorrang vor nationalem Kollisionsrecht

Soweit staatsvertragliche und autonome Kollisionsnormen denselben Regelungsbereich aufweisen, hat die völkerrechtliche Vereinbarung bereits nach den allgemeinen Grundsätzen der *lex posterior* und der *lex specialis* Vorrang. Dies gilt gleichermaßen für multilaterale[87] wie für bilaterale Verträge[88] und wird durch Art. 3 Nr. 2 EGBGB noch einmal klargestellt.[89] Ferner verdrängen auch Staatsverträge, die einheitliches Sachrecht für internationale Sachverhalte schaffen, in ihrem Anwendungsbereich die nationalen Kollisions- und Sachnormen. Art. 3 Nr. 2 EGBGB setzt allerdings voraus, dass der Staatsvertrag „unmittelbar anwendbares innerstaatliches Recht" geworden ist. Hierfür reicht der Hinweis auf Art. 25 GG, demzufolge die allgemeinen Regeln des Völkerrechts Teil des innerstaatlichen Rechts sind, nicht aus.[90] Denn die kollisionsrechtlichen Staatsverträge gehören nicht zu den „allgemeinen Regeln des Völkerrechts". Sie bedürfen daher notwendig der Transformation in innerstaatliches Recht im **Verfahren nach Art. 59 GG** (Zeichnung, Erlass eines Zustimmungsgesetzes, Ratifikation bzw. Beitritt, Hinterlegung der Ratifikations- bzw. Beitrittsurkunde).[91] Darüber hinaus ist jeweils sorgfältig zu prüfen, ob der räumlich-persönliche, sachliche und zeitliche Anwendungsbereich des Staatsvertrags eröffnet ist. 34

[77] BGBl. 1977 II 1472 = *Jayme/Hausmann* Nr. 212.
[78] BGBl. 1979 II 780.
[79] BGBl. 1990 II 207 = *Jayme/Hausmann* Nr. 222.
[80] BGBl. 1991 II 329.
[81] BGBl. 2001 II 1035 = *Jayme/Hausmann* Nr. 223.
[82] BGBl. 2002 II 2872; dazu näher → § 14 Rn. 1 ff.
[83] BGBl. 1961 II 122 = *Jayme/Hausmann* Nr. 240.
[84] BGBl. 1962 II 102.
[85] BGBl.1964 II 426 = *Jayme/Hausmann* Nr. 241.
[86] BGBl. 1965 II 107.
[87] Vgl. etwa zum Vorrang des Haager Testamentsformabkommens von 1961 BGH IPRax 2005, 253 mAnm *Looschelders* S. 232.
[88] Vgl. zum Vorrang von Art. 18 des deutsch-türkischen Konsularvertrages vom 28.5.1929 (RGBl. 1930 II 798) vor Art. 13 Abs. 3 S. 2 EGBGB BayObLGZ 1988, 86 (88 ff.); LG München I FamRZ 2007, 1250; zum Vorrang des deutsch-iranischen Niederlassungsabkommens vom 17.2.1929 (RGBl. 1930 II 1002) BGH FamRZ 2005, 1666; 2004, 1952 mAnm *Henrich*.
[89] Art. 3 Nr. 2 EGBGB kommt allenfalls insoweit *konstitutive* Bedeutung zu, als der deutsche Gesetzgeber durch die Vorschrift klarstellt, dass mit der Schaffung neuer autonomer Kollisionsnormen bereits verbindliche staatsvertragliche Regelungen nicht aufgehoben oder eingeschränkt werden sollen; vgl. Palandt/*Thorn* EGBGB Art. 3 Rn. 11; MüKoBGB/*v. Hein* EGBGB Art. 3 Rn. 172; Staudinger/*Hausmann* EGBGB Art. 3 Rn. 27 f., jeweils mwN.
[90] Staudinger/*Hausmann* EGBGB Art. 3 Rn. 24; MüKoBGB/*v. Hein* EGBGB Art. 3 Rn. 170.
[91] Dazu Staudinger/*Hausmann* EGBGB Art. 3 Rn. 29 ff.

35 Der Vorrang von Staatsverträgen gilt nicht nur im Verhältnis zu den Kollisionsnormen des besonderen Teils (Art. 7 ff. EGBGB), sondern auch gegenüber den innerstaatlich unmittelbar anwendbaren (Hilfs-)Normen des **allgemeinen Teils,** wie zB Art. 3a bis 6 EGBGB. Auch soweit ein Staatsvertrag Fragen des allgemeinen Teils nicht ausdrücklich regelt, darf daher nicht ohne weiteres auf Art. 3a bis 6 EGBGB zurückgegriffen werden. Äußert sich etwa ein Staatsvertrag nicht explizit zur *Renvoi*-Problematik, so folgt daraus nicht die Beachtung einer Rück- oder Weiterverweisung in den Grenzen des Art. 4 EGBGB; vielmehr wird sich regelmäßig im Wege der Auslegung des Staatsvertrages ergeben, dass dieser lediglich Sachnormverweisungen ausspricht.[92] Knüpft eine staatsvertragliche Kollisionsnorm an die Staatsangehörigkeit an, so ist in Fällen von *Mehrstaatigkeit* auch nicht zwangsläufig auf Art. 5 Abs. 1 EGBGB zu rekurrieren; der Vereinheitlichungszweck des Staatsvertrages kann vielmehr eine alternative Anknüpfung[93] oder eine Anknüpfung an die effektive Staatsangehörigkeit des Mehrstaaters erfordern, auch wenn dieser zugleich Deutscher ist.[94] Enthält der Staatsvertrag keine *Vorbehaltsklausel,* so darf schließlich nicht ohne weiteres auf die autonome *ordre public*-Regel zurückgegriffen werden; vielmehr kann dies bedeuten, dass eine Berufung auf den *ordre public* – entgegen Art. 6 EGBGB – generell ausgeschlossen sein soll.[95]

## 3. Konventionskonflikte

36 Überschneidet sich der Anwendungsbereich mehrerer Staatsverträge, so ist zunächst zu prüfen, ob der spätere Staatsvertrag das Verhältnis zu konkurrierenden früheren Staatsverträgen nicht selbst ausdrücklich regelt. Solche Regelungen finden sich etwa im Haager Kinderschutzübereinkommen **(KSÜ)** von 1996 in Bezug auf das Haager Kindesentführungsübereinkommen **(HKÜ)** von 1980 (Art. 50) und das Haager Minderjährigenschutzabkommen **(MSA)** von 1961 (Art. 51). Eine ähnliche Regel zur Koordinierung mit den älteren Haager Unterhaltsstatutübereinkommen von 1958 und 1973 findet sich in Art. 18 des Haager Unterhaltsprotokolls (HUP) von 2007. In Ermangelung solcher Regeln gelten die allgemeinen Grundsätze des Völkergewohnheitsrechts, die in Art. 30 Abs. 4 der Wiener UN-Konvention über das Recht der Verträge vom 23.5.1969[96] niedergelegt sind.[97] Danach gilt grundsätzlich der neuere Vertrag, wenn ihm alle Parteien des früheren Staatsvertrags beigetreten sind. Ist nur eine Partei dem neueren Vertrag beigetreten, so gilt hingegen der ältere Staatsvertrag fort.[98] Zu Konflikten zwischen staatsvertraglichem und europäischem Kollisionsrecht → Rn. 67.

## 4. Auslegungsmethode

37 Für die Auslegung von Staatsverträgen gelten methodische Besonderheiten. Mit der angestrebten einheitlichen Anwendung staatsvertraglicher Kollisionsnormen in allen Vertragsstaaten wäre eine Auslegung nach der *lex fori* des jeweils angerufenen Gerichts nicht vereinbar. Hierfür ist vielmehr eine **autonome Auslegung** erforderlich, die sich am Wortlaut, der Entstehungsgeschichte und den Zielen des Staatsvertrags orientiert. Die allgemeinen Grundsätze der (grammatikalischen, systematischen, historischen und teleologischen) Auslegung gelten zwar auch hier.[99] Besondere Bedeutung kommt jedoch der rechtsvergleichenden Auslegung zu, in deren Rahmen auch die einschlägige Rechtspre-

---

[92] Staudinger/*Hausmann* EGBGB Art. 4 Rn. 124 ff.; dazu auch → § 2 Rn. 127.
[93] So zum Haager Testamentsformabkommen von 1961 Staudinger/*Bausback* EGBGB Art. 5 Rn. 30.
[94] Vgl. zur Problematik iRv Art. 3 MSA *Mansel* IPRax 1985, 209; *Martiny* JZ 1993, 1198.
[95] Vgl. dazu näher *Meyer-Sparenberg* S. 152 ff.; MüKoBGB/*v. Hein* EGBGB Art. 6 Rn. 39; Staudinger/*Voltz* EGBGB Art. 6 Rn. 56 ff.
[96] BGBl. 1985 II 926.
[97] Vgl. Staudinger/*Hausmann* EGBGB Art. 3 Rn. 52 ff.; *Volken,* Konventionskonflikte im IPR, 1977.
[98] BGH IPRax 1986, 382 mAnm *Böhmer* IPRax 1998, 362; BeckOK BGB/*Lorenz* EGBGB Art. 3 Rn. 8.
[99] Vgl. MüKoBGB/*v. Hein* EGBGB Art. 3 Rn. 179 ff.

chung und Literatur in den anderen Vertragsstaaten angemessen zu berücksichtigen ist.[100] Der Zugang zu diesen ausländischen Rechtsquellen ist heute durch das Internet wesentlich erleichtert.

## II. Recht der Europäischen Union

**Schrifttum:**

*Andrae,* Kollisionsrecht nach dem Lissaboner Vertrag, FPR 2010, 505; *Audit,* L'interprétation autonome du droit international privé, Clunet 2004, 789; *Basedow,* Kodifizierung des europäischen internationalen Privatrechts?, RabelsZ 75 (2011), 671; *Bogdan,* Concise Introduction to EU Private International Law, 2012; *Dohrn,* Die Kompetenzen der EG im IPR, 2004; *Fallon/Lagarde/Poillot-Peruzzetto* (Hrsg.), Quelle architecture pour un code européen de droit international privé, 2011; *Frenz,* Justizielle Zusammenarbeit in Zivilsachen, JR 2011, 277; *Jud/Rechberger/Reichelt* (Hrsg.), Kollisionsrecht in der Europäischen Union, 2008; *Nehne,* Methodik und allgemeine Lehren des europäischen Internationalen Privatrechts, 2012; *Kieninger/Remien* (Hrsg.), Europäische Kollisionsrechtsvereinheitlichung, 2012; *Sonnenberger,* Europarecht und Internationales Privatrecht, ZVglRWiss 1996, 3; *ders.,* Grenzen der Verweisung durch europäisches internationales Privatrecht, IPRax 2011, 325; *Wendehorst,* Kollisionsnormen im primären Europarecht?, FS Heldrich, 2005, 1071; *R. Wagner,* Fünfzehn Jahre justizielle Zusammenarbeit in Zivilsachen, IPRax 2014, 287. Vgl. ferner die Jahresberichte zur Entwicklung des europäischen Kollisionsrechts von *Jayme/Kohler,* 1991–2007, und von *Mansel/Thorn/Wagner,* seit 2008, in IPRax.

### 1. Allgemeines

**a) Primäres und sekundäres EU-Recht.** Das im Vertrag über die Europäische Union 38 **(EUV)** und im Vertrag über die Arbeitsweise der Europäischen Union **(AEUV)**, jeweils idF des Vertrags von Lissabon vom 13.12.2007,[101] kodifizierte **primäre Unionsrecht** enthält keine für die Mitgliedstaaten und ihre Bürger verbindlichen Kollisionsnormen;[102] es beschränkt sich vielmehr insoweit auf die Schaffung einer Kompetenzgrundlage für ein einheitliches europäisches Kollisionsrecht. Letzteres findet sich hingegen ausschließlich im **sekundären Unionsrecht,** nämlich in Verordnungen, Richtlinien und von der EU mit Wirkung für ihre Mitgliedstaaten ratifizierten Staatsverträgen.

Bereits der am 1.5.1999 in Kraft getretene **Vertrag von Amsterdam** hatte in Art. 61 39 lit. c EG-Vertrag eine Gemeinschaftszuständigkeit für die „justizielle Zusammenarbeit in Zivilsachen" begründet, die damit von der „dritten Säule" der nur politisch-programmatischen Zusammenarbeit der Mitgliedstaaten in den Bereichen Justiz und Inneres in die „erste Säule" originärer Gemeinschaftszuständigkeit überführt wurde. Seit dem Inkrafttreten des Vertrags von Lissabon am 1.12.2009 findet sich diese Kompetenzgrundlage für die Vereinheitlichung des Kollisionsrechts der EU in **Art. 81 AEUV.** Ziele der justiziellen Zusammenarbeit in Zivilsachen sind nach Art. 81 Abs. 2 AEUV unter anderen „die gegenseitige Anerkennung und Vollstreckung gerichtlicher und außergerichtlicher Entscheidungen zwischen den Mitgliedstaaten" (lit. a) und „die Vereinbarkeit der in den Mitgliedstaaten geltenden Kollisionsnormen und Vorschriften zur Vermeidung von Kompetenzkonflikten" (lit. c). Der in lit. c verwendete Begriff „Kollisionsnormen" stimmt mit dem im deutschen Recht geltenden (engen) Begriff des IPR (→ Rn. 1) überein. Die Kompetenz des europäischen Gesetzgebers ist nach Art. 81 Abs. 1 AEUV auf „Zivilsachen mit grenzüberschreitendem Bezug" beschränkt. Hingegen enthält Art. 81 Abs. 2 AEUV kein zwingendes Erfordernis eines **Binnenmarktbezugs** mehr;[103] aus diesem Grunde können die noch unter Geltung von Art. 61 EG-Vertrag vielfach geäußerten Zweifel an

---

[100] BGHZ 152, 198 (201); Palandt/*Thorn* EGBGB Einl. Art. 3 Rn. 7; BeckOK BGB/*Lorenz* IPR Einl. Rn. 19; *Kegel/Schurig* IPR § 1 IV 1a; *Kropholler* IPR § 9 V.

[101] BGBl. 2008 II 1038.

[102] MüKoBGB/*v. Hein* EGBGB Art. 3 Rn. 88ff.; BeckOK BGB/*Lorenz* IPR Einl. Rn. 25; Palandt/*Thorn* EGBGB Art. 3 Rn. 10; *Schotten/Schmellenkamp* IPR Rn. 4b.

[103] Der europäische Gesetzgeber soll nach Art. 81 Abs. 2 AEUV zwar „insbesondere" tätig werden, wenn dies für das reibungslose Funktionieren des Binnenmarkts erforderlich ist; die Kompetenz ist jedoch auf solche Fälle nicht beschränkt.

der Gesetzgebungskompetenz der EG zu einer umfassenden Harmonisierung des Kollisionsrechts – auch im Verhältnis zu Drittstaaten – nicht mehr aufrechterhalten werden.[104] Ein gespaltenes Kollisionsrecht für Binnenmarktsachverhalte einerseits und Drittstaatensachverhalte andererseits hätte zu einer unnötigen Erschwerung des internationalen Privatrechtsverkehrs geführt. Daher ist die Grundentscheidung des europäischen Gesetzgebers zugunsten einer universellen Anwendung der in EU-Verordnungen enthaltenen Kollisionsnormen zu begrüßen.[105]

40 Das Kollisionsrecht der EU wird nach Art. 81 Abs. 2 iVm Art. 294 AEUV grundsätzlich im ordentlichen Gesetzgebungsverfahren der EU verabschiedet, in dem auch das Europäische Parlament am der Entscheidung beteiligt werden muss und der Rat mit qualifizierter Mehrheit entscheidet. Demgegenüber gilt für das **internationale Familienrecht** nach Art. 81 Abs. 3 AEUV ein **besonderes Verfahren,** in dem das Europäische Parlament lediglich angehört wird, der Rat aber über zu treffende Maßnahmen einstimmig beschließen muss. Dies kann – wie bei der Verabschiedung der EuErbVO[106] – zu schwierigen Abgrenzungsfragen zwischen dem Familienrecht und dem sonstigen Zivilrecht führen. Auch in den Verfahren nach Art. 81 Abs. 2 und Abs. 3 AEUV ist die Gesetzgebungskompetenz der EU durch die Prinzipien der **Subsidiarität** und der **Verhältnismäßigkeit** nach Art. 5 EUV beschränkt.[107]

41 **b) Verordnungs- und Richtlinienrecht.** Da sich Art. 3 Nr. 1 EGBGB nur auf „unmittelbar anwendbare Regelungen der EU" bezieht, ist der grundlegende Unterschied zwischen Verordnungen und Richtlinien auch auf dem Gebiet des Kollisionsrechts zu beachten. Nur **Verordnungen** gelten gemäß Art. 288 Abs. 2 AEUV „unmittelbar in jedem Mitgliedstaat", wirken dort also automatisch wie ein nationales Gesetz und bedürfen hierfür keiner Umsetzung. Den Mitgliedstaaten ist auch die Inkorporation von EU-Verordnungen in nationale Gesetze untersagt.[108] Sie sind lediglich berechtigt, ergänzende Ausführungsvorschriften zu erlassen, wenn die Verordnung hierfür Spielraum bietet. Der deutsche Gesetzgeber hat diese Ausführungsvorschriften zu den rein kollisionsrechtlichen EU-Verordnungen im Siebten Abschnitt des Zweiten Kapitels des EGBGB eingestellt (vgl. Art. 46a ff. EGBGB). Demgegenüber finden sich die – praktisch wichtigeren – Ausführungsvorschriften zu den verfahrensrechtlichen EU-Verordnungen zT im 11. Buch der ZPO (§§ 1067 ff.), zT in speziellen Ausführungsgesetzen (Art. 102 EGInsO idF vom 14.2.2003[109] zur EuInsVO; IntFamRVG vom 26.1.2005[110] zur EuEheVO; AUG vom 23.5.2011[111] zur EuUntVO; IntErbRVG vom 29.6.2015[112] zur EuErbVO).

42 Demgegenüber sind **Richtlinien** zwar gemäß Art. 288 Abs. 3 AEUV auch für jeden Mitgliedstaat, an den sie gerichtet sind, hinsichtlich des zu erreichenden Ziels verbindlich; sie überlassen den zuständigen innerstaatlichen Stellen jedoch die Wahl der Form und der Mittel. Richtlinien entfalten also keine „horizontale Direktwirkung" für die Bürger der Mitgliedstaaten, sondern bedürfen hierfür notwendig der Umsetzung in nationales Recht (→ Rn. 62). Die auf diese Weise in den Mitgliedstaaten geschaffenen nationalen Kollisionsnormen sind allerdings wiederum richtlinienkonform auszulegen, um das mit der

[104] *R. Wagner* IPRax 2014, 217 (220); BeckOK BGB/*Lorenz* IPR Einl. Rn. 25; MüKoBGB/*v. Hein* EGBGB Art. 3 Rn. 36.
[105] So auch *R. Wagner* IPRax 2014, 217 (220); MüKoBGB/*v. Hein* EGBGB Art. 3 Rn. 36.
[106] Vgl. Erwägungsgrund 2 zur EuErbVO; *W. H. Roth* EWS 2011, 314 (320); MüKoBGB/*v. Hein* EGBGB Art. 3 Rn. 38.
[107] Dazu *Sonnenberger* IPRax 2011, 325 (326); *W. H. Roth* EWS 2011, 314 (319); *R. Wagner* IPRax 2014, 217 (220); MüKoBGB/*v. Hein* EGBGB Art. 3 Rn. 43.
[108] Der deutsche Gesetzgeber war daher nicht befugt, die Rom I-VO – nach dem Vorbild des EVÜ – in das EGBGB zu inkorporieren, vgl. die RegBegr. zum Rom I-Anpassungsgesetz, BT-Drs. 16/12104, 8.
[109] BGBl. 2003 I 345 = *Jayme/Hausmann* Nr. 260b.
[110] BGBl. 2005 I 162 = *Jayme/Hausmann* Nr. 162a.
[111] BGBl. 2011 I 898 = *Jayme/Hausmann* Nr. 161a.
[112] BGBl. 2015 I 1042; = *Jayme/Hausmann* Nr. 61a.

Richtlinie verfolgte Harmonisierungsziel des europäischen Gesetzgebers zu erreichen (→ Rn. 72).

Art. 3 Nr. 1 EGBGB bezieht sich daher nur auf das in **EU-Verordnungen** enthaltene Kollisionsrecht, weil EU-Richtlinien schon definitionsgemäß keine unmittelbar anwendbaren Kollisionsnormen des Unionsrechts enthalten können.[113] Ferner gilt Art. 3 Nr. 1 EGBGB auch nicht für Kollisionsnormen in dem – auf umgesetzten EU-Richtlinien beruhenden – harmonisierten Recht, weil dieses Bestandteil des nationalen Rechts der Mitgliedstaaten, nicht des Unionsrechts sind. 43

In einer ersten Phase der Rechtsentwicklung beschränkte sich der europäische Gesetzgeber – vor allem auf dem Gebiet des Verbraucherschutzes – auf kollisionsrechtliche Regelungen in **EU-Richtlinien** (→ Rn. 60). Im Jahr 1977 hat der europäische Gesetzgeber dann begonnen, von der Kompetenz in Art. 61 EG, später in Art. 81 AEUV, Gebrauch zu machen, um zentrale Bereiche des Kollisionsrechts in **Verordnungen** zu vereinheitlichen. Diese umfassen nicht nur das „binnenmarktnahe" internationale Schuldrecht, sondern inzwischen auch wichtige Aspekte des internationalen Familienrechts und das gesamte internationale Erbrecht (→ Rn. 51 f., 54 f.). Die kollisionsrechtlichen EU-Verordnungen sind – wie erwähnt – durchwegs als *„loi uniforme"* konzipiert, gelten also in den Mitgliedstaaten „universell" und verdrängen damit das nationale Kollisionsrecht vollständig. Auch neue Staatsverträge auf dem Gebiet des Kollisionsrechts können nicht mehr von einzelnen Mitgliedstaaten, sondern nur noch von der EU mit Wirkung für die Mitgliedstaaten abgeschlossen werden (näher → Rn. 63 f.). 44

Der **Vorteil der Rechtssetzung durch EU-Verordnungen** gegenüber dem Abschluss von kollisionsrechtlichen Staatsverträgen besteht vor allem darin, dass Verordnungen gemäß Art. 288 Abs. 2 AEUV unmittelbar in den teilnehmenden Mitgliedstaaten gelten, während zwischen EU-Mitgliedstaaten geschlossene völkerrechtliche Vereinbarungen erst dann Vorrang vor dem nationalen Recht genießen, wenn sie in unmittelbar geltendes innerstaatliches Recht transformiert worden sind, also in allen Vertragsstaaten das schwerfällige Ratifikationsverfahren durchlaufen haben (zB in *Deutschland* nach Art. 59 Abs. 2 GG).[114] Einen weiteren Vorzug des EU-Kollisionsrecht bedeutet es, dass dem EuGH auf dem Gebiet des sekundären Unionsrechts eine sich unmittelbar aus Art. 267 AEUV ergebende Auslegungsbefugnis zusteht (→ Rn. 73 f.), während eine solche Kompetenz für Staatsverträge zwischen den EU-Mitgliedstaaten gesondert vereinbart werden müsste.[115] 45

Das Ziel einer Vereinheitlichung des internationalen Privat- und Verfahrensrechts in der Europäischen Union wird freilich bisher nur eingeschränkt erreicht, weil *Dänemark,* das *Vereinigte Königreich* und *Irland* an Maßnahmen nach Titel V des Buchs 3 des AEUV – und damit auch an Maßnahmen auf dem Gebiet der Justiziellen Zusammenarbeit in Zivilsachen – nicht teilnehmen. Während das *Vereinigte Königreich* und *Irland* sich die Möglichkeit vorbehalten haben, im Wege des *opt-in* an einzelnen Rechtsinstrumenten teilzunehmen und von dieser Möglichkeit auch meist Gebrauch gemacht haben, bestand für *Dänemark* bis zum 1.12.2009 eine solche Option nicht. Auch an den unter Geltung des Lissaboner Vertrages erlassenen kollisionsrechtlichen Verordnungen hat sich *Dänemark* bisher nicht beteiligt, so dass sie für dieses Land nicht gelten. Noch größer ist die Rechtszersplitterung, seitdem der Vertrag von Lissabon die Möglichkeit geschaffen hat, aufgrund einer Ermächtigung durch Beschluss des Europäischen Rates EU-Verordnungen auch im Wege der sog **„Verstärkten Zusammenarbeit"** nach Art. 20 EUV iVm 326 ff. AEUV zu verabschieden, an der nur ein Teil der EU-Mitgliedstaaten teilnimmt. Von dieser 46

[113] BeckOK BGB/*Lorenz* EGBGB Art. 3 Rn. 9; Palandt/*Thorn* EGBGB Art. 3 Rn. 6; NK-BGB/*Freitag* EGBGB Art. 3 Rn. 66; Staudinger/*Hausmann* EGBGB Art. 3 Rn. 16; *Schotten/Schmellenkamp* IPR § 1 Rn. 4c.

[114] *Hess* NJW 2000, 23 (27); *Geimer* IPRax 2002, 69 (71); *Junker* FS Sonnenberger, 2004, 417 (422); *R. Wagner* RabelsZ 68 (2004), 119 (131 f.).

[115] Vgl. zu dem Protokoll betreffend die Auslegung des EVÜ durch den EuGH *Jayme/Kohler* IPRax 2004, 481 (491 f.); *R. Wagner* NJW 2005, 1754 (1755).

Möglichkeit wurde bisher insbesondere Gebrauch gemacht, um das Kollisionsrecht der Ehescheidung und der Trennung ohne Auflösung des Ehebandes in der **Rom III-VO** (→ Rn. 51) zumindest in einem Teil der Mitgliedstaaten zu vereinheitlichen. Der gleiche Weg soll auch auf dem Gebiet des Güterrechts von Ehegatten und eingetragenen Lebenspartnern beschritten werden (→ Rn. 58 f.). An dieser Verordnung nehmen derzeit nur 16 der 28 Mitgliedstaaten teil. Aus dem Gesagten folgt, dass in der Praxis auf Risiken, die sich aus der Nichtteilnahme einzelner Mitgliedstaaten an einer der Rechtsgestaltung zugrunde liegenden EU-Verordnung hinzuweisen ist, um den Parteien Überraschungen bei Prozessen in einem an der verstärkten Zusammenarbeit nicht teilnehmenden Mitgliedstaat zu ersparen.[116]

47 **Beispiel:**
Der deutsche M und seine englische Ehefrau F, die beide in Deutschland leben, ersuchen im Herbst 2015 einen deutschen Notar um die Beurkundung eines Erbvertrags. Welches Recht ist anzuwenden? Wird der Erbvertrag auch in England, wo die F noch Eigentümerin ihres Elternhauses ist, anerkannt?

Das auf den Erbvertrag anzuwendende Recht bestimmt sich nach den Vorschriften der EuErbVO. Deren Kollisionsnormen sind vom deutschen Notar nach Art. 20 EuErbVO universell anzuwenden. Für die Anwendung der EuErbVO in Deutschland kommt es also nicht darauf an, ob das *Vereinigte Königreich* an dieser Verordnung teilnimmt oder nicht. Da beide Ehegatten ihren gewöhnlichen Aufenthalt bei Abschluss des Erbvertrags im Inland haben, kann dieser gemäß Art. 25 Abs. 2 iVm Art. 21 Abs. 1 EuErbVO wirksam nach Maßgabe des deutschen Erbrechts geschlossen werden (näher → § 15 Rn. 246 ff.). Da das *Vereinigte Königreich* an der EuErbVO nicht teilnimmt und Art. 25 EuErbVO somit dort nicht gilt, ist allerdings zweifelhaft, ob die nach deutschem Recht getroffene Regelung der Vererbung des in England belegenen Hausgrundstücks der Ehefrau in England Wirkung entfaltet. Auf die Gefahr, dass englische Gerichte den in Deutschland geschlossenen Erbvertrag uU nicht oder nur mit Einschränkungen anerkennen werden, hat der deutsche Notar die Beteiligten hinzuweisen.

## 2. EU-Verordnungsrecht

48 **a) Rein Kollisionsrechtliche EU-Verordnungen.** Die wichtigsten derzeit in der *Bundesrepublik Deutschland* unmittelbar anwendbaren EU-Verordnungen, die sich auf das Kollisionsrecht beschränken, sind in Art. 3 Nr. 1 lit. a, lit. b und lit. d EGBGB aufgeführt. Sie sind durchwegs von den Gerichten der teilnehmenden Mitgliedstaaten „universell" anzuwenden, bestimmen also das anwendbare Recht auch dann, wenn ihre Kollisionsnormen auf das Recht eines an der Verordnung nicht teilnehmenden Mitgliedstaats (zB *Dänemarks*) oder eines nicht der Europäischen Union angehörenden Drittstaats verweisen. In ihrem sachlichen und zeitlichen Anwendungsbereich verdrängen die nachfolgend genannten EU-Verordnungen das autonome Kollisionsrecht der Mitgliedstaaten vollständig.

49 **aa) Rom II-Verordnung.** Als erstes kollisionsrechtliches Instrument ist in den Mitgliedstaaten (mit Ausnahme *Dänemarks*) die Verordnung (EG) Nr. 864/2007 über das auf außervertragliche Schuldverhältnisse anzuwendende Recht **(Rom II-VO)** vom 11.7.2007[117] am 11.1.2009 in Geltung getreten. Sie erfasst allerdings in sachlicher Hinsicht nicht alle außervertraglichen Schuldverhältnisse; vielmehr bestimmt Art. 1 Abs. 2 wichtige Bereichsausnahmen (wie zB außervertragliche Schuldverhältnisse aus dem Gesellschafts- und Wertpapierrecht, die Atomhaftung und den deliktischen Schutz von Persönlichkeitsrechten). Für diese sachlich von

[116] Vgl. MüKoBGB/*v. Hein* EGBGB Art. 3 Rn. 55.
[117] ABl. 2007 L 199, 40 = *Jayme/Hausmann* Nr. 101.

der Verordnung nicht erfassten außervertraglichen Schuldverhältnisse gilt daher das autonome Kollisionsrecht der Mitgliedstaaten – in Deutschland Art. 38 bis 42 EGBGB – fort.[118]

**bb) Rom I-Verordnung.** Die in Art. 3 Nr. 1 lit. b EGBGB aufgeführte Verordnung (EG) Nr. 593/2008 über das auf vertragliche Schuldverhältnisse anzuwendende Recht **(Rom I-VO)** vom 17.6.2008[119] gilt in den Mitgliedstaaten (mit Ausnahme *Dänemarks*) seit dem 17.12.2009. Da ihr sachlicher Anwendungsbereich umfassend ist – die Bereichsausnahmen in Art. 1 Abs. 2 betreffen keine vertraglichen Schuldverhältnisse ieS, sondern außervertragliche, familien- und erbrechtliche Verträge – und sie deshalb für nationales Kollisionsrecht auf dem Gebiet der Schuldverträge keinen Raum mehr lässt, hat der deutsche Gesetzgeber die Art. 27 bis 37 EGBGB[120] aufgehoben. Für diejenigen Mitgliedstaaten, in denen zuvor das Römische Übereinkommen über das auf vertraglichen Schuldverhältnisse anzuwendende Recht vom 19.6.1980[121] unmittelbare innerstaatliche Wirkung entfaltet hatte, wurde es gemäß Art. 24 Rom I-VO durch die Verordnung ersetzt. 50

**cc) Rom III-Verordnung.** Die in Art. 3 Nr. 1 lit. d genannte Verordnung (EU) Nr. 1259/2010 zur Durchführung einer **Verstärkten Zusammenarbeit**[122] im Bereich des auf die Ehescheidung und Trennung ohne Auflösung des Ehebandes anzuwendenden Rechts **(Rom III-VO)** vom 20.12.2010[123] gilt in der *Bundesrepublik Deutschland* und den anderen von Beginn an der Verstärkten Zusammenarbeit teilnehmenden 13 Mitgliedstaaten (*Belgien, Bulgarien, Frankreich, Italien, Lettland, Luxemburg, Malta, Österreich, Portugal, Rumänien, Slowenien, Spanien* und *Ungarn*) seit dem 21.6.2012; danach sind auch *Litauen* (seit 22.5.2014) und *Griechenland* (seit 20.7.2015) der Verstärkten Zusammenarbeit beigetreten. Auch diese Verordnung hat nach ihrem Art. 4 in den teilnehmenden Mitgliedstaaten universelle Geltung; sie bestimmt das Scheidungsstatut vor deutschen Gerichten daher auch dann, wenn auf das Recht eines nicht teilnehmenden Mitgliedstaats oder eines Drittstaats verwiesen wird (näher → § 11 Rn. 9f.). Sie genießt daher trotz ihres eingeschränkten räumlichen Anwendungsbereichs vor deutschen Gerichten im gleichen Umfang Anwendungsvorrang vor dem nationalen Recht wie die Verordnungen Rom I und Rom II.[124] Aus diesem Grunde hat der deutsche Gesetzgeber mit Anpassungsgesetz vom 23.1.2013[125] die bisherige autonome Kollisionsnorm in Art. 17 Abs. 1 EGBGB aufgehoben. Der neu gefasste Art. 17 Abs. 1 EGBGB regelt nur noch das anwendbare Recht für die aus der Rom III-VO ausgeklammerten vermögensrechtlichen Scheidungsfolgen durch eine Verweisung auf die Verordnung (näher → § 11 Rn. 142ff.). 51

**b) EU-Verordnungen mit verfahrens- und kollisionsrechtlichem Gehalt. aa) Erbrechtsverordnung.** Art. 3 Nr. 1 EGBGB nennt neben den zuvor genannten rein kollisionsrechtlichen Verordnungen (lit a, lit. b, und lit. d) in lit. e wegen ihrer erheblichen praktischen Bedeutung auch die die Verordnung (EU) Nr. 650/2012 über die Zuständigkeit, das anzuwendende Recht, die Anerkennung und Vollstreckung von Entscheidungen und die Annahme und Vollstreckung öffentlicher Urkunden in Erbsachen, sowie zur Einführung eines Europäischen Nachlasszeugnisses **(EuErbVO)** vom 4.7.2012,[126] obwohl 52

---

[118] Vgl. das Gesetz vom 10.12.2008, BGBl. I 2401.
[119] ABl. 2008 L 177, 6 = *Jayme/Hausmann* Nr. 80.
[120] Vgl. das Gesetz vom 25.6.2009, BGBl. I 1574.
[121] BGBl. 1986 II 810.
[122] Ob die in Art. 20 EUV iVm Art. 326 bis 334 AEUV vorgesehene „Verstärkte Zusammenarbeit" von mindestens neun Mitgliedstaaten ein geeignetes Instrument für die Kollisionsrechtsvereinheitlichung in der EU darstellt, ist rechtspolitisch umstritten, vgl. dazu näher MüKoBGB/*v. Hein* EGBGB Art. 3 Rn. 51ff. mwN.
[123] ABl. 2010 L 343, 10 = *Jayme/Hausmann* Nr. 34.
[124] MüKoBGB/*v. Hein* EGBGB Art. 3 Rn. 45.
[125] BGBl. 2013 I 101.
[126] ABl. 2012 L 201, 107 = *Jayme/Hausmann* Nr. 61.

deren Schwergewicht auf dem Gebiet des internationalen Verfahrensrechts liegt. Die Verordnung ist zwar für die Mitgliedstaaten der EU (mit Ausnahme *Dänemarks, Irlands* und des *Vereinigten Königreichs*) bereits am 16.8.2012 in Kraft getreten; sie „gilt" aber gemäß ihrem Art. 84 erst seit dem 17.8.2015 (näher → § 15 Rn. 5f.). Da das kollisionsrechtliche Kapitel III der Verordnung jedoch ebenfalls „universell" anzuwenden ist und das internationale Erbrecht nach Maßgabe von Art. 23 EuErbVO umfassend regelt, blieb für die Anwendung der Art. 25, 26 EGBGB aF auf Erbfälle, die nach dem 17.8.2015 eintreten (vgl. Art. 83 EuErbVO), kein Raum. Der deutsche Gesetzgeber hat diese Kollisionsnormen daher durch das Ausführungsgesetz zur EuErbVO vom 29.6.2015[127] an die Verordnung angepasst (näher → § 15 Rn. 16f.). Ergänzende deutsche Ausführungsbestimmungen zum Verfahrensrecht der EuErbVO enthält das Internationale Erbrechtsverfahrensgesetz **(IntErbRVG)** vom 29.6.2015.[128]

53 **bb) Insolvenzverordnung.** Die Aufzählung in Art. 3 Nr. 1 EGBGB ist außerdem, wie das Wort „insbesondere" verdeutlicht, nicht abschließend. Auch andere vornehmlich verfahrensrechtliche EU-Verordnungen regeln zugleich das anzuwendende Recht und haben insoweit Vorrang vor dem nationalen IPR.[129]. So enthält insbesondere die Verordnung (EG) Nr. 1346/2000 über Insolvenzverfahren **(EuInsVO)** vom 29.5.2000[130], die seit dem 31.5.2002 gilt, in ihren Art. 4 bis 15 Kollisionsnormen auf dem Gebiet des internationalen Insolvenzrechts, die in ihrem Anwendungsbereich die Parallelvorschriften in §§ 335ff. InsO verdrängen.[131] Die Verordnung wird mit Wirkung ab dem 26.7.2017 durch die Verordnung (EU) Nr. 848/2015 über Insolvenzverfahren vom 20.5.2015 abgelöst.[132] Die neue Verordnung übernimmt die bisherigen Kollisionsnormen der Art. 4 bis 15 in Art. 7 bis 18 im Wesentlichen unverändert.

54 **cc) Unterhaltsverordnung.** Auch die Verordnung (EG) Nr. 4/2009 über die Zuständigkeit, das anwendbare Recht, die Anerkennung und Vollstreckung von Entscheidungen und die Zusammenarbeit in Unterhaltssachen **(EuUntVO)** vom 18.12.2008,[133] die seit dem 18.6.2011 gilt, enthält – wie schon der Titel deutlich macht – in Art. 15 eine kollisionsrechtliche Bestimmung. Diese legt allerdings – abweichend vom Kommissionsvorschlag – das auf Unterhaltspflichten anzuwendende Recht nicht selbst fest, sondern beschränkt sich diesbezüglich auf eine Verweisung auf das Haager Unterhaltsprotokoll von 2007 (dazu näher → § 10 Rn. 2f.). Ergänzende deutsche Ausführungsbestimmungen zur Verordnung enthält das Auslandsunterhaltsgesetz **(AUG)** vom 23.5.2011.[134]

55 **dd) Ehegüterrechtsverordnung.** Einen weiteren wichtigen Schritt zur Vereinheitlichung des IPR in der Europäischen Union bildet die Verabschiedung der Verordnung (EU) Nr. 2016/1103 des Rates zur Durchführung der Verstärkten Zusammenarbeit im Bereich der Zuständigkeit, des anzuwendenden Rechts und der Anerkennung und Vollstreckung von Entscheidungen in Fragen des ehelichen Güterstands (**EuGüVO**) vom 24.6.2016[135] auf der Grundlage des Vorschlags der EU-Kommission vom 2.3.2016.[136] Da die Mitgliedstaaten sich auf eine unionsweit geltende Regelung nicht verständigen konn-

[127] BGBl. 2015 I 1042 = *Jayme/Hausmann* Nr. 61a.
[128] BGBl. 2015 I 1042; dazu *Dutta* ZEV 2015, 493ff.
[129] BGHZ 190, 364 = NJW 2011, 3784; *M.-P. Weller* FS v. Hoffmann, 2011, 513; MüKoBGB/*v. Hein* EGBGB Art. 3 Rn. 45.
[130] ABl. 2000 L 160, 1 = *Jayme/Hausmann* Nr. 260.
[131] Näher zum Verhältnis zwischen der EuInsVO und dem autonomen internationalen Insolvenzrecht Reithmann/Martiny/*Hausmann* IVR Rn. 7.445ff.
[132] ABl. 2015 L 141, 19.
[133] ABl. 2009 L 7, 1 = *Jayme/Hausmann* Nr. 161.
[134] BGBl. 2011 I 898 = *Jayme/Hausmann* Nr. 161a.
[135] ABl. L 183, 1.
[136] COM(2016) 106 final.

ten, wird diese Verordnung – nach dem Vorbild der Rom III-VO – im Rahmen einer Verstärkten Zusammenarbeit zunächst nur in einem Teil der Mitgliedstaaten gelten. Den Antrag auf Durchführung der Verstärkten Zusammenarbeit auf dem Gebiet des internationalen Ehegüterrechts haben die Bundesrepublik Deutschland sowie *Belgien, Bulgarien, Frankreich, Griechenland, Italien, Kroatien, Luxemburg, Malta*, die *Niederlande, Österreich, Portugal, Slowenien, Spanien,* die *Tschechische Republik* und *Zypern* gestellt.[137] Die Kollisionsnormen dieser Verordnung sollen nach Art. 20 der Verordnung in den teilnehmenden Mitgliedstaaten universell gelten. Sie werden das Güterrechtsstatut vor deutschen Gerichten daher auch dann bestimmen, wenn auf das Recht eines nicht teilnehmenden Mitgliedstaats oder eines Drittstaats verwiesen wird (näher → § 9 Rn. 10). Die Kollisionsnormen des Kapitels III der Verordnung finden allerdings nach der Übergangsvorschrift in Art. 69 Abs. 3 nur auf Ehen Anwendung, die unter ihrer Geltung, dh ab dem 29.1.2019, geschlossen worden sind. Die EuGüVO genießt innerhalb ihres eingeschränkten räumlichen und zeitlichen Anwendungsbereichs vor deutschen Gerichten jedoch im gleichen Umfang Anwendungsvorrang vor dem nationalen Recht wie andere kollisionsrechtliche EU-Verordnungen.[138] In sachlicher Hinsicht regelt die Verordnung außer dem Kollisionsrecht auch die internationale Zuständigkeit der Gerichte und die Anerkennung und Vollstreckung von Entscheidungen aus den teilnehmenden Mitgliedstaaten auf dem Gebiet des ehelichen Güterrechts (näher → § 9 Rn. 33a, 235).

**ee) Verordnung zum Güterrecht eingetragener Partnerschaften.** Zusammen mit 56
der Verordnung zum internationalen Ehegüterrecht hat der Europäische Rat ebenfalls am 24.6.2016 die Verordnung (EU) Nr. 2016/1104 zur Durchführung der Verstärkten Zusammenarbeit im Bereich der Zuständigkeit, des anzuwendenden Rechts und der Anerkennung und Vollstreckung von Entscheidungen in Fragen güterrechtlicher Wirkungen eingetragener Partnerschaften (*EuPartVO*)[139] verkündet.[140] Für diese Verordnung und ihre Durchführung gilt das vorstehend zur EuGüVO Gesagte entsprechend (zum Inhalt der EuPartVO näher → § 13 Rn. 5ff.).

**c) Rein verfahrensrechtliche EU-Verordnungen.** Das Schwergewicht der europäi- 57
schen Gesetzgebung zur justiziellen Zusammenarbeit liegt freilich bisher nicht auf dem Gebiet des Kollisionsrechts, sondern auf jenem des internationalen Verfahrensrechts. Zur Verbesserung des Rechtsschutzes der Unionsbürger bei Rechtsstreitigkeiten mit grenzüberschreitendem Bezug gelten in der Europäischen Union heute vor allem die folgenden Verordnungen:

- Verordnung (EG) Nr. 1215/2012 über die gerichtliche Zuständigkeit und die Anerkennung und Vollstreckung von Entscheidungen in Zivil- und Handelssachen **(Brüssel Ia-VO)** vom 12.12.2012.[141] Die Verordnung ist mit Wirkung vom 10.1.2015 an die Stelle der gleichnamigen Verordnung EG Nr. 44/2001 (Brüssel I-VO) vom 22.12.2000[142] getreten, die seit dem 1.3.2002 galt. Ergänzende deutsche Ausführungsbestimmungen enthalten die §§ 1110 bis 1117 ZPO.
- Verordnung (EG) Nr. 2201/2003 über die Zuständigkeit und die Anerkennung und Vollstreckung von Entscheidungen in Ehesachen und in Verfahren betr. die elterliche Verantwortung **(EuEheVO)** vom 27.11.2003.[143] Die Verordnung ist mit Wirkung vom 1.3.2005 an die Stelle der Verordnung (EG) Nr. 1347/2000 über die Zuständigkeit und

[137] Vgl. den Vorschlag der EU-Kommission für eine Ratsentscheidung über die Genehmigung der beantragten Verstärkten Zusammenarbeit vom 2.3.2016, COM(2016) 208 final.
[138] MüKoBGB/*v. Hein* EGBGB Art. 3 Rn. 45.
[139] ABl. L 183, 30.
[140] COM(2016) 107 final = *Jayme/Hausmann* Nr. 39.
[141] ABl. 2012 L 351, 1 = *Jayme/Hausmann* Nr. 160.
[142] ABl. 2001 L 12, 1.
[143] ABl. 2003 L 338, 1 = *Jayme/Hausmann* Nr. 162.

die Anerkennung und Vollstreckung von Entscheidungen in Ehesachen und in Verfahren betreffend die elterliche Verantwortung für die gemeinsamen Kinder der Ehegatten vom 29.5.2000[144] getreten. Ergänzende deutsche Ausführungsbestimmungen enthält das Internationale Familienrechtsverfahrensgesetz **(IntFamRVG)** vom 26.1.2005.[145]
- Verordnung (EG) Nr. 805/2004 zur Einführung eines europäischen Vollstreckungstitels für unbestrittene Forderungen **(EuVTVO)** vom 21.4.2004,[146] die seit dem 21.10.2005 gilt. Ergänzende deutsche Ausführungsbestimmungen enthalten die §§ 1079 bis 1086 ZPO.
- Verordnung (EG) Nr. 1896/2006 zur Einführung eines europäischen Mahnverfahrens **(EuMVVO)** vom 12.12.2006,[147] die seit dem 12.12.2008 gilt. Ergänzende deutsche Ausführungsbestimmungen enthalten die §§ 1087 bis 1096 ZPO.
- Verordnung (EG) Nr. 861/2007 zur Einführung eines europäischen Verfahrens für geringfügige Forderungen **(EuGFVO)** vom 11.7.2007,[148] die seit dem 1.1.2009 gilt. Ergänzende deutsche Ausführungsbestimmungen enthalten die §§ 1097 bis 1109 ZPO.
- Verordnung (EU) Nr. 655/2014 zur Einführung eines Verfahrens für einen Europäischen Beschluss zur vorläufigen Kontenpfändung im Hinblick auf die Erleichterung der grenzüberschreitenden Eintreibung von Forderungen in Zivil- und Handelssachen **(EuBvKpfVO)** vom 15.5.2014;[149] die Verordnung gilt erst ab dem 18.1.2017.
- Verordnung (EU) Nr. 606/2013 über die gegenseitige Anerkennung von Schutzmaßnahmen in Zivilsachen **(EuSchutzMVO)** vom 12.6.2013,[150] die seit dem 15.1.2015 gilt. Ergänzende deutsche Ausführungsbestimmungen enthält das EU-Gewaltschutzverfahrensgesetz **(EUGewSchVG)** vom 5.12.2014.[151]
- Verordnung (EG) Nr. 1393/2007 über die Zustellung gerichtlicher und außergerichtlicher Schriftstücke in Zivil- oder Handelssachen in den Mitgliedstaaten **(EuZVO)** vom 13.11.2007,[152] die mit Wirkung vom 13.11.2008 die Vorgänger-Verordnung Nr. 1348/2000 vom 29.5.2000 ersetzt hat.[153] Ergänzende deutsche Ausführungsbestimmungen enthalten die §§ 1067 bis 1069 ZPO.
- Verordnung (EG) Nr. 1206/2001 über die Zusammenarbeit zwischen den Gerichten der Mitgliedstaaten auf dem Gebiet der Beweisaufnahme in Zivil- oder Handelssachen **(EuBVO)** vom 28.5.2001,[154] die seit dem 1.1.2004 gilt. Ergänzende deutsche Ausführungsbestimmungen enthalten die §§ 1072 bis 1075 ZPO.

58 **d) Verordnungen mit sach- und kollisionsrechtlichem Gehalt.** Schließlich hat die EU auch Verordnungen verabschiedet, deren Schwergewicht auf der Regelung materiellrechtlicher Fragen liegt, die aber bezüglich der nicht in der Verordnung selbst geregelten Aspekte ergänzende Verweisungen auf das nationale Recht der Mitgliedstaaten enthalten. Solche Verordnungen kennt das EU-Recht insbesondere auf dem Gebiet des Gesellschafsrechts:
- Verordnung (EWG) Nr. 2187/85 über die Schaffung einer **Europäischen Wirtschaftlichen Interessenvereinigung** (EWIV) vom 25.7.1985,[155]

---

[144] ABl. 2000 L 160, 19.
[145] BGBl. 2005 I 162 = *Jayme/Hausmann* Nr. 162a.
[146] ABl. 2004 L 143, 15 = *Jayme/Hausmann* Nr. 184.
[147] ABl. 2006 L 399, 1 = *Jayme/Hausmann* Nr. 185.
[148] ABl. 2007 L 199, 1 = *Jayme/Hausmann* Nr. 186. Vgl. dazu auch die Neufassung durch VO (EU) Nr. 2015/2421 vom 16.12.2015, ABl. 2015 L 341, 1 = *Jayme/Hausmann* Nr. 186b, die ab dem 14.7.2017 gilt.
[149] ABl. 2014 L 189, 59 = *Jayme/Hausmann* Nr. 187.
[150] ABl. 2013 L 181, 4 = *Jayme/Hausmann* Nr. 188.
[151] BGBl. 2014 I 1964.
[152] ABl. 2007 L 324, 79 = *Jayme/Hausmann* Nr. 224.
[153] ABl. 2000 L 160, 37.
[154] ABl. 2001 L 174, 1 = *Jayme/Hausmann* Nr. 225.
[155] ABl. 1985 L 199, 1.

- Verordnung EG Nr. 2157/2001 über das Statut der **Europäischen Gesellschaft** (SE) vom 8.10.2001.[156]

**e) Rein sachrechtliche EU-Verordnungen.** Der Anwendungsvorrang des EU-Rechts vor dem deutschen IPR gilt auch für EU-Verordnungen, die nur materiell-rechtliche Regelungen enthalten. Solche Verordnungen haben auch Vorrang vor dem europäischen IPR, soweit sie ihren räumlich-persönlichen Anwendungsbereich selbst bestimmen und die kollisionsrechtlichen EU-Verordnungen eine Öffnungsklausel zugunsten spezielleren EU-Rechts enthalten, wie zB Art. 23 Rom I-VO und Art. 27 Rom II-VO.[157] Dies trifft etwa auf die EG-Fluggastrechte-VO zu, die für Flugpassagiere in Fällen der Annullierung oder Verspätung von Flügen auch dann Ausgleichsansprüche vorsieht, wenn der Beförderungsvertrag nach Art. 5 Rom I-VO dem Recht eines Drittstaats unterliegt.[158] 59

### 3. Richtlinienkollisionsrecht

Praktische Bedeutung für das Kollisionsrecht haben nicht nur die vorgenannten EU-Verordnungen. Vielmehr enthalten auch EU-Richtlinien – namentlich auf dem Gebiet des **Verbraucherschutzes** – Kollisionsregeln. Sie schränken häufig die Parteiautonomie ein, um zu verhindern, dass der mit der Richtlinie bezweckte Schutz durch die Vereinbarung des Rechts eines Drittlandes unterlaufen wird. Als speziellere Kollisionsnormen bleiben sie von der Rom I-VO unberührt (Art. 23 Rom I-VO). Zu nennen sind in diesem Zusammenhang etwa 60

- Art. 6 Abs. 2 der Richtlinie 93/13/EWG über **missbräuchliche Klauseln** in Verbraucherverträgen vom 5.4.1993;[159] umgesetzt in Art. 46b Abs. 3 Nr. 1 EGBGB.
- Art. 7 Abs. 2 der Richtlinie 99/44/EG zu bestimmten Aspekten des **Verbrauchsgüterkaufs** und der Garantien für Verbrauchsgüter vom 25.5.1999;[160] umgesetzt in Art. 46b Abs. 3 Nr. 2 EGBGB.
- Art. 12 Abs. 2 der Richtlinie 2002/65/EG über den **Fernabsatz von Finanzdienstleistungen** an Verbraucher vom 23.9.2002;[161] umgesetzt in Art. 46b Abs. 3 Nr. 3 EGBGB.
- Art. 22 Abs. 4 der Richtlinie 2008/48/EG über **Verbraucherkreditverträge** vom 23.4.2008;[162] umgesetzt in Art. 46b Abs. 3 Nr. 4 EGBGB.
- Art. 12 Abs. 2 der Richtlinie 2008/122/EG über den Schutz der Verbraucher im Hinblick auf bestimmte Aspekte von **Teilzeitnutzungsverträgen,** Verträgen über langfristige Urlaubsprodukte sowie Wiederkaufs- und Tauschverträgen vom 14.1.2009;[163] umgesetzt in Art. 46b Abs. 4 EGBGB.

Außerhalb des Verbraucherschutzrechts sind für das Kollisionsrecht insbesondere noch die folgenden EG-/EU-Richtlinien relevant: 61

- Richtlinie 2000/31/EG über bestimmte rechtliche Aspekte der Dienste der Informationsgesellschaft, insbesondere des **elektronischen Geschäftsverkehrs,** im Binnenmarkt (*e-commerce*-Richtlinie) vom 8.6.2000;[164] umgesetzt im Telemediengesetz vom 26.2. 2007.[165]

---

[156] ABl. 2001 L 294, S. 1.
[157] *V. Bar/Mankowski* IPR I § 3 Rn. 87; MüKoBGB/*v. Hein* EGBGB Art. 3 Rn. 45.
[158] BGHZ 188, 85 Rn. 33 = NJW 2011, 2056; *L. Hausmann*, Europäische Fluggastrechte im Fall der Nichtbeförderung und bei Annullierung und großer Verspätung, 2012, S. 96.
[159] ABl. 1993 L 95, 29 = *Jayme/Hausmann* Nr. 82.
[160] ABl. 1999 L 171, 12 = *Jayme/Hausmann* Nr. 84.
[161] ABl. 2002 L 271, 16 = *Jayme/Hausmann* Nr. 85.
[162] ABl. 2008 L 133, 66 = *Jayme/Hausmann* Nr. 86.
[163] ABl. 2009 L 33, 10 = *Jayme/Hausmann* Nr. 87.
[164] ABl. 2000 L 178, 1.
[165] BGBl. 2007 I 179. Ob aus der Richtlinie das kollisionsrechtliche Herkunftslandprinzip entnommen werden kann, hat der EuGH offengelassen, vgl. EuGH 25.10.2011 – C-509/09 und C-161/10, NJW 2012, 137 Rn. 61–63 – eDate Advertising; dazu *Sack* EWS 2011, 513; *Hess* JZ 2012, 189; *v. Hinden* ZEuP

– Richtlinie Nr. 1996/71/EG über die **Entsendung von Arbeitnehmern** iRd Erbringung von Dienstleistungen vom 16.12.1996;[166] umgesetzt im Arbeitnehmer-Entsendegesetz vom 20.4.2009.[167]
– Art. 9 der Richtlinie Nr. 2002/4/EG über **Finanzsicherheiten** vom 6.6.2002.[168]
– Art. 9, 12 der Richtlinie 93/7/EWG über die Rückgabe von unrechtmäßig aus dem Hoheitsgebiet eines Mitgliedstaats verbrachten **Kulturgütern** vom 15.3.1993;[169] umgesetzt durch das Kulturgüterrückgabegesetz vom 15.10.1998.[170]

62 Wird eine EU-Richtlinie nicht rechtzeitig oder nur unzulänglich umgesetzt, so kann sich der einzelne Bürger gegenüber allen innerstaatlichen, nicht richtlinienkonformen Vorschriften auf den Inhalt der Richtlinie berufen, sofern dieser inhaltlich unbedingt und hinreichend bestimmt ist (sog **„vertikale Direktwirkung“** von EU-Richtlinien); denn ein Mitgliedstaat darf aus der Nichtbeachtung von EU-Recht keinen Nutzen ziehen.[171] Hingegen haben nicht rechtzeitig oder unzulänglich umgesetzte EU-Richtlinien keine unmittelbare Wirkung im Privatrechtsverkehr; sie können also nicht selbst Verpflichtungen für einen Bürger begründen, so dass ihm gegenüber eine Berufung auf die Richtlinie als solche vor den nationalen Gerichten der Mitgliedstaaten nicht möglich ist (Ausschluss einer **„horizontalen Direktwirkung“** von EU-Richtlinien).[172] Vgl. aber zur richtlinienkonformen Auslegung → Rn. 72.

### 4. Kollisionsrechtliche Staatsverträge mit der Qualität sekundären EU-Rechts

63 Hat der EU-Gesetzgeber von einer ihm eingeräumten Binnenkompetenz durch Erlass einer Verordnung Gebrauch gemacht, so steht ihm nach der Rechtsprechung des EuGH auf diesem Gebiet auch eine entsprechende **Außenkompetenz** zu.[173] Nur die Europäische Union ist dann nach dem inzwischen in Art. 216 Abs. 1 AEUV kodifizierten Grundsatz noch zum Abschluss völkerrechtlicher Vereinbarungen mit Drittstaaten und internationalen Organisationen befugt. Dies gilt auch auf dem Gebiet des internationalen Privat- und Verfahrensrechts.[174] Hat die Union daher eine Verordnung mit kollisionsrechtlichem Gehalt auf der Grundlage von Art. 81 AEUV erlassen, so sind die einzelnen Mitgliedstaaten grundsätzlich[175] nicht mehr berechtigt, in diesem Bereich Staatsverträge mit Drittstaaten abzuschließen.[176]

---

2012, 940; *W.-H. Roth* IPRax 2013, 215. Bejahend OGH ZfRV 2012, 226; verneinend BGH NJW 2012, 2197 (zu § 3 TMG).

[166] ABl. 1997 L 18, 1.

[167] BGBl. 2009 I 799. Zum Vorrang des AEntG vor Art. 9 Rom I-VO vgl. Art. 23 Rom I-VO und Erwägungsgrund 34 zu dieser Verordnung.

[168] ABl. 2002 L 168, 43.

[169] ABl. 1993 L 74, 74.

[170] BGBl. 1998 I 3162. Neufassung durch Gesetz vom 18.5.2007, BGBl. I 757 = *Jayme/Hausmann* Nr. 115.

[171] EuGH 17.12.1970 – 33/70, Slg. 1970, 1213 – SACE SpA = NJW 1971, 1006; EuGH 19.1.1982 – 8/81, Slg. 1982, 53 – Becker = NJW 1982, 499; EuGH 26.2.1986 – 152/84, Slg.1986, 723 Rn. 46ff. – Marshall.

[172] EuGH 4.12.1974 – 41/74, Slg. 1974, 1337 – von Duyn; EuGH 26.2.1986 – 152/84, Slg. 1986, 723 Rn. 48 – Marshall = NJW 1986, 2178; EuGH 13.11.1990 – C-106/89, Slg. 1990, I-4135 Rn. 6 – Marleasing; EuGH 14.7.1994 – C-91/92, Slg. 1994, I-3325 = NJW 1994, 2473 Rn. 19ff. – Faccini Dori; EuGH 7.9.1996 – C-192/94, Slg. 1996, I-1281 = NJW 1996, 1401 Rn. 15ff. – El Corte Inglés; MüKoBGB/*v. Hein* EGBGB Art. 3 Rn. 75; *Jayme/Kohler* IPRax 1994, 405 (406f.).

[173] EuGH 31.3.1971 – 22/70, Slg. 1971, 263 – AETR; EuGH 14.7.1976 – 3/76, 4/76 und 6/76, Slg. 1976, 1279 = NJW 1977, 999 – Kramer; *Frenz* JR 2011, 277 (282f.); *R. Wagner* IPRax 2014, 217 (218f.).

[174] Dazu näher *Frenz* JR 2011, 277 (282f.); *R. Wagner* IPRax 2014, 217 (218f.).

[175] Ausnahmsweise kann die EU-Kommission einem Mitgliedstaat Verhandlungen über den Abschluss eines Übereinkommens mit einem Drittstaat gestatten; vgl. dazu für Schuldverhältnisse die VO (EG) Nr. 662/2009 vom 13.7.2009 und für familienrechtliche Fragen die VO (EG) Nr. 664/2009 vom selben Tage. Dazu MüKoBGB/*v. Hein* EGBGB Art. 3 Rn. 49.

[176] *Kreuzer* RabelsZ 70 (2006), 1 (18); *Geimer* IPRax 2002, 69 (72); *Hess* IPRax 2001, 389 (396); BeckOK BGB/*Lorenz* IPR Einl. Rn. 26.

Völkerrechtliche Verträge, die von der Europäischen Union aufgrund der von ihr in Anspruch genommenen Außenkompetenz auf dem Gebiet des Kollisionsrechts mit Wirkung für die Mitgliedstaaten abgeschlossen worden sind, nehmen eine besondere Stellung ein. Denn sie sind nach Art. 216 Abs. 2 AEUV in den Mitgliedstaaten unmittelbar anwendbar.[177] Es handelt sich also nicht nur um Staatsverträge, sondern zugleich um **Bestandteile des sekundären Unionsrechts,** um dessen Auslegung der EuGH im Verfahren nach Art. 267 AEUV ersucht werden kann. Dies trifft etwa auf das in Art. 3 Nr. 1 lit. c EGBGB genannte Haager Unterhaltsprotokoll **(HUP)** von 2007 (→ Rn. 30) zu; denn die Europäische Unterhaltsverordnung (**EuUntVO;** → Rn. 54) regelt das Unterhaltskollisionsrechts nicht selbst, sondern verweist diesbezüglich in ihrem Art. 15 auf das Protokoll. Da dieses von der Europäischen Union ratifiziert wurde, bevor es völkerrechtlich in Kraft getreten ist, hat der Europäische Rat am 30.11.2009 hierzu einen Beschluss[178] gefasst, auf den in Art. 3 Nr. 1 lit. c EGBGB ebenfalls Bezug genommen wird. Nach Art. 4 dieses Beschlusses fanden die Bestimmungen des Protokolls bereits ab dem 18.6.2011 – dem Tag, an dem die EuUntVO in Geltung getreten ist – in den Mitgliedstaaten (mit Ausnahme *Dänemarks* und des *Vereinigten Königreichs*) vorläufig Anwendung. Durch diesen Beschluss wird daher klargestellt, dass das Protokoll die Qualität von **sekundärem EU-Recht** hat und deshalb in den teilnehmenden Mitgliedstaaten Anwendungsvorrang vor dem nationalen Kollisionsrecht genießt. Daran hat sich auch durch das nachträgliche völkerrechtliche Inkrafttreten des Protokolls am 1.8.2013 infolge der Ratifikation durch *Serbien* nichts geändert. Der deutsche Gesetzgeber hat Art. 18 EGBGB daher durch das Auslandsunterhaltsgesetz **(AUG)** vom 23.5.2011 (→ § 10 Rn. 20) aufgehoben. Bestandteil des sekundären EU-Rechts sind ferner etwa die von der EU geschlossenen Haager Übereinkommen über die internationale Geltendmachung der Unterhaltsansprüche von Kindern und anderen Familienangehörigen vom 23.11.2007 (→ Rn. 33) und über Gerichtsstandsvereinbarungen vom 30.6.2005 (→ Rn. 33) sowie das Luganer Übereinkommen über die gerichtliche Zuständigkeit und die Anerkennung und Vollstreckung von Entscheidungen in Zivil- und Handelssachen vom 30.10.2007 (→ Rn. 33). Diese Staatsverträge werden daher nicht von Art. 3 Nr. 2, sondern von Art. 3 Nr. 1 EGBGB erfasst.[179] 64

Ob auch Staatsverträge, die zwar völkerrechtlich noch von den einzelnen Mitgliedstaaten abgeschlossen wurden, von diesen aber wegen der insoweit bestehenden Außenkompetenz der Europäischen Union nur aufgrund der **Ermächtigung durch einen Ratsbeschlusses** der EU gezeichnet werden durften, die Qualität von sekundärem Unionsrecht haben, ist demgegenüber zweifelhaft. Beispiel für einen solche Staatsvertrag ist das Haager Kinderschutzübereinkommen **(KSÜ)** vom 19.10.1996 (→ Rn. 33), das für die *Bundesrepublik Deutschland* am 1.1.2011 in Kraft getreten ist; denn zu dessen Zeichnung bedurften diejenigen Mitgliedstaaten, die dem Übereinkommen nicht schon vorher beigetreten waren, der Ermächtigung durch den Europäischen Rat (→ § 5 Rn. 3).[180] Gleiches gilt seit Inkrafttreten der EuEheVO (→ Rn. 55) auch für das Haager Kindesentführungsübereinkommen **(HKÜ)** vom 25.10.1980 (→ Rn. 33), dem neue Staaten im Verhältnis zu den EU-Mitgliedstaaten nur noch mit Ermächtigung des Europäischen Rats beitreten können. Die Rechtsnatur des Staatsvertrags wird freilich durch eine solche Ermächtigung nicht geändert; dieser erlangt also dadurch nicht die Qualität von unmittelbar geltendem Unionsrecht iSv Art. 216 Abs. 2 AEUV. Deshalb ist auch der EuGH für die Auslegung des KSÜ 65

[177] Vgl. idS schon EuGH 30.4.1973 – C-181/73, Slg. 1974, 449 Rn. 3ff. – R. & V. Haegemann/Belgien; EuGH 11.9.2007 – C-431/05, Slg. 2007, I-7001 Rn. 31 = EuZW 2007, 773 – Merck Genéricos; EuGH 4.5.2010 – C-533/08, Slg. 2010, I-4107 Rn. 60 = NJW 2010, 1736 – TNT Express/AXA Versicherung.

[178] ABl. 2009 L 331, 17.

[179] Dies wird für das Haager Unterhaltsprotokoll in Art. 3 Nr. 1 lit. c EGBGB klargestellt.

[180] Vgl. den Beschluss vom 5.6.2008, ABl. 2008 L 151, 6.

und des HKÜ nicht zuständig. Der Vorrang solcher Staatsverträge vor dem nationalen IPR ergibt sich daher nicht aus Art. 3 Nr. 1, sondern aus Art. 3 Nr. 2 EGBGB.[181]

### 5. Besonderheiten des europäischen Kollisionsrechts

66 **a) Anwendungsvorrang.** Nach Art. 3 Nr. 1 EGBGB kann auf die autonomen Kollisionsnormen des EGBGB nur insoweit zurückgegriffen werden, als nicht Regelungen der Europäischen Union anzuwenden sind. Die Vorschrift hat wegen des allgemein anerkannten Anwendungsvorrangs des EU-Rechts (auch gegenüber zeitlich später erlassenem nationalen Kollisionsrecht)[182] allerdings nur **deklaratorische Bedeutung.**[183] Vorrang haben nach Art. 3 Nr. 1 EGBGB nur „unmittelbar anwendbare Regelungen der Europäischen Union", nicht auch harmonisiertes nationales Recht, das auf Rechtsangleichungsrichtlinien der EU beruht.[184] Gemeint sind also in erster Linie Kollisionsnormen, die unmittelbar in **EU-Verordnungen** enthalten sind, wie dies vor allem auf den Gebieten des Schuldvertragsrechts, der außervertraglichen Schuldverhältnisse, des Ehescheidungsrechts und des Erbrechts nach Maßgabe der Verordnungen Rom I bis III sowie der EuErbVO der Fall ist (Art. 3 Nr. 1 lit. a, lit. b sowie lit. d und lit. e EGBGB); diese verdrängen das nationale Kollisionsrecht allerdings nicht bereits mit ihrem Inkrafttreten, sondern erst ab dem Zeitpunkt, zu dem sie „in Geltung" treten; dieser Zeitpunkt wird jeweils in der Schlussvorschrift einer Verordnung angegeben. So ist etwa die EuErbVO Nr. 650/2012 zwar bereits am 16.8.2012 in Kraft getreten; sie „gilt" aber gemäß ihrem Art. 84 Abs. 2 im Wesentlichen erst seit dem 17.8.2015 und verdrängt erst von diesem Zeitpunkt an die autonome Kollisionsnorm in Art. 25 EGBGB aF.

67 **b) Verhältnis zu kollisionsrechtlichen Staatsverträgen.** Das in sekundärem Unionsrecht, insbesondere EU-Verordnungen, kodifizierte Kollisionsrecht lässt die Anwendung von sachlich kollidierenden Staatsverträgen, denen die Mitgliedstaaten angehören, grundsätzlich unberührt, weil die Europäische Union in die bereits bestehenden völkerrechtlichen Verpflichtungen ihrer Mitgliedstaaten gegenüber Drittstaaten nicht eingreifen will und darf (vgl. Art. 351 AEUV). Dies wird in den kollisionsrechtlichen EU-Verordnungen jeweils ausdrücklich klargestellt. So bestimmt Art. 75 Abs. 1 UAbs. 1 EuErbVO:

> Diese Verordnung lässt die Anwendung internationaler Übereinkommen unberührt, denen ein oder mehrere Mitgliedstaaten zum Zeitpunkt der Annahme dieser Verordnung angehören und die Bereiche betreffen, die in dieser Verordnung geregelt sind.[185]

68 Gilt ein Staatsvertrag hingegen ausschließlich zwischen EU-Mitgliedstaaten, so wird dem Unionsrecht Vorrang eingeräumt. In diesem Sinne bestimmt Art. 75 Abs. 2 EuErbVO:

> Ungeachtet des Absatzes 1 hat diese Verordnung jedoch im Verhältnis zwischen den Mitgliedstaaten Vorrang vor ausschließlich zwischen zwei oder mehreren von ihnen geschlossenen Übereinkünften, soweit diese Bereiche betreffen, die in dieser Verordnung geregelt sind.[186]

---

[181] MüKoBGB/*v. Hein* EGBGB Art. 3 Rn. 169.

[182] EuGH 15.7.1964 – 6/64, Slg. 1964, 1253 = NJW 1964, 2371– Costa/ENEL; EuGH 9.3.1978 – 106/77, Slg. 1978, 629 = NJW 1978, 1741 Rn. 14ff. – Simmenthal; EuGH 19.6.1990 – C-213/89, Slg. 1990, I-243 = NJW 1991, 2271 Rn. 18ff. – Factortame; BeckOK BGB/*Lorenz* IPR Einl. Rn. 25; *v. Bar/Mankowski* IPR I Rn. 36f.

[183] Palandt/*Thorn* EGBGB Art. 3 Rn. 6; Erman/*Hohloch* EGBGB Art. 3 Rn. 11; MüKoBGB/*v. Hein* EGBGB Art. 3 Rn. 45.

[184] Palandt/*Thorn* EGBGB Art. 3 Rn. 6; Erman/*Hohloch* EGBGB Art. 3 Rn. 11.

[185] Entsprechende Regelungen finden sich in Art. 25 Abs. 1 Rom I-VO, Art. 28 Abs. 1 Rom II-VO, Art. 19 Abs. 1 Rom III-VO.

[186] Entsprechende Regelungen finden sich in Art. 25 Abs. 2 Rom I-VO, Art. 28 Abs. 2 Rom II-VO, Art. 19 Abs. 2 Rom III-VO.

Zu beachten ist auch, dass manche Staatsverträge **nur teilweise** von EU-Verordnungen verdrängt werden. Bespiel hierfür ist das **KSÜ,** dem die EuEheVO im Verhältnis der EU-Mitgliedstaaten zueinander nur auf dem Gebiet der internationalen Zuständigkeit und der Anerkennung und Vollstreckung von Entscheidungen vorgeht; demgegenüber sind die Kollisionsnormen der Art. 15ff. KSÜ uneingeschränkt auch in Verfahren vor mitgliedstaatlichen Gerichten anzuwenden (näher → § 5 Rn. 25). 69

**c) Auslegung. aa) EU-Verordnungen.** Die in Art. 3 Nr. 1 EGBGB aufgeführten kollisionsrechtlichen EU-Verordnungen enthalten zwar keine Vorgaben zu den für ihre Auslegung maßgeblichen Methoden. Es besteht jedoch weithin Einigkeit darüber, dass sie nicht nach Maßgabe der jeweiligen *lex fori,* sondern **autonom** auszulegen sind.[187] In diesem Sinne wird in den Erwägungsgründen zu den Rom-Verordnungen mehrfach betont, dass diese darauf gerichtet seien, das anwendbare Recht unabhängig vom angerufenen Gericht einheitlich zu bestimmen.[188] Dieses Ziel lässt sich aber nur auf der Grundlage einer unionsrechtlich-autonomen Interpretation erreichen. Ausnahmen gelten nur insoweit, als in den Verordnungen selbst für die Auslegung bestimmter Begriffe auf das nationale Recht der Mitgliedstaaten verwiesen wird, wie zB in den – in allen Verordnungen enthaltenen – *ordre public*-Klauseln.[189] Für die Auslegung anderer Begriffe wird auch in den Erwägungsgründen zT ausdrücklich auf das innerstaatliche Recht der Mitgliedstaaten verwiesen.[190] 70

Im Übrigen gelten die **klassischen Auslegungsmethoden** (grammatikalische, systematische, historische und teleologische Auslegung) auch für die Interpretation von EU-Verordnungen.[191] Soweit der Wortlaut, die Systematik und die Zielsetzung des auszulegenden Rechtsinstruments keine hinreichenden Anhaltspunkte liefern, kommt bei der autonomen Auslegung von Rechtsbegriffen vor allem der rechtsvergleichenden Methode besondere Bedeutung zu. 71

**bb) EU-Richtlinien.** Hat das Gericht eines Mitgliedstaats sein nationales Recht auszulegen, das auf der Umsetzung einer EU-Richtlinie beruht, so hat es seine Auslegung soweit wie möglich am Wortlaut und an den Zielen der Richtlinie auszurichten, um auf diese Weise den Vorgaben des Art. 288 Abs. 3 AEUV zu entsprechen. Danach ist das zur Durchführung der Richtlinie erlassene nationale Recht „im Lichte des Wortlauts und Zwecks der Richtlinie auszulegen".[192] Dies gilt nicht nur für das in Umsetzung einer EU-Richtlinie geschaffene nationale Recht, sondern auch für jede andere nationale Vorschrift, die eine Regelung enthält, die in den sachlichen Anwendungsbereich der Richtlinie fällt.[193] Diese Verpflichtung zu einer **richtlinienkonformen Auslegung** des nationalen Rechts besteht auch schon vor der Umsetzung einer verbindlich gewordenen EU-Richt- 72

[187] Palandt/*Thorn* EGBGB Art. 3 Rn. 12; Erman/*Hohloch* EGBGB Einl. Art. 3 Rn. 62; BeckOK BGB/*Lorenz* IPR Einl. Rn. 28; MüKoBGB/*v. Hein* EGBGB Art. 3 Rn. 156ff. Für eine autonome Auslegung hat sich der EuGH insbesondere in st. Rspr. zum EuGVÜ sowie zur Brüssel I-VO ausgesprochen, vgl. dazu näher unalexKomm/*Hausmann* Einl. Rn. 46ff. m. ausf. Nachw.

[188] Erwägungsgrund 6 zur Rom I und zur Rom II-VO; Erwägungsgründe 15 und 21 zur Rom III-VO.

[189] Vgl. Art. 21 Rom I-VO, 26 Rom II-VO, 12 Rom III-VO, 35 EuErbVO, wo jeweils auf „die öffentliche Ordnung des Staates des angerufenen Gerichts" verwiesen wird.

[190] Vgl. zum Begriff der „familienähnlichen Rechtsverhältnisse" die Erwägungsgründe 8 zur Rom I-VO und 10 zur Rom II-VO; zur Behandlung von Mehrstaatern in Erwägungsgrund 22 zur Rom III-VO; zu den aus dem Anwendungsbereich der EuErbVO ausgenommenen steuerlichen Fragen im Zusammenhang mit der Nachlassabwicklung Erwägungsgrund 10 zu Art. 1 Abs. 1 EuErbVO; zur Eintragung von Rechten in Register Erwägungsgründe 18, 19 zu Art. 1 Abs. 2 lit. l EuErbVO; zum Staatsangehörigkeitsrecht Erwägungsgrund 40 zu Art. 22 EuErbVO.

[191] Dazu näher MüKoBGB/*v. Hein* EGBGB Art. 3 Rn. 159ff.; zur Brüssel I-VO unalexKomm/*Hausmann* Einl. Rn. 52ff., jeweils mit Hinweisen zu den Besonderheiten, die bei der Auslegung von Unionsrecht zu beachten sind.

[192] EuGH 10.4.1984 – 14/83, Slg. 1984, 1891 Rn. 26 = NJW 1984, 2021 – von Colson und Kamann; *Basedow* NJW 1997, 1921 (1929).

[193] EuGH 13.11.1990 – C-106/89, Slg.1990, I-4135 Rn. 8 – Marleasing; EuGH 14.7.1992 – C-91/92, Slg. 1994, I-3325 = NJW 1994, 2473 Rn. 19ff. – Faccini Dori.

linie.[194] Ist die Erreichung des Ziels einer nicht oder fehlerhaft umgesetzten Richtlinie auch durch Auslegung nicht zu erreichen, so kann dem betroffenen Bürger unter bestimmten Voraussetzungen ein Schadensersatzanspruch gegen den säumigen Mitgliedstaat zustehen.[195]

73 **cc) EuGH-Vorlage.** Nach Art. 267 Abs. 1 lit. b AEUV kann das gesamte sekundäre Unionsrecht zum Gegenstand eines Vorabentscheidungsverfahrens vor dem EuGH gemacht werden. Dies gilt nicht nur für die bisher auf dem Gebiet des Kollisionsrechts erlassenen EU-Verordnungen und EU-Richtlinien, sondern auch für die von der EU selbst abgeschlossenen Staatsverträge (zum Haager Unterhaltsprotokoll → § 10 Rn. 13), nicht hingegen für Staatsverträge, denen noch die Mitgliedstaaten – wenn auch nur mit Ermächtigung durch die EU – beigetreten sind (zum KSÜ → § 5 Rn. 3).Nicht vorlagefähig ist die Anwendung mitgliedstaatlichen Rechts, auch soweit es sich an Unionsrecht anlehnt; daran ändert sich auch dadurch nichts, dass in einem europäischen Rechtsinstrument ausdrücklich auf mitgliedstaatliches Recht verwiesen wird. Für die akzessorische Anknüpfung nach Art. 17 Abs. 1 und Abs. 3 EGBGB dürfte eine Vorlage nur in Betracht kommen, soweit der deutsche Gesetzgeber insoweit eine strikte Bindung an die Auslegung der Rom III-VO beabsichtigt hat.[196]

74 Zur Vorlage **berechtigt** sind nach Art. 267 Abs. 2 AEUV alle Gerichte der Mitgliedstaaten, sofern das zuständige Gericht eine Entscheidung über die Auslegung von EU-Recht zum Erlass seines Urteils für erforderlich erachtet. Fragen zur Auslegung der in Art. 3 Nr. 1 EGBGB genannten Rechtsakte kann daher jedes deutsches Gericht dem EuGH zur Vorabentscheidung vorlegen. Die Parteien können allerdings eine Vorlage nicht erzwingen, sondern nur anregen. Stellt sich die Auslegungsfrage im Verfahren vor einem Gericht, dessen Entscheidung nicht mehr mit Rechtsmitteln des innerstaatlichen Rechts angefochten werden kann, so ist dieses Gericht nach Art. 267 Abs. 3 AEUV zur Vorlage an den EuGH **verpflichtet.** Eine Vorlagepflicht entfällt nur dann, wenn die richtige Auslegung derart offenkundig ist, dass keine vernünftigen Zweifel verbleiben (sog *„acte clair“*).

## 6. Auswirkungen des primären Unionsrechts auf das nationale IPR

75 Schließlich stellt auch das primäre Unionsrecht gewisse Anforderungen an die Ausgestaltung des nationalen Kollisionsrechts. Von Bedeutung ist in diesem Zusammenhang insbesondere das Verbot des Art. 18 AEUV, die Angehörigen anderer Mitgliedstaaten gegenüber den eigenen Staatsangehörigen zu benachteiligen. So kann etwa der in Art. 5 Abs. 1 S. 2 EGBGB angeordnete Vorrang der deutschen Staatsangehörigkeit eines Mehrstaaters, der zugleich einem anderen Mitgliedstaat angehört, dann gegen Art. 18 AEUV verstoßen, wenn der Betroffene mit diesem anderen Mitgliedstaat wesentlich enger verbunden ist.[197] Die kollisionsrechtliche Anknüpfung an die Staatsangehörigkeit (zB im Familien- oder Erbrecht) stellt jedoch als solche noch keinen Verstoß gegen das Diskriminierungsverbot dar. Europarechtliche Schranken sind auch der Berufung auf den nationalen *ordre public* eines Mitgliedstaats gezogen (näher → § 3 Rn. 128 f.).

[194] EuGH 13.11.1990 – C-106/89, Slg.1990, I-4135 Rn. 8 – Marleasing; EuGH 26.9.1996 – C-168/94, Slg. 1996, I-4705 – Arcaro.

[195] EuGH 19.11.1991 – C 6/90 (Francovich) und C-9/90 (Bonifaci), Slg. 1991, I-5357; EuGH 16.12.1993 – C-334/92, Slg, 1993, I-6911 ff. – Wagner/Miret; EuGH 7.3.1996 – C-192/94, Slg. 1996, I-1281 = NJW 1996, 1401– El Corte Inglés.

[196] MüKoBGB/*v. Hein* EGBGB Art. 3 Rn. 143.

[197] *Benicke/Zimmermann* IPRax 1995, 1421 (145 ff.); BeckOK BGB/*Lorenz* IPR Einl. Rn. 28.

## III. Autonomes Gesetzesrecht

### 1. Subsidiarität

Das autonome deutsche Internationale Privatrecht kommt nur zur Anwendung, soweit **weder vorrangige Staatsverträge noch EU-Verordnungen** eingreifen. Da das europäische bzw. staatsvertragliche Kollisionsrecht inzwischen fast das gesamte vertragliche und außervertragliche Schuldrecht, das gesamte Erbrecht und große Teile des Familienrechts umfasst, nimmt die Bedeutung des nationalen Kollisionsrechts kontinuierlich ab. Es ist derzeit vor allem noch in Teilbereichen des Familienrechts (Eheschließung, allgemeine und güterrechtliche Ehewirkungen, Abstammung, Adoption, Lebenspartnerschaft), im Sachenrecht und im Gesellschaftsrecht maßgebend. Für die Rechtsgestaltung folgt daraus, dass in jedem Einzelfall sorgfältig zu prüfen ist, ob die im EGBGB kodifizierten Kollisionsnormen nicht durch europäisches Verordnungsrecht oder völkerrechtliche Verträge verdrängt oder überlagert werden. Diese Prüfung wirft aufgrund der Vielzahl der inzwischen geltenden EU-Verordnungen und Staatsverträge, deren sachlicher Anwendungsbereich sich – namentlich im internationalen Familienrecht – nicht selten überschneidet, z. T. erhebliche Probleme auf.[198] Erleichtert wird die Rechtsanwendung allerdings dadurch, dass sowohl die jüngeren multilateralen Staatsverträge als auch die EU-Verordnungen durchwegs universelle Geltung beanspruchen, das von ihnen bezeichnete Recht also auch dann anzuwenden ist, wenn es das Recht eines Drittstaates (Nichtvertragsstaates) ist. 76

### 2. Kodifikation

Der Kern der nationalen deutschen Kodifikation findet sich noch im **Einführungsgesetz zum BGB.** Die Neuregelung der Art. 3 bis 37 EGBGB durch das **IPR-Gesetz vom 25.7.1986**[199] ist am 1.9.1986 in Kraft getreten. Seit der Vereinigung Deutschlands am 3.10.1990 gilt das im EGBGB kodifizierte IPR auch in den neuen Bundesländern (Art. 230 Abs. 2 EGBGB). Es hat seither namentlich durch die Bestrebungen des europäischen Gesetzgebers zur Vereinheitlichung des Kollisionsrechts in den Mitgliedstaaten erhebliche Veränderungen erfahren. 77

In den Text des Gesetzes waren ursprünglich einige **internationale Übereinkommen eingearbeitet** worden, insbesondere das EG-Schuldvertragsübereinkommen von 1980 (EVÜ) in den Art. 27 bis 37 EGBGB, das Haager Übereinkommen über das auf Unterhaltspflichten anzuwendende Recht (HUntÜ) vom 2.10.1973[200] in Art. 18 EGBGB und das Haager Übereinkommen über das auf die Form letztwilliger Verfügungen anzuwendende Recht vom 5.10.1961[201] in Art. 26 EGBGB. Die Art. 27 bis 37 EGBGB sind mit Inkrafttreten der Rom I-VO Nr. 593/2008 vom 17.6.2008 mit Wirkung vom 17.12.2009 aufgehoben worden (→ Rn. 50). Auch Art. 18 EGBGB ist inzwischen durch das Auslandsunterhaltsgesetz (AUG) vom 23.5.2011[202] mit Wirkung vom 18.6.2011 aufgehoben worden; an seiner Stelle gilt seither das Haager Unterhaltsprotokoll (HUP) vom 23.11.2007[203] (→ § 10 Rn. 4 ff.). Schließlich ist auch in Art. 26 EGBGB die inhaltliche Wiederholung der Vorschriften des Haager Testamentsformübereinkommens von 1961 durch Art. 15 des Ausführungsgesetzes zur Europäischen Erbrechtsverordnung (EuErbVO) vom 29.6.2015[204] beseitigt worden; mit Wirkung vom 17.8.2015 enthält Art. 26 EGBGB nF nur noch eine Verweisung auf das Haager Über- 78

[198] *V. Bar/Mankowski* IPR I § 3 Rn. 99; *Schotten/Schmellenkamp* IPR § 1 Rn. 5.
[199] BGBl. 1986 II 1142.
[200] BGBl. 1986 II 837 = *Jayme/Hausmann* Nr. 41.
[201] BGBl. 1965 II 1145 = *Jayme/Hausmann* Nr. 60.
[202] BGBl. 2011 II 898 = *Jayme/Hausmann* Nr. 161a.
[203] ABl. 2009 L 331, 19 = *Jayme/Hausmann* Nr. 42.
[204] BGBl. 2015 II 1042.

einkommen und regelt lediglich einige Aspekte der Form von gemeinschaftlichen Testamenten eigenständig.

79 Im Zuge von **Reformen des EGBGB** ist zunächst das internationale **Kindschaftsrecht** – in Anlehnung an die Reform des deutschen materiellen Kindschaftsrechts – durch Gesetz vom 16.12.1997[205] tiefgreifend umgestaltet worden; insbesondere wurde die Unterscheidung zwischen ehelichen und nichtehelichen Kindern auch in den Art. 19 bis 21, 23 EGBGB beseitigt. Das IPR der **außervertraglichen Schuldverhältnisse und Sachen** wurde durch das IPR-Ergänzungsgesetz vom 21.5.1999[206] in den Art. 38 bis 46 EGBGB kodifiziert. Diese Vorschriften werden zwar auf dem Gebiet der außervertraglichen Schuldverhältnisse seit dem 11.1.2009 durch die Rom II-VO Nr. 864/2007 vom 11.7.2007(→ Rn. 49) verdrängt; sie behalten jedoch ihre Wirksamkeit für diejenigen Fragen, auf die sich die Rom II-VO nicht erstreckt. Im Jahre 2001 wurden mit Art. 17a und 17b EGBGB neue Kollisionsnormen zur **Hausratsverteilung/Wohnungszuweisung** nach Ehetrennung oder -scheidung sowie zur **eingetragenen Lebenspartnerschaft** eingefügt (→ § 10 Rn. 136f.; → § 13 Rn. 34ff.).

80 Auch das internationale **Adoptionsrecht** wurde durch Gesetz vom 5.11.2001[207] und erneut durch Gesetz vom 27.6.2014[208] reformiert. Durch das Personenstandsreformgesetz vom 19.2.2007[209] wurde im EGBGB im Anschluss an das 2. Kapitel zum IPR ein 3. Kapitel mit dem Titel **„Angleichung“** eingefügt. Es enthält in Art. 47 eine Vorschrift zur Angleichung von Vor- und Familiennamen und ist durch Gesetz vom 23.1.2013[210] durch eine Vorschrift zur Wahl eines in einem anderen EU-Mitgliedstaat erworbenen Namens (Art. 48 EGBGB)[211] ergänzt worden. Auf dem Gebiet des internationalen **Ehescheidungsrechts** wurde Art. 17 Abs. 1 EGBGB aF durch Gesetz vom 23.1.2013[212] mit Wirkung vom 29.1.2013 aufgehoben. Das auf die Ehescheidung anzuwendende Recht bestimmt sich seither nach der Rom III-VO Nr. 1259/2010 vom 20.12.2010[213] (→ Rn. 51 und → § 11 Rn. 2ff.). Zugleich wurde in Art. 17 Abs. 1 EGBGB nF eine neue Kollisionsnorm zu den vermögensrechtlichen Scheidungsfolgen und in Art. 46d EGBGB eine Ausführungsvorschrift zur Rechtswahl für die Ehescheidung bzw. Ehetrennung eingefügt. Schließlich konnten mit der Geltung der EuErbVO Nr. 650/2012 vom 4.7.2012[214] am 17.8.2015 die autonomen Kollisionsnormen zum **internationalen Erbrecht** in Art. 25, 26 EGBGB mit ihrem bisherigen Inhalt nicht aufrechterhalten bleiben; der deutsche Gesetzgeber hat sie durch Art. 15 des Ausführungsgesetzes zur EuErbVO vom 29.6.2015[215] aber auch nicht aufgehoben, sondern an die Verordnung angepasst (→ § 15 Rn. 16f.).

### 3. Spezialgesetze

81 Das deutsche Recht kennt vielfältige Kollisionsnormen auch außerhalb des EGBGB. Von praktischer Bedeutung sind insbesondere

- § 2 Abs. 1 Asylgesetz idF vom 2.9.2008,[216]
- Gesetz über den ehelichen Güterstand von Vertriebenen und Flüchtlingen vom 4.8.1969,[217]
- Art. 91 bis 98 Wechselgesetz vom 21.6.1933,[218]

[205] BGBl. 1997 I 2942.
[206] BGBl. 1999 I 1026.
[207] BGBl. 2001 I 2950.
[208] BGBl. 2014 I 786.
[209] BGBl. 2007 I 122.
[210] BGBl. 2013 I 101; dazu näher Staudinger/*Hepting/Hausmann* EGBGB Art. 47 Rn. 1ff.
[211] Dazu näher Staudinger/*Hepting/Hausmann* EGBGB Art. 48 Rn. 1ff.
[212] BGBl. 2013 I 101.
[213] ABl. 2010 L 343, 10 = *Jayme/Hausmann* Nr. 34.
[214] ABl. 2012 L 201, 107 = *Jayme/Hausmann* Nr. 61.
[215] BGBl. 2015 I 1042 = *Jayme/Hausmann* Nr. 61a.
[216] BGBl. 2008 I 1798 = *Jayme/Hausmann* Nr. 17.
[217] BGBl. 1969 I 1067 = *Jayme/Hausmann* Nr. 38.
[218] RGBl. 1933, 399 = *Jayme/Hausmann* Nr. 123.

- Art. 60 bis 66 Scheckgesetz vom 14.8.1933,[219]
- §§ 1 ff. Arbeitnehmer-Entsendegesetz vom 20.4.2009,[220]
- § 17a Depotgesetz vom 11.1.1995,[221]
- § 185 Abs. 2 GWB idF vom 26.6.2013,[222]
- §§ 335 ff. InsO vom 5.10.1994,[223]
- § 19 AnfG idF vom 5.10.1994.[224]

## IV. Gewohnheits- und Richterrecht

Die Kodifikation des IPR im EGBGB ist nicht vollständig. Wichtige Bereiche sind bewusst ungeregelt geblieben, weil man die weitere Entwicklung in Rechtsprechung und Lehre abwarten wollte. Dies gilt etwa für das Recht der rechtsgeschäftlichen Stellvertretung, dessen Vereinheitlichung bisher auch aus der Rom I-VO ausgeklammert wurde (→ § 6 Rn. 1 f.), sowie für das internationale Gesellschaftsrecht (→ § 18 Rn. 2 ff.). Insoweit verbleibt es vorerst – mit den Einschränkungen, die sich aus den Grundfreiheiten des AEUV ergeben, bei den von der Rechtsprechung herausgebildeten Kollisionsregeln, die zT die Qualität von Gewohnheitsrecht gewonnen haben. 82

[219] RGBl. 1933, 597 = *Jayme/Hausmann* Nr. 124.
[220] BGBl. 2009 I 799 = *Jayme/Hausmann* Nr. 94.
[221] BGBl. 1995 I 34 = *Jayme/Hausmann* Nr. 125.
[222] BGBl. 2013 II 1750 = *Jayme/Hausmann* Nr. 136.
[223] BGBl. 1994 I 2866 = *Jayme/Hausmann* Nr. 261.
[224] BGBl. 1994 I 2866 = *Jayme/Hausmann* Nr. 262.

# § 2. Funktionsweise des IPR

## Übersicht

## A. Kollisionsnorm

### I. Begriff

1 Der Begriff der Kollisionsnorm wird als Synonym für Rechtsanwendungs-, Verweisungs- oder Anknüpfungsregel verwendet. Die Kollisionsnorm bestimmt diejenige Rechtsordnung, deren Vorschriften auf einen Sachverhalt zur Anwendung kommen sollen, dh sie knüpft einen Sachverhalt an Rechtssätze an, **ohne selbst die Sachentscheidung zu treffen.**[1] Die Bezeichnung „Kollisionsnorm" wird im herrschenden Sprachgebrauch in einem weiten Sinne verwendet. Eine Kollisionsnorm setzt also nicht notwendig einen Konflikt zwischen mehreren Rechtsordnungen voraus, die sich auf den gleichen Sachverhalt für anwendbar erklären; Kollisionsnormen sind vielmehr auch die bloßen Ergänzungs- und Hilfsnormen des IPR, wie zB die Vorbehaltsklausel in Art. 6 EGBGB, die auch unselbständige Kollisionsnormen genannt werden (→ Rn. 16).

2 Gegenstück zur Kollisionsnorm ist die materielle oder **Sachnorm,** wobei der Begriff „materiell" nicht – wie sonst – im Gegensatz zu „formell" oder zu „prozessual" gedacht wird; gegenüber dem Kollisionsrecht sind vielmehr auch Form- oder Prozessvorschriften „materielles" Recht.

### II. Struktur

3 Der Aufbau einer Kollisionsnorm entspricht dem anderer selbständiger Rechtsnormen, dh ein Tatbestand wird mit einer Rechtsfolge verbunden.[2]

#### 1. Tatbestand

4 Der Tatbestand einer (selbständigen) Kollisionsnorm enthält regelmäßig **zwei Elemente,** den Anknüpfungsgegenstand und das Anknüpfungsmoment.[3]

5 **a) Anknüpfungsgegenstand.** Der Tatbestand einer Kollisionsnorm umfasst oft einen ganzen Komplex von Gegenständen, die mit materiell-rechtlich geprägten Systembegriffen umschrieben werden, wie zB „die Geschäftsfähigkeit" in Art. 7 Abs. 1 EGBGB, „die Formgültigkeit eines Rechtsgeschäfts" in Art. 11 EGBGB, „die Voraussetzungen der Eheschließung" in Art. 13 Abs. 1 EGBGB, oder „die Rechte an einer Sache" in Art. 43 EGBGB.

---

[1] *Kropholler* IPR § 13 I; *v. Bar/Mankowski* IPR I § 4 Rn. 2; Raape/*Sturm* IPR § 1 I 2.
[2] Vgl. zum folgenden BeckOK BGB/*Lorenz* IPR Einl. Rn. 3ff.; MüKoBGB/*v. Hein* IPR Einl. Rn. 56ff.
[3] So der vorherrschende „zweigliedrige" Tatbestandsbegriff, vgl. *v. Bar/Mankowski* IPR I § 7 Rn. 6; *v. Hoffmann/Thorn* IPR § 4 Rn. 4 in Fn. 3; *Kegel/Schurig* IPR § 6 II 1; demgegenüber zählt das Anknüpfungsmoment nach dem „eingliedrigen" Tatbestandsbegriff bereits zur Rechtsfolge der Kollisionsnorm, vgl. *Kropholler* IPR § 13 II 2; BeckOK BGB/*Lorenz* IPR Einl. Rn. 33.

Man spricht vom Anknüpfungsgegenstand (Verweisungsbegriff), weil durch den Systembegriff der Gegenstand der Anknüpfung bzw. Verweisung bestimmt wird.[4] Der Vorteil der Verwendung von Systembegriffen besteht darin, dass diese nicht allein durch das nationale Rechtssystem der *lex fori* geprägt sind, sondern um – im Wege der Rechtsvergleichung zu ermittelnde – Begriffsinhalte ausländischer Rechtsordnungen erweitert werden können. Dies ist vor allem erforderlich, um Rechtsinstitute des ausländischen Rechts, die im deutschen Recht keine Entsprechung haben (zB die Morgengabe des islamischen Rechts, der *trust* des Common Law), im Wege der Qualifikation (→ § 3 Rn. 1ff.) dem Anknüpfungsgegenstand einer inländischen Kollisionsnorm zuzuordnen. 6

**b) Anknüpfungsmoment.** Das Anknüpfungsmoment (auch Anknüpfungsmerkmal, -kriterium, -punkt), das zum Tatbestand der Kollisionsnorm gehört (→ Rn. 4), umschreibt die Verbindung zwischen dem Anknüpfungsgegenstand und der anwendbaren Rechtsordnung. In Art. 7 Abs. 1 oder Art. 10 Abs. 1 EGBGB ist dies beispielsweise „der Staat, dem die Person angehört". Anknüpfungsmoment ist hier also die **Staatsangehörigkeit.** Demgegenüber ist Anknüpfungsmoment in Art. 19 Abs. 1 S. 1 EGBGB „der Staat, in dem das Kind seinen gewöhnlichen Aufenthalt hat", und in Art. 43 Abs. 1 EGBGB das „Recht des Staates, in dem sich die Sache befindet". 7

Das Anknüpfungsmoment setzt sich dabei aus **drei Elementen** zusammen: 8
- einem **Subjekt** (Person, Sache, subjektives Recht, Ereignis),
- einem **Attribut** dieses Subjekts (zB Staatsangehörigkeit, gewöhnlicher Aufenthalt oder Wohnsitz einer Person; Lage- oder Registerort einer Sache; Ort des Ereignisses), sowie
- einem für das Vorliegen des Attributs maßgeblichen **Zeitpunkt.**

Die Auswahl der jeweiligen Anknüpfungsmomente hängt mit der Eigenart der in den verschiedenen Kollisionsnormen enthaltenen Anknüpfungsgegenstände zusammen. So ist zB der Lageort einer Sache im internationalen Sachenrecht (Art. 43 Abs. 1 EGBGB) oder die Staatsangehörigkeit einer Person im internationalen Geschäftsfähigkeits- oder Namensrecht (Art. 7 Abs. 1, 10 Abs. 1 EGBGB) maßgeblich. Entsprechend wird für die Form von Rechtsgeschäften an den Vornahmeort (Art. 11 Abs. 1 EGBBGB) oder für unerlaubte Handlungen an den Ort des Schadenseintritts (Art. 4 Abs. 1 Rom I-VO) angeknüpft. Die Anknüpfungsmomente variieren mithin nach den jeweiligen Anknüpfungsgegenständen. 9

Die **Auslegung von Anknüpfungsmomenten** kann grundsätzlich nur iSd Rechtsordnung erfolgen, der die betreffende Kollisionsnorm angehört. Bei Anwendung des deutschen IPR ist also das deutsche Recht, bei Anwendung von ausländischem IPR (zB im Rahmen einer Rück- oder Weiterverweisung gemäß Art. 4 Abs. 1 EGBGB; → Rn. 111) das betreffende ausländische Recht heranzuziehen.[5] Bei staatsvertraglichen oder innerhalb der EU vereinheitlichten Kollisionsnormen ist hingegen eine autonome, einheitliche Auslegung geboten, die aus einer rechtsvergleichenden Betrachtung der Rechtsordnungen der Vertrags-/Mitgliedstaaten gewonnen wird (→ § 1 Rn. 37, 70ff.). 10

## 2. Rechtsfolge

Durch die Verknüpfung des Anknüpfungsgegenstands mit einem Anknüpfungsmoment – zB der Geschäftsfähigkeit mit der Staatsangehörigkeit der betroffenen Person – wird die Rechtsfolge gefunden, nämlich die auf den Sachverhalt anwendbare Rechtsordnung **(Statut).** Man spricht daher vom Vertrags-, Delikts-, Gesellschafts-, Unterhalts- oder Erbstatut. Der Begriff „Wirkungsstatut" wird mit unterschiedlicher Bedeutung verwendet, teils in einem engen Sinn in Abgrenzung zu eigenständig angeknüpften Teilfragen (zB Fähig- 11

[4] *Kropholler* IPR § 13 II 1; *v. Hoffmann/Thorn* IPR § 4 Rn. 4; MüKoBGB/*v. Hein* IPR Einl. Rn. 56.
[5] BGHZ 24, 352 = NJW 1957, 1316; BGH NJW 1980, 2016 (2017); Palandt/*Thorn* EGBGB Einl. Art. 3 Rn. 21 und Art. 4 Rn. 1.

keits-, Form- oder Vertretungsstatut)[6], teils in einem weiten Sinn als dem in der Sache anwendbaren Recht *(lex causae)* im Gegensatz zur *lex fori.*

12 Im heutigen IPR-Sprachgebrauch nennt man **Statut** die Rechtsordnung, die am Endpunkt der kollisionsrechtlichen Betrachtung auf einen Lebenssachverhalt Anwendung findet. Man spricht etwa vom Schuldstatut als dem auf ein Schuldverhältnis anwendbaren Recht; entsprechend vom Güterrechtsstatut, Erbstatut, Formstatut, Sachstatut usw. Im Unterschied zur Sachnorm, die auf der Rechtsfolgenseite die Sachentscheidung selbst trifft, bestimmt die Kollisionsnorm lediglich die maßgebliche Rechtsordnung, der anschließend die Sachentscheidung zu entnehmen ist.

13 Für die **praktische Lösung eines Falles mit Auslandsberührung** ergibt sich daraus folgende Vorgehensweise:[7]

- In einem **ersten Schritt** ist der zu beurteilende Sachverhalt daraufhin zu untersuchen, ob er von dem in der Kollisionsnorm verwendeten Rechtsbegriff erfasst wird oder nicht. Es geht also um die Subsumtion des Sachverhalts unter die kollisionsrechtlichen Systembegriffe. Diese Bestimmung des Anknüpfungsgegenstands wird in der Terminologie des Internationalen Privatrechts als **Qualifikation** bezeichnet und näher in → § 3 Rn. 1 ff. behandelt.

14 **Beispiel:**
Die Ehe zwischen dem Österreicher M und seiner deutschen Ehefrau F, die im deutschen gesetzlichen Güterstand der Zugewinngemeinschaft gelebt haben, ist durch den Tod des M aufgelöst worden. Die Ehegatten hatten die letzten Lebensjahre des M in dessen Elternhaus in Tirol gelebt. Zu welcher Quote beerbt die F ihren Ehemann neben den aus der Ehe hervorgegangenen zwei Kindern, wenn M kein Testament errichtet hat?

Da M seinen letzten gewöhnlichen Aufenthalt in Österreich hatte, wird er gemäß Art. 21 Abs. 1 EuErbVO nach österreichischem Recht beerbt. Danach ist die Ehefrau neben ihren beiden Kindern mit einer Quote von 1/3 am Nachlass des M beteiligt. Fraglich ist aber, ob sich diese Erbquote um ein weiteres Viertel nach § 1371 Abs. 1 BGB erhöht. Dies hängt davon ab, ob es sich um eine „güterrechtliche Wirkung der Ehe" handelt, für die Art. 15 Abs. 1 EGBGB auf deutsches Recht – und damit auch auf § 1371 Abs. 1 BGB – verweist, oder ob es insoweit (zumindest auch) um die „Rechtsnachfolge von Todes wegen" iSv Art. 21 Abs. 1 EuErbVO geht und eine Erhöhung deshalb ausscheidet, weil das für die Erbfolge maßgebliche österreichische Erbrecht sie nicht vorsieht.[8]

- Ist der Anknüpfungsgegenstand durch Subsumtion des Sachverhalts unter den in einer Kollisionsnorm verwendeten Systembegriff bestimmt worden, so ist dieser Anknüpfungsgegenstand in einem **zweiten Schritt** mit Hilfe des in der Kollisionsnorm verwendeten Anknüpfungsmoments mit einer bestimmten Rechtsordnung zu verbinden.

15 **Beispiel:**
Ergibt die Qualifikation im zuvor gebildeten Beispiel, dass es sich bei der Erbteilserhöhung gemäß § 1371 Abs. 1 BGB um eine „güterrechtliche Wirkung der Ehe" handelt, so ist für die Bestimmung des anwendbaren Rechts Art. 15 Abs. 1 EGBGB maßgeblich. Dieser verwendet als Anknüpfungsmoment in einer gemischt-nationalen Ehe den gewöhnlichen Aufenthalt der Ehegatten zur Zeit der Eheschließung (Art. 14 Abs. 1 Nr. 2 EGBGB).

---

[6] Vgl. dazu → § 4 Rn. 39 ff.; → § 6 Rn. 77 ff.; → § 7 Rn. 1 ff.
[7] Vgl. auch *Schotten/Schmellenkamp* IPR § 2 Rn. 25.
[8] Zur Lösung → § 3 Rn. 22, 67 ff.

### III. Arten von Kollisionsnormen

#### 1. Selbständige und unselbständige Kollisionsnormen

Unter **selbständigen** Kollisionsnormen (oder Hauptnormen) versteht man solche, die ihrem Wortlaut nach genügen, um die auf einen Sachverhalt anwendbaren Rechtssätze zu bezeichnen, zB Art. 7 Abs. 1, 13 Abs. 1, 43 Abs. 1 EGBGB. Demgegenüber reichen die **unselbständigen** Kollisionsnormen (oder Hilfsnormen) hierfür alleine nicht aus; sie ergänzen vielmehr die selbständigen Kollisionsnormen, zB Art. 4 Abs. 1 EGBGB (Rückverweisung), Art. 5 Abs. 1 EGBGB (Mehrstaater), Art. 6 EGBGB *(ordre public)*. Die unselbständigen Kollisionsnormen sind zumeist als Allgemeiner Teil des IPR – ähnlich dem Allgemeinen Teil des BGB – vor die Klammer gezogen, während die selbständigen Kollisionsnormen den Besonderen Teil des IPR bilden.[9] 16

#### 2. Einseitige und allseitige Kollisionsnormen

Selbständige Kollisionsnormen, die nur regeln, wann das **eigene Recht** anzuwenden ist, nennt man **einseitige** (oder unvollständige) Kollisionsnormen: Sie treffen also keine Entscheidung darüber, welches Recht gelten soll, wenn das eigene Recht nicht gilt.[10] Auf einem System einseitiger Kollisionsnormen war das EGBGB von 1896 aufgebaut; diese wurden jedoch von Rechtsprechung und Lehre ganz überwiegend zu allseitigen Kollisionsnormen ausgebaut, zB im geltenden Recht Art. 9 S. 2, 10 Abs. 3 Nr. 2; 13 Abs. 2 und Abs. 3, 17 Abs. 3 S. 2, 17a, 24 Abs. 1 S. 2 EGBGB. 17

Etwas anderes gilt hingegen für sog **Exklusivnormen,** dh solche einseitigen Kollisionsnormen, die – wie zB Art. 17 Abs. 1 S. 2 EGBGB aF – die Geltung des inländischen Rechts um der **Begünstigung von Inländern** oder der Durchsetzung inländischer staatlicher Ordnungsinteressen willen in systemwidriger Weise ausdehnen.[11] 18

**Beispiel:** 19

Nach Art. 13 Abs. 3 S. 1 EGBGB kann eine Ehe im Inland nur in der vom deutschen Recht vorgeschriebenen (standesamtlichen) Form geschlossen werden. Die Vorschrift dient deutschen Ordnungsinteressen; sie kann daher nicht zu einer allseitigen Kollisionsnorm ausgebaut werden mit der Folge, dass Ehen auch im Ausland nur in der dortigen Ortsform geschlossen werden könnten. Für Auslandseheschließungen verbleibt es daher bei der alternativen Formanknüpfung nach Art. 11 Abs. 1 EGBGB.

Selbständige Kollisionsnormen, die außerdem sagen, wann **fremdes Recht** anzuwenden ist, nennt man **allseitige** (oder vollständige) Kollisionsnormen.[12] Diese unterwerfen jeden Sachverhalt einer bestimmten Rechtsordnung, treffen also die Entscheidung zwischen den in Betracht kommenden Rechten ohne Rücksicht darauf, ob es sich um das inländische oder um ausländische Rechte handelt.[13] Das Gesetz zur Neuregelung des IPR von 1986 beruht auf einem System solcher allseitiger Kollisionsnormen, geht also von der 20

---

[9] Vgl. *Kegel/Schurig* IPR § 6 I 1; *v. Hoffmann/Thorn* IPR § 4 Rn. 67; MüKoBGB/*v. Hein* IPR Einl. Rn. 88.

[10] *Kropholler* IPR § 13 III 1; *v. Bar/Mankowski* IPR I § 1 Rn. 17; *Ferid* IPR § 1 Rn. 1–11; BeckOK BGB/*Lorenz* IPR Einl. Rn. 45.

[11] *V. Bar/Mankowski* IPR I § 1 Rn. 17; *Ferid* IPR § 1 Rn. 1–11; *Kegel/Schurig* IPR § 6 I 3; BeckOK BGB/*Lorenz* IPR Einl. Rn. 45. Ausführlich *Nojack*, Exklusivnormen im IPR, 2005.

[12] Verweist eine Kollisionsnorm nicht auf jedes beliebige fremde Recht, sondern nur auf ganz bestimmte Rechte, spricht man von „*mehrseitigen Kollisionsnormen*", vgl. MüKoBGB/*v. Hein* IPR Einl. Rn. 89. Sie finden sich ins besondere im europäischen IPR, soweit nur auf das Recht von Mitgliedstaaten der EU bzw. des EWR verwiesen wird, wie zB in Art. 3 Abs. 4 Rom I-VO, Art. 14 Abs. 3 Rom II-VO sowie in Art. 46b und 46c EGBGB.

[13] *Kropholler* IPR § 13 III 1; *v. Bar/Mankowski* IPR I § 1 Rn. 17; *Ferid* IPR § 1 Rn. 1–11; *Kegel/Schurig* IPR § 6 I 2; BeckOK BGB/*Lorenz* IPR Einl. Rn. 45.

Gleichwertigkeit der nationalen Privatrechtsordnungen aus.[14] Gleiches gilt für das in Staatsverträgen und EU-Verordnungen normierte IPR, grundsätzlich universelle Geltung beansprucht. Trotzdem kann sich auch heute noch das Problem des allseitigen Ausbaus einseitiger Kollisionsnormen ergeben; ein solcher wird dann zugelassen, wenn hinter der betreffenden Norm ein verallgemeinerungsfähiger Rechtsgedanke steht. Dies wird etwa für Art. 7 Abs. 2 EGBGB allgemein bejaht (→ § 4 Rn. 18), hingegen für Art. 10 Abs. 3 Nr. 2 EGBGB (Namensrecht) und Art. 24 Abs. 1 S. 2 EGBGB (Betreuungsrecht) überwiegend verneint.[15]

21 **Beispiel:**
Art. 16 Abs. 2 EGBGB schützt bei im Inland vorgenommenen Rechtsgeschäften den Vertragspartner eines Ehegatten dadurch, dass dieser sich bei Bedarfsdeckungsgeschäften auf die Verpflichtung beider Ehegatten nach § 1357 BGB berufen kann, auch wenn die allgemeinen Ehewirkungen nach Art. 14 EGBGB ausländischem Recht unterliegen. Der dahinter stehende Verkehrsschutzgedanke hat auch bei von Ehegatten im Ausland vorgenommen Geschäften seine Berechtigung, so dass Gläubiger sich auch auf die dort geltende Regelung der Schlüsselgewalt berufen können.[16]

### 3. Versteckte Kollisionsnormen

22 Bisweilen sind Kollisionsnormen in anderen Normen enthalten. Man bezeichnet sie dann als „versteckte" Kollisionsnormen. Kollisionsnormen können insbesondere in **Zuständigkeitsnormen** verborgen sein, wenn das international zuständige Gericht jeweils sein eigenes materielles Recht anwendet. Diese Regelungstechnik ist insbesondere in den *Vereinigten Staaten a*uf dem Gebiet des Ehe- und Familienrechts verbreitet, wo die Gerichte stets die *lex fori* zugrunde legen, wenn sie ihre *jurisdiction* bejaht haben. Hieraus kann sich eine „versteckte Rückverweisung" auf deutsches Recht ergeben, wenn die *jurisdiction* deutscher Gerichte begründet ist (→ Rn. 122f.).

23 Auch **Sachnormen** können uU versteckte Kollisionsnormen enthalten.[17] So galt **§ 244 BGB,** demzufolge im Inland zahlbare Fremdwährungsschulden auch in Euro erfüllt werden dürfen (sog *unechte Valutaschuld*) nach früher hM[18] auch für Schuldverträge, die nicht dem deutschen Recht unterstanden; daran kann freilich wegen des Anwendungsvorrangs von Art. 12 Abs. 1 lit. b Rom I-VO nicht mehr festgehalten werden.[19] Auch § 185 Abs. 2 GWB, der auf dem Gebiet des Kartellrechts das sog „Auswirkungsprinzip" normiert, enthält eine versteckte Kollisionsnorm. Demgegenüber enthält **§ 92c Abs. 1 HGB,** der die zwingenden Vorschriften des HGB für abdingbar erklärt, wenn der Handelsvertreter seine Tätigkeit außerhalb der EU und des EWR ausübt, nach hM keine versteckte Kollisionsnorm, sondern gilt nur, wenn der Handelsvertretervertrag nach Art. 3ff. Rom I-VO deutschem Recht unterliegt.[20] Von einer versteckten Kollisionsnorm spricht man also immer dann, wenn Sachnormen ihren räumlich-persönlichen Anwendungsbereich durch eine in der jeweiligen Sachnorm selbst enthaltene einseitige Kollisionsnorm bestimmen. Diese Normen schließen also die Anwendung von Kollisionsrecht nicht schlechthin aus, sondern ersetzen nur die allgemeinen Kollisionsnormen durch spezielle.

---

[14] Palandt/*Thorn* EGBGB Einl. Art. 3 Rn. 18; Erman/*Hohloch* EGBGB Einl. Art. 3 Rn. 4; *Ferid* IPR § 1 Rn. 1–12; *Schotten/Schmellenkamp* IPR Rn. 11.
[15] Vgl. dazu MüKoBGB/*v. Hein* IPR Einl. Rn. 90.
[16] NK-BGB/*Gruber* EGBGB Art. 16 Rn. 21; Soergel/*Schurig* EGBGB Art. 16 Rn. 16.
[17] Vgl. *Kropholler* IPR § 13 IV; *v. Hoffmann/Thorn* IPR § 4 Rn. 14ff.; BeckOK BGB/*Lorenz* IPR Einl. Rn. 46; MüKoBGB/*v. Hein* IPR Einl. Rn. 93.
[18] So *Kegel/Schurig* IPR § 1 VIII 1; *Kropholler* IPR §13 IV.
[19] Vgl. *Grothe* ZBB 2002, 1 (3); MüKoBGB/*v. Hein* IPR Einl. Rn. 93.
[20] Baumbach/Hopt/*Hopt* HGB § 92c Rn. 1; Reithmann/Martiny/*Häuslschmid* IVR Rn. 6.1456.

## B. Anknüpfungsmomente

24 Die Anknüpfungsmomente können in der Person der Beteiligten begründet sein, wie zB in der Staatsangehörigkeit oder dem gewöhnlichen Aufenthalt, ferner in ihren Willenserklärungen, soweit eine Rechtswahl zugelassen ist, in ihren Handlungen, zB beim Abschluss eines Vertrages oder bei einer unerlaubten Handlung, oder in den Eigenschaften einer Sache, zB dem Lageort eines Grundstücks. Die praktisch bedeutsamsten Anknüpfungsmomente im europäischen wie im autonomen deutschen IPR werden nachfolgend kurz vorgestellt:

### I. Staatsangehörigkeit

**Schrifttum:**

*Bariatti,* Multiple Nationalities and EU Private International Law, YbPIL 13 (2001), 1; *Basedow,* Das Staatsangehörigkeitsprinzip in der Europäischen Union, IPRax 2011, 109; *ders.*, Le rattachement à la nationalité et les conflits de nationalité en droit de l'Union Européenne, Rev. crit. dip 2010, 427; *Fuchs,* Mehrstaater im internationalen Privatrecht, FS Martiny, 2014, 303; *Hausmann,* Internationale Zuständigkeit und Verbot der Diskriminierung aus Gründen der Staatsangehörigkeit, FS Hailbronner, 2013, 429; *Henrich,* Abschied vom Staatsangehörigkeitsprinzip?, FS Stoll, 2001, 437; *Rauscher,* Heimatlos in Europa – Gedanken gegen eine Aufgabe des Staatsangehörigkeitsprinzips, FS Jayme, 2004, 719; *Stern,* Das Staatsangehörigkeitsprinzip in Europa, 2008; *Troge,* Europarecht und das Staatsangehörigkeitsprinzip im IPR, 2009.

#### 1. Anwendungsbereich

25 Im **deutschen autonomen IPR** – insbesondere im internationalen Personen-, Familien- und Erbrecht – stand als Anknüpfungsmoment lange Zeit die Staatsangehörigkeit im Vordergrund.[21] Sie ist auch heute noch maßgeblich, soweit die persönlichen Rechtsverhältnisse natürlicher Personen betroffen sind, wie zB bei der Rechts- und Geschäftsfähigkeit (Art. 7 EGBGB; → § 4 Rn. 6ff.), der Todeserklärung (Art. 9 EGBGB), der Namensführung (Art. 10 Abs. 1 EGBGB), den sachlichen Voraussetzungen der Eheschließung (Art. 13 Abs. 1 EGBGB), den allgemeinen Ehewirkungen (Art. 14 Abs. 1 Nr. 1 EGBGB; → § 8 Rn. 9ff.), im Ehegüterrecht (Art. 15 Abs. 1 iVm Art. 14 Abs. 1 Nr. 1 EGBGB; → § 9 Rn. 37), in Teilen des Kindschaftsrechts (Art. 19 Abs. 1 S. 2 und Abs. 2, 20 S. 1 iVm Art. 19 Abs. 1 S. 2, 22 Abs. 1 S. 1, 23 EGBGB; zur Adoption → § 14 Rn. 28ff., 33f.) sowie im Recht der Vormundschaft, Betreuung und Pflegschaft (Art. 24 Abs. 1 S. 1 EGBGB; → § 5 Rn. 97f.). Wegen dieser traditionellen Bedeutung der Staatsangehörigkeit als Primäranknüpfung bezeichnet der Begriff **„Heimatrecht"** im deutschen IPR noch heute das Recht des Staates, dem jemand angehört.

26 Demgegenüber wird die Staatsangehörigkeit als Anknüpfungsmerkmal in **völkerrechtlichen Verträgen** und im **europäischen IPR** zunehmend durch den gewöhnlichen Aufenthalt verdrängt.[22] Einschneidend ist aus deutscher Sicht insbesondere der Übergang vom Staatsangehörigkeits- zum Aufenthaltsprinzip im **internationalen Ehescheidungsrecht** (Art. 8 lit. a, lit. b Rom III-VO; → § 11 Rn. 26ff.) und im **internationalen Erbrecht** seit Inkrafttreten der EuErbVO am 17.8.2015 (Art. 21 Abs. 1 EuErbVO; → § 15 Rn. 18ff.) sowie demnächst auch im **internationalen Ehegüterrecht** (Art. 26 Abs. 1 lit. a EuGüVO; → § 9 Rn. 17). Die Staatsangehörigkeit behält jedoch auch im europäischen und staatsvertraglichen Kollisionsrecht noch Bedeutung als **subsidiäre objektive Anknüpfung,** so zB

- im internationalen Ehescheidungsrecht (Art. 8 lit. c Rom III-VO; → § 11 Rn. 36ff.),
- im internationalen Unterhaltsrecht (Art. 4 Abs. 4 HUP; → § 10 Rn. 49f.) sowie künftig auch

[21] Vgl. näher *Basedow* IPRax 2011, 109ff.

[22] NK-BGB/*G. Schulze* EGBGB Art. 5 Rn. 6; krit. zu dieser Entwicklung *Rauscher* FS Jayme, 2004, 205 (214ff.).

– im internationalen Ehegüterrecht (Art. 26 Abs. 1 lit. b EuGüVO; → § 9 Rn. 17)

27 Auch soweit im europäischen IPR an die Staatsangehörigkeit angeknüpft wird, ist die Staatsangehörigkeit der einzelnen Mitgliedstaaten (bzw. Drittstaaten) gemeint. Die durch den Vertrag von Maastricht eingeführte **Unionsbürgerschaft** (Art. 20 AEUV) ist hingegen für das Kollisionsrecht nicht unmittelbar relevant.[23] Auch das Straßburger Europäische Übereinkommen über die Staatsangehörigkeit vom 6.11.1997[24] berührt nach seinem Art. 17 Abs. 2 lit. b in Fällen von Mehrstaatigkeit die Anwendung der Regeln des internationalen Privatrechts der Vertragsstaaten nicht.

28 Darüber hinaus ist die Staatsangehörigkeit in neueren Rechtsinstrumenten des sekundären EU-Rechts und des staatsvertraglichen Kollisionsrechts auf den Gebieten des Personen-, Familien- und Erbrechts häufig als **alternative subjektive Anknüpfung** vorgesehen, so zB

- im internationalen Ehescheidungsrecht (Art. 5 lit. c Rom III-VO; → § 11 Rn. 76 ff.),
- im internationalen Unterhaltsrecht (Art. 8 lit. a HUP; → § 10 Rn. 96 f.),
- im internationalen Erbrecht (Art. 22 Abs. 1 EuErbVO; → § 15 Rn. 105 ff.) sowie künftig auch
- im internationalen Ehegüterrecht (Art. 22 Abs. 1 lit. b EuGüVO; → § 9 Rn. 14) und
- im internationalen Güterrecht eingetragener Lebenspartner (Art. 22 Abs. 1 lit. b EuPartVO; → § 13 Rn. 15).

29 Eine Wahlmöglichkeit zugunsten des Rechts der Staatsangehörigkeit eines Beteiligten besteht auch im **autonomen deutschen Kollisionsrecht** zB im Namensrecht (Art. 10 Abs. 2 Nr. 1 und Abs. 3 Nr. 1 EGBGB), im Ehewirkungsrecht (Art. 14 Abs. 2 und Abs. 3 EGBGB; → § 8 Rn. 22 ff.) und im Ehegüterrecht (Art. 15 Abs. 2 Nr. 1 EGBGB; → § 9 Rn. 100 ff.).

### 2. Vor- und Nachteile des Staatsangehörigkeitsprinzips

30 Das Staatsangehörigkeitsprinzip besagt, dass die persönlichen Verhältnisse eines Menschen dem Recht desjenigen Staates unterstehen, dessen Angehöriger er in einem bestimmten Zeitpunkt ist. Die Staatsangehörigkeit stellt zwar nicht notwendig die engste Verbindung einer Person zu einer Rechtsordnung dar; man denke nur an die in zweiter oder dritter Generation in Deutschland lebenden Ausländer, die ihren „Heimatstaat" häufig nur noch von Urlaubsreisen her kennen und ihre „Heimatsprache" kaum noch sprechen. Die Anknüpfung an die Staatsangehörigkeit kann sich somit **integrationshemmend** auswirken. Für sie spricht jedoch, dass die Staatsangehörigkeit im Allgemeinen **leichter und sicherer feststellbar** ist als der Wohnsitz oder der gewöhnliche Aufenthalt einer Person.[25] Auch kann sie sehr viel schwerer manipuliert werden als der Wohnsitz oder Aufenthalt; die Anknüpfung an die Staatsangehörigkeit dient damit der Rechtssicherheit, dem Kontinuitätsinteresse und der **kulturellen Identität** von im Inland lebenden Ausländern sowie dem internationalen Entscheidungseinklang.[26]

31 Im **europäischen IPR** wird die Staatsangehörigkeit indessen – wie zu zeigen sein wird (→ Rn. 54 ff.) – schrittweise durch den gewöhnlichen Aufenthalt als Primäranknüpfung verdrängt. Bedeutung wird sie hingegen auch dort – wie bisher schon in Art. 5 lit. c Rom III-VO und Art. 22 EuErbVO – als subjektives Anknüpfungsmerkmal zur Korrektur der Aufenthaltsanknüpfung behalten. Soweit das Personalstatut im nationalen IPR der Mitgliedstaaten weiter vorrangig an die Staatsangehörigkeit angeknüpft wird – wie zB in

---

[23] *V. Hoffmann/Thorn* IPR § 5 Rn. 58; *Schotten/Schmellenkamp* IPR Rn. 30. Zu mittelbaren Wirkungen MüKoBGB/*v. Hein* EGBGB Art. 5 Rn. 22.

[24] BGBl. 2004 II 579 = *Jayme/Hausmann* Nr. 273; für die *Bundesrepublik Deutschland* in Kraft seit 1.9.2005.

[25] *Jayme,* Kulturelle Identität und IPR 2003, S. 5, 10; *Basedow* IPRax 2011, 109 (115).

[26] Vgl. MüKoBGB/*v. Hein* EGBGB Art. 5 Rn. 31 ff.; Palandt/*Thorn* EGBGB Einl. Art. 3 Rn. 19; *Ferid* IPR § 1 Rn. 1–18.

Fragen der Geschäftsfähigkeit nach Art. 7 Abs. EGBGB – liegt darin jedoch **kein Verstoß gegen das Diskriminierungsverbot des Art. 18 AEUV.**[27]

### 3. Ermittlung der Staatsangehörigkeit

Die Frage, welchem Staat eine Person angehört, ist stets allein nach dem Recht des Staates zu entscheiden, um dessen Staatsangehörigkeit es geht. Ob eine Person die deutsche Staatsangehörigkeit erworben oder verloren hat, bestimmt sich daher in erster Linie nach dem Staatsangehörigkeitsgesetz vom 22.7.1913.[28] Auch privatrechtliche **Vorfragen,** von denen der Erwerb oder Verlust einer Staatsangehörigkeit abhängt (Heirat, eheliche oder nichteheliche Abstammung, Legitimation, Adoption), sind nach dem (Kollisions-)Recht des Staates zu beurteilen, um dessen Angehörigkeit es sich handelt, also **unselbständig anzuknüpfen** (→ § 3 Rn. 45). Soweit es kollisionsrechtlich auf die Feststellung der Staatsangehörigkeit ankommt; hat das Gericht diese **von Amts wegen** festzustellen.[29] 32

### 4. Probleme der Anknüpfung an die Staatsangehörigkeit

**a) Mehrstaater.** Schwierigkeiten bereiten Personen mit doppelter oder mehrfacher Staatsangehörigkeit. Mehrstaatigkeit kann entstehen durch Geburt (Nebeneinander von *ius soli-* und *ius sanguinis-* Prinzip; gemischt-nationale Ehe der Eltern) oder durch Heirat (zB wenn der Staat, dem die Frau angehört, ihr diese Staatsangehörigkeit belässt und der Staat, dem der Mann angehört, ihr seine Staatsangehörigkeit verleiht), aber auch durch Einbürgerung, wenn diese – anders als nach deutschem Recht (§ 10 Abs. 1 Nr. 4 StAG) – ohne den gleichzeitigen Verlust der bisherigen Staatsangehörigkeit zugelassen wird. Doppelstaater sind ferner idR die im Inland geborenen Kinder ausländischer Eltern, soweit diese die Voraussetzungen des Art. 4 Abs. 3 StAG erfüllen.[30] Seit der Änderung des deutschen Staatsangehörigkeitsgesetzes durch Gesetz vom 13.11.2014[31] müssen diese Kinder sich auch mit Erreichung der Volljährigkeit nicht mehr zwingend für eine ihrer Staatsangehörigkeiten entscheiden, sondern können unter bestimmten Voraussetzungen beide beibehalten. Zur Lösung des Problems der Mehrstaatigkeit unterscheidet das **autonome deutsche IPR** in Art. 5 Abs. 1 EGBGB danach, ob jemand verschiedene ausländische Staatsangehörigkeiten besitzt oder ob eine der mehreren Staatsangehörigkeiten die deutsche ist: 33

Bei **mehrfacher fremder Staatsangehörigkeit** soll gemäß Art. 5 Abs. 1 S. 1 EGBGB das Recht desjenigen Staates angewendet werden, mit dem die Person **am engsten verbunden** ist, insbesondere durch ihren gewöhnlichen Aufenthalt oder durch ihren bisherigen Lebensverlauf. Als Kriterien für diese sog **„effektive Staatsangehörigkeit"** kommen vor allem der gewöhnliche Aufenthalt (→ Rn. 54 ff.), daneben auch die Ausübung staatsbürgerlicher Rechte (Wahlrecht) und Pflichten (Wehrpflicht), das Bestehen persönlicher und beruflicher Bindungen (Familie, Freunde, Schule, Arbeitsplatz), die Sprache, Religion und kulturelle Prägung[32] sowie der bisherige – und der geplante zukünftige – 34

[27] *Basedow* IPRax 2011, 109 (112 f.); BeckOK BGB/*Lorenz* IPR Einl. Rn. 29; *v. Bar/Mankowski* IPR I § 3 Rn. 41; NK-BGB/*Schulze* EGBGB Art. 5 Rn. 6; MüKoBGB/*v. Hein* EGBGB Art. 5 Rn. 40 ff. mwN.

[28] RGBl. 1913 I 583 = *Jayme/Hausmann* Nr. 275. Zu den Erwerbs- und Verlustgründen der deutschen Staatsangehörigkeit nach dem StAG NK-BGB/*Schulze* EGBGB Art. 5 Rn. 9 ff.

[29] MüKoBGB/*v. Hein* EGBGB Art. 5 Rn. 112; Staudinger/*Bausback* EGBGB Art. 5 Rn. 35; Palandt/*Thorn* EGBGB Art. 5 Rn. 6; einschränkend für die Revisionsinstanz BGH WM 1987, 217.

[30] Zur Entstehung von Mehrstaatigkeit näher *v. Bar/Mankowski* IPR I § 7 Rn. 114 ff.; Staudinger/*Bausback* EGBGB Art. 5 Rn. 4 ff.

[31] BGBl. 2014 I 1714.

[32] Religionszugehörigkeit und kulturelle Prägung können insbesondere bei konkurrierenden Staatsangehörigkeiten eines islamisch und eines christlich geprägten Staates ausschlaggebend sein, vgl. BGH FamRZ 2015, 1602 (1603).

Verlauf des Lebens in Betracht.[33] Im Rahmen der Gewichtung kommt dem gewöhnlichen Aufenthalt vorrangige Bedeutung zu, wenn er in einem der Heimatstaaten begründet wurde. Die vorgenannten weiteren Kriterien können jedoch im Einzelfall auch zur Maßgeblichkeit eines anderen Heimatrechts führen.[34] Auf sie allein ist abzustellen, wenn der Mehrstaater sich in keinem seiner Heimatstaaten gewöhnlich aufhält.[35] Der letzte gewöhnliche Aufenthalt in einem der Heimatstaaten kann Indiz für die effektive Staatsangehörigkeit sein, gibt aber nicht zwingend den Ausschlag. Vielmehr ist in jedem Einzelfall eine umfassende Abwägung aller relevanten Umstände vorzunehmen,[36] und zwar in Bezug auf Kinder unabhängig von der effektiven Staatsangehörigkeit der Eltern.[37]

35 **Beispiel:**

Der im Jahre 2002 in Augsburg verstorbene Erblasser E war in Budweis/Böhmen geboren. Er war dreimal verheiratet, und zwar in erster und zweiter Ehe mit einer tschechischen, in dritter Ehe mit einer französischen Staatsangehörigen. Die ersten beiden Ehen wurden durch tschechische Gerichte, die dritte Ehe durch ein französisches Gericht geschieden. Neben der tschechischen Staatsangehörigkeit besaß der Erblasser seit 1980 auch die französische Staatsangehörigkeit. Er hinterließ Grundvermögen in Deutschland und der Tschechischen Republik. In einem handschriftlichen Testament hat er seine litauische Lebensgefährtin zu seiner Alleinerbin eingesetzt. Nach welchem Recht ist über die Erbfolge zu entscheiden?[38]

Hat ein Mehrstaater seinen gewöhnlichen Aufenthalt in einem seiner Heimatstaaten, so ist nach Art. 5 Abs. 1 S. 1 EGBGB idR das Recht dieses Staates maßgebend. Hat der Mehrstaater seinen gewöhnlichen Aufenthalt hingegen – wie im Beispielsfall – in einem dritten Staat, so bereitet die Feststellung der effektiven Staatsangehörigkeit häufig Schwierigkeiten. Art. 5 Abs. 1 S. 1 EGBGB verweist in diesem Fall auf „den Verlauf des Lebens". Es hat mithin eine Gesamtbetrachtung aller relevanten Umstände stattzufinden. Ein genereller Vorrang der zuletzt erworbenen – hier französischen – Staatsangehörigkeit besteht nicht. Im internationalen Erbrecht kann auch der Belegenheit des wesentlichen Nachlassvermögens Bedeutung zukommen; dieser Umstand dürfte hier den Ausschlag zugunsten der tschechischen Staatsangehörigkeit des Erblassers geben.

36 Der Vorrang der effektiven Staatsangehörigkeit nach Art. 5 Abs. 1 EGBGB bedarf der Einschränkung, wenn er dazu führt, dass die nicht effektive Staatsangehörigkeit eines EU-Mitgliedstaats durch eine effektive Drittstaatsangehörigkeit verdrängt wird. Denn auf diese Weise dürfen einem **Unionsbürger** die Gewährleistungen des Unionsrechts – insbesondere der Genuss der Grundfreiheiten des AEUV – nicht entzogen oder beschränkt werden.[39] Lässt sich eine effektive Staatsangehörigkeit nicht feststellen, so ist hilfsweise (in entsprechender Anwendung von Art. 5 Abs. 2 EGBGB) an das Recht des gegenwärtigen gewöhnlichen, hilfsweise schlichten Aufenthalts anzuknüpfen.[40]

37 Besitzt der Mehrstaater hingegen **auch die deutsche Staatsangehörigkeit,** so geht diese nach Art. 5 Abs. 1 S. 2 EGBGB einer daneben bestehenden ausländischen Staatsan-

[33] Näher zur Bestimmung der effektiven Staatsangehörigkeit MüKoBGB/*v. Hein* EGBGB Art. 5 Rn. 56ff.; Staudinger/*Bausback* EGBGB Art. 5 Rn. 13ff., jeweils mwN.

[34] Palandt/*Thorn* EGBGB Art. 5 Rn. 2.

[35] BGH FamRZ 2015, 1602f., wo darauf hingewiesen wird, dass es bei der Effektivitätsprüfung nach Art. 5 Abs. 1 S. 1 EGBGB nur um ein *relatives* Überwiegen einer der beiden Staatsangehörigkeiten gehe, für welches auch subjektive Momente den Ausschlag geben könnten.

[36] MüKoBGB/*v. Hein* EGBGB Art. 5 Rn. 57; Staudinger/*Bausback* EGBGB Art. 5 Rn. 15; Erman/*Hohloch* EGBGB Art. 5 Rn. 4.

[37] Staudinger/*Bausback* EGBGB Art. 5 Rn. 15; MüKoBGB/*v. Hein* EGBGB Art. 5 Rn. 58.

[38] Vgl. BayObLG ZEV 2005, 165.

[39] *V. Bar/Maknowski* IPR I § 3 Rn. 41; NK-BGB/*Schulze* EGBGB Art. 5 Rn. 25.

[40] BGH FamRZ 2015, 1427 (1428f.); OLG Frankfurt a.M. FamRZ 1994, 715 (716); MüKoBGB/*v. Hein* EGBGB Art. 5 Rn. 60; Erman/*Hohloch* EGBGB Art. 5 Rn. 5; NK-BGB/*Schulze* EGBGB Art. 5 Rn. 23, jeweils mwN.

gehörigkeit stets vor; eine Effektivitätsprüfung findet also nicht statt.[41] Damit ist der Reformgesetzgeber von 1986 „aus Gründen der größeren Rechtsklarheit und Praktikabilität" vom vorher auch in der Rechtsprechung vertretenen Grundsatz der Anknüpfung an die effektive Staatsangehörigkeit bei auch deutschen Mehrstaatern[42] abgewichen. Dies wird bis heute in der Literatur zu Recht als bedauerlicher Rückschritt kritisiert,[43] denn die Neuregelung widerspricht dem Grundanliegen des IPR, den räumlichen Schwerpunkt eines Rechtsverhältnisses zu ermitteln und sie stört den internationalen Entscheidungseinklang. Der Vorrang der deutschen Staatsangehörigkeit gilt nämlich auch dann, wenn die Verbindung des Betroffenen zu seinem ausländischen Heimatstaat wesentlich enger ist, sowie auch dann, wenn die deutsche Staatsangehörigkeit nur durch Geburt im Inland nach § 4 Abs. 3 StAG erworben wurde.[44] Die Regelung in Art. 5 Abs. 1 S. 2 EGBGB hat zur Folge, dass es bei Mehrstaatern, die auch die deutsche Staatsangehörigkeit besitzen, häufig zu **hinkenden Rechtsverhältnissen** kommt. Denn das ausländische Heimatrecht dieser Personen wird häufig ebenfalls an die eigene, bisweilen auch an die effektive Staatsangehörigkeit anknüpfen, keinesfalls aber an die nicht-effektive deutsche Staatsangehörigkeit.[45]

**Beispiel:** 38
Die deutsche F, die zugleich die italienische Staatsangehörigkeit besitzt, war seit 2002 mit dem Italiener M verheiratet. Die Ehe wurde von Beginn an in München geführt, wo M als Unternehmensberater tätig war. Als die Ehe scheitert, beantragt F die Ehescheidung und macht als Folgesache Zugewinnausgleich geltend. Ist der Antrag begründet, wenn die Ehegatten weder eine Rechtswahl getroffen noch einen Ehevertrag abgeschlossen haben?

Aus deutscher Sicht beurteilen sich die güterrechtlichen Beziehungen der Ehegatten nach deutschem Recht. Denn obwohl beide Ehegatten im Zeitpunkt der Eheschließung die italienische Staatsangehörigkeit besaßen, ist an diese gemeinsame Staatsangehörigkeit nach Art. 15 Abs. 1 iVm Art. 14 Abs. 1 Nr. 1 EGBGB nicht anzuknüpfen, weil F nach Art. 5 Abs. 1 S. 2 EGBGB nur als deutsche Staatsangehörige anzusehen ist. Maßgebend ist vielmehr gemäß Art. 15 Abs. 1 iVm Art. 14 Abs. 1 Nr. 2 EGBGB deutsches Ehegüterrecht, weil die Ehegatten ihren gemeinsamen gewöhnlichen Aufenthalt zur Zeit der Eheschließung in München hatten. Danach ist der Zugewinnausgleich durchzuführen.

Hätte M die Ehescheidung vor einem italienischen Gericht beantragt und hätte die F in diesem Verfahren den Antrag auf Ausgleich des Zugewinns gestellt, so wäre sie damit hingegen nicht durchgedrungen. Denn das italienische IPR knüpft zwar das Ehegüterrecht in Art. 30 Abs. 1 S. 1 iVm Art. 29 IPRG ebenso an wie das deutsche IPR. Bei Doppelstaatern wird jedoch nach Art. 19 Abs. 2 IPRG stets der italienischen Staatsangehörigkeit der Vorrang eingeräumt, so dass die gemeinsame italienische Staatsangehörigkeit der Ehegatten das Güterrechtsstatut bestimmt.

Art. 5 Abs. 1 S. 2 EGBGB gilt im gesamten deutschen IPR. Knüpft dieses – wie in Art. 14 Abs. 1 Nr. 1 EGBGB – an die **gemeinsame Staatsangehörigkeit** von Ehegatten an, so reicht daher eine gemeinsame – sogar effektive – ausländische Staatsangehörigkeit nicht aus, wenn auch nur ein Ehegatte daneben die deutsche Staatsangehörigkeit be- 39

[41] OLG Köln FamRZ 2015, 1605 (1606) und 1617 (1618); OLG Hamm FamRZ 2015, 1645 (1647); Palandt/*Thorn* EGBGB Art. 5 Rn. 3; Erman/*Hohloch* EGBGB Art. 5 Rn. 6; BeckOK BGB/*Lorenz* EGBGB Art. 5 Rn. 8; MüKoBGB/*v. Hein* EGBGB Art. 5 Rn. 62f.; *Ferid* IPR § 1 Rn. 1–12; *Schotten/Schmellenkamp* IPR Rn. 30.

[42] BGHZ 75, 32 (41) = NJW 1979, 1776; BGH NJW 1980, 2016f.

[43] Vgl. etwa *Gruber* IPRax 1999, 426 (429); *Benicke* IPRax 2000, 171 (176f.); *v. Bar/Mankowski* IPR § 7 Rn. 119; NK-BGB/*Schulze* EGBGB Art. 5 Rn. 26; MüKoBGB/*v. Hein* EGBGB Art. 5 Rn. 62f. mwN.

[44] Palandt/*Thorn* EGBGB Art. 5 Rn. 3; BeckOK BGB/*Lorenz* EGBGB Art. 5 Rn. 8; **aA** LG Karlsruhe StAZ 2001, 111; *Benicke* IPRax 2000, 171.

[45] *Schotten/Schmellenkamp* IPR Rn. 30.

sitzt (näher → § 8 Rn. 9 ff.).[46] Lediglich in gewissen Fällen der **Rechtswahl** – nämlich im Namensrecht (Art. 10 Abs. 2 Nr. 1 und Abs. 3 Nr. 1 EGBGB)[47] und im Ehewirkungsrecht (Art. 14 Abs. 2 EGBGB; näher → § 8 Rn. 29 ff.)[48] – sowie bei der Form von Testamenten (Art. 26 Abs. 1 Nr. 1 EGBGB aF) gilt dieser Vorrang der deutschen Staatsangehörigkeit kraft ausdrücklicher gesetzlicher Anordnung nicht. Die Anknüpfung an die deutsche Staatsangehörigkeit eines Mehrstaaters nach Art. 5 Abs. 1 S. 2 EGBGB dürfte dann mit dem **Diskriminierungsverbot nach Art. 18 AEUV** nicht mehr vereinbar sein, wenn diese Person zugleich die Staatsangehörigkeit eines anderen EU-Mitgliedstaats besitzt und diese andere Staatsangehörigkeit die effektive ist.[49]

40 Im **staatsvertraglichen IPR** sind die deutschen Gerichte an Art. 5 Abs. 1 S. 2 EGBGB nicht gebunden. Vielmehr wird der mit dem Staatsvertrag angestrebte internationale Entscheidungseinklang nur durch die Anknüpfung an die effektive Staatsangehörigkeit des Mehrstaaters erreicht.[50] Gleiches dürfte auch im **europäischen IPR** gelten, und zwar selbst dann, wenn dieses bezüglich der Behandlung von Mehrstaatern ausdrücklich auf das nationale Recht der Mitgliedstaaten verweist; denn ein grundsätzlicher Vorrang der deutschen Staatsangehörigkeit wäre mit den Grundsätzen des Unionsrecht nicht vereinbar (zum internationalen Ehescheidungsrecht → § 11 Rn. 38 ff.). Kann nach EU-Kollisionsrecht das Recht der Staatsangehörigkeit gewählt werden, so muss einem Mehrstaater die Wahl eines jeden seiner Heimatrechte erlaubt sein;[51] für das internationale Erbrecht stellt Art. 21 Abs. 1 S. 2 EuErbVO dies ausdrücklich klar (→ § 15 Rn. 110). Einen neuen Weg der Behandlung von Mehrstaatern beschreitet die künftige EuGüVO, die eine objektive Anknüpfung an die gemeinsame Staatsangehörigkeit der Ehegatten auf den Fall beschränkt, dass diese nur eine gemeinsame Staatsangehörigkeit haben (Art. 26 Abs. 2 des Kommissionsvorschlags vom 2.3.2016).

41 Keine Anwendung findet Art. 5 Abs. 1 EGBGB auch im **internationalen Verfahrensrecht;**[52] insbesondere auf dem Gebiet der internationalen Zuständigkeit – zB nach Art. 3 Abs. 1 lit. b EuEheVO, §§ 98 Abs. 1 Nr. 1, 99 Abs. 1 Nr. 1, 100 Nr. 1, 101 Nr. 1 FamFG – sind alle Staatsangehörigkeiten eines Mehrstaaters als gleichwertige Anknüpfungskriterien zu behandeln.[53] Für die Begründung der internationalen Zuständigkeit der deutschen Gerichte reicht es also jeweils aus, dass der Mehrstaater auch die deutsche Staatsangehörigkeit besitzt.[54]

42 **b) Staatenlose.** Das Staatsangehörigkeitsprinzip versagt bei staatenlosen Personen. Staatenlosigkeit kann schon ab der Geburt entstehen, zB wenn das Heimatrecht der Eltern dem *ius-soli*-Prinzip folgt, während im Geburtsland das Abstammungsprinzip gilt. Auch nachträgliche Staatenlosigkeit ist möglich, zB wenn Auswanderer ihre alte Staatsangehörigkeit verlieren, bevor sie eine neue erwerben.[55] Zur Feststellung, ob eine Person staa-

---

[46] BGHZ 176, 365 Rn. 39; OLG Hamm FamRZ 2011, 220; MüKoBGB/*v. Hein* EGBGB Art. 5 Rn. 66.

[47] Vgl. OLG Stuttgart StAZ 2010, 265.

[48] Zur analogen Anwendung dieser Ausnahme auch im internationalen Ehegüterrecht → § 9 Rn. 102 ff.

[49] Dafür *Benicke/Zimmerman* IPRax 1995, 141 (147); *Basedow* IPRax 2011, 109 (112); NK-BGB/*Schulze* EGBGB Art. 5 Rn. 29; MüKoBGB/*v. Hein* EGBGB Art. 5 Rn. 86; ebenso zum internationalen Namensrecht BeckOK BGB/*Lorenz* EGBGB Art. 5 Rn. 8; **aA** Palandt/*Thorn* EGBGB Art. 5 Rn. 3; offenlassend zuletzt BGH NJW 2014, 1383 Rn. 14, weil die deutsche Staatsangehörigkeit auch die effektive war.

[50] *V. Bar/Mankowski* IPR I § 7 Rn. 120; BeckOK BGB/*Lorenz* EGBGB Art. 5 Rn. 10; NK-BGB/*Schulze* EGBGB Art. 5 Rn. 32; MüKoBGB/*v. Hein* EGBGB Art. 5 Rn. 90, jeweils mwN.

[51] MüKoBGB/*v. Hein* EGBGB Art. 5 Rn. 79 mwN; zum Ehescheidungsrecht näher → § 11 Rn. 77 f.

[52] BGHZ 118, 312 (328) = NJW 1992, 3096; BGH FamRZ 1997, 1070 (1071).

[53] Vgl. zu Art. 3 Abs. 1 lit. b EuEheVO EuGH 16.7.2009 – C-168/08, Slg. 2009, I-6871 = IPRax 2010, 66 – Hadadi/Mesko; Prütting/Helms/*Hau* FamFG Vor §§ 98–106 Rn. 28; BeckOK BGB/*Lorenz* EGBGB Art. 5 Rn. 10; MüKoBGB/*v. Hein* EGBGB Art. 5 Rn. 71 mwN; **aA** noch KG FamRZ 1998, 440 m. krit. Anm. *Henrich* IPRax 1998, 248.

[54] Vgl. zu § 98 FamFG *Hausmann* IntEuSchR A Rn. 191 mwN.

[55] Zu den Ursachen von Staatenlosigkeit vgl. Staudinger/*Bausback* EGBGB Art. 5 Rn. 36; MüKoBGB/*v. Hein* EGBGB Art. 5 Rn. 90.

tenlos ist, sind alle in Betracht kommenden Staatsangehörigkeitsgesetze zu prüfen. Für Staatenlose sieht Art. 5 Abs. 2 EGBGB eine **Ersatzanknüpfung an das Recht des gewöhnlichen Aufenthalts,** hilfsweise des schlichten Aufenthalts, vor. Diese Regelung wird allerdings gemäß Art. 3 Nr. 2 EGBGB in weitem Umfang durch Art. 12 des vorrangigen **New Yorker UN-Übereinkommens** über die Rechtsstellung der Staatenlosen vom 28.9.1954[56] verdrängt, der eine Hilfsanknüpfung an den Wohnsitz vorsieht. Zu beachten ist allerdings die autonome Auslegung des Wohnsitzbegriffs in diesem Übereinkommen, der iSd gewöhnlichen Aufenthalts auszulegen ist;[57] der Staatsvertrag und Art. 5 Abs. 2 EGBGB werden daher idR zu identischen Ergebnissen führen.[58] **Rück- und Weiterverweisung** durch das Recht am gewöhnlichen Aufenthalt des Staatenlosen sind nach allgemeinen Grundsätzen zu beachten.[59] Einer staatenlosen Person steht – wie Art. 5 Abs. 2 Alt. 2 EGBGB klarstellt – eine Person gleich, deren **Staatsangehörigkeit nicht festgestellt** werden kann.[60] Staatenlose volksdeutsche Flüchtlinge oder Vertriebene stehen bereits nach Art. 116 Abs. 1 GG iVm Art. 9 Abs. 2 Nr. 5 FamRÄndG deutschen Staatsangehörigen gleich.

**c) Flüchtlinge.** Zu unterscheiden sind vor allem volksdeutsche Flüchtlinge von den internationalen Flüchtlingen in Sinne der Genfer Flüchtlingskonvention. **Flüchtlinge oder Vertriebene deutscher Volkszugehörigkeit** iSd §§ 1, 6 BVFG (→ § 9 Rn. 71 ff.) sowie deren Ehegatten und Abkömmlinge, die im Gebiet des Deutschen Reiches nach dem Stand vom 31.12.1937 Aufnahme gefunden haben,[61] sind nach Art. 116 Abs. 1 GG Deutsche iSd Grundgesetzes (sog *„Statusdeutsche“*).[62] Für sie stellt Art. 9 Abs. 2 Nr. 5 FamRÄndG von 1961[63] klar, dass sie im internationalen Privat- und Verfahrensrecht den deutschen Staatsangehörigen gleichgestellt sind, soweit an die Staatsangehörigkeit angeknüpft wird. Die kollisionsrechtliche Gleichstellung gilt für diesen Personenkreis ab der Aufnahme in der *Bundesrepublik Deutschland* (einschließlich des Gebiets der ehemaligen DDR),[64] und zwar für alle Kollisionsnormen, die auf die Staatsangehörigkeit abstellen. 43

Gleiches gilt im Ergebnis auch für **Spätaussiedler,** die seit dem 1.3.1993 in Deutschland aufgenommen worden sind (§ 4 Abs. 3 S. 1 BVFG).[65] Der Begriff des „Spätaussiedlers“ wurde mit der Neufassung des BVFG durch das Kriegsfolgenbereinigungsgesetz[66] erstmals gesetzlich definiert. Spätaussiedler ist gemäß § 4 Abs. 1 BVFG idR ein deutscher Volkszugehöriger, der seine Heimat nach dem 31.12.1992 im Wege des Aufnahmeverfahrens verlassen hat und innerhalb von sechs Monaten im Geltungsbereich des Gesetzes seinen ständigen Aufenthalt genommen hat. Die deutsche Volkszughörigkeit setzt ein aktuelles Bekenntnis zum deutschen Volkstum voraus (vgl. § 6 Abs. 2 BVFG). Während bei Volksdeutschen aus der ehemaligen Sowjetunion und den baltischen Staaten vermutet wird, dass sie aufgrund ihrer Volkszugehörigkeit noch anhaltenden Benachteiligungen aus- 44

---

[56] BGBl. 1976 I 474 = *Jayme/Hausmann* Nr. 12. Das Übereinkommen ist für die *Bundesrepublik Deutschland* am 14.1.1977 in Kraft getreten.

[57] BeckOK BGB/*Lorenz* EGBGB Art. 5 Rn. 54 iVm Rn. 39; Erman/*Hohloch* EGBGB Art. 5 Rn. 65; Palandt/*Thorn* EGBGB Anh. Art. 5 Rn. 2; MüKoBGB/*v. Hein* EGBGB Anh. I Art. 5 Rn. 8.

[58] Palandt/*Thorn* EGBGB Art. 5 Rn. 7; *Schotten/Schmellenkamp* IPR Rn. 31.

[59] KG IPRax 1986, 41; Palandt/*Thorn* EGBGB Art. 5 Rn. 8; Staudinger/*Bausback* EGBGB Art. 5 Rn. 55; NK-BGB/*Schulze* EGBGB Art. 5 Rn. 34; MüKoBGB/*v. Hein* EGBGB Art. 5 Rn. 105. Ebenso zum UN-Übereinkommen über die Rechtsstellung der Staatenlosen MüKoBGB/*v. Hein* EGBGB Anh. I Art. 5 Rn. 11.

[60] OLG Hamm FamRZ 1995, 1602 (1603); OLG Zweibrücken StAZ 1996, 268; NK-BGB/*Schulze* EGBGB Art. 5 Rn. 37.

[61] BVerwG NJW 1990, 1127; *Schotten/Schmellenkamp* IPR Rn. 33. Voraussetzung ist, dass der Status als „Angehöriger“ bereits bei ihrer Aufnahme vorlag, vgl. BVerwG FamRZ 1993, 51.

[62] Palandt/*Thorn* EGBGB Art. 5 Rn. 11.

[63] BGBl. 1961 I 1221 = *Jayme/Hausmann* Nr. 16.

[64] BGHZ 121, 305 (314); Palandt/*Thorn* EGBGB Anh. Art. 5 Rn. 12.

[65] BeckOK BGB/*Lorenz* EGBGB Anh. Art. 5 Rn. 49.

[66] BGBl. 1992 I 2094.

gesetzt sind, müssen Volksdeutsche aus anderen Aussiedlungsgebieten eine solche Benachteiligung glaubhaft machen (§ 4 Abs. 1 und Abs. 2 BVFG). Schließlich kann den Status als Aussiedler nur erlangen, wer vor dem 1.1.1993 geboren ist (§ 4 Abs. 1 Nr. 3 BVFG).

45 Art. 116 Abs. 1 GG hat allerdings seit der Reform des Staatsangehörigkeitsrechts durch Gesetz vom 15.7.1999[67] für die Gestaltungspraxis nur noch begrenzte Bedeutung. Denn gemäß **§ 40a S. 1 StAG**[68] erwarben alle Personen, die am 1.8.1999 Deutsche iSd Art. 116 Abs. 1 GG waren, ohne die deutsche Staatsangehörigkeit zu besitzen, an diesem Tag die deutsche Staatsangehörigkeit.[69] Die Regelung des Art. 116 Abs. 1 GG ist daher nur noch für Altfälle aus der Zeit vor dem 1.8.1999 von Bedeutung. Dies gilt nicht nur für volksdeutsche Vertriebene und Flüchtlinge, sondern auch für Spätaussiedler, sofern ihnen vor dem 1.8.1999 eine Bescheinigung nach § 15 Abs. 1 oder Abs. 2 BVFG erteilt worden ist (§ 40a S. 2 StAG). Für Flüchtlinge und Vertriebene deutscher Volkszugehörigkeit gelten ferner Sonderregeln auf dem Gebiet des internationalen **Ehegüterrechts** (→ § 9 Rn. 71 ff.).

46 Für **internationale Flüchtlinge** gelten in erster Linie das Genfer UN-Abkommen über die Rechtsstellung der Flüchtlinge (Genfer Konvention, GK) vom 28.7.1951[70] und das hierzu vereinbarte Protokoll vom 31.1.1967.[71] Nach Art. 1 Abs. 2 des Protokolls findet die Genfer Konvention auch auf die jüngsten Flüchtlingsströme aus dem Nahen Osten (zB *Syrien, Afghanistan, Irak*) und Nordafrika (zB *Eritrea, Libyen, Somalia*) Anwendung. Voraussetzung für die **Flüchtlingseigenschaft**[72] einer Person ist nach Art. 1 A Nr. 2 GK, dass diese

> „aus der begründeten Furcht vor Verfolgung wegen ihrer Rasse, Religion, Nationalität, Zugehörigkeit zu einer bestimmten sozialen Gruppe oder wegen ihrer politischen Überzeugung sich außerhalb des Staates befindet, dessen Staatsangehörigkeit sie besitzt, und die den Schutz dieses Landes nicht in Anspruch nehmen kann oder wegen dieser Befürchtung nicht in Anspruch nehmen will oder die sich als staatenlos außerhalb des Landes befindet, in welchem sie ihren gewöhnlichen Aufenthalt hatte, und nicht dorthin zurückkehren kann oder wegen der erwähnten Befürchtungen nicht dorthin zurückehren will."

47 Die Genfer Konvention gilt hingegen – mangels Verfolgung – nicht für Personen, die ihr Heimatland allein wegen der schlechten ökonomischen Lage (**„Wirtschaftsflüchtlinge"**) oder aufgrund von Naturkatastrophen verlassen.[73] Die befürchtete Verfolgung aus den in Art. 1 A Nr. 2 GK genannten Gründen muss zu einer Bedrohung von Leib, Leben, Bewegungsfreiheit, Religionsausübung oder wirtschaftlicher Existenz[74] geführt haben und der Heimat- bzw. Aufenthaltsstaat muss sie veranlasst oder zumindest nicht verhindert haben.[75] Die Verfolgung muss keine Flucht ausgelöst haben; ausreichend ist vielmehr auch, dass einer bereits im Ausland weilenden Person die Rückkehr in ihren Heimatstaat wegen der begründeten Furcht vor dortiger Verfolgung nicht zugemutet werden kann. Ob ein **abgeleiteter Flüchtlingsstatus von Familienangehörigen** eines Flüchtlings

[67] BGBl. 1999 I 1618.
[68] Abgedruckt bei *Jayme/Hausmann* Nr. 275.
[69] *Fuchs* NJW 2000, 489 (490); Palandt/*Thorn* EGBGB Anh. Art. 5 Rn. 11; *Schotten/Schmellenkamp* IPR Rn. 33.
[70] BGBl. 1953 II 560 = *Jayme/Hausmann* Nr. 10. Das Übereinkommen ist für die *Bundesrepublik Deutschland* am 22.4.1954 in Kraft getreten.
[71] BGBl. 1969 II 1294 = *Jayme/Hausmann* Nr. 11. Das Protokoll ist für die *Bundesrepublik Deutschland* am 5.11.1969 in Kraft getreten.
[72] Dazu ausführlich MüKoBGB/*v. Hein* EGBGB Anh. II Art. 5 Rn. 27 ff., 36 ff; BeckOK BGB/*Lorenz* EGBGB Anh. Art. 5 Rn. 24 ff.
[73] AllgM, vgl. Staudinger/*Bausback* EGBGB Anh. IV zu Art. 5 Rn. 63.
[74] Nicht ausreichend ist die Verletzung des Rechts auf Achtung des Privat- und Familienlebens (Art. 8 EMRK) einschließlich der sexuellen Ausrichtung, vgl. EuGH 7.11.2013 – C-199/12, NVwZ 2014, 132 Rn. 54 f. – Minister voor Immigratie en Asiel/X, Y, Z.
[75] Ausreichend ist auch eine Verfolgung durch *nichtstaatliche* Akteure (zB den „Islamischen Staat" in Syrien oder im Irak), die von der legalen Staatsgewalt nicht verhindert wird.

anzuerkennen ist, auch wenn diese selbst die Voraussetzungen nach der Genfer Konvention nicht erfüllen, ist umstritten, wird aber für Ehegatten und Abkömmlinge überwiegend bejaht.[76] Die Feststellung der Flüchtlingseigenschaft nach der Genfer Konvention erfolgt inzidenter in dem Verfahren, in dem es auf diese Eigenschaft ankommt; dabei sind die Gerichte nicht an die Entscheidungen in- oder ausländischer Verwaltungsbehörden gebunden.[77] Aus diesem Grund wird die Flüchtlingseigenschaft nach der Genfer Konvention auch nicht durch die Ablehnung eines Asylantrags seitens der nach dem AsylVfG zuständigen Behörde präjudiziert.[78]

Gemäß Art. 12 Abs. 1 GK bestimmt sich die personenrechtliche Stellung von interna- 48
tionalen Flüchtlingen grundsätzlich nach dem **Recht des Wohnsitzstaates,** hilfsweise nach dem Recht des Aufenthaltslandes. Dahinter steht der Gedanke, dass diese Personen in Statusfragen nicht weiter dem Recht des Staates unterworfen bleiben sollen, der sie verfolgt hat und aus dem sie geflohen sind. Die Anknüpfung nach Art. 12 GK tritt im Personen-, Familien- und Erbrecht an die Stelle der in einer deutschen (auch staatsvertraglichen) Kollisionsnorm angeordneten Anknüpfung an die Staatsangehörigkeit.[79] Sie ersetzt aber auch andere Anknüpfungen, die – wie zB die Anknüpfung an den letzten gemeinsamen gewöhnlichen Aufenthalt der Ehegatten in Art. 14 Abs. 1 Nr. 2 Fall 2 EGBGB – letztlich ebenfalls zur Anwendung des Rechts des Verfolgungsstaates führen.[80] Der Wohnsitzbegriff in Art. 12 GK wird dabei – abweichend von §§ 7 ff. BGB – iSv **gewöhnlichem Aufenthalt** verstanden.[81] Mit der Begründung eines gewöhnlichen Aufenthalts im Inland haben internationale Flüchtlinge daher ein deutsches Personalstatut. Die Bedeutung dieser Ersatzanknüpfung schwindet freilich in dem Maße, in dem das Staatsangehörigkeitsprinzip – wie zB inzwischen im internationalen Ehescheidungs- und Erbrecht (Art. 8 lit. a Rom III-VO, Art. 21 Abs. 1 EuErbVO) – durch das Aufenthaltsprinzip verdrängt wird.

**d) Asylberechtigte.** Asylberechtigte genießen gemäß § 2 Abs. 1 des Asylgesetzes vom 49
2.9.2008[82] im Inland die **Rechtsstellung von Flüchtlingen** iSd Genfer Flüchtlingskonvention. Sie werden deshalb auch für die Zwecke des IPR wie internationale Flüchtlinge behandelt, haben deshalb nach Art. 12 GK ein deutsches Personalstatut. Voraussetzung ist freilich, dass die betreffende Person als Asylberechtigter in dem hierfür vorgesehenen Verfahren förmlich anerkannt worden ist und einen entsprechenden Anerkennungsbescheid vorlegt.[83] Dieser macht daher eine erneute Prüfung der Flüchtlingseigenschaft iSd Genfer Konvention entbehrlich.[84] Ist über den Asylantrag noch nicht entschieden, kommt eine Anwendung von Art. 12 GK nur in Frage, wenn der Antragsteller die Voraussetzungen für seine Anerkennung als Flüchtling iSv Art. 1 A GK erfüllt.[85] Auch wenn der Asylantrag ab-

76 So BayObLGZ 1999, 27 (30 f.); Palandt/*Thorn* EGBGB Anh. Art. 5 Rn. 22; Erman/*Hohloch* EGBGB Art. 5 Rn. 83; Staudinger/*Bausback* EGBGB Anh. IV zu Art. 5 Rn. 59; mit Einschränkungen auch MüKoBGB/*v. Hein* EGBGB Anh. II Art. 5 Rn. 51 ff., 55; **aA** OLG Düsseldorf NJW-RR 1989, 1033; *Lass,* Der Flüchtling im deutschen IPR, 1995, S. 51; NK-BGB/*Schulze* EGBGB Anh. II Art. 5 Rn. 22; BeckOK BGB/*Lorenz* EGBGB Anh. Art. 5 Rn. 25.

77 BayObLGZ 1986, 189 (193); OLG Hamm NJW-RR 1993, 266; Palandt/*Thorn* EGBGB Art. 5 Rn. 23, 28; Staudinger/*Bausback* EGBGB Anh. IV zu Art. 5 Rn. 56.

78 BeckOK BGB/*Lorenz* EGBGB Anh. Art. 5 Rn. 28.

79 Palandt/*Thorn* EGBGB Anh. Art. 5 Rn. 24; Staudinger/*Bausback* EGBGB Anh. IV zu Art. 5 Rn. 66; MüKoBGB/*v. Hein* EGBGB Anh. II Art. 5 Rn. 58.

80 BeckOK BGB/*Lorenz* EGBGB Anh. Art. 5 Rn. 29; MüKoBGB/*v. Hein* EGBGB Anh. II Art. 5 Rn. 61, jeweils mwN.

81 Palandt/*Thorn* EGBGB Anh. Art. 5 Rn. 24; Erman/*Hohloch* EGBGB Art. 5 Rn. 84; NK-BGB/*Schulze* EGBGB Anh. II Art. 5 Rn. 26; MüKoBGB/*v. Hein* EGBGB Anh. II Art. 5 Rn. 62, jeweils mwN.

82 BGBl. 2008 I 1798 = *Jayme/Hausmann* Nr. 17.

83 BGH NJW-RR 1993, 4; Palandt/*Thorn* EGBGB Anh. Art. 5 Rn. 28; BeckOK BGB/*Lorenz* EGBGB Anh. Art. 5 Rn. 38; MüKoBGB/*v. Hein* EGBGB Anh. II Rn. 74 f., jeweils mwN.

84 BGHZ 169, 240 Rn. 9; MüKoBGB/*v. Hein* EGBGB Anh. II Art. 5 Rn. 72; *Schotten/Schmellenkamp* IPR Rn. 38.

85 BGH NJW 2003, 3339; Palandt/*Thorn* EGBGB Anh. Art. 5 Rn. 31.

gelehnt worden ist, sind die deutschen Gerichte an diese Entscheidung in kollisionsrechtlicher Hinsicht nicht gebunden; sie können daher trotzdem nach Art. 12 GK von einem deutschen Personalstatut ausgehen, wenn sie aufgrund eigenständiger Prüfung zu dem Ergebnis gelangen, dass der Betroffene die Flüchtlingseigenschaft nach Art. 1 GK erfüllt[86] und im Inland seinen gewöhnlichen Aufenthalt hat (dazu → Rn. 54ff.). § 2 Abs. 1 AsylVfG ist nur auf Personen anwendbar; die in Deutschland als Asylberechtigte anerkannt wurden. Die Anerkennung in einem anderen EU-Mitgliedstaat genügt nicht, kann aber Indiz für die Flüchtlingseigenschaft iSv Art. 1 A GK sein.[87]

50 **Beispiel:**
Der syrische Staatsangehörige A, der sich zum Islam bekennt, ist im Oktober 2015 vor den Bombenangriffen in seiner Heimatstadt Aleppo über die Türkei und den Balkan in Deutschland eingereist und hat hier Antrag auf Asyl nach dem AsylG gestellt. Da sein Bruder B und dessen Frau F auf der Flucht ums Leben gekommen sind, stellt A, noch bevor über seinen Asylantrag entschieden worden ist, beim Familiengericht in Frankfurt a.M. den Antrag, die vierjährige Tochter T seines Bruders, die die Flucht überlebt hat und von A in seinen Haushalt aufgenommen worden ist, zu adoptieren. Nach welchem Recht ist über den Adoptionsantrag zu entscheiden?

Nach Art. 22 Abs. 1 S. 1 EGBGB unterliegt die Annahme als Kind dem Recht des Staates, dem der Annehmende bei der Annahme angehört. Damit verweist das deutsche IPR auf das syrische Recht. Dabei handelt es sich um eine Gesamtverweisung iSv Art. 4 Abs. 1 EGBGB, die aber vom syrischen IPR angenommen wird, weil dieses im internationalen Kindschaftsrecht ebenfalls dem Staatsangehörigkeitsprinzip folgt. Da das syrische Familienrecht interpersonal gespalten ist, wäre im Wege der Unteranknüpfung nach Art. 4 Abs. 3 EGBGB auf das für Muslime maßgebende Recht abzustellen. Diesem ist das Rechtsinstitut der Adoption im Verständnis des deutschen Rechts unbekannt; stattdessen sieht es das Betreuungsverhältnis der sog *„kafala"* vor. Zu berücksichtigen ist jedoch, dass A wegen des in Syrien herrschenden Bürgerkriegs aus begründeter Furcht um sein Leben nach Deutschland geflohen ist. Auch wenn über seinen Asylantrag noch nicht entschieden ist – und § 2 Abs. 1 AsylG daher keine Anwendung findet, hat das Familiengericht doch zu prüfen, ob A nicht die Flüchtlingseigenschaft iSv Art. 1 der Genfer Konvention besitzt. Bejaht es diese Frage, so hat A nach Art. 12 GK ein deutsches Personalstatut. Über seinen Adoptionsantrag ist daher nach deutschem Recht zu entscheiden, weil die Anknüpfung an die Staatsangehörigkeit in Art. 22 Abs. 1 S. 1 EGBGB durch diejenige an seinen gewöhnlichen Aufenthalt ersetzt wird.

## II. Wohnsitz

**Schrifttum:**
*Kreitlow*, Das domicile-Prinzip im englischen IPR und seine europäische Perspektive, 2003.

51 Der Wohnsitz ist noch immer das zentrale Anknüpfungskriterium im europäischen wie im autonomen internationalen **Zuständigkeitsrecht,** vgl. zB Art. 4 Abs. 1 Brüssel Ia-VO, Art. 2 Abs. 1 LugÜ, §§ 12, 13 ZPO. Lediglich im internationalen Familien- und Erbrecht wird heute auch auf dem Gebiet der internationalen Gerichtszuständigkeit vornehmlich an den gewöhnlichen Aufenthalt angeknüpft, vgl. zB Art. 3 und 8 EuEheVO, Art. 3 lit. a und lit. b EuUntVO, Art. 4 EuErbVO, Art. 5 KSÜ.

52 Im autonomen **deutschen IPR** hat der Wohnsitz seit der IPR-Reform von 1986 keine praktische Bedeutung mehr. An seine Stelle tritt die Anknüpfung an den gewöhnli-

[86] BGHZ 169, 240 Rn. 9; ferner MüKoBGB/*v. Hein* EGBGB Anh. II Art. 5 Rn. 72; *Schotten/Schmellenkamp* IPR Rn. 38.
[87] MüKoBGB/*v. Hein* EGBGB Anh. II Art. 5 Rn. 76.

chen und hilfsweise an den schlichten Aufenthalt. In älteren völkerrechtlichen Verträgen findet sich die Anknüpfung an den Wohnsitz hingegen auch heute noch, zB in Art. 12 der Genfer Flüchtlingskonvention (→ Rn. 46ff.) oder in Art. 12 des New Yorker Staatenlosen-Übereinkommens (→ Rn. 42).

Eine größere Rolle spielt das Wohnsitzprinzip noch in ausländischen Rechtsordnun- 53
gen, insbesondere im Rechtskreis des **Common Law,** wo das *domicile* als primäres Anknüpfungsmoment in Statusfragen die Staatsangehörigkeit verdrängt. Zu beachten ist dabei, dass der Begriff des „*domicile*" nach Maßgabe des jeweiligen ausländischen Rechts auszulegen ist und sowohl vom Wohnsitzbegriff des deutschen Rechts als auch vom Begriff des gewöhnlichen Aufenthalts („*habitual residence*") deutlich abweicht.[88] Dies zeigt sich insbesondere darin, dass jede Person immer ein *domicile* haben muss und nie mehr als ein *domicile* haben kann. Ferner bezieht sich das *domicile* nicht auf einen bestimmten Ort, sondern auf ein Rechtsgebiet. Mit der Geburt wird ein Ursprungsdomizil *(domicile of origin)* – idR am *domicile* der sorgeberechtigen Eltern – erworben, das solange beibehalten wird, bis ein neues Wahldomizil *(domicile of choice)* begründet wird. An den Erwerb eines solchen Wahldomizils, das die Niederlassung in einem bestimmten Staat in der Absicht, dort für unbestimmte Zeit zu bleiben, voraussetzt, werden dabei verhältnismäßig strenge Anforderungen gestellt.[89] Im deutschen IPR kommt es auf das *domicile* insbesondere iRd Prüfung einer Rückverweisung durch das Heimatrecht englischer oder US-amerikanischer Staatsangehöriger nach Art. 4 Abs. 1 EGBGB an (näher → Rn. 97).

## III. Gewöhnlicher Aufenthalt

**Schrifttum:**
*Baetge,* Der gewöhnliche Aufenthalt im IPR, 1994; *ders.,* Auf dem Weg zu einem gemeinsamen europäischen Verständnis des gewöhnlichen Aufenthalts, FS Kropholler, 2008, 77; *Clive,* The Concept of Habitual Residence, Jur. Rev. 1997, 137; *Heiderhoff,* Der gewöhnliche Aufenthalt von Säuglingen, IPRax 2012, 523; *Hilbig-Lugani,* Neue Herausforderungen des Begriffs des gewöhnlichen Aufenthalts im europäischen Familienrecht, FS Brudermüller, 2014, 323; *dies.,* Divergenz und Transparenz: Der Begriff des gewöhnlichen Aufenthalts der privat handelnden natürlichen Personen im jüngeren EuIPR und EuZPR, GPR 2014, 8; *Kegel,* Was ist gewöhnlicher Aufenthalt?, FS Rehbinder, 2002, 699; *Mellone,* La nozione di residenza abituale e la sua interpretazione nelle norme di conflitto comunitarie, Riv.dir.int.priv.proc. 2010, 685; *G. Schulze,* Der engere gewöhnliche Aufenthalt?, IPRax 2012, 526; *M.-Ph. Weller,* Der „gewöhnliche Aufenthalt" – Plädoyer für einen willenszentrierten Aufenthaltsbegriff, in: Leible/Unberath (Hrsg.), Brauchen wir eine Rom 0-Verordnung, 2013, S. 293.

### 1. Anwendungsbereich

Die Bedeutung des gewöhnlichen Aufenthalts als Anknüpfungsmoment im IPR ist in den 54
vergangenen Jahrzehnten – zu Lasten der Anknüpfung an die Staatsangehörigkeit – ständig gewachsen. Er ist heute vor allem im **staatsvertraglichen und europäischen Kollisionsrecht** das zentrale objektive Anknüpfungskriterium, so

- im internationalen Vertragsrecht (Art. 4 Abs. 1 und Abs. 2, 5 Abs. 1 und Abs. 2, 6 Abs. 1 und 7 Abs. 2 Rom I-VO; → § 16 Rn. 63ff.),
- im internationalen Unterhaltsrecht (Art. 3 HUP; → § 10 Rn. 28ff.),
- im internationalen Privatrecht der elterlichen Verantwortung (Art. 15 bis 17 KSÜ; → § 5 Rn. 23ff., 37ff.),
- im internationalen Ehescheidungsrecht (Art. 8 lit. a, lit. b Rom III-VO; → § 11 Rn. 30ff.),
- im internationalen Erwachsenenschutzrecht (Art. 15 ErwSÜ; → § 5 Rn. 87ff.),
- im internationalen Erbrecht (Art. 21 Abs. 1 EuErbVO; → § 15 Rn. 18ff.) sowie künftig auch

[88] Vgl. dazu näher *Bungert* IPRax 1993, 10; Staudinger/*Hausmann* EGBGB Anh. Art. 4 Rn. 6ff.; MüKoBGB/*v. Hein* EGBGB Art. 5 Rn. 127ff., jeweils mwN.

[89] Vgl. etwa BGH NJW 1991, 3088 (*Ghana*); KG FamRZ 2007, 1561 (1563) (*Nigeria*); OLG Zweibrücken NJW-RR 1999, 948 (*USA*); OLG Köln IPRax 1989, 297 *(Irland)*.

– im internationalen Ehegüterrecht (Art. 26 Abs. 1 lit. a EuGüVO; → § 9 Rn. 17).

54a Mit Einschränkungen wird auf den gewöhnlichen Aufenthalt auch
- im IPR der außervertraglichen Schuldverhältnisse (Art. 4 Abs. 2, 5 Abs. 1, 10 Abs. 2, 11 Abs. 2, 12 Abs. 2 lit. b Rom II-VO und
- im internationalen Güterrecht eingetragener Lebenspartner (Art. 26 Abs. 2 EuPartVO; → § 13 Rn. 18)

abgestellt.

55 Auch das deutsche **autonome Kollisionsrecht** trägt dieser Entwicklung Rechnung, vgl. insbesondere Art. 10 Abs. 2 Nr. 2 und Abs. 3 Nr. 2 (Namensrecht), Art. 13 Abs. 2 Nr. 1 (Eheschließung), Art. 14 Abs. 1 Nr. 2 und Abs. 3 (Ehewirkungen; → § 8 Rn. 13f.), Art. 15 Abs. 1 iVm Art. 14 Abs. 1 Nr. 2 und Abs. 2 Nr. 2 (Ehegüterrecht; → § 9 Rn. 38), Art. 19 Abs. 1 S. 1 und Abs. 2, 20, 21 (Kindschaftsrecht), Art. 24 Abs. 1 S. 2 (Vormundschafts- und Betreuungsrecht), Art. 41 Abs. 2 Nr. 2 EGBGB (Deliktsrecht).

56 Soweit nicht bereits objektiv an den gewöhnlichen Aufenthalt angeknüpft wird, haben die Parteien ferner häufig die Möglichkeit, eine **Rechtswahl** zugunsten des Rechts am gewöhnlichen Aufenthalt eines oder beider Beteiligten zu erklären. Dies gilt im **europäischen Kollisionsrecht** etwa
- im internationalen Ehescheidungsrecht (Art. 5 lit. a, lit b Rom III-VO; → § 11 Rn. 69ff.),
- im internationalen Unterhaltsrecht (Art. 8 lit. b HUP; → § 10 Rn. 98f.) sowie künftig auch
- im internationalen Ehegüterrecht (Art. 22 Abs. 1 lit. a EuGüVO; → § 9 Rn. 14) und
- im internationalen Güterrecht eingetragener Lebenspartner (Art. 22 Abs. 1 lit. a EuPartVO; → § 13 Rn. 15).

57 Eine Wahlmöglichkeit zugunsten des Rechts am gewöhnlichen Aufenthalt eines Beteiligten eröffnet auch das **autonome deutsche Kollisionsrecht,** zB für den Ehe- und Kindesnamen (Art. 10 Abs. 2 Nr. 2 und Abs. 3 Nr. 2 EGBGB) und das Ehegüterrecht (Art. 15 Abs. 2 Nr. 2 EGBGB; → § 9 Rn. 108ff.).

### 2. Begriff

58 Der Begriff des gewöhnlichen Aufenthalts wird im autonomen deutschen Kollisionsrecht zwar in Art. 5 Abs. 3 EGBGB vorausgesetzt, jedoch nicht definiert. Auch die vorgenannten Haager Übereinkommen und EU-Verordnungen auf den Gebieten des Familien- und Erbrechts, die an den gewöhnlichen Aufenthalt anknüpfen, enthalten keine Definition. Die in Art. 19 Rom I-VO und Art. 23 Rom II-VO gegebenen speziellen Definitionen gelten nur für das Schuldrecht und lassen sich auf andere Bereiche des europäischen IPR nicht übertragen.

59 **a) Europäisches und staatsvertragliches Kollisionsrecht.** Soweit in EU-Verordnungen oder Staatsverträgen an den gewöhnlichen Aufenthalt angeknüpft wird, ist dieser Begriff **autonom** auszulegen. Diese Auslegung führt allerdings nicht notwendigerweise zu einem einheitlichen Verständnis in allen EU-Verordnungen oder Staatsverträgen; sie hat vielmehr im Lichte der besonderen Zwecke des jeweiligen Rechtsinstruments zu erfolgen. Daher ist etwa die Rechtsprechung des EuGH zum gewöhnlichen Aufenthalt von Kindern in Art. 8 EuEheVO (→ Rn. 60ff.) nicht ohne weiteres für den gewöhnlichen Aufenthalt eines Erblassers nach Art. 4, 21 Abs. 1 EuErbVO maßgeblich.[90] Dagegen bestehen keine Bedenken, das zu den kindschaftsrechtlichen Haager Übereinkommen (MSA, KSÜ, HKÜ) entwickelte

[90] Vgl. Erwägungsgrund 23 zur EuErbVO, wonach der gewöhnliche Aufenthalt „unter Berücksichtigung der spezifischen Ziele dieser Verordnung" zu bestimmen ist.

Begriffsverständnis ergänzend auch iRv EU-Verordnungen auf diesem Gebiet heranzuziehen.[91] Entsprechendes gilt auch auf dem Gebiet des internationalen Unterhaltsrechts.

Zur Begründung eines gewöhnlichen Aufenthalts reicht die körperliche Anwesenheit 60 in einem Mitgliedstaat zwar erforderlich, aber nicht ausreichend. Es müssen vielmehr weitere Kriterien hinzutreten, aus denen sich entnehmen lässt, dass es sich nicht nur um eine vorübergehende oder gelegentliche Anwesenheit handelt; der Aufenthalt muss vielmehr Ausdruck einer gewissen **Integration in ein soziales und familiäres Umfeld** sein.[92] Es geht also um die Feststellung des Lebensmittelpunkts einer Person. Dabei sind nach der Rechtsprechung des EuGH zum gewöhnlichen Aufenthalt von Kindern nach Art. 8 EuEheVO insbesondere die Dauer, die Regelmäßigkeit und die Umstände des Aufenthalts sowie die Gründe für diesen Aufenthalt, die Sprachkenntnisse sowie die familiären und sozialen Bindungen in dem betreffenden Staat zu berücksichtigen.[93] Fallen der familiäre und der berufliche Lebensmittelpunkt auseinander, so überwiegen idR die familiären Bindungen.[94]

Die Feststellung der hinreichenden Integration eines **Kindes** in sein neues soziales und 61 familiäres Umfeld ist Sache der nationalen Gerichte der Mitgliedstaaten, die hierbei **sämtliche Umstände des Einzelfalls** zu berücksichtigen haben. Als ein solcher Umstand kann etwa die – zB in der Anmietung einer Wohnung zum Ausdruck kommende – Absicht der Eltern des Kindes, sich dauerhaft mit dem Kind in einem Mitgliedstaat niederzulassen, in die Wertung einbezogen werden.[95] Bei der Beurteilung der Integration eines Kindes muss vor allem auch dessen **Alter** berücksichtigt werden. Während es bei älteren Kindern auf deren eigene Integration in Schule, Freundeskreis etc. ankommt, ist bei einem Säugling auf die familiäre Integration der ihn betreuenden Mutter abzustellen. Dabei sind die Gründe für den Umzug der Mutter in den Staat des neuen Aufenthalts, die geografische und familiäre Herkunft der Mutter sowie deren familiäre und soziale Bindungen in dem neuen Aufenthaltsstaat zu berücksichtigen.[96] Soll der Aufenthalt in einem anderen Staat von vorneherein nur vorübergehend sein, so wird dort ein gewöhnlicher Aufenthalt nicht begründet. Der gewöhnliche Aufenthalt muss grundsätzlich von einer gewissen Dauer sein; eine Mindestdauer wird jedoch nicht vorausgesetzt. Die deutsche Praxis zum MSA/KSÜ geht regelmäßig nach einer ca. **sechsmonatigen Aufenthaltsdauer** des Kindes in einem Staat vom Erwerb eines gewöhnlichen Aufenthalts aus.[97] Allerdings ist auch die Dauer des Aufenthalts nur ein Indiz für die Beständigkeit des Aufenthalts, so dass im Einzelfall von der Sechsmonatsfrist nach oben und nach unten abgewichen werden kann.[98]

In bestimmten Situationen wird überhaupt **keine Aufenthaltsdauer** vorausgesetzt. So 62 erwirbt ein Kind mit seiner Geburt sofort einen gewöhnlichen Aufenthalt in dem Staat, in dem sich seine Eltern gewöhnlich aufhalten.[99] Auch bei einem **Umzug** des Kindes in

[91] OLG Stuttgart NJW 2012, 2043 (2044); *Winkler v. Mohrenfels* FPR 2001, 189 (190); Rauscher/*Rauscher* EuEheVO Art. 8 Rn. 11.

[92] Vgl. schon BGHZ 78, 293 (295); ferner OLG Karlsruhe FamRZ 2008, 2223; MüKoBGB/*v. Hein* EGBGB Art. 5 Rn. 149 ff.

[93] Vgl. zu Art. 8 EuEheVO EuGH 2.4.2009 – C-523/07, Slg. 2009, I-2805 Rn. 37 ff. – A = IPRax 2011, 76 mAnm *Pirrung* IPRax 2001, 50; ebenso EuGH 22.12.2010 – C-497/10, Slg. 2010, I-14309 Rn. 47 ff. – Mercredi/Chaffe = FamRZ 2011, 617 mAnm *Henrich* und mAnm *Siehr* IPRax 2012, 316 (317); EuGH 9.10.2014 – C-376/14 PPU, IPRax 2015, 239 Rn. 50 ff. – C/M mAnm *Pirrung* IPRax 2015, 207; vgl. auch OLG Hamm FamRZ 2012, 143; *Finger* FamRBInt. 2005, 13 (14).

[94] *Andrae* IntFamR § 6 Rn. 37; MüKoBGB/*v. Hein* EGBGB Art. 5 Rn. 149 ff.

[95] EuGH 2.4.2009 – C-523/07, Slg. 2009, I-2805 Rn. 39 – A; EuGH 22.12.2010 – C-497/10, Slg. 2010, I-14309 Rn. 50 – Mercredi/Chaffe.

[96] EuGH 22.12.2010 C-497/1010, Slg. 2010, I-14309 Rn. 53 ff. – Mercredi/Chaffe.

[97] KG FamRZ 2015, 1214 (1215); OLG Karlsruhe FamRZ 2010, 1577; OLG Oldenburg FamRZ 2007, 1827; OLG Frankfurt a.M. FamRZ 1996, 1478; OLG Düsseldorf FamRZ 1995, 37; OLG Hamm FamRZ 1991, 1346 (1347); einschränkend BGH NJW 1997, 3024 (3025).

[98] OLG Stuttgart NJW 2012, 2043 (2044) mAnm *Finger* FPR 2012, 288; OLG Hamm FamRZ 2013, 52 (Ls.); ausf. MüKoBGB/*v. Hein* EGBGB Art. 5 Rn. 144 ff.

[99] *Siehr* IPRax 2012, 316 (317) mwN.

einen anderen Staat sind an die dortige Dauer des Aufenthalts nur geringere Anforderungen zu stellen, wenn dieser von vorneherein auf längere Dauer angelegt und die Ausreise rechtmäßig, dh mit Zustimmung aller Sorgeberechtigten, erfolgt ist.[100] Bei einem Kleinkind kommt es darauf an, dass die Eltern (bzw. der sorgeberechtigte Elternteil) die Absicht hatten, im Aufnahmestaat den neuen Lebensmittelpunkt der Familie zu begründen.[101] Ein **rechtsgeschäftlicher Wille,** den Aufenthaltsort zum Schwerpunkt der Lebensverhältnisse des Kindes zu machen, ist zwar nicht erforderlich.[102] Der EuGH misst dem *animus manendi* jedoch eine wesentliche Bedeutung für die Begründung des gewöhnlichen Aufenthalts zu; seiner Ansicht nach sind die objektiven Kriterien der sozialen Integration nur Indizien zur Feststellung des Bleibewillens.[103] Daraus kann jedoch nicht geschlossen werden, dass ein gewöhnlicher Aufenthalt trotz langer Aufenthaltsdauer und voller sozialer Integration allein wegen des entgegenstehenden subjektiven Willens des Betroffenen zu verneinen wäre.[104] Im Übrigen können auch die in der bisherigen Rechtsprechung der Vertragsstaaten zum staatsvertraglichen Begriff des gewöhnlichen Aufenthalts in **Art. 1 MSA**[105] und **Art. 5, 16 ff. KSÜ**[106] entwickelten Kriterien mit herangezogen werden.[107] Danach ist der gewöhnliche Aufenthalt des Kindes insbesondere nicht vom Wohnsitz oder Aufenthalt der Eltern abhängig, sondern für das Kind selbständig zu ermitteln.[108] Ferner ist jedenfalls im europäischen Recht ein **mehrfacher gewöhnlicher Aufenthalt** des Kindes nicht anzuerkennen.[109]

63 Schließlich kommt es für die Begründung des gewöhnlichen Kindesaufenthalts nicht darauf an, dass dieser **rechtmäßig** erfolgt ist, weil der entgegenstehende Wille eines (mit-)sorgeberechtigten Elternteils die Integration des Kindes im Zufluchtsstaat nicht hindern kann.[110] In Kindesentführungsfällen kann ergänzend auf die Rechtsprechung der Vertragsstaaten zu **Art. 3, 4 HKÜ**[111] rekurriert werden. Ist das Kind allerdings gegen den Willen eines (mit-)sorgeberechtigten Elternteils in ein anderes Land entführt worden, so wird ein neuer gewöhnlicher Aufenthalt erst nach Ablauf einer „nicht geringen Zeitdauer" und nach einer entsprechenden sozialen Eingliederung im Zufluchtsstaat begründet.[112] Als Anhaltspunkt könnte hier die Jahresfrist des Art. 12 Abs. 1 HKÜ dienen, auf die auch Art. 10 lit. b (i) EuEheVO Bezug nimmt. Eine Änderung der internationalen Zuständigkeit tritt in Fällen der Entführung in einen anderen Mitgliedstaat jedenfalls nur unter den engen Voraussetzungen des Art. 10 EuEheVO ein.[113]

64 **b) Autonomes deutsches Kollisionsrecht.** Auch soweit das autonome deutsche IPR an den gewöhnlichen Aufenthalt anknüpft, wie vor allem im Recht der Ehewirkungen und im Kindschaftsrecht, gelten die zuvor zum europäischen und staatsvertraglichen Kollisionsrecht dargelegten Grundsätze entsprechend. Maßgebend ist also auch insoweit der Ort,

[100] BGH FamRZ 2011, 542 Rn. 35; NJW 1981, 520; OLG Karlsruhe FamRZ 2009, 239 und unalex DE-985.
[101] EuGH 22.12.2010 – C-497/10, Slg. 2010, I-14309 Rn. 51 – Mercredi/Chaffe.
[102] HK-ZPO/*Dörner* EuEheVO Art. 8 Rn. 3 aE.
[103] EuGH 22.12.2010 – C-497/1010, Slg. 2010, I-14309 Rn. 51 – Mercredi/Chaffe; zust. Leible/Unberath/*Weller,* Brauchen wir eine Rom 0-Verordnung, 2013, S. 295 (317 ff.); *Hilbig-Lugani* GPR 2014, 8 (9).
[104] Zutr. MüKoBGB/*v. Hein* EGBGB Art. 5 Rn. 153 f. mwN.
[105] Vgl. aus der deutschen Rechtsprechung BGHZ 78, 293 (295 ff.) = IPRax 1981, 139 mAnm *Henrich* IPRax 1981, 125; BGH FamRZ 1997, 1070; OLG Hamm FamRZ 1991, 1466 mAnm *Henrich;* OLG Frankfurt a.M. FamRZ 2006, 883.
[106] Dazu → § 5 Rn. 37 ff.
[107] NK-BGB/*Gruber* EuEheVO Art. 8 Rn. 7.
[108] BGHZ 78, 293 (295 ff.); BGH FamRZ 1997, 1070; OLG Hamm NJW-RR 1997, 5.
[109] Staudinger/*Pirrung* EGBGB Vorb. Art. 19 Rn. C 54; dazu allg. *Andrae* IntFamR § 6 Rn. 38 ff. mwN.
[110] Rauscher/*Rauscher* EuEheVO Art. 8 Rn. 12; vgl. auch BGHZ 163, 248 = FamRZ 2005, 1541 zum MSA.
[111] *Hausmann* IntEuSchR N Rn. 107 ff.
[112] OLG Nürnberg IPRspr. 2010 Nr. 242; OLG Stuttgart FamRZ 1997, 52; OLG Hamm NJW-RR 1997, 6; Staudinger/*Henrich* EGBGB Art. 21 Rn. 18.
[113] Vgl. *Hausmann* IntEuSchR B Rn. 95 ff.

an dem der Schwerpunkt der familiären und/oder beruflichen Bindungen der betreffenden Person, ihr sog **Daseinsmittelpunkt** liegt.[114] Es ist also auch hier in erster Linie auf die soziale Integration abzustellen, für die insbesondere eine gewisse – wenn auch nicht ununterbrochene – Aufenthaltsdauer erforderlich ist. Der gewöhnliche Aufenthalt wird auch als „faktischer Wohnsitz" bezeichnet,[115] weil ein rechtsgeschäftlicher Wille, den Aufenthaltsort zum Mittelpunkt der Lebensverhältnisse zu machen, nicht zwingend erforderlich ist. Dieser Mittelpunkt kann aber im Interesse einer berechenbaren Anknüpfung grundsätzlich nur an einem Ort festgestellt werden, so dass **ein mehrfacher gewöhnlicher Aufenthalt** auch im deutschen IPR ausscheidet.[116] Dem *animus manendi* kann jedoch Bedeutung zukommen, solange es – wie insbesondere bei einem Wechsel des gewöhnlichen Aufenthalts – an einer sozialen Integration im neuen Aufenthaltsstaat noch fehlt. In einem solchen Fall genügt die bloße Absicht, den neuen Aufenthaltsort zum künftigen Lebensmittelpunkt zu machen, um dort sofort einen neuen gewöhnlichen Aufenthalt zu begründen; der frühere gewöhnliche Aufenthalt bleibt also dann nicht solange bestehen, bis die soziale Eingliederung am neuen Aufenthaltsort stattgefunden hat.[117] Allerdings muss eine Person nicht stets einen gewöhnlichen Aufenthalt haben (Beispiel → Rn. 67).[118]

Die Dauer des Aufenthalts ist allerdings nicht in jedem Fall ein hinreichendes Indiz für die Begründung eines gewöhnlichen Aufenthalts. Dies gilt insbesondere bei einem längeren **unfreiwilligen Aufenthalt** (zB von Straf- oder Kriegsgefangenen[119] oder von im Ausland stationierten Soldaten[120]), der idR nicht zu einer sozialen Integration führen wird. Aber auch ein längerer Internatsaufenthalt von Kindern im Ausland[121] oder die Wahrnehmung eines Studienjahrs an einer ausländischen Universität (Beispiel → Rn. 66) hat idR nicht zur Folge, dass der zuvor im Elternhaus bestehende gewöhnliche Aufenthalt aufgegeben wird. Hingegen kommt es auch im autonomen Kollisionsrecht nicht auf die **Rechtmäßigkeit des Aufenthalts** an.[122] Aus diesem Grunde können insbesondere **Asylbewerber** auch dann, wenn das Asylverfahren noch nicht abgeschlossen ist oder wenn sie nach der Ablehnung ihres Asylantrags weiter im Inland verbleiben, hier einen gewöhnlichen Aufenthalt begründen, wenn sie inzwischen sozial integriert sind (Beispiel → Rn. 68). Teilweise wird allerdings für diesen Fall eine längere Verweildauer als bei rechtmäßigem Aufenthalt verlangt.[123] 65

---

[114] BGH NJW 1975, 1068; BGHZ 78, 293 (295 ff.) = IPRax 1981, 139 mAnm *Henrich*; BGH NJW 1993, 2047 (2048); FamRZ 1997, 1070; OLG Hamm NJW 1992, 636 (637); BeckOK BGB/*Lorenz* EGBGB Art. 5 Rn. 13; Palandt/*Thorn* EGBGB Art. 5 Rn. 10.

[115] Palandt/*Thorn* EGBGB Art. 5 Rn. 10.

[116] Strittig, wie hier OLG Stuttgart FamRZ 2003, 959; OLG Karlsruhe NJW-RR 199, 1383 (1384); *Pirrung* IPRax 2011, 50 (54); Palandt/*Thorn* EGBGB Art. 5 Rn. 10; NK-BGB/*Schulze* EGBGB Art. 5 Rn. 17; BeckOK BGB/*Lorenz* EGBGB Art. 5 Rn. 14; MüKoBGB/*v. Hein* EGBGB Art. 5 Rn. 160 ff.; *v. Bar/Mankowski* IPR I § 7 Rn. 24; **aA** BayObLGZ 1996, 122; OLG Oldenburg NJW-RR 2010, 1592; KG FamRZ 1987, 603; Erman/*Hohloch* EGBGB Art. 5 Rn. 55; *Schulze* IPRax 2012, 526; *Spickhoff* IPRax 1995, 185 (189); Staudinger/*Bausback* EGBGB Art. 5 Rn. 48. Offenlassend OLG Oldenburg IPRax 2012, 550.

[117] BGHZ 78, 293 (295) = NJW 1981, 520 (zum MSA); BGH NJW 1993, 2048 (2049); OLG Celle FamRZ 2007,1566 (1567); *Schotten/Schmellenkamp* IPR § 2 Rn. 27; MüKoBGB/*v. Hein* EGBGB Art. 5 Rn. 145; BeckOK BGB/*Lorenz* EGBGB Art. 5 Rn. 14; Erman/*Hohloch* EGBGB Art. 5 Rn. 52.

[118] MüKoBGB/*v. Hein* EGBGB Art. 5 Rn. 166.

[119] OLG Koblenz FamRZ 1998, 756 mAnm *Gottwald*; OLG Köln FamRZ 1996, 946; OLG Hamburg NJW-RR 1993, 40; Palandt/*Thorn* EGBGB Art. 5 Rn. 10; BeckOK BGB/*Lorenz* EGBGB Art. 5 Rn. 14. Anders aber bei weiterem Verbleiben nach Aufhebung der Zwangslage (vgl. OLG Hamm FamRZ 1993, 69 f.) oder bei Fehlen eines anderen Daseinsmittelpunkts (vgl. OLG München FamRZ 2006, 1562 (1563)).Vgl. auch MüKoBGB/*v. Hein* EGBGB Art. 5 Rn. 155 f.

[120] Vgl. OLG Zweibrücken NJW-RR 1999, 848; AG Landstuhl FamRZ 2003, 1300.

[121] BGH NJW 1975, 1068.

[122] BeckOK BGB/*Lorenz* EGBGB Art. 5 Rn. 14; MüKoBGB/*v. Hein* EGBGB Art. 5 Rn. 159 mwN.

[123] OLG Bremen FamRZ 1992, 962; OLG Köln FamRZ 1996, 946; BeckOK BGB/*Lorenz* EGBGB Art. 5 Rn. 14 aE. Vgl. auch OLG Koblenz FamRZ 2016, 995.

66 **Beispiel:**
Die deutsche Staatsangehörige S hat nach der Scheidung ihrer Eltern ihren Wohnsitz bei der Mutter in Düsseldorf behalten. Sie hat dort in einem Zimmer noch immer persönliche Habe und ist in Düsseldorf polizeilich gemeldet. Der Vater lebt aus beruflichen Gründen in London. S studiert Anglistik und Slawistik; sie war zunächst für drei Jahre an der Universität Köln eingeschrieben, studierte dann ein Semester an der Universität Zagreb und hält sich seit neun Monaten in Glasgow auf, um an der dortigen Universität ihr Anglistik-Studium fortzusetzen. Sie erhebt vor dem Landgericht Düsseldorf Klage auf Unterhalt gegen ihren Vater. Welches Recht ist auf die Unterhaltsforderung anzuwenden?[124]

Nach der Grundregel des Art. 3 Abs. 1 HUP beurteilt sich der Unterhaltsanspruch der S in erster Linie nach dem Recht des Staates, in dem sie ihren gewöhnlichen Aufenthalt hat. Damit stellt sich die Frage, ob sie ihren zunächst bei der Mutter in Düsseldorf begründeten gewöhnlichen Aufenthalt durch die beiden Auslandssemester in Zagreb und Glasgow aufgegeben und an ihren jeweiligen Studienorten einen neuen gewöhnlichen Aufenthalt begründet hat. Dies ist im Ergebnis zu verneinen, weil ein Studierender, der lediglich für ein oder zwei Semester an eine ausländische Universität wechselt, sich während dieser Zeit dort nicht hinreichend sozial integriert. Dies gilt insbesondere dann, wenn er seine Wohnung am deutschen Studienort beibehält, weil er sein Studium anschließend an seiner Heimatuniversität fortsetzen möchte. Der Unterhaltsanspruch der S unterliegt daher dem deutschen Recht.

67 **Beispiel:**
F und M schlossen im Jahre 1984 in Deutschland die Ehe. F besitzt die deutsche, M die niederländische Staatsangehörigkeit. Von der Eheschließung an lebten die Eheleute in Essen, wo M berufstätig war. Als M im Jahre 2010 das Rentenalter erreicht hatte, verzogen die Eheleute nach Den Haag/Niederlande, wo M ein Haus geerbt hatte. Sie gaben ihre Wohnung in Essen auf und meldeten sich polizeilich nach Den Haag um. F hatte allerdings von vornherein klargestellt, dass sie nur dann auf Dauer in den Niederlanden bleiben wolle, wenn M sein Verhalten ihr gegenüber grundlegend ändere. Da dies nicht der Fall war, trennte sich F bereits wenige Wochen nach dem Umzug von M und kehrte nach Essen zurück. Auf Klage des M wurde die Ehe am 25.3.2011 in den Niederlanden nach dortigem Recht geschieden. Das Urteil wurde in der Bundesrepublik Deutschland anerkannt. F beantragte daraufhin am 15.5.2012 die nachträgliche Durchführung des Versorgungsausgleichs vor dem Amtsgericht Essen. Nach welchem Recht ist über den Versorgungsausgleich zu entscheiden?[125]

Der Versorgungsausgleich unterlag bis zum Inkrafttreten der Rom III-VO gemäß Art. 17 Abs. 3 EGBGB dem von Art. 17 Abs. 1 EGBGB aF bestimmten Scheidungsstatut. Maßgebend war daher das Ehewirkungsstatut im Zeitpunkt des Eintritts der Rechtshängigkeit des Scheidungsantrags. Da die Ehegatten keine gemeinsame Staatsangehörigkeit besaßen, kam es nach Art. 14 Abs.1 Nr. 2 Fall 2 EGBGB darauf an, wo diese ihren letzten gemeinsamen gewöhnlichen Aufenthalt hatten. Ferner musste diesen Aufenthalt ein Ehegatte bis zur Einreichung des Scheidungsantrags ununterbrochen beibehalten haben.

Hier hatte die F ihren gewöhnlichen Aufenthalt in Deutschland durch Aufgabe ihrer Wohnung in Essen und den Umzug in die Niederlande aufgegeben, da sie zu diesem Zeitpunkt auch keine feste Absicht hatte, wieder nach Deutschland zurückzukehren. Andererseits hatte sie durch den Umzug aber auch noch keinen gewöhnlichen Aufenthalt in den Niederlanden erworben, das sie nicht die Absicht hatte, sich dort längerfristig niederzulassen,

[124] Vgl. OLG Hamm FamRZ 1989, 1331 mAnm *Henrich* IPRax 1990, 59; OLG Frankfurt a.M. FamRZ 2009, 796f.; *Spickhoff* IPRax 1995, 185 (187); abweichend für ein Studium in den USA aufgrund der besonderen tatsächlichen Umstände OLG Hamm FamRZ 2002, 54 (55).
[125] Vgl. BGH NJW 1993, 2047 mAnm *v. Bar* IPRax 1994, 100.

sondern ihr Verbleiben vom künftigen Verhalten des M abhängig gemacht hatte. Für eine soziale Integration in den Niederlanden reichten aber die wenigen Wochen des dortigen Aufenthalts der F nicht aus. Diese hatte also in der Zeit vom Umzug in die Niederlande bis zu ihrer endgültigen Rückkehr nach Deutschland überhaupt keinen gewöhnlichen Aufenthalt. Das auf den Versorgungsausgleich anzuwendende Recht war daher nach Art. 14 Abs. 1 Nr. 3 EGBGB („sonstige gemeinsame engste Verbindung") zu ermitteln.

**Beispiel:** 68
Der türkische Staatsangehörige kurdischer Volkszugehörigkeit A hat am 1.10.2014 beim Amtsgericht Oberhausen die Ehescheidung beantragt. Seine Ehefrau F ist ebenfalls türkische Staatsangehörige und lebt mit den Kindern in Istanbul. A hat die Türkei im August 2009 verlassen und ist am 1.1.2010 illegal in die Bundesrepublik Deutschland eingereist. Mit Antrag vom 3.1.2010 hat er um Anerkennung als Asylberechtigter nachgesucht. Gegen den ablehnenden Bescheid des Bundesamtes vom 14.1.2013 hat er Klage vor dem zuständigen Verwaltungsgericht erhoben; eine Sachentscheidung in diesem Verfahren ist noch nicht ergangen. Sind die deutschen Gerichte für den Scheidungsantrag international zuständig?[126]

Die deutschen Gerichte sind für den Scheidungsantrag nach Art. 3 Abs. 1 lit. a 5. Spiegelstrich EuEheVO dann international zuständig, wenn A seinen gewöhnlichen Aufenthalt in Deutschland hat und sich hier seit mindestens einem Jahr unmittelbar vor der Antragstellung aufgehalten hat. Die gebotene autonome Auslegung des Begriffs „gewöhnlicher Aufenthalt" in der EuEheVO führt zu dem Ergebnis, dass A einen solchen in Deutschland begründet hat, denn A hat seine Beziehungen zur Türkei abgebrochen und hält sich seit vier Jahren ununterbrochen hier auf; er ist damit in Deutschland sozial integriert. Daran ändert auch der ablehnende Bescheid des Bundesamts über seinen Asylantrag nichts, weil, es auf die Rechtmäßigkeit des Aufenthalts im Inland nicht ankommt: Auch die abweichende Auslegung des Begriffs im deutschen Sozialrecht, wo für die Inanspruchnahme von Sozialleistungen durch Asylbewerber strengere Anforderungen an die Begründung eines gewöhnlichen Aufenthalt gestellt werden, ist für die Auslegung von Art. 3 EuEheVO nicht maßgeblich, weil es hier allein um zuständigkeitsrechtliche Interessen, insbesondere das Recht auf Justizgewährung geht.

## IV. Die Parteiautonomie

**Schrifttum:**
*Basedow,* Theorie der Rechtswahl, RabelsZ 75 (2011), 32; *Kohler,* L'autonmie de la volonté en droit international privé: un principe universel entre libéralisme et étatisme, Rec. des cours 359 (2012), 285; *Kroll-Ludwigs,* Die Rolle der Parteiautonomie im europäischen Kollisionsrecht, 2013; *Leible,* Parteiautonomie im IPR – allgemeines Anknüpfungsprinzip oder Verlegenheitslösung?, FS Jayme, 2004, 485; *Mansel,* Parteiautonomie, Rechtsgeschäftslehre der Rechtswahl und Allgemeiner Teil des europäischen Kollisionsrechts, in: Leible/Unberath, Brauchen wir eine Rom 0-Verordnung?, 2013, S. 241; *Rühl,* Rechtswahlfreiheit im europäischen Kollisionsrecht, FS Kropholler, 2008, 187; *Spickhoff* (Hrsg.), Symposium Parteiautonomie im Europäischen Internationalen Privatrecht, 2014, S. 29ff.; *Verschraegen,* Rechtswahl – Grenzen und Chancen, 2010.

### 1. Begriff

Unter Parteiautonomie versteht man die Befugnis der Parteien, das auf ein Rechtsverhält- 69
nis anzuwendende Recht durch individuelle Rechtswahl zu bestimmen **(Rechtswahlfreiheit).** Durch die Rechtswahl können nicht nur die dispositiven, sondern auch die zwingenden Normen der im Falle einer objektiven Anknüpfung maßgebenden Rechts-

[126] Vgl. OLG Hamm NJW 1990, 651 mAnm *Spickhoff,* IPRax 1990, 225; OLG Nürnberg IPRax 1990, 249 und FamRZ 2002, 324; OLG Koblenz FamRZ 1990, 536 und NJW-RR 1996, 1091; OLG Karlsruhe FamRZ 1992, 316; *Rauscher* IPRax 1992, 14 (15); Palandt/*Thorn,* Art. 5 EGBGB Rn. 10 mwN.

ordnung ausgeschaltet werden. Die Wahl ist im autonomen deutschen IPR nach dem Grundsatz des Art. 4 Abs. 2 EGBGB auf das materielle Recht der gewählten Rechtsordnung beschränkt; die Wahl von Kollisionsnormen ist danach unzulässig. Gleiches gilt auch im europäischen Kollisionsrecht, soweit dieses einen *Renvoi* überhaupt beachtet (vgl. Art. 34 Abs. 2 EuErbVO).

### 2. Anwendungsbereich

70 Besonders aufgeschlossen gegenüber der Parteiautonomie ist das **europäische Kollisionsrecht.** Dort herrscht sie – in Übereinstimmung mit dem bisherigen nationalen IPR der Mitgliedstaaten – insbesondere im **internationalen Schuldvertragsrecht** (Art. 3 Rom I-VO; → § 16 Rn. 23 ff.), sie ist dort – wie Erwägungsgrund 11 zur Rom I-VO betont – einer der „Ecksteine des Systems der Kollisionsrechtsnormen". Darüber hinaus ist die Rechtswahlfreiheit, wenn auch mit gewissen Einschränkungen, heute in weiteren Gebieten des europäischen Kollisionsrechts als allgemeiner Anknüpfungsgrundsatz anerkannt, nämlich

- im Recht der außervertraglichen Schuldverhältnisse (Art. 14 Rom II-VO),
- im internationalen Unterhaltsrecht (Art. 15 EuUntVO iVm Art. 7, 8 HUP; → § 10 Rn. 71 ff.),
- im internationalen Ehescheidungsrecht (Art. 5 bis 7 Rom III-VO; → § 11 Rn. 54 ff.),
- im internationalen Erbrecht, Art. 22 EuErbVO (→ § 15 Rn. 97 ff.) sowie künftig auch
- im internationalen Ehegüterrecht (Art. 22 EuGüVO; → § 9 Rn. 14 ff.) und
- im internationalen Güterrecht eingetragener Lebenspartner (Art. 22 EuPartVO; → § 13 Rn. 15 ff.)

71 Das deutsche **autonome Kollisionsrecht** gibt der Parteiautonomie darüber hinaus

- im internationalen Namensrecht (Art. 10 Abs. 2 und Abs. 3 EGBGB),
- im internationalen Ehewirkungsrecht (Art. 14 Abs. 2 und Abs. 3 EGBGB; → § 8 Rn. 22 ff.) und
- im internationalen Ehegüterrecht (Art. 15 Abs. 2 EGBGB; → § 9 Rn. 91 ff.)

Raum. Hingegen gewährt weder das europäische noch das deutsche autonome IPR bisher auf dem Gebiet des Sachenrechts die Freiheit der Rechtswahl.

72 Die Gewährung von Parteiautonomie ist heute keine „Verlegenheitslösung" mehr,[127] sondern dient vor allem dem in den Erwägungsgründen zu allen Rom-Verordnungen[128] betonten Ziel, zur **Rechtssicherheit** im europäischen Rechtsraum beizutragen.[129] Eine ausdrückliche Rechtswahlvereinbarung ist das beste Mittel, um künftige Streitigkeiten über das anzuwendende Recht zu vermeiden. Dies ist vorallem deshalb wichtig, weil das europäische Kollisionsrecht die typisierten objektiven Anknüpfungen nicht selten durch Ausweichklauseln (→ Rn. 83 f.) auflockert, deren Handhabung in der Praxis für die Betroffenen nur schwer prognostizierbar ist. Die Einräumung von Rechtswahlfreiheit ist daher eine notwendige Ergänzung der mit Ausweichklauseln angestrebten Einzelfallgerechtigkeit. Sie vermindert auch die Gefahr des *forum shopping* und reduziert die Kosten einer künftigen gerichtlichen Auseinandersetzung. Schließlich fördert die Gewährung von Parteiautonomie im internationalen Vertragsrecht die Verwirklichung des europäischen Binnenmarkts[130] und sie stärkt im internationalen Familien- und Erbrecht die Freizügigkeit der Beteiligten sowie die Wahrung ihrer kulturellen Identität durch die Möglichkeit einer Wahl ihres Heimatrechts. In diesem Handbuch, das Hilfestellung bei der Rechtsgestaltung in Fällen mit Auslandsberührung geben möchte, kommt der Wahrnehmung der Rechtswahlmöglichkeiten und den damit verbundenen Vorteilen wie Gefahren zentrale Bedeu-

[127] So noch *Kegel/Schurig* IPR § 18 I 1 c; dagegen zu Recht *Leible* FS Jayme, 2004, 485 ff.
[128] Erwägungsgründe 16 zur Rom I-VO, 31 zur Rom II-VO, 19 zur Rom III-VO.
[129] MüKoBGB/*v. Hein* IPR Einl. Rn. 36.
[130] MüKoBGB/*v. Hein* IPR Einl. Rn. 37.

tung zu. Hierauf wird daher in den Kapiteln des besonderen Teils besonders ausführlich eingegangen.

### 3. Schranken

Die Schranken der Parteiautonomie dienen – nicht anders als die Schranken der zivilrechtlichen Privatautonomie – vor allem dem rechtspolitischen Interesse, die schwächere Vertragspartei vor einem Missbrauch der Rechtswahlfreiheit zu schützen. Dies gilt nicht nur im internationalen Vertragsrecht, sondern gleichermaßen im internationalen Delikts-, Familien- und Erbrecht. Der europäische Gesetzgeber bedient sich allerdings zur Durchsetzung dieses Schutzes ganz unterschiedlicher Techniken. So wird im internationalen **Verbraucher- und Arbeitsrecht** der Grundsatz der freien Rechtswahl nach Art. 3 Abs. 1 Rom I-VO aufrecht erhalten; diese darf jedoch nach Art. 6 Abs. 2 und Art. 8 Abs. 1 Rom I-VO nicht dazu führen, dass einem Verbraucher oder Arbeitnehmer der Schutz entzogen wird, der ihm im Falle einer objektiven Anknüpfung des Vertragsstatuts zustehen würde. Demgegenüber wird der Verbraucherschutz im Recht der außervertraglichen Schuldverhältnisse dadurch gewährleistet, dass vor Eintritt des schadensbegründenden Ereignisses nur Unternehmer eine gültige Rechtswahl treffen können (Art. 14 Abs. 2 Rom II-VO). Staatsinteressen auf dem Gebiet des Währungs-, Devisen- und Wirtschaftsrechts werden gegenüber dem gewählten Recht durch die Sonderanknüpfung von **Eingriffsnormen** (Art. 9 Rom I-VO, Art. 16 Rom II-VO) durchgesetzt. Noch weiter eingeschränkt wird die Parteiautonomie im **Personen-, Familien- und Erbrecht,** um Interessen Dritter (zB Pflichtteilsberechtigter) oder des Rechtsverkehrs zu schützen. Sie ist daher auf solche Rechte beschränkt, die einen hinreichend engen objektiven Bezug zu den Parteien oder zum Anknüpfungsgegenstand haben (vgl. Art. 5 Rom III-VO, Art. 22 EuErbVO, Art. 8 HUP, Art. 15 Abs. 2 EGBGB). 73

## V. Lex fori

Die *lex fori* ist zentrales Anknüpfungsmerkmal im **internationalen Verfahrensrecht.** Sie gewinnt darüber hinaus aber auch im europäischen und staatsvertraglichen IPR zunehmend an Bedeutung, vor allem auf Rechtsgebieten, auf denen schneller und kostengünstiger Rechtsschutz für die Betroffenen im Vordergrund steht. Der **Gleichlaufgrundsatz,** demzufolge ein international zuständiges Gericht stets sein eigenes Recht anwendet, ist daher heute **primäres objektives Anknüpfungsmerkmal** 74

- im internationalen Erwachsenenschutzrecht (Art. 13 Abs. 1 ErwSÜ; → § 5 Rn. 87 ff.),
- im internationalen Kinderschutzrecht (Art. 2 MSA, Art. 15 Abs. 1 KSÜ; → § 5 Rn. 23 ff.) sowie unter bestimmten Umständen auch
- im internationalen Unterhaltsrecht (Art. 4 Abs. 3 HUP; → § 10 Rn. 46 ff.).

Im Ergebnis läuft auch die Anknüpfung an den gewöhnlichen Aufenthalt des Erblassers in Art. 21 Abs. 1 EuErbVO auf eine versteckte *lex fori*-Anknüpfung hinaus, weil die internationale Zuständigkeit in Erbsachen nach Art. 4 EuErbVO regelmäßig im gleichen Mitgliedstaat eröffnet wird. 75

Auf anderen Gebieten wird an die *lex fori* zumindest **subsidiär** angeknüpft, wie zB im internationalen Ehescheidungsrecht (Art. 8 lit. d Rom III-VO; → § 11 Rn. 43 ff.). Dort steht die *lex fori* auch als alternatives **subjektives** Anknüpfungsmerkmal zur Verfügung (Art. 5 Abs. 1 lit. d Rom III-VO; → § 11 Rn. 83 ff.). 76

Der Vormarsch der *lex fori* als Anknüpfungsmerkmal im europäischen Kollisionsrecht wird zwar in Kontinentaleuropa zT kritisch gesehen, weil diese Anknüpfung vom traditionellen – auf *Carl Friedrich von Savigny* zurückgehenden – Verständnis des Kollisionsrechts abweicht; denn es wird nicht mehr danach gefragt, in welchem Staat der „Sitz" oder Schwerpunkt des zu beurteilenden Rechtsverhältnisses lokalisiert ist. Diese Funktion übernehmen vielmehr im Vorfeld die Vorschriften, welche die internationale Gerichtszu- 77 ständigkeit regeln. Für den Gleichlaufgrundsatz sprechen jedoch vor allem praktische Erwägungen, weil der Rechtschutz der Unionsbürger in grenzüberschreitenden Streitigkeiten beschleunigt und verbilligt wird, wenn das zuständige Gericht sein eigenes Recht anwenden kann. Dieses Argument wiegt insbesondere dann schwer, wenn es – wie im Unterhalts- oder Kindschaftsrecht – darauf ankommt, möglichst raschen gerichtlichen Schutz zu gewährleisten.

## VI. Weitere Anknüpfungsmomente

78 Weitere Anknüpfungsmomente mit beschränkterem Anwendungsbereich sind der Abschlussort eines Rechtsgeschäfts *(lex loci actus)* vor allem bei Formfragen (Art. 11 Abs. 1, 13 Abs. 3, 17 Abs. 2 EGBGB; Art. 11 Abs. 1 Rom I-VO; Art. 27 lit. a EuErbVO; → § 7 Rn. 25 ff.; → § 15 Rn. 172 ff.), der Registrierungsstaat bei der eingetragenen Lebenspartnerschaft (Art. 17b Abs. 1 EGBGB bzw. Art. 26 Abs. 1 lit. a EuPartVO; → § 13 Rn. 18, 34 ff.), der Ort des Eintritts des schadensbegründenden Ereignisses *(lex loci delicti)* bei unerlaubten Handlungen und der *culpa in contrahendo* (Art. 4 Abs. 1, 12 Abs. 2 lit. a Rom II-VO), der Eintrittsort bei der ungerechtfertigten Bereicherung (Art. 10 Abs. 3 Rom II-VO; der Vornahmeort bei der Geschäftsführung ohne Auftrag (Art. 11 Abs. 3 Rom II-VO), der Belegenheitsort *(lex rei sitae)* für Rechte an Sachen (Art. 43 EGBGB; → § 18 Rn. 2) und für Nutzungsbefugnisse an Ehewohnung und Hausrat (Art. 17a EGBGB), der Herkunftsstaat bei Transportmitteln (Art. 45 EGBGB), der Sitz oder Gründungsort einer juristischen Person im internationalen Gesellschaftsrecht(→ § 18 Rn. 5 ff.),[131] der Gebrauchsort bei der Vollmacht (→ § 6 Rn. 8 ff) oder das Schutzland bei der Verletzung von Immaterialgüterrechten (Art. 8 Rom II-VO).

## VII. Kombination von Anknüpfungsmomenten

79 Viele Kollisionsnormen verwenden mehrere Anknüpfungsmomente. Dies ist insbesondere dann von Bedeutung, wenn ein Lebenssachverhalt mit zwei oder mehreren Rechtsordnungen typischerweise gleich eng verbunden ist. Diese Anknüpfungsmomente können dabei – dem Zweck der jeweiligen Anknüpfung entsprechend – auf ganz unterschiedliche Weise miteinander verbunden werden:[132]

### 1. Die Häufung im einengenden Sinn

80 Die Häufung im einengenden Sinn oder kombinierte Anknüpfung lässt eine bestimmte Rechtsordnung nur dann zur Anwendung kommen, wenn mehrere Anknüpfungsmomente gleichermaßen auf sie hinweisen, zB die **Staatsangehörigkeit mehrerer Personen.** So wird etwa angeknüpft an die Staatsangehörigkeit

- beider Ehegatten im internationalen Ehewirkungsrecht (Art. 14 Abs. 1 Nr. 1 EGBGB; → § 8 Rn. 9 f.), im internationalen Ehegüterrecht (Art. 15 Abs. 1 iVm Art. 14 Abs. 1 Nr. 1 EGBGB bzw. Art. 26 Abs. 1 lit. b EuGüVO; → § 9 Rn. 17, 37) und im internationalen Ehescheidungsrecht (Art. 8 lit. c Rom III-VO; → § 11 Rn. 36 ff.),
- beider Eltern im internationalen Abstammungsrecht (Art. 19 Abs. 1 S. 3 iVm Art. 14 Abs. 1 Nr. 1 EGBGB),
- beider Annehmenden bei der Ehegattenadoption (Art. 22 Abs. 1 S. 2 iVm Art. 14 Abs. 1 Nr. 1 EGBGB; → § 14 Rn. 28 ff.) und
- von Berechtigtem und Verpflichtetem im internationalen Unterhaltsrecht (Art. 4 Abs. 4 HUP; → § 10 Rn. 49 f.).

81 Entsprechendes gilt für den **gemeinsamen gewöhnlichen Aufenthalt von Ehegatten,** auf den es

[131] Dazu statt vieler Reithmann/Martiny/*Hausmann* IVR Rn. 7.1 ff.
[132] Vgl. zum Folgenden auch MüKoBGB/*v. Hein* IPR Einl. Rn. 59 ff.

- im internationalen Ehescheidungsrecht (Art. 8 lit. a, lit b Rom III-VO; → § 11 Rn. 30 ff.),
- im künftigen internationalen Ehegüterrecht (Art. 26 Abs. 1 lit. a EuGüVO; → § 9 Rn. 17) sowie
- im autonomen deutschen IPR subsidiär in den zuvor genannten Fällen der direkten oder indirekten Anknüpfung an das Ehewirkungsstatut des Art. 14 Abs. 1 EGBGB

ankommt.

## 2. Die Häufung im erweiternden Sinn

Praktisch bedeutsamer ist die Häufung im erweiternden Sinne. Man unterscheidet dabei im Wesentlichen sieben Varianten:[133] 82

1. Eine **getrennte Anwendung mehrerer Rechtsordnungen** kommt in Betracht, wenn ein Rechtsverhältnis in sinnvoller Weise in Teilfragen aufgespalten werden kann, ohne dass der innere Zusammenhang zwischen den verschiedenen Rechtsgebieten einer Rechtsordnung zerstört wird, zB bei der Sonderanknüpfung der Geschäftsfähigkeit in Art. 7 EGBGB (→ § 4 Rn. 6 ff.) oder der Form eines Rechtsgeschäfts in Art. 11 Rom I-VO bzw. Art. 11 EGBGB (→ § 7 Rn. 23 ff.).
2. In den Fällen **fakultativer Anknüpfung** können die Parteien durch (beschränkte) Rechtswahl entscheiden, welche Rechtsordnung Anwendung finden soll, wenn mehrere Anknüpfungsmomente zur Wahl stehen, so zB im internationalen Namensrecht (Art. 10 Abs. 2 Nr. 2, Abs. 3 Nr. 2 EGBGB), im internationalen Ehegüterrecht (Art. 15 Abs. 2 EGBGB bzw. künftig Art. 22 Abs. 1 EuGüVO; → § 9 Rn. 14, 91 ff.), im internationalen Unterhaltsrecht (Art. 8 Abs. 1 HUP; → § 10 Rn. 95 ff.), im internationalen Ehescheidungsrecht (Art. 5 Abs. 1 Rom III-VO; → § 11 Rn. 54 ff.) oder im internationalen Deliktsrecht (Art. 7 Rom II-VO).
3. Bei der **korrigierenden Anknüpfung** wird die primär berufene Rechtsordnung unter bestimmten Voraussetzungen durch eine andere Anknüpfung ersetzt. Häufig handelt es sich um spezielle Vorbehaltsklauseln zugunsten des inländischen Rechts, zB bei der Anknüpfung der Eheschließung (Art. 13 Abs. 2 EGBGB), des Ehewirkungsrechts (Art. 16 Abs. 2 EGBGB; → § 8 Rn. 75 ff.), der Ehescheidung (Art. 10 Rom III-VO; → § 11 Rn. 46 ff.) oder des Kindschaftsrechts (Art. 23 S. 2 EGBGB). In anderen Fällen soll durch die korrigierende Anknüpfung ein bestimmtes materiell-rechtliches Ziel erreicht werden, zB die Durchsetzung von Unterhaltsansprüchen (vgl. Art. 4 Abs. 2 und Abs. 4 HUP; → § 10 Rn. 45, 49 ff.).
4. Die **alternative Anknüpfung** ist Konsequenz des Günstigkeitsprinzips (*favor negotii, favor matrimonii, favor legitimitatis* etc). Ihr Ziel liegt in der Begünstigung bestimmter materiell-rechtlicher Ergebnisse, zB der Formgültigkeit eines Rechtsgeschäfts (insbesondere eines Testaments), der Feststellung der Abstammung eines Kindes oder der Höhe des zu leistenden Schadensersatzes. Sie ist dort berechtigt, wo diese Begünstigung auf einer spezifisch kollisionsrechtlichen Erwägung beruht, wie dies bei der Form von Rechtschäften (Art. 11 Abs. 1 EGBGB, Art. 27 EuErbVO) oder der Feststellung der Abstammung eines Kindes (Art. 19 Abs. 1 S. 2 und S. 3, 20 S. 2 EGBGB) der Fall ist.
5. Von **subsidiärer Anknüpfung** oder einer **Anknüpfungsleiter** spricht man, wenn eine Kollisionsnorm Ersatzanknüpfungen für den Fall bereithält, dass die vorrangig bestimmte Anknüpfung nicht zum Ziel führt. Prototyp ist die fünfsprossige Anknüpfungsleiter des Art. 14 Abs. 1 EGBGB (→ § 8 Rn. 8 ff.), die als „Familienstatut" auch für den Güterstand (Art. 15 Abs. 1 EGBGB; → § 9 Rn. 36 ff.), die Abstammung (Art. 19 Abs. 1 S. 3, 20 S. 1 EGBGB) sowie die Ehegattenadoption (Art. 22 S. 2 EGBGB; → § 14 Rn. 26 ff.) gilt. Dieses Modell hat inzwischen auch in das europäische Kollisionsrecht Eingang gefunden, zB im Recht der außervertraglichen Schuldverhält-

[133] Einteilung nach *Kropholler* IPR § 20 I-V.

nisse (vgl. zur Produkthaftung Art. 5 Abs. 1 Rom II-VO), im internationalen Ehescheidungsrecht (Art. 8 Rom III-VO; → § 11 Rn. 25 ff.) und künftig im internationalen Güterrecht von Ehegatten und eingetragenen Lebenspartnern (Art. 26 Abs. 1 EuGüVO/EuPartVO; → § 9 Rn. 17; → § 13 Rn. 18).

6. Bei der **kumulativen Anknüpfung** (oder nach dem „Grundsatz des strengeren Rechts") soll eine (materiell-rechtliche) Rechtsfolge nur dann eintreten, wenn sie nach allen beteiligten Rechtsordnungen begründet ist. Die (rechtspolitisch fragwürdige) Kumulation hat idR Schutzfunktion, zB beim Versorgungsausgleich (Art. 17 Abs. 3 S. 1 EGBGB; → § 12 Rn. 23 ff.), bei den Wirkungen einer im Ausland eingetragenen Lebenspartnerschaft (Art. 17b Abs. 4 EGBGB; → § 13 Rn. 76 ff.), bei der Zustimmung zu einer Abstammungserklärung, Namenserteilung oder Annahme als Kind (Art. 23 EGBGB; → § 14 Rn. 48 ff.) sowie im internationalen Unterhaltsrecht (Art. 6 HUP; → § 10 Rn. 66 ff.). Sind die Voraussetzungen nach einem der kumulativ anwendbaren Rechte nicht erfüllt, so entscheidet dieses „strengere" Recht zur Vermeidung hinkender Rechtsverhältnisse konsequenterweise auch über die Rechtsfolgen.[134]
7. **Gekoppelte (oder distributive) Anwendung** bedeutet schließlich, dass mehrere Voraussetzungen derselben Rechtsfolge nach verschiedenen Rechtsordnungen beurteilt werden, wie dies zB auf die materiellen Voraussetzungen der Eheschließung (Art. 13 Abs. 1 EGBGB) zutrifft, die für jeden Verlobten nach seinem Heimatrecht zu prüfen sind, um zu vermeiden, dass die Ehegatten nur im Heimatstaat eines Ehegatten als wirksam verheiratet gelten (hinkende Ehe).

## VIII. Ausweichklauseln

83 Auch das IPR steht im Spannungsfeld von Gerechtigkeit und Rechtssicherheit. Die (objektiven)[135] Anknüpfungsregeln sowohl des autonomen wie des staatsvertraglichen und europäischen Kollisionsrechts werden in bestimmten Fallkonstellationen als zu starr angesehen. Aus diesem Grunde soll den Gerichten die Möglichkeit eröffnet werden, von diesen Anknüpfungen abzuweichen und ein Recht zur Anwendung zu bringen, mit dem der Sachverhalt eine engere Verbindung aufweist. Zu diesem Zweck bedient man sich der sog Ausweichklauseln. Diese finden sich im deutschen **autonomen Kollisionsrecht** zB im Recht der unerlaubten Handlungen (Art. 41 EGBGB) und im Sachenrecht (Art. 46 EGBGB). Das **staatsvertragliche Kollisionsrecht** kennt Ausweichklauseln insbesondere als Mittel zur Korrektur *der lex fori*-Anknüpfung im Recht des Kinder- und Erwachsenenschutzes (Art. 15 Abs. 2 KSÜ; Art. 13 Abs. 2 ErwSÜ; → § 5 Rn. 32 f., 87). Ihre größte Bedeutung haben Ausweichklauseln freilich inzwischen im **europäischen Kollisionsrecht,** so zB

- im internationalen Schuldvertragsrecht (Art. 4 Abs. 3, 5 Abs. 3, 7 Abs. 2 UAbs. 2 S. 2, 8 Abs. 4 Rom I-VO; → § 16 Rn. 86 ff., 92),
- im Recht der außervertraglichen Schuldverhältnisse (Art. 4 Abs. 3, 5 Abs. 2, 10 Abs. 4, 11 Abs. 4, 12 Abs. 2 lit. c Rom II-VO),
- im internationalen Erbrecht (Art. 21 Abs. 2 EuErbVO; → § 15 Rn. 40 ff.) sowie künftig auch
- im internationalen Ehegüterrecht (Art. 26 Abs. 3 EuGüVO; → § 9 Rn. 18) und
- im internationalen Güterrecht eingetragener Lebenspartner (Art. 26 Abs. 3 EuPartVO; → § 13 Rn. 18).

84 Der Wert solcher Ausweichklauseln ist umstritten; teilweise werden sie als überflüssig und Gefahr für die Rechtssicherheit abgelehnt. Dem wird entgegengehalten, dass nicht alle Kollisionsnormen am Prinzip der engsten Verbindung ausgerichtet seien und deshalb dem

[134] Vgl. zu Art. 13 Abs. 1 EGBGB BGH FamRZ 1991, 300 (303); OLG Zweibrücken FamRZ 2004, 950; BeckOK BGB/*Lorenz* IPR Einl. Rn. 38; NK-BGB/*Freitag* EGBGB Art. 3 Rn. 33.
[135] In Fällen der Rechtswahl finden Ausweichklauseln keine Anwendung.

Richter durch Ausweichklauseln gerade die Möglichkeit eingeräumt werde, im Einzelfall eine systemgerechte Rechtsfortbildung vorzunehmen. Einigkeit besteht jedoch darüber, dass von Ausweichklauseln nur zurückhaltend Gebrauch gemacht werden sollte und dass aus den zuvor zitierten speziellen Ausweichklauseln in EU-Verordnungen nicht abgeleitet werden kann, dass alle europäischen Kollisionsnormen unter dem Vorbehalt einer allgemeinen – ungeschriebenen – Ausweichklausel stehen.[136]

## C. Rück- und Weiterverweisung

**Schrifttum:**
*Chen,* Rück- und Weiterverweisung (Renvoi) in staatsvertraglichen Kollisionsnormen, 2004; *Davì,* Le renvoi en droit international privé contemporain, Rec. des cours 353 (2012), 9; *v. Hein,* Der Renvoi im europäischen Kollisionsrecht, in: Leible/Unberath (Hrsg.), Brauchen wir eine Rom 0-Verordnung, 2013, S. 341; *Henrich,* Der Renvoi – Zeit für einen Abgesang?, FS v. Hoffmann, 2011, 159; *Mäsch,* Der Renvoi – Plädoyer für die Begrenzung einer überflüssigen Rechtsfigur, RabelsZ 61 (1997), 285; *Michaels,* Der Abbruch der Weiterverweisung im deutschen IPR, RabelsZ 61 (1997), 285; *Schack,* Was bleibt vom renvoi?, IPRax 2013, 315; *Solomon,* Die Renaissance des Renvoi im Europäischen Internationalen Privatrecht, FS Schurig, 2012, 237; *Sonnentag,* Der Renvoi im IPR, 2001.

### I. Allgemeines

#### 1. Begriffe

Von einer **Rückverweisung** spricht man, wenn die vom inländischen IPR zur Anwen- 85
dung berufene Rechtsordnung ihrerseits die Anwendung deutschen Rechts vorschreibt. Demgegenüber liegt eine **Weiterverweisung** vor, wenn das vom inländischen IPR zur Anwendung berufene ausländische Recht das Recht eines dritten Staates für maßgeblich erklärt. Als Oberbegriff für Rück- und Weiterverweisung wird auch der französische Begriff „*Renvoi*" verwendet.[137]

#### 2. Rückverweisung

**a) Problemstellung.** Das Problem wird in dem folgenden Ausgangsfall deutlich: 86

Beispiel: 87
Ein Belgier und seine ebenfalls belgische Verlobte, die schon seit drei Jahren in Aachen zusammengelebt hatten, haben dort im Sommer 2014 geheiratet. Einen Ehevertrag haben sie nicht geschlossen. Im Frühjahr 2016 kaufen die Eheleute in Aachen eine Eigentumswohnung. Sie möchten wissen, ob sie als Miteigentümer zu je 1/2 im Grundbuch eingetragen werden können.

Wie wäre es, wenn die Eheleute die tschechische Staatsangehörigkeit innehätten?

Für die Beantwortung dieser Fragen kommt es darauf an, in welchem gesetzlichen Güterstand die Eheleute leben. Das deutsche IPR verweist diesbezüglich in Art. 15 Abs. 1 iVm Art. 14 Abs. 1 Nr. 1 EGBGB auf das gemeinsame belgische bzw. tschechische Heimatrecht der Eheleute. Beide Rechte möchten die güterrechtlichen Verhältnisse der Eheleute aber nicht regeln, sondern beantworten die Verweisung mit einer Rückverweisung auf deutsches Recht als das Recht des ersten gemeinsamen gewöhnlichen Aufenthalts der Eheleute nach der Eheschließung (Art. 51 Abs. 1 belg. IPRG 2004; § 49 Abs. 3 tschech. IPRG 2012).

---

[136] Leible/Unberath/*Remien,* Engste Verbindung und Ausweichklausel, S. 223 (233 ff.); *Hausmann* Riv.dir.int.priv.proc. 2015, 500 (512 f.).
[137] Vgl. *Kegel/Schurig* IPR § 10 I; *Kropholler* IPR § 24 vor I; Staudinger/*Hausmann* EGBGB Art. 4 Rn. 2.

88 Damit stellt sich zunächst die Frage, welchen Inhalt und Umfang die deutsche Verweisung hat.

89 **b) Sachnorm- oder Gesamtverweisung.** Eine **Sachnormverweisung** liegt vor, wenn das eigene IPR unmittelbar auf das fremde materielle Recht verweist, dh die eigene Anknüpfung auch gegen eine abweichende Anknüpfung des fremden IPR durchsetzt. Vom Grundsatz der Sachnormverweisung gehen etwa die Kollisionsrechte *Griechenlands,* der skandinavischen Länder (außer *Finnland*), der meisten *US-Bundesstaaten,* der *Volksrepublik China,* mehrerer lateinamerikanischer Staaten (zB *Argentinien, Brasilien, Mexiko*) sowie der meisten islamischen Staaten (zB *Ägypten, Marokko, Tunesien*) aus. Mit gewissen Einschränkungen vor allem im Familien- und Erbrecht gilt das Prinzip der Sachnormverweisung aber auch in *Belgien, Litauen,* der *Niederlande, Portugal,* der *Türkei,* der *Russischen Föderation* und den meisten Nachfolgestaaten der ehemaligen Sowjetunion.[138]

90 Demgegenüber erfasst eine **Gesamtverweisung** (bzw. IPR-Verweisung) das gesamte Privatrecht eines fremden Staates einschließlich des IPR. Die Sachnormen des zur Anwendung berufenen ausländischen Rechts sind daher nur anzuwenden, wenn das fremde IPR keine Rück- oder Weiterverweisung ausspricht, sondern die deutsche Verweisung annimmt. Für den Grundsatz der Gesamtverweisung, dh die Beachtung einer etwaigen Rück- oder Weiterverweisung, hat sich der deutsche Reformgesetzgeber in Art. 4 Abs. 1 EGBGB ausgesprochen. Ebenso entscheiden – mit gewissen Einschränkungen – viele andere kontinental-europäische Rechtsordnungen, zB *Frankreich, Österreich, Bulgarien, Kroatien, Serbien* und *Tschechien.*

91 **c) Sachnorm- oder IPR-Rückverweisung.** Spricht die eigene Kollisionsnorm – wie Art. 15 Abs. 1 EGBGB – eine Gesamtverweisung aus, so hängt die weitere Behandlung des Falles davon ab, ob die Kollisionsnormen des fremden IPR ihrerseits Sachnorm- oder IPR-Verweisungen sind.[139]

92 Sieht das fremde Recht eine **Sachnorm-Rückverweisung** vor, so ist diese zu befolgen; es werden dann die deutschen Sachnormen angewandt. Dies trifft im Ausgangsfall auf das *belgische* IPR (Art. 16 IPRG 2004) zu. Die belgischen Eheleute leben daher aus deutscher wie aus belgischer Sicht im deutschen gesetzlichen Güterstand der Zugewinngemeinschaft.

93 Spricht das fremde IPR hingegen – wie das *tschechische* IPR im Ausgangsfall (§ 21 Abs. 1 IPRG 2012) – seinerseits eine **Gesamtverweisung** aus, so werden zur Beendigung dieser wechselseitigen Verweisungen unterschiedliche Lösungen vertreten:

- Man kann in einem solchen Fall die **Rückverweisung abbrechen,** dh die IPR-Rückverweisung wie eine Sachnorm-Rückverweisung behandeln. Für diese Lösung hat sich der deutsche Gesetzgeber in Art. 4 Abs. 1 S. 2 EGBGB entschieden (sog „einfacher *Renvoi*“). Daher leben auch die *tschechischen* Eheleute aus deutscher Sicht im deutschen gesetzlichen Güterstand der Zugewinngemeinschaft, obwohl ein tschechisches Gericht die Verweisung in Art. 15 Abs. 1 iVm Art. 14 Abs. 1 Nr. 1 EGBGB seinerseits als Rückverweisung beachten und tschechisches Güterrecht anwenden würde.
- Man kann aber die IPR-Rückverweisung auch befolgen. Bricht das fremde IPR – wie zB das *tschechische* IPR im Ausgangsfall – die von seinem Standpunkt gegebene Rückverweisung des deutschen Rechts seinerseits ab, so verbliebe es aus deutscher Sicht bei der Maßgeblichkeit des ausländischen Sachrechts. Die Beachtung eines solchen **„doppelten *Renvoi*“** („*double renvoi*“)[140] ist im deutschen Recht seit der IPR-Reform von 1986 im Hinblick auf Art. 4 Abs. 1 S. 2 EGBGB allerdings nicht mehr zulässig.

[138] Vgl. die Länderübersicht bei Staudinger/*Hausmann* EGBGB Anh. Art. 4.
[139] *Kegel/Schurig* IPR § 10 III 1; Staudinger/*Hausmann* EGBGB Art. 4 Rn. 6ff.
[140] Dafür *Kegel/Schurig* IPR § 10 III 3; Soergel/*Kegel* EGBGB Art. 4 Rn. 7.

– Noch einen Schritt weiter geht die von den englischen Gerichten entwickelte ***„foreign court theory“.***[141] Danach hätte sich der deutsche Richter hinsichtlich der Befolgung einer Rückverweisung in vollem Umfang den Standpunkt der Rechtsordnung zu eigen machen, die vom deutschen IPR als *lex causae* bestimmt wird; er hätte mithin den Ausgangsfall nach dem Recht zu beurteilen, das der *belgische* oder *tschechische* Richter letztlich anwenden würde.

### 3. Weiterverweisung

Die Weiterverweisung auf eine dritte Rechtsordnung spielt in der Praxis nur eine geringe Rolle. Zu ihrer Anerkennung nehmen die Staaten sehr unterschiedliche Standpunkte ein. Gleiches gilt auch für die Frage, wann eine Weiterverweisung abzubrechen ist. 94

**a) Anerkennung.** Die Beachtung einer Weiterverweisung wird selbstverständlich von denjenigen Rechtsordnungen abgelehnt, die nur Sachnormverweisungen aussprechen und deshalb schon eine Rückverweisung nicht anerkennen. Aber auch zahlreiche Rechtsordnungen, die eine Rückverweisung beachten, lehnen die Anerkennung einer Weiterverweisung ab, weil diese die Falllösung nicht – wie die Rückverweisung – erleichtert, sondern erschwert; denn in diesem Fall muss nicht nur die weiterverweisende Kollisionsnorm des zunächst berufenen Rechts, sondern es müssen auch die von diesem Recht für anwendbar erklärten Sach- oder Kollisionsnormen einer dritten Rechtsordnung ermittelt werden.[142] Nur die Beachtung einer Weiterverweisung wird daher zB nach dem IPR *von Estland, Lettland, Liechtenstein, Rumänien,* der *Russischen Föderation, Spanien und Ungarn* sowie in Ländern des Fernen Ostens *(Japan, Korea, Thailand)* abgelehnt oder nur mit Einschränkungen befolgt (so zB in *Italien, Polen* und der *Schweiz*). Der deutsche Gesetzgeber unterscheidet hingegen in Art. 4 Abs. 1 S. 1 EGBGB nicht zwischen Rück- oder Weiterverweisung. 95

**b) Abbruch.** Während der Abbruch der Rückverweisung beim inländischen Recht praktischen Zwecken dient und deshalb auch in Art. 4 Abs. 1 S. 2 EGBGB angeordnet wird, gibt es für die Weiterverweisung weder ein logisches noch ein interessengemäßes Ende. Während manche Rechtsordnungen nur die erste Weiterverweisung anerkennen (zB die *Türkei* und *Mexiko*) oder die Beachtung der Weiterverweisung von der Annahme durch das Recht des Drittstaats abhängig machen (so zB *Italien, Portugal* oder *Venezuela* sowie Art. 34 Abs. 1 lit. b EuErbVO), hat der deutsche Gesetzgeber diese Frage bewusst nicht entschieden. Einigkeit besteht nur darüber, dass auch eine Weiterverweisung dann abzubrechen ist, wenn sie zum deutschen Recht zurückführt. Im Zweifel sollte der internationale Entscheidungseinklang mit dem Recht des Staates den Ausschlag geben, auf das die deutsche Kollisionsnorm verweist (→ Rn. 118f.). 96

### 4. Ursachen eines Renvoi

**a) Abweichende Anknüpfungsmomente.** Häufigster Grund eines *Renvoi* sind abweichende Anknüpfungsmomente in der verweisenden und der zur Anwendung berufenen Rechtsordnung. Diese treten insbesondere im Familien- und Erbrecht bei Verweisungen zwischen Staaten auf, die einerseits das Staatsangehörigkeitsprinzip, andererseits das Wohnsitz- oder Aufenthaltsprinzip befolgen. Zu einem *Renvoi* kann es aber auch ausnahmsweise auch dann kommen, wenn das in- und das ausländische IPR das gleiche Anknüpfungsmoment verwenden, aber für dessen Vorliegen auf unterschiedliche Zeitpunkte abstellen. Praktische Bedeutung hat dies insbesondere auf dem Gebiet des internationalen 97

[141] Dazu Staudinger/*Hausmann* EGBGB Anh. Art. 4 Rn. 14ff.
[142] Vgl. Staudinger/*Hausmann* EGBGB Art. 4 Rn. 22.

Ehegüterrechts, wenn das von Art. 15 EGBGB zur Anwendung berufe Recht seinerseits wandelbar anknüpft (dazu näher → § 9 Rn. 66ff.).[143]

98 **b) Abweichende Qualifikation.** Grund für einen *Renvoi* kann auch die abweichende Qualifikation einer Rechtsfrage im ausländischen IPR sein, die auf Systemunterschieden zwischen den beteiligten Rechtsordnungen beruht. Beispiele sind etwa die deliktische Qualifikation von Schadensersatzansprüchen wegen Verlöbnisbruchs[144] oder die familienrechtliche Qualifikation des Ehe- oder Kindesnamens[145] im ausländischen IPR.[146] Demgegenüber widerspricht die Beachtung einer prozessualen Qualifikation der Verjährung oder Aufrechnung im ausländischen IPR dem Sinn der deutschen Verweisung iSv Art. 4 Abs. 1 EGBGB.[147] Zu unterscheiden vom *Renvoi* kraft abweichender Qualifikation ist eine *Renvoi* bezüglich der Qualifikation selbst (sog Qualifikationsverweisung).[148]

99 **c) Versteckte Rückverweisung.** Grund für einen *Renvo*i kann auch eine – zB in einer Zuständigkeitsregel einer ausländischen Rechtsordnung enthaltene – „versteckte" Rückverweisung sein (zu dieser näher → Rn. 122f.).

### 5. Gründe für die Beachtung eines Renvoi

100 **a) Internationaler Entscheidungseinklang.** Das Bemühen um internationalen Entscheidungseinklang wird als wesentliches Motiv für die Beachtung eines *Renvoi* erachtet.[149] Denn diese führt nicht selten zur Entscheidungsgleichheit in den beteiligten Staaten. Dieses Ziel wird allerdings häufig nur erreicht, wenn die beteiligten Rechtsordnungen zum *Renvoi*-Problem eine gegensätzliche Haltung einnehmen.[150] Wichtig ist die Erzielung von internationalem Entscheidungseinklang insbesondere im internationalen Familien- und Erbrecht, hingegen weniger im internationalen Schuldrecht. Dementsprechend wird in der jüngeren Rechtsentwicklung auch nach Sachgebieten zwischen renvoifreundlichen und -feindlichen Anknüpfungen unterschieden.[151]

101 **b) Heimwärtsstreben.** Die Rückverweisung dient ferner als Mittel zur Durchsetzung des eigenen Rechts; denn ihre Beachtung hat zur Folge, dass der inländische Richter wesentlich häufiger inländisches Sachrecht anwendet als wenn er den Verweisungen der eigenen Kollisionsnormen Folge leisten würde.[152]

102 **c) Praktikabilität.** Die auf diese Weise vermehrte Anwendung inländischen Rechts ist erstrebenswert, weil dieses dem inländischen Richter, Anwalt oder Notar im Zweifel besser vertraut ist als das von der inländischen Kollisionsnorm zur Anwendung berufene ausländische Recht. Damit wird die Gefahr einer fehlerhaften Rechtsanwendung verringert und es entfällt die Notwendigkeit, zeit- und kostenintensive Auskünfte über ausländisches

---

[143] Vgl. allg. MüKoBGB/*v. Hein* EGBGB Art. 4 Rn. 83ff.
[144] Vgl. MüKoBGB/*v. Hein* EGBGG Art. 4 Rn. 74; einschränkend Staudinger/*Hausmann* EGBGB Art. 4 Rn. 67, jeweils mwN.
[145] BGH NJW 2007, 3347 mAnm *Henrich* IPRax 2006, 121; NJW-RR 1999, 873 mAnm *Hepting/Bauer* IPRax 2000, 394.
[146] Vgl. auch das Beispiel zur Qualifikation von Scheidungsfolgen → § 9 Rn. 87.
[147] Staudinger/*Hausmann* EGBGB Art. 4 Rn. 70; MüKoBGB/*v. Hein* EGBGB Art. 4 Rn. 75, jeweils mwN.
[148] BGHZ 144, 251 = IPRax 2002, 40 mAnm *Umbeck* IPRax 2002, 33; dazu näher Staudinger/*Hausmann* EGBGB Art. 4 Rn. 71ff.; MüKoBGB/*v. Hein* EGBGB Art. 4 Rn. 76ff.; ferner → § 9 Rn. 53 mit Beispiel → § 9 Rn. 54.
[149] *Kegel/Schurig* IPR § 10 III 3; v. Hoffmann/*Thorn* IPR § 6 Rn. 87; *Ferid* IPR Rn. 3ff.; Palandt/*Thorn* EGBGB Art. 4 Rn. 1; Erman/*Hohloch* EGBGB Art. 4 Rn. 2; Staudinger/*Hausmann* EGBGB Art. 4 Rn. 17f., jeweils mwN.
[150] Kritisch deshalb *Mäsch* RabelsZ 61 (1997), 285 (296).
[151] MüKoBGB/*v. Hein* EGBGB Art. 4 Rn. 37, 41; NK-BGB/*Freitag* EGBGB Art. 4 Rn. 4.
[152] Vgl. v. Hoffmann/*Thorn* IPR § 6 Rn. 92.

Recht einzuholen.[153] Die damit verbundene Erleichterung der Rechtsanwendung ist vor allem deshalb gerechtfertigt, weil das fremde Recht selbst gar nicht angewandt werden will.[154]

## II. Deutsches autonomes Kollisionsrecht

### 1. Grundsatz der Gesamtverweisung

Art. 4 Abs. 1 S. 1 EGBGB stellt klar, dass das autonome deutsche IPR – anders als das staatsvertragliche und das überwiegende europäische IPR (→ Rn. 127 f.) – vom Grundsatz der Gesamtverweisung ausgeht; denn danach ist im Falle der Verweisung auf das Recht eines anderen Staates „auch dessen IPR anzuwenden." Damit ist nicht nur die Rückverweisung, sondern auch die Weiterverweisung anerkannt.[155] 103

**Beispiel:** 104

Der Schweizer A ist am 1.7.2015 mit letztem Wohnsitz in Konstanz verstorben. Um auf sein Konto bei der Sparkasse Konstanz zugreifen zu können, beantragt seine Ehefrau B beim Nachlassgericht Konstanz einen Erbschein. Welches Recht ist auf die Erbfolge anwendbar, wenn Art. 91 Abs. 1 des schweizerischen IPR- Gesetzes bestimmt: „Der Nachlass einer Person mit letztem Wohnsitz im Ausland untersteht dem Recht, auf welches das Kollisionsrecht des Wohnsitzstaates verweist."?

Der in diesem Fall noch anwendbare Art. 25 Abs. 1 EGBGB aF verweist hinsichtlich der Rechtsnachfolge von Todes wegen auf das schweizerische Recht, weil der Erblasser im Zeitpunkt seines Todes nur die schweizerische Staatsangehörigkeit innehatte. Dabei handelt es sich um eine Gesamtverweisung, die auch das schweizerische Kollisionsrecht mit umfasst. Ob dieses eine Rückverweisung auf deutsches Recht ausspricht, hängt davon ab, wie Art. 91 schweiz. IPRG auszulegen ist. Das deutsche Recht verweist zwar in Art. 25 Abs. 1 EGBGB auf das schweizerische Recht. Zum „Kollisionsrecht des Wohnsitzstaates" iSv Art. 91 IPRG gehört jedoch auch Art. 4 Abs. 1 EGBGB, der aus Art. 91 IPRG eine Rückverweisung auf das deutsche Recht am letzten Wohnsitz des Erblassers entnimmt.

### 2. Ausnahmen und Schranken

Der Grundsatz der Gesamtverweisung wird allerdings im deutschen IPR in zahlreichen Fällen durchbrochen: 105

**a) Sachnormverweisung.** Verweist eine deutsche Kollisionsnorm ausdrücklich auf „Sachvorschriften" des ausländischen Rechts, ist die Beachtung eines *Renvoi* ausgeschlossen, Art. 3a Abs. 1 S. 2 EGBGB. Beispiele hierfür sind Art. 4 Abs. 2, 12 S. 1, 17b Abs. 1 EGBGB. 106

**b) Verstoß gegen den Sinn der Verweisung.** Art. 4 Abs. 1 S. 1 Hs. 2 EGBGB schließt eine IPR-Verweisung auch dann aus, wenn diese dem Sinn der Verweisung widerspricht. Die Reichweite dieses sog „Sinnvorbehalts" ist stark umstritten;[156] als Ausnahme vom Prinzip der Gesamtverweisung ist er jedenfalls **eng auszulegen**[157] und darf nicht dazu dienen, unerwünschtes – zB gleichheitswidriges – ausländisches Kollisionsrecht auszu- 107

[153] Staudinger/*Hausmann* EGBGB Art. 4 Rn. 19.
[154] *Michaels* RabelsZ 61 (1997), 685 (693); v. Bar/*Mankowski* IPR I § 7 Rn. 237 f.; BeckOK BGB/*Lorenz* EGBGB Art. 4 Rn. 3.
[155] BGH FamRZ 1987, 679 (681); OLG Frankfurt a.M. NJW 2000, 1202 (1203); Palandt/*Thorn* EGBGB Art. 4 Rn. 1; Staudinger/*Hausmann* EGBGB Art. 4 Rn. 47, jeweils mwN.
[156] Zur schwierigen Auslegung dieser „Sinnklausel" statt vieler MüKoBGB/*v. Hein* EGBGB Art. 4 Rn. 17 ff.
[157] *Michaels* RabelsZ 61 (1997), 685 (712 f.); Palandt/*Thorn* EGBGB Art. 4 Rn. 5; Erman/*Hohloch* EGBGB Art. 4 Rn. 17; Staudinger/*Hausmann* EGBGB Art. 4 Rn. 91; **aA** *Mäsch* RabelsZ 61 (1997), 285 (307 ff.).

schalten.[158] Ein Widerspruch kommt vor allem in folgenden Fallkonstellationen in Betracht:

- Teilweise wird es für sinnwidrig erachtet, den deutschen Richter zunächst zu einer mühevollen Suche der **engsten Verbindung** eines Sachverhalts mit einer bestimmten Rechtsordnung zu verpflichten und in der Folge eine Rück- oder Weiterverweisung auf ein anderes Recht zu akzeptieren, mit dem der Sachverhalt aus deutscher Sicht notwendigerweise weniger eng verbunden ist. Dem ist zuzustimmen, wenn die engste Verbindung bewusst zur Korrektur typisierter Anknüpfungen verwendet wird, wie zB in Art. 41 Abs. 1 und Art. 46 EGBGB.[159] Eine Ausnahme wird allerdings zu Recht für den praktisch wichtigsten Fall der Anknüpfung an die engste Verbindung in Art. 14 Abs. 1 Nr. 3 EGBGB gemacht, weil es sich nur um eine Auffangregelung für ansonsten renvoifreundliche Anknüpfungen handelt.[160] Darüber hinaus ist aber auch in den Fällen der Art. 4 Abs. 3 S. 2 (Unteranknüpfung) oder Art. 5 Abs. 1 S. 1 EGBGB (Mehrstaater) die Beachtung einer Rückverweisung nicht von vorneherein ausgeschlossen.[161] Dem Sinn der inländischen Verweisung widerspricht die Beachtung des *Renvoi* im Personen-, Familien- und Erbrecht ferner keinesfalls schon dann, wenn die ausländische Kollisionsnorm ein anderes Anknüpfungsmoment verwendet als die inländische.
- Der Grundsatz der Gesamtverweisung muss hingegen bei **akzessorischen Anknüpfungen** eingeschränkt. werden. Bezweckt die Akzessorietät nämlich die einheitliche materiell-rechtliche Beurteilung eines Rechtsverhältnisses nach ein und derselben Rechtsordnung, so darf die erstrebte Einheit nicht durch einen Renvoi zerrissen werden.[162] Dies trifft etwa auf die akzessorische Anknüpfung des Deliktsstatuts an das Vertragsstatut nach Art. 41 Abs. 2 Nr. 1 EGBGB zu.[163] Für die akzessorische Anknüpfung des Deliktsstatuts, des Statuts der ungerechtfertigten Bereicherung und der Geschäftsführung ohne Auftrag an das Vertragsstatut nach der Rom II-VO (Art. 4 Abs. 3 S. 2, Art. 5 Abs. 2 S. 2, Art. 10 Abs. 1, Art. 11 Abs. 1) ist der *Renvoi* ohnehin durch Art. 24 Rom II-VO ausgeschlossen. Demgegenüber handelt es sich bei der akzessorischen Anknüpfung des Güterrechtsstatuts an das Statut der allgemeinen Ehewirkungen (Art. 15 Abs. 1 iVm Art. 14 Abs. 1 EGBGB) nur um einen redaktionellen Verweis, so dass über die Rückverweisung nicht die ausländische Kollisionsnorm für die allgemeinen Ehewirkungen, sondern diejenige für das Güterrecht entscheidet.[164]
- Auch dem Sinn **alternativer Anknüpfungen** kann die Beachtung einer Rück- oder Weiterverweisung widersprechen, weil diese ein bestimmtes materielles Ergebnis begünstigen wollen, zB die Feststellung der Abstammung eines Kindes (Art. 19 Abs. 1, 20 EGBGB) oder die Formgültigkeit eines Testaments (Art. 34 Abs. 2 iVm Art. 27 EuErb-

[158] BeckOK BGB/*Lorenz* EGBGB Art. 4 Rn. 8.

[159] *Mäsch* RabelsZ 61 (1997), 285 (307 f.); *Siehr* FS Sonnenberger, 2004, 667 (672 f.); MüKoBGB/*v. Hein* EGBGB Art. 4 Rn. 32; Palandt/*Thorn* EGBGB Art. 4 Rn. 7; Erman/*Hohloch* EGBGB Art. 4 Rn. 18.

[160] *Ebenroth/Eyles* IPRax 1989, 1 (11); *Kartzke* IPRax 1988, 8 (9); *Kropholler* IPR § 24 II 2a; BeckOK BGB/*Lorenz* EGBGB Art. 4 Rn. 8; Palandt/*Thorn* EGBGB Art. 4 Rn. 8; NK-BGB/*Freitag* EGBGB Art. 4 Rn. 27; MüKoBGB/*v. Hein* EGBGB Art. 4 Rn. 32. Dazu näher → § 8 Rn. 19 mwN.

[161] Vgl. zu Art. 4 Abs. 3 S. 2 EGBGB OLG Stuttgart NJW-RR 2015, 838; KG FamRZ 2007, 1561 mAnm *Henrich;* ferner allg. Palandt/*Thorn* EGBGB Art. 4 Rn. 7; MüKoBGB/*v. Hein* EGBGB Art. 4 Rn. 32; BeckOK BGB/*Lorenz* EGBGB Art. 4 Rn. 8, NK-BGB/*Freitag* EGBGB Art. 4 Rn. 27; Staudinger/*Hausmann* EGBGB Art. 4 Rn. 107 ff., jeweils mwN.

[162] *Kartzke* IPRax 1988, 8 (10 f.); *Kropholler* IPR § 24 II 2d; Staudinger/*Hausmann* EGBGB Art. 4 Rn. 98; Palandt/*Thorn* EGBGB Art. 4 Rn. 8; MüKoBGB/*v. Hein* EGBGB Art. 4 Rn. 33; NK-BGB/*Freitag* EGBGB Art. 4 Rn. 26; BeckOK BGB/*Lorenz* EGBGB Art. 4 Rn. 9.

[163] Gleiches gilt für die Anknüpfungen nach Art. 38 Abs. 1, 39 Abs. 2 und 40 Abs. 4 EGBGB.

[164] Vgl. statt vieler NK-BGB/*Freitag* EGBGB Art. 4 Rn. 27; Staudinger/*Hausmann* EGBGB Art. 4 Rn. 102 mwN; dazu auch → § 9 Rn. 79.

VO). Führt ein *Renvoi* daher zu einer Einschränkung der alternativ zur Anwendung berufenen Rechte, so steht dies seiner Beachtung entgegen.[165]

Wird durch eine deutsche Kollisionsnorm – wie zB Art. 11 Abs. 1 und Abs. 2, 14 Abs. 4, 15 Abs. 3 EGBGB – auf die **Sacherfordernisse eines ausländischen Rechts** verwiesen, so spricht dies nach hM für die Annahme einer Sachnormverweisung; eine Rück- oder Weiterverweisung ist daher nicht zu beachten.[166] 108

Verwendet das ausländische Kollisionsrecht noch **gleichheitswidrige Kollisionsnormen,** so ist zT die Beachtung einer auf sie gestützten Rück- oder Weiterverweisung versagt worden, weil sie gegen den Sinn der deutschen Verweisung iSv Art. 4 Abs. 1 EGBGB verstoße.[167] Dem ist freilich zu widersprechen, denn ausländisches IPR ist ebenso wie ausländisches Sachrecht nach Art. 6 EGBGB nur dann von einer Anwendung durch inländische Gerichte ausgeschlossen, wenn seine Anwendung im konkreten Fall zu einem mit den Grundvorstellungen des deutschen Rechts nicht zu vereinbarenden **Ergebnis** führt.[168] 109

**c) Rechtswahl.** Können die Parteien nach dem deutschen autonomen Kollisionsrecht ausländisches Recht wählen (zB nach Art. 10 Abs. 2 Nr. 1 und Abs. 3 Nr. 1, 14 Abs. 2 und Abs. 3, 15 Abs. 2 und 42 EGBGB), so können sie gemäß Art. 4 Abs. 2 EGBGB nur auf das **Sachrecht,** nicht jedoch auf das IPR des jeweiligen Staates verweisen; eine abweichende Vereinbarung ist unwirksam.[169] Gleiches gilt der Sache nach auch im staatsvertraglichen und europäischen Kollisionsrecht, vgl. Art. 20 Rom I-VO, 24 Rom II-VO, 11 Rom III-VO, 34 Abs. 2 iVm Art. 22 EuErbVO, ferner Art. 12 HUP. 110

### 3. Anwendung des ausländischen Kollisionsrechts

Spricht das deutsche IPR eine Gesamtverweisung aus, so ist im nächsten Schritt das ausländische IPR zu befragen, welches Recht aus seiner Sicht zur Anwendung berufen ist. Dabei sind die ausländischen Kollisionsnormen – zB in Bezug auf die Qualifikation, die Anknüpfung von Vorfragen oder die Behandlung von Mehrstaatern – so anzuwenden, wie sie ein **Gericht des betreffenden Staates** anwenden würde.[170] Verweist das englische Recht etwa auf den Wohnsitz des Betroffenen zurück, so ist daher der englische Begriff des *„domicile"* zugrunde zu legen.[171] Qualifiziert das ausländische Recht einen Gegenstand abweichend vom deutschen Recht, so ist dem zu folgen und es kann sich daraus ein *Renvoi* kraft abweichender Qualifikation ergeben (→ Rn. 98). 111

Die Anwendung der ausländischen Kollisionsnorm kann zu drei unterschiedlichen Ergebnissen führen, nämlich 112
- zur Annahme der Verweisung oder
- zur Rückverweisung auf deutsches Recht oder
- zur Weiterverweisung auf das Recht eines dritten Staates.

---

[165] OLG Hamburg FamRZ 2012, 568; OLG Hamm FamRZ 2009, 126 mAnm *Henrich*; OLG Nürnberg FamRZ 2005, 1697; OLG Stuttgart FamRZ 2001, 246; Staudinger/*Hausmann* EGBGB Art. 4 Rn. 95ff.; Palandt/*Thorn* EGBGB Art. 4 Rn. 6; NK-BGB/*Freitag* EGBGB Art. 4 Rn. 26; BeckOK BGB/*Lorenz* EGBGB Art. 4 Rn. 8; **aA** (stets Sachnormverweisung) *Kartzke* IPRax 1988, 8 (9); *Ebenroth/Eyles* IPRax 1989, 1 (10); *Rauscher* NJW 1988, 2151 (2153).

[166] So Palandt/*Thorn* EGBGB Art. 11 Rn. 3; Erman/*Hohloch* EGBGB Art. 11 Rn. 5, 8; Staudinger/*Winkler v. Mohrenfels* EGBGB Art. 11 Rn. 57ff; **aA** Staudinger/*Hausmann* EGBGB Art. 4 Rn. 89, 184.

[167] BGH NJW 1988, 638 (640); *Kropholler* IPR § 24 II 2b.

[168] *Kartzke* IPRax 1988, 8 (10f.); *Mäsch* RabelsZ 61 (1997), 285 (307f.); Palandt/*Thorn* EGBGB Art. 4 Rn. 10; MüKoBGB/*v. Hein* EGBGB Art. 4 Rn. 94f.; Staudinger/*Hausmann* EGBGB Art. 4 Rn. 114; BeckOK BGB/*Lorenz* EGBGB Art. 4 Rn. 8.

[169] Palandt/*Thorn* EGBGB Art. 4 Rn. 10; BeckOK BGB/*Lorenz* EGBGB Art. 4 Rn. 10, NK-BGB/*Freitag* EGBGB Art. 4 Rn. 21; Staudinger/*Hausmann* EGBGB Art. 4 Rn. 117; MüKoBGB/*v. Hein* EGBGB Art. 4 Rn. 22f.; **aA** (bloße Auslegungsregel) Erman/*Hohloch* EGBGB Art. 4 Rn. 14; *v. Bar/Mankowski* IPR I § 4 Rn. 226.

[170] BGH NJW 1980, 2016 (2017) mAnm *Samtleben* NJW 1980, 2645; Staudinger/*Hausmann* EGBGB Art. 4 Rn. 59; BeckOK BGB/*Lorenz* EGBGB Art. 4 Rn. 12.

[171] BayObLGZ 1972, 383 (386); 1976, 151 (159f.).

113 **a) Annahme der Verweisung.** Erklärt die ausländische Kollisionsnorm ebenfalls das eigene Recht für anwendbar, so nimmt es die Verweisung durch das deutsche IPR an. Maßgebend ist dann das dortige materielle Recht. Es tritt mithin die gleiche Rechtsfolge ein wie im Falle einer Sachnormverweisung.

114 **b) Rückverweisung.** Verweist das ausländische Kollisionsrecht auf deutsches Recht zurück, so folgt aus der eindeutigen gesetzlichen Regelung in Art. 4 Abs. 1 S. 2 EGBGB, dass die Verweisungskette **in jedem Fall abgebrochen** wird und deutsches Sachrecht anzuwenden ist. Dies gilt also nicht nur dann, wenn das ausländische IPR eine Sachnormverweisung ausspricht, sondern gleichermaßen auch dann, wenn es eine Gesamtverweisung anordnet und ein dortiges Gericht daher aus der Verweisungsnorm des deutschen IPR seinerseits eine Rückverweisung auf das eigene Recht entnehmen würde. Damit wird zwar nicht selten der internationale Entscheidungseinklang verfehlt, der im Falle der Beachtung eines *„double renvoi"* erreicht würde; der Abbruch der Rückverweisung erleichtert dem deutschen Gericht jedoch die Rechtsanwendung.[172]

115 **Beispiel:**
Die Eheleute M und F, die beide amerikanische Staatsangehörige sind, haben im Jahre 1995 im US-Bundesstaat Indiana geheiratet und lebten dort bis 2005. Danach siedelten sie nach Deutschland über, wo M eine leitende Tätigkeit bei einer deutschen Tochtergesellschaft einer amerikanischen Firma antrat. Im Jahre 2007 erwarb die F ein Hausgrundstück in Wiesbaden. Im Rahmen des Anfang 2016 eingeleiteten Scheidungsverfahrens vor dem FamG Wiesbaden macht M wegen der zwischenzeitlich eingetretenen Wertsteigerung des Grundstücks in Wiesbaden Ansprüche auf Zugewinnausgleich gegen F nach §§ 1372 ff. BGB geltend. Ist der Anspruch begründet, wenn die Eheleute keinen Ehevertrag geschlossen und keine Rechtswahl getroffen haben?[173]

Der Anspruch ist nur dann begründet, wenn auf die güterrechtlichen Beziehungen der Eheleute deutsches Recht anzuwenden ist. Diesbezüglich verweist Art. 15 Abs. 1 iVm Art. 14 Abs. 1 Nr. 1 EGBGB auf das Recht der USA. Da es sich insoweit nach Art. 4 Abs. 1 EGBGB um eine Gesamtverweisung handelt, ist eine mögliche Rückverweisung zu prüfen. In Ermangelung eines US-amerikanischen Bundeskollisionsrechts bedarf es der Unteranknüpfung nach Art. 4 Abs. 3 EGBGB (→ Rn. 129 ff.); danach besteht die engste Verbindung zum Bundesstaat Indiana. Das IPR von Indiana befolgt den Grundsatz der Güterrechtsspaltung. Danach gilt für das bewegliche Vermögen das Recht am gemeinsamen *domicile* der Ehegatten, für unbewegliches Vermögen das jeweilige Belegenheitsrecht.

Damit kommt es im vorliegenden Fall darauf an, ob der von M geltend gemachte Anspruch auf den Zugewinnausgleich wegen der Wertsteigerung des im Eigentum der F stehenden Grundstücks in Wiesbaden als beweglich oder als unbeweglich zu qualifizieren ist. Das für diese Qualifikationsfrage primär maßgebliche IPR von Indiana überlässt diese Entscheidung der *lex rei sitae* (Qualifikationsverweisung). Das deutsche Recht, auf dessen Staatsgebiet das Grundstück belegen ist, weist den Anspruch auf Zugewinnausgleich nach §§ 1372 ff. BGB dem beweglichen Vermögen zu, auch soweit er sich auf die Wertsteigerung von Grundstücken bezieht. Damit spricht das IPR von Indiana eine Rückverweisung auf deutsches Güterrecht aus, weil die Eheleute durch ihren langfristig angelegten Umzug nach Deutschland hier ein Wahldomizil begründet hatten. Diese Rückverweisung wird von deutschen IPR nach Art. 4 Abs. 1 EGBGB angenommen und abgebrochen. Der Anspruch des M auf Zugewinnausgleich ist daher begründet.

[172] Vgl. RegBegrE BT-Drs. 10/504, 39; NK-BGB/*Freitag* EGBGB Art. 4 Rn. 17; Erman/*Hohloch* EGBGB Art. 4 Rn. 7; Staudinger/*Hausmann* EGBGB Art. 4 Rn. 52.
[173] Vgl. LG Wiesbaden FamRZ 1973, 657 mAnm *Jayme*.

**c) Weiterverweisung.** Verweist das ausländische Kollisionsrecht auf das Recht eines dritten Staates weiter, so ist die vom deutschen Gesetzgeber ausdrücklich offengelassene Frage, an welcher Stelle die Verweisungskette abzubrechen ist, bisher höchstrichterlich nicht geklärt. Eine **Sachnormverweisung** führt in jedem Fall zur Anwendung der Sachnormen des Drittstaates, auf dessen Recht weiterverwiesen wird. Spricht das vom deutschen IPR zur Anwendung berufene fremde IPR hingegen eine **Gesamtverweisung** auf das Recht eines dritten Staates aus, so hängt die Lösung vom Standpunkt des drittstaatlichen Kollisionsrechts ab. Nimmt dieses die Weiterverweisung an, so ist wiederum das drittstaatliche Sachrecht anzuwenden.[174] 116

Beispiel: 117

Die Deutsche F war mit dem Belgier B verheiratet. Die Ehegatten hatten ihren Wohnsitz und gewöhnlichen Aufenthalt in Köln und wurden dort in der Nacht vom 28. zum 29.6.2015 in der in ihrem Miteigentum stehenden Villa ermordet. Zum Nachlass des verstorbenen Ehemanns gehört ein Zweifamilienhaus in Südfrankreich. Nach welchem Recht ist über die Erbfolge zu entscheiden?[175]

Der in diesem Fall noch anwendbare Art. 25 Abs. 1 EGBGB verweist für die Beerbung des Ehemannes auf belgisches Recht, weil dieser im Zeitpunkt seines Todes die belgische Staatsangehörigkeit innehatte. Dies ist nach Art. 4 Abs. 1 EGBGB eine Gesamtverweisung, so dass das belgische IPR zu befragen ist, ob es die Verweisung annimmt. Das belgische IPR befolgt in Art. 78 IPRG den Grundsatz der Nachlassspaltung: Die Erbfolge in den beweglichen Nachlass unterliegt dem Recht am letzten gewöhnlichen Aufenthalt des Erblassers (§ 1); hingegen wird unbewegliches Vermögen nach der jeweiligen *lex rei sitae* vererbt (§ 2). Damit verweist das belgische IPR hinsichtlich des beweglichen Nachlasses und des hälftigen Miteigentums des Erblassers an der Kölner Villa auf deutsches Recht zurück. Demgegenüber spricht Art. 78 § 2 IPRG hinsichtlich des Zweifamilienhauses in Südfrankreich eine Weiterverweisung auf französisches Recht aus, die auch vom deutschen Richter nach Art. 4 Abs. 1 EGBGB zu beachten ist. Da es sich insoweit – abweichend von der Grundregel in Art. 16 IPRG – nach belgischem IPR (Art. 78 § 2 IPRG) ebenfalls um eine Gesamtverweisung handelt, kommt es darauf an, welchen Standpunkt das französische IPR zu dieser Weiterverweisung einnimmt. Das französische IPR unterwirft die Erbfolge in unbewegliches Vermögen nach in Art. 3 CC ebenfalls dem jeweiligen Belegenheitsrecht und nimmt die vom belgischen IPR ausgesprochene (Weiter-) Verweisung daher an. Damit wird der Erblasser auch aus deutscher Sicht in Bezug auf das Zweifamilienhaus in Südfrankreich nach französischem materiellen Recht beerbt.

Verweist das IPR des Drittstaates auf **deutsches Recht** zurück, so gilt Art. 4 Abs. 1 S. 2 EGBGB unmittelbar; anwendbar sind auch im Falle einer Gesamtverweisung durch das drittstaatliche IPR die deutschen Sachnormen. Spricht das IPR des Drittstaates eine **Sachnorm-Rückverweisung auf das Recht des Zweitstaates** aus, so ist das zweitstaatliche Sachrecht anzuwenden. Ordnet das IPR des Drittstaates hingegen eine **IPR-Rückverweisung auf das Recht des Zweitstaates** an, so ist die Lösung streitig. Teilweise wird die Verweisungskette in Analogie zu Art. 4 Abs. 1 S. 2 EGBGB abgebrochen und das Sachrecht des Zweitstaates angewandt.[176] Vorzuziehen ist demgegenüber die Anwendung des materiellen Rechts des Drittstaats, um Entscheidungsharmonie mit dem Recht des Zweitstaats herzustellen, der aus unserer Sicht die engste Beziehung zum Sach- 118

[174] OLG Hamm NJW-RR 1992, 391; BayObLG FamRZ 2005, 1704; Staudinger/*Hausmann* EGBGB Art. 4 Rn. 53 mwN.

[175] Vgl. OLG Köln IPRax 1994, 376 mAnm *Dörner* IPRax 1994, 364.

[176] So MüKoBGB/*v. Hein* EGBGB Art. 4 Rn. 105; NK-BGB/*Freitag* EGBGB Art. 4 Rn. 14, 18; BeckOK BGB/*Lorenz* EGBGB Art. 4 Rn. 15; Erman/*Hohloch* EGBGB Art. 4 Rn. 9.

verhalt aufweist.[177] Die Weiterverweisung auf das Recht eines vierten Staates kommt in der Praxis – angesichts der begrenzten Zahl von Anknüpfungsmomenten – kaum vor; ihre Behandlung ist ebenfalls umstritten.

119 **Beispiel:**
In einem Erbscheinverfahren hat ein deutscher Richter über die Beerbung eines am 15.3.2015 verstorbenen Engländers zu entscheiden, der nach jahrelanger Ehe in Deutschland nach Argentinien ausgewandert und in Buenos Aires verstorben war, aber erhebliches Bar- und Wertpapiervermögen bei einer deutschen Bank hinterlassen hat. Welches Erbrecht ist anwendbar, wenn das englische IPR an das letzte *domicile* und das argentinische IPR an den letzten Wohnsitz des Erblassers anknüpft?

Das hier noch anwendbare autonome deutsche IPR (Art. 25 Abs. 1 EGBGB aF) spricht eine Gesamtverweisung auf das englische Heimatrecht des Erblassers aus. Dieses verweist seinerseits auf argentinisches Recht weiter, weil der Erblasser dort im Zeitpunkt seines Todes domiziliert war. Auch diese Weiterverweisung ist aus der Sicht des englischen IPR eine Gesamtverweisung, die aber vom argentinischen IPR angenommen wird, weil der Erblasser auch seinen letzten Wohnsitz iSd argentinischen Rechts in Argentinien hatte. Das in Deutschland belegene Nachlassvermögen wird daher nach argentinischem Recht vererbt.

Daran würde sich im Ergebnis auch unter Geltung der EuErbVO nichts ändern, weil die von Art. 21 Abs. 1 EuErbVO ausgesprochene Gesamtverweisung auf das Recht am letzten gewöhnlichen Aufenthalt des Erblassers vom argentinischen IPR angenommen wird.

120 **Variante 1:**
Wie wäre es, wenn der Engländer mit letztem Wohnsitz und gewöhnlichem Aufenthalt in Athen verstorben wäre?

Art. 28 griech. ZGB lautet:

„Die erbrechtlichen Beziehungen richten sich nach dem Recht des Staates, dem der Erblasser zum Zeitpunkt seines Todes angehörte."

Art. 32 griech. ZGB lautet:

„In dem anzuwendenden ausländischen Recht sind die Bestimmungen des IPR des ausländischen Staates nicht anzuwenden."

In diesem Fall verweist das von Art. 25 Abs. 1 EGBGB aF zur Anwendung berufene englische Heimatrecht des Erblassers auf das griechische Recht weiter. Dieses verweist seinerseits auf das englische Recht zurück, weil es – wie das frühere deutsche IPR – das Staatsangehörigkeitsprinzip befolgt. Da es sich insoweit nach Art. 32 griech. ZGB um eine Sachnormverweisung handelt, ist auch aus deutscher Sicht englisches Erbrecht maßgebend.

Unter Geltung der EuErbVO wäre in diesem Fall hingegen griechisches Recht anzuwenden, weil nach Art. 21 Abs. 1 EuErbVO auf das Recht des Staates verwiesen wird, in dem der Erblasser zuletzt seinen gewöhnlichen Aufenthalt hatte. Da Griechenland EU-Mitgliedstaat ist und an der EuErbVO teilnimmt, ist ein *Renvoi* nicht zu prüfen.

121 **Variante 2:**
Wie wäre es, wenn der Engländer mit letztem Wohnsitz in Wien verstorben wäre?

§ 28 öst. IPRG lautet:

„Die Rechtsnachfolge von Todes wegen ist nach dem Personalstatut des Erblassers im Zeitpunkt seines Todes zu beurteilen."

---

[177] So *Michaels* RabelsZ 61 (1997), 685 (701 ff.); Palandt/*Thorn* EGBGB Art. 4 Rn. 3; Erman/*Hohloch* EGBGB Art. 4 Rn. 9; Staudinger/*Hausmann* EGBGB Art. 4 Rn. 57 f., jeweils mwN.

§ 9 öst. IPRG lautet:

„Das Personalstatut einer natürlichen Person ist das Recht des Staates, dem die Person angehört."

§ 5 öst. IPRG lautet schließlich:

„Die Verweisung auf eine fremde Rechtsordnung umfasst auch deren Verweisungsnormen. Verweist die fremde Rechtsordnung zurück, so sind die österreichischen Sachnormen anzuwenden."

In dieser Variante verweist Art. 25 Abs. 1 EGBGB aF wiederum auf das englische Heimatrecht des Erblassers, das seinerseits auf öst. Recht weiterverweist. Dieses verweist nach § 28 Abs. 1 öst. IPRG auf das englische Recht zurück; dabei handelt es sich aber – anders als in der vorstehenden Variante 1 – nicht um eine Sachnorm-, sondern um eine Gesamtverweisung. Bricht man die Verweisungskette an dieser Stelle analog Art. 4 Abs. 1 S. 2 EGBGB ab und wendet englisches Erbrecht an, weil auf ein Recht zurückverwiesen wird, das in der Verweisungskette schon einmal zur Anwendung berufen war, so wird der Entscheidungseinklang mit dem österreichischen Recht verfehlt, weil der österreichische Richter die Verweisung des englischen IPR auf das Wohnsitzrecht als Rückverweisung beachten und österreichisches Erbrecht anwenden würde (§ 5 Abs. 1 öst. IPRG). Zugleich wird aber auch kein Entscheidungseinklang mit dem englischen Recht erzielt, weil der englische Richter sich nach der *„foreign court theory"* seinerseits den Standpunkt des österreichischen Richters zu eigen machen würde. In dieser Situation ist es daher allein sachgerecht; wenn sich auch der deutsche Richter dieser Beurteilung anschließt und österreichisches Recht anwendet.

Im Ergebnis stimmt damit auch die Beurteilung unter der EuErbVO überein, deren Anwendung ebenfalls zum österreichischen Erbrecht führen würde (Art. 21 Abs. 1 EuErbVO).

**d) Versteckte Rück- und Weiterverweisung.** Neben den ausdrücklichen gibt es ver- 122
steckte Kollisionsnormen, die in anderen Normen enthalten sind (→ Rn. 22f.). So fehlen etwa im anglo-amerikanischen Recht auf bestimmten Rechtsgebieten (insbesondere im Ehe- und Kindschaftsrecht) Kollisionsnormen im materiellen Sinne. Das dortige Recht geht zur Wahrung der kollisionsrechtlichen Interessen einen anderen Weg, indem es den Richter verpflichtet, bereits bei der Prüfung seiner Zuständigkeit *(jurisdiction)* dafür Sorge zu tragen, dass er nur solche Fälle zur Entscheidung annimmt, in denen die Anwendung seines eigenen Rechts – der *lex fori* – aufgrund hinreichender Sachnähe gerechtfertigt erscheint; im Ergebnis läuft dies – wegen der Anknüpfung der Zuständigkeit an den Wohnsitz – häufig auf eine Anwendung der *lex domicilii* hinaus. Aus dieser Praxis insbesondere der US-amerikanischen Gerichte wird von der hM[178] der Schluss gezogen, dass das anglo-amerikanische Recht ausländischen Gerichten die gleiche Vorgehensweise gestattet. Auch ein deutsches Gericht darf demnach sein eigenes Recht anwenden, wenn es nach den Grundsätzen des Rechts, auf das die deutschen Kollisionsnormen verweisen, zur Entscheidung international zuständig ist, dh *jurisdiction* hat. Da diese Rückverweisung nicht aufgrund einer materiellen Kollisionsnorm erfolgt, sondern sich hinter der Verbindung von *jurisdiction* und *lex fori*-Prinzip „versteckt", spricht man von einer „versteckten Rückverweisung".[179] In einem ihrer wichtigsten Anwendungsgebiete, nämlich dem internationa-

[178] OLG Zweibrücken NJW-RR 1999, 948f. (*USA*); OLG Stuttgart FamRZ 2003,1669 (*Ghana*) und 2005, 911 (*Sri Lanka*); KG FamRZ 2007, 1561 mAnm *Henrich* (*Nigeria*); Palandt/*Thorn* EGBGB Art. 4 Rn. 2; Erman/*Hohloch* EGBGB Art. 4 Rn. 6; NK-BGB/*Freitag* EGBGB Art. 4 Rn. 10f.; Staudinger/*Hausmann* EGBGB Art. 4 Rn. 79–87, jeweils mwN; krit. *Mäsch* RabelsZ 61 (1997), 285 (300f.); BeckOK BGB/*Lorenz* EGBGB Art. 4 Rn. 12.

[179] Umfassend zur „versteckten" Rückverweisung und zur Kritik an diesem Rechtsinstitut MüKoBGB/*v. Hein* EGBGB Art. 4 Rn. 43–69.

len Ehescheidungsrecht, ist die Beachtung einer versteckten Rückverweisung freilich heute durch Art. 11 Rom III-VO ausgeschlossen (→ § 11 Rn. 154 f.).

123 **Beispiel:**
Die nigerianische Staatsangehörige N macht gegen ihren deutschen Ehemann M im Rahmen eines von diesem eingeleiteten Scheidungsverfahrens güterrechtliche Ansprüche geltend. Die Ehegatten hatten ihren gemeinsamen gewöhnlichen Aufenthalt zur Zeit der Eheschließung in Nigeria, leben jedoch inzwischen beide wieder – wie von Anfang an geplant – in Deutschland. Nach welchem Recht ist über die von der F erhobenen Ansprüche zu entscheiden?

Das deutsche Recht unterwirft die güterrechtlichen Beziehungen der Eheleute gemäß Art. 15 Abs. 1 iVm Art. 14 Abs. 1 Nr. 2 EGBGB dem nigerianischen Recht, weil die Ehegatten ihren gemeinsamen gewöhnlichen Aufenthalt zur Zeit der Eheschließung in Nigeria hatten. Dies ist eine Gesamtverweisung, so dass eine Rück- oder Weiterverweisung durch das nigerianische IPR gemäß Art. 4 Abs. 1 EGBGB zu beachten sind. Das nigerianische IPR folgt der englischen Common Law-Tradition und hat daher für die güterrechtliche Auseinandersetzung aus Anlass einer Ehescheidung keine eigenständige Kollisionsnormherausgebildet. Vielmehr wenden die nigerianischen Gerichte insoweit stets ihr eigenes Recht als *lex fori* (und nicht als *lex domicilii*) an, wenn sie für das Scheidungsverfahren international zuständig sind. Die internationale Zuständigkeit ist aus nigerianischer Sicht gegeben, wenn der antragstellende Ehegatte sein *domicile* im Gerichtsstaat hat. Im vorliegenden Fall hatte M durch seine mehrjährige berufliche Tätigkeit in Nigeria dort ein *domicile of choice* nicht begründet, weil er einen Wohnsitz in Deutschland beibehalten hatte und dorthin auch nach dem Ende seiner Berufstätigkeit zurückkehren wollte. Damit ist es bei seinem durch Geburt erworbenen *domicile of origin* in Deutschland verblieben und aus nigerianischer Sicht sind allein die deutschen Gerichte für die güterrechtliche Auseinandersetzung international zuständig. Daraus folgt nach hM eine versteckte Rückverweisung auf das deutsche Ehegüterrecht, weil dessen Anwendung den Grundgedanken des nigerianischen IPR entspricht.[180]

### 4. Umfang des Renvoi

124 Der Umfang der vom ausländischen IPR ausgesprochenen Rück- oder Weiterverweisung muss nicht notwendig dem Umfang der deutschen Verweisung entsprechen. Vielmehr kann das ausländische IPR den Anknüpfungsgegenstand aufspalten und den *Renvoi* auf einzelne Teile beschränken. Dem ist auch aus deutscher Sicht grundsätzlich zu folgen.[181] Praktische Bedeutung hat dieser **partielle *Renvoi*** vor allem im internationalen Ehegüter- und Erbrecht, wenn das aus deutscher Sicht zur Anwendung berufene Recht bewegliches und unbewegliches Vermögen unterschiedlich anknüpft, dh eine Güterrechts- bzw. Nachlassspaltung vorsieht.[182]

125 **Beispiel:**
Die belgische Staatsangehörige E ist am 15.3.2015 an ihrem letzten Wohnsitz und gewöhnlichen Aufenthalt in Brüssel/Belgien verstorben. Zu ihrem Nachlass gehört ein Grundstück sowie bewegliches Vermögen in Belgien sowie eine Eigentumswohnung in Berlin. Die Erblasserin hat in einer im Herbst 2012 errichteten letztwilligen Verfügung ihren Sohn A bezüglich ihres belgischen Nachlassvermögens und ihren Sohn B bezüglich der Berliner

[180] Vgl. KG FamRZ 2007, 1561 (1562 f.). Zur versteckten Rückverweisung iRv Art. 34 EuErbVO → § 15 Rn. 84 ff.

[181] Staudinger/*Hausmann* EGBGB Art. 4 Rn. 63; NK-BGB/*Freitag* EGBGB Art. 4 Rn. 15; BeckOK BGB/*Lorenz* EGBGB Art. 4 Rn. 16; MüKoBGB/*v. Hein* EGBGB Art. 4 Rn. 80 ff.

[182] BGHZ 24, 352 (355); OLG Karlsruhe NJW 1990, 1420 mAnm *Schurig* IPRax 1990, 383; Staudinger/*Dörner* EGBGB Art. 25 Rn. 680 ff. Vgl. dazu den Beispielsfall bei Staudinger/*Hausmann* EGBGB Art. 4 Rn. 64; näher das Beispiel→ § 9 Rn. 51 und → § 15 Rn. 76 ff. mit Beispiel → § 15 Rn. 78.

Wohnung zu Erben eingesetzt. Nach welchem Recht ist über die materielle Wirksamkeit und die Auslegung der letztwilligen Verfügung zu entscheiden?

Maßgebend für die materielle Wirksamkeit des von der Erblasserin errichteten Testaments ist das Erbstatut. Dieses bestimmt sich in vor dem 17.8.2015 eingetretenen Erbfällen noch nach Art. 25 Abs. 1 EGBGB aF. Danach wird auf belgisches Recht verwiesen, weil die Erblasserin zur Zeit ihres Todes belgische Staatsangehörige war. Dabei handelt es sich um eine Gesamtverweisung, so dass das belgische IPR zu befragen ist, ob es diese Verweisung annimmt. Das bis zum Inkrafttreten der EuErbVO maßgebende autonome belgische IPR befolgte nach Art. 78 IPRG 2004 den Grundsatz der Nachlassspaltung. Die Erbfolge in den beweglichen Nachlass wurde dem Recht am letzten gewöhnlichen Aufenthalt des Erblassers (§ 1), die Erbfolge in den unbeweglichen Nachlass der jeweiligen *lex rei sitae* unterworfen (§ 2). Damit wird die vom deutschen Recht ausgesprochene Verweisung hinsichtlich des beweglichen und des in Belgien belegenen unbeweglichen Nachlasses angenommen; hingegen verweist das belgische IPR hinsichtlich der Erbfolge in die Berliner Eigentumswohnung auf deutsches Recht zurück. Diese (Teil-)Rückverweisung ist vom deutschen Richter zu beachten, so dass die materielle Wirksamkeit des Testaments insoweit nach deutschem Recht zu beurteilen ist.

Das nach Art. 25 Abs. 1 EGBGB bestimmte Erbstatut gilt aus deutscher Sicht auch für die Auslegung des Testaments. Eine Teilrückverweisung auf deutsches Recht hinsichtlich des in Berlin belegenen unbeweglichen Nachlasses wäre allerdings insoweit nur anzunehmen, wenn das belgische IPR den Grundsatz der Nachlassspaltung auch auf die Frage der Testamentsauslegung erstrecken würde. Dies ist aber nicht der Fall, weil Art. 84 des belgischen IPRG 2004 für die Testamentsauslegung eine Sonderanknüpfung vorsieht. Danach richtet sich die Auslegung *einheitlich* nach dem Recht des Staates, zu dem das Testament die engste Verbindung aufweist; insoweit wird vermutet, dass die engste Verbindung zum Recht am letzten gewöhnlichen Aufenthalt des Erblassers besteht. Auch diese Einschränkung der Teilrückverweisung durch das belgische IPR hat der deutsche Rechtsanwender zu beachten und das Testament daher auch hinsichtlich des dem deutschen Erbrecht unterliegenden Nachlassvermögens nach belgischem Recht auszulegen.

### 5. Nicht feststellbarer Renvoi

Lässt sich im ausländischen Recht nicht feststellen, ob dieses im konkreten Fall einen *Renvoi* ausspricht oder nicht, so bleibt ein solcher außer Betracht. Die Verweisung des deutschen IPR ist dann unmittelbar auf die Sachvorschriften der zur Anwendung berufenen Rechtsordnung gerichtet.[183] 126

## III. Staatsvertragliche Kollisionsnormen

Auch bei der Anwendung von in Deutschland geltenden staatsvertraglichen Kollisionsnormen sind Rück- und Weiterverweisung grundsätzlich unbeachtlich. Denn das in Übereinkommen abgestimmte IPR soll gerade sicherstellen, dass das von den Vertragsstaaten für den Anknüpfungsgegenstand (zB die Unterhaltspflicht) bestimmte Recht – zB das Recht am gewöhnlichen Aufenthalt des Unterhaltsberechtigten, Art. 3 HUP (→ § 10 Rn. 28 ff.) – auch in allen Vertragsstaaten zur Anwendung kommt. Das mit solchen Staatsverträgen angestrebte Ziel der internationalen Entscheidungsharmonie würde durch die Berücksichtigung nationalen Kollisionsrechts zur Frage der Beachtung einer Rück- 127

[183] Staudinger/*Hausmann* EGBGB Art. 4 Rn. 119; NK-BGB/*Freitag* EGBGB Art. 4 Rn. 16; BeckOK BGB/*Lorenz* EGBGB Art. 4 Rn. 17; MüKoBGB/*v. Hein* EGBGB Art. 4 Rn. 92. Vgl. auch OLG München FamRZ 2009, 1602 und 2010, 1095.

oder Weiterverweisung gerade verfehlt.[184] Die meisten Staatsverträge auf dem Gebiet des IPR schließen daher Rück- und Weiterverweisungen ausdrücklich aus (zB Art. 12 HUP, Art. 21 Abs. 1 KSÜ, Art. 19 ErwSÜ) oder verweisen ausdrücklich auf das innerstaatliche Recht.[185] Dieser Grundsatz wird lediglich zur Wahrung des Entscheidungseinklangs zwischen zwei Drittstaaten zT eingeschränkt (zB in Art. 21 Abs. 2 KSÜ).[186] Davon zu unterscheiden ist die Verweisung auf das Recht eines Staates, in dem ein von der *Bundesrepublik Deutschland* nicht ratifizierter Staatsvertrag gilt, dessen Anknüpfungen universelle Geltung beanspruchen. In seinem solchen Fall kann es zu einem ***Renvoi* durch den nur im Ausland geltenden Staatsvertrag** kommen.[187]

### IV. EU-Recht

128 Die gleichen Grundsätze wie für staatsvertragliche Kollisionsnormen gelten auch für Kollisionsnormen in EU-Verordnungen, soweit das Verhältnis der *Mitgliedstaaten* zueinander betroffen ist. Weitergehend schließen die meisten EU-Verordnungen die Beachtung einer Rück- oder Weiterverweisung auch dann aus, wenn ihre Kollisionsnormen auf das Recht von *Drittstaaten* verweisen (vgl. zB Art. 20 Rom I-VO, Art. 24 Rom II-VO, Art. 11 Rom III-VO (→ § 11 Rn. 154f.); ferner künftig Art. 32 EuGüVO und Art. 32 EuPartVO (→ § 9 Rn. 10a; → § 13 Rn. 13a). Einen anderen Weg hat der europäische Gesetzgeber freilich mit Art. 34 Abs. 1 EuErbVO eingeschlagen. Danach ist im Fall der Verweisung auf das Recht eines Drittstaats nicht nur eine Rückverweisung auf deutsches Recht, sondern auch eine Weiterverweisung auf das Recht eines anderen EU-Mitgliedstaats und sogar eine Weiterverweisung auf das Recht eines anderen Drittstaats, der sein eigenes Recht anwenden würde, zu beachten.[188]

## D. Unteranknüpfung bei Mehrrechtsstaaten

**Schrifttum:**

*Andrae/Essebier,* Zur Scheidung einer Ehe zwischen einer deutschen Christin und einem indischen Schiiten, IPRax 2002, 294; *Becker,* Foralrechte und Kodifikation im spanischen Privatrecht, 1996; *Bungert,* Ehescheidung in Deutschland wohnender US-Amerikaner aus verschiedenen Einzelstaaten, IPRax 1993, 10; *Busse,* Staatenabspaltung und kollisionsrechtliche Verweisung, IPRax 1988, 155; *Christandl,* Multi-unit states in European Union Private International Law, JPIL 9 (2013), 219; *Droop,* Sachrechte der Gliedstaaten der USA und ihre kollisionsrechtliche Bewältigung, JURA 1993, 293; *Eichel,* Interlokale und interpersonale Anknüpfungen, in: Leible/Unberath (Hrsg.), Brauchen wir eine Rom 0-Verordnung, 2013, S. 397; *Großerichter/Bauer,* Unwandelbarkeit und Staatenzerfall: zur Präzisierung von Verweisungen auf die Rechtsordnung zerfallener Staaten, RabelsZ 65 (2001), 201; *Hansen,* Die Ermittlung des anwendbaren Rechts bei der Verweisung auf Mehrrechtsstaaten im europäischen Kollisionsrecht, 2011; *Herfarth,* Scheidung nach religiösem Recht durch deutsche Gerichte, IPRax 2000, 101; *Jayme,* Spanisches interregionales und deutsches internationale Privatrecht, IPRax 1989, 287; *ders.*, Rechtsspaltung im spanischen Privatrecht und deutsche Praxis, RabelsZ 55 (1991), 303; *ders.*, Religiöses Recht vor staatlichen Gerichten, 1999; *Menhofer,* Religiöses Recht und internationales Privatrecht: dargestellt am Beispiel Ägyptens, 1995; *Otto,* Die Bedeutung des Art. 4 Abs. 3 EGBGB bei Verweisung auf das Recht eines Mehrrechtsstaates, IPRax 1994, 1; *V. Schröder,* Die Verweisung auf Mehrrechtsstaten im deutschen Internationalen Privatrecht – unter besonderer Berücksichtigung der Verweisung auf die Vereinigten Staaten von Amerika, 2007; *Spickhoff,* Die engste Verbindung im interlokalen und internationalen Familienrecht, JZ 1993, 336; *Steinmetz/Löber/García Alcázar,* Die EuErbVO und ihre Anwendbarkeit im Mehrrechtsstaat Spanien, ZEV 2013, 535.

[184] *Kropholler* FS Henrich, 2000, 393ff.; *Schack* IPRax 2013, 315 (317f.); BeckOK BGB/*Lorenz* EGBGB Art. 4 Rn. 7a; Erman/*Hohloch* EGBGB Art. 4 Rn. 18.
[185] Dazu näher Staudinger/*Hausmann* EGBGB Art. 4 Rn. 124ff.
[186] Vgl. Staudinger/*Hausmann* EGBGB Art. 4 Rn. 144f.; ferner → § 5 Rn. 38.
[187] MüKoBGB/*v. Hein* EGBGB Art. 4 Rn. 88; dazu näher Staudinger/*Hausmann* EGBGB Art. 4 Rn. 148ff.
[188] Dazu näher Staudinger/*Hausmann* EGBGB Art. 4 Rn. 163ff.; ferner → § 15 Rn. 52ff.

## I. Problemstellung

In zahlreichen ausländischen Staaten ist das Privatrecht nicht vereinheitlicht, sondern **räumlich gespalten,** weil diese Staaten die Regelung bestimmter privatrechtlicher Fragen regionalen oder lokalen Normgebern übertragen haben. In diesen Fällen reicht die Verweisung des deutschen Kollisionsrechts auf das „Recht" des fremden Mehrrechtsstaates nicht aus, um die maßgebenden materiellen Rechtsvorschriften zu bezeichnen; es muss vielmehr zusätzlich geklärt werden, welche von den mehreren lokalen Rechtsordnungen anzuwenden ist. Entsprechende Probleme stellen sich, wenn das Recht eines fremden Staates **personal gespalten** ist, weil für die Angehörigen verschiedener Religionen oder Stämme unterschiedliches Recht gilt. Auf eine derartige Rechtsspaltung kann sowohl das Kollisionsrecht des Forums als auch das Recht des ausländischen Mehrrechtsstaates unterschiedlich reagieren. 129

Das Kollisionsrecht des Forums kann die maßgebende Teilrechtsordnung selbst bestimmen. Dies kommt regelmäßig nur in den Fällen einer *räumlichen* Rechtsspaltung, nicht dagegen in den Fällen einer *personalen* Rechtsspaltung in Betracht. Hierzu muss das Kollisionsrecht des Forums Anknüpfungskriterien vorsehen, die unmittelbar zu einer der Teilrechtsordnungen hinführen, indem zB auf den Wohnsitz, Aufenthalts-, Lage- oder Handlungsort im Gebiet einer Teilrechtsordnung abgestellt wird (→ Rn. 147). Verweist das Kollisionsrecht des Forums nicht direkt auf eine Teilrechtsordnung, so ist es primär Sache des fremden Mehrrechtsstaates, die Rechtsanwendung durch interlokales oder interpersonales Privatrecht zu regeln (→ Rn. 148). Allerdings besitzen keineswegs alle Mehrrechtsstaaten derartige Vorschriften. Soll die deutsche Kollisionsnorm, die – zB mit Hilfe der Anknüpfung an die Staatsangehörigkeit – das Recht eines solchen Staates für maßgeblich erklärt, nicht leerlaufen, so muss sie bis zu einer Teilrechtsordnung verlängert werden. Zu diesem Zwecke ist das Kollisionsrecht des Forums um spezifische Kollisionsregeln zur Konkretisierung der Verweisung auf das Recht eines Mehrrechtsstaates zu ergänzen (→ Rn. 149). 130

Zur Lösung der vorstehenden Problematik hat der deutsche Gesetzgeber in Art. 4 Abs. 3 EGBGB Kollisionsregeln zur **„Unteranknüpfung"** in Fällen der Verweisung auf das Recht eines Mehrrechtsstaates kodifiziert. Die Vorschrift entscheidet zum einen darüber, ob das deutsche IPR direkt auf eine ausländische Partikularrechtsordnung verweist oder ob diese Entscheidung dem Recht des ausländischen Staates überlassen bleibt (Satz 1). Sie trifft darüber hinaus Vorsorge für den Fall, dass das Recht des Mehrrechtsstaates keine eigene Regelung zur Bestimmung der maßgebenden Teilrechtsordnung bereithält (Satz 2). Spezielle Vorschriften zur Unteranknüpfung bei Mehrrechtsstaaten enthalten ferner zahlreiche Staatsverträge (→ Rn. 142 ff.) und EU-Verordnungen(→ Rn. 136 ff.); diese Regeln haben nach Art. 3 Nr. 1 und Nr. 2 EGBGB Vorrang vor Art. 4 Abs. 3 EGBGB. 131

## II. Mehrrechtsstaaten

### 1. Räumliche Rechtsspaltung

Eine Reihe von Staaten bestimmt den Anwendungsbereich seiner lokalen Teilrechte durch gesamtstaatliches Verfassungsrecht oder Bundesgesetze zum interlokalen Privatrecht. Dies trifft etwa für *Spanien,* sowie mit Einschränkungen für *Mexiko* zu und galt auch für das frühere *Jugoslawien.*[189] Eine zweite – größere – Gruppe von Staaten ist dadurch gekennzeichnet, dass die lokalen Partikularrechte selbst ihren interlokalen Geltungsbereich festlegen. Diese Staaten kennen also weder ein einheitliches IPR noch ein einheitliches ILR. Hierzu zählen etwa das *Vereinigte Königreich, Australien, Kanada* und die *USA.*[190] Hier 132

[189] Vgl. Staudinger/*Hausmann* EGBGB Anh. Art. 4 Rn. 267 ff., 712.

[190] Vgl. Staudinger/*Hausmann* EGBGB Anh. Art. 4 Rn. 24, 49, 69, 84; zu den USA *Droop* Jura 1993, 293.

reicht die Rechtsetzungskompetenz der Teilstaaten zT soweit, das sogar Organe des Gesamtstaates, die in einem Teilstaat residieren, das interlokale Recht ihres Sitzstaates anzuwenden haben, wie dies namentlich auf die Rechtsprechung der US-amerikanischen Bundesgerichte zutrifft.

### 2. Personale Rechtsspaltung

133 Religiöse und stammesgebundene Sonderregeln spielen vor allem auf den Gebieten des Familien- und Erbrechts in zahlreichen islamisch geprägten Staaten des Nahen und Mittleren Ostens sowie Nordafrikas nach wie vor eine bedeutende Rolle, ebenso etwa in *Israel, Indien, Indonesien Malaysia, Pakistan* und auf den *Philippinen.*[191] Dabei reagieren staatliche Gesetzgeber auf die vorgefundene personale Rechtsspaltung unterschiedlich. Während vor allem zahlreiche Staaten der islamischen Welt diese Rechtsmaterien lange Zeit vollständig der Regelung durch religiöse Gerichte überlassen haben, sind die Voraussetzungen für die Anwendung des Rechts einer Religionsgemeinschaft oder eines Stammes heute regelmäßig durch staatliche Gesetze festgelegt, die zumindest die Zuständigkeit der religiösen Gerichte regeln.[192] Der Inhalt dieses staatlichen interpersonalen Privatrechts differiert freilich zum Teil beträchtlich. So gibt es Staaten, die ihren Bürgern ein vereinheitlichtes **staatliches Familienrecht und religiöses oder stammesgebundenes Familienrecht alternativ** zur Verfügung stellen.

134 **Beispiel:**
Nach *nigerianischem* Eherecht haben die Ehegatten die Wahl zwischen der Eingehung einer monogamen statutarischen Ehe oder einer Ehe nach den Stammesrechten. Im ersteren Fall unterliegen Ehevoraussetzungen, Ehewirkungen und Eheauflösung wegen der ausschließlichen Gesetzgebungszuständigkeit des Staates dem Common Law. Entscheiden sich die Ehegatten hingegen für eine Ehe nach islamischem Recht oder nach Stammesrecht, so unterwirft das gesamtstaatliche interpersonale Recht *Nigerias* die Ehe insgesamt dem gewählten Partikularrecht. Dieses entscheidet dann auch darüber, ob Nicht-Stammeszugehörige für die Geltung von Stammesrecht optieren können.[193]

135 In anderen Staaten sind bisher nur gewisse Grundlagen des Ehe- und Familienrechts vereinheitlicht, die notwendig der **Ergänzung durch das Partikularrecht** der betroffenen Volksgruppe oder Religionsgemeinschaft bedürfen. So gilt in *Indonesien* religiöses oder stammesgebundenes Eherecht nur ergänzend zu dem für alle Indonesier primär maßgeblichen staatlichen Ehegesetz Nr. 1/1974. Da dieses Gesetz sich auf die Kodifikation weniger Grundsätze beschränkt, wird in Art. 2 Abs. 1 zur Lückenfüllung ausdrücklich auf die Rechte der verschiedenen Religionsgemeinschaften verwiesen. Danach wird nicht nur zwischen Personen indonesischer, europäischer und asiatischer Abstammung unterschieden, sondern innerhalb der indonesischen Volksgruppe weiter danach differenziert, ob sie dem christlichen oder islamischen Glauben angehören oder unter Stammesrecht (sog „Adatrecht“) leben.[194] Abweichend von den zuvor genannten Rechten kennt etwa der *Libanon* überhaupt **kein staatliches Eherecht.** Vielmehr hat sich der staatliche Gesetzgeber auf die Regelung der interpersonalen Konflikte beschränkt. In Art. 15 des staatlichen Gesetzes über die Zuständigkeit der religiösen Gerichte vom 2.4.1951 überlässt er den Verlobten die Wahl des religiösen Eherechts und erklärt in Ermangelung einer solchen Wahl die Religion des Mannes für maßgeblich. Indem der Gesetzgeber ferner die

[191] Vgl. BGHZ 169, 240 (245) = FamRZ 2007, 109 (*Syrien*); OLG Zweibrücken NJW-RR 2002, 581 (*Libanon*); OLG Köln FamRZ 2002, 1481 und OLG Frankfurt a.M. FamRZ 2009, 1504 (1505) (jeweils zu *Pakistan*); ferner *Bälz* IPRax 1996, 353 (*Ägypten*); *Elwan/Ost* IPRax 1996, 389 (*Jordanien*).
[192] Vgl. *Elwan/Ost* IPRax 1996, 389 ff.
[193] Vgl. dazu OLG München StAZ 1992, 151; *Bungert* StAZ 1993, 140 ff.; ferner *Boparei* RabelsZ 46 (1982), 530 (542 ff.).
[194] Vgl. näher *Gouwgioksiong* RabelsZ 29 (1965), 545 ff.

religiösen Gerichte zur Entscheidung aller familienrechtlichen Rechtsstreitigkeiten für zuständig erklärt, hat er mittelbar zugleich das interpersonal anwendbare Familienrecht staatlich bestimmt, weil religiöse Gerichte stets das Recht ihrer eigenen Religion anwenden.[195]

## III. Rechtsquellen

### 1. Staatsverträge

Nach Art. 3 Nr. 2 EGBGB treten die autonomen Kollisionsregeln des Art. 4 Abs. 3 EGBGB zurück, soweit die Unteranknüpfung bei der Verweisung auf das Recht von Mehrrechtsstaaten in staatsvertraglichen Kollisionsnormen besonders geregelt ist. Unter den von der *Bundesrepublik Deutschland* ratifizierten IPR-Konventionen enthalten derartige Sonderregeln insbesondere 136

- Art. 14 des Haager Minderjährigenschutzabkommens **(MSA)** von 1961,
- Art. 1 Abs. 2 des Haager Testamentsformabkommens **(HTestformÜ)** von 1961,
- Art. 31, 32 des Haager Kindesentführungsabkommens **(HKÜ)** von 1980,
- Art. 26 des Europäischen Sorgerechtsübereinkommens **(EuSorgeRÜ)** von 1980,
- Art. 47 bis 49 des Haager Kinderschutzübereinkommens **(KSÜ)** von 1996,
- Art. 54 bis 57 des Haager Erwachsenenschutzübereinkommens **(ErwSÜ)** von 2000,
- Art. 16, 17 des Haager Unterhaltsprotokolls **(HUP)** von 2007 (→ § 10 Rn. 186ff.).

Der **Anwendungsbereich** dieser staatsvertraglichen Anknüpfungsregeln reicht unterschiedlich weit. Art. 14 MSA gilt nur für die Fälle der Anknüpfung an das Heimatrecht des Minderjährigen (Art. 3, 12 MSA) und Art. 1 Abs. 2 HTestformÜ erfasst nur die Fälle der Anknüpfung an die Staatsangehörigkeit des Erblassers. Andererseits bezieht sich die Mehrrechtsstaatenklausel in Art. 31 HKÜ nur auf diejenigen Kollisionsnormen dieses Staatsvertrags, die an den gewöhnlichen Aufenthalt anknüpfen. Demgegenüber gelten die Mehrrechtsstaatenklauseln in den übrigen vorgenannten Staatsverträgen sowohl für die Anknüpfung an den gewöhnlichen Aufenthalt wie an die Staatsangehörigkeit. 137

Während die älteren Staatsverträge idR einheitliche Vorschriften für die Unteranknüpfung sowohl bei **räumlicher wie bei personaler Rechtsspaltung** vorsahen (vgl. Art. 14 MSA, Art. 1 Abs. 2 HTestformÜ, Art. 16 HUntÜ), wird in den neueren Übereinkommen zwischen beiden Fällen unterschieden. Während Art. 26 Abs. 2 EuSorgeRÜ aber in Fällen der personalen Rechtsspaltung die Regelung in Abs. 1 betreffend die lokale Rechtsspaltung für entsprechend anwendbar erklärt, weichen die Regelungen in den vorgenannten jüngeren Haager Übereinkommen auch inhaltlich voneinander ab. 138

In grundsätzlicher Übereinstimmung mit Art. 4 Abs. 3 S. 1 EGBGB gehen auch die Staatsverträge davon aus, dass in Fällen einer räumlichen Rechtsspaltung in erster Linie das einheitliche **interlokale Privatrecht des Mehrrechtsstaates** maßgebend ist (vgl. idS zur Staatsangehörigkeitsanknüpfung Art. 1 Abs. 2 HTestformÜ und Art. 14 MSA). Dieser Grundsatz wird – im Einklang mit dem Wortlaut des Art. 4 Abs. 3 S. 1 EGBGB (→ Rn. 147) – vor allem in Art. 31 HKÜ durchbrochen. Wird nämlich von einer Kollisionsnorm dieses Übereinkommens auf den gewöhnlichen Aufenthalt in einem Mehrrechtsstaat verwiesen, so ist dies „als Verweisung auf den gewöhnlichen Aufenthalt in einer Gebietseinheit dieses Staates zu verstehen" (lit. a); dies gilt nach dem eindeutigen Wortlaut von Art. 31 HKÜ auch dann, wenn der ausländische Mehrrechtsstaat – wie zB *Spanien* – über ein einheitliches interlokales Privatrecht verfügt. Demgegenüber erkannte bereits Art. 16 HUntÜ den Primat des interlokalen Privatrechts des Mehrrechtsstaates, auf dessen Recht als Unterhaltsstatut verwiesen ist, auch dann an, wenn Anknüpfungspunkt der gewöhnliche Aufenthalt des Unterhaltsberechtigten war. Daran hält auch Art. 16 Abs. 2 lit. a HUP fest. Auch im Geltungsbereich der weiteren neueren Haager Überein- 139

[195] Vgl. *Gannagé* Clunet 110 (1983), 479ff.

kommen scheidet die von Art. 4 Abs. 3 S. 1 EGBGB angeordnete unmittelbare Verweisung auf diejenige Gebietseinheit des Mehrrechtsstaats, in der das jeweilige Anknüpfungssubjekt seinen gewöhnlichen Aufenthalt hat, aus (vgl. Art. 48 lit. a KSÜ, Art. 46 lit. a ErwSÜ; Art. 26 lit. a EuSorgeRÜ).

140 Fehlt es im Recht des ausländischen Mehrrechtsstaats an einem einheitlichen interlokalen Privatrecht, so stellen sämtliche genannten staatsvertraglichen Kollisionsregeln in Übereinstimmung mit Art. 4 Abs. 3 S. 2 EGBGB auf diejenige Teilrechtsordnung ab, zu der die jeweils betroffene Person die **engste Beziehung** hat. Dies gilt insbesondere in Fällen der Anknüpfung an die Staatsangehörigkeit dieser Person (vgl. zB Art. 16 Abs. 1 lit. c HUP, Art. 47 Nr. 4 KSÜ, Art. 45 lit. d ErwSÜ). Zur Konkretisierung dieser engsten Beziehung wird dabei auf ähnliche Kriterien zurückgegriffen wie im deutschen autonomen IPR. Maßgebend ist danach in erster Linie die durch den gewöhnlichen Aufenthalt vermittelte Verknüpfung mit einer Teilrechtsordnung; hilfsweise ist auf eine Teilstaatsangehörigkeit, den Wohnsitz oder den schlichten Aufenthalt in einem Teilgebiet abzustellen.[196]

141 Wird auf das Recht eines Staates mit **personaler Rechtsspaltung** verwiesen, so gelten nach den genannten staatsvertraglichen Regeln keine Abweichungen gegenüber den Grundsätzen des autonomen deutschen IPR (zu diesen → Rn. 163). Maßgebend ist danach grundsätzlich das staatliche interpersonale Privatrecht der zur Anwendung berufenen Rechtsordnung. Während es manche Staatsverträge bei dieser Verweisung belassen (zB Art. 32 HKÜ, Art. 17 HUP), greifen andere für den seltenen Fall, dass das staatliche interpersonale Privatrecht eine Unteranknüpfung nicht vorsehen sollte, auf die engste Beziehung zu einer personalen Teilrechtsordnung zurück (so zB Art. 49 KSÜ, Art. 47 ErwSÜ).

### 2. EU-Recht

142 Anwendungsvorrang vor Art. 4 Abs. 3 EGBGB haben auch die im europäischen Verordnungsrecht enthaltenen Regeln zur Unteranknüpfung in Fällen der Verweisung auf das Recht eines Mehrrechtsstaates. Diesbezüglich beschränken sich die Verordnungen Rom I (in Art. 22 Abs. 1) und Rom II (in Art. 25 Abs. 1) auf die Klarstellung, dass für die Bestimmung des auf **Schuldverträge oder außervertragliche Schuldverhältnisse** anzuwendenden Rechts „jede Gebietseinheit als Staat" gilt. Damit weichen diese Verordnungen von Art. 4 Abs. 3 EGBGB insoweit ab, als sie im Fall der Verweisung auf das Recht eines Mehrrechtsstaats dessen interlokales Privatrecht vollständig ausschalten. Jedes in einem Mitgliedstaat angerufene Gericht bestimmt die maßgebende Teilrechtsordnung vielmehr selbst, indem es jede Gebietseinheit des Mehrrechtsstaats für die Zwecke der Anknüpfung als eigenen Staat fingiert.

143 Auf dem Gebiet des internationalen **Ehescheidungsrechts** unterscheidet die Rom III-VO zwischen Mehrrechtsstaaten mit lokaler und personaler Rechtsspaltung. Bei räumlicher Rechtsspaltung ist die Anknüpfung an den gewöhnlichen Aufenthalt der Ehegatten als unmittelbare Verweisung auf die Teilrechtsordnung zu verstehen, in deren Gebiet der gewöhnliche Aufenthalt begründet ist oder war (Art. 14 lit. b), während die Unteranknüpfung im Fall der Anknüpfung an die Staatsangehörigkeit der Ehegatten dem interlokalen Privatrecht des Mehrrechtsstaates überlassen wird. Nur wenn es in diesem Staat an entsprechenden interlokalen Normen fehlt, kommt das Recht der von den Parteien gewählten Gebietseinheit und hilfsweise das Recht der Gebietseinheit zum Zuge, zu der die engste Verbindung besteht (Art. 14 lit. c). Demgegenüber wird in Fällen der personalen Rechtspaltung nach Art. 15 Rom III-VO primär auf das interpersonale Privatrecht des betreffenden Mehrrechtsstaates abgestellt und nur hilfsweise auf die engste Verbindung eines oder beider Ehegatten zu einer bestimmten Teilrechtsordnung. Zu Einzelheiten → § 11 Rn. 156ff.

[196] Vgl. zu Art. 1 Abs. 2 HTestformÜ Staudinger/*Dörner* EGBGB Vorb. Art. 25ff. Rn. 50.

Anders als die Rom III-VO lässt die EuErbVO in Art. 36 Abs. 1 auf dem Gebiet des internationalen **Erbrechts** das interlokale Privatrecht des Mehrrechtsstaates nicht nur in Fällen der Anknüpfung an die Staatsangehörigkeit über die Unteranknüpfung entscheiden, sondern ganz generell, dh auch im Fall der Grundsatzanknüpfung an den gewöhnlichen Aufenthalt des Erblassers im Zeitpunkt seines Todes nach Art. 21 Abs. 1 EuErbVO. Nur für den Fall, dass es in der Rechtsordnung des Mehrrechtsstaates an solchen interlokalen Kollisionsnormen fehlen sollte, erlaubt Art. 36 Abs. 2 EuErbVO dem zuständigen Gericht eines Mitgliedstaats, die maßgebende Teilrechtsordnung nach Maßgabe von lit. a bis lit. c selbst zu bestimmen. Demgegenüber stimmt die Regelung der Verweisung auf das Recht eines personal gespaltenen ausländischen Staates in Art. 37 EuErbVO wörtlich mit Art. 15 Rom III-VO überein. An dem Modell der Art. 36, 37 EuErbVO orientieren sich bei der Verweisung auf das Recht eines Mehrrechtsstaates auf dem Gebiet des **Güterrechts** von Ehegatten und eingetragenen Lebenspartnern künftig auch die EuGüVO und die EuPartVO jeweils in ihren Art. 33 und 34 (→ § 9 Rn. 10; → § 13 Rn. 13a). 144

**Beispiel:** 145
Der deutsche Staatsangehörige E ist am 1.10.2015 in Port Andratx auf Mallorca verstorben, wo er seinen Lebensabend in einer vor Jahren von ihm erworbenen Finca verbracht hatte. Nach welchem Recht wird er beerbt, wenn er keine letztwillige Verfügung errichtet hat?

Die Erbfolge beurteilt sich gemäß Art. 21 Abs. 1 EuErbVO nach spanischem Recht, weil E seinen letzten gewöhnlichen Aufenthalt in Spanien hatte. Dabei handelt es sich um eine Sachnormverweisung, weil ein *Renvoi* nach Art. 34 EuErbVO nur im Fall der Verweisung auf das Recht eines Drittstaats zu beachten ist. Spanien ist jedoch auf dem Gebiet des Erbrechts ein Mehrrechtsstaat, so dass sich die Frage stellt, ob das gemeinspanische Erbrecht des Código civil oder das Foralrecht von Mallorca zur Anwendung kommt. Ausgangspunkt für die Beantwortung dieser Frage ist Art. 36 EuErbVO. Danach ist vorrangig das interlokale Privatrecht des Staates maßgebend, dessen Recht die Erbfolge beherrscht (Art. 36 Abs. 1 EuErbVO, sog indirekte Verweisung, „*cláusola de remisión indirecta*"). Nach Art. 14 Abs. 1 iVm Art. 16 Abs. 1 und Art. 9 Abs. 8 CC wäre auf die Gebietszugehörigkeit („*vecindad civil*") des E abzustellen (→ Rn. 153 f.). Die Anwendung dieser Vorschrift bereitet allerdings Probleme, weil nach einhelliger Rechtsauffassung in Spanien nur spanische Staatsangehörige eine „*vecindad civil*" besitzen können. Als Ausweg bietet sich bei Erblassern mit einer ausländischen Staatsangehörigkeit auch im interlokalen spanischen Privatrecht eine Anknüpfung an den gewöhnlichen Aufenthalt an. Danach wäre für die Beerbung des E das Foralrecht von Mallorca maßgebend. Zum gleichen Ergebnis gelangt man auch dann, wenn man in Fällen des Fehlens einer „*vecindad civil*" die Unteranknüpfung nach Art. 36 Abs. 1 EuErbVO für gescheitert hält. Denn dann wäre nach Art. 36 Abs. 2 lit. a EuErbVO eine direkte Verweisung („*cláusola de remisión directa*") auf diejenige Gebietseinheit anzunehmen, in welcher der Erblasser im Zeitpunkt seines Todes seinen gewöhnlichen Aufenthalt hatte.[197]

### 3. Autonomes deutsches Kollisionsrecht

Nur wenn weder einer der vorgenannten Staatsverträge noch europäisches Kollisionsrecht zur Anwendung kommt, wie zB derzeit noch im internationalen Ehegüterrecht, bestimmt sich die Unteranknüpfung nach Art. 4 Abs. 3 EGBGB. 146

[197] Vgl. dazu näher *Steinmetz/Löber/García Alcázar* ZEV 2013, 535 ff.

## IV. Die Regelung in Art. 4 Abs. 3 EGBGB

### 1. Lokale Rechtsspaltung

147 **a) Unmittelbare Verweisung auf eine Teilrechtsordnung.** Abweichend von der staatsvertraglichen Praxis, die Art. 4 Abs. 3 EGBGB nach der Begründung der Bundesregierung lediglich verallgemeinern sollte,[198] überlässt Art. 4 Abs. 1 S. 1 EGBGB auch in den Fällen, in denen der ausländische Staat ein gesamtstaatliches interlokales Privatrecht besitzt, die Unteranknüpfung nicht primär diesem, sondern normiert auch insoweit den Vorrang des deutschen IPR. Denn das interlokale Privatrecht des fremden Staates soll nur insoweit zur Anwendung kommen, als nicht bereits das deutsche IPR die maßgebende Teilrechtsordnung selbst bezeichnet. Verwendet die deutsche Kollisionsnorm also eine räumliche bzw. ortsbezogene Anknüpfung, namentlich an den gewöhnlichen Aufenthalt oder Wohnsitz einer natürlichen Person, den Sitz einer juristischen Person, den Tatort einer unerlaubten Handlung, den Belegenheitsort von Sachen oder den Abschlussort von Rechtsgeschäften, so hat es bei dieser Anknüpfung sein Bewenden. Die deutsche Verweisung ist also diesem Falle nicht auf das Recht des *Staates,* in dem dieser Ort liegt, sondern auf das (Teil-) Recht des *Gebiets,* in dem dieser Ort liegt, gerichtet. Deshalb ist das gesamtstaatliche interlokale Privatrecht des ausländischen Mehrrechtsstaates in diesem Falle nicht mehr heranzuziehen[199] Diese Regelung wird zwar in der Literatur zu Recht kritisiert, weil sie sich ohne hinreichende Begründung über die international vorherrschende Praxis[200] hinwegsetzt, die grundsätzlich dem interlokalen Privatrecht des Mehrrechtsstaates den Vortritt lässt.[201] *De lege lata* ist der im Wortlaut von Art. 4 Abs. 3 S. 1 EGBGB und in der Gesetzesbegründung unmissverständlich zum Ausdruck kommende Wille des Gesetzgebers jedoch zu respektieren. Die unmittelbare Verweisung auf eine fremde Teilrechtsordnung im Fall der Verwendung ortsbezogener Anknüpfungen durch das deutsche Kollisionsrecht ist mithin weder auf Sachnormverweisungen[202] noch auf Fälle beschränkt, in denen der betreffende Mehrrechtsstaat über kein einheitliches ILR verfügt.[203]

148 **b) Anwendung des interlokalen Privatrechts des Mehrrechtsstaates.** Bezeichnet die deutsche Kollisionsnorm die maßgebende Teilrechtsordnung nicht durch die Verwendung räumlicher Anknüpfungskriterien selbst, sondern knüpft sie zB an die **Staatsangehörigkeit** des fremden Mehrrechtsstaates an, so entscheidet über die Unteranknüpfung nach Art. 4 Abs. 3 S. 1 EGBGB in erster Linie das interlokale Privatrecht der berufenen Rechtsordnung. Dies setzt voraus, dass der Mehrrechtsstaat, auf dessen Recht verwiesen ist, über ein gesamtstaatliches Binnenkollisionsrecht verfügt, wie dies früher auf *Jugoslawien*[204] und heute insbesondere noch auf *Spanien* (vgl. Art. 13 bis 16 Código civil) zutrifft.[205] Darüber hinaus lassen sich auch in jenen Mehrrechtsstaaten, die – wie zB die *USA, Kanada* und *Australien* – ein einheitliches Binnenkollisionsrecht nicht entwickelt haben, aus verfassungsrechtlichen Jurisdiktionsregeln iVm dem *lex fori*-Prinzip für den Gesamtstaat

---

[198] BegrRegE BT-Drs. 10/504, 39.

[199] *Stoll* FS Keller, 1989, 511 (517); *Ebenroth/Eyles* IPRax 1989, 1 (6); Palandt/*Thorn* EGBGB Art. 4 Rn. 14; Erman/*Hohloch* EGBGB Art. 4 Rn. 22; *Kegel/Schurig* IPR § 11 II; *Kropholler* IPR § 29 II 2; *v. Bar/Mankowski* IPR I § 4 Rn. 155f.

[200] Vgl. die vorstehend behandelten Staatsverträge und EU-Verordnungen; ferner etwa § 5 Abs. 3 öst. IPRG, Art. 18 ital. IPRG.

[201] Zur Kritik statt vieler Staudinger/*Hausmann* EGBGB Art. 4 Rn. 389ff. mwN.

[202] So ausdrücklich NK-BGB/*Freitag* EGBGB Art. 4 Rn. 32f.

[203] So *Spickhoff* JZ 1993, 336 (337); dagegen zu Recht MüKoBGB/*v. Hein* EGBGB Art. 4 Rn. 188ff. m. ausf. Begründung.

[204] Vgl. dazu zuletzt OLG Nürnberg FamRZ 2011, 1509 mAnm *Henrich.*

[205] Vgl. OLG München NJW-RR 2011, 663; OLG Karlsruhe IPRax 1989, 301 mAnm *Jayme* IPRax 1989, 287; ferner *Jayme* RabelsZ 55 (1991), 303; Staudinger/*Hausmann* EGBGB Anh. Art. 4 Rn. 267ff.; zur EuErbVO *Steinmetz/Löber/García Alcázar* ZEV 2013, 535ff.

geltende interlokalrechtliche Prinzipien ableiten, die eine Anwendung von Art. 4 Abs. 3 S. 1 EGBGB rechtfertigen können.[206]

**c) Bestimmung der maßgebenden Teilrechtsordnung mit Hilfe der „engsten Verbindung".** Wird mit Hilfe der Staatsangehörigkeitsanknüpfung nur auf das Recht des ausländischen Mehrrechtsstaates insgesamt verwiesen, so bedarf diese Verweisung dann der Ergänzung, wenn in dem betreffenden Staat – wie zB in *Großbritannien, Australien, Kanada* oder den *USA* – ein gesamtstaatliches interlokales Privatrecht fehlt. Gleiches gilt dann, wenn die deutsche Verweisung zwar auf ein gesamtstaatliches interlokales Privatrecht trifft, dieses aber für die Unteranknüpfung im konkreten Fall keine Lösung bereithält[207] oder gegen den deutschen *ordre public* verstößt.[208] Art. 4 Abs. 3 S. 2 EGBGB erklärt für diese Fälle dasjenige Partikularrecht für anwendbar, mit dem „der Sachverhalt am engsten verbunden" ist. Die Anknüpfung entspricht derjenigen, die Art. 5 Abs. 1 S. 1 EGBGB zur Ermittlung der effektiven Staatsangehörigkeit eines Mehrstaaters vorsieht, so dass die hierfür entwickelten Wertungen entsprechend herangezogen werden können.[209] Die engste Verbindung ergibt sich danach auf den Gebieten des Personen-, Familien- und Erbrechts regelmäßig aus dem **gewöhnlichen Aufenthalt** und, falls ein solcher nicht vorhanden ist, aus dem letzten gewöhnlichen Aufenthalt im Gebiet einer Teilrechtsordnung.[210]. Überholt ist damit die früher vor allem in der Rechtsprechung verbreitete Auffassung, die Unteranknüpfung sei mit Hilfe derjenigen Kriterien vorzunehmen, die ein Gericht des Heimatstaates des Anknüpfungssubjekts zugrunde legen würde. Ist also zB über die Geschäftsfähigkeit eines US-amerikanischen Staatsangehörigen zu entscheiden, so kommt es iRv Art. 4 Abs. 3 S. 2 EGBGB nicht mehr darauf an, in welchem Bundesstaat der Betroffene sein (letztes) *domicile* hatte.[211] Ebenso wenig ist auf die *„state citizenship"* des US-amerikanischen Rechts abzustellen.[212] Maßgebend ist vielmehr der (letzte) gewöhnliche Aufenthalt in einem US-Bundesstaat, wobei der *deutsche* Begriff des gewöhnlichen Aufenthalts (→ Rn. 64 ff.) zugrunde zu legen ist.[213] Letztlich hat der deutsche Rechtsanwender zur Ermittlung der „engsten Verbindung" in Art. 4 Abs. 3 S. 2 EGBGB eine Gesamtwürdigung der Umstände vorzunehmen, die auf die Verbindung des Anknüpfungssubjekts zu einer Teilrechtsordnung hinweisen, wobei diese Verbindung zu dem Zeitpunkt bestehen bzw. bestanden haben muss, auf den die einschlägige deutsche Kollisionsnorm abstellt. 149

**d) Unteranknüpfung bei mehreren Anknüpfungssubjekten.** Kommt es – wie namentlich bei den meisten Anknüpfungen des internationalen Eherechts – aus der Sicht des deutschen Kollisionsrechts nicht nur auf eine Person an, so entscheiden auch über die Unteranknüpfung nach Art. 4 Abs. 3 S. 2 EGBGB die Verhältnisse *beider* Ehegatten bzw. 150

[206] Vgl. *Hay* IPRax 1988, 265 (266); zust. MüKoBGB/*v. Hein* EGBGB Art. 4 Rn. 167.

[207] Vgl. OLG Hamm IPRspr. 1995 Nr. 105 (zum früheren *Jugoslawien*).

[208] MüKoBGB/*v. Hein* EGBGB Art. 4 Rn. 170.

[209] MüKoBGB/*v. Hein* EGBGB Art. 4 Rn. 171; Erman/*Hohloch* EGBGB Art. 4 Rn. 24; Staudinger/*Hausmann* EGBGB Art. 4 Rn. 397.

[210] So auch BegrRegE BT-Drs. 10/504, 40; OLG Hamburg NJW-RR 1996, 203; *Rauscher* IPRax 1987, 206; *Stoll* FS Keller, 1989, 511 (520); *Kropholler* IPR § 29 II 1 b; *v. Bar/Mankowski* IPR I § 4 Rn. 157; Palandt/*Thorn* EGBGB Art. 4 Rn. 14; Staudinger/*Hausmann* EGBGB Art. 4 Rn. 397.

[211] So – jeweils zum Erbrecht – noch BayObLGZ 1958, 34 (38) (*USA/Kalifornien*); 1971, 157 (159) = NJW 1971, 1528 (*USA/Ohio*); 1975, 86 (90) = NJW 1975, 1075 (*USA/New York*); 1980, 42 (46) = IPRax 1980, 907 mAnm *Firsching* IPRax 1980, 98 (*USA/New Jersey*); OLG Frankfurt a.M. DNotZ 1972, 543 (*USA/Kalifornien*); ebenso noch OLG Karlsruhe NJW 1990, 1420 mAnm *Schurig* IPRax 1990, 389 (*USA/Texas*); AG Nürnberg FamRZ 2011, 308 (*USA/Kalifornien*); vgl. Staudinger/*Hausmann* EGBGB Anh. Art. 4 Rn. 93 f. mwN.

[212] So aber *v. Hoffmann/Thorn* IPR § 6 Rn. 121; *Rauscher* IPR Rn. 393.

[213] *Rauscher* IPRax 1987, 206; *Stoll* FS Keller, 1989, 511 (520); MüKoBGB/*v. Hein* EGBGB Art. 4 Rn. 171; Erman/*Hohloch* EGBGB Art. 4 Rn. 24; *Kegel/Schurig* IPR § 11 III; vgl. auch OLG Hamm NJW 1991, 3101. Vgl. aber zur interlokalen Weiterverweisung → Rn. 157 ff.

*sämtlicher* Mitglieder der betreffenden Familienrechtsbeziehung. Im internationalen Eherecht ist daher Art. 14 Abs. 1 EGBGB entsprechend anwendbar. Danach ist in erster Linie das Recht derjenigen Teilrechtsordnung maßgebend, in der die Ehegatten ihren **gemeinsamen gewöhnlichen Aufenthalt** haben oder hatten, sofern einer ihn noch beibehalten hat. Hilfsweise ist auf eine sonstige engste Verbindung beider Ehegatten zu einer Teilrechtsordnung iSv Art. 14 Abs. 1 Nr. 3 EGBGB abzustellen. Dabei sind alle Anwendungsinteressen der Betroffenen abzuwägen.[214] Lässt sich eine gemeinsame engste Verbindung zu einem Teilrechtsgebiet nicht feststellen, so wird teilweise vorgeschlagen, die Primäranknüpfung an die Staatsangehörigkeit als gescheitert zu betrachten und das Ehewirkungs- bzw. Güterrechtsstatut nach Art. 14 Abs. 1 Nr. 2 EGBGB zu bestimmen. Haben also zB *US-amerikanische* Ehegatten, die aus verschiedenen Bundesstaaten stammen, ihren gewöhnlichen Aufenthalt im Inland, so soll in einem solchen Fall deutsches Recht als Ehewirkungsstatut gelten.[215]

151 Da sich die Anknüpfung an die Staatsangehörigkeit nicht auf die Zugehörigkeit zu einer Teilrechtsordnung bezieht, ist die *international-privatrechtliche* Anknüpfung nach Art. 14 Abs. 1 Nr. 1 EGBGB indes gerade nicht gescheitert. Deshalb sollte in einem solchen Falle nur die Wahl zwischen den Teilrechtsordnungen des Mehrrechtsstaates bestehen, auf dessen Recht die deutsche Kollisionsnorm verweist. Der Sprung auf die nächste Sprosse der Anknüpfungsleiter des Art. 14 Abs. 1 EGBGB widerspricht der vom deutschen Gesetzgeber bewusst getroffenen Grundsatzentscheidung zugunsten der vorrangigen Anknüpfung an die gemeinsame Staatsangehörigkeit.[216] In einem solchen Falle kann die Bestimmung der maßgeblichen Teilrechtsordnung offenbleiben, wenn die Anwendung der in Betracht kommenden Sachrechte zum gleichen Ergebnis führt.[217] Lässt sich eine gemeinsame engste Beziehung der Ehegatten zu einer Teilrechtsordnung nicht feststellen, so verdient im Interesse der Rechtssicherheit und der leichten Feststellbarkeit die Anwendung des Rechts **Ort der jeweiligen Landeshauptstadt** den Vorzug vor den in der Literatur angebotenen alternativen Lösungen.[218]

152 **e) Unteranknüpfung und Gesamtverweisung.** Spricht das deutsche IPR eine Gesamtverweisung auf das Recht eines fremden Mehrrechtsstaates aus, so bleibt es hierbei auch dann, wenn infolge lokaler Rechtsspaltung im berufenen Recht eine Unteranknüpfung stattfinden muss.[219] Für die Prüfung des *Renvoi* ist danach zu unterscheiden, ob der Mehrrechtsstaat, auf den die deutsche Kollisionsnorm verweist, über ein vereinheitlichtes Kollisionsrecht verfügt oder nicht.

153 **aa) Einheitliches Kollisionsrecht.** Verweist das deutsche IPR auf das **Heimatrecht** des Angehörigen eines Mehrrechtsstaates, der über ein vereinheitlichtes internationales Privatrecht verfügt, so entscheiden zunächst diese einheitlichen Kollisionsnormen über eine etwaige Rück- oder Weiterverweisung. Das Problem der Unteranknüpfung nach Art. 4 Abs. 3 EGBGB stellt sich in diesem Falle nur, wenn das einheitliche IPR des ausländischen Mehrrechtsstaates keinen *Renvoi* ausspricht, sondern die deutsche *Verweisung annimmt*. Für diesen Fall ist in einem zweiten Schritt festzustellen, ob der ausländische

[214] Vgl. näher *Spickhoff* JZ 1993, 336 (338ff.), der primär auf eine gemeinsame Teilstaatsangehörigkeit abstellen möchte; dagegen zurecht *Kegel/Schurig* IPR § 11 III aE.

[215] So *Stoll* FS Keller, 1989, 511 (520); zust. MüKoBGB/*v. Hein* EGBGB Art. 4 Rn. 176; *Kropholler* IPR § 29 II 1c; *Andrae* IntFamR § 3 Rn. 77; AG Rosenheim IPRspr.1992 Nr. 104.

[216] *Spickhoff* JZ 1993, 336 (339); *Bungert* IPRax 1993, 10; Staudinger/*Hausmann* EGBGB Art. 4 Rn. 400; offenlassend BayObLGZ 1995, 238 (241f.) = IPRax 1996, 271 mAnm *Henrich* IPRax 1996, 260.

[217] Vgl. BGH NJW 1991, 2214; BGHZ 78, 318 (321) = JZ 1981, 139; *Kropholler* IPR § 59 I 4.

[218] AG Überlingen IPRspr. 1988 Nr. 163 (*Jugoslawien*); ferner *Kegel/Schurig* IPR § 11 III; *Ferid* IPR § 2–36; *Bungert* IPRax 1993, 10 (16); Staudinger/*Hausmann* EGBGB Art. 4 Rn. 401m. Nachw. zum Meinungstand.

[219] *Stoll* FS Keller, 1989, 511 (521f.); Palandt/*Thorn* EGBGB Art. 4 Rn. 12; Erman/*Hohloch* EGBGB Art. 4 Rn. 26; MüKoBGB/*v. Hein* EGBGB Art. 4 Rn. 172; Staudinger/*Hausmann* EGBGB Art. 4 Rn. 407.

Mehrrechtsstaat darüber hinaus – wie etwa *Spanien* – auch über ein einheitliches interlokales Privatrecht verfügt; dieses bestimmt dann gemäß Art. 4 Abs. 3 S. 1 EGBGB, welche Teilrechtsordnung anzuwenden ist.[220]

**Beispiel:** 154

Ist vor einem deutschen Gericht über die güterrechtlichen Beziehungen zwischen einem aus Barcelona stammenden spanischen Ehemann und seiner aus Madrid kommenden spanischen Ehefrau zu entscheiden, so ist zunächst festzustellen, dass das spanische IPR (Art. 9 Abs. 2 CC) die von Art. 15 Abs. 1 iVm Art. 14 Abs. 1 Nr. 1 EGBGB ausgesprochene Gesamtverweisung auf das gemeinsame spanische Heimatrecht der Ehegatten annimmt. Da das Ehegüterrecht in Spanien nicht vereinheitlicht ist, kommt im zweiten Schritt Art. 4 Abs. 3 S. 1 EGBGB zum Zuge, der im hier gegebenen Fall der Anknüpfung an die Staatsangehörigkeit dem einheitlichen spanischen interlokalen Privatrecht das Wort erteilt. Damit kommt es nach Art. 16 Nr. 1 iVm Art. 14, 15 CC auf die sog *„vecindad civil"* der Ehegatten an, dh ihre Zugehörigkeit zum Gebiet des gemeinspanischen Rechts (*„derecho común"*) oder zum Gebiet eines partikularen (Foral-) Rechts. Haben die Ehegatten – wie hier – keine gemeinsame *„vecindad civil"*, so erklärt Art. 16 Abs. 3 CC hinsichtlich der Ehewirkungen die IPR-Norm in Art. 9 Abs. 2 CC auf interlokale Konflikte für entsprechend anwendbar. Danach ist in Ermangelung einer Rechtswahl diejenige spanische Teilrechtsordnung anwendbar, in der die Ehegatten ihren ersten gemeinsamen gewöhnlichen Aufenthalt nach der Eheschließung begründet haben; hilfsweise gilt das Recht am Eheschließungsort. Liegen beide Orte im Ausland, so gilt schließlich nach Art. 16 Abs. 3 CC aE das gemeinspanische Güterrecht.[221]

Ob die vorgenannten Grundsätze auch dann gelten, wenn das deutsche IPR **territoriale Anknüpfungsmomente** verwendet, die unmittelbar auf die maßgebende Teilrechtsordnung führen, ist umstritten. Teilweise geht man davon aus, dass die deutsche Gesamtverweisung trotz Anknüpfung an ein territoriales Merkmal auf das gesamte Recht des Mehrrechtstaates gerichtet ist und damit auf dessen Vorschriften über internationales *und* interlokales Privatrecht.[222] Im Ergebnis berücksichtigt freilich auch die hL, die in Fällen der Verwendung eines lokalen Anknüpfungsmerkmals – dem Wortlaut des Art. 4 Abs. 3 S. 1 EGBGB folgend – eine Anwendung des fremden gesamtstaatlichen interlokalen Privatrechts ausschließt, einen *Renvoi* durch das gesamtstaatliche internationale bzw. interlokale Privatrecht. Zur Begründung verweist sie darauf, dass das gesamtstaatliche IPR bzw. ILR zugleich als Bestandteil der vom deutschen IPR unmittelbar berufenen Teilrechtsordnung anzuwenden sei.[223] 155

**Beispiel:** 156

Heiratet also ein Spanier in Barcelona eine Deutsche und wird die Ehe zunächst in Barcelona geführt, bevor die Eheleute sich endgültig in Deutschland niederlassen, so ergibt sich für die Prüfung des Ehegüterrechtsstatuts die folgende Prüfungsreihenfolge:

Die deutsche Verweisung nach Art. 15 Abs. 1 iVm Art. 14 Abs. 1 Nr. 2 EGBGB ist auf spanisches Recht als das Recht des Staates gerichtet, in dem die Ehegatten ihren gewöhnlichen Aufenthalt zur Zeit der Eheschließung hatten. Das wegen Art. 4 Abs. 1 EGBGB primär zur Anwendung berufene spanische IPR nimmt die Verweisung an, weil es bei verschiedener Staatsangehörigkeit der Ehegatten nach Art. 9 Abs. 2 CC ebenfalls auf den ersten gemeinsamen gewöhnlichen Aufenthalt nach der Eheschließung abstellt, sofern die Ehegatten nicht die Geltung eines anderen Rechts wirksam vereinbart haben. Im zweiten Schritt ist wiederum

---

220 MüKoBGB/*v. Hein* EGBGB Art. 4 Rn. 177.

221 Vgl. näher Staudinger/*Hausmann* EGBGB Anh. Art. 4 Rn. 267 ff.

222 So *v. Bar* IPR I Rn. 281; *Rauscher* IPRax 1987, 206 (208 ff.); *Jayme* IPRax 1989, 287 (288); *Otto* IPRax 1994, 1 ff.

223 So *Stoll* FS Keller, 1989, 511 (521); Palandt/*Thorn* EGBGB Art. 3 Rn. 15; *Kegel/Schurig* IPR § 11 III.

die maßgebende spanische Teilrechtsordnung gemäß Art. 4 Abs. 3 S. 1 EGBGB zu bestimmen. Nach hL ist die Verweisung auf den gemeinsamen gewöhnlichen Aufenthalt der Ehegatten zur Zeit der Eheschließung in Art. 15 Abs. 1 iVm Art. 14 Abs. 1 Nr. 2 EGBGB unmittelbar auf das katalanische Foralrecht gerichtet. Die Gegenmeinung gelangt in Anwendung des vereinheitlichten spanischen interlokalen Privatrechts zum gleichen Ergebnis. Denn gemäß Art. 16 Abs. 1 CC findet Art. 9 Abs. 2 CC auch auf interlokaler Ebene entsprechende Anwendung. In Ermangelung eines gemeinsamen Personalstatuts der Eheleute verweist daher auch das spanische interlokale Privatrecht auf das Recht des Gebiets, in dem die Ehegatten unmittelbar nach der Eheschließung ihren gewöhnlichen Aufenthalt hatten.[224]

157 **bb) Gespaltenes Kollisionsrecht.** Besitzt der ausländische Mehrrechtsstaat weder ein einheitliches IPR noch ein einheitliches interlokales Privatrecht, wie etwa die *Vereinigten Staaten, Kanada* oder *Australien,* so kann über die Frage einer nach Art. 4 Abs. 1 EGBGB zu beachtenden Rück- oder Weiterverweisung erst entschieden werden, wenn zunächst die maßgebende Teilrechtsordnung im Wege der Unteranknüpfung nach Art. 4 Abs. 3 S. 2 EGBGB bestimmt worden ist. Knüpft das deutsche IPR daher an die **Staatsangehörigkeit** des Angehörigen eines solchen Staates an, so entscheidet über die Annahme der deutschen Gesamtverweisung mithin das Kollisionsrecht derjenigen Teilrechtsordnung, mit der der Sachverhalt am engsten verbunden ist. Das nach Art. 4 Abs. 3 S. 2 EGBGB erforderliche Aufsuchen der engsten Verbindung einer Person mit einer Teilrechtsordnung hat also in diesem Falle nicht etwa zur Folge, dass die Beachtung eines *Renvoi* dem Sinn der Verweisung nach Art. 4 Abs. 1 S. 1 EGBGB widerspricht.[225]

158 **Beispiel:**
Ist über die Namensführung eines in Deutschland lebenden US-Amerikaners zu befinden, so ist die Verweisung nach Art. 10 Abs. 1 EGBGB gemäß Art. 4 Abs. 3 S. 2 EGBGB zu demjenigen amerikanischen Bundesstaat zu verlängern, in dem der Erblasser seinen (letzten) gewöhnlichen Aufenthalt hatte (→ Rn. 149). Erklärt das Kollisionsrecht dieses Staates das Recht am *„domicile"* des Betroffenen für maßgebend, so ist eine daraus folgende Rück- oder Weiterverweisung für den deutschen Richter nach Art. 4 Abs. 1 EGBGB beachtlich. Die Befolgung des *Renvoi* hängt nicht davon ab, ob dieser – international – auf deutsches Recht bzw. das Recht eines dritten Staates oder – interlokal – auf das Recht eines anderen US-Bundesstaates gerichtet ist.

159 Auch eine **interlokale Weiterverweisung** durch das nach Art. 4 Abs. 3 S. 2 EGBGB ermittelte Recht ist mithin zu beachten.

160 Verwendet das deutsche IPR **territoriale Anknüpfungsmomente,** so bezeichnet unsere eigene Kollisionsnorm regelmäßig bereits die maßgebende Teilrechtsordnung innerhalb des ausländischen Mehrrechtsstaates. Dies ist auch unbedenklich, wenn dieser Staat über kein vereinheitlichtes interlokales Privatrecht verfügt. Bei gespaltenem Kollisionsrecht bestimmt daher die an dem maßgebenden Ort geltende Teilrechtsordnung über die Annahme der Verweisung nach Art. 4 Abs. 1 EGBGB. Darüber hinaus übernimmt das Kollisionsrecht der bezeichneten Teilrechtsordnung auch die Funktion des fehlenden einheitlichen interlokalen Privatrechts. Eine interlokale Weiterverweisung auf das Recht eines anderen Teilstaates ist daher vom deutschen Richter grundsätzlich zu befolgen.[226]

---

[224] Vgl. auch OLG München NJW-RR 2011, 663, wo in einem ähnlich gelagerten Fall ein gemeinsamer gewöhnlicher Aufenthalt der Ehegatten in Spanien zur Zeit der Eheschließung verneint und deshalb nach Art. 9 Abs. 2, 4. Fall CC auf den Ort der Eheschließung in Deutschland abgestellt wurde.

[225] OLG Stuttgart NJW-RR 2015, 838; *Kropholler* IPR § 29 II 1 b; Palandt/*Thorn* EGBGB Art. 4 Rn. 15; Erman/*Hohloch* EGBGB Art. 4 Rn. 26; MüKoBGB/*v. Hein* EGBGB Art. 4 Rn. 172.

[226] *Kropholler* IPR § 29 II 2; *Kegel/Schurig* IPR § 11 III; MüKoBGB/*v. Hein* EGBGB Art. 4 Rn. 172 aE; Palandt/*Thorn* EGBGB Art. 4 Rn. 15.

**Beispiel:** 161

Ist über die gesetzliche Vertretung einer US-Corporation zu entscheiden, die in *Delaware* gegründet wurde und ihren Verwaltungssitz in Chicago/*Michigan* hat, so verweist das deutsche IPR unmittelbar auf das Recht von *Michigan*, weil die Gesellschaft in diesem Staat ihren effektiven Verwaltungssitz hat. Dies ist eine Gesamtverweisung, so dass das IPR von *Michigan* über deren Annahme entscheidet. Dieses verweist indessen auf das Recht von *Delaware* weiter, weil die Gesellschaft dort gegründet worden ist. Diese interlokale Weiterverweisung ist auch vom deutschen Richter zu beachten;[227] dieser hat daher die gesetzliche Vertretung der Gesellschaft nach dem Recht von *Delaware* zu beurteilen.

**f) Bestimmung einer Teilrechtsordnung durch Rechtswahl.** Haben die Parteien das anwendbare Recht durch Rechtswahl – zB nach Art. 14 Abs. 2, Abs. 3 oder Art. 15 Abs. 2 EGBGB – bestimmt, so ist zu unterscheiden: Bezieht sich die getroffene Rechtswahl unmittelbar auf eine Teilrechtsordnung (zB auf das Recht von Florida), so sind im Hinblick auf Art. 4 Abs. 2 EGBGB die *Sachnormen* des dortigen Ehewirkungs- oder Güterrechts (zB von Florida) anzuwenden. Dies lässt sich auch damit begründen, dass das deutsche IPR mit Hilfe des Parteiwillens die maßgebliche Teilrechtsordnung iSv Art. 4 Abs. 3 S. 1 EGBGB selbst unmittelbar bezeichnet.[228] Aus diesem Grunde bleibt auch ein etwaiges gesamtstaatliches ILR des ausländischen Mehrrechtsstaates grundsätzlich außer Betracht. Wird also in einer deutsch-spanischen Ehe das Foralrecht von Mallorca als Ehegüterrechtsstatut gewählt, so sind die dortigen Sachnormen maßgeblich, weil die deutsche Verweisung in Art. 15 Abs. 2 Nr. 1 iVm Art. 4 Abs. 2 EGBGB das gesamtstaatliche spanische IPR und ILR bewusst ausschaltet. Beschränken sich die Parteien hingegen auf die Wahl des Rechts eines fremden Mehrrechtsstaates, ohne die maßgebende Teilrechtsordnung zu bezeichnen (zB Wahl des „spanischen" oder „kanadischen" Güterrechts), so ist diese Rechtswahl mit Hilfe von Art. 4 Abs. 3 S. 2 EGBGB („engste Verbindung") zu einer Teilrechtsordnung zu verlängern. Diese Lösung entspricht dem Willen der Parteien im Zweifel besser als die Missachtung der getroffenen Rechtswahl wegen mangelnder parteiautonomer Konkretisierung des anwendbaren Sachrechts.[229] Man wird das Wahlrecht aber jedenfalls im Personen-, Familien- und Erbrecht auf solche Teilrechtsordnungen beschränken müssen, zu denen ein hinreichender Bezug der Bezugspersonen besteht.[230] 162

## 2. Personale Rechtsspaltung

Der auffälligste Unterschied zwischen der lokalen und der personalen Rechtsspaltung besteht aus deutscher Sicht darin, dass Art. 4 Abs. 3 EGBGB zur Bewältigung von Kollisionen zwischen personalen Teilrechtsordnungen nur **eine einzige Regel** zur Verfügung stellt. Danach hat der deutsche Richter, den sein Kollisionsrecht zum innerstaatlichen Recht eines Landes mit personaler Rechtsspaltung führt, in erster Linie das dort geltende *staatliche* interpersonale Privatrecht anzuwenden, auch soweit dessen Regeln sich lediglich aus dem Jurisdiktionsrecht ableiten lassen.[231] Die beiden Hauptprobleme der interlokalen Rechtsspaltung, nämlich einerseits die unmittelbare Verweisung deutschen Kollisionsrechts auf eine ausländische Teilrechtsordnung (→ Rn. 147), andererseits die Notwendigkeit, die deutschen Rechtsanwendungsregeln in Fällen der Staatsangehörigkeitsanknüp- 163

[227] So schon RGZ 117, 215; *Rauscher* IPRax 1987, 206 (208ff.).

[228] Vgl. idS *Stoll* FS Keller, 1989, 511 (526); MüKoBGB/*v. Hein* EGBGB Art. 4 Rn. 206; Palandt/*Thorn* EGBGB Art. 4 Rn. 17.

[229] So auch MüKoBGB/*Siehr* EGBGB Art. 14 Rn. 128; MüKoBGB/*v. Hein* EGBGB Art. 4 Rn. 215.

[230] Näher dazu MüKoBGB/*v. Hein* EGBGB Art. 4 Rn. 208ff., 214.

[231] Vgl. zum interreligiösen Recht BGH FamRZ 1993, 1053; OLG Hamm FamRZ 1976, 29 (31); *Wähler*, Interreligiöses Kollisionsrecht im Bereich privatrechtlicher Rechtsbeziehungen, 1977, S. 319ff.; ebenso zum Stammeskollisionsrecht OLG Frankfurt a.M. NJW-RR 1990, 778; *Kegel/Schurig* IPR § 11 II.

fung zu ergänzen (→ Rn. 148f.), stellen sich hier idR nicht. Denn das deutsche IPR kennt keine unmittelbare Verweisung auf ein personales Partikularrecht.[232] Ferner versagt im Falle personaler Rechtsspaltung weder die Anknüpfung an die Staatsangehörigkeit noch an räumliche Bezugspunkte (Aufenthaltsort, Abschlussort etc). Denn beide beziehen sich zunächst auf das einheitliche staatliche interpersonale Recht, mit dessen Hilfe das maßgebliche Sachrecht ermittelt werden kann.[233]

## E. Vorrang des Einzelstatuts

**Schrifttum:**

*Andrae,* Gesamtstatut oder Einzelstatut bei der Vererbung eines Miterbenanteils, IPRax 2000, 300; *Bachler,* Situs-Regel, innerdeutsche und inneramerikanische Nachlassspaltung, 2007; *Bosch,* Die Durchbrechungen des Gesamtstatuts im internationalen Ehegüterrecht, 2002; *Fetsch,* Auslandsvermögen im Internationalen Erbrecht, RNotZ 2006, 1; *Ludwig,* Zur Anwendbarkeit des Art. 3 Abs. 3 EGBGB im internationalen Ehegüterrecht bei der Berechnung des Zugewinnausgleichs nach deutschem Recht, DNotZ 2000, 663; *Siehr,* Vermögensstatut und Geldausgleich, FS Hay, 2005, 389; *Stöcker,* Ausländische Vermögensstatute im deutschen IPR, FS Kropholler, 2008, 247; *Thoms,* Einzelstatut bricht Gesamtstatut. Zur Auslegung der „besonderen Vorschriften" in Art. 3 Abs. 3 EGBGB, 1996.

### I. Allgemeines

164 Berührungspunkte mit dem *Renvoi* nach Art. 4 Abs. 1 EGBGB hat auch der heute in Art. 3a Abs. 2 EGBGB normierte Grundsatz **„Einzelstatut bricht Gesamtstatut"**; denn auch er beschränkt die Reichweite der vom deutschen IPR bezüglich des Gesamtstatuts ausgesprochenen Verweisung. Die Unterscheidung von Gesamtstatut und Einzelstatut hat im Wesentlichen nur für Art. 3a Abs. 2 EGBGB Bedeutung: Das **Gesamtstatut** erfasst einen Inbegriff von Gegenständen, ein ganzes Vermögen, wie zB das Erb-, Güterrechts- oder Kindschaftsstatut.[234] Das **Einzelstatu**t erfasst hingegen nur einzelne Gegenstände, zB die in seinem räumlichen Geltungsbereich liegenden Grundstücke.

165 Soweit das deutsche IPR das Vermögen einer Person einem Gesamtstatut (zB dem Güterrechtsstatut) unterstellt, so ergreift diese Verweisung das Vermögen grundsätzlich ohne Rücksicht darauf, wo die einzelnen Vermögensgegenstände belegen sind. Auch wenn diese in einem anderen Staat belegen sind als in jenem, dessen Recht nach deutschem IPR als Gesamtstatut zur Anwendung berufen ist, bleibt dies auf das anzuwendende Recht ohne Einfluss; insbesondere ist es aus deutscher Sicht grundsätzlich unerheblich, dass das IPR des Belegenheitsstaats das Gesamtstatut abweichend vom deutschen IPR bestimmt. Dieser Grundsatz „Gesamtstatut vor Einzelstatut" wird in Art. 3a Abs. 2 EGBGB lediglich unter **zwei Voraussetzungen** durchbrochen, die **kumulativ erfüllt** sein müssen:

1. vom Gesamtstatut eigentlich erfasste Gegenstände befinden sich nicht in dem Staat, dessen Recht als Gesamtstatut zur Anwendung berufen ist, zB zum Vermögen deutscher Ehegatten gehört ein in Florida belegenes Ferienhaus;
2. dieser Gegenstand – also das Ferienhaus – ist in dem Staat, in dem er sich befindet – also in Florida – „besonderen Vorschriften" unterworfen.

166 Für diesen Fall hat auch der deutsche Richter dem Einzelstatut Vorrang vor dem Gesamtstatut einzuräumen.

167 Kann man im Falle der Rückverweisung von einem „negativen Kompetenzkonflikt" zweier Rechtsordnungen sprechen, die beide nach ihrem Kollisionsrecht nicht angewendet sein wollen, so besteht in den Fällen des Vorrangs des Einzelstatuts vor dem Gesamt-

[232] MüKoBGB/*v. Hein* EGBGB Art. 4 Rn. 105; *Junker* IPR Rn. 229; **aA** *Kropholler* IPR § 30 IV.
[233] *V. Bar/Mankowski* IPR I § 4 Rn. 169. Zu einzelnen Rechtsproblemen der interpersonalen Rechtsspaltung vgl. Staudinger/*Hausmann* EGBGB Art. 4 Rn. 413ff.
[234] Zu den Prinzipien der Einheit des Güterrechtsstatuts und der Nachlasseinheit → § 9 Rn. 43ff. und → § 15 Rn. 11.

statut ein **„positiver Kompetenzkonflikt":** Neben der inländischen Kollisionsnorm, die etwa hinsichtlich des Ehegüterrechts ein Gesamtstatut zur Anwendung beruft, beansprucht auch das Recht eines Landes Geltung, in dem ein einzelner Gegenstand – zB ein Grundstück – belegen ist (Einzelstatut). Während im Fall der Rückverweisung die Kollisionsnormen derjenigen Rechtsordnung berücksichtigt werden, auf die unser IPR verweist, beachten wir beim Vorrang des Einzelstatuts das Sach- oder Kollisionsrecht eines Landes, auf das unser IPR nicht verweist.

Rechtspolitisch liegt Art. 3a Abs. 2 EGBGB die Erwägung zugrunde, dass **undurchsetzbare Rechtslagen vermieden** werden sollen, die Achtung der fremden staatlichen Interessensphäre gewahrt bleibt und die größere Sachnähe des Belegenheitsstaats respektiert wird.[235] Darüber hinaus soll die Zusammenfassung verschiedener Gegenstände zu einer Vermögenseinheit von der Anerkennung durch das für die jeweiligen Einzelgegenstände maßgebende Recht abhängig gemacht werden.[236] 168

## II. Anwendungsbereich

Art. 3a Abs. 2 EGBGB umfasste mit der Verweisung auf den „Dritten und Vierten Abschnitt" des 2. Kapitels traditionell alle Fälle, in denen ein **familien- oder erbrechtliches Gesamtstatut** des im EGBGB geregelten autonomen deutschen IPR einem Einzelstatut gegenübertrat. Das praktisch wichtigste Anwendungsfeld der Vorschrift lag daher bisher im internationalen Erbrecht (Art. 25 Abs. 1 EGBGB aF) sowie im internationalen Ehegüterrecht (Art. 15 EGBGB).[237] Geringere Bedeutung kam der Regelung im internationalen Kindschaftsrecht (Art. 21 EGBGB) und im internationalen Vormundschafts-; Pflegschafts- und Betreuungsrecht (Art. 24 EGBGB) zu. 169

Auf dem Gebiet des **internationalen Erbrechts** wird Art. 3a Abs. 2 EGBGB indessen für seit dem 17.8.2015 eingetretene Erbfälle durch die Kollisionsregeln der **EuErbVO** verdrängt. Die Verordnung sieht in Art. 30 nur noch einen Vorrang des Einzelstatuts für bestimmte wirtschafts- und sozialpolitische **Sachnormen** des Belegenheitsstaats vor; demgegenüber wird eine auf die Vorschrift gestützte kollisionsrechtliche Vermögensspaltung in Erwägungsgrund 54 ausdrücklich für unzulässig erklärt. Schon zuvor hatte die Rechtsprechung klargestellt, dass Art. 3a Abs. 2 EGBGB auf dem Gebiet der Form von Testamenten gegenüber den Anknüpfungen des Haager Testamentsformübereinkommens von 1961, das aus deutscher Sicht auch Vorrang vor Art. 27 EuErbVO hat (Art. 75 Abs. 1 EuErbVO), zurückzutreten hat. Ein deutscher Erblasser konnte daher schon bisher über ein in Florida belegenes Grundstück wirksam in einem eigenhändigen Testament nach § 2247 BGB verfügen, obwohl das Recht von Florida diese Form nicht kennt;[238] die Reichweite des Belegenheitsrechts als Einzelstatut iSv Art. 3a Abs. 2 EGBGB beschränkte sich daher auf dem Gebiet der letztwilligen Verfügungen auf die materiellen Voraussetzungen der Testamentserrichtung. Im Geltungsbereich des **deutsch-iranischen Niederlassungsabkommens** von 1929 bleibt Art. 3a Abs. 2 EGBGB hingegen auch nach Inkrafttreten der EuErbVO in Bezug auf in Drittstaaten belegene unbewegliche Sachen anwendbar.[239] 170

Im **internationalen Kindschaftsrecht** wird Art. 21 EGBGB heute in weitem Umfang durch die Art. 15 ff. **KSÜ** verdrängt (näher → § 5 Rn. 11 ff.); gleiches gilt auf dem Gebiet des **Erwachsenenschutzes** für die Art. 13 ff. ErwSÜ im Verhältnis zu Art. 24 EGBGB (näher → § 5 Rn. 80). Beide Übereinkommen kennen einen kollisionsrechtli- 171

[235] BT-Drs. 10/504, 36; BGHZ 131, 22 (29).
[236] *Dörner* IPRax 1994, 363 (363); Staudinger/*Hausmann* EGBGB Art. 3a Rn. 7.
[237] Dazu näher → § 9 Rn. 46 ff.
[238] BGH IPRax 2005, 253 mAnm *Looschelders*; **aA** zuvor OLG Celle FamRZ 2003, 1876m. krit. Anm. *Dörner*; OLG Celle ZEV 2003, 165.
[239] AG Hamburg-St. Georgen ZEV 2015, 580; Staudinger/*Dörner* EGBGB Vorb. Art. 25 f. Rn. 152; **aA** BeckOK BGB/*Lorenz* EGBGB Art. 25 Rn. 11; MüKoBGB/*Dutta* EGBGB Art. 25 Rn. 295.

chen Vorrang des Einzelstatuts vor dem Gesamtstatut iSv Art. 3a Abs. 2 EGBGB nicht; dem Belegenheitsrecht kann jedoch in besonders gelagerten Fällen mit Hilfe der Ausweichklauseln in Art. 15 Abs. 2 KSÜ, Art. 13 Abs. 2 ErwSÜ zur Geltung verholfen werden, wenn dies zum Schutz des Vermögens des Kindes bzw. des Erwachsenen erforderlich erscheint. Darüber hinaus ermöglicht Art. 20 ErwSÜ eine Sonderanknüpfung von Eingriffsnormen des Staates, in dem der Erwachsene des Schutzes bedarf; dies kann auch der Staat sein, in dem wesentliche Vermögenswerte belegen sind.

172 Art. 3a Abs. 2 EGBGB hat daher heute im Wesentlichen nur noch auf dem Gebiet des **Güterrechts von Ehegatten und eingetragenen Lebenspartnern** praktische Bedeutung (Art. 15, 17b EGBGB; dazu näher → § 9 Rn. 46f., 106f.; → § 13 Rn. 57a). Auch dies wird sich jedoch für Ehen, die ab dem 29.1.2019 geschlossen werden bzw. Partnerschaften, die ab dem 29.1.2019 eingetragen werden, ändern; denn die auf diesen beiden Rechtsgebieten am 24.6.2016 verabschiedeten Verordnungen (→ § 9 Rn. 2ff.; → § 13 Rn. 5ff.) führen den Grundsatz der Einheit des Güterrechtsstatuts (Art. 21 EuGüVO/EuPartVO) strikt durch und lassen eine Durchbrechung nur mit Hilfe von Eingriffsnormen der Mitgliedstaaten zum Schutz ihrer politischen, sozialen oder wirtschaftlichen Ordnung zu (Art. 30 EuGüVO/EuPartVO).

## III. Besondere Vorschriften

### 1. Sachnormen

173 Was unter **„besonderen Vorschriften"** iSv Art. 3a Abs. 2 EGBGB zu verstehen ist, sagt das Gesetz nicht. Es sind dies zum einen **Sachnormen,** die sich auf sog gebundene Güter oder Sondervermögen, wie Familien-Fideikommisse, Anerbengüter oder Erbhöfe beziehen und diese Gegenstände einer besonderen Regelung, zB hinsichtlich der Vererbung, unterstellen.[240] Auch deutsche Sachnormen über derartige Sondervermögen – wie insbesondere die nordwestdeutsche **Höfeordnung** – gehen einem ausländischen Gesamtstatut vor.[241] Dies gilt im internationalen Erbrecht auch unter der EuErbVO weiter (vgl. Art. 30 EuErbVO). Bei den deutschen Vorschriften über die **Sondererbfolge in Mietverhältnisse** (§§ 563, 563a BGB) dürfte es sich hingegen nicht um „besondere Vorschriften" iSv Art. 3a Abs. 2 EGBGB handeln;[242] ihnen kann jedoch gegenüber einem ausländischen Vertragsstatut mit Hilfe von Art. 9 Abs. 2 Rom I-VO zur Geltung verholfen werden.[243] Weitgehend Einigkeit besteht auch darüber, dass die Regeln über die **Sondererbfolge in Anteile an Personengesellschaften** gesellschaftsrechtlich zu qualifizieren sind; da sie somit nicht dem Erbstatut unterliegen, findet auch Art. 3a Abs. 2 EGBGB auf sie keine Anwendung.[244]

### 2. Kollisionsnormen

174 „Besondere Vorschriften" sind nach ständiger Rechtsprechung[245] und hL[246] zum anderen aber **auch Kollisionsnormen,** die Rechtsverhältnisse an bestimmten Vermögensgegen-

[240] Zu Einzelheiten *Thoms* S. 109ff.; Staudinger/*Hausmann* EGBGB Art. 3a Rn. 8ff.; MüKoBGB/*v. Hein* EGBGB Art. 3a Rn. 36ff.

[241] *Fetsch* RNotZ 2006, 1 (125); BeckOK BGB/*Lorenz* EGBGB Art. 3a Rn. 7; Erman/*Hohloch* EGBGB Art. 3a Rn. 9; Palandt/*Thorn* EGBGB Art. 3a Rn. 5; Staudinger/*Hausmann* EGBGB Art. 3a Rn. 549; MüKoBGB/*v. Hein* EGBGB Art. 3a Rn. 38, jeweils mwN.

[242] Staudinger/*Hausmann* EGBGB Art. 3a Rn. 43; Stauudinger/*Dörner* EGBGB Art. 25 Rn. 585; **aA** Palandt/*Thorn* EGBGB Art. 3a Rn. 5; Erman/*Hohloch* EGBGB Art. 3a Rn. 9.

[243] MüKoBGB/*v. Hein* EGBGB Art. 3a Rn. 43.

[244] *Dutta* RabelsZ 73 (2009), 727 (741); BeckOK BGB/*Lorenz* EGBGB Art. 3a Rn. 7; Staudinger/*Hausmann* EGBGB Art. 3a Rn. 42; MüKoBGB/*v. Hein* EGBGB Art. 3a Rn. 44, jeweils mwN.

[245] BGH NJW 1993, 1920 (1921) mAnm *Dörner* IPRax 1994, 362; BGHZ 146, 310 = NJW 2001, 2396; BGH IPRax 2005, 253 mAnm *Looschelders* IPRax 2005, 232; BayObLG NJW-RR 1990, 1033; BayObLGZ 2003, 68 = FamRZ 2003, 1595; BayObLG FamRZ 2005, 1017 mAnm *Gottwald*; OLG Zwei-

ständen einem anderen Recht unterwerfen, als es für gleichartige Rechtsverhältnisse an sonstigem Vermögen gilt. Art. 3a Abs. 2 EGBGB greift heute insbesondere noch dann ein, wenn der Belegenheitsstaat die **güterrechtlichen Beziehungen** von Ehegatten an dort belegenem *unbeweglichen* Vermögen dem eigenen Recht als der *lex rei sitae* unterstellt, während für das bewegliche Vermögen – ohne Rücksicht auf seine Belegenheit – das Wohnsitz- oder Aufenthaltsrecht gilt, wie dies heute noch insbesondere für die *USA* zutrifft.[247] Im internationalen Erbrecht gilt Art. 3a Abs. 2 EGBGB hingegen nur noch in Altfällen, dh für die Erbfolge nach Erblassern, die vor dem 17.8.2015 verstorben sind.[248]

Art. 3a Abs. 2 EGBGB findet hingegen dann **keine Anwendung,** wenn der Belegen- 175
heitsstaat nicht nur für Grundstücke, sondern ganz **allgemein ein anderes Vermögensstatut** zur Anwendung beruft als das deutsche Recht, also – wie zB das *dänische* IPR – die güterrechtlichen Beziehungen von deutschen Ehegatten insgesamt deren ausländischem Wohnsitzrecht unterstellt.[249] Ferner bleibt Art. 3a EGBGB auch dann außer Betracht, wenn der Belegenheitsstaat einen Teil des Vermögens einem vom deutschen Gesamtstatut abweichenden Recht unterwirft, ohne insoweit auf die Belegenheit dieses Vermögens abzustellen, wie dies zB für die **Anknüpfung des beweglichen Vermögens** im *anglo-amerikanischen* Recht gilt.[250] Die abweichende Anknüpfung wird vielmehr nur dann berücksichtigt, wenn das fremde IPR sein eigenes Recht gerade deshalb zur Anwendung beruft, weil die betroffenen Vermögensgegenstände auf seinem eigenen Territorium belegen sind.

### 3. Wirkung

Rechtsfolge des Art. 3a Abs. 2 EGBGB ist – ähnlich wie bei einem partiellen *Renvoi* oder 176
einer Teilrechtswahl – eine **Spaltung des Vermögens** der Ehegatten oder des Kindes. Neben dem Gesamtstatut gilt das ausländische Belegenheitsrecht für das dortige Vermögen. Eine Rück- oder Weiterverweisung durch das Belegenheitsrecht kommt nicht in Betracht, weil sie jedenfalls dem „Sinn der Verweisung" des Art. 3a Abs. 2 EGBGB widersprechen würde (Art. 4 Abs. 1 S. 1 EGBGB).[251] Der dem ausländischen Einzelstatut unterliegende Vermögensteil ist grundsätzlich so anzusehen, als ob er das gesamte Vermögen ausmachen würde. Härten können nur im Wege der Anpassung ausgeglichen werden.[252]

**Beispiel: Ausländisches Gesamtstatut – deutsches Einzelstatut** 177
In diesem Verhältnis spielte Art. 3a Abs. 2 EGBGB in der Vergangenheit eine Rolle bei der – allerdings seltenen – Vererbung von Höfen im Geltungsbereich der nordwestdeutschen Höfeordnung durch ausländische Erblasser. Denn die Höfeordnung setzte sich dann als Einzelstatut gegen das nach Art. 25 Abs. 1 EGBGB aF maßgebende ausländische Erbstatut

brücken IPRax 1999, 110 mAnm *Kartzke* IPRax 1999, 98; OLG Celle FamRZ 2003, 1876 mAnm *Dörner*; OLG Koblenz ZEV 2010, 262; Notariat Villingen-Schwennigen ZErb 2013, 20 (21).

[246] Vgl. *Ludwig* DNotZ 2000, 663 (669ff.); *v. Bar/Mankowski* IPR I §7 Rn. 46ff.; *Schotten/Schmellenkamp* IPR Rn. 150; Palandt/*Thorn* EGBGB Art. 3a Rn. 6; Erman/*Hohloch* EGBGB Art. 3a Rn. 11; MüKo-BGB/*v. Hein* EGBGB Art. 3a Rn. 48ff.; Staudinger/*Hausmann* EGBGB Art. 3a Rn. 27ff., jeweils mwN; **aA** Soergel/*Schurig* EGBGB Art. 15 Rn. 66.

[247] Im *englischen* IPR findet hingegen eine solche Güterrechtsspaltung nicht mehr statt, vgl. OLG Hamm FamRZ 2014, 947.

[248] Vgl. zuletzt OLG Hamm FamRZ 2015, 1645 (1647).

[249] OLG München ZEV 2009, 512 mAnm *Muscheler* (*Schweiz*); Palandt/*Thorn* EGBGB Art. 3a Rn. 6; Erman/*Hohloch* EGBGB Art. 3a Rn. 12; NK-BGB/*Freitag* EGBGB Art. 3a Rn. 8; Staudinger/*Hausmann* EGBGB Art. 3a Rn. 38; MüKoBGB/*v. Hein* EGBGB Art. 3a Rn. 52, jeweils mwN.

[250] BayObLG FamRZ 2003, 1595 (1597) (*Ontario*); OLG Zweibrücken FamRZ 1998, 263 (264) (*Südafrika*); Staudinger/*Hausmann* EGBGB Art. 3a Rn. 39; MüKoBGB/*v. Hein* EGBGB Art. 3a Rn. 51, jeweils mwN.

[251] Staudinger/*Hausmann* EGBGB Art. 3a Rn. 36, 45; MüKoBGB/*v. Hein* EGBGB Art. 3a Rn. 70; **aA** *Ludwig* DNotZ 2000, 663 (672).

[252] Vgl. Staudinger/*Hausmann* EGBGB Art. 3a Rn. 46f.

durch.[253] Nach geltendem Recht wird diese Problematik nicht mehr von Art. 3a Abs. 2 EGBGB, sondern – wenn auch im Ergebnis übereinstimmend – durch Art. 30 EuErbVO geregelt (dazu → § 15 Rn. 337 ff.).

178 **Beispiel: Deutsches Gesamtstatut – ausländisches Einzelstatut**
Der Deutsche M lebt mit seiner aus Ontario/Kanada stammenden Ehefrau F in München. Im Vorfeld der beabsichtigten Ehescheidung suchen die Ehegatten einen Notar in München auf und ersuchen um Beurkundung einer Scheidungsvereinbarung, in der sie ihre vermögensrechtlichen Verhältnisse regeln wollen. Zum Vermögen der Ehefrau gehört unter anderem ein Ferienappartement in Toronto/Kanada. Welche kollisionsrechtlichen Überlegungen wird der Notar anstellen?

Die güterrechtlichen Beziehungen der Ehegatten unterliegen gemäß Art. 15 Abs. 1 iVm Art. 14 Abs. 1 Nr. 2 EGBGB dem deutschen Recht, weil die Ehegatten keine gemeinsame Staatsangehörigkeit besitzen und ihren gewöhnlichen Aufenthalt in Deutschland haben. Fraglich ist allerdings, ob die Ferienwohnung in Toronto in die güterrechtliche Regelung nach dem deutschen Güterrecht einbezogen werden kann. Denn diese Wohnung befindet sich nicht in Deutschland, dessen Recht als güterrechtliches Gesamtstatut zur Anwendung berufen ist, und für sie gelten nach dem Recht von Ontario „besondere Vorschriften" iSv Art. 3 Abs. 2 EGBGB, weil danach in Ontario belegene Immobilien auch in güterrechtlicher Hinsicht stets dem eigenen Recht unterworfen werden.

Um die Schwierigkeiten, die sich aus dieser Güterrechtsspaltung ergeben, auszuschalten, würde sich eine Rechtswahl der Parteien zugunsten des deutschen Rechts nach Art. 15 Abs. 2 Nr. 2 EGBGB anbieten. Die Frage, ob der Grundsatz „Einzelstatut bricht Gesamtstatut" durch eine Rechtswahl überwunden werden kann, ist im Kapitel zum ehelichen Güterrecht zu behandeln (→ § 9 Rn. 106 f.).

179 **Beispiel: Ausländisches Gesamtstatut – ausländisches Einzelstatut**
Ein italienisches Ehepaar mit gewöhnlichem Aufenthalt in Deutschland lässt sich in Deutschland scheiden. Die Ehefrau stellt iRd Scheidungsverfahrens Antrag auf Auseinandersetzung der Errungenschaftsgemeinschaft nach italienischem Recht. Zum Vermögen des Ehemannes gehört ein Appartement in Manhattan/New York. Welches Recht ist auf die güterrechtlichen Beziehungen der Eheleute anwendbar? Wie wäre es, wenn der Ehemann bei einem New Yorker Bankhaus außerdem ein Wertpapierdepot unterhält, das auf dem er sein wesentliches Geldvermögen angelegt hat?

Art. 15 Abs. 1 iVm Art. 14 Abs. 1 Nr. 1 EGBGB verweisen auf das italienische Heimatrecht der Ehegatten. Dies ist eine Gesamtverweisung, so dass eine etwaige Rück- oder Weiterverweisung durch das italienische IPR zu beachten wäre. Dieses knüpft jedoch in Art. 30 Abs. 1 S. 1 iVm Art. 29 Abs. 1 IPRG 1995 im ehelichen Güterrecht ebenfalls an das gemeinsame Heimatrecht der Ehegatten an und nimmt damit die deutsche Verweisung an.

Art. 3a Abs. 2 EGBGB schränkt diese (Gesamt-)Verweisung auf das italienische Recht jedoch für solche Gegenstände ein, die sich nicht in Italien befinden und die nach dem Recht des Staates, in dem sie sich befinden, besonderen Vorschriften unterliegen. Das Recht von New York unterwirft die güterrechtlichen Beziehungen von Eheleuten an unbeweglichen Sachen, die in New York belegen sind, der *lex rei sitae*, also dem New Yorker Recht. Aus diesem Grunde umfasst die von Art. 15 EGBGB ausgesprochene Gesamtverweisung auf das italienische Recht nicht auch das New Yorker Appartement des Ehemannes. Dieses ist daher aus deutscher Sicht kein Bestandteil der *comunione legale* des italienischen Rechts, sondern unterliegt in güterrechtlicher Hinsicht dem Recht von New York. Insoweit kommt es nicht darauf an, dass das italienische IPR eine dem Art. 3a Abs. 2 EGBGB vergleichbare Vorschrift nicht kennt. Danach steht das New Yorker Appartement grundsätzlich im Allein-

[253] Vgl. den 1. Beispielsfall bei *Schotten/Schmellenkamp* IPR Rn. 21.

eigentum des Ehemannes. Die Ehefrau kann jedoch iRd Vermögensauseinandersetzung aus Anlass der Ehescheidung uU einen güterrechtlichen Ausgleich verlangen, insbesondere wenn sie finanzielle Beiträge zum Erwerb des Appartements geleistet hat.

Das Wertpapierdepot des Ehemannes bei der New Yorker Bank gehört zu dessen beweglichem Vermögen. Als solches unterliegt es in güterrechtlicher Hinsicht nach New Yorker Kollisionsrecht dem Recht am gemeinsamen „*domicile*" der Ehegatten. Geht man davon aus, dass die Ehegatten ihr (Wahl-)Domizil iSd New Yorker Rechts in Deutschland begründet hatten, so verweist das New Yorker Recht auf deutsches Recht. Ob das New Yorker Kollisionsrecht auch die (Weiter-)Verweisung des deutschen IPR auf italienisches Recht beachten würde, kann offenbleiben. Denn bei der Kollisionsnorm des New Yorker Rechs für das Ehegüterrecht in Bezug auf bewegliches Vermögen der Ehegatten handelt es sich nicht um eine „besondere Vorschrift" iSv Art. 3a Abs. 2 EGBGB, weil die Anknüpfung an das *domicile* nicht auf das in New York belegene bewegliche Vermögen beschränkt ist. Damit verbleibt es aus deutscher Sicht insoweit bei der Gesamtverweisung auf das italienische Recht. Das Wertpapierdepot des Ehemannes fällt daher, soweit es erst während der Ehe aufgebaut wurde, in das Gesamtgut der italienischen Errungenschaftsgemeinschaft.

Der Vorrang des Einzelstatuts nach Art. 3a Abs. 2 EGBGB greift im Übrigen unabhängig davon ein, auf welchem kollisionsrechtlichen Weg das Gesamtstatut ermittelt wurde, also auch dann, wenn das deutsche Gesamtstatut infolge einer Rückverweisung oder das ausländische Gesamtstatut infolge einer Weiterverweisung durch das von Art. 15 EGBGB zur Anwendung berufene Recht bestimmt worden ist.[254] 180

[254] *Schotten/Schmellenkamp* IPR Rn. 21 mit Beispiel 3.

# § 3. Allgemeine Lehren

## Übersicht

## A. Qualifikation

**Schrifttum:**

*Azzi,* Bruxelles I, Rome I, Rome II: Regard sur la qualification en droit international privé communautaire, D.2009.1621; *Baratta,* The Process of Characterization in the EC Conflict of Laws: Suggesting a fexible approach, YbPIL 6 (2004), 155; *Bariatti,* Qualificazione e interpretazione nel diritto internazionale privato comunitario: prime riflessioni, Riv.dir.int. priv. proc. 2006, 230; *Bernasconi,* Der Qualifikationsprozess, 1997; *Dörner,* Qualifikation im IPR – ein Buch mit sieben Siegeln?, StAZ 1988, 345; *ders.,* Die Abgrenzung des Erbstatuts vom Güterstatut, in: Dutta/Herrler (Hrsg.), Die Europäische Erbrechtsverordnung, 2014, S. 73; *Elhoueiss,* Retour sur la qualification lege causae en droit international privé, Clunet 2005, 281; *Heiss/Kaufmann-Mohi,* „Qualifikation" – Ein Regelungsgegenstand für eine Rom 0-Verordnung, in: Leible/Unberath (Hrsg.), Brauchen wir eine Rom 0-Verordnung?, 2013, S. 183; *Mankowski,* Das erbrechtliche Viertel nach § 1371 Abs. 1 BGB im deutschen und europäischen IPR, ZEV 2014, 121; *Mistelis,* Charakterisierungen und Qualifikation im internationalen Privatrecht, 1999; *Rabel,* Das Problem der Qualifikation, RabelsZ 5 (1931), 241.

### I. Problemstellung

1 Um das auf einen Sachverhalt mit Auslandsberührung anwendbare Recht zu ermitteln, muss in einem ersten Schritt die hierfür maßgebende Kollisionsnorm bestimmt werden. Der Tatbestand einer Kollisionsnorm enthält zwei Elemente, den Anknüpfungsgegenstand und das Anknüpfungsmoment, wobei der Anknüpfungsgegenstand ein materiell-rechtlich geprägter Systembegriff ist (→ § 2 Rn. 5f.). Als „Qualifikation" bezeichnet man im IPR

die Subsumtion des zu beurteilenden Sachverhalts unter den im Tatbestand der Kollisionsnorm enthaltenen **Anknüpfungsgegenstand.**[1] Anknüpfungsmomente werden hingegen nur *ausgelegt* und nicht qualifiziert. Bei der Qualifikation geht es also um die Bestimmung der sachlichen Reichweite der einzelnen Kollisionsnormen des besonderen Teils des IPR und deren Abgrenzung voneinander. Das Problem der Qualifikation resultiert daraus, dass das IPR verhältnismäßig weite Systembegriffe verwendet, so dass die Subsumtion deutlich größere Schwierigkeiten bereitet als im Sachrecht.

## II. Gegenstand der Qualifikation

Bereits die Frage, was überhaupt Gegenstand der Qualifikation ist, dh was als „Untersatz" dem Tatbestand einer Kollisionsnorm als dem „Obersatz" unterlegt wird, ist streitig. Es handelt sich freilich um eine eher theoretische Frage, deren Auswirkung auf die praktische Falllösung gering ist.[2] 2

### 1. Lebensverhältnisse

Teilweise wird als Gegenstand der Kollisionsnorm und somit der Qualifikation das „Lebensverhältnis" bezeichnet und demgemäß erklärt, die Kollisionsnorm habe denselben Gegenstand wie die Sachnorm; sie bestimme lediglich die materielle Rechtsfolge nicht direkt, sondern indirekt durch Bezeichnung der maßgebenden Rechtsordnung.[3] Während aber Sachnormen unmittelbar an eine **Tatsache,** zB an die Geburt oder den Tod eines Menschen, verschiedene Rechtsfolgen knüpfen, machen Kollisionsnormen die Anwendbarkeit einer bestimmten Rechtsordnung nie von einer Tatsache als solcher abhängig; vielmehr muss es um bestimmte materielle **Rechtsfolgen** dieser Tatsache gehen, zB bei der Geburt eines Menschen um seine Rechtsfähigkeit, Erbfähigkeit, seine Abstammung etc, beim Tod um seine Beerbung, die Versorgung seiner Hinterbliebenen etc. 3

### 2. Rechtsfragen

Gegenstand der Qualifikation ist daher nicht das bloße „Lebensverhältnis", auch nicht eine bestimmte Sachnorm, sondern eine Rechtsfrage, die mit Hilfe von Sachnormen beantwortet werden soll. Es wird also entweder nach den Rechtsfolgen einer bestimmten Tatsache, zB der Geburt eines Kindes, oder – umgekehrt – nach den tatsächlichen Voraussetzungen einer bestimmten Rechtsfolge, zB einer gültigen Ehe, gefragt. Grundsätzlich ist es demnach die jeweilige Rechtsfrage, die unter eine Kollisionsnorm subsumiert und damit qualifiziert wird. Gegenstand der Qualifikation ist also das jeweilige Rechtsbegehren bzw. ein bestimmtes Rechtsinstitut (zB die Morgengabe als Zusammenfassung mehrerer miteinander verknüpfter Rechtsfragen).[4] 4

## III. Qualifikationsmethoden

Zur Lösung dieser Qualifikationsprobleme, dh zur Bestimmung des Qualifikationsstatuts, wurden verschiedene Theorien entwickelt: 5

- Nach der *lex-fori*-Theorie erfolgt die Qualifikation – ebenso wie die Auslegung der entsprechenden Systembegriffe im materiellen Recht – nach Maßgabe des Rechts am Ort der zur Entscheidung berufenen Behörde.[5] Ein in Deutschland tätiger Notar oder

---

[1] BeckOK BGB/*Lorenz* IPR Einl. Rn. 52; MüKoBGB/*v. Hein* IPR Einl. Rn. 108; *Kropholler* IPR § 15 I; *Kegel/Schurig* IPR Rn. 1.

[2] *Dörner* StAZ 1988, 345 (348); *v. Hoffmann/Thorn* IPR § 6 Rn. 1; MüKoBGB/*v. Hein* IPR Einl. Rn. 112.

[3] So *Rabel* RabelsZ 5 (1931), 241 (243).

[4] *Dörner* StAZ 1988, 345 (349); *Kropholler* IPR § 15 I 2, 3; *v. Hoffmann/Thorn* IPR § 6 Rn. 8; Raape/*Sturm* IPR I § 15 I; MüKoBGB/*v. Hein* IPR Einl. Rn. 113.

[5] Grundlegend *Bartin* Clunet 1897, 225 ff., 466 ff., 720 ff.; zust. *v. Hoffmann/Thorn* IPR § 6 Rn. 12.

Rechtsanwalt hat danach im Rahmen seiner rechtsgestaltenden Tätigkeit vom **deutschen Recht** auszugehen, wenn es um die Auslegung von Systembegriffen (Anknüpfungsgegenständen) einer deutschen Kollisionsnorm geht. Diese Theorie ist jedoch nicht in der Lage, Hilfestellung bei der Qualifikation von Rechtsinstituten zu bieten, die – wie die homosexuelle Ehe, die Morgengabe der islamischen Rechte oder der *trust* des Common Law – dem deutschen Recht unbekannt sind.[6]

- Nach der *lex-causae*-Theorie soll hingegen das von den Kollisionsnormen der *lex fori* zur Anwendung berufene **ausländische Recht** für die Qualifikation maßgeblich sein, auch soweit es um die Auslegung der deutschen Kollisionsnormen geht.[7] Dagegen spricht vor allem, dass die *lex causae* im Zeitpunkt der Qualifikationsentscheidung noch nicht feststeht, sondern erst nach erfolgter Qualifikation bestimmt werden kann.[8] Außerdem müsste eine Qualifikation nach der *lex causae* verstärkt zu Fällen der Normenhäufung und des Normenmangels führen.[9]
- Eine dritte, insbesondere von Ernst *Rabel*[10] entwickelte Ansicht möchte die Systembegriffe autonom, dh losgelöst sowohl von der *lex fori* wie von der *lex causae,* aufgrund eines im Wege der **Rechtsvergleichung** gefundenen Inhalts auslegen. Der Haupteinwand gegen diese Lösung besteht darin, dass die mit Auslandsfällen befassten nationalen Gerichte, insbesondere in den unteren Instanzen, hierdurch überfordert würden.[11]

## IV. Funktionale Qualifikation

6 Nachfolgend soll nur die heute herrschende sog funktional-teleologische Qualifikationsmethode[12] dargestellt werden, die als Synthese aus der *lex-fori*-Theorie und der rechtsvergleichenden Theorie hervorgegangen ist.

### 1. Grundsatz: lex fori-Qualifikation

7 Grundsätzlich ist der Maßstab für die Qualifikation allein derjenigen Rechtsordnung zu entnehmen, unter deren Kollisionsnormen eine Rechtsfrage oder Norm subsumiert werden soll; denn jede Rechtsordnung hat in erster Linie selbst über die Auslegung der in ihren Vorschriften verwendeten Begriffe zu befinden.[13] Ob zB die *Testierfähigkeit* unter den Begriff der Geschäftsfähigkeit iSd Art. 7 EGBGB oder unter die Rechtsnachfolge von Todes wegen iSv Art. 25 EGBGB aF einzuordnen war, war iRd Qualifikation ebenso zu entscheiden wie im deutschen materiellen Recht; § 2229 BGB sprach daher für eine erbrechtliche Qualifikation, wie dies Art. 26 Abs. 1 lit. a EuErbVO heute mit Wirkung für die an dieser Verordnung teilnehmenden Mitgliedstaaten klarstellt. Die *lex-fori*-Qualifikation bereitet freilich Schwierigkeiten, wenn das deutsche Sachrecht keine eindeutige Einordnung erlaubt (so zB für die Frage, ob die *Erhöhung des gesetzlichen Ehegattenerbrechts* nach § 1371 Abs. 1 BGB güter- oder erbrechtlich zu qualifizieren ist; dazu → Rn. 22f.) oder wenn es um die kollisionsrechtliche Einordnung von Rechtsinstituten geht, die das deutsche Recht überhaupt nicht kennt (zB die *Morgengabe* der islamischen Rechte; dazu → § 9 Rn. 203ff.).

[6] MüKoBGB/*v. Hein* IPR Einl. Rn. 115 mwN.
[7] Dafür insbesondere *M. Wolf* IPR S. 54ff.
[8] *Ferid* IPR Rn. 4–14.
[9] MüKoBGB/*v. Hein* IPR Einl. Rn. 116.
[10] *Rabel* RabelsZ 5 (1931), 241 (287).
[11] *Wendehorst* FS Sonnenberger, 2004, 743 (751); *v. Hoffmann/Thorn* IPR § 6 Rn. 23ff.; **aA** MüKoBGB/*v. Hein* IPR Einl. Rn. 117.
[12] Dazu MüKoBGB/*v. Hein* IPR Einl. Rn. 118ff., der insoweit auch von einer „aufgeklärten *lex fori*-Theorie“ spricht.
[13] BGHZ 29, 137 (139) = NJW 1959, 117; 44, 46 (50) und 44, 121 (124); 153, 82 (86); Palandt/*Thorn* EGBGB Einl. Art. 3 Rn. 27; BeckOK BGB/*Lorenz* IPR Einl. Rn. 51; NK-BGB/*Freitag* EGBGB Art. 3 Rn. 22; *Kropholler* IPR § 16 I.

Ist das anwendbare Recht ermittelt, so kann sich das Problem der Qualifikation erneut stellen, und zwar iRd Anwendung des ausländischen Sachrechts. Verbietet etwa das ausländische Erbrecht gemeinschaftliche Testamente, so ist der Sinn und Zweck der entsprechenden ausländischen Sachnorm zu ermitteln und es ist auf dieser Grundlage zu entscheiden, ob diese Norm von der Verweisung auf das Erbstatut (Art. 21 EuErbVO) oder der Verweisung auf das Formstatut (Art. 1 ff. Haager Testamentsformübereinkommen) erfasst wird (dazu näher → § 15 Rn. 172 ff.). Insoweit geht es also um die **Reichweite** der einmal festgestellten Verweisung.[14] Diese erstreckt sich grundsätzlich auf alle funktionsäquivalenten Rechtsinstitute der zur Anwendung berufenen Rechtsordnung.[15] Dabei kann bisweilen auch eine **Doppel- oder Mehrfachqualifikation** erforderlich werden, wie zB bei der Prozesskostenvorschusspflicht unter Ehegatten als Institut des Prozessrechts, der allgemeinen Ehewirkungen und des Unterhaltsrechts.[16] 8

Zu beachten ist schließlich, dass die Begriffe des Kollisionsrechts nicht notwendig mit den korrespondierenden Begriffen des materiellen Rechts übereinstimmen müssen (sog „Autonomie der Begriffsbildung im IPR"). Vor allem die Notwendigkeit, auch dem materiellen Recht der *lex fori* unbekannte Rechtsinstitute unter die Kollisionsnormen zu subsumieren, führt häufig zu einer **Erweiterung der kollisionsrechtlichen Systembegriffe** gegenüber den entsprechenden Begriffen des materiellen Rechts.[17] Ein Beispiel hierfür ist die Qualifikation der gerichtlichen Ehetrennung nach ausländischem Recht als „Ehescheidung" iSv Art. 17 Abs. 1 EGBGB aF.[18] Hier wird der Einfluss der rechtsvergleichenden Theorie spürbar. 9

Bei der Qualifikation von Rechtsinstituten des ausländischen Rechts, die dem eigenen Sachrecht unbekannt sind, empfiehlt sich eine an der Funktion und dem Zweck dieses Rechtsinstituts orientierte Qualifikation. Ihr Ziel beschreibt der **BGH**[19] wie folgt: 10

„Die dem deutschen Richter obliegende Aufgabe ist es, die Vorschrift des ausländischen Rechts nach ihrem Sinn und Zweck zu erfassen, ihre Bedeutung vom Standpunkt des ausländischen Rechts zu würdigen und sie mit Einrichtungen der deutschen Rechtsordnung zu vergleichen. Auf der so gewonnenen Grundlage ist sie den aus den Begriffen und Abgrenzungen der deutschen Rechtsordnung aufgebauten Merkmalen der deutschen Kollisionsnorm zuzuordnen."

So kann es sich etwa bei der nach ausländischem Recht zulässigen **Stellvertretung bei der Eheschließung** (sog *„Handschuhehe"*) um eine Frage der Eheschließungsform oder der sachlichen Ehevoraussetzungen handeln.[20] Auch das **Verbot des gemeinschaftlichen Testaments** nach ausländischem Erbrecht kann sich nur gegen das gemeinsame Testieren in einer Urkunde (dann Formfrage) oder gegen die Bindungswirkung nach dem Tod des erstversterbenden Ehegatten richten (dann Frage der materiellen Wirksamkeit des Testaments). In solchen Fällen hängt alles von der Ermittlung des wirklichen Inhalts und Zwecks der ausländischen Vorschrift ab. 11

## 2. Modifikationen

**a) Lex causae-Qualifikation iRd Anwendung ausländischen Kollisionsrechts.** Soweit ein deutscher Notar iRd Prüfung einer **Rück- oder Weiterverweisung** (Art. 4 Abs. 1 S. 1 EGBGB) fremdes Kollisionsrecht anzuwenden hat, hat er auch die Qualifikation nach dem fremden Recht vorzunehmen, auf das die deutsche Kollisionsnorm verweist 12

[14] *Dörner* StAZ 1988, 345 (349 f.); *v. Bar/Mankowski* IPR I Rn. 138; *Schotten/Schmellenkamp* IPR Rn. 48.
[15] Vgl. MüKoBGB/*v. Hein* IPR Einl. Rn. 136 ff.
[16] Näher zur Mehrfachqualifikation MüKoBGB/*v. Hein* IPR Einl. Rn. 140 ff.
[17] *V. Bar/Mankowski* IPR I § 7 Rn. 173; MüKoBGB/*v. Hein* IPR Einl. Rn. 118.
[18] BGHZ 47, 324 (336); im geltenden Recht wird die Gleichbehandlung in Art. 1 Abs. 1 lit. a EuEheVO und Art. 1 Abs. 1 Rom III-VO ausdrücklich angeordnet.
[19] BGHZ 29, 137 (139) = NJW 1959, 717.
[20] Vgl. zur Qualifikation als Formfrage BGHZ 29, 137 (139); BayObLGZ 2000, 335 (337 f.).

(sog „Qualifikation zweiten Grades").[21] Insoweit sind noch Anklänge an die *lex-causae*-Theorie erkennbar. Darin liegt jedoch kein Widerspruch zum Grundsatz der *lex fori*-Qualifikation; vielmehr handelt es sich nur um eine konsequente Fortführung der Grundregel, dass in Kollisionsnormen verwendete Begriffe nach dem Recht des Staates zu qualifizieren sind, der sie erlassen hat.[22] Ordnet das ausländische IPR eine Rechtsfrage kollisionsrechtlich anders ein als das deutsche Recht, so kann sich daraus ein ***Renvoi* kraft abweichender Qualifikation** ergeben, der grundsätzlich zu beachten ist.[23]

13 **b) Qualifikationsverweisung.** Eine Rechtsordnung kann die Konkretisierung des von ihr verwendeten Systembegriffs aber auch ausdrücklich oder stillschweigend einer anderen Rechtsordnung überlassen, sog **Qualifikationsverweisung.**[24] So wird etwa in Kollisionsrechten, die – wie die *Common Law*-Jurisdiktionen – auf den Gebieten des Ehegüter- oder Erbrechts zwischen beweglichem und unbeweglichem Vermögen unterscheiden, die Zuordnung einer Sache oder eines Rechts zum beweglichen oder unbeweglichen Vermögen häufig dem Recht am jeweiligen Belegenheitsort überlassen.[25]

14 **c) Autonome Qualifikation von Kollisionsnormen in Staatsverträgen und EU-Verordnungen.** Die Anknüpfung an die *lex fori* hat auch auszuscheiden, soweit Qualifikationsfragen durch **Kollisionsnormen in Staatsverträgen** aufgeworfen werden. Im Interesse ihrer einheitlichen Anwendung durch die Gerichte der Vertragsstaaten ist über die Qualifikation unter Beachtung der Entstehungsgeschichte und des Zwecks des Staatsvertrages sowie unter vergleichender Heranziehung der Rechtsordnungen der übrigen Vertragsstaaten zu entscheiden.[26]

15 Die gleichen Grundsätze wie iRv Staatsverträgen gelten für die Qualifikation der in **EU-Verordnungen** verwendeten kollisionsrechtlichen Begriffe. Auch insoweit gilt das Gebot der autonomen Qualifikation, die sich an den Zielen und der Systematik der jeweiligen Verordnung zu orientieren hat.[27] In nicht wenigen Vorschriften nehmen die EU-Verordnungen selbst eine **authentische Definition** bestimmter Anknüpfungsgegenstände vor.[28] So wird in der Rom I-VO der Begriff des „Verbrauchers" in Art. 6 Abs. 1 und der Begriff der „Eingriffsnorm" in Art. 9 Abs. 1 definiert. Nicht selten erfolgt eine solche Definition auch nur mittelbar durch Verweisung auf entsprechende EU-Richtlinien; dies gilt etwa für die Begriffe „Pauschalreise" und „Timesharing" in Art. 6 Abs. 4 oder den Begriff „Finanzinstrumente" in Art. 4 Abs. 1 lit. h Rom I-VO. Die jüngeren Verordnungen zum internationalen Familien- und Erbrecht enthalten darüber hinausgehend eigenständige Definitionsnormen mit z. T. ausführlichen Katalogen von Begriffsbestimmungen. So definiert die EuErbVO in ihrem Art. 3 so zentrale Anknüpfungsgegenstände wie die „Rechtsnachfolge von Todes wegen", den „Erbvertrag", das „gemeinschaftliche Testament" und die „Verfügung von Todes wegen". Ferner wird in Art. 26 EuErbVO der Begriff der „materiellen Wirksamkeit" einer Verfügung von Todes wegen definiert und klargestellt, dass – abweichend vom bisherigen Verständnis

[21] BGH FamRZ 1980, 673; Palandt/*Thorn* EGBGB Einl. Art. 3 Rn. 28.
[22] BeckOK BGB/*Lorenz* IPR Einl. Rn. 60; Erman/*Hohloch* EGBGB Einl. Art. 3 Rn. 40.
[23] Vgl. dazu statt vieler Staudinger/*Hausmann* EGBGB Art. 4 Rn. 66ff. mit Beispielen; ferner → § 2 Rn. 98 und → § 9 Rn. 96f.
[24] *Jayme* ZfRV 1976, 93.
[25] BGHZ 24, 352 (355); 144, 251 = NJW 2000, 2421 (2422); KG FamRZ 2012, 1515; BeckOK BGB/*Lorenz* IPR Einl. Rn. 61; NK-BGB/*Freitag* EGBGB Art. 4 Rn. 13; Staudinger/*Hausmann* EGBGB Art. 4 Rn. 71ff. mwN; dazu näher das Beispiel → Rn. 28 sowie das Beispiel → § 9 Rn. 53f.
[26] *Meyer-Sparenberg*, Staatsvertragliche Kollisionsnormen, 1990, 132f.; Palandt/*Thorn* EGBGB Einl. Art. 3 Rn. 28; MüKoBGB/*v. Hein* IPR Einl. Rn. 135.
[27] *Heinze* FS Kropholler, 2008, 105 (108ff.); *Heiss/Kaufmann-Mohi* S. 181 (189ff.); MüKoBGB/*v. Hein* IPR Einl. Rn. 126ff. mwN.
[28] Vgl. *Heiss/Kaufmann-Mohi* S. 181 (187); *Lüttringhaus* RabelsZ 77 (2013), 31 (41ff.); MüKoBGB/*v. Hein* IPR Einl. Rn. 128.

im IPR der Mitgliedstaaten – auch die Auslegung der Verfügung unter diesen Begriff zu subsumieren ist. Schließlich wird in Art. 27 Abs. 3 EuErbVO erläutert, was als zur „Form" einer Verfügung von Todes wegen gehörend anzusehen ist.

Neben diesen verbindlichen authentischen Definitionen im Verordnungstext enthalten auch die den Verordnungen vorangestellten **Erwägungsgründe** wichtige Begriffserläuterungen. So wird etwa für die Zwecke der Rom I-VO der Begriff der nach Art. 1 Abs. 2 lit. b aus ihrem sachlichen Anwendungsbereich ausgeschlossenen „Familienverhältnisse" in Erwägungsgrund 8 näher konkretisiert. In ähnlicher Weise verdeutlicht Erwägungsgrund 11 zur Rom II-VO, dass auch die Gefährdungshaftung als „außervertragliche Haftung" im Sinne dieser Verordnung zu verstehen ist. Eine detaillierte Beschreibung von „Umweltschäden" iSv Art. 7 Rom II-VO liefert der Erwägungsgrund 24. Und der Erwägungsgrund 30 erläutert den Begriff des „Verschuldens bei Vertragsverhandlungen" in Art. 12 und seine Abgrenzung von der deliktischen Haftung nach Art. 4 Rom II-VO. 16

Unmittelbare Auswirkungen auf die Frage, wie weit die jeweiligen Anknüpfungsgegenstände einer Verordnung zu ziehen sind, hat auch der in jeder Verordnung vorgesehene Katalog von Rechtsfragen, die *nicht* in deren sachlichen Anwendungsbereich fallen. So wird etwa der Begriff „vertragliches Schuldverhältnis" iSd Rom I-VO erst im Lichte von Art. 1 Abs. 2 dieser Verordnung deutlich, der eine ganze Reihe vertraglicher Schuldverhältnisse – zB auf den Gebieten des Unterhalts-, Güter- und sonstigen Familienrechts sowie des Wertpapier- und Gesellschaftsrechts – ausnimmt. Auch diese **Ausnahmekataloge** sind damit im Ergebnis nichts anderes als spezielle Qualifikationsregeln. Als weiteres Mittel zur Steuerung der Qualifikation dienen dem europäischen Gesetzgeber schließlich die ebenfalls in den meisten Verordnungen enthaltenen **Vorschriften zur Reichweite des jeweiligen Statuts.** Typische Beispiele sind etwa Art. 12 Rom I-VO (Vertragsstatut) und Art. 23 EuErbVO (Erbstatut). Die Anwendung dieser Vorschriften setzt zwar voraus, dass das Statut schon bestimmt ist; es handelt sich also eigentlich um die Qualifikation zweiter Stufe. Dennoch beeinflussen diese Vorschriften selbstverständlich auch die Qualifikation auf der ersten Stufe. So wäre dem deutschen Reichsgericht im Tennessee-Wechsel-Fall (→ Rn. 25) nicht der Fehler unterlaufen, die Verjährung nach dem Recht von Tennessee als prozessuales Institut zu qualifizieren, wenn es damals schon eine dem Art. 12 Abs. 1 lit. d Rom I-VO entsprechende Vorschrift im deutschen EGBGB gegeben hätte, die klargestellt hätte, dass die Verjährung vertraglicher Ansprüche als Institut des materiellen Vertragsrechts zu qualifizieren ist. 17

Nicht zu unterschätzen ist schließlich auch **Rolle des EuGH** bei der Qualifikation von Anknüpfungsgegenständen des europäischen IPR. Zwar ist der Gerichtshof iRd Vorabentscheidungsverfahrens nach Art. 267 AEUV eigentlich darauf beschränkt, abstrakte Auslegungsfragen zu entscheiden, nicht aber den konkreten Sachverhalt unter Vorschriften des europäischen Rechts zu subsumieren. Die Vorlagefragen der nationalen Gerichte sind indessen regelmäßig so stark durch den konkret zugrundeliegenden Sachverhalt geprägt, dass die Antwort des EuGH auf die Auslegungsfrage einer Subsumtion im Einzelfall sehr nahe kommt und die Endentscheidung des nationalen Gerichts weitgehend präjudiziert. Methodisch steht die vom EuGH befolgte autonome Auslegung der Qualifikation nationaler Gerichte nach der *lex fori* sehr nahe. In dem der Gerichtshof seine Auslegung auf eine funktionale Rechtsvergleichung der europäischen Rechtsordnungen stützt, entwickelt er ein gemeinsames europäisches Begriffsverständnis, das im Ergebnis nichts anderes als eine *lex-fori*-Qualifikation auf supranationaler Ebene darstellt.[29] Als Beispiel sei nur an die Tacconi-Entscheidung zu Art. 5 Nr. 1 EuGVÜ erinnert, in welcher der EuGH aufgrund rechtsvergleichender und systematischer Überlegungen zu dem Ergebnis gelangt ist, dass ein „vertragliches Schuldverhältnis" im europäischen Sinne nur vorliegen könne, wenn die schuldrechtliche Verpflichtung „freiwillig eingegangen" wurde; aus diesem 18

[29] So *Heiss/Kaufmann-Mohi* S. 181 (191 f.).

Grunde wurde die Haftung aus *culpa in contrahendo* zu Recht als außervertraglich qualifiziert.[30]

## V. Fallgruppen

19 Probleme bezüglich der Qualifikation können hauptsächlich in folgenden *drei Konstellationen* auftreten:

### 1. Systemunterschiede zwischen deutschem IPR und deutschem materiellen Recht

20 Aufgrund der Notwendigkeit einer weiten Fassung der Anknüpfungsgegenstände stimmen die hierfür verwendeten Systembegriffe des IPR bereits nicht vollständig mit denen des deutschen materiellen Rechts überein. Das kann zur Folge haben, dass bereits hinsichtlich einer deutschen Sachnorm fraglich ist, unter welche Kollisionsnorm sie einzuordnen ist, wie zB der Anspruch von Ehegatten auf einen **Prozesskostenvorschuss** nach § 1360a Abs. 4 BGB.

21 **Beispiel:**
Die deutsche Staatsangehörige F hatte im Jahre 2002 den italienischen Staatsangehörigen M geheiratet und mit ihm die Ehe in Rom geführt. Im März 2015 verlässt die Ehefrau ihren Mann, kehrt nach Deutschland zurück und stellt nach sechs Monaten Scheidungsantrag zum Familiengericht Konstanz. Zugleich beantragt sie, den Ehemann durch einstweilige Anordnung zu verpflichten, an sie einen Prozesskostenvorschuss für das Scheidungsverfahren zu zahlen. Nach welchem Recht ist über die einstweilige Anordnung zu entscheiden?

Die Antwort hängt von der Qualifikation des im Ausland meist unbekannten Rechtsinstituts „Prozesskostenvorschuss" ab. Ordnet man diesen als *allgemeine Ehewirkung* ein, so verweist Art. 14 Abs. 1 Nr. 2, 2. Fall EGBGB auf italienisches Recht, weil die Ehegatten ihren letzten gemeinsamen gewöhnlichen Aufenthalt in Italien hatten (→ § 8 Rn. 14). Da das italienische IPR diese Verweisung annimmt, gilt italienisches Sachrecht, das einen Prozesskostenvorschuss nicht kennt. In Betracht kommt jedoch auch eine Qualifikation als besondere Form des *Unterhalts.* Diese führt über Art. 3 Abs. 1 HUP (→ § 10 Rn. 28 ff.) zum deutschen Recht, weil die unterhaltsberechtigte F ihren gewöhnlichen Aufenthalt inzwischen wieder in Deutschland hat. Danach wäre der Anspruch auf Prozesskostenvorschuss begründet. Die gebotene Orientierung an der deutschen *lex fori* spricht für die unterhaltsrechtliche Qualifikation, weil der Prozesskostenvorschuss in § 1360a Abs. 4 BGB als Ausfluss des Ehegattenunterhalts geregelt ist.[31]

22 Besondere Schwierigkeiten bereitet in dieser Hinsicht seit Jahrzehnten vor allem die Qualifikation der **gesetzlichen Erbteilserhöhung nach § 1371 BGB.** Während vor allem in der deutschen Literatur aufgrund der Funktion der Norm und ihrer systematischen Stellung überwiegend eine rein güterrechtliche Qualifikation vertreten wurde,[32] hat man teilweise eine *Doppelqualifikation* in dem Sinne vorgenommen, dass die Vorschrift nur zum Zuge kam, wenn deutsches Recht sowohl als Güterrechtsstatut wie auch als Erbstatut zur Anwendung berufen war.[33] Zwischen diesen beiden Positionen hat vor allem die Rechtsprechung äquivalenzorientierte Lösungsansätze herausgebildet. So wurde – ausgehend

[30] EuGH 17.9.2002 – C-334/00, Slg. 2002, I-7357 – Tacconi mAnm *Mankowski* IPRax 2003, 127; **aA** noch BGH ZBB 2006, 138 (140) mAnm *Dutta.*

[31] So auch KG IPRax 1988, 234 m. zust. Anm. *v. Bar* IPRax 1008, 220.

[32] So *Dörner* IPRax 2014, 323 (325); *Mankowski* ZEV 2014, 121 (122 ff.); Staudinger/*Dörner* EGBGB Art. 25 Rn. 34 ff.; Staudinger/*Mankowski* EGBGB Art. 15 Rn. 346 ff.; Erman/*Hohloch* EGBGB Art. 15 Rn. 37; Soergel/*Schurig* EGBGB Art. 15 Rn. 40, jeweils mwN; zust. OLG Hamm FamRZ 1993, 111; OLG München FamRZ 2013, 36; OLG Düsseldorf FamRZ 2015, 1237 Rn. 24 ff. mAnm *Dutta.*

[33] So OLG Köln ZEV 2012, 205 m. krit. Anm. *Lange;* MüKoBGB/*Birk* EGBGB Art. 25 Rn. 158; *Schotten/Schmellenkamp* IPR Rn. 48, 288 ff. mwN.

von einer güterrechtlichen Qualifikation – die Erhöhung des gesetzlichen Ehegattenerbteils auf Fälle beschränkt, in denen die gesetzliche Erbquote des überlebenden Ehegatten nach ausländischem Recht nicht zugleich einen güterrechtlichen Ausgleich beinhaltete.[34] Ein anderer Ansatz milderte die Härten einer Doppelqualifikation dadurch ab, dass der pauschalierte Zugewinnausgleich trotz Geltung ausländischen Erbrechts dann zugesprochen wurde, wenn dieses Recht eine dem § 1371 Abs. 1 BGB funktionsäquivalente Vorschrift kannte.[35] Bei staatsvertraglich bestimmtem Erbstatut wurde eine Anwendung von § 1371 Abs. 1 BGB zT auch als „unzulässiger Eingriff in das Erbstatut" abgelehnt.[36] Jedenfalls für die Praxis hat der BGH die insoweit bestehende Rechtsunsicherheit durch eine **Grundsatzentscheidung des IV. Zivilsenats vom 13.5.2015**[37] beseitigt, in der er sich uneingeschränkt für eine **rein güterrechtliche Qualifikation** ausgesprochen, die hiergegen erhobene Kritik zurückgewiesen und eine Ergänzung durch eine äquivalenzorientierte Betrachtung des anwendbaren ausländischen Erbrechts abgelehnt hat. Die Entscheidung verdient volle Zustimmung, weil das erbrechtliche Viertel nach § 1371 Abs. 1 BGB von der Geltung eines ganz bestimmten Güterstands abhängt und dem überlebenden Ehegatten einen Teil des Erblasservermögens nicht als Nachlassbeteiligung, sondern vorab als (pauschalierten) Zugewinnausgleich zuweist.[38] § 1371 Abs. 1 BGB findet daher nur Anwendung, wenn die Ehegatten im deutschen gesetzlichen Güterstand der Zugewinngemeinschaft gelebt haben; dessen Substitution durch einen vergleichbaren ausländischen Güterstand (zB die Zugewinngemeinschaft des griechischen Rechts) kommt nicht in Betracht.[39] Die Anwendung von § 1371 Abs. 1 BGB trotz Geltung ausländischen Erbrechts erfordert jedoch uU eine Korrektur mit Hilfe der Angleichung (→ Rn. 67 ff.). Zur Bedeutung der Entscheidung für Erbfälle unter Geltung der EuErbVO → § 15 Rn. 309 ff.

Das Problem, den sachlichen Anwendungsbereich der in Betracht kommenden deut- 23
schen Kollisionsnormen gegeneinander abzugrenzen, stellt sich vor allem auch in Bezug auf **richterrechtlich geschaffene Rechtsinstitute,** für deren Einordnung das Gesetz keinen systematischen Anhalt bietet. Dies trifft etwa für die vom BGH in Abgrenzung zur Ehegattenschenkung entwickelten „ehebedingten Zuwendungen" zu, die in der notariellen Gestaltungspraxis eine wichtige Rolle spielen (näher → § 9 Rn. 194 ff.).

## 2. Systemunterschiede zwischen deutschem und ausländischem materiellen Recht

Qualifikationsprobleme treten auch dann auf, wenn im ausländischen Recht bestimmte 24
Rechtsinstitute systematisch anders eingeordnet werden als im deutschen Recht. Fraglich ist dann insbesondere, ob der Umfang der Verweisung allein vom deutschen Recht bestimmt wird oder ob in gewissem Umfang auch die Wertungen der ausländischen Rechtsordnung zu berücksichtigen sind. Das Problem hat sich in der Praxis vor allem im Recht der **Verjährung** und der **Aufrechnung** gestellt, die namentlich in Rechtsordnungen des Common Law als Rechtsinstitute des Prozessrechts angesehen werden.[40] Insoweit kommt es grundsätzlich nicht darauf an, wie das ausländische Recht das Rechtsinstitut systema-

[34] So OLG Frankfurt a.M. (21. Zivilsenat) FamRZ 2015, 144 (145); OLG Schleswig ZEV 2014, 93 (95) m. zust. Anm. *Hertel;* OLG Düsseldorf FamRZ 2015, 1237 mAnm *Dutta;* MüKoBGB/*Siehr* EGBGB Art. 15 Rn. 107; MüKoBGB/*Dutta* EGBGB Art. 25 Rn. 157; Palandt/*Thorn* EGBGB Art. 15 Rn. 26.

[35] So OLG Frankfurt a.M. (20. Zivilsenat) FamRZ 2010, 767; OLG Stuttgart ZEV 2005, 443 m. abl. Anm. *Dörner.*

[36] So OLG Hamburg FamRZ 2015, 1232 (1235) m. abl. Anm. *Köhler.*

[37] BGH FamRZ 2015, 1180 (1182 f.) m. zust. Anm. *Mankowski* = DNotZ 2015, 624; dazu *Schäuble* NZFam 2015, 758; *Süß* MittBayNot 2015, 507.

[38] *Dörner* IPRax 2014, 323 (324 f.); *Mankowski* ZEV 2014, 121 (122 ff.).

[39] *Andrae* IntFamR § 3 Rn. 240.

[40] Dies gilt auch heute noch für die meisten *US-Bundesstaaten*; demgegenüber hat *Großbritannien* sich mit der Ratifikation des EVÜ und der Teilnahme an der Rom I-VO der in Kontinentaleuropa vorherrschenden materiell-rechtlichen Qualifikation dieser Rechtsinstitute angeschlossen (vgl. Art. 12 Abs. 1 lit. d, 17 Rom I-VO).

tisch einordnet; vielmehr gibt die systematische Stellung in der deutschen Rechtsordnung den Ausschlag.

25 **Beispiel:**
A klagt aus einem im Staate Tennessee ausgestellten und dort zahlbaren Eigenwechsel gegen den inzwischen in Bremen ansässig gewordenen Aussteller B vor dem LG Bremen. Der Wechsel unterlag dem Recht des Staates Tennessee (vgl. Art. 93 Abs. 1 WG). B erhob die Einrede der Verjährung. Die Verjährungsvorschriften des Staates Tennessee sind nicht im materiellen Recht, sondern im dortigen Prozessrecht enthalten.

Das Reichsgericht argumentierte, dass es nur das materielle, nicht aber das Verfahrensrecht von Tennessee anzuwenden habe, denn das Verfahren bestimme sich ausschließlich nach der deutschen *lex fori.* Daraus zog es den Schluss, dass es die im Prozessrecht von Tennessee enthaltenen Verjährungsvorschriften nicht anwenden könne. Die Anwendung der deutschen Verjährungsvorschriften scheitere aber daran, dass deutsches materielles Recht nicht maßgeblich sei. Damit konnte nach Auffassung des Reichsgerichts dieser Wechsel überhaupt nie verjähren, obwohl er sowohl nach dem Recht des Zahlungsorts in Tennessee als auch nach der deutschen *lex fori* bereits verjährt war. Wo liegt der Fehler?[41]

Der Fehler besteht darin, dass das Reichsgericht sich die Einordnung der Verjährung als Institut des Prozessrechts durch das Recht von Tennessee zu Eigen gemacht, dh eine *lex causae*-Qualifikation vorgenommen hat. Stattdessen hätte das Gericht zwar von der Funktion der Verjährungsvorschriften im Recht von Tennessee ausgehen, diese Vorschriften aber sodann in das System des deutschen Rechts einordnen müssen. Dies hätte zu dem Ergebnis geführt, dass das Rechtsinstitut der Verjährung nach der deutschen *lex fori* als materiellrechtlich zu qualifizieren gewesen wäre. Die Verjährungsvorschriften des Rechts von Tennessee waren daher von der Verweisung in Art. 93 Abs. 1 WG umfasst; auf deren abweichende Qualifikation im dortigen Recht hätte nicht abgestellt werden dürfen.

26 Ein weiteres Beispiel bilden ausländische Rechtsordnungen, die bei erbenlosen Nachlässen nicht – wie § 1936 BGB – ein gesetzliches Erbrecht des Fiskus vorsehen, sondern diesem ein hoheitsrechtlich ausgestaltetes **Aneignungsrecht** einräumen.[42]

### 3. Dem deutschen Recht unbekannte ausländische Rechtsinstitute

27 Schließlich finden sich vor allem im ausländischen Familien- und Erbrecht nicht selten Rechtsinstitute, die dem deutschen Recht völlig unbekannt sind. Bei der Subsumtion unter die am deutschen materiellen Recht orientierten Systembegriffe des IPR ergeben sich dann Zuordnungsschwierigkeiten. Dies trifft etwa auf die **Morgengabe** *(mahr)* der islamischen Rechte (dazu näher → § 9 Rn. 203ff.) oder die *Ketubah* des jüdischen Rechts zu, aber auch für den *trust* im angloamerikanischen Recht, besitzlose (Register-) Pfandrechte der romanischen Rechte, die gerichtliche Trennung von Tisch und Bett oder sog Interzessionsschranken mancher ausländischen Eherechte (zu diesen → § 8 Rn. 60ff.). Auch Rechtsinstitute, die – wie zB die **Legitimation** – im deutschen Recht aufgehoben wurden, in ausländischen Rechten aber fortbestehen, können erhebliche Qualifikationsprobleme aufwerfen.[43]

28 **Beispiel:**
Die Erblasserin E verstarb im Jahr 2012 an ihrem letzten Wohnsitz im US-Bundesstaat Colorado. Sie besaß zum Zeitpunkt ihres Todes nur die US-amerikanische Staatsangehörigkeit. In einer 1997 errichteten Verfügung von Todes wegen hat sie einen *„family trust"* errichtet

[41] Vgl. RGZ 7, 21.
[42] Vgl. dazu KG IPRax 1986, 41 mAnm *Firsching* IPRax 1986, 25; FamRZ 2011, 1008; dazu MüKoBGB/*v. Hein* IPR Einl. Rn. 122 mwN.
[43] Vgl. BayObLGZ 99, 163 (168); *Wienbracke* ZEV 2007, 413 (416).

und ihren Ehmann M zu ihrem *trustee* und *personal representative* bestellt. Begünstigte des *trust* sollten neben M die drei gemeinsamen Kinder sein. Zum Nachlass gehört ein Anteil der E an einer Erbengemeinschaft, deren Vermögen aus einem deutschen Grundstück besteht. M stellt den Antrag, ihm einen auf den in Deutschland belegenen Nachlass beschränkten Erbschein zu erteilen. Zu Recht?

Die Erbfolge nach der Erblasserin unterliegt gemäß Art. 25 Abs. 1 EGBGB aF dem Recht des Staates, dem diese im Zeitpunkt ihres Todes angehörte. Damit verweist das deutsche IPR auf das Recht der USA. Dabei handelt es sich um eine Gesamtverweisung, so dass eine Rück- oder Weiterverweisung nach Art. 4 Abs. 1 EGBGB zu befolgen wäre. In diesem Zusammenhang ist zu beachten, dass es sich bei den USA um einen Mehrrechtsstaat handelt, so dass zunächst die maßgebende Teilrechtsordnung zu bestimmen ist, die sodann über die Frage des *Renvoi* zu entscheiden hat (→ § 2 Rn. 157 f.). Da die USA über kein einheitliches interlokales Privatrecht verfügen, ist nach Art. 4 Abs. 3 S. 2 EGBGB die Teilrechtsordnung anzuwenden, mit welcher der Sachverhalt am engsten verbunden ist; dies ist hier das Recht von Colorado.

Das Kollisionsrecht von Colorado geht vom Grundsatz der Nachlassspaltung aus und verweist daher für den beweglichen Nachlass auf das Recht am letzten *domicile* der E. Da dieses in Colorado gelegen war, wird die deutsche Verweisung insoweit angenommen. Demgegenüber gilt für die Nachfolge in den unbeweglichen Nachlass die jeweilige *lex rei sitae.* Damit kommt es auf die Frage an, ob der Miterbenanteil der E als beweglich oder als unbeweglich zu qualifizieren ist. Diese Qualifikation überlässt das IPR von Colorado dem jeweiligen Belegenheitsrecht (*Qualikationsverweisung;* → Rn. 13). Geht man davon aus, dass der Erbteil im Inland belegen ist,[44] wird also auf deutsches Recht zurückverwiesen. Aus deutscher Sicht ist der Anteil an einer Erbengemeinschaft als beweglich zu qualifizieren, auch wenn der Nachlass im Wesentlichen aus Grundstücken bestehen sollte.[45]

Damit stellt sich die Frage, wie die von der E getroffene Errichtung eines *„family trust"* und die Bestellung des M zum *„trustee"* unter der Geltung des somit maßgeblichen deutschen Erbrechts zu qualifizieren sind.[46] Das deutsche Recht gestattet die Begründung eines *trust* an inländischem Nachlass nicht, weil insoweit der durch § 137 BGB abgesicherte Grundsatz vom *numerus clausus* der Sachenrechte gilt, der die für den *trust* charakteristische „gespaltene Rechtsinhaberschaft" zwischen *trustee* und *beneficiary* nicht zulässt.[47] Ferner ist auch die weitgehende Freiheit des Errichters eines *trust* hinsichtlich der Ausgestaltung der dinglichen Rechtsstellung des *trustee* mit der deutschen Sachenrechtsordnung nicht vereinbar. Die somit nach deutschem Recht unwirksame Bestellung eines *trustee* kann jedoch uU in die Einsetzung eines Testamentsvollstreckers umgedeutet werden.[48] Hingegen ist der *trustee* und *personal representative* idR nicht als Erbe iSd deutschen Rechts anzusehen, weil er als solcher keinen endgültigen Anteil am Nachlass erhalten soll. Erben sind vielmehr – trotz zunächst fehlender Verfügungsberechtigung über den Nachlass – idR die aus dem *trust* Begünstigten *(beneficiaries)*, soweit sie nicht nur Vermächtnisnehmer sind.[49] Der Erbscheinantrag des M ist daher zurückzuweisen.[50]

[44] Zu diesem Problem *Eule* ZEV 2013, 139.
[45] *Eule* ZEV 2010, 508 (509); zur parallelen Fragestellung iRv Art. 15 Abs. 2 Nr. 3 BGB → § 9 Rn. 116.
[46] Die Fragestellung berührt sich mit jener nach einem „Handeln unter falschem Recht"; dazu → Rn. 84 ff.
[47] BayObLGZ 2003, 69 (77) = ZEV 2003, 503; OLG Schleswig FamRZ 2015, 357; Staudinger/*Dörner* EGBGB Art. 25 Rn. 431 mwN.
[48] BayObLGZ 2003, 69 (77) = ZEV 2003, 503; OLG Schleswig FamRZ 2015, 357; Staudinger/*Dörner* EGBGB Art. 25 Rn. 269 f., 431, 894 mwN.
[49] BayObLGZ 2003, 69 (77) = ZEV 2003, 503, OLG Schleswig FamRZ 2015, 357; Staudinger/*Dörner* EGBGB Art. 25 Rn. 269, 431, 893 f. mwN.
[50] Vgl. KG ZEV 2012, 593 mAnm *Lehmann*.

## B. Vorfrage

**Schrifttum:**

*Bernitt,* Die Anknüpfung von Vorfragen im europäischen Kollisionsrecht, 2010; *Gössel,* Die Vorfrage im internationalen Privatrecht der EU, ZfRV 2011, 65; *Hausmann,* Kollisionsrechtliche Schranken von Scheidungsurteilen, 1980; *Henrich,* Vorfragen im Familien- und Erbrecht, FS Schurig, 2012, 63; *Mäsch,* zur Vorfrage im europäischen IPR, in: Leible/Unberath (Hrsg.), Brauchen wir eine Rom 0-Verordnung?, 2013, S. 201; Solomon, Die Anknüpfung von Vorfragen im Europäischen IPR, FS Spellenberg, 2010, 355; *Wengler,* Die Vorfrage im Kollisionsrecht, RabelsZ 8 (1934), 148; *ders.*, Die Vorfrage nach der bestehenden Ehe, NJW 1981, 2617; *ders.*, Alternative Zuweisung von Vorfragen und hinkende Ehen, IPRax 1984, 68; *Wienke,* Zur Anknüpfung der Vorfrage bei internationalprivatrechtlichen Staatsverträgen, 1977; *Winkler von Mohrenfels,* Kollisionsrechtliche Vorfragen und materielles Recht, RabelsZ 51 (1987), 20.

### I. Begriff

29 Als Vorfrage im weiteren Sinne wird im IPR die Frage nach dem **Bestehen eines präjudiziellen Rechtsverhältnisses bezeichnet,** das von einer Kollisions- oder Sachnorm vorausgesetzt wird. Dabei sind **zwei Fälle** zu unterscheiden:

#### 1. Erstfrage

30 Eine Vorfrage kann sich bereits bei der kollisionsrechtlichen Anknüpfung stellen. Sie betrifft dann ein **im Tatbestand der inländischen Kollisionsnorm** vorausgesetztes Rechtsverhältnis. So setzt die Anknüpfung der persönlichen Ehewirkungen (Art. 14 EGBGB) oder des ehelichen Güterrechts (Art. 15 EGBGB) das Bestehen einer Ehe voraus. Für diese von der eigenen Kollisionsnorm aufgeworfene Frage, die ihrerseits wieder Anlass zu einer kollisionsrechtlichen Fragestellung bietet, hat sich der Begriff „Erstfrage“ eingebürgert.[51] Im Rahmen einer nach Art. 4 Abs. 1 EGBGB zu beachtenden Rück- oder Weiterverweisung können Erstfragen entsprechend auch von einer *ausländischen* Kollisionsnorm aufgeworfen werden.

#### 2. Vorfrage

31 Eine Vorfrage kann sich zum anderen erst nach vollzogener kollisionsrechtlicher Anknüpfung der Hauptfrage, nämlich bei der Anwendung der aus deutscher Sicht maßgebenden **ausländischen Sachnormen** stellen. So wirft etwa die Vorschrift des ausländischen materiellen Erbrechts, die ein gesetzliches Erbrecht des „Ehegatten“ oder der „Kinder“ des Erblassers (= Hauptfrage) normiert, die Vorfrage nach dem Bestehen der Ehe bzw. der Abstammung der Kinder vom Erblasser auf. Nur diese Fragestellung wird von Teilen der Literatur[52] als **Vorfrage** (ieS) bezeichnet, wohingegen die Rechtsprechung den Begriff der Vorfrage in einem weiten Sinn verwendet, der sowohl die Erstfrage als auch die Vorfrage ieS umfasst. Sie hält eine Unterscheidung zwischen präjudiziellen Fragen im Tatbestand inländischer Kollisionsnormen einerseits und im Tatbestand ausländischer Sachnormen andererseits offenbar für entbehrlich.

[51] Grundlegend *Jochem* FamRZ 1964, 392ff.; ferner *v. Bar/Mankowski* IPR I § 7 Rn. 186; *Kropholler* IPR § 32 III; *Gössl* ZfRV 2011, 65 (66); MüKoBGB/*v. Hein* IPR Einl. Rn. 161ff. mwN; kritisch zur Unterscheidung zwischen Erst- und Vorfrage hingegen *Kegel/Schurig* IPR § 9 II 1; BeckOK BGB/*Lorenz* IPR Einl. Rn. 180; NK-BGB/*Freitag* EGBGB Art. 3 Rn. 28; *Bernitt* S. 12ff.

[52] MüKoBGB/*v. Hein* IPR Einl. Rn. 161ff. mwN.

## II. Anknüpfung von Erstfragen

### 1. Grundsatz

Erstfragen sind grundsätzlich mit Hilfe desselben Kollisionsrechts zu beantworten, das auch für die Anknüpfung der Hauptfrage gilt und als solches die Erstfrage aufwirft.[53] Die **selbständige Anknüpfung** von Erstfragen, die durch das Kollisionsrecht des Forums aufgeworfen werden, folgt schon daraus, dass sie bereits zu beantworten sind, bevor die *lex causae* für die Hauptfrage überhaupt ermittelt worden ist. Über die Gültigkeit der von Art. 14 oder 15 EGBGB vorausgesetzten „Ehe" ist daher von einem deutschen Gericht nach deutschem Kollisionsrecht, dh nach Art. 11, 13 EGBGB, zu entscheiden. Entsprechend ist im **europäischen Kollisionsrecht** zB über das Bestehen eines „Vertrages" als Voraussetzung für die akzessorische Anknüpfung des Deliktsstatuts gemäß Art. 4 Abs. 3 S. 2 Rom II-VO nach Maßgabe der Rom I-VO zu entscheiden; auf die im Zeitpunkt dieser Entscheidung noch nicht bekannte *lex causae* kann es insoweit nicht ankommen.[54] Für die Beantwortung der von einer ausländischen Kollisionsnorm aufgeworfenen Erstfrage, zB iRd Prüfung einer Rückverweisung nach Art. 4 Abs. 1 EGBGB, ist folgerichtig auf das ausländische IPR abzustellen. 32

### 2. Schranken

Der Grundsatz der selbständigen Anknüpfung von Erstfragen wird zT eingeschränkt, wenn er dem Zweck der für die Hauptfrage maßgeblichen deutschen Kollisionsnorm widerspricht. Da die **alternativen Anknüpfungen** in Art. 19 Abs. 1 EGBGB die Feststellung der Abstammung von Kindern begünstigen wollen, wird auch die von Art. 19 Abs. 1 S. 3 EGBGB aufgeworfene Erstfrage nach der Gültigkeit der Ehe ausnahmsweise **unselbständig** angeknüpft, wenn nur auf diese Weise die eheliche Abstammung des Kindes festgestellt werden kann.[55] Im gleichen Sinne wird zT in Fällen der **Leihmutterschaft** für die von Art. 19 Abs. 1 S. 3 EGBGB aufgeworfene Vorfrage nach der Rechtsstellung als „Mutter" entschieden.[56] Dagegen lässt sich freilich einwenden, dass die Anknüpfungsvarianten des Art. 19 Abs. 1 EGBGB auch im Falle einer selbständigen Anknüpfung dieser Vorfragen hinreichende Möglichkeiten zur Feststellung der Abstammung eines Kindes vorsehen, die über eine unselbständige Anknüpfung von Vorfragen nicht noch erweitert werden sollten, weil hierdurch die vom Gesetzgeber zugrunde gelegte Interessenabwägung – zB zwischen Leihmutter und „Wunschmutter" – unterlaufen werden könnte.[57] 33

## III. Anknüpfung von Vorfragen

### 1. Problemstellung

Einigkeit besteht darüber, dass die Antwort auf die Vorfrage nicht dem auf die Hauptfrage anwendbaren materiellen Recht entnommen werden kann, sondern **eigenständig anzuknüpfen** ist.[58] Das Problem der Vorfrage liegt darin zu bestimmen, welcher Rechtsordnung die für ihre Beantwortung maßgebende Kollisionsnorm zu entnehmen ist. Dafür sind grundsätzlich **zwei Lösungen** denkbar: 34

[53] *V. Bar/Mankowski* IPR I § 7 Rn. 186; *Kegel/Schurig* IPR § 9 II 1; *Kropholler* IPR § 32 III; Palandt/*Thorn* EGBGB Einl. Art. 3 Rn. 31; MüKoBGB/*v. Hein* IPR Einl. Rn. 161 mwN; zT abweichend NK-BGB/*Freitag* EGBGB Art. 3 Rn. 28.

[54] *Bernitt* S. 230; MüKoBGB/*v. Hein* IPR Einl. Rn. 162.

[55] So *Henrich* FS Schurig, 2012, 63 (66); Staudinger/*Henrich* EGBGB Art. 19 Rn. 33 ff.

[56] *Henrich* FS Schurig, 2012, 63 (66 f.).

[57] Für selbständige Anknüpfung der Vorfrage der wirksamen Ehe und der Mutterschaft in Art. 19 Abs. 1 S. 3 EGBGB auch OLG München FamRZ 2008, 67; OLG Celle StAZ 2011, 153; Palandt/*Thorn* EGBGB Art. 19 Rn. 8; Erman/*Hohloch* EGBGB Art. 19 Rn. 6; MüKoBGB/*v. Hein* IPR Einl. Rn. 191 mwN.

[58] Vgl. Palandt/*Thorn* EGBGB Einl. Art. 3 Rn. 29.

35 **a) Selbständige Anknüpfung.** Zum einen kann man zur Anknüpfung der Vorfrage das Kollisionsrecht des mit der Entscheidung der Hauptfrage befassten Gerichts heranziehen. Da die Vorfrage in diesem Fall – unabhängig von dem auf die Hauptfrage anwendbaren Recht – nach dem Kollisionsrecht der *lex fori* angeknüpft wird, bezeichnet man diesen Lösungsweg als „selbständige Anknüpfung" der Vorfrage. Die Vorfrage wird also so beantwortet, als sei sie eine neue und eigenständige Hauptfrage.

36 **b) Unselbständige Anknüpfung.** Denkbar ist es aber auch, über die Vorfrage nach Maßgabe des Kollisionsrechts der *lex causae* zu entscheiden, dh die Anknüpfung der Vorfrage dem IPR – nicht dem Sachrecht – des Staates zu überlassen, dessen Recht aus deutscher Sicht die Hauptfrage beherrscht (sog „unselbständige Anknüpfung" der Vorfrage).

37 **c) Alternative Anknüpfung.** Schließlich kann man die Anknüpfung der Vorfrage auch davon abhängig machen, zu welchem Ergebnis die selbständige Anknüpfung einerseits, die unselbständige Anknüpfung andererseits führt und sodann diejenige Anknüpfung wählen, die ein bestimmtes – von der für die Hauptfrage maßgeblichen deutschen Kollisionsnorm bezwecktes – Anwendungsergebnis begünstigt (sog „alternative" Anknüpfung der Vorfrage).

38 Eine Entscheidung zwischen den verschiedenen Lösungen der Vorfragenanknüpfung muss freilich nur getroffen werden, wenn die folgenden **drei Voraussetzungen kumulativ erfüllt** sind:[59]

- für die Hauptfrage muss ausländisches – und nicht deutsches – Sachrecht zur Anwendung berufen sein;
- das IPR der *lex causae* und das IPR der *lex fori* müssen eine **unterschiedliche Anknüpfung der Vorfrage** vorsehen, die auch zur Anwendung unterschiedlicher Rechte führt;[60]
- die vom IPR der *lex causae* und vom IPR der *lex fori* zur Anwendung berufenen – unterschiedlichen – Rechte müssen für die Beantwortung der Vorfrage auch **sachlich zu verschiedenen Ergebnissen** gelangen.

39 Die zunehmende Vereinheitlichung des Kollisionsrechts durch Staatsverträge und EU-Verordnungen hat also zur Folge, dass die praktische Bedeutung des Vorfragenproblems zurückgeht, weil immer häufiger nach der deutschen *lex fori* und der ausländischen *lex causae* die gleiche (vereinheitlichte) Kollisionsnorm zur Beantwortung der Vorfrage heranzuziehen ist. Dies gilt etwa, wenn über die Vorfrage der Gültigkeit eines Vertrages nach der Rom I-VO oder über die Vorfrage der Ehescheidung nach der Rom III-VO zu entscheiden ist, sofern sowohl der Gerichtsstaat als auch der Mitgliedstaat, auf dessen Recht verwiesen ist, an der Verordnung teilnehmen.

40 **Beispiel:**

Der in Frankreich lebende minderjährige A erhebt vor dem LG Frankfurt a.M. Schadensersatzansprüche gegen den in Frankfurt a.M. wohnhaften B, weil B durch einen in Deutschland von ihm schuldhaft verursachten Verkehrsunfall den Vater V des A getötet hat. Welches Recht ist auf den Anspruch des A anzuwenden? Wie wäre es, wenn der Unfall in Frankreich stattgefunden hätte?

Der von A geltend gemachte Schadensersatzanspruch beurteilt sich gemäß Art. 4 Abs. 1 Rom II-VO nach deutschem Recht, weil der Tod des V in Deutschland verursacht wurde und die Streitparteien A und B ihren gewöhnlichen Aufenthalt zur Zeit des Schadenseintritts nicht in demselben Staat hatten (Art. 4 Abs. 2 Rom II-VO). Der hiernach maßgebende

[59] Vgl. MüKoBGB/*v. Hein* IPR Einl. Rn. 170.

[60] Das Vorfragenproblem stellt sich also auch dann nicht, wenn *lex fori* und *lex causae* zwar unterschiedlich anknüpfen (zB die *lex fori* an die Staatsangehörigkeit, die *lex causae* an den gewöhnlichen Aufenthalt), beide Anknüpfungen aber im konkreten Fall zur Anwendung des gleichen Rechts führen.

§ 844 Abs. 2 BGB wirft die Vorfrage auf, ob und in welchem Umfang V gegenüber seinem Sohn A unterhaltspflichtig war. Hierüber ist nach den Regeln der Art. 3 ff. des Haager Unterhaltsprotokolls zu entscheiden. Das Problem der selbständigen oder unselbständigen Vorfragenanknüpfung stellt sich nicht, weil deutsches Recht sowohl *lex fori* als auch die nach Art. 4 Abs. 1 Rom II-VO für die Hauptfrage der deliktischen Haftung maßgebende *lex causae* ist.

Hat der Verkehrsunfall hingegen in Frankreich stattgefunden, so beurteilt sich die deliktische Haftung des B gegenüber A gemäß Art. 4 Abs. 1 Rom II-VO nach französischem Recht. Damit fallen zwar *lex fori* und *lex causae* auseinander. Die Frage, ob die von der französischen deliktischen Generalklausel aufgeworfene Vorfrage der Unterhaltspflicht des V gegenüber A selbständig oder unselbständig anzuknüpfen ist, kann jedoch auch in diesem Fall offenbleiben, weil sowohl Deutschland als auch Frankreich Vertragsstaaten des Haager Unterhaltsprotokolls sind (→ § 10 Rn. 4 ff.) und daher diese Vorfrage übereinstimmend anknüpfen.

### 2. Unselbständige Vorfragenanknüpfung

41 Ein Teil der Lehre[61] befürwortet die unselbständige Vorfragenanknüpfung als Grundsatz, weil nur auf diese Weise der internationale Entscheidungseinklang mit der für die Hauptfrage maßgeblichen *lex causae* erreicht wird. Danach hat der deutsche Richter über die Vorfrage ebenso zu entscheiden wie ein Richter des Staates, dessen Recht aus unserer Sicht die Hauptfrage beherrscht. Für diese Lösung spricht, dass der ausländische Gesetzgeber die im Tatbestand seiner Sachnormen enthaltenen präjudiziellen Rechtsverhältnisse auch – mit Bindungswirkung für den deutschen Rechtsanwender – autonom definieren könnte. Daher wird argumentiert, dass Gleiches auch dann gelten müsse, wenn der ausländische Gesetzgeber darauf verzichte und stattdessen auf sein eigenes IPR verweise.

### 3. Selbständige Vorfragenanknüpfung

42 Demgegenüber sind nach hM nicht nur Erstfragen (→ Rn. 32), sondern auch Vorfragen (ieS) *selbständig* anzuknüpfen, so dass für ihre Beantwortung vom – europäischen, staatsvertraglichen oder autonomen – IPR der *lex fori* auszugehen ist.[62] Die deutschen Gerichte sollen mithin ein und dieselbe Rechtsfrage stets gleich beantworten und nicht als Hauptfrage gemäß dem Kollisionsrecht des Forums in einem Sinn und als Vorfrage gemäß dem Kollisionsrecht der jeweiligen *lex causae* in einem anderen Sinn. Die deutsche Rechtsprechung folgt dem Grundsatz der selbständigen Vorfragenanknüpfung insbesondere, wenn es um die vom ausländischen Sachrecht (insbesondere dem ausländischen Erbrecht) aufgeworfenen Vorfragen der **Gültigkeit einer Ehe,**[63] der **Wirksamkeit einer Ehescheidung**[64] oder der **Abstammung**[65] geht.

**Beispiel:** 43

Der Erblasser E hatte im Jahr 1942 die Kroatin A geheiratet. Nach seiner kriegsbedingten Flucht nach Deutschland heiratete er im Jahr 1954 die B, ohne sich von A scheiden zu lassen. Mit B lebte der Erblasser bis zu seinem Tode im Jahr 1999 zusammen. Zwei Jahre

---

[61] *Melchior* IPR S. 245 ff.; *Wengler* RabelsZ 8 (1934), 148 ff.; *M. Wolff* IPR S. 80; *v. Hoffmann/Thorn* IPR § 6 Rn. 71 f.

[62] *Schurig* FS Kegel, 1987, 549 ff.; *Kegel/Schurig* IPR § 9 II; *v. Bar/Mankowski* IPR I Rn. 194 ff.; Palandt/*Thorn* EGBGB Einl. Art. 3 Rn. 29; BeckOK BGB/*Lorenz* EGBGB Vorb. Art. 3 Rn. 71 f.; Erman/*Hohloch* EGBGB Einl. Art. 3 Rn. 42; NK-BGB/*Freitag* EGBGB Art. 3 Rn. 27; MüKoBGB/*v. Hein* IPR Einl. Rn. 169 ff. mwN.

[63] BGHZ 43, 213 (218 ff.) = NJW 1965, 1129; BGH NJW 1981, 1900 (1901); OLG Frankfurt a.M. FamRZ 2002, 705.

[64] OLG Hamm FamRZ 1993, 607; OLG Stuttgart FamRZ 2007, 502.

[65] BGHZ 43, 213 (218 ff.); BayObLGZ 2003, 68 (73). Vgl. auch → Rn. 45 mwN.

vor seinem Tod 1997 hatte E zusammen mit seiner zweiten Ehefrau B ein gemeinschaftliches Testament errichtet, in dem sich beide gegenseitig zu Alleinerben eingesetzt haben. Nach der Unabhängigkeit Kroatiens hatten E und B, die seit 1951 staatenlos gewesen waren, wieder die kroatische Staatsangehörigkeit angenommen. Der Nachlass des E besteht im Wesentlichen aus einem in Deutschland belegenen Hausgrundstück; die B besitzt nur bewegliches Vermögen. Sowohl A als auch B haben die Erteilung eines Erbscheins beantragt, wonach sie den E jeweils allein beerbt haben. Wie ist über diese Anträge zu entscheiden?

Art. 25 Abs. 1 EGBGB aF verweist für die Erbfolge nach E auf dessen kroatisches Heimatrecht. Dies ist eine Gesamtverweisung, die jedoch vom kroatischen IPR angenommen wird. Nach kroatischem materiellen Erbrecht wäre das von E und B errichtete gemeinschaftliche Testament unwirksam. Es lässt sich jedoch die Auffassung vertreten, dass E durch die Errichtung des gemeinschaftlichen Testaments eine stillschweigende Rechtswahl zugunsten des deutschen Rechts iSv Art. 25 Abs. 2 EGBGB aF für seinen in Deutschland belegenen unbeweglichen Nachlass getroffen hat. Da die Errichtung eines gemeinschaftlichen Testaments nach deutschem Recht Ehegatten vorbehalten ist, wirft § 2265 BGB die Vorfrage auf, ob die B im Zeitpunkt der Testamentserrichtung „Ehefrau" des E gewesen, dh in gültiger Ehe mit ihm gelebt hat. Diese Vorfrage ist selbständig anzuknüpfen. Da beide Ehegatten im Zeitpunkt der Eheschließung staatenlos waren, verweist Art. 13 Abs. 1 iVm Art. 5 Abs. 2 EGBGB (bzw. Art. 29 EGBGB aF) auf das Recht des Staates, in dem die Ehegatten zur Zeit der Eheschließung ihren gewöhnlichen Aufenthalt hatten. Danach gilt deutsches Recht, nach welchem der Verstoß gegen das Bigamieverbot nur einen Grund für die Aufhebung der Ehe darstellt (§ 1314 Abs. 1 iVm § 1306 BGB), deren Gültigkeit aber bis zur rechtskräftigen Aufhebung nicht in Frage stellt (§ 1313 BGB). Folglich ist das zugunsten der zweiten Ehefrau B errichtete gemeinschaftliche Testament wirksam.[66]

44 Diese Lösung gewährleistet die einheitliche Beurteilung der Vorfrage der Ehegültigkeit für alle im Inland zu entscheidenden Hauptfragen. Diesem **internen Entscheidungseinklang** wird in Statusfragen der Vorrang vor dem internationalen Entscheidungseinklang eingeräumt.[67] Daneben spricht für eine selbständige Anknüpfung von Vorfragen, dass sie die Rechtsanwendung idR erleichtert, weil die häufig schwierige und kostenintensive Ermittlung des ausländischen Kollisionsrecht und seiner Auslegung für die Beantwortung der Vorfrage entfällt.

45 Vom Grundsatz der selbständigen Vorfragenanknüpfung werden allerdings **Ausnahmen für bestimmte Rechtsgebiete** anerkannt:

- So sind privatrechtliche Vorfragen, die von einem fremden **Staatsangehörigkeitsrecht** aufgeworfen werden, das zB für den Erwerb oder Verlust der Staatsangehörigkeit auf familienrechtliche Tatbestände (Abstammung, Eheschließung, Adoption etc) abstellt, nach allgM unter Einschaltung des fremden IPR zu beantworten. Dies folgt aus dem Grundsatz, dass jeder Staat selbst entscheidet, wen er als seinen eigenen Staatsangehörigen ansieht.[68]
- Eine unselbständig Anknüpfung familienrechtlicher Vorfragen wird nach hM auch für das internationale **Namensrecht** vertreten, soweit Art. 10 Abs. 1 EGBGB an das Heimatrecht des Namensträgers anknüpft.[69] Zur Begründung wird vor allem darauf ver-

[66] Vgl. OLG Zweibrücken ZEV 2003, 162 (163) mAnm *Süß*.

[67] *Mäsch* IPRax 1997, 442 (447 f.); *Kropholler* IPR § 32 IV; *v. Bar/Mankowski* IPR I § 7 Rn. 197; MüKoBGB/*v. Hein* IPR Einl. Rn. 173.

[68] BayObLGZ 1986, 155 (158 f.); KG StAZ 1988, 325 m. zust. Anm. *Hepting*; Erman/*Hohloch* IPR Einl. Rn. 54; Palandt/*Thorn* EGBGB Einl. Art. 3 Rn. 30; *Kegel/Schurig* IPR § 13 II 4; *v. Bar/Mankowski* IPR § 7 Rn. 210; MüKoBGB/*v. Hein* IPR Einl. Rn. 181 mwN.

[69] BGHZ 90, 129 (140) = NJW 1984, 1299; BGH NJW 1986, 984; BayObLGZ 1986, 155 (162); 2002, 299 = StAZ 2003, 13; KG NJW-RR 1989, 644; OLG Hamm StAZ 2004, 171; *Wall* StAZ 2011, 37 (41); NK-BGB/*Freitag* EGBGB Art. 3 Rn. 31; Staudinger/*Sturm/Sturm* IPR Einl. Rn. 286; BeckOK

wiesen, dass nur auf diese Weise gewährleistet werden könne, dass der Namensträger überall den Namen führt, der sich aus seinem Heimatrecht ergibt.[70] Eine selbständige Anknüpfung familienrechtlicher Vorfragen könne für den Betroffenen die unangenehme Folge haben, dass er im Inland einen anderen Namen als denjenigen führen müsse, der sich aus den in seinem Heimatstaat ausgestellten Ausweispapieren ergebe. Eine starke Gegenmeinung in der Literatur vertritt hingegen auch insoweit eine selbständige Vorfragenknüpfung.[71] Sie verweist insbesondere darauf, dass das ausländische Ordnungsinteresse durch die in Art. 10 Abs. 2 und Abs. 3 EGBGB eröffneten Rechtswahlmöglichkeiten bereits hinsichtlich der Hauptfrage der Namensführung missachtet werde; dieses Interesse könne daher umso weniger eine Abweichung von der Regel der selbständigen Vorfragenanknüpfung iRv Art. 10 Abs. 1 EGBGB begründen.[72] Außerdem ist die Vorstellung, dass jemand nur für die Zwecke der Namensführung als verheiratet gilt, während seine Ehe für die Zwecke des Unterhalts-, Güter- und Erbrechts nicht als wirksam erachtet wird, einigermaßen absurd.

- Auch im **Abstammungsrecht** wird zT vom Grundsatz der selbständigen Vorfragenanknüpfung abgewichen und aus dem Günstigkeitsprinzip, das den Alternativanknüpfungen des Art. 19 Abs. 1 EGBGB zugrundliegt, entnommen, dass im Interesse der Erleichterung einer Abstammungsfeststellung auch Vorfragen alternativ anzuknüpfen seien.[73] Dem ist indessen aus den zur Anknüpfung abstammungsrechtlicher Erstfragen genannten Gründen (→ Rn. 33) zu widersprechen. Auch der BGH bevorzugt insoweit zu Recht eine selbständige Vorfragenanknüpfung.[74]
- Demgegenüber sind Vorfragen dann unselbständig nach dem IPR des auf die Hauptfrage anwendbaren Rechts zu beantworten, wenn das deutsche IPR insoweit über **keine eigene Kollisionsnorm** (mehr) verfügt, wie zB für die Ehelichkeit oder die Legitimation eines Kindes, soweit die maßgebende *lex causae* weiterhin Rechtsfolgen an diesen Status knüpft.[75] Denn einerseits ist die Herausbildung eigenständiger Kollisionsnormen der *lex fori* für solche Vorfragen schwierig und aufwändig, anderseits beeinträchtigt die unselbständige Vorfragenanknüpfung die interne Entscheidungsharmonie in diesen eher seltenen Fällen nicht nachhaltig.

### 4. Differenzierende Vorfragenanknüpfung

In der neueren Literatur wird zunehmend erkannt, dass sich weder die selbständige noch die unselbständige Vorfragenanknüpfung uneingeschränkt durchhalten lässt. Dies gilt gleichermaßen für das autonome wie für das staatsvertragliche und europäische IPR. Den Vorzug verdient daher eine differenzierende Lösung, die – ähnlich wie beim *Renvoi* – auch den Sinn und Zweck der für die Hauptfrage maßgebenden Kollisionsnorm berücksichtigt. Darüber hinaus kann auch der Intensität des Inlands- bzw. Auslandsbezugs des Sachverhalts Bedeutung zukommen. Eine selbständige Vorfragenanknüpfung ist ausnahmsweise dann nicht gerechtfertigt, wenn die Auslandsbeziehung des Sachverhalts die Inlandsbeziehung deutlich überwiegt. In einem solchen Fall kann die Sorge um die Wah- 46

BGB/*Mäsch* EGBGB Art. 10 Rn. 10; Erman/*Hohloch* EGBGB Art. 10 Rn. 7a; MüKoBGB/*v. Hein* IPR Einl. Rn. 182ff. mwN.

[70] BayObLGZ 1986, 155 (162); *Kropholler* IPR § 32 IV 2 b; *v. Hoffmann/Thorn* IPR § 6 Rn. 65f.; Staudinger/*Sturm/Sturm* IPR Einl. Rn. 286 mwN.

[71] *Hepting* StAZ 1998, 133 (142f.); *v. Bar/Mankowski* IPR § 7 Rn. 211f.; NK-BGB/*Mankowski* EGBGB Art. 10 Rn. 17f.; Soergel/*Schurig* EGBGB Art. 10 Rn. 87ff; Staudinger/*Hepting/Hausmann* EGBGB Art. 10 Rn. 130ff., jeweils mwN.

[72] *Hepting* StAZ 1998, 133 (142f.); NK-BGB/*Mankowski* EGBGB Art. 10 Rn. 18; Staudinger/*Hepting/Hausmann* EGBGB Art. 10 Rn. 131, jeweils mwN.

[73] So *Henrich* FS Schurig, 2012, 63 (66f.).

[74] Vgl. BGH NJW-RR 2012, 49 Rn. 20; zust. MüKoBGB/*v. Hein* IPR Einl. Rn. 191.

[75] BayObLGZ 2002, 4 (10) = NJW-RR 2002, 1009; *Henrich* FamRZ 1998, 1401 (1405); *Kropholler* IPR § 32 IV 2 c; Palandt/*Thorn* EGBGB Einl. Art. 3 Rn. 30; Erman/*Hohloch* EGBGB Art. 19 Rn. 24; Staudinger/*Sturm/Sturm* IPR Einl. Rn. 287; MüKoBGB/*v. Hein* IPR Einl. Rn. 198f. mwN.

rung der internen Harmonie ohne Schaden zurücktreten gegenüber dem Ziel der internationalen Entscheidungsgleichheit mit dem Staat, dessen Recht über die Hauptfrage entscheidet.[76]

## IV. Erst- und Vorfragen im staatsvertraglichen und europäischen Kollisionsrecht

### 1. Staatsverträge

47 Nach lange Zeit vorherrschender Auffassung sollen vor allem Erstfragen, die von staatsvertraglichen Kollisionsnormen aufgeworfen werden, anders als im autonomen Kollisionsrecht grundsätzlich *unselbständig* anzuknüpfen sein.[77] Denn nur auf diese Weise werde der mit der Vereinheitlichung des Kollisionsrechts durch Staatsverträge bezweckte internationale Entscheidungseinklang erreicht, weil in allen Vertragsstaaten übereinstimmend das Kollisionsrecht des Staates angewendet wird, auf dessen Sachnormen das vereinheitlichte IPR für die Hauptfrage verweist. Die selbständige Anknüpfung von Vorfragen gefährde dieses Ziel und eröffne dem Kläger die Möglichkeit, trotz der Vereinheitlichung des Hauptsachenstatuts durch die Wahl des Forums letztlich doch Einfluss auf den Ausgang des Rechtsstreits zu nehmen.

48 In jüngerer Zeit mehren sich jedoch die Stimmen, die auch iRd staatsvertraglichen Kollisionsrechts für eine grundsätzlich **selbständige** Vorfragenanknüpfung eintreten.[78] Dafür spricht insbesondere, dass die unselbständige Anknüpfung von Vorfragen den sachlichen Anwendungsbereich eines Staatsvertrags weit über dessen eigentlichen Regelungsgegenstand hinaus ausdehnen und auf Fragen erstrecken würde, die der Gesetzgeber mit der Ratifikation des Staatsvertrags seinem autonomen Kollisionsrecht nicht entziehen wollte.[79] Insbesondere wenn ein Staatsvertrag – wie zB Art. 8 HUP – den Parteien Rechtswahlfreiheit in der Hauptsache (zB für den geschuldeten Unterhalt) einräumt, wird man nicht so weit gehen können, diese auch auf alle (zB statusrechtlichen) Vorfragen zu erstrecken (näher zur Vorfragenanknüpfung im Haager Unterhaltsprotokoll → § 10 Rn. 140 ff.). Hinzu kommt, dass moderne Staatsverträge eine Rück- oder Weiterverweisung häufig vollständig, jedenfalls aber im Verhältnis der Vertragsstaaten zueinander ausschließen. Wird das ausländische IPR aber schon bezüglich der Hauptfrage nicht beachtet, so fällt es schwer zu begründen, warum es in Bezug auf Vorfragen befolgt werden sollte.[80] Schließlich stört die unselbständige Vorfragenanknüpfung auf der Grundlage eines Staatsvertrags den internen Entscheidungseinklang nicht weniger, als wenn sie iRd Anwendung des autonomen Kollisionsrechts erfolgt.[81] Dies schließt jedoch nicht aus, Vorfragen im Interesse des internationalen Entscheidungseinklangs oder des mit der staatsvertraglichen Kollisionsnorm bezweckten Schutzes bestimmter Personen ausnahmsweise dennoch unselbständig anzuknüpfen.

---

[76] So auch *Kropholler* IPR § 32 IV 2 a; *Siehr* IPR § 52 II 3 b; *Ferid* IPR Rn. 4–62 ff.; für Heilung hinkender Rechtsverhältnisse iRd berufenen Sachrechts in diesen Fällen hingegen MüKoBGB/*v. Hein* IPR Einl. Rn. 197.

[77] So BeckOK BGB/*Lorenz* IPR Einl. Rn. 71; Erman/*Hohloch* IPR Einl. Rn. 55; Palandt/*Thorn* EGBGB Einl. Art. 3 Rn. 30; *Rauscher* IPR Rn. 519; *Schotten/Schmellenkamp* IPR Rn. 49.

[78] So *v. Bar/Mankowski* IPR I Rn. 208 f.; *Kropholler* IPR § 32 IV 2; NK-BGB/*Freitag* IPR Einl. Rn. 30; zuletzt ferner *Bernitt* S. 111 ff.; *Solomon* FS Spellenberg, 2010, 355 (366); MüKoBGB/*v. Hein* IPR Einl. Rn. 175 f. mwN. Vgl. idS auch zum HUntÜ OLG Hamburg IPRax 2002, 294 (304) mAnm *Andrae/Essebier*.

[79] *V. Bar/Mankowski* IPR I Rn. 208; NK-BGB/*Freitag* IPR Einl. Rn. 30; MüKoBGB/*v. Hein* IPR Einl. Rn. 175.

[80] *Meyer-Sparenberg* S. 146 f.; *Solomon* FS Spellenberg, 2010, 355 (368).

[81] MüKoBGB/*v. Hein* IPR Einl. Rn. 175.

## 2. EU-Verordnungen

Für die Anknüpfung von Erst- und Vorfragen in kollisionsrechtlichen **EU-Verordnungen** (zB EuErbVO, Rom III-VO) muss das zum staatsvertraglichen Kollisionsrecht Gesagte entsprechend gelten.[82] Über die selbständige Anknüpfung von *Erstfragen,* die von EU-Kollisionsnormen aufgeworfenen werden, besteht weithin Konsens (→ Rn. 32). Eine im Grundsatz auch selbständige Anknüpfung von *Vorfragen* (ieS) vermeidet nicht nur die mitunter schwierige Abgrenzung zwischen Erst- und Vorfragen, sondern dient auch hier vor allem dem Schutz des internen Entscheidungseinklangs, der bei Anwendung von europäischen Kollisionsnormen nicht weniger wichtig ist als bei Anwendung des autonomen Kollisionsrechts. Ferner ist auch der Anwendungsbereich von EU-Verordnungen durchwegs sachlich beschränkt und kann nicht im Wege der unselbständigen Vorfragenanknüpfung auf weitere aus ihrem Anwendungsbereich ausdrücklich ausgeschlossene Aspekte ausgedehnt werden. Dies wird zB in der Rom III-VO für das Bestehen und die Gültigkeit der zu scheidenden Ehe in Art. 1 Abs. 2 lit. b sowie für weitere Vorfragen in Erwägungsgrund 10 S. 3 ausdrücklich klargestellt (näher → § 11 Rn. 136f.), muss aber grundsätzlich auch für Vorfragen gelten, die bei Anwendung von anderen EU-Verordnungen aufgeworfen werden. Diesbezüglich ist auch nicht zwischen objektiven und subjektiven Anknüpfungen zu unterscheiden.[83] Schließlich wird auch im europäischen IPR ein *Renvoi* durch das ausländische IPR – abgesehen von der engen Ausnahme nach Art. 34 Abs. 1 EuErbVO – ausgeschlossen, so dass sich eine Parallelwertung aufdrängt, wonach eine Berücksichtigung des IPR der *lex causae* auch bezüglich der Anknüpfung von Vorfragen nicht in Betracht kommt.[84] 49

Eine Ausnahme wird allerdings neuerdings für das **internationale Erbrecht unter Geltung der EuErbVO** vertreten; hier sollen familienrechtliche Vorfragen – anders als bisher unter Geltung von Art. 25 EGBGB – grundsätzlich *unselbständig* anzuknüpfen sein.[85] Zur Begründung wird insbesondere auf die Einführung des Europäischen Nachlasszeugnisses verwiesen. Dessen (Vermutungs-)Wirkung würde nämlich erheblich beeinträchtigt, wenn die Erbberechtigung des im Zeugnis ausgewiesenen Erben aufgrund einer selbständigen Anknüpfung von familienrechtlichen Vorfragen (Wirksamkeit einer Ehe, einer eingetragenen Lebenspartnerschaft oder einer Adoption) im Gebrauchsstaat des Zeugnisses anders als im Ausstellungsstaat beurteilt würde. Die unselbständige Vorfragenanknüpfung führt allerdings bei der Verweisung auf drittstaatliches Recht zu der wenig wünschenswerten Konsequenz, dass auch die in der EU bereits vereinheitlichten Kollisionsnormen auf die Anknüpfung der Vorfrage nicht angewandt werden könnten.[86] 50

**Beispiel:** 51

Der griechische Staatsangehörige K und seine ebenfalls griechische Verlobte H, die sich zum griechisch-orthodoxen Glauben bekennen, haben in München vor einem griechischen Geistlichen geheiratet. Eine standesamtliche Eheschließung war der religiösen Zeremonie nicht vorausgegangen. Ferner war der griechische Pope – wie sich später herausstellt – seitens der griechischen Regierung zur Vornahme von Trauungen in Deutschland nicht wirksam ermächtigt. Kann die Ehe durch ein deutsches Familiengericht nach Maßgabe der Rom III-VO geschieden werden, wenn beide Ehegatten ihren gewöhnlichen Aufenthalt im In-

[82] Für eine grundsätzliche selbständige Anknüpfung von Vorfragen im EU-Kollisionsrecht *Bernitt* S. 101ff.; *Gössl* ZfRV 2011, 65 (71); *Solomon* FS Spellenberg, 2010, 355ff.; *Mäsch,* Zur Vorfrage im europäischen IPR, in: Leible/Unberath (Hrsg.), Brauchen wir eine Rom 0-Verordnung?, 2013, S. 201 (216ff.); MüKoBGB/*v. Hein* IPR Einl. Rn. 177; im Grundsatz auch *Heinze* FS Kropholler, 2008, 105 (114f.); *Sonnenberger* FS Kropholler, 2008, 227 (241); **aA** Palandt/*Thorn* EGBGB Einl. Art. 3 Rn. 30.

[83] MüKoBGB/*v. Hein* IPR Einl. Rn. 193; **aA** *Henrich* FS Schurig, 2012, 63 (72).

[84] Dazu *Bernitt* S. 131ff.; *Gössl* ZFRV 2011, 65 (71); MüKoBGB/*v. Hein* IPR Einl. Rn. 177.

[85] So *Dörner* ZEV 2012, 505 (512f.); *Henrich* FS Schurig, 2012, 63 (64); MüKoBGB/*Dutta* EuErbVO Vorb. Art. 20 Rn. 28 mwN; eher krit. dazu – unter Hinweis auf Erwägungsgrund 71 S. 3 EuErbVO – MüKoBGB/*v. Hein* IPR Einl. Rn. 188.

[86] MüKoBGB/*v. Hein* IPR Einl. Rn. 188.

land haben? Wäre H beim Tode des K als „überlebender Ehegatte" iSv Art. 1380 griech. ZGB erbberechtigt, wenn beide Ehegatten eine Rechtswahl zugunsten der Geltung griechischen Erbrechts nach Art. 22 EuErbVO getroffen haben?

Das auf die Ehescheidung anzuwendende Recht ist von dem zuständigen deutschen Familiengericht mit Hilfe der Rom III-VO zu bestimmen; danach kommt in Ermangelung einer diesbezüglichen Rechtswahl nach Art. 8 lit. a deutsches Recht zur Anwendung. Art. 8 lit. a Rom III-VO setzt tatbestandlich eine zu scheidende Ehe voraus, wirft also die Erstfrage nach ihrer Gültigkeit auf. Diese Erstfrage ist grundsätzlich selbständig anzuknüpfen (→ Rn. 32). Das deutsche Gericht hat also die Frage der Ehegültigkeit mit Hilfe des deutschen Kollisionsrechts anzuknüpfen. Nach dem somit anwendbaren Art. 13 Abs. 3 EGBGB handelt es sich wegen der Nichteinhaltung der für Inlandstrauungen zwingend vorgeschriebenen standesamtlichen Form um eine Nichtehe, deren Scheidung nicht in Betracht kommt.

Wird die Ehe nicht durch Scheidung, sondern durch den Tod des Ehemannes aufgelöst, so wird die Vorfrage nach der Gültigkeit der Ehe erst von dem gemäß Art. 22 Abs. 1 EuErbVO vom Erblasser wirksam gewählten griechischen materiellen Erbrecht aufgeworfen. Folgt man der bisher zur EuErbVO vorherrschend vertretenen unselbständigen Anknüpfung dieser Vorfrage, so wäre die Ehe formwirksam geschlossen worden, weil das griechische IPR insoweit die Einhaltung der Form nach dem gemeinsamen griechischen Heimatrecht der Verlobten ausreichen lässt. Die H wäre daher nach ihrem Ehemann K gesetzlich erbberechtigt.

## V. Gestaltungswirkung von Statusurteilen

52 Besonderheiten ergeben sich für die Vorfrageanknüpfung dann, wenn das die Vorfrage bildende Rechtsverhältnis – zB der Bestand einer Ehe – bereits Gegenstand einer inländischen oder einer im Inland anzuerkennenden ausländischen Gestaltungsentscheidung – zB eines Scheidungsurteils – gewesen ist. Namentlich im internationalen Ehenamensrecht ist die Rechtsprechung insoweit zT der Lehre von der „Relativität der Gestaltungswirkung" von Scheidungsurteilen[87] gefolgt, der zufolge deutsche Gerichte an eine inländische oder nach Art. 21 EuEheVO bzw. §§ 107, 109 FamFG anzuerkennende ausländische Gestaltungsentscheidung, insbesondere ein Ehescheidungsurteil, dann nicht gebunden sind, wenn diese Entscheidung im Staat der für die Hauptfrage maßgebenden *lex causae* nicht anerkannt worden und auch nicht anerkennungsfähig ist.[88] Die hM folgt dieser Auffassung freilich nicht, sondern geht insoweit von einem **Vorrang des Verfahrensrechts vor dem IPR** aus.[89] Eine kollisionsrechtliche Relativierung der Rechtskraft führt danach zu einer gravierenden Störung des internen Entscheidungseinklangs und gefährdet die Rechtssicherheit.[90]

53 **Beispiel:**

Die im Jahr 1995 geschlossene Ehe zwischen dem türkischen Staatsangehörigen M und der deutschen F, die von den Ehegatten ausschließlich in Deutschland gelebt worden ist, wurde im Mai 2014 durch das Amtsgericht Essen rechtskräftig geschieden. Nur einen Monat nach der Scheidung kommt M bei einem Verkehrsunfall ums Leben. Da die ehe kinderlos geblie-

---

[87] Vgl. dazu ausf. *Hausmann,* Die kollisionsrechtlichen Schranken von Scheidungsurteilen, 1980.

[88] Vgl. insbesondere BayObLGZ 2002, 299 m. krit. Anm. *Mäsch* IPRax 2004, 102; KG NJW-RR 1980, 644 (646); zust. *Kegel/Schurig* IPR § 17 IV 1 b.

[89] Vgl. zum internationalen Namensrecht OLG Karlsruhe IPRax 1998, 110 mAnm *Henrich* IPRax 1998, 96; OLG Düsseldorf FamRZ 1999, 328; OLG Hamm FGPrax 2004, 115; zust. *Henrich* IPRax 2008, 121 (122); *Hepting* StAZ 1998, 133 (143); BeckOK BGB/*Mäsch* EGBGB Art. 10 Rn. 11; Staudinger/*Hepting/Hausmann* EGBGB Art. 10 Rn. 143, jeweils mwN. Offenlassend aber BGH NJW 2007, 3347 (3349).

[90] MüKoBGB/*v. Hein* IPR Einl. Rn. 202 m. ausf. Nachw.

ben war, stellt F stellt beim Nachlassgericht Essen den Antrag auf Erteilung eines Erbscheins, wonach sie neben dem noch lebenden Vater des M dessen gesetzliche Erbin nach türkischem Recht geworden sei. Sie begründet diesen Antrag damit, dass die Ehe mangels Anerkennung des deutschen Scheidungsurteils in der Türkei im Zeitpunkt des Erbfalls nach türkischem Recht fortbestanden habe. Wie ist über den Erbscheinsantrag zu entscheiden?

Die Erbfolge beurteilt sich nach dem für Erbfälle im Juni 2014 noch geltenden Art. 25 Abs. 1 EGBGB aF nach dem Heimatrecht des Erblassers zur Zeit seines Todes. Diese Gesamtverweisung wird vom türkischen IPR angenommen. Nach Art. 499 Abs. 2 des türkischen ZGB ist die Ehefrau neben einem Elternteil des Erblassers als gesetzliche Erbin zu 1/2 berufen. Diese Vorschrift wirft die Vorfrage nach dem (Fort-) Bestand der Ehe im Zeitpunkt des Erbfalls auf: Über diese Vorfrage ist nach hM in Anwendung des Grundsatzes vom Vorrang des IZPR vor dem IPR zu entscheiden. Danach sind deutsche Gerichte, die über die von einer ausländischen Sachnorm aufgeworfene Vorfrage einer wirksamen Ehescheidung zu befinden haben, an die Rechtskraft des von einem deutschen Gericht gefällten Scheidungsurteils gebunden. Auf die Frage, nach welchem Recht die Ehescheidung durch das deutsche Gericht ausgesprochenen worden ist, kommt es ebenso wenig an wie darauf, ob das deutsche Scheidungsurteil in dem Staat, dessen Recht die Hauptfrage beherrscht, anerkannt worden ist.[91]

Eine Ausnahme gilt freilich auf dem Gebiet des **internationalen Eheschließungsrechts.** aufgrund der speziellen Vorbehaltsklausel in Art. 13 Abs. 2 EGBGB. Denn aus ihr folgt, dass ein inländisches oder anerkanntes ausländisches Scheidungsurteil allein noch kein Recht des geschiedenen ausländischen Ehegatten auf Wiederheirat begründet, wenn er nicht zuvor die zumutbaren Schritte zur Anerkennung dieses Urteils in seinem Heimatstaat unternommen hat. Der Vorschrift wird zu Recht entnommen, dass der deutsche Gesetzgeber bei ihrer Formulierung von einer unselbständigen Anknüpfung der Vorfrage nach der Auflösung einer Vorehe ausgegangen ist, weil es auf die kumulative Erfüllung der Voraussetzungen nach Art. 13 Abs. 1 Nr. 1 bis Nr. 3 EGBGB nicht mehr ankäme, wenn eine strikte Bindung des deutschen Standesbeamten an ein inländisches oder anerkanntes ausländisches Scheidungsurteil betreffend die Vorehe bestehen würde. 54

**Beispiel:** 55

Die italienischen Staatsangehörigen M und F haben im Jahre 1990 in Tondern/Dänemark die Ehe geschlossen. Der Ehemann M war zuvor in erster Ehe mit der Deutschen D verheiratet gewesen. Diese Ehe war im Jahre 1989 durch Urteil des AG München rechtskräftig geschieden worden. Eine förmliche Anerkennung des deutschen Scheidungsurteils in Italien war vor der Eheschließung zwischen M und F nicht erfolgt. Die F erhebt Klage auf Aufhebung der Ehe mit M wegen Bigamie. Zu Recht?

Ob der Eheschließung des M mit F im Jahre 1990 das Ehehindernis der Doppelehe entgegenstand, beurteilt sich als materielle Ehevoraussetzung nach dem von Art. 13 Abs. 1 EGBGB zur Anwendung berufenen italienischen Heimatrecht des M. Dieses nimmt die vom deutschen IPR ausgesprochene (Gesamt-)Verweisung an. Nach Art. 86 CC kann – in Übereinstimmung mit § 1306 BGB – niemand eine Ehe eingehen, der noch an eine frühere Ehe gebunden ist. Art. 86 CC wirft damit die Vorfrage nach dem Fortbestand der Vorehe des M mit D im Zeitpunkt der erneuten Eheschließung mit F auf. Auch wenn man aufgrund des Vorrangs des IZPR vor dem IPR grundsätzlich eine Bindung deutscher (Standes-)Behörden und Gerichte an Gestaltungsentscheidungen anderer deutscher Gerichte befürwortet, kann dies nicht für den Fall der Wiederheirat eines im Inland geschiedenen ausländischen Ehegatten gelten, Denn für diesen Fall ist aus Art. 13 Abs. 2 EGBGB zu entnehmen, dass die Vorfrage nach der wirksamen Scheidung der Vorehe unselbständig anzuknüpfen und

[91] Vgl. BGH NJW 1981, 1900 (1901); OLG Hamm DNotZ 1983, 821 (823), wo allerdings zur Begründung auf den Grundsatz der selbständigen Anknüpfung statusrechtlicher Vorfragen verwiesen wird.

eine Wiederheirat daher nur zulässig ist, wenn die Voraussetzungen der Nr. 1 bis Nr. 3 kumulativ erfüllt sind. Da M vor der Wiederheirat keinen Antrag auf Anerkennung des deutschen Urteils über die Scheidung seiner ersten Ehe in Italien gestellt hatte, war er iSv Art. 86 CC an diese Ehe noch gebunden. Der Antrag der F auf Aufhebung der zweiten Ehe ist daher begründet.[92]

## VI. Teilfrage

### 1. Begriff

56 Von der Vorfrage zu unterscheiden ist die sog Teilfrage. Als Teilfrage wird im Kollisionsrecht die Frage nach der Beurteilung wesentlicher Bestandteile einer Rechtsfigur bezeichnet, wie zB der Deliktsfähigkeit für eine unerlaubte Handlung oder der Geschäftsfähigkeit für einen Vertragsschluss. Im Gegensatz zur Vorfrage kann eine solche Teilfrage niemals isoliert, sondern nur im Zusammenhang mit der Hauptfrage den Gegenstand eines Rechtsstreits bilden.[93]

### 2. Problemstellung

57 Das Problem einer Abspaltung und Sonderanknüpfung von Teilfragen liegt darin, dass Form und Inhalt, Voraussetzungen und Wirkungen von Rechtsgeschäften oft in einem inneren Sinnzusammenhang stehen, der leicht verloren gehen kann, wenn Fragmente verschiedener Rechtsordnungen auf denselben Fall angewandt werden. Andererseits kann eine Sonderanknüpfung von Teilfragen den beteiligten Verkehrs- oder Parteiinteressen (zB dem *favor negotii* in Art. 11 Abs. 1 EGBGB) in besonderem Maße Rechnung tragen.

### 3. Anknüpfung

58 Eine solche Sonderanknüpfung von Teilfragen hat der Gesetzgeber in einer Reihe von Fällen ausdrücklich angeordnet, so für die aus dem Anwendungsbereich der Rom I-VO ausgeschlossene Geschäftsfähigkeit in Art. 7 Abs. 1 EGBGB (→ § 4 Rn. 6 ff.), für die Form von Rechtsgeschäften in Art. 11 Rom I-VO bzw. Art. 11 EGBGB (→ § 7 Rn. 23 ff.) und für die Testamentsform in Art. 27 EuErbVO (→ § 15 Rn. 172 ff.). Teilweise ist aber auch eine von der Hauptfrage abhängige Anknüpfung von Teilfragen vorgesehen, wie zB für die Deliktsfähigkeit in Art. 15 lit. a Rom II-VO. Hinsichtlich anderer Teilfragen (zB der Ehefähigkeit oder wirksamen Bevollmächtigung) hat der Gesetzgeber auf eine Regelung verzichtet und die Anknüpfung der Rechtsprechung überlassen.

## C. Anpassung

**Schrifttum:**

*Benicke,* Anpassung im internationalen Privatrecht, FS Schapp, 2010, 61; *Dannemann,* Die ungewollte Diskriminierung in der internationalen Rechtsanwendung, 2004; *ders.,* Accidental Discrimination in the Conflict of Laws: Applying, Considering and Adjusting Rules from Different Jurisdictions, YbPIL 10 (2008), 113; *Heinig,* Erhöhung des Ehegattenerbteils nach § 1371 Abs. 1 BGB bei Anwendbarkeit ausländischen Erbrechts, DNotZ 2014, 251; *Jayme,* Substitution und Äquivalenz im IPR, IPRax 2008, 298; *Kropholler,* Die Anpassung im Kollisionsrecht, FS Ferid, 1978, 279; *Looschelders,* Die Anpassung im internationalen Privatrecht, 1995; *ders.,* Anpassung und ordre public im internationalen Erbrecht, FS von Hoffmann, 2011, 266.

[92] Vgl. OLG München IPRax 1988, 356 mAnm *Winkler v. Mohrenfels* IPRax 1988, 341.
[93] *Bernitt* (2010) S. 12.

## I. Begriff und Notwendigkeit

Der Begriff der Anpassung (oder Angleichung) steht im IPR für die modifizierte Anwendung eines Rechts zur Überbrückung von Normwidersprüchen beim Zusammentreffen mehrerer nebeneinander zur Anwendung berufener Rechte. Die Notwendigkeit einer Anpassung als besonderes **methodisches Mittel zur Vermeidung von Normwidersprüchen** ist die zwangsläufige Folge der „analytischen" Methode des IPR, die einen Rechtsfall unter sachlichen und zeitlichen Gesichtspunkten zerlegt und die einzelnen Rechtsfragen häufig verschiedenen Rechtsordnungen unterstellt.[94] Während die Rechtssätze innerhalb einer einzigen Rechtsordnung idR aufeinander abgestimmt sind, kann die unterschiedliche Anknüpfung verschiedener Teilaspekte eines Lebenssachverhalts zu Widersprüchen und Disharmonien führen. Um einen sinnvollen Zusammenhang der anzuwendenden Normen herzustellen und eine widerspruchsfreie Entscheidung zu treffen, bedarf es daher am Ende einer „Synthese" durch den Richter. 59

## II. Arten von Normwidersprüchen

Unterschieden wird zunächst grundsätzlich zwischen **„offenen" und „versteckten" Normwidersprüchen.**[95] Ein „offener" (oder logischer) Widerspruch liegt vor, wenn die parallele Anwendbarkeit mehrerer Rechtsordnungen zu einem Ergebnis führt, das bereits denkgesetzlich ausgeschlossen ist.[96] Als Beispiele werden vor allem sich widersprechende Kommorientenvermutungen im Erbrecht (vgl. Art. 9 S. 1 EGBGB) oder sich widersprechende Vaterschaftsvermutungen im Abstammungsrecht (vgl. Art. 19 EGBGB) genannt. Demgegenüber liegt ein „versteckter" (oder teleologischer) Normwiderspruch dann vor, wenn das Nebeneinander von unterschiedlichen Rechten ein Ergebnis zeitigt, das zwar logisch nicht ausgeschlossen ist, aber bei einer wertenden Betrachtung als unbillig erscheint, weil es zB einen Beteiligten schlechter stellt als dieser bei Geltung jedes der zusammentreffenden Rechte stehen würde, wenn dieses auf den Sachverhalt insgesamt angewandt würde.[97] 60

Im Übrigen lassen sich nach der Art der auftretenden Schwierigkeiten Fälle des Normenmangels, der Normenhäufung sowie der qualitativen Normendiskrepanz unterscheiden. 61

### 1. Normenmangel

Als klassisches Beispiel für den Normenmangel gilt der Fall, dass der überlebende Ehegatte infolge des Auseinanderfallens von Güterrechts- und Erbstatut sowohl güter- wie erbrechtlich leer ausgeht, weil das als Güterrechtsstatut (Art. 15 EGBGB) zur Anwendung berufene Recht ihm nur eine (erhöhte) erbrechtliche Beteiligung gewährt, während das das hiervon verschiedene Erbstatut (Art. 21 ff. EuErbVO) den überlebenden Ehegatten nur güterrechtlich abfindet 62

### 2. Normenhäufung

Zur Normenhäufung kann es bei der Versorgung des überlebenden Ehegatten im umgekehrten Fall kommen, wenn also das Güterrechtsstatut der Witwe anstelle eines Ehegattenerbrechts einen erhöhten güterrechtlichen Ausgleich gewährt, während das maßgebliche Erbstatut ihr wegen einer nach diesem Recht fehlenden güterrechtlichen Beteiligung einen erhöhten gesetzlichen Erbteil zuspricht (dazu das Beispiel → Rn. 67 ff.). 63

---

[94] Vgl. BGH FamRZ 1986, 345 (346 f.).
[95] MüKoBGB/*v. Hein* IPR Einl. Rn. 245 ff.
[96] *Kegel/Schurig* IPR § 8 II 1.
[97] *V. Bar/Mankowski* IPR I § 7 Rn. 256; *Kegel/Schurig* IPR § 8 II 1; *Benicke* FS Schapp, 2010, 61 (66).

### 3. Qualitative Normendiskrepanz

64 Zu einer sog „qualitativen Normendiskrepanz“[98] kann es etwa im Verhältnis von Erb- und Sachenrechtsstatut kommen, wenn nach dem als Erbstatut zur Anwendung berufenen Aufenthalts- oder Heimatrecht des Erblassers (Art. 21, 22 EuErbVO) einer der Beteiligten ein Recht an einer beweglichen oder unbeweglichen Sache erhält, das mit der Sachenrechtsordnung der *lex rei sitae* nicht vereinbar ist, wie zB ein englisches *trust*-Recht (dazu das Beispiel → Rn. 28) oder ein Vindikationslegat an einem deutschen Grundstück (dazu das Beispiel → Rn. 71).

## III. Lösung der Anpassungsprobleme

65 Ausdrückliche gesetzliche Regeln zur Anpassung sind sowohl im deutschen wie im europäischen Kollisionsrecht selten. Ein Beispiel im deutschen IPR bildet die Sonderregelung des internationalen Namensrechts in **Art. 47 EGBGB** für Fälle, in denen dem ausländischen Namensstatut ein dem deutschen Recht funktional vergleichbarer Vor- oder Familiennamen unbekannt ist.[99] Auf dem Gebiet des internationalen Erbrechts enthält **Art. 31 EuErbVO** eine Sonderregelung zur Anpassung dinglicher Rechte, stellt hierzu aber in Erwägungsgrund 17 klar, dass die Vorschrift „andere Formen der Anpassung im Zusammenhang mit der Anwendung dieser Verordnung nicht ausschließen“ möchte. Im Übrigen gibt es für die Lösung von Anpassungsproblemen im IPR keine festen Regeln. In Betracht kommt – wie auch der BGH festgestellt hat[100] – sowohl eine modifizierte Anwendung des Kollisionsrechts wie des Sachrechts.[101]

### 1. Kollisionsrechtliche Lösungen

66 Auf der Ebene des Kollisionsrechts kommt die Bevorzugung einer der konkurrierenden Regelungen unter gleichzeitiger Ignorierung der jeweils anderen kollisionsrechtlichen Verweisung in Betracht. So kann ein **Normenmangel** im Allgemeinen dadurch ausgeräumt werden, dass nur einer der beiden konkurrierenden Rechtsordnungen die Lösung entnommen wird. Denn der Normenmangel entsteht nicht dadurch, dass jede der beiden widerstreitenden Rechtsordnungen für sich betrachtet keine adäquate Regelung bereithält, sondern dadurch, dass diese Regelung in einem von der jeweiligen Kollisionsnorm nicht zur Anwendung berufenen Teil der *lex causae* angesiedelt sind. Deshalb wird eine der beiden Verweisungen ausnahmsweise auf die von ihr nicht erfasste Frage erstreckt.[102] Damit wird die zunächst getroffene Qualifikationsentscheidung im Interesse einer widerspruchsfreien Lösung in einem zweiten Schritt wieder korrigiert.[103] In gleicher Weise können auch Fälle der **Normenhäufung** auf kollisionsrechtlichem Wege dadurch gelöst werden, dass einer der beiden Sachregelungen insgesamt der Vorzug gegeben wird. So lässt sich die Überversorgung der Witwe dadurch vermeiden, dass entweder nur das Güterrechts- oder nur das Erbstatut ihre Rechtsposition insgesamt bestimmt.[104] Ob die zum autonomen deutschen IPR entwickelten Regeln für eine solche kollisionsrechtliche Anpassung auch im Anwendungsbereich von Staatsverträgen und im

[98] Zu diesem Begriff *Kropholler* FS Ferid, 1978, 279 (280); *Benicke* FS Schapp, 2010, 61 (67f.); MüKoBGB/*v. Hein* IPR Einl. Rn. 250.

[99] Dazu die ausführliche Kommentierung der Vorschrift bei Staudinger/*Hepting/Hausmann*.

[100] BGH FamRZ 1986, 345 (347).

[101] Vgl. statt vieler *Benicke* FS Schapp, 2010, 61 (69); *Dannemann* S. 437ff.; *Looschelders* S. 195ff.; NK-BGB/*Freitag* EGBGB Art. 3 Rn. 38; BeckOK BGB/*Lorenz* IPR Einl. Rn. 90; Erman/*Hohloch* IPR Einl. Rn. 58; MüKoBGB/*v. Hein* IPR Einl. Rn. 254, jeweils mwN.

[102] Im Zweifel für eine solche kollisionsrechtliche Anpassung *Kropholler* FS Ferid, 1978, 279 (284); *Benicke* FS Schapp, 2010, 561 (573ff.); *Looschelders* S. 196ff.; *Kegel/Schurig* IPR § 8 III 1; Erman/*Hohloch* IPR Einl. Rn. 57; NK-BGB/*Freitag* EGBGB Art. 3 Rn. 38.

[103] Vgl. *Kegel/Schurig* IPR § 8 III 1; *Rauscher* IPR Rn. 572.

[104] Vgl. idS etwa *v. Hoffmann/Thorn* IPR § 6 Rn. 36; *Benicke* FS Schapp, 2010, 61 (74).

europäischen Kollisionsrecht angewandt werden können, weil sie zwangsläufig zu einer Verschiebung des sachlichen Anwendungsbereich der konkurrierenden Rechtsinstrumente (zB zwischen der EuErbVO und dem Haager Unterhaltsprotokoll) führen, ist bisher noch wenig geklärt.[105]

## 2. Sachrechtliche Lösungen

**a) Normenhäufung/Normenmangel.** Wenn die Wahl zwischen kollisions- und materiell-rechtlicher Anpassung auch letztlich nur im konkreten Einzelfall getroffen werden kann,[106] verdient idR doch eine materiell-rechtliche Korrektur den Vorzug vor der vollständigen kollisionsrechtlichen Ausschaltung einer der beiden zur Anwendung berufenen Rechtsordnungen. Denn die dem modernen IPR zugrundeliegende Vorstellung von der Gleichwertigkeit der Rechtsordnungen schließt es idR aus, die Wertungen nur einer Rechtsordnung zu Lasten einer anderen zugrunde zu legen. Außerdem setzt sich die kollisionsrechtliche Anpassung zwangsläufig über die zuvor getroffene Qualifikationsentscheidung hinweg.[107] Dies gilt insbesondere in den für die Praxis im Vordergrund stehenden Fälle der Witwenversorgung im Spannungsfeld zwischen Güterrechts- und Erbstatut, namentlich seitdem letzteres durch europäisches Recht (Art. 21 ff. EuErbVO) bestimmt wird. Auf der sachrechtlichen Ebene kommt im Fall einer **Überversorgung des überlebenden Ehegatten** durch die unterschiedliche Anknüpfung von Erb- und Güterrechtsstatut (Normenhäufung) etwa eine Kürzung der Erbquote um den überschießenden güterrechtlichen Ausgleich in Betracht oder es wird der materiell-rechtliche Grundsatz angewandt, dass der überlebende Ehegatte höchstens so viel erhalten soll, wie er sowohl nach dem als Erbstatut als auch nach dem als Güterrechtsstatut zur Anwendung berufenen Recht insgesamt höchstens bekommen würde, wenn diese Rechte jeweils isoliert angewandt werden würden. Die gleiche Regel ist – entsprechend dem Grundsatz des geringstmöglichen Eingriffs – mit umgekehrten Vorzeichen in Fällen des Normenmangels anzuwenden.[108] Die danach notwendige Einbeziehung der güterrechtlichen Beteiligung des überlebenden Ehegatten nach dem als Erbstatut zur Anwendung berufenen Recht in den Günstigkeitsvergleich kann allerdings im Einzelfall schwierige Berechnungen erforderlich machen.[109] 67

**Beispiel:** 68
Die Deutsche F und der Österreicher M haben im Jahre 1988 in München die Ehe geschlossen und hatten dort auch bis 1995 ihren gemeinsamen gewöhnlichen Aufenthalt. Aus der Ehe sind zwei 1990 und 1992 geborene Kinder hervorgegangen. Seit 1995 lebten die Ehegatten in Salzburg. Dort ist M am 15.9.2015 verstorben. Die Ehegatten hatten keinen Ehevertrag geschlossen und M hat auch nicht testiert. F fragt nach ihrer güter- und erbrechtlichen Beteiligung am Nachlass des M.

Die Erbfolge nach M beurteilt sich gemäß Art. 21 Abs. 1 EuErbVO nach österreichischem Recht, weil M seinen gewöhnlichen Aufenthalt im Zeitpunkt seines Todes in Salzburg hatte. Nach österreichischem materiellen Erbrecht steht der Ehefrau neben ihren beiden Kindern ein Erbteil von 1/3 zu (§ 757 ABGB). Dieser gesetzliche Erbteil ist nach österreichischem Recht deshalb höher als nach deutschem Recht (§ 1931 Abs. 1 BGB), weil die überlebende Ehefrau – anders als im Scheidungsfall, wo sie zumindest an den „ehelichen Ersparnissen" und am „ehelichen Gebrauchsvermögen" beteiligt wird – keinen güter-

[105] Vgl. dazu MüKoBGB/*v. Hein* IPR Einl. Rn. 257.
[106] *Dannemann* S. 439; MüKoBGB/*v. Hein* IPR Einl. Rn. 255; Staudinger/*Dörner* EGBGB Art. 25 Rn. 749 ff.
[107] Für eine möglichst sachrechtliche Anpassung auch Staudinger/*Sturm/Sturm* IPR Einl. Rn. 258; *v. Bar/Mankowski* IPR § 7 Rn. 257; *Schotten/Schmellenkamp* IPR Rn. 50.
[108] So auch die hM., vgl. *Kropholler* IPR § 34 IV 1 a; Palandt/*Thorn* EGBGB Art. 15 Rn. 26; Staudinger/*Dörner* EGBGB Art. 25 Rn. 754; MüKoBGB/*v. Hein* IPR Einl. Rn. 264.
[109] Vgl. zu einem deutsch-italienischen Fall *Dutta* FamRZ 2015, 1239 f. mit einem Rechenbeispiel.

rechtlichen Ausgleich erhält; denn gesetzlicher Güterstand in Österreich ist die Gütertrennung.

Auf die güterrechtlichen Beziehungen der Eheleute ist gemäß Art. 15 Abs. 1 iVm Art. 14 Abs. 1 Nr. 2 EGBGB freilich nicht ebenfalls österreichisches, sondern deutsches Recht anwendbar, weil die Ehegatten ihren ersten gemeinsamen gewöhnlichen Aufenthalt in Deutschland begründet hatten. Für das deutsche IPR ist aber inzwischen geklärt, dass die Regelung in § 1371 Abs. 1 BGB güterrechtlich zu qualifizieren ist und deshalb auch dann zur Anwendung kommt, wenn sich die Erbfolge nach ausländischem Recht richtet (→ Rn. 22). Eine Substitution des in § 1371 Abs. 1 BGB vorausgesetzten gesetzlichen Ehegattenerbrechts nach § 1931 BGB durch das österreichische gesetzliche Ehegattenerbrecht ist auch nicht deshalb ausgeschlossen, weil die österreichische Regelung zT güterrechtlich motiviert ist (→ Rn. 94). Das Zusammentreffen des österreichischen Erbrechts mit dem deutschen Ehegüterrecht hat allerdings zur Folge, dass die F kraft Gesetzes mit (1/3 + 1/4 =) 7/12 am Nachlass des M beteiligt wird, dh einen höheren Anteil erhält, als wenn österreichisches oder deutsches Recht jeweils insgesamt sowohl auf das Güterrecht wie auf das Erbrecht anzuwenden wären. Denn nach österreichischem Recht wäre die F insgesamt nur mit 1/3 (4/12), nach deutschem Recht insgesamt nur mit 1/2 (6/12) am Nachlass ihres vorverstorbenen Ehemannes beteiligt. Das schutzwürdige Interesse der aus der Ehe hervorgegangenen Kinder, deren gesetzliche Erbteile allein deshalb geschmälert würden, weil österreichisches Erbrecht mit deutschem Ehegüterrecht zusammentrifft, erfordert daher eine Anpassung. Diese ist auf sachrechtlicher Ebene in dem Sinne vorzunehmen, dass die F nicht mehr erhalten kann, als ihr nach jedem der beiden zusammentreffenden Rechte zustünde, wenn diese jeweils insgesamt sowohl auf das Güter- wie das Erbrecht angewendet würden. Damit ist der gesetzliche Erbteil der F von 7/12 auf 1/2 zu kürzen.[110]

69 **Beispiel:**
Die Ehegatten M und F, die beide die deutsche Staatsangehörigkeit besitzen, leben im gesetzlichen Güterstand der Zugewinngemeinschaft. M ist Alleineigentümer eines Hausgrundstücks in Köln, das er zu Beginn der Ehe erworben und im Laufe der Ehe abbezahlt hat. Die F hat während der Ehe ein Ferienhaus im US-Bundesstaat Florida ebenfalls zu Alleineigentum erworben. Im Hinblick auf die bevorstehende Scheidung der Ehe suchen die Ehegatten einen Notar auf und wünschen eine Vereinbarung nach § 1378 Abs. 3 BGB über den Ausgleich des Zugewinns. Da die Ehegatten über kein nennenswertes bewegliches Vermögen verfügen, beschränkt sich der Zugewinnausgleich auf die beiden Immobilien, Das Hausgrundstück in Köln hat einen Wert von 600.00,00 EUR, das Ferienhaus in Florida einen Wert von 300.000,00 EUR. Welche Überlegungen wird der Notar anstellen?

Der Notar wird zunächst das auf die güterrechtliche Auseinandersetzung der Ehegatten anzuwendende Recht ermitteln. Seine Prüfung ergibt, dass die Ehegatten zwar im deutschen gesetzlichen Güterstand der Zugewinngemeinschaft leben. In Bezug auf das Ferienhaus der Ehefrau in Florida ist jedoch der Vorrang des Einzelstatuts nach Art. 3a Abs. 2 EGBGB zu beachten (→ § 2 Rn. 164 ff.). Denn das Recht von Florida unterwirft die auf seinem eigenen Territorium belegenen Immobilien auch in güterrechtlicher Hinsicht dem eigenen Recht; diese Kollisionsnorm des Rechts von Florida ist als „besondere Vorschrift" auch vom deutschen Rechtsanwender zu beachten. Dies hat zur Folge, dass die Ehegatten bezüglich des Ferienhauses der Ehefrau im Güterstand des Rechts von Florida leben (→ § 9 Rn. 46 ff.). Aufgrund dieser Spaltung des Güterrechts ist nur das Hausgrundstück des Ehemannes in den Zugewinnausgleich nach §§ 1372 ff. BGB einzubeziehen. Damit stünde der Ehefrau ein Aus-

[110] Ebenso zu dieser deutsch-österreichischen Konstellation auch OLG Schleswig ZEV 2014, 93 (96) m. zust. Anm. *Hertel;* LG Mosbach ZEV 1998, 489 (490); *Dörner* ZEV 2005, 444 (445); **aA** noch OLG Stuttgart ZEV 2005, 443 m. abl. Anm. *Dörner* (überholt durch BGH FamRZ 2015, 1180 mAnm *Mankowski*); *Schotten/Schmellenkamp* IPR Rn. 288h–288l.

gleichsanspruch in Höhe von 300.00,00 EUR zu, während das Ferienhaus in Florida nach dortigem Güterrecht im Alleineigentum der Ehefrau verbliebe. Ein solches Ergebnis widerspräche indessen den Zielsetzungen sowohl des deutschen Güterrechts wie jenen des Rechts von Florida. Daher ist auch in diesem Fall eine Anpassung auf sachrechtlicher Ebene vorzunehmen. Diese könnte entweder dahin gehen, den Wert des Ferienhauses iRd deutschen Zugewinnausgleichs zu berücksichtigen oder dem Ehemann das Recht zuzubilligen, die Erfüllung der Ausgleichsforderung in Höhe des hälftigen Werts der Ferienwohnung zu verweigern, weil der volle Ausgleich nach den Umständen des Falles gemäß § 1381 Abs. 1 BGB grob unbillig wäre.[111]

**b) Qualitative Normendiskrepanz.** Auch in den Fällen der **qualitativen Normendiskrepanz** ist der Ausgleich zwischen den beiden nicht miteinander in Einklang zu bringenden Rechten idR durch eine entsprechende Korrektur im materiellen Recht zu suchen. In der Praxis geht es vor allem um Fälle, in denen vom ausländischen Erbrecht angeordnete Rechtsfolgen mit der deutschen Sachenrechtsordnung nicht kompatibel sind und deshalb eine Anpassung erforderlich machen. Ist der *lex rei sitae* etwa – wie dem deutschen Recht – ein ***trust*-Recht** an Grundstücken nicht bekannt, so muss der durch den *trust* begünstigten Person eine möglichst ähnliche materielle Rechtsposition eingeräumt werden, wie sie dem *beneficiary* eines *trust* nach *Common Law* zukommt, zB Volleigentum mit gewissen Verfügungsbeschränkungen.[112] Entsprechend kann der als *trustee* eines *testamentary trust* eingesetzten Person in Deutschland die Funktion eines Testamentsvollstreckers eingeräumt werden.[113] Ein ausländisches **Vindikationslegat** an einem deutschen Grundstück ist in einen obligatorischen Anspruch auf Eigentumsübertragung umzudeuten[114] und ein gesetzlicher **Legalnießbrauch** nach ausländischem Erbrecht muss an im Inland belegenen Sachen einzeln neu begründet werden.[115] Ob die bisher entwickelten Lösungen für eine materiell-sachrechtliche Anpassung des ausländischen Erbrechts an das deutsche Sachenrecht auch künftig unter der Geltung von Art. 31 EuErbVO Bestand haben werden, bleibt allerdings abzuwarten (dazu → § 15 Rn. 328 ff.). 70

Beispiel: 71
Ein kolumbianischer Erblasser E hinterlässt unter anderem ein in Deutschland belegenes Grundstück. Der Erbe A ist im Testament des E im Wege des Vorausvermächtnisses mit diesem Grundstück bedacht worden. Im Grundbuch sind als Eigentümer neben A der Miterbe B sowie weitere Miterben eingetragen. A ist der Auffassung, mit dem Tod des Erblassers sei er Alleineigentümer des Grundstücks geworden, da nach kolumbianischem Recht Vermächtnisse unmittelbar dingliche Wirkung entfalten (Vindikationslegat). Da die weiteren Miterben das Alleineigentum des A anerkennen, verlangt er von B Zustimmung zu einer entsprechenden Berichtigung des Grundbuchs, hilfsweise Auflassung und Einwilligung in die Grundbuchänderung. B wendet u. a. ein, einem Vermächtnis könne hinsichtlich in Deutschland belegener Nachlassgegenstände keine unmittelbare dingliche Wirkung zukommen, weshalb A nicht Alleineigentümer des Grundstücks sei. Wer hat Recht?

Der in diesem Fall bestehende Konflikt zwischen dem ausländischen erbrechtlichen Gesamtstatut und dem inländischen sachenrechtlichen Einzelstatut ist nach Ansicht des BGH und der hL zugunsten des letzteren zu entscheiden. Der *numerus clausus* der deutschen Sachenrechte kann nicht durch Anerkennung fremdartiger ausländischer Rechte – wie zB eines dinglich wirkenden Vermächtnisses an im Inland belegenen Sachen – erweitert werden. Die erforderliche Anpassung hat in der Weise zu erfolgen, dass das vom Erbstatut

[111] Vgl. *Schotten/Schmellenkamp* IPR Rn. 59.
[112] Vgl. das Beispiel → Rn. 28.
[113] BayObLGZ 2003, 69 (77) = ZEV 2003, 503; LG München I IPRax 2001, 459.
[114] BGH WM 1994, 2124 mAnm *Dörner* IPRax 1996, 26.
[115] BayObLGZ 1995, 366 (376).

angeordnete Vindikationslegat in ein mit der deutschen Sachenrechtsordnung im Einklang stehendes Damnationslegat umgedeutet wird. Der Antrag des A auf Grundbuchberichtigung ist daher unbegründet. Auf seinen Hilfsantrag hin sind jedoch die übrigen Miterben zur Auflassung des Grundstücks an ihn zu verurteilen.[116]

## D. Weitere Besonderheiten der Rechtsanwendung in Fällen mit Auslandsbezug

### I. Statutenwechsel

#### 1. Begriff

72 Das deutsche wie das europäische IPR unterscheidet zwischen **wandelbaren** Anknüpfungen, bei denen eine Änderung des maßgeblichen Anknüpfungsmoments auch eine Änderung des anwendbaren Rechts bewirkt, und **unwandelbaren** Anknüpfungen, bei denen das Anknüpfungsmoment auf einen bestimmten Zeitpunkt fixiert ist und nachträgliche Änderungen daher das anwendbare Recht nicht mehr beeinflussen. Beispiel für eine wandelbare Anknüpfung ist etwa das Ehewirkungsstatut des Art. 14 EGBGB, Beispiel für eine unwandelbare Anknüpfung das Güterrechtsstatut des Art. 15 Abs. 1 EGBGB. Unter einem Statutenwechsel versteht man jeden **Wechsel der auf den Sachverhalt materiell zur Anwendung berufenen Rechtsordnung.**

#### 2. Ursachen

73 Ein Statutenwechsel kann insbesondere folgende Ursachen haben:

– Das maßgebende Anknüpfungsmoment ändert sich, zB die Belegenheit einer beweglichen Sache, der Wohnsitz oder gewöhnliche Aufenthalt einer Person, mit der Folge, dass trotz Anwendung der gleichen Kollisionsnorm eine andere Rechtsordnung maßgebend wird. Dies ist bei allen **wandelbaren Anknüpfungen** möglich; sie bilden daher die Hauptfälle des Statutenwechsels.

74 **Beispiel:**
Die Eheleute M und F, die beide die türkische Staatsangehörigkeit besitzen, werden im Jahr 2015 unter Verlust ihrer türkischen Staatsangehörigkeit in Deutschland eingebürgert. Nach welchem Recht beurteilen sich ihre allgemeinen Ehewirkungen?

Ursprünglich unterlagen die allgemeinen Ehewirkungen dem gemeinsamen türkischen Heimatrecht der Eheleute, da die von Art. 14 Abs. 1 Nr. 1 EGBGB ausgesprochene (Gesamt-) Verweisung vom türkischen IPR angenommen wird. Vom Zeitpunkt ihrer Einbürgerung an verweist die wandelbare Anknüpfung des Art. 14 Abs. 1 Nr. 1 EGBGB hingegen auf das neue deutsche Heimatrecht der Ehegatten. Insoweit ist also am Tag der Einbürgerung ein Statutenwechsel eingetreten.

– Die Beteiligen machen im Schuldvertrags-, Ehewirkungs-, Ehegüter- oder Unterhaltsrecht von der ihnen eingeräumten Möglichkeit einer **nachträglichen Rechtswahl** Gebrauch und ersetzen die bisherige (objektive oder subjektive) Anknüpfung durch die Wahl eines hiervon abweichenden Rechts.

75 **Beispiel:**
M und F, die beide die griechische Staatsangehörigkeit besitzen und im Jahr 2000 in Athen geheiratet hatten, leben seit dem Jahr 2005 in Deutschland. Da sie beabsichtigen,

[116] BGH NJW 1995, 58 (59) mAnm *Dörner* IPRax 1996, 26; ebenso KG NJW-RR 2008, 1109 (1110); ferner *Süß* RabelsZ 65 (2001), 245 (250). Daran dürfte auch unter Geltung der EuErbVO festzuhalten sein (→ § 15 Rn. 333).

hier auf Dauer zu bleiben, schließen sie im Jahr 2007 vor einem deutschen Notar einen Ehevertrag, in dem sie die Geltung deutschen Rechts und den Güterstand der modifizierten Zugewinngemeinschaft vereinbaren. Wie wirkt sich der Ehevertrag auf die güterrechtlichen Verhältnisse der Eheleute aus?

Bis zum Abschluss des Ehevertrags war auf die güterrechtlichen Verhältnisse der Eheleute gemäß Art. 15 Abs. 1 iVm. Art. 14 Abs.1 Nr. 1 EGBGB deren gemeinsames griechisches Heimatrecht maßgeblich; diese Gesamtverweisung wird vom griechischen IPR angenommen. An der Geltung des griechischen Güterrechts hat sich auch durch den Umzug der Eheleute nach Deutschland nichts geändert, weil Art. 15 Abs. 1 EGBGB unwandelbar an die Verhältnisse zur Zeit der Eheschließung anknüpft (→ § 9 Rn. 58 ff.). Die nach Art. 15 Abs. 2 Nr. 2 EGBGB gültige Wahl des deutschen Aufenthaltsrechts in dem 2007 geschlossenen Ehevertrag führt hingegen zu einem Statutenwechsel. Vom Tag des Vertragsschlusses an leben die Eheleute im gewählten deutschen Güterstand der modifizierten Zugewinngemeinschaft (näher → § 9 Rn. 127 ff.).

- Über einen Sachverhalt, der bisher von den (zB in einer Gerichtsstandsvereinbarung bestimmten) Gerichten des Staates A nach dessen Recht beurteilt wurde, haben im weiteren Verlauf (zB nach Feststellung der Unwirksamkeit der Gerichtsstandsvereinbarung) die Gerichte des Staates B zu entscheiden, in dem andere Kollisionsnormen gelten **(Zuständigkeitswechsel).**[117]
- Das **Kollisionsrecht** des mit der Sache befassten Gerichts **ändert sich,** zB durch ein IPR-Reformgesetz, durch den Beitritt des Gerichtsstaates zu einem kollisionsrechtlichen Staatsvertrag oder durch das Inkrafttreten einer EU-Verordnung.
- Die politische Zugehörigkeit eines Gebietes ändert sich **(Souveränitätswechsel)**, zB wird das Recht eines Gesamtstaates zum Recht eines selbständigen Gebietes, so etwa aufgrund der politischen Umwälzungen in der ehemaligen *UdSSR,* im ehemaligen *Jugoslawien* oder nach der Teilung der ehemaligen *CSSR* in die Tschechische und die Slowakische Republik (dazu näher → § 9 Rn. 60 mit Beispiel → § 9 Rn. 61).

### 3. Kollisionsrechtliche Behandlung

**a) Ausdrückliche gesetzliche Regelung.** In einem ersten Schritt ist zu prüfen, ob die Rechtsfolgen eines Statutenwechsels nicht eine ausdrückliche gesetzliche Regelung erfahren haben. Dies trifft etwa auf dem Gebiet der Geschäftsfähigkeit zu, wo Art. 7 Abs. 2 EGBGB anordnet, dass eine einmal erlangte Geschäftsfähigkeit durch den Erwerb oder Verlust der Rechtsstellung als Deutscher nicht beeinträchtigt wird (→ § 4 Rn. 16 f.). Weitere spezifische gesetzliche Regelungen für den Fall des Statutenwechsels aufgrund einer Änderung des Anknüpfungsmoments finden sich für Flüchtlinge und Staatenlose in Art. 12 Abs. 2 der Genfer Flüchtlingskonvention bzw. Art. 12 Abs. 2 der New Yorker Staatenlosenkonvention, ferner im internationalen Vertragsrecht für eine nachträgliche Rechtswahl (Art. 3 Abs. 2 S. 3 Rom I-VO), im internationalen Sachenrecht für die Verbringung der Sache von einem Staat in einen anderen (Art. 43 Abs. 2, Abs. 3 EGBGB; → § 17 Rn. 5 ff.), sowie im internationalen Sorgerecht für die Verlegung des gewöhnlichen Kindesaufenthalts in einen anderen Staat (Art. 16 Abs. 3 und Abs. 4 KSÜ;→ § 5 Rn. 45 ff.). 76

**b) Allgemeine Grundsätze.** Fehlt es an einer besonderen Regelung der Folgen des Statutenwechsels, so gelten die nachfolgenden allgemeinen Grundsätze. Danach ist zwischen abgeschlossenen und „offenen" Sachverhalten zu unterscheiden: 77

[117] *Kropholler* IPR § 27 I 1; MüKoBGB/*v. Hein* IPR Einl. Rn. 87.

78 **aa) Abgeschlossene Sachverhalte.** Auf vollständig abgeschlossene Sachverhalte hat eine Änderung des maßgeblichen Anknüpfungsmoments keinen Einfluss mehr. Die unter dem früheren Statut eingetretenen Rechtsfolgen bleiben vielmehr auch unter dem neuen Statut erhalten.[118] Etwas anderes gilt nur dann, wenn das maßgebende neue Recht eine Rückwirkung auch für abgeschlossene Sachverhalte ausdrücklich anordnet. Der Beachtung einer solchen Rückwirkung sind allerdings durch den *ordre public* (Art. 6 EGBGB) gewisse Schranken gezogen.

79 **bb) Offene Sachverhalte.** Bei nicht abgeschlossenen (offenen) Sachverhalten sind hingegen ab dem Statutenwechsel grundsätzlich die Vorschriften des neuen Statuts anwendbar. Dies gilt insbesondere für **Dauerrechtsverhältnisse,** wie zB die persönlichen Rechtsbeziehungen zwischen Ehegatten oder zwischen Eltern und Kindern.[119] Hat ein Rechtsverhältnis unter dem neuen Statut keine Entsprechung, so muss freilich uU das fremde Ursprungsrecht maßgebend bleiben, wenn auch mit einer Anpassung nicht geholfen werden kann.

80 **Beispiel:**
Der Marokkaner M ist mit seinen beiden ebenfalls marokkanischen Ehefrauen E1 und E2, die er 1990 und 1992 in Casablanca jeweils wirksam geheiratet hatte, im Sommer 1998 nach Berlin übergesiedelt. Im Herbst 2014 kommt es zum Streit. Die zweite Ehefrau zieht aus, nimmt sich in Berlin eine eigene Wohnung und verklagt ihren Ehemann auf Zahlung von Trennungsunterhalt. Ist die Klage begründet?

Bei Unterhaltsansprüchen zwischen Ehegatten handelt es sich um einen offenen Tatbestand. Sie unterliegen daher im Falle eines Wechsels des gewöhnlichen Aufenthalts dem neuen Aufenthaltsrecht des Berechtigten. Dies stellt Art. 3 Abs. 2 HUP ausdrücklich klar. Der Unterhaltsanspruch der E2 beurteilt sich daher gemäß Art. 3 Abs. 1 HUP nach deutschem Recht, weil die Parteien hier ihren langjährigen gewöhnlichen Aufenthalt haben. Der Ehemann kann auch nicht die Einwendung nach Art. 5 HUP erheben, die Ehe habe aufgrund der gemeinsamen marokkanischen Staatsangehörigkeit der Parteien einen engeren Bezug zum marokkanischen Recht; denn die Ehe wurde ganz überwiegend in Berlin geführt. Das Protokoll gilt allerdings nach Art. 1 nur für Unterhaltspflichten aus Beziehungen der Ehe oder Familie. Damit wirft es die Vorfrage nach der Gültigkeit der zwischen M und E2 geschlossenen Ehe auf. Da das nach Art. 13 Abs. 1 EGBGB für die materiellen Voraussetzungen der Eheschließung maßgebliche marokkanische Recht dem Ehemann die Mehrehe gestattet, ist auch bei selbständiger Anknüpfung dieser Vorfrage (→ Rn. 42 ff.) von einer wirksamen Ehe auszugehen; dieses Ergebnis verstößt auch nicht gegen den deutschen *ordre public* (→ Rn. 133). Da das deutsche Recht besondere Regeln für Unterhaltsansprüche in einer Mehrehe nicht kennt, müssen diese im Wege der sachrechtlichen Anpassung (→ Rn. 67 ff.) entwickelt werden. Die Lösung könnte darin liegen, der zweiten Ehefrau einen Unterhaltsanspruch in Höhe der Hälfte des nach deutschem Recht der alleinigen Ehefrau geschuldeten Getrenntlebensunterhalts zuzubilligen, weil M auch noch seine erste Ehefrau zu unterhalten hat.

81 **Abwandlung:**
Der marokkanische Ehemann ist im September 2015 in Berlin verstorben. Welche Rechte haben die beiden Ehefrauen?

In diesem Fall ist nach Art. 83 Abs. 1 EuErbVO am 17.8.2015 ein Statutenwechsel infolge der Änderung des für die Rechtsnachfolge von Todes wegen maßgeblichen Kollisionsrechts eingetreten. Wäre M bis zum 16.8.2015 verstorben, so wäre er gemäß Art. 25 Abs. 1

[118] *Kropholler* IPR § 27 II 1; *v. Hoffmann/Thorn* IPR § 5 Rn. 103; Staudinger/*Sturm/Sturm* IPR Einl. Rn. 844.

[119] *Kropholler* IPR § 27 II; *v. Hoffmann/Thorn* IPR Rn. 106 f.; Staudinger/*Sturm/Sturm* IPR Einl. Rn. 846.

EGBGB aF nach marokkanischem Recht beerbt worden, weil das marokkanische IPR diese Verweisung angenommen hätte. Für den danach eingetretenen Erbfall ist hingegen die EuErbVO anwendbar. Danach wird M nach deutschem Recht beerbt, weil er hier seinen letzten gewöhnlichen Aufenthalt hatte, Art. 21 Abs. 1 EuErbVO. Auch insoweit muss für das deutsche Erbrecht im Wege einer sachrechtlichen Anpassung eine Lösung entwickelt werden, die der in Marokko wirksam geschlossenen Mehrehe des M Rechnung trägt. In Betracht kommt eine Aufteilung des vom deutschen Recht (§ 1931 BGB) bestimmten gesetzlichen Ehegattenerbrechts je zur Hälfte auf die beiden Ehefrauen.

Ist die Begründung eines Rechtsverhältnisses **unter dem früheren Statut bereits begonnen,** aber nicht zum Abschluss gebracht worden, so entscheidet das neue Statut darüber, ob es die im Ausland bereits verwirklichten Tatbestandsmerkmale anerkennt oder eine erneute Vornahme verlangt. Das deutsche internationale Sachenrecht hat sich in Art. 43 Abs. 3 EGBGB in Bezug auf den Erwerb einer ins Inland verbrachten Sache für die Anerkennung der zuvor bereits im Ausland vorgenommenen Erwerbshandlungen entschieden. Sie werden mithin so angesehen, als ob sie bereits unter Geltung der neuen (deutschen) *lex rei sitae* vorgenommen worden wären.[120] In gleicher Weise sind Rechtsverhältnisse, die unter dem früheren Statut wirksam begründet wurden, unter der Herrschaft des neuen Statuts nach Möglichkeit aufrecht zu erhalten.[121] 82

**Beispiel:** 83
Der italienische Staatsangehörige K kauft bei seinem Landsmann V am 18.3.2015 in Rom einen gebrauchten roten Ferrari 308 Turbo für 45.000,00 EUR. Da er den Kaufpreis nicht aus eigenen Mitteln bezahlen kann, nimmt er bei der italienischen Bank B einen Kredit in entsprechender Höhe auf. Diese lässt sich zur Sicherung eine im italienischen Sachenrecht geregelte „Autohypothek" bestellen, die auch ordnungsgemäß in den Kraftfahrzeugpapieren eingetragen wird. Auf einer Reise durch Deutschland verkauft K den Ferrari unter Vorlage der Kraftfahrzeugpapiere für 55.000,00 EUR an den Deutschen D. Kurze Zeit später meldet sich die italienische Bank B, deren Kredit von K nicht zurückbezahlt wurde, bei D und verlangt von diesem die Herausgabe des Ferrari zur Verwertung. Zu Recht?[122]

Da das mit der italienischen Autohypothek belastete Fahrzeug nach Deutschland verbracht wurde, ist ein Statutenwechsel eingetreten. Für die Beurteilung des Eigentumsübergangs von K auf D und die Anerkennung des dem deutschen Recht fremden besitzlosen Pfandrechts an einer beweglichen Sache ist deutsches Recht als neue *lex rei sitae* anzuwenden. Das deutsche Recht übernimmt die nach dem ausländischen Recht begründete dingliche Belastung beim Grenzübertritt mit der sachenrechtlichen Prägung, die sie unter Herrschaft des früheren Statuts empfangen hat. Die italienische Autohypothek ist mit der deutschen Sachenrechtsordnung auch nicht unvereinbar, sondern kann gemäß Art. 43 Abs. 2 EGBGB in Sicherungseigentum nach deutschem Recht umgedeutet werden. Als Sicherungseigentümerin kann die italienische Bank B daher von D die Herausgabe des Ferrari zum Zwecke der Verwertung fordern.

[120] Vgl. zum Eigentumsvorbehalt im Verhältnis zu Italien schon vor der Kodifizierung des deutschen internationalen Sachenrechts idS BGHZ 45, 95 = NJW 1966, 879.

[121] Zur Methode der „Transposition", wenn das unter dem früheren Recht begründete Rechtsverhältnis – wie zB ein besitzloses Pfandrecht oder die islamrechtliche Morgengabe – dem deutschen Recht als dem neuen Statut unbekannt ist, näher MüKoBGB/*v. Hein* IPR Einl. Rn. 220–222; zum internationalen Sachenrecht auch → § 17 Rn. 7 ff.

[122] Vgl. BGH NJW 1991, 1415.

## II. Handeln unter „falschem" Recht

**Schrifttum:**
*Dutta,* Trusts in Schleswig-Holstein – Ein Lehrstück zum Testieren unter falschem Recht, IPRax 2016, 139.

84 Beim sog Handeln unter „falschem Recht" handelt es sich um ein Phänomen, dem gerade auf dem Gebiet der Rechtsgestaltung eine gewisse Bedeutung zukommt. Gemeint ist der Fall, dass sich die an einem Rechtsgeschäft Beteiligten bei dessen Abschluss an einer Rechtsordnung orientieren, die in Wirklichkeit aus der Sicht des deutschen Kollisionsrechts keine Anwendung findet.[123] Beispiele hierfür lassen sich in der Praxis auf vielen Rechtsgebieten finden, zB

- im **Eherecht** die Vereinbarung einer Morgengabe islamischen Recht, obwohl deutsches Recht als Ehewirkungsstatut berufen war;[124]
- im **Erbrecht** die Errichtung eines am kanadischen Recht ausgerichteten Testaments, obwohl deutsches Recht als Erbstatut berufen war;[125]
- im **Sachenrecht** die Übereignung einer beweglichen Sache in der Form des § 931 BGB, obwohl polnisches Recht als *lex rei sitae* berufen war;[126]
- im **Gesellschaftsrecht** die Vornahme von Rechtshandlungen durch Gesellschafter in der irrigen Annahme, die auf der Isle of Man gegründete Gesellschaft unterliege trotz der Verlegung ihres effektiven Verwaltungssitzes nach Deutschland weiterhin dem Gründungsrecht.[127]

85 Die größte praktische Bedeutung hatte das „Handeln unter falschem Recht" bisher auf dem Gebiet der **gewillkürten Erbfolge,** wenn sich ein seit vielen Jahren im Ausland lebender Erblasser mit *deutscher* Staatsangehörigkeit in seinem Testament auf materiellrechtliche Institute seines Aufenthaltsrechts gestützt hatte.[128] Das Problem stellte sich aber auch bei der Testamentserrichtung durch im Ausland lebende *ausländische* Staatsangehörige, wenn deutsches Recht aufgrund einer (Teil-) Rückverweisung durch das Heimatrecht des Erblassers – zB hinsichtlich eines in Deutschland belegenen Nachlassgrundstücks – zur Anwendung berufen war.[129] Unter Geltung der EuErbVO kann es zu einem Handeln unter falschem Recht vor allem kommen, wenn deutsche Erblasser, die ihren Lebensabend in einem südeuropäischen Land (zB auf Mallorca) verbringen, irrtümlich weiter von der Geltung ihres deutschen Heimatrechts ausgehen und zB ein Berliner Testament errichten oder Vor- und Nacherbfolge nach deutschem Recht anordnen.

86 In diesen Fällen ist zwar für die Auslegung des Testaments von dem „richtigen" Recht – also bei Testamentserrichtung durch einen dauerhaft auf Mallorca lebenden deutschen Rentner vom spanischen Recht (einschließlich des Foralrechts von Mallorca, vgl. Art. 21 Abs. 1, 36 EuErbVO) – auszugehen.[130] Bei der Ermittlung des Erblasserwillens ist jedoch dem Sinngehalt des von ihm fälschlicherweise zugrunde gelegten Rechts Rechnung zu tragen; es kommt also darauf an, welche Bedeutung die vom Erblasser verwendeten Begriffe in der Rechtsordnung haben, der sie entnommen wurden.[131] Ist danach der Wille

[123] *Schotten/Schmellenkamp* DNotZ 1992, 203 (210); *Stoll* IPRax 1997, 411 (412); *Kegel/Schurig* IPR § 1 VIII 2d; BeckOK BGB/*Lorenz* IPR Einl. Rn. 93; MüKoBGB/*v. Hein* IPR Einl. Rn. 223.
[124] BGH NJW 1987, 2161.
[125] BayObLG ZEV 2003, 503 (508).
[126] BGH IPRax 1997, 422 mAnm *Stoll* IPRax 1997, 411.
[127] OLG Hamburg NZG 2007, 597.
[128] BayObLG ZEV 2003, 503 (508).
[129] KG ZEV 2012, 593 mAnm *Lehmann;* dazu das Beispiel → Rn. 28.
[130] BayObLGZ 1995, 366 (373); Staudinger/*Dörner* EGBGB Art. 25 Rn. 265 ff.; *Schotten/Schmellenkamp* IPR Rn. 51.
[131] BayObLG ZEV 2003, 503 (508); BayObLGZ 1995, 366 (374); Staudinger/*Dörner* EGBGB Art. 25 Rn. 265 ff.; allg. *Kegel/Schurig* IPR § 1 VIII 2 d; MüKoBGB/*v. Hein* IPR Einl. Rn. 224. Dies gilt auch für Begriffe, die zwar auch dem deutschen Recht bekannt sind, aber vom Erblasser in dem hiervon ab-

des Erblassers ermittelt, so entscheidet das Erbstatut darüber, ob das Gewollte zulässig ist und in welchen Formen des hiernach anwendbaren Erbrechts es dargestellt werden kann. Der Erblasserwille ist dann soweit als möglich aufrecht zu erhalten, wenn er sich in die Begriffe des gemäß Art. 21 ff. EuErbVO maßgebenden Rechts, ggf. auch erst mit Hilfe einer Umdeutung, „übersetzen" lässt.[132]

**Beispiel:** 87
Der deutsche Erblasser E ist mit letztem gewöhnlichem Aufenthalt in Deutschland am 1.9.2015 verstorben. Er hat im Jahre 2005 in London in Anwesenheit von zwei Zeugen ein maschinenschriftliches Testament in englischer Sprache errichtet, in dem er seine zweite Ehefrau F gemeinsam mit der H-Trust Co. Ltd. zum „*trustee*" über sein Nachlassvermögen bestellt hat. Die *trustees* sollten die Aufgabe haben, ein vom Erblasser bestimmtes Sondervermögen („*discretionary fund*") zu verwalten und den übrigen Nachlass nach Begleichung der Schulden, Bestattungs- und Testamentskosten sowie der Erbschaftsteuer uneingeschränkt für die F zu halten. Auf der Grundlage dieses Testaments hat F die Erteilung eines Erbscheins als Alleinerbin beantragt. Zu Recht?

Das von E errichtete Testament ist nach Art. 1 Abs. 1 lit b Haager TestformÜbk formwirksam, weil es die im englischen Recht zugelassene Form des Zweizeugentestaments wahrt. Die Frage, wer den E beerbt hat, beurteilt sich nach dem Erbstatut. Dies ist hier nach Art. 21 Abs. 1 EuErbVO das deutsche Recht, weil E seinen letzten gewöhnlichen Aufenthalt in Deutschland hatte. Deutsches Recht ist daher nach Art. 26 lit. d iVm Art. 24 Abs. 1, 83 Abs. 3 EuErbVO auch für die Auslegung des Testaments maßgeblich. Verwendet der Erblasser – wie hier – in seinem Testament materiell-rechtliche Institute eines Rechts, das nicht als Erbstatut berufen ist, so ist nach den Regeln des Erbstatuts – hier nach §§ 133, 2084 BGB – zu ermitteln, was er damit ausdrücken wollte; dabei ist auch das vom Erblasser zugrunde gelegte ausländische Erbrecht zu berücksichtigen. Der so ermittelte Erblasserwille ist soweit wie möglich aufrecht zu erhalten und iRd rechtlich Zulässigen in das deutsche Recht zu übersetzen.

Danach ist der *trustee,* der in einem nach englischem Recht errichteten Testament zur Verwaltung eines *testamentary trust* bestellt wurde, idR nicht als Erbe (auch nicht als Vorerbe) iSd deutschen Erbrechts anzusehen; seine Bestellung ist vielmehr in die Anordnung von (Dauer-) Testamentsvollstreckung umzudeuten. Die F kann daher den gestellten Erbscheinantrag nicht auf ihre Bestellung zum *trustee* stützen, zumal sie als solcher nur neben der H-Trust Co. Ltd. berufen war. Da sie jedoch außerdem als Letztbegünstigte *(beneficiary)* von großen Teilen des Nachlassvermögens eingesetzt war und auch in erheblichem Umfang Begünstigte des *discretionary fund* sein sollte, ist eine Auslegung des Testaments im Sinne ihrer Einsetzung als Alleinerbin gerechtfertigt.[133]

Die vorstehenden Grundsätze des „Handelns unter falschem Recht" kommen freilich nur zur Anwendung, wenn sich nicht aus der inhaltlichen Bezugnahme auf ein bestimmtes materielles Recht eine **stillschweigende Rechtswahl** entnehmen lässt, die auf dem betroffenen Rechtsgebiet auch wirksam ist und zur Folge hat, dass unter dem richtigen, nicht dem falschen Recht gehandelt wurde.[134] Eine konkludente Rechtswahl ist heute nicht mehr auf das internationale Schuldvertragsrecht (Art. 3 Abs. 1 S. 2, 2. Fall Rom I-VO) beschränkt, sondern kommt auch im internationalen Unterhalts- und Eheschei- 88

weichenden Sinn eines ausländischen Recht gemeint waren, vgl. OLG Köln FGPrax 2014, 75 (76): Pflichtteil/Schweiz.

[132] BGH NJW 2004, 3558; BayObLGZ 2003, 68 (82); OLG Köln FGPrax 2014, 75 (76); *Looschelders* IPRax 2005, 234; BeckOK BGB/*Lorenz* EGBGB Art. 25 Rn. 27; Palandt/*Thorn* EGBGB Art. 25 Rn. 12; Staudinger/*Dörner* EGBGB Art. 25 Rn. 274; MüKoBGB/*Dutta* EGBGB Art. 26 Rn. 90, jeweils mwN.

[133] Vgl. OLG Schleswig FamRZ 2015, 357; dazu *Dutta* IPRax 2016, 139.

[134] BeckOK BGB/*Lorenz* IPR Einl. Rn. 93; MüKoBGB/*v. Hein* IPR Einl. Rn. 226; NK-BGB/*Freitag* EGBGB Art. 3 Rn. 40; *Schotten/Schmellenkamp* IPR Rn. 51.

dungsrecht (vgl. Art. 7 HUP, Art. 5 Rom III-VO; dazu → § 10 Rn. 90, → § 11 Rn. 64), sowie im internationalen Erbrecht (Art. 22 Abs. 2 EuErbVO; → § 15 Rn.117, 119 ff.) in Betracht. Darüber hinaus hat auch das Verbot der **Gesetzesumgehung** (→ Rn. 145 ff.) Vorrang gegenüber der Berücksichtigung eines Handelns unter falschem Recht.[135]

## III. Substitution

**Schrifttum:**
*Benecke,* Auslandsbeurkundung im GmbH-Recht: Anknüpfung und Substitution, RIW 2002, 280; *Engel,* Die Auslandsbeurkundung nach MoMiG und Schweizer GmbH-Reform, DStR 2008, 1593; *Hasselmann,* Die Beurkundung von GmbH-Anteilsübertragungen im Ausland, ZIP 2010, 2486; *Hug,* Die Substitution im IPR, 1983; *C. Schulz,* Die Subsumtion ausländischer Rechtstatsachen, 1997; *van Veenroy,* Internationalprivatrechtliche Substitution, 1999.

### 1. Begriff und Abgrenzung

89 Bei der Substitution geht es um die Frage, ob und ggf. unter welchen Voraussetzungen ein normatives Tatbestandsmerkmal einer inländischen Sachnorm auch durch ein ausländisches Rechtsinstitut ausgefüllt werden kann.[136] In der Praxis steht dabei die Fallkonstellation im Vordergrund, dass von einer deutschen Sachnorm die notarielle Beurkundung vorgeschrieben wird und sich die Frage stellt, ob diese auch im Ausland (zB von einem Schweizer Notar) vorgenommen werden kann. Zur Vorfrage besteht zwar insofern eine gewisse Nähe, als es auch bei der Substitution um das Verständnis eines von einer Sachnorm verwendeten Rechtsbegriffs geht. Die Lösung wird jedoch bei der Vorfrage mit Hilfe des Kollisionsrechts gesucht, indem für das im Tatbestand einer Sachnorm genannte Rechtsverhältnis das anwendbare Recht bestimmt wird. Demgegenüber stellt sich das Problem der Substitution erst dann, wenn das anwendbare Recht bereits feststeht und es nur noch um die Auslegung auf der Ebene des Sachrechts geht.[137] Von der Anpassung unterscheidet sich die Substitution vor allem dadurch, dass sie keinen Widerspruch zwischen zwei Rechtsordnungen voraussetzt; vielmehr geht es – im Gegenteil – gerade darum, dass die zur Ausfüllung des Tatbestandsmerkmals einer inländischen Sachnorm herangezogene ausländische Rechtsfigur der von der Norm eigentlich vorausgesetzten inländischen Rechtsfigur funktional gleichwertig ist.[138]

### 2. Zulässigkeit der Substitution

90 Eine Substitution ist dann ausgeschlossen, wenn die inländische Sachnorm es nach ihrem Sinn und Zweck nicht zulässt, eine ausländische Rechtsfigur unter ihren Tatbestand zu subsumieren, sondern insoweit zwingend auf die Rechtsinstitute des eigenen Rechts verweist.[139] Da privatrechtliche Normen grundsätzlich „substitutionsfreundlich" auszulegen sind,[140] kann dies nur ausnahmsweise angenommen werden. Als Beispiel für eine solche Beschränkung wird vor allem § 925 Abs. 1 S. 2 BGB genannt. Danach ist „Notar" im Sinne dieser Vorschrift nur der inländische, nie ein ausländischer Notar, so dass ein deutsches Grundstück nicht im Ausland aufgelassen werden kann.[141] Demgegenüber kann eine

[135] *V. Bar/Mankowski* IPR I § 7 Rn. 248; MüKoBGB/*v. Hein* IPR Einl. Rn. 226.

[136] Vgl. die zuvor im Schrifttum genannten Monografien; ferner *Mansel* FS W. Lorenz, 1991, 689 ff.; *Kropholler* IPR § 33 I; *v. Hoffmann/Thorn* IPR Rn. 40; *Rauscher* IPR Rn. 536;. MüKoBGB/*v. Hein* IPR Einl. Rn. 227 ff.

[137] Zur Abgrenzung von Vorfrage und Substitution näher *Mansel* FS Kropholler, 2008, 353 (364 ff.); MüKoBGB/*v. Hein* IPR Einl. Rn. 230 mwN.

[138] *V. Bar/Mankowski* IPR I § 7 Rn. 240; MüKoBGB/*v. Hein* IPR Einl. Rn. 228.

[139] *V. Bar/Mankowski* IPR I § 7 Rn. 243; *Kropholler* IPR § 33 II 1; *Rauscher* IPR Rn. 540 ff. mwN.

[140] *Mansel* FS Kropholler, 2008, 353 (367); *Rehm* RabelsZ 64 (2000), 104 (107); MüKoBGB/*v. Hein* IPR Einl. Rn. 232.

[141] OLG Köln OLGZ 1972, 321; KG DNotZ 1987, 44; LG Ellwangen BWNotZ 2000, 45; *Döbereiner* ZNotP 2001, 4675 ff.; Palandt/*Thorn* EGBGB Art. 11 Rn. 10 mwN; dazu auch → § 7 Rn. 50.

öffentliche Beglaubigung nach § 129 BGB auch durch ausländische Urkundspersonen, zB einen US-amerikanischen *notary public,* vorgenommen werden.[142] Den anlässlich der Reform des deutschen GmbH-Rechts durch das MoMiG erneut aufgeflammten Streit darüber, ob die Beurkundung einer Geschäftsanteilsabtretung nach § 15 Abs. 3 GmbHG und die Einreichung einer veränderten Gesellschafterliste nach § 40 Abs. 2 GmbHG auch von einem ausländischen Notar vorgenommen werden können,[143] hat der BGH inzwischen entschieden und diese Frage unter der Voraussetzung der Gleichwertigkeit der ausländischen Urkundsperson mit dem deutschen Notar bejaht.[144]

### 3. Gleichwertigkeit des ausländischen Rechtsinstituts

Kommt eine Substitution grundsätzlich in Betracht, so sind in einem zweiten Schritt die 91
hierfür maßgebenden Voraussetzungen zu prüfen. Dabei kommt es nicht darauf, dass das ausländische Rechtsinstitut dem von der deutschen Sachnorm vorausgesetzten deutschen Rechtsinstitut vollständig entspricht; ausreichend ist vielmehr die **funktionale Gleichwertigkeit** beider Rechtserscheinungen.[145] Schreibt das deutsche Recht notarielle Beurkundung vor, so genügt daher die Beurkundung vor einem ausländischen Notar nur dann, wenn dieser eine dem deutschen Notar vergleichbare Ausbildung, Rechtsstellung und Funktion hat. Nach Ansicht des BGH ist diese Funktionsäquivalenz dann zu bejahen,

> „wenn die ausländische Urkundsperson nach Vorbildung und Stellung im Rechtsleben eine der Tätigkeit des deutschen Notars entsprechende Funktion ausübt und für die Errichtung der Urkunde ein Verfahrensrecht zu beachten hat, das den tragenden Grundsätzen des deutschen Beurkundungsrechts entspricht. Dann schadet es auch nicht, wenn der ausländische Notar keine genaue Kenntnis des deutschen Gesellschaftsrechts besitzt. Zwar wird die Auslandsbeurkundung der in § 17 Abs. 1 BeurkG vorgesehenen Prüfungs- und Belehrungsfunktion unter Umständen nicht gerecht. Diese ist jedoch nicht Wirksamkeitsvoraussetzung der Beurkundung, sondern verzichtbar. Ein solcher Verzicht ist anzunehmen, wenn die Beteiligten einen ausländischen Notar aufsuchen, von dem sie regelmäßig eine genaue Kenntnis des deutschen Gesellschaftsrechts und deshalb eine Belehrung von vorneherein nicht erwarten können (…)."[146]

Daran hat sich nach Ansicht des BGH auch durch das Inkrafttreten des MoMiG nichts 92
geändert.[147] Von einer Funktionsäquivalenz ist insbesondere bei Schweizer Notaren,[148] aber auch bei Notaren anderer Mitgliedstaaten des sog „lateinischen" Notariats auszugehen, nicht dagegen bei einem US-amerikanischen *„notary public"*.[149]

Praktische Bedeutung hat die Substitution ferner vor allem auf dem Gebiet der **Ver-** 93
**jährung,** wenn es um die Anerkennung der Tatbestandswirkung von ausländischen Entscheidungen oder von sonstigen im Ausland vorgenommenen Verfahrenshandlungen geht. Wenn § 197 Abs. 1 Nr. 3 BGB die Verjährungsfrist für „rechtskräftig festgestellte Ansprüche" auf dreißig Jahre verlängert, so wird dieses Tatbestandsmerkmal auch durch ein rechtskräftiges ausländisches Urteil erfüllt, wenn dieses in Deutschland anerkannt wird.[150]

[142] OLG Zweibrücken FGPrax 1999, 86; *Rehm* RabelsZ 64 (2000), 104 (108); *Rauscher* IPR Rn. 545; Staudinger/*Sturm/Sturm* IPR Einl. Rn. 261.

[143] Abl. OLG München NZG 2013, 340; *Kindler* RIW 2011, 257 ff.; zweifelnd auch LG Frankfurt a.M. NJW 2010, 683 mAnm *Pilger* und mAnm *G. Schulze* IPRax 2011, 365.

[144] BGHZ 199, 270 = NJW 2014, 2026 unter Bestätigung von BGHZ 80, 76 = NJW 1981, 1160; ebenso zuvor schon OLG Düsseldorf NZG 2011, 388 mit Aufsatz *Olk* NZG 2011, 381 und mAnm *G. Schulze* IPRax 2011, 365.

[145] *Mansel* FS Kropholler, 2008, 353 (368); *Kropholler* IPR § 33 II 2.

[146] BGHZ 80, 76 (78 f.) = NJW 1981, 1160; nach Inkrafttreten des MoMiG bestätigt durch BGHZ 199, 270 Rn. 14 = NJW 2014, 2026.

[147] BGHZ 199, 270 Rn. 15 ff. = NJW 2014, 2026 m. ausf. Begründung. Vgl. auch → § 7 Rn. 52 ff.

[148] Vgl. zu Notaren des Kantons *Basel/Stadt* BGHZ 199, 270 Rn. 23.

[149] OLG Stuttgart NZG 2001, 40 mAnm *Bauer*; Staudinger/*Sturm/Sturm* IPR Einl. Rn. 262; MüKoBGB/*v. Hein* IPR Einl. Rn. 237.

[150] *Schack* IZVR Rn. 874; MüKoBGB/*v. Hein* IPR Einl. Rn. 239.

In gleicher Weise kann die für eine Hemmung der Verjährung nach § 204 Abs. 1 Nr. 1 BGB erforderliche „Erhebung der Klage" auch im Ausland erfolgen. Dies gilt uneingeschränkt, wenn die Klage vor dem Gericht eines anderen EU-Mitgliedstaats erhoben wird und keine Versagungsgründe iSv Art. 45 EuGVO nF vorliegen. Demgegenüber soll die verjährungshemmende Wirkung einer Klageerhebung vor drittstaatlichen Gerichten nur unter der zusätzlichen Voraussetzung eintreten, dass das ausländische Gericht nach § 328 Abs. 1 Nr. 1 ZPO international zuständig ist.[151]

94 Ein wichtiges Anwendungsfeld für die Substitution ist ferner insbesondere das internationale **Ehegüter- und Erbrecht.** Ausgehend von der güterrechtlichen Qualifikation des § 1371 Abs. 1 BGB (→ Rn. 22) hängt etwa die Antwort auf die Frage, ob der in dieser Vorschrift verwendete **Begriff des „gesetzlichen Erbteils"** auch durch eine gesetzliche Erbbeteiligung nach ausländischem Recht substituiert werden kann, davon ab, ob eine Funktionsäquivalenz mit einem deutschen gesetzlichen Erbteil besteht. Auch insoweit ist keine Normidentität erforderlich, sondern es genügt eine Vergleichbarkeit der wesentlichen normprägenden Merkmale. Für § 1371 Abs. 1 BGB ist erforderlich, dass das ausländische Erbrecht dem überlebenden Ehegatten eine quotenmäßig bestimmte dingliche Beteiligung am Nachlass des Erblassers verschafft. Dies bedeutet jedoch nicht, dass dieser keine Elemente eines güterrechtlichen Ausgleichs enthalten oder hinsichtlich der Höhe nicht auch güterrechtlich motiviert sein dürfte.[152] In ähnlicher Weise ist auch für den in § 1931 Abs. 1 BGB verwendeten **Begriff der „Gütertrennung"** zu entscheiden, wenn es von deren Vorliegen abhängt, ob sich der gesetzliche Ehegattenerbteil nach deutschem Recht von 1/4 auf 1/3 erhöht. Auch insoweit kann eine Gütertrennung nach ausländischem Recht genügen, wenn sie der Gütertrennung nach dem BGB funktional gleichwertig ist.[153] Entsprechend kann als **„Gütergemeinschaft" iSv § 740 ZPO** auch die Errungenschaftsgemeinschaft nach italienischem Recht (*„comunione legale"*) anzusehen sein.

## IV. Hinkende Rechtsverhältnisse

### 1. Allgemeines

95 Das internationale Privatrecht ist, soweit es nicht durch Staatsverträge oder EU-Verordnungen vereinheitlicht ist, nationales und damit von Land zu Land verschiedenes Recht (→ § 1 Rn. 1). Dies kann zur Folge haben, dass ein und derselbe Sachverhalt aus der Sicht der beteiligten Rechtsordnungen unterschiedlichem Recht unterliegt. Die daraus resultierenden Widersprüche werden zT durch besondere kollisionsrechtliche Institute – wie zB die Beachtung einer Rück- oder Weiterverweisung (→ § 2 Rn. 85 ff.) oder den Vorrang des Einzelstatuts vor dem abweichenden Gesamtstatut (→ § 2 Rn. 164 ff.) – aufgelöst. Soweit dies nicht geschieht, kommt es zu einer Kollision der Kollisionsrechte.[154] Derartige Kollisionen sind häufig unvermeidbar und sie lassen sich auch dogmatisch nicht iSd Erzielung eines internationalen Entscheidungseinklangs lösen. Sie stellen daher die eigentlichen Konfliktfälle im Internationalen Privatrecht dar.[155] Unterscheiden sich in einem solchen Fall auch die zur Anwendung berufenen materiellen Privatrechte ihrem

[151] RGZ 129, 385 (389); Staudinger/*Sturm/Sturm* IPR Einl. Rn. 264 mwN. Gegen diese Einschränkung zu Recht *Wolf* IPRax 2007, 180 ff.; *Schack* IZVR Rn. 870.

[152] BGH FamRZ 2015, 1180 (1183) mAnm *Mankowski*; OLG Düsseldorf FamRZ 2015, 1237 (1238) m. insoweit zust. Anm. *Dutta*; OLG Schleswig NJW 2014, 88 (90); Staudinger/*Dörner* EGBGB Art. 25 Rn. 36; BeckOK BGB/*Lorenz* EGBGB Art. 25 Rn. 57, jeweils mwN; **aA** noch OLG Stuttgart ZEV 2005, 443 mAnm *Dörner*; OLG Köln ZEV 2012, 205 m. krit. Anm. *Lange; Schotten/Schmellenkamp* IPR Rn. 288e-288 g mwN. Dazu auch das Beispiel → Rn. 68.

[153] *Schotten/Schmellenkamp* IPR Rn. 49; dazu näher → § 9 Rn. 192 mwN.

[154] *V. Bar/Mankowski* IPR I § 1 Rn. 16.

[155] *Leible/Sommer* ZEV 2006, 93 (94); *Kropholler* IPR § 6 I-III; *v. Bar/Mankowski* IPR I § 1 Rn. 16.

Inhalt nach, so gelangen die beteiligten Rechte auch zu sachlich unterschiedlichen Ergebnissen. Insoweit kann man daher von **hinkenden Rechtsverhältnissen** sprechen.[156]

Hinkende Rechtsverhältnisse müssen von den Fällen einer **Rechtsspaltung** unter- 96
schieden werden, in denen eine einheitliche Vermögensmasse zwei oder mehreren Rechtsordnungen unterworfen wird. Zu einer Rechtsspaltung kann es aus der Sicht des deutschen Kollisionsrechts insbesondere auf den Gebieten des internationalen Ehegüter- und Erbrechts kommen. Denn insoweit wird das Vermögen von Eheleuten bzw. der Nachlass einer Person grundsätzlich als Einheit behandelt. So unterliegt das gesamte Vermögen von Ehegatten ohne Rücksicht auf seine Zusammensetzung und seine Belegenheit grundsätzlich einem einheitlichen Güterrecht (Art. 15 Abs. 1 EGBGB: Grundsatz der Einheitlichkeit des Güterstands; → § 9 Rn. 43f.); entsprechend unterliegt das gesamte Vermögen des Erblassers, gleichgültig, wie es sich zusammensetzt und wo es sich befindet, einem einheitlichen Erbrecht (so schon bisher nach Art. 25 Abs. 1 EGBGB und heute nach Art. 21 EuErbVO; → § 15 Rn. 11). Wird dieser Grundsatz durchbrochen und das einheitliche Vermögen ausnahmsweise – je nachdem, ob es sich um bewegliches oder unbewegliches Vermögen handelt und wo dieses belegen ist – unterschiedlichen Rechten unterworfen, so spricht man von einer Rechtsspaltung, zB von der Güterrechtsspaltung im ehelichen Güterrecht (→ § 9 Rn. 45ff.) und von der Nachlassspaltung im internationalen Erbrecht (→ § 15 Rn. 76ff.). Bei einer solchen Rechtspaltung, die ihren Grund insbesondere in der Beachtung eines nur partiellen *Renvoi,* eines Vorrangs des Einzelstatuts oder einer auf Teile des Vermögens beschränkten Rechtswahl haben kann, kommen die zur Anwendung berufenen Rechte bezüglich des jeweiligen Vermögensteils daher zu **übereinstimmenden Ergebnissen.** Die Kollisionen werden im Interesse des internationalen Entscheidungseinklangs aufgelöst, wenn auch zu Lasten des Grundsatzes der Güterrechts- oder Nachlasseinheit.[157]

## 2. Anwendungsfälle

Zu einem hinkenden Rechtsverhältnis kann insbesondere die Regelung in Art. 5 Abs. 1 97
S. 2 EGBGB führen, wonach bei **Mehrstaatern** mit zugleich deutscher Staatsangehörigkeit ausschließlich an die deutsche Staatsangehörigkeit anzuknüpfen ist (→ § 2 Rn. 37ff.). Denn das ausländische Kollisionsrecht wird im Zweifel ebenfalls an die eigene, uU auch an die effektive, keinesfalls aber an die nicht effektive deutsche Staatsangehörigkeit des Mehrstaaters anknüpfen. Praktische Bedeutung hat diese Konstellation insbesondere noch auf den Gebieten des internationalen Personen- und Ehewirkungsrechts; demgegenüber sind hinkende Rechtsverhältnisse aufgrund unterschiedlicher Bewertung der maßgeblichen Staatsangehörigkeit eines Mehrstaaters im internationalen Erbrecht seit Inkrafttreten der EuErbVO aufgrund des Übergangs zur Anknüpfung an den gewöhnlichen Aufenthalt ausgeschlossen.

**Beispiel:** 98
Die Eheleute M und F haben in Rom geheiratet, wo sie auch ihren ersten gemeinsamen gewöhnlichen Aufenthalt begründet haben. M ist deutscher Staatsangehöriger; die F besitzt sowohl die deutsche als auch die italienische Staatsangehörigkeit. Zum Vermögen der Eheleute gehört Grundbesitz, der sowohl in Deutschland wie in Italien belegen ist. In welchem Güterstand leben die Ehegatten, wenn sie keinen Ehevertrag geschlossen haben?

[156] So *Kegel/Schurig* IPR § 2 3a; *Schotten/Schmellenkamp* IPR Rn. 52; *Wagner* FamRZ 2003, 803 (809). Die Terminologie ist allerdings nicht einheitlich. Teilweise werden unter „hinkenden Rechtsverhältnissen" – enger – nur solche verstanden, die nach einem der beteiligten Rechte gültig, nach einem anderen hingegen ungültig sind, vgl. idS *Kropholler* IPR § 35 I.

[157] Vgl. *Schotten* FS Geimer, 2002, 1013 (1014f.); ferner *Leible/Sommer* ZEV 2006, 93 (95ff.), die auf dem Gebiet des internationalen Erbrechts insoweit zwischen „Nachlassspaltung" und „Nachlasskonflikt" unterscheiden.

Aus deutscher Sicht beurteilen sich die güterrechtlichen Verhältnisse der Eheleute gemäß Art. 15 Abs. 1 iVm Art. 14 Abs. 1 Nr. 1 EGBGB nach deutschem Recht, denn auch die F ist gemäß Art. 5 Abs. 1 S. 2 EGBGB nur als deutsche Staatsangehörige anzusehen. Der Umstand, dass sie ihren Lebensmittelpunkt in Italien hat und ihre italienische Staatsangehörigkeit daher als ihre effektive Staatsangehörigkeit betrachtet werden muss, ändert daran nichts. Damit leben die Ehegatten im deutschen gesetzlichen Güterstand der Zugewinngemeinschaft. Dieser erfasst wegen des Grundsatzes der Einheit des Güterstandes auch das in Italien belegene Immobilienvermögen.

Anders fällt die Beurteilung hingegen aus der Sicht des italienischen Kollisionsrechts aus. Zwar knüpft auch dieses das eheliche Güterrecht primär an die gemeinsame Staatsangehörigkeit der Ehegatten an, Art. 30 Abs. 1 S. 1 iVm Art. 29 Abs. 1 IPRG 1995. Da das italienische IPR jedoch in Art. 19 Abs. 2 S. 2 IPRG 1995 ebenfalls der eigenen, dh der italienischen Staatsangehörigkeit eines Mehrstaaters Vorrang einräumt, haben die Eheleute keine gemeinsame Staatsangehörigkeit. Ihre güterrechtlichen Beziehungen beurteilen sich daher gemäß Art. 30 Abs. 1 S. 1 iVm Art. 29 Abs. 2 IPRG 1995 nach dem Recht des Staates, in dem sie ihren gewöhnlichen Aufenthalt haben. Da die Eheleute in Rom leben, ist daher aus der Sicht des italienischen Kollisionsrechts italienisches Ehegüterrecht maßgebend. Danach leben die Ehegatten im Güterstand der „*comunione legale*" des italienischen Rechts. Da das italienische internationale Güterrecht ferner ebenfalls den Grundsatz der Einheit des Güterstatuts befolgt, erfasst dieser Güterstand das gesamte Vermögen der Ehegatten einschließlich des in Deutschland belegenen Grundbesitzes.

Damit kommt es zu einem hinkenden Rechtsverhältnis, weil ein deutsches Gericht insgesamt deutsches, ein italienisches Gericht insgesamt italienisches Güterrecht anwenden wird.

99 Hauptursache für die Entstehung hinkender Rechtsverhältnisse ist freilich die Verwendung **unterschiedlicher Anknüpfungsmomente** in den von einem grenzüberschreitenden Sachverhalt berührten Rechtsordnungen. Auf den Gebieten des Ehegüter- und Erbrechts geht es dabei vor allem um den Konflikt zwischen Staatsangehörigkeits- und Aufenthaltsprinzip. Dieser tritt etwa auf dem Gebiet des internationalen **Ehegüterrechts** im deutsch-schweizerischen Verhältnis auf.

100 **Beispiel:**

Ein deutsches Ehepaar hat seinen Wohnsitz und gewöhnlichen Aufenthalt kurz nach der Eheschließung in Zürich begründet, wo der Ehemann als Investmentbanker eine Anstellung gefunden hat. Als die Ehe einige Jahre später scheitert, möchten die Ehegatten ihre güterrechtlichen Verhältnisse durch eine Scheidungsvereinbarung regeln. Welches Recht ist anzuwenden?

Suchen die Ehegatten einen deutschen Notar auf, so wird dieser vom deutschen Kollisionsrecht ausgehen. Nach Art. 15 Abs. 1 iVm Art. 14 Abs. 1 Nr. 1 EGBGB unterliegen die güterrechtlichen Beziehungen dem deutschen Recht, und zwar grundsätzlich ohne Rücksicht auf die Belegenheit des Vermögens der Ehegatten.

Demgegenüber würde ein Schweizer Notar das schweizerische IPR zugrunde legen. Danach beurteilen sich die güterrechtlichen Verhältnisse der Ehegatten in Ermangelung einer Rechtswahl nach dem Recht des Staates, in dem beide Ehegatten gleichzeitig ihren Wohnsitz haben bzw. zuletzt gehabt haben (Art. 54 Abs. 1 IPRG). Maßgebend wäre daher schweizerisches Ehegüterrecht.

Damit kommt es zu einem hinkenden Rechtsverhältnis, weil ein deutscher Notar insgesamt deutsches, ein schweizerischer Notar insgesamt schweizerisches Güterrecht anwenden wird.

Hingegen haben sich auf dem Gebiet des internationalen **Erbrechts** seit Inkrafttreten der EuErbVO die Vorzeichen umgekehrt: Während nach bisherigem autonomem deutschen Kollisionsrecht die nach Art. 25 Abs. 1 EGBGB aF maßgebende Staatsangehörigkeitsanknüpfung mit ausländischen Kollisionsrechten in Konflikt geraten konnte, die – wie zB das dänische IPR – dem Wohnsitzprinzip folgten,[158] kann es unter der Geltung der EuErbVO zu Konflikten mit Rechten kommen, die weiterhin am Staatsangehörigkeitsprinzip festhalten. 101

**Beispiel:** 102
Der serbische Erblasser E ist mit letztem gewöhnlichem Aufenthalt in Berlin am 15.10.2015 verstorben. Er hinterließ bewegliches Vermögen und Grundbesitz sowohl in Deutschland als auch in Serbien. Nach welchem Recht wird er beerbt, wenn er kein Testament errichtet und keine Rechtswahl getroffen hat?

Aus deutscher Sicht verweist Art. 21 Abs. 1 EuErbVO auf deutsches Recht, weil der Erblasser seinen letzten gewöhnlichen Aufenthalt in Deutschland hatte. Da die EuErbVO den Grundsatz der Nachlasseinheit befolgt (→ § 15 Rn. 11 ff.), unterliegt die Erbfolge in das gesamte Vermögen des E – einschließlich des in Serbien belegenen Grundbesitzes – dem deutschen Erbrecht.

Demgegenüber gilt aus serbischer Sicht nach Art. 30 Abs. 1 IPRG 1982 im internationalen Erbrecht weiterhin die Anknüpfung an die Staatsangehörigkeit. Maßgebend ist danach das serbische Heimatrecht des E, das ebenfalls den gesamten Nachlass – einschließlich des in Deutschland belegenen Grundbesitzes – beherrscht.

Damit kommt es zu einem hinkenden Rechtsverhältnis, weil ein deutsches Gericht insgesamt deutsches, ein serbisches Gericht insgesamt serbisches Erbrecht anwenden wird.

Im internationalen Erbrecht wird es ferner künftig verstärkt zu hinkenden Rechtsverhältnissen im Verhältnis zu Rechtsordnungen kommen, die – wie fast alle auf dem *Common Law* aufbauenden Rechte – das **Prinzip der Nachlassspaltung** befolgen, dh die Erbfolge in den beweglichen und den unbeweglichen Nachlass unterschiedlich anknüpfen. Während der hieraus resultierende Konflikt bei der Beerbung von deutschen Erblassern bisher weitgehend[159] durch den in Art. 3a Abs. 2 EGBGB kodifizierten Grundsatz „Einzelstatut bricht Gesamtstatut" (→ § 2 Rn. 164 ff.) vermieden wurde, kennt die EuErbVO diesen Grundsatz nicht mehr. Das von Art. 21 EuErbVO zur Anwendung berufene Gesamtstatut wird in Art. 30 EuErbVO nur noch durch zwingende *Sachnormen* des Belegenheitsrechts eingeschränkt, hingegen nicht mehr durch *Kollisionsnormen,* welche die Erbfolge in Grundvermögen der *lex rei sitae* unterwerfen. 103

**Beispiel:** 104
Zum Nachlass des deutschen Erblassers E, der am 1.7.2015 ohne Hinterlassung einer Verfügung von Todes wegen an seinem letzten gewöhnlichen Aufenthalt in Frankfurt a.M. verstorben ist, gehört neben beweglichem Vermögen ein Appartement in New York. Nach welchem Recht wird dieses Appartement vererbt? Wie wäre es, wenn E erst am 10.9.2015 verstorben wäre?

Im Ausgangsfall richtet sich die Erbfolge noch nach dem autonomen deutschen IPR. Maßgebend ist daher gemäß Art. 25 Abs. 1 EGBGB deutsches Erbrecht, weil der Erblasser zur Zeit seines Todes die deutsche Staatsangehörigkeit innehatte. Das deutsche Erbrecht gilt nach dem Grundsatz der Nachlasseinheit an sich für den gesamten Nachlass des E. Hiervon

[158] Vgl. dazu das Beispiel bei *Schotten/Schmellenkamp* IPR Rn. 52 (S. 61).

[159] Zu einem Nachlasskonflikt infolge der Geltung unterschiedlichen Kollisionsrechts aus deutscher und aus Sicht der US-amerikanischen Bundesstaaten konnte es schon bisher auf dem Gebiet der *Form von Testamenten* kommen, weil Art. 3a Abs. 2 EGBGB insoweit durch die vorrangigen Regeln des Haager Testamentsformabkommens verdrängt wurde; vgl. dazu BGH NJW 2004, 3558; *Leible/Sommer* ZEV 2006, 93.

macht jedoch Art. 3a Abs. 2 EGBGB eine Ausnahme für solche Gegenstände, die sich nicht in Deutschland befinden und die nach dem Recht des Staates, in dem sie sich befinden, besonderen Vorschriften unterliegen. Als „besondere Vorschriften" idS hat die deutsche Rechtsprechung aber auch Kollisionsnormen des Belegenheitsstaates anerkannt, die in diesem Staat belegene Immobilien der *lex rei sitae* unterworfen haben (→ § 2 Rn. 174 f.). Solche Kollisionsnormen enthält das internationale Erbrecht des Staates New York. Aus diesem Grunde richtet sich die Erbfolge in das dort belegene Appartement – abweichend vom Grundsatz des Art. 25 Abs. 1 EGBGB – auch aus deutscher Sicht nach dem Recht von New York. Das deutsche und das New Yorker Kollisionsrecht gelangen somit zum gleichen Ergebnis.

Ist der Erblasser hingegen erst nach dem 17.8.2015 verstorben, so bestimmt sich das anwendbare Erbrecht nach der EuErbVO. Danach wird zwar ebenfalls auf deutsches Erbrecht verwiesen, weil E seinen letzten gewöhnlichen Aufenthalt in Deutschland hatte, Art. 21 Abs. 1 EuErbVO. Das deutsche Erbrecht erfasst aber nunmehr auch das New Yorker Appartement, weil die EuErbVO den Grundsatz „Einzelstatut bricht Gesamtstatut" auf dem Gebiet des Kollisionsrechts nicht mehr kennt.

Damit kommt es aber zu einem hinkenden Rechtsverhältnis, weil ein deutsches Gericht insgesamt deutsches, ein New Yorker Gericht hingegen auf die Erbfolge in das Appartement New Yorker Recht anwenden wird.

105 Schließlich kann auch eine **Rechtswahl** ein hinkendes Rechtsverhältnis zur Folge haben, und zwar insbesondere in Fällen, in denen die nach deutschem oder europäischem IPR zulässige Rechtswahl im Ausland nicht anerkannt wird.[160] Diese Fälle waren vor allem im bisherigen autonomen deutschen internationalen Erbrecht häufiger, weil die in Art. 25 Abs. 2 EGBGB zugelassene gegenständlich beschränkte Wahl deutschen Erbrechts für inländischen Grundbesitz durch ausländische Erblasser in deren Heimatstaaten zumeist nicht anerkannt wurde.[161] Demgegenüber wird die nach Art. 22 EuErbVO nur noch zugelassene umfassende Rechtswahl des Erblassers zugunsten seines Heimatrechts nicht nur in allen Mitgliedstaaten der Verordnung anerkannt; sie führt vielmehr auch dann nicht zu einem hinkenden Rechtsverhältnis, wenn der Erblasser einem *Drittstaat* angehört, der zwar keine erbrechtliche Rechtswahl kennt, aber in seinem IPR objektiv an die Staatsangehörigkeit des Erblassers zur Zeit seines Todes anknüpft.

### 3. Vermeidung

106 Das Hauptproblem hinkender Rechtsverhältnisse liegt darin, dass sie erheblichen **Anreiz zum *forum shopping*** bieten.[162] Denn jeder Beteiligte wird versuchen, die Gerichte des Staates anzurufen, die das ihm in der Sache vorteilhaftere Recht anwenden werden. Diese Möglichkeit ist freilich auf dem Gebiet des Erbrechts mit Inkrafttreten der EuErbVO in deren Mitgliedstaaten stark eingeschränkt worden, weil die Verordnung nicht nur das Kollisionsrecht, sondern auch das Recht der internationalen Zuständigkeit mit dem Ziel harmonisiert hat, dass möglichst die Gerichte nur eines Mitgliedstaats über die Erbfolge befinden sollen (näher → § 15 Rn. 13 ff.). Ist dies nicht der Fall, gehört die Vermeidung hinkender Rechtsverhältnisse zu den vornehmsten Aufgaben einer gelungenen Rechtsgestaltung. Dies gilt auch für deutsche Notare, obwohl sie das ausländische Sach- und Kollisionsrecht nicht kennen und darüber auch nicht belehren müssen. Das effektivste Mittel zur Vermeidung hinkender Rechtsverhältnisse ist die Wahrnehmung der heute auch im Familien- und Erbrecht in erheblich weiterem Umfang als früher bestehenden **Rechtswahlmöglichkeiten.**

[160] Vgl. schon *Ferid* IPR Rn. 2–4; ferner *Schotten* FS Geimer, 2002, 1013 (1020 f.).
[161] Vgl. das Beispiel bei *Schotten/Schmellenkamp* IPR Rn. 52 (S. 61 unten).
[162] *Schotten/Schmellenkamp* IPR Rn. 52 (S. 62 f.).

**Beispiel:** 107
So hätten die Ehegatten im Beispiel → Rn. 98 die unterschiedliche Anknüpfung ihrer güterrechtlichen Beziehungen durch die deutschen und die italienischen Gerichte durch eine Rechtswahl zugunsten des deutschen oder des italienischen Rechts vermeiden können. Eine solche Rechtswahl wäre sowohl nach deutschem (Art. 15 Abs. 2 Nr. 1, Nr. 2 EGBGB; → § 9 Rn. 91 ff.) wie nach italienischem Kollisionsrecht (Art. 30 Abs. 1 S. 2 IPRG 1995) als wirksam anerkannt worden.

In gleicher Weise hätten die Ehegatten auch im Beispiel → Rn. 100 durch eine sowohl nach deutschem wie nach schweizerischem IPR (Art. 52 Abs. 1 IPRG) zugelassene Wahl des deutschen oder des schweizerischen Güterrechts die Entstehung eines hinkenden Rechtsverhältnisses von vorneherein verhindern können.

Schließlich hätte der Erblasser auch im Beispiel → Rn. 102 durch eine nach Art. 22 EuErbVO wirksame Rechtswahl zugunsten seines serbischen Heimatrechts erreichen können, dass sowohl die deutschen wie die serbischen Gerichte die Erbfolge nach dem gleichen Recht beurteilen. Denn die serbischen Gerichte erkennen zwar die getroffene Rechtswahl nicht an, weil das serbische IPR auf dem Gebiet des Erbrechts bisher keine Parteiautonomie einräumt. Sie gelangen jedoch über eine objektive Anknüpfung des Erbstatuts nach Art. 30 Abs. 1 IPRG ebenfalls zur Geltung des serbischen Heimatrechts des Erblassers.

Vor allem auf dem Gebiet der gewillkürten Erbfolge können hinkende Rechtsverhält- 108
nisse auch im Wege der **Auslegung** von Testamenten oder Erbverträgen vermieden werden.[163] Hinsichtlich der Form von Testamenten wird dieses Ziel vor allem dadurch erreicht, dass möglichst die Form nach allen Rechtsordnungen eingehalten wird, in denen Nachlassvermögen belegen ist.

**Beispiel:** 109
Der deutsche Staatsangehörige E hat seinen gewöhnlichen Aufenthalt in Köln, den er auch beibehalten möchte. Er ist in zweiter Ehe mit F verheiratet, die er zu seiner Alleinerbin einsetzen möchte. Seinen Sohn S aus erster Ehe möchte er auf den Pflichtteil beschränken. E besitzt Grundvermögen in Deutschland sowie ein Ferienhaus in Florida/USA. Er sucht den Notar N in Köln auf und wünscht die Beurkundung eines entsprechenden Testaments. Welche Überlegungen wird der Notar anstellen, um dem letzten Willen des E, insbesondere auch hinsichtlich des Grundbesitzes in Florida, zur Durchsetzung zu verhelfen.

Der Notar hat in erster Linie darauf zu achten, dass das von E zu errichtende Testament aus der Sicht des deutschen internationalen Erbrechts inhaltlich und formell wirksam errichtet wird. Die inhaltliche Gültigkeit des von E zu errichtenden Testaments beurteilt sich gemäß Art. 24 Abs. 1, 26 EuErbVO nach deutschem Erbrecht, weil E seinen gewöhnlichen Aufenthalt zur Zeit der Testamentserrichtung in Deutschland hat. Auch in formeller Hinsicht reicht es aus deutscher Sicht aus, wenn E die Form des deutschen Rechts durch Errichtung eines notariellen Testaments (§ 2232 BGB) einhält, Art. 75 Abs. 1 UAbs. 2 EuErbVO, Art. 1 Abs. 1 lit. a, lit. b HTestformÜ.

Der Notar sollte den E aber auch darauf hinweisen, dass durch die wirksame Errichtung des Testaments nach deutschem Kollisions- und Sachrecht nicht gewährleistet ist, dass das Testament auch in Florida als wirksam angesehen wird. Er sollte daher in Bezug auf die Testamentsform anregen, dass bei der Beurkundung zusätzlich auch die Formvorschriften des Rechts von Florida durch Zuziehung von zwei oder drei Zeugen eingehalten werden und dass die testamentarischen Anordnungen in inhaltlicher Hinsicht so formuliert werden, dass

[163] Vgl. zur Vermeidung eines Nachlasskonflikts zwischen dem deutschen Recht und dem Recht von Florida als Belegenheitsstaat von Nachlassgrundstücken durch Auslegung der Zuwendung des Pflichtteils als Vermächtnis BGH NJW 2004, 3558; dazu *Leible/Sommer* ZEV 2006, 93.

sie sich auch in das Erbrecht von Florida übertragen lassen.[164] Stattdessen kann dem E auch geraten werden, ein inhaltlich übereinstimmendes Testament bezüglich des Grundvermögens in Florida noch einmal in englischer Sprache unter Beiziehung eines Rechtsanwalts in Florida zu errichten.

## E. Ordre public

**Schrifttum:**

*Basedow,* Die Verselbständigung des europäischen *ordre public,* FS Sonnenberger, 2004, 291; *Frick,* Ordre public und Parteiautonomie, 2005; *Girsberger/Mráz,* Völkerrechtlicher *ordre public,* IPRax 2003, 548; *Jayme,* Methoden der Konkretisierung des *ordre public,* 1989; *ders.*, Nationaler *ordre public* und europäische Integration, 2000; *Kokott,* Grund- und Menschenrechte als Inhalt eines internationalen *ordre public,* BerGesVR 38 (1998), 1; *Looschelders,* Die Ausstrahlung der Grund- und Menschenrechte auf das IPR, RabelsZ 65 (2001), 463; *ders.*, Anpassung und *ordre public* im internationalen Erbrecht, FS von Hoffmann, 2011, 266; *Lorenz,* Islamisches Ehegattenerbrecht und deutscher *ordre public:* Vergleichsmaßstab für die Ergebniskontrolle, IPRax 1993, 148; *ders.*, Renvoi und ausländischer *ordre public,* FS Geimer, 2002, 555; *Martiny,* Die Zukunft des europäischen *ordre public,* FS Sonnenberger, 2004, 523; *Schmalenbach, Ordre public*-Vorbehalte im Europäischen Unionsrecht, FS Posch, 2011, 691; *M. Stürner,* Europäisierung des (Kollisions-)Rechts und nationaler *ordre public,* FS von Hoffmann, 2011, 463; *Wurmnest, Ordre public,* in: Leible/Unberath (Hrsg.), Brauchen wir eine Rom 0-Verordnung?, 2013, S. 445.

### I. Begriff

110 Zum Schutz der inländischen öffentlichen Ordnung wird den deutschen Gerichten in Art. 6 EGBGB in Ausnahmefällen die Möglichkeit gegeben, die Anwendung einer Bestimmung des ausländischen Rechts abzulehnen, wenn deren Anwendung in einem konkreten Fall mit tragenden Prinzipien des deutschen Rechts offensichtlich unvereinbar wäre. Mit dem – in der amtlichen Überschrift des Art. 6 EGBGB neben der „öffentlichen Ordnung" in Klammern hinzugesetzten – französischen Begriff *„ordre public"* soll insbesondere verdeutlicht werden, dass es um mehr als die Durchsetzung bloßer Ordnungsvorschriften des deutschen Rechts geht.[165] Der *ordre public* umfasst vielmehr nach einer auch für Art. 6 EGBGB maßgebenden **Definition des EuGH** „alle nationalen Vorschriften, deren Einhaltung als so entscheidend für die Wahrung der politischen, sozialen oder wirtschaftlichen Organisation des betreffenden Mitgliedstaates angesehen wird, dass ihre Beachtung für alle Personen, die sich im nationalen Hoheitsgebiet dieses Staates befinden, und für jedes dort lokalisierte Rechtsverhältnis vorgeschrieben ist."[166] Ähnlich sieht der deutsche Gesetzgeber den Zweck des Art. 6 EGBGB darin, „durch Kollisionsnormen berufenes fremdes Recht abzuwehren, sofern dessen Anwendung im Einzelfall zu Ergebnissen führen würde, die den Kernbestand der inländischen Rechtsordnung antasten".[167] Bezugspunkt ist also nicht nur das einfache zwingende Recht (sog *„ordre public interne"*), sondern es sind – wie Art. 6 S. 1 EGBGB formuliert – die „wesentlichen Grundsätze des deutschen Rechts" (sog *„ordre public international"*; näher → Rn. 123 ff.).[168]

111 Art. 6 EGBGB enthält eine „Vorbehaltsklausel", die nach heutigem Verständnis reine **Abwehrfunktion** hat, nämlich ausländisches Recht von einer Anwendung durch deutsche Gerichte auszuschließen, wenn dieses zu einem Ergebnis führt, das mit grundlegenden Gerechtigkeitsvorstellungen der deutschen *lex fori* unvereinbar ist.[169] Ziel des Art. 6

[164] Vgl. *Steiner* ZEV 2003, 145 (146); *Leible/Sommer* ZEV 2006, 93 (98).
[165] MüKoBGB/*v. Hein* EGBGB Art. 6 Rn. 7.
[166] EuGH 23.11.1999 – C-369/96, Slg. 1999, I-8430 (8453) Rn. 30 = EuZW 2000, 88 – Arblade.
[167] BT-Drs. 10/504, 452.
[168] Vgl. zu dieser Unterscheidung BGHZ 138, 331 (334 f.); krit. dazu MüKoBGB/*v. Hein* EGBGB Art. 6 Rn. 8 f. mwN.
[169] *Kropholler* IPR § 36 I; *Kegel/Schurig* IPR § 16 I; Staudinger/*Voltz* EGBGB Art. 6 Rn. 8 ff.; MüKoBGB/*v. Hein* EGBGB Art. 6 Rn. 2; BeckOK BGB/*Lorenz* EGBGB Art. 6 Rn. 9.

EGBGB ist es also nicht, bestimmten Wertungen des deutschen Rechts unabhängig vom Inhalt des ausländischen Rechts Geltung zu verschaffen. Diese Aufgabe kommt heute vielmehr den *Eingriffsnormen* (→ Rn.119) zu. Auch das europäische Kollisionsrecht unterscheidet daher deutlich zwischen der negativen Funktion des *ordre public* (zB in Art. 21 Rom I-VO und Art. 26 Rom II-VO) einerseits und der Sonderanknüpfung von Eingriffsnormen (zB in Art. 9 Rom I-VO und Art. 16 Rom II-VO) andererseits.

## II. Rechtsquellen

### 1. EU-Recht

Auch das EU-Recht enthält durchwegs allgemeine Vorbehaltsklauseln, die es dem Gericht gestatten, die Anwendung des von dem jeweiligen Rechtsinstrument berufenen ausländischen Rechts wegen offensichtlicher Unvereinbarkeit mit dem *ordre public* der *lex fori* zu versagen. Nach dem derzeitigen Stand der Vereinheitlichung des Kollisionsrechts in der EU sind dies für das internationale Vertragsrecht Art. 21 Rom I-VO, für das IPR der außervertraglichen Schuldverhältnisse Art. 26 Rom II-VO, für das internationale Ehescheidungsrecht Art. 12 Rom III-VO (→ § 11 Rn. 163ff.), für das internationale Unterhaltsrecht Art. 13 HUP (→ § 10 Rn. 192ff.) und für das internationale Erbrecht Art. 35 EuErbVO (→ § 15 Rn. 340ff.). In diesen Vorbehaltsklauseln wird nicht danach differenziert, ob das Recht eines anderen Mitgliedstaats oder das Recht eines Drittstaats zur Anwendung berufen wird. Für einen gänzlichen Verzicht auf eine *ordre public*-Kontrolle ist es im EU-Kollisionsrecht – anders als zT bei der Anerkennung und Vollstreckung von Entscheidungen innerhalb der EU(→ Rn. 121) – nach überwiegender Ansicht noch zu früh.[170] Dies gilt insbesondere auf den Gebieten des Familien- und Erbrechts, wo die zugrundeliegenden Wertvorstellungen – zB hinsichtlich der Anerkennung gleichgeschlechtlicher Ehen – auch zwischen den Mitgliedstaaten noch immer erheblich differieren.[171] Die Prüfung des *ordre public* ist ferner auch gegenüber mitgliedstaatlichem Recht von Amts wegen vorzunehmen.[172] 112

Kontrollmaßstab ist auch für die in den EU-Verordnungen enthaltenen allgemeinen Vorbehaltsklauseln nicht etwa nur das EU-Recht, sondern die **nationale öffentliche Ordnung** des jeweiligen Mitgliedstaats.[173] Dies schließt jedoch nicht aus, iRd Konkretisierung des *ordre public* den Zielsetzungen des Unionsrechts, insbesondere dem ihm zugrundeliegenden Integrationsgedanken, gebührend Rechnung zu tragen und nationale Wertungen in diesem Lichte abzuschwächen.[174] Vor allem die in der EU-Charta verankerten europäischen Grundrechte, wie zB das Diskriminierungsverbot nach Art. 21, können die Berufung auf den nationalen *ordre public* begrenzen.[175] Bezüglich der Schranken, die das europäische Recht dem nationalen *ordre public* zieht, sind die Grundsätze der EuGH-Rechtsprechung zu Art. 27 Nr. 1 EuGVÜ/Art. 34 Nr. 1 EuGVVO[176] auch auf 113

---

[170] *Heinze* FS Kropholler, 2008, 105 (126); *Rühl* FS Kropholler, 2008, 187 (207f.); MüKoBGB/*v. Hein* EGBGB Art. 6 Rn. 23.

[171] Vgl. einerseits AG Nürnberg FamRZ 2011, 308 (im Ausland geschlossene gleichgeschlechtliche Ehe verstößt gegen den deutschen *ordre public*), andererseits App. Chambéry 22.10.2013, D. 20123, 2464 = IPRax 2014, 292 mAnm *Lutzi* (Recht auf Eingehung einer gleichgeschlechtlichen Ehe ist Bestandteil des französischen *ordre public*).

[172] MüKoBGB/*v. Hein* EGBGB Art. 6 Rn. 24.

[173] *Heinze* FS Kropholler, 2008, 105 (121f.); Staudinger/*Voltz* EGBGB Art. 6 Rn. 43; BeckOK BGB/*Lorenz* EGBGB Art. 6 Rn. 9.

[174] MüKoBGB/*v. Hein* EGBGB Art. 6 Rn. 26; dazu näher → Rn. 128f.

[175] Vgl. die Erwägungsgründe 25 zur Rom III-VO und 58 zur EuErbVO.

[176] Vgl. EuGH 28.3.2000 – C-7/98, Slg. 2000, I-1935 Rn. 22 = NJW 2000, 1853 – Krombach; EuGH 11.5.2000 – C-38/98, Slg. 2000, I-2973 Rn. 27ff. = NJW 2000, 2185 – Renault; EuGH 28.4.2009 – C-420/07, Slg. 2009, I-3571 Rn. 57 = NJW 2009, 1938 – Apostolides; EuGH 6.9.2012 – C-619/10, EuZW 2012, 912 Rn. 49 mAnm *Bach* – Trade Agency = IPRax 2013, 427 Rn. 49.

die *ordre public*-Klauseln in kollisionsrechtlichen EU-Verordnungen zu übertragen.[177] Danach ist es zwar nicht Sache des Gerichtshofs, den Inhalt der öffentlichen Ordnung eines Mitgliedstaats zu definieren; er hat jedoch über die Grenzen zu wachen, innerhalb derer sich das Gericht eines Mitgliedstaats auf den *ordre public* stützen darf, um ausländisches Recht von der Anwendung auszuschließen. Diese Befugnis folgt vor allem daraus, dass EU-Verordnungen auf der Grundlage von Art. 81 AEUV erlassen werden und ihre Bestimmungen daher im Lichte dieser Ermächtigungsgrundlage auszulegen sind. Danach dürfen die Vorbehaltsklauseln insbesondere nicht zur Erreichung von Zielen eingesetzt werden, die mit dem Unionsrecht (zB den Grundfreiheiten oder der Grundrechte-Charta) nicht in Einklang stehen.

**114** Im Übrigen gelten für die Anwendung der Vorbehaltsklauseln im europäischen Kollisionsrecht – insbesondere was ihre restriktive Handhabung,[178] das Erfordernis eines Inlandsbezugs[179] und die Rechtsfolgen eines Verstoßes[180] anbetrifft – die anschließend zu Art. 6 EGBGB erläuterten Grundsätze weithin entsprechend.[181]

## 2. Staatsverträge

**115** Während ältere Staatsverträge zT keine eigenen Vorbehaltsklauseln,[182] sondern nur Öffnungsklauseln zugunsten der Anwendung des nationalen *ordre public* der Vertragsstaaten enthielten,[183] sehen die jüngeren kollisionsrechtlichen Staatsverträge der Haager Konferenz durchwegs allgemeine Vorbehaltsklauseln vor, die in ihrer Formulierung mit den in EU-Verordnungen verwendeten Klauseln weitgehend übereinstimmen, insbesondere ebenfalls eine „offensichtliche" Unvereinbarkeit des jeweiligen Anwendungsergebnisses mit der öffentlichen Ordnung der *lex fori* erfordern. Soweit sie unmittelbar anwendbares innerstaatliches Recht geworden sind, haben sie gemäß Art. 3 Nr. 2 EGBGB sowohl Vorrang vor Art. 6 EGBGB als auch vor speziellen Vorbehaltsklauseln des autonomen Rechts.[184] Von praktischer Bedeutung sind insbesondere die staatsvertraglichen Vorbehaltsklauseln auf den Gebieten des Erwachsenenschutzes (Art. 21 ErwSÜ), des Kinderschutzes (Art. 22 KSÜ) und des Unterhaltsrechts (Art. 13 HUP). Diese Klauseln dienen zwar ebenfalls in erster Linie dem Schutz der öffentlichen Ordnung des Vertragsstaats, dessen Gerichte aufgrund einer vom Staatsvertrag ausgesprochenen Verweisung ausländisches Recht anzuwenden haben; sie sind jedoch im Interesse des mit dem Staatsvertrag angestrebten internationalen Entscheidungseinklangs eng und unter vergleichender Berücksichtigung des Rechts der übrigen Vertragsstaaten auszulegen.[185]

---

[177] Dazu allg. MüKoBGB/*v. Hein* EGBGB Art. 6 Rn. 170f. mwN. Für Geltung dieser Schranken iRv Art. 21 Rom I-VO auch *Staudinger* AnwBl. 2008, 8 (15); MüKoBGB/*Martiny* Rom I-VO Art. 21 Rn. 3; Staudinger/*Hausmann* Rom I-VO Art. 21 Rn. 12; Palandt/*Thorn* Rom I-VO Art. 21 Rn. 4; ebenso MüKoBGB/*Junker* Rom II-VO Art. 26 Rn. 17 und zu Art. 12 Rom III-VO *Hausmann* IntEuSchR A Rn. 352.

[178] Vgl. zum Erfordernis eines „offensichtlichen" Verstoßes nach Art. 27 Nr. 1 EuGVÜ/Art. 34 Nr. 1 Brüssel I-VO EuGH 28.3.2000 – C-7/98, Slg. 2000, I-1935 Rn. 37 = NJW 2000, 1853 – Krombach; EuGH 12.5.2000 – C-38/98, Slg. 2000, I-2973 Rn. 27 = NJW 2000, 2185 – Renault; EuGH 2.4.2009 – C-394/07, Slg. 2009, I-3571 Rn. 59 = NJW 2009, 1938 – Gambazzi. Vgl. auch zur Anerkennung sorgerechtlicher Entscheidungen nach Art. 23 lit. a EuEheVO EuGH 19.11.2015 – C-455/15 PPO, FamRZ 2016, 111 Rn. 34ff. – P./Q.

[179] Dazu *Siehr* FS v. Hoffmann, 2011, 424ff.; *M. Stürner* FS v. Hoffmann, 2011, 463 (480f.).

[180] Vgl. Staudinger/*Voltz* EGBGB Art. 6 Rn. 44; MüKoBGB/*v. Hein* EGBGB Art. 6 Rn. 32.

[181] Vgl. MüKoBGB/*v. Hein* EGBGB Art. 6 Rn. 26ff.

[182] Zur Frage, ob aus dem Fehlen einer Vorbehaltsklausel im Staatsvertrag gefolgert werden kann, dass eine Berufung auf den *ordre public* ausgeschlossen sein soll, vgl. Staudinger/*Voltz* EGBGB Art. 6 Rn. 62; MüKoBGB/*v. Hein* EGBGB Art. 6 Rn. 39ff.

[183] So insbesondere Art. 8 Abs. 3 S. 2 des deutsch-iranischen Niederlassungsabkommens von 1929; dazu → § 11 Rn. 16.

[184] OLG Hamm IPRax 1994, 33 mAnm *Dörner*, MüKoBGB/*v. Hein* EGBGB Art. 6 Rn. 44; Staudinger/*Voltz* EGBGB Art. 6 Rn. 56; BeckOK BGB/*Lorenz* EGBGB Art. 6 Rn. 7.

[185] *Kropholler* IPR § 36 VI; MüKoBGB/*v. Hein* EGBGB Art. 6 Rn. 45.

### 3. Autonomes Kollisionsrecht

Nur soweit weder europäisches noch staatsvertragliches Kollisionsrecht zur Anwendung kommt, ist weiterhin auf die autonome Vorbehaltsklausel in Art. 6 EGBGB zurückzugreifen. 116

## III. Abgrenzungen

### 1. Allgemeine und spezielle Vorbehaltsklauseln

Die allgemeine Vorbehaltsklausel in Art. 6 EGBGB wird ergänzt durch spezielle Vorbehaltsklauseln des EGBGB, die in Einzelfällen die bevorzugte Anwendung deutschen Rechts vorschreiben. Sie sind nur zT Konkretisierungen des allgemeinen *ordre public* zur Sicherung von „wesentlichen Grundsätzen des deutschen Rechts", so zB Art. 13 Abs. 2 EGBGB (Sicherung der Eheschließungsfreiheit von Ausländern), Art. 40 Abs. 3 EGBGB (Beschränkung des Schadensersatzes aus unerlaubter Handlung) oder Art. 48 S. 1 EGBGB aE (Schranke für die Wahl des in einem anderen EU-Mitgliedstaat erworbenen Namens).[186] Teilweise korrigieren sie nicht nur das Ergebnis der Anwendung des ausländischen Rechts im Einzelfall, sondern berufen von vorneherein die deutsche *lex fori,* wie zB Art. 13 Abs. 3 S. 1 EGBGB (Grundsatz der obligatorischen Zivilehe), Art. 17 Abs. 2 EGBGB (Inlandsscheidung nur durch Urteil) oder Art. 17a EGBGB (Nutzungsbefugnis an der inländischen Ehewohnung und am Hausrat sowie damit zusammenhängende Betretungs-, Näherungs- und Kontaktverbote). Im letzteren Fall handelt es sich um sog „Exklusivnormen" (→ § 2 Rn. 18f.), die zT auch als einseitige Kollisionsnormen eingeordnet werden.[187] *Ordre public*-Funktion hat auch die sog „Kappungsgrenze" im Kollisionsrecht der eingetragenen Lebenspartnerschaft (Art. 17b Abs. 4 EGBGB), die allerdings aus verfassungsrechtlichen Gründen höchst fragwürdig ist (näher → § 13 Rn. 77). Demgegenüber hat die korrigierende Anknüpfung des Versorgungsausgleichs an das deutsche Recht in Art. 17 Abs. 3 S. 2 EGBGB keinen *ordre public*-Charakter (→ näher § 12 Rn. 51). Mit Art. 17 Abs. 1 S. 2 EGBGB ist die letzte Schutzklausel zugunsten deutsche Staatsangehöriger ohne *ordre public*-Gehalt mit Inkrafttreten der Rom III-VO aufgehoben worden. 117

Auch das **europäische Unionsrecht** arbeitet zT mit speziellen Vorbehaltsklauseln. Ein anschauliches Beispiel ist Art. 10 Rom III-VO auf dem Gebiet des internationalen Ehescheidungsrechts (näher → § 11 Rn. 46ff.). 118

### 2. Ordre public und Eingriffsnormen

Zwar besteht zwischen dem *ordre public* und Eingriffsnormen durchaus eine gewisse Verwandtschaft.[188] Während jedoch mit Hilfe des *ordre public* das Ergebnis der Anwendung ausländischen Rechts nur im Einzelfall korrigiert wird, setzen Eingriffsnormen bestimmte Staatsinteressen unbedingt, dh ergebnisunabhängig durch.[189] Maßgebend ist allein der Anwendungswille der jeweiligen Eingriffsnorm. Während es sich bei Art. 6 EGBGB um eine echte (unselbständige) Kollisionsnorm handelt, welche die Anwendung ausländischen Rechts regelt, bleiben inländische Eingriffsnormen vom Spiel der Kollisionsnormen „unberührt"(Art. 9 Abs. 2 Rom I-VO, Art. 16 Rom II-VO). Die Voraussetzungen für ihre Anwendung sind hingegen gesetzlich nicht geregelt. Einigkeit besteht lediglich darüber, dass auch die Anwendung inländischer Eingriffsnormen eine gewisse Nähe des Sachver- 119

---

[186] Vgl. Staudinger/*Hepting/Hausmann* EGBGB Art. 48 Rn. 20.

[187] So Staudinger/*Voltz* EGBGB Art. 6 Rn. 48.

[188] Dies kommt etwa darin zum Ausdruck, dass beide Aspekte in den Erwägungsgründen 37 zur Rom I-VO und 32 zur Rom II-VO gemeinsam angesprochen werden.

[189] Allg. zum Unterschied zwischen Vorbehaltsklausel und Eingriffsnormen *v. Bar/Mankowski* IPR I § 7 Rn. 276; Staudinger/*Voltz* EGBGB Art. 6 Rn. 30; MüKoBGB/*v. Hein* EGBGB Art. 6 Rn. 83f.

halts zum Inland erfordert, vergleichbar der für eine Berufung auf den *ordre public* notwendigen Inlandsbeziehung (→ Rn. 132 ff.). Eingriffsnormen unterscheiden sich auch auf der Rechtsfolgenseite von der allgemeinen Vorbehaltsklausel des Art. 6 EGBGB, weil sie stets zur Anwendung der *lex fori* führen, während dies in Fällen der Berufung auf den *ordre public* nicht zwingend ist (→ Rn. 143). Schließlich ist für den deutschen Rechtsanwender der *ordre public* eines ausländischen Staates grundsätzlich unbeachtlich,[190] während eine Berücksichtigung ausländischer Eingriffsnormen – wie Art. 9 Abs. 3 Rom I-VO zeigt – durchaus in Betracht kommt.

### 3. Ordre public und Gesetzesumgehung

120 Auch das ungeschriebene Rechtsinstitut der Gesetzesumgehung (→ Rn. 145 ff.) weist historisch eine gewisse Nähe zum *ordre public*-Vorbehalt auf. Daher greift die Rechtsprechung noch bis in die jüngste Zeit auf den *ordre public* zurück, um einer Gesetzesumgehung vorzubeugen.[191] In der heutigen Literatur wird jedoch zu Recht die Eigenständigkeit der Gesetzesumgehung als Rechtsinstitut betont. Denn umgangen werden können nicht nur deutsche, sondern auch ausländische Rechtsvorschriften, und zwar gerade mit dem Ziel, die Anwendung des günstigeren deutschen Rechts zu erreichen. Diese Konstellation der Gesetzesumgehung lässt sich aber mit der Vorbehaltsklausel des Art. 6 EGBGB nicht bewältigen.

### 4. Kollisions- und anerkennungsrechtlicher ordre public

121 Die Vorbehaltsklausel in Art. 6 EGBGB ist schließlich auch von den Regeln in § 328 Abs. 1 Nr. 4 ZPO, § 109 Abs. 1 Nr. 4 FamFG zu unterscheiden, die den sog **anerkennungsrechtlichen *ordre public*** regeln. Die gleiche Unterscheidung gilt auch im europäischen Recht, etwa im Verhältnis zwischen Art. 21 Rom I-VO, Art. 26 Rom II-VO und Art. 45 Abs. 1 lit. a Brüssel Ia-VO, zwischen Art. 12 Rom III-VO und Art. 22 lit. a EuEheVO, zwischen Art. 13 HUP und Art. 24 lit. a EuUntVO oder zwischen Art. 22 KSÜ und Art. 23 lit. a EuEheVO bzw. Art. 23 Abs. 2 lit. d KSÜ. Der *ordre public* des Anerkennungsstaates bleibt auch vorbehalten im internationalen Insolvenzrecht (Art. 26 EuInsVO, Art. 33 EuInsVO nF bzw. § 343 Abs. 1 Nr. 2 InsO) sowie im internationalen Schiedsverfahrensrecht (Art. V Abs. 2 lit. b New Yorker Übereinkommen,[192] § 1059 Abs. 2 Nr. 2 lit. b ZPO). In zahlreichen neueren Rechtsinstrumenten der EU ist das Exequaturverfahren für die Vollstreckung ausländischer Titel hingegen abgeschafft worden, so dass auch eine Kontrolle am Maßstab des *ordre public* des Vollstreckungsstaates nicht mehr stattfindet (vgl. Art. 17 ff. EuUnthVO; Art. 40 ff. EuEheVO; Art. 5 EuVTVO; Art. 19 EuMVVO; Art. 20 EuGFVO; Art. 23 EuBvKpfVO; Art. 4 EuSchutzMVO).[193] Dies ist auch mit der EU-Grundrechtecharta vereinbar.[194] Entgegen dem Vorschlag der EU-Kommission[195] wurde der *ordre public*-Vorbehalt allerdings in Art. 45 Abs. 1 lit. a der mit Wirkung zum 10.1.2015 neu gefassten Brüssel I-VO aufrechterhalten. Daher ist auch mit einer Beseitigung der Vorbehaltsklauseln in kollisionsrechtlichen Rechtsinstrumenten der EU vorerst nicht zu rechnen.

122 Die vorgenannten verfahrensrechtlichen *ordre public*-Klauseln umfassen neben einer Kontrolle des materiellen Ergebnisses, zu dem das ausländische Gericht in seiner Entschei-

[190] Dazu MüKoBGB/*v. Hein* EGBGB Art. 6 Rn. 74.

[191] Vgl. OLG Düsseldorf ZEV 2010, 528 mAnm *Stucke/Remplik* und *Wachter* sowie mAnm *Jakob/Uhl* IPRax 2012, 451 (zur Nichtanerkennung einer liechtensteinischen Stiftung unter Berufung auf Art. 6 EGBGB, weil deren Hauptzweck in der Hinterziehung von Steuern liege).

[192] New Yorker Übereinkommen über die Anerkennung und Vollstreckung ausländischer Schiedssprüche, BGBl. 1961 II 121 = *Jayme/Hausmann* Nr. 240.

[193] Zur genauen Bezeichnung dieser Rechtsinstrumente und ihren Fundstellen → § 1 Rn. 54 f.

[194] EuGH 1.7.2010 – C-211/10 PPU, Slg. 2010, I-6673 – Povse/Alpago = FamRZ 2010, 1307 mAnm *A. Schulz* (zu Art. 42 EuEheVO).

[195] KOM(2010) 748 endg.

dung gelangt ist, insbesondere auch die Überprüfung, ob dem Beklagten rechtliches Gehör gewährt wurde und dem Urteil auch sonst ein **faires Verfahren** vorausgegangen ist.[196] Für die materiell-rechtliche *ordre public*-Kontrolle kommt es nicht darauf an, ob das ausländische Gericht das aus deutscher Sicht „richtige" Recht angewandt hat und ob die zugrunde gelegten Vorschriften dieses Rechts auf den gleichen Prinzipien beruhen wie das deutsche Recht. Entscheidend ist allein, ob das konkrete Ergebnis einer Anerkennung und Vollstreckung des ausländischen Urteils im Inland zu den deutschen Gerechtigkeitsvorstellungen in so starkem Gegensatz steht, dass es von uns für untragbar gehalten wird.[197] Allerdings ist im Stadium der Anerkennung einer ausländischen Entscheidung bei der Kontrolle am Maßstab des *ordre public* ein *milderer Maßstab* anzulegen als bei der Anwendung ausländischen Rechts im Erkenntnisverfahren (sog *„effet atténué"*). Denn es macht insoweit einen Unterschied, ob ein bestimmtes Anwendungsergebnis erstmals durch ein Gericht festgestellt wird oder ob es lediglich darum geht, das in einem anderen Mitgliedstaat bereits voll wirksame Urteil auf das Gebiet eines weiteren Mitgliedstaats zu erstrecken.[198]

## IV. Kontrollmaßstab

### 1. Wesentliche Grundsätze des deutschen Rechts

Maßstab für die *ordre public*-Kontrolle ist nicht das deutsche materielle Recht in seiner Gesamtheit, sondern es sind nur die ihm zugrundliegenden **Gerechtigkeitsvorstellungen,**[199] die insbesondere durch die Grundrechte als besonders hervorgehobene Wertentscheidungen der Verfassung näher konkretisiert werden (→ Rn. 125 f.). In diesem Sinne hatte der BGH schon vor der IPR-Reform von 1986 ausgesprochen, dass nicht jede Abweichung vom deutschen Gesetzesrecht gegen den *ordre public* verstoße, sondern dass es darauf ankomme, 123

„ob das Ergebnis der Anwendung des ausländischen Rechts zu den Grundgedanken der deutschen Regelung und der in ihnen liegenden Gerechtigkeitsvorstellungen in so starkem Widerspruch steht, dass es von uns für untragbar gehalten wird."[200]

Durch die Anwendung des ausländischen Rechts muss der „Kernbestand der inländischen Rechtsordnung"[201] tangiert sein; dafür reicht es keinesfalls aus, dass nur von innerstaatlich zwingendem Recht abgewichen wird.[202] Daneben sind auch die von inländischen Generalklauseln in Bezug genommenen außergesetzlichen Wertmaßstäbe zu berücksichtigen, wie zB die – von Art. 30 EGBGB aF noch ausdrücklich genannten – „guten Sitten"; ihnen kommt allerdings aufgrund der weitreichenden Konstitutionalisierung des Privatrechts heute nur noch eine eingeschränkte Bedeutung zu.[203] Ein *ausländischer ordre public* ist hingegen von deutschen Gerichten nicht zu beachten.[204] 124

[196] Zu diesem „prozessualen *ordre public*" allg. *Jüngst,* Der europäische verfahrensrechtliche ordre public – Inhalt und Begrenzung, 2013; im familienrechtlichen Kontext *Hausmann* IntEuSchR H Rn. 58 ff., J Rn. 79 ff. und K Rn. 147 ff.

[197] Vgl. BGHZ 140, 395 = IPRax 1999, 371 mAnm *G. Schulze* IPRax 1999, 342; 123, 268 = IPRax 1994, 118 mAnm *Basedow* IPRax 1994, 85; 122, 16 = IPRax 1994, 367 mAnm *H. Roth* IPRax 1994, 350.

[198] Zur abgeschwächten *ordre public*-Kontrolle im Anerkennungsverfahren BGH NJW 2015, 2800 Rn. 34; FamRZ 2015, 479 Rn. 28; BGHZ 138, 331 (334 f.) = NJW 1998, 2358; dazu *Fischer* IPRax 1999, 450; BGHZ 118, 312 (328 ff.) = NJW 1992, 3096; 98, 70 (73 ff.) = NJW 1986, 3027; OLG Karlsruhe IPRax 2005, 39 m. krit. Anm. *Looschelders* IPRax 2005, 28; OLG Düsseldorf IPRax 2013, 349 Rn. 19; Linke/*Hau* IZVR Rn. 484; Zöller/*Geimer* ZPO § 328 Rn. 210; Stein/Jonas/*H. Roth* ZPO § 328 Rn. 133; MüKoBGB/*v. Hein* EGBGB Art. 6 Rn. 101 ff. mwN.

[199] *Looschelders* EGBGB Art. 6 Rn. 13.

[200] BGHZ 50, 370 (375 f.); vgl. ferner BGHZ 64, 123 (130) und 54, 132 (140).

[201] BT-Drs. 10/504, 42.

[202] BGHZ 118, 312 (330); BeckOK BGB/*Lorenz* EGBGB Art. 6 Rn. 14; Palandt/*Thorn* EGBGB Art. 6 Rn. 4.

[203] MüKoBGB/*v. Hein* EGBGB Art. 6 Rn. 133 mit Beispielen.

## 2. Grundrechte der deutschen Verfassung

125 Im Rahmen der *ordre public*-Kontrolle haben sich die deutschen Gerichte, wie Art. 6 S. 2 EGBGB ausdrücklich klarstellt, insbesondere an den **Grundrechten der deutschen Verfassung** zu orientieren. Die Einfügung von Satz 2 geht auf die sog „Spanier-Entscheidung" des BVerfG zurück, in welcher außer einer unmittelbaren Beschränkung der Anwendung ausländischen Rechts durch die Grundrechte ausdrücklich deren Berücksichtigung iRd kollisionsrechtlichen Vorbehaltsklausel als methodischer Weg zu ihrer Durchsetzung in Fällen mit Auslandsberührung genannt wird.[205] Führt die Anwendung ausländischen Rechts daher zu einem Eingriff in die Grundrechte eines Beteiligten, so indiziert dies einen Verstoß gegen den deutschen *ordre public* und ermöglicht den Rückgriff auf deutsches Recht, um Grundrechtsverletzungen zu vermeiden.[206]

126 Allerdings hat schon das BVerfG darauf hingewiesen, dass es nicht sachgerecht wäre, bei der Anwendung ausländischen Rechts die gleichen Maßstäbe anzulegen wie bei der Anwendung deutscher Sachnormen auf reine Inlandssachverhalte. Vielmehr ist **in Fällen mit Auslandsberührung eine differenzierende Anwendung der Grundrechte** geboten,[207] bei der insbesondere der Intensität der jeweiligen Inlandsbeziehung (→ Rn. 132ff.) Bedeutung zukommt.[208] Dies folgt schon daraus, dass das Grundgesetz selbst bei der Ausprägung einzelner Grundrechte zwischen Deutschen und Nichtdeutschen unterscheidet. Unabhängig davon kann „ein Grundrecht wesensgemäß eine bestimmte Beziehung zur Lebensordnung im Geltungsbereich der Verfassung voraussetzen, so dass seine uneingeschränkte Durchsetzung in ganz oder überwiegend auslandsbezogenen Sachverhalten den Sinn des Grundrechtsschutzes verfehlen würde".[209] Zu diesem Zweck ist jeweils zu prüfen, „ob und inwieweit das betroffene spezielle Grundrecht nach Wortlaut, Inhalt und Funktion unter Berücksichtigung der Gleichstellung anderer Staaten und der Eigenständigkeit ihrer Rechtsordnungen für auslandsbezogene Sachverhalte Geltung verlangt".[210]

## 3. Völkerrecht und internationale Standards

127 Art. 6 EGBGB bezieht sich zwar ausdrücklich und bewusst nur auf die deutsche öffentliche Ordnung. Dies schließt indes die Berücksichtigung völkerrechtlicher Inhalte nicht aus. Verstoßen ausländische Gesetze gegen das allgemeine Völkerrecht, so kann ihre Nichtanwendung im Inland auf die Vorbehaltsklausel gestützt werden, weil Art. 25 GG das **Völkergewohnheitsrecht** als Wertmaßstab zum Bestandteil der innerstaatlichen Ordnung macht.[211] Darüber hinaus können aber auch internationale Standards ohne Völkerrechtsrang iRd Art. 6 EGBGB Berücksichtigung finden. So kann etwa auf international anerkannte **Menschenrechte,**[212] auf Prinzipien des internationalen Einheitsrechts sowie internationale Verhaltenscodices zur Konkretisierung des deutschen *ordre public* zurückgegriffen werden.

---

[204] MüKoBGB/*v. Hein* EGBGB Art. 6 Rn. 136.

[205] Vgl. zum *ordre public* als „Einbruchstelle" der Grundrechte in das IPR schon BVerfGE 31, 58 (72ff., 86) = NJW 1971, 1509; zust. BGHZ 60, 68 (78) = NJW 1973, 417; dazu *Looschelders* RabelsZ 65 (2001), 463 (472ff.).

[206] BVerfGE 116, 243 (266) = NJW 2007, 900 (903) Rn. 73; Staudinger/*Voltz* EGBGB Art. 6 Rn. 137ff.; *Kropholler* IPR § 36 IV 1.

[207] BVerfGE 31, 58 (77) = NJW 2007, 900; BGHZ 60, 68 (78f.); Staudinger/*Voltz* EGBGB Art. 6 Rn. 141ff.

[208] Zum Erfordernis einer hinreichenden Inlandsbeziehung auch für die Berufung auf Art. 6 S. 2 EGBGB BGHZ 120, 29 (34) = IPRax 1983, 102 mAnm *Henrich* IPRax 1983, 81; 169, 240 Rn. 48; *v. Bar/Mankowski* IPR I § 7 Rn. 263; BeckOK BGB/*Lorenz* EGBGB Art. 6 Rn. 15; Erman/*Hohloch* EGBGB Art. 6 Rn. 19; MüKoBGB/*v. Hein* EGBGB Art. 6 Rn. 139ff.

[209] BVerfGE 31, 58 (77).

[210] BVerfGE 31, 58 (87); BGHZ 120, 29 (34) = NJW 1993, 848.

[211] *Kropholler* IPR § 36 II 2 a; *Kegel/Schurig* IPR § 16 V 2; *v. Hoffmann/Thorn* IPR § 6 Rn. 147; Staudinger/*Voltz* EGBGB Art. 6 Rn. 78.

[212] Dazu MüKoBGB/*v. Hein* EGBGB Art. 6 Rn. 146ff.

## 4. Europäisches Recht

Auch wenn Art. 6 EGBGB dem angerufenen Gericht das Recht einräumt, iRd *ordre public*-Kontrolle die Maßstäbe seines eigenen nationalen Rechts anzulegen, so bedeutet dies freilich nicht, dass in diese Prüfung nicht auch Wertungen des europäischen Rechts einfließen. Nach Ansicht des BGH[213] ist der *ordre public* iSv Art. 6 EGBGB daher „eine Ausprägung der elementaren Wertvorstellungen der inländischen und zunehmend auch der europäischen Rechtsgemeinschaft". Das Recht der Europäischen Union wirkt sich dabei in zweierlei Richtung auf die *ordre public*-Prüfung mitgliedstaatlicher Gerichte aus: Zum einen schränkt es – wie gezeigt (→ Rn. 113) – die Berufung auf nationale Wertungen der *lex fori* ein, wo diese mit dem europäischen Recht nicht (mehr) im Einklang stehen. Zum anderen reichert es diese nationalen Wertungen um spezifische Anforderungen des primären und sekundären[214] Unionsrechts an. Es gilt jedoch nicht ein vom nationalen Recht vollständig gelöster „europäischer *ordre public*".[215] Das Recht der EU wirkt aber in die Vorbehaltsklauseln der Mitgliedstaaten hinein und prägt deren Inhalt entscheidend mit. Die Grundprinzipien des Unionsrechts sind zugleich Bestandteil des *ordre public* eines jeden Mitgliedstaats; ihre Beachtung dient damit zugleich der Aufrechterhaltung von dessen innerstaatlicher Ordnung.[216] Führt daher zB die Anwendung ausländischen Familienrechts zu einem massiven Verstoß gegen die Freizügigkeit eines Ehegatten nach Art. 45 AEUV, so kann dies zugleich eine Verletzung des deutschen *ordre public* iSv Art. 6 EGBGB begründen. 128

Nach ständiger Rechtsprechung des EuGH gehören vor allem die **Grund- und Menschenrechte** zu den allgemeinen Rechtsgrundsätzen, deren Wahrung der Gerichtshof zu sichern hat. Dabei lässt er sich von den gemeinsamen Verfassungstraditionen der Mitgliedstaaten und den Hinweisen leiten, welche die völkerrechtlichen Verträge über den Schutz der Menschenrechte geben, an deren Abschluss die Mitgliedstaaten beteiligt waren oder denen sie beigetreten sind.[217] In diesem Rahmen kommt vor allem der Konvention zum Schutz der Menschenrechte und Grundfreiheiten **(EMRK)** besondere Bedeutung zu.[218] Diese EuGH-Rechtsprechung wird durch Art. 6 Abs. 3 EUV idF des Vertrages von Lissabon vom 13.12.2007 bestätigt. Danach sind die Grundrechte, wie sie in der EMRK gewährleistet sind und wie sich aus den gemeinsamen Verfassungsüberlieferungen der Mitgliedstaaten ergeben, auch Teil des Unionsrechts. Darüber hinaus erkennt die EU gemäß Art. 6 Abs. 1 EUV auch die Rechte, Freiheiten und Grundsätze an, die in der **Charta der Grundrechte der EU** vom 7.12.2000 idF vom 12.12.2007 niedergelegt sind. Diese Charta hat den gleichen Rang wie das primäre Unionsrecht und tritt damit bei der Konkretisierung des *ordre public* der Mitgliedstaaten neben das jeweilige nationale Verfassungsrecht. Insoweit ist es Sache der nationalen Gerichte den Schutz des Unionsrechts in gleicher Weise wirksam zu gewährleisten wie den Schutz seiner nationalen Wertordnung.[219] 129

[213] BGHZ 169, 240 Rn. 37.

[214] Zur Bedeutung von EU-Richtlinien zur Konkretisierung des nationalen *ordre public* näher MüKoBGB/*v. Hein* EGBGB Art. 6 Rn. 162ff.

[215] MüKoBGB/*v. Hein* EGBGB Art. 6 Rn. 154ff., 160; **aA** *Basedow* FS Sonnenberger, 2004, 291ff.; NK-BGB/*Schulze* EGBGB Art. 6 Rn. 13.

[216] Vgl. zu Art. 21 Rom I-VO Staudinger/*Hausmann* Rom I-VO Art. 21 Rn. 10ff.; Palandt/*Thorn* Rom I-VO Art. 21 Rn. 4; ebenso zu Art. 26 Rom II-VO *Leible* RIW 2008, 257 (263); MüKoBGB/*Junker* Rom II-VO Art. 26 Rn. 4 und zu Art. 12 Rom III-VO *Hausmann* IntEuSchR A Rn. 353; ebenso zu Art. 6 EGBGB BGHZ 123, 268 (279) = NJW 1993, 3269; BeckOK BGB/*Lorenz* EGBGB Art. 6 Rn. 14; Erman/*Hohloch* EGBGB Art. 6 Rn. 23; Staudinger/*Voltz* EGBGB Art. 6 Rn. 95.

[217] EuGH 28.3.2000 – C-7/98, Slg. 2000, I-1935 Rn. 25 = NJW 2000, 1853– Krombach/Bamberski.

[218] EuGH 28.3.2000 – C-7/98, Slg. 2000, I-1935 Rn. 25, 39 = NJW 2000, 1853 – Krombach/Bamberski.

[219] EuGH 11.5.2000 – C-38/98, Slg. 2001, I-2973 Rn. 32 = NJW 2000, 2185 – Renault/Maxicar.

## V. Voraussetzungen für die Anwendung von Art. 6 EGBGB

### 1. Gegenstand der Kontrolle

130 Im Hinblick auf den Ausnahmecharakter der Vorbehaltsklausel und die gebotene Toleranz gegenüber anderen Rechtsordnungen kann mit Hilfe von Art. 6 EGBGB nicht das ausländische materielle Recht als solches einer Kontrolle durch den inländischen Richter unterworfen werden; vielmehr kommt es allein auf das **konkrete Anwendungsergebnis** an. Art. 6 S. 1 EGBGB ermächtigt das angerufene Gericht nach seinem klaren Wortlaut also nicht zu einer *abstrakten* Prüfung des Inhalts ausländischer Sachnormen; erforderlich ist vielmehr, dass die Anwendung dieser Vorschriften auf einen bestimmten Einzelfall zu einem Ergebnis führt, das gegen den deutschen *ordre public* verstößt.[220] Etwas anderes kommt allenfalls wegen der überragenden Bedeutung des Gleichheitssatzes im deutschen (Art. 3 GG) wie im europäischen Recht (Art. 9 S. 1 EUV; Art. 21 Grundrechte-Charta) in Fällen einer besonders schwerwiegenden Diskriminierung in Betracht (vgl. zu Art. 10 Rom III-VO → § 11 Rn. 49 ff.).[221] Die Vorbehaltsklause kann allerdings nicht nur zur Abwehr ausländischen Sachrechts, sondern auch zur Nichtanwendung eines – iRd Rück- oder Weiterverweisung zu prüfenden – ausländischen Kollisionsrechts führen, wenn dieses zB noch einseitig an die Staatsangehörigkeit des Ehemannes oder Vaters anknüpft; dies gilt jedoch nur, wenn die gleichberechtigungswidrige ausländische Kollisionsnorm auch zur Anwendung eines Sachrechts führt, das seinerseits für die Ehefrau/Mutter diskriminierend ist.[222]

### 2. Offensichtlicher und schwerer Verstoß

131 Nach Art. 6 EGBGB ist nicht jeder Verstoß gegen die öffentliche Ordnung des Gerichtsstaates ausreichend; vielmehr muss die Anwendung des von den Kollisionsnormen der Verordnung bezeichneten Rechts mit dem *ordre public* der *lex fori* „offensichtlich" unvereinbar sein. Diese Einschränkung entspricht der heute weithin verbreiteten Praxis bei der Formulierung des *ordre public*-Vorbehalts in Staatsverträgen (vgl. zB Art. 16 MSA 1961; Art. 22 KSÜ 1996; Art. 21 ErwSÜ 2000; Art. 13 HUP 2007) sowie im europäischen Verordnungsrecht (vgl. Art. 21 Rom I-VO; Art. 26 Rom II-VO; Art. 12 Rom III-VO; Art. 22 lit. a und Art. 23 lit. a EuEheVO; Art. 24 EuUntVO; Art. 35 EuErbVO), während die *ordre public*-Vorschriften in den autonomen IPR-Gesetzen anderer Staaten auf diese Einschränkung meist noch verzichten (vgl. zB § 6 öst. IPRG 1978; Art. 177 schweiz. IPRG 1989; Art. 16 ital. IPRG 1995). Im Hinblick auf die grundsätzliche Gleichwertigkeit aller Rechtsordnungen sind Vorbehaltsklauseln – und dies gilt auch für Art. 6 EGBGB – trotz ihrer generalklauselartig weiten Formulierung eng auszulegen und **zurückhaltend zu handhaben.**[223] Gründe des öffentlichen Interesses gestatten es den deutschen Gerichten daher nur in Ausnahmefällen, von der Vorbehaltsklausel Gebrauch zu machen. Erforderlich ist – wie schon erwähnt (→ Rn. 123 f.) – ein eklatanter Verstoß gegen den **„Kernbestand"** der Rechtsordnung des Gerichtsstaates.[224] Dabei macht es keinen Unterschied, ob dieser Kernbestand Ausdruck rein nationaler Wertungen ist oder durch europäisches bzw. internationales Recht mitgeprägt ist.[225] Daher reicht keinesfalls jede Abweichung von zwingenden Normen der *lex fori* für einen *ordre public*-Verstoß

---

[220] BGHZ 118, 312 (331) = NJW 1992, 3096; 120, 29 (36) = NJW 1993, 848; BGH FamRZ 2007, 109; OLG Hamm FamRZ 2013, 1483 (1484); KG ZEV 2008, 441 (442); MüKoBGB/*v. Hein* EGBGB Art. 6 Rn. 117 mwN.

[221] BeckOK BGB/*Lorenz* EGBGB Art. 6 Rn. 10; **aA** Palandt/*Thorn* EGBGB Art. 6 Rn. 7.

[222] BeckOK BGB/*Lorenz* EGBGB Art. 6 Rn. 23; Staudinger/*Voltz* EGBGB Art. 6 Rn. 123; Staudinger/*Hausmann* EGBGB Art. 4 Rn. 114; *Andrae* IntFamR § 3 Rn. 75; **aA** MüKoBGB/*v. Hein* EGBGB Art. 6 Rn. 126 mwN.

[223] AllgM, vgl. MüKoBGB/*v. Hein* EGBGB Art. 6 Rn. 13; Erman/*Hohloch* EGBGB Art. 6 Rn. 11; Palandt/*Thorn* EGBGB Art. 6 Rn. 4; BeckOK BGB/*Lorenz* EGBGB Art. 6 Rn. 14.

[224] BGH NJW 1998, 2452 (2453).

[225] BeckOK BGB/*Lorenz* EGBGB Art. 6 Rn. 13.

aus.[226] Das Ergebnis der Anwendung des ausländischen Rechts muss vielmehr im Falle der Anrufung eines deutschen Gerichts „zu den Grundgedanken der deutschen Regelungen und den in ihnen enthaltenen Gerechtigkeitsvorstellungen in so starkem Widerspruch stehen, dass es nach inländischer Vorstellung als schlechthin untragbar erscheint."[227]

### 3. Hinreichender Inlandsbezug

Das Gebot der zurückhaltenden Anwendung des *ordre public*-Vorbehalts nach Art. 6 EGBGB hat zur Folge, dass der Verstoß gegen die Grundprinzipien der im Gerichtsstaat geltenden Rechtsordnung nicht nur offensichtlich sein muss, sondern dass darüber hinaus auch ein hinreichender Bezug des Sachverhalts zu diesem Staat erforderlich ist. Sind deutsche Gerichte zur Entscheidung angerufen, so muss der zugrundliegende Sachverhalt daher einen ausreichend starken Bezug zum Gebiet der Bundesrepublik Deutschland aufweisen.[228] Das erforderliche Inlandselement darf zwar nicht so stark sein, dass es bereits von der einschlägigen deutschen Kollisionsnorm als Anknüpfungsmerkmal verwendet wird, es muss aber Bedeutung gerade für den jeweiligen Anknüpfungsgegenstand haben. Im internationalen Familien- und Erbrecht können daher sowohl der gewöhnliche Inlandsaufenthalt wie die deutsche Staatsangehörigkeit eines Beteiligten idR eine hinreichende Inlandsbeziehung begründen.[229] Hingegen reicht allein die internationale Zuständigkeit deutscher Gerichte hierfür nicht aus.[230] 132

Die Anforderungen an die Stärke des Inlandsbezugs hängen auch davon ab, wie sehr das Ergebnis der Anwendung des ausländischen Rechts die grundlegenden deutschen Gerechtigkeitsvorstellungen tangiert. Inlandsbeziehung und Schwere des Verstoßes stehen also in einer *Wechselbeziehung*. Insoweit gilt die Faustformel: Je stärker die Inlandsbeziehung ist, umso weniger werden fremdartige Ergebnisse hingenommen, und je schwächer sie ist, umso mehr Zurückhaltung ist bei der Anwendung der Vorbehaltsklausel zu üben (sog **Relativität des *ordre public***).[231] Dieser „abgestufte Prüfungsmaßstab"[232] hat etwa zur Folge, dass eine im Ausland wirksam begründete Rechtsbeziehung im Inland anerkannt wird, während eine Mitwirkung deutscher Behörden oder Gerichte an ihrer Begründung im Inland an Art. 6 EGBGB scheitert. Dies gilt etwa für die Eingehung einer polygamen Ehe[233] oder die Anerkennung einer Privatscheidung. 133

Dem Inlandsbezug des Sachverhalts kommt auch Bedeutung zu, wenn es darum geht, ob die Anwendung ausländischen Rechts in **Grundrechte** einer Partei eingreift. Denn was bei einem reinen Inlandsfall als Grundrechtsverletzung zu werten wäre, muss im Falle einer starken Auslandsberührung noch keinen Verstoß gegen den *ordre public* darstellen. Deshalb ist „durch Auslegung der jeweiligen Verfassungsnorm festzustellen, ob sie nach Wortlaut, Sinn und Zweck für jede denkbare Anwendung inländischer hoheitlicher Gewalt gelten will oder ob sie bei Sachverhalten mit mehr oder weniger intensiver Aus- 134

[226] Vgl. allg. BGHZ 123, 268 (270) = NJW 1993, 3269; 118, 312 (330) = NJW 1992, 3096.

[227] So die gängige Formel des BGH, vgl. BGHZ 138, 331 (335) = NJW 1998, 2358; 123, 268 (270) = NJW 1993, 3269; 118, 312 (330) = NJW 1992, 3096; 104, 240 (243) = NJW 1988, 2173; KG NJOZ 2012, 165f.; dazu näher MüKoBGB/*v. Hein* EGBGB Art. 6 Rn. 132ff.

[228] AllgM, vgl. BT-Drs. 10/504, 43; BGHZ 169, 240 Rn. 33 = FamRZ 2007, 109; 120, 29 (34) = NJW 1993, 848; BGH NJW 1992, 3096 (3105); BGHZ 60, 68 (79) = NJW 1973, 417; MüKoBGB/*v. Hein* EGBGB Art. 6 Rn. 182f.

[229] BT-Drs. 10/504, 43; KG FamRZ 2012, 1495; MüKoBGB/*v. Hein* EGBGB Art. 6 Rn. 186. Im internationalen Erbrecht kommt auch der Belegenheit des Vermögens im Inland Bedeutung zu, vgl. OLG Frankfurt a.M. ZEV 2011, 135 (136); OLG Düsseldorf ZEV 2009, 190 (191); einschränkend aber KG ZEV 2011, 132 (134).

[230] OLG Hamm IPRax 1982, 194 (197); Palandt/*Thorn* EGBGB Art. 6 Rn. 6; Staudinger/*Voltz* EGBGB Art. 6 Rn. 157.

[231] Vgl. BGHZ 118, 312 (348ff.) = NJW 1992, 3096; OLG Hamm ZEV 2005, 436 (438) mAnm *Lorenz*; KG ZEV 2011, 132 (134); BeckOK BGB/*Lorenz* EGBGB Art. 6 Rn. 15; *Erman/Hohloch* EGBGB Art. 6 Rn. 17; NK-BGB/*Schulze* EGBGB Art. 6 Rn. 38.

[232] BGHZ 118, 312 (348ff.) = NJW 1992, 3096.

[233] Vgl. MüKoBGB/*v. Hein* EGBGB Art. 6 Rn. 190 mwN; dazu das Beispiel → Rn. 80f.

landsbeziehung eine Differenzierung zulässt oder sogar verlangt".[234] Der internationale Geltungsbereich der Grundrechte ist ihnen selbst zu entnehmen; dabei kann auch eine der Intensität der Inlandsbeziehung angepasste Auslegung der Grundrechte geboten sein.[235] Auf ein Mindestmaß an Binnenbezug ist auch bei universal geltenden Menschenrechten nicht zu verzichten.[236]

135 In dem Maße, in dem der Inhalt des *ordre public* nach Art. 6 EGBGB durch Grundsätze des europäischen und des Unionsrechts mitgeprägt wird (→ Rn. 128f.), ist allerdings auch der Grundsatz der räumlichen Relativität des *ordre public* zu modifizieren.[237] So erscheint es bei Verstößen gegen die EMRK oder die europäische Grundrechte-Charta nicht mehr sachgerecht, eine Verbindung gerade zum Forumstaat zu fordern; vielmehr kann in einem solchen Fall auch der hinreichende Bezug zu einem anderen EMRK-Vertragsstaat oder zu einem anderen EU-Mitgliedstaat ausreichen. Insbesondere wenn es darum geht, grundlegende europäischen Werte gegenüber einem drittstaatlichen Recht durchzusetzen, kann der fehlende Inlandbezug daher durch eine ausreichende **europäische Binnenbeziehung** ersetzt werden.[238]

### 4. Maßgebender Zeitpunkt

136 Der *ordre public* ist – wie der BGH[239] hervorgehoben hat – „nicht statisch und unveränderlich", sondern ist „als Substrat der geltenden Rechtsordnung ebenso wie diese eine Ausprägung der elementaren Wertvorstellungen der inländischen und zunehmend auch der europäischen Rechtsgemeinschaft" und daher „dem Wandel dieser Wertvorstellungen unterworfen". Beispiele für diese **zeitliche Relativität des *ordre public*** aus jüngerer Zeit bietet insbesondere die BGH-Rechtsprechung zur Unscheidbarkeit der Ehe[240] sowie die Rechtsprechung der französischen *Cour de Cassation* zum gleichberechtigten Zugang zur Ehe für gleichgeschlechtliche Paare[241] und zur Adoption durch ein homosexuelles Paar.[242]

137 Für die Beurteilung eines *ordre public*-Verstoßes nach Art. 6 EGBGB kommt es daher grundsätzlich auf den **Zeitpunkt der richterlichen Entscheidung** an.[243] Der deutsche Richter hat also auch auf einen schon länger zurückliegenden Sachverhalt die Wertmaßstäbe anzuwenden, die im Zeitpunkt seiner Entscheidungsfindung gelten. Eine Ausnahme gilt nur für die Beurteilung der *Gültigkeit eines Rechtsgeschäfts;* hierfür ist im Interesse der Rechtssicherheit die Beurteilung im Zeitpunkt der Vornahme des Rechtsgeschäfts maßgebend.[244]

---

[234] BVerfGE 31, 58 (77) = NJW 1971, 1509; BVerfG NJW 2007, 900 (903); BGHZ 120, 29 (35) = NJW 1993, 848; 60, 68 (78ff.) = NJW 1973, 417; Staudinger/*Voltz* EGBGB Art. 6 Rn. 142ff.

[235] BGHZ 120, 29 (34) = NJW 1993, 848; 63, 219 (226) = NJW 1975, 114.

[236] MüKoBGB/*v. Hein* EGBGB Art. 6 Rn. 197ff.; **aA** insbes. *Kokott* BerGesVR 38 (1998), 71 (107); *Scholz* IPRax 2008, 213 (216); Staudinger/*Voltz* EGBGB Art. 6 Rn. 143; vgl. auch *Looschelders* RabelsZ 65 (2001), 463 (483ff.).

[237] *Siehr* FS v. Hoffmann, 2011, 424 (429ff.); *M. Stürner* FS v. Hoffmann, 2011, 463 (480f.); Staudinger/*Voltz* EGBGB Art. 6 Rn. 160; NK-BGB/*Schulze* EGBGB Art. 6 Rn. 41.

[238] MüKoBGB/*v. Hein* EGBGB Art. 6 Rn. 193ff. mwN.

[239] BGHZ 169, 240 Rn. 37 = FamRZ 2007, 109. Vgl. auch schon BGHZ 138, 331 (335) = NJW 1998, 2358; BGH IPRax 1992, 380 (381); 1990, 55 (57); BeckOK BGB/*Lorenz* EGBGB Art. 6 Rn. 13.

[240] BGHZ 169, 240 gegen BGHZ 41, 136 (147) und BGHZ 42, 7 (11).

[241] Cass. civ. 28.1.2015, IPRax 2015, 381 mAnm *Lutzi;* ebenso schon die Vorinstanz App. Chambéry 11.10.2013, IPRax 2014, 292 mAnm *Lutzi.*

[242] Cass. civ. Rev. crit. d.i.p. 2013, 636 mAnm *Gannagé*; dazu MüKoBGB/*v. Hein* EGBGB Art. 6 Rn. 202.

[243] BGHZ 51, 290 (293); BeckOK BGB/*Lorenz* EGBGB Art. 6 Rn. 14; NK-BGB/*Schulze* EGBGB Art. 6 Rn. 43; Staudinger/*Voltz* EGBGB Art. 6 Rn. 144.

[244] BGHZ 147, 178 (185); BGH NJW-RR 2005, 10171 (1073); zust. MüKoBGB/*v. Hein* EGBGB Art. 6 Rn. 204.

### 5. Darlegungslast

Die rechtlichen Voraussetzungen für einen Verstoß gegen den *ordre public* sind durch das angerufene Gericht **von Amts wegen** zu prüfen.[245] Die Darlegungs- und Beweislast für diejenigen tatsächlichen Umstände, die einen *ordre public*-Verstoß begründen, liegt stets bei derjenigen Partei, die einen solchen Verstoß behauptet.[246] 138

**Beispiel:** 139
Der iranische Staatsangehörige E, der dem islamisch-schiitischen Glauben angehörte, ist am 1.12.2015 in München verstorben. Er hinterlässt seine deutsche Ehefrau und zwei eheliche Kinder, die sich zum christlich-katholischen Glauben bekennen. Der Bruder des Erblassers verlangt von der Witwe und den Kindern die Herausgabe des gesamten Nachlasses, weil er den E allein beerbt habe. Dabei beruft er sich auf Art. 861-bis des iranischen Zivilgesetzbuches, der im Zuge der islamischen Revolution von 1979 neu eingefügt wurde und lautet:

**Art. 861 bis.** Ein Heide kann einen Moslem nicht beerben. Befindet sich unter den Erben eines verstorbenen Heiden ein Moslem, so sind die heidnischen Erben von der Erbfolge ausgeschlossen, auch wenn sie dem Moslem in der Erbordnung vorgehen.

Nach Ansicht der Witwe verstößt die Anwendung dieser iranischen Erbrechtsregelung gegen den deutschen *ordre public.* Wie ist zu entscheiden? Welchen Einfluss hätte es, wenn E seine Ehefrau in einem Testament ausdrücklich von der Erbfolge ausgeschlossen hätte?

Die Erbfolge nach E beurteilt sich gemäß Art. 8 Abs. 3 des deutsch-iranischen Niederlassungsabkommens von 1929 nach dem iranischen Heimatrecht des Erblassers. Diese staatsvertragliche Kollisionsregel hat Vorrang vor der Anknüpfung an den letzten gewöhnlichen Aufenthalt des Erblassers in Deutschland nach Art. 21 Abs. 1 EuErbVO, vgl. Art. 75 Abs. 1 EuErbVO. Art. 8 Abs. 3 des deutsch-iranischen Niederlassungsabkommens enthält allerdings eine Öffnungsklausel zugunsten des jeweiligen nationalen *ordre public* der beiden Vertragsstaaten, so dass deutsche Gerichte sich auch im Geltungsbereich dieses Abkommens auf Art. 6 EGBGB berufen dürfen.

Der Erbrechtsausschluss nach Art. 861-bis ir. ZGB verstößt gegen das absolute Diskriminierungsverbot aus Gründen der Religionszugehörigkeit nach Art. 3 Abs. 3 GG; eine inhaltsgleiche deutsche Regelung wäre daher zweifellos grundgesetzwidrig. Nicht jeder Grundrechtsverstoß ist jedoch gleichbedeutend mit einem Verstoß gegen deutschen *ordre public.* Vielmehr ist weiterhin zu prüfen, ob das betreffende Grundrecht nach seinem Inhalt und Zweck auch auf Sachverhalte mit Auslandsbezug uneingeschränkte Geltung beansprucht. Außerdem geht es iRv Art. 6 EGBGB nicht um die abstrakte Kontrolle einer ausländischen Norm, sondern um die Feststellung, dass deren Anwendung auf den konkret zu beurteilenden Einzelfall zu einem mit grundlegenden deutschen Wertvorstellungen nicht zu vereinbarenden Ergebnis führt.

Insoweit ist aber zu berücksichtigen, dass aufgrund der im deutschen Recht geltenden – und ebenfalls durch das Grundgesetz (Art. 14 GG) gewährleisteten – Testierfreiheit die Enterbung von Ehefrau und Kindern durch den Erblasser in einer Verfügung von Todes wegen – vorbehaltlich des Pflichtteilsrechts – ebenfalls zulässig und wirksam wäre. Das Ergebnis der Anwendung von Art. 861-bis ir. ZGB hätte somit auch bei Geltung deutschen Erbrechts erreicht werden können. Hätte E daher eine entsprechende Verfügung von Todes wegen nur deshalb nicht errichtet, weil die gesetzliche Erbfolge nach iranischem Recht – und damit der Ausschluss seiner nicht muslimischen Ehefrau und der Kinder von der Erbfolge – seinem letzten Willen voll entsprach und im Übrigen, wie er wusste, durch ein Testa-

[245] MüKoBGB/*v. Hein* EGBGB Art. 6 Rn. 242; BeckOK BGB/*Lorenz* EGBGB Art. 6 Rn. 20.
[246] BGHZ 123, 268 (271) = NJW 1993, 3269; MüKoBGB/*v. Hein* EGBGB Art. 6 Rn. 242. Vgl. auch BGHZ 134, 79 (91) = NJW 1996, 524 (zu § 328 Abs. 1 Nr. 4 ZPO).

ment nach iranischem Recht auch nicht geändert werden konnte, so würde ein *ordre public*-Verstoß ausscheiden. Dies setzt allerdings den Nachweis voraus, dass der Erblasser einen solchen Willen tatsächlich hatte; die allgemeine Billigung der Maßgeblichkeit seines iranischen Heimatrechts reicht dafür nicht aus. Kann dieser Nachweis von den muslimischen Erben nicht geführt werden, so verstößt die Anwendung von Art. 861-bis ir. ZGB durch deutsche Gerichte jedenfalls dann gegen den deutschen *ordre public,* wenn ein hinreichender Inlandsbezug festgestellt wird. Hierfür reicht aber der langjährige gewöhnliche Aufenthalt des Erblassers und seiner Familie in Deutschland aus.[247]

Selbst wenn sich ein entsprechender Erblasserwille nachweisen ließe, wäre jedenfalls die Versagung auch eines Pflichtteilsrechts der Ehefrau und der Kinder des Erblassers mit Art. 6 EGBGB nicht vereinbar. Während nämlich eine Mindestbeteiligung des überlebenden Ehegatten und der Kinder des Erblassers an dessen Nachlass früher nicht zum deutschen *ordre public* zählte, dürfte diese Ansicht durch die jüngere Rechtsprechung des BVerfG[248] überholt sein,[249] der zufolge eine grundsätzlich unentziehbare und bedarfsunabhängige wirtschaftliche Mindestbeteiligung jedenfalls der Kinder des Erblassers durch die Erbrechtsgarantie des Art. 14 Abs. I iVm Art. 6 Abs. 1 GG gewährleistet ist.

140 **Beispiel:**
Der Niederländer A hat am 1.5.2012 seinen deutschen Lebenspartner B in Amsterdam geheiratet. Seit dem 1.1.2014 lebt das gleichgeschlechtliche Paar in Düsseldorf. Nach der Trennung im Frühjahr 2015 macht der arbeitslose B gegen seinen gut verdienenden Partner A Ansprüche auf Trennungsunterhalt nach § 1361 BGB geltend. A beruft sich darauf, dass die Anerkennung einer gleichgeschlechtlichen „Ehe" gegen den deutschen *ordre public* verstoße.[250]

Die Rechtsauffassung des A wurde zwar noch bis in die jüngste Vergangenheit auch von deutschen Gerichten geteilt.[251] Sie kann jedoch im Lichte der jüngsten Rechtsentwicklung in der Europäischen Union, die durch die Zulassung gleichgeschlechtlicher Ehen in zahlreichen Mitgliedstaaten gekennzeichnet ist (→ § 13 Rn. 36) sowie der Rechtsprechung des BVerfG und des EuGHMR, die einer Benachteiligung von Menschen aufgrund ihrer sexuellen Orientierung zunehmend skeptisch gegenübersteht, nicht mehr aufrechterhalten werden; denn das Recht der Europäischen Union und die EMRK prägen auch den Inhalt des deutschen *ordre public* mit. Dem B müssen daher in Deutschland Unterhaltsansprüche zumindest in dem Umfang zugebilligt werden, wie sie einem eingetragenen Lebenspartner nach dem gemäß Art. 3 HUP maßgeblichen deutschen Unterhaltsstatut zustehen (näher → § 13 Rn. 36 f. mit Beispiel → § 13 Rn. 38). Die rechtliche Behandlung von homosexuellen Ehen ist damit ein besonders charakteristisches Beispiel für die zeitliche Relativität des *ordre public.*

## VI. Rechtsfolgen eines ordre public-Verstoßes

141 Art. 6 EGBGB ordnet als Rechtsfolge eines *ordre public*-Verstoßes lediglich an, dass das von den deutschen Kollisionsnormen bezeichnete fremde Recht durch das angerufene deutsche Gericht „nicht anzuwenden" ist. Für den Fall, dass hierdurch eine Regelungslücke entsteht, enthält die Vorschrift keine Vorgaben, wie diese gefüllt werden sollte. Die

[247] Vgl. OLG Frankfurt a.M. ZEV 2011, 135 (136); OLG Hamm ZEV 2005, 436 (437 ff.) m. zust. Anm. *S. Lorenz* ZEV 2005, 440 f.; ferner KG ZEV 2008, 440 (441) mAnm *Pattar* und *Dörner;* zT abw. noch OLG Hamm FamRZ 1993, 111 mAnm *S. Lorenz* IPRax 1993, 148.
[248] BVerfG DNotZ 2006, 60.
[249] So auch KG ZEV 2008, 440 (441).
[250] *Röthel* IPRax 2002, 496.
[251] Vgl. zuletzt noch AG Nürnberg FamRZ 2011, 308.

Lückenfüllung sollte vielmehr der Praxis überlassen bleiben.[252] Hinsichtlich der Rechtsfolgen eines *ordre public*-Verstoßes ist daher wie folgt zu unterscheiden:

### 1. Nichtanwendung des ausländischen Rechts

Häufig wird ein mit der inländischen öffentlichen Ordnung in Einklang stehendes Ergebnis schon dadurch erreicht, dass die gegen den deutschen *ordre public* verstoßende Vorschrift des ausländischen Rechts schlicht nicht angewendet wird. Dies gilt etwa für aus deutscher Sicht untragbare Ehehindernisse (zB Religionsverschiedenheit) oder für einen Ausschluss von der Erbfolge aus Gründen der Religionsverschiedenheit (dazu das Beispiel → Rn. 139). Gleiches gilt für eine mit Art. 6 EGBGB nicht in Einklang stehende ausländische Eingriffsnorm. Die Nichtanwendung des ausländischen Rechts darf dabei jedoch nicht weiter gehen als dies zur Erreichung eines mit dem *ordre public* des Gerichtsstaates noch zu vereinbarenden Ergebnisses erforderlich ist **(Grundsatz des geringstmöglichen Eingriffs).**[253] 142

### 2. Lückenfüllung

Häufig hinterlässt die Nichtanwendung der gegen Art. 6 EGBGB verstoßenden ausländischen Norm hingegen eine regelungsbedürftige Lücke. Wird die Unverjährbarkeit einer Forderung nach ausländischem Recht nach Art. 6 EGBGB nicht hingenommen, so muss entschieden werden, welche Verjährungsfrist dann gelten soll. Verstößt der vollständige Ausschluss von Unterhalt für die Betreuung eines Kindes gegen den *ordre public,* ist zu klären, in welcher Höhe der berechtigte Elternteil dann Unterhalt erhalten soll.[254] Ist es mit Art. 6 EGBGB nicht vereinbar, dass die elterliche Sorge für männliche Nachkommen nach islamischem Recht ohne Kindeswohlprüfung stets nur dem Vater zusteht, muss in anderer Weise über die elterliche Sorge befunden werden.[255] In solchen Fällen gebietet es der Grundsatz des geringstmöglichen Eingriffs, diese Lücke soweit als möglich mit Hilfe des anwendbaren **ausländischen Rechts** selbst zu schließen.[256] Daher sind etwa die Nebenfolgen der Scheidung auch dann, wenn letztere (zB die Verstoßung der Ehefrau nach islamischem Recht) gegen den deutschen *ordre public* verstößt, dem ausländischen Aufenthalts- oder Heimatrecht der Ehegatten zu entnehmen, soweit dieses nach Art. 5 oder Art. 8 Rom III-VO als Scheidungsstatut zur Anwendung berufen ist.[257] Entsprechend ist im Fall der Unverjährbarkeit der Forderung nach ausländischem Recht nicht sofort die deutsche Verjährungsfrist zugrunde zu legen, sondern eine Frist, die mit deutschen Rechtsvorstellungen gerade noch vereinbar ist.[258] 143

Nur hilfsweise, wenn eine Lückenfüllung nach dem anwendbaren ausländischen Recht nicht möglich oder nicht befriedigend ist, ist auf **deutsches Recht als Ersatzrecht** zurückzugreifen.[259] 144

---

[252] BT-Drs. 10/504, 44.

[253] Vgl. BeckOK BGB/*Lorenz* EGBGB Art. 6 Rn. 16; MüKoBGB/*v. Hein* EGBGB Art. 6 Rn. 214.

[254] Vgl. OLG Koblenz FamRZ 2004, 1877; dazu → § 10 Rn. 197.

[255] BGHZ 120, 29 ff. = NJW 1993, 848; dazu → § 5 Rn. 62.

[256] So die ganz hM, vgl. RGZ 106, 82 (85 f.); BGHZ 120, 29 (37 ff.) = NJW 1993, 848; KG NJOZ 2012, 165 (166); OLG Hamm FamRZ 2010, 1563; KG IPRax 2009, 263 (265); OLG Düsseldorf IPRax 2009, 520 (523); OLG Koblenz FamRZ 2004, 1877 (1879); OLG Düsseldorf FamRZ 1998, 1113 (1114); OLG Hamm IPRax 1994, 49 (54); zust. Erman/*Hohloch* EGBGB Art. 6 Rn. 26; Palandt/*Thorn* EGBGB Art. 6 Rn. 13; MüKoBGB/*v. Hein* EGBGB Art. 6 Rn. 214, jeweils mwN; **aA** *v. Bar/Mankowski* IPR I § 7 Rn. 285.

[257] Vgl. zu Art. 17 Abs. 1 EGBGB aF OLG Hamm IPRax 1995, 174 (177); Erman/*Hohloch* EGBGB Art. 17 Rn. 47; NK-BGB/*Gruber* EGBGB Art. 17 Rn. 70.

[258] Dazu näher *S. Lorenz* IPRax 1999, 429 ff.; MüKoBGB/*v. Hein* EGBGB Art. 6 Rn. 216 f. mwN.

[259] BGHZ 169, 240 Rn. 50; ferner die Nachw. in → Fn. 256.

## F. Gesetzesumgehung

145 Das Problem der Gesetzesumgehung *(fraus legis)* ist gesetzlich nicht geregelt. Es geht im Wesentlichen um Fälle, in denen den Beteiligten die Sachnormen einer bestimmten Rechtsordnung nicht genehm sind, und durch Beeinflussung des Anknüpfungsmoments einer Kollisionsnorm, zB durch Veränderung des Lageortes einer beweglichen Sache, des Abschlussortes eines Vertrages, der Staatsangehörigkeit oder des gewöhnlichen Aufenthalts eines Beteiligten oder durch eine zulässige Rechtswahl die Anwendung der von ihnen bevorzugten Sachnormen einer anderen Rechtsordnung erreicht werden soll. Grundsätzlich wird ein solcher Statutenwechsel von der Rechtsordnung gebilligt und das neue Anknüpfungsmoment beachtet. Es gehört gerade zu den Aufgaben des mit der Ausarbeitung eines Schuldvertrags, eines Ehevertrags oder eines Testaments beauftragten Rechtsanwalts oder Notars, den aufgrund der Auslandsberührung des Sachverhalts bestehenden erweiterten Gestaltungsspielraum zu nutzen und zB durch die vom deutschen IPR eingeräumten Rechtswahlmöglichkeiten die Geltung desjenigen Sachrechts zu erreichen, das für den Auftraggeber die vorteilhafteste Lösung bietet.

146 Eine missbilligte Gesetzesumgehung liegt erst dann vor, wenn eine andere Anknüpfung ausschließlich zur Ausschaltung unerwünschter Normen des an sich berufenen Rechts in arglistiger Weise hergestellt wird, um die Anwendung eines günstigeren Rechts zu „erschleichen". In diesen Fällen wird die „erschlichene" Rechtsnorm ausnahmsweise nicht beachtet und das vor dem Statutenwechsel berufene Recht angewendet.

147 **Beispiel:**
Die italienischen Eheleute B leben seit zehn Jahren in Konstanz. Im Herbst 2014 suchen sie dort einen Notar auf, um einen Erbvertrag abzuschließen. Der Notar weist sie darauf hin, dass Erbverträge nach italienischem Recht (Art. 458 CC) nichtig sind. Aus diesem Grunde müsse er die Beurkundung ablehnen. Auf den Rat des Notars hin betreiben die Eheleute sodann ihre Einbürgerung und erwerben im Frühjahr 2015 die deutsche Staatsangehörigkeit. Ist der Abschluss des Erbvertrages nunmehr zulässig?

Wenn Ausländer, die sich seit Jahren in Deutschland aufhalten, von den ihnen im deutschen Staatsangehörigkeitsrecht eingeräumten Möglichkeiten einer Einbürgerung Gebrauch machen, um auf diese Weise die Geltung des deutschen Umweltrechts auf ihre familien- und erbrechtlichen Beziehungen zu erreichen, so ist dies ein völlig legitimes Verhalten. Von einer Gesetzesumgehung kann daher keine Rede sein. Die Ehegatten hätten sich, wenn es ihnen nur um den Abschluss des Erbvertrags gegangen wäre, freilich die Kosten eines Einbürgerungsverfahrens ersparen können, wenn der Notar sie auf das bevorstehende Inkrafttreten der EuErbVO hingewiesen hätte. Denn danach können auch italienische Ehegatten, die ihren gewöhnlichen Aufenthalt im Inland haben, seit dem 17.8.2015 einen Erbvertrag vor einem deutschen Notar abschließen (Art. 25 Abs. 1 iVm Art. 21 Abs. 1 EuErbVO).[260]

148 Die Gesetzesumgehung wird heute nicht mehr – wie früher[261] – als ein Anwendungsfall des *ordre public* angesehen, sondern als eine hiervon unabhängige **Rechtsfigur eigener Art** („*fraude à la loi*"). Davon geht auch der europäische Gesetzgeber in Erwägungsgrund 26 zur EuErbVO aus. Dies leuchtet schon deshalb ein, weil sonst diejenigen Fälle nicht erfasst werden könnten, in denen eine *ausländische* Vorschrift umgangen wird, um gerade die Anwendbarkeit deutschen Rechts zu erreichen.[262] Eine verwerfliche Manipulation von Anknüpfungsmomenten wird häufig schon durch die Ausgestaltung des Kollisionsrechts verhindert, zB durch Schranken, die der Abwahl zwingender Vorschriften des ob-

[260] Vgl. *Hausmann* JbItalR 27 (2015), 21 (35f.).
[261] Vgl. *Melchior* IPR S. 379f.; *Wolff* IPR S. 48f.
[262] Palandt/*Thorn* IPR Einl. Rn. 25; BeckOK BGB/*Lorenz* IPR Einl. Rn. 73; MüKoBGB/*v. Hein* EGBGB Art. 6 Rn. 86; *Kropholler* IPR § 23 II 2.

jektiv anwendbaren Rechts gezogen werden (vgl. Art. 3 Abs. 3 Rom I-VO und Art. 14 Abs. 2 Rom II-VO), durch die Verwendung unwandelbarer Anknüpfungsmerkmale (zB im internationalen Ehegüterrecht, Art. 15 Abs. 1 EGBGB, und im internationalen Scheidungsrecht, Art. 8 lit. a bis lit. c Rom III-VO), sowie durch die Normierung von Ausweichklauseln zur Verhinderung der Verwendung von beziehungsarmen Anknüpfungsmomenten (zB Art. 15 Abs. 2 KSÜ, Art. 21 Abs. 2 EuErbVO). Im Übrigen kommt nur eine teleologische Reduktion der jeweils maßgeblichen Kollisionsnorm in Betracht.[263]

[263] MüKoBGB/*v. Hein* IPR Einl. Rn. 284; *Kropholler* IPR § 23 II 3.

# 2. Teil. Personenrecht und Rechtsgeschäfte

## § 4. Geschäftsfähigkeit natürlicher Personen

### Übersicht



**Schrifttum:**


*Baetge,* Anknüpfung der Rechtsfolgen bei fehlender Geschäftsfähigkeit, IPRax 1996, 185; *G. Fischer,* Verkehrsschutz im internationalen Vertragsrecht, 1990; *Furtak,* Die Parteifähigkeit in Zivilverfahren mit Auslandsberührung, 1995; *Goldschmidt,* Für eine ausnahmslose Geltung des Geschäftsfähigkeitsstatuts, in: FS Kegel, 1987, 163; *Hepting,* Die Herabsetzung des Volljährigkeitsalters und ihre Auswirkungen im internationalen Privat- und Verfahrensrecht, FamRZ 1975, 451; *Kirchhoff,* Das Rechtsfolgenstatut der beschränkten Geschäftsfähigkeit und Geschäftsunfähigkeit, 2005; *Lipp,* Verkehrsschutz und Geschäftsfähigkeit im IPR, RabelsZ 63 (1999), 107; *ders.,* Geschäftsfähigkeit im europäischen IPR: Status oder Willensmangel, in: FS Kühne, 2009, 765; *Luther,* Beschränkungen der Geschäftsfähigkeit von Ausländern und im Ausland, StAZ 1986, 164; *Marquardt,* Bemerkungen zur Rechtsfähigkeit, Geschäftsfähigkeit, Entmündigung, Todeserklärung, in: Beitzke (Hrsg.), Vorschläge und Gutachten zur Reform des deutschen internationalen Personen-, Familien- und Erbrechts, 1981, 73; *Mosconi,* Le norme relative alla capacità dei contraenti nella convenzione

CEE sulla legge applicabile alle obbligazioni contrattuali, Dir.com.scambi int. 22 (1983), 1; *Oda,* Überlegungen zur Prozessfähigkeit von Ausländern, in: FS Konzen, 2006, 603; *Pagenstecher,* Zur Geschäftsfähigkeit der Ausländer in Deutschland. Ein Beitrag zur Problematik des Art. 7 EGBGB, RabelsZ 15 (1949/50), 149; *Reithmann,* Geschäftsfähigkeit und Verfügungsbefugnis nach deutschem internen Recht und Kollisionsrecht, DNotZ 1967, 232; *Schippel,* Rechtsverkehr mit geschäftsunfähigen und beschränkt geschäftsfähigen Personen nach internem und internationalem deutschen Privatrecht, 1963; *Schotten,* Die Geschäftsfähigkeit im IPR, MittRhNotK 1970, 371; *Spellenberg,* Folgen der Geschäftsunfähigkeit und Prozessaufrechnung, IPRax 2013, 466; *Wohlgemuth,* Der minderjährige Gesellschafter im IPR, RIW 1980, 759.

1 Schuldverträge, sachenrechtliche Verfügungungen, Eheverträge und sonstige familienrechtliche Geschäfte können von einer natürlichen Person nur wirksam abgeschlossen werden, wenn sie geschäftsfähig (oder ordnungsgemäß gesetzlich vertreten) ist. Die Geschäftsfähigkeit natürlicher Personen ist damit in der rechtsgestaltenden Praxis eine häufig zu klärende Vor- oder Teilfrage. Im internationalen Rechtsverkehr ist hierüber – jedenfalls aus deutscher Sicht – nicht nach dem Recht zu entscheiden, dem das abzuschließende Geschäft untersteht. Vielmehr sind Fragen der Geschäftsfähigkeit grundsätzlich **gesondert anzuknüpfen** und nach dem Heimatrecht der handelnden Person zu beantworten.

## A. Rechtsquellen

### I. EU-Recht

2 Fragen der Rechts-, Geschäfts- und Handlungsfähigkeit werden – vorbehaltlich der Verkehrsschutzregelung in Art. 13 (→ Rn. 53 ff.) – gemäß Art. 1 Abs. 2 lit. a ausdrücklich aus dem sachlichen Anwendungsbereich der **Rom I-VO**[1] ausgeklammert. Entsprechende Ausschlussklauseln finden sich auf dem Gebiet des internationalen Ehescheidungsrechts in Art. 1 Abs. 2 lit. b Rom III-VO[2] und auf dem Gebiet des internationalen Erbrechts in Art. 1 Abs. 2 lit. b EuErbVO.[3] Auch die geänderten Vorschläge der EU-Kommission für Verordnungen auf dem Gebiet des internationalen Ehegüterrechts und des Güterrechts eingetragener Partnerschaften vom 2.3.2016[4] schließen Fragen der Rechts-, Geschäfts- und Handlungsfähigkeit in ihrem Art. 1 Abs. 2 lit. a ausdrücklich aus ihrem jeweiligen sachlichen Anwendungsbereich aus.

### II. Staatsverträge

#### 1. Haager Erwachsenenschutzübereinkommen

3 Das Haager Erwachsenenschutzübereinkommen (ErwSÜ) vom 2.10.2000,[5] das für die *Bundesrepublik Deutschland* am 1.1.2009 in Kraft getreten ist, schränkt die Reichweite des Art. 7 EGBGB insofern ein, als sich die Wirkungen von zum Schutz eines Erwachsenen getroffenen Maßnahmen, auch soweit sie die Geschäftsfähigkeit beschränken oder aufheben, nicht nach dem Heimatrecht des Betroffenen, sondern nach der *lex fori* des Gerichts bestimmen, das diese Maßnahme angeordnet hat (dazu näher (→ § 5 Rn. 87 ff.).[6]

[1] Verordnung (EG) Nr. 593/2008 über das auf vertragliche Schuldverhältnisse anzuwendende Recht vom 17.6.2008, ABl. Nr. 177, 6 = *Jayme/Hausmann* Nr. 80.
[2] Verordnung (EU) Nr. 1259/2010 zur Durchführung einer Verstärkten Zusammenarbeit im Bereich des auf die Ehescheidung und die Trennung ohne Auflösung des Ehebandes anzuwendenden Rechts vom 20.12.2010, ABl. Nr. 343, 10 = *Jayme/Hausmann* Nr. 34.
[3] Verordnung (EU) Nr. 650/2012 über die Zuständigkeit, das anzuwendende Recht, die Anerkennung und Vollstreckung von Entscheidungen und die Annahme und Vollstreckung öffentlicher Urkunden in Erbsachen sowie zur Einführung eines europäischen Nachlasszeugnisses vom 4.7.2012, ABl. 2012 L 201, 107.
[4] COM(2016) 126 final und 127 final.
[5] BGBl. 2007 II 323 = *Jayme/Hausmann* Nr. 20.
[6] Erman/*Hohloch* EGBGB Art. 7 Rn. 2c.

### 2. Deutsch-iranisches Niederlassungsabkommen

4 Im Verhältnis zum *Iran* hat das deutsch-iranische Niederlassungsabkommen vom 17.2. 1929[7] gemäß Art. 3 Nr. 2 EGBGB Vorrang vor der Anwendung des autonomen deutschen Kollisionsrechts. Nach Art. 8 Abs. 3 dieses Abkommens bleiben die Angehörigen jedes der vertragsschließenden Staaten im Gebiet des anderen Staates in Bezug auf das Personenrecht den Vorschriften ihrer heimischen Gesetze unterworfen. Der Begriff des „Personenrechts" wird im Schlussprotokoll zu Art. 8 dahin umschrieben, dass er „Geschäftsfähigkeit, Volljährigkeit, Vormundschaft und Pflegschaft, Entmündigung" umfasst. Damit beurteilt sich die Geschäftsfähigkeit von Iranern in Deutschland – in Übereinstimmung mit Art. 7 Abs. 1 EGBGB – nach ihrem iranischen Heimatrecht. Diese staatsvertragliche Regelung geht dem autonomen deutschen und iranischen Kollisionsrecht vor, so dass eine etwaige Rück- oder Weiterverweisung durch das iranische IPR nicht zu beachten ist.[8] Der Vorrang des Abkommens ist allerdings auf Personen beschränkt, die entweder nur die deutsche oder nur die iranische Staatsangehörigkeit besitzen; für deutsch-iranische **Doppelstaater** bleibt es bei der Anwendung von Art. 7 EGBGB.[9]

## III. Autonomes deutsches Kollisionsrecht

5 Damit gilt vorerst für alle mit der Rechts- oder Geschäftsfähigkeit natürlicher Personen zusammenhängenden Fragen im Wesentlichen weiterhin das in **Art. 7 EGBGB** kodifizierte autonome deutsche Kollisionsrecht. Da Fragen der **Rechtsfähigkeit** natürlicher Personen in der Praxis nur eine ganz untergeordnete Rolle spielen,[10] wird nachfolgend nur die Anknüpfung der Geschäftsfähigkeit dargestellt.

# B. Anknüpfung der Geschäftsfähigkeit

## I. Sonderanknüpfung an die Staatsangehörigkeit

6 Ob eine natürliche Person die für einen Vertragsabschluss oder die Vornahme eines einseitigen Rechtsgeschäfts erforderliche allgemeine[11] Geschäftsfähigkeit besitzt, wird nicht nach dem Vertrags- oder sonstigen Wirkungsstatut[12] beurteilt, sondern gesondert angeknüpft. Maßgebend ist gemäß Art. 7 Abs. 1 EGBGB das durch die Staatsangehörigkeit bestimmte Heimatrecht der Person.[13] Die Beurteilung der Geschäftsfähigkeit von Vertragsparteien wird somit – als **selbständig anzuknüpfende Teilfrage**[14] – vom Wirkungsstatut abgespalten. Dieses bestimmt zwar, ob und welche – volle oder beschränkte – Geschäftsfähigkeit zum Abschluss eines bestimmten Rechtsgeschäfts erforderlich ist; ob sie gegeben ist, entscheidet hingegen nach Art. 7 Abs. 1 EGBGB das Personalstatut der Beteiligten. Art. 7 Abs. 1 EGBGB ist **zwingendes Recht** und folglich der Parteidisposition entzogen; durch eine Rechtswahl kann das Geschäftsfähigkeitsstatut nicht beeinflusst wer-

[7] RGBl. 1930 II 1002, 1006 = *Jayme/Hausmann* Nr. 22.

[8] OLG Bremen FamRZ 1999, 1520; *Schotten/Schmellenkamp* IPR Rn. 55; Staudinger/*Hausmann* EGBGB Art. 7 Rn. 14.

[9] Dazu näher → § 8 Rn. 6.

[10] Vgl. dazu statt vieler Staudinger/*Hausmann* EGBGB Art. 7 Rn. 29 ff., 81 ff.

[11] Besondere Geschäftsfähigkeiten beurteilen sich demgegenüber nach dem Wirkungsstatut; → Rn. 43 ff.

[12] Zur Abgrenzung näher → Rn. 39 ff.

[13] BGH NJW 2004, 1315 (1316) = JA 2004, 591 mAnm *Staake*; Palandt/*Thorn* EGBGB Art. 7 Rn. 1; Erman/*Hohloch* EGBGB Art. 7 Rn. 3, 8; MüKoBGB/*Lipp* EGBGB Art. 7 Rn. 32; Staudinger/*Hausmann* EGBGB Art. 7 Rn. 15.

[14] Staudinger/*Hausmann* EGBGB Art. 7 Rn. 17; Palandt/*Thorn* EGBGB Art. 7 Rn. 1; Erman/*Hohloch* EGBGB Art. 7 Rn. 1, 3; BeckOK BGB/*Mäsch* EGBGB Art. 7 Rn. 1. Allg. zur Teilfrage → § 3 Rn. 56 ff.

den.[15] Gutgläubige Geschäftspartner werden gegen eine mangelnde Geschäftfähigkeit nach ausländischem Recht jedoch nach Maßgabe von Art. 13 Rom I-VO bzw. Art. 12 EGBGB geschützt (→ Rn. 52ff.).

### 1. Mehrstaater

7 Die Anknüpfung an die Staatsangehörigkeit bereitet Schwierigkeiten, wenn eine Person mehrere Staatsangehörigkeiten besitzt. Zur Bestimmung der dann maßgeblichen Staatsangehörigkeit enthält das Gesetz in Art. 5 Abs. 1 EGBGB ergänzende Kollisionsnormen (allg. → § 2 Rn. 33ff.). Diese unterscheiden danach, ob die betreffende Person auch die deutsche Staatsangehörigkeit besitzt oder nicht. Besitzt die Person **mehrere ausländische Staatsangehörigkeiten,** so ist für die Anknüpfung nach Art. 5 Abs. 1 S. 1 EGBGB diejenige maßgebend, mit welcher die Person am engsten verbunden ist. Zur Feststellung dieser sog *„effektiven"* Staatsangehörigkeit ist in erster Linie auf den gewöhnlichen Aufenthalt des Vertragsschließenden im Zeitpunkt des Vertragsschlusses abzustellen, sofern sich dieser in einem der Heimatstaaten befindet.[16] Daneben sind aber auch andere Umstände aus dem vergangenen und für die Zukunft geplanten Verlauf ihres Lebens zu berücksichtigen, zB die Inanspruchnahme staatsbürgerlicher Befugnisse (Wahlrecht) und die Erfüllung staatsbürgerlicher Pflichten (Wehrdienst), berufliche und private Verbindungen, Vermögensdispositionen, Sprachkenntisse etc.[17] Bei gewöhnlichem Aufenthalt in einem Drittstaat kommt es für die Ermittlung der effektiven Staatsangehörigkeit allein auf diese sonstigen Umstände des Lebensverlaufs an.[18] Der von einem Minderjährigen abzuschließende bzw. abgeschlossene Vertrag hat hingegen für die Ermittlung der effektiven Staatsangehörigkeit außer Betracht zu bleiben, weil letztere nach Art. 7 Abs. 1 iVm Art. 5 Abs. 1 S. 1 EGBGB gerade losgelöst vom jeweiligen Wirkungsstatut zu bestimmen ist.[19]

8 Besitzt die Person hingegen neben einer ausländischen **auch die deutsche Staatsangehörigkeit** oder ist sie auch (Volks-) Deutsche iSd Grundgesetzes (vgl. Art. 116 GG), so kommt es nach Art. 5 Abs. 1 S. 2 EGBGB iRd Anknüpfung der Geschäftsfähigkeit allein auf diese Rechtsstellung an. Dies gilt – anders vor der IPR-Reform von 1986[20] – selbst dann, wenn die Beziehung der Person zu ihrem ausländischen Heimatstaat wesentlich enger ist. Der Gesetzgeber hat insoweit dem Interesse an der Rechtsklarheit und Praktikabilität den Vorrang vor der Anknüpfung an die sachnähere Rechtsordnung gegeben.[21] Die praktische Bedeutung dieses Inländervorrangs nach Art. 5 Abs. 1 S. 2 EGBGB hat sich aufgrund der Reform des deutschen Staatsangehörigkeitsrechts durch Gesetz vom 15.7.1999 weiter verstärkt, weil danach ein erheblicher Teil der im Inland geborenen jungen Ausländer jedenfalls bis zum 18. Lebensjahr, zT aber auch darüber hinaus die deutsche Staatsangehörigkeit zusätzlich erwirbt (§§ 4 Abs. 3, 29 StAG).[22] Diese vorrangige Anknüpfung an die deutsche Staatsangehörigkeit eines Mehrstaaters führt zu Störungen des internationalen Entscheidungseinklangs, weil der ausländische Heimatstaat zumeist eben-

---

[15] MüKoBGB/*Lipp* EGBGB Art. 7 Rn. 33; Staudinger/*Hausmann* EGBGB Art. 7 Rn. 15; BeckOK BGB/*Mäsch* EGBGB Art. 7 Rn. 19; Erman/*Hohloch* EGBGB Art. 7 Rn. 3; *Schotten/Schmellenkamp* IPR Rn. 56.

[16] Palandt/*Thorn* EGBGB Art. 5 Rn. 2; MüKoBGB/*v. Hein* EGBGB Art. 5 Rn. 56.

[17] Vgl. OLG München FamRZ 1994, 634; *Ferid* IPR Rn. 1–34; Staudinger/*Bausback* EGBGB Art. 5 Rn. 15.

[18] Palandt/*Thorn* EGBGB Art. 5 Rn. 2; vgl. aber OLG Frankfurt a.M. FamRZ 1994, 715, wo bei Nichtfeststellbarkeit einer effektiven Staatsangehörigkeit analog Art. 5 Abs. 2 EGBGB auf das Recht des gewöhnlichen Aufenthalts abgestellt wird.

[19] Staudinger/*Hausmann* EGBGB Art. 7 Rn. 18 aE.

[20] Vgl. BGHZ 75, 32 (38ff.) = NJW 1979, 2468 mAnm *Kropholler.*

[21] BT-Drs. 10/504, 40; vgl. OLG Hamm FamRZ 1994, 573; Palandt/*Thorn* EGBGB Art. 5 Rn. 3; Erman/*Hohloch* EGBGB Art. 5 Rn. 6; BeckOK BGB/*Mörsdorf-Schulte* EGBGB Art. 5 Rn. 8; dazu die berechtigte Kritik bei *Ferid* IPR Rn. 1–35ff.; MüKoBGB/*v. Hein* EGBGB Art. 5 Rn. 62ff.; Staudinger/*Bausback* EGBGB Art. 5 Rn. 19ff. Zur Möglichkeit einer Einzelfallkorrektur *Sonnenberger* BerDGesVölkR 29 (1988) 21; *Mansel*, Personalstatut, Staatsangehörigkeit und Effektivität, 1988, § 6 Rn. 270.

[22] Vgl. die Neufassung von § 29 StAG durch Gesetz vom 13.11.2014, BGBl. 2014 I 1714.

falls der eigenen Staatsangehörigkeit den Vorzug gibt.[23] Die Vereinbarkeit dieser Regelung mit dem Verbot der Diskriminierung aus Gründen der Staatsangehörigkeit in Art. 18 AEUV ist daher zweifelhaft.[24]

### 2. Staatenlose

Eine Anknüpfung an die Staatsangehörigkeit scheidet von vorneherein aus bei Personen, die keine Staatsangehörigkeit besitzen. Für solche staatenlosen Personen erklärt Art. 5 Abs. 2 EGBGB das Recht ihres **gewöhnlichen Aufenthalts,** hilfsweise ihres schlichten Aufenthalts für maßgebend (allg.→ § 2 Rn. 42). Art. 5 Abs. 2 EGBGB wird allerdings in weitem Umfang durch vorrangige (vgl. Art. 3 Nr. 2 EGBGB) staatsvertragliche Regelungen verdrängt. Dies gilt insbesondere für das **New Yorker Übereinkommen über die Rechtsstellung der Staatenlosen** vom 28.9.1954.[25] Ein sachlicher Widerspruch zwischen beiden Regelungen besteht freilich nicht, weil der Wohnsitzbegriff des Übereinkommens iSv „gewöhnlichem Aufenthalt" zu verstehen ist.[26] Der gewöhnliche Aufenthalt bestimmt ferner das Personalstatut, wenn die Staatsangehörigkeit nicht festgestellt werden kann.[27] 9

### 3. Flüchtlinge

Sonderregeln gelten auch für die Bestimmung des Personalstatuts von internationalen Flüchtlingen, also für die große Mehrheit der im Jahr 2015 nach Deutschland gelangten Flüchtlinge aus *Syrien,* dem *Irak* und *Afghanistan.* Deren Personalstatut wird nicht durch ihr Heimatrecht, sondern – wie insbesondere Art. 12 der Genfer Flüchtlingskonvention vom 28.7.1951[28] klarstellt – durch ihr Aufenthalts- oder Wohnsitzrecht bestimmt (allg.→ § 2 Rn. 46ff.).[29] Zum Personalstatut iSv Art. 12 GFK gehört aber auch die Frage, ob ein Flüchtling volljährig und damit geschäftsfähig ist.[30] Für Flüchtlinge, die sich im Inland aufhalten, gilt daher in Geschäftsfähigkeitsfragen deutsches Recht, auch wenn über ihren Asylantrag noch nicht entschieden worden ist. Das deutsche Aufenthaltsrecht ist aufgrund der Verweisung in § 2 Abs. 1 AsylVfG idF vom 2.9.2008 erst recht für anerkannte Asylberechtigte maßgebend.[31] Demgegenüber haben Flüchtlinge und Vertriebene deutscher Volkszugehörigkeit (sog **Statusdeutsche**) gemäß Art. 9 Abs. 2 Nr. 5 FamRÄndG iVm Art. 116 Abs. 1 GG ein deutsches Personalstatut.[32] Gleiches gilt für Spätaussiedler (§ 4 BVFG).[33] 10

[23] *Schotten/Schmellenkamp* IPR Rn. 56.
[24] Dazu näher MüKoBGB/*v. Hein* EGBGB Art. 5 Rn. 84ff.
[25] BGBl. 1976 II 474; auszugsweise abgedr. bei *Jayme/Hausmann* Nr. 12.
[26] Vgl. Palandt/*Thorn* EGBGB Art. 5 Rn. 2 und Anh. Art. 5 Rn. 1ff.; MüKoBGB/*v. Hein* EGBGB Anh. I Art. 5 Rn. 1; Staudinger/*Bausback* EGBGB Art. 5 Rn. 64 mwN.
[27] Vgl. OLG Hamm FamRZ 1995, 1602 = StAZ 1995, 238; OLG Zweibrücken StAZ 1996, 268 (269); Palandt/*Thorn* EGBGB Art. 5 Rn. 6 mwN.
[28] BGBl. 1953 II 559; auszugsweise abgedr. bei *Jayme/Hausmann* Nr. 10.
[29] Vgl. dazu näher Palandt/*Thorn* EGBGB Anh. Art. 5 Rn. 16ff.; MüKoBGB/*v. Hein* EGBGB Anh. II Art. 5 Rn. 62ff.; Staudinger/*Bausback* EGBGB Anh. IV zu Art. 5 Rn. 67, jeweils mwN.
[30] MüKoBGB/*Lipp* EGBGB Art. 7 Rn. 34; Staudinger/*Hausmann* EGBGB Art. 7 Rn. 20; **aA** freilich zuletzt OLG Karlsruhe FamRZ 2015, 1820 (1821) m. zu Recht abl. Anm. *v. Hein.*
[31] Staudinger/*Bausback* EGBGB Anh. IV zu Art. 5 Rn. 65ff. mwN.
Staudinger/*Bausback* EGBGB Anh. IV zu Art. 5 Rn. 73ff. mwN.
[32] Palandt *Thorn* EGBGB Anh. Art. 5 Rn. 11; Staudinger/*Bausback* EGBGB Anh. IV zu Art. 5 Rn. 21ff.
[33] *Schotten/Schmellenkamp* IPR Rn. 39 mwN.

## II. Rück- oder Weiterverweisung

11 Eine etwaige Rück- oder Weiterverweisung ist in Bezug auf die Geschäftsfähigkeit nach dem allgemeinen Grundsatz des Art. 4 Abs. 1 EGBGB (→ § 2 Rn. 85 ff.) zu beachten.[34] Zu einer Rückverweisung auf das deutsche Sachrecht kommt es insbesondere dann, wenn das Heimatrecht des in Deutschland lebenden Ausländers die Geschäftsfähigkeit nach dem **Wohnsitzprinzip** beurteilt. Dies trifft etwa auf das IPR *Dänemarks, Finnlands* und *Norwegens,* der baltischen Staaten *(Estland, Lettland, Litauen),* der *Schweiz, Tschechiens,* der *Volksrepublik China, Englands* und der meisten *US*-Bundesstaaten sowie zahlreicher lateinamerikanischer Staaten (zB *Argentinien, Brasilien, Mexiko, Peru*) zu.[35]

12 Zu einer Rück- oder Weiterverweisung nach Art. 4 Abs. 1 EGBGB kann es ferner dann kommen, wenn das Heimatrecht einer Person die Frage der Geschäftsfähigkeit dem **Wirkungsstatut** des Geschäfts, bei Verträgen also dem jeweiligen Vertragsstatut, unterstellt. Insbesondere in *England,* aber auch in den *USA* und *Kanada* wird die Geschäftsfähigkeit für Schuldverträge alternativ zum Wohnsitzrecht auch nach dem *„proper law of the contract"*[36] und für sachenrechtliche Verfügungsgeschäfte (insbesondere über Immobilien) nach der jeweiligen *lex rei sitae*[37] beurteilt. Verfügt also ein englischer oder US-amerikanischer Jugendlicher nach Vollendung des 18. Lebensjahres über deutsches Grundvermögen, ergibt sich seine volle Geschäftsfähigkeit idR bereits aus der Rückverweisung seines Heimatrechts auf das deutsche Geschäftsstatut,[38] so dass sich ein Rückgriff auf die Verkehrsschutzbestimmung des Art. 13 Rom I-VO (→ Rn. 53 ff.) erübrigt.

13 **Beispiel:**
Der 19-jährige südafrikanische Staatsangehörige A, der seinen gewöhnlichen Aufenthalt in Kapstadt(Südafrika) hat, möchte ein in Konstanz gelegenes Hausgrundstück, das er von einer Tante geerbt hat, verkaufen. Ist zu dem Verkauf die Zustimmung der Eltern des A erforderlich, wenn die Voljährigkeit nach südafrikanischem Recht erst mit 21 Jahren erreicht wird? Bedarf es zur Veräußerung der Genehmigung des zuständigen deutschen Familiengerichts?

Nach Art. 7 Abs. 1 EGBGB unterliegt die Geschäftsfähigkeit des A dem Recht des Staates, dem er angehört. Verwiesen wird damit auf südafrikanisches Recht. Dies ist gemäß Art. 4 Abs. 1 S. 1 EGBGB eine Gesamtverweisung, so dass eine etwaige Rück-oder Weiterverweisung durch das südafrikanische IPR zu beachten ist. Abweichend vom deutschen Recht knüpft das südafrikanische IPR die Geschäftsfähigkeit nicht selbständig an, sondern unterwirft sie grundsätzlich dem jeweiligen Wirkungsstatut, für Grundstücksgeschäfte also dem Recht der Belegenheit des Grundstücks. Damit wird hinsichtlich der Geschäftsfähigkeit des A zur Veräußerung des Konstanzer Grundstücks auf deutsches Recht als *lex rei sitae* zurückverwiesen. Diese Rückverweisung wird vom deutschen IPR gemäß Art. 4 Abs. 1 S. 2 EGBGB angenommen. Nach deutschem Recht ist A volljährig und damit voll geschäftsfähig. Er bedarf zur Veräußerung daher weder der Zustimmung seiner Eltern noch einer Genehmigung des Familiengerichts.

[34] Staudinger/*Hausmann* EGBGB Art. 4 Rn. 169; Palandt/*Thorn* EGBGB Art. 7 Rn. 1; *v. Bar* IPR II Rn. 29; vgl. zuletzt OLG München FamRZ 2009, 1602 und 2010, 1095.

[35] Vgl. BayObLGZ 1963, 123 (*Dänemark*); ferner Staudinger/*Hausmann* EGBGB Art. 7 Rn. 7, 21 mwN.

[36] Vgl. *Dicey, Morris & Collins,* Conflict[15], Rule 228 (1), S. 1865 ff., wonach es ausreicht, wenn die Geschäftsfähigkeit entweder nach der *lex domicilii* (*„domicile or residence"*) oder nach dem Recht besteht, mit dem der geschlossene Vertrag am engsten verbunden ist.

[37] *Dicey, Morris & Collins,* Conflict[15], Rule 132, S. 1332 ff. Vgl. auch Staudinger/*Hausmann* EGBGB Art. 7 Rn. 8 f. mwN; ferner IPG 1971 Nr. 12 (München) zur Verfügung über kanadische Grundstücke durch in Deutschland domizilierte Minderjährige.

[38] Näher Staudinger/*Hausmann* EGBGB Art. 7 Rn. 23 ff.

### III. Rechtsspaltung

14 Verweist Art. 7 Abs. 1 EGBGB auf das Recht eines Staates mit interlokaler oder interpersonaler Rechtsspaltung, so so ist die maßgebliche Teilrechtsordnung nach Art. 4 Abs. 3 EGBGB zu bestimmmen. Danach kommt eine unmittelbare Verweisung auf eine lokale Teilrechtsordnung nur in Betracht, wenn ausnahmweise – wie zB bei Statenlosen oder Flüchtlingen – nicht an die Staatsangehörigkeit, sondern an den Wohnsitz oder gewöhnlichen Aufenthalt angeknüpft wird. Ansonsten entscheidet primär das interlokale Privatrecht des Heimatstaaats und in Ermangelung eines solchen die engste Verbindung mit einer Teilrechtsordnung (näher → § 2 Rn. 129ff.).

### IV. Ordre public

15 Verstöße ausländischer Vorschriften zur Geschäftsfähigkeit gegen den inländischen *ordre public* (Art. 6 EGBGB; dazu allg. → § 3 Rn. 110ff.) sind selten. Insbesondere ein geringfügig höheres oder niedrigeres Volljährigkeitsalter und Abweichungen bei der Behandlung der von Minderjährigen getätigten Geschäfte sind grundsätzlich hinzunehmen. Die Behandlung eines zehnjährigen Mädchens als volljährig ist jedoch mit dem deutschen *ordre public* nicht vereinbar.[39]

## C. Statutenwechsel

16 Nach Art. 7 Abs. 1 EGBGB kommt es grundsätzlich auf das Heimatrecht der an einem Rechtsgeschäft beteiligten Person im Zeitpunkt der Abgabe der hierauf gerichteten Willenserklärung an.[40] Ändert allerdings ein bereits Volljähriger seine Staatsangehörigkeit und wäre er nach seinem neuen Heimat- (bzw. Aufenthalts-) Recht noch nicht volljährig, so fragt sich, ob er in diesem Falle auch in seiner Geschäftsfähigkeit zurückgestuft wird. Art. 7 Abs. 2 EGBGB beantwortet diese Frage nur teilweise. Danach wird eine einmal erlangte Rechts- oder Geschäftsfähigkeit jedenfalls durch den **Erwerb oder Verlust der Rechtsstellung als Deutscher** nicht beeinträchtigt. Da das Volljährigkeitsalter in Deutschland mit 18 Jahren – vergleichend betrachtet – eher niedrig ist, hat die Vorschrift vor allem beim *Verlust* der deutschen Staatsangehörigkeit praktische Bedeutung. Bei deren Erwerb kann sie aus nahmweise zur Anwendung gelangen,wenn ein Ausländer nach seinem Heimatrecht – zB kraft Eheschließung (→ Rn. 35) – bereits vor Erreichung des 18. Lebensjahres die volle Geschäftsfähigkeit erlangt.

17 **Beispiel:**
Der Deutsche A wandert kurz nach der Vollendung seines 18. Lebensjahres nach Japan aus und wird dort ein Jahr später unter Verlust seiner deutschen Staatsangehörigkeit eingebürgert. Da er nach dem Tod seines Vaters ein größere Geldsumme geerbt hat, möchte er in Berlin eine Eigentumswohnung erwerben. Kann er den Grundstückskaufvertrag selbst abschließen, obwohl er nach seinem neuen japanischen Heimatrecht erst mit 20 Jahren volljährig und damit voll geschäftsfähig wird?

Nach Art. 7 Abs. 1 EGBGB unterliegt die Geschäftsfähigkeit des A dem Recht des Staates, dem er angehört. Verwiesen wird damit auf japanisches Recht. Dies ist gemäß Art. 4 Abs. 1 S. 1 EGBGB eine Gesamtverweisung; eine Rück- oder Weiterverweisung findet jedoch nicht statt, weil das japanische IPR die Geschäftsfähigkeit ebenfalls dem Heimatrecht der Person unterstellt. Damit ist materielles japanisches Recht anwendbar, demzufolge ein Jugendlicher erst mit 20 Jahren volljährig und damit geschäftsfähig wird. Danach könnte der

[39] OLG Köln FamRZ 1997, 1240 (*Iran*); BeckOK BGB/*Mäsch* EGBGB Art. 7 Rn. 22.
[40] Palandt/*Thorn* EGBGB Art. 7 Rn. 8; *Erman/Hohloch* EGBGB Art. 7 Rn. 19; Staudinger/*Hausmann* EGBGB Art. 7 Rn. 106.

19-jährige A den Grundstückskaufvertrag nur mit Zustimmung seiner gesetzlichen Vertreter abschließen.

Zu beachten ist jedoch, dass A bei Vollendung des 18. Lebensjahres noch die deutsche Staatsangehörigkeit innehatte und deshalb bereits damals die volle Geschäftsfähigkeit erlangt hatte. Diese wird aber nach Art. 7 Abs. 2 EGBGB durch den späteren Verlust der deutschen Staatsangehörigkeit nicht beeinträchtigt, sondern bleibt auch unter dem neuen japanischen Personalstatut erhalten. Eine Rückstufung in der Geschäftsfähigkeit infolge des Staatsangehörigkeitswechsels findet also nicht statt.

18 Obwohl Art. 7 Abs. 2 EGBGB diese Rechtsfolge eines Statutenwechsels – als unvollkommen allseitige Kollisionsnorm[41] – nur beschränkt für den Erwerb oder Verlust der Rechtsstellung *als Deutscher* anordnet (sog **Eingangs- bzw. Ausgangsstatutenwechsel**), um den Eindruck eines Eingriffs in fremde Rechtsordnungen zu vermeiden,[42] muss sie auch auf andere Fälle eines Wechsels des Personalstatuts erstreckt werden. Die einmal erworbene Geschäftsfähigkeit bleibt also auch dann erhalten, wenn ein Ausländer eine andere ausländische Staatsangehörigkeit erwirbt und sein neues Heimatrecht ein höheres Volljährigkeitsalter vorsieht (sog **neutraler Statutenwechsel,** zB 18-jähriger *Italiener* wird *Argentinier*),[43] oder wenn ein Staatenloser bzw. internationaler Flüchtling seinen gewöhnlichen Aufenthalt in ein anderes Land mit einem höheren Volljährigkeitsalter verlegt (zB von den *Niederlanden* nach *Suriname*).[44] Für eine solche allgemeine Geltung des Grundsatzes ***„semel major, semper major“*** spricht das Interesse des Rechtsverkehrs, die Abwicklung, Erfüllung und Fortsetzung einmal begonnener Rechtsgeschäfte nicht durch den Staatsangehörigkeitswechsel einer Partei zu stören. Dieser Analogie bedarf es freilich nur dann, wenn das neue Heimat- oder Aufenthaltsrecht eine dem Art. 7 Abs. 2 EGBGB entsprechende Kollisionsnorm nicht kennt; denn andernfalls ist auch der im neuen Heimatrecht des Jugendlichen geltende Grundsatz *„semel major, semper major“* aufgrund der Verweisung in Art. 7 Abs. 1 EGBGB anzuwenden und führt zu einer Weiterverweisung auf das frühere Heimat-bzw. Aufenthaltsrecht.[45] Eine Parallelregelung zu Art. 7 Abs. 2 EGBGB bei jeder Art des Statutenwechsels enthält für die Testierfähigkeit Art. 26 Abs. 2 EuErbVO (→ § 15 Rn. 207).

## D. Reichweite des Geschäftsfähigkeitsstatuts

19 Der Begriff der Geschäftsfähigkeit in Art. 7 EGBGB ist aufgrund funktionaler Qualifikation (→ § 3 Rn. 6 ff.) grundsätzlich **weit** zu verstehen und umfasst daher auch Institute des ausländischen Rechts mit dem gleichen Ordnungszweck.[46] Das Heimatrecht entscheidet insbesondere über die Voraussetzungen, unter denen eine Person voll, beschränkt oder überhaupt nicht geschäftsfähig ist. Nach Art. 7 Abs. 1 EGBGB beurteilt sich also die Fähigkeit zur Vornahme von Rechtsgeschäften, soweit diese vom Alter und von geistigen Eigenschaften abhängt. Im Einzelnen gehören vor allem die folgenden Fragen hierher:

---

[41] *Erman/Hohloch* EGBGB Art. 7 Rn. 19; Staudinger/*Hausmann* EGBGB Art. 7 Rn. 103.
[42] Vgl. BT-Drs. 10/504, 45.
[43] *Ferid* IPR Rn. 5–27; *Kegel/Schurig* IPR § 17 I 2 c; *v. Bar* IPR II Rn. 31; *Kropholler* IPR § 42 I 2; Staudinger/*Hausmann* EGBGB Art. 7 Rn. 114; Palandt/*Thorn* EGBGB Art. 7 Rn. 8; Erman/*Hohloch* EGBGB Art. 7 Rn. 22; MüKoBGB/*Lipp* EGBGB Art. 7 Rn. 106.
[44] Staudinger/*Hausmann* EGBGB Art. 7 Rn. 115; MüKoBGB/*Lipp* EGBGB Art. 7 Rn. 102.
[45] Vgl. *v. Bar* IPR II Rn. 33; *Schotten/Schmellenkamp* IPR Rn. 56 m. Fn. 16; Erman/*Hohloch* EGBGB Art. 7 Rn. 22; Staudinger/*Hausmann* EGBGB Art. 7 Rn. 114; BeckOK BGB/*Mäsch* EGBGB Art. 7 Rn. 45.
[46] Staudinger/*Hausmann* EGBGB Art. 7 Rn. 40; Erman/*Hohloch* EGBGB Art. 7 Rn. 8.

## I. Volljährigkeit

Das Heimatrecht einer Person bestimmt, in welchem Alter sie volljährig und damit **un-beschränkt geschäftsfähig** wird.[47] Während Volljährigkeit früher überwiegend erst mit 21 Jahren erreicht wurde, geht der Trend weltweit zu einer schrittweisen Herabsetzung dieser Altersschwelle. Dies gilt insbesondere für **Europa,** wo in den mehr als 40 Mitgliedstaaten des Europarats das Volljährigkeitsalter **einheitlich 18 Jahre** beträgt, nachdem zuletzt *Liechtenstein* im Jahre 1999 und *Österreich* im Jahre 2001 das Volljährigkeitsalter herabgesetzt haben.[48] Vorsicht ist hingegen vor allem bei Vertragsschlüssen mit jugendlichen Personen aus anderen Kontinenten geboten, wo die Volljährigkeit zT erst später erreicht wird. Dies gilt derzeit insbesondere noch für folgende Staaten:[49] 20

**Afrika** 21
- **21 Jahre** in *Ägypten, Benin, Botsuana, Burundi, Cote d'Ivoire, Guinea*[50], *Guinea-Bissau, Kamerun, Lesotho, Liberia*[51], *Libyen, Madagaskar, Malawi, Mali, Namibia, Niger, Nigeria, Ruanda, Sambia, Senegal, Südafrika, Swasiland, Togo*[52] und *Tschad;*
- **20 Jahre** in *Burkina-Faso;*
- **19 Jahre** in *Algerien*[53].

**Amerika** 22
- **21 Jahre** in *Argentinien, Belize, Bermuda, Grenada, Haiti, Honduras, Nicaragua,* den *Niederländischen Antillen, Suriname* und – mit zT weitgehenden Ausnahmen für Verträge des täglichen Lebens, die bereits ab Vollendung des 18. Lebensjahres geschlossen werden dürfen – in den *US-Bundesstaaten Colorado, Mississippi* und *Puerto Rico;*
- **19 Jahre** in den *kanadischen Provinzen British Columbia, New Brunswick, Newfoundland and Labrador, Northwest Territories, Nova Scotia* und *Yukon,* sowie in den *US-Bundesstaaten Alabama* und *Nebraska.*

**Asien und Ozeanien** 23
- **21 Jahre** in *Bahrain, Fidschi, Kambodscha, Kuwait, Papua-Neuguinea, Singapur* und den *Vereinigten Arabischen Emiraten.* In *Indien* und *Pakistan* verlängert sich die Minderjährigkeit bis zum 21. Lebensjahr, wenn der Minderjährige unter Vormundschaft steht.
- **20 Jahre** in *China (Taiwan), Japan, Korea (Republik), Neuseeland* und *Thailand.*
- Bereits **mit 17 Jahren** wird die Volljährigkeit in der *Volksrepublik Korea* erreicht.

## II. Geschäftsfähigkeitsstufen

Abweichend vom deutschen Recht, das unterhalb von 18 Jahren zwei Stufen nach starren Alterskriterien bildet (Geschäftsunfähigkeit bis zum vollendeten 7. Lebensjahr; beschränkte Geschäftsfähigkeit bis zum vollendeten 18. Lebensjahr), bevorzugen andere Rechte **flexiblere Lösungen.** So können Minderjährige nach *englischem* Recht Verträge über sog *„necessaries"*, sowie *„beneficial contracts for service"* auch ohne Zustimmung der Eltern verbindlich abschließen. Andere Verträge sind bis zum Widerruf durch den Minderjährigen wirksam (*„contracts valid until repudiated"*).[54] Auch nach *US-amerikanischem* Recht sind von Minderjährigen geschlossene Verträge zumeist wirksam, wenn sie den alltäglichen Bedarf betreffen; im Übrigen sind sie allenfalls nach Eintritt der Volljährigkeit anfechtbar (*„voida-* 24

[47] BayObLG FamRZ 1996, 183; Staudinger/*Hausmann* EGBGB Art. 7 Rn. 42. Dies gilt auch für die Zwecke des Unterhalts- und Sorgerechts, vgl. OLG Karlsruhe FamRZ 2000, 768; OLG Hamm FamRZ 2002, 54; dazu näher BeckOK BGB/*Mäsch* EGBGB Art. 7 Rn. 23.

[48] Vgl. *Ferrari/Pfeiler* FamRZ 2002, 1079.

[49] Vgl. zum folgenden Bergmann/Ferid/*Henrich* (Hrsg.), Internationales Ehe- und Kindschaftsrecht (Loseblatt; Stand: 2016); Staudinger/*Hausmann* EGBGB Anh. Art. 7; *Martindale/Hubbel*, Law Directory, Vol. VI (2013); *Schotten/Schmellenkamp* IPR Anh. I.

[50] OLG Bremen FamRZ 2016, 900; OLG Hamm FamRZ 2015, 1635.

[51] OLG Bremen FamRZ 2013, 312.

[52] OLG München FamRZ 2009, 1602.

[53] OLG Karlsruhe FamRZ 2015, 1820.

[54] Vgl. *Menold-Weber*, Verträge Minderjähriger und ihre Rückabwicklung nach englischem Recht, 1992.

*ble“*).[55] Geschäfte des täglichen Lebens können Minderjährige auch nach *französischem* Recht wirksam abschließen.[56] Nach *schweizerischem* und *türkischem* Recht kommt es auf die „Urteilsfähigkeit“ des Minderjährigen im konkreten Fall an (Art. 16 ZGB).

25 In anderen Rechten endet die **Geschäftsunfähigkeit** erst später, so zB in *Griechenland* mit 10 Jahren, in *Marokko* und *Tunesien* mit 13 Jahren, in *Bulgarien, Rumänien* und *Ungarn* sowie in *Russland* und den Nachfolgestaaten der ehemaligen *UdSSR* mit 14 Jahren, in *Brasilien* und *Peru* sogar erst mit 16 Jahren. Zum Teil wird insoweit auch nach Geschlechtern getrennt, so zB in *Chile, Ecuador* und *Kolumbien,* wo beschränkte Geschäftsfähigkeit von Mädchen mit 12, von Knaben erst mit 14 Jahren erreicht wird. Das *österreichische* Recht und einige *lateinamerikanische* Rechten sehen zwischen der Geschäftsunfähigkeit und der vollen Geschäftsfähigkeit mehr als eine Zwischenstufe vor.[57] Auch die Frage, ob und wann ein Minderjähriger **beschränkt geschäftsfähig** wird und welche Rechtsgeschäfte er dann ohne Mitwirkung seines gesetzlichen Vertreters vornehmen kann (vgl. §§ 107, 165 BGB), beurteilt sich gemäß Art. 7 Abs. 1 EGBGB nach seinem Heimatrecht.[58]

## III. Teilgeschäftsfähigkeit

### 1. Minderjährige

26 Das Heimatrecht eines Minderjährigen entscheidet auch darüber, ob dieser zumindest für eine **bestimmte Art von Rechtsgeschäften** kraft Gesetzes als voll geschäftsfähig zu gelten hat. Demgemäß ist etwa die in § 110 BGB (**„Taschengeldparagraph“**) enthaltene Regelung nur anwendbar, wenn der Minderjährige ein deutsches Personalstatut hat[59]; hingegen kommt es auf die Frage, ob auch der von ihm geschlossene Vertrag, dem deutschen Recht unterliegt, nicht an. Gleiches gilt für die Fähigkeit des Minderjährigen zum **selbständigen Betrieb eines Erwerbsgeschäfts** (sog Handelsmündigkeit). Für die Erteilung der hierauf gerichteten Ermächtigung bedürfen die Eltern daher nach § 112 BGB der familiengerichtlichen Genehmigung, wenn der Minderjährige die deutsche Staatsangehörigkeit besitzt, nicht hingegen wenn ein junger *Türke* in Deutschland ein solches Geschäft betreiben möchte.[60]

27 Praktische Bedeutung erlangen Fragen der Geschäftsfähigkeit vor allem beim Abschluss von **Arbeits- und Lehrverträgen** mit ausländischen Minderjährigen. Während hierfür zT die allgemeinen Regeln für den Abschluss von Verträgen mit Minderjährigen gelten, setzen andere Rechte entweder generell eine niedrigere Altersgrenze für die Arbeitsvertragsfähigkeit fest oder sehen – wie das deutsche Recht in § 113 BGB – eine Teilgeschäftsfähigkeit aufgrund einer Generalermächtigung durch die Eltern vor.[61] Auch die Arbeitsvertragsfähigkeit des Minderjährigen ist **keine besondere Geschäftsfähigkeit,** sondern Teil seiner allgemeinen Geschäftsfähigkeit und unterliegt daher nicht dem Statut des Abeitsvertrages, sondern nach Art. 7 Abs. 1 EGBGB dem Recht des Staates, dem er angehört.[62]

[55] *Hay*, US-amerikanisches Recht, 5. Aufl. 2011, Rn. 308; 42 AmJur 2nd, Infants §§ 64ff. (2011).
[56] Vgl. *Kötz*, Europäisches Vertragsrecht I, S. 151ff.
[57] Vgl. die Länderübersicht bei Staudinger/*Hausmann* EGBGB Anh. Art. 7.
[58] Soergel/*Kegel* EGBGB Art. 7 Rn. 7; MüKoBGB/*Lipp* EGBGB Art. 7 Rn. 49f.; Staudinger/*Hausmann* EGBGB Art. 7 Rn. 45.
[59] MüKoBGB/*Lipp* EGBGB Art. 7 Rn. 52; Erman/*Hohloch* EGBGB Art. 7 Rn. 9; BeckOK BGB/*Mäsch* EGBGB Art. 7 Rn. 27; Staudinger/*Hausmann* EGBGB Art. 7 Rn. 46f.
[60] AG Moers DAVorm 1997, 925.
[61] S. hierzu den rechtsvergleichenden Überblick bei *Gamillscheg*, Internationales Arbeitsrecht, 1959, S. 76ff.
[62] *Gamillscheg*, Internationales Arbeitsrecht, 1959, S. 79; *v. Bar* IPR II Rn. 35; MüKoBGB/*Lipp* EGBGB Art. 7 Rn. 52, 66; BeckOK BGB/*Mäsch* EGBGB Art. 7 Rn. 25, 27; Erman/*Hohloch* EGBGB Art. 7 Rn. 9.

**Beispiel:** 28
Schließt eine 17-jährige Österreicherin in Deutschland einen Arbeitsvertrag, so ist dieser auch bei Geltung deutschen Rechts für das Arbeitsverhältnis voll wirksam, weil die Arbeitsvertragsfähigkeit der Österreicherin sich nach ihrem Heimatrecht beurteilt. Danach ist sie aber bereits mit 14 Jahren „mündig" und kann deshalb – trotz fortbestehender Minderjährigkeit – ein Arbeitsverhältnis wirksam eingehen (§ 152 öst. ABGB).

Allerdings greift zum Schutz des inländischen Rechtsverkehrs auch in Bezug auf die Arbeitsvertragsfähigkeit Art. 13 Rom I-VO ein (→ Rn. 53 ff.), so dass der Abschluss eines Arbeitsvertrages mit einem ausländischen Minderjährigen im Inland ohne Rücksicht auf den Standpunkt seines Heimatrechts jedenfalls dann wirksam ist, wenn die Voraussetzungen des § 113 Abs. 1 BGB vorliegen und der Arbeitgeber gutgläubig ist.[63]

## 2. Geistig behinderte Volljährige

Besonders schwerwiegende geistige oder körperliche Gebrechen, wie vor allem **Geisteskrankheit,** führen nicht nur nach deutschem Recht (vgl. § 104 Nr. 2 BGB), sondern nach den Rechten fast aller Länder kraft Gesetzes zur Geschäftsunfähigkeit oder – in minder schweren Fällen – zu einer Beschränkung der Geschäftsfähigkeit. Auch die Frage, ob ein Volljähriger aufgrund einer krankhaften Störung seiner Geistestätigkeit geschäftsunfähig oder in seiner Geschäftsfähigkeit beschränkt ist, beurteilt sich gemäß Art. 7 Abs. 1 EGBGB nach seinem Heimatrecht.[64] Dieses entscheidet – nicht anders als bei Minderjährigen (→ Rn. 46 ff.) – auch über die Rechtsfolgen der mangelnden Geschäftsfähigkeit für das von dem geisteskranken Volljährigen vorgenommene Geschäft. 29

**Beispiel:** 30
Erteilt der deutsche Direktor einer schweizerischen AG einem Mitabeiter Kontovollmacht und stellt sich später heraus, dass er sich zu diesem Zeitpunkt in einem die freie Willensbestimmung ausschließenden Zustand krankhafter Störung der Geistestätigkeit befand, der nicht nur vorübergehender Art war, so war er nach dem von Art. 7 EGBGB zur Anwendung berufenen deutschen Recht geschäftsunfähig (§ 104 Nr. 2 BGB) und die erteilte Vollmacht war gemäß §§ 105 Abs. 1, 165 BGB nichtig. An diesem Ergebnis ändert der Umstand, dass sich die organschaftliche Vertretungsmacht des D nach schweizerischem Recht richtet, nichts.[65]

Auch die Frage, ob ein geschäftsunfähiger Volljähriger zumindest für bestimmte Rechtsgeschäfte kraft Gesetzes als geschäftsfähig zu gelten hat **(Teilgeschäftsfähigkeit)**, beurteilt sich nach seinem Personalstatut. Zwar führt die in § 105a BGB neu eingefügte Regelung, wonach Rechtsgeschäfte des täglichen Lebens, die mit geringwertigen Mitteln bewirkt werden können (zB Brötchenkauf), auch von einer geschäftsunfähigen volljährigen Person vorgenommen werden können, sofern Leistung und Gegenleistung bewirkt worden sind, nicht zur Wirksamkeit des geschlossenen Vertrages, sondern schließt lediglich die Rückforderung der bewirkten Leistung und Gegenleistung aus.[66] Die Regelung schränkt jedoch den Anwendungsbereich der §§ 104 Nr. 2, 105 BGB ein und kommt daher der Anerkennung einer Teilgeschäftsfähigkeit des betroffenen Personenkreises nahe. 31

[63] Vgl. BVerwG IPRspr. 1972 Nr. 2; Staudinger/*Hausmann* EGBGB Art. 12 Rn. 49 mwN.
[64] BGH NJW 2004, 1315 (1316); Staudinger/*Hausmann* EGBGB Art. 7 Rn. 50; Palandt/*Thorn* EGBGB Art. 7 Rn. 3; Erman/*Hohloch* EGBGB Art. 7 Rn. 7; BeckOK BGB/*Mäsch* EGBGB Art. 7 Rn. 21; NK-BGB/*Schulze* EGBGB Art. 7 Rn. 16; **aA** neuerdings *Lipp* FS Kühne, 2009, 765 (776); MüKoBGB/*Lipp* EGBGB Art. 7 Rn. 43, der die sog „natürliche" Geschäftsunfähigkeit iSd §§ 104 Nr. 2, 105 Abs. 1 und Abs. 2 BGB insgesamt dem Wirkungsstatut unterwerfen möchte.
[65] Vgl. BGH NJW 2004, 1315 (1316).
[66] Vgl. BT-Drs. 14/5266, 43; dazu *Casper*, Geschäfte des täglichen Lebens – kritische Anmerkungen zu § 105a BGB, NJW 2002, 3425 ff.; *Lipp*, Die neue Geschäftsfähigkeit Erwachsener, FamRZ 2003, 721 ff.

Sie ist deshalb immer,[67] aber auch nur anwendbar, wenn der geschäftsunfähige Volljährige ein deutsches Personalstatut hat.[68] Aufgrund der Art. 13 Rom I-VO bzw. Art. 12 S. 1 EGBGB kann sich der inländische Rechtsverkehr jedoch darauf verlassen, dass auch ein geschäftsunfähiger Ausländer Geschäfte nach § 105a BGB wirksam vornehmen kann.

## IV. Volljährigkeitserklärung und Emanzipation

32 Vor allem die romanischen Rechte kennen das Rechtsinstitut der **Emanzipation** eines Minderjährigen als Vorstufe zur vollen Geschäftsfähigkeit; die Minderjährigkeit wird in ihren rechtlichen Wirkungen gemildert, aber es erfolgt keine Volljährigkeitserklärung. Andere Rechtsordnungen – wie zB *Brasilien,* die *Niederlande, Österreich* oder die *Türkei* – sehen die Möglichkeit vor, einen Minderjährigen unter gewissen Umständen vorzeitig für volljährig zu erklären.[69] Als allgemeine Einschränkung oder Aufhebung der Rechtswirkungen der Minderjährigkeit[70] richten sich die Voraussetzungen einer Emanzipation oder Volljährigkeitserklärung nach dem Personalstatut des Minderjährigen. Nur wenn dieses eines der genannten Rechtsinstitute kennt, kann der Minderjährige emanzipiert oder für volljährig erklärt werden.[71] Im deutschen Recht ist die Volljährigerklärung bereits im Jahre 1974 abgeschafft worden.

33 In gleicher Weise entscheidet das Heimatrecht des Minderjährigen auch über die materiellen Wirkungen einer **gerichtlichen Volljährigkeitserklärung** oder Emanzipation durch ausländische Behörden. Ist die Geschäftsfähigkeit mithin durch einen im Heimatstaat des Minderjährigen ausgesprochenen oder dort anerkannten richterlichen Gestaltungsakt begründet oder erweitert worden, so sind diese Wirkungen gemäß Art. 7 Abs. 1 EGBGB auch im Inland zu berücksichtigen.[72] Die hM stellt demgegenüber allein darauf ab, ob die ausländische Gerichtsentscheidung im Inland nach verfahrensrechtlichen Grundsätzen (§§ 108, 109 FamFG) anerkannt werden kann.[73]

## V. Heirat macht mündig

34 Zahlreiche ausländische – insbesondere romanische – Rechte knüpfen auch an die Eheschließung Minderjähriger die gesetzliche Rechtsfolge der **Emanzipation,** die teilweise zur vollen Geschäftsfähigkeit führt (so zB in *Frankreich,* vgl. Art. 476 iVm Art. 481 Abs. 1, 216 CC, oder in *Portugal,* vgl. Art. 133 ff. CC), teilweise aber auch nur eine höhere Stufe der beschränkten Geschäftsfähigkeit begründet (so zB in *Belgien,* vgl. Art. 481 ff. CC, in *Italien,* vgl. Art. 394 CC, in *Spanien,* vgl. Art. 323 CC und in zahlreichen lateinamerikanischen Rechten, zB in *Bolivien, Chile,* der *Dominikanischen Republik, Ecuador, El Salvador, Haiti, Kolumbien, Mexiko, Paraguay, Venezuela*).

35 In anderen Staaten wird mit der Eheschließung die **Volljährigkeit** erlangt, so etwa in *Finnland* (§ 3 Abs. 2 SorgeG), *Lettland* (Art. 221 Abs. 2 ZGB), *Litauen* (Art. 2.5 Abs. 2 ZGB), den *Niederlanden* (Art. 233 B.W.), der *Türkei* (Art. 11 Abs. 2 ZGB)[74] und – mit

[67] Vgl. aber zum Verkehrsschutz → Rn. 53 ff.

[68] Staudinger/*Hausmann* EGBGB Art. 7 Rn. 51; NK-BGB/*Schulze* EGBGB Art. 7 Rn. 16; **aA** (Wirkungsstatut) MüKoBGB/*Lipp* EGBGB Art. 7 Rn. 43; BeckOK BGB/*Mäsch* EGBGB Art. 7 Rn. 29. Die Anknüpfung des § 105a BGB entspricht somit derjenigen des „Taschengeldparagraphen" (§ 110 BGB) bei Minderjährigen.

[69] Vgl. dazu rechtsvergleichend Staudinger/*Hausmann* EGBGB Art. 7 Rn. 136 f.

[70] Es handelt sich insoweit also nicht um die Verleihung einer besonderen Geschäftsfähigkeit (→ Rn. 43 ff.).

[71] Staudinger/*Hausmann* EGBGB Art. 7 Rn. 139; MüKoBGB/*Lipp* EGBGB Art. 7 Rn. 71 ff.; BeckOK BGB/*Mäsch* EGBGB Art. 7 Rn. 24.

[72] *Schotten/Schmellenkamp* IPR Rn. 57; Staudinger/*Hausmann* EGBGB Art. 7 Rn. 144 mwN.

[73] Vgl. Palandt/*Thorn* EGBGB Art. 7 Rn. 9; MüKoBGB/*Lipp* EGBGB Art. 7 Rn. 79; Soergel/*Kegel* EGBGB Art. 7 Rn. 17; Erman/*Hohloch* EGBGB Art. 7 Rn. 29; BeckOK BGB/*Mäsch* EGBGB Art. 7 Rn. 48.

[74] Vgl. KG FamRZ 1991, 1456; OLG Düsseldorf NJW-RR 1995, 755 ff.

Einschränkungen – in *Österreich* (§ 175 ABGB), ferner in den meisten osteuropäischen Staaten (so zB in *Albanien, Bosnien-Herzegowina, Bulgarien, Kroatien, Mazedonien, Montenegro, Polen,* der *Russischen Föderation* und Nachfolgestaaten der ehemaligen UdSSR, *Serbien, Slowenien,* der *Tschechischen* und *Slowakischen Republik, Ungarn*), in den meisten *US-Bundesstaaten* und einigen lateinamerikanischen Staaten *(Brasilien, Kuba, Peru, Suriname, Uruguay),* sowie zT auch in Asien *(Indonesien, Korea, Neuseeland, Philippinen)* und Afrika *(Botsuana, Burkina Faso, Kamerun, Madagaskar, Mosambik, Senegal, Südafrika, Tunesien).*[75] In manchen Staaten macht Heirat nur mündig bzw. tritt eine gesetzliche Emanzipation nur ein, wenn ein bestimmtes **Mindestalter** erreicht ist (zB 16 Jahre in *Bosnien-Herzegowina* und *Serbien*).

Da in diesen Fällen die **Erweiterung der Geschäftsfähigkeit** nur aus Anlass der Ehe- 36
schließung eintritt, weil der Minderjährige einen hinreichenden Grad der Reife erreicht hat, wird sie nicht dem Ehewirkungsstatut des Art. 14 EGBGB, sondern in Art. 7 Abs. 1 S. 2 EGBGB dem Geschäftsfähigkeitsstatut unterstellt.[76] Der Grundsatz „Heirat macht mündig" hat allerdings in den letzten Jahren an Bedeutung verloren, weil Geschäftsfähigkeit und Ehemündigkeit inzwischen in zahlreichen Rechten gleichgeschaltet sind und jeweils mit 18 Jahren erreicht werden, so zB in *Belgien* (Art. 144 und 488 CC), in den *Niederlanden* (Art. 31 Abs. 1 und Art. 233 Buch 1 BW) sowie in der *Schweiz* (vgl. Art. 14 und 96 ZGB).

**Beispiel:** 37
Ein 21-jähriger Deutscher möchte zusammen mit seiner 17-jährigen türkischen Ehefrau eine Eigentumswohnung in Köln erwerben. Kann die Ehefrau den Kaufvertrag allein abschließen?

Nach Art. 7 Abs. 1 S. 1 EGBGB unterliegt die Geschäftsfähigkeit einer Person dem Recht des Staates, dem sie angehört. Damit wird auf türkisches Recht verwiesen. Da es sich um eine Gesamtverweisung handelt, ist das türkische IPR zu befragen, ob es diese Verweisung annimmt. Dies ist nach Art. 9 Abs. 1 türk. IPRG 2007 der Fall. Nach türkischem Recht (Art. 11 Abs. 1 türk. ZGB) wird die Volljährigkeit zwar grundsätzlich erst mit 18 Jahren erreicht. Allerdings stellt Art. 11 Abs. 2 türk. ZGB klar, dass eine Eheschließung vorzeitig mündig macht. Dieser Erweiterung der Geschäftsfähigkeit von verheirateten Minderjährigen ist nach Art. 7 Abs. 1 S. 2 EGBGB anzuerkennen. Die siebzehnjährige verheiratete Türkin ist daher voll geschäftsfähig und kann deshalb den Kaufvertrag selbst abschließen.

Demgegenüber unterliegen ehebedingte **Beschränkungen der Geschäftsfähigkeit,** 38
soweit sie nicht gegen den deutschen *ordre public* verstoßen, dem von Art. 14, 15 EGBGB zur Anwendung berufenen Recht (→ § 8 Rn. 59).

## E. Abgrenzung zum Wirkungsstatut

In den kontinental-europäischen Rechten steht das Bedürfnis nach einer einheitlichen 39
Behandlung der Geschäftsfähigkeit im Vordergrund; aus diesem Grund wird die Geschäftsfähigkeit – wie in Art. 7 EGBGB – als **selbständig anzuknüpfende Teilfrage** vom Wirkungsstatut des Geschäfts abzuspalten. Demgegenüber geht die anglo-amerikanische Rechtspraxis insoweit von dem konkret geschlossenen Rechtsgeschäft aus und beurteilt daher auch die Fähigkeit zum Abschluss eines Schuldvertrags überwiegend nach dem Vertragsstatut. Das Wirkungsstatut behält aber auch im deutschen IPR Bedeutung für folgende Fragen:

[75] Vgl. dazu ausführlich Staudinger/*Hausmann* EGBGB Anh. Art. 7; *Schotten/Schmellenkamp* IPR Anh. I.
[76] Ebenso schon vor der IPR-Reform von 1986 Soergel/*Kegel*, 11. Aufl., EGBGB Art. 7 Rn. 7; Staudinger/*Beitzke*, 12. Aufl., EGBGB Art. 7 Rn. 22; ferner IPG 1973 Nr. 1 (Freiburg) zur Fähigkeit der durch Heirat emanzipierten minderjährigen italienischen. Ehefrau zum Vertragsschluss in Deutschland.

## I. Erfordernis und Grad der Geschäftsfähigkeit

40 Die Frage, ob für die Vornahme eines Rechtsgeschäfts, insbesondere für den Abschluss eines Vertrages, überhaupt (volle oder zumindest beschränkte) Geschäftsfähigkeit erforderlich ist, beantwortet auch nach deutschem IPR allein das Wirkungsstatut, bei Verträgen also das Vertragsstatut und bei sachenrechtlichen Verfügungen die jeweilige *lex rei sitae*.[77] Auch der **Zeitpunkt,** zu dem die Geschäftsfähigkeit vorliegen muss, wird durch die *lex causae* festgelegt.[78]

41 Welcher **Grad an Geschäftsfähigkeit** für die Vornahme einer bestimmten Rechtshandlung erforderlich ist, beurteilt sich hingegen nicht nach dem Wirkungsstatut, sondern nach dem Fähigkeitsstatut des Art. 7 EGBGB, der den Umfang des Minderjährigenschutzes dem Heimatrecht zuweist.[79] Es kommt also darauf an, dass die Person nach ihrem von Art. 7 EGBGB zur Anwendung berufenen Heimatrecht den für das konkret abzuschließende Rechtsgeschäft hinreichenden Grad an Geschäftsfähigkeit besitzt. Ein minderjähriger Deutscher kann daher einen Schuldvertrag, der ihm nicht lediglich einen rechtlichen Vorteil bringt, auch dann nicht wirksam selbst abschließen, wenn er nach dem ausländischen Vertragsstatut die hierfür erforderliche Geschäftsfähigkeit besitzt. Verlangt umgekehrt das Wirkungsstatut volle Geschäftsfähigkeit, während sich das deutsche Recht mit beschränkter Geschäftsfähigkeit begnügt, so ist das von einem deutschen Minderjährigen ohne Zustimmung seiner gesetzlichen Vertreter geschlossene Rechtsgeschäft wirksam.

42 Die vorstehenden Grundsätze gelten entsprechend auch für einen kollisionsrechtlichen **Verweisungsvertrag.** Auch insoweit hat das Geschäftsfähigkeitsstatut des Art. 7 EGBGB Vorrang vor dem Geschäftsstatut (Art. 3 Abs. 5 iVm Art. 10 Rom I-VO); damit wird dem Minderjährigen die Möglichkeit genommen, die für den Abschluss des Verweisungsvertrages erforderliche Geschäftsfähigkeit durch eine entsprechende Rechtswahl selbst herbeizuführen.[80] Die von einem deutschen Minderjährigen in einem Schuldvertrag getroffene Wahl eines ausländischen Vertragsstatuts ist daher – als nicht nur rechtlich vorteilhaft – nach § 108 BGB schwebend unwirksam. Auf den Standpunkt des gewählten Rechts zur Wirksamkeit der Rechtswahl kommt es insoweit nicht an.[81]

## II. Besondere Geschäftsfähigkeiten

43 Da das Wirkungsstatut darüber entscheidet, ob für die Vornahme eines bestimmten Rechtsgeschäfts überhaupt Geschäftsfähigkeit erforderlich ist (→ Rn. 40), kann es auch von der Bezugnahme auf die allgemeine Geschäftsfähigkeit absehen und statt dessen für bestimmte Rechtsgeschäfte *besondere* Geschäftsfähigkeiten normieren, indem es solche Rechtsgeschäfte unter erleichterten oder nur unter erschwerten Voraussetzungen zulässt.[82] Die besondere Geschäftsfähigkeit unterscheidet sich dabei von der allgemeinen dadurch, dass ihr sachlicher Anwendungsbereich auf Geschäfte in einem bestimmten Rechtsgebiet beschränkt ist.

[77] Staudinger/*Hausmann* EGBGB Art. 7 Rn. 56; Soergel/*Kegel* EGBGB Art. 7 Rn. 8; Palandt/*Thorn* EGBGB Art. 7 Rn. 5; Erman/*Hohloch* EGBGB Art. 7 Rn. 13; *v. Bar* IPR II Rn. 38; *Schotten/Schmellenkamp* IPR Rn. 60; **aA** (Geschäftsfähigkeitsstatut) MüKoBGB/*Lipp* EGBGB Art. 7 Rn. 46. Für erbrechtliche Geschäfte gilt entsprechend das Erbstatut, vgl. BayObLG NJW 2003, 216 (218).

[78] BayObLG NJW 2003, 216 (218); Staudinger/*Hausmann* EGBGB Art. 7 Rn. 57; Soergel/*Kegel* EGBGB Art. 7 Rn. 11; BeckOK BGB/*Mäsch* EGBGB Art. 7 Rn. 20 aE; **aA** (Geschäftsfähigkeitsstatut) MüKo-BGB/*Lipp* EGBGB Art. 7 Rn. 47.

[79] Zur Begründung näher Staudinger/*Hausmann* EGBGB Art. 7 Rn. 59; MüKoBGB/*Lipp* EGBGB Art. 7 Rn. 46; BeckOK BGB/*Mäsch* EGBGB Art. 7 Rn. 20; juris-PK/*Ludwig* EGBGB Art. 7 Rn. 16; *v. Bar* IPR II Rn. 39; *Schotten/Schmellenkamp* IPR Rn. 61a; zust. BayObLG NJW 2003, 216 (218); **aA** *Kegel/Schurig* IPR § 17 I 2; Palandt/*Thorn* EGBGB Art. 7 Rn. 5; Erman/*Hohloch* EGBGB Art. 7 Rn. 13.

[80] Zutr. *v. Bar* IPR II Rn. 40; MüKoBGB/*Lipp* EGBGB Art. 7 Rn. 33.

[81] OLG Hamm NJW-RR 1996, 1144; juris-PK/*Ludwig* EGBGB Art. 7 Rn. 15; **aA** *v. Bar* IPR II Rn. 41.

[82] Staudinger/*Hausmann* EGBGB Art. 7 Rn. 61 ff.; Soergel/*Kegel* EGBGB Art. 7 Rn. 8; MüKoBGB/*Lipp* EGBGB Art. 7 Rn. 63 ff.; *v. Bar* IPR II Rn. 36; *Schotten/Schmellenkamp* IPR Rn. 60.

### 1. Wechsel- und Scheckrecht

Ein Beispiel ist die Fähigkeit zur Eingehung von Wechselverbindlichkeiten, die in Art. 91 WG teilweise abweichend von Art. 7 EGBGB geregelt ist. Nach Art. 91 Abs. 1 WG bestimmt sich zwar die Fähigkeit einer Person, eine Wechselverbindlichkeit einzugehen, ebenfalls nach dem Recht des Landes, dem sie angehört. Erklärt dieses Recht jedoch das Recht eines anderen Landes für maßgebend, so ist – anders als nach Art. 4 Abs. 1 EGBGB, der eine mehrfache Weiterverweisung zulässt – zwingend das Sachrecht des Staates anzuwenden, auf das **erstmals weiterverwiesen** wird. Auch wird eine Person, die nach dem von Art. 91 Abs. 1 WG bezeichneten Recht nicht wechselfähig ist, aus einem Wechsel gemäß Abs. 2 gleichwohl gültig verpflichtet, wenn die Unterschrift in dem Gebiet eines Landes abgegeben worden ist, nach dessen Recht sie wechselfähig wäre. Dies gilt allerdings dann nicht, wenn die Verbindlichkeit von einem Inländer im Ausland übernommen worden ist. Eine mit Art. 91 WG wörtlich übereinstimmende Regelung für die Scheckfähigkeit enthält Art. 60 ScheckG. 44

### 2. Familien- und Erbrecht

Erhebliche praktische Bedeutung haben besondere Geschäftsfähigkeiten ferner beim Abschluss von familien- und erbrechtlichen Rechtsgeschäften. So unterliegt etwa die besondere Fähigkeit zum Abschluss von Eheverträgen dem Güterrechtsstatut (Art. 15 EGBGB; → § 9 Rn. 166), die Fähigkeit zum Abschluss von Erb- oder Erbverzichtsverträgen dem hypothetischen Erbstatut zur Zeit des Vertragsschlusses (Art. 25 Abs. 1 iVm Art. 26 Abs. 1 lit. a EuErbVO; → § 15 Rn. 247 ff.), soweit nach diesen Rechten Sonderregeln gelten.[83] Verweist das Wirkungsstatut hingegen seinerseits auf die allgemeine – volle oder beschränkte – Geschäftsfähigkeit, so wird diese für jeden Vertragsteil gem Art. 7 Abs. 1 EGBGB nach seinem Heimatrecht beim Vertragsschluss beurteilt.[84] Entsprechende Grundsätze gelten auch für die Ehefähigkeit (Art. 13 EGBGB) und die Erb- bzw. Testierfähigkeit (Art. 26 Abs. 1 lit. a und lit. b EuErbVO).[85] 45

## III. Folgen mangelnder Geschäftsfähigkeit

Kann eine Person ein bestimmtes Rechtsgeschäft wegen fehlender Geschäftsfähigkeit nicht wirksam abschließen, so beurteilen sich auch die Rechtsfolgen nach dem von Art. 7 Abs. 1 EGBGB zur Anwendung berufenen **Heimatrecht.** Denn Zweck der Sonderanknüpfung nach Art. 7 EGBGB ist es gerade, den Minderjährigenschutz nach Maßgabe des Heimatrechts – unabhängig vom jeweiligen Wirkungsstatut des Geschäfts – zu gewährleisten. Ein wesentlicher Aspekt dieses Minderjährigenschutzes besteht aber darin, auch die Rechtsfolgen eines von einer nicht voll geschäftsfähige Person selbst abgeschlossen Vertrages oder einseitigen Rechtsgeschäfts festzulegen. Da aber den unterschiedlichen Abstufungen der Geschäftsfähigkeit in den einzelnen Rechten (→ Rn. 20 ff.) jeweils ganz bestimmte Rechtsfolgen entsprechen, können nur durch eine Sonderanknüpfung dieser Rechtsfolgen an das Heimatrecht des Handelnden schwierige Anpassungsprobleme vermieden werden.[86] 46

[83] Palandt/*Thorn* EGBGB Art. 7 Rn. 3; Staudinger/*Hausmann* EGBGB Art. 7 Rn. 63 und 70 mwN.

[84] BeckOK BGB/*Mäsch* EGBGB Art. 7 Rn. 31; zur Ehevertragsfähigkeit *v. Bar* IPR II Rn. 239; *Kegel/Schurig* IPR § 20 VI 3; zur Erbvertragsfähigkeit Staudinger/*Hausmann* EGBGB Art. 7 Rn. 70, 70a.

[85] Soergel/*Kegel* EGBGB Art. 7 Rn. 4, 8; MüKoBGB/*Lipp* EGBGB Art. 7 Rn. 67; Staudinger/*Hausmann* EGBGB Art. 7 Rn. 62, 68 f.

[86] *Reithmann* DNotZ 1967, 232 (238); *Baetge* IPRax 1996, 185 (187); *Lipp* FS Kühne, 2009, 765 (773); *Spellenberg* IPRax 2013, 466 (467 f.); Staudinger/*Hausmann* EGBGB Art. 7 Rn. 88 ff.; MüKoBGB/*Lipp* EGBGB Art. 7 Rn. 56 ff.; Soergel/*Kegel* EGBGB Art. 7 Rn. 7; Palandt/*Thorn* EGBGB Art. 7 Rn. 5; Erman/*Hohloch* EGBGB Art. 7 Rn. 14; BeckOK BGB/*Mäsch* EGBGB Art. 7 Rn. 28; *v. Bar* IPR II Rn. 43; *Kropholler* IPR § 42 I 1; *Schotten/Schmellenkamp* IPR Rn. 61b; **aA** (arg. EGBGB Art. 32 Abs. 1 Nr. 5 =

47 Aus diesem Grunde entscheidet das von Art. 7 EGBGB zur Anwendung berufene Heimatrecht einer nicht voll geschäftsfähigen Person – und nicht das Vertragsstatut – darüber, ob ein von dieser geschlossenener Vertrag **nichtig, schwebend unwirksam oder anfechtbar** ist, und ob dieser Mangel – wie zB nach § 110 BGB – durch Erfüllung geheilt werden kann.[87] Ist das Geschäft schwebend unwirksam, so regelt das Heimatrecht ferner, auf welche Weise das Geschäft noch wirksam werden kann, ob etwa eine nachträgliche Genehmigung durch den gesetzlichen Vertreter oder den volljährig gewordenen Minderjährigen (vgl. § 108 BGB) möglich und wem gegenüber und in welcher Frist sie zu erklären ist.[88] Weiter entscheidet das Heimatrecht auch darüber, ob der andere Teil an das Geschäft mit einem Minderjährigen gebunden ist und unter welchen Voraussetzungen er sich – zB durch Widerruf – von dieser Bindung lösen kann.

48 Ist der Vertrag wegen fehlender Geschäftsfähigkeit des Handelnden nach seinem Heimatrecht unwirksam, so beurteilt sich die **Rückabwicklung** freilich nicht nach Art. 7 EGBGB, sondern nach dem Wirkungsstatut; dies folgt für Schuldverträge aus Art. 12 Abs. 1 lit. e Rom I-VO und Art. 10 Abs. 1 Rom II-VO.[89] Für eine Anwendung des Heimatrechts des Minderjährigen auf den Kondiktionsanspruch zur Rückabwicklung des wegen mangelnder Geschäftsfähigkeit unwirksamen Vertrages besteht kein Grund, weil es für das Statut der der ungerechtfertigten Bereicherung irrelevant ist, aus welchem Grund die *causa* fehlt.[90] Für die Rückabwicklung von sachenrechtlichen Verfügungen gilt entsprechend die *lex rei sitae.*

49 Wer **gesetzlicher Vertreter** ist und welche Befugnisse er hat, bestimmt hingegen weder das Wirkungsstatut noch das Heimatrecht des nicht (voll) Geschäftsfähigen, sondern diejenige Rechtsordnung, welche die elterliche Sorge bzw. die Vormundschaft, Pflegschaft oder Betreuung beherrscht.[91] Dieses Vertretungsstatut regelt auch, ob das von dem gesetzlichen Vertreter geschlossene Geschäft für und gegen den Minderjährigen wirkt. Die gesetzliche Vertretung eines Minderjährigen beurteilt sich seit dem 1.1.2011 nach Art. 16, 17 KSÜ; danach ist grundsätzlich das Recht am **gewöhnlichen Aufenthalt des Minderjährigen** maßgebend (näher → § 5 Rn. 37 ff.).

50 Im Übrigen gilt für die **Abgrenzung von Geschäftsfähigkeits-, Wirkungs- und Vertretungsstatut** folgendes: Das **Geschäftsfähigkeitsstatut** entscheidet nur darüber, ob eine Person die für den Abschluss des in Rede stehenden Rechtsgeschäfts erforderliche Fähigkeit besitzt. Ist sie dazu wegen ihrer Minderjährigkeit oder wegen geistiger Defekte nicht in der Lage, so ist das **Wirkungsstatut** des Geschäfts dafür maßgeblich, ob die mangelnde Geschäftsfähigkeit durch die Einschaltung Dritter behoben werden kann. Dem Wirkungsstatut ist mithin zu entnehmen, ob ein Minderjähriger bei dem in Rede stehenden Geschäft überhaupt wirksam vertreten werden kann.[92]

---

Art. 12 Abs. 1 lit. e Rom I-VO) OLG Düsseldorf NJW-RR 1995, 755 (756) = IPRax 1996, 189 m. abl. Anm. *Baetge* IPRax 1996, 185.

[87] Staudinger/*Hausmann* EGBGB Art. 7 Rn. 91; MüKoBGB/*Lipp* EGBGB Art. 7 Rn. 56; Palandt/*Thorn* EGBGB Art. 7 Rn. 5; Erman/*Hohloch* EGBGB Art. 7 Rn. 14; BeckOK BGB/*Mäsch* EGBGB Art. 7 Rn. 28; *v. Bar* IPR II Rn. 43; *Kropholler* IPR § 42 I 1; *Schotten/Schmellenkamp* IPR Rn. 61c; **aA** OLG Düsseldorf NJW-RR 1995, 755 (756).

[88] Staudinger/*Hausmann* EGBGB Art. 7 Rn. 91; *Schotten/Schmellenkamp* IPR Rn. 61c.

[89] OGH IPRax 2013, 447 mAnm *Spellenberg* IPRax 2013, 466; OLG Düsseldorf NJW-RR 1995, 755 (756); *Baetge* IPRax 1996, 185 (187 f.); Staudinger/*Hausmann* EGBGB Art. 7 Rn. 92; Palandt/*Thorn* EGBGB Art. 7 Rn. 5; Erman/*Hohloch* EGBGB Art. 7 Rn. 15; BeckOK BGB/*Mäsch* EGBGB Art. 7 Rn. 29; *Schotten/Schmellenkamp* IPR Rn. 62; zum österreichischen Recht vgl. OGH IPRax 2013, 447 mAnm *Spellenberg* IPRax 2013, 466; **aA** *v. Bar* IPR II Rn. 44; *Lipp* FS Kühne, 2009, 765 (776 f.); MüKoBGB/*Lipp* EGBGB Art. 7 Rn. 59.

[90] *Baetge* IPRax 1996, 185 (187).

[91] OLG Köln ZUM 2000, 166; Soergel/*Kegel* EGBGB Art. 7 Rn. 7; Palandt/*Thorn* EGBGB Art. 7 Rn. 5; Erman/*Hohloch* EGBGB Art. 7 Rn. 16; MüKoBGB/*Lipp* EGBGB Art. 7 Rn. 61.

[92] Staudinger/*Hausmann* EGBGB Art. 7 Rn. 95, 97; BeckOK BGB/*Mäsch* EGBGB Art. 7 Rn. 30; Erman/*Hohloch* EGBGB Art. 7 Rn. 16 aE; **aA** (Geschäftsfähigkeitsstatut) MüKoBGB/*Lipp* EGBGB Art. 7 Rn. 60.

Ist letzteres zu bejahen, so regelt hingegen das **Vertretungsstatut,** ob bei Vertretung durch die Eltern die Zustimmung eines Elternteils genügt oder ob beide zustimmen müssen,[93] und ob die Eltern allein handeln können oder zusätzlich einer familiengerichtlichen Genehmigung bedürfen.[94] Auch die Berechtigung des gesetzlichen Vertreters zum **Selbstkontrahieren** ist dem Vertretungsstatut zu entnehmen.[95] Dies gilt nicht nur bei Geschäften zwischen Eltern und Kind, sondern auch bei Geschäften, die die Eltern als gesetzliche Vertreter des Kindes mit Dritten abschließen. Können die Eltern das Geschäft nach dem Vertretungsstatut ohne familiengerichtliche Genehmigung abschließen, während eine solche nach dem Heimatrecht des Minderjährigen erforderlich ist, empfiehlt sich allerdings die zusätzliche Einhaltung der strengeren Voraussetzungen nach dessen Heimatrecht.[96] 51

### IV. Verfügungsmacht

Die Verfügungsbefugnis ist von der Geschäftsfähigkeit auch für die Zwecke der kollisionsrechtlichen Anknüpfung zu trennen. Mangelnde Verfügungsmacht ist nicht Mangel an persönlicher Fähigkeit, sondern Mangel im Recht. Die Verfügungsmacht beurteilt sich daher nicht nach dem Personalstatut des Verfügenden, sondern grundsätzlich nach derjenigen Rechtsordnung, der das Recht untersteht, über das verfügt werden soll.[97] Häufig ergeben sich freilich Verfügungsbeschränkungen auch aus anderen Rechtsbeziehungen, denen der Verfügende unterliegt, zB aus dem ehelichen Güterrecht, dem Recht der allgemeinen Ehewirkungen, dem Erb- oder Insolvenzrecht; sie unterliegen dann dem auf diese Rechtsbeziehungen jeweils anwendbaren Recht.[98] 52

## F. Schutz des Rechtsverkehrs

**Schrifttum:**

*Bader,* Der Schutz des guten Glaubens in Fällen mit Auslandsberührung, MittRhNotK 1994, 161; *G. Fischer,* Verkehrsschutz im internationalen Vertragsrecht, 1990; *Liessem,* Guter Glaube beim Grundstückserwerb von einem durch seinen Güterstand verfügungsbeschränkten Ehegatten?, NJW 1989, 497; *Lipp,* Verkehrsschutz und Geschäftsfähigkeit im IPR, RabelsZ 63 (1999), 107; *Schotten,* Der Schutz des Rechtsverkehrs im IPR, DNotZ 1994, 670.

Die uneingeschränkte Geltung der in Art. 7 Abs. 1 EGBGB vorgeschriebenen Anknüpfung der Geschäftsfähigkeit an das Heimatrecht würde den inländischen Rechtsverkehr erheblich beeinträchtigen. Auch bei alltäglichen Umsatzgeschäften müsste der inländische Vertragspartner sich über die Staatsangehörigkeit seines Kontrahenten und die in dessen Heimatstaat geltenden Regeln über die Geschäftsfähigkeit unterrichten und müsste das Risiko einer etwaigen Fehleinschätzung tragen. Um den gutgläubigen Vertragspartner vor den Gefahren der Geltung eines vom Recht des Abschlussortes abweichenden ausländischen Personalstatuts des anderen Teils zu schützen, schränkte Art. 12 S. 1 EGBGB daher die Anknüpfung an das Heimatrecht schon bisher ein.[99] Diese Vorschrift wird seit dem 17.12.2009 im sachlichen Anwendungsbereich der Rom I-VO durch deren Art. 13 – ohne Änderung in der Sache – verdrängt (Art. 3 Nr. 1 lit. b EGBGB). Dem durch Art. 13 Rom I-VO ge- 53

[93] BayObLGZ 1967, 443 (451) = FamRZ 1969, 44; Staudinger/*Hausmann* EGBGB Art. 7 Rn. 95; *Schotten/Schmellenkamp* IPR Rn. 82; **aA** (Geschäftsfähigkeitsstatut) *v. Bar* IPR II Rn. 42.
[94] Näher → § 5 Rn. 57 ff. mwN.
[95] Staudinger/*Hausmann* EGBGB Art. 7 Rn. 95.
[96] Staudinger/*Hausmann* EGBGB Art. 7 Rn. 98; *v. Hoffmann/Thorn* IPR § 7 Rn. 8; MüKoBGB/*Lipp* EGBGB Art. 7 Rn. 62 („Gebot praktischer Klugheit"); **aA** *v. Bar* IPR II Rn. 44; BeckOK BGB/*Mäsch* EGBGB Art. 7 Rn. 30.
[97] Staudinger *Hausmann* EGBGB Art. 7 Rn. 80; Soergel/*Kegel* EGBGB Art. 7 Rn. 8; MüKoBGB/*Lipp* EGBGB Art. 7 Rn. 70.
[98] Vgl. zum Ehegüterrecht → § 9 Rn. 161, zu den allgemeinen Ehewirkungen → § 8 Rn. 64 ff.
[99] Soergel/*Kegel* EGBGB Art. 12 Rn. 1; Staudinger/*Hausmann* EGBGB Art. 12 Rn. 10 ff.

währleisteten Verkehrsschutz kommt wegen des vergleichsweise niedrigen Volljährigkeitsalters in der *Bundesrepublik Deutschland* bei Vertragsschlüssen im Inland erhebliche praktische Bedeutung zu; für ihre Auslegung gelten die zu Art. 12 S. 1 EGBGB entwickelten Grundsätze fort.

## I. Voraussetzungen des Verkehrsschutzes

### 1. Aufenthalt der Vertragspartner in demselben Staat

54 Art. 13 Rom I-VO schützt nur Personen, die sich bei Vertragsabschluss – wenn auch nur vorübergehend[100] – in demselben Staat befunden haben. Erforderlich ist also die persönliche Anwesenheit beider Vertragsparteien bei Abgabe ihrer Willenserklärungen in demselben Staat. Hingegen findet ein Verkehrsschutz bei **grenzüberschreitenden Distanzgeschäften** nicht statt. Es genügt also weder ein Angebot ins Ausland, noch die Annahme eines ausländischen Angebots – zB per Internet – im Inland.[101] Ein Geschäft unter am gleichen *Ort* Anwesenden wird hingegen nicht gefordert.[102] Da Art. 13 Rom I-VO die Anwendung inländischer Geschäftsfähigkeitsmaßstäbe lediglich von der Anwesenheit der Parteien beim Vertragsschluss im Inland abhängig macht, spielen Staatsangehörigkeit und Wohnsitz der Vertragsparteien keine Rolle. Wird der Vertrag im Inland geschlossen, so wird Verkehrsschutz mithin auch dann gewährt, wenn beide Vertragspartner Ausländer sind und/oder ihren gewöhnlichen Aufenthalt bzw. Wohnsitz im Ausland haben.[103] Abweichend von Art. 7 Abs. 3 EGBGB aF ist Art. 13 Rom I-VO freilich allseitig gefasst und schützt damit auch bei Vertragsschlüssen im Ausland.[104] Maßgebender Zeitpunkt für die Anwesenheit beider Parteien im gleichen Staat ist die Abgabe – nicht der Zugang – der auf den Vertragsschluss gerichteten Willenserklärungen.[105]

55 Bei einem **Vertragschluss durch Vertreter** reicht allerdings die Anwesenheit des Vertreters im Vornahmestaat aus. Dies folgt zwar nicht aus einer analogen Anwendung von Art. 11 Abs. 2 Rom I-VO,[106] weil diese Vorschrift lediglich den für die alternative Anknüpfung des Formstatuts maßgeblichen Vornahmeort bei Einschaltung eines Vertreters festlegt, ohne das Erfordernis einer gleichzeitigen Anwendbarkeit der Vertragsschließenden in demselben Staat aufzustellen. Nach dem Normzweck des Art. 13 Rom I-VO ist der inländische Vertragspartner einer nach ihrem ausländischen Heimatrecht nicht geschäftsfähigen Partei aber schon dann schutzwürdig, wenn diese Partei durch einen Vertreter am inländischen Rechtsverkehr teilnimmt; die zusätzliche persönliche Anwesenheit der vertretenen geschäftsunfähigen Partei selbst im Vornahmestaat ist daher nicht erforderlich.[107] Die mangelnde Geschäftsfähigkeit des Vertretenen beinflusst allerdings nicht die Wirksamkeit des Vertretergeschäfts, sondern nur die **Wirksamkeit der erteilten Vollmacht.** Wurde diese im Ausland erteilt, so greift Art. 13 Rom I-VO insoweit nicht ein; es gilt vielmehr Art. 7 EGBGB mit der Folge, dass der Vertreter ohne Vertretungsmacht gehandelt hat.[108]

[100] Eine Mindestdauer des Aufenthalts wird im Interesse der Rechtssicherheit nicht vorausgesetzt, vgl. *Schotten* DNotZ 1994, 670 (671); Staudinger/*Hausmann* Rom I-VO Art. 13 Rn. 38.

[101] *G. Fischer* S. 39 ff.; MüKoBGB/*Spellenberg* Rom I-VO Art. 13 Rn. 54 f.; Staudinger/*Hausmann* Rom I-VO Art. 13 Rn. 39; Erman/*Hohloch* EGBGB Art. 12 Rn. 9.

[102] *G. Fischer* S. 35 ff.; Soergel/*Kegel* EGBGB Art. 12 Rn. 4; Staudinger/*Hausmann* Rom I-VO Art. 13 Rn. 37 mwN.

[103] *Lipp* RabelsZ 63 (1999), 107 (135); Staudinger/*Hausmann* Rom I-VO Art. 13 Rn. 39; Erman/*Hohloch* EGBGB Art. 12 Rn. 7; einschränkend (keine Anwendung von Art. 13 Rom I-VO bei gleicher Staatsangehörigkeit der Vertragsparteien) MüKoBGB/*Spellenberg* Rom I-VO Art. 13 Rn. 26.

[104] *V. Bar* IPR II Rn. 56 ff.; Staudinger/*Hausmann* Rom I-VO Art. 13 Rn. 4.

[105] Staudinger/*Hausmann* Rom I-VO Art. 13 Rn. 46 mwN.

[106] So aber *Liessem* NJW 1989, 497 (501); *Bader* MittRhNotK 1994, 161 (162); *Lipp* RabelsZ 63 (1999), 107 (136); Palandt/*Thorn* Rom I-VO Art. 13 Rn. 3.

[107] Vgl. näher Staudinger/*Hausmann* Rom I-VO Art. 13 Rn. 41 ff.; iErg ebenso *G. Fischer* S. 39 ff.; **aA** *Schotten* DNotZ 1994, 670 (671); MüKoBGB/*Spellenberg* Rom I-VO Art. 13 Rn. 61.

[108] Ebenso *Schotten/Schmellenkamp* IPR Rn. 63 aE m. Fn. 58. Dies gilt auch dann, wenn von der Vollmacht im Inland Gebrauch gemacht wurde, vgl. Staudinger/*Hausmann* Rom I-VO Art. 13 Rn. 42.

## 2. Gutgläubigkeit des Drittkontrahenten

Der Schutz durch Art. 13 Rom I-VO ist weiterhin auf Fälle beschränkt, in denen der Vertragspartner der geschäftsunfähigen Partei gutgläubig ist, dh die mangelnde Geschäftsfähigkeit seines Partners bei Vertragsschluss weder gekannt, noch infolge von (auch leichter) Fahrlässigkeit nicht gekannt hat. Ein Verkehrsschutz scheidet daher aus, wenn die Minderjährigkeit des Vertragspartners bereits aus der notariellen oder schriftlichen Vertragsurkunde hervorgeht.[109] Da Art. 13 Rom I-VO den Rechtsverkehr im Vornahmestaat vor dort unbekannten Beschränkungen der Geschäftsfähigkeit **nach fremdem Recht** schützen soll, sind nur Irrtümer über die Rechtslage, nicht Irrtümer über Tatsachen relevant.[110] Ein beachtlicher Rechtsirrtum kann sich nicht nur auf fremdes Sachrecht (nämlich die dortige Regelung der Geschäftsfähigkeit, zB das Volljährigkeitsalter) beziehen, sondern auch auf fremdes Kollisionsrecht, zB die dort hinsichtzlich der Geschäftsfähgikeit vorgesehene Weiterverweisung auf ein drittes Recht).[111] Ein solcher Irrtum ist auch nicht schon deshalb ausgeschlossen, weil beide Parteien die gleiche ausländische Staatsangehörigkeit haben.[112] Demgegenüber sind Irrtümer über das Alter, die Ausländereigenschaft oder den Wohnsitz des Vertragspartners unbeachtliche Tatsachenirrtümer. 56

Nach Art. 13 Rom I-VO schadet nicht nur positive Kenntnis, sondern auch **fahrlässige Unkenntnis** der mangelnden Geschäftsfähigkeit nach fremdem Recht. Der anzulegende Sorgfaltsmaßstab ist nicht dem Recht des Vornahmestaates – in Deutschland also den §§ 122 Abs. 2, 276 BGB – zu entnehmen, sondern verordnungsautonom zu bestimmen.[113] Danach ist der Vertragspartner nur schutzwürdig, wenn man ihm nicht zumuten kann, sich über das ausländische Recht selbst zu informieren. Eine solche **Erkundigungspflicht** besteht jedenfalls bei alltäglichen Markt- und Ladengeschäften nicht.[114] Im Übrigen kommt es insoweit auf die wirtschaftliche Bedeutung des Geschäfts, die Geschäftsgewandtheit der Parteien, die zur Verfügung stehende Verhandlungszeit und die Üblichkeit rechtlicher Beratung bei Geschäften der betreffenden Art an.[115] Die **Beweislast** für die fahrlässige Unkenntnis des Vertragspartners trägt die geschäftsunfähige Partei.[116] 57

Demgemäß ist bei Transaktionen mit erheblichem wirtschaftlichen Gewicht ein strengerer Sorgfaltsmaßstab anzulegen als bei Verbrauchergeschäften des täglichen Lebens. Auch können von einem *Kaufmann* weitergehende Nachforschungen verlangt werden als von einem mit den Gefahren des internationalen Rechtsverkehrs nicht vertrauten Privatmann.[117] Ist es verkehrsüblich, bei Geschäften der in Rede stehenden Art rechtskundigen Rat einzuholen, so scheidet ein Verkehrsschutz nach Art. 13 Rom I-VO aus, wenn auf eine entsprechende rechtliche Beratung verzichtet wird.[118] Die bloße **Kenntnis der Ausländereigenschaft** des Kontrahenten rechtfertigt den Vorwurf der fahrlässigen Unkennt- 58

[109] Vgl. OLG Hamm NJW-RR 1995, 1144.

[110] *Liessem* NJW 1989, 497 (501 ff.); *Schotten* DNotZ 1994, 670 (672); *v. Bar* IPR II Rn. 59; MüKoBGB/*Spellenberg* Rom I-VO Art. 13 Rn. 70 ff., 80 ff.

[111] Vgl. dazu näher Staudinger/*Hausmann* Rom I-VO Art. 13 Rn. 53; **aA** *Lipp* RabelsZ 63 (1999), 107 (140 f.); BeckOK BGB/*Mäsch* Rom I-VO Art. 13 Rn. 32.

[112] *G. Fischer* S. 50 ff.; *Lipp* RabelsZ 63 (1999), 107 (135); Rauscher/*Thorn* Rom I-VO Art. 13 Rn. 13; Staudinger/*Hausmann* Rom I-VO Art. 13 Rn. 56; **aA** MüKoBGB/*Spellenberg* Rom I-VO Art. 13 Rn. 71 ff.; BeckOK BGB/*Mäsch* Rom I-VO Art. 13 Rn. 32; *v. Bar* IPR II Rn. 59.

[113] Staudinger/*Hausmann* Rom I-VO Art. 13 Rn. 57; **aA** *Liessem* NJW 1989, 497 (501); Erman/*Hohloch* Rom I-VO Art. 13 Rn. 6.

[114] *G. Fischer* S. 70; Staudinger/*Hausmann* Rom I-VO Art. 13 Rn. 57; *Schotten/Schmellenkamp* IPR Rn. 64.

[115] *G. Fischer* S. 48 ff.; *Schotten* DNotZ 1994, 670 (672); *v. Bar* IPR II Rn. 59.

[116] *Wolfsteiner* DNotZ 1987, 82; Palandt/*Thorn* Rom I-VO Art. 13 Rn. 3.

[117] MüKoBGB/*Spellenberg* Rom I-VO Art. 13 Rn. 82 ff., 86; Staudinger/*Hausmann* Rom I-VO Art. 13 Rn. 58.

[118] Vgl. BGH NJW 1998, 2452 mAnm *Schütze* IPRax 1999, 87 (zur Verpflichtung eines deutschen Unternehmens, sich über die [Rechts-] Fähigkeit einer kroatischen Gesellschaft zum Abschluss von Außenhandelsverträgen zu informieren).

nis allerdings jedenfalls bei alltäglichen Laden- oder Marktgeschäften nicht.[119] Insbesondere bei formbedürftigen Geschäften (zB **Grundstückskaufverträgen**) wird man dem Vertragspartner eines ausländischen Minderjährigen hingegen eine Erkundigungspflicht auferlegen müssen.[120] Auf Risiken der möglicherweise mangelnden Geschäftsfähigkeit einer Partei nach ausländischem Recht hat auch der **beurkundende Notar** hinzuweisen, auch wenn er zu einer Belehrung über den Inhalt des ausländischen Geschäftsfähigkeitsrechts nicht verpflichtet ist (§ 17 Abs. 3 BeurkG).[121] Die **Beweislast** für die Bösgläubigkeit des inländischen Vertragspartei trifft die geschäftsunfähige Partei, die sich auf die Kenntnis bzw. fahrlässige Unkenntnis beruft.[122]

### 3. Verkehrsgeschäft

59 Zwar bezieht sich Art. 13 Rom I-VO nach seinem Wortlaut unmittelbar nur auf Schuldverträge. Eine analoge Anwendung auf **einseitige zugangsbedürftige Rechtsgeschäfte,** die im Zusammenhang mit einem Schuldvertrag stehen (zB Anfechtung, Kündigung, Rücktritt uÄ) ist indessen wegen der vergleichbaren Interessenlage zulässig und geboten.[123] Ferner bezieht sich der Verkehrsschutz auch auf verfügende Verträge, soweit sie – wie die Forderungsabtretung nach Art. 14 – in den Anwendungsbereich der Rom I-VO fallen.

60 Für den Schutz des Rechtsverkehrs gegen Beschränkungen der Geschäftsfähigkeit **außerhalb des Schuldvertragsrechts** – zB bei sachenrechtlichen Verfügungsgeschäften wie der Auflassung eines deutschen Grundstücks – gilt weiterhin **Art. 12 S. 1 EGBGB.**[124] Auch dieser Schutz ist allerdings auf sog „Verkehrsgeschäfte" beschränkt. Ausgenommen sind daher – wie Art. 12 S. 2 EGBGB klarstellt – familien- und erbrechtliche Rechtsgeschäfte, sowie Verfügungen über ausländische Grundstücke. Durch diese Einschränkung des Verkehrsschutzes soll vor allem im internationalen Familien- und Erbrecht der Entstehung hinkender Rechtsverhältnisse vorgebeugt werden.

61 Um den Kreis der nach Art. 12 S. 2 EGBGB ausgenommenen **familien- und erbrechtlichen Rechtsgeschäfte** zu bestimmen, sollte man sich an den einschlägigen EU-Verordnungen (Rom III-VO, EuErbVO), Staatsverträgen (HUP) und den Art. 13 ff. EGBGB orientieren.[125] Zu den familienrechtlichen Rechtsgeschäften zählen danach – neben Verlöbnis, Eheschließung und Adoption – auch Eheverträge sowie Unterhalts- und Scheidungsvereinbarungen, nicht hingegen die nach ausländischem Ehegüter- oder Ehewirkungsstatut erforderlichen Zustimmungen zu bestimmten Verpflichtungs- oder Verfügungsgeschäften (näher → § 8 Rn. 58 ff.; → § 9 Rn. 161). Erbrechtliche Rechtsgeschäfte sind erfasst, soweit sie die allgemeine Geschäftsfähigkeit seitens des Erben oder Bedachten voraussetzen. Dies trifft insbesondere auf den Erbvertrag, den Erbverzicht und den Erbschaftskauf, aber auch die Schenkung von Todes wegen zu.[126] Auch die EuErbVO sieht bei erbrechtlichen Geschäften keinen Verkehrschutz nach dem Vorbild des Art. 13 Rom I-VO vor.

---

[119] *Liessem* NJW 1989, 497 (501); *v. Hoffmann/Thorn* IPR § 7 Rn. 10; Palandt/*Thorn* Rom I-VO Art. 13 Rn. 3; Erman/*Hohloch* Rom I-VO Art. 13 Rn. 6; **aA** *Goldschmidt* FS Kegel, 1987, 171.

[120] So *Lipp* RabelsZ 63 (1999), 107 (191); auch *Ferid* IPR Rn. 5–30; *Kropholler* IPR § 42 I 3 a; *v. Bar* IPR II Rn. 59; *Schotten/Schmellenkamp* IPR Rn. 64; Staudinger/*Hausmann* Rom I-VO Art. 13 Rn. 58; *G. Fischer* S. 51 ff. mwN.

[121] *Schotten/Schmellenkamp* IPR Rn. 67.

[122] Staudinger/*Hausmann* Rom I-VO Art. 13 Rn. 61 mwN.

[123] Vgl. zu MüKoBGB/*Spellenberg* Rom I-VO Art. 13 Rn. 27; Staudinger/*Hausmann* Rom I-VO Art. 13 Rn. 22; Palandt/*Thorn* Rom I-VO Art. 13 Rn. 3; Erman/*Hohloch* EGBGB Art. 12 Rn. 8; *Kropholler* IPR § 42 I 3 b; *Ferid* IPR Rn. 5–30; *v. Bar* IPR II Rn. 60; *Schotten/Schmellenkamp* IPR Rn. 63; *G. Fischer* S. 42 ff.

[124] Staudinger/*Hausmann* EGBGB Art. 12 Rn. 31.

[125] Vgl. MüKoBGB/*Spellenberg* EGBGB Art. 12 Rn. 53.

[126] Vgl. näher Staudinger/*Hausmann* EGBGB Art. 12 Rn. 56.

Auch für **Verfügungen über ein ausländisches Grundstück** ist gemäß Art. 12 S. 2 EGBGB – auf Veräußerer- wie Erwerberseite – stets Geschäftsfähigkeit nach dem Heimatrecht (Art. 7 Abs. 1 EGBGB) notwendig, ohne dass es auf das Recht des Vornahmeortes ankommt. Die Geschäftsfähigkeitsvorschriften des Wirkungsstatuts, dh der ausländischen *lex rei sitae* (Art. 43 Abs. 1 EGBGB) können nur im Falle einer Weiterverweisung durch das Heimatrecht des Verfügenden auf das Belegenheitsrecht Bedeutung erlangen.[127] 62

**Beispiel:** 63
Veräußert ein 18-jähriger Japaner ein englisches Grundstück, so ist die Verfügung aus deutscher Sicht unwirksam, weil der Veräußerer nach seinem von Art. 7 Abs. 1 EGBGB zur Anwendung berufenen Heimatrecht, das diese Verweisung des deutschen IPR annimmt, noch nicht volljährig und damit nur beschränkt geschäftsfähig ist. Auf den gegenteiligen Standpunkt der englischen *lex rei sitae* kommt es aus deutscher Sicht nicht an. Daran ändert auch Art. 3a Abs. 2 EGBGB nichts, weil der Vorrang des Einzelstatuts für Geschäftsfähigkeitsfragen nicht gilt.

Die Maßgeblichkeit des Heimatrechts zur Beurteilung der Geschäftsfähigkeit ist aber auf das **Verfügungsgeschäft** beschränkt, gilt also nicht für das zugrundeliegende Verpflichtungsgeschäft. Für Kaufverträge sowie Miet- und Pachtverträge über ausländische Grundstücke wird vielmehr der Verkehrsschutz nach Art. 13 Rom I-VO uneingeschränkt gewährt. Er ist aber in Rechtsordnungen, die – wie das deutsche Recht – das *Abstraktionsprinzip* befolgen, auf das schuldrechtliche Kausalgeschäft beschränkt, während für das dingliche Verfügungsgeschäft ein Verkehrsschutz nach Art. 12 S. 2 EGBGB ausgeschlossen ist. Unterliegt der Schuldvertrag hingegen einem Recht, in dem – wie im französischen Recht – das Kausalprinzip gilt, so hat die von Art. 13 Rom I-VO vorgeschriebene Gewährung von Verkehrsschutz für den Schuldvertrag notwendig zur Folge, dass dieser trotz der mangelnden Geschäftsfähigkeit des V eräußerers wirksam ist und damit auch den Eigentumsübergang auf den Erwerber bewirkt.[128] 64

## II. Wirkungen des Verkehrsschutzes

### 1. Alternative Anwendung des Rechts am Vornahmeort

Aus Art. 13 Rom I-VO folgt nicht, dass anstelle des nach Art. 7 EGBGB maßgeblichen Heimatrechts in jedem Fall das Recht des Vornahmestaates anzuwenden ist. Vielmehr kommt dieses Recht **nur alternativ** zum Zuge, wenn es das Zustandekommen des Vertrages begünstigt.Daher ist im Wege eines Günstigkeitsvergleichs zu ermitteln, welches der beiden Rechte den Schutz des Geschäftspartners der geschäftsunfähigen Partei besser verwirklicht. Zu einem wirksamen Vertragsschluss im Inland genügt es also, dass die ausländische Partei entweder nach ihrem Heimatrecht oder nach deutschem Recht die für den Vertrag erforderliche Geschäftsfähigkeit besitzt.[129] 65

**a) Gültiges Geschäft.** Ist die ausländische Partei nach dem Recht des Abschlussortes geschäftsfähig ist, so ist der Vertrag gültig, auch ohne dass sich der Vertragspartner ausdrücklich darauf beruft. Dem Vertragspartner steht es aber auch nicht frei zu entscheiden, ob er an dem nach dem Recht des Vornahmestaates gültigen Vertrag festhalten oder dessen Unwirksamkeit wegen mangelnder Geschäftsfähigkeit nach dem Heimatrecht des anderen Teils geltend machen will.[130] Eine derartige unbefristete Schwebewirkung von Rechtsgeschäften wäre mit dem von Art. 13 Rom I-VO verfolgten Zweck, Unsicherheit über die 66

[127] Soergel/*Kegel* EGBGB Art. 7 Rn. 21; Staudinger/*Hausmann* EGBGB Art. 12 Rn. 5.
[128] Vgl. näher Staudinger/*Hausmann* EGBGB Art. 12 Rn. 58; **aA** (Aufspaltung des Geschäfts); Soergel/*Kegel* EGBGB Art. 12 Rn. 21; BeckOK BGB/*Mäsch* Rom I-VO Art. 13 Rn. 15.
[129] Staudinger/*Hausmann* Rom I-VO Art. 13 Rn. 62; MüKoBGB/*Spellenberg* Rom I-VO Art. 13 Rn. 89ff.
[130] So aber G. *Fischer* S. 114ff.; *Schotten/Schmellenkamp* IPR Rn. 65.

Gültigkeit von Rechtsgeschäften, die ihren Grund in der mangelnden Geschäftsfähigkeit einer Partei haben, im Vornahmestaat gerade zu vermeiden, nicht vereinbar.[131] Insbesondere ist der durch Art. 13 Rom I-VO geschützte Vertragspartner nicht berechtigt, sich nachträglich von dem nach Vornahmerecht wirksamen Vertrag wieder zu lösen, wenn dieser sich für ihn als wirtschaftlich ungünstig erweist; er hat also insoweit **kein Wahlrecht.**[132]

67 **b) Ungültiges Geschäft.** Ist das Geschäft hingegen nach dem Recht des Abschlussortes unwirksam, so verbleibt es bei der Beurteilung der Geschäftsfähigkeit nach dem Heimatrecht des Vertragspartners (Art. 7 Abs. 1 EGBGB). Auch dies gilt – entgegen dem insoweit missverständlichen Wortlaut des Art. 13 Rom I-VO – nicht nur dann, wenn der Minderjährige sich auf seine mangelnde Geschäftsfähigkeit beruft; Beschränkungen der Geschäftsfähigkeit sind vielmehr nach deutschem Recht **von Amts wegen** zu berücksichtigen.[133] Ist der ausländische Geschäftspartner weder nach seinem Heimatrecht noch nach dem Recht des Abschlussstaates voll geschäftsfähig, so gilt die alternative Anknüpfung *in favorem negotii* auch für die Rechtsfolgen, die sich hieraus für das geschlossene Rechtsgeschäft ergeben. Ist der von einem deutschen Minderjährigen in *England* geschlossene Vertrag daher nach dem englischen Vornahmerecht bis zu einem Widerruf vorläufig wirksam, während er nach dem deutschen Heimatrecht des Minderjährigen schwebend unwirksam ist (§§ 107, 108 BGB), so kann sich der Vertragspartner auf das ihm günstigere englische Recht berufen, weil dieses die mildere Rechtsfolge anordnet.[134]

### 2. Gesetzliche und gerichtliche Beschränkungen

68 **a) Gesetzliche Beschränkungen.** Da gesetzliche Beschränkungen der Geschäftsfähigkeit (zB aufgrund von Geisteskrankheit) idR aus keinem Register zu ersehen sind, steht der Rechtsverkehr ihnen praktisch ohne Sicherungsmöglichkeit gegenüber. Zwar gilt der Verkehrsschutz nach Art. 13 Rom I-VO grundsätzlich auch für Beschränkungen der Geschäftsfähigkeit erwachsener Personen; da aber krankhafte Störungen der Geistestätigkeit, die zu einem die freie Willensbildung ausschließenden Zustand führen, nach praktisch allen Rechten Geschäftsunfähigkeit zur Folge haben, ist die Bedeutung des Verkehrsschutzes – anders als bei Vertragsschlüssen durch Minderjährige – gering. Jedoch gilt die im deutschen Recht neu eingeführte **Teilgeschäftsfähigkeit** von geschäftsunfähigen Volljährigen für Geschäfte des täglichen Lebens, die mit geringwertigen Mitteln bewirkt werden können (§ 105a BGB), gemäß Art. 13 Rom I-VO auch für Ausländer, die im Inland ein solches Geschäft mit einem gutgläubigen Vertragspartner tätigen.

69 **b) Gerichtliche Beschränkungen.** Auch nach ihrer Abschaffung im Inland ist das Rechtsinstitut der **Entmündigung,** das erheblich weiterreichende Auswirkungen auf die Geschäftsfähigkeit des Entmündigten hat als die Anordnung einer Betreuung nach deutschem Recht, zahlreichen ausländischen Rechtsordnungen weiterhin bekannt.[135] Deshalb bedarf der inländische Rechtsverkehr auch weiterhin des Schutzes gegenüber einem Entzug der Geschäftsfähigkeit nach ausländischem Entmündigungsrecht sowie gegenüber den

[131] *Ferid* IPR Rn. 5–30; Soergel/*Kegel* EGBGB Art. 12 Rn. 3; Staudinger/*Hausmann* Rom I-VO Art. 13 Rn. 63; BeckOK BGB/*Mäsch* Rom I-VO Art. 13 Rn. 36; MüKoBGB/*Spellenberg* Rom I-VO Art. 13 Rn. 90.

[132] Insoweit gilt also auch für Art. 13 Rom I-VO nichts anderes als für Art. 16 Abs. 2 EGBGB; dazu → § 8 Rn. 77 ff.

[133] MüKoBGB/*Spellenberg* Rom I-VO Art. 13 Rn. 89; *Kropholler* IPR § 42 I 3 a; *Schotten* DNotZ 1994, 670 (673); *Schotten/Schmellenkamp* IPR Rn. 66; für Anwendung des Personalstatuts des Geschäftsunfähigen auf diese Frage Erman/*Hohloch* Rom I-VO Art. 13 Rn. 7 aE.

[134] Staudinger/*Hausmann* Rom I-VO Art. 13 Rn. 65; MüKoBGB/*Spellenberg* Rom I-VO Art. 13 Rn. 89; **aA** *Schotten/Schmellenkamp* IPR Rn. 66.

[135] So zB in *Belgien*, *Italien*, *Kroatien*, *Polen*, *Portugal*, *Serbien*, *Spanien* und der *Türkei*; vgl. Staudinger/*Hausmann* EGBGB Art. 7 Rn. 150.

zT sehr unterschiedlichen Beschränkungen der Geschäftsfähigkeit durch Maßnahmen zum Schutze Erwachsener nach ausländischem Recht.[136] Das Bedürfnis nach einem solchen Schutz ist sogar besonders stark, weil Beschränkungen aufgrund ausländischer Gerichts- oder Behördenentscheidungen für den inländischen Vertragspartner noch schwerer zu erkennen sind als Beschränkungen kraft ausländischer gesetzlicher Vorschriften. Deshalb schützt Art. 13 Rom I-VO den gutgläubigen Vertragspartner allseitig gegen im Abschlussstaat **unbekannte Entmündigungsgründe** sowie gegen stärkere Wirkungen einer Auslandsentmündigung auf die Verpflichtungsfähigkeit des Betroffenen.[137] Bei einem Vertragsschluss im Inland kann sich demnach der gutgläubige Vertragspartner darauf verlassen, dass ein Volljähriger in seiner Geschäftsfähigkeit nur unter den Voraussetzungen der §§ 1896 ff. BGB und mit den Wirkungen des § 1903 BGB beschränkt werden kann. Gehen die Wirkungen der Entmündigung nach ausländischem Recht über die Wirkungen eines Einwilligungsvorbehalts nach § 1903 BGB hinaus, so scheitert ihre Anerkennung, soweit **deutsche Staatsangehörige** betroffen sind, bereits am *ordre public*-Vorbehalt des Art. 22 Abs. 2 lit. c ErwSÜ bzw. des § 109 Abs. 1 Nr. 4 FamFG.[138] Darüber hinaus wird auch die Entmündigung von **Ausländern** heute überwiegend nur noch mit den Wirkungen einer Betreuung des deutschen Rechts anerkannt.[139] Selbst wenn man dem nicht folgt, wird der inländische Rechtsverkehr jedenfalls gegenüber ausländischen Entmündigungswirkungen, die über die Anordnung eines Einwilligungsvorbehalts hinausgehen, nach Maßgabe der Art. 13 Rom I-VO, 12 EGBGB geschützt.[140]

[136] Dazu *Pousson-Petit*, La protection personelle des malades mentaux dans les principaux droits européens, Eur.Rev.Priv.L. 3 (1995), 383 ff.; *Oelkers* S. 112 ff.

[137] Vgl. Palandt/*Thorn* Rom I-VO Art. 13 Rn. 5; MüKoBGB/*Spellenberg* Rom I-VO Art. 13 Rn. 42; BeckOK BGB/*Mäsch* Rom I-VO Art. 13 Rn. 21; Staudinger/*Hausmann* Rom I-VO Art. 13 Rn. 16 f., 68 ff.; ebenso zum bisherigen Recht (Art. 12 S. 1 EGBGB/Art. 11 EVÜ) *Oelkers* S. 304 ff.; *G. Fischer* S. 127 ff.; *Lipp* RabelsZ 63 (1999), 107 (137 ff.).

[138] *Oelkers* S. 297 ff.; Palandt/*Thorn* EGBGB Art. 7 Rn. 9; Staudinger/*Hausmann* EGBGB Art. 7 Rn. 162; BeckOK BGB/*Heiderhoff* EGBGB Art. 24 Rn. 41; *Schotten/Schmellenkamp* IPR Rn. 57. Ein Verkehrsschutz nach Art. 13 Rom I-VO kommt in diesem Fall nicht in Betracht, weil die Vorschrift nur eingreift, wenn Ortsrecht und Fähigkeitsstatut auseinanderfallen, vgl. Staudinger/*Hausmann* Rom I-VO Art. 13 Rn. 48 ff.

[139] *Oelkers* S. 318; *Kropholler* IPR § 42 II; BeckOK BGB/*Heiderhoff* EGBGB Art. 24 Rn. 41; Erman/*Hohloch* EGBGB Art. 8 Rn. 3.

[140] *Lipp* RabelsZ 63 (1999), 107 (137 f.); MüKoBGB/*Spellenberg* Rom I-VO Art. 13 Rn. 44 iVm Rn. 42; Staudinger/*Hausmann* EGBGB Art. 7 Rn. 164 und Art. 12 Rn. 93 mwN.

# § 5. Gesetzliche Vertretung natürlicher Personen

## Übersicht



Fehlt es einer natürlichen Person augrund ihrer Minderjährigkeit oder wegen geistiger Defekte an der für den Abschluss eines Rechtsgeschäfts erforderlichen Geschäftsfähigkeit, so kann sie im Rechtsvekehr nur durch einen gesetzlichen Vertreter handeln. In Fällen mit Auslandsberührung stellt sich damit für die Rechtsgestaltung die Frage, welches Recht die gesetzlicheVertretung natürlicher Personen beherrscht und wie dieses Vertretungsstatut vom Geschäftsfähigkeitsstatut einerseits und vom Wirkungsstatut des vorzu- 1 nehmenden Geschäfts andererseits abzugrenzen ist. Da heute für die gesetzliche Vertretung von Minderjährigen ganz andere Rechtsinstrumente gelten als für die gesetzliche Vertretung von Erwachsenen, werden beide Komplexe nachfolgend getrennt behandelt.

## A. Gesetzliche Vertretung Minderjähriger

### I. Rechtsquellen

**Schrifttum:**

*Andrae,* Zum interlokalen und internationalen Privatrecht des Minderjährigenschutzes, IPRax 1992, 117; *dies.*, Zur Abgrenzung des räumlichen Anwendungsbereichs von EheVO, MSA, KSÜ und autonomem IZPR/IPR, IPRax 2006, 82; *Boulanger,* Les rapports juridiques entre parents et enfants. Perspectives comparatistes et internationales, 1998; *Breuer,* Gemeinsame elterliche Sorge – Geltung für ausländische Staatsangehörige in Deutschland, FPR 2005, 74; *Jaspersen,* Die vormundschaftsgerichtliche Genehmigung in Fällen mit Auslandsbezug, FamRZ 1996, 393; *Kropholler,* Das IPR der Kindschaftswirkungen im Lichte der europäischen Rechtsentwicklung, RabelsZ 59 (1995), 407; *Mosconi,* La tutela dei minori in diritto internazionale privato, 1964; *Schulz,* Internationale Regelungen zum Sorge- und Umgangsrecht, FamRZ 2003, 336; *Sturm/Sturm,* Die gesetzliche Vertretung minderjähriger Kinder nach neuem IPR, StAZ 1987, 181; *Volken,* Die internationale Vermögenssorge für Minderjährige, FS Schnyder, 1995, 817.

#### 1. Staatsverträge

2 Das autonome deutsche Kollisionsrecht hat auf dem Gebiet der elterlichen Verantwortung und damit auch der gesetzlichen Vertretung Minderjähriger in vermögensrechtlichen Angelegenheiten durch die *Eltern* nur noch eine eingeschränkte Funktion, weil sich sowohl das auf die elterliche Verantwortung kraft Gesetzes anwendbare Recht als auch die Anknüpfung der zur Abänderung oder Ergänzung des gesetzlichen Sorgerechtsverhältnisses zu treffenden gerichtlichen Schutzmaßnahmen in weitem Umfang nach vorrangigen (vgl. Art. 3 Nr. 2 EGBGB) **staatsvertraglichen Normen** bestimmen.[1] Dies gilt in noch stärkerem Maße für die gesetzliche Vertretung Minderjähriger durch einen *Vormund* oder (Ergänzungs-)*Pfleger.* Soweit die gesetzliche Vertretung eines Minderjährigen durch einen Vormund in Betracht kam, war im Verhältnis zu *Belgien* zuletzt noch das Haager Abkommen zur Regelung der Vormundschaft über Minderjährige vom 12.6.1902[2] anwendbar; dieses Abkommen ist allerdings mit Wirkung zum 1.6.2009 außer Kraft getreten.[3] Auf dem Gebiet der Anerkennung und Vollstreckung von Sorgerechtsentscheidungen ist auch das **Luxemburger Europäische Übereinkommen** vom 20.5.1980[4] zu beachten.[5]

#### a) Haager Kinderschutzübereinkommen

**Schrifttum:**

*Benicke,* Haager Kinderschutzübereinkommen, IPRax 2013, 44; *Bucher,* La Dix-huitième session de la Conférence de La Haye de droit international privé, SZIER 1997, 67; *ders.*, L'enfant en droit international privé, 2003; *Clive,* The New Hague Convention on Children, Jur.Rev. 1998, 169; *Coester,* Sorgerechtsstreitigkeiten unter dem KSÜ – erste Entscheidung des BGH, FF 2011, 285; *Finger,* Die Haager Übereinkommen zum Schutz von Kindern, ZKJ 2008, 353; *ders.*, Das Haager Kinderschutzübereinkommen (KSÜ) vom 15.10.1996, FamRBint 2010, 95; *Gärtner,* Elterliche Sorge bei Personenstandsfällen mit Auslandsbezug – Änderungen durch das Inkrafttreten des Kinderschutzübereinkommens, StAZ 2011, 65; *Hausmann,* Internationales und Europäisches Ehescheidungsrecht,2013, Kap. B und J; *Heiderhoff,* Keine Rückwirkung des Art. 16 Abs. 3 KSÜ, IPRax 2015, 326; *Iterson,* The New Hague Convention on the Protection of Children: A view from the Netherlands, Rev.dr.unif. 1997, 474; *Krah,* Das Haager Kinderschutzübereinkommen, 2004; *Kropholler,* Das Haager Kinderschutzübereinkommen von 1996 – Wesentliche Verbesserungen im Minderjährigenschutz, FS Siehr, 2000, 379; *Lagarde,* La nouvelle convention de La Haye sur la protection des mineurs, Rev.crit.d.i.p. 86 (1997) 217; *Lowe,* The 1996 Hague Convention on the protection of chil-

[1] Dazu näher *Hausmann* IntEuSchR B Rn. 469ff.
[2] RGBl. 1904, 240.
[3] Bek. v. 19.2.2009, BGBl. 2009 II 290.
[4] BGBl. 1990 II 220 = *Jayme/Hausmann* Nr. 183; dort auch Überblick über die Vertragsstaaten in Fn. 1.
[5] Vgl. zu diesem Übereinkommen näher *Hausmann* IntEuSchR J Rn. 365ff.

dren – a fresh appraisal, Child and Family, L.Q. (2002) 191; *Nygh,* The Hague Convention on the Protection of Children, N.I.L.R. 1998, 1; *Picone,* La nuova convenzione dell'Aja sulla protezione dei minori, Riv.dir.int.priv.proc. 1996, 705; *Pirrung,* Das Haager Kinderschutzübereinkommen vom 19. Oktober 1996, FS Rolland, 1999, 277; *ders.*, Haager Kinderschutzübereinkommen und Verordnungsentwurf „Brüssel IIa", FS Jayme Bd. I, 2004, 701; *Rauscher,* Haager Kinderschutzübereinkommen und Auswanderungsmotive in der Sorgerechtsregelung, NJW 2011, 2332; *Roth/Döring,* Das Haager Abkommen über den Schutz von Kindern, JBl. 1999, 758; *dies.*, Zur geplanten Revision des Haager MSA von 1961, FuR 1999, 195; *Schulz,* Haager Kinderschutzübereinkommen von 1996: im Westen nichts Neues, FamRZ 2006, 1309; *dies.*, Inkrafttreten des Haager Kinderschutzübereinkommens vom 15.10.1996, FamRZ 2011, 156; *Siehr,* Die Rechtslage der Minderjährigen im internationalen Recht und die Entwicklung in diesem Bereich, FS Schnyder, 1995, 1047; *ders.,* Das neue Haager Übereinkommen von 1996 über den Schutz von Kindern, RabelsZ 62 (1998), 464; *ders.,* Das neue Haager Kinderschutzübereinkommen von 1996, DeuFamR 2000, 125; *Silberman,* The 1996 Convention for the Protection of Children: A Perspective from the United States, FS Siehr, 2000, 703; *Teixeira de Sousa,* Ausgewählte Probleme aus dem Anwendungsbereich der Verordnung (EG) Nr. 2201/2003 und des Haager Übereinkommens vom 19.10.1996 über den Schutz von Kindern, FamRZ 2005, 1612; *Wagner/Janzen,* Die Anwendung des Haager Kinderschutzübereinkommens in Deutschland, FPR 2011, 110.

Wichtigste Rechtsquelle des internationalen Privatrechts auf dem Gebiet der elterlichen Verantwortung – und damit der gesetzlichen Vertretung von Kindern – ist heute das **Haager Kinderschutzübereinkommen** (KSÜ) vom 19.10.1996,[6] das für die *Bundesrepublik Deutschland* am 1.1.2011 in Kraft getreten ist.[7] Da dem Übereinkommen nur souveräne Staaten beitreten können, konnte die *Europäische Gemeinschaft* ihren Beitritt nicht erklären. Aufgrund der bestehenden Außenkompetenz der EG für das internationale Privat- und Verfahrensrecht der elterlichen Verantwortung war jedoch die Ermächtigung der Mitgliedstaaten zur Ratifikation des Übereinkommens durch die EG erforderlich. Der Rat hat daher am 5.6.2008 diejenigen Mitgliedstaaten, die dem KSÜ nicht bereits vorher beigetreten waren, ermächtigt, dieses Übereinkommen im Interesse der Gemeinschaft zu ratifizieren oder ihm beizutreten.[8] Von dieser Möglichkeit haben inzwischen alle Mitgliedstaaten der EU Gebrauch gemacht. Das Übereinkommen hat jedoch nicht die Qualität sekundären Unionrechts; eine Auslegungskompetenz des EuGH besteht nicht (→ § 1 Rn. 73). 3

Da es sich bei den Kollisionsnormen des KSÜ um eine *„loi uniforme"* handelt, die auch dann zur Anwendung kommt, wenn auf das **Recht eines Nichtvertragsstaats** verwiesen wird (Art. 21 KSÜ), ist das internationale Privatrecht der elterlichen Verantwortung für Maßnahmen, die nach dem 1.1.2011 von einem deutschen Gericht getroffen werden (Art. 53 Abs. 1 KSÜ; → Rn. 20 ff.), vorrangig dem Kapitel III (Art. 15, 18, 20 ff.) dieses Übereinkommens zu entnehmen. Gleiches gilt für die Beurteilung der kraft Gesetzes (oder kraft Vereinbarung) bestehenden elterlichen Verantwortung gemäß Art. 16, 17 KSÜ (→ Rn. 37 ff.) sowie des Verkehrsschutzes bei Rechtsgeschäften, die ein gesetzlicher Vertreter des Kindes mit einem Dritten abschließt (Art. 19 KSÜ; → Rn. 63 ff.). 4

[6] BGBl. 2009 II 603 = *Jayme/Hausmann* Nr. 53.
[7] BGBl. 2010 II 1527. Es gilt seit diesem Zeitpunkt im Verhältnis zu folgenden Staaten, für die das Übereinkommen früher oder gleichzeitig in Kraft getreten ist: *Albanien* (1.4.2007), *Armenien* (1.5.2008), *Australien* (1.8.2003), *Bulgarien* (1.2.2007), die *Dominikanische Republik* (1.10.2010), *Ecuador* (1.9.2003), *Estland* (1.6.2003), *Irland* (1.1.2011), *Kroatien* (1.1.2010), *Lettland* (1.4.2003), *Litauen* (1.9.2004), *Luxemburg* (1.12.2010), *Marokko* (1.12.2002), *Monaco* (1.1.2002), *Polen* (1.11.2010), *Rumänien* (1.1.2011), die *Schweiz* (1.7.2009), die *Slowakei* (1.1.2002), *Slowenien* (1.2.2005), *Spanien* (1.1.2011), die *Tschechische Republik* (1.1.2002), die *Ukraine* (1.2.2008), *Ungarn* (1.5.2006), *Uruguay* (1.3.2010) und *Zypern* (1.11.2010). Seither ist das Übereinkommen im Verhältnis zu folgenden weiteren Staaten in Kraft getreten: *Belgien* (1.9.2014), *Dänemark* (1.10.2011), *Finnland* (1.3.2011), *Frankreich* (1.2.2011), *Georgien* (1.3.2015), *Griechenland* (1.6.2012), *Italien* (1.1.2016), *Lesotho* (1.6.2013), *Malta* (1.1.2012), *Montenegro* (1.1.2013), der *Niederlande* (1.5.2011), *Norwegen* (1.7.2016), *Österreich* (1.4.2011), *Portugal* (1.8.2011), der *Russischen Föderation* (1.6.2013), *Schweden* (1.1.2013), *Serbien* (1.11.2016) und dem *Vereinigten Königreich* (1.11.2012).
[8] ABl. 2008 L 151, 36.

### b) Haager Minderjährigenschutzabkommen

**Schrifttum:**

*Allinger,* Das Haager MSA – Probleme, Tendenzen und Perspektiven, 1988; *Boelck,* Reformüberlegungen zum Haager MSA von 1961, 1994; *Dörner,* Der Anwendungsbereich von Art. 3 MSA, JR 1988, 265; *Henrich,* Das „gesetzliche Gewaltverhältnis" im Spannungsfeld zwischen dem Haager MSA und dem nationalen Kollisionsrecht, in: FS Schwind, 1978, 79; *Jayme,* Gesetzliches Sorgerecht und Haager MSA, IPRax 1985, 23; *Kropholler,* Das Haager Abkommen über den Schutz Minderjähriger, 2. Aufl. 1977; *ders.*, Gedanken zur Reform des Haager MSA, RabelsZ 58 (1994), 1; *Schwimann,* Vormundschaftsgerichtliche Genehmigungen nach dem Haager MSA, FamRZ 1978, 303 ff.; *Siehr,* Minderjährigenschutzabkommen und neues deutsches IPR, IPRax 1987, 302; *ders.*, Verhältnis zwischen Aufenthalts- und Heimatzuständigkeit nach dem MSA, IPRax 1989, 253; *Sturm,* Minderjährigenschutz bei Auslandsbezug. Der missverstandene Art. 3 des MSA, NJW 1975, 2121; *ders.*, Bei der elterlichen Sorge irrlichtert Art. 3 MSA nicht mehr, IPRax 1991, 231; *Warner-Laufer,* Inhalt und Bedeutung von Art. 3 MSA, 1992; *Wengler,* Die Stellungnahme von Aufenthaltsstaat und Heimatstaat zur elterlichen Sorgegewalt unter dem Haager MSA, IPRax 1984, 177.

5 Auch das Haager Minderjährigenschutzabkommen (MSA) vom 5.10.1961[9] enthält in Art. 2 und Art. 4 Abs. 2 Kollisionsregeln für die Anordnung von Schutzmaßnahmen, die – wie Art. 15 Abs. 1 KSÜ (→ Rn. 23 ff.) – am Gleichlaufgrundsatz orientiert sind. Demgegenüber wird die Anwendbarkeit von Art. 3 MSA auf die Beurteilung von gesetzlichen Gewaltverhältnissen ohne Bezug zur Anordnung von Schutzmaßnahmen überwiegend abgelehnt.[10] Auf dem Gebiet des Kollisionsrechts wird das MSA jedoch gemäß Art. 51 KSÜ im Verhältnis der Vertragsstaaten des KSÜ zueinander durch das KSÜ ersetzt. Das MSA hat daher aus deutscher Sicht – nach Inkrafttreten des KSÜ für *Italien* am 1.1.2016 (→ Rn. 3) – heute nur noch kollisionsrechtliche Bedeutung im Verhältnis zur *Türkei*[11] und zur chinesischen Sonderverwaltungsregion *Macau*. Diese Bedeutung ist ferner auf die Anordnung von Schutzmaßnahmen und deren Wirkungen begrenzt. Die Vertretung von Kindern durch ihre Eltern kraft Gesetzes bestimmt sich hingegen auch dann nach Art. 16, 17 KSÜ, wenn die Kinder die *türkische* oder die Staatsangehörigkeit von *China-Macau* besitzen.[12]

6 Soweit es um die Anordnung von Schutzmaßnahmen für Kinder geht, die sich zwar in Deutschland gewöhnlich aufhalten, aber die Staatsangehörigkeit der *Türkei* oder von *China-Macau* innehaben, ist zwar umstritten, ob sich die die **internationale Zuständigkeit** aus den Art. 8 bis 15 EuEheVO[13] oder weiterhin aus den Art. 1, 4 ff. MSA ergibt.[14] Das **anwendbare Recht** wird jedoch im Verhältnis zu diesen beiden Staaten durch das MSA bestimmt, welches insoweit nicht vom KSÜ verdrängt wird.[15] Maßgebend ist daher nach Art. 2 MSA der Gleichlaufgrundsatz; das deutsche Gericht entscheidet also auf der Grundlage des deutschen Rechts,[16] und zwar auch über die Notwendigkeit einer familiengerichtlichen Genehmigung für vom gesetzlichen Vertreter im Namen eines Minderjährigen abzuschließende Rechtsgeschäfte. Dies gilt – ebenso wie nach dem KSÜ (→ Rn. 25) – auch dann, wenn das deutsche Gericht seine Zuständigkeit auf eine Bestimmung der EuEheVO (→ Rn. 26 f.) stützt, selbst wenn diese im MSA keine Entsprechung hat.[17] Ab-

[9] BGBl. 1971 II 217 = *Jayme/Hausmann* Nr. 52.

[10] Für die Praxis grundlegend BGHZ 111, 199 (205 ff.) = NJW 1990, 3073.

[11] Vgl. dazu öst. OGH IPRax 2015, 574 mAnm *Odendahl.*

[12] Dies ist allerdings streitig; für Anwendung des autonomen Kollisionsrechts (Art. 21 EGBGB) Palandt/*Thorn* EGBGB Anh. Art. 24 Rn. 12.

[13] Dafür Prütting/Helms/*Hau* FamFG § 99 Rn. 20. Im Verhältnis zur *Schweiz* wird das MSA durch das KSÜ verdrängt.

[14] So *Andrae* IPRax 2006, 82 (84); *Hausmann* IntEuSchR B Rn. 255; Staudinger/*Henrich* EGBGB Art. 21 Rn. 141; NK-BGB/*Gruber* EuEheVO Art. 59, 60 Rn. 5 f.

[15] OLG Stuttgart FamRZ 2013, 49 (50); *Benicke* IPRax 2013, 44 (51); NK-BGB/*Benicke* EGBGB Art. 21 Rn. 7; MüKoBGB/*Helms* EGBGB Art. 21 Rn. 4, 11.

[16] Vgl. zuletzt noch BGH FamRZ 2007, 1969 mAnm *Zenz* FamRZ 2007, 2060; BGH FamRZ 2005, 344 (345).

[17] Zöller/*Geimer* EuEheVO Art. 8 Rn. 11 ff.; NK-BGB/*Gruber* EuEheVO Art. 59/60 Rn. 14 ff.; *Hausmann* IntEuSchR B Rn. 488; **aA** (Anwendung von Art. 21 EGBGB) AG Leverkusen IPRax 2008, 274; NK-BGB/*Benicke* EGBGB Art. 21 Rn. 9; Staudinger/*Henrich* EGBGB Art. 21 Rn. 81. Die Anknüpfung nach

weichend vom KSÜ hat das Gericht dabei jedoch nach Art. 3 MSA ein nach dem Heimatrecht des Kindes bestehendes gesetzliches Gewaltverhältnis zu beachten.[18]

**c) Deutsch-iranisches Niederlassungsabkommen.** Im deutsch-iranischen Verhältnis hat das durch Protokoll vom 4.11.1954[19] wieder in Kraft gesetzte und auch nach der iranischen Revolution von 1979 fortgeltende deutsch-iranische Niederlassungsabkommen vom 17.2.1929[20] nicht nur für die bis zum 1.1.2011 eingeleiteten Verfahren gemäß Art. 18 Abs. 2 MSA Vorrang vor Art. 2, 4 MSA und gemäß Art. 3 Nr. 2 EGBGB Vorrang vor Art. 21 EGBGB; es hat vielmehr auch für danach eingeleitete Verfahren gemäß Art. 52 Abs. 1 KSÜ **Vorrang vor den Kollisionsnormen der Art. 15 ff. KSÜ.**[21] Das Abkommen enthält zwar keine Regelung der internationalen Zuständigkeit, so dass auch für sorge- oder umgangsrechtliche Streitigkeiten von iranischen Staatsangehörigen vor deutschen Gerichten die Art. 8 ff. EuEheVO gelten;[22] es enthält jedoch in Art. 8 Abs. 3 eine umfassende Kollisionsregel zum Personen-, Familien- und Erbrecht. Das Abkommen ist in sachlicher Hinsicht auf das gesamte Familienrecht anwendbar; es gilt daher auch für Fragen der elterlichen Verantwortung und gesetzlichen Vertretung, auch wenn diese in der deutsch-iranischen Erklärung zu dem Übereinkommen nicht ausdrücklich erwähnt werden.[23] 7

In persönlicher Hinsicht ist Art. 8 Abs. 3 des Abkommens auf dem Gebiet der elterlichen Verantwortung nur dann anwendbar, wenn sowohl die Eltern als auch das Kind **ausschließlich die iranische oder die deutsche Staatsangehörigkeit** besitzen.[24] Auf den gewöhnlichen Aufenthalt des Kindes kommt es in diesem Fall – abweichend von Art. 15 iVm Art. 5 bzw. Art. 16, 17 KSÜ – nicht an.[25] Demgegenüber ist das Abkommen auf die Regelung des Sorgerechts in deutsch-iranischen Mischehen nicht anwendbar.[26] Haben die Kinder iranischer Eltern teils die iranische, teils die deutsche Staatsangehörigkeit, so ist im Verhältnis zu einem iranischen Kind das Abkommen, im Verhältnis zu einem deutschen Kind Art. 15 KSÜ auf die Sorgerechtsregelung anzuwenden.[27] Auch wenn ein Elternteil und/oder das Kind sowohl die deutsche als auch die iranische Staatsangehörigkeit besitzen, ist das Abkommen nicht anwendbar.[28] Schließlich scheidet dessen Anwendung auch auf Beteiligte mit ausschließlich iranischer Staatsangehörigkeit dann aus, wenn ein Elternteil oder das Kind die **Rechtsstellung als Flüchtling** iSd Genfer Flüchtlingskonvention oder als Asylberechtigter iSv §§ 2, 3 AsylVfG erlangt haben.[29] 8

Art. 8 Abs. 3 des Abkommens enthält für die gesetzliche Vertretung eine **Sachnormverweisung** auf das iranische Recht, wenn beide Ehegatten und das Kind nur die irani- 9

---

Art. 2 MSA oder Art. 21 EGBGB offenlassend, wenn das Kind seinen gewöhnlichen Aufenthalt im Inland hat: OLG Saarbrücken FamRZ 2010, 2084 und 2010, 2085.

18 *Benicke* IPRax 2013, 44 (46); MüKoBGB/*Helms* EGBGB Art. 21 Rn. 14.

19 BGBl. 1955 II 829.

20 RGBl. 1930 II 1006.

21 *Henrich* IntSchR Rn. 306; *Hausmann* IntEuSchR B Rn. 571.

22 OLG Koblenz FamRZ 2009, 611 (613).

23 BGHZ 120, 29 (30 ff.) = FamRZ 1993, 316 m. Aufs. *U. Wolf* FamRZ 1993, 874; BGH FamRZ 2004, 1952 (1958); 1993, 1053; OLG Koblenz FamRZ 2009, 611 (615).

24 OLG Koblenz FamRZ 2009, 611 (615); OLG Düsseldorf FamRZ 2003, 379 (380 ff.); 1998, 1113 (1114); OLG Bremen FamRZ 1999, 1520; OLG Zweibrücken FamRZ 2001, 920; OLG Celle IPRax 1991, 258 mAnm *Coester* IPRax 1991, 236 (alle zur elterlichen Sorge); OLG Celle FamRZ 1990, 1131 (Umgangsrecht); OLG Celle IPRax 1989, 390 mAnm *Siehr* IPRax 1989, 373 (Kindesherausgabe); Staudinger/*Hausmann* EGBGB Anh. Art. 4 Rn. 775 mwN.

25 BGHZ 120, 29 (31); OLG Zweibrücken FamRZ 2001, 920 (921).

26 Vgl. zur gesetzlichen Vertretung BGH FamRZ 1986, 345 mAnm *Nolting*.

27 OLG Koblenz FamRZ 2009, 611 (615) zum MSA.

28 OLG Koblenz FamRZ 2009, 611 (615); KG OLGZ 1979, 187 (jeweils zum Sorgerecht); *Schotten/Wittkowski* FamRZ 1995, 264 (265); Staudinger/*Hausmann* EGBGB Anh. Art. 4 Rn. 776.

29 Vgl. BGH FamRZ 1990, 32 (33); BayObLGZ 2000, 335 (338); OLG München IPRax 1989, 238 (240) mAnm *Jayme* IPRax 1989, 223 (zur Ehescheidung); *Schotten/Wittkowski* FamRZ 1995, 264 (266).

sche Staatsangehörigkeit besitzen. Eine Rück- oder Weiterverweisung findet nicht statt.[30] Da das iranische Familienrecht religiös gespalten ist (vgl. Art. 12, 13 der iranischen Verfassung vom 15.11.1979), hat der deutsche Richter das maßgebende Sachrecht auch iRd deutsch-iranischen Niederlassungsabkommens mit Hilfe einer **Unteranknüpfung** gemäß Art. 49 KSÜ zu bestimmen;[31] sie führt im Regelfall zur Anwendung des islamisch-schiitischen Kindschaftsrechts. Nach Art. 8 Abs. 3 S. 2 finden die allgemeinen und besonderen *„ordre public"*-Klauseln des deutschen Rechts (Art. 6 EGBGB/Art. 22 KSÜ) auch im Geltungsbereich von Art. 8 Abs. 3 S. 2 des deutsch-iranischen Niederlassungsabkommens Anwendung, wenn das maßgebliche iranische religiöse Kindschaftsrecht zu einem Ergebnis führt, das mit wesentlichen Grundsätzen des deutschen Rechts offensichtlich unvereinbar ist.[32]

## 2. EU-Recht

10 Für die Mitgliedstaaten der Europäischen Union (mit Ausnahme *Dänemarks*) gilt seit dem 1.3.2005 die Verordnung (EG) Nr. 2201/2003 über die Zuständigkeit und die Anerkennung und Vollstreckung von Entscheidungen in Ehesachen und in Verfahren betreffend die elterliche Verantwortung vom 27.11.2003 **(EuEheVO).**[33] Diese Verordnung hat in ihrem sachlichen Anwendungsbereich, der auf dem Gebiet der elterlichen Verantwortung im Wesentlichen mit jenem des KSÜ übereinstimmt (vgl. Art. 1 Abs. 2 EuEheVO; → Rn. 52 ff.), **Vorrang** sowohl vor dem KSÜ (Art. 52 Abs. 2, Abs. 4 KSÜ; Art. 61 EuEheVO) wie vor dem MSA (Art. 60 lit. a EuEheVO). Verdrängt werden danach insbesondere die Vorschriften dieser beiden Haager Übereinkommen auf dem Gebiet der **internationalen Zuständigkeit** für Entscheidungen, welche die elterliche Verantwortung betreffen, durch Art. 8 bis 13, 15 EuEheVO. Gegenüber dem KSÜgilt dies allerdings nur, wenn das Kind seinen gewöhnlichen Aufenthalt in einem EU-Mitgliedstaat (mit Ausnahme *Dänemarks*) hat (Art. 61 lit. a EuEheVO).[34] Auf dem Gebiet der **Anerkennung und Vollstreckung** von Entscheidungen aus anderen EU-Mitgliedstaaten haben die Art. 21, 23 bis 52 EuEheVO hingegen auch dann Vorrang vor den Art. 23 ff. KSÜ, wenn das Kind seinen gewöhnlichen Aufenthalt in einem nicht der EU angehörenden Vertragsstaat des KSÜ hat. (Art. 61 lit. b EuEheVO).[35] Demgegenüber enthält die EuEheVO keine Regelung über das von den zuständigen Gerichten der Mitgliedstaaten **anzuwendende Recht;** insoweit verbleibt es daher bei der Maßgeblichkeit des KSÜ/MSA bzw. des autonomen Kollisionsrechts der Mitgliedstaaten.[36] Der Vorrang der EuEheVO besteht freilich nur im Verhältnis der Mitgliedstaaten zueinander; im Verhältnis zu Vertragsstaaten des KSÜ, die nicht der EU angehören, bleibt es hingegen bei der Geltung des KSÜ, und zwar auch dann, wenn das Kind seinen gewöhnlichen Aufenthalt in Deutschland hat.[37]

## 3. Autonomes deutsches Kollisionsrecht

11 Für eine Anwendung der autonomen Kollisionsnorm des Art. 21 EGBGB ist nur noch Raum, wenn keine der vorgenannten staatsvertraglichen Regelungen eingreift. Soweit es um die Vertretung von Kindern **kraft Gesetzes** geht, wird Art. 21 EGBGB durch die

---

[30] Staudinger/*Hausmann* EGBGB Anh. Art. 4 Rn. 777.

[31] Vgl. BGHZ 120, 29 (32) = IPRax 1993, 102 mAnm *Henrich*; BGH FamRZ 2004, 1952 (1954).

[32] BGH FamRZ 1993, 316 (317 ff.); OLG Koblenz FamRZ 2009, 611 (615); OLG Düsseldorf FamRZ 2003, 379 (381); *Schotten/Wittkowski* FamRZ 1995, 264 (267). Vgl. auch → Rn. 62.

[33] ABl. 2003 L 338, 1 = *Jayme/Hausmann* Nr. 162. Die Verordnung gilt seit dem 1.1.2007 auch für *Bulgarien* und *Rumänien* sowie seit dem 1.7.2013 auch für *Kroatien*. Sie hat die Vorgänger-Verordnung Nr. 1347/2000 vom 29.5.2000 (ABl. 2000 L 160, 19) abgelöst, die am 1.3.2000 in Kraft getreten war.

[34] BGH FamRZ 2011, 796 (797); OLG Karlsruhe FamRZ 2011, 1963 f.; *Hausmann* IntEuSchR Rn. 258.

[35] Zur Konkurrenz der EuEheVO mit dem MSA/KSÜ auf dem Gebiet der internationalen Zuständigkeit und der Anerkennung und Vollstreckung von Entscheidungen vgl. *Andrae* IPRax 2006, 82 (83 ff.).

[36] BGH FamRZ 2011, 796; OLG Frankfurt a.M. FamRZ 2015, 1633 (1634).

[37] *Benicke* IPRax 2013, 44 (52).

Art. 16, 17 KSÜ nahezu vollständig verdrängt; denn die Kollisionsnormen des KSÜ beanspruchen nach dessen Art. 20 einen *universellen* Geltungsbereich (→ Rn. 37). Nationales Kollisionsrecht bleibt insoweit nur anwendbar, wenn das Kind älter als 18 Jahre (Art. 2 KSÜ), aber nach seinem Heimatrecht (Art. 7 EGBGB) noch minderjährig ist und deshalb der gesetzlichen Vertretung bedarf.[38]

**Beispiel:** 12
Eine 19-jährige Japanerin aus wohlhabendem Hause, die seit einem Jahr in Deutschland lebt, möchte für die Zeit ihres auf fünf Jahre angelegten Studiums in Deutschland eine Eigentumswohnung in Berlin kaufen. Kann sie den Kaufvertrag selbst abschließen oder bedarf sie der gesetzlichen Vertretung?

Ob die S bereits volljährig und damit voll geschäftsfähig ist, beurteilt sich gemäß Art. 7 Abs. 1 S. 1 EGBGB nach dem Recht des Staates, dem sie angehört. Die Verweisung auf das japanische Recht ist eine Gesamtverweisung: Das japanische IPR knüpft jedoch die Geschäftsfähigkeit ebenfalls an das Heimatrecht der Person an.[39] Damit verbleibt es bei der Anwendung japanischen Rechts, das die Volljährigkeit erst mit 20 Jahren eintreten lässt (→ § 4 Rn. 23). Daher kann S den Kaufvertrag nicht selbst abschließen, sondern nur durch ihren gesetzlichen Vertreter.

Die gesetzliche Vertretung der S beurteilt sich nicht nach dem KSÜ, das seinen persönlichen Anwendungsbereich in Art. 2 auf Jugendliche beschränkt, die das 18. Lebensjahr noch nicht vollendet haben. Maßgebend ist daher Art. 21 EGBGB. Danach gilt für die gesetzliche Vertretung der S, die schon länger in Deutschland lebt und hier deshalb einen gewöhnlichen Aufenthalt begründet hat, deutsches Recht. Demgemäß wird S beim Abschluss des Immobilienkaufvertrags von ihren Eltern gesetzlich vertreten, die hierfür ihrerseits einer familiengerichtlichen Genehmigung bedürfen (§ 1643 Abs. 1 iVm § 1821 Nr. 1 BGB). Der Umstand, dass S nach deutschem Recht bereits volljährig wäre, ändert an diesem Ergebnis nichts.

Auf dem Gebiet der **Schutzmaßnahmen** hat Art. 15 KSÜ Vorrang vor Art. 21 EGBGB, wenn die internationale Zuständigkeit entweder aus den Art. 8 ff. EuEheVO oder aus den Art. 5 ff. KSÜ folgt (→ Rn. 23 ff.). Damit bleibt Art. 21 EGBGB nur noch in den seltenen Fällen anwendbar, in denen ein nur nach §§ 98 Abs. 2, 99 FamFG international zuständiges deutsches Gericht Schutzmaßnahmen für ein Kind ergreifen muss, das seinen gewöhnlichen Aufenthalt in einem Staat hat, der weder der EU angehört noch Vertragsstaat des KSÜ oder des MSA ist,[40] oder in denen die Schutzmaßnahme für ein älter als 18 Jahre altes Kind getroffen werden muss. 13

In dieser Situation verweist Art. 21 EGBGB – wie Art. 16 Abs. 1 KSÜ – auf das Recht des Landes, in dem das Kind seinen **gewöhnlichen Aufenthalt**[41] hat. Dabei handelt sich um eine *wandelbare* Anknüpfung.[42] Die Verlegung des gewöhnlichen Aufenthalts in ein anderes Land führt daher zu einem **Statutenwechsel;** dieser kann – anders als nach Art. 16 Abs. 3 KSÜ (→ Rn. 45 f.) – auch den Verlust des nach dem bisherigen Aufenthaltsrecht gegebenen Sorgerechts (und damit der gesetzlichen Vertretungsmacht) zur Folge haben.[43] Maßgebend ist also der gewöhnliche Aufenthalt des Minderjährigen im Zeitpunkt der Vornahme des Vertretergeschäfts. 14

[38] Vgl. Staudinger/*Hausmann* EGBGB Art. 4 Rn. 281.
[39] Art. 3 jap. IPRG (Horei).
[40] *Hausmann* IntEuSchR B Rn. 473.
[41] Zum Begriff des gewöhnlichen Aufenthalts in diesem Zusammenhang Staudinger/*Henrich* EGBGB Art. 21 Rn. 15 ff.
[42] OLG Karlsruhe FamRZ 2010, 1577 (1578); *Andrae* IntFamR § 6 Rn. 105; MüKoBGB/*Helms* EGBGB Art. 21 Rn. 16; Staudinger/*Henrich* EGBGB Art. 21 Rn. 24 ff.
[43] Staudinger/*Henrich* EGBGB Art. 21 Rn. 26.

15 Hat der Minderjährige seinen gewöhnlichen Aufenthalt im Ausland, so sind – abweichend von Art. 16 iVm Art. 21 KSÜ (→ Rn. 37) – **Rück- und Weiterverweisungen** uneingeschränkt zu beachten.[44] Sie können sich insbesondere bei Verweisung auf ein Recht ergeben, dessen Kollisionsrecht die elterliche Sorge noch nach dem Heimatrecht des Kindes oder der Eltern beurteilt.[45] Hat das Kind seinen gewöhnlichen Aufenthalt in *Kanada* oder den *USA,* so kommt auch eine Rückverweisung auf die deutsche *lex rei sitae* als Wirkungsstatut in Betracht, soweit die gesetzliche Vertretung bei schuld- oder sachenrechtlichen Geschäften über deutsche Grundstücke in Rede steht.[46]

## II. Anknüpfung der gesetzlichen Vertretung

16 Die nachfolgende Darstellung des IPR der gesetzlichen Vertretung von Kindern durch ihre Eltern beschränkt sich wegen der universellen Geltung des KSÜ auf die **Kollisionsnormen dieses Übereinkommens.** Zum verbleibenden – engen – Anwendungsbereich des MSA und des autonomen Kollisionsrechts → Rn. 5 ff. Ziel des KSÜ ist es nach seinem Art. 1, die internationale Zuständigkeit der Behörden für die Anordnung von Maßnahmen zum Schutz der Person oder des Vermögens des Kindes und das von diesen Behörden anzuwendende Recht zu regeln (lit. a, lit. b). Darüber hinaus bestimmt das KSÜ – abweichend vom MSA (→ Rn. 5) – das auf die elterliche Verantwortung anzuwendende Recht auch dann, wenn keine Schutzmaßnahmen zu treffen sind (lit. c), und gewährleistet die Anerkennung und Vollstreckung der Schutzmaßnahmen in allen Vertragsstaaten in einem gegenüber Art. 7 MSA deutlich erweiterten Umfang (lit. d).

### 1. Anwendungsbereich des KSÜ

17 **a) Räumlicher Anwendungsbereich.** Das KSÜ enthält keine allgemeine Vorschrift über seinen räumlichen Anwendungsbereich, sondern bestimmt diesen für jedes seiner Kapitel gesondert.[47] Auf dem Gebiet des **Kollisionsrechts** muss insoweit zwischen einer Beurteilung der kraft Gesetzes bestehenden elterlichen Verantwortung und der Anordnung von Schutzmaßnahmen durch ein Gericht oder eine Behörde unterschieden werden. Das auf die Zuweisung, das Erlöschen oder die Ausübung der **elterlichen Verantwortung kraft Gesetzes** (oder Vereinbarung) anzuwendende Recht wird in den Art. 16, 17 KSÜ für die Gerichte und Behörden der Vertragsstaaten abschließend geregelt. Diese Kollisionsnormen finden ohne Rücksicht darauf Anwendung, ob das Kind die Staatsangehörigkeit eines Vertragsstaats besitzt oder seinen gewöhnlichen Aufenthalt in einem Vertragsstaat hat (*universelle Anwendung,* vgl. Art. 20 KSÜ). Demgegenüber gilt für die **Anordnung von Schutzmaßnahmen** nach Art. 15 Abs. 1 KSÜ der Gleichlaufgrundsatz, dh die Behörden der Vertragsstaaten wenden grundsätzlich ihr eigenes Recht an. Dies setzt jedoch grundsätzlich deren internationale Zuständigkeit nach dem Kapitel II voraus; das Kind muss also entweder seinen gewöhnlichen Aufenthalt in einem Vertragsstaat haben (Art. 5 Abs. 1 KSÜ) oder es muss eine der sonstigen Anknüpfungen für die internationale Zuständigkeit nach Art. 6 bis 12 KSÜ in einem Vertragsstaat gegeben sein.

18 **b) Persönlicher Anwendungsbereich.** In persönlicher Hinsicht ist das Überereinkommen ist nach seinem Art. 2 auf Kinder beschränkt, die das **18. Lebensjahr noch nicht vollendet** haben. Für Kinder, die älter, aber nach ihrem Heimatrecht noch nicht volljährig sind und deshalb gesetzlich vertreten werden müssen, beurteilt sich die gesetzliche

[44] OLG Brandenburg BeckRS 2014, 06655; OLG Koblenz IPRspr. 2005 Nr. 71; *Dutta* FamRZ 2016, 146 f. Staudinger/*Henrich* EGBGB Art. 21 Rn. 32 ff.; BeckOK BGB/*Heiderhoff* EGBGB Art. 21 Rn. 16; MüKo-BGB/*Helms* EGBGB Art. 21 Rn. 17.

[45] Dazu Staudinger/*Hausmann* EGBGB Art. 4 Rn. 282.

[46] IPG 1975 Nr. 27 (Hamburg): Gesetzliche Vertretung kanadischer Minderjähriger durch ihre Eltern beim Verkauf eines deutschen Grundstücks.

[47] *Benicke* IPRax 2013, 44 (46).

Vertretung nach dem autonomen Kollisionsrecht der Vertragsstaaten, in Deutschland also nach dem von Art. 21 EGBGB für maßgeblich erklärten Recht am gewöhnlichen Aufenthalt des Betroffenen.[48] Auch auf noch nicht 18-jährige Kinder ist das KSÜ dann nicht mehr anwendbar, wenn diese – zB durch Eheschließung, Emanzipation oder Volljährigerklärung – vorzeitig die volle Geschäftsfähigkeit erlangt haben und deshalb nicht mehr gesetzlich vertreten werden müssen. Auf den **Status** des Kindes – als eheliches, nichteheliches, Adoptiv-, Stief- oder Pflegekind – kommt es insoweit nicht an.

**c) Sachlicher Anwendungsbereich.** Dazu → Rn. 52 ff. 19

**d) Zeitlicher Anwendungsbereich.** In zeitlicher Hinsicht gilt das KSÜ für die Beurteilung des auf die elterliche Verantwortung anzuwendenden Rechts für alle Maßnahmen, die in einem Vertragsstaat ergriffen werden, nachdem das Übereinkommen für diesen Staat in Kraft getreten ist (Art. 53 Abs. 1 KSÜ). In Deutschland sind die Art. 5 ff. und 15 ff. KSÜ demgemäß für alle **Schutzmaßnahmen** zugrunde zu legen, die **nach dem 1.1.2011** getroffen wurden oder werden. Abweichend von Art. 64 Abs. 1 EuEheVO kommt es also nicht darauf an, wann das Verfahren vor diesem Gericht eingeleitet wurde; eine *perpetuatio fori* auf der Grundlage des bei Verfahrenseinleitung maßgeblichen staatsvertraglichen (zB MSA) oder autonomen Zuständigkeitsrechts ist daher nicht anzuerkennen.[49] Dies gilt auch dann, wenn das Verfahren am 1.1.2011 vor einem deutschen Gericht bereits in der **Rechtsmittelinstanz** anhängig war. Auch in diesem Fall bestimmt sich das auf Schutzmaßnahmen anzuwendende Recht von diesem Zeitpunkt an nach Art. 15 KSÜ.[50] 20

Demgegenüber fehlt eine ausdrückliche Regelung zur intertemporalen Geltung von Art. 16 KSÜ, denn Art. 53 Abs. 1 KSÜ regelt das Übergangsrecht auf dem Gebiet des Kollisionsrechts nur für (Schutz-) Maßnahmen nach Art. 15 KSÜ.[51] Art. 53 Abs. 1 KSÜ ist jedoch auf **kraft Gesetzes bestehende Sorgeverhältnisse** analog anzuwenden; allerdings sind hierbei die Grundsätze in Art. 16 Abs. 2 bis Abs. 4 KSÜ ebenfalls entsprechend heranzuziehen mit der Folge, dass sie den Grundsatz der Wandelbarkeit des Sorgerechtsstatuts auch in Übergangsfällen einschränken.[52] Danach hat zwar Art. 16 KSÜ für die Beurteilung der elterlichen Sorge ab dem 1.1.2011 sowohl die autonome Kollisionsnorm in Art. 21 EGBGB wie die staatsvertragliche Kollisionsnorm in Art. 3 MSA abgelöst (→ Rn. 37). Da ein Statutenwechsel nach Art. 16 Abs. 4 KSÜ aber nur zum Erwerb, nicht zum Verlust des Sorgerechts führen kann (→ Rn. 45 ff.), sollte dies auch in Übergangsfällen gelten. Eine vor dem 1.1.2011 unter Geltung von Art. 21 EGBGB kraft Gesetzes erworbene sorgerechtliche Position sollte daher im Interesse der Kontinuität und des Kindeswohls auch nach diesem Zeitpunkt erhalten bleiben, selbst wenn sie nach dem nunmehr von Art. 16 Abs. 1 KSÜ zur Anwendung berufenen neuen Aufenthaltsrecht nicht bestünde.[53] Lediglich der Eintritt neuer sorgerechtlicher Tatbestände unterliegt nunmehr Art. 16 Abs. 1 KSÜ. Der Rechtsgedanke des Art. 16 Abs. 3 KSÜ sollte auch bei 21

[48] Vgl. das Beispiel → Rn. 12. Daneben kommen bei gewöhnlichem Aufenthalt im Inland auch Schutzmaßnahmen nach dem Haager Übereinkommen über den internationalen Schutz Erwachsener (ErwSÜ) vom 13.1.2000 in Betracht (→ Rn. 78, 81 ff.).

[49] BGH NJW 2011, 2360 Rn. 31 ff. = FamRZ 2011, 796 mAnm *Völker*; OGH IPRax 2014, 183; OLG Saarbrücken FamRZ 2011, 1514; OLG Karlsruhe FamRZ 2011, 1963 mAnm *Henrich; Hausmann* IntEuSchR B Rn. 429; Palandt/*Thorn* EGBGB Anh. Art. 24 Rn. 17.

[50] BGH NJW 2011, 2360 Rn. 31 = FamRZ 2011, 796 mAnm *Völker*, OLG Karlsruhe FamRZ 2011, 1963 Rn. 23 mAnm *Henrich* = IPRax 2014, 178 mAnm *Looschelders* IPRax 2014, 152; OLG Karlsruhe FamRZ 2013, 1238.

[51] BT-Drs. 16/12068, 72; OLG Karlsruhe FamRZ 2013, 1238 Rn. 17; *Rauscher* NJW 2011, 2332 (2333); Staudinger/*Pirrung* EGBGB Vorb. Art. 19 Rn. G 199; **aA** BGH NJW 2011, 2360 Rn. 31.

[52] *Rauscher* NJW 2011, 2332 (2333); *Hausmann* IntEuSchR B Rn. 510; Palandt/*Thorn* EGBGB Anh. Art. 24 Rn. 17.

[53] So auch *Rauscher* NJW 2011, 2332 (2333); *Benicke* IPRax 2013, 44 (46); *Andrae* IntFamR § 6 Rn. 113; *Hausmann* IntEuSchR B Rn. 510.

einem bereits vor Inkrafttreten des KSÜ vollzogenen Aufenthaltswechsel des Kindes herangezogen werden. Eine zuvor nach Art. 3 MSA oder Art. 21 EGBGB anerkannte elterliche Sorge sollte daher nicht allein infolge des Inkrafttretens des KSÜ entfallen, sondern bestehen bleiben.[54]

22 Auch die **Wirksamkeit von Sorgerechtserklärungen** ist nicht nach dem Recht am jeweiligen gewöhnlichen Aufenthalt des Kindes zu beurteilen mit der Folge, dass am 1.1.2011 insoweit ein Statutenwechsel eingetreten wäre.[55] Denn Art. 16 Abs. 2 KSÜ unterwirft die Zuweisung der elterlichen Sorge durch Vereinbarung der Eltern dem Recht des gewöhnlichen Aufenthalt des Kindes beim Wirksamwerden der Vereinbarung; ein Wechsel des gewöhnlichen Aufenthalts des Kindes ist hierauf ohne Einfluss, weil weder Art. 16 Abs. 1 noch Abs. 4 für die Zuweisung des Sorgerechts durch Vereinbarung gelten. Diese Unwandelbarkeit der Anknüpfung ist auch in Übergangsfällen zu beachten. Ein Sorgerecht, das vor dem 1.1.2011 unter Geltung von Art. 21 EGBGB durch wirksam abgegebene Sorgeerklärungen erworben wurde, bleibt daher auch nach diesem Zeitpunkt unter Geltung von Art. 16 KSÜ bestehen.[56]

## 2. Anordnung und Wirkungen von Schutzmaßnahmen

23 **a) Gleichlaufgrundsatz.** Für die Anordnung von Schutzmaßnahmen geht das KSÜ – wie schon das MSA[57] – vom Grundsatz des Gleichlaufs von internationaler Zuständigkeit und anwendbarem Recht aus: Gemäß Art. 15 Abs. 1 KSÜ wenden die nach Art. 5 bis 14 KSÜ zuständigen Behörden auf von ihnen zu treffende **Schutzmaßnahmen** ihr eigenes Recht an **(*lex fori*-Prinzip).**[58] Deutsche Gerichte entscheiden demgemäß stets auf der Grundlage des deutschen Kindschaftsrechts. Dieses regelt sowohl die Voraussetzungen wie den Inhalt und die Wirkungen der zu treffenden Schutzmaßnahmen. Auf diese Weise wird deren Anordnung in Fällen mit Auslandsberührung erleichtert und beschleunigt, weil die häufig schwierige kollisionsrechtliche Prüfung entfällt.[59] Ferner verzichtet das KSÜ auch auf den in Art. 3 MSA enthaltenen Vorbehalt zugunsten eines gesetzlichen Gewaltverhältnisses nach dem Heimatrecht des Kindes, der bei der Anwendung des Gleichlaufgrundsatzes nach Art. 2 MSA zu erheblichen Anwendungs- und Auslegungsproblemen geführt hatte.[60]

24 Der Gleichlaufgrundsatz nach Art. 15 Abs. 1 Abs. 1 KSÜ führt, wenn das Gericht – wie im Regelfall – seine Zuständigkeit gemäß Art. 5 Abs. 1 KSÜ auf den **gewöhnlichen Aufenthalt**[61] des Kindes stützt, in Übereinstimmung mit Art. 21 EGBGB zur Anwendung des Aufenthaltsrechts des Kindes. Auf die *Staatsangehörigkeit* des Kindes oder der Eltern kommt es dabei nicht an.[62] Da Art. 15 Abs. 1 KSÜ die Geltung des Gleichlaufgrundsatzes indessen nicht auf die Fälle des Art. 5 Abs. 1 KSÜ beschränkt, sondern ihn auf sämtliche Zuständigkeiten des Kapitels II ausdehnt, kann die Kollisionsregel auch zur Anwendung eines vom Recht des gewöhnlichen Aufenthalts des Kindes abweichenden Rechts führen.[63] Dies gilt insbesondere dann, wenn das angerufene Gericht Maßnahmen auf die Staatsangehörigkeit des Kindes (Art. 8 Abs. 1, Abs. 2 lit. a KSÜ), den Zusammen-

[54] OLG Frankfurt a.M. FamRZ 2015, 1633 (1634); **aA** OLG Karlsruhe FamRZ 2013, 1238 Rn. 24; *Heiderhoff* IPRax 2015, 326 (327 f.); Palandt/*Thorn* EGBGB Anh. Art. 24 Rn. 17.

[55] So aber BGH NJW 2011, 2360 Rn. 33; Staudinger/*Pirrung* EGBGB Vorb. Art. 19 Rn. G 199.

[56] *Rauscher* NJW 2011, 2332 (2333); *Benicke* IPRax 2013, 44 (46); *Hausmann* IntEuSchR B Rn. 511.

[57] Vgl. BGH FamRZ 2007, 1969; 2005, 344 (345).

[58] OLG Karlsruhe FamRZ 2013, 1238 Rn. 13; *Benicke* IPRax 2013, 44 (49); *Hausmann* IntEuSchR B Rn. 499 ff.; Erman/*Hohloch* EGBGB Anh. Art. 24 Rn. 38.

[59] Staudinger/*Pirrung* EGBGB Vorb. Art. 19 Rn. G 100; NK-BGB/*Benicke* KSÜ Art. 15 Rn. 1.

[60] MüKoBGB/*Siehr* KSÜ Art. 15 Rn. 10.

[61] Zum Begriff des gewöhnlichen Aufenthalts → § 2 Rn. 58 ff.

[62] OLG Karlsruhe FamRZ 2013, 1238 Rn. 13; Palandt/*Thorn* EGBGB Anh. Art. 24 Rn. 18 aE; Reithmann/Martiny/*Hausmann* IVR Rn. 7.968.

[63] *Lagarde*-Bericht Rn. 87; Rauscher/*Rauscher* EuEheVO Art. 8 Rn. 9; NK-BGB/*Gruber* EuEheVO Art. 8 Rn. 11.

hang mit einem anhängigen Scheidungs- oder Trennungsverfahren (Art. 8 Abs. 1, Abs. 2 lit. c und 10 KSÜ) oder die Belegenheit von Kindesvermögen (Art. 11 KSÜ) stützt. Auch in diesen Fällen dient der Gleichlaufgrundsatz der Erleichterung der Rechtsanwendung.[64]

Ob Art. 15 Abs. 1 KSÜ auch dann Anwendung finden kann, wenn das angerufene Gericht seine internationale Zuständigkeit nicht auf die Art. 5 ff. KSÜ, sondern – wie regelmäßig in den Mitgliedstaaten der EU – **auf die Art. 8 ff. EuEheVO** stützt, ist noch immer streitig. Hierzu wird teilweise unter Berufung auf den Wortlaut des Art. 15 Abs. 1 (… „bei der Ausübung ihrer Zuständigkeit nach Kapitel II") und die Systematik des KSÜ eine Anwendung des *lex fori-Prinzips* in Anknüpfung an eine nur aufgrund der EuEheVO bestehende internationale Zuständigkeit abgelehnt und zur Bestimmung des anwendbaren Rechts weiterhin auf Art. 21 EGBGB zurückgegriffen, wenn die Zuständigkeit nicht zumindest hypothetisch auch aus Art. 5 ff. KSÜ folgt.[65] Demgegenüber hat sich inzwischen zu Recht die Gegenauffassung durchgesetzt, die Art. 15 KSÜ in jedem Fall anwendet, in dem Gerichte eines Vertragsstaats Maßnahmen zum Schutz eines Kindes iSv Art. 3 KSÜ treffen. Die Anwendung der *lex fori* hängt also nicht davon ab, ob im konkreten Fall auch eine Zuständigkeit nach Art. 5 ff. KSÜ begründet gewesen wäre; vielmehr reicht es hierfür auch aus, dass sich die internationale Zuständigkeit **allein aus den Art. 8 ff. EuEheVO** ergibt, weil ansonsten der Gleichlaufgrundsatz des Art. 15 Abs. 1 KSÜ häufig leerliefe.[66] Für diese Lösung sprechen einerseits Praktikabilitätserwägungen, weil ein deutsches Gericht andernfalls nach der Prüfung seiner internationalen Zuständigkeit auf der Grundlage der Art. 8 bis 14 EuEheVO allein zum Zwecke der Ermittlung des anwendbaren Rechts jeweils noch hypothetisch seine Zuständigkeit auch nach Maßgabe der Art. 5 bis 12 KSÜ feststellen müsste. Andererseits erfordert auch das Kindeswohl eine rasche und unkomplizierte kollisionsrechtliche Prüfung.[67] Nach beiden Auffassungen ist Art. 15 KSÜ jedenfalls in Verfahren vor deutschen Gerichten anwendbar, wenn das Kind – wie zumeist – seinen gewöhnlichen Aufenthalt im Inland hat (Art. 8 Abs. 1 EuEheVO, Art. 5 Abs. 1 KSÜ).[68] 25

**b) Internationale Zuständigkeit. aa) Vorrang der EuEheVO.** Die Zuständigkeitsregelung im Kapitel II des Übereinkommens (Art. 5 bis 14 KSÜ), die nach Art. 15 KSÜ zur Bestimmung des auf Schutzmaßnahmen anwendbaren Rechts maßgeblich ist, wird gemäß Art. 61 lit. a EuEheVO durch die Art. 8 bis 15 EuEheVO verdrängt, wenn das Kind seinen gewöhnlichen Aufenthalt im Hoheitsgebiet eines EU-Mitgliedstaats (mit Ausnahme *Dänemarks*) hat.[69] Aus deutscher Sicht kommt das Kapitel II des KSÜ daher grundsätzlich nur dann zur Anwendung, wenn das Kind sich in einem Vertragsstaat gewöhnlich aufhält, der **nicht zugleich Mitgliedstaat der EuEheVO** ist.[70] Der Vorrang des KSÜ bleibt in 26

[64] *Lagarde*-Bericht Rn. 87.

[65] So noch *Hausmann* EuLF 2000/01, 345 (353); *Solomon* FamRZ 2004, 1409 (1416); *Schulz* FPR 2004, 299 (301); ferner Staudinger/*Henrich* EGBGB Art. 21 Rn. 10, 81; BeckOK BGB/*Heiderhoff* EGBGB Art. 21 Rn. 12; Rauscher/*Rauscher* EuEheVO Art. 8 Rn. 24 f.

[66] OLG Karlsruhe NJW-RR 2013, 1157 Rn. 11; AG Otterndorf FamRZ 2012, 1140 (1141); *Benicke* IPRax 2013, 44 (53); *Wagner/Janzen* FPR 2011, 110 (111 f.); *Schulz* FamRZ 2011, 156 (159); Palandt/*Thorn* EGBGB Anh. Art. 24 Rn. 21; Erman/*Hohloch* EGBGB Anh. Art. 24 Rn. 39; MüKoBGB/*Helms* EGBGB Art. 21 Rn. 10; MüKoBGB/*Siehr* KSÜ Art. 15 Rn. 2; NK-BGB/*Gruber* EuEheVO Art. 8 Rn. 10 und Art. 61 Rn. 13 ff.; NK-BGB/*Benicke* KSÜ Art. 15 Rn. 3; Zöller/*Geimer* EuEheVO Art. 8 Rn. 11 ff.; *Hausmann* IntEuSchR B Rn. 487, 501 mwN. Zust. auch *Andrae* IPRax 2006, 82 (87 ff.) und IntFamR § 6 Rn. 104, die die Anwendbarkeit von Art. 15 KSÜ iVm Art. 8 ff. EuEheVO allerdings auf Fälle beschränkt, in denen das Kind seinen gewöhnlichen Aufenthalt in einem Mitgliedstaat der EU hat.

[67] NK-BGB/*Benicke* EGBGB Art. 21 Rn. 15.

[68] OLG Karlsruhe FamRZ 2013, 1238 Rn. 11; Reithmann/Martiny/*Hausmann* IVR Rn. 7.969.

[69] BGH NJW 2011, 2360 Rn. 31 ff. = FamRZ 2011, 796 mAnm *Völker*; OLG Karlsruhe FamRZ 2011, 1963 Rn. 21 mAnm *Henrich* = IPRax 2014, 178 mAnm *Looschelders*; Staudinger/*Henrich* EGBGB Art. 21 Rn. 82; *Hausmann* IntEuSchR B Rn. 19 f. mwN.

[70] Dies sind derzeit *Albanien, Armenien, Australien, Dänemark*, die *Dominikanische Republik, Ecuador, Georgien, Lesotho, Marokko, Monaco, Montenegro, Norwegen*, die *Russische Föderation*, die *Schweiz, Serbien*, die *Ukraine* und *Uruguay*. Vgl. Erman/*Hohloch* EGBGB Anh. Art. 24 Rn. 12.

diesem Fall auch dann erhalten, wenn im Inland eine internationale Zuständigkeit nach der EuEheVO begründet ist, die nicht auf den gewöhnlichen Aufenthalt des Kindes abstellt, zB eine nach Art. 12 EuEheVO zwischen den Eltern vereinbarte Zuständigkeit.[71] Denn Art. 61 lit. a EuEheVO beschränkt den Vorrang der Verordnung vor dem KSÜ auf dem Gebiet der internationalen Zuständigkeit ausdrücklich auf Fälle, in denen das Kind seinen gewöhnlichen Aufenthalt in einem Mitgliedstaat der Verordnung hat. Hat das Kind daher seinen **gewöhnlichen Aufenthalt in Deutschland,** so ist für eine Anwendung der Art. 5 ff. KSÜ kein Raum. Dies gilt – trotz des auf das Verhältnis der Mitgliedstaaten zueinander beschränkten Vorrangs der EuEheVO – nach dem klaren Wortlaut von Art. 61 lit. a EuEheVO auch dann, wenn Schutzmaßnahmen für ein Kind getroffen werden sollen, das die **Staatsangehörigkeit** eines Vertragsstaats des KSÜ besitzt, der nicht Mitgliedstaat der EuEheVO ist.[72]

27 Nach Art. 8 Abs. 1 EuEheVO sind die deutschen Gerichte für Schutzmaßnahmen international zuständig, wenn das Kind seinen **gewöhnlichen Aufenthalt**[73] **zur Zeit der Antragstellung** im Inland hat.[74] Die internationale Zuständigkeit bleibt nach dem Grundsatz der *perpetuatio fori* also auch dann erhalten, wenn das Kind seinen gewöhnlichen Aufenthalt nach Verfahrensbeginn in einen anderen Mitgliedstaat der Verordnung verlegt.[75] Art. 8 Abs. 1 EuEheVO ist hingegen nicht anwendbar, wenn das Kind seinen gewöhnlichen Aufenthalt bereits zur Zeit der Antragstellung in einen anderen Staat verlegt hatte.[76] Umgekehrt genügt es für die internationale Zuständigkeit der deutschen Gerichte aber auch, dass der gewöhnliche Aufenthalt des Kindes erst nach der Antragstellung im Inland begründet wurde, sofern kein ausländisches Gericht in derselben Rechtssache zuvor angerufen wurde.[77] Die Eltern können für Fragen der elterlichen Sorge und des Umgangsrechts jedoch auch die Zuständigkeit eines anderen Mitgliedstaats durch **Gerichtsstandsvereinbarung** nach Art. 12 EuEheVO begründen.[78] Ist eine Ehesache nach Art. 3 ff. EuEheVO vor dem Gericht eines anderen Mitgliedstaats anhängig, so können die Ehegatten die Zuständigkeit dieses Gerichts auch für die im Verbund mit der Ehesache stehende Streitigkeit über die elterliche Sorge oder das Umgangsrecht vereinbaren (Abs. 1). Eine Gerichtsstandsvereinbarung ist aber nach Art. 12 Abs. 3 EuEheVO auch in isolierten Verfahren der elterlichen Verantwortung zulässig, wenn das Kind zum prorogierten Staat eine wesentliche Bindung hat.[79]

28 **bb) Zuständigkeiten nach dem KSÜ.** Wird die Zuständigkeitsordnung des KSÜ nicht durch die EuEheVO verdrängt, sind für Maßnahmen zum Schutz der Person oder des Vermögens des Kindes nach Art. 5 Abs. 1 KSÜ primär die Behörden des Vertragsstaats international zuständig, in dem das **Kind seinen gewöhnlichen Aufenthalt**[80] hat. Le-

[71] NK-BGB/*Benicke* KSÜ Art. 1 Rn. 11.

[72] Prütting/Helms/*Hau* FamFG § 99 Rn. 21; *Benicke* IPRax 2013, 44 (52 f.); *Hausmann* IntEuSchR B Rn. 277; **aA** *Andrae* IPRax 2006, 82 (84); *dies.* IntFamR § 6 Rn. 20; Staudinger/*Henrich* EGBGB Art. 21 Rn. 141; Erman/*Hohloch* EGBGB Anh. Art. 24 Rn. 23.

[73] Zum Begriff des gewöhnlichen Kindesaufenthalts → § 2 Rn. 58 ff.

[74] OLG Karlsruhe FamRZ 2009, 1599 (Entziehung der elterlichen Sorge wegen Kindeswohlgefährdung); OLG Karlsruhe FamRZ 2011, 1963 f. = IPRax 2014, 178 mAnm *Looschelders* IPRax 20014, 152; OLG München FamRZ 2011, 1887; *Hausmann* IntEuSchR B Rn. 67 ff.

[75] BGHZ 184, 269 Rn. 8 = NJW 2010, 1351 mAnm *Peschel-Gutzeit* = FamRZ 2010, 720 mAnm *Stößer*; OLG München FamRZ 2011, 1887; OLG Nürnberg FamRZ 2013, 553; *Hausmann* IntEuSchR B Rn. 75 ff. mwN. Zur Verlegung des gewöhnlichen Kindesaufenthalts in einen Vertragsstaat des KSÜ, der nicht der EU angehört, → Rn. 29.

[76] Vgl. OLG Stuttgart FamFR 2013, 288 mAnm *Finger*.

[77] BGHZ 184, 269 Rn. 9.

[78] Vgl. OLG Düsseldorf FamRZ 2010, 915.

[79] Zu Einzelheiten *Hausmann* IntEuSchR B Rn. 141 ff.

[80] OLG Karlsruhe FamRZ 2016, 248 (Ls.). Zum – autonom auszulegenden – Begriff des gewöhnlichen Kindesaufenthalts im KSÜ KG FamRZ 2015, 1214 (1215); OGH IPRax 2014, 183 (185) mAnm *Heindler* IPRax 2014, 201; *Hausmann* IntEuSchR B Rn. 317 ff.; dazu → § 2 Rn. 58 ff.

diglich wenn dieser nicht festgestellt werden kann oder wenn es sich um Flüchtlingskinder handelt, genügt nach Art. 6 KSÜ auch der **schlichte Aufenthalt** in einem Vertragsstaat. Auf die Staatsangehörigkeit des Kindes kommt es auch hier nicht an; das KSÜ regelt die internationale Zuständigkeit auf dem Gebiet der gesetzlichen Vertretung von Kindern daher auch für Angehörige von Drittstaaten. Gehört das Kind einem Vertragsstaat des MSA an, der – wie die *Türkei* – dem KSÜ noch nicht beigetreten ist, so sind allerdings die sich aus dem MSA ergebenden Schranken (zB durch eine von den *türkischen* Gerichten in Anspruch genommene Heimatzuständigkeit nach Art. 4 MSA) zu beachten.[81] Die internationale Zuständigkeit der deutschen Gerichte nach Art. 5ff. KSÜ setzt jedoch keinen kompetenzrechtlichen Bezug zu einem weiteren Vertragsstaat voraus.

Verlegt das Kind seinen gewöhnlichen Aufenthalt aus Deutschland in einen anderen 29
Vertragsstaat des KSÜ, der nicht Mitgliedstaat der EuEheVO ist, so werden die **Behörden des neuen Aufenthaltsstaats** zuständig (Art. 5 Abs. 2 KSÜ). Eine *perpetuatio fori* wird also – anders als nach Art. 8 Abs. 1 EuEheVO bei der Aufenthaltsverlegung in einen anderen EU-Mitgliedstaat (außer *Dänemark*) (→ Rn. 27) – ausgeschlossen,[82] so dass die internationale Zuständigkeit auch für ein zunächst zulässiges Verfahren mit dem Wegzug des Kindes nachträglich entfallen kann.[83] Zuvor getroffene Schutzmaßnahmen[84] behalten jedoch solange ihre Wirkung, bis die nunmehr zuständigen Behörden sie ändern, ersetzen oder aufheben (Art. 14 KSÜ). Weitere Zuständigkeiten sind zugunsten des Staates, in dem ein Eheverfahren (Scheidung, Trennung, Aufhebung) der Eltern des Kindes anhängig ist (Art. 10 KSÜ),[85] sowie für dringliche und vorläufige – auf das Hoheitsgebiet des sie erlassenden Staates beschränkte – Schutzmaßnahmen zugunsten des Kindes vorgesehen (Art. 11, 12 KSÜ).[86]

**cc) Zuständigkeit für die Erteilung einer familiengerichtlichen Genehmigung.** 30
Bei der familiengerichtlichen Genehmigung von Verträgen eines Minderjährigen, die von seinen Eltern oder einem Vormund/Pfleger als gesetzlichen Vertretern abgeschlossen werden, handelt es sich um eine Maßnahme zum Schutz des Kindes im Zusammenhang mit der Verwaltung und Erhaltung seines Vermögens (Art. 1 Abs. 2 lit. e EuEheVO). Daher beurteilt sich die internationale Zuständigkeit der mitgliedstaatlichen Gerichte vorrangig nach **Art. 8 bis 13 EuEheVO.**[87] Danach sind die deutschen Gerichte für die Erteilung einer solchen Genehmigung gemäß Art. 8 Abs. 1 EuEheVO immer dann international zuständig, wenn das Kind seinen gewöhnlichen Aufenthalt im Inland hat.

Nur wenn weder die deutschen Gerichte noch die Gerichte eines anderen Mitglied- 31
staats der EU (mit Ausnahme *Dänemarks*) nach Art. 8 bis 13 EuEheVO international zuständig sind, also insbesondere bei gewöhnlichem Aufenthalt des Minderjährigen in einem Drittstaat, kann sich eine sog **Restzuständigkeit** der deutschen Gerichte gemäß Art. 14 EuEheVO entweder aus dem KSÜ (Art. 5ff.; → Rn. 28f.) bzw. dem MSA (Art. 1ff.) oder aus dem autonomen deutschen Verfahrensrecht ergeben.[88] Nach letzterem sind die deutschen Familiengerichte zur Erteilung der Genehmigung gemäß § 99 Abs. 1 FamFG international zuständig, wenn der Minderjährige entweder Deutscher ist (Nr. 1) oder sei-

[81] NK-BGB/*Benicke* KSÜ Art. 1 Rn. 6.
[82] KG FamRZ 2015, 1214 (1215); OLG Karlsruhe FamRZ 2014, 1565; OGH IPRax 2014, 183 (186) mAnm *Heindler* IPRax 2014, 201; *Siehr* RabelsZ 62 (1998), 464 (478); *Roth/Döring* FuR 1999, 195 (199ff.); *Andrae* IPRax 2006, 82 (83); *Schulz* FamRZ 2011, 156 (158f.); *Hausmann* IntEuSchR B Rn. 260, 324 mwN. Ebenso zum MSA im Verhältnis zur *Türkei* OLG Stuttgart FamRZ 2013, 49 (50).
[83] KG FamRZ 2015, 1214 (1215); OGH IPRax 2014, 183.
[84] Rechtskraft der getroffenen Schutzmaßnahme ist für die Anwendung von Art. 14 KSÜ nicht erforderlich, vgl. OGH IPRax 2014, 183 (186) mAnm *Heindler* IPRax 2014, 201.
[85] Dazu KG FamRZ 2015, 1214 (1215f.); *Hausmann* IntEuSchR B Rn. 368ff.
[86] Vgl. näher *Hausmann* IntEuSchR B Rn. 380ff. mwN.
[87] Anders OLG Frankfurt a.M. FamRZ 2013, 1225, das auf Art. 5 KSÜ abstellt.
[88] OLG Jena IPRspr. 2001 Nr. 207; AG Ludwigshafen IPRspr. 2012 Nr. 246; dazu näher *Hausmann* IntEuSchR B Rn. 455ff.

nen gewöhnlichen Aufenthalt im Inland hat (Nr. 2) oder der Fürsorge durch ein deutsches Gericht bedarf (Nr. 3).[89] Dass die gesetzliche Vertretung sich gemäß Art. 16 KSÜ nach deutschem materiellen Recht beurteilt, ist für die Begründung der internationalen Zuständigkeit weder erforderlich noch ausreichend.[90] Bei ausländischen Kindern, die sich im Ausland aufhalten, besteht allerdings im Allgemeinen kein Bedürfnis für ein Eingreifen der deutschen Familiengerichte.[91] Etwas anderes kann dann gelten, wenn das auf die gesetzliche Vertretung anwendbare deutsche Recht die Wirksamkeit eines Rechtsgeschäfts von der Erteilung einer familiengerichtlichen Genehmigung abhängig macht und weder die Behörden des Aufenthaltsstaates noch die Heimatbehörden diese Genehmigung erteilen wollen bzw. können.[92]

32 **c) Ausweichklausel.** Anstelle des starren Vorbehalts zugunsten gesetzlicher Gewaltverhältnisse nach dem Heimatrecht des Kindes in Art. 3 MSA sieht Art. 15 Abs. 2 KSÜ eine offen formulierte Ausweichklausel vor, die den Gerichten der Vertragsstaaten eine gewisse Flexibilität bei der Bestimmung des in der Sache anwendbaren Rechts einräumt (allg. → § 2 Rn. 83 f.). Danach gilt der Gleichlaufgrundsatz nicht zwingend; vielmehr kann das Gericht ausnahmsweise auch das Recht eines anderen Staates anwenden oder berücksichtigen, zu dem der Sachverhalt eine enge Beziehung hat, soweit der Schutz der Person oder des Vermögens des Kindes dies erfordern. Dies kann – wie Art. 20 KSÜ klarstellt – auch das Recht eines Drittstaats sein. Unter **„Berücksichtigung"** ist die Beachtung ausländischen Rechts iRd Ausfüllung von Generalklauseln und unbestimmten Rechtsbegriffen der „angewandten" *lex fori* zu verstehen.[93] Die Verweisung nach Art. 15 Abs. 2 KSÜ auf ausländisches Recht ist in jedem Fall **Sachnormverweisung,** weil die in Art. 21 Abs. 2 KSÜ normierte Ausnahme (→ Rn. 38) nur für die Anknüpfung der elterlichen Verantwortung kraft Gesetzes nach Art. 16 KSÜ gilt.

33 Da Art. 15 Abs. 2 KSÜ nach dem ausdrücklichen Wortlaut eine **Ausnahme vom Gleichlaufgrundsatz** des Abs. 1 bildet, ist von der Ausweichklausel nur zurückhaltend Gebrauch zu machen,[94] auch wenn – anders als zB in Art. 4 Abs. 3 Rom I-VO/Rom II-VO – keine „offensichtlich" engere Verbindung mit einem anderen Recht gefordert wird. Wird ein Gericht im Staat des gewöhnlichen oder schlichten Kindesaufenthalts nach Art. 5, 6 KSÜ (bzw. Art. 8, 13 EuEheVO) angerufen, so kann zur Konkretisierung der von Art. 15 Abs. 2 KSÜ vorausgesetzten „engen Verbindung" des Kindes zu einer von der *lex fori* des angerufenen Gerichts abweichenden Rechtsordnung auf die Kriterien des Art. 8 Abs. 2 KSÜ Bezug genommen werden. In Betracht kommt daher eine Anwendung des Heimatrechts des Kindes, zB wenn das Kind in einer im Aufenthaltsstaat noch nicht integrierten Familie nach den Sitten und Gebräuchen seines Heimatrechts erzogen wird[95] oder wenn eine baldige Rückkehr des Kindes in seinen Heimatstaat bevorsteht.[96] Denkbar ist auch eine Anwendung der *lex rei sitae,* wenn Schutzmaßnahmen für das in einem anderen Staat belegene Kindesvermögen angeordnet werden sollen (zB für die Bestellung eines nur dort tätigen Verwalters).[97] Schließlich kann auch der Umstand, dass ein Eheverfahren der Eltern des Kindes in einem anderen Vertragsstaat anhängig ist, die An-

[89] Vgl. dazu näher *Hausmann* IntEuSchR B Rn. 456 ff.
[90] Vgl. schon zum früheren Recht Soergel/*Kegel* EGBGB Art. 19 Rn. 102 mwN.
[91] RG JW 1932, 588 mAnm *Frankenstein* (Internationale Zuständigkeit der deutschen Vormundschaftsgerichte für die Erteilung einer vormundschaftsgerichtlichen Genehmigung zur Belastung deutschen Grundvermögens durch den gesetzlichen Vertreter italienischer Minderjähriger abgelehnt, weil sämtliche Beteiligte ihren gewöhnlichen Aufenthalt in Italien hatten).
[92] Vgl. Soergel/*Kegel* EGBGB Art. 19 Rn. 99.
[93] Palandt/*Thorn* EGBGB Anh. Art. 24 Rn. 19.
[94] Staudinger/*Pirrung* EGBGB Vorb. Art. 19 Rn. G 102 ff.; Palandt/*Thorn* EGBGB Anh. Art. 24 Rn. 19; *Andrae* IntFamR § 6 Rn. 107.
[95] *Siehr* RabelsZ 62 (1998), 464 (489).
[96] *Lagarde*-Bericht Rn. 89; NK-BGB/*Benicke* KSÜ Art. 15 Rn. 4.
[97] Vgl. dazu den *Lagarde*-Bericht Rn. 89; *Siehr* RabelsZ 62 (1998), 464 (488).

wendung der Ausweichklausel begründen. Noch näher liegt eine Anwendung der Ausweichklausel freilich im umgekehrten Fall, dh wenn Maßnahmen bei einem Gericht außerhalb des gewöhnlichen Aufenthaltsstaats des Kindes (zB bei dem im der Ehesachen nach Art. 10 KSÜ/Art. 12 EuEheVO angerufenen Gericht) beantragt werden. Denn für diesen Fall ermöglicht es Art. 15 Abs. 2 KSÜ dem Gericht, unter Verzicht auf die Verfahrenserleichterung durch Anwendung seiner *lex fori* das Recht am *gewöhnlichen Aufenthalt* des Kindes zugrunde zu legen, wenn dort der Schwerpunkt der von der beantragten Maßnahme betroffenen Rechtsbeziehungen liegt.[98]

**d) Wirkungen von Schutzmaßnahmen.** Art. 15 KSÜ enthält zwar – anders als Art. 2 Abs. 2 S. 2 und Art. 4 Abs. 2 S. 2 MSA – keine ausdrückliche Regelung zu den rechtlichen Wirkungen der getroffenen Schutzmaßnahmen; eine Änderung gegenüber dem MSA ist damit jedoch nicht bezweckt. Die ***lex fori* des anordnenden Gerichts** bestimmt daher auch unter Geltung des KSÜ über den Inhalt und Umfang der gesetzlichen Vertretungsbefugnisse der gerichtlich bestimmten Sorgeberechtigten (Elternteil, Vormund, Ergänzungspfleger); sie ist insbesondere auch dafür maßgebend, unter welchen Voraussetzungen dieser gesetzliche Vertreter einer vormundschafts- oder **familiengerichtliche Genehmigung** für den Abschluss von Verträgen im Namen des Minderjährigen bedarf (näher → Rn. 57ff.).[99] 34

**e) Verlegung des gewöhnlichen Kindesaufenthalts.** Verlegt das Kind nach Anordnung einer Maßnahme seinen gewöhnlichen Aufenthalt in einen anderen Vertragsstaat, so bleibt diese Maßnahme, sofern sie dort anerkannt wird (→ Rn. 71ff.), gemäß Art. 14 KSÜ solange in Kraft, bis eine nach Art. 5ff. zuständige Behörde des neuen Aufenthaltsstaats sie ändert, ersetzt oder aufhebt.[100] Ein Aufenthaltswechsel ist also auf den **Bestand** oder den **Inhalt** der im früheren Aufenthaltsstaat getroffenen Maßnahme ohne Einfluss. Allerdings bestimmt das neue Aufenthaltsrecht vom Zeitpunkt des Aufenthaltswechsels an gemäß Art. 15 Abs. 3 KSÜ „die Bedingungen, unter denen die im Staat des früheren gewöhnlichen Aufenthalts getroffenen Maßnahmen angewendet werden". Gemeint ist damit die **Art und Weise,** in der die getroffenen Maßnahmen künftig ausgeübt bzw. durchgeführt werden sollen.[101] Da nur die Behörden von Vertragsstaaten an das KSÜ gebunden sind, gilt Art. 15 Abs. 3 KSÜ allerdings im Fall der Verlegung des gewöhnlichen Aufenthalts in einen Nichtvertragsstaat nicht.[102] 35

Hat ein Gericht des bisherigen Aufenthaltsstaates daher die elterliche Sorge der Mutter allein übertragen, so bestimmt nunmehr das **neue Aufenthaltsrecht** darüber, welche Rechte mit dieser alleinigen Innehabung der elterlichen Sorge verbunden sind und welche Schranken dem Sorgerecht der Mutter durch verbleibende Rechte des Vaters oder durch gerichtliche Genehmigungserfordernisse gezogen sind.[103] Im Fall der Zuweisung gemeinsamer elterlicher Sorge regelt das neue Aufenthaltsrecht die Modalitäten von deren Ausübung.[104] Hat ein Gericht des früheren Aufenthaltsstaates einen **Vormund** für das Kind bestellt, so ist dem neuen Aufenthaltsrecht zu entnehmen, für welche Geschäfte der Vormund einer gerichtlichen Genehmigung bedarf (→ Rn. 57ff.) und wann er von einer gesetzlichen Vertretung des Kindes ganz ausgeschlossen ist. Die Behörden des neuen Aufenthaltsstaates sind freilich durch Art. 15 Abs. 3 KSÜ nicht daran gehindert, die Ausübung 36

[98] *Lagarde*-Bericht Rn. 89; Erman/*Hohloch* EGBGB Anh. Art. 24 Rn. 41; *Andrae* IntFamR § 6 Rn. 107 aE.
[99] Abweichend *Andrae* IntFamR § 6 Rn. 130, die Art. 17 KSÜ auch auf die Ausübung der durch eine gerichtliche Schutzmaßnahme eingeräumten gesetzlichen Vertretungsmacht anwendet.
[100] Dies gilt auch dann, wenn sie von der gesetzlichen Regelung im neuen Aufenthaltsstaat abweicht, vgl. *Lagarde*-Bericht Rn. 51; *Hausmann* IntEuSchR B Rn. 406.
[101] *Siehr* RabelsZ 62 (1998), 464 (488).
[102] Palandt/*Thorn* EGBGB Anh. Art. 24 Rn. 20.
[103] *Lagarde*-Bericht Rn. 91; NK-BGB/*Benicke* KSÜ Art. 15 Rn. 15.
[104] Staudinger/*Pirrung* EGBGB Vorb. Art. 19 Rn. G 102; vgl. im deutschen Recht § 1627 BGB.

der elterlichen Verantwortung durch **Eilmaßnahmen** nach Art. 11 KSÜ oder **vorläufige Anordnungen** nach Art. 12 KSÜ abweichend zu regeln, sofern die Voraussetzungen für eine Zuständigkeit nach diesen Vorschriften vorliegen.[105]

### 3. Vertretung von Kindern kraft Gesetzes

37 **a) Allseitige Anwendung von Art. 16, 17 KSÜ.** Die Vertretung von Kindern kraft Gesetzes unterliegt seit dem Inkrafttreten des KSÜ in allen Vertragsstaaten einheitlich dem Recht am **gewöhnlichen Aufenthalt des Kindes** (Art. 16, 17 KSÜ).[106] Die Möglichkeit einer **Rechtswahl** sieht das KSÜ auf dem Gebiet der elterlichen Verantwortung nicht vor. Die Kollisionsnormen des Übereinkommens gelten nach Art. 20 KSÜ als *„loi uniforme"*, dh auch dann, wenn das von ihnen bestimmte Recht dasjenige eines Nichtvertragsstaates ist.[107] Damit wird Art. 21 EGBGB bezüglich des auf die elterliche Sorge kraft Gesetzes anwendbaren Rechts durch Art. 16 KSÜ vollständig verdrängt, wenn der (noch nicht 18-jährige) Minderjährige seinen gewöhnlichen Aufenthalt im Inland oder in einem anderen Vertragsstaat des KSÜ hat. Der Unterschied ist freilich im Ergebnis gering, weil beide Vorschriften übereinstimmend an das Recht des gewöhnlichen Kindesaufenthalts anknüpfen. Im Verhältnis der Vertragsstaaten des MSA zueinander wird auch Art. 3 MSA seit dem 1.1.2011 durch Art. 16, 17 KSÜ verdrängt (Art. 51 KSÜ).[108]

38 Abweichungen ergeben sich allerdings bezüglich der Beachtung einer **Rück- oder Weiterverweisung.** Wird nämlich auf das Recht eines *Vertragsstaats* des KSÜ verwiesen, so ist künftig – anders als bisher nach Art. 21 EGBGB – dessen **Sachrecht** anzuwenden (Art. 21 Abs. 1 KSÜ). Verweist Art. 16 KSÜ hingegen auf das Recht eines *Nichtvertragsstaats,* so ist eine Weiterverweisung auf das Recht eines anderen Nichtvertragsstaats, der diese Verweisung annimmt, nach Art. 21 Abs. 2 KSÜ zu beachten.[109] Nimmt jener Staat die (Weiter-)Verweisung nicht an, so verbleibt es hingegen bei der Anwendung des Sachrechts des Staates, in dem das Kind seinen gewöhnlichen Aufenthalt hat. Gleiches gilt auch dann, wenn das von Art. 16 KSÜ zur Anwendung berufene Recht eines Nichtvertragsstaats auf deutsches Recht zurück- oder auf das Recht eines anderen Vertragsstaats weiterverweist. Soweit schließlich die nach Art. 5 ff. KSÜ für die Anordnung von Schutzmaßnahmen international zuständigen Behörden ausnahmsweise nicht die *lex fori,* sondern gemäß Art. 15 Abs. 2 KSÜ ausländisches Recht anwenden, handelt es sich in jedem Fall um eine Sachnormverweisung.

39 **b) Zuweisung und Erlöschen der elterlichen Verantwortung kraft Gesetzes. aa) Anwendungsbereich.** Das Recht des Staates, in dem das Kind seinen gewöhnlichen Aufenthalt hat, gilt gemäß Art. 16 Abs. 1 KSÜ zunächst für die gesetzliche *Zuweisung* (vgl. im deutschen Recht §§ 1626, 1626a Abs. 1 Nr. 2 und Abs. 3 BGB) und das *Erlöschen* der elterlichen Verantwortung kraft Gesetzes (zB durch Tod oder Todeserklärung eines Elternteils, vgl. im deutschen Recht §§ 1680 Abs. 1, 1681 Abs. 1 BGB, oder durch Volljährigkeit des Kindes), dh ohne dass ein Gericht oder eine Verwaltungsbehörde eine diesbezügliche (rechtsgestaltende) Regelung trifft.[110] Daher bestimmt sich auch die Frage, ob die elterliche Sorge nach einer Trennung oder Scheidung der Ehe weiterhin beiden Eltern gemeinsam zusteht, nach dem Recht am gewöhnlichen Kindesaufenthalt; auf die Staatsangehörigkeit des Kindes oder diejenige seiner Eltern kommt es nicht an. Beschränkt sich ein Gericht daher auf die rein **deklaratorische Feststellung** dieses kraft Gesetzes (fort-)

---

[105] *Siehr* RabelsZ 62 (1998), 464 (489); Palandt/*Thorn* EGBGB Anh. Art. 24 Rn. 20.
[106] Zum Begriff des gewöhnlichen Aufenthalts → § 2 Rn. 58 ff.
[107] Vgl. zur *Türkei Dutta* FamRZ 2016, 146.
[108] OLG Frankfurt a.M. FamRZ 2015, 1633 (1634).
[109] *Lagarde*-Bericht Rn. 116; *Siehr* RabelsZ 62 (1998), 464 (487); krit. *Andrae* IntFamR § 6 Rn. 120.
[110] OLG Karlsruhe NJW-RR 2013, 1157 Rn. 17; *Lagarde*-Bericht Rn. 91 ff.; Erman/*Hohloch* EGBGB Anh. Art. 24 Rn. 44.

bestehenden Sorgerechts, so ist dies keine Maßnahme iSv Art. 15 KSÜ, sondern es gil das von Art. 16 KSÜ zur Anwendung berufene Recht.[111]

Art. 16 Abs. 1 KSÜ erstreckt sich – entgegen dem zu eng gefassten Wortlaut der Vorschrift – ferner auf den **Inhalt** der elterlichen Verantwortung, dh auf die Rechte und Pflichten derjenigen Personen, denen die elterliche Verantwortung kraft Gesetzes zusteht; dies folgt aus der umfassenden Definition der elterlichen Verantwortung in Art. 1 Abs. 2 KSÜ.[112] Das von Art. 16 Abs. 1 KSÜ für anwendbar erklärte Recht bestimmt daher nicht nur, wer kraft Gesetzes Inhaber der elterliche Verantwortung für ein Kind ist, sondern auch, welche Aufgaben und Befugnisse dieser Träger der elterlichen Verantwortung hat. Dieses Recht beherrscht insbesondere die **Vermögenssorge** für das Kind, zB die Fragen, ob das Kind für die in seinem Namen durch die Eltern begründeten Verbindlichkeiten haftet, ob die Eltern für Pflichtverletzungen dem Kind gegenüber haften[113] und ob den Eltern kraft Gesetzes ein Nutznießungsrecht am Kindesvermögen zusteht. Darüber hinaus unterliegen dem von Art. 16 KSÜ zur Anwendung berufenen Recht alle mit der gesetzlichen Vertretung des Kindes zusammenhängenden Fragen, wie zB deren Beschränkungen durch das **Erfordernis familiengerichtlicher Genehmigungen** (→ Rn. 57 ff.).[114] Vgl. zur Ausübung der elterlichen Verantwortung aber Art. 17 KSÜ (→ Rn. 49 f.). 40

Art. 16 KSÜ gilt auch nicht nur – wie bisher Art. 21 EGBGB – im Eltern-Kind-Verhältnis, sondern bestimmt auch, wer kraft Gesetzes für das Kind verantwortlich ist, wenn dieses keine Eltern hat oder diese von der elterlichen Verantwortung ausgeschlossen sind. Das Recht am gewöhnlichen Aufenthalt des Kindes entscheidet daher über die Entstehung und den Inhalt **gesetzlicher Vormundschaften** sowie über eine die elterliche Sorge oder Vormundschaft ergänzende **Beistandschaft,** wie zB diejenige des Jugendamts nach §§ 1712 ff. BGB auf Antrag eines Elternteils. 41

**bb) Wandelbarkeit der Anknüpfung.** Das Statut der gesetzlichen Vertretung von Kindern nach Art. 16 Abs. 1 KSÜ ist **wandelbar,** so dass es sich mit der Verlegung des gewöhnlichen Kindesaufenthalts in einen anderen Staat grundsätzlich *ex nunc* ändert; es kommt mithin auf den **jeweiligen gewöhnlichen Aufenthalt** des Kindes an.[115] Wer mit der Geburt des Kindes die elterliche Verantwortung erwirbt, beurteilt sich daher nach dem Recht des Staates, in dem das Kind nach dem Willen seiner Eltern seinen ersten Lebensmittelpunkt hat; dies ist nicht notwendig der Geburtsort (zB wenn die Mutter sich nur zur Entbindung in eine ausländische Klinik begeben hat). Ob und wie sich später eintretende Ereignisse – zB die Heirat der Eltern oder die Anerkennung der Vaterschaft zu einem außer der Ehe geborenen Kind – auf die elterliche Verantwortung auswirken, bestimmt sich dann nach dem Recht des Staates, in dem das Kind sich bei Eintritt dieses Ereignisses gewöhnlich aufhält.[116] Art. 16 Abs. 1 KSÜ schließt allerdings nicht aus, dass ein Recht, das erst nach einem Aufenthaltswechsel des Kindes anwendbar geworden ist, auch Ereignissen rechtliche Bedeutung beimisst, die bereits unter Geltung eines früheren Aufenthaltsrechts des Kindes eingetreten sind. Hat eine Familie ihren gewöhnlichen Aufenthalt daher erst nach der Anerkennung der Vaterschaft aus einem anderen Staat nach Deutschland verlegt, so bestimmt nunmehr das neue deutsche Aufenthaltsrecht darüber, 42

[111] OGH IPRax 2010, 542 mAnm *Hohloch* IPRax 2010, 567 (571 f.); *Andrae* IntFamR § 6 Rn. 109; Palandt/*Thorn* EGBGB Anh. Art. 24 Rn. 22.

[112] NK-BGB/*Benicke* KSÜ Art. 16 Rn. 1; MüKoBGB/*Siehr* KSÜ Art. 16 Rn. 6; Geimer/Schütze/*Gruber* KSÜ IRV Art. 16 Rn. 2.

[113] Vgl. BGH NJW 1993, 2305 (2306) (zu Art. 19 EGBGB aF).

[114] Für Maßgeblichkeit des Vertretungsstatuts auch OLG Stuttgart NJW-RR 1996, 1288 (zu Art. 21 EGBGB).

[115] BGH NJW 2011, 2360 Rn. 32 = FamRZ 2011, 796 mAnm *Völker*, OLG Karlsruhe FamRZ 2013, 1238 Rn. 17; *Finger* FamRBint 2010, 95 (99); *Rauscher* NJW 2011, 2332 (2333); *Schwarz* NDV 2011, 39 (40); BeckOK BGB/*Heiderhoff* EGBGB Art. 21 Rn. 12. Gleiches gilt auch iRv Art. 21 EGBGB, vgl. *Henrich* FamRZ 1998, 1401 (1404); *Schotten/Schmellenkamp* IPR Rn. 81 mwN.

[116] Staudinger/*Pirrung* EGBGB Vorb. Art. 19 Rn. G 107; NK-BGB/*Benicke* KSÜ Art. 16 Rn. 3.

ob das Vaterschaftsanerkenntnis dem nicht mit der Mutter verheirateten Vater auch die elterliche Sorge verschafft hat.[117] Die mit der Wandelbarkeit des Sorgerechtsstatuts verbundene Rechtsunsicherheit[118] wird allerdings unter der Geltung des KSÜ durch Art. 16 Abs. 2 bis Abs. 4 sowie Art. 19 KSÜ (→ Rn. 43ff., 63ff.) begrenzt.

43 **c) Elterliche Verantwortung kraft Vereinbarung.** Nach Art. 16 Abs. 2 KSÜ entscheidet das Recht am gewöhnlichen Aufenthalt des Kindes auch über die Wirksamkeit der Zuweisung oder des Erlöschens der elterlichen Verantwortung durch eine zwischen den Eltern getroffene Vereinbarung (zB eine Sorgerechtsregelung im Rahmen einer Scheidungsvereinbarung) oder durch einseitiges Rechtsgeschäft (zB den Verzicht auf die Ausübung eines Mitsorge- oder Umgangsrechts) eines Elternteils.[119] Dies gilt auch dann, wenn die Vereinbarung oder die einseitige Erklärung **durch eine Behörde beurkundet** oder gegenüber einer Behörde abgegeben werden muss, wie dies im deutschen Recht für die **Sorgeerklärungen** unverheirateter Eltern nach § 1626a Abs. 1 Nr. 1 BGB zutrifft.[120] Ist die Mitwirkung der Behörde hingegen nicht nur aus formellen Gründen vorgeschrieben, sondern ist sie – wie im Falle einer Sorgerechtsvereinbarung nach § 1631 BGB – in Gestalt eines Zustimmungserfordernisses materielle Wirksamkeitsvoraussetzung des Rechtsgeschäfts, so handelt es sich um eine Schutzmaßnahme, für die nicht Art. 16, sondern Art. 15 KSÜ maßgebend ist.[121]

44 Für die Zuweisung oder das Erlöschen der elterlichen Verantwortung durch Vereinbarung oder einseitiges Rechtsgeschäft kommt es nach Art. 16 Abs. 2 KSÜ auf den gewöhnlichen Aufenthalt des Kindes zu dem **Zeitpunkt** an, zu dem die Vereinbarung oder das Rechtsgeschäft wirksam wird. Dies muss nicht bereits der Zeitpunkt sein, zu dem das Rechtsgeschäft vorgenommen wird. Wird die elterliche Verantwortung etwa in einer Scheidungsvereinbarung geregelt, so wird diese idR erst wirksam, wenn die Scheidung ausgesprochen worden ist.[122] Werden Sorgeerklärungen nach deutschem Recht (§ 1626a Abs. 1 Nr. 1 BGB) von den Eltern getrennt abgegeben, so werden sie gemäß § 1626d BGB erst zu dem Zeitpunkt wirksam, zu dem die spätere Erklärung öffentlich beurkundet wird.[123] Eine vor der Geburt des Kindes abgegebene Sorgeerklärung (§ 1626b Abs. 2 BGB) wird erst mit der Geburt wirksam.[124] In all diesen Fällen wirkt sich eine Verlegung des gewöhnlichen Kindesaufenthalts im Zeitraum zwischen der Abgabe und der Wirksamkeit der Erklärungen daher auf das anwendbare Recht aus. Gleiches gilt dann, wenn das Kind seinen gewöhnlichen Aufenthalt erst nach Abgabe der Sorgeerklärungen in ein Land verlegt, das wie *Deutschland* Sorgeerklärungen überhaupt kennt.[125] Ist die Elternvereinbarung nach Art. 16 Abs. 2 KSÜ hingegen wirksam geworden, so behält sie diese Wirksamkeit aufgrund der Unwandelbarkeit der Anknüpfung auch dann, wenn das Kind anschließend einen neuen gewöhnlichen Aufenthalt begründet.[126]

45 **d) Wechsel des gewöhnlichen Aufenthalts des Kindes. aa) Fortbestand der elterlichen Verantwortung.** Art. 16 Abs. 3 KSÜ bestimmt im Interesse der Kontinuität wirksam begründeter Eltern-Kind-Beziehungen, dass die nach dem Recht am gewöhnlichen Aufenthalt des Kindes entstandene **elterliche Verantwortung** – anders als bisher nach

[117] *Lagarde*-Bericht Rn. 100; *Andrae* IntFamR § 6 Rn. 110.
[118] Vgl. die Kritik bei *Looschelders* IPRax 1999, 420 (423f.) und 2014, 152 (154).
[119] Erman/*Hohloch* EGBGB Anh. Art. 24 Rn. 45.
[120] KG FamRZ 2011, 1516; NK-BGB/*Benicke* KSÜ Art. 16 Rn. 2.
[121] *Lagarde*-Bericht Rn. 103; *Benicke* IPRax 2013, 44 (49); *Andrae* IntFamR § 6 Rn. 114; Staudinger/*Pirrung* EGBGB Vorb. Art. 19 Rn. G 109.
[122] *Lagarde*-Bericht Rn. 504; *Krah* S. 229.
[123] *Benicke* IPRax 2013, 44 (50).
[124] KG FamRZ 2011, 1516; Münch/*Süß* FamR § 20 Rn. 390.
[125] Vgl. *Dutta* FamRZ 2016, 146 (147).
[126] *Dutta* StAZ 2010, 193 (201).

Art. 21 EGBGB[127] – auch nach einem Wechsel des gewöhnlichen Aufenthalts in einen anderen (Vertrags- oder Dritt-) Staat **fortbesteht,** und zwar auch dann, wenn nach dem neuen Aufenthaltsrecht eine solche elterliche Verantwortung – zB das (Mit-) Sorgerecht eines Elternteils – kraft Gesetzes nicht entstanden wäre.[128] Der Grundsatz der Wandelbarkeit der Anknüpfung nach Art. 16 Abs. 1 KSÜ wird mithin durch Abs. 3 eingeschränkt. Art. 16 Abs. 3 KSÜ gilt – im Gegensatz zu Abs. 4 – nicht nur für die Zuweisung der elterlichen Sorge kraft Gesetzes nach Abs. 1, sondern auch für die Zuweisung durch Vereinbarung nach Abs. 2. Für die gerichtlich angeordnete elterliche Verantwortung gilt der entsprechende Grundsatz gemäß Art. 14 KSÜ. Keine Anwendung findet Abs. 3 hingegen auf die gesetzliche Beistandschaft des Jugendamts nach §§ 1712 ff. BGB; diese endet vielmehr gemäß § 1717 BGB, wenn das Kind seinen gewöhnlichen Aufenthalt ins Ausland verlegt. Ferner bleiben auch **abgeschlossene tatsächliche Vorgänge** – zB eine Verletzung des Umgangs- oder Sorgerechts – von einem Statutenwechsel unberührt.[129]

Da die Voraussetzungen für den Erwerb der elterlichen Sorge durch **Väter, die mit** 46
**der Mutter des Kindes nicht verheiratet sind,** in den einzelnen Staaten noch immer sehr unterschiedlich geregelt sind, erlangt Art. 16 Abs. 3 KSÜ insbesondere für die elterliche Sorge von solchen Vätern praktische Bedeutung.[130] Während Väter, deren Vaterschaft wirksam anerkannt oder festgestellt worden ist, nach manchen Rechten – zB nach *französischem* (Art. 372 Abs. 1 CC)[131] oder *italienischem* Recht (Art. 317^bis CC) – die elterliche Sorge kraft Gesetzes automatisch erlangen, machen andere Staaten – wie das bisherige deutsche Recht – den Erwerb der elterlichen Sorge von der Zustimmung der Mutter abhängig. Ferner kennen manche Rechte eine gemeinsame elterliche Sorge unverheirateter Eltern entweder überhaupt nicht oder fordern hierfür – wie zB das *österreichische* (§ 167 ABGB) oder das *schweizerische* Recht (Art. 298a ZGB) – eine gerichtliche Zuweisung. Hatten die Eltern nach dem Recht des Staates, in dem das Kind bei der Geburt seinen gewöhnlichen Aufenthalt hatte, kraft Gesetzes die gemeinsame elterliche Verantwortung erworben, so ging diese nach bisherigem Recht (Art. 21 EGBGB) bei einem Umzug des Kindes nach Deutschland wieder verloren, wenn der Vater keine Sorgeerklärungen nach § 1626a BGB abgegeben hatte:[132] Demgegenüber stellt Art. 16 Abs. 3 KSÜ nunmehr klar, dass die elterliche Sorge, die nach dem Recht am bisherigen gewöhnlichen Aufenthalt des Kindes wirksam begründet worden war, allein infolge des Statutenwechsels nicht endet. Hatte der Vater mit der Anerkennung des Kindes daher nach dem bisherigen Aufenthaltsrecht des Kindes die elterliche Sorge erworben, so bleibt diese auch bei einem Umzug der Familie nach Deutschland erhalten, selbst wenn keine Sorgeerklärungen nach §§ 1626a ff. BGB abgegeben werden.[133] Die nach dem von Art. 16 Abs. 3 KSÜ maßgeblichen Recht am früheren gewöhnlichen Aufenthalt des Kindes fortbestehende elterliche

[127] *Henrich* FamRZ 1998, 1401 (1404); *Finger* FamRBint. 2010, 95 (100); BeckOK BGB/*Heiderhoff* EGBGB Art. 21 Rn. 14; *Staudinger/Henrich* EGBGB Art. 21 Rn. 26.

[128] OLG Karlsruhe FamRZ 2011, 1963 mAnm *Henrich*; 2013, 1238 Rn. 23.; *Lagarde*-Bericht Rn. 107; *Finger* FamRBint. 2010, 95 (100); *Rauscher* NJW 2011, 2332 (2333); *Schulz* FamRZ 2011, 156 (159); BeckOK BGB/*Heiderhoff* EGBGB Art. 21 Rn. 13; Palandt/*Thorn* EGBGB Anh. Art. 24 Rn. 23. Ob etwas anderes gilt, wenn der Aufenthaltswechsel noch vor Inkrafttreten des KSÜ im neuen Aufenthaltsstaat stattgefunden hat, hat der BGH offengelassen, vgl. NJW 2011, 2360 Rn. 31 ff. = FamRZ 2011, 796 mAnm *Völker.* Nach den allgemeinen Grundsätzen zum Statutenwechsel (→ § 3 Rn. 72 ff.) wirkt das Übereinkommen auf vor seinem Inkrafttreten bereits abgeschlossene Sachverhalte nicht zurück, vgl. OLG Karlsruhe FamRZ 2013, 1238 Rn. 24. Daher bleibt auch ein nach Art. 3 MSA anzuerkennendes gesetzliches Gewaltverhältnis nach Inkrafttreten des KSÜ bestehen, bis es nach Art. 18 KSÜ durch die nunmehr zuständigen Behörden aufgehoben oder geändert wird, vgl. OLG Frankfurt a.M. FamRZ 2015, 1633 (1634).

[129] BeckOK BGB/*Heiderhoff* EGBGB Art. 21 Rn. 13.

[130] *Lagarde*-Bericht Rn. 107.

[131] Vgl. BGH NJW 2011, 2360 Rn. 38.

[132] Vgl. *Henrich* FamRZ 1998, 1401 (1404); *Finger* FamRBint. 2010, 95 (100); BeckOK BGB/*Heiderhoff* EGBGB Art. 21 Rn. 14; Staudinger/*Henrich* EGBGB Art. 21 Rn. 26.

[133] OLG Karlsruhe FamRZ 2011, 1963 Rn. 26 = IPRax 2014, 178 mAnm *Looschelders*; OLG Karlsruhe NJW-RR 2013, 1157 Rn. 23; *Lagarde*-Bericht Rn. 107; *Andrae* IntFamR § 6 Rn. 134; *Schulz* FamRZ 2011, 156 (159); *Benicke* IPRax 2013, 44 (50); *Henrich* IntSchR Rn. 305.

Verantwortung kann durch Schutzmaßnahmen der nunmehr nach Art. 5 ff. KSÜ zuständigen Behörden allerdings jederzeit geändert oder entzogen werden (Art. 18 KSÜ).

47 **Beispiel:**
Die russische Mutter und der irische Vater lebten bei Geburt ihrer Tochter T unverheiratet in Russland zusammen. Obwohl sie keine Sorgeerklärungen abgegeben hatten, erwarben sie nach russischem Recht das gemeinsame elterliche Sorgerecht. Nach ihrer Trennung vom Kindsvater zog die Mutter mit T nach Deutschland und beantragt nunmehr, ihr alleiniges Sorgerecht festzustellen, hilfsweise das alleinige Sorgerecht auf sie zu übertragen. Nach welchem Recht ist über diese Anträge zu entscheiden?

Nach Art. 16 Abs. 1 KSÜ beurteilt sich der Erwerb des elterlichen Sorgerechts nach dem Recht des Staates, in dem das Kind seinen gewöhnlichen Aufenthalt hat. Solange T sich in Russland gewöhnlich aufhielt, stand beiden Eltern kraft Gesetzes daher die gemeinsame elterliche Sorge zu. Da das Statut der elterlichen Sorge und gesetzlichen Vertretung wandelbar ist, wäre dieses gemeinsame Sorgerecht aufgrund des Umzugs von T nach Deutschland erloschen, denn über deren Fortbestand entscheidet nach Art. 16 Abs. 1 KSÜ nunmehr das neue deutsche Aufenthaltsrecht des Kindes. Danach stünde aber in Ermangelung von Sorgeerklärungen die elterliche Sorge allein der Mutter zu (§ 1626a Abs. 3 BGB). Abweichend davon bestimmt jedoch Art. 16 Abs. 3 KSÜ, dass die nach dem Recht des bisherigen gewöhnlichen Aufenthalts des Kindes bestehende elterliche Verantwortung auch nach einem Wechsel dieses gewöhnlichen Aufenthalts in einen anderen Staat fortbesteht. Danach ist der Antrag der Mutter auf Feststellung ihres alleinigen Sorgerechts unbegründet, weil die nach russischem Recht begründete gemeinsame Sorge der Eltern auch nach dem Umzug von T nach Deutschland fortbesteht. Über den Hilfsantrag auf Übertragung der alleinigen elterlichen Sorge entscheidet das nach Art. 8 Abs. 1 EuEheVO international zuständige deutsche Gericht gemäß Art. 15 Abs. 1 KSÜ sodann nach deutschem Recht (§ 1671 BGB).[134]

48 **bb) Erwerb der elterlichen Verantwortung.** Ein Elternteil, der die elterliche Verantwortung nach dem Recht am bisherigen gewöhnlichen Aufenthalt des Kindes nicht innehatte, erwirbt diese gemäß Art. 16 Abs. 4 KSÜ bei einem Aufenthaltswechsel des Kindes, wenn ihm das Recht des neuen gewöhnlichen Aufenthalts das Sorgerecht kraft Gesetzes zuweist.[135] Hatte der Vater eines außerhalb der Ehe geborenen Kindes daher die elterliche Sorge zB nach bisherigem deutschen Recht mangels Abgabe entsprechender Sorgeerklärungen gemäß § 1626a Abs. 1 Nr. 1 BGB nicht erworben, so erlangt er diese infolge eines Aufenthaltswechsels des Kindes automatisch, wenn er nach dem neuen (zB *italienischen*) Aufenthaltsrecht hierfür weder einer Zustimmung der Mutter bedarf noch eine Sorgeerklärung abgeben muss. Entsprechend erwirbt die Mutter bei einem Aufenthaltswechsel der Familie aus einem islamischen Land nach Deutschland die Mitsorge kraft Gesetzes, wenn das Sorgerecht nach dem bisherigen Aufenthaltsrecht nur dem Vater zustand.[136] Der Aufenthaltswechsel des Kindes erweitert mithin uU den Kreis der kraft Gesetzes (Mit-) Sorgeberechtigten, schränkt ihn aber keinesfalls ein.[137]

49 **e) Ausübung der elterlichen Verantwortung.** Art. 16 KSÜ regelt – wie gezeigt (→ Rn. 40) – neben der Zuweisung und dem Erlöschen auch den Inhalt der elterlichen Verantwortung. Für deren „Ausübung" enthält Art. 17 KSÜ hingegen eine eigenständige Kollisionsnorm, die allerdings in Satz 1 ebenfalls auf das Recht am **gewöhnlichen Auf-**

134 Vgl. OLG Karlsruhe FamRZ 2013, 1238 = IPRax 2014, 178 mAnm *Looschelders* IPRax 2014, 152 (*Bulgarien*).
135 *Schulz* FamRZ 2011, 156 (159); Palandt/*Thorn* EGBGB Anh. Art. 24 Rn. 23.
136 OLG Karlsruhe NJW 2013, 1157 Rn. 23; Erman/*Hohloch* EGBGB Anh. Art. 24 Rn. 47.
137 *Andrae* IntFamR § 6 Rn. 112; *Wagner/Janzen* FPR 2011, 110 (112); *Gärtner* StAZ 2011, 65 (68).

**enthalt des Kindes** verweist. Solange das Kind seinen gewöhnlichen Aufenthalt in dem Staat beibehält, dessen Recht nach Art. 16 KSÜ für die Zuweisung der elterlichen Verantwortung maßgebend ist, wirkt sich die Sonderregelung in Art. 17 S. 1 KSÜ daher nicht aus. Diese erlangt Bedeutung erst zu dem Zeitpunkt, zu dem das Kind seinen gewöhnlichen Aufenthalt in einen anderen Staat verlegt. Während sich nämlich durch einen solchen Aufenthaltswechsel an der gesetzlichen Zuweisung der elterlichen Verantwortung gemäß Art. 16 Abs. 3 KSÜ nichts ändert (→ Rn. 45f.), unterliegt deren Ausübung gemäß Art. 17 S. 2 KSÜ von nun an dem Recht am neuen gewöhnlichen Aufenthalt. Die Vorschrift hat mithin in Bezug auf die gesetzliche Anknüpfung der elterlichen Verantwortung die gleiche Funktion wie Art. 15 Abs. 3 KSÜ in Bezug auf behördliche Schutzmaßnahmen. Um den Beteiligten die Anpassung an die Verhältnisse in ihrem neuen Aufenthaltsstaat zu erleichtern, werden die Modalitäten der Ausübung der elterlichen Verantwortung dem neuen Aufenthaltsrecht entnommen.

Die Ausübung der elterlichen Verantwortung umfasst die Wahrnehmung aller Rechte 50 und Pflichten aus dem Eltern-Kind-Verhältnis.[138] Dies gilt insbesondere für die **gesetzliche Vertretung** des Kindes und die Verwaltung seines Vermögens,[139] für die Möglichkeit der alleinigen Entscheidung durch einen Elternteil trotz gemeinsamen Sorgerechts,[140] aber auch für Beschränkungen, die einer gesetzlichen Vertretung des Kindes durch die Eltern gezogen sind, zB bei Insichgeschäften oder durch das Erfordernis einer vormundschafts- bzw. **familiengerichtlichen Genehmigung** (→ Rn. 57ff.). Im Fall der Anordnung einer Vormundschaft oder Pflegschaft beurteilt sich auch die gesetzliche Vertretung des Kindes durch den Vormund oder Pfleger bei einem Aufenthaltswechsel des Kindes nach Art. 17 KSÜ.

Beispiel: 51
Ein deutsches Ehepaar lebt mit seinen beiden minderjährigen Kindern, die ebenfalls die deutsche Staatsangehörigkeit besitzen, in Zürich/Schweiz. Nach dem Tode des Ehemanns und Vaters, der keine Verfügung von Todes wegen errichtet hatte, möchten die überlebende Ehefrau und die Kinder ein zum Nachlass des Erblassers gehörendes Hausgrundstück in Deutschland verkaufen. Nach welchem Recht richtet sich die gesetzliche Vertretung der minderjährigen Erben beim Abschluss des Grundstückskaufvertrags? Bedarf die Mutter zur Vertretung ihrer Kinder bei diesem Geschäft einer familiengerichtlichen Genehmigung?

Gem. Art. 16 Abs. 1 KSÜ unterliegt die elterliche Verantwortung der deutschen Mutter für ihre minderjährigen Kinder dem Recht des Staates, in dem die Kinder ihren gewöhnlichen Aufenthalt haben. Damit wird auf schweizerisches Recht verwiesen. Da die Schweiz ebenfalls Vertragsstaat des KSÜ ist, kommt eine Rück- oder Weiterverweisung nicht in Betracht (Art. 21 KSÜ). Ebenso wie im deutschen Recht steht die elterliche Verantwortung nach dem Tod eines Elternteils kraft Gesetzes dem anderen Elternteil allein zu (Art. 297 Abs. 3 ZGB). Auch die Ausübung der elterlichen Verantwortung durch deren Inhaber unterliegt gemäß Art. 17 KSÜ dem Recht am gewöhnlichen Kindesaufenthalt. Insoweit räumt das schweizerische Recht dem Inhaber der elterlichen Verantwortung eine freiere Rechtsstellung ein als das deutsche Recht. Dieser bedarf insbesondere zur Veräußerung von Grundbesitz seiner minderjährigen Kinder keiner familien- oder vormundschaftsgerichtlichen Genehmigung (vgl. Art. 318 ZGB iVm Art. 324 ff. ZGB).

[138] Erman/*Hohloch* EGBGB Anh. Art. 24 Rn. 49.
[139] *Andrae* IntFamR § 6 Rn. 117; Reithmann/Martiny/*Hausmann* IVR Rn. 7.968.
[140] NK-BGB/*Benicke* KSÜ Art. 17 Rn. 1.

## III. Reichweite des Statuts der gesetzlichen Vertretung

### 1. Elterliche Verantwortung

52 Von zentraler Bedeutung für den sachlichen Anwendungsbereich des KSÜ ist die Definition der **„elterlichen Verantwortung"** in Art. 1 Abs. 2, die auch in Art. 2 Nr. 7 EuEheVO übernommen wurde. Durch diesen Begriff soll zum Ausdruck gebracht werden, dass im Eltern-Kind-Verhältnis die Pflichten der Eltern im Vordergrund stehen und die Elternrechte dahinter zurückzutreten haben[141] Der Begriff wird für die Zwecke des KSÜ – nicht anders als iRd EuEheVO – **weit** verstanden. Er umfasst daher in sachlicher Hinsicht sämtliche Rechte, Befugnisse und Pflichten, die dem Inhaber der elterlichen Verantwortung in Bezug auf die Person oder das Vermögen des Kindes zustehen. Diese Rechte und Pflichten beziehen sich vor allem auf die Erziehung des Kindes, die Förderung seiner intellektuellen und sozialen Fähigkeiten, die Kontrolle seiner Beziehungen zu Dritten sowie die gesetzliche Vertretung des Kindes im Rechtsverkehr. Inhaber der elterlichen Verantwortung sind nicht nur die Eltern des Kindes, sondern – wie Art. 1 Abs. 2 klarstellt – auch ein Vormund oder ein anderer gesetzlicher Vertreter (zB ein Pfleger); die elterliche Verantwortung kann aber auch kraft Gesetzes anderen Personen (zB den Großeltern)[142] zustehen oder einer juristischen Person übertragen sein. Auf die rechtliche Grundlage der Übertragung elterlicher Verantwortung auf eine bestimmte Person kommt es nicht an; diese kann sich unmittelbar aus dem Gesetz, aus einer gerichtlichen bzw. behördlichen Entscheidung oder einer rechtsverbindlichen Vereinbarung (zB der Eltern) ergeben. Wichtigste Ausprägungen der elterlichen Verantwortung sind das Sorge- und das Umgangsrecht einschließlich der gesetzlichen Vertretung (vgl. Art. 3 lit. b und lit. d KSÜ).

### 2. Schutzmaßnahmen

53 **a) Allgemeines.** Zu den vom sachlichen Anwendungsbereich des KSÜ erfassten Schutzmaßnahmen gehören nach Art. 3 KSÜ – in weitgehender Übereinstimmung mit dem MSA und der EuEheVO (Art. 1 Abs. 2)[143] – sowohl Maßnahmen zum Schutz der Person wie solche zum Schutz des Vermögens des Kindes, also insbesondere die Zuweisung, Ausübung, Entziehung und Übertragung der elterlichen Verantwortung (lit. a), die Regelung des Sorgerechts, des Aufenthaltsbestimmungs- und Umgangsrechts (lit. b), die Vormundschaft, Pflegschaft, und entsprechende Einrichtungen (lit. c), die Bestimmung der Person, die für die Person oder das Vermögen des Kindes verantwortlich ist und **das Kind im Rechtsverkehr vertritt** (lit. d), sowie die Verwaltung und Erhaltung des Kindesvermögens (lit. g).

54 Allgemeine Voraussetzung einer Schutzmaßnahme iSv Art. 3 KSÜ ist ein **Gestaltungs- oder Regelungscharakter** der Maßnahme.[144] Diese muss also zum Schutz des Kindeswohls in die kraft Gesetzes bestehenden Rechte der Sorgeberechtigten eingreifen und diese entziehen, inhaltlich ändern oder zumindest konkretisieren. Nicht erfasst werden daher rein deklaratorisch wirkende Maßnahmen, die eine kraft Gesetzes bereits eingetretene Rechtsfolge lediglich feststellen.[145] Im Übrigen ist der Begriff jedoch im Kindesinteresse weit zu fassen. Er schließt insbesondere auch Maßnahmen ein, die im nationalen Recht der Vertragsstaaten **öffentlich-rechtlich** qualifiziert werden[146] oder sich vornehmlich in einem Verwaltungsverfahren auswirken.[147]

[141] Staudinger/*Pirrung* EGBGB Vorb. Art. 19 Rn. G 21.
[142] *Benicke* IPRax 2013, 44 (45).
[143] Dazu näher *Hausmann* IntEuSchR B Rn. 29 ff.
[144] *Dutta* StAZ 2010, 193 (196); Rauscher/*Rauscher* KSÜ Art. 1 Rn. 22.
[145] Vgl. zu einem „Obsorgedekret" OGH IPRax 2010, 542 (543) m. zust. Anm. *Hohloch* IPRax 2010, 567.
[146] *Schulz* FamRZ 2011, 156 (157); *Andrae* IntFamR § 6 Rn. 9; *Hausmann* IntEuSchR B Rn. 290; Palandt/*Thorn* EGBGB Anh. Art. 24 Rn. 16.
[147] EuGH 21.10.2015 – C-215/15, FamRZ 2015, 2117 – *Gogova/Iliev* (Passausstellung).

**b) Gerichtliche Eingriffe in die elterliche Sorge.** Schutzmaßnahmen sind daher insbesondere gerichtliche oder behördliche Eingriffe in die elterliche Sorge während bestehender Ehe, bei Getrenntleben und nach Ehescheidung, wie die Übertragung der elterlichen Sorge auf einen Elternteil, wenn er sie kraft Gesetzes nicht besitzt, Eingriffe bei Versagen und Verhinderung der Eltern oder eines Elternteils (zB Ersetzung von Zustimmungen oder Entziehung der Vertretungsmacht, vgl. §§ 1666 Abs. 2, 1629 Abs. 2 S. 3 BGB bzw. die Entziehung der Vermögenssorge, vgl. §§ 1666 Abs. 2, 1667 Abs. 1 bis Abs. 3 BGB), die Entziehung der elterlichen Sorge oder des Aufenthaltsbestimmungsrechts und deren/dessen Übertragung auf einen Elternteil (vgl. etwa §§ 1678 Abs. 2, 1680, 1681 BGB), sowie vor allem die Regelung der Elternrechte nach einer Trennung oder Scheidung der Eltern bzw. nach Aufhebung oder Nichtigerklärung ihrer Ehe (vgl. §§ 1671, 1672 BGB).[148] Leben die Eltern eines minderjährigen Kindes nicht mehr oder sind sie von der Vertretung (zB wegen Entziehung der elterlichen Sorge oder wegen Interessenkollision) ausgeschlossen oder kommt aus anderen Gründen für den Abschluss eines Vertrages die gesetzliche Vertretung durch einen **Vormund oder Pfleger** in Betracht, so handelt es sich auch bei der Anordnung einer Vormundschaft für einen Minderjährigen nach §§ 1773ff. BGB oder einer Ergänzungspflegschaft nach § 1909 BGB um typische Schutzmaßnahmen iSv Art. 3 KSÜ.[149] 55

### 3. Vertretung von Kindern kraft Gesetzes

Der sachliche Anwendungsbereich des KSÜ umfasst abweichend vom MSA weiterhin die Zuweisung, den Inhalt und das Erlöschen der elterlichen Verantwortung ohne Einschreiten eines Gerichts oder einer Verwaltungsbehörde, dh kraft Gesetzes oder kraft Vereinbarung, Art. 16 KSÜ (→ Rn. 39ff.). Das Statut der gesetzlichen Vertretung nach Art. 16 KSÜ (bzw. im Falle eines Aufenthaltswechsels des Kindes das Statut der Ausübung der elterlichen Verantwortung nach Art. 17 KSÜ) gilt auch für die Frage, unter welchen Voraussetzungen die kraft Gesetzes bestehende Vertretungsmacht (zB der Eltern) durch Genehmigungserfordernisse eingeschränkt wird (→ Rn. 57ff.). 56

### 4. Familiengerichtliche Genehmigung

Für die in der notariellen Praxis besonders wichtige Frage, welches Recht über das Erfordernis und die Erteilung einer familiengerichtlichen Genehmigung zum Abschluss von Rechtsgeschäften im Namen des Kindes durch den gesetzlichen Vertreter entscheidet, gilt danach folgendes: 57

– Als Beschränkung der **kraft Gesetzes** bestehenden elterlichen Verantwortung (zB der Eltern) beurteilt sich das Erfordernis einer familiengerichtlichen Genehmigung grundsätzlich nach dem von Art. 16 KSÜ zur Anwendung berufenen Recht am gewöhnlichen Aufenthalt des Kindes. Ist danach – zB gemäß Art. 16 Abs. 3 KSÜ – das Recht eines früheren gewöhnlichen Aufenthalts des Kindes für die Zuweisung und den Inhalt der elterlichen Verantwortung maßgebend, so kommt es jedoch für das Erfordernis einer gerichtlichen Genehmigung auf das Recht des neuen gewöhnlichen Aufenthalts an, weil es sich um einen Aspekt der „Ausübung" der elterlichen Verantwortung iSv Art. 17 KSÜ handelt.[150]
– Ist die elterliche Veranwortung **durch ein Gericht oder eine Behörde** auf einen Elternteil übertragen worden oder ist für das Kind ein Vormund oder Pfleger bestellt worden, so beurteilt sich auch der Inhalt der gesetzlichen Vertretung – als Wirkung der getroffenen Schutzmaßnahme – gemäß Art. 15 Abs.1 KSÜ grundsätzlich nach der *lex*

[148] *Hausmann* IntEuSchR B Rn. 291f.; MüKoBGB/*Helms* EGBGB Art. 21 Rn. 10.
[149] Reithmann/Martiny/*Hausmann* IVR Rn. 7958.
[150] *Lagarde*-Bericht Rn. 109; *Krah* S. 235; Erman/*Hohloch* EGBGB Anh. Art. 24 Rn. 49. Staudinger/*Pirrung* EGBGB Vorb. Art. 19 Rn. G 112.

*fori* der anordnenden Behörde. Dies gilt auch für etwaige Beschränkungen der gesetzlichen Vertretungsmacht durch das Erfordernis einer gerichtlichen Genehmigung für den Abschluss bestimmter Rechtsgeschäfte durch den gerichtlich bestellten Vertreter.[151] Wurde daher die elterliche Verantwortung durch ein deutsches Gericht einem Elternteil allein zugewiesen oder wurde zur Vertretung eines ausländischen Minderjährigen im Inland ein Vormund oder Pfleger bestellt, so richtet sich auch das Erfordernis einer familiengerichtlichen Genehmigung nach deutschem Recht (§§ 1643, 1821 ff. BGB). Auch insoweit ist aber im Falle eines Aufenthaltswechsels des Kindes nach der Bestellung des gesetzlichen Vertreters gemäß Art. 15 Abs. 3 KSÜ das Recht des Staates am neuen gewöhnlichen Aufenthalt des Kindes anzuwenden.[152]

58 Das von Art. 17 bzw. Art. 15 Abs. 3 KSÜ bestimmte Recht am derzeitigen gewöhnlichen Kindesaufenthalt regelt nicht nur, für welche Vertragsschlüsse im Namen des Minderjährigen der gesetzliche Vertreter einer familiengerichtlichen Genehmigung bedarf,[153] sondern es entscheidet auch, ob diese Zustimmung bereits **vor Abschluss des Geschäfts** vorliegen muss (so zB nach *italienischem* und *portugiesischem* Recht) oder ob – wie im deutschen Recht (vgl. § 1829 BGB) – eine nachträgliche Genehmigung ausreicht.[154] Dieses Statut der Ausübung der elterlichen Verantwortung bestimmt ferner, auf welche Art und Weise die familiengerichtliche Genehmigung wirksam wird. Auf das Wirkungsstatut des abzuschließenden Geschäfts kommt es insoweit nicht an.[155] Für die Abgrenzung zwischen Vertretungs- und Geschäftsfähigkeitsstatut gelten auch in diesem Zusammenhang die in → § 4 Rn. 50 f. dargestellten Grundsätze.

59 Ist nach dem Recht am derzeitigen gewöhnlichen Aufenthalt des Kindes eine familiengerichtliche Genehmigung vorgeschrieben, so handelt es sich bei ihrer Erteilung um eine **Schutzmaßnahme iSv Art. 3 KSÜ;**[156] denn dazu gehören auch Maßnahmen der „Verwaltung und Erhaltung des Vermögens des Kindes oder die Verfügung darüber" (lit. g). Die internationale Zuständigkeit bestimmt sich daher gemäß Art. 5 ff. KSÜ (bzw. den vorrangigen Art. 8 ff. EuEheVO, → Rn. 29 f.) und die verfahrensrechtlichen Voraussetzungen der Erteilung (zB Antragserfordernis) unterliegen dem Recht der *lex fori* des zuständigen Gerichts.

### 5. Abgrenzung zum Wirkungsstatut

60 Die Auswirkungen von Mängeln der gesetzlichen Vertretung, insbesondere die fehlende Erteilung einer nach dem Vertretungsstatut erforderlichen gerichtlichen Genehmigung auf die Gültigkeit des im Namen des Minderjährigen geschlossenen Rechtsgeschäfts, bestim-

[151] OLG Frankfurt a.M. FamRZ 2013, 1225; NK-BGB/*Benicke* Art. 15 KSÜ Rn. 15; Staudinger/*Hausmann* EGBGB Art. 7 Rn. 101; **aA** *Andrae* IntFamR § 6 Rn. 130, nach der nicht nur Art. 16, sondern auch Art. 15 KSÜ durch Art. 17 KSÜ verdrängt wird. Vgl. auch EuGH 6.10.2015 – C-404/14, ZEV 2016, 147 Rn. 27 ff., wonach die Genehmigung einer Vereinbarung zur Erbauseinandersetzung, die ein für minderjährige Kinder bestellter Verfahrenspfleger abgeschlossen hat, familienrechtlich – und nicht erbrechtlich – zu qualifizieren ist. Maßgebend sind die EuEheVO und das KSÜ.

[152] *Lagarde*-Bericht Rn. 91; NK-BGB/*Benicke* KSÜ Art. 15 Rn. 5.

[153] Vgl. schon zu Art. 21 EGBGB RGZ 110, 173 (Grundstückskaufvertrag); RG JW 1932, 588 (Hypothekenbestellung); OLG Stuttgart NJW-RR 1996, 1288 (Übernahme einer Einlage als stiller Gesellschafter); *Schotten/Schmellenkamp* IPR Rn. 82; Palandt/*Thorn* EGBGB Art. 21 Rn. 5; Staudinger/*Henrich* EGBGB Art. 21 Rn. 131; **aA** (Geschäftsfähigkeitsstatut) *v. Bar* IPR II Rn. 42.

[154] Reithmann/Martiny/*Hausmann* IVR Rn. 7.984.

[155] Staudinger/*Hausmann* EGBGB Art. 7 Rn. 98; Staudinger/*Henrich* EGBGB Art. 21 Rn. 131. Vgl. auch RGZ 170, 198 (österreichischer Vater verkaufte ein im Eigentum seines minderjährigen Sohnes stehendes Hotelgrundstück in Deutschland mit Genehmigung des deutschen Vormundschaftsgerichts. Der Vertrag wurde als wirksam behandelt, da es nach dem auf die gesetzliche Vertretung anwendbaren österreichischem Recht einer Mitteilung der Genehmigung an den Geschäftsgegner iSv § 1829 BGB nicht bedurft habe); KG IPRspr. 1929 Nr. 88 und 1930 Nr. 4; AG Moers DAVorm. 1997, 925; zust. auch *v. Bar* IPR II Rn. 42; **aA** OLG Düsseldorf FamRZ 1995, 1066 = IPRax 1996, 199 mAnm *Baetge* IPRax 1996, 185.

[156] So auch *Andrae* IntFamR § 6 Rn. 130; Erman/*Hohloch* EGBGB Anh. Art. 24 Rn. 15 aE.

men sich demgegenüber nicht nach dem Statut der gesetzlichen Vertretung, sondern nach dem **Wirkungsstatut.**[157] Dieses entscheidet daher – ebenso wie bei Mängeln der gewillkürten Vertretungsmacht (→ § 6 Rn. 88f.) – darüber, ob der Vertrag nichtig oder schwebend unwirksam ist und auf welche Weise er noch wirksam werden kann (vgl. aber zum Verkehrsschutz auch → Rn. 62ff.).

### 6. Vorfragen

Das KSÜ enthält keine Regelung für die von seinen Kollisionsnormen aufgeworfenen Vorfragen – wie zB die Abstammung oder Adoption des Kindes bzw. die Wirksamkeit einer Ehe oder eingetragenen Lebenspartnerschaft.[158] Nach dem insoweit maßgebenden autonomen deutschen IPR sind diese Vorfragen im Interesse des internen Entscheidungseinklangs grundsätzlich **selbständig** anzuknüpfen.[159] Das Kindeswohl kann auf dem Gebiet der elterlichen Verantwortung jedoch im Einzelfall auch eine unselbständige Anknüpfung von statusrechtlichen Vorfragen gebieten. Eine solche ist auch dann vorzunehmen, wenn das auf die Hauptfrage der elterlichen Verantwortung maßgebliche ausländische Recht insoweit noch zwischen ehelichen und nichtehelichen Kindern unterscheidet, denn das deutsche IPR enthält zur Beantwortung dieser Vorfrage keine Kollisionsnorm mehr.[160] 61

### 7. Ordre public

Die Anwendung des nach Art. 15ff. KSÜ anwendbaren Rechts kann nach Art. 22 KSÜ versagt werden, wenn sie der öffentlichen Ordnung offensichtlich widerspricht, wobei insbesondere das Wohl des Kindes zu berücksichtigen ist. Praktische Bedeutung hat die Vorbehaltsklausel auf dem Gebiet der elterlichen Verantwortung vor allem bei der Anwendung **islamischen Kindschaftsrechts.** Nach diesem steht die tatsächliche Personensorge („*hadana*") für Kinder bis zu einem bestimmten Alter der Mutter zu, wobei die Altersgrenze in den einzelnen islamischen Rechtsordnungen unterschiedlich festgelegt wird. Während des Bestehens der *hadana* ist der Vater Inhaber der Vermögenssorge und der Erziehungsgewalt und übt damit die Aufsicht über die Erziehung und Ausbildung des Kindes aus. Nach dem Ende der *hadana* bis zur Volljährigkeit des Kindes steht die elterliche Sorge allein dem Vater zu.[161] Bei einer hinreichenden Inlandsbeziehung des Sachverhalts, also wenn die Eltern und/oder das Kind entweder die deutsche Staatsangehörigkeit oder ihren gewöhnlichen Aufenthalt im Inland haben (→ § 3 Rn. 132ff.), kann die Anwendung dieser islamischen Regelung des Sorgerechts – zB iRv Art. 16 Abs. 3 KSÜ – im Einzelfall gegen den deutschen *ordre public* verstoßen, sofern das Kindeswohl eine andere Sorgerechtsregelung gebietet.[162] Hingegen reicht es hierfür nicht aus, dass das islamische Recht Vater und Mutter in sorgerechtlicher Hinsicht unterschiedlich behandelt.[163] Andererseits setzt die Anwendung der Vorbehaltsklausel aber auch eine Gefährdung des Kin- 62

[157] Staudinger/*Hausmann* EGBGB Art. 7 Rn. 102; **aA** (Vertretungsstatut) *Schotten/Schmellenkamp* IPR Rn. 82.

[158] *Siehr* RabelsZ 62 (1998), 464 (474).

[159] *Andrae* IntFamR § 6 Rn. 121; **aA** Palandt/*Thorn* EGBGB Anh. Art. 24 Rn. 16. Dazu näher → § 3 Rn. 32ff.

[160] *Andrae* IntFamR § 6 Rn. 121.

[161] Vgl. Staudinger/*Henrich* EGBGB Art. 21 Rn. 41ff.

[162] Vgl. zum deutsch-iranischen Niederlassungsabkommen BGHZ 120, 29 (37) = FamRZ 1993, 316 mAnm *Henrich*; zu Art. 6 EGBGB BGH FamRZ 1993, 1053 (1054); OLG Karlsruhe FamRZ 1992, 1465 (1466f.); Staudinger/*Henrich* EGBGB Art. 21 Rn. 48.

[163] BGH FamRZ 1993, 1053 (1054) und OLG Karlsruhe FamRZ 1992, 1465 (1466f.); OLG Saarbrücken IPRax 1993, 100 (101); Staudinger/*Henrich* EGBGB Art. 21 Rn. 50f.; **aA** (Verstoß gegen den *ordre public* wegen Verletzung von Art. 3 Abs. 2 GG, auch wenn das Kindeswohl nicht tangiert ist) *Andrae* IntFamR § 6 Rn. 122.

deswohls durch die Anwendung des islamischen Rechts nicht zwingend voraus.[164] Vor einer vollständigen Ausschaltung des islamischen Rechts und seiner Ersetzung durch das deutsche Recht ist allerdings zu prüfen, ob nicht durch eine **Anpassung** des von Art. 16, 17 zur Anwendung berufenen Rechts eines islamischen Staates eine mit dem deutschen *ordre public* noch zu vereinbarende Lösung gefunden werden kann (dazu allg. → § 3 Rn. 59 ff.). In diesem Sinne hat sich der BGH dafür ausgesprochen, der Mutter die vollständige Personensorge (einschließlich der gesetzlichen Vertretung in Unterhaltssachen) zu übertragen und das Erziehungsrecht des Vaters auf die Vermögenssorge zu beschränken.[165] Soweit das islamische Recht die Übertragung des Sorgerechts auf die Mutter davon abhängig macht, dass sich die Mutter (weiterhin) zum **islamischen Glauben** bekennt, ist diese Verknüpfung der Erziehungsfähigkeit der Mutter mit ihrer Zugehörigkeit zur islamischen Religion hingegen mit dem Benachteiligungsverbot nach Art. 3 Abs. 3 GG nicht vereinbar und verstößt daher bei hinreichender Inlandsbeziehung gegen den deutschen *ordre public.*[166]

## IV. Schutz des Rechtsverkehrs

**Schrifttum:**
*Bader,* Der Schutz des guten Glaubens in Fällen mit Auslandsberührung, MittRhNotK 1994, 161; *G. Fischer,* Verkehrsschutz im internationalen Vertragsrecht, 1990; *Lipp,* Verkehrsschutz und Geschäftsfähigkeit im IPR, RabelsZ 63 (1999), 107; *Schotten,* Der Schutz des Rechtsverkehrs im IPR, DNotZ 1994, 670.

### 1. Allgemeines

63 Art. 13 Rom I-VO, der – wie Art. 12 S. 1 EGBGB[167] – den Rechtsverkehr im Abschlussstaat des Vertrages nach seinem Wortlaut nur vor der mangelnden Geschäftsfähigkeit des Vertragspartners nach ausländischem Recht schützen soll (→ § 4 Rn. 53 ff.), ist auf Mängel der (elterlichen, vormundschaftlichen oder pflegerischen) gesetzlichen Vertretungsmacht analog anzuwenden.[168] Im räumlichen Geltungsbereich des Haager KSÜ hat die in **Art. 19 KSÜ** enthaltene Verkehrsschutzregel als *lex specialis* allerdings Vorrang vor der analogen Anwendung des Art. 13 Rom I-VO.[169] Dies gilt nach Art. 20 KSÜ auch dann, wenn als Vertretungs- oder Abschlussstatut das **Recht eines Nichtvertragsstaats** zur Anwendung berufen ist.

64 Art. 19 KSÜ regelt den **Schutz des Rechtsverkehrs** in dem Staat, in dem ein gesetzlicher Vertreter ein Rechtsgeschäft im Namen des Kindes vornimmt, **gegenüber unbekannten Regelungen der gesetzlichen Vertretung** nach ausländischem Recht. Wird also für ein Kind im Inland ein Vertrag durch seinen gesetzlichen Vertreter abgeschlossen, so wird der gutgläubige Vertragspartner in seinem Vertrauen darauf geschützt, dass der Vertreter zum Abschluss des Vertrages berechtigt ist, wenn dies nach deutschem Recht der Fall wäre.[170] Die Vorschrift orientiert sich an dem Vorbild in Art. 11 EVÜ (jetzt Art. 13 Rom I-VO), beschränkt den Schutz allerdings auf Mängel der gesetzlichen Vertretungsmacht. Die Verfasser des KSÜ hatten als Anwendungsfall für Art. 19 KSÜ vor allem die Situation vor Augen, dass sich die gesetzliche Vertretung des Kindes nach einem

[164] BGHZ 120, 29 (37); BGH FamRZ 1993, 1053 (1054); OLG Bremen FamRZ 1999, 1529; **aA** OLG Saarbrücken IPRax 1993, 100 (101).
[165] BGH FamRZ 1993, 316 (318); OLG Koblenz FamRZ 2009, 611 (615); zust. NK-BGB/*Benicke* EGBGB Art. 21 Rn. 52.
[166] OLG Hamm FamRZ 1990, 781 (782) (*Jordanien*); OLG Düsseldorf FamRZ 1994, 644 (645); *Andrae* IntFamR § 6 Rn. 122.
[167] *G. Fischer* S. 191 ff.; *Ferid* IPR Rn. 5–30, 6; *Kegel/Schurig* IPR § 17 I 2 d aE; *v. Bar* IPR II Rn. 346; *Kropholler* IPR § 42 I 3 d; *Schotten/Schmellenkamp* IPR Rn. 107.
[168] Staudinger/*Hausmann* Rom I-VO Art. 13 Rn. 26 f.; Palandt/*Thorn* Rom I-VO Art. 13 Rn. 3; **aA** MüKo-BGB/*Spellenberg* Rom I-VO Art. 13 Rn. 49.
[169] Staudinger/*Hausmann* Rom I-VO Art. 13 Rn. 29.
[170] Reithmann/Martiny/*Hausmann* IVR Rn. 7.1010.

Umzug der Familie in einen anderen Vertragsstaat gemäß Art. 16 Abs. 3 KSÜ weiterhin nach dem Recht des früheren Aufenthaltsstaat des Kindes beurteilt. Sind die Eltern des Kindes nicht miteinander verheiratet und stand die elterliche Verantwortung nach dem Recht des früheren Aufenthaltsstaates der Familie den Eltern nur gemeinsam zu, so verbleibt es dabei gemäß Art. 16 Abs. 3 KSÜ auch dann, wenn die Familie ihren gewöhnlichen Aufenthalt in einen Staat verlegt hat, in dem noch immer der Mutter das alleinige Sorgerecht für ihr nichteheliches Kind zusteht (→ Rn. 44f.). Schließt die Mutter in diesem Staat nunmehr ein Rechtsgeschäft mit einem Dritten ab, so wird dieser in seinem guten Glauben an die alleinige gesetzliche Vertretungsmacht der Mutter geschützt.[171]

Art. 19 KSÜ schützt den Rechtsverkehr ausschließlich in Fällen der mangelnden Ver- 65
tretungsmacht des für das Kind handelnden gesetzlichen Vertreters. Dieser Mangel der Vertretungsmacht kann sich entweder **kraft Gesetzes** aus dem gemäß Art. 16, 17 KSÜ auf die elterliche Verantwortung anwendbaren Recht oder aus einer im gewöhnlichen Aufenthaltsstaat des Kindes ergangenen oder dort anerkannten **Schutzmaßnahme** ergeben. Während der Anwendungsbereich von Art. 13 Rom I-VO auf sog Verkehrsgeschäfte beschränkt ist und insbesondere familien- und erbrechtliche Geschäfte aus dem sachlichen Anwendungsbereich dieser Verkehrsschutznorm ausgeklammert werden, gilt eine entsprechende Einschränkung für Art. 19 KSÜ nicht. Die Vorschrift gilt vielmehr für **Rechtsgeschäfte jeder Art.**[172]

## 2. Voraussetzungen des Verkehrsschutzes

**a) Rechtsgeschäft unter Anwesenden im Hoheitsgebiet desselben Staates.** Ebenso 66
wie Art. 13 Rom I-VO greift Art. 19 KSÜ nach seinem Abs. 2 nur bei Rechtsgeschäften ein, die von den Beteiligten im Hoheitsgebiet desselben Staates abgeschlossen wurden. Erforderlich ist also die persönliche Anwesenheit des gesetzlichen Vertreters und des Drittkontrahenten in demselben Staat. Ausgeschlossen aus dem Anwendungsbereich der Vorschrift sind damit – wie nach Art. 13 Rom I-VO (→ § 4 Rn. 54) – vor allem grenzüberschreitende Distanzgeschäfte. Soweit Art. 19 Abs. 2 KSÜ weitergehend den Abschluss eines Rechtsgeschäfts unter Anwesenden fordert, ist dies nicht in dem Sinne zu verstehen, dass gesetzlicher Vertreter und Vertragspartner sich am gleichen Ort aufgehalten haben müssen. Aus der englischen und französischen Originalfassung der Vorschrift geht vielmehr unmissverständlich hervor, dass die **Anwesenheit im gleichen Staat** genügt; der Drittkontrahent wird daher auch dann geschützt, wenn Angebot und Annahme an verschiedenen Orten innerhalb des gleichen Staates abgegeben werden.[173]

Im Rahmen von Art. 19 Abs. 2 KSÜ ist allerdings allein auf die **Anwesenheit des** 67
**gesetzlichen Vertreters,** nicht auf diejenige des vertretenen Kindes abzustellen. Schließt der gesetzliche Vertreter daher im Inland einen Vertrag mit einem Dritten ab, so wird letzterer auch dann geschützt, wenn das vertretene Kind sich bei Vertragsschluss im Ausland aufgehalten hat.[174] Der Verkehrsschutz knüpft nur an den Vertragsschluss zwischen dem gesetzlichen Vertreter und dem Drittkontrahenten im gleichen Staat an; andere Anknüpfungskriterien sind daher unerheblich. Dies gilt insbesondere für die *Staatsangehörigkeit* und den *gewöhnlichen Aufenthalt* oder *Wohnsitz* der Beteiligten. Geschützt wird aufgrund der allseitigen Fassung der Vorschrift aber nicht nur der inländische, sondern auch

[171] Vgl. *Lagarde*-Bericht Rn. 111; NK-BGB/*Benicke* KSÜ Art. 19 Rn. 2.

[172] Staudinger/*Pirrung* EGBGB Vorb. Art. 19 Rn. G 115; NK-BGB/*Benicke* KSÜ Art. 19 Rn. 3; *Hausmann* IntEuSchR B Rn. 530.

[173] *Lagarde*-Bericht Rn. 114; Staudinger/*Pirrung* EGBGB Vorb. Art. 19 Rn. G 114; NK-BGB/*Benicke* KSÜ Art. 19 Rn. 4; *Hausmann* IntEuSchR B Rn. 531.

[174] Insoweit gilt Art. 19 KSÜ also auch für Distanzgeschäfte, vgl. NK-BGB/*Benicke* KSÜ Art. 19 Rn. 4; Reithmann/Martiny/*Hausmann* IVR Rn. 7.1013; ebenso Staudinger/*Hausmann* Rom I-VO Art. 13 Rn. 44; **aA** *Krah* S. 238; Geimer/Schütze/*Gruber* KSÜ IRV Art. 19 Rn. 11.

der *ausländische* Rechtsverkehr; der Verkehrsschutz ist auch nicht auf Vertragsschlüsse in Vertragsstaaten des KSÜ beschränkt.[175]

68 **b) Gutgläubigkeit des Drittkontrahenten.** Wiederum in Übereinstimmung mit Art. 13 Rom I-VO setzt auch der Verkehrsschutz nach Art. 19 Abs. 1 KSÜ voraus, dass der Drittkontrahent gutgläubig ist, dh weder wusste noch wissen konnte, dass sich die gesetzliche Vertretung nicht nach dem Recht des Staates beurteilt, in dem das Rechtsgeschäft vorgenommen wurde. Am guten Glauben fehlt es bereits dann, wenn der Drittkontrahent wusste oder wissen konnte, dass Vertretungsstatut nicht das Recht des Vornahmestaates, sondern ausländisches Recht ist; sein guter Glaube, dass die Regelung der gesetzlichen Vertretung im ausländischen Recht derjenigen des Vornahmestaates entspricht, wird nicht geschützt.[176] Der fehlende gute Glaube ist von derjenigen Partei zu beweisen, die sich auf die mangelnde gesetzliche Vertretungsmacht beruft.[177]

69 Bezüglich der **Anforderungen an die Kenntnis bzw. fahrlässige Unkenntnis** des Drittkontrahenten kann im Wesentlichen auf das zu Art. 13 Rom I-VO (→ § 4 Rn. 56 ff.) Gesagte verwiesen werden. Ist dem Drittkontrahenten also bei Abschluss eines Geschäfts von wirtschaftlichem Gewicht (zB eines Grundstücksgeschäfts) bekannt, dass das gesetzlich vertretene Kind seinen gewöhnlichen Aufenthalt im Ausland hat oder bis vor kurzem dort hatte, so besteht grundsätzlich eine Erkundigungspflicht. Zu seiner Absicherung kann sich der Vertragspartner vom gesetzlichen Vertreter eine **Vertreterbescheinigung** nach Art. 40 KSÜ vorlegen lassen.[178]

#### 3. Rechtsfolge

70 Sind die Voraussetzungen des Art. 19 KSÜ erfüllt, so beurteilt sich die gesetzliche Vertretungsmacht im Interesse einer Begünstigung des Zustandekommens des Geschäfts **alternativ** nach dem Recht des Vornahmestaates. War der Vertreter nach diesem Recht (allein) vertretungsberechtigt, so ist das von ihm getätigte Rechtsgeschäft mit Wirkung für und gegen das vertretene Kind gültig. An diesen Scheinvertreter können daher von gutgläubigen Vertragspartnern im Vornahmestaat auch Zahlungen mit befreiender Wirkung vorgenommen werden.[179] Ist das Geschäft wegen fehlender gesetzlicher Vertretungsmacht unwirksam, so sind die Rechtsfolgen (Nichtigkeit, Anfechtbarkeit etc) dem jeweiligen Wirkungsstatut des Geschäfts zu entnehmen.[180]

## V. Anerkennung und Vollstreckung von Schutzmaßnahmen

#### 1. EU-Recht

71 Die Anerkennung und Vollstreckung von Entscheidungen auf dem Gebiet der elterlichen Verantwortung richtet sich in der *Bundesrepublik Deutschland* heute vorrangig nach der **EuEheVO,** soweit der Erststaat **Mitgliedstaat der EU** (mit Ausnahme *Dänemarks*) ist. Die EuEheVO gilt nach ihrem Art. 64 Abs. 1 jedenfalls, wenn das Verfahren, in dem die ausländische Entscheidung ergangen ist, erst nach dem 1.3.2005 eingeleitet worden ist. Darüber hinaus sind aber auch Entscheidungen, die in vor diesem Zeitpunkt eingeleiteten Verfahren ergangen sind, unter den Voraussetzungen des Art. 64 Abs. 2 bis Abs. 4 EuEheVO nach Maßgabe des Kapitels III dieser Verordnung anzuerkennen und zu vollstre-

[175] Reithmann/Martiny/*Hausmann* IVR Rn. 7.1013 aE.
[176] NK-BGB/*Benicke* KSÜ Art. 19 Rn. 7; Geimer/Schütze/*Gruber* KSÜ IRV Art. 19 Rn. 14; *Hausmann* IntEuSchR B Rn. 534.
[177] Geimer/Schütze/*Gruber* KSÜ IRV Art. 19 Rn. 15.
[178] NK-BGB/*Benicke* KSÜ Art. 19 Rn. 10.
[179] *Lagarde*-Bericht Rn. 112; NK-BGB/*Benicke* KSÜ Art. 19 Rn. 14.
[180] Erman/*Hohloch* EGBGB Anh. Art. 24 Rn. 52 aE.

cken.[181] Entscheidungen zur elterlichen Verantwortung werden nach Art. 21 Abs. 1 EuEheVO anerkannt, ohne dass es hierfür eines besonderen Verfahrens bedarf. Sie werden jedoch – mit Ausnahme der Entscheidungen zum Umgangsrecht und zur Rückführung entführter Kinder nach Art. 41, 42 EuEheVO[182] – nur zur Vollstreckung zugelassen, wenn sie im Verfahren nach Art. 28ff. EuEheVO für vollstreckbar erklärt worden sind. Die Anerkennung und Vollstreckung kann nur aus den in Art. 23 EuEheVO abschließend genannten Gründen versagt werden. Sie wird gegenüber Art. 23 KSÜ insbesondere dadurch erleichtert, dass eine Überprüfung der internationalen Zuständigkeit des Erstgerichts nicht stattfindet.[183] Auch auf den *ordre public* des Zweitstaats (Art. 23 lit. a EuEheVO) darf die Versagung der Anerkennung einer sorgerechtlichen Entscheidung im Hinblick auf den Grundsatz des gegenseitigen Vertrauens nur ausnahmsweise gestützt werden, wenn unter Berücksichtigung des Kindeswohls eine offensichtliche Verletzung einer im Zweitstaat als wesentlich geltenden Rechtsnorm oder eines dort als grundlegend anerkannten Rechts vorliegt.[184]

## 2. Staatsverträge

Die Bundesrepublik Deutschland ist an folgenden **multilateralen** Übereinkommen auf dem Gebiet der Anerkennung und Vollstreckung von Entscheidungen zur elterlichen Verantwortung beteiligt: 72

1. Haager Übereinkommen über die Zuständigkeit, das anzuwendende Recht, die Anerkennung, Vollstreckung und Zusammenarbeit auf dem Gebiet der elterlichen Verantwortung und der Maßnahmen zum Schutz von Kindern **(KSÜ)** vom 19.10.1996 (Art. 23 bis 28),
2. Luxemburger Europäisches Übereinkommen über die Anerkennung und Vollstreckung von Entscheidungen über das Sorgerecht für Kinder und die Wiederherstellung des Sorgeverhältnisses **(EuSorgeRÜ)** vom 20.5.1980 (Art. 7ff.),
3. Haager Übereinkommen über die Zuständigkeit der Behörden und das anzuwendende Recht auf dem Gebiet des Schutzes von Minderjährigen **(MSA)** vom 5.10.1961 (Art. 7).

Die genannten Übereinkommen werden im Verhältnis der Mitgliedstaaten der EU (mit Ausnahme von *Dänemark*) zueinander durch die **EuEheVO** verdrängt, Art. 60 lit. a und lit. d, 61 EuEheVO.[185] Dies gilt für die Anerkennung und Vollstreckung von Entscheidungen aus anderen Mitgliedstaaten der Verordnung auch dann, wenn das Kind seinen gewöhnlichen Aufenthalt nicht in einem Mitgliedstaat der Verordnung, sondern in einem nicht der EU angehörenden Vertragsstaat eines dieser Übereinkommen hat (vgl. zum KSÜ Art. 61 lit. b EuEheVO).[186] Das Günstigkeitsprinzip findet insoweit keine Anwendung.[187] 73

Die **Art. 23ff. KSÜ** gelten daher aus deutscher Sicht nur für die Anerkennung und Vollstreckung von Entscheidungen aus Vertragsstaaten, die nicht zugleich Mitgliedstaaten der EuEheVO sind. Dies sind derzeit *Albanien, Armenien, Australien, Dänemark,* die *Dominikanische Republik, Ecuador, Lesotho, Marokko, Monaco, Montenegro, Norwegen,* die *Russische Föderation,* die *Schweiz, Serbien,* die *Ukraine* und *Uruguay*. Die von den Behörden eines solchen Vertragsstaats getroffenen Maßnahmen sind im Inland kraft Gesetzes anzuerkennen (Art. 23 Abs. 1 KSÜ). Etwaige Versagungsgründe zählt Art. 23 Abs. 2 KSÜ erschöpfend auf. Dazu gehören insbesondere die fehlende internationale Zuständigkeit, die Versagung rechtlichen Gehörs und ein offensichtlicher Verstoß gegen den *ordre public* des 74

[181] Vgl. *Hausmann* IntEuSchR J Rn. 303ff.
[182] Dazu *Hausmann* IntEuSchR J Rn. 210ff.
[183] Zur Anerkennung von Entscheidungen auf dem Gebiet der elterlichen Verantwortung nach Art. 23 EuEheVO näher *Hausmann* IntEuSchR J Rn. 72ff.
[184] EuGH 19.11.2015 – C-455/15 PPU, FamRZ 2016, 111 Rn. 34ff., 39 – P./Q.
[185] *Hausmann* IntEuSchR J Rn. 25, 317.
[186] *Dutta* StAZ 10, 193 (194f.); *Hausmann* IntEuSchR J Rn. 25, 297.
[187] *Andrae* IPRax 2006, 82 (88); *Geimer* IZPR Rn. 964.

Anerkennungsstaates.[188] Auch die Vollstreckung der Schutzmaßnahmen eines anderen Vertragsstaats darf nur aus einem dieser Gründe versagt werden (Art. 26 Abs. 3 KSÜ). Der Einfluss einer – nach der EuEheVO oder dem KSÜ – im Inland anzuerkennenden Schutzmaßnahme auf die gesetzliche Vertretung eines Minderjährigen bestimmt sich nach dem Gleichlaufprinzip des Art. 15 KSÜ; maßgebend ist daher das Recht des Staates, dessen Gericht die Maßnahme getroffen hat.

75 Auch das **EuSorgeRÜ** gilt nur für die Anerkennung und Vollstreckung von Entscheidungen aus Vertragsstaaten, die nicht zugleich Mitgliedstaaten der EuEheVO sind. Dies sind *Andorra, Dänemark, Island, Liechtenstein, Mazedonien,* die *Republik Moldau, Montenegro, Norwegen,* die *Schweiz, Serbien,* die *Türkei* und die *Ukraine.* Soweit Vertragsstaaten des EuSorgeRÜ zugleich Vertragsstaaten des KSÜ sind, hat der Antragsteller ein **Wahlrecht,** ob er die Anerkennung und Vollstreckung einer Sorgerechtsentscheidung auf Art. 7 ff. EuSorgeRÜ oder auf Art. 23 ff. KSÜ stützen möchte, soweit sich der sachliche Anwendungsbereich der Vorschriften deckt.[189] Aus deutscher Sicht besteht dieses Wahlrecht für Sorgerechtsentscheidungen, die in *Dänemark, Montenegro, Norwegen,* der *Schweiz, Serbien,* oder der *Ukraine* ergangen sind. Schließlich gilt auch das **MSA** nur für die Anerkennung von Entscheidungen aus Vertragsstaaten, die nicht zugleich Mitgliedstaaten der EuEheVO sind, nämlich derzeit die *Schweiz,* die *Türkei* und die *chinesische* Sonderverwaltungsregion *Macau.* Da das MSA ferner im Verhältnis der Vertragsstaaten des KSÜ zueinander gemäß Art. 51 KSÜ durch dieses Übereinkommen ersetzt worden ist, gilt das MSA auch für die Anerkennung von schweizerischen Entscheidungen in Deutschland nicht mehr.

76 Die meisten **bilateralen Anerkennungs- und Vollstreckungsabkommen** wurden von der *Bundesrepublik Deutschland* mit anderen Mitgliedstaaten der EU abgeschlossen. Soweit sie – wie der Vertrag mit *Spanien* vom 14.11.1983[190] – überhaupt Entscheidungen auf dem Gebiet der elterlichen Verantwortung erfassen, werden sie gemäß Art. 59 Abs. 1 EuEheVO durch die Art. 21, 23 ff. EuEheVO verdrängt. Die bilateralen Abkommen, die von der *Bunderepublik Deutschland* mit Drittstaaten – wie der *Schweiz, Israel* und *Tunesien* – abgeschlossen wurden, gelten nicht für die Anerkennung und Vollstreckung auf dem Gebiet der elterlichen Verantwortung.

### 3. Autonomes Verfahrensrecht

77 Das autonome Recht der Mitgliedstaaten gilt auf dem Gebiet der elterlichen Verantwortung nur noch für die Anerkennung und Vollstreckung von Entscheidungen, soweit weder die EU-Recht noch ein vorrangig anzuwendender Staatsvertrag eingreift (§ 97 FamFG). Aus deutscher Sicht ist dies nur der Fall, wenn es um die Anerkennung oder Vollstreckung einer Entscheidung zur elterlichen Verantwortung aus einem Staat geht, der weder der EuEheVO angehört noch Vertragsstaat des KSÜ ist, und – vorbehaltlich des Günstigkeitsprinzips – auch kein Vertragsstaat des EuSorgeRÜ oder des MSA ist. Es sind dann die §§ 108 bis 110 FamFG anzuwenden. Danach werden insbesondere Sorge- und Umgangsentscheidungen *ipso iure* in Deutschland anerkannt, ohne dass es hierfür eines besonderen Anerkennungsverfahrens bedürfte, sofern keine Anerkennungsversagungsgründe nach § 109 FamFG vorliegen.[191]

[188] Zu Einzelheiten *Hausmann* IntEuSchR J Rn. 328 ff.

[189] *Hausmann* IntEuSchR J Rn. 7.

[190] BGBl. 1987 II 235.

[191] Zur Anerkennung von Entscheidungen auf dem Gebiet der elterlichen Verantwortung nach §§ 108, 109 FamFG *Hausmann* IntEuSchR J Rn. 572 ff.

## B. Gesetzliche Vertretung Erwachsener

**Schrifttum:**

*Dutoit,* La protection des incapables majeurs en droit international privé, Rev.crit.d.i.p. 1967, 465; *Ganner,* Das österreichische Sachwalterrecht, BtPrax 2007, 238 und 2008, 3; *Hellmann,* Rechtliche Unterstützung und Vertretung für Menschen mit geistiger Behinderung in den EU-Staaten, BtPrax 2006, 87; *Kirchhoff,* Das Rechtsfolgenstatut der beschränkten Geschäftsfähigkeit und der Geschäftsunfähigkeit – Ein Beitrag zur Auslegung der Art. 7 und 24 EGBGB, 2005; *Nitzinger,* Das Betreuungsrecht im internationalen Privatrecht, 1998; *Oberhammer/Graf/Slonina,* Sachwalterschaft für Deutsche und Schweizer in Österreich, ZfRV 2007, 133; *Oelkers,* Internationales Betreuungsrecht, 1996; *Ofner,* Gesetzliche Vertretung für psychisch Kranke und geistig Behinderte im internationalen Vergleich, ÖJZ 2005, 775; *Röthel,* Erwachsenenschutz in Europa: Von paternalistischer Bevormundung zu gestaltbarer Fürsorge, FamRZ 2004, 999; *Spickhoff,* Selbstbestimmung im Alter – Möglichkeiten und Grenzen, ZfRV 2008, 33; *Van Boxstael,* L'administration de la personne et des biens des incapables, in: Verwilghen/De Volkeneer (Hrsg.), Relations familiales internationales, 1993, S. 191; *von Hein,* Zur Anordnung von Maßnahmen zum Schutz deutscher Erwachsener durch österreichische Gerichte, IPRax 2009, 173.

### I. Rechtsquellen

#### 1. Haager Erwachsenenschutzübereinkommen von 2000

**Schrifttum:**

*Bucher,* La convention de La Haye sur la protection internationale des adultes, SZIER 2000, 37; *Clive,* The New Hague Convention on the Protection of Adults, Yb.PIL II (2000), 1; *Guttenberger,* Das Haager Übereinkommen über den internationalen Schutz von Erwachsenen, 2004; *ders.*, Das Haager Übereinkommen über den internationalen Schutz von Erwachsenen, BtPrax 2006, 83; *Helms,* Reform des internationalen Betreuungsrechts durch das Haager Erwachsenenschutzabkommen, FamRZ 2008, 1995; *Lagarde,* La Convention de La Haye du 13 janvier 2000 sur la protection internationale des adultes, Rev.crit.d.i.p. 2000, 159; *Revillard,* La Convention de la Haye sur la protection des adultes et la pratique du mandat inaptitude, FS Lagarde, 2005, 725; *Ludwig,* Der Erwachsenenschutz im internationalen Privatrecht nach Inkrafttreten des Haager Erwachsenenschutzübereinkommens, DNotZ 2009, 251; *G. Müller,* Aktuelle Probleme der Vorsorgevollmacht und der Patientenverfügung, ZNotP 2012, 404; *Ramser,* Grenzüberschreitende Vorsorgevollmachten in Europa im Licht des Haager Abkommens über den internationalen Schutz von Erwachsenen vom 13. Januar 2000, 2010; *Röthel,* Das Kollisionsrecht der Vorsorgevollmacht, IPRax 2010, 494; *Röthel/Woitge,* Das ESÜ-Ausführungsgesetz – effiziente Kooperation iminternationalen Erwachsenenschutz, IPRax 2010, 494; *Schaub,* Kollisionsrechtliche Probleme bei Vorsorgevollmachten, IPRax 2016, 207; *Siehr,* Das Haager Übereinkommen über den internationalen Schutz Erwachsener, RabelsZ 64 (2000), 715; *ders.*, Der internationale Schutz Erwachsener nach dem Haager Übereinkommen, FS Henrich, 2000, 567; *Wagner,* Die Regierungsentwürfe zur Ratifikation des Haager Übereinkommens vom 13.1.2000 zum internationalen Schutz Erwachsener, IPRax 2007, 11; *Wagner/Beyer,* Das Haager Übereinkommen vom 13.11.2000 zum internationalen Schutz Erwachsener, BtPrax 2007, 231; *Wedemann,* Vorsorgevollmachten im internationalen Rechtsverkehr, FamRZ 2010, 785.

Die Vereinheitlichung des internationalen Privat- und Verfahrensrechts auf dem Gebiet 78
des Schutzes körperlich oder geistig behinderter volljähriger Personen hat sich das **Haager Übereinkommen über den internationalen Schutz Erwachsener (ErwSÜ)** vom 13.1.2000 zum Ziel gesetzt.[192] Dieses Übereinkommen ist für die *Bundesrepublik Deutschland* am 1.1.2009 im Verhältnis zu *Frankreich* und *Schottland* in Kraft getreten;[193] es gilt inzwischen auch für die *Schweiz* (seit 1.7.2009), *Finnland* (seit 1.3.2011), *Estland* (seit 1.11.2011), die *Tschechische Republik* (seit 1.8.2012) und *Österreich* (seit 1.2.2014).[194] In Aufbau und Inhalt lehnt sich das Übereinkommen eng an das Haager Kinderschutzübereinkommen von 1996 (KSÜ; → Rn. 16ff.) an. Wie dort sind insbesondere Regelungen zur internationalen Zuständigkeit, zum anwendbaren Recht, zur Anerkennung und Vollstreckung von Schutzmaßnahmen und zur internationalen Behördenkooperation vorgese-

[192] Vgl. den Text im BGBl. 2007 I 323ff. sowie bei *Jayme/Hausmann* Nr. 20. Dazu den erläuternden Bericht von *Lagarde* BT-Drs. 16/3250.
[193] Bek. v. 12.12.2008, BGBl. 2009 II 39. Vgl. *Ludwig* DNotZ 2009, 251.
[194] Vgl. *Jayme/Hausmann* Nr. 22 Fn. 1.

hen. Gleichzeitig mit dem Übereinkommen ist das deutsche Ausführungsgesetz (ErwSÜAG) vom 17.3.2007[195] in Kraft getreten.

### 2. Deutsch-iranisches Niederlassungsabkommen

79 Im Verhältnis zum *Iran* hat hingegen das deutsch-iranische Niederlassungsabkommen vom 17.2.1929[196], das in seinem Art. 8 Abs. 3 iVm Nr. 1 des Schlussprotokolls an das Heimatrecht des schutzbedürftigen Erwachsenen anknüpft, Vorrang sowohl vor dem Haager Erwachsenenschutzübereinkommen (Art. 49 ErwSÜ) als auch vor dem autonomen IPR (Art. 3 Nr. 2 EGBGB).[197] Ob und ggf. welche Schutzmaßnahmen für einen erwachsenen Iraner von deutschen Gerichten angeordnet werden können und welche Wirkungen sie haben, beurteilt sich daher – abweichend von Art. 15 Abs. 1 ErwSÜ – nicht nach der deutschen *lex fori,* sondern nach iranischem Recht. Ferner kann für einen erwachsenen Iraner – entgegen Art. 24 Abs. 1 S. 2 EGBGB – auch kein Betreuer nach deutschem Recht bestellt werden. Wegen der Einzelheiten zur Anwendung des Abkommens → Rn. 6 ff.

### 3. Autonomes Kollisionsrecht

80 Das deutsche autonome Kollisionsrecht regelt die gesetzliche Vertretung von Erwachsenen durch einen Betreuer in Art. 24 EGBGB. Die Bedeutung dieser Vorschrift ist freilich seit Inkrafttreten des Haager ErwSÜ am 1.1.2009 stark eingeschränkt. Denn die Kollisionsnormen des Übereinkommens verdrängen das autonome deutsche IPR gemäß Art. 3 Nr. 2 EGBGB immer dann, wenn deutsche Gerichte ihre internationale Zuständigkeit auf das Übereinkommen stützen, also insbesondere dann, wenn der **Erwachsene** seinen **gewöhnlichen Aufenthalt im Inland** hat (Art. 5 Abs. 1 ErwSÜ). Gleiches gilt aber auch dann, wenn die internationale Zuständigkeit der deutschen Gerichte für Maßnahmen aus der deutschen Staatsangehörigkeit des schutzbedürftigen Erwachsenen (Art. 7 ErwSÜ) oder der Belegenheit von dessen Vermögen im Inland (Art. 9 ErwSÜ) abgeleitet wird.[198] Denn die Kollisionsregeln des Übereinkommens gelten nach seinem Art. 18 als *„loi uniforme"*, dh auch dann, wenn auf das **Recht eines Nichtvertragsstaats** verwiesen wird. Art. 24 Abs. 1 S. 1 EGBGB ist daher auf die Anordnung einer Betreuung durch deutsche Gerichte nur noch anwendbar, wenn für einen Deutschen mit gewöhnlichem Aufenthalt in einem Nichtvertragsstaat ein Betreuer bestellt werden soll.[199] Darüber hinaus ist die Vorschrift bei der Anordnung von Schutzmaßnahmen für Deutsche in Nichtvertragsstaaten des Haager ErwSÜ heranzuziehen, soweit das dortige IPR eine Gesamtverweisung auf das deutsche Heimatrecht ausspricht.[200]

## II. Anknüpfung der gesetzlichen Vertretung

### 1. Haager Erwachsenenschutzübereinkommen

81 Ziele des ErwSÜ sind es nach seinem Art. 1 Abs. 2, die internationale Zuständigkeit für Maßnahmen zum Schutz der Person oder des Vermögens des Erwachsenen zu regeln

[195] BGBl. 2007 I 314 = *Jayme/Hausmann* Nr. 20a; dazu *Wagner* IPRax 2007, 11 (14 ff.). Zur Änderung durch Gesetz v. 17.12.2008, BGBl. 2008 I 2586 vgl. *Röthel/Woitge* IPRax 2010, 494 ff.

[196] RGBl. 1930 II 1006 = *Jayme/Hausmann* Nr. 22.

[197] *Schaub* IPRax 2016, 207 (208); dazu allg. BGHZ 120, 29 (31) = NJW 1993, 848 m. Aufs. *U. Wolf* FamRZ 1993, 874 und mAnm *Henrich* IPRax 1993, 81; BGH FamRZ 1993, 1053; OLG Zweibrücken FamRZ 2001, 920.

[198] Art. 24 EGBGB ist also auf Schutzmaßnahmen nur noch anzuwenden, wenn sich die internationale Zuständigkeit der deutschen Gerichte aus § 104 FamFG ergibt, vgl. MüKoBGB/*Lipp* EGBGB Art. 24 Rn. 13.

[199] *Lagarde*-Bericht Rn. 89; *Siehr* RabelsZ 64 (2000), 715 (736); *Helms* FamRZ 2008, 1995 (1998); *Ludwig* DNotZ 2009, 251 (258).

[200] Vgl. zur Anordnung einer Betreuung über eine in *Österreich* lebende Deutsche vor Inkrafttreten des Haager ErwSÜ OGH IPRax 2009, 169 mAnm *v. Hein* IPRax 2009, 173.

(lit. a) und das von diesen Behörden bei der Ausübung ihrer Zuständigkeit anzuwendende Recht (lit. b) sowie das auf die Vertretung des Erwachsenen anzuwendende Recht zu bestimmen (lit. c). Darüber hinaus soll durch das Übereinkommen die Anerkennung und Vollstreckung der Schutzmaßnahmen in allen Vertragsstaaten sichergestellt (lit. d) und die zur Verwirklichung seiner Ziele notwendige Zusammenarbeit zwischen den Behörden der Vertragsstaaten eingerichtet werden (lit. e).

**a) Anwendungsbereich. aa) Räumlicher Anwendungsbereich.** Die Anwendung des 82 ErwSÜ setzt nach Art. 1 Abs. 1 einen **„internationalen Sachverhalt"** voraus, der also Bezugspunkte zu mindestens zwei Staaten aufweist. Ein solcher ist insbesondere gegeben, wenn Staatsangehörigkeit und gewöhnlicher Aufenthalt des Erwachsenen divergieren. Darüber hinaus dürfte aber auch die Belegenheit von Vermögen des Erwachsenen in einem anderen Vertragsstaat hierfür ausreichen.[201] Der räumlich-persönliche Anwendungsbereich des Übereinkommens wird allerdings nicht abstrakt bestimmt, sondern wird für die internationale Zuständigkeit, das anwendbare Recht und die Anerkennung und Vollstreckung von Schutzmaßnahmen jeweils gesondert festgelegt.[202]

**bb) Sachlicher Anwendungsbereich.** Dazu → Rn. 93f. 83

**cc) Persönlicher Anwendungsbereich.** Persönlich ist das Übereinkommen nach sei- 84 nem Art. 1 Abs. 1 auf den **Schutz von Erwachsenen** anzuwenden, die „aufgrund einer Beeinträchtigung oder der Unzulänglichkeit ihrer persönlichen Fähigkeiten nicht in der Lage sind, ihre Interessen zu schützen".[203] Erwachsene iSd Übereinkommens sind Personen, die das 18. Lebensjahr vollendet haben (Art. 2 Abs. 1 ErwSÜ), auch wenn sie nach ihrem Heimatrecht oder dem Recht ihres gewöhnlichen Aufenthalts erst zu einem späteren Zeitpunkt volljährig werden; deshalb kommt es auf die Staatsangehörigkeit des Erwachsenen nicht an.[204] Um einen nahtlosen Übergang vom KSÜ auf das ErwSÜ zu gewährleisten, ist das ErwSÜ nach Art. 2 Abs. 2 allerdings auch auf Maßnahmen anzuwenden, die hinsichtlich eines Erwachsenen zu einem Zeitpunkt getroffen wurden, in dem er das 18. Lebensjahr noch nicht vollendet hatte.

**dd) Zeitlicher Anwendungsbereich.** In zeitlicher Hinsicht ist das Übereinkommen 85 nach seinem Art. 50 Abs. 1 hinsichtlich der internationalen Zuständigkeit und des anwendbaren Rechts auf Maßnahmen anzuwenden, die in einem Vertragsstaat getroffen werden, nachdem es für diesen Staat in Kraft getreten ist (→ Rn. 78). Auf die Anerkennung und Vollstreckung von Maßnahmen ist das Übereinkommen hingegen nur anwendbar, wenn es bei Erlass der Maßnahme sowohl im Ursprungs- wie im Anerkennungsstaat in Kraft war, Art. 50 Abs. 2 ErwSÜ. Demgegenüber wirkt das Übereinkommen für **Vorsorgevollmachten** in gewissem Umfang zurück; denn es ist insoweit ab seinem Inkrafttreten in einem Vertragsstaat auch auf die Vertretungsmacht anzuwenden, die zuvor unter Bedingungen eingeräumt wurde, die denen des Art. 15 ErwSÜ entsprechen.[205]

**b) Anwendbares Recht.** Das ErwSÜ regelt das anwendbare Recht nur für die Voraus- 86 setzungen und Wirkungen der Anordnung und Aufhebung von **Schutzmaßnahmen** sowie für das Bestehen, den Umfang und die Beendigung einer Vorsorgevollmacht. Abweichend von Art. 16, 17 KSÜ fehlt hingegen eine allgemeine Kollisionsnorm für den

[201] Staudinger/*v. Hein* EGBGB Vorb. Art. 24 Rn. 28 unter Hinweis auf Art. 10 Abs. 2 ErwSÜ; *Ludwig* DNotZ 2009, 251 (259ff.); MüKoBGB/*Lipp* ErwSÜ Art. 1–4 Rn. 36; **aA** *Siehr* RabelsZ 64 (2000), 715 (722); *Wagner* IPRax 2007, 11 (13).
[202] NK-BGB/*Benicke* ErwSÜ Art. 1 Rn. 9.
[203] Zum Begriff der Schutzbedürftigkeit näher Staudinger/*v. Hein* EGBGB Vorb. Art. 24 Rn. 22ff.
[204] *Lagarde*-Bericht Rn. 17; *Helms* FamRZ 2008, 1995; *Wagner* IPRax 2007, 11 (12).
[205] Dazu näher Staudinger/*v. Hein* EGBGB Vorb. Art. 24 Rn. 171ff.

Erwachsenenschutz, der *kraft Gesetzes* eintritt. Regelungslücken, die sich daraus in Fällen ergeben können, in denen Volljährigkeit nach dem Heimatrecht des Betroffenen erst später als mit 18 Jahren eintritt, sind mit Hilfe des nationalen Kollisionsrechts – in Deutschland mit Hilfe von Art. 21, 24 EGBGB – zu schließen.[206] Gleiches gilt, wenn die Handlungsunfähigkeit eines Erwachsenen eine Betreuung kraft Gesetzes auslöst, wie zB nach §§ 284b. ff. öst. ABGB.[207]

87 **aa) Gleichlaufgrundsatz.** Kollisionsrechtlich geht das ErwSÜ – wie das KSÜ (Art. 15 Abs. 1 KSÜ; → Rn. 22 ff.) – vom Gleichlaufprinzip aus. Gemäß Art. 13 Abs. 1 ErwSÜ wenden die nach Art. 5 bis 12 ErwSÜ zuständigen Behörden auf von ihnen zu treffende Schutzmaßnahmen ihr eigenes Recht an. Sowohl die Voraussetzungen als auch der Inhalt einer von deutschen Gerichten angeordneten Betreuung (zB die Zulässigkeit der Anordnung eines Einwilligungsvorbehalts) unterliegen daher dem *deutschen* Recht. Dieses gilt dann insbesondere auch für den **Umfang der gesetzlichen Vertretungsmacht** des Betreuers. Soweit es der Schutz der Person oder des Vermögens des Erwachsenen erfordert, können die nach dem Übereinkommen zuständigen Behörden jedoch – wiederum nach dem Vorbild des KSÜ (Art. 15 Abs. 2 KSÜ; → Rn. 31 f.) – ausnahmsweise auch das Recht eines anderen Staates anwenden oder berücksichtigen, zu dem der Sachverhalt eine enge Verbindung hat (**Ausweichklausel,** Art. 13 Abs. 2 ErwSÜ); dies kann auch das Recht eines Drittstaats sein.[208] In Betracht kommt dies insbesondere bei der Verfügung über im Ausland belegenes Vermögen des Erwachsenen.

88 **bb) Internationale Zuständigkeit.** Für die vorgenannten Maßnahmen zum Schutz der Person oder des Vermögens des Erwachsenen sind nach Art. 5 Abs. 1 ErwSÜ primär die Behörden des Vertragsstaats international zuständig, in dem der Erwachsene seinen **gewöhnlichen Aufenthalt** hat.[209] Verlegt der Erwachsene seinen gewöhnlichen Aufenthalt in einen anderen Vertragsstaat, so werden die Behörden des neuen Aufenthaltsstaats zuständig (Art. 5 Abs. 2 ErwSÜ); eine *perpetuatio fori* wird also – ebenso wie nach Art. 5 Abs. 2 KSÜ (→ Rn. 28) – ausgeschlossen.[210] Zuvor getroffene Schutzmaßnahmen behalten jedoch bis zu ihrer Änderung, Ersetzung oder Aufhebung durch die Behörden des neuen Aufenthaltsstaats ihre Wirkung (Art. 12 ErwSÜ).

89 Neben der primären Aufenthaltszuständigkeit sieht das Übereinkommen in Art. 7 eine konkurrierende Zuständigkeit der Behörden des Vertragsstaats vor, dem der Erwachsene angehört **(Heimatzuständigkeit)**, sofern diese der Auffassung sind, besser in der Lage zu sein, das Wohl des Erwachsenen zu beurteilen. Diese Zuständigkeit der Heimatbehörden darf allerdings nicht gegen den Willen der Aufenthaltsbehörden ausgeübt werden und die von den Heimatbehörden getroffenen Maßnahmen können von den Aufenthaltsbehörden jederzeit außer Kraft gesetzt werden (Art. 7 Abs. 2, Abs. 3 ErwSÜ). Ferner können die Aufenthaltsbehörden zum Wohl des Erwachsenen auch Behörden anderer Staaten ersuchen, Schutzmaßnahmen zu treffen (zB neben den Behörden des Heimatstaats auch diejenigen eines früheren Aufenthaltsstaates oder eines Staates, in dem Vermögen des Erwachsenen belegen ist, Art. 8 ErwSÜ).

---

[206] OLG Bremen BeckRS 2012, 14694 (Beendigung der Vormundschaft für einen 19-jährigen Liberianer); Palandt/*Thorn* EGBGB Anh. Art. 24 Rn. 3.

[207] *Guttenberger* S. 186 f.

[208] Näher zu dieser Ausweichklausel Staudinger/*v. Hein* EGBGB Vorb. Art. 24 Rn. 149 ff.; *Guttenberger* S. 143 ff.

[209] Der Begriff des gewöhnlichen Aufenthalts ist für die Zwecke des ErwSÜ autonom iSd tatsächlichen Mittelpunkts der Lebensführung auszulegen, vgl. *Helms* FamRZ 2008, 1995 (1996 ff.); *Wagner* IPRax 2007, 11 (13); *Guttenberger* S. 90 ff.; MüKoBGB/*Lipp* ErwSÜ Art. 5 Rn. 3 ff.; dazu → § 2 Rn. 58 ff.

[210] Staudinger/*v. Hein* EGBGB Vorb. Art. 24 Rn. 76. Wird der gewöhnliche Aufenthalt in einen Nichtvertragsstaat verlegt, entscheidet über den Fortbestand der internationalen Zuständigkeit das nationale Verfahrensrecht, vgl. *Helms* FamRZ 2008, 1995 (1996); MüKoBGB/*Lipp* ErwSÜ Art. 5 Rn. 13 ff.

Weitere Zuständigkeiten sind zugunsten des Staates vorgesehen, in dem **Vermögen** 90 des Erwachsenen belegen ist (Art. 9 ErwSÜ), sowie für **Eilentscheidungen** und einstweilige Anordnungen zum Schutz der Person des Erwachsenen (Art. 10, 11 ErwSÜ).[211] Während die Art. 5 bis 9 ErwSÜ die internationale Zuständigkeit abschließend regeln, wenn der Erwachsene seinen gewöhnlichen Aufenthalt in einem Vertragsstaat des Übereinkommens hat, können die Art. 10, 11 ErwSÜ auch Anwendung finden, wenn sich der Erwachsene in einem Drittstaat gewöhnlich aufhält.[212] Fehlt es an einer internationalen Zuständigkeit nach dem Übereinkommen, so findet der Gleichlaufgrundsatz nach Art. 13 ErwSÜ keine Anwendung. Das allein nach autonomem Recht (§ 104 FamFG) zuständige deutsche Gericht hat daher das von Art. 24 EGBGB bestimmte Recht anzuwenden.[213]

**cc) Durchführung von Schutzmaßnahmen in einem anderen Vertragsstaat.** Ab- 91 weichend von Art. 13 ErwSÜ bestimmt über die Durchführung von Maßnahmen durch einen in Deutschland bestellten Betreuer in einem anderen Vertragsstaat (zB in *Österreich* oder *Frankreich*) hingegen gemäß Art. 14 ErwSÜ das dortige Recht; dies gilt insbesondere für vormundschafts- oder betreuungsgerichtliche Genehmigungserfordernisse.[214] Maßnahmen zum Schutz von Erwachsenen, die nicht gerichtlich angeordnet werden müssen, sondern kraft Gesetzes zu ergreifen sind, werden von den Kollisionsnormen des Übereinkommens hingegen nicht erfasst.[215] Insbesondere enthält das ErwSÜ – anders als das KSÜ für Kinder (Art. 16, 17; → Rn. 36 ff.) – **keine Vorschriften zur gesetzlichen Vertretung** von nicht (voll) geschäftsfähigen Erwachsenen, die ohne die Anordnung von Schutzmaßnahmen anzuwenden sind.

**dd) Sachnormverweisung.** Soweit die nach dem Übereinkommen zuständigen Behör- 92 den und Gerichte ausnahmsweise nicht ihr eigenes, sondern – zB nach Art. 13 Abs. 2 oder Art. 15 ErwSÜ – fremdes Recht anwenden, haben sie die Sachvorschriften des maßgeblichen Rechts anzuwenden. Rück- und Weiterverweisung sind im gesamten Geltungsbereich des Übereinkommens, also auch bezüglich der Anknüpfung der **Vorsorgevollmacht,** nach Art. 19 ErwSÜ ausgeschlossen. Dies gilt auch dann, wenn die Verweisung auf das Recht eines Nichtvertragsstaats gerichtet ist.

**c) Reichweite des Vertretungsstatuts.** Die sachlich vom Übereinkommen erfassten 93 Schutzmaßnahmen werden in Art. 3 ErwSÜ – in bewusster Anlehnung an Art. 3 KSÜ – präzisiert. Gemeint sind insbesondere Entscheidungen über die Handlungsfähigkeit eines Erwachsenen (lit. a), die Anordnung einer Vormundschaft, Pflegschaft oder Betreuung (lit. c), Maßnahmen zur Bestimmung der Person oder Stelle, die für die Person oder das Vermögen des Erwachsenen verantwortlich ist, ihn vertritt oder ihm beisteht (lit. d), sowie die Verwaltung und Erhaltung des Vermögens des Erwachsenen oder die Verfügung darüber (lit. f). Darauf, ob die Maßnahme von der *lex fori* als zivil- oder öffentlich-rechtlich qualifiziert wird, kommt es nicht an.[216] Hingegen gilt das ErwSÜ nicht für die Ab-

[211] Näheres zur internationalen Zuständigkeit nach dem Übereinkommen bei *Siehr* RabelsZ 64 (2000), 715 (728 ff.); *Helms* FamRZ 2008, 1995 (1996 ff.).

[212] *Helms* FamRZ 2008, 1995 (1998); *Althammer* IPRax 2009, 381 (385); *Guttenberger* S. 116 (122); **aA** für Art. 11 ErwSÜ Staudinger/*v. Hein* EGBGB Vorb. Art. 24 Rn. 128 m. ausf. Darstellung des Meinungsstandes.

[213] *Siehr* RabelsZ 64 (2000), 715 (725); Erman/*Hohloch* EGBGB Anh. Art. 24 Rn. 84; Palandt/*Thorn* EGBGB Anh. Art. 24 Rn. 7; Staudinger/*v. Hein* EGBGB Vorb. Art. 24 Rn. 148.

[214] *Lagarde*-Bericht Rn. 93 ff.; *Siehr* RabelsZ 64 (2000), 715 (738); *Helms* FamRZ 2008, 1995 (1999); *Ludwig* DNotZ 2009, 251 (268 ff.); Palandt/*Thorn* EGBGB Anh. Art. 24 Rn. 6; Staudinger/*v. Hein* EGBGB Vorb. Art. 24 Rn. 159.

[215] *Lagarde*-Bericht Rn. 19; *Helms* FamRZ 2008, 1995 (1999); *Ludwig* DNotZ 2009, 251 (268 ff.).

[216] Staudinger/*v. Hein* EGBGB Vorb. Art. 24 Rn. 42 mwN.

wesenheitspflegschaft und die Ergänzungspflegschaft zur Vertretung eines Erwachsenen in Fällen eines Interessenkonflikts.[217]

94 Auch **Entmündigungen** fallen grundsätzlich in den sachlichen Anwendungsbereich des Haager ErwSÜ (vgl. Art. 3 lit. a, lit. b ErwSÜ). Sind danach deutsche Gerichte international zuständig, so können sie eine Entmündigung idR schon deshalb nicht mehr vornehmen, weil sie nach Art. 13 Abs. 1 ErwSÜ grundsätzlich *deutsches* Recht als *lex fori* anzuwenden haben und dieses das Rechtsinstitut der Entmündigung nicht mehr kennt. Nichts anderes gilt aber auch dann, wenn ein deutsches Gericht nach Art. 13 Abs. 2 ErwSÜ ausnahmsweise *ausländisches* Recht anzuwenden hat, welches die Entmündigung noch kennt. Denn die Anordnung von Beschränkungen der Geschäftsfähigkeit nach ausländischem Recht, die über die mit der Anordnung eines Einwilligungsvorbehalts nach § 1903 BGB verbundenen Wirkungen hinausgehen, verstößt heute offensichtlich gegen den inländischen ***ordre public*** (Art. 21 ErwSÜ).[218]

## 2. Autonomes Recht

95 **a) Allgemeines.** Durch das Betreuungsgesetz (BtG) vom 12.9.1990[219] hat der deutsche Gesetzgeber das Rechtsinstitut der Entmündigung mit Wirkung vom 1.1.1992 abgeschafft. Zugleich wurden die Vormundschaft über Volljährige sowie die Gebrechlichkeitspflegschaft durch das einheitliche Rechtsinstitut der **Betreuung** (§§ 1896 bis 1908i BGB) ersetzt. Voraussetzung für die Anordnung einer Betreuung ist, dass ein Volljähriger aufgrund einer psychischen Krankheit oder einer körperlichen, geistigen oder seelischen Behinderung seine Angelegenheiten ganz oder teilweise nicht zu besorgen vermag (§ 1896 Abs. 1 BGB). Der gerichtlich bestellte Betreuer ist in seinem Aufgabenkreis **gesetzlicher Vertreter** des Betreuten (§ 1902 BGB). Die Anordnung einer Betreuung wirkt sich allerdings – vorbehaltlich der §§ 104 Nr. 2, 105 BGB – auf die Geschäftsfähigkeit des Betreuten nicht aus, und zwar auch nicht für die Vornahme von Geschäften innerhalb des Aufgabenkreises, für den der Betreuer bestellt wurde.[220] Nur soweit dies zur Abwendung einer erheblichen Gefahr für die Person oder das Vermögen des Betreuten erforderlich ist, kann das Betreuungsgericht gemäß § 1903 BGB einen **Einwilligungsvorbehalt** anordnen. Dieser bewirkt, dass der Betreute – entsprechend der Regelung bei der beschränkten Geschäftsfähigkeit (§§ 108 ff. BGB) – zu einer Willenserklärung, die den Aufgabenkreis des Betreuers betrifft, dessen Einwilligung bedarf.

96 Da die Betreuung die Funktion der bisherigen Vormundschaft über Volljährige bzw. der Gebrechlichkeitspflegschaft übernimmt, hat der deutsche Gesetzgeber sie auch **kollisionsrechtlich an die Seite der Vormundschaft** und der Pflegschaft gestellt. Er hat daher die zuvor für die Entmündigung geltenden Kollisionsregeln des aufgehobenen Art. 8 EGBGB nahezu wortgleich in den Art. 24 Abs. 1 S. 2 und Abs. 3 EGBGB übernommen. In dem wegen des Vorrangs des ErwSÜ stark eingeschränkten Anwendungsbereich dieser Vorschriften (→ Rn. 76) gilt dann folgendes:

97 **b) Voraussetzungen für die Anordnung einer Betreuung.** Die Voraussetzungen für die Anordnung einer Betreuung sowie deren Änderung oder Beendigung bestimmen sich gemäß **Art. 24 Abs. 1 S. 1 EGBGB** grundsätzlich nach dem Heimatrecht des Betreu-

---

217 *Siehr* RabelsZ 64 (2000), 715 (721); Palandt/*Thorn* EGBGB Anh. Art. 24 Rn. 2.

218 So zum autonomen IPR (Art. 6 EGBGB) Palandt/*Thorn* EGBGB Art. 7 Rn. 3; Erman/*Hohloch* EGBGB Art. 8 Rn. 2; Staudinger/*Hausmann* EGBGB Art. 7 Rn. 151; Staudinger/*v. Hein* EGBGB Art. 24 Rn. 5; *v. Bar* IPR II Rn. 47; *Schotten/Schmellenkamp* IPR Rn. 58; **aA** Soergel/*Kegel* EGBGB Anh. Art. 7 Rn. 13 ff.; BeckOK BGB/*Mäsch* EGBGB Art. 7 Rn. 50; *Röthel* IPRax 2006, 90 (91). Vgl. auch EGMR Nr. 44009/05 (Shtukaturov) FamRZ 2008, 1734 (1735): Verstoß der Entmündigung eines Erwachsenen gegen Art. 8 EMRK.

219 BGBl. 1990 I 2002.

220 MüKoBGB/*Schwab* § 1896 Rn. 140; Palandt/*Götz* BGB § 1896 Rn. 5.

ten.[221] Eine Rück- oder Weiterverweisung durch dieses Recht ist nach Art. 4 Abs. 1 EGBGB jedoch zu beachten.[222] Allerdings konnte gemäß **Art. 24 Abs. 1 S. 2 EGBGB** für einen Angehörigen eines fremden Staates, der seinen gewöhnlichen Aufenthalt oder – mangels eines solchen – seinen schlichten Aufenthalt im Inland hatte, ein **Betreuer auch nach deutschem Recht** bestellt werden.[223] Daraus folgte, dass zwar für Deutsche eine Betreuung nur unter den Voraussetzungen der §§ 1896 ff. BGB angeordnet werden konnte. Demgegenüber konnten deutsche Gerichte für Ausländer eine Betreuung *wahlweise* nach deren Heimatrecht oder nach deutschem Recht anordnen.[224] Da es im Ausland jedoch an einem der Betreuung entsprechenden Rechtsinstitut häufig fehlte, hat die Praxis im Regelfall eine Betreuung gemäß Art. 24 Abs. 1 S. 2 EGBGB nur nach Maßgabe des deutschen Rechts angeordnet. Seit Inkrafttreten des Haager Erwachsenenschutzübereinkommens am 1.1.2009 ist die Möglichkeit zur Anordnung einer Betreuung nach Art. 24 Abs. 1 S. 2 EGBGB jedoch entfallen.[225]

**c) Wirkungen der Betreuung.** Der Inhalt der Betreuung – und damit auch der Umfang 98 der gesetzlichen Vertretungsmacht des Betreuers – unterliegt hingegen gemäß Art. 24 Abs. 3 EGBGB dem Recht des anordnenden Staates.[226] Bei Anordnung der Betreuung durch ein deutsches Betreuungsgericht gelten daher für die gesetzliche Vertretung einschließlich etwaiger Genehmigungserfordernisse in jedem Fall, dh auch wenn die Voraussetzungen der Betreuung ausnahmsweise einem ausländischem Recht entnommen wurden, die §§ 1902 ff., 1908i Abs. 1 S. 1 BGB. Beschränkungen der Geschäftsfähigkeit des Betreuten aufgrund der Anordnung ergeben sich daher nur, wenn das Betreuungsgericht zugleich einen Einwilligungsvorbehalt nach § 1903 BGB verfügt hat; denn auch die Wirkungen der angeordneten Betreuung gehören zu deren „Inhalt" iSv Art. 24 Abs. 3 EGBGB.[227]

**d) Internationale Zuständigkeit.** Das Betreuungsverfahren ist nicht mehr – wie das 99 frühere Entmündigungsverfahren – ein Verfahren der streitigen, sondern ein solches der **freiwilligen Gerichtsbarkeit** (vgl. §§ 271 ff. FamFG). Die internationale Zuständigkeit in Betreuungs-, Unterbringungs- und Pflegschaftssachen, die Erwachsene betreffen, ist seit dem 1.9.2009 selbständig in § 104 FamFG geregelt; sie orientiert sich an der für Vormundschaftssachen geltenden Vorschrift des § 99 FamFG. Die Zuständigkeiten sind – wie § 106 FamFG klarstellt – konkurrierend, schließen also eine gleichzeitige Zuständigkeit ausländischer Gerichte nicht aus. Die örtliche Zuständigkeit ergibt sich aus § 272 FamFG. § 104 FamFG begründet **drei gleichrangige Zuständigkeiten,** nämlich die Heimatzuständigkeit (Nr. 1), die Aufenthaltszuständigkeit (Nr. 2) und die Fürsorgebedürfniszuständigkeit (Nr. 3). Die Inanspruchnahme der Aufenthaltszuständigkeit nach § 104 Nr. 2 FamFG scheidet allerdings wegen des Vorrangs der Haager ErwSÜ aus. Ferner ergibt sich auch eine internationale Zuständigkeit der deutschen Gerichte nach § 104 Nr. 1 oder

[221] MüKoBGB/*Lipp* EGBGB Art. 24 Rn. 25 ff.; Staudinger/*v. Hein* EGBGB Art. 24 Rn. 4 ff.; *Oelkers* S. 224 ff.

[222] *Oelkers* S. 255 ff.; Palandt/*Thorn* EGBGB Art. 24 Rn. 1; BeckOK BGB/*Heiderhoff* EGBGB Art. 24 Rn. 8.

[223] Vgl. dazu BayObLGZ 2001, 324.

[224] *Röthel* BTPrax 2006, 90 (91); *v. Hein* IPRax 2009, 173 (177); *Nitzinger* S. 106; *Kegel/Schurig* IPR § 20 XIV 1; *Kropholler* IPR § 50 II 3; Palandt/*Thorn* EGBGB Art. 24 Rn. 4; MüKoBGB/*Lipp* EGBGB Art. 24 Rn. 33 ff.; Staudinger/*v. Hein* EGBGB Art. 24 Rn. 31; BeckOK BGB/*Heiderhoff* EGBGB Art. 24 Rn. 21; **aA** (ausschließliche Geltung deutschen Rechts) *v. Bar* IPR II Rn. 50 ff.; Erman/*Hohloch* EGBGB Art. 24 Rn. 15; Soergel/*Kegel* EGBGB Art. 24 Rn. 4.

[225] Vgl. zum Vorrang des ErwSÜ auch für Angehörige von Nichtvertragsstaaten, die ihren gewöhnlichen oder schlichten Aufenthalt im Inland haben, Staudinger/*v. Hein* EGBGB Art. 24 Rn. 31 ff.; MüKoBGB/*Lipp* EGBGB Art. 24 Rn. 35.

[226] Staudinger/*v. Hein* EGBGB Art. 24 Rn. 36 ff.; Palandt/*Thorn* EGBGB Art. 24 Rn. 4; MüKoBGB/*Lipp* EGBGB Art. 24 Rn. 36 ff., 41.

[227] *Oelkers* S. 245 ff.; Staudinger/*v. Hein* EGBGB Art. 24 Rn. 36 ff.

Nr. 3 FamFG nur noch in Fällen, in denen sich der zu betreuende Erwachsene nicht in einem Vertragsstaat des Haager ErwSÜ gewöhnlich aufhält.[228]

## III. Vorsorgevollmacht

### 1. Allgemeines

100 Eine praktisch wichtige Sonderanknüpfung sieht das Haager ErwSÜ in seinem Art. 15 für die von einem Erwachsenen erteilte Vorsorgevollmacht (vgl. im deutschen Recht §§ 1896 Abs. 2 S. 2, 1901c S. 2 BGB) vor.[229] Der Begriff der Vorsorgevollmacht wird in Art. 15 Abs. 1 ErwSÜ dahin umschrieben, dass sie ausgeübt werden soll, wenn der Erwachsene nicht in der Lage ist, seine Interessen selbst zu schützen.[230] Die Vollmacht kann sich nur auf persönliche Belange (zB Entscheidungen über ärztliche Behandlungen) beschränken; sie kann aber auch oder nur vermögensrechtliche Angelegenheiten umfassen.[231] Es muss jedoch einer anderen Person *Vertretungsmacht* eingeräumt werden; auf reine **Betreuungs- oder Patientenverfügungen** ist die Vorschrift daher nicht anwendbar, weil die Betroffenen darin nur ihren eigenen Willen in Bezug auf die Auswahl eines Betreuers oder gewünschte ärztliche Behandlungen zum Ausdruck bringen.[232] Soll die Vollmacht schon vor Eintritt der Urteilsunfähigkeit gelten, so beurteilt sie sich für diesen Zeitraum nach dem autonomen IPR der Vertragsstaaten; erst aber Eintritt der Urteilsunfähigkeit gilt für sie Art. 15 ErwSÜ und es kommt deshalb uU zu einem Statutenwechsel.[233] Diese Vorschrift kommt als **allseitige Kollisionsnorm** in den Vertragsstaaten unabhängig davon zur Anwendung, ob der Betroffene seinen gewöhnlichen Aufenthalt in einem Vertragsstaat hat.[234] Sie gilt aber nur für die Vollmacht, nicht für die ihr zugrunde liegende Rechtsbeziehung im Innenverhältnis zwischen dem Erwachsenen und dem Bevollmächtigten.[235]

### 2. Objektive Anknüpfung

101 Nach Art. 15 Abs. 1 ErwSÜ unterliegen das Bestehen, der Umfang, die Änderung und die Beendigung einer Vorsorgevollmacht – abweichend von den allgemeinen Grundsätzen zur Anknüpfung der rechtsgeschäftlichen Vertretung (→ § 6 Rn. 5 ff.) – nicht dem Recht der Niederlassung des berufsmäßigen Vertreters (zB des als Betreuer bestellten Rechtsanwalts oder Notars) oder – vorbehaltlich von Art. 15 Abs. 3 ErwSÜ – dem Recht des Gebrauchsorts der Vollmacht, sondern dem Recht des Staates, in dem der **Erwachsene** (Vollmachtgeber) im Zeitpunkt der Vollmachtserteilung **seinen gewöhnlichen Aufenthalt** hat.[236] Die einheitliche Anknüpfung an das Aufenthaltsrecht des Vollmachtgebers gilt

[228] Vgl. dazu näher Staudinger/*v. Hein* EGBGB Art. 24 Rn. 102 ff.

[229] Vgl. dazu rechtsvergleichend *Ludwig* DNotZ 2009, 251 (269 ff.); Staudinger/*v. Hein* EGBGB Vorb. Art. 24 Rn. 165 ff.

[230] Dazu näher Staudinger/*v. Hein* EGBGB Vorb. Art. 24 Rn. 174 ff.

[231] NK-BGB/*Benicke* ErwSÜ Art. 15 Rn. 9; MüKoBGB/*Lipp* ErwSÜ Art. 15 Rn. 11.

[232] Vgl. *Helms* FamRZ 2008, 1995 (1999); *Röthel* FPR 2007, 79 (81); *Wedemann* FamRZ 2010, 785 (787); *Schaub* IPRax 2016, 207 (209 f.); MüKoBGB/*Lipp* ErwSÜ Art. 19 Rn. 15 ff.; Palandt/*Thorn* EGBGB Anh. Art. 24 Rn. 8; Erman/*Hohloch* EGBGB Anh. Art. 24 Rn. 86; Staudinger/*v. Hein* EGBGB Vorb. Art. 24 Rn. 177 ff. mwN.

[233] *Lagarde*-Bericht Rn. 97; *Wedemann* FamRZ 2010, 785 (786); NK-BGB/*Benicke* ErwSÜ Art. 15 Rn. 7. Eine zwar sofort wirksame Vollmacht, die aber im Innenverhältnis auf den Vorsorgefall beschränkt wird, sollte hingegen einheitlich dem ErwSÜ unterstellt werden, vgl. *Ludwig* DnotZ 2009, 251 (273); *Schaub* IPRax 2016, 207 (209).

[234] *Guttenberger* S. 153 f.; *Helms* FamRZ 2008, 1995 (1998); *Wedemann* FamRZ 2010, 785 (787); MüKoBGB/*Lipp* ErwSÜ Art. 19 Rn. 25; Staudinger/*v. Hein* EGBGB Vorb. Art. 24 Rn. 170 mwN; **aA** (Anwendung des nationalen Kollisionsrechts) *Ludwig* DNotZ 2009, 251 (258); *Röthel/Woitge* IPRax 2010, 494 (496); BeckOK BGB/*Heiderhoff* EGBGB Art. 24 Rn. 49.

[235] *Schaub* IPRax 2016, 207 (209); MüKoBGB/*Lipp* ErwSU Art. 15 Rn. 12; Staudinger/*v. Hein* EGBGB Vorb. Art. 24 Rn. 174.

[236] Zum Begriff des gewöhnlichen Aufenthalts für die Zwecke des Art. 15 ErwSU näher *Schaub* IPRax 2016, 207 (210); allg. → § 2 Rn. 58 ff.

unabhängig davon, ob die Vorsorgevollmacht durch zweiseitige Vereinbarung oder – wie nach deutschem Recht – durch einseitiges Rechtsgeschäft erteilt worden ist. Entspricht die Vorsorgevollmacht den Anforderungen des Art. 15 Abs. 1 ErwSÜ, so bleibt sie auch dann wirksam, wenn sie bereits vor dem Inkrafttreten des Übereinkommens erteilt wurde (Art. 50 Abs. 3 ErwSÜ).

Das Statut der Vorsorgevollmacht nach Art. 15 Abs. 1 ErwSÜ ist **unwandelbar.** Ist die Vollmacht daher nach dem Recht des Staates, in dem der Erwachsene zum Zeitpunkt ihrer Erteilung seinen gewöhnlichen Aufenthalt hat, zulässig und wirksam, so bleibt sie dies auch, wenn der Erwachsene seinen gewöhnlichen Aufenthalt anschließend in einen Staat verlegt, nach dessen Recht sie nicht hätte erteilt werden können. Umgekehrt tritt auch keine Heilung durch Statutenwechsel ein, wenn die Vorsorgevollmacht nach dem von Art. 15 Abs. 1 ErwSÜ bestimmten Recht nicht wirksam erteilt wurde, auch wenn sie nach dem neuen Aufenthaltsrecht des Erwachsenen wirksam wäre.[237] In diesem Fall hilft nur eine Neuerteilung der Vollmacht, sofern der Erwachsene hierzu noch in der Lage ist. 102

### 3. Rechtswahl

Der Erwachsene hat allerdings die Möglichkeit, von der Geltung des Aufenthaltsrechts nach Art. 15 Abs. 1 ErwSÜ durch Rechtswahl abzuweichen.[238] Diese Möglichkeit besteht auch dann, wenn das Recht des Staates, in dem sich der Erwachsene gewöhnlich aufhält, Vorsorgevollmachten nicht zulässt; in diesem Fall kann eine Vorsorgevollmacht durch die Wahl eines Rechts, das sie kennt, wirksam erteilt werden.[239] Die Rechtswahl muss aus Gründen der Rechtssicherheit **ausdrücklich und schriftlich** erfolgen; sie kann also nicht stillschweigend erklärt werden, bedarf andererseits aber auch nicht der notariellen Beurkundung ( zur Form der Rechtswahl auch → § 7 Rn. 4 ff.).[240] Da das Übereinkommen selbst keine Vorgaben für die Einhaltung der Schriftform enthält, müssen diese in Zweifelsfällen (zB bei Verwendung elektronischer Medien) im Wege autonomer Auslegung ermittelt werden;[241] dabei kann insbesondere auf die Anforderungen an die Schriftform in anderen Haager Übereinkommen zurückgegriffen werden.[242] Die materielle Wirksamkeit der Rechtswahl beurteilt sich hingegen – wie im internationalen Vertragsrecht (Art. 3 Abs. 5 iVm Art. 10 Abs. 1 Rom I-VO) – nach dem gewählten Recht.[243] Da das Übereinkommen keinen Zeitpunkt für die Vornahme der Rechtswahl bestimmt, kann diese auch noch nach Erteilung der Vorsorgevollmacht getroffen werden.[244] Die Rechtswahl kann ferner jederzeit geändert oder aufgehoben werden.[245] 103

Die Rechtswahlfreiheit wird allerdings nicht unbeschränkt eingeräumt. Der Erwachsene kann vielmehr **nur zwischen den in Art. 15 Abs. 2 ErwSÜ genannten Rechten** wählen, nämlich den Rechten 104
- eines Staates, dem der Erwachsene angehört (lit. a);
- des Staates eines früheren gewöhnlichen Aufenthalts des Erwachsenen (lit. b);
- eines Staates, in dem sich Vermögen des Erwachsenen befindet, hinsichtlich dieses Vermögens (lit. c).

[237] *Lagarde*-Bericht Rn. 98; MüKoBGB/*Lipp* ErwSÜ Art. 15 Rn. 33; NK-BGB/*Benicke* ErwSÜ Art. 15 Rn. 14, 19; *Schaub* IPRax 2016, 207 (210) mwN.
[238] Zur Rechtswahl näher Staudinger/*v. Hein* EGBGB Vorb. Art. 24 Rn. 185 ff. mwN.
[239] *Lagarde*-Bericht Rn. 104; NK-BGB/*Benicke* ErwSÜ Art. 15 Rn. 20.
[240] Näher zur Schriftform der Rechtswahl *Wedemann* FamRZ 2010, 785 (788) mwN.
[241] *Wedemann* FamRZ 2010, 785 (786); Staudinger/*v. Hein* EGBGB Vorb. Art. 24 Rn. 170; **aA** NK-BGB/*Benicke* ErwSÜ Art. 15 Rn. 22 (alternativer Rückgriff auf das gewählte Recht oder das Recht am Vornahmeort).
[242] Vgl. zB Art. 3 lit. c des Haager Übereinkommens über Gerichtsstandsvereinbarungen vom 30.6.2005; Art. 7 Abs. 2, 8 Abs. 2 HUP.
[243] *Schaub* IPRax 2016, 207 (211); Staudinger/*v. Hein* EGBGB Vorb. Art. 24 Rn. 187.
[244] *Schaub* IPRax 2016, 207 (211).
[245] *Ludwig* DNotZ 2009, 251 (277).

105 Das gewählte Recht kann auch dasjenige eines Nichtvertragsstaats sein (Art. 18 ErwSÜ). Besitzt der Erwachsene zwei oder **mehrere Statsangehörigkeiten,** so kann er nach lit. a jede dieser Staatsangehörigkeiten wählen; er ist also nicht auf die Wahl der effektiven Staatsangehörigkeit beschränkt.[246] Nach lit. b ist kann er nicht nur das Recht seines zeitlich letzten vorangegangenen gewöhnlichen Aufenthalt wählen; vielmehr kann das Recht eines jeden Staates gewählt werden, in dem früher einmal ein gewöhnlicher Aufenthalt bestanden hat.[247] Die Rechtswahl nach lit. c ist auf das in diesem Staat belegene Vermögen beschränkt. Das Vermögen muss allerdings dort nicht schon im Zeitpunkt der Vollmachtserteilung vorhanden sein; es genügt vielmehr, wenn zB ein im Belegenheitsstaat bestehendes Bankkonto des Vollmachtgebers erst im Zeitpunkt des Gebrauchs der Vollmacht ein Guthaben aufweist.[248]

106 Andere als die in lit. a bis lit. c genannten Rechte können nicht gewählt werden; dies gilt insbesondere für das Recht des Staates, in dem der Erwachsene derzeit seinen gewöhnlichen Aufenthalt hat bzw. in dem er einen solchen in Zukunft begründen möchte[249] oder in dem der Bevollmächtigte seinen gewöhnlichen Aufenthalt hat oder früher hatte. Die Rechtswahl ist in einem solchen Fall unwirksam und es gilt das objektive Vollmachtsstatut nach Art. 15 Abs. 1 ErwSÜ. Dieses entscheidet dann nicht nur über die Zulässigkeit und die wirksame Erteilung der Vorsorgevollmacht, sondern auch darüber, ob die Unwirksamkeit der Rechtswahl zugleich die Unwirksamkeit der erteilten Vorsorgevollmacht zur Folge hat; nach deutschem Recht ist davon im Zweifel nicht auszugehen (§ 139 BGB).[250]

107 Art. 15 Abs. 2 ErwSÜ lässt auch eine **Teilrechtswahl** in der Weise zu, dass zB für die Personen- und Vermögenssorge unterschiedliche Personen nach unterschiedlichem Recht bevollmächtigt werden.[251] Für die Vermögenssorge in unterschiedlichen Ländern folgt dies bereits aus lit. c. Auch eine Aufspaltung der Personensorge auf mehrere Personen ist nicht ausgeschlossen.[252] Auch im Übrigen können die verschiedenen Rechtswahlmöglichkeiten nach Art. 15 Abs. 2 ErwSÜ miteinander kombiniert werden.

108 **Beispiel:**
Der deutsche Staatsangehörige A hatte im Jahre 1995 in Mallorca eine Finca erworben, wo er mit seiner Familie regelmäßig die Ferien verbrachte. Als A mit 65 Jahren aus dem Berufsleben ausscheidet, vermietet er das bisherige Familienheim in Köln und zieht mit seiner Ehefrau ganz auf die Finca nach Mallorca, wo beide ihren Lebensabend verbringen möchten. Er beabsichtigt, seiner Ehefrau eine Vorsorgevollmacht zu erteilen, und sucht zu deren Beurkundung seinen Hausnotar in Köln auf. Was wird dieser ihm raten?

Der Notar wird den A darüber aufklären, dass sich das Bestehen und der zulässige Umfang sowie die Voraussetzungen für eine spätere Änderung und Beendigung der Vorsorgevollmacht gemäß Art. 15 Abs. 1 ErwSÜ nach spanischem Recht richten, weil A seinen gewöhnlichen Aufenthalt inzwischen dorthin verlegt hat. Er wird ferner darauf hinweisen, dass er den Inhalt des spanischen Rechts der Vorsorgevollmacht nicht kennt und deshalb keine Gewähr dafür übernehmen kann, ob und wie eine Vorsorgevollmacht nach spanischem Recht überhaupt wirksam erteilt werden kann. Er wird dem A daher raten, für die Vorsorgevollmacht eine Rechtswahl nach Art. 15 Abs. 3 lit. a ErwSÜ zugunsten seines deutschen Heimatrechts zu treffen und die Vollmacht sodann nach Maßgabe von § 1904 Abs. 2 BGB zu erteilen.

---

[246] *Lagarde*-Bericht Rn. 102 Fn. 66; NK-BGB/*Benicke* ErwSÜ Art. 15 Rn. 24.
[247] *Lagarde*-Bericht Rn. 102 Fn. 67; Staudinger/*v. Hein* EGBGB Vorb. Art. 24 Rn. 190; NK-BGB/*Benicke* ErwSÜ Art. 15 Rn. 25.
[248] NK-BGB/*Benicke* ErwSÜ Art. 15 Rn. 26.
[249] *Guttenberger* S. 159; *Füllemann* Rn. 279.
[250] NK-BGB/*Benicke* ErwSÜ Art. 15 Rn. 28.
[251] *Schaub* IPRax 2016, 257 (211).
[252] *Lagarde*-Bericht Rn. 103; *Guttenberger* S. 159f.; NK-BGB/*Benicke* ErwSÜ Art. 15 Rn. 29.

**Formulierungsbeispiel: Rechtswahl nach Art. 15 ErwSÜ** 109

Der Erschienene A erklärt:

Ich besitze nur die deutsche Staatsangehörigkeit und habe meinen gewöhnlichen Aufenthalt in Mallorca/Spanien.

Ich wähle für die von mir zu erteilende Vorsorgevollmacht gemäß Art. 15 Abs. 3 lit. a des Haager Erwachsenenschutzübereinbkommens (ErwSÜ) das deutsche Recht.

Hinweise des Notars:

1. Der Notar ist zur Belehrung über ausländisches Recht nicht verpflichtet; er hat diesbezüglich auch keine Beratungspflichten übernommen.
2. Ob die Rechtswahl in Spanien und in anderen Staaten, die dem Haager Erwachsenenschutzübereinkommen bisher nicht beigetreten sind, anerkannt wird, ist nicht gesichert.

### 4. Reichweite des Vollmachtsstatuts

Das nach Art. 15 Abs. 1 ErwSÜ objektiv bestimmte oder nach Art. 15 Abs. 2 ErwSÜ 110
wirksam gewählte Recht gilt für das Bestehen, den Umfang, die Änderung und die Beendigung einer Vorsorgevollmacht. Es regelt daher insbesondere die Zulässigkeit einer Vorsorgevollmacht[253] sowie dieVoraussetzungen ihrer wirksamen Erteilung (zB durch Vertrag oder einseitiges Rechtsgeschäft). Zur wirksamen Erteilung zählt auch die **Form der Vorsorgevollmacht,** so dass die alternative Anknüpfung der Form von Rechtsgeschäften nach nationalem Kollisionsrecht (zB nach Art. 11 Abs. 1 EGBGB) durch Art. 15 ErwSÜ verdrängt wird (dazu näher → § 7 Rn. 4ff.).[254] Das Vollmachtstatut gilt schließlich auch für den Umfang der Vollmacht, zB die Zulässigkeit der Vornahme von Schenkungen aus dem Vermögen des Vollmachtgebers oder die Zulässigkeit einer Unterbevollmächtigung.

### 5. Recht des Gebrauchsorts

Lediglich für die **Art und Weise der Ausübung** einer Vorsorgevollmacht gilt nach 111
Art. 15 Abs. 3 ErwSÜ das Recht des Gebrauchsorts der Vollmacht. Die Abgrenzung zwischen Art. 15 Abs. 1 und Abs. 3 ErwSÜ ist allerdings bisher noch nicht geklärt; dies gilt insbesondere für die Anknüpfung von **Genehmigungserfordernissen.** Da das Erfordernis einer betreuungs- oder vormundschaftsgerichtlichen Genehmigung bestimmter vom Bevollmächtigten vorzunehmender Rechtsgeschäfte den Umfang der Vorsorgevollmacht einschränkt, dürfte insoweit das nach Art. 15 Abs. 1 ErwSÜ maßgebliche Recht am gewöhnlichen Aufenthalt des Erwachsenen bzw. das wirksam von ihm nach Art. 15 Abs. 2 ErwSÜ gewählte Recht gelten.[255] Macht der Bevollmächtigte allerdings von der Vorsorgevollmacht in einem anderen Staat Gebrauch, so ist ihm zu raten, zusätzlich auch die nach dem Recht des Gebrauchsorts vorgeschriebenen Genehmigungen einzuholen.

Wird die Vorsorgevollmacht vom Bevollmächtigten nicht in einer Weise ausgeübt, die 112
den Schutz der Person oder des Vermögens des Erwachsenen ausreichend sicherstellt, kann die Vollmacht von den nach dem Übereinkommen zuständigen Behörden gemäß

[253] *Lagarde*-Bericht Rn. 98; Staudinger/*v. Hein* EGBGB Vorb. Art. 24 Rn. 244ff.; NK-BGB/*Benicke* ErwSÜ Art. 15 Rn. 13.

[254] *Guttenberger* S. 153; *Ludwig* DNotZ 2009, 251 (274ff.); *Wedemann* FamRZ 2010, 785 (787); NK-BGB/*Benicke* ErwSÜ Art. 15 Rn. 15; Staudinger/*v. Hein* EGBGB Vorb. Art. 24 Rn. 181 mwN.

[255] Str., wie hier *Lagarde*-Bericht Rn. 99, 107; *Guttenberger* IPRax 2006, 83 (86); *Ludwig* DNotZ 2009, 251 (278ff.); *Wedemann* FamRZ 2010, 785 (789); *Schaub* IPRax 2016, 207 (211); Staudinger/*v. Hein* EGBGB Vorb. Art. 24 Rn. 204ff.; MüKoBGB/*Lipp* ErwSÜ Art. 19 Rn. 47; NK-BGB/*Benicke* ErwSÜ Art. 15 Rn. 12, 33; **aA** (Anwendung von Art. 15 Abs. 3 ErwSÜ) *Guttenberger* BtPrax 2006, 83 (86); *Helms* FamRZ 2008, 1995 (2000); *Röthel/Woitge* IPRax 2010, 494 (496); Palandt/*Thorn* EGBGB Anh. Art. 24 Rn. 8.

Art. 16 ErwSÜ **aufgehoben oder geändert** werden. Hierfür ist grundsätzlich eine objektive Gefährdung der Person oder des Vermögens des Erwachsenen erforderlich.[256] Die Aufhebung bzw. Änderung der Vollmacht hat zwar grundsätzlich nach Maßgabe der *lex fori* der zuständigen Behörde zur erfolgen; diese hat allerdings nach Art. 16 S. 2 ErwSÜ auch das nach Art. 15 ErwSÜ maßgebliche Vollmachtsstatut „zu berücksichtigen"; die Einzelheiten des Zusammenspiels dieser beiden Rechte sind noch weitgehend ungeklärt.[257]

## IV. Schutz des Rechtsverkehrs

113 Gesetzliche Vorschriften oder Gerichtsentscheidungen, welche die Vertretungsmacht eines Betreuers oder eines sonstigen gesetzlichen Vertreters eines Erwachsenen einschränken, betreffen weder die Geschäftsfähigkeit des Vertretenen, noch diejenige des gesetzlichen Vertreters. Im Rechtsverkehr macht es allerdings keinen wesentlichen Unterschied, ob sich die Unwirksamkeit eines Rechtsgeschäfts aus der mangelnden Geschäftsfähigkeit einer Person ergibt, wenn diese selbst handelt, oder aus Vorschriften, die lediglich die **gesetzliche Vertretungsmacht** des für sie gerichtlich bestellten Betreuers (zB durch das Erfordernis einer betreuungsgerichtlichen Genehmigung) betreffen. Bei Abschluss eines Vertrages ist der inländische Vertragspartner in beiden Fällen mit einer unübersichtlichen kollisions- und materiellrechtlichen Situation konfrontiert, die ihren Grund letztlich in der mangelnden oder beschränkten Geschäftsfähigkeit des anderen Teils nach ausländischem Recht hat.

### 1. Rom I-VO

114 Hat sich der inländische Vertragspartner eines nicht geschäftsfähigen Erwachsenen daher bei Abschluss eines Vertrages im Inland auf die nach deutschem Recht bestehende gesetzliche Vertretungsmacht des Betreuers verlassen, die nach dem ausländischen Vertretungsstatut nicht bestand, so wird er in analoger Anwendung von Art. 13 Rom I-VO in seinem Vertrauen geschützt.[258] Er kann sich auf diese Vorschrift insbesondere dann berufen, wenn zum Vertragsschluss nach dem ausländischen Vertretungsstatut – abweichend vom deutschen Vornahmerecht – eine gerichtliche Genehmigung des Verteterhandelns erforderlich war, die nicht erteilt wurde.[259]

### 2. Haager Erwachsenenschutzübereinkommen

115 Im Geltungsbereich des Haager Erwachsenenschutzübereinkommens (→ Rn. 78, 82 ff.) hat die in **Art. 17 ErwSÜ** enthaltene Verkehrsschutzregel als *lex specialis* allerdings Vorrang vor der analogen Anwendung des Art. 13 Rom I-VO. Dies gilt nach Art. 18 des Übereinkommens auch dann, wenn als Vertretungs- oder Abschlussstatut das Recht eines Nichtvertragsstaats zur Anwendung berufen ist. Ferner ist auch ein Handeln des (Schein-)Vertreters in einem Vertragstaat nicht erforderlich.[260] Der Verkehrsschutz nach Art. 17 ErwSÜ ist – entgegen dem misssverständlichen deutschen Wortlaut der Vorschrift – auch nicht auf Rechtsgeschäfte *unter Anwesenden* im Abschlussstaat beschränkt; vielmehr genügt – wie nach Art. 19 KSÜ – auch insoweit, dass Vertreter und Dritter sich bei Abgabe ihrer

[256] *Lagarde*-Bericht Rn. 108; NK-BGB/*Benicke* ErwSÜ Art. 16 Rn. 3 ff.

[257] Vgl. dazu näher Staudinger/*v. Hein* EGBGB Vorb. Art. 24 Rn. 213; NK-BGB/*Benicke* ErwSÜ Art. 16 Rn. 7 f.

[258] *G. Fischer* S. 191 ff.; *Kropholler* IPR § 42 I 3 d; *Schotten/Schmellenkamp* IPR Rn. 107; MüKoBGB/*Spellenberg* Rom I-VO Art. 13 Rn. 40 ff.; Staudinger/*Hausmann* Rom I-VO Art. 13 Rn. 26 f. Für unmittelbare Anwendung Palandt/*Thorn* Rom I-VO Art. 13 Rn. 5.

[259] OLG Düsseldorf NJW 1951, 966; Staudinger/*Hausmann* Rom I-VO Art. 13 Rn. 27.

[260] *Guttenberger* S. 181; *Wedemann* FamRZ 2010, 785 (790); *Schaub* IPRax 2016, 207 (212); Staudinger/*v. Hein* EGBGB Vorb. Art. 24 Rn. 216 ff.; **aA** *Siehr* RabelsZ 64 (2000), 715 (741 ff.); *Ludwig* DNotZ 2009, 251(283).

Willenserklärungen im gleichen Staat befunden haben.[261] Auf der anderen Seite greift Art. 17 ErwSÜ in sachlicher Hinsicht weit über Art. 13 Rom I-VO hinaus, weil der Verkehrsschutz für **alle Arten von Rechtsgeschäften** gilt, also auch für solche des Familien- und Erbrechts, sowie für Verfügungen über im Ausland belegene Grundstücke.[262] Im Übrigen gilt zur Auslegung von Art. 17 ErwSÜ, insbesondere zu den Anforderungen an die Gutgläubigkeit des Dritten, das zu Art. 19 KSÜ Gesagte (→ Rn. 63ff.) entsprechend.

## V. Anerkennung und Vollstreckung von Schutzmaßnahmen

### 1. Haager Erwachsenenschutzübereinkommen

Die von den Behörden eines Vertragsstaats getroffenen Maßnahmen sind nach Art. 22 Abs. 1 ErwSÜ kraft Gesetzes in allen anderen Vertragsstaaten **automatisch anzuerkennen,** ohne dass es hierfür eines besonderen Verfahrens bedürfte. Dies gilt insbesondere für die gesetzliche Vertretungsmacht eines Vormunds, Pflegers oder Betreuers, der somit im Anerkennungsstaat die gleichen Befugnisse wie im Anordnungsstaat hat.[263] Die Anerkennung kann nach Art. 22 Abs. 2 ErwSÜ nur in folgenden Fällen **versagt** werden:[264] 116

- wenn die Maßnahme von einer Behörde getroffen wurde, die nicht aufgrund oder in Übereinstimmung mit Kapitel II zuständig war (lit. a);[265]
- wenn die Maßnahme, außer in dringenden Fällen, im Rahmen eines Gerichts- oder Verwaltungsverfahrens getroffen wurde, ohne dass dem Erwachsenen die Möglichkeit eingeräumt worden war, gehört zu werden, und dadurch gegen wesentliche Verfahrensgrundsätze des ersuchten Staates verstoßen wurde (lit. b);
- wenn die Anerkennung der öffentlichen Ordnung *(ordre public)* des ersuchten Staates offensichtlich widerspricht, oder ihr eine Bestimmung des Rechts dieses Staates entgegensteht, die unabhängig vom sonst maßgebenden Recht zwingend ist (lit. c);
- wenn die Maßnahme mit einer später in einem Nichtvertragsstaat, der nach Art. 5 bis 9 ErwSÜ zuständig gewesen wäre, getroffenen Maßnahme unvereinbar ist, sofern die spätere Maßnahme die für ihre Anerkennung im ersuchten Staat erforderlichen Voraussetzungen erfüllt (lit. d);
- wenn das Verfahren nach Art. 33 ErwSÜ nicht eingehalten wurde (lit. e).[266]

Auch wenn in Deutschland **Entmündigungen** nicht mehr ausgesprochen werden, so schließt dies nicht aus, eine im Ausland angeordnete Entmündigung auch mit Wirkung für das Inland anzuerkennen.[267] Den in einem Vertragsstaat des ErwSÜ ergangenen Entscheidungen über die Entmündigung eines Erwachsenen kann die Anerkennung nur unter den vorgenannten Voraussetzungen des Art. 22 Abs. 2 ErwSÜ versagt werden. Da das Rechtsinstitut der Entmündigung indes in allen Vertragsstaaten dieses Übereinkommens mittlerweile beseitigt und durch weniger stark in das Persönlichkeitsrecht des Betroffenen eingreifende Maßnahmen ersetzt worden ist, stellt sich das Problem iRd Übereinkommens nicht mehr. 117

[261] *Guttenberger* S. 181; *Ludwig* DNotZ 2009, 251 (283); *Schaub* IPRax 2016, 207 (212); MüKoBGB/*Lipp* ErwSÜ Art. 17 Rn. 10.

[262] *Siehr* RabelsZ 64 (2000), 715 (741ff.); Staudinger/*v. Hein* EGBGB Vorb. Art. 24 Rn. 220; MüKoBGB/*Lipp* ErwSÜ Art. 17 Rn. 9.

[263] *Lagarde*-Bericht Rn. 116; *Guttenberger* S. 199; *Helms* FamRZ 2008, 1995 (2000); Staudinger/*v. Hein* EGBGB Vorb. Art. 24 Rn. 242.

[264] Zu den Versagungsgründen nach Art. 22 Abs. 2 ErwSÜ näher Staudinger/*v. Hein* EGBGB Vorb. Art. 24 Rn. 244ff. mwN.

[265] Bei der Überprüfung der Zuständigkeit sind die Behörden des Anerkennungsstaats gemäß Art. 24 ErwSÜ an die Tatsachenfeststellungen der anordnenden Behörde gebunden.

[266] Art. 33 ErwSÜ regelt das Konsultationsverfahren bei der Unterbringung des Erwachsenen in einem anderen Vertragsstaat.

[267] *V. Bar* IPR II Rn. 48; *Kropholler* IPR § 42 II; Palandt/*Thorn* EGBGB Art. 7 Rn. 9; Staudinger/*v. Hein* EGBGB Art. 24 Rn. 133; **aA** (Verstoß gegen den deutschen *ordre public*) *Nitzinger* S. 44ff.; Erman/*Hohloch* EGBGB Art. 8 Rn. 2.

118 Erfordern die in einem Vertragsstaat getroffenen und dort vollstreckbaren Maßnahmen in einem anderen Vertragsstaat **Vollstreckungshandlungen,** so werden sie in diesem anderen Staat nach Art. 25 Abs. 1 ErwSÜ auf Antrag jeder betroffenen Partei nach dem im Recht dieses Staates vorgesehenen Verfahren für vollstreckbar erklärt. Die Vollstreckbarerklärung darf nur aus den zuvor genannten Gründen des Art. 22 Abs. 2 ErwSÜ versagt werden. Eine Nachprüfung der getroffenen Maßnahme in der Sache ist nach Art. 26 ErwSÜ in jedem Fall verboten.

### 2. Deutsches autonomes Verfahrensrecht

119 Die Anerkennung von ausländischen Schutzmaßnahmen für Erwachsene, die nicht in einem Vertragsstaat des Haager ErwSÜ getroffen worden sind, richtet sich seit dem 1.9.2009 nach **§§ 108, 109 FamFG.** Dies gilt auch für die Anerkennung ausländischer Entmündigungen, weil es sich bei der Entmündigung der Sache nach um einen Akt der freiwilligen Gerichtsbarkeit handelt und das ihr funktional entsprechende Rechtsinstitut der Betreuung dementsprechend auch in §§ 271 ff. FamFG geregelt ist.[268] Insoweit kommt es auch nicht darauf an, ob die ausländische Entscheidung durch Urteil oder durch Beschluss ergangen ist, weil § 328 Abs. 1 Nr. 5 ZPO auf Entscheidungen der freiwilligen Gerichtsbarkeit nicht passt.[269] Die internationale Anerkennungszuständigkeit iSv § 109 Abs. 1 Nr. 1 FamFG ist im Wege der spiegelbildlichen Anwendung der Zuständigkeitsvorschriften für die Betreuung (§ 104 FamFG) festzustellen.[270] Die Anerkennung der Auslandsentmündigung eines Deutschen kann jedoch – wie auch sonstige Schutzmaßnahmen ausländischer Behörden für deutsche Erwachsene – im Inland nur mit den Wirkungen einer Betreuung deutschen Rechts in deren weitestreichendem Umfang (dh einschließlich eines angeordneten Einwilligungsvorbehalts nach § 1903 BGB) anerkannt werden; eine darüber hinausgehende Entziehung der Geschäftsfähigkeit verletzt hingegen den deutschen *ordre public.*[271] Der inländische Rechtsverkehr wird darüber hinaus gegenüber unbekannten Entmündigungsgründen des ausländischen Rechts nach Maßgabe von Art. 13 S. 1 Rom I-VO bzw. Art. 12 S. 1 EGBGB geschützt.[272]

[268] Palandt/*Thorn* EGBGB Art. 7 Rn. 9; Zöller/*Geimer* ZPO § 328 Rn. 90; Staudinger/*v. Hein* EGBGB Art. 24 Rn. 133; MüKoBGB/*Lipp* EGBGB Art. 8 Rn. 5; ebenso schon zu § 16a FGG *Kropholler* IPR § 42 II; *Oelkers* S. 268 ff.; *Nitzinger* S. 129 ff., jeweils mwN.

[269] NK-BGB/*Schulze* EGBGB Art. 7 Rn. 27; Staudinger/*v. Hein* EGBGB Art. 24 Rn. 133; *Martiny* HdB IZVR III/1 Rn. 511 ff. mwN.

[270] Staudinger/*v. Hein* EGBGB Art. 24 Rn. 133; ebenso schon zu § 16a Nr. 1 FGG *v. Hoffmann/Thorn* IPR § 7 Rn. 11a; *Oelkers* S. 278 ff.

[271] Palandt/*Thorn* EGBGB Art. 7 Rn. 9; Staudinger/*Hausmann* EGBGB Art. 7 Rn. 162; BeckOK BGB/*Heiderhoff* EGBGB Art. 24 Rn. 41; Staudinger/*v. Hein* EGBGB Art. 24 Rn. 133. Vgl. idS schon zum bisherigen autonomen Anerkennungsrecht (§ 16a Nr. 4 FGG) *v. Bar* IPR II Rn. 48; *Kropholler* IPR § 42 II; *Oelkers* S. 297 ff., 318; *Schotten/Schmellenkamp* IPR Rn. 57; **aA** (Einzelfallprüfung) BeckOK BGB/*Mäsch* EGBGB Art. 7 Rn. 52; MüKoBGB/*Lipp* EGBGB Art. 8 Rn. 9.

[272] *Oelkers* S. 318 f.; Staudinger/*Hausmann* EGBGB Art. 7 Rn. 164 und EGBGB Art. 12 Rn. 93.

# § 6. Rechtsgeschäftliche Vertretung

## Übersicht



**Schrifttum:**


*Ackmann,* Zur Geltung des „Wirkungsstatuts" im Fall des Handelns eines Vertreters von seiner ausländischen Niederlassung aus, IPRax 1991, 220; *Bach,* Zurück in die Zukunft – die dogmatische Einordnung der Rechtsscheinvollmacht im gemeineuropäischen IPR, IPRax 2011, 116; *Behnen,* Die Haftung des falsus procurator im IPR – nach Geltung der Rom I- und Rom-II-Verordnungen, IPRax 2011, 221; *von Caemmerer,* Die Vollmacht für schuldrechtliche Rechtsgeschäfte im deutschen IPR, RabelsZ 24 (1959), 201; *Claßen,* Rechtswahl im internationalen Stellvertretungsrecht, 1998; *Dorsel,* Stellvertretung und IPR, MittRhein-NotK 1997, 6; *Fischer,* Anscheinsvollmacht, Vollmachtsstatut und Rechtswahl, IPRax 2005, 269; *ders.,* Rechtsscheinhaftung im IPR, IPRax 1989, 215; *ders.,* Verkehrsschutz im internationalen Vertragsrecht, 1990; *Gebauer,* Stellvertretung, in: Leible/Unberath, Brauchen wir eine Rom 0-Verordnung, 2013, 325; *Hausmann,* Vollmacht, in: Reithmann/Martiny, IVR, 8. Aufl. 2015, Rn. 7.361 ff.; *Heinz,* Das Vollmachtsstatut, 2011; *Kleinschmidt,* Stellvertretung, IPR und ein optionales Instrument für ein europäisches Vertragsrecht, RabelsZ 75 (2011), 497; *Klinke,* Bemerkungen zum Statut der Vollmacht, RIW 1978, 642; *Kropholler,* Die Anscheinshaftung im internationalen Recht der Stellvertretung, NJW 1965, 1641; *Kurzynsky-Singer,* Anknüpfung und Reichweite des Vollmachtstatuts, 2005; *Lardeuex,* La loi applicable à la représentation conventionelle, Rev. crit. d.i.p. 2014, 513; *Ludwig,* Zur Form der ausländischen Vollmacht für inländische Gegenstände, insbesondere Liegenschaften, NJW 1983, 495; *Lurger,* Vollmacht und Verbraucherschutz im österreichischen IPR, IPRax 1996, 54 und 421; *Mäsch,* Ein Vollmachtsstatut für Europa, Liber amicorum Schurig, 2012, 147; *Müller-Freienfels/Makarov/Ficker/Zweigert/Braga/Peterson,* in: Berichte über das Statut der Vollmacht, RabelsZ 24 (1959), 326; *Niemann,* Die rechtsgeschäftliche und organschaftliche Stellvertretung und deren kollisionsrechtliche Einordnung, 2004; *Rabel,* Vertretungsmacht für obligatorische Rechtsgeschäfte, RabelsZ 3 (1929), 807; *Ruthig,* Vollmacht und Rechtsschein im IPR, 1996; *Rueda Valdivia,* La representación voluntaria en la contratación internacional, 1998; *Schäfer,* Das Vollmachtsstatut im deutschen IPR – einige neuere Ansätze in kritischer Würdigung, RIW 1996, 189; *Seibold/Groner,* Die Vollmacht in internationalen M&A- und Finanzierungstransaktionen, NZG 2009,126; *Schwarz,* Das Internationale Stellvertretungsrecht im Spiegel nationaler und supranationaler Kodifikationen, RabelsZ 71 (2007), 729; *Spellenberg,* Geschäftsstatut und Vollmacht im IPR, 1979; *ders.*, Atypischer Grundstücksvertrag, Teilrechtswahl und nicht ausgeübte Vollmacht, IPRax 1990, 295; *Starace,* La procura nel diritto internazionale privato, Riv.dir.int.priv.proc. 1996, 421; *Steding,* Die Anknüpfung der Vollmacht im IPR, ZvglRW 86 (1987), 25; *Süß,* Nachlassabwicklung im Ausland mittels postmortaler Vollmachten, ZEV 2008, 69.

## A. Rechtsquellen

### I. EU-Recht

1 Eine Vereinheitlichung des internationalen Privatrechts der rechtsgeschäftlichen Vertretung auf EU-Ebene steht noch aus. Die Rom I-VO schließt in ihrem Art. 1 Abs. 2 lit. g „die Frage, ob ein Vertreter die Person, für deren Rechnung er zu handeln vorgibt, Dritten gegenüber verpflichten kann“, ausdrücklich aus ihrem sachlichen Anwendungsbereich aus. Der Aussschluss ist umfassend und gilt auch für die Anscheins- und Duldungsvollmacht.[1] Damit weicht die Verordnung deutlich vom Vorschlag der EG-Kommission vom 15.12.2005[2] ab. In Erwägungsgrund 12 dieses Vorschlags hatte sich die Kommission noch für die Einführung einer umfassenden Kollisionsnorm ausgesprochen, die auf alle drei aus einem Vertretervertrag entstandenen Rechtsverhältnisse zwischen Vertretenem, Vertreter und Drittem Anwendung finden sollte. Dementsprechend enthielt der Verordnungsvorschlag in seinem Art. 7 Abs. 2 und Abs. 3 folgende Kollisionsnormen für die rechtsgeschäftliche Stellvertretung:

#### Art. 7 Rom I-VO-E 2005. Vertreterverträge

(1) (…)

(2) Für das Verhältnis zwischen dem Vertretenen und dem Dritten, das dadurch entstanden ist, dass der Vertreter in Ausübung seiner Vertretungsmacht, über seine Vertretungsmacht hinaus oder ohne Vertretungsmacht gehandelt hat, ist das Recht am Ort des gewöhnlichen Aufenthalts des Vertreters zum Zeitpunkt seines Handelns maßgebend. Es gilt jedoch das Recht des Staates, in dem der Vertreter gehandelt hat, wenn entweder der Vertretene, in dessen Namen der Vertreter gehandelt hat, oder der Dritte seinen gewöhnlichen Aufenthalt in diesem Staat hat, oder wenn der Vertreter dort an der Börse tätig war oder an einer Versteigerung teilgenommen hat.

(3) Ist das auf das in Absatz 2 geregelte Verhältnis anzuwendende Recht von Seiten des Vertretenen oder des Dritten schriftlich bestimmt und von der anderen Partei ausdrücklich anerkannt worden, ist für dieses Verhältnis abweichend von Absatz 2 das so bestimmte Recht maßgebend.

(4) Das nach Absatz 2 bestimmte Recht ist auch für das Verhältnis zwischen Vertreter und Drittem maßgebend, das dadurch entstanden ist, dass der Vertreter in Ausübung seiner Vertretungsmacht, über seine Vertretungsmacht hinaus oder ohne Vertretungsmacht gehandelt hat.

[1] OLG Düsseldorf IPRspr. 2003 Nr. 25; *Fischer* IPRax 2005, 269 (270).
[2] KOM(2005) 650 endg.

Dieser Vorschlag ist auf Kritik gestoßen, weil er in Art. 7 Abs. 2 nicht hinreichend deutlich zwischen dem Rechtsverhältnis Prinzipal-Dritter und der Anknüpfung der Vollmacht unterschied.[3] Auch die Primäranknüpfung an den gewöhnlichen Aufenthalt des Vertreters überzeugte nicht, weil der Schwerpunkt des Rechtsverhältnisses am Gebrauchsort der Vollmacht liegt.[4] Wegen des Widerstands mehrerer Mitgliedstaaten gegen die vorgeschlagenen Lösungen hat der europäische Gesetzgeber in der Endfassung der Rom I-VO auf eine Regelung des Vollmachtsstatuts verzichtet. 2

### II. Staatsverträge

Das **Haager Übereinkommen von 1978** über das auf auf Vertreterverträge und die Stellvertretung anzuwendende Recht[5] ist am 1.5.1992 für *Argentinien, Frankreich* und *Portugal* in Kraft getreten und gilt inzwischen ferner für die *Niederlande.* Es vereinheitlicht – als *„loi uniforme"* (Art. 4) – das Kollisionsrecht sowohl auf dem Gebiet der vertraglichen Beziehungen zwischen dem Vertretenen und dem Vertreter (Art. 5 bis 10) als auch auf dem Gebiet der zwischen dem Vertretenen und dem Dritten durch das Vertreterhandeln begründeten Rechtsbeziehungen (Art. 11 bis 15).[6] Die *Bundesrepublik Deutschland* hat das Übereinkommen nicht ratifiziert. 3

### III. Autonomes Recht

Das IPR der Vollmacht wird daher in Deutschland weiterhin durch nationales Recht bestimmt. Da es insoweit im EGBGB an einer kodifizierten Kollisionsnorm fehlt, sind die in Rechtsprechung und Lehre entwickelten Grundsätze zur Anknüpfung der rechtsgeschäftlichen Vertretungsmacht maßgebend.[7] Sie gelten auch iRv internationalen Warenkaufverträgen, die dem UN-Kaufrecht unterliegen, weil dieses die rechtsgeschäftliche Vertretungsmacht nicht regelt.[8] Unlängst hat der deutsche Rat für IPR einen Vorschlag zur Kodifikation des des internationalen Stellvertretungsrechts vorgelegt.[9] 4

## B. Objektive Anknüpfung der Vollmacht

### I. Sonderanknüpfung

Die Vollmacht ist im Verhältnis des Vertretenen zur dritten Partei, der gegenüber der Vertreter das Rechtsgeschäft vornimmt, grundsätzlich[10] gesondert anzuknüpfen. Maßgebend ist also nicht das Recht, dem das von dem Bevollmächtigten mit dem Dritten abgeschlossene bzw. abzuschließende Rechtsgeschäft unterliegt, sondern ein **eigenes Vollmachtsstatut.**[11] Zwar wird in der Literatur zT auch heute noch für eine einheitliche Anknüp- 5

[3] *Mankowski* IPRax 2006, 101 (108ff.). Vgl. auch Ferrari/Leible/*Spellenberg*, Eine neues internationales Vertragsrecht für Europa, S. 151ff.

[4] *Schwarz* RabelsZ 71 (2007), 729 (752ff.).

[5] Englischer und französicher Text: RabelsZ 43 (1979), 176ff.; ferner http://www.hcch.net.

[6] Vgl. dazu Reithmann/Martiny/*Hausmann* IVR Rn. 7.448ff.

[7] Palandt/*Thorn* EGBGB Anh. Art. 10 Rn. 1; MüKoBGB/*Spellenberg* EGBGB Vorb. Art. 11 Rn. 79; Soergel/*Lüderitz* EGBGB Anh. Art. 10 Rn. 93.

[8] Vgl. AG Alsfeld NJW-RR 1996, 120.

[9] Vgl. dazu *v. Hein* IPRax 2015, 578ff.

[10] Zu Ausnahmen → Rn. 31f.

[11] BGH DB 1958, 363 und 1010; BGHZ 43, 21 (26) = NJW 1965, 487; BGH NJW 1982, 2733 mAnm *Stoll* IPRax 1983, 52; 1990, 3088 mAnm *Ackmann* IPRax 1991, 220 = EWiR 1990, 1087 mAnm *Reithmann*; 2004, 1315 (1316); OLG München NJW-RR 1989, 663 mAnm *Spellenberg* IPRax 1990, 295; *v. Caemmerer* RabelsZ 24 (1959), 201 (203ff.); *Kegel/Schurig* IPR § 17 V 2 a; *v. Bar* IPR II Rn. 586; Erman/*Hohloch* EGBGB Anh. I Art. 12 Rn. 3; Palandt/*Thorn* EGBGB Anh. Art. 10 Rn. 1; Staudinger/*Magnus* Rom I-VO Anh. II Art. 1 Rn. 10; *Schwarz* RabelsZ 71 (2007), 729 (744ff.) mwN.

fung von Vertretergeschäft und Vollmacht plädiert.[12] Zur Begründung wird darauf verwiesen, dass auf diese Weise die zT schwierigen Abgrenzungsprobleme zwischen Geschäfts- und Vollmachtsstatut (dazu → Rn. 50ff., 77ff.) vermieden würden und das Bedürfnis entfiele, neben dem Geschäftsstatut des Hauptvertrages und dem Statut des der Vollmacht zugrundeliegenden Geschäfts uU ein drittes Recht zu ermitteln.[13] Damit würden jedoch einerseits die Interessen des Vollmachtgebers nicht genügend berücksichtigt, der dann auf die Bestimmung des Rechts, das die Voraussetzungen und Wirkungen einer gültigen Vollmachtserteilung regelt, keinen Einfluss hätte;[14] andererseits muss auch der Vertreter davor geschützt werden, dass Prinzipal und Drittkontrahent durch eine für den Hauptvertrag getroffene Rechtswahl eine für den Vertreter nicht vorhersehbare Haftung als *falsus procurator* begründen. Außerdem hätten die an den Vertragsverhandlungen Beteiligten vor dem Abschluss des Hauptvertrages keine Möglichkeit, den Bestand und die Reichweite der Vertretungsbefugnisse zu überprüfen.[15]

6 Gerechtfertigt ist diese Sonderanknüpfung auch deshalb, weil die Bevollmächtigung als eigenständiges Rechtsgeschäft in ihren Voraussetzungen und Wirkungen **vom Vertretergeschäft unabhängig** ist. Diese Wertung des deutschen materiellen Rechts ist auch iRd kollisionsrechtlichen Anknüpfung Rechnung zu tragen, weil beide Rechtsgeschäfte ganz unterschiedliche räumliche Schwerpunkte haben können.[16] So mag der Schwerpunkt des Hauptgeschäfts am Sitz oder gewöhnlichen Aufenthaltsort des Verkäufers liegen, weil dieser die für den Vertrag charakteristische Leistung erbringt (Art. 4 Abs. 1 lit. a Rom I-VO), für die Vollmacht hingegen am Sitz des Käufers, weil der Vertrag durch den Bevollmächtigten des Verkäufers dort ausgehandelt und abgeschlossen wurde. Für die rechtsgeschäftliche Vertretung kann insoweit nichts anderes gelten als für die organschaftliche und die sonstige gesetzliche Vertretung, die ebenfalls unabhängig vom Vertretergeschäft angeknüpft werden (→ § 19 Rn. 16ff. und → § 5 Rn. 16ff.). Diese Sonderanknüpfung der Vollmacht wird auch durch Art. 1 Abs. 2 lit. g Rom I-VO bestätigt, wonach die Kollisionsnormen der Verordnung zur Anknüpfung internationaler Schuldverträge gerade nicht auf die Frage anzuwenden sind, ob ein Vertreter die Person, für deren Rechnung er zu handeln vorgibt, Dritten gegenüber verpflichten kann. Aus diesem Grunde wird die Vollmacht auch im Haager Stellvertretungsübereinkommen von 1978 (Art. 11 HStÜ; → Rn. 3) sowie in den meisten europäischen IPR-Kodifikationen gesondert angeknüpft.[17]

7 Auf der anderen Seite wird das Vollmachtsstatut aber auch nicht durch das der Vollmachtserteilung zugrunde liegende Rechtsverhältnis, das **Grund- oder Innenverhältnis** (zB Handelsvertretervertrag, Auftrag, Geschäftsbesorgung uÄ) bestimmt. Ebenso wie im deutschen Sachrecht muss auch im deutschen IPR zwischen Innen- und Außenverhältnis deutlich unterschieden werden, auch wenn das auf die Vollmacht anwendbare ausländische Sachrecht diese Trennung nicht vornimmt.[18] Dies erfordert vor allem der gebotene Schutz des Drittkontrahenten, der das Bestehen und den Umfang der Vollmacht zuverlässig feststellen können muss; dies wäre bei einer akzessorischen Anknüpfung der Vollmacht

[12] *Spellenberg* S. 225ff.; MüKoBGB/*Spellenberg* EGBGB Vorb. Art. 11 Rn. 81, 98ff.; ebenso zuletzt wieder *Kleinschmidt* RabelsZ 75 (2011), 497 (512ff.).

[13] *Spellenberg* S. 125ff.

[14] *Steding* ZvglRW 86 (1987), 25 (44ff.); *Schäfer* RIW 1996, 189 (190); *Ruthig* S. 32; *Schwarz* RabelsZ 71 (2007), 729 (743); NK-BGB/*Doehner* EGBGB Anh. Art. 11 Rn. 1.

[15] *Schwarz* RabelsZ 71 (2007), 729 (744).

[16] Vgl. *Kropholler* IPR § 41 I 1 b; *Steding* ZvglRW 86 (1987), 25 (44); *Schäfer* RIW 1996, 189 (190); Staudinger/*Magnus* Rom I-VO Anh. II Art. 1 Rn. 11; *Schotten/Schmellenkamp* IPR Rn. 89; Reithmann/Martiny/*Hausmann* IVR Rn. 7.368.

[17] So zB in den EU-Mitgliedstaaten *Belgien, Bulgarien, Estland, Italien, Liechtenstein, Litauen,* den *Niederlanden, Österreich, Portugal, Rumänien* und *Spanien* sowie in der *Schweiz*; vgl. dazu *Schwarz* RabelsZ 71 (2007), 729 (744ff.) mwN.

[18] MüKoBGB/*Spellenberg* EGBGB Vorb. Art. 11 Rn. 81; Reithmann/Martiny/*Hausmann* IVR Rn. 7.369; **aA** aber zuletzt *Mäsch* FS Schurig, 2012, 147ff.; BeckOK BGB/*Mäsch* EGBGB Art. 10 Rn. 78.

an das ihr zugrunde liegende Auftragsverhältnis zwischen Vertreter und Vollmachtgebe nicht gewährleistet.[19] Demgemäß entscheidet das Vollmachtsstatut – und nicht das St des Innenverhältnisses – auch darüber, ob und in welchem Umfang aus einer bestimmten Stellung des Vertreters im Innenverhältnis zum Vertretenen (zB aus einem Anstellungsvertrag, vgl. § 56 HGB) die Vermutung einer Bevollmächtigung im Außenverhältnis folgt.[20]

## II. Grundsatz: Maßgeblichkeit des Wirkungslandes

Die Vollmacht unterliegt grundsätzlich dem Recht des Landes, in dem der Vertreter von ihr mit Willen des Vollmachtgebers tatsächlich Gebrauch macht und in dem sie deshalb ihre Wirkung entfaltet.[21] Wird die Vollmacht daher zum Gebrauch in einem bestimmten Land erteilt und dort auch tatsächlich verwendet, so gilt das Recht dieses Landes.[22] Auf das Recht des realen Gebrauchsorts wird – in Ermangelung einer Rechtswahl und vorbehaltlich von Sonderanknüpfungen (→ Rn. 14ff.) – auch im IPR zahlreicher ausländischer Staaten abgestellt, zB in *Österreich* (§ 49 Abs. 2 IPRG 1972), der *Schweiz* (Art. 126 Abs. 2 IPRG 1987), *Italien* (Art. 60 Abs. 1 S. 2 IPRG 1995) und *Spanien* (Art. 10 Abs. 11 Hs. 2 CC idF von 1981). Gleiches gilt für das *französische, niederländische* und *portugiesische* Recht aufgrund des dort geltenden Haager Stellvertretungsübereinkommens von 1978.[23] 8

Die Anwendung des Rechts am realen Gebrauchsort schützt vor allem den **Drittkontrahenten.** Sein Interesse, sich bei der Prüfung der Wirksamkeit und des Umfangs der Vollmacht idR an das ihm vertraute materielle Vertretungsrecht halten zu können,[24] überwiegt daher das Interesse des Vollmachtgebers, der das Risiko der Stellvertretung eingegangen ist und der durch die Einschaltung des Vertreters seinen geschäftlichen Wirkungskreis gewinnbringend erweitert.[25] Dies muss zumindest dann gelten, wenn der Vertreter von der Vollmacht im Niederlassungsstaat des Drittkontrahenten Gebrauch macht. Aber auch Geschäftsherr und Vertreter werden durch diese Anknüpfung nicht unangemessen benachteiligt, da beide sich auf das Recht des Wirkungslandes einstellen und sich über die dort geltenden Vertretungsregeln informieren können. Die Anwendung dieses Rechts führt daher zu einem gerechten Ausgleich der Rechtsanwendungsinteressen aller drei Beteiligten.[26] 9

### 1. Bestimmung des Gebrauchsorts

Gebrauchsort ist bei Vertragsschluss unter Anwesenden das an diesem Ort geltende Recht. Wird der Vertrag unter Abwesenden geschlossen, so ist der Ort maßgeblich, an dem der Vertreter die Erklärung abgibt oder entgegennimmt. Dies ist bei brieflichen oder telefonischen Erklärungen der Ort, von dem aus der Vertreter schreibt oder telefoniert, bei Ver- 10

[19] Zutr. *v. Bar* IPR II Rn. 587; *Schwarz* RabelsZ 71 (2007), 729 (742) mwN.

[20] BeckOK BGB/*Mäsch* EGBGB Art. 10 Rn. 97; MüKoBGB/*Spellenberg* EGBGB Vorb. Art. 11 Rn. 59.

[21] BGHZ 43, 21 (26) = NJW 1965, 487.

[22] BGHZ 64, 183 (192ff.) = NJW 1975, 1220; BGH NJW 1982, 2733; 1990, 3088 mAnm *Ackmann* IPRax 1991, 220; DNotZ 1994, 485; BGHZ 128, 41 (47) = DtZ 1995, 250; BGH NJW 2004, 1315 (1316); BayObLGZ 1987, 363 = NJW-RR 1988, 873; OLG Düsseldorf IPRspr. 2003 Nr. 25; OLG Hamm IPRspr. 2004 Nr. 18; LG Köln IPRspr. 2000 Nr. 16; LG Karlsruhe RIW 2002, 153 (155); zust. die hL, vgl. *v. Bar* IPR II Rn. 585ff.; *Kropholler* IPR § 41 I 2; Staudinger/*Magnus* Rom I-VO Anh. II Art. 1 Rn. 13; Palandt/*Thorn* EGBGB Anh. Art. 10 Rn. 1; Erman/*Hohloch* EGBGB Anh. I Art. 12 Rn. 4; *Heinz* S. 16ff. mwN. Zum Auseinanderfallen von intendiertem und tatsächlichem Gebrauchsort → Rn. 12.

[23] Weitere rechtsvergleichende Hinweise zur Gebrauchsortanknüpfung bei *Schwarz* RabelsZ 71 (2007), 729 (756ff.).

[24] OLG Düsseldorf IPRax 1996, 423 (425).

[25] *Steding* ZvglRW 86 (1987), 25 (45); *G. Fischer* S. 284ff.; Reithmann/Martiny/*Hausmann* IVR Rn. 7.372. Schon das Reichsgericht (SA 83 Nr. 153) hielt es für „äußerst zweckwidrig …, wenn die Personen, mit denen der Bevollmächtigte im Inland Geschäfte macht, davon ausgehen müssten, dass sich der Umfang seiner Vollmacht nach einem ihnen fremden und nicht nach inländischem Recht richtet".

[26] *v. Bar* IPR II Rn. 592; Erman/*Hohloch* EGBGB Anh. I Art. 12 Rn. 4; *Schwarz* RabelsZ 71 (2007), 729 (757).

wendung von Telefax oder E-Mail der Absendeort.[27] Hingegen kommt es nicht darauf an, wo die Erklärung zugeht oder wo die Vollmacht nachgewiesen wird. Eine für **Internet-Geschäfte** erteilte Vollmacht unterliegt dem Recht des Staates, in dem die Willenserklärung vom Vertreter in das Netz eingegeben wird.[28] Bei der Bezahlung durch einen Vertreter mittels **Scheck** wird die Vollmacht nicht nach dem Recht des Staates beurteilt, in dem der Scheck ausgestellt wurde, sondern nach dem Recht des Staates, in dem er zur Zahlung vorgelegt wird.[29] Nur die Vollmacht des bloßen Empfangsvertreters beurteilt sich nach dem Recht am Empfangsort.[30]

11 Wird die Vollmacht zum Gebrauch **in mehreren Ländern** erteilt, so wird sie in jedem dieser Länder nach dortigem Recht beurteilt.[31] Dies gilt zB für eine Vollmacht zur gerichtlichen Durchsetzung von Ansprüchen vor den Gerichten verschiedener Länder oder für eine Generalvollmacht zur Verwaltung eines in mehreren Ländern belegenen Vermögens, sofern der Vertreter nicht für den jeweiligen Dritten erkennbar von einer bestimmten Niederlassung oder einem ähnlichen Mittelpunkt seiner Tätigkeit aus handelt (→ Rn. 15 ff.). Handelt der Vertreter hingegen in derselben Angelegenheit in mehreren Ländern, weil er zB den Vertrag in seinem Wohnsitzstaat vorbereitet bzw. verhandelt und anschließend im Sitzstaat des Drittkontrahenten abschließt, so kommt es auf den Schwerpunkt seiner Vertretungstätigkeit an.[32]

12 Den **Schutzinteressen des Vollmachtgebers** trägt die Rechtsprechung zT dadurch Rechnung, dass sie die Vollmacht nicht nach dem Recht des Staates beurteilt, in dem von ihr tatsächlich Gebrauch gemacht wird, sondern stattdessen das Recht des Landes zugrundelegt, in dem sie nach dem Willen des Vollmachtgebers ihre Wirkung entfalten *soll*.[33] Dem kann man zuzustimmen, wenn dem Drittkontrahenten bekannt oder nur infolge von Fahrlässigkeit unbekannt war, dass der Vertreter nach dem Willen des Prinzipals von seiner Vollmacht in einem ganz bestimmten anderen Land Gebrauch machen sollte (Rechtsgedanke des Art. 13 Rom I-VO).[34] Ist der Geschäftspartner hingegen gutgläubig, so sollte es aus Gründen des Verkehrsschutzes bei der Maßgeblichkeit des tatsächlichen Gebrauchsorts verbleiben[35]. Kann ein tatsächlicher Gebrauchsort nicht festgestellt werden, weil von der Vollmacht noch kein Gebrauch gemacht wurde, so kann hingegen nur auf den Ort abgestellt werden, an dem von ihr nach dem Willen des Vollmachtgebers Gebrauch gemacht werden soll.[36] Eine darüber hinausgehende Berücksichtigung des Aufenthalts- oder Sitzrecht des Vollmachtgebers[37] widerspricht dem Schutzbedürfnis des Dritt-

[27] OLG Saarbrücken IPRspr. 1968/69 Nr. 19a (Vertragsschluss per Telefon); OLG Frankfurt a.M. AWD 1969, 415; LG Karlsruhe RIW 2002, 153 (155) (Vertragsschluss per Brief); *v. Caemmerer* RabelsZ 24 (1959), 201 (207); *Ferid* IPR Rn. 5–153; *v. Bar* IPR II Rn. 589; *Kropholler* IPR § 41 I 2 a; Erman *Hohloch* EGBGB Anh. I Art. 12 Rn. 7; BeckOK BGB/*Mäsch* EGBGB Art. 10 Rn. 107; krit. wegen der schwierigen Bestimmung des Erklärungsorts bei Verwendung moderner Kommunikationsmittel *Heinz* S. 160 ff.

[28] Staudinger/*Magnus* Rom I-VO Anh. II Art. 1 Rn. 21.

[29] BGH NJW 2004, 1315 (1316).

[30] MüKoBGB/*Spellenberg* EGBGB Vorb. Art. 11 Rn. 131.

[31] BGH WM 1958, 557 (559); *v. Caemmerer* RabelsZ 24 (1959), 201 (207); *Schotten/Schmellenkamp* IPR Rn. 90; BeckOK BGB/*Mäsch* EGBGB Art. 10 Rn. 108.

[32] Vgl. OLG Köln IPRspr. 1966/67 Nr. 25; zust. *Kurzynsky-Singer* S. 168 ff.; Reithmann/Martiny/*Hausmann* IVR Rn. 7.375.

[33] BGHZ 64, 183 (192 ff.) = NJW 1975, 1220; BGH NJW 1982, 2733 mAnm *Stoll* IPRax 1983, 52; BGHZ 128, 41 (47) = IPRax 1996, 342 (343) mAnm *G. Fischer* IPRax 1996, 332 (interlokal); OLG Frankfurt a.M. IPRax 1986, 373 (375) mAnm *Ahrens* IPRax 1986, 355; OLG München RIW 1990, 226 = IPRax 1990, 320 (322) mAnm *Spellenberg* IPRax 1990, 295; OLG Koblenz IPRax 1994, 302 (304) mAnm *Frank* IPRax 1994, 279. Ebenso das österreichische Recht, vgl. § 49 Abs. 2 öst. IPRG.

[34] *V. Bar* IPR II Rn. 457; *Kropholler* IPR § 41 I 2 a; NK-BGB/*Doehner* EGBGB Anh. Art. 11 Rn. 4; Staudinger/*Magnus* Rom I-VO Anh. II Art. 1 Rn. 23 mwN.

[35] Wie hier *Rabel* RabelsZ 7 (1933), 797 (805) aE; *Schäfer* RIW 1996, 189 (192); *v. Bar* IPR II Rn. 588; *Kegel/Schurig* IPR § 17 V 2 a; *Kropholler* IPR § 41 I 2 a; Erman/*Hohloch* EGBGB Anh. I Art. 12 Rn. 7; BeckOK BGB/*Mäsch* EGBGB Art. 10 Rn. 106; Staudinger/*Magnus* Rom I-VO Anh. II Art. 1 Rn. 22 mwN; iErg auch BGH NJW 1990, 3088; **aA** *Schotten/Schmellenkamp* IPR Rn. 90 aE.

[36] Staudinger/*Magnus* Rom I-VO Anh. II Art. 1 Rn. 24; Reithmann/Martiny/*Hausmann* IVR Rn. 7.384.

[37] Dafür *Ebenroth* JZ 1983, 821 (824); *Dorsel* MittRhNotK 1997, 6 (9); *Kegel/Schurig* IPR § 17 V 2 a.

kontrahenten,[38] zumal der Vollmachtgeber seine Interessen durch eine Rechtswahl (→ Rn. 44ff.) hinreichend schützen kann.

### 2. Rück- und Weiterverweisung

Eine Rück- oder Weiterverweisung durch das Recht des Wirkungslandes (zB auf das Recht, dem das Hauptgeschäft oder das der Vollmacht zugrunde liegende Auftragsverhältnis untersteht) ist vom deutschen Richter nicht zu beachten. Denn das IPR der Rechtsgeschäfte schreibt, soweit es bisher kodifiziert ist, ausdrücklich nur Sachnormverweisungen vor (vgl. Art. 20 Rom I-VO). Vor allem aber widerspricht die Befolgung eines Renvoi dem „Sinn der Verweisung" iSv Art. 4 Abs. 1 S. 1 EGBGB, weil der mit der Sonderanknüpfung der Vollmacht angestrebte Verkehrsschutz auf diese Weise verfehlt würde.[39] Wurde das Vollmachtsstatut durch Rechtswahl bestimmt, ergibt sich der Ausschluss des Renvoi bereits aus Art. 4 Abs. 2 EGBGB. 13

## III. Abweichungen von der Gebrauchsortanknüpfung im Hinblick auf die Stellung des Bevollmächtigten

Der Grundsatz der Anknüpfung der Vollmacht an das Recht des Wirkungslandes bedarf freilich der Einschränkung, wenn der Vertreter – für den Drittkontrahenten erkennbar – mit einer bestimmten anderen Rechtsordnung wesentlich stärker verbunden ist.[40] Zwar findet insoweit aus Gründen der Rechtssicherheit keine allgemeine Korrektur durch eine Ausweichklausel statt;[41] die Anknüpfung an das Recht des Wirkungslandes wird jedoch in folgenden Fällen durch eine sachnähere Anknüpfung verdrängt: 14

### 1. Bevollmächtigte in der Geschäftsleitung

Besonderheiten gelten zunächst für die Vertretungsmacht von Personen, denen in einem Unternehmen Vollmacht erteilt worden ist, insbesondere **Prokuristen.**[42] Statut der Prokura (wie auch der Handlungsvollmacht, vgl. § 54 HGB) ist nämlich – unabhängig davon, wo der Prokurist (bzw. Handlungsbevollmächtigte) von seiner Vertretungsmacht Gebrauch macht – das am **Sitz des Unternehmens** geltende Recht.[43] In diesem Sinne entscheiden auch das Haager Stellvertretungsübereinkommen von 1978 (Art. 12 HStÜ) sowie das *österreichische* (§ 49 Abs. 2 IPRG) und das *schweizerische* Recht (Art. 126 Abs. 3 IPRG). Diese Anknüpfung führt im Regelfall zu einem Gleichlauf von rechtsgeschäftli- 15

[38] So deutlich OLG Köln IPRspr. 1966/67 Nr. 25; OLG München IPRspr. 1974 Nr. 10b; dazu Reithmann/Martiny/*Hausmann* IVR Rn. 7.382.

[39] Wie hier *Kropholler* IPR § 41 I 4; *v. Bar* IPR II Rn. 589; Erman/*Hohloch* EGBGB Anh. I Art. 12 Rn. 9; Palandt/*Thorn* EGBGB Anh. Art. 10 Rn. 1; *Schotten/Schmellenkamp* IPR Rn. 90; Staudinger/*Magnus* Rom I-VO Anh. II Art. 1 Rn. 67 mwN; iErg auch BeckOK BGB/*Mäsch* EGBGB Art. 10 Rn. 81.

[40] Vgl. insbes. *Lüderitz* FS Coing II, 1982, 305 (318ff.), der als Regelanknüpfung auf das Recht abstellt, „unter dem der Vertreter erkennbar auftritt".

[41] Staudinger/*Magnus* Rom I-VO Anh. II Art. 1 Rn. 25.

[42] Der Inhalt der Prokura ist zwar nach deutschem Recht gesetzlich bestimmt ist (§§ 49, 50 HGB). Dennoch steht sie der gesetzlichen Vertretungsbefugnis von Gesellschaftsorganen (→ § 19 Rn. 16ff.) nicht gleich, denn ihre Erteilung beruht ausschließlich auf dem Willen des Prinzipals, dh auf Rechtsgeschäft (*v. Caemmerer* RabelsZ 24 (1959), 201 (205); BeckOK BGB/*Mäsch* EGBGB Art. 10 Rn. 90; MüKoBGB/*Spellenberg* EGBGB Vorb. Art. 11 Rn. 60; ebenso zum österreichischen Recht OGH IPRax 1997, 126 (127); dazu *Leible* IPRax 1997, 133; zur Abgrenzung zwischen organschaftlicher und rechtsgeschäftlicher Vertretungsmacht im IPR näher OLG Düsseldorf IPRax 1995, 396 mAnm *Großfeld/Wilde* IPRax 1995, 374.

[43] OLG Frankfurt a.M. AWD 1969, 415; LG Bielefeld IPRax 1990, 315 (316); *v. Caemmerer* RabelsZ 24 (1959), 201 (205); *Ferid* IPR Rn. 5–147; Erman/*Hohloch* EGBGB Anh. I Art. 12 Rn. 8; BeckOK BGB/*Mäsch* EGBGB Anh. Art. 10 Rn. 90; *Ruthig* S. 137ff., 159ff.; *Schotten/Schmellenkamp* IPR Rn. 91; *Schwarz* RabelsZ 71 (2007), 729 (755ff.) mwN; ebenso zum österreichischen Recht OGH IPRax 1997, 126 (127) m. zust. Anm. *Leible* IPRax 1997, 133; **aA** (Anknüpfung an den Gebrauchsort) *v. Bar* IPR II Rn. 592 Fn. 873; Staudinger/*Magnus* Rom I-VO Anh. II Art. 1 Rn. 29.

cher und organschaftlicher Stellvertretung und damit zur einer Gleichbehandlung der Vertretungsmacht von Vorständen/Geschäftsführern und anderen leitenden Angestellten.[44]

16 **Beispiel:**
Eine deutsche GmbH schließt in Frankreich einen in französischer Sprache abgefassten Vertrag mit ihrer französischen Muttergesellschaft über den Erlass von Verbindlichkeiten. Sie wird dabei – wie in der Satzung vorgeschrieben – von einem Geschäftsführer und einem Prokuristen gemeinsam vertreten. Nach welchem Recht richtet sich die Vertretungsmacht der für die deutsche GmbH Handelnden?

Für die organschaftliche Vertretungsmacht des Geschäftsführers gilt deutsches Recht als Gesellschaftsstatut der GmbH (→ § 19 Rn. 16). Ebenso ist aber auch für die rechtsgeschäftliche Vertretungsmacht des Prokuristen zu entscheiden, die sich ebenfalls nach dem Recht des Staates beurteilt, in dem die GmbH ihre Hauptverwaltung hat. Daran ändert sich auch dadurch nichts, dass im konkreten Fall von der Prokura in Frankreich Gebrauch gemacht wurde.[45]

17 Eine Abgrenzung zwischen leitenden und sonstigen Angestellten eines Unternehmens anhand der ausgeübten Tätigkeit fällt freilich nicht immer leicht und ist vor allem für den Drittkontrahenten nur schwer erkennbar. Deshalb sollte auch die Vertretungsmacht von sonstigen **unselbständigen Firmenvertretern** nach dem Recht am Unternehmenssitz bzw. an der Niederlassung beurteilt werden, der sie erkennbar zugeordnet sind. Denn auch solche angestellten Vertreter sind für den Drittkontrahenten erkennbar sehr eng mit ihrem Unternehmen verbunden, so dass es gerechtfertigt erscheint, ihre Vertretungsbefugnisse auch dann durch das Recht des Unternehmenssitzes (bzw. das Recht der Niederlassung, in welcher der Vertreter beschäftigt ist) zu begrenzen, wenn sie ausnahmsweise in einem anderen Land tätig werden.[46] Diese Gleichstellung mit einem Prokuristen hängt freilich davon ab, dass die Zuordnung des Vertreters zu einer bestimmten Niederlassung des Prinzipals für den Dritten ersichtlich ist.[47]

18 **Beispiel:**
Der allein vertretungsberechtigte deutsche Direktor D der schweizerischen X-AG erteilte dem Angestellten A Kontovollmacht für ein Girokonto der Gesellschaft bei der deutschen Sparkasse S. Zur Begleichung der Grunderwerbsteuer für Grundstücke, welche die X-AG in Deutschland erworben hatte, stellt A auf dieses Girokonto einen Scheck über 260.000 EUR aus und übergibt diesen dem zuständigen deutschen Finanzamt. Danach stellt sich heraus, dass D im Zeitpunkt der Vollmachtserteilung geschäftsunfähig war. Nach welchem Recht beurteilen sich die Auswirkungen der Geschäftsunfähigkeit des D auf den Bestand der Vollmacht des A?

Zwar unterliegt die organschaftliche Vertretungsmacht des D zum Handeln für die X-AG dem schweizerischen Recht. Dies gilt jedoch nicht für die dem A erteilte Vollmacht; denn diese war zwar in der Schweiz ausgestellt worden, jedoch zum Zwecke der Bezahlung von Steuern in Deutschland vom Konto einer deutschen Sparkasse. Ihre Gültigkeit beurteilt sich daher – ebenso wie die Vorfrage der Geschäftsunfähigkeit des deutschen Direktors D (Art. 7 EGBGB; → § 4 Rn. 6 ff.) – nach deutschem Recht, wo von ihr Gebrauch gemacht werden sollte. Dies muss jedenfalls dann gelten, wenn die Eingliederung des A in den Betrieb der X-AG für den deutschen Finanzbeamten, der den Scheck entgegengenommen hat, nicht erkennbar war. Danach ist die Erteilung der Vollmacht durch den geschäftsunfä-

[44] OLG Frankfurt a.M. IPRax 1986, 373 (375) mAnm *Ahrens* IPRax 1986, 355; Reithmann/Martiny/*Hausmann* IVR Rn. 7.387.
[45] Vgl. BGH NJW 1992, 618 = JZ 1992, 579 mAnm *v. Bar.*
[46] *Kropholler* IPR § 41 I 2 c; BeckOK BGB/*Mäsch* EGBGB Art. 10 Rn. 104; Reithmann/Martiny/*Hausmann* IVR Rn. 7.388. Vgl. auch in der *Schweiz* Art. 126 Abs. 3 IPRG.
[47] Vgl. *Schwarz* RabelsZ 71 (2007), 729 (755 ff.); Staudinger/*Magnus* Rom I-VO Anh. II Art. 1 Rn. 29.

higen D gemäß §§ 105 Abs. 1, 165 BGB unwirksam, auch wenn D diese Willenserklärung als Vertreter abgegeben hat.[48]

### 2. Ständige Vertreter mit eigener geschäftlicher Niederlassung

19 Die rechtsgeschäftliche Vertretungsmacht von kaufmännischen Hilfspersonen, die ein Unternehmen ständig im Ausland vertreten, unterliegt dem Recht am **Ort der ausländischen Niederlassung.** Dies gilt sowohl für angestellte Firmenvertreter, die eine Zweigstelle oder Zweigniederlassung im Ausland leiten, wie auch für selbständige Handelsvertreter mit einem festen Geschäftssitz im Ausland, soweit diese Personen von ihrer Niederlassung aus handeln.[49] Der Vorschlag des Deutschen Rats für IPR stellt die Niederlassungsanknüpfung in Art. 8 Abs. 2 wegen ihrer praktischen Bedeutung sogar vor die Anknüpfung an den Gebrauchsort.

20 **Beispiel:**
Ein deutsches Speditionsunternehmen unterhält in London eine ständige Vertretung. Der Leiter dieser Vertretung schließt auf einer Geschäftsreise in den Niederlanden einen Transportvertrag mit einem dort ansässigen Spediteur. Nach welchem Recht ist über die wirksame Erteilung und den Umfang seiner Vollmacht zu entscheiden?

Die Vollmacht des ständigen Auslandsvertreters einer deutschen Gesellschaft unterliegt grundsätzlich dem Recht an seinem ständigen Geschäftssitz, auch wenn er von der Vollmacht in einem anderen Land Gebrauch macht. Denn ein Kaufmann, der einen Agenten für einen bestimmten örtlichen Bezirk des Auslandes einsetzt, unterwirft sich damit – wie schon das Reichgericht entschieden hat – „auch den Rechtssätzen, die für diese Art der Bevollmächtigung an dem auswärtigen Platz, wo der Agent seine Tätigkeit entfalten soll, gelten".[50]

21 Für diese Anknüpfung spricht vor allem, dass das Vollmachtsstatut bei dieser Betrachtungweise bereits vor Verhandlungsbeginn feststeht und sowohl für den Geschäftsherrn wie für den Drittkontrahenten leicht erkennbar ist; dadurch wird – anders als bei der Anknüpfung an den häufig zufälligen Gebrauchsort – ein hohes Maß an **Rechtssicherheit** in Vertretungsfragen erzielt.[51] Denn ständigen beruflichen Vertretern, insbesondere Handelsvertretern und Rechtsanwälten, kommt heute im internationalen Rechtsverkehr eine maßgebliche Funktion bei der Vertragsanbahnung zu, weil an ihrer Niederlassung grenzüberschreitende Verträge idR nicht nur vorbereitet, sondern häufig auch abgeschlossen werden.[52] In diesen Fällen ist für den Rechtsverkehr ohne Weiteres erkennbar, dass der ständige Vertreter eines ausländischen Unternehmens seine Tätigkeit auf dem Boden sei-

[48] Vgl. BGH NJW 2004, 1315 (1316).

[49] RGZ 51, 147 (149); RG JW 1910, 181; BGH JZ 1963, 167 mAnm *Lüderitz*; BGHZ 43, 21 (26) = NJW 1965, 487; KG IPRspr. 1932 Nr. 25; OLG München DNotZ 2006, 871; LG Bielefeld IPRax 1990, 315 mAnm *Reinhart* IPRax 1990, 389; zust. *Rabel* RabelsZ 3 (1929), 807 (813ff.); *Kayser* S. 136, 145; *Ruthig* S. 154ff.; *Niemann* S. 50; *Kropholler* IPR § 41 I 2 b; Palandt/*Thorn* EGBGB Anh. Art. 10 Rn. 2; BeckOK BGB/*Mäsch* EGBGB Art. 10 Rn. 103f.; Staudinger/*Magnus* Rom I-VO Anh. II Art. 1 Rn. 26; Soergel/*Lüderitz* EGBGB Anh. Art. 10 Rn. 94, 101; *Schwarz* RabelsZ 71 (2007), 747ff. mwN. Teilweise wurde jedoch auch die Vertretungsmacht von ständigen Handelsvertretern im Ausland dem – mit dem Niederlassungsrecht allerdings jeweils identischen – Recht des Wirkungslandes unterstellt, vgl. RG Recht 1923 Nr. 1222; RG SA 83 Nr. 153 = IPRspr. 1929 Nr. 29; BGH VersR 1968, 995; OLG Hamburg DB 1459, 1396. Für eine Anknüpfung an den tatsächlichen Gebrauchsort der Vollmacht ständiger Vertreter auch *Schäfer* RIW 1996, 189 (192); *Steding* ZvglRW 86 (1987), 25 (45); *v. Bar* IPR II Rn. 592; *Kurzynsky-Singer* S. 171ff. Daher wird die Anknüpfung an die Niederlassung zT nur als Variante der Anknüpfung an den Gebrauchsort angesehen, vgl. Erman/*Hohloch* EGBGB Anh. I Art. 12 Rn. 8 („typischer Gebrauchsort der Vollmacht").

[50] RGZ 38, 194 (196).

[51] *Schwarz* RabelsZ 71 (2007), 729 (748); Reithmann/Martiny/*Hausmann* IVR Rn. 7.391.

[52] *Dorsel* MittRhNotK 1997, 6 (10); *Schwarz* RabelsZ 71 (2007), 729 (749).

nes Niederlassungsrechts entfaltet;[53] mit diesem Recht sind daher die Fragen der Wirksamkeit und des Umfangs seiner Vertretungsbefugnisse am engsten verbunden.[54] Außerdem hat auch der Vertreter selbst ein berechtigtes Interesse an der Geltung seines Niederlassungsrechts, weil nur dieses ihm eine sichere Einschätzung seiner Vertretungsbefugnisse ermöglicht. Ist der Vertreter an seinem Geschäftssitz für mehrere Unternehmen tätig, so wird schließlich nur so eine einheitliche Anknüpfung seiner Vertretungsmacht erreicht.[55]

22 Das Recht der Niederlassung ist auch dann maßgebend, wenn der ständige Vertreter ausnahmsweise **außerhalb seines Niederlassungsstaates** tätig wird, sofern nur dem Dritten das Handeln von einer festen Niederlassung aus erkennbar ist.[56] Dies gilt insbesondere dann, wenn ein Generalvertreter mit fester Niederlassung *für mehrere Länder* bestellt ist (zB als Generalvertreter einer japanischen Firma für Europa mit Sitz in Berlin). Der Schutz des Dritten beschränkt sich hier also darauf, dass er leicht erkennen kann, *welches* Recht gilt; über den Inhalt dieses Rechts muss er sich nötigenfalls selbst informieren.[57] Ist das Handeln des ständigen Vertreters von einer bestimmten Niederlassung aus für den Dritten nicht erkennbar ist, verbleibt es hingegen bei der Anknüpfung an den realen Gebrauchsort.[58]

23 **Beispiel:**
Die Vollmacht des in Zürich zugelassenen schweizerischen Anwalts von A. Solschenizyn zum Abschluss eines Verlagsvertrages in Deutschland beurteilt sich nicht nach dem schweizerischen Recht am Sitz der Anwaltskanzlei des Bevollmächtigten, sondern nach deutschem Recht, weil von ihr in Deutschland Gebrauch gemacht werden sollte. Daran ändert auch die Verwendung des Formulars für eine Prozessvollmacht nichts.[59]

24 **Beispiel:**
Der Münchener Unternehmer U hat mit dem Handelsverteter V, der seinen Sitz in Zürich/Schweiz hat, einen Handelsvertretervertrag geschlossen, in dem V das Recht eingeräumt wird, die Produkte des U in der Schweiz und Italien exklusiv zu vertreiben. Der Vertrag enthält eine Rechtswahlklausel zugunsten des deutschen Rechts. Aufgrund der ihm eingeräumten Vollmacht schließt V bei einem Kundenbesuch in Mailand mit der dortigen X-SA einen Kaufvertrag über Produkte des U; dieser Vertrag wird auf Wunsch der X-SA dem italienischen Recht unterstellt. U lehnt die Erfüllung ab, da V zur Vereinbarung italienischen Rechts nicht bevollmächtigt gewesen sei. Nach welchem Recht ist über den Umfang der dem V erteilten Vollmacht zu entscheiden? Wie wäre es, wenn V den Vertrag mit der X-SA an seinem Sitz in Zürich abgeschlossen hätte? Würde sich am Ergebnis

[53] *Ruthig* S. 139ff.; BeckOK BGB/*Mäsch* EGBGB Art. 10 Rn. 103.

[54] Die Anknüpfung der Vollmacht an die geschäftliche Niederlassung des Vertreters bewirkt idR auch einen Gleichlauf des Vollmachtsstatuts mit dem Statut des Innenverhältnisses zwischen Geschäftsherr und Vertreter, da letzterer typischerweise die charakteristische Leistung des Vertretervertrages erbringt (vgl. Art. 4 Abs. 2b Rom I-VO); dazu *Schwarz* RabelsZ 71 (2007), 729 (749).

[55] *Ackmann* IPRax 1991, 220 (222); *Schwarz* RabelsZ 71 (2007), 729 (749); *Ruthig* S. 154ff., 171ff.; **aA** *Kurzynsky-Singer* S. 158ff., 164ff.; MüKoBGB/*Spellenberg* EGBGB Vorb. Art. 11 Rn. 124. Aus diesen Gründen wird der – dem Drittkontrahenten bekannte oder erkennbare – Geschäftssitz des berufsmäßigen Vertreters in zahlreichen ausländischen Rechten sogar als Primäranknüpfung für seine rechtsgeschäftliche Vertretungsmacht bestimmt, so zB in *Bulgarien*, *Italien* und der *Schweiz* sowie grundsätzlich auch in *Österreich* und *Liechtenstein*, vgl. Reithmann/Martiny/*Hausmann* IVR Rn. 7.391.

[56] S. *v. Caemmerer* RabelsZ 24 (1959), 201 (207); *Ruthig* S. 40; *Kropholler* IPR § 41 I 2; Soergel/*Lüderitz* EGBGB Anh. Art. 10 Rn. 101; Palandt/*Thorn* EGBGB Anh. Art. 10 Rn. 2; BeckOK BGB/*Mäsch* EGBGB Art. 10 Rn. 103; Staudinger/*Magnus* Rom I-VO Anh. II Art. 1 Rn. 28; **aA** *G. Fischer* S. 298ff.; *Steding* ZvglRW 86 (1987), 25 (45); Erman/*Hohloch* EGBGB Anh. I Art. 12 Rn. 8.

[57] Reithmann/Martiny/*Hausmann* IVR Rn. 7.392.

[58] *v. Caemmerer* RabelsZ 24 (1959), 201 (207); *Klinke* RIW 1978, 642 (649); *Ruthig* S. 156ff.; *Kropholler* IPR § 41 I 2 b; *Schwarz* RabelsZ 71 (2007), 729 (751ff.) mwN; ferner etwa Art. 126 Abs. 2 schweiz. IPRG und Art. 60 Abs. 1 S. 2 ital. IPRG; anders Art. 11 Abs. 1 HStÜ und Art. 7 Abs. 2 S. 1 Rom I-VO-E, die an die Niederlassung des Vertreters ohne Rücksicht auf deren Erkennbarkeit für den Dritten anknüpfen.

[59] BGHZ 64, 183 (192) = GRUR Int. 1975, 361.

etwa ändern, wenn V nicht Handelsvertreter, sondern Prokurist im Unternehmen des U gewesen wäre?

Grundsätzlich gilt für den Umfang der Vollmacht zwar das Recht des Staates, in dem V von seiner Vollmacht Gebrauch macht; dies wäre hier das italienische Recht. Hat V jedoch – für die X-SA erkennbar – von seiner ständigen Niederlassung in Zürich aus gehandelt, so kommt stattdessen das Recht der ständigen Niederlassung des Vertreters, hier also schweizerisches Recht zur Anwendung. Der Fall wird mithin ebenso gelöst, als ob der Vertrag in der Niederlassung des V in Zürich abgeschlossen worden wäre. Wäre V hingegen als Prokurist des U aufgetreten, so würde der Umfang der ihm erteilten Vollmacht nach dem am Sitz des U in München geltenden deutschen Recht beurteilt. Unerheblich für die Bestimmung des Vollmachtstatuts ist hingegen, dass für den Handelsvertretervertrag, welcher der Bevollmächtigung zugrunde liegt, deutsches Recht gilt und dass für den mit der italienischen X-SA geschlossenen Kaufvertrag italienisches Recht als Vertragsstatut vereinbart wurde.

Demgegenüber unterliegt die **Vollmacht für Börsengeschäfte** oder für die Teilnahme an Auktionen dem Recht der Börse bzw. des Versteigerungsortes, an dem der Bevollmächtigte (zB der Börsenmakler) seine berufstypische Tätigkeit entfaltet.[60] Dies gilt auch dann, wenn der Bevollmächtigte die bindende Vertragserklärung nicht am Börsenort (sondern zB telefonisch oder auf elektronischem Weg im Ausland) abgibt oder seine ständige Niederlassung in einem anderen Land hat. Denn der Rechtsverkehr verlässt sich bei Börsengeschäften oder Versteigerungen auf die Geltung des Rechts am Börsen-/Versteigerungsort. Von dieser Sonderanknüpfung der Börsenvollmacht kann allerdings durch Rechtswahl abgewichen werden.[61] 25

Die für ständige Vertreter eines Unternehmens im Ausland entwickelten Grundsätze zur Anknüpfung der Vollmacht gelten entsprechend für **nichtständige Vertreter,** sofern sie eine selbständige Stellung im Wirtschaftsleben einnehmen und ihre Tätigkeit von einer festen Niederlassung aus entfalten.[62] 26

**Beispiel:** 27

Erteilt der nicht ständige Vertreter einer englischen Partnership erkennbar von seiner Niederlassung in England aus einem deutschen Rechtsanwalt Prozessvollmacht für einen Rechtsstreit vor deutschen Gerichten erteilt, so beurteilt sich die Frage, ob er zur Erteilung dieser Vollmacht im Namen des Vertretenen berechtigt war, nicht nach deutschem, sondern nach englischem Recht.[63]

### 3. Vertreter ohne feste Niederlassung

Wird einer Person, die nicht berufsmäßig von einer festen Niederlassung aus handelt, eine **General- oder Dauervollmacht** für eine Vielzahl von Geschäften mit unterschiedlichem Wirkungsstatut erteilt und soll der Bevollmächtigte von dieser Vollmacht für Dritte erkennbar von einem bestimmten Tätigkeitsschwerpunkt aus Gebrauch machen, so unterliegt die Vollmacht dem an diesem Ort geltenden Recht.[64] Erteilen sich zB Eheleute – über die gesetzliche Schlüsselgewalt (vgl. § 1357 BGB) hinaus – eine solche Vollmacht, so 28

[60] *Ferid* IPR Rn. 5–157; *Kropholler* IPR § 41 I 2 d; *Schäfer* RIW 1996, 189 (190); Staudinger/*Magnus* Rom I-VO Anh. II Art. 1 Rn. 34; BeckOK BGB/*Mäsch* EGBGB Art. 10 Rn. 112; vgl. idS auch Art. 11 Abs. 2 lit. c HStÜ und Art. 7 Abs. 2 S. 2 Rom I-E.

[61] Vgl. dazu näher *Schwarz* RabelsZ 71 (2007), 729 (770 ff.).

[62] BGH NJW 1954, 1561; OLG Frankfurt a.M. TranspR 1985, 139 (140) (Inkassovollmacht); *v. Caemmerer* RabelsZ 24 (1959), 201 (206); *Ferid* IPR Rn. 5–147.

[63] BGH NJW 1990, 3088 mAnm *Ackmann* IPRax 1991, 220 = EWiR 1990, 1087 mAnm *Reithmann*.

[64] Reithmann/Martiny/*Hausmann* IVR Rn. 7.401.

ist Vollmachtsstatut das Recht am gemeinsamen gewöhnlichen Aufenthalt, und zwar auch dann, wenn von ihr in einem anderen Land Gebrauch gemacht wird.[65]

29 Hingegen verbleibt es für **Gelegenheitsvertreter** ohne feste Niederlassung bei dem Grundsatz, dass sich die Vollmacht nach dem Recht des Landes beurteilt, in welchem der Vertreter von seiner Vollmacht tatsächlich Gebrauch macht, dh die bindende Vertragserklärung im Namen des Prinzipals abgibt. Auf den Wohnsitz oder gewöhnlichen Aufenthalt des reisenden Agenten, der entweder über keine feste Niederlassung verfügt oder dessen Handeln von einer solchen zumindest für Dritte nicht erkennbar ist, kommt es nicht an; denn Wohnsitz oder gewöhnlicher Aufenthalt des Vertreters haben keinen notwendigen Bezug zu seiner wirtschaftlichen Tätigkeit und sind für den Rechtsverkehr nicht ohne weiteres feststellbar.[66]

## IV. Abweichungen von der Gebrauchsortanknüpfung im Hinblick auf den Gegenstand der Vollmacht

30 Das Recht am Gebrauchsort der Vollmacht tritt auch dannn zurück, wenn das vom Vertreter vorzunehmende Rechtsgeschäft seinen Schwerpunkt so eindeutig in einem anderen Land hat, dass das dortige Recht auch über die Wirkung der Vollmacht entscheiden muss.[67]

### 1. Grundstücksvollmacht

31 So richtet sich insbesondere die Frage, ob eine Vollmacht zur **Verfügung über Grundstücke** oder Immobiliarsachenrechte wirksam erteilt wurde, nach dem Recht des Landes, in dem das Grundstück liegt *(lex rei sitae)*.[68] Diese akzessorische Anknüpfung des Vollmachtsstatuts an das Geschäftsstatut soll insbesondere die reibungslose Durchführung von Grundstücksgeschäften gewährleisten. Vollmachten zur Verfügung über *deutsche* Grundstücke unterliegen daher – abgesehen von der Frage ihrer Formgültigkeit (dazu → Rn. 59ff.) – stets dem deutschem Recht;[69] entsprechend werden Vollmachten zur Verfügung über *ausländische* Grundstücke dem fremden Belegenheitsrecht unterworfen. An dieser Anknüpfung hält auch der Vorschlag des Deutschen Rats für IPR in Art. 8 Abs. 5 fest.

---

[65] Vgl. BGH NJW-RR 1990, 248 (250): Dauervollmacht zwischen Eheleuten mit gewöhnlichem Aufenthalt im Inland nach deutschem Recht beurteilt, auch soweit sie sich auf den Verkauf eines spanischen Grundstücks bezog: „Anders als für die Anknüpfung von Einzelvollmacht, Einzelermächtigung oder Einzelgenehmigung scheidet der Rückgriff auf ein vom Einzelvorgang abhängiges Wirkungsstatut aus"; zust. BeckOK BGB/*Mäsch* EGBGB Art. 10 Rn. 105; Staudinger/*Magnus* Rom I-VO Anh. II Art. 1 Rn. 37; **aA** (Gebrauchsort) Erman/*Hohloch* EGBGB Anh. I Art. 12 Rn. 8 aE.

[66] Abl. auch *v. Caemmerer* RabelsZ 24 (1959), 201 (206, 207); *Luther* RabelsZ 38 (1974), 421 (423); *Klinke* RIW 1978, 642 (649); *Ruthig* S. 158ff.; *Schwarz* RabelsZ 71 (2007), 729 (752ff.); Palandt/*Thorn* EGBGB Anh. Art. 10 Rn. 2; anders aber Art. 7 Abs. 2 Rom I-E.

[67] Vgl. Soergel *Lüderitz* EGBGB Anh. Art. 10 Rn. 101; *Kropholler* IPR § 41 I 2 d; **aA** *v. Bar* IPR II Rn. 591.

[68] Vgl. *v. Caemmerer* RabelsZ 24 (1959), 201 (209); *Spellenberg* IPRax 1990, 295; *Schwarz* RabelsZ 71 (2007), 729 (772ff.); *Heinz* S. 180f.; *Ferid* IPR Rn. 5–155; *Kegel/Schurig* IPR § 17 V 2 a; *Kropholler* IPR § 41 I 2 d; *Schotten/Schmellenkamp* IPR Rn. 91; Staudinger/*Mansel* EGBGB Art. 43 Rn. 1091; MüKoBGB/*Spellenberg* EGBGB Vorb. Art. 11 Rn. 67f.; BeckOK BGB/*Mäsch* EGBGB Art. 10 Rn. 110; Palandt/*Thorn* EGBGB Anh. Art. 10 Rn. 2; **aA** *Ruthig* S. 162ff. (Recht des Gebrauchsortes). Auch das HStÜ und der Entwurf zur Rom I-VO von 2005 verzichten auf eine Sonderanknüpfung für die Vollmacht zu Immobiliarverfügungen; krit. dazu *Niemann* S. 141ff.; *Kurzynsky-Singer* S. 100ff.

[69] Vgl. LG Berlin I IPRspr. 1932 Nr. 63 (Löschung von Hypotheken); RG DNotZ 1944, 151 (152ff.) = SA 97 Nr. 53 (Bestellung von Eigentümergrundschulden).

**Beispiel:** 32
Erteilt ein Deutscher seiner ebenfalls deutschen Bekannten zur Urkunde eines deutschen Notars eine Vollmacht zur Veräußerung eines Ferienbungalows auf Teneriffa, so beurteilen sich die Gültigkeit und der Umfang dieser Vollmacht nach spanischem Recht, weil das Grundstück, auf das sich die Vollmacht bezieht, in Spanien belegen ist.[70]

Die *lex rei sitae* ist auch dann maßgebend, wenn von der Vollmacht *außerhalb* des Landes Gebrauch gemacht wird, in dem das Grundstück belegen ist.[71] Gerade darin liegt die Abweichung von der Grundsatzanknüpfung an den Gebrauchsort. 33

**Beispiel:** 34
Die Vollmacht zur Verpfändung von Briefhypotheken an deutschem Grundstück ist auch dann nach deutschem Recht zu beurteilen, wenn der Vertreter die Verfügung im Ausland trifft. Es sei „nicht möglich, die Frage, ob ein solches Recht an sich durch den Vertrag entstehen kann, und die weitere Frage, ob der als Vertreter Handelnde ermächtigt ist, ein solches Recht zu begründen, nach verschiedenen Rechten zu beurteilen."[72]

Die Grundsätze zur Anknüpfung von Vollmachten für Grundstücksverfügungen gelten aufgrund des besonders starken Bezugs zum Belegenheitsrecht auch für Vollmachten zur **Verwaltung von Grundstücken** oder Häusern.[73] 35

**Beispiel:** 36
Umfang und Wirkungen einer Hausverwaltungsvollmacht bezüglich einer in Deutschland belegenen Immobilie sind auch dann nach deutschem Recht zu beurteilen, wenn die maßgebliche Erklärung des Vertreters dem Drittkontrahenten gegenüber in Frankreich brieflich abgegeben worden ist.[74]

Diese akzessorische Anknüpfung der Grundstücksvollmacht ist freilich nicht zwingend; von ihr kann vielmehr in den vorgenannten Fällen freilich durch **Rechtswahl** (→ Rn. 44ff.) abgewichen werden. Denn der Dritte ist nicht schutzbedürftig, wenn er sich mit dem Auseinanderfallen von Sachenrechts- und Vollmachtsstatut einverstanden erklärt hat.[75] 37

Für Verfügungen über **bewegliche Sachen** bleibt es hingegen auch dann bei der Maßgeblichkeit des Rechts am Gebrauchsort, wenn sich die Sache in einem anderen Staat befindet.[76] Auch für Vollmachten zum Abschluss von **schuldrechtlichen Geschäften,** die – wie zB Grundstücksmiete oder -pacht – Immobilien oder Immobiliarsachenrechte betreffen, ist nicht die *lex rei sitae* maßgebend, sondern die allgemeine Anknüpfung an das Recht des Gebrauchsortes der Vollmacht bzw. an das Recht der Niederlassung des handelnden Vertreters. Dies gilt in Rechten, die – wie das deutsche Recht – das Trennungsprinzip befolgen, auch für das einer Grundstücksverfügung zugrundeliegende Kausalgeschäft (zB den Grundstückskaufvertrag).[77] 38

---

[70] OLG München NJW-RR 1989, 363 mAnm *Spellenberg* IPRax 1990, 295.

[71] *Ferid* IPR Rn. 5–156; *Kropholler* IPR § 41 I 2 d; *Schotten/Schmellenkamp* IPR Rn. 91; Staudinger/*Mansel* EGBGB Art. 43 Rn. 1092; Staudinger/*Magnus* Rom I-VO Anh. II Art. 1 Rn. 32; einschränkend *v. Caemmerer* RabelsZ 24 (1959), 201 (209); **aA** *Ruthig* S. 161ff.

[72] RGZ 149, 93 (94) = JW 1936, 313.

[73] OLG Frankfurt a.M. WM 1963, 872; *Kropholler* IPR § 41 I 2 d; Reithmann/Martiny/*Hausmann* IVR Rn. 7.399; **aA** Staudinger/*Magnus* Rom I-VO Anh. II Art. 1 Rn. 33.

[74] BGH JZ 1955, 702 mAnm *Gamillscheg*.

[75] Zutr. BeckOK BGB/*Mäsch* EGBGB Art. 10 Rn. 110; Reithmann/Martiny/*Hausmann* IVR Rn. 7.398; **aA** *Schwarz* RabelsZ 71 (2007), 729 (774).

[76] Staudinger/*Mansel* EGBGB Art. 43 Rn. 1090; **aA** MüKoBGB/*Spellenberg* EGBGB Vorb. Art. 11 Rn. 69f.

[77] OLG Stuttgart OLGZ 1981, 164 (165) (Veräußerungsvollmacht); ebenso *v. Caemmerer* RabelsZ 24 (1959), 201 (209); *v. Bar* IPR II Rn. 591; *Ferid* IPR Rn. 5–155; *Schotten/Schmellenkamp* IPR Rn. 91; Erman/*Hohloch* EGBGB Anh. I Art. 12 Rn. 8; NK-BGB/*Doehner* EGBGB Anh. Art. 11 Rn. 12; Staudinger/*Magnus*

39 **Beispiel:**
Die Vollmacht zum Abschluss eines Vorvertrags zum Kauf eines deutschen Grundstücks ist nicht schon deshalb nach deutschem Recht zu beurteilen, weil das Grundstück im Inland belegen ist, sondern weil „sie zu einem Tätigwerden in Lindau, und zwar mit Beziehung auf einen hier gelegenen Grundbesitz bestimmt war, in Deutschland zur Auswirkung gelangen sollte".[78]

### 2. Prozessvollmacht

40 Eine Prozessvollmacht ist nach der ***lex fori*** des Landes zu beurteilen, vor dessen Gerichten von ihr Gebrauch gemacht, dh der Prozess geführt werden soll.[79] Umfasst die Vertretung Prozesse in mehreren Ländern, so ist die Vollmacht für jedes Land gesondert nach dem dortigen Recht zu beurteilen.[80]

41 **Beispiel:**
Wird ein englischer Rechtsanwalt durch die in Russland lebenden Mandanten zur Verfolgung von Ansprüchen in mehreren Ländern bevollmächtigt, so ist die Gültigkeit und der Umfang der Prozessvollmacht nach deutschem Recht zu beurteilen, „soweit es sich um die Entfaltung einer Tätigkeit vor deutschen Gerichten handelt".[81]

42 Die *lex fori* bestimmt insbesondere, welche Anforderungen an die Person des Prozessbevollmächtigten zu stellen sind, ob eine für die erste Instanz erteilte Prozessvollmacht auch für die Rechtsmittelinstanz und die Zwangsvollstreckung fortgilt[82] und ob sie durch den Tod des Vollmachtgebers erlischt.[83] Sie erstreckt sich hingegen nicht auf die Frage, ob ein Bevollmächtigter überhaupt berechtigt war, einem Anwalt Prozessvollmacht zu erteilen; insoweit verbleibt es vielmehr beim Recht des Wirkungslandes, dh bei einem Vertreter mit fester Niederlassung beim dortigen Recht.[84] Die *lex fori* gilt auch für **sonstige Verfahrensvollmachten,** zB für Vollmachten zur Vertretung vor Schiedsgerichten.[85]

### 3. Vorsorgevollmacht

43 Für die Vorsorgevollmacht galten früher die für andere Dauervollmachten entwickelten Anknüpfungsgrundsätze entsprechend.[86] Seit Inkrafttreten des **Haager Erwachsenenschutzübereinkommens** vom 13.1.2000[87] für die *Bundesrepublik Deutschland* am 1.1. 2009 werden Vorsorgevollmachten im Anwendungsbereich dieses Übereinkommens jedoch nach dessen Art. 17 gesondert angeknüpft. Vorbehaltlich einer zulässigen Rechts-

Rom I-VO Anh. II Art. 1 Rn. 33; BeckOK BGB/*Mäsch* EGBGB Art. 10 Rn. 110; **aA** *Spellenberg* S. 166 ff.; *Schäfer* RIW 1996, 189 (190); *Leible* IPRax 1998, 257 (258).

[78] BGH NJW 1963, 46 (47).

[79] *Ferid* IPR Rn. 5–157; *Kegel/Schurig* IPR § 17 V 2 aE; *Kropholler* IPR § 41 I 2 d; *Ruthig* S. 164 ff.; *Schack* IZVR Rn. 616; Soergel/*Lüderitz* EGBGB Anh. Art. 10 Rn. 96; Palandt/*Thorn* EGBGB Anh. Art. 10 Rn. 2; MüKoBGB/*Spellenberg* EGBGB Vorb. Art. 11 Rn. 74 f.; *Geimer* IZPR Rn. 2232; aus der Rspr. vgl. BGH WM 1958, 557 (559); OLG München IPRspr. 1970 Nr. 93; OLG Zweibrücken RIW 1975, 347; OLG Hamm RIW 1994, 513 (514) = IPRax 1996, 33 mAnm *Otto* IPRax 1996, 22; KG IPRspr. 1997 Nr. 23; LG Hamburg RIW 1998, 894; LG Frankfurt a.M. RIW 1980, 291.

[80] OLG München WM 1969, 731; Staudinger/*Magnus* Rom I-VO Anh. II Art. 1 Rn. 38. Vgl. aber OLG Hamburg IPRspr. 1931 Nr. 39.

[81] BGH DB 1958, 1010.

[82] MüKoBGB/*Spellenberg* EGBGB Vorb. Art. 11 Rn. 75.

[83] Näher → Rn. 70.

[84] BGH NJW 1990, 3088 mAnm *Ackmann* IPRrax 1991, 220; 1992, 627 (628).

[85] BFH RIW 1987, 635 (Vollmacht des Spediteurs für Zollabfertigung); ferner BPatGE 29, 198 = GRUR 1988, 685 (Vollmacht des Mitarbeiters einer GmbH zur Einlegung eines Einspruchs gegen die Erteilung eines Patents nach dem Recht am Sitz des Patentgerichts beurteilt).

[86] Vgl. *Ludwig* DNotZ 2009, 251 (255); dazu → Rn. 28.

[87] BGBl. 2007 II 323 = *Jayme/Hausmann* Nr. 20.

wahl in den Grenzen des Art. 17 Abs. 2 unterliegen sie nicht dem Recht der Niederlassung des berufsmäßigen Vertreters oder dem Recht des tatsächlichen Gebrauchsorts, sondern gemäß Art. 17 Abs. 1 dem Recht des Staates, in dem der schutzbedürftige Erwachsene im Zeitpunkt der Vollmachtserteilung seinen gewöhnlichen Aufenthalt hat (dazu näher → § 5 Rn. 100ff.).

## C. Rechtswahl

### I. Allgemeines

Der Vollmachtgeber hat ein berechtigten Interesse daran, Einfluss auf das Vollmachtsstatut zu nehmen, um nicht durch die Geltung eines ihm unbekannten ausländischen Rechts überrascht zu werden, wenn der Vertreter von der Vollmacht im Ausland Gebrauch macht. Da die objektive Anknüpfung des Vollmachtsstatuts diesem Interesse nicht hinreichend Rechnung trägt, bedarf es ihrer Ergänzung durch eine **begrenzte Zulassung der Parteiautonomie.** Hierüber besteht heute in der Literatur weitgehend Einigkeit;[88] allerdings fehlt es bisher an einer höchstrichterlichen Bestätigung. Auch im Ausland wird den Parteien häufig Rechtswahlfreiheit bezüglich des Vollmachtsstatuts eingeräumt, so zB im *österreichischen* (§ 49 Abs. 1 IPRG), *schweizerischen* (Art. 126 iVm Art. 116 IPRG) und *spanischen* Recht (Art. 10 Abs. 11 CC).[89] Für die Zulässigkeit einer Rechtswahl spricht auch, dass das Vollmachtsstatut damit schon festgelegt werden kann, bevor der Bevollmächtigte von der Vollmacht Gebrauch macht und damit Rechtssicherheit für alle Beteiligten geschaffen wird.[90] Der gebotene Schutz des Drittkontrahenten wird jedenfalls dann gewährleistet, wenn die getroffene Rechtswahl ihm rechtzeitig vor Abschluss des Geschäfts bekannt gegeben wird (→ Rn. 46). Der Deutsche Rat für IPR stellt in seinem Vorschlag die Parteiautonomie sogar an die Spitze der Anknüpfungsregeln.[91] 44

### II. Erklärung der Rechtswahl

Ob für die Rechtswahl eine *Vereinbarung mit dem Drittkontrahenten* erforderlich ist oder auch eine *einseitige Erklärung* des Geschäftsherrn gegenüber dem Dritten (zB in der Vollmachtsurkunde) genügt, ist umstritten. Sowohl Art. 14 HStÜ als auch Art. 7 Abs. 3 Rom I-VO-E sprechen sich für das Erfordernis einer Rechtswahlvereinbarung aus, wenn dort verlangt wird, dass die Bestimmung des anwendbaren Rechts „von der anderen Partei ausdrücklich anerkannt" worden ist.[92] Weitergehend sollte dem Vollmachtgeber aber auch die Möglichkeit einer **einseitigen Rechtswahl** eingeräumt werden.[93] Denn zu seiner Befugnis, den Inhalt der Vollmacht festzulegen, gehört auch die Bestimmung des auf 45

[88] Vgl. schon *Rabel* RabelsZ 3 (1929), 807 (835); ferner *Reithmann* DNotZ 1956, 125 (128); *Schäfer* RIW 1996, 189 (190ff.); *G. Fischer* IPRax 2005, 209 (271ff.); *Mankowski* IPRax 2006, 101 (109); *Schwarz* RabelsZ 71 (2007), 729 (774ff.); MüKoBGB/*Spellenberg* EGBGB Vorb. Art. 11 Rn. 83ff.; Erman/*Hohloch* EGBGB Anh. I Art. 12 Rn. 6; *v. Bar* IPR II Rn. 457, 586; Staudinger/*Magnus* Rom I-VO Anh. II Art. 1 Rn. 12; BeckOK BGB/*Mäsch* EGBGB Art. 10 Rn. 100; *Kurzynsky-Singer* S. 177ff., 202; *Heinz* S. 194ff. mwN. Vgl. auch OLG Hamburg TranspR 1989, 70 (72).

[89] Ebenso das Haager Stellvertretungsübereinkommen von 1978 (Art. 14) und der Vorschlag der EG-Kommission zur Rom I-VO von 2005 (Art. 7 Abs. 3; → Rn. 1).

[90] *Schotten/Schmellenkamp* IPR Rn. 92; *Schwarz* RabelsZ 71 (2007), 729 (774ff.).

[91] Vgl. *v. Hein* IPRax 2015, 578 (579).

[92] Ebenso das *Schweizer* Recht, vgl. Art. 126 iVm Art. 116 IPRG; zust. im deutschen Recht MüKoBGB/*Spellenberg* EGBGB Vorb. Art. 11 Rn. 86ff.

[93] So auch die hL; vgl. *Fischer* IPRax 2005, 269 (272); *Ruthig* S. 124ff.; *Berger* S. 126ff.; *Kurzynsky-Singer* S. 178; Staudinger/*Magnus* Rom I-VO Anh. II Art. 1 Rn. 12; *Kropholler* IPR § 41 I 2 e; *Schotten/Schmellenkamp* IPR Rn. 92.

die Erteilung und den Umfang der Vollmacht maßgeblichen Rechts.[94] Der Drittkontrahent ist hingegen an den Verhandlungen über den Inhalt der Vollmacht nicht zu beteiligen, denn er wird durch diese weder unmittelbar berechtigt noch verpflichtet.[95] Auch kann der Geschäftsherr die Vollmacht für eine Vielzahl von Vertragsschlüssen mit unterschiedlichen Vertragspartnern nur dann einem einheitlichen Recht unterstellen, wenn er diese Rechtswahl schon bei Vollmachtserteilung einseitig treffen kann; die zwingende Beteiligung der jeweiligen Drittkontrahenten bereits an der Wahl des Vollmachtsstatuts würde deren praktischen Nutzen daher erheblich einschränken.[96]

46 Der erforderliche **Verkehrsschutz** ist dadurch sicherzustellen, dass nur ein dem Dritten zweifelsfrei erkennbar gewordener Parteiwille beachtet wird. Die Rechtswahl muss daher entweder aus der dem Dritten vorgelegten Vollmachtsurkunde ersichtlich sein oder diesem durch den Vertreter oder den Vollmachtgeber mitgeteilt worden sein,[97] so dass er die Möglichkeit hat, den Geschäftsabschluss mit dem Vertreter abzulehnen, wenn er seine Interessen durch das gewählte Vollmachtsstatut gefährdet sieht. Hält man am Erfordernis einer Vereinbarung der Rechtswahl fest, so sollte die Annahmeerklärung – anders als in Art. 14 HStÜ und Art. 7 Abs. 3 Rom I-VO-E) vorgesehen – auch konkludent erfolgen können. Als Zustimmung zur Rechtswahl sollte es daher ausreichen, dass der Dritte in voller Kenntnis der vom Geschäftsherrn in der Vollmachtsurkunde getroffenen Rechtswahl den Hauptvertrag mit dem Vertreter abschließt.[98] Im Übrigen bestimmt sich die materielle Wirksamkeit der Rechtswahl nach dem gewählten Recht (Art. 3 Abs. 5 iVm Art. 10 Rom I-VO analog).[99]

## III. Form der Rechtswahl

47 Während man in Deutschland bisher für die Rechtswahl keine besonderen Formerfordernissse aufstellt,[100] sehen sowohl Art. 14 HStÜ als auch Art. 7 Abs. 3 Rom I-VO-E vor, dass das anzuwendende Recht **schriftlich bestimmt** sein muss. Stimmt man einem solchen Formerfordernis im Interesse einer klaren und möglichst frühzeitig erkennbaren Anknüpfung des Vollmachtsstatuts zu,[101] sollte hierdurch jedenfalls die Möglichkeit einer konkludenten Rechtswahl nicht ausgeschlossen werden; es muss mithin ausreichen, dass sich die Wahl des Vollmachtsstatuts im Wege der Auslegung aus der Vollmachtsurkunde oder dem sonstigen Schriftverkehr zwischen den Parteien mit hinreichender Deutlichkeit entnehmen lässt,[102] zB dadurch, dass der Geschäftsherr den Tätigkeitsbereich des Vertreters in der Vollmachtsurkunde ausdrücklich auf ein *bestimmtes Land* beschränkt.[103] Lässt der Dritte sich trotz Kenntnis dieser Beschränkung auf ein Geschäft mit dem Vertreter ein, das dieser weisungswidrig in einem anderen Land abschließt, so kann er sich auf die Voll-

[94] Reithmann/Martiny/*Hausmann* IVR Rn. 7.377. Ebenso der Vorschlag des Deutschen Rats für ein IPR IPRax 2015, 580f.
[95] *Schwarz* RabelsZ 71 (2007), 729 (778ff.).
[96] *Ruthig* S. 124ff.; *Schwarz* RabelsZ 71 (2007), 729 (779ff.); **aA** BeckOK BGB/*Mäsch* EGBGB Art. 11 Rn. 101: Streitfrage sei ohne erkennbare praktische Bedeutung.
[97] Zust. *Siehr* FS Keller, 1989, 485 (502ff.); *Mankowski* TranspR 1991, 253 (264ff.); *v. Bar* IPR II Rn. 457, 586; *Kropholler* IPR § 41 I 2 e; *v. Hoffmann/Thorn* IPR § 7 Rn. 55; Palandt/*Thorn* EGBGB Anh. Art. 10 Rn. 1; Soergel/*Lüderitz* EGBGB Anh. Art. 10 Rn. 101; Erman/*Hohloch* EGBGB Anh. I Art. 12 Rn. 6; MüKoBGB/*Spellenberg* EGBGB Vorb. Art. 11 Rn. 88f. mwN.
[98] *Ruthig* S. 124; *Schwarz* RabelsZ 71 (2007), 729 (781ff.); MüKoBGB/*Spellenberg* EGBGB Vorb. Art. 11 Rn. 93; BeckOK BGB/*Mäsch* EGBGB Art. 10 Rn. 101; *Schotten/Schmellenkamp* IPR Rn. 92.
[99] BeckOK BGB/*Mäsch* EGBGB Art. 10 Rn. 102.
[100] *Ruthig* S. 127; *Schotten/Schmellenkamp* IPR Rn. 92; MüKoBGB/*Spellenberg* EGBGB Vorb. Art. 11 Rn. 84. Ebenso etwa § 49 Abs. 1 öst. IPRG; Art. 126 iVm Art. 116 schweiz. IPRG; Art. 10 Abs. 11 span. CC.
[101] Dafür *Schwarz* RabelsZ 71 (2007), 729 (784ff.); dagegen der Vorschlag des Deutschen Rats für IPR, vgl. *v. Hein* IPRax 2015, 578 (579f).
[102] So zu Recht auch MüKoBGB/*Spellenberg* EGBGB Vorb. Art. 11 Rn. 91; BeckOK BGB/*Mäsch* EGBGB Art. 10 Rn. 100; *Schwarz* RabelsZ 71 (2007), 729 (785ff.); **aA** noch *Rabel* RabelsZ 3 (1929), 807 (835).
[103] Reithmann/Martiny/*Hausmann* IVR Rn. 7.380.

machtsregeln am tatsächlichen Gebrauchsort nicht berufen.[104] Darüber hinaus kann auch in der Bezugnahme auf bestimmte Vorschriften einer nationalen Rechtsordnung in der Vollmachtsurkunde eine stillschweigende Bestimmung des Vollmachtsstatuts liegen.[105]

### IV. Wahlberechtigte Personen

Die Wahlmöglichkeit wird sowohl nach Art. 14 HStÜ wie nach Art. 7 Abs. 3 Rom I-VO-E nur dem Geschäftsherrn und dem Dritten, nicht hingegen dem Vertreter eingeräumt. Dadurch soll verhindert werden, dass der Vertreter durch eine Wahl des Vollmachtsstatuts seine Vertretungsbefugnisse zu Lasten des Vertretenen eigenmächtig erweitert.[106] Diese Gefahr besteht freilich dann nicht, wenn der Geschäftsherr den Vertreter ausdrücklich dazu ermächtigt hat, das Vollmachtsstatut mit Wirkung für und gegen ihn zu wählen.[107] Ferner kann der Geschäftsherr die Wahlfreiheit des Vertreters dadurch beschränken, dass er die von diesem wählbaren Rechte in der Vollmachtsurkunde beschränkt.[108] Andererseits bedarf auch der Vertreter gegenüber einer – etwa im Wege einer Außenvollmacht – nur im Verhältnis zwischen Prinzipal und Dritten getroffenen Rechtswahl des Schutzes. Erstreckt man nämlich den Anwendungsbereich des Vollmachtsstatuts auch auf die Überschreitung der Vertretungsmacht und die Haftung des *falsus procurator* (→ Rn. 56, 84ff.), so könnte durch eine solche Rechtswahl die Haftung des Vertreters ohne sein Wissen begründet oder erweitert werden. Aus diesem Grunde musss eine zwischen Prinzipal und Drittkontrahent getroffene – insbesondere nachträgliche – Rechtswahl für den Vertreter zumindest erkennbar sein.[109] 48

**Formulierungsbeispiel: Rechtswahl** 49

Die Vollmacht unterliegt dem deutschen Recht. Dies gilt sowohl für die Erteilung und Wirksamkeit der Vollmacht als auch für deren Auslegung und Dauer einschließlich der Gründe für ihr Erlöschen.

## D. Reichweite des Vollmachtsstatuts

Die Reichweite des Vollmachtsstatuts ist insbesondere abzugrenzen vom Anwendungsbereich des Geschäftsstatuts des Vertrages, den der Vertreter mit dem Drittkontrahenten abschließt. Ausgangspunkt muss sein, dass das Vollmachtsstatut alle Fragen beherrscht, welche die Befugnis des Bevollmächtigten betreffen, den Vollmachtgeber gegenüber dem Drittkontrahenten wirksam zu verpflichten (vgl. Art. 1 Abs. 2 lit. g Rom I-VO). Dies gilt insbesondere für die wirksame Begründung, den Umfang, die Wirkungen und das Erlöschen der Vollmacht.[110] 50

[104] *Ruthig* S. 127; Staudinger/*Magnus* Rom I-VO Anh. II Art. 1 Rn. 12.
[105] Vgl. OLG Karlsruhe MDR 1998, 1470.
[106] MüKoBGB/*Spellenberg* EGBGB Vorb. Art. 11 Rn. 90.
[107] *Schwarz* RabelsZ 71 (2007), 729 (787ff.); *de Quenaudon* Rev.crit.d.i.p. 73 (1984), 597 (601).
[108] Reithmann/Martiny/*Hausmann* IVR Rn. 7.381.
[109] So auch die hM, vgl. OLG Karlsruhe MDR 1998, 1470; Staudinger/*Magnus* Rom I-VO Anh. II Art. 1 Rn. 12; BeckOK BGB/*Mäsch* EGBGB Art. 10 Rn. 101; *Kurzynsky-Singer* S. 178; *Schwarz* RabelsZ 71 (2007), 729 (788ff.) mwN; iErg auch MüKoBGB/*Spellenberg* EGBGB Vorb. Art. 11 Rn. 89, der eine Zustimmung aller drei Beteiligten fordert; **aA** *Ruthig* S. 124ff.
[110] Vgl. *Kropholler* IPR § 41 I 3; Palandt/*Thorn* EGBGB Anh. Art. 10 Rn. 3; Erman/*Hohloch* EGBGB Anh. I Art. 12 Rn. 10; NK-BGB/*Doehner* EGBGB Anh. Art. 11 Rn. 13ff.; Staudinger/*Magnus* Rom I-VO Anh. II Art. 1 Rn. 42. Dies wird in zahlreichen ausländischen Kodifikationen ausdrücklich klargestellt, vgl. Reithmann/Martiny/*Hausmann* Rn. 7.407 m. Fn. 2.

## I. Erteilung und Gültigkeit der Vollmacht

51 Nach dem Recht des Wirkungslandes richtet sich insbesondere die gültige Erteilung der Vollmacht.[111] Dies betrifft etwa die Art und Weise der Vollmachtserteilung (einseitige Willenserklärung oder Vertrag),[112] sowie die Frage, ob nur der Bevollmächtigte oder auch Dritte **Adressaten der Vollmachtserklärung** sein können (Innen- oder Außenvollmacht).[113] Dem Vollmachtsstatut ist ferner zu entnehmen, in welchem Umfang **Willensmängel** in der Person des Vollmachtgebers die wirksame Erteilung der Vollmacht beeinflussen.[114] Gleiches gilt für die Frage, ob und unter welchen Voraussetzungen ein **Minderjähriger** wirksam bevollmächtigt werden kann.[115] Ob der Bevollmächtigte oder der Vollmachtgeber bei Erteilung der Vollmacht voll oder beschränkt geschäftsfähig waren, ist hingegen selbständig nach Art. 7 EGBGB zu beurteilen.[116] Eine unterschiedliche Anknüpfung der Erteilung der Vollmacht einerseits und ihrer Wirkungen andererseits kommt hingegen nicht in Betracht.[117]

## II. Auslegung der Vollmacht

52 Auch die Auslegung der Vollmacht unterliegt dem Vollmachtsstatut. Denn insoweit ist entscheidend, wie der Drittkontrahent die Vollmacht nach den Auslegungsgrundsätzen des Rechts am Gebrauchsort oder an der ständigen Niederlassung des Vertreters interpretieren durfte.[118]

53 **Beispiele:**

a) Haben die Parteien die Vollmacht zweisprachig (deutsch/italienisch) abgefasst, geht „bei Widersprüchen zwischen den beiden Fassungen (…) der deutsche Text vor, wenn von der Vollmacht in Deutschland Gebrauch gemacht werden soll".[119]

b) Ermächtigt eine in den USA in englischer Sprache abgefasste Vollmacht den Bevollmächtigten zur Belastung eines deutschen Grundstücks, so sind „für die Auslegung der Vollmachtsurkunde die Auslegungsgrundsätze des deutschen Rechts, insbesondere die §§ 133, 157 BGB maßgebend."[120]

[111] BGH JZ 1963, 167 mAnm *Lüderitz*; BGH NJW 1982, 2733 mAnm *Stoll* IPRax 1983, 52; 2004, 1315 (1316); OLG Koblenz RIW 1996, 151 (152); OLG Köln NJW-RR 1996, 411 (interlokal); *v. Caemmerer* RabelsZ 24 (1959), 201 (214ff.); *Ferid* IPR Rn. 5–160; *Schotten/Schmellenkamp* IPR Rn. 93; Soergel/*Lüderitz* EGBGB Anh. Art. 10 Rn. 102, Erman/*Hohloch* EGBGB Anh. I Art. 12 Rn. 10.

[112] *V. Caemmerer* RabelsZ 24 (1959), 201 (215); Staudinger/*Magnus* Rom I-VO Anh. II Art. 1 Rn. 43.

[113] *V. Caemmerer* RabelsZ 24 (1959), 201 (215); *Raape* S. 503; Palandt/*Thorn* EGBGB Anh. Art. 10 Rn. 3.

[114] *V. Caemmerer* RabelsZ 24 (1959), 201 (214); *Steding* ZvglRW 86 (1987), 25 (46); Staudinger/*Magnus* Rom I-VO Anh. II Art. 1 Rn. 48; ebenso für die Schweiz *Berger* S. 147; Keller/*Girsberger* IPRG Art. 126 Rn. 21.

[115] *V. Caemmerer* RabelsZ 24 (1959), 201 (215); NK-BGB/*Doehner* EGBGB Anh. Art. 11 Rn. 13; Staudinger/*Magnus* Rom I-VO Anh. II Art. 1 Rn. 46; **aA** *Raape* S. 503.

[116] BGH NJW 2004, 1315 (1316); *v. Caemmerer* RabelsZ 24 (1959), 201 (217); Staudinger/*Magnus* Rom I-VO Anh. II Art. 1 Rn. 46; dazu → § 4 Rn. 6ff.

[117] BGHZ 64, 183 (192ff.); *Gamillscheg* JZ 1955, 705; *v. Caemmerer* RabelsZ 24 (1959), 201 (210ff.); *Schwarz* RabelsZ 71 (2007), 729 (792); *Steding* ZvglRW 86 (1987), 25 (28); anders noch BGH JZ 1955, 702; *Rabel* RabelsZ 3 (1929), 807 (829).

[118] BGHZ 43, 21 (27) = NJW 1965, 487; 64, 183 (192ff.) = NJW 1975, 1220; OLG München IPRax 1990, 320 (322); zust. *Ferid* IPR Rn. 5–160; *Schotten/Schmellenkamp* IPR Rn. 95; Palandt/*Thorn* EGBGB Anh. Art. 10 Rn. 3; Soergel/*Lüderitz* EGBGB Anh. Art. 10 Rn. 102; Staudinger/*Magnus* Rom I-VO Anh. II Art. 1 Rn. 50; BeckOK BGB/*Mäsch* EGBGB Art. 10 Rn. 88; für Berücksichtigung des Rechts am Erklärungsort *Steding* ZvglRW 86 (1987), 25 (46).

[119] RG HRR 1928 Nr. 303.

[120] RG DNotZ 1944, 151 = SA 97 Nr. 53.

### III. Inhalt und Umfang der Vollmacht

Auch der Inhalt und Umfang der Vollmacht ist nach den im Wirkungsland geltenden Regeln zu ermitteln.[121] Das Recht des Gebrauchsortes ist daher maßgebend dafür, ob das vom Vertreter mit dem Dritten abgeschlossene **Geschäft durch die Vollmacht gedeckt** ist.[122] 54

Beispiele: 55

a) Ob der Agent einer deutschen Firma in London ermächtigt war, über Waren dieser Firma zu verfügen, ist nach englischem Recht (Londoner Gebräuche) zu beurteilen.[123]

b) Ob der Frankfurter Agent einer New Yorker Firma Zusicherungen über die Qualität der Ware machen durfte, ist nach deutschem Recht zu entscheiden.[124]

c) Ob die von einer italienischen AG erteilte „Sondervollmacht" zur Errichtung eines Bauvorhabens für die Olympiade 1972 in München auch das Recht des Vertreters umfasste, einem deutschen Rechtsanwalt Prozessvollmacht zu erteilen, bestimmt sich nach deutschem Recht.[125]

d) Der Umfang einer in Kanada in englischer Sprache ausgestellten Vollmacht zur Anmeldung der Kapitalerhöhung einer deutschen GmbH unterliegt dem deutschen Recht.[126]

Das Vollmachtsstatut entscheidet weiter, ob der Bevollmächtigte **Untervollmacht** erteilen[127] und mit sich **selbst kontrahieren** darf oder zur Mehrfachvertretung berechtigt ist;[128] denn auch insoweit handelt es sich um eine Frage der Reichweite der Vollmacht. Nach dem Vollmachtstatut wird auch beurteilt, ob im Falle der Bestellung mehrerer Vertreter **Einzel- oder Kollektivvertretungsmacht** besteht[129] und ob der Vertreter seine **Vollmacht überschritten oder missbraucht** hat.[130] 56

Beispiele: 57

a) Der Missbrauch der Vollmacht durch einen im Inland tätigen Vertreter beim Abschluss eines Börsentermingeschäfts an der New Yorker Baumwollbörse ist nach deutschem Recht zu beurteilen.[131]

[121] Vgl. *v. Caemmerer* RabelsZ 24 (1959), 201 (214); *Hohloch* JuS 1992, 610 (613); *v. Bar* IPR II Rn. 593; *Kropholler* IPR § 41 I 3; *Schotten/Schmellenkamp* IPR Rn. 94; Soergel/*Lüderitz* EGBGB Anh. Art. 10 Rn. 102; Erman/*Hohloch* EGBGB Anh. I Art. 12 Rn. 10; Staudinger/*Magnus* Rom I-VO Anh. II Art. 1 Rn. 49.

[122] RG JW 1910, 181 = SA 66 Nr. 73; BGH JZ 1955, 702 mAnm *Gamillscheg*; *Braga* RabelsZ 24 (1959), 337 (338); BeckOK BGB/*Mäsch* EGBGB Art. 10 Rn. 88; Reithmann/Martiny/*Hausmann* IVR Rn. 7.411 mwN.

[123] RGZ 38, 194 (196).

[124] RGZ 51, 147 (149).

[125] OLG München IPRspr. 1974 Nr. 10b.

[126] BayObLGZ 1987, 363 = NJW-RR 1988, 873.

[127] OLG Frankfurt a.M. WM 1963, 872 (875); LG Karlsruhe RIW 2002, 153 (155); LG Berlin I IPRspr. 1932 Nr. 63; *v. Caemmerer* RabelsZ 24 (1959), 201 (214); *Schotten/Schmellenkamp* IPR Rn. 94; Soergel/*Lüderitz* EGBGB Anh. Art. 10 Rn. 102; *Ferid* IPR Rn. 5–160.

[128] Vgl. BGH NJW 1992, 618 = JZ 1992, 579 mAnm *v. Bar*, wo die Befugnis des Prokuristen einer deutschen GmbH zum Selbstkontrahieren nach dem deutschen Vollmachtsstatut – und nicht nach dem französischen Geschäftsstatut – beurteilt wird; ferner RG JW 1928, 2013; OLG Düsseldorf IPRax 1996, 423 (425); OLG Koblenz RIW 1996, 151 (152); *v. Caemmerer* RabelsZ 24 (1959), 201 (216ff.); *v. Bar* IPR II Rn. 593; Soergel/*Lüderitz* EGBGB Anh. Art. 10 Rn. 102; Erman/*Hohloch* EGBGB Anh. Art. 12 Rn. 10; Palandt/*Thorn* EGBGB Anh. Art. 10 Rn. 3; Staudinger/*Magnus* Rom I-VO Anh. II Art. 1 Rn. 51; **aA** MüKoBGB/*Spellenberg* EGBGB Vorb. Art. 11 Rn. 143 (Geschäftsstatut).

[129] Staudinger/*Magnus* Rom I-VO Anh. II Art. 1 Rn. 53.

[130] BGH JZ 1963, 167 mAnm *Lüderitz; v. Caemmerer* RabelsZ 24 (1959), 201 (214); *Luther* RabelsZ 38 (1974), 421 (429); Soergel/*Lüderitz* EGBGB Anh. Art. 10 Rn. 102.

[131] RGZ 134, 67 (71).

b) Missbraucht der Vertreter eine in den USA ausgestellte Grundstücksvollmacht, indem er das deutsche Grundstück mit einer Grundschuld belastet, um sich für persönliche Zwecke Geld zu beschaffen, so ist die Wirksamkeit der Grundschuldbestellung im Verhältnis zum Vollmachtgeber nach deutschem Recht (§ 172 BGB) zu beurteilen.[132]

58 Dem Vollmachtsstatut ist daher auch zu entnehmen, ob der Vollmachtgeber trotz Überschreitung bzw. Missbrauchs der Vollmacht durch den Vertreter dem Dritten gegenüber (zB kraft Rechtsscheins, → Rn. 74f.) gebunden wird.[133] Entfällt allerdings eine Bindung des Vollmachtgebers an das vom Vertreter unter Überschreitung bzw. Missbrauch der Vollmacht geschlossene Geschäft nach dem Recht des Wirkungslandes, so beurteilt sich die weitere Frage, ob der Vollmachtgeber dem Dritten gegebenenfalls aus anderen Rechtsgründen (zB aus *culpa in contrahendo* oder Delikt) haftet, hingegen nach dem hierfür jeweils maßgeblichen Statut (Art. 12, 4ff. Rom II-VO).[134]

## IV. Form der Vollmacht

59 Der Ausschluss der rechtsgeschäftlichen Vertretung aus dem Anwendungsbereich der Rom I-VO (→ Rn. 1) erstreckt sich auch auf deren Formgültigkeit. Art. 11 Rom I-VO gilt daher zwar für die Form des der Vollmacht zugrundliegenden schuldrechtlichen Geschäfts (zB den Auftrag) sowie für die Form des vom Vertreter mit dem Dritten abgeschlossenen Schuldvertrags. Demgegnüber beurteilt sich die Form der Vollmacht wegen Art. 1 Abs. 2 lit. g Rom I-VO weiterhin nach dem autonomen IPR der Mitgliedstaaten, in Deutschland daher nach Art. 11 EGBGB.[135] Danach sind das Geschäftsrecht und das Ortsrecht **alternativ und gleichrangig** zur Anwendung berufen.

### 1. Geschäftsrecht

60 Ein einseitiges Rechtsgeschäft ist gemäß Art. 11 Abs. 1 Alt. 1 EGBGB zunächst formgültig,, wenn es den Anforderungen des Rechts entspricht, „das auf das seinen Gegenstand bildende Rechtsverhältnis anzuwenden ist". Dies ist für die Vollmacht das **Vollmachtsstatut,** nicht dagegen das Schuldstatut des vom Vertreter abgeschlossenen Hauptvertrages oder die Rechtsordnung,, die das der Vollmacht zugrunde liegende Rechtsverhältnis beherrscht.[136] Die Formwirksamkeit der Vollmacht ist daher – nicht anders als deren materielle Gültigkeit – nach dem **Recht des Gebrauchslandes** zu beurteilen. Denn der Rechtsverkehr muss sich darauf verlassen können, dass eine Vollmacht, die nach ihrem Inhalt in *Deutschland* Wirkungen entfalten soll, formwirksam ist, wenn sie den Formerfordernissen des deutschen Rechts genügt.[137]

61 Da im deutschen Recht die Vollmacht **grundsätzlich formfrei** ist (§ 167 Abs. 2 BGB), bedürfen somit Vollmachten, die nach ihrem Inhalt in Deutschland gebraucht werden sollen, nur in Ausnahmefällen einer Form.[138] So ist die **Schriftform** vorgeschrieben für die Stimmrechtsvollmacht im Aktienrecht (§ 134 Abs. 3 S. 2 AktG) und die Prozessvollmacht (§ 80 ZPO). Der **öffentlichen Beglaubigung** bedürfen die Vollmacht zur

---

132 RG DNotZ 1944, 151 = SA 97 Nr. 53.

133 Staudinger/*Magnus* Rom I-VO Anh. II Art. 1 Rn. 54; Reithmann/Martiny/*Hausmann* IVR Rn. 7.411.

134 Soergel/*Lüderitz* EGBGB Anh. Art. 10 Rn. 105; Staudinger/*Magnus* Rom I-VO Anh. II Art. 1 Rn. 54; **aA** (Vollmachtsstatut) *Ruthig* S. 171.

135 Staudinger/*Magnus* Rom I-VO Anh. II Art. 1 Rn. 63; Staudinger/*Mansel* EGBGB Art. 43 Rn. 1095; Reithmann/Martiny/*Hausmann* IVR Rn. 7.413.

136 *Reithmann* DNotZ 1956, 469 (471); *v. Caemmerer* RabelsZ 24 (1959), 201 (213); *Zweigert* RabelsZ 24 (1959), 334ff.; *Steding* ZvglRW 86 (1987), 25 (48); *Schäfer* RIW 1996, 189 (193); *v. Bar* IPR II Rn. 593; *Schotten/Schmellenkamp* IPR Rn. 100; Erman/*Hohloch* EGBGB Anh. I Art. 12 Rn. 11; Staudinger/*Magnus* Rom I-VO Anh. II Art. 1 Rn. 64; Palandt/*Thorn* EGBGB Anh. Art. 10 Rn. 3; differenzierend Soergel/*Lüderitz* EGBGB Anh. Art. 10 Rn. 108.

137 BGH WM 1965, 868; KG DNotZ 1931, 402.

138 Dazu auch Reithmann/Martiny/*Hausmann* IVR Rn. 7.416.

Registeranmeldung (§ 12 Abs. 1 S. 2 HGB), die Vollmacht zum Bieten in der Zwangsversteigerung (§ 71 Abs. 2 ZVG) und die Vollmacht zur Erbausschlagung (§ 1945 Abs. 3 BGB). Auch zum Abschluss eines GmbH-Vertrages (§ 2 Abs. 2 GmbHG) muss eine „notariell errichtete oder beglaubigte" Vollmacht vorliegen. Die **notarielle Beurkundung** ist erforderlich für die unwiderrufliche Grundstücksvollmacht, die unwiderrufliche Vollmacht zur Erbteilsübertragung und die Blankovollmacht zur Abtretung eines GmbH-Anteils. Die Beurkundung oder Beglaubigung der Vollmacht kann im Ausland auch von einem **deutschen Konsul** vorgenommen werden (§ 10 KonsG).

### 2. Ortsrecht

Ausreichend für die Formgültigkeit der Vollmacht ist es allerdings nach Art. 11 Abs. 1 Alt. 2 EGBGB auch, wenn sie in der Form erteilt worden ist, die das jeweilige Ortsrecht *(lex loci actus)* vorschreibt.[139] Maßgebend ist hierbei der Errichtungsort der Vollmacht, nicht etwa der Empfangsort[140] oder der Ort, an dem das Vertretergeschäft abgeschlossen wird.[141] Dies gilt auch für **Vollmachten,** die **zu Grundstücksgeschäften im Inland** ermächtigen. Der im deutschen materiellen Recht geltende Grundsatz der Formabstraktion (§ 167 Abs. 2 BGB) hat kollisionsrechtlich zur Folge, dass die der Formgültigkeit von Grundstücksverträgen und von sachenrechtlichen Verfügungsgeschäften in Art. 11 Abs. 5 Rom I-VO und Art. 11 Abs. 4 EGBGB gezogenen Schranken für die Vollmacht nicht gelten.[142] Gleiches gilt auch für die **Übertragung von Erbanteilen** an einem deutschen Nachlass. 62

**Beispiele:** 63

a) Für die Erteilung einer unwiderruflichen Vollmacht zur Veräußerung eines Ferienbungalows auf Teneriffa ist es ausreichend, wenn diese zur Urkunde eines deutschen Notars erklärt wird und damit nach Art. 11 Abs. 1 S. 2 EGBGB die deutsche Ortsform wahrt. Da die Vollmacht gegenüber dem Rechtsgeschäft, auf das sie sich bezieht, abstrakt ist, muss die Form des spanischen Belegenheitsrechts nach Art. 11 Abs. 4 Rom I-VO nicht eingehalten werden.[143]

b) Eine in Ontario/Kanada ausgestellte privatschriftliche Vollmacht zur Erbteilsübertragung an einem deutschen Nachlass ist nach dem deutschen Geschäftsrecht als formgültig zu erachten. Aus der in § 2033 Abs. 1 S. 2 BGB für die Erbteilsübertragung selbst vorgeschriebenen notariellen Beurkundung folgt im Hinblick auf § 167 Abs. 2 BGB nichts anderes.[144]

Die im deutschen materiellen Recht anerkannten Einschränkungen des Grundsatzes der Formabstraktion[145] begründen **keinen kollisionsrechtlichen Formverbund von Hauptgeschäft und Vollmacht.** Auf die Gültigkeit einer nach dem Ortsrecht wirksam ausgestellten Vollmacht ist es mithin ohne Einfluss, dass sie in ihren praktischen Auswirkungen das formgebundene Hauptgeschäft bereits vorwegnimmt und deshalb nach dem deutschen Geschäftsrecht formbedürftig wäre.[146] Vollmachten zum Abschluss von Verträgen über den Erwerb bzw. die Veräußerung deutscher Grundstücke bedürfen daher, auch wenn sie unwiderruflich sind oder vom Verbot des Selbstkontrahierens befreien, nicht ge- 64

[139] Erman/*Hohloch* EGBGB Anh. Art. 12 Rn. 11.
[140] *Schotten/Schmellenkamp* IPR Rn. 101; Staudinger/*Mansel* EGBGB Art. 43 Rn. 1096.
[141] Soergel/*Lüderitz* EGBGB Anh. Art. 10 Rn. 109.
[142] *Schotten/Schmellenkamp* IPR Rn. 101; *Looschelders* EGBGB Anh. Art. 12 Rn. 16; Soergel/*Lüderitz* EGBGB Anh. Art. 10 Rn. 110; Reithmann/Martiny/*Hausmann* IVR Rn. 7.418; **aA** MüKoBGB/*Spellenberg* EGBGB Vorb. Art. 11 Rn. 161.
[143] Vgl. OLG München NJW-RR 1989, 663 mAnm *Spellenberg* IPRax 1990, 295.
[144] Vgl. OLG Schleswig-Holstein DNotZ 1981, 746.
[145] Dies betrifft insbesondere unwiderrufliche oder aus sonstigen Gründen bindende Vollmachten zum Erwerb oder zur Veräußerung von Grundstücken; vgl. dazu statt aller MüKoBGB/*Schramm* § 167 Rn. 16ff. mwN.
[146] Reithmann/Martiny/*Hausmann* IVR Rn. 7.419.

mäß Art. 11 Abs. 4 EGBGB der Form des § 311b Abs. 1 BGB, sofern das Recht des ausländischen Ausstellungsortes eine notarielle Beurkundung nicht verlangt.[147]

65 **Beispiel:**
Eine in Kanada ausgestellte unwiderrufliche und unter Befreiung vom Verbot des Selbstkontrahierens erteilte Vollmacht zur Verfügung über einen dem deutschem Recht unterliegenden Erbteil ist in Deutschland als wirksam anzuerkennen.[148]

66 Aus dem gleichen Grunde bedarf auch die im Ausland errichtete bindende **Vollmacht zur Auflassung deutscher Grundstücke** nicht nach Art. 11 Abs. 4 EGBGB der Form des § 925 BGB.[149] Entgegen dieser bisher hM wird in der jüngeren Literatur freilich zT für eine analoge Anwendung von Art. 11 Abs. 4 EGBGB auf Grundstücksvollmachten plädiert, um den der Formfreiheit solcher Vollmachten im deutschen materiellen Recht gezogenen Schranken auch im Kollisionsrecht zur Durchsetzung zu verhelfen.[150] Andererseits genügt die Einhaltung der für das Vertretergeschäft vorgeschriebenen Form nicht, wenn weder die Form nach dem Vollmachtsstatut noch die Form am Ort der Ausstellung der Vollmacht eingehalten wurde. Aus Art. 11 Abs. 3 EGBGB folgt nichts anderes, weil die Vorschrift sich nur auf das Vertretergeschäft, nicht auf die Vollmacht bezieht.[151]

67 Soll aufgrund einer im Ausland erteilten Vollmacht eine Eintragung im deutschen Grundbuch erfolgen, so bedarf die Vollmacht allerdings der **Form des § 29 GBO.** Diese Form wird auch durch die Beglaubigung eines *ausländischen* Notars im Rahmen seiner Zuständigkeit erfüllt.[152] Dessen Unterschrift kann von den deutschen Auslandsvertretungen legalisiert werden, soweit von diesem Erfordernis nicht durch Staatsvertrag befreit wird.[153] Im Übrigen steht es im Ermessen des Grundbuchamts, ob es eine Legalisation verlangt oder nicht.

## V. Dauer und Erlöschen der Vollmacht

68 Das Vollmachtsstatut entscheidet schließlich auch darüber, wann und aus welchen Gründen die Vollmacht erlischt[154] und welche Rechtsfolgen das Erlöschen der Vollmacht hat (zB Anspruch auf Rückgabe der Vollmachtsurkunde).[155] So ist die Wirksamkeit einer

[147] OLG Nürnberg IPRspr. 1929 Nr. 26; KG DNotZ 1931, 402; OLGE 44, 152; LG Berlin I IPRspr. 1930 Nr. 24; **aA** LG Berlin I IPRspr. 1932 Nr. 63, wo die in New York ausgestellte unwiderrufliche Generalvollmacht, die in Deutschland ihre Wirkung entfalten sollte, nach deutschem Recht als nichtig erachtet wurde, weil die Rückverweisung des New Yorker IPR auf die deutsche *lex rei sitae* zu Unrecht auf die Form der Vollmacht erstreckt wurde.

[148] Vgl. OLG Schleswig-Holstein SchlHA 1962, 173 mAnm *Deutsch* SchlHA 1962, 244; ferner OLG Stuttgart OLGZ 1981, 164 (165) = DNotZ 1981, 746 zu einer in Liechtenstein ausgestellten Vollmacht zur Grundstücksveräußerung unter Befreiung vom Verbot des Selbstkontrahierens.

[149] *Reithmann* DNotZ 1956, 469 (474); *v. Caemmerer* RabelsZ 24 (1959), 201 (213 ff.); *Zweigert* RabelsZ 24 (1959), 334 (335); BeckOK BGB/*Mäsch* EGBGB Art. 10 Rn. 121; Staudinger/*Magnus* Rom I-VO Anh. II Art. 1 Rn. 65; Palandt/*Thorn* EGBGB Anh. Art. 10 Rn. 3; *Kurzynsky-Singer* S. 196; *Schotten/Schmellenkamp* IPR Rn. 101.

[150] Vgl. idS schon Staudinger/*Stoll*, 1996, IntSachenR Rn. 230; ebenso Staudinger/*Mansel* EGBGB Art. 43 Rn. 1102; ferner für die nach dem Geschäftsrecht formbedürftige Vollzugsvollmacht *Ludwig* NJW 1983, 495 (496); MüKoBGB/*Spellenberg* EGBGB Vorb. Art. 11 Rn. 162 f. und Art. 11 Rn. 101; für die unwiderrufliche Auflassungsvollmacht auch Staudinger/*Winkler v. Mohrenfels* EGBGB Art. 11 Rn. 77 f.

[151] Staudinger/*Magnus* Rom I-VO Anh. II Art. 1 Rn. 65; MüKoBGB/*Spellenberg* EGBGB Vorb. Art. 11 Rn. 160.

[152] OLG Zweibrücken FGPrax 1999, 86 (Unterschriftsbeglaubigung durch einen kanadischen „*notary public*" genügt den Anforderungen des § 29 Abs. 1 GBO).

[153] Vgl. zB das Haager Übereinkommen zur Befreiung ausländischer öffentlicher Urkunden von der Legalisation vom 5.10.1961, BGBl. 1965 II 876; zu den Vertragsstaaten *Jayme/Hausmann* Nr. 250 in Fn. 1.

[154] *V. Caemmerer* RabelsZ 24 (1959), 201 (214 ff.); *v. Bar* IPR II Rn. 593; *Kropholler* IPR § 41 I 3; *Schotten/Schmellenkamp* IPR Rn. 96; Staudinger/*Magnus* Rom I-VO Anh. II Art. 1 Rn. 55; Palandt/*Thorn* EGBGB Anh. Art. 10 Rn. 3; BeckOK BGB/*Mäsch* EGBGB Art. 10 Rn. 88.

[155] Soergel/*Lüderitz* EGBGB Anh. Art. 10 Rn. 102; Staudinger/*Magnus* Rom I-VO Anh. II Art. 1 Rn. 57.

Vollmacht in ausländischen Rechten zT kraft Gesetzes **zeitlich beschränkt;** die Geltung solcher Beschränkungen richtet sich nach dem Vollmachtsstatut.[156]

69 **Beispiel:**
Das Erlöschen der Vollmacht des Züricher Anwalts von A. Solschenizyn durch Zeitablauf nach russischem Recht kann von deutschen Gerichten nicht berücksichtigt werden, soweit von der Vollmacht in Deutschland Gebrauch gemacht worden ist.[157]

Ob die Vollmacht durch den **Tod,** die **Insolvenz** oder die **Geschäftsunfähigkeit** des 70 Vertretenen erlischt, ergibt sich ebenfalls aus dem Vollmachtstsstatut.[158] Wird daher von der Vollmacht im Inland Gebrauch gemacht, so wirkt sie grundsätzlich über den Tod des Vollmachtgebers hinaus, auch wenn sie im Ausland ausgestellt wurde.[159] Hingegen führt die Insolvenz des Gemeinschuldners idR zum Erlöschen der von ihm erteilten Vollmachten; dies gilt auch im Falle der Auslandsinsolvenz, wenn diese im Inland anzuerkennen ist.[160]

Auch die Frage, ob ein **Widerruf** der Vollmacht möglich ist, wem gegenüber und auf 71 welche Art und Weise er erklärt werden kann, und zu welchem Zeitpunkt im Falle eines wirksamen Widerrufs die Vollmacht erlischt, ist nach dem Vollmachtsstatut zu beurteilen. Dieses bestimmt ferner darüber, ob eine unwiderrufliche Vollmacht als gültig, frei widerruflich oder nichtig anzusehen ist.[161]

72 **Beispiel:**
Die unwiderruflich an einen israelischen Rechtsanwalt erteilte Vollmacht zur Vertretung vor den Berliner Entschädigungsbehörden ist in Anwendung deutschen Rechts als widerruflich zu behandeln.[162]

Schließlich beantwortet das Vollmachtsstatut auch die Frage, welchen Einfluss die **Beendigung des Innenverhältnisses** auf die Vollmacht hat.[163] Die Frage, ob und zu welchem Zeitpunkt das Innenverhältnis beendet worden ist, richtet sich hingegen nach dem auf dieses Verhältnis anwendbaren Recht. 73

## VI. Duldungs- und Anscheinsvollmacht

Wurde eine Vollmacht weder ausdrücklich noch stillschweigend erteilt, so beurteilt sich 74 auch die Frage, ob der Vertretene sich aus Gründen des Verkehrsschutzes einem Dritten gegenüber so behandeln lassen muss, als habe er Vollmacht erteilt, nach dem Vollmachtsstatut. Denn der Schutz des Rechtsverkehrs verlangt eine **einheitliche Behandlung aller Arten der Vollmacht,** weil eine scharfe Grenzziehung zwischen der Vertretungsmacht durch stillschweigende Erklärung, durch Duldung oder aufgrund Anscheins häufig kaum möglich ist.[164] Die im deutschen Recht entwickelten Grundsätze über die Haftung des Ge-

[156] Vgl. BGH WM 1958, 557 (559) zum Zeitablauf der von einer Russin an ihren deutschen Verleger erteilten Vollmacht nach russischem Recht, der wegen des Gebrauchs der Vollmacht in Deutschland nicht berücksichtigt wurde.
[157] BGHZ 64, 183 = NJW 1975, 1220.
[158] Reithmann/Martiny/*Hausmann* IVR Rn. 7.425 mwN; **aA** MüKoBGB/*Spellenberg* EGBGB Vorb. Art. 11 Rn. 144.
[159] LG Berlin JW 1935, 877; OLG Frankfurt a.M. WM 1963, 872 (875); ebenso für die Prozessvollmacht BGH DB 1958, 1010.
[160] LG München I NJW-RR 1994, 1150.
[161] RGZ 30, 122; LG Berlin I IPRspr. 1932 Nr. 63; *v. Caemmerer* RabelsZ 24 (1959), 201 (214); Soergel/*Lüderitz* EGBGB Anh. Art. 10 Rn. 102.
[162] KG IPRspr. 1958/59 Nr. 40.
[163] BeckOK BGB/*Mäsch* EGBGB Art. 10 Rn. 98; *Schotten/Schmellenkamp* IPR Rn. 96.
[164] IdS entscheiden auch Art. 11 Abs. 1 Hs. 1 HStÜ sowie die IPR-Gesetze von *Belgien* (Art. 108 Abs. 1 Hs. 1), *Italien* (Art. 60 Abs. 1 Hs. 1), *Österreich* (Art. 49 Abs. 1 Hs. 1), der *Schweiz* (Art. 126 Abs. 2); und *Spanien* (Art. 10 Abs. 11 S. 2 CC); dazu *Schwarz* RabelsZ 71 (2007), 729 (793ff.).

schäftsherrn aufgrund einer Duldungs- oder Anscheinsvollmacht sind daher im internationalen Rechtsverkehr stets anwendbar, wenn der **Vertrauenstatbestand** von dem Vertreter **in Deutschland gesetzt** worden ist.[165] Teilweise stellt die Rechtsprechung auch auf dasjenige Land ab, in dem der **Schein entstanden** ist oder sich ausgewirkt hat.[166]

75 **Beispiele:**

a) Ein bulgarisches Staatsunternehmmen ist an den Kaufvertrag mit einer deutschen Lieferantin gebunden, wenn die ständige bulgarische Außenhandelsvertretung in Deutschland hier den Anschein erweckt hat, zum Abschluss des Vertrags bevollmächtigt zu sein.[167]

b) Die Rechtsscheinhaftung des Vertreters einer niederländischen B.V., der bei in Deutschland getätigten Geschäften den Firmenzusatz zur beschränkten Haftung weggelassen hatte, beurteilt sich nach deutschem Recht, weil der Rechtsschein der unbeschränkten Haftung im Inland gesetzt wurde.[168]

c) Die Einlassung des italienischen Handelsagenten auf die Mängelrüge des Käufers an dessen Sitz in Deutschland ist dem italienischen Lieferanten nach den deutschen Grundsätzen über die Anscheinsvollmacht zuzurechnen.[169]

76 Diese Anknüpfung gilt auch dann, wenn der Rechtsschein für den Drittkontrahenten ausnahmsweise in einem **vom Gebrauchsland abweichenden Land** gesetzt wurde oder entstanden ist.[170] Insoweit kann es allerdings nicht auf den Ort ankommen, an dem der Dritte an den Rechtsschein glaubt.[171] Vielmehr entspricht der Ort, an dem der Schein entstanden ist, im Regelfall dem hypothetischen Vollmachtsstatut.[172] Bei Distanzgeschäften kommt es daher auf den Ort an, an dem der Vertreter seine Vertragserklärung abgegeben hat; hingegen ist der Ort des Zugangs der Erklärung nicht maßgeblich.[173] Der Vertretene kann sich allerdings ausnahmsweise nach dem **Rechtsgedanken des Art. 10 Abs. 2 Rom I-VO** auf das an seinem gewöhnlichen Aufenthaltsort geltende Recht berufen, wenn dieses eine solche Rechtsscheinhaftung nicht vorsieht und er mit einer solchen Haftung aufgrund der Anwendung eines anderen Rechts nicht rechnen musste;[174] dies gilt aber nicht, wenn der Vertretene mit einem Auftreten des Vertreters im Ausland einverstanden war.[175]

---

[165] *Kropholler* NJW 1965, 1641 (1644ff.); *v. Caemmerer* RabelsZ 24 (1959), 201 (210); *Leible* IPRax 1998, 257 (260ff.); *v. Bar* IPR II Rn. 593; Palandt/*Thorn* EGBGB Anh. Art. 10 Rn. 3; BeckOK BGB/*Mäsch* EGBGB Art. 10 Rn. 114; **aA** (Schutz des Drittkontrahenten über Art. 10 Abs. 2 Rom I-VO); MüKo-BGB/*Spellenberg* EGBGB Vorb. Art. 11 Rn. 134. Vgl. auch OLG Saarbrücken IPRspr. 1968/69 Nr. 19a (Anscheinsvollmacht); OLG Frankfurt a.M. AWD 1969, 415 (Duldungsvollmacht).

[166] Vgl. zur Duldungsvollmacht KG IPRspr. 1932 Nr. 25; OLG Hamburg NJW-RR 2009, 1717 (1718); zur Anscheinsvollmacht BGH WM 1968, 440; OLG Hamburg IPRspr. 1931 Nr. 39; OLG Hamm IPRspr. 1956/57 Nr. 27; OLG Düsseldorf MDR 1978, 930; KG IPRax 1998, 280 mAnm *Leible* IPRax 1998, 257; OLG Hamm RIW 2003, 305; zust. *Ferid* IPR Rn. 5–159; *Looschelders* EGBGB Anh. Art. 12 Rn. 8; krit. *Kropholler* NJW 1965, 1641 (1645); *Ruthig* S. 44ff.; *Leible* IPRax 1998, 257 (260ff.).

[167] BGHZ 43, 21 (27) = NJW 1965, 487.

[168] BGH NJW 2007, 1529 Rn. 9 m. Aufs. *Kindler* NJW 2007, 1785ff.

[169] Vgl. OLG Karlsruhe NJW-RR 1987, 119 mAnm *Weitnauer* IPRax 1987, 221 = EWiR 1986, 1199 mAnm *Herber*.

[170] Ebenso Staudinger/*Magnus* Rom I-VO Anh. II Art. 1 Rn. 39; Reithmann/Martiny/*Hausmann* IVR Rn. 7.430.

[171] So aber *Leible* IPRax 1998, 257 (260).

[172] BeckOK BGB/*Mäsch* EGBGB Art. 10 Rn. 114.

[173] BGH NZG 2012, 1192 Rn. 29ff.

[174] Palandt/*Thorn* EGBGB Anh. Art. 10 Rn. 3; Soergel/*Lüderitz* EGBGB Anh. Art. 10 Rn. 107; BeckOK BGB/*Mäsch* EGBGB Art. 10 Rn. 118; NK-BGB/*Doehner* EGBGB Anh. Art. 11 Rn. 17 aE; MüKoBGB/*Spellenberg* EGBGB Vorb. Art. 11 Rn. 141; **aA** (nur Vollmachtsstatut) *v. Caemmerer* RabelsZ 24 (1959), 201 (210); Erman/*Hohloch* EGBGB Anh. I Art. 12 Rn. 10.

[175] OLG Hamburg NJW-RR 2009, 1717 (1718); BeckOK BGB/*Mäsch* EGBGB Art. 10 Rn. 118.

## E. Geschäftsstatut des Hauptvertrages

Geht es weniger um die Vollmacht, als vielmehr um die „Stellvertretung als solche“ oder die Gültigkeit des vom Vertreter vorgenommenen Geschäfts, so ist das Wirkungsstatut dieses Geschäfts maßgebend; das Recht des Gebrauchsorts der Vollmacht bleibt insoweit außer Betracht.[176] Hierher gehören vor allem folgende Fragen: 77

### I. Zulässigkeit der Stellvertretung

So ist die Entscheidung darüber, ob gewisse Rechtsgeschäfte (insbesondere des Familien- und Erbrechts) überhaupt durch einen Vertreter abgeschlossen werden dürfen oder – wie zB ein Erbvertrag – wegen ihres höchstpersönlichen Charakters vertretungsfeindlich sind, dem Geschäftsstatut zu entnehmen.[177] 78

### II. Erfordernis einer Spezialvollmacht

Gleiches gilt für die Frage, ob für die Vornahme eines bestimmten Rechtsgeschäfts eine Generalvollmacht ausreicht oder eine **Spezialvollmacht erforderlich** ist.[178] Dem Geschäftsstatut ist auch zu entnehmen, ob es für bestimmte Geschäfte einer *ausdrücklichen* Vollmacht bedarf.[179] 79

### III. Offenbarung des Vertretungsverhältnisses

Nach dem Geschäftsstatut ist auch zu beurteilen, ob die Verpflichtung des Vertretenen voraussetzt, dass der Vertreter **in fremdem Namen gehandelt** hat, das Vertretungsverhältnis mithin dem Dritten gegenüber offen gelegt wurde.[180] Es regelt auch die Wirkungen einer verdeckten Stellvertretung (*„undisclosed agency“*, zB bei Abschluss von Kommissionsgeschäften). Denn auch insoweit handelt es sich nicht um ein Problem der rechtsgeschäftlichen Vertretungsmacht, sondern um eine davon unabhängige Voraussetzung für das wirksame Zustandekommen des Vertretergeschäfts. Allein das Schuldstatut dieses Geschäfts bestimmt daher, was der Vertreter zu tun hat, um die Vertretungswirkungen kraft der ihm – nach dem Recht des Wirkungslandes – zustehenden Vertretungsmacht herbeizuführen und welcher Art diese Wirkungen sind.[181] Infolgedessen können etwa zwischen dem **Kommittenten** und dem Drittkontrahenten keine unmittelbaren schuldrechtlichen Beziehungen entsehen, wenn nach dem Statut des Ausführungsgeschäfts eine mittelbare Stellvertretung nicht zulässig ist.[182] Nach dem Geschäftsstatut beurteilt sich 80

[176] *V. Caemmerer* RabelsZ 24 (1959), 201 (217); *Raape* S. 502ff.; Reithmann/Martiny/*Hausmann* IVR Rn. 7.433.

[177] BayObLG IPRspr. 1987 Nr. 14 A; *v. Caemmerer* RabelsZ 24 (1959), 201 (217); *Ferid* IPR Rn. 5–161; *Kropholler* IPR § 41 I 3; *Schotten/Schmellenkamp* IPR Rn. 97; Palandt/*Thorn* EGBGB Anh. Art. 10 Rn. 3; MüKoBGB/*Spellenberg* EGBGB Vorb. Art. 11 Rn. 142; Soergel/*Lüderitz* EGBGB Anh. Art. 10 Rn. 103; Staudinger/*Magnus* Rom I-VO Anh. II Art. 1 Rn. 47.

[178] *V. Caemmerer* RabelsZ 24 (1959), 201 (217); Soergel/*Lüderitz* EGBGB Anh. Art. 10 Rn. 103; Staudinger/*Magnus* Rom I-VO Anh. II Art. 1 Rn. 47; **aA** *Rabel* RabelsZ 3 (1929), 807 (826).

[179] BeckOK BGB/*Mäsch* EGBGB Art. 10 Rn. 92; Reithmann/Martiny/*Hausmann* IVR Rn. 7.435.

[180] OLG Hamburg TranspR 1996, 40; OLG Düsseldorf IPRspr. 2003 Nr. 25; *Braga* RabelsZ 24 (1959), 338; *Raape* S. 502ff.; Soergel/*Lüderitz* EGBGB Anh. Art. 10 Rn. 106; Staudinger/*Magnus* Rom I-VO Anh. II Art. 1 Rn. 44; BeckOK BGB/*Mäsch* EGBGB Art. 10 Rn. 93; **aA** (Vollmachtsstatut) *Steding* ZvglRW 86 (1987), 25 (47), sowie in der *Schweiz* BGE 88 II 194; 100 II 207ff.; Keller/*Girsberger* IPRG Art. 126 Rn. 23.

[181] Ebenso MüKoBGB/*Spellenberg* EGBGB Vorb. Art. 11 Rn. 142; Staudinger/*Magnus* Rom I-VO Anh. II Art. 1 Rn. 44; **aA** *Schwarz* RabelsZ 71 (2007), 729 (795ff.).

[182] OLG Hamburg IPRspr. 1964/65 Nr. 46; Reithmann/Martiny/*Hausmann* IVR Rn. 7.436; näher *Stoll*, Kollisionsrechtliche Fragen beim Kommissionsgeschäft, RabelsZ 24 (1959), 609 (619ff.), der eine Kumulation von Geschäfts- und Vollmachtsstatut vorschlägt.

daher auch die Zulässigkeit einer **Vertretung für den, den es angeht,**[183] sowie die Rechtsfolgen eines **Handelns unter fremdem Namen.**[184]

## IV. Zurechnung von Willensmängeln und bösem Glauben

81 Das Geschäftsstatut bestimmt, ob ein Rechtsgeschäft wegen Willensmängeln (Irrtum, Täuschung, Drohung) nichtig ist oder angefochten werden kann.[185] Daran ändert sich auch dann nichts, wenn in den Abschluss des Rechtsgeschäfts ein Vertreter eingeschaltet wurde, weil es sich auch insoweit nicht um ein Problem der Stellvertretung handelt.[186] Dem Geschäftsstatut unterliegt weiterhin die Entscheidung darüber, ob Willensmängel oder die Kenntnis gewisser Umstände in der Person des Vertreters dem Vertretenen zuzurechnen sind.[187] Das Reichsgericht hat hingegen über diese Zurechnungsfrage wiederholt auf der Grundlage des Vollmachtsstatuts entschieden.[188]

82 **Beispiel:**
Der italienischen Käuferin ist die Kenntnis ihres deutschen Handelsvertreters von der in den AGB der deutschen Verkäuferin enthaltenen Gerichtsstandsklausel nach dem deutschem Vollmachtsstatut zuzurechnen.[189]

83 Dem Geschäftsstatut – und nicht dem Vollmachtsstatut – ist weiterhin die Antwort auf die Frage zu entnehmen, ob es bei der Beurteilung der Gutgläubigkeit auf die **Kenntnis des Vertreters** oder diejenige des Vollmachtgebers ankommt.[190] Denn auch insoweit geht es weniger um die Tragweite der erteilten Vollmacht als vielmehr um die Wirksamkeit des vom Vertreter abgeschlossenen Rechtsgeschäfts.

## V. Vertretung ohne Vertretungsmacht

84 Da die Vertretung ohne Vertretungsmacht im Spannungsfeld zwischen fehlender oder unzureichender Vollmacht einerseits, einer möglichen Heilung des vom Vertreter geschlossenen Vertrages durch Genehmigung des Vertetenen andererseits steht, ist die Anknüpfung umstritten. Richtigerweise sollte insoweit zwischen deren Auswirkungen auf den geschlossenen Hauptvertrag und der Haftung des *falsus procurator* unterschieden werden. Während erstere sich nach dem Geschäftsstatut beurteilen, gilt für letztere das Vollmachtsstatut.

### 1. Geschäftsstatut

85 Nach dem Geschäftsstatut ist daher zu beurteilen, ob bei dem geschlossenen Geschäft Vertretung ohne Vertretungsmacht überhaupt **zulässig** ist[191] und ob eine **Genehmigung** des vollmachtlos abgeschlossenen Geschäfts durch den Vertretenen möglich ist *(Genehmi-*

[183] Staudinger/*Magnus* Rom I-VO Anh. II Art. 1 Rn. 45; NK-BGB/*Doehner* EGBGB Anh. Art. 11 Rn. 18.
[184] Staudinger/*Magnus* Rom I-VO Anh. II Art. 1 Rn. 45; BeckOK BGB/*Mäsch* EGBGB Art. 10 Rn. 93.
[185] Vgl. für Schuldverträge Art. 10 Abs. 1 Rom I-VO; dazu Staudinger/*Hausmann* Rom I-VO Art. 10 Rn. 24f.
[186] *V. Caemmerer* RabelsZ 24 (1959), 201 (216); Staudinger/*Magnus* Rom I-VO Anh. II Art. 1 Rn. 48; BeckOK BGB/*Mäsch* EGBGB Art. 10 Rn. 96.
[187] Soergel/*Lüderitz* EGBGB Anh. Art. 10 Rn. 105; BeckOK BGB/*Mäsch* EGBGB Art. 10 Rn. 96; MüKoBGB/*Spellenberg* EGBGB Vorb. Art. 11 Rn. 145; *Ferid* IPR Rn. 5–161.
[188] Vgl. RGZ 78, 55 (60) = JW 1912, 245; RG SA 83 Nr. 153; RGZ 134, 67 (69); ebenso *v. Caemmerer* RabelsZ 24 (1959), 201 (216); *Steding* ZvglRW 86 (1987), 25 (48); Staudinger/*Magnus* Rom I-VO Anh. II Art. 1 Rn. 48.
[189] LG Essen RIW 1992, 227.
[190] *Rabel* RabelsZ 3 (1929), 807 (833); BeckOK BGB/*Mäsch* EGBGB Art. 10 Rn. 96; MüKoBGB/*Spellenberg* EGBGB Vorb. Art. 11 Rn. 145; **aA** (Vollmachtsstatut) *v. Caemmerer* RabelsZ 24 (1959), 201 (216); Staudinger/*Magnus* Rom I-VO Anh. II Art. 1 Rn. 48; Soergel/*Lüderitz* EGBGB Anh. Art. 10 Rn. 104.
[191] *V. Caemmerer* RabelsZ 24 (1959), 201 (217); *Schotten/Schmellenkamp* IPR Rn. 97.

*gungsfähigkeit).*[192] Es bestimmt für diesen Fall auch, welche Anforderungen an eine wirksame Genehmigung zu stellen sind und welche Wirkungen die Genehmigung des Geschäfts hat.[193] Denn die Genehmigung bezweckt weniger eine nachträgliche Erteilung oder Ergänzung der Vollmacht, als vielmehr eine Heilung des vom Vertreter mit dem Dritten abgeschlossenen Vertrages.

**Beispiel:** 86

Hat der Prokurist einer deutschen GmbH mit einer französischen Gesellschaft einen Darlehensvertrag abgeschlossen, für den die Geltung französischen Rechts vereinbart wurde, so ist die Frage, ob der Vertrag wegen eines Verstoßes gegen das Verbot des Selbstkontrahierens nichtig ist, nach dem deutschen Vollmachtsstatut zu beurteilen. Dieses beherrscht auch die Frage, wer auf Seiten der deutschen GmbH zu einer nachträglichen Genehmigung des nach § 181 BGB nichtigen Vertrags berechtigt ist. Hingegen entscheidet das französische Vertragsstatut darüber, ob die von dem Prokuristen ohne Vertretungsmacht abgegebenen Erklärungen überhaupt genehmigungsfähig sind und welche Anforderungen an eine solche Genehmigung zu stellen sind.[194]

Wird die Genehmigung wiederum durch einen Vertreter erteilt, so beurteilt sich dessen Vertretungsmacht allerdings nach dem Vollmachtsstatut. In jüngerer Zeit gewinnt freilich die Auffassung an Boden, die alle mit der Genehmigung zusammenhängenden Fragen dem Vollmachtsstatut unterstellt, weil das Geschäft infolge der Genehmigung so anzusehen sei, als habe der Vertreter von vorneherein mit Vollmacht gehandelt.[195] 87

Das Geschäftsstatut gilt ferner auch für die **Wirkungen** das Geschäfts, wenn und solange es nicht genehmigt wird (zB Nichtigkeit oder nur schwebende Unwirksamkeit).[196] Es beantwortet schließlich auch die Frage, ob der Drittkontrahent zum **Widerruf** berechtigt ist;[197] denn der Widerruf richtet sich in erster Linie gegen das vollmachtslos geschlossene Geschäft und bezweckt dessen definitive Ungültigkeit. 88

**Beispiel:** 89

Der Stuttgarter Unternehmer U hat mit dem Handelsvertreter V, der seinen Sitz in Straßburg/Frankreich hat, einen Handelsvertretervertrag geschlossen, in dem V das Recht eingeräumt wird, die Produkte des U in Frankreich exklusiv zu vertreiben. Aufgrund der ihm eingeräumten Vollmacht schließt V in Paris mit der dortigen Y-SA einen Kaufvertrag über Produkte des U; dieser Vertrag wird auf Wunsch der Y-SA dem französischen Recht unterstellt, obwohl V nach dem Inhalt der Vollmacht verpflichtet war, nur Verträge mit einer Rechtswahlklausel zugunsten des deutschen Rechts abzuschließen. Welches Recht ent-

---

[192] BGHZ 128, 41 (48) = IPRax 1996, 342 (344) m. zust. Anm. *G. Fischer* IPRax 1996, 332; OLG Celle WM 1984, 494 (500); OLG Düsseldorf IPRax 1996, 423 (426); OLG Koblenz RIW 1996, 151; KG IPRax 1998, 280 mAnm *Leible* IPRax 1998, 257; *v. Caemmerer* RabelsZ 24 (1959), 201 (217); *v. Bar* JZ 1992, 582; Palandt/*Thorn* EGBGB Anh. Art. 10 Rn. 3; Erman/*Hohloch* EGBGB Anh. I Art. 12 Rn. 10; differenzierend Soergel/*Lüderitz* EGBGB Anh. Art. 10 Rn. 103; MüKoBGB/*Spellenberg* EGBGB Vorb. Art. 11 Rn. 146.

[193] *Schotten/Schmellenkamp* IPR Rn. 97; MüKoBGB/*Spellenberg* EGBGB Vorb. Art. 11 Rn. 146; Reithmann/Martiny/*Hausmann* IVR Rn. 7.441; **aA** (Wohnsitzrecht des Vollmachtgebers) OLG Hamburg DB 1959, 1396.

[194] BGH NJW 1992, 618 (619) mAnm *Fischer* IPRax 1996, 332 = JZ 1992, 579 mAnm *v. Bar.*

[195] So *v. Caemmerer* RabelsZ 24 (1959), 201 (217); *Leible* IPRax 1998, 257 (259); *Ruthig* S. 170ff.; *Steding* ZvglRW 86 (1987), 25 (47); *Kegel/Schurig* IPR § 17 V 2 c; *Kropholler* IPR § 41 I 3; Staudinger/*Magnus* Rom I-VO Anh. II Art. 1 Rn. 62; NK-BGB/*Doehne* EGBGB Anh. Art. 11 Rn. 19; BeckOK BGB/*Mäsch* EGBGB Art. 10 Rn. 94. Ebenso zum *österreichischen* Recht (Art. 49 Abs. 1 IPRG) OGH ZfRV 1987, 205 (207); zum *schweizerischen* Recht (Art. 126 Abs. 2 IPRG) Keller/*Girsberger* IPRG Art. 126 Rn. 22.

[196] *V. Caemmerer* RabelsZ 24 (1959), 201 (217); *Kayser* S. 100ff.; Soergel/*Lüderitz* EGBGB Anh. Art. 10 Rn. 103; BeckOK BGB/*Mäsch* EGBGB Art. 10 Rn. 94.

[197] *Rabel* RabelsZ 3 (1929), 807 (833); *Raape* S. 503; MüKoBGB/*Spellenberg* EGBGB Vorb. Art. 11 Rn. 146; **aA** (Vollmachtsstatut) *Kegel/Schurig* IPR § 17 V 2 c; *Kayser* S. 103ff.; *Steding* ZvglRW 86 (1987), 25 (47); NK-BGB/*Doehner* EGBGB Anh. Art. 11 Rn. 19.

scheidet über den Umfang der Vollmacht des V? Gilt dieses Recht auch für die Voraussetzungen und Wirkungen einer nachträglich zu erteilenden Genehmigung des Vertrags durch U? Wie wäre es, wenn V der Y-SA verschwiegen hätte, dass die von ihm vorgelegte Vollmacht zwischenzeitlich durch U widerrufen worden war?

Da der Handelsvertreter V seinen Geschäftssitz in Frankreich hat und den Vertrag mit der Y-SA auch dort abgeschlossen hat, ist über den Umfang seiner Vollmacht nach französischem Recht zu entscheiden. Danach hat V seine Vollmacht durch die Vereinbarung französischen Rechts für den Kaufvertrag mit der Y-SA überschritten und insoweit ohne Vertretungsmacht gehandelt. Daher beurteilen sich die Voraussetzungen und Wirkungen einer nachträglichen Genehmigung der getroffenen Rechtswahlvereinbarung durch U nach dem Recht, das ohne die schwebend unwirksame Rechtswahlklausel auf den Kaufvertrag zwischen U und der Y-SA anzuwenden wäre. Dies ist nach Art. 4 Abs. 1 lit. a Rom I-VO das Recht am Sitz des Verkäufers U, also deutsches Recht. Hätte V der Y-SA den Widerruf seiner Vollmacht durch U verschwiegen, so hätte er nicht nur die Rechtswahl, sondern den Kaufvertrag insgesamt als *falsus procurator* abgeschlossen. Seine Haftung bestimmt sich dann nach dem französischen Vollmachtsstatut.

### 2. Vollmachtsstatut

90 Die **Haftung des vollmachtlosen Vertreters** hat ihre Grundlage in dem von ihm abgeschlossenen Geschäft. Es handelt sich daher um eine vertragsähnliche Haftung, so dass es naheliegt, sie auch kollisionsrechtlich dem Vertragsstatut zu unterstellen.[198] Dafür könnte man auch anführen, dass die ähnlich gelagerte sog **Sachwalterhaftung,** die an die Inanspruchnahme besonderen Vertrauens durch den Vertreter oder einen sonstigen vertragsfremden Dritten anknüpft (vgl. im deutschen Recht § 311 Abs. 2 BGB), ebenfalls dem Statut des Hauptvertrags unterworfen wird.[199] Auf der anderen Seite soll die Haftung des *falsus procurator* aber auch das Vertrauen des Rechtsverkehrs in den Bestand der Vollmacht stärken. Der Drittkontrahent, der nach Maßgabe des Vollmachtsstatuts auf die Vertretungsmacht vertraut, soll also bei deren Fehlen zumindest die Haftung des *falsus procurator* nach dem ihm bekannten Recht der Niederlassung des Vertreters oder am Gebrauchsort der Vollmacht in Anspruch nehmen dürfen, zumal die Grenzen zwischen einer Haftung des Geschäftsherrn aufgrund einer Anscheinsvollmacht und der subsidiären Haftung des Vertreters wegen Überschreitung dieser Vollmacht fließend sind.[200]

91 Wegen dieses engen Zusammenhangs zwischen den Wirkungen der Vollmacht einerseits und den Folgen fehlender Vertretungsmacht andererseits würde eine kollisionsrechtliche Spaltung zu erheblichen Abgrenzungs- und Anpassungsproblemen führen. Aus diesen Gründen sollte auch die Frage, ob und in welchem Umfang der *falsus procurator* haftet, wenn der Geschäftsherr **das Geschäft nicht genehmigt,** dem Vollmachtsstatut unterworfen werden.[201] Diese Auffassung hat sich inzwischen auch international weitgehend

[198] Dafür *Rabel* RabelsZ 3 (1929), 807 (823 ff.); *Schäfer* RIW 1978, 189 (191); *v. Caemmerer* RabelsZ 24 (1959), 201 (217); *v. Bar* IPR II Rn. 593; *v. Hoffmann/Thorn* IPR § 7 Rn. 49; Erman/*Hohloch* EGBGB Anh. I Art. 12 Rn. 10; BeckOK BGB/*Mäsch* EGBGB Art. 10 Rn. 94; MüKoBGB/*Spellenberg* EGBGB Vorb. Art. 11 Rn. 147.

[199] Vgl. BGH NJW 1987, 1141 = JR 1987, 198 m. abl. Anm. *Dörner*; offen lassend, ob die Eigenhaftung des *falsus procurator* nach dem Vertrags- oder Deliktsstatut zu beurteilen ist, OLG Hamm IPRspr. 2004 Nr. 18.

[200] Reithmann/Martiny/*Hausmann* IVR Rn. 7.444.

[201] Vgl. idS *Kropholler* NJW 1965, 1641 (1645 ff.); *Steding* ZvglRW 86 (1987), 25 (47); G. *Fischer* IPRax 1996, 332 (335); *Leible* IPRax 1998, 257 (263); *Schwarz* RabelsZ 71 (2007), 729 (797 ff.); *Ruthig* S. 169 ff.; *Kayser* S. 49 ff., 126 ff.; *Kurzynsky-Singer* S. 196; *Kegel/Schurig* IPR § 17 V 2c; Palandt/*Thorn* EGBGB Anh. Art. 10 Rn. 3; Soergel/*Lüderitz* EGBGB Anh. Art. 10 Rn. 105; Staudinger/*Magnus* Rom I-VO Anh. II Art. 1 Rn. 59 ff.; NK-BGB/*Doehner* EGBGB Anh. Art. 11 Rn. 19. Zust. OLG Hamburg VersR 1987, 1216, wo die Haftung des *falsus procurator* nach dem Vollmachtsstatut beurteilt wird, „weil Umfang und Wirkung der Vollmacht einerseits und die Folgen fehlender Vollmacht andererseits zusammengehören und eine Beurteilung nach verschiedenen Rechtsordnungen nicht sachgerecht wäre."

durchgesetzt. Ihr folgen das Haager Stellvertretungsübereinkommen von 1978 (Art. 15), der Kommissionsvorschlag für die Rom I-VO von 2005 (Art. 7 Abs. 4) sowie zahlreiche ausländische Kodifikationen des internationalen Stellvertretungsrechts.[202]

Scheinvertreter und Dritter sind freilich berechtigt, das auf die Haftung des *falsus procu-* 92
*rator* anzuwendende Recht im Wege einer ausdrücklichen oder stillschweigenden **Rechtswahl** auch abweichend vom Vollmachtsstatut wie vom Geschäftsstatut des gescheiterten Vertrages mit dem Vertretenen zu bestimmen.[203] Von der Haftung des Vertreters als *falsus procurator* zu unterscheiden ist seine **Eigenhaftung** aus *culpa in contrahendo,* die – zB wegen Inanspruchnahme besonderen persönlichen Vertrauens (vgl. § 311 Abs. 3 BGB) – *neben* die Vertragshaftung des Vollmachtgebers tritt; sie beurteilt sich grundsätzlich nach dem gemeinsamen Aufenthaltsrecht von Geschädigtem und Drittem, hilfsweise nach dem Recht des Staates, in dem der Schaden eingetreten ist (Art. 12 Abs. 2 Rom II-VO).[204]

[202] Vgl. etwa Art. 126 Abs. 4 schwz. IPRG; im Erg. auch § 49 Abs. 1 Hs. 1 öst. IPRG; dazu öst. OGH ZfRV 28 (1987), 205. ferner Art. 53 Abs. 1 Hs. 1 liecht. IPRG.

[203] Staudinger/*Magnus* Rom I-VO Anh. II Art. 1 Rn. 62 aE; vgl. auch OLG Karlsruhe MDR 1998, 1470.

[204] Palandt *Thorn* Rom II-VO Art. 12 Rn. 5; Reithmann/Martiny/*Hausmann* IVR Rn. 7.447; **aA** Soergel/*Lüderitz* EGBGB Anh. Art. 10 Rn. 105; BeckOK BGB/*Mäsch* EGBGB Art. 10 Rn. 95 (Geschäftsstatut).

# § 7. Form von Rechtsgeschäften

## Übersicht



**Schrifttum:**


*Bauer/Anders,* Beurkundung von GmbH-Anteilsübertragungen in der Schweiz – Rechtsfolgen einer möglichen Unwirksamkeit, BB 2012, 593; *Döbereiner,* Rechtsgeschäfte über inländische Grundstücke mit Auslandsberührung, ZNotP 2001, 465; *Dutta,* Form follows function? Formfragen bei Schuldverträgen über ausländische Gesellschaftsanteile, RIW 2005, 98; *ders.*, Das neue Internationale Erbrechtsverfahrensgesetz, ZEV 2015, 493; *Ebenroth/Wilken,* Entwicklungstendenzen im deutschen Internationalen Gesellschaftsrecht – Teil 2, JZ 1991, 1061; *Gätsch/Schultz,* Notarielle Beurkundung bei der Veräußerung von Anteilen an ausländischen Gesellschaften mbH in Deutschland, ZIP 1999, 1909; *Geimer,* Auslandsbeurkundungen im Gesellschaftsrecht – Bemerkungen zum Urteil des BGH vom 16.2.1981 – II ZB 8/80, DNotZ 1981, 406; *Gerber,* Anmerkung zu LG Frankfurt, 3–13 O 46/09, GmbHR 2010, 97; *Goette,* Auslandsbeurkundungen im Kapitalgesellschaftsrecht, DStR 1996, 709; *Haerendel,* Die Beurkundung gesellschaftsrechtlicher Akte im

Ausland, DStR 2001, 1802; *Helms,* Reform des internationalen Betreuungsrechts durch das Haager Erwachsenenschutzabkommen, FamRZ 2008, 1995; *Jacobs,* Die Notwendigkeit der Wahl des auf außervertragliche Ansprüche anwendbaren Rechts in internationalen Wirtschaftsverträgen, IPRax 2015, 293; *König/Götte/Bormann,* Das Formstatut für die dingliche Abtretung von GmbH-Geschäftsanteilen nach geltendem und künftigem Recht, NZG 2009, 881; *Ludwig,* Zur Form der ausländischen Vollmacht für inländische Gegenstände, insbesondere Liegenschaften, NJW 1983, 495; *ders.*, Der Erwachsenenschutz im Internationalen Privatrecht nach Inkrafttreten des Haager Erwachsenenschutzübereinkommens, DNotZ 2009, 251; *Mankowski,* Änderungen bei der Auslandsbeurkundung von Anteilsübertragungen durch das MoMiG oder durch die Rom I-VO?, NZG 2010, 201; *G. Müller,* Aktuelle Probleme der Vorsorgevollmacht und der Patientenverfügung, ZNotP 2012, 404; *K. Müller,* Auslandsbeurkundung von Abtretungen deutscher GmbH-Geschäftsanteile in der Schweiz, NJW 2014, 1994; *Reithmann,* Formerfordernisse bei Verträgen über Beteiligungen an ausländischen Gesellschaften und über Grundstücke im Ausland, NZG 2005, 873; *Röthel/Woitge,* Das Kollisionsrecht der Vorsorgevollmacht, IPRax 2010, 494; *Schäuble,* Die Sicherung von Unterhaltsvereinbarungen zwischen Ehegatten durch Rechtswahl zu Gunsten deutschen Rechts, NZFam 2014, 1071; *Schervier,* Beurkundung GmbH-rechtlicher Vorgänge im Ausland, NJW 1992, 593; *Stauch,* Die Geltung ausländischer notarieller Urkunden in der Bundesrepublik Deutschland, 1983; *Wachter,* Immobilien in der Schweiz, 1991; *Wengler,* Anmerkung zu BGH, Urteil vom 4.7.1969 – V ZR 69/66 (Frankfurt), NJW 1970, 2237; *Wedemann,* Vorsorgevollmachten im internationalen Rechtsverkehr, FamRZ 2010, 785.

## A. Rechtsquellen

1 Die Formwirksamkeit eines Rechtsgeschäfts ist gesondert anzuknüpfen. Für diese Teilfrage sind folglich nicht ohne weiteres (nur) die Vorschriften des Geschäftsstatuts (sprich derjenigen Rechtsordnung, die für den Inhalt des Rechtsgeschäfts und seine materielle Wirksamkeit maßgebend ist) zur Anwendung berufen. Ausgangsnorm der Anknüpfung von Formfragen ist Art. 11 EGBGB, der die Form grundsätzlich aller Arten von Rechtsgeschäften oder diesen gleichgestellten Rechtshandlungen erfasst.

### I. Vertragliches und außervertragliches Schuldrecht

2 Im Anwendungsbereich der Rom I-VO (→ § 16 Rn. 111 ff. – kurz: Schuldverträge und einseitige, auf einen Schuldvertrag bezogene Rechtsgeschäfte) genießt **Art. 11 Rom I-VO** als Vorschrift des sekundären Unionsrechts Anwendungsvorrang vor Art. 11 EGBGB. Bei Vorliegen der Voraussetzungen des Art. 46b EGBGB (Wahl eines Drittstaatenrechts und enger Zusammenhang mit dem Gebiet eines Mitgliedstaates), sind die im Gebiet dieses Mitgliedstaates geltenden, richtlinienbasierten Formvorschriften anzuwenden (Art. 23 Rom I-VO). Für einseitige Rechtshandlungen betreffend außervertragliche Schuldverhältnisse (→ § 16 Rn. 132) findet **Art. 21 Rom II-VO** vorrangig Anwendung.

### II. Erbrechtliche Erklärungen

3 Für die Form von **Verfügungen von Todes wegen** gilt gemäß Art. 75 Abs. 1 UAbs. 2 EuErbVO primär das TestformÜ[1]. Im Übrigen finden auf die Form von Verfügungen von Todes wegen Art. 26 EGBGB und Art. 27 EuErbVO Anwendung (→ § 15 Rn. 178). Vorrangig ist wiederum § 16 der Anlage zu Art. 20 des deutsch-türkischen Konsularvertrages vom 28.5.1929 zur Anwendung berufen (→ § 15 Rn. 350). Die Formgültigkeit einer Annahme- oder Ausschlagungserklärung oder einer Erklärung zur Begrenzung der Haftung des Erklärenden wird in Art. 28 EuErbVO gesondert angeknüpft (→ § 15 Rn. 381 ff.). Die Formvorschrift des § 31 S. 2 IntErbRVG ist verfahrensrechtlicher Natur, so dass sie bei Abgabe einer Erklärung gegenüber einem deutschen Gericht stets zu beachten ist.[2]

[1] Haager Übereinkommen über das auf die Form letztwilliger Verfügungen anzuwendende Recht v. 5.10.1961, BGBl. 1965 II 1145, abgedr. bei *Jayme/Hausmann* Nr. 60.
[2] *Dutta* ZEV 2015, 493 (496).

### III. Vorsorgevollmachten

Die Form einer Vorsorgevollmacht (iSv Art. 15 ESÜ; → § 5 Rn. 100ff.) beurteilt sich nach dem von Art. 15 ESÜ kraft objektiver (Art. 15 Abs. 1 ESÜ) oder kraft subjektiver Anknüpfung (Art. 15 Abs. 2 ESÜ) berufenen Sachrecht (Art. 19 ESÜ). Bei der Betreuungs- oder Patientenverfügung handelt es sich nicht um eine Vorsorgevollmacht in diesem Sinne. „Bestehen" der durch Rechtsgeschäft eingeräumten Vertretungsmacht iSv Art. 15 Abs. 1 ESÜ meint damit auch Formfragen (→ § 5 Rn. 100).[3] Einer gesonderten Teilfragenanknüpfung (etwa nach Art. 11 Abs. 1 Var. 2 EGBGB an die Ortsform) steht nach hM das hinter den Formerfordernissen für Vorsorgevollmachten stehende öffentliche Interesse am Schutz des Erwachsenen und das Interesse internationalen Entscheidungseinklangs unter den Vertragsstaaten des ESÜ entgegen.[4] Für die Praxis ist aufgrund der unterschiedlichen Formanforderungen, welche die verschiedenen Rechtsordnungen an Vorsorgevollmachten aufstellen, zu beachten, dass in Fällen, in denen die Vollmacht nicht in dem Staat errichtet wird, in welchem der Erwachsene zum Zeitpunkt der Errichtung seinen gewöhnlichen Aufenthalt hat, die Formunwirksamkeit der Vorsorgevollmacht droht.[5] Dieser kann ggf. durch eine Wahl des Wirkungsstatuts nach Art. 15 Abs. 2 ESÜ unter Einhaltung der formellen Anforderungen des Art. 15 Abs. 1 aE ESÜ an eine Rechtswahl (→ Rn. 11) begegnet werden. Die Anwendung von Art. 15 ESÜ hängt nicht davon ab, dass sich der gewöhnliche Aufenthalt des Betroffenen in einem Vertragsstaat des ESÜ befindet.[6] 4

In Deutschland wird die Vorsorgevollmacht im Regelfall als im Außenverhältnis sofort wirksame Vollmacht erteilt, welche die mehr oder weniger strenge und dokumentierte Anweisung im Innenverhältnis enthält, von der Vollmacht erst nach Eintritt der Betreuungsbedürftigkeit Gebrauch zu machen. Wird von einer solchen Vollmacht vor Eintritt der Anwendungsvoraussetzungen des ESÜ gemäß Art. 1 Abs. 1 ESÜ, sprich **vor Eintritt der Betreuungsbedürftigkeit,** Gebrauch gemacht, so ist diese Vollmacht nach hM auf Grundlage des nationalen Kollisionsrechts zu beurteilen (→ § 5 Rn. 100).[7] Dies bedeutet, dass bis zum Eintritt der Betreuungsbedürftigkeit die (erleichterte) Formanknüpfung des Art. 11 EGBGB an das Ortsrecht und das Wirkungsstatut der Vollmacht (zum Wirkungsstatut für Dauervollmachten → § 6 Rn. 28) Anwendung findet. Aus rechtspraktischer Sicht ist die Formgültigkeit einer Vorsorgevollmacht damit sowohl auf Grundlage von Art. 11 EGBGB als auch auf Grundlage von Art. 15 ESÜ zu prüfen, da die Anwendbarkeit des ESÜ im Zeitpunkt des Vertreterhandelns für den Rechtsverkehr oftmals nicht mit der erforderlichen Sicherheit feststellbar ist. Art. 15 ESÜ erfasst ferner nicht die Zeit nach dem Tod des Vollmachtgebers,[8] so dass im Falle einer transmortalen Vollmacht wiederum eine kollisionsrechtliche Zäsur eintritt und ab dem Todeszeitpunkt die Formanknüpfung nach Art. 11 EGBGB eingreift. 5

---

[3] Bamberger/Roth/*Mäsch* EGBGB Art. 11 Rn. 5; *Ludwig* DNotZ 2009, 251 (275); MüKoBGB/*Lipp* EGBGB Anh. I Art. 24, ESÜ Art. 15 Rn. 29; *Wedemann* FamRZ 2010, 785 (787); Staudinger/*v. Hein* EGBGB Vorb. Art. 24 Rn. 180.

[4] So Staudinger/*v. Hein* EGBGB Vorb. Art. 24 Rn. 180; krit. NK-BGB/*Benicke* ESÜ Art. 15 Rn. 15.

[5] *Ludwig* DNotZ 2009, 251 (275f.) mit Bsp. (ein Deutscher mit Wohnsitz in Frankreich errichtet eine Vorsorgevollmacht nach dem in Deutschland herkömmlichen Muster eines einseitigen Rechtsgeschäfts; diese Vorsorgevollmacht ist gemäß dem von Art. 15 Abs. 1 ESÜ berufenen französischen Recht unwirksam); zu den unterschiedlichen Formanforderungen rechtsvergleichend: *Röthel/Woitge* IPRax 2010, 494f.

[6] *Helms* FamRZ 2008, 1995 (1999); NK-BGB/*Benicke* ESÜ Art. 15 Rn. 4; Palandt/*Thorn* EGBGB Anh. Art. 24 Rn. 8; *Wedemann* FamRZ 2010, 785 (787); **aA** Bamberger/Roth/*Heiderhoff* EGBGB Art. 24 Rn. 49; *Ludwig* DNotZ 2009, 251 (258); *Müller* ZNotP 2012, 404 (405); *Röthel/Woitge* IPRax 2010, 494 (496).

[7] *Lagarde*-Bericht zum ESÜ Nr. 97; *Helms* FamRZ 2008, 1995 (1999f.); MüKoBGB/*Lipp* EGBGB Anh. I Art. 24, ESÜ Art. 15 Rn. 9; Staudinger/*v. Hein* EGBGB Vorb. Art. 24 Rn. 175; *Wedemann* FamRZ 2010, 785 (787) **aA** – einheitliche Beurteilung nach dem gemäß Art. 15 ESÜ bestimmten Recht – *Ludwig* DNotZ 2009, 251 (272f.).

[8] MüKoBGB/*Lipp* EGBGB Anh. I Art. 24, ESÜ Art. 15 Rn. 8.

## IV. Eheschließung

6 Das heute nur noch im Verhältnis zu *Italien* geltende Haager Abk. über den Geltungsbereich der Gesetze auf dem Gebiet der Eheschließung vom 12.6.1902[9] enthält in seinem Art. 5 eine Art. 11 EGBGB vorgehende Regelung. Art. 11 EGBGB wird für Eheschließungen durch Art. 13 Abs. 3 EGBGB verdrängt, nach welchem im Inland nur die deutsche Ortsform zulässig ist. Auch bei inländischer Eheschließung ist diese im Falle zweier Verlobter mit ausländischer Staatsangehörigkeit formwirksam, sofern die Ehe vor einer vom Heimatstaat eines Verlobten ordnungsgemäß ermächtigten Person, in der nach dem Recht des ermächtigenden Staates vorgeschriebenen Form geschlossen wurde. Für Eheschließungen von Deutschen oder Ausländern im Ausland findet Art. 11 EGBGB uneingeschränkt Anwendung.

## V. Adoption

7 Art. 4 lit. d Nr. 3 des Haager Adoptions-Übereinkommens vom 29.5.1993[10] enthält für dieses eine spezielle Formregelung für die Zustimmung des Kindes zu seiner Adoption. Im Übrigen ist für eine Zustimmung Art. 11 Abs. 1 EGBGB anzuwenden.[11]

## VI. Sonstige Rechtsquellen

8 Die Form der Eingehung einer **eingetragenen Lebenspartnerschaft** wird von Art. 17b Abs. 1 S. 1 EGBGB erfasst. Eine gesonderte Teilfragenanknüpfung erfolgt nicht.[12] Art. 11, 12 und 19 **CISG** enthalten sachrechtliche Formvorschriften, die einen Rückgriff auf das Kollisionsrecht ausschließen. Art. 11 EGBGB wird weiter von Art. 92 Abs. 1, 97 WG, Art. 62 Abs. 1 S. 1, 66 ScheckG und etwa dem CMR verdrängt. Prozessverträge unterliegen der *lex fori*. Als (auch) verfahrensrechtliche Rechtshandlungen gelten für die Form von **Gerichtstandsvereinbarungen** (hierzu → § 16 Rn. 184, 197) und **Schiedsvereinbarungen** (hierzu → § 16 Rn. 204) daher besondere Grundsätze.

## VII. Rechtswahlvereinbarung

9 Da eine Rechtswahl kein materiell-rechtliches, sondern ein kollisionsrechtliches Rechtsgeschäft darstellt, ist die Form dieses Rechtsgeschäfts auf kollisionsrechtlicher Ebene selbst festzulegen. Die Form einer den Anwendungsbereich der **Rom I-VO** betreffenden Rechtswahlvereinbarung für Schuldverträge beurteilt sich gemäß Art. 3 Abs. 5 Rom I-VO parallel zu sach-rechtlichen Rechtsgeschäften nach Art. 11 Rom I-VO (→ § 16 Rn. 34 f.). Die Form einer der **Rom II-VO** unterliegenden Rechtswahlvereinbarung für außervertragliche Schuldverhältnisse ist nicht geregelt. Ganz überwiegend wird Art. 3 Abs. 5 Rom I-VO iVm Art. 11 Rom I-VO entsprechend angewandt (→ § 16 Rn. 134).

10 Für eine auf das **Scheidungsstatut** bezogene Rechtswahl nach Art. 5 Rom III-VO enthält Art. 7 Rom III-VO in Gestalt einer Sachnorm eine Formvorschrift (dazu näher → § 11 Rn. 104 ff.). Als Mindestform schreibt Art. 7 Abs. 1 Rom III-VO in allen an der Rom III-VO teilnehmenden Mitgliedstaaten die Einhaltung der Schriftform vor, welche aber durch Einhaltung der elektronischen Form iSv Art. 7 Abs. 2 S. 2 Rom III-VO erfüllt werden kann. Allerdings erlaubt Art. 7 Abs. 2 bis Abs. 4 Rom III-VO dem nationalen Recht, strengere Formvorschriften für die Rechtswahl vorzusehen, wovon der deutsche Gesetzgeber in Art. 46d Abs. 1 EGBGB durch Anordnung notarieller Beurkundungsbedürf-

[9] Abgedr. bei *Jayme/Hausmann* Nr. 30.
[10] Abgedr. bei *Jayme/Hausmann* Nr. 223. Dazu näher → § 14 Rn. 1 ff.
[11] OLG Hamm FamRZ 2005, 291 (292); KG NJW-RR 1993, 1288; MüKoBGB/*Spellenberg* EGBGB Art. 11 Rn. 20; Palandt/*Thorn* EGBGB Art. 23 Rn. 3; dazu auch → § 14 Rn. 47, 53.
[12] Palandt/*Thorn* EGBGB Art. 17b Rn. 3. Näher →§ 13 Rn. 52.

tigkeit Gebrauch gemacht hat. Art. 46d Abs. 1 EGBGB ist einschränkend auszulegen. Das Beurkundungserfordernis besteht nur iRv Art. 7 Abs. 2 bis Abs. 4 Rom III-VO. Denn das sekundäre Unionsrecht lässt nur insoweit das nationale Recht zum Zuge kommen. Die Rechtswahl ist damit zwingend zu beurkunden, wenn beide Ehegatten ihren gewöhnlichen Aufenthalt in Deutschland haben (Art. 7 Abs. 2 Rom III-VO) oder ein Ehegatte seinen gewöhnlichen Aufenthalt in Deutschland und der andere Ehegatte seinen gewöhnlichen Aufenthalt in einem nicht teilnehmenden Mitgliedstaat oder einem Drittstaat, zB der *Schweiz* hat (Art. 7 Abs. 4 Rom III-VO). Das zwingende Beurkundungserfordernis des Art. 46d Abs. 1 EGBGB setzt sich dagegen iRv Art. 7 Abs. 3 Rom III-VO unter Umständen nicht durch. Denn haben die Ehegatten zum Zeitpunkt der Rechtswahl ihren gewöhnlichen Aufenthalt in verschiedenen teilnehmenden Mitgliedstaaten, deren Rechte unterschiedliche Formvorschriften für solche Vereinbarungen vorsehen, so genügt es nach Art. 7 Abs. 3 Rom III-VO, dass die Form eines dieser Rechte eingehalten wird. Sofern beide Ehegatten ihren gewöhnlichen Aufenthalt im Zeitpunkt der Rechtswahl in einem Drittstaat (etwa der *Schweiz*) oder in einem teilnehmendem Mitgliedstaat haben, der keine besonderen Formanordnungen iSv Art. 7 Abs. 2 Rom III-VO getroffen hat, ist die Rechtswahlvereinbarung nach Art. 7 Abs. 1 Rom I-VO durch Einhaltung des dort normierten Schriftformerfordernisses auch dann formgültig, wenn die Vereinbarung in Deutschland getroffen wird.[13]

Für die Form einer Rechtswahl des **Erbstatuts** findet Art. 22 Abs. 2 EuErbVO Anwen- 11
dung, für ihre Änderung oder ihren Widerruf gilt Art. 22 Abs. 4 EuErbVO (→ § 15 Rn. 111f.; 162). Die Form der das **Errichtungsstatut** betreffenden Rechtswahl ist in Art. 25 Abs. 3 EuErbVO geregelt. Die Form einer das **Unterhaltsstatut** betreffenden Rechtswahl regeln Art. 7 Abs. 2, 8 Abs. 2 HUP in autonomer Weise (→ § 10 Rn. 81f., 93f.).[14] Die an eine Rechtswahl der durch Rechtsgeschäft eingeräumten Vertretungsmacht iSv Art. 15 ESÜ **(Vorsorgevollmacht)** zu stellenden Formanforderungen finden sich in Art. 15 Abs. 1 aE in autonomer Weise geregelt Danach hat Rechtswahl schriftlich (und ausdrücklich) zu erfolgen. Der im ESÜ nicht definierte Begriff der Schriftform ist zutreffender Ansicht nach übereinkommensautonom zu verstehen (→ § 5 Rn. 103). Gemeint sein dürfte eine eigenhändige Unterschrift.[15] Daneben ist auch ein öffentlich beglaubigtes Handzeichen gemäß dem Zweck des Schriftlichkeitserfordernisses als formtauglich anzusehen.[16] Klarstellend sei erwähnt, dass die notarielle Beurkundung als höherwertige Form die Schriftform umfasst.

Für Rechtswahlvereinbarungen betreffend die **allgemeinen und die güterrechtli- 12
chen Ehewirkungen** enthalten Art. 14 Abs. 4, 15 Abs. 3 EGBGB eigene Formanknüpfungen (→ § 8 Rn. 38f. und → § 9 Rn. 126). Die nachträgliche Rechtswahl des **Namens von Ehegatten** ist in ihrer Form in Art. 10 Abs. 2 S. 2 EGBGB geregelt. Die Rechtswahl bei Eheschließung wird von den für die Eheschließung geltenden Formvorschriften erfasst, da Art. 10 EGBGB keine besonderen Vorschriften enthält (zur Form einer Rechtswahl des Vollmachtstatuts → § 6 Rn. 47).[17]

## B. Formfragen

### I. Form

Form iSd gesonderten Teilfragenanknüpfung, sowohl des Art. 11 Rom I-VO, als auch des 13
Art. 11 EGBGB, meint ein äußeres Verhalten des Erklärenden, dessen Einhaltung zwingende Voraussetzung für die Wirksamkeit der Erklärung ist (für Verfügungen von Todes

[13] *Hausmann* IntEuSchR A Rn. 310; → § 11 Rn. 109ff.
[14] S. auch *Schäuble* NZFam 2014, 1071 (1075).
[15] Staudinger/*v. Hein* EGBGB Vorb. Art. 24 Rn. 186.
[16] *Wedemann* FamRZ 2010, 785 (788).
[17] Bamberger/Roth/*Mäsch* EGBGB Art. 10 Rn. 47.

wegen → § 15 Rn. 174 ff.).[18] Als formell sind folglich etwa Vorschriften zu qualifizieren, die festlegen, ob eine Erklärung der (hand-)schriftlichen, eigenhändigen, öffentlich beglaubigten oder beurkundeten Vornahme zu ihrer Wirksamkeit bedarf. Formvorschriften bezwecken typischerweise eine Beratung des Erklärenden, eine Beweissicherung und Warnung. Diese Zweckrichtung ist bei der kollisionsrechtlichen Einordnung als Formfrage zu berücksichtigen.[19] Als Faustformel lässt sich festhalten, dass diejenigen Rechtsfragen, die nicht zur Form gehören, dem Inhalt des Rechtsgeschäfts zuzuordnen sind, da sich die Form leichter positiv definieren lässt, als der Inhalt.[20]

14 Ob zu einem Rechtsgeschäft wegen fehlender bzw. wegen beschränkter **Geschäftsfähigkeit** einer Person die Zustimmung Dritter, eines Gerichts oder einer Behörde notwendig ist, unterfällt nicht dem Formstatut. Hierüber befindet je nach Sichtweise Art. 7 EGBGB oder das Wirkungsstatut (→ § 4 Rn. 39 ff.).[21] Die Form der Zustimmungserklärung einer Privatperson unterliegt jedoch wiederum der formellen Teilfragenanknüpfung.[22] Für behördliche und gerichtliche Genehmigungen ist die *lex fori (administrationis)* anzuwenden.[23] Die Frage, ob ein Rechtsgeschäft zu seiner Wirksamkeit der Eintragung in ein Register oder einer sonstigen Art von Publizierung bedarf, ist Frage des Wirkungsstatuts und keine Formfrage. Gleiches gilt für die Frage, ob eine Rechtsgestaltung durch gerichtlichen oder behördlichen Akt oder durch Rechtsgeschäft eintritt.[24] § 1752 Abs. 2 S. 2 BGB, nach welchem ein Adoptionsantrag der notariellen Beurkundung bedarf, wird überwiegend als (Art. 11 EGBGB unterliegende) formelle Vorschrift qualifiziert,[25] teilweise jedoch auch als Verfahrensvorschrift der *lex fori* unterstellt.[26] Ob eine Regelung über die Verwendung einer bestimmten **Sprache** als Frage der Form einzuordnen ist, wird unterschiedlich beurteilt.[27] Die im anglo-amerikanischen Recht als Seriositätsindiz vorgesehene Notwendigkeit einer „*Consideration*" des Vertrages wird mehrheitlich ebenfalls formell eingeordnet.[28]

## II. Folgen eines Formverstoßes

15 Über die Rechtsfolgen eines Mangels der vorgeschriebenen Form befindet nach hM das Formstatut. Die verletzte Rechtsordnung entscheidet damit darüber, ob ein Rechtsgeschäft etwa endgültig nichtig oder heilbar ist.[29] Andere möchten die Folgen eines Formverstoßes zumindest im Bereich der Rom I-VO dem Wirkungsstatut unterstellen.[30] Im Falle von Alternativanknüpfungen ist jede zur Anwendung berufene Rechtsordnung gesondert zu beurteilen. Es setzt sich auf Grundlage der hM die mildere der angeknüpften Rechtsordnungen durch. Ist das Rechtsgeschäft nach jeder zur Anwendung berufenen

---

[18] HK-BGB/*Staudinger* Rom I-VO Art. 11 Rn. 1; Juris-PK/*Ringe* Rom I-VO Art. 11 Rn. 11; Rauscher/*v. Hein* Rom I-VO Art. 11 Rn. 10; vgl. auch BT-Drs. 10/503, 61.

[19] BeckOGK/*Gebauer* Rom I-VO Art. 11 Rn. 56; HK-BGB/*Staudinger* Rom I-VO Art. 11 Rn. 1; Jauernig/*Mansel* Rom I-VO Vorb. Rn. 51; NK-BGB/*Bischoff* Rom I-VO Art. 11 Rn. 8; Palandt/*Thorn* Rom I-VO Art. 11 Rn. 3; PWW/*Mörsdorf-Schulte* EGBGB Art. 11 Rn. 4.

[20] *Kropholler* IPR § 41 III 2 a; Rauscher/*v. Hein* Rom I-VO Art. 11 Rn. 10.

[21] BeckOGK/*Gebauer* Rom I-VO Art. 11 Rn. 63; MüKoBGB/*Spellenberg* EGBGB Art. 11 Rn. 26.

[22] Erman/*Hohloch* EGBGB Art. 11 Rn. 13.

[23] MüKoBGB/*Spellenberg* EGBGB Art. 11 Rn. 26.

[24] Vgl. etwa zur Adoption Palandt/*Thorn* EGBGB Art. 22 Rn. 5.

[25] BayObLG StAZ 2000, 104 (107); MüKoBGB/*Spellenberg* EGBGB Art. 11 Rn. 31; Staudinger/*Henrich* EGBGB Art. 22 Rn. 89; vgl. auch KG NJW-RR 1993, 1288 (zur Form der Ehegatteneinwilligung in eine Erwachsenenadoption).

[26] *Stauch* S. 60 f.

[27] Für Formvorschrift etwa: BeckOGK/*Gebauer* Rom I-VO Art. 11 Rn. 60; Rauscher/*v. Hein* Rom I-VO Art. 11 Rn. 10; gegen Formvorschrift etwa Palandt/*Thorn* EGBGB Art. 11 Rn. 3: Vertragsstatut.

[28] BeckOGK/*Gebauer* Rom I-VO Art. 11 Rn. 60; MüKoBGB/*Spellenberg* Rom I-VO Art. 11 Rn. 156; Rauscher/*v. Hein* Rom I-VO Art. 11 Rn. 11; **aA** NK-BGB/*Bischoff* Rom I-VO Art. 11 Rn. 8.

[29] MüKoBGB/*Spellenberg* EGBGB Art. 11 Rn. 69; NK-BGB/*Bischoff* Rom I-VO Art. 11 Rn. 13.

[30] Reithmann/Martiny/*Reithmann* Rn. 5.244 ff.

Rechtsordnung formungültig, richten sich die Folgen der Formungültigkeit nach den mildesten Recht, etwa dem Recht, das eine Heilungsmöglichkeit vorsieht.[31]

## C. Allgemeine Fragen der Formanknüpfung

### I. Wahl des Formstatuts

Die Vorschriften des Kollisionsrechts sind, sofern nicht ausdrücklich abweichendes angeordnet ist, nach allgemeinen Grundsätzen nicht abdingbar. Die inländische Rspr. und große Teile der inländischen Lehre erachteten allerdings Art. 11 Abs. 1 EGBGB jedenfalls im Bereich schuldvertraglicher Vereinbarungen als **dispositiv.** Die Parteien sollten die Anknüpfung an das Ortsrecht ausschließen können. Denn es bestehe kein hinreichender Grund, der Vertragsfreiheit der Parteien in dieser Richtung nicht Raum zu geben.[32] Auch sollten die Parteien ein drittes Recht als ausschließliches Formstatut bestimmen können.[33] Da nunmehr Art. 11 Rom I-VO die Formanknüpfung von Schuldverträgen regelt, ist vorstehende Frage auf Grundlage der Rom I-VO zu beantworten. Nicht dispositiv ist nach allgemeiner Ansicht Art. 11 Abs. 4 und Abs. 5 Rom I-VO. Richtigerweise kommt den Parteien nur iRd durch das Verweisungsrecht eröffneten Möglichkeiten Parteiautonomie zu, dh nicht über dieses. Die alternative Anknüpfung des Art. 11 Abs. 1 und Abs. 2 Rom I-VO ist damit richtigerweise nicht abdingbar.[34] Nach abweichender herrschender Sichtweise können die Parteien sowohl die Geltung des Geschäfts- als auch des Ortsrechts, als auch des Rechts des gewöhnlichen Aufenthalts (Art. 11 Abs. 1 bis Abs. 3 Rom I-VO) abbedingen. Denn die „Wohltat" der Alternativanknüpfung soll ihnen nicht aufgedrängt werden.[35] 16

Eine Wahl des Formstatuts ist allerdings mittelbar über die Anknüpfung des Art. 11 Abs. 1 Var. 1 Rom I-VO bzw. Art. 11 Abs. 1 Var. 1 EGBGB durch **Wahl des Wirkungsstatuts** möglich. Jedoch bleibt das Ortsrecht alternativ anwendbar. Fraglich erscheint, ob die Parteien im Schuldvertragsrecht über die Möglichkeit einer Teilrechtswahl (Art. 3 Abs. 1 S. 3 Rom I-VO) allein für die Frage der Form eines Vertrages eine bestimmte Rechtsordnung wählen können.[36] Dies sollte abgelehnt werden.[37] Die Zulässigkeit einer auf die Form bezogenen Teilrechtswahl lässt sich jedenfalls nicht über Art. 3 Abs. 1 S. 3 Rom I-VO begründen. Denn nicht diese Vorschrift, sondern Art. 11 Abs. 1 Var. 1 Rom I-VO bildet den Ausgangspunkt der Formanknüpfung. 17

### II. Materielle Formvereinbarung

Die Parteien können auf materiell-rechtlicher Ebene die Einhaltung einer bestimmten Form (etwa notarielle Beurkundung, Schriftform – § 127 BGB) als Wirksamkeitsvoraussetzung eines Rechtsgeschäfts vereinbaren und dadurch im Ergebnis die Geltung des Ortsrechts ausschließen, sofern dieses hinter den als Wirksamkeitsvoraussetzung (dh nicht lediglich zu Beweiszwecken) vereinbarten Formanforderungen zurückbleibt oder dieses im Ergebnis ausschließt, wie dies etwa bei der Vereinbarung der notariellen Beurkundung durch einen Notar mit Amtssitz in Deutschland der Fall ist. Eine derartige Abrede und 18

[31] BeckOGK/*Gebauer* Rom I-VO Art. 11 Rn. 122; HK-BGB/*Staudinger* Rom I-VO Art. 11 Rn. 1.
[32] BGH NJW 1972, 385 (386).
[33] So etwa MüKoBGB/*Spellenberg* EGBGB Art. 11 Rn. 65.
[34] Bamberger/Roth/*Mäsch* EGBGB Art. 11 Rn. 10.
[35] MüKoBGB/*Spellenberg* Rom I-VO Art. 11 Rn. 39; Juris-PK/*Ringe* Rom I-VO Art. 11 Rn. 27; Palandt/*Thorn* Rom I-VO Art. 11 Rn. 4; Rauscher/*v. Hein* Rom I-VO Art. 11 Rn. 12.
[36] BeckOGK/*Gebauer* Rom I-VO Art. 11 Rn. 117f; Juris-PK/*Ringe* Rom I-VO Art. 11 Rn. 27; NK-BGB/*Bischoff* Rom I-VO Art. 11 Rn. 25.
[37] NK-BGB/*Bischoff* Rom I-VO Art. 11 Rn. 25; Reithmann/Martiny/*Reithmann* Rn. 5.212; Reithmann/Martiny/*Mankowski* Rn. 6.813.

ihre Rechtsfolgen richten sich nach dem Geschäftsstatut.[38] Für die Formwirksamkeit einer derartigen Abrede gilt hingegen wiederum Art. 11 Rom I-VO/Art. 11 EGBGB.[39]

## III. Ordre public und Eingriffsnormen

19 Formvorschriften eines ausländischen Sachrechts, gleich ob diese als Bestandteil des Wirkungsstatuts oder als Ortsrecht berufen sind, unterliegen dem ***ordre public*-Vorbehalt** (etwa Art. 6 EGBGB, Art. 21 Rom I-VO).[40] Ein *ordre-public*-Verstoß kommt jedoch nur in seltenen Fällen in Betracht. Die alternative Anknüpfung an die Ortsform in Art. 11 Abs. 1 bis Abs. 3 EGBGB bzw. Art. 11 Abs. 1 bis Abs. 3 Rom I-VO ist zumindest Indiz dafür, dass – zumindest im Anwendungsbereich der Alternativanknüpfung – Formvorschriften und den mit diesen verfolgten Zwecken keine absolute Bedeutung zugesprochen wird.[41] Folglich wird ein im Ausland nach der Ortsform wirksam vorgenommenes Rechtsgeschäft über ein inländisches Grundstück, das als im Inland vorgenommenes Rechtsgeschäft wegen unterbliebener notarieller Beurkundung nach §§ 125 S. 1, 311b Abs. 1 BGB unwirksam wäre, nicht wegen fehlender Verwirklichung der durch § 311b Abs. 1 BGB verfolgten Zwecke als *ordre-public*-widrig angesehen (weiter → Rn. 33 ff.).[42] Gleiches gilt etwa für die Fälle der §§ 311b Abs. 3 und Abs. 5, 518 und 766 BGB.[43] Ausländische Formvorschriften sind in den genannten Fällen grundsätzlich auch dann maßgebend, wenn mit ihnen der den deutschen Formvorschriften zugrunde liegende Zweck nicht (vollständig) erreicht wird. Die Nichteinhaltung einer inländischen Formschrift führt auch dann nicht zu einem *ordre-public*-widrigen Rechtsanwendungsergebnis, wenn eine ausländische Formvorschrift nicht als Recht des Vornahmeortes, sondern als Wirkungsstatut, und nur aufgrund Rechtswahl zur Anwendung gelangt. Dies gilt auch dann, wenn die Rechtswahl die Negierung einer inländischen Formvorschrift bezweckt[44] (zur Eingriffsnormqualität von Formvorschriften → § 16 Rn. 171). Sofern eine die Verfassung einer Gesellschaft deutschen Rechts betreffende Rechtshandlung nach dem Ortsrecht (zur Frage der Anknüpfung an das Ortsrecht → Rn. 47) auch ohne öffentliche Beurkundung wirksam ist, wird hierin mit Blick auf den Sinn und Zweck der dies verlangenden inländischen Formschriften, sofern dieser auch in der Beweissicherung liegt (zB § 53 Abs. 2 GmbHG), zum Teil ein *ordre-public*-Verstoß (Art. 6 EGBGB) gesehen.[45] Ähnliches wird vereinzelt mit Blick auf die nach schweizerischem Ortsrecht mögliche privatschriftliche Verfügung über Geschäftsanteile von Kapitalgesellschaften angedacht.[46] Teilweise wird deutschen Formvorschriften, etwa § 15 Abs. 4 GmbHG, die Qualität von Eingriffsnormen zugesprochen, um so der betreffenden Formvorschrift (über Art. 9 Rom I-VO) an Art. 11 Rom I-VO (bzw. im autonomen Recht: Art. 11 EGBGB) vorbei Geltung zu verleihen.[47]

---

[38] OLG Karlsruhe BeckRS 1993, 02114; NK-BGB/*Bischoff* Rom I-VO Art. 11 Rn. 25; Rauscher/*v. Hein* Rom I-VO Art. 11 Rn. 18.

[39] BeckOGK/*Gebauer* Rom I-VO Art. 11 Rn. 121; MüKoBGB/*Spellenberg* Rom I-VO Art. 11 Rn. 76 ff.

[40] So hat das OLG Karlsruhe bereits im Jahre 1901 die privatschriftliche Verpfändung eines GmbH-Anteils in der Schweiz am Eingreifen der Vorbehaltsklausel des damaligen Art. 30 EGBGB scheitern lassen (OLG Karlsruhe 11.7.1901, in: Mugdan/Falkmann (Hrsg.), Die Rechtsprechung der Oberlandesgerichte auf dem Gebiete des Civilrechts, 3. Bd., 1901, 263 (264), zitiert nach BeckOGK/*Gebauer* Rom I-VO Art. 11 Rn. 100).

[41] NK-BGB/*Bischoff* Rom I-VO Art. 11 Rn. 11.

[42] OLG Stuttgart IPRspr. 1981 Nr. 12 (zu Art. 6, 11 EGBGB).

[43] NK-BGB/*Bischoff* Rom I-VO Art. 11 Rn. 11; Staudinger/*Winkler v. Mohrenfels* EGBGB Art. 11 Rn. 67.

[44] Staudinger/*Winkler v. Mohrenfels* EGBGB Art. 11 Rn. 68.

[45] Staudinger/*Winkler v. Mohrenfels* EGBGB Art. 11 Rn. 284; **aA** MüKoBGB/*Spellenberg* EGBGB Art. 11 Rn. 17.

[46] Reithmann/Martiny/*Reithmann* Rn. 5.224; vgl. auch *Gerber* GmbHR 2010, 97 (98); Lutter/Hommelhoff/*Bayer* GmbHG § 15 Rn. 28a.

[47] Hierzu und iErg ablehnend BeckOGK/*Gebauer* Rom I-VO Art. 11 Rn. 99 f. und 103 ff.

### IV. Rück- und Weiterverweisung

20 Im Rahmen des Anwendungsbereichs von Art. 11 Rom I-VO scheidet die Beachtung einer Rück- oder Weiterverweisung mit Blick auf Art. 20 Rom I-VO aus; gleiches gilt aufgrund von Art. 24 Rom II-VO für die Teilfragenanknüpfung des Art. 21 Rom II-VO. Die Beachtung eines *Renvoi* iRv Art. 11 EGBGB wird dagegen unterschiedlich beurteilt. Nicht zu diesem Themenkreis gehört die Situation, dass das Geschäftsstatut durch gemäß Art. 4 Abs. 1 EGBGB beachtlichen *Renvoi* ermittelt wurde. Denn erst durch diesen *Renvoi* wird der Anknüpfungspunkt des Art. 11 EGBGB gewonnen.[48] Unter Berufung auf Wortlaut und Zweck von Art. 11 EGBGB versteht die wohl überwiegende Meinung Art. 11 EGBGB als Sachnormverweisung und lehnt folglich die Beachtung eines *Renvoi* ab.[49] Ob das von Art. 11 Abs. 1 bis Abs. 3 EGBGB (nach dieser Sichtweise berufene Sach-) Recht selbst angewandt sein will, ist auf dieser Grundlage irrelevant. Andere verstehen im Interesse des *favor negotii* Art. 11 EGBGB, insoweit als dieser dort verankert ist, im Ausgangspunkt als Gesamtnormverweisung.[50] Allerdings widerspricht die Beachtung einer vom verwiesenen Kollisionsrecht ausgesprochenen Rück- oder Weiterverweisung (auch) nach dieser Ansicht dem Sinn der alternativen Anknüpfung in Art. 11 Abs. 1 bis Abs. 3 EGBGB, wenn sie zu einer Verringerung der dort vorgesehenen Anknüpfungen führt oder wenn sich die Formgültigkeit des Geschäfts nur auf Grundlage einer Sachnormverweisung erreichen lässt.[51] Spaltet etwa das als Geschäftsstatut gemäß Art. 11 Abs. 1 Var. 1 EGBGB berufene Recht Formfragen (kraft abweichender Qualifikation) ab und spricht es nur für die abgespaltenen Formfragen eine Rück- oder Weiterverweisung aus, so ist ein solcher *Renvoi,* der die Einheit von Geschäfts- und Formstatut durchbricht, als dem Sinn der Verweisung widersprechend, (Art. 4 Abs. 1 S 1 EGBGB) nicht zu beachten.[52]

## D. Alternative Anknüpfung

21 Art. 11 Abs. 1 bis Abs. 3 Rom I-VO bzw. Art. 11 Abs. 1 und Abs. 2 EGBGB stellen die Geschäftsform und Ortsform alternativ und als gleichwertig zur Verfügung.[53] Bei Distanzverträgen werden gemäß Art. 11 Abs. 2 Rom I-VO/EGBGB zwei Ortsrechte neben dem Wirkungsstatut zur Verfügung gestellt. Art. 11 Rom I-VO ermöglicht darüber hinaus eine weitere alternative Anknüpfung an den gewöhnlichen Aufenthalt jeder Vertragspartei zum Zeitpunkt des Vertragsschlusses (Art. 11 Abs. 2 Rom I-VO), bzw. im Falle eines einseitigen Rechtsgeschäfts an den gewöhnlichen Aufenthalt der das Rechtsgeschäft vornehmenden Person (Art. 11 Abs. 3 Rom I-VO). Die Anknüpfung an die Ortsform oder das Recht des gewöhnlichen Aufenthalts hängt nicht davon ab, dass das Wirkungsstatut die Geltung des Ortsrechts bzw. der am gewöhnlichen Aufenthaltsort geltenden Rechtsordnung gestattet.[54] Im Anwendungsbereich von Art. 11 Abs. 4 EGBGB steht nur das Geschäftsstatut zur Verfügung. Für Verträge die dem Anwendungsbereich von Art. 6 Rom I-VO unterfallen, stellt Art. 11 Abs. 4 Rom I-VO ausschließlich auf das Recht des ge-

---

[48] Erman/*Hohloch* EGBGB Art. 11 Rn. 5; Palandt/*Thorn* EGBGB Art. 11 Rn. 3.

[49] OVG Lüneburg FamRZ 2008, 1785 (1787); HK-BGB/*Staudinger* EGBGB Art. 11 Rn. 19; Erman/*Hohloch* EGBGB Art. 11 Rn. 5; *Kropholler* IPR § 41 III 4; Palandt/*Thorn* EGBGB Art. 11 Rn. 1a; so auch BT-Drs. 10/504, 48.

[50] *Kegel/Schurig* IPR § 10 V; Staudinger/*Hausmann* EGBGB Art. 4 Rn. 184.

[51] Staudinger/*Hausmann* EGBGB Art. 4 Rn. 186f.

[52] Staudinger/*Hausmann* EGBGB Art. 4 Rn. 186; *Kropholler* IPR § 41 III 4; differenzierend MüKoBGB/*Spellenberg* EGBGB Art. 11 Rn. 15 (beachtlich, wenn die Chance der Formgültigkeit durch Teil*renvoi* erhöht wird).

[53] NK-BGB/*Bischoff* Rom I-VO Art. 11 Rn. 5; zur historischen Entwicklung BeckOGK/*Gebauer* Rom I-VO Art. 11 Rn. 3ff., insbes. Rn. 17ff.

[54] Bamberger/Roth/*Mäsch* EGBGB Art. 11 Rn. 42.

wöhnlichen Aufenthalts des Verbrauchers ab. Unter den Voraussetzungen des Art. 11 Abs. 5 Rom I-VO sind lediglich die Formvorschriften des Rechts der Belegenheit der unbeweglichen Sache zur Anwendung berufen; zur Abbedingung der alternativen Anknüpfung → Rn. 16. Im Rahmen der alternativen Anknüpfung ist das Rechtsgeschäft formgültig, wenn es den Formanforderungen einer der berufenen Rechtsordnungen genügt (→ Rn. 15). Der Günstigkeitsvergleich ist von Amts wegen vorzunehmen.

22 Die alternative Zulassung der Geschäfts- und der Ortsform dient primär der Förderung der Formgültigkeit eines Rechtsgeschäfts *(favor negotii).*[55] Sie führt zu einer Relativierung der materiell-rechtlichen, an sich zwingenden Formvorschriften und ist mit Blick auf die mit der Normierung bestimmter Formvorschriften häufig verfolgten Schutzzwecke rechtspolitisch nicht immer unbedenklich.[56]

## E. Schuldverträge

### I. Art. 11 Abs. 1 Rom I-VO

23 Art. 11 Abs. 1 Rom I-VO setzt voraus, dass sich die Vertragsparteien (oder deren Vertreter) zum Zeitpunkt des Vertragsschlusses in demselben Staat befinden.[57] Ein schlichter Aufenthalt genügt.[58] Art. 11 Rom I-VO verlangt lediglich einen Aufenthalt in demselben Staat, nicht an demselben Ort. Die Vorschrift erfasst damit auch Distanzgeschäfte im gleichen Staat.[59] Der gewöhnliche Aufenthalt der Parteien ist für die Anwendung von Art. 11 Abs. 1 Rom I-VO nicht von Bedeutung.[60] Umfasst ein Staat mehrere Gebietseinheiten, von denen jede eigene Rechtsnormen für vertragliche Schuldverhältnisse hat, so gilt nach Art. 22 Abs. 1 Rom I-VO jede Gebietseinheit als Staat. Folglich liegt beispielsweise kein Distanzgeschäft im gleichen Staat vor, wenn sich eine Partei in *England* und die andere Partei in *Schottland* befindet.[61]

#### 1. Art. 11 Abs. 1 Var. 1 Rom I-VO: Wirkungsstatut

24 Nach Art. 11 Abs. 1 Var. 1 Rom I-VO ist ein Schuldvertrag formgültig, wenn er nach dem Vertragsstatut (Art. 3 ff. Rom I-VO) formwirksam ist. Durch eine nach Vertragsschluss erfolgende Änderung der Bestimmung des anzuwendenden Rechts (→ § 16 Rn. 38) wird die Formgültigkeit des Vertrags gemäß Art. 3 Abs. 2 S. 2 Rom I-VO nicht berührt. Stellt demgemäß das neue Vertragsstatut strengere Formanforderungen als das bisher anzuwendende Recht auf, so kann dies nicht zur Formnichtigkeit des Vertrages führen. Umgekehrt kann durch den Statutenwechsel eine ursprüngliche Formnichtigkeit geheilt werden, sofern der Vertrag nach der nunmehr heranziehbaren Rechtsordnung formgültig ist.[62]

#### 2. Art. 11 Abs. 1 Var. 2 Rom I-VO: Ortsrecht

25 Für die Formgültigkeit eines Schuldvertrages genügt nach Art. 11 Abs. 1 Var. 2 Rom I-VO die Einhaltung der am Ort des Vertragsschlusses geltenden Formvorschriften. Ob diese Formvorschriften vergleichbar oder gar gleichwertig mit den Vorschriften des Vertragsstatuts sind, ist ohne Belang. Denn Art. 11 Abs. 1 Var. 1 Rom I-VO bestimmt die

[55] Zu den verschiedenen mit der gesonderten Teilfragenanknüpfung verbundenen Zielrichtungen etwa BeckOGK/*Gebauer* Rom I-VO Art. 11 Rn. 20 ff.; MüKoBGB/*Spellenberg* EGBGB Art. 11 Rn. 1.
[56] NK-BGB/*Bischoff* Rom I-VO Art. 11 Rn. 5.
[57] Juris-PK/*Ringe* Rom I-VO Art. 11 Rn. 16; Rauscher/*v. Hein* Rom I-VO Art. 11 Rn. 16.
[58] Rauscher/*v. Hein* Rom I-VO Art. 11 Rn. 16.
[59] HK-BGB/*Staudinger* Rom I-VO Art. 11 Rn. 2.
[60] Rauscher/*v. Hein* Rom I-VO Art. 11 Rn. 16.
[61] BeckOGK/*Gebauer* Rom I-VO Art. 11 Rn. 125.
[62] MüKoBGB/*Martiny* Rom I-VO Art. 3 Rn. 82.

Ortsform als gleichwertige Alternativform (→ Rn. 21).[63] Im Falle eines Mehrrechtstaates findet Art. 22 Abs. 1 Rom I-VO Anwendung. Es besteht kein allgemeiner Erfahrungssatz, dass bei Einschaltung eines ausländischen Notars die ausländische Ortsform eingehalten ist.[64] Sind die Erklärenden bei ihrer Erklärung allein von der Geltung der strengeren Formvorschriften des Vertragsstatuts ausgegangen, nicht jedoch von der alternativ maßgeblichen Ortsform, und haben sie deshalb in einer den Formvorschriften des Geschäftsstatuts nicht genügenden Erklärung nur eine rechtlich unverbindliche Absichtserklärung gesehen, die jedoch nach der Ortsform wirksam ist, so kann ihnen der zur Wirksamkeit des Rechtsgeschäfts notwendige Rechtsbindungswillen fehlen. Dies beurteilt sich nach dem Geschäftsstatut (Art. 10 Rom I-VO; zur Abwahl des Ortsrechts → Rn. 16).[65]

Der Ort des Vertragsschlusses iSv Art. 11 Rom I-VO wird handlungsorientiert als **Vornahmeort** bzw. Ort der Abgabe der Erklärung (durch die Vertragspartei oder deren Vertreter) verstanden.[66] Dies ist (bei einer (nach dem Geschäftsstatut) empfangsbedürftigen Erklärung) der Ort, an dem sie der Erklärende dergestalt auf den Weg gebracht hat, dass sie unter normalen Umständen ohne weiteres Zutun seiner selbst zum Empfänger gelangen wird. Maßgebend ist zwar der Ort der Abgabe der Annahmeerklärung zu dem Angebot,[67] allerdings setzt Art. 11 Abs. 1 Rom I-VO voraus, dass sich die Erklärenden im gleichen Staat befinden. Für Zwecke der Bestimmung des Ortsrechts ist das Gelände einer ausländischen diplomatischen Vertretung (Botschaft, Konsulat) als Teil des Landes zu betrachten, in dem es belegen ist.[68] 26

**Vertreter** ist jede Person, deren Erklärung nach dem Vollmachtsstatut oder dem Statut gesetzlicher Vertretung einer anderen Person zugerechnet wird. Für die Anwendung von Art. 11 Rom I-VO ist es damit nicht entscheidend, ob ein Fall offenkundiger oder verdeckter Stellvertretung vorliegt.[69] Der **Erklärungsbote** gibt keine eigene Erklärung ab. Der Ort seiner Entäußerung der Erklärung ist folglich für die Anknüpfung an den Vornahmeort nicht von Bedeutung, da die Erklärung schon mit Übergabe an den Erklärungsboten abgegeben ist.[70] 27

Die Anknüpfung des Art. 11 Abs. 1 Var. 2 Rom I-VO läuft leer, wenn das Ortsrecht das infrage stehende Rechtsgeschäft nicht kennt und demgemäß keine Formvorschriften bereithält **(Formleere).**[71] Andererseits ist es nicht erforderlich, dass das Rechtsgeschäft des Ortsrechts mit dem des Hauptstatuts völlig kongruent ist. Eine Übereinstimmung in den wesentlichen geschäftstypischen Merkmalen genügt.[72] Diese wesentlichen Merkmale können in Funktion, rechtlichen Erfolg und inhaltliche Ausgestaltung unterteilt werden.[73] So ist beispielsweise § 15 Abs. 4 GmbHG auf die Form eines in Deutschland geschlossenen schuldrechtlichen Treuhandvertrages für Anteile einer polnischen Z.o.o anwendbar, denn das polnische GmbH-Recht beruht auf dem deutschen GmbHG.[74] 28

[63] Juris-PK/*Ringe* Rom I-VO Art. 11 Rn. 25; Reithmann/Martiny/*Reithmann* Rn. 5.223.
[64] NK-BGB/*Bischoff* Rom I-VO Art. 11 Rn. 22; Palandt/*Thorn* Rom I-VO Art. 11 Rn. 11; **aA** OLG Zweibrücken MittBayNot 1999, 480.
[65] Bamberger/Roth/*Mäsch* EGBGB Art. 11 Rn. 42.
[66] Art. 11 Rom I-VO spricht wie bereits die deutsche Übersetzung des EVÜ von Ort des Vertragsschlusses, während Art. 11 EGBGB von Vornahmeort spricht. Die englische und französische Sprachfassung der Rom I-VO hat sich insoweit verglichen mit dem EVÜ nicht geändert.
[67] Ferrari/*Schulze* IntVertragsR Rom I-VO Art. 11 Rn. 17; NK-BGB/*Bischoff* Rom I-VO Art. 11 Rn. 23; Palandt/*Thorn* Rom I-VO Art. 11 Rn. 11.
[68] Bamberger/Roth/*Mäsch* EGBGB Art. 11 Rn. 45.
[69] MüKoBGB/*Spellenberg* Rom I-VO Art. 11 Rn. 43.
[70] NK-BGB/*Bischoff* Rom I-VO Art. 11 Rn. 32.
[71] Jauernig/*Mansel* Rom I-VO Vorb. Rn. 48; Rauscher/*v. Hein* Rom I-VO Art. 11 Rn. 17; RGZ 160, 225 (230) (zu Art. 11 EGBGB).
[72] *Kropholler* IPR § 41 III 5 b.
[73] Bamberger/Roth/*Mäsch* EGBGB Art. 11 Rn. 47.
[74] BGH RIW 2005, 144; Rauscher/*v. Hein* Rom I-VO Art. 11 Rn. 17.

## II. Art. 11 Abs. 2 Rom I-VO: Distanzgeschäft

29 Art. 11 Abs. 2 Rom I-VO erfasst den Fall, dass sich die Erklärenden nicht in demselben Staat befinden (grenzüberschreitender Distanzvertrag); für Mehrrechtsstaaten → Rn. 23. Als maßgebend wird insoweit der Zeitpunkt der Abgabe der Willenserklärungen (→ Rn. 26), nicht derjenige des Zugangs und auch nicht der Zeitpunkt des Zustandekommens des Vertrages nach dem Vertragsstatut angesehen.[75] Nach richtiger Sichtweise greift Art. 11 Abs. 2 Rom I-VO nur in Fällen ein, in denen sich die konkret am Vertragsschluss beteiligten Personen (Abschließenden) bei Abschluss des Vertrages in verschiedenen Ländern befinden.[76] Anderer Ansicht nach ist Art. 11 Abs. 2 Rom I-VO bereits dann anwendbar, wenn entweder eine der Parteien oder ein Stellvertreter sich nicht im Abschlussstaat befindet. Denn Art. 11 Abs. 2 Rom I-VO spreche von „oder" anstatt von „bzw.",[77] wohingegen nach erstgenannter Sichtweise das „oder" als „bzw." zu lesen ist.[78]

30 Im Falle eines grenzüberschreitenden Distanzvertrages genügt zur Formwirksamkeit eines Vertrages die Einhaltung der Formerfordernisse entweder
- des Vertragsstatuts,
- eines der Ortsrechte (Recht des Staaten, in denen sich eine der Vertragsparteien oder ihr Vertreter befindet) oder
- eine der Rechtsordnungen, in deren Gebiet eine der Vertragsparteien ihren gewöhnlichen Aufenthalt hat (Art. 19 Rom I-VO, → § 16 Rn. 65 ff.[79]).

31 Ortsrecht iSv Art. 11 Abs. 2 Rom I-VO wird als Ort der Abgabe der Erklärung interpretiert (→ Rn. 26).[80] Im Falle der Erklärung eines **Vertreters** wird das Ortsrecht durch die Abgabe der Erklärung des Vertreters bestimmt. Für die Formwirksamkeit eines Vertrages ist nach Art. 11 Abs. 2 Rom I-VO nicht jede der auf den Vertragsschluss gerichteten Willenserklärungen gesondert nach ihrem Abgabeort zu beurteilen. Bedarf zB die Erklärung des Bürgen nach dem Ortsrecht des Bürgschaftsempfängers keiner Schriftlichkeit, so ist die Bürgschaftserklärung (im Anwendungsbereich von Art. 11 Abs. 2 Rom I-VO) auch dann formgültig, wenn sie in Deutschland vom Bürgen abgegeben wurde und nicht den Erfordernissen des § 766 BGB genügt.[81] Gleiches gilt für das Schenkungsversprechen nach § 518 BGB.[82]

## III. Verbrauchervertrag (Art. 11 Abs. 4 Rom I-VO)

32 Für einen der Sonderanknüpfung des Art. 6 Rom I-VO unterliegenden Verbrauchervertrag (zum Anwendungsbereich von Art. 6 Rom I-VO → § 16 Rn. 94 ff.) finden gemäß Art. 11 Abs. 4 Rom I-VO allein die Formvorschriften des Rechts des gewöhnlichen Aufenthalts (zum Begriff des gewöhnlichen Aufenthalts → § 16 Rn. 65 ff) des Verbrauchers zum Zeitpunkt des Vertragsschlusses[83] Anwendung. Die Anknüpfungen der Art. 11 Abs. 1 bis Abs. 3 Rom I-VO sind nicht anzuwenden. Dies gilt selbst dann, wenn die hierüber zur Anwendung berufenen Rechtsordnungen sämtlich strengere Formerfordernisse als das Aufenthaltsrecht des Verbrauchers vorsehen sollten.[84] Bei gewöhnlichem Aufenthalt des Verbrauchers in *Frankreich* ist aufgrund der französischen *„loi Toubon"*, die für Verbraucherverträge die Verwendung der französischen Sprache vorschreibt, (im Anwendungsbe-

---

[75] MüKoBGB/*Spellenberg* Rom I-VO Art. 11 Rn. 40; Juris-PK/*Ringe* Rom I-VO Art. 11 Rn. 30.
[76] BeckOGK/*Gebauer* Rom I-VO Art. 11 Rn. 137; PWW/*Mörsdorf-Schulte* Rom I-VO Art. 11 Rn. 10; Rauscher/*v. Hein* Rom I-VO Art. 11 Rn. 20 f.
[77] HK-BGB/*Staudinger* Rom I-VO Art. 11 Rn. 3.
[78] Rauscher/*v. Hein* Rom I-VO Art. 11 Rn. 20.
[79] NK-BGB/*Bischoff* Rom I-VO Art. 11 Rn. 29; Rauscher/*v. Hein* Rom I-VO Art. 11 Rn. 21.
[80] MüKoBGB/*Spellenberg* Rom I-VO Art. 11 Rn. 36.
[81] Rauscher/*v. Hein* Rom I-VO Art. 11 Rn. 21.
[82] Reithmann/Martiny/*Reithmann* Rn. 5.232.
[83] Erman/*Hohloch* Rom I-VO Art. 11 Rn. 8.
[84] BeckOGK/*Gebauer* Rom I-VO Art. 11 Rn. 71.

reich von Art. 6 Rom I-VO) Vorsicht geboten. Allerdings ist die Einordnung von Regelungen, die die Verwendung einer bestimmten Sprache anordnen (→ Rn. 14) und speziell der genannten Norm, als Formvorschrift zweifelhaft.[85] Für arbeitsrechtliche Verträge (Art. 8 Rom I-VO; → § 16 Rn. 110) besteht keine vergleichbare Formanknüpfung, so dass insoweit die Art. 11 Abs. 1 bis 3 Rom I-VO Anwendung finden.[86] Zwar knüpft Art. 6 Abs. 1 Rom I-VO das auf Verbraucherverträge anwendbare Recht an den gewöhnlichen Aufenthalt des Verbrauchers an. Allerdings erlaubt Art. 6 Abs. 2 Rom I-VO (unter Anwendung eines Günstigkeitsvergleichs) eine Rechtswahl. Das gewählte günstigere Recht gilt jedoch gemäß Art. 11 Abs. 4 Rom I-VO nicht für die Form des Vertrages.[87] Klarstellend sei erwähnt, dass die Vorschrift des Art. 11 Abs. 4 Rom I-VO nicht dispositiv ist.

## IV. Schuldrechtliche Immobilienverträge (Art. 11 Abs. 5 Rom I-VO)

Schuldverträge, die ein dingliches Recht an einer unbeweglichen Sache oder deren Miete oder Pacht (zu den Begriffen → § 16 Rn. 73 ff.) zum Gegenstand haben, unterliegen abweichend von Art. 11 Abs. 1 bis Abs. 4 Rom I-VO den Formvorschriften des Staates, in dem die unbewegliche Sache belegen ist. Dies allerdings nur, sofern derartige Vorschriften nach dem Recht dieses Staates 33

- unabhängig davon gelten, in welchem Staat der Vertrag geschlossen wird oder welchem Recht dieser Vertrag unterliegt, und
- von ihnen nicht durch Vereinbarung abgewichen werden darf.

Ob eine unbewegliche Sache vorliegt entscheidet – anders als im Anwendungsbereich von Art. 4 und 6 Rom I-VO – iRv Art. 11 Abs. 5 Rom I-VO die *lex rei sitae*.[88] Art. 11 Abs. 5 Rom I-VO ist auch auf einseitige, einen Vertrag betreffende Rechtsgeschäfte anzuwenden, da ansonsten die zwingende Anwendung der Vorschriften der *lex rei sitae* nicht sichergestellt wäre.[89] Art. 11 Abs. 5 Rom I-VO wird vielfach als *lex specialis* zu Art. 9 Rom I-VO angesehen.[90] Art. 11 Abs. 5 Rom I-VO schließt allderings die potentielle Anwendung von Art. 9 Rom I-VO (Eingriffsnormen) nicht aus.[91] Klarstellend sei erwähnt, dass die Vorschrift des Art. 11 Abs. 5 Rom I-VO nicht dispositiv ist. 34

Art. 11 Abs. 5 Rom I-VO erfasst (nur) **obligatorische Verträge.** Dingliche Verfügungen unterfallen Art. 11 Abs. 4 EGBGB. § 311b Abs. 1 BGB wird herrschend nicht als international zwingend iSv Art. 11 Abs. 5 Rom I-VO angesehen, was aber insbesondere mit Blick auf § 17 Abs. 2a BeurkG zu überprüfen ist (→ Rn. 50).[92] Inländischer Grundbesitz kann auf Grundlage der hM formlos veräußert/erworben werden, wenn das Geschäftsstatut oder das Recht am Vornahmeort dies erlauben. Für Formvorschriften zum Schutz des Mieters von Grundbesitz (§§ 550, 568 Abs. 1 BGB) wird zum Teil angenommen, sie seien international zwingend.[93] § 483 BGB ist international zwingend, allerdings ergibt sich dies über Art. 46b EGBGB (Art. 23 Rom I-VO).[94] Als international zwingende Norm ausländischen Rechts wird Art. 119 Abs. 3 S. 2 des schweizerischen IPRG ge- 35

[85] Juris-PK/*Ringe* Rom I-VO Art. 11 Rn. 39; MüKoBGB/*Spellenberg* Rom I-VO Art. 10 Rn. 52.
[86] Bamberger/Roth/*Mäsch* EGBGB Art. 11 Rn. 53a; NK-BGB/*Bischoff* Rom I-VO Art. 11 Rn. 35.
[87] BeckOGK/*Gebauer* Rom I-VO Art. 11 Rn. 147.
[88] Erman/*Hohloch* Rom I-VO Art. 11 Rn. 10; **aA** Staudinger/*Winkler v. Mohrenfels* Rom I-VO Art. 11 Rn. 141 (autonome Qualifikation).
[89] NK-BGB/*Bischoff* Rom I-VO Art. 11 Rn. 38; Staudinger/*Winkler v. Mohrenfels* Rom I-VO Art. 11 Rn. 139.
[90] BeckOGK/*Gebauer* Rom I-VO Art. 11 Rn. 149; Rauscher/*v. Hein* Rom I-VO Art. 11 Rn. 34.
[91] MüKoBGB/*Spellenberg* Rom I-VO Art. 11 Rn. 62.
[92] OLG Köln RIW 1993, 414; Erman/*Hohloch* Rom I-VO Art. 11 Rn. 10a; HK-BGB/*Staudinger* Rom I-VO Art. 11 Rn. 6; gegen die hM *Döbereiner* ZNotP 2001, 464 (466); krit. Reithmann/Martiny/*Reithmann* Rn. 5.240; Reithmann/Martiny/*Limmer* Rn. 6.850 f.
[93] Rauscher/*v. Hein* Rom I-VO Art. 11 Rn. 35; **aA** für § 550 BGB Staudinger/*Winkler v. Mohrenfels* Rom I-VO Art. 11 Rn. 145.
[94] HK-BGB/*Staudinger* Rom I-VO Art. 11 Rn. 6; Rauscher/*v. Hein* Rom I-VO Art. 11 Rn. 33.

nannt, welcher für Verträge über in der Schweiz belegene Grundstücke oder deren Gebrauch die Einhaltung der Formvorschrift des Art. 216 Abs. 1 OR (Kaufvertrag; Tauschvertrag – Art. 237 OR), bzw. Art. 243 Abs. 2 OR (Schenkungsvertrag) (jew. öffentliche Beurkundung) zur Pflicht macht.[95]

## F. Verträge auf Grundlage des autonomen Kollisionsrechts

36 Soweit keine vorrangig geltenden staatsvertraglichen Regelungen oder vorrangig anzuwendenden Regelungen des sekundären Unionsrechts Anwendung finden (→ Rn. 2ff.), richtet sich die Form grundsätzlich aller Verträge nach **Art. 11 EGBGB.** So gilt die Anknüpfung des Art. 11 EGBGB etwa für die Form von Eheverträgen,[96] Trennungsvereinbarungen[97] oder Vereinbarungen betreffend den Versorgungsausgleich.[98] Die Form sachenrechtlicher Verfügungsgeschäfte wird unter → Rn. 45f. behandelt. Auf die Form gesellschaftsrechtlicher Verträge wird unter → Rn. 47 eingegangen.

37 Art. 11 Abs. 1 EGBGB knüpft ebenso wie Art. 11 Abs. 1 Rom I-VO alternativ an das Geschäftsstatut und das Ortsrecht an. Beide Anknüpfungsvarianten setzen voraus, dass sich die konkret handelnden Personen im gleichen Staat (nicht zwingend am gleichen Ort) befinden. Das von Art. 11 Abs. 1 Var. 1 EGBGB zur Anwendung berufene **Geschäftsstatut** wird nach der einschlägigen Kollisionsnorm bestimmt (etwa Art. 15 EGBGB für einen güterrechtlichen Vertrag). Der Rechtsgedanke des Art. 3 Abs. 2 S. 2 Rom I-VO, nach welchem eine nach Vertragsschluss erfolgende Änderung der Bestimmung des anzuwendenden Rechts die Formgültigkeit des Vertrags nicht berührt (→ Rn. 24 und → § 16 Rn. 38), kann auf das autonome Recht übertragen werden, soweit dieses eine nachträgliche Rechtswahl zulässt.[99] Wird das Wirkungsstatut aufgrund distributiver Anknüpfung durch mehrere Rechtsordnungen gebildet (etwa Art. 13 Abs. 1 EGBGB), stehen diese Rechtsordnungen nicht in einem Alternativ-, sondern einem Kumulativverhältnis. Das Rechtsgeschäft ist nach dem Wirkungsstatut nur dann formgültig, sofern die Formvorschriften beider Rechtsordnungen eingehalten sind. Die Anknüpfung an das **Orstrecht** setzt voraus, dass kein Fall der Formleere vorliegt (→ Rn. 28). Da etwa die meisten Staaten keinen Versorgungsausgleich kennen, scheidet für eine diesbezügliche Vereinbarung die Anwendung des Ortsrechts eines das Institut des Versorgungsausgleichs nicht kennenden Staates aus, so dass über das Wirkungsstatut § 7 VersAusglG zur Anwendung berufen ist.[100] Für Distanzverträge sieht Art. 11 Abs. 2 EGBGB eine Formerleichterung dahingehend vor, dass die Einhaltung eines der beiden Ortsrechte zur Formwahrung genügt. Im Falle des Vertragsschlusses unter Einschaltung eines Vertreters ist Vornahmeort iSd Anknüpfung des Art. 11 Abs. 1 bzw. Abs. 2 EGBGB, der Ort ist, an dem der Stellvertreter seine Erklärung abgibt (Art. 11 Abs. 3 EGBGB).

## G. Einseitige Rechtsgeschäfte

### I. Art. 11 Abs. 3 Rom I-VO (einseitige Rechtsgeschäfte)

38 Die Formanknüpfung eines dem Anwendungsbereich der Rom I-VO unterliegenden einseitigen, sich auf einen geschlossenen oder zu schließenden Vertrag beziehenden

[95] MüKoBGB/*Spellenberg* Rom I-VO Art. 11 Rn. 64; NK-BGB/*Bischoff* Rom I-VO Art. 11 Rn. 37; Rauscher/*v. Hein* Rom I-VO Art. 11 Rn. 34.
[96] BGH NJW-RR 2011, 1225 (1226).
[97] OLG Zweibrücken FamRZ 1988, 623 (624); soweit nicht schuldvertraglicher Natur.
[98] OLG Schleswig FamFR 2011, 543 mAnm *Vlassopoulou*.
[99] Bamberger/Roth/*Mäsch* EGBGB Art. 11 Rn. 31.
[100] OLG Schleswig FamFR 2011, 543 mAnm *Vlassopoulou*; Juris-PK/*Süß* EGBGB Art. 11 Rn. 21.

Rechtsgeschäfts wird in Art. 11 Abs. 3 Rom I-VO geregelt. Die Abgrenzung zwischen einseitigem Rechtsgeschäft und den, den Formanknüpfungen des Art. 11 Abs. 1 und Abs. 2 Rom I-VO unterliegenden Verträgen kann deshalb praktische Bedeutung erlangen, weil Art. 11 Abs. 1 Rom I-VO die Anknüpfung an den gewöhnlichen Aufenthalt des das Rechtsgeschäft Vornehmenden nicht kennt. Als einseitiges Rechtsgeschäft sind in autonomer Auslegung solche Geschäfte zu verstehen, die zu ihrer Vollständigkeit nur einer Erklärung bedürfen, worüber die *lex causae* befinden muss.[101] Als einseitiges Rechtsgeschäft kommen etwa Anfechtungs-, Kündigungs-, Rücktritts- oder Lösungserklärung und Mahnungen in Betracht. Ob ein Forderungserlass – wie in einigen Rechtsordnungen (etwa Schottland, Spanien und in den nordischen Rechten)[102] – als einseitiges Rechtsgeschäft oder wie im deutschen Recht als Vertrag (§ 397 BGB) ausgestaltet ist, besagt das Vertragsstatut.[103] Das Vertragsangebot und die Vertragsannahme sind nicht als einseitige Rechtsgeschäfte iSv Art. 11 Abs. 3 Rom I-VO zu werten. Sie sind Bestandteile des Vertrages. Ihre Form richtet sich nach Art. 11 Abs. 1 und Abs. 2 Rom I-VO.[104] Dies führt dazu, dass die Form eines grenzüberschreitenden Angebots auch nach dem Recht am Ort des Empfängers zu beurteilen ist, welcher für das einseitige Rechtsgeschäft kollisionsrechtlich unbedeutend ist.[105] Zu beachten ist, dass bestimmte einseitige sich auf einen geschlossenen oder zu schließenden Vertrag beziehende Rechtsgeschäfte, wie die Bevollmächtigung und die Genehmigung eines vollmachtlosen Vertreters, nicht dem Anwendungsbereich der Rom I-VO unterliegen (Art. 1 Abs. 1 lit. g Rom I-VO; → § 16 Rn. 135). Für solche einseitigen Rechtsgeschäfte gilt Art. 11 EGBGB (→ Rn. 43).[106] Auch Verfahrenserklärungen unterliegen nicht der Rom I-VO (→ § 16 Rn. 120ff.).

Art. 11 Abs. 3 Rom I-VO stellt **drei alternative Anknüpfungen** zur Verfügung, 39
nämlich

1. das Statut des Vertrages, auf den sich die Erklärung bezieht (Art. 3ff. Rom I-VO, → § 16 Rn. 22ff.),
2. den Vornahmeort (= Ort der Abgabe der Erklärung, nicht der Empfangsort eines empfangsbedürftigen Rechtsgeschäfts;[107] → Rn. 26) und
3. den gewöhnlichen Aufenthalt des Erklärenden (Art. 19 Rom I-VO; → § 16 Rn. 65).

Anders als Art. 11 Abs. 1 und Abs. 2 Rom I-VO wird der Vertreter in Art. 11 Abs. 3 40
Rom I-VO nicht erwähnt. Infolgedessen stellt eine Ansicht im Falle eines Vertreterhandelns neben dem Vertragsstatut auf den Aufenthaltsort des Geschäftsherrn bei Abgabe der Erklärung durch den Vertreter (Vornahmeort) oder alternativ auf den gewöhnlichen Aufenthaltsort des Geschäftsherrn ab.[108] Nach abweichender Sichtweise schließt die Nichterwähnung des Vertreters dessen Berücksichtigung iRv Art. 11 Abs. 3 Rom I-VO nicht aus. Im Falle eines Vertreterhandelns ist nach dieser Sichtweise als Vornahmeort der Ort, an dem der Vertreter seine Erklärung abgibt, anzusehen.[109] Bei wörtlicher Auslegung von Art. 11 Abs. 3 Rom I-VO ist im Falle eines Vertreterhandelns an den Ort des gewöhnlichen Aufenthalts des Vertreters anzuknüpfen.[110] Denkbar erscheint, entsprechend Art. 11 Abs. 2 Rom I-VO nur auf den gewöhnlichen Aufenthalt des Vertretenen abzustellen.[111]

[101] MüKoBGB/*Spellenberg* Rom I-VO Art. 11 Rn. 50.
[102] Rauscher/*v. Hein* Rom I-VO Art. 11 Rn. 8.
[103] MüKoBGB/*Spellenberg* Rom I-VO Art. 11 Rn. 50; **aA** BeckOGK/*Gebauer* Rom I-VO Art. 11 Rn. 43, 53; Rauscher/*v. Hein* Rom I-VO Art. 11 Rn. 8 (aufgrund autonomer Qualifikation stets einseitiges Rechtsgeschäft).
[104] MüKoBGB/*Spellenberg* Rom I-VO Art. 11 Rn. 49; **aA** Juris-PK/*Ringe* Rom I-VO Art. 11 Rn. 33; Rauscher/*v. Hein* Rom I-VO Art. 11 Rn. 5 (Angebot und Annahme fallen unter den Begriff des einseitigen Rechtsgeschäfts).
[105] MüKoBGB/*Spellenberg* Rom I-VO Art. 11 Rn. 49.
[106] BeckOGK/*Gebauer* Rom I-VO Art. 11 Rn. 47, 142; **aA** NK-BGB/*Bischoff* Rom I-VO Art. 11 Rn. 33.
[107] NK-BGB/*Bischoff* Rom I-VO Art. 11 Rn. 34; Rauscher/*v. Hein* Rom I-VO Art. 11 Rn. 25.
[108] HK-BGB/*Staudinger* Rom I-VO Art. 11 Rn. 4; Ferrari/*Schulze* IntVertragsR Rom I-VO Art. 11 Rn. 27; Juris-PK/*Ringe* Rom I-VO Art. 11 Rn. 34.
[109] MüKoBGB/*Spellenberg* Rom I-VO Art. 11 Rn. 54; Rauscher/*v. Hein* Rom I-VO Art. 11 Rn. 27.
[110] Rauscher/*v. Hein* Rom I-VO Art. 11 Rn. 27.

## II. Art. 11 Abs. 4 Rom I-VO

41 Auch einseitige, sich auf einen geschlossenen oder zu schließenden Verbrauchervertrag beziehende Rechtsgeschäfte werden von der Sonderanknüpfung des Art. 11 Abs. 4 Rom I-VO erfasst.[112]

## III. Art. 11 Abs. 5 Rom I-VO

42 Art. 11 Abs. 5 Rom I-VO ist auch auf einseitige, einen Vertrag betreffende Rechtsgeschäfte anzuwenden, da ansonsten die zwingende Anwendung der Vorschriften der *lex rei sitae* nicht sichergestellt wäre.[113]

## IV. Art. 11 EGBGB (einseitige Rechtsgeschäfte nach autonomem Kollisionsrecht)

43 Art. 11 Abs. 1 EGBGB, der generell von Rechtsgeschäften spricht, erfasst auch einseitige Rechtsgeschäfte, wie etwa die Einwilligung in eine Adoption[114] oder Insemination[115] oder die Vaterschaftsanerkennung.[116] Auch für einseitige Rechtsgeschäfte setzt die Anknüpfung an das Orstrecht voraus, dass kein Fall der Formleere vorliegt (→ Rn. 28). Kennt etwa das Ortstrecht das Institut der Erwachsenenadoption nicht, so kann dieses nicht für die Form der Einwilligungserklärung des Ehegatten (etwa § 1750 Abs. 1 S. 2 BGB) herangezogen werden.[117] Art. 11 Abs. 1 EGBGB erfasst als einseitiges Rechtsgeschäft auch die Form einer Bevollmächtigung. Denn Fragen der Stellvertretung sind gemäß Art. 1 Abs. 1 lit. g Rom I-VO vom Anwendungsbereich der Rom I-VO ausgenommen (→ § 16 Rn. 135). Damit beurteilt sich die Form der Bevollmächtigung zum Abschluss eines schuldrechtlichen Rechtsgeschäfts nach Art. 11 Abs. 1 EGBGB (→ § 6 Rn. 59ff.).[118] Zur Anwendung gelangt damit alternativ das Recht am Ort der Vollmachtserteilung als auch das Vollmachtsstatut (dh Geschäftsstatut iSv Art. 11 Abs. 1 Var. 1 EGBGB ist nicht das Statut des vom Vertreter abgeschlossenen Hauptvertrages oder die Rechtsordnung, die das der Vollmacht zugrunde liegende Rechtsverhältnis beherrscht;[119] zur Anknüpfung der Vollmacht → § 6 Rn. 5ff.). Die im deutschen Sachrecht von der Rspr. entwickelten Einschränkungen des in § 167 Abs. 2 BGB normierten Grundsatzes der Formabstraktion von Vollmacht und Hauptvertrag, etwa für unwiderruflich erteilte Vollmachten, begründen nach hM keinen kollisionsrechtlichen Formverbund von Hauptgeschäft und Vollmacht. Auch für derartige Vollmachten findet nach hM die Anknüpfung des Art. 11 Abs. 1 Var. 2 EGBGB an das Ortsrecht Anwendung, so dass auch eine unwiderrufliche Vollmacht zur Veräußerung eines inländischen Grundstücks trotz Nichteinhaltung der Form des § 311b Abs. 1 BGB, nach dem Ortsrecht wirksam erteilt werden kann.[120] Nach Art. 11 Abs. 4 EGBGB ist für ein Verfügungsgeschäft über eine Sache allein das Geschäftsstatut maßgebend. Die überwiegende Meinung erstreckt den in Art. 11 Abs. 4 EGBGB angeordneten Ausschluss der Ortsform nicht auf die Vollmachten zu Grundstücksverfügungen (Vollmacht zum Ab-

---

[111] BeckOGK/*Gebauer* Rom I-VO Art. 11 Rn. 145; MüKoBGB/*Spellenberg* Rom I-VO Art. 11 Rn. 54.
[112] BeckOGK/*Gebauer* Rom I-VO Art. 11 Rn. 148.
[113] NK-BGB/*Bischoff* Rom I-VO Art. 11 Rn. 38; Staudinger/*Winkler v. Mohrenfels* Rom I-VO Art. 11 Rn. 139.
[114] KG NJW-RR 1993, 1288.
[115] Bamberger/Roth/*Mäsch* EGBGB Art. 11 Rn. 177; MüKoBGB/*Spellenberger* EGBGB Art. 11 Rn. 25.
[116] BGH NJW 1975, 1069; OLG Stuttgart NJW-RR 1990, 138 (139); OLG Hamm FamRZ 2005, 291 (292).
[117] KG NJW-RR 1993, 1288.
[118] BeckOGK/*Gebauer* Rom I-VO Art. 11 Rn. 47, 142; **aA** NK-BGB/*Bischoff* Rom I-VO Art. 11 Rn. 33.
[119] Reithmann/Martiny/*Hausmann* Rn. 5.496.
[120] OLG Stuttgart MDR 1981, 405; Reithmann/Martiny/*Hausmann* Rn. 7.418f.; Staudinger/*Winkler v. Mohrenfels* EGBGB Art. 11 Rn. 79; **aA** HK-BGB/*Staudinger* EGBGB Art. 11 Rn. 14; *Ludwig* NJW 1983, 495 (496). Näher → § 6 Rn. 62ff.

schluss des dinglichen Rechtsgeschäfts), sondern belässt es bei der allgemeinen Anknüpfung des Art. 11 Abs. 1 EGBGB.[121] Nach abweichender Ansicht ist Art. 11 Abs. 4 EGBGB mit Blick auf den mit dieser Norm verbundenen Zweck auf die Form von Vollmachten anzuwenden, wenn die Verfügung nach dem Geschäftsstatut eine bestimmte Form (etwa § 925 Abs. 1 BGB) verlangt.[122] Eine nicht dem Anwendungsbereich des Kollisionsrechts (Art. 11 EGBGB) unterliegende Frage ist der Nachweis einer Vollmacht in einem Registerverfahren (§ 29 Abs. 1 GBO, § 12 Abs. 1 S. 2 HGB; → § 16 Rn. 120ff.).

Art. 11 Abs. 2 EGBGB findet keine Anwendung auf einseitige Rechtsgeschäfte. Denn hier gibt es lediglich einen Vornahmeort (Abgabeort).[123] Art. 11 Abs. 3 EGBGB erfasst nach seinem Wortlaut zwar nur den Vertragsschluss durch einen Vertreter. Die Vorschrift ist jedoch analog auf einseitige Rechtsgeschäfte anwendbar.[124] **44**

## H. Sachenrechtliche Verfügungen

Art. 11 Abs. 4 EGBGB erfasst Rechtsgeschäfte, durch die ein Recht an einer beweglichen oder unbeweglichen Sache begründet oder über ein solches Recht verfügt wird. Für derartige Rechtsgeschäfte gilt zwingend das sachenrechtliche Geschäftsstatut. Die Form des einer Verfügung zugrundeliegenden Rechtsgeschäfts wird hingegen nicht von Art. 11 Abs. 4 EGBGB erfasst. Für Schuldverträge gilt insoweit Art. 11 Rom I-VO, für ein erbrechtliches Kausalgeschäft die entsprechende erbrechtliche Anknüpfung (→ § 15). Die gesonderte Formanknüpfung des Art. 11 Abs. 4 EGBGB ist auch dann zu beachten, wenn das Sachenrechtsstatut ein gesondertes Verfügungsgeschäft gar nicht kennt, sondern für den Rechtsübergang das Kausalgeschäft genügen lässt. In diesem Fall ist auch für Formfragen die kollisionsrechtliche Beurteilung in einen schuldrechtlichen und einen dinglichen Teil aufzuspalten. Die Formwirksamkeit des Obligationsvertrags beurteilt sich nach Art. 11 Rom I-VO. Damit dieser Vertrag aus der Sicht des deutschen Rechts sachenrechtliche Wirkungen entfalten kann, muss er gemäß Art. 11 Abs. 4 EGBGB nach dem sachenrechtlichen Geschäftsstatut formwirksam sein.[125] **45**

Art. 11 Abs. 4 EGBGB erfasst nur Sachen betreffende Rechtsgeschäfte. Was dem Sachbegriff zuzuordnen ist, wird als nach der *lex rei sitae* zu beurteilen, angesehen. Aus deutscher Sicht verlangt der Sachbegriff einen körperlichen Gegenstand.[126] Art. 11 Abs. 4 EGBGB betrifft folglich nicht Verfügungen über Forderungen oder andere Rechte (Mitgliedschaftsrechte, Immaterialgüterrechte usw).[127] Der Sonderanknüpfung des Art. 11 Abs. 4 EGBGB unterliegen nach hM nur Rechtsgeschäfte, die sich unmittelbar auf eine Sache beziehen. Dingliche Rechtsgeschäfte, die kraft den maßgeblichen Vorschriften eines Gesamtstatuts einen sachenrechtlichen Rechtsübergang bewirken(→ § 18 Rn. 24), unterfallen nach hM nicht der Formanknüpfung des Art. 11 Abs. 4 EGBGB (auch nicht in analoger Anwendung). Dies gilt etwa für die Erbteilsübertragungsverträge, Ehegüterverträge (etwa Vereinbarung von Gütergemeinschaft) oder für Übertragungsverträge von Gesellschaftsanteilen.[128] Art. 11 Abs. 4 EGBGB erfasst auch Rechte an Sachenrechten, wie zB die Pfandrechte an einer Grundschuld. „Verfügung" iSv Art. 11 Abs. 4 EGBGB meint **46**

[121] Bamberger/Roth/*Mäsch* EGBGB Anh. Art. 10 Rn. 121; Reithmann/Martiny/*Hausmann* Rn. 5.498ff. mN aus der Rspr.; → § 6 Rn. 66.

[122] MüKoBGB/*Spellenberg* EGBGB Vorb. Art. 11 Rn. 162; *Ludwig* NJW 1983, 495 (496); HK-BGB/*Staudinger* EGBGB Art. 11 Rn. 14; Staudinger/*Mansel* EGBGB Art. 43 Rn. 1102; Staudinger/*Winkler v. Mohrenfels* EGBGB Art. 11 Rn. 77f. (für unwiderrufliche Auflassungsvollmacht).

[123] PWW/*Mörsdorf-Schulte* EGBGB Art. 11 Rn. 13.

[124] Bamberger/Roth/*Mäsch* EGBGB Art. 11 Rn. 52.

[125] Bamberger/Roth/*Mäsch* EGBGB Art. 11 Rn. 61.

[126] MüKoBGB/*Spellenberg* EGBGB Art. 11 Rn. 169.

[127] MüKoBGB/*Spellenberg* EGBGB Art. 11 Rn. 174.

[128] Bamberger/Roth/*Mäsch* EGBGB Art. 11 Rn. 59; Palandt/*Thorn* EGBGB Art. 11 Rn. 20; **aA** *Ludwig* NJW 1983, 495 (496) (für Erbteilsübertragung).

(in *lege fori* erfolgender Auslegung) die Übertragung, inhaltliche Änderung, Belastung und Aufhebung eines Rechts an einer Sache.[129] Die Zuständigkeitszuweisung des § 925 Abs. 1 S. 2 BGB an (deutsche) Notare wird ganz überwiegend als Formvorschrift iSv Art. 11 Abs. 4 EGBGB angesehen,[130] während sie teilweise als Regelung der ausschließlichen internationalen Zuständigkeit deutscher Notare interpretiert wird;[131] zur Anwendung von Art. 11 Abs. 4 EGBGB auf Verfügungsvollmachten → Rn. 43.

## I. Gesellschaftsrechtliche Vorgänge

47 Die kollisionsrechtliche Zuordnung gesellschaftsrechtlicher Formvorschriften ist Gegenstand einer seit langem kontrovers geführten Diskussion (dazu auch → § 19 Rn. 40 ff.). Zunächst ist festzuhalten, dass in den Anwendungsbereich der Rom I-VO fallende schuldvertragliche Vereinbarungen über gesellschaftsrechtliche Vorgänge den Anknüpfungsregeln des Art. 11 Rom I-VO unterfallen, so etwa ein Kaufvertrag über GmbH-Geschäftsanteile (→ § 16 Rn. 151; → § 19 Rn. 32). Außerhalb des Anwendungsbereichs der Rom I-VO gilt grundsätzlich Art. 11 EGBGB, so etwa für die dingliche Übertragung von GmbH-Geschäftsanteilen. Das Registerverfahren unterliegt der *lex fori* des Registergerichts (→ § 16 Rn. 120 ff.). Nach verbreiteter Ansicht unterstehen alle gesellschaftsrechtlichen Vorgänge (auch deutscher Kapitalgesellschaften) der allgemeinen Anknüpfung des Art. 11 Abs. 1 bis Abs. 3 EGBGB, womit die Einhaltung der ausländischen Ortsform formwahrend wirkt.[132] Auf Grundlage des deutschen Rechts zu beantwortende Fragestellungen der **Substitution** (dazu allg. → § 3 Rn. 89 ff.) stellen sich für die Anhänger dieser Sichtweise folglich bei gemäß der Ortsform erfolgenden Geschäftsvornahme im Ausland zwar aus dogmatischer Perspektive nicht, jedoch wird auch von Vertretern genannter Ansicht die Einhaltung des Wirkungsstatuts bei Geschäftsvornahme im Ausland aus rechtspraktischer Sicht empfohlen.[133] Allerdings ist auf Grundlage der ausländischen Formvorschrift zu prüfen, ob diese nach ihrem Sinn und Zweck die Form eines eine inländische Gesellschaft betreffenden Rechtsvorgangs regeln möchte.[134] Nach gegenteiliger Meinung unterliegen alle gesellschaftsrechtlichen Akte (kraft ungeschriebener Kollisionsnorm oder in entsprechender Anwendung von Art. 11 Abs. 4 EGBGB[135]) ausschließlich dem Gesellschaftsstatut.[136] Eine ebenfalls verbreitete Ansicht unterscheidet zwischen Angelegenheiten, die die Gesellschaftsverfassung betreffen (kennzeichnend für diese ist das Erfordernis einer Eintragung im Register[137]; zu nennen sind etwa Gründung und Satzungsfeststellung, Satzungsänderung, Verschmelzung, Spaltung und formwechselnde Umwandlung sowie den Kapitalerhöhungsbeschluss und die Übernahmeerklärung bei der Kapitalerhöhung einer GmbH) und sonstigen Vorgängen (etwa Geschäftsanteilsübertragungen, Treuhandgeschäfte über Gesellschaftsanteile). Für erstere ist die Anknüpfung an das Gesellschaftsstatut zwingend, während im Übrigen eine Anknüpfung nach Art. 11 Abs. 1 bis Abs. 3 EGBGB

[129] MüKoBGB/*Spellenberg* EGBGB Art. 11 Rn. 170.
[130] Palandt/*Thorn* EGBGB Art. 11 Rn. 20; Staudinger/*Pfeifer* BGB § 925 Rn. 75.
[131] Dazu *Döbereiner* ZNotP 2001, 465 (467).
[132] OLG Düsseldorf NJW 1989, 2200 (betr. Kapitalerhöhungsbeschluss); OLG Stuttgart NZG 2001, 40 (43) (betr. Anteilsübertragung an einer GmbH); Erman/*Hohloch* EGBGB Art. 11 Rn. 27; HK-BGB/*Staudinger* EGBGB Art. 11 Rn. 16; Palandt/*Thorn* EGBGB Art. 11 Rn. 2.
[133] HK-BGB/*Staudinger* EGBGB Art. 11 Rn. 16.
[134] BeckOGK/*Gebauer* Rom I-VO Art. 11 Rn. 77.
[135] Eingehend zur Dogmatik einer analogen Anwendung von Art. 11 Abs. 4 EGBGB: BeckOGK/*Gebauer* Rom I-VO Art. 11 Rn. 79 ff.
[136] LG Augsburg NJW-RR 1997, 420 (betr. Verschmelzungsvertrag); *Ebenroth/Wilken* JZ 1991, 1061, (1064); *Schervier* NJW 1992, 593 (594).
[137] *Goette* DStR 1996, 709 (711).

möglich ist.[138] Daneben finden sich Stimmen, die gesellschaftsrechtliche Beurkundungserfordernisse kraft funktioneller Qualifikation nicht als Art. 11 EGBGB unterliegende Formvorschriften, sondern als Teil des Gesellschaftsstatuts ansehen.[139] Daneben wird eine Anwendung des Ortsrechts teilweise dann für unzulässig erachtet, sofern die Ortsform nicht die Einhaltung der von den Formvorschriften des deutschen Rechts verbundenen Zwecke gewährleistet (→ Rn. 19). Hält man eine Anknüpfung an die Ortsform für möglich, so ist nach allg. Grundsätzen. zu prüfen, ob das Recht des Vornahmeortes eine vergleichbare Gesellschaftsform kennt, damit dieses eine Form für ein vergleichbares Rechtsgeschäft bereitstellt und kein Fall der Formleere gegeben ist (→ Rn. 28).[140]

## J. Sachrechtliche Voraussetzungen des Wirkungsstatuts: Substitution und Auslandssachverhalte

Nachfolgende Fragestellungen stellen sich nicht auf der Ebene des Kollisionsrechts, sondern auf jener des verwiesenen Sachrechts. Durch Auslegung der durch das Kollisionsrecht zur Anwendung berufenen Sachvorschriften ist insbesondere zu entscheiden, 48

- ob die Tatbestandsmerkmale einer inländischen (Form-)Vorschrift im Ausland bzw. durch eine ausländische Rechtserscheinung verwirklicht werden können, bzw., ob die Tatbestandsmerkmale einer ausländischen Sach(form-)vorschrift im Inland bzw. durch eine inländische Rechtserscheinung verwirklicht werden können. Die hiermit verbundenen Fragestellungen werden üblicherweise unter dem Stichwort der Substitution diskutiert;
- ob inländische Sach(form-)vorschriften überhaupt einen ausländischen Vertragsgegenstand (nach ihrem Sinn und Zweck) erfassen möchten, bzw. ob ausländische Sach(form-)vorschriften überhaupt einen inländischen Vertragsgegenstand (nach ihrem Sinn und Zweck) erfassen wollen.

### I. Substitution

#### 1. Verwirklichung der Tatbestandsmerkmale einer inländischen sachrechtlichen (Form-)Vorschrift im Ausland

Sieht eine inländische Sachvorschrift etwa das Erfordernis notarieller Beurkundung vor, so 49 ist zunächst die Beurkundung durch einen deutschen Notar gemeint. Im Rahmen des Rechtsinstituts der Substitution ist durch Auslegung der sachrechtlichen Vorschrift zu ermitteln, ob und unter welchen Voraussetzungen eine Tatbestandsvoraussetzung (im Beispiel die notarielle Beurkundung) auch durch ein ausländisches Merkmal (im Beispiel: Beurkundung durch einen ausländischen Notar) ersetzt werden kann.[141] Hier lassen sich mehrere Prüfungsschritte unterscheiden. Zunächst muss entschieden werden, ob die zur Anwendung berufene Norm überhaupt der Substitution zugänglich ist, oder ob sie zur Herbeiführung der von ihr angeordneten Rechtsfolge zwingend ein Rechtsinstitut des eigenen Rechts (im Beispiel: Beurkundung durch einen deutschen Notar) verlangt.[142] Ist dies nicht der Fall, sind die konkreten Voraussetzungen zu prüfen, die von der zur An-

---

[138] Bamberger/Roth/*Mäsch* EGBGB Art. 11 Rn. 68; *Goette* DStR 1996, 709 (711); *Kropholler* IPR §41 III 7; MüKoBGB/*Kindler* IntGesR Rn. 557; *Haerendel* DStR 2001, 1802 (1803); vgl. auch BGH NZG 2005, 41 (42), wo die Anwendung der Ortsform für Treuhandgeschäfte über Gesellschaftsanteile für „nahe liegend" erachtet wird.

[139] *König/Götte/Bormann* NZG 2009, 881 (882ff.); MüKoBGB/*Kindler* IntGesR Rn. 558 (jeweils für § 15 Abs. 3 und Abs. 4 GmbHG); → § 19 Rn. 41f.; **aA** *Goette* DStR 1996, 709 (710) (explizit für die Gesellschaftsverfassung einer Kapitalgesellschaft betreffende Formerfordernisse).

[140] OLG Stuttgart NZG 2001, 40 (43); Bamberger/Roth/*Mäsch* EGBGB Art. 11 Rn. 69.

[141] *Kropholler* IPR § 33 I; *Rauscher* IPR Rn. 525; näher → § 3 Rn. 89ff.

[142] *V. Bar/Mankowski* IPR I § 7 Rn. 243.

wendung berufenen Sachnorm als Substitutionsvoraussetzung aufgestellt werden. Im Allgemeinen ist zu untersuchen, ob das ersetzende Merkmal als funktionell äquivalent zum ersetzten Merkmal angesehen werden kann.[143] Hierbei kommt für Formvorschriften deren Sinn und Zweck maßgebende Bedeutung zu.[144] Dies kann zu unterschiedlichen Maßstäben der Prüfung funktioneller Äquivalenz führen.

50 Für § 925 Abs. 1 S. 2 BGB entspricht es ganz hM, dass die **Auflassung** nur durch einen inländischen Notar entgegengenommen werden kann.[145] Dies ergibt sich nicht nur auf Grundlage historischer Auslegung, sondern vor allem aus dem mit § 925 BGB verfolgten Zweck, nämlich der Schaffung von nach deutschem Recht einwandfreien und unzweideutigen Unterlagen als Grundlage für den Vollzug der Eigentumsumschreibung im Grundbuch (vgl. auch § 20 GBO).[146] Im Interesse des Bürgers und der Wirtschaft an einem zügigen und eindeutigen Grundbuchrechtsverkehr darf der einzelne Grundbuchrechtspfleger und allgemein die Justizverwaltung nicht durch ihrer Form und ihrer Ausdrucksweise nach unbekannte ausländische Urkunden und die Prüfung funktioneller Äquivalenz für jeden Einzelfall überfordert werden. Dies widerspräche den nach den Erfahrungen mit der Preußischen Hypothekenordnung von 1783 bewussten gesetzgeberischen Ausgestaltung der GBO. Vorstehende Argumentation wird registergerichtlicherseits auf § 2 Abs. 1 GmbHG übertragen.[147] Zur Entgegennahme der Auflassung sind darüberhinaus deutsche Konsularbeamte im Ausland zuständig (§§ 10ff. KonsG). Im Übrigen hat die Auflassung, um § 925 Abs. 1 S. 3 BGB zu genügen, in einem vor einem deutschen Gericht geschlossenen gerichtlichen Vergleich enthalten zu sein.[148] § 311b Abs. 1 BGB wird von der ganz hM als der Substitution als solcher zugänglich angesehen.[149] Die hM ist mit Blick auf § 17 Abs. 2a BeurkG, der lediglich für den inländischen Notar verbindlich ist, und der hierzu ergangenen Rechtsprechung des BGH (14-Tages-Frist steht nicht zur Disposition der Beteiligten)[150] zu überdenken (Verbraucherschutz durch Verfahren).

51 **a) Öffentliche Beglaubigung (§ 129 BGB).** Wird vom deutschen materiellen Sachrecht öffentliche Beglaubigung (§ 129 BGB) vorgeschrieben, so kann diese auch von ausländischen Amtspersonen (Notar, *notary public*)[151] und Behörden wirksam vorgenommen werden, sofern und soweit sie nach ihrem Recht zu öffentlicher Beglaubigung ermächtigt sind. Für Zwecke der öffentlichen Beglaubigung ist die ausländische Amtsperson in aller Regel als dem deutschen Notar funktionell äquivalent anzusehen.[152] Funktionelle Äquivalenz der ausländischen Beglaubigung erfordert allerdings, dass die Unterzeichnung in Gegenwart des Notars vollzogen oder anerkannt wird (§ 40 Abs. 1 BeurkG, § 415 ZPO).[153] Bei der in manchen Rechtsordnungen bekannten „Fernbeglaubigung“ oder für Fälle, in denen der Notar die Übereinstimmung einer ihm vorliegenden Unterschrift mit der ihm bekannten Unterschrift, bzw. mit der bei einer anderen vor ihm vorgenommenen Beurkundung gezeichneten Unterschrift bestätigt (was beispielsweise in *Frankreich,* der *Schweiz* oder in *Spanien* möglich sein soll), scheidet eine Substitution folglich aus.[154] Öffentliche

[143] *Siehr* IPR § 52 III 3.
[144] BGH NJW 2015, 336 (337); *Goette* DStR 1996, 709 (712); NK-BGB/*Bischoff* Rom I-VO Art. 11 Rn. 9; Staudinger/*Winkler v. Mohrenfels* EGBGB Art. 11 Rn. 200.
[145] BGH WM 1968, 1170 (1171); BayObLG DNotZ 1978, 58 (61); KG DNotZ NJW-RR 1986, 1462 mwN; LG Ellwangen BWNotZ 2000, 45ff.; *Kropholler* IPR § 33 II 1; *Rauscher* IPR Rn. 542; *Rehm* RabelsZ 64 (2000), 104 (107); NK-BGB/*Bischoff* Rom I-VO Art. 11 Rn. 19; **aA** HK-BGB/*Staudinger* EGBGB Art. 11 Rn. 15.
[146] MüKoBGB/*Kanzleiter* § 925 Rn. 14.
[147] AG Berlin-Charlottenburg RNotZ 2016, 119 (121).
[148] Staudinger/*Pfeifer* BGB § 925 Rn. 82.
[149] BeckOGK/*Schreindorfer* BGB § 311b Rn. 41.
[150] BGH DNotI-Report 2015, 107f.
[151] NK-BGB/*Bischoff* Rom I-VO Art. 11 Rn. 18.
[152] OLG Zweibrücken MittBayNot 1999, 480 (betr. § 29 GBO und Ontario).
[153] Reithmann/Martiny/*Reithmann* Rn. 5.312f.
[154] Staudinger/*Hertel* BGB § 129 Rn. 158.

Beglaubigung einer Erklärung ist im Registerverfahrensrecht oftmals Eintragungsvoraussetzung eines Rechtsgeschäfts. Insoweit gelten die Grundsätze des Verfahrensrechts (→ § 16 Rn. 120ff.).

**b) Notarielle Beurkundung (§ 128 BGB).** Verlangen deutsche Formvorschriften hingegen die notarielle Beurkundung eines Rechtsgeschäfts (etwa § 311b BGB) so ist nach vorstehend genannten Kriterien zunächst zu prüfen, ob die in Frage stehende Sachnorm zwingend die Beurkundung durch einen deutschen Notar verlangt, sprich ob die Sachnorm der Substitution überhaupt zugänglich ist. 52

Auch für deutschem Sachrecht unterliegende gesellschaftsrechtliche Vorgänge wird eine Substitution durch Auslandsbeurkundung nach teilweiser Ansicht grds. abgelehnt.[155] Nach weniger weitgehender Sichtweise scheidet eine Substitution im Falle die Verfassung von deutschen Gesellschaften betreffenden Geschäften aus.[156] Für **§ 15 (Abs. 3) GmbHG** wird die Möglichkeit einer Substitution zum Teil deshalb schon grds. verneint, weil den ausländischen Notar keine Pflicht zur Einreichung einer aktualisierten Gesellschafterliste nach § 40 Abs. 2 GmbHG trifft. Der Gesetzgeber des MoMiG habe aber ausweislich der Gesetzgebungsmaterialien mit der Einführung der Gesellschafterliste die Transparenz des Gesellschafterbestands und die Bekämpfung von Geldwäsche zum Ziel gehabt. Die fehlende Verpflichtung des ausländischen Notars zur Listenerstellung habe zur Folge, dass die Gesellschafter durch eine Auslandsbeurkundung die Möglichkeit erhielten, nach ihrem Belieben die Einreichung einer aktuellen Gesellschafterliste zu verzögern oder zu unterbinden.[157] Allerdings hat der BGH nach Inkrafttreten des MoMiG die grds. Möglichkeit einer Substitution – ohne Auseinandersetzung mit vorstehenden Argumenten – für § 15 GmbHG bejaht.[158] 53

Ist eine Formvorschrift der Substitution als solche zugänglich, so muss, um **funktionelle Äquivalenz des ausländischen Notars** bejahen zu können, dieser nach einem schon als klassisch zu bezeichnenden *dictum* des II. Zivilsenats des BGH[159] 54

- nach Vorbildung und Stellung im Rechtsleben eine der Tätigkeit des deutschen Notars entsprechende Funktion ausüben und
- für die Errichtung der Urkunde ein Verfahrensrecht zu beachten haben, das den tragenden Grundsätzen des deutschen Beurkundungsrechts entspricht (Gleichwertigkeit von Urkundsperson und Beurkundungsvorgang).[160]

Ausgangspunkt der Überlegung ist jedoch stets die inländische Formvorschrift, für welche zu ermitteln ist, welche Zwecke diese mit dem Beurkundungserfordernis aufstellt.[161] Nach der genannten grundlegenden Entscheidung des BGH aus dem Jahr 1981 und einem bestätigenden Judikat aus dem Jahr 2013 soll die funktionelle Äquivalenz der ausländischen „Beurkundung" nicht deshalb zu verneinen sein, weil der ausländische Notar mangels Kenntnis des deutschen Rechts nicht wie von § 17 BeurkG vorgeschrieben über den Inhalt deutschen Rechts belehren kann und muss. Denn die Parteien könnten auf die Belehrung verzichten, da diese nicht Wirksamkeitsvoraussetzung der Beurkundung sei. Ein solcher konkludenter, faktischer „Verzicht" liege gerade in der Beauftragung des ausländischen Notars.[162] Die Formulierung ist zumindest deshalb missverständlich, weil bei einer 55

[155] LG Augsburg NJW-RR 1997, 420; *Geimer* DNotZ 1981, 406 (408); diff. im Rahmen dieses Ansatzes *Ebenroth/Wilken* JZ 1991, 1061 (1065f.); MüKoBGB/*Kindler* IntGesR Rn. 558; *Schervier* NJW 1992, 593 (594).
[156] NK-BGB/*Bischoff* Rom I-VO Art. 11 Rn. 17.
[157] *Bauer/Anders* BB 2012, 593 (596); Staudinger/*Hertel* BGB Vorb. §§ 127a, 128 Rn. 860; Juris-PK/*Süß* EGBGB Art. 11 Rn. 81; → § 19 Rn. 43ff.; **aA** Bamberger/Roth/*Mäsch* EGBGB Art. 11 Rn. 66b; MüKoBGB/*Spellenberg* EGBGB Art. 11 Rn. 176.
[158] BGH DNotZ 2014, 457 (460).
[159] Formulierung nach *Goette* DStR 1996, 709 (712).
[160] So BGH NJW 1981, 1160; DNotZ 2014, 457 (460); NJW 2015, 336 (337).
[161] BGH NJW 2015, 336 (337).
[162] BGH NJW 1981, 1160; DNotZ 2014, 457 (460).

Beurkundung von Willenserklärungen gerade nicht auf die Belehrung nach § 17 BeurkG verzichtet werden kann,[163] der „Verzicht" liegt lediglich in der Aufsuchung eines ausländischen Notars. Dass die Einhaltung der Belehrungspflicht aus Gründen der Rechtssicherheit nicht Wirksamkeitserfordernis einer Beurkundung ist, bedeutet jedoch noch nicht zwingend, dass es sich hierbei nicht um einen tragenden Grundsatz des deutschen Beurkundungsverfahrensrechts handeln kann.[164] Im Rahmen einer Beurkundung nach §§ 36f. BeurkG findet die Vorschrift des § 17 BeurkG keine Anwendung. Funktionelle Äquivalenz kann folglich insoweit nicht mit Hinweis auf diese Vorschrift abgelehnt werden.[165]

56 Ob funktionelle Äquivalenz nach vorstehender Formel des BGH tatsächlich vorliegt, muss im Einzelfall sorgfältig geprüft werden.[166] Bei der Ausfüllung der unter → Rn. 54 genannten und von der Lehre wiederholten Formel des BGH bestehen zahlreiche Zweifelsfragen, die hauptsächlich daraus resultieren, wann angenommen werden kann, dass der ausländische Notar ein Verfahrensrecht beachtet, das den tragenden Grundsätzen des deutschen Beurkundungsrechts entspricht (Voraussetzung 2. Spiegelstrich). Hier stellen sich bei der Ausfüllung des unbestimmten Rechtsbegriffs der „tragenden Grundsätze" für die Beurkundung von Willenserklärungen insbesondere Fragen hinsichtlich des Erfordernisses einer Verhandlung (§§ 8ff. BeurkG), der Aufnahme der Niederschrift über die Verhandlung, des Erfordernisses des Verlesens der aufgenommenen Niederschrift, die schon erwähnte Frage der Belehrung nach § 17 BeurkG und der durch den BGH entwickelten Pflicht zur Vertragsgestaltung (etwa Sicherung von Leistung und Gegenleistung durch gestaltende Beratung), sowie Fragen der Beweissicherung. Im Rahmen der Beurkundung nach §§ 36f. BeurkG stellen sich hinsichtlich der Voraussetzung 2. Spiegelstrich hauptsächlich Fragen der Beweissicherung bzw. Dokumentation. Hinsichtlich der Voraussetzung 1. Spiegelstrich (→ Rn. 54) bedürften die Ausbildung der Urkundsperson (Studium, Referendariat, praktische Ausbildung), die Stellung als neutraler und unparteiischer Rechtsberater und die Ausgestaltung der Haftung des Notars einer Prüfung.

57 Der BGH hat in seiner Entscheidung aus dem Jahr 1981 funktionelle Äquivalenz einer Beurkundung für eine Satzungsänderung (§ 53 Abs. 2 GmbHG) für den *Kanton Zürich* bejaht. Allerdings ging die Entscheidung davon aus, dass in Zürich die Niederschrift verlesen wird,[167] was jedoch nicht der Fall ist.[168] Auch stützt sich genannte Entscheidung (allerdings ohne ausschlaggebende Bedeutung) auf ein Rechtsgutachten der Universität Köln aus dem Jahr 1971. Dieses Gutachten befasste sich tatsächlich nicht mit der entscheidungserheblichen Frage der Gleichwertigkeit der Beurkundung eines Notars in Zürich mit der Beurkundung durch einen deutschen Notar, sondern mit der Frage der Gleichwertigkeit der Unterschriftsbeglaubigung[169] (→ Rn. 51). In dem Judikat aus dem Jahr 2013 hat der BGH entschieden, dass ein deutsches Registergericht die Gesellschafterliste eines Notars aus Basel (ohne Nennung des genauen Kantons) nicht zurückweisen darf und, dass sich an seiner früheren Rechtsprechung aus dem Jahr 1981 allein durch das MoMiG (→ Rn. 53) nichts geändert habe. Allerdings hat der BGH nicht für § 15 Abs. 3, Abs. 4 GmbHG geprüft und entschieden, dass die Beurkundung einer Abtretung von GmbH-Geschäftsanteilen einer GmbH deutschen Rechts (Beurkundung einer Willenserklärung) in Basel tatsächlich gleichwertig und damit wirksam ist. Der BGH hat in seiner Entscheidung lediglich darüber befunden, dass eine Zurückweisung der von einem Basler Notar eingereichten Gesellschafterliste nur dann rechtmäßig ist, wenn „ohne Weiteres feststeht, dass der beurkundende ausländische Notar nicht gleichwertig ist". Für Basel (was

[163] Ablehnend zur Möglichkeit eines Verzichts: Juris-PK/*Süß* EGBGB Art. 11 Rn. 68.
[164] AG Berlin-Charlottenburg RNotZ 2016, 119 (123); Reithmann/Martiny/*Reithmann* Rn. 5.334.
[165] BGH NJW 2015, 336 (337).
[166] BeckOGK/*Gebauer* Rom I-VO Art. 11 Rn. 113; derartige Prüfung bei AG Berlin-Charlottenburg RNotZ 2016, 119 (121).
[167] BGH NJW 1981, 1160.
[168] *Müller* NJW 2014, 1994 (1995).
[169] Eingehend *Goette* DStR 1996, 709 (712).

sowohl für Basel-Stadt als auch für Basel-Landschaft gelten dürfte) steht nicht ohne weiteres fest, dass die Beurkundung nicht als gleichwertig anzusehen ist. Eine positive Feststellung der Gleichwertigkeit ist hingegen nicht erfolgt. Da in der *Schweiz* das Beurkundungswesen in den einzelnen Kantonen unterschiedlich geregelt ist, muss die funktionelle Äquivalenz für jeden Kanton gesondert ermittelt und geprüft werden.[170] In einer Entscheidung aus dem Jahr 2014 hat der BGH die Möglichkeit Beurkundung des Hauptversammlungsbeschlusses einer Aktiengesellschaft durch einen ausländischen Notar (bei Vorliegen funktioneller Äquivalenz) mit den von § 130 Abs. 1 S. 1 AktG verbundenen Zwecken begründet, die in erster Linie in der Schaffung von Rechtssicherheit und Transparenz liegen.[171] Für § 311b Abs. 1 BGB finden sich kaum Stellungnahmen aus der Rechtsprechung. Vielfach wird funktionelle Äquivalenz des Beurkundungsverfahrens verneint, sofern der ausländische Notar die Urkunde nicht verliest.[172]

Im Rahmen der Prüfung funktioneller Äquivalenz ist damit stets der Sinn und Zweck des inländischen Formerfordernisses zu ermitteln, die Stellung der ausländischen Amtsperson und dessen Beurkundungsverfahren zu prüfen, die ausländische Rechtsentwicklung im Auge zu behalten (Änderung der Ausbildung oder des Beurkundungsverfahrens im Ausland) und, da die Auslegung einer inländischen Formvorschrift in Frage steht, die inländische Rechtsentwicklung zu beobachten. Für einen aus den USA, Großbritannien oder anderen Ländern des *common law* stammenden ***notary public*** ist funktionelle Äquivalenz generell abzulehnen.[173] Diese Rechtsordnungen kennen kein Beurkundungsverfahren. Ein *notary public* vollzieht lediglich Beglaubigungen oder nimmt Eide ab.[174] Nach § 10 Abs. 2 KonsularG stehen die von einem Konsularbeamten im Rahmen seiner Befugnisse aufgenommenen Urkunden den von einem inländischen Notar im Inland aufgenommenen gleich. Vorstehende Substitutionsproblematik besteht folglich insoweit nicht. 58

### 2. Verwirklichung der Tatbestandsmerkmale einer ausländischen sachrechtlichen Vorschrift im Inland

Vorstehende Fragestellungen können sich auch für den Fall stellen, dass ausländisches Recht zur Anwendung berufen ist und dessen Voraussetzungen im Inland, etwa durch einen deutschen Notar, erfüllt werden sollen. Die Frage wird zum einen dann aktuell, wenn eine Anküpfung an die deutsche Ortsform aus der Sicht des deutschen IPR nicht möglich ist. Dies ist etwa für Verfügungen über ausländischen Grundbesitz (Art. 11 Abs. 4 EGBGB) oder mit Blick auf Art. 11 Abs. 5 Rom I-VO für einen Kauf-, Tausch-, bzw. Schenkungsvertrag über ein in der Schweiz belegenes Grundstück der Fall (→ Rn. 35). Das *schweizerische* Recht schließt in Art. 657 ZGB, Art. 216 Abs. 1 OR (Kaufvertrag; Tauschvertrag – Art. 237 OR), bzw. Art. 243 Abs. 2 OR (Schenkungsvertrag) nach wohl hM die öffentliche Beurkundung durch einen nicht schweizerischen Notar aus.[175] Dagegen hat der *Spanische* Oberste Gerichtshof einen in Deutschland beurkundeten Grundstückskaufvertrag als Grundlage für eine Registereintragung in Spanien als ausreichend erachtet.[176] Die Frage wird weiter dann aktuell, wenn zwar nach deutschem IPR eine Anknüpfung an die deut- 59

170 Bamberger/Roth/*Mäsch* EGBGB Art. 11 Rn. 36; vgl. zur Prüfung für Basel-Landschaft, Basel-Stadt, Bern, Luzern, Solothurn, St. Gallen, Zürich, Zug bei *Müller* NJW 2014, 1994 (1996ff.). Siehe auch die sich auf der Homepage des Instituts für Notarrecht der Universität Bern (Lehrstuhl Prof. Dr. Wolf) befindliche Übersicht über die Notariatsformen der einzelnen schweizerischen Kantonen mit Link zu den einschlägigen kantonalen Vorschriften zur Beurkundung und zur Bestellung der Notare: www.inr.unibe.ch/content/dienstleistungen/notariatswesen_in_der_schweiz/index_ger.html (zuletzt abgerufen am 26.6.2016).

171 BGH NJW 2015, 336 (337).

172 BeckOGK/*Schreindorfer* BGB § 311b Rn. 41.2.

173 Rauscher/*v. Hein* Rom I-VO Art. 11 Rn. 15.

174 Juris-PK/*Süß* EGBGB Art. 11 Rn. 69.

175 *Wachter* S. 42; vgl. die Literaturnachweise und Differenzierung bei Staudinger/*Mansel* EGBGB Art. 43 Rn. 1125; auch Reithmann/Martiny/*Limmer* Rn. 6.930.

176 Staudinger/*Mansel* EGBGB Art. 43 Rn. 1131.

sche Ortsform möglich ist, nicht aber nach ausländischem IPR und die Sichtweise des ausländischen Rechts berücksichtigt werden soll, etwa weil eine Prüfung des Vorgangs durch ein ausländisches Gericht in Betracht kommt. Wenn nach einer ausländischen Vorschrift der Notar etwa Zeugen hinzuziehen muss, dann entscheidet diese Rechtsordnung, ob die „deutsche" Beurkundung ohne Zeugen formwirksam ist.[177]

## II. Deutsche Formvorschriften für Verträge über ausländisches Vermögen

60 Haben die Parteien auf einen Veräußerungsvertrag über ausländischen Grundbesitz gemäß Art. 3 Rom I-VO deutsches Recht als Geschäftsstatut gewählt, so fragt sich, ob § 311 Abs. 1 BGB auch ausländischen Grundbesitz erfassen möchte. Dies entspricht heute ganz hM, so dass die dort angeordnete Beurkundungspflicht nicht auf in Deutschland belegenen Grundbesitz beschränkt ist;[178] zur Frage einer konkludenten Abwahl des über Art. 11 Abs. 1 Var. 2 Rom I-VO anwendbaren Ortsrechts → Rn. 16. Eine Frage der Substitution ist es wiederum, ob die von § 311b Abs. 1 BGB vorgeschriebene notarielle Beurkundung auch durch einen ausländischen Notar erfüllt werden kann. Für die Heilung eines nach § 311b Abs. 1 S. 2 BGB formnichtigen Vertrages ist für ausländischen Grundbesitz die Vollendung des sachenrechtlichen Übereignungstatbestandes nach der ausländischen *lex rei sitae* maßgebend.[179] § 311b Abs. 3 BGB findet Anwendung, gleich wo das Vermögen belegen ist.[180] Ob § 15 Abs. 4 S. 1 GmbHG auch die Verpflichtung zur Übertragung der Geschäftsanteile ausländischer Gesellschaften erfasst, wird unterschiedlich beurteilt. Die gleiche Frage stellt sich für § 15 Abs. 3 GmbHG, sofern man deutsches Recht als Ortsrecht gemäß Art. 11 Abs. 1 Var. 2 EGBGB als anwendbar erachtet (→ Rn. 47) und dieses zur Anwendung berufen ist. Nach teilweiser Ansicht, greift das Beurkundungserfordernis des § 15 GmbHG jedenfalls dann ein, wenn die ausländische Gesellschaft im Wesentlichen einer deutschen GmbH entspricht.[181] Nach abweichender Sichtweise ist § 15 GmbHG nur für die Übertragung von Geschäftsanteilen einer GmbH deutschen Rechts anwendbar.[182]

## III. Ausländische Formvorschriften für Verträge über inländisches Vermögen

61 Bei Anwendung ausländischer Formvorschriften stellt sich die Frage, ob diese (nach ihrem Sinn und Zweck) überhaupt **inländisches Vermögen,** bzw. inländische Gesellschaften erfassen. Diese Frage ist durch Auslegung der betreffenden ausländischen Formvorschrift zu beantworten, welche auf Grundlage des betreffenden ausländischen Rechts, insbesondere der ausländischen Rechtsprechung zu erfolgen hat. Erfasst die ausländische Formvorschrift nicht den inländischen Rechtsvorgang, so kann ein Fall der Formleere vorliegen (→ Rn. 28). Für Art. 785 Abs. 1 des schweizerischen Obligationenrechts darf angesichts der Typenähnlichkeit zwischen der schweizerischen und der deutschen GmbH angenommen werden, dass dieser auch eine deutsche GmbH erfassen kann.[183] Davon zu trennen ist die Frage, ob diese Norm aus deutscher Sicht überhaupt zur Anwendung berufen ist (→ Rn. 47).

[177] MüKoBGB/*Spellenberg* EGBGB Art. 11 Rn. 111.

[178] BGH NJW 1969, 1760f.; OLG München NJW-RR 1989, 663 (665); Rauscher/*v. Hein* Rom I-VO Art. 11 Rn. 34; HK-BGB/*Staudinger* Rom I-VO Art. 11 Rn. 6; **aA** *Wengler* NJW 1969, 2237; *Ferid* IPR Rn. 5–11.

[179] BGH NJW 1979, 1173; OLG Frankfurt a.M. RIW 1995, 1033 (1034); *Reithmann* NZG 2005, 873 (874); HK-BGB/*Staudinger* Rom I-VO Art. 11 Rn. 6; Palandt/*Thorn* Rom I-VO Art. 11 Rn. 5.

[180] Reithmann/Martiny/*Reithmann* Rn. 5.217.

[181] NK-BGB/*Bischoff* Rom I-VO Art. 11 Rn. 21; *Dutta* RIW 2005, 98 (99); OLG Celle NJW-RR 1992, 1126, das allerdings ohne Übereinstimmungsprüfung Beurkundungspflicht für den Kauf von Anteilen an einer „polnischen GmbH" annimmt.

[182] OLG München NJW-RR 1993, 998; *Gätsch/Schultz* ZIP 1999, 1909 (1912).

[183] BeckOGK/*Gebauer* Rom I-VO Art. 11 Rn. 77; *Mankowski* NZG 2010, 201 (207).

# 3. Teil. Familienrecht

## § 8. Allgemeine Ehewirkungen

### Übersicht



**Schrifttum:**

*von Bar,* Private International law – Personnel effects of marriage, Int.Encycl.Comp.L. III 17 (1986); *ders.*, Nachträglicher Versorgungsausgleich und Ehewirkungsstatut in einer deutsch-niederländischen Ehe, IPRax 1994, 100; *Börner,* Die Anforderungen an eine konkludente Wahl des auf die Ehewirkungen anwendbaren Rechts nach Art. 14 EGBGB, IPRax 1995, 309; *Hanisch,* Bürgschaft mit Auslandsbezug, IPRax 1987, 47; *ders.*, Das internationale Eherecht nach der Reform, FamRZ 1986, 841; *Henrich,* Alternativen zur Anknüpfung an den persönlichen Aufenthalt in gemischt-nationalen Ehen, IPRax 1983, 63; *Kühne,* Die außerschuldvertragliche Parteiautonomie im neuen Internationalen Privatrecht, IPRax 1987, 69; *Priemer,* Das italienische IPR nach seiner Reform – Insbesondere zum Recht der Allgemeinen Ehewirkungen, Güterrecht, Erbrecht, MittBayNot 2000, 45; *Spickhoff,* Die engste Verbindung im internationalen und interlokalen Familienrecht, JZ 1993, 336; *Tenbieg,* Kodifikation des Internationalen Privatrechts in den Niederlanden – Die persönlichen Rechtsbeziehungen und güterstandsunabhängige ehebedingte Beschränkungen der Geschäftsfähigkeit, FuR 1990, 146; *Watté,* Les droits et devoirs respectifs des époux en droit international privé, 1987; *Wegmann,* Rechtswahlmöglichkeit im internationalen Familienrecht, NJW 1987, 1740.

1 Die allgemeinen Ehewirkungen als solche werden in der Praxis nur selten zum Gegenstand von Eheverträgen oder sonstigen Vereinbarungen zwischen Ehegatten gemacht. Für die Rechtsgestaltung haben sie vor allem deshalb Bedeutung, weil sich aus dem Ehewirkungsstatut Beschränkungen von Ehegatten in Bezug auf den Abschluss bestimmter Schuldverträge oder sachenrechtlicher Verfügungen ergeben können, welche die Grundlage der Ehe gefährden könnten (Interzessionsverbote; → Rn. 62f.). Darüber hinaus können die Ehegatten für ihre allgemeinen Ehewirkungen in engen Grenzen eine Rechtswahl treffen, die, wenn sie vor oder bei der Eheschließung vorgenommen wird, zugleich das Güterrechtsstatut bestimmt.

## A. Rechtsquellen

### I. EU-Recht

2 Am 24.6.2016 hat der Rat die Verordnung (EU) Nr. 2016/1103 zum internationalen Ehegüterrecht (**EuGüVO**) verabschiedet, die zur Durchführung der Verstärkten Zusammenarbeit von vorerst 18 Mitgliedstaaten unter Einschluss der *Bundesrepublik Deutschland* ab dem 29.1.2019 gelten wird.[1] Ziel der Verordnung ist die Bereitstellung eines klaren Rechtsrahmens für die internationale Zuständigkeit, das anwendbare Recht und die Anerkennung und Vollstreckung von Entscheidungen und Urkunden in Fragen des ehelichen Güterstands. Denn die geltende Rechtslage ist durch ein hohes Maß an Rechtszersplitterung gekennzeichnet und schränkt damit für verheiratete Paare die mit der Unionsbürgerschaft verbundene Freizügigkeit ein.[2] Die Verordnung fasst – nach dem Vorbild der EuErbVO[3] und abweichend von den bisher auf dem Gebiet des internationalen Familienrechts erlassenen Verordnungen (EuEheVO, EuUntVO, Rom III-VO) – die Regeln zum internationalen Verfahrensrecht und zum Kollisionsrecht in einem Rechtsinstrument zusammen.

3 Die Verordnung soll zwar nach ihrem Art. 1 Abs. 1 S. 1 nur auf „die ehelichen Güterstände" Anwendung finden. Dieser autonom auszulegende Begriff wird in Art. 3 lit. a allerdings dahin definiert, dass er „sämtliche vermögensrechtlichen Regelungen, die zwischen den Ehegatten und in ihren Beziehungen zu Dritten aufgrund der Ehe oder der Auflösung der Ehe gelten", umfasst. Diese Definition knüpft an die weite Auslegung des Begriffs der ehelichen Güterstände in Art. 1 Abs. 2 lit. a Brüssel I-VO durch den EuGH an.[4] Danach erfasst sie nicht nur das Ehegüterrecht im engeren Sinne, dh die in den teilnehmenden Mitgliedstaaten vorgesehenen gesetzlichen und vertraglichen Güterstände, sondern darüber hinaus **die gesamten vermögensrechtlichen Beziehungen zwischen Ehegatten, die sich unmittelbar aus der Ehe oder ihrer Auflösung ergeben**, soweit sie nicht – wie insbesondere der Ehegattenunterhalt – in den Ausnahmekatalog des Art. 1 Abs. 2 EuGüVO fallen. Die Verordnung folgt damit nicht der bisher im deutschen Kollisionsrecht geltenden Abgrenzung zwischen allgemeinen Ehewirkungen und Ehegüterrecht in Art. 14 und 15 EGBGB, sondern erstreckt sich sachlich auch auf das Recht der allgemeinen Ehewirkungen („*régime primaire*"), soweit vermögensrechtliche Aspekte der Ehe betroffen sind. Sie gilt daher zB für die Mithaftung eines Ehegatten für die vom anderen Ehegatten getätigten Haushaltsgeschäfte („Schlüsselgewalt", vgl. § 1357 BGB),

[1] ABl. 2016 L 183, 1 = *Jayme/Hausmann* Nr. 33; dazu näher → § 9 Rn. 2ff.
[2] *Kohler/Pintens* FamRZ 2011, 1433 (1435).
[3] VO Nr. 650/2012 v. 4.7.2012, ABl. 2012 L 201, 107.
[4] EuGH 27.3.1979 – 143/78, Slg. 1979, 1055 Rn. 7 – de Cavel; zu Einzelheiten unalexKomm/*Hausmann* Brüssel I-VO Art. 1 Rn. 58ff.

für Eigentumsvermutungen (vgl. § 1362 BGB) sowie für Verfügungsbeschränkungen betreffend die Ehewohnung oder den Hausrat, auch soweit sie im nationalen Recht der teilnehmenden Mitgliedstaaten als allgemeine Ehewirkungen geregelt sind. Auch die islamrechtliche *Morgengabe* fällt künftig in den sachlichen Anwendungsbereich der EuGüVO; der Streit über ihre Qualifikation als allgemeine oder güterrechtliche Ehewirkung (dazu → Rn. 74) im bisherigen autonomen Kollisionsrecht wird sich damit erledigen. Schließlich ist auch die Zuweisung der Nutzungsbefugnis an der Ehewohnung und an Haushaltsgegenständen unter den weiten Begriff des Ehegüterrechts in Art. 3 lit. a EuGüVO zu subsumieren; im Geltungsbereich der Verordnung verdrängen daher die Art. 20 ff. EuGüVO ab dem 29.1.2019 die Sonderanknüpfung in Art. 17a EGBGB.

Die Kollisionsnormen des Kapitels III der Verordnung sind allerdings nach der Übergangsvorschrift in Art. 69 Abs. 3 EuGüVO nur für Ehegatten maßgebend, die **ab dem 29.1.2019 heiraten**. Für die vor diesem Stichtag geschlossenen Ehen verbleibt es mithin auch für die Zeit danach grundsätzlich weiterhin bei der Geltung von Art. 14 EGBGB, der daher noch für lange Zeit Bedeutung behalten wird. Dies gilt uneingeschränkt für die **objektive Anknüpfung** nach Art. 14 Abs. 1 EGBGB, sodass sich die zuvor genannten (→ Rn. 3) vermögensrechtlichen allgemeinen Ehewirkungen in solchen Altehen auch nach dem 29.1.2019 primär nach dem gemeinsamen Heimatrecht der Ehegatten beurteilen (Nr. 1). Abweichend davon gilt für die allgemeinen Ehewirkungen in Bezug auf das Vermögen von Ehegatten, die erst ab dem 29.1.2019 die Ehe schließen, die güterrechtliche Anknüpfung nach Art. 26 EuGüVO. Maßgebend ist danach primär das Recht des Staates; in dem die Ehegatten nach der Eheschließung ihren ersten gemeinsamen gewöhnlichen Aufenthalt begründet haben; das Recht der gemeinsamen Staatsangehörigkeit ist nur noch hilfsweise anzuwenden, wenn sich die Ehegatten nach der Eheschließung in verschiedenen Staaten gewöhnlich aufhalten (näher → § 9 Rn. 17). Zu beachten ist ferner, dass die Anknüpfung der vermögensrechtlichen allgemeinen Ehewirkungen unter Geltung der EuGüVO – anders als bisher nach Art. 14 EGBGB – **unwandelbar** erfolgt, dh durch eine Änderung des Anknüpfungsmoments, insbesondere des gewöhnlichen Aufenthalts, nach der Eheschließung nicht mehr beeinflusst wird (→ § 9 Rn. 19). 3a

Treffen die Partner einer vor dem 29.1.2019 geschlossenen „Altehe" allerdings nach diesem Stichtag eine Rechtswahl, so erstreckt sich diese auch auf die zuvor in → Rn. 3 genannten allgemeinen Ehewirkungen vermögensrechtlichen Inhalts. Die materielle und formelle Wirksamkeit einer solchen Rechtswahl ist daher nicht mehr am Maßstab des Art. 14 Abs. 2 bis Abs. 4 EGBGB, sondern an Art. 22 bis 24 EuGüVO zu messen (→ § 9 Rn. 14 ff.). Danach wird die Parteiautonomie auf dem Gebiet der vermögensrechtlichen allgemeinen Ehewirkungen gegenüber dem bisherigen Recht deutlich erweitert. Für die Rechtswahl wie für materielle Vereinbarungen in Bezug auf die allgemeinen Ehewirkungen gilt daher ab dem 29.1.2019 ein gespaltenes Regime: Während es auf dem Gebiet der persönlichen Ehewirkungen weiterhin bei der Anwendung von Art. 14 Abs. 2 und Abs. 3 EGBGB verbleibt, sind für die vermögensrechtlichen Ehewirkungen die Kollisionsnormen der EuGüVO zur güterrechtlichen Rechtswahl und zu Eheverträgen (Art. 22 bis 25) maßgebend. In der Gestaltungspraxis wird es sich daher häufig empfehlen, die zu treffende Rechtswahl ausdrücklich auf die von der EuGüVO erfassten *vermögensrechtlichen* Ehewirkungen zu beschränken und es hinsichtlich der *persönlichen* Ehewirkungen bei der objektiven Anknüpfung nach Art. 14 Abs. 1 EGBGB zu belassen. Hinzuweisen ist ferner darauf, dass eine Rechtswahl nach Art. 22 EuGüVO wegen des in der Verordnung strikt durchgeführten Grundsatzes der Einheit des anzuwendenden Rechts (Art. 21 EuGüVO; → § 9 Rn. 13) stets nur für die güterrechtlichen Ehewirkungen im engeren Sinne und die das Vermögen der Ehegatten betreffenden allgemeinen Ehewirkungen *einheitlich* getroffen werden kann. Eine auf nur einen der beiden Bereiche beschränkte Teilrechtswahl ist hingegen unzulässig. 3b

## II. Staatsverträge

### 1. Haager Ehewirkungsabkommen

4 Das Haager Ehewirkungsabkommen vom 17.7.1905,[5] das die autonome Kollisionsnorm des Art. 14 EGBGB verdrängte, ist von der Bundesrepublik Deutschland mit Wirkung vom 23.8.1987 gekündigt worden.[6] Da für die Beurteilung der allgemeinen Ehewirkungen grundsätzlich die heutigen Verhältnisse maßgebend sind,[7] hat dieses Abkommen für die Bestimmung des Ehewirkungsstatuts[8] keine Bedeutung mehr.

### 2. Deutsch-iranisches Niederlassungsabkommen von 1929

5 Vorrang vor dem autonomen deutschen Kollisionsrecht hat auf dem Gebiet des gesamten internationalen Familienrechts – und damit auch der allgemeinen Ehewirkungen – nach Art. 3 Nr. 2 EGBGB das deutsch-iranische Niederlassungsabkommen vom 17.2.1929.[9] Dieses gilt seit der Herstellung der deutschen Einheit auch in den fünf neuen Bundesländern und im ehemaligen Ostberlin.[10] Gemäß Art. 8 Abs. 3 S. 1 dieses Abkommens[11] bleiben die Angehörigen jedes der vertragsschließenden Staaten im Gebiet des jeweils anderen Staates auf dem Gebiet des Familienrechts ihren heimischen Gesetzen unterworfen. Die allgemeinen Ehwirkungen von in Deutschland lebenden iranischen Ehegatten beurteilen sich daher nach iranischem Recht. Daran wird sich auch auf dem Gebiet der allgemeinen Ehewirkungen vermögensrechtlichen Inhalts unter Geltung der EuGüVO ab dem 29.1.2019 nichts ändern, da die Verordnung bestehende Staatsverträge der teilnehmenden Mitgliedstaaten unberührt lässt (Art. 62 Abs. 1 EuGüVO).

6 Das Abkommen gilt allerdings nur für Ehen iranischer Staatsangehöriger in Deutschland und für Ehen deutscher Staatsangehöriger im Iran.[12] Auf Ehen zwischen deutschen und iranischen Ehegatten findet es hingegen ebensowenig Anwendung wie auf Ehen von deutsch-iranischen Doppelstaatern.[13] Es ist bereits dann nicht anwendbar, wenn nur einer der Ehegatten deutsch-iranischer **Doppel- oder Mehrstaater** ist, und zwar unabhängig davon, welche Staatsangehörigkeit die effektive ist.[14] Demgegenüber ist die Anwendung des Abkommens nach dessen Sinn und Zweck dann nicht ausgeschlossen, wenn ein Ehegatte neben seiner deutschen bzw. iranischen Staatsangehörigkeit diejenige eines *Drittstaats* besitzt; allerdings muss in diesem Fall die iranische Staatsangehörigkeit die effektive sein.[15] Schließlich entfällt die Anwendung des Abkommens auch dann, wenn in einer rein iranischen Ehe einer der Ehegatten die Rechtsstellung als **Flüchtling** iSd Genfer Flüchtlingskonvention oder als Asylberechtigter erwirbt.[16]

---

[5] RGBl. 1912, 453, 475.
[6] Bek. v. 26.2.1986, BGBl. II 505.
[7] Zur Wandelbarkeit de Ehewirkungsstatuts → Rn. 20f.
[8] Zur Fortgeltung auf dem Gebiet des Ehegüterrechts → § 9 Rn. 20f.
[9] RGBl. 1930 II 1006. Das Abkommen wurde nach dem 2. Weltkrieg mit Protokoll v. 4.11.1954 (BGBl. 1955 II 829) für weiter anwendbar erklärt.
[10] BGHZ 160, 332 (338) = FamRZ 2004, 1952 mAnm *Henrich* = IPRax 2005, 346; *Schotten/Wittkowski* FamRZ 1995, 264.
[11] Abgedruckt bei *Jayme/Hausnann* Nr. 22.
[12] BGHZ 60, 68 (74f.) = FamRZ 1986, 345; OLG Zweibrücken FamRZ 2007, 1555; Staudinger/*Mankowski* EGBGB Art. 14 Rn. 5f.; *Schotten/Schmellenkamp* IPR Rn. 109.
[13] Staudinger/*Hausmann* EGBGB Anh. zu Art. 4 Rn. 776; Erman/*Hohloch* EGBGB Art. 14 Rn. 5; *Andrae* IntFamR § 3 Rn. 50f., jeweils mwN.
[14] OLG Köln FamRZ 2015, 1605 und 2016, 720 (721); OLG Hamm NJOZ 2013, 1006; *Finger* FuR 1999, 158 (159); *Andrae* IntFamR § 3 Rn. 51; *Schotten/Schmellenkamp* IPR Rn. 109; juris PK-BGB/*Ludwig* EGBGB Art. 14 Rn. 5f. mwN. Vgl. auch → § 4 Rn. 7f. mwN.
[15] *Schotten/Schmellenkamp* IPR Rn. 109.
[16] BGH NJW 1990, 636; BayObLGZ 2000, 335 (338); KG NJW-RR 1994, 199; *Schotten/Wittkowski* FamRZ 1995, 264 (266); *Finger* FuR 1999, 158 (159); Staudinger/*Hausmann* EGBGB Anh. zu Art. 4 Rn. 776 mwN. Vgl. aber auch → Rn. 20f.

### III. Autonomes deutsches Kollisionsrecht

Bis zur Geltung der EuGüVO ab dem 29.1.2019 beurteilen sich die allgemeinen Wirkungen einer Ehe aus deutscher Sicht weiterhin nach Art. 14 EGBGB. Ferner gilt das autonome Kollisionsrecht der teilnehmenden Mitgliedstaaten für die objektive Anknüpfung der allgemeinen Ehewirkungen, auch soweit sie das Vermögen der Ehegatten betreffen, nach dem 29.1.2019 fort, wenn die Ehe vor diesem Stichtag geschlossen wurde (Art. 69 Abs. 3 EuGüVO). Art 14 EGBGB war nach der Neufassung durch das IPRG 1986 für das deutsche internationale Ehe- und Kindschaftsrecht von zentraler Bedeutung, weil sie über ihren unmittelbaren Anwendungsbereich hinaus als **Grundsatzkollisionsnorm** auf die Anknüpfung anderer Teilbereiche des internationalen Familienrechts ausstrahlte. So wurden das Güterrechtsstatut (Art. 15 Abs. 1 EGBGB; → § 9 Rn. 36ff.), das Scheidungsstatut (Art. 17 Abs. 1 EGBGB aF), das Abstammungsstatut ehelicher Kinder (Art. 19 Abs. 1 EGBGB aF) und das Adoptionsstatut bei der Ehegattenadoption (Art. 22 Abs. 1 S. 2 EGBGB; → § 14 Rn. 28ff.) im Interesse einer möglichst einheitlichen Anknüpfung aller Familienbeziehungen durch Verweisung auf Art. 14 EGBGB geregelt. Inzwischen hat Art. 14 EGBGB diese Funktion eines einheitlichen Familienstatuts zu einem erheblichen Teil verloren, weil im Abstammungsrecht die Unterscheidung zwischen ehelicher und außerehelicher Geburt entfallen ist und deshalb einheitlich an den gewöhnlichen Aufenthalt des Kindes angeknüpft wird.[17] Ferner ist das internationale Scheidungsrecht durch die Rom III-Verordnung[18] für *Deutschland* und 15 weitere Mitgliedstaaten der *Europäischen Union* vereinheitlicht worden; wegen der allseitigen Geltung dieser Verordnung ist Art. 17 Abs. 1 EGBGB aF aufgehoben worden (→ § 11 Rn. 17). Schließlich steht – wie einleitend erwähnt (→ Rn. 1ff.) – auch eine Vereinheitlichung des internationalen Ehegüterrechts auf europäischer Ebene bevor mit der Folge, dass der verbleibende Anwendungsbereich des Art. 14 EGBGB im Wesentlichen auf persönliche Ehewirkungen beschränkt sein wird.[19] Aus diesem Grunde wird erwogen, das Kollisionsrecht der allgemeinen Ehewirkungen jedenfalls für (Neu-) Ehen, die der künftigen EU-Güterrechts-VO unterliegen, in Anlehnung an diese Verordnung neu zu regeln.[20] Für **eingetragene Lebenspartnerschaften** wirtd Art. 14 EGBGB durch die Sonderregelung in Art. 17b EGBGB verdrängt (→ § 13 Rn. 55f.); für die vermögensrechtlichen Wirkungen gilt ab dem 29.1.2019 die EuPartVO (→ § 13 Rn. 5ff.). 7

## B. Objektive Anknüpfung

### I. Anknüpfungsleiter, Art. 14 Abs. 1 EGBGB

Art. 14 Abs. 1 EGBGB bestimmt das Ehewirkungsstatut primär durch objektive Anknüpfungspunkte in Form einer Anknüpfungsleiter mit **drei Haupt- und zwei Unterstufen.** Danach wird in erster Linie auf die gemeinsame (bzw. letzte gemeinsame) Staatsangehörigkeit der Ehegatten, ersatzweise auf ihren gemeinsamen (bzw. letzten gemeinsamen) gewöhnlichen Aufenthalt und hilfsweise auf eine sonstige gemeinsame engste Beziehung zu einer Rechtsordnung abgestellt. Die Prüfung hat in der Weise zu erfolgen, dass beginnend mit Art. 14 Abs. 1 Nr. 1, 1. Fall EGBGB von Stufe zu Stufe festzustellen ist, ob die Voraussetzungen für die jeweilige Anknüpfung vorliegen. Erst wenn geklärt ist, dass die An- 8

[17] Vgl. aber zur verbleibenden Bedeutung des Art. 14 EGBGB im Abstammungsrecht die alternative Anknüpfung in Art. 19 Abs. 1 S. 3 EGBGB.

[18] Verordnung (EU) Nr. 1259/2010 zur Durchführung einer Verstärkten Zusammenarbeit im Bereich des auf die Ehescheidung und Trennung ohne Auflösung des Ehebandes anzuwenden Rechts vom 20.12.2010 (ABl. 2010 L 343, 10 = *Jayme/Hausmann* Nr. 34); dazu *Hausmann* IntEuSchR A Rn. 213ff.

[19] Vgl. *Andrae* IntFamR § 3 Rn. 38ff.

[20] Vgl. *Coester-Waltjen* FamRZ 2013, 170ff.; *Andrae* IntFamR § 3 Rn. 41.

knüpfungspunkte der vorangehenden Stufe nicht erfüllt sind, darf also zur Prüfung der nächsten Stufe fortgeschritten werden.[21]

### 1. Gemeinsames Heimatrecht, Nr. 1

9 Nach Art. 14 Abs. 1 Nr. 1, 1. Fall EGBGB ist in erster Linie das derzeitige **gemeinsame Heimatrecht** der Ehegatten zur Anwendung berufen. Bei **Mehrstaatern ohne deutsche Staatsangehörigkeit** ist dabei nur diejenige Staatsangehörigkeit zu berücksichtigen, mit welcher der betreffende Ehegatte am engsten verbunden ist (Art. 5 Abs. 1 S. 1 EGBGB). Es reicht also nicht aus, dass beide Ehegatten die gleiche(n) Staatsangehörigkeit(en) besitzen; vielmehr muss die gleiche Staatsangehörigkeit für beide Ehegatten *effektiv* sein.[22] Besitzt ein Ehegatte neben der gemeinsamen ausländischen **auch die deutsche Staatsangehörigkeit,** so ist für Art. 14 Abs. 1 Nr. 1, 1. Fall EGBGB nur die letztere maßgebend (Art. 5 Abs. 1 S. 2 EGBGB).[23] Die Anknüpfung an eine – insbesondere erst durch die Eheschließung erworbene – gemeinsame ausländische Staatsangehörigkeit ist mithin iRv Art. 14 Abs. 1 Nr. 1 EGBGB ausgeschlossen, wenn diese für einen Ehegatten (noch) nicht effektiv ist[24] oder wenn ein Ehegatte auch Deutscher iSv Art. 116 Abs. 1 GG ist.[25]

10 **Beispiel:**
Ein Argentinier und eine Österreicherin besitzen beide zugleich die italienische Staatsangehörigkeit. Nachdem sie zunächst ein Jahr in Italien gelebt hatten, verlegen sie ihren gemeinsamen gewöhnlichen Aufenthalt nach Deutschland. Nach den Gesamtumständen ist die Ehefrau mit Österreich enger verbunden als mit Italien, weil sie dort aufgewachsen ist, deutsch als Muttersprache spricht und regelmäßig ihre Familie in Österreich besucht. Entsprechend hat der Ehemann die engeren Bindungen zu Argentinien, weil er dort 28 Jahre gelebt hat und spanisch als Muttersprache spricht. Unter diesen Umständen bleibt zur Bestimmung des Ehewirkungsstatuts die gemeinsame italienische Staatsangehörigkeit der Ehegatten außer Betracht. Maßgebend ist vielmehr das gemeinsame deutsche Aufenthaltsrecht nach Art. 14 Abs. 1 Nr. 2 EGBGB.[26]

11 Bei **Staatenlosen** ist anstelle der Staatsangehörigkeit ihr durch den gewöhnlichen Aufenthalt bestimmtes Personalstatut maßgebend (Art. 14 Abs. 1 Nr. 1 iVm Art. 5 Abs. 2 EGBGB).[27] Gleiches gilt gemäß Art. 12 der Genfer Flüchtlingskonvention (GK) vom 28.7.1951 für **internationale Flüchtlinge** und gemäß § 2 Abs. 1 AsylG für **Asylberech-**

[21] Staudinger/*Mankowski* EGBGB Art. 14 Rn. 27f.; MüKoBGB/*Siehr* EGBGB Art. 14 Rn. 12; BeckOK BGB/*Mörsdorf-Schulte* EGBGB Art. 14 Rn. 25; Erman/*Hohloch* EGBGB Art. 14 Rn. 12, 15; *Schotten/Schmellenkamp* IPR Rn. 113.

[22] NK-BGB/*Andrae* EGBGB Art. 14 Rn. 11.

[23] BGH IPRax 1995, 111 (113) = FamRZ 1994, 434; BayObLG FamRZ 1994, 1263 = IPRax 1995, 324 (325) mAnm *Börner* IPRax 1995, 309; BayObLGZ 1998, 103 = FamRZ 1998, 1594; OLG Köln FamRZ 2015, 1605 (1606); OLG München MittBayNot 2012, 306 mAnm *Süß*; OLG Hamm FamRZ 2011, 220 Rn. 14; Ferid/*Böhmer* IPR Rn. 8–85; *Kropholler* IPR § 45 II 3 a; Palandt/*Thorn* EGBGB Art. 14 Rn. 7; Staudinger/*Mankowski* EGBGB Art. 14 Rn. 34ff.; Soergel/*Schurig* EGBGB Art. 14 Rn. 5; **aA** MüKoBGB/*Siehr* EGBGB Art. 14 Rn. 22, für den Fall, dass ein deutscher Mehrstaater im Ausland einen deutschen Partner heiratet. Allg. zur Anknüpfung an die Staatsangehörigkeit von Mehrstaatern → § 2 Rn. 33ff.

[24] Vgl. OLG Frankfurt a.M. FamRZ 1994, 715 (716); AG Freiburg FamRZ 2002, 888 = IPRax 2002, 223 mAnm *Jayme* IPRax 2002, 209; *Andrae* IntFamR § 3 Rn. 46; BeckOK BGB/*Mörsdorf-Schulte* EGBGB Art. 14 Rn. 27.

[25] OLG Köln FamRZ 2015, 1605 (1606) und 1617 (1618); OLG München FamRZ 2015, 1611 (1612).

[26] Vgl. OLG München FamRZ 1994, 634.

[27] Vgl. BayObLGZ 1999, 27 (30) = NJW-RR 1999, 1452; OLG Köln FamRZ 1999, 1517; OLG Stuttgart FamRZ 1998, 1321 (1322); OLG Celle FamRZ 1998, 757f; OLG Hamm StAZ 1993, 77 (78); Palandt/*Thorn* EGBGB Art. 14 Rn. 7; *Andrae* IntFamR § 3 Rn. 49; Staudinger/*Mankowski* EGBGB Art. 14 Rn. 33 mwN; **aA** (Anwendung von Art. 14 Abs. 1 Nr. 2 EGBGB) OLG Nürnberg FamRZ 2002, 324 (325); AG Leverkusen FamRZ 2005, 1684 (1685); MüKoBGB/*Siehr* EGBGB Art. 14 Rn. 26. Dazu näher → § 2 Rn. 42.

**tigte.**[28] Besitzen die Ehegatten gemeinsam die Staatsangehörigkeit eines Staates, dessen Recht territorial (wie zB in *Spanien, Kanada* oder den *USA*) oder personal (wie zB in den meisten islamischen Staaten) gespalten ist, so bedarf die Staatsangehörigkeitsanknüpfung notwendig der Ergänzung durch eine interlokale oder interpersonale **Unteranknüpfung** nach Maßgabe von Art. 4 Abs. 3 EGBGB(→ § 2 Rn. 129 ff.).[29]

Haben die Ehegatten während der Ehe zunächst eine gemeinsame Staatsangehörigkeit besessen, hat aber ein Ehegatte diese Staatsangehörigkeit später (zB durch Einbürgerung in einem anderen Land) verloren, während der andere sie beibehalten hat, so gilt das **frühere gemeinsame Heimatrecht** im Interesse der Kontinuität als Ehewirkungsstatut solange weiter wie der andere Ehegatte die frühere gemeinsame Staatsangehörigkeit innehat.[30] Bei **Mehrstaatern** ist wiederum Art. 5 Abs. 1 EGBGB zu berücksichtigen, so dass nur die frühere gemeinsame *effektive* Staatsangehörigkeit von Mehrstaatern ohne deutsche Staatsangehörigkeit oder die frühere gemeinsame *deutsche* Staatsangehörigkeit von Mehrstaatern mit zugleich deutscher Staatsangehörigkeit maßgebend ist.[31] Art. 14 Abs. 1 Nr. 1, 2. Fall EGBGB bestimmt das Ehewirkungsstatut auch dann, wenn beide Ehegatten ihre gemeinsame ausländische Staatsangehörigkeit behalten haben und nur einer von ihnen während der Ehe die deutsche Staatsangehörigkeit – als nunmehr effektive (Art. 5 Abs. 1 S. 2 EGBGB) – hinzuerwirbt[32] oder im Inland als internationaler Flüchtling oder Asylberechtigter anerkannt wird. Allerdings wird es in diesem Fall häufig zu einer Rückverweisung auf das gemeinsame deutsche Aufenthaltsrecht der Ehegatten kommen.[33] 12

## 2. Gemeinsamer gewöhnlicher Aufenthalt, Nr. 2

Wenn die Anknüpfung an die gemeinsame bzw. letzte gemeinsame Staatsangehörigkeit versagt, weil die Ehegatten zB während der Ehe niemals eine gemeinsame Staatsangehörigkeit besaßen oder weil beide diese gemeinsame Staatsangehörigkeit später verloren haben,[34] so unterliegen die allgemeinen Ehewirkungen gemäß Art. 14 Abs. 1 Nr. 2 EGBGB dem Recht des Staates, in dem **beide Ehegatten ihren gewöhnlichen Aufenthalt** haben. Ein gemeinsamer Ehewohnsitz innerhalb dieses Staates ist hierfür nicht erforderlich.[35] Der gewöhnliche Aufenthalt, der für jeden Ehegatten gesondert festgestellt werden muss, ist dort begründet, wo der familiäre und berufliche Lebensmittelpunkt liegt.[36] Verlegen beide Ehegatten ihren gewöhnlichen Aufenthalt im Laufe der Ehe in ein anderes Land, so tritt wegen der Wandelbarkeit des Ehewirkungsstatuts (→ Rn. 20) ein Statutenwechsel ein. 13

Begründet hingegen nur ein Ehegatte während der Ehe einen neuen gewöhnlichen Aufenthalt in einem anderen Staat, so ist das Recht am beiderseitigen **letzten gewöhnlichen Aufenthalt in demselben Staat** maßgebend, solange der andere Ehegatte seinen gewöhnlichen Aufenthalt in diesem Staat ununterbrochen beibehält.[37] Auf diese Weise soll 14

[28] Näher zum Personalstatut von Flüchtlingen und Asylberechtigten → § 2 Rn. 43 ff.

[29] Vgl. Staudinger/*Mankowski* EGBGB Art. 14 Rn. 32; Erman/*Hohloch* EGBGB Art. 14 Rn. 13 aE.

[30] OLG Frankfurt a.M. FamRZ 2008, 997; Staudinger/*Mankowski* EGBGB Art. 14 Rn. 39 ff.; krit. dazu *Kropholler* IPR § 45 II 3 b; für den Fall der Ausbürgerung eines Ehegatten auch MüKoBGB/*Siehr* EGBGB Art. 14 Rn. 17.

[31] *Jayme* IPRax 2002, 209; *Schotten/Schmellenkamp* IPR Rn. 111.

[32] OLG Hamm FamRZ 2011, 220 Rn. 15; OLG Celle NJOZ 2011, 1993; OLG Düsseldorf NJW-RR 2012, 521; Palandt/*Thorn* EGBGB Art. 14 Rn. 7.

[33] OLG Düsseldorf FamRZ 2005, 912; OLG Stuttgart FamRZ 2005, 913; → Rn. 18.

[34] Vgl. zum Verlust der gemeinsamen jugoslawischen Staatsangehörigkeit durch den Zerfall der früheren SR Jugoslawien OLG Düsseldorf FamRZ 1995, 932 (933).

[35] Ferid/*Böhmer* IPR Rn. 8–86; *Schotten/Schmellenkamp* IPR Rn. 112; *Junker* IPR Rn. 509; Palandt/*Thorn* EGBGB Art. 14 Rn. 8; MüKoBGB/*Siehr* EGBGB Art. 14 Rn. 29; Erman/*Hohloch* EGBGB Art. 14 Rn. 16.

[36] Zum Begriff des gewöhnlichen Aufenthalts näher → § 2 Rn. 58 ff.

[37] OLG Hamburg FamRZ 2001, 916 (918) = IPRax 2002, 304 mAnm *Andrae/Essebier* IPRrax 2002, 294; OLG Oldenburg FamRZ 2010, 1565 = IPRax 2012, 550 mAnm *Schulze* IPRax 2012, 526; ferner OLG Stuttgart FamRZ 2007, 502 (503).

es einem Ehegatten verwehrt sein, durch einseitige Verlegung des gewöhnlichen Aufenthalts gegen den Willen seines Partners einen Statutenwechsel herbeizuführen.[38] Haben beide Ehegatten den letzten gemeinsamen gewöhnlichen Aufenthalt im Inland durch Umzug ins Ausland aufgegeben, so greift Art. 14 Abs. 1 Nr. 2 EGBGB allerdings auch dann nicht ein, wenn einer der Ehegatten kurze Zeit später nach Deutschland zurückkehrt und hier erneut seinen gewöhnlichen Aufenthalt begründet; dies gilt auch dann, wenn dieser Ehegatte zwischenzeitlich im Ausland keinen neuen gewöhnlichen Aufenthalt begründet hatte.[39]

### 3. Sonstige engste Verbindung, Nr. 3

15 Scheitert auch die Anknüpfung an den gemeinsamen bzw. letzten gemeinsamen gewöhnlichen Aufenthalt, so ist nach Art. 14 Abs. 1 Nr. 3 EGBGB als Ehewirkungsstatut das Recht des Staates berufen, mit dem die Ehegatten **auf andere Weise gemeinsam am engsten verbunden** sind. Kriterien für die in diesem Fall vorzunehmende Einzelfallprüfung sind vor allem gemeinsame soziale Bindungen der Ehegatten an einen Staat durch Herkunft, Kultur, Sprache, Religion oder berufliche Tätigkeit, ferner ein früherer gemeinsamer gewöhnlicher Aufenthat, den keiner der Ehegatten beibehalten hat, oder ein gemeinsamer schlichter (nicht nur ganz vorübergehender) Aufenthalt in einem Staat, sowie gemeinsam feststellbare **Zukunftspläne** (zB der beabsichtigte Erwerb einer gemeinsamen Staatsangehörigkeit oder die beabsichtigte Begründung eines gemeinsamen gewöhnlichen Aufenthalts in einem Staat, insbesondere als erster ehelicher Wohnsitz).[40] Bedeutung kann auch dem Eheschließungsort zukommen, sofern er durch andere Indizien verstärkt wird und nicht rein zufälligen Charakter hat. Die Zugehörigkeit beider Ehegatten zu einer **Religionsgemeinschaft** kann eine gemeinsame engste Verbindung nur begründen, wenn dadurch zugleich eine enge Verbindung zu einem bestimmten Staat zum Ausdruck gebracht wird, dessen Eherecht durch diese Religion maßgebend geprägt ist.[41]

16 Lässt sich mit Hilfe der vorgenannten Kriterien eine engste Verbindung der Ehegatten zu einem bestimmten Staat nicht feststellen, so bleibt nur der Rückgriff auf die *lex fori;* in Verfahren vor deutschen Gerichten gilt daher **hilfsweise deutsches Recht.**[42]

17 **Beispiel: Stufenweise Anknüpfung nach Art. 14 Abs. 1 EGBGB**[43]

**1. Stufe:** Leben türkische Ehegatten in Deutschland, so beurteilen sich ihre persönlichen Ehewirkungen gemäß Art. 14 Abs. 1 Nr. 1 EGBGB nach türkischem Recht. Dabei handelt es sich um eine Gesamtverweisung, die auch das türkische IPR einschließt. Dieses knüpft die persönlichen Ehewirkungen indes in Art. 13 Abs. 3 S. 1 IPRG ebenfalls an das gemeinsame Heimatrecht der Ehegatten an, so dass türkisches materielles Ehewirkungsrecht anzuwenden ist.

[38] Staudinger/*Mankowski* EGBGB Art. 14 Rn. 59; BeckOK BGB/*Mörsdorf-Schulte* EGBGB Art. 14 Rn. 37.

[39] BGH NJW 1993, 2047 (2048 ff.) mAnm *v. Bar* IPRax 1994, 100; *Andrae* IntFamR § 3 Rn. 56; vgl. dazu das Beispiel → § 2 Rn. 67.

[40] Vgl. BT-Drs. 10/5632, 41; OLG Köln FamRZ 2015, 1617 (1618) und 1998, 1590; OLG Celle FamRZ 1998, 686 (687); KG FamRZ 2007, 1561 und 2002, 840; *Andrae* IntFamR § 3 Rn. 57 ff.; *Kropholler* IPR § 45 II 3 c; Ferid/*Böhmer* IPR Rn. 8–86, 1; *Schotten/Schmellenkamp* IPR Rn. 113; *Lichtenberger* DNotZ 1986, 644 (657 ff.); eingehend Staudinger/*Mankowski* EGBGB Art. 14 Rn. 71 ff.; BeckOK BGB/*Mörsdorf-Schulte* EGBGB Art. 14 Rn. 39; *v. Bar* IPR II Rn. 205 ff.; **aA** *Kegel/Schurig* IPR § 20 V 1 a; Soergel/*Schurig* EGBGB Art. 14 Rn. 14: Vorrang des letzten gemeinsamen schlichten Aufenhalts der Ehegatten. Auf die Verwirklichung der Zukunftspläne kommt es in diesem Zusammenhang nicht an, vgl. KG FamRZ 2007, 1561 mAnm *Henrich*; AG Hannover FamRZ 2000, 1576; Palandt/*Thorn* EGBGB Art. 14 Rn. 10.

[41] Vgl. KG FamRZ 2002, 840 (841); *Andrae* IntFamR § 3 Rn. 59.

[42] Vgl. KG FamRZ 2002, 840 (841 ff.); OLG Schleswig FamRZ 2007, 470; *Andrae* IntFamR § 3 Rn. 61; Palandt/*Thorn* EGBGB Art. 14 Rn. 10; differenzierend BeckOK BGB/*Mörsdorf-Schulte* EGBGB Art. 14 Rn. 40 mwN.

[43] Weitere Beispiele bei *Andrae* IntFamR § 3 Rn. 50 ff.

**2. Stufe:** Wird der türkische Ehemann im Verlauf der Ehe in Deutschland eingebürgert, während die Ehefrau die türkische Staatsangehörigkeit beibehält, so haben die Ehegatten zwar keine gemeinsame Staatsangehörigkeit mehr, so dass Art. 14 Abs. 1 Nr. 1, 1. Fall EGBGB nicht mehr einschlägig ist. Unrichtig wäre es jedoch, aus diesem Grunde sofort auf Art. 14 Abs. 1 Nr. 2 EGBGB abzustellen und deutsches Recht als das Recht am gemeinsamen gewöhnlichen Aufenthalt der Ehegatten anwenden zu wollen. Solange die Ehefrau die türkische Staatsangehörigkeit innehat, beurteilen sich die allgemeinen Ehewirkungten vielmehr gemäß Art. 14 Abs. 1 Nr. 1, 2. Fall EGBGB weiterhin nach türkischem Recht als dem letzten gemeinsamen Heimatrecht der Ehegatten.

Gleiches würde auch dann gelten, wenn der Ehemann während der Ehe als internationaler Flüchtling iSd Genfer Konvention oder als Asylberechtigter anerkannt worden wäre. Würde im weiteren Verlauf der Ehe auch die Ehefrau den Status als Flüchtling oder Asylberechtigter erwerben, so hätten die Ehegatten von diesem Zeitpunkt an ein neues gemeinsames Personalstatut; von diesem Zeitpunkt an wäre dann nach Art. 14 Abs. 1 Nr. 1, 1. Fall EGBGB das deutsche Recht für ihre allgemeinen Ehewirkungen maßgebend.

**3. Stufe:** Lebt ein italienischer Staatsangehöriger mit seiner deutschen Ehefrau seit der Eheschließung im Jahr 2002 in München, so scheidet eine Anknüpfung auf der 1. und 2. Stufe des Art. 14 Abs. 1 Nr. 1 EGBGB aus, weil die Ehegatten eine gemeinsame Staatsangehörigkeit weder derzeit haben noch jemals gehabt haben. Die allgemeinen Ehewirkungen beurteilen sich vielmehr gemäß Art. 14 Abs. 1 Nr. 2, 1. Fall EGBGB nach deutschem Recht, weil die Ehegatten ihren gemeinsamen gewöhnlichen Aufenthalt derzeit in Deutschland haben. Verlegen die Ehegatten ihren gemeinsamen gewöhnlichen Aufenthalt im Alter in die Toskana, wo der Ehemann ein Weingut geerbt hat, so gilt für die allgemeinen Ehewirkungen ab dem Umzug in die Toskana italienisches Recht. Diesen Statutenwechsel können die Ehegatten auch durch eine Rechtswahl zugunsten des deutschen Rechts nicht verhindern, weil die Voraussetzungen des Art. 14 Abs. 2 oder Abs. 3 EGBGB nicht vorliegen (→ Rn. 26 ff., 32 ff.).

**4. Stufe:** Zieht der italienische Ehemann in dem vorerwähnten Beispiel zum Zwecke der Übernahme des Weinguts zunächst allein in die Toskana, während die deutsche Ehefrau bis zur Erreichung ihres Pensionsalters als Lehrerin weiter im Münchener Ehehaus wohnen bleibt und lediglich die Schulferien mit ihrem Ehemann in der Toskana verbringt, so scheidet nicht nur eine Anknüpfung nach Art. 14 Abs. 1 Nr. 1 (1. und 2. Stufe), sondern auch nach Art. 14 Abs. 1 Nr. 2, 1. Fall EGBGB (3. Stufe) aus, weil die Ehegatten keinen gemeinsamen gewöhnlichen Aufenthalt mehr haben. Da die Ehegatten aber ihren letzten gemeinsamen gewöhnlichen Aufenthalt in Deutschland hatten und die Ehefrau diesen beibehalten hat, gilt für die allgemeinen Ehewirkungen gemäß Art. 14 Abs. 1 Nr. 2, 2. Fall EGBGB weiterhin deutsches Recht. Dies ändert sich erst, wenn die Ehefrau nach ihrer Pensionierung ihren gewöhnlichen Aufenthalt ebenfalls in die Toskana verlegt.

**5. Stufe:** Der Deutsche M lernt bei einem Ferienaufenthalt auf *Kuba* die kubanische Staatsangehörige F kennen. Am Ende der Ferien verloben sich die beiden in Havanna. Drei Monate später fliegt M erneut nach Havanna und schließt mit F die Ehe. Die Parteien vereinbaren, dass F nach Abschluss ihres Studiums in Kuba nach Deutschland übersiedeln soll, um dort die Ehe mit M zu führen. Nach welchem Recht beurteilen sich die allgemeinen Wirkungen dieser Ehe bis zum Umzug der F nach Deutschland?

Solange die Ehegatten in Deutschland noch keinen gemeinsamen gewöhnlichen Aufenthalt begründet haben, scheidet eine Anknüpfung nach Art. 14 Abs. 1 Nr. 1 und Nr. 2 EGBGB aus. Die allgemeinen Ehewirkungen beurteilen sich daher in diesem Fall gemäß Art. 14 Abs. 1 Nr. 3 EGBGB nach dem Recht, mit dem die Ehegatten sonst am engsten verbunden sind. Da die Eheleute beabsichtigen, ihren ersten germeinsamen gewöhnlichen Aufenthalt in Deutschland zu begründen und dort ihre Ehe zu führen, wo M auch den Lebensunterhalt für die Familie verdient, dürfte die engste Verbindung der Ehe zum deutschen Recht bestehen. Diese Anknüpfung ist stärker als jene zu *Kuba,* wo die Eheleute sich kennengelernt, verlobt und geheiratet haben.[44]

> **Hinweis:**
> Die vergangenheitsbezogenen Anknüpfungen nach Art. 14 Abs. 1 Nr. 1, 2. Fall und Nr. 2, 2. Fall werden in der Praxis häufig übersehen. Um dem vorzubeugen, sollte der rechtliche Berater die Ehegatten nicht nur nach ihrer derzeitigen Staatsangehörigkeit bzw. ihrem derzeitigen gewöhnlichen Aufenthalt befragen. Er sollte vielmehr auch die Frage stellen, ob einer der Ehegatten seine Staatsangehörigkeit oder – in einer gemischt-nationalen Ehe – seinen gewöhnlichen Aufenthalt im Verlauf der Ehe geändert hat.

## II. Rück- und Weiterverweisung

18 Während die künftige EuGüVO (→ Rn. 2ff.) eine Rück- oder Weiterverweisung bezüglich der vermögensrechtlichen allgemeinen Ehewirkungen auch im Falle der objektiven Anknüpfung nach Art. 26 ausschließt (vgl. Art. 32 EuGüVO; → § 9 Rn. 10a), spricht Art. 14 Abs. 1 EGBGB eine Gesamtverweisung aus. Eine Rück- oder Weiterverweisung des als Ehewirkungsstatut zur Anwendung berufenen Rechts ist daher gemäß Art. 4 Abs. 1 EGBGB grundsätzlich zu beachten (allg. → § 2 Rn. 85ff.). Dies gilt nicht nur für die **Staatsangehörigkeitsanknüpfung** nach Nr. 1,[45] sondern auch für die Anknüpfung an den **gewöhnlichen Aufenthalt** nach Nr. 2.[46] Zu einem Renvoi kann es insbesondere auf der 2. und 4. Stufe der Anknüpfungsleiter des Art. 14 Abs. 1 Nr. 1, 2. Fall bzw. Nr. 2, 2. Fall EGBGB kommen, weil diese vergangenheitsbezogenen Anknüpfungen im Ausland weithin unbekannt sind.[47]

19 Darüber hinaus widerspricht die Beachtung einer Rück- oder Weiterverweisung auch im Fall der Anknüpfung an die **gemeinsame engste Verbindung** der Ehegatten mit dem Recht eines Staates nach Art. 14 Abs. 1 Nr. 3 EGBGB nicht dem Sinn der Verweisung. Denn wenn die Annahme der deutschen Verweisung schon bei den „starken" Anknüpfungen an die gemeinsame Staatsangehörigkeit bzw. den gemeinsamen gewöhnlichen Aufenthalt nach Art. 14 Abs. 1 Nr. 1 und Nr. 2 EGBGB Voraussetzung für eine Berufung zum Ehewirkungsstatut ist, so muss dies erst recht für die „schwache" Beziehung gelten, die Art. 14 Abs. 1 Nr. 3 EGBGB zu dem verwiesenen Recht herstellt.[48] Selbst ein *Renvoi* aufgrund einer gleichberechtigungswidrigen ausländischen Kollisionsnorm – zB infolge der Anknüpfung an das Heimatrecht des Ehemannes – ist grundsätzlich zu beachten, wenn das Anwendungs*ergebnis* nicht gegen den deutschen *ordre public* verstößt.[49]

---

[44] Vgl. OLG Köln FamRZ 1998, 1590; AG Hannover FamRZ 2000, 1576; Münch/*Süß* FamR § 20 Rn. 25.

[45] KG FamRZ 2007, 1561 (1562f.); AG Leverkusen FamRZ 2007, 1565 (1566); Staudinger/*Hausmann* EGBGB Art. 4 Rn. 203 mwN.

[46] Palandt/*Thorn* EGBGB Art. 14 Rn. 3; MüKoBGB/*Siehr* EGBGB Art. 14 Rn. 122ff.; Soergel/*Schurig* EGBGB Art. 14 Rn. 70; Erman/*Hohloch* EGBGB Art. 14 Rn. 6; *v. Hoffmann/Thorn* IPR § 8 Rn. 25; *v. Bar* IPR II Rn. 196, 204.

[47] OLG Düsseldorf FamRZ 2005, 912; OLG Stuttgart FamRZ 2005, 913; *Schotten/Schmellenkamp* IPR Rn. 114.

[48] KG FamRZ 2007, 1561 mAnm *Henrich*; AG Leverkusen FamRZ 2002, 1484 (1485ff.); AG Hannover FamRZ 2000, 1576; *v. Bar* IPR II Rn. 208; *Kropholler* IPR § 24 II 2 a; *Schotten/Schmellenkamp* IPR Rn. 114; Palandt/*Thorn* EGBGB Art. 14 Rn. 3, 9; Soergel/*Schurig* EGBGB Art. 14 Rn. 70; BeckOK BGB/*Mörsdorf-Schulte* EGBGB Art. 14 Rn. 65; Staudinger/*Hausmann* EGBGB Art. 4 Rn. 203 mwN; **aA** *Andrae* IntFamR § 3 Rn. 74; Erman/*Hohloch* EGBGB Art. 14 Rn. 6, 18; MüKoBGB/*Siehr* EGBGB Art. 14 Rn. 122; PWW/*Martiny* EGBGB Art. 14 Rn. 22; dazu näher Staudinger/*Mankowski* EGBGB Art. 14 Rn. 97f. mwN.

[49] Für eine Lösung über Art. 6 EGBGB Staudinger/*Mankowski* EGBGB Art. 14 Rn. 92ff.; Palandt/*Thorn* EGBGB Art. 6 Rn. 7, 9; NK-BGB/*Andrae* EGBGB Art. 14 Rn. 56ff.; Staudinger/*Hausmann* EGBGB Art. 4 Rn. 114 mwN; **aA** BGH FamRZ 1987, 681; *Gebauer* FS Jayme, 2004, 223 (225).

### III. Wandelbarkeit des Ehewirkungsstatuts

Die Anknüpfungspunkte des Art. 14 Abs. 1 EGBGB sind zeitlich nicht fixiert, so dass es auf das Heimat- bzw. Aufenthaltsrecht oder die sonstige engste Verbindung zu dem Zeitpunkt ankommt, zu dem eine bestimmte Ehewirkung zu beurteilen ist. Das Ehewirkungsstatut ist also **wandelbar.**[50] Im Fall eines Statutenwechsels bleiben Rechtswirkungen, die unter einem früheren Ehewirkungsstatut eingetreten sind (zB die Wirksamkeit einer Ehegattenschenkung), jedoch erhalten, auch wenn sie unter dem neuen Statut nicht eintreten könnten.[51] Demgegenüber werden die bisher von Art. 14 EGBGB erfassten allgemeinen Ehewirkungen vermögensrechtlichen Inhalts unter Geltung der künftigen EuGüVO (→ Rn. 2ff.) – ebenso wie die güterrechtlichen Ehewirkungen im engeren Sinne (→ § 9 Rn. 19) – nach Art. 26 unwandelbar angeknüpft. 20

**Beispiel:** 21
Die iranischen Staatsangehörigen M und F haben im Jahre 2000 geheiratet. Anlässlich der Eheschließung hat M der F eine Morgengabe in Höhe von umgerechnet 10.000,00 EUR versprochen. Im Jahre 2009 wird zunächst M, zwei Jahre später auch F in Deutschland eingebürgert. Im Jahr 2015 trennen sich die Eheleute und F macht den Anspruch auf die Morgengabe gegen M geltend. Welches Recht ist auf den Anspruch anwendbar?

Geht man mit dem BGH von einer Qualifkation des Anspruchs auf Zahlung der Morgengabe während bestehender Ehe als allgemeiner Ehwirkung aus (→ Rn. 74), so beurteilte sich dieser Anspruch gemäß Art. 8 des deutsch-iranischen Niederlassungsabkommen von 1929 (→ Rn. 4 ff.) zunächst nach iranischem Recht, weil beide Ehegatten im Zeitpunkt der Vereinbarung der Morgengabe ausschließlich die iranische Staatsangehörigkeit besaßen. Inzwischen haben zwar beide Ehegatten die deutsche Staatsangenhörigkeit erworben, so dass das Niederlassungsabkommen auf die Wirkungen ihrer Ehe keine Anwendung mehr findet.Vielmehr beurteilen sich die allgemeinen Ehewirkungen gemäß Art. 14 Abs. 1 Nr. 1 EGBGB nunmehr nach deutschem Recht, selbst wenn die Eheleute daneben ihre iranische Statsangehörigkeit noch beibehalten hätten (Art. 5 Abs. 1 S. 2 EGBGB). Der Statutenwechsel berührt jedoch solche Ehewirkungen nicht, die unter dem früheren Statut bereits eingetreten waren. Das nach dem früheren iranischen Ehewirkungsstatut gültige Morgengabeversprechen verliert also seine Bindungswirkung nicht deshalb, weil die Eheleute inzwischen in Deutschland eingebürgert worden sind und eine Morgengabe nach deutschem Recht nicht versprochen werden kann.[52]

## C. Rechtswahl

### I. Allgemeines

Art. 14 Abs. 2 bis Abs. 4 EGBGB eröffnet den Ehegatten die Möglichkeit, das Ehewirkungsstatut innerhalb enger Grenzen durch Rechtswahl zu bestimmen, um in bestimmten Konstellationen Mängel der gesetzlichen Anknüpfungsleiter in Abs. 1 auszugleichen.[53] Die Rechtswahl wird allerdings nur zugelassen, wenn nicht an ein gemeinsames (effektives) Heimatrecht der Ehegatten nach Art. 14 Abs. 1 Nr. 1 iVm Art. 5 Abs. 1 EGBGB ange- 22

[50] AG Leverkusen FamRZ 2005, 1684; Ferid/*Böhmer* IPR Rn. 8–84ff.; *Kropholler* IPR § 45 II 4; *Kegel/Schurig* IPR § 20 V 2; *Schotten/Schmellenkamp* IPR Rn. 116; Palandt/*Thorn* EGBGB Art. 14 Rn. 6; MüKo-BGB/*Siehr* EGBGB Art. 14 Rn. 63; Erman/*Hohloch* EGBGB Art. 14 Rn. 10.

[51] Staudinger/*Mankowski* EGBGB Art. 14 Rn. 99ff.; *Andrae* IntFamR § 3 Rn. 42. Umgekehrt wird eine Ehegattenschenkung, die nach dem Ehewirkungsstatut zur Zeit ihrer Vornahme unwirksam war, durch einen Statutenwechsel nicht nachträglich geheilt.

[52] Vgl. OLG Zweibrücken FamRZ 2007, 1555.

[53] Zur *ratio* des Art. 14 Abs. 2 bis Abs. 4 EGBGB näher *Pirrung* IPR S. 135; *Schotten/Schmellenkamp* IPR Rn. 117; Erman/*Hohloch* EGBGB Art. 14 Rn. 19.

knüpft werden kann; sie ist ferner **auf die Heimatrechte der Ehegatten beschränkt.** Das Recht am gewöhnlichen Aufenthalt eines oder beider Ehegatten kann also weder nach Art. 14 Abs. 2 noch nach Art. 14 Abs. 3 EGBGB gewählt werden.[54] Die Wahl des Ehewirkungsstatuts hat deshalb bisher nur eine geringe praktische Bedeutung.[55] Dies wird sich für die allgemeinen Ehewirkungen vermögensrechtlichen Inhalts erst unter der Geltung der EuGüVO (→ Rn. 2ff.) ab dem 29.1.2019 ändern; denn nach Art. 22 Abs. 1 lit. a EuGüVO haben auch Ehegatten, die eine gemeinsame effektive Staatsangehörigkeit besitzen, künftig die Möglichkeit, eine Rechtswahl zugunsten des Rechts am gemeinsamen gewöhnlichen Aufenthalt oder am gewöhnlichen Aufenthalt nur eines der Ehegatten zu treffen (näher → § 9 Rn. 14).

23 Wird die Form des Art. 14 Abs. 4 EGBGB (→ Rn. 38f.) gewahrt, so kann die Rechtswahl nicht nur ausdrücklich, sondern **auch stillschweigend** getroffen werden.[56] An eine konkludente Rechtswahl sind allerdings hohe Anforderungen zu stellen.[57] Insbesondere kann aus der Wahl eines bestimmten Rechts für die güterrechtlichen Ehewirkungen nicht ohne weiteres auf eine solche auch für die allgemeinen Ehewirkungen geschlossen werden.[58] Die Umstände müssen vielmehr den eindeutigen Schluss auf einen entsprechenden Rechtsfolgewillen zulassen; die Eheleute müssen zumindest erkannt haben, dass ihre Äußerungen nach Treu und Glauben oder der Verkehrssitte als Rechtswahl aufgefasst werden konnten. Dafür kann bei einer Eheschließung von Ausländern in ihrem gemeinsamen Heimatstaat auch eine vertragliche Bezugnahme auf die gemeinsame Religion, nach der die Ehe in Deutschland gelebt werden soll, ausreichen.[59] Da notwendig das Recht eines bestimmten Staates (und nicht nur ein religiöses Recht) gewählt werden muss, reicht die Bezugnahme auf islamisches Eherecht in einem Ehevertrag allerdings dann nicht aus, wenn die Ehegatten unterschiedlichen islamischen Staaten angehören.

24 **Beispiel:**

Anlässlich ihrer Eheschließung in Syrien vereinbaren der syrische Ehemann und seine Ehefrau, die sowohl die deutsche als auch die syrische Staatsangehörigkeit besitzt, in einem Ehevertrag die Geltung islamrechtlicher Grundsätze für ihre Ehe. Nach welchem Recht beurteilen sich die allgemeinen Ehewirkungen, wenn die Ehegatten sich gemeinsam in Deutschland gewöhnlich aufhalten?

Die objektive Anknüpfung führt im Hinblick auf Art. 5 Abs. 1 S. 2 EGBGB zu dem Ergebnis, dass die Ehegatten keine gemeinsame Staatsangehörigkeit besitzen, weil die Ehefrau kollisionsrechtlich als deutsche Staatsangehörige anzusehen ist. Maßgebend wäre daher nach Art. 14 Abs. 1 Nr. 2 EGBGB deutsches Ehwirkungsrecht, weil die Ehegatten sich gemeinsam in Deutschland gewöhnlich aufhalten. Da die Ehefrau Doppelstaaterin ist, könnten die Parteien nach Art. 14 Abs. 2 EGBGB allerdings auch das syrische Recht als Ehewirkungsstatut wählen. In Ermangelung einer ausdrücklichen Rechtswahl stellt sich die Frage, ob in der Vereinbarung islamrechtlicher Grundsätze für ihre Ehe eine stillschweigende Wahl des gemeinsamen syrischen Heimatrechts liegt. Dies lässt sich jedenfalls vertreten, weil nur bei

---

[54] *V. Bar* IPR II Rn. 298, 200; Staudinger/*Mankowski* EGBGB Art. 14 Rn. 115; *Schotten/Schmellenkamp* IPR Rn. 117.

[55] BeckOK BGB/*Mörsdorf-Schulte* EGBGB Art. 14 Rn. 43; → Rn. 49.

[56] KG FamRZ 2013, 1480 = IPRax 2014, 71 m. krit. Anm. *Gruber* IPRax 2014, 53; Palandt/*Thorn* EGBGB Art. 14 Rn. 11; Reithmann/Martiny/*Hausmann* IVR Rn. 7.727.

[57] Vgl. *Börner* IPRax 1995, 309 (313); *Andrae* IntFamR § 3 Rn. 72; Staudinger/*Mankowski* EGBGB Art. 14 Rn. 143.

[58] BayObLGZ 1998, 103 (107); Erman/*Hohloch* EGBGB Art. 14 Rn. 19.

[59] BayObLG FamRZ 1994, 1263 = IPRax 1995, 324 mAnm *Börner* IPRax 1995, 309; BayObLGZ 1998, 103 (107) = FamRZ 1998, 1594; zust. *Andrae* IntFamR § 3 Rn. 72; Münch/*Süß* FamR § 20 Rn. 35. Anders aber, wenn die Ehegatten bei der Eheschließung bereits die deutsche Staatsangehörigkeit besaßen, vgl. KG FamRZ 2013, 1480 = IPRax 2014, 71 m. abl. Anm. *Gruber* IPRax 2014, 53; krit. auch *Mörsdorf-Schulte* FamRBint 2013, 57f.

einer solchen Auslegung die von den Eheleuten gewollten islamrechtlichen Grundsätze für ihre Ehe maßgebend sind.

Da die Rechtswahl die gesetzliche (Gesamt-)Anknüpfung nach Art. 14 Abs. 1 EGBGB ersetzt, ist – anders als im Schuldvertragsrecht (→ § 16 Rn. 43ff.) – eine nur *teilweise* (dh auf bestimmte Ehewirkungen beschränkte) Rechtswahl nicht zulässig.[60] Abweichend davon ist ab dem 29.1.2019 eine nach Art. 14 Abs. 2 oder Abs. 3 EGBGB getroffene Rechtswahl auf die persönlichen Ehewirkungen beschränkt, während für die vermögensrechtlichen Ehewirkungen einheitlich die Art. 22ff. EuGüVO gelten (→ § 9 Rn. 14). Soweit die Ehegatten das Ehewirkungsstatut gemäß Art. 14 Abs. 2 oder Abs. 3 EGBGB durch Rechtswahl bestimmt haben, handelt es sich um eine Verweisung auf Sachvorschriften. **Rück- und Weiterverweisung** sind also nach Art. 4 Abs. 2 EGBGB ausgeschlossen. Zustandekommen und **materielle Wirksamkeit** der Rechtswahl beurteilen sich nach dem gewählten Recht.[61] 25

## II. Rechtswahl nach Art. 14 Abs. 2 EGBGB

Art. 14 Abs. 2 EGBGB ermöglicht den Ehegatten zunächst die Wahl eines **gemeinsamen Heimatrechts,** das nicht bereits gesetzliches Ehewirkungsstatut nach Art. 14 Abs. 1 Nr. 1 EGBGB geworden ist, weil ein Ehegatte neben der gemeinsamen ausländischen Staatsangehörigkeit etwa die deutsche Staatsangehörigkeit (Art. 5 Abs. 1 S. 2 EGBGB) oder eine weitere ausländische Staatsangehörigkeit besitzt, zu der eine stärkere Beziehung besteht (Art. 5 Abs. 1 S. 1 EGBGB).[62] 26

**Beispiel:** 27
Der künftige Ehemann M ist Kind eines deutschen Vaters und einer spanischen Mutter und besitzt als solcher sowohl die deutsche wie die spanische Staatsangehörigkeit. Die künftige Ehefrau F ist nur spanische Staatsangehörige. Können die Ehegatten, die beide ihren gewöhnlichen Aufenthalt in Deutschland haben, aus Anlass ihrer Eheschließung die Geltung spanischen Ehewirkungsrechts vereinbaren?

Da nach Art. 5 Abs. 1 S. 2 EGBGB die deutsche Staatsangehörigkeit des M Vorrang genießt, fehlt es an einer gemeinsamen Staatsangehörigkeit der Ehegatten iSv Art. 14 Abs. 1 Nr. 1 EGBGB. Die objektive Anknüpfung des Ehewirkungsstatuts führt daher gemäß Art. 14 Abs. 1 Nr. 2, 1. Fall EGBGB zur Geltung deutschen Rechts, weil die Eheleute ihren gemeinsamen gewöhnlichen Aufenthalt in Deutschland haben. Sie haben aber nach Art. 14 Abs. 2 EGBGB die Möglichkeit, ihr gemeinsames spanisches Heimatrecht als Ehewirkungsstatut wählen, weil Art. 5 Abs. 1 S. 2 EGBGB bei dieser Rechtswahl außer Betracht bleibt. Es genügt also, dass M auch die spanische Staatsangehörigkeit besitzt, mag diese wegen seines gewöhnlichen Aufenthalts in Deutschland auch nicht effektiv sein.

**Formulierungsbeispiel: Rechtswahl nach Art. 14 Abs. 2 EGBGB** 28

Die Ehefrau erklärt: Ich besitze nur die spanische Staatsangehörigkeit.

Der Ehemann erklärt: Ich besitze sowohl die deutsche als auch die spanische Staatsangehörigkeit.

[60] *Lichtenberger* DNotZ 1986, 644 (662); Ferid/*Böhmer* IPR Rn. 8–87, 2; *Schotten/Schmellenkamp* IPR Rn. 117; MüKoBGB/*Siehr* EGBGB Art. 14 Rn. 56; Staudinger/*Mankowski* EGBGB Art. 14 Rn. 116.

[61] *Gruber* IPRax 2014, 53 (55); Erman/*Hohloch* EGBGB Art. 14 Rn. 23a; MüKoBGB/*Siehr* EGBGB Art. 14 Rn. 56; *Andrae* IntFamR § 3 Rn. 71; Palandt/*Thorn* EGBGB Art. 14 Rn. 14; **aA** (*lex fori*) *Börner* IPRax 1995, 313.

[62] *Wegmann* NJW 1987, 1740ff.; *Schotten/Schmellenkamp* IPR Rn. 118; Palandt/*Thorn* EGBGB Art. 14 Rn. 12; PWW/*Martiny* EGBGB Art. 14 Rn. 10.

Die Eheleute erklären übereinstimmend: Wir wählen für die allgemeinen Wirkungen unserer Ehe das spanische Recht.

Hinweise des Notars:[63]

1. Der Notar ist zur Belehrung über ausländisches Recht nicht verpflichtet; er hat diesbezüglich auch keine Beratungspflichten übernommen.
2. Die getroffene Rechtswahl bestimmt auch das auf die güterrechtlichen Beziehungen der Ehegatten anwendbare Recht, sofern diese nicht gemäß Art. 15 Abs. 2 EGBGB eine gesonderte güterrechtliche Rechtswahl treffen. Es wird daher empfohlen, die Rechtswahl im deutschen Güterrechtsregister eintragen zu lassen.
3. Die Rechtswahl wird bezüglich der allgemeinen Ehwirkungen im Ausland (auch in Spanien) möglicherweise nicht anerkannt.

29 Haben die Ehegatten **die gleiche doppelte Staatsangehörigkeit,** so dürfen sie auch dasjenige gemeinsame Heimatrecht wählen, das nicht schon gesetzliches Ehewirkungsstatut nach Art. 14 Abs. 1 Nr. 1 iVm Art. 5 Abs. 1 EGBGB ist, also das gemeinsame nichteffektive oder nicht-deutsche Heimatrecht.[64]

30 **Beispiel:**
Die Eheleute M und F besitzen beide sowohl die türkische als auch die deutsche Staatsangehörigkeit. Die allgemeinen Wirkungen ihrer Ehe beurteilen sich daher gemäß Art. 14 Abs. 1 Nr. 1 iVm Art. 5 Abs. 1 S. 2 EGBGB nach deutschem Recht. Sie haben jedoch nach Art. 14 Abs. 2 EGBGB das Recht, stattdessen ihr gemeinsames türkisches Heimatrecht als Ehewirkungsstatut zu wählen.

31 Außerdem sollte man den Ehegatten aber auch die Möglichkeit einräumen, ihre allgemeinen Ehewirkungen den *materiellen* Vorschriften ihres gemeinsamen ausländischen Heimatrechts zu unterwerfen, um eine etwaige Rück- oder Weiterverweisung dieses Rechts auszuschließen (vgl. Art. 4 Abs. 2 EGBGB).[65] Wegen des diesbezüglich bestehenden Meinungsstreits sollte in der notariellen Praxis freilich auf eine solche Rechtswahl bis zu einer höchstrichterlichen Klärung verzichtet werden. Gewählt werden kann jedenfalls stets nur ein **ausländisches Recht;** für die Wahl deutschen Rechts ist hingegen nach Art. 14 Abs. 2 EGBGB kein Raum, weil dieses bei gemeinsamer deutscher Staatsangehörigkeit der Ehegatten schon kraft Gesetzes Ehewirkungsstatut ist.[66]

## III. Rechtswahl nach Art. 14 Abs. 3 EGBGB

32 Die Ehegatten können ferner nach Art. 14 Abs. 3 EGBGB auch das **Heimatrecht eines jeden von ihnen** als Ehewirkungsstatut wählen, sofern nicht bereits nach Art. 14 Abs. 1 Nr. 1 EGBGB ein gemeinsames bzw. letztes gemeinsames Heimatrecht kraft Gesetzes maßgebend ist. Die Wahl des Aufenthaltsrechts eines oder beider Ehegatten ist hingegen nicht zulässig. Da diese Rechtswahl bezweckt, die ersatzweise eingreifende Anknüpfung an den gewöhnlichen Aufenthalt gemäß Art. 14 Abs. 1 Nr. 2 EGBGB in Fällen einer nur schwachen Verbindung der Ehegatten zum Aufenthaltsstaat auszuschalten,[67] macht das

[63] Erläuterungen dazu → Rn. 50f.
[64] Staudinger/*Mankowski* EGBGB Art. 14 Rn. 169; Soergel/*Schurig* EGBGB Art. 14 Rn. 18; *v. Bar* IPR II Rn. 199; *Schotten/Schmellenkamp* IPR Rn. 118.
[65] Str. wie hier *Kühne* IPRax 1987, 69 (70ff.); Staudinger/*Mankowski* EGBGB Art. 14 Rn. 171ff. m. ausf. Begr.; Reithmann/Martiny/*Hausmann* IVR Rn. 7.728; **aA** die wohl hM, vgl. *Lichtenberger* FS Ferid, 1988, 269 (273); *Henrich* FamRZ 1986, 841 (846); *Andrae* NotBZ 2001, 44 (47); *v. Bar* IPR II Rn. 199 (in Fn. 459); Palandt/*Thorn* EGBGB Art. 14 Rn. 12; Erman/*Hohloch* EGBGB Art. 14 Rn. 20 aE; Soergel/*Schurig* EGBGB Art. 14 Rn. 19.
[66] *Schotten/Schmellenkamp* IPR Rn. 118 aE.
[67] Vgl. BT-Drs. 10/504, 36.

Gesetz die Zulässigkeit der Rechtswahl *alternativ* von folgenden **zusätzlichen Voraussetzungen** abhängig:
- Kein Ehegatte besitzt die Staatsangehörigkeit des Staates, in dem beide ihren gewöhnlichen Aufenthalt haben (Nr. 1) **oder**
- die Ehegatten haben ihren gewöhnlichen Aufenthalt in verschiedenen Staaten **(Distanzehe)**, so dass allenfalls die relativ schwache Anknüpfung an ihren früheren gemeinsamen gewöhnlichen Aufenthalt in Frage kommt (Nr. 2).

Bei **mehrfacher Staatsangehörigkeit** eines oder beider Ehegatten können diese grundsätzlich nur das nach den allgemeinen Anknüpfungsregeln für Mehrstaater (Art. 5 Abs. 1 EGBGB) maßgebende – effektive ausländische bzw. deutsche – Heimatrecht wählen. Dies ergibt ein Umkehrschluss zu Art. 14 Abs. 2 EGBGB, wo die Rechtswahl ausdrücklich „ungeachtet des Art. 5 Abs. 1" eröffnet wird.[68] Auch wenn man die Gegenansicht[69] vertritt, sollte in der Gestaltungspraxis auf die Wahl ausländischen Rechts durch Mehrstaater mit auch deutscher Staatsangehörigkeit bis zu einer höchstrichtlichen Klärung der Streitfrage verzichtet werden.[70] 33

### 1. Art. 14 Abs. 3 S. 1 Nr. 1 EGBGB

**Beispiel:** 34

Der deutsche Entwicklungshelfer M verpflichtet sich, zur Durchführung eines Gesundheitsprojekts mit seiner Familie für drei Jahre nach *Äthiopien* zu ziehen. Kann er mit seiner österreichischen Ehefrau die Fortgeltung deutschen Ehewirkungsrechts vereinbaren, das für die Ehegatten aufgrund ihres gemeinsamen gewöhnlichen Aufenthalts in Deutschland seit der Eheschließung maßgebend war?

Die Rechtswahl ist zulässig, weil die Ehegatten keine gemeinsame Staatsangehörigkeit iSv Art. 14 Abs. 1 Nr. 1 EGBGB besitzen und ferner kein Ehegatte *äthiopischer* Staatsangehöriger ist, dh dem Staat angehört, in dem beide Ehegatten ihren gewöhnlichen Aufenthalt für drei Jahre begründen wollen., Art. 14 Abs. 3 Nr. 1 EGBGB. Gewählt werden kann daher sowohl das deutsche wie das österreichische Recht.

**Formulierungsbeispiel: Rechtswahl nach Art. 14 Abs. 3 S. 1 Nr. 1 EGBGB** 35

Die Ehefrau erklärt: Ich besitze nur die österreichische Staatsangehörigkeit.

Der Ehemann erklärt: Ich besitze nur die deutsche Staatsangehörigkeit.

Die Eheleute erklären übereinstimmend: Wir wählen für die allgemeinen Wirkungen unserer Ehe das deutsche Recht.

Hinweise des Notars:[71]
1. Die Rechtswahl verliert gemäß Art. 14 Abs. 3 S. 2 EGBGB ihre Wirkungen, wenn der Ehemann die österreichische Staatsangehörigkeit erwirbt.
2. Die Rechtswahl wird im Ausland (auch in Österreich) möglicherweise nicht anerkannt.

---

[68] *Kühne* IPRax 1987, 69 (72); *Wegmann* NJW 1987, 1740 (1741); *Pirrung* IPR S. 143; *v. Bar* IPR II Rn. 200; Palandt/*Thorn* EGBGB Art. 14 Rn. 13; Erman/*Hohloch* EGBGB Art. 14 Rn. 22; iErg auch Staudinger/*Mankowski* EGBGB Art. 14 Rn. 181 ff.; MüKoBGB/*Siehr* EGBGB Art. 14 Rn. 46, 49.

[69] *Lichtenberger* FS Ferid, 1988, 269 (273); *Andrae* IntFamR § 3 Rn. 66; *Kegel/Schurig* IPR § 20 V 1 b; Soergel/*Schurig* EGBGB Art. 14 Rn. 22; für den Fall des Abs. 3 Nr. 2 auch MüKoBGB/*Siehr* EGBGB Art. 14 Rn. 50.

[70] *Schotten/Schmellenkamp* IPR Rn. 119.

[71] Erläuterungen dazu → Rn. 50 f.

### 2. Art. 14 Abs. 3 S. 1 Nr. 2 EGBGB

36 **Beispiel:**
Der mit der Schweizerin S verheiratete und mit ihr in Basel lebende deutsche Arzt A erhält ein lukratives Angebot, für vier Jahre an der Universitätsklinik in Boston/USA zu arbeiten. Da S wegen ihrer Lehrverpflichtungen als Professsorin an der Unversität Basel nicht in die USA mitgehen kann, beschließen die Eheleute, für die Zeit des Amerika-Aufenthalts des Ehemannes eine Distanzehe zu führen. Können sie für ihre Ehewirkungen das schweizerische Recht wählen?

Die Rechtswahl ist zulässig, weil die Ehegatten keine gemeinsame Staatsangehörigkeit iSv Art. 14 Abs. 1 Nr. 1 EGBGB besitzen und ferner für den Zeitraum der Berufstätigkeit des A in den USA auch ihren gewöhnlichen Aufenthalt in verschiedenen Staaten haben, Art. 14 Abs. 3 Nr. 2 EGBGB.

37 **Formulierungsbeispiel: Rechtswahl nach Art. 14 Abs. 3 S. 1 Nr. 2 EGBGB**

Die Ehefrau erklärt: Ich besitze nur die schweizerische Staatsangehörigkeit und habe meinen gewöhnlichen Aufenthalt in der Schweiz.

Der Ehemann erklärt: Ich besitze nur die deutsche Staatsangehörigkeit und werde meinen gewöhnlichen Aufenthalt für vier Jahre in den USA begründen.Die Eheleute erklären übereinstimmend: Wir wählen für die allgemeinen Wirkungen unserer Ehe das schweizerische Recht.

Hinweise des Notars:[72]
1. Der Notar ist zur Belehrung über ausländisches Recht nicht verpflichtet; er hat diesbezüglich auch keine Beratungspflichten übernommen.
2. Die Rechtswahl verliert gemäß Art. 14 Abs. 3 S. 2 EGBGB ihre Wirkungen, wenn der Ehemann unter Verlust seiner deutschen die schweizerische Staatsangehörigkeit oder die Ehefrau die deutsche Staatsangehörigkeit erwirbt.
3. Die Rechtswahl wird im Ausland (auch in der Schweiz und den USA) möglicherweise nicht anerkannt.

## IV. Form der Rechtswahl

38 Wird die Rechtswahl nach Art. 14 Abs. 2 oder Abs. 3 EGBGB **im Inland** getroffen, bedarf sie im Interesse der Rechtsklarheit nach Art. 14 Abs. 4 S. 1 EGBGB der notariellen Beurkundung (§§ 8 ff. BeurkG). Nach dem Willen des Gesetzgebers und den mit der Formvorschrift verfolgten Zwecken ist – über den Wortlaut des Art. 14 Abs. 4 EGBGB hinaus – die **Form des Ehevertrages,** dh die gleichzeitige (wenn auch nicht persönliche) Anwesenheit der Ehegatten vor dem Notar (§ 1410 BGB) erforderlich.[73] Wird diese Form nicht eingehalten, so ist die Rechtwahl nichtig und es gilt das objektiv nach Art. 14 Abs. 1 EGBGB bestimmte Ehewirkungsstatut.[74] Die Form des § 1410 BGB ist für eine vor einem deutschen Notar getroffene Rechtswahl auf dem Gebiet der vermögensrechtlichen allgemeinen Ehewirkungen auch unter der Geltung der EuGüVO ab dem 29.1.2019 jedenfalls dann einzuhalten, wenn beide Ehegatten ihren gewöhnlichen Aufenthalt im Inland haben (Art. 23 Abs. 2 EuGüVO; dazu → § 9 Rn. 16).

---

[72] Erläuterungen dazu → Rn. 50 f.

[73] *Lichtenberger* FS Ferid, 1988, 269 (271 ff.); *v. Bar* IPR II Rn. 201; Staudinger/*Mankowski* EGBGB Art. 14 Rn. 121; *Schotten/Schmellenkamp* IPR Rn. 123; Münch/*Süß* FamR § 20 Rn. 35; **aA** *Wegmann* NJW 1987, 1740 (1741); *Schneider* MittRhNotK 1989, 33 (38); Ferid/*Böhmer* IPR Rn. 8–87; Soergel/*Schurig* EGBGB Art. 14 Rn. 32.

[74] OLG Düsseldorf FamRZ 1995, 932; *Wegmann* NJW 1987, 1740 (1741); Palandt/*Thorn* EGBGB Art. 14 Rn. 14 ff.

39 Bei Vornahme der Rechtswahl **im Ausland** genügt nach Art. 14 Abs. 4 S. 2 EGBGB die Einhaltung der Formerfordernisse für einen Ehevertrag nach dem gewählten oder dem am Ort des Vertragsschlusses geltenden Recht.[75] Dies gilt auch dann, wenn das gewählte oder das am Ort der Vornahme geltende Recht eine Rechtswahl und damit eine besondere Form für diese Art von Rechtsgeschäft nicht kennt; maßgebend sind dann die materiellen Formerfordernisse der *lex causae* bzw. der *lex loci* für Eheverträge.[76] Die Rechtswahl muss jedoch deswegen nicht in einem Ehevertrag enthalten sein, sondern kann auch isoliert erklärt werden.[77] Kennt das gewählte oder das am Vornahmeort der Rechtswahl geltende Recht hingegen ein Wahlrecht bezüglich des Ehewirkungsstatuts, so sollte auch die Einhaltung der Formvorschriften dieses Rechts für die Rechtswahlerklärung ausreichen, mögen die Anforderungen auch geringer sein, als für den Abschluss eines Ehevertrages.[78] Schließlich genügt auch die Einhaltung der notariellen Beurkundungsform des deutschen Rechts, sofern der ausländische Notar am Vornahmeort einem deutschen Notar funktional gleichwertig ist.[79] Die Form des Art. 14 Abs. 4 EGBGB ist auch für die Aufhebung einer Rechtswahl einzuhalten. Für eine im Ausland vorgenommene Rechtswahl auf dem Gebiet der vermögensrechtlichen allgemeinen Ehewirkungen gelten ab dem 29.1.2019 anstelle von Art. 14 Abs. 4 EGBGB die Formvorschriften des Art. 23 EuGüVO; danach kommt es darauf an, ob einer oder beide Ehegatten ihren gewöhnlichen Aufenthalt in einem teilnehmenden Mitgliedstaat haben oder nicht (dazu → § 9 Rn. 16).

## V. Beendigung der Rechtswahl

40 Eine **Rechtswahl nach Art. 14 Abs. 3 S. 1 EGBGB** verliert nach Satz 2 ihre Wirkung, wenn die Ehegatten eine *gemeinsame Staatsangehörigkeit* erwerben. Dies gilt im Hinblick auf den Normzweck des Abs. 3 – Rechtswahl als „Verlegenheitslösung" bei Nichterfüllung des Tatbestandes von Art. 14 Abs. 1 Nr. 1 EGBGB – allerdings nur, wenn die gemeinsame Staatsangehörigkeit auch den Voraussetzungen des Art. 14 Abs. 1 Nr. 1 iVm Art. 5 Abs. 1 EGBGB entspricht, dh. wenn es sich um eine *effektive* ausländische oder die *deutsche* Staatsangehörigkeit handelt.[80] Für diesen Fall tritt die getroffene Rechtswahl *automatisch* außer Kraft; das Ehewirkungsstatut bestimmt sich *ex nunc* nach der gesetzlichen Anknüpfungsregel des Art. 14 Abs. 1 Nr. 1 EGBGB, so dass ein Statutenwechsel die Folge sein kann. Eine Ausnahme sollte man freilich für den Fall machen, dass die gemeinsame Staatsangehörigkeit des Staates erworben wird, dessen Recht die Parteien gewählt hatten; hier sollte die Rechtswahl weitergelten und ein Statutenwechsel allein auf Grund einer Rückverweisung des nunmehrigen gesetzlichen Ehewirkungsstatuts vermieden werden.[81]

[75] KG FamRZ 2013, 1480 = IPRax 2014, 71 mAnm *Gruber* IPRax 2014, 53.

[76] *Lichtenberger* DNotZ 1986, 644 (663); *Börner* IPRax 1995, 308 (312); Staudinger/*Mankowski* EGBGB Art. 14 Rn. 132; MüKoBGB/*Siehr* EGBGB Art. 14 Rn. 61. Vgl. auch BayOblGZ 1998, 103 (108) = FamRZ 1998, 1594, wonach der vor einem syrischen Scharia-Gericht beurkundete „Ehevertrag", der eine Vereinbarung über den gemeinsamen Wohnort, über die Morgengabe und das anwendbare (Islam-) Recht enthielt, der für die Rechtswahlerklärung vorgeschriebenen Form des Art. 14 Abs. 4 EGBGB genügte.

[77] *Andrae* IntFamR § 3 Rn. 69; **aA** offenbar BayObLG FamRZ 1998, 1594 (1596).

[78] *J. Schneider* MittRhNotK 1989, 33 (38); Soergel/*Schurig* EGBGB Art. 14 Rn. 32; **aA** *Kleinheisterkamp* IPRax 2004, 399 (400); *Schotten/Schmellenkamp* IPR Rn. 123; MüKoBGB/*Siehr* EGBGB Art. 14 Rn. 61; Staudinger/*Mankowski* EGBGB Art. 14 Rn. 133ff.

[79] Zu dieser Gleichwertigkeit näher Staudinger/*Mankowski* EGBGB Art. 14 Rn. 128.

[80] *Kühne* IPRax 1987, 69 (72ff.); *Wegmann* NJW 1987, 1740 (1741); NK-BGB/*Andrae* EGBGB Art. 14 Rn. 42; MüKoBGB/*Siehr* EGBGB Art. 14 Rn. 51; Erman/*Hohloch* EGBGB Art. 14 Rn. 26; Staudinger/*Mankowski* EGBGB Art. 14 Rn. 201ff.; Soergel/*Schurig* EGBGB Art. 14 Rn. 26; *v. Bar* IPR II Rn. 194, 203; *Schotten/Schmellenkamp* IPR Rn. 122; **aA** Palandt/*Thorn* EGBGB Art. 14 Rn. 15.

[81] *Kühne* IPRax 1987, 69 (72ff.); *Kropholler* IPR § 45 III 3 b; iErg ebenso Staudinger/*Mankowski* EGBGB Art. 14 Rn. 208ff. (Umdeutung); **aA** Palandt/*Thorn* EGBGB Art. 14 Rn. 15; Soergel/*Schurig* EGBGB Art. 14 Rn. 27.

41 Demgegenüber fehlt für die **Rechtswahl nach Art. 14 Abs. 2 EGBGB** eine dem Art. 14 Abs. 3 S. 2 EGBGB entsprechende Vorschrift zur Beendigung ihrer Wirkungen. Diese Rechtswahl endet daher nicht automatisch dadurch, dass die Ehegatten eine gemeinsame effektive oder die deutsche Staatsangehörigkeit erwerben; denn nach Art. 14 Abs. 2 EGBGB dürfen Ehegatten auch in einem solchen Fall ihr gemeinsames nicht effektives Heimatrecht wählen.[82] Die Rechtswahl sollte indessen nicht zu einer Unwandelbarkeit des Ehewirkungsstatuts führen, wenn die Voraussetzungen für die Rechtswahl nach Art. 14 Abs. 2 EGBGB nachträglich entfallen sind, dh wenn die Ehegatten nicht nur eine gemeinsame Staatsangehörigkeit erlangt haben, sondern auch *beide* keine doppelte Staaatsangehörigkeit mehr besitzen.[83]

42 **Beispiel:**
Der Ehemann M besitzt sowohl die deutsche als auch die *belgische* Staatsangehörigkeit, seine Ehefrau F ist nur belgische Staatsangehörige. Da beide Ehegatten ihren gewöhnlichen Aufenthalt in Deutschland haben, vereinbaren sie anlässlich der Eheschließung nach Art. 14 Abs. 2 EGBGB die Geltung des belgischen Rechts als Ehewirkungsstatut. Im Verlauf der Ehe wird die F unter Verlust ihrer *belgischen* Staatsangehörigkeit in Deutschland eingebürgert. Daraufhin gibt auch M seine belgische Staatsangehörigkeit auf. Welchen Einfluss hat dies auf das Ehewirkungsstatut?

Nach hL führt die von den Ehegatten getroffene Rechtswahl zur Unwandelbarkeit des Ehewirkungssgtatuts; danach verbleibt es also bei der Geltung des belgischen Ehewirkungsrechts, obwohl beide Ehegatten nicht nur ihren gewöhnlichen Aufenthalt in Deutschland haben, sondern inzwischen auch beide ausschließlich deutsche Staatsangehörige sind. Vorzuziehen ist demgegenüber die Ansicht, nach der die Rechtswahl endet, wenn die Ehegatten eine gemeinsame Staatsangehörigkeit erworben haben und außerdem kein Ehegatte mehr Angehöriger des Staates ist, dessen Recht nach Art. 14 Abs. 2 EGBGB gewählt wurde.

43 Da ein solche entsprechende Anwendung des in Art. 14 Abs. 3 S. 2 EGBGB zum Ausdruck kommenden Gedankens nicht unumstritten ist, empfiehlt sich eine dahingehende Klarstellung anlässlich der Rechtswahl. Die Ehegatten sollten also, wenn sie von der Wahlmöglichkeit nach Art. 14 Abs. 2 EGBGB Gebrauch machen, vorsorglich vereinbaren, dass die Wirkungen dieser Rechtswahl enden, wenn beide Doppelstaatsangehörigkeiten entfallen sind und die Ehegatten eine gemeinsame Staatsangehörigkeit erworben haben.[84]

44 Die Ehegatten sind darüber hinaus berechtigt, ihre Rechtswahl von vorneherein nur befristet oder auflösend bedingt zu erklären.[85] Ferner können sie die getroffene Rechtswahl – in der Form des Art. 14 Abs. 4 EGBGB – **jederzeit aufzuheben,** auch wenn sich die nach Art. 14 Abs. 1 EGBGB maßgeblichen gesetzlichen Anknüpfungskriterien (Staatsangehörigkeit, gewöhnlicher Aufenthalt) nicht geändert haben. Die Streichung des diesbezüglich im RegE noch enthaltenen Art. 14 Abs. 4 EGBGB hatte allein den Zweck, eine Aufhebung der Rechtswahl ohne die im Entwurf normierten Einschränkungen zu ermöglichen.[86] Die Aufhebung ist also auch dann zulässig, wenn die Voraussetzungen für

[82] *Lichtenberger* FS Ferid, 1988, 269 (274); *Wegmann* NJW 1987, 1740 (1741); MüKoBGB/*Siehr* EGBGB Art. 14 Rn. 44; Palandt/*Thorn* EGBGB Art. 14 Rn. 15; Soergel/*Schurig* EGBGB Art. 14 Rn. 20; Staudinger/*Mankowski* EGBGB Art. 14 Rn. 177 ff.; Erman/*Hohloch* EGBGB Art. 14 Rn. 26; *Andrae* IntFamR § 3 Rn. 64; **aA** (analoge Anwendung von Art. 14 Abs. 3 S. 2 EGBGB) *Kühne* IPRax 1987, 69 (72); *Schotten/Schmellenkamp* IPR Rn. 122.

[83] *Kühne* IPRax 1987, 69 (72); *Schotten/Schmellenkamp* IPR Rn. 122; Soergel/*Schurig* EGBGB Art. 14 Rn. 20; **aA** MüKoBGB/*Siehr* EGBGB Art. 14 Rn. 44.

[84] *Schotten/Schmellenkamp* IPR Rn. 122.

[85] *Kühne* IPRax 1987, 69 (72); *Kropholler* IPR § 45 III 3 b; *Schotten/Schmellenkamp* IPR Rn. 122.

[86] Vgl. BT-Drs. 10/5632, 41; *Lichtenberger* DNotZ 1986, 644 (658); *Kühne* IPRax 1987, 69 (72); *Wegmann* NJW 1987, 1740 (1741 f.); *Kropholler* IPR § 45 III 4; *Schotten/Schmellenkamp* IPR Rn. 122; Palandt/*Thorn*

eine Rechtswahl zwischenzeitlich fortgefallen sind.[87] Sie kann auch konkludent dadurch erfolgen, dass die Ehegatten das gewählte Recht – soweit die Voraussetzungen hierfür nach Art. 14 Abs. 2 und Abs. 3 EGBGB vorliegen – durch die Wahl eines neuen Rechts ersetzen.[88]

Enden die Wirkungen der Rechtswahl, so wird das Ehewirkungsstatut von diesem Zeitpunkt nach den gesetzlichen Anknüpfungsregeln des Art. 14 Abs. 1 EGBGB bestimmt. Insoweit sind auch Rück- und Weiterverweisungen wieder beachtlich. Ist danach ein anderes Recht als das gewählte Recht maßgeblich, so kommt es zu einem **Statutenwechsel.** Dieser tritt allerdings nur mit Wirkung *ex nunc* ein; eine Rückwirkung findet also nicht statt.[89] 45

## VI. Wirkungen und praktische Bedeutung der Rechtswahl

Die Rechtswahl nach Art. 14 Abs. 2 oder Abs. 3 EGBGB kann **vorsorgend** auch schon zu einem Zeitpunkt getroffen werden, zu dem die gesetzlichen Voraussetzungen noch nicht vorliegen, die Ehegatten aber den Eintritt dieser Voraussetzungen in der Zukunft für möglich halten.[90] In diesem Fall entfaltet die Rechtswahl Wirkungen freilich erst von dem Zeitpunkt an, zu dem die gesetzlichen Voraussetzungen eintreten.[91] In den Beipielen → Rn. 30 und → Rn. 34 können die Ehegatten die Rechtswahl nach Art. 14 Abs. 3 EGBGB daher schon vereinbaren, bevor der neue gewöhnlichen Aufenthalt im Ausland begründet wird. Die Rechtswahl wirkt ferner **nur für die Zukunft;** die Vereinbarung einer Rückwirkung ist jedenfalls gegenüber Dritten ausgeschlossen.[92] 46

Wird die Rechtswahl nach Art. 14 Abs. 2 oder Abs. 3 EGBGB vor oder gleichzeitig mit der Eheschließung getroffen, so hat sie gemäß Art. 15 Abs. 1 EGBGB mittelbar auch **Auswirkungen auf das anwendbare Ehegüterrecht** (näher → § 9 Rn. 41 f.) und auf das **Erbrecht** (vgl. im deutschen Recht §§ 1371 Abs. 1, 1931 Abs. 4 BGB). Eine solche Rechtswahl ist daher von dem beurkundenden Notar den Geburtsstandesämtern der Vertragsparteien bzw. dem Amtsgericht Berlin-Schöneberg **anzuzeigen.**[93] Sie kann auch in das Güterrechtsregister eingetragen werden. Die güterrechtlichen Wirkungen einer vor dem 29.1.2019 getroffenen Rechtswahl nach Art. 14 Abs. 2 oder Abs. 3 EGBGB bleiben auch danach unter der Geltung der EuGüVO erhalten. Die Ehegatten können jedoch dann auch eine neue Rechtswahl nach Art. 22 ff. EuGüVO treffen, die sich allerdings auf die vermögensrechtlichen Ehewirkungen (→ Rn. 3) beschränkt und die nach Art. 14 Abs. 2 bzw. Abs. 3 EGBGB zuvor getroffene Rechtswahl bezüglich der persönlichen Ehewirkungen nicht berührt, sofern diese nicht ihrerseits aufgehoben oder geändert wird. Ab dem 29.1.2019 können Ehegatten die Rechtswahl nach Art. 14 Abs. 2 oder Abs. 3 EGBGB nur noch hinsichtlich der persönlichen allgemeinen Ehewirkungen treffen, wäh- 47

EGBGB Art. 14 Rn. 16; Staudinger/*Mankowski* EGBGB Art. 14 Rn. 147 ff.; **aA** Ferid/*Böhmer* IPR Rn. 8–87,10 ff.

[87] MüKoBGB/*Siehr* EGBGB Art. 14 Rn. 45.

[88] Palandt/*Thorn* EGBGB Art. 14 Rn. 16; MüKoBGB/*Siehr* EGBGB Art. 14 Rn. 52; Soergel/*Schurig* EGBGB Art. 14 Rn. 31; *v. Bar* IPR II Rn. 203. Die anderweitige Rechtswahl ist unabhängig davon zulässig, ob auch das zunächst gewählte Recht die Rechtswahl zuließ, vgl. Staudinger/*Mankowski* EGBGB Art. 14 Rn. 150.

[89] Palandt/*Thorn* EGBGB Art. 14 Rn. 15 f.; *Schotten/Schmellenkamp* IPR Rn. 122 aE.

[90] *Schotten/Schmellenkamp* IPR Rn. 120; Palandt/*Thorn* EGBGB Art. 14 Rn. 11; Erman/*Hohloch* EGBGB Art. 14 Rn. 25; Staudinger/*Mankowski* EGBGB Art. 14 Rn. 161.

[91] Palandt/*Thorn* EGBGB Art. 14 Rn. 11; Erman/*Hohloch* EGBGB Art. 14 Rn. 25; MüKoBGB/*Siehr* EGBGB Art. 14 Rn. 58; Staudinger/*Mankowski* EGBGB Art. 14 Rn. 151; *v. Bar* IPR II Rn. 202; *Schotten/Schmellenkamp* IPR Rn. 120 mwN.

[92] Erman/*Hohloch* EGBGB Art. 14 Rn. 25; BeckOK BGB/*Mörsdorf-Schulte* EGBGB Art. 14 Rn. 42; *Schotten/Schmellenkamp* IPR Rn. 122; **aA** (Vereinbarung der Rückwirkung für den Zeitraum zulässig, in dem die Voraussetzungen des Art. 14 Abs. 2 oder Abs. 3 EGBGB vorlagen) *Lichtenberger* DNotZ 1986, 644 (660); Staudinger/*Mankowski* EGBGB Art. 14 Rn. 153.

[93] *Schotten/Schmellenkamp* IPR Rn. 124.

rend auf dem Gebiet der vermögensrechtlichen Beziehungen eine Rechtswahl nur noch nach Maßgabe der Art. 22 bis 24 EuGüVO (→ § 9 Rn. 14 ff.) zulässig ist.

48 Demgegenüber ist die Möglichkeit, durch eine Wahl des Ehewirkungsstatuts mittelbar das **Scheidungsstatut** (Art. 17 Abs. 1 EGBGB aF) und damit zugleich das **Statut des nachehelichen Unterhalts** (Art. 8 HUntÜ/Art. 18 Abs. 4 S. 1 EGBGB aF) zu bestimmen,[94] mit Inkrafttreten der Rom III-VO und des Haager Unterhaltsprotokolls entfallen (näher → § 10 Rn. 54 ff.). Ferner hat die Wahl des Ehewirkungsstatuts seit Inkrafttreten der Rom III-VO auch keinen Einfluss mehr auf die Durchführung des **Versorgungsausgleichs** von Amts wegen, weil Art. 17 Abs. 3 S. 1 EGBGB seither nicht mehr auf Art. 17 Abs. 1 iVm Art. 14 EGBGB verweist, sondern akzessorisch an das nach der Rom III-VO maßgebende Scheidungsstatut anknüpft. Daher wirkt sich nur die Wahl des Scheidungsstatuts nach Art. 5 ff. Rom III-VO noch auf den Versorgungsausgleich aus (→ § 12 Rn. 44 ff.).

49 Insgesamt wird von der Möglichkeit einer Wahl des Ehewirkungsstatuts in der Praxis nur selten Gebrauch gemacht.[95] Zweckmäßig ist eine solche Rechtswahl vor allem in den – allerdings eher seltenen – Fällen, in denen Verlobte mit unterschiedlicher Staatsangehörigkeit zum Zeitpunkt der Eheschließung ihren gewöhnlichen Aufenthalt noch nicht in demselben Staat begründet haben. Auch eine vorsorgende Rechtswahl bietet sich an, wenn im Zeitpunkt der Eheschließung schon absehbar ist, dass die Voraussetzungen des Art. 14 Abs. 2 oder Abs. 3 EGBGB während der Ehe voraussichtlich eintreten werden (→ Rn. 46).

## VII. Hinweise und Belehrungen

50 Wird die Wahl des Ehewirkungsstatuts – wie in Deutschland vorgeschrieben (→ Rn. 38 f.) – notariell beurkundet, so soll der Notar für den Fall, dass **ausländisches Recht** zur Anwendung kommen kann, die Beteiligten nach § 17 Abs. 3 S. 1 BeurkG darauf hinweisen und dies in der der Niederschrift vermerken. Zur Belehrung über den Inhalt ausländischen Rechts ist der Notar jedoch nach § 17 Abs. 3 S. 2 BeurkG nicht verpflichtet. In seinem eigenen Interesse sollte er aber die Beteiligten auch darüber informieren (und dies in der Niederschrift vermerken), dass er ausländische Rechte nicht kennen muss, über deren Inhalt nicht belehrt und insoweit auch keine Beratungspflichten übernommen hat. Dies gilt gleichermaßen für ein ausländisches Recht, das die Ehegatten gewählt haben als auch für ein solches, das sie abgewählt haben.[96] Wird **deutsches Recht** gewählt, so hat der Notar die Beteiligten nach § 17 Abs. 1 S. 1 BeurkG auch über die allgemeinen Ehewirkungen nach deutschem Recht (§§ 1353 ff. BGB) zu belehren.

51 Darüber hinaus können Hinweise zu folgenden Punkten zweckmäßig sein:

- zur **sachlichen Reichweite** der getroffenen Rechtswahl. Dies betrifft sowohl die vom Ehewirkungsstatut erfassten als auch die von ihm nicht erfassten Regelungsbereiche. Zu den ersteren gehört insbesondere die mittelbare **Auswirkung auf das Ehegüterrecht,** wenn die Rechtswahl vor oder spätestens bei Eheschließung getroffen wird, sofern die Ehe vor dem 29.1.2019 geschlossen wurde bzw. wird. Für diesen Fall sollte auch darauf hingewiesen werden, dass diese mittelbare Wahl des Güterrechtsstatuts in das Güterrechtsregister eingetragen werden kann. Klargestellt werden sollte ferner, dass die Rechtswahl nach Art. 14 Abs. 2 und Abs. 3 EGBGB keinen Einfluss auf das Namensrecht, das Abstammungs- und Adoptionsrecht sowie seit dem 30.12.2010 auch auf das Ehescheidungsrecht einschließlich des nachehelichen Unterhalts hat;

[94] Dazu noch *Schotten/Schmellenkamp* IPR Rn. 126 mit einem Beispielsfall.

[95] Staudinger/*Mankowski* EGBGB Art. 14 Rn. 161; Erman/*Hohloch* EGBGB Art. 14 Rn. 19; *Schotten/Schmellenkamp* IPR Rn. 126.

[96] *Schotten/Schmellenkamp* IPR Rn. 129.

- zu den Änderungen der sachlichen Reichweite der Rechtswahl, wenn diese erst **ab dem 29.1.2019** getroffen wird. Denn die Rechtswahl nach Art. 14 Abs. 2 und Abs. 3 EGBGB beschränkt sich dann auf die persönlichen Ehewirkungen, während eine Rechtswahl für die vermögensrechtlichen Ehewirkungen nur noch einheitlich nach Maßgabe der Art. 22 ff. EuGüVO vereinbart werden kann;
- zur **Beendigung der Wirkungen** einer Rechtswahl nach Art. 14 Abs. 3 EGBGB für den Fall, dass die Ehegatten im Verlauf der Ehe eine gemeinsame Staatsangehörigkeit erwerben;
- zur **ungesicherten Anerkennung** der getroffenen Rechtswahl **im Ausland,** insbesondere in den Heimatstaaten ausländischer Ehegatten, und der daraus resultierenden Gefahr der Entstehung eines hinkenden Rechtsverhältnisses.

## D. Anwendungsbereich des Ehewirkungsstatuts

**Schrifttum:**

*Henrich,* Ehegattenmitarbeit und IPR, FS Richardi, 2007, 1039; *ders.*, Die Qualifikation von Brautgeschenken und Morgengabevereinbarungen türkischer Eheleute aus deutscher Sicht, FS Öztan, 2008, 491; *Jayme,* Schlüsselgewalt des Ehegatten und IPR, IPRax 1993, 80; *Piotet,* La nature des règles protégeant le logement familial suisse et le droit applicable, FS Giger, 1989, 547; *Wurmnest,* Die Mär von der mahr, RabelsZ 71 (2007), 527; *Yassari,* Die islamische Brautgabe im deutschen Kollisions- und Sachrecht, IPRax 2011, 63.

### I. Allgemeines

Der unmittelbare Anwendungsbereich des Ehewirkungensstatuts ist deswegen limitiert, 52
weil die wichtigsten – vor allem vermögensrechtlichen – Ehewirkungen gesondert angeknüpft werden. Dies gilt für die Wirkungen der Ehe auf dem Gebiet des Namensrechts (Art. 10 EGBGB), des Güterrechts (Art. 15 EGBGB; → § 9 Rn. 159 ff.), des ehelichen Unterhaltsrechts (Art. 1 ff. Haager Unterhaltsprotokoll vom 23.11.2007; → § 10 Rn. 54 ff.), sonstiger vermögensrechtlicher Scheidungsfolgen (Art. 17 Abs. 1 EGBGB nF; → § 11 Rn. 142 ff.), des Versorgungsausgleichs (Art. 17 Abs. 3 EGBGB; → § 12 Rn. 20 ff.) sowie der Zuweisung einer im Inland belegenen Wohnung und der Verteilung der im Inland belegenen Haushaltsgegenstände einschließlich damit verbundener Betretungs-, Näherungs- und Kontaktverbote (Art. 17a EGBGB). Ab dem 29.1.2019 wird der Anwendungsbereich des Ehewirkungsstatuts weiter dadurch eingeschränkt, dass auch für allgemeine Ehewirkungen mit vermögensrechtlichem Bezug anstelle von Art. 14 EGBGB die Art. 20 ff. EuGüVO zur Anwendung kommen (→ Rn. 2 ff.); dies gilt jedenfalls in ab diesem Stichtag geschlossenen Neuehen sowie in Altehen für eine ab dem Stichtag getroffene Rechtswahl (Art. 69 Abs. 3 EuGüVO).

#### 1. Nicht vermögensrechtliche Ehewirkungen

Maßgebend bleibt Art. 14 EGBGB insbesondere für im engeren Sinne persönliche, dh 53
nicht vermögensrechtliche Ehewirkungen. Dazu gehören das Recht, die Herstellung der ehelichen Lebensgemeinschaft zu verlangen oder zu verweigern,[97] der Anspruch gegen den Partner auf Unterlassung von Ehestörungen[98] und die Verpflichtung der Ehegatten, sich im Interesse der ehelichen Lebensgemeinschaft gegenseitig zu unterstützen, zB durch Mitwirkung bei der gemeinsamen steuerlichen Veranlagung.[99] Auch die Zulässigkeit einer

[97] BGH NJW 1976, 1028; OLG München FamRZ 1986, 807; Palandt/*Thorn* EGBGB Art. 14 Rn. 18; Erman/*Hohloch* EGBGB Art. 14 Rn. 29; NK-BGB/*Andrae* EGBGB Art. 14 Rn. 64.
[98] BGH NJW 1990, 706 (707); OLG Hamm NJW-RR 1998, 1542; Palandt/*Thorn* EGBGB Art. 14 Rn. 18; NK-BGB/*Andrae* EGBGB Art. 14 Rn. 67.
[99] BGH FamRZ 1984, 465; *Andrae* IntFamR § 3 Rn. 82; Palandt/*Thorn* EGBGB Art. 14 Rn. 18.

vertraglichen Regelung der Rollenverteilung in der Ehe ergibt sich aus dem Statut der allgemeinen Ehewirkungen.[100]

### 2. Vermögensrechtliche Ehewirkungen

54 Zu den allgemeinen Ehewirkungen iSv Art. 14 EGBGB gehören auch die in §§ 1353 bis 1362 BGB geregelten vermögensrechtlichen Beziehungen, wie zB die **Mitarbeit im Geschäft** des anderen Ehegatten,[101] die Schlüsselgewalt, der Haftungsmaßstab und die **Eigentumsvermutungen.**[102] Auch die **Zuweisung der Ehewohnung** und des Hausrats während bestehender Ehe beurteilen sich nach Art. 14 EGBGB;[103] diese Anknüpfung wird freilich für den Regelfall, dass Ehewohnung und Hausrat im Inland belegen sind, durch die Sonderregelung in Art. 17a EGBGB verdrängt. Die allgemeinen Ehewirkungen unterscheiden sich vom Güterrecht dadurch, dass sie **ohne Rücksicht auf eine besondere Ordnung der ehelichen Vermögensverhältnisse** gelten. Anhand dieses Kriteriums ist auch bei Beschränkungen des ausländischen Rechts, die dem deutschen Recht fremd sind (wie zB Verbote bestimmter Rechtsgeschäfte zwischen Ehegatten oder zwischen Ehegatten und Dritten), zu entscheiden, ob es sich um allgemeine oder um güterrechtliche Ehewirkungen handelt.[104]

## II. Schlüsselgewalt

55 Wer mit einem Ehegatten einen Vertrag schließt, der den gemeinsamen Haushalt betrifft, hat idR ein erhebliches Interesse daran, dass auch der andere Ehegatte, zumal wenn er der alleinverdienende Teil ist, für die eingegangenen Verbindlichkeiten haftet. Im deutschen Recht besteht nach § 1357 BGB eine umfassende gegenseitige Vertretungsmacht der Ehegatten zur Eingehung von Verbindlichkeiten für den gemeinsamen Haushalt. Eine ähnliche Regelung findet sich heute in den meisten romanischen Rechten, so zB in *Belgien* (Art. 222 CC), *Frankreich* (Art. 220 CC), den *Niederlanden* (Art. 1:85 Abs. 1 B.W.) und *Portugal* (Art. 1691 Nr. 1 lit. b CC), sowie in der *Schweiz* (vgl. Art. 166 ZGB nF), der *Türkei* (Art. 188 ZGB nF) und den *skandinavischen* Rechten. Bei ausländischen Ehegatten kann hingegen nicht ohne Weiteres von einer gegenseitigen Vertretungsmacht ausgegangen werden. So ist nach *österreichischem* Recht allein derjenige Ehegatte, der den gemeinsamen Haushalt führt und keine Einkünfte hat, zur Vertretung des anderen berechtigt (§ 96 ABGB). Teilweise ist die frühere Schlüsselgewalt der Ehefrau auch ganz abgeschafft worden, so dass der Ehemann – wie zB in *England* – nur nach Maßgabe der allgemeinen Vertretungsregeln in Anspruch genommen werden kann. Schließlich kann die Schlüsselgewalt idR durch den anderen Ehegatten oder durch gerichtliche Anordnung beschränkt oder ausgeschlossen werden.

56 Alle mit der Schlüsselgewalt zusammenhängenden Fragen (gegenseitige Vertretungsbefugnis, Umfang der Haftung des vertretenen Ehegatten, Möglichkeiten einer Beschränkung, Widerspruchsrechte) gehören in den Bereich des **Ehewirkungsstatuts,** Art. 14 EGBGB.[105] Der inländische Rechtsverkehr wird freilich nach Maßgabe von Art. 16 Abs. 2 EGBGB ge-

---

[100] Staudinger/*Mankowski* EGBGB Art. 14 Rn. 258.

[101] Johannsen/Henrich/*Henrich* EGBGB Art. 14 Rn. 8.

[102] BT-Drs. 10/504, 54; NK-BGB/*Andrae* EGBGB Art. 14 Rn. 70 ff.

[103] OLG Stuttgart FamRZ 1998, 1321; OLG Celle FamRZ 1999, 443; *Hausmann* IntEuSchR E Rn. 36 mwN.

[104] Palandt/*Thorn* EGBGB Art. 14 Rn. 17 ff.; Soergel/*Schurig* EGBGB Art. 14 Rn. 37; MüKoBGB/*Siehr* EGBGB Art. 14 Rn. 74 ff.; Erman/*Hohloch* EGBGB Art. 14 Rn. 27 ff.; BeckOK BGB/*Mörsdorf-Schulte* EGBGB Art. 14 Rn. 7, 11 ff.; NK-BGB/*Andrae* EGBGB Art. 14 Rn. 70; Staudinger/*Mankowski* EGBGB Art. 14 Rn. 213 ff.

[105] OLG Celle IPRax 1993, 96; Ferid/*Böhmer* IPR Rn. 8–92; *Kegel/Schurig* IPR § 20 V 3; *Junker* IPR Rn. 505; *Andrae* IntFamR § 3 Rn. 81; Staudinger/*Mankowski* EGBGB Art. 14 Rn. 297 ff.; MüKoBGB/*Siehr* EGBGB Art. 14 Rn. 101, 116; Soergel/*Schurig* EGBGB Art. 14 Rn. 44; Palandt/*Thorn* EGBGB Art. 14 Rn. 18. Vgl. auch RG SA 73, 453; OLG Stuttgart JW 1933, 2072; IPG 1978 Nr. 2 (Köln).

gen nach ausländischem Recht bestehende Beschränkungen der gegenseitigen Vertretungsbefugnis von Ehegatten geschützt (→ Rn. 75f.). In ab dem 29.1.2019 geschlossenen Ehen beurteilt sich die gegenseitige Vertretungsbefugnis von Ehegatten hingegen nach dem durch die EuGüVO (→ Rn. 2ff.) bestimmten Güterrechtsstatut und für den Verkehrsschutz gilt dann Art. 28 EuGüVO. Hingegen kann das auf die Schlüsselgewalt anzuwendende Recht durch eine Rechtswahl zwischen dem Gläubiger und dem als Schuldner in Anspruch genommenen Ehegatten nicht beeinflusst werden.[106] Eine gesetzliche Mithaftung für sonstige Schulden eines Ehegatten, die keinen Bezug zum ehelichen Haushalt haben, kann sich hingegen nur aus dem Ehegüterrecht ergeben (→ § 9 Rn. 161).

**Beispiel:** 57
Eine Österreicherin unterzieht sich einer zahnärztlichen Behandlung in Deutschland. Der deutsche Zahnarzt nimmt den gleichfalls österreichischen Ehemann auf Zahlung des von der Krankenkasse nicht gedeckten Honorars in Anspruch.

Die Mithaftung des Ehemannes aufgrund der Schlüsselgewalt seiner Ehefrau beurteilt sich gemäß Art. 14 Abs. 1 Nr. 1 EGBGB nach österreichischem Recht, das diese Verweisung annimmt. Maßgebend ist daher § 96 ABGB.[107]

## III. Eherechtliche Beschränkungen beim Abschluss von Rechtsgeschäften mit Dritten

Während das deutsche Recht die Verfügungs- und Verpflichtungsmacht von Ehegatten nur durch güterrechtliche Bestimmungen (§§ 1365, 1369, 1423ff. BGB) einschränkt, bringt in vielen ausländischen Rechten bereits die Ehe als solche – unabhängig vom Güterstand – gewisse Beschränkungen der Geschäftsfähigkeit oder der Verfügungsbefugnis mit sich. Die Unterscheidung zwischen güterrechtlichen Beschränkungen und solchen, die sich als allgemeine Wirkungen der Ehe darstellen, bleibt trotz des in Art. 15 Abs. 1 EGBGB angestrebten Gleichlaufs der Anknüpfung bedeutsam; denn wegen der Unwandelbarkeit des Güterrechtsstatuts nach Art. 15 Abs. 1 EGBGB (→ § 9 Rn. 58ff.) – im Gegensatz zur wandelbaren Anknüpfung des Ehewirkungsstatuts (→ Rn. 20f.) – und der Möglichkeit einer auf die güterrechtlichen Beziehungen beschränkten Rechtswahl nach Art. 15 Abs. 2 EGBGB (→ § 9 Rn. 91ff.) wird dieser Gleichlauf nicht selten verfehlt. 58

### 1. Beschränkungen der Geschäftsfähigkeit

Eine allgemeine Minderung der Geschäftsfähigkeit der Frau durch die Eheschließung kommt heute praktisch nicht mehr vor. Soweit sie noch vorgesehen ist, ist sie zwar als allgemeine Ehewirkung zu qualifizieren.[108] Bei hinreichender Inlandsbeziehung wird freilich regelmäßig die Schranke des *ordre public* (Art. 6 EGBGB) eingreifen.[109] Der Erwerb oder eine Erweiterung der Geschäftsfähigkeit durch Eheschließung („Heirat macht mündig") beurteilt sich hingegen nach dem Geschäftsfähigkeitsstatut des Art. 7 EGBGB (→ § 4 Rn. 6ff.). 59

---

[106] *Jayme* IPRax 1993, 80 (81); *Böhmer* JR 1992, 500; Staudinger/*Mankowski* EGBGB Art. 16 Rn. 52; *Junker* IPR Rn. 505; **aA** BGH NJW 1992, 909 (910) mAnm *Jayme* IPRax 1993, 80 = JR 1992, 498 mAnm *Böhmer*, wo die Haftung der überlebenden spanischen Ehefrau für ärztliche Behandlungskosten ihres ebenfalls spanischen Ehemannes nach deutschem Recht (§ 1357 BGB) beurteilt wurde, weil die Parteien im Rechtsstreit „insoweit übereinstimmend von der Anwendbarkeit deutschen Rechts ausgegangen" seien.

[107] Vgl. IPG 1983 Nr. 21 (Köln).

[108] BGH IPRspr. 1952/53 Nr. 298; Soergel/*Schurig* EGBGB Art. 14 Rn. 58ff.; Staudinger/*Mankowski* EGBGB Art. 14 Rn. 232; Erman/*Hohloch* EGBGB Art. 14 Rn. 30; Ferid/*Böhmer* IPR Rn. 8–95.

[109] Palandt/*Thorn* EGBGB Art. 14 Rn. 18 aE; vgl. dazu LG Berlin FamRZ 1993, 198: Die Anwendung von Art. 160 türk. ZGB, der dem Ehemann das alleinige Recht einräumt, die Ehefrau in Streitfragen bezüglich ihres persönlichen Vermögens vor Gericht zu vertreten, verstößt gegen den deutschen *ordre public*.

### 2. Verpflichtungsbeschränkungen

60 Rechtliche Schranken, die der Begründung von Verbindlichkeiten durch einen Ehegatten allein gezogen sind und nicht in einem bestimmten Güterstand wurzeln, verfolgen vor allem den Zweck, die materielle Grundlage der ehelichen Lebensführung zu erhalten und zu sichern. Deswegen wird das Erfordernis der Zustimmung des nicht beteiligten Ehegatten zum Abschluss bestimmter Verträge dem Ehewirkungsstatut unterstellt.[110] So bedürfen **Schenkungen** durch einen Ehegatten an einen Dritten, auch wenn sie aus dem eigenen Vermögen erfolgen, vor allem in den romanischen Rechten häufig der Zustimmung des anderen Ehegatten, wenn hierdurch die Erhaltung des Familienvermögens gefährdet wird; dies gilt etwa in *Belgien* (Art. 224 § 1 Nr. 3 CC) und in den *Niederlanden* (Art. 1:88 Abs. 1 lit. b B.W.). In anderen Rechten ist die Zustimmung des Ehepartners nur für Schenkungen aus dem gemeinschaftlichen Vermögen erforderlich (so zB in *Brasilien,* Art. 235 Abs. 4 CC).

61 Ähnliche Schranken gelten nicht selten für Verträge, durch die sich ein Ehegatte als **Bürge, Schuldmitübernehmer oder Garant** zur Absicherung einer fremden Schuld verpflichtet, soweit dies nicht in Ausübung seines Berufes oder im Rahmen seines Geschäftsbetriebes geschieht, so zB in *Belgien* (Art. 224 § 1 Nr. 4 CC),[111] in *Brasilien* (Art. 235 Abs. 3, 242 Abs. 1 CC), den *Niederlanden* (Art. 1:88 Abs. 1 lit. c B.W.) und der *Schweiz* (Art. 494 Abs. 1 OR).[112] Auch **Abzahlungskaufverträge** können etwa in der *Schweiz* (Art. 226a OR) nur mit Zustimmung des anderen Ehegatten geschlossen werden, sofern die Ehegatten einen gemeinsamen Haushalt führen und die Verpflichtung 1000 SFR übersteigt. Die Zustimmung muss schriftlich spätestens bei Vertragsschluss erteilt werden; eine nachträgliche Genehmigung ist ausgeschlossen. Diese Regelung gilt entsprechend für die Aufnahme von Darlehen zum Kauf beweglicher Sachen (Art. 226m Abs. 2 OR).[113] Auch in den *Niederlanden* ist keine Mitwirkung des anderen Ehegatten am Vertragsschluss mehr erforderlich, wohl aber seine Zustimmung (Art. 1:88 Abs. 1 lit. d B.W.).[114] Die Nichtigkeit des Vertrages wegen fehlender Zustimmung des Ehegatten kann aus Gründen der Rechtssicherheit allerdings zumeist nur innerhalb kurzer Fristen und zT auch nur gegenüber einem bösgläubigen Vertragspartner geltend gemacht werden.[115] Eine etwa erforderliche gerichtliche Genehmigung kann bei inländischem Aufenthalt der Ehegatten auch durch ein deutsches Familiengericht erteilt werden.[116]

62 Diese sog **Interzessionsverbote** sollen Ehegatten davor bewahren, aus Zuneigung zum Partner oder unter seinem Druck übermäßig belastende oder unvernünftige Verpflichtungen einzugehen. Sie unterliegen daher weder dem Geschäftsfähigkeitsstatut (Art. 7 EGBGB), noch dem Vertragsstatut der Bürgschaft oder Garantie, sondern dem **Ehewirkungsstatut.**[117] Ihre Beachtung im Inland wird also nicht dadurch ausgeschlossen, dass deutsches Recht als Vertragsstatut der Bürgschaft vereinbart wird. Auch wenn Ehegatten das auf ihre allgemeinen Ehewirkungen anwendbare Recht in gewissem Umfang wählen können (Art. 14 Abs. 2, Abs. 3 EGBGB; → Rn. 22ff.), kann ein Ehegatte allein

[110] Soergel/*Schurig* EGBGB Art. 14 Rn. 64ff.; MüKoBGB/*Siehr* EGBGB Art. 14 Rn. 92; Staudinger/*Mankowski* EGBGB Art. 14 Rn. 235ff.; Ferid/*Böhmer* IPR Rn. 8–95; *Schotten/Schmellenkamp* IPR Rn. 127; *Andrae* IntFamR § 3 Rn. 229ff.

[111] Vgl. dazu Cass. (*Belgien*) Pas. 1992 I, 839; dazu *von Houtte* IPRax 1997, 276 (281).

[112] Vgl. Reithmann/Martiny/*Hausmann* IVR Rn. 7.704ff.

[113] Vgl. dazu IPG 1977 Nr. 5 (Heidelberg).

[114] Nach anderen Rechten ist zumindest die Mithaftung für die iRd Schlüsselgewalt getätigten Abzahlungsgeschäfte eingeschränkt, wenn der andere Ehegatte nicht ausdrücklich zugestimmt hatte, so zB in *Frankreich* (Art. 220 Abs. 3 CC).

[115] Vgl. in den *Niederlanden* Art. 1:89 B.W.

[116] Soergel/*Schurig* EGBGB Art. 14 Rn. 64.

[117] *Kegel/Schurig* IPR § 20 V 3; *Henrich* IntFamR § 2 II 7; Palandt/*Thorn* EGBGB Art. 14 Rn. 18; Soergel/*Schurig* EGBGB Art. 14 Rn. 64ff.; MüKoBGB/*Siehr* EGBGB Art. 14 Rn. 92; BeckOK BGB/*Mörsdorf-Schulte* EGBGB Art. 14 Rn. 13; NK-BGB/*Andrae* EGBGB Art. 14 Rn. 77; Staudinger/*Mankowski* EGBGB Art. 14 Rn. 235ff.

die inhaltlichen und formellen Schranken der Parteiautonomie im internationalen Eherecht doch nicht in einem Schuldvertrag *mit einem Dritten* unterlaufen; die Anknüpfung eherechtlicher Verpflichtungsbeschränkungen wird daher durch eine schuldvertragliche Rechtswahl nicht beeinflusst.[118] Die Anwendung der vom ausländischem Ehewirkungsstatut angeordneten Verpflichtungsbeschränkungen kann vielmehr nur unter dem Gesichtspunkt des *Verkehrsschutzes* ausgeschlossen werden, wenn die hierfür erforderliche Inlandsbeziehung (Art. 16 Abs. 2 EGBGB analog; → Rn. 77ff.) besteht. In ab dem 29.1.2019 geschlossenen Ehen sind auch solche Interzessionsverbote hingegen güterrechtlich zu qualifizieren; das anwendbare Recht bestimmt sich dann nach Art. 22ff., 26, 28 EuGüVO.

**Beispiel:** 63

Der in der Schweiz wohnhafte schweizerische Staatsanghörige M hat sich unter Vereinbarung deutschen Bürgschaftsrechts gegenüber der X-Bank mit Sitz in Frankfurt a.M. für einen Kredit der deutschen Y-GmbH, an welcher er beteiligt ist, schriftlich verbürgt. In dem Bürgschaftsvertrag war ferner die ausschließliche Zuständigkeit des LG Frankfurt a.M. vereinbart. Als die X-Bank den M vor dem LG Frankfurt a.M. auf Zahlung verklagt, beruft sich dieser auf Art. 494 des schweizerischen Obligationenrechts, wonach nicht im Handelsregister eingetragene Personen, wenn sie verheiratet sind, sich nur mit Zustimmung ihres Ehegatten wirksam verbürgen können. Ist dieser Einwand trotz Geltung deutschen Bürgschaftsrechts beachtlich, wenn die ebenfalls schweizerische Ehefrau F des M der Bürgschaftsverpflichtung nicht zugestimmt hatte?

Der BGH hat diese Frage verneint, weil ein Ehegatte sich nach dem vereinbarten deutschen Bürgschaftsrecht auch ohne Zustimmung des anderen Ehegatten wirksam verbürgen könne.[119] Das schweiz. Bundesgericht hat sie bejaht, weil es Art. 494 Abs. 1 OR als Schranke der allgemeinen Handlungsfähigkeit qualifiziert hat, die bei – durch den Wohnsitz bestimmtem – schweizerischem Personalstatut des Bürgen eingreife.[120]

Demgegenüber sollte für die Qualifikation ausschlaggebend sein, dass Art. 494 OR die materiellen Grundlagen der Ehe sichern, dh verhindern soll, dass ein Ehegatte ohne Zustimmung des anderen so risikoreiche Geschäfte wie eine Bürgschaftsverpflichtung eingehen kann. Das Zustimmungserforderrnis ist daher als allgemeine Ehewirkung iSv Art. 14 EGBGB einzuordnen. Maßgebend ist daher nicht deutsches, sondern wegen der gemeinsamen schweizerischen Staatsangehörigkeit des Bürgen und seiner Ehefrau nach Art. 14 Abs. 1 Nr. 1 EGBGB schweizerisches Recht. Dabei handelt es sich um eine Gesamtverweisung, so dass eine etwaige Rück- oder Weiterverweisung des schweizerischen IPR zu beachten ist. Eine solche scheidet indessen trotz der abweichenden Qualifikation des Art. 494 OR durch das schweiz. Bundesgericht im vorliegenden Fall aus, weil der Bürge auch seinen Wohnsitz in der Schweiz hat.

### 3. Verfügungsbeschränkungen

Während die Verfügung über **Haushaltsgegenstände** nach deutschem Recht nur im gesetzlichen Güterstand der Zugewinngemeinschaft von der Zustimmung des anderen Ehegatten abhängt (§ 1369 BGB), kennt das französische Recht eine entsprechende Bindung der Ehegatten ohne Rücksicht auf den Güterstand (sog *„régime primaire"*). Das Zustim- 64

[118] So auch zu Recht Cass. (*Belgien*) Rev.gén.dr.civ.belge 1993, 455 mAnm *Couwenberg*; dazu *van Houtte* IPRax 1997, 276 (281); BeckOK BGB/*Mörsdorf-Schulte* EGBGB Art. 14 Rn. 15; *Andrae* IntFamR § 3 Rn. 229; juris PK-BGB/*Ludwig* EGBGB Art. 14 Rn. 22; **aA** aber – zu Unrecht – BGH NJW 1977, 1011 m. abl. Anm. *Jochem* = JZ 1977, 438 m. abl. Anm. *Kühne*; OLG Köln RIW 1998, 148, wo jeweils der auf Art. 1:88 lit. c. B.W. gestützte Widerspruch der *niederländischen* Ehefrau gegen die von ihrem – ebenfalls *niederländischen* – Ehemann eingegangene Bürgschaft bzw. den von ihm erklärten Schuldbeitritt für unbeachtlich erklärt wurde, weil die Schutzvorschriften des *niederländischen*. Eherechts wegen der Wahl deutschen Rechts für die Bürgschaft bzw. den Schuldbeitritt unanwendbar seien.

[119] BGH NJW 1977, 1011 m. abl. Anm. *Jochem*.

[120] BGE 110 II 484 = IPRax 1987, 34 mAnm *Hanisch* IPRax 1987, 47.

mungserfordernis gilt nicht nur für die Veräußerung von Haushaltsgegenständen, sondern auch für die Veräußerung und Belastung der **ehelichen Wohnung** sowie für die Kündigung von Mietverträgen über Familienwohnraum (Art. 215 Abs. 3 CC).[121] Ähnliche Regelungen finden sich auch in anderen romanischen Rechtsordnungen, zB in *Belgien* (Art. 215 CC), den *Niederlanden* (Art. 1:88 Abs. 1 lit. a B.W.),[122] *Portugal* (Art. 1682ff. CC) und *Spanien* (Art. 1320 CC) und betreffen dort regelmäßig bereits das Verpflichtungsgeschäft, darüber hinaus aber auch im *österreichischen* (§ 97 ABGB), *schweizerischen* (Art. 169 ZGB)[123] und *türkischen* Recht (Art. 194 ZGB)[124] sowie in den *skandinavischen* Ländern.[125] Schließlich kann ein Ehegatte allein auch nach *englischem* Recht sowie nach den Rechten der meisten *US-Bundesstaaten* und *kanadischen Provinzen* nicht über das *„matrimonial home"* verfügen.[126]

65 Bei der Anknüpfung derartiger Verfügungsbeschränkungen sollte man sich von der güterrechtlichen Vorgabe des deutschen materiellen Rechts lösen und etwaige Zustimmungserfordernisse dem **Statut der allgemeinen Ehewirkungen** des Art. 14 EGBGB entnehmen, soweit sie danach unabhängig vom Güterstand eingreifen.[127] Unter Geltung der EuGüVO sind solche Verfügungsbeschränkungen hingegen autonom als güterrechtlich zu qualifizieren, auch wenn sie im anwendbaren nationalen Recht des teilnehmenden Mitgliedstaats als allgemeine Ehewirkung ausgestaltet sind.

66 **Beispiel:**
Veräußert die niederländische Ehefrau das in Nijmwegen/Niederlande belegene und in ihrem Alleineigentum stehende Familienheim an ihre Tochter ohne Zustimmung ihres (gleichfalls niederländischen) Ehemannes, so ist die Veräußerung nach dem von Art. 14 Abs. 1 Nr. 1 EGBGB zur Anwendung berufenen niederländischen Eherecht unwirksam. Etwas anderes gilt nach Art. 1:88 Abs. 1a B.W. nur dann, wenn die Ehegatten im Zeitpunkt der Veräußerung bereits seit längerer Zeit getrennt gelebt hatten.[128]

67 Probleme bereiten vor allem Fälle, in denen ein ausländisches Ehewirkungsstatut mit dem deutschen Güterrechtsstatut zusammentrifft, weil es dann zu einer **Normenhäufung** bzw. einem **Normenmangel** kommen kann, so dass eine Anpassung erforderlich wird.

68 **Beispiel:**
M und F besaßen bei der Eheschließung sowohl die deutsche als auch die französische Staatsangehörigkeit. Ihre güterrechtlichen Beziehungen beurteilen sich daher nach Art. 15 Abs. 1 iVm Art. 14 Abs. 1 Nr. 1, 5 Abs. 1 S. 2 EGBGB nach deutschem Recht. Danach leben sie mangels Ehevertrages im gesetzlichen Güterstand der Zugewinngemeinschaft. Im Verlauf der Ehe geben sie ihre deutsche Staatsangehörigkeit auf. Ehewirkungsstatut ist daher das französische Recht. F möchte über ein zum Haushalt gehörendes wertvolles Gemälde zugunsten ihrer Tochter verfügen. Nach welchem Recht ist über die Zustimmungspflicht des Ehemannes M zu entscheiden?

In dieser Situation ist die Verfügung sowohl nach dem deutschen Güterrechtstatut (§ 1369 BGB) als auch nach dem französischen Ehewirkungsstatut (Art. 215 CC) zustimmungs-

---

[121] Vgl. *Rubelin-Devichi*, La famille et le droit au logement, Rev.trim.dr.civ. 1996, 245ff.; Reithmann/Martiny/*Hausmann* IVR Rn. 7.708.
[122] Vgl. IPG 1996 Nr. 26 (Köln).
[123] Dazu eingehend *Berger* S. 56ff.; ferner *Ruoss*, Der Einfluss des neuen Eherechts auf Mietverhältnisse von Wohnräumen, ZSR 107 (1988), 168ff.
[124] Dazu OLG Karlsruhe FamRZ 2015, 1610 (1611); *Andrae* IntFamR § 3 Rn. 172.
[125] Vgl. dazu die Landesreferate zum Thema „Le statut juridique du logement familial" für den 10. Internationalen Kongress für Rechtsvergleichung in Budapest (1978).
[126] Vgl. etwa den englischen „Matrimonial Homes Act 1983".
[127] OLG Karlsruhe FamRZ 2015, 1610 (1611); Staudinger/*Mankowski* EGBGB Art. 14 Rn. 303; MüKoBGB/*Siehr* EGBGB Art. 14 Rn. 117; Soergel/*Schurig* EGBGB Art. 14 Rn. 50; PWW/*Martiny* EGBGB Art. 14 Rn. 4; juris PK-BGB/*Ludwig* EGBGB Art. 14 Rn. 23; *Andrae* IntFamR § 3 Rn. 226.
[128] Vgl. OLG Düsseldorf MittRhNotK 1978, 149. Vgl. aber zum Verkehrsschutz auch → Rn. 77f.

pflichtig. Um die mit dieser Normenhäufung verbundenen Schwierigkeiten zu vermeiden, sollte man im Wege der kollisionsrechtlichen Angleichung (→ § 3 Rn. 59 ff.) demjenigen Recht den Vorzug geben, das eine Zustimmungspflicht unabhängig vom Güterstand der Eheleute anordnet, hier also dem französischen Recht.[129] Auf die Zustimmungspflicht nach dem deutschen Güterrechtstatut ist nur dann zurückzugreifen, wenn das ausländische Ehewirkungsstatut keine Zustimmungspflicht normiert.

Im umgekehrten Fall (französisches Güterrechtsstatut und deutsches Ehewirkungsstatut) wäre die Verfügung nicht zustimmungspflichtig, weil eine solche weder im französischen Güterrecht noch im deutschen Recht der allgemeinen Ehewirkungen vorgeschrieben ist (Normenmangel). Da dieses Ergebnis im Widerspruch zu dem von beiden Rechtsordnungen angeordneten Schutz der materiellen Grundlagen der Ehe stünde, ist die Zustimmungspflicht nach Art. 215 CC als Bestandteil des französischen Güterrechts anzuwenden; denn das französische *„régime primaire"* verkörpert letztlich nur – vor die Klammer gezogene – Regeln, die in allen Güterständen gleichermaßen gelten.[130]

Manche ausländischen Rechte beschränken darüber hinaus die Befugnis des einzelnen 69
Ehegatten zur Verfügung über weitere Vermögensgegenstände, die für die finanzielle Absicherung der Familie von besonderer Bedeutung sind, wie insbesondere **Grundstücke** oder ein **Handelsgeschäft.** Während für solche Verfügungen teilweise kraft Gesetzes die Zustimmung des anderen Ehegatten gefordert wird (so zB in *Portugal,* Art. 1682-A Abs. 1 CC, und *Brasilien,* Art. 235 Abs. 1, 242 Abs. 1 und Abs. 2 CC), besteht nach anderen Rechten die Möglichkeit, Beschränkungen auf Antrag eines Ehegatten zum Schutz der Familie gerichtlich anzuordnen, so etwa in *Belgien* (Art. 223, 224 § 1 Nr. 2 CC), *Frankreich* (Art. 220–1 CC) und der *Schweiz* (Art. 178 ZGB). Da auch die vorgenannten Beschränkungen ohne Rücksicht darauf gelten, in welchem Güterstand die Ehegatten leben, ist gleichfalls das Ehewirkungsstatut maßgebend.

Schließlich räumen manche Rechtsordnungen den Ehegatten besondere **Sicherungsrechte am Grundvermögen des Partners** ein, und zwar auch dann, wenn die Vermö- 70
gen beider Teile im Übrigen völlig getrennt bleiben (*„dower"* in einigen US-Bundesstaaten; Legalhypothek in romanischen Rechten).[131] Während die Legalhypothek der Ehefrau in *Belgien* und *Italien* inzwischen beseitigt wurde, hat man sie in *Frankreich* auf Ehegatten beschränkt, die im Wahlgüterstand der Zugewinngemeinschaft leben (vgl. Art. 2121 CC); die Legalhypothek kann allerdings Dritten nur entgegengehalten werden, wenn sie eingetragen ist (Art. 2134 CC). Um einen lastenfreien Erwerb sicherzustellen, empfiehlt es sich daher bei Grundstücksgeschäften mit verheirateten französischen Partnern, die Zustimmung des Ehegatten einzuholen. Derartige dingliche Sicherungsrechte können allerdings nur zur Entstehung gelangen, wenn sie vom Ehewirkungsstatut gewährt und von der jeweiligen *lex rei sitae* anerkannt werden. An **deutschen Grundstücken** können sie kraft Gesetzes nicht entstehen, weil dies mit den Grundprinzipien der deutschen Immobiliarsachenrechtsordnung – Publizität des Grundbuchs – nicht vereinbar ist.[132]

## IV. Beschränkungen bei Verträgen zwischen Ehegatten

Bisweilen wird Eheleuten auch die Vornahme bestimmter Rechtsgeschäfte untereinander 71
verboten oder diese werden in ihren Wirkungen beschränkt.[133] Dies betrifft etwa das **Verbot von Schenkungsverträgen** zwischen Ehegatten, wie es zB im *niederländischen*

[129] NK-BGB/*Andrae* EGBGB Art. 14 Rn. 71; Staudinger/*Mankowski* EGBGB Art. 14 Rn. 303.
[130] So auch *Andrae* IntFamR § 3 Rn. 227.
[131] Reithmann/Martiny/*Hausmann* IVR Rn. 7.711.
[132] Ferid/*Böhmer* EGBGB Art. 14 Rn. 8–94; Palandt/*Thorn* EGBGB Art. 14 Rn. 18; Staudinger/*Mankowski* EGBGB Art. 14 Rn. 288; MüKoBGB/*Siehr* EGBGB Art. 14 Rn. 113; Erman/*Hohloch* EGBGB Art. 14 Rn. 32; **aA** Soergel/*Schurig* EGBGB Art. 14 Rn. 57.
[133] Dazu auch Reithmann/Martiny/*Hausmann* IVR Rn. 7.715 f.

(Art. 1715 B.W.) und mit Einschränkungen noch im *französischen* Recht (vgl. zum Verbot der *„donation déguisée entre époux"* Art. 1099 CC) sowie in einigen skandinavischen Rechten[134] enthalten ist. Damit dieses Schenkungsverbot nicht umgangen werden kann, ist häufig auch der Abschluss von **Kaufverträgen** zwischen Ehegatten eingeschränkt, so zB in *Belgien* und *Frankreich* (Art. 1595 CC), in den *Niederlanden* (Art. 1503 B.W.) und in *Mexiko* (Art. 176 CC Bundesdistrikt). Wegen der mit einem modernen Eheverständnis nicht zu vereinbarenden Unterordnung eines Ehegatten unter den anderen sind teilweise auch **Arbeitsverträge** zwischen Ehegatten verboten, so zB in den *Niederlanden* (vgl. Art. 1637i B.W.). Andere Rechte lassen einen erleichterten Widerruf oder die Anfechtung von Verträgen zwischen Ehegatten zu, so zB das *südkoreanische* (Art. 828 BGB), *japanische* (Art. 784 BGB) und *französische* Recht (Art. 1096 CC).

72 Die genannten Vorschriften verfolgen meist – wie auch die entsprechenden Vorschriften der deutschen Insolvenzordnung (§ 131 Abs. 1 Nr. 3, Abs. 2 iVm §§ 138, 134 InsO) bzw. des Anfechtungsgesetzes (§§ 3 Abs. 2, 4 AnfG) – den Zweck, den **Schutz der Gläubiger** gegen Übervorteilung durch die Ehegatten zu gewährleisten. Darüber hinaus sollen die persönlichen Beziehungen der Ehegatten möglichst von vermögensrechtlichen Interessen freigehalten werden. Soweit diese Beschränkungen unabhängig vom Güterstand gelten, sind sie grundätzlich als allgemeine Wirkungen der Ehe iSv Art. 14 EGBGB zu qualifizieren.[135] Unter Geltung der EuGüVO liegt demgegenüber wiederum eine güterrechtliche Qualifikation nahe.

73 Soll hingegen mit einem Schenkungsverbot oder der Einschränkung der freien Widerruflichkeit von Ehegattenschenkungen die Vermögensverteilung zwischen den Ehegatten beeinflusst werden, so spricht dies auch im autonomen deutschen IPR für eine güterrechtliche Qualifikation.[136] Aus diesem Grunde wurde auch das in den romanischen Rechten lange Zeit geltende **Verbot von Gesellschaftsverträgen** zwischen Ehegatten überwiegend güterrechtlich eingeordnet, weil es vor allem eine Umgehung güterrechtlicher Vorschriften (zB das Verbot von Eheverträgen nach Eheschließung) verhindern sollte.[137] In *Frankreich* können heute allerdings auch Ehegatten Gesellschaftsverträge miteinander schließen, sofern sie nicht beide uneingeschränkt gesamtschuldnerisch für die Gesellschaftsverbindlichkeiten haften (vgl. Art. 1832–1 CC).

## V. Morgengabe

74 Besondere Qualifikationsprobleme wirft die Qualifikation der Morgen- oder Brautgabe (*„mahr"*) der islamischen Rechte auf, bei welcher der Ehemann seiner Frau anlässlich der Eheschließung die Zahlung einer bestimmten Geldsumme verspricht, die meist in einem Teilbetrag schon bei Eheschließung und im Übrigen bei Auflösung der Ehe durch Scheidung oder Tod zu begleichen ist. In Rechtsprechung und Lehre wird so-

[134] Vgl. Staudinger/*Mankowski* EGBGB Art. 14 Rn. 290.

[135] Palandt/*Thorn* EGBGB Art. 14 Rn. 18; Soergel/*Schurig* EGBGB Art. 14 Rn. 63; Staudinger/*Mankowski* EGBGB Art. 14 Rn. 292; MüKoBGB/*Siehr* EGBGB Art. 14 Rn. 111; BeckOK BGB/*Mörsdorf-Schulte* EGBGB Art. 14 Rn. 15; zust. KG DR 1939, 938 mAnm *Reu* (zur Nichtigkeit der Schenkung eines deutschen Grundstücks durch den griechischen Ehemann an seine Frau nach griechischem Ehewirkungsstatut); **aA** aber FG Düsseldorf RIW 1987, 644, wo das Verbot von Arbeitsverträgen zwischen Ehegatten nach niederländischem Recht *ehegüterrechtlich* qualifiziert und im Hinblick auf eine schlüssige Rechtswahl des deutschen Güterrechts nach Art. 220 Abs. 3 S. 1 Nr. 2 EGBGB nicht beachtet wird.

[136] OLG Frankfurt a.M. FamRZ 2013, 1490 = IPRax 2014, 443 m. zust. Anm. *Nordmeier* IPRax 2014, 411 (416 ff.) (*Portugal*).

[137] RGZ 163, 367 (376); OLG Stuttgart NJW 1958, 1972; Palandt/*Thorn* EGBGB Art. 15 Rn. 25; MüKoBGB/*Siehr* EGBGB Art. 15 Rn. 94; Staudinger/*Mankowski* EGBGB Art. 15 Rn. 269. Vgl. auch IPG 1982 Nr. 4 (Berlin), wo das peruanische Verbot der Ehegattengesellschaft nicht berücksichtigt wird, weil sowohl die allgemeinen Ehewirkungen wie die güterrechtlichen Beziehungen der Ehegatten dem deutschen Recht unterstanden.

wohl eine unterhaltsrechtliche[138] als auch eine güterrechtliche Qualifikation vertreten.[139] Daneben wird auch für die Einordnung als formfreier familienrechtlicher Vertrag *sui generis* plädiert, der neben den nachehelichen Unterhalt und das Güterrecht tritt.[140] Der **BGH** hat sich demgegenüber für eine Einordnung des Anspruchs auf eine noch nicht geleistete Morgengabe während bestehender Ehe als **allgemeine Ehewirkung** (Art. 14 EGBGB) entschieden, der auch im Falle eines Statutenwechsels (zB durch Einbürgerung der Ehegatten oder ihre Anerkennung als Asylberechtigte) nach Maßgabe des nunmehr anwendbaren deutschen Rechts durchsetzbar bleibe.[141] Dieser Qualifkation folgt seither die überwiegende Rechtsprechung.[142] Wird die Morgengabe hingegen erst **aus Anlass der Ehescheidung** gefordert und kann ein unterhalts- oder güterrechtlicher Zweck nicht festgestellt werden (dazu → § 9 Rn. 203 ff. und → § 10 Rn. 135, so kommt auch eine Qualifikation als scheidungsrechtliche Nebenfolge iSv Art. 17 Abs. 1 EGBGB nF in Betracht (→ § 11 Rn. 142 ff., 148).[143] Wegen der verbleibenden Unsicherheiten empfiehlt sich bei der Zusage größerer Geldbeträge als Morgengabe in jedem Fall eine notarielle Beurkundung.[144] In diesem Fall wird sich der mit der Beurkundung beauftragte Notar an der vom BGH vertretenen Qualifikation als allgemeine Ehewirkung zu orientieren haben. Gilt danach *deutsches* Recht, so ist das Morgengabeversprechen als wirksame[145] vertragliche Verpflichtung zu betrachten, deren Inhalt im Wege der (notfalls ergänzenden) Vertragsauslegung zu ermitteln ist.[146] Ab dem 29.1.2019 dürften auch Morgengabeversprechen hingegen unter den weiten Begriff des Ehegüterrechts in Art. 3 lit. a EuGüVO fallen und daher nach Maßgabe der Art. 20 ff. dieser Verordnung anzuknüpfen sein (vgl. auch → § 9 Rn. 203 ff.).

Das türkische Rechtsinstitut des **„Mehir“** ist keine Morgengabe im vorgenannten Sinne und wird deshalb überwiegend schuldrechtlich eingeordnet.[147] **74a**

## E. Schutz des Rechtsverkehrs

### I. Beschränkungen der Schlüsselgewalt

Gegenüber den nach ausländischem Ehewirkungsstatut bestehenden Beschränkungen der gegenseitigen Vertretungsbefugnis von Ehegatten bei Rechtsgeschäften im Interesse des gemeinsamen Haushalts wird der inländische Verkehr geschützt, wenn das **Rechtsgeschäft im Inland vorgenommen** wurde. Für diesen Fall gelten nach Art. 16 Abs. 2 **75**

[138] Vgl. KG FamRZ 1988, 296; OLG Celle FamRZ 1998, 374 (375); OLG Düsseldorf FamRZ 1998, 623 ff.; OLG Saarbrücken FamRZ 2006, 1378; näher → § 10 Rn. 135.

[139] Vgl. OLG Köln FamRZ 2007, 1559; OLG Bremen FamRZ 1980, 606; *Wurmnest* RabelsZ 71 (2007), 527 (553 ff.); MüKoBGB/*Siehr* EGBGB Art. 15 Rn. 97; Soergel/*Schurig* EGBGB Art. 14 Rn. 48 und Art. 15 Rn. 35; BeckOK BGB/*Mörsdorf-Schulte* EGBGB Art. 14 Rn. 20; NK-BGB/*Andrae* EGBGB Art. 14 Rn. 87; ausführlich → § 9 Rn. 203 ff.

[140] *Yassari* IPRax 2011, 63 ff.

[141] BGHZ 183, 287 Rn. 14 ff. = FamRZ 2010, 533 m. zust. Anm. *Henrich;* ebenso schon früher OLG Stuttgart NJW-RR 2008, 742 und 2009, 585; OLG Zweibrücken FamRZ 2007, 1555; OLG Köln FamRZ 2006, 1380 (1381); OLG Nürnberg FamRZ 2001, 1613; zust. Staudinger/*Mankowski* EGBGB Art. 14 Rn. 273 ff.; Johannsen/Henrich/*Henrich* EGBGB Art. 14 Rn. 6; Palandt/*Thorn* EGBGB Art. 14 Rn. 18; krit. hingegen *Wurmnest* JZ 2010, 736; *Yassari* IPRax 2011, 63 ff.; MüKoBGB/*Siehr* EGBGB Art. 14 Rn. 109.

[142] OLG Köln FamRZ 2015, 1605 f. und NJW 2016, 649 Rn. 9 ff. mAnm *Pabst* NZFam 2016, 40; KG FamRZ 2015, 1607 (1608) m. krit. Anm. *Yasssari*; OLG Hamm NJOZ 2013, 1066.

[143] Erman/*Hohloch* EGBGB Art. 14 Rn. 334; offengelassen von OLG Köln FamRZ 2015, 1605 f.

[144] Johannsen/Henrich/*Henrich* EGBGB Art. 14 Rn. 7.

[145] Das Versprechen einer Morgengabe vestößt, wenn sie nicht in exorbitanter Höhe versprochen wird, nicht gegen den deutschen *ordre public;* vgl. OLG Köln NJW 2016, 649 mAnm *Pabst* NZFam 2016, 40; **aA** AG Darmstadt FamRZ 2015, 408 (409) m. abl. Anm. *Henrich.*

[146] BGH FamRZ 1987, 463 (466); OLG Stuttgart FamRZ 2008, 1756 (1757); *Yassari* FamRZ 2015, 1610.

[147] OLG Nürnberg FamRZ 2001, 1613; OLG Stuttgart FamRZ 2008, 1756; OLG Düsseldorf FamRZ 2009, 1626; NK-BGB/*Andrae* EGBGB Art. 14 Rn. 90; PWW/*Martiny* EGBGB Art. 14 Rn. 7.

EGBGB im Verhältnis zu gutgläubigen Dritten die deutschen Vorschriften über die Schlüsselgewalt (§ 1357 BGB) sinngemäß, sofern sie dem Dritten günstiger sind als das fremde Recht. Gutgläubig sind die Dritten dann, wenn sie die Geltung ausländischen Rechts weder kannten noch grob fahrlässig nicht kannten.[148] Im Inland vorgenommen wird ein Rechtsgeschäft nur dann, wenn sich im Zeitpunkt des Vertragsschlusses beide Vertragsparteien (bzw. ihre Vertreter) im Inland aufhalten. Da Art. 16 Abs. 2 EGBGB – wie Art. 13 Rom I-VO – für internationale Distanzgeschäfte keinen Verkehrsschutz gewährt, reicht die Anwesenheit nur einer Vertragspartei im Inland nicht aus.[149] Auch durch eine Rechtswahl kann die Geltung des Verkehrsschutzes nach deutschem Recht nicht herbeigeführt werden, weil das deutsche internationale Eherecht eine Wahl des Ehewirkungsstatuts in einem Vertrag zwischen einem der Ehegatten und einem Dritten nicht zulässt.[150]

76 Für diesen Fall hat das deutsche Gericht nach Art. 16 Abs. 2 EGBGB von Amts wegen einen **Günstigkeitsvergleich** vorzunehmen.[151] Dabei hat es die in beiden Rechten enthaltenen Regeln über die Vertretungsmacht und Haftung nicht abstrakt gegeneinander abzuwägen;[152] erforderlich ist vielmehr eine **konkrete Betrachtungsweise.**[153] Das inländische Recht ist dem Dritten daher günstiger, wenn es eine Haftung des am Vertragsschluss nicht beteiligten Ehegatten für die vom anderen eingegangene Verpflichtung begründet, während dies nach dem ausländischen Ehewirkungsstatut nicht der Fall ist. Steht fest, dass die Inanspruchnahme beider Ehegatten nach deutschem Recht (§ 1357 BGB) begründet ist, so erübrigt sich also bereits der Vergleich mit dem ausländischen Recht.[154] In diesem Fall kann sich der Dritte auch nicht auf das für ihn ungünstigere ausländische Recht berufen, weil ihn das Geschäft inzwischen reut; ein Wahlrecht des Dritten besteht insoweit nicht.[155] Ist hingegen zweifelhaft, welches Recht dem Dritten günstiger ist, so sollte dieser das von ihm bevorzugte Recht wählen dürfen.[156] Dies gilt insbesondere bei der Vornahme *einseitiger Rechtsgeschäfte,* die nach deutschem Recht wirksam, nach ausländischen Recht hingegen unwirksam sind (oder umgekehrt), sowie bei Rechtsgeschäften, die zwar nach beiden Rechten gültig sind, aber unterschiedliche Wirkungen haben.

## II. Sonstige allgemeine Beschränkungen durch die Ehe

77 In welchem Umfang der inländische Rechtsverkehr auch gegen solche **Beschränkungen der Verpflichtungs- oder Verfügungsbefugnis** von Ehegatten geschützt ist, die als persönliche Ehewirkungen zu qualifizieren sind (→ Rn. 60ff.), regelt Art. 16 EGBGB nicht ausdrücklich. Denn Abs. 1 betrifft lediglich die Wirkungen ausländischer Güterstände, während Abs. 2 EGBGB die Geltung des ausländischen Rechts nur in Bezug auf die Schlüsselgewalt und die Eigentumsvermutungen einschränkt. Auch Art. 13 Rom I-VO greift weder unmittelbar noch entsprechend ein, weil die Beschränkungen nicht die allgemeine Geschäfts- und Handlungsfähigkeit betreffen und sich deshalb nicht aus dem Personalstatut des handelnden Ehegatten ergeben, sondern persönliche Ehewirkungen dar-

[148] Staudinger/*Mankowski* EGBGB Art. 16 Rn. 59; Soergel/*Schurig* EGBGB Art. 16 Rn. 20.

[149] *G. Fischer* S. 166; MüKoBGB/*Siehr* EGBGB Art. 16 Rn. 35; Erman/*Hohloch* EGBGB Art. 16 Rn. 19; Staudinger/*Mankowski* EGBGB Art. 16 Rn. 61. Für Anwendung der Vorschrift auf internationale Distanzgeschäfte in Analogie zu Art. 11 Abs. 2 und Abs. 3 EGBGB hingegen Palandt/*Thorn* EGBGB Art. 16 Rn. 3; wohl auch Soergel/*Schurig* EGBGB Art. 16 Rn. 9.

[150] *Jayme* IPRax 1993, 80 (81); Staudinger/*Mankowski* EGBGB Art. 16 Rn. 52; **aA** BGH NJW 1992, 909 = JR 1992, 498 mAnm *Böhmer* = IPRax 1993, 97 m. abl. Anm. *Jayme* IPRax 1993, 80.

[151] MüKoBGB/*Siehr* EGBGB Art. 16 Rn. 30; *Kropholler* IPR § 45 V 2; *Jayme* IPRax 1993, 80ff.

[152] So noch *Frankenstein* IPR III S. 371ff.

[153] *G. Fischer* S. 167; MüKoBGB/*Siehr* EGBGB Art. 16 Rn. 29; Staudinger/*Mankowski* EGBGB Art. 16 Rn. 55; *Kropholler* IPR § 45 V 2; *Schotten/Schmellenkamp* IPR Rn. 128a.

[154] Staudinger/*Mankowski* EGBGB Art. 15 Rn. 56; *Jayme* FS Schwind, 1993, 103 (108ff.).

[155] MüKoBGB/*Siehr* EGBGB Art. 16 Rn. 28; Staudinger/*Mankowski* EGBGB Art. 15 Rn. 56; *Jayme* IPRax 1993, 81; **aA** Palandt/*Thorn* EGBGB Art. 16 Rn. 3.

[156] MüKoBGB/*Siehr* EGBGB Art. 16 Rn. 28 aE; Staudinger/*Mankowski* EGBGB Art. 16 Rn. 57ff.

stellen.[157] Art. 16 Abs. 2 EGBGB ist jedoch der **allgemeine Rechtsgedanke** zu entnehmen, dass ausländisches Eherecht dem inländischen zu weichen hat, wenn die vermögensrechtlichen Interessen eines gutgläubigen Dritten unmittelbar berührt sind und das abgeschlossene Geschäft eine hinreichende Beziehung zum Inland aufweist.[158] Ist ein Vertrag daher im Inland abgeschlossen worden, so wird ausländisches Ehepersonenrecht in demselben Umfang durch deutsches Recht verdrängt, wie dies Art. 16 Abs. 2 EGBGB für die Fälle der §§ 1357, 1362 BGB ausdrücklich vorsieht.

Beispiel: 78
Hat die *niederländische* Ehefrau im Beispiel → Rn. 66 zur Urkunde eines deutschen Notars über die in Deutschland belegene Ehewohnung ohne Zustimmung ihres Ehemannes verfügt, so wird der Erwerber in entsprechender Anwendung von Art. 16 Abs. 2 EGBGB geschützt. Da das deutsche Recht ein vergleichbares Zustimmungserfordernis nicht kennt,[159] kann die Unwirksamkeit der Verfügung nach dem *niederländischen* Ehewirkungsstatut dem Erwerber nicht entgegengehalten werden.[160]

In gleicher Weise können gutgläubige Dritte sich auch gegenüber **Interzessionsverboten** oder sonstigen Verpflichtungsbeschränkungen, die ein ausländisches Ehewirkungsstatut anordnet ( zu diesen → Rn. 60 ff.), auf das ihnen günstigere deutsche Recht berufen.[161] Dieser Schutz entfällt – anders als jener nach Art. 13 Rom I-VO (→ § 4 Rn. 56 ff.) – auch bei leicht fahrlässiger Unkenntnis des Dritten nicht.[162] Schränkt das ausländische Ehewirkungsstatut hingegen die Vertragsfreiheit von Ehegatten nur in deren **Innenverhältnis** ein (→ Rn. 71 ff.), so sind diese Beschränkungen auch dann zu beachten, wenn das Rechtsgeschäft im Inland vorgenommen worden ist, weil ein Verkehrsschutzbedürfnis insoweit nicht besteht.[163] 79

Unter der Geltung der EuGüVO beurteilt sich der Schutz des Rechtsverkehrs gegen Beschränkungen der Schlüsselgewalt wie gegen Beschränkungen der Verpflichtungs- oder Verfügungsbefugnis von Ehegatten, die bisher als allgemeine Ehewirkungen iSv Art. 14 EGBGB qualifiziert wurden, nach den gleichen Regeln wie der Verkehrsschutz auf dem Gebiet des Ehegüterrechts im engeren Sinne, weil die Verordnung von einem einheitlichen Regime für alle vermögensrechtlichen Ehewirkungen ausgeht. Maßgebend ist daher die Verkehrsschutznorm des Art. 28 EuGüVO (dazu → § 9 Rn. 213a). Diese gilt allerdings nach der Übergangsvorschrift des Art. 69 Abs. 3 EuGüVO nur zum Schutz vor Beschränkungen von Ehegatten, die ab dem 29.1.2019 geheiratet haben sowie für den Schutz vor einer nach diesem Stichtag getroffenen Rechtswahl zwischen Ehegatten, die schon zuvor geheiratet hatten. 80

---

157 Staudinger/*Hausmann* EGBGB Art. 12 Rn. 44 ff.; Staudinger/*Mankowski* EGBGB Art. 16 Rn. 87; Staudinger/*Mansel* EGBGB Art. 43 Rn. 1009; Erman/*Hohloch* EGBGB Art. 12 Rn. 11; **aA** LG Aurich FamRZ 1990, 776 = IPRax 1991, 341 m. abl. Anm. *H. Roth* IPRax 1991, 320; *Liessem* NJW 1989, 500 ff.; *G. Fischer* NJW 1989, 171 ff.; Palandt/*Thorn* Rom I-VO Art. 13 Rn. 3; MüKoBGB/*Siehr* EGBGB Art. 14 Rn. 93; Soergel/*Schurig* EGBGB Art. 16 Rn. 21. Offenlassend *Andrae* IntFamR § 3 Rn. 178.

158 Staudinger/*Hausmann* EGBGB Art. 12 Rn. 34 ff.; Staudinger/*Mankowski* EGBGB Art. 14 Rn. 238 und Art. 16 Rn. 88; Staudinger/*Mansel* EGBGB Art. 43 Rn. 1010; *Kropholler* IPR § 45 V 2; *Schotten/Schmellenkamp* IPR Rn. 128a.

159 Anders nur, wenn die veräußerte Wohnung das gesamte Vermögen der Ehefrau iSv § 1365 BGB ausmacht.

160 Für erweiternde Anwendung von Art. 17a EGBGB auf solche Verfügungsgeschäfte *Andrae* IntFamR § 3 Rn. 172.

161 *Bader* MittRhNotK 1994, 161 (163); *H. Roth* IPRax 1991, 320 ff.; *v. Bar* IPR II Rn. 189; *Kropholler* IPR § 45 V 2; *Kegel/Schurig* IPR § 20 V 4 aE; Erman/*Hohloch* EGBGB Art. 12 Rn. 11; Palandt/*Thorn* EGBGB Art. 16 Rn. 3; BeckOK BGB/*Mörsdorf-Schulte* EGBGB Art. 16 Rn. 56; NK-BGB/*Sieghörtner* EGBGB Art. 16 Rn. 11. Vgl. auch BT-Drs. 10/504, 59.

162 *Schotten* DNotZ 1994, 683 ff. Vgl. auch – zum *niederländischen* Recht – HR N.J. 1990, 268; IPG 1996 Nr. 26 (Köln).

163 Soergel/*Schurig* EGBGB Art. 14 Rn. 57.

# § 9. Ehegüterrecht

## Übersicht



Im Familienrecht kommt dem ehelichen Güterrecht für die Rechtsgestaltung seit jeher 1
die größte praktische Bedeutung zu. Besitzt auch nur ein Ehegatte eine ausländische Staatsangehörigkeit oder hat er seinen gewöhnlichen Aufenthalt im Ausland oder gehören zum Vermögen der Ehegatten im Ausland belegene Immobilien, so muss vor Abschluss eines Ehevertrages das maßgebliche Güterrechtsstatut ermittelt werden. Gleiches gilt auch

dann, wenn eine verheiratete Person über in- oder ausländisches Grundvermögen verfügen oder solches erwerben möchte, weil sich diesbezüglich aus dem Güterstand Beschränkungen ergeben können (vgl. im deutschen Recht § 1365 BGB; → Rn. 161). Die Feststellung des objektiv maßgeblichen Güterrechtsstatuts bereitet wegen der auf den Zeitpunkt der Eheschließung abstellenden Anknüpfung in Art. 15 Abs. 1 EGBGB (Unwandelbarkeit; → Rn. 58 ff.) und der Notwendigkeit, Rück- und Weiterverweisungen durch das zur Anwendung berufene ausländische Recht zu beachten (→ Rn. 79 ff.), häufig Schwierigkeiten. Dies gilt insbesondere für vor dem 9.4.1983 geschlossene Altehen, für die zusätzlich die intertemporale Regelung in Art. 220 Abs. 3 EGBGB zu beachten ist (→ Rn. 142 ff.). Um in Fällen mit Auslandsbezug Unsicherheiten über das anwendbare Güterrecht auszuschließen, wird sich im Regelfall eine ausdrückliche Rechtswahl durch die Ehegatten empfehlen, die nach Art. 15 Abs. 2 EGBGB im weitem Umfang zugelassen wird (→ Rn. 91 ff.).

## A. Rechtsquellen

### I. Internationales Privatrecht

#### 1. EU-Recht

**Schrifttum:**

*Buschbaum/Simon,* Die Vorschläge der EU-Kommission zur Harmonisierung des Güterkollisionsrechts für Ehen und eingetragene Partnerschaften – eine erste kritische Analyse, GPR 2011, 262; *Coester-Waltjen,* Neues aus dem Bereich des europäischen internationalen Ehegüterrechts, ZEuP 2012, 225; *Dethloff,* Güterrecht in Europa – Perspektiven für eine Angleichung auf kollisions- und materiell-rechtlicher Ebene, FS v. Hoffmann, 2011, 73; *Döbereiner,* Der Kommissionsvorschlag für das internationale Ehegüterrecht, MittBayNot 2011, 463; *Henrich,* Auf dem Weg zu einem europäischen internationalen Ehegüterrecht, FS Brudermüller, 2014, 311; *Kohler/Pintens,* Entwicklungen im europäischen Personen- und Familienrecht 2010–2011, FamRZ 2011, 1433; *dies.,* FamRZ 2014, 1498; *Martiny,* Das Grünbuch zum Internationalen Ehegüterrecht – Erste Regelungsvorschläge, FuR 2008, 206; *ders.,* Auf dem Weg zu einem europäischen internationalen Ehegüterrecht, FS Kropholler, 2008, 373; *ders.,* Die Kommissionsvorschläge für das internationale Ehegüterrecht sowie für das internationale Güterrecht eingetragener Partnerschaften, IPRax 2011, 437; *R. Wagner,* Konturen eines Gemeinschaftsinstruments zum internationalen Güterrecht unter besonderer Berücksichtigung des Grünbuchs der Europäischen Kommission, FamRZ 2009, 269; *ders.,* Aktuelle Entwicklungen in der justiziellen Zusammenarbeit in Zivilsachen, NJW 2013, 1653.

2 Am 16.3.2011 hatte die EU-Kommission Verordnungsvorschläge zum internationalen Ehegüterrecht[1] und zum internationalen Güterrecht eingetragener Lebenspartner[2] vorgelegt. Ziel dieser Vorschläge war die Bereitstellung eines klaren Rechtsrahmens für die internationale Zuständigkeit, das anwendbare Recht und die Anerkennung und Vollstreckung von Entscheidungen und Urkunden auf dem Gebiet der vermögensrechtlichen Beziehungen zwischen Ehegatten und eingetragenen Lebenspartnern. Denn die geltende Rechtslage ist durch ein hohes Maß an Rechtszersplitterung gekennzeichnet und schränkt damit für verheiratete und registrierte Paare die mit der Unionsbürgerschaft verbundene Freizügigkeit ein.[3] Die Regelung des Güterrechts für eingetragene Lebenspartnert stieß allerdings in mehreren Mitgliedstaaten auf Widerstand. Die EU-Kommission war auf der anderen Seite nicht bereit, die Regelung des internationalen Güterrechts auf Ehegatten zu beschränken. Aus diesem Grunde scheiterten im Dezember 2015 die Verhandlungen über eine einheitliche europäische Regelung auf der Grundlage der Verordnungsvorschläge vom März 2011.

3 Daraufhin haben die Bundesrepublik Deutschland sowie 17 weitere Mitgliedstaaten – nämlich *Belgien, Bulgarien, Finnland, Frankreich, Griechenland, Italien, Kroatien, Luxemburg,*

[1] KOM(2011) 126 endg.
[2] KOM(2011) 127 endg.
[3] *Kohler/Pintens* FamRZ 2011, 1433 (1435).

*Malta,* die *Niederlande, Österreich, Portugal, Schweden, Slowenien, Spanien,* die *Tschechische Republik* und *Zypern* – nach dem Vorbild der Rom III-VO (→ § 11 Rn. 2) an die EU-Kommission den Antrag auf **Durchführung einer Verstärkten Zusammenarbeit** auf diesem Gebiet gestellt. Die EU-Kommission hat diesem Antrag entsprochen und hat am 2.3.2016 einen Vorschlag für eine Ratsentscheidung über die Genehmigung der Verstärkten Zusammenarbeit der genannten Mitgliedstaaten auf dem Gebiet des Güterrechts von Ehegatten und registrierten Lebenspartnern verabschiedet.[4] Zugleich hat sie überarbeitete und erweiterte Verordnungsvorschläge für das eheliche Güterrecht[5] und das Güterrecht eingetragener Lebenspartner[6] vorgelegt. Der Rat hat die Ermächtigung zur Verstärkten Zusammenarbeit mit Beschluss (EU) Nr. 2016/954 vom 9.6.2016[7] erteilt und die Vorschläge der Kommission nach Billigung durch das Europäische Parlament mit nur geringfügigen Änderungen in die am 24.6.2016 verabschiedeten Verordnungen (EU) Nr. 2016/1103 zum internationalen Ehegüterrecht **(EuGüVO)**[8] und (EU) Nr. 2016/1104 zum internationalen Güterrecht eingetragener Lebenspartner **(EuPartVO)**[9] übernommen. Beide Verordnungen fassen nach dem Vorbild der EuErbVO[10] – und abweichend von den bisher auf dem Gebiet des internationalen Eherechts erlassenen Verordnungen (EuEheVO, Rom III-VO) – die Regeln zum internationalen Verfahrensrecht und zum Kollisionsrecht jeweils in einem Rechtsinstrument zusammen, um ein hohes Maß an Rechtssicherheit und Vorhersehbarkeit zu erreichen.[11] In den nicht teilnehmenden Mitgliedstaaten verbleibt es bis zu einem nach Art. 328 Abs. 1 AEUV jederzeit möglichen nachträglichen Beitritt vorerst bei der Geltung des nationalen IPR und IZPR.

**a) Anwendungsbereich.** In **persönlicher** Hinsicht gilt die Verordnung zum internationalen Ehegüterrecht nur für Ehegatten. Der Begriff der Ehe wird allerdings bewusst nicht definiert, sondern bleibt dem nationalen Recht der Mitgliedstaaten überlassen[12]. Damit werden auch die güterrechtlichen Beziehungen zwischen **gleichgeschlechtlichen Ehepartnern** in denjenigen teilnehmenden Mitgliedstaaten erfasst, die das Rechtsinstitut der Ehe auf solche Paare ausgedehnt haben.[13] Demgegenüber sind Mitgliedstaaten, die – wie die *Bundesrepublik Deutschland* – das Rechtsinstitut der gleichgeschlechtlichen Ehe bisher nicht in ihr nationales Eherecht eingeführt haben, nicht gezwungen, die Verordnung auf solche Ehen anzuwenden, sondern sind berechtigt, insoweit die Parallelverordnung zum Güterrecht eingetragener Lebenspartner (EuPartVO; → § 13 Rn. 2 ff.) heranzuziehen. Die Abgrenzung zwischen Ehegatten und eingetragenen Lebenspartnern – und damit zwischen der EuGüVO und der EuPartVO – wird damit nicht autonom vorgenommen, sondern bleibt Sache des nationalen Rechts der teilnehmenden Mitgliedstaaten.[14] 4

In **sachlicher** Hinsicht findet die Verordnung nach ihrem Art. 1 Abs. 1 auf „die ehelichen Güterstände" Anwendung. Dieser autonom auszulegende Begriff wird in Art. 3 lit. a dahin definiert, dass er „die Gesamtheit der Regelungen betreffend die Vermögensbeziehungen zwischen Ehegatten und in deren Verhältnis zu Dritten aufgrund der Ehe oder ihrer Auflösung" umfasst. Diese Definition knüpft an die weite Auslegung des Begriffs der ehelichen Güterstände in Art. 1 Abs. 2 lit. a Brüssel I-VO durch den EuGH[15] an. Ge- 5

[4] COM(2016) 108 final.
[5] COM(2016) 106 final.
[6] COM(2016) 107 final.
[7] ABl. 2016 L 159, 16.
[8] ABl. 2016 L 183, 1 = *Jayme/Hausmann* Nr. 33.
[9] ABl. 2016 L 183, 30 = *Jayme/Hausmann* Nr. 39.
[10] Verordnung Nr. 650/2012 vom 4.7.2012, ABl. 2012 L 201, 107 = *Jayme/Hausmann* Nr. 61.
[11] Erwägungsgründe 15 und 16 zur Verordnung.
[12] Erwägungsgrund 17 zur Verordnung.
[13] *Dethloff* FS v. Hoffmann, 2011, 73 (77).
[14] Ebenso *Andrae* IntFamR § 10 Rn. 11.
[15] EuGH 27.3.1979 – 143/78, Slg. 1979, 1055 Rn. 7 – de Cavel; zu Einzelheiten unalexKomm/*Hausmann* Brüssel I-VO Art. 1 Rn. 58 ff.

meint ist daher nicht nur das Ehegüterrecht im engeren Sinne, dh die in den Mitgliedstaaten vorgesehenen gesetzlichen und vertraglichen Güterstände; der europäische Begriff des Ehegüterrechts erstreckt sich vielmehr nach der Definition in Art. 3 lit. a EuGüVO auf **„sämtliche vermögensrechtliche Regelungen, die zwischen den Ehegatten und in ihren Beziehungen zu Dritten aufgrund der Ehe oder der Auflösung der Ehe gelten"**, soweit sie nicht in Art. 1 Abs. 2 EuGüVO aus dem Anwendungsbereich der Verordnung ausgeschlossen werden.[16] Mit Hilfe dieser weiten Auslegung, die auch das Recht der allgemeinen Ehewirkungen (*„régime primaire"*) einbezieht, soweit vermögensrechtliche Aspekte der Ehe betroffen sind,[17] sollen Zuständigkeitslücken im Grenzbereich zwischen der Brüssel Ia-VO, der EuUntVO und der EuGüVO vermieden werden. Das gleiche Ziel wird auf dem Gebiet des Kollisionsrechts im Verhältnis zur Rom I-VO angestrebt. Die EuGüVO gilt daher nicht nur für die vermögensrechtlichen Beziehungen, insbesondere die Zuordnung und Verwaltung des Vermögens zwischen den Ehegatten während bestehender Ehe, sondern auch für die **Vermögensauseinandersetzung bei Auflösung der Ehe** durch Scheidung, Trennung oder Tod sowie für die Rechtsbeziehungen zu Dritten, die ihren Grund in der Ehe haben.[18] Dieser weite Begriff des Ehegüterrechts der Verordnung erfasst daher nicht nur die Schlüsselgewalt, Eigentumsvermutungen und Verpflichtungs-/Verfügungsbeschränkungen, die im autonomen deutschen Kollisionsrecht bisher als allgemeine Ehewirkungen iSv Art. 14 EGBGB qualifiziert wurden, sondern etwa auch die **Nutzungsbefugnisse an der Ehewohnung und an Haushaltsgegenständen**. In ihrem Anwendungsbereich verdrängt die Verordnung daher künftig die Sonderanknüpfung in Art. 17a EGBGB, die nur noch für vor dem 29.1.2019 geschlossene Ehen sowie für die dort ebenfalls geregelten Betretungs-, Näherungs- und Kontaktverbote weiter anwendbar bleibt.

6 Die EuGüVO beschränkt ihren sachlichen Anwendungsbereich in Art. 1 Abs. 2 durch eine abschließende Aufzählung derjenigen Bereiche, die zwar einen Bezug zum ehelichen Güterrecht haben, von ihrer Anwendung aber ausdrücklich ausgenommen sind.[19] Dabei handelt es sich vor allem um Fragen, die bereits Gegenstand anderer Rechtsinstrumente des Unionsrechts sind, wie die in der EuUntVO und im Haager Unterhaltsprotokoll von 2007 geregelten Unterhaltspflichten (lit. c) und die von der EuErbVO abgedeckten Ansprüche des überlebenden Ehegatten auf eine Beteiligung am Nachlass des verstorbenen Partners (lit. d).[20] Ausgenommen sind ferner die allgemeine Rechts-, Geschäfts- und Handlungsfähigkeit der Ehegatten (lit. a), während besondere Geschäftsfähigkeiten auf dem Gebiet des Ehegüterrechts (zB die Fähigkeit zum Abschluss von Eheverträgen) dem nach der Verordnung bestimmten Güterrechtsstatut unterliegen.[21] Auch Vorfragen – wie insbesondere die Gültigkeit und die Anerkennung einer Ehe – sind gemäß Art. 1 Abs. 2 lit. b EuGüVO weiterhin nach dem nationalen IPR der teilnehmenden Mitgliedstaaten zu beantworten.[22]

7 Anders als noch im Verordnungsvorschlag vom 16.3.2011 schließt Art. 1 Abs. 2 nicht nur Fragen der **Sozialversicherung** (lit. e), sondern auch das Recht zur Übertragung oder zum Ausgleich von Anwartschaften auf Altersversorgung oder Erwerbsunfähigkeitsrente, die während der Ehe erworben wurden, im Falle der Ehescheidung, Ehetrennung oder Ehenichtigkeit aus dem sachlichen Anwendungs bereich der Verordnung aus (lit. f). Dies gilt insbesondere für den **Versorgungsausgleich** deutscher Prägung (→ § 12

[16] Erwägungsgrund 18 zur Verordnung.

[17] Zur Abgrenzung zwischen Ehewirkungs- und Ehegüterrechtsstatut unter Geltung der Verordnung näher → § 8 Rn. 3, 3a.

[18] Vgl. Erwägungsgrund 18 zur Verordnung.

[19] Vgl. Erwägungsgrund 19 zur Verordnung.

[20] Vgl. Erwägungsgrund 22 zur Verordnung.

[21] Gleiches gilt für Verfügungs- und Verpflichtungsbeschränkungen, die ihre Grundlage im ehelichen Güterrecht haben, vgl. Erwägungsgrund 20 zur Verordnung.

[22] Erwägungsgrund 21 zur Verordnung.

Rn. 2), für den es daher bei der Anknüpfung nach Art. 17 Abs. 3 EGBGB bleibt. Demgegenüber wird die Frage der Kategorisierung von Rentenansprüchen, der während der Ehe an einen Ehegatten bereits ausbezahlten Beträge und des zu gewährenden Ausgleichs für mit gemeinsamem Vermögen finanzierte Rentenversicherungen von der Verordnung erfasst.[23] Nicht mehr im Ausnahmekatalog enthalten sind hingegen die im Vorschlag vom 16.3.2011 (Art. 1 Abs. 3 lit. c) noch genannten **Schenkungen** und sonstigen unentgeltlichen Zuwendungen zwischen Ehegatten unter Lebenden. Sie werden daher von der Verordnung erfasst, soweit sie ihren Grund in der Ehe oder deren Auflösung haben; insoweit verdrängt die EuGüVO daher künftig die Rom I-VO als *lex specialis*.

Die vom Güterrechtsstatut vorgesehene Begründung oder Übertragung von Rechten an beweglichen oder unbeweglichen Sachen ist grundsätzlich in allen teilnehmenden Mitgliedstaaten anzuerkennen. Allerdings ist kein Mitgliedstaat verpflichtet, dingliche Rechte an Sachen, die in seinem Hoheitsgebiet belegen sind, auch dann anzuerkennen, wenn diese „ihrer Art nach" – zB wegen des nach der *lex rei sitae* bestehenden *numerus clausus* von Sachenrechten – unbekannt sind (lit. g). Ein solches **unbekanntes dingliches Recht,** das kraft ausländischen Güterrechts entstanden ist, wie zB der gesetzliche Elternnießbrauch des italienischen Rechts (Art. 194 Abs. 2 Cc), ist jedoch nach dem Vorbild von Art. 31 EuErbVO im Wege der Anpassung in ein dem Mitgliedstaat der Belegenheit bekanntes dingliches Recht umzuwandeln, das dem unbekannten ausländischen Recht möglichst nahekommt (Art. 29 EuGüVO).[24] 8

Schließlich bleibt auch für die Voraussetzungen der Publizität von Rechten an beweglichen oder unbeweglichen Vermögensgegenständen durch **Registereintragung** und für die Wirkungen einer solchen Eintragung vorerst weiterhin das nationale Verfahrens- und Kollisionsrecht maßgeblich (lit. h).[25] Demgemäß bestimmt grundsätzlich das Recht des Mitgliedstaats, in dem das Register geführt wird (und für unbewegliches Vermögen die jeweilige *lex rei sitae*) darüber, unter welchen gesetzlichen Voraussetzungen und wie die Eintragung vorzunehmen ist und welche Behörden – wie etwa Grundbuchämter oder Notare – dafür zuständig sind zu prüfen, ob alle Eintragungsvoraussetzungen erfüllt sind und die vorgelegten Unterlagen vollständig sind bzw. die erforderlichen Angaben enthalten.[26] Das Registerstatut ist auch maßgeblich für die Beurteilung, ob es sich bei dem zur Eintragung beantragten Recht eines Ehegatten überhaupt um ein eintragungsfähiges Recht handelt. Nicht das Güterrechtsstatut, sondern das Recht des Mitgliedstaats, in dem das Register geführt wird, entscheidet auch über die Wirkungen der Eintragung eines Rechts in ein Register, insbesondere darüber, ob die Eintragung konstitutive oder nur deklaratorische Wirkung hat. Erfordert daher der Erwerb eines Rechts an einer unbeweglichen Sache nach dem Recht des Mitgliedstaats, in dem das Register geführt wird, die Eintragung in ein Register, damit die Wirkung *erga omnes* eintritt, so gilt das Recht dieses Mitgliedstaats auch für den Zeitpunkt des Rechtserwerbs.[27] 8a

In **zeitlicher Hinsicht** gilt die Verordnung nach Art. 69 Abs. 1 nur für Verfahren, öffentliche Urkunden und gerichtliche Vergleiche, die **am 29.1.2019** oder danach eingeleitet, förmlich errichtet oder eingetragen bzw. gebilligt oder geschlossen worden sind. Allerdings können auch Entscheidungen, die in einem teilnehmenden Mitgliedstaat in einem vor dem 29.1.2019 eingeleiteten Verfahren ergangen sind, dann nach Art. 36 ff. EuGüVO anerkannt und vollstreckt werden, wenn die im Erststaat zugrunde gelegten Zuständigkeitsvorschriften jenen des Kapitels II der Verordnung entsprochen haben (Art. 69 Abs. 2 EuGüVO). Demgegenüber wird der zeitliche Anwendungsbereich der Verordnung auf dem Gebiet des Kollisionsrechts in Art. 69 Abs. 3 EuGüVO stark eingeschränkt. Denn danach sind die Kollisionsnormen der Art. 20 bis 35 EuGüVO auch ab dem 29.1.2019 9

[23] Dazu Erwägungsgrund 23 zur Verordnung.
[24] Erwägungsgründe 24 bis 26 zur Verordnung.
[25] Dazu Erwägungsgründe 27 und 28 zur Verordnung.
[26] Erwägungsgrund 47 zur Verordnung.
[27] Erwägungsgrund 48 zur Verordnung.

nur auf solche **Ehen** anzuwenden, die **nach diesem Stichtag geschlossen** werden. Damit verbleibt es also für die Beurteilung des Ehegüterrechts in allen zuvor geschlossenen Ehen aus deutscher Sicht auch nach dem 29.1.2019 bei der Geltung von Art. 15 und 220 Abs. 3 EGBGB. Eine Ausnahme gilt nur für Rechtswahlvereinbarungen, die zwischen den Partnern einer solchen Altehe erst ab dem 29.1.2019 getroffen werden; denn deren Voraussetzungen und Wirkungen unterliegen dann den Art. 22ff. EuGüVO.

10 **b) Anwendbares Recht. aa) Grundlagen.** Das Kapitel III der Verordnung zum anwendbaren Recht beansprucht gemäß Art. 20 **universelle Geltung,** dh die Kollisionsnormen der EuGüVO sind in den teilnehmenden Mitgliedstaaten auch dann anzuwenden, wenn sie auf das Recht von Staaten verweisen, die nicht der Europäischen Union angehören oder die an der Verstärkten Zusammenarbeit auf dem Gebiet des internationalen Ehegüterrechts nicht teilnehmen.[28] Für die Anwendung des autonomen Kollisionsrechts der teilnehmenden Mitgliedstaaten – in Deutschland also von Art. 15 EGBGB – bleibt daher auf dem Gebiet der vermögensrechtlichen Wirkung von Ehen, die erst nach dem 29.1.2019 geschlossen wurden, kein Raum mehr.

10a Ausgesprochen werden nur **Sachnormverweisungen;** Rück- und Weiterverweisung werden also – wie in den Verordnungen Rom I-III – gemäß Art. 32 auch dann ausgeschlossen, wenn auf das Recht eines Drittstaats verwiesen wird. Anregungen in der Literatur, den Renvoi in diesem Fall nach dem Vorbild von Art. 34 EuErbVO in eingeschränktem Umfang zu beachten,[29] hat der europäische Gesetzgeber nicht aufgegriffen. Die Unteranknüpfung im Fall der Verweisung auf das Recht eines Mehrrechtsstaates ist in Art. 33 bis 35 in enger Anlehnung an die entsprechenden Vorschriften der Art. 36 bis 38 EuErbVO geregelt.

11 Die Berufung auf den nationalen **ordre public** eines teilnehmenden Mitgliedstaats bleibt gemäß Art. 31 EuGüVO auch im Geltungsbereich der Verordnung möglich, allerdings nur in Übereinstimmung mit der Europäischen Grundrechte-Charta:[30] Vorrang vor dem nach der Verordnung bestimmten Güterrechtsstatut haben ferner nach Art. 30 Abs. 1 EuGüVO die **Eingriffsnormen der *lex fori;*** als solche kommen etwa Vorschriften zum Schutz der Ehewohnung in Betracht. Solche zwingenden Normen eines teilnehmenden Mitgliedstaats zur Wahrung von dessen politischer, sozialer oder wirtschaftlicher Ordnung sind jedoch als Ausnahmevorschriften eng auszulegen.[31] Anders als noch in Art. 22 des Kommissionsvorschlags von 2011 ist jedoch die Möglichkeit, auch Eingriffsnormen anderer Mitgliedstaaten zu berücksichtigen, nicht mehr vorgesehen.

12 Inhaltlich ruht die kollisionsrechtliche Regelung der EuGüVO im Wesentlichen auf **vier Pfeilern,** nämlich den Grundsätzen der Einheitlichkeit des Güterrechtsstatuts (Art. 21), der Unwandelbarkeit des Güterrechtsstatuts (Art. 26 Abs. 1), der großzügigen Einräumung von Rechtswahlmöglichkeiten (Art. 22 bis 24) und dem Vorrang der Anknüpfung an den gemeinsamen gewöhnlichen Aufenthalt vor der Anknüpfung an die gemeinsame Staatsangehörigkeit der Ehegatten (Art. 26 Abs. 1).

13 Ausgangspunkt der Regelung ist das Prinzip der **Einheitlichkeit des Güterrechtsstatuts** in Art. 21, von dem es im Interesse der Rechtssicherheit keine Ausnahme gibt. Damit führt die Verordnung dieses Prinzip deutlich strenger durch als das derzeit noch geltende deutsche internationale Ehegüterrecht. Denn anerkannt wird weder ein Vorrang des Einzelstatuts vor dem Güterrechtsstatut nach dem Vorbild des Art. 3a Abs. 2 EGBGB (→ Rn. 39f.), noch wird den Ehegatten gestattet, für Grundstücke das Recht der jeweiligen Belegenheit zu wählen, wie dies bisher nach Art. 15 Abs. 2 Nr. 3 EGBGB zulässig ist (näher → Rn. 102ff.). Nach der Verordnung unterliegt vielmehr das gesamte bewegliche

[28] Erwägungsgrund 44 zur Verordnung.
[29] Vgl. dazu *Hausmann* Riv.dir.int.priv.proc. 2015, 499 (516ff.).
[30] Vgl. Erwägungsgrund 54 zur Verordnung.
[31] Erwägungsgrund 53 zur Verordnung; *Kohler/Pintens* FamRZ 2011, 1433 (1437).

und unbewegliche Vermögen der Ehegatten – ohne Rücksicht auf die Belegenheit der einzelnen Vermögensgegenstände in einem Mitgliedstaat oder in einem Drittstaat – stets nur einem einzigen Güterrecht, und zwar unabhängig davon, ob das Güterrechtsstatut objektiv oder durch Rechtswahl bestimmt wird.[32]

**bb) Rechtswahl.** Um den Ehegatten die Regelung ihrer güterrechtlichen Beziehungen und die Verwaltung ihres Vermögens zu erleichtern, räumt die Verordnung in Art. 22 der **Parteiautonomie** weiten Raum ein. Die Ehegatten sollen allerdings nur solche Rechte wählen dürfen, die mit ihrer realen Lebenssituation und ihrer künftigen Lebensplanung einen hinreichenden Zusammenhang aufweisen.[33] Sie können sich demgemäß nach Art. 22 Abs. 1 EuGüVO zwischen folgenden Rechten entscheiden: 14

1. dem Recht des Staates, in dem sie zur Zeit der Rechtswahl ihren gemeinsamen gewöhnlichen Aufenthalt haben oder in dem zu dieser Zeit einer der Ehegatten seinen gewöhnlichen Aufenthalt hat (lit. a), oder
2. dem Recht des Staates, dessen Staatsangehörigkeit einer der Ehegatten zur Zeit der Rechtswahl besitzt (lit. b).

Gehört ein Ehegatte mehreren Staaten an, so sind die Ehegatten berechtigt, jedes seiner Heimatrechte als Güterrechtsstatut zu wählen. Die Rechtswahl kann auch schon vor der Eheschließung für die künftige Ehe getroffen werden. Sie muss – anders als nach Art. 19 Abs. 2 des Vorschlags von 2011 – nicht mehr notwendig ausdrücklich erfolgen. Im Hinblick auf den Grundsatz der Einheitlichkeit des Güterrechtsstatuts kann die Rechtswahl jedoch **nur für das gesamte Vermögen** der Ehegatten – ohne Rücksicht auf dessen Belegenheit – getroffen werden. Eine gerichtliche Kontrolle der Rechtswahl auf ihre Billigkeit – nach dem Vorbild von Art. 8 Abs. 5 des Haager Unterhaltsprotokolls (dazu → § 10 Rn. 120 ff.) – ist jedoch nicht vorgesehen.[34] Das Zustandekommen und die materielle Wirksamkeit der Rechtswahl beurteilen sich gemäß Art. 24 Abs. 1 nach dem gewählten Recht. 15

Um den Ehegatten einerseits zu erleichtern, ihre Rechtswahl in voller Sachkenntnis zu treffen und ihnen die Tragweite der Rechtswahl bewusst zu machen, und um andererseits zu gewährleisten, dass diese Rechtswahl auch respektiert wird,[35] übernimmt Art. 23 EuGüVO hinsichtlich der **Form der Rechtswahl** in vollem Umfang die Regelung in Art. 7 Rom III-VO (dazu näher → § 11 Rn. 104 ff.). Als **europäische Mindestform** wird daher auch in Art. 23 Abs. 1 EuGüVO die Schriftform, Datierung und Unterzeichnung durch die Ehegatten gefordert. Dem steht die elektronische Form gleich, wenn sie zu einer dauerhaften Aufzeichnung der Vereinbarung geführt hat. Wenn jedoch nach dem Recht des Mitgliedstaats, in dem die Ehegatten bei Abschluss der Rechtswahl bzw. des Ehevertrags ihren gemeinsamen gewöhnlichen Aufenthalt haben, weitergehende Formerfordernisse vorgeschrieben sind, so sind auch diese einzuhalten (Art. 23 Abs. 2 UAbs. 1 EuGüVO). Haben die Ehegatten ihren gemeinsamen gewöhnlichen Aufenthalt daher bei Abschluss der Rechtswahlvereinbarung in Deutschland, so bedarf diese zwingend der notariellen Beurkundung nach Art. 15 Abs. 3 iVm Art. 14 Abs. 4 S. 1 EGBGB (→ Rn. 126). Haben die Ehegatten hingegen ihren gewöhnlichen Aufenthalt zur Zeit der Rechtswahl in verschiedenen Mitgliedstaaten, so ist es für deren Formgültigkeit ausreichend, wenn die Formvorschriften nur eines dieser beiden Staaten eingehalten wurden (Art. 23 Abs. 3 EuGüVO). Hat nur ein Ehegatte zur Zeit des Abschlusses der Rechtswahl seinen gewöhnlichen Aufenthalt in einem Mitgliedstaat, so muss die Form nach dem Recht dieses Staates beobachtet werden; die Einhaltung der Form nach dem Recht des (Dritt-) Staates, in 16

[32] Vgl. Erwägungsgrund 43 zur Verordnung.
[33] Erwägungsgrund 45 zur Verordnung.
[34] Kritisch dazu *Dethloff* FS v. Hoffmann, 2011, 73 (77 f.).
[35] Zu den Formzwecken des Art. 23 EuGüVO vgl. Erwägungsgrund 47 zur Verordnung.

dem sich der andere Ehegatte gewöhnlich aufhält, reicht dann nicht aus (Art. 23 Abs. 4 EuGüVO).

16a Der Abschluss eines Ehevertrages ist eine Art der Verfügung über das Vermögen der Ehegatten, die in den teilnehmenden Mitgliedstaaten nicht in gleichem Maße zulässig ist und anerkannt wird. Um die Anerkennung von auf der Grundlage eines Ehevertrags erworbenen Rechten in den Mitgliedstaaten zu erleichtern, sieht die Verordnung in Art. 25 auch Vorschriften über die **Formgültigkeit von Eheverträgen** vor. Nach Art. 25 Abs. 1 EuGüVO bedürfen Eheverträge zumindest der Schriftform und müssen datiert und von beiden Ehegatten unterzeichnet werden. Dem steht auch hier die elektronische Form gleich, wenn sie zu einer dauerhaften Aufzeichnung des Ehevertrags geführt hat. Dieser muss jedoch nach Art. 25 Abs. 2 UAbs. 1 EuGüVO auch die zusätzlichen Anforderungen an die Formgültigkeit erfüllen, die in dem Recht des Mitgliedstaats vorgeschrieben sind, in dem beide Ehegatten zur Zeit des Abschlusses ihren gewöhnlichen Aufenthalt haben. Haben die Ehegatten zur Zeit des Abschlusses des Ehevertrags ihren gewöhnlichen Aufenthalt in verschiedenenen Mitgliedstaaten, so ist es nach Art. 25 Abs. 2 UAbs. 2 ausreichend, wenn die Formvorschriften des Rechts eines dieser Mitgliedstaaten gewahrt wurden. Hat hingegen nur ein Ehegatte seinen gewöhnlichen Aufenthalt zur Zeit des Abschlusses des Ehevertrags in einem Mitgliedstaat, während sich der andere in einem Drittstaat gewöhnlich aufhält, so müssen die Formvorschriften des betreffenden Mitgliedstaats beachtet werden; die Einhaltung der Formvorschriften des Drittstaats genügt in diesem Fall nicht. Schließlich müssen für Eheverträge nach Art. 25 Abs. 3 EuGüVO in jedem Fall auch etwaige zusätzliche Formvorschriften des nach der Verordnung maßgeblichen Güterrechtsstatuts eingehalten werden.[36]

17 **cc) Objektive Anknüpfung.** In Ermangelung einer Rechtswahl wird das Güterrechtsstatut nach Art. 26 EuGüVO objektiv angeknüpft. Dabei hat sich der europäische Gesetzgeber an der im geltenden deutschen internationalen Ehegüterrecht (Art. 15 Abs. 1 iVm Art. 14 Abs. 1 EGBGB) maßgebenden **Anknüpfungsleiter** orientiert und hat lediglich die Reihenfolge der ersten beiden Sprossen dieser Leiter umgedreht. Primär wird daher künftig an den **gemeinsamen gewöhnlichen Aufenthalt** der Ehegatten unmittelbar nach der Eheschließung angeknüpft (Art. 26 Abs. 1 lit. a EuGüVO) und nur wenn ein solcher nicht festgestellt werden kann, darf auf die **gemeinsame Staatsangehörigkeit** der Ehegatten zur Zeit der Eheschließung zurückgegriffen werden (Abs. 1 lit. b). Letztere ist allerdings nur dann maßgeblich, wenn die Ehegatten nur *eine* gemeinsame Staatsangehörigkeit haben, Art. 26 Abs. 2 EuGüVO.[37] Besitzen die Ehegatten auch keine gemeinsame Staatsangehörigkeit, so gilt – in Übereinstimmung mit Art. 15 Abs. 1 iVm Art. 14 Abs. 1 Nr. 3 EGBGB – hilfsweise das Recht des Staates, mit dem sie unter Berücksichtigung aller Umstände gemeinsam **am engsten verbunden** sind (Art. 26 Abs. 1 lit. c EuGüVO). Auf das Recht der engsten Verbindung nach Abs. 1 lit. c kommt es gemäß Art. 26 Abs. 2 EuGüVO auch dann an, wenn die Ehegatten mehr als eine gemeinsame Staatsangehörigkeit besitzen.

18 Neu in die Verordnung aufgenommen wurde in Art. 26 Abs. 3 schließlich eine **Ausweichklausel.**[38] Nach UAbs. 1 kann das Gericht ausnahmsweise auf Antrag eines Ehegatten von der Primäranknüpfung an das Recht des *ersten* gemeinsamen gewöhnlichen Aufenthalts der Ehegatten nach der Eheschließung zugunsten des Rechts des Staates absehen, in dem die Ehegatten ihren *letzten* gemeinsamen gewöhnlichen Aufenthalt hatten, sofern dieser deutlich länger gewährt hat als der erste gewöhnliche Aufenthalt nach der Eheschließung in einem anderen Staat (lit. a) und beide Ehegatten bei der Planung und Re-

[36] Vgl. Erwägungsgrund 48 zur Verordnung.
[37] Dies ist eine Vorfrage, die nicht in den Anwendungsbereich der Verordnung fällt, sondern weiterhin nach nationalem Recht – in Deutschland also nach Art. 5 Abs. 1 EGBGB – zu entscheiden ist, vgl. Erwägungsgrund 50 zur Verordnung.
[38] Vgl. Erwägungsgrund 51 zur Verordnung.

gelung ihrer Vermögensbeziehungen auf die Geltung dieses Rechts am letzten gemeinsamen gewöhnlichen Aufenthalt vertraut haben (lit. b). Das Recht dieses anderen Staates gilt dann rückwirkend vom Zeitpunkt der Eheschließung an; nur wenn ein Ehegatte widerspricht, gilt es erst von der Begründung des letzten gewöhnlichen Aufenthalts in diesem anderen Staat an (UAbs. 2). Die Anwendung der Ausweichklausel darf jedoch die Rechte gutgläubiger Dritter nicht beeinträchtigen (UAbs. 3). Schließlich kann die Ausweichklausel dann nicht angewandt werden, wenn die Ehegatten schon vor der Begründung des letzten gemeinsamen gewöhnlichen Aufenthalts in einem anderen Staat einen Ehevertrag abgeschlossen hatten (UAbs. 4).

Maßgebender Zeitpunkt für die Anknüpfungen nach Art. 26 Abs. 1 lit. a und lit. b EuGüVO ist im Interesse der Sicherheit des Rechtsverkehrs der **Zeitpunkt der Eheschließung.** Gleiches gilt, auch wenn dies im Wortlaut der Vorschrift nicht zum Ausdruck kommt, auch für die Anknüpfung an die engste Verbindung nach Art. 26 Abs. 1 lit. c EuGüVO.[39] Eine spätere Verlegung des gemeinsamen gewöhnlichen Aufenthalts oder ein Wechsel der Staatsangehörigkeit der Ehegatten ist auf das nach der Verordnung bestimmte Güterrechtsstatut ohne Einfluss, weil die Ehegatten in einem solchen Falle mit einer Änderung des für sie maßgebenden Güterrechts häufig nicht rechnen **(Grundsatz der Unwandelbarkeit des Güterrechtsstatuts).**[40] Wenn sie eine Anpassung ihrer güterrechtlichen Verhältnisse an das neue Lebensumfeld wünschen, müssen sie ihren diesbezüglichen Willen ausdrücklich bekunden; hierfür steht ihnen die Möglichkeit einer entsprechenden Rechtswahl nach Art. 22 EuGüVO offen. Eine solche erst während der Ehe getroffene Rechtswahl wirkt grundsätzlich nur *ex nunc,* soweit die Ehegatten nicht ausdrücklich eine Rückwirkung vereinbaren, Art. 22 Abs. 2 EuGüVO.[41] Durch die Vereinbarung einer Rückwirkung werden jedoch die Gültigkeit früherer Rechtshandlungen der Ehegatten und Rechte Dritter nicht beeinträchtigt, Art. 22 Abs. 3 EuGüVO. 19

## 2. Staatsverträge

**Schrifttum:**
*von Bar,* Die eherechtlichen Konventionen der Haager Konferenz(en), RabelsZ 57 (1993), 63; *Beitzke,* Die 13. Haager Konferenz und der Abkommensentwurf zum ehelichen Güterrecht, RabelsZ 41 (1977), 105; *Lenck,* La Convention de la Haye de 1978 sur la loi applicable aux régimes matrimoniaux, J.C.P 1992, D. 275; *Loussouarn,* La Convention de la Haye sur la loi applicable aux régimes matrimoniaux, Clunet 1979, 5; *Martiny,* Das Grünbuch zum internationalen Ehegüterrecht – Erste Regelungsvorschläge, FuR 2008, 206; *Nascimbene,* Jurisdiction and applicable law in matrimonial matters: Rome III Regulation?, EuLF 2009 I, 1; *von Overbeck,* La convention de la Haye sur la loi applicable aux régimes matrimoniaux, SchweizJahrbIntR 33 (1977), 105.

**a) Haager Ehewirkungsabkommen von 1905.** Das Haager Ehewirkungsabkommen vom 17.7.1905,[42] das die autonome Kollisionsnorm des Art. 15 EGBGB verdrängte, ist von der *Bundesrepublik Deutschland* mit Wirkung vom 23.8.1987 gekündigt worden.[43] Es galt nach dem 2. Weltkrieg nur noch im Verhältnis zu *Schweden* (bis 23.8.1962),[44] zu *Polen* (bis 23.8.1972),[45] zu den *Niederlanden* (bis 23.8.1977)[46] und zu *Italien* (bis 23.8.1987).[47] Da es für die Bestimmung des Güterrechtsstatuts auch nach geltendem Recht auf den Zeitpunkt der Eheschließung ankommt (→ Rn. 53ff.), hat das Abkommmen für Ehen von *Schweden, Polen, Niederländern* und *Italienern* auch **heute noch Bedeutung,** wenn die Heimatstaaten dieser Ehegatten zur Zeit der Eheschließung noch Vertragsstaaten des Ab- 20

[39] Vgl. Erwägungsgrund 49 aE zur Verordnung.
[40] Erwägungsgrund 46 S. 1 zur Verordnung.
[41] Erwägungsgrund 46 S. 2 zur Verordnung.
[42] RGBl. 1912, 453, 475.
[43] Bek. v. 26.2.1986, BGBl. II 505.
[44] BGBl. 1960 II 1532.
[45] BGBl. 1969 II 41.
[46] BGBl. 1977 II 444.
[47] BGBl. 1986 II 501.

kommens waren.[48] Gemäß Art. 2 des Abkommens war – ebenso wie nach Art. 15 Abs. 1 S. 1 EGBGB aF – in Ermangelung eines Ehevertrages für die güterrechtlichen Wirkungen der Ehe das Heimatrecht des Ehemannes zur Zeit der Eheschließung maßgebend. Diese Anknüpfung **verstößt** jedoch **gegen das Gleichberechtigungsgebot des Art. 3 Abs. 2 GG** und kann deshalb aus den vom BVerfG zu Art. 15 Abs. 1 S. 1 EGBGB aF genannten Gründen (→ Rn. 143) auf Ehen, die nach dem 31.3.1953 geschlossen wurden, von deutschen Gerichten nicht mehr angewandt werden.[49] Für Übergangsfragen, die sich aus der Verfassungswidrigkeit des Art. 2 Abs. 1 des Haager Ehewirkungsabkommens ergeben, gilt Art. 220 Abs. 3 EGBGB entsprechend (→ Rn. 142 ff.).[50]

21 Praktische Bedeutung hatte das Haager Ehewirkungsbkomnmen vor allem wegen der **für Eheverträge in Art. 5** getroffenen Regelung. Danach war für die Gültigkeit eines während der geschlossenen Ehevertrages in Ansehung seines Inhalts sowie für seine Wirkungen ausschließlich das gemeinsame Heimatrecht der Ehegatten maßgebend.[51] In rein schwedischen, polnischen, niederländischen oder italienischen Ehen, die zu einem Zeitpunkt geschlossen wurden, als die Heimatstaaten der Ehegatten noch Vertragsstaaten des Haager Ehewirkungsabkommens waren, konnte ein Ehevertrag mithin nur geschlossen werden, wenn und soweit das Heimatrecht der Ehegatten einen solchen zuließ. Die in Art. 15 Abs. 2 Hs. 2 EGBGB aF ausländischen Ehegatten mit Wohnsitz in Deutschland eingeräumte Möglichkeit, einen Ehevertrag auch dann zu schließen, wenn er nach dem Heimatrecht der Ehegatten unzulässig war, bestand daher im Verhältnis zu den Vertragsstaaten nicht; in gleicher Weise war auch eine Rechtswahl nach Art. 15 Abs. 2 Nr. 2 und Nr. 3 EGBGB nF in rein italienischen Ehen im Zeitraum vom 1.9.1986 bis zum 23.8.1987 unzulässig.[52] Dies ist auch heute noch zu beachten.

22 **b) Haager Ehegüterrechtsabkommen von 1978.** Das Haager Übereinkommen über das auf Ehegüterstände anwendbare Recht vom 14.3.1978 (englischer und französischer Text: RabelsZ 41 (1977), 554 ff.) ist bisher von der Bundesrepublik Deutschland nicht ratifiziert worden. Es ist am 1.9.1992 für *Frankreich, Luxemburg* und die *Niederlande* in Kraft getreten. Die Regeln des Abkommens gelten in den Vertragsstaaten als *„loi uniforme"* und sind deshalb auch dann anzuwenden, wenn auf das Recht eines Nichtvertragsstaats (zB auf deutsches Recht) verwiesen wird.[53] Für deutsche Gerichte erlangen sie daher im vor allem im Rahmen einer nach Art. 4 Abs. 1 EGBGB zu beachtenden **Rückverweisung** durch das Recht eines der Vertragsstaaten Bedeutung.

23 Maßgebend ist in erster Linie das von den Ehegatten bezeichnete Sachrecht (Art. 3 Abs. 1). Die **Rechtswahl** ist allerdings beschränkt auf die Rechtsordnungen der Staaten, denen zumindest ein Ehegatte angehört oder in denen zumindest ein Ehegatte seinen gewöhnlichen Aufenthalt zur Zeit der Rechtswahl hat; hilfsweise kann auch das Recht des Staates gewählt werden, in dem ein Ehegatte nach der Eheschließung seinen ständigen Aufenthalt begründen wird (Art. 3 Abs. 2). Das gewählte Recht gilt für das gesamte Vermögen der Ehegatten (Art. 3 Abs. 3). Für alle oder einzelne Grundstücke ist jedoch auch die Wahl des Rechts am jeweiligen Lageort gestattet (Art. 3 Abs. 4). Die Rechtswahl kann ausdrücklich in der Form des Ehevertrages nach dem gewählten Recht oder nach dem

---

[48] Staudinger/*Mankowski* EGBGB Art. 15 Rn. 4; *Schotten/Schmellenkamp* IPR Rn. 133.

[49] BGH DNotZ 1987, 292 f. mAnm *Lichtenberger*, BGH NJW 1988, 638 mAnm *Schurig* IPRax 1988, 88 ff.; Staudinger/*Mankowski* EGBGB Art. 14 Rn. 6b.

[50] BT-Drs. 10/5632, 46; BGH NJW 1987, 583 (584); 1988, 638; FamRZ 1988, 40 (41); *Jayme* IPRax 1987, 93 (95); *Stoll* JZ 1999, 207; *Ultsch* MittBayNot 1994, 270; Palandt/*Thorn* EGBGB Art. 15 Rn. 2a.

[51] Für gemischt-nationale Ehen galt Art. 5 nicht, vgl. BayObLG IPRax 1986, 380; dazu *Jayme* IPRax 1986, 361.

[52] *Schotten/Schmellenkamp* IPR Rn. 133.

[53] Auch von deutschen Gerichten sind die Kollisionsnormen des Übereinkommens daher nach Art. 4 Abs. 1 EGBGB zu beachten, soweit Art. 15 Abs. 1 EGBGB auf *französisches, luxemburgisches* oder *niederländisches* Recht verweist, vgl. OLG Düsseldorf FamRZ 2000, 1574 (1575); Staudinger/*Hausmann* EGBGB Art. 4 Rn. 152 und Anh. zu Art. 4 Rn. 156 ff.

Recht am Ort des Vertragsschlusses getroffen werden. Ausreichend ist aber auch eine stillschweigende Rechtswahl, sofern sie sich unzweifelhaft aus einem wirksam geschlossenen Ehevertrag ergibt.

In Ermangelung einer Rechtswahl gilt grundsätzlich das **Recht des ersten gemeinsamen gewöhnlichen Aufenthalts nach der Eheschließung** (Art. 4 Abs. 1). Statt dessen kommt ausnahmsweise nach Art. 4 Abs. 2 das gemeinsame Heimatrecht der Ehegatten zur Anwendung, 24

1. wenn die Ehegatten einem Vertragsstaat angehören, der einen entsprechenden Vorbehalt erklärt hat; der Vorrang des gemeinsamen Heimatrechts greift in diesem Fall jedoch nicht ein, wenn die Ehegatten während eines Zeitraums von fünf Jahren nach der Eheschließung den gemeinsamen gewöhnlichen Aufenthalt im gleichen Staat gehabt haben, es sei denn, dieser Aufenthaltsstaat hat – als Vertragsstaat – den Vorbehalt zugunsten des gemeinsamen Heimatrechts erklärt oder er knüpft – als Nichtvertragsstaat (wie zB Deutschland; → Rn. 37) – in seinem autonomen IPR an die gemeinsame Staatsangehörigkeit der Ehegatten an;
2. wenn die Ehegatten gemeinsam einem Nichtvertragsstaat angehören, dessen autonomes IPR die Anwendung des gemeinsamen Heimatrechts vorschreibt, vorausgesetzt, die Ehegatten begründen ihren ersten gewöhnlichen Aufenthalt nach der Eheschließung in einem Vertragsstaat, der einen Vorbehalt zugunsten des gemeinsamen Heimatrechts erklärt hat oder in einem Nichtvertragsstaat, der im Güterrecht an die gemeinsame Staatsangehörigkeit anknüpft;
3. wenn die Ehegatten ihren ersten gewöhnlichen Aufenthalt nicht in dem gleichen Staat begründen.

Hilfsweise gilt nach Art. 4 Abs. 3 das Recht, mit dem der Güterstand am engsten verbunden ist, wenn die Ehegatten weder einen gemeinsamen gewöhnlichen Aufenthalt noch eine gemeinsame Staatsangehörigkeit besitzen. 25

Das Güterrechtsstatut ist grundsätzlich **unwandelbar** (Art. 7 Abs. 1). Eine nachträgliche Änderung durch Rechtswahl ist jedoch zulässig; diese nachträgliche Rechtswahl ist dabei ähnlich eingeschränkt wie eine anfängliche Rechtswahl (Art. 6 Abs. 1 bis Abs. 4). Darüber hinaus ändert sich das objektive Güterrechtsstatut automatisch zugunsten des Rechts am gemeinsamen gewöhnlichen Aufenthalt der Ehegatten, wenn Aufenthaltsrecht und gemeinsames Heimatrecht zusammentreffen oder wenn der gemeinsame Aufenthalt in einem Staat länger als zehn Jahre nach der Eheschließung gedauert hat (Art. 7 Abs. 2). 26

**c) Deutsch-iranisches Niederlassungsabkommen von 1929.** Vorrang vor dem autonomen deutschen Kollisionsrecht hat auf dem Gebiet des Ehegüterrechts nach Art. 3 Nr. 2 EGBGB auch das deutsch-iranische Niederlassungsabkommen vom 17.2.1929.[54] Daran wird sich auch unter Geltung der EuGüVO ab dem 29.1.2019 nichts ändern, da die Verordnung bestehende Staatsverträge der teilnehmenden Mitgliedstaaten unberührt lässt (Art. 62 Abs. 1 EuGüVO). Zu den allgemeinen Anwendungsvoraussetzungen dieses Abkommens → § 8 Rn. 5 ff. Angeknüpft wird im ehelichen Güterrecht an die gemeinsame Staatsangehörigkeit der Ehegatten. Denn nach Art. 8 Abs. 3 des Abkommens bleiben die Angehörigen jedes der vertragsschließenden Staaten im Gebiet des anderen Staates in Bezug auf das Familienrecht ihren heimischen Gesetzen unterworfen.[55] Da das Abkommen einen Zeitpunkt für die Anknüpfung nicht bestimmt, ist das Ehegüterrechtsstatut – im Gegensatz zu dem im autonomen Recht geltenden Grundsatz des Art. 15 Abs. 1 EGBGB (→ Rn. 58 ff.) – im Geltungsbereich des deutsch-iranischen Niederlassungsabkommens **wandelbar.**[56] Ein Staatsangehörigkeitswechsel der Ehegatten nach der Ehe- 27

[54] RGBl. 1930 II 1006.
[55] Vgl. zuletzt OLG Celle FamRBint 2012, 2 mAnm *Yassari.*
[56] *V. Bar* IPR II Rn. 210; *Schotten/Wittkowski* FamRZ 1995, 265 (267); *Finger* FuR 1999, 215 f.; *Schotten/Schmellenkamp* IPR Rn. 134; Reithmann/Martiny/*Hausmann* IVR Rn. 7.854.

schließung kann deshalb zu einer Änderung des Güterrechtsstatuts führen.[57] Dies gilt nicht nur, wenn beide Ehegatten von der iranischen zur deutschen oder – umgekehrt – von der deutschen zur iranischen Staatsangehörigkeit wechseln; ausreichend ist es vielmehr auch, dass durch den Staaatsangehörigkeitswechsel nur eines Ehegatten die gemeinsame deutsche oder iranische Staatsangehörigkeit erlangt wird.

28 **Beispiel:**
Heiratet eine deutsche Frau einen iranischen Mann, so beurteilen sich ihre güterrechtlichen Verhältnisse nach deutschem Recht, wenn die Verlobten zur Zeit der Eheschließung ihren gewöhnlichen Aufenthalt im Inland haben, Art. 15 Abs. 1 iVm Art. 14 Abs. 1 Nr. 2 EGBGB. Auch wenn die Ehegatten ihren gewöhnlichen Aufenthalt im Verlauf der Ehe in den *Iran* verlegen, ändert sich hieran aus deutscher Sicht nichts. Erwirbt die Ehefrau allerdings unter Verlust ihrer deutschen die iranische Staatsangehöigkeit, so gilt von nun an das deutsch-iranische Niederlassungsabkommen und die güterrechtlichen Beziehungen unterliegen fortan dem gemeinsamen iranischen Heimatrecht der Ehegatten.

29 Erwirbt von iranischen Ehegatten im Verlauf der Ehe nur einer die deutsche Staatsangehörigkeit oder den Status als **Flüchtling** iSd Genfer Flüchtlingskonvention bzw. als Asylberechtigter, so ist zwar das Abkommen von diesem Zeitpunkt an auf die Ehe der Parteien nicht mehr anwendbar[58] und die Anknüpfung des ehelichen Güterrechts unterliegt fortan dem autonomen IPR der beiden Vertragsstaaten. Aus deutscher Sicht führt dies jedoch wegen der Unwandelbarkeit der Anknüpfung nach Art. 15 Abs. 1 EGBGB nicht zu einer Änderung des Güterrechtsstatuts.[59]

30 Das Abkommen sieht die Möglichkeit einer **Wahl des Güterrechtsstatuts** nicht vor. Die Rechtsfolgen dieser Lücke sind umstritten. Teilweise wird angenommen, Art. 8 Abs. 1 und Abs. 2 des Abkommens wollten für die Angehörigen des jeweils anderen Vertragsstaats nur die Inänderbehandlung gewährleisten und Art. 8 Abs. 3 wolle nur sicherstellen, dass Iraner oder Deutsche sich nicht den familienrechtlichen Bestimmungen des jeweils anderen Kultur-/Religionskreises unterwerfen müssten. Die von Art. 15 Abs. 2 Nr. 2 und Nr. 3 EGBGB gestattete Wahl des Rechts am gemeinsamen gewöhnlichen Aufenthalt der Ehegatten bzw. des Belegenheitsrechts für Grundstücke auf die güterrechtlichen Beziehungen sei daher mit den Zielen des Abkommens durchaus vereinbar, weil ein vom Heimatrecht der Ehegatten verschiedenes Güterrecht nur aufgrund einer freien Willenentschließung der Ehegatten zur Anwendung kommen könne.[60] Dagegen spricht indessen der Wortlaut des Abkommens, der Iraner und Deutsche jeweils nur ihren „heimischen Gesetzen“ unterwirft. Das Abkommen beschränkt sich also auf die Regelung der *objektiven* Ankünpfung des Güterrechtsstatuts, weil die heute nach Art. 15 Abs. 2 Nr. 2 und Nr. 3 EGBGB eingeräumten Rechtswahlmöglichkeiten in beiden Vertragsstaaten im Jahr 1929 noch nicht bestanden haben. Da das iranische IPR eine güterrechtliche Rechtswahl auch nach wie vor nicht kennt, dürfte eine auf Art. 15 Abs. 2 Nr. 2 oder Nr. 3 EGBGB gestützte Wahl deutschen Rechts durch iranische Ehegatten im Iran keine Aner-

---

[57] Vgl. *v. Bar* IPR II Rn. 210; *Schotten/Schmellenkamp* IPR Rn. 134.

[58] *V. Bar* IPR II Rn. 210; Staudinger/*Hausmann* EGBGB Anh. zu Art. 4 Rn. 776 m. ausf. Nachweisen; dazu näher → § 2 Rn. 46ff.

[59] Aus deutscher Sicht bleibt es also für den im Text genannten Fall bei der Geltung des iranischen Rechts, vgl. *v. Bar* IPR II Rn. 210; NK-BGB/*Sieghörtner* EGBGB Art. 15 Rn. 2 (in Fn. 8); **aA** *Schotten/Schmellenkamp* IPR Rn. 134, die für die Anknüpfung nach Art. 15 Abs. 1 EGBGB in diesem Fall nicht auf den Zeitpunkt der Eheschließung, sondern auf den Zeitpunkt des Erwerbs der deutschen Staatsangehörigkeit durch einen der beiden iranischen Ehegatten (und die erst daraus folgende Unanwendbarkeit des Abkommens) abstellen.

[60] *Schotten/Schmellenkamp* IPR Rn. 134; ebenso zur erbrechtlichen Rechtswahl nach Art. 25 Abs. 2 EGBGB Staudinger/*Dörner* EGBGB Vorb. zu Art. 25f. Rn. 149.

kennung finden. Die Zulässigkeit einer solche Rechtswahl ist daher im Anwendungsbereich des Abkommens abzulehnen.[61]

### 3. Autonomes Kollisionsrecht

Soweit nicht das deutsch-iranische Niederlassungsabkommen eingreift, verbleibt es aus deutscher Sicht bis zur Geltung der EuGüVO ab dem 29.1.2019 bei der Maßgeblichkeit des autonomen deutschen Kollisionsrechts. Die Art. 15, 16 sowie Art. 220 Abs. 3 EGBGB gelten – vorbehaltlich einer ab dem 29.1.2019 getroffenen Rechtswahl – auch nach diesem Stichtag für alle Ehen weiter, die bis zu diesem Zeitpunkt geschlossen worden sind (Art. 69 Abs. 3 EuGüVO). Damit wird das autonome deutsche internationale Ehegüterrecht noch für lange Zeit praktische Bedeutung behalten. Art. 15 Abs. 1 EGBGB unterstellt die güterrechtlichen Wirkungen der Ehe im Interesse einer möglichst einheitlichen Anknüpfung sämtlicher Familienbeziehungen dem von Art. 14 EGBGB zur Anwendung berufenen Recht. Dieser **Gleichlauf** gilt auch, soweit das Ehewirkungsstatut nach Art. 14 Abs. 2 und Abs. 3 EGBGB von den Ehegatten vor der Eheschließung durch **Rechtswahl** bestimmt worden ist.[62] Zusätzlich ermöglicht Art. 15 Abs. 2 EGBGB den Ehegatten eine auf ihre güterrechtlichen Beziehungen beschränkte weitergehende Rechtswahl. 31

## II. Internationale Zuständigkeit

### 1. EU-Recht

Regelungen des sekundären Unionsrechts finden auf dem Gebiet der internationalen Zuständigkeit für güterrechtliche Verfahren derzeit noch keine Anwendung. Die ehelichen Güterstände sind insbesondere aus dem Anwendungsbereich der **Brüssel Ia-VO** nach deren Art. 1 Abs. 2 lit. a ausdrücklich ausgeschlossen. Dieser Ausschlusstatbestand ist weit auszulegen; er umfasst alle vermögensrechtlichen Beziehungen zwischen Ehegatten, die sich unmittelbar aus der Ehe oder ihrer Auflösung ergeben.[63] Ist allerdings im Rahmen einer vermögensrechtlichen Streitigkeit über Fragen des Ehegüterrechts lediglich als Vorfrage zu entscheiden, so wird hierdurch die Anwendbarkeit der Brüssel Ia-VO nicht in Frage gestellt.[64] 32

Auch die bisher auf dem Gebiet des Ehe- und Familienrechts in Kraft getretenen EG-/EU-Verordnungen erfassen das eheliche Güterrecht nicht. Dies gilt insbesondere für die **EuEheVO,** die überhaupt keine vermögensrechtlichen Scheidungsfolgen regelt.[65] Auch der Anwendungsbereich der **EuUntVO** ist nach ihrem Art. 1 Abs. 1 auf das Unterhaltsrecht beschränkt. Die Abgrenzung zwischen Ehegattenunterhalt und Ehegüterrecht wirft allerdings namentlich iRd vermögensrechtlichen Abwicklung von Ehen aus Anlass der Scheidung nach dem Recht von *Common Law*-Staaten erhebliche Probleme auf (näher → § 10 Rn. 134). 33

---

[61] So auch die hM, vgl. *v. Bar* IPR II Rn. 354; *Schotten/Wittkowski* FamRZ 1995, 264 (267 ff.); Staudinger/*Mankowski* EGBGB Art. 15 Rn. 4; NK-BGB/*Sieghörtner* EGBGB Art. 15 Rn. 2; Münch/*Süss* FamR § 20 Rn. 88.

[62] Palandt/*Thorn* EGBGB Art. 15 Rn. 1, 20; MüKoBGB/*Siehr* EGBGB Art. 15 Rn. 23; Erman/*Hohloch* EGBGB Art. 15 Rn. 1, 21; *v. Bar* IPR II Rn. 212; *Schotten/Schmellenkamp* IPR Rn. 136. Eine erst nach der Eheschließung getroffene Rechtswahl nach Art. 14 Abs. 2 oder Abs. 3 EGBGB wirkt sich hingegen güterrechtlich nicht aus.

[63] EuGH 27.3.1979 – 143/78, Slg. 1979, 1055 Rn. 7 – de Cavel. Zum Streit von Ehegatten über die Zuordnung bestimmter Grundstücke zum Gesamtgut der zwischen ihnen bestehenden Errungenschaftsgemeinschaft auch OLG Frankfurt a.M. FamRZ 2013, 1490; zu weiteren Einzelheiten unalexKomm/*Hausmann* Brüssel I-VO Art. 1 Rn. 58 ff.

[64] Vgl. OLG Stuttgart IPRax 2001, 152: Streit zwischen Ehegatten über gemeinsames Bankkonto; unalexKomm/*Hausmann* Brüssel I-VO Art. 1 Rn. 67 mwN.

[65] Vgl. Erwägungsgrund 8; OGH 28.4.2011, unalex AT-729; näher *Hausmann* IntEuSchR A Rn. 30 mwN.

33a Demgegenüber enthält die EuGüVO vom 24.6.2016 (→ Rn. 2ff.) in ihrem Kapitel II (Art. 4 bis 19) eine ausführliche Regelung der internationalen Zuständigkeit in Ehegüterrechtssachen, die jedoch nach Art. 69 Abs. 1 EuGüVO nur für Verfahren, öffentliche Urkunden und gerichtliche Vergleiche gilt, die am 29.1.2019 oder danach eingeleitet, förmlich errichtet oder eingetragen bzw. gebilligt oder geschlossen worden sind. Die Verordnung sieht vor allem **akzessorische Anknüpfungen** an die internationale Zuständigkeit in Erb- und Ehesachen vor, wenn die Ehegüterrechtssache in Verbindung mit einem Verfahren über den Nachlass des zuerst verstorbenen Ehegatten oder in Verbindung mit einem Verfahren über die Ehescheidung, Trennung ohne Auflösung des Ehebandes oder Ungültigkeit der Ehe anhängig gemacht wird (Art. 4 und 5 EuGüVO). Ansonsten sind vor allem die Gerichte im Staat des (letzten) gemeinsamen gewöhnlichen Aufenthalts der Ehegatten oder in ihrem gemeinsamen Heimatstaat international zuständig (Art. 6 EuGüVO). Darüber hinaus besteht nach Art. 7 EuGüVO die Möglichkeit, eine **Gerichtsstandsvereinbarung** zugunsten der Gerichte des Staates zu treffen, dessen Recht aufgrund einer Rechtswahl nach Art. 22 oder kraft objektiver Anknüpfung nach Art. 26 Abs. 1 EuGüVO auf die güterrechtlichen Beziehungen der Ehegatten anwendbar ist. Auch die rügelose Einlassung des Beklagten kann nach Art. 8 EuGüVO die internationale Zuständigkeit begründen. Für den Fall, dass kein Gericht eines teilnehmenden Mitgliedstaats nach Art. 4 bis 8 EuGüVO international zuständig ist, sieht die Verordnung in Art. 10 und 11 eine **subsidiäre Zuständigkeit** und eine Notzuständigkeit (*forum necessitatis*) vor. Ein Rückgriff auf das nationale Zuständigkeitsrecht der teilnehmenden Mitgliedstaaten ist hingegen in ab dem 29.1.2019 eingeleiteten Verfahren ausgeschlossen.

### 2. Autonomes deutsches Zivilverfahrensrecht

34 Da die internationale Zuständigkeit für güterrechtliche Erkenntnisverfahren bisher auch nicht in Staatsverträgen geregelt ist, die von der *Bundesrepublik Deutschland* abgeschlossen worden sind,[66] bestimmt sie sich vor deutschen Gerichten vorerst weiterhin nach dem im **FamFG** geregelten autonomen Verfahrensrecht. Nach § 261 FamFG ist dann danach zu unterscheiden, ob sie als Folgesachen nach § 137 Abs. 2 Nr. 4 FamFG im Scheidungsverbund oder unabhängig von einem Scheidungsverfahren anhängig gemacht werden. Wird der Ausgleich des Zugewinns oder ein sonstiger güterrechtlicher Anspruch im **Scheidungsverbund** geltend gemacht, so ist hierfür nach § 98 Abs. 2 FamFG dasjenige Gericht zuständig, bei dem die Ehescheidung anhängig gemacht wurde, sofern die deutschen Gerichte für die Scheidung international zuständig sind. Die internationale Zuständigkeit für die Scheidung selbst beurteilt sich in erster Linie nach Art. 3ff. EuEheVO (→ § 11 Rn. 18ff.), und nur in den engen Grenzen der Art. 6, 7 EuEheVO nach § 98 Abs. 1 FamFG. Die internationale Verbundszuständigkeit nach § 98 Abs. 2 FamFG ist also nicht davon abhängig, dass sich die internationale Zuständigkeit für die Scheidung aus § 98 Abs. 1 FamFG ergibt.[67]

35 Nur in den verbleibenden Fällen, dh bei der isolierten Geltendmachung von güterrechtlichen Ansprüchen **außerhalb eines anhängigen Scheidungsverfahrens,** bestimmt sich die internationale Zuständigkeit nach § 105 FamFG.[68] Danach sind die deutschen Gerichte immer dann international zuständig, wenn ein deutsches Gericht örtlich zuständig ist **(Grundsatz der Doppelfunktionalität).** Damit verweist § 105 auf § 262 Abs. 2 FamFG. Dieser erklärt die Gerichtsstandsvorschriften der §§ 12ff. ZPO mit der Maßgabe für anwendbar, dass an die Stelle des Wohnsitzes der gewöhnliche Aufenthalt der Beteiligten tritt.[69]

[66] Insbesondere ist das eheliche Güterrecht aus dem Luganer Übereinkommen von 2007 in gleichem Umfang ausgeschlossen wie aus der Brüssel Ia-VO (Art. 1 Abs. 2 lit. a LugÜ).

[67] OLG Frankfurt a.M. FamRZ 2013, 1490; *Hau* FamRZ 2009, 821 (823); Thomas/Putzo/*Hüßtege* FamFG § 98 Rn. 6; Bamberger/Roth/*Althammer* FamFG § 98 Rn. 12.

[68] *Althammer* IPRax 2009, 383.

[69] Vgl. OLG Frankfurt a.M. FamRZ 2013, 1490; dazu näher *Hausmann* IntEuSchR F Rn. 13ff.

## B. Kollisionsrecht

### I. Objektive Anknüpfung

**Schrifttum:**

*Andrae,* Internationales Privatrecht der ehelichen Vermögensbeziehungen mit Berührung zu Polen, NotBZ 2001, 44 und 94; *Bardy,* Das Ehegüterrecht der Vereinigten Staaaten von Amerika aus der Sicht des deutschen Notars, RNotZ 2005, 137; *Bosch,* Die Durchbrechungen des Gesamtstatuts im internationalen Ehegüterrecht, 2002; *Finger,* Internationale Zuständigkeit und (versteckte) Rückverweisung – Folgen für das eheliche Güterrecht, FuR 2009, 181; *ders.,* Güterrechtliche Rechtsbeziehungen mit Auslandsbezug, FuR 2012, 10; *Hohloch,* Güterrechtliche Auseinandersetzung einer deutsch-ausländischen Ehe, JuS 1993, 513; *Jayme,* Zur Auseinandersetzung des Vermögens italienischer Eheleute nach der Ehetrennung durch deutsche Gerichte, IPRax 1986, 227; *Lichtenberger,* Zum Gesetz zur Neuregelung des IPR, DNotZ 1986, 644; *S. Lorenz,* Gebrauchsvermögen, Ersparnisse und gesetzlicher Güterstand im deutsch-österreichischen Verhältnis: Normenmangel oder renvoi kraft abweichender Qualifikation?, IPRax 1995, 47; *Mankowski,* Ehegüterrechtliche Regelungen ausländischer Ehegatten über ein einzelnes Grundstück, FamRZ 1994, 1957; *Pakuscher,* Die Unwandelbarkeit des Ehegüterrechtsstatuts im Lichte der Reform des IPR – Rechtsvergleichende Überlegungen ausgehend vom französischen, US-amerikanischen und Schweizer Recht, 1987; *Röll,* Das Gesetz zur Neuregelung des IPR in der notariellen Praxis, MittBayNot 1989, 1; *Schmellenkamp,* Ermittlung des Güterstatuts nach Staatenzerfall, RNotZ 2011, 530; *Schurig,* Das Verhältnis von Staatsangehörigkeitsprinzip und Unwandelbarkeit im gegenwärtigen und künftigen deutschen internationalen Ehegüterrecht, JZ 1983, 589; *Siehr,* International-privatrechtliche Probleme des Ehegüterrechts im Verhältnis zur Türkei, IPRax 2007, 353; *ders.,* Wandelbarkeit des Güterrechts eines Spätaussiedlers, MittBayNot 2010, 223; *Villela/Correa de Wassermann,* Die güterrechtlichen Beziehungen von Übersiedlern aus der DDR, FamRZ 1990, 333; *Wochner,* Zum Güterrechtsstatut bei deutsch-amerikanischen Ehen, IPRax 1985, 90.

#### 1. Ehewirkungsstatut bei Eheschließung

Bis zur Geltung der EuGüVO ab dem 29.1.2019 – und für Altehen auch danach 36
(→ Rn. 9) – unterliegt das eheliche Güterrecht in Ermangelung einer Rechtswahl gemäß Art. 15 Abs. 1 EGBGB grundsätzlich dem für die allgemeinen Ehewirkungen bei der Eingehung der Ehe maßgebenden Recht. Wegen dieser Fixierung auf den Zeitpunkt der Eheschließung (**Unwandelbarkeit;** → Rn. 58 ff.) finden die vergangenheitsbezogenen Stufen der Anknüpfungsleiter in Art. 14 Abs. 1 Nr. 1 und Nr. 2 EGBGB (letzte gemeinsame Staatsangehörigkeit bzw. letzter gemeinsamer gewöhnlicher Aufenthalt, wenn einer der Ehegatten diese Staatsangehörigkeit bzw. diesen Aufenthalt beibehalten hat) keine Anwendung. Die güterrechtlichen Beziehungen unterliegen ferner grundsätzlich nur einer einzigen Rechtsordnung, ohne dass es insoweit auf die Belegenheit der einzelnen Vermögensgegenstände ankommt (**Einheitlichkeit des Güterrechtsstatuts;** → Rn. 43 f.).[70]

**a) Gemeinsames Heimatrecht.** Maßgebend ist danach in erster Linie das gemeinsame 37
Heimatrecht der Ehegatten zur Zeit der Eheschließung (Art. 15 Abs. 1 iVm Art. 14 Abs. 1 Nr. 1 EGBGB).[71] Bei **Mehrstaatern** ist dabei nur die nach Art. 5 Abs. 1 EGBGB maßgebliche – effektive ausländische oder deutsche – Staatsangehörigkeit zu berücksichtigen (näher → § 2 Rn. 33 ff.).[72] Insoweit sollte es für eine Anknüpfung nach Art. 15 Abs. 1 iVm Art. 14 Abs. 1 Nr. 1 EGBGB ausreichen, wenn die Eheleute erst durch die Heirat eine gemeinsame effektive Staatsangehörigkeit oder gemeinsam die deutsche Staatsangehörigkeit erworben haben.[73] Bei **Staatenlosen oder Flüchtlingen** ist anstelle der Staats-

[70] Palandt/*Thorn* EGBGB Art. 15 Rn. 4; Erman/*Hohloch* EGBGB Art. 15 Rn. 13.

[71] OLG Hamm FamRZ 2010, 1565 und NJW-RR 1999, 1220 (1221); MüKoBGB/*Siehr* EGBGB Art. 15 Rn. 12 ff. mwN.

[72] OLG Köln FamRZ 2015, 1617 (1618); AG Berlin-Pankow FamRZ 2004, 1501 (1503); *Henrich* FamRZ 1986, 845 ff.; NK-BGB/*Sieghörtner* EGBGB Art. 15 Rn. 10; MüKoBGB/*Siehr* EGBGB Art. 15 Rn. 15 ff.

[73] OLG Karlsruhe NJW 1984, 570 (571); OLG Düsseldorf IPRax 1984, 156; *Jayme* IPRax 1987, 95 ff.; *Schurig* JZ 1985, 559 (561); BeckOK BGB/*Mörsdorf-Schulte* EGBGB Art. 15 Rn. 52; Soergel/*Schurig* EGBGB Art. 15 Rn. 5; MüKoBGB/*Siehr* EGBGB Art. 15 Rn. 13; Johannsen/Henrich/*Henrich* EGBGB Art. 15 Rn. 5.; **aA** BayObLG IPRax 1986, 379 (381); KG IPRax 1987, 117 (119 ff.); AG Berlin-Pankow FamRZ 2004, 1501; Staudinger/*Mankowski* EGBGB Art. 15 Rn. 32 ff.; Erman/*Hohloch* EGBGB Art. 15 Rn. 18; Palandt/*Thorn* EGBGB Art. 15 Rn. 17aE; NK-BGB/*Sieghörtner* EGBGB Art. 15 Rn. 12.

angehörigkeit ihr durch den gewöhnlichen Aufenthalt bestimmtes Personalstatut maßgebend (Art. 5 Abs. 2 EGBGB; näher → § 2 Rn. 46ff.).[74] Gehören die Ehegatten einem **Mehrrechtsstaat** an, so ist die maßgebende Teilrechtsordnung nach Art. 4 Abs. 3 EGBGB zu ermitteln (näher → § 2 Rn. 129ff.).[75]

38 **b) Gemeinsamer gewöhnlicher Aufenthalt.** Haben die Ehegatten zur Zeit ihrer Eheschließung keine gemeinsame Staatsangehörigkeit iSv Art. 5 Abs. 1 EGBGB, so kommt in zweiter Linie das Güterrecht des Staates zur Anwendung,, in dem beide Ehegatten zur Zeit der Heirat ihren **gewöhnlichen Aufenthalt,** dh ihren „Daseinsmittelpunkt",[76] haben (Art. 15 Abs. 1 iVm Art. 14 Abs. 1 Nr. 2 EGBGB).[77] In zeitlicher Hinsicht genügt es, wenn die Ehegatten – wie bereits bei der Eheschließung (zB durch Anmietung einer Wohnung) vorgesehen – unmittelbar nach der Eheschließung gemeinsam einen gewöhnlichen Aufenthalt begründen. Dieser muss nur im gleichen Staat, nicht am gleichen Ort innerhalb dieses Staates bestehen.[78] Auf einen früheren gemeinsamen gewöhnlichen Aufenthalt iSv Art. 14 Abs. 1 Nr. 2, 2. Fall EGBGB kann hingegen ebensowenig abgestellt werden wie auf einen erst geraume Zeit nach der Eheschließung begründeten gemeinsamen gewöhnlichen Aufenthalt in einem Staat.[79]

39 **c) Andere gemeinsame engste Verbindung.** Haben die Ehegatten auch keinen gemeinsamen gewöhnlichen Aufenthalt zur Zeit der Eheschließung, so beurteilen sich ihre güterrechtlichen Verhältnisse in dritter Linie nach dem Recht des Staates, mit dem sie zu diesem Zeitpunkt auf andere Weise gemeinsam am engsten verbunden waren (Art. 15 Abs. 1 iVm Art. 14 Abs. 1 Nr. 3 EGBGB). Dabei sind **sämtliche Umstände des Einzelfalles** zu berücksichtigen. Außer den in → § 8 Rn. 15ff. genannten Kriterien kommt vor allem dem Ort der Eheschließung, sofern er nicht ganz zufällig gewählt ist, und den objektiv feststellbaren – und damit beweisbaren – gemeinsamen **Zukunftsplänen** der Ehegatten (insbesondere dem bei der Eheschließung bereits in Aussicht genommenen gemeinsamen gewöhnlichen Aufenthalt in einem bestimmten Staat nach der Eheschließung) wesentliche Bedeutung zu.[80] Auf die Verwirklichung dieser Pläne kommt es iRv Art. 14 Abs. 1 Nr. 3 EGBGB nicht entscheidend an.[81] In dem seltenern Fall, dass sich auch eine gemeinsame engste Verbindung der Ehegatten zu einem Staat nicht feststellen lässt, ist hilfsweise an den Eheschließungsort anzuknüpfen.[82]

40 **Beispiel:**
Die in Deutschland lebende nigerianische Staatsangehörige F macht im Rahmen eines Scheidungsverfahrens den güterrechtlichen Auskunftsanpruch nach § 1379 BGB gegen ihren deutschen Ehemann M geltend. M lebte aus beruflichen Gründen zur Zeit der Eheschließung im Jahre 1994 bereits seit zwei Jahren in Nigeria, während die F ihren gewöhnlichen Aufenthalt noch in Deutschland hatte. Die Parteien hatten jedoch zur Zeit der Eheschließung den baldigen Umzug der F nach Nigeria und die Begründung des ersten

[74] Vgl. BGH NJW 2003, 3339 (Asylberechtigte).
[75] OLG Düsseldorf FamRZ 1995, 1203 (ehemaliges *Jugoslawien*).
[76] Zum Begriff des „gewöhnlichen Aufenthalts" näher → § 2 Rn. 58ff.
[77] BGH FamRZ 2011, 1495 (1496) mAnm *Wachter* = IPRax 2012, 356 mAnm *Helms* IPRax 2012, 324; OLG München IPRspr. 2005 Nr. 46; OLG Hamm FamRZ 2002, 459; OLG Düsseldorf NJW-RR 2000, 542 (544).
[78] Palandt/*Thorn* EGBGB Art. 15 Rn. 18.
[79] NK-BGB/*Sieghörtner* EGBGB Art. 15 Rn. 13.
[80] BT-Drs. 10/3632, 41; BGH NJW 1988, 638; OLG Köln FamRZ 2015, 1617 (1618); OLG Hamburg FamRZ 2004, 459; Palandt/*Thorn* EGBGB Art. 15 Rn. 19; MüKoBGB/*Siehr* EGBGB Art. 15 Rn. 22; Soergel/*Schurig* EGBGB Art. 15 Rn. 8; Staudinger/*Mankowski* EGBGB Art. 15 Rn. 37ff.
[81] BeckOK BGB/*Mörsdorf-Schulte* EGBGB Art. 15 Rn. 81; Palandt/*Thorn* EGBGB Art. 15 Rn. 19; NK-BGB/*Sieghörtner* EGBGB Art. 15 Rn. 15; **aA** Soergel/*Schurig* EGBGB Art. 15 Rn. 12.
[82] NK-BGB/*Sieghörtner* EGBGB Art. 15 Rn. 16; **aA** (Grundsatz des schwächeren Rechts) Soergel/*Schurig* EGBGB Art. 15 Rn. 13; BeckOK BGB/*Mörsdorf-Schulte* EGBGB Art. 15 Rn. 56.

ehelichen Wohnsitzes in diesem Land geplant. Nach welchem Recht ist über den Auskunftsanspruch zu entscheiden?

Maßgebend ist das Güterrechtsstatut. Dieses bestimmt sich mangels einer Rechtswahl gemäß Art. 15 Abs. 1 iVm Art. 14 Abs. 1 EGBGB. Da die Ehegatten zur Zeit der Eheschließung weder eine gemeinsame Staatsangehörigkeit noch einen gemeinsamen gewöhnlichen Aufenthalt hatten, kommt es darauf an, zu welchem Staat sie im Zeitpunkt der Eheschließung gemeinsam die sonstige engste Verbindung hatten (Art. 15 Abs. 1 iVm Art. 14 Abs. 1 Nr. 3 EGBGB). Die insoweit gebotene Berücksichtigung der gemeinsamen Zukunftspläne führt daher zur Anwendung nigerianischen Rechts, weil dort der erste gemeinsame Wohnsitz begründet werden sollte.[83]

**d) Rechtswahl nach Art. 14 Abs. 2 oder Abs. 3 EGBGB.** Haben die Ehegatten bereits **vor oder bei der Heirat**[84] das Ehewirkungsstatut nach Maßgabe des Art. 14 Abs. 2 oder Abs. 3 EGBGB wirksam gewählt (näher → § 8 Rn. 22ff.), so ist diese Rechtswahl über Art. 15 Abs. 1 EGBGB mittelbar auch für das Güterrechtsstatut maßgebend. Sie hat dann Vorrang vor der gesetzlichen Anknüpfung gemäß Art. 15 Abs. 1 iVm Art. 14 Abs. 1 EGBGB,[85] kann jedoch ihrerseits durch eine – in weiterem Umfang mögliche – güterrechtliche Rechtswahl nach Art. 15 Abs. 2 EGBGB (→ Rn. 91ff.) abgeändert werden. Während die Wirkungen der Rechtswahl für die allgemeinen Ehewirkungen nach Art. 14 Abs. 3 S. 2 EGBGB enden, wenn die Ehegatten eine gemeinsame Staatsangehörigkeit erwerben (→ § 8 Rn. 40), gilt dies nicht für güterrechtlichen Wirkungen einer solchen Rechtswahl, die wegen des Grundsatzes der Unwandelbarkeit des Güterrechtsstatuts auch in diesem Fall bestehen bleiben.[86] 41

**Beispiel:** 42
Im Beispiel § 8 → Rn. 34 haben die Eheleute die Geltung deutschen Ehewirkungsrechts schon anlässlich ihrer Eheschließung erklärt. Nach Abschluss des Entwicklungshilfeprojekts in Äthiopien lassen sie sich dauerhaft in Österreich nieder, wo die Ehefrau ein Haus geerbt hat; daraufhin erwirbt auch der Ehemann unter Aufgabe seiner deutschen die österreichische Saatsangehörigkeit. Wie wirkt sich dies auf ihre güterrechtlichen Beziehungen aus?

Mit dem Erwerb der österreichischen Staatsangehöigkeit durch den Ehemann enden zwar gemäß Art. 14 Abs. 3 S. 2 EGBGB die Wirkungen der nach Satz 1 getroffenen Rechtswahl mit der Folge, dass sich die allgemeinen Ehewirkungen fortan nach österreichischem Recht beurteilen. Dies gilt jedoch auf Grund der Unwandelbarkeit des Güterrechtsstatuts nicht für die mittelbaren Auswirkungen der getroffenen Rechtswahl auf die güterrechtlichen Beziehungen der Ehegatten. Für diese bleibt es daher unverändert bei der Maßgeblichkeit des gewählten deutschen Rechts. Die Geltung österreichischen Güterrechts für ihre Ehe können die Ehegatten nur durch eine – nach Art. 15 Abs. 2 Nr. 2 EGBGB jederzeit zulässige – güterrechtliche Rechtswahl erreichen.

## 2. Die Einheitlichkeit des Güterrechtsstatuts

**a) Grundsatz.** Nach Art. 15 Abs. 1 EGBGB erfasst das Güterrechtsstatut grundsätzlich das **gesamte Vermögen** der Ehegatten (sog **Gesamtstatut**),[87] unabhängig davon, ob es 43

[83] Vgl. KG FamRZ 2007, 1561 (1562). Zur „versteckten" Rückverweisung durch das *nigerianische* Recht → § 2 Rn. 122f.

[84] Eine spätere Wahl des Ehewirkungsstatuts ist wegen des Grundsatzes der Unwandelbarkeit auf das Güterrechtsstatut ohne Einfluss; vgl. Staudinger/*Mankowski* EGBGB Art. 15 Rn. 79; NK-BGB/*Sieghörtner* EGBGB Art. 15 Rn. 18.

[85] Palandt/*Thorn* EGBGB Art. 15 Rn. 20.

[86] *Kühne* IPRax 1987, 69 (73); Soergel/*Schurig* EGBGB Art. 15 Rn. 15; Johannsen/Henrich/*Henrich* EGBGB Art. 15 Rn. 9.

[87] Zur Abgrenzung vom Einzelstatut → Rn. 46f.

sich um bewegliches oder unbewegliches Vermögen handelt und ohne Rücksicht darauf, in welchem Staat sich die einzelnen zu diesem Vermögen gehörenden Gegenstände befinden.[88] An diesem Grundsatz hält auch die EuGüVO fest (→ Rn. 13).

44 **Beispiel:**
Der Deutsche M und die Schweizerin F haben im Sommer 2009 in Konstanz geheiratet; einen Ehevertrag haben die Beteiligten nicht geschlossen. M besitzt eine Eigentumswohnung in Konstanz, in der die Ehegatten seit der Eheschließung gemeinsam leben; er unterhält ferner ein Wertpapierdepot bei einer Bank in Luxembrug. Die F hat das Haus ihrer verstorbenen Eltern in Winterthur (Schweiz) geerbt, das sie vermietet hat. Sie ist ferner Inhaberin von Kapitalvermögen, das bei verschiedenen Schweizer Banken angelegt ist. Als die Beteiligten nach der Geburt des ersten Kindes ein Hausgrundstück in Konstanz zu erwerben beabsichtigen, möchten sie wissen, in welchem Güterstand sie leben und ob das gesamte beiderseitige Vermögen den Regeln dieses Güterstands unterliegt.

Da die Ehegatten keine gemeinsame Staatsangehörigkeit besitzen, führt die Anknüpfung nach Art. 15 Abs. 1 iVm Art. 14 Abs. 1 Nr. 1 EGBGB (1. Stufe der Anknüpfungsleiter) nicht zum Ziel. Maßgebend ist daher nach Art. 15 Abs. 1 iVm Art. 14 Abs. 1 Nr. 2 EGBGB (2. Stufe) das Recht des Staates, in dem die Ehegatten zur Zeit der Eheschließung ihren gemeinsamen gewöhnlichen Aufenthalt hatten; diesen hatten sie in Konstanz begründet, so dass auf deutsches Güterrecht verwioesen wird. In Ermangelung eines Ehevertrags leben die Ehegatten daher im deutschen gesetzlichen Güterstand der Zugewinngemeinschaft. Daher unterliegt das gesamte Vermögen beider Ehegatten den Vorschriften der §§ 1363 ff. BGB. In einen allfälligen Zugewinnausgleich wären daher nicht nur die Eigentumswohnung des Ehemannes in Konstanz, sondern auch das Wertpapierdepot in Luxemburg, sowie das Haus der F und ihr Kapitalvermögen in der Schweiz einzubeziehen.

45 **b) Ausnahmen.** Anders als künftig unter der EuGüVO gilt der Grundatz der Einheitlichkeit des Güterrechtsstatuts nach Art. 15 EGBGB freilich nicht uneingeschränkt, sondern wird in mehrfacher Hinsicht **durchbrochen** mit der Folge, dass es zu einer **Spaltung des Güterrechts** kommen kann
- wenn ein vorrangiges **Einzelstatut nach Art. 3a Abs. 2 EGBGB** zu berücksichtigen ist (→ Rn. 46 f.);
- wenn eine **partielle Rück- oder Weiterverweisung nach Art. 4 Abs. 1 EGBGB** auf das Recht des Lageorts zu beachten ist (→ Rn. 50 ff.);
- wenn eine **Rechtswahl nach Art. 15 Abs. 2 Nr. 3 EGBGB** getroffen wurde, die gegenständlich auf das in in einem bestimmten Staat belegene unbewegliche Vermögen beschränkt ist, sofern für das sonstige Vermögen kraft objektiver Anknüpfung nach Art. 15 Abs. 1 EGBGB oder aufgrund einer abweichenden Rechtswahl ein anderes Recht als Güterstatut gilt (→ Rn. 111 ff.).

46 **aa) Vorrang des Einzelstatuts.** Art. 3a Abs. 2 EGBGB ordnet den Vorrang eines vom Güterrechtsstatut verschiedenen Belegenheitsstatuts an, soweit dieses für die in seinem Gebiet befindlichen Vermögensgegenstände besondere Vorschriften bereithält (dazu allg. → § 2 Rn. 164 ff.). Dieser Grundatz **„Einzelstatut bricht Gesamtstatut"** gilt – anders als die Rechtswahl nach Art. 15 Abs. 2 Nr. 3 EGBGB – nicht nur für unbewegliches, sondern auch für bewegliches Vermögen.[89] Ein Vorrang der *lex rei sitae* vor dem güterrechtlichen Gesamtstatut setzt nach Art. 3a Abs. 2 EGBGB einerseits voraus, dass Vermögensgegenstände der Ehegatten in einem Staat belegen sind, desssen Sachrecht nicht als Güterrechtsstatut berufen ist; andererseits muss das Belegenheitsrecht die dort belegenen Sachen „besonderen Vorschriften" unterwerfen (→ § 2 Rn. 173 ff.). Im Geltungsbereich

[88] Staudinger/*Mankowski* EGBGB Art. 15 Rn. 66 f.; *Schotten/Schmellenkamp* IPR Rn. 146.
[89] BeckOK BGB/*Mörsdorf-Schulte* EGBGB Art. 15 Rn. 93.

des deutsch-iranischen Niederlassungsabkommens (→ Rn. 27ff.) findet Art. 3a Abs. 2 EGBGB keine Anwendung.[90]

Zu den **„besonderen Vorschriften“** iSv Art. 3a Abs. 2 EGBGB gehören nicht nur die materiellen Bestimmungen über Sondervermögen (Fideikommisse, Lehen usw.),[91] sondern nach hM auch **Kollisionsnormen** des Belegenheitsstaates, die eine unterschiedliche Anknüpfung für bewegliches und unbewegliches Vermögen vorsehen und die güterrechtlichen Verhältnisse an Grundstücken der *lex rei sitae* unterwerfen,[92] wie dies insbesondere im *anglo-amerikanischen* Recht[93] weithin der Fall ist. Es tritt insoweit also eine Aufspaltung des Güterstandes ein mit der Folge, dass etwa das jeweilige Belegenheitsrecht entscheidet, ob und welche Verfügungsbeschränkungen kraft Güterrechts in Bezug auf ein dort belegenes Grundstück deutscher Ehegatten bestehen und wie dieses Grundstück bei Auflösung der Ehe in eine vermögensrechtliche Abwicklung einzubeziehen ist.[94] 47

**Beispiel:** 48
Die deutschen Eheleute M und F, die keinen Ehevertrag geschlossen haben, erwerben im Frühjahr 2015 ein Ferienhaus in Florida/USA. In welchem Güterstand leben sie? Erstreckt sich dieser Güterstand auch auf das Ferienhaus in Florida?

Da beide Ehegatten ausschließlich die deutsche Staatsangehörigkeit besitzen, unterliegen ihre güterrechtlichen Beziehungen gemäß Art. 15 Abs. 1 iVm Art. 14 Abs. 1 Nr. 1 EGBGB dem deutschen Recht. Sie leben daher mangels Ehevertrag im gesetzlichen Güterstand der Zugewinngemeinschaft, der sich grundsätzlich auf das gesamte Vermögen der Ehegatten – ohne Rücksicht auf dessen Belegenheit – erstreckt. Das Kollisionsrecht von Florida geht allerdings vom Grundsatz der Spaltung des anwendbaren Güterrechts aus und unterwirft Grundstücke insoweit der *lex rei sitae.* Dieser Vorrang des Einzelstatuts bezüglich des in Florida belegenen Ferienhauses ist nach Art. 3a Abs. 2 EGBGB auch aus deutscher Sicht zu beachten. Damit leben die Ehegatten hinsichtlich dieses Ferienhauses im gesetzlichen Güterstand des Rechts von Florida, während es im Übrigen beim deutschen gesetzlichen Güterstand der Zugewinngemeinschaft verbleibt.

Als „besondere Vorschrift“ des deutschen Kollisionsrechts ist auch **Art. 17a EGBGB** einzuordnen.[95] Zur Überwindung des Art. 3a Abs. 2 EGBGB durch Rechtswahl → Rn. 106. 49

**bb) Partielle Rück- oder Weiterverweisung.** Die Einheitlichkeit des Güterstands kann – anders als künftig unter Geltung der EuGüVO (Art. 32; → Rn. 10a) – auch durch das Spiel von Rück- und Weiterverweisungen durchbrochen werden. Während die Tendenz im *englischen* Kollisionsrecht neuerdings dahin geht, das Güterrecht für bewegliches und 50

[90] Etwas anderes folgt auch nicht aus Art. 8 Abs. 3 S. 2 des Abkommens, weil Art. 3a Abs. 2 EGBGB gerade nicht gegenüber jedem anderen Staat gilt; vgl. juris PK-BGB/*Ludwig* EGBGB Art. 15 Rn. 12 gegen *Schotten/Schmellenkamp* IPR Rn. 263.

[91] Dazu näher *Ludwig* DNotZ 2000, 663 (669ff.); MüKoBGB/*v. Hein* EGBGB Art. 3a Rn. 36ff.; MüKoBGB/*Siehr* EGBGB Art. 15 Rn. 124; NK-BGB/*Sieghörtner* EGBGB Art. 15 Rn. 7; Staudinger/*Hausmann* EGBGB Art. 3a Rn. 49ff. mwN.

[92] Ganz hM, vgl. *Ludwig* DNotZ 2000, 663 (669ff.); *v. Bar* IPR II Rn. 232; *Schotten/Schmellenkamp* IPR Rn. 150; Palandt/*Thorn* EGBGB Art. 15 Rn. 4; MüKoBGB/*v. Hein* EGBGB Art. 3a Rn. 48ff.; Staudinger/*Hausmann* EGBGB Art. 3a Rn. 27ff. mwN; zum internationalen Erbrecht auch BGH NJW 1993, 1920 (1921) mAnm *Dörner* IPRax 1994, 362; BayObLG NJW-RR 1990, 1033; **aA** Soergel/*Schurig* EGBGB Art. 15 Rn. 66.

[93] Demgegenüber tendiert das *englische* Recht neuerdings zu einer einheitlichen Anknüpfung von „*movables*“ und „*immovables*“ im internationalen Güterrecht, → Rn. 50 mwN; dazu OLG Hamm FamRZ 2014, 947: Auskunftsanspruch der Ehefrau bezüglich einer in London belegenen Immobilie des Ehemannes nach deutschem Güterrecht beurteilt; Anwendung von Art. 3a Abs. 2 EGBGB ausdrücklich abgelehnt.

[94] Vgl. Palandt/*Thorn* EGBGB Art. 15 Rn. 4; *v. Bar* IPR II Rn. 225; *Schotten/Schmellenkamp* IPR Rn. 151; **aA** *Ludwig* DNotZ 2000, 663 (669); → Rn. 57.

[95] *Andrae* IntFamR § 3 Rn. 150.

unbewegliches Vermögen einheitlich an das *„matrimonial domicile"* der Ehegatten anzuknüpfen[96], unterscheiden die Rechte der US-amerikanischen Bundesstaaten insoweit scharf zwischen beweglichem und unbeweglichem Vermögen und unterwerfen nur das bewegliche Vermögen (*„movables"*) der *lex domicilii;* während die güterrechtlichen Verhältnisse an **Grundbesitz** (*„immovables"*) nach dem Recht der belegenen Sache *(lex rei sitae)* beurteilt werden.[97] Eine solche partielle Rück- oder Weiterverweisung[98] durch das von Art. 15 Abs. 1 EGBGB zur Anwendung berufene Heimat- oder Aufenthaltsrecht der Ehegatten auf das Belegenheitsrecht wird im Inland beachtet, obwohl das deutsche internationale Ehegüterrecht vom Grundsatz der Vermögenseinheit ausgeht.[99] Dies widerspricht auch nicht dem Sinn der deutschen Verweisung (Art. 4 Abs. 1 S. 1 Hs. 2 EGBGB), weil das deutsche IPR – wie gezeigt – in Art. 3a Abs. 2 EGBGB selbst der *lex rei sitae* den Vortritt lässt, wenn diese besondere Kollisionsnormen für unbewegliches Vermögen bereithält, und außerdem den Ehegatten in Art. 15 Abs. 2 Nr. 3 EGBGB sogar eine eine auf das in- oder ausländische unbewegliche Vermögen beschränkte Rechtswahl gestattet (→ Rn. 111 ff.).[100]

51 **Beispiel:**
Die seit 15 Jahren in Berlin lebenden Eheleute M und F, die beide die US-amerikanische Staatsangehörigkeit besitzen und zuvor in Florida gelebt hatten, lassen sich vor dem Familiengericht in Berlin scheiden. Beide Ehegatten verfügen über Wertpapiervermögen bei Banken in New York und in Berlin und sind Miteigentümer einer Eigentumswohnung in Berlin. Der Ehemann besitzt ferner ein Chalet in der Schweiz, die Ehefrau eine Finca auf Mallorca. Nach welchem Recht ist die güterrechtliche Auseinandersetzung vorzunehmen, wenn die Eheleute keinen Ehevertrag geschlossen haben?

Art. 15 Abs. 1 iVm Art. 14 Abs. 1 EGBGB verweist auf das Recht der USA, weil beide Ehegatten US-amerikanische Staatsangehörige sind. Die erforderliche Unteranknüpfung nach Art. 4 Abs. 3 EGBGB (→ § 2 Rn. 129 ff.) führt zum Recht von Florida, zu dem die Ehegatten innerhalb der USA die engste Beziehung aufweisen. Das IPR von Florida entscheidet daher über die Frage einer möglichen Rück- oder Weiterverweisung. Hinsichtlich des *beweglichen* Vermögens verweist das internationale Ehegüterrecht von Florida auf das Recht des Staates, in dem die Ehegatten ihr *domicile* haben. Da diese seit 15 Jahren in Berlin leben, dürften sie dort ihr Wahldomzil begründet haben. Damit spricht das IPR von Florida nicht nur hinsichtlich des Wertpapiervermögens bei der Berliner Bank, sondern auch bezüglich des von den Ehegatten in New York gehaltenen Wertpapiervermögens eine Rückverweisung auf deutsches Recht aus, die nach Art. 4 Abs. 1 S. 2 EGBGB angenommen wird. Das gesamte Wertpapiervermögen der Eheleute ist daher in den Zugewinnausgleich einzubeziehen.

Hinsichtlich der *unbeweglichen* Vermögens verweist das IPR von Florida hingegen auf die jeweilige *lex rei sitae.* Haben Ehegatten also – wie hier – Grundbesitz in verschiedenen Ländern, so wird hinsichtlich der güterrechtlichen Verhältnisse auf ebenso viele Rechte (zurück- bzw. weiter-) verwiesen.[101] Demgemäß gilt auch für die Berliner Eigentumswohnung der Eheleute kraft partieller Rückverweisung deutsches Ehegüterrecht.[102]

[96] *Dicey, Morris & Collins,* Conflict[15], Rule 165 Rn. 28–021 ff.; Süß/Ring/*Odersky* EheR Rn. 32; Staudinger/*Mankowski* EGBGB Art. 15 Rn. 40; vgl. auch OLG Hamm FamRZ 2014, 947.

[97] Vgl. IPG 1967/68 Nr. 23 (Hamburg); IPG 1978 Nr. 36 (Kiel); IPG 1984 Nr. 40 (München); ferner *Cheshire/North/Fawcett,* PrivIntL[14] 2008, S. 1300 ff.

[98] Allg. zu Rück- und Weiterverweisungen im internationalen Güterrecht → Rn. 79 ff.

[99] OLG München FamRZ 2013, 1488; KG FamRZ 2007, 1564 (1565); NK-BGB/*Sieghörtner* EGBGB Art. 15 Rn. 27.

[100] MüKoBGB/*Siehr* EGBGB Art. 15 Rn. 114; Soergel/*Schurig* EGBGB Art. 15 Rn. 63; Staudinger/*Hausmann* EGBGB Art. 4 Rn. 214; *Schotten/Schmellenkamp* IPR Rn. 149.

[101] *Scoles/Hay/Borchers/Symeonides,* Conflict[5] 2010, § 14.5; *Bardy* FuR 1994, 83 ff.

Hingegen wird für das Chalet in der Schweiz auf das schweizerische Recht weiterverwiesen. Dieses geht indessen vom Grundsatz der Einheitlichkeit des Güterrechtsstatuts aus und verweist diesbezüglich insgesamt auf das Recht des Staates, in dem die Ehegatten ihren Wohnsitz haben (Art. 54 Abs. 1 IPRG; → Rn. 81). Daraus folgt aus deutscher Sicht eine Rückverweisung auf das deutsche Recht, die nach Art. 4 Abs. 1 S. 2 EGBGB angenommen wird. Damit ist auch das Schweizer Chalet in den deutschen Zugewinnausgleich einzubeziehen.

Schließlich verweist das IPR von Florida hinsichtlich der Finca der Ehefrau auf das spanische Recht. Das spanische IPR verweist allerdings seinerseits – in Übereinstimmung mit dem deutschen IPR – auf das gemeinsame Heimatrecht der Ehegatten (Art. 9 Abs. 2 CC) und damit im Ergebnis auf das Recht von Florida zurück. Ob in einem solchen Fall aus deutscher Sicht diese Rückverweisung analog Art. 4 Abs. 1 S. 2 EGBGB abzubrechen ist (mit der Folge, dass die Eheleute bezüglich der Finca auf Mallorca im gesetzlichen Güterstand des Rechts von Florida leben) oder ober der deutsche Richter nach der *„foreign court theory"* ebenso entscheiden sollte wie ein Gericht in Florida (mit der Folge, dass die Eheleute bezüglich der Finca im gesetzlichen Güterstand des Foralrechts von Mallorca leben), ist umstritten und sollte im letztgenannten Sinne entschieden werden.[103]

Von erheblicher praktischer Bedeutung ist es, dass auch das **türkische IPR** in Art. 15 Abs. 2 IPRG 2007 bezüglich der güterrrechtlichen Auseinandersetzung des Immobiliarvermögens zwischen Ehegatten auf die jeweilige *lex rei sitae* zurück- oder weiterverweist.[104] Der Anwendungsbereich dieser Vorschrift dürfte allerdings auf die güterrechtliche Auseinandersetzung unter Ehegatten zu Lebzeiten – also insbesondere aus Anlass einer Ehescheidung – begrenzt sein. Deshalb führt die Teilrückverweisung auf deutsches Recht im Falle der Belegenheit von Immobilien eines verheirateten türkischen Erblassers in Deutschland nicht zu einer Erhöhung der gesetzlichen Erbquote des überlebenden Ehegatten nach § 1371 Abs. 1 BGB.[105] Anders liegt es dann, wenn – zB in einer deutsch-türkischen Ehe (Art. 15 Abs. 1 iVm Art. 14 Abs. 1 Nr. 2 EGBGB) – insgesamt deutsches Güterrecht als gemeinsames Aufenthaltsrecht der Ehegatten zur Anwendung kommt.[106] 52

Soweit das US-amerikanische Kollisionsrecht auf das Recht des Lageortes zurückverweist, wird der jeweiligen *lex rei sitae* idR auch die **Qualifikation einer Sache als unbeweglich** (*„immovable"*) überlassen wird (Qualifikationsverweisung; → § 3 Rn. 13).[107] 53

**Beispiel:** 54

M und F haben beide die *US-amerikanische* Staatsangehörigkeit und ihr *domicile* im US-Bundesstaat Indiana. Die Ehefrau, die deutsche Vorfahren hat, hat im Jahre 1995 auf ihren Namen ein Haus in Garmisch erworben, in dem die Eheleute regelmäßig ihre Ferien ver-

[102] Vgl. schon OLG Colmar RheinZ 4 (1912), 295 = ELJZ 37 (1912), 182: Verheiratete Amerikanerin, wohnhaft in New York, besaß Grundbesitz in Deutschland. Obwohl die Zustimmung des Ehemannes zur Veräußerung nach dem Recht des Staates New York nicht erforderlich gewesen wäre, wurde diese Zustimmung nach dem aufgrund Rückverweisung anwendbaren deutschen Recht verlangt; ferner OLG Karlsruhe NJW 1990, 1420 (1421) mAnm *Schurig* IPRax 1990, 398: Rückverweisung durch das texanische IPR auf deutsches Belegenheitsrecht.

[103] Vgl. Staudinger/*Hausmann* EGBGB Art. 4 Rn. 57 m. ausf. Nachweisen. Dazu auch das Beispiel → § 2 Rn. 121.

[104] Vgl. OLG Bremen NJOZ 2015, 1953 Rn. 9 = FamRZ 2016, 129; Bergmann/Ferid/Henrich/*Rumpf/Odenthal*, Internationales Ehe- und Kindschaftsrecht, Türkei, S. 22f.

[105] OLG Köln NJW 2014, 2290 (291).

[106] *Lange* ZEV 2012, 207 gegen OLG Köln ZEV 2012, 205; dazu allg. → § 3 Rn. 22f.

[107] Vgl. *Jayme* ZfRV 1976, 93ff.; Staudinger/*Hausmann* EGBGB Art. 4 Rn. 71ff.; siehe auch BGHZ 144, 251 (255) = NJW 2000, 2421 mAnm *Umbeck* IPRax 2002, 33 = JR 2001, 234 mAnm *Rauscher* (zur Qualifikationsverweisung des US-amerikanischen internationalen Erbrechts auf deutsches Belegenheitsrecht; Restitutionsansprüche nach dem Vermögensgesetz als Teil des beweglichen Vermögens gewertet; ferner IPG 1999 Nr. 24 (Hamburg) zur Qualifikationsverweisung durch das englische internationale Ehegüterrecht.

bringen. Anlässlich der 2014 vor dem AG Garmisch von der F anhängig gemachten Ehescheidung macht M in Bezug auf das Garmischer Hausgrundstück Zugewinnausgleichsansprüche geltend. Zu Recht?

Das von Art. 15 Abs. 1 iVm Art. 14 Abs. 1 Nr. 1 und Art. 4 Abs. 3 EGBGB zur Anwendung berufene Recht von Indiana verweist zwar für die güterrechtlichen Beziehungen der Eheleute an dem in Deutschland belegenen unbeweglichen Vermögen („*immovables*") auf die deutsche *lex rei sitae* zurück. Diese Rückverweisung ergreift den von M geltend gemachten Anspruch auf Ausgleich des Zugewinns jedoch nur, wenn dieser Anspruch dem unbeweglichen Vermögen der Ehegatten zuzuordnen ist. Diese Entscheidung überlässt das IPR von Indiana dem deutschen Recht als der maßgeblichen *lex rei sitae* (Qualifikationsrückverweisung). Danach ist der Anspruch aber ein bloßer Geldanspruch und als solcher dem beweglichen Vermögen zuzuordnen. Maßgebend ist daher insoweit das Ehegüterrecht von Indiana, weil beide Ehegatten dort nach wie vor ihr gemeinsames *domicile* haben. In Indiana gilt der Grundsatz der Gütertrennung („*separate property*"); ein Anspruch des M auf Zugewinnausgleich bezüglich des Hauses der F in Garmisch besteht daher nicht.[108]

55 Wurde der Grunderwerb aus Mitteln finanziert, die unter einem von der *lex rei sitae* verschiedenen Güterrechtsstatut erworben wurden, so setzt sich zwar die güterrechtliche Zuordnung der Finanzierungsmittel nach dem Recht der meisten US-Bundesstaaten an dem erworbenen Grundbesitz fort (sog ***„tracing rule"***).[109] Haben die Ehegatten ihr *domicile* in einem sog *„community property"*-Staat (zB in *Kalifornien*), hat dies allerdings nicht zur Folge, dass auch Grundstücke, die außerhalb dieses Staates von einem Ehegatten erworben werden, gemeinschaftliches Eigentum der Ehegatten werden, wenn die Finanzierung aus Mitteln des Gemeinschaftseigentums erfolgt; eine dinglichen Surrogation tritt also insoweit nicht ein. Vielmehr hält der Ehegatte, der das Grundstück zu Alleineigentum erworben hat, dieses treuhänderisch für den anderen Ehegatten im Umfang von dessen finanzieller Beteiligung. Diese – mit Hilfe des sog *„constructive trust"* erzielte – Lösung ist allerdings auf Grundvermögen beschränkt, das im Common Law-Bereich belegen ist. An einem deutschen Grundstück bestehen stattdessen **nur schuldrechtliche Ausgleichsansprüche** des dinglich nicht beteiligten Ehegatten.[110]

56 **cc) Rechtswahl nach Art. 15 Abs. 2 Nr. 3 EGBGB.** Eine dritte Durchbrechung der Einheit des Güterrechtstatuts kann sich aus der den Ehegatten in Art. 15 Abs. 2 Nr. 3 EGBGB eingeräumten Rechtswahl zugunsten der jeweiligen *lex rei sitae* für unbewegliches Vermögen ergeben; sie wird im Kontext der Rechtswahl (→ Rn. 111 ff.) behandelt.

57 **c) Wirkung der Güterrechtsspaltung.** Die Spaltung des Güterrechts nach den vorstehenden Vorschriften hat zur Folge, dass das Vermögen der Ehegatten sich in **zwei oder mehr selbständige Vermögensmassen** aufteilt, von denen **jede einem anderen Recht** unterliegt. Jede dieser V ermögensmassen wird dann nach dem auf sie anwendbaren Güterrecht beurteilt, und zwar grundsätzlich so, als ob die andere(n) Vermögensmasse(n) nicht vorhanden wäre(n).[111] Im einzelnen bedeutet dies:

---

[108] Vgl. LG Wiesbaden FamRZ 1973, 657 mAnm *Jayme*.

[109] Vgl. zu dieser Staudinger/*Hausmann* EGBGB Art. 4 Rn. 213 f.; *Scoles/Hay/Borchers/Symeonides*, Conflict[5] 2010, § 14.6 mwN.

[110] Vgl. OLG München MittBayNot 2013, 404 m. zust. Anm. *Süß*; Münch/*Süß* FamR § 20 Rn. 98; **aA** *Bardy* RNotZ 2005, 137 (140 f.).

[111] NK-BGB/*Sieghörtner* EGBGB Art. 15 Rn. 108; PWW/*Martiny* EGBGB Art. 15 Rn. 19 f.; *Schotten/Schmellenkamp* IPR Rn. 151.

- Für jede Vermögensmasse ist getrennt nach dem auf sie anwendbaren Güterrecht zu entscheiden, ob zwischen den Ehegatten eine Art von Gütergemeinschaft besteht oder ob die Vermögen der Ehegatten getrennt bleiben.[112]
- Güterrechtliche Verfügungs- oder Verpflichtungsbeschränkungen sind für jede Vermögensmasse nach dem auf sie anwendbaren Güterrecht zu beurteilen mit der Folge, dass solche Beschränkungen für bestimmte Vermögensgegenstände der Ehegatten bestehen können, für andere hingegen nicht; für § 1365 BGB ist daher nur das dem deutschen Güterrecht unterliegende Vermögen als Gesamtvermögen anzusehen.[113]
- Bei Beendigung der Ehe ist jede Vermögensmasse nach dem auf sie anwendbaren Recht abzuwickeln mit der Folge, dass zB ein Zugewinnausgleich nur in Bezug auf das dem deutschen Recht unterliegende Vermögen durchzuführen ist, während bezüglich des anderen Vermögens die diesbezüglich nach ausländischem Recht bestehende Gütergemeinschaft auseinanderzusetzen ist oder Gütertrennung gilt.[114]
- In Härtefällen kann mit Hilfe des Rechtsinstituts der **Angleichung** (→ § 3 Rn. 59 ff.) versucht werden, einen Interessenausgleich herbeizuführen.

### 3. Unwandelbarkeit des Güterrechtstatuts

**a) Grundsatz.** Art. 15 Abs. 1 EGBGB stellt für die objektive Bestimmung des Güterrechtsstatuts auf die **Verhältnisse zur Zeit der Eheschließung** ab; maßgebend ist das in diesem Zeitpunkt zur Anwendung berufene Ehewirkungsstatut. Eine spätere Veränderung der für die Anknüpfung nach Art. 14 EGBGB maßgebenden Verhältnisse – zB ein Staatsangehörigkeits- oder Aufenthaltswechsel oder eine spätere Rechtswahl gemäß Art. 14 Abs. 2, 3 EGBGB – ist auf die gesetzliche Anknüpfung des Güterrechtsstatuts ohne Einfluss;[115] dieses ist also – vorbehaltlich einer nachträglichen güterrechtlichen Rechtswahl gemäß Art. 15 Abs. 2 EGBGB (→ Rn. 91 ff.) – *unwandelbar,* gilt also für die ganze Zeit des Bestehens der Ehe.[116] An diesem Grundsatz hält auch die EuGüVO fest (Art. 26 Abs. 1; → Rn. 19). Auf diese Weise soll insbesondere **Rechssicherheit** gewährleistet werden, dh die Ehegatten sollen nicht dadurch überrascht werden, dass zB ein Wechsel des gewöhnlichen Aufenthalts während der Ehe automatisch zu einer Änderung des anwendbaren Güterrechts führt; außerdem sollen wohlerworbene Rechte der Ehegatten erhalten bleiben.[117] Dabei wird freilich in Kauf genommen, dass die Ehegatten dem Recht eines Staates unterworfen werden, zu dem sie zur Zeit der gerichtlichen Entscheidung – zB über die güterrechtliche Auseinandersetzung anlässlich einer Ehescheidung – keinen Bezug mehr haben. 58

**Beispiel:** 59
Ein Deutscher hat im Jahre 1996 in Thessaloniki eine griechische Staatsangehörige geheiratet; beide Ehegatten hatten zu dieser Zeit ihren gewöhnlichen Aufenthalt in Griechenland. Im Jahr 2002 verlegte das Ehepaar den gewöhnlichen Aufenthalt nach München. Dort erwarb die Ehefrau im Jahr 2008 die deutsche Staatsangehörigkeit unter gleichzeitigem Verlust ihrer griechischen Staatsangehörigkeit. Die Ehegatten beabsichtigen im Jahr 2015 den Erwerb einer Eigentumswohnung in München zu hälftigem Miteigentum und möchten deshalb wissen, in welchem Güterstand sie leben.

[112] NK-BGB/*Sieghörtner* EGBGB Art. 15 Rn. 108.
[113] Palandt/*Thorn* EGBGB Art. 15 Rn. 22 aE; NK-BGB/*Sieghörtner* EGBGB Art. 15 Rn. 108.
[114] NK-BGB/*Sieghörtner* EGBGB Art. 15 Rn. 109; *Schotten/Schmellenkamp* IPR Rn. 151.
[115] BT-Drs. 10/504, 58.
[116] OLG Zweibrücken NJW 2016, 1185 Rn. 8; OLG Stuttgart NJW-RR 2015, 838; OLG Hamm FamRZ 2006, 1383 (1384); OLG Düsseldorf FamRZ 2000, 1574 (1575 f.); AG Berlin-Pankow FamRZ 2004, 1501 (1503); Palandt/*Thorn* EGBGB Art. 15 Rn. 3; Staudinger/*Mankowski* EGBGB Art. 15 Rn. 43; MüKoBGB/*Siehr* EGBGB Art. 15 Rn. 11, 50 ff.; Erman/*Hohloch* EGBGB Art. 15 Rn. 11; *Kegel/Schurig* IPR § 20 VI 1 a; *Schotten/Schmellenkamp* IPR Rn. 138; krit. *Kropholler* IPR § 28 II, III.
[117] OLG Oldenburg Rpfleger 1985, 188; Soergel/*Schurig* EGBGB Art. 15 Rn. 28; BeckOK BGB/*Mörsdorf-Schulte* EGBGB Art. 15 Rn. 79.

Da die Ehegatten im Zeitpunkt der Eheschließung keine gemeinsame Staatsangehörigkeit besaßen, beurteilen sich ihre güterrechtlichen Verhältnisse nach griechischem Recht, weil ihr gemeinsamer gewöhnlicher Aufenthalt bei Eheschließung in Griechenland lag, Art. 15 Abs. 1 iVm Art. 14 Abs. 1 Nr. 2 EGBGB. Diese Verweisung wird vom griechischen internationalen Privatrecht angenommen, das in gemischt-nationalen Ehen ebenfalls unwandelbar an das Recht des ersten gemeinsamen gewöhnlichen Aufenthalts der Ehegatten anküpft (Art. 15 ZGB). Aufgrund der Unwandelbarkeit des Güterrechtsstatuts ändert sich an dieser Beurteilung weder durch die Verlegung des gewöhnlichen Aufenthalts der Ehegatten nach Deutschland noch durch den Erwerb der deutschen Staatsangehörigkeit seitens der Ehefrau etwas. Obwohl im Zeitpunkt des Erwerbs der Eigentumswohnung in München beide Ehegatten ausschließlich die deutsche Staatsangehörigkeit innehaben und beide auch ihren gewöhnlichen Aufenthalt in Deutschland haben, leben sie weiterhin im gesetzlichen griechischen Güterstand der Gütertrennung mit Zugewinnausgleich. Danach bestehen gegen einen Erwerb der Wohnung zu hälftigem Miteigentum der Ehegatten keine Bedenken.

60 Der Grundsatz der Unwandelbarkeit führt zu Problemen, wenn der bei Eheschließung noch bestehende Gesamtstaat (zB *Jugoslawien*, die *Tschechoslowakei* oder die *Sowjetunion*) im Zeitpunkt der gerichtlichen Entscheidung über das Güterrecht nicht mehr existiert. In diesen Fällen der **Staatensukzession** wird die Unwandelbarkeit zT dadurch aufrecht erhalten, dass der zwischenzeitliche Zerfall des Gesamtstaats ignoriert wird. Demgemäß wurde etwa auf die güterrechtlichen Beziehungen zwischen einem Slowenen und einer Kroatin, die 1985 in Kroatien geheiratet hatten, im Wege der Unteranknüpfung nach Art. 4 Abs. 3 EGBGB iVm dem interlokalen Privatrecht der bei Eheschließung noch bestehenden SFR Jugoslawien kroatisches Recht angewendet.[118] Dogmatisch vorzuziehen ist demgegenüber ein anderer Lösungsweg: Danach ist das maßgebliche Ehegüterrecht im Falle der Verweisung durch Art. 15 EGBGB auf das Recht eines nach der Eheschließung zerfallenen Gesamtstaates richtigerweise so zu bestimmen, dass zunächst festgestellt wird, zu welchem der Nachfolgestaaten die Ehegatten die **engste Verbindung** hatten (Art. 4 Abs. 3 S. 2 EGBGB analog). Das intertemporale und internationale Privatrecht dieses Nachfolgestaats beantwortet sodann die Frage, ob eine Rückverweisung auf deutsches Recht oder eine Weiterverweisung auf einen anderen Nachfolgestaat des zerfallenen ehemaligen Gesamtstaats stattfindet.[119]

61 **Beispiel:**
B und F haben 1982 im Generalkonsulat der SFR *Jugoslawien* in Stuttgart die Ehe geschlossen. Sie besaßen zur Zeit der Eheschließung beide die jugoslawische Staatsangehörigkeit. Nach Auflösung der Republik *Jugoslawien* erhielt die Ehefrau F die bosnische, der Ehemann M die serbische Staatsangehörigkeit. Die gemeinsamen Kinder haben allein die serbische Staatsangheörigkeit erworben. Beide Ehegatten erwarben später die deutsche Staatsangehörigkeit. F macht aus Anlass der Ehescheidung Anspruch auf Zugewinnausgleich geltend. Zu Recht?

Nach Art. 220 Abs. 3 S. 1 Nr. 1, S. 2 iVm Art. 15 Abs. 1, 14 Abs. 1 Nr. 1 EGBGB unterliegen die güterrechtlichen Wirkungen der Ehe dem dem Recht des Staates, dem die Ehegatten zur Zeit der Eheschließung angehörten., dh dem Recht der SFR Jugoslawien. Da dieser Staat inzwischen in mehrere Teilrechtsordnungen zerfallen ist, muss entschieden werden, welche Nachfolgerechtsordnung maßgeblich ist. Diese Frage ist nicht in Anwendung des

[118] Vgl. OLG Frankfurt a.M. IPRax 2001, 140 m. zust. Anm. *Henrich* IPRax 2001, 113; ebenso OLG Nürnberg FamRZ 2011, 1509 mAnm *Henrich*; zust. *Busse* IPRax 1998, 155 (159); *Schotten/Schmellenkamp* IPR Rn. 138a.

[119] Vgl. näher *Grosserichter/Bauer* RabelsZ 65 (2001), 201 (211 ff.); zust. Palandt/*Thorn* EGBGB Art. 15 Rn. 3; NK-BGB/*Sieghörtner* EGBGB Art. 15 Rn. 34; MüKoBGB/*Siehr* EGBGB Art. 15 Rn. 11; *Andrae* IntFamR § 3 Rn. 129. Vgl. auch OLG Hamm FamRZ 2010, 975 (976 f.) (zur *UdSSR*); dazu auch → Rn. 66 ff.

früheren interlokalen Privatrechts Jugoslawiens, sondern in analoger Anwendung von Art. 4 Abs. 3 S. 2 EGBGB (→ § 2 Rn. 149 ff.) zu beantworten. Die engste Verbindung der Ehegatten besteht hier wegen der serbischen Staatsangehörigkeit der gemeinsamen Kinder zu Serbien. Die Verweisung auf das serbische IPR ist eine Gesamtverweisung, so dass das serbische IPR über eine mögliche Rückverweisung zu befinden hat. Da die Ehegatten aus serbischer Sicht unterschiedliche Staagtsangehörigkeiten besitzen, verweist das serbische IPR auf das Recht des Staates, in dem die Ehegatten ihren gemeinsamen gewöhnlichen Aufenthalt haben. Da dieser während der gesamten Ehezeit in Deutschland gelegen hat, leben die Ehegatten aufgrund einer Rückverweisung durch das serbische IPR im deutschen gesetzlichen Güterstand der Zugewinngemeinschaft.[120] Zum gleichen Ergebnis führt auch die Annahme einer Rückverweisung auf die nunmehrige gemeinsame deutsche Staatsangehörigkeit der Ehegatten, weil das serbische IPR das Güterrechtsstatut wandelbar anknüpft (→ Rn. 66 ff.).

Die Unwandelbarkeit des Güterrechtsstatuts führt auch nicht zu einer Festschreibung des bei Eheschließung maßgeblichen Güterstands; insoweit ist vielmehr strikt zwischen der kollisions- und der sachrechtlichen Ebene zu unterscheiden. Wird also das von Art. 15 EGBGB zur Anwendung berufene ausländische **materielle Güterrecht** nach der Eheschließung geändert, so sind diese Änderungen in dem Umfang zu berücksichtigen, in dem sie sich selbst durch intertemporale Normen/Überleitungsvorschriften Rückwirkung beilegen. Das durch Art. 15 EGBGB bezeichnete Recht gilt also mit seinem jeweiligen Inhalt.[121] 62

Demgegenüber blieben die Ehegatten nach der sog **Versteinerungstheorie** nicht nur an ihr Heimatrecht, sondern auch an dessen materiell-rechtliche Ausgestaltung zur Zeit der Eheschließung gebunden. Diese Theorie wurde in der Zeit nach dem 2. Weltkrieg entwickelt, als Flüchtlinge und Vertriebene in großer Zahl aus dem Osten nach Deutschland umsiedelten. Trat in diesen Fällen die Änderung des materiellen Güterrechts erst zu einem Zeitpunkt ein, zu dem die Ehegatten die für die Anknüpfung wesentliche Beziehung zu ihren Heimatstaaten durch Emigration, Flucht oder Vertreibung bereits verloren hatten, so lehnte die damalige Rechtsprechung es ab, die Ehegatten auch noch nachträglichen Änderungen des Güterrechts ihrer Heimatstaaten zu unterwerfen; vielmehr sollte es dann bei dem im Zeitpunkt des Abbruchs der Beziehungen geltenden sachlichen Güterrecht verbleiben.[122] Eine solche „Versteinerung" des Güterstandes ist abzulehnen, weil das Festhalten an antiquierten Rechtsnormen des ausländischen Güterrechts den Interessen der Betroffenen idR zuwiderläuft; die Eheleute sollten vielmehr an der Fortentwicklung des materiellen Güterrechts ihrer Heimatstaaten teilhaben.[123] Dies gilt insbesondere in einem System des internationalen Ehegüterrechts, das neben der Staatsangehörigkeit auch andere, leichter abänderbare Anknüpfungen – wie den gewöhnlichen Aufenthalt der Ehegatten – kennt.[124] 63

[120] Vgl. OLG Stuttgart NJW-RR 2015, 838.

[121] OLG Hamm FamRZ 2006, 1383 (1384); KG FamRZ 2005, 1676 (1677); OLG Frankfurt a.M. NJW-RR 1994, 72 (73); OLG Karlsruhe IPRax 1990, 122 (124) mAnm *Jayme* IPRax 1990, 102; *Schotten/Schmellenkamp* IPR Rn. 139; Palandt/*Thorn* EGBGB Art. 15 Rn. 3; Staudinger/*Mankowski* EGBGB Art. 15 Rn. 49; NK-BGB/*Sieghörtner* EGBGB Art. 15 Rn. 24; BeckOK BGB/*Mörsdorf-Schulte* EGBGB Art. 15 Rn. 84 ff.

[122] Vgl. BGHZ 40, 32 (35) = NJW 1963, 1975; BayObLG DNotZ 1959, 407; OLG Stuttgart NJW 1958, 1972 (1973) (*CSSR*); OLG Hamm NJW 1977, 1591 mAnm *Reinartz* (*Rumänien*); OLG Bamberg IPRspr. 1984 Nr. 59 (*CSSR*); zust. PWW/*Martiny* EGBGB Art. 15 Rn. 4.

[123] OLG Hamm FamRZ 2010, 975 (976 f.); m. zust. Anm. *Süß* MittBayNot 2010, 225; Soergel/*Schurig* EGBGB Art. 15 Rn. 29; MüKoBGB/*Siehr* EGBGB Art. 15 Rn. 56; Palandt/*Thorn* EGBGB Art. 15 Rn. 3; Staudinger/*Mankowski* EGBGB Art. 15 Rn. 58 ff.; Erman/*Hohloch* EGBGB Art. 15 Rn. 12; NK-BGB/*Sieghörtner* EGBGB Art. 15 Rn. 25; *v. Bar* IPR II Rn. 216; *Kropholler* IPR § 45 IV 3 c; *Henrich* IPRax 2001, 114.

[124] *Schotten/Schmellenkamp* IPR Rn. 139 in Fn. 138.

64 **Beispiel:**
M und F, die beide die türkische Staatsangehörigkeit besitzen und seit ihrer Geburt in Deutschland leben, haben im Jahr 1995 in Berlin geheiratet. Im Jahr 2000 erwarben beide Ehegatten unter Aufgabe ihrer türkischen die deutsche Staatsangehörigkeit. Da sie beabsichtigen, eine Eigentumswohnung in Berlin zu erwerben, stellt sich die Frage, in welchem Güterstand die Ehegatten leben.

Nach Art. 15 Abs. 1 EGBGB unterliegen die güterrechtlichen Wirkungen der Ehe dem bei Eheschließung für die allgemeinen Wirkungen der Ehe maßgebenden Recht. Damit wird auf Art. 14 EGBGB verwiesen. Da beide Ehegatten im Zeitpunkt der Eheschließung nur die türkische Staatsangehörigkeit besaßen, beurteilen sich ihre güterrechtlichen Beziehungen nach türkischem Recht. Diese Gesamtverweisung (→ Rn. 79) wird vom türkischen IPR angenommen, das in Art. 15 Abs. 1 Hs. 2 iVm Art. 13 Abs. 3 IPRG 2007 ebenfalls unwandelbar an das gemeinsame Heimatrecht der Ehegatten anknüpft. Vorliegend galt daher sowohl im Zeitpunkt der Eheschließung als auch im Zeitpunkt des Erwerbs der deutschen Staatsangehörigkeit durch die Ehegatten der gesetzliche Güterstand der Gütertrennung. Mit Wirkung vom 1.1.2002 wurde in der Türkei jedoch – nach Schweizer Vorbild – der Güterstand der Errungenschaftsbeteiligung eingeführt. An dieser Änderung des materiellen türkischen Ehergüterrechts nehmen die Ehegatten teil, obwohl sie zum Zeitpunkt der Einführung des neuen gesetzlichen Güterstands ihre türkische Staatsangehörigkeit bereits verloren hatte. Sie leben daher im türkischen Güterstand der Errungenschaftsbeteiligung.

65 **b) Ausnahmen.** Der Grundsatz der Unwandelbarkeit wird vor allem in folgenden Fällen durchbrochen:
- durch eine **Rechtswahl nach Eheschließung** (→ Rn. 91 ff.);
- für gemischt-nationale Ehen, die zwischen dem 31.3.1953 und dem 9.4.1983 geschlossen wurden, durch die **intertemporale Regelung in Art. 220 Abs. 3 EGBGB** (→ Rn. 142 ff.)
- durch bewegliche Rück- oder Weiterverweisung nach Art. 4 Abs. 1 S. 1 EGBGB (→ Rn. 85 ff.)
- für volksdeutsche Flüchtlinge und Vertriebene nach Art. 15 Abs. 4 EGBGB (→ Rn. 71 ff.).

66 **aa) Wandelbarkeit kraft ausländischen Kollisionsrechts.** Während das deutsche internationale Ehegüterrecht in Art. 15 Abs. 1 EGBGB unwandelbar auf die Verhältnisse zur Zeit der Eheschließung abstellt und eine spätere Veränderung der für die Anknüpfung maßgebenden Verhältnisse – zB einen Staatsangehörigkeits- oder Aufenthaltswechsel der Ehegatten – für unerheblich erklärt, knüpfen zahlreiche ausländische Rechtsordnungen das Güterrecht in Übereinstimmung mit den allgemeinen Ehewirkungen **wandelbar** an. Dies gilt hinsichtlich des beweglichen Vermögens etwa nach den Rechten der meisten *US-Bundesstaaten* sowie mit gewissen Einschränkungen auch im *englischen* Recht.[125] Verlegen die Ehegatten mithin nach der Eheschließung ihr Domizil in einen anderen Staat, so ist für ihre güterrechtlichen Verhältnisse grundsätzlich das neue Recht maßgebend. Die Zuordnung des unter dem früheren Güterstand erworbenen Vermögens bleibt jedoch erhalten (sog *„vested rights theory"* oder *„source doctrine"*).[126] Beweglich wird das Güterrechtsstatut ferner in *Italien,*[127] *Lettland, Litauen, Schweden* und *Spanien* sowie in den meisten osteuropäischen *Staaten* (zB in *Albanien, Bosnien-Herzegowina, Bulgarien, Kroatien,*[128] *Maze-*

[125] *Cheshire/North/Fawcett,* PrivIntL[14] 2008, S. 1294 ff.; vgl. auch *Wochner,* Zum Güterrechtsstatut bei deutsch-amerikanischen Ehen IPRax 1985, 90 (92).
[126] *Scoles/Hay/Borchers/Symeonides,* Conflict[5] 2010, § 14.9 S. 672 ff. mwN.
[127] Vgl. dazu IPG 1999 Nr. 26 (München).
[128] Vgl. OLG Nürnberg FamRZ 2011, 1509 (1510) mAnm *Henrich.*

*donien, Montenegro, Polen,*[129] *Rumänien, Serbien, der Slowakei, Slowenien, der Tschechischen Republik, Ungarn*) angeknüpft. Gleiches gilt in der *Russischen Föderation*[130] und in den Nachfolgestaaten der ehemaligen UdSSR (zB in *Armenien, Aserbaidschan, Kasachstan,*[131] *Kirgisistan, Moldau, Ukraine*) sowie einigen ostasiatischen Staaten (zB *VR China, Japan, Korea,*[132] *Taiwan*). Das *Schweizer* IPR erklärt bei einem Wohnsitzwechsel der Eheleute das Güterrecht des neuen Wohnsitzstaates sogar *rückwirkend* auf den Zeitpunkt der Eheschließung für maßgeblich; die Ehegatten können diese Rückwirkung allerdings durch schriftliche Vereinbarung ausschließen.

Der Grundsatz der Unwandelbarkeit ist aber nur ein verweisungsrechtliches Prinzip des 67 **deutschen Kollisionsrechts.** Er setzt sich daher gegenüber der Wandelbarkeit des Güterrechtsstatuts nach dem von Art. 15 Abs. 1 iVm Art. 14 Abs. 1 EGBGB zur Anwendung berufenen ausländischen Kollisionsrecht nicht durch. Haben sich die maßgebenden Anknüpfungskriterien (Staatsangehörigkeit, gewöhnlicher Aufenthalt) daher nach der Eheschließung geändert, so ist dies nach Art. 4 Abs. 1 EGBGB zu beachten, wenn sich hieraus nach dem maßgeblichen ausländischen Kollisionsrecht eine Rückverweisung auf deutsches Recht oder eine Weiterverweisung auf das Recht eines dritten Staates ergibt.[133] Die Beachtung einer solchen **beweglichen Rückverweisung** verstößt insbesondere nicht iSv Art. 4 Abs. 1 EGBGB gegen den Sinn der von Art. 15 Abs. 1 EGBGB ausgesprochenen deutschen Verweisung, und zwar auch dann nicht, wenn das nach Art. 15 Abs. 1 iVm Art. 14 Abs. 1 Nr. 3 EGBGB maßgebliche Recht der engsten Verbindung im Zeitpunkt der Eheschließung beweglich anknüpft und auf ein Recht verweist, zu dem die Eheleute erst später gemeinsame Beziehungen hergestellt haben.[134] Denn der Grundsatz der Unwandelbarkeit des Güterrechtsstatuts gilt im deutschen Kollisionsrecht auch sonst nicht uneingeschränkt; vielmehr haben die Ehegatten auch nach Art. 15 Abs. 2 EGBGB jederzeit die Möglichkeit, sich durch eine Rechtswahl vom unwandelbar angeknüpften objektiven Güterrechtsstatut zu lösen. Unter Geltung der EuGüVO ist demgegenüber für die Anerkennung einer beweglichen Rückverweisung kein Raum mehr, da die Verordnung nur Sachnormverweisungen ausspricht (Art. 32; → Rn. 10a).

**Beispiel:** 68

Der deutsche M hat im Jahre 1999 mit der südkoreanischen Staatsangehörigen F in Südkorea die Ehe geschlossen, wo die Eheleute auch ihren ersten gemeinsamen gewöhnlichen Aufenthalt begründet haben. Im Jahr 2005 übersiedelte das Ehepaar nach Deutschland, wo M 2009 verstarb, ohne eine Verfügung von Todes wegen zu hinterlassen. Im Erbscheinverfahren vor dem deutschen Nachlassgericht stellt sich die Frage, ob die gesetzliche Erbquote der überlebenden Ehefrau um um das güterrechtliche Viertel nach § 1371 Abs. 1 EGBGB erhöht ist.

Die güterrechtlichen Beziehungen der Ehegatten beurteilen sich nach Art. 15 Abs. 1 iVm Art. 14 Abs. 1 Nr. 2 EGBGB nach südkoreanischem Recht. Dies ist eine Gesamtverweisung,

[129] Dazu IPG 1997 Nr. 25 (Köln).

[130] KG FamRZ 2005, 1676f.; OLG Hamm FamRZ 2010, 975 (977). Dazu das Beipiel → Rn. 70.

[131] OLG Düsseldorf FamRZ 2011, 1510 (1513).

[132] OLG München ZEV 2011, 137 (138).

[133] KG IPRspr. 1934 Nr. 45; OLG Hamm IPRspr. 1974 Nr. 62 (*Israel*); KG FamRZ 2005, 1676f. Rn. 20 (*Russische Föderation*); 2007, 1564 Rn. 9 (*USA/Massachussetts*); OLG Hamm FamRZ 2010, 975 Rn. 15 (*Russische Föderation*); OLG München ZEV 2011, 137 (*Korea*); NJW-RR 2011, 663 (665) (*Spanien*); OLG Düsseldorf FamRZ 2011, 1510 Rn. 22 (*Kasachstan*); OLG Celle NJW-RR 2014, 1283 und FamRZ 2015, 160 (jeweils *UdSSR*); *Siehr* IPRax 2007, 353 (354); *Süß* MittBayNot 2010, 225 (226f.); MüKo-BGB/*Siehr* EGBGB Art. 15 Rn. 115; Soergel/*Schurig* EGBGB Art. 15 Rn. 64; Palandt/*Thorn* EGBGB Art. 15 Rn. 3; Erman/*Hohloch* EGBGB Art. 15 Rn. 11; BeckOK BGB/*Mörsdorf-Schulte* EGBGB Art. 15 Rn. 82; NK-BGB/*Sieghörtner* EGBGB Art. 15 Rn. 21; *v. Bar* IPR II Rn. 213; *Schotten/Schmellenkamp* IPR Rn. 144; Staudinger/*Hausmann* EGBGB Art. 4 Rn. 218 mwN; **aA** – zu Unrecht – OLG Nürnberg FamRZ 2011, 1509 (1510) m. krit. Anm. *Henrich*; AG Dortmund FamRZ 1999, 1507.

[134] *Schurig* JZ 1985, 559 (562ff.); MüKoBGB/*Siehr* EGBGB Art. 15 Rn. 115; MüKoBGB/*v. Hein* EGBGB Art. 4 Rn. 84ff.; *v. Bar* IPR II Rn. 213; Reithmann/Martiny/*Hausmann* IVR Rn. 7.795.

so dass ein möglicher Renvoi durch das südkoreanische IPR zu beachten ist. Nach dem im Zeitpunkt der Eheschließung geltenden südkoreanischen IPR wurde auf dem Gebiet des Güterrechts noch an das Heimatrecht des Ehemannes angeknüpft, was zu einer Rückverweisung auf deutsches Recht führen würde. Mit Wirkung vom 1.7.2001 wurden diese gleichberechtigungswidrig Anknüpfung jedoch beseitigt. Seither gilt nach § 37 Nr. 2 iVm § 38 Abs. 1 IPRG bei unterschiedlicher Staatsangehörigkeit der Ehegatten – wandelbar – das Recht an deren gemeinsamem gewöhnlichen Aufenthalt. Diese Neuregelung gilt nach dem intertemporalen südkoreanischen Recht auch für nach dem 1.7.2001 eintretende Rechtswirkungen von vor diesem Zeitpunkt begründeten Rechtsverhältnissen.

Damit beurteilen sich auch die güterrechtlichen Wirkungen der Ehe zwischen M und F seit dem 1.7.2001 kraft der vom südkoreanischen Recht ausgesprochenen Rückverweisung nach deutschem Recht als dem Recht des gemeinsamen gewöhnlichen Aufenthalts der Ehegatten. Einer Beachtung dieser Rückverweisung steht der im deutschen IPR geltende Grundsatz der Unwandelbarkeit des Güterrechtsstatuts nicht entgegen.[135]

69 Auch eine erst nach der Eheschließung eingetretene **Änderung des ausländischen Kollisionsrechts** kann also zur Wandelbarkeit des Güterrechtsstatuts führen, sofern sie nach den intertemporalen Vorschriften dieses Rechts auch vor Inkrafttreten der Rechtsänderung geschlosssene Ehen erfasst. Die Verweisung nach Art. 15 Abs. 1 EGBGB ist mithin auf das jeweils geltende ausländische IPR gerichtet, das im Falle einer nach Eheschließung eingetretenen Änderung durch seine intertemporalen Regeln entscheidet, ob das alte oder das neue Kollisionsrecht anzuwenden ist.[136]

70 **Beispiel:**
M und F waren zur Zeit ihrer Eheschließung im Jahre 1979 Staatsbürger der damaligen *Sowjetunion.* Sie kamen im März 1994 als Spätaussiedler in die *Bundesrepublik Deutschland* und erwarben hier durch Einbürgerung die deutsche Staatsangehörigkeit. Beim Tode des Ehemannes im Jahr 2010 stellt sich iRd Bestimmung der gesetzlichen Erbquoten die Frage nach dem anwendbaren Ehegüterrecht.

Art. 15 Abs. 1 EGBGB verweist zwar unwandelbar auf das Recht, dem die Ehegatten zur Zeit der Eheschließung angehörten, hier also auf sowjetisches Recht. Etwaige Änderungen des von dieser Gesamtverweisung erfassten fremden Kollisionsrechts einschließlich der hierzu gehörigen intertemporalen Regelungen sind jedoch iRd Prüfung einer Rückverweisung zu berücksichtigen. Danach ist zunächst festzustellen, dass die Gesetzgebungshoheit mit dem Zerfall der Sowjetunion auf die Folgestaaten, hier die Russische Föderation übergegangen ist. Das neue russische Familiengesetzbuch (FGB) vom 29.12.1995 enthält in Art. 156 ff. eine eigenständige Kodifikation des IPR für die Bereiche des Ehe- und Familienrechts, die auch auf eine vor dem Inkrafttreten dieses Gesetzes geschlossene Ehe Anwendung finden, soweit die aus ihr folgenden Rechte und Pflichten erst nach dem Inkrafttreten entstanden sind. Nach Art. 161 Abs. 1 FGB bestimmt sich das Güterrechtsstatut primär nach dem (letzten) gemeinsamen Wohnsitz der Ehegatten. Damit verweist die Vorschrift für den vorliegenden Fall auf das deutsche Recht, da die Ehegatten zum Zeitpunkt der Auflösung der ehelichen Gemeinschaft durch den Tod des Erblassers ihren gemeinsamen Wohnsitz in Deutschland hatten. Diese bewegliche Rückverweisung ist vom deutschen Richter zu beachten; eine Versteinerung des im Jahre 1979 begründeten Güterstandes nach sowjetischem Recht ist abzulehnen.[137]

---

[135] Vgl. OLG München ZEV 2011, 137 (138 f.).

[136] KG FamRZ 2005, 1676 Rn. 20; OLG Hamm FamRZ 2006, 1383; RNotZ 2010, 206 mAnm *Böttcher*; OLG München NJW-RR 2011, 663 Rn. 14 = ZEV 2011, 137 (138); OLG München FamRZ 2011, 1006 Rn. 7 f.; OLG Düsseldorf FamRZ 2011, 1510 (1512); KG FamRZ 2005, 1676 f.; *Andrae* IntFamR § 3 Rn. 133; Münch/*Süß* FamR § 20 Rn. 97; Palandt/*Thorn* EGBGB Art. 15 Rn. 3; Staudinger/*Mankowski* EGBGB Art. 15 Rn. 56 mwN; **aA** OLG Nürnberg MittBayNot 2011, 337.

[137] Vgl. OLG Hamm FamRZ 2010, 975 (976 f.).

**bb) Wandelbarkeit des Güterrechtsstatuts von Vertriebenen und Flüchtlingen deutscher Volkszugehörigkeit.** Für die große Zahl deutscher Staats- oder Volkszugehöriger, die in der Zeit nach dem 2. Weltkrieg aus den Gebieten und Staaten östlich der früheren Bundesrepublik Deutschland geflohen sind oder vertrieben wurden, war der in Art. 15 Abs. 1 EGBGB kodifizierte Grundsatz der Unwandelbarkeit des Güterstands nicht befriedigend. Denn ihre Erwartung, dass sie auch in güterrechtlicher Hinsicht dem Recht des Staates unterworfen sein würden, in dem sie sich nach ihrer Flucht oder Vertreibung eine neue Existenz aufgebaut hatten, wurde durch das Prinzip der Unwandelbarkeit enttäuscht. Für die in der *Bundesrepublik Deutschland* lebenden volksdeutschen Vertriebenen und Flüchtlinge hat der deutsche Gesetzgeber darauf mit dem **„Gesetz über den ehelichen Güterstand von Vertriebenen und Flüchtlingen"** (VFGüterstG) vom 4.8.1969 reagiert,[138] dessen Geltung in Art. 15 Abs. 4 EGBGB ausdrücklich vorbehalten wird. Durch dieses Gesetz wird der Grundsatz der Unwandelbarkeit daher für die in § 1 genannten Personen durchbrochen; ihr Güterstand wurde mit Wirkung vom 1.10.1969 (§ 7 VFGüterstG) in den deutschen gesetzlichen Güterstand der Zugewinngemeinschaft überführt. 71

**(1) Persönlicher Anwendungsbereich.** Das Gesetz beschränkt seinen persönlichen Anwendungsbereich auf **Vertriebene, Sowjetzonenflüchtlinge und Spätaussiedler** iSd §§ 1, 3 und 4 des Bundesvertriebenengesetzes (BVFG) vom 19.5.1953. Diese Vorschriften gelten heute idF des Gesetzes vom 10.8.2007.[139] Bezüglich der Spätaussiedler war lange Zeit umstritten, bis zu welchem Zeitpunkt der Umsiedlung sie von § 1 als „Vertriebene" vom Gesetz erfasst waren. Durch Art. 1 KriegsfolgenbereinigungsG vom 21.12.1992[140] hat der Gesetzgeber diesen Streit entschieden und in § 4 BVFG den neuen Begriff des Spätaussiedlers verankert. Danach ist im Fall einer Übersiedlung erst nach dem 1.1.1993 erforderlich, dass die betreffenden Personen nachweisen, dass sie auch noch nach diesem Zeitpunkt Benachteiligungen wegen ihrer deutschen Volkszugehörigkeit ausgesetzt waren (§ 4 Abs. 2 BVFG). Auf Spätaussiedler iSv § 4 BVFG nF ist dann **§ 3 VFGüterstG analog** anzuwenden, weil auch für diesen Personenkreis die Gründe Geltung beanspruchen, die zur Überleitung der alten ausländischen Güterstände sonstiger Vertriebener in die deutsche Zugewinngemeinschaft geführt haben.[141] Hingegen findet das Gesetz auf *ausländische* Flüchtlinge und Vertriebene keine Anwendung.[142] 72

**(2) Voraussetzung für die Überleitung.** Voraussetzung für die Überleitung des ausländischen Güterstands der vom persönlichen Anwendungsbereich des Gesetzes erfassten Ehegatten ist, dass **beide** zum Zeitpunkt des Inkrafttretens des Gesetzes, dh am 1.10.1969, ihren **gewöhnlichen Aufenthalt in der damaligen Bundesrepublik Deutschland** hatten. Wurde diese Voraussetzung erst zu einem späteren Zeitpunkt erfüllt, so gilt § 3 VFGüterstG (→ Rn. 76). Nicht erforderlich ist, dass die Ehegatten den gewöhnlichen Aufenthalt im Inland gleichzeitig begründet haben; es genügt vielmehr wenn sie nacheinander zugezogen sind.[143] Die Überleitung tritt ferner nur dann ein, wenn die Ehegatten am Stichtag in einem **gesetzlichen ausländischen Güterstand,** genauer in einem außerhalb der *Bundesrepublik Deutschland* geltenden gesetzlichen Güter- 73

[138] BGBl. 1969 I 1067 = *Jayme/Hausmann* Nr. 37.
[139] BGBl. 2007 I 1902.
[140] BGBl. 1992 I 2094.
[141] *Wandel* BWNotZ 1994, 85 (87 f.); *Scheugenpflug* MittRhNotK 1999, 372 (376 f.); *Süss* Rpfleger 2003, 53 (59); *Andrae* IntFamR § 3 Rn. 125; Soergel/*Schurig* EGBGB Art. 15 Rn. 74; Erman/*Hohloch* EGBGB Art. 15 Rn. 51; NK-BGB/*Sieghörtner* EGBGB Anh. II zu Art. 15 Rn. 10; Staudinger/*Mankowski* EGBGB Art. 15 Rn. 439 ff.; *Schotten/Schmellenkamp* IPR Rn. 143a; **aA** *Finger* FuR 2002, 342 (344); Palandt/*Thorn* EGBGB Anh. zu Art. 15 Rn. 1; MüKoBGB/*Siehr* VFGüterstG Vorb. Rn. 10. Vgl. aber → Rn. 77.
[142] *Andrae* IntFamR § 3 Rn. 124; → Rn. 78.
[143] AG Wolfratshausen IPRax 1982, 23; dazu *Jayme* IPRax 1982, 10; NK-BGB/*Sieghörtner* EGBGB Art. 15 Anh. II Rn. 12.

stand gelebt haben. Erfasst werden damit auch Ehegatten, die ab dem 7.10.1949 in der DDR oder in Ost-Berlin geheiratet haben.[144] Denn ab diesem Zeitpunkt galt dort als gesetzlicher Güterstand die Gütertrennung, die erst ab dem 1.4.1966 durch die Errungenschaftsgemeinschaft (§ 15 FamGB/DDR) als gesetzlicher Güterstand abgelöst wurde. Haben die Ehegatten zuvor in einem *vertraglich* vereinbarten ausländischen Güterstand gelebt, scheidet eine Überleitung hingegen aus.[145] Gleiches gilt, wenn der bisherige Güterstand der Ehegatten am 1.10.1969 **im deutschen Güterrechtsregister eingetragen** worden war (§ 1 Abs. 2 und § 3 S. 2 VFGüterstG) oder wenn einer der Ehegatten die Überleitung form- und fristgerecht gemäß §§ 2, 3 und 4 VFGüterstG abgelehnt hat.

74 **(3) Wirkungen der Überleitung.** Für den von § 1 VFGüterstG erfassten Personenkreis wurde der gesetzliche ausländische Güterstand mit Wirkung vom 1.10.1969 (§ 7 VFGüterstG) in den deutschen gesetzlichen Güterstand der Zugewinngemeinschaft übergeleitet. Zu diesem Zeitpunkt fand mithin – abweichend vom Grundsatz der Unwandelbarkeit des Güterstatuts nach Art. 15 Abs. 1 EGBGB – ein **Statutenwechsel** statt. Der Überleitung kommt also **keine Rückwirkung** zu; bis zum 30.9.1969 verbleibt es vielmehr bei der Geltung des früheren gesetzlichen Güterstandes.[146] Aus diesem Grunde findet das Gesetz auch auf Ehen, die am 1.10.1969 durch Tod, Scheidung oder in anderer Weise bereits aufgelöst waren, keine Anwendung.[147]

75 Für die Überleitung gelten die **Regeln für einen Statutenwechsel kraft Rechtswahl** nach Art. 15 Abs. 2 EGBGB entsprechend. Demzufolge wird der bisherige gesetzliche Güterstand zum Stichtag der Überleitung abgewickelt. Die sich hieraus ergebenden Ansprüche der Ehegatten fallen in das Anfangsvermögen der Zugewinngemeinschaft.[148] Im Übrigen werden die Regeln des deutschen gesetzlichen Güterstands der Zugewinngemeinschaft dahin modifiziert, dass als Anfangsvermögen nicht das Vermögen eines Ehegatten gilt, das diesem zur Zeit der Eheschließung gehörte. Ferner kommt es auch nicht auf den Zeitpunkt der Überleitung des Güterstands an, sondern grundsätzlich auf den Zeitpunkt des Inkrafttretens des gesetzlichen Güterstands der Zugewinngemeinschaft am 1.7.1958, sofern die Voraussetzungen für die Überleitung nach Abs. 1 bereits zu diesem Zeitpunkt vorlagen, § 1 Abs. 3 S. 1VFGüterstG. Wurden die Voraussetzungen des § 1 Abs. 1 VFGüterstG – insbesondere der beiderseitige gewöhnliche Aufenthalt der Ehegatten in der *Bundesrepublik Deutschland* – erst zu einem späteren Zeitpunkt erfüllt, so gilt als Anfangsvermögen dasjenige Vermögen, das einem Ehegatten zu diesem Zeitpunkt gehörte, § 1 Abs. 3 S. 2 VFGüterstG.

76 Haben die Ehegatten ihren gewöhnlichen Aufenthalt nicht – wie von § 1 Abs. 1 VFGüterstG vorausgesetzt – bereits bei Inkrafttreten des Gesetzes am 1.10.1969 in der *Bundesrepublik Deutschland* begründet, sondern – zB durch gemeinsame Flucht aus der ehemaligen DDR oder durch den Nachzug des zunächst dort allein zurückgebliebenen Ehegatten – erst **zu einem späteren Zeitpunkt,** so gilt das gesetzliche deutsche Ehegüterrecht für diese Ehegatten vom Beginn des vierten Monats ihres beiderseitigen gewöhnlichen Aufenthalts in der *Bundesrepublik Deutschland,* § 3 S. 1 VFGüterstG. Die Erklärung zur Fortgeltung des ausländischen Güterstands kann in diesem Fall nur **binnen Jahresfrist** nach dem Zeitpunkt der Überleitung abgegeben werden, § 3 S. 2 VFGüterstG. Das

[144] Palandt/*Thorn* EGBGB Anh. zu Art. 15 Rn. 2; MüKoBGB/*Siehr* VFGüterstG Vorb. zu Rn. 15.
[145] NK-BGB/*Sieghörtner* EGBGB Anh. II zu Art. 15 Rn. 15.
[146] OLG Hamm NJW 1977, 1591 mAnm *Reinartz;* FamRZ 1995, 1606; MüKoBGB/*Siehr* EGBGB Anh. zu Art. 16 Rn. 5; Palandt/*Thorn* EGBGB Anh. Art. 15 Rn. 2; Staudinger/*Mankowski* EGBGB Art. 15 Rn. 64; BeckOK BGB/*Mörsdorf-Schulte* EGBGB Art. 15 Rn. 78; **aA** *Sonnenberger* FS Ferid, 1988, 458.
[147] MüKoBGB/*Siehr* VFGüterstG Vorb. zu Rn. 6.
[148] NK-BGB/*Sieghörtner* EGBGB Anh. II zu Art. 15 Rn. 19; Staudinger/*Mankowski* EGBGB Art. 15 Rn. 425.

vor dem Zeitpunkt der Überleitung erworbene Vermögen bleibt Gesamthandseigentum der Parteien.[149]

Die Überleitung nach dem VFGüterstG gilt zwar grundsätzlich auch für **Spätaussiedler,** sofern sie die Voraussetzungen des § 4 BVFG erfüllen (→ Rn. 72). Voraussetzung ist freilich, dass sie am Stichtag noch in einem ausländischen gesetzlichen Güterstand gelebt haben. Bei der Beurteilung dieser Frage ist auch eine etwaige **Rück- oder Weiterverweisung** durch ihr bisheriges gemeinsames Heimatrecht zu beachten. Führt diese bereits zur Geltung deutschen Rechts, bedarf es der Anwendung des VFGüterstG nicht mehr. Dies ist aber meistens der Fall, weil die typischen Herkunftsstaaten von Spätaussiedlern in Osteuropa und den Nachfolgestaaten der ehemaligen UdSSR das Güterrechtsstatut fast durchwegs beweglich anknüpfen, so dass deutsches Ehegüterrecht auf diesen Personenkreis schon mit der Verlegung des gewöhnlichen Aufenthalts in die *Bundesrepublik Deutschland* anwendbar wird.[150] 77

Die Wandelbarkeit des Güterrechtsstatuts wird zwar zT auch für **internationale Flüchtlinge** und ihnen gleichgestellte **Asylberechtigte** mit Wohnsitz oder gewöhnlichem Aufenthalt im Aufnahmestaat befürwortet, weil diese Personenen die innere Bindung an den Heimatstaat verloren hätten.[151] Ihr Schutz wird jedoch ausreichend dadurch gewährleistet, dass diese Personen jederzeit eine Rechtswahl nach Art. 15 Abs. 2 Nr. 2 EGBGB zugunsten ihres derzeitigen Aufenthaltsrechts treffen können.[152] Machen sie von dieser Möglichkeit keinen Gebrauch, so bleiben sie güterrechtlich weiterhin ihrem gemeinsamen Heimatrecht unterworfen, auch wenn sie die Beziehungen zu ihrem Heimatstaat vollständig abgebrochen haben. 78

### 4. Rück- und Weiterverweisung

Die akzessorische Anknüpfung des Güterrechtsstatuts an das Ehewirkungsstatut in Art. 15 Abs. 1 EGBGB ist nichts anderes als eine verkürzte Bezugnahme auf die Anknüpfungsleiter des Art. 14 Abs. 1 EGBGB. Verwiesen wird also nicht etwa auf das Sachrecht, dem die allgemeinen Ehewirkungen unterstehen; vielmehr spricht Art. 15 Abs. 1 (iVm Art. 14 Abs. 1 Nr. 1 bis Nr. 3) EGBGB eine **Gesamtverweisung** auf das ausländische Recht des Staates aus, dem die Ehegatten im Zeitpunkt der Eheschließung gemeinsam angehörten bzw. in dem sie zu diesem Zeitpunkt ihren gemeinsamen gewöhnlichen Aufenthalt hatten oder mit dem sie sonst am engsten verbunden waren.[153] Daraus folgt, dass nach Art. 4 Abs. 1 EGBGB anhand der **güterrechtlichen Kollisionsnormen** dieses Rechts zu prüfen ist, ob auf deutsches Recht zurück- oder auf das Recht eines dritten Staates weiterverwiesen wird. Hingegen bleibt die für die allgemeinen Ehewirkungen maßgebliche Kollisionsnorm des ausländischen Rechts insoweit außer Betracht.[154] Mit dieser deutschen Tradition einer Beachtung von Rück und Weiterverweisungen auf dem Gebiet des internationalen Ehegüterrechts bricht die EuGüVO, die einen Renvoi auch im Falle der objektiven Anknüpfung nach Art. 26 grundsätzlich ausschließt (vgl. Art. 32 EuGüVO; → Rn. 10a). 79

---

[149] OLG Brandenburg DtZ 1997, 204; BeckOK BGB/*Mörsdorf-Schulte* EGBGB Art. 15 Rn. 77.

[150] Vgl. OLG Hamm FamRZ 2010, 976 (976); OLG Düsseldorf FamRZ 2011, 1519 Rn. 20; *Süß* MittBayNot 2010, 225 (226); *Andrae* IntFamR § 3 Rn. 126f.; dazu → Rn. 66ff.

[151] So Soergel/*Schurig* EGBGB Art. 15 Rn. 70; *Kegel/Schurig* IPR § 20 VI 1 d.

[152] OLG Hamm FamRZ 1977, 327; OLG Bamberg FamRZ 1982, 505; Staudinger/*Mankowski* EGBGB Art. 15 Rn. 63; *Kropholler* IPR § 45 IV 3 b.

[153] Vgl. allg. zum Renvoi in Fällen der akzessorischen Anknüpfung im internationalen Familienrecht Staudinger/*Hausmann* EGBGB Art. 4 Rn. 101ff. mwN.

[154] OLG Düsseldorf FamRZ 2011, 1510 (1512); OLG Hamm FamRZ 2010, 975 (976); OLG Koblenz FamRZ 1994, 1258; OLG Hamm FamRZ 1992, 963; *Rauscher* NJW 1988, 2151 (2154); *Kartzke* IPRax 1988, 8 (10f.); MüKoBGB/*v. Hein* EGBGB Art. 4 Rn. 33; Erman/*Hohloch* EGBGB Art. 15 Rn. 7; *v. Bar* IPR II Rn. 213; *Schotten/Schmellenkamp* IPR Rn. 136 aE; **aA** MüKoBGB/*Siehr* EGBGB Art. 15 Rn. 113.

80 **a) Annahme der deutschen Verweisung.** Eine Rückverweisung scheidet dann aus, wenn das von Art. 15 Abs. 1 EGBGB zur Anwendung berufene Recht zur Bestimmung des Güterrechtsstatuts die gleichen Anknüpfungskriterien verwendet.[155] Dies trifft insbesondere in den Fällen des Art. 15 Abs. 1 iVm Art. 14 Abs. 1 Nr. 1 EGBGB häufig zu. Denn auf die **gemeinsame Staatsangehörigkeit** der Ehegatten stellen – in Ermangelung einer Rechtswahl – noch immer zahlreiche romanische Rechte ab, zB *Italien,*[156] *Portugal* und *Spanien.* Das gemeinsame Heimatrecht der Ehegatten bestimmt den Güterstand ferner in *Griechenland,*[157] *Japan, Österreich* und der *Türkei*[158] sowie in den meisten osteuropäischen Rechten, so zB in *Albanien, Bosnien und Herzegowina*[159], *Bulgarien, Georgien, Kroatien,*[160] *Mazedonien, Montenegro, Polen,*[161] *Serbien,* der *Slowakei*[162], *Slowenien,*[163] der *Ukraine* und *Ungarn.*[164] Eine Rückverweisung durch das gemeinsame Heimatrecht der Ehegatten findet auch dann nicht statt, wenn dieses weiterhin an das **Heimatrecht des Ehemannes** anknüpft, wie dies namentlich in den meisten *islamischen* Rechtsordnungen der Fall ist.[165]

81 **b) Rückverweisung auf das Wohnsitz-/Aufenthaltsrecht.** Hingegen wird auf deutsches Recht zurückverwiesen, wenn das gemeinsame Heimatrecht von im Inland lebenden Ehegatten auf dem Gebiet des Ehegüterrechts dem Wohnsitzprinzip folgt, wie dies etwa für die *Schweiz* zutrifft. Dort unterstehen die güterrechtlichen Verhältnisse in Ermangelung einer Rechtswahl dem Recht des Staates, in dem beide Ehegatten gleichzeitig ihren Wohnsitz haben bzw. zuletzt gehabt haben (Art. 54 Abs. 1 IPRG). Schweizerische Eheleute mit Wohnsitz in der *Bundesrepublik Deutschland* leben daher, soweit sie keine zulässige Rechtswahl getroffen (und keinen Ehevertrag geschlossen) haben, kraft Rückverweisung im gesetzlichen Güterstand der Zugewinngemeinschaft (§§ 1363 ff. BGB).[166] An das **Recht des jeweiligen gemeinsamen Wohnsitz** der Eheleute knüpfen auch das *lettische, litauische* und *russische* Recht,[167] sowie die Rechte zahlreicher Nachfolgestaaten der ehemaligen UdSSR (zB *Armenien, Aserbaidschan, Kasachstan,*[168] *Kirgisistan, Republik Moldau*) an. Andere Rechte folgen auf dem Gebiet des Güterrechts zwar ebenfalls dem Wohnsitzgrundsatz, knüpfen aber *unwandelbar* an das **Recht des ersten ehelichen Wohnsitzes** an. Dies gilt etwa für das *dänische,*[169] *estnische* und *norwegische* Recht[170] sowie mit Einschränkungen auch für das *finnische* Recht (§ 129 EheG). Der erste eheliche Wohnsitz der Ehegatten bestimmt das anwendbare Güterrecht ferner in *Israel*[171] sowie – in Anlehnung an das IPR-Übereinkommen von Montevideo – in zahlreichen *südamerikanischen* Staaten (zB in *Argentinien, Brasilien,*[172] *Chile, Ecuador, Kolumbien, Paraguay, Peru, Uruguay und Venezuela*); zum Teil gilt dies freilich nur mit Einschränkungen durch das Territorialitätsprinzip, dh nur dann, wenn der erste eheliche Wohnsitz in einem der genannten Staaten begründet worden ist.[173]

[155] Vgl. zur Anknüpfung des Güterrechtsstatus in ausländischen Rechtsordnungen umfassend die Länderberichte bei Staudinger/*Hausmann* EGBGB Anh. zu Art. 4.
[156] OLG Zweibrücken NJW 2016, 1185 Rn. 7.
[157] OLG München FuR 2006, 93; OLG Stuttgart FamRZ 2005, 1676; 2001, 1371.
[158] *Odendahl* FamRZ 2009, 567 (569 ff.).
[159] OLG München IPRspr. 1993 Nr. 59.
[160] OLG Koblenz FamRZ 1994, 1258; OLG Hamm FamRZ 1999, 299 (300).
[161] OLG München NJW 2016, 1186 Rn. 13.
[162] OLG Bamberg IPRspr. 1983 Nr. 59.
[163] Vgl. OLG Frankfurt a.M. IPRspr. 1999 Nr. 57.
[164] Dazu näher Reithmann/Martiny/*Hausmann* IVR Rn. 7.785.
[165] IPG 1970 Nr. 15 (Köln) (*Iran*); IPG 1980/81 Nr. 28 (Köln) (*Kuwait*).
[166] Reithmann/Martiny/*Hausmann* IVR Rn. 7.786.
[167] KG FamRZ 2005, 1676.
[168] OLG Düsseldorf FamRZ 2011, 1510 (1512).
[169] BayObLGZ 1953, 102 (105 f.); OLG Schleswig SchlHA 1982, 27.
[170] IPG 1971 Nr. 16 (Heidelberg).
[171] OLG Hamm IPRspr. 1974 Nr. 62.
[172] Vgl. *Nordmeier* StAZ 2009, 71 (72).
[173] Vgl. LG Augsburg IPRspr. 1956/57 Nr. 144 (*Argentinien*).

Hinsichtlich des **beweglichen Vermögens** beurteilen sich die güterrechtlichen Verhältnisse von Ehegatten auch in *Großbritannien* und den *USA* nach dem Wohnsitzrecht. Dabei knüpft das englische Recht grundsätzlich an das *„matrimonial domicile"* der Ehegatten im Zeitpunkt der Eheschließung an.[174] Diese Anknüpfung wird auch in *Irland* und den meisten früheren Commonwealth-Staaten (zB *Australien, Indien,*[175] *Kanada, Neuseeland, Pakistan,*[176] *Südafrika*) befolgt. Demgegenüber stellen die US-amerikanischen Einzelstaaten überwiegend auf das *„current marital domicile"* im Zeitpunkt des Erwerbs des jeweiligen Gegenstandes ab.[177] Allerdings werden an die Begründung eines Wahldomizils der Ehegatten in der *Bundesrepublik Deutschland* (und eine darauf gestützte Rückverweisung auf deutsches Güterrecht) strenge Anforderungen gestellt. 82

Die Anknüpfung an die gemeinsame Staatsangehörigkeit, aber auch an den Wohnsitz, wird in neueren IPR-Gesetzen zunehmend durch die Anknüpfung an den **gemeinsamen gewöhnlichen Aufenthalt** der Ehegatten ersetzt. Eine Rück- oder Weiterverweisung auf das Recht des ersten gemeinsamen gewöhnlichen Aufenthalts nach der Eheschließung spricht das von *Frankreich, Luxemburg* und der *Niederlande* ratifizierte Haager Übereinkommen über das auf Ehegüterstände anwendbare Recht vom 14.3.1978 (→ Rn. 22 ff.) in seinem Art. 4 Abs. 1 aus.[178] Der gemeinsame gewöhnliche Aufenthalt der Ehegatten ist heute auch primäre objektive Anknüpfung in *Belgien, Liechtenstein, Rumänien, Schweden,* der *Tschechischen Republik* und der *Volksrepublik China,* wobei in *Belgien* und *Liechtenstein* unwandelbar, in den übrigen genannten Staaten hingegen wandelbar angeknüpft wird. Nur in Ermangelung eines gemeinsamen gewöhnlichen Aufenthalts wird in diesen Staaten idR auf die gemeinsame Staatsangehörigkeit der Ehegatten zurückgegriffen. 83

**c) Rückverweisung auf die lex rei sitae.** Rechtsordnungen, welche die güterrechtlichen Beziehungen der Ehegatten insgesamt, dh auch bezüglich des beweglichen Vermögens, der jeweiligen *lex rei sitae* unterwerfen, sind nicht bekannt. Zu einer Rück- oder Weiterverweisung auf das Belegenheitsrecht kann es vielmehr nur dann kommen, wenn das von Art. 15 Abs. 1 EGBGB zur Anwendung berufene Recht vom Grundatz der **Spaltung des Güterrechts** ausgeht und nur das unbewegliche Vermögen der *lex rei sitae* unterwirft. Zur Beachtung der hieraus folgenden partiellen Rückverweisung → Rn. 50 ff. 84

**d) Rückverweisung kraft beweglicher Anknüpfung.** Ein Renvoi kann sich auch daraus ergeben, dass das aus deutscher Sicht maßgebliche Güterrechtsstatut eine bewegliche Anknüpfung vorsieht. Hat sich in einem solchen Fall die Staatsangehörigkeit oder der gewöhnliche Aufenthalt der Ehegatten seit der Eheschließung geändert, so stellt das von Art. 15 Abs. 1 EGBGB zur Anwendung berufene fremde Kollisionsrecht auf die neue gemeinsame Staatsangehörigkeit oder den neuen gemeinsamen gewöhnlichen Aufenthalt der Ehegatten ab. Zur Beachtlichkeit einer sich hieraus ergebenden Rück- oder Weiterverweisung näher → Rn. 66 ff. 85

**e) Rückverweisung kraft abweichender Qualifikation.** Eine Rückverweisung auf deutsches Recht kann ihren Grund auch darin haben, dass das von Art. 15 Abs. 1 EGBGB zur Anwendung berufene ausländische Kollisionsrecht die Reichweite des Güterrechtsstatuts enger oder weiter zieht als das deutsche Recht. Dies trifft insbesondere auf die vermögensrechtliche Auseinandersetzung aus Anlass einer Ehescheidung zu, weil ausländische Rechte die Abgrenzung zwischen Scheidungsunterhalt, Zugewinn- und Versorgungsausgleich zT 86

[174] *Dicey/Morris* II, Rule 165, S. 1461 ff.

[175] OLG Hamburg FamRZ 2001, 916 (918) = IPRax 2002, 304 mAnm *Andrae/Essebier* IPRax 2002, 294.

[176] LG Frankfurt a.M. IPRspr. 1975 Nr. 53.

[177] KG FamRZ 2007, 1564 (1565); *Scoles/Hay/Borchers/Symeonides,* Conflict[5] (2010) § 14.9, S. 672 ff.; *Bardy* FuR 1994, 83 ff.

[178] OLG Düsseldorf FamRZ 2000, 1574 (1575) (*Niederlande*); ferner Münch/*Süß* FamR § 20 Rn. 96.

anders vornehmen als das deutsche Recht. Da das ausländische IPR über die Qualifikation und Auslegung der in seinen Kollisionsnormen verwendeten Begriffe entscheidet (→ § 3 Rn. 12), können auch diesbezügliche Abweichungen zu einem Renvoi führen. Praktische Bedeutung hat dies insbesondere im *deutsch-österreichischen* Rechtsverkehr, weil die hM in *Österreich* die Aufteilung des ehelichen Gebrauchsvermögens und der ehelichen Ersparnisse nicht güterrechtlich, sondern als Scheidungsfolge qualifiziert.[179]

87 **Beispiel:**
Die deutsche Statsangehörige F hat den Österreicher M in Österreich geheiratet, wo die Ehgatten auch die ersten fünf Jahre ihrer Ehe verbringen. Danach verlegen sie ihren Ehewohnsitz nach München, wo sie weitere acht Jahre später geschieden werden. Die F macht Zugewinnausgleichsansprüche am Unternehmen des M geltend, welches dieser während der Ehe in Deutschland aufgebaut hatte.

Das deutsche internationale Ehegüterrecht verweist für die güterrechtliche Auseinandersetzung auf österreichisches Recht, weil die Ehegatten dort ihren gewöhnlichen Aufenthalt zur Zeit der Eheschließung hatten (Art. 15 Abs. 1 iVm Art. 14 Abs. 1 Nr. 2 EGBGB). Nach österreichischem Güterrecht könnte die F nur eine Beteiligung am ehelichen Gebrauchsvermögen verlangen, nicht aber am Unternehmen ihres Ehemannes. Die deutsche Verweisung ist jedoch eine Gesamtverweisung, so dass eine Rückverweisung durch das österreichische IPR zu beachten wäre. Eine solche ergibt sich hier kraft abweichender Qualifikation durch das österreichische IPR, weil dieses die Vermögensauseinandersetzung aus Anlass der Scheidung als Scheidungsfolge qualifiziert und deshalb in einer gemischt-nationalen Ehe das Recht am gewöhnlichen Aufenthalt der Ehegatten im Zeitpunkt der Scheidung zugrundelegt.[180] Demnach gilt deutsches Güterrecht und es ist mangels Ehevertrag der volle Zugewinnausgleich durchzuführen, obwohl die güterrechtliche Kollisionsnorm des österreichischen Rechts (§ 19 IPRG) mit Art. 15 Abs. 1 EGBGB weithin übereinstimmt, insbesondere ebenfalls vom Grundsatz der Unwandelbarkeit ausgeht.[181]

88 **f) Versteckte Rückverweisung.** Namentlich die Gerichte der vom Common Law geprägten Rechtsordnungen tendieren dazu, in Scheidungs- und Scheidungsfolgesachen nur ihre internationale Zuständigkeit zu prüfen und, wenn diese gegeben ist, **ausschließlich ihr eigenes Recht** als *lex fori* anzuwenden. Dies gilt auch dann, wenn aus Anlass einer Ehescheidung über die güterrechtliche Abwicklung der Ehe zu entscheiden ist. Verweist daher Art. 15 Abs. 1 EGBGB auf das Recht eines solchen Staates, so kann das dort herrschende Gleichlaufprinzip zu einer „versteckten" Rückverweisung auf das deutsche Recht führen, wenn ein deutsches Gericht mit dem Rechtsstreit befasst ist.[182] Dies muss jedenfalls dann gelten, wenn aus der Sicht des zur Anwendung berufenen ausländischen Rechts die deutschen Gerichte ausschließlich oder zumindest konkurrierend international zuständig sind.[183] So ist in einer deutsch-britischen Ehe der Zugewinnausgleich nach deutschem Recht kraft versteckter Rückverweisung durch das *englische* IPR durchzuführen, wenn die Eheleute im Zeitpunkt der Rechtshängigkeit des Scheidungsantrags bei dem deutschen Gericht ihren gewöhnlichen Aufenthalt im Inland haben.[184]

[179] Vgl. OGH IPRax 1995, 42 mAnm *S. Lorenz* IPRax 1995, 47. Vergleichbare Qualifikationsprobleme stellen sich auch im deutsch-englischen Rechtsverkehr, vgl. KG FamRZ 2007, 1561; AG Emmendingen IPRspr. 2000 Nr. 54; *Andrae* IntFamR § 3 Rn. 131; allg. → § 2 Rn. 98.

[180] Dies wurde bisher auf § 20 iVm § 18 öst. IPRG gestützt; heute dürfte insoweit § 20 IPRG iVm Art. 8 lit. a Rom III-VO gelten.

[181] Vgl. *S. Lorenz* IPRax 1995, 47 (50); NK-BGB/*Sieghörtner* EGBGB Art. 15 Rn. 28; Staudinger/*Hausmann* EGBGB Art. 4 Rn. 68.

[182] KG FamRZ 2007, 1564 (1565) (*USA/Massachussetts*) und 1561 (1562) (*Nigeria*).

[183] Vgl. dazu – differenzierend nach Fallgruppen – *Andrae* IntFamR § 3 Rn. 134 ff. mwN.

[184] Vgl. AG Emmendingen IPRspr. 2000 Nr. 54; IPG 1999 Nr. 24 (Hamburg); ebenso zum *nigerianisch-britischen* Recht KG FamRZ 2007, 1561 mAnm *Henrich*. Ausführlich zur versteckten Rückverweisung Staudinger/*Hausmann* EGBGB Art. 4 Rn. 79 ff.; *Andrae* IntFamR § 3 Rn. 134 ff., jeweils mwN.

**g) Ausschluss des Renvoi.** Die Annahme einer Rück- oder Weiterverweisung wird teilweise dann abgelehnt, wenn das von Art. 15 Abs. 1 EGBGB zur Anwendung berufene ausländische Recht entweder für alle Ehewirkungen oder nur für das Ehegüterrecht nicht geschlechtsneutral anknüpft. Stellt also das ausländische internationale Ehegüterrecht einseitig auf das jeweilige **Heimat- oder Wohnsitzrecht des Ehemannes** ab, so soll eine solche Anknüpfung von deutschen Gerichten nicht zu beachten sein, sofern nicht die Ehefrau dieselben Anknüpfungsmerkmale erfüllt und deshalb kein gleichberechtigungswidriges Ergebnis eintritt.[185] Indessen ist ausländisches Kollisionsrecht – im Gegensatz zum deutschen Kollisionsrecht – nicht abstrakt an den deutschen Grundrechten zu messen, sondern nur dann nach Art. 6 S. 2 EGBGB auszuschalten, wenn seine Anwendung im konkreten Einzelfall zu einer mit Art. 3 Abs. 2 GG nicht zu vereinbarenden unerträglichen Benachteiligung der Ehefrau gegenüber ihrem Ehemann führt (→ § 2 Rn. 109).[186] 89

Ebenso wenig ist iRd objektiven Anknüpfung nach Art. 15 Abs. 1 iVm Art. 14 Abs. 1 Nr. 3 EGBGB eine Rückverweisung schon deshalb sinnwidrig und unbeachtlich, weil das hiernach zur Anwendung berufene Recht die **engste Verbindung** des Güterrechtsstatut anders bestimmt als das deutsche IPR.[187] Zum Ausschluss des Renvoi in Fällen der – auch nur mittelbaren – **Rechtswahl** → Rn. 122ff. 90

## II. Rechtswahl

**Schrifttum:**
*Böhringer,* Die Rechtswahl nach Art. 220 III 1 Nr. 2 und Art. 15 II Nr. 3 EGBGB und die Auswirkungen auf den Grundstückserwerb, BWNotZ 1987, 104; *Kemp,* Grenzen der Rechtswahl im internationalen Ehegüter- und Erbrecht, 1999; *Kleinheisterkamp,* Rechtswahl und Ehevertrag: Zum Formerfordernis nach Art. 15 Abs. 3 EGBGB, IPRax 2004, 399; *Kühne,* Die außerschuldvertragliche Parteiautonomie im neuen Internationalen Privatrecht, IPRax 1987, 69; *Langenfeld,* Hinweise zur Rechtswahl nach Art. 15 II EGBGB, BWNotZ 1986, 153ff.; *Mankowski,* Ehegüterrechtliche Regelungen ausländischer Ehegatten über ein einzelnes Grundstück, FamRZ 1994, 1957; *Schotten,* Gestattet Art. 15 Abs. 2 Nr. 3 EGBGB eine auf einen Gegenstand des unbeweglichen Vermögens beschränkte, objektbezogene Rechtswahl?, DNotZ 1994, 556; *ders.,* Die Konstituierung des neuen sowie die Beendigung und Abwicklung des alten Güterstands nach einer Rechtswahl, DNotZ 1999, 326; *V. Stoll,* Die Rechtswahl im Namens-, Ehe- und Erbrecht, 1991; *Süß,* Die Wahl deutschen Güterrechts für inländische Grundstücke, ZNotP 1999, 385; *Wegmann,* Rechtswahlmöglichkeiten im internationalen Familienrecht, NJW 1987, 1740.

### 1. Allgemeines

Das deutsche IPR räumt den Ehegatten nicht nur die Möglichkeit ein, das auf ihre güterrechtlichen Verhältnisse anwendbare Recht *mittelbar* durch die Wahl des Ehewirkungsstatuts in den (engen) Grenzen von Art. 14 Abs. 2 und Abs. 3 EGBGB zu bestimmen (→ Rn. 41f.). Vielmehr können sie das Güterrechtsstatut in erheblich weiterem Umfang *unmittelbar* durch Rechtswahl nach **Art. 15 Abs. 2 EGBGB** unabhängig vom Ehewirkungsstatut festlegen. Wird ein Ehevertrag vor einem deutschen Notar beurkundet, so empfiehlt sich die Aufnahme einer ausdrücklichen Rechtswahlklausel immer dann, wenn der Sachverhalt einen Auslandsbezug aufweist. Zwischen der kollisionsrechtlichen Rechtswahl und dem Ehevertrag ist jedoch sorgfältig zu unterscheiden; die Rechtswahl 91

185 BGH NJW 1988, 638 (639) mAnm *Schurig* IPRax 1988, 88 (Rückverweisung des italienischen internationalen Ehegüterrechts auf das deutsche Heimatrecht des Ehemannes wegen Widerspruchs zum Sinn der Verweisung in Art. 15 Abs. 1 EGBGB nicht beachtet); zust. MüKoBGB/*Siehr* EGBGB Art. 15 Rn. 116; *Kropholler* IPR § 24 II 2 b.

186 Für eine Korrektur mit Hilfe des *ordre public*-Vorbehalts zu Recht *Kartzke* IPRax 1988, 8 (11ff.); *Kühne* FS Ferid, 1988, 251 (259); *Ebenroth/Eyles* IPRax 1989, 1 (10ff.); *Schotten* MittRhNotK 1984, 39; MüKoBGB/*v. Hein* EGBGB Art. 4 Rn. 94f.; Staudinger/*Hausmann* EGBGB Art. 4 Rn. 114 mwN. Vgl. auch das Beispiel bei Münch/*Süß* FamR § 20 Rn. 99.

187 KG FamRZ 2007, 1561 (1562); MüKoBGB/*Siehr* EGBGB Art. 15 Rn. 113 aE; NK-BGB/*Sieghörtner* EGBGB Art. 15 Rn. 29. Vgl. auch → § 2 Rn. 107.

bleibt daher auch dann gültig, wenn der gleichzeitig geschlossene Ehevertrag unwirksam ist.[188]

91a Die Rechtswahlmöglichkeiten nach Art. 15 Abs. 2 Nr. 1 und Nr. 2 EGBGB bleiben auch unter **Geltung der EuGüVO** ab dem 29.1.2019 erhalten (Art. 22 Abs. 1 lit. a und lit. b EuGüVO; → Rn. 14); demgegenüber wird die in Art. 15 Abs. 2 Nr. 3 EGBGB vorgesehene Möglichkeit, für unbewegliches Vermögen eine Teilrechtswahl zugunsten des Rechts am jeweiligen Lageort zu treffen, entfallen. Für die Rechtsgestaltung ist insbesondere zu beachten, dass sich zwar die objektive Anknüpfung des Güterrechtsstatuts von Ehegatten, die vor dem 29.1.2019 die Ehe geschlossen haben, gemäß Art. 69 Abs. 3 EuGüVO auch nach diesem Stichtag weiterhin nach dem autonomen Kollisionsrecht der teilnehmenden Mitgliedstaaten – in Deutschland also nach Art. 15 Abs. 1 iVm Art. 14 EGBGB – bestimmt. Treffen solche Ehegatten hingegen ab dem 29.1.2019 erstmals eine güterrechtliche Rechtswahl oder ändern sie eine früher getroffene Rechtswahl ab, so beurteilen sich die materiellen und formellen Voraussetzungen ihrer Wirksamkeit nach Art. 22 ff. EuGüVO (→ Rn. 9). Art. 15 Abs. 2 EGBGB findet also auf eine ab dem 29.1.2019 vereinbarte Wahl des Güterrechtsstatuts keine Anwendung mehr.

92 **Zulässigkeit, Inhalt und Umfang** der güterrechtlichen Rechtswahl beurteilen sich allein nach deutschem Recht, weil dieses die Rechtswahl eröffnet. Auf den Standpunkt der abgewählten oder der gewählten Rechtsordnung kommt es aus der Sicht des deutschen IPR nicht an.[189] Das gewählte Recht beherrscht lediglich das wirksame Zustandekommen und die materielle Gültigkeit der Rechtswahl.[190] Zur Vermeidung hinkender Rechtsverhältnisse sollte jedoch nach Möglichkeit darauf geachtet werden, die materiellen und formellen Voraussetzungen einer gültigen Rechtswahl sowohl nach dem gewählten wie nach dem abgewählten Recht zu erfüllen.

93 **Beispiel:**
Vereinbaren in Deutschland lebende griechische Eheleute nach Art. 15 Abs. 2 Nr. 2 EGBGB die Geltung deutschen Güterrechts, so können sie den Zugewinnausgleich nicht nur modifizieren, sondern auch ganz ausschließen und Gütertrennung vereinbaren. Auf die Wirksamkeit dieser Rechtswahl ist es aus deutscher Sicht ohne Einfluss, dass die Rechtswahl in Griechenland nicht anerkannt wird (vgl. Art. 14, 15 ZGB) und eine Klage auf Ausgleich des Zugewinns vor griechischen Gerichten nach Maßgabe des dort anwendbaren griechischen Güterrechts daher erfolgreich wäre, weil ein Ausschluss des Zugewinnausgleichs nach griechischem materiellen Güterrecht nicht zulässig ist.

94 Die Wahl des Güterrechtsstatuts ist nach Art. 15 Abs. 2 EGBGB an keine besonderen Voraussetzungen geknüpft. Beschränkt ist lediglich der Kreis der zur Wahl gestellten Rechtsordnungen. Daher können auch **deutsche Ehegatten** ihre güterrechtlichen Beziehungen einem ausländischen Recht unterstellen, sofern einer von ihnen in dem betreffenden Staat seinen gewöhnlichen Aufenthalt hat (Nr. 2) oder dort unbewegliches Vermögen besitzt (Nr. 3). Art. 15 Abs. 2 EGBGB entscheidet allerdings nur über die Gültigkeit der Rechtswahl aus deutscher Sicht; ob die Rechtswahl auch **im Ausland anerkannt** wird, beurteilt sich hingegen nach dem dort geltenden IPR. Dieses sollten die Ehegatten und ihre rechtlichen Berater daher in die Betrachtung einbeziehen, wenn bereits bei Abschluss der Rechtswahlvereinbarung feststeht, dass die Ehegatten ihren gewöhnlichen Aufenthalt außerhalb Deutschlands begründen wollen oder wesentliches (vor

---

[188] *Schotten/Schmellenkamp* IPR Rn. 168; NK-BGB/*Sieghörtner* EGBGB Art. 15 Rn. 45.

[189] NK-BGB/*Sieghörtner* EGBGB Art. 15 Rn. 35; MüKoBGB/*Siehr* EGBGB Art. 15 Rn. 26, 28i; *v. Bar* IPR II Rn. 223; *Schotten/Schmellenkamp* IPR Rn. 152 mwN. Vgl. aber OLG Zweibrücken MittBayNot 2014, 267 zur Anerkennung der Wahl deutschen Güterrechts für inländischen Grundbesitz durch das Recht von *Bosnien-Herzegowina*.

[190] NK-BGB/*Sieghörtner* EGBGB Art. 15 Rn. 46; *Andrae* IntFamR § 3 Rn. 102.

allem Grund-)Vermögen der Ehegatten im Ausland belegen ist.[191] Wird der Rechtswahl die Anerkennung verweigert, sind hinkende Güterrechtsbeziehungen die Folge.

**Beispiel:** 95
Schließen zwei Studierende aus Ägypten während ihres Studiums in Deutschland die Ehe vor dem ägyptischen Konsulat, so können sie nach Art. 15 Abs. 2 Nr. 2 EGBGB die Geltung deutschen Güterrechts wirksam vereinbaren, wenn sie hier ihren gewöhnlichen Aufenthalt begründet haben. Die Rechtswahl bleibt aus deutscher Sicht auch dann wirksam, wenn die Ehegatten nach Abschlusss ihres Studiums nach Ägypten zurückkehren. Ob die Rechtswahl auch von ägyptischen Gerichten anerkannt und der Zugewinnaugleich nach §§ 1372 ff. BGB durchgeführt werden wird, wenn die Ehe später in Ägypten geschieden wird, ist indessen höchst zweifelhaft.

Die güterrechtliche Rechtswahl sollte im Interesse der Rechtsklarheit **möglichst ausdrücklich** getroffen werden; dies gilt jedenfalls für eine Rechtswahl in einem vor einem deutschen Notar geschlossenen Ehevertrag. Soweit die Form nach Art. 15 Abs. 3 iVm Art. 14 Abs. 4 EGBGB gewahrt ist (→ Rn. 126), kommt zwar auch eine *stillschweigende* Rechtswahl in Betracht.[192] Erforderlich ist hierfür allerdings ein auf die kollisionsrechtliche Wahl des anwendbaren Güterrechts bezogener Geschäftswille.[193] Die Ehegatten müssen mithin objektiv Handlungen vornehmen, die den Schluss auf eine solche Rechtswahl zulassen und müssen subjektiv die Umstände, die diesen Schluss begründen, kennen oder zumindest erkennen, dass ihre jeweiligen Äußerungen nach Treu und Glauben oder der Verkehrssitte als Rechtswahl aufgefasst werden dürfen und vom jeweiligen Empfänger auch so verstanden werden.[194] Daher reicht die von den Ehegatten in einem **Grundstückskaufvertrag** mit einem Dritten getroffene Rechtswahl nach Art. 3 Abs. 1 Rom I-VO hierfür nicht aus.[195] Auch aus dem **Ausschluss des Versorgungsausgleichs** und der vereinbarten Gütertrennung in einer deutsch-ausländischen Ehe kann nicht auf die stillschweigende Wahl des Heimatrechts des ausländischen Ehegatten geschlossen werden.[196] Ebensowenig reicht die Bezugnahme in einem von deutschen Ehegatten im Ausland geschlossenen Ehevertrag auf das dort geltende Güterrecht für die Annahme aus, dass die Ehegatten ihre güterrrechtlichen Verhältnisse auch für den Fall einer Rückkehr nach Deutschland ausländischem Recht unterstellen wollten.[197] 96

Bei einer Rechtswahlvereinbarung in einer **Scheidungsfolgenvereinbarung** ist jeweils sorgfältig zu prüfen, ob sie sich auch auf das eheliche Güterrecht bezieht; für diesen Fall ist sie insoweit nach Art. 15 EGBGB zu beurteilen.[198] Die Vereinbarung einer **Morgengabe** nach islamischem Recht in einem Ehevertrag zwischen einem deutschen Ehegatten und seinem Partner, der einem islamischen Staat angehört, kann jedenfalls dann nicht als konkludente Wahl des Heimatrechts dieses Partners ausgelegt werden, wenn sie 97

[191] BeckOK BGB/*Mörsdorf-Schulte* EGBGB Art. 15 Rn. 59; vgl.auch das Beipiel bei Münch/*Süß* FamR § 20 Rn. 109.
[192] *Andrae* NotBZ 2001, 44 (50); Staudinger/*Mankowski* EGBGB Art. 15 Rn. 106; NK-BGB/*Sieghörtner* EGBGB Art. 15 Rn. 47; **aA** OLG Hamm FamRZ 2002, 459; Palandt/*Thorn* EGBGB Art. 15 Rn. 23.
[193] Soergel/*Schurig* EGBGB Art. 15 Rn. 16 aE.
[194] KG FamRZ 2013, 1480 = IPRax 2014, 71 mAnm *Gruber* IPRax 2014, 53; Staudinger/*Mankowski* EGBGB Art. 15 1434.
[195] OLG Hamm FamRZ 1999, 299 (300) (Erwerb eines deutschen Hausgrundstücks durch kroatische Ehegatten); ferner LG Augsburg MittBayNot 1995, 233 mAnm *Geimer*, Staudinger/*Mankowski* EGBGB Art. 15 Rn. 106.
[196] OLG Schleswig SchlHA 2000, 222.
[197] NK-BGB/*Sieghörtner* EGBGB Art. 15 Rn. 47; Staudinger/*Mankowski* EGBGB Art. 15 Rn. 106; Münch/*Süß* FamR § 20 Rn. 111.
[198] Vgl. OLG Hamm FamRZ 2002, 459; NK-BGB/*Sieghörtner* EGBGB Art. 15 Rn. 48.

nach dem Recht des Eheschließungsorts notwendige Voraussetzung einer gültigen Eheschließung ist.[199]

98 Anders als für die Rechtswahl nach Art. 14 Abs. 2 oder Abs. 3 EGBGB, die das Güterrechtsstatut nur dann bestimmt, wenn sie spätestens im Zeitpunkt der Eheschließung getroffen wurde (→ Rn. 41), schreibt das Gesetz für die Rechtswahl nach Art. 15 Abs. 2 EGBGB einen bestimmten **Zeitpunkt** nicht vor. Letztere kann daher bereits vor der Heirat, wenn auch nur mit Wirkung ab dieser, aber auch zu einem beliebigen Zeitpunkt während der Ehe vorgenommen werden.[200] Daran wird sich auch unter Geltung der EuGüVO nichts ändern (vgl. Art. 22 Abs. 1 EuGüVO: „Die Ehegatten oder künftigen Ehegatten (…)"). Die in Art. 15 Abs. 2 EGBGB normierten Voraussetzungen für die Rechtswahl müssen nur zu dem Zeitpunkt vorliegen, in dem diese getroffen wird; ihr späterer Wegfall berührt die Wirksamkeit der Rechtswahl nicht. Diese wirkt freilich nur *ex nunc;* eine Rückwirkung des gewählten Rechts auf den Zeitpunkt der Eheschließung kann zwar im Innenverhältnis der Ehegatten, nicht aber mit Wirkung gegenüber Dritten vereinbart werden.[201] Daran hält auch die EuGüVO fest (Art. 22 Abs. 2 und Abs. 3 EuGüVO).

### 2. Die wählbaren Rechte

99 Während das Ehewirkungsstatut nach Art. 14 Abs. 2 und Abs. 3 EGBGB nur in sehr engen Grenzen durch Rechtswahl bestimmt werden kann (vgl. zu Art. 14 Abs. 3 EGBGB → § 8 Rn. 22 ff.), werden den Ehegatten in Art. 15 Abs. 2 EGBGB deutlich weiter reichende Wahlmöglichkeiten eingeräumt, insbesondere als Korrektiv zur Fixierung des objektiven Güterrechtsstatuts in Art. 15 Abs. 1 EGBGB auf den Zeitpunkt der Eheschließung. Auf diese Weise soll also – namentlich in Fällen eines Staatsangehörigkeits- oder Aufenthaltswechsels eines oder beider Ehegatten nach der Eheschließung – eine Anpassung an die neue Lebenssituation ermöglicht werden.[202]

100 **a) Heimatrecht eines Ehegatten, Nr. 1.** Die Ehegatten können nach Art. 15 Abs. 2 Nr. 1 EGBGB zunächst ihre jeweiligen Heimatrechte wählen. Eine solche Rechtswahl bietet sich insbesondere in gemischt-nationalen Ehen an, wenn die Ehegatten ihren gewöhnlichen Aufenthalt im Inland haben, aber für ihre Ehe den nach Art. 15 Abs. 1 iVm Art. 14 Abs. 1 Nr. 2 EGBGB maßgeblichen Güterstand der Zugewinngemeinschaft nicht kennen und deshalb auch nicht wünschen. Dies kommt namentlich in Betracht, wenn beide Ehegatten Staaten angehören, in denen als gesetzlicher Güterstand die Errungenschaftsgemeinschaft gilt.[203]

---

[199] OLG Frankfurt a.M. FamRZ 1996, 1478 (1479) (deutsch-*jordanische* Ehe); OLG München IPRspr. 2005 Nr. 46 (deutsch-*ägyptische* Ehe); *Andrae* IntFamR § 3 Rn. 105; dazu näher *Wurmnest* RabelsZ 71 (2007), 554 (555); Palandt/*Thorn* EGBGB Art. 15 Rn. 23; Staudinger/*Mankowski* EGBGB Art. 15 Rn. 106; vgl. auch → Rn. 203 ff.

[200] Vgl. Palandt/*Thorn* EGBGB Art. 15 Rn. 21; MüKoBGB/*Siehr* EGBGB Art. 15 Rn. 28j; Soergel/*Schurig* EGBGB Art. 15 Rn. 16; Erman/*Hohloch* EGBGB Art. 15 Rn. 23; Ferid/*Böhmer* IPR Rn. 8–108; *v. Bar* IPR II Rn. 227; *Schotten/Schmellenkamp* IPR Rn. 152.

[201] *Schotten* DNotZ 1999, 326 (327) mwN; NK-BGB/*Sieghörtner* EGBGB Art. 15 Rn. 58; Reithmann/Martiny/*Hausmann* IVR Rn. 7.809; **aA** *Andrae* IntFamR § 3 Rn. 101; MüKoBGB/*Siehr* EGBGB Art. 15 Rn. 46; Staudinger/*Mankowski* EGBGB Art. 15 Rn. 116. Vgl. auch → Rn. 127.

[202] Vgl. zu diesem Zweck der erweiterten Rechtswahlmöglichkeit nach Art. 15 Abs. 2 EGBGB BT-Drs. 10/504, 58; Palandt/*Thorn* EGBGB Art. 15 Rn. 21; MüKoBGB/*Siehr* EGBGB Art. 15 Rn. 10; Erman/*Hohloch* EGBGB Art. 15 Rn. 22. Zum Auschluss dieser Rechtswahl im Geltungsbereich des deutsch-iranischen Niederlassungsabkommens → Rn. 30.

[203] Die Errungenschaftsgemeinschaft ist nicht nur in den meisten romanischen Rechten, sondern auch in fast allen Staaten Osteuropas gesetzlicher Güterstand, vgl. Reithmann/Martiny/*Hausmann* IVR Rn. 7.742 ff.; Münch/*Süß* FamR § 20 Rn. 161 ff., 178 ff., 202 ff.

**Beispiel:** 101
Der französische Ehemann M und seine italienische Ehefrau F, die beide ihren gewöhnlichen Aufenthalt in Deutschland haben, wurden dahin belehrt, dass für ihre Ehe mangels Rechtswahl das deutsche Ehegüterrecht maßgebend sei und sie deshalb nur zwischen dem gesetzlichen Güterstand der Zugewinngemeinschaft und – in einem Ehevertrag – den Güterständen der Gütertrennung und der Gütergemeinschaft wählen könnten. Da beide den in ihren jeweiligen Heimatrechten geltenden gesetzlichen Güterstand der Errungenschaftsgemeinschaft als für ihre Ehe besonders angemessen empfinden, können sie nach Art. 15 Abs. 2 Nr. 1 EGBGB eine Rechtswahl sowohl zugunsten des französischen Heimatrechts des M wie zugunsten des italienischen Heimatrechts der F treffen und es dann jeweils beim gesetzlichen Güterstand belassen.

Umgekehrt kann auch ein deutscher Ehegatte, der in einer gemischt-nationalen Ehe lebt, gemeinsam mit seinem Partner eine Rechtswahl zugunsten des **deutschen Güterrechts** treffen, auch wenn die Ehegatten ihren gemeinsamen gewöhnlichen Aufenthalt im Heimatstaat des nicht-deutschen Ehegatten oder in einem Drittstaat haben.[204]

Ist ein Ehegatte **Doppel- oder Mehrstaater,** so ist umstritten, ob jedes seiner Heimatrechte oder nur das nach Art. 5 Abs. 1 S. 1 EGBGB effektive bzw. das nach Art. 5 Abs. 1 S. 2 EGBGB vorrangig maßgebende deutsche Heimatrecht gewählt werden kann. Vorzuziehen ist die erstgenannte – weite – Auslegung, die es den Ehegatten gestattet, entgegen dem zu eng geratenen Wortlaut der Nr. 1[205] auch ein **nicht effektives Heimatrecht** zu wählen oder sich für das ausländische Heimatrecht eines zugleich deutschen Ehegatten zu entscheiden, weil das Gesetz der Parteiautonomie im internationalen Ehegüterrecht – anders als im Recht der allgemeinen Ehewirkungen – bewusst weiten Raum lässt.[206] Außerdem sollte die Gültigkeit der Rechtswahl aus Gründen der Rechtssicherheit nicht von der – häufig schwierigen – Ermittlung des effektiven Heimatrechts abhängen. Sonst könnten die bei der objektiven Anknüpfung des Güterrechtsstatuts an das Heimatrecht von Mehrstaatern bestehenden Unsicherheiten durch eine Rechtswahl nicht beseitigt werden, sondern würden noch verschärft.[207] Solange die Frage, ob nach Art. 15 Abs. 2 Nr. 1 EGBGB auch das nicht-effektive Heimatrecht bzw. das ausländische Heimatrecht eines Mehrstaaters mit zugleich deutscher Staatsangehörigkeit gewählt werden kann, höchstrichterlich nicht geklärt ist, sollte in der Praxis allerdings auf eine solche Rechtswahl verzichtet werden; zumindest hat der Notar die Beteiligten auf die Risiken einer solchen Rechtswahl hinzuweisen. 102

**Beispiel:** 103
In Deutschland lebende Ehegatten, die beide sowohl die deutsche wie die türkische Staatsangehörigkeit besitzen, möchten anlässlich ihrer Eheschließung den türkischen gesetzlichen Güterstand vereinbaren. Da das Güterrechtsstatut der Eheleute gemäß Art. 15 Abs. 1 iVm Art. 14 Abs. 1 Nr. 1 und Art. 5 Abs. 1 S. 2 EGBGB deutsches Recht ist, setzt die Zulässigkeit des Ehevertrags die wirksame Wahl türkischen Rechts nach Art. 15 Abs. 2 Nr. 1 EGBGB

[204] Vgl. *Schotten/Schmellenkamp* IPR Rn. 154 mit einem Beispielsfall.

[205] Anders als in Art. 14 Abs. 2 EGBGB fehlt in Art. 15 Abs. 2 Nr. 1 EGBGB der Zusatz „ungeachtet des Art. 5 Abs. 1".

[206] Für Zulässigkeit einer Wahl des nicht effektiven Heimatrechts auch *Kühne* IPRax 1987, 69 (72); *Lichtenberger* FS Ferid, 1988, 269 (273); *Siehr* IPRax 2007, 353 (356ff.); MüKoBGB/*Siehr* EGBGB Art. 15 Rn. 28b; Soergel/*Schurig* EGBGB Art. 15 Rn. 18; Erman/*Hohloch* EGBGB Art. 15 Rn. 26a; NK-BGB/*Sieghörtner* EGBGB Art. 15 Rn. 36; BeckOK BGB/*Mörsdorf-Schulte* EGBGB Art. 15 Rn. 65; MüKoBGB/*v. Hein* EGBGB Art. 5 Rn. 67; *Kropholler* IPR § 45 IV 4 a; *Schotten/Schmellenkamp* IPR Rn. 154b; *Stoll* S. 180; *Andrae* IntFamR § 3 Rn. 96; **aA** *Lichtenberger* DNotZ 1986, 644 (659); *Wegmann* NJW 1987, 1740 (1742); *Dethloff* JZ 1995, 64 (68); *Henrich* IntFamR § 3 I 3 b; *v. Bar* IPR II Rn. 222; *Kemp* S. 55; Palandt/*Thorn* EGBGB Art. 15 Rn. 22; Staudinger/*Mankowski* EGBGB Art. 15 Rn. 133ff.; *Looschelders* EGBGB Art. 15 Rn. 35; PWW/*Martiny* EGBGB Art. 15 Rn. 7.

[207] Zutr. *Schotten/Schmellenkamp* IPR Rn. 154b.

voraus. Ob eine solche Rechtswahl zulässig ist, ist allerdings bisher obergerichtlich nicht geklärt.

104 **Formulierungsbeispiel: Rechtswahl nach Art. 15 Abs. 2 Nr. 1 EGBGB**

Beide Ehegatten erklären übereinstimmend:

Wir besitzen sowohl die deutsche wie die türkische Staatsangehörigkeit.

Im Hinblick darauf, dass wir beabsichtigen, unseren gemeinsamen gewöhnlichen Aufenthalt demnächst von Deutschland in die Türkei zu verlegen, vereinbaren wir gemäß Art. 15 Abs. 2 Nr. 1 EGBGB für die güterrechtlichen Wirkungen unserer Ehe die Geltung türkischen Rechts.

Hinweise des Notars:[208]

1. Die Anerkennung der getroffenen Wahl des türkischen Rechts durch deutsche Gerichte trotz bestehender deutscher Staatsangehörigkeit der Ehegatten ist nicht gesichert.
2. Der Notar ist zur Belehrung über ausländisches Recht nicht verpflichtet; er hat diesbezüglich auch keine Beratungspflichten übernommen.
3. Bei der Maßgeblichkeit des gewählten türkischen Rechts auf die güterrechtlichen Wirkungen der Ehe bleibt es – vorbehaltlich einer neuen Rechtswahl – auch dann, wenn einer oder beide Ehegatten seine deutsche Staatsangehörigkeit aufgeben oder verlieren sollte(n).
4. Der gewählte türkische gesetzliche Güterstand kann im deutschen Güterrechtsregister eingetragen werden.
5. Die Rechtswahl wird in der Türkei möglicherweise nicht oder nur mit Einschränkungen anerkannt.

105 Darüber hinaus können die Eheleute auch ihr **gemeinsames Heimatrecht** wählen, selbst wenn dieses bereits nach Art. 15 Abs. 1 iVm Art. 14 Abs. 1 Nr. 1 EGBGB zur Anwendung berufen ist. Auf diese Weise kann insbesondere eine **Rück- oder Weiterverweisung** durch das IPR des gemeinsamen Heimatstaates **ausgeschlossen** und dessen materielles Güterrecht für anwendbar erklärt werden.[209] Außerdem wird die Geltung des gemeinsamen Heimatrechts durch eine solche Rechtswahl vor Gerichten solcher Staaten sichergestellt, die das Güterrechtsstaut zwar objektiv abweichend anknüpfen, aber eine Wahl des gemeinsamen Heimatrechts anerkennen. Schließlich bietet sich die Wahl des gemeinsamen Heimatrechts auch dann an, wenn die Ehegatten im Verlauf der Ehe (zB durch Einbürgerung in Deutschland) eine neue Staatsangehörigkeit erworben haben; denn ohne eine solche Rechtswahl blieben sie wegen des Grundsatzes der Unwandelbarkeit des Güterrechtsstatuts (→ Rn. 58 ff.) weiterhin dem mit Hilfe der Staatsangehöigkeit zur Zeit der Eheschließung bestimmten Güterrecht unterworfen.[210]

106 Eine Rechtswahl nach Art. 15 Abs. 2 Nr. 1 oder Nr. 2 EGBGB zielt in Ermangelung von Anhaltspunkten für einen abweichenden Parteiwillen nur auf die Bestimmung des Güterrechtsstatuts als Gesamtstatut und lässt daher die **Sonderanknüpfung nach Art. 3a Abs. 2 EGBGB** (→ Rn. 46 ff.) grundsätzlich unberührt. Gehören daher zum Vermögen der Ehegatten Grundstücke, die in einem Staat belegen sind, der diese auch in güterrechtlicher Hinsicht stets dem eigenen Recht unterwirft, so werden diese Grundstücke von der Rechtswahl nicht erfasst.[211] Der Vorrang des Einzelstatuts nach

[208] Erläuterungen dazu → Rn. 137 ff.

[209] Vgl. Staudinger/*Mankowski* EGBGB Art. 15 Rn. 140; Soergel/*Schurig* EGBGB Art. 15 Rn. 17; *Schotten/Schmellenkamp* IPR Rn. 154a; Münch/*Süß* FamR § 20 Rn. 105.

[210] *Schotten/Schmellenkamp* IPR Rn. 154a.

[211] MüKoBGB/*Siehr* EGBGB Art. 15 Rn. 128; Staudinger/*Hausmann* EGBGB Art. 3a Rn. 32; *Schotten/Schmellenkamp* IPR Rn. 155.

Art. 3a Abs. 2 EGBGB kann aber durch einen hinreichend klar geäußerten Parteiwillen überwunden werden.[212] Lediglich die zwingenden **materiell-rechtlichen** Vorschriften der *lex rei sitae* über Sondervermögen setzen sich auch gegen eine abweichende Rechtswahl durch, weil es sich der Sache nach um sozial-, agrar- oder wirtschaftspolitische Eingriffsnormen handelt.[213]

**Beispiel:** 107
M und F, die beide ausschließlich die englische Staatsangehörigkeit besitzen, verlegen ihren gewöhnlichen Aufenthalt kurz nach der Eheschließung auf Dauer nach Deutschland, wo M eine Anstellung auf Lebenszeit gefunden hat. Aus diesem Grunde treffen sie für ihre güterrechtlichen Verhältnisse eine Rechtswahl nach Art. 15 Abs. 2 Nr. 2 EGBGB zugunsten des deutschen Rechts. Erstreckt sich diese Rechtswahl auch auf ein in England belegenes Ferienhaus, das im Eigentum der F steht?

Die von den Ehegatten getroffene Rechtswahl zugunsten des deutschen Güterrechts erfasst grundsätzlich die gesamten Vermögensbeziehungen der Ehegatten. In Bezug auf das in England belegene Ferienhaus schränkt jedoch Art. 3a Abs. 2 EGBGB den Grundsatz der Einheitlichkeit des Güterrechtsstatuts ein. Der dort normierte Grundsatz „Einzelstatut bricht Gesamtstatut" greift nicht nur in Fällen einer objektiven Anknüpfung des Güterrechtstatuts nach Art. 15 Abs. 1 EGBGB ein, sondern setzt sich auch gegenüber einer Rechtswahl nach Art. 15 Abs. 2 Nr. 1 oder Nr. 2 EGBGB durch. Bezüglich des englischen Ferienhauses bleibt es also trotz Rechtswahl bei der Geltung des englischen Güterrechts.

Die Ehegatten sind freilich nicht gehindert, die von ihnen getroffene Rechtswahl zugunsten des deutschen Rechts ausdrücklich auf das englische Hausgrundstück zu erstrecken und dieses damit zumindest hinsichtlich der während der Ehe eingetretenen Wertsteigerung in den Zugewinnausgleich des gewählten deutschen gesetzlichen Güterstandes einzubeziehen.

**b) Gewöhnlicher Aufenthalt eines Ehegatten, Nr. 2.** Nach Art. 15 Abs. 2 Nr. 2 108
EGBGB können die Ehegatten auch das Recht des Staates wählen, in dem mindestens einer von ihnen seinen **gewöhnlichen Aufenthalt** hat. Erst recht können sie ihre güterrechtlichen Beziehungen ihrem *gemeinsamen* Aufenthaltsrecht unterstellen.[214] Auf die Staatsangehörigkeit der Ehegatten kommt es insoweit nicht an, so dass die Wahlmöglichkeit nach Art. 15 Abs. 2 Nr. 2 EGBGB – anders als jene nach Art. 14 Abs. 2 und Abs. 3 EGBGB – auch dann eröffnet ist, wenn die Ehegatten dieselbe (effektive) Staatsangehörigkeit besitzen, um diesen die Anpassung ihrer güterrechtlichen Beziebungen an das Recht ihres gemeinsamen gewöhnlichen Aufenthaltsstaates zu ermöglichen.[215]

**Beispiel:** 109
Beabsichtigt der Kroate M, mit seiner ebenfalls kroatischen Verlobten F in Köln die Ehe zu schließen, so können die Verlobten in einem noch vor der Hochzeit geschlossenen Ehevertrag für ihre güterrechtlichen Beziehungen deutsches Recht wählen, wenn sie bei der Eheschließung ihren gemeinsamen gewöhnlichen Aufenthalt in Deutschland haben. Die Wahl des deutschen Güterrechts wäre auch dann wirksam, wenn sich zur Zeit der Eheschließung

[212] Wie hier MüKoBGB/*Siehr* EGBGB Art. 15 Rn. 128; MüKoBGB/*v. Hein* EGBGB Art. 3a Rn. 25; Soergel/*Schurig* EGBGB Art. 15 Rn. 66; *Schotten/Schmellenkamp* IPR Rn. 155, 165; **aA** *Ludwig* DNotZ 2000, 663 (676); Staudinger/*Mankowski* EGBGB Art. 15 Rn. 21; NK-BGB/*Sieghörtner* EGBGB Art. 15 Rn. 8; *Stoll* S. 107.

[213] Staudinger/*Hausmann* EGBGB Art. 3a Rn. 32; MüKoBGB/*v. Hein* EGBGB Art. 3a Rn. 24; MüKoBGB/*Siehr* EGBGB Art. 15 Rn. 127; **aA** *Schotten/Schmellenkamp* IPR Rn. 165.

[214] Vgl. OLG Düsseldorf DNotZ 2003, 617; *Henrich* FamRZ 1986, 847; *Kropholler* IPR § 45 IV 4 b; Soergel/*Schurig* EGBGB Art. 15 Rn. 19; Staudinger/*Mankowski* EGBGB Art. 15 Rn. 149.

[215] *Schotten/Schmellenkamp* IPR Rn. 156; *v. Bar* IPR II Rn. 223; MüKoBGB/*Siehr* EGBGB Art. 15 Rn. 28c; Soergel/*Schurig* EGBGB Art. 15 Rn. 19; Staudinger *Mankowski* EGBGB Art. 15 Rn. 144.

nur der Ehemann in Deutschland gewöhnlich aufhalten würde, während ein Umzug der Ehefrau aus Kroatien nach Deutschland erst einige Monate später erfolgen soll. Verlegen die Ehegatten ihren gewöhnlichen Aufenthalt im Verlauf der Ehe nach Kroatien, so ist dies auf die getroffene Rechtswahl ohne Einfluss. Die Ehegatten haben allerdings in diesem Fall die Möglichkeit, die Rechtswahl aufzuheben (mit der Folge, dass aus deutscher Sicht von diesem Zeitpunkt an kraft Gesetzes – Art. 15 Abs. 1 iVm Art. 14 Abs. 1 Nr. 1 EGBGB – das kroatische Recht als ihr gemeinsames Heimatrecht als Güterrechtsstatut berufen ist) oder durch eine erneute Rechtswahl nach Art. 15 Abs. 2 Nr. 1 oder Nr. 2 EGBGB das kroatische Recht als ihr gemeinsames Heimat- bzw. Aufenthaltsrecht zu wählen.

Die Rechtswahl nach Art. 15 Abs. 2 Nr. 2 EGBGB kann – ebenso wie jene nach Nr. 1 – nur **einheitlich** für die gesamten güterrechtlichen Beziehungen der Ehegatten getroffen werden. Allderdings ist auch insoweit der Vorrang eines Einzelstatuts nach Art. 3a Abs. 2 EGBGB zu beachten (→ Rn. 106).

110 **Formulierungsbeispiel: Rechtswahl nach Art. 15 Abs. 2 Nr. 2 EGBGB**

Die Ehegatten erklären übereinstimmend: Wir sind beide ausschließlich kroatische Staatsangehörige.

Im Hinblick darauf, dass wir unseren gemeinsamen gewöhnlichen Aufenthalt in Deutschland haben, vereinbaren wir gemäß Art. 15 Abs. 2 Nr. 2 EGBGB für die güterrechtlichen Wirkungen unserer Ehe die Geltung deutschen Rechts.

Hinweise des Notars:[216]

1. Bei der Maßgeblichkeit des gewählten deutschen Rechts auf die güterrechtlichen Wirkungen der Ehe bleibt es – vorbehaltlich einer neuen Rechtswahl – auch dann, wenn einer oder beide Ehegatten den gewöhnlichen Aufenthalt in Deutschland aufgeben sollte(n).
2. Die Rechtswahl wird im Heimatstaat der Ehegatten (Kroatien) möglicherweise nicht oder nur mit Einschränkungen anerkannt.

111 **c) Belegenheitsrecht für unbewegliches Vermögen, Nr. 3.** Schließlich können die Ehegatten für ihr **unbewegliches Vermögen** auch das **Recht des Lageorts** wählen. Dadurch soll vor allem der Erwerb deutscher Grundstücke durch Ehegatten, die aufgrund objektiver Anknüpfung des Güterrechtsstatuts in einem ausländischen Güterstand leben, für deutsche Notare und Grundbuchämter erleichtert werden.[217] Umgekehrt können freilich auch deutsche oder ausländische Ehegatten für den Erwerb von im Ausland belegenen Immobilien – zB für den Erwerb eines Ferienhauses in Italien oder Spanien – das jeweilige ausländische Belegenheitsrecht wählen.[218] Die Rechtswahlmöglichkeit nach Art. 15 Abs. 2 Nr. 3 EGBGB besteht allerdings nur noch bis zum 28.1.2019. Eine danach getroffene güterrechtliche Rechtswahl beurteilt sich nach Art. 22 ff. EuGüVO; die Verordnung lässt aber wegen des strikt durchgeführten Prinzips der Einheit des Güterrechtsstatuts (Art. 21 EuGüVO) eine auf (einzelne) Immobilien beschränkte Rechtswahl nicht mehr zu.

[216] Erläuterungen dazu → Rn. 137 ff.

[217] BT-Drs. 10/5632, 42; Palandt/*Thorn* EGBGB Art. 15 Rn. 22; Erman/*Hohloch* EGBGB Art. 15 Rn. 28; Soergel/*Schurig* EGBGB Art. 15 Rn. 20; *Kropholler* IPR § 45 IV 4 c; *Schotten/Schmellenkamp* IPR Rn. 157 mwN. Vgl. OLG Schleswig FamRZ 2010, 377 (379); OLG Zweibrücken FamRZ 2013, 1487.

[218] Palandt/*Thorn* EGBGB Art. 15 Rn. 22; Erman/*Hohloch* EGBGB Art. 15 Rn. 28b; Staudinger/*Mankowski* EGBGB Art. 15 Rn. 161; Ferid/*Böhmer* IPR Rn. 8–143, 3; *Schotten/Schmellenkamp* IPR Rn. 158; Münch/*Süß* FamR § 20 Rn. 105.

**Beispiel:** 112
M und F, die beide die kroatische Staatsangehörigkeit besitzen, haben 2005 in Zagreb/Kroatien geheiratet. Einen Ehevertrag haben sie nicht geschlossen. Da sich nach dem Beitritt Kroatiens zur EU für den Ehemann günstige Berufschancen als Elektroingeniuer in Deutschland eröffnen, ziehen die Eheleute im Jahr 2014 gemeinsam nach Frankfurt a.M. um. Der Ehemann beabsichtigt, dort mit Mitteln aus dem Nachlass seiner Eltern eine Eigentumswohnung zu Alleineigentum zu erwerben. Wie kann dieses Ziel erreicht werden?

Da es zweifelhaft ist, ob der Ehemann unter Geltung des für die Ehegatten nach Art. 15 Abs. 1 iVm Art. 14 Abs. 1 Nr. 1 EGBGB maßgebenden kroatischen gesetzlichen Güterstands der Errungenschaftsgemeinschaft eine Wohnung zu Alleineigentum erwerben könnte, bietet sich für den Erwerb die Wahl deutschen Güterrechts an, das den Erwerb zu Alleineigentum des Ehemannes sowohl im gesetzlichen Güterstand der Zugewinngemeinschaft wie bei Vereinbarung von Gütertrennung zulässt. Für diesen Fall haben die Ehegatten einerseits die Möglichkeit, für ihr gesamtes Vermögen das deutsche Recht nach Art. 15 Abs. 2 Nr. 2 EGBGB zu wählen. Sie können aber auch eine gegenständlich beschränkte Wahl deutschen Güterrechts nach Art. 15 Abs. 2 Nr. 3 EGBGB treffen und es hinsichtlich ihres in Kroatien belegenen Vermögens bei der objektiven Anknüpfung an ihr gemeinsames Heimatrecht belassen (Güterrechtsspaltung).

Behalten die Ehegatten ihren gewöhnlichen Aufenthalt zunächst noch in Kroatien bei und möchte der Ehemann die Eigentumswohnung in Deutschland als sichere Vermögensanlage zu Alleineigentum schon jetzt erwerben, so kann er dieses Ziel nur durch eine gegenständlich beschränkte Rechtswahl nach Art. 15 Abs. 2 Nr. 3 EGBGB erreichen.

**Formulierungsbeispiel: Rechtswahl nach Art. 15 Abs. 2 Nr. 3 EGBGB** 113

Die Ehegatten erklären übereinstimmend: Wir sind beide ausschließlich kroatische Staatsangehörige.

Wir leben im gesetzlichen Güterstand der Errungenschaftsgemeinschaft des kroatischen Rechts. Im Hinblick darauf, dass wir unseren gemeinsamen gewöhnlichen Aufenthalt nach Deutschland verlegt haben und hier Grundbesitz erwerben wollen, vereinbaren wir gemäß Art. 15 Abs. 2 Nr. 3 EGBGB für die güterrechtlichen Wirkungen unserer Ehe bezüglich des in Deutschland belegenen unbeweglichen Vermögens die Geltung deutschen Rechts.

Hinweise des Notars:[219]

1. Bei der Maßgeblichkeit des gewählten deutschen Rechts auf die güterrechtlichen Wirkungen der Ehe bezüglich des in Deutschland belegenen unbeweglichen Vermögens bleibt es – vorbehaltlich einer neuen Rechtswahl – auch dann, wenn einer oder beide Ehegatten den gewöhnlichen Aufenthalt in Deutschland aufgeben sollte(n).
2. Die getroffene Rechtswahl führt zu einer Spaltung des Güterstandes, weil sich das Güterrecht der Beteiligten nur in Bezug auf das in Deutschland belegene unbewegliche Vermögen nach deutschem Recht beurteilt, während es im Übrigen (also bezüglich des beweglichen Vermögens und des außerhalb Deutschlands belegenen unbeweglichen Vermögens) bei der Maßgeblichkeit des kroatischen Güterrechts verbleibt.
3. Die Rechtswahl entfaltet Wirkungen nur für die Zukunft.
4. Die getroffene gegenständlich beschränkte Rechtswahl wird im Heimatstaat der Ehegatten (Kroatien) möglicherweise nicht anerkannt.

Die gegenständlich beschränkte Rechtswahl nach Art. 15 Abs. 2 Nr. 3 EGBGB kann mit einer umfassenden Rechtswahl nach Nr. 1 oder Nr. 2 (oder nach Art. 14 Abs. 2 oder 114

[219] Erläuterung dazu → Rn. 137 ff.

Abs. 3 EGBGB) für das sonstige Vermögen verbunden werden,[220] aber auch unabhängig davon zu einem früheren oder späteren Zeitpunkt getroffen werden. Wird sie nur isoliert für das in einem bestimmten Land belegene unbewegliche Vermögen vereinbart, verbleibt es im Übrigen bei dem von Art. 15 Abs. 1 EGBGB zur Anwendung berufenen objektiven Güterrechtsstatut.

115 **aa) Unbewegliches Vermögen.** Der Begriff des „unbeweglichen Vermögens“ in Art. 15 Abs. 2 Nr. 3 EGBGB ist – wie andere Systembegriffe des deutschen Kollisionsrechts auch (→ § 3 Rn. 7ff.) – grundsätzlich nach Maßgabe der deutschen ***lex fori*** zu qualifizieren; eine Qualifikationsverweisung auf die gewählte *lex rei sitae* findet also nicht statt.[221] Danach gehören außer **Grundstücken** und deren wesentlichen Bestandteilen (insbesondere Gebäude, vgl. § 94 BGB) auch *grundstücksgleiche Rechte* (zB Erbbaurechte) und sonstige mit dem Eigentum an einem Grundstück bzw. einem grundstücksgleichen Recht verbundene Rechte iSv § 96 BGB (zB Grunddienstbarkeiten, subjektiv-dingliche Reallasten und Vorkaufsrechte uÄ) zum unbeweglichen Vermögen iSv Art. 15 Abs. 2 Nr. 3 EGBGB.[222] Gleiches gilt für **Wohnungseigentum.**[223] Ferner wird man auch Grundstückszubehör[224] und die im Grundbuch eintragbaren dinglichen Rechte zur Sicherung von Forderungen (zB **Hypotheken** oder **Grundschulden**) zum unbeweglichen Vermögen im kollisionsrechtlichen Sinne rechnen müssen.[225]

116 **Nicht** zum unbeweglichen Vermögen gehören demgegenüber **schuldrechtliche Ansprüche** auf Übertragung von Grundstücken oder Grundstücksrechten, selbst wenn sie durch Vormerkung gesichert sind.[226] Erst recht haben schuldrechtliche Ansprüche aus Grundstücksmiet- bzw. -pachtverträgen auszuscheiden.[227] Schließlich kann eine gegenständlich beschränkte Rechtswahl nach Art. 15 Abs. 2 Nr. 3 EGBGB auch für **Anteile an Personengesellschaften** (zB für Kommanmditanteile an geschlossenen Immobilienfonds)[228] **oder Erbengemeinschaften** nicht getroffen werden; diese sind vielmehr unab-

---

[220] Zu einer solchen kombinierten Rechtswahl MüKoBGB/*Siehr* EGBGB Art. 15 Rn. 28 h; NK-BGB/*Sieghörtner* EGBGB Art. 15 Rn. 39; *v. Bar* IPR II Rn. 225; *Schotten/Schmellenkamp* IPR Rn. 159.

[221] *Lichtenberger* DNotZ 1986, 644 (659); *ders.* FS Ferid, 1988, 269 (284); *Böhringer* BWNotZ 1987, 104 (109); *Andrae* IntFamR § 3 Rn. 98; Palandt/*Thorn* EGBGB Art. 15 Rn. 22; MüKoBGB/*Siehr* EGBGB Art. 15 Rn. 28e; Erman/*Hohloch* EGBGB Art. 15 Rn. 28; *v. Bar* IPR II Rn. 226; *Kropholler* IPR § 45 IV 4 c; **aA** *Kühne* IPRax 1987, 69 (73); *Kemp* S. 75ff.; *Schotten/Schmellenkamp* IPR Rn. 160; Soergel/*Schurig* EGBGB Art. 15 Rn. 22; Staudinger/*Mankowski* EGBGB Art. 15 Rn. 164; Johannsen/Henrich/*Henrich* EGBGB Art. 15 Rn. 12; differenzierend BeckOK BGB/*Mörsdorf-Schulte* EGBGB Art. 15 Rn. 69. Bei der im Vordergrund stehenden gegenständlich beschränkten Wahl des *deutschen* Rechts führen beide Ansichten zum gleichen Ergebnis.

[222] Für eine hierauf beschränkte Auslegung des Begriffs „unbewegliches Vermögen“ *Henrich* IntFamR § 3 I 3; *Schotten/Schmellenkamp* IPR Rn. 162 m. ausf. Begründung; noch enger *Kegel/Schurig* IPR § 20 VI 1 b, die sogar Erbbaurechte ausnehmen möchten.

[223] *Schotten/Schmellenkamp* IPR Rn. 162.

[224] *Kemp* S. 81; *Süß* ZNotP 2001, 173 (175ff.); NK-BGB/*Sieghörtner* EGBGB Art. 15 Rn. 43; Staudinger/*Mankowski* EGBGB Art. 15 Rn. 176.

[225] So auch die hM, vgl. LG Saarbrücken IPRspr. 2000 Nr. 96; *Jayme* IPRax 1986, 265 (270); *Lichtenberger* DNotZ 1986, 644 (659); *Kühne* IPRax 1987, 69 (73); *Wegmann* NJW 1987, 1740 (1743); *Reithmann* DNotZ 1996, 227 (228); Palandt/*Thorn* EGBGB Art. 15 Rn. 22; MüKoBGB/*Siehr* EGBGB Art. 15 Rn. 28 g; Erman/*Hohloch* EGBGB Art. 15 Rn. 28a; NK-BGB/*Sieghörtner* EGBGB Art. 15 Rn. 43f.; *v. Bar* IPR II § 3 Rn. 91; *Andrae* IntFamR § 3 Rn. 98; *Kropholler* IPR § 45 IV 4 c; **aA** aber *Kemp* S. 79ff; *v. Bar* IPR II Rn. 210; *Schotten/Schmellenkamp* IPR Rn. 134.

[226] *V. Bar* IPR II Rn. 210; *Schotten/Schmellenkamp* IPR Rn. 134; ferner Palandt/*Thorn* EGBGB Art. 15 Rn. 22; Staudinger/*Mankowski* EGBGB Art. 15 Rn. 185ff.; NK-BGB/*Sieghörtner* EGBGB Art. 15 Rn. 44; **aA** *Lichtenberger* DNotZ 1986, 644 (659); *Wegmann* NJW 1987, 1740 (1743); *Reinhart* BWNotZ 1987, 97 (101); *Böhringer* BWNotZ 1987, 104 (109); *Dörner* DNotZ 1988, 67 (96). Anders zum Anspruch auf Rückübertragung des nicht valutierten Teils einer Grundschuld auch *Reithmann* DNotZ 2004, 479.

[227] Ganz hM, vgl. Palandt/*Thorn* EGBGB Art. 15 Rn. 22; Staudinger/*Mankowski* EGBGB Art. 15 Rn. 189ff.; *Schotten/Schmellenkamp* IPR Rn. 162; **aA** *Dörner* DNotZ 1988, 67 (96) und teilweise auch *Wegmann* NJW 1987, 1740 (1743).

[228] NK-BGB/*Sieghörtner* EGBGB Art. 15 Rn. 44; **aA** *Reithmann* DNotZ 2004, 479.

hängig von der Zusammensetzung des Gesellschaftsvermögens bzw. des Nachlasses als beweglich zu qualifizieren.[229]

**bb) Beschränkung der Rechtswahl auf einzelne Grundstücke?** Nach überwiegender – höchstrichterlich allerdings bisher nicht bestätigter – Ansicht musss sich die Rechtswahl nach Art. 15 Abs. 2 Nr. 3 EGBGB nicht notwendig auf das gesamte in einem Staat belegene unbewegliche Vermögen der Ehegatten beziehen; diese können die Rechtswahl vielmehr auch auf ein **einzelnes Grundstück oder einzelne Grundstücke** beschränken und es hinsichtlich der übrigen im gleichen Staat belegenen Grundstücke bei dem von der *lex rei sitae* verschiedenen (objektiven oder gewählten) Güterrechtsstatut bewenden lassen.[230] Gegen die Zulässigkeit einer solchen objektbezogenen Rechtswahl spricht freilich, dass das deutsche internationale Güterrecht vom Prinzip der Einheitlichkeit des Güterstandes ausgeht und die hiervon im Interesse einer Vereinfachung der praktischen Arbeit von Notaren und Grundbuchämtern abweichende Rechtswahlmöglichkeit nach Art. 15 Abs. 2 Nr. 3 EGBGB daher restriktiv auszulegen ist.[231] Außerdem führt die Zulassung einer nur auf einzelne Grundstücke beschränkten Rechtswahl gerade nicht zu einer Rechtsvereinfachung, sondern wirft erhebliche – bisher weithin ungeklärte und in ihrer Tragweite nur schwer einschätzbare – Rechtsprobleme im Falle einer Beendigung des Güterstands durch Ehescheidung oder Tod eines Ehegatten auf.[232] Aus diesem Grunde wird zu Recht vor der verbreiteten Praxis deutscher Notare gewarnt, bei Erwerb eines inländischen Grundstücks durch ausländische Ehegatten eine auf dieses Grundstück beschränkte güterrechtliche Rechtswahl zu vereinbaren, ohne die aus dieser Vermögensspaltung resultierenden Konsequenzen zu analysieren.[233] 117

Auch wenn man mit der hM die auf ein einzelnes Grundstück beschränkte Rechtswahl zulässt, so kann die kollisionsrechtliche Spaltung des Güterstands in Bezug auf inländische Grundstücke jedenfalls **nicht auf die sachrechtliche Ebene** übertragen werden. Die Ehegatten sind also nicht berechtigt, für einzelne Grundstücke, die kraft Rechtswahl nach Art. 15 Abs. 2 Nr. 3 EGBGB deutschem materiellen Recht unterstehen, unterschiedliche Güterstände zu vereinbaren.[234] 118

Beispiel: 119
Leben die italienischen Ehegatten M und F im gesetzlichen Güterstand der „*comunione legale*", so können sie zwar beim Erwerb von Grundstücken in Deutschland für ihre diesbezüglichen güterrechtlichen Verhältnisse deutsches Recht wählen. Haben sie sich beim

[229] *Reinhart* BWNotZ 1987, 97 (101 ff.); *Röll* MittBayNot 1989, 1 (3); Palandt/*Thorn* EGBGB Art. 15 Rn. 22; *v. Bar* IPR II Rn. 226; *Kropholler* IPR § 45 IV 4 c; *Schotten/Schmellenkamp* IPR Rn. 162; Staudinger/*Mankowski* EGBGB Art. 15 Rn. 199 ff.; **aA** *Dörner* DNotZ 1988, 67 (95 ff.); *Reithmann* DNotZ 1996, 227 (228) und DNotZ 2004, 479; MüKoBGB/*Siehr* EGBGB Art. 15 Rn. 28 g; Erman/*Hohloch* EGBGB Art. 15 Rn. 28a.

[230] *Lichtenberger* DNotZ 1986, 644 (662); *ders.* FS Ferid, 1988, 269 (275 ff.); *Böhringer* BWNotZ 1987, 104 (109); *Dörner* DNotZ 1988, 67 (86); *Röll* MittBayNotV 1989, 1 (3); *V. Stoll* S. 131 ff.; *v. Bar* IPR II Rn. 225; *Kropholler* IPR § 45 IV 4 c; *Kegel/Schurig* IPR § 20 VI 1 b; *Andrae* IntFamR § 3 Rn. 98 f.; *Henrich* IntFamR § 3 I 3b; Palandt/*Thorn* EGBGB Art. 15 Rn. 22; MüKoBGB/*Siehr* EGBGB Art. 15 Rn. 41; Erman/*Hohloch* EGBGB Art. 15 Rn. 29; Soergel/*Schurig* EGBGB Art. 15 Rn. 21; BeckOK BGB/*Mörsdorf-Schulte* EGBGB Art. 15 Rn. 68; Staudinger/*Mankowski* EGBGB Art. 15 Rn. 218 ff. Zust. LG Mainz DNotZ 1994, 564 m. abl. Anm. *Schotten*.

[231] Zutr. *Kühne* IPRax 1987, 69 (73); *Wegmann* NJW 1987, 1740 (1743); *Langenfeld* FamRZ 1987, 9 (13); *Schotten/Schmellenkamp* IPR Rn. 163; ferner *Schneider* MittRhNotK 1989, 33 (42); *Schotten* DNotZ 1994, 566 (567 ff.); *Kemp* S. 63 ff. m. ausf. Begründung; ferner Reithmann/Martiny/*Hausmann* IVR Rn. 7.815.

[232] Zu den schwierigen Anpassungsproblemen einer objektbezogenen Rechtswahl auf der Ebene des materiellen Rechts eingehend *Schotten/Schmellenkamp* IPR Rn. 163.

[233] Zutr. der Hinweis von *Münch/Süß* FamR § 20 Rn. 105.

[234] *Böhringer* BWNotZ 1987, 104 (109 ff.); *Wegmann* NJW 1987, 1740 (1743); *Röll* MittBayNotV 1989, 1 (3); MüKoBGB/*Siehr* EGBGB Art. 15 Rn. 41 aE; NK-BGB/*Sieghörtner* EGBGB Art. 15 Rn. 42; *Schotten/Schmellenkamp* IPR Rn. 164 mwN.; **aA** *Lichtenberger* FS Ferid, 1988, 269 (280).

Erwerb des ersten Grundstücks für den deutschen Wahlgüterstand der Gütertrennung entschieden, so ist es ihnen aber verwehrt, beim Erwerb weiterer Grundstücke den gesetzlichen Güterstand der Zugewinngemeinschaft zu vereinbaren.

Zumindest auf der sachrechtlichen Ebene muss also für sämtliche in Deutschland belegenen Grundstücke der gleiche Güterstand vereinbart werden. Bei der Wahl ausländischen Belegenheitsrechts entscheidet dieses darüber, ob für einzelne Immobilien unterschiedliche Güterstände vereinbart werden können.[235]

120 **cc) Spaltung des Güterrechtsstatuts.** Folge der Rechtswahl nach Art. 15 Abs. 2 Nr. 3 EGBGB ist eine Spaltung des Güterrechtsstatuts, dh das dem gewählten Recht unterliegende unbewegliche Vermögen wird in jeder Hinsicht – zB in bezug auf die Eigentumszuordnung, Verfügungsbeschränkungen, Haftung für Verbindlichkeiten, Auseinandersetzung bei Scheidung oder Tod eines Ehegatten – **isoliert** betrachtet (näher → Rn. 57).

121 **Beispiel:**
Haben italienische Eheleute, die im gesetzlichen Gütertstand der *„comunione legale"* leben, nur für eine vom Ehemann in München erworbene Eigentumswohnung deutsches Recht gewählt und es insoweit beim gesetzlichen Güterstand der Zugwinngmeinschaft belassen, so greift die Verfügungsbeschränkung nach § 1365 BGB ein, wenn der Ehemann diese Eigentumswohnung veräußern möchte, da sie sein gesamtes dem deutschen Recht unterliegendes Vermögen ausmacht. Ferner wäre der Zugewinnausgleich bei einer Scheidung der Ehe nur in Bezug auf diese Eigentumswohnung durchzuführen. Beides würde auch dann gelten, wenn der Ehemann über erheblichen Wertpapierbesitz bei deutschen Banken verfügen würde, da letzterer dem italienischen Güterrecht unterläge.

### 3. Rechtswahl und Renvoi

122 **a) Sachnormverweisung auf das gewählte Recht.** Haben die Ehegatten das anwendbare Güterrecht durch eine gültige Rechtswahl nach Art. 15 Abs. 2 (oder Art. 220 Abs. 3 S. 1 Nr. 2 EGBGB; → Rn. 151 ff.) bestimmt, so sind **Rück- und Weiterverweisung** gemäß Art. 4 Abs. 2 EGBGB **ausgeschlossen.**[236] Im intertemporalen Recht reicht es hierfür auch aus, dass die Ehegatten lediglich von der Geltung eines bestimmten Rechts *„ausgegangen"* sind, weil darin eine schlüssige Rechtswahl zu sehen ist.[237] Gleiches muss schließlich auch dann gelten, wenn das Güterrechtsstatut gemäß Art. 15 Abs. 1 iVm Art. 14 Abs. 2 bis Abs. 4 EGBGB durch *mittelbare Rechtswahl* festgelegt worden ist. Zwar lässt sich bei formaler Betrachtung die Auffassung vertreten, die Anknüpfung in Art. 15 Abs. 1 EGBGB bleibe auch dann objektiv, wenn auf das von den Ehegatten nach Art. 14 Abs. 2 bis Abs. 4 EGBGB wirksam gewählte Ehewirkungsstatut verwiesen wird, so dass insoweit für eine Anwendung von Art. 4 Abs. 2 EGBGB kein Raum sei.[238] Der Gleichlauf zwischen Güterrechts- und Erbstatut, der durch die Zulassung eines Renvoi gefördert werden soll, ist aber über Art. 15 Abs. 1 iVm Art. 14 Abs. 2 bis Abs. 4 EGBGB nur unvollkommen zu erreichen; denn die unterschiedlichen Anknüpfungsmerkmale und -zeitpunkte in Art. 14, 15 EGBGB einerseits, in Art. 21 EuErbVO andererseits, sowie die auf das Heimatrecht beschränkte Parteiautonomie im internationalen Erbrecht (Art. 22 EuErbVO) stehen einer effektiven Koordinierung von Güterrechts- und Erbstatut entgegen. Die besseren Argumente sprechen dafür, die Bestimmung des Ehegüterrechtsstatuts durch mittelbare Rechtswahl als *Sachnormverweisung* zu qualifizieren und einen Renvoi wegen der

[235] BeckOK BGB/*Mörsdorf-Schulte* EGBGB Art. 15 Rn. 68.
[236] Unstr., vgl. Palandt/*Thorn* EGBGB Art. 15 Rn. 2; Erman/*Hohloch* EGBGB Art. 15 Rn. 30; *v. Bar* IPR II Rn. 222; *Schotten/Schmellenkamp* IPR Rn. 166.
[237] BGH NJW 1988, 638.
[238] So *Kühne* FS Ferid, 1988, 251 (264); *Rauscher* NJW 1988, 2151 (2154); *Schotten/Schmellenkamp* IPR Rn. 166; NK-BGB/*Sieghörtner* EGBGB Art. 15 Rn. 31 f.

akzessorischen Anknüpfung nach Art. 4 Abs. 1 S. 1 Hs. 2 EGBGB nicht zu beachten.[239] Für eine ab dem 29.1.2019 getroffene Rechtswahl gemäß den dann maßgeblic Art. 22ff. EuGüVO ist eine Renvoi in jedem Fall ausgeschlossen (Art. 32 EuGüVO).

**b) Rückverweisung kraft Rechtswahl nach ausländischem Recht.** Bisweilen kann 123
auch die Anknüpfung an den Parteiwillen wie eine Rück- oder Weiterverweisung wirken. Die praktische Bedeutung dieser Fälle ist zwar durch die erweiterte Anerkennung der Parteiautonomie im deutschen internationalen Ehegüterrecht zurückgegangen. Zu einer Rückverweisung kann es jedoch weiterhin kommen, wenn die Rechtswahl zwar nach Art. 15 Abs. 2 EGBGB nicht wirksam ist, das sodann nach Art. 15 Abs. 1 EGBGB objektiv zur Anwendung berufene Recht der Parteiautonomie im internationalen Ehegüterrecht jedoch in weiterem Umfang Raum gibt als das deutsche Recht oder an die Form einer solchen Rechtswahl geringere Anforderungen stellt, indem es auch eine privatschriftlich, mündlich oder gar stillschweigend getroffene Vereinbarung ausreichen lässt.[240] So gelten für *Frankreich, Luxemburg* und die *Niederlande* seit dem 1.9.1992 die Kollisionsregeln des Haager Übereinkommens über das auf Güterstände anzuwendende Recht vom 14.3.1978 als *„loi uniforme“*, das in Art. 3 und Art. 6 die – auch stillschweigende – Rechtswahl der Ehegatten ausdrücklich als Primäranknüpfung anerkennt (→ Rn. 23). Demgegenüber lässt das *belgische* Recht seit der IPR-Kodifikation von 2004 nur noch eine schriftliche Rechtswahl zu (Art. 52 IPRG). Zur Wahl stehen nur das Recht des ersten gemeinsamen Wohnsitzes sowie das Heimat- bzw. Wohnsitzrecht eines jeden Ehegatten zur Zeit der Wahl (Art. 49 IPRG). Die Rechtswahl muss sich zwingend auf das gesamte Vermögen der Ehegatten beziehen (Art. 50 § 2 IPRG).

Das Ehegüterrecht wird auch in *Österreich* in erster Linie dem von den Parteien aus- 124
drücklich gewählten Recht unterworfen (§ 19 IPRG); die Einhaltung der für Eheverträge vorgeschriebenen Form ist – abweichend von Art. 15 Abs. 3 iVm Art. 14 Abs. 4 EGBGB – nicht erforderlich. Ferner ist die Rechtswahl auch nicht auf bestimmte Rechte beschränkt, zu denen die Ehegatten einen engen Bezug haben. Dennoch ist eine solche unbeschränkte und formfreie Rechtswahl vom deutschen Richter iRv Art. 4 Abs. 1 EGBGB zu beachten, wenn Art. 15 Abs. 1 EGBGB auf österreichisches Recht verweist.[241] Das *Schweizer* IPR unterwirft die güterrechtlichen Verhältnisse von Ehegatten ebenfalls primär dem gewählten Recht. Die Ehegatten können wählen zwischen dem Recht der Staaten, in dem beide ihren Wohnsitz haben oder nach der Eheschließung haben werden, und dem Recht eines ihrer Heimatstaaten. Die Rechtswahl muss lediglich privatschriftlich vereinbart werden (Art. 53 IPRG).

Weiterhin beschränkt auch das *italienische, japanische, spanische und türkische* IPR die 125
Rechtswahl auf das Wohnsitz- oder Heimatrecht der Ehegatten.[242] Das *italienische* Recht macht die Rechtswahl ferner davon abhängig, dass entweder das gewählte Recht oder das Recht des Abschlussortes sie anerkennt (Art. 30 Abs. 2 IPRG 1995). Das IPR der meisten Nachfolgestaaten des ehemaligen *Jugoslawien* lässt eine Rechtswahl im Güterrecht nur zu, wenn das bei Vertragschluss maßgebliche Ehewirkungsstatut sie gestattet (Art. 37 Abs. 2 IPRG 1982). Das *spanische* Recht lässt es demgegenüber bereits genügen, dass entweder das

---

[239] So BeckOK BGB/*Mörsdorf-Schulte* EGBGB Art. 15 Rn. 57, 90; Erman/*Hohloch* EGBGB Art. 15 Rn. 7, 21; Staudinger/*Mankowski* EGBGB Art. 15 Rn. 89; iErg ebenso *Kartzke* IPRax 1988, 8 (10ff.); Palandt/*Thorn* EGBGB Art. 15 Rn. 2; MüKoBGB/*Siehr* EGBGB Art. 15 Rn. 119; Johannsen/Henrich/*Henrich* EGBGB Art. 15 Rn. 16, die Art. 4 Abs. 2 EGBGB heranziehen. Differenzierend BeckOK BGB/*Lorenz* EGBGB Art. 4 Rn. 10.

[240] Soergel/*Schurig* EGBGB Art. 15 Rn. 63 aE; Staudinger/*Mankowski* EGBGB Art. 15 Rn. 41; *Schotten/Schmellenkamp* IPR Rn. 153. Dazu auch Reithmann/Martiny/*Hausmann* IVR Rn. 7.797ff.

[241] BayObLG DNotZ 1982, 50 mAnm *Dörner*, wo die Vereinbarung der „Gütergemeinschaft nach den Vorschriften des Bürgerlichen Gesetzbuchs“ in der Ehe zwischen einem Österreicher und einer Deutschen kraft Rückverweisung als wirksam erachtet wird; ferner Münch/*Süß* FamR § 20 Rn. 108.

[242] Art. 30 Abs. 1 Hs. 2 ital. IPRG; Art. 15 Abs. 1 Hs. 2 jap. IPRG; Art. 9 Abs. 3 span.CC; Art. 15 Abs. 1 türk. IPRG.

Ehewirkungsstatut oder das Heimat- bzw. Aufenthaltsrecht eines Ehegatten die Rechtswahl als wirksam erachten (Art. 9 Abs. 3 CC). Schließlich räumt man auch in *England* und den meisten anderen Staaten des Common-Law-Rechtskreises den Ehegatten die Möglichkeit ein, das Güterrechtsstatut durch Rechtswahl zu bestimmen.[243] Das in einem Ehevertrag ausdrücklich oder stillschweigend gewählte Recht beherrscht dann zumindest die Rechtsbeziehungen der Ehegatten hinsichtlich des gesamten *beweglichen* Vermögens, auch soweit dieses erst nach der Eheschließung erworben wird, und unabhängig von einem späteren Wechsel des Domizils.[244] Die Gültigkeit der getroffenen Rechtswahl muss aber auch von dem gewählten Recht anerkannt werden.[245]

### 4. Form der Rechtswahl

126 Für die Form der Rechtswahl sowie ihre Änderung oder Aufhebung gelten gemäß Art. 15 Abs. 3 EGBGB die in Art. 14 Abs. 4 EGBGB enthaltenen Regeln (→ § 8 Rn. 38f.) entsprechend. Daher bedarf eine **im Inland** getroffene güterrechtliche Rechtswahl zwingend der notariellen Beurkundung, um die notwendige Beratung der Eheleute sicherzustellen.[246] Darüber hinaus ist die **Form des § 1410 BGB** einzuhalten, dh die Ehegatten müssen gleichzeitig – wenn auch nicht persönlich – vor dem Notar anwesend sein.[247] Nicht erforderlich ist hingegen, dass an der Beurkundung nur die Ehegatten beteiligt sind; daher kann die Rechtswahl auch wirksam in einem Grundstückskaufvertrag zwischen den Ehegatten und einem Dritten erklärt werden.[248] Bei Beteiligung von ausländischen Ehegatten zählt auch die Feststellung von deren hinreichender Kenntnis der deutschen Sprache und das daraus gegebenenfalls folgende Erfordernis der Zuziehung eines Dolmetschers zu den Formerfordernissen der Rechtswahl.[249] Bei einer **im Ausland** getroffenen Rechtswahl muss grundsätzlich die Form des Ehevertrags nach dem gewählten Recht oder am Ort der Rechtswahl eingehalten werden; es sollte aber auch die Einhaltung der dort für eine Wahl des Güterrechtsstatuts vorgeschriebenen besonderen Form genügen, auch wenn diese weniger streng ist als die Form für den Abschluss eines Ehevertrages.[250] Ein Verstoß gegen diese Formvorschriften führt zur Nichtigkeit der Rechtswahl und damit zur Geltung des objektiven Güterrechtsstatuts nach Art. 15 Abs. 1 iVm Art. 14 EGBGB. Ab dem 29.1.2019 gelten für die Formgültigkeit einer Rechtswahl auf dem Gebiet des Ehegüterrechts anstelle von Art. 15 Abs. 3 iVm Art. 14 Abs. 4 EGBGB die Vorschriften des Art. 23 EuGüVO (→ Rn. 16).

### 5. Wirkungen der Rechtswahl

127 Die Wirkungen einer nach Art. 15 Abs. 2 EGBGB getroffenen Rechtswahl treten grundsätzlich mit ihrer formgerechten Erklärung ein; allerdings können die Ehegatten für den Eintritt dieser Wirkungen auch einen späteren Zeitpunkt festlegen. Die Rechtswahl wirkt jedoch **stets nur für die Zukunft;** die Vereinbarung einer Rückwirkung ist auf kollisi-

243 Staudinger/*Mankowski* EGBGB Art. 15 Rn. 93 mwN.
244 *Dicey, Morris & Collins,* Conflict[15] Rule 166 (3) S. 1471 ff.; *Rabel* I/II 392 (397 ff.).
245 KG JW 1936, 2466 mAnm *Maßfeller,* IPG 1972 Nr. 14 (Köln), jeweils zur Wahl des Güterrechtsstatuts nach anglo-indischem Recht.
246 Münch/*Süß* FamR § 20 Rn. 110; vgl. zur Rechtswahl für die künftige güterrechtliche Auseinandersetzung auch OLG Hamm FamRZ 2002, 459.
247 *Lichtenberger* FS Ferid, 1988, 269 (271); *Schotten/Schmellenkamp* IPR Rn. 176; Staudinger/*Mankowski* EGBGB Art. 15 Rn. 100; **aA** *Wegmann* NJW 1987, 1740 (1741); *Schneider* MittRhNotK 1989, 33 (38).
248 BGH FamRZ 2015, 1180 Rn. 18.
249 Vgl. das Beispiel bei *Andrae* IntFamR § 3 Rn. 102.
250 MüKoBGB/*Siehr* EGBGB Art. 15 Rn. 41 (zu Art. 53 schweiz. IPRG); Erman/*Hohloch* EGBGB Art. 15 Rn. 31; Staudinger/*Mankowski* EGBGB Art. 15 Rn. 101 ff.; NK-BGB/*Sieghörtner* EGBGB Art. 15 Rn. 52; *Andrae* IntFamR § 3 Rn. 100; Münch/*Süß* FamR § 20 Rn. 110; *Stoll* S. 196 ff.; **aA** *Kleinheisterkamp* IPRax 2004, 399 ff.; *Schotten/Schmellenkamp* IPR Rn. 176.

onsrechtlicher Ebene nicht zulässig.[251] Eine während der Ehe getroffene Rechtswahl hat daher notwendig einen Statutenwechsel zur Folge.[252] Die Ehegatten können freilich, soweit das gewählte Recht dies zulässt, vereinbaren, sich materiell-rechtlich so zu stellen, als ob das neue Güterrechtsstatut von Anfang an gegolten hätte.[253] Während die in Art. 15 Abs. 2 Nr. 1 und Nr. 2 EGBGB eröffnete Rechtswahl notwendig die gesamten güterrechtlichen Beziehungen der Ehegatten betrifft,[254] beschränkt sich die Wahl nach Nr. 3 in ihren Wirkungen auf das von ihr erfasste unbewegliche Vermögen, hat also idR eine **Spaltung des Güterrechtsstatuts** zur Folge.[255]

Eine erst nach der Eheschließung getroffene Rechtswahl führt – ähnlich wie der Ab- 128
schluss eines Ehevertrags oder die Auflösung der Ehe – notwendig zur Beendigung des bisherigen Güterstands und damit zu einem **Statutenwechsel;** sie durchbricht damit den Grundsatz der Unwandelbarkeit des Güterrechtsstatuts (→ Rn. 58ff.). An die Stelle des bisher maßgeblichen objektiven Güterrechtsstatuts nach Art. 15 Abs. 1 EGBGB bzw. eines früher gewählten Rechts tritt das erstmals bzw. neu gewählte Recht. Haben die Ehegatten bisher in einem Güterstand der **Gütertrennung** gelebt, wirft der Statutenwechsel keine Probleme auf. Wird durch die Rechtswahl der bisherige Güterstand der **Zugewinngemeinschaft** beendet, so ist der Zugewinn auszugleichen. Größere Schwierigkeiten können sich hingegen ergeben, wenn die Ehegatten bisher in einem Güterstand der **Güter- oder Errungenschaftsgemeinschaft** gelebt haben, denn in diesem Fall ist das Gesamtgut als Folge des Statutenwechsels auseinanderzusetzen. Die Geltung des neu gewählten Güterstands ist allerdings in diesem Fall nicht etwa auf den Zeitpunkt hinausgeschoben, zu dem die Auseinandersetzung des früheren Güterstands abgeschlossen ist. Die sich aus der Auseinandersetzung des früheren Güterstands ergebenden Ansprüche der Ehegatten gegeneinander stellen vielmehr Aktiva und Passiva dar, die vom Zeitpunkt der Rechtswahl an den Regeln des neuen Güterstands unterliegen.[256]

Ob sich die **Abwicklung des durch die Rechtswahl beendeten Güterstands** noch 129
nach dessen Vorschriften oder bereits nach denjenigen des neu gewählten Güterrechts beurteilt, ist umstritten. Teilweise wird angenommen, nach der Abwahl des bisherigen Güterrechts könnten nur noch die Vorschriften des neu gewählten Rechts maßgeblich sein.[257] Dabei wird jedoch übersehen, dass ein Güterstand Wirkungen nicht nur während seiner Geltung, sondern auch und gerade bei seiner Beendigung entfaltet.[258] In der Praxis kommt den diesbezüglichen Regeln – zB über den Ausgleich des Zugewinns in der Zugewinngmeinschaft oder über die Auseinandersetzung der Gütergemeinschaft – sogar besonders große praktische Bedeutung zu. Vorzuziehen ist daher die Auffassung, die auf die Abwicklung des bisherigen Güterstands auch das bisherige Recht anwendet, denn nur dieses verfügt über Abwicklungsregeln, die auf diesen Güterstand zugeschnitten sind.[259] So

[251] Palandt/*Thorn* EGBGB Art. 15 Rn. 21; BeckOK BGB/*Mörsdorf-Schulte* EGBGB Art. 15 Rn. 62, 83; Johannsen/Henrich/*Henrich* EGBGB Art. 15 Rn. 15; *Schotten* DNotZ 1999, 326 (327); *Schotten/Schmellenkamp* IPR Rn. 167; **aA** *Mankowski/Osthaus* DNotZ 1997, 10 (20ff.); *Andrae* IntFamR § 3 Rn. 101; MüKoBGB/*Siehr* EGBGB Art. 15 Rn. 46.

[252] Münch/*Süß* FamR § 20 Rn. 113.

[253] Soergel/*Schurig* EGBGB Art. 15 Rn. 24; *Schotten/Schmellenkamp* IPR Rn. 169; Münch/*Süß* FamR § 20 Rn. 113. Vgl. auch schon → Rn. 98.

[254] MüKoBGB/*Siehr* EGBGB Art. 15 Rn. 42f.; Erman/*Hohloch* EGBGB Art. 15 Rn. 26a, 27; *Schotten/Schmellenkamp* IPR Rn. 155ff.

[255] *Lichtenberger* DNotZ 1986, 644 (659); *Böhringer* BWNotZ 1987, 104 (109); *v. Bar* IPR II Rn. 225; *Schotten/Schmellenkamp* IPR Rn. 174; Palandt/*Thorn* EGBGB Art. 15 Rn. 22; Erman/*Hohloch* EGBGB Art. 15 Rn. 29; vgl. auch → Rn. 57.

[256] *Wegmann* NJW 1987, 1740 (1744); *Schotten* DNotZ 1999, 326 (332); NK-BGB/*Sieghörtner* EGBGB Art. 15 Rn. 58.

[257] Dafür Palandt/*Thorn* EGBGB Art. 15 Rn. 21; Erman/*Hohloch* EGBGB Art. 15 Rn. 25; BeckOK BGB/*Mörsdorf-Schulte* EGBGB Art. 15 Rn. 62, 83; Staudinger/*Mankowski* EGBGB Art. 15 Rn. 121ff.; *v. Bar* IPR II Rn. 277; *Mankowski/Osthaus* DNotZ 1997, 10 (23ff.).

[258] *Stoll* S. 89; *Schotten* DNotZ 1999, 326 (332).

[259] So *Wegmann* NJW 1987, 1740 (1744); *Böhringer* BWNotZ 1987, 104 (110); *Lichtenberger* FS Ferid, 1988, 269 (274ff.); *Schotten* DNotZ 1999, 326 (332ff.); *Schotten/Schmellenkamp* IPR Rn. 173b; *Kropholler* IPR

enthält beim einem Übergang vom deutschen gesetzlichen Güterstand der Zugewinngemeinschaft in einen ausländischen Güterstand der Gütergemeinschaft oder Gütertrennung das neu gewählte Güterrecht keine Regeln über den Ausgleich des Zugewinns. Demgegenüber bestimmt das gewählte Güterrechtsstatut, welche Gegenstände des Altvermögens von dem neuen Güterstand erfasst werden.[260] Dies können auch Ansprüche aus der Liquidation des beendeten ausländischen Güterstands sein.[261]

130 **Beispiel:**
Die Ehegatten M und F, die beide die italienische Staatsangehörigkeit besitzen und bisher in Mailand im italienischen gesetzlichen Güterstand der *„comunione legale"* gelebt haben, wählen nach ihrem Umzug nach München gemäß Art. 15 Abs. 2 Nr. 2 EGBGB deutsches Güterrecht. Wie vollzieht sich der Übergang vom italienischen zum deutschen gesetzlichen Güterstand?

Die Abwicklung des bisherigen gesetzlichen italienischen Güterstands der Errungenschaftsgemeinschaft beurteilt sich nach italienischem Recht. Dieses entscheidet also darüber, in welcher Weise das bisherige Gesamtgut dieser Gemeinschaft künftig den beiden Ehegatten dinglich zuzuordnen ist und welche Ausgleichsansprüche diese gegebenfalls gegeneinander haben. Demgegenüber bestimmt das neu gewählte deutsche Güterrecht, dass die dem einzelnen Ehegaten nach der Auseinandersetzung des Gesamtguts der *„comunione legale"* zustehenden Rechte und Ansprüche zu dessen Anfangsvermögen im gesetzlichen deutschen Güterstand der Zugewinngemeinschaft gehören.

131 Dem anlässlich der Rechtswahl geäußerten Wunsch der Ehegatten, auch ihr bisheriges Vermögen *ex tunc* dem neuen Güterrechtsstatut zu unterstellen, wird überwiegend entsprochen, sofern hierdurch keine Rechte Dritter beeinträchtigt werden (Art. 3 Abs. 2 S. 2 Rom I-VO analog).[262] Vorzuziehen ist freilich auch insoweit eine Lösung durch Vereinbarungen auf sachrechtlicher Ebene.[263] Danach bedeutet bei einer Wahl deutschen Güterrechts die „rückwirkende Vereinbarung von Zugewinngemeinschaft", dass für die Berechnung des Anfangsvermögens nicht der Zeitpunkt der Rechtswahl, sondern der Tag der Eheschließung maßgebend sein soll. Dies lässt sich durch einen die kollisionsrechtliche Rechtswahl ergänzenden Ehevertrag nach § 1408 BGB erreichen, durch den der deutsche gesetzliche Güterstand entsprechend modifiziert wird. Andererseits ist die „rückwirkende Vereinbarung von Gütertrennung" durch Ehegatten, die deutsches Güterrecht gewählt haben, dahin auszulegen, dass die Ehegatten zusätzlich einen Ehevertrag geschlossen haben, in demsie für die Zukunft Gütertrennung vereinbart und, soweit sie bisher in einem Güterstand der Zugewinngemeinschaft gelebt haben, für die Vergangenheit auf den Ausgleich des Zugewinns verzichtet haben.[264]

132 Zwischen der Rechtswahl nach Art. 15 Abs. 2 EGBGB auf kollisionsrechtlicher Ebene und der **Vereinbarung eines Wahlgüterstands auf sachrechtlicher Ebene** ist also sorgfältig zu unterscheiden.[265] Ob und unter welchen Voraussetzungen der gesetzliche Güterstand durch einen Ehevertrag abgeändert werden kann, entscheidet allein das ge-

§ 45 IV 4 d; Soergel/*Schurig* EGBGB Art. 15 Rn. 24; MüKoBGB/*Siehr* EGBGB Art. 15 Rn. 45; NK-BGB/*Sieghörtner* EGBGB Art. 15 Rn. 58.

[260] *Wegmann* NJW 1987, 1740 (1744), MüKoBGB/*Siehr* EGBGB Art. 15 Rn. 45 und *Schotten/Schmellenkamp* IPR Rn. 173b.

[261] *Schotten* DNotZ 1999, 326 (332ff.); *Stoll* S. 87; NK-BGB/*Sieghörtner* EGBGB Art. 15 Rn. 58.

[262] Vgl. MüKoBGB/*Siehr* EGBGB Art. 15 Rn. 46; Erman/*Hohloch* EGBGB Art. 15 Rn. 25; BeckOK BGB/*Mörsdorf-Schulte* EGBGB Art. 15 Rn. 83; Staudinger/*Mankowski* EGBGB Art. 15 Rn. 118ff.

[263] Vgl. dazu näher *Schotten* DNotZ 1999, 326 (328ff.); zust. Palandt/*Thorn* EGBGB Art. 15 Rn. 21 aE.

[264] Vgl. näher *Schotten/Schmellenkamp* IPR Rn. 173d und 173e mit weiteren Beispielen.

[265] Vgl. ausführlich *Schotten/Schmellenkamp* IPR Rn. 168ff.

wählte Recht.[266] Lediglich für die Form des Ehevertrags gilt nach Art. 11 EGBGB alternativ das Recht am Abschlussort. Dementsprechend unterscheidet auch die EuGüVO ab dem 29.1.2019 zwischen der Form der Rechtswahl (Art. 23) und der Form des Ehevertrags (Art. 25). Wird – wie im Regelfall vor deutschen Notaren – deutsches Recht gewählt, so gilt für die Rechtsgestaltung auf der sachrechtlichen Ebene der Grundsatz der Vertragsfreiheit nach § 1408 BGB, der lediglich durch das Verbot des „Stichwortvertrags" in § 1409 BGB eingeschränkt wird. Die notwendige gedankliche Trennung zwischen der kollisionsrechtlichen Rechtswahl und dem sachrechlichen Ehevertrag hindert es freilich nicht, beide Verträge in einer notariellen Urkunde zusammenzufassen, wie dies auch gängiger Praxis entspricht.

**Beispiel:** 133
Französische Ehegatten, die seit längerem ihren gewöhnlichen Aufenthalt in Deutschland haben, möchten künftig im deutschen Wahlgüterstand der Gütertrennung leben. Was ist zu tun?

Haben die Ehegatten bisher keinen Ehevertrag geschlossen, so leben sie gemäß Art. 15 Abs. 1 iVm Art. 14 Abs. 1 Nr. 1 EGBGB im gesetzlichen französischen Güterstand der Errungenschaftsgemeinschaft. In einem ersten Schritt müssen sie daher eine Rechtswahl zugunsten des deutschen Rechts treffen, die nach Art. 15 Abs. 2 Nr. 2 EGBGB zulässig ist, weil beide Ehegatten ihren gewöhnlichen Aufenthalt in Deutschland haben. Diese Rechtswahl wirkt jedoch nur kollisionsrechtlich und hätte daher nur zur Folge, dass die Ehegatten fortan im deutschen gesetzlichen Güterstand der Zugewinnmeinschaft nach §§ 1363 ff. BGB leben würden. Um die von ihnen gewünschte Gütertrennung zu erreichen, ist daher in einem zweiten Schritt der Abschluss eines Ehevertrags nach dem gewählten deutschen Recht (§ 1408 BGB) erforderlich, in dem Gütertrennung vereinbart wird.

### 6. Publizität der Rechtswahl

Da die Wahl des Güterrechtsstatuts sich auf die Erbfolge auswirken kann (zB nach § 1371 134
Abs. 1 oder § 1931 Abs. 4 BGB), ist sie den Geburtsstandesämtern der Beteiligten bzw. – bei Auslandsdeutschen – dem Amtsgericht Berlin-Schöneberg **anzuzeigen.** Ferner kann die Rechtswahl auch in das deutsche **Güterrechtsregister** eingetragen werden. Diese Eintragung ist zwar für die Wirksamkeit der Rechtswahl nach deutschem Recht nicht erforderlich. Sie kann sich jedoch empfehlen, um die Chancen für eine Anerkennung der Rechtswahl im Ausland zu erhöhen, wenn zB das Heimat- oder Aufenthaltsrecht der Ehegatten eine amtliche Registrierung der Rechtswahl vorschreibt.[267] Außerdem kann durch die Eintragung der Schutz des guten Glaubens eines Dritten in die Geltung deutschen Güterrechts nach Art. 16 Abs. 1 EGBGB ausgeschlossen werden.[268]

### 7. Aufhebung und Änderung der Rechtswahl

Eine einmal getroffene Rechtswahl kann mit Wirkung für die Zukunft jederzeit aufgeho- 135
ben oder geändert werden.[269] Die Rechtswahl endet aber nicht schon deshalb *eo ipso,* weil ihre Voraussetzungen nachträglich entfallen. Treffen die Ehegatten eine – nach Art. 15 Abs. 2 EGBGB zulässige – andere Rechtswahl, so gilt fortan das neu gewählte Güterrechtsstatut. Heben sie dagegen allein ihre frühere Rechtwahl auf, so gilt mit Wirkung *ex nunc* wieder das objektiv nach Art. 15 Abs. 1 iVm Art. 14 EGBGB bestimmte Güter-

[266] *Lichtenberger* FS Ferid, 1988, 269 (272); *Schotten* DNotZ 1999, 326 (327); MüKoBGB/*Siehr* EGBGB Art. 15 Rn. 76; Staudinger/*Mankowski* EGBGB Art. 15 Rn. 126, 304 ff.; Ferid/*Böhmer* IPR Rn. 8–113; dazu näher *Schotten/Schmellenkamp* IPR Rn. 168 ff. mit Beispielsfällen.
[267] *Lichtenberger* DNoTZ 1986, 644 (663); *Böhringer* BWNotZ 1987, 104 (111); *Röll* MittBayNot 1989 I 4.
[268] *Schotten/Schmellenkamp* IPR Rn. 178; näher → Rn. 218, 221 ff.
[269] BT-Drs. 10/504, 58; *Schotten/Schmellenkamp* IPR Rn. 167 mwN.

rechtsstatut.[270] Für dessen Ermittlung sind nach Art. 15 Abs. 1 EGBGB die **Verhältnisse zur Zeit der Eheschließung** – und nicht jene bei Aufhebung der Rechtswahl – maßgeblich, weil der Grundsatz der Unwandelbarkeit nicht zur Disposition der Ehegatten steht.[271] Für die Überleitung gilt in einem solchen Falle das zuvor in → Rn. 129f. Gesagte entsprechend.

### 8. Gründe für eine Rechtswahl im Ehegüterrecht

136 Wichtige Gründe, die für eine güterrechtliche Rechtswahl sprechen, sind insbesondere die folgenden:
- **Anpassung** des – objektiv maßgeblichen oder früher gewählten – Güterrechtsstatuts **an die neuen Lebensverhältnisse** der Ehegatten (zB nach einem Umzug in ein anderes Land);
- **Erwerb von Allein- oder Miteigentum an deutschen Grundstücken** durch Ehegatten, die in einem ausländischen Güterstand der Gütergemeinschaft leben, durch Wahl deutschen Güterrechts;
- **Zeit- und Kostenersparnis** für ausländische Ehegatten, die Grundvermögen in Deutschland erwerben wollen, **durch Wahl des deutschen Güterrechts**;
- **einheitliche Anknüpfung von Ehegüterrecht und Unterhaltsrecht** durch eine übereinstimmende Rechtswahl nach Art. 15 Abs. 2 EGBGB (bzw. Art. 22ff. EuGüVO) und nach Art. 8 Abs. 1 lit. c HUP, um schwierige Qualifikationsfragen im Grenzbereich zwischen beiden Statuten zu vermeiden;
- **einheitliche Anknüpfung von Ehegüterrecht und Scheidungsrecht** durch eine übereinstimmende Rechtswahl nach Art. 15 Abs. 2 EGBGB (bzw. Art. 22ff. EuGüVO) und Art. 5 Abs. 1 Rom III-VO, um die Durchführung der güterrechtlichen Auseinandersetzung aus Anlass der Scheidung zu erleichtern, indem zB in einer Scheidungsvereinbarung das Recht am gemeinsamen gewöhnlichen Aufenthalt der Ehegatten für beide Aspekte gewählt wird;
- **einheitliche Anknüpfung von Ehegüterrecht und Erbrecht** durch Wahl des Heimatrechts der Ehegatten nach Art. 15 Abs. 1 Nr. 1 EGBGB (bzw. Art. 22 Abs. 1 lit. b EuGÜVO) und Art. 22 Abs. 1 EuErbVO, um bei Beendigung des Güterstands durch den Tod eines Ehegatten schwierige Qualifikationsfragen im Grenzbereich zwischen beiden Statuten zu vermeiden.[272]

### 9. Belehrungen und Hinweise

137 Wird die Wahl des Güterrechtsstatuts notariell beurkundet, wie dies bei einer Vornahme der Rechtswahl im Inland zwingend vorgeschrieben ist (Art. 15 Abs. 3 iVm Art. 14 Abs. 4 EGBGB; → Rn. 126), so soll der Notar für den Fall, dass **ausländisches Recht** zur Anwendung kommen kann, die Beteiligten nach § 17 Abs. 3 S. 1 BeurkG darauf hinweisen und dies in der der Niederschrift vermerken. Zur Belehrung über den Inhalt ausländischen Rechts ist der Notar jedoch nach § 17 Abs. 3 S. 2 BeurkG nicht verpflichtet. In seinem eigenen Interesse sollte er aber die Beteiligten auch darüber informieren (und dies in der Niederschrift vermerken), dass er ausländische Rechte nicht kennen muss, über deren Inhalt nicht belehrt und insoweit auch keine Beratungspflichten übernommen hat. Dies gilt gleichermaßen für ein ausländisches Recht, das die Ehegatten gewählt haben

[270] Palandt/*Thorn* EGBGB Art. 15 Rn. 21; MüKoBGB/*Siehr* EGBGB Art. 15 Rn. 48.

[271] *Lichtenberger* DNotZ 1986, 644 (660); *Kropholler* IPR § 45 IV 4 d; *Schotten/Schmellenkamp* IPR Rn. 167; Soergel/*Schurig* EGBGB Art. 15 Rn. 25; BeckOK BGB/*Mörsdorf-Schulte* EGBGB Art. 15 Rn. 63; **aA** *Wegmann* NJW 1987, 1740 (1744); MüKoBGB/*Siehr* EGBGB Art. 15 Rn. 49; Staudinger/*Mankowski* EGBGB Art. 15 Rn. 113; NK-BGB/*Sieghörtner* EGBGB Art. 15 Rn. 61.

[272] Solche Probleme bleiben auch nach der Entscheidung des BGH zur güterrechtlichen Qualifikation des § 1371 Abs. 1 BGB (→ § 3 Rn. 22) erhalten; vgl. zuletzt *Reimann* ZEV 2015, 413.

als auch für ein solches, das sie abgewählt haben.[273] Demgegenüber hat der Notar die Ehegatten über die Wirkungen der Rechtswahl nach **deutschem Kollisionsrecht** zu belehren; dies gilt auch dann, wenn die Rechtswahl nicht isoliert oder gemeinsam mit anderen Erklärungen der Ehegatten (zB in einem Ehevertrag) beurkundet wird, sondern gemeinsam mit Erklärungen eines Dritten (zB in einem Grundstückskaufvertrag).[274]

Wird deutsches Recht gewählt und weder Gütertrennung noch Gütergemeinschaft 138
vereinbart, so hat der Notar die Beteiligten nach § 17 Abs. 1 S. 1 BeurkG auch über die **Grundzüge des gesetzlichen Güterstands der Zugewinngemeinschaft** zu belehren. In diesem Zusammenhang hat er auch darauf hinzuweisen, dass es für die Berechnung des Anfangsvermögens eines jeden Ehegatten auf den Zeitpunkt der Rechtswahl – und nicht auf den Zeitpunkt der Eheschließung – ankommt, soweit die Ehegatten keine Rückwirkung vereinbaren (dazu → Rn. 131). Wählen Ehegatten anstelle des bisher maßgeblichen deutschen Güterrechts ausländisches Recht, so hat der Notar die Ehegatten über den Inhalt des abgewählten deutschen Rechts aufzuklären. In beiden Fällen kann es ferner zweckmäßig sein, die Ehegatten auf die rechtlichen Konsequenzen des **Statutenwechsels** hinzuweisen, insbesondere auf die Notwendigkeit einer Abwicklung des bisherigen durch die Rechtswahl beendeten Güterstands, namentlich wenn es sich um einen Güterstand der Gütergemeinschaft gehandelt hat.

Treffen die Ehegatten eine **Rechtswahl nach Art. 15 Abs. 2 Nr. 3 EGBGB**, so ge- 139
hören auch die Rechtsfolgen der damit idR einhergehenden **Güterrechtsspaltung** zur „rechtlichen Tragweite des Geschäfts" iSv § 17 Abs. 1 BeurkG, über die der Notar zu belehren hat. Zur Vermeidung der Anpassungsprobleme, die sich aus einer solchen Güterrechtsspaltung ergeben können, wird bei einer Wahl deutschen Güterrechts ein Erwerb von im Inland belegenem unbeweglichen Vermögen zu hälftigem Miteigentum der Ehegatten empfohlen. Auf eine Beschränkung dieser Rechtswahl auf einen einzelnen unbeweglichen Vermögensgegenstand, deren Zulässigkeit bisher höchstrichterlich nicht bestätigt und deren sachrechtliche Wirkungen bisher ungeklärt sind, sollte nach Möglichkeit ganz verzichtet werden. Das Problem erledigt sich mit Geltung der EuGüVO ab dem 29.1.2019, weil die Verordnung eine Güterrechtsspaltung kraft Rechtswahl nicht mehr zulässt.

Darüber hinaus sollte der Notar insbesondere darauf hinweisen, dass 140

- die güterrechtliche Rechtswahl **nur für die Zukunft** wirkt,
- die Rechtswahl **im Güterrechtsregister eingetragen** werden kann,
- gute Gründe dafür sprechen können, zusammen mit der güterrechtlichen Rechtswahl auch eine solche für eine mögliche künftige **Ehescheidung** nach Art. 5 Rom III-VO, für den **nachehelichen Unterhalt** nach Art. 8 HUP und für das **Erbrecht** nach Art. 22 EuErbVO zu treffen,
- eine ab dem 29.1.2019 getroffene Rechtswahl sich auf alle vermögensrechtlichen Wirkungen der Ehe bezieht, dh auch auf solche, die – wie zB die Schüsselgewalt, Eigentumsvermutungen oder Interzessionsverbote – bisher als allgemeine Ehewirkungen qualifiziert wurden, und
- die Rechtswahl **im Ausland** uU nicht anerkannt wird.

Allerdings ist – anders als im Recht der allgemeinen Ehewirkungen – mit einer Anerken- 141
nung der güterrechtlichen Rechtswahl nach Art. 15 Abs. 2 Nr. 1 und Nr. 2 EGBGB in zahlreichen ausländischen Staaten zu rechnen, die ebenfalls eine Wahl des Heimatrechts oder des Rechts am gewöhnlichen Aufenthalt eines Ehegatten erlauben. Dies gilt insbesondere ab dem 29.1.2019 in den an der EuGüVO teilnehmenden 17 weiteren Mitgliedstaaten, weil die Verordnung eine solche Rechtswahl in Art. 22 Abs. 1 lit. a und lit. b ausdrücklich zulässt. Um die spätere Anerkennung zumindest in den Mitgliedstaaten der Verordnung zu gewährleisten, empfiehlt es sich, die Anforderungen an eine gültige

[273] *Schotten/Schmellenkamp* IPR Rn. 129.
[274] BGH FamRZ 2015, 1180 Rn. 18.

Rechtswahl nach Art. 22 bis 24 EuGüVO bereits einzuhalten, wenn die Wahl vor dem 29.1.2019 vereinbart wird. Probleme wirft unter diesem Aspekt hingegen die auf das in einem Staat belegene unbewegliche Vermögen beschränkte Rechtswahl nach Art. 15 Abs. 2 Nr. 3 EGBGB auf, die im Ausland weithin unbekannt ist. Von ihr sollte daher nach Möglichkeit nur Gebrauch gemacht werden, wenn ausländische Ehegatten die Absicht haben, sich auf Dauer in Deutschland niederzulassen. Steht hingegen bereits fest, dass sie später in ihre(n) Heimatstaat(en) zurückkehren möchten, so ist ein **hinkendes Rechtsverhältnis** mit allen sich daraus ergebenden Problemen (→ § 3 Rn. 95 ff.) idR vorprogrammiert. Unter der Geltung der EuGüVO ab dem 29.1.2019 entfällt die Möglichkeit einer solchen Teilrechtswahl; eine zuvor getroffene Rechtswahl nach Art. 15 Abs. 2 Nr. 3 EGBGB bleibt jedoch weiter wirksam.

## III. Intertemporales Recht

**Schrifttum:**

*Eule,* Fortgeltung des nach Art. 220 Abs. 3 Satz 1 Nr. 2 EGBGB angeknüpften Ehegüterrechtsstatuts über den 8.4.1983 hinaus teilweise verfassungswidrig – was nun?, MittBayNot 2003, 335; *Henrich,* Zur Auslegung des Art. 220 Abs. 3 EGBGB, IPRax 1987, 93; *Jayme,* Intertemporales und internationales Ehegüterrecht – Einige vorläufige Betrachtungen, IPRax 1987, 95; *ders.*, Schlüssige Rechtswahl und italienisches Übergangsrecht im intertemporalen internationalen Ehegüterrecht, IPRax 1990, 102; *S. Lorenz,* Das intertemporale internationale Ehegüterrecht nach Art. 220 III EGBGB und die Folgen eines Statutenwechsels, 1991; *Mansel,* Das „Ausgehen" von der Geltung österreichischen Ehegüterrechts sowie dessen „Weiterwirken" und die Verfassungsmäßigkeit des Art. 220 Abs. 3 EGBGB – eine Fallskizze, FS Geimer, 2002, 625; *Rauscher,* Art. 220 Abs. 3 EGBGB verfassungswidrig?, NJW 1987, 531; *ders.*, Intertemporale Bestimmungen zum internationalen Ehegüterrecht im Einigungsvertrag, DNotZ 1991, 20; *Schurig,* Internationales Ehegüterrecht im Übergang: Ist Art. 220 Abs. 3 EGBGB verfassungsrechtlich zu halten?, IPRax 1988, 88.

142 Der Grundsatz der Unwandelbarkeit des Güterrechtsstatuts gilt auch für Ehen, die bereits vor der deutschen IPR-Reform von 1986 geschlossen wurden, so dass es grundsätzlich auf die damals geltenden Kollisionsnormen ankommt. Im Spannungsfeld zwischen der Verfassungswidrigkeit der Anküpfung an das Heimatrecht des Ehemannes in Art. 15 Abs. 1 EGBGB aF einerseits und dem Schutz des Vertrauens der Ehegatten in das bei Eheschließung geltende Kollisionsrecht hat der deutsche Reformgesetzgeber für die vor Inkrafttreten des IPR-Gesetzes am 1.9.1986 geschlossenen Ehen in Art. 220 Abs. 3 EGBGB eine komplizierte **Übergangsregelung** geschaffen, die bei der Ermittlung des maßgeblichen Güterrechtsstatuts zusätzliche Schwierigkeiten bereitet. Danach kommt es darauf an, ob die Ehe
- vor dem 1.4.1953,
- in der Zeit zwischen dem 1.4.1953 und dem 8.4.1983 oder schließlich
- ab dem 9.4.1983 geschlossen worden ist.

### 1. Eheschließung vor dem 1.4.1953

143 Art. 15 Abs. 1 EGBGB aF, der gewohnheitsrechtlichen zur allseitigen Kollisionsnorm ausgebaut worden war, hatte die güterrechtlichen Verhältnisse dem **Heimatrecht des Ehemannes** zur Zeit der Eheschließung unterstellt. Das BVerfG hat diese Regelung durch Beschluss vom 22.2.1983[275] wegen Verstoßes gegen Art. 3 Abs. 2 GG für nichtig erklärt; sie war damit gemäß Art. 117 Abs. 1 GG am 1.4.1953 außer Kraft getreten. Für die vor diesem Zeitpunkt geschlossenen Ehen gilt die aus Art. 15 EGBGB aF entwickelte Anknüpfung hingegen gem Art. 220 Abs. 3 S. 6 Hs. 1 EGBGB trotz ihres Verstoßes gegen den Gleichheitsgrundsatz fort. Die am 1.4.1953 eingetretene Änderung des Kollisionsrechts hat wegen der Unwandelbarkeit des Güterrechtsstatuts keinen Einfluss auf die da-

[275] BVerfGE 63, 181 = DNotZ 1983, 356 mAnm *Lichtenberger* und mAnm *Henrich* IPRax 1983, 208.

mals bereits bestehenden Ehen.[276] Insoweit verbleibt es mithin bei der Gesamtverweisung[277] auf das Heimatrecht des Ehemannes zur Zeit der Eheschließung. Die Ehegatten können jedoch seit dem 9.4.1983 gemäß Art. 220 Abs. 3 S. 6 Hs. 2 EGBGB eine Rechtswahl gemäß Art. 15 Abs. 2 EGBGB nF treffen, soweit deren Voraussetzungen im Zeitpunkt der Rechtswahl vorliegen.[278]

## 2. Eheschließung zwischen dem 1.4.1953 und dem 8.4.1983

**a) Allgemeines.** Wurde die Ehe zwar nach dem 31.3.1953, aber vor dem 9.4.1983 ge- 144
schlossen, so unterscheidet die Übergangsregelung in Art. 220 Abs. 3 EGBGB zwei Zeiträume, nämlich einerseits die Zeit vom 1.4.1953 bis zum 8.4.1983, für die Satz 1 gilt, und andererseits die Zeit ab dem 9.4.1983, für welche die Sätze 2 bis 4 gelten.[279] Der Stichtag wurde gewählt, weil die vorgenannte **Entscheidung des BVerfG,** mit der wesentliche Teile des Art. 15 EGBGB aF für nichtig erklärt wurden, **am 8.4.1983 bekannt gemacht** wurde (vgl. § 30 Abs. 1 S. 3 BVerfGG). Der BGH hat bereits kurze Zeit nach Inkrafttreten des IPR-Gesetzes klargestellt, dass die **Übergangsregelung mit der Verfassung vereinbar** sei. Dies gilt jedenfalls für die in Art. 220 Abs. 3 S. 1 Nr. 1 EGBGB normierte Anknüpfung an das gemeinsame Heimatrecht der Ehegatten bei Eheschließung und die in Nr. 2 angeordnete (echte) Rückwirkung in Fällen einer vor dem 8.4.1983 – auch nur formlos oder schlüssig – getroffenen Rechtswahl (→ Rn. 151 ff.).[280] Ob hingegen auch die hilfsweise Anknüpfung an das Mannesrecht nach Art. 220 Abs. 3 S. 1 Nr. 3 EGBGB (→ Rn. 157) mit Art. 3 Abs. 2 GG vereinbar ist,[281] ist im Lichte der jüngsten Rechtsprechung des BVerfG[282] zweifelhaft geworden.[283]

**b) Statutenwechsel.** Der unterschiedliche Zeitpunkt für die Anknüpfung des Güter- 145
rechtsstatuts in Art. 220 Abs. 3 EGBGB – für die Zeit bis zum 8.4.1983 der Tag der Eheschließung, für die Zeit danach der 9.4.1983 – hat für zahlreiche Ehen am 9.4.1983 zu einem Statutenwechsel geführt. Der Grundsatz der Unwandelbarkeit des Güterrechtsstatuts (→ Rn. 58 ff.) wird damit bei Ehen, die zwischen dem 1.4.1953 und dem 8.4.1983 geschlossen wurden, durchbrochen.[284] Nach der Interpretation des BGH bezieht sich der Stichtag in Art. 220 Abs. 3 EGBGB allerdings nicht auf den Vermögenserwerb, sondern auf den zu beurteilenden **güterrechtsrelevanten Vorgang** (zB die güterrechtliche Auseinandersetzung nach Scheidung der Ehe, den Tod eines Ehegatten oder die Vornahme eines güterrechtlich relevanten Rechtsgeschäfts). Das anwendbare Güterrecht wird also nur einmal für das gesamte – vorhandene wie künftige – Vermögen der Ehegatten be-

[276] BayObLG FamRZ 1998, 1242 (1243); *Henrich* IPRax 1987, 93; Palandt/*Thorn* EGBGB Art. 15 Rn. 6; MüKoBGB/*Siehr* EGBGB Art. 15 Rn. 140 f.; Erman/*Hohloch* EGBGB Art. 15 Rn. 41; Staudinger/*Dörner* EGBGB Art. 220 Rn. 85; *Schotten/Schmellenkamp* IPR Rn. 180; **aA** (für Verfassungswidrigkeit) *Rauscher* NJW 1987, 531 (534); *S. Lorenz* S. 53 ff.; zweifelnd auch Soergel/*Schurig* EGBGB Art. 220 Rn. 37.

[277] Vgl. Staudinger/*Dörner* EGBGB Art. 220 Rn. 139; *Schotten/Schmellenkamp* IPR Rn. 180.

[278] Palandt/*Thorn* EGBGB Art. 15 Rn. 6; MüKoBGB/*Siehr* EGBGB Art. 15 Rn. 142; *Henrich* IntFamR § 3 I 8 a.

[279] MüKoBGB/*Siehr* EGBGB Art. 15 Rn. 145.

[280] BGH NJW 1987, 583; FamRZ 1987, 679 (680) = IPRax 1988, 100 mAnm *Schurig* IPRax 1988, 88; zust. OLG Karlsruhe IPRax 1990, 122 mAnm *Jayme* IPRax 1990, 102; OLG Stuttgart FamRZ 1991, 708; Staudinger/*Dörner* EGBGB Art. 220 Rn. 75; **aA** *Rauscher* NJW 1987, 531 (534); *ders.* IPRax 1988, 348; einschränkend auch MüKoBGB/*Siehr* EGBGB Art. 15 Rn. 150.

[281] So noch BGH FamRZ 1986, 1200 (1201 f.) = IPRax 1987, 114 mAnm *Henrich* IPRax 1987, 93; FamRZ 1987, 679 (680 f.); zust. *Lichtenberger* DNotZ 1987, 297 ff.; Palandt/*Thorn* EGBGB Art. 15 Rn. 10; *S. Lorenz* S. 113 ff. mwN.

[282] BVerfG FamRZ 2003, 361 mAnm *Henrich.*

[283] Für Verfassungswidrigkeit *Basedow* NJW 1986, 2971 (2974); *Puttfarken* RIW 1987, 834 (838); *Rauscher* NJW 1987, 531 (534 f.); *Schurig* IPRax 1988, 88 (92); *Winkler v. Mohrenfels* IPRax 1995, 384; zust. MüKoBGB/*Siehr* EGBGB Art. 15 Rn. 163; Staudinger/*Dörner* EGBGB Art. 220 Rn. 87 ff.; Soergel/*Schurig* EGBGB Art. 220 Rn. 52; Erman/*Hohloch* EGBGB Art. 15 Rn. 45: *Schotten/Schmellenkamp* IPR Rn. 194.

[284] Palandt/*Thorn* EGBGB Art. 15 Rn. 12 f.; MüKoBGB/*Siehr* EGBGB Art. 15 Rn. 175; *Schotten/Schmellenkamp* IPR Rn. 195; zur Verfassungsmäßigkeit dieser Regelung BVerfG FamRZ 1988, 920.

stimmt; eine Aufspaltung in zwei Vermögensmassen mit der möglichen Folge, dass auf diese zwei verschiedene Güterrechte nach- oder nebeneinander anzuwenden wären, erfolgt also nicht.[285]

146 Bei Eintritt des Statutenwechsels soll nach Ansicht des BGH auch **keine Auseinandersetzung des am Stichtag vorhandenen Vermögens** stattfinden. Ist daher – wie heute regelmäßig – ein güterrechtsrelevanter Vorgang nach dem 8.4.1983 zu beurteilen, so erstreckt sich diese Beurteilung auf das **gesamte Vermögen der Ehegatten,** auch soweit dieses vor dem 8.4.1983 unter Geltung eines anderen Güterstands erworben wurde. Das Vermögen wird mithin erst bei Beendigung der Ehe – also insbesondere im Scheidungsfall – einheitlich nach dem neuen Güterrechtsstatut auseinandergesetzt.[286] Lebten die Ehegatten daher bis zum 8.4.1983 im deutschen gesetzlichen Güterstand der Zugewinngemeinschaft, danach kraft nunmehr geltenden ausländischen Güterrechts in einem Güterstand der Gütertrennung, so findet im Rahmen eines nach dem 8.4.1983 eingeleiteten Scheidungsverfahrens auch hinsichtlich des bis zu diesem Stichtag erworbenen Vermögens ein Zugewinnausgleich nicht statt. Im umgekehrten Fall erfasst der nach deutschem Recht durchzuführende Zugewinnausgleich auch das von den Ehegatten vor dem Stichtag unter einem ausländischen Güterstand der Gütertrennung erworbene Vermögen, dh die Ehegatten werden so angesehen, als ob sie bereits von der Eheschließung an im Güterstand der Zugewinngemeinschaft gelebt hätten.[287]

147 Diese Lösung des BGH vermag freilich nicht zu überzeugen. Vorzuziehen ist vielmehr die in der Lehre überwiegende Auffassung, die – in Übereinstimmung mit den allgemeinen Grundsätzen des intertemporalen Kollisionsrechts – zum Stichtag eine **Abwicklung des alten Güterstands** vornimmt.[288] Dafür spricht insbesondere Art. 220 Abs. 3 S. 4 EGBGB, der für Ansprüche, die sich aufgrund eines Statutenwechsels ergeben, eine Stundung bis zum 1.9.1986 vorsieht und damit zeigt, dass auch der Gesetzgeber Auseinandersetzungsansprüche aufgrund von Satz 3 der Vorschrift für möglich hielt. Die Richtigkeit dieser Auffassung wird auch durch Art. 236 § 3 EGBGB bestätigt; denn danach ist der Gesetzgeber des Einigungsvertrages von der Abwicklung des alten Güterstandes anlässlich des Statutenwechsels ausgegangen.[289]

148 **c) Beurteilung von güterrechtsrelevanten Vorgängen nach dem 8.4.1983.** Für den hier allein betrachteten Regelfall, dass güterrechtsrelevante Vorgänge – insbesondere die Anwicklung des Güterstands aus Anlass der Ehescheidung oder des Todes eines Ehegatten – nach dem 8.4.1983 zu beurteilen sind, ist gemäß Art. 220 Abs. 3 S. 2 EGBGB das von **Art. 15 EGBGB nF** bestimmte Güterrecht anzuwenden.[290] Von diesem Grundsatz ergeben sich allerdings gewisse Abweichungen als Folge des Rechtszustands, der nach Art. 220 Abs. 3 S. 1 EGBGB für güterrechtsrelevante Vorgänge bis zum 8.4.1983 gegolten hat.

149 **aa) Gemeinsames Heimatrecht bei Eheschließung.** Keine Abweichungen ergeben sich dann, wenn die Ehegatten im Zeitpunkt der Eheschließung **Angehörige desselben**

[285] BGH NJW 1987, 583 (584); 1988, 638 ff.; Staudinger/*Dörner* EGBGB Art. 220 Rn. 134 MüKoBGB/*Siehr* EGBGB Art. 15 Rn. 179.

[286] BGH NJW 1987, 583 (584); 1988, 638 ff.; zust. OLG Hamm FamRZ 1993, 111 (115) = IPRax 1994, 49 mAnm *Dörner* IPRax 1994, 33; Palandt/*Thorn* EGBGB Art. 15 Rn. 13 ff.; Erman/*Hohloch* EGBGB Art. 15 Rn. 48; *Kropholler* IPR § 45 IV 5 b.

[287] Palandt/*Thorn* EGBGB Art. 15 Rn. 13 ff.; *Andrae* IntFamR § 3 Rn. 121.

[288] Gegen eine Rückwirkung des Statutenwechsels insbesondere *Rauscher* NJW 1987, 531 (532) und IPRax 1988, 343 (347 ff.); *Lichtenberger* DNotZ 1987, 297 (302); *Schurig* IPRax 1988, 88 (93); *Dörner* IPRax 1994, 33 (34); *Winkler v. Mohrenfels* IPRax 1995, 379 (382 ff.); *Schotten/Schmellenkamp* IPR Rn. 195; MüKoBGB/*Siehr* EGBGB Art. 15 Rn. 179; Staudinger/*Dörner* EGBGB Art. 220 Rn. 135 ff.; Soergel/*Schurig* EGBGB Art. 220 Rn. 54; *S. Lorenz* S. 124 ff. mwN.

[289] *Rauscher* DtZ 1991, 22; Staudinger/*Dörner* EGBGB Art. 220 Rn. 136; *Schotten/Schmellenkamp* IPR Rn. 195.

[290] OLG Köln FamRZ 1999, 298; *Andrae* IntFamR § Rn. 111.

**Staates** waren. In diesem Fall gilt nach Art. 220 Abs. 3 S. 1 Nr. 1 EGBGB für die Zeit bis zum 8.4.1983 ihr gemeinsames Heimatrecht als Güterrechtsstatut. Daran ändert sich auch für die Zeit nach dem 8.4.1983 nichts, weil der nunmehr nach Art. 220 Abs. 3 S. 2 EGBGB maßgebende Art. 15 Abs. 1 iVm Art. 14 Abs. 1 Nr. 1 EGBGB ebenfalls unwandelbar an dieses gemeinsame Heimatrecht der Ehegatten zur Zeit der Eheschließung anknüpft.[291] Der Umstand, dass die Ehegatten sich vor dem 8.4.1983 formlos einem anderen Güterrecht – zB dem Recht ihres gemeinsamen gewöhnlichen Aufenthalts – unterstellt hatten oder von diesem Recht „ausgegangen" waren; führt zu keinem anderen Ergebnis, weil sich eine solche formlose oder fingierte Rechtswahl nach der Anknüpfungsleiter des Art. 220 Abs. 1 S. 1 EGBGB gegenüber der vorrangigen Anküpfung an das gemeinsame Heimatrecht zur Zeit der Eheschließung nicht durchsetzt.

Problematisch ist in diesem Zusammenhang die **Behandlung von Doppelstaatern** 150
mit zugleich deutscher Staatsangehörigkeit. Obwohl der BGH bis zum Inkrafttreten des IPR-Gesetzes vom 25.7.1986 insoweit vom Prinzip der effektiven Staatsangehörigkeit ausgegangen war, hat er sich in Bezug auf die Übergangsregelung in Art. 220 Abs. 3 S. 1 EGBGB für eine Anwendung von Art. 5 Abs. 1 S. 2 EGBGB auch auf zuvor geschlossene Ehen, dh für den Vorrang der deutschen Staatsangehörigkeit, mit Wirkung vom 1.9.1986 ausgesprochen,[292] was zu einem Statutenwechsel an diesem Tag führen kann.[293] Da Art. 5 Abs. 1 EGBGB nF bei Eheschließung noch nicht galt, sollte es indessen auch für das Übergangsrecht bei Mehrstaatern mit deutscher Staatsangehörigkeit entsprechend der BGH-Rechtsprechung bis zum Inkrafttreten des IPR-Gesetzes – auf die effektive Staatsangehörigkeit ankommen.[294] Aus diesem Grunde kann auch die von einer deutschen Ehefrau durch Eheschließung hinzuerworbene ausländische Staatsangehörigkeit eine gemeinsame Staatsangehörigkeit iSv Art. 220 Abs. 3 S. 1 Nr. 1 EGBGB begründen. Die im Zeitpunkt der Eheschließung bestehende Absicht eines Ehegatten, die Staatsangehörigkeit des anderen Teils zu erwerben, reicht insoweit freilich nicht aus.[295]

**bb) Formfreie schlüssige oder fingierte „Rechtswahl" vor dem 9.4.1983.** In Er- 151
mangelung einer gemeinsamen (effektiven) Staatsangehörigkeit der Ehegatten zur Zeit der eheschließung (Nr. 1) beruft Art. 220 Abs. 3 S. 1 Nr. 2 EGBGB für die Zeit bis zum 8.4.1983 hilfsweise das Recht, „dem die Ehegatten sich unterstellt haben oder von dessen Anwendung sie ausgegangen sind". Diese Anerkennung einer formfreien[296] und gegebenenfalls nur schlüssigen Rechtswahl nach Art. 220 Abs. 3 S. 1 Nr. 2 EGBGB hat dann auch für die Zeit nach dem 8.4.1983 Vorrang vor der Anknüpfung nach Art. 220 Abs. 3 S. 2 EGBGB, weil diese Vorschrift erkennbar davon ausgeht, dass die Formanforderungen des Art. 15 Abs. 2 EGBGB nF nur eine Rechtswahl in der Zeit nach dem Bekanntwerden der genannten Entscheidung des BVerfG betreffen, jedoch eine zuvor formfrei zustande gekommene Rechtswahl ihre Wirksamkeit behält.[297] Die Rechtswahl bleibt auch dann über den 8.4.1983 hinaus wirksam, wenn zuvor ein Recht gewählt wurde, das nach

[291] Vgl. BGH NJW 1987, 583 (585) (*Italien*); OLG Schleswig FamRZ 2010, 377f. und OLG München FamRZ 2009, 1582f. (jeweils *Niederlande*); OLG Stuttgart FamRZ 2002, 1032 (*Kroatien*).

[292] BGH NJW 1987, 583 (585); ebenso OLG Hamburg FamRZ 2015, 1232 (1235); OLG Karlsruhe IPRax 1990, 122 (123); OLG Frankfurt a.M. FamRZ 1987, 1147 = IPRax 1988, 104; zust. Palandt/*Thorn* EGBGB Art. 15 Rn. 8; NK-BGB/*Sieghörtner* EGBGB Anh. III zu Art. 15 Rn. 15.

[293] MüKoBGB/*Siehr* EGBGB Art. 15 Rn. 168.

[294] Ebenso *Jayme* IPRax 1987, 95 (96) und 1990, 102 (103); *Schurig* IPRax 1988, 88 (89); *Schotten/Schmellenkamp* IPR Rn. 183, 196; MüKoBGB/*Siehr* EGBGB Art. 15 Rn. 148; *Looschelders* EGBGB Art. 220 Rn. 10; Soergel/*Schurig* EGBGB Art. 220 Rn. 61; Staudinger/*Dörner* EGBGB Art. 220 Rn. 102.

[295] BGH NJW 1988, 638 (639); Palandt/*Thorn* EGBGB Art. 15 Rn. 8; **aA** *Schurig* IPRax 1988, 88 (90).

[296] *Andrae* IntFamR § 3 Rn. 114; NK-BGB/*Sieghörtner* EGBGB Anh. III zu Art. 15 Rn. 14.

[297] BGH NJW 1987, 583 (584); 1988, 638; FamRZ 1988, 40 = IPRax 1988, 103 mAnm *Schurig* IPRax 1988, 88; BGHZ 119, 392 (400) = NJW 1993, 385; BGH FamRZ 1998, 905 (906); OLG Karlsruhe IPRax 1990, 122; *Jayme* IPRax 1987, 95ff.; *Lichtenberger* DNotZ 1987, 297ff.; Palandt/*Thorn* EGBGB Art. 15 Rn. 11; Staudinger/*Dörner* EGBGB Art. 220 Rn. 123ff.; *Schotten/Schmellenkamp* IPR Rn. 194 mwN.

Art. 15 Abs. 2 EGBGB nF nicht mehr gewählt werden könnte.[298] Da Ehegatten indessen bis zum 8.4.1983 mit einer nachträglichen Anerkennung einer ausdrücklichen oder schlüssigen Rechtswahl[299] nicht rechnen konnten, läuft die erste Alternative des Art. 220 Abs. 3 S. 1 Nr. 2 EGBGB (*„Unterstellen"*) weitgehend leer.[300]

152 Einer schlüssigen Rechtswahl steht es jedoch nach Art. 220 Abs. 3 S. 1 Nr. 2 EGBGB ausdrücklich gleich, wenn die Ehegatten vor dem 8.4.1983 von der Anwendbarkeit eines bestimmten Rechts lediglich **gemeinsam „ausgegangen"** sind.[301] Während das *„Unterstellen"* eine wirkliche Rechtswahl mit Erklärungsbewusstsein erfordert, wird beim bloßen „Ausgehen" von einem bestimmten Recht eine konkludente Rechtswahl lediglich fingiert.[302] Eine solche gemeinsame Vorstellung, die sich nicht zu einer Rechtswahl verdichtet hat, kann insbesondere angenommen werden, wenn die Ehegatten einen **Ehevertrag nach einem anderen Recht** als dem Heimatrecht des Ehemannes geschlossen haben.[303] Sie kann sich aber auch aus anderen güterrechtsbezogenen Erklärungen der Ehegatten, zB in einem gemeinschaftlichen Testament oder Erbvertrag,[304] oder aus Erklärungen gegenüber Dritten (zB einer Bank) ergeben.[305] Es genügt sogar, dass die Parteien unbewusst nach ihren gesamten Lebensumständen wie selbstverständlich von einer ihnen am nächsten liegenden Rechtsordnung ausgegangen sind.[306] Aus Gründen der Rechtssicherheit muss dieses gemeinsame Verhalten der Ehegatten allerdings **nach außen erkennbar in Erscheinung getreten** sein und sich eindeutig feststellen lassen.[307] Hierfür reicht der – auch längere – gemeinsame gewöhnlichen Aufenthalt der Ehegatten in einem bestimmten Land nicht aus; diese müssen vielmehr „willkürlich eine bestimmte Rechtsordnung in das Konzept ihrer Ehe einbezogen haben".[308] Dazu bedarf es nach Ansicht des BGH

> „einer Gesamtbetrachtung, in die alle äußeren Umstände einzubeziehen sind, wie etwa Eheschließungsort, gewöhnliche Aufenthalte der Ehegatten (…), Erwerb von Vermögen (…), Auflösung oder Transfer von Auslandskonten (…), Grundbucheintragungen, Erklärungen gegenüber Behörden oder Handlungen, die ohne Bezug zu einer bestimmten Güterrechtsordnung nicht denkbar wären".[309]

[298] *Henrich* IPRax 1987, 93 f.; *Rauscher* NJW 1987, 531 (534); Staudinger/*Dörner* EGBGB Art. 220 Rn. 116; **aA** *Lichtenberger* DNotZ 1987, 297 (300); Palandt/*Thorn* EGBGB Art. 15 Rn. 11; MüKoBGB/*Siehr* EGBGB Art. 15 Rn. 177.

[299] Das „Unterstellen" erfordert einen gemeinsamen Willen der Ehegatten, der auf eine Rechtswahl gerichtet war, vgl. BGH FamRZ 1988, 40 (41); OLG Hamburg FamRZ 2001, 916 (918) = IPRax 2002, 304 mAnm *Andrae/Essebier* IPRax 2002, 294; OLG München NJW-RR 2011, 663 Rn. 9 ff.

[300] *Schurig* IPRax 1988, 88 (91); Soergel/*Schurig* EGBGB Art. 220 Rn. 44; *Schotten/Schmellenkamp* IPR Rn. 185; Erman/*Hohloch* EGBGB Art. 15 Rn. 44; Staudinger/*Dörner* EGBGB Art. 220 Rn. 104.

[301] BGH NJW 1988, 638 ff.; BGHZ 119, 392 (400); BGH FamRZ 1998, 905 (906); Palandt/*Thorn* EGBGB Art. 15 Rn. 9. Zu Recht differenzierend aus verfassungsrechtlichen Gründen hingegen Staudinger/*Dörner* EGBGB Art. 220 Rn. 126 ff. mwN; dazu → Rn. 151.

[302] Vgl. BGH FamRZ 1988, 40 (41) = IPRax 1988, 103 mAnm *Schurig* IPRax 1988, 88; *Schotten/Schmellenkamp* IPR Rn. 186.

[303] BGH FamRZ 1998, 905 (906); *Henrich* IntFamR § 3 I 8 d; Staudinger/*Dörner* EGBGB Art. 220 Rn. 108.

[304] Staudinger/*Dörner* EGBGB Art. 220 Rn. 108; NK-BGB/*Sieghörtner* EGBGB Anh. III zu Art. 15 Rn. 20; *Schotten/Schmellenkamp* IPR Rn. 187.

[305] MüKoBGB/*Siehr* EGBGB Art. 15 Rn. 158.

[306] So BGHZ 119, 400 = NJW 1993, 387; KG IPRax 1988, 106; *Lichtenberger* DNotZ 1987, 297 ff.; krit. *Schotten/Schmellenkamp* IPR Rn. 191.

[307] OLG Köln FamRZ 1996, 1479 mAnm *Henrich*; KG FamRZ 2007, 1564 (1565); zust. *Lichtenberger* DNotZ 1987, 297 ff.; *Böhringer* BWNotZ 1987, 104 (106); *S. Lorenz* S. 83 ff.; *Schotten/Schmellenkamp* IPR Rn. 190; krit. zu dieser weiten Auslegung des Art. 220 Abs. 3 S. 1 Nr. 2 EGBGB Soergel/*Schurig* EGBGB Art. 220 Rn. 47; Staudinger/*Dörner* EGBGB Art. 220 Rn. 106 ff.; NK-BGB/*Sieghörtner* EGBGB Anh. III zu Art. 15 Rn. 26; *Andrae* IntFamR § 3 Rn. 114.

[308] OLG Hamburg FamRZ 2001, 916 (918) = IPRax 2002, 304 mAnm *Andrae/Essebier* IPRax 2002, 294; KG IPRax 1988, 106 mAnm *Schurig* IPRax 1988, 88.

[309] BGHZ 119, 392 (400 ff.) = IPRax 1995, 399 mAnm *Winkler v.Mohrenfels* IPRax 1995, 379; dazu *S. Lorenz* FamRZ 1993, 393.

Soweit sich Änderungen in den Vorstellungen der Parteien erst nach der Eheschließung ergeben haben, sind auch diese beachtlich, da es auf dasjenige Recht ankommt, dem sich die Parteien **vor dem 8.4.1983 zuletzt** übereinstimmend unterstellt haben.[310] Eine diesbezügliche gemeinsame Erklärung können die Ehegatten auch noch nach dem 1.9.1986 – zB anlässlich der Vermögensauseinandersetzung – abgeben.[311] In jedem Fall ist aber ein **gemeinsames Verhalten** der Ehegatten erforderlich; nur einseitige Erklärungen eines Ehegatten reichen hingegen ebensowenig aus wie zur Abänderung einer förmlichen Rechtswahl nach Art. 15 Abs. 2 EGBGB.[312] 153

Beispiele: 154

a) Haben ein Deutscher und seine niederländische Ehefrau, die 1972 in den *Niederlanden* geheiratet und dort anschließend 17 Jahre lang gelebt haben, 1989 in *Deutschland* gemeinsam Grundbesitz „in Gütergemeinschaft nach niederländischem Recht" erworben, so spricht dies für eine konkludente Rechtswahl des niederländischen Güterrechts.[313]

b) Schließen ein Deutscher und seine amerikanische Ehefrau, die nach der Eheschließung in den *USA* ihre gesamte Ehe in *Deutschland* geführt haben, vor einem deutschen Notar einen Ehevertrag, in dem sie Gütertrennung vereinbaren und den Zugewinnausgleich ausschließen, so zeigt dies, dass die Ehegatten von der Geltung deutschen Güterrechts ausgegangen sind.[314]

Sind die Ehegatten allerdings – wie im Regelfall – vor dem 8.4.1983 im Hinblick auf den damals geltenden Art. 15 Abs. 1 EGBGB aF gemeinsam von der Maßgeblichkeit des **Heimatrechts des Ehemannes** ausgegangen, so sind der Fortgeltung dieses Rechts über den 8.4.1983 hinaus[315] aus verfassungsrechtlichen Gründen Schranken gezogen, weil es sich der Sache nach um nichts anderes als eine verschleierte Anknüpfung an das Mannesrecht handelt.[316] Für diesen Fall verstößt es daher nach Ansicht des BVerfG gegen Art. 3 Abs. 2 GG, die Ehegatten auch über den Stichtag hinaus am Heimatrecht des Ehemannes festzuhalten.[317] Die verfassungskonforme Auslegung des Art. 220 Abs. 3 EGBGB führt vielmehr zu dem Ergebnis, dass in einem solchen Falle am 9.4.1983 ein **Statutenwechsel** eingetreten ist. Das anzuwendende Güterrecht bestimmt sich mithin seither nach Art. 15 EGBGB nF, dh idR nach dem Recht des Staates, in dem die Ehegatten am 9.4.1983 ihren gemeinsamen gewöhnlichen Aufenthalt hatten.[318] Etwas anderes gilt nur dann, wenn die Eheleute von einem anderen Recht als dem Heimatrecht des Ehemannes ausgegangen sind oder sich ganz bewusst und unabhängig von Art. 15 Abs. 1 EGBGB aF für die Geltung des Mannesrechts entschieden hatten.[319] Für diese Fälle bleibt das schlüssig gewählte Recht auch dann maßgeblich, wenn einer der Ehegatten später anderen Sinnes geworden ist; denn ein Wechsel des Güterrechtsstatuts kann dann nur eintreten, wenn 155

[310] Krit. zur weiten Auslegung von Art. 220 Abs. 3 S. 1 Nr. 2 EGBGB durch die Rechtsprechung NK-BGB/*Sieghörtner* EGBGB Anh. III zu Art. 15 Rn. 26; *Andrae* IntFamR § 3 Rn. 115.

[311] *Böhringer* BWNotZ 1987, 104 (108); MüKoBGB/*Siehr* EGBGB Art. 15 Rn. 157.

[312] BGH FamRZ 1988, 40 = IPRax 1988, 103 mAnm *Schurig* IPRax 1988, 88; KG IPRax 1988, 106; *Schotten/Schmellenkamp* IPR Rn. 190.

[313] BGH FamRZ 1998, 905 (906) = JZ 1999, 204 mAnm *Stoll*; vgl.auch OLG Düsseldorf FamRZ 1995, 1587; OLG Schleswig FGPrax 2010, 19.

[314] OLG Stuttgart FamRZ 1991, 708.

[315] Für eine solche Fortgeltung noch BGH NJW 1987, 583 (584); FamRZ 1998, 905 (906); OLG Hamburg FamRZ 2001, 916 (918); OLG Karlsruhe IPRax 1990, 122 (123).

[316] *Schotten/Schmellenkamp* IPR Rn. 192; *Schurig* IPRax 1988, 88 (91f.).

[317] BVerfG NJW 2003, 1656 = FamRZ 2003, 361 mAnm *Henrich*; *Eule* MittBayNot 2003, 335 (336ff.); Palandt/*Thorn* EGBGB Art. 15 Rn. 11; NK-BGB/*Sieghörtner* EGBGB Anh. III zu Art. 15 Rn. 25.

[318] OLG Hamburg FamRZ 2015, 1232 (1235) (*Iran*); OLG München NJW-RR 2011, 663 (664f.) (*Spanien*).

[319] *Henrich* FamRZ 2003, 362, Staudinger/*Dörner* EGBGB Art. 220 Rn. 126ff.

*beide* Ehegatten sich vor dem 8.4.1983 einem anderen Recht unterstellt haben oder gemeinsam von dessen Geltung ausgegangen sind.[320]

156 Da die Anknüpfung nach Art. 220 Abs. 3 S. 1 Nr. 2 EGBGB als eine – formfrei wirksame – Rechtswahl iSd Art. 4 Abs. 2 EGBGB zu werten ist, bleibt eine **Rück- oder Weiterverweisung** des gewählten Rechts außer Betracht; dies gilt in gleicher Weise für den Fall, dass die Ehegatten von der Anwendbarkeit eines bestimmten Rechts lediglich *„ausgegangen“* sind.[321]

157 **cc) Geltung des Heimatrechts des Ehemannes bis zum 8.4.1983.** Waren nach Art. 220 Abs. 3 S. 1 EGBGB – mangels gemeinsamer Staatsangehörigkeit der Ehegatten im Zeitpunkt der Eheschließung (Nr. 1) und mangels einer schlüssigen oder fingierten Rechtswahl (Nr. 2) – die güterrechtlichen Wirkungen der Ehe bis zum 8.4.1983 nach dem Heimatrecht des Mannes zu beurteilen (Nr. 3) und geht man weiterhin von der Verfassungsmäßigkeit dieser Übergangsvorschrift aus,[322] so kommt Art. 15 EGBGB nF gemäß Art. 220 Abs. 3 S. 3 EGBGB mit der Maßgabe zur Anwendung, dass es für danach eingetretene güterrechtsrelevante Vorgänge auf die **Verhältnisse am 9.4.1983** ankommt. In diesem Fall ist also zu prüfen, ob die Parteien am 9.4.1983 in demselben Staat ihren gewöhnlichen Aufenthalt gehabt haben (Art. 15 Abs. 1 iVm Art. 14 Abs. 1 Nr. 2 EGBGB) oder mit welchem Staat sie zu diesem Zeitpunkt auf andere Weise gemeinsam am engsten verbunden waren (Art. 15 Abs. 1 iVm Art. 14 Abs. 1 Nr. 3 EGBGB).[323] Eine Rück- oder Weiterverweisung des von Art. 220 Abs. 3 S. 3 EGBGB zur Anwendung berufenen Rechts ist aber zu beachten.[324]

### 3. Eheschließung nach dem 8.4.1983

158 Für die güterrechtlichen Wirkungen von Ehen, die nach dem 8.4.1983 geschlossen worden sind, gilt **Art. 15 EGBGB nF uneingeschränkt** (Art. 220 Abs. 3 S. 5 EGBGB). Eine nach dem 8.4.1983 getroffene Rechtswahl ist daher nur gültig, wenn die inhaltlichen Schranken und die Form des Art. 15 Abs. 2 und Abs. 3 EGBGB beachtet worden sind, auch wenn sie vor Inkrafttreten dieser Kollisionsnormen am 1.9.1986 getroffen wurde.[325]

## IV. Anwendungsbereich des Güterrechtsstatuts

**Schrifttum:**
*Amann,* Eigentumserwerb unabhängig vom ausländischen Güterrecht?, MittBayNot1986, 222; *Grundmann,* Zur Qualifikation von Verboten einer Güterstandsänderung während der Ehe, FamRZ 1984, 445; *Lorenz,* Gebrauchsvermögen, Ersparnisse und gesetzlicher Güterstand im deutsch-österreichischen Verhältnis: Normenmangel oder renvoi kraft abweichender Qualifikation?, IPRax 1995, 47; *Ney,* Das Spannungsverhältnis zwischen dem Güter- und dem Erbstatut, 1993; *Rauscher,* Auflassungsvormerkung für verheiratete Ausländer, Rpfleger 1985, 52; *ders.,* Immobiliarzwangsvollstreckung bei fremdem Güterstand: Vollstreckungstitel und Anteilspfändung, insb. bei jugoslawischem und italienischem Güterrecht, Rpfleger 1988, 89; *H. Roth,* Grundbuchverfahren und ausländisches Güterrecht, IPRax 1991, 320; *Schaal,* Verfügungsbeschränkungen

[320] BGH FamRZ 1988, 40; BGHZ 119, 392 (401) = NJW 1993, 387; OLG Karlsruhe IPRax 1990, 122; Palandt/*Thorn* EGBGB Art. 15 Rn. 9; Staudinger/*Dörner* EGBGB Art. 220 Rn. 140.

[321] BGH NJW 1988, 638 (639); *Jayme* IPRax 1987, 87 (95ff.); Palandt/*Thorn* EGBGB Art. 15 Rn. 9; Erman/*Hohloch* EGBGB Art. 15 Rn. 44; *v. Bar* IPR II Rn. 230; *Schotten/Schmellenkamp* IPR Rn. 184; differenzierend zwischen den beiden Alternativen des Art. 220 Abs. 3 S. 1 Nr. 2 EGBGB Staudinger/*Dörner* EGBGB Art. 220 Rn. 141.

[322] Dazu → Rn. 144 aE mwN.

[323] Vgl. OLG Stuttgart NJW 2005, 2164; OLG Hamburg FamRZ 2001, 916 (918); *Andrae* IntFamR § 3 Rn. 120f.

[324] OLG Hamburg FamRZ 2001, 916 (918) = IPRax 2002, 304 mAnm *Andrae/Essebier* IPRax 2002, 294: Rückverweisung des am 9.4.1983 für das Güterrecht in einer deutsch-indischen Ehe maßgeblichen gemeinsamen indischen Aufenthaltsrechts auf deutsches Recht, weil die Ehegatten hier zur Zeit der Eheschließung im Jahre 1972 ihr *„matrimonial domicile“* begründet hatten; ferner KG FamRZ 2007, 1564 (1565); OLG München NJW-RR 2011, 663 (664f.).

[325] BGH NJW 1987, 583ff.; *Schotten/Schmellenkamp* IPR Rn. 196.

bei Verfügungen über in Deutschland belegenen Grundbesitz durch verheiratete türkische oder ehemals türkische Staatsangehörige, BWNotZ 2009, 172; *Siehr,* Vermögensstatut und Geldausgleich im IPR: gilt Art. 3 Abs. 3 EGBGB auch für den Pflichtteil, den Zugewinnausgleich und den Versorgungsausgleich?, FS Hay, 2005, 389; *Süß,* Ausländer im Grundbuch und Registerverfahren, Rpfleger 2003, 53. Vgl. auch das Schrifttum vor → Rn. 178.

## 1. Allgemeines

Der Systembegriff der güterrechtlichen Wirkungen einer Ehe ist – in Abgrenzung zu anderen Ehewirkungen – wie den allgemeinen Ehewirkungen (→ § 8 Rn. 52ff.), dem Ehegattenunterhalt (→ § 10 Rn. 129ff.), sonstigen vermögensrechtlichen Scheidungsfolgen (→ § 11 Rn. 142ff.) oder der Hausratsauseinandersetzung (→ § 10 Rn. 136f.), aber auch in Abgrenzung zu schuldvertraglichen oder sachenrechtlichen Ansprüchen (→ Rn. 178ff., 193ff.) – im Wege funktionaler Qualifikation nach der deutschen *lex fori* auszulegen.[326] Leitlinie muss dabei sein, dass die Anknüpfung des Ehegüterrechts der **Sonderordnung des Vermögens** von Mann und Frau während und aufgrund der Ehe rechtlichen Bestand geben soll. Daher gehören zum Ehegüterrecht diejenigen materiellen Rechtssätze, die eine solche Sonderordnung entweder (kraft Gesetzes durch Ehevertrag) schaffen oder eine solche durch die Vereinbarung von Gütertrennung ausdrücklich ausschließen.[327] Nach Art. 15 EGBGB beurteilen sich daher insbesondere die Fragen, welcher von den mehreren Güterständen einer Rechtsordnung maßgebend ist, welche Gütermassen danach zu unterscheiden sind und zu welcher der Anspruch eines Ehegatten gehört. Das Güterrechtsstatut regelt ferner, ob und mit welchem Inhalt **Eheverträge** geschlossen werden können und welche Erwerbs- bzw. Verfügungsbeschränkungen infolge des Güterstandes bestehen.[328] Güterrechtlich zu qualifizieren sind schließlich auch alle Vorschriften, die nach Auflösung der Ehe für eine Abwicklung dieser Sonderordnung sorgen.[329] 159

Unter Geltung der **EuGüVO** wird die Reichweite des Güterrechtsstatuts in weitgehender Übereinstimmung mit den zu Art. 15 EGBGB entwickelten Grundsätzen bestimmt. Nach Art. 28 EuGüVO sind insbesondere folgende Fragen güterrechtlich zu qualifizieren: 159a

- die Einteilung des Vermögens eines oder beider Ehegatten in verschiedene Kategorien während und nach der Ehe,
- die Übertragung von Vermögen von einer Kategorie in die andere,
- die Haftung des einen Ehegatten für die Verbindlichkeiten und Schulden des anderen,
- die Befugnisse, Rechte und Pflichten eines oder beider Ehegatten in Bezug auf das Vermögen,
- die Auflösung des ehelichen Güterstands und die Teilung, Aufteilung oder Abwicklung des Vermögens,
- die Wirkungen des ehelichen Güterstands auf ein Rechtsverhältnis zwischen einem Ehegatten und einem Dritten und
- die materielle Wirksamkeit einer Vereinbarung über den ehelichen Güterstand.

Zu beachten ist allerdings, dass die Grenzlinie zwischen den allgemeinen und den güterrechtlichen Wirkungen in der Verordnung anders gezogen wird als bisher im deutschen autonomen Kollisionsrecht, weil der sachliche Anwendungsbereich der EuGüVO sich auch auf solche allgemeinen Ehewirkungen erstreckt, die – wie die Schüsselgewalt, Ei- 159b

[326] OLG Hamm FamRZ 1992, 963 (965).

[327] BT-Drs. 10/504, 57; OLG Hamm FamRZ 1992, 965; *Andrae* IntFamR § 3 Rn. 146; BeckOK BGB/*Mörsdorf-Schulte* EGBGB Art. 15 Rn. 14.

[328] BGHZ 119, 392 (394) = NJW 1993, 385; OLG Hamm FamRZ 1992, 963 (965); OLG Köln FamRZ 1999, 298; *Kegel/Schurig* IPR § 20 VI 2; Palandt/*Thorn* EGBGB Art. 15 Rn. 25; Soergel/*Schurig* EGBGB Art. 15 Rn. 32ff.; MüKoBGB/*Siehr* EGBGB Art. 15 Rn. 60ff., 74ff.; BeckOK BGB/*Mörsdorf-Schulte* EGBGB Art. 15 Rn. 15ff.; Staudinger/*Mankowski* EGBGB Art. 15 Rn. 231ff.; *v. Bar* IPR II Rn. 236ff.; näher → Rn. 164ff.

[329] NK-BGB/*Sieghörtner* EGBGB Art. 15 Rn. 65.

gentumsvermutungen oder Interzessionsverbote – das Vermögen der Ehegatten betreffen (→ § 8 Rn. 3, 3a).

## 2. Einzelfragen

160 **a) Gesetzlicher Güterstand.** Dem Güterrechtsstatut unterfällt zunächst die Entscheidung darüber, ob durch die Eheschließung kraft Gesetzes überhaupt eine Sonderordnung des Vermögens der Ehegatten begründet wird oder ob deren Vermögensbeziehungen sich – wie in England oder den *„separate property"*-Staaten der USA nach den allgemeinen Regeln des Schuld- und Sachenrechts beurteilen. Im Rahmen eines gesetzlichen Güterstandes regelt das von Art. 15 EGBGB zur Anwendung berufene Recht insbesondere die Frage, ob das Vermögen der Ehegatten – wie im deutschen gesetzlichen Güterstand der Zugewinngemeinschaft – während der Ehe getrennt bleibt und ein Ausgleich erst bei Auflösung der Ehe durch Scheidung oder Tod vorgesehen ist, oder eine **Vergemeinschaftung des Vermögens** der Ehegatten stattfindet.[330] Im lezteren Falle bestimmt das Güterrechtsstatut auch, ob – wie zB in den romanischen Rechtsordnungen – nur das nach der Eheschließung erworbene Vermögen Gesamtgut wird *(Errungenschaftsgemeinschaft)* oder ob – wie im niederländischen gesetzlichen Güterstand – auch das bei Eheschließung schon vorhandene Vermögen der Ehegatten einbezogen wird *(allgemeine Gütergemeinschaft).*[331] Es regelt ferner, welche Gütermassen (Gesamtgut, Vorbehaltsgut, Sondergut, Eigengut) zu unterscheiden sind, und zu welcher Gütermasse einzelne Gegenstände gehören,[332] ob also zB ein Grundstück zu Alleineigentum eines Ehegatten oder zum Gesamtgut erworben wird,[333] zu welchem Vermögen ein Erwerb von Todes wegen zählt und zu welchen Anteilen Gegenstände den Ehegatten gehören, die mit Mitteln beider erworben werden. Das Güterrechtsstatut befindet auch über die Art der Güterbeteiligung (Gesamthands- oder Bruchteilseigentum)[334] und über die Beteiligungsquoten an Guthaben auf Bankkonten, die auf den gemeinsamen Namen der Ehegatten geführt werden.[335] Hingegen entscheidet die *lex rei sitae* des jeweiligen Vermögensgegenstandes, ob eine vom Ehegüterrecht vorgesehene sachenrechtliche Änderung vollzogen wird (→ Rn. 178 ff.).

161 Auch die **Verwaltung und Nutzung** des ehelichen Vermögens wird vom Güterrechtsstatut des Art. 15 EGBGB geregelt. Dieses bestimmt daher, welcher Ehegatte die verschiedenen Vermögensmassen zu verwalten hat und über sie verfügen darf.[336] **Beschränkungen** dieses Verwaltungsrechts – zB durch Verfügungsverbote oder Erwerbsbeschränkungen, durch Kontrollrechte, das Erfordernis der Zustimmung des anderen Ehegatten oder die Notwendigkeit gerichtlicher Genehmigungen[337] – werden ebenfalls vom Güterrechtsstatut erfasst, soweit sie Bestandteil des maßgeblichen Güterstandes sind und

[330] OLG Hamm FamRZ 1999, 299 Rn. 7; MüKoBGB/*Siehr* EGBGB Art. 15 Rn. 62.
[331] Vgl. dazu rechtsvergleichend Reithmann/Martiny/*Hausmann* IVR Rn. 7.739 ff.; Münch/*Süß* FamR § 20 Rn. 161 ff.
[332] Vgl. OLG Frankfurt a.M. FamRZ 2013, 1490 = IPRax 2014, 443 mAnm *Nordmeier* IPRax 2014, 411 zur Zuordnung eines Grundstücks zum Eigengut der Ehefrau im gesetzlichen *portugiesischen* Güterstand; ferner OLG Stuttgart FamRZ 2002, 1032 (*Kroatien*); OLG Hamm FamRZ 2006, 1383 (1384) (*Türkei*); Staudinger/*Mankowski* EGBGB Art. 15 Rn. 253. Zur Abgrenzung von Güterrechtsstatut und *lex rei sitae* → Rn. 178 ff.
[333] Vgl. zum Recht von *Kalifornien* OLG München MittBayNot 2013, 404 mAnm *Süß*; zur Zuordnung von Schmuck zum Sondervermögen der Ehefrau nach *kroatischem* Recht OLG Hamm FamRZ 1999, 299 (300); BayObLGZ 1992, 85 = FamRZ 1992, 1284; ferner NK-BGB/*Sieghörtner* EGBGB Art. 15 Rn. 65; Erman/*Hohloch* EGBGB Art. 15 Rn. 34.
[334] Staudinger/*Mankowski* EGBGB Art. 15 Rn. 254.
[335] LG Frankfurt a.M. IPRspr. 1975 Nr. 53; dazu näher → Rn. 201 f.
[336] OLG Köln NJW-RR 1998, 865 (*Türkei*); OLG Celle IPRax 1999, 113; Palandt/*Thorn* EGBGB Art. 15 Rn. 25; BeckOK BGB/*Mörsdorf-Schulte* EGBGB Art. 15 Rn. 18 ff.; MüKoBGB/*Siehr* EGBGB Art. 15 Rn. 63; dazu rechtsvergleichend Reithmann/Martiny/*Hausmann* IVR Rn. 7.758 ff.
[337] *Kropholler* IPR § 45 IV 2.

nicht unabhängig von diesem für alle Ehen gelten.[338] Gleiches gilt für die vom verwaltenden Ehegatten zu beobachtenden Sorgfaltspflichten sowie für auf die Vermögensverwaltung bezogene gegenseitige Ansprüche auf Auskunft und Rechnungslegung.[339] Güterrechtlich zu qualifizieren sind ferner **Verbote von Gesellschaftsverträgen**[340] **und von Schenkungen** zwischen Ehegatten sowie besondere Schranken, die der Bestandskraft von Ehegattenschenkungen gezogen sind (zB erleichterte Widerrufsmöglichkeiten).[341] Gleiches gilt für die güterstandsabhängige **Haftung** eines Ehegatten für die Verbindlichkeiten des anderen gegenüber Dritten[342] und die daraus resultierende Ausgleichspflicht der Ehegatten untereinander.[343] Auch die materielle Legitimation zur gerichtlichen Geltendmachung von der Sonderrechtsordnung unterliegenden Rechten[344] sowie die Frage, wie sich ein ausländischer Güterstand auf die **Zwangsvollstreckung** in das Vermögen eines oder beider Ehegattern auswirkt, beurteilt sich nach dem von Art. 15 EGBGB zur Anwendung berufenen Recht.[345]

Nach dem Güterrechtsstatut bestimmt sich weiter, wann, wodurch und wie der gesetzliche **Güterstand beendet** wird, dh welche Gründe – zB Scheidung, Aufhebung der Ehe, Nichtigerklärung, Trennung von Tisch und Bett[346] oder Tod – zur Beendigung führen und welche Möglichkeiten einer vorzeitigen Beendigung des Güterstands bestehen (vgl. zB §§ 1385ff. BGB).[347] Ferner unterliegen dem Güterrechtsstatut alle die Vermögensauseinandersetzung zwischen den Ehegatten betreffenden Fragen,[348] einschließlich von diesbezüglichen **Herausgabe-**[349] und **Auskunftsansprüchen**[350] sowie Ansprüchen auf Rechnungslegung. Kennt das ausländische Güterrechtsstatut einen Auskunftsanspruch nicht, weil es insoweit vom Amtsermittlungsgrundsatz ausgeht, so ist er mit Hilfe des kollisionsrechtlichen Instruments der **Angleichung** nach deutschem Recht zu gewähren.[351] 162

[338] *Reithmann* DNotZ 1961, 3 (10) und 1967, 232 (245ff.); Staudinger/*Mankowski* EGBGB Art. 15 Rn. 257ff.; Erman/*Hohloch* EGBGB Art. 15 Rn. 34; MüKoBGB/*Siehr* EGBGB Art. 15 Rn. 63; Soergel/*Schurig* EGBGB Art. 15 Rn. 33.

[339] OLG Köln NJW-RR 1998, 865 (*Türkei*); MüKoBGB/*Siehr* EGBGB Art. 15 Rn. 65.

[340] *Riering* IPRax 1998, 322ff.; NK-BGB/*Andrae* EGBGB Art. 14 Rn. 76; dazu auch → Rn. 184ff.

[341] Vgl. OLG Frankfurt a.M. FamRZ 2013, 1490 = IPRax 2014, 443 mAnm *Nordmeier* IPRax 2014, 411 (*Portugal*).

[342] Vgl. BGH FamRZ 1998, 905 (906) und OLG Düsseldorf FamRZ 1995, 1587 (1588) zur Haftung für Schulden des anderen Ehegatten im *niederländischen* gesetzlichen Güterstand der Gütergemeinschaft; ferner LG Ulm IPRspr. 1993 Nr. 60 zur Haftung des Gesamtguts der Gütergemeinschaft *kroatischen* Rechts für Schulden eines Ehegatten; ferner LG Hamburg IPRspr. 1977 Nr. 65; Staudinger/*Mankowski* EGBGB Art. 15 Rn. 271; MüKoBGB/*Siehr* EGBGB Art. 15 Rn. 67; Soergel/*Schurig* EGBGB Art. 15 Rn. 34; Palandt/*Thorn* EGBGB Art. 15 Rn. 25.

[343] BGH FamRZ 1998, 905 (906); Staudinger/*Mankowski* EGBGB Art. 15 Rn. 271; MüKoBGB/*Siehr* EGBGB Art. 15 Rn. 67; Palandt/*Thorn* EGBGB Art. 15 Rn. 25; BeckOK BGB/*Mörsdorf-Schulte* EGBGB Art. 15 Rn. 20.

[344] MüKoBGB/*Siehr* EGBGB Art. 15 Rn. 64.

[345] Vgl. zur Zwangsvollstreckung in das Gesamtgut der der Gütergemeinschaft nach niederländischem Recht BGH FamRZ 1998, 905 (906); zur Zwangsvollstreckung in das Gesamtgut der „*comunione legale*" des *italienischen* Rechts OLG Zweibrücken FamRZ 2007, 1580; LG Heilbronn Rpfleger 1996, 521; AG Menden FamRZ 2006, 1471; ferner OLG München FamRZ 2013, 1486 zur Eintragung einer Zwangshypothek aufgrund eines nur gegen einen der Ehegatten lautenden Titels in ein zur Errungenschaftsgemeinschaft nach dem Recht von *Bosnien-Herzewgowina* gehörenden deutschen Grundstücks.

[346] Vgl. zur Beendigung des gesetzlichen Güterstands durch Ehetrennung nach *italienischem* Recht OLG Frankfurt a.M. NJW-RR 2006, 1444.

[347] BayObLG NJW-RR 2001, 879 (880) (*Serbien*).

[348] Vgl. OLG Koblenz NJW-RR 1994, 698; OLG Hamm FamRZ 1999, 299, jeweils zur Auseinandersetzung der Gütergemeinschaft nach *kroatischem* Recht; ferner OLG Düsseldorf FamRZ 1995, 1203.

[349] OLG Hamm NJW-RR 1992, 1220 (1221ff.).

[350] Vgl. OLG Stuttgart FamRZ 2002, 1032 zur Auskunftsverpflichtung zum Zwecke der Vorbereitung der Vermögensauseinandersetzung nach *kroatischem* Recht; ebenso zum Recht von *Bosnien-Herzegowina* OLG Frankfurt a.M: NJW-RR 1991, 583; ferner BGH FamRZ 1986, 1200 (1202); OLG Hamburg FamRZ 2001, 916 (917ff.); OLG Stuttgart FamRZ 2005, 1676; OLG Hamm FamRZ 2006, 1383 (1384); KG FamRZ 2007, 1564. Vgl. auch Staudinger/*Mankowski* EGBGB Art. 15 Rn. 283ff. mwN.

[351] OLG Karlsruhe FamRZ 1995, 738 (740); OLG Köln FamRZ 1999, 298 (299); OLG Stuttgart FamRZ 2003, 1749; OLG Hamm FamRZ 2006, 1383 (1384); AG Nürtingen FamRZ 2014, 1295; *Andrae* Int-

Nach dem Güterrechtsstatut ist auch zu beurteilen, ob ein Ehegatte bei Beendigung des Güterstandes einen Nießbrauch an Vermögenswerten des Partners verlangen kann,[352] oder ob derjenige Ehegatte, dem ein gemeinschaftlicher Gegenstand zur Nutzung zugewiesen wird, eine Nutzungsentschädigung zu entrichten hat.[353] Etwas anderes gilt nur dann, wenn das nach Art. 15 Abs. 1 EGBGB zur Anwendung berufene ausländische Recht die Vermögensauseinandersetzung abweichend qualifiziert und diesbezüglich zB auf das Recht zurück- oder weiterverweist, das aus seiner Sicht als Scheidungsstatut maßgebend ist.[354]

163 Ein **Zugewinnausgleich** wird vom deutschen Familiengericht nur dann durchgeführt, wenn deutsches Güterrecht zur Anwendung gelangt oder ein ausländisches Güterrechtsstatut – wie zB das *griechische* Recht – ihn kennt.[355] Für diesen Fall richtet sich auch die **Verjährung** von Ansprüchen auf Ausgleich des Zugewinns nach dem Güterrechtsstatut.[356] Der **Versorgungsausgleich** wird im deutschen Recht hingegen gesondert nach Art. 17 Abs. 3 EGBGB angeknüpft (→ § 12 Rn. 18ff.).

164 **b) Wahlgüterstände.** Das Güterrechtsstatut befindet zunächst darüber, ob der **Abschluss eines Ehevertrages** überhaupt **zulässig** ist, wie auch über die Notwendigkeit etwaiger gerichtlicher Genehmigungen.[357] Nach deutschem Recht kann der Ehevertrag vor und nach der Eheschließung geschlossen werden. Lässt das ausländische Ehegüterrecht den Abschluss eines Ehevertrags während bestehender Ehe nicht mehr zu, so können sich die Ehegatten diese Möglichkeit durch nachträgliche Rechtswahl verschaffen, zB durch Wahl des deutschen Rechts unter den Voraussetzungen des Art. 15 Abs. 2 EGBGB.[358] Das Güterrechtsstatut ist weiter für das **wirksame Zustandekommen** des Ehevertrags maßgebend. So unterliegen insbesondere Willensmängel beim Abschluss des Ehevertrags dem von Art. 15 EGBGB zur Anwendung berufenen Recht.[359] Gleiches gilt für die Voraussetzungen seiner Abänderung und Aufhebung.[360]

165 Das Güterrechtsstatut bestimmt weiterhin über den **zulässigen Inhalt** eines Ehevertrages,[361] insbesondere über die zur Verfügung stehenden **Wahlgüterstände.** Bei Geltung deutschen Güterrechts stehen nur die Gütertrennung und die Gütergemeinschaft zur Auswahl. Ferner muss die Vorschrift des § 1409 BGB beachtet werden, wonach eine globale sachrechtliche Verweisung auf einen Güterstand des ausländischen Rechts im Ehevertrag („*Stichwortvertrag*") unzulässig ist. Diese Schranke können die Ehegatten allerdings durch eine Wahl ausländischen Rechts in den Grenzen des Art. 15 Abs 2 EGBGB ausschalten. Weiterhin können sie nach dem Grundsatz der Vertragsfreiheit einen ausländischen Güterstand in der Weise als deutschen Wahlgüterstand übernehmen, dass sie die ausländischen Vorschriften detailliert in ihren Ehevertrag aufnehmen. Allerdings sind in einem

FamR § 3 Rn. 219ff., 222; Palandt/*Thorn* EGBGB Art. 15 Rn. 25; Soergel/*Schurig* EGBGB Art. 15 Rn. 67; **aA** (nur Anpassung im ausländischen Sachrecht) Staudinger/*Mankowski* EGBGB Art. 15 Rn. 287. Allg. zur Anpassung im IPR → § 3 Rn. 59ff.

[352] AG Frankfurt a.M. IPRspr. 1991 Nr. 80.

[353] Vgl. OLG München IPRspr. 1993 Nr. 59 zur Verpflichtung eines geschiedenen Ehegatten, der die im Gesamthandseigentum stehende Wohnung alleine nutzt, zur Zahlung einer Entschädigung an den anderen Ehegatten kraft Güterrechts der Republik *Bosnien-Herzegowina.*

[354] MüKoBGB/*Siehr* EGBGB Art. 15 Rn. 70; dazu schon → Rn. 86f.

[355] BGH NJW 1980, 2643; FamRZ 1982, 358; OLG Düsseldorf NJW-RR 1994, 453; OLG Hamm FamRZ 2006, 1383; OLG Zweibrücken FamRZ 2007, 1559 (1560).

[356] BGH NJW-RR 2002, 937; OLG München FuR 2006, 93; MüKoBGB/*Siehr* EGBGB Art. 15 Rn. 71.

[357] OLG Frankfurt a.M. MittBayNot 1994, 278 mAnm *Vetsch* (zur Vereinbarung von Gütertrennung zwischen *italienischen* Ehegatten); Palandt/*Thorn* EGBGB Art. 15 Rn. 30.

[358] BeckOK BGB/*Mörsdorf-Schulte* EGBGB Art. 15 Rn. 23.

[359] Staudinger/*Mankowski* EGBGB Art. 15 Rn. 313ff.; MüKoBGB/*Siehr* EGBGB Art. 15 Rn. 80.

[360] Soergel/*Schurig* EGBGB Art. 15 Rn. 49.

[361] BGH FamRZ 2011, 1495 (1496) mAnm *Wachter* und *Henrich;* MüKoBGB/*Siehr* EGBGB Art. 15 Rn. 74ff.; Staudinger/*Mankowski* EGBGB Art. 15 Rn. 293ff.; NK-BGB/*Sieghörtner* EGBGB Art. 15 Rn. 75ff.; *v. Bar* IPR II Rn. 237ff.

solchen Fall die zwingenden Vorschriften der §§ 1408 Abs. 2 S. 2 und 1413 BGB zu beachten.[362]

Auch die Frage, ob und in welchem Umfang Eheverträge einer gerichtlichen **Inhaltskontrolle** unterliegen, beurteilt sich grundsätzlich nach dem Güterrechtsstatut. Denn es entspricht einhelliger Auffassung, dass Fragen der Inhaltskontrolle einen Aspekt der materiellen Wirksamkeit von Verträgen darstellen.[363] Die materielle Wirksamkeit eines Vertrages bestimmt sich aber nach dem jeweiligen Vertragsstatut.[364] Enthält ein Vertrag aber – wie dies auf Eheverträge häufig zutrifft – Regelungen, die verschiedenen Rechtsbereichen angehören und dementsprechend unterschiedlichem Recht unterliegen, so ist über die materielle Wirksamkeit jeder dieser Regelungen grundsätzlich gesondert nach dem auf sie anwendbaren Recht zu entscheiden. Die Wirksamkeit der in einem Ehevertrag getroffenen Unterhaltsvereinbarungen unterliegt daher auch dann dem Unterhaltsstatut, wenn der Ehevertrag zugleich Regelungen über das Güterrecht, den Versorgungsausgleich oder andere Scheidungsfolgen enthält, die ggf. anderen Rechten unterstehen. Die zum deutschen Scheidungsfolgenrecht ergangene jüngere Rechtsprechung des BGH zur Inhaltskontrolle von Eheverträgen[365] ist daher uneingeschränkt nur anwendbar, wenn und soweit die getroffenen vertraglichen Regelungen dem deutschen Recht unterliegen. Danach ist der Ausschluss des Zugewinnausgleichs jedenfalls bei isolierter Betrachtung wirksam.[366] Soweit der BGH hingegen entschieden hat, dass der Ausschluss anderer Scheidungsfolgen – zB des Versorgungsausgleichs oder des Betreuungsunterhalts – auch die vereinbarte Gütertrennung infizieren und zur Gesamtnichtigkeit des Ehevertrags führen kann,[367] gilt dies grundsätzlich nur, wenn auch jene anderen Scheidungsfolgen dem deutschen Recht unterliegen. Findet hingegen zB nach dem von Art. 17 Abs. 3 EGBGB zur Anwendung berufenen Recht ein Versorgungsausgleich überhaupt nicht statt, so geht dessen (vorsorglicher) vertraglicher Ausschluss ins Leere und kann daher auch die Wirksamkeit der zugleich vereinbarten Gütertrennung nicht in Frage stellen. Gleiches gilt für vertragliche Beschränkungen des nachehelichen Unterhalts, die nach dem maßgebenden ausländischen Unterhaltsstatut voll wirksam sind. 165a

Bei der Prüfung der Wirksamkeit eines Ehevertrages ist allerdings die Sonderanknüpfung von Teilfragen, insbesondere der **Geschäftsfähigkeit** nach Art. 7 EGBGB (→ § 4 Rn. 6 ff.), zu beachten. Diese Sonderanknüpfung gilt allerdings nur, wenn der Abschluss von Eheverträgen die *allgemeine* Geschäftsfähigkeit voraussetzt. Normiert das Güterrechtsstatut hierfür eine *besondere* Geschäftsfähigkeit, indem es – wie zB das *portugiesische* oder *brasilianische* Recht – ein Mindestalter vorschreibt, ist diese maßgebend.[368] Der Schutz des inländischen Rechtsverkehrs nach Art. 12 S. 1 EGBGB gilt nach Satz 2 nicht für Eheverträge; stattdessen greift jedoch der Schutz nach Art. 16 Abs. 1 EGBGB ein (→ Rn. 213 ff.). 166

Ebenfalls gesondert angeknüpft wird die **Form von Eheverträgen.** Neben der Einhaltung der vom Güterrechtstatut – als dem auf den Gegenstand des Rechtsgeschäfts anwendbaren Recht – vorgeschriebenen Form genügt nach Art. 11 Abs. 1, 2. Fall EGBGB 167

---

[362] MüKoBGB/*Siehr* EGBGB Art. 15 Rn. 85.

[363] Vgl. zum internationalen Schuldvertragsrecht Staudinger/*Hausmann* Rom I-VO Art. 10 Rn. 22, 94 ff.; MüKoBGB/*Spellenberg* Rom I-VO Art. 10 Rn. 138, jeweils mwN.

[364] Vgl. zum internationalen Schuldvertragsrecht Staudinger/*Hausmann* Rom I-VO Art. 10 Rn. 23 ff. mwN; ebenso zu Eheverträgen BGH FamRZ 2011, 1495 (1496) mAnm *Wachter* und *Henrich;* MüKoBGB/*Siehr* EGBGB Art. 15 Rn. 74 ff.; Staudinger/*Mankowski* EGBGB Art. 15 Rn. 293 ff.; NK-BGB/*Sieghörtner* EGBGB Art. 15 Rn. 75 ff.

[365] Grundlegend BGHZ 158, 81 ff. = NJW 2004, 930 m. Aufsatz *Rakete-Dombek* NJW 2004, 1273.

[366] BGH NJW 2005, 130 und 2386; 2007, 2851; 2008, 1076 und 3426 Rn. 20; 2013, 457 Rn. 17 ff.

[367] Vgl. BGH NJW 2006, 2331 = FamRZ 2006, 1097 mAnm *Bergschneider;* BGH NJW 2008, 3426 Rn. 21 ff.; OLG Köln FamRZ 2010, 29 mAnm *Bergschneider;* MüKoBGB/*Kanzleiter* § 1408 Rn. 31 mwN.

[368] Staudinger/*Hausmann* EGBGB Art. 7 Rn. 63; BeckOK BGB/*Mörsdorf-Schulte* EGBGB Art. 15 Rn. 26.

auch die Beachtung der Vorschriften am Ort des Vertragsschlusses (→ § 7 Rn. 36ff.).[369] Reicht hiernach – wie zB nach dem Recht von *Mauritius* – die gemeinsame Erklärung der Ehegatten gegenüber dem Standesbeamten bei der Eheschließung aus, so können auch deutsche Ehegatten auf diese Weise ohne Zuziehung eines Notars einen wirksamen Ehevertrag abschließen.[370] Die EuGüVO enthält künftig eine ausführliche Sonderregelung der Form von Eheverträgen in Art. 25 (→ Rn. 16a), die bei einem Abschluss von Eheverträgen möglichst auch schon vor dem 29.1.2019 beachtet werden sollte.

### 3. Ausländisches Güterrecht im Grundbuchverkehr

168 Das Verfahren vor einem deutschen Grundbuchamt richtet sich auch in Fällen mit Auslandsberührung nach deutschem Recht als der *lex fori*.[371] Danach ergeben sich aus der Beteiligung von Ausländern und der möglichen Geltung ausländischen Ehegüterrechts grundsätzlich **keine weitergehenden Prüfungspflichten** des Grundbuchamts als in reinen Inlandssachverhalten.[372] Für die Frage, ob und in welchem Umfang das Grundbuchamt vor Eintragung einer Rechtsänderung Nachforschungen über das anzuwendende Güterrecht und sich daraus ergebende Beschränkungen anzustellen hat, wenn ein ausländischer Ehegatte über ein inländisches Grundstück verfügt oder ein solches erwirbt, gilt danach Folgendes:

169 **a) Verlautbarung eines ausländischen Güterstands.** Sollen Ehegatten gemeinschaftlich als Eigentümer eines deutschen Grundstücks im Grundbuch eingetragen werden, so sind nach § 47 GBO entweder die Anteile der Berechtigten nach Bruchteilen anzugeben oder es ist das für ihre Gemeinschaft maßgebliche Rechtsverhältnis zu bezeichnen. Dieses Rechtsverhältnis kann auch eine Güter- oder Errungenschaftsgemeinschaft nach ausländischem Recht sein. Im letzteren Fall gehört die Angabe des Gemeinschaftsverhältnisses der Erwerber bereits zum notwendigen Inhalt der Einigung iSv § 925 BGB, wobei allerdings die Bezugnahme auf die Angabe in einem zugleich beurkundeten Schuldvertrag genügt.[373] Erforderlich ist, dass der ausländische Güterstand so präzise bezeichnet wird, dass der Rechtsverkehr das hiernach bestehende Gemeinschaftsverhältnis, insbesondere sich hieraus ergebende Verfügungsbeschränkungen ermitteln kann. Leben Ehegatten im gesetzlichen niederländischen Güterstand, so ist daher als Gemeinschaftsverhältnis die Angabe „in allgemeiner Gütergemeinschaft nach *niederländischem* Recht" erforderlich.[374] Entsprechend genügt beim Erwerb eines deutschen Grundstücks durch italienische Ehegatten die Bezeichnung „im gesetzlichen Güterstand der Gütergemeinschaft des *italienischen* Rechts".[375] Nicht ausreichend ist hingegen die Angabe „im gesetzlichen *türkischen* Güterstand", weil aus ihr nicht hervorgeht, ob zwischen den Ehegatten überhaupt ein „Gemeinschaftsverhältnis" iSv § 47 GBO besteht und welchen Inhalt es gegebenenfalls hat.[376]

---

[369] Staudinger/*Mankowski* EGBGB Art. 15 Rn. 315ff.

[370] BGH FamRZ 2011, 1495 (1497) m. krit. Anm. *Wachter*.

[371] BayObLGZ 1986, 81 (83) = DNotZ 1987, 98ff.; OLG Karlsruhe Rpfleger 1994, 248; *H. Roth* IPRax 1991, 320f.

[372] BayObLGZ 1986, 81 (83); *Amann* MittBayNot 1986, 222ff.

[373] Palandt/*Bassenge* BGB § 925 Rn. 13.

[374] Vgl. OLG Oldenburg Rpfleger 1991, 412; OLG München NJW-RR 2009, 806 (807ff.); OLG Schleswig FGPrax 2010, 19; OLG Düsseldorf FGPrax 2010, 5 (6f.); LG Bamberg MittBayNot 1975, 261; *Reithmann* DNotZ 1985, 540ff. (546); *Böhringer* BWNotZ 1985, 73 (75); **aA** *Schotten/Schmellenkamp* IPR S. 533; *Britz* RNotZ 2008, 333 (336). Teilweise hält man auch die Bezeichnung „im gesetzlichen Güterstand des niederländischen Rechts" für ausreichend, vgl. *Döbereiner* MittBayNot 2001, 264 (266); *Süß* MittBay Not 2009, 44 (45).

[375] LG Köln MittRhNotK 1996, 372 (373) = JbItalR 10 (1997) 197.

[376] Der seit dem 1.1.2002 geltende *türkische* gesetzliche Güterstand der Errungendschaftsbeteiligung, begründet kein nach § 47 GBO im deutschen Grundbuch eintragungsfähiges Gemeinschaftsverhältnis; türkische Ehegatten können daher nur Miteigentum zu Bruchteilen nac h Maßgabe der deutschen *lex rei sitae* erwerben. Vgl. OLG Zweibrücken FamRZ 2008, 1366; *Andrae* IntFamR § 3 Rn. 152.

**b) Verfügungsbeschränkungen.** Ist das **Eigentum** des eingetragenen Ehegatten aufgrund ausländischen Güterrechts oder infolge güterrechtlicher Vereinbarungen auf den anderen Ehegatten übergegangen, indem für diesen Gesamthands- oder Miteigentum begründet worden ist, so streitet für den eingetragenen Eigentümer die Rechtsvermutung des § 891 BGB, die auch vom Grundbuchamt zu beachten ist; sie kann nur durch den vollen Nachweis der Unrichtigkeit des Grundbuchs widerlegt werden.[377] Ist der eingetragene Ehegatte trotz seines Alleineigentums an dem inländischen Grundstück nach ausländischem Güterrecht **in seiner Verfügungsfreiheit beschränkt,** so kommt es für den Umfang der vom Grundbuchamt vorzunehmenden Prüfung darauf an, ob die Ehegatten ihren gewöhnlichen Aufenthalt im In- oder Ausland haben. Hat auch nur **ein Ehegatte seinen gewöhnlichen Aufenthalt im Inland,** so steht ihnen – wie aus Art. 16 Abs. 1 EGBGB hervorgeht – das inländische Güterrechtsregister offen (→ Rn. 221 ff.). Das Grundbuchamt darf daher, solange ihm nichts anderes bekannt ist, davon ausgehen, dass keine weitergehenden Beschränkungen der Verfügungsmacht bestehen als nach dem deutschen gesetzlichen Güterstand der Zugewinngemeinschaft.[378] Die Geltung eines hiervon abweichenden inländischen oder ausländischen Güterstandes haben die Ehegatten durch ein Zeugnis des Registergerichts (§ 33 GBO) oder auf andere Weise in der Form des § 29 GBO nachzuweisen.[379] 170

Haben hingegen **beide Ehegatten ihren gewöhnlichen Aufenthalt im Ausland,** so kann das Grundbuchamt nicht mehr darauf vertrauen, dass eine dem deutschen gesetzlichen Güterstand entsprechende Regelung der güterrechtlichen Verfügungsbefugnis gilt. Vielmehr hat es in diesem Fall grundsätzlich den Inhalt des maßgeblichen ausländischen Güterrechts selbst zu erforschen.[380] Da es sich bei der Verfügungsbefugnis um eine Eintragungsvoraussetzung handelt, muss das Grundbuchamt – anders als im Fall des Grundstücks*erwerbs* durch ausländische Ehegatten (→ Rn. 173 ff.) – bereits dann mit einer Zwischenverfügung oder Zurückweisung reagieren, wenn aufgrund konkreter Umstände *berechtigte Zweifel* bestehen (bleiben), ob der Veräußerer nach dem anwendbaren ausländischen Güterrecht verfügungsbefugt ist.[381] Dies gilt auch dann, wenn die Eintragung einer bloßen **Auflassungsvormerkung** beantragt ist, weil auch die Bewilligung einer solchen Vormerkung eine Verfügung über das Grundstück darstellt, deren materielle Wirksamkeit von der kraft ausländischen Güterrechts etwa erforderlichen Zustimmung des Ehegatten abhängt.[382] 171

Auch bei Anwendung ausländischen Güterrechts gilt für den inländischen Grundbuchverkehr allerdings die tatsächliche **Vermutung,** dass der im Grundbuch als Eigentümer eingetragene Ehegatte im *gesetzlichen* Güterstand lebt und dass er nach Maßgabe der für diesen Güterstand grundsätzlich getroffenen Regelung zur Verfügung über sein Eigentum befugt ist. Die Vermutung erstreckt sich daher auch darauf, dass die Verfügungsbefugnis des eingetragenen Berechtigten nicht durch abweichende güterrechtliche Vereinbarungen eingeschränkt ist. Ist der eingetragene Ehegatte also nach dem ausländischen gesetzlichen Güterstand verfügungsbefugt, so ist das Grundbuchamt weder berechtigt noch verpflichtet, den Nachweis dieser Befugnis zu verlangen, sofern keine konkreten Anhaltspunkte für eine abweichende ehevertragliche Regelung bestehen.[383] Auch aus der bloßen Mög- 172

---

377 Vgl. zur Pflicht des Grundbuchamts zur Eintragung der von einem im Grundbuch als Alleineigentümer eingetragenen *italienischen* Staatsangehörigen erklärten Auflassung, sofern dem Erwerber keine güterrechtlichen Beschränkungen des Veräußerers bekannt waren, LG Aurich FamRZ 1990, 776 = IPRax 1991, 341 mAnm *H. Roth* IPRax 1991, 320; ferner KG NJW 1973, 428.

378 Reithmann/Martiny/*Hausmann* Rn. 7.768.

379 KG HRR 1933 Nr. 205; LG Aurich FamRZ 1990, 776.

380 OLG Köln DNotZ 1972, 182; *Deimann* BWNotZ 1979, 3 ff.

381 BayObLG DNotZ 1987, 98 ff.; *Amann* MittBayNot 1986, 222 ff.; Reithmann/Martiny/*Hausmann* IVR Rn. 7.769.

382 BayObLG FamRZ 1976, 222.

383 KG NJW 1973, 428 (*Italien*); *Eickmann* Rpfleger 1983, 465 (473); *Wolfsteiner* DNotZ 1987, 67; Staudinger/*Mankowski* EGBGB Art. 15 Rn. 401.

lichkeit, innerhalb des ausländischen gesetzlichen Güterstands abweichende Vereinbarungen über die Verwaltungs- und Verfügungsbefugnis zu treffen, folgt nichts anderes.[384]

173 c) **Erwerbsbeschränkungen.** Hat ein Ehegatte ein Grundstück oder Wohnungseigentum im Inland erworben, so scheidet seine Eintragung **als Alleineigentümer** im deutschen Grundbuch aus, wenn dieser Ehegatte aufgrund ausländischen Güterrechts nicht Alleineigentum erwerben kann, sondern das Grundstück in das Gesamthands- oder Miteigentum des Erwerbers und seines Ehegatten fällt; denn das Grundbuchamt darf nicht dazu mitwirken, das Grundbuch unrichtig zu machen. Die Eintragung darf allerdings nur abgelehnt werden, wenn für das Grundbuchamt aufgrund von Tatsachen **mit Sicherheit feststeht,** dass das Grundbuch unrichtig würde; bloße Zweifel genügen also nicht und berechtigen das Grundbuchamt nicht zu Nachforschungen.[385] Besteht nach dem anwendbaren Recht also auch nur die theoretische Möglichkeit, dass ein Ehegatte wirksam Alleineigentum erwerben kann, hat das Grundbuchamt die Eintragung vorzunehmen.[386] Dies gilt erst recht, wenn die Ehegatten zwar in einem ausländischen Güterstand der Errungenschaftsgemeinschaft leben, aber in Bezug auf das streitgegenständliche, inländische Grundstück eine wirksame Wahl deutschen Güterrechts nach Art. 15 Abs. 2 Nr. 3 EGBGB getroffen haben.[387]

174 **Beispiel:**
Ein deutsches Grundstück wird an einen im Inland wohnhaften verheirateten kroatischen Staatsangehörigen zu Alleineigentum aufgelassen. Der Erwerber beantragt unter Vorlage der notariellen Auflassung die Eigetumsumschreibung im Grundbuch. Nach kroatischem Recht ist gesetzlicher Güterstand die Errungenschaftsgemeinschaft. Reicht dies für die Ablehnung des Antrags durch das Grundbuchamt aus?

Da nach kroatischem Güterrecht nur dasjenige Vermögen Gemeinschaftseigentum wird, das während der Ehe durch Arbeit erworben wurde, ist nicht auszuschließen, dass der Kaufpreis aus vorehelichem, geschenktem oder ererbtem Vermögen des erwerbenden Ehemannes bezahlt worden ist. Aus diesem Grunde kann nicht angenommen werden, dass die Eintragung des Erwerbs zu Alleineigentum mit Sicherheit zur Unrichtigkeit des Grundbuchs führt. Das Grundbuchamt hat daher die Eigentumsumschreibung zu vollziehen.[388]

175 **Beispiel:**
Ein in Deutschland lebendes deutsch-niederländisches Ehepaar erwirbt ein deutsches Grundstück „in Gütergemeinschaft nach niederländischem Recht". Ist das Grundbuchamt berechtigt, die Eintragung des Eigentumsübergangs vom Nachweis des Bestehens dieses Güterstandes abhängig zu machen?

Ein solches Verlangen könnte das Grundbuchamt nur stellen, wenn bei Vollzug der beantragten Eintragung das Grundbuch mit Sicherheit unrichtig würde. Da indessen nicht auszuschließen ist, dass der erste gemeinsame gewöhnliche Aufenthalt der Ehegatten in den

[384] Anders OLG Hamm DNotZ 1966, 236; OLG Köln DNotZ 1972, 182; LG Aachen IPRspr. 1972 Nr. 53, wo jeweils wegen des im niederländischen gesetzlichen Güterstand der allgemeinen Gütergemeinschaft eingeräumten Rechts, die Verfügungsbefugnis durch Vereinbarung abweichend zu regeln, der Nachweis der Zustimmung des anderen Ehegatten zur Verfügung des niederländischen Ehegatten über ein deutsches Grundstück in der Form des § 29 GBO gefordert wurde.

[385] BayObLG NJW-RR 2001, 879 = BWNotZ 2001, 132 mAnm *Böhringer;* OLG München NJW-RR 2009, 806 (807 ff.); OLG Düsseldorf FGPrax 2010, 117; OLG Schleswig FamRZ 2010, 377; OLG Düsseldorf NJW-RR 2000, 542 f; OLG Hamm NJW-RR 1996, 530 (531 ff.); LG Duisburg RNotZ 2003, 396; *Riering* MittBayNot 2001, 222 (223); Staudinger/*Mankowski* EGBGB Art. 15 Rn. 400 ff.; *Demharter* GBO § 33 Rn. 28 ff.; *Andrae* IntFamR § 3 Rn. 154; vgl. aber auch BayObLG FamRZ 1998, 433.

[386] BayObLGZ 1986, 81 (83) = NJW-RR 1986, 893; 1992, 85 = NJW-RR 1992, 1235; BayObLG MittBayNot 2001, 221; OLG München FamRZ 2013, 1488 (1489).

[387] Vgl. OLG Zweibrücken FamRZ 2013, 1487.

[388] Vgl. BayObLGZ 1992, 85 (88) = FamRZ 1992, 1204.

Niederlanden begründet wurde und deshalb niederländisches Ehegüterrecht gilt (Art. 15 Abs. 1 iVm Art. 14 Abs. 1 Nr. 2 EGBGB), führt die Eintragung nicht mit Sicherheit zur Unrichtigkeit des Grundbuchs und ist deshalb zu vollziehen.[389]

Die für Alleineigentum aufgestellten Grundsätze gelten entsprechend, wenn ausländische 176
Ehegatten beantragen, **als Miteigentümer zu Bruchteilen** im Grundbuch eingetragen zu werden.[390] Auch eine solche Eintragung darf also nur dann abgelehnt werden, wenn sie mit Sicherheit zur Unrichtigkeit des Grundbuchs führen würde. Dies ist dann der Fall, wenn die Ehegatten in einem ausländischen Güterstand der Gütergemeinschaft leben, das von ihnen gemeinsam erworbene Grundstück daher in das Gesamtgut dieser Gütergemeinschaft fällt und hiervon abweichende Vereinbarungen zwischen den Ehegatten nicht zulässig sind.[391] Nur wenn nachgewiesen wird, dass der ausländische Güterstand der Güter- oder Errungenschaftsgemeinschaft dem Erwerb von Miteigentum durch die Ehegatten zwingend entgegensteht, also auch eine vorzeitige (Teil) Auseinandersetzung der Ehegatten mit der Begründung von Miteigentum ausschließt, darf die Eintragung vom Grundbuchamt abgelehnt werden.[392] Für diesen Fall können die Ehegatten ihre Eintragung als Miteigentümer zu Bruchteilen nur erreichen, wenn sie eine gültige Rechtswahl zugunsten des deutschen Rechts nach Art. 15 Abs. 2 Nr. 2 oder Nr. 3 EGBGB treffen.[393]

**Beispiel:** 177

Die Eheleute M und F, die ihren Wohnsitz in den Niederlanden haben und im niederländischen gesetzlichen Güterstand leben, erwerben von einem Deutschen eine Eigentumswohnung in München. Der beurkundende Notar stellt beim Gundbuchamt den Antrag, die Ehegatten als Miteigentümer zu je 1/2 im Grundbuch einzutragen. Ist die Eintragung zulässig?

Das Grundbuchamt hat die Eintragung abzulehnen, weil sie das Grundbuch unrichtig machen würde. Denn der gesetzliche Güterstand der Gütergemeinschaft nach niederländischem Recht begründet zwar kein Gesamthandseigentum, wohl aber eine Art von „qualifiziertem Miteigentum" mit Bindungen und Verfügungsbeschränkungen. Durch die Eintragung von Bruchteilseigentum würde im Grundbuch eine Verfügungsbefugnis verlautbart, die den Ehegatten nach niederländischem Güterrecht nicht zusteht, weil sie danach im Fall des gemeinsamen Erwerbs auch nur gemeinsam über das erworbene Grundstück verfügen können.[394]

## V. Abgrenzungsfragen

**Schrifttum:**
*Amann,* Eigentumserwerb unabhängig vom ausländischen Güterrecht? MittBayNot 1986, 222; *Beitzke,* Bruchteilserwerb mit Auslandsberührung aus der Sicht des Notars und Grundbuchamts, BWNotZ 1988, 49; *Christandl,* Die Ehegatteninnengesellschaft im internationalen Privatrecht mit besonderer Berücksichtigung deutsch-spanischer Sachverhalte, FamRZ 2012, 1692; *Derstadt,* Der Zugewinnausgleich nach § 1371 BGB bei Geltung französischen Erbrechts, IPRax 2001, 84; *Hausmann,* Ausgleichsansprüche zwischen Ehegatten aus Anlass der Scheidung im IPR – zur Abgrenzung zwischen Vertragsstatut, Ehewirkungsstatut und Ehegüterstatut, FS Jayme Band I, 2002, 305; *Henrich,* Anordnungen für den Todesfall in Eheverträgen und das IPR, FS Schippel, 1996, 985; *Jayme,* Auflassungsvormerkung und ausländischer Güterstand, IPRax 1986, 361; *ders.,* Zur Anwendung des § 1365 BGB bei ausländischem Geschäftsstatut, FS Henrich, 2000, 335;

[389] Vgl. OLG Düsseldorf FamRZ 2000, 1574.
[390] BayObLG NJW-RR 2001, 879.
[391] Vgl. zum *spanischen* gesetzlichen Güterstand OLG Düsseldorf FamRZ 2010, 1564; *Riering* MittBayNot 2001, 222 (223).
[392] OLG München NJW 2016, 1186 Rn. 10ff. = DNotI-Report 2016, 22 (zum *polnischen* gesetzlichen Güterstand); OLG Zweibrücken NJW 2016, 1185 Rn. 9f. (zum *italienischen* gesetzlichen Güterstand).
[393] OLG Schleswig FGPrax 2010, 19 (20).
[394] Vgl. OLG München NJW-RR 2009, 806 (807ff.); OLG Schleswig FGPrax 2010, 19, jeweils mwN; **aA** *Schotten/Schmellenkamp* IPR S. 533.

*Krug,* Internationales Güterrecht und seine Auswirkungen auf das Erbrecht, ZErb 2002, 221; *Lichtenberger,* Einige Bemerkungen der praktischen Behandlung des Grundstückserwerbs bei Auslandsberührung, MittRhNotK 1986, 111; *S. Lorenz,* Unbenannte Zuwendungen und internationales Ehegüterrecht, FamRZ 1993, 393; *Ludwig,* Zur Anwendbarkeit des Art. 3 III EGBGB im Internationalen Ehegüterrecht bei der Berechnung des Zugewinnausgleichs nach deutschem Recht, DNotZ 2000, 663; *Nordmeier,* Schenkungen unter Ehegatten im Internationalen Privatrecht: Deutsch-portugiesische Fälle nach EGBGB, Rom I-VO und EheGüRVO-E, IPRax 2014, 411; *Riering,* Gesellschaftsstatut und Ehegüterstatut, IPRax 1998, 322; *Schotten/Schmellenkamp,* Der Vorrang des Gesellschaftsrechts vor dem Güterrecht, DNotZ 2007, 729; *Siehr,* Güterrechts- und Erbstatut im deutsch-schweizerischen Rechtsverkehr, FS Geimer, 2002, 1097; *Winkler von Mohrenfels,* Ehebezogene Zuwendungen im IPR, IPRax 1995, 379.

### 1. Güterrechts- und Sachenrechtsstatut

178 **a) Grundatz: Einheitliches Güterrechtsstatut.** Die Verweisung in Art. 15 EGBGB bezieht sich auf das **gesamte Vermögen** der Ehegatten ohne Rücksicht auf seine Belegenheit. Dem Recht des Lageorts der einzelnen Vermögensgegenstände kommt somit für die güterrechtlichen Wirkungen einer Ehe grundsätzlich keine Bedeutung zu.[395] Das Güterrechtsstatut bestimmt nicht nur, welche Gütermassen überhaupt zu unterscheiden sind, sondern auch, in welche Masse die einzelnen – beweglichen oder unbeweglichen – Sachen fallen und welche Lasten und Beschränkungen an ihnen kraft Güterrechts entstehen. Ob diese Rechtsänderungen tatsächlich eintreten können, bestimmt freilich das Statut des Einzelgegenstandes, für Sachen und dingliche Rechte also die *lex rei sitae.*[396]

179 **b) Abgrenzung im Einzelnen.** Ob Sachen – als Voraussetzung für den Eintritt der güterrechtlichen Veränderung – überhaupt **in das Eigentum** eines oder beider Ehegatten gelangt sind, entscheidet das Recht des Lageorts.[397] Solange zB der Erwerb eines inländischen Grundstücks durch *italienische* Ehegatten nicht durch Eintragung im Grundbuch vollzogen wurde, kann das Grundstück noch nicht Gesamtgut der *„comunione legale"* geworden sein.

180 Das Recht des Lageorts entscheidet auch, **welche dinglichen Rechte** ihrer Art nach überhaupt an dort belegenen Sachen entstehen können. Im Interesse der Einheitlichkeit des Güterrechtsstatuts erkennt das deutsche Recht unmittelbare sachenrechtliche Wirkungen eines ausländischen Güterstandes an im Inland belegenen Sachen in weitem Umfang an. Dies gilt auch für dem deutschen Recht unbekannte Arten von Sachenrechten, solange sie mit hier bekannten Formen vergleichbar bleiben.[398] Nur wenn das Recht, das durch den fremden Güterstand begründet wird, dem inländischen (Sachen-) Rechtssystem völlig fremd ist, kann es an im Inland belegenen Sachen nicht entstehen. Die EuGüVO enthält für die Anpassung eines der *lex rei sitae* unbekannten Sachenrechts in Art. 29 eine ausrückliche Regelung.

181 Die von einem ausländischen Güterrechtsstatut angeordnete unmittelbare **Entstehung, Veränderung oder Belastung dinglicher Rechte** wird in bezug auf Gegenstände, die im Inland belegen sind, nur anerkannt, wenn sie in vergleichbarer Weise auch dem deutschen Recht bekannt ist. Sieht das ausländische Güterrechtsstatut etwa die automatische Vergemeinschaftung der von einem Ehegatten allein erworbenen Gegenstände vor, wie zB der gesetzliche Güterstand des *französischen* oder *italienischen* Rechts, so bedarf es bei deutscher *lex situs* keiner weiteren dem deutschen Recht zu entnehmenden Übertragungsakte;[399] denn auch nach deutschem Recht können Sachen mit Eintritt eines be-

[395] Palandt/*Thorn* EGBGB Art. 15 Rn. 4; Erman/*Hohloch* EGBGB Art. 15 Rn. 13; *Kropholler* IPR § 45 IV 1; *Schotten/Schmellenkamp* IPR Rn. 146. Vgl. auch BGH NJW 1969, 369 sowie näher → Rn. 43ff.

[396] Soergel/*Schurig* EGBGB Art. 15 Rn. 36; Staudinger/*Mankowski* EGBGB Art. 15 Rn. 259ff., 388; MüKoBGB/*Siehr* EGBGB Art. 15 Rn. 95ff.

[397] Staudinger/*Mankowski* EGBGB Art. 15 Rn. 389; BeckOK BGB/*Mörsdorf-Schulte* EGBGB Art. 15 Rn. 38. Vgl. auch OLG Köln FamRZ 1994, 899 zum Eigentumserwerb an Brautgeschenken, die eine türkische Frau anlässlich ihrer Hochzeit mit einem Türken in Deutschland als Morgengabe erhielt.

[398] Staudinger/*Mankowski* EGBGB Art. 15 Rn. 389.

[399] Vgl. zum *kroatischen* gesetzlichen Güterstand OLG Hamm FamRZ 1999, 299 (300).

stimmten Güterstandes kraft Gesetzes gemeinschaftlich werden (vgl. § 1419 BGB).[400] Gehört daher ein inländisches Grundstück zum übergegangenen Vermögen, so wird das **Grundbuch unrichtig;**[401] auf Antrag ist daher ein Widerspruch (§ 899 BGB) einzutragen. Die Eintragung des Gesamthandseigentums im Grundbuch ist dann bloße Berichtigung und kann von jedem der Ehegatten beantragt werden.[402] Das Grundbuch ist freilich nur zu berichtigen, wenn der Vermögensgegenstand zu dauerndem Miteigentum auf den anderen Ehegatten übergeht. Findet hingegen nach Auflösung der Ehe durch Tod oder Scheidung ein Rückfall statt, so handelt es sich lediglich um eine Beschränkung der Verfügungsmacht. Verlangt das deutsche Recht hingegen für die Entstehung eines dinglichen Rechts (zB eines Pfand- oder Nießbrauchsrechts) eine Übertragungshandlung, während das ausländische Güterrecht darauf verzichtet, so kann ein solches Recht an in Deutschland belegenen Sachen nicht *ex lege* entstehen; die Parteien sind einander aber zur rechtsgeschäftlichen Einräumung des Rechts verpflichtet.[403]

**Beispiel:** 182
Nach italienischem Recht (Art. 194 Abs. 2 CC) entsteht zugunsten des Ehegatten, dem nach einer Trennung die elterliche Sorge über die Kinder übertragen wurde, kraft Gesetzes ein Nießbrauch am Grundvermögen des anderen Ehegatten. Gilt dies auch für ein in Deutschland belegenes Grundstück?

Die Frage ist zu verneinen, weil das deutsche Sachenrecht *ex lege* entstehende Nießbrauchsrechte eines Ehegatten an Grundvermögen des anderen nicht kennt. Insoweit bedarf es daher der rechtsgeschäftlichen Einräumung des Nießbrauchs, zu welcher der nicht sorgeberechtigte Ehegatte verpflichtet ist.[404]

Demgegenüber unterliegen güterrechtliche **Beschränkungen der Verfügungsbefugnis** allein dem Güterrechtsstatut; das Recht des Lageorts bleibt insoweit grundsätzlich außer Betracht.[405] Die Schranken der §§ 1365, 1369 BGB gelten daher nur, wenn die Ehegatten im deutschen gesetzlichen Güterstand der Zugewinngemeinschaft leben, dann aber auch, wenn ein Ehegatte über im Ausland belegene Sachen verfügt.[406] Verfügungsbeschränkungen kraft ausländischen Güterrechts sind umgekehrt auch in Bezug auf im Inland belegene bewegliche Sachen oder Grundstücke zu beachten, selbst wenn sie im deutschen Recht keine genaue Entsprechung haben.[407] Grenze ist lediglich die Vorbehaltsklausel des Art. 6 EGBGB; von der Anwendung in Deutschland ausgeschlossen sind danach zB ausländische Güterrechtsbestimmungen, die ein rechtsgeschäftliches Veräußerungsverbot iSd § 137 BGB anordnen.[408] 183

[400] Staudinger/*Mankowski* EGBGB Art. 15 Rn. 395; Staudinger/*Mansel* EGBGB Art. 43 Rn. 970ff.; *Andrae* IntFamR § 3 Rn. 148.

[401] Vgl. LG Ulm BWNotZ 1993, 124, wo die Eintragung einer Sicherungshypothek zur Sicherung einer Forderung gegen einen kroatischen Schuldner im deutschen Grundbuch analog § 740 Abs. 1 ZPO abgelehnt wurde, weil das Grundstück zum Gesamtgut der Errungenschaftsgemeinschaft des Schuldners und seiner Ehefrau nach kroatischem Recht gehörte, das von beiden Ehegatten gemeinschaftlich verwaltet wurde.

[402] Vgl. LG Kempten IPRspr. 1982 Nr. 53 zum Erwerb eines deutschen Grundstück durch einen im italienischen gesetzlichen Gütertstand der „*comunione legale*" lebenden Ehegatten.

[403] Staudinger/*Mankowski* EGBGB Art. 15 Rn. 390; MüKoBGB/*Wendehorst* EGBGB Art. 43 Rn. 102f.; Staudinger/*Mansel* EGBGB Art. 43 Rn. 1012ff. mwN; vgl. auch zur parallelen Problematik beim Vindikationslegat nach ausländischem Erbrecht BGH ZEV 1995, 298 m. Aufs. *Birk* ZEV 1995, 283 = IPRax 1996, 39 mAnm *Dörner* IPRax 1996, 26.

[404] Vgl. AG Frankfurt a.M. IPRax 1991, 147.

[405] BayObLG JZ 1954, 441.

[406] LG Aachen FamRZ 1962, 385; Erman/*Hohloch* EGBGB Art. 15 Rn. 34; Soergel/*Schurig* EGBGB Art. 15 Rn. 33; Staudinger/*Mankowski* EGBGB Art. 15 Rn. 260ff.; einschränkend *v. Bar* IPR II Rn. 241, der § 1369 BGB autonom als allgemeine Ehewirkung qualifiziert.

[407] KG FamRZ 1973, 307; Staudinger/*Mansel* EGBGB Art. 43 Rn. 1007 mwN.

[408] KG NJW 1973, 428 (zu Art. 167 Abs. 2 ital. CC aF); Staudinger/*Mansel* EGBGB Art. 43 Rn. 1008; MüKoBGB/*Siehr* EGBGB Art. 15 Rn. 97; Staudinger/*Mankowski* EGBGB Art. 15 Rn. 396.

## 2. Güterrechts- und Gesellschaftsstatut

184 Kollisionsrechtliche Fragen im Spannungsfeld zwischen Ehegüterrecht und Gesellschaftsrecht können insbesondere auftreten, wenn deutsches Gesellschaftsrecht und ausländisches Ehegüterrecht zusammentreffen.[409] Die Abgrenzung ist dann ähnlich vorzunehmen wie im Verhältnis zwischen Güter- und Sachenrechtsstatut. Danach entscheidet über die Frage, welche Rechte an Gesellschaftsanteilen überhaupt entstehen können, das Gesellschaftsstatut. Dies gilt gleichermaßen für den originären Anteilserwerb (zB den Inhalt und die Gültigkeit des Gesellschaftsvertrages, das Erfordernis der Eintragung im Handelsregister) wie für den abgeleiteten Anteilserwerb (zB die Gültigkeit einer Geschäftsanteilsabtretung). Das **Gesellschaftsstatut** regelt freilich nur die *allgemeinen* Voraussetzungen und Wirkungen des Anteilserwerbs. Es entscheidet insbesondere darüber,
- ob ein Gesellschaftsanteil an einen Dritten frei übertragbar ist oder nicht,
- ob die Übertragbarkeit eines Gesellschaftsanteils kraft Gesetzes oder kraft Gesellschaftsvertrags eingeschränkt ist,
- ob kraft Gesetzes bestehende Einschränkungen der Übertragbarkeit eines Gesellschaftsanteils durch den Gesellschaftsvertrag abgeändert oder augehoben werden können und
- ob die kraft Gesetzes bestehende freie Übertragbarkeit eines Gesellschaftsanteils durch Gesellschaftsvertrag ausgeschlossen oder eingeschränkt werden kann.[410]

185 Demgegenüber obliegt dem **Güterrechtsstatut** die Entscheidung darüber, welche *güterrechtlichen* Rechtsfolgen der Erwerb von Gesellschaftsanteilen durch einen oder beide Ehegatten auslöst. Das von Art. 15 EGBGB zur Anwendung berufene Recht legt daher fest, welche Art von Berechtigung an von beiden Ehegatten erworbenen Gesellschaftsanteilen besteht (zB Bruchteils- oder Gesamthandseigentum), in welche Gütermasse (zB Gesamtgut, Vorbehaltsgut, Sondergut) der von einem Ehegatten allein erworbene Gesellschaftsanteil fällt, wenn die Eheleute in einem Güterstand der Güter- oder Errungenschaftsgemeinschaft leben, und welche Verfügungsbeschränkungen kraft Güterrechts für Ehegatten-Gesellschafter gelten.[411]

186 Zu Problemen führt insbesondere die Qualifikation **gesellschaftsrechtlicher Erwerbshindernisse,** die im Widerspruch zu einer güterrechtlich angeordneten Mitberechtigung beider Ehegatten am Gesellschaftsanteil stehen. Solche Erwerbshindernisse können sich einerseits aus dem **Gesetz** ergeben; im deutschen Recht sind etwa die §§ 38 S. 1, 717 S. 1 BGB (iVm §§ 105 Abs. 3, 161 Abs. 2 HGB) zu nennen. Sie sind daher gesellschaftsrechtlich zu qualifizieren und sind deshalb auch bei Geltung ausländischen Güterrechtsstatuts anwendbar, wenn deutsches Recht nach der Sitz- oder Gründungstheorie (→ § 19 Rn. 49 ff.) Gesellschaftsstatut ist.[412] Aus diesem Grunde können die nicht frei übertragbaren Mitgliedschaftsrechte an einem Verein oder einer **Personengesellschaft** (BGB-Gesellschaft, OHG, KG) aufgrund ihres persönlichen Charakters im (Außen-)Verhältnis zur Gesellschaft nicht in das Gesamtgut einer ausländischen Güter- oder Errungenschaftsgemeinschaft fallen, sondern werden Sonder- bzw. Eigengut des Gesellschafter-Ehegatten.[413] Dies gilt auch dann, wenn der Anteil an einer Personengesellschaft kraft besonderer gesellschaftsvertraglicher Regelung frei übertragbar ausgestaltet ist, weil eine Gütergemeinschaft nicht Gesellschafterin einer Personengesellschaft sein kann.[414] In Betracht kommt allenfalls eine wertmäßige Beteiligung des Ehegatten an dem vom Gesellschafter-

---

[409] Vgl. näher *Riering* IPRax 1998, 322 ff.; *Schotten/Schmellenkamp* IPR Rn. 212a ff.

[410] Vgl. näher *Schotten/Schmellenkamp* IPR Rn. 212b; ferner Soergel/*Schurig* EGBGB Art. 15 Rn. 36; MüKoBGB *Kindler* IntGesR Rn. 656; *v. Bar* IPR II Rn. 242; **aA** *Riering* IPRax 1998, 322 (325 ff.).

[411] Soergel/*Schurig* EGBGB Art. 15 Rn. 36; *Riering* IPRax 1998, 322 ff.; MüKoBGB/*Kindler* IntGesR Rn. 657.

[412] RG JW 1938, 1718 (1719); MüKoBGB/*Kindler* IntGesR Rn. 658; **aA** *Riering* IPRax 1998, 322 (325 ff.).

[413] AllgM, vgl. *Schotten/Schmellenkamp* IPR Rn. 212h mwN.

[414] BayObLGZ DNotZ 2003, 454; *Riering* IPRax 1998, 322 (325); *Bohlscheid* RNotZ 2005, 505 (521); *Apfelbaum* MittBayNot 2006, 185 (187 f.); *Schotten/Schmellenkamp* IPR Rn. 212 h.

Ehegatten erworbenen Anteil, der iRd güterrechtlichen Auseinandersetzung schuldrechtlich auszugleichen ist.

Demgegenüber sind die Gesellschaftsanteile an einer deutschen **Kapitalgesellschaft** 187
(insbesondere AG und GmbH) kraft Gesetzes frei übertragbar und können daher bei einem Gesellschafter, der in einem ausländischen Güterstand der Güter- oder Errungenschaftsgemeinschaft lebt, in das Gesamtgut fallen. Ist die freie Übertragbarkeit solcher Anteile hingegen aufgrund besonderer Satzungsbestimmungen ausgeschlossen, wie zB bei vinkulierten Beteiligungen an Kapitalgesellschaften (vgl. § 15 Abs. 5 GmbHG, § 68 Abs. 2 AktG), so unterliegt die Zulässigkeit und Wirkung solcher Vinkulierungsklauseln ebenfalls allein dem Gesellschaftsstatut.[415] Besteht danach ein **rechtsgeschäftliches Erwerbshindernis,** so hat dies die gleiche Wirkung wie eine gesetzliche Einschränkung der freien Übertragbarkeit mit der Folge, dass ein Gesellschafter-Ehegatte den Anteil nur zum Sonder- bzw. Eigengut erwerben kann.[416] Die vom anwendbaren Güterrecht geforderte Beteiligung des anderen Ehegatten kann auch in diesem Falle nur schuldrechtlich erfolgen.

### 3. Güterrechts- und Erbstatut

Beim Erbfall bestimmt zwar das Erbstatut, wer was und wieviel aus dem Nachlass erhält 188
(→ § 15 Rn. 282 ff.). Was aber zum Nachlass gehört, wird auch durch das Güterrechtsstatut bestimmt. Denn die **güterrechtliche Auseinandersetzung hat Vorrang** vor der Nachlassverteilung. Nur was nach der Abwicklung des Güterstands im Vermögen des Erblassers verbleibt, bildet dessen Nachlass.[417]

Wird ein **kombinierter Ehe- und Erbvertrag** geschlossen, so wird dieser nicht ein- 189
heitlich angeknüpft; vielmehr unterliegt nur der Ehevertrag dem von Art. 15 EGBGB (bzw. künftig dem von Art. 20 ff. EuGüVO) zur Anwendung berufenen Recht, während der Erbvertrag gemäß Art. 25, 27 EuErbVO nach dem hypothetischen Erbstatut zu beurteilen ist (→ § 15 Rn. 246 ff.). Weichen Güterrechts- und hypothetisches Erbstatut voneinander ab,so kann dies beim Tode des erstversterbenden Ehegatten zu erheblichen Spannungen führen, die häufig nur mit Hilfe einer Angleichung zu lösen sind.[418] Der beurkundende Notar sollte daher möglichst darauf hinwirken, dass die Ehegatten von den sowohl im internationalen Ehegüterrecht (Art. 15 Abs. 2 EGBGB, Art. 22 EuGüVO) als auch im internationalen Erbrecht (Art. 22, 25 Abs. 3 EuErbVO) bestehenden Rechtswahlmöglicheiten mit dem Ziel Gebrauch machen, eine einheitliche Anknüpfung von Ehe- und Erbvertrag zu erreichen.

**Beispiel:** 190
Die deutsche F hat in Rom die Ehe mit dem italienischen Staatsangehörigen M geschlossen und dort den gemeinsamen Ehewohnsitz begründet. Zehn Jahre später erbt die F erheblichen Immobiliarbesitz ihrer Familie in Deutschland. Aus diesem Grunde möchten die Ehegatten vor einem deutschen Notar für den deutschen Immobiliarbesitz die Zugewinngemeinschaft des deutschen Rechts als Güterstand vereinbaren und sich zugleich gegenseitig erbvertraglich bindend zu Alleinerben einsetzen. Wie kann dieses Ziel erreicht werden?

Die güterrechtlichen Beziehungen der Ehegatten beurteilen sich gemäß Art. 15 Abs. 1 iVm Art. 14 Abs. 1 Nr. 2 EGBGB nach italienischem Recht, weil die Ehegatten dort ihren ersten und bis heute fortbestehenden gemeinsamen gewöhnlichen Aufenthalt begründet haben. Dabei handelt es sich um eine Gesamtverweisung, die aber vom italienischen IPR (Art. 30 Abs. 1 S. 1 iVm Art. 29 Abs. 2 IPRG 1995) angenommen wird. Ob der deutsche gesetzliche Güterstand der Zugewinngeminschaft trotz Geltung italienischen Güterrechts

[415] *Riering* IPRax 1998, 322 (325); *Schotten/Schmellenkamp* IPR Rn. 212 h.
[416] *Riering* IPRax 1998, 322 (325); MüKoBGB/*Kindler* IntGesR Rn. 658; *Schotten/Schmellenkamp* IPR Rn. 212c ff.; **aA** *Bohlscheid* RNotZ 2005, 505 (533); *Apfelbaum* MittBayNot 2006, 185 (190).
[417] Staudinger/*Mankowski* EGBGB Art. 15 Rn. 329; Staudinger/*Dörner* EGBGB Art. 25 Rn. 139.
[418] Vgl. *Schotten/Schmellenkamp* IPR Rn. 322.

vereinbart werden kann, ist höchst zweifelhaft. Der Notar wird den Ehegatten daher raten, für den gewünschten Ehevertrag zumindest bezüglich des deutschen Immobiliarbesitzes der F eine Wahl des deutschen Güterrechts nach Art. 15 Abs. 2 Nr. 3 EGBGB zu treffen.

Der gewünschte Erbvertrag ist nach Art. 25 Abs. 2 EuErbVO nur zulässig, wenn er nach dem hypothetischen Erbstatut sowohl des M wie der F zulässig wäre. Hypothetisches Erbstatut ist für beide Ehegatten nach Art. 25 Abs. 2 iVm Art. 21 Abs. 1 EuErbVO das Recht des Staates, in dem sie zur Zeit des Abschlusses des Erbvertrags ihren gewöhnlichen Aufenthalt haben. Nach dem somit maßgeblichen italienischen Erbrecht ist der Abschluss eines Erbvertrags nicht zulässig (Art. 459 CC).[419] Die Ehegatten haben allerdings nach Art. 25 Abs. 3 EuErbVO die Möglichkeit, für die Zulässigkeit, die materielle Wirksamkeit und die Bindungswirkungen ihres Erbvertrags das Recht zu wählen, das einer der Ehegatten nach Art. 22 EuErbVO hätte wählen können. Der Notar wird den Ehegatten daher raten, für den Erbvertrag das deutsche Heimatrecht der Ehefrau F zu wählen.

Schließlich wird der Notar darauf aufmerksam machen, dass es bei einer Beschränkung der güterrechtlichen Rechtswahl auf das in Deutschland belegene Immobiliarvermögen zu einer Spaltung des Güterstandes kommt, weil es bezüglich des sonstigen Vermögens der Ehegatten bei der Geltung des italienischen gesetzlichen Güterstand der *„comunione legale"* verbleibt. Das Nebeneinander von italienischem Güterrecht und dem für den Erbvertrag gewählten deutschen Recht kann aber beim Tod des erstversterbenden Ehegatten zu schwierigen Abgrenzungsproblemen führen. Diese können vermieden werden, wenn die Ehegatten sich entschließen, auf ihre güterrechtlichen Beziehungen nach Art. 15 Abs. 2 Nr. 1 EGBGB *insgesamt* das deutsche Heimatrecht der Ehefrau zu wählen.

191 Hauptproblem im Grenzereich zwischen Güterrechts- und Erbstatut war in der deutschen Praxis bisher die Frage, ob die **Erhöhung des gesetzlichen Ehegattenerbrechts** um ein Viertel **nach § 1371 Abs. 1 BGB** auch dann eintritt, wenn der erstversterbende Ehegatte nach ausländischem Recht beerbt wird. Die diesbezüglich aufgeworfenen schwierigen Fragen der Qualifikation und der Angleichung sind durch die Grundsatzentscheidung des BGH vom 13.5.2015[420] für die Praxis unter Geltung des bisher geltenden autonomen deutschen Kollisionsrechts (Art. 15, 25 EGBGB) entschieden worden (dazu näher → § 3 Rn. 20, 57). Ob an der güterrechtlichen Qualifikation auch unter Geltung der EuErbVO – künftig in Abgrenzung zur EuGüVO – festgehalten werden kann, ist im Wege der autonom-europäischen Auslegung dieser beiden Verordnungen zu entscheiden, dürfte aber aus den vom BGH angeführten Gründen grundsätzlich zu bejahen sein (→ § 15 Rn. 309ff.). Zur Bedeutung der noch zu Art. 25 EGBGB aF ergangenen Entscheidung unter Geltung der EuErbVO → § 15 Rn. 309ff.

192 **§ 1931 Abs. 4 BGB** legt die gesetzliche Erbquote des mit nur einem oder zwei Abkömmlingen konkurrierenden überlebenden Ehegatten höher fest, wenn die Ehegatten im Wahlgüterstand der **Gütertrennung** gelebt hatten.Die Vorschrift ist zwar – anders als § 1371 Abs. 1 BGB – erbrechtlich zu qualifizieren;[421] es stellt sich jedoch die Frage, ob ihre Anwendung neben der Geltung deutschen Erbrechts auch die Geltung deutschen Güterrechts voraussetzt. Dagegen spricht, dass der Normzweck des § 1931 Abs. 4 BGB, nämlich eine erbrechtliche Besserstellung des überlebenden Ehgatten, wenn dieser kraft Güterrechts am Vermögen des Erblassers nicht beteiligt ist, auch bei Geltung von Gütertrennung nach ausländischem Recht erreicht wird. Eine solche **Substitution** (→ § 3 Rn. 89ff.) ist jedenfalls dann zulässig, wenn die ausländische Gütertrennung funktional

[419] Dazu näher *Hausmann* JbItalR 27 (2015), 21 (30ff.).
[420] BGH FamRZ 2015, 1180 m. zust. Anm. *Mankowski.*
[421] OLG Stuttgart IPRax 2005, 549; Staudinger/*Dörner* EGBGB Art. 25 Rn. 154; Palandt/*Thorn* EGBGB Art. 15 Rn. 28; Staudinger/*Mankowski* EGBGB Art. 15 Rn. 370; **aA** Soergel/*Schurig* EGBGB Art. 15 Rn. 38.

derjenigen des BGB entspricht.[422] Dies ist auch dann der Fall, wenn das ausländische Güterrecht zwar bei Beendigung des Güterstands durch Scheidung einen Ausgleichsanspruch vorsieht, einen solchen aber bei Beendigung der Ehe durch den Tod eines Ehegatten ausschließt.[423]

### 4. Güterrechts- und Schuldvertragsstatut

**a) Allgemeines.** Auch wenn das Ehegüterrecht das Vermögen der Ehegatten einer Son- 193
derordnung unterwirft und deshalb alle zu diesem Vermögen gehörenden Gegenstände erfasst, folgt daraus nicht, dass auch Rechtsgeschäfte zwischen den Ehegatten über diese Gegenstände notwendig dem Güterrechtsstatut unterlägen. Vielmehr sind derartige Rechtsgeschäfte grundsätzlich nach den Regeln zu beurteilen, die das konkrete Geschäft beherrscht. Demgemäß unterliegen Kaufverträge, Schenkungen[424] oder Darlehensverträge, auch wenn sie zwischen Ehegatten geschlossen werden, dem nach den allgemeinen Kollisionsregeln des internationalen Vertragsrechts (Art. 3ff. Rom I-VO) bestimmten **Vertragsstatut** und für Gesellschaftsverträge zwischen Ehegatten gilt das Gesellschaftsstatut.[425] Diese schuldrechtliche Qualifikation von Rechtsgeschäften zwischen Ehegatten wird grundsätzlich nicht dadurch in Frage gestellt, dass das Güterrechtsstatut bestimmte Rechtsgeschäfte zwischen den Ehegatten verbietet, einschränkt oder für ihre Abwicklung eigene Regeln aufstellt.[426]

**b) Ehebedingte Zuwendungen.** Umstritten ist in diesem Zusammenhang die Qualifi- 194
kation des vom BGH entwickelten Rechtsinstituts der „ehebedingten Zuwendung". Während der BGH die ehebezogene Zuwendung bis 1990 als besonderes *entgeltliches* Rechtsgeschäft familienrechtlicher Art qualifiziert hat[427], hat er seine Rechtsprechung im Jahr 1991 geändert und charakterisiert die ehebezogene Zuwendung seither als idR *objektiv unentgeltlich.*[428] Von der Schenkung unterscheide sie sich dadurch, dass es an der subjektiven Einigung der Beteiligten über die Unentgeltlichkeit der Zuwendung fehle. Trotz ihrer Nähe zur Schenkung handelt es sich bei der ehebezogenen Zuwendung nicht um einen gewöhnlichen Schuldvertrag, der in gleicher oder ähnlicher Weise auch zwischen Nicht-Ehegatten abgeschlossen werden könnte. Der ehebedingten Zuwendung liegt also keine schuldrechtliche (Schenkungs-) *causa* zugrunde, weil sie in dem Bewusstsein erfolgt, der Zuwendungsgegenstand komme der ehelichen Lebensgermeinschaft und damit letztlich auch dem zuwendenden Ehegatten zugute. Sie hat vielmehr eine ehebezogene *causa sui generis,* denn sie dient der näheren Ausgestaltung und Sicherung der ehelichen Lebensgemeinschaft.[429] Da Rückerstattungs- oder Ausgleichsansprüche zwischen Ehegatten aus Anlass der Ehescheidung dem gleichen Recht unterliegen wie die Zuwendung selbst, stellt sich die Frage, ob insoweit das internationale Schuldvertrags- oder das Familienrecht maßgeblich ist.[430]

[422] OLG Düsseldorf RNotZ 2010, 58; *Jayme* FS Ferid, 1978, 221 (231ff.); *Andrae* IntFamR § 3 Rn. 255f.; Staudinger/*Mankowski* EGBGB Art. 15 Rn. 372ff.; Palandt/*Thorn* EGBGB Art. 15 Rn. 28; Erman/*Hohloch* EGBGB Art. 15 Rn. 38.

[423] *Schotten/Schmellenkamp* IPR Rn. 275a.

[424] Vgl. zur Rückforderung von Schenkungen zwischen *türkischen* Ehegatten aus Anlass der Scheidung OLG Köln FamRZ 1995, 236.

[425] Soergel/*Schurig* EGBGB Art. 15 Rn. 37; NK-BGB/*Sieghörtner* EGBGB Art. 15 Rn. 96.Vgl. aber zur Ehegatteninnengesellschaft → Rn. 198.

[426] Zum Verbot von Schenkungs- und Gesellschaftsverträgen zwischen Ehegatten in manchen Rechten → § 8 Rn. 71ff.

[427] BGHZ 82, 234 = NJW 1982, 1094; BGH NJW-RR 1990, 386; *Schotten* NJW 1990, 2841 (2842).

[428] BGHZ 116, 167 (170) = NJW 1992, 565.

[429] Vgl. statt vieler BGHZ 116, 167 (170) = FamRZ 1992, 300 mAnm *Kues* („ehebezogenes Rechtsgeschäft eigener Art"); ebenso BGHZ 142, 137 (147ff.) = NJW 1999, 2960.

[430] Vgl. dazu eingehend *Hausmann* FS Jayme, 2004, 305 (313ff.).

195 Unter Geltung der Art. 27 ff. EGBGB aF hatte sich der BGH ohne vertiefte Auseinandersetzung mit der Problematik für eine **schuldvertragliche Qualifikation** ausgesprochen.[431] In der Literatur wird zu deren Begründung auf die Nähe der ehebedingten Zuwendung zur Schenkung und auf die Einordnung des für den Ausgleich herangezogenen Rechtsinstituts des Wegfalls der Geschäftsgrundlage im Schuldrecht (§ 313 BGB) verwiesen; dies rechtfertige eine – zumindest analoge – Anwendung der Kollisionsnormen des internationalen Vertragsrechts.[432] Dagegen spricht freilich, dass die Rom I-VO mit der in Art. 1 Abs. 2 lit. b und lit. c enthaltenen Aufzählung ganz bewusst das gesamte Familienrecht aus dem sachlichen Anwendungsbereich dieser Verordnung ausklammert. Denn die Kollisionsnormen des internationalen Vertragsrechts – unbeschränkte Parteiautonomie nach Art. 3 Rom I-VO, objektive Anknüpfung an den gewöhnlichen Aufenthalt der Vertragspartei, welche die vertragscharakteristische Leistung erbingt nach Art. 4 Abs. 2 Rom I-VO – passen nicht für ehe- und familienrechtliche Rechtsgeschäfte. Dort bedarf es einer Beschränkung der Parteiautonomie auf Rechte, die eine gewisse Nähe zu der gelebten Ehe aufweisen und für eine objektive Anküpfung eignen sich nur Rechte, mit denen *beide* Ehegatten gleichermaßen verbunden sind.[433] Zumindest ist mangels Rechtswahl eine akzessorische Anknüpfung an das Güterrechtsstatut nach Art. 4 Abs. 3 Rom I-VO geboten (→ Rn. 198).

196 Den Vorzug verdient freilich eine **familienrechtliche Qualifikation.** Da durch die ehebedingte Zuwendung keine Sonderordnung des ehelichen Vermögens begründet werden soll, könnte man eine Qualifikation als allgemeine Ehewirkung in Betracht ziehen. Nach deutschem materiellen Recht hängt der Ausgleichsanspruchs wegen Störung der Geschäftsgrundlage ehebedingter Zuwendungen indessen maßgeblich von den güterrechtlichen Verhältnissen der Ehegatten ab und wird grundsätzlich nur im Güterstand der Gütertrennung gewährt. Dies ist auch im Kollisionsrecht zu berücksichtigen und legt eine **güterrechtliche Anknüpfung** nahe.[434] Der damit geltende Grundsatz den Unwandelbarkeit hat den Vorzug, dass die rechtlichen Wirkungen ehebedingter Zuwendungen durch eine Änderung der Lebensumstände der Ehegatten im Verlauf der Ehe nicht berührt werden. Andererseits haben die Ehegatten auch die Möglichkeit, einer Änderung ihrer Staatsangehörigkeit oder ihres gewöhnlichen Aufenthalts durch die in Art. 15 Abs. 2 EGBGB eingeräumte weitreichende Rechtswahl auch mit Wirkung für vorherige ehebedingte Zuwendungen Rechnung zu tragen. An einer güterrechtlichen Qualifikation kann schließlich kein Zweifel mehr bestehen, soweit ab dem 29.1.2019 die EuGüVO (→ Rn. 2 ff.) zur Anwendung kommt; denn der sachliche Anwendungsbereich dieser Verordnung soll sich ausdrücklich auf sämtliche Vermögensbeziehungen zwischen Ehegatten erstrecken, die ihren Grund in der Ehe haben (→ Rn. 5).

---

[431] BGHZ 119, 392 (394 ff.) = FamRZ 1993, 289 mAnm *S. Lorenz* = IPRax 1995, 399 mAnm *Winkler v. Mohrenfels* IPRax 1995, 379, wo die Rückforderung von Zuwendungen, die der libanesische Ehemann seiner deutschen Ehefrau zur Renovierung des im Alleineigentum der Frau stehenden Wohnhauses gemacht hatte, kraft nachträglicher Rechtswahl gemäß Art. 27 Abs. 2 EGBGB aF nach deutschem Schuldstatut beurteilt wurde. Für eine schuldrechtliche Qualifikation zuletzt auch OGH FamRZ 2016, 229 m. krit. Anm. *Wiedemann*.

[432] *Hohloch* JuS 1993, 513; Staudinger/*Mankowski* EGBGB Art. 15 Rn. 416 ff.; *Looschelders* EGBGB Art. 15 Rn. 6; MüKoBGB/*Siehr* EGBGB Art. 15 Rn. 94; Erman/*Hohloch* EGBGB Art. 15 Rn. 36; NK-BGB/*Sieghörtner* EGBGB Art. 15 Rn. 97; *Schotten/Schmellenkamp* IPR Rn. 233.

[433] *Andrae* IntFamR § 3 Rn. 212.

[434] *Hausmann* FS Jayme, 2004, 305 (313 ff.); *Winkler v. Mohrenfels* IPRax 1995, 379 (381 ff.); *Andrae* IntFam § 3 Rn. 209 ff.; BeckOK BGB/*Mörsdorf-Schulte* EGBGB Art. 15 Rn. 37; ebenso – allerdings beschränkt auf Fälle, in denen die Ehegatten keine Rechtswahl getroffen haben – *S. Lorenz* FamRZ 1993, 394 ff.; anders hingegen BGHZ 119, 392 (394 ff.), wo eine schuldvertragliche Qualifikation vor allem damit begründet wurde, dass der Kläger die Rückforderung auf die Grundsätze zum Wegfall der Geschäftsgrundlage gestützt und die Beklagte sich ebenfalls mit Erwägungen zum deutschen Schuldrecht verteidigt hatte.

**Beispiel:** 197
Der Libanese M und die Deutsche F haben 1998 im Libanon die Ehe geschlossen und zunächst dort gelebt. Im Jahre 2005 hat die Mutter der F dieser ein Hausgrundstück in Nürnberg zu Alleineigentum übertragen. Die Abfindung an die Schwestern der F in Höhe von 80.000,00 EUR hat M bezahlt. Dieser hat ferner das Haus in den Jahren 2006 bis 2009 renoviert und umgebaut und hierfür 250.000,00 EUR aus seinem Vermögen eingesetzt. Im Jahre 2015 wird die Ehe der Parteien geschieden. M verlangt von F als Ausgleich für seine Aufwendungen 170.000,00 EUR. Nach welchem Recht ist über diesen Ausgleichsanspruch zu entscheiden?[435]

Der BGH hat den Ausgleichsanspruch des M schuldvertraglich qualifiziert und aufgrrund einer stillschweigenden Rechtswahl der Parteien im Prozess deutsches Recht zugrundegelegt. Zum gleichen Ergebnis würde bei schuldvertraglicher Qualifikation auch eine objektive Anküpfung des Vertragsstatuts führen, weil die engste Verbindung der Zuwendungen des Ehemannes iSv Art. 4 Abs. 3 Rom I-VO zum deutschen Recht bestehen. Der Ausgleichsanpruch des M wäre daher nach § 313 BGB jedenfalls dann (zumindest teilweise) begründet, wenn die Ehegatten im Güterstand der Gütertrennung gelebt haben. Demgegenüber würde die hier vertretene güterrechtliche Qualifkation gemäß Art. 15 Abs. 1 iVm Art. 14 Abs. 1 Nr. 2 EGBGB zur Anwendung des libanesischen Rechts führen, weil die Eheleute dort ihren gemeinsamen gewöhnlichen Aufenthalt zur Zeit der Eheschließung hatten. Dabei handelt es sich zwar um eine Gesamtverweisung; das libanesiche IPR knüpft jedoch an das Heimatrecht des Ehemannes an, so dass eine Rückverweisung auf deutsches Recht nicht ausgesprochen wird.

Innengesellschaften unterliegen zwar grundätzlich – anders als Außengesellschaften – 198
nicht dem Gesellschaftstatut, sondern dem nach Art. 3, 4 Rom I-VO zu ermittelnden Vertragsstatut.[436] Demgegenüber dient das Rechtsinstitut der – vor allem nur stillschweigend geschlossenen – **Ehegatteninnengesellschaft** dem BGH vor allem dazu, eine faire Beteiligung des am „Gesellschaftsvermögen“ dinglich nicht beteiligten Ehegatten sicherzustellen, wenn das Güterecht keine befriedigende Lösung bietet und eine Beibehaltung der formalen Zuordnung zum Vermögen nur eines Ehegatten im Hinblick auf die in der Ehe geleisteten finanziellen Beiträge und/oder das übliche Maß übersteigenden Arbeitsleistungen des anderen Ehegatten als unbillig erscheint,[437] wie dies nicht selten bei Vereinbarung von Gütertrennung zutrifft. Dieser Zweck des Rechtsinstituts legt aber wiederum eine **güterrechtliche Qualifikation** nahe; insoweit gilt das zu den ehebedingten Zuwendungen Gesagte entsprechend.[438] Der BGH hat sich dieser Auffassung jedenfalls insoweit angenähert, als er auf der Grundlage der von ihm befürworteten schuldvertraglichen Qualifikation des Ausgleichsanspruchs wegen der funktionalen Nähe der Ehegatteninnengesellschaft zum Ehegüterrecht iRv Art. 4 Abs. 3 Rom I-VO eine **akzessorische Anknüpfung** der Ehegatteninnengesellschaft an das Güterrechtsstatut vornimmt.[439] Damit reduziert sich der Unterschied zwischen beiden Ansichten auf die den Ehegatten eröffneten Rechtswahlmöglichkeiten, die nach Art. 3 Rom I-VO weiter reichen als nach Art. 15 Abs. 2 EGBGB.

[435] Vgl. BGHZ 119, 392 = FamRZ 1993, 289 mAnm *S. Lorenz* FamRZ 1993, 393 = IPRax 1995, 399 mAnm *Winkler v. Mohrenfels* IPRax 1995, 379; dazu *Hausmann* FS Jayme, 2004, 305 ff.

[436] BGH DNotZ 2015, 686 mAnm *Mankowski* NZFam 2015, 783; NJW 2009, 1482 Rn. 10; 2004, 3706 (3708); *Christandl* FamRZ 2012, 1692 (1693); MüKoBGB/*Martiny* Rom I-VO Art. 1 Rn. 71; Reithmann/Martiny/*Hausmann* IVR Rn. 7.148.

[437] BGHZ 142, 137 (143) = FamRZ 1999, 1580.

[438] *Christandl* FamRZ 2012, 1692 (1695); *Andrae* IntFamR § 3 Rn. 217; *Mankowski* NZFam 2015, 784.

[439] BGH FamRZ 2015, 1379 (1381); Staudinger/*Magnus* Rom I-VO Art. 1 Rn. 87, sowie hilfsweise auch *Christandl* FamRZ 2012, 1692 (1694); *Andrae* IntFamR § 3 Rn. 217.

199 **c) Gesamtschuldnerausgleich zwischen Ehegatten.** Abgrenzungsprobleme zwischen Vertragsstatut und Güterrechtsstatut wirft ferner die Anknüpfung von Ausgleichsansprüchen zwischen Ehegatten auf, die einem Dritten – idR einem Kreditinstitut – als Gesamtschuldner verpflichtet sind. Wird nur einer der beiden Ehegatten von der Gläubigerbank auf Rückzahlung des Kredits in Anspruch genommen, so beurteilt sich die Frage, ob und ggf. in welchem Umfang die Forderung der Bank gegen den anderen Ehegatten auf den zahlenden Ehegatten kraft Gesetzes übergeht, gemäß Art. 16 S. 1 Rom I-VO nach dem Statut der getilgten Forderung. Der gesetzliche Forderungsübergang nach § 426 Abs. 2 BGB tritt daher ohne Rücksicht auf die Staatsangehörigkeit oder den gewöhnlichen Aufenthalt der Ehegatten und das für die Ehe geltende Güterrecht immer dann ein, wenn die getilgte Darlehensforderung dem deutschen Recht unterstand.[440] Ob zwischen gesamtschuldnerisch haftenden Ehegatten aber überhaupt ein Ausgleich stattzufinden hat, richtet sich nach den zwischen ihnen bestehenden Rechtsbeziehungen. Maßgebend hierfür ist in erster Linie das von Art. 15 EGBGB zur Anwendung berufene Güterrechtsstatut.[441] Leben die Ehegatten daher in einem ausländischen Güterstand der Güter- oder Errungenschaftsgemeinschaft, so findet ein gesonderter schuldrechtlicher Ausgleich regelmäßig nicht statt, wenn der mit dem Darlehen finanzierte Gegenstand – zB die Ehewohnung – in das Gesamtgut der Ehegatten gefallen ist.[442] Demgegenüber wird bei Geltung deutschen Ehegüterrechts der Gesamtschuldnerregress nach § 426 Abs. 1 BGB durch die Vorschriften über den Zugewinnausgleich nicht verdrängt.[443]

200 **Beispiel:**
Der kroatische Ehemann erhebt gegen seine ebenfalls kroatische Ehefrau wegen der von ihm übernommenen Finanzierung des in Deutschland zum Gesamtgut der Errungenschaftsgemeinschaft erworbenen Hausgrundstücks Ausgleichsansprüche. Nach welchem Recht ist über diese Ansprüche zu entscheiden?

Maßgebend für den Ausgleichsanspruch ist das Recht, das die Vermögensbeziehungen zwischen den Ehegatten regelt, in erster Linie also das Güterrechtsstatut, hier also das von Art. 15 Abs. 1 iVm Art. 14 Abs. 1 Nr. 1 EGBGB zur Anwendung berufene gemeinsame kroatische Heimatrecht. Danach findet in Bezug auf Aufwendungen, die ein Ehegatte zum Erwerb von Vermöghensgegernständen getätigt hat, die in das Gesamtgut der Errungenschaftsgemeinschaft gefallen sind, ein gesonderter schuldrechtlicher Ausgleich nicht statt. Der Anspruch des Ehemannes kann daher erst iRd Gesamtabrechnung bei Beendigung des Güterstandes geltend gemacht werden.

201 **d) Gesamtgläubigerausgleich zwischen Ehegatten.** Nach ähnlichen Grundsätzen ist über den Innenausgleich zwischen Ehegatten zu entscheiden, denen Forderungen gegen einen Schuldner im Außenverhältnis **als Gesamtgläubiger** zustehen. Hauptanwendungsfall ist die Unterhaltung eines sog *„Ehegatten-Oderkontos"* bei einer deutschen Bank oder Sparkasse durch ausländische Ehegatten. In diesem Fall richtet sich die Rechtsbeziehung zwischen den Ehegatten als Konto-Inhabern und dem kontoführenden Kreditinstitut in Ermangelung einer Rechtswahl nach deutschem Recht, weil das Kreditinstitut die für den zugrunde liegenden Bankvertrag charakteristische Leistung iSv Art. 4 Abs. 2 Rom I-VO erbringt.[444] Das Vertragsstatut entscheidet daher auch, ob die Leistung der Bank an einen Ehegatten befreiend gegenüber dem anderen Ehegatten wirkt. Ist dies der Fall, so bestimmen sich etwaige Ausgleichsansprüche im Innenverhältnis der Ehegatten hingegen wie-

[440] Vgl. LG Hamburg IPRspr. 1977 Nr. 65; dazu allg. Staudinger/*Hausmann* Rom I-VO Art. 16 Rn. 5f.; Palandt/*Thorn* Rom I-VO Art. 16 Rn. 4; ferner *Martiny* FuR 2008, 206ff. mwN.
[441] LG Hamburg IPRspr. 1977 Nr. 65; *Andrae* IntFamR § 3 Rn. 234.
[442] Vgl. OLG Hamm FamRZ 1999, 299 (300ff.).
[443] BGHZ 87, 265 (273); BGH NJW 1988, 133ff.; *Gernhuber* JZ 1996, 696 mwN.
[444] Vgl. dazu näher *Martiny* FuR 2008, 206ff.; Staudinger/*Mankowski* EGBGB Art. 15 Rn. 271; **aA** Soergel/*v. Hoffmann* EGBGB Art. 28 Rn. 318.

derum primär nach dem maßgeblichen **Ehegüterrecht.**[445] Gehört das Bankguthaben danach zum Gesamtgut einer Gütergemeinschaft, so wird die Regelung in § 430 F durch die Vorschriften des ausländischen Güterrechts überlagert bzw. verdrängt.[446]

**Beispiel:** 202
Unterhalten in Deutschland lebende *portugiesische* Eheleute ein gemeinsames „Oder-Konto" bei einer portugiesischen Bank, so beurteilen sich die Rechtsbeziehungen zwischen den Eheleuten und der Bank nach dem vereinbarten portugiesischen Vertragsstatut (Art. 3 Rom I-VO). Die Mitberechtigung der Ehegatten im Innenverhältnis untersteht hingegen dem Ehegüterrechtsstatut; insoweit verweist Art. 15 Abs. 1 iVm Art. 14 Abs. 1 Nr. 1 EGBGB ebenfalls auf portugiesisches Recht, das diese Verweisung annimmt.[447]

### 5. Abgrenzung zum Ehewirkungs- und Unterhaltsstatut

Die Abgrenzung zwischen Güterrechtsstatut einerseits, Ehewirkungs- und Unterhaltsstatut 203
andererseits hat die deutsche Praxis vor allem im Zusammenhang mit der Qualifikation der **Morgen- oder Brautgabe** *(„mahr")* des islamischen Rechts beschäftigt. Aufgrund des derzeitigen Zustroms von Flüchtlingen aus dem Nahen Osten und Nordafrika bleibt das Problem auch weiterhin aktuell. Während man früher für eine Mehrfachqualifikation plädiert hat, die eine Einordnung davon abhängig machte, wann der Anspruche auf die Morgengabe geltend gemacht wurde,[448] hat sich inzwischen zu Recht die Einheitsqualifikation durchgesetzt.[449] Hierfür wird in Rechtsprechung und Lehre sowohl eine unterhaltsrechtliche[450] als auch eine güterrechtliche Qualifikation vertreten.[451] Der BGH hat sich demgegenüber zuletzt für eine Einordnung des Anspruchs auf die Morgengabe als allgemeine Ehewirkung (Art. 14 EGBGB) entschieden.[452] Denkbar wäre schließlich auch eine Qualifikation als scheidungsrechtliche Nebenfolge iSv Art. 17 Abs. 1 EGBGB nF.[453]

Für die **unterhaltsrechtliche** Einordnung spricht zwar, dass die Morgengabe im 204
Scheidungsfalle in gewissem Umfang die Funktion des im islamischen Recht nicht bestehenden nachehelichen Unterhaltsanspruchs, dh insbesondere die finanzielle Absicherung der vom Ehemann verstoßenen Ehefrau übernimmt (→ § 10 Rn. 135). Dagegen wird jedoch zurecht angeführt, dass der Anspruch auf die Morgengabe völlig unabhängig von der Leistungsfähigkeit des Ehemannes oder der Bedürftigkeit der Ehefrau zu dem vereinbarten Fälligkeitszeitpunkt zu zahlen ist. Ist die Morgengabe ganz oder teilweise schon während bestehender Ehe fällig, so tritt sie neben den auch nach islamischem Recht dann bestehenden Anspruch auf Ehegattenunterhalt. Schließlich findet

[445] *Andrae* IntFamR § 3 Rn. 236.

[446] Vgl. OLG Stuttgart FamRZ 2001, 1371 = IPRax 2001, 152 (Ls.) mAnm *Jayme* zum Innenausgleich zwischen Ehegatten an einem Oder-Konto nach *griechischem* Recht; OLG Frankfurt a.M. IPRax 1986, 239 zur Berechtigung *italienischer* Eheleute an einem gemeinsamen Sparguthaben bei einer deutschen Bank.

[447] Vgl. OLG Celle IPRspr. 1998 Nr. 76 = IPRax 1999, 113 (Ls.) mAnm *Jayme*.

[448] Die Qualifkation hing also davon ab, ob die Morgengabe schon während bestehender Ehe, aus Anlass einer Ehetrennung oder Ehescheidung oder beim Tod des Ehemannes verlangt wurde, vgl. *Heldrich* IPRax 1983, 64; *Hohloch* JuS 1999, 707; Palandt/*Thorn* EGBGB Art. 13 Rn. 9.

[449] BGH FamRZ 2010, 533 Rn. 18; *Wurmnest* RabelsZ 71 (2007), 527 (549); NK-BGB/*Andrae* EGBGB Art. 14 Rn. 85; MüKoBGB/*Siehr* EGBGB Art. 15 Rn. 87.

[450] Vgl. OLG Düsseldorf BeckRS 2015, 18161 Rn. 16ff.; OLG Saarbrücken FamRZ 2006, 1378; OLG Celle FamRZ 1998, 374 (375); OLG Düsseldorf FamRZ 1998, 623f.; KG FamRZ 1988, 296; näher → § 10 Rn. 135.

[451] Vgl. OLG Köln FamRZ 2007, 1559; OLG Bremen FamRZ 1980, 606; *Wurmnest* RabelsZ 71 (2007), 527 (553ff.); MüKoBGB/*Siehr* EGBGB Art. 15 Rn. 87; Soergel/*Schurig* EGBGB Art. 14 Rn. 48 und Art. 15 Rn. 35; BeckOK BGB/*Mörsdorf-Schulte* EGBGB Art. 14 Rn. 20; NK-BGB/*Andrae* EGBGB Art. 14 Rn. 87.

[452] BGHZ 183, 287 Rn. 14ff. = FamRZ 2010, 533 mAnm *Henrich*; ebenso schon OLG Köln FamRZ 2006, 1380 (1381); OLG Nürnberg FamRZ 2001, 1613; Staudinger/*Mankowski* EGBGB Art. 14 Rn. 273ff.

[453] Dazu → § 11 Rn. 148.

vor deutschen Gerichten auf den (auch nachehelichen) Unterhalt nach Art. 3 und Art. 5 HUP heute meist das deutsche Recht am gewöhnlichen Aufenthalt des Unterhaltsberechtigten Anwendung (→ § 10 Rn. 28 ff., 54 ff.), das einen Anspruch auf eine Morgengabe nicht kennt.[454]

205 Die Qualifikation als **allgemeine** – und nicht als güterrechtliche – **Ehewirkung** hat der BGH vor allem damit begründet, dass die Verpflichtung zur Zahlung einer Morgengabe noch keinen Güterstand begründe und auch nicht – wie der Zugewinnausgleich des deutschen Rechts – dem gerechten Ausgleich eines Vermögenszuwachses während der Ehe diene, weil sie auf der Grundlage der finanziellen Verhältnisse des Ehemannes zur Zeit der Eheschließung festgelegt werde.[455] Da sich auch keine andere spezielle familienrechtliche Anküpfung anbiete, sei auf den Auffangtatbestand des Art. 14 EGBGB zurückzugreifen. Dieser habe auch den Vorteil, dass er eine *wandelbare* Anküpfung vorsehe und den Ehegatten daher im Falle eines Statutenwechsels durch Erwerb der deutschen Staatsangehörigkeit die Anpassung an ihr neues soziales und rechtliches Umfeld ermögliche.[456] Dagegen spricht freilich, dass das deutsche Recht für die ihm unbekannte Vereinbarung einer Morgengabe überhaupt keine passende Regelung bereithält. Auch dem für die wandelbare Anknüpfung nach Art. 14 EGBGB angeführten Argument einer Erzielung des Gleichlaufs von Scheidungs-, Scheidungsfolgen-, Unterhalts- und Versorgungsausgleichsstatut ist seit der Neuregelung des Scheidungsstatuts durch die Rom III-VO (→ § 11 Rn. 2 ff.) und des Unterhaltsstatuts durch das Haager Unterhaltsprotokoll (→ § 10 Rn. 4 ff.) der Boden entzogen.[457]

206 Aus Gründen der Rechtssicherheit verdient eine *unwandelbare* Anknüpfung der Morgengabe den Vorzug. Denn die Parteien sollten sich darauf verlassen können, dass das im Zeitpunkt des Versprechens – also meist zur Zeit der Eheschließung – maßgebende Recht die Wirksamkeit und die Wirkungen der Morgengabe grundsätzlich für die gesamte Ehedauer beherrscht. Deren Durchsetzbarkeit sollte also nicht davon abhängen, dass im Falle eines Wechsels der Staatsangehörigkeit oder des gewöhnlichen Aufenthalts der Ehegatten oder im Falle ihrer Anerkennung als Asylberechtigte auch das neue Ehewirkungsstatut das Institut der Morgengabe kennt. Nur durch eine unwandelbare Anknüpfung ist gewährleistet, dass die Morgengabe ihre Funktion einer finanziellen Absicherung der Ehefrau im Fall der Ehescheidung auch erfüllen kann. Dies spricht für ihre Zuordnung zum **Güterrechtsstatut des Art. 15 EGBGB**[458] und künftig der Art. 20 ff. EuGüVO, denn die Verordnung erstreckt sich auf „sämtliche vermögensrechtlichen Regelungen" im Verhältis der Ehegatten (Art. 3 lit. a EuGüVO) und damit auch auf ein Morgengabeversprechen.

207 **Beispiel:**
Der deutsche Staatsangehörige M hat die iranische Staatsangehörige F 1995 in Teheran geheiratet. Beide Ehegatten gehören der islamisch-schiitischen Glaubensrichtung. Sie hatten ihren gewöhnlichen Aufenthalt nach der Eheschließung zunächst für drei Jahre im Iran, wo sich M zu Forschungszwecken aufhielt, und leben seither in Köln. Anlässlich ihrer Heirat im Iran haben sie in einer Traubescheinigung, die die Unterschrift des Mullahs, zweier Trauzeugen und der Ehegatten trägt, die Zahlung einer Morgengabe (Brautgeld) in Höhe

[454] Gegen ein unterhaltsrechtliche Qualifikation aus den genannten Gründen daher BGHZ 183, 287 = FamRZ 2010, 533 Rn. 15; OLG Köln FamRZ 2006, 1380 (1381); *Wurmnest* RabelsZ 71 (2007), 527 (551) und JZ 2010, 736 (737); *Andrae* IntFamR § 3 Rn. 189; Staudinger/*Mankowski* EGBGB Art. 14 Rn. 275.

[455] BGHZ 183, 287 Rn. 16 = FamRZ 2010, 533.

[456] BGHZ 183, 287 Rn. 21 f. = FamRZ 2010, 533 m. zust. Anm. *Henrich*; zust. etwa OLG Hamm NJOZ 2013, 1066; KG FamRZ 2015, 1607; OLG Köln FamRZ 2015, 1605 Rn. 12 und NJW 2016, 649 mAnm *Pabst* NZFam 2016, 40; Palandt/*Thorn* EGBGB Art. 14 Rn. 18; Staudinger/*Mankowski* EGBGB Art. 14 273 f.; MüKoBGB/*v. Hein* Einl. IPR Rn. 120.

[457] Gegen eine Qualifikation der Morgengabe als allgemeine Ehewirkung auch *Mörsdorf-Schulte* ZfRV 2010, 241; *Yassari* IPRax 2011, 63 (64 f.); *Wurmnest* JZ 2010, 736 f.; *Andrae* IntFamR § 3 Rn. 193.

[458] Vgl. idS die in der vorigen Fn. Genannten; ferner MüKoBGB/*Siehr* EGBGB Art. 15 Rn. 87.

von 100.000,00 EUR vereinbart. Nach der Trennung von ihrem Ehemann klagt die F auf Zahlung der Morgengabe. Welches Recht ist anzuwenden?[459]

Das deutsch-iranische Niederlassungsabkommen von 1929 findet auf die staatsangehörigkeitsrechtlich gemischte Ehe keine Anwendung.[460] Auch eine Anwendung des Haager Unterhaltsprotokolls dürfte ausscheiden, da der vereinbarte Betrag von 100.000,00 EUR schon aufgrund seiner Höhe den Rahmen einer Unterhaltsleistung überschreitet. Nach Auffassung des BGH ist das Versprechen einer Morgengabe, wenn diese noch vor der Ehescheidung gefordert wird, als allgemeine Ehewirkung zu qualifzieren. Als solche wird sie nach Art. 14 Abs. 1 EGBGB wandelbar angeknüpft. In Ermangelung einer gemeinsamen Staatsangehörigkeit der Ehegatten ist daher nach Art. 14 Abs. 1 Nr. 2 EGBGB das Recht des Staates maßgebend, in dem die Ehegatten sich im Zeitpunkt der Geltendmachung der Morgengabe gemeinsam gewöhnlich aufhalten. Nach dem somit anwendbaren deutschen Recht ist die Vereinbarung einer Morgengabe zwar grundsätzlich zulässig und begründet eine Zahlungspflicht des Versprechenden.[461] Die Einordnung der Morgengabe in die Kategorien des deutschen materiellen Rechts bereit allerdings nicht unerhebliche Schwierigkeiten.[462]

Vorzuziehen ist daher eine güterrechtliche Qualifikation, die idR zur unwandelbaren Anknüpfung an das islamisch geprägte Heimat- oder Aufenthaltsrecht der Ehegatten zur Zeit der Eheschließung führt. Dies ist ist das Recht, dem das Rechtsinstitut der Morgengabe entstammt und das auch besondere Regeln für deren rechtliche Behandlung vorhält.

## VI. Schutz des Rechtsverkehrs

**Schrifttum:**

*Amann,* Eigentumserwerb unabhängig vom ausländischen Güterrecht?, MittBayNot 1986, 222; *Bader,* Der Schutz des guten Glaubens in Fällen mit Auslandsberührung, MittRhNotK 1984, 161; *Bänziger,* Der Schutz des Dritten im internationalen Personen-, Familien- und Erbrecht der Schweiz, 1977; *Böhringer,* Immobiliarerwerb mit Auslandsbezug aus der Sicht des Notars und des Grundbuchamtes, BWNotZ 1988, 222; *Dästner,* Der Verkehrsschutz im deutschen internationalen Eherecht (Art. 16 EGBGB), 1970; *G. Fischer,* Verkehrsschutz im internationalen Vertragsrecht, 1990; *Haug-Adrion,* Gutglaubenserwerb bei Verfügungsbeschränkungen des Eigentümers zugunsten Dritter – ein Vergleich zwischen deutschem und französischem Zivilrecht unter besonderer Berücksichtigung des Ehegüterrechts, 1975; *Liessem,* Guter Glaube beim Grundstückserwerb von einem durch Güterstand verfügungsbeschränkten Ehegatten, NJW 1989, 498; *H. Roth,* Grundbuchverfahren und ausländisches Güterrecht, IPRax 1991, 320; *Schotten,* Der Schutz des Rechtsverkehrs im Internationalen Privatrecht, DNotZ 1994, 670.

### 1. Wahl des deutschen Rechts

Der Schutz des inländischen Rechtsverkehrs vor Beschränkungen kraft ausländischen 208
Ehegüterrechts ist durch die Möglichkeit der Ehegatten, das Güterrechtsstatut in gewissen Grenzen durch Rechtswahl zu bestimmen, erheblich verbessert worden. Besitzt auch nur ein Ehegatte die deutsche Staatsangehörigkeit oder hat nur ein Ehegatte seinen gewöhnlichen Aufenthalt im Inland, so können die güterrechtlichen Beziehungen in ehevertraglicher Form dem deutschen Recht unterstellt werden, und zwar auch noch nach der Eheschließung. Selbst wenn die Ehegatten eine umfassende Wahl des deutschen Güterrechts scheuen, können sie eine **auf inländische Grundstücke** (oder nur ein inländisches Grundstück; → Rn. 111ff.) **beschränkte Rechtswahl** treffen (vgl. Art. 15 Abs. 2

[459] Vgl. AG Memmingen IPRax 1985, 230; OLG Köln IPRax 1983, 73 mAnm *Heldrich* IPRax 1983, 64: „Das juristische Kuckucksei aus dem Morgenland"; vgl. auch OLG Hamburg FamRZ 2004, 459.

[460] Vgl. zur Morgengabe OLG Köln FamRZ 2015, 1605 Rn. 10.

[461] BGHZ 183, 287 = FamRZ 2010, 533 Rn. 23.

[462] Vgl. KG FamRZ 2015 Rn. 16ff. (Auslegung nach dem konkret verfolgten Zweck; Wegfall der Geschäftsgrundlage); OLG Frankfurt a.M. BeckRS 2011, 04198b (unbenannte Ehegattenzuwendung; Wegfall der Geschäftsgrundlage); OLG Saarbrücken FamRZ 2006, 1378 (ergänzende Vertragsauslegung; Wegfall der Geschäftsgrundlage).

EGBGB), und zwar auch dann, wenn beide Ehegatten Ausländer sind und sich im Ausland gewöhnlich aufhalten. In der notariellen Praxis, auf deren Initiative diese Erweiterung der Parteiautonomie im internationalen Ehegüterrecht zurückgeht, wird daher beim Erwerb oder der Veräußerung inländischer Grundstücke durch Ehegatten, die in einem ausländischem Güterstand leben, regelmäßig zu einer solchen partiellen Rechtswahl geraten, um etwaige Beschränkungen, die sich aus dem ausländischen Güterrecht ergeben können, auszuschalten.[463] Diese Möglichkeit entfällt freilich unter Geltung der EuGüVO ab dem 29.1.2019 (vgl. Art. 21, 22 EuGüVO).

### 2. Materiellrechtliche Vereinbarungen

209 Die gegenständlich beschränkte Rechtswahl nach Art. 15 Abs. 2 Nr. 3 EGBGB hat allerdings den Nachteil, dass sie häufig von dem ausländischen Heimat- oder Aufenthaltsrecht eines oder beider Ehegatten nicht anerkannt wird; sie bewirkt zudem eine Aufspaltung des Güterrechtsstatuts mit allen sich hieraus ergebenden Schwierigkeiten.[464] Namentlich bei Immobiliengeschäften unter Beteiligung ausländischer Ehegatten ist daher idR eine materiellrechtliche Lösung vorzuziehen, die auch von dem bei objektiver Anknüpfung des Güterrechtsstatuts maßgeblichen ausländischen Recht anerkannt wird.[465]

210 **a) Erwerbsbeschränkungen.** Ist der gewünschte Erwerb eines deutschen Grundstücks zu Alleineigentum eines Ehegatten oder zu Miteigentum beider Ehegatten nicht möglich, weil diese in einem ausländischen Güterstand der Gütergemeinschaft leben (→ Rn. 173 ff.), so kann häufig durch den Abschluss eines Ehevertrages geholfen werden, in dem die Ehegatten vereinbaren, dass das Grundstück oder die Eigentumswohnung nicht in das gemeinschaftliche Vermögen der Ehegatten (zB das Gesamtgut der Gütergemeinschaft) fallen, sondern **Vorbehalts- oder Eigengut** des erwerbenden Ehegatten sein soll.[466] Das gleiche Ziel lässt sich auch durch Vereinbarung des – von den meisten Rechten zur Verfügung gestellten – Wahlgüterstands der **Gütertrennung** erreichen; ein so weitgehender Schritt setzt freilich idR voraus, dass die Ehegatten finanziell von einander unabhängig sind.

211 **b) Verfügungsbeschränkungen.** Die schwierige Ermittlung des Güterrechtsstatuts und der sich nach ausländischem Güterrecht ergebenden Beschränkungen der Verfügungsbefugnis von Ehegatten wird in der notariellen Praxis häufig dadurch umgangen, dass vorsorglich die **Zustimmung beider Ehegatten** zur Grundstücksveräußerung oder -belastung eingeholt wird, auch wenn nur der veräußernde Ehegatte als Eigentümer im Grundbuch eingetragen ist.[467] Legt derjenige Ehegatte, der Grundvermögen im Inland allein veräußern möchte, eine schriftliche Zustimmungserklärung des anderen Ehegatten vor, so kann man idR davon ausgehen, dass die Veräußerung rechtlichen Bestand haben wird. Nach manchen Rechten ist für die Zustimmung eine besondere Form vorgeschrieben, so zB in *Schweden* eine schriftliche, von zwei Zeugen mitunterschriebene Zustimmungserklärung bei bestimmten Grundstücksgeschäften.[468]

212 **c) Vollmacht.** Mitunter genügt allerdings eine bloße Zustimmung des anderen Ehegatten nicht; es ist vielmehr erforderlich, dass beide Ehegatten als Vertragsschließende auftreten, so etwa im *niederländischen* Recht beim Abzahlungskauf von Haushaltsgegenständen (Art. 1:87 B.W.). Dann kann eine Vollmacht des anderen Ehegatten dessen Mitwirkung

[463] Reithmann/Martiny/*Hausmann* IVR Rn. 7.870.
[464] Dazu schon → Rn. 120 f.
[465] Vgl. *Wegmann* NJW 1987, 1740 (1745).
[466] Vgl. näher *Lichtenberger* DNotZ 1986, 679 (681 ff.).
[467] Reithmann/Martiny/*Hausmann* IVR Rn. 7.873.
[468] Vgl. dazu näher IPG 1972 Nr. 15 (Kiel).

ersetzen. Auch in anderen Fällen kann eine (Spezial- oder General-)Vollmacht des anderen Ehegatten Schwierigkeiten im Rechtsverkehr vermeiden. So wird etwa in der *niederländischen* Praxis der umständliche Weg einer abweichenden Verwaltungsregelung durch Ehevertrag nach Art. 1:97 Abs. 1 B.W. häufig durch die Erteilung einer – widerruflichen – Vollmacht zur Verfügung über bestimmte Gesamtgutsgegenstände umgangen.[469] Vollmachten unter Ehegatten sind meist zulässig, wenn auch häufig nur in widerruflicher Weise, so zB im *belgischen* und *französischen* Recht. Sind allerdings bestimmte Verträge (zB Gesellschafts- oder Schenkungsverträge) zwischen Ehegatten verboten (→ § 8 Rn. 71 ff.), so hilft auch eine Zustimmung oder Vollmacht des anderen Ehegatten nicht.

### 3. Schutz des inländischen Rechtsverkehrs

**a) Allgemeines.** Die Regelung des inländischen Rechts zum Schutze des Rechtsverkehrs 213
bei Vertragsschlüssen mit verheirateten Personen unterscheidet danach, ob dem handelnden Ehegatten das (Allein-)Eigentum oder die (Allein-)Verfügungsmacht fehlt. Gilt kraft Gesetzes oder kraft Ehevertrags ein ausländischer Güterstand, der einen Eigentumsübergang zur Folge hat, so gelten für den Schutz des Vertragspartners, der von einem Ehegatten allein erwirbt und von der Gütergemeinschaft und damit vom Eigentumsübergang auf die Gemeinschaft der Ehegatten keine Kenntnis hat, die sachenrechtlichen Grundsätze über den Erwerb vom Nichtberechtigten der *lex rei sitae.* Daneben steht – insbesondere beim Erwerb beweglicher Sachen von einem Ehegatten – der Schutz gutgläubiger Dritter in die Geltung deutschen Güterrechts nach Art. 16 Abs. 1 EGBGB Schließlich kommt auch ein Schutz des Erwerbers nach Maßgabe des ausländischen Güterrechts in Betracht. Die nachfolgenden Ausführungen beschränken sich auf den Schutz vor Beschränkungen von Ehegatten kraft ausländischen Güterrechts. Zum Verkehrsschutz gegenüber Verfügungs- und Verpflichtungsbeschränkungen von Ehegatten, die unabhängig von einem bestimmten Güterstand gelten und deshalb als allgemeine Ehewirkungen zu qualifizieren sind, → § 8 Rn. 77 f.

Unter Geltung der **EuGüVO** beurteilt sich der Schutz Dritter gegenüber Beschrän- 213a
kungen seines Vertragspartners durch ausländisches Ehegüterrecht künftig nach deren Art. 28:

**Art. 28. Wirkungen gegenüber Dritten**

(1) Ungeachtet des Artikels 27 Buchstabe f darf ein Ehegatte in einer Streitigkeit zwischen einem Dritten und einem oder beiden Ehegatten das für den ehelichen Güterstand maßgebende Recht dem Dritten nicht entgegenhalten, es sei denn, der Dritte hatte Kenntnis von diesem Recht oder hätte bei gebührender Sorgfalt davon Kenntnis haben müssen.

(2) Es wird davon ausgegangen, dass der Dritte diese Kenntnis von dem auf den ehelichen Güterstand anzuwendenden Recht hat, wenn

a) dieses Recht das Recht des Staates ist,
   i) dessen Recht auf das Rechtsgeschäft zwischen einem Ehegatten und dem Dritten anzuwenden ist,
   ii) in dem der vertragschließende Ehegatte und der Dritte ihren gewöhnlichen Aufenthalt haben oder
   iii) in dem die Vermögensgegenstände – im Fall von unbeweglichem Vermögen – belegen sind,

oder

b) ein Ehegatte die geltenden Anforderungen an die Publizität oder Registrierung des ehelichen Güterstands eingehalten hat, die vorgesehen sind im Recht des Staates,
   i) dessen Recht auf das Rechtsgeschäft zwischen einem Ehegatten und dem Dritten anzuwenden ist,

[469] Reithmann/Martiny/*Hausmann* IVR Rn. 7.874.

ii) in dem der vertragschließende Ehegatte und der Dritte ihren gewöhnlichen Aufenthalt haben oder
iii) in dem die Vermögensgegenstände – im Fall von unbeweglichem Vermögen – belegen sind.

(3) Kann ein Ehegatte das für seinen ehelichen Güterstand maßgebende Recht einem Dritten nach Absatz 1 nicht entgegenhalten, so unterliegen die Wirkungen des ehelichen Güterstands gegenüber dem Dritten dem Recht des Staates,
a) dessen Recht auf das Rechtsgeschäft zwischen einem Ehegatten und dem Dritten anzuwenden ist oder
b) in dem die Vermögensgegenstände – im Fall von unbeweglichem Vermögen – belegen sind oder, im Fall eingetragener Vermögenswerte oder im Fall von Rechten, in dem diese Vermögenswerte oder Rechte eingetragen sind.

213b Nach der Neuregelung kommt es entscheidend darauf an, ob der Dritte Kenntnis von dem auf den Güterstand anwendbaren Recht des oder der Ehegatten hatte, mit dem/denen er kontrahiert hat, oder diese Kenntnis bei Anwendung der erforderlichen Sorgfalt hätte haben können. Hierzu werden in Art. 28 Abs. 2 EuGüVO präzise Vermutungen aufgestellt. Kann ein Ehegatte danach dem Dritten das für seinen Güterstand maßgebliche Recht nicht entgegenhalten, regelt Art. 28 Abs. 3 EuGüVO, welchem Recht die Wirkungen des Güterstands gegenüber dem Dritten unterliegen. Die Reichweite dieser Verkehrsschutzregelung ist in *sachlicher* Hinsicht weiter als der bisherige Art. 16 Abs. 1 EGBGB, weil sie sich auch auf Beschränkungen erstreckt, die nach bisherigem autonomem Kollisionsrecht als allgemeine Ehewirkungen qualifiziert wurden und deshalb dem Art. 16 Abs. 2 EGBGB unterfielen (→ § 8 Rn. 3a). In *zeitlicher* Hinsicht ist allerdings auch insoweit die Schranke des Art. 69 Abs. 3 EuGüVO zu beachten, so dass sich der Schutz des Rechtsverkehrs auch nach dem 29.1.2019 nur gegenüber güterrechtlichen Beschränkungen solcher Ehegatten nach Art. 28 EuGüVO beurteilt, die ab diesem Stichtag geheiratet haben. Demgegenüber bleibt es für Altehen auch nach dem 29.1.2019 bei der Geltung des nationalen Verkehrsschutzrechts der teilnehmenden Mitgliedstaaten, das nachfolgend aus deutscher Sicht dargestellt wird.

214 **b) Verfügung über inländische Grundstücke. aa) Sachenrechtlicher Schutz. (1) Eintragung von Gütergemeinschaft nach ausländischem Recht im Grundbuch.** Ist das gemeinschaftliche Eigentum von Ehegatten aufgrund eines ausländischen Güterstands nach § 47 GBO im Grundbuch richtig bezeichnet worden (zB Erwerb „in allgemeiner Gütermeinschaft nach *niederländischem* Recht"; → Rn. 169), so muss ein Dritter, der von diesen Ehegatten ein deutsches Grundstück erwirbt, sich etwaige Verfügungsbeschränkungen, die sich aus diesem Güterstand ergeben, entgegenhalten lassen. Dies gilt auch dann, wenn der ausländische Güterstand im deutschen Güterrechtsregister nicht eingetragen ist. Ein Schutz des Erwerbers nach Art. 16 Abs. 1 EGBGB kommt in diesem Fall nicht in Betracht. Demgegenüber sind Verfügungsbeschränkungen, die sich lediglich aus – nach dem ausländischen Güterrecht zulässigen – vertraglichen Vereinbarungen der Ehegatten ergeben, wegen Unvereinbarkeit mit der insoweit maßgeblichen deutschen *lex rei sitae* (§ 137 S. 2 BGB) in Bezug auf inländische Grundstücke nicht zu beachten.[470]

215 **(2) Unrichtige Eintragung von Allein- oder Miteigentum im Grundbuch.** Ist die durch das ausländische Güterrecht bewirkte Änderung der Eigentumsverhältnisse – zB die Entstehung von Gesamthands- oder Miteigentum der Ehegatten – an dem Grundstück nicht in das deutsche Grundbuch eingetragen, so kann sich der Erwerber auf die **Vermutung nach § 891 BGB** zugunsten des noch eingetragenen Alleineigentums des verfügenden Ehegatten stützen. Ist er gutgläubig, so wird sein guter Glaube an die Richtigkeit der

[470] *Andrae* IntFamR § 3 Rn. 164; MüKoBGB/*Siehr* EGBGB Art. 15 Rn. 97.

Grundbucheintragung gemäß § 892 BGB geschützt.[471] Das gleiche gilt auch dann, wenn der gute Glaube des Erwerbers darauf beruht, dass er den eingetragenen Ehegatten für ledig hält, einen geschlossenen Ehevertrag nicht kennt oder nicht weiß, dass der veräußernde Ehegatte in einem ausländischen Güterstand lebt und welchen Inhalt dieser Güterstand hat. Diese Grundsätze gelten nicht nur für die Übertragung und Belastung des Grundstücks selbst, sondern auch für Verfügungen über dingliche Rechte an Grundstücken, ferner für den Erwerb von **Vormerkungen,** die kollisionsrechtlich ebenfalls als dingliche Rechte zu behandeln und im Verkehrsinteresse nach der *lex rei sitae* zu beurteilen sind.[472] Der Gutglaubensschutz nach §§ 891, 892 BGB besteht auch dann, wenn das zwischen den Ehegatten nach ausländischem Güterrecht bestehende Gemeinschaftsverhältnis im Grundbuch unrichtig eingetragen worden ist (zB Miteigentum statt Gesamthandseigentum).[473]

Der gutgläubige Erwerb nach § 892 BGB findet selbst dann statt, wenn die ausländi- 216
sche Gütergemeinschaft im *Güterrechtsregister* eingetragen ist.[474] Denn bei Rechtsverhältnissen, die im Grundbuch eintragbar, aber nicht eingetragen sind, kommt es für den gutgläubigen Erwerb allein auf § 892 BGB an. Der Schutz durch das Güterrechtsregister nach Art. 16 Abs. 1 EGBGB iVm § 1412 BGB hat in diesem Fall zurückzutreten. Ein Schutz des an der Veräußerung nicht beteiligten Ehegatten kommt in einem solchen Fall jedoch in analoger Anwendung von §§ 1365, 1368 BGB in Betracht, wenn die Veräußerung bei Geltung des deutschen gesetzlichen Güterstands der Zugewinngemeinschaft gegen diese – nicht eintragungsfähige – Verfügungsbeschränkung verstoßen würde.[475]

**(3) Eintragungsfähige Verfügungsbeschränkungen nach ausländischem Güter-** 217
**recht.** Der Schutz des guten Glaubens an das Alleineigentum des verfügenden Ehegatten nach sachenrechtlichen Grundsätzen reicht allerdings dann für einen wirksamen Erwerb nicht aus, wenn dieser Ehegatte nach dem maßgebenden Ehegüterrecht nicht verfügungsberechtigt ist.[476] Allerdings erstreckt sich der gute Glaube des deutschen Grundbuchs bei der Verfügung über inländische Grundstücke durch einen Ehegatten auch darauf, dass keine im Grundbuch eintragungsfähigen Verfügungsbeschränkungen bestehen (vgl. § 891 Abs. 1 S. 2 BGB); eintragungsfähig sind aber auch (relative) Verfügungsbeschränkungen aufgrund eines *ausländischen* Güterstands.[477] Fehlt eine solche Eintragung, so erwirbt ein Dritter auch dann nach § 892 BGB gutgläubig, wenn der ausländische Güterstand im *Güterrechtsregister* eingetragen ist. Der sachenrechtliche Schutz des gutgläubigen Erwerbs hängt also auch in diesem Fall nicht davon ab, dass zugleich die Vorausetzungen des Art. 16 Abs. 1 EGBGB iVm § 1412 BGB erfüllt sind.[478]

**bb) Schutz durch das Güterrechtsregister.** Das Güterrechtsregister entfaltet seine 218
Schutzwirkung nach Art. 16 Abs. 1 EGBGB iVm § 1412 BGB zwar vornehmlich bei der Veräußerung von **beweglichem Vermögen** durch Ehegatten, die in einem ausländischen Güterstand leben, wenn dieser Güterstand Verfügungsbeschränkungen vorsieht, die

[471] KG NJW 1973, 428; Reithmann/Martiny/*Hausmann* IVR Rn. 7.879; *Andrae* IntFamR § 3 Rn. 165.
[472] Vgl. IPG 1967/68 Nr. 22 (Köln) zum gutgläubigen Erwerb einer Vormerkung nach § 892 BGB, welche die in *niederländischer* Gütergemeinschaft lebende Ehefrau ihrem Sohn ohne Zustimmung ihres Ehemannes an einem auf ihren Namen eingetragenen deutschen Grundstück bewilligt hatte.
[473] *Andrae* IntFamR § 3 Rn. 165.
[474] MüKoBGB/*Siehr* EGBGB Art. 15 Rn. 98.
[475] *Andrae* IntFamR § 3 Rn. 166.
[476] Soergel/*Schurig* EGBGB Art. 16 Rn. 7.
[477] Vgl. OLG Oldenburg Rpfleger 1991, 412 zur Eintragung von Beschränkungen, die sich aus der Gütergemeinschaft *niederländischen* Rechts in Bezug auf Grundvermögen der Ehegatten ergeben, im deutschen Grundbuch.
[478] Für eine Angleichung, wenn das Verfügungsgeschäft bei Geltung des deutschen gesetzlichen Güterstands der Zugewinngemeinschaft der – absoluten – Verfügungbeschränkung des § 1365 BGB unterliegen würde, *Andrae* IntFamR § 3 Rn. 166.

dem deutschen gesetzlichen Güterstand der Zugewinngemeinschaft fremd sind. In Bezug auf unbewegliches Vermögen kommt dieser Schutz nur *ausnahmsweise* dann in Betracht, wenn das anwendbare ausländische Güterrecht **absolute gesetzliche Verfügungsbeschränkungen** kennt, die im Grundbuch nicht eingetragen werden können.[479] Ist die Verfügung eines Ehegatten wegen Verstoßes gegen eine solche nach ausländischem Ehegüterrecht bestehende Verfügungsbeschränkung unwirksam oder anfechtbar, so scheidet nämlich ein Schutz des Erwerbers nach § 892 BGB aus; dieser wird jedoch unter den Voraussetzungen des Art. 16 Abs. 1 EGBGB (→ Rn. 223 ff.) vor solchen Wirkungen des ausländischen Güterstandes geschützt. Dieser Schutz besteht hingegen dann nicht, wenn das ausländische Güterrecht eine dem § 1365 BGB entsprechende Beschränkung für Verfügungen über das gesamte Vermögen vorsieht.

219 **c) Verfügung über bewegliche Sachen und Forderungen. aa) Sachenrechtlicher Schutz.** Beim Erwerb **beweglicher Sachen** kommt der sachenrechtliche Schutz des guten Glaubens an das Alleineigentum des verfügenden Ehegatten nach §§ 932 ff. BGB in Betracht, wenn die den Gegenstand der Verfügung bildende bewegliche Sache in Deutschland übereignet wird.[480] Der Gutglaubensschutz versagt allerdings bei „abhanden gekommenen" Sachen (§ 935 BGB). Ein Abhandenkommen liegt auch dann vor, wenn der andere Ehegatte – wie häufig – Mitbesitz hatte.[481] Daher scheidet ein sachenrechtlicher Gutglaubensschutz meist aus, wenn ein Gesamtgutsgegenstand ohne Zustimmung des anderen Ehegatten veräußert wird. Gleiches gilt, wenn der veräußernde Ehegatte durch Vorschriften des ausländischen Güterrechts an der Verfügung über eine in seinem Alleineigentum stehende bewegliche Sache gehindert ist; denn der gute Glaube an die güterrechtliche Verfügungsbefugnis wird durch §§ 932 ff. BGB nicht geschützt.[482]

220 Ebensowenig kommt ein sachenrechtlicher Gutglaubensschutz in Bezug auf im Inland belegene **Forderungen** und sonstige Rechte, die – wie Aktien, GmbH-Anteile, Erbteile uÄ – kraft ausländischen Güterrechts in das Gesamtgut der Ehegatten fallen, in Betracht.

221 **bb) Schutz durch das Güterrechtsregister.** Ist ein Ehegatte kraft Güterrechts in der Verfügung über bewegliches Vermögen beschränkt, so greift jedoch der durch das Güterrechtsregister bewirkte Schutz des Rechtsverkehrs ein. Nach **§ 1412 BGB** können Ehegatten, die den gesetzlichen Güterstand ausgeschlossen oder geändert haben, hieraus einem Dritten gegenüber Einwendungen gegen ein Rechtsgeschäft, das zwischen einem von ihnen und dem Dritten vorgenommen worden ist, nur herleiten, wenn der Ehevertrag im Güterrechtsregister des zuständigen Amtsgerichts eingetragen oder dem Dritten bekannt war, als das Rechtsgeschäft vorgenommen wurde. Das Gleiche gilt, wenn die Ehegatten eine im Güterrechtsregister eingetragene Regelung der güterrechtlichen Verhältnisse durch Ehevertrag aufheben oder ändern. Der Vertragspartner kann also dann, wenn eine Eintragung im Güterrechtsregister fehlt, außer acht lassen, dass eventuell ein vertraglicher Güterstand besteht.[483]

222 In gleicher Weise ist der Vertragspartner aber auch gegen das Bestehen eines **ausländischen** (vertraglichen oder gesetzlichen) **Güterstandes** geschützt, der zu seinem Nachteil vom deutschen gesetzlichen Güterstand der Zugewinngemeinschaft abweicht.[484] Unterliegen die güterrechtlichen Wirkungen einer Ehe nämlich gemäß Art. 15 EGBGB ausländi-

[479] *Bader* MittRhNotK 1984, 161 (164); *Andrae* IntFamR § 3 Rn. 168.
[480] Zur Maßgeblichkeit der *lex rei sitae* für den Erwerb vom Nichtberechtigten vgl. BGH NJW 1960, 774 (775); BGHZ 100, 321 (324) = NJW 1987, 3077 (3079) mAnm *Stoll* IPRax 1987, 357; BGH NJW 1995, 2097 = JZ 1995, 784 mAnm *Stoll*; Staudinger/*Mansel* EGBGB Art. 43 Rn. 818 ff.; MüKoBGB/*Wendehorst* EGBGB Art. 43 Rn. 80, jeweils mwN.
[481] Palandt/*Bassenge* BGB § 935 Rn. 4.
[482] *Andrae* IntFamR § 3 Rn. 175.
[483] Zur umfassenden Schutz- und Offenlegungsfunktion des Güterrechtsregisters BGH NJW 1976, 1258.
[484] Vgl. MüKoBGB/*Siehr* EGBGB Art. 16 Rn. 1 ff.; BeckOK BGB/*Mörsdorf-Schulte* EGBGB Art. 16 Rn. 21 ff.; *v. Bar* IPR II Rn. 233; *Schotten/Schmellenkamp* IPR Rn. 213.

schem Recht und hat einer der Ehegatten seinen gewöhnlichen Aufenthalt im Inland oder betreibt er hier ein Gewerbe, so ist § 1412 BGB gemäß **Art. 16 Abs. 1 EGBGB** entsprechend anzuwenden.[485] Der fremde gesetzliche Güterstand steht in diesem Fall also einem vertraglichen deutschen Güterstand gleich. Das Zusammenwirken dieser beiden Vorschriften gibt dem Rechtsverkehr erheblichen Schutz, und zwar nicht nur bei Verfügungsgeschäften über bewegliche Sachen, sondern auch bei der Abtretung und Verpfändung von Forderungen sowie bei Verpflichtungsgeschäften.

Voraussetzung für die Berufung auf das deutsche Güterrechtsregister ist nach Art. 16 223
Abs. 1 EGBGB allerdings, dass zumindest **ein Ehegatte seinen gewöhnlichen Aufenthalt im Inland** hat oder hier ein Gewerbe betreibt.[486] Hingegen ist es nicht erforderlich, dass auch der zu schützende Dritte sich gewöhnlich im Inland aufhält oder gar Deutscher ist.[487] Auch muss der Dritte nicht notwendig gerade zu dem im Inland lebenden Ehegatten in rechtsgeschäftliche Beziehungen getreten sein, sofern er nur überhaupt am inländischen Geschäftsverkehr teilnimmt.[488] Allerdings ist Art. 16 Abs. 1 EGBGB einschränkend in dem Sinne auszulegen, dass das ausländische Güterrecht nur dann verdrängt wird, wenn auch der **Vertrag im Inland geschlossen** wurde. Dies ist zwar nur in Art. 16 Abs. 2 EGBGB in Bezug auf Beschränkungen der Schlüsselgewalt ausdrücklich ausgesprochen, folgt jedoch auch für Art. 16 Abs. 1 EGBGB aus dem Schutzzweck der Norm, weil der ausländische Rechtsverkehr nicht auf die Geltung deutschen Güterrechts vertraut und deshalb insoweit auch keines Schutzes bedarf.[489] In Betracht kommt allenfalls eine analoge Anwendung des Art. 16 Abs. 1 EGBGB zum Schutz des ausländischen Rechtsverkehrs, wenn das Vornahmestatut einen gleichartigen Verkehrsschutz kennt.[490]

Der Schutz des Art. 16 Abs. 1 EGBGB iVm § 1412 BGB entfällt, wenn der abwei- 224
chende ausländische **Güterstand im Güterrechtsregister eingetragen** war, der Vertragspartner dieses aber nicht eingesehen hat oder nicht einsehen konnte, weil ihm der gewöhnliche Aufenthalt der Ehegatten unbekannt war.[491] Die Eintragung in das Güterrechtsregister kann gemäß § 1558 Abs. 1 BGB bei jedem Amtsgericht bewirkt werden, in dessen Bezirk auch nur einer der Ehegatten (also nicht notwendig der kontrahierende) seinen gewöhnlichen Aufenthalt hat. Betreibt ein Ehegatte im Inland lediglich ein Gewerbe, so ist das Amtsgericht für den Ort der Handelsniederlassung zuständig (Art. 4 Abs. 1 EGHGB). In der Praxis spielt das Güterrechtsregister freilich kaum noch eine Rolle; Eintragungen von in- oder ausländischen Güterständen werden nur höchst selten vorgenommen.[492]

Auch wenn der ausländische Güterstand – wie in aller Regel – im Güterrechtsregister 225
nicht eingetragen ist, so wird der Dritte gemäß § 1412 BGB doch nur geschützt, wenn er im Zeitpunkt der Vornahme des Rechtsgeschäfts von der Geltung des fremden Güterrechts auch **keine Kenntnis** hatte. Hier schadet also nur positives Wissen. Fahrlässigkeit

[485] Art. 16 Abs. 1 EGBGB schützt gegenüber der Geltung iranischen Güterrechts auch dann, wenn dessen Geltung sich nicht aus Art. 15 EGBGB, sondern aus Art. 8 Abs. 3 des deutsch-iranischen Niederlassungsabkommens von 1929 ergibt, vgl. MüKoBGB/*Siehr* EGBGB Art. 16 Rn. 5.

[486] MüKoBGB/*Siehr* EGBGB Art. 16 Rn. 10ff.; NK-BGB/*Sieghörtner* EGBGB Art. 16 Rn. 8; Staudinger/*Mankowski* EGBGB Art. 16 Rn. 19.

[487] Soergel/*Schurig* EGBGB Art. 16 Rn. 4; Staudinger/*Mankowski* EGBGB Art. 16 Rn. 29.

[488] *Schotten* DNotZ 1994, 670 (675); *Bader* MittRhNotK 1984, 161 (163); *v. Bar* IPR II Rn. 234; Erman/*Hohloch* EGBGB Art. 16 Rn. 8; **aA** wohl MüKoBGB/*Siehr* EGBGB Art. 16 Rn. 12.

[489] *Schotten* DNotZ 1994, 670 (677ff.); *v. Bar* IPR II Rn. 234; *Andrae* IntFamR §3 Rn. 169; BeckOK BGB/*Mörsdorf-Schulte* EGBGB Art. 16 Rn. 27; Staudinger/*Mankowski* EGBGB Art. 16 Rn. 31ff.; NK-BGB/*Sieghörtner* EGBGB Art. 16 Rn. 8; für Anwendung auf Auslandsgeschäfte, wenn beide Parteien ihren gewöhnlichen Aufenthalt im Inland haben, MüKoBGB/*Siehr* EGBGB Art. 16 Rn. 15; **aA** *G. Fischer* S. 155ff.; Erman/*Hohloch* EGBGB Art. 16 Rn. 11; Soergel/*Schurig* EGBGB Art. 16 Rn. 4.

[490] Dafür *G. Fischer* S. 176ff.; Soergel/*Schurig* EGBGB Art. 16 Rn. 2; MüKoBGB/*Siehr* EGBGB Art. 16 Rn. 44; **aA** Staudinger/*Mankowski* EGBGB Art. 16 Rn. 48ff.

[491] *Bader* MittRhNotK 1984, 161 (163); *Schotten* DNotZ 1994, 670 (676).

[492] *Reithmann* DNotZ 1984, 439 mwN; *Schotten/Schmellenkamp* IPR Rn. 218; MüKoBGB/*Siehr* EGBGB Art. 16 Rn. 22.

reicht – anders als nach Art. 12 EGBGB und Art. 13 Rom I-VO – nicht aus; deshalb besteht auch keine Erkundigungspflicht des Dritten. Allein der Umstand, dass dieser die ausländische Staatsangehörigkeit der Ehegatten kannte, macht ihn noch nicht bösgläubig.[493] Der Dritte muss vielmehr wissen, dass die Ehegatten in einem ausländischen Güterstand leben. Nicht erforderlich ist hingegen die genaue Kenntnis des Inhalts dieses Güterstands.[494] Da sich die Ehegatten nämlich darauf beschränken können, lediglich die Rechtswahl nach Art. 15 Abs. 2 EGBGB im Güterrechtsregister eintragen zu lassen, muss die bloße Kenntnis von der Geltung ausländischen Güterrechts für die Annahme von Bösgläubigkeit genügen.[495]

226 Liegen die Voraussetzungen für den Schutz des guten Glaubens nach Art. 16 Abs. 1 EGBGB vor, was in der Praxis der Regelfall ist,[496] so können die Ehegatten sich auf Verfügungsbeschränkungen, Zustimmungserfordernisse oder andere Einwendungen aus dem für sie geltenden ausländischen Güterrecht gegenüber der Wirksamkeit eines von ihnen geschlossenen Rechtsgeschäfts nicht berufen. Sie werden dem gutgläubigen Dritten gegenüber vielmehr so behandelt, als gelte für sie der deutsche gesetzliche Güterstand der Zugewinngemeinschaft.[497] Kein Schutz besteht daher, wenn das ausländische Güterrecht eine dem § 1369 BGB entsprechende Verfügungsbeschränkung für Haushaltsgegenstände normiert. Der gutgläubige Dritte hat allerdings ein Wahlrecht, ob er an dem rechtsgeschäft festhalten oder sich auf dessen WUnwirksamkeit berufen will.[498]

227 Betreibt ein Ehegatte, der in einem ausländischen Güterstand der Gütergemeinschaft lebt, im Inland ein **selbständiges Erwerbsgeschäft,** so ist gutgläubigen Dritten gegenüber gemäß Art. 16 Abs. 2 EGBGB iVm §§ 1431, 1456 BGB die Zustimmung des anderen Ehegatten zu solchen Rechtsgeschäften nicht notwendig, die der Geschäftsbetrieb mit sich bringt. Praktische Bedeutung erlangen diese Verkehrsschutznormen allerdings nur dann, wenn der ausländische Güterstand im deutschen Güterrechtsregister *verlautbart* ist oder der Dritte um seine Geltung weiß, weil andernfalls bereits der Schutz nach Art. 16 Abs. 1 EGBGB iVm § 1412 BGB eingreift.[499]

228 **d) Weitergehender Schutz nach ausländischem Güterrecht.** Auf den guten Glauben an das Alleineigentum nach §§ 891 f. bzw. §§ 932 ff.BGB kommt es allerdings dann nicht an, wenn dem handelnden Ehegatten trotz bestehenden Mit- oder Gesamthandseigentums des anderen Ehegatten nach dem maßgeblichen ausländischen Ehegüterrecht die **alleinige Verfügungsmacht** zustand. Aber auch wenn ein ausländischer Ehegatte im Inland über eine bewegliche Sache oder ein Grundstück ohne die notwendige Zustimmung des anderen Ehegatten verfügt hat, braucht auf die inländischen Vorschriften über den sachenrechtlichen Gutglaubensschutz dann nicht zurückgegriffen zu werden, wenn der gute Glaube des Erwerbers bereits nach dem für die Gültigkeit der Verfügung maßgebenden *ausländischen Ehegüterrecht* geschützt wird.[500]

[493] *Schotten* DNotZ 1994, 670 (676 ff.); MüKoBGB/*Siehr* EGBGB Art. 16 Rn. 23; Soergel/*Schurig* EGBGB Art. 16 Rn. 8; Staudinger/*Mankowski* EGBGB Art. 16 Rn. 42.

[494] MüKoBGB/*Siehr* EGBGB Art. 16 Rn. 23; NK-BGB/*Sieghörtner* EGBGB Art. 16 Rn. 11; *Looschelders* EGBGB Art. 16 Rn. 6; *Schotten/Schmellenkamp* IPR Rn. 216; **aA** *Amann* MittBayNot 1986, 222 (226); *H. Roth* IPRax 1991, 320 (322), *v. Bar* IPR II Rn. 234; Palandt/*Thorn* EGBGB Art. 16 Rn. 2.

[495] *Liessem* NJW 1989, 497 (500); *Schotten* DNotZ 1994, 670 (677); **aA** Staudinger/*Mankowski* EGBGB Art. 16 Rn. 42.

[496] Vgl. *Schotten/Schmellenkamp* IPR Rn. 218.

[497] MüKoBGB/*Siehr* EGBGB Art. 16 Rn. 22; Erman/*Hohloch* EGBGB Art. 16 Rn. 16; Soergel/*Schurig* EGBGB Art. 16 Rn. 8; Staudinger/*Mankowski* EGBGB Art. 16 Rn. 47; *Schotten/Schmellenkamp* IPR Rn. 220.

[498] AllgM, vgl. Staudinger/*Mankowski* EGBGB Art. 16 Rn. 15; NK-BGB/*Sieghörtner* EGBGB Art. 16 Rn. 13.

[499] Palandt/*Thorn* EGBGB Art. 16 Rn. 3; Erman/*Hohloch* EGBGB Art. 16 Rn. 21; Staudinger/*Mankowski* EGBGB Art. 16 Rn. 76.

[500] Reithmann/Martiny/*Hausmann* IVR Rn. 7.882.

**Beispiel:** 229
Hat ein in Gütergemeinschaft nach niederländischem Recht lebender Ehegatte ohne Zustimmung seines Ehepartners über in Deutschland belegene Gesamtgutsgegenstände verfügt, so kann der Erwerber trotz Eintragung der Gütergemeinschaft im Grundbuch und daraus folgender Kenntnis der Gesamthandsberechtigung wirksam Eigentum erwerben, wenn er hinsichtlich der Alleinverfügungsmacht des handelnden Ehegatten nach Maßgabe von Art. 1:98 Abs. 2 B.W. gutgläubig ist.[501]

## VII. Deutsch-französischer Wahlgüterstand

**Schrifttum:**
*Braun,* Die Wahl-Zugewinngemeinschaft – ein neuer Güterstand im deutschen (und französischen) Recht, MittBayNot 2012, 89; *Breuer,* Der neue deutsch-französische Wahlgüterstand, FF 2010, 113; *Delereue,* Der neue deutsch-französische Wahlgüterstand. Für und Wider eines bilateralen Abkommens, FamRBInt 2010, 70; *Dethloff,* Der deutsch-französische Wahlgüterstand. Wegbereiter für eine Angleichung des Familienrechts?, RabelsZ 76 (2012), 509; *Jäger,* Der neue deutsch-französische Güterstand der Wahl-Zugewinngemeinschaft, DNotZ 2010, 804; *Jünemann,* Der neue Güterstand der Wahl-Zugewinngemeinschaft: Familienrechtliche Grundlagen und erbrechtliche Wirkungen, ZEV 2013, 353; *Meyer,* Der neue deutsch-französische Wahlgüterstand, FamRZ 2010, 612.

Am 4.2.2010 haben die Justizminister *Deutschlands* und *Frank*reichs das „Abkommen über den Güterstand der Wahl-Zugewinngemeinschaft“[502] unterzeichnet, das für beide Länder am 1.5.2013 in Kraft getreten ist.[503] Das Abkommen steht nach seinem Art. 21 auch anderen EU-Mitgliedstaaten zum Beitritt offen. Es führt in das materielle Ehegüterrecht beider Länder die Wahl-Zugewinngemeinschaft als zusätzlichen vertraglichen Güterstand ein. Dieser übernimmt Elemente sowohl des deutschen gesetzlichen Güterstands der Zugewinngemeinschaft als auch des französischen gesetzlichen Güterstands der *„communauté réduite aux acquets“*. Im deutschen Recht wurde die Wahlzugewinngemeinschaft in § 1519 BGB als weiterer vertraglicher Güterstand – neben der Gütertrennung und der Gütergemeinschaft – durch Verweisung auf das Abkommen geregelt. Inhaltlich unterscheidet sich der neue Wahlgüterstand vom deutschen gesetzlichen Güterstand vor allem dadurch, dass die Verfügung eines Ehegatten über sein gesamtes Vermögen – anders als nach § 1365 BGB – nicht beschränkt ist. Andererseits wurde aus dem französischen Recht das dem deutschen Recht bisher fremde Verbot übernommen, ohne Zustimmung des anderen Ehegatten über die „Ehewohnung“ zu verfügen, auch wenn diese im Alleineigentum des verfügenden Ehegatten steht.[504] Bei der Berechnung des Zugewinnausgleichs ist zu beachten, dass auch ein während der Ehe an einen Ehegatten gezahltes Schmerzensgeld – anders als im deutschen gesetzlichen Güterstand – zu dessen Anfangsvermögen gehört. Ferner ist die Höhe der Ausgleichsforderung stets auf die Hälfte dessen beschränkt, was zur Zeit der Beendigung des Güterstands noch vorhanden ist (Art. 14 des Abkommens). § 1412 BGB findet auf den Güterstand keine Anwendung. 230

Durch das Abkommen sollten die Schwierigkeiten der Anknüpfung des Güterrechts im deutsch-französischen Verhältnis möglichst vermieden werden; aus diesem Grunde enthält es keine Kollisionsnormen. Dieses Ziel ist freilich nicht erreicht worden; denn nach Art. 1 des Abkommens steht der Güterstand der Wahl-Zugewinngemeinschaft nur Ehegatten zur Verfügung, deren Güterstand dem **Sachrecht eines Vertragsstaats** unterliegt. Ob dies der Fall ist, bestimmt sich bis zum Inkrafttreten der EuGüVO in 231

[501] IPG 1967/68 Nr. 22 (Köln).
[502] Text im BGBl. 2012 II 180; dazu das deutsche AusfG vom 15.3.2012, BGBl. II 178.
[503] BGBl. 2013 II 431.
[504] Zur Problematik dieser Verfügungsbeschränkung Münch/*Everts* FamR § 2 Rn. 181. Es handelt sich um eine nicht in das deutsche Grundbuch eintragungsfähige absolute Verfügungsbeschränkung, die nicht gemäß § 892 BGB durch den guten Glauben des Erwerbers überwunden werden kann, vgl. *Jünemann* ZEV 2013, 353 (357).

Deutschland nach Art. 15 EGBGB, in Frankreich nach dem Haager Übereinkommen über das auf Ehegüterstände anzuwendende Recht vom 14.3.1978 (→ Rn. 22ff.). Dies kann zur Folge haben, dass das Abkommen zwar aus deutscher Sicht, nicht aber aus französischer Sicht anwendbar ist (oder umgekehrt):[505] Aus **deutscher Sicht** steht der Güterstand der Wahlzugewinngemeinschaft nur zur Verfügung, wenn die güterrechtlichen Beziehungen der Ehegatten nach Art. 15 EGBGB entweder dem deutschen oder dem französischen Recht unterliegen. Die Anwendung des Abkommens erfordert allerdings **keine Auslandsberührung,** ist also nicht auf deutsch-französische Ehen oder Ehen von Deutschen mit gewöhnlichem Aufenthalt in Frankreich (bzw. Ehen von Franzosen mit gewöhnlichem Aufenthalt in Deutschland) beschränkt; vielmehr können deutsche Ehegatten auch in einem reinen Inlandsfall für die in § 1519 BGB geregelte Wahl-Zugewinngemeinschaft optieren.[506] Ausreichend für die Vereinbarung des Wahlgüterstands ist es auch, dass deutsches Recht erst aufgrund einer Rückverweisung bzw. französisches Recht erst aufgrund einer Weiterverweisung durch das Recht eines Drittstaats anwendbar sind. In einer deutsch-französischen Ehe kann der neue Wahlgüterstand hingegen dann nicht vereinbart werden, wenn die Ehegatten ihren gewöhnlichen Aufenthalt im Zeitpunkt der Eheschließung in einem Drittstaat (zB in *Belgien* oder *Italien*) haben. Für diesen Fall setzt der Zugang zu dem neuen Güterstand voraus, dass die Ehegatten zuvor eine Rechtswahl zugunsten des deutschen oder des französischen Rechts nach Art. 15 Abs. 2 Nr. 1 EGBGB treffen.

232 Der Güterstand kann gemäß § 3 Abs. 1 des Abkommens nur durch **Ehevertrag** vereinbart werden, der sowohl vor als auch nach der Eheschließung abgeschlossen werden kann. Die materielle Wirksamkeit dieses Ehevertrags wird im Abkommen nicht geregelt; sie beurteilt sich daher nach dem von Art. 15 Abs. 1 EGBGB zur Anwendung berufenen – deutschen oder französischen – Güterrechtsstatut.[507] In formeller Hinsicht ist nach beiden Rechten notarielle Beurkundung erforderlich (§ 1408 BGB; Art. 394 CC). Um weitergehende Voraussetzungen des französischen Rechts – zB eine zweijährige Wartefrist oder das Erfordernis einer erichtlichen Genehmigung für den Abschluss oder die Änderung von Ehevertägen nach Eheschließung[508] – auszuschalten, empfiehlt sich bei Abschluss des Ehevertrags vor einem deutschen Notar die **Aufnahme einer Rechtswahlklausel** nach Art. 15 Abs. 2 EGBGB zugunsten des deutschen Rechts.[509]

**Hinweis:**
In der Kautelarpraxis wird das Abkommen insgesamt kritisch gesehen, weil der Gewinn durch den neuen Wahlgüterstand eher gering erscheint und den mit seiner Einführung verbundenen Aufwand kaum rechtfertigt.[510]

[505] Vgl. das Beispiel bei *Jäger* DNotZ 2010, 804 (806).
[506] *Jäger* DNotZ 2010, 804 (806f.).
[507] *Braun* MittBayNot 2012, 89 (90); *Jünemann* ZEV 2013, 353 (357).
[508] Keiner gerichtlichen Genehmigung bedarf die Änderung des Güterrechtsstatuts (zB durch Wahl des deutschen Rechts nach Art. 15 Abs. 2 EGBGB), auch wenn damit zugleich ein Wechsel des Güterstands verbunden ist, vgl. *Jäger* DNotZ 2010, 804 (807).
[509] *Jäger* DNotZ 2010, 804 (806f.); *Süß* ZErb 2010, 281 (283); *Jünemann* ZEV 2013, 353 (357).
[510] *Braun* MittBayNot 2012, 89 (94); Münch/*Everts* FamR § 2 Rn. 186.

## C. Anerkennung und Vollstreckung von güterrechtlichen Entscheidungen

### I. EU-Recht

Regelungen des sekundären Unionsrechts finden auf dem Gebiet der Anerkennung und Vollstreckung von güterrechtlichen Entscheidungen derzeit noch keine Anwendung. Die ehelichen Güterstände sind insbesondere aus dem Anwendungsbereich der **Brüssel Ia-VO** nach deren Art. 1 Abs. 2 lit. a ausdrücklich ausgeschlossen. Dieser Ausschlusstatbestand ist weit auszulegen; er umfasst alle vermögensrechtlichen Beziehungen zwischen Ehegatten, die sich unmittelbar aus der Ehe oder ihrer Auflösung ergeben.[511] Auch die Bestätigung einer güterrechtlichen Entscheidung als **europäischer Vollstreckungstitel** ist wegen des Ausschlusses des Güterrechts aus dem sachlichen Anwendungsbereich der EuVTVO in Art. 2 Abs. 2 lit. a nicht möglich, selbst wenn der zugesprochene Anspruch auf Zugewinnausgleich unbestrittenen ist.[512] 233

Auch die bisher auf dem Gebiet des Ehe- und Familienrechts in Kraft getretenen/EU-Verordnungen erfassen das eheliche Güterrecht nicht. Dies gilt insbesondere für die **EuEheVO,** die überhaupt keine vermögensrechtlichen Scheidungsfolgen regelt (vgl. Erwägungsgrund 8). Ferner ist auch der Anwendungsbereich der **EuUntVO** nach ihrem Art. 1 Abs. 1 auf das Unterhaltsrecht beschränkt. Die Abgrenzung zwischen Ehegattenunterhalt und Ehegüterrecht kann allerdings – namentlich iRd vermögensrechtlichen Abwicklung von Ehen aus Anlass der Scheidung nach dem Recht von Common Law-Staaten – erhebliche Probleme aufwerfen.[513] 234

Unter Geltung der **EuGüVO** wird sich die Anerkennung und Vollstreckung güterrechtlicher Entscheidungen aus den anderen 17 an der Verordnung teilnehmenden Mitgliedstaaten (→ Rn. 3), die in Verfahren ergangen sind, die ab dem 29.1.2019 eingeleitet wurden, abschließend nach den Vorschriften dieser Verordnung richten. Gleiches gilt nach der Übergangsvorschrift in Art. 69 Abs. 2 EuGüVO auch dann, wenn das Verfahren im Ursprungsmitgliedstaat zwar vor dem 29.1.2019 eingeleitet wurde, die nach diesem Zeitpunkt ergangene Entscheidung aber auf Zuständigkeitsvorschriften gestützt wurde, die mit denen des Kapitels II der Verordnung übereinstimmen. Die EuGüVO sieht in ihrem Kapitel IV (Art. 36 bis 57) eine einheitliche europäische Regelung der Anerkennung und Vollstreckung güterrechtlicher Entscheidungen vor, die sich weitgehend am Vorbild der Brüssel I-VO orientiert. Abweichend von der neuen Brüssel Ia-VO wird jedoch in Güterrechtssachen an dem Erfordernis einer Vollstreckbarerklärung von Entscheidungen aus anderen Mitgliedstaaten festgehalten (Art. 42 ff.). 235

### II. Staatsverträge

Die Anerkennung und Vollstreckung güterrechtlicher Entscheidungen ist bisher auch nicht in **multilateralen** Staatsverträgen geregelt, die von der *Bundesrepublik Deutschland* abgeschlossen worden sind. Insbesondere ist das eheliche Güterrecht aus dem Luganer Übereinkommen von 2007 in gleichem Umfang ausgeschlossen wie aus der Brüssel Ia-VO (Art. 1 Abs. 2 lit. a LugÜ 2007). Dagegen sind die von der *Bundesrepublik Deutschland* mit ausländischen Staaten abgeschlossenen **bilateralen** Anerkennungs- und Vollstreckungsverträge in Güterrechtssachen grundsätzlich anwendbar, da es sich um vermögensrechtliche Ansprüche in Zivilsachen handelt. Das jeweilige Abkommen darf jedoch das eheliche Güterrecht betreffende Entscheidungen nicht von seinem Anwendungsbereich 236

[511] EuGH 27.3.1979 – 143/78, Slg. 1979, 1055 Rn. 7 – de Cavel; zu Einzelheiten unalexKomm/*Hausmann* Art. 1 Rn. 58 ff.
[512] KG FamRBint 2010, 87.
[513] Dazu näher *Hausmann* IntEuSchR C Rn. 51 ff.

ausgenommen haben, wie dies auf die Vollstreckungsverträge mit *Israel* und *Tunesien* zutrifft.[514]

### III. Autonomes Zivilverfahrensrecht

237 Die Anwendbarkeit völkerrechtlicher Vereinbarungen steht nach dem anerkennungsrechtlichen **Günstigkeitsprinzips** der Anwendung des autonomen Rechts nicht entgegen. Für die praktische Rechtsanwendung bedeutet dies, dass nach der Anerkennung aufgrund eines Staatsvertrags nicht gefragt zu werden braucht, soweit bereits aus den nationalen Vorschriften eine Anerkennungspflicht folgt. Auf die Anerkennung und Vollstreckung ausländischer güterrechtlicher Entscheidungen sind nicht die §§ 328, 722 f. ZPO, sondern die §§ 108 ff. FamFG anzuwenden. Zwar verweist § 113 Abs. 1 S. 2 FamFG in Ehe- und Familienstreitsachen (und damit auch in Güterrechtssachen nach § 261 Abs. 1 FamFG) unter anderen auf § 328 ZPO. Diese Verweisung gilt aber nur, soweit das FamFG keine Sondervorschriften enthält. Als solche Sondervorschriften sind in Verfahren mit Auslandsbezug die §§ 108, 109 FamFG anzusehen.[515] Gleiches gilt für § 110 FamFG im Verhältnis zu § 120 Abs. 1 FamFG iVm §§ 722, 723 ZPO.[516] Bei der Geltung des autonomen Anerkennungs- und Vollstreckungsrechts verbleibt es auch für nach dem 29.1.2019 ergehende güterrechtliche Entscheidungen aus solchen EU-Mitgliedstaaten, die an der EuGüVO nicht teilnehmen, sowie aus Drittstaaten.

[514] Zu den einzelen bilateralen Abkommen vgl. *Hausmann* IntEuSchR L Rn. 46 ff.
[515] Johannsen/Henrich/*Henrich* FamFG § 108 Rn. 18, 22; **aA** *Klinck* FamRZ 2009, 745 ff.
[516] Zu Einzelheiten *Hausmann* IntEuSchR L Rn. 51 ff.

# § 10. Unterhaltsrecht

## Übersicht

**Schrifttum:**

*Ancel/Muir Watt,* Aliments sans frontières, Rev. crit. 2010, 457; *Andrae,* Zum Verhältnis der Haager Unterhaltskonvention 2007 und des Haager Protokolls zur geplanten EG-Unterhaltsverordnung, FPR 2008, 196; *dies.*, Zum Beitritt der Europäischen Gemeinschaft zum Haager Protokoll über das Unterhaltskollisionsrecht, GPR 2010, 196; *dies.*, Nachehelicher Unterhalt bezogen auf eine gescheiterte deutsch-schweizerische Ehe, IPRax 2014, 326; *Arnold,* Entscheidungseinklang und Harmonisierung im internationalen Unterhaltsrecht, IPRax 2012, 311; *Bartl,* Die neuen Rechtsinstrumente zum IPR des Unterhalts auf internationaler und europäischer Ebene, 2012; *Boele-Woelki/Mom,* Vereinheitlichung des internationalen Unterhaltsrechts in der europäischen Union – ein historischer Schritt, FPR 2010, 485; *Bonomi,* Rapport explicatif sur le Protocole de La Haye du 23 novembre 2007 sur la loi applicable aux obligations alimentaires (abrufbar unter http://www.hcch.net); *ders.,* The Hague Protocol of 23 November 2007 on the Law Applicable to Maintenance Obligations, Yb. Priv. Int. L. 2008, 333; *Coester-Waltjen/Lipp/Schumann/*Veit (Hrsg.), Europäisches Unterhaltsrecht, 2009; *Conti/Bißmaier,* Das neue Haager Unterhaltsprotokoll von 2007, FamRBint 2011, 62; *Dimmler/Bißmeier,* Die Anwendung materiellen Rechts bei Trennungs- und Nacheheunterhaltsverfahren mit Auslandsbezug, FPR 2013, 11; *Eichel,* Zur Frage des anwendbaren Rechts bei Unterhaltsansprüchen, FamRZ 2011, 99; *Finger,* Der Wettstreit um neue kollisionsrechtliche Vorschriften im Unterhaltsrecht, FamRZ 2006, 979; *Gruber,* Die neue EG-Unterhaltsverordnung, IPRax 2010, 128; *ders.,* Das Haager Protokoll zum internationalen Unterhaltsrecht, FS Spellenberg, 2010, 177; *ders.*, Unterhaltsvereinbarung und Statutenwechsel, IPRax 2011, 559; *Henrich,* Im Labyrinth des internationalen Unterhaltsrechts, FamRZ 2015, 761; *Hirsch,* Neues Haager Unterhaltsübereinkommen – Erleichterte Geltendmachung und Durchsetzung von Unterhaltsansprüchen über Ländergrenzen hinweg, FamRBint 2008, 70; *Janzen,* Die neuen Haager Übereinkünfte zum Unterhaltsrecht und die Arbeiten an einer EG-Unterhaltsverordnung, FPR 2008, 218; *Kroll-Ludwigs,* Das Verhältnis von Haager Unterhaltsprotokoll (2007) und Haager Unterhaltsübereinkommen (1973): lex posterior derogat legi priori?, IPRax 2016, 34; *Lehmann,* Das neue Unterhaltskollisionsrecht – im Irrgarten zwischen Brüssel und Den Haag, GPR 2014, 342; *Looschelders/Boos,* Das grenzüberschreitende Unterhaltsrecht in der internationalen und europäischen Entwicklung, FamRZ 2006, 374; *Malatesta,* La Convenzione e il Protocollo dell'Aja del 2007 in materia di alimenti, Riv.dir.int.priv.proc. 2009, 829; *Martiny,* Maintenance Obligations in the Conflict of Laws, Rec des Cours 247 (1994-III), 131; *Nimerrichter,* Handbuch Internationales Unterhaltsrecht, 2011; *Pocar/Viarengo,* Il regolamento (CE) No 4/2009 in materia di obbligazioni alimentari, Riv.dir.int.priv.proc. 2009, 805; *Ring,* Materiellrechtliche Berücksichtigung des Auslandsbezugs bei Geltendmachung von Kindesunterhalt nach dem HUP, FPR 2013, 16; *Schmidt* (Hrsg.), Internationale Unterhaltsrealisierung, 2011; *Schulze,* Bedürfnis und Leistungsfähigkeit im internationalen Unterhaltsrecht, 1998; *Weber,* Die Grundlagen der Unterhaltspflicht nach dem Haager Unterhaltsprotokoll, ZfRV 2012, 170; *Zimmer,* Aufenthaltswechsel und Haager Unterhaltsprotokoll, IPRax 2015, 180. Vgl. auch das Schrifttum vor → Rn. 71 und vor → Rn. 129.

Unterhaltspflichten wurden in den bis 2011 geltenden Rechtsinstrumenten – insbesondere im Haager Übereinkommen über das auf Unterhaltspflichten anzuwendende Recht **(HUntÜ)** vom 2.10.1973[1] und der diesem Übereinkommen weitgehend entsprechenden Kollisionsnorm des Art. 18 EGBGB aF – ausschließlich objektiv angeknüpft. Aus diesem Grunde wurde das internationale Unterhaltsrecht – ähnlich wie das internationale Ehescheidungsrecht – in den der Rechtsgestaltung gewidmeten Werken bisher nur am Rande behandelt. Demgegenüber räumt das heute maßgebliche Haager Unterhaltsprotokoll **(HUP)** vom 23.11.2007[2] den Parteien auf dem Gebiet des Unterhaltsrechts in Art. 7 und Art. 8 erstmals **weitreichende Rechtswahlmöglichkeiten** ein. Es ist daher zu erwarten, dass hiervon sowohl in Eheverträgen als auch in Scheidungsvereinbarungen künftig deutlich häufiger Gebrauch gemacht werden wird. Insbesondere haben Ehegatten nunmehr die Möglichkeit, für ihre güter- und unterhaltsrechtlichen Beziehungen nach Art. 15 Abs. 2 EGBGB und Art. 8 Abs. 1 lit. c HUP ein einheitliches Recht zu wählen, um schwierige Qualifikationsprobleme im Grenzbereich der beiden Statute zu vermeiden (→ Rn. 100 ff.). Ferner steht es ihnen nach Art. 8 Abs. 1 lit. d HUP frei, den nachehelichen Unterhalt auch dem für die Ehescheidung nach Art. 5 bis 7 Rom III-VO gewählten (→ § 11 Rn. 54 ff.) oder dem nach Art. 8 Rom III-VO auf die Ehescheidung tatsächlich angewandten Recht zu unterstellen, um das Scheidungsverfahren zu beschleunigen (→ Rn. 106 ff.). Dies rechtfertigt eine ausführlichere Behandlung des internationalen Unterhaltsrechts auch in diesem Handbuch. 1

## A. Rechtsquellen

### I. Internationales Privatrecht

#### 1. EU-Recht

In der Europäischen Union gilt zwar auf dem Gebiet des Unterhaltsrechts seit dem 18.6.2011 die Verordnung (EG) Nr. 4/2009 über die Zuständigkeit, das anwendbare Recht, die Anerkennung und Vollstreckung von Entscheidungen und die Zusammenarbeit in Unterhaltssachen **(EuUntVO)** vom 18.12.2008.[3] Diese regelt freilich **nur verfahrensrechtliche Aspekte** der grenzüberschreitenden Durchsetzung von Unterhaltsforderungen, insbesondere die internationale (und örtliche) Zuständigkeit der Gerichte,[4] die Anerkennung und Vollstreckung von Unterhaltsentscheidungen aus anderen Mitgliedstaaten,[5] die Gewährung von Prozesskostenhilfe, die Vollstreckung von öffentlichen Urkunden und gerichtlichen Vergleichen in Unterhaltsssachen sowie die Kooperation der mitgliedstaatlichen Behörden auf dem Gebiet der Unterhaltsrechts. Die Regeln zur Umsetzung der EuUntVO in Deutschland hat der deutsche Gesetzgeber im „Auslandsunterhaltsgesetz" vom 23.5.2011[6] zusammengefasst. 2

Zwar hatte die EU-Kommission ursprünglich die Absicht, auch das **Unterhaltskollisionsrecht** in der EuUntVO zu normieren;[7] da jedoch auch die Haager Konferenz parallel an einer Modernisierung des HUntÜ arbeitete, wäre es zu einer Konkurrenz von sekundärem Unionsrecht und Staatsvertragsrecht gekommen. Um die damit verbundenen Komplikationen zu vermeiden, hat die EU schließlich auf die Schaffung eigenständiger 3

[1] BGBl. 1986 II 837 = *Jayme/Hausmann* Nr. 41.
[2] ABl. 2009 L 331, 19 = *Jayme/Hausmann* Nr. 42.
[3] ABl. 2009 L 7, 1 = *Jayme/Hausmann* Nr. 161.
[4] Dazu *Hausmann* IntEuSchR C Rn. 16 ff.; vgl. auch → Rn. 22 ff., 201 ff.
[5] Dazu *Hausmann* IntEuSchR K Rn. 40 ff.
[6] BGBl. 2011 I 898 = *Jayme/Hausmann* Nr. 161b; dazu *Hausmann* IntEuSchR K Rn. 488 ff.
[7] Vgl. Art. 12 ff. des Vorschlags zur EuUntVO vom 15.12.2005 KOM(2005) 649 endg.; dazu *Wagner* FamRZ 2006, 979.

„europäischer" Kollisionsnormen verzichtet.[8] Stattdessen beschränkt sich Art. 15 EuUntVO auf den (deklaratorischen) Hinweis, dass sich das auf Unterhaltspflichten anzuwendende Recht in den Mitgliedstaaten nach dem Haager Unterhaltsprotokoll von 2007 bestimmt. Dadurch soll vor allem eine über die EU-Mitgliedstaaten hinausgehende Vereinheitlichung des internationalen Unterhaltsprivatrechts ermöglicht werden. Aus diesem Grunde ist die Entscheidung der EU, der Haager Konferenz insoweit den Vortritt zu lassen, allgemein begrüßt worden.[9]

## 2. Staatsverträge

4 **a) Haager Unterhaltsprotokoll von 2007. aa) Allgemeines.** Das internationale Unterhaltsprivatrecht ist daher heute weitgehend im Haager Protokoll über das auf Unterhaltspflichten anzuwendende Recht **(HUP)** vom 23.11.2007 normiert. Dieses ist zwar völkerrechtlich erst am 1.8.2013 im Verhältnis zwischen der *Europäischen Union* und *Serbien* in Kraft getreten. Es findet jedoch aufgrund eines Beschlusses des Rats der Europäischen Union vom 30.11.2009[10] in den EU-Mitgliedstaaten – mit Ausnahme von *Dänemark* und dem *Vereinigten Königreich* – bereits seit dem Inkrafttreten der EuUntVO am 18.6.2011 Anwendung.[11] Das HUP regelt das Unterhaltskollisionsrecht mit **universeller Wirkung** und lässt daher für nationales IPR keinen Raum mehr. Allerdings galt es bis zu seinem völkerrechtlichen Inkrafttreten nicht als Staatsvertrag, sondern (lediglich) als **sekundäres Unionsrecht.**[12] Das HUP ist in *Deutschland* und den übrigen EU-Mitgliedstaaten auch nach seinem völkerrechtlichen Inkrafttreten weiterhin als sekundäres EU-Recht zu behandeln; denn Vertragspartei des Protokolls ist die *Europäische Union* selbst mit Wirkung für ihre Mitgliedstaaten (→ § 1 Rn. 64). Die unmittelbare Anwendbarkeit des HUP in den Mitgliedstaaten folgt daher seit dessen völkerrechtlichem Inkrafttreten aus Art. 216 Abs. 2 AEUV.[13] Dem hat auch der deutsche Gesetzgeber dadurch Rechnung getragen, dass er den Vorrang des HUP vor dem nationalen IPR in Art. 3 Nr. 1 lit c EGBGB – und nicht in Art. 3 Nr. 2 EGBGB – angeordnet hat.[14]

5 **bb) Wichtige Neuerungen.** Gegenüber dem zuvor geltenden Unterhaltskollisionsrecht des HUntÜ 1973, das in Art. 18 EGBGB inkorporiert worden war (→ Rn. 20), ergeben sich nach dem Protokoll vor allem die folgenden wesentlichen Änderungen:[15]

- Die Parteien haben erstmals die Möglichkeit, das Unterhaltsstatut durch **Rechtswahl** zu bestimmen. Diese Wahlmöglichkeit wird zugunsten der *lex fori* in einem konkreten Prozess uneingeschränkt eingeräumt (Art. 7 HUP). Demgegenüber ist sie im Übrigen auf bestimmte Rechtsordnungen beschränkt, zu denen eine enge Verbindung besteht (Art. 8 HUP). Ausgeschlossen ist die Rechtswahl für Unterhaltspflichten von Kindern bis zum vollendeten 18. Lebensjahr und von schutzbedürftigen Erwachsenen (Art. 8 Abs. 3 HUP).
- Die bisherige akzessorische Anknüpfung des nachehelichen Unterhalts an das Scheidungsstatut ist aufgegeben worden. **Ehelicher und nachehelicher Unterhalt** werden vielmehr **einheitlich angeknüpft** (Art. 3, 5 HUP; → Rn. 54 ff.).
- Die **Anknüpfung an die *lex fori*** ist – insbesondere in den Eltern-Kind-Beziehungen – aus rechtspraktischen Gründen **gestärkt** worden (Art. 4 Abs. 2, Abs. 3 HUP; → Rn. 45 ff.).[16]

[8] Vgl. näher Rauscher/*Andrae* EuUntVO Art. 15 Rn. 3 ff.
[9] Vgl. Rauscher/*Andrae* EuUntVO Art. 15 Rn. 15; NK-BGB/*Gruber* HUP Vorb. Art. 1 Rn. 6; ausführlich *Beaumont* RabelsZ 73 (2009), 509 (526 ff.).
[10] ABl. L 331, 17.
[11] Dazu *Mankowski* FamRZ 2010, 1487; *Arnold* IPRax 2012, 311 ff. Andernfalls hätte nach ihrem Art. 76 Abs. 3 auch die EuUntVO nicht in Kraft treten können.
[12] Rauscher/*Andrae* HUP Einl. Rn. 17, 22.
[13] MüKoBGB/*v. Hein* EGBGB Art. 3 Rn. 48.
[14] Etwas anderes galt noch für das HUntÜ 1973; vgl. BGH FamRZ 2001, 412.
[15] Vgl. auch Rauscher/*Andrae* HUP Einl. Rn. 9 ff.
[16] *Gruber* FS Spellenberg, 2010, 177 (182); BeckOK BGB/*Heiderhoff* EGBGB Art. 18 Rn. 3.

- Das bisher in Art. 4 bis 6 HUntÜ enthaltene **Günstigkeitsprinzip** ist im Wesentlichen auf Unterhaltsansprüche im Eltern-Kind-Verhältnis **begrenzt** und inhaltlich modifiziert worden (Art. 4 HUP; → Rn. 41 ff.).
- Die **Einrede der kumulativen Anknüpfung des Unterhaltsstatuts** wurde gegenüber Art. 7 HUntÜ deutlich **erweitert** (Art. 6 HUP; → Rn. 66 ff.).

**cc) Räumlicher Anwendungbereich.** An das HUP gebunden sind sämtliche EU-Mitgliedstaaten mit Ausnahme von **Dänemark** und dem **Vereinigten Königreich.** Diese beiden Mitgliedstaaten beteiligen sich zwar auf den Gebieten der internationalen Zuständigkeit sowie der Anerkennung und Vollstreckung von Unterhaltsentscheidungen an der EuUntVO, nicht aber auf dem Gebiet des Kollisionsrechts am Haager Unterhaltsprotokoll. In beiden Mitgliedstaaten ist daher auf dem Gebiet des Unterhaltsrechts weiterhin das nationale IPR maßgebend, so dass keine vollständige Vereinheitlichung des internationalen Unterhaltsrechts in der EU erreicht worden ist. Dies hat insbesondere Konsequenzen für die Anerkennung und Vollstreckung unterhaltsrechtlicher Entscheidungen.[17] Dem Haager Protokoll können nicht nur Vertragsstaaten des HUntGÜ 2007 (→ Rn. 16), sondern nach Art. 23 HUP alle Staaten beitreten. Es ist darüber hinaus nach seinem Art. 24 auch für den Beitritt von „Organisationen der regionalen Wirtschaftsintegration" geöffnet; die Vorschrift zielt insbesondere auf den erfolgten Beitritt der Europäischen Union ab.[18] 6

**dd) Sachlicher Anwendungsbereich.** Dazu → Rn. 129 ff., 152 ff. 7

**ee) Zeitlicher Anwendungsbereich.** Das Protokoll findet nach der Übergangsvorschrift in Art. 22 auf Verfahren keine Anwendung, in denen in einem Vertragsstaat Unterhalt für einen Zeitraum vor dem Inkrafttreten des Protokolls in diesem Staat verlangt wird; insoweit verbleibt es daher grundsätzlich bei dem in diesem Vertragsstaat zuvor geltenden HUntÜ bzw. dem autonomen Kollisionsrecht.[19] Danach ist für die Abgrenzung zwischen altem und neuem Kollisionsrecht also nicht der Zeitpunkt maßgebend, zu dem das Unterhaltsverfahren eingeleitet wird, sondern es kommt darauf an, für welchen Zeitraum Unterhalt verlangt wird. Eine Übertragung dieser Regelung auf die vorläufige Anwendbarkeit des Protokolls in den gebundenen Mitgliedstaaten der EU hätte bedeutet, dass das Protokoll nur auf solchen Unterhalt anwendbar wäre, der für die Zeit ab dem 18.6.2011 verlangt wird, dies auch dann, wenn das entsprechende Verfahren bereits vor dem 18.6.2011 eingeleitet worden wäre.[20] Hingegen wäre das bisherige Kollisionsrecht weiterhin auf Unterhaltsforderungen anzuwenden gewesen, die für den Zeitraum davor geltend gemacht werden, auch wenn das Verfahren erst nach dem 18.6.2011 eingeleitet wurde. 8

Dies hätte jedoch zu einer gewissen Diskrepanz zum zeitlichen Anwendungsbereich der EuUntVO geführt, die ihrerseits die Anwendung des Protokolls voraussetzt. Denn die EuUntVO findet nach ihrem Art. 75 Abs. 1 nur auf ab dem 18.6.2011 eingeleitete Verfahren, gebilligte oder geschlossene gerichtliche Vergleiche und ausgestellte öffentliche Urkunden Anwendung. Die Verordnung ist damit auch in Fällen anwendbar, in denen eine Unterhaltsforderung in einem nach dem 18.6.2011 eingeleiteten Verfahren **für einen davor liegenden Zeitraum** geltend gemacht wird. Bei Abschluss des Protokolls hat die EU daher folgende Erklärung abgegeben: 9

[17] Vgl. Art. 17 ff. EuUntVO einerseits, Art. 23 ff. EuUntVO andererseits; dazu → Rn. 248 f. und *Hausmann* IntEuSchR K Rn. 40 ff.
[18] *Bonomi*-Bericht Rn. 207.
[19] Rauscher/*Andrae* HUP Einl. Rn. 14.
[20] Vgl. idS OLG Köln FamRZ 2012, 1509.

„Die Europäische Gemeinschaft erklärt hiermit, dass sie das Protokoll in der Gemeinschaft auch auf Unterhaltsforderungen anwenden wird, die in ihren Mitgliedstaaten für einen Zeitraum vor dem Inkrafttreten oder der vorläufigen Anwendung des Protokolls in der Gemeinschaft geltend gemacht werden, sofern die Einleitung des Verfahren, die Billigung oder der Abschluss des gerichtlichen Vergleichs oder die Ausstellung der öffentlichen Urkunde nach dem 18. Juni 2011, dem Datum des Beginns der Anwendbarkeit der Verordnung (EG) Nr 4/2009 über die Zuständigkeit, das anwendbare Recht, die Anerkennung und Vollstreckung von Entscheidungen und die Zusammenarbeit in Unterhaltssachen, erfolgt ist."[21]

10 Diese Erklärung wurde durch Art. 5 des Ratsbeschlusses vom 30.11.2009[22] umgesetzt. Danach ist allein der **Zeitpunkt der Einleitung des Unterhaltsverfahrens** – und nicht der Zeitraum, für den Unterhalt begehrt wird – für die Bestimmung des anzuwendenden Kollisionsrechts maßgebend. Auch Unterhaltsansprüche, die vor dem 18.6.2011 entstanden sind, sind daher nach Maßgabe des HUP geltend zu machen, sofern nur das Verfahren nach dem 18.6.2011 iSv Art. 75 Abs. 1 EuUntVO eingeleitet worden ist. Auf diese Weise wird sichergestellt, dass in allen nach dem 18.6.2011 eingeleiteten Verfahren einheitlich das neue Kollisionsrecht des Protokolls gilt, unabhängig davon, für welchen Zeitraum Unterhalt begehrt wird.[23] Soweit das HUP vom HUntÜ/Art. 18 EGBGB aF abweicht, kann daher allein die – vom Unterhaltskläger im Übergangszeitraum steuerbare – Einleitung eines Unterhaltsverfahrens vor deutschen Gerichten erst nach dem 18.6.2011, in dem Unterhalt für die Zeit davor verlangt wird, zu einem Statutenwechsel führen mit der Folge, dass Unterhaltsansprüche, die nach dem bisher anwendbaren Recht nicht bestanden, neu entstehen.[24] Darüber hinaus kann ein durch den Übergang vom HUntÜ zum HUP eingetretener Statutenwechsel auch dann, wenn über Unterhaltsansprüche bereits vor dem 18.6.2011 rechtskräftig entschieden worden ist, einen **Abänderungsgrund** darstellen, wenn Unterhaltsansprüche, die auf der Grundlage des zuvor anwendbaren Unterhaltsrechts zugesprochen worden sind, nach dem neuen Unterhaltsstatut entfallen oder nur in deutlich geringerem Umfang bestehen bzw. nunmehr in weit höherem Umfang zu gewähren sind.

11 **ff) Universelle Anwendung.** Das Protokoll ist nach seinem Art. 2 als *„loi uniforme"* ausgestaltet und daher von den Gerichten der Vertragsstaaten unabhängig davon anzuwenden, ob der Sachverhalt Bezüge zu einem Vertragsstaat oder einem Nichtvertragsstaat aufweist.[25] Die Beteiligten brauchen also nicht Angehörige eines Vertragsstaats zu sein und müssen auch ihren gewöhnlichen Aufenthalt nicht in einem Vertragsstaat haben. An den gewöhnlichen Aufenthalt wird in Art. 3 Abs. 1 HUP vielmehr unabhängig davon angeknüpft, wo dieser begründet wurde. Das vom Protokoll bestimmte Unterhaltsstatut braucht auch nicht das Recht eines Vertragsstaates zu sein. Durch die Allseitigkeit der Kollisionsnormen wird die im IPR fragwürdige Zweispurigkeit der Anknüpfung nach staatsvertraglichem und autonomem Kollisionsnormen beseitigt.[26] Damit verdrängt das

[21] KOM(2009) Nr. 81.

[22] ABl. L 331, 17.

[23] BGHZ 203, 272 Rn. 22 = NZFam 2015, 262 mAnm *Andrae* = FamRZ 2015, 479 mAnm *Heiderhoff;* OLG Nürnberg FamRZ 2015, 355; OLG Celle FamRZ 2012, 1501 (Ls.); OLG Bremen FamRZ 2013, 224 (225); *Gruber* FS Spellenberg, 2010, 177 (181); *Coester-Waltjen* IPRax 2012, 528 ff.; Palandt/*Thorn* HUP Rn. 60; *Henrich* IntSchR Rn. 123; Erman/*Hohloch* HUP Vorb. Art. 1 Rn. 12 und Art. 22 Rn. 2; BeckOK BGB/*Heiderhoff* EGBGB Art. 18 Rn. 11; insoweit unrichtig daher OLG Nürnberg IPRax 2012, 551 (552); OLG Köln FamRZ 2012, 1509 (1510); OLG Stuttgart FamRZ 2012, 1510 (1511); OLG München FamRZ 2012, 1512, wo jeweils der Ratsbeschluss vom 30.11.2009 übersehen und Art. 22 HUP seinem Wortlaut gemäß angewandt, dh auf den Zeitraum abgestellt wird, für den Unterhalt begehrt wird.

[24] Krit.dazu *Andrae* GPR 2010, 196 (199); NK-BGB/*Gruber* HUP Art. 22 Rn. 4.

[25] BGH FamRZ 2011, 97 mAnm *Eichel;* OGH ZfRV 2012, 270; BeckOK BGB/*Heiderhoff* EGBGB Art. 18 Rn. 9, 21.

[26] MüKoBGB/*Siehr* EGBGB Anh. I Art. 18 Rn. 83.

Protokoll in den gebundenen Mitgliedstaaten das nationale Unterhaltskollisionsrecht vollständig.[27]

**gg) Auslegung.** Authentisch sind nur die englische und die französische Textfassung des Protokolls; bei der deutschen Fassung handelt es sich lediglich um eine Übersetzung. Bei Auslegungsproblemen sind daher die englische und die französische Originalfassung heranzuziehen. Die ungewöhnliche Bezeichnung als „Protokoll" soll auf den engen Zusammenhang mit dem HUntGÜ 2007 hinweisen, der auch iRd Auslegung zu berücksichtigen ist. Das Protokoll ist in allen Vertragsstaaten gemäß seinem internationalen Charakter möglichst **einheitlich** auszulegen (Art. 20 HUP). Für die Gerichte der Vertragsstaaten folgt daraus die Pflicht, auch die Rechtsprechung anderer Vertragsstaaten zu berücksichtigen. Das Ständige Büro der Haager Konferenz hat zu diesem Zweck eine Entscheidungsdatenbank zum Protokoll eingerichtet. Im Übrigen kann auf den ausführlichen **Bericht zum Protokoll** von *Bonomi* (im Internet zugänglich in englischer und französischer Sprache sowie in deutgscher Übersetzung unter http://www.hcch.net) zurückgegriffen werden. 12

Da das Protokoll wegen des Beitritts der EU als **sekundäres Unionsrecht** zu behandeln ist, besteht für deutsche Gerichte wie auch für die Gerichte der anderen EU-Mitgliedstaaten bei der Anwendung des Protokolls eine Vorlagepflicht bzw. ein **Vorlagerecht nach Art. 267 AEUV.**[28] Im Rahmen solcher Vorabentscheidungsverfahren ist auch der EuGH an die Verpflichtung zur einheitlichen Auslegung des Protokolls gemäß Art. 20 gebunden. Dabei trägt auch er dem engen Zusammenhang mit dem HUntGÜ 2007 einerseits, der EuUntVO andererseits Rechnung.[29] 13

**b) Haager Unterhaltsübereinkommen von 1973.** Das Protokoll tritt nach seinem Art. 18 an die Stelle des Haager Übereinkommens über das auf Unterhaltspflichten anzuwendende Recht **(HUntÜ)** vom 2.10.1973. Dieses wird durch das HUP nicht nur – wie es der Wortlaut von Art. 18 HUP vermuten lässt – „zwischen den Vertragsstaaten" des Protokolls, sondern nach zutreffender Ansicht vollständig verdrängt.[30] Dies bedeutet, dass das HUP das bisher geltende HUntÜ vor deutschen Gerichten auch im Verhältnis zu solchen Staaten ersetzt, die nur das HUntÜ, nicht aber das HUP ratifiziert haben; dies sind *Albanien, Aruba, Japan,* die *Schweiz* und die *Türkei.*[31] Denn zum einen enthält das HUntÜ keine Gegenseitigkeitsklausel und somit auch keine Verpflichtung, es gegenüber den anderen Vertragsstaaten weiter anzuwenden;[32] zum anderen lässt sich der Vorrang des HUP auf eine ergänzende Auslegung des Ratsbeschlusses vom 30.11.2009[33] stützen. Diesem 14

[27] Aus deutscher Sicht gilt das Protokoll daher sowohl im Verhältnis zu den nicht gebundenen EU-Staaten *Dänemark* und *Vereinigtes Königreich* wie im Verhältnis zu Drittstaaten, vgl. Rauscher/*Andrae* HUP Einl. Rn. 13.

[28] BGH NJW 2013, 2662 Rn. 37; *Andrae* IPRax 2014, 326 (328); Rauscher/*Andrae* HUP Einl. Rn. 17; Palandt/*Thorn* HUP Rn. 3; allg. EuGH 30.4.1974 – 181/73, Slg. 1974, 449 Rn. 2, 6 – R&V Haegemann/Belgien.

[29] Vgl. Erwägungsgrund 8 zur EuUntVO.

[30] BT-Drs. 17/4887, 53; *Conti/Bißmeier* FamRBint 2011, 62 (63); BeckOK BGB/*Heiderhoff* EGBGB Art. 18 Rn. 6; ebenso – gestützt auf die aus Art. 351 Abs. 2 AEUV (analog) folgende Verpflichtung Deutschlands das HUntÜ zu kündigen, *Kroll-Ludwigs* IPRax 2016, 34ff.; zust. OLG Stuttgart NJW 2013, 2662 (*Schweiz*); **aA** (Fortgeltung des HUntÜ 1973 im Verhältnis zu Vertragsstaaten, die das HUP nicht ratifiziert haben) die hL, vgl. *Andrae* IPRax 2014, 326 (328) und GPR 2010, 196 (200); *Ring* FPR 2013, 16; *Mankowski* NZFam 2014, 267 (268); *Henrich* IntSchR Rn. 136 und FamRZ 2015, 1761 (1763); Palandt/*Thorn* HUP Rn. 53; Erman/*Hohloch* HUP Vorb. Art. 1 Rn. 2, 4; Münch/*Süß* FamR § 20 Rn. 39, 45. Der BGH hat diese Frage ausdrücklich offengelassen, vgl. BGH NJW 2013, 2662 Rn. 35ff. mAnm *Andrae* IPRax 2014, 326.

[31] NK-BGB/*Gruber* HUP Art. 18 Rn. 5, der auf die Auslegung von Art. 19 HUntÜ iSe allgemeinen Öffnungsklausel abstellt.

[32] BT-Drs. 17/4887, 53.

[33] Beschluss 2009/941/EG über den Abschluss des Haager Protokolls vom 23.11.2007 über das auf Unterhaltspflichten anzuwendende Recht durch die EG, ABl. L 331, 17.

Beschluss gebührt nach Art. 19 HUP (und Art. 3 Nr. 1 lit. c EGBGB) Vorrang und er kann somit auch die Regelung des Art. 18 HUP überlagern.[34] Weiter ist zu beachten, dass eine genaue Abgrenzung zwischen beiden Staatsverträgen durch Art. 18 HUP nicht erfolgt, da beide Verträge einen universellen Anwendungsbereich haben. Der *Bonomi*-Bericht[35] spricht sich daher ebenfalls dafür aus, dem HUP im Zweifel den Vorrang zu geben. Praktische Bedeutung hat dies insbesondere für den nachehelichen Unterhalt, der nach dem HUP nicht mehr gesondert angeknüpft wird (→ Rn. 54f.). Auf eine Darstellung des nur noch für Altfälle geltenden HUntÜ wird daher verzichtet.

15 **c) Haager Kindesunterhaltsübereinkommen von 1956.** Das Haager Übereinkommen über das auf Unterhaltspflichten gegenüber Kindern anzuwendende Recht **(HKUntÜ)** vom 24.10.1956[36] ist dagegen im Verhältnis zu *Liechtenstein* und zur chinesischen Sonderverwaltungsregion *Macau* weiterhin anzuwenden, wenn es um den Unterhalt eines unter 21 Jahre alten Kindes geht und der Unterhaltsberechtigte oder -verpflichtete seinen gewöhnlichen Aufenthalt in einem dieser Staaten hat.[37] Es gilt auch nach dem Übergang der Souveränitätsrechte für *Macau* von *Portugal* auf *China* mit Wirkung vom 20.12.1999 im Verhältnis zu *Macau* fort.[38] Seine Ersetzung durch das HUP scheitert schon daran, dass das Protokoll einen wesentlich weiteren sachlichen Anwendungsbereich hat, an den die Mitgliedstaaten des HKUntÜ nicht ohne ihre Zustimmung gebunden werden können.

16 **d) Haager Übereinkommen über die Geltendmachung von Unterhaltsansprüchen von 2007.** Keine Konkurrenz besteht hingegen zwischen dem HUP und dem Haager Übereinkommen über die internationale Geltendmachung der Unterhaltsansprüche von Kindern und anderen Familienangehörigen **(HUntGÜ)** vom 23.11.2007.[39] Beide Staatsverträge stehen zwar in einem sachlichen Zusammenhang, sind jedoch rechtlich voneinander unabhängig. Insbesondere können dem HUP auch Staaten beitreten, die dem HUntGÜ nicht angehören. Ferner überschneidet sich der Anwendungsbereich beider Verträge nicht. Das HUP beschränkt sich auf die Regelung des anwendbaren Rechts; hingegen soll das HUntGÜ das zentrale internationale Instrument für die **grenzüberschreitende Durchsetzung von Unterhaltsforderungen** vor allem von Kindern werden (→ Rn. 253). Das HUntGÜ ist für die *Europäische Union* (mit Ausnahme *Dänemarks*) am 1.8.2014 im Verhältnis zu *Albanien, Bosnien und Herzegowina, Norwegen* und der *Ukraine* in Kraft getreten. Das Übereinkommen wird allerdings im Verhältnis der EU-Mitgliedstaaten zueinander durch die EuUntVO vollständig verdrängt, gilt also nur für die Anerkennung und Vollstreckung drittstaatlicher Unterhaltstitel (vgl. Art. 69 Abs. 2 EuUntVO).

17 **e) Deutsch-iranisches Niederlassungsabkommen von 1929.** Nach Art. 19 lässt das Haager Unterhaltsprotokoll internationale Übereinkünfte unberührt, denen Vertragsstaaten auf dem Gebiet des Unterhaltskollisionsrechts angehören. Aus deutscher Sicht gilt daher im Verhältnis zum Iran Art. 8 Abs. 3 des deutsch-iranischen Niederlassungsabkommens vom 17.2.1929[40] in Unterhaltssachen fort.[41] Das Abkommen ist in sachlicher Hinsicht auf das gesamte Familienrecht anwendbar; es gilt daher auch für Unterhaltspflichten zwischen Ehegatten oder zwischen Eltern und Kindern, auch wenn dies in der

[34] BeckOK BGB/*Heiderhoff* EGBGB Art. 18 Rn. 6; **aA** (Vorrang von Art. 18 vor Art. 19 HUP) *Mankowski* NZFam 2014, 267 (268).
[35] *Bonomi*-Bericht Rn. 145, 197.
[36] BGBl. 1961 II 1013 = *Jayme/Hausmann* Nr. 40.
[37] *Henrich* FamRZ 2015, 1761 (1763); BeckOK BGB/*Heiderhoff* EGBGB Art. 18 Rn. 7; Rauscher/*Andrae* HUP Art. 18 Rn. 1.
[38] BGBl. 2003 II 789, 797. Vgl. zu diesem Übereinkommen die Kommentierung bei *Hausmann* IntEuSchR C Rn. 602ff.
[39] ABl. 2011 L 192, 51 = *Jayme/Hausmann* Nr. 182.
[40] RGBl. 1930 II 1006.
[41] *Hausmann* IntEuSchR C Rn. 706ff.; Erman/*Hohloch* HUP Vorb. Art. 1 Rn. 5.

deutsch-iranischen Erklärung zu dem Abkommen nicht ausdrücklich festgestellt wird. Vor deutschen Gerichten ist Art. 8 Abs. 3 auf Unterhaltsverpflichtungen allerdings nur dann anwendbar, sowohl der Unterhaltsberechtigte wie auch der -verpflichtete übereinstimmend nur die deutsche oder nur die iranische Staatsangehörigkeit besitzen.[42] Ist das Niederlassungsabkommen anwendbar, so bestimmen sich die Unterhaltspflichten zwischen iranischen Staatsangehörigen aber selbst dann nach iranischem Recht, wenn beide Parteien ihren gewöhnlichen Aufenthalt in Deutschland haben.[43] Sind Personen unterschiedlicher Staatsangehörigkeit an der unterhaltsrechtlichen Beziehung beteiligt, so ist hingegen nicht das deutsch-iranische Niederlassungsabkommen, sondern das HUP anzuwenden. Gleiches gilt auch dann, wenn einer oder beide Beteiligte Mehrstaater sind, also sowohl die iranische als auch die deutsche Staatsangehörigkeit besitzen.[44] Beteiligte idS ist auch die Mutter, die als gesetzliche Vertreterin des Kindes Unterhalt vom Vater fordert.[45] Das Niederlassungsabkommen findet schließlich auch dann keine Anwendung, wenn die Parteien zwar beide die iranische Staatsangehörigkeit besitzen, jedoch zumindest eine von ihnen den Status als Flüchtling iSd Genfer Flüchtlingskonvention oder als Asylberechtigter iSv §§ 1 ff. AsylG innehat.[46] Auch in diesem Fall bleibt es bei der Anwendung des HUP.

Art. 8 Abs. 3 des Abkommens enthält für das Unterhaltsrecht eine **Sachnormverweisung** auf das iranische Recht, wenn beide Ehegatten nur die iranische Staatsangehörigkeit besitzen. Eine hiervon abweichende Rechtswahl der Parteien nach Art. 7, 8 HUP ist unzulässig. Da das iranische Familienrecht religiös gespalten ist, hat der deutsche Richter das maßgebende Sachrecht auch iRd deutsch-iranischen Niederlassungsabkommens mit Hilfe einer **Unteranknüpfung** gemäß Art. 17 HUP zu bestimmen; sie führt im Regelfall zur Anwendung des islamisch-schiitischen Unterhaltsrechts. 18

Nach Art. 8 Abs. 3 S. 2 des Abkommens kann die Anwendung der iranischen Gesetze in Verfahren vor deutschen Gerichten nur ausnahmsweise und nur insoweit ausgeschlossen werden, als ein solcher Ausschluss allgemein gegenüber jedem anderen fremden Staat erfolgt. Die Auslegung dieser Vorschrift führt zu dem Ergebnis, dass es sich hierbei um eine besondere **Ausprägung des *„ordre public"*-Grundsatzes** handelt.[47] Ausnahmevorschriften iSv Art. 8 Abs. 3 S. 2 sind somit die allgemeinen und besonderen *„ordre public"*-Klauseln des deutschen bzw. iranischen Rechts. Aus diesem Grunde findet insbesondere Art. 13 HUP (→ Rn. 192 ff.) auch im Geltungsbereich von Art. 8 Abs. 3 S. 2 des deutsch-iranischen Niederlassungsabkommens Anwendung.[48] 19

### 3. Autonomes Kollisionsrecht

Das HUntÜ war vom deutschen Gesetzgeber in leicht abgewandelter Form als Art. 18 EGBGB übernommen worden. Mit Inkrafttreten des HUP ist Art. 18 EGBGB durch Art. 12 Nr. 2 des Auslandsunterhaltsgesetzes **(AUG)** vom 23.5.2011[49] aufgehoben worden und daher in ab dem 18.6.2011 eingeleiteten Unterhaltsverfahren nicht mehr anwendbar. Im AUG sind die deutschen Durchführungsvorschriften zur EuUntVO, zum HUntGÜ sowie zu weiteren multilateralen Staatsverträgen auf dem Gebiet des Unterhaltsverfahrensrechts zusammengefasst. 20

[42] BGH FamRZ 1986, 345 mAnm *Nolting* = IPRax 1986, 382 mAnm *Böhmer* IPRax 1986, 362; *Schotten/Wittkowski* FamRZ 1995, 264 (265).

[43] OLG Koblenz FamRZ 2009, 611 (614); OLG Zweibrücken FamRZ 2007, 1555; OLG Stuttgart FamRZ 2004, 25 (26); AG Kerpen FamRZ 2001, 1526.

[44] BGH IPRax 1986, 382 (383); OLG Bremen IPRax 1985, 296 (Ls.); *Schotten/Wittkowski* FamRZ 1995, 264 (265); *Finger* FuR 1999, 158 (159); Erman/*Hohloch* HUP Vorb. Art. 1 Rn. 5.

[45] BGH IPRax 1986, 382 (383); NK-BGB/*Gruber* HUP Art. 19 Rn. 4.

[46] BGH FamRZ 1990, 31 (35); OLG München IPRax 1989, 238 (240); *Schotten/Wittkowski* FamRZ 1995, 264 (266).

[47] *Krüger* FamRZ 1972, 6 (7 ff.).

[48] Vgl. zum HUntÜ BGH FamRZ 1986, 382 (384); OLG Zweibrücken FamRZ 2001, 920 (921 ff.); *Schotten/Wittkowski* FamRZ 1995, 264 (267).

[49] BGBl. 2011 I 898.

21 Zur **Prüfungsreihenfolge** der einzelnen Rechtsinstrumente auf dem Gebiet des internationalen Unterhaltsprivatrechts vgl. näher *Hausmann* IntEuSchR C Rn. 429ff.

## II. Internationale Zuständigkeit

### 1. EU-Recht

22 Die internationale Zuständigkeit in Unterhaltssachen richtet sich in Verfahren, die ab dem 18.6.2011 vor einem deutschen Familiengericht eingeleitet wurden, vorrangig nach dem II. Kapitel (Art. 3 bis 14) der EG-Verordnung Nr. 4/2009 des Rates über die Zuständigkeit, das anwendbare Recht, die Anerkennung und Vollstreckung von Entscheidungen und die Zusammenarbeit in Unterhaltssachen vom 18.12.2008 **(EuUntVO).**[50] Diese Verordnung verdrängt nach Maßgabe ihres Art. 68 Abs. 1 die zuvor auch auf Unterhaltssachen anwendbare Brüssel I-VO. Sie gilt in allen Mitgliedstaaten unmittelbar und genießt als Teil des sekundären Unionsrechts **Anwendungsvorrang** vor dem jeweiligen autonomen Zuständigkeitsrecht. In Deutschland wird demgemäß in Unterhaltssachen die Regelung in § 232 FamFG, soweit aus ihr nach § 105 FamFG auch die internationale Zuständigkeit abgeleitet wird, durch die Art. 3 bis 14 EuUntVO weitgehend verdrängt. Anders als zB in Ehesachen, wo Art. 7 Abs. 1 EuEheVO auf das autonome Zuständigkeitsrecht des Mitgliedstaats verweist, dessen Gerichte angerufen sind, wenn sich aus der Verordnung selbst keine internationale Zuständigkeit eines Gerichts eines Mitgliedstaats ergibt (→ § 11 Rn. 23), ist die Regelung der internationalen Zuständigkeit in Unterhaltssachen durch die EuUntVO voll harmonisiert worden und damit grundsätzlich **abschließend.**[51]

23 Nach der **Grundregel des Art. 3 EuUntVO** sind für Entscheidungen in Unterhaltssachen in den Mitgliedstaaten *alternativ* zuständig:
- das Gericht des Ortes, an dem der Beklagte seinen gewöhnlichen Aufenthalt hat (lit. a), oder
- das Gericht des Ortes, an dem die berechtigte Person ihren gewöhnlichen Aufenthalt hat (lit. b), oder
- das Gericht, das nach seinem Recht für ein Verfahren in Bezug auf den Personenstand zuständig ist, wenn in der Nebensache zu diesem Verfahren über eine Unterhaltssache zu entscheiden ist, es sei denn, diese Zuständigkeit begründet sich einzig auf der Staatsangehörigkeit einer der Parteien (lit. c), oder
- das Gericht, das nach seinem Recht für ein Verfahren in Bezug auf die elterliche Verantwortung zuständig ist, wenn in der Nebensache zu diesem Verfahren über eine Unterhaltssache zu entscheiden ist, es sei denn, diese Zuständigkeit beruht einzig auf der Staatsangehörigkeit einer der Parteien (lit. d).[52]

24 Danach sind die deutschen Gerichte insbesondere international zuständig, wenn entweder der Beklagte oder der Unterhaltsberechtigte seinen gewöhnlichen Aufenthalt im Inland hat, oder wenn über die Unterhaltssache als Nebensache zu einem Statusverfahren (insbesondere einem Scheidungsverfahren) oder einem Verfahren betreffend die elterliche Verantwortung zu entscheiden ist, für welches die deutschen Gerichte nach europäischem (Art. 3ff., 8ff. EuEheVO) oder staatsvertraglichem (zB Art. 5ff. KSÜ) bzw. autonomem Recht international zuständig sind.[53] Die Zuständigkeit nach Art. 3 EuUntVO gilt auch

[50] ABl. 2009 L 7, 1 = *Jayme/Hausmann* Nr. 161.

[51] OLG Düsseldorf FamRZ 2013, 55; Rauscher/*Andrae* EG-UntVO Einl. Rn. 23; *Hausmann* IntEuSchR C Rn. 1a.

[52] Sind die Gerichte verschiedener Mitgliedstaaten sowohl nach lit. c wie nach lit. d für Unterhaltsansprüche international zuständig, so hat die Akezssorietät nach lit. d Vorrang und schließt die Zuständigkeit nach lit. c aus, vgl. EuGH 16.7.2015 – C-184/14, FamRZ 2015, 1582 Rn. 26ff., 48 m. krit. Anm. *Mankowski* FamRZ 2015, 1785 und m. krit. Anm. *Rauscher* IPRax 2016, 215.

[53] Zu Einzelheiten *Hausmann* IntEuSchR C Rn. 82ff.

für **Abänderungsverfahren;**[54] eine Annexkompetenz des Gerichts, das die Ursprungsentscheidung erlassen hat, besteht für dessen Abänderung nicht.[55]

25 Darüber hinaus kann die internationale Zuständigkeit in Unterhaltssachen auch durch eine **Gerichtsstandsvereinbarung** oder durch **rügelose Einlassung** begründet werden (Art. 4 und 5 EuUntVO). Hilfsweise sieht die Verordnung in Art. 6 und Art. 7 **Auffang- und Notzuständigkeiten** vor.[56] Gerichtsstandsvereinbarungen in Unterhaltssachen werden wegen ihrer besonderen Bedeutung für die Rechtsgestaltung in einem besonderen Abschnitt (→ Rn. 201 ff.) behandelt.

### 2. Staatsverträge

26 Die EuUntVO hat nach ihrem Art. 69 Abs. 2 Vorrang vor Staatsverträgen in Unterhaltssachen, die nur im Verhältnis zwischen den Mitgliedstaaten gelten. Sie berührt hingegen gemäß Art. 69 Abs. 1 nicht die Anwendung solcher multi- oder bilateralen Übereinkommen, denen außer einem oder mehreren Mitgliedstaaten auch Drittstaaten angehören. Da Art. 69 aber nur das Verhältnis zu Staatsverträgen bestimmt, die im Zeitpunkt der Annahme der EuUntVO bereits gegolten haben, trifft die Vorschrift für das Verhältnis zum **Luganer Übereinkommen von 2007** keine Regelung. Maßgebend für die Abgrenzung ist vielmehr Art. 64 Abs. 2 LugÜ 2007 analog. Danach wird auch das LugÜ 2007 im Verhältnis der EU-Mitgliedstaaten zueinander durch die EuUntVO vollständig verdrängt, soweit sich der sachliche Anwendungsbereich beider Rechtsinstrumente deckt und der zeitliche Anwendungsbereich der EuUntVO (Art. 75) eröffnet ist. Das LugÜ 2007 regelt hingegen aus deutscher Sicht weiterhin die internationale Zuständigkeit in Unterhaltssachen, wenn der Beklagte seinen Wohnsitz in *Island, Norwegen* oder der *Schweiz* hat oder wenn in einem dieser Staaten ein aussschließlicher Gerichtsstand nach Art. 22, 23 LugÜ begründet ist (Art. 64 Abs. 2 lit. a LugÜ 2007; → Rn. 244 ff.). In seinem Anwendungsbereich hat das LugÜ ebenfalls Vorrang vor dem autonomen Zuständigkeitsrecht der Vertragsstaaten.[57]

### 3. Autonomes deutsches Verfahrensrecht

27 Da die EuUntVO die internationale Zuständigkeit in Unterhaltssachen im Wesentlichen abschließend regelt, bleibt für die Anwendung des deutschen autonomen Zuständigkeitsrechts praktisch kein Raum. Etwas anderes gilt nur dort, wo die Verordnung selbst ausdrücklich auf das nationale Recht der Mitgliedstaaten verweist. Dies trifft gemäß Art. 14 EuUntVO insbesondere auf dem Gebiet des **einstweiligen Rechtsschutzes** zu.[58] Da das FamFG wegen des umfassenden Anwendungsbereichs der EuUntVO die internationale Zuständigkeit in Unterhaltssachen nicht eigenständig regelt, ist insoweit gemäß § 105 FamFG auf die Vorschriften über die örtliche Zuständigkeit (§ 232 FamFG) zurückzugreifen, die dann zugleich die internationale Zuständigkeit indizieren.

## B. Kollisionsrecht

## I. Objektive Anknüpfung

### 1. Regelanknüpfung, Art. 3 HUP

28 **a) Gewöhnlicher Aufenthalt des Unterhaltsberechtigten.** Nach Art. 3 Abs. 1 HUP entscheidet – in Übereinstimmung mit Art. 4 HUntÜ/Art. 18 Abs. 1 EGBGB aF – über

[54] BGHZ 203, 272 Rn. 11 = NZFam 2015, 262 mAnm *Andrae*.
[55] OLG Düsseldorf FamRZ 2013, 55; *Gruber* IPRax 2010, 129 (135).
[56] Dazu *Hausmann* IntEuSchR C Rn. 175 ff. sowie zuletzt BGH FamRZ 2016, 115.
[57] Zu Einzelheiten *Hausmann* IntEuSchR C Rn. 298 ff.
[58] Dazu *Hausmann* IntEuSchR C Rn. 254 ff.

alle vom Anwendungsbereich des Protokolls erfassten unterhaltsrechtlichen Fragen[59] grundsätzlich das Recht des Staates, in dem der Unterhaltsberechtigte seinen gewöhnlichen Aufenthalt hat.[60] Auf die Staatsangehörigkeit der Parteien oder den gewöhnlichen Aufenthalt des Verpflichteten kommt es nicht an. Der Vorteil dieser Anknüpfung besteht vor allem darin, dass sich der Bedarf des Unterhaltsberechtigten nach seinem Umweltrecht bemisst;[61] außerdem führt die Anknüpfung zu einer Gleichbehandlung aller Unterhaltsgläubiger, die sich im gleichen Staat gewöhnlich aufhalten, und sie begünstigt den Gleichlauf mit der internationalen Zuständigkeit in Art. 3 lit. b EuUntVO.[62] Die Bedeutung dieser Grundsatzanknüpfung wird freilich nach Maßgabe der Art. 4 ff. HUP (→ Rn. 41 ff.), vor allem aber durch die im Protokoll auf dem Gebiet des internationalen Unterhaltsrechts erstmals eingeräumten Rechtswahlmöglichkeiten nach Art. 7 und Art. 8 HUP (→ Rn. 71 ff.) erheblich eingeschränkt.

29 Die Verweisung in Art. 3 Abs. 1 HUP ist gemäß Art. 12 HUP eine **Sachnormverweisung** (→ Rn. 185). Bei räumlicher oder personaler **Rechtsspaltung** im Staat des gewöhnlichen Aufenthalts des Unterhaltsberechtigten ist Art. 16 HUP anzuwenden (→ Rn. 186 ff.).

30 **aa) Unterhaltsberechtigter.** Art. 3 Abs. 1 HUP knüpft an die Person des Unterhaltsberechtigten an. Gemeint ist – in Übereinstimmung mit Art. 3 lit. a HUntGÜ – diejenige Person, die aufgrund einer Rechtsbeziehung iSv Art. 1 Abs. 2 HUP entweder selbst oder durch ihren Vertreter für sich **eigene Unterhaltsansprüche** geltend macht. Dies können sowohl Kinder, wie Eltern, sonstige Verwandte als auch (frühere) Ehegatten oder eingetragene Lebenspartner sein (näher → Rn. 138 ff.). Nicht abzustellen ist dementsprechend auf eine Person, die in fremdem Namen oder in Prozessstandschaft für einen anderen Unterhalt verlangt. Vielmehr kommt es allein auf diejenige Person an, der das maßgebende Unterhaltsstatut einen materiellen Unterhaltsanspruch zuerkennt.[63]

31 **bb) Gewöhnlicher Aufenthalt.** Das Anknüpfungsmoment des gewöhnlichen Aufenthalts wird im Protokoll ebenso wenig definiert wie zuvor im HUntÜ oder in der EuUntVO. Es ist im Interesse einer möglichst einheitlichen Anwendung der Verordnung **autonom** auszulegen;[64] ein Rückgriff auf die Rechtsprechung zu den früheren Haager Unterhaltsübereinkommen ist jedoch zulässig.[65] Maßgebend ist danach nicht unbedingt die im deutschen nationalen IPR zugrunde gelegte Interpretation des gewöhnlichen Aufenthalts (→ § 2 Rn. 64 ff.), wenngleich sich in der Praxis keine großen Unterschiede ergeben dürften. Im Interesse eines Gleichlaufs von internationaler Zuständigkeit und anwendbarem Recht sollte eine möglichst einheitliche Auslegung dieses Begriffs in der EuUntVO und im Haager Unterhaltsprotokoll angestrebt werden (vgl. Erwägungsgrund 8 S. 2 zur EuUntVO).[66] Danach liegt der gewöhnliche Aufenthalt einer Person dort, wo sie ihren **Daseinsmittelpunkt,** dh den Schwerpunkt ihrer familiären oder beruflichen Bin-

[59] Dazu näher → Rn. 129 ff., 152 ff.

[60] OLG Köln FamRZ 2012, 1509 (1510); MüKoBGB/*Siehr* HUP Art. 3 Rn. 1 ff.

[61] *Bonomi*-Bericht Rn. 37; *Arnold* IPRax 2012, 311 (312); NK-BGB/*Gruber* HUP Art. 3 Rn. 2.

[62] Palandt/*Thorn* HUP Rn. 12; vgl. auch Rauscher/*Andrae* HUP Art. 3 Rn. 2. Zur internationalen Zuständigkeit in Unterhaltssachen → Rn. 22 ff.

[63] Erman/*Hohloch* HUP Art. 3 Rn. 3; NK-BGB/*Gruber* HUP Art. 3 Rn. 10; ebenso schon früher Staudinger/*Mankowski* EGBGB Anh. I Art. 18 Rn. 138.

[64] *Bonomi*-Bericht Rn. 41; NK-BGB/*Gruber* HUP Art. 3 Rn. 11. Ebenso zu Art. 3 EuUntVO *Hau* FamRZ 2010, 516; ebenso zu Art. 8 EuEheVO etwa EuGH 2.4.2009 – C-523/07, Slg. 2009, I-2805 Rn. 34 = NJW 2009, 1868 – A/Perusturvalautakunta; EuGH 22.12.2010 – C-497/10, Slg. 2010, I-14309 Rn. 45 – Mercredi/Chaffe = FamRZ 2011, 617 mAnm *Siehr* IPRax 2012, 316.

[65] NK-BGB/*Gruber* HUP Art. 3 Rn. 11.

[66] Rauscher/*Andrae* EuUntVO Art. 3 Rn. 24; BeckOK BGB/*Heiderhoff* EGBGB Art. 18 Rn. 41.

dungen hat.[67] Maßgebend sind daher vor allem die objektiven Merkmale der **Dauer und Beständigkeit** des Aufenthalts[68] und die Intensität der dort begründeten sozialen Bindungen. Als Faustregel geht die deutsche Praxis von einer Aufenthaltsdauer von **sechs Monaten** aus. Eine feste Mindestdauer gibt es jedoch nicht; der Länge des Aufenthalts kommt nur Indizwirkung zu. Eine nur **vorübergehende Abwesenheit** führt nicht zum Verlust des gewöhnlichen Aufenthalts, wenn die Bindungen zum Staat des gewöhnlichen Aufenthalts aufrechterhalten werden und mit einer Rückkehr in absehbarer Zeit zu rechnen ist. Deshalb behalten Kinder auch im Falle einer Internatsunterbringung oder eines **Studiums im Ausland** idR ihren gewöhnlichen Aufenthalt am Wohnsitz ihrer Eltern.[69] Ist ein unterhaltsberechtigtes Kind im Inland sozial integriert, weil es hier zur Schule geht, so steht der Bezug von Kindergeld für dieses Kind in einem anderen EU-Mitgliedstaat der Annahme eines gewöhnlichen Aufenthalts in Deutschland nicht entgegen.[70]

Die Begründung eines gewöhnlichen Aufenthalts hängt dabei in erster Linie von den **tatsächlichen Umständen** ab. Ein rechtsgeschäftlicher Wille zur Begründung des gewöhnlichen Aufenthalts ist nicht erforderlich; deshalb können auch minderjährige Kinder einen nicht von den Eltern abgeleiteten eigenen gewöhnlichen Aufenthalt begründen. Dessen Ermittlung ist aber in jedem Fall **Sache des nationalen Gerichts,** das hierbei alle tatsächlichen Umstände des Einzelfalls zu berücksichtigen hat.[71] Bei einem **Umzug in einen anderen Mitgliedstaat** kommt es auf die Dauer des beabsichtigten künftigen Aufenthalts und die erwartete Integration in das neue Lebensumfeld an. Ein gewöhnlicher Aufenthalt kann daher bereits unmittelbar nach einem Aufenthaltswechsel vorliegen, wenn die Bindungen an den bisherigen Aufenthaltsstaat definitiv abgebrochen wurden und die Absicht besteht, den neuen Aufenthaltsort zum künftigen Lebensmittelpunkt zu machen.[72] Diese Absicht allein genügt jedoch solange nicht, wie die sozialen Bindungen am bisherigen Aufenthaltsort fortbestehen.[73] Die **Rechtmäßigkeit** des Aufenthalts ist keine notwendige Voraussetzung für die Begründung eines gewöhnlichen Aufenthalts. Deshalb kann auch das von einem Elternteil entführte Kind in dem Staat, in den es widerrechtlich verbracht wurde, einen gewöhnlichen Aufenthalt begründen.[74] Gleiches gilt für Asylbewerber ohne dauerhafte Aufenthaltserlaubnis; allerdings sind in diesem Fall strengere Anforderungen an die soziale Integration zu stellen.[75] Eine zumindest befristete Aufenthaltserlaubnis ist aber nicht zu fordern.[76] 32

**cc) Ausnahmen.** Die Grundsatzanknüpfung an den gewöhnlichen Aufenthalt des Unterhaltsberechtigten steht nach Art. 3 Abs. 1 HUP unter dem Vorbehalt, dass *„in diesem Protokoll nichts anderes bestimmt ist"*. Sie wird nach dem Protokoll in folgenden Fällen verdrängt bzw. ergänzt: 33

- Für den Kreis der in Art. 4 Abs. 1 lit. a bis lit. c HUP genannten Unterhaltspflichten gilt anstelle von Art. 3 Abs. 1 HUP die speziellere **Anknüpfung an die *lex fori* nach Art. 4 Abs. 3 HUP,** wenn die Klage im Aufenthaltsstaat des Verpflichteten erhoben worden ist (→ Rn. 46ff.).

[67] *Motzer* FamRBint 2011, 56 (58); Rauscher/*Andrae* EuUntVO Art. 3 Rn. 9; MüKoBGB/*Siehr* HUP Art. 3 Rn. 6ff.; vgl. zu Art. 4 HUntÜ/Art. 18 Abs. 1 EGBGB aF BGH NJW 1975, 1068; FamRZ 2001, 412; OLG Köln FamRZ 2005, 534; OLG Hamm FamRZ 1989, 621.

[68] BGH NJW 1993, 2047 (2049).

[69] Vgl. OLG Hamm FamRZ 1989, 1331; 2002, 53 (54); dazu das Beispiel → Rn. 37.

[70] OLG Koblenz FamRZ 2015, 1618 (1619f.).

[71] EuGH 2.4.2009 – C-523/07, Slg. 2009, I-2805 Rn. 37 = NJW 2009, 1868 – A/Perusturvalautakunta; zu Einzelheiten Rauscher/*Andrae* EuUntVO Art. 3 Rn. 23ff. m. ausf. Nachweisen.

[72] BGH NJW 1993, 2047 (2048); OLG Hamm NJW-RR 1992, 710 (711); schweiz. BG 23.12.2009, unalex CH-375; BeckOK BGB/*Heiderhoff* EGBGB Art. 18 Rn. 41; MüKoBGB/*Siehr* HUP Art. 3 Rn. 9.

[73] Schweiz. BG 27.7.2009, unalex CH-313.

[74] OGH IPRax 2015, 169 (170f.) mAnm *Weller/Schulz* IPRax 2015, 176 (zu Art. 5 Nr. 2 Brüssel I-VO).

[75] Vgl. *Geimer* IZPR Rn. 299a.

[76] *Geimer* IZPR Rn. 299a; **aA** OLG Karlsruhe FamRZ 1992, 316 (317) und 1990, 1351 (1352); AG Landstuhl FamRZ 2002, 1343 m. abl. Anm. *Gottwald.*

- Kann der Unterhaltsberechtigte von dem Verpflichteten nach dem von Art. 3 HUP zur Anwendung berufenen Recht keinen Unterhalt erhalten, so sind die **Ersatzanknüpfungen nach Art. 4 Abs. 2 und Abs. 4 HUP** zu beachten (→ Rn. 45, 49f.).
- Für die Unterhaltspflichten zwischen **Ehegatten,** früheren Ehegatten oder Personen, deren Ehe für ungültig erklärt wurde, wird die Anknüpfung an den gewöhnlichen Aufenthalt des Unterhaltsberechtigten nach **Art. 5 HUP** aufgelockert; danach ist auf **Einrede des Verpflichteten** ein anderes Recht anzuwenden, mit dem der Sachverhalt enger verbunden ist (→ Rn. 54ff.). Eine generelle Sonderanknüpfung für den nachehelichen Unterhalt sieht das Protokoll – anders als noch Art. 8 HUntÜ/Art. 18 Abs. 4 EGBGB aF – hingegen nicht mehr vor.
- Eine Einschränkung der Grundsatzanknüpfung nach Art. 3 Abs. 1 HUP ergibt sich zugunsten des Unterhaltsverpflichteten ferner aus **Art. 6 HUP,** wenn dieser geltend machen kann, dass eine Unterhaltspflicht weder nach dem Recht seines gewöhnlichen Aufenthalts noch nach dem gemeinsamen Heimatrecht der Parteien besteht (→ Rn. 66ff.); diese Einrede kann der Unterhaltsverpflichtete allerdings gegenüber einem Kind oder einem Ehegatten nicht erheben.
- Schließlich geht auch eine zulässige **Rechtswahl der Parteien nach Art. 7 oder Art. 8 HUP** der objektiven Anknüpfung nach Art. 3 HUP vor (→ Rn. 71ff.). Aus diesem Grund ist die Anknüpfung an den gewöhnlichen Aufenthalt des Unterhaltsberechtigten nach dem Protokoll insgesamt stärker eingeschränkt als bisher nach dem HUntÜ.

34 **dd) Hilfsanknüpfung.** Fehlt es in dem maßgeblichen Zeitpunkt (→ Rn. 35ff.) an einem gewöhnlichen Aufenthalt des Unterhaltsberechtigten, so sieht das Protokoll keine Hilfsanknüpfung vor. Für die von Art. 4 HUP erfassten Unterhaltspflichten kann damit geholfen werden, dass man diejenige Regelung analog anwendet, die dort für den Fall vorgesehen ist, dass der Berechtigte nach dem Recht seines gewöhnlichen Aufenthalts keinen Unterhalt erhält.[77] Im Übrigen bietet sich als Ersatzanknüpfung der gewöhnliche Aufenthalt des Unterhaltsverpflichteten an.[78]

35 **b) Anknüpfungszeitpunkt. aa) Grundsatz der wandelbaren Anknüpfung.** Nach Art. 3 Abs. 2 HUP wird die Unterhaltspflicht wandelbar angeknüpft. Für alle das materielle Unterhaltsrecht betreffenden Fragen ist also das am **jeweiligen gewöhnlichen Aufenthalt** des Unterhaltsberechtigten geltende Recht während desjenigen Zeitraums maßgebend, für den Unterhalt begehrt wird.[79] Abweichend vom bisherigen Recht gilt dies jetzt auch für den nachehelichen Unterhalt.[80] Zu welchem Zeitpunkt der Anspruch geltend gemacht wird, ist für die Frage des anwendbaren materiellen Rechts hingegen gleichgültig.[81] Das Recht des Aufenthaltsstaates ist solange maßgebend, wie der Unterhaltsberechtigte dort seinen gewöhnlichen Aufenthalt hat.[82] Dagegen sollte für die Frage der Antrags-/Klagebefugnis, die gemäß Art. 11 lit. d HUP ebenfalls dem Unterhaltsstatut untersteht (→ Rn. 179ff.), aufgrund der Nähe zum Verfahrensrecht das Recht des neuen Aufenthaltsortes gelten;[83] denn verfahrensrechtliche Fragen richten sich nach der *lex fori* des angerufenen Gerichts.

36 Im Falle eines **Aufenthaltswechsels** ist ab dem Zeitpunkt, zu dem der Unterhaltsberechtigte einen neuen gewöhnlichen Aufenthalt begründet, das Recht des neuen Aufent-

[77] MüKoBGB/*Siehr* HUP Art. 3 Rn. 14; Rauscher/*Andrae* HUP Art. 3 Rn. 11; NK-BGB/*Gruber* HUP Art. 3 Rn. 17.
[78] Rauscher/*Andrae* HUP Art. 3 Rn. 12.
[79] Erman/*Hohloch* HUP Art. 3 Rn. 4; ebenso bisher zu Art. 4 Abs. 2 HUntÜ BGH FamRZ 2001, 412; OLG Naumburg FamRZ 2010, 1364 (1366); OLG Köln FamRZ 2005, 534 (535); OLG Koblenz FamRZ 1990, 426 (428).
[80] OLG Nürnberg IPRax 2012, 551 (552); *Henrich* IntSchR Rn. 127ff.
[81] MüKoBGB/*Siehr* HUP Art. 3 Rn. 16.
[82] LG Regensburg NJW 1978, 1117.
[83] MüKoBGB/*Siehr* HUP Art. 3 Rn. 17.

haltsstaates maßgebend.[84] Dies gilt allerdings nur für Unterhalt, der für die Zeit ab dem Statutenwechsel geltend gemacht wird; demgenüber beurteilen sich erst nach dem Statutenwechsel für die Zeit davor erhobene Unterhaltsansprüche weiterhin nach dem früheren Unterhaltsstatut.[85] Wann genau der Statutenwechsel eintritt, hängt maßgeblich davon ab, ob der Unterhaltsberechtigte schon beim Umzug die Absicht hat, seinen Lebensmittelpunkt auf Dauer in dem neuen Aufenthaltsstaat zu begründen oder sich eine Rückkehr offenhält. Nur im ersteren Fall tritt der Statutenwechsel sofort ein; andernfalls erst mit der sozialen Integration des Unterhaltsberechtigten im neuen Aufenthaltsstaat.[86] Der Statutenwechsel kann zur Folge haben, dass unter dem alten Aufenthaltsrecht entstandene Ansprüche erlöschen oder unter dem neuen Aufenthaltsrecht Ansprüche erstmals entstehen.[87] Dem können die Parteien allerdings durch eine Rechtswahl nach Art. 8 HUP (→ Rn. 87 ff.) vorbeugen.

**Beispiel:** 37
Die deutsche Studentin S, die an der Universität Konstanz seit vier Semestern Anglisktik studiert, hat sich für das Studienjahr 2014/2015 an der Universität Glasgow eingeschrieben. Im April 2015 nimmt sie mit Antrag zum Amtsgericht/Familiengericht Konstanz ihren in London lebenden Vater auf Unterhalt seit dem 1.1.2015 in Anspruch. Nach welchem Recht ist über die Unterhaltsforderung zu entscheiden?

Nach Art. 3 HUP kommt es darauf an, ob die S ihren bis zum Herbst 2014 in Deutschland bestehenden gewöhnlichen Aufenthalt durch die Aufnahme des Auslandsstudiums in Glasgow nach Schotttland verlegt hat. Davon ist bei einem nur zweisemestrigen Auslandsstudium im Zweifel nicht auszugehen, wenn die S während dieser Zeit ihre Beziehungen zu ihrer Mutter und ihren Freunden in Deutschland aufrechterhalten und die Absicht hat, ihr Studium anschließend in Deutschland fortzusetzen.[88]

**bb) Ausnahmen.** Ist bereits vor dem Statutenwechsel ein inländisches oder ausländisches **rechtskräftiges Urteil** auf der Grundlage des alten Unterhaltsstatuts über künftigen Unterhalt ergangen, bleibt dieses Urteil auch nach dem Statutenwechsel weiter wirksam. Ein Unterhaltstitel verliert also infolge des Statutenwechsels weder automatisch seine Wirksamkeit, noch wird er automatisch an das Recht des neuen Aufenthaltsstaates angepasst. Vielmehr muss ein ausländischer Unterhaltstitel nach Verlegung des gewöhnlichen Aufenthalts des Unterhaltsberechtigten ins Inland durch eine inländische oder im Inland anzuerkennende ausländische Entscheidung abgeändert werden.[89] Dies gilt freilich nur, soweit es um den **gleichen Unterhaltstatbestand** geht, also zB nicht beim Übergang von Getrenntlebens- zum Scheidungsunterhalt.[90] Ob eine **Abänderung** des gerichtlich bereits zugesprochenen Unterhalts erfolgen kann, ist freilich bei einem Statutenwechsel nach dem neuen Aufenthaltsrecht zu beurteilen; eine „Versteinerung" des Unterhaltsstatuts kommt mithin auch in Fällen des Antrags auf Abänderung eines ausländischen Unterhaltstitels nicht in Betracht (näher → Rn. 167 ff.).[91] 38

Auch wenn der Verpflichtete dem Berechtigten aufgrund einer **Unterhaltsvereinbarung** eine Abfindung gezahlt und dadurch nach dem alten Unterhaltsstatut alle Unter- 39

[84] OLG Frankfurt a.M. NJW-RR 2012, 1477 (1478); OLG Köln FamRZ 2012, 1509 (1510); Palandt/*Thorn* HUP Rn. 13; ebenso zum HUntÜ BGH FamRZ 2001, 412; OLG Köln FamRZ 2005, 534.
[85] Rauscher/*Andrae* HUP Art. 3 Rn. 13; Johannsen/Henrich/*Henrich* HUP Rn. 11.
[86] *Andrae* IntFamR § 8 Rn. 115; vgl. auch OLG Düsseldorf FamRZ 1995, 37 ff.
[87] *Schäuble* NZFam 2014, 1071 (1072).
[88] Vgl. OLG Hamm FamRZ 2002, 54.
[89] OLG Naumburg FamRZ 2010, 1364 (1366); BeckOK BGB/*Heiderhoff* EGBGB Art. 18 Rn. 43; Staudinger/*Mankowski* EGBGB Anh. I Art. 18 Rn. 156.
[90] Erman/*Hohloch* HUP Art. 3 Rn. 5 mwN.
[91] OLG Köln FamRZ 2005, 534 (535 ff.) m. ausf. Nachweisen; vgl.auch OLG Nürnberg IPRax 2012, 551 (552).

haltsansprüche (auch solche für die Zukunft) wirksam abgegolten hat, bleibt es bei der Maßgeblichkeit des alten Statuts. Die Vereinbarung verliert also durch den bloßen Aufenthaltswechsel des Unterhaltsberechtigten nicht ihre Gültigkeit; diesem soll nicht die Möglichkeit gegeben werden, seine unterhaltsrechtliche Position allein durch eine Veränderung seines gewöhnlichen Aufenthalts zu verbessern. Hierzu bedarf es vielmehr einer Abänderungsklage.[92] Entsprechendes gilt auch im Falle eines **Unterhaltsverzichts.**[93] Ein unter dem früheren Unterhaltsstatut wirksam vereinbarter Unterhaltsverzicht wirkt daher – vorbehaltlich des *ordre public* des neuen Aufenthaltsstaates – auch unter dem neuen Statut fort.[94] Um diesbezügliche Unsicherheiten über die Auslegung des Protokolls im Fall einer künftigen Verlegung des gewöhnlichen Aufenthalts des Unterhaltsberechtigten auszuschließen, empfiehlt sich für Unverhaltsvereinbarungen und Unterhaltsverzichte eine ausdrückliche Rechtswahl nach Art. 7, 8 HUP.[95]

40 **cc) Statutenwechsel während eines Rechtsstreits.** Auch insoweit muss hinsichtlich der Frage, welches materielle Unterhaltsrecht anzuwenden ist, danach differenziert werden, ob Unterhalt nur für die Zeit vor dem Statutenwechsel geltend gemacht wird oder auch für die Zukunft. Im erstgenannten Fall ist der Statutenwechsel unerheblich, denn allein das alte Aufenthaltsrecht bildet dann das für die Entscheidung maßgebende Unterhaltsstatut. Wird Unterhalt nur oder auch für die Zukunft geltend gemacht, so müsste nach dem Wortlaut von Art. 3 Abs. 2 HUP ein Statutenwechsel bis zur letzten mündlichen Verhandlung der letzten Tatsacheninstanz beachtet werden.[96] Ob ein während eines laufenden Rechtsstreits erfolgter Aufenthaltswechsel im Verfahren zu berücksichtigen ist, ist hingegen eine **prozessual** zu qualifizierende Frage; damit entscheidet hierüber die jeweilige *lex fori.*[97] Für Unterhaltsverfahren vor deutschen Gerichten ergeben sich indes dadurch keine Änderungen. Der Statutenwechsel ist damit auch zu beachten, wenn er erst nach Eintritt der Rechtshängigkeit erfolgt.[98]

### 2. Sonderregeln für den Unterhalt von Kindern und Eltern, Art. 4 HUP

41 **a) Allgemeines.** In Übereinstimmung mit dem HUntÜ (Art. 5, 6 bzw. Art. 18 Abs. 1 S. 2, Abs. 2 EGBGB aF) stellt auch das Unterhaltsprotokoll in Art. 4 Abs. 2 und Abs. 4 Ersatzanknüpfungen für den Fall bereit, dass der Unterhaltsberechtigte nach dem Recht seines gewöhnlichen Aufenthalts keinen Unterhalt erhalten kann. Art. 4 HUP erfasst aber – anders als die Art. 5, 6 HUntÜ – nicht mehr alle, sondern nur noch die in Abs. 1 genannten Unterhaltspflichten gegenüber Personen, die als **besonders schutzbedürftig** angesehen werden (→ Rn. 44). Nicht mehr privilegiert ist insbesondere der Ehegattenunterhalt.[99] Darüber hinaus sieht Art. 4 Abs. 3 HUP eine allgemeine Anknüpfung an die *lex fori* des angerufenen Gerichts im Aufenthaltsstaat des Unterhaltsverpflichteten vor, die Vorrang vor Art. 3 HUP hat.

---

[92] So zum HUntÜ OLG Jena IPRax 2011, 586 (588) mAnm *Gruber* IPRax 2011, 559; OLG Hamm FamRZ 1998, 1532; Staudinger/*Mankowski* EGBGB Anh. I Art. 18 Rn. 157; ebenso zum HUP Palandt/*Thorn* HUP Rn. 13; BeckOK BGB/*Heiderhoff* EGBGB Art. 18 Rn. 43; **aA** OLG Braunschweig FamRZ 1996, 965.

[93] So zum HUntÜ NK-BGB/*Gruber* EGBGB Art. 18 Rn. 12; **aA** OLG Karlsruhe FamRZ 1992, 316 (317); Staudinger/*Mankowski* EGBGB Anh. I Art. 18 Rn. 373a; Rauscher/*Andrae* HUP Art. 3 Rn. 16 (jeweils unter Berufung auf den *ordre public* des neuen Aufenthaltsstaates).

[94] Anders *Andrae* IntFamR § 8 Rn. 117, die über die Fortwirkung nach dem neuen Statut entscheiden möchte.

[95] *Schäuble* NZFam 2014, 1071 (1072).

[96] Dafür MüKoBGB/*Siehr* HUP Art. 3 Rn. 23.

[97] Rauscher/*Andrae* HUP Art. 3 Rn. 14; Staudinger/*Mankowski* EGBGB Anh. I Art. 18 Rn. 155.

[98] NK-BGB/*Gruber* HUP Art. 3 Rn. 22.

[99] *Bonomi*-Bericht Rn. 78; Palandt/*Thorn* HUP Rn. 14.

Die Vorschrift ist Ausdruck des **Günstigkeitsprinzips.** Nach dem in Art. 4 Abs. 2, Abs. 3 S. 2 und Abs. 4 HUP verwirklichten Grundsatz des *favor creditoris*[100] bestehen für den Fall, dass der Unterhaltsberechtigte nach dem primären Unterhaltsstatut (Art. 3 und Art. 4 Abs. 3 S. 1 HUP) keinen Unterhalt erhält, **Ersatzanknüpfungen.** Diese weichen allerdings von der bisherigen Regelung im HUntÜ insofern ab, als primär nicht mehr an das gemeinsame Heimatrecht von Unterhaltsverpflichtetem und -berechtigtem, sondern an die *lex fori* des angerufenen Gerichts angeknüpft wird. Die Anknüpfungsleiter in Art. 5 und Art. 6 HUntÜ wird mithin in Art. 4 Abs. 2 und Abs. 4 des Protokolls umgekehrt. Die darin zum Ausdruck kommende Stärkung einer Anwendung der *lex fori* ist zu begrüßen, weil sie dem Ziel einer raschen Durchsetzung von Unterhaltsansprüchen im grenzüberschreitenden Rechtsverkehr Rechnung trägt.[101] Wie Art. 3 enthält auch Art. 4 gemäß Art. 12 HUP jeweils **Sachnormverweisungen.** Bei räumlicher oder personaler Rechtsspaltung in dem von Art. 4 HUP bestimmten Recht ist wiederum Art. 16 HUP anzuwenden (→ Rn. 186ff.). 42

Der Unterhaltsverpflichtete kann auch in den Fällen des Art. 4 HUP die **Einwendung aus Art. 6** (→ Rn. 66ff.) gegenüber dem nach der Ersatzanknüpfung begründeten Unterhaltsanspruch erheben, also geltend machen, dass eine Unterhaltspflicht weder nach dem Recht des Staates, in dem er seinen gewöhnlichen Aufenthalt hat, noch nach dem Recht des Staates, dem die Parteien gemeinsam angehören, besteht. Dadurch wird die praktische Bedeutung der Ersatzanknüpfungen nach Art. 4 HUP erheblich eingeschränkt.[102] Diese werden ferner – ebenso wie die Grundsatzanknüpfung nach Art. 3 HUP – durch eine zulässige **Rechtswahl** der Parteien nach Art. 7, 8 HUP verdrängt. Dies gilt allerdings für die Rechtswahl nach Art. 8 HUP nur in den Grenzen des Art. 8 Abs. 3 HUP, so dass es bei der von Art. 4 HUP erfassten wichtigsten Fallgruppe, nämlich den Unterhaltsansprüchen von minderjährigen Kindern gegen ihre Eltern, bei der objektiven Anknüpfung nach Art. 4 verbleibt. 43

**b) Begünstigter Personenkreis.** Die erleichterte Durchsetzung von Unterhaltsansprüchen nach Art. 4 Abs. 3 HUP sowie durch die Ersatzanknüpfungen nach Art. 4 Abs. 2 und Abs. 4 HUP kommt – anders als nach dem bisherigen Recht – nur noch bestimmten nach Art. 4 Abs. 1 HUP privilegierten Unterhaltsgläubigern zugute, die als besonders schutzbedürftig angesehen werden.[103] Begünstigt sind insbesondere **Unterhaltsansprüche von Kindern** – unabhängig vom Alter[104] – gegenüber ihren Eltern (lit. a), ferner Unterhaltsansprüche von Personen, die das 21. Lebensjahr noch nicht vollendet haben, gegenüber anderen Personen als ihren Eltern (lit. b), also insbesondere gegenüber nahen Verwandten (zB Geschwistern, Großeltern) oder Stiefeltern, sowie **Unterhaltsansprüche der Eltern** gegenüber ihren Kindern (lit. c). Ob eine Eltern-Kind-Beziehung besteht, ist eine selbständig anzuknüpfende Vorfrage.[105] Maßgebend ist die rechtliche Vater-/Mutterschaft, so dass Art. 4 HUP auf Stief- und Pflegekinder keine Anwendung findet.[106] Die Sonderregeln nach Art. 4 Abs. 2 bis Abs. 4 HUP gelten hingegen insbesondere nicht für 44

[100] Vgl. *Arnold* IPRax 2012, 311 (312); NK-BGB/*Gruber* HUP Art. 4 Rn. 1.

[101] Ebenso der *Bonomi*-Bericht Rn. 60; ferner *Boele-Woelki/Mom* FPR 2010, 485 (487ff.); Rauscher/*Andrae* HUP Art. 4 Rn. 4ff.; NK-BGB/*Gruber* HUP Art. 4 Rn. 1.

[102] Kritisch daher Rauscher/*Andrae* HUP Art. 4 Rn. 8; NK-BGB/*Gruber* HUP Art. 4 Rn. 2.

[103] *Arnold* IPRax 2012, 311 (312).

[104] *Bonomi*-Bericht Rn. 54; *Lehmann* GPR 2014, 342 (346). Gewährt das Unterhaltsstatut nur minderjährigen Kindern einen Unterhaltsanspruch gegen die Eltern, so ist über die Vorfrage der Minderjährigkeit nach Art. 7 EGBGB zu entscheiden, vgl. MüKoBGB/*Siehr* HUP Art. 4 Rn. 3.

[105] Dazu → Rn. 140ff.; für unselbständige Anknüpfung hingegen Rauscher/*Andrae* HUP Art. 4 Rn. 23; PWW/*Martiny* EGBGB Anh. II Art. 18 Rn. 4f.

[106] BeckOK BGB/*Heiderhoff* EGBGB Art. 18 Rn. 45; Rauscher/*Andrae* HUP Art. 4 Rn. 9; **aA** MüKoBGB/*Siehr* HUP Art. 4 Rn. 4.

den Unterhalt zwischen Ehegatten, früheren Ehegatten oder Ehegatten, deren Ehe für ungültig erklärt wurde.[107]

45 **c) Ersatzanknüpfung an die lex fori.** Nach **Art. 4 Abs. 2 HUP** ist anstelle des Rechts am gewöhnlichen Aufenthalt des Unterhaltsberechtigten die *lex fori* des angerufenen Gerichts anzuwenden, wenn nach dem von Art. 3 HUP zur Anwendung berufenen Recht **kein Unterhaltsanspruch** besteht (zu dieser Voraussetzung → Rn. 51 ff.). Die praktische Bedeutung dieser Ersatzanknüpfung ist freilich begrenzt. Denn klagt der Unterhaltsberechtigte – wie im Regelfall (vgl. Art. 3 Abs. 1 lit. b EuUntVO)[108] – vor dem Gericht seines eigenen gewöhnlichen Aufenthalts, so ergibt sich keine von Art. 3 HUP abweichende Anknüpfung und damit kein Unterhaltsanspruch. Klagt er hingegen vor dem zuständigen Gericht im Staat des gewöhnlichen Aufenthalts des Unterhaltsverpflichteten (vgl. Art. 3 Abs. 1 lit. a EuUntVO),[109] so gilt die *lex fori* ohnehin aufgrund der dann eingreifenden vorrangigen Sonderanknüpfung nach Art. 4 Abs. 3 HUP. Einen eigenständigen Anwendungsbereich hat Art. 4 Abs. 2 HUP daher nur in den seltenen Fällen, in denen weder der Berechtigte noch der Verpflichtete ihren gewöhnlichen Aufenthalt im Staat des angerufenen Gerichts haben, oder in denen der Verpflichtete an seinem eigenen gewöhnlichen Aufenthaltsort (zB nach Art. 3 lit. c oder nach Art. 6, 7 EuUntVO)[110] gegen den Berechtigten (zB auf Herabsetzung des geschuldeten Unterhalts oder auf Feststellung, dass kein Unterhaltsanspruch besteht) klagt.[111] Ferner kann iRv Art. 4 Abs. 2 HUP ausnahmsweise auch eine Gerichtsstandsvereinbarung oder eine rügelose Einlassung (Art. 4, 5 EuUntVO)[112] Bedeutung für das anwendbare Recht entfalten. Allerdings schließen Art. 4 Abs. 3 und Abs. 4 EuUntVO für Unterhaltspflichten gegenüber minderjährigen Kindern regelmäßig den Abschluss einer Gerichtsstandsvereinbarung aus (→ Rn. 237, 246). Im Verhältnis zu *Island, Norwegen* und der *Schweiz* kann sich die internationale Zuständigkeit nach Maßgabe von Art. 64 Abs. 2 lit. a LugÜ auch aus den Art. 2 ff. LugÜ ergeben.[113] Die Anwendung der *lex fori* steht ferner grundsätzlich unter dem Vorbehalt der vom Verpflichteten nach Art. 6 HUP erhobenen Einwendung; diese Vorschrift findet jedoch auf Unterhaltsansprüche von Kindern gegen ihre Eltern sowie zwischen Ehegatten keine Anwendung (→ Rn. 67).

46 **d) Vorrang der lex fori bei Klage im gewöhnlichen Aufenthaltsstaat des Verpflichteten. aa) Grundsatz.** Nach **Art. 4 Abs. 3 S. 1 HUP** wird die Grundsatzanknüpfung in Art. 3 HUP an den gewöhnlichen Aufenthalt des Unterhaltsberechtigten verdrängt, wenn einer der in Art. 4 Abs. 1 lit. a bis lit. c HUP genannten Unterhaltsberechtigten (→ Rn. 44) die zuständigen Gerichte oder Behörden des Staates angerufen hat, in dem der Unterhaltsverpflichtete seinen gewöhnlichen Aufenthalt hat. Stattdessen kommt dann das am Ort des angerufenen Gerichts geltende Unterhaltsrecht zur Anwendung.[114] Anders als Abs. 2 ermöglicht Abs. 3 also nicht nur eine Ersatzanknüpfung in Fällen, in denen das von Art. 3 HUP berufene Recht keinen Unterhaltsanspruch gewährt; vielmehr wird die *lex fori* zur **Primäranknüpfung** erhoben. Auf diese Weise wird dem Unterhaltsberechtigten in gewissem Umfang ein *forum shopping* ermöglicht, weil er durch die Ausübung des ihm in Art. 3 lit. a und lit. b EuUntVO eingeräumten Wahlrechts, entweder am gewöhnlichen Aufenthalt des Verpflichteten oder an seinem eigenen gewöhnlichen Aufenthalt zu

[107] *Bonomi*-Bericht Rn. 52 ff.
[108] Vgl. *Hausmann* IntEuSchR C Rn. 93 ff.
[109] Vgl. *Hausmann* IntEuSchR C Rn. 87 ff.
[110] Vgl. *Hausmann* IntEuSchR C Rn. 98 ff., 175 ff.
[111] *Bonomi*-Bericht Rn. 63; NK-BGB/*Gruber* HUP Art. 4 Rn. 7; Johannsen/Henrich/*Henrich* HUP Rn. 13 für analoge Anwendung der Vorschrift zur Vermeidung von *forum shopping* durch Erhebung negativer Feststellungsklagen *Arnold* IPRax 2012, 311 (315).
[112] Vgl. *Hausmann* IntEuSchR C Rn. 109 ff., 163 ff.; zu Gerichtsstandsvereinbarungen → Rn. 201 ff.
[113] Vgl. *Hausmann* IntEuSchR C Rn. 316 ff.
[114] OLG Frankfurt a.M: FamRZ 2012, 1501 (1502).

klagen, nach Art. 4 Abs. 3 HUP zugleich für das am jeweiligen Gerichtsort geltende Unterhaltsrecht optieren kann.[115] Nutzen kann dieses Wahlrecht freilich nur ein Unterhaltsberechtigter, der sich im internationalen Unterhaltsrecht versierte Berater leisten kann, die den Vergleich der in Betracht kommenden materiellen Unterhaltsrechte vornehmen und gegebenenfalls auch am ausländischen Gericht des Staates, in dem der Unterhaltsverpflichtete seinen gewöhnlichen Aufenthalt hat, Klage erheben können.[116] Für (Abänderungs-) Klagen des Unterhalts*verpflichteten* gilt Art. 4 Abs. 3 HUP hingegen nicht.[117]

**Vor deutschen Gerichten** kommt eine Klage des Unterhaltsberechtigten gegen einen sich im Inland gewöhnlich aufhaltenden Verpflichteten zunächst nach Art. 3 lit. a EuUntVO in Betracht. Nach den Vorschriften des LugÜ ist eine solche Klage im Hinblick auf Art. 64 Abs. 2 lit. a LugÜ hingegen nur ausnahmweise denkbar, wenn zwar der Wohnsitz des Verpflichteten in *Island, Norwegen* oder der *Schweiz,* sein gewöhnlicher Aufenthalt aber in *Deutschland* liegt. Nach Art. 4 Abs. 3 S. 1 HUP genügt es, wenn der gewöhnliche Aufenthalt des Verpflichteten im Gerichtsstaat im **Zeitpunkt der Anrufung des Gerichts** vorliegt; ein späterer Aufenthaltswechsel ist dementsprechend unerheblich.[118] Hierfür spricht auch, dass das angerufene Gericht nach dem Grundsatz der *perpetuatio fori* zuständig bleibt.[119] Umgekehrt führt Art. 4 Abs. 3 S. 1 HUP aber auch dann zur Anwendung der deutschen *lex fori,* wenn der Aufenthaltswechsel des Unterhaltsverpflichteten ins Inland erst im Laufe des Verfahrens erfolgt.[120] Hingegen dürfte die Vorschrift keine Anwendung finden, wenn nicht der Berechtigte selbst, sondern eine zuständige Einrichtung iSv Art. 10 HUP die übergeleitete Unterhaltsforderung im eigenen Namen einklagt.[121] 47

**bb) Ausnahme.** Nur wenn der Unterhaltsberechtigte nach dem Recht des angerufenen Gerichts keinen Unterhalt erhalten kann, bestimmt sich das Unterhaltsstatut gemäß Art. 4 Abs. 3 S. 2 HUP subsidiär nach dem Recht am **gewöhnlichen Aufenthalt des Unterhaltsberechtigten.**[122] Insoweit wird also das Verhältnis zwischen den Anknüpfungen nach Art. 3 und Art. 4 Abs. 2 HUP in den Fällen des Art. 4 Abs. 3 HUP umgekehrt.[123] Wiederum hilfsweise findet auch in den Fällen des Art. 4 Abs. 3 HUP die Ersatzanknüpfung an das **gemeinsame Heimatrecht** der Parteien nach Abs. 4 Anwendung (→ Rn. 49f.). Die Rückausnahme des Art. 4 Abs. 3 S. 2 HUP ist auch in Fällen anwendbar, in denen eine Gerichtsstandsvereinbarung den Berechtigten zu einer Klageerhebung am Aufenthaltsort des Pflichtigen zwingt;[124] allerdings sind Gerichtsstandsvereinbarungen unter den Voraussetzungen des Art. 4 Abs. 3 und Abs. 4 EuUntVO unwirksam (→ Rn. 237). 48

**e) Ersatzanknüpfung an die gemeinsame Staatsangehörigkeit.** Hat einer der in Art. 4 Abs. 1 HUP genannten Berechtigten weder nach dem von Art. 3 HUP noch nach dem von Art. 4 Abs. 2 oder Abs. 3 HUP zur Anwendung berufenen Recht – also weder nach dem Recht am gewöhnlichen Aufenthalt des Berechtigten, noch nach der *lex fori* des angerufenen Gerichts – einen Unterhaltsanspruch, wird nach **Art. 4 Abs. 4 HUP** subsidiär an das Recht der gemeinsamen Staatsangehörigkeit der Parteien angeknüpft. Das Wort 49

[115] *Bonomi*-Bericht Rn. 68; *Malatesta* Riv.dir.int.priv.proc. 2009, 829 (842); NK-BGB/*Gruber* HUP Art. 4 Rn. 15; krit. *Arnold* IPRax 2012, 311 (313); *Lehmann* GPR 2014, 342 (346).
[116] Münch/*Süss* FamR § 20 Rn. 53.
[117] Palandt/*Thorn* HUP Rn. 17; MüKoBGB/*Siehr* HUP Art. 4 Rn. 29.
[118] NK-BGB/*Gruber* HUP Art. 4 Rn. 21.
[119] *Hausmann* IntEuSchR C Rn. 84.
[120] Zum Statutenwechsel im Laufe eines Unterhaltsverfahrens → Rn. 40.
[121] Rauscher/*Andrae* HUP Art. 4 Rn. 14; **aA** BeckOK BGB/*Heiderhoff* EGBGB Art. 18 Rn. 49; NK-BGB/*Gruber* HUP Art. 4 Rn. 19.
[122] Rauscher/*Andrae* HUP Art. 4 Rn. 13.
[123] Palandt/*Thorn* HUP Rn. 17; NK-BGB/*Gruber* HUP Art. 4 Rn. 14.
[124] BeckOK BGB/*Heiderhoff* EGBGB Art. 18 Rn. 51.

„gegebenenfalls“ bezieht sich darauf, dass die Verweisung voraussetzt, dass überhaupt eine gemeinsame Staatsangehörigkeit besteht.[125] Welche Staatsangehörigkeit die Beteiligten besitzen, bestimmt das Recht des Staates, um dessen Staatsangehörigkeit es geht. Bei **Mehrstaatern** genügt es, dass Berechtigter und Verpflichteter nur überhaupt eine gemeinsame Staatsangehörigkeit besitzen. Hingegen ist nicht erforderlich, dass die gemeinsame Staatsangehörigkeit diejenige ist, mit der die Parteien am engsten verbunden sind *(effektive Staatsangehörigkeit)*.[126] Auch ein Vorrang der deutschen Staatsangehörigkeit iSv Art. 5 Abs. 1 S. 2 EGBGB (→ § 2 Rn. 37 ff.) ist unter Geltung des Protokolls nicht mehr anzuerkennen.[127]

50 Nach Art. 9 HUP können einzelne Vertragsstaaten, soweit sie gegenüber dem Ständigen Büro der Haager Konferenz eine entsprechend Erklärung abgeben, das Merkmal der Staatsangehörigkeit durch dasjenige des ***„domicile“*** ersetzen; von dieser Möglichkeit hat bisher nur *Irland* Gebrauch gemacht. Gehören die Ehegatten einem **Mehrrechtsstaat** an, so ist ein gemeinsames Heimatrecht nur gegeben, wenn die interlokale Anknüpfung nach Art. 16 HUP zur gleichen Teilrechtsordnung führt. Ebenso wie die Anknüpfung nach Art. 3 HUP ist auch diejenige nach Art. 4 Abs. 4 HUP **wandelbar;** das Unterhaltsstatut kann sich also durch den Verlust der bisherigen oder den Erwerb einer neuen Staatsangehörigkeit des Berechtigten oder Verpflichteten ändern.

51 **f) Kein Unterhaltsanspruch.** In Art. 4 Abs. 2, Abs. 3 S. 2 und Abs. 4 HUP wird jeweils vorausgesetzt, dass der Unterhaltsberechtigte nach der vorrangigen Anknüpfung „keinen Unterhalt erhalten“ kann. Diese Voraussetzung ist grundsätzlich nur dann erfüllt, wenn das primär maßgebende Unterhaltsstatut dem Berechtigten – sei es generell oder zumindest unter den gegebenen Umständen – gegen den Verpflichteten **überhaupt keinen Unterhaltsanspruch** gewährt.[128] Dabei kommt es auf den Grund für die Versagung des Unterhaltsanspruchs nicht an.[129] So kann der Verpflichtete dem Berechtigten gegenüber überhaupt nicht unterhaltspflichtig sein (wie zB Geschwister nach deutschem Recht). Ausreichend ist aber auch, dass das Primärstatut nur einen Unterhalt für die Vergangenheit ausschließt[130] oder diesen nur gegen den in Anspruch genommenen Verpflichteten nicht gewährt, mag er auch gegen einen anderen – nach dem Unterhaltsstatut vorrangig verpflichteten – Schuldner bestehen (vgl. §§ 1606 bis 1608 BGB).[131] Sieht das Primärstatut hingegen lediglich einen **geringeren Unterhalt** vor, so greifen die subsidiären Anknüpfungen nicht ein;[132] eine Korrektur ist nur nach Art. 14 HUP (→ Rn. 198 ff.) möglich. Ebensowenig reicht es aus, dass das primäre Unterhaltsstatut zwar einen Unterhaltsanspruch vorsieht, aber einen Anspruch auf **Prozesskostenvorschuss** versagt.[133] Denn auch in diesem Fall wird im Ergebnis lediglich ein insgesamt geringerer Unterhaltsanspruch gewährt, weil der Anspruch auf Prozess-

[125] Rauscher/*Andrae* HUP Art. 4 Rn. 15.

[126] *Bonomi*-Bericht Rn. 76; *Andrae* GPR 2010, 196 (203); BeckOK BGB/*Heiderhoff* EGBGB Art. 18 Rn. 58; Rauscher/*Andrae* HUP Art. 4 Rn. 15; NK-BGB/*Gruber* HUP Art. 4 Rn. 26; MüKoBGB/*Siehr* HUP Art. 4 Rn. 28; PWW/*Martiny* EGBGB Anh. II Art. 18 Rn. 9; Staudinger/*Mankowski* EGBGB Anh. I Art. 18 Rn. 192; **aA** Palandt/*Thorn* HUP Rn. 18; Erman/*Hohloch* HUP Art. 4 Rn. 8.

[127] Anders die bisher hM zu Art. 18 EGBGB, vgl. etwa OLG Frankfurt a.M. NJW-RR 2012, 1477; NK-BGB/*Gruber* EGBGB Art. 18 Rn. 26.

[128] Insoweit gelten die bisherigen Grundsätze zu Art. 5, 6 HUntÜ fort, vgl. idS Rauscher/*Andrae* HUP Art. 4 Rn. 19; Palandt/*Thorn* HUP Rn. 16; Erman/*Hohloch* HUP Art. 4 Rn. 8; PWW/*Martiny* EGBGB Anh. II Art. 18 Rn. 16. Zum bisherigen Recht BGH FamRZ 2001, 412 ff.; OLG Bremen FamRZ 2013, 224 (225); OLG Nürnberg NJW-RR 2010, 1306 (1307); OLG Oldenburg NJW-RR 2006, 1220 (1221); OLG Hamm FamRZ 1999, 888 (889).

[129] Vgl. OLG Hamm NJW-RR 2010, 76: kein Unterhaltsanspruch der nichtehelichen Mutter gegen den Kindsvater nach chinesischem Recht.

[130] Staudinger/*Mankowski* EGBGB Anh. I Art. 18 Rn. 180.

[131] Palandt/*Thorn* HUP Rn. 16; Rauscher/*Andrae* HUP Art. 4 Rn. 19; OLG Koblenz FamRZ 1998, 859.

[132] Palandt/*Thorn* HUP Rn. 16; NK-BGB/*Gruber* HUP Art. 4 Rn. 9; *Andrae* IntFamR § 8 Rn. 129; vgl. zum bisherigen Recht OLG Brandenburg FamRZ 2006, 1766 (1767); OLG Hamm FamRZ 1998, 25 und 1999, 889; OLG Karlsruhe NJW-RR 1991, 643 (644).

[133] KG FamRZ 1988, 167 (169) = IPRax 1988, 234 mAnm *v. Bar* IPRax 1988, 220; BeckOK BGB/*Heiderhoff* EGBGB Art. 18 Rn. 54; Erman/*Hohloch* HUP Art. 4 Rn. 4.

kostenvorschuss kollisionsrechtlich kein eigenständiger Anspruch, sondern lediglich Ausfluss des allgemeinen Unterhaltsanspruchs ist.[134] Das Unterhaltsstatut versagt den Anspruch auch dann nicht, wenn zunächst bestimmte **Bedingungen** zu erfüllen sind, bevor Unterhalt verlangt werden kann.[135]

Nicht einheitlich beurteilt werden hingegen diejenigen Fälle, in denen das primär zur 52
Anwendung berufene Statut zwar grundsätzlich einen Unterhaltsanspruch gewährt, dessen Durchsetzung aber daran scheitert, dass nach den Wertungen des Primärstatuts entweder der Berechtigte nicht bedürftig oder der Verpflichtete nicht leistungsfähig ist. Für diese Fälle der **fehlenden Bedürftigkeit oder Leistungsfähigkeit** ging die bisher hM zum HUntÜ davon aus, dass für einen Rückgriff auf die subsidiären Anknüpfungen kein Raum sei.[136] Insoweit gilt auch unter dem Protokoll nichts anderes.[137] Hierfür spricht, dass sich schon bei der Beratung des Protokolls viele Delegierte gegen das Eingreifen der subsidiären Anknüpfung in diesen Fällen ausgesprochen haben.[138] Der Berechtigte kann sich daher nicht darauf berufen, dass dasjenige Recht, das im Falle einer subsidiären Anknüpfung als Unterhaltsstatut berufen wäre, die Bedürftigkeit oder die Leistungsfähigkeit nach anderen rechtlichen Gesichtspunkten beurteilen würde, so dass er nach diesem Statut einen Anspruch hätte. Den Vorzug vor der Kaskadenanknüpfung nach Art. 4 HUP verdient eine wertende Betrachtung der Bedürftigkeit bzw. Leistungsfähigkeit im Einzelfall nach Art. 14 HUP.[139]

In der Rechtsprechung zum HUntÜ wurde ein Rückgriff auf die subsidiären Anknüp- 53
fungen auch dann versagt, wenn der Unterhaltsberechtigte deswegen keinen Unterhalt erhielt, weil die Voraussetzungen des nach dem Primärstatut grundsätzlich gegebenen Anspruchs nur **im konkreten Fall nicht erfüllt** waren oder dieser Anspruch – zB wegen Zahlungsunfähigkeit des Schuldners – nicht durchsetzbar war; denn andernfalls könne der Berechtigte das ihm im Ergebnis günstigere Recht wählen, was den Intentionen des Übereinkommens zuwiderlaufe.[140] Daran ist zwar auch unter Geltung des Protokolls grundsätzlich festzuhalten.[141] Eine andere Beurteilung ist aber für den Fall geboten, dass der Anspruch nach dem primären Unterhaltsstatut wegen der Erreichung einer bestimmten **Altersgrenze** ausgeschlossen ist, während dies nach dem sekundär anzuwendenden Recht (noch) nicht der Fall ist.[142] Entscheidend ist insoweit die kollisionsrechtliche Struktur des Unterhaltsanspruchs. Ist dieser als periodisch ausgestaltetes Recht zu verstehen, so können die einzelnen Zeitabschnitte getrennt betrachtet werden.[143]. Ausreichend für die Anwendung der Ersatzanknüpfungen ist es auch, wenn der Anspruch nach dem primären Statut wegen **Verfristung** (zB für die Feststellung der Vaterschaft des Unterhaltsschuldners)[144] oder Verwirkung ausgeschlossen ist.[145] Hingegen scheidet eine Anknüpfung an das

[134] MüKoBGB/*Siehr* HUP Art. 4 Rn. 21; Staudinger/*Mankowski* EGBGB Anh. I Art. 18 Rn. 171.

[135] NK-BGB/*Gruber* HUP Art. 4 Rn. 12; MüKoBGB/*Siehr* HUP Art. 4 Rn. 20 zum Erfordernis der Vaterschaftsfeststellung für den Unterhaltsanspruch eines außer der Ehe geborenen Kindes.

[136] BGH FamRZ 2001, 412ff.; OLG Nürnberg NJW-RR 2010, 1306 (1307); zust. *Rauscher* FamFR 2010, 288; OLG Hamm FamRZ 1998, 25; AG Berlin-Schöneberg FamRZ 2007, 1558; **aA** Staudinger/*Mankowski* EGBGB Anh. I Art. 18 Rn. 174, 182a (für konkrete Betrachtungsweise).

[137] Palandt/*Thorn* HUP Rn. 16; BeckOK BGB/*Heiderhoff* EGBGB Art. 18 Rn. 54; PWW/*Martiny* EGBGB Anh. II Art. 18 Rn. 16; einschränkend aber NK-BGB/*Gruber* HUP Art. 4 Rn. 11.

[138] *Bonomi*-Bericht Rn. 61; Rauscher/*Andrae* HUP Art. 4 Rn. 18; MüKoBGB/*Siehr* HUP Art. 4 Rn. 9.

[139] Zutr. *Andrae* IntFamR § 8 Rn. 130.

[140] OLG Oldenburg NJW-RR 1996, 1220 (1221); OLG Hamm NJW-RR 1992, 711; Staudinger/*Mankowski* EGBGB Anh. I Art. 18 Rn. 185.

[141] So Erman/*Hohloch* HUP Art. 4 Rn. 4; MüKoBGB/*Siehr* HUP Art. 4 Rn. 22; Staudinger/*Mankowski* EGBGB Anh. I Art. 18 Rn. 185f.; **aA** wohl NK-BGB/*Gruber* HUP Art. 4 Rn. 10.

[142] *Bonomi*-Bericht Rn. 61; Rauscher/*Andrae* HUP Art. 4 Rn. 17; NK-BGB/*Gruber* HUP Art. 4 Rn. 10; zum bisherigen Recht auch OLG Hamm FamRZ 1999, 888 (889); **aA** zu dem – vom Alter des betreuten Kindes abhängigen – Trennungsunterhalt der Ehefrau OLG Nürnberg FamRZ 2010, 2077 (2078).

[143] Staudinger/*Mankowski* EGBGB Anh. I Art. 18 Rn. 167.

[144] Vgl. Erman/*Hohloch* HUP Art. 4 Rn. 4; MüKoBGB/*Siehr* HUP Art. 4 Rn. 15.

[145] BeckOK BGB/*Heiderhoff* EGBGB Art. 18 Rn. 56; Erman/*Hohloch* HUP Art. 4 Rn. 4; NK-BGB/*Gruber* HUP Art. 4 Rn. 10.

subsidiäre Unterhaltsstatut aus, wenn der Berechtigte wegen eines nach dem primär berufenen Recht rechtswirksamen **Abfindungsvertrags** keinen Unterhalt erhält.[146] Ebensowenig kann ein nach dem primären Unterhaltsstatut wirksamer **Unterhaltsverzicht** durch das Günstigkeitsprinzip beseitigt werden; vielmehr ist der Verzicht nur auf seine Vereinbarkeit mit dem *ordre public* (Art. 13 HUP; → Rn. 192ff.) zu prüfen.[147]

### 3. Sonderregeln für den Unterhalt von Ehegatten und früheren Ehegatten, Art. 5 HUP

54 **a) Allgemeines.** Bezüglich der Unterhaltsansprüche zwischen Ehegatten weicht das Protokoll grundlegend von der bisherigen Regelung im HUntÜ ab. Denn die in Art. 8 HUntÜ/Art. 18 Abs. 4 EGBGB aF enthaltene – fragwürdige[148] – Sonderregelung für Unterhaltspflichten zwischen geschiedenen und gerichtlich getrennten Ehegatten, die akzessorisch an das vom in- oder ausländischen Gericht zugrunde gelegte Scheidungsstatut angeknüpft wurden, hat man in das Protokoll nicht übernommen. Stattdessen werden nunmehr alle Unterhaltsansprüche zwischen Ehegatten grundsätzlich **einheitlich angeknüpft,** dh es macht keinen Unterschied mehr, ob diese Ansprüche während bestehender Ehe, nach einer faktischen oder gerichtlichen Trennung, nach einer Ehescheidung oder nach einer Aufhebung oder Nichtigerklärung der Ehe erhoben werden.[149] Die Neuregelung kann daher, soweit der nacheheliche Unterhaltsanspruch bisher unwandelbar nach dem von Art. 8 HUntÜ/Art. 18 Abs. 4 EGBGB aF bestimmten Scheidungsstatut zu beurteilen war, mit dem Inkrafttreten des Protokolls zu einem **Statutenwechsel** führen.

55 **Beispiel:**
Ist die Ehe von in Deutschland lebenden italienischen Ehegatten vor dem 18.6.2011 durch ein deutsches Gericht gemäß Art. 17 Abs. 1 EGBGB aF iVm Art. 14 Abs. 1 Nr. 1 EGBGB nach italienischem Recht geschieden worden, so galt bis zum 17.6.2011 auch für den nachehlichen Unterhalt italienisches Recht. Mit Inkrafttreten des Haager Unterhaltsprotokolls am 18.6.2011 ist diesbezüglich ein Statutenwechsel eingetreten und es gilt fortan das deutsche Aufenthaltsrecht. Da nach deutschem Recht eine Änderung des materiellen Unterhaltsrechts zur Begründung einer Abänderungsklage nach § 323 ZPO ausreicht,[150] kann derjenige Ehegatte, zu dessen Gunsten sich die Rechtsänderung auswirkt, die Abänderung des Unterhalts verlangen.

56 Auch für die Unterhaltspflichten zwischen geschiedenen oder gerichtlich getrennten Ehegatten, sowie zwischen Ehegatten, deren Ehe für ungültig erklärt wurde, gilt daher im Ausgangspunkt die **Regelanknüpfung des Art. 3 HUP,** die bisher auf Unterhaltsansprüche während aufrechter Ehe beschränkt war; maßgebend ist demnach das Recht am aktuellen gewöhnlichen Aufenthalts des unterhaltsberechtigten Ehegatten (→ Rn. 22ff.). Gewährt dieses Recht dem (früheren) Ehegatten keinen Unterhaltsanspruch, so finden – abweichend von Art. 4, 5 HUntÜ – die **Ersatzanknüpfungen nach Art. 4 HUP keine Anwendung,** weil Ehegatten nicht zu dem in Art. 4 Abs. 1 HUP abschließend gezogenen Kreis der privilegierten Unterhaltsgläubiger gehören. Allerdings ist nach Art. 5 HUP auf Einrede einer Partei das Unterhaltsstatut an das Recht anzuknüpfen, das eine **engere Verbindung zur Ehe** der Parteien aufweist als das Recht des gewöhnlichen Aufenthalts des Berechtigten. Damit soll das Vertrauen der Ehegatten in die Geltung des Rechts, unter dem die Ehe

[146] Rauscher/*Andrae* HUP Art. 4 Rn. 22; MüKoBGB/*Siehr* HUP Art. 4 Rn. 17.
[147] Staudinger/*Mankowski* EGBGB Anh. I Art. 18 Rn. 188.
[148] *Andrae* FPR 2008,196 (200); *Schwarz/Scherpe* FamRZ 2004, 665ff.
[149] Palandt/*Thorn* HUP Rn. 19; BeckOK BGB/*Heiderhoff* EGBGB Art. 18 Rn. 62; NK-BGB/*Gruber* HUP Art. 5 Rn. 6.
[150] BGHZ 148, 368 = FamRZ 2001, 1687; 183, 197 Rn. 16 = NJW 2010, 365; Zöller/*Vollkommer* ZPO § 323 Rn. 30.

gelebt worden ist, geschützt werden.[151] Dieser Einrede kann der andere Ehegatte auch nicht die Einrede nach Art. 6 HUP entgegenhalten. Einer zulässigen **Rechtswahl** der Ehegatten nach Art. 7, 8 HUP kommt aber Vorrang auch vor Art. 5 HUP zu; die Rechtswahl kann daher gezielt zu dem Zweck eingesetzt werden, der sich aus der möglichen Erhebung der Einrede nach Art. 5 HUP ergebenden Rechtsunsicherheit zu begegnen (→ Rn. 125). Von Art. 5 HUP werden alle Unterhaltsansprüche von Ehegatten erfasst; insbesondere ist es unerheblich, ob die Ansprüche im Rahmen eines Scheidungsverfahrens oder in einem isolierten Unterhaltsverfahren geltend gemacht werden. Durch die Erhebung der Einrede kann einerseits der Verpflichtete einem *forum shopping* des Berechtigten entgegentreten; andererseits kann der Berechtigte, der nach einer Scheidung in seinen Heimatstaat zurückgekehrt ist, Unterhalt weiterhin nach Maßgabe des – für ihn günstigeren – Rechts des Staates verlangen, in dem die Ehe geführt wurde.[152]

**b) Der Begriff des Ehegatten.** Der Begriff der Ehe ist in Übereinstimmung mit Art. 1 57
Abs. 1 HUP auszulegen (näher → Rn. 143 ff.). Er erfasst unstreitig verschiedengeschlechtliche Beziehungen, die statusrechtlich als Ehen angesehen werden. Bei der Erarbeitung des Protokolls wurde der Vorschlag einiger Staaten diskutiert, eine Bestimmung aufzunehmen, nach der es im Ermessen eines jeden Vertragsstaats stehen sollte, die Bestimmung auch auf Verbindungen anzuwenden, die der Ehe gleichgestellt oder ihr ähnlich sind. Dieser Vorschlag fand zwar nicht die Mehrheit der Delegierten; jedoch bestand Konsens darüber, dass diejenigen Vertragsstaaten, die **gleichgeschlechtliche Ehen** oder (homosexuelle wie heterosexuelle) **registrierte Lebenspartnerschaften** kennen und mit statusrechtlichen Wirkungen versehen (näher → § 13 Rn. 35 ff.), oder die bereit sind, ausländische Rechtsinstitute dieser Art anzuerkennen, auf die Unterhaltspflichten aus diesen Beziehungen Art. 5 HUP anwenden können.[153] Aus deutscher Sicht sind daher eingetragene Lebenspartnerschaften und homosexuelle Ehen unter Art. 5 HUP zu subsumieren,[154] nicht hingegen formlose faktische Lebensgemeinschaften. Für diejenigen Vertragsstaaten, die zugleich EU-Mitgliedstaaten sind, bleibt zu hoffen, dass der EuGH schon bald Gelegenheit erhalten wird, diese Frage verbindlich zu klären. Die besseren Argumente sprechen dafür, die Anwendung des Protokolls auf Unterhaltspflichten aus solchen Verbindungen nicht den einzelnen Mitgliedstaaten zu überlassen, sondern den Ehebegriff in Art. 5 HUP **autonom** erweiternd in dem Sinne auszulegen, dass er auch eingetragene Lebenspartnerschaften und gleichgeschlechtliche Ehen umfasst. Denn die Gründe für die Auflockerung der Grundsatzanknüpfung nach Art. 3 HUP im Fall des Ehegattenunterhalts passen ebenso auf andere Formen verrechtlichter Lebenspartnerschaften.[155]

**c) Erst- und Vorfragen. aa) Wirksame Ehe.** Im Rahmen von Art. 5 HUP stellt sich 58
die Frage nach der selbständigen, unselbständigen oder alternativen Anknüpfung der Erstfrage, ob eine Ehe besteht.[156] Dabei ist grundsätzlich eine **selbständige Anknüpfung** vorzugswürdig.[157] Ist zum Bestehen der Ehe eine Feststellungsentscheidung ergangen,

[151] BGH NJW 2013, 2662 Rn. 44 mAnm *Andrae* IPRax 2014, 326; *Dimmler/Bißmaier* FPR 2013, 11 (14).
[152] Vgl. *Henrich* IntSchR Rn. 135; NK-BGB/*Gruber* HUP Art. 5 Rn. 3.
[153] *Bonomi*-Bericht Rn. 92 ff.; zust. Rauscher/*Andrae* HUP Art. 5 Rn. 7; Palandt/*Thorn* HUP Rn. 19.
[154] *Gruber* FS Spellenberg, 2010, 177 (188); *Coester* IPRax 2013, 114 (120); BeckOK BGB/*Heiderhoff* EGBGB Art. 18 Rn. 64; Rauscher/*Andrae* HUP Art. 5 Rn. 9; MüKoBGB/*Siehr* HUP Art. 5 Rn. 8; PWW/*Martiny* EGBGB Anh. II Art. 18 Rn. 18.
[155] *Andrae* GPR 2010, 196 (202); *Hausmann* IntEuSchR C Rn. 539; für analoge Anwendung dagegen Erman/*Hohloch* HUP Art. 5 Rn. 5; NK-BGB/*Gruber* HUP Art. 5 Rn. 7.
[156] Dazu allg. → § 3 Rn. 32 f.; ferner auch → Rn. 140 f.
[157] Vgl. zum HUntÜ OLG Hamburg IPRax 2002, 294 (304) mAnm *Andrae/Essebier*; für alternative Anknüpfung *in favorem creditoris* hingegen MüKoBGB/*Siehr* HUP Art. 5 Rn. 4. Vgl. auch → Rn. 140 ff.

überlagert das internationale Verfahrensrecht das IPR, wenn diese Entscheidung von den eigenen Gerichten erlassen wurde oder im Gerichtsstaat anzuerkennen ist.[158]

59 **bb) Wirksame Scheidung, Trennung oder Ungültigerklärung der Ehe.** Auch die von Art. 5 HUP aufgeworfene Erstfrage, ob eine wirksame Scheidung, förmliche Trennung oder Ungültigerklärung der Ehe vorliegt, sollte grundsätzlich selbständig angeknüpft werden. Die Vorschrift gilt – wie schon Art. 8 HUntÜ – sowohl für gerichtliche wie für Privatscheidungen (insbesondere durch *talaq*).[159] Bei gerichtlichen Ehescheidungen wird das IPR allerdings durch das **Verfahrensrecht des Gerichtsstaates** (einschließlich des dortigen Rechts der verfahrensrechtlichen Anerkennung ausländischer Entscheidungen) überlagert. Ist im Inland oder im Ausland eine anzuerkennende Gestaltungsentscheidung ergangen, so ist die Rechtslage als gestaltet anzusehen.[160] Für Entscheidungen von Gerichten der EU-Mitgliedstaaten wird die Gestaltungswirkung nach den Art. 21 ff. EuEheVO[161] anerkannt. Art. 21 Abs. 4 EuEheVO ermöglicht auch eine inzidente Prüfung der anerkennungsrechtlichen Vorfrage im Unterhaltsverfahren. Drittstaatliche Eheentscheidungen werden demgegenüber in Deutschland nach den §§ 107, 109 FamFG anerkannt.[162] Die Anerkennung muss gemäß § 107 FamFG förmlich durch die zuständige Landesjustizverwaltung festgestellt werden.[163] Eine Inzidentanerkennung genügt nach § 107 Abs. 1, Abs. 3 FamFG nur im Fall der Trennung, Scheidung oder Ungültigerklärung durch ein Gericht des gemeinsamen Heimatstaats der Ehegatten.[164]

60 **d) Einrede eines Ehegatten.** Die Abweichung von der Regelanknüpfung nach Art. 3 HUP erfolgt – anders als bei sonstigen Ausweichklauseln des europäischen Kollisionsrechts (zB Art. 21 Abs. 2 EuErbVO) – gemäß Art. 5 HUP **nicht von Amts wegen,** sondern nur auf Einrede einer Partei.[165] Hierdurch soll die mit einer Ausweichklausel verbundene Rechtsunsicherheit vermieden und die Arbeit der Gerichte erleichtert werden;[166] allerdings wird die rechtlich nicht beratene Partei durch diese Ausgestaltung als Einrede benachteiligt.[167] Die Einrede kann von jeder der beiden Parteien – auch im gleichen Verfahren[168] – erhoben werden. Das Protokoll schreibt für die Erhebung der Einrede **keine besondere Form** vor. Da auch das deutsche Verfahrensrecht kein Formerfordernis enthält, ist eine besondere Form nicht einzuhalten. Auch der Adressat der Erklärung wird nicht genannt; insoweit ist davon auszugehen, dass die Einrede gegenüber dem anderen Beteiligten (auch außerhalb des Verfahrens) oder gegenüber dem Gericht erklärt werden kann. Schließlich enthält das Protokoll auch zum Zeitpunkt, bis zu dem die Einrede in einem Unterhaltsverfahren Berücksichtigung findet, bewusst keine Regelung.[169] Aufgrund der Nähe zum Verfahrensrecht ist davon auszugehen, dass hierüber die jeweilige *lex fori* bestimmt.[170] Vor deutschen Gerichten kann die Einrede – mangels abweichender spezieller Regelung – bis

[158] Rauscher/*Andrae* HUP Art. 5 Rn. 22; PWW/*Martiny* EGBGB Anh. II Art. 18 Rn. 18; zur Anerkennung derartiger Ehentscheidungen näher *Hausmann* IntEuSchR H Rn. 23.

[159] Vgl. Staudinger/*Mankowski* EGBGB Anh. I Art. 18 Rn. 252.

[160] Rauscher/*Andrae* HUP Art. 5 Rn. 20.

[161] *Hausmann* IntEuSchR H Rn. 30 ff.

[162] Dazu näher *Hausmann* IntEuSchR H Rn. 185 ff.

[163] BGH NJW-RR 2007, 722; dazu näher *Hausmann* IntEuSchR H Rn. 185 ff.

[164] OLG Düsseldorf IPRax 2014, 286 mAnm *Heiderhoff* IPRax 2014, 264; OLG Hamm NJW-RR 1995, 520; *Hausmann* IntEuSchR H Rn. 196 ff. mwN.

[165] BGH NJW 2013, 2662 Rn. 44 mAnm *Andrae* IPRax 2014, 326; OLG Köln FamRZ 2012, 1509 (1510); OLG Nürnberg NJOZ 2012, 1050 (1052); *Andrae* GPR 2010, 196 (202); *Conti/Bißmeier* FamRBint 2011, 62 (65); Palandt/*Thorn* HUP Rn. 21; MüKoBGB/*Siehr* HUP Art. 5 Rn. 10.

[166] *Bonomi*-Bericht Rn. 83.

[167] Krit. deshalb *Lehmann* GPR 2014, 342 (347).

[168] *Dimmler/Bißmeier* FPR 2013, 11 (14).

[169] *Bonomi*-Bericht Rn. 81.

[170] *Bonomi*-Bericht Rn. 84; BeckOK BGB/*Heiderhoff* EGBGB Art. 18 Rn. 66; NK-BGB/*Gruber* HUP Art. 5 Rn. 11.

um **Schluss der mündlichen Verhandlung** erhoben werden;[171] sie kann sogar noch berücksichtigt werden, wenn sie erst in der Revisionsinstanz erhoben wird.[172] Im Übrigen gelten gemäß § 113 Abs. 1 S. 2 FamFG die allgemeinen Regeln der ZPO über die Präklusion mit Angriffs- und Verteidigungsmittel (vgl. §§ 275, 276 ZPO).[173]

**e) Engere Verbindung zur Ehe.** Anders als die Ausweichklauseln der Rom I-VO und der Rom II-VO erfordert Art. 5 HUP nicht eine „offensichtlich engere Verbindung" zu einer anderen Rechtsordnung, sondern lässt eine „engere Verbindung" genügen. Hieraus können jedoch keine unmittelbaren Schlüsse gezogen werden, da es sich bei den Verordnungen und dem Protokoll um Instrumente unterschiedlicher Normgeber handelt. Entscheidend ist die engere Verbindung zur Ehe der Parteien. Daher haben Umstände vor der Eheschließung und nach der Trennung/Scheidung oder Ungültigerklärung außer Betracht zu bleiben;[174] die Anknüpfung nach Art. 5 HUP ist damit **unwandelbar.**[175] Der verpflichtete Ehegatte soll es sich also nicht gefallen lassen müssen, dass der unterhaltsberechtigte Ehegatte nach einer Trennung oder Scheidung durch die Wahl seines gewöhnlichen Aufenthalts in einem besonders unterhaltsfreundlichen Staat, der keine Verbindung zu der Ehe der Parteien aufweist, Ansprüche auf Trennungs- oder Scheidungsunterhalt in einer Höhe erwirbt, mit welcher der Verpflichtete nicht zu rechnen hatte.[176] Die Darlegungs- und **Beweislast** für eine engere Verbindung zu einem von Art. 3 HUP abweichenden Recht trägt derjenige Ehegatte, der die Einrede nach Art. 5 HUP erhebt. 61

Als Recht, das eine engere Verbindung zur Ehe aufweisen kann, wird in Art. 5 HUP insbesondere das Recht des **letzten gemeinsamen gewöhnlichen Aufenthalts** der Parteien genannt. Der Hinweis auf dieses Recht hat freilich nur Indizwirkung, die im Einzelfall aufgrund der erforderlichen **Gesamtabwägung** aller Umstände widerlegt sein kann.[177] Auf den letzten gemeinsamen gewöhnlichen Aufenthalt der Ehegatten ist vor allem dann abzustellen, wenn er wesentlich länger gewährt hat als der neue gewöhnliche Aufenthalt des unterhaltsberechtigten Ehegatten und wenn er durch zusätzliche Kriterien (wie zB die Staatsangehörigkeit und/oder den fortdauernden gewöhnlichen Aufenthalt des unterhaltsverpflichteten Ehegatten) verstärkt wird.[178] Die Erhebung der Einrede nach Art. 5 HUP kann zu einer kollisionsrechtlichen Spaltung von Ehegatten- und Kindesunterhalt führen, weil auf letzteren nach Art. 3 Abs. 2 HUP stets das Recht am neuen gewöhnlichen Aufenthalt anwendbar ist. 62

**Beispiel:** 63

Hatte ein deutsch-italienisches Ehepaar seinen letzten gemeinsamen gewöhnlichen Aufenthalt für zwei Jahre vor der Trennung in Deutschland, nachdem die Eheleute zuvor 20 Jahre gemeinsam in Italien gelebt hatten, so kann die engere Verbindung der Eheleute weiterhin zu Italien bestehen. Kehrt die unterhaltsberechtigte italienische Ehefrau daher nach der Trennung wieder nach Italien zurück und erhebt sie im Scheidungsverfahren vor dem deutschen Gericht die Einrede nach Art. 5 S. 1 HUP, so ist auf den nachehelichen Unterhalt nach Art. 5 S. 2 HUP italienisches Recht anwendbar.[179]

Neben dem letzten gemeinsamen gewöhnlichen Aufenthalt kann iRd Ermittlung der engeren Verbindung zwar auch der **Staatsangehörigkeit** der Ehegatten Bedeutung zukommen, obwohl sie als Anknüpfungskriterium im Unterhaltrecht nur noch eine unter- 64

[171] Rauscher/*Andrae* HUP Art. 5 Rn. 12; Erman/*Hohloch* HUP Art. 5 Rn. 3.
[172] BGH NJW 2013, 2662 Rn. 47 ff. mAnm *Andrae* IPRax 2014, 326.
[173] *Andrae* IPRax 2014, 326 (330); BeckOK BGB/*Heiderhoff* EGBGB Art. 18 Rn. 66.
[174] *Schäuble* NZFam 2014, 1071 (1073); Rauscher/*Andrae* HUP Art. 5 Rn. 15.
[175] BeckOK BGB/*Heiderhoff* EGBGB Art. 18 Rn. 67.
[176] *Bonomi*-Bericht Rn. 78; *Boele-Woelki/Mom* FPR 2010, 485 (487 f.).
[177] *Bonomi*-Bericht Rn. 86; *Gruber* FS Spellenberg, 2010, 177 (187); Palandt/*Thorn* HUP Rn. 21.
[178] BGH NJW 2013, 2662 Rn. 45 mAnm *Andrae* IPRax 2014, 326; *Bonomi*-Bericht Rn. 89.
[179] Vgl. Rauscher/*Andrae* HUP Art. 5 Rn. 18; NK-BGB/*Gruber* HUP Art. 5 Rn. 14.

geordnete Rolle spielt (vgl. Art. 4 Abs. 4 HUP).[180] Die – vor allem gemeinsame – Staatsangehörigkeit der Ehegatten dürfte jedoch nur dann den Ausschlag geben, wenn der gewöhnliche Aufenthalt in einem anderen Staat nur für einen begrenzten Zeitraum begründet wird und die Rückkehr in den gemeinsamen Heimatstaat von vorneherein geplant ist (zB Botschaftspersonal, Entwicklungshelfer in der dritten Welt uÄ).[181]

65 **Beispiel:**
Der deutsche Ehemann wird von seinem Arbeitgeber, einem deutschen Autohersteller, für drei Jahre zur Wahrnehmung von Managementaufgaben an dessen Werk nach Texas/USA abgeordnet. Er zieht daher mit seiner ebenfalls deutschen Ehefrau, mit der er seit fünf Jahren in Deutschland zusammengelebt hatte, für diesen Abordnungszeitraum in die USA. Nachdem die Eheleute – wie von Anfang an geplant – nach Ablauf dieser drei Jahre nach Deutschland zurückkehren, zerbricht die Ehe. Die Ehefrau macht unter Berufung auf Art. 5 HUP weitreichende nacheheliche Unterhaltsansprüche nach dem Recht von Texas geltend, weil die Eheleute dort ihren letzten gemeinsamen gewöhnlichen Aufenthalt gehabt hätten.

Gegenüber diesem Anspruch kann der Ehemann seinerseits einwenden, dass die engeren Verbindungen der Ehe iSv Art. 5 HUP zu Deutschland als dem gemeinsamen Heimat- und langjährigen Aufenthaltsstaat bestünden, weil der Aufenthalt in den USA von vorneherein nur für einen begrenzten Zeitraum begründet werden sollte.

### 4. Sonderregel für den Verwandtenunterhalt, Art. 6 HUP

66 **a) Allgemeines.** Bereits nach Art. 7 HUntÜ/Art. 18 Abs. 3 EGBGB aF konnte der Unterhaltsverpflichtete dem Anspruch des Berechtigten entgegenhalten, dass nach dem Recht des Staates, dem sie gemeinsam angehörten, oder hilfsweise nach dem Recht am gewöhnlichen Aufenthalt des Verpflichteten, eine Unterhaltspflicht nicht bestand. Diese Einrede war jedoch auf Unterhaltspflichten zwischen **Verwandten in der Seitenlinie oder Verschwägerten** beschränkt. Das Protokoll hat den Anwendungsbereich dieser Einrede deutlich erweitert; sie ist nunmehr grundsätzlich gegenüber jeder Art von Unterhaltsansprüchen möglich, soweit sie nicht in Art. 6 HUP ausdrücklich ausgeschlossen wird. Anders als bei Art. 5 HUP handelt es sich nicht um eine Kollisionsnorm, sondern um ein **materiellrechtliches Verteidigungsmittel.**[182] Dieses kann dem Verpflichteten allerdings durch eine wirksame Rechtswahl nach Art. 7 oder Art. 8 HUP genommen werden.

67 **b) Ausgenommene Unterhaltsansprüche.** Ausgenommen aus dem Anwendungsbereich des Art. 6 HUP sind allerdings die wichtigsten Unterhaltsansprüche, nämlich diejenigen von **Kindern gegenüber ihren Eltern** und diejenigen **zwischen Ehegatten.** Der Begriff des „Kindes" in Art. 6 HUP umfasst nicht nur eheliche, sondern auch nichteheliche und Adoptivkinder, nicht aber Stiefkinder.[183] Ausgeschlossen sind ferner die Unterhaltspflichten zwischen früheren Ehegatten und Personen, deren Ehe für ungültig erklärt worden ist. Nach der hier vertretenen **weiten Auslegung des Ehebegriffs** in Art. 5 HUP (→ Rn. 57) kann die Einrede daher auch dem Partner einer gleichgeschlechtlichen Ehe oder einer registrierten Lebenspartnerschaft nicht entgegengehalten werden.[184] Die wichtigsten Anwendungsfälle der Vorschrift dürften zwar auch weiterhin Unterhaltsan-

[180] *Bonomi*-Bericht Rn. 89; BeckOK BGB/*Heiderhoff* EGBGB Art. 18 Rn. 65; Erman/*Hohloch* HUP Art. 5 Rn. 4; **aA** OGH ZfRV 2012, 270; zurückhaltend auch Palandt/*Thorn* HUP Rn. 21; NK-BGB/*Gruber* HUP Art. 5 Rn. 15.
[181] Vgl. auch MüKoBGB/*Siehr* HUP Art. 5 Rn. 17.
[182] *Bonomi*-Bericht Rn. 103; NK-BGB/*Gruber* HUP Art. 6 Rn. 1.
[183] *Bonomi*-Bericht Rn. 99; Rauscher/*Andrae* HUP Art. 6 Rn. 4; **aA** Erman/*Hohloch* HUP Art. 6 Rn. 4.
[184] Ebenso NK-BGB/*Gruber* HUP Art. 6 Rn. 4; Palandt/*Thorn* HUP Rn. 23.

sprüche zwischen Verwandten inder Seitenlinie und zwischen Verschwägerten bilden.[185] Die Einrede nach Art. 6 HUP kann aber auch gegenüber Unterhaltsansprüchen vorgebracht werden, die Enkel gegen ihre Großeltern oder Eltern gegen ihre Kinder erheben.[186] Gleiches gilt in Bezug auf Unterhaltsansprüche der Mutter gegen den nicht mit ihr verheirateten Vater des Kindes sowie auf Betreuungsunterhalt für dieses Kind (vgl. im deutschen Recht § 1615l BGB). Dadurch ist die grenzüberschreitende Durchsetzung von Unterhaltsansprüchen nicht unwesentlich erschwert worden und das Zusammenspiel der Art. 3, 4 und 6 HUP ist nicht frei von Widersprüchen.[187]

**c) Voraussetzungen für die Erhebung der Einrede.** Während es nach Art. 7 HUntÜ 68 für die Erhebung der Einrede ausreichte, dass die Unterhaltspflicht nach dem gemeinsamen Heimatrecht der Parteien nicht bestand, und die Einrede nur in Ermangelung einer gemeinsamen Staatsangehörigkeit auch darauf gestützt werden konnte, dass eine Unterhaltspflicht nach dem Recht am gewöhnlichen Aufenthalt des Verpflichteten nicht vorgesehen war, macht das Protokoll die Erhebung der Einrede davon abhängig, dass *weder d*as Recht am gewöhnlichen Aufenthalt des Verpflichteten *noch* ein etwaiges gemeinsames Heimatrecht der Parteien[188] eine solche Unterhaltspflicht kennt. Die Erhebung der Einrede ist mithin schon dann ausgeschlossen, wenn auch nur **eines dieser beiden Rechte** die Unterhaltspflicht kennt. Diese Einschränkung erlangt freilich nur dann Bedeutung, wenn die Parteien überhaupt eine gemeinsame Staatsangehörigkeit haben[189] und der Verpflichtete sich außerdem in einem anderen Staat als dem gemeinsamen Heimatstaat gewöhnlich aufhält. Für das Vorliegen einer gemeinsamen Staatsangehörigkeit im Fall der **Mehrstaatigkeit** eines oder beider Ehegatten gilt das zu Art. 4 Abs. 4 HUP Gesagte entsprechend (→ Rn. 49 f.); es genügt also auch insoweit, dass die Beteiligten nur überhaupt eine gemeinsame Staatsangehörigkeit haben. Auch wenn eine Unterhaltspflicht nach dem Recht einer nicht effektiven gemeinsamen Staatsangehörigkeit besteht, ist die Erhebung der Einrede somit ausgeschlossen.[190]

Die Frage, ob nach dem Einredestatut eine Unterhaltspflicht besteht, ist nicht abstrakt, 69 sondern unter Zugrundelegung der Umstände des konkreten Falles zu entscheiden.[191] Insoweit gilt das zu Art. 4 HUP Gesagte (→ Rn. 51 ff.) entsprechend, so dass es auch hier ausreicht, dass nur überhaupt eine Unterhaltspflicht, wenn auch uU in geringerer Höhe, besteht.[192] Auch Art. 6 HUP enthält keine Regelung bezüglich der Form der Einrede und der Fristen, innerhalb derer sie zu erheben ist; insoweit gilt dazu Art. 5 HUP Gesagte (→ Rn. 60) entsprechend. Die Voraussetzungen für die Einrede nach Art. 6 HUP müssen im Zeitpunkt ihrer Erhebung erfüllt sein.[193] Wie das Unterhaltsstatut ist also auch das Einredestatut nach Art. 6 HUP wandelbar.[194]

**Beispiel:** 70
A macht gegen seinen Bruder B Unterhaltsansprüche geltend. Beide Brüder sind deutsche Staatsangehörige, haben aber ihren gewöhnlichen Aufenthalt in Bozen/Italien. Sind die Ansprüche begründet?

[185] MüKoBGB/*Siehr* HUP Art. 6 Rn. 4 f.; Erman/*Hohloch* HUP Art. 6 Rn. 4.
[186] Palandt/*Thorn* HUP Rn. 23.
[187] Dies räumt auch der *Bonomi*-Bericht in Rn. 100 ein; krit. deshalb *Andrae* FPR 2008, 196 (202).
[188] Auch insoweit können die Vertragsstaaten nach Maßgabe von Art. 9 das gemeinsame „*domicile*" an die Stelle der gemeinsamen Staatsangehörigkeit setzen. Eine solche Erklärung hat bisher nur *Irland* abgegeben.
[189] Fehlt es daran, so reicht es aus, dass nur nach dem Aufenthaltsrecht des Verpflichteten keine Unterhaltspflicht besteht, vgl. *Bonomi*-Bericht Rn. 104 f.
[190] *Bonomi*-Bericht Rn. 106; NK-BGB/*Gruber* HUP Art. 6 Rn. 6; MüKoBGB/*Siehr* HUP Art. 6 Rn. 13 f.; **aA** Erman/*Hohloch* HUP Art. 6 Rn. 5.
[191] MüKoBGB/*Siehr* HUP Art. 6 Rn. 8 f.
[192] *Bonomi*-Bericht Rn. 108; NK-BGB/*Gruber* HUP Art. 6 Rn. 10.
[193] MüKoBGB/*Siehr* HUP Art. 6 Rn. 17 f., 8.
[194] NK-BGB/*Gruber* HUP Art. 6 Rn. 9.

Die Unterhaltspflicht des B beurteilt sich gemäß Art. 3 Abs. 1 HUP nach italienischem Recht, weil dessen unterhaltsberechtigter Bruder A seinen gewöhnlichen Aufenthalt in Italien hat. Nach italienischem Recht (Art. 433 Nr. 6 CC) sind auch Geschwister einander unterhaltspflichtig. Während B seinem Bruder A bis zum 18.6.2011 nach Art. 7 HUntÜ entgegenhalten konnte, dass eine solche Unterhaltspflicht nach dem gemeinsamen deutschen Heimatrecht der Beteiligten nicht besteht, kann er die diese Einrede nach Art. 6 HUP nur noch erheben, wenn weder das gemeinsame Heimatrecht noch das Recht des Staates des gewöhnlichen Aufenthalts des Unterhaltsverpflichteten eine solche Unterhaltspflicht vorsieht. Da B seinen gewöhnlichen Aufenthalt in Italien hat, dessen Recht einen Anspruch auf Unterhalt zwischen Geschwistern kennt, ist die Erhebung der Einrede ausgeschlossen und der Unterhaltsanspruch des A begründet.

## II. Rechtswahl

**Schrifttum:**

*Boele-Woelki,* Art. 8 Haager Unterhaltsübereinkommen steht einer Rechtswahl nicht entgegen, IPRax 1998, 492; *Eßer,* Der Erlass weitergehender Fomvorschriften iRd Haager Unterhaltsprotokolls durch die Mitgliedstaaten der EU, IPRax 2013, 399; *Hausmann,* Schranken der Rechtswahl im internationalen Unterhaltsrecht, FS Martiny, 2014, 345; *Henrich,* Zur Parteiautonomie im europäisierten Familienrecht, FS Pintens, 2012, 201; *ders.*, Rechtswahl im Unterhaltsrecht nach dem Haager Unterhaltsprotokoll, in: Roth (Hrsg.), Die Wahl ausländischen Rechts im Familien- und Erbrecht, 2013, 53; *Hohloch,* Unterhaltsstatut und Rechtswahl, FS Sonnenberger, 2004, 401; *Kühn,* Internationales Unterhaltsrecht und Rechtswahl, in: Spickhoff (Hrsg.), Symposium Parteiautonomie im Europäischen Internationalen Privatrecht, 2014, 113ff.; *Lipp,* Parteiatuonomie im internationalen Unterhaltsrecht, FS Pinterns, 2012, 847; *Schäuble,* Die Sicherung von Unterhaltsvereinbarungen zwischen Ehegatten durch Rechtswahl zu Gunsten deutschen Rechts, NZFam 2014, 1071.

### 1. Überblick

71 Die wohl wichtigste Neuerung des Protokolls gegenüber dem HUntÜ liegt darin, dass – abweichend vom bisherigen Recht[195] – in Art. 7 und Art. 8 HUP auch für Unterhaltsansprüche eine Rechtswahl der Parteien zugelassen wird, die den objektiven Anknüpfungen nach Art. 3 bis 6 HUP vorgeht. Insoweit besteht zwar die Gefahr, dass dem Unterhaltsberechtigten der ihm im Falle einer objektiven Anknüpfung zustehende Unterhalt durch die Rechtswahl entzogen wird, was in gewisser Weise der – zB in Art. 4 Abs. 2 bis Abs. 4 HUP zum Ausdruck kommenden – unterhaltsfreundlichen Grundtendenz des Protokolls widerspricht. Die Rechtswahl bietet auf der anderen Seite aber auch dem Unterhaltsberechtigten Vorteile. So kann er durch die Kombination mit einer nach Art. 4 EuUntVO zulässigen Gerichtsstandsvereinbarung einen **Gleichlauf von Prozessrecht und materiellem Recht** erreichen und hierdurch die Durchsetzung seiner Unterhaltsansprüche beschleunigen.[196] Außerdem wird durch eine Rechtswahl für beide Parteien **Rechtssicherheit** erzielt, weil das anwendbare Recht unabhängig von einer nachträglichen Veränderung des gewöhnlichen Aufenthalts der Parteien bestimmt wird.[197] Schließlich werden die nur schwer kalkulierbaren Risiken der Einreden nach Art. 5 (→ Rn. 54ff.) und Art. 6 HUP (→ Rn. 66ff.) ausgeschaltet. Der erforderliche Mindestschutz des Unterhaltsberechtigten als der typischerweise schwächeren Partei wird durch die einer Rechtswahl – namentlich beim Kindesunterhalt in Art. 8 Abs. 4 und Abs. 5 HUP – gezogenen Schranken gewährleistet.

72 Das das HUP keine Übergangsvorschrift enthält, die – wie dies Art. 18 Abs. 1 S. 2 Rom III-VO für die Wahl des Scheidungsstatuts ausdrücklich bestimmt (→ § 11 Rn. 57)

[195] Vgl. zur Unzulässigkeit der Rechtswahl nach dem HUntÜ OLG Karlsruhe FamRZ 1990, 313 (314); OGH ZfRV 1996, 76 Nr. 17; Erman/*Hohloch* HUP Art. 7 Rn. 1; Staudinger/*Mankowski* EGBGB Anh. I Art. 18 Rn. 15; **aA** MüKoBGB/*Siehr*, 5. Aufl., EGBGB Anh. I Art. 18 Rn. 169.

[196] *Bonomi*-Bericht Rn. 111; NK-BGB/*Gruber* HUP Art. 7 Rn. 2.

[197] *Bonomi*-Bericht Rn. 125; Rauscher/*Andrae* HUP Vorb. Art. 7 Rn. 2ff.

– auch eine vor seinem Inkrafttreten getroffene Rechtswahl für wirksam erklärt, wenn sie die Voraussetzungen nach dem Protokoll erfüllt, beziehen sich die Art. 7 und Art. 8 HUP nur auf Rechtswahlvereinbarungen, die **ab dem 18.6.2011** getroffen worden sind. Hinsichtlich der Voraussetzungen für eine gültige Wahl des Unterhaltsstatuts unterscheidet das Protokoll zwischen der auf ein bestimmtes Unterhaltsverfahren beschränkten Rechtswahl der *lex fori* nach Art. 7 und der ohne diese Beschränkung getroffenen vorsorglichen Rechtswahl nach Art. 8 HUP.

### 2. Wahl des anzuwendenden Rechts für die Zwecke eines einzelnen Verfahrens, Art. 7 HUP

**a) Allgemeines.** Art. 7 HUP räumt die Rechtswahl zugunsten der *lex fori* – anders als Art. 8 HUP – nur für ein **bestimmtes Verfahren** ein. Ziel dieser Rechtswahl ist es vor allem, dem angerufenen Gericht die Prozessführung durch die Anwendung seines eigenen materiellen Unterhaltsrechts in den Fällen zu erleichtern, in denen dieser Gleichlauf nicht schon – wie nach Art. 4 Abs. 2 und Abs. 3 HUP – aufgrund der objektiven Anknüpfungen des Protokolls besteht. Sachlich gilt diese Rechtswahlmöglichkeit **für alle Unterhaltspflichten** iSv Art. 1 Abs. 1 HUP (→ Rn. 129 ff.), also nicht nur für den Ehegattenunterhalt, sondern auch auch für den Kindes- und Verwandtenunterhalt.[198] Die Schranke des Art. 8 Abs. 3 HUP gilt nur für die Rechtswahl nach dieser Vorschrift (→ Rn. 111 f.) 73

**b) Beschränkung auf die Wahl der lex fori.** Nach Art. 7 HUP ist nur die Wahl des Rechts des angerufenen oder anzurufenden Gerichts (bzw. einer sonstigen mit dem Unterhaltsverfahren zu befassenden staatlichen Stelle) zulässig. Daneben ist die Sachnorm des Art. 14 HUP (→ Rn. 198 ff.) anzuwenden. Die Art des Unterhalts (Kindes- oder sonstiger Verwandtenunterhalt, Unterhalt während bestehender oder nach Auflösung einer Ehe usw) ist insoweit unerheblich. Gleiches gilt auch für die Art des Verfahrens; die Rechtswahlmöglichkeit nach Art. 7 HUP besteht damit auch für **Abänderungsverfahren**[199] oder für Verfahren des einstweiligen Rechtsschutzes. Sinn macht eine Wahl der *lex fori* des angerufenen oder anzurufenden Gerichts allerdings nur, wenn die Gerichte dieses Staates für das dort eingeleitete oder einzuleitende Verfahren **international zuständig** sind. Für die Mitgliedstaaten der EU, für die das Protokoll bisher vornehmlich gilt, sind insoweit primär die Art. 3 ff. EuUntVO[200] bzw. auf Grundlage von Art. 64 Abs. 2 lit. a LugÜ die Art. 2 und Art. 5 Nr. 2 LugÜ[201] maßgeblich. Unter den Voraussetzungen des Art. 4 EuUntVO bzw. Art. 23 LugÜ können die Beteiligten die internationale Zuständigkeit des anzurufenden Gerichts freilich durch Vereinbarung begründen (→ Rn. 201 ff.) Ob das nach seiner *lex fori* zuständige Gericht die Rechtswahl der Parteien nach Art. 7 HUP akzeptiert, hängt davon ab, ob aus seiner Sicht die Rechtswahl zulässig ist. Dies ist naturgemäß in allen durch das Protokoll gebundenen Staaten der Fall, kann aber auch nach dem nationalen Recht eines Nichtvertragsstaats möglich sein.[202] 74

**c) Voraussetzungen einer gültigen Rechtswahl. aa) Parteien.** Die Rechtswahlmöglichkeit nach Art. 7 HUP steht nur der berechtigten und der verpflichteten Person zu. Das sind diejenigen Personen, die nach der gewählten *lex fori* **Unterhaltsgläubiger und -schuldner** sind.[203] Die Rechtswahl hat allerdings mittelbare Auswirkungen auch auf den Umfang des Regressanspruchs einer öffentliche Aufgaben wahrnehmenden Einrichtung nach Art. 11 lit. ff. HUP; denn der Umfang des Regresses bestimmt sich nach dem ge- 75

198 Rauscher/*Andrae* HUP Art. 7 Rn. 2; NK-BGB/*Gruber* HUP Art. 7 Rn. 3. Zur Rechtfertigung *Bonomi*-Bericht Rn. 114.
199 Erman/*Hohloch* HUP Art. 7 Rn. 1; zu Abänderungsverfahren näher *Hausmann* IntEuSchR C Rn. 190 ff.
200 Dazu *Hausmann* IntEuSchR Rn. 82 ff.
201 Dazu *Hausmann* IntEuSchR Rn. 316 ff., 325 ff.
202 Erman/*Hohloch* HUP Art. 7 Rn. 4 aE.
203 Rauscher/*Andrae* HUP Art. 7 Rn. 3.

wählten Unterhaltsstatut.[204] Fragen der Geschäftsfähigkeit der Parteien und ihrer gesetzlichen Vertretung beurteilen sich nach dem autonomen Kollisionsrecht der *lex fori* bzw. nach vorrangigen Staatsverträgen.[205] Rechtsgeschäftliche Vertretung bei der Rechtswahl (zB durch einen Rechtsanwalt) ist zulässig; für sie gilt nicht das Unterhalts-, sondern das Vollmachtsstatut.[206]

76 **bb) Ausdrückliche Rechtswahl.** Anders als die Rechtswahl im internationalen Scheidungsrecht (Art. 5 Rom III-VO; → § 11 Rn. 64) und die vorsorgliche Rechtswahl in Unterhaltssachen nach Art. 8 HUP (→ Rn. 90) muss die Rechtswahl nach Art. 7 HUP **ausdrücklich** erfolgen, damit sich die Parteien der Tragweite einer solchen Rechtswahlvereinbarung bewusst werden; eine konkludente Rechtswahl scheidet damit aus.[207] Ungenügend für eine Rechtswahl nach Art. 7 HUP ist daher etwa der bloße Abschluss einer Gerichtsstandsvereinbarung nach Art. 4 EuUntVO (→ Rn. 201 ff.), die Bezugnahme auf ein für die Rechtsordnung der *lex fori* charakteristisches Rechtsinstitut oder die beiderseitige Prozessführung auf der Grundlage des materiellen Unterhaltsrechts der *lex fori*.[208]

77 **cc) Bestimmtheit.** Die Rechtswahl kann nach Art. 7 nur „für die Zwecke eines einzelnen Verfahrens in einem bestimmten Staat" getroffen werden, muss sich also auf die *lex fori* eines ganz bestimmten Staates beziehen. Dieses Bestimmtheitserfordernis bereitet im Falle einer erst nach Einleitung des Unterhaltsverfahrens getroffenen Rechtswahl keine Probleme. Wird die Rechtswahl hingegen schon vor Einleitung des Prozesses – zB vorsorglich in einem Ehevertrag – vereinbart, so reicht es nicht aus, wenn die Beteiligten allgemein die jeweilige *lex fori* des in einem künftigen Unterhaltsrechtsstreit angerufenen Gerichts wählen. Denn solange das Gericht nicht feststeht, wird mit der Wahl der *lex fori* der Bestimmtheitsgrundsatz nicht erfüllt;[209] eine Rechtswahl kann dann nur nach Art. 8 Abs. 1 HUP wirksam vereinbart werden.[210] Der Wille, das Recht eines bestimmten Staates als *lex fori* zu wählen, ist ggf. durch Auslegung zu ermitteln. Er liegt jedenfalls dann vor, wenn die Beteiligten eine **Gerichtsstandsvereinbarung** mit der Rechtswahl nach Art. 7 HUP verbinden. In diesem Fall bleibt die Rechtswahl auch dann gültig, wenn die Gerichtsstandsvereinbarung nach Art. 4 EuUntVO nicht wirksam ist, der Prozess aber dennoch im Staat des gewählten Gerichts geführt wird. Die Wahl eines Rechts, das zufälligerweise *lex fori* des später angerufenen Gerichts ist, genügt nicht.[211] Wegen der bestehenden Unsicherheit über die einzuhaltenden Bestimmtheitsanforderungen empfiehlt es sich, eine vorsorglich getroffene Rechtswahl nach Art. 7 HUP durch eine hilfsweise eingreifende Rechtswahl nach Art. 8 HUP zu ergänzen (→ Rn. 88).

78 Die Rechtswahl kann nur für die Zwecke eines einzelnen Verfahrens erfolgen, das bereits konkret ins Auge gefasst wird.[212]. Wird die Rechtswahl nach Art. 7 vorsorglich zwischen Ehegatten in einem vor einem deutsch en Notar geschlossenen Ehevertrag getroffen, so reicht es aus, wenn klargestellt wird, dass sie ihre Wirkung in einem möglichen künftigen Scheidungsverfahren der Parteien vor deutschen Gerichten entfalten soll. Soll

[204] Dazu näher NK-BGB/*Gruber* HUP Art. 7 Rn. 5. Ob eine öffentliche Aufgaben wahrnehmende Einrichtung selbst eine Rechtswahlvereinbarung mit dem Verpflichteten treffen kann, ist streitig. Bejahend NK-BGB/*Gruber* HUP Art. 7 Rn. 5; **aA** Rauscher/*Andrae* HUP Art. 7 Rn. 3.

[205] Palandt/*Thorn* HUP Rn. 26; Rauscher/*Andrae* HUP Art. 7 Rn. 4. Ein Unterschied zwischen selbständiger und unselbständiger Anknüpfung besteht insoweit nicht, da sich die Rechtswahl auf die *lex fori* bezieht. Zur Anknüpfung der Geschäftsfähigkeit und der gesetzlichen Vertretung oben → § 4 Rn. 6 ff. und → § 5 Rn. 16 ff.

[206] Rauscher/*Andrae* HUP Art. 7 Rn. 5; dazu → § 6 Rn. 5 ff.

[207] Palandt/*Thorn* HUP Rn. 26; Erman/*Hohloch* HUP Art. 7 Rn. 3; NK-BGB/*Gruber* HUP Art. 7 Rn. 6; *Henrich* IntSchR Rn. 131; Münch/*Süß* FamR § 20 Rn. 67.

[208] Rauscher/*Andrae* HUP Art. 7 Rn. 6; NK-BGB/*Gruber* HUP Art. 7 Rn. 6.

[209] *Gruber* FS Spellenberg, 2010, 177 (189); Palandt/*Thorn* HUP Rn. 26; *Lipp* FS Pintens, 2012, 847 (856).

[210] *Bonomi*-Bericht Rn. 120; Rauscher/*Andrae* HUP Art. 7 Rn. 8; MüKoBGB/*Siehr* HUP Art. 7 Rn. 8.

[211] Rauscher/*Andrae* HUP Art. 7 Rn. 8.

[212] *Bonomi*-Bericht Rn. 115; *Ring* FPR 2013, 16 (18); NK-BGB/*Gruber* HUP Art. 7 Rn. 11.

die Rechtswahl auch für ein **nachfolgendes Verfahren** – auch ein Abänderungsverfahren[213] – gelten, so muss sie wiederholt werden; ansonsten finden in diesem Verfahren wieder die objektiven Anknüpfungen der Art. 3 ff. HUP Anwendung.[214] Ob allein der Umstand, dass der Rechtsstreit nach dem von Art. 3 ff. HUP zur Anwendung berufenen Recht anders zu entscheiden wäre als nach der für den Erstprozess gemäß Art. 7 HUP gewählten *lex fori,* eine Abänderung der Erstentscheidung rechtfertigt, beurteilt sich nach der *lex fori* des mit der Abänderungsklage befassten Gerichts.[215] Soll die Rechtswahl die Unterhaltsverpflichtungen unabhängig von einem konkreten Gerichtsverfahren erfassen, ist keine gültige Rechtswahl iSv Art. 7 HUP gegeben; es empfiehlt sich dann eine Rechtswahl nach Art. 8 HUP.[216] Ruft eine Partei später ein anderes Gericht als jenes an, dessen *lex fori* die Parteien gewählt hatten, so entfaltet die Rechtswahl keine Wirkung;[217] durch eine Rechtswahl nach Art. 7 HUP wird den Parteien jedoch nicht das Recht genommen, in einem anderen Staat zu klagen.

**dd) Maßgebender Zeitpunkt.** Die Rechtwahl kann – wie erwähnt – sowohl vor Einleitung eines konkret bevorstehenden Verfahrens als auch erst während des schon laufenden Verfahrens getrofffen werden. Durch eine Rechtwahl im Verfahren können die Beteiligten dessen Durchführung ggf. beschleunigen. Gleichzeitig sind die Folgen der Rechtswahl für sie vorhersehbar.[218] Eine **Mindestfrist** zwischen dem Abschluss der Rechtswahlvereinbarung und der Einleitung des Unterhaltsverfahrens, deren Überschreitung zur Unwirksamkeit der Rechtswahl führt, besteht nicht; die Rechtswahl verliert ihre Wirksamkeit also nicht durch Zeitablauf.[219] Die Frage, bis zu welchem Zeitpunkt die Rechtswahl getroffen werden muss, damit sie noch auf die Entscheidung Einfluss nehmen kann, unterliegt als verfahrensrechtliche Frage der jeweiligen *lex fori.* 79

**ee) Materielle Wirksamkeit.** Die materielle Wirksamkeit der Rechtswahl richtet sich ebenfalls nach der *lex fori.*[220] Da nur diese gewählt werden kann, ist der in anderem Zusammenhang geführte Streit, ob sich die Wirksamkeitsvoraussetzungen einer Rechtswahlvereinbarung nach der *lex fori* oder nach dem gewählten Recht richten (vgl. im letzteren Sinne Art. 3 Abs. 5 iVm Art. 10 Abs. 1 Rom I-VO und Art. 6 Rom III-VO; → § 11 Rn. 96 ff.) iRv Art. 7 HUP müßig. 80

**d) Form der Rechtswahl.** Wird die Rechtswahl erst **während des bereits anhängigen Unterhaltsverfahrens** getroffen, unterliegt sie keinen besonderen Formerfordernissen. Sie kann daher auch mündlich im Termin erklärt werden.[221] Erfolgt die Rechtswahl hingegen schon **vor der Einleitung des Verfahrens,** muss die Formvorschrift des Art. 7 Abs. 2 HUP beachtet werden. Anders als für die mit dieser Rechtswahl zumeist verbundene Gerichtsstandsvereinbarung (Art. 4 Abs. 2 EuUntVO; → Rn. 231 ff.) wird nicht nur Schriftlichkeit verlangt; vielmehr muss die Vereinbarung von beiden Parteien **unterschrieben** sein. Der Schriftform steht die elektronische Form gleich, wenn die Rechtswahlvereinbarung auf einem Datenträger erfasst wird, dessen Inhalt für eine spätere Einsichtnahme zugänglich ist. Das Unterschriftserfordernis kann in diesem Fall vor deutschen 81

[213] *Bonomi*-Bericht Rn. 116; *Andrae* FPR 2008, 196 (199); Palandt/*Thorn* HUP Rn. 26; MüKoBGB/*Siehr* HUP Art. 7 Rn. 3.
[214] NK-BGB/*Gruber* HUP Art. 7 Rn. 19; BeckOK BGB/*Heiderhoff* EGBGB Art. 18 Rn. 79.
[215] NK-BGB/*Gruber* HUP Art. 7 Rn. 20; dazu näher → Rn. 170.
[216] Rauscher/*Andrae* HUP Art. 7 Rn. 10; Münch/*Süß* FamR § 20 Rn. 67.
[217] NK-BGB/*Gruber* HUP Art. 7 Rn. 7.
[218] Rauscher/*Andrae* HUP Art. 7 Rn. 1.
[219] *Bonomi*-Bericht Rn. 121; Palandt/*Thorn* HUP Rn. 27; NK-BGB/Gruber HUP Art. 7 Rn. 8.
[220] *Bonomi*-Bericht Rn. 151; Erman/*Hohloch* HUP Art. 7 Rn. 3; MüKoBGB/*Siehr* HUP Art. 7 Rn. 4.
[221] Rauscher/*Andrae* HUP Art. 7 Rn. 11; Münch/*Süß* FamR § 20 Rn. 67. Gleiches gilt in Verfahrern vor deutschen Gerichten, wenn man auf die jeweilige *lex fori* abstellt; dafür NK-BGB/*Gruber* HUP Art. 7 Rn. 14; MüKoBGB/*Siehr* HUP Art. 7 Rn. 7; Erman/*Hohloch* HUP Art. 7 Rn. 3.

Gerichten nur durch eine qualifizierte elektronische Signatur erfüllt werden (vgl. § 126a BGB). Wann ein Verfahren **„eingeleitet“** ist, richtet sich nach der jeweiligen *lex fori;* Art. 9 EuUntVO ist zur Auslegung dieses Begriffs nicht heranzuziehen.[222] Jene Vorschrift bezweckt, einem Missbrauch verfahrenstechnischer Unterschiede in den Rechten der einzelnen Mitglied-/Vertragsstaaten im Bereich der Verfahrenseinleitung vorzubeugen. Art. 7 HUP regelt hingegen die Wahl des vom Gericht in der Sache anzuwendenden Rechts. Daher sollte das Recht am Gerichtsort auch darüber befinden, ab wann das Gericht mit der Sache befasst ist und eine Rechtswahl daher der besonderen Form nach Art. 7 Abs. 2 HUP nicht bedarf.

82 Im *Bonomi*-Bericht (Rn. 119) wird davon ausgegangen, dass Art. 7 Abs. 2 HUP mit der Schriftform lediglich eine **Mindestform** vorschreibt und die Vertragsstaaten zusätzliche Anforderungen an die Form stellen können, etwa die Pflicht, vor Abschluss der Rechtswahlvereinbarung eine Rechtsberatung in Anspruch zu nehmen.[223] Diese Auffassung hat indessen im Wortlaut des Protokolls keinen Niederschlag gefunden. Sie würde auch zu einer uneinheitlichen Anwendung des Protokolls in den Vertragsstaaten führen.[224] Der deutsche Gesetzgeber hat den Vorschlag des Bundesrats, die notarielle Beurkundung nach dem Vorbild des Art. 14 Abs. 4 EGBGB vorzuschreiben, ausdrücklich abgelehnt und keine besonderen Formvorschriften aufgestellt.[225] Sofern man die Aufstellung weitergehender Formvorschriften überhaupt für zulässig hielte, wäre hierfür mit Wirkung für die der EU angehörenden Vertragsstaaten auch allein der europäische Gesetzgeber befugt.[226]

83 **e) Aufhebung oder Änderung der Rechtswahl.** Die Aufhebung oder Änderung einer nach Art. 7 HUP getroffenen Rechtswahl ist jederzeit zulässig. Sie unterliegt denselben Anforderungen wie die erstmalige Rechtswahl.

84 **Beispiel:**

Vor dem Familiengericht in Karlsruhe ist das Scheidungsverfahren zwischen dem Deutschen M und seiner französischen Ehefrau F anhängig. Die Eheleute hatten ihren gewöhnlichen Aufenthalt während der Ehe in Karlsruhe. Seit der Trennung lebt die F wieder in Frankreich. Aus Gründen der Zeit- und Kostenersparnis wollen die Parteien sicherstellen, dass auf den von der F geltend gemachten nachehelichen Unterhalt deutsches Recht zur Anwendung kommt.

Grundätzlich unterliegt der von der F erhobene Unterhaltsanspruch nach Art. 3 HUP dem französischen Recht, weil die unterhaltsberechtigte F ihren gewöhnlichen Aufenthalt in Frankreich hat. Zwar bestehen gute Ausssichten dafür, dass das deutsche Familiengericht den nachehelichen Unterhalt auch ohne entsprechende Rechtswahl gemäß Art. 5 HUP nach deutschem Recht beurteilt, wenn ein Ehegatte sich gegen die Anwendung des französischen Rechts wendet, weil die Ehegatten ihren gemeinsamen gewöhnlichen Aufenthalt während der Ehe in Deutschland hatten. Rechtssicherheit wird jedoch nur durch eine Wahl der deutschen *lex fori* nach Art. 7 HUP erzielt. Diese bedarf iRd schon anhängigen Unterhaltsverfahrens keiner besonderen Form, kann also von den Parteien auch noch mündlich im Termin erklärt werden.

[222] NK-BGB/*Gruber* HUP Art. 7 Rn. 16; **aA** Rauscher/*Andrae* HUP Art. 7 Rn. 11.
[223] Vgl. dazu *Eßer* IPRax 2013, 399 ff.
[224] Zu Recht abl. daher Rauscher/*Andrae* HUP Art. 7 Rn. 13; Palandt/*Thorn* HUP Rn. 27; Erman/*Hohloch* HUP Art. 7 Rn. 3; *Lehmann* GPR 2014, 342 (348).
[225] BT-Drs. 17/4887, 57.
[226] Anders *Eßer* IPRax 2013, 399 (400 f.).

**Formulierungsbeispiel: Rechtswahl nach Art. 7 HUP bei anhängigem Unterhaltsverfahren** 85

Der Ehemann erklärt: Ich besitze die deutsche Staatsangehörigkeit und habe meinen gewöhnlichen Aufenthalt in Deutschland.

Die Ehefrau erklärt: Ich besitze die französische Staatsangehörigkeit und habe meinen gewöhnlichen Aufenthalt seit der Trennung von meinem Ehemann wieder in Frankreich.

Beide Ehegatten erklären übereinstimmend: Wir wählen für die vor dem Familiengericht Karlsruhe anhängige Folgesache „nachehelicher Unterhalt" die deutsche lex fori als das auf die von der Ehefrau gegenüb er dem Ehemann erhobenen Unterhaltsansprüche anzuwendende Recht.

**Formulierungsbeispiel: Vorsorgliche Rechtswahl nach Art. 7 HUP** 86

Die Ehegatten erklären: Wir besitzen beide die türkische Saatsangehörigkeit und haben unseren gewöhnlichen Aufenthalt in Deutschland.

Für den Fall, dass unsere Ehe durch ein deutsches Gericht geschieden werden sollte, haben wir für die Ehescheidung nach Art. 5 Abs. 1 lit. a Rom III-VO die Geltung deutschen Scheidungsrechts vereinbart.

Vorsorglich wählen wir für diesen Fall gemäß Art. 7 HUP deutsches Recht auch für Ansprüche auf nachehelichen Unterhalt, die im Rahmen dieses Scheidungsverfahrens als Folgesache von einem von uns gegen den anderen erhoben werden sollten.

Für den Fall, dass das angerufene deutsche Gericht die auf Art. 7 HUP gestützte Rechtswahl nicht als wirksam erachten sollte, treffen wir eine Wahl des deutschen Unterhaltsrechts vorsorglich auch nach Art. 8 Abs. 1 lit. b HUP.

### 3. Wahl des anzuwendenden Rechts nach Art. 8 HUP

**a) Allgemeines.** Art. 8 HUP lässt in Erweiterung von Art. 7 HUP eine vorsorgliche Rechtswahl ohne Bezug zu einem bestimmten Rechtsstreit zu, die ebenfalls Vorrang vor der objektiven Anknüpfung nach Art. 3 bis 6 HUP hat. Durch sie soll es den Beteiligten ermöglicht werden, auf der Grundlage eines feststehenden, weil gewählten und damit – zB durch eine Änderung des gewöhnlichen Aufenthalts des Berechtigten – nicht wandelbaren[227] Rechts bestandskräftige Vereinbarungen über den Unterhalt zu treffen. Weiter erlaubt Art. 8 HUP vor allem Ehegatten, in einem Ehevertrag oder in einer Scheidungsvereinbarung den nachehelichen Unterhalt und den güterrechtlichen Vermögensausgleich, die häufig eng aufeinander abgestimmt sind, einem einheitlichen Recht zu unterwerfen.[228] Der Rechtswahl werden allerdings zum Schutz des Unterhaltsberechtigten in Art. 8 HUP **enge Grenzen** gezogen. Zunächst können lediglich die in Abs. 1 genannten Rechtsordnungen gewählt werden, zu denen die Parteien eine enge Verbindung haben (→ Rn. 95 ff.). Ferner muss die Rechtswahlvereinbarung gewissen Formerfordernissen genügen (Abs. 2; → Rn. 93 f.). Zugunsten bestimmter – besonders schutzbedürftiger – Unterhaltsgläubiger (Minderjährige, schutzbedürftige Erwachsene) ist eine Rechtswahl sogar ganz ausgeschlossen (Abs. 3; → Rn. 111 f.). Schranken bestehen auch für Unterhaltsverzichtsvereinbarungen (Abs. 4; → Rn. 113 ff.). Schließlich unterliegen Rechtswahlvereinbarungen einer allgemeinen Billigkeitskontrolle (Abs. 5; → Rn. 120 ff.). 87

Wollen Ehegatten – wie häufig – eine Rechtswahl zugunsten des Rechts an ihrem gemeinsamen gewöhlichen Aufenthalt treffen, so wird es sich empfehlen, eine **Rechtswahl** 88

[227] Palandt/*Thorn* HUP Rn. 28; Johannsen/Henrich/*Henrich* HUP Rn. 21.

[228] Rauscher/*Andrae* HUP Art. 8 Rn. 2; Erman/*Hohloch* HUP Art. 8 Rn. 1; vgl. Art. 8 Abs. 1 lit. c; → Rn. 100 ff.

**sowohl nach Art. 7 wie – hilfsweise – auch nach Art. 8 HUP** zu treffen.[229] Werden für die Entscheidung über Trennungs- oder nachehelichen Unterhalt später die Gerichte in diesem gemeinsamen Aufenthaltsstaat der Ehegatten angerufen, so werden idR die Voraussetzungen einer gültigen Rechtswahl nach Art. 7 HUP erfüllt sein. Diese Rechtswahl hat den großen Vorteil, dass die der Rechtswahl nach Art. 8 HUP allgemein in Abs. 3 und für den Unterhaltsverzicht im Besonderen in Abs. 4 gezogenen Schranken nicht eingreifen und auch die Unwägbarkeiten der Billigkeitskontrolle nach Art. 8 Abs. 5 HUP vermieden werden. Sollten hingegen die Voraussetzungen für eine wirksame Rechtswahl nach Art. 7 HUP im Zeitpunkt der gerichtlichen Geltendmachung von Unterhaltsansprüchen durch einen Ehegatten nicht mehr erfüllt sein (zB weil die ebenfalls zuständigen Gerichte in einem anderen Mitgliedstat der EuUntVO angerufen werden), so ist subsidiär die den Voraussetzungen des Art. 8 HUP genügende Rechtswahl maßgeblich.

89 **b) Vereinbarung der Rechtswahl. aa) Parteien.** Auch die Rechtswahlvereinbarung nach Art. 8 HUP kann gemäß Abs. 1 nur zwischen der berechtigten und der verpflichteten Person getroffen werden (→ Rn. 75).[230] Soweit sich in diesem Zusammenhang Vorfragen der Geschäftsfähigkeit oder der gesetzlichen Vertretungsmacht stellen, sollten diese grundsätzlich **unselbständig** nach dem Kollisionsrecht der gewählten Rechtsordnung angeknüpft werden. Vor deutschen Gerichten gelten für die gesetzliche Vertretung Minderjähriger daher die Art. 15 ff. KSÜ (→ § 5 Rn. 23 ff., 37 ff.; vgl. aber auch → Rn. 180).

90 **bb) Ausdrückliche und stillschweigende Erklärung.** Abweichend von Art. 7 verlangt Art. 8 HUP nicht, dass die Rechtswahl ausdrücklich erklärt wird. Daraus kann geschlossen werden, dass sie auch konkludent erfolgen kann.[231] Allerdings ist zu beachten, dass auch insoweit das Formerfordernis des Art. 8 Abs. 2 HUP gewahrt werden muss, so dass der Wille zur Rechtswahl in der schriftlichen Urkunde zumindest angedeutet sein muss.[232] Weiterhin kann auch hier der Rechtsgedanke des Art. 3 Abs. 1 S. 2 Rom I-VO herangezogen werden, wonach sich eine stillschweigende Rechtswahl eindeutig aus dem (familienrechtlichen) Vertrag oder den Umständen des Falles ergeben muss. Aus der in einem Ehevertrag ausdrücklich getroffenenen Rechtswahl für den während der Ehe geschuldeten Unterhalt kann allerdings nicht ohne weiteres auf eine stillschweigende Rechtswahl für den nachehelichen Unterhalt geschlossen werden.[233] In dem von einem Notar oder Rechtsanwalt entworfenen Vertrag sollte die Rechtswahl stets ausdrücklich formuliert werden; denn eine stillschweigende Rechtswahl wird häufig der Billigkeitskontrolkle nach Art. 8 Abs. 5 HUP nicht standhalten, weil es an der vorgeschriebenen umfassenden Unterrichtung der Parteien über die folgen der Wahl regelmäßig fehlen wird.[234]

91 **cc) Maßgeblicher Zeitpunkt.** Die Vereinbarung kann nach Art. 8 Abs. 1 HUP **jederzeit,** dh auch schon vor der Begründung des familienrechtlichen Verhältnisses, aus dem die Unterhaltspflicht erwächst (zB in einem vor der Eheschließung geschlossenen Ehevertrag), getroffen werden.[235] Sie kann aber – anders als die Wahl des Scheidungsstatuts nach der Grundregel in Art. 5 Abs. 2 Rom III-VO (→ § 11 Rn. 63) – auch erst im Laufe eines anhängigen Unterhaltsverfahrens vereinbart werden.[236] Auf diese Weise kann etwa noch

[229] Für Zulässigkeit einer solchen gestuften Rechtswahl auch *Schäuble* NZFam 2014, 1071 (1078). Vgl. das Formulierungsbeispiel → Rn. 86.
[230] Für Zulässigkeit einer Rechtswahl auch durch Dritte, auf die der Unterhaltsanspruch im Wege der Abtretung oder Legalzession übergegangen ist, NK-BGB/*Gruber* HUP Art. 8 Rn. 8.
[231] Rauscher/*Andrae* HUP Art. 8 Rn. 6; Palandt/*Thorn* HUP Rn. 31; PWW/*Martiny* EGBGB Anh. II Art. 18 Rn. 23.
[232] *Hausmann* FS Martiny, 2014, 345 (348).
[233] OLG Saarbrücken IPRspr. 2010 Nr. 104.
[234] Vgl. *Gruber* IPRax 2014, 53 (56).
[235] *Schäuble* NZFam 2014, 1071 (1075).
[236] Erman/*Hohloch* HUP Art. 8 Rn. 1; Rauscher/*Andrae* HUP Art. 8 Rn. 3.

in dieser Phase ein Gleichlauf mit dem Scheidungs- und/oder Güterrechtsstatut erreicht werden.[237] Wollen die Parteien in einem laufenden Unterhaltsverfahren nach Art. 8 Abs. 1 HUP ein Recht wählen, das zugleich die *lex fori* des angerufenen Gerichts ist, so sollten sie ihre Rechtswahl allerdings auf Art. 7 HUP stützen, weil sie auf diese Weise die Schranken der Rechtswahl nach Art. 8 Abs. 3 bis Abs. 5 HUP ausschalten können. Eine auf Art. 8 HUP gegründete Rechtswahl nach Rechtshängigkeit des Verfahrens macht daher nur Sinn, wenn ein **von der *lex fori* verschiedenes Recht** gewählt werden soll. Auch in diesem Fall entscheidet die jeweilige *lex fori* aber darüber, bis zu welchem Zeitpunkt die durch die Rechtswahl erfolgte Veränderung der materiellen Rechtslage im Unterhaltsverfahren berücksichtigt werden kann; denn hierbei handelt es sich um eine verfahrensrechtliche Frage.[238] Der deutsche Gesetzgeber hat allerdings – abweichend von der in Art. 46d Abs. 2 EGBGB für die Rechtswahl in Scheidungssachen ausdrücklich getroffenen Regelung – auf eine Präzisierung des maßgeblichen Zeitpunkts in Unterhaltssachen verzichtet. Auch in Unterhaltssachen dürfte eine Rechtswahl indessen nur bis zum **Schluss der letzten mündlichen Verhandlung im ersten Rechtszug** zulässig sein; für eine spätere Rechtswahlmöglichkeit auch noch in der Rechtsmittelinstanz besteht kein Bedürfnis.[239]

**dd) Materielle Wirksamkeit.** Das Zustandekommen und die materielle Wirksamkeit der Vereinbarung beurteilen sich – entsprechend dem Rechtsgedanken der Art. 3 Abs. 5 iVm Art. 10 Abs. 1 Rom I-VO, Art. 6 Rom III-VO – nach dem gewählten Recht.[240] Die Wirksamkeit der Rechtswahl ist jedoch – nicht anders als im internationalen Schuldvertragsrecht – von der Wirksamkeit der Unterhaltsvereinbarung, auf die sich bezieht, unabhängig, auch wenn die Rechtswahl – wie regelmäßig – nur eine Klausel dieser Unterhaltsvereinbarung bildet. Die materielle Wirksamkeit ist ferner von der Zulässigkeit der Rechtswahl zu unterscheiden, die sich allein nach dem Protokoll beurteilt. Darüber hinaus liegt es nahe, bei einem grenzüberschreitenden Abschluss der Rechtswahlvereinbarung dem Recht am gewöhnlichen Aufenthalt einer Partei zu ihrem Schutz vor einer überraschenden Bindung eine Veto-Funktion nach dem Vorbild von Art. 3 Abs. 5 iVm Art. 10 Abs. 2 Rom I-VO einzuräumen.[241] Die Bedeutung dieser Schranke ist im internationalen Unterhaltsrecht freilich gering. 92

**c) Form der Rechtswahl.** In formeller Hinsicht bedarf die Rechtswahlvereinbarung nach Art. 8 Abs. 2 HUP der **Schriftform,** die durch die Erfassung auf einem Datenträger ersetzt werden kann, wenn dessen Inhalt für eine spätere Einsichtnahme zugänglich ist. Die Schriftform ist nach Art. 8 Abs. 2 – anders als nach Art. 7 Abs. 2 HUP – nicht nur für eine vor Einleitung des Verfahrens getroffene Rechtswahl vorgeschrieben. Die Rechtswahl kann daher auch im Rahmen eines anhängigen Unterhaltsverfahrens nicht wirksam mündlich im Termin erklärt werden, weil sie – anders als die Wahl nach Art. 7 Abs. 2 HUP – nicht nur für das anhängige, sondern auch für künftige Unterhaltsverfahren gilt.[242] Hinsichtlich der Notwendigkeit einer Unterzeichnung der Rechtswahlvereinbarung ist Art. 8 Abs. 2 HUP zwar leicht abweichend von Art. 7 Abs. 2 HUP formuliert; hieraus ergeben sich jedoch keine sachlichen Unterschiede.[243] Die Schriftform wird – außer durch eigenhändige Unterzeichnung beider Ehegatten auf einer Urkunde – auch durch einen Schriftwechsel gewahrt, bei dem jede Partei ihre eigene Erklärung unter- 93

[237] Dazu näher → Rn. 100ff., 106ff.
[238] *Bonomi*-Bericht Rn. 122.
[239] *Hausmann* FS Martiny, 2014, 345 (349).
[240] *Bonomi*-Bericht Rn. 151; Erman/*Hohloch* HUP Art. 8 Rn. 1; NK-BGB/*Gruber* HUP Art. 8 Rn. 23; Rauscher/*Andrae* HUP Art. 8 Rn. 5.
[241] Ebenso Erman/*Hohloch* HUP Art. 8 Rn. 1.
[242] NK-BGB/*Gruber* HUP Art. 8 Rn. 27.
[243] BeckOK BGB/*Heiderhoff* EGBGB Art. 18 Rn. 84ff.; NK-BGB/*Gruber* HUP Art. 8 Rn. 24.

schreibt.[244] Im *Bonomi*-Bericht (Rn. 75) wird davon ausgegangen, dass auch das Schriftformerfordernis in Art. 8 Abs. 2 HUP lediglich eine **Mindestformvorschrift** enthält und die Vertragsstaaten deshalb zusätzliche Anforderungen vorschreiben können. Selbst wenn man dem folgen wollte,[245] hat die *Bundesrepublik Deutschland* von dieser Möglichkeit jedoch – anders als für die Wahl des Scheidungsstatuts nach Art. 7 Rom III-VO (vgl. Art. 46d EGBGB; → § 11 Rn. 110) – keinen Gebrauch gemacht; insoweit gilt das zu Art. 7 Abs. 2 HUP Gesagte (→ Rn. 81 ff.) entsprechend.

94 Wird die Rechtswahl in einem Ehevertrag mit einer güterrechtlichen Rechtswahl nach Art. 15 Abs. 2 EGBGB oder in einer Scheidungsvereinbarung mit einer Wahl des Scheidungsstatuts kombiniert (vgl. zu diesen Möglichkeiten Art. 8 Abs. 1 lit. c und lit d; → Rn. 100 ff., 106 ff.), so reicht die für eine wirksame Wahl des Güterrechtsstatuts (Art. 15 Abs. 3 iVm Art. 14 Abs. 4 S. 1 EGBGB) bzw. des Scheidungsstatuts (Art. 46d Abs. 1 EGBGB) vorgeschriebene **notarielle Beurkundung** zwar auch zur Wahrung der Form nach Art. 8 Abs. 2 HUP in jedem Fall aus.[246] Zwingend ist die Einhaltung dieser strengeren Form für die Formgültigkeit der Wahl des Unterhaltsstatuts jedoch auch in diesem Fall nicht, weil Art. 8 Abs. 2 HUP – abweichend etwa von Art. 7 Abs. 2 Rom III-VO für die Wahl des Scheidungsstatuts – bewusst keinen Vorrang der vom nationalen Recht vorgeschriebenen strengeren Form anordnet.[247]

95 **d) Die wählbaren Rechte.** Art. 8 Abs. 1 HUP schränkt die Rechtswahl – ähnlich wie Art. 5 Abs. 1 Rom III-VO auf dem Gebiet des Ehescheidungsrechts (→ § 11 Rn. 68 ff.) – dadurch ein, dass ein hinreichender Bezug der Parteien zu dem gewählten Recht vorausgesetzt wird. Dieses Recht muss so konkret bezeichnet werden, dass es bereits im Zeitpunkt der Rechtswahl bestimmt werden kann; die abstrakte Wahl des Güterrechts- oder Scheidungsstatuts ist daher unwirksam.[248] Während Art. 8 Abs. 1 lit. a und lit. b HUP – vorbehaltlich von Art. 8 Abs. 3 HUP – für alle Unterhaltspflichten iSv Art. 1 Abs. 1 HUP gelten, enthalten lit. c und lit. d zusätzliche Wahlmöglichkeiten nur für Unterhaltspflichten zwischen Ehegatten. Im Einzelnen haben die Parteien die Möglichkeit, zwischen folgenden Rechten zu wählen:

96 **aa) Staatsangehörigkeit einer Partei.** Gem. lit. a ist als Unterhaltsstatut das Recht eines jeden Staates wählbar, dem eine der Parteien im Zeitpunkt der Rechtswahl angehört.[249] Dies kann auch das Recht eines Drittstaats sein (Art. 2 HUP). Im Falle der **Mehrstaatigkeit** einer Partei kann das Recht einer jeden ihrer Staatsangehörigkeiten gewählt werden; das Wahlrecht ist also nicht auf das Recht der effektiven Staatsangehörigkeit beschränkt.[250] Da lit. a auf den **Zeitpunkt der Rechtswahl** abstellt, macht eine nach der Rechtswahl erfolgte Änderung der Staatsangehörigkeit diese nicht unwirksam.[251] Umgekehrt führt der spätere Erwerb der Staatsangehörigkeit nicht zur Heilung der zunächst unwirksamen Rechtswahl.[252] Da Art. 8 in Art. 9 HUP nicht erwähnt ist, können auch Common Law-Staaten die Staatsangehörigkeit in lit. a nicht durch das *„domicile"* ersetzen. Auch *irische* Parteien sind mithin nicht berechtigt, das Recht eines Staates zu wählen, in dem sie ihr

[244] NK-BGB/*Gruber* HUP Art. 8 Rn. 25.

[245] Dafür *Gruber* FS Spellenberg, 2011, 177 (191); dagegen zu Recht Rauscher/*Andrae* HUP Art. 8 Rn. 16; Palandt/*Thorn* HUP Rn. 27; BeckOK BGB/*Heiderhoff* EGBGB Art. 18 Rn. 85; *Hausmann* IntEuSchR C Rn. 563, 572.

[246] *Schäuble* NZFam 2014, 1071 (1075).

[247] Münch/*Süß* FamR § 20 Rn. 60; **aA** Erman/*Hohloch* HUP Art. 8 Rn. 1.

[248] *Hausmann* FS Martiny, 2014, 345 (351); BeckOK BGB/*Heiderhoff* EGBGB Art. 18 Rn. 83.

[249] Das gewählte Recht bleibt auch dann maßgeblich, wenn keine Partei diesem Staat im Zeitpunkt der Geltendmachung von Unterhaltsansprüchen noch angehört, vgl. MüKoBGB/*Siehr* HUP Art. 8 Rn. 6.

[250] *Bonomi*-Bericht Rn. 131; Rauscher/*Andrae* HUP Art. 8 Rn. 8; NK-BGB/*Gruber* HUP Art. 8 Rn. 11; PWW/*Martiny* EGBGB Anh. II Art. 18 Rn. 21; Palandt/*Thorn* HUP Rn. 30.

[251] *Bonomi*-Bericht Rn. 133; Erman/*Hohloch* HUP Art. 8 Rn. 2.

[252] *Bonomi*-Bericht Rn. 133; NK-BGB/*Gruber* HUP Art. 8 Rn. 14.

gemeinsames *„domicile"* haben.[253] Ist eine Partei **staatenlos** und wird ihr Personalstatut daher gemäß Art. 12 Abs. 1 des New Yorker Übereinkommens[254] durch das Recht ihres gewöhnlichen Aufenthalts bestimmt, so ist zweifelhaft, ob die Parteien dieses Recht in entsprechender Anwendung von lit. a als Ersatzrecht anstelle des nicht vorhandenen Heimatrechts wählen können. Dies dürfte wegen der ausdrücklichen Beschränkung der Rechtswahl auf das Recht der Staatsangehörigkeit abzulehnen sein.[255] Gleiches gilt auch dann, wenn eine Partei Asylberechtigter oder **Flüchtling** iSd Genfer Flüchtlingskonvention ist.[256] Die praktische Bedeutung dieser Frage ist freilich gering, weil das Recht am gewöhnlichen Aufenthalt sowohl der unterhaltsberechtigten wie der -verpflichteten Partei nach lit. b ohnehin gewählt werden kann.

**Formulierungsbeispiel: Rechtswahl nach Art. 8 Abs. 1 lit. a HUP** 97

Die Ehefrau erklärt: Ich bin deutsche Staatsangehörige.

Der Ehemann erklärt: Ich bin österreichischer Staatsangehöriger.

Beide Ehegatten erklären übereinstimmend: Da wir für einen Zeitraum von fünf Jahren im Rahmen eines Entwicklungshilfeprojekts im Senegal leben und arbeiten werden, vereinbaren wir für unsere unterhaltsrechtlichen Beziehungen die Geltung des deutschen Rechts.

**bb) Gewöhnlicher Aufenthalt einer Partei.** Gemäß lit. b ist ferner das Recht des gewöhnlichen Aufenthalts[257] jeder Partei im Zeitpunkt der Rechtswahl als Unterhaltsstatut wählbar. Ein Wechsel des gewöhnlichen Aufenthalts nach erfolgter Rechtswahl ist auf deren Gültigkeit ohne Einfluss; insoweit gilt das zuvor zur nachträglichen Änderung der Staatsangehörigkeit Gesagte entsprechend. Die Rechtswahl kann aber durch eine neue Vereinbarung auch der geänderten Lage angepasst werden. Umgekehrt wird die Wahl des Rechts eines Staates, in dem keine der Parteien zur Zeit der Rechtswahl ihren gewöhnlichen Aufenthalt hatte, nicht dadurch geheilt, dass dieser gewöhnliche Aufenthalt nachträglich begründet wird und zur Zeit der Geltendmachung des Unterhaltsanspruchs noch besteht;[258] für diesen Fall müssen die Ehegatten vielmehr eine erneute Rechtswahl vornehmen. 98

**Formulierungsbeispiel: Rechtswahl nach Art. 8 Abs. 1 lit. b HUP** 99

Die Ehefrau erklärt: Ich bin deutsche Staatsangehörige.

Der Ehemann erklärt: Ich bin spanischer Staatsangehöriger.

Beide Ehegatten erklären übereinstimmend:
Im Hinblick darauf, dass wir seit drei Jahren unseren gemeinsamen gewöhnlichen Aufenthalt in Deutschland haben, vereinbaren wir für unsere unterhaltsrechtlichen Beziehungen die Geltung deutschen Rechts. Wir stellen klar, dass es bei der Geltung des deutschen Rechts auch dann sein Bewenden haben soll, wenn der gewöhnliche Aufenthalt in Deutschland von einem oder beiden Ehegatten aufgegeben werden sollte.

---

[253] Rauscher/*Andrae* HUP Art. 8 Rn. 8; Palandt/*Thorn* HUP Rn. 34.
[254] New Yorker UN-Übereinkommen über die Rechtsstellung der Staatenlosen vom 28.9.1954, BGBl. 1976 II 474.
[255] Anders *Erman/Hohloch* HUP Art. 8 Rn. 2 und zu Art. 5 Abs. 1 lit. c Rom III-VO auch *Gruber* IPRax 2012, 381 (386).
[256] Genfer Übereinkommen über die Rechtsstellung der Flüchtlinge vom 28.7.1951, BGBl. 1953 II 560.
[257] Zum Begriff → Rn. 31 ff.
[258] *Bonomi*-Bericht Rn. 133; NK-BGB/*Gruber* HUP Art. 8 Rn. 14.

100 **cc) Güterrechtstatut.** Nach Art. 8 Abs. 1 lit. c, 1. Fall HUP können die Parteien als Unterhaltsstatut auch das Recht wählen, das sie **als Güterrechtsstatut gewählt** haben. Auf diese Weise soll der wünschenswerte Gleichlauf von Güterrechts- und Unterhaltsstatut erreicht werden, der die ansonsten – vor allem bei Geltung englischen Rechts – auftretenden schwierigen Qualifikationsprobleme (→ Rn. 134) vermeiden hilft.[259] Außerdem sind nachehelicher Unterhalt und güterrechtlicher Ausgleich aus Anlass der Ehescheidung häufig auf einander abgestimmt, so dass es bei Geltung unterschiedlichen Rechts für beide Aspekte zu Fällen des Normenmangels bzw. der Normenhäufung kommen und eine Anpassung (→ § 3 Rn. 59 ff.) erforderlich werden kann.[260] Diese Rechtswahlmöglichkeit steht nur Ehegatten und früheren Ehegatten[261] zur Verfügung. Sie sollte darüber hinaus aber auch den Partnern einer gleichgeschlechtlichen Ehe oder einer registrierten Lebenspartnerschaft eingeräumt werden.[262]

101 Vorausgesetzt wird von lit. c, 1. Fall, dass die **Wahl des Güterrechtsstatuts wirksam** ist.[263] Ob dies der Fall und damit auch die akzessorische Wahl des Unterhaltsstatuts wirksam sind, entscheidet freilich erst das Gericht, das später von einer Partei in einem Unterhaltsrechtsstreit angerufen wird. Die Parteien müssen also bereits im Zeitpunkt der Rechtswahl vorausschauend prüfen, welches Gericht für einen künftigen Unterhaltsrechtsstreit international zuständig sein wird und ob die für das Güterrechtsstatut getroffene Rechtswahl nach dem von diesem Gericht anzuwendenden Kollisionsrecht wirksam ist.[264] Die sich daraus ergebende Rechtsunsicherheit kann allerdings im Geltungsbereich der EuUntVO dadurch beseitigt werden, dass die Parteien zusammen mit der Rechtswahlvereinbarung eine nach Art. 4 EuUntVO zulässige **Gerichtsstandsvereinbarung** abschließen, in der sie das Gericht eines Mitgliedstaats dieser Verordnung für zuständig erklären.[265] Soweit deutsche Gerichte nach Maßgabe von Art. 3 ff. EuUntVO für den Unterhaltsrechtsstreit zuständig sind, ist die Rechtswahl nach Art. 8 Abs. 1 lit. c, 1. Fall HUP dann wirksam, wenn sie akzessorisch zu dem nach Art. 15 Abs. 1 iVm Art. 14 Abs. 2 und Abs. 3 EGBGB (→ § 9 Rn. 41 f.) oder dem nach Art. 15 Abs. 2 EGBGB gewählten Güterrechtstatut (→ § 9 Rn. 91 ff.) erfolgt. Die Rechtswahlmöglichkeiten werden daher aus deutscher Sicht durch Art. 8 Abs. 1 lit. c, 1. Fall HUP nicht nennenswert erweitert, weil Art. 15 Abs. 2 Nr. 1 und Nr. 2 EGBGB mit Art. 8 Abs. 1 lit. a und lit. b HUP übereinstimmen.[266] Daran wird sich auch unter Geltung der EuGüVO ab dem 29.1.2019 nichts ändern, weil auch die Verordnung in Art. 22 Abs. 1 nur das Aufenthalts- und das Heimatrecht eines jeden Ehegatten zur Wahl stellt. Eine akzessorische Anknüpfung des Unterhaltsstatuts an eine bloße Teilrechtswahl der *lex rei sitae* für Immobilien nach Art. 15 Abs. 2 Nr. 3 EGBGB dürfte aber nicht in Betracht kommen;[267] diese Rechtswahlmöglichkeit ist ab dem 29.1.2019 ohnehin ausgeschlossen (Art. 22 EuGüVO; → § 9 Rn. 14 ff.).

---

[259] NK-BGB/*Gruber* HUP Art. 8 Rn. 21.
[260] *Henrich* FamRZ 2015, 1671 (1765).
[261] Zur Anknüpfung der Erstfrage der gültigen Ehe → Rn. 140 f.
[262] PWW/*Martiny* EGBGB Anh. II Art. 18 Rn. 22; Palandt/*Thorn* HUP Rn. 30 aE; differenzierend NK-BGB/*Gruber* HUP Art. 8 Rn. 16. Allg. zur Anwendung des Protokolls auf gleichgeschlechtliche Ehen und registrierte Lebensgemeinschaften → Rn. 145 f.
[263] *Bonomi*-Bericht Rn. 140; *Andrae* GPR 2010, 196 (201); *Gruber* FS Spellenberg, 2010, 177 (191); BeckOK BGB/*Heiderhoff* EGBGB Art. 18 Rn. 80.
[264] *Malatesta* Riv.dir.int.priv.proc. 2009, 829 (845); NK-BGB/*Gruber* HUP Art. 8 Rn. 6.
[265] Rauscher/*Andrae* HUP Art. 8 Rn. 12; zu Gerichtsstandsvereinbarungen näher → Rn. 201 ff.
[266] BeckOK BGB/*Heiderhoff* EGBGB Art. 18 Rn. 82.
[267] Rauscher/*Andrae* HUP Art. 8 Rn. 12; **aA** aber offenbar der *Bonomi*-Bericht in Rn. 141 aE.

**Formulierungsbeispiel: Rechtswahl nach Art. 8 Abs. 1 lit. c, 1. Fall HUP** 102

**Kombinierte güter- und unterhaltsrechtliche Rechtswahl**

Die Ehefrau erklärt: Ich bin deutsche Staatsangehörige.

Der Ehemann erklärt: Ich bin englischer Staatsangehöriger.

Beide Ehegatten erklären übereinstimmend:

1. Für unsere Ehe vereinbaren wir gemäß Art. 15 Abs. 2 Nr. 1 EGBGB die Geltung deutschen Ehegüterrechts.
2. Zugleich vereinbaren wir für unsere unterhaltsrechtlichen Beziehungen, einschließlich des nachehelichen Unterhalts im Fall einer künftigen Ehescheidung, nach Art. 8 Abs. 1 lit. c, 1. Fall HUP ebenfalls die Geltung deutschen Rechts.
3. Für etwaige unterhaltsrechtliche Streitigkeiten zwischen uns sollen ausschließlich die deutschen Gerichte international zuständig sein, Art. 4 EuUntVO.

Hinweise des Notars:[268]
Der Notar hat darauf hingewiesen, dass er über ausländisches Recht nicht belehrt; er hat jedoch darauf aufmerksam gemacht, dass das Vereinigte Königreich dem Haager Unterhaltsprotokoll bisher nicht beigetreten ist und deshalb keine Gewähr dafür besteht, dass die erklärte unterhaltsrechtliche Rechtswahl von englischen Gerichten anerkannt werden wird.

Alternativ können die Parteien nach lit. c, 2. Fall auch das **tatsächlich auf ihre güterrechtlichen Beziehungen angewandte Recht** wählen. Diese Rechtswahl setzt nach dem Wortlaut voraus, dass ein Gericht im Zeitpunkt der Rechtswahl bereits über das Güterrechtsstatut entschieden hat; ausreichend sollte es jedoch auch sein, dass diese Entscheidung zumindest gleichzeitig mit der Entscheidung über den Unterhaltsanspruch getroffen wird.[269] Auf diese Weise können Ehegatten also auch das – zB nach Art. 15 Abs. 1 EGBGB oder künftig nach Art. 26 EuGüVO maßgebliche – objektive Güterrechtsstatut (→ § 9 Rn. 36ff.) als Unterhaltsstatut wählen, soweit es entweder von einem (auch ausländischen) Gericht bereits in der Vergangenheit einmal angewandt worden ist oder wenn zB im Scheidungsverbund zugleich über güterrechtliche Ansprüche nach diesem Recht zu entscheiden ist. Auch wenn als Güterrechtsstatut die *lex fori* angewandt worden ist, unterscheidet sich die Wahl dieses Rechts als Unterhaltsstatut nach Art. 8 Abs. 1 lit. c, 2. Fall von jener nach Art. 7 HUP dadurch, dass sie unabhängig von einem konkreten Unterhaltsverfahren und auch für erst in der Zukunft entstehende Ansprüche (zB auf Abänderung) gilt. Auch diese Rechtswahl dient vor allem der Vermeidung von Qualifikationsproblemen im Grenzbereich zwischen Güter- und Unterhaltsrecht. 103

Haben die Parteien keine güterrechtliche Rechtswahl getroffen und ist das Güterrechtsstatut auch bisher von einem Gericht nicht angewandt worden, so findet Art. 8 Abs. 1 lit. c HUP hingegen keine Anwendung; eine Koppelung des Unterhaltsstatuts mit dem erst künftig objektiv anwendbaren Güterrecht kommt also nicht Betracht.[270] Ebensowenig hat eine güterrechtliche Rechtswahl noch Relevanz für das Unterhaltsstatut; wenn ein Gericht bereits ein anderes Güterrecht angewandt hat.[271] 104

---

[268] Erläuterungen zur güterrechtlichen Rechtswahl → § 9 Rn. 137ff.; zur unterhaltsrechtlichen Rechtswahl → Rn. 126ff.

[269] *Bonomi*-Bericht Rn. 141; NK-BGB/*Gruber* HUP Art. 8 Rn. 21.

[270] NK-BGB/*Gruber* HUP Art. 8 Rn. 18.

[271] NK-BGB/*Gruber* HUP Art. 8 Rn. 20.

105 **Formulierungsbeispiel: Rechtswahl nach Art. 8 Abs. 1 lit. c, 2. Fall HUP**

**Wahl des tatsächlich auf die güterrechtlichen Beziehungen angewandten Rechts**

Die Ehefrau erklärt: Ich bin niederländische Staatsangehörige.

Der Ehemann erklärt: Ich bin französischer Staatsangehöriger.

Beide Ehegatten erklären übereinstimmend:

1. Wir hatten unseren gemeinsamen gewöhnlichen Aufenthalt zur Zeit der Eheschließung in den Niederlanden. Aus diesem Grunde hat das Familiengericht Köln auf unserere güterrechtlichen Beziehungen niederländisches Recht angewandt, obwohl wir unseren gewöhnlichen Aufenthalt inzwischen nach Deutschland verlegt haben.
2. Für unsere unterhaltsrechtlichen Beziehungen, einschließlich des nachehelichen Unterhalts im Fall einer künftigen Ehescheidung, wählen wir daher nach Art. 8 Abs. 1 lit. c, 2. Fall HUP auch die Geltung des niederländischen Unterhaltsrechts.

Hinweise des Notars:[272]

1. Der Notar ist zur Belehrung über ausländisches Recht nicht verpflichtet; er hat diesbezüglich auch keine Beratungspflichten übernommen.
2. Die Rechtswahl wird im Ausland möglicherweise nicht oder nur mit Einschränkungen anerkannt.

106 **dd) Scheidungsstatut.** Schließlich können die Parteien nach Art. 8 Abs. 1 lit. d HUP als Unterhaltsstatut auch das Recht wählen, das sie **durch Rechtswahl als Scheidungs- oder Trennungsstatut** bestimmt haben. Diese Rechtswahlmöglichkeit spielte bisher aus deutscher Sicht nur eine untergeordnete Rolle, weil die Wahl des Scheidungsstatuts nach Art. 17 Abs. 1 S. 1 EGBGB aF iVm Art. 14 Abs. 2 und Abs. 3 EGBGB stark eingeschränkt war. Größere Bedeutung kommt ihr seit dem Inkrafttreten der Rom III-VO am 21.6.2012 zu, die dem Parteiwillen im internationalen Scheidungsrecht deutlich mehr Raum gibt (vgl. Art. 5 bis 7 Rom III-VO; → § 11 Rn. 54 ff.). Die Vorschrift bezieht sich ihrem Wortlaut nach zwar nur auf Ehegatten, sollte jedoch – wie lit. c – auch auf registrierte (homo- oder heterosexuelle) Lebenspartnerschaften und gleichgeschlechtliche Ehen Anwendung finden (näher → § 13 Rn. 35 ff.).[273] Die Rechtswahlmöglichkeit gilt jedoch nicht für den Fall, dass die Ehe aufgehoben oder für nichtig erklärt wird, weil insoweit nicht das Scheidungs-, sondern das Eheschließungsstatut Anwendung findet.[274]

107 Über die von lit. d, 1. Fall vorausgesetzte Wirksamkeit der Wahl des Scheidungsstatuts ist auf der Grundlage des Kollisionsrechts zu entscheiden, welches das von einem Ehegatten in dem späteren Unterhaltsrechtsstreit angerufene Gericht anzuwenden hat.[275] Die hierdurch verursachte Rechtsunsicherheit ist jedoch geringer als auf dem Gebiet des Ehegüterrechts, weil zumindest in den an der Verstärkten Zusammenarbeit auf dem Gebiet des internationalen Scheidungsrechts teilnehmenden 16 Mitgliedstaaten (→ § 11 Rn. 2 ff.) die Gültigkeit der Wahl des Scheidungsstatuts einheitlich nach Art. 5 bis 7 Rom III-VO beurteilt wird. Ist allerdings damit zu rechnen, dass ein künftiger Unterhaltsrechtsstreit – zB aufgrund der Staatsangehörigkeit oder des gewöhnlichen Aufenthalts des Unterhaltsberechtigten oder -verpflichteten – in einem nicht an der Rom III-VO teilnehmenden EU-Mitgliedstaat oder in einem Drittstaat anhängig gemacht werden könnte, empfiehlt es sich auch insoweit, parallel zur Rechtswahl eine Gerichtsstandsvereinbarung nach Art. 4 EuUntVO zu treffen.

---

[272] Erläuterungen dazu → Rn. 126 ff.

[273] Palandt/*Thorn* HUP Rn. 30; Rauscher/*Andrae* HUP Art. 8 Rn. 13; PWW/*Martiny* EGBGB Anh. II Art. 18 Rn. 22.

[274] Rauscher/*Andrae* HUP Art. 8 Rn. 15.

[275] *Bonomi*-Bericht Rn. 140; NK-BGB/*Gruber* HUP Art. 8 Rn. 19.

**Formulierungsbeispiel: Rechtswahl nach Art. 8 Abs. 1 lit. d, 1. Fall HUP** 108

**Kombinierte scheidungs- und unterhaltsrechtliche Rechtswahl**

Die Ehefrau erklärt: Ich bin deutsche Staatsangehörige.

Der Ehemann erklärt: Ich bin englischer Staatsangehöriger.

Beide Ehegatten erklären übereinstimmend:

1. Für eine etwaige Scheidung unserer Ehe vereinbaren wir gemäß Art. 5 Abs. 1 lit. a Rom III-VO die Geltung deutschen Rechts.
2. Zugleich vereinbaren wir für unsere unterhaltsrechtlichen Beziehungen, einschließlich des nachehelichen Unterhalts im Fall einer Ehescheidung, gemäß Art. 8 Abs. 1 lit. d, 1. Fall HUP ebenfalls die Geltung deutschen Rechts.
3. Für etwaige unterhaltsrechtliche Streitigkeiten zwischen uns sollen ausschließlich die deutschen Gerichte international zuständig sein, Art. 4 EuUntVO.

Hinweise des Notars:[276]

Der Notar hat darauf hingewiesen, dass das Vereinigte Königreich bisher weder der Rom III-VO noch dem Haager Unterhaltsprotokoll beigetreten ist und deshalb keine Gewähr dafür besteht, dass die erklärte scheidungs- und unterhaltsrechtliche Wahl deutschen Rechts von englischen Gerichten anerkannt werden wird.

Wählbar ist schließlich nach lit. d, 2. Fall alternativ auch das Recht, das von dem für 109 die Scheidung zuständigen Gericht **tatsächlich auf die Scheidung angewandt** worden ist. Mit Hilfe dieser Rechtswahlmöglichkeit können die Parteien also den Gleichlauf von Scheidungs- und Unterhaltsstatut erreichen, wie er bis zum Inkrafttreten des Unterhaltsprotokolls nach Art. 8 HUntÜ/Art. 18 Abs. 4 EGBGB aF zwingend vorgeschrieben war. Wie bisher nach den genannten Vorschriften ist nicht darauf abzustellen, welches Recht das die Ehescheidung aussprechende Gericht nach seinem IPR – in den teilnehmenden Mitgliedstaaten also unter Zugrundelegung der Rom III-VO – auf die Scheidung hätte anwenden müssen, sondern welches Recht es – uU auch in Verkennung der maßgeblichen Kollisionsregeln – tatsächlich angewandt hat.[277] Demgemäß wird vorausgesetzt, dass im Zeitpunkt der Rechtswahl entweder die Scheidung oder Trennung bereits ausgesprochen worden ist oder – zB in einem Verbundurteil – zumindest gleichzeitig mit der Entscheidung über den Unterhaltsanspruch ausgesprochen wird.[278]

**Formulierungsbeispiel: Rechtswahl nach Art. 8 Abs. 1 lit. d, 2. Fall HUP** 110

**Wahl des tatsächlich auf die Ehescheidung angewandten Rechts**

Die Ehefrau erklärt: Ich bin italienische Staatsangehörige.

Der Ehemann erklärt: Ich bin französischer Staatsangehöriger.

Beide Ehegatten erklären übereinstimmend:

1. Wir hatten unseren gemeinsamen gewöhnlichen Aufenthalt bis zur Scheidung unserer Ehe in Deutschland; aus diesem Grunde hat das Familiengericht München unsere Ehe gemäß Art. 8 lit. a Rom III-VO nach deutschem Recht geschieden.
2. Inzwischen hat die Ehefrau ihren gewöhnlichen Aufenthalt wieder in Italien. Für die noch anhängige Folgesache betreffend den von der Ehefrau geltendgemachten nachehelichen Unterhalt wählen wir im Interesse der Verfahrensbeschleunigung und der Kostenreduzierung gemäß Art. 8 Abs. 1 lit. d, 2. Fall HUP ebenfalls die Geltung deutschen Rechts.

[276] Erläuterungen zur scheidungsrechtlichen Rechtswahl → § 11 Rn. 122 ff.; zur unterhaltsrechtlichen Rechtswahl → Rn. 126 ff.

[277] Erman/*Hohloch* HUP Art. 8 Rn. 2 aE; vgl. zum bisherigen Recht OLG Hamm FamRZ 2000, 29; 1994, 573 (575); OLG Düsseldorf FamRZ 1995, 885.

[278] NK-BGB/*Gruber* HUP Art. 8 Rn. 21.

Hinweise des Notars:[279]
1. Der Notar ist zur Belehrung über ausländisches Recht nicht verpflichtet; er hat diesbezüglich auch keine Beratungspflichten übernommen.
2. Die Rechtswahl wird im Ausland möglicherweise nicht oder nur mit Einschränkungen anerkannt.

111 **e) Ausschluss einer Rechtswahl zu Lasten von besonders schutzbedürftigen Personen.** Vor den Gefahren einer Rechtswahl müssen solche Personen geschützt werden, die deren Tragweite im Zeitpunkt des Abschlusses nicht einschätzen können. Nach Art. 8 Abs. 3 HUP besteht die in Abs. 1 eröffnete Rechtswahlmöglichkeit daher nicht für Unterhaltspflichten gegenüber **Minderjährigen,** die das 18. Lebensjahr noch nicht vollendet haben. Dies gilt nicht nur für Unterhaltsansprüche von minderjährigen Kindern gegenüber ihren Eltern, sondern auch für Unterhaltspflichten sonstiger Verwandter gegenüber einem Kind. Die Rechtswahl ist auch ausgeschlossen, wenn Unterhaltsgläubiger ein Erwachsener ist, der „aufgrund einer Beeinträchtigung oder der Unzulänglichkeit seiner persönlichen Fähigkeiten nicht in der Lage ist, seine Interessen zu schützen". Die Umschreibung des Kreises der schutzbedürftigen erwachsenen Personen ist Art. 1 Abs. 1 des Haager Erwachsenenschutzübereinkommens (ErwSÜ) vom 15.1.2000[280] entnommen; dieses Übereinkommen kann daher zur Auslegung herangezogen werden.[281] Die Möglichkeit einer Rechtswahl besteht für den in Art. 8 Abs. 3 HUP genannten Kreis von besonders schutzbedürftigen Unterhaltsgläubigern daher nur nach Maßgabe von Art. 7 HUP.[282] Gleiches gilt nach der englischen und französichen Originalfassung der Vorschrift – und entgegen dem zu engen deutschen Wortlaut – auch dann, wenn die von Abs. 3 geschützten Personen Schuldner des Anspruchs sind.[283]

112 Für die Wirksamkeit ist auf den **Zeitpunkt des Abschlusses der Rechtswahlvereinbarung** abzustellen, weil der besonders schutzbedürftige Unterhaltsgläubiger in diesem Moment die Tragweite der Wahl eines von Art. 3, 4 HUP abweichenden Unterhaltsstatuts erkennen muss.[284] Nicht entscheidend ist hingegen, für welchen Zeitraum die Rechtswahl vereinbart wird. Art. 8 Abs. 3 HUP gilt daher auch dann, wenn ein Minderjähriger die Rechtswahl für den ihm erst nach Vollendung des 18. Lebensjahres geschuldeten Unterhalt trifft.[285] Umgekehrt wird die von einem Minderjährigen nicht wirksam vereinbarte Rechtswahl auch durch das Erreichen der Volljährigkeit nicht geheilt. Ebenso verliert die von einem Erwachsenen getroffene Rechtswahl ihre Wirksamkeit nicht dadurch, dass dieser erst nachträglich iSv Art. 1 Abs. 1 ErwSÜ schutzbedürftig wird.[286] Die gegen Art. 8 Abs. 3 HUP verstoßende Rechtswahl ist insgesamt **nichtig** mit der Folge, dass das Unterhaltsstatut objektiv nach Art. 3 und Art. 4 HUP anzuknüpfen ist; eine Aufrechterhaltung der Rechtswahl dürfte auch für den Fall, dass das gewählte Recht für den Berechtigten im konkreten Fall günstiger wäre, nicht in Betracht kommen.[287]

113 **f) Ausschluss der Rechtswahl für den Unterhaltsverzicht.** Nach Art. 8 Abs. 4 HUP kann für die Beurteilung eines Unterhaltsverzichts durch Rechtswahl nicht von dem Recht des Staates abgewichen werden, in dem der Unterhaltsberechtigte im Zeitpunkt

[279] Erläuterungen dazu → Rn. 126ff.
[280] BGBl. 2007 II 325 = *Jayme/Hausmann* Nr. 20; dazu → § 5 Rn. 78ff.
[281] NK-BGB/*Gruber* HUP Art. 8 Rn. 2; Rauscher/*Andrae* HUP Art. 8 Rn. 19.
[282] Palandt/*Thorn* HUP Rn. 29.
[283] NK-BGB/*Gruber* HUP Art. 8 Rn. 3.
[284] BeckOK BGB/*Heiderhoff* EGBGB Art. 18 Rn. 87; Rauscher/*Andrae* HUP Art. 8 Rn. 18; MüKoBGB/*Siehr* HUP Art. 8 Rn. 21.
[285] NK-BGB/*Gruber* HUP Art. 8 Rn. 5.
[286] *Schäuble* NZFam 2014, 1071 (1075f.).
[287] Erman/*Hohloch* HUP Art. 8 Rn. 3; NK-BGB/*Gruber* HUP Art. 8 Rn. 6; **aA** MüKoBGB/*Siehr* HUP Art. 8 Rn. 20.

der Rechtswahl seinen gewöhnlichen Aufenthalt hat. Die Vorschrift dient ebenfalls dem Schutz des Berechtigten vor der Wahl eines Rechts, das einen Unterhaltsverzicht in weiterem Umfang zulässt als das objektiv maßgebliche Unterhaltsstatut,[288] daneben aber auch den öffentlichen Interessen des Staates, in dem der Unterhaltsberechtigte seinen gewöhnlichen Aufenthalt hat und zu dessen Lasten sich ein Unterhaltsverzicht auswirken kann. Nicht das gewählte Recht,[289] sondern das Recht am **gewöhnlichen Aufenthalt des Berechtigten** im Zeitpunkt der Rechtswahl entscheidet daher nach Art. 8 Abs. 4 HUP über Zulässigkeit, Voraussetzungen und Wirkungen eines Unterhaltsverzichts. Demgegenüber beurteilen sich dessen Zustandekommen und dessen materielle Wirksamkeit nach dem gewählten Recht.

Art. 8 Abs. 4 HUP enthält allerdings **keine allgemeine Kollisionsnorm für den Unterhaltsverzicht,** die auch unabhängig von einer Rechtswahl anzuwenden wäre;[290] die Vorschrift weist vielmehr dem materiellen Verbot eines Unterhaltsverzichts im Recht des gewöhnlichen Aufenthaltsstaats des Berechtigten die Funktion einer **Eingriffsnorm** zu.[291] Wurde eine Rechtswahl getroffen, so verdrängt die Sonderanknüpfung nach Art. 8 Abs. 4 HUP allerdings aufgrund ihrer weiten Fassung nicht nur das gewählte Recht, sondern auch die objektiven Anknüpfungen nach Art. 4 HUP und schließt die Erhebung der Einreden nach Art. 5 und Art. 6 HUP aus.[292] Das Verzichtsstatut entscheidet auch, unter welchen Voraussetzungen und in welchem Umfang ein Verzicht zulässig ist.[293] Eingeschränkt wird durch Art. 8 Abs. 4 HUP jedoch nur die Rechtswahl nach Abs. 1 dieser Vorschrift; demgegenüber umfasst eine nach Art. 7 getroffene Rechtswahl auch den Unterhaltsverzicht.[294] 114

Einem materiellrechtlichen Unterhaltsverzicht sollte auch der Fall gleichstehen, dass nach Art. 8 HUP ein Recht gewählt wird, das dem Berechtigten unter den gegebenen Umständen **keinen Unterhalt** gewährt.[295] Dadurch wird die mit einer Rechtswahl nach Art. 8 Abs. 1 HUP verbundene Gefahr eines vollständigen Unterhaltsverlusts für den Berechtigten deutlich eingeschränkt. Denn auch durch eine bloße Rechtswahlvereinbarung (ohne ausdrückliche Verzichtserklärung) kann dann nicht erreicht werden, dass der Unterhalt vollständig entfällt. Andererseits schränkt eine solche erweiternde Interpretation von Art. 8 Abs. 4 HUP den Anwendungsbereich der allgemeinen Billigkeitsklausel in Art. 8 Abs. 5 HUP stark ein;[296] denn der Berechtigte hat in jedem Fall auch nach dem gewählten Recht einen Unterhaltsanspruch.[297] Folgt man dem *Bonomi*-Bericht, so erfasst Art. 8 Abs. 4 HUP somit **zwei Fälle:** 115

1. Zum einen den Fall, dass schon in der Rechtswahl ein Unterhaltsverzicht liegt, weil das gewählte Recht keinen Unterhaltsanspruch gewährt;
2. zum anderen den Fall, dass der vom gewählten Recht eingeräumte Unterhaltsanspruch durch einen materiell-rechtlich wirksamen Verzicht ausgeschlossen wird, was auf der Grundlage des am gewöhnlichen Aufenthalt des Berechtigten geltenden Unterhaltsrechts nicht zulässig wäre.

---

[288] *Bonomi*-Bericht Rn. 147 aE; NK-BGB/*Gruber* HUP Art. 8 Rn. 33.
[289] Auf die Frage, ob der Unterhaltsverzicht nach dem gewählten Recht wirksam ist, kommt es daher nicht an, vgl. *Andrae* IntFamR § 8 Rn. 164.
[290] Rauscher/*Andrae* HUP Art. 11 Rn. 11.
[291] Palandt/*Thorn* HUP Rn. 32; Erman/*Hohloch* HUP Art. 8 Rn. 3.
[292] Rauscher/*Andrae* HUP Art. 8 Rn. 21; NK-BGB/*Gruber* HUP Art. 8 Rn. 34; **aA** Palandt/*Thorn* HUP Rn. 32.
[293] *Bonomi*-Bericht Rn. 147; Rauscher/*Andrae* HUP Art. 8 Rn. 21; *Lipp* FS Pintens, 2012, 847 (858).
[294] Rauscher/*Andrae* HUP Art. 8 Rn. 21.
[295] Dafür auch der *Bonomi*-Bericht Rn. 149; *Gruber* FS Spellenberg, 2011, 177 (191); PWW/*Martiny* EGBGB Anh. II Art. 18 Rn. 25; Palandt/*Thorn* HUP Rn. 32; Johannsen/Henrich/*Henrich* HUP Rn. 23; **aA** freilich NK-BGB/*Gruber* HUP Art. 8 Rn. 37, der insoweit die Billigkeitskontrolle nach Art. 8 Abs. 5 HUP für ausreichend hält.
[296] Abl. daher *Andrae* IntFamR § 8 Rn. 165; Münch/*Süß* FamR § 20 Rn. 65.
[297] BeckOK BGB/*Heiderhoff* EGBGB Art. 18 Rn. 90.

116 Für den deutschen Rechtsberater bereitet die Anwendung der Vorschrift keine besonderen Probleme, wenn die Unterhaltsberechtigte seinen gewöhnlichen Aufenthalt im Inland hat; Maßstab für die Zulässigkeit des Unterhaltsverzichts ist dann §1585c BGB. Vorsicht ist hingegen dann geboten, wenn sich der Unterhaltsberechtigte im Zeitpunkt der Vereinbarung des Unterhaltsverzichts im Ausland gewöhnlich aufhält, weil das dortige Unterhaltsrecht u. U. weitergehende Schrankenn für einen wirksamen Unterhaltsverzicht vorsehen kann.[298] Nicht von Art. 8 Abs. 4 HUP erfasst werden Fälle, in denen der Berechtigte gegen Zahlung einer **Kapitalabfindung** auf seinen Unterhaltsanspruch verzichtet. Eine solche Vereinbarung kann mithin nach dem gewählten Recht wirksam abgeschlossen werden.[299] Für die Anwendung von Art. 8 Abs. 4 HUP ist es hingegen unerheblich, ob es sich um einen vollständigen oder einen nur **teilweisen Verzicht** handelt.[300]

117 Da Art. 8 Abs. 4 HUP den Berechtigten vor dem Verlust des Unterhalts schützen möchte, der ihm nach dem kraft objektiver Anknüpfung anzuwendenden Recht zusteht,[301] wird zT vorgeschlagen, die Vorschrift dahingehend berichtigend auszulegen, dass für die Zulässigkeit eines Verzichts nicht stets das Recht am gewöhnlichen Aufenthalt des Berechtigten im Zeitpunkt der Rechtswahl maßgebend sein soll, sondern das im konkreten Fall **objektiv gemäß Art. 3 bis 5 HUP anzuwendende Recht.**[302] Dafür könnte sprechen, dass auch der nach Art. 8 Abs. 4 HUP wirksame Unterhaltsverzicht dazu führt, dass der Verzichtende iSv Art. 4 Abs. 2 bis Abs. 5 HUP „von der verpflichteten Person keinen Unterhalt erhalten“ kann.[303]. Damit würde indessen völlig außer Betracht gelassen, dass auch der Verpflichtete in seinem Vertrauen auf einen vom Berechtigten wirksam erklärten Unterhaltsverzicht schutzwürdig ist.[304] Praktische Bedeutung erlangt das Problem ohnehin nur, wenn der Verzicht nicht auch nach den von Art. 4 Abs. 2 bis Abs. 5 HUP zur Anwendung berufenen Rechten wirksam ist.

118 Maßgebend ist nach Art. 8 Abs. 4 HUP das Recht am gewöhnlichen Aufenthalt des Berechtigten **im Zeitpunkt der Rechtswahl.** Ein späterer Wechsel des gewöhnlichen Aufenthalts führt also – anders als bei der objektiven Anknüpfung eines Unterhaltsverzichts, für die Art. 3 Abs. 2 HUP gilt[305] – nicht zu einem Statutenwechsel.[306] Wenn die Rechtswahlvereinbarung und der Abschluss des materiellrechtlichen Unterhaltsverzichts zeitlich auseinander fallen, wird zT – dem Wortlaut des Art. 8 Abs. 4 HUP entsprechend – auf den Zeitpunkt der Rechtswahl abgestellt.[307] Räumt das gewählte Recht dem Berechtigten jedoch einen Unterhaltsanspruch ein, so liegt in diesem Zeitpunkt überhaupt noch kein Verzicht vor. Hat daher zwischen der Rechtswahl und dem Unterhaltsverzicht ein Statutenwechsel stattgefunden, so spricht der Normzweck des Art. 8 Abs. 4 HUP eher dafür, auf den Zeitpunkt der Verzichtserklärung abzustellen.[308]

119 **Beispiel:**
M und F, die beide die spanische Staatsangehörigkeit besitzen und sich gewöhnlich in Deutschland aufhalten, haben in einem kurz vor der Eheschließung am 15.7.2011 vor einem deutschen Notar geschlossenen Ehevertrag unter anderen auch für ihre unterhalts-

[298] So lässt etwa das französische Recht den Unterhaltsverzicht durch Ehegatten nur in einer Scheidungsvereinbarung, nicht hingegen bereits in einem Ehevertrag zu, vgl. jurisPK-BGB/*Ludwig* HUP Art. 8 Rn. 10; *Schäuble* NZFam 2014, 1071 (1076).
[299] *Bonomi*-Bericht Rn. 148; *Lipp* FS Pintens, 2012, 847 (858); **aA** NK-BGB/*Gruber* HUP Art. 8 Rn. 36.
[300] Erman/*Hohloch* HUP Art. 8 Rn. 3; Münch/*Süß* FamR § 20 Rn. 63.
[301] *Bonomi*-Bericht Rn. 147 aE.
[302] NK-BGB/*Gruber*, 1. Aufl., HUP Art. 8 Rn. 10.
[303] Befürwortend aus diesem Grunde – allerdings eingeschränkt durch die dem Verpflichteten zustehende Einrede nach Art. 6 HUP – Rauscher/*Andrae* HUP Art. 11 Rn. 12.
[304] Vgl. idS zum früheren Recht Staudinger/*Mankowski* EGBGB Anh. I Art. 18 Rn. 188.
[305] Vgl. Rauscher/*Andrae* HUP Art. 11 Rn. 14.
[306] Erman/*Hohloch* HUP Art. 8 Rn. 3.
[307] Rauscher/*Andrae* HUP Art. 8 Rn. 20f.; Erman/*Hohloch* HUP Art. 8 Rn. 3.
[308] So auch *Bonomi* Yb. PrivIntL 2008, 333 (356f.); *Gruber* FS Spellenberg, 2010, 177 (192); **aA** aber jetzt NK-BGB/*Gruber* HUP Art. 8 Rn. 34.

rechtlichen Beziehungen eine Rechtswahl zugunsten ihres deutschen Aufenthaltsrechts getroffen. Nachdem es am 15.9.2015 zur Trennung der Ehegatten gekommen war, kehrt die Ehefrau nach Spanien zurück, wo ihr ab dem 1.10.2015 eine lukrative Arbeitsstelle angeboten worden war. Am 20.10.2015 ersuchen die Eheleute ihren deutschen Notar um die Beurkundung einer Scheidungsvereinbarung, in der die F auf die Geltendmachung von nachehelichem Unterhalt gegenüber M verzichten möchte. Nach welchem Recht ist über die Wirksamkeit des gewünschten Unterhaltsverzichts zu entscheiden?

Grundsätzlich richten sich die unterhaltsrechtlichen Beziehungen der Parteien nach dem von ihnen gewählten Recht, wenn die Rechtswahl wirksam war. Dies ist vorliegend nach dem Haager Unterhaltsprotoll zu beurteilen, das für Deutschland und Spanien bereits am 18.6.2011, also vor Abschluss des Ehevertrags mit der unterhaltsrechtlichen Rechtswahl, in Kraft getreten war. Nach Art. 8 Abs. 1 lit. b HUP war die Wahl des deutschen Unterhaltsrechts zulässig; auch die Form des Art. 8 Abs. 2 HUP ist gewahrt worden. Zulässigkeit, Voraussetzungen und Wirkungen eines Unterhaltsverzichts werden allerdings nach Art. 8 Abs. 4 HUP gesondert angeknüpft. Sie unterliegen nicht dem nach Art. 8 Abs. 1 HUP gewählten Recht, sondern dem Recht des Staates, in dem die unterhaltsberechtigte Person im Zeitpunkt der Rechtswahl ihren gewöhnlichen Aufenthalt hat. Nimmt man die Vorschrift wörtlich, so käme auch auf den Unterhaltsverzicht deutsches Recht zur Anwendung, weil die F bei Vereinbarung der Rechtswahl im Sommer 2011 ihren gewöhnlichen Aufenthalt noch in Deutschland hatte. Danach wäre der Unterhaltsverzicht – vorbehaltlich einer Inhaltskontrolle – nach § 1586c BGB grundsätzlich wirksam. Die Schutzfunktion der Sonderanknüpfung in Art. 8 Abs. 4 HUP spricht freilich dafür, bei einem zeitlichen Auseinanderfallen von Rechtswahl und materiellem Umterhaltsverzicht auf das Recht des Staates abzustellen, in dem der Unteerhaltsberechtigte im Zeitpunkt des Unterhaltsverzichts seinen gewöhnlichen Aufenthalt hat. Bei dieser Auslegung wäre die Zulässigkeit des Unterhaltsverzichts am spanischen Recht zu messen.

**g) Billigkeitskontrolle der Rechtswahl. aa) Funktion.** Nach Art. 8 Abs. 5 HUP ist 120
das von den Parteien gewählte Recht dann nicht anzuwenden, wenn seine Anwendung für eine der Parteien **offensichtlich unbillige oder unangemessene Folgen** hätte. Es handelt sich also um eine Art von kollisionsrechtlicher „negativer Billigkeitsklausel".[309] Diese relativiert den Vorrang der gewählten Rechtsordnung vor dem nach der objektiven Anknüpfung nach Art. 3 bis 6 HUP ansonsten anzuwendenden Recht. Der Billigkeitskontrolle unterliegt nur die Rechtswahl nach Art. 8 HUP; auf eine Rechtswahl nach Art. 7 HUP findet Art. 8 Abs. 5 HUP keine Anwendung. Für diese Kontrolle ist ein Vergleich der materiellen Ergebnisse des gewählten Rechts einerseits und des kraft objektiver Anknüpfung anwendbaren Rechts andererseits erforderlich.[310] Lassen sich die nach dem gewählten Recht nachteiligen Folgen bereits durch Regeln, die das gewählte Recht selbst bereithält,[311] vermeiden oder adäquat mildern, bedarf es der Anwendung von Art. 8 Abs. 5 HUP nicht.[312] Sinn macht die ersatzweise Anwendung des objektiven Unterhaltsstatuts ferner nur dann, wenn dessen Regelungen nicht ihrerseits zu offensichtlich unangemessenen oder unbilligen Folgen führen, dh wenn dieses Recht für die betroffene Partei – den Unterhaltsberechtigten oder -verpflichteten,[313] um dessen Schutz es im

[309] Erman/*Hohloch* HUP Art. 8 Rn. 3; vgl. auch *Lipp* FS Pintens, 2012, 847 (858) und NK-BGB/*Gruber* HUP Art. 8 Rn. 39: „kollisionsrechtliche Inhaltskontrolle"; anders Palandt/*Thorn* HUP Rn. 33: „besondere ordre public-Klausel".

[310] *Andrae* GPR 2010, 196 (201); JurisPK-BGB/*Ludwig* HUP Art. 8 Rn. 31; NK-BGB/*Gruber* HUP Art. 8 Rn. 39; PWW/*Martiny* EGBGB Anh. II Art. 18 Rn. 26.

[311] Beispiele im deutschen Recht: § 1579 BGB (Scheidungsunterhalt); § 1611 BGB (Verwandtenunterhalt).

[312] Erman/*Hohloch* HUP Art. 8 Rn. 3.

[313] Auf die Billigkeitsklausel des Art. 8 Abs. 5 HUP kann sich nicht nur der Unterhaltsberechtigte, sondern auch der Unterhaltsverpflichtete berufen, vgl. *Henrich* IntSchR Rn. 134; MüKoBGB/*Siehr* HUP Art. 8 Rn. 23.

konkreten Fall geht – günstiger ist.[314] Ob ergänzend zur Billigkeitskontrolle nach Art. 8 Abs. 5 HUP auch die in der deutschen Rechtsprechung entwickelten Grundsätze zur **Inhaltskontrolle** von Ehe- und Unterhaltsverträgen[315] auf unterhaltsrechtliche Rechtswahlvereinbarungen angewandt werden können, erscheint hingegen zweifelhaft.[316] Da eine Inhaltskontrolle die „materielle Wirksamkeit" der Rechtswahl betrifft, wäre sie jedenfalls nach den Maßstäben des deutschen Rechts nur zulässig, wenn die Parteien deutsches Recht gewählt haben. Die Wahl deutschen Unterhaltsrechts wird aber nur höchst selten eine der Parteien „grob unbillig oder unangemessen" benachteiligen. Im Übrigen bietet die weite Fassung des Art. 8 Abs. 5 HUP deutschen Gerichten jedenfalls ausreichende Möglichkeiten, die wesentlichen Grundätze des deutschen Rechts zur Inhaltskontrolle von Unterhaltsvereinbarungen zur Geltung zu bringen.

121 **bb) Ermessensentscheidung.** Die Verwendung der unbestimmten Rechtsbegriffe „offensichtlich unbillige oder unangemessene Folgen" in Art. 8 Abs. 5 HUP räumt dem mit der Sache befassten Gericht einen weiten Beurteilungsspielraum ein.[317] Dabei sollen nicht nur die unmittelbaren Auswirkung der Rechtswahl auf Bestehen und Höhe des Unterhaltsanspruchs berücksichtigt werden, sondern etwa auch der Umstand, wie eng der Bezug der Parteien zu dem gewählten Recht ist,[318] oder die Art und Weise des Zustandekommens der Vereinbarung.[319] Die Schwelle der offensichtlichen Unbilligkeit bzw. Unangemessenheit ist jedoch niedriger anzusetzen als bei der Annahme eines *ordre public*-Verstoßes nach Art. 13 HUP.

122 **cc) Ausschluss der Missbrauchskontrolle.** Auch wenn die Rechtswahl zu offensichtlich unbilligen oder unangemessenen Folgen für eine der Parteien führt, bleibt das gewählte Recht ausnahmweise nach Art. 8 Abs. 5 HUP dennoch maßgebend, wenn diese Partei „im Zeitpunkt der Rechtswahl umfassend unterrichtet und sich der Folgen ihrer Wahl vollständig bewusst" war. An diesen Ausnahmetatbestandsind allerdings hohe Anforderungen zu stellen.[320] Im Regelfall ist zu fordern, dass die durch die Rechtswahl benachteiligte Partei sachverständigen **Rechtsrat in Anspruch genommen** hat und dabei von einem Rechtsanwalt oder Notar zumindest über den Inhalt des gewählten Unterhaltsrechts umfassend aufgeklärt worden sind.[321] Demgegenüber erscheint eine Aufklärung über den Inhalt des abgewählten objektiven Unterhaltsstatuts entbehrlich, weil im Zeitpunkt der Rechtswahl nicht absehbar ist, ob dieses Recht auch dann noch maßgeblich ist, wenn Unterhaltsansprüche erhoben werden.[322] Unabhängig von Art. 8 Abs. 5 HUP kann der *ordre public*-Vorbehalt des Art. 13 HUP (→ Rn. 192 ff.) und die einheitliche Sachnorm zur Bemessung des Unterhalts in Art. 14 HUP (→ Rn. 198 ff.) eingreifen. Soweit dem Unterhaltsberechtigten allerdings bereits mit einer Billigkeitskontrolle nach Art. 8 Abs. 5 HUP geholfen werden kann, erübrigt sich idR der Rückgriff auf Art. 13 HUP. Demgegenüber hat für die Beurteilung der Zulässigkeit eines Unterhaltsverzichts Art. 8 Abs. 4 als *lex specialis* Vorrang vor Art. 8 Abs. 5 HUP. Ein nach Art. 8 Abs. 4 HUP zulässiger und

---

[314] Erman/*Hohloch* HUP Art. 8 Rn. 3.

[315] Vgl. grundlegend BGH NJW 2004, 930 mAnm *Rakete-Dombeck*.

[316] Abl. zur Inhaltskontrolle von Rechtswahlvereinbarungen im internationalen Ehescheidungsrecht (Art. 5 Rom III-VO) *Hau* FamRZ 2013, 249 (252).

[317] Dazu näher Rauscher/*Andrae* HUP Art. 8 Rn. 25.

[318] *Andrae* GPR 2010, 196 (201); NK-BGB/*Gruber* HUP Art. 8 Rn. 40.

[319] BeckOK BGB/*Heiderhoff* EGBGB Art. 18 Rn. 90.

[320] Die genauen Anforderungen sind bisher noch wenig geklärt, vgl. *Rick* NJW 2014, 257 (260); *Schäuble* NZFam 2014, 1071 (1076 f.).

[321] Rauscher/*Andrae* HUP Art. 8 Rn. 26; Palandt/*Thorn* HUP Rn. 33.

[322] Zutr. Münch/*Süß* FamR § 20 Rn. 66; *Schäuble* NZFam 2014, 1071 (1077); weitergehend *Andrae* IntFamR § 8 Rn. 161 und NK-BGB/*Gruber* HUP Art. 8 Rn. 42, die eine Aufklärung über die wesentlichen Unterschiede zwischen dem gewählten Recht und dem objektiven Unterhaltsstatut im Zeitpunkt der Rechtswahl verlangen.

materiell wirksamer Unterhaltsverzicht unterliegt daher keiner weiteren Billigkeitskontrolle am Maßstab von Art. 8 Abs. 5 HUP.[323]

**dd) Rechtsfolge.** Hat die Rechtswahl für eine der Parteien offensichtlich unbillige oder unangemesse Folgen und hat hierüber auch eine umfassende Unterrichtung nicht stattgefunden, so bleibt die Rechtswahl außer Betracht. Stattdessen ist das kraft objektiver Anknüpfung nach Art. 3 bis 6 HUP maßgebende Recht anzuwenden.[324] 123

**h) Aufhebung und Änderung der Rechtswahl.** Die Aufhebung oder Änderung einer Rechtswahl ist jederzeit zulässig. Sie unterliegt denselben Anforderungen wie die erstmalige Rechtswahl. Eine Rechtswahl nach Art. 8 HUP kann auch durch eine spätere Rechtswahl nach Art. 7 HUP aufgehoben werden. Die Aufhebung oder Änderung der Rechtswahl hat nach dem Rechtsgedanken des Art. 3 Abs. 2 HUP grundsätzlich *ex nunc*-Wirkung. Die Parteien können aber auch eine *ex-tunc*-Wirkung der Rechtswahl vereinbaren;[325] dies allerdings nur, soweit nicht auf Grundlage des bisherigen Rechts bereits (Regress-)Ansprüche Dritter entstanden sind. 124

## 4. Gründe für eine Rechtswahl im Unterhaltsrecht

Wichtige Gründe, die für eine unterhaltsrechtliche Rechtswahl sprechen, sind insbesondere die folgenden: 125

- **Anpassung** des – objektiv maßgeblichen oder früher gewählten – Unterhaltsstatuts **an die neuen Lebensverhältnisse** der Ehegatten (zB nach einem Umzug in ein anderes Land);
- **Absicherung** des auf den Unterhalt anwendbaren Rechts **gegen künftige Veränderungen** der tatsächlichen Lebensumstände der Ehegatten (insbesondere gegen eine Verlegung des gewöhnlichen Aufenthalts des Unterhaltsberechtigten ins Ausland);
- **Ausschaltung der Einreden** nach Art. 5 HUP (Ehegattenunterhalt) und Art. 6 HUP (Verwandtenunterthalt);
- **einheitliche Anknüpfung von Unterhalts- und Ehegüterrecht** durch die Rechtswahl nach Art. 8 Abs. 1 lit. c HUP, um schwierige Qualifikationsfragen im Grenzbereich zwischen beiden Statuten zu vermeiden (→ Rn. 100ff.);
- **einheitliche Anknüpfung von Unterhalts- und Scheidungsrecht** durch die Rechtswahl nach Art. 8 Abs. 1 lit. d HUP, um die Durchführung eines künftigen Scheidungsverfahrens zu erleichtern und zu beschleunigen, insbesondere wenn die *lex fori* des für die Scheidung zuständigen Gerichts als Scheidungsstatut vereinbart worden ist (→ Rn. 106ff.).

## 5. Belehrungen und Hinweise

Auch wenn die notarielle Beurkundung der Rechtswahl im internationalen Unterhaltsrecht nicht zwingend vorgeschrieben ist (→ Rn. 81f., 93f.), so dürfte sie doch in der Praxis den Regelfall bilden, weil die Rechtswahl zumeist im Rahmen eines Ehevertrages oder einer Scheidungsvereinbarung getroffen wird, die ihrerseits der notariellen Beurkundung bedürfen. Dies gilt insbesondere, wenn die Wahl des Unterhaltsrechts nach Art. 8 Abs. 1 lit. c bzw. lit. d HUP mit einer güter- oder scheidungsrechtlichen Rechtswahl kombiniert wird, die ihrerseits notariell beurkundet werden müssen (→ § 9 Rn. 126 und → § 11 Rn. 110). Für den Fall, dass **ausländisches Recht** zur Anwendung kommen kann, soll der Notar die Beteiligten nach § 17 Abs. 3 S. 1 BeurkG darauf hinweisen und dies in der der Niederschrift vermerken. Zur Belehrung über den Inhalt ausländischen 126

[323] Rauscher/*Andrae* HUP Art. 8 Rn. 21; *Schäuble* NZFam 2014, 1071 (1076).
[324] *Bonomi*-Bericht Rn. 150; NK-BGB/*Gruber* HUP Art. 8 Rn. 44.
[325] *Schäuble* NZFam 2014, 1071 (1075); Rauscher/*Andrae* HUP Art. 8 Rn. 4.

Unterhaltsrechts ist der Notar jedoch nach § 17 Abs. 3 S. 2 BeurkG nicht verpflichtet. In seinem eigenen Interesse sollte er aber die Beteiligten auch darüber informieren (und dies in der Niederschrift vermerken), dass er ausländische Rechte nicht kennen muss, über deren Inhalt nicht belehrt und insoweit auch keine Beratungspflichten übernommen hat. Dies gilt gleichermaßen für ein ausländisches Unterhaltsrecht, das die Ehegatten gewählt haben als auch für ein solches, das sie abgewählt haben.[326] Andererseits hat der Notar ausländische Ehegatten, die **deutsches Unterhaltsrecht** nach Art. 8 Abs. 1 HUP wählen möchten, über dessen wesentlichen Inhalt zu belehren.

127 Während von der im Kollisionsrecht der meisten Staaten verankerten Rechtswahlfreiheit auf dem Gebiet des Ehegüterrechts in der Praxis häufig Gebrauch gemacht wird, ist das erst Mitte 2011 mit dem Haager Unterhaltsprotokoll in den Mitgliedstaaten der EU eingeführte Recht von Ehegatten, auch das Unterhaltsstatut zu wählen, den Parteien häufig nicht bekannt. Es ist daher Aufgabe des Notars, der in einem Sachverhalt mit Auslandsbezug beauftragt ist, in einem Ehevertrag oder einer Scheidungsvereinbarung den Ehegattenunterhalt zu regeln, die Parteien auf die heute bestehende Möglichkeiten zu einer Wahl nicht nur des Güterrechts- und des des Scheidungsstatuts, sondern auch des Unterhaltsstatuts und deren Vorteile hinzuweisen.[327] Ferner sollte er auch darüber aufklären, welche nachteiligen Konsequenzen der Verzicht auf eine solche Rechtswahl für die Parteien haben kann. Wünschen die Ehegatten eine Rechtswahl, so muss sich der Notar im Hinblick auf Art. 8 Abs. 5 HUP schließlich vergewissern, dass sie von einem im internationalen Unterhaltsrecht versierten Berater über die Konsequenzen dieser Rechtswahl **umfassend aufgeklärt** worden sind und diese Beratung auch verstanden haben (→ Rn. 122).[328] Ist dies nicht der Fall, sollte die Beratung vor der Beurkundung der Rechtswahl unbedingt nachgeholt werden.

128 Bei der Wahl des Unterhaltsstatuts durch ausländische Ehegatten, die keinemVertragsstaat des Haager Unterhaltsprotokoll angehören, sollte der Notar schließlich auch darauf hinweisen, dass eine **Anerkennung der Rechtswahl im Heimatstaat der Ehegatten nicht gesichert** ist, weil eine solche noch immer in zahlreichen Staaten nicht zugelassen wird. Von der Rechtswahlmöglichkeit sollte daher nur Gebrauch gemacht werden, wenn die Ehegatten die Absicht haben, sich auf Dauer in *Deutschland* oder in einem anderen Vertragsstaat des Haager Unterhaltsprotokolls niederzulassen. Steht hingegen bereits fest, dass sie während der Laufzeit der Unterhaltsvereinbarung in ihre(n) Heimatstaat(en) – zB in die *Türkei* – zurückkehren möchten, so ist ein **hinkendes Rechtsverhältnis** mit allen sich daraus ergebenden Problemen (→ § 3 Rn. 95 ff.) idR vorprogrammiert;[329] darüber sind die Ehegatten aufzuklären.

## III. Anwendungsbereich des Unterhaltsstatuts

**Schrifttum:**

*von Bar,* Prozesskostenvorschuss und Haager Unterhaltsabkommen, IPRax 1988, 220; *Bischoff,* Regelbetrag-VO und vereinfachtes Verfahren bei ausländischem Unterhaltsstatut, IPRax 2002, 511; *Eidenmüller,* Discovery und materiellrechtlicher Auskunftsanspruch im deutschen Unterhaltsprozess – Anpassung durch Qualifikation?, IPRax 1992, 356; *Gora,* Kindesunterhalt im deutschen und polnischen Recht – Bedarfskorrektur im grenzüberschreitenden Rechtsverkehr, ZKJ 2008, 455; *Heiderhoff,* Wann ist ein *„clean break"* unterhaltsrechtlich zu qualifizieren?, IPRax 2011, 156; *Krause,* Bedarfskorrektur bei Auslandsberührung, FamRZ 2002, 145; *Martiny,* Unterhaltsrang und -rückgriff im internationalen Privatrecht, FS Jayme, 2004, 575; *ders,* Unterhaltsrückgriff durch öffentliche Träger im europäischen internationalen Privat- und Verfahrensrecht, IPRax 2004, 195; *Mingers,* Auskunftsansprüche im internationalen Unterhaltsrecht, 1998; *Motzer,* Unterhaltsbemessung in Fällen mit Auslandsbezug, FamRBint 2005, 32; *Unger/Unger,* Unterhalt bei im Ausland lebenden Unterhaltsgläubigern oder Unterhaltsschuldnern nach dem Wegfall der Statistik zur Verbrauchergeldparität, FPR 2013, 19.

[326] *Schotten/Schmellenkamp* IPR Rn. 129.
[327] Ebenso Althammer/*Mayer* Rom III-VO Art. 5 Rn. 40.
[328] Vgl. *Henrich* FamRZ 2015, 1761 (1765).
[329] Vgl. *Henrich* FamRZ 2015, 1761 (1764).

### 1. Allgemeines

Der sachliche Anwendungsbereich des Protokolls wird durch Art. 1 Abs. 1 HUP bestimmt. Danach gilt das Protokoll nur für Unterhaltspflichten, die sich aus Beziehungen der Familie, Verwandtschaft, Ehe oder Schwägerschaft ergeben. Nicht erfasst sind damit einerseits Unterhaltspflichten, die allein durch Vertrag begründet wurden (aber → Rn. 149f.), andererseits Ansprüche auf öffentlich-rechtliche Unterstützungsleistungen.[330] Der Wortlaut der Vorschrift lehnt sich eng an Art. 1 Abs. 1 EuUntVO, aber auch an die Vorgängervorschrift in Art. 1 Abs. 1 HUntÜ (und Art. 1 Abs. 1 des Haager Übereinkommens über die Anerkennung und Vollstreckung von Unterhaltsentscheidungen vom 2.10.1973 – HUntVÜ)[331] an. Eine einheitliche Auslegung des sachlichen Anwendungsbereichs der EuUntVO und des Protokolls ist erstrebenswert, denn Art. 15 EuUntVO nimmt explizit auf das Protokoll Bezug. Dogmatisch kommt dabei den Wertungen des Protokolls Vorrang zu, denn die EU ist völkerrechtlich an diesen Staatsvertrag gebunden.[332] 129

### 2. Unterhaltspflichten

**a) Qualifikation.** Zentrale Bedeutung kommt zunächst dem im Protokoll nicht definierten Begriff der Unterhaltspflicht zu. Dieser ist **vertragsautonom und einheitlich** auszulegen (Art. 20 HUP); es besteht damit keine Qualifikationsverweisung auf die *lex causae*.[333] Wie iRd parallel formulierten Vorschriften des Art. 1 HUntÜ und des Art. 1 Abs. 1 EuUntVO[334] ist der Begriff der Unterhaltspflicht **weit** zu verstehen, denn Unterhalt dient der Sicherung der elementaren Lebensbedürfnisse des Berechtigten. Als Unterhalt sind daher Leistungen zu qualifizieren, die einer regelmäßigen oder einmaligen Versorgung des Berechtigten dienen[335] und deren Umfang sich an der **Bedürftigkeit des Berechtigten** und der **Leistungsfähigkeit des Verpflichteten** orientiert.[336] Für die Einordnung als Unterhalt ist es hingegen nicht entscheidend, ob die Befriedigung einmaliger oder dauerhafter Lebensbedürfnisse in Frage steht.[337] Die Abgrenzung zum allgemeinen Ehewirkungsstatut, zum Güterrechts-, Scheidungs- und Deliktsstatut kann bei ausländischen Rechtsinstituten Schwierigkeiten bereiten, die – wie zB die *„Morgengabe"* des islamischen Rechts (→ Rn. 135) – mehrere Ziele zugleich verfolgen. Als Leitlinie für die Abgrenzung kann mit der Rechtsprechung des EuGH zum internationalen Unterhaltsverfahrensrecht auf den **Zweck der Leistung** bzw. des Rechtsinstituts abgestellt werden. Eine Norm bzw. ein Rechtsinstitut ist danach unterhaltsrechtlich einzuordnen, wenn die hiernach geschuldete Leistung „dazu bestimmt ist, den Unterhalt eines bedürftigen Ehegatten zu sichern oder wenn die Bedürfnisse und die Mittel beider Ehegatten bei seiner Festsetzung berücksichtigt werden".[338] Der Unterhaltsbegriff bezieht sich damit auf die Anspruchsvoraussetzungen, nicht auf den Anspruchsinhalt.[339] 130

Keinen Einfluss auf die Qualifikation hat die **Art des Verfahrens,** in dem der Unterhaltsanspruch verfolgt wird. Dass Protokoll gilt daher gleichermaßen in Verfahren der erstmaligen Durchsetzung von Unterhaltsansprüchen wie in **Abänderungsverfahren.**[340] 131

[330] MüKoBGB/*Siehr* HUP Art. 1 Rn. 2.
[331] BGBl. 1986 II 826.
[332] Rauscher/*Andrae* HUP Art. 1 Rn. 2.
[333] *Hausmann* IPRax 1990, 382 (387).
[334] Dazu näher *Hausmann* IntEuSchR C Rn. 38ff. mwN.
[335] *Hausmann* IPRax 1990, 382 (387).
[336] Staudinger/*Mankowski* EGBGB Anh. I Art. 18 Rn. 72; PWW/*Martiny* EGBGB Anh. II Art. 18 Rn. 3.
[337] BeckOK BGB/*Heiderhoff* EGBGB Art. 18 Rn. 22.
[338] EuGH 27.2.1997 – C-220/95, Slg. 1997, I-1147 Rn. 22 – van den Boogaard/Laumen = IPRax 1999, 35 mAnm *Weller* IPRax 1999, 14; ebenso BGH NJW-RR 2010, 1 (2).
[339] Staudinger/*Mankowski* EGBGB Anh. I Art. 18 Rn. 73.
[340] OLG Nürnberg IPRax 2012, 551 mAnm *Coester-Waltjen* IPRax 2012, 528; näher *Hausmann* IntEuSchR C Rn. 190ff.

Es beherrscht die Frage nach dem anwendbaren Recht auch in Verfahren des **einstweiligen Rechtsschutzes** (zB nach Art. 14 EuUntVO).[341] Eine Anwendung der *lex fori* kommt nur ausnahmsweise in Betracht, wenn sich das ausländische Unterhaltsstatut nicht so rechtzeitig ermitteln lässt, dass die einstweilige Anordnung noch ihren Zweck erfüllen kann.[342]

132 **b) Einzelfälle. aa) Schadensersatzansprüche.** Besteht die von Art. 1 Abs. 1 HUP vorausgesetzte familienrechtliche Sonderverbindung (dazu → Rn. 138 ff.), so erfasst das Protokoll auch solche Unterhaltsansprüche, die als **Schadensersatzanspruch oder Ausgleichsleistung** ausgestaltet sind.[343]. Anhaltspunkte sind die Abhängigkeit des Anspruchs von der Bedürftigkeit und der Leistungsfähigkeit der Beteiligten, sowie die Auszahlung in Form einer laufenden Rente. Dies kommt insbesondere bei gewissen Ansprüchen auf nachehelichen Unterhalt nach *schweizerischem* oder *türkischem* Recht in Betracht, sowie bei den Ansprüchen nach Art. 270 ff. frz. CC (*„prestations compensatoires“*).[344] Entscheidend für die unterhaltsrechtliche Einordnung solcher Ausgleichsleistungen ist deren Funktion der Sicherung der Lebensbedürfnisse des Berechtigten.[345] Daher handelt es sich insbesondere bei dem von Art. 174 Abs. 1 türk. ZGB gewährten Schadensersatzanspruch **gegen den an der Scheidung schuldigen Ehegatten** um eine besondere Form nachehelichen Unterhalts.[346] Gleiches gilt aber auch für den Anspruch nach Art. 175 türk. ZGB (= Art. 144 türk. ZGB aF) wegen scheidungsbedingter Bedürftigkeit des nicht schuldigen Ehegatten.[347] Keinen unterhaltsrechtlichen Charakter hat hingegen der Anspruch auf Genugtuung nach Art. 174 Abs. 2 türk. ZGB (= Art. 143 Abs. 2 türk. ZGB aF) wegen Verletzung ehelicher Pflichten;[348] für ihn gilt vielmehr das Scheidungsfolgenstatut (Art. 17 Abs. 1 EGBGB nF).[349]

133 Der **Schadensersatzanspruch nach § 844 BGB** wegen der Tötung eines gesetzlich zum Unterhalt Verpflichteten ist demgegenüber nach allgM *deliktisch* zu qualifizieren und unterliegt dem von Art. 3 ff. Rom II-VO zur Anwendung berufenen Recht. Lediglich die von der Vorschrift aufgeworfene **Vorfrage,** ob im Zeitpunkt der Tötung eine gesetzliche Unterhaltspflicht bestand, beurteilt sich nach dem Unterhaltsstatut. Demgegenüber sind Regressansprüche des Scheinvaters, der das Kind für einen bestimmten Zeitraum unterhalten hat, gegen den wirklichen Vater oder die Mutter keine Unterhaltsansprüche.[350]

134 **bb) Scheidungsabfindungen.** Unterhaltsforderungen müssen nicht notwendig auf periodische Zahlungen gerichtet sein. Unterhaltsrechtlich einzuordnen sind daher auch aus Anlass der Scheidung gewährte Abfindungen an den bedürftigen Ehegatten, selbst wenn

[341] Erman/*Hohloch* HUP Anh. Art. 24 Rn. 10; ebenso schon zu Art. 18 EGBGB OLG Hamm IPRax 1990, 114; OLG Stuttgart NJW-RR 2004, 582. Vgl. *Hausmann* IntEuSchR C Rn. 254 ff.

[342] BeckOK BGB/*Heiderhoff* EGBGB Art. 18 Rn. 75; Erman/*Hohloch* HUP Anh. Art. 24 Rn. 10; ebenso zum früheren Recht OLG Oldenburg IPRax 1981, 1176; **aA** *Andrae* IntFamR § 8 Rn. 105.

[343] Palandt/*Thorn* HUP Rn. 7; Erman/*Hohloch* HUP Art. 1 Rn. 4.

[344] Vgl. *Hausmann* IPRax 1990, 382 (384 ff.).

[345] EuGH 6.3.1980 – 120/79, Slg. 1980, 731 Rn. 5 – de Cavel II = IPRax 1981, 19 m. zust. Anm. *Hausmann* IPRax 1981, 5; Staudinger/*Mankowski* EGBGB Anh. I Art. 18 Rn. 274 ff.; Johannsen/Henrich/*Henrich* EGBGB Art. 18 Rn. 25; **aA** (güterrechtliche Qualifikation) OLG Karlsruhe IPRax 1990, 406.

[346] OLG Stuttgart FamRZ 2012, 999 (1000) und NJW-RR 1994, 135 (136); OLG Karlsruhe NJW-RR 2006, 369 (370); NK-BGB/*Gruber* EGBGB Art. 18 Rn. 46; BeckOK BGB/*Heiderhoff* EGBGB Art. 18 Rn. 33; Erman/*Hohloch* HUP Art. 1 Rn. 4; NK-BGB/*Gruber* HUP Art. 1 Rn. 7; ausf. Staudinger/*Mankowski* EGBGB Anh. I Art. 18 Rn. 260 ff.

[347] OLG Hamm FamRZ 2006, 1387; OLG Köln NJW-RR 1998, 1540.

[348] OLG Stuttgart FamRZ 2012, 999 (1001) und OLGR 2004, 353 f.: Kompensation für seelisches Leiden; OLG Karlsruhe NJW-RR 2003, 725 ff.; BeckOK BGB/*Heiderhoff* EGBGB Art. 18 Rn. 33; **aA** Erman/*Hohloch* HUP Art. 1 Rn. 4. Unklar OLG Karlsruhe NJW-RR 2006, 369 (370).

[349] *Henrich* IntSchR Rn. 155; MüKoBGB/*Siehr* HUP Art. 11 Rn. 8; NK-BGB/*Gruber* HUP Art. 1 Rn. 7; vgl. auch OLG Karlsruhe NJW-RR 2003, 725 ff.; OLG Frankfurt a.M. FamRZ 1992, 1182; dazu → § 11 Rn. 144 ff.

[350] MüKoBGB/*Siehr* HUP Art. 1 Rn. 41.

sie in Form einer **einmaligen Pauschale** gewährt werden. Gemäß dem im *englischen* Recht geltenden Grundsatz des *„clean break"* wird dort nach der Scheidung oftmals eine einheitliche Summe als *„financial relief"* zugesprochen, die aus englischer Sicht zwar als eine Art von Unterhalt angesehen wird, aus deutscher Sicht aber güterrechtliche und unterhaltsrechtliche Elemente verbindet.[351] Bei der Bemessung dieses Anspruchs können im Wege einer Einzelfallbewertung eine Vielzahl von Kriterien berücksichtigt werden. Im Rahmen einer auf den Zweck der Leistung abstellenden Sichtweise ist der Leistungsanspruch dann als Unterhalt anzusehen, wenn er den Gesamtbedarf des Ehegatten (bis zu dessen Lebensende) sichern soll; nicht jedoch wenn und soweit die Leistung vornehmlich einen gerechten Vermögensausgleich zwischen den Ehegatten schaffen soll.[352] In der englischen Praxis scheinen die nicht unterhaltsrechtlichen Faktoren eine zunehmende Rolle zu spielen.[353]

**cc) Morgengabe.** Ob der Anspruch auf die Morgen- bzw. Brautgabe (*„mahr"*) nach islamischem Recht unterhaltsrechtlich qualifiziert werden kann, ist umstritten. Während dies in der Rechtsprechung zT befürwortet wurde,[354] hat die Literatur eher ablehnend reagiert.[355] Auch der **BGH** hat sich jedenfalls für die Einordnung des Anspruchs auf die Morgengabe während bestehender Ehe als allgemeine Ehewirkung (Art. 14 EGBGB) – und gegen eine unterhalts- wie güterrechtliche Anknüpfung – entschieden.[356] Wird die Morgengabe indessen erst aus Anlass der Ehescheidung gefordert, so kann ihr durchaus Unterhaltsfunktion zukommen, so dass eine Anwendung der Art. 3 ff. HUP in Betracht kommt, wenn nicht – wie im Regelfall[357] – der Aspekt der vermögensrechtlichen Absicherung der Ehefrau im Vordergrund steht.[358] Abschließend über diese Frage wird letztlich der EuGH zu entscheiden haben, der für die Auslegung des HUP und die Bestimmung seiner sachlichen Reichweite zuständig ist. Kann ein spezifisch unterhalts- oder güterrechtlicher Zweck der aus Anlass der Ehescheidung geforderten Morgengabe nicht festgestellt werden, so dürfte es sich um eine vermögensrechtliche Nebenfolge der Scheidung iSv Art. 17 Abs. 1 EGBGB nF handeln (→ § 11 Rn. 148). Unter Geltung der EuGüVO ab dem 29.1.2019 erfasst der weite Begriff des Ehegüterrechts nach der Verordnung (Art. 3 lit. a EuGüVO) jedenfalls ein Morgengabeversprechen, das in einer nach diesem Stichtag geschlossenen Ehe abgegeben wurde (Art. 69 Abs. 3 EuGüVO), sofern nicht ausnahmsweise der unterhaltsrechtliche Zweck des Versprechens überwiegt. 135

Demgegenüber hat eine **Ketubbah**-Vereinbarung grundsätzlich unterhaltsrechtlichen Charakter.[359] 135a

**dd) Ehewohnung und Hausrat.** Abgrenzungsschwierigkeiten bestehen im Hinblick auf Art. 17a EGBGB auch hinsichtlich der Zuweisung der Ehewohnung und der Verteilung des Hausrats. Art. 1 Abs. 1 HUP könnte aufgrund seines Anwendungsvorrangs vor dem autonomen Recht und als *lex posterior* den Art. 17a EGBGB verdrängen; denn Unterhalt kann 136

---

351 BeckOK BGB/*Heiderhoff* EGBGB Art. 18 Rn. 26.

352 BGH NJW-RR 2010, 1; *Botur* FPR 2010, 519 ff.; *Henrich* FamRZ 2009, 1662; jeweils zum verfahrensrechtlichen Unterhaltsbegriff. Für güterrechtliche Qualifikation Johannsen/Henrich/*Henrich* HUP Art. 1 Rn. 4 f.

353 *Heiderhoff* IPRax 2011, 156; näher zur Abgrenzung *Hausmann* IntEuSchR C Rn. 51 ff.

354 Vgl. OLG Celle FamRZ 1998, 374 (375); OLG Düsseldorf FamRZ 1998, 623 ff.; OLG Saarbrücken FamRZ 2006, 1378.

355 Staudinger/*Mankowski* EGBGB Art. 14 Rn. 273; Johannsen/Henrich/*Henrich* EGBGB Art. 14 Rn. 6; BeckOK BGB/*Heiderhoff* EGBGB Art. 18 Rn. 24; MüKoBGB/*Siehr* HUP Art. 1 Rn. 12.

356 BGHZ 183, 287 Rn. 14 ff. = FamRZ 2010, 533 mAnm *Henrich*; dazu näher → § 8 Rn. 74 und → § 9 Rn. 203 ff.

357 Dazu näher → § 9 Rn. 206 f.

358 BGH FamRZ 1999, 208; OLG Nürnberg FamRZ 2001, 1613; Palandt/*Thorn* EGBGB Art. 13 Rn. 9; Erman/*Hohloch* HUP Art. 1 Rn. 7.

359 OLG Düsseldorf FamRZ 2002, 1118.

auch durch Naturalleistungen gewährt werden (→ Rn. 172).[360] Dementsprechend wurde die Zuweisung der Ehewohnung oder die Aufteilung von Haushaltsgegenständen vor Einführung des Art. 17a EGBGB verbreitet **unterhaltsrechtlich** qualifiziert. Dies wurde insbesondere damit begründet, dass die Nutzung der Wohnung und des Hausrats der Befriedigung grundlegender Bedürfnisse des unterhaltsberechtigten Ehegatten diene.[361] Vor allem die Zuweisung der Ehewohnung an einen der Ehegatten sei im Regelfall von zentraler Bedeutung für dessen Lebensführung und Lebensstandard und bestimme dessen Unterhaltsbedarf;[362] denn er müsse keine neue Wohnung anmieten und den hierfür notwendigen Betrag nicht als Unterhalt geltend machen.[363] Überwiegend wurde die Zuweisung der Ehewohnung oder von Hausrat während noch bestehender Ehe hingegen als **allgemeine Ehewirkung** iSv Art. 14 EGBGB qualifiziert,[364] während auf die Zuweisung aus Anlass der Ehescheidung Art. 17 Abs. 1 EGBGB aF entsprechend angewandt wurde.[365] Denn es gebe Fälle, in denen die Wohnungszuweisung kein Unterhaltsbedürfnis befriedige, wie insbesondere eine Zuweisung an den nicht unterhaltsberechtigten Ehegatten aus beruflichen Gründen.[366] Gegen eine unterhaltsrechtliche Qualifikation von § 1361b BGB wird auch eingewandt, dass diese Vorschrift den Anspruch auf Wohnungszuweisung tatbestandlich an unterhaltsfremde Kriterien, wie etwa die Eigentumsverhältnisse, knüpft.[367]

137 Bei der kollisionsrechtlichen Einordnung ist zunächst der **Vorrang des HUP** vor der bisherigen Qualifikation auf der Grundlage des EGBGB zu beachten. Weiter muss das Erfordernis einheitlicher Auslegung nach Art. 20 HUP und die angestrebte Übereinstimmung mit dem sachlichen Anwendungsbereich der EuUntVO berücksichtigt werden. Daher sollte auf den **im konkreten Einzelfall verfolgten Zweck** der Zuweisung abgestellt werden, wie dies iRv Art. 1 Abs. 1 EuUntVO (bzw. früher Art. 1 Abs. 2 lit. b Brüssel I-VO) schon bisher vom EuGH praktiziert wird. Entscheidend für die Einordnung einer Wohnungszuweisung oder Hausratsverteilung als Unterhaltsleistung iSv Art. 1 HUP sollte also sein, ob hierdurch (im Schwerpunkt) der Lebensbedarf des Berechtigten gesichert werden soll.[368] Dies ist bei einer Anwendung der §§ 1361a, 1361b und §§ 1568a, 1568b BGB grundsätzlich nicht der Fall, kann aber bei entsprechenden ausländischen Rechtsinstituten möglich sein. Normzweck der Wohnungszuweisung nach § 1361b BGB ist es, Spannungen zwischen den Ehegatten abzubauen und eine Versöhnung zu ermöglichen.[369] Die Eheleute sollen von dem Zwang befreit werden, einer unerträglichen Wohnsituation durch Einleitung eines Scheidungsverfahrens zu begegnen.[370] Auch iRv § 1568a BGB sind überwiegend unterhaltsfremde Erwägungen – wie zB das Wohl der im Haushalt lebenden Kinder, Alter und Gesundheitszustand der Ehegatten sowie die Eigentumsverhältnisse an der Ehewohnung für die Zuweisung maßgeblich. Maßgebend ist daher grundsätzlich Art. 17a EGBGB bzw. – bei Belegenheit der Wohnung/Haushaltsgegenstände im Ausland – Art. 14 bzw. Art. 17 Abs. 1 EGBGB nF.[371] Unter Geltung der Eu-

[360] Dafür MüKoBGB/*Siehr* HUP Art. 1 Rn. 11.
[361] OLG Hamm FamRZ 1989, 621 (622) und NJW-RR 1993, 964; OLG Düsseldorf NJW 1990, 3091 (3092); OLG Koblenz NJW-RR 1991, 522; OLG Karlsruhe FamRZ 1993, 1464 f.; OLG Frankfurt a.M. FamRZ 1991, 1190; *Henrich* FS Ferid, 1988, 147 (152 ff.).
[362] OLG Karlsruhe FamRZ 1993, 1464 (1465).
[363] *Henrich* IPRax 1993, 417.
[364] OLG Stuttgart NJW-RR 1991, 581 ff.; OLG Frankfurt a.M. NJW-RR 1989, 5 (6); FamRZ 1994, 633 und NJW-RR 1995, 139; KG FamRZ 1991, 1190; OLG Celle FamRZ 1999, 443; Staudinger/*Mankowski* EGBGB Anh. I Art. 18 Rn. 80 ff. mwN.
[365] OLG Hamm FamRZ 1998, 1530 (1531); OLG Karlsruhe NJW 1997, 202; OLG Stuttgart FamRZ 1997, 1086; OLG Düsseldorf FamRZ 1993, 575 (576).
[366] Staudinger/*Mankowski* EGBGB Anh. I Art. 18 Rn. 80.
[367] Staudinger/*Mankowski* EGBGB Anh. I Art. 18 Rn. 81.
[368] Für Qualifikation als Unterhaltsleistung iSd Protokolls MüKoBGB/*Siehr* HUP Art. 11 Rn. 11.
[369] BT-Drs. 10/2888, 16.
[370] BeckOK BGB/*Neumann* § 1361b Rn. 1.
[371] Vgl. *Hausmann* IntEuSchR E Rn. 34 ff.; ebenso iErg auch Erman/*Hohloch* HUP Art. 1 Rn. 8. Zur Abgrenzung zum Ehewirkungs- und Scheidungsstatut auch → § 8 Rn. 54 und → § 11 Rn. 144.

GüVO ab dem 29.1.2019 dürfte die Nutzungsbefugnis eines Ehegatten an der Ehewohnung oder an Haushaltsgegenständen von dem weiten Begriff des Ehegüterrechts in dieser Verordnung (Art. 3 lit. a) umfasst werden.

### 3. Familienrechtliches Verhältnis

**a) Allgemeines.** Die Unterhaltspflicht muss sich nach Art. 1 Abs. 1 HUP aus „Beziehungen der Familie, Verwandtschaft, Ehe oder Schwägerschaft" ergeben. Diese Konkretisierung der Grundlage für die Unterhaltspflicht stimmt mit Art. 1 Abs. 1 EuUntVO überein. Sowohl aus dem staatsvertraglichen Charakter der Norm, wie auch aus dem Bedürfnis nach einer einheitlichen Auslegung mit der EuUntVO[372] folgt das Erfordernis einer **autonomen Auslegung** dieser Begriffe.[373] Andere als die in Art. 1 Abs. 1 HUP genannten Rechtsgründe für Unterhaltspflichten werden nicht erfasst.[374] 138

Das Protokoll beschränkt seinen Anwendungsbereich ferner auf das Unterhaltsrecht. Es enthält keine Kollisionsnormen, die das **Bestehen oder Nichtbestehen der** in Art. 1 Abs. 1 HUP vorausgesetzten **Familienbeziehungen** betreffen. Art. 2 Abs. 1 HUntÜ bestimmte hierzu noch ausdrücklich, dass das Übereinkommen das Kollisionsrecht nur auf dem Gebiet der Unterhaltspflicht regelte. Hierbei handelte es sich nach einer Ansicht lediglich um eine Klarstellung; nach der Gegenmeinung enthielt die Norm eine Aussage zur Frage der selbständigen oder unselbständigen Anknüpfung von Vorfragen.[375] Das HUP enthält eine solche missverständliche Regelung nicht mehr. Art. 1 Abs. 2 HUP übernimmt lediglich die Regelung des Art. 2 Abs. 2 HUntÜ, wonach die in Anwendung dieses Protokolls ergangenen Entscheidungen die Frage nach dem Bestehen einer familienrechtlichen Beziehung unberührt lassen. Nach den Materialien zur Vorgängervorschrift soll hierdurch klargestellt werden, dass die Entscheidung über das Bestehen oder Nichtbestehen eines bestimmten Statusverhältnisses als Vorfrage in einem Unterhaltsprozess für Gerichte und Behörden **in Verfahren außerhalb des Unterhaltsrechts nicht bindend** ist.[376] Die Vorschrift hat damit nach heutiger Dogmatik – als eine Regelung der objektiven Grenzen der materiellen Rechtskraft – prozessualen Gehalt und korrespondiert mit Art. 22 EuUntVO, Art. 19 Abs. 2 HUntGÜ, Art. 3 HUntVÜ.[377] 139

**b) Vorfragenanknüpfung.** Ob im konkreten Fall eine ehe- oder familienrechtliche Beziehung iSv Art. 1 Abs. 1 HUP besteht, die unter den im Wege autonomer Auslegung zu bestimmenden Anwendungsbereich des Protokolls fällt, ist ein Problem der sog. Vor- bzw. Erstfrage (näher → § 3 Rn. 29 ff.). Das Protokoll enthält sich – wie schon das HuntÜ – einer Antwort auf das Problem der Vorfragenanknüpfung, weil hierüber keine Einigkeit erzielt werden konnte.[378] Eine Lösung im Sinne einer durchgängig selbständigen oder unselbständigen Anknüpfung wird überwiegend verneint.[379] Für eine **unselbständige** Anknüpfung[380] spricht der staatsvertragliche Charakter des Protokolls und der von ihm angestrebte internationale Entscheidungseinklang. Dafür lässt sich auch das System der 140

[372] Zur Auslegung des Unterhaltsbegriffs in der EuUntVO vgl. *Hausmann* IntEuSchR C Rn. 43 ff.

[373] MüKoBGB/*Siehr* HUP Einl. Rn. 12; **aA** für den Begriff der Familienbeziehungen Rauscher/*Andrae* HUP Art. 1 Rn. 4.

[374] Rauscher/*Andrae* HUP Art. 1 Rn. 1.

[375] Staudinger/*Mankowski* EGBGB Anh. I Art. 18 Rn. 127.

[376] *Verwilghen*-Bericht Rn. 129 ff.

[377] Rauscher/*Andrae* HUP Art. 1 Rn. 19.

[378] *Bonomi*-Bericht Rn. 24; *Wagner* FamRZ 2005, 410 (414, 420); Rauscher/*Andrae* HUP Art. 1 Rn. 15.

[379] Vgl. Johannsen/Henrich/*Henrich* HUP Art. 1 Rn. 7; zum Meinungsstand unter dem HUntÜ NK-BGB/*Gruber*, 1. Aufl., EGBGB Art. 18 Rn. 71 ff.; gegen differenzierende Lösungen aber *Lehmann* GPR 2014, 342 (351).

[380] Dafür Palandt/*Thorn* HUP Rn. 9; für die Vorfrage der Vaterschaftsfeststellung zust. OLG Frankfurt a.M. FamRZ 2012, 1501 (1502); Erman/*Hohloch* HUP Art. 1 Rn. 11 ff. (für die Vorfrage der wirksamen Eheschließung; anders aber für die Vorfrage der wirksamen Ehescheidung [selbständige Anknüpfung] oder der Abstammung [alternative Anknüpfung]).

Anerkennung und Vollstreckung von Unterhaltsentscheidungen nach Kapitel IV der EuUntVO anführen, dem zufolge nur Entscheidungen von Gerichten der durch das HUP gebundenen Mitgliedstaaten hinsichtlich ihrer Vollstreckbarkeit einer inländischen Entscheidung gleichgestellt werden, weil in diesen Staaten über Unterhaltsansprüche jesweils nach dem gleichen Recht entschieden wird.[381] Diese Legitimation für eine Gleichstellung würde aber durch eine unterschiedliche Anknüpfung von familienrechtlichen Vorfragen in den Vertragsstaaten erheblich gemindert.

141 Dennoch dürften auch unter Geltung des Protokolls die Argumente für eine grundsätzlich **selbständige** Vorfragenanknüpfung überwiegen.[382] Denn nach dem erläuternden Bericht von *Bonomi* zum Protokollentwurf ist das auf die vorausgesetzte Familienbeziehung anzuwendende Recht auf der Grundlage derjenigen Kollisionsnormen zu bestimmen, die diesbezüglich in jedem Vertragsstaat in Kraft sind;[383] dies gilt insbesondere auch dann, wenn aufgrund der universellen Anwendung des Protokolls (Art. 2 HUP) das Recht eines Nichtvertragsstaats auf den Unterhaltsanspruch anzuwenden ist.[384] Für eine selbständige Vorfragenanknüpfung streitet auch die den Parteien in Art. 8 HUP eingeräumte Parteiautonomie für die Unterhaltspflichten; denn diese kann nicht soweit gehen, dass sie auch die auf die statusrechtlichen Vorfragen anwendbaren Kollisionsnormen umfasst.[385] Vor allem geht eine unselbständige Anknüpfung von Vorfragen bei der Anwendung ausländischen Unterhaltsstatuts nicht weniger zu zu Lasten der internen Entscheidungsharmonie als bei Anwendung autonomer Kollisionsnormen. Dies gilt insbesondere iRd von Art. 4 HUP vorgesehenen Hilfsanknüpfungen, weil über statusrechtliche Vorfragen dann jeweils erneut – und ggf. abweichend – entschieden werden müsste.[386] Eine unselbständige Anknüpfung von Vorfragen ist jedoch dann in Betracht zu ziehen, wenn der Inlandsbezug des Sachverhalts nur schwach ausgeprägt, der Bezug zu dem Recht, das den Unterhaltsanspruch beherrscht, hingegen stark ist (dazu allg. → § 3 Rn. 46). Der vom Protokoll angestrebte Schutz des Unterhaltsberechtigten kann im Einzelfall auch eine alternative Anknüpfung *in favorem crecditoris* rechtfertigen.[387] Dies gilt insbesondere für die Vorfrage der Abstammung iRd Kindesunterhalts.[388]

142 **Beispiel:**

Griechische Eheleute haben in Deutschland vor einem zur Vornahme von Eheschließungen nicht ermächtigten Geistlichen geheiratet. Im Rahmen des Scheidungsverfahrens vor einem deutschen Gericht macht die inzwischen nach Griechenland zurückgekehrte Ehefrau Ansprüche auf nachehelichen Unterhalt gegen ihren Ehemann geltend. Zurecht?

Ob der Unterhaltsanspruch der Ehefrau begründet ist, hängt davon ab, ob die Vorfrage der wirksamen Eheschließung selbständig oder unselbständig angeknüpft wird. Im Fall einer selbständigen Anknüpfung nach Art. 13 Abs. 3 EGBGB liegt wegen des zwingenden Erfordernisses einer Einhaltung der standesamtlichen Form für Inlandsehen eine Nichtehe vor, die keine Unterhaltsansprüche begründet. Da die Hauptfrage nach dem Bestehen des Unterhaltsanspruchs gemäß Art. 3 Abs. 1 HUP dem griechischen Recht unterliegt, würde eine unselbständige Anknüpfung der Vorfrage nach dem dann insoweit maßgebenden griechischen IPR hingegen zur Gültigkeit der Eheschließung und damit zur Begründetheit des Unterhaltsanspruchs führen. Dieser unselbständigen Anknüpfung ist ausnahmsweise der Vorzug zu geben, wenn der Sachverhalt aufgrund des gewöhnlichen Aufenthalts der unter-

[381] Dazu näher *Hausmann* IntEuSchR K Rn. 40ff.
[382] Rauscher/*Andrae* HUP Art. 1 Rn. 17; Schmidt/*Heiderhoff* S. 78ff.; NK-BGB/*Gruber* HUP Art. 1 Rn. 35; Münch/*Süß* FamR § 20 Rn. 69 aE; *Solomon* FS Spellenberg, 2010, 355 (360ff.).
[383] *Bonomi*-Bericht Rn. 24.
[384] Rauscher/*Andrae* HUP Art. 1 Rn. 17.
[385] Johannsen/Henrich/*Henrich* HUP Rn. 7; Rauscher/*Andrae* HUP Art. 1 Rn. 17; PWW/*Martiny* EGBGB Anh. II Art. 18 Rn. 35.
[386] *Lehmann* GPR 2014, 342 (350f.); NK-BGB/*Gruber* HUP Art. 1 Rn. 35.
[387] Dafür insbesondere MüKoBGB/*Siehr* HUP Art. 1 Rn. 7 und Art. 11 Rn. 14ff.
[388] Vgl. OLG Frankfurt a.M. NJW-RR 2012, 1477 (1478); PWW/*Martiny* EGBGB Anh. II Art. 18 Rn. 35.

haltsberechtigten Ehefrau in Griechenland dort seinen Schwerpunkt hat und die Gefahr gering ist, das deutsche Gerichte künftig noch über andere Rechtsfolgen der geschiedenen Ehe zu befinden haben werden.

**c) Ehegattenunterhalt.** Während bestehender Ehe fallen sämtliche Unterhaltspflichten, 143 die Ehegatten gegeneinander haben, unter das Protokoll.[389] Erfasst wird auch während des *Getrenntlebens* geschuldeter Unterhalt,[390] zB der nach deutschem Recht geschuldete **Vorsorgeunterhalt** gemäß § 1361 Abs. 1 S. 2 BGB.[391] Das Unterhaltstatut bestimmt weiter, ob ein Ehegatte, der höhere Unterhaltsleistungen als geschuldet erbracht hat, von dem anderen Ehegatten einen Ausgleich fordern kann (zB Art. 165 Abs. 2 schweiz. ZGB) oder ob – wie zB nach § 1360b BGB – eine Vermutung dafür besteht, keinen Ersatz verlangen zu wollen.[392] Auch die Verpflichtung zur Zahlung eines **Prozesskostenvorschusses** unterfällt dem Unterhaltsstatut, soweit der Entstehungstatbestand dieser Pflicht nicht in einer besonderen Art des Güterstandes liegt.[393] Schließlich erfasst das Unterhaltsstatut auch den Anspruch des Ehegatten, der den Haushalt besorgt, auf regelmäßige Entrichtung eines angemessenen Beitrags zur freien Verfügung (Taschengeld), wie dies zB Art. 164 schweiz. ZGB vorsieht.[394] **Nicht** als eherechtlicher Unterhalt ist dagegen ein Anspruch auf angemessene Entschädigung eines Ehegatten anzusehen, der über seinen Beitrag zum Familienunterhalt hinaus im Beruf oder Gewerbe des anderen Ehegatten mitarbeitet; dieser Anspruch ist als *allgemeine Ehewirkung* einzuordnen.[395] Im Fall einer konkreten vertraglichen Abrede kommt auch eine schuldrechtliche Qualifikation in Betracht.

Auch **Unterhaltsansprüche nach aufgelöster Ehe** unterfallen dem Anwendungsbe- 144 reich des Protokolls. Unerheblich ist insoweit, ob über diese Ansprüche durch gerichtliche Entscheidung oder durch Vergleich entschieden wird. Art. 5 HUP stellt klar, dass dies nicht nur für Unterhaltsansprüche nach einer Ehescheidung oder einer Ehetrennung ohne Auflösung des Ehebandes gilt, sondern auch für Unterhaltsansprüche aus einer für ungültig erklärten Ehe. Daher erfüllen auch nach inländischem Recht aufhebbare und nach ausländischem Recht nichtige Ehen den Ehebegriff des Protokolls.[396] Ob auch eine hinkende Ehe, die nur nach ausländischem Recht besteht, nach inländischem Recht hingegen als Nichtehe gewertet wird, kollisionsrechtlich als Ehe iSv Art. 1 Abs. 1 HUP qualifiziert werden kann, wird unterschiedlich beurteilt,[397] ist aber zu bejahen. Hingegen dürften **Nichtehen,** die keine hinkenden Auslandsehen darstellen, nicht mehr unter den Ehebegriff nach Art. 1 Abs. 1 HUP fallen; sie können aber unter den Begriff der „Familie“ subsumiert werden und auf dieser Grundlage Unterhaltsansprüche rechtfertigen.[398]

**d) Unterhalt aus eheähnlichen Beziehungen.** Unter Geltung des HUntÜ war es um- 145 stritten, ob auch homosexuelle Ehen bzw. rechtlich verfestigte (und deshalb registrierte) – gleich- oder verschiedengeschlechtliche – Lebenspartnerschaften bei autonomer Auslegung vom Anwendungsbereich des Übereinkommens erfasst wurden, da solche Beziehungen nicht in allen Vertragsstaaten rechtlich anerkannt waren.[399] Auch das Protokoll hat

[389] MüKoBGB/*Siehr* HUP Art. 1 Rn. 8.
[390] OLG Köln NJW-RR 1996, 325 (326).
[391] *Jayme* IPRax 1987, 295 (297).
[392] MüKoBGB/*Siehr* HUP Art. 1 Rn. 9.
[393] OLG Oldenburg NJW 1982, 2736; KG FamRZ 1988, 167 (169 ff.); OLG Köln IPRspr. 1994 Nr. 93; Staudinger/*Mankowski* EGBGB Anh. I Art. 18 Rn. 75 ff.
[394] MüKoBGB/*Siehr* HUP Art. 1 Rn. 15.
[395] MüKoBGB/*Siehr* HUP Art. 1 Rn. 12.
[396] PWW/*Martiny* EGBGB Anh. II Art. 18 Rn. 9.
[397] Bejahend MüKoBGB/*Siehr* HUP Art. 1 Rn. 14; **aA** zum HUntÜ Staudinger/*Mankowski* EGBGB Anh. I Art. 18 Rn. 96 ff.
[398] NK-BGB/*Gruber* HUP Art. 1 Rn. 5.
[399] Bejahend etwa Staudinger/*Mankowski* EGBGB Anh. I Art. 18 Rn. 112; *Henrich* FamRZ 2002, 137 (141); **aA** etwa Hausmann/Hohloch/*Martiny* Kap. 12 Rn. 94.

eine Festlegung zu dieser Frage bewusst vermieden;[400] vielmehr sollte jedem Vertragsstaat die Möglichkeit eingeräumt werden, über diese Frage eigenständig zu befinden.[401] Innerhalb der EU ist die Entscheidungsbefugnis hierüber dem EuGH zugewiesen, der diese jedoch auch an die mitgliedstaatlichen Gerichte delegieren kann.[402] Da die große Mehrheit der Mitgliedstaaten **eingetragene Lebenspartnerschaften** als Familienverhältnisse ansieht und die EU-Kommission aus diesem Grunde bereits den Vorschlag für eine Verordnung zu den vermögensrechtlichen Beziehungen in solchen Partnerschaften vorgelegt hat,[403] sind auch Unterhaltspflichten zwischen den Partnern solcher Verbindungen aus der Sicht des europäischen Rechts unter Art. 1 Abs. 1 HUP zu subsumieren.[404] Dies hat die EU-Kommission in Erwägungsgrund 12 zu ihrem Vorschlag einer EuPartVO ausdrücklich klargestellt. Auch der deutsche Gesetzgeber geht von der Anwendbarkeit des Protokolls zumindest auf gleichgeschlechtliche eingetragene Lebenspartnerschaften aus. Dies brachte er durch die Streichung der unterhaltsrechtlichen Komponente in Art. 17b EGBGB im Auslandsunterhaltsgesetz **(AUG)** vom 23.5.2011[405] aus Anlass des Inkrafttretens des Unterhaltsprotokolls zum Ausdruck.[406] Für eingetragene heterosexuelle Lebenspartnerschaften kann nichts anderes gelten. Schließlich werden auch die Unterhaltsbeziehungen in einer **gleichgeschlechtlichen Ehe** vom Protokoll erfasst. Dabei kann offenbleiben, ob man sie – wie diejenigen Vertragsstaaten, die sie bisher eingeführt haben – als „Ehe" oder wie die bisher in Deutschland vorherrschenden Ansicht (→ § 13 Rn. 36f.) als eingetragene Lebenspartnerschaft und damit als „Beziehungen der Familie" iSv Art. 1 Abs. 1 HUP einordnet.[407]

146 Als „Familienverhältnis" iSv Art. 1 Abs. 1 HUP sollten aber auch **nicht registrierte (faktische) Lebensgemeinschaften** zumindest dann anzusehen sein, wenn sie – anders als im deutschen Recht – nach dem auf sie anwendbaren Recht Anerkennung als familienrechtliche Beziehung gefunden haben und deshalb gesetzliche Unterhaltsansprüche der Partner gegen einander begründen.[408]

147 **e) Unterhalt kraft Verwandtschaft.** Gemäß Art. 1 Abs. 1 HUP gilt das Protokoll weiterhin für Unterhaltsansprüche aus Beziehungen der Verwandtschaft. Damit sind insbesondere die Unterhaltsansprüche zwischen Kindern und Eltern einschließlich einer Prozesskostenvorschusspflicht vom Protokoll erfasst.[409] Der in Abs. 1 verwendete Zusatz „einschließlich der Unterhaltspflichten gegenüber einem Kind, ungeachtet des Familienstands seiner Eltern" soll die Teilnahme von Staaten an dem Protokoll und dem HUntGÜ 2007 ermöglichen, deren Rechtsordnungen davon ausgehen, dass das Kind nicht verheirateter Eltern nicht mit seinem Vater verwandt ist.[410] Erfasst werden daher nicht nur Unterhaltsansprüche von ehelichen Kindern, sondern auch von nichtehelichen, **Adoptiv-**[411],

[400] *Bonomi*-Bericht Rn. 31.
[401] BeckOK BGB/*Heiderhoff* EGBGB Art. 18 Rn. 34.
[402] NK-BGB/*Gruber* HUP Art. 1 Rn. 4.
[403] KOM(2011) 127 endg.; dazu näher → § 13 Rn. 5ff.
[404] Ebenso *Weber* ZfRV 2012, 170; *Henrich* FS Pintens, 2012, 701 (712); *Coester* IPRax 2013, 114 (119); NK-BGB/*Gruber* HUP Art. 1 Rn. 11; MüKoBGB/*Siehr* HUP Art. 1 Rn. 15; Münch/*Süß* FamR § 20 Rn. 56f.
[405] BGBl. 2011 I 898.
[406] Vgl. BT-Drs. 17/4887, 52; *Andrae* FPR 2008, 196 (198); *Gruber* IPRax 2010, 128 (130); Palandt/*Thorn* HUP Rn. 7; → § 13 Rn. 63f.
[407] IErg zust. BeckOK BGB/*Heiderhoff* EGBGB Art. 18 Rn. 33; NK-BGB/*Gruber* HUP Art. 1 Rn. 11; Rauscher/*Andrae* HUPArt. 1 Rn. 7. Vgl. auch → Rn. 57.
[408] BeckOK BGB/*Heiderhoff* EGBGB Art. 18 Rn. 35; Erman/*Hohloch* HUP Art. 1 Rn. 2; MüKoBGB/*Siehr* HUP Art. 1 Rn. 15; Palandt/*Thorn* HUP Rn. 7; ebenso schon zum HUntÜ *Hausmann* FS Henrich, 2000, 241 (260); Staudinger/*Mankowski* EGBGB Art. 18 Rn. 112.
[409] MüKoBGB/*Siehr* HUP Art. 1 Rn. 16.
[410] Rauscher/*Andrae* HUP Art. 1 Rn. 3.
[411] MüKoBGB/*Siehr* HUP Art. 1 Rn. 22; ebenso schon zum HUntÜ OLG München NJW-RR 2004, 1442; Staudinger/*Mankowski* EGBGB Anh. I Art. 18 Rn. 102 mwN.

**Stief-**[412] **und Pflegekindern.**[413] Dies gilt für Pflegekinder auch dann, wenn deren Aufnahme in die Familie auf einer vertraglichen Grundlage beruht.[414] Das Protokoll regelt auch die – dem deutschen Recht nicht bekannten – Unterhaltsansprüche zwischen Verwandten in der Seitenlinie (zB zwischen Geschwistern).

**f) Unterhalt der nicht verheirateten Mutter.** Vom Protokoll erfasst werden auch Unterhaltsansprüche der Mutter gegen den mit ihr nicht verheirateten Kindsvater, die ihre Grundlage in der Schwangerschaft, Geburt oder Kindesbetreuung haben.[415] Aus *deutscher* Sicht gilt dies für die Ansprüche der Mutter nach § 1615l Abs. 1 S. 1 und Abs. 2 BGB.[416] Nicht erfasst werden dürften hingegen sonstige Kosten der Schwangerschaft und der Entbindung (zB nach §§ 1615l Abs. 1 S. 2, 1615m BGB).[417] 148

**g) Vertragliche Unterhaltsansprüche.** Wie die EuUntVO ist das Protokoll jedenfalls dann auf Unterhaltsansprüche auf vertraglicher Grundlage anwendbar, wenn lediglich ein dem Grunde nach durch einen familienrechtlichen Status gesetzlich begründeter Anspruch inhaltlich nach Höhe, Dauer und Modalitäten der Unterhaltsgewährung vertraglich **näher ausgestaltet** wird.[418] Das ist insbesondere bei in **Scheidungsvereinbarungen** geregelten Unterhaltsansprüchen der Fall.[419] Das Protokoll ist auch dann anzuwenden, wenn die gesetzliche Unterhaltspflicht durch die vertragliche Vereinbarung erweitert wird.[420] Es gilt daher insbesondere für ein (deklaratorisches oder konstitutives) **Schuldanerkenntnis,** das sich auf eine gesetzliche Unterhaltspflicht bezieht.[421] Wie Art. 8 Abs. 4 HUP zeigt, unterliegt auch die Wirksamkeit eines vertraglichen **Verzichts** auf gesetzliche Unterhaltsansprüche dem Unterhaltsstatut.[422] 149

Darüber hinaus sollten aber auch Unterhaltsansprüche, die – ohne jede gesetzliche Verpflichtung – **konstitutiv durch Vertrag begründet** wurden (sog *„Alimentationsverträge"*),[423] dann als solche aus einer Familienbeziehung iSv Art. 1 Abs. 1 HUP angesehen werden, wenn die Motivation für die vertragliche Vereinbarung eben dieses Familienbeziehung war, der Anspruch also der Ausgestaltung dieser Beziehung dient.[424] Für die Einbeziehung jeder Art von Unterhaltsvereinbarungen in den Anwendungsbereich des HUP spricht vor allem die nunmehrige Zulassung der Rechtswahl in Art. 8 HUP.[425] Außerdem würde es für eine schuldrechtliche Anknüpfung an einer kollisionsrechtlichen Regelung fehlen, da in Familienbeziehungen begründete Unterhaltsvereinbarungen gemäß Art. 1 Abs. 2 lit. b Rom I-VO auch aus dem sachlichen Anwendungsbereich dieser Verordnung 150

[412] MüKoBGB/*Siehr* HUP Art. 1 Rn. 23; NK-BGB/*Gruber* HUP Art. 1 Rn. 5; ebenso schon zum HUntÜ Staudinger/*Mankowski* EGBGB Anh. I Art. 18 Rn. 103f. mwN.
[413] MüKoBGB/*Siehr* HUP Art. 1 Rn. 25; ebenso schon zum HUntÜ Staudinger/*Mankowski* EGBGB Anh. I Art. 18 Rn. 114f. mwN.
[414] NK-BGB/*Gruber* HUP Art. 1 Rn. 15; ebenso schon zum HUntÜ Staudinger/*Mankowski* EGBGB Anh. I Art. 18 Rn. 119.
[415] MüKoBGB/*Siehr* HUP Art. 1 Rn. 20f.; Erman/*Hohloch* HUP Art. 1 Rn. 3; NK-BGB/*Gruber* HUP Art. 1 Rn. 6; vgl. zu Art. 1 HUntÜ auch BGH FamRZ 2011, 97 mAnm *Eichel*.
[416] BGH FamRZ 2011, 97; OLG Hamm NJW-RR 2010, 74 (76), jeweils zum HUntÜ; BeckOK BGB/*Heiderhoff* EGBGB Art. 18 Rn. 32.
[417] Erman/*Hohloch* HUP Art. 1 Rn. 3; ebenso schon zum HUntÜ Staudinger/*Mankowski* EGBGB Anh. I Art. 18 Rn. 111; **aA** NK-BGB/*Gruber* HUP Art. 1 Rn. 6; MüKoBGB/*Siehr* HUP Art. 1 Rn. 20.
[418] *Bonomi*-Bericht Rn. 32; Palandt/*Thorn* HUP Rn. 8; Rauscher/*Andrae* HUP Art. 1 Rn. 8f.
[419] BGH NJW 2009, 842 mAnm *Grziwotz* = FamRZ 2009, 189 mAnm *Bergschneider*; OLG Frankfurt a.M. FamRZ 1982, 528 (529); MüKoBGB/*Siehr* HUP Art. 1 Rn. 13; Staudinger/*Mankowski* EGBGB Anh. I Art. 18 Rn. 267.
[420] *Coester* IPRax 1991, 132 (133); NK-BGB/*Gruber* HUP Art. 1 Rn. 12.
[421] Vgl. zum HUntÜ OLG Jena IPRax 2011, 586 (588) mAnm *Gruber* IPRax 2011, 559.
[422] Erman/*Hohloch* HUP Art. 1 Rn. 5; ebenso schon zum HUntÜ OLG Hamm FamRZ 1999, 950; näher → Rn. 113ff.
[423] Vgl. NK-BGB/*Gruber* HUP Art. 1 Rn. 14.
[424] *Hausmann* IPRax 1990, 382.
[425] Rauscher/*Andrae* HUP Art. 1 Rn. 8ff.

ausgeschlossen sind.[426] Praktische Bedeutung hat dies insbesondere für **Vereinbarungen zwischen Partnern einer faktischen Lebensgemeinschaft,** soweit diese – wie in Deutschland – als familienrechtliches Institut noch keine Anerkennung erfahren hat. Insoweit war nach hM zum HUntÜ auf einen vertraglichen Anspruch, der eine Unterhaltspflicht erstmals begründete, nicht das Unterhaltsstatut, sondern das nach der Rom I-VO zu bestimmende Vertragsstatut anzuwenden.[427] Dieser Weg ist indessen in dem Maße, in dem auch außereheliche Partnerschaften familienrechtlich qualifiziert werden (dazu → § 13 Rn. 97 ff.), nicht mehr angemessen. Zumindest müssten vertragliche Unterhaltsansprüche dann akzessorisch nach Art. 4 Abs. 3 Rom I-VO an das vom Protokoll bestimmte Unterhaltsstatut angeknüpft werden.

151 **h) Erstattungsansprüche öffentlicher Einrichtungen.** Das Protokoll bezieht auch Erstattungsansprüche öffentlicher Einrichtungen, die Leistungen an den Unterhaltsberechtigten anstelle des Unterhaltspflichtigen erbracht haben, nach Art. 10 in seinen sachlichen Anwendungsbereich ein.[428] Es gilt hingegen nicht für Unterhalts- und Versorgungsansprüche des öffentlichen Rechts, weil diese ihren Grund nicht in einer familienrechtlichen Beziehung haben.

### 4. Einzelfragen zum Geltungsbereich des Unterhaltsstatuts

152 **a) Allgemeines.** Welche Fragen im Einzelnen vom Unterhaltsstatut beantwortet werden, wird beispielhaft in **Art. 11 HUP** aufgezählt; die Vorschrift enthält also – wie bisher Art. 10 HUntÜ – eine normative Regelung der Qualifikation,[429] die dem Rechtsanwender die Arbeit erleichtern soll. Wie aus dem Wort „insbesondere" entnommen werden kann, ist die Aufzählung **nicht abschließend.** Für die in Art. 11 HUP bestimmte Reichweite des Unterhaltsstatuts spielt es keine Rolle, auf Grundlage welcher Verweisungsnorm des Protokolls dieses ermittelt worden ist; insbesondere hat das durch Rechtswahl nach Art. 7, 8 HUP bestimmte Unterhaltsstatut die gleiche Reichweite wie das nach Art. 3 bis 6 HUP objektiv angeknüpfte. Art. 11 lit a, lit. d, und lit. f HUP entsprechen den Art. 10 Nr. 1 bis Nr. 3 HUntÜ, die ihrerseits wiederum weitgehend mit Art. 1 Abs. 1 bis Abs. 3 HKUntÜ übereinstimmen. Die zu diesen Vorschriften entwickelten Grundsätze können daher auch iRv Art. 11 HUP weiter herangezogen werden. Neu sind die Regeln in lit b, lit. c und lit. e; in der Sache entsprechen sie freilich ebenfalls den schon unter dem HUntÜ anerkannten Regeln.[430]

153 **b) Unterhaltsanspruch. aa) Bestehen und Dauer des Unterhaltsanspruchs.** Dem Unterhaltsstatut unterliegt nach lit. a zunächst die Frage, *ob* die in Anspruch genommene Person überhaupt Unterhalt schuldet, dh zum Kreis der Unterhaltsverpflichteten gehört oder nicht. Erfasst sind weiterhin die **Voraussetzungen eines Unterhaltsanspruchs,** wie insbesondere die *Leistungsfähigkeit* des Verpflichteten[431] und die *Bedürftigkeit* des Berechtigten, einschließlich von dessen Obliegenheit zur Aufnahme einer Erwerbstätigkeit,[432] sowie zB die besonderen Voraussetzungen eines nachehelichen Unterhaltsanspruchs (Kinderbetreuung, Alter, Krankheit, Arbeitslosigkeit etc).[433]

---

[426] Reithmann/Martiny/*Martiny* IVR Rn. 52; **aA** freilich die noch hM, vgl. Erman/*Hohloch* HUP Art. 1 Rn. 2; MüKoBGB/*Siehr* HUP Art. 1 Rn. 34; NK-BGB/*Gruber* HUP Art. 1 Rn. 14; Münch/*Süß* FamR § 20 Rn. 69.

[427] Erman/*Hohloch*, 13. Aufl., EGBGB Art. 18 Rn. 41; NK-BGB/*Gruber* EGBGB Art. 18 Rn. 52; MüKoBGB/*Siehr*, 5. Aufl., EGBGB Anh. I Art. 18 Rn. 57, 62.

[428] Dazu näher *Hausmann* IntEuSchR C Rn. 600 ff.

[429] Rauscher/*Andrae* HUP Art. 11 Rn. 1.

[430] *Bonomi*-Bericht Rn. 165 ff.

[431] OLG Hamm FamRZ 1990, 1137.

[432] Vgl. OLG Nürnberg FamRZ 2008, 1755 (1756); OLG Celle FamRZ 1991, 598 (600); OLG Hamm FamRZ 1989, 1084 (1086).

[433] Erman/*Hohloch* HUP Art. 11 Rn. 3.

154 Zum „ob“ zählt auch die **Dauer der Unterhaltsverpflichtung,** dh Frage, wann die Unterhaltspflicht beginnt und endet (einschließlich etwaiger Altersgrenzen),[434] wobei Vorfragen (zB die Vorfrage der Volljährigkeit des Berechtigten) *unselbständig* anzuknüpfen sind.[435] Das Unterhaltsstatut befindet weiter darüber, für welchen Zeitraum Unterhalt zu zahlen ist und unter welchen Voraussetzungen Unterhaltsansprüche herabgesetzt oder gänzlich ausgeschlossen werden können.[436]

155 Das Unterhaltsstatut beantwortet auch die Frage, ob die Unterhaltspflicht durch den Tod des Berechtigten oder des Verpflichteten erlischt oder auf dessen Erben übergeht.[437] Auch sonstige **Erlöschensgründe** sind ihm zu entnehmen, wie zB die Wiederheirat des Unterhaltsberechtigten (vgl. § 1586 BGB) oder dessen Zusammenleben mit einem neuen Partner,[438] Verfehlungen gegenüber demUnterhaltsverpflichteten (vgl. § 1611 BGB), sowie Verwirkung und Verjährung (dazu Art. 11 lit. e HUP; → Rn. 182f.). Auch die Zulässigkeit einer **Aufrechnung** gegen Unterhaltsansprüche und die Rückforderung von zu Unrecht oder zu viel gezahlten Unterhalts unterliegt dem Unterhaltsstatut.[439]

156 Keinen Unterhalt schuldet der Verpflichtete, wenn der Berechtigte wirksam auf Unterhalt verzichtet hat. Auch die Zulässigkeit und die materiellen Voraussetzungen eines **Verzichts auf zukünftigen Unterhalt** unterliegen dem Unterhaltsstatut.[440] Die Teilfrage der *Form* des Verzichts ist jedoch – mangels einer Regelung im Protokoll – nach dem Kollisionsrecht der *lex fori,* vor deutschen Gerichten also nach Art. 11 EGBGB zu beurteilen.[441] Im Fall einer Rechtswahl nach Art. 8 HUP entscheidet jedoch nicht das gewählte Recht über die Zulässigkeit, sowie die Voraussetzungen und Wirkungen eines Unterhaltsverzichts; maßgebend ist insoweit vielmehr gemäß Art. 8 Abs. 4 HUP das Recht des Staates, in dem der Berechtigte zur Zeit der Rechtswahl seinen gewöhnlichen Aufenthalt hat (näher → Rn. 113ff.). Art. 8 Abs 4 HUP enthält dagegen keine über die Zulässigkeit einer Rechtswahl hinausgehende allgemeine Kollisionsnorm für das auf einen Unterhaltsverzicht anzuwendende Recht, die umfassend das Recht am gewöhnlichen Aufenthalt des Berechtigten zur Anwendung beruft.[442] Ein Unterhaltsverzicht kann aber bei hinreichender Inlandsbeziehung des Sachverhalts gegen den deutschen *ordre public* verstoßen (Art. 13 HUP; → Rn. 192ff.).

157 Ob der Berechtigte für den Fall, dass er auf Grundlage des nach Art. 3 HUP anwendbaren Rechts wirksam und ohne Gegenleistung auf Unterhalt verzichtet hat, sodann Unterhalt aufgrund der Ersatzanknüpfungen nach Art. 4 HUP verlangen kann, weil er nunmehr nach dem primär maßgebenden Recht seines Aufenthaltsstaates keinen Unterhalt erlangen kann, ist umstritten.[443] Die Frage stellt sich allerdings nur dann, wenn das nach Art. 4 HUP zur Anwendung berufene Recht den Verzicht nicht ebenfalls für wirksam erachtet. Für die praktisch wichtigen Fälle des Verzichts auf *nachehelichen* Unterhalt ist Art. 5 HUP zu beachten. Auf der Ebene des anwendbaren **materiellen Unterhaltsrechts** ist zu berücksichtigen, dass einige Rechte einen solchen Verzicht ausdrücklich verbieten.

[434] MüKoBGB/*Siehr* HUP Art. 11 Rn. 54; NK-BGB/*Gruber* HUP Art. 11 Rn. 4; vgl. zum HuUntÜ OLG Hamm FamRZ 1999, 888; OLG Koblenz FamRZ 1998, 1532;

[435] Rauscher/*Andrae* HUP Art. 11 Rn. 16.

[436] Johannsen/Henrich/*Henrich* HUP Rn. 24.

[437] Palandt/*Thorn* HUP Rn. 39; MüKoBGB/*Siehr* HUP Art. 11 Rn. 5; vgl.auch → Rn. 173.

[438] Rauscher/*Andrae* HUP Art. 11 Rn. 17.

[439] Staudinger/*Mankowski* EGBGB Anh. I Art. 18 Rn. 347a. Zu Präklusionsfristen → Rn. 182f.

[440] NK-BGB/*Gruber* HUP Art. 11 Rn. 4; zum HUntÜ OLG Koblenz IPRax 1986, 40; OLG Karlsruhe FamRZ 1992, 316 (317); OLG Hamm FamRZ 1998, 1532 und 1999, 950; PWW/*Martiny* EGBGB Anh. II Art. 18 Rn. 21.

[441] Rauscher/*Andrae* HUP Art. 11 Rn. 10.

[442] Rauscher/*Andrae* HUP Art. 11 Rn. 11; → Rn. 114.

[443] Dafür – allerdings mit der Einschränkung, dass der Schuldner dagegen die Einrede nach Art. 6 HUP erheben kann – Rauscher/*Andrae* HUP Art. 11 Rn. 12ff.; dagegen mit dem Argument, dass ein Vertrauenstatbestand für den Pflichtigen geschaffen worden sei, Staudinger/*Mankowski* EGBGB Anh. I Art. 18 Rn. 188.

158 **bb) Umfang.** Nach dem Unterhaltsstatut bestimmt sich grundsätzlich auch die Frage, in welchem Ausmaß Unterhalt geschuldet wird, ob der Berechtigte also vollen oder nur notdürftigen Unterhalt verlangen kann.[444] Dabei wird lit. a allerdings durch die staatsvertragliche Sachnorm in Art. 14 HUP ergänzt bzw überlagert (→ Rn. 198ff.). Hiernach sind bei der Bemessung des Unterhalts die Bedürfnisse des Unterhaltsberechtigten und die wirtschaftlichen Verhältnisse des Verpflichteten sowie etwaige an die berechtigte Person anstelle einer regelmäßigen Unterhaltszahlung geleistete Entschädigungen zu berücksichtigen; dies gilt selbst dann, wenn das Unterhaltsstatut etwas anderes bestimmt.

159 **(1) Berechnung.** Unter Berücksichtigung der Vorgaben in Art. 14 HUP ist insbesondere die **Auslandsberührung** des Falls zu berücksichtigen; insoweit handelt es sich um eine Frage der richtigen Anwendung des anwendbaren materiellen Unterhaltsrechts. Denn Bedarf und Leistungsfähigkeit lassen sich nur nach den Lebensumständen im Land des gewöhnlichen Aufenthalts der Beteiligten ermitteln.[445] Haben der Berechtigte und der Verpflichtete ihren **gewöhnlichen Aufenthalt** daher **in verschiedenen Ländern** mit unterschiedlichem Lebensstandard, sind für den Unterhaltsbedarf des Berechtigten die Lebensbedingungen in seinem Aufenthaltsstaat maßgebend.[446] Informationen über die Lebenshaltungskosten im In- und Ausland lassen sich dem **Statistischen Jahrbuch** der Bundesrepublik Deutschland entnehmen.[447] Die Berechnung erfolgt durch Auf- oder Abschlag gegenüber dem deutschen Bedarf.

160 Insoweit ist eine individuelle Ermittlung des Unterhaltsbedarfs vorzunehmen;[448] hierfür ist die Kaufkraft des Geldes entscheidend. Diese kann durch einen **Warenkorbvergleich** ermittelt werden (sog. „Verbrauchergeldparität").[449] Maßgebend sind danach die Geldbeträge, die der Berechtigte an seinem Aufenthaltsort aufwenden muss, um den ihm gebührenden Lebensstandard aufrechtzuerhalten.[450] Ein Kaufkraftunterschied kann folglich auch innerhalb des Euro-Raumes bestehen.[451] Im Rahmen der konkreten Berechnung ist der zu zahlende Betrag mit der Kaufgeldparität zu multiplizieren. Diese wurde früher monatlich vom Statistischen Bundesamt veröffentlicht. Aus dem Vergleich mit dem Devisenkurs ergab sich dann der Auf- bzw. Abschlag, dh immer wenn die Verbrauchergeldparität von der Devisenparität abwich, musste eine entsprechende Angleichung des Unterhalts durch Korrektur nach oben oder nach unten erfolgen.[452] Diese Statistik wurde allerdings zum 31.12.2009 eingestellt.[453]

161 Die verbreitet zugrundegelegte **Ländergruppeneinteilung der obersten Finanzbehörden**[454] gibt dagegen nur einen relativ groben und zT unrichtigen Überblick zur jeweiligen Verbrauchergeldparität.[455] Denn steuerrechtliche Erwägungen und unterhalts-

[444] OLG Nürnberg IPRax 2012, 551 (552); ebenso zum HUntÜ OLG Stuttgart FamRZ 2004, 1496 (*Italien*) und FamRZ 2008, 1754 (*Türkei*); OLG Nürnberg FamRZ 2010,2077 (*Russland*).
[445] OLG Stuttgart NJW-RR 2008, 1034; Johannsen/Henrich/*Henrich* HUP Rn. 26.
[446] Vgl. zum HUntÜ BGH NJW-RR 1987, 1474 (1475); OLG Nürnberg FamRZ 2008, 1755ff.; OLG Koblenz FamRZ 2007, 1592; OLG Hamm FamRZ 2005, 369; OLG Düsseldorf NJW-RR 1995, 903; OLG Zweibrücken FamRZ 2004, 729; OLG Köln FamRZ 1993, 484; AG München FamRZ 2009, 1596 (1597).
[447] *Krause* FamRZ 2002, 145; NK-BGB/*Gruber* HUP Art. 11 Rn. 8.
[448] Vgl. BGH NJW-RR 1987, 1474 (1475); OLG Karlsruhe FamRZ 1992, 58.
[449] Vgl. OLG Hamm FamRZ 2007, 152 (153) und FamRZ 2005, 369; KG FamRZ 2002, 1057; AG Ludwigslust FamRZ 2010, 737; BeckOK BGB/*Heiderhoff* EGBGB Art. 18 Rn. 102. Einzelheiten bei *Többens* FamRZ 2016, 597.
[450] Johannsen/Henrich/*Henrich* HUP Rn. 28.
[451] BGHZ 203, 272 Rn. 31 = NZFam 2015, 262 mAnm *Andrae* (für *Irland* bejaht); OLG Hamm FamRZ 2007, 152 (153) (für *Belgien* verneint); NK-BGB/*Gruber* HUP Art. 11 Rn. 8.
[452] OLG Brandenburg FamRZ 2008, 1279 (1280); OLG Koblenz FamRZ 1998, 1532 (1533).
[453] OLG Stuttgart FamRZ 2014, 850; *Unger/Unger* FPR 2013, 19 (21ff.).
[454] Vgl. zuletzt BStBl. 2013 I 1462; dazu OLG Koblenz FamRZ 2007, 1592; OLG Stuttgart FamRZ 1999, 887ff.; OLG Düsseldorf FamRZ 1995, 37 (38ff.).
[455] Vgl. OLG Koblenz FamRZ 2002, 56 (57ff.); OLG München FamRZ 2002, 55 (56); *Unger/Unger* FPR 2013, 19 (21ff.); MüKoBGB/*Siehr* HUP Art. 11 Rn. 65.

rechtliche Bedarfsbemessung decken sich nicht.[456] Als Grundlage für die Bereinigung von Kaufkraftunterschieden kommt seit 2010 vor allem der **Eurostat-Index** des Statistischen Amts der EU[457] in Betracht.[458] Allerdings ist auch zu berücksichtigen, dass die Verbrauchergeldparität nur auf der Grundlage der Zahlen für die Hauptstädte eines jeden Landes berechnet wird und innerhalb vieler Länder selbst erhebliche Unterschiede bestehen. Die Unterhaltsermittlung aufgrund der vergleichenden Preisnieveau-Daten von Eurostat ist aber jedenfalls wesentlich genauer als die von den Gerichten früher vielfach praktizierte **pauschale Herabsetzung.**[459]

Hat der **Unterhaltsverpflichtete** seinen **gewöhnlichen Aufenthalt im Ausland,** so 162
ist der nach den Grundsätzen des Unterhaltsstatuts berechnete und ggf. nach Art. 14 HUP angepasste Unterhalt entsprechend dem niedrigeren oder höheren ausländischen Lebensstandard zu korrigieren.[460] Da sich die Leistungsfähigkeit des Unterhaltsverpflichteten nach den Lebensumständen im Land seines gewöhnlichen Aufenthalts bestimmt, können – umgekehrt – trotz Anwendbarkeit ausländischen Unterhaltsrechts die deutschen Unterhaltsrichtlinien herangezogen werden, soweit es um die Leistungsfähigkeit eines Verpflichteten geht, der seinen gewöhnlichen Aufenthalt im Inland hat.[461] Auch dessen notwendiger **Selbstbehalt** richtet sich in diesem Fall nach deutschem Recht.[462] Ist Unterhaltsstatut kraft Rechtswahl nach Art. 8 Abs. 1 HUP oder kraft objektiver Anknüpfung nach Art. 4 HUP das Recht eines Staates, in dem die Parteien **nicht ihren gewöhnlichen Aufenthalt** haben, so ist hierdurch eine faktische Berücksichtigung der Lebensverhältnisse im Staat des jeweiligen gewöhnlichen Aufenthalts nicht ausgeschlossen. Praktische Bedeutung kann dies insbesondere erlangen, wenn Ehegatten nach Art. 8 Abs. 1 lit.d HUP für den nachehelichen Unterhalt das auf ihre Ehescheidung anwendbare Recht gewählt haben(→ Rn. 106 f.).[463] Auf die Verhältnisse des Berechtigten wie des Verpflichteten im Land ihres jeweiligen gewöhnlichen Aufenthalts ist auch dann abzustellen, wenn der Richter die Höhe des Unterhalts nach dem anwendbaren Unterhaltsrecht nach seinem Ermessen festzusetzen hat.[464]

**Kinder,** die **in Ländern mit niedrigem Lebensstandard** leben, haben jedoch einen 163
Anspruch auf angemessene Teilhabe an dem gehobenen Lebensstandard eines unterhaltspflichtigen Elternteils im Inland, der durch einen entsprechenden Aufschalg zu verwirklichen ist.[465] Andererseits ist der Kindesunterhalt auch in Relation zu den Einkommensverhältnissen der Eltern zu setzen.[466] So wird es etwa als unangebracht angesehen, wenn einem Kind ein Betrag zugesprochen würde, der höher ist als die auf Grund einer Ganz-

[456] OLG Zweibrücken FamRZ 2004, 729; OLG Düsseldorf NJW-RR 1995, 903 (904); AG München FamRZ 2009, 1596 (1597).

[457] Statistik „Vergleichende Preisniveaus des Endverbrauchs der privaten Haushalte einschließlich indirekter Steuern".

[458] So BGHZ 203, 272 Rn. 31 = NZFam 2015, 262 mAnm *Andrae*; BGH NJW 2014, 2785 Rn. 33 ff. = FamRZ 2014, 1536 mAnm *Unger/Unger*; OLG Oldenburg FamRZ 2013, 891 ff.; AG Karlsruhe FamRZ 2015, 1201 (1203).

[459] Vgl. zu dieser KG FamRZ 2002, 1057 (*Polen:* Abschlag 20%); AG Leverkusen FamRZ 2004, 727 (*Polen:* Abschlag zwei Drittel); OLG Koblenz FamRZ 2002, 56 (*Russland:* Abschlag zwei Drittel); OLG Zweibrücken FamRZ 2004, 729 (*Russland:* Abschlag 22%).

[460] BGH FamRZ 1987, 682 (683); OLG Brandenburg FamRZ 2008, 1279 ff.; OLG Hamm FamRZ 2007, 152 (153); AG Karlsruhe FamRZ 2015, 1201 (1202).

[461] OLG Frankfurt a.M: FamRZ 1982, 275; Johannsen/Henrich/*Henrich* HUP Rn. 26.

[462] OLG Stuttgart FamRZ 2006, 1403 (*Polen*); OLG Karlsruhe FamRZ 1990, 313 (*Indien*); Johannsen/Henrich/*Henrich* HUP Rn. 31.

[463] Vgl. idS schon zu Art. 8 HUntÜ/Art. 18 Abs. 4 EGBGB OLG Düsseldorf FamRZ 1997, 388; OLG Nürnberg FamRZ 2008, 1755.

[464] OLG Frankfurt a.M. FamRZ 1983, 917.

[465] BGH NJW-RR 1987, 1474 (1475); OLG Hamm IPRax 1990, 186; OLG München FamRZ 2002, 55 (56); OLG Koblenz FamRZ 2002, 56 (57); Palandt/*Thorn* HUP Rn. 49.

[466] Johannsen/Henrich/*Henrich* HUP Rn. 28.

tagsbeschäftigung erzielten Erwerbseinkünfte der Mutter.[467] Ebenfalls zu berücksichtigen ist das soziale Gefüge im Aufenthaltsstaat des Kindes.[468]

164 Für die Höhe des **Unterhaltsanspruchs von (geschiedenen) Ehegatten** sind nach dem Unterhaltsstatut oftmals die ehelichen Lebensverhältnisse maßgebend. Maßstab hierfür ist grundsätzlich der Lebensstandard am Ort der gemeinsamen Eheführung.[469] Wurde die Ehe zB im Inland geführt, so ist von den deutschen Lebensverhältnissen auszugehen, auch wenn der Berechtigte nach der Scheidung ins Ausland verzogen ist.[470] Dementsprechend hat der unterhaltsberechtigte (ehemalige) Ehegatte, der nach gemeinsamer Führung der Ehe in der *Bundesrepublik Deutschland* ins Ausland gezogen ist, einen Anspruch auf Zahlung derjenige Summe, die er benötigt, um sich am Ort seines neuen Aufenthalts diejenigen Bedarfsgüter beschaffen zu können, die er zur Aufrechterhaltung des ihm gebührenden Lebensstandards benötigt.[471] Ist ein Ehegatte allerdings nach nur kurzer Verweildauer in Deutschland in seine Heimat zurückgekehrt, so wäre es unangemessen, wenn ihm Unterhaltszahlungen zugebilligt würden, die deutlich über dem Niveau seines sozialen Umfeldes liegen.[472] Wurde die Ehe im Ausland geführt, so sind die dortigen Lebensverhältnisse zugrunde zu legen. In diesem Fall bleibt das höhere Einkommen, das der inzwischen nach Deutschland übergesiedelte unterhaltspflichtige Ehegatte nunmehr erzielt, regelmäßig außer Betracht.[473]

165 **(2) Währung.** Das Unterhaltsstatut bestimmt grundsätzlich auch die Währung, in der ein Unterhaltsanspruch zu erfüllen ist.[474] Der Unterhaltsanspruch muss allerdings **als Geldwertschuld** nicht notwendigerweise in einer bestimmten Währung befriedigt werden.[475] Im Regelfall ist er in der am gewöhnlichen Aufenthalt des Berechtigten geltenden Währung zu erfüllen.[476] Allerdings kann der Berechtigte bei Geltung deutschen Unterhaltsstatuts nach seiner Wahl auch Erfüllung in einer anderen Währung verlangen.[477] So kann er etwa bei hoher Inflationsrate der Währung seines Aufenthaltsstaats Zahlung in der Währung des Landes fordern, in dem der Verpflichtete seinen gewöhnlichen Aufenthalt hat.[478] Diesem Begehren ist grundsätzlich stattzugeben, es sei denn, dass der Unterhaltspflichtige ein besonderes Interesse daran hat, den Unterhaltsbedarf durch Leistung in der am Aufenthaltsort des Berechtigten geltenden Währung zu befriedigen, etwa wenn er über ständige Einkommensquellen in diesem Land verfügt.[479] Allerdings muss die Zahlung in der vom Berechtigten bestimmten Währung dem Verpflichteten (devisen-)rechtlich und tatsächlich möglich sein.[480]

166 **(3) Vereinbarung.** Der Umfang des geschuldeten Unterhalts kann insbesondere durch Vereinbarungen zwischen den Parteien abweichend vom Gesetz geregelt werden. Über

[467] OLG Hamm FamRZ 1987, 1302 (1307) und IPRax 1990, 186.
[468] Vgl. OLG Düsseldorf NJW-RR 1989, 1347 (1348) (*Polen*): Gewährung von Kindesunterhalt in einer Höhe, die das Einkommen eines Universitätsprofessors im Aufenthaltsstaat übersteigt, ist unangemessen.
[469] OLG Hamm FamRZ 1989, 625; MüKoBGB/*Siehr* HUP Art. 11 Rn. 61.
[470] BGH NJW-RR 1987, 1474 (1475); OLG Hamm FamRZ 1989, 1084; OLG Karlsruhe NJW-RR 1988, 392; OLG Nürnberg FamRZ 2008, 1755.
[471] OLG Stuttgart NJW-RR 2008, 1034; OLG Hamm FamRZ 1989, 1084.
[472] OLG Hamm FamRZ 1994, 573 (577); Johannsen/Henrich/*Henrich* HUP Rn. 30.
[473] OLG Hamm FamRZ 1989, 625(626); Johannsen/Henrich/*Henrich* HUP Rn. 29.
[474] BGH FamRZ 1992, 1060 (1063); NK-BGB/*Gruber* HUP Art. 11 Rn. 7.
[475] BGH NJW 1990, 2197 (2198); OLG Hamm FamRZ 1989, 1331; MüKoBGB/*Siehr* HUP Art. 11 Rn. 84.
[476] Erman/*Hohloch* HUP Art. 11 Rn. 9a; NK-BGB/*Gruber* HUP Art. 11 Rn. 7; zum HUntÜ BGH FamRZ 1992, 1060 (1063); NJW 1990, 2197 (2198).
[477] NK-BGB/*Gruber* HUP Art. 11 Rn. 7; Palandt/*Thorn* HUP Rn. 39; Rauscher/*Andrae* HUP Art. 11 Rn. 8.
[478] BGH FamRZ 1992, 1060 (1063); LG Rottweil DAVorm 1988, 195; MüKoBGB/*Siehr* HUP Art. 11 Rn. 85.
[479] BGH NJW 1990, 2197 (2198); FamRZ 2013, 1366 Rn. 96.
[480] BGH NJW-RR 1993, 5.

die Zulässigkeit, das Zustandekommen und die materielle Wirksamkeit einer Unterhaltsvereinbarung – zB eine Abfindung von gesetzlichen Unterhaltsansprüchen – entscheidet ebenfalls das Unterhaltsstatut.[481] Dieses gilt auch für die Voraussetzungen und Rechtsfolgen einer **Abschluss- und Inhaltskontrolle** von Unterhaltsvereinbarungen, insbesondere wenn diese bereits anlässlich der Eheschließung in einem **Ehevertrag** für die Zeit nach einer möglichen Ehescheidung getroffen wurden. Die vom BGH hierfür entwickelten Grundsätze[482] gelten daher grundsätzlich nur bei Maßgeblichkeit deutschen Unterhaltsrechts. Welche Auswirkungen ein Verzicht auf nachehelichen Unterhalt auf die Wirksamkeit einer gleichzeitig vereinbarten Gütertrennung hat, beurteilt sich hingegen nach dem Güterrechtsstatut (näher → § 9 Rn. 165a). Für die *Form* solcher Vereinbarungen enthält das HUP keine Regelung. Insoweit verbleibt des bei der Anwendung des nationalen Kollisionsrechts; aus deutscher Sicht gilt daher Art. 11 EGBGB. Ein späterer Statutenwechsel stellt die nach dem bei Vertragsschluss maßgeblichen Unterhaltsstatut wirksam getroffene Unterhaltsvereinbarung nicht mehr in Frage.[483] In gleicher Weise bestimmt das Unterhaltsstatut über die Möglichkeit einer **Stundung** rückständiger Unterhaltsbeträge oder den **Erlass** von Unterhaltsansprüchen.[484]

**(4) Abänderung.** Bei der Abänderung von Unterhaltsentscheidungen sind verfahrensrechtliche Fragen, die sich nach der *lex fori* richten, von materiell-rechtlichen Fragen, die nach dem HUP zu beurteilen sind, zu unterscheiden. Für die Abgrenzung beider Bereiche kommt der autonomen Auslegung der Kollisionsregeln des HUP Vorrang vor inländischen Vorstellungen zu.[485] Auch das HUP enthält allerdings keine ausdrückliche Regelung zur Abänderung von Unterhaltsentscheidungen. Somit richtet sich das eigentliche Abänderungsverfahren vor deutschen Gerichten nach § 238 FamFG. Auch die zeitlichen Grenzen der Abänderungsbefugnis sind verfahrensrechtlich zu qualifizieren, so dass in inländischen Verfahren § 238 Abs. 3 FamFG auch dann zu beachten ist, wenn in der Sache ausländisches Unterhaltsrecht zur Anwendung kommt.[486] Die Abänderung eines ausländischen Unterhaltstitels setzt ferner dessen Anerkennung im Inland voraus.[487] 167

Demgegenüber richten sich die *materiell-rechtlichen Voraussetzungen* der Abänderung einer Unterhaltsentscheidung, die **Maßstäbe für die Änderung** und der **Inhalt des neuen Unterhaltstitels** nach dem vom HUP zur Anwendung berufenen Recht.[488] Dies gilt auch dann, wenn der nationale Gesetzgeber diese Fragen in Verfahrensgesetzen normiert hat. Daher sind auch die in § 238 FamFG geregelten sachlichen Voraussetzungen der Abänderung materiellrechtlich zu qualifizieren und es ist hierfür das im Zeitpunkt der Abänderungsentscheidung von den Kollisionsnormen des HUP bezeichnete Unterhaltsstatut heranzuziehen.[489] § 238 Abs. 1 und Abs. 4 FamFG findet demgemäß bei *ausländischem* Unterhaltsstatut keine Anwendung; diese Vorschriften sind nur dann anzuwenden, wenn die Art. 3ff. HUP auf deutsches Recht verweisen.[490] Nach der Gegenansicht sind hinge- 168

[481] Rauscher/*Andrae* HUP Art. 11 Rn. 9; MüKoBGB/*Siehr* HUP Art. 11 Rn. 79.
[482] Vgl. grundlegend BGH NJW 2004, 930.
[483] MüKoBGB/*Siehr* HUP Art. 11 Rn. 80; zum HUntÜ OLG Köln NJW-RR 2005, 876; OLG Düsseldorf FamRZ 1993, 346 (348); **aA** *Gottwald* FamRZ 1992, 1374 (1376).
[484] MüKoBGB/*Siehr* HUP Art. 11 Rn. 77.
[485] NK-BGB/*Gruber* HUP Art. 1 Rn. 23; Staudinger/*Mankowski* EGBGB Anh. I Art. 18 Rn. 45.
[486] OLG Köln NJW-RR 2005, 876 und IPRax 1988, 30; OLG Düsseldorf FamRZ 1993, 346 (348); OLG Hamm FamRZ 1991, 718 (719) und 1987, 1302 (1303f.); OLG Celle FamRZ 1993, 103 (104); **aA** *Gottwald* FamRZ 1992, 1374 (1376); *Hohloch* DEUFamR 2000, 193 (204); differenzierend Rauscher/*Andrae* HUP Einl. Rn. 40.
[487] BGH FamRZ 2015, 479 Rn. 13; OLG Koblenz FamRZ 2015, 1618 (1620).
[488] BeckOK BGB/*Heiderhoff* EGBGB Art. 18 Rn. 154; Rauscher/*Andrae* HUP Einl. Rn. 38.
[489] OLG Koblenz FamRZ 2015, 1618 (1620); OLG Nürnberg IPRax 2012, 551 (552); zust. *Coester-Waltjen* IPRax 2012, 528 (529).
[490] *Riegner* FamRZ 2005, 1799 (1803); BeckOK BGB/*Heiderhoff* EGBGB Art. 18 Rn. 155; NK-BGB/*Gruber* EGBGB Art. 18 Rn. 135f.; *Rauscher/Andrae* HUP Einl. Rn. 36ff.; MüKoZPO/*Gottwald* § 323 Rn. 109f.

gen auch die sachlichen Voraussetzungen der Abänderung prozessual zu qualifizieren.[491] Der BGH hat sich diesbezüglich bisher einer Entscheidung enthalten[492] und lediglich der älteren Ansicht eine Absage erteilt, wonach sich die sachlichen Voraussetzungen der Abänderung nach dem Recht des Staates richten, in dem das Ersturteil ergangen ist.[493] Aufgrund des Anwendungsvorrangs des HUP als sekundären EU-Rechts wird über dessen Reichweite iRv Abänderungsverfahren letztlich der EuGH gemäß Art. 267 AEUV zu befinden haben.

169 Von den sachlichen Vorausssetzungen einer Abänderung und ihrer Anknüpfung ist freilich nach Ansicht des BGH die Frage zu unterscheiden, **in welchem Umfang** die Erstentscheidung durch ein deutsches Gericht abgeändert werden kann. Diesbezüglich sind die vom ausländischen Erstgericht getroffenen Festellungen über die Art und Höhe des geschuldeten Unterhalts als Ausgangspunkt auch für die Abänderungsentscheidung durch das deutsche Gericht maßgeblich.[494] Dieses ist also nicht berechtigt, sich bei seiner Bewertung vollständig vom ausländischen Ersturteil zu lösen, weil dies auf eine unzulässige *révision au fond* hinauslaufen würde. Diese Bindungswirkung erstreckt sich nach Ansicht des BGH auch auf das im Erstverfahren zugrundegelegte – deutsche oder ausländische – materielle Recht; dieses ist mithin im Rahmen einer Abänderungsklage **nicht austauschbar,** sondern bleibt für die Art und Höhe der anzupassenden Unterhaltsleistung auch dann maßgeblich, wenn aus der Sicht des deutschen Kollisionsrechts im Erstverfahren ein anderes Recht hätte angewandt werden müssen.[495]

170 Dies gilt freilich nur dann, wenn das Unterhaltsstatut aus der der Sicht des Kollisionsrechts im Abänderungsstaat seit Erlass der Erstentscheidung unverändert geblieben ist. Eine Bindungswirkung besteht hingegen dann nicht, wenn es im Zeitraum zwischen dem Erlass des Ersturteils und der zu treffenden Entscheidung über die Abänderung zu einem **Statutenwechsel** gekommen ist, zB weil der Unterhaltsberechtigte seinen gewöhnlichen Aufenthalt aus dem Ursprungsstaat nach Deutschland verlegt hat. In einem solchen Fall ist vielmehr über die Voraussetzungen und Schranken einer Abänderung gemäß Art. 3 Abs. 2 HUP nunmehr nach Maßgabe des deutschen Rechts zu entscheiden, auch wenn im Ersturteil noch das Recht am damaligen ausländischen gewöhnlichen Aufenthalt des Berechtigten zugrundegelegt worden war.[496] Nicht anders ist zu entscheiden, wenn der Statutenwechsel seinen Grund in einer zwischenzeitlichen **Änderung des Kollisionsrechts** hat. Daher kann ein Abänderungsantrag auch darauf gestützt werden, dass der Unterhaltsanspruch infolge der Geltung des HUP seit dem 18.6.2011 anders als nach früher nach dem HUntÜ bzw. Art. 18 EGBGB anzuknüpfen ist und nach dem neuen Unterhaltsstatut höher oder niedriger zu bemessen ist.[497] Praktische Bedeutung hat dies insbesondere für die Abänderung von Unterhaltstiteln, in denen der nacheheliche Unterhalt nach Art. 8 HUntÜ noch auf der Grundlage des Scheidungsstatuts festgesetzt worden war.[498]

171 **(5) Anrechnung von Sozialleistungen.** Auch die Frage, ob und in welchem Umfang staatliche Sozialleistungen – wie zB das **Kindergeld** oder eine Waisenrente – auf den Un-

---

[491] Staudinger/*Mankowski* EGBGB Anh. I Art. 18 Rn. 43ff.
[492] So zuletzt wieder in BGHZ 203, 272 Rn. 22 = NZFam 2015, 262 mAnm *Andrae*, weil deutsches Recht sowohl *lex fori* wie Unterhaltsstatut war.
[493] BGH NJW 1983, 1976 (1977) und NJW-RR 1993, 5 (6).
[494] BGH NJW 1983, 1976 (1978).
[495] BGHZ 192, 45 Rn. 15 = NJW 2012, 384.
[496] BGHZ 203, 272 Rn. 25 = NZFam 2015, 262 mAnm *Andrae* = FamRZ 2015, 479 mAnm *Heiderhoff; Riegner* Famz 2005, 1799 (1802); OLG Koblenz FamRZ 2015, 1618 (1621); *Dimmler/Bißmeier*FamRZ 2013, 11 (13); NK-BGB/*Gruber* HUP Art. 1 Rn. 26; BeckOK BGB/*Heiderhoff* EGBGB Art. 18 Rn. 155.
[497] OLG Nürnberg IPRax 2012, 551 (552); zust. *Coester-Waltjen* IPRax 2012, 528 (530); ebenso *Conti/Bißmeier* FamRBint 2011, 62 (64f.); NK-BGB/*Gruber* HUP Art. 22 Rn. 5.
[498] *Henrich* FamRZ 2015, 1761 (1763f.).

terhaltsanspruch anzurechnen sind, ist nach dem Unterhaltsstatut zu beurteilen.[499] Gilt deutsches Recht, so kommt es für die Frage der Anrechnung von ausländischen Sozialleistungen darauf an, ob sie den Unterhaltsverpflichteten entlasten sollen.[500]

**cc) Art und Schuldner des Unterhalts.** Dem Unterhaltsstatut ist auch zu entnehmen, ob der Unterhalt **als Rente oder einmalige Zahlung** geschuldet wird oder ob er als **Naturalleistung** verlangt bzw. geleistet werden darf.[501] Zu Nutzungsbefugnissen an der Ehewohnung und zur Verteilung der Haushaltsgegenstände → Rn. 136 f. Ist der Unterhalt nach dem Unterhaltsstatut als Rente geschuldet, bestimmt dieses insbesondere auch die Höhe und die Dauer dieser Unterhaltsrente; ferner beantwortet es die Frage, ob den Berechtigten eine Erwerbsobliegenheit trifft und ob der Verpflichtete vorläufigen Unterhalt zu zahlen hat. Das Unterhaltsstatut bestimmt auch über besondere Ausprägungen des Unterhaltsanspruchs, zB über Sonderbedarf und die Verpflichtung zur Zahlung eines **Prozesskostenvorschusses.**[502] 172

Das Unterhaltsstatut regelt nach lit a auch, **von wem** der Berechtigte Unterhalt verlangen kann. Wer als Unterhaltsschuldner bzw. -gläubiger überhaupt in Betracht kommt (zB Eltern, Ehegatte, eingetragener Lebenspartner), ergibt sich aus Art. 1 Abs. 1 HUP.[503] Unterhaltsschuldner kann auch der **Erbe** des ursprünglichen Schuldners sein. Insoweit wird die Frage, ob eine Unterhaltspflicht auf den Erben des Schuldners übergeht (vgl. etwa § 1586b BGB), vom Unterhaltsstatut beantwortet. Über die Vorfrage, wer Erbe ist, befindet dagegen das Erbstatut.[504] 173

**dd) Rangverhältnis.** Das Unterhaltstatut bestimmt weiter, in welchem Rangverhältnis mehrere Unterhaltsschuldner zueinander stehen (vgl. im deutschen Recht §§ 1606, 1607 BGB)[505] und unter welchen Voraussegtzungen ein nur nachrangig haftender Schuldner in Anspruch genommen werden kann.[506] Für den Fall, dass Unterhaltsgläubiger miteinander konkurrieren, deren Unterhaltsansprüche verschiedenen Rechtsordnungen unterliegen, ist zunächst zu untersuchen, ob diese Rechtsordnungen übereinstimmend die Priorität eines bestimmten Gläubigers anordnen; dann gilt diese gemeinsame Regelung. Ordnen die beiden anwendbaren Rechte ein unterschiedliches Rangverhältnis an, so wird überwiegend vorgeschlagen, auf Grund einer ungeschriebenen Sachnorm zu entscheiden. Dieser zufolge soll unter Berücksichtigung des Verwandtschaftsgrades, der gemeinsamen Beziehung zu einer Rechtsordnung und der Möglichkeit der Beteiligten, von anderen Personen versorgt zu werden, der Bedürftigere oder **der Bedürftigste den Vorrang** genießen.[507] 174

**ee) Auskunftsanspruch.** Das Unterhaltsstatut entscheidet auch, ob dem Berechtigten ein Auskunftsanspruch gegen den Unterhaltsverpflichteten zusteht.[508] Kennt das ausländische 175

[499] OLG Hamm FamRZ 1994, 1132; OLG Nürnberg FamRZ 1994, 1133 (1134).
[500] Rauscher/*Andrae* HUP Art. 11 Rn. 19.
[501] Rauscher/*Andrae* HUP Art. 11 Rn. 7; MüKoBGB/*Siehr* HUP Art. 11 Rn. 6; Erman/*Hohloch* HUP Art. 11 Rn. 3; zum HUntÜ BGH NJW 1992, 974; OLG Karlsruhe NJW-RR 1991, 643; Staudinger/*Mankowski* EGBGB Anh. I Art. 18 Rn. 73.
[502] Erman/*Hohloch* HUP Art. 11 Rn. 4; NK-BGB/*Gruber* HUP Art. 11 Rn. 5; ebenso zum HUntÜ KG FamRZ 1988, 167; OLG Stuttgart FamRZ 2005, 1682 und 1988, 758.
[503] Erman/*Hohloch* HUP Art. 11 Rn. 3; näher → Rn. 138 ff.
[504] MüKoBGB/*Siehr* HUP Art. 11 Rn. 5.
[505] OLG Nürnberg NJOZ 2012, 1050; OLG Düsseldorf FamRZ 2001, 919; OLG Frankfurt a.M. NJW-RR 1990, 647 (*Türkei:* Vorrang der Eltern vor der Ehefrau); OLG Hamm FamRZ 2006, 1387 (*Türkei:* gleicher Rang von Ehefrau und Kindern); vgl auch AG Leverkusen FamRZ 2003, 627 mAnm *Henrich* (Ersatzhaftung nachrangig Verpflichteter).
[506] MüKoBGB/*Siehr* HUP Art. 11 Rn. 4.
[507] OLG Stuttgart IPRspr. 2001 Nr. 76; LG München I IPRspr. 2010 Nr. 107; MüKoBGB/*Siehr* HUP Art. 11 Rn. 74; **aA** (engste Verbindung) Rauscher/*Andrae* HUP Art. 11 Rn. 2.
[508] BGH FamRZ 2013, 1113 Rn. 18 (zu Art. 5 Nr. 2 EuGVVO); NJW-RR 1994, 644; OLG Köln FamRZ 2003, 544; Palandt/*Thorn* HUP Rn. 39; MüKoBGB/*Siehr* HUP Art. 11 Rn. 75; NK-BGB/*Gruber* HUP

Unterhaltsstatut **keinen materiell-rechtlichen Auskunftsanspruch,** weil es dem Richter verfahrensrechtliche Instrumente zur Verfügung stellt, die für die Berechnung des Unterhalts relevanten Tatsachen – zB im Wege der Amtsermittlung – festzustellen, so sind diese fremden Verfahrensvorschriften im Wege der **Anpassung** (→ § 3 Rn. 59ff.) in einen materiell-rechtlichen Auskunftsanspruch umzudeuten. Kann also ein Richter des Staates, dessen Recht nach Art. 3ff. HUP als Unterhaltsstatut berufen ist, die Beteiligten mit prozessualen Mitteln zur Offenlegung ihrer Vermögensverhältnisse zwingen, so ist dem Unterhaltskläger im Verfahren vor deutschen Gerichten ein auf das gleiche Ziel gerichteter materieller Auskunftsanspruch zuzubilligen.[509] Kennt das Unterhaltsstatut **überhaupt keinen Auskunftsanspruch,** so ist umstritten, ob die sachrechtlichen Vorschriften des deutschen Rechts, etwa § 1580 BGB, aufgrund einer prozessualen Qualifikation im inländischen Verfahren angewendet werden können.[510] Das Problem ist durch § 235 FamFG entschärft worden, der eine verfahrensrechtliche Auskunftspflicht vorsieht, die vor deutschen Gerichten auch bei Geltung ausländischen Unterhaltsstatuts besteht.[511] Ferner kommt eine Anwendung der subsidiären Anknüpfungen nach Art. 4 HUP in Betracht, wenn das Fehlen eines Auskunftsanspruchs dazu führt, dass nach dem von Art. 3 HUP zur Anwendung berufenen Recht kein Unterhaltsanspruch besteht.[512]

176 **c) Unterhalt für die Vergangenheit.** Nach dem noch heute in vielen Rechten geltenden Satz *„in praeteritum non vivitur"* (vgl. im deutschen Recht § 1613 BGB) ist Unterhalt für die Vergangenheit nur in Ausnahmefällen und zeitlich beschränkt geschuldet. Wann und unter welchen Voraussetzungen dies der Fall ist, bestimmt gemäß **Art. 11 lit. b HUP** das Unterhaltsstatut.[513] Problematisch ist der Fall, dass in der Vergangenheit ein anderes Recht maßgebend war als zum Zeitpunkt der Geltendmachung des Unterhalts für die Vergangenheit (Statutenwechsel). Keine Schwierigkeiten ergeben sich, wenn beide Rechte die Frage nach dem Unterhalt für die Vergangenheit gleich beantworten. Weichen die beiden Rechte in dieser Frage voneinander ab, sollte Unterhalt für die Vergangenheit nur dann und in dem Umfang zugesprochen werden, wie es das in der Vergangenheit maßgebende Unterhaltsstatut zulässt. Dabei soll auf die Rechtsordnung abzustellen sein, die während der Vergangenheit nach dem IPR des jetzigen Forums Unterhaltsstatut war.[514] Aus Gründen des Vertrauensschutzes könnte man auch daran denken, dasjenige Recht anzuwenden, das nach dem IPR des in der Vergangenheit gemäß Art. 3 EuUntVO zuständigen Gerichts maßgeblich gerwesen wäre.

177 **d) Grundlage für die Berechnung des Unterhalts und für die Indexierung.** Die Höhe des Unterhaltsanspruchs wird – wie gezeigt (→ Rn. 158ff.) – gemäß Art. 11 lit. a HUP durch das Unterhaltsstatut bestimmt. Dies gilt auch, soweit hierfür Berechnungsgrundlagen wie Tabellen, Verbrauchergeldparitäten, Indices etc herangezogen werden. Darüber hinaus stellt **Art. 11 lit. c HUP** klar, dass das Unterhaltsstatut auch für die Zulässigkeit, die Voraussetzungen und Grundlagen einer **Indexierung** sowie für ihre Durch-

Art. 11 Rn. 10; vgl. auch OLG Bamberg FamRZ 2005, 1682 (keine Auskunftspflicht geschiedener Eheleute im Abänderungsverfahren nach *italienischem* Recht).

[509] OLG Hamm NJW-RR 1993, 1155 (*Türkei*); NK-BGB/*Gruber* HUP Art. 11 Rn. 10; *Henrich* IntSchR Rn. 147; **aA** (prozessrechtliche Qualifikation von § 1580 iVm § 1605 BGB) OLG Karlsruhe FamRZ 1995, 738; Rauscher/*Andrae* HUP Art. 11 Rn. 4; vgl. auch zur Anpassung im Falle der Verweisung auf *englisches* oder *US-amerikanisches* Recht, wo das Problem mit Hilfe des Rechtsinstituts der *„discovery"* gelöst wird, Staudinger/*Mankowski* EGBGB Anh. I Art. 18 Rn. 90ff.

[510] Dagegen OLG Bamberg FamRZ 2005, 1682; dafür, wenn Unterhaltsberechtigung und -verpflichtung auf der Grundlage des Unterhaltsstatuts schlüssig vorgetragen sind, Erman/*Hohloch* HUP Art. 11 Rn. 5; ähnlich OLG Stuttgart IPRax 1990, 113.

[511] Rauscher/*Andrae* HUP Art. 11 Rn. 4.

[512] BeckOK BGB/*Heiderhoff* EGBGB Art. 18 Rn. 30.

[513] BGH NJW-RR 2005, 1593; AG Leverkusen FamRZ 2004, 727; OLG Hamburg FamRZ 1990, 794; MüKoBGB/*Siehr* HUP Art. 11 Rn. 55.

[514] Palandt/*Thorn* HUP Rn. 40; MüKoBGB/*Siehr* HUP Art. 11 Rn. 56.

führung im konkreten Fall maßgebend ist. Allerdings lässt sich der Anwendungsbereich beider Bestimmungen nicht scharf trennen; einer Differenzierung bedarf es allerdings auch nicht, da in jedem Fall das Unterhaltsstatut gilt.

Ist ausländisches Recht Unterhaltsstatut und danach die Möglichkeit einer **Dynamisierung** vorgesehen, so kann diese auch im inländischen Prozess erfolgen.Gilt deutsches Recht, kann Unterhalt nach § 1612a BGB auch dann verlangt werden, wenn das Kind seinen gewöhnlichen Aufenthalt im Ausland hat.[515] Bei der Festsetzung des Prozentsatzes nach § 1612a Abs. 1 BGB sind dann die unterschiedlichen Lebenshaltungskosten zu berücksichtigen, wenn das Kind im Ausland lebt.[516] Zur Vermeidung von Schwierigkeiten bei der Auslandsvollstreckung ist auf Antrag nach § 245 FamFG der dynamisierte Unterhalt, der nur als Vomhunderstatz des Regelbetrags angegeben ist, in einen statischen Unterhalt umzurechnen und auf dem Titel zu vermerken.[517] 178

**e) Berechtigung zur Verfahrenseinleitung.** Wer Unterhaltsgläubiger sein kann, bestimmt schon Art. 1 Abs. 1 HUP (→ Rn. 138ff.). Nach **Art. 11 lit. d HUP** unterliegt dem Unterhaltsstatut ferner die vor allem für den Kindesunterhalt relevante Frage, wer zur Geltendmachung des Unterhalts in eigenem oder in fremdem Namen berechtigt ist. Dies ist unproblematisch, wenn der materiell Unterhaltsberechtigte selbst den Anspruch erhebt. Vom Unterhaltsstatut sind aber auch Normen erfasst, die einem Elternteil die Befugnis zusprechen, den Unterhaltsanspruch des Kindes in eigenem Namen geltend zu machen **(Prozessstandschaft).**[518] Ist deutsches Unterhaltsrecht anzuwenden, so gilt vor deutschen Gerichten daher § 1629 Abs. 3 BGB. Ist das Scheidungsverfahren im Ausland anhängig, ist § 1629 Abs. 3 BGB hingegen nicht anwendbar.[519] 179

Nach der zum bisherigen Recht hM bestimmte das Unterhaltsstatut auch über die Frage der **gesetzlichen Vertretung** des unterhaltsberechtigten Kindes im Prozess gegen einen Elternteil (zB nach § 1629 Abs. 2 S. 2, Abs. 3 BGB).[520] Nach der Gegenmeinung soll alternativ auch das nach Art. 16, 17 KSÜ (→ § 5 Rn. 37ff.) auf das „Eltern-Kind-Verhältnis" anwendbare Recht maßgebend sein.[521] Das Protokoll legt sich insoweit nicht fest,[522] lässt aber erkennen, dass die Frage nicht zwingend (nur) dem Unterhaltsstatut unterstellt werden muss.[523] Nicht vom Unterhaltsstatut erfasst wird hingegen – wie lit. d klarstellt – die Vertretung im Verfahren und die Prozessfähigkeit. Hierüber befindet das maßgebliche Verfahrensrecht *(lex fori)*, das ggf. für die Beurteilung der Rechts- und Geschäftsfähigkeit auf das Personalstatut des zur Verfahrenseinleitung Berechtigten zurückgreift; diese ist nach dem IPR der *lex fori* (in Deutschland nach Art. 7 EGBGB; → § 4 Rn. 6ff.) gesondert anzuknüpfen. 180

Soweit eine **öffentliche Aufgaben wahrnehmende Einrichtung** iRv Art. 64 EuUntVO für den Unterhaltsberechtigten handelt, wird lit. d durch die Kollisionsnorm in 181

---

[515] OLG München OLGR 1998, 49; Palandt/*Thorn* HUP Rn. 41 MüKoBGB/*Siehr* HUP Art. 11 Rn. 68.

[516] Rauscher/*Andrae* HUP Art. 11 Rn. 21.

[517] *Leible/Lehmann* NotBZ 2004, 453 (462).

[518] Vgl. BGH FamRZ 1993, 190; NJW 1992, 974; AG Berlin-Schöneberg FamRZ 2010, 1566; MüKoBGB/*Siehr* HUP Art. 11 Rn. 92; Palandt/*Thorn* HUP Rn. 42 mwN; **aA** (*lex fori*) AG Hamburg FamRZ 2001, 1612.

[519] OLG Frankfurt a.M. FamRZ 1982, 528; OLG Nürnberg IPRspr 1980 Nr. 98; Johannsen/Henrich/*Henrich* EGBGB Art. 18 Rn. 33.

[520] BGH FamRZ 1986, 345 und 1990, 1103 (1107); OLG Karlsruhe FamRZ 1986, 1226; KG FamRZ 1990, 437; OLG Stuttgart FamRZ 1991, 595; OLG Hamm FamRZ 1996, 952; KG FamRZ 1998, 378.

[521] Rauscher/*Andrae* HUP Art. 11 Rn. 23; MüKoBGB/*Siehr* HUP Art. 11 Rn. 94ff.; ebenso zum früheren Recht LG Berlin FamRZ 1991, 104. Für alleinige Geltung von Art. 16, 17 KSÜ Münch/*Süß* FamR § 20 Rn. 69.

[522] *Bonomi*-Bericht Rn. 171.

[523] *Hausmann* FS Martiny, 2014, 345 (347f.); für alternative Anknüpfung auch Erman/*Hohloch* HUP Art. 11 Rn. 12; Johannsen/Henrich/*Henrich* HUP Rn. 33; **aA** NK-BGB/*Gruber* HUP Art. 11 Rn. 11.

Art. 64 Abs. 2 EuUntVO als *lex specialis* verdrängt. Danach gilt für die Vertretungsbefugnis anstelle des Unterhaltsstatuts das Recht, dem die Einrichtung untersteht.[524]

182 **f) Verjährungs- und Klagefristen.** Ebenfalls neu in das Protokoll aufgenommen wurde **Art. 11 lit. e** mit der Klarstellung, dass das Unterhaltsstatut auch die Frage der Verjährung von Unterhaltsansprüchen.[525] und der Geltung etwaiger materiell-rechtlicher **Ausschlussfristen**[526] beherrscht. Gemeint ist nur die Verjährung des Rechts auf Titulierung des Anspruchs; die Verjährung des Rechts auf Vollstreckung regelt hingegen Art. 21 Abs. 2 EuUntVO.[527] Das Unterhaltsstatut regelt nicht nur die V erjährungsfristen, sondern auch deren Hemmung bzw.Unterbrechung; aus ihm ergibt sich auch, ob die Verjährung bzw. der Fristablauf zum Erlöschen des Unterhaltsanspruchs führt oder – wie im deutschen Recht – eine bloße Einrede begründet. Ob bei Fristversäumnis nach dem primären Unterhaltsstatut ein nach Art. 4 Abs. 2, Abs. 3 S. 2, Abs. 4 HUP maßgebendes Ersatzrecht mit seinen ggf. dem Berechtigten günstigeren Regeln eingreifen kann, entscheidet die jeweilige Kollisionsnorm.[528]

183 Das Unterhaltsstatut gilt gemäß lit. e außerdem für etwaige **Klagefristen.** Nach ausländischem Recht muss etwa der nacheheliche Unterhalt zT zugleich mit der Scheidung oder jedenfalls bis zum rechtskräftigen Abschluss des Scheidungsverfahrens geltend gemacht werden. Solche Präklusionsfristen verfolgen idR materielle Zwecke und sind deshalb nach Maßgabe des ausländischen Unterhaltsstatuts auch in Verfahren vor deutschen Gerichten zu beachten.[529] Das Unterhaltsstatut bestimmt ferner über die Wirkung von solchen Klagefristen.[530] Dies gilt auch dann, wenn diese Fristen von dem auf die Unterhaltsansprüche maßgebenden Recht prozessual qualifiziert werden. Rein prozessuale Fristen, wie etwa die Berufungsfrist, unterliegen dagegen nicht dem Unterhaltsstatut, sondern der *lex fori*.[531]

184 **g) Umfang der Erstattungspflicht.** Über das Bestehen eines Erstattungsanspruchs einer öffentliche Aufgaben wahrnehmenden Einrichtung (kraft Legalzession oder in Gestalt eines selbständigen Anspruchs) entscheidet gemäß Art. 10 HUP immer das Recht, dem die Einrichtung untersteht (**„Erstattungsstatut“**). Allerdings begrenzt das Unterhaltsstatut – in Übereinstimmung mit dem bisherigen Recht – gemäß **Art. 11 lit. f HUP** das Ausmaß, in dem gegen den Pflichtigen Regress genommen werden kann.[532]. Der übergegangene Anspruch untersteht in vollem Umfang (zB auch hinsichtlich des Erlöschens, der Verjährung etc) dem Unterhaltsstatut. Denn der Inhalt und Umfang dieses Anspruchs soll auch durch einen gesetzlichen Forderungsübergang nicht zum Nachteil des Unterhaltsschuldners verändert werden.[533] Damit folgt das Protokoll für Unterhaltspflichten dem auch in Art. 15 Rom I-VO und Art. 19 Rom II-VO zum Ausdruck kommenden allgemeinen Grundsatz.

[524] Vgl. *Hausmann* IntEuSchR K Rn. 301 ff.
[525] Vgl. zum bisherigen Recht OLG Bremen FamRZ 2013, 224 (225); OLG Stuttgart NJW-RR 2007, 80.
[526] OLG Koblenz FamRZ 2004, 1877 (*Serbien*).
[527] Dazu *Hausmann* IntEuSchR K Rn. 103 ff.
[528] Erman/*Hohloch* HUP Art. 11 Rn. 13.
[529] AG Tettnang IPRax 2005, 154; Rauscher/*Andrae* HUP Art. 11 Rn. 18; MüKoBGB/*Siehr* HUP Art. 11 Rn. 104; **aA** (Verstoß gegen den deutschen *ordre public*) OLG Koblenz FamRZ 2004, 1877.
[530] OLG Hamm FamRZ 1994, 580; Erman/*Hohloch* HUP Art. 11 Rn. 13.
[531] BeckOK BGB/*Heiderhoff* EGBGB Art. 18 Rn. 105.
[532] Vgl. OLG Hamm FamRZ 2001, 918 (919); *Martiny* IPRax 2004, 198.
[533] Erman/*Hohloch* HUP Art. 11 Rn. 14.

## IV. Allgemeine Vorschriften

### 1. Ausschluss der Rückverweisung

Nach **Art. 12 HUP** bedeutet der Begriff „Recht“ im Sinne dieses Protokolls das in einem Staat geltende Recht mit Ausnahme des Kollisionsrechts. Sämtliche Verweisungen des Protokolls stellen – wie schon bisher nach Art. 4 ff. HUntÜ/Art. 18 EGBGB[534] – Sachnormverweisungen dar. Rück- oder Weiterverweisungen sind grundsätzlich nicht zu beachten. Dies gilt – anders als zB im Erbrecht (Art. 34 Abs. 1 EuErbVO; dazu→ § 15 Rn. 52 ff.) – auch dann, wenn auf das Recht von **Nichtvertragsstaaten** verwiesen wird. Ausländisches Kollisionsrecht kann damit auf dem Gebiet des Unterhaltsrechts nur bei der Anknüpfung von Vorfragen Bedeutung gewinnen. 185

### 2. Mehrrechtsstaaten

**a) Territoriale Rechtsspaltung.** Für den Fall, dass die Kollisionsnormen des Protokolls auf die Rechtsordnung eines Staates verweisen, dessen materielles Unterhaltsrecht territorial gespalten ist, verlängert Art. 16 Abs. 1 HUP die Verweisung nach Art. 3 ff. HUP mit Hilfe autonomer Unteranknüpfungen bis hin zu einer bestimmten Gebietseinheit (Teilrechtsordnung) des Mehrrechtsstaates. Vorrang hat allerdings gemäß Art. 16 Abs. 2 lit. a HUP das interlokale Privatrecht des Mehrrechtsstaates.[535] 186

**aa) Vorrang des interlokalen Privatrechts des Mehrrechtsstaates.** Regelt der Mehrrechtsstaat, auf dessen Recht nach Art. 3 ff. HUP verwiesen ist, wie zB *Spanien,* die Frage, welche seiner Teilrechtsordnungen zur Anwendung kommen soll, durch eigene interlokale Vorschriften, so haben diese gemäß Art. 16 Abs. 2 lit. a HUP Vorrang vor den Unteranknüpfungen nach Abs. 1.[536] Dies entspricht der Regelung in Art. 4 Abs. 3 S. 1 EGBGB (→ § 2 Rn. 148). Daher ist im ersten Schritt stets zu prüfen, ob in dem als Unterhaltsstatut berufenen Recht – wie zB in *Spanien* – besondere Normen zur interlokalen Anknüpfung gelten. 187

**bb) Autonome Unteranknüpfung.** Nur wenn diese Prüfung negativ ausfällt, weil der betreffende Mehrrechtsstaat über keine eigenen Regeln des interlokalen Privatrechts verfügt, wie dies etwa auf *Australien, Kanada* oder die *USA* zutrifft, kommen – wie Art. 16 Abs. 2 lit. b HUP klarstellt – die autonomen Unteranknüpfungen in Art. 16 Abs. 1 HUP subsidiär zur Anwendung. Die Unteranknüpfung fällt nicht schwer, wenn die einschlägige Kollisionsnorm ein **räumliches Anknüpfungskriterium** verwendet, denn die Verweisung muss dann lediglich bis zu der durch dieses Kriterium bezeichneten Gebietseinheit des Mehrrechtsstaates verlängert werden. Wird daher gemäß Art. 3 Abs. 1 HUP auf das Recht des Staates verwiesen, in dem der Unterhaltsberechtigte seinen gewöhnlichen Aufenthalt hat und lebt dieser in den *Vereinigten Staaten,* die kein Unterhaltsrecht auf Bundesebene kennen, so ist diese Verweisung nach Art. 16 Abs. 1 lit. a HUP als Bezugnahme auf das in einem bestimmten US-Bundesstaat geltende Unterhaltsrecht zu verstehen. Maßgebend ist dann nach lit. c das Recht desjenigen Bundestaats, in dem sich der Unterhaltsberechtigte gewöhnlich aufhält. 188

Größere Schwierigkeiten bereit die Unteranknüpfung, wenn an die **Staatsangehörigkeit einer Person** angeknüpft wird. Insoweit verweist Art. 16 Abs. 1 lit. d und lit. e HUP primär auf das interlokale Privatrecht des Mehrrechtsstaates und hilfsweise auf die engste Verbindung der Unterhaltspflicht bzw. der betreffenden Person zu einer bestimmten Teilrechtsordnung. 189

[534] BGH NJW 1992, 438 (439); OLG Karlsruhe FamRZ 1990, 313; Staudinger/*Mankowski* EGBGB Anh. I Art. 18 Rn. 17 ff.
[535] Rauscher/*Andrae* HUP Art. 16 Rn. 1; NK-BGB/*Gruber* HUP Art. 16 Rn. 1. Dazu allg.→ § 2 Rn. 129 ff.
[536] Palandt/*Thorn* HUP Rn. 51.

190 Im Wege einer **Rechtswahl** nach Art. 8 HUP können die Parteien die maßgebende Teilrechtsordnung selbst bestimmen.[537] Wegen weiterer Einzelheiten wird auf die Kommentierung der Parallelvorschriften in Art. 14 Rom III-VO (→ § 11 Rn. 156ff.) verwiesen.

191 **b) Personale Rechtsspaltung.** Ist das von Art. 3ff. HUP zur Anwendung berufene Unterhaltsrecht personal gespalten, so überlässt Art. 17 HUP die Bestimmung des auf die einzelnen Personengruppen anwendbaren Unterhaltsrechts dem interpersonalen Recht des betreffenden Staates. Im Vordergrund steht die vor allem in islamischen Ländern verbreitete Anwendung unterschiedlichen Rechts auf die Angehörigen verschiedener Religionsgruppen. Zu Einzelheiten wird auf die Kommentierung der Parallelvorschrift in Art. 15 Rom III-VO verwiesen (→ § 11 Rn. 162ff.).

### 3. Ordre public

192 Unter Zugrundelegung der gebotenen restriktiven Anwendung der *ordre public*-Klausel in **Art. 13 HUP** (dazu allg. → § 3 Rn. 131) verstößt selbst die gänzliche **Nichtgewährung von Unterhalt** nach ausländischem Recht nicht schlechterdings gegen den deutschen *ordre public*. Dies gilt insbesondere, wenn der Unterhaltsverpflichtete sich berechtigterweise auf die Einrede des Art. 6 HUP stützt; dieses vom Gesetzgeber gewollte Ergebnis kann nur in besonderen Ausnahmefällen über Art. 13 HUP korrigiert werden.[538] Auch der Ausschluss von nachehelichem Unterhalt durch das fremde Unterhaltsstatut ist grundsätzlich hinzunehmen;[539] hiervon ist nur in besonderen Härtefällen – zB bei schwerer Krankheit des Unterhaltsberechtigten – abzuweichen. Im Rahmen der *ordre public*-Kontrolle kommt der Wahrung des **Kindeswohls** eine herausragende Bedeutung zu. Ein Verstoß gegen die Vorbehaltsklausel ist daher anzunehmen, wenn wegen der Nichtgewährung von nachehelichen Unterhaltsansprüchen die elterliche Kindesbetreuung in verfassungsrechtlich relevanter Art und Weise gefährdet wird.[540] Auch der Ausschluss von Kindesunterhalt ist regelmäßig mit dem deutschen *ordre public* nicht vereinbar.[541]

193 Erst Recht kann ein Verstoß gegen die inländische öffentliche Ordnung nach Art. 13 HUP nicht schon dann bejaht werden, wenn Trennungs- oder nachehelicher Unterhalt lediglich **in geringerem Umfang oder für einen geringeren Zeitraum** gewährt wird als nach deutschem Recht[542] oder wenn Erwerbseinkünfte, die nach den Maßstäben des deutschen Unterhaltsrechts wegen der Betreuung eines Kleinkindes als überobligatorisch zu bewerten sind, nach dem fremden Unterhaltsstatut anzurechnen sind.[543] Gleiches gilt, wenn der Unterhalt wegen des durch das Verschulden eines Ehegatten verursachten Scheiterns der Ehe versagt wird[544] oder gemindert ist.[545] Dass der im Inland lebende geschiedene Partner aufgrund der Versagung des Unterhalts sozialhilfebedürftig wird, dürfte ebenfalls allein kein Grund für eine Anwendung der *ordre public*-Klausel sein.[546] Unterhaltsansprüche, die nach ausländischem Recht dem Ehegatten einer nach diesem Recht

[537] Rauscher/*Andrae* HUP Art. 16 Rn. 6; Palandt/*Thorn* HUP Rn. 51; **aA** NK-BGB/*Gruber* HUP Art. 16 Rn. 3.

[538] *Andrae* IntFamR § 8 Rn. 167.

[539] BGH NJW 1991, 2212 (2113ff.); OLG Celle NJOZ 2011, 1993; OLG Karlsruhe FamRZ 1989, 748 (749); Erman/*Hohloch* HUP Art. 13 Rn. 3 mwN.

[540] BGH NJW 1991, 2212 (2214); OLG Koblenz FamRZ 2004, 1877; OLG Zweibrücken FamRZ 2001, 920 (922) und 1997, 93 (94ff.); OLG Hamm FamRZ 1999, 1142 (1143); OLG Bremen IPRax 1998, 366; AG Frankfurt a.M. IPRspr 2003 Nr. 80; NK-BGB/*Gruber* HUP Art. 13 Rn. 2.

[541] OLG Koblenz FamRZ 1998, 859; OLG Celle FamRZ 1991, 598 (599); Erman/*Hohloch* HUP Art. 13 Rn. 4; Palandt/*Thorn* HUP Rn. 47.

[542] BGH NJW 1991, 2212 (2214); OLG Nürnberg FamRZ 2010, 2077; OLG Zweibrücken FamRZ 2001, 920 (922); Rauscher/*Andrae* HUP Art. 13 Rn. 9.

[543] OLG Zweibrücken FamRZ 2000, 32.

[544] OLG Bremen IPRax 1998, 366.

[545] Vgl. zum Trennungsunterhalt nach *italienischem* Recht OLG Stuttgart FamRZ 2004, 1496ff.

[546] Vgl. OLG Bremen IPRax 1998, 366, wo die Frage wegen des hohen Einkommens der Unterhaltsberechtigten offen bleiben konnte.

zulässigen **Mehrehe** zustehen, verstoßen nicht gegen die inländische öffentliche Ordnung.[547] Auch im Übrigen reicht es für einen *ordre public*-Verstoß nicht aus, dass der Unterhaltsanspruch auf der Grundlage eines Verwandtschaftsverhältnisses (zB Geschwisterunterhalt) oder einer sonstigen Beziehung (zB nichteheliche Lebensgemeinschaft) zugesprochen wird, die im Gerichtsstaat nicht anerkannt werden.[548]

Ein Verstoß gegen den *ordre public* kommt hingegen dann in Betracht, wenn die für die **Abänderung einer Unterhaltsentscheidung** maßgebende Rechtsordnung eine solche Abänderbarkeit trotz wesentlich veränderter Umstände verneint.[549] Auch ein nach ausländischem Recht wirksamer **Unterhaltsverzicht** kann gegen den inländischen *ordre public* verstoßen.[550] Die Wahl eines ausländischen Unterhaltsstatuts, das einen Unterhaltsverzicht in weiterem Umfang als das Recht am gewöhnlichen Aufenthalt des Berechtigten erlaubt, wird allerdings bereits durch Art. 8 Abs. 4 HUP ausgeschlossen, der zwingend das nach Art. 3 HUP anwendbare Recht für maßgeblich erklärt. Ein Unterhaltsverzicht auf der Grundlage eines ausländischen Unterhaltsstatuts, das kraft objektiver Anknüpfung anwendbar ist, kann mit Art. 13 HUP unvereinbar sein, wenn die Freistellung zu Lasten Dritter, insbesondere zu Lasten eines deutschen Trägers der Sozialhilfe, geht.[551] Gleiches gilt auch dann, wenn entgegen dem Verzichtsverbot nach § 1614 BGB und trotz starker Inlandsbeziehung auf zukünftigen Unterhalt verzichtet wird.[552] Ein Verzicht auf nachehelichen Unterhalt ist dagegen idR mit der deutschen öffentlichen Ordnung vereinbar; dies gilt insbesondere dann, wenn der Unerhaltsverpflichtete eine Gegenleistung für den Verzicht (zB eine Abfindung) erbracht hat.[553] 194

Gewährt das gemäß Art. 3 HUP maßgebende Recht am gewöhnlichen Aufenthalt einem nach Art. 4 Abs. 1 HUP privilegierten Berechtigten (zB einem Kind) keinen Unterhalt, so ist vor einem Rückgriff auf den *ordre public* die **Kaskadenanknüpfung des Art. 4 HUP** heranzuziehen; danach führt bereits Art. 4 Abs. 2 HUP zur Anwendung deutschen Rechts. In Bezug auf den Ehegattenunterhalt können *ordre public*-widrige Ergebnisse einer Anwendung des gemäß Art. 3 HUP maßgebenden Rechts im Einzelfall auch durch die kollisionsrechtliche Einrede nach Art. 5 HUP verhindert werden. 195

Im Rahmen einer Rechtswahl nach Art. 8 HUP hat die **Missbrauchsklausel des Art. 8 Abs. 5 HUP Vorrang** vor dem *ordre public*-Vorbehalt des Art. 13 HUP.[554] Verstößt also der Inhalt eines von den Parteien nach Art. 8 gewählten Rechts gegen den deutschen *ordre public,* so ist vor Anwendung der Vorbehaltsklausel des Art. 13 HUP die Billigkeitskontrolle nach Art. 8 Abs. 5 HUP vorzunehmen. Führt bereits diese zu dem Ergebnis, dass die Rechtswahl nicht zu beachten und das Unterhaltsstatut objektiv anzuknüpfen ist, erübrigt sich der Rückgriff auf den *ordre public.* Andererseits dürfte ein Verstoß gegen den *ordre public* durch das von voll informierten Ehegatten bewusst gewählte Recht nur ausnahmweise anzunehmen sein.[555] Schließlich geht auch die Sachnorm zur Bemessung des Unterhaltsbetrags nach Art. 14 HUP im Rahmen ihres Anwendungsbereichs (→ Rn. 198 ff.) der Anwendung des *ordre public* vor. 196

Führt die Anwendung einer ausländischen Norm im konkreten Fall zu einem gegen den deutschen *ordre public* verstoßenden Ergebnis, so kann in manchen Fällen schon durch die schlichte **Nichtanwendung der betreffenden Norm** ein sachgerechtes Ergebnis er- 197

---

547 BVerwGE 71, 228 (230); Rauscher/*Andrae* HUP Art. 13 Rn. 12.
548 *Bonomi*-Bericht Rn. 177; NK-BGB/*Gruber* HUP Art. 13 Rn. 1.
549 OLG Nürnberg FamRZ 1996, 353 (354); KG NJW-RR 1994 138 (139); Rauscher/*Andrae* HUP Art. 13 Rn. 10.
550 Rauscher/*Andrae* HUP Art. 13 Rn. 8.
551 OLG Hamm NJW-RR 1999, 950.
552 Vgl. OLG Hamm NJW-RR 1990, 950; OLG Nürnberg FamRZ 1996, 353 (354); OLG Koblenz FamRZ 1990, 426 (427).
553 OLG Zweibrücken FamRZ 1988, 623; Rauscher/*Andrae* HUP Art. 13 Rn. 8; Staudinger/*Mankowski* EGBGB Anh. I Art. 18 Rn. 391.
554 Rauscher/*Andrae* HUP Art. 13 Rn. 5.
555 Vgl. *Henrich* FamRZ 2015, 1761 (1765).

reicht werden, etwa im Falle eines *ordre public*-widrigen Ausschlusstatbestands. Im Übrigen darf die Nichtanwendung des ausländischen Unterhaltsstatuts nur soweit gehen, wie dies zur Erreichung eines Ergebnisses, das mit der inländischen öffentlichen Ordnung vereinbar ist, unbedingt erforderlich ist. Ist zB in einer Ausschlussfrist zur Geltendmachung nachehelichen Unterhalts ein *ordre public*-Verstoß zu sehen, dann führt dieser nicht dazu, dass auch bezüglich der Bemessung des Unterhaltsanspruchs eine Lücke entsteht. Dessen sonstige Voraussetzungen und die Bestimmung seines Umfangs unterliegen daher weiterhin dem Unterhaltsstatut, gegebenenfalls mit Korrekturen durch Art. 14 HUP.[556] Folgt die *ordre public*-Widrigkeit des konkreten Rechtsanwendungsergebnisses aus dem **Mangel bestimmter Rechtsnormen,** etwa dem Fehlen von Unterhaltstatbeständen, bedarf es einer Lückenfüllung. Diese erfolgt gemäß dem Grundsatz des geringstmöglichen Eingriffs wiederum primär mit Hilfe des anwendbaren ausländischen Rechts selbst.[557] Ist eine Lückenfüllung auf dem Boden der *lex causae* nicht möglich, ist subsidiär auf die *lex fori* zurückzugreifen.[558] Sieht das ausländische Recht auch in einem besonderen Härtefall keinen Unterhalt vor, so kommt nach Ansicht des BGH ein Unterhaltsanspruch in Betracht, der „bis zur Gewährung des angemessenen Unterhalts" reichen kann.[559]

### 4. Einheitliche Sachnorm zur Bemessung des Unterhaltsbetrags

198 **a) Allgemeines.** Bei der Bemessung des Unterhalts sind gemäß Art. 14 HUP die Bedürfnisse der berechtigten Person und die wirtschaftlichen Verhältnisse der verpflichteten Person sowie etwaige der berechtigten Person anstelle einer regelmäßigen Unterhaltszahlung geleistete Entschädigungen zu berücksichtigen, selbst wenn das anzuwendende Recht etwas anderes bestimmt. Art. 14 HUP stellt damit eine **staatsvertragliche Sachnorm** dar,[560] die in ihrem Anwendungsbereich entgegenstehende Sachnormen des jeweiligen Unterhaltsstatuts verdrängt.[561] Dieser Sachnorm kommt insbesondere dann Bedeutung zu, wenn das anwendbare Recht das Bestehen oder die Höhe des nachehelichen Unterhaltsanspruchs davon abhängig macht, welchem Ehegatten die Schuld an der Scheidung zugewiesen wird.[562] Es handelt sich bei Art. 14 HUP – abweichend von der Vorgängervorschrift in Art. 11 Abs. 2 HUntÜ/Art. 18 Abs. 7 EGBGB – um keine die *ordre public*-Klausel des Art. 13 HUP konkretisierende Regelung.[563] Die Vorschrift ist deshalb auch dann anzuwenden, wenn der *ordre public* nicht verletzt ist oder wenn sich die Unterhaltspflicht nach der *lex fori* richtet.[564]

199 Art. 14 HUP ist – anders als die *ordre public*-Klausel in Art. 13 HUP – nach allgemeinen staatsvertraglichen Grundsätzen einheitlich und **vertragsautonom** auszulegen (Art. 20 HUP).[565] Dem EuGH kommt dabei für die Gerichte der EU-Mitgliedstaaten die Auslegungskompetenz nach Art. 267 AEUV zu. Geht man davon aus, dass Art. 14 HUP keine *ordre public*-Funktion mehr hat, so gibt es auch für die bisher verbreitete Ansicht, wonach von der Vorschrift nur zurückhaltend Gebrauch gemacht werden sollte,[566] keine Grundla-

---

[556] OLG Koblenz FamRZ 2004, 1877 (1879); OLG Zweibrücken FamRZ 20000, 32; BeckOK BGB/*S. Lorenz* EGBGB Art. 6 Rn. 17.

[557] BGH NJW 1993, 848 (850); OLG Düsseldorf IPRax 2009, 520; allg. → § 3 Rn. 142f.

[558] Palandt/*Thorn* EGBGB Art. 6 Rn. 13; allg. → § 3 Rn. 144.

[559] BGH NJW 1991, 2212 (2114); OLG Zweibrücken FamRZ 1997, 1404 (1405); NK-BGB/*Gruber* HUP Art. 13 Rn. 2; restriktiver OLG Karlsruhe FamRZ 1989, 748: „ausreichender Unterhalt"; OLG Düsseldorf FamRZ 1995, 885: „Notunterhalt".

[560] *Bonomi*-Bericht Rn. 179; PWW/*Martiny* EGBGB Anh. II Art. 18 Rn. 33.

[561] Rauscher/*Andrae* HUP Art. 14 Rn. 1, 4.

[562] *Verwilghen*-Bericht Rn. 177.

[563] *Bonomi*-Bericht Rn. 181; **aA** Erman/*Hohloch* HUP Art. 14 Rn. 1.

[564] *Bonomi*-Bericht Rn. 181; NK-BGB/*Gruber* HUP Art. 14 Rn. 3; Rauscher/*Andrae* HUP Art. 14 Rn. 3; Palandt/*Thorn* HUP Rn. 48.

[565] Rauscher/*Andrae* HUP Art. 14 Rn. 6.

[566] Vgl. OLG Köln FamRZ 1995, 1582; OLG Karlsruhe FamRZ 1999, 310; Erman/*Hohloch* HUP Art. 14 Rn. 1.

ge mehr. Die Leistungsfähigkeit des Verpflichteten und die Bedürftigkeit des Berechtigten sind vielmehr stets zur Korrektur des Unterhaltsstatuts zu berücksichtigen, wenn letzteres diese beiden Kriterien entweder überhaupt nicht berücksichtigt[567] oder ihnen nicht hinreichend Rechnung trägt.[568] Die Vorschrift schließt damit allerdings nicht aus, dass nach dem Unterhaltsstatut auch andere Umstände für die Bemessung des Unterhalts zu berücksichtigen sind, wie etwa eine Erwerbsobliegenheit, der bisherige Lebensstandard oder die Dauer der Ehe.[569]

**b) Berücksichtigung von gewährten Entschädigungen.** In Erweiterung der Vorgängervorschrift des Art. 11 Abs. 2 HUntÜ enthält Art. 14 HUP die Anordnung, dass bei der Bemessung des Unterhaltsbetrags auch etwaige der berechtigten Person anstelle einer regelmäßigen Unterhaltszahlung geleisteten Entschädigungen zu berücksichtigen sind. Damit trägt das Protokoll vor allem der in den Scheidungsrechten zahlreicher Staaten eingeführten Möglichkeit Rechnung, den nachehelichen Unterhalt durch eine einmalige Abfindung, Entschädigung oder Ausgleichszahlung abzugelten. Nach der englischen Originalfassung der Vorschrift, die Vorrang vor der deutschen Übersetzung hat, muss die Entschädigung noch nicht geleistet worden sein. Ausreichend ist vielmehr, dass sie **zuerkannt** ist („*any compensation which the creditor was awarded in place of periodical maintenance payments*"). Die Regelung bezieht sich insbesondere auf Fälle, in denen ein Ehegatte aus Anlass der Scheidung einen Pauschalbetrag oder einen Vermögenswert (zB eine Immobilie) zugesprochen erhält, wie dies etwa im englischen Recht der Fall sein kann.[570] Weiteres Beispiel sind die „*prestations compensatoires*" des französischen Rechts.[571] Diese Rechtsinstitute sind freilich idR schon nach allgemeinen Grundsätzen unterhaltsrechtlich zu qualifizieren (näher → Rn. 132 ff.), so dass sich eine ergänzende Heranziehung von Art. 14 HUP meist erübrigt. Die Vorschrift findet auch keine Anwendung, wenn das Unterhaltsstatut überhaupt keinen Unterhalt gewährt. In einem solchen Fall bleibt nur der Rückgriff auf den *ordre public*-Vorbehalt des Art. 13 HUP (→ Rn. 192 ff.). 200

## C. Gerichtsstandsvereinbarungen

**Schrifttum:**
*Rauscher,* Gerichtsstandsvereinbarungen in Unterhaltssachen mit Auslandsberührung, FamFR 2013, 25.

### I. Allgemeines

#### 1. Bedeutung

Obwohl das Recht zum Abschluss von Gerichtsstandsvereinbarungen durch Art. 4 EuUntVO gegenüber dem zuvor auch in Unterhaltssachen geltenden Art. 23 Brüssel I-VO noch weiter eingeschränkt wurde (→ Rn. 237 ff.), steht zu erwarten, dass ihre praktische Bedeutung – insbesondere in Bezug auf den nachehelichen Unterhalt iRv Eheverträgen und Scheidungsvereinbarungen – aufgrund der nunmehrigen ausdrücklichen Regelung in Art. 4 EuUntVO zunehmen wird. Dies nicht zuletzt auch wegen der durch Art. 8 HUP (→ Rn. 87 ff.) neu eingeführten Möglichkeit, die Gerichtswahl künftig mit einer auf sie abgestimmten Rechtswahl zu kombinieren. Dies rechtfertigt eine Einbeziehung der Ge- 201

[567] OLG Hamm JAmt 2004, 99; OLG Köln FamRZ 1996, 450 und 1995, 1582.
[568] BGH NJW 1991, 2212; OLG Nürnberg FamRZ 2008, 1755; OLG Hamm NJW-RR 1992, 710; Palandt/*Thorn* HUP Rn. 49.
[569] Rauscher/*Andrae* HUP Art. 14 Rn. 7 ff.
[570] *Bonomi*-Bericht Rn. 182.
[571] Rauscher/*Andrae* HUP Art. 14 Rn. 16.

richtsstandsvereinbarungen in Unterhaltssachen auch in diese der Rechtsgestaltung im internationalen Familienrecht gewidmete Darstellung.

202 Durch eine Gerichtsstandsvereinbarung können die Parteien das nach Art. 3 EuUntVO bestehende Wahlrecht des Antragstellers zwischen vier unterschiedlichen gesetzlichen Gerichtsständen (→ Rn. 26) begrenzen; auf diese Weise lässt sich Rechtssicherheit schaffen und die Eigenverantwortlichkeit der Beteiligten stärken (Erwägungsgrund 19 zur EuUntVO). Der Vorteil einer Prorogation besteht vor allem darin, dass der Gerichtsstand unabhängig von der nicht vorhersehbaren späteren Parteirolle und von einer nachträglichen Veränderung der tatsächlichen Verhältnisse (zB einem Wechsel des gewöhnlichen Aufenthalts) verbindlich bestimmt wird.[572] Außerdem wird mit Hilfe einer Gerichtsstandsvereinbarung nicht nur das maßgebliche Prozessrecht, sondern nach Maßgabe von Art. 4 Abs. 2 und Abs. 3 HUP (→ Rn. 41 ff.) auch das anzuwendende materielle Unterhaltsrecht festgelegt.

### 2. Rechtsnatur

203 Die Gerichtsstandsvereinbarung nach Art. 4 EuUntVO begründet keine Verpflichtung der Parteien, vor einem bestimmten Gericht zu klagen, sondern führt die Zuständigkeit des prorogierten (bzw. die Unzuständigkeit des derogierten) Gerichts von sich aus herbei. Sie ist daher als **Prozessvertrag** und die auf ihren Abschluss gerichteten Willenserklärungen sind als Prozesshandlungen im weiteren Sinne zu qualifizieren.[573] Dies schließt freilich nicht aus, bestimmte Aspekte des Zustandekommens und der materiellen Wirksamkeit der Vereinbarung nach einer mit Hilfe des Kollisionsrechts der *lex fori* zu bestimmenden *lex causae* zu beurteilen (→ Rn. 225 ff.).

### 3. Inhalt

204 Eine Gerichtsstandsvereinbarung nach Art. 4 EuUntVO ist regelmäßig auf die Prorogation des Gerichts (oder der Gerichte) eines bestimmten Mitgliedstaats gerichtet. Da sie grundsätzlich ausschließliche Wirkung hat (Abs. 1 UAbs. 3), wird im Regelfall zugleich die Zuständigkeit der Gerichte aller übrigen Mitgliedstaaten derogiert. Notwendig ist diese Koppelung von **Prorogation und Derogation** in einer Gerichtsstandsvereinbarung jedoch nicht. Die Parteien können vielmehr auch eine isolierte Prorogationsvereinbarung treffen, die nur einen zusätzlichen Gerichtsstand schafft, das Recht der Parteien zur Anrufung der nach Art. 3 EuUntVO gesetzlich zuständigen Gerichte jedoch unberührt lässt (→ Rn. 239).

### 4. Nationale Prorogations-und Derogationsverbote

205 Art. 4 EuUntVO regelt die Zulässigkeit, die Voraussetzungen und die Wirkungen einer gültigen Gerichtsstandsvereinbarung in Unterhaltssachen **abschließend,**[574] verdrängt also auf Grund seines Anwendungsvorrangs als sekundäres Unionsrecht diesbezüglich das nationale Recht der Mitgliedstaaten vollständig. Dies gilt – ebenso wie bisher nach Art. 23 Brüssel I-VO[575] – vor allem für die in den Verfahrensordnungen der Mitgliedstaaten vorgesehenen ausdrücklichen **Prorogations-** oder **Derogationsverbote.**[576] Im Rahmen der EuUntVO nicht anwendbar sind insbesondere Vorschriften, die – wie zB § 232 Abs. 1

[572] Vgl. zu Art. 25 Brüssel Ia-VO Staudinger/*Hausmann* Rom I-VO IntVertrVerfR Rn. 296.

[573] So wohl auch EuGH 13.11.1979 – C-25/79, Slg. 1979, 3423 Rn. 5 ff. – Sanicentral (zu Art. 23 Brüssel I-VO).

[574] Rauscher/*Andrae* EuUntVO Art. 4 Rn. 4; *Hausmann* IntEuSchR C Rn. 114.

[575] Dazu ausführlich unalexKomm/*Hausmann* Brüssel I-VO Art. 23 Rn. 23 ff. mwN.

[576] Vgl. zu Art. 23 Brüssel I-VO EuGH 16.3.1999 – C-159/97, Slg. 1999, I-1597 Rn. 46 ff. – Castelletti = IPRax 2000, 119 mAnm *Girsberger* S. 87; OLG Hamburg NJW 2004, 3126 (3128); OLG Stuttgart OLGR 2009, 717.

FamFG – in Unterhaltssachen ausschließliche örtliche Zuständigkeiten vorschreiben oder im Verhältnis zu Art. 4 Abs. 2 EuUntVO verschärfte Formerfordernisse festlegen.

## 5. Internationaler Sachverhalt

Ebensowenig wie bisher von Art. 23 Brüssel I-VO[577] werden auch von Art. 4 EuUntVO 206 reine Binnensachverhalte erfasst; dies folgt aus der Rechtsgrundlage der EuUntVO in Art. 61, 65 EGV.[578] Ob eine Auslandsberührung besteht, hängt vor allem vom **gewöhnlichen Aufenthalt** der Parteien[579] und vom Inhalt ihrer Gerichtsstandsvereinbarung ab. Ein hinreichender Auslandsbezug der Gerichtsstandsvereinbarung liegt aber schon dann vor, wenn die Prorogation der Gerichte eines Mitgliedstaats zur Derogation einer sonstigen von Art. 3 EuUntVO eröffneten Zuständigkeit in einem anderen Mitgliedstaat führt. Die Vereinbarung eines Gerichts im Aufenthalts- oder Heimatstaat des Unterhaltsverpflichteten ist also an Art. 4 EuUntVO zu messen, wenn hierdurch die Zuständigkeit am gewöhnlichen Aufenthalt des Berechtigten nach Art. 3 lit. b EuUntVO in einem anderen Mitgliedstaat ausgeschlossen wird. Ausreichend ist aber im Hinblick auf Art. 4 Abs. 1 lit. b EuUntVO auch die Vereinbarung eines Gerichtsstands im Heimatstaat einer der Parteien, selbst wenn beide ihren gemeinsamen gewöhnlichen Aufenthalt in einem anderen Mitgliedstaat haben. Daneben kann aber auch die **ausländische Staatsangehörigkeit** einer Partei genügen, um die Internationalität des Sachverhalts zu begründen, obwohl sie kein Kriterium der Zuständigkeitsanknüpfung nach der EuUntVO ist.[580]

Dagegen ist ein Bezug der Gerichtsstandsvereinbarung zu einem **weiteren Mitgliedstaat der EuUntVO** nicht erforderlich. Diese Auffassung hatte sich schon für Art. 23 207 Brüssel I-VO durchgesetzt[581] und gilt auch für den durch Verordnung (EU) Nr. 1215/2012 vom 29.12.2012[582] an dessen Stelle getretenen Art. 25 Brüssel Ia-VO.[583] Daher genügt zur Begründung des internationalen Elements auch die Derogation eines in einem Drittstaat begründeten Gerichtsstands; dies muss jedenfalls dann gelten, wenn einer der in Art. 4 Abs. 1 EuUntVO verwendeten Anknüpfungspunkte auf das Recht eines Drittstaats verweist.[584]

## 6. Verhältnis zu Staatsverträgen

Staatsverträge auf dem Gebiet der internationalen Zuständigkeit in Unterhaltssachen haben nach Maßgabe von Art. 69 Abs. 1 EuUntVO[585] Vorrang vor der Anwendung der 208 Verordnung. Praktische Bedeutung kommt insoweit vor allem dem **Luganer Übereinkommen** von 2007 im Verhältnis zu *Island, Norwegen* und der *Schweiz* zu;[586] insoweit ist allerdings die Sonderregelung in Art. 4 Abs. 4 EuUntVO (unten → Rn. 244 ff.) zu beachten. Demgegenüber besteht im Verhältnis zum **Haager Übereinkommen über Gerichtsstandsvereinbarungen** (HGÜ) vom 30.6.2005[587] kein Abgrenzungsproblem, da dieses nach seinem Art. 2 Abs. 2 lit. b auf Unterhaltspflichten nicht anwendbar ist.

---

[577] Dazu unalexKomm/*Hausmann* Brüssel I-VO Art. 23 Rn. 38 mwN. Auch Art. 25 Brüssel Ia-VO setzt einen internationalen Sachverhalt voraus, vgl. Staudinger/*Hausmann* Rom I-VO IntVertrVerfR Rn. 32, 305 f.

[578] Rauscher/*Andrae* EuUntVO Art. 4 Rn. 8.

[579] EuGH 1.3.2005 – C-281/02, Slg. 2005, I-1383 Rn. 28 – Owusu = IPRax 2005, 244.

[580] Vgl. zur Brüssel I-VO EuGH 17.11.2011 – C-327/10, Slg. 2011, I-11582 – Hypotecní banka/Lindner = NJW 2012, 1199 Rn. 28 ff., 35.

[581] Vgl. EuGH 1.3.2005 – C-281/02, Slg. 2005, I-1383 Rn. 28 ff. – Owusu; ausführlich dazu unalexKomm/*Hausmann* Brüssel I-VO Art. 23 Rn. 39 ff. mwN.

[582] ABl. L 351, 1 = *Jayme/Hausmann* Nr. 160.

[583] Staudinger/*Hausmann* Rom I-VO IntVertrVerfR Rn. 303 f. mwN.

[584] Rauscher/*Andrae* EuUntVO Art. 4 Rn. 9.

[585] *Hausmann* IntEuSchR C Rn. 281 ff.

[586] Dazu *Hausmann* IntEuSchR C Rn. 299 ff.

[587] ABl. 2009 L 133, 3 = *Jayme/Hausmann* Nr. 151.

## II. Schranken der Prorogation

### 1. Vereinbarung der Gerichte eines Mitgliedstaats

209 Nach Art. 4 Abs. 1 EuUntVO müssen die Parteien die Zuständigkeit der Gerichte eines Mitgliedstaats der Verordnung (Art. 1 Abs. 2 EuUntVO) vereinbart haben. Ein bestimmtes Gericht muss hierzu nicht bezeichnet werden; es genügt, wenn zB „die deutschen Gerichte" zuständig sein sollen. Die Beteiligten müssen sich jedoch nicht auf die Vereinbarung der internationalen Zuständigkeit beschränken. Sie können vielmehr auch die Zuständigkeit eines konkreten Gerichts vereinbaren; insoweit regelt die Vereinbarung dann auch die **örtliche Zuständigkeit.** Ob diese sich im deutschen Recht nach § 232 FamFG richtet oder sich unmitttelbar aus Art. 3, 5 EuUntVO bzw. § 27 AUG ergibt, ist noch nicht geklärt. An Art. 4 EuUntVO ist die Wirksamkeit einer Prorogation der Gerichte eines Mitgliedstaates auch dann zu messen, wenn hierdurch die Zuständigkeit eines drittstaatlichen Gerichts derogiert wird; dieses Gericht entscheidet über die Anerkennung der Derogationswirkung dann nach seinem nationalen Prozessrecht.[588]

210 Auf die Vereinbarung eines Gerichtsstands in einem **Drittstaat** ist Art. 4 EuUntVO dagegen nach seinem Wortlaut nicht anwendbar. Wird daher das Gericht eines Mitgliedstaats entgegen einer solchen Vereinbarung angerufen, so muss es die Wirksamkeit der *Prorogation* – ebenso wie das prorogierte Gericht selbst – nach dem am gewählten Gerichtsort geltenden Recht prüfen.[589] Ob das Gericht die Wirksamkeit der *Derogation* in diesem Fall nach seinem autonomen internationalen Privat- und Verfahrensrecht zu beurteilen hat, ist iRd EuGVVO umstritten. Während die Rechtsprechung dies bejaht,[590] soll die Derogationswirkung nach verbreiteter Meinung in der Literatur von den Gerichten aller Mitgliedstaaten einheitlich an Art. 23 Brüssel I-VO (heute: Art. 25 Brüssel Ia-VO) gemessen werden.[591] Da die Zuständigkeitsvorschriften der EuUntVO universell anwendbar sind und die internationale Zuständigkeit auch in Drittstaatsfällen abschließend regeln, hat jedenfalls im Anwendungsbereich dieser Verordnung ein Rückgriff auf nationales Recht auszuscheiden. Zulässigkeit, Form und Wirkungen einer Derogation der Zuständigkeit eines mitgliedstaatlichen Gerichts durch die Prorogation eines drittstaatlichen Gerichts sind vielmehr allein in entsprechender Anwendung von Art. 4 EuUntVO zu beurteilen.[592] Ist die Vereinbarung danach gültig und als ausschließlich gewollt, so schaltet sie alle gesetzlichen Gerichtsstände der Verordnung in den Mitgliedstaaten aus.[593]

### 2. Hinreichender Bezug zum gewählten Forum

211 Art. 4 EuUntVO setzt – anders als bisher Art. 23 Brüssel I-VO – nicht voraus, dass mindestens eine der Parteien ihren Wohnsitz im Hoheitsgebiet eines Mitgliedstaats hat. Allerdings wird den Parteien – abweichend von Art. 20 Abs. 1 lit. e HUntGÜ[594] – auch keine freie Gerichtswahl eingeräumt. Diese wird vielmehr – ähnlich wie die Rechtswahl nach Art. 8 Abs. 1 HUP (→ Rn. 95 ff.) – in Abs. 1 auf die Wahl eines Gerichts oder von Gerichten eines Staates beschränkt, zu dem wenigstens eine der Parteien insbesondere durch

[588] Vgl. unalexKomm/*Hausmann* Brüssel I-VO Art. 23 Rn. 35; Geimer/Schütze/*Geimer* Brüssel I-VO Art. 23 Rn. 44.

[589] Vgl. zu Art. 23 Brüssel I-VO OGH 6.2.1996, unalex AT-672; *Schaper/Eberlein* RIW 2012, 543 (545); MüKoZPO/*Gottwald* Rn. 10 f.

[590] Vgl. EuGH 9.11.2000 – C-387/98, Slg. 2000, I-9337 Rn. 19 – Coreck Maritime = NJW 2001, 501; BGH NJW 1986, 1438 (1439) mAnm *Geimer;* BGH NJW 1989, 1431 (1432).

[591] Vgl. *Vassilakakis* IPRax 2005, 279 (281); Rauscher/*Mankowski* Brüssel Ia-VO Art. 25 Rn. 14; Geimer/Schütze/*Geimer* Brüssel I-VO Art. 23 Rn. 41 ff.

[592] *Hausmann* IntEuSchR C Rn. 119; Rauscher/*Andrae* EuUntVO Art. 4 Rn. 69 ff.

[593] Anders *Rauscher* FamFR 2013, 25 (27), der Vereinbarungen der Zuständigkeit drittstaatlicher Gerichte die derogierende Wirkung ganz abspricht.

[594] Art. 20 Abs. 1 lit. e HUntGÜ regelt die Voraussetzungen für eine Gerichtsstandsvereinbarung allerdings nur für die Zwecke der Anerkennung und Vollstreckung von Unterhaltsentscheidungen aus anderen Vertragsstaaten.

ihren gewöhnlichen Aufenthalt oder ihre Staatsangehörigkeit einen hinreichend engen Bezug hat. Eine Rangfolge zwischen den nach Abs. 1 lit. a bis lit. c eröffneten Wahlmöglichkeiten besteht dabei nicht. Zum maßgebenden Zeitpunkt für das Vorliegen des Bezugspunkts → Rn. 222 ff.

**a) Gewöhnlicher Aufenthalt einer Partei.** Die Parteien können zunächst die Zuständigkeit eines Gerichts oder der Gerichte eines Mitgliedstaats vereinbaren, in dem eine der Parteien ihren gewöhnlichen Aufenthalt hat. 212

**b) Staatsangehörigkeit einer Partei.** Alternativ kann auch die Zuständigkeit eines Gerichts oder der Gerichte eines Mitgliedstaats vereinbart werden, dessen Staatsangehörigkeit eine der Parteien besitzt.[595] Die Staatsangehörigkeit wird im *Vereinigten Königreich* und in *Irland* – sowie ggf. in weiteren Mitgliedstaaten (zB in *Malta* oder *Zypern,* vgl. Erwägungsgrund 18 zur EuUntVO) – gemäß Art. 2 Abs. 3 EuUntVO durch das *„domicile"* ersetzt. Im Falle **doppelter Staatsangehörigkeit** wirkt – wie nach Art. 3 Abs. 1 lit. b EuEheVO[596] – jede der Staatsangehörigkeiten zuständigkeitsbegründend; es muss sich also nicht um die „effektive" Staatsangehörigkeit handeln.[597] 213

**c) Akzessorische Zuständigkeit für den Ehegattenunterhalt.** Ehegatten oder frühere Ehegatten können in Bezug auf die zwischen ihnen bestehenden Unterhaltspflichten nach lit. c 214

- entweder das Gericht als zuständig vereinbaren, das für die Entscheidung in ihrer Ehesache zuständig ist (i)
- oder ein Gericht bzw. die Gerichte des Mitgliedstaats, in dem die Ehegatten mindestens ein Jahr lang ihren letzten gemeinsamen gewöhnlichen Aufenthalt hatten (ii).

Sie sind allerdings auf diese Gerichtstände nicht beschränkt; diese stehen ihnen vielmehr zusätzlich zu den für alle Unterhaltsberechtigten und -verpflichteten geltenden Gerichtsständen nach lit. a und lit. b zur Verfügung.[598] 215

Fraglich erscheint, ob der Begriff des „Ehegatten" auf Partner anderer institutionalisierter Lebensgemeinschaften erstreckt werden kann. Dies dürfte für die in mehreren Mitgliedstaaten zugelassene **homosexuelle Ehe** im Hinblick auf den insoweit erweiterten Ehebegriff der Rom III-VO (→ § 11 Rn. 149 ff.) zu bejahen sein.[599] Hingegen sind eingetragene Lebenspartnerschaften, auch wenn ihre Rechtsstellung derjenigen von Ehegatten – wie nach dem deutschen LPartG – weitgehend angeglichen ist, im Hinblick auf die in Art. 1 Abs. 1 EuUntVO getroffene Unterscheidung zwischen eherechtlichen und sonstigen Familienverhältnissen keine „Ehen" iSd Verordnung.[600] 216

Zu beachten ist, dass die Zuständigkeit des Ehegerichts **für das Statusverfahren** nicht prorogiert werden kann; denn die EuEheVO sieht diese Möglichkeit bisher nicht vor.[601] Aufgrund der zahlreichen alternativen Anknüpfungen nach Art. 3 ff. EuEheVO steht das für die Ehesache zuständige Gericht daher häufig erst mit dessen Anrufung fest. Weiter regeln die Vorschriften der EuEheVO nur die internationale und nicht auch die örtliche Zuständigkeit. Die Vereinbarung der Zuständigkeit der Gerichte irgendeines nach 217

595 Krit. zu dieser Anknüpfung im Hinblick auf Art. 18 AEUV *Hau* FamRZ 2010, 516 (517); Rauscher/*Andrae* EuUntVO Art. 4 Rn. 29.

596 *Hausmann* IntEuSchR A Rn. 66 mwN.

597 NK-BGB/*Gruber* EGBGB Art. 18 Rn. 109; Rauscher/*Andrae* EuUntVO Art. 4 Rn. 38; HK-ZPO/*Dörner* EuUntVO Art. 4 Rn. 5.

598 *Hausmann* IntEuSchR C Rn. 124; iErg auch *Gruber* IPRax 2010, 128 (133); Rauscher/*Andrae* EuUntVO Art. 4 Rn. 41 ff.

599 Anders (für funktionelle Qualifikation nach der jeweiligen *lex fori*) Rauscher/*Andrae* EuUntVO Art. 4 Rn. 40.

600 Insoweit ist der Anwendungsbereich von Art. 4 EuUntVO enger als jener der Einrede nach Art. 5 HUP; → Rn. 57.

601 *Hausmann* IntEuSchR A Rn. 38.

Art. 3ff. EuEheVO hypothetisch für die Ehesache zuständigen Mitgliedstaats genügt für die hinreichende Bestimmtheit der Prorogation nach Abs. 1 lit. c (i) nicht (arg: „das Gericht").[602] Diese Wahlmöglichkeit hat daher nach geltendem Recht nur Bedeutung, wenn das Eheverfahren bereits anhängig oder durchgeführt ist. Die Ehegatten können schließlich auch die Zuständigkeit eines Gerichts oder der Gerichte des Mitgliedstaats vereinbaren, in dem sie mindestens **ein Jahr lang ihren letzten gemeinsamen gewöhnlichen Aufenthalt** hatten; dies auch dann, wenn einer oder beide Ehegatten den gewöhnlichen Aufenthalt im Zeitpunkt der Anrufung des Gerichts nicht mehr im Gerichtsstaat haben.[603]

### 3. Internationale und örtliche Zuständigkeit

218 Die Parteien werden idR die Zuständigkeit eines ganz bestimmten Gerichts in einem Mitgliedstaat vereinbaren. Für diesen Fall regelt die Gerichtsstandsvereinbarung neben der internationalen auch die **örtliche Zuständigkeit** mit der Folge, dass auch die Vereinbarung des örtlich zuständigen Gerichts an der in Abs. 1 UAbs. 3 bestimmten Ausschließlichkeit der Gerichtswahl teilnimmt. Ein Rückgriff auf das nationale Prozessrecht im Staat des gewählten Gerichts ist dann ausgeschlossen. Dies gilt nicht nur für die in diesem Staat fakultativ bestimmte örtliche Zuständigkeit in Unterhaltssachen, sondern auch für ausschließliche Zuständigkeiten. Damit können die Parteien in einem Unterhaltsrechtsstreit mit Auslandsbezug zB auch die ausschließlichen Zuständigkeiten nach § 232 Abs. 1 FamFG durch ein wirksame Gerichtsstandsvereinbarung nach Art. 4 EuUntVO ausschalten.[604]

219 Durch die in Art. 4 Abs. 1 EuUntVO mehrfach wiederholte Formel, der zufolge die Parteien nicht nur „ein Gericht", sondern alternativ auch „die Gerichte" eines Mitgliedstaats für zuständig erklären können, stellt die Verordnung klar, dass die Parteien sich – ebenso wie bisher nach Art. 23 Brüssel I-VO[605] – darauf beschränken können, nur die **internationale Zuständigkeit** der Gerichte eines bestimmten Mitgliedstaats zu prorogieren und damit gleichzeitig die Zuständigkeit der Gerichte aller anderen Mitgliedstaaten zu derogieren. Für diesen Fall bestimmt sich die örtliche Zuständigkeit nach dem nationalen Verfahrensrecht des prorogierten Staates, in Deutschland also nach § 232 FamFG. Fehlt es nach diesem Recht an einem Anknüpfungspunkt für die örtliche Zuständigkeit, so ist auf die in den meisten Mitgliedstaaten vorgesehene örtliche Ersatzzuständigkeit (zB der Hauptstadtgerichte) zurückzugreifen, um die Gerichtsstandsvereinbarung nicht leer laufen zu lassen.[606]

### 4. Bestimmtheit des vereinbarten Gerichts

220 Obwohl Art. 4 EuUntVO dies nicht ausdrücklich vorschreibt, muss aus Gründen der Rechtssicherheit das als zuständig vereinbarte Gericht zumindest bei Antragstellung eindeutig bestimmbar sein. Zwar ist nicht erforderlich, dass das vereinbarte Gericht im Wortlaut der Vereinbarung ausdrücklich bezeichnet ist; die Kriterien für seine Bestimmung müssen jedoch so genau festgelegt sein, dass das spätere angerufene Gericht im Wege der Auslegung der Gerichtsstandsvereinbarung entscheiden kann, ob es zuständig ist oder nicht.[607] Zulässig ist demnach insbesondere – wie schon aus der Art. 4 Abs. 1 lit. a bis lit. c EuUntVO folgt – die Vereinbarung von **alternativen Gerichtsständen.** Das Wahlrecht steht dabei – soweit nichts anderes vereinbart ist – dem Antragsteller zu. Eine Ver-

[602] Rauscher/*Andrae* EuUntVO Art. 4 Rn. 45; **aA** *Rauscher* FamFR 2013, 25 (28).
[603] Rauscher/*Andrae* EuUntVO Art. 4 Rn. 47ff.
[604] Rauscher/*Andrae* EuUntVO Art. 4 Rn. 10.
[605] Vgl. unalexKomm/*Hausmann* Brüssel I-VO Art. 23 Rn. 116 mwN.
[606] *Hausmann* IntEuSchR C Rn. 129; Rauscher/*Andrae* EuUntVO Art. 4 Rn. 11.
[607] HK-ZPO/*Dörner* EuUntVO Art. 4 Rn. 2; vgl. zu Art. 23 Brüssel I-VO EuGH 9.11.2000 – C-387/98, Slg. 2000, I-9337 Rn. 14ff. – Coreck Maritime = NJW 2001, 501; unalexKomm/*Hausmann* Brüssel I-VO Art. 23 Rn. 113 mwN.

einbarung, wonach die freie Entscheidung zwischen allen nach Art. 4 Abs. 1 EuUntVO wählbaren Gerichten dem Antragsteller überlassen bleibt, dürfte hingegen dem Bestimmtheitsgebot nicht mehr genügen.

Wirksam sind hingegen auch in Unterhaltssachen Gerichtsstandsvereinbarungen, wel- 221
che die Zuständigkeit von der – im Zeitpunkt der Vereinbarung nicht vorhersehbaren – Rolle der Parteien im künftigen Verfahren abhängig und damit zunächst nur alternativ bestimmbar machen (sog **„reziproke Gerichtsstandsvereinbarungen“**).[608] Die Parteien können daher die Zuständigkeit der Gerichte im Staat des gewöhnlichen Aufenthalts oder im Heimatstaat sowohl des Antragstellers wie des Antragsgegners vereinbaren. Denn auch in einem solchen Fall steht im Zeitpunkt der Antragstellung fest, welches Gericht zuständig. Dies gilt auch dann, wenn in der Person derjenigen Partei, an deren gewöhnlichen Aufenthalt oder Staatsangehörigkeit die Gerichtsstandsvereinbarung anknüpft, nach deren Abschluss eine Änderung eingetreten ist (Abs. 1 UAbs. 2; → Rn. 222).

### 5. Maßgebender Zeitpunkt

Für das Vorliegen der **Voraussetzungen nach Art. 4 Abs. 1 lit. a bis lit. c EuUntVO** 222
genügt nach Abs. 1 UAbs 2 **alternativ** der Zeitpunkt des Abschlusses der Vereinbarung oder der Zeitpunkt der Anrufung des Gerichts. Der letztgenannte Zeitpunkt ist verordnungsautonom in entsprechender Anwendung von Art. 9 EuUntVO[609] zu bestimmen.[610] Durch diese alternative Bestimmung soll einerseits die Wirksamkeit der Wahl eines bei Abschluss der Vereinbarung nach Art. 4 Abs. 1 EuUntVO möglichen Gerichts nicht durch eine nachträgliche Änderung der tatsächlichen Umstände in Frage gestellt werden; die Regelung dient damit der Rechtssicherheit und dem Vertrauensschutz. Konsequenz ist allerdings, dass der Antragsteller im Falle einer solchen Änderung (zB bei einer Verlegung des als Gerichtsstand vereinbarten gewöhnlichen Aufenthalts einer Partei nach Abschluss der Vereinbarung in einen anderen Staat) uU das Wahlrecht zwischen zwei Gerichtsständen hat, wenn nämlich die Vereinbarung nicht einen konkreten Ort, sondern – was zulässig ist (→ Rn. 220 f.) – nur abstrakt den „gewöhnlichen Aufenthaltsort“ der Partei bezeichnet.[611] Andererseits können die Parteien auch die Zuständigkeit eines Gerichts vereinbaren, zu dem der von Abs. 1 vorausgesetzte Bezug im Zeitpunkt der Vereinbarung noch nicht besteht, sofern dieser nur bis zur Anrufung des Gerichts hergestellt wird.

Die **sonstigen Prorogations- bzw Derogationsvoraussetzungen** (etwa die Anfor- 223
derungen an die Bestimmtheit oder die Formgültigkeit der Gerichtsstandsvereinbarung) müssen grundsätzlich **zur Zeit der Anrufung des Gerichts** erfüllt sein; denn nach Ansicht des EuGH begründet eine Gerichtsstandsvereinbarung nur „eine Zuständigkeitsoption, die (…) erst dann Wirkungen entfaltet, wenn eine Klage erhoben wird.“[612] Das Vertrauen auf die Unwirksamkeit einer getroffenen Gerichtsstandsvereinbarung (nach nationalem Recht) ist mithin grundsätzlich nicht schutzwürdig. So hat etwa die nachträgliche „Internationalisierung“ einer ursprünglich für einen reinen Inlandssachverhalt getroffenen Gerichtsstandsvereinbarung zur Folge, dass diese im Zeitpunkt der Klageerhebung an Art. 4 EuUntVO zu messen ist.[613] Das Vertrauen in eine vor dem 18.6.2011 nach dem damals maßgeblichen Art. 23 Brüssel I-VO wirksam geschlossene Gerichtsstandsvereinbarung ist jedoch schutzwürdig.[614]

[608] Vgl. zu Art. 25 Brüssel Ia-VO Reithmann/Martiny/*Hausmann* IVR Rn. 8, 106 mwN.
[609] Dazu näher *Hausmann* IntEuSchR C Rn. 210 ff.
[610] Rauscher/*Andrae* EuUntVO Art. 4 Rn. 32.
[611] Rauscher/*Andrae* EuUntVO Art. 4 Rn. 33 f.
[612] Vgl. zur Brüssel I-VO EuGH 13.11.1979 – C-25/79, Slg. 1979, 3423 Rn. 6 – Sanicentral; OGH 11.5.2011, unalex AT-730.
[613] Rauscher/*Andrae* EuUntVO Art. 4 Rn. 35; vgl. zu Art. 23 Brüssel I-VO OGH 5.6.2007, unalex AT-375; 21.1.2009, unalex AT-586.
[614] *Rauscher* FamFR 2013, 25 (26).

## III. Zustandekommen und materielle Wirksamkeit der Gerichtsstandsvereinbarung

### 1. Willenseinigung

224 Nach Art. 4 Abs. 1 EuUntVO müssen die Parteien über die gerichtliche Zuständigkeit eine „Vereinbarung" getroffen haben. In Anbetracht der Ziele und der Systematik der Verordnung und um sicherzustellen, dass sich aus ihr für die betroffenen Personen soweit wie möglich gleiche und einheitliche Rechte und Pflichten ergeben, ist der Begriff „Gerichtsstandsvereinbarung" nicht als bloße Verweisung auf das innerstaatliche Recht des angerufenen Gerichts zu verstehen, sondern **autonom** auszulegen,[615] und zwar – wie der EuGH betont – allein an Hand des Tatbestandes des Art. 4 EuUntVO.[616] Maßgebend für das Zustandekommen der Gerichtsstandsvereinbarung ist danach in erster Linie europäisches Einheitsrecht.[617] Die Willenseinigung setzt voraus, dass beide Vertragsparteien ihr **tatsächlich zugestimmt** haben; diese Zustimmung muss klar und deutlich zum Ausdruck gebracht worden sein.[618]

### 2. Verhältnis zum nationalen Recht

225 Die autonome Auslegung des Begriffs „Vereinbarung" bedeutet freilich nicht, dass sämtliche Voraussetzungen für das wirksame Zustandekommen der Einigung dem Art. 4 EuUntVO zu entnehmen sind; sie reicht vielmehr nur soweit, als sich aus den in Abs. 2 normierten Formerfordernissen materielle Einigungskriterien gewinnen lassen. Art. 4 EuUntVO stellt also mit seinen Formalternativen nur **Mindesterfordernisse** an den materiellen Tatbestand einer Vereinbarung auf, über deren Zustandekommen im Übrigen jedoch weiterhin das vom IPR des Forums – vor deutschen Gerichten also das von den Regeln des Haager Unterhaltsprotokolls – für anwendbar erklärte nationale Recht entscheidet.[619] Dabei ist zu beachten, dass die Wirksamkeit der Gerichtsstandsvereinbarung unabhängig von der Wirksamkeit der Unterhaltsvereinbarung, in der sie enthalten ist, zu beurteilen ist **(Autonomie der Gerichtsstandsvereinbarung).**[620] Dies gilt erst recht im Verhältnis zu den – zB in einem Ehevertrag oder einer Scheidungsvereinbarung enthaltenen – weiteren Regelungen außerhalb des Unterhaltsrechts. Allerdings ist es eine Frage der Auslegung, ob die Parteien eine isolierte Gültigkeit der Gerichtsstandsvereinbarung für die unterhaltsrechtlichen Scheidungsfolgen gewollt haben, wenn die Gerichtsstandsvereinbarung hinsichtlich der im Ehevertrag mitgeregelten güterrechtlichen Konsequenzen nicht wirksam ist.[621]

226 Nach dem von Art. 3ff. HUP für anwendbar erklärten Recht beurteilen sich insbesondere solche Voraussetzungen einer wirksamen Willenseinigung, die in Art. 4 EuUntVO auch nicht ansatzweise geregelt sind. Dies gilt etwa für
- den Zugang, die Bindungswirkung und die Auslegung von Willenserklärungen,
- die Voraussetzungen und Rechtsfolgen von Willensmängeln (Irrtum, Täuschung, Drohung),

---

615 Rauscher/*Andrae* EuUntVO Art. 4 Rn. 20ff.; HK-ZPO/*Dörner* EuUntVO Art. 4 Rn. 10; ebenso zu Art. 17 EuGVÜ bzw. Art. 23 Brüssel I-VO EuGH 10.3.1992 – C-214/89, Slg. 1992, I-1745 Rn. 13ff. – Powell Duffryn = NJW 1992, 1671; EuGH 9.12.2003 – C-116/02, Slg. 2003, I-14693 Rn. 51– Gasser = EuZW 2004 188; BGH NJW 2007, 2036 (2037); unalexKomm/*Hausmann* Brüssel I-VO Art. 23 Rn. 50ff. mwN.

616 EuGH 9.12.2003 – C-116/02, Slg. 2003, I-14693 Rn. 51 – Gasser (zu Art. 17 EuGVÜ).

617 EuGH 9.12.2003 – C-116/02, Slg. 2003, I-14693 Rn. 69 – Gasser; Magnus/Mankowski/*Magnus* Brüssel Ia-VO Art. 25 Rn. 76.

618 EuGH 24.6.1981 – C-150/80, Slg. 1981, 1671 Rn. 23– Elefanten Schuh = RIW 1981, 709; BGH NJW 1996, 1819 (jeweils zu Art. 17 EuGVÜ); Reithmann/Martiny/*Hausmann* IVR Rn. 8.42 mwN.

619 BGH NJW 2007, 2036 (2037) zu Art. 23 Brüssel I-VO. Vgl. jedoch → Rn. 227.

620 Rauscher/*Andrae* EuUntVO Art. 4 Rn. 22; ebenso zu Art. 17 EuGVÜ EuGH 3.7.1997 – C-269/95, Slg. 1997, I-3767 Rn. 25– Benincasa = JZ 1998, 896, sowie jetzt ausdrücklich Art. 25 Abs. 5 Brüssel Ia-VO; dazu Staudinger/*Hausmann* Rom I-VO IntVertrVerfR Rn. 339.

621 Dazu Rauscher/*Andrae* EuUntVO Art. 4 Rn. 23ff.

– das Vorliegen eines (offenen oder verdeckten) Dissenses,
– die Auslegung der Gerichtsstandsvereinbarung.

Nach **Art. 25 Brüssel Ia-VO** wird die iRv Art. 23 Brüssel I- VO noch dem jeweiligen 227
nationalen IPR der *lex fori* vorbehaltene Frage der materiellen Wirksamkeit einer Gerichtsstandsvereinbarung – nach dem Vorbild von Art. 6 lit. a des Haager Übereinkommens über Gerichtsstandsvereinbarungen (HGÜ) vom 30.6.2005[622] – seit dem 10.1.2015 einheitlich nach dem Recht (einschließlich des Kollisionsrechts) des Mitgliedstaats beurteilt, dessen Gerichte in der Vereinbarung als zuständig bestimmt worden sind *(forum prorogatum)*.[623] Es spricht vieles dafür, diese Lösung auch iRv Art. 4 EuUntVO entsprechend anzuwenden.

Andere Fragen des Zustandekommens einer wirksamen Gerichtsstandsvereinbarung un- 228
terliegen hingegen weder dem Art. 4 EuUntVO noch dem Unterhaltsstatut oder der *lex fori* des vereinbarten Gerichts, sondern werden nach dem IPR der *lex fori* **gesondert angeknüpft.** Dies betrifft in den meisten Mitgliedstaaten insbesondere
– die Geschäftsfähigkeit der Beteiligten und
– die Wirkungen der durch einen Vertreter geschlossenen Gerichtsstandsvereinbarung für und gegen den Vertretenen.[624]

Die Frage, welchen Grad an Überzeugung vom Vorliegen einer wirksamen Einigung der 229
Parteien über den Gerichtsstand das angerufene Gericht erreichen muss, um seine Zuständigkeit zu bejahen, beurteilt sich demgegenüber nach der jeweiligen *lex fori*.

## IV. Formgültigkeit der Gerichtsstandsvereinbarung

### 1. Form und Willenseinigung

Art. 4 Abs. 2 EuUntVO stellt zwar für Gerichtsstandsvereinbarungen nur Formerforder- 230
nisse auf, die systematisch betrachtet von den Anforderungen an die materielle Willenseinigung zu unterscheiden sind. In der Praxis lassen sich beide Fragenkreise freilich häufig nicht trennen, so dass sich der Regelung in Abs. 2 durchaus auch Anforderungen an eine autonome Interpretation des Begriffs der „Vereinbarung" entnehmen lassen.[625] So obliegt zwar die **Beweislast** für das Zustandekommen der nach Art. 4 EuUntVO erforderlichen übereinstimmenden Willenserklärungen grundsätzlich derjenigen Partei, die sich auf die Gerichtsstandsvereinbarung beruft, dh vor dem prorogierten Gericht dem Antragsteller, vor dem derogierten Gericht dem Antragsgegner.[626] Jedoch begründet die Einhaltung der Formerfordernisse des Abs. 2 nach der Rechtsprechung des EuGH eine – nur schwer widerlegliche – **Vermutung** dafür, dass sich die Parteien über den Gerichtsstand auch wirksam geeinigt haben.[627] Hat eine Partei daher den Ehevertrag oder die Scheidungsvereinbarung, die eine Unterhaltsvereinbarung mit Gerichtsstandsklausel enthalten, in der Form des Art. 4 Abs. 2 EuUntVO unterzeichnet, so kann sie sich nicht darauf berufen, sie habe die Klausel nicht bemerkt.[628] Allerdings reicht die Einhaltung der vorgeschriebenen Form nicht in jedem Falle aus, um eine wirksame Willenseinigung zu beweisen.

---

[622] ABl. 2009 L 133, 3 = *Jayme/Hausmann* Nr. 151.

[623] Dazu näher Staudinger/*Hausmann* Rom I-VO IntVertVerfR Rn. 333 ff.; Rauscher/*Mankowski* Brüssel Ia-VO Art. 25 Rn. 25 ff.

[624] OGH 29.8.2000, ZfRV 2001, 113; Rauscher/*Andrae* EuUntVO Art. 4 Rn. 22. Vgl. zu der gebotenen Differenzierung bei der Anknüpfung der Stellvertretung im Rahmen von Art. 25 Brüssel Ia-VO Staudinger/*Hausmann* Rom I-VO IntVertrVerfR Rn. 339.

[625] OGH 29.8.2000, ZfRV 2001, 113: „unlösbarer Zusammenhang" (zu Art. 17 LugÜ 1988); ausführlich unalexKomm/*Hausmann* Brüssel I-VO Art. 23 Rn. 56 mwN.

[626] Vgl. zu Art. 23 Brüssel I-VO OGH 26.5.2011, unalex AT-733 und 31.5.2006, unalex AT-263; Rauscher/*Mankowski* Brüssel Ia-VO Art. 25 Rn. 1.

[627] EuGH 20.2.1997 – C-106/95, Slg. 1997, I-911 Rn. 19 – MSG = NJW 1997, 1431 (zu Art. 17 Abs. 1 S. 3 lit. c EuGVÜ).

[628] Vgl. zu Art. 23 Abs. 1 lit. a Brüssel I-VO Supreme Court Ireland 1.7.2009, unalex IE-42.

## 2. Schriftform

231 Für Gerichtsstandsvereinbarungen in Unterhaltssachen ist nach Art. 4 Abs. 2 EuUntVO die Einhaltung der Schriftform erforderlich, der nur die elektronische Form gleichsteht. Demgegenüber reicht die Wahrung der sonstigen Formalternativen des Art. 23 Abs. 1 Brüssel I-VO seit Inkrafttreten der EuUntVO nicht mehr aus. Dies gilt insbesondere auch für die sog „halbe Schriftlichkeit", also die schriftliche Bestätigung einer nur mündlich getroffenen Gerichtsstandsvereinbarung. Die Anforderungen an die Form von Gerichtsstandsvereinbarungen sind im Wege autonomer Interpretation aus Art. 4 Abs. 2 EuUntVO selbst zu entnehmen.[629] Insoweit sind zum Schutz des Unterhaltsberechtigten **strenge Maßstäbe** anzulegen.[630] Die Einhaltung der Form soll insbesondere gewährleisten, dass die Einigung zwischen den Parteien über den Gerichtsstand tatsächlich feststeht.[631] Die Form dient daher nicht nur Beweiszwecken; ihr kommt vielmehr auch eine Warnfunktion zu. Ihre Einhaltung ist daher **materielle Voraussetzung** für die Gültigkeit der Gerichtsstandsvereinbarung. Die Frage, mit welchen Beweismitteln die Einhaltung der Form nachgewiesen werden kann, beurteilt sich nach der jeweiligen *lex fori*.[632] Maßgeblicher Zeitpunkt für das Vorliegen der Formerfordernisse ist die Anrufung des Gerichts (Art. 9 EuUntVO).

232 Die in den **nationalen Rechten** geltenden allgemeinen Vorschriften über die Schriftform (zB § 126 BGB) oder Sonderregeln über die Form von Gerichtsstandsvereinbarungen (zB Art. 1341 Abs. 2 ital. CC) finden mithin iRv Art. 4 Abs. 2 EuUntVO keine Anwendung.[633] Auch etwaige für den Hauptvertrag nach der *lex causae* vorgeschriebene schärfere Formerfordernisse, wie sie das deutsche Recht für Unterhaltsvereinbarungen und Eheverträge (§§ 1585c, 1410 BGB) vorsieht, erstrecken sich wegen der Autonomie der Gerichtsstandsvereinbarung nicht auf diese, auch wenn letztere in einen solchen Vertrag integriert ist.[634] Hingegen ist es eine Frage der Auslegung der Gerichtsstandsvereinbarung, ob diese von den Beteiligten auch dann gewollt ist, wenn sie zwar selbst formwirksam ist, nicht aber die Unterhaltsvereinbarung, auf die sie sich bezieht.

233 Eine schriftliche Vereinbarung iSv Art. 4 Abs. 2 EuUntVO liegt vor, wenn jede Vertragspartei ihre Willenserklärung schriftlich so niedergelegt hat, dass sie ihren Urheber erkennen lässt. Nach der zu Art. 23 Abs. 1 S. 3 Brüssel I-VO überwiegenden und richtigen Ansicht ist eine Unterzeichnung oder gar eine **eigenhändige Unterschrift** nicht in jedem Fall erforderlich.[635] Dies muss auch für Art. 4 Abs. 2 EuUntVO gelten, weil dort – anders als in Art. 8 Abs. 2 HUP (→ Rn. 81) – ein Unterschriftserfordernis nicht normiert ist.[636] Die Schriftform wird jedenfalls durch eine von beiden Parteien unterzeichnete Vertragsurkunde gewahrt, wenn diese die Gerichtsstandsklausel selbst enthält; eine gesonderte Unterzeichnung der Klausel ist entbehrlich. Ausreichend ist aber – abweichend vom Schriftformerfordernis mancher nationaler Rechte der Mitgliedstaaten (zB § 126 Abs. 2 BGB) – auch eine **Vereinbarung in getrennten Schriftstücken,** sofern aus ihnen nur die Einigung über einen Gerichtsstand für eine bestimmte Rechtsstreitigkeit ausreichend deutlich hervorgeht. Dem Formerfordernis entspricht daher auch ein Briefwechsel oder ein Austausch von Fernschreiben/Telekopien, sofern in dem Antwortschreiben auf das die

---

629 Vgl. zu Art. 23 Abs. 1 S. 3 Brüssel I-VO *Schack* IZVR Rn. 472; unalexKomm/*Hausmann* Brüssel I-VO Art. 23 Rn. 60 mwN.

630 Rauscher/*Andrae* EuUntVO Art. 4 Rn. 12.

631 Vgl. zu Art. 23 Brüssel I-VO EuGH 20.2.1997 – C-106/95, Slg. 1997, I-911 Rn. 14 – MSG; dazu *Kubis* IPRax 1999, 10; unalexKomm/*Hausmann* Brüssel I-VO Art. 23 Rn. 61 mwN.

632 Geimer/Schütze/*Geimer* Brüssel I-VO Art. 23 Rn. 103.

633 Vgl. zu Art. 17 EuGVÜ EuGH 14.12.1976 – C-24/76, Slg. 1976, 1831 Rn. 11– Estasis Salotti = NJW 1977, 494; EuGH 16.3.1999 – C-159/97, Slg. 1999, I-1597 Rn. 37 ff. – Castelletti = IPRax 2000, 119.

634 *Hausmann* IntEuSchR C Rn. 143; **aA** Schlosser/Hess/*Schlosser* Brüssel Ia-VO Art. 25 Rn. 17.

635 Dasser/Oberhammer/*Killias* LugÜ Art. 23 Rn. 94; Schlosser/Hess/*Schlosser* Brüssel Ia-VO Art. 25 Rn. 19; Rauscher/*Mankowski* Brüssel Ia-VO Art. 25 Rn. 88; unalexKomm/*Hausmann* Brüssel I-VO Art. 23 Rn. 62 mwN; **aA** OLG Karlsruhe IPRspr. 2009 Nr. 169.

636 Geimer/Schütze/*Reuß* IRV Rn. 19; **aA** Rauscher/*Andrae* EuUntVO Art. 4 Rn. 15.

Gerichtsstandsvereinbarung enthaltende Angebot erkennbar Bezug genommen wird.[637] Abweichend von § 126 BGB muss daher das die Unterschrift im Original enthalte Dokument der anderen Partei nicht zugehen.

Ebenso wenig wie Art. 25 Brüssel Ia-VO verlangt Art. 4 Abs. 2 EuUntVO eine ausdrückliche Vereinbarung über den Gerichtsstand. Vielmehr reicht das **konkludente Einverständnis,** zB durch die pauschale Annahme eines Angebots auf Abschluss einer Unterhaltsvereinbarung, die eine Gerichtsstandsklausel enthält, grundsätzlich aus. Demgegenüber wird dem Schriftformerfordernis nicht schon dadurch genügt, dass nur diejenige Partei, zu deren Lasten die Gerichtsstandsvereinbarung geht, eine schriftliche Erklärung abgibt.[638] In jedem Fall muss die durch die Gerichtsstandsvereinbarung benachteiligte Partei Gelegenheit gehabt haben, deren Inhalt tatsächlich zur Kenntnis zu nehmen und deren Tragweite zu erkennen. Dies ist bei einer aus Sicht dieser Partei in einer **Fremdsprache** abgefassten Klausel nur der Fall, wenn sie diese Sprache hinreichend beherrscht. Die für den kaufmännischen Rechtsverkehr entwickelten Grundsätze zur Übernahme eines weitergehenden „Sprachrisikos"[639] können auf das Unterhaltsrecht, in dem es den Parteien regelmäßig an Geschäftserfahrung fehlt, nicht übertragen werden.[640] 234

### 3. Elektronische Übermittlung

Ebenso wie nach Art. 25 Abs. 2 Brüssel Ia-VO genügt auch für Art. 4 Abs. 2 EuUntVO eine elektronische Übermittlung, sofern sie – wie zB zwischen den Parteien gewechselte E-Mails – eine dauerhafte Aufzeichnung der Gerichtsstandsvereinbarung ermöglichen. Die bloße Anzeige der Gerichtsstandsvereinbarung auf dem Bildschirm reicht also nicht aus; vielmehr muss die Möglichkeit zum **jederzeitigen Ausdruck** oder zur sonstigen dauerhaften Speicherung des Textes eröffnet werden.[641] Da dies bei der Übermittlung von SMS-Nachrichten auf einem Mobiltelefon idR nicht gewährleistet ist, scheidet die Einhaltung der Form des Art. 4 Abs. 2 EuUntVO auf diesem Wege aus.[642] Im Übrigen ist die Art und Weise der dauerhaften Aufzeichnung (Mailbox, USB-Stick, Diskette, Festplatte; nicht hingegen Handy-Mailbox) gleichgültig.[643] Eine akustische Aufzeichnung (zB auf Anrufbeantworter) reicht hingegen nicht.[644] Auf die Einhaltung der nach nationalem Recht (zB nach § 126a BGB) für die elektronische Form vorgeschriebenen Voraussetzungen kommt es aufgrund autonomer Auslegung nicht an[645] Nicht erforderlich ist, dass der Empfänger den Text der Gerichtsstandsvereinbarung tatsächlich gespeichert hat. Auch einer elektronischen Signatur bedarf es nicht. 235

## V. Sonstige Zulässigkeit der Gerichtsstandsvereinbarung

### 1. Bestimmte Streitigkeit

Die Gerichtsstandsvereinbarung muss sich nach Art. 4 Abs. 1 EuUntVO auf eine bereits entstandene oder auf eine künftig zwischen den Parteien entstehende Unterhaltsstreitigkeit beziehen. Das Problem der Bestimmtheit spielt im Unterhaltsrecht allerdings eine wesentlich geringere Rolle als im internationalen Vertragsrecht. Denn während dort Klar- 236

[637] Vgl. zu Art. 23 Brüssel I-VO BGH NJW 1994, 2699ff.; 2001, 1731; unalexKomm/*Hausmann* Brüssel I-VO Art. 23 Rn. 63 mwN.

[638] Rauscher/*Andrae* EuUntVO Art. 4 Rn. 17; ebenso zur Art. 23 Brüssel I-VO BGH NJW 2001, 1731; NJW-RR 2005, 150 (151); einschränkend Reithmann/Martiny/*Hausmann* IVR Rn. 8.61 mwN.

[639] Dazu unalexKomm/*Hausmann* Brüssel I-VO Art. 23 Rn. 73 und Staudinger/*Hausmann* Rom I-VO Art. 10 Rn. 112ff.

[640] Zutr. Rauscher/*Andrae* EuUntVO Art. 4 Rn. 18.

[641] Geimer/Schütze/*Geimer* Brüssel I-VO Art. 23 Rn. 105.

[642] Magnus/Mankowski/*Magnus* Brüssel Ia-VO Art. 25 Rn. 131.

[643] Vgl. Rauscher/*Mankowski* Brüssel Ia-VO Art. 25 Rn. 127.

[644] Rauscher/*Mankowski* Brüssel Ia-VO Art. 25 Rn. 131.

[645] Schlosser/Hess/*Schlosser* Brüssel Ia-VO Art. 25 Rn. 29.

heit darüber bestehen muss, auf welchen Vertrag oder welche Verträge die Gerichtsstandsvereinbarung sich beziehen soll,[646] gibt es zwischen Parteien nur eine unterhaltsrechtliche Beziehung. Probleme können unter diesem Aspekt nur entstehen, wenn die getroffene Gerichtsstandsvereinbarung (zB in einem Ehevertrag) global für alle Scheidungs- und Trennungsfolgen getroffen wird. Auch dies reicht jedoch aus, wenn sich im Wege der Auslegung der Gerichtsstandsvereinbarung klären lässt, für welche unterhaltsrechtlichen Streitigkeiten (zB nur über nachehelichen Unterhalt oder auch über Getrenntlebensunterhalt) sie gelten soll.[647]

### 2. Ausschluss des Kindesunterhalts

237 Um einen Ausschluss der gesetzlichen Zuständigkeiten nach Art. 3 EuUntVO zu Lasten eines noch nicht 18 Jahre alten Kindes als der schwächeren Partei (Erwägungsgrund 19 S. 2) zu verhindern, sind Gerichtsstandsvereinbarungen, die Unterhaltspflichten gegenüber solchen Kindern zum Gegenstand haben, nach **Art. 4 Abs. 3 EuUntVO** unzulässig und nichtig. Voraussetzung für das Eingreifen des Ausschlussgrundes ist nur, dass Gegenstand des Verfahrens eine Unterhaltspflicht gegenüber einem Kind ist. Daher ist die Gerichtsstandsvereinbarung auch dann an Abs. 3 zu messen, wenn nicht das Kind selbst, sondern ein **Prozessstandschafter** Partei ist.[648] Ferner kommt es nicht darauf an, ob das Kind bei Abschluss der Vereinbarung oder bei Anrufung des Gerichts das 18. Lebensjahr vollendet hatte. Entscheidend ist allein, dass die Vereinbarung sich nach ihrem Inhalt auf Unterhaltspflichten für den Zeitraum vor der Vollendung des 18. Lebensjahres des Kindes bezieht. Ist dies nur teilweise der Fall, so kann nur der für die Zeit nach Vollendung des 18. Lebensjahrs geschuldete Unterhalt im vereinbarten Gerichtsstand geltend gemacht werden.[649]

### 3. Weitergehende Missbrauchskontrolle?

238 Ebenso wenig wie bisher Art. 23 Brüssel I-VO sieht Art. 4 EuUntVO eine allgemeine Missbrauchskontrolle vor. In der Literatur wird vorgeschlagen, Art. 8 Abs. 5 HUP betreffend die Kontrolle einer Rechtswahl in Unterhaltssachen auf die Gerichtswahl nach Art. 4 EuUntVO analog anzuwenden.[650] Danach wäre einer Gerichtsstandsvereinbarung die Wirkung zu versagen, wenn sie für eine der Parteien offensichtlich unbillige oder unangemessene Folgen hätte, es sei denn diese Partei war bei Abschluss der Vereinbarung voll unterrichtet und sich über die Folgen der Gerichtswahl im Klaren. Der EuGH steht freilich einer solchen Missbrauchskontrolle auf dem Gebiet des Zuständigkeitsrechts wegen des dort stärkeren Interesses an Vorhersehbarkeit und Rechtssicherheit bisher zu Recht sehr zurückhaltend gegenüber, wenn es für eine solche Kontrolle – wie auch in der EuUntVO – an gesetzlichen Anhaltspunkten fehlt.[651]

## VI. Wirkungen der Gerichtsstandsvereinbarung

### 1. Ausschließlichkeit

239 Aufgrund der Vermutung in Art. 4 Abs. 1 UAbs. 3 EuUntVO hat eine Gerichtsstandsvereinbarung – wie bisher nach Art. 23 Abs. 1 Brüssel I-VO[652] – grundsätzlich ausschließli-

---

[646] Dazu unalexKomm/*Hausmann* Brüssel I-VO Art. 23 Rn. 111 mwN.
[647] Ähnlich Rauscher/*Andrae* EuUntVO Art. 4 Rn. 26.
[648] *Rauscher* FamFR 2013, 25 (27); Rauscher/*Andrae* EuUntVO Art. 4 Rn. 49.
[649] MüKoZPO/*Lipp* EuUntVO Art. 4 Rn. 11; **aA** Rauscher/*Andrae* EuUntVO Art. 4 Rn. 51: Gesamtnichtigkeit.
[650] Dazu eingehend Rauscher/*Andrae* EuUntVO Art. 4 Rn. 52 ff., 56.
[651] Vgl. zu Art. 23 Brüssel I-VO EuGH 16.3.1999 – C-159/97, Slg. 1999, I-1597 Rn. 51 – Castelletti = IPRax 2000, 119; zust. zu Art. 4 EuUntVO *Rauscher* FamFR 2013, 25 (28); Zöller/*Geimer* EuUntVO Art. 4 Rn. 2.
[652] Dazu unalexKomm/*Hausmann* Brüssel I-VO Art. 23 Rn. 122 ff. mwN.

chen Charakter; die Vereinbarung verdrängt daher alle gesetzlichen Zuständigkeiten der Verordnung. Die Parteien sind jedoch berechtigt, auch einen Gerichtsstand zu vereinbaren, der nur **konkurrierend** neben die sonstigen Zuständigkeiten der Verordnung tritt. Ein hierauf gerichteter Parteiwille muss freilich in der Vereinbarung eindeutig zum Ausdruck kommen. Hierfür reicht allein der Umstand, dass die Parteien nach Art. 8 HUP ein anderes Recht als Unterhaltsstatut gewählt haben, nicht aus.[653] Ferner dürfte es auch iRv Art. 4 EuUntVO zulässig sein, Zuständigkeitsvereinbarungen nur **zugunsten einer Partei** zu treffen, denen zufolge das progierte Gericht zB nur für Klagen des Unterhaltsverpflichteten ausschließlich zuständig ist, während der Unterhaltsberechtigte auch an allen anderen Gerichtsständen der Verordnung klagen kann. Ein hierauf gerichteter Wille der Parteien muss sich jedoch eindeutig aus dem Wortlaut der Vereinbarung oder aus den Umständen ihres Abschlusses ergeben.[654] Auch eine ausschließliche Gerichtsstandsvereinbarung kann aber durch **rügelose Einlassung** nach Art. 5 EuUntVO[655] überwunden werden. Wird die Klage daher an einem derogierten Gerichtsstand erhoben, muss der Antragsgegner die Zuständigkeit des angerufenen Gerichts rügen, um die Rechtsfolgen des Art. 5 EuUntVO zu vermeiden.[656]

## 2. Reichweite

240 Aus Art. 4 EuUntVO lassen sich keine Maßstäbe dafür gewinnen, welche konkreten Unterhaltspflichten von einer wirksam abgeschlossenen Gerichtsstandsvereinbarung erfasst werden sollen. Dies ist vielmehr im Wege der Auslegung der Gerichtsstandsvereinbarung zu ermitteln. Diese Auslegung obliegt nicht dem EuGH, sondern ist allein Sache der **nationalen Gerichte.**[657] Ein Bedürfnis, Gerichtsstandsvereinbarungen auch in Bezug auf ihre sachliche Reichweite eng auszulegen, ist nicht zu erkennen. Soweit sich aus dem Wortlaut der Vereinbarung unter Berücksichtigung des Zwecks und der Systematik des Art. 4 EuUntVO keine hinreichenden Anhaltspunkte ergeben, sind die Auslegungsgrundsätze des Unterhaltsstatuts maßgebend.

## 3. Bindung der derogierten Gerichte

241 Ruft eine Partei entgegen der getroffenen Gerichtsstandsvereinbarung zunächst ein **derogiertes Gericht** eines anderen Mitgliedstaats an, so hat dieses die Wirksamkeit der Vereinbarung eigenständig am Maßstab von Art. 4 EuUntVO zu prüfen. Ist die Vereinbarung nach Ansicht des derogierten Gerichts *wirksam,* so hat sich dieses Gericht auf entsprechende Rüge des Antragsgegners – bzw. im Fall von dessen Säumnis gemäß Art. 11 Abs. 1 EuUntVO auch von Amts wegen – für unzuständig zu erklären und die Klage abzuweisen.[658] Etwas anderes gilt nur dann, wenn sich der Antragsgegner vor dem derogierten Gericht nach Art. 5 EuUntVO rügelos einlässt. Hält das zuerst angerufene derogierte Gericht die Gerichtsstandsvereinbarung hingegen für *unwirksam* und sich selbst nach Art. 3 EuUntVO für international zuständig, so setzt es das Verfahren fort.

242 In dem zuletzt genannten Fall hat das später angerufene **prorogierte Gericht** sich auch dann nach Art. 12 Abs. 2 EuUntVO für unzuständig zu erklären, wenn es hinsichtlich der Wirksamkeit der Gerichtsstandsvereinbarung anderer Ansicht ist; denn nach Ansicht des EuGH ist das prorogierte Gericht in keinem Fall besser in der Lage als das zuerst

[653] Vgl. zu Art. 23 Brüssel I-VO OLG Hamburg NJW 2004, 3126 (3127).
[654] Vgl. zu Art. 23 Brüssel I-VO EuGH 22/85, Slg. 1986, 1958 Rn. 15 – Anterist/Crédit Lyonnais; unalexKomm/*Hausmann* Brüssel I-VO Art. 23 Rn. 125ff. mwN.
[655] Dazu *Hausmann* IntEuSchR C Rn. 163ff., 166.
[656] HK-ZPO/*Dörner* EuUntVO Art. 4 Rn. 12.
[657] Vgl. zu Art. 17 EuGVÜ EuGH 10.3.1992 – C-214/98, Slg. 1992, I-1745 Rn. 36ff. – Powell Duffryn = NJW 1992, 1671; unalexKomm/*Hausmann* Brüssel I-VO Art. 23 Rn. 140 mwN.
[658] Vgl. unalexKomm/*Hausmann* Brüssel I-VO Art. 23 Rn. 150 mwN.

angerufene derogierte Gericht, über die Zuständigkeit zu entscheiden.[659] Solange das zuerst angerufene derogierte Gericht über seine Zuständigkeit noch nicht entschieden hat, hat das später angerufene prorogierte Gericht Art. 12 Abs. 1 EuUntVO zu beachten und das Verfahren auszusetzen. Eine Kompetenz-Kompetenz des prorogierten Gerichts besteht demgemäß – entgegen der vor allem in England zu Art. 17 EuGVÜ/Art. 23 Brüssel I-VO lange Zeit vorherrschenden Ansicht – insoweit nicht.[660] Mit Inkrafttreten der Brüssel Ia-VO am 10.1.2015 hat sich dies im Rahmen jener Verordnung allerdings geändert. Denn nach Art. 31 Abs. 2 Brüssel Ia-VO dürfen im Falle des Abschlusses einer ausschließlichen Gerichtsstandsvereinbarung die Gerichte anderer (derogierter) Mitgliedstaaten so lange nicht entscheiden, bis das prorogierte Gericht sich für unzuständig erklärt hat.[661] Diese Lösung dürfte im Zuge der nächsten Überarbeitung der EuUntVO voraussichtlich auch in Art. 4 EuUntVO übernommen werden; de *lege lata* gilt sie hingegen in Unterhaltssachen nicht.

## VII. Aufhebung und Änderung einer Gerichtsstandsvereinbarung

243 Die Parteien sind jederzeit berechtigt, eine nach Art. 4 EuUntVO getroffene Gerichtsstandsvereinbarung durch eine neue Vereinbarung, die ebenfalls die Schranken nach Abs. 1 und Abs. 3 beachtet und den Formerfordernissen des Abs. 2 genügt, wieder aufzuheben oder zu ändern. Darüber hinaus wird die Gerichtsstandsvereinbarung gegenstandslos, wenn sich der Antragsgegner auf das Verfahren vor einem derogierten Gericht nach Maßgabe von Art. 5 EuUntVO rügelos einlässt.

## VIII. Verhältnis zum LugÜ 2007

244 Das Verhältnis des Luganer Übereinkommens über die gerichtliche Zuständigkeit und die Anerkennung und Vollstreckung von Entscheidungen in Zivil- und Handelssachen vom 30.10.2007[662] zur EuUntVO ist in keinem der beiden Instrumente ausdrücklich geregelt. Insoweit liegt es nahe, die Regelung in Art. 64 LugÜ, die das Verhältnis dieses Übereinkommens zur Brüssel I-VO betrifft, analog anzuwenden.[663] Denn in bezug auf Unterhaltssachen tritt die EuUntVO nach ihrem Art. 68 Abs. 1 mit Wirkung vom 18.6.2011 an die Stelle der Brüssel I-VO. Geht man hiervon aus, so kommt in entsprechender Anwendung von Art. 64 Abs. 2 lit. a LugÜ nicht die EuUntVO, sondern das LugÜ zur Anwendung, wenn die Zuständigkeit der Gerichte eines durch das LugÜ gebundenen Staates vereinbart wird, der nicht zugleich Mitgliedstaat der EU ist. Danach ist für die Vereinbarung eines Gerichts in **Island, Norwegen** oder der **Schweiz** in Unterhaltssachen weiterhin Art. 23 LugÜ maßgebend, sofern mindestens eine der Parteien ihren Wohnsitz in einem Vertragsstaat des LugÜ hat.[664] Dies kann auch der Antragsteller sein, selbst wenn der Antragsgegner seinen Wohnsitz in einem nicht durch das LugÜ gebunden Drittstaat hat. Hat der Antragsgegner seinen Wohnsitz in *Island, Norwegen* oder der *Schweiz,* so ist Art. 23 LugÜ andererseits nach Art. 64 Abs 2 lit. a LugÜ auch dann anzuwenden, wenn die Zuständigkeit der Gerichte eines EU-Mitgliedstaats vereinbart wurde.[665]

245 Dieses Verhältnis von Art. 23 LugÜ zu Art. 4 EuUntVO wird durch Abs. 4 modifiziert. Denn danach kommt dem LugÜ im Falle der Vereinbarung eines Gerichtsstands in *Island, Norwegen* oder *Schweiz* nur noch dann Vorrang vor der EuUntVO zu, wenn es sich

[659] Vgl. zu Art. 23 Brüssel I-VO EuGH 9.12.2003 – C-116/02, Slg. 2003, I-14693 Rn. 48 – Gasser.
[660] EuGH 9.12.2003 – C-116/02, Slg. 2003, I-14693 Rn. 41 – Gasser = IPRax 2004, 243; dazu näher unalexKomm/*Hausmann* Brüssel I-VO Art. 23 Rn. 147 ff. m. ausf. Nachweisen.
[661] Vgl. unalexKomm/*Hausmann* Brüssel I-VO Art. 23 Rn. 170.
[662] ABl. 2009 L 147, 5 = *Jayme/Hausmann* Nr. 152.
[663] Dazu näher *Hausmann* IntEuSchR C Rn. 367 ff.
[664] HK-ZPO/*Dörner* EuUntVO Art. 4 Rn. 13.
[665] Dasser/Oberhammer/*Domej* LugÜ Art. 64 Rn. 5; **aA** Rauscher/*Andrae* EuUntVO Art. 4 Rn. 60.

dabei um einen **ausschließlichen Gerichtsstand** handelt. Die Wirksamkeit einer solchen ausschließlichen Gerichtsstandsvereinbarung beurteilt sich dann nicht nach Art. 4 Abs. 1 und Abs. 2 EuUntVO, sondern nach Art. 23 LugÜ. Wird der Gerichtstand in einem dieser Staaten hingegen als nicht ausschließlicher vereinbart, so kommt es für die daneben fortgeltenden gesetzlichen Gerichtsstände entsprechend Art. 64 Abs. 2 lit. a LugÜ darauf an, in welchem Staat der Antragsgegner seinen Wohnsitz hat. Ist dieser in *Island, Norwegen* oder der *Schweiz* begründet, so gelten die Art. 2ff. LugÜ; besteht er hingegen in einem Mitgliedstaat der EU (außer *Dänemark*), so gilt Art. 3 EuUntVO.[666] Ob die Zuständigkeitsvereinbarung als ausschließliche gewollt ist, beurteilt sich nach Art. 23 Abs. 1 S. 2 LugÜ. Danach wirkt eine Gerichtsstandsvereinbarung grundsätzlich ausschließlich. Wollen die Parteien ihr lediglich konkurrierende Wirkung beimessen, muss dies in der Vereinbarung eindeutig zum Ausdruck kommen.[667]

Auch wenn ein ausschließlicher Gerichtsstand in *Island, Norwegen* oder der *Schweiz* vereinbart worden ist (und deshalb eigentlich Art. 23 LugÜ anzuwenden ist), findet nach Art. 4 Abs. 4 EUntVO dennoch Abs. 3 Anwendung. Betrifft eine solche Vereinbarung also den **Unterhalt eines noch nicht 18 Jahre alten Kindes,** so ist sie von den derogierten Gerichten der Mitgliedstaaten der EuUntVO als unwirksam zu behandeln; diese können sich mithin auf die Gerichtsstände nach Art. 3 EuUntVO stützen. Allerdings ist die Kompetenz der EU für diese einseitige Einschränkung der Anwendung von Art. 23 LugÜ fraglich.[668] 246

### IX. Intertemporale Anwendbarkeit

Abweichend von Art. 23 Brüssel I-VO ist für die Anwendbarkeit von Art. 4 EuUntVO nicht der Zeitpunkt maßgebend, zu dem die Gerichtsstandsvereinbarung abgeschlossen wurde, sondern derjenige, zu dem das Verfahren durch Anrufung des Gerichts (Art. 9 EuUntVO) eingeleitet wurde (Art. 75 Abs 1 EuUntVO). 247

## D. Anerkennung und Vollstreckung von Unterhaltsentscheidungen

### I. EU-Recht

#### 1. EuUntVO

Im Verhältnis der EU-Mitgliedstaaten zueinander beurteilt sich die Anerkennung und Vollstreckung von Entscheidungen in Unterhaltsachen, die in Verfahren ergangen sind, die ab dem 18.6.2011 eingeleitet worden sind, vorrangig nach dem IV. Kapitel der **EuUntVO.** Nach Art. 75 Abs. 1 iVm Art. 76 EuUntVO werden auch vor dem 18.6.2011 ergangene Unterhaltstitel aus anderen Mitgliedstaaten nach der EuUntVO vollstreckt, wenn die Vollstreckbarerklärung erst nach diesem Zeitpunkt beantragt wird.[669] Für solche Titel ist allerdings auch im Verhältnis zwischen Mitgliedstaaten, die an das HUP gebunden sind, weiterhin eine Vollstreckbarerklärung erforderlich, weil das HUP vor dem 18.6.2011 noch nicht galt.[670] Die EuUntVO verdrängt nach Maßgabe von Art. 68 Abs. 1 die zuvor auch auf die Anerkennung und Vollstreckung von Entscheidungen in Unterhaltssachen anwendbare Brüssel I-VO. Die Verordnung gilt in allen Mitgliedstaaten un- 248

[666] Rauscher/*Andrae* EuUntVO Art. 4 Rn. 61.
[667] UnalexKomm/*Hausmann* Brüssel I-VO Art. 23 Rn. 124 m. ausf. Nachweisen.
[668] Dazu Rauscher/*Andrae* EuUntVO Art. 4 Rn. 63; zu den hieraus entstandenen Zuständigkeitskonflikten mit den nicht der EU angehörenden Lugano-Staaten *Rauscher* FamFR 2013, 25 (26).
[669] OLG Karlsruhe FamRZ 2012, 660; OLG Stuttgart FamRZ 2012, 1510. Zur zeitlichen Geltung der EuUntVO näher *Hausmann* IntEuSchR K Rn. 326ff.
[670] OLG Koblenz FamRZ 2013, 574 mAnm *Eichel*; OLG Karlsruhe FamRZ 2014, 864; OLG Stuttgart FamRZ 2015, 871; *Henrich* FamRZ 2015, 1761 (1766).

mittelbar und genießt als Teil des sekundären Unionsrechts **Anwendungsvorrang** vor dem jeweiligen autonomen Recht. In Deutschland wird demgemäß in Unterhaltssachen die Regelung in §§ 108, 109 FamFG durch Art. 16ff. EuUntVO verdrängt.

249 Das Regime der Anerkennung und Vollstreckung von Unterhaltsentscheidungen ist allerdings gemäß Art. 16 EUntVO innerhalb der EuUntVO **gespalten:** Entscheidungen aus Mitgliedstaaten, die durch das Haager Unterhaltsprotoll von 2007 gebunden sind, werden in den übrigen Mitgliedstaaten gemäß Art. 16 Abs. 2 iVm Art. 17 Abs. 2 EuUntVO vollstreckt, ohne dass es hierfür eines besonderen (Vollstreckbarerklärungs-)Verfahrens bedarf.[671] Demgegenüber ist ein solches Verfahren nach Art. 16 Abs. 3 iVm Art. 26ff. EuUntVO weitherhin durchzuführen, wenn eine Unterhaltsentscheidung aus einem Mitgliedstaat vollstreckt werden soll, der nicht an das Haager Unterhaltsprotokoll 2007 gebunden ist.[672] Dies trifft nur auf Entscheidungen aus *Dänemark* und dem *Vereinigten Königreich* zu, die dem Haager Unterhaltsprotokoll bisher nicht beigetreten sind (näher → Rn. 6).

## 2. Andere EU-Verordnungen

250 Entscheidungen in Unterhaltsverfahren, die **vor dem 18.6.2011** in einem Mitgliedstaat anhängig gemacht worden sind und für die deshalb im Zeitpunkt ihrer Einleitung noch die **Brüssel I-VO** galt, werden in den übrigen Mitgliedstaaten grundsätzlich weiterhin nach Art. 33ff. Brüssel I-VO anerkannt und für vollstreckbar erklärt. Sie werden jedoch unter den Voraussetzungen des Art. 75 Abs. 2 EuUntVO dem Regime der Art. 23ff. EuUntVO unterworfen. Da für solche Verfahren das Haager Unterhaltsprotokoll noch nicht galt, können sie hingegen auch dann, wenn der Urteilsstaat an das Protokoll gebunden ist, nicht in dem vereinfachten Verfahren nach Art. 17 Abs. 2 EuUntVO vollstreckt werden.[673] Das Verhältnis zwischen der EuUntVO und der EG-Verordnung Nr. 805/2004 zur Einführung eines Europäischen Vollstreckungstitels für unbestrittene Forderungen vom 21.4.2004 **(EuVTVO)**[674] wird in Art. 68 Abs. 2 EuUntVO geregelt. Danach tritt die EuUntVO in Unterhaltssachen mit Wirkung vom 18.6.2011 an die Stelle der EuVTVO. Dies gilt auch für die Anerkennung und Vollstreckung von Unterhaltsentscheidungen, allerdings nur imVerhältnis zu den Mitgliedstaaten, die auch durch das Haager Unterhaltsprotokoll von 2007 gebunden sind. Europäische Vollstreckungstitel, die in Unterhaltssachen im *Vereinigten Königreich* ausgestellt werden, können hingegen auch weiterhin nach Art. 5 EuVTVO in Deutschland vollstreckt werden, wenn sie die Voraussetzungen hierfür nach der EuVTVO erfüllen. Hingegen findet die EuVTVO in *Dänemark* gemäß ihrem Art. 1 Abs. 3 keine Anwendung. Dänische Unterhaltstitel können daher in den übrigen Mitgliedstaaaten nur nach Maßgabe der Art. 23ff. EuUntVO anerkannt und für vollstreckbar erklärt werden.

251 Die EG-Verordnung Nr. 1896/2006 zur Einführung eines Europäischen Mahnverfahrens vom 12.12.2006[675] **(EuMVVO)** findet in Unterhaltssachen jedenfalls insoweit Anwendung, als Unterhaltsansprüche von den Parteien zum **Gegenstand einer Vereinbarung** oder eines Schuldanerkenntnisses gemacht worden sind. Hierauf gestützte Europäische Zahlungsbefehle sind in den anderen Mitgliedstaaten daher nach Art. 19 EuMVVO vollstreckbar, ohne dass es einer Vollstreckbarerklärung bedarf. Beruhen die Ansprüche hingegen nur **auf dem Gesetz,** so wird gegen ihre Einbeziehung in den sachlichen Anwendungsbereich der EuMVVO angeführt, dass die Verordnung in Art. 2 Abs. 2 lit. d Ansprüche aus außervertraglichen Schuldverhältnissen, zu denen bei einem weiten Verständnis auch gesetzliche Unterhaltsansprüche gehören, aus ihrem Anwendungsbereich

[671] Dazu näher *Hausmann* IntEuSchR K Rn. 49ff.
[672] Dazu näher *Hausmann* IntEuSchR K Rn. 120ff.; vgl. OLG München FamRZ 2012, 1512.
[673] OLG Nürnberg FamRZ 2015, 355; *Hausmann* IntEuSchR K Rn. 49.
[674] ABl. 2004 L 143, 15 = *Jayme/Hausmann* Nr. 184.
[675] ABl. 2006 L 399, 1 = *Jayme/Hausmann* Nr. 185.

ausschließt.[676] Die EG-Verordnung Nr. 861/2007 zur Einführung eines europäischen Verfahrens für geringfügige Forderungen vom 11.7.2007 **(EuGFVO)**[677] findet nach ihrem Art. 2 Abs. 2 lit. b in Unterhaltssachen keine Anwendung.

## II. Staatsverträge

### 1. LugÜ 2007

252 Die EuUntVO hat gemäß Art. 69 Abs. 2 Vorrang vor Staatsverträgen in Unterhaltssachen, die nur im Verhältnis zwischen einzelnen Mitgliedstaaten gelten. Sie berührt hingegen gemäß Art. 69 Abs. 1 nicht die Anwendung solcher multi- oder bilateralen Übereinkommen, denen außer einem oder mehreren Mitgliedstaaten auch Drittstaaten angehören. Da Art. 69 aber nur das Verhältnis zu Staatsverträgen bestimmt, die im Zeitpunkt der Annahme der EuUntVO bereits gegolten haben, trifft die Vorschrift für das Verhältnis zum **Luganer Übereinkommen von 2007** (→ Rn. 244 ff.) keine Regelung. Maßgebend für die Abgrenzung ist vielmehr Art. 64 Abs. 2 LugÜ 2007 analog. Danach wird auch das LugÜ 2007 im Verhältnis der EU-Mitgliedstaaten zueinander durch die EuUntVO vollständig verdrängt, soweit sich der sachliche Anwendungsbereich beider Rechtsinstrumente deckt und der zeitliche Anwendungsbereich der EuUntVO eröffnet ist. Das LugÜ 2007 ist aus deutscher Sicht hingegen weiter auf die Anerkennung und Vollstreckung von Unterhaltstiteln (gerichtlichen Entscheidungen, Prozessvergleichen oder öffentlichen Urkunden) aus *Island, Norwegen* oder der *Schweiz* anwendbar (Art. 64 Abs. 2 lit. c LugÜ 2007).[678]

### 2. Haager Übereinkommen

253 Weiterhin gelten auf dem Gebiet der Anerkennung und Vollstreckung von Unterhaltsentscheidungen mehrere **Haager Übereinkommen.** Die größte praktische Bedeutung hatte bisher das Haager Übereinkommen über die Anerkennung und Vollstreckung von Unterhaltsentscheidungen vom 2.10.1973 **(HUntVÜ)**[679] Das Übereinkommen gilt derzeit noch für die Anerkennung und Vollstreckung von Unterhaltstiteln aus *Andorra, Australien, der Schweiz* und der *Türkei.*[680] Daneben gilt im Verhältnis zu *Liechtenstein, Suriname* und den überseeischen *französischen* Départements und Territorien, die dem HUntVÜ nicht beigetreten sind, auf dem Gebiet des Kindesunterhalts noch das Haager Übereinkommen über die Anerkennung und Vollstreckung von Entscheidungen auf dem Gebiet der Unterhaltspflicht gegenüber Kindern vom 15.4.1958 **(HKUntVÜ).**[681] Beide vorgenannten Übereinkommen werden im Verhältnis der Vertragsstaaten des neuen Haager Übereinkommens über die internationale Geltendmachung der Unterhaltsansprüche von Kindern und anderen Familienangehörigen vom 23.11.2007 **(HUntGÜ)**[682] durch dieses Übereinkommen ersetzt (Art. 48 HUntGÜ). Das HUntGÜ ist am 1.8.2014 für die Europäische Union und ihre Mitgliedstaaten (mit Ausnahme *Dänemarks*) in Kraft getreten. Es gilt aus deutscher Sicht bisher für die Anerkennung und Vollstreckung von Unterhaltstiteln aus *Albanien, Bosnien und Herzegowina, Norwegen* und der *Ukraine.* Im Verhältnis der EU-Mitgliedstaaten zueinander hat die EuUntVO auch Vorrang vor dem HUntGÜ (Art. 51 Abs. 4 S. 2 HUntGÜ).

---

[676] Thomas/Putzo/*Hüßtege* EuMVVO Art. 2 Rn. 2; HK-ZPO/*Dörner* EuUntVO Vorb. Rn. 6; **aA** *Hausmann* IntEuSchR K Rn. 7.
[677] ABl. 2007 L 199, 1 = *Jayme/Hausmann* Nr. 186.
[678] Dazu näher *Hausmann* IntEuSchR K Rn. 335 ff.
[679] BGBl. 1986 II, 826 = *Jayme/Hausmann* Nr. 181.
[680] Dazu näher *Hausmann* IntEuSchR K Rn. 420 ff.
[681] BGBl. 1961 II 1006 = *Jayme/Hausmann* Nr. 180.
[682] ABl. 2011 L 192, 51 = *Jayme/Hausmann* Nr. 182.

### 3. Bilaterale Übereinkommen

254 Für die *Bundesrepublik Deutschland* geltende bilaterale Abkommen auf dem Gebiet der Anerkennung und Vollstreckung von Unterhaltsentscheidungen werden im Verhältnis zu den Mitgliedstaaten der EuUntVO zueinander gemäß deren Art. 69 Abs. 2 durch die Verordnung ersetzt; gleiches gilt im Verhältnis zu *Island, Norwegen* und der *Schweiz* gemäß Art. 65 LugÜ für das Luganer Übereinkommen. Demgegenüber gelten die mit den Haager Übereinkommen von 1958, 1973 und 2007 konkurrierenden bilateralen Abkommen insofern weiter, als sie die Anerkennung bzw Vollstreckung von Unterhaltsentscheidungen gegenüber den Regeln jener Haager Übereinkommen aus deutscher Sicht erleichtern (Art. 11 HKUntÜ; Art. 23 HUntVÜ; Art. 51 Abs. 1, 52 Abs. 1 HUntGÜ). Im Verhältnis zu *Israel* und *Tunesien,* die den HaagerÜbereinkommen nicht beigetreten sind, gelten vorrangig die mit beiden Staaten geschlossenen bilateralen Abkommen.[683]

## III. Autonomes deutsches Verfahrensrecht

255 Da die EuUntVO und die vorgenannten Staatsverträge die Anerkennung und Vollstreckung von Unterhaltsentscheidungen aus zahlreichen Ländern regeln, bleibt für die Anwendung des deutschen autonomen Rechts (§§ 108, 109 FamFG) nur insoweit Raum, als es um Entscheidungen geht, die weder in einem der 28 Mitgliedstaaten der EU noch in einem durch das LugÜ gebundenen Vertragsstaat ergangen ist. Neben den sonstigen genannten multi- oder bilateralen Übereinkommen kann das autonome Anerkennungsrecht hingegen gemäß dem **Günstigkeitsprinzip** Bedeutung erlangen.Dies wird für das HUntGÜ in seinem Art. 52 Abs. 2 ausdrücklich klargestellt.

[683] Zu diesen beiden Abkommen *Hausmann* IntEuSchR K Rn. 479 ff.

# § 11. Ehescheidung

## Übersicht



**Schrifttum:**


*Althammer,* Das europäische Scheidungskollisionsrecht der Rom III-VO unter Berücksichtigung aktueller deutscher Literatur, NZFam 2015, 9; *Baarsma,*The Europeanisation of International Family Law, 2011; *Basedow,* Das internationale Scheidungsrecht der EU – Anmerkungen zur Rom III-VO, FS Posch, 2011, 17; *Becker,* Die Vereinheitlichung von Kollisionsnormen im europäischen Familienrecht – Rom III, NJW 2011, 1543; *Corneloup* (Hrsg.), Droit Européen du divorce, 2013; *Dimmler/Bißmeier,* „Rom III" in der Praxis, FamRBint 2012, 66; *Finger,* Neues Kollisionsrecht der der Ehescheidung dund der Trennung ohne Auflösung des Ehebandes, FuR 2013, 305; *Franzina,* The Law Applicable to Divorce and Legal Separation under Regulation (EU) No. 1259/2010, CDT 2011, 85; *Ganz,* Internationales Scheidungsrecht – Eine praktische Einführung, FuR 2011, 69 und 369; *Gärtner,* Die Privatscheidung im deutschen und gemeinschaftsrechtlichen Internationalen Privat- und Verfahrensrecht, 2008; *ders.,* Die Rom III-Verordnung unter besonderer Berücksichtigung von Privatscheidungen, StAZ 2012, 357; *Gruber,* Scheidung auf Europäisch – die Rom III-VO, IPRax 2012, 381; *Hammje,* Le nouveau règlement (EU) n. 1259/21010 du Conseil du 20 décembre 2010 metttant en oeuvre une coopération renforcée dans le domaine de la loi appplicable au divorce et à la séparation de corps, Rev. crit. 2011, 291; *Hau,* Zur Durchführung der Rom III-Verordnung in Deutschland, FamRZ 2013, 249; *ders.*, Zur Maßgeblichkeit der lex fori in internationalen Ehesachen, FS Stürner, 2013, 1237; *Helms,* Reform des internationalen Scheidungsrechts durch die Rom III-VO, FamRZ 2011, 1765; *Henrich,* Internationales Scheidungsrecht – einschließlich Scheidungsfolgen, 2012; *Huter,* Die kollisionsrechtliche Behandlung der einvernehmlichen Scheidung, ZfRV 2014, 167; *Kemper,* Das neue Internationale Scheidungsrecht – eine Übersicht über die Regelungen der Rom III-VO, FamRBint 2012, 63; *ders.,* Die Umsetzung des neuen Internationalen Scheidungsrechts in Deutschland – Rom III und die Folgen, FamRBint 2013, 12; *Kohler,* Zur Gestaltung des europäischen Kollisionsrechts für Ehesachen, FamRZ 2008, 1673; *ders.*, Einheitliche Kollisionsnormen für Ehesachen in der Europäischen Union: Vorschläge und Vorbehalte, FPR 2008, 193; *Looschelders,* Scheidungsfreiheit und Schutz des Antragsgegners im internationalen Privat- und Verfahrensrecht, FS Kropholler, 2008, 329; *Makowsky,* Europäisierung des internationalen Ehescheidungsrechts durch die Rom III-VO, GPR 2012, 266; *Mörsdorf-Schulte,* European Private International Law of Divorce (Rome III), RabelsZ 77 (2013), 786; *Nascimbene,* Jurisdiction and applicable law in matrimonial matters: Rome III Regulation, EuLF 2009 I, 1; *Nitsch,* Scheidungsrecht – International: Die Rom III-VO, ZfRV 2012, 264; *Rauscher,* Ampassung des IPR an die Rom III-VO, FPR 2013, 257; *Rüberg,* Auf dem Weg zu einem europäischen Scheidungskollisionsrecht, 2005; *Schurig,* Eine hinkende Vereinheitlichung des internationalen Ehescheidungsrechts in Europa, FS von Hoffmann, 2011, 405; *Spernat,* Die gleichgeschlechtliche Ehe im internationalen Privatrecht, 2011; *Toscano,* Ehescheidungen mit grenzüberschreitendem Bezug – von divergierenden nationalen Scheidungsvoraussetzungen zu einem einheitlichen europäischen Scheidungsrecht, 2011; *Traar,* Rom III-VO – Die EU-Verordnung zum Kollisionsrecht für Ehescheidungen, ÖJZ 2011, 805; *Viarengo,* Il regolamento UE sulla legge applicabile alla separazione e al divorzio e il ruolo della volontà delle parti, Riv.dir.int.priv.proc. 2011, 601; *dies.,* Die Verordnung (EU) Nr. 1259/2010 zur Ehescheidung und ihre Auswirkungen auf deutsch-italienische Rechtsbeziehungen, JbItalR 2013, 3; *R. Wagner,* Überlegungen zur Vereinheitlichung des Internationalen Privatrechts in Ehesachen in der Europäischen Union, FamRZ 2003, 803; *ders.,* EG-Kompetenz für das Internationale Privatrecht in Ehesachen?, RabelsZ 68 (2004), 119; *ders.*, Aktuelle Entwicklungen in der europäischen justiziellen Zusammenarbeit in Zivilsachen, NJW 2010, 1707; *Weller/Hauber/Schulz,* Gleichstellung im internationalen Scheidungsrecht – talaq und get im Licht des Art. 10 Rom III-VO, IPRax 2016, 123; *Winkler von Mohrenfels,* Die Rom III-VO, Teilverheinheitlichung des europäischen internationalen Scheidungsrechts, ZEuP 2013, 699; *Ziereis/Zwirlein,* Das Verhältnis von Art. 17 Abs. 2 EGBGB zur Rom III-Verordnung, IPRax 2016, 103. Zur Rechtswahl s. auch das Schrifttum vor → Rn. 54.

1 Das Statut der Ehescheidung und der Ehetrennung wurde bisher in den nationalen Kollisionsrechten der EU-Mitgliedstaaten ganz überwiegend objektiv angeknüpft. Nach deutschem Recht wurde einer Rechtswahl der Ehegatten nur dann, wenn sie in den engen Grenzen des Art. 14 Abs. 2 bis Abs. 4 EGBGB für die allgemeinen Ehewirkungen getroffen worden war (→ § 8 Rn. 22ff.), Bedeutung auch für das Scheidungsstatut beigemessen; demgegenüber wurde eine auf das Scheidungsstatut beschränkte Rechtswahl als unzulässig und damit unwirksam erachtet.[1] Aus diesem Grunde wurde das IPR der Ehescheidung in den der Rechtsgestaltung gewidmeten Werken bisher nicht behandelt. Demgegenüber stellt die Rom III-Verordnung die **Rechtswahl** der Parteien in Art. 5 bis 7 **als Primäranknüpfung** in den Vordergrund (näher → Rn. 54ff.). Es ist daher zu erwarten, dass von den Möglichkeiten einer solchen Rechtswahl sowohl in Eheverträgen und Scheidungsvereinbarungen als auch im Laufe von bereits anhängigen Scheidungsverfahren künftig deutlich häufiger Gebrauch gemacht werden wird.[2] Eine Wahl des Scheidungsstatuts kann insbesondere mit einer Wahl des Güterrechtsstatuts nach Art. 15 Abs. 2 EGBGB (→ § 9 Rn. 91ff.) kombiniert werden, um schwierige Abgrenzungsfragen zwischen güterrechtlichen und sonstigen (von Art. 17 Abs. 1 EGBGB nF erfassten) Vermögensfolgen einer Ehescheidung zu vermeiden. Ferner können Ehegatten die Wahl des Scheidungsstatuts nach Art. 5 Rom III-VO mit der Wahl des Statuts für den nachehelichen Unterhalt gemäß Art. 8 Abs.1 lit. d HUP verbinden (→ § 10 Rn. 106ff.), um die

[1] KG IPRax 2000, 544 mAnm *Wagner* IPRax 2000, 512; BayObLG NJW-RR 1994, 771; Erman/*Hohloch* EGBGB Art. 14 Rn. 21; Staudinger/*Mankowski* EGBGB Art. 14 Rn. 139; **aA** NK-BGB/*Gruber* EGBGB Art. 14 Rn. 13ff.

[2] Wie hier *Mörsdorf-Schulte* RabelsZ 77 (2013), 786 (812); zur vorsorgenden Rechtswahl auch *Schall/Weber* IPRax 2014, 381ff.; **aA** freilich *Henrich* IntSchR Rn. 74: „seltene Ausnahme"; *Schurig* FS v. Hoffmann, 2011, 405 (407).

Durchsetzung solcher Unterhaltsansprüche zu erleichtern. Dies rechtfertigt eine Behandlung des internationalen Ehescheidungsrechts auch in diesem Handbuch.

## A. Rechtsquellen

### I. Internationales Privatrecht

#### 1. EU-Recht

2 **a) Allgemeines.** Am 20.12.2010 haben die Bundesrepublik Deutschland und 13 weitere EU-Mitgliedstaaten – nämlich *Belgien, Bulgarien, Frankreich, Italien, Lettland, Luxemburg, Malta, Österreich, Portugal, Rumänien, Slowenien, Spanien* und *Ungarn* – die Verordnung (EU) Nr. 1259/2010 des Rates zur Durchführung einer Verstärkten Zusammenarbeit im Bereich des auf die Ehescheidung und Trennung ohne Auflösung des Ehebandes anzuwendenden Rechts **(Rom III-VO)** angenommen.[3] Die Verordnung ist für diese Staaten nach ihrem Art. 21 am 30.12.2010 in Kraft getreten; sie gilt aber erst seit dem 21.6.2012. Sie ist daher nach ihrem Art. 18 in Deutschland und den anderen an der Verordnung teilnehmenden Mitgliedstaaten auf alle Scheidungsverfahren anzuwenden, die **ab dem 21.6.2012 eingeleitet** wurden.[4] Die Rom III-VO gilt ferner seit dem 22.5.2014 für *Litauen*[5] und seit dem 29.7.2015 auch für *Griechenland.*[6] Besondere Übergangsvorschriften gelten für die Wirksamkeit von Rechtswahlvereinbarungen (→ Rn. 57).

3 Die Verordnung lässt nach ihrem Art. 2 die Verordnung (EG) Nr. 2201/2003 über die Zuständigkeit und die Anerkennung uned Vollstreckung von Entscheidungen in Ehesachen und in Verfahren der elterlichen Verantwortung **(EuEheVO)** vom 27.11.2003[7] unberührt. Beide Verordnungen sind vielmehr in dem Sinne komplementär, dass die EuEheVO nur die verfahrensrechtlichen Aspekte internationaler Ehescheidungs- und Ehetrennungsverfahren regelt, während die Rom III-VO den in der EuEheVO ausgeklammerten Bereich des Kollisionsrechts beinhaltet.[8] Auf diese Weise soll in den teilnehmenden Mitgliedstaaten vor allem der durch die Vielzahl alternativer Gerichtstände gemäß Art. 3ff. EuEheVO begründeten Gefahr des *forum shopping* vorgebeugt werden.[9]

4 Inhaltlich unterscheiden sich die Kollisionsnormen in Kapitel II der Rom III-VO erheblich von der in Deutschland bis zum 21.6.2012 geltenden Regelung in Art. 17 Abs. 1 EGBGB aF. Wesentlich gestärkt wird vor allem die **Parteiautonomie.** Denn Primäranknüpfung ist nach Art. 5 bis 7 die Rechtswahl der Parteien (näher → Rn. 54ff.), der im bisherigen deutschen Scheidungskollisionsrecht nur eine untergeordnete Bedeutung in den seltenen Fällen zukam, in denen die Parteien für ihre persönlichen Ehewirkungen eine Rechtswahl treffen konnten und von dieser Möglichkeit auch Gebrauch gemacht hatten (Art. 17 Abs. 1 S. 1 iVm Art. 14 Abs. 2, Abs. 3 EGBGB).[10] Die Art. 5ff. Rom III-VO werden daher zu Recht als **Kernstück** der Verordnung bezeichnet.[11] Sie bieten vor allem für die Rechtsgestaltung weitreichende Möglichkeiten (näher → Rn. 68ff.).

5 In Ermangelung einer Rechtswahl gilt zwar nach Art. 8 Rom III-VO auch künftig eine **Anknüpfungsleiter.** Die Reihenfolge der Anknüpfungen weicht freilich von

---

[3] Zur Entstehungsgeschichte der Verordnung *Hausmann* IntEuSchR A Rn. 213ff.; *Andrae* IntFamR § 4 Rn. 4f. Zur rechtspolitischen Bewertung der verstärkten Zusammenarbeit nach Art. 20 EUV iVm Art. 326–334 AEUV auf dem Gerbiet des Kollisionsrechts MüKoBGB/*v. Hein* EGBGB Art. 3 Rn. 51ff.

[4] Auf die Stellung eines Prozesskostenhilfeantrags schon vor dem 21.6.2012 kommt es nicht an, vgl. OLG Hamm IPRax 2014, 349 Rn. 44 mAnm *Helms* IPRax 2014, 334.

[5] ABl. 2012 L 323, 18.

[6] ABl. 2014 L 23, 41.

[7] ABl. 2003 L 338, 1 = *Jayme/Hausmann* Nr. 162.

[8] Vgl. OLG Hamm IPRax 2014, 349 mAnm *Helms* IPRax 2014, 334.

[9] Vgl. Erwägungsgrund 21 zur Rom III-VO; *Gruber* IPRax 2012, 381.

[10] Dazu → § 8 Rn. 22ff.

[11] Althammer/*Althammer* Rom III-VO Vorb. Rn. 15.

Art. 17 Abs. 1 S. 1 iVm Art. 14 Abs. 1 EGBGB deutlich ab (näher → Rn. 25 ff.). Vorrangig wird nicht mehr – wie bisher (Art. 17 Abs. 1 S. 1 iVm Art. 14 Abs. 1 Nr. 1 EGBGB) – an das gemeinsame Heimatrecht der Ehegatten, sondern an deren **gemeinsamen gewöhnlichen Aufenthalt** angeknüpft (Art. 8 lit. a). Selbst ein früherer gemeinsamer gewöhnlicher Aufenthalt der Ehegatten hat noch Vorrang vor der gemeinsamen Staatsangehörigkeit, wenn er nicht länger als ein Jahr vor Anrufung des Gerichts endete und ein Ehegatte dort noch seinen gewöhnlichen Aufenthalt hat (Art. 8 lit. b). Erst auf der dritten Stufe der Leiter erlangt die gemeinsame Staatsangehörigkeit der Ehegatten Bedeutung (Art. 8 lit. c). Und eine frühere gemeinsame Staatsangehörigkeit, die nach bisherigem Recht (Art. 17 Abs. 1 aF iVm Art. 14 Abs. 1 Nr. 1, 2. Fall EGBGB) sogar Vorrang vor der Anknüpfung an den gemeinsamen gewöhnlichen Aufenthalt hatte, spielt nach der Verordnung keine Rolle mehr. Auf eine **allgemeine Auffangklausel** nach dem Vorbild von Art. 17 Abs. 1 S. 1 iVm Art. 14 Abs. 1 Nr. 3 EGBGB („engste Verbindung") wird in der Verordnung verzichtet. Stattdessen kommt hilfsweise die *lex fori* zur Anwendung (Art. 8 lit. d).

6 Hervorzuheben ist schließlich, dass die Verordnung nur **Sachnormverweisungen** ausspricht. Eine Rück- oder Weiterverweisung bleibt also – anders als bisher nach Art. 17 Abs. 1 iVm Art. 4 Abs. 1 EGBGB[12] – außer Betracht (näher → Rn. 154 f.).

7 **b) Auslegung.** Für die Auslegung der Rom III-VO gelten die vom EuGH zu anderen Rechtsakten des sekundären Unionsrechts auf dem Gebiet der justiziellen Zusammenarbeit – insbesondere zur EuEheVO – entwickelten Grundsätze entsprechend. Danach sind auch die Begriffe dieser Verordnung **autonom** unter Berücksichtigung ihrer Ziele und ihrer Systematik auszulegen.[13] Dabei sollte angestrebt werden, die in der **EuEheVO** und der Rom III-VO gleichermaßen verwendeten Begriffe möglichst einheitlich auszulegen. Andererseits können sich die Gerichte bei der Auslegung von Vorschriften der Rom III-VO, die sich eng an Kollisionsnormen der Verordnungen zum internationalen Vertragsrecht **(Rom I-VO)**[14] oder zum IPR der außervertraglichen Schuldverhältnisse **(Rom II-VO)**[15] anlehnen, auch die hierzu ergangene Rechtsprechung und Literatur ergänzend heranziehen. Dies trifft insbesondere auf die Kollisionsnormen zur Rechtswahl (Art. 5 bis 7) und auf die allgemeinen Vorschriften (Ausschluss des *renvoi, ordre public,* Mehrrechtsstaaten, vgl. Art. 11 bis 12, 14 bis 16) zu.

8 Als Leitlinie für die Auslegung der Rom III-VO dienen ferner die ihr vorangestellten **Erwägungsgründe.** Danach will die Verordnung einen klaren und umfassenden Rechtsrahmen im Bereich des auf die Ehescheidung und Trennung ohne Auflösung des Ehebandes anzuwendenden Rechts in den teilnehmenden Mitgliedstaaten vorgeben. Auf diese Weise soll den Unionsbürgern einerseits **mehr Rechtssicherheit** und eine bessere Berechenbarkeit des in Ehesachen mit internationalem Bezug anwendbaren Rechts gewährleistet werden; andererseits wird ihnen – insbesondere durch die Rechtswahlmöglichkeiten nach Art. 5 ff. – eine **größere Flexibilität** eingeräumt, beides mit dem Ziel, die Freizügigkeit in der Europäischen Union zu stärken.[16] Ein weiteres wesentliches Anliegen ist die Eindämmung des *forum shopping* im internationalen Scheidungsrecht, nämlich „Fälle zu verhindern, in denen ein Ehegatte alles daran setzt, die Scheidung zuerst zu erreichen, um sicherzugehen, dass sich das Verfahren nach einer Rechtsordnung richtet, die seine Interessen seiner Ansicht nach besser schützt" (Erwägungsgrund 9). Schließlich

[12] Staudinger/*Hausmann* EGBGB Art. 4 Rn. 235 ff.
[13] *Andrae* IntFamR § 4 Rn. 7; zur EuEheVO EuGH 27.11.2007 – C-435/06, Slg. 2007, I-10141 – C = IPRax 2008, 509 mAnm *Gruber* IPRax 2008, 490; EuGH 2.4.2009 – C-523/07, Slg. 2009, I-2905 Rn. 27 – A = FamRZ 2009, 843 (844); EuGH 16.7.2009 – C-168/08, Slg. 2009, I-1571 Rn. 38 – Hadadi/Mesko = FamRZ 2009, 1571.
[14] Verordnung (EG) Nr. 593/2008 vom 17.6.2008, ABl. L 177, 6 = *Jayme/Hausmann* Nr. 80.
[15] Verordnung (EG) Nr. 864/2007 vom 11.7.2007, ABl. L 199, 40 = *Jayme/Hausmann* Nr. 101.
[16] *Helms* FamRZ 2011, 1765; Althammer/*Althammer* Rom III-VO Vorb. Rn. 2.

soll ein möglichst weitreichender „Einklang" der Rom III-VO und mit der EuEheVO angestrebt werden (Erwägungsgrund 10 Abs. 1). Zweifelsfragen zur Auslegung der Verordnung können die Gerichte der teilnehmenden Mitgliedstaaten nach Art. 267 Abs. 1 lit. b AEUV dem EuGH zur **Vorabentscheidung** vorlegen.

**c) Universelle Anwendung.** Ihren persönlichen Anwendungsbereich bestimmt die Rom III-VO nicht ausdrücklich. Sie stellt allerdings in ihrem Art. 4 klar, dass sie einen universellen Anwendungsbereich beansprucht. Dies bedeutet, dass die Verordnung das IPR der Ehescheidung und der Ehetrennung nicht nur im Verhältnis der an der Verstärkten Zusammenarbeit teilnehmenden Mitgliedstaaten vereinheitlicht, sondern **in jeder Hinsicht** an die Stelle des bisherigen nationalen Kollisionsrechts dieser Staaten tritt. Aus der Sicht der teilnehmenden Mitgliedstaaten setzt die Anwendung der Verordnung zwar nach Art. 1 Abs. 1 „eine Verbindung zum Recht verschiedener Staaten", nicht aber einen Bezug zu einem anderen teilnehmenden Mitgliedstaat voraus. Die Art. 5 ff. Rom III-VO kommen mithin auch dann zur Anwendung, wenn sie auf das Recht eines (bisher) „nicht teilnehmenden Mitgliedstaats" (zB auf *englisches, niederländisches, polnisches* oder *schwedisches* Recht) verweisen; sie gelten darüber hinaus aber auch dann, wenn das Recht eines nicht der EU angehörenden „Drittstaats" (zB *türkisches, russisches* oder *US-amerikanisches* Recht) als Ehescheidungs- oder Ehetrennungsstatut berufen ist (Erwägungsgründe 12 und 14 S. 1).[17] Der persönliche Anwendungsbereich der Verordnung hängt ferner auch nicht davon ab, dass die Parteien die Staatsangehörigkeit eines teilnehmenden Mitgliedstaats besitzen oder in inem solchen ihren gewöhnlichen Aufenthalt haben.[18] Im Verhältnis zu Drittstaaten ist allerdings die **Schranke des Art. 10 Rom III-VO** zu beachten (→ Rn. 46 ff.). 9

Zweck der universellen Anwendung der Rom III-VO ist es, eine **Spaltung des Kollisionsrechts** der Ehescheidung und der Ehetrennung in den teilnehmenden Mitgliedstaaten zu vermeiden, weil eine solche die Rechtsanwendung erheblich verkomplizieren würde. Zu einer solchen Spaltung kann es daher in den teilnehmenden Mitgliedstaaten nur noch kommen, soweit die Verordnung nach Art. 19 Abs. 1 gegenüber bestehenden Staatsverträgen zurücktritt. In Deutschland ist dies nur im Verhältnis zum *Iran* der Fall, wo das deutsch-iranische Niederlassungsabkommen von 1929 gegenüber den Art. 5 ff. der Verordnung Vorrang genießt (→ Rn. 13 ff.). Ansonsten bleibt aufgrund des Anwendungsvorrangs des sekundären EU-Rechts für nationales Kollisionsrecht der teilnehmenden Mitgliedstaaten im sachlichen Anwendungsgebiet der Verordnung keinerlei Raum mehr. Aus diesem Grunde hat der deutsche Gesetzgeber den bisherigen Art. 17 Abs. 1 EGBGB im Anpassungsgesetz zur Rom III-VO zu Recht aufgehoben. Deutsche Gerichte haben daher auf alle ab dem 21.6.2012 eingeleiteten Ehescheidungs- oder Ehetrennungsverfahren nur noch die europäischen Kollisionsregeln der Rom III-VO anzuwenden. Art. 17 Abs. 1 EGBGB aF ist nur noch in Verfahren zugrunde zu legen, die vor diesem Zeitpunkt eingeleitet worden sind. Die an der Verordnung nicht teilnehmenden Mitgliedstaaten wenden hingegen weiterhin ihr autonomes Kollisionsrecht an. Da dieses zT von der Rom III-VO erheblich abweicht, die vielfältigen alternativen Gerichtsstände nach Art. 3 EuEheVO aber auch in den nicht teilnehmenden Mitgliedstaaten (mit Ausnahme *Dänemarks*) eröffnet sind, wurden die Anreize zum *forum shopping* durch die eingeschränkte Geltung der Rom III-VO innerhalb der EU sogar noch verstärkt.[19] 10

**d) Deutsches Ausführungsgesetz.** Der deutsche Gesetzgeber hat die erforderlichen Anpassungen an die Rom III-VO durch das Gesetz zur Anpassung der Vorschriften des Internationalen Privatrechts an die Verordnung (EU) Nr. 1259/2010 und zur Änderung an- 11

[17] OLG Hamm IPRax 2014, 349 mAnm *Helms* IPRax 2014, 334 (*Iran*); AG Schöneberg NZFam 2014, 576 (Thailand).

[18] Althammer/*Althammer* Rom III-VO Vorb. Rn. 8.

[19] *Gruber* IPRax 2012, 381; *Winkler v. Mohrenfels* FS v. Hoffmann, 2011, 527 (536); Palandt/*Thorn* Rom III-VO Vorb. Rn. 2.

derer Vorschriften des Internationalen Privatrechts" **(Rom III-AnpassungsG)** vom 23.1.2013[20] vorgenommen, das am 29.1.2013 in Kraft getreten ist (zur Rechtswahl → Rn. 91ff., 109ff.; zu Scheidungsfolgen → Rn. 142ff.).

## 2. Staatsverträge

12 **a) Allgemeines.** Die Rom III-VO lässt nach ihrem Art. 19 Abs. 1 die Anwendung von internationalen Übereinkommen unberührt, denen ein oder mehrere teilnehmende Mitgliedstaaten am 21.6.2012 auf dem Gebiet des internationalen Ehescheidungs- oder Ehetrennungsrechts angehört haben. Vorrang haben also nur Staatsverträge, welche die teilnehmenden Mitgliedstaaten schon vor Inkrafttreten der Verordnung abgeschlossen hatten. Zum Abschluss neuer Übereinkommen im sachlichen Anwendungsbereich der Verordnung sind sie im Hinblick auf die von der EU in Anspruch genommene Außenkompetenz nicht mehr berechtigt. An mehrseitigen Staatsverträgen auf dem Gebiet des internationalen Ehescheidungs- und Ehetrennungsrechts ist die *Bundesrepublik Deutschland* nicht beteiligt.

13 **b) Deutsch-iranisches Niederlassungsabkommen.** Die Rom III-VO lässt allerdings nach ihrem Art. 19 Abs. 1 auch zweiseitige Übereinkommen zwischen einem Mitgliedstaat und einem Drittstaat unberührt. Im deutsch-iranischen Verhältnis hat daher das durch Protokoll vom 4.11.1954[21] wieder in Kraft gesetzte und auch nach der iranischen Revolution von 1979 fortgeltende deutsch-iranische Niederlassungsabkommen vom 17.2.1929[22] nicht nur für die bis zum 21.6.2012 eingeleiteten Scheidungsverfahren gemäß Art. 3 Nr. 2 EGBGB Vorrang vor den Regeln des autonomen Kollisionsrechts (dh vor Art. 17 EGBGB aF),[23] sondern gemäß Art. 19 Abs. 1 Rom III-VO auch für danach eingeleitete Scheidungsverfahren Vorrang vor den Kollisionsnormen dieser Verordnung.[24] Das Abkommen enthält zwar keine Regelung der internationalen Zuständigkeit, so dass auch für die Ehescheidung von iranischen Staatsangehörigen in Deutschland die Art. 3ff. EuEheVO gelten;[25] es enthält jedoch in Art. 8 Abs. 3 eine umfassende Kollisionsregel zum Personen-, Familien- und Erbrecht.

14 Das Abkommen ist in sachlicher Hinsicht auf das gesamte Familienrecht anwendbar; es gilt daher – wie in der deutsch-iranischen Erklärung zu dem Übereinkommen ausdrücklich klargestellt wird – auch für die **Ehescheidung.**[26] In persönlicher Hinsicht ist Art. 8 Abs. 3 des Abkommens auf dem Gebiet des Familienrechts allerdings nur auf solche Rechtsverhältnisse anwendbar, deren Beteiligte gemeinsam nur entweder die iranische oder die deutsche Staatsangehörigkeit besitzen.[27] Vor deutschen Gerichten gilt die Vorschrift somit nur dann, wenn **beide Ehegatten ausschließlich die iranische Staatsangehörigkeit** besitzen.[28] Demgegenüber ist das Abkommen auf die Scheidung deutsch-iranischer Mischehen sowie auf die Scheidung von Mehrstaatern, die sowohl die deutsche

[20] BGBl. 2013 I 101. Die Begründung der Bundesregierung vom 17.10.2012 zu diesem Gesetz ist abgedruckt in der BT-Drs. 17/11049, 7ff.

[21] BGBl. 1955 II 829.

[22] RGBl. 1930 II 1006; allg. → § 8 Rn. 5f.

[23] Vgl. BGH NJW 2004, 1952 (1953); *Schotten/Wittkowski* FamRZ 1995, 264 (266).

[24] OLG Hamm FamRZ 2012, 1498 mAnm *Henrich* = IPRax 2014, 349 mAnm *Helms* IPRax 2014, 334; OLG Hamm FamRZ 2013, 1481; *Helms* FamRZ 2011, 1765 (1767).

[25] OLG Hamm IPRax 2014, 349 mAnm *Helms* IPRax 2014, 334; OLG Hamm FamRZ 2013, 1481; 2012, 1438; OLG Stuttgart FamRZ 2012, 1498 (1499); OLG Koblenz FamRZ 2009, 611 (612).

[26] OLG Hamm FamRZ 2013, 1481.

[27] BGH FamRZ 1986, 345 (346); *Schotten/Wittkowski* FamRZ 1995, 264 (265).

[28] BGH FamRZ 2005, 1666; BGHZ 160, 332 (334) = FamRZ 2004, 1952 mAnm *Henrich;* dazu *Rauscher* IPRax 2005, 313; OLG Hamm FamRZ 2012, 1498 mAnm *Henrich* und 2011, 1765 (1767); OLG Celle FamRZ 2012, 383; OLG München FamRZ 2010, 1280; OLG Koblenz FamRZ 2009, 611 (613); OLG Düsseldorf FamRZ 1998, 1113 (1114) und 2003, 379 (380); KG NJW-RR 1994, 199; OLG Hamm FamRZ 1991, 1391; AG Frankfurt a.M. FamRZ 2010, 409; Staudinger/*Hausmann* EGBGB Anh. zu Art. 4 Rn. 774 mwN.

als auch die iranische Staatsangehörigkeit besitzen, nicht anwendbar;[29] dies gilt auch dann, wenn die deutsche Ehefrau die iranische Staatsangehörigkeit des Ehemannes durch die Eheschließung hinzuerworben hat.[30] Schließlich scheidet die Anwendung des Abkommens auf die Scheidung von Eheleuten, die beide ausschließlich die iranische Staatsangehörigkeit besitzen, auch dann aus, wenn einer oder beide Ehegatten die Rechtsstellung als Flüchtlinge iSd Genfer Flüchtlingskonvention oder als Asylberechtigte iSv §§ 2, 3 AsylVfG erlangt haben.[31] In diesen Fällen verbleibt es daher bei der Anwendung der Rom III-VO.

Art. 8 Abs. 3 des Abkommens enthält für die Ehescheidung eine **Sachnormverweisung** 15 auf das iranische Recht, wenn beide Ehegatten nur die iranische Staatsangehörigkeit besitzen. Eine Rück- oder Weiterverweisung findet nicht statt.[32] Eine hiervon abweichende Rechtswahl der Parteien nach Art. 5 Rom III-VO ist unzulässig. Auch der Vorrang des Rechts am gemeinsamen gewöhnlichen Aufenthalt vor der gemeinsamen iranischen Staatsangehörigkeit nach Art. 8 lit. a und lit. b Rom III-VO bleibt im Geltungsbereich des Abkommens außer Betracht. Da das iranische Familienrecht religiös gespalten ist (vgl. Grundätze 12, 13 der iranischen Verfassung vom 15.11.1979), hat der deutsche Richter das maßgebende Sachrecht auch iRd deutsch-iranischen Niederlassungsabkommens mit Hilfe einer **Unteranknüpfung** gemäß Art. 15 Rom III-VO zu bestimmen;[33] sie führt im Regelfall zur Anwendung des islamisch-schiitischen Eherechts.

Nach Art. 8 Abs. 3 S. 2 des Abkommens kann die Anwendung der iranischen Gesetze 16 in Verfahren vor deutschen Gerichten nur ausnahmsweise und nur insoweit ausgeschlossen werden, als ein solcher Ausschluss allgemein gegenüber jedem anderen fremden Staat erfolgt. Die Auslegung dieser Vorschrift führt zu dem Ergebnis, dass es sich hierbei um eine **Öffnungsklausel zugunsten der Anwendung des nationalen ordre public** der beiden Vertragsstaaten handelt.[34] Ausnahmevorschriften iSv Art. 8 Abs. 3 S. 2 sind somit die allgemeinen und besonderen *„ordre-public"*-Klauseln des autonomen deutschen bzw. iranischen Rechts. Aus diesem Grunde finden insbesondere die Art. 10 und Art. 12 Rom III-VO im Geltungsbereich des deutsch-iranischen Niederlassungsabkommens keine Anwendung.[35] Eine **Verstoßung der Ehefrau** nach iranischem Recht vor deutschen Gerichten[36] ist daher nur unter den Voraussetzungen des Art. 6 EGBGB ausgeschlossen. Anders als nach dem rigide formulierten Art. 10 S. 2 Rom III-VO scheidet danach eine Verletzung des deutschen *ordre public* aus, wenn die Verstoßung nach iranischem Recht erforderlich ist, um das von der Ehefrau selbst angestrebte Ziel der Auflösung der Ehe zu

---

[29] BVerfG FamRZ 2007, 615; BGH FamRZ 1986, 345 (346); OLG Hamm IPRax 2014, 349 Rn. 46 mAnm *Helms* IPRax 2014, 334; Palandt/*Thorn* Rom III-VO Art. 19 Rn. 1; NK-BGB/*Gruber* EGBGB Art. 17 Rn. 161.

[30] BGH NJW 1990, 686 (687) mAnm *Dörner/Kötters* IPRax 1991, 39; BayObLGZ 1977, 180 (182ff.); KG NJW-RR 1994, 199; *Schotten/Wittkowski* FamRZ 1995, 264 (266).

[31] BGH FamRZ 1990, 32 (33); OLG Hamburg FamRZ 2004, 459; OLG Nürnberg FamRZ 2002, 324ff.; OLG München IPRax 1989, 238 (240) mAnm *Jayme* IPRax 1989, 223; *Schotten/Wittkowski* FamRZ 1995, 264 (266).

[32] OLG Hamm FamRZ 2012, 1498 mAnm *Henrich*; Staudinger/*Hausmann* EGBGB Anh. zu Art. 4 Rn. 777 mwN.

[33] Vgl. zu Art. 4 Abs. 3 EGBGB BGHZ 120, 29 (32) = IPRax 1993, 102 mAnm *Henrich*; BGH FamRZ 2004, 1952 (1954); Staudinger/*Hausmann* EGBGB Anh. zu Art. 4 Rn. 778.

[34] BGHZ 160, 332 = FamRZ 2004, 1952 mAnm *Henrich*; BGH NJW-RR 2005, 1449; OLG Düsseldorf NJW-RR 2009, 732; OLG Celle NJOZ 2011, 1993; *Andrae* IntFamR § 4 Rn. 2; Staudinger/*Voltz* EGBGB Art. 6 Rn. 60 mwN.

[35] MüKoBGB/*v. Hein* EGBGB Art. 6 Rn. 38.

[36] Die im islamischen Rechtskreis gebräuchliche Verstoßung der Ehefrau durch einseitige Willenserklärung des Ehemannes (*„talaq"*) ist auch unter Geltung des des deutsch-iranischen Niederlassungsabkommens in Deutschland ausgeschlossen, weil die Ehe hierzulande *nur durch ein Gericht* geschieden werden kann, Art. 8 Abs. 3 S. 2 des Abkommens iVm Art. 17 Abs. 2 EGBGB, vgl. BGH FamRZ 2004, 1952 (1956); OLG Koblenz FamRZ 2009, 611 (613); Staudinger/*Mankowski* EGBGB Art. 17 Rn. 187.

erreichen oder wenn die Ehe angesichts der erfüllten Trennungsfristen auch nach deutschem Recht zu scheiden wäre (näher → Rn. 168 f.).[37]

### 3. Autonomes deutsches Kollisionsrecht

17 Das bisherige autonome deutsche Scheidungskollisionsrecht (Art. 17 Abs. 1 EGBGB aF iVm Art. 14 EGBGB) behält Bedeutung für alle Scheidungsverfahren, die **vor dem 12.6.2012 eingeleitet** worden sind; dies gilt auch dann, wenn gegen die Entscheidung des Familiengerichts Beschwerde erst nach Inkrafttreten der Rom III-VO eingelegt worden ist. Das autonome Kollisionsrecht der Mitgliedstaaten bleibt ferner relevant für die von der Rom III-VO ausdrücklich **ausgeschlossenen Regelungsgegenstände.** Dies betrifft insbesondere Verfahren betreffend die Feststellung des Bestehens oder Nichtbestehens einer Ehe sowie Verfahren der Ungültigerklärung einer Ehe, in Deutschland also das Eheaufhebungsverfahren.[38]

## II. Internationale Zuständigkeit

### 1. EU-Recht

18 Die internationale Zuständigkeit in Ehesachen richtet sich in Verfahren, die ab dem 1.3.2005 vor einem deutschen Familiengericht eingeleitet wurden,[39] vorrangig nach dem II. Kapitel (Art. 3 bis 7) der EG-Verordnung Nr. 2201/2003 über die Zuständigkeit und die Anerkennung und Vollstreckungvon Entscheidungen in Ehesachen und in Verfahren der elterlichen Verantwortung vom 27.11.2003 **(EuEheVO).**[40] Die EuEheVO gilt in allen Mitgliedstaaten mit Ausnahme *Dänemarks* unmittelbar und genießt als Teil des sekundären Unionsrechts **Anwendungsvorrang** vor dem jeweiligen autonomen Zuständigkeitsrecht. In Deutschland wird demgemäß die Regelung der internationalen Zuständigkeit in Ehesachen nach § 98 Abs. 1 FamFG durch Art. 3 bis 5 EuEheVO verdrängt.

19 Nach der zentralen Zuständigkeitsvorschrift in **Art. 3 EuEheVO** sind für Entscheidungen über die Ehescheidung, die Trennung ohne Auflösung des Ehebandes oder die Ungültigerklärung einer Ehe, nach **Abs. 1 lit. a** die Gerichte des Mitgliedstaats zuständig, in dessen Hoheitsgebiet

- beide Ehegatten ihren gewöhnlichen Aufenthalt haben oder
- die Ehegatten zuletzt beide ihren gewöhnlichen Aufenthalt hatten, sofern einer von ihnen dort noch seinen gewöhnlichen Aufenthalt hat, oder
- der Antragsgegner seinen gewöhnlichen Aufenthalt hat oder
- im Fall eines gemeinsamen Antrags einer der Ehegatten seinen gewöhnlichen Aufenthalt hat oder
- der Antragsteller seinen gewöhnlichen Aufenthalt hat, wenn er sich dort seit mindestens einem Jahr unmittelbar vor der Antragstellung aufgehalten hat, oder
- der Antragsteller seinen gewöhnlichen Aufenthalt hat, wenn er sich dort seit mindestens sechs Monaten unmittelbar vor der Antragstellung aufgehalten hat und entweder Staatsangehöriger des betreffenden Mitgliedstaats ist oder, im Fall des Vereinigten Königreichs und Irlands, dort sein *„domicile"* hat.

20 Darüber hinaus sind nach **Art. 3 Abs. 1 lit. b EuEheVO** auch die Gerichte des Mitgliedstaats international zuständig, dessen **Staatsangehörigkeit beide Ehegatten** besitzen, oder, im Fall des *Vereinigten Königreichs* und *Irlands,* in dem sie ihr gemeinsames *„domicile"* haben.

[37] BGH FamRZ 2004, 1952 (1955).
[38] Dazu *Hausmann* IntEuSchR A Rn. 451 ff.
[39] Vgl. zur zeitlichen Geltung Art. 64 Abs. 1 iVm Art. 72 EuEheVO; dazu *Hausmann* IntEuSchR A Rn. 164.
[40] ABl. 2003 L 338, 1 = *Jayme/Hausmann* Nr. 162.

Art. 3 EuEheVO regelt nur die **internationale Zuständigkeit** des in einer Ehesache iSv Art. 1 Abs. 1 lit. a angerufenen Gerichts eines Mitgliedstaats; welches Gericht innerhalb dieses Staates örtlich zuständig ist, richtet sich weiterhin nach nationalem Recht.[41] Die Anknüpfungskriterien in Art. 3 EuEheVO sind objektiver Natur. Auf den Parteiwillen kommt es nicht an, so dass eine Zuständigkeitsbegründung kraft rügeloser Einlassung nicht möglich ist. Auch **Gerichtsstandsvereinbarungen** können zwischen den Ehegatten in Ehesachen – anders als in Unterhaltssachen (Art. 4 EuUntVO; → § 10 Rn. 201 ff.) – nicht wirksam getroffen werden. Als Anknüpfungsmerkmal steht dabei nach Art. 3 Abs. 1 lit. a der **gewöhnliche Aufenthalt** der Ehegatten im Vordergrund; er begründet die internationale Zuständigkeit auch dann, wenn er nur einseitig in der Person des Antragsgegners oder – nach Erfüllung gewisser Mindestaufenthaltsfristen – in der Person des Antragstellers gegeben ist. Auf die Staatsangehörigkeit der Beteiligten oder auf einen sonstigen Bezug zu einem weiteren Mitgliedstaat der Verordnung kommt es abei nicht an.[42] Demgegenüber wird die Anknüpfung an die **Staatsangehörigkeit** in Art. 3 Abs. 1 lit. b EuEheVO im Vergleich zur Regelung im autonomen Recht vieler Mitgliedstaaten zurückgedrängt, weil in einer gemischt-nationalen Ehe dem Antragsteller, der seinen gewöhnlichen Aufenthalt im Ausland hat, das allein an seine Staatsangehörigkeit anknüpfende Forum in seinem Heimatstaaat genommen wird. Damit entfällt im Anwendungsbereich der EuEheVO auch für einen deutschen Ehegatten die Möglichkeit, vor dem nach § 98 Abs. 1 Nr. 1 FamFG international zuständigen deutschen Gericht eine rasche Scheidung seiner Ehe zu erreichen.[43] 21

Zwischen den einzelnen Zuständigkeitsanknüpfungen in Art. 3 EuEheVO besteht **kein Rangverhältnis.** Vielmehr stehen diese gleichwertig nebeneinander und begründen nicht selten alternative Zuständigkeiten in mehreren Mitgliedstaaten zugleich.[44] Auf diese Weise wird dem Antragsteller ein **Wahlrecht** eingeräumt, das Verfahren entweder im Inland oder auch in einem anderen Mitgliedstaat einzuleiten.[45] Die damit einhergehende Gefahr des *forum shopping*[46] besteht nach Inkrafttreten der Rom III-VO und der Geltung des Haager Unterhaltsprotokolls in den meisten Mitgliedstaaten nur noch in einem deutlich abgeschwächten Umfang. Die deutschen Gerichte sind somit schon dann international zuständig, wenn nur eine der verschiedenen Anknüpfungen des Art. 3 Abs. 1 EuEheVO im Inland verwirklicht ist. Die hierdurch entstehenden positiven Kompetenzkonflikte sind mit Hilfe der Regeln über die doppelte Rechtshängigkeit in Art. 19 EheVOzu lösen; danach entscheidet grundsätzlich die zeitliche Priorität.[47] 22

Die Zuständigkeitsregelung in Art. 3 bis 5 EuEheVO ist freilich **nicht abschließend.** Anders als zB in Unterhaltssachen, für die das Recht der internationalen Zuständigkeit in Art. 3 bis 7 EuUntVO voll harmonisiert ist (→ § 10 Rn. 22), behält das staatsvertragliche oder nationale Zuständigkeitsrecht der Mitgliedstaaten in Ehesachen vielmehr eine gewisse Bedeutung. Sind nämlich weder die deutschen Gerichte noch die Gerichte eines anderen EU-Mitgliedstaats nach Art. 3 bis 5 EuEheVO international zuständig,[48] so verweist Art. 7 Abs. 1 EuEheVO auf das autonome Zuständigkeitsrecht des Mitgliedstaats, dessen Gerichte angerufen worden sind. Besteht auch nach Art. 7 Abs. 1 EuEheVO iVm dem nationalen Verfahrensrecht keine internationale Zuständigkeit des angerufenen Gerichts, 23

[41] AG Leverkusen FamRZ 2006, 1384; *Hausmann* EuLF 2000/01, 271 (276).
[42] OLG Koblenz FamRZ 2009, 611 (612); Zöller/*Geimer* EuEheVO Art. 1 Rn. 14.
[43] NK-BGB/*Gruber* EuEheVO Art. 3 Rn. 3; *Hausmann* IntEuSchR A Rn. 40; krit. dazu Rauscher/*Rauscher* EuEheVO Art. 3 Rn. 3ff.
[44] *Hausmann* EuLF 2000/01, 271 (276); Zöller/*Geimer* EuEheVO Art. 3 Rn. 1; NK-BGB/*Gruber* EuEheVO Art. 3 Rn. 4.
[45] EuGH 16.7.2009 – C-168/08, Slg. 2009, I-1571 Rn. 48 – Hadadi/Mesko = FamRZ 2009, 1571; *Hau* FamRZ 2000, 1333 (1334); MüKoZPO/*Gottwald* EuEheVO Art. 3 Rn. 2.
[46] Dazu *Simotta* FS Geimer, 2002, 1151 (1152); *Rieck* FPR 2007, 251 (253); Rauscher/*Rauscher* EuEheVO Art. 3 Rn. 15.
[47] Näher *Hausmann* IntEuSchR A Rn. 122 ff.
[48] Dazu *Hausmann* IntEuSchR A Rn. 85 ff.

so hat sich dieses von Amts wegen für unzuständig zu erklären und den Antrag als unzulässig abzuweisen.

### 2. Autonomes Zivilverfahrensrecht

24 Da die *Bundesrepublik Deutschland* bisher an **keinem Staatsvertrag** beteiligt ist, der die internationale Entscheidungszuständigkeit in Ehesachen regelt, bestimmt sich die internationale Zuständigkeit deutscher Gerichte in Ehesachen in dem von Art. 6 und Art. 7 EuEheVO dem nationalen Recht überlassenen Bereich nach **§ 98 Abs. 1 FamFG,** der mit Wirkung vom 1.10.2009 ohne inhaltliche Änderung an die Stelle von § 606a ZPO aF getreten ist. Praktische Bedeutung hat vor allem § 98 Abs. 1 Nr. 1 FamFG, der – anders als Art. 3 Abs. 1 lit. b EuEheVO – bereits die deutsche Staatsangehörigkeit nur *eines* Ehegatten als Anknüpfung ausreichen lässt. Deutsche Gerichte dürfen freilich auf § 98 Abs. 1 FamFG nur zurückgreifen, wenn die folgenden beiden **Voraussetzungen** kumulativ erfüllt sind:

1. die Zuständigkeiten nach Art. 3 bis 5 EuEheVO dürfen **nicht ausschließlich** iSv Art. 6 EuEheVO sein, dh der Antragsgegner darf weder seinen gewöhnlichen Aufenthalt im Hoheitsgebiet eines Mitgliedstaats haben, noch die Staatsangehörigkeit eines Mitgliedstaats besitzen (bzw. sein *domicile* im *Vereinigten Königreich* oder in *Irland* haben), und
2. es darf kein Gericht eines anderen Mitgliedstaats nach Art. 3, 4 oder Art. 5 EuEheVO international zuständig sein.[49]

## B. Kollisionsrecht

## I. Objektive Anknüpfung

### 1. Allgemeines

25 Das auf die Ehescheidung bzw. Ehetrennung anwendbare Recht wird nach der Rom III-VO nur dann noch im Wege der objektiven Anknüpfung bestimmt, wenn die Ehegatten bis zum Zeitpunkt der Anrufung des Gerichts keine Rechtswahl getroffen haben und eine solche auch nicht während des bereits anhängigen Verfahrens treffen (Art. 5 Abs. 3 Rom III-VO) oder wenn die vereinbarte Rechtswahl nach Maßgabe der Art. 5 bis 7 Rom III-VO nicht wirksam ist.[50] Maßgebend ist dann Art. 8 Rom III-VO, der – ähnlich wie die bisherige autonome deutschen Kollisionsnorm für die Ehescheidung (Art. 17 Abs. 1 S. 1 iVm Art. 14 Abs. 1 EGBGB) – als **„Anknüpfungsleiter"** aufgebaut ist. Die Anknüpfungskriterien des Art. 8 stehen also – anders als jene des Art. 5 Rom III-VO bei der Rechtswahl – nicht einem Verhältnis der Alternativität; vielmehr schließt die Anküpfung auf der ersten Stufe jene auf den nachfolgenden Stufen aus; entsprechendes gilt für die folgenden Stufen.[51] Die vier Sprossen dieser Leiter (lit. a bis lit. d) unterscheiden sich freilich inhaltlich deutlich von der bisherigen Anknüpfung nach Art. 14 Abs. 1 Nr. 1 bis Nr. 3 EGBGB.

26 **Primäranknüpfung** ist nicht mehr – wie bisher nach Art. 17 Abs. 1 S. 1 iVm Art. 14 Abs. 1 Nr. 1 EGBGB – die gemeinsame Staatsangehörigkeit, sondern der **gemeinsame gewöhnliche Aufenthalt** der Ehegatten zur Zeit der Anrufung des Gerichts (Art. 8 lit. a Rom III-VO).[52] Vorrang vor der Anwendung des gemeinsamen Heimatrechts hat nach lit. b sogar die Anwendung des Rechts des Staates, in dem die Ehegatten ihren letzten

[49] Dazu *Hausmann* IntEuSchR A Rn. 79ff. Zum verbleibenden Anwendungsbereich von § 98 FamFG ausführlich *Hausmann* IntEuSchR A Rn. 191ff.

[50] Zum Vorrang einer Rechtswahl OLG Hamm NJOZ 2013, 1524; → Rn. 54ff.

[51] OLG Zweibrücken FamRZ 2015, 2063 (2064).

[52] Zu den Vor- und Nachteilen dieser Anknüpfung NK-BGB/*Hilbig-Lugani* Rom III-VO Art. 8 Rn. 10f.

gemeinsamen gewöhnlichen Aufenthalt hatten, sofern dieser nicht länger als ein Jahr zurückliegt und ein Ehegatte seinen gewöhnlichen Aufenthalt dort bis zur Anrufung des Gerichts beibehalten hat. Erst auf der dritten Stufe knüpft die Verordnung an das gemeinsame Heimatrecht der Ehegatten zur Zeit der Anrufung des Gerichts an (lit. c). Das Verhältnis von Staatsangehörigkeits- und Aufenthaltsprinzip wird in der Rom III-VO daher gegenüber dem bisherigen autonomen deutschen Kollisionsrecht umgekehrt.[53] Eine frühere gemeinsame Staatsangehörigkeit der Ehegatten bleibt – abweichend vom bisherigen deutschen Recht (Art. 17 Abs. 1 S. 1 iVm Art. 14 Abs. 1 Nr. 1, 2. Fall EGBGB) – auch dann außer Betracht, wenn ein Ehegatte sie bis zur Anrufung des Gerichts beibehalten hat. Dies gilt selbst dann, wenn die engste Verbindung der Ehegatten weiterhin zu diesem Recht der letzten gemeinsamen Staatsangehörigkeit besteht. Denn auf der vierten und letzten Stufe der Anküpfungsleiter des Art. 8 wird – wiederum abweichend vom bisherigen deutschen Recht (Art. 17 Abs. 1 iVm Art. 14 Abs. 1 Nr. 3 EGBGB) – nicht an das Recht angeknüpft, mit dem die Ehegatten sonst am engsten verbunden sind. Stattdessen ist im Interesse eines Gleichlaufs von internationaler Zuständigkeit und anwendbarem Recht an das Recht des jeweiligen Gerichtsstaats maßgebend (lit. d). Die Neuregelung hat zur Folge, dass es in Verfahren vor deutschen Gerichten nur noch selten zur Anwendung ausländischen Scheidungsrechts kommen wird; diese Stärkung der *lex fori*-Anknüpfung[54] ist vom europäischen Gesetzgeber durchaus beabsichtigt.

Hinter dieser Regelung der objektiven Anknüpfung des Scheidungs- bzw. Trennungs- 27
statuts steht vor allem das Streben nach größerer **Rechtssicherheit.** Vor allem aus diesem Grund hat der Verordnungsgeber auf eine Auffangklausel iSv Art. 17 Abs. 1 S. 1 iVm Art. 14 Abs. 1 Nr. 3 EGBGB („engste Verbindung") verzichtet. Ferner soll durch die Einführung harmonisierter Kollisionsregeln in Gestalt einer klar strukturierten Anknüpfungsleiter ein *forum shopping* der Ehegatten mit dem Ziel, sich durch die Anrufung der Gerichte eines bestimmten Staates Vorteile in Bezug auf das anzuwendende Recht zu verschaffen, im Geltungsbereich der Verordnung vermieden werden (Erwägungsgrund 21 S. 1).[55] Schließlich wollte man durch die gewählten Anknüpfungspunkte sicherstellen, dass die Ehegatten zu dem nach Art. 8 Rom III-VO auf ihre Scheidung bzw. Trennung anzuwendenden Recht einen hinreichend **engen Bezug** haben (Erwägungsgrund 21 S. 2). Dies kommt insbesondere in lit. b zum Ausdruck, wonach an den letzten gemeinsamen gewöhnlichen Aufenthalt der Ehegatten – anders als bisher nach Art. 17 Abs. 1 iVm Art. 14 Abs. 1 Nr. 2, 2. Fall EGBGB – nur noch angeknüpft wird, wenn die Scheidung binnen Jahresfrist nach dem Wegzug eingereicht wird.

Im Rahmen der Anknüpfungsleiter des Art. 8 Rom III-VO kommt es nicht auf den – 28
scheidungsfreundlichen oder scheidungsfeindlichen – **Inhalt des** hiernach maßgebenden **materiellen Scheidungsrechts** an. Während zB im internationalen Unterhaltsrecht ein nach Art. 4 HUP privilegierter Unterhaltsberechtigter, der nach dem primär anwendbaren Recht seines gewöhnlichen Aufenthalts (Art. 3 HUP) keinen Unterhalt erhalten kann, den Unterhaltsanspruch gemäß Art. 4 Abs. 2 HUP hilfsweise auf das Recht am Ort des angerufenen Gerichts und, wenn auch danach kein Unterhaltsanspruch besteht, gemäß Art. 4 Abs. 4 HUP auf das Recht der gemeinsamen Staatsangehörigkeit von Berechtigtem und Verpflichtetem stützen kann (→ § 10 Rn. 41 ff.), eröffnet Art. 8 Rom III-VO dem Antragsteller im internationalen Scheidungsrecht eine vergleichbare Möglichkeit nicht. Die Anknüpfungsleiter des Art. 8 Rom III-VO ist vielmehr **starr** und verbindlich. Wenn die Ehe also nach dem primär anwendbaren Recht am ausländischen gemeinsamen gewöhnlichen Aufenthalt der Ehegatten (lit. a) derzeit nicht geschieden werden kann, so ist der Scheidungsantrag als unbegründet zurückzuweisen.[56] Dem Antragsteller hilft es dann

[53] *Makowsky* GPR 2012, 266 (269); Althammer/*Tolani* Rom III-VO Art. 8 Rn. 2.
[54] Dazu auch NK-BGB/*Hilbig-Lugani* Rom III-VO Art. 8 Rn. 4.
[55] Vgl. MüKoBGB/*Winkler v. Mohrenfels* Rom III-VO Art. 8 Rn. 2.
[56] AG Berlin-Schöneberg IPRspr. 2013 Nr. 97.

nicht, dass der Scheidungsantrag nach dem gemeinsamen Heimatrecht der Ehegatten (lit. c) oder nach dem Recht des angerufenen Gerichts (lit. d) begründet wäre. Der Abweisung seines Antrags kann er nur entgehen, wenn er sich mit dem Antragsgegner durch entsprechende Rechtswahl nach Art. 5 Abs. 1 Rom III-VO auf ein scheidungsfreundlicheres Recht verständigen kann oder wenn die Voraussetzungen für eine Anwendung der deutschen *lex fori* nach Art. 10 Rom III-VO (→ Rn. 43ff.) erfüllt sind. Andererseits können Ehegatten, die ihren gewöhnlichen Aufenthalt im Inland haben, auch eine Scheidung nach ihrem gemeinsamen Heimatrecht nur noch erreichen, wenn sie eine Rechtswahl nach Art. 5 Abs. 1 lit. c Rom III-VO treffen. Gleiches gilt, wenn sie eine gerichtliche Ehetrennung nach ihrem gemeinsamen Heimatrecht anstreben, weil das primär anzuwendende deutsche Aufenthaltsrecht dieses Rechtsinstitut nicht kennt.[57]

29 **Beispiel:**
Die italienischen Eheleute M und F haben ihren gewöhnlichen Aufenthalt seit zehn Jahren in Deutschland. Am 15.6.2015 stellt die F beim Amtsgericht ihres gemeinsamen Wohnsitzes in München einen Antrag auf gerichtliche Ehetrennung („*separazione giudiziale*") nach italienischem Recht. Ist der Antrag begründet?

Bis zum Inkrafttreten der Rom III-VO am 12.6.2012 wäre dem Antrag in entsprechender Anwendung von Art. 17 Abs. 1 S. 1 iVm Art. 14 Abs. 1 Nr. 1 EGBGB zu entsprechen gewesen, denn die gerichtliche Ehetrennung war Voraussetzung für eine spätere Scheidung der Ehe nach dem gemeinsamen italienischen Heimatrecht der Ehegatten. Unter Geltung der Rom III-VO unterliegen Ehetrennung wie Ehescheidung hingegen nach Art. 8 lit. a Rom III-VO dem deutschen Recht, wenn Ehegatten mit einer gemeinsamen ausländischen Staatsangehörigkeit ihren gemeinsamen gewöhnlichen Aufenthalt zur Zeit der Anrufung des Gerichts in Deutschland haben. Der Antrag der F ist daher als unbegründet zurückzuweisen.[58] Eine gerichtliche Trennung nach italienischem Recht können die Ehegatten vor einem deutschen Gericht nur noch erreichen, wenn sie rechtzeitig eine Rechtswahl nach Art. 5 Abs. 1 lit. c Rom III-VO treffen.

### 2. Die einzelnen Anknüpfungsmerkmale nach Art. 8 Rom III-VO

30 **a) Gemeinsamer gewöhnlicher Aufenthalt der Ehegatten.** In Ermangelung einer wirksam nach Art. 5ff. Rom III-VO getroffenen Rechtswahl (→ Rn. 54ff.) haben die Gerichte der teilnehmenden Mitgliedstaaten auf die Ehescheidung bzw. Ehetrennung nach Art. 8 lit. a Rom III-VO in erster Linie das Recht des Staates anzuwenden, in dem die Ehegatten zum Zeitpunkt der Anrufung des Gerichts ihren gemeinsamen gewöhnlichen Aufenthalt haben **(1. Stufe).**[59] Aufgrund der Verpflichtung zur universellen Anwendung der Verordnung (Art. 4) gilt dies auch dann, wenn die Ehegatten ihren gewöhnlichen Aufenthalt nicht in einem teilnehmenden Mitgliedstaat haben. Die Anknüpfung an das Recht des gemeinsamen gewöhnlichen Aufenthalts entspricht im (Regel-) Fall einer Anrufung der dortigen Gerichte dem Interesse der Ehegatten an einer zügigen und kostensparenden Scheidung. Im Gegensatz zum bisherigen Recht findet das gemeinsame Heimatrecht auf die Scheidung von Ausländern, die ihren gewöhnlichen Aufenthalt im Inland haben, keine Anwendung mehr.[60] Art. 8 lit. a Rom III-VO bestimmt das Scheidungsstatut freilich auch dann, wenn im Ausland lebende deutsche Ehegatten sich vor einem deutschen Gericht scheiden lassen möchten.[61] Die Anwendbarkeit ihres gemeinsa-

[57] OLG Nürnberg FamRZ 2014, 835; OLG München IPRspr. 2013 Nr. 103.
[58] OLG Stuttgart NJW 2013, 398.
[59] Vgl. KG FamRZ 2014, 664.
[60] OLG München NJW 2014, 1893 = FamRZ 2014, 862 mAnm *Heiderhoff* und IPRspr. 2013 Nr. 101; NK-BGB/*Hilbig-Lugani* Rom III-VO Art. 8 Rn. 8.
[61] AG Berlin-Schöneberg BeckRS 2014, 05267 mAnm *Leder-Kappert* NZFam 2014, 576. Die internationale Zuständigkeit der deutschen Gerichte ergibt sich in diesem Fall aus Art. 3 Abs. 1 lit. b EuEheVO.

men ausländischen Aufenthaltsrechts können sie dann nur durch eine Rechtswahl zugunsten des deutschen Rechts (Art. 5 Abs. 1 lit. c Rom III-VO; → Rn. 76 ff.) vermeiden.[62]

Der **Begriff des gewöhnlichen Aufenthalts** (dazu allg. → § 2 Rn. 58 ff.) ist auch iRd Rom III-VO *autonom* auszulegen. Allerdings gibt es – wie der EuGH inzwischen zu Art. 8 EuEheVO klargestellt hat[63] – keinen einheitlichen europäischen Begriff des gewöhnlichen Aufenthalts, der für alle Rechtsinstrumente auf dem Gebiet der justiziellen Zusammenarbeit in Zivilsachen gleichermaßen gilt. Vielmehr kann der gewöhnliche Aufenthalt im Hinblick auf den jeweiligen rechtlichen Zusammenhang, in dem er verwendet wird, unterschiedlich verstanden werden. Deshalb ist insbesondere der vornehmlich am Kindeswohl und der Notwendigkeit des raschen Ergreifens von Schutzmaßnahmen für Kinder ausgerichtete Begriff des gewöhnlichen Aufenthalts in Art. 8 ff. EuEheVO[64] und in den Haager Übereinkommen zum Schutz von Kindern[65] nicht ohne weiteres auf die Rom III-VO übertragbar.[66] Aus der Vorgabe in Erwägungsgrund 10 Abs. 1 zu einer möglichst einheitlichen Auslegung der Rom III-VO und der EuEheVO kann jedoch entnommen werden, dass der Begriff ebenso zu verstehen ist wie in Art. 3 Abs. 1 lit. a EuEheVO,[67] dh als **faktischer Lebensmittelpunkt** der Ehegatten. Darüber hinaus spricht das Ziel der kollisionsrechtlichen Anknüpfung, nämlich den Schwerpunkt des Rechtsverhältnisses in nur einer einzigen Rechtsordnung zu lokalisieren, sogar für ein noch engeres Konzept des gewöhnlichen Aufenthalts in der Rom III-VO als in Art. 3 EuEheVO, wo der gewöhnliche Aufenthalt der Ehegatten zur Bestimmung *alternativer* Zuständigkeiten in verschiedenen Mitgliedstaaten verwendet wird.[68] Daher ist jedenfalls für Art. 8 lit. a die Annahme eines **mehrfachen gewöhnlichen Aufenthalts** ausgeschlossen. Haben sich die Ehegatten daher ständig abwechselnd in zwei Ländern gewöhnlich aufgehalten, so muss dennoch ein effektiver gewöhnlicher Aufenthalt in einem dieser beiden Länder festgestellt werden, zu dem eine – wenn auch nur unwesentlich – engere Verbindung bestanden hat.[69] Dagegen muss eine Person nicht notwendig immer einen gewöhnlichen Aufenthalt besitzen.[70] Im Regelfall kann freilich auf die Grundsätze zur Auslegung des gewöhnlichen Aufenthalts in **Art. 3 EuEheVO** zurückgegriffen werden.[71] Voraussetzung ist auch hier nur, dass beide Ehegatten sich gewöhnlich im Gebiet des gleichen Staates aufhalten; ein Aufenthalt am gleichen Ort innerhalb dieses Staates oder gar in einer gemeinsamen Wohnung wird nicht verlangt. 31

Maßgebender Zeitpunkt für das Vorliegen des gewöhnlichen Aufenthalts der Ehegatten nach lit. a ist die **Anrufung des Gerichts.**[72] Damit ist das Scheidungs- bzw. Trennungsstatut **unwandelbar.** Veränderungen des gewöhnlichen Aufenthalts der Ehegatten im 32

---

[62] Münch/*Süß* FamR § 20 Rn. 273.

[63] EuGH 2.4.2009 – C-523/07, Slg. 2009, I-2805 Rn. 34 – A = FamRZ 2009, 843; EuGH 22.12.2010 – C-497/10, Slg. 2010, I-14309 Rn. 47 ff. – Mercredi = FamRZ 2011, 617 mAnm *Henrich*; *Pirrung* IPRax 2011, 50 (53).

[64] Dazu näher → § 2 Rn. 59 ff.; *Hausmann* IntEuSchR B Rn. 67 ff.

[65] Vgl. zum KSÜ *Hausmann* IntEuSchR B Rn. 317 ff.

[66] *Helms* FamRZ 2011, 1765 (1769 ff.); *Traar* ÖJZ 2011, 805 (808); Althammer/*Tolani* Rom III-VO Art. 8 Rn. 6.

[67] *Gruber* IPRax 2012, 381 (385); Palandt/*Thorn* Rom III-VO Art. 5 Rn. 3; *Andrae* IntFamR § 4 Rn. 97; Althammer/*Mayer* Rom III-VO Art. 5 Rn. 12; *Helms* FamRZ 2011, 1765 (1769); jurisPK-BGB/*Ludwig* Rom III-VO Art. 5 Rn. 12. Zur Auslegung von Art. 3 Abs. 1 lit. a EuEheVO vgl. statt vieler *Hausmann* IntEuSchR A Rn. 45 ff.

[68] *Helms* FamRZ 2011, 1765 (1769); NK-BGB/*Hilbig-Lugani* Rom III-VO Art. 5 Rn. 41 aE; für möglichst einheitliche Auslegung des Begriffs in beiden Vorschriften hingegen *Gruber* FamRZ 2012, 381 (385); Palandt/*Thorn* Rom III-VO Art. 5 Rn. 3; *Andrae* IntFamR § 4 Rn. 28; Althammer/*Tolani* Rom III-VO Art. 8 Rn. 6.

[69] Vgl. zu Art. 17 Abs. 1 S. 1 aF iVm Art. 14 Abs. 1 Nr. 2 EGBGB OLG Oldenburg FamRZ 2010, 1565 (1566) m. zust. Anm. *Schulze* IPRax 2012, 526; Erman/*Hohloch* Rom III-VO Art. 8 Rn. 2; *Hausmann* IntEuSchR A Rn. 317.

[70] Zum autonomen Kollisionsrecht BGH NJW 1993, 2047 (2049).

[71] Dazu näher *Hausmann* IntEuSchR A Rn. 45 ff.

[72] Zur Bestimmung dieses Zeitpunkts vgl. näher unten zu Art. 5 Abs. 2 (→ Rn. 89).

Laufe des Verfahrens beeinflussen also das anwendbare Recht nicht mehr.[73] Die Ehegatten können freilich auch nachträglich noch eine Änderung des Scheidungsstatuts erreichen, indem sie entweder eine Rechtswahl nach Art. 5 Abs. 3 Rom III-VO iVm Art. 46d Abs. 2 EGBGB treffen (→ Rn. 91 ff.) oder den Scheidungsantrag einvernehmlich zurücknehmen und anschließend beim gleichen Gericht oder dem Gericht eines anderen Staates auf der Grundlage ihrer veränderten tatsächlichen Verhältnisse neu einreichen.[74]

33 **b) Letzter gemeinsamer gewöhnlicher Aufenthalt der Ehegatten.** Haben die Ehegatten im Zeitpunkt der Anrufung des Gerichts ihren gewöhnlichen Aufenthalt nicht mehr in demselben Staat, so kommt das Recht des Staates zur Anwendung, in dem sie zuletzt gemeinsam ihren gewöhnlichen Aufenthalt hatten **(2. Stufe).** Diese Anknüpfung orientiert sich an der Zuständigkeitsregelung in Art. 3 Abs. 1 lit. a, 2. Spiegelstrich EuEhe-VO. Wie dort wird vorausgesetzt, dass einer der Ehegatten zum Zeitpunkt der Anrufung des Gerichts im gemeinsamen früheren Aufenthaltsstaat noch seinen gewöhnlichen Aufenthalt hat. Dies kann sowohl der Antragsteller wie der Antragsgegner sein.[75] Der in Erwägungsgrund 21 betonte hinreichende Bezug der Ehegatten zu diesem Recht ist freilich nach lit. b nur dann gegeben, wenn der gemeinsame gewöhnliche Aufenthalt nicht bereits **vor mehr als einem Jahr vor Anrufung des Gerichts** geendet hat und wenn ein Ehegatte – wie bisher nach Art. 14 Abs. 1 Nr. 2, 2. Fall EGBGB – seinen gewöhnlichen Aufenthalt in dem früheren gemeinsamen Aufenthaltsstaat nach dem Wegzug des anderen Ehegatten bis zur Anrufung des Gerichts ununterbrochen beibehalten hat. Dies bringt ein gewisses Unsicherheitsmoment in die Anknüpfung nach Art. 8 Rom III-VO, da die Verfestigung eines schlichten zum gewöhnlichen Aufenthalt häufig nur schwer festzustellen ist.[76]

34 Haben beide Ehegatten den letzten gemeinsamen gewöhnlichen Aufenthalt im Inland hingegen durch **Umzug ins Ausland** aufgegeben, so greift lit. b auch dann nicht ein, wenn einer der Ehegatten kurze Zeit später nach Deutschland zurückkehrt und hier erneut seinen gewöhnlichen Aufenthalt begründet; dies gilt auch dann, wenn dieser Ehegatte zwischenzeitlich im Ausland keinen neuen gewöhnlichen Aufenthalt erworben hatte.[77] Die **Darlegungs- und Beweislast** für die beiden einschränkenden Voraussetzungen des Art. 8 lit. b Rom III-VO obliegt dem antragstellenden Ehegatten.[78] Sind sie gegeben, so sieht der Verordnungsgeber zum Recht des letzten gemeinsamen gewöhnlichen Aufenthalts der Ehegatten einen stärkeren Bezug als zu deren gemeinsamem Heimatrecht. Durch die Wahrung oder das Verstreichenlassen der Jahresfrist nach lit. b kann der scheidungswillige Ehegatte, der seinen gewöhnlichen Aufenthalt nach dem Scheitern der Ehe in einen anderen Staat verlegt hat, freilich in gewissem Umfang Einfluss auf das anwendbare Scheidungsrecht nehmen.[79]

35 **Beispiel:**
Die deutschen Ehegatten M und F hatten ihren letzten gemeinsamen gewöhnlichen Aufenthalt in Mailand/Italien, wo sie acht Jahre gelebt hatten. Nach der Trennung ist die F nach Deutschland zurückgekehrt und reicht dort nach sieben Monaten den Scheidungsan-

[73] MüKoBGB/*Winkler v. Mohrenfels* Rom III-VO Art. 8 Rn. 10 f.; Palandt/*Thorn* Rom III-VO Art. 8 Rn. 6; ebenso schon zum Scheidungsstatut nach Art. 17 Abs. 1 S. 1 EGBGB aF BGH-NJW-RR 2008, 1169 Rn. 39 mAnm *Siehr* IPRax 2009, 332; OLG Hamm FamRZ 1995, 933.
[74] Erman/*Hohloch* Rom III-VO Art. 8 Rn. 2.
[75] *Hausmann* IntEuSchR A Rn. 45 ff.; Erman/*Hohloch* Rom III-VO Art. 8 Rn. 3.
[76] Krit. deshalb *Andrae* IntFamR § 4 Rn. 29; NK-BGB/*Hilbig-Lugani* Rom III-VO Art. 8 Rn. 15.
[77] Vgl. zu Art. 14 Abs. 1 Nr. 2 EGBGB BGH NJW 1993, 2047 (2048 ff.); dazu *v. Bar* IPRax 1994, 102.
[78] Palandt/*Thorn* Rom III-VO Art. 8 Rn. 3; Althammer/*Tolani* Rom III-VO Art. 8 Rn. 6; **aA** *Andrae* IntFamR § 4 Rn. 29, die die Beweislast demjenigen Ehegatten aufbürden möchte, der den neuen gewöhnlichen Aufenthalt begründet hat.
[79] *Gruber* IPRax 2012, 381 (387); Erman/*Hohloch* Rom III-VO Art. 8 Rn. 2; krit. Palandt/*Thorn* Rom III-VO Art. 8 Rn. 3.

trag beim AG München ein. Nach welchem Recht ist die Ehe zu scheiden, wenn M weiterhin in Mailand lebt?

Die deutschen Gerichte sind nach Art. 3 Abs. 1 lit. a, 6. Spiegelstrich EuEheVO für die Scheidung international zuständig. Anders als nach dem biserigen autonomen deutschen Scheidungskollisionsrecht tritt die gemeinsame deutsche Statsangehörigkeit der Ehegatten als Anknüpfungskriterium für die Ehescheidung nach Art. 8 lit. b Rom III-VO selbst dann zurück, wenn die Ehegatten keinen gemeinsamen gewöhnlichen Aufenthalt in einem anderen Staat mehr haben, einen solchen aber zuletzt hatten, sofern dieser nicht mehr als ein Jahr zurückliegt und ein Ehegatte ihn bis zur Einreichung des Scheidungsantrags beibehalten hat. Maßgebend ist daher italienisches Scheidungsrecht.

Wird die Ehefrau darauf rechtzeitig hingewiesen und möchte sie weder ein gerichtliches Ehetrennungsverfahren durchführen noch die erst von der gerichtlichen Trennung an laufende Frist des italienischen Rechts einhalten,[80] so kann sie die Anwendung deutschen Scheidungsrechts allerdings schon dadurch erreichen, dass sie ihren Scheidungsantrag erst nach Ablauf der Jahresfrist des Art. 8 lit. b Rom III-VO einreicht. Denn ab dann gilt für die Ehescheidung gemäß Art. 8 lit. c Rom III-VO das deutsche Scheidungsrecht. Wird der Scheidungsantrag vor Ablauf der Jahresfrist eingereicht, so können die Ehegatten die Anwendung deutschen Rechts nur noch durch eine nachträgliche Rechtswahl nach Art. 5 Rom III-VO erreichen.

**Hinweis:**
Die vergangenheitsbezogene Anknüpfung nach Art. 8 lit. b wird in der Praxis leicht übersehen. Um dem vorzubeugen, sollte der rechtliche Berater die Ehegatten nicht nur nach ihrem derzeitigen gewöhnlichen Aufenthalt befragen. Er sollte vielmehr auch ermitteln, in welchem Staat diese im letzten Jahr vor der (in Aussicht genommenen) Anrufung des Gerichts ihren gewöhnlichen Aufenthalt hatten.

**c) Gemeinsame Staatsangehörigkeit der Ehegatten. aa) Allgemeines.** Erst auf der **3. Stufe** der Anknüpfungsleiter des Art. 8 Rom III-VO, also in dem schon eher seltenen Fall, dass die Eheleute weder im Zeitpunkt der Anrufung des Gerichts ihren gewöhnlichen Aufenthalt in demselben Staat haben, noch einen solchen im Jahr davor in demselben Staat hatten, wird in lit. c an die gemeinsame Staatsangehörigkeit der Ehegatten angeknüpft.[81] Diese Zurückdrängung der gemeinsamen Staatsangehörigkeit als Anknüpfungskriterium in der Rom III-VO im Vergleich zum bisherigen deutschen Kollisionsrecht (Art. 17 Abs. 1 S. 1 iVm Art. 14 Abs. 1 Nr. 1 EGBGB aF) wird zwar kritisiert;[82] sie verdient jedoch wegen der erheblichen praktischen Vorzüge der Anknüpfung an den gewöhnlichen Aufenthalt, die weit häufiger zur Anwendung der *lex fori* führt und damit die aufwändige Ermittlung ausländischen Rechts vermeidet, Zustimmung.[83] 36

Die gemeinsame Staatsangehörigkeit muss – wie der gemeinsame gewöhnliche Aufenthalt nach lit. a – im **Zeitpunkt der Anrufung des Gerichts** gegeben sein. Daher schadet es nicht, wenn einer der Ehegatten diese Staatsangehörigkeit im Laufe des Scheidungs- oder Trennungsverfahrens verliert. Denn die Anknüpfung ist – wie jene nach lit. a – **unwandelbar.** Eine frühere gemeinsame Staatsangehörigkeit der Ehegatten reicht – an- 37

[80] Vgl. *Henrich* IntSchR Rn. 91; *Gruber* FamRZ 2012, 381 (387); *Andrae* IntFamR § 4 Rn. 29. Die Trennungsfrist ist in Italien allerdings durch das Gesetz vom 6.5.2015, Nr. 55 für die streitige Ehescheidung von bisher drei Jahren auf zwölf Monate, für die einvernehmliche Ehescheidung auf sechs Monate verkürzt worden, vgl. *Henrich/Cubeddu-Wiedemann* FamRZ 2015, 1253 ff. Die Einführung einer Ehescheidung ohne vorherige gerichtliche Trennung (sog. „*divorzio diretto*") steht bevor.

[81] Zu den Vor- und Nachteilen dieser Anknüpfung NK-BGB/*Hilbig-Lugani* Rom III-VO Art. 8 Rn. 17 f.

[82] Vgl. Rauscher/*Rauscher* Rom III-VO Einl. Rn. 51 ff.

[83] Ebenso NK-BGB/*Hilbig-Lugani* Rom III-VO Art. 8 Rn. 18.

ders als bisher nach Art. 17 Abs. 1 S. 1 iVm Art. 14 Abs. 1 Nr. 1, 2. Fall EGBGB aF[84] – als Anknüpfungspunkt hingegen nicht aus.[85] Auch unter diesem Aspekt sieht der Verordnungsgeber in der gemeinsamen Staatsangehörigkeit der Ehegatten ein deutlich schwächeres Anknüpfungskriterium als im gemeinsamen gewöhnlichen Aufenthalt (vgl. lit. b). Haben die Ehegatten gemeinsam die Staatsangehörigkeit eines **Mehrrechtsstaats,** so ist lit. c nur anwendbar, wenn die Unteranknüpfung im Fall territorialer Spaltung nach Art. 14 lit. c Rom III-VO zum Recht der gleichen Gebietseinheit oder im Fall personaler Spaltung nach Art. 15 Rom III-VO zum Recht der gleichen Personengruppe (zB Religionsgemeinschaft) führt (näher → Rn. 156 ff.).

38 **bb) Doppel- und Mehrstaater.** Zu Art. 3 Abs. 1 lit. b EuEheVO hat der EuGH entschieden, dass für die Begründung der internationalen Zuständigkeit nach dieser Vorschrift alle Staatsangehörigkeiten der Ehegatten gleich zu behandeln sind, so dass auch eine gemeinsame nicht-effektive Staatsangehörigkeit ausreicht.[86] Wollte man den von Erwägungsgrund 10 Abs. 1 S. 1 angestrebten „Einklang" zwischen beiden Verordnungen herstellen, so wäre diese autonom-europäische Auslegung der EuEheVO auch auf die Rom III-VO zu übertragen; danach wäre auch eine gemeinsame Staatsangehörigkeit ausreichend, die für einen oder beide Ehegatten nicht effektiv ist. Allerdings ist in diesem Zusammenhang auch Erwägungsgrund 22 zur Verordnung zu berücksichtigen, der folgenden Wortlaut hat:

„Wird in dieser Verordnung hinsichtlich der Anwendung des Rechts eines Staates auf die Staatsangehörigkeit als Anknüpfungspunkt verwiesen, so wird die Frage, wie in Fällen der mehrfachen Staatsangehörigkeit zu verfahren ist, weiterhin nach innerstaatlichem Recht geregelt, wobei die allgemeinen Grundsätze der Europäischen Union uneingeschränkt zu achten sind."

39 Dieser speziell auf die Problematik der mehrfachen Staatsangehörigkeit abzielende Erwägungsgrund hat Vorrang vor dem allgemeinen Erwägungsgrund 10. Danach ist vor deutschen Gerichten iRv Art. 8 lit. c Rom III-VO – wie bisher nach Art. 17 Abs. 1 S. 1 iVm Art. 14 Abs. 1 Nr. 1 EGBGB – ergänzend Art. 5 Abs. 1 EGBGB heranzuziehen. Besitzt ein Ehegatte **mehrere ausländische Staatsangehörigkeiten,** so ist daher nach Art. 5 Abs. 1 S. 1 EGBGB nur an eine gemeinsame *effektive* Staatsangehörigkeit der Ehegatten anzuknüpfen.[87] Eine gemeinsame nicht-effektive Staatsangehörigkeit reicht also – anders als bei einer Rechtswahl nach Art. 5 lit. c Rom III-VO (→ Rn. 77 f.) und bei der Annahme der internationalen Zuständigkeit nach Art. 3 Abs. 1 lit. b EuEheVO[88] – für die objektive Anknüpfung nach Art. 8 lit. c Rom III-VO nicht aus.[89] Dies erscheint deshalb gerechtfertigt, weil es im Kollisionsrecht in Ermangelung einer Rechtswahl darum geht, ein Recht als Scheidungsstatut zu bestimmen, zu dem beide Ehegatten einen echten Bezug haben.[90] Maßgebend ist daher das Recht desjenigen Heimatstaats eines mehrstaatigen Ehegatten, mit dem dieser am engsten verbunden ist, insbesondere durch seinen gewöhn-

[84] Vgl. BGH FamRZ 1994, 434 (435); OLG Hamm FamRZ 2011, 220; OLG Karlsruhe FamRZ 1996, 1146 (1147).

[85] *Dimmler/Bißmeier* FamRBint 2012,66 (68); Althammer/*Tolani* Rom III-VO Art. 8 Rn. 10.

[86] EuGH 16.7.2009 – C-168/08, Slg. 2009, I-1571 – Hadadi/Mesko = FamRZ 2009, 1571 m. abl. Anm. *Kohler* und zust. Anm. *Hau* und *Dilger* IPRax 2010, 50 und 54; dazu *Hausmann* IntEuSchR A Rn. 66.

[87] RegBegr zum Rom III-AnpassungsG vom 23.1.2013, BT-Drs. 17/11049, 8 unter A I 4. Spiegelstrich.

[88] Vgl. EuGH 16.7.2009 – C-168/08, Slg. 2009, I-1571 – Hadadi/Mesko = IPRax 2010, 66 mAnm *Hau* IPRax 2010, 50; *Hausmann* IntEuSchR A Rn. 281.

[89] *Helms* FamRZ 2011, 1765 (1771); *Gruber* IPRax 2012, 381 (388); MüKoBGB/*v. Hein* EGBGB Art. 5 Rn. 82; Althammer/*Tolani* Rom III-VO Art. 8 Rn. 6; Palandt/*Thorn* Rom III-VO Art. 8 Rn. 4; MüKoBGB/*Winkler v. Mohrenfels* Rom III-VO Art. 8 Rn. 5. Einschränkend *Andrae* IntFamR § 4 Rn. 32, die in Ermangelung einer gemeinsamen effektiven Staatsangehörigkeit der Ehegatten an deren gemeinsame nicht-effektive Staatsangehörigkeit anknüpfen möchte, wenn es sich um diejenige eines Mitgliedstaats handelt.

[90] NK-BGB/*Hilbig-Lugani* Rom III-VO Art. 8 Rn. 19b; Erman/*Hohloch* Rom III-VO Art. 8 Rn. 4; Palandt/*Thorn* Rom III-VO Art. 8 Rn. 4.

lichen Aufenthalt oder durch den Verlauf seines Lebens.[91] Hat der Ehegatte seinen gewöhnlichen Aufenthalt in einem seiner Heimatstaaten, so ist regelmäßig dessen Recht anwendbar. Hält er sich hingegen in einem Drittstaat gewöhnlich auf, so kommt es für die Ermittlung der effektiven Staatsangehörigkeit auf die sonstigen Umstände seines Lebensverlaufs an. Zu berücksichtigen sind dann etwa die Inanspruchnahme staatsbürgerlicher Rechte und die Erfüllung staatsbürgerlicher Pflichten, die kulturelle und religiöse Prägung, die Sprache, sowie wirtschaftliche, berufliche und private Verbindungen.[92]

Die Effektivität der Staatsangehörigkeit wäre allerdings nach Art. 5 Abs. 1 S. 2 EGBGB dann nicht ausschlaggebend, wenn ein Ehegatte neben einer ausländischen **auch die deutsche Staatsangehörigkeit** besitzt oder auch Deutscher iSv Art. 116 GG ist; in diesem Fall käme es vielmehr stets nur auf die deutsche Staatsangehörigkeit des Mehrstaaters an (Art. 5 Abs. 1 S. 2 EGBGB) und eine Anknüpfung an die gemeinsame ausländische Staatsangehörigkeit der Ehegatten hätte auszuscheiden.[93] Dies gälte selbst dann, wenn es sich bei der gemeinsamen ausländischen um die *effektive* Staatsangehörigkeit des deutschen Ehegatten handeln würde.[94] Eine solche Bevorzugung der nicht-effektiven deutschen Staatsangehörigkeit eines Ehegatten gegenüber einer gemeinsamen effektiven ausländischen Staatsangehörigkeit auch iRv Art. 8 lit. c Rom III-VO ist freilich mit den „allgemeinen Grundsätzen der Europäischen Union", die nach dem Erwägungsgrund 22 in diesem Zusammenhang „uneingeschränkt zu achten" sind, nur schwerlich vereinbar.[95] Dagegen spricht auch, dass damit die Anküpfungsleiter des Art. 8 Rom III-VO um eine Sprosse verkürzt würde, wenn Ehegatten ihre gemeinsame ausländische (auch effektive) Staatsangehörigkeit deshalb nicht wählen könnten, weil ein Ehegatte auch die deutsche Staatsangehörigkeit besitzt.[96] Zudem dient die Anknüpfung an die gemeinsame Staatsangehörigkeit in Art. 8 lit. c Rom III-VO – ebenso wie die Anknüpfung an den gemeinsamen gewöhnlichen Aufenthalt in lit. a oder lit. b – zur Ermittlung eines räumlichen Schwerpunkts der konkret gelebten Ehe; die Bevorzugung der jeweils eigenen Staatsangehörigkeit aus Praktikabilitätsgründen ist in einem europäischen Kollisionsrecht kein tragendes Argument mehr.[97] 40

**cc) Staatenlose und Flüchtlinge.** Bei **Staatenlosen** versagt die Anknüpfung an die Staatsangehörigkeit; das Personalstatut eines Staatenlosen wird daher nach Art. 12 Abs. 1 des New Yorker Übereinkommens über die Rechtsstellung der Staatenlosen vom 28.9.1954[98] bzw. nach Art. 5 Abs. 2 EGBGB durch das Recht des Staates bestimmt, in dem der Staatenlose seinen gewöhnlichen Aufenthalt hat (→ § 2 Rn. 42). Gleiches gilt für internationale **Flüchtlinge** iSd Genfer Flüchtlingskonvention vom 28.7.1951[99] oder anerkannte Asylberechtigte iSv §§ 1 bis 3 AsylG idF vom 2.9.2008[100] (vgl. Art. 12 Genfer Konvention, § 2 Abs. 1 AsylG; → § 2 Rn. 46ff.). Demgegenüber gelten **volksdeutsche** 41

[91] Vgl. zum bisherigen Recht *Jayme* IPRax 2002, 209; NK-BGB/*Gruber* EGBGB Art. 17 Rn. 8.

[92] Vgl. OLG München FamRZ 1994, 634; OLG Frankfurt a.M. FamRZ 1994, 715 (716); dazu allg. → § 2 Rn. 34.

[93] Vgl. zu Art. 17 Abs. 1 S. 1 EGBGB aF BGH FamRZ 1994, 434 (435); OLG Hamm FamRZ 2011, 220 und 1997, 1228 (1229); BayObLG NJW-RR 1994, 771 (772); OLG Düsseldorf FamRZ 1994, 1261 (1262); AG Leverkusen FamRZ 2005, 1684 (1685).

[94] OLG Stuttgart FamRZ 1989, 760 (761).

[95] *Hausmann* IntEuSchR A Rn. 326; NK-BGB/*Gruber* EGBGB Anh. zu Art. 17 Rn. 17; Palandt/*Thorn* Rom III-VO Art. 8 Rn. 4; Althammer/*Tolani* Rom III-VO Art. 8 Rn. 6, MüKoBGB/*Winkler v. Mohrenfels* Rom III-VO Art. 8 Rn. 7; **aA** Erman/*Hohloch* Rom III-VO Art. 8 Rn. 4. Einschränkend auch *Andrae* IntFamR § 4 Rn. 31f., die Art. 5 Abs. 1 S. 2 EGBGB nur in Fällen anwenden möchte, in denen die Ehegatten gemeinsam die Staatsangehörigkeit eines anderen EU-Mitgliedstaats besitzen.

[96] *Basedow* FS Posch, 2011, 17 (28); MüKoBGB/*v. Hein* EGBGB Art. 5 Rn. 84.

[97] So auch OLG München FamRZ 2015, 1613 (1615) (Vorlagebeschluss); *Helms* FamRZ 2011, 1765 (1771); *Hau* FamRZ 2013, 249 (253ff.); NK-BGB/*Hilbig-Lugani* Rom III-VO Art. 8 Rn. 19a.

[98] BGBl. 1976 II 474.

[99] BGBl 1953 II 595.

[100] BGBl. 2008 I 1798.

Flüchtlinge, Vertriebene und Spätaussiedler als Deutsche iSv Art. 116 GG iVm Art. 9 Abs. 2 Nr. 5 FamRÄndG 1961.[101]

42 Während das durch den gewöhnlichen Aufenthalt bestimmte Personalstatut von Staatenlosen oder Flüchtlingen für die Zwecke der Anknüpfung nach dem bisherigen autonomen deutschen Scheidungskollisionsrecht (Art. 17 Abs. 1 S. 1 iVm Art. 14 Abs. 1 Nr. 1 EGBGB) **der Staatsangehörigkeit gleichgestellt** wurde,[102] ist zweifelhaft, ob dies auch iRd Rom III-VO gilt.[103] Lehnt man dies mangels einer entsprechenden Klarstellung in der Verordnung ab,[104] eröffnet Art. 8 lit. c keine über lit. a und lit. b hinausgehende Anknüpfungsmöglichkeit, wenn ein Ehegatte die deutsche Staatsangehörigkeit besitzt und der andere Ehegatte als Staatenloser oder Flüchtling seinen gewöhnlichen Aufenthalt in Deutschland hat. Hatte in diesem Fall der deutsche Ehegatte seinen gewöhnlichen Aufenthalt weder zur Zeit der Anrufung des Gerichts noch im letzten Jahr davor in Deutschland, so kommt deutsches Recht nicht nach lit. c, sondern nur nach lit. d zu Anwendung.

43 **d) Lex fori.** Auf der **4. Stufe** der Anknüpfungsleiter des Art. 8 Rom III-VO wird schließlich – anders als bisher nach Art. 17 Abs. 1 S. 1 iVm Art. 14 Abs. 1 Nr. 3 EGBGB – nicht auf eine Generalklausel („engste Verbindung") zurückgegriffen,[105] sondern das Recht des angerufenen Gerichts, dh die *lex fori* für maßgeblich erklärt. Wie die Rechtswahl nach Art. 5 Abs. 1 lit. d Rom III-VO (→ Rn. 83ff.) bezweckt auch die objektive Anknüpfung nach Art. 8 lit. d Rom III-VO vor allem, dass das angerufene Gericht sein eigenes Recht anwenden kann **(Gleichlauf),** weil dies mit einer höheren Richtigkeitsgewähr der Entscheidung und geringerem Aufwand für Gericht und Parteien verbunden ist. Ferner wollte der Verordnungsgeber auf diese Weise denjenigen Mitgliedstaaten, die dem *Common Law*-Rechtskreis oder dem skandinavischen Rechtskreis angehören, den Beitritt zu der Verstärkten Zusammenarbeit auf dem Gebiet des internationalen Ehescheidungsrechts erleichtern. Trotz ihrer subidiären Geltung kommt die *lex fori* nach Art. 8 lit. d Rom III-VO nicht so selten zu Anwendung; denn ausreichend hierfür ist es schon, dass in einer gemischt-nationalen Ehe ein Ehegatte nach dem Scheitern der Ehe aus dem bisherigen gemeinsamen Aufenthaltsstaat in seinen Heimatstaat zurückkehrt und dass im Zeitpunkt der Antragstellung die Jahresfrist nach lit. b verstrichen ist.[106]

44 Im Rahmen von Art. 8 lit. d Rom III-VO gewinnen die Vorschriften in **Art. 3 bis 7 EuEheVO** zur internationalen Zuständigkeit in Ehesachen künftig auch für die Frage des anwendbaren Rechts Bedeutung. Denn soweit es an einer wirksamen Rechtswahl nach Art. 5 Rom III-VO fehlt und die vorrangigen Anknüpfungen nach Art. 8 lit. a bis lit. c nicht eingreifen, bestimmt der Antragsteller durch die Anrufung eines Gerichts in einem teilnehmenden Mitgliedstaat zugleich das auf die Ehescheidung anzuwendende Recht. Da er gemäß Art. 3ff. EuEheVO zwischen zahlreichen **alternativen Gerichtsständen** wählen kann, begünstigt Art. 8 lit. d Rom III-VO in dem – allerdings begrenzten – Anwendungsbereich dieser subsidiären Anknüpfungsregel das *forum shopping;* ferner ist nicht immer gewährleistet, dass zum Recht des Gerichtsstaats tatsächlich eine enge Verbindung der Ehegatten besteht. Die Anknüpfung vermag insbesondere dann nicht zu befriedigen,

---

[101] OLG Hamm NJW-RR 1993, 1352 (1353).

[102] Vgl. BGHZ 169, 240 = FamRZ 2007, 109ff.; OLG Hamburg FamRZ 2004, 459; OLG Nürnberg FamRZ 2002, 324ff.; OLG Celle FamRZ 1998, 757ff.; OLG Karlsruhe FamRZ 1996, 1146 (1147) und 1991, 83ff.; OLG Hamm FamRZ 1992, 1181 mAnm *Henrich*; AG Leverkusen FamRZ 2005, 1684 (1685).

[103] Bejahend *Gruber* IPRax 2012, 381 (388); Palandt/*Thorn* Rom III-VO Art. 8 Rn. 4; NK-BGB/*Hilbig-Lugani* Rom III-VO Art. 8 Rn. 20; Althammer/*Tolani* Rom III-VO Art. 8 Rn. 12; *Andrae* IntFamR § 4 Rn. 26.

[104] So *Hausmann* IntEuSchR A Rn. 328; Erman/*Hohloch* Rom III-VO Art. 8 Rn. 4 aE; ebenso die hM zu Art. 3 Abs. 1 lit. b EuEheVO, vgl. dazu *Hausmann* IntEuSchR A Rn. 66 mwN.

[105] Krit. dazu *Kohler* FamRZ 2008, 1673 (1679); *Andrae* IntFamR § 4 Rn. 27.

[106] Vgl. OLG Zweibrücken NZFam 2015, 784 mAnm *Hilbig-Lugani*; *Gruber* IPRax 2012, 2381 (388); krit. daher NK-BGB/*Hilbig-Lugani* Rom III-VO Art. 8 Rn. 18.

wenn die Ehegatten einer gemischt-nationalen Ehe zuvor über Jahrzehnte ihren gemeinsamen gewöhnlichen Aufenthalt in dem gleichen Staat hatten und der Antragsteller von dem in diesem Staat verbliebenen Antragsgegner nach Ablauf der Jahresfrist (lit. b) die Scheidung in einem Staat beantragen kann, zu dem letzterer überhaupt keinen Bezug hat.[107] Dem kann nur durch die Wahl des gemeinsamen Aufenthaltsrechts der Ehegatten nach Art. 5 lit. a oder lit. b Rom III-VO begegnet werden, deren Wirksamkeit auch die Jahresfrist nach Art. 8 lit. b Rom III-VO überdauert.

**Beispiel: Stufenweise Anknüpfung des Scheidungsstatuts nach Art. 8 Rom III-VO** 45

**1. Stufe:** Die Ehegatten M und F, die beide ausschließlich die türkische Staatsangehörigkeit besitzen, stellen am 5.6.2015 Scheidungsantrag zum Familiengericht Düsseldorf. Abweichend vom bisherigen Recht (Art. 17 Abs. 1 S. 1 EGBGB aF iVm Art. 14 Abs. 1 Nr. 1 EGBGB) unterliegt die Ehescheidung in ab dem 12.6.2012 eingeleiteten Verfahren in Ermangelung einer Rechtswahl nicht mehr dem gemeinsamen türkischen Heimatrecht der Ehegatten, sondern gemäß Art. 8 lit. a Rom III-VO dem deutschen Recht, wenn beide Ehegatten zur Zeit der Anrufung des Gerichts ihren gemeinsamen gewöhnlichen Aufenthalt in Deutschland haben. Das Scheidungsstatut ist unwandelbar, dh das deutsche Recht bleibt auch dann weiter anwendbar, wenn einer oder beide Ehegatten seinen/ihren gewöhnlichen Aufenthalt im Laufe des Verfahrens in die Türkei oder einen anderen Staat verlegt/verlegen.

**2. Stufe:** Haben sich die Ehegatten bereits im Sommer 2014 getrennt und ist die Ehefrau daraufhin am 10.8.2014 wieder auf Dauer in die Türkei zurückgekehrt, so bleibt nach Art. 8 lit. b Rom III-VO dennoch das deutsche Recht auf die Ehescheidung anwendbar, wenn der Ehemann seinen gewöhnlichen Aufenthalt in Deutschland bis zur Einreichung des Scheidungsantrags bei Gericht beibehält. Dies gilt allerdings nur, wenn der Ehemann das deutsche Gericht spätestens am 10.8.2015 anruft.

**3. Stufe:** Wird diese Jahresfrist zwischen der Aufgabe des gewöhnlichen Aufenthalts in Deutschland durch die türkische Ehefrau und der Anrufung des deutschen Familiengerichts durch ihren Ehemann nicht eingehalten, so ist nach Art. 8 lit. c auf der dritten Stufe das gemeinsame türkische Heimatrecht der Ehegatten zur Anwendung berufen. Dabei handelt es sich gemäß Art. 11 Rom III-VO um eine Sachnormverweisung, so dass eine etwaige Rück- oder Weiterverweisung durch das türkische IPR nicht zu beachten wäre. Anzuwenden ist vielmehr das materielle türkische Scheidungsrecht. Der Ehemann hat es als Antragsteller also in der Hand, durch Hinauszögerung seines Scheidungsantrags über den 10.8.2015 hinaus die Anwendung türkischen Scheidungsrechts zu erreichen.

**4. Stufe:** Hätte der türkische Ehemann in dem zuvor gebildeten Beispiel neben seiner türkischen auch die deutsche Staatsangehörigkeit erworben, so könnte das auf die Ehescheidung anwendbare Recht auch auf der 3. Stufe nicht bestimmt werden. Denn selbst wenn man iRv Art. 8 lit. c Rom III-VO einen grundsätzlichen Vorrang der deutschen Staatsangehörigkeit nach Maßgabe von Art. 5 Abs. 1 S. 2 EGBGB leugnet, so haben die Ehegatten doch keine gemeinsame effektive Staatsangehörigkeit, weil der Ehemann durch seinen langjährigen gewöhnlichen Aufenthalt in Deutschland mit dem deutschen Recht enger verbunden ist. Die Ehe ist daher nach deutschem Recht als *lex fori* zu scheiden (Art. 8 lit. d Rom III-VO).

[107] Zu Recht krit. deshalb *Schurig* FS v. Hoffmann, 2011, 405 (407): „radikaler Schnitt"; *Gruber* IPRax 2012, 381 (388); *J. Stürner* JuRA 2012, 708 (710); Althammer/*Tolani* Rom III-VO Art. 8 Rn. 17; Palandt/*Thorn* Rom III-VO Art. 8 Rn. 5.

### 3. Ausschluss der Anknüpfungen nach Art. 8 lit. a – lit. c durch Art. 10 Rom III-VO

46 **a) Allgemeines.** Wird nach Art. 8 Rom III-VO an das Recht des gemeinsamen gewöhnlichen Aufenthalts (lit. a), des letzten gemeinsamen gewöhnlichen Aufenthalts (lit. b) oder – vor allem – an die gemeinsame Staatsangehörigkeit der Ehegatten (lit. c) angeknüpft, so schließt Art. 10 Rom III-VO die Anwendung des hiernach berufenen Rechts in **zwei Fällen** aus, nämlich wenn dieses Recht

1. das Institut der **Ehescheidung nicht kennt** (Abs. 1), oder
2. einem Ehegatten aufgrund seiner Geschlechtszugehörigkeit **keinen gleichberechtigten Zugang zur Ehescheidung** oder zur Trennung ohne Auflösung des Ehebandes gewährt (Abs. 2).

47 In beiden Fällen ist nach Art. 10 Rom III-VO stattdessen die *lex fori* des angerufenen Gerichts anzuwenden. Auch wenn die allgemeine Vorbehaltsklausel in Art. 12 Rom III-VO durch diese Regelung nicht berührt wird (Erwägungsgrund 24 S. 2), bedarf es eines Rückgriffs auf den nationalen *ordre public* in diesen beiden Fällen regelmäßig nicht mehr. Art. 10 Rom III-VO hat vielmehr die Funktion einer **speziellen Vorbehaltsklausel.**[108] Dies hat zur Folge, dass die Anwendung des von Art. 8 Rom III-VO berufenen ausländischen Rechts auch in den beiden Fallgruppen des Art. 10 Rom III-VO nicht generell ausgeschlossen ist, sondern die Umstände des konkreten Einzelfalls zu berücksichtigen sind.[109] In seinem Anwendungsbereich hat Art. 10 Vorrang vor der allgemeinen Vorbehaltsklausel des Art. 12 Rom III-VO.[110]

48 **b) Verweisung auf ein scheidungsfeindliches Recht.** Sieht das nach Art. 8 Rom III-VO maßgebliche Recht eine Ehescheidung nicht vor, so ist es nach Art. 10, 1. Fall Rom III-VO von einer Anwendung vor den Gerichten der teilnehmenden Mitgliedstaaten ausgeschlossen. Beispiele sind etwa das *philippinische* Recht oder das *kanonische* Recht, wenn dieses für katholische Ehegatten aufgrund interpersonaler Rechtsspaltung nach Art. 15 Rom III-VO in dem von Art. 8 lit. c Rom III-VO zur Anwendung berufenen Recht des gemeinsamen Heimatstaats der Ehegatten gilt.[111] Stattdessen gilt nach Art. 10 Rom III-VO die *lex fori* als Ersatzrecht. Fraglich ist allerdings, wann davon gesprochen werden kann, dass ein bestimmtes Recht eine Ehescheidung „nicht vorsieht", ob also hierfür erforderlich ist, dass dieses Recht die Ehescheidung überhaupt nicht kennt (scheidungsfeindliches Statut) oder ob es ausreicht, dass das die Ehe nach diesem Recht – zB wegen längerer Trennungsfristen – nur „derzeit" nicht geschieden werden kann. Für die erstere – restriktive – Auslegung spricht insbesondere Erwägungsgrund 26 zur Verordnung. Auch wenn dieser primär zur Erläuterung von Art. 13 Rom III-VO dient und deshalb nur auf Fälle Bezug nimmt, in denen das Recht eines „teilnehmenden Mitgliedstaats" die Ehescheidung „nicht vorsieht", kann ihm doch auch für die Auslegung von Art. 10 Rom III-VO entnommen werden, dass dort nur die Verweisung auf ein scheidungsfeindliches Recht gemeint ist.[112] Unerträglich hohe Hürden für die Scheidbarkeit einer Ehe nach dem von Art. 8 Rom III-VO berufenen Recht sind daher mit dem allgemeinen *ordre pu-*

---

[108] So die hM, vgl. *Helms* FamRZ 2011, 1765 (1771) und 2013, 249 (254); *Kohler/Pintens* FamRZ 2011, 1433 (1434); *Hau* FamRZ 2013, 249 (254); *Schurig* FS v. Hoffmann, 2011, 405 (410); Erman/*Hohloch* Rom III-VO Art. 10 Rn. 1; NK-BGB/*Budzikiewicz* Rom III-VO Art. 10 Rn. 1; Althammer/*Tolani* Rom III-VO Art. 10 Rn. 1; **aA** MüKoBGB/*Winkler v. Mohrenfels* Rom III-VO Art. 10 Rn. 6 („abstrakte Verwerfungsklausel"); *Winkler v. Mohrenfels* FS Martiny, 2014, 597 (615) („Eingriffsnorm").

[109] RegBegr zum Rom III-AnpassungsG vom 23.1.2013, BT-Drs. 17/11049, 8.

[110] NK-BGB/*Budzikiewicz* Rom III-VO Art. 10 Rn. 6.

[111] Vgl. BGH FamRZ 2007, 109 mAnm *Henrich.*

[112] Ganz hM, vgl. *Gruber* IPRax 2012, 381 (390); NK-BGB/*Budzikiewicz* Rom III-VO Art. 10 Rn. 7; Palandt/*Thorn* Rom III-VO Art. 10 Rn. 2; Erman/*Hohloch* Rom III-VO Art. 10 Rn. 3; Althammer/*Tolani* Rom III-VO Art. 10 Rn. 2; *Andrae* IntFamR § 4 Rn. 48; iErg ebenso *Schurig* FS v. Hoffmann, 2011, 405 (409); **aA** *J. Stürner* JURA 2012, 708 (711).

*blic*-Vorbehalt nach Art. 12 Rom III-VO abzuwehren.[113] Auf den Fall, dass das von der Verordnung zur Anwendung berufene Recht die gleichgeschlechtliche Ehe nicht kennt und deshalb keine Regeln für deren Scheidung vorsieht, bezieht sich Art. 10, 1. Fall Rom III-VO nicht,[114] zumal die Anwendung der *lex fori* dann nicht weiter hilft, wenn gleichgeschlechtliche Ehen auch im Gerichtsstaat nicht eingegangen werden können.[115] Auch auf die Ehetrennung ohne Auflösung des Ehebandes findet Art. 10, 1. Fall Rom III-VO keine entsprechende Anwendung, so dass ein hierauf gerichteter Antrag von ausländischen Ehegatten, die ihren gewöhnlichen Aufenthalt im Inland haben, als unbegründet abzuweisen ist.[116]

**c) Diskriminierung aufgrund der Geschlechtszugehörigkeit.** Praktisch wesentlich bedeutsamer ist die Schranke des Art. 10 Rom III-VO für die dort genannte zweite Fallgruppe, in der das von Art. 8 Rom III-VO zur Anwendung berufene Recht einem Ehegatten aufgrund seiner Geschlechtszugehörigkeit keinen gleichberechtigten Zugang zur Ehescheidung oder Ehetrennung gewährt. Die Regelung hat vor allem die *islamischen* Rechte vor Augen, die das einseitige Verstoßungsrecht nur dem Ehemann zubilligen, während sich die Ehefrau nur unter wesentlich engeren Voraussetzungen aus der ehelichen Bindung lösen kann.[117] Nicht abschließend geklärt ist freilich bisher, ob bei der Auslegung dieser Vorschrift eine abstrakte oder eine konkrete Betrachtungsweise zugrunde zu legen ist. 49

**aa) Abstrakte Ungleichbehandlung.** Der Wortlaut der Vorschrift legt die Auslegung nahe, dass schon eine abstrakte Ungleichbehandlung von Mann und Fau in dem nach Art. 8 Rom III-VO maßgeblichen Scheidungsrecht ausreichen soll, um dieses vor den Gerichten der teilnehmenden Mitgliedstaaten von einer Anwendung auszuschließen. Dafür könnte auch die Herausnahme dieses Falls aus der – stets ergebnisbezogenen – allgemeinen Vorbehaltsklausel des Art. 12 Rom III-VO sprechen („*Anti-Islamklausel*").[118] Eine solche Betrachtungsweise würde allerdings im Egebnis eine Aufgabe des bisher im IPR aller teilnehmenden Mitgliedstaaten anerkannten Grundsatzes von der Gleichwertigkeiten der Rechtsordnungen bedeuten. Das von Art. 8 Rom III-VO zur Anwendung berufene Recht würde vielmehr bereits abstrakt einer Inhaltskontrolle am Maßstab der EU-Grundrechtecharta unterworfen mit der Folge, dass etwa die Scheidungsreche der islamischen Staaten, aber wohl auch das jüdische Scheidungsrecht, in Verfahren vor Gerichten der teilnehmenden Mitgliedstaaten grundsätzlich keine Anwendung mehr finden könnten.[119] Dies würde auch dann gelten, wenn die Ehegatten sich in einem Ehevertrag ausdrücklich ihrem religiös geprägten Heimatrecht unterworfen haben,[120] selbst wenn dieses im konkreten Fall die Ehefrau nicht benachteiligt, weil auch ihr ein Scheidungsrecht eingeräumt wird. 50

[113] *Helms* FamRZ 2011, 1765 (1771); *Kohler* FS v. Hoffmann, 2011, 208 (212f.); Palandt/*Thorn* Rom III-VO Art. 10 Rn. 2.
[114] Dazu ausf. NK-BGB/*Budzikiewicz* Rom III-VO Art. 10 Rn. 10ff.
[115] Zur Lösung im Wege der Anpassung näher → Rn. 149ff.
[116] OLG Nürnberg FamRZ 2014, 835; OLG München IPRspr.2013 Nr. 103; NK-BGB/*Budzikiewicz* Rom III-VO Art. 10 Rn. 15; Erman/*Hohloch* Rom III-VO Art. 10 Rn. 4.
[117] *Kohler* FamRZ 2008, 1673 (1678); vgl. zum islamischen Recht *Andrae* NJW 2007, 1730ff.
[118] *Gruber* IPRax 2012, 381 (391); *Traar* ÖJZ 2011, 805 (812).
[119] So für das islamische Recht MüKoBGB/*Winkler v. Mohrenfels* Rom III-VO Art. 10 Rn. 10f.; *Winkler v. Mohrenfels* FS Martiny, 2014, 595 (599ff.); *Traar* ÖJZ 2011, 805 (812); jurisPK-BGB/*Ludwig* Rom III-VO Art. 10 Rn. 8; *Weller/Hauber/Schulz* IPRax 2016, 123 (129ff.) („abstraktes Gefährdungsdelikt") mwN; zurecht krit. zu einer solchen abstrakten Diskriminierung religiösen Rechts *Schurig* FS v. Hoffmann, 2011, 405 (410); *Andrae* IntFamR § 4 Rn. 49.
[120] Art. 10 Rom III-VO greift auch gegenüber einem von den Ehegatten nach Art. 5 gewählten Scheidungsrecht ein; → Rn. 115f.

51 **bb) Konkrete Ungleichbehandlung.** Vorzuziehen ist daher eine teleologische Reduktion des Art. 10, 2. Fall Rom III-VO iSe speziellen Vorbehaltsklausel, die ein ausländisches Scheidungsrecht nur dann von der Anwendung in den teilnehmenden Mitgliedstaaten ausschließt, wenn es im konkreten Fall einem Ehegatten (idR der Ehefrau) ein Recht zur Scheidung versagt, das es unter den gleichen Umständen dem anderen Ehegatten (idR dem Ehemann) einräumen würde.[121] Für eine solche Auslegung spricht Erwägungsgrund 24, der eine Anwendung von Art. 10 Rom I-VO nur „in bestimmten Situationen" zulässt und außerdem die Nähe der Vorschrift zum allgemeinen *ordre public*-Vorbehalt in Art. 12 Rom III-VO betont. Danach sollte also die abstrakte Ungleichbehandlung von Männern und Frauen in dem nach Art. 8 Rom III-VO maßgeblichen Scheidungsrecht nicht genügen, um von dessen Anwendung von vorneherein abzusehen. Stattdessen sollte – in Übereinstimmung mit der bisherigen deutschen Praxis zu Art. 6 EGBGB – darauf abgestellt werden, ob dieses Recht unter den Umständen des konkreten Falles dem antragstellenden Ehegatten (idR der Ehefrau) die Scheidung aufgrund seiner Geschlechtszugehörigkeit verwehrt oder erschwert.[122] Dieser Auffassung neigt auch das OLG München zu, das diese Frage dem EuGH zur Vorabentscheidung vorgelegt hat.[123]

52 Danach bleibt also das islamische oder jüdische Recht zB anwendbar, wenn die Ehefrau mit der vom Ehemann ausgesprochenen Verstoßung bzw. der Übergabe des Scheidebriefs einverstanden war[124] oder wenn zugleich auch die Voraussetzungen für eine Scheidung nach deutschem Recht vorgelegen haben.[125] Denn in beiden Fällen ist das Ergebnis der Anwendung des islamischen Rechts mit deutschen Rechtsvorstellungen durchaus vereinbar. Die formale Ungleichbehandlung der Ehefrau nach dem Scheidungsrecht islamischer Staaten hindert dessen Anwendung durch deutsche Gerichte auch dann nicht, wenn die Ehefrau selbst die Scheidung begehrt und sich auf einen mit deutschen Rechtsvorstellungen durchaus im Einklang stehenden Scheidungsgrund beruft.[126]

53 Die Ungleichbehandlung der Ehefrau kann allerdings nicht dadurch behoben werden, dass man auch dem Ehemann das nach dem Scheidungsstatut nur ihm allein zustehende Scheidungsrecht entzieht. Eine Diskriminierung der Ehefrau könnte ferner auch dadurch vermieden werden, dass man ihr das gleiche Verstoßungsrecht zugesteht wie dem Ehemann; dies wäre freilich ein unangemessener Eingriff in das religiös geprägte ausländische Scheidungsrecht. Besser im Einklang mit der Dogmatik der Rechtsfolgen eines *ordre public*-Verstoßes steht daher die von Art. 10 Rom III-VO nunmehr ausdrücklich angeordnete Anwendung der *lex fori* als Ersatzrecht. In diesem Sinne hatte die in der deutschen Rechtsprechung und Literatur hM schon unter Geltung von Art. 17 Abs. 1 EGBGB aF entschieden und der

---

[121] Für diese einschränkende Auslegung zu Recht die Gesetzesbegründung zum IPR-AnpassungsG an die Rom III-VO, BR-Drs. 468/121, 8 sowie die hL, vgl. *Kohler/Pintens* FamRZ 2011, 1433 (1434); *Helms* FamRZ 2011, 1765 (1772) und IPRax 2014, 334 (335f.); *Schurig* FS v. Hoffmann, 2011, 405 (409f.); *Hau* FamRZ 2013, 249 (254); *Andrae* IntFamR § 4 Rn. 49; *Hausmann* IntEuSchR A Rn. 342; *Henrich* IntSchR Rn. 82; Palandt/*Thorn* Rom III-VO Art. 10 Rn. 4; Althammer/*Tolani* Rom III-VO Art. 10 Rn. 4; NK-BGB/*Budzikiewicz* Rom III-VO Art. 10 Rn. 27ff.; iErg wohl auch *Gruber* IPRax 2012, 381 (391).

[122] Erman/*Hohloch* Rom III-VO Art. 10 Rn. 6; NK-BGB/*Gruber* EGBGB Anh. zu Art. 17 Rn. 21.

[123] OLG München FamRZ 2015, 1613 (1616).

[124] So OLG München FamRZ 2015, 1613 (1616) (Vorlagebeschluss); NK-BGB/*Budzikiewicz* Rom III-VO Art. 10 Rn. 29; ebenso zu Art. 6 EGBGB BGHZ 160, 332 (344) = FamRZ 2004, 1952; OLG Hamm IPRax 2014, 349, FamRZ 2010, 1563 und 2007, 400; OLG Koblenz NJW 2013, 1377; OLG Frankfurt a.M. FamRZ 2009, 1504 (1505); **aA** *Weller/Hauber/Schulz* IPRax 2016, 123 (130f.).

[125] So auch OLG Hamm FamRZ 2013, 1498 (Ls.) mAnm *Henrich* = IPRax 2014, 349 mAnm *Helms* IPRax 2014, 334; *Helms* FamRZ 2011, 1765 (1772); NK-BGB/*Budzikiewicz* Rom III-VO Art. 10 Rn. 29; ebenso schon bisher zu Art. 6 EGBGB BGHZ 160, 332 (344, 351) = FamRZ 2004, 1952; OLG Frankfurt a.M. FamRZ 2009, 1504 (1505); OLG Hamm FamRZ 2007, 400; OLG Zweibrücken NJW-RR 2002, 581 (582); BayObLGZ 1998, 103 (109); OLG Köln FamRZ 1996, 1147; OLG München IPRax 1989, 238 (241); AG Kulmbach IPRax 2004, 529 mAnm *Unberath* IPRax 2004, 515; zust. *Andrae* NJW 2007, 1730 (1731); NK-BGB/*Gruber* EGBGB Art. 17 Rn. 69.

[126] OLG Hamm IPRax 1995, 174 (176f.) m. zust. Anm. *Henrich* IPRax 1995, 166; OLG Stuttgart FamRZ 1997, 882: Verletzung von Unterhaltspflichten (*Marokko*).

Ehefrau ein Recht auf Scheidung nach Maßgabe des deutschen Rechts eingeräumt, wenn sie nach dem zur Anwendung berufenen islamisch geprägten Heimatrecht der Ehegatten nicht oder nur unter wesentlich erschwerten Umständen geschieden werden konnte.[127]

## II. Wahl des Scheidungs- bzw. Trennungsstatuts

**Schrifttum:**

*Baarsma,* European Choice of Law on Divorce (Rome III) – Where did it go wrong?, NIPR 2009, 9; *Coester/Waltjen/Coester,* Rechtswahlmöglichkeiten im Europäischen Kollisionsrecht, FS Schurig, 2012, 33; *Franzina,* L'autonomia della volontà nel regolamento sui conflitti di legge in materia di separazione e divorzio, Riv. dir. int. priv. proc. 2011, 488; *Helms,* Konkludente Wahl des auf die Ehescheidung anwendbaren Rechts, IPRax 2014, 334; *Henrich,* Zur Parteiautonmie im europäisierten internationalen Familienrecht, FS Pintens, 2012, 201; *Hilbig-Lugani,* Rechtswahl zugunsten iranischen Rechts in iranischen Heiratsbedingungen, FamRBint 2013, 83; *Kohler,* Le choix de la loi applicable au divorce, FS von Hoffmann, 2011, 208; *Pfütze,* Die Inhaltsdkontrolle von Rechtswahlvereinbarungen iRd Verordnungen Rom I bis III, ZEuS 2011, 35; *Pietsch,* Rechtswahl für Ehesachen nach „Rom III", NJW 2012, 1768; *Queirolo/Carpaneto,* Considerazioni critiche sull' estensione dell'autonomia privata a separazione e divorzio nel regolamento „Roma III", Riv. dir. int. priv. proc. 2012, 59; *Rieck,* Möglichkeiten und Risiken der Rechtswahl nach supranationalem Recht bei der Gestaltung von Ehevereinbarungen, NJW 2014, 257; *Rösler,* Rechtswahlfreiheit im internationalen Scheidungsrecht der Rom III-VO, RabelsZ 78 (2014), 155; *Schall/Weber,* Die vorsorgende Rechtswahl des Scheidungsstatuts nach der Rom III-VO, IPRax 2014, 381; *Spickhoff,* Internationales Scheidungsrecht und Rechtswahl, in: Spickhoff (Hrsg.), Symposium Parteiautonomie im Europäischen Internationalen Privatrecht, 2014, S. 93; *Winkler v. Mohrenfels,* Die Rom III-VO und die Parteiautonomie, FS v. Hoffmann, 2011, 527.

### 1. Allgemeines

**a) Rechtswahl als Primäranknüpfung.** Die Rom III-Verordnung hat die Wahl des Scheidungsstatuts durch die Parteien nicht nur erstmals in das deutsche IPR und das Recht der meisten anderen teilnehmenden Mitgliedstaaten eingeführt,[128] sondern misst ihr auch zentrale Bedeutung zu. Dies kommt vor allem darin zum Ausdruck, dass die Rechtswahl in den Art. 5 bis 7 Rom III-VO – ähnlich wie im internationalen Schuldvertragsrecht (Art. 3ff. Rom I-VO) – als Primäranknüpfung normiert ist. Dadurch wird verdeutlicht, dass sie **Vorrang vor der objektiven Anknüpfung** des Scheidungsstatuts nach Art. 8 Rom III-VO hat. Mit einer Anerkennung ihrer Rechtswahl können die Ehegatten allerdings nur rechnen, wenn das Scheidungsverfahren später in einem der 16 EU-Mitgliedstaaten durchgeführt wird, die bisher an der Rom III-VO teilnehmen (→ Rn. 2). Denn in den nationalen Kollisionsrechten anderer Staaten wird eine Wahl des Scheidungsstatuts nur ausnahmweise zugelassen.[129] Die Rechtswahl nach Art. 5 Rom III-VO ist ferner auf die Wahl eines **staatlichen Rechts** beschränkt; ein religiöses Recht kann hingegen nicht unmittelbar gewählt werden.[130] 54

Auch für die Rechtswahl wird zwar nach Art. 1 Abs. 1 Rom III-VO ein **Auslandsbezug** vorausgesetzt. Dieser muss allerdings nicht bereits im Zeitpunkt der Rechtswahl vorliegen; die Ehegatten können vielmehr – zB im Hinblick auf einen später geplanten Umzug in ein anderes Land – eine Rechtswahl bereits zu einer Zeit wirksam treffen, in der es an einem solchen Auslandsbezug noch fehlt. Dafür spricht nicht nur der im Erwägungsgrund 15 beschriebene Zweck der Rechtswahl, sondern auch die Übergangsregelung in Art. 18 Abs. 2 Rom III-VO, die sogar vor Inkrafttreten der Verordnung getroffene 55

[127] Vgl. OLG Hamm FamRZ 2011, 1056; 2010, 1563; IPRax 1995, 176f. (jeweils *Marokko*); OLG Rostock FamRZ 2006, 947 (948) und OLG Köln FamRZ 2002, 166 (jeweils *Algerien*); OLG Stuttgart FamRZ 2004, 25 (*Iran*); OLG Zweibrücken NJW-RR 2002, 581 (582) (*Libanon*); Staudinger/*Mankowski* EGBGB Art. 17 Rn. 113; NK-BGB/*Gruber* EGBGB Art. 17 Rn. 71 aF mwN; **aA** (einen *ordre public*-Verstoß ablehnend) OLG Hamm FamRZ 2012, 1498 m. abl. Anm. *Henrich*; 2013, 1481; NJOZ 2013, 1524 (jeweils *Iran*); *Rauscher/Pabst* NJW 2013, 3692 (3694).

[128] Zu den Hintergründen NK-BGB/*Hilbig-Lugani* Rom III-VO Art. 5 Rn. 1ff.

[129] Vgl. *Finger* FPR 2011, 433 (435); *Gruber* IPRax 2012, 381 (382); *Andrae* IntFamR § 4 Rn. 17.

[130] *Pfütze* ZEuS 2011, 35 (51).

Rechtswahlvereinbarungen als wirksam aufrechterhält, wenn sie nur im Zeitpunkt der Anrufung des Gerichts den Anforderungen der Art. 6, 7 Rom III-VO genügen.[131] Bestand der erforderliche Auslandsbezug zur Zeit der Rechtswahl, so ist es umgekehrt unschädlich, wenn im Zeitpunkt der Scheidung ein „reiner Inlandsfall" vorliegt.

56 **aa) Anwendungsbereich.** Auch die Rechtswahl nach Art. 5 Rom III-VO ist allerdings – wie die Verordnung insgesamt (→ Rn. 127 ff., 138) – auf die Bestimmung des Scheidungs- bzw. Trennungsstatuts beschränkt; sie erstreckt sich also grundsätzlich **nicht auf vermögensrechtliche Scheidungsfolgen.** Bezüglich letzterer wird die Zulässigkeit einer Rechtswahl für Unterhaltsansprüche in Art. 7, 8 HUP (→ § 10 Rn. 71 ff.) und für die güterrechtliche Abwicklung der Ehe in Art. 15 Abs. 2 EGBGB bzw. künftig in Art. 22 bis 24 EuGüVO (→ § 9 Rn. 14 ff., 91 ff.) geregelt. Allerdings hat eine nach Art. 5 bis 7 Rom III-VO getroffene Wahl des Scheidungsstatuts aufgrund der Verweisung durch das deutsche autonome Kollisionsrecht in Art. 17 Abs. 1 EGBGB nF (→ Rn. 142 ff.) mittelbar Auswirkungen auf solche vermögensrechtlichen Scheidungsfolgen, die nicht gesondert angeknüpft werden. Gleiches gilt nach Art. 17 Abs. 3 S. 1 EGBGB für den **Versorgungsausgleich** (→ § 12 Rn. 44 ff.). Auf diese Konsequenz einer Rechtswahl nach Art. 5 ff. Rom III-VO sollte der Notar ausdrücklich hinweisen (→ Rn. 125).

57 **In zeitlicher Hinsicht** wird der Grundsatz der Nichtrückwirkung der Rom III-VO in Art. 18 Abs. 1 S. 2 für Rechtswahlvereinbarungen eingeschränkt. Diese sind auch dann, wenn sie **vor dem 21.6.2012 abgeschlossen** worden sind, in erst danach eingeleiteten Verfahren weiterhin als wirksam anzusehen, wenn sie den in der Verordnung für ihr Zustandekommen und ihre materielle Wirksamkeit (Art. 6) sowie für ihre Formgültigkeit (Art. 7) aufgestellten Voraussetzungen entsprechen.[132] Da Art. 18 Abs. 1 S. 2 Rom III-VO die Fortgeltung von vor dem 21.6.2012 getroffenen Rechtswahlvereinbarungen offenbar bewusst nur von der Einhaltung der Voraussetzungen nach Art. 6 und Art. 7 abhängig macht, kommt es hingegen nicht darauf an, dass die Ehegatten bei ihrer Wahl auch die Schranken des Art. 5 Abs. 1 Rom III-VO respektiert haben. Hinsichtlich der wählbaren Rechte ist es vielmehr ausreichend, wenn die Ehegatten die vom jeweiligen nationalen Kollisionsrecht im Zeitpunkt des Abschlusses der Vereinbarung bestimmten Schranken eingehalten haben.[133] Vor deutschen Gerichten kann daher aus einer vor dem 21.6.2012 gültig getroffenen Rechtswahl für die allgemeinen Ehewirkungen nach Art. 14 Abs. 2 oder Abs. 3 EGBGB (→ § 8 Rn. 22 ff.) auf eine stillschweigende Wahl des Scheidungsstatuts geschlossen werden. Erst recht bleibt eine vor dem 21.6.2012 getroffene Rechtswahl wirksam, wenn sie auch den Anforderungen des Art. 5 Rom III-VO genügt.[134]

58 **bb) Normzweck.** Die Einführung der Rechtswahl wird vor allem mit der erhöhten **Mobilität der Bevölkerung** begründet, die zur Folge habe, dass Ehegatten in der Lage sein müssten, auch das auf eine Ehescheidung oder Ehetrennung anwendbare Recht ihrem jeweiligen neuen Lebensumfeld anzupassen. Damit dient die großzügige Gewährung von Parteiautonomie einerseits der gebotenen Flexibilität, anderseits schafft sie aber auch größere **Rechtssicherheit,** weil die Unsicherheit darüber, wie ein später angerufenes Gericht die Ehescheidung objektiv anknüpfen wird, beseitigt wird (Erwägungsgrund 15).[135] Darüber hinaus mildert die Einräumung von Rechtswahlmöglichkeiten den

[131] *Gruber* IPRax 2012, 381 (384); *Gade* JuS 2013, 779 (780); *Mörsdorf-Schulte* RabelsZ 77 (2013), 786 (812); *Schall/Weber* IPRax 2014, 381 (382 f.); PWW/*Martiny* EGBGB Anh. I Art. 17 Rn. 12; **aA** Palandt/*Thorn* Rom III-VO Art. 1 Rn. 5; MüKoBGB/*Winkler v. Mohrenfels* Rom III-VO Art. 5 Rn. 10.

[132] OLG Hamm IPRax 2014, 349; vgl. auch OLG Stuttgart NJW 2013, 398.

[133] Erman/*Hohloch* Rom III-VO Art. 18 Rn. 1; *Hausmann* IntEuSchR A Rn. 403; **aA** (Redaktionsversehen) *Gruber* IPRax 2012, 381 (384); Palandt/*Thorn* Rom III-VO Art. 18 Rn. 1.

[134] Vgl. OLG Hamm IPRax 2014, 349 mAnm *Helms* IPRax 2014, 334; *Andrae* IntFamR § 4 Rn. 19.

[135] NK-BGB/*Hilbig-Lugani* Rom III-VO Art. 5 Rn. 5. Dies gilt insbesondere auch deshalb, weil die objektive Anknüpfung nach Art. 8 Rom III-VO erst bei Einleitung des Scheidungsverfahrens feststeht, vgl. *Schall/Weber* IPRax 2014, 381 (382).

Konflikt zwischen Mitgliedstaaten, die traditionell dem Staatsangehörigkeitsprinzip verpflichtet sind, und denjenigen, die eine Anknüpfung an den gewöhnlichen Aufent oder das *„domicile"* vorziehen, stark ab.[136] Schließlich entlastet eine Rechtswahl die Gerichte der Mitgliedstaaten, weil sie im Interesse der Verfahrensbeschleunigung und der Kostenreduzierung häufig zugunsten der jeweiligen *lex fori* getroffen werden wird.[137] Aus diesen Gründen hat der europäische Gesetzgeber auch in anderen Verordnungen auf dem Gebiet des internationalen Familien- und Erbrechts einer Rechtswahl der Betroffenen entweder den Vorrang vor einer objektiven Anknüpfung (so in Art. 22 EuGüVO und Art. 22 EuPartVO),[138] oder zumindest eine wichtige Rolle neben der objektiven Anknüpfung eingeräumt (so in Art. 22 EuErbVO vom 4.7.2012).[139]

Durch die Einführung der Rechtswahl im internationalen Scheidungsrecht eröffnet die 59 Verordnung insbesondere Ehegatten, die bei Zugrundelegung der objektiven Anknüpfung nach Art. 8 derzeit – zB wegen Nichterfüllung von Wartefristen – eine Scheidung ihrer Ehe nicht erreichen könnten, die Möglichkeit, sich für ein **scheidungsfreundlicheres Recht** zu entscheiden und auf diese Weise früher geschieden zu werden.[140] Ein *forum shopping* unter diesem Gesichtspunkt wird vom europäischen Gesetzgeber durch die in Art. 5 Abs. 1 lit. d zugelassene Wahl der *lex fori,* kombiniert mit den großzügigen Zuständigkeitsvorschriften der Art. 3ff. EuEheVO, bewusst in Kauf genommen, wenn nicht gefördert. Damit weist die Verordnung eine betont scheidungsfreundliche Grundtendenz auf.[141] Die mit der großzügigen Zulassung der Rechtswahl verfolgten Ziele werden freilich nur erreicht, wenn der Scheidungsantrag später auch in einem der 16 Mitgliedstaaten der Rom III-VO eingereicht wird. Wird der Antrag hingegen bei einem nach Art. 3 EuEheVO zuständigen Gericht eines nicht durch die Rom III-VO gebundenen Mitgliedstaats gestellt, wird die Rechtswahl hingegen häufig ohne Wirkung bleiben.[142]

**cc) Schutz der Ehegatten durch Information.** Erwägungsgrund 18 zur Verordnung 60 bezeichnet es als „wesentlichen Grundsatz" der Vorschriften über die Rechtswahl, dass beide Ehegatten ihre Wahl **in voller Sachkenntnis** treffen. Die Rechte und die Chancengleichheit der beiden Ehegatten dürfen durch die Möglichkeit einer einvernehmlichen Rechtswahl daher nicht beeinträchtigt werden. Die Richter in den teilnehmenden Mitgliedstaaten sollten daher darauf achten, dass die Ehegatten ihre Rechtswahlvereinbarung in voller Kenntnis der Rechtsfolgen schließen.[143] Diese Folgeneinschätzung setzt insbesondere voraus, dass die Ehegatten vor der Rechtswahl auf aktuelle Informationen über die wesentlichen Aspekte sowohl des innerstaatlichen Rechts als auch des Unionsrechts und der Verfahren bei Ehescheidung und Trennung ohne Auflösung des Ehebandes zugreifen können. Um den Zugang zu entsprechenden sachdienlichen, qualitativ hochwertigen Informationen zu gewährleisten, ist es Aufgabe der Kommission, die entsprechenden Informationen auf der durch die Entscheidung 2001/470/EG des Rates[144] eingerichteten Website regelmäßig zu aktualisieren (vgl. Erwägungsgrund 17 und Art. 17 Rom III-VO).

Nach Ansicht des deutschen Gesetzgebers ermöglichen das (beschränkte) Amtsermitt- 61 lungsprinzip nach § 27 FamFG und die breitgefächerte Prozessleitungsfunktion des Richters im deutschen Scheidungsverfahren auch in Bezug auf Rechtswahlvereinbarungen der Parteien eine flexible Verhandlungsführung, die der Appellfunktion des Erwägungsgrun-

[136] *Andrae* IntFamR § 4 Rn. 15.
[137] RegBegr zum Rom III-AnpassungsG vom 23.1.2013, BT-Drs. 17/11049, 9 unter A IV 3.
[138] ABl. 2016 L 183, 1 und 30; → § 9 Rn. 14ff.; → § 13 Rn. 15ff.
[139] ABl. L 201, 107 = *Jayme/Hausmann* Nr. 61.
[140] Palandt/*Thorn* Rom III-VO Art. 5 Rn. 2.
[141] NK-BGB/*Hilbig-Lugani* Rom III-VO Art. 1 Rn. 8.
[142] *Gruber* IPRax 2012, 381 (384ff.); Palandt/*Thorn* Rom III-VO Art. 5 Rn. 2.
[143] Näher NK-BGB/*Hilbig-Lugani* Rom III-VO Art. 5 Rn. 16ff.
[144] ABl. L 174, 25.

des genügt. Aus diesem Grunde wurde auf eine Ausführungsbestimmung zur gerichtlichen **Inhaltskontrolle von Rechtswahlvereinbarungen** verzichtet.[145] Die in der deutschen Rechtsprechung entwickelten Grundsätze zur Inhaltskontrolle von Eheverträgen[146] lassen sich auf die Rechtswahl gemäß Art. 5 Rom III-VO nur eingeschränkt übertragen, da mit dieser Rechtwahl nur über das auf die Ehescheidung selbst anzuwendende Recht entschieden wird, während die wichtigsten vermögensrechtlichen Scheidungsfolgen (Unterhalt, Güterrecht, Versorgungsausgleich) gesondert angeknüpft werden. Der 18. Erwägungsgrund selbst beschränkt sich freilich auf einen Appell an die nationalen Gesetzgeber; unmittelbare Schranken für die Gültigkeit einer Rechtswahl können ihm nicht entnommen werden.[147] Eine Inhaltskontrolle nach nationalem Recht ist freilich auch nicht ausgeschlossen;[148] sie bildet vielmehr einen Teilaspekt der „materiellen Wirksamkeit" der Rechtswahl iSv Art. 6 Abs. 1 Rom III-VO und beurteilt sich daher nach dem gewählten Recht (→ Rn. 96 ff.).[149]

62 **b) Beschränkung der wählbaren Rechte.** Den Ehegatten wird allerdings in Art. 5 Rom III-VO **keine freie Rechtswahl** nach dem Vorbild von Art. 3 Rom I-VO eingeräumt. Sie sollen vielmehr – wie in Erwägungsgrund 16 S. 1 betont wird – als auf die Scheidung oder Trennung ihrer Ehe anzuwendendes Recht nur „das Recht eines Landes wählen können, zu dem sie einen **besonderen Bezug** haben, oder das Recht des angerufenen Gerichts." Dementsprechend können sie nach Art. 5 Abs. 1 Rom III-VO nur zwischen dem Recht ihres gemeinsamen gewöhnlichen Aufenthalts zur Zeit der Rechtswahl (lit. a), dem Recht ihres letzten gemeinsamen gewöhnlichen Aufenthalts, sofern ein Ehegatte ihn zur Zeit der Rechtswahl noch innehatte (lit. b), dem Recht der Staatsangehörigkeit eines der Ehegatten (lit. c) und der *lex fori* (lit. d) wählen. Innerhalb der durch Art. 5 Abs. 1 Rom III-VO gezogenen Schranken ist die Rechtswahl allerdings frei; anders als iRd objektiven Anknüpfung nach Art. 8 Rom III-VO (→ Rn. 25 ff.) besteht zwischen den vier Varianten der zulässigen Rechtswahl also **kein Stufenverhältnis.**[150] Damit wird insbesondere Ehegatten, die möglichst schnell einvernehmlich geschieden werden wollen, die Möglichkeit eingeräumt, die Anwendung eines bei objektiver Anknüpfung nach Art. 8 Rom III-VO anzuwendenden scheidungsfeindlichen Rechts zu vermeiden und von den nach Art. 5 Abs. 1 Rom III-VO zur Wahl stehenden Rechten das scheidungsfreundlichste zu wählen.[151]

63 **c) Zeitpunkt der Rechtswahl.** Eingeschränkt ist die Rechtswahl – wie auch die Abänderung einer früheren Rechtswahl – allerdings in zeitlicher Hinsicht nach Maßgabe von Art. 5 Abs. 2 und Abs. 3 Rom III-VO. Um den Ehegatten im Falle des Umzugs in einen anderen Staat eine Anpassung des Scheidungs- bzw. Trennungsstatuts an ihr neues Lebensumfeld zu ermöglichen, kann eine Rechtswahl zwar grundsätzlich jederzeit getroffen, abgeändert oder aufgehoben werden. Dies ist – vorbehaltlich des Art. 5 Abs. 3 Rom III-VO – jedoch nur bis zur Anrufung des Gerichts möglich (Erwägungsgrund 20). In diesem Zeitpunkt muss das auf die Ehescheidung oder Ehetrennung anzuwendende Recht fest-

[145] RegBegr zum Rom III-AnpassungsG vom 23.1.2013, BT-Drs. 17/11049, 8.
[146] Grundlegend BGH NJW 2004, 930 mAnm *Rakete-Dombeck;* dazu Palandt/*Brudermüller* BGB § 1408 Rn. 7 ff. mwN; → § 9 Rn. 165a mwN.
[147] *Gruber* IPRax 2012, 381 (386 ff.); Palandt/*Thorn* Rom III-VO Art. 6 Rn. 1.
[148] Wie hier auch *Rösler* RabelsZ 78 (2014), 155 (180 f); *Röthel* JbItalR 25 (2012), 11 ff.; Althammer/*Mayer* Rom III-VO Art. 6 Rn. 4; **aA** *Hau* FamRZ 2013, 249 (252); *Pfütze* ZEuS 2011, 35 (57 ff., 68 ff.).
[149] Für Einführung einer an Art. 8 Abs. 5 HUP (→ § 10 Rn. 120 ff.) orientierten Inhaltskontrolle *de lege ferenda Kohler* FS v. Hoffmann, 2011, 208 (216 ff.).
[150] *Hausmann* IntEuSchR A Rn. 270; Erman/*Hohloch* Rom III-VO Art. 5 Rn. 1 aE; NK-BGB/*Hilbig-Lugani* Rom III-VO Art. 5 Rn. 26; Althammer/*Mayer* Rom III-VO Art. 5 Rn. 9.
[151] NK-BGB/*Hilbig-Lugani* Rom III-VO Art. 5.

stehen und sollte schon aus Gründen der Prozessökonomie nicht mehr abgeändert werden können (näher → Rn. 88ff.).[152]

64 **d) Zulässigkeit einer stillschweigenden Rechtswahl.** Art. 5 Rom III-VO schreibt nicht vor, dass die Rechtswahl ausdrücklich getroffen werden muss. Im Gegensatz etwa zu Art. 3 Abs. 1 S. 2 Rom I-VO oder Art. 14 Abs. 1 S. 2 Rom II-VO wird aber auch nicht klargestellt, dass eine stillschweigende Rechtswahl genügt, wenn sie sich nur eindeutig aus dem Inhalt der getroffenen Vereinbarung oder den Umständen des Falles ergibt. Unter der letztgenannten Voraussetzung sollte man indes auch eine stillschweigende Rechtswahl des Scheidungsstatuts zulassen, sofern die Form nach Art. 7 Rom III-VO gewahrt ist.[153] Allerdings sind insoweit strenge Anforderungen zu stellen.[154]

65 **Beispiel:**
F und M besitzen beide die iranische Staatsangehörigkeit und haben ihren gewöhnlichen Aufenthalt in Deutschland. Die Ehefrau F ist außerdem seit Februar 2011 in Deutschland eingebürgert worden. In einem im Herbst 2009 im Iran geschlossenen Ehevertrag hat M der F das Recht eingeräumt, sich unter bestimmten Voraussetzungen von ihm scheiden zu lassen und hat mit ihr für diesen Fall die Zahlung einer Morgengabe vereinbart. Die Formulierung der Scheidungsgründe im Ehevertrag entspricht wörtlich den Vorschriften des iranischen ZGB. Im Sommer 2015 macht F von diesem Recht Gebrauch und begehrt vor dem Familiengericht in Dortmund die Scheidung der Ehe nach iranischem Recht.

Da M auf Grund ihrer Einbürgerung ein deutsches Personalstatut hat, findet das deutsch-iranische Niederlassungsabkommen von 1929, das der Rom III-VO vorgeht, keine Anwendung. In Ermangelung einer Rechtswahl wäre daher nach Art. 8 lit. a Rom III-VO deutsches Scheidungsrecht maßgebend, weil beide Ehegatten ihren gewöhnlichen Aufenthalt in Deutschland haben. Zwar reicht die Eingehung einer Ehe „nach islamischen Grundsätzen" für eine stillschweigende Wahl islamischen Scheidungsrechts nicht aus, weil die Wahl nicht nur auf ein religiöses, sondern auf ein bestimmtes staatliches Eherecht gerichtet sein muss.[155] Im vorliegenden Fall haben die Ehegatten jedoch durch den Inhalt ihres Ehevertrags hinreichend deutlich zum Ausdruck gebracht, dass sie nicht nach deutschem Recht, sondern nach dem für schiitische Muslime im Iran geltenden Recht geschieden werden möchten. Darin liegt eine stillschweigende Wahl des gemeinsamen iranischen Heimatrechts nach Art. 5 Abs. 1 lit. c Rom III-VO, dessen Wirksamkeit auch durch die zwischenzeitliche Einbürgerung der F nicht in Frage gestellt wird.[156]

66 Nur aus der ausdrücklichen **Rechtswahl für bestimmte Scheidungsfolgen** (zB für den nachehelichen Unterhalt nach Art. 8 HUP oder das Güterrecht nach Art. 15 Abs. 2 EGBGB) kann hingegen nicht auf eine stillschweigende Wahl des Scheidungsstatuts geschlossen werden.[157] Eine **nachträgliche Rechtswahl im Prozess** kann schon im Hinblick auf das Protokollierungserfordernis nach Art. 46d Abs. 2 S. 2 EGBGB (→ Rn. 94) nicht stillschweigend getroffen werden.

[152] Übergangsrechtlich gilt die Verordnung nach Art. 18 Abs. 2 Rom III-VO jedoch auch für Rechtswahlvereinbarungen, die bereits vor dem 21.6.2012 geschlossen wurden; → Rn. 57.

[153] *Martiny* IPRax 2011, 437 (449) Fn. 203; *Gruber* IPRax 2012, 381 (387) und 2014, 53 (56); *Hausmann* IntEuSchR A Rn. 273; *Andrae* IntFamR § 4 Rn. 21; **aA** *Helms* FamRZ 2011, 1765 (1768); *Basedow* FS Posch, 2011, 17 (24); *Pfütze* ZeuS 2011, 35 (52); *Henrich* IntSchR Rn. 80; Althammer/*Mayer* Rom III-VO Art. 7 Rn. 5; Palandt/*Thorn* Rom III-VO Art. 6 Rn. 2; MüKoBGB/*Winkler v. Mohrenfels* Rom III-VO Art. 6 Rn. 3.

[154] *Helms* IPRax 2014, 334f.; NK-BGB/*Hilbig-Lugani* Rom III-VO Art. 5 Rn. 11b.

[155] BayObLG FamRZ 1998, 1594 (1596).

[156] IdS auch OLG Hamm IPRax 2014, 349 Rn. 47ff. mAnm *Henrich* FamRZ 2013, 1498; *Hilbig-Lugani* FamRBint 2013, 83; **aA** *Helms* IPRax 2014, 334 (335). Nach Ansicht des OLG Hamm steht auch der Umstand, dass die Ehegatten im Zeitpunkt des Abschlusses des Ehevertrags noch gar keine Wahlmöglichkeit zwischen mindestens zwei Rechten hatten, der Wirksamkeit der Rechtswahl nicht entgegen.

[157] *Hau* FamRZ 2013, 249 (253); Althammer/*Mayer* Rom III-VO Art. 5 Rn. 31.

67 **e) Beschränkung der Rechtswahl auf die Ehescheidung bzw. Ehetrennung.** Für die rechtsgestaltende Praxis von Bedeutung ist vor allem, dass sich die Rechtswahl nach Art. 5ff. Rom III-VO – wie die Verordnung insgesamt – in sachlicher Hinsicht auf das Recht beschränkt, das die Ehescheidung bzw. Ehetrennung als solche beherrschen soll. Ausdrücklich ausgenommen sind hingegen nach Art. 1 Abs. 2 lit. e Rom III-VO die vermögensrechtlichen Folgen der Ehe und ihrer Auflösung (→ Rn. 138ff.). Allerdings sieht das autonome deutsche Kollisionsrecht für den **Versorgungsausgleich** und bestimmte **vermögensrechtliche Wirkungen** einer Ehescheidung/Ehetrennung in Art. 17 Abs. 1 und Abs. 3 EGBGB eine akzessorische Anknüpfung an das nach der Rom III-VO maßgebliche Recht vor (→ Rn. 142ff.). Dies müssen die Parteien, wenn sie eine Rechtswahl nach Art. 5 Rom III-VO treffen, mitberücksichtigen. Allerdings sollte man ihnen gestatten, ihre Rechtswahl – zB im Interesse einer raschen Scheidung – auf die Scheidung selbst zu beschränken und es bezüglich der von Art. 17 Abs. 1 und Abs. 3 EGBGB erfassten vermögensrechtlichen Scheidungsfolgen bei der objektiven Anknüpfung nach Art. 8 Rom I-VO zu belassen.[158]

### 2. Die Rechtswahlmöglichkeiten nach Art. 5 Abs. 1 Rom III-VO

68 Art. 5 Abs. 1 Rom III-VO eröffnet den Parteien die Rechtswahl nicht unbegrenzt, sondern erfordert einen besonderen Bezug der Ehescheidung oder Ehetrennung zu dem gewählten Recht. Aus diesem Grunde haben die Parteien nur die Möglichkeit, zwischen insgesamt **vier Rechten**[159] zu wählen:

69 **a) Gewöhnlicher Aufenthalt der Ehegatten.** Die Ehegatten können zunächst gemäß lit. a das Recht des Staates wählen, in dem sie zum Zeitpunkt der Rechtswahl ihren gemeinsamen gewöhnlichen Aufenthalt (→ Rn. 31ff.) haben.[160] In Übereinstimmung mit Art. 3 Abs. 1 lit. a, 1. Spiegelstrich EuEheVO bedeutet gemeinsamer gewöhnlicher Aufenthalt lediglich, dass die Ehegatten sich im gleichen Staat gewöhnlich aufhalten; eine gemeinsame Ehewohnung am gleichen Ort innerhalb dieses Staates wird hingegen nicht vorausgesetzt.[161] Abweichend von dieser Vorschrift muss der gewöhnliche Aufenthalt im Hinblick auf Art. 4 Rom III-VO jedoch nicht in einem Mitgliedstaat bestehen, sondern kann **auch in einem Drittstaat** begründet worden sein. Haben die Ehegatten ihren gewöhnlichen Aufenthalt in einem Mehrrechtsstaat (zB in den *USA* oder *Kanada*), so kann nach Art. 14 lit. b Rom III-VO nur das Recht derjenigen Gebietseinheit gewählt werden, in der dieser gewöhnliche Aufenthalt besteht (zB das Recht von *Florida* oder von *Québec*).[162]

70 Der gemeinsame gewöhnliche Aufenthalt muss nach lit. a im **Zeitpunkt der Rechtswahl** gegeben sein. Verlegen die Ehegatten oder einer von ihnen den gewöhnlichen Aufenthalt im weiteren Verlauf der Ehe in einen anderen Staat, so wird die Gültigkeit der Rechtswahl hierdurch nicht berührt; es bleibt mithin – anders als bei der objektiven Anknüpfung nach Art. 8 lit. a Rom III-VO (→ Rn. 32) – bei der Geltung des gewählten früheren gemeinsamen Aufenthaltsrechts. Diese Vermeidung eines Statutenwechsels bei einem Umzug der Ehegatten wird häufig ein wesentliches Motiv für eine Rechtswahl sein. Umstritten ist hingegen, ob die Wahl des Rechts eines Staates, in dem die Ehegatten zur Zeit der Rechtswahl (noch) keinen gemeinsamen gewöhnlichen Aufenthalt hatten, dadurch nachträglich geheilt wird, dass die Ehegatten einen solchen bis zum Zeitpunkt der Einleitung des Scheidungs- oder Trennungsverfahrens begründet haben. Während dies zT aufgrund des Wortlauts verneint und für diesen Fall die Vornahme einer erneuten Rechtswahl

[158] Zutr. *Schall/Weber* IPRax 2014, 381 (384f.); näher → § 12 Rn. 44ff.
[159] Die Wahlmöglichkeiten sind abschließend, vgl. NK-BGB/*Hilbig-Lugani* Rom III-VO Art. 5 Rn. 27.
[160] Ausführlich zum Begriff des gewöhnlichen Aufenthalts von Ehegatten iSd Rom III-VO NK-BGB/*Hilbig-Lugani* Rom III-VO Art. 5 Rn. 34–41.
[161] *Helms* FamRZ 2011, 1765 (1767); *Traar* ÖJZ 2011, 805 (809); *Hau* FamRZ 2013, 249 (252).
[162] Erman/*Hohloch* Rom III-VO Art. 5 Rn. 4a.

gefordert wird,[163] sollte eine entsprechend **aufschiebend bedingte Rechtswahl** zugelassen werden, weil keine zwingenden Gründe ersichtlich sind, sie zu verbieten.[164]

71 **Beispiel:**
Heiratet ein italienischer Staatsangehöriger eine Deutsche, so können die Ehegatten bereits in einem anlässlich der Eheschließung geschlossenen Ehevertrag für eine etwaige künftige Ehescheidung deutsches Recht wählen, wenn beide Ehegatten bei Vertragsschluss ihren gemeinsamen gewöhnlichen Aufenthalt in Deutschland haben. Dies würde auch dann gelten, wenn beide Ehegatten im Zeitpunkt der Rechtswahl nur die italienische Staatsangehörigkeit besitzen würden.Verlegen die Ehegatten ihren gewöhnlichen Aufenthalt im Verlauf der Ehe nach Italien, so ist dies auf die getroffene Rechtswahl ohne Einfluss. Die Ehegatten haben allerdings in diesem Fall die Möglichkeit, die Rechtswahl aufzuheben (mit der Folge, dass dann nach Art. 8 lit. a Rom III-VO italienisches Recht kraft Gesetzes auf die Ehescheidung anwendbar wäre) oder in einer weiteren Rechtswahlvereinbarung nach Art. 5 lit. a Rom III-VO das neue gemeinsame italienische Aufenthaltsrecht zu wählen.

72 **Formulierungsbeispiel: Rechtswahl nach Art. 5 Abs. 1 lit. a Rom III-VO**

Die Ehefrau erklärt: Ich bin deutsche Staatsangehörige.

Der Ehemann erklärt: Ich bin italienischer Staatsangehöriger.

Beide Ehegatten erklären übereinstimmend:

1. Im Hinblick darauf, dass wir unseren gemeinsamen gewöhnlichen Aufenthalt in Deutschland haben, vereinbaren wir gemäß Art. 5 Abs. 1 lit. a Rom III-VO die Geltung deutschen Rechts als des auf eine etwaige Ehescheidung anwendbaren Rechts.
2. Nach Belehrung durch den Notar über die Reichweite dieser Rechtswahl erklären wir, dass das deutsche Recht auch für vermögensrechtliche Scheidungsfolgen gelten soll, die – wie insbesondere der Versorgungsausgleich – nach Maßgabe von Art. 17 Abs. 1 und Abs. 3 EGBGB ebenfalls dem auf die Scheidung anwendbaren Recht unterliegen.
   *Alt.:* Nach Belehrung durch den Notar über die Reichweite dieser Rechtswahl erklären wir, dass sich die Rechtswahl ausdrücklich nur auf die Ehescheidung bzw. die Trennung ohne Auflösung des Ehebandes beziehen soll. Für vermögensrechtliche Scheidungsfolgen, die – wie insbesondere der Versorgungsausgleich – nach Maßgabe von Art. 17 Abs. 1 und Abs. 3 EGBGB ebenfalls dem auf die Scheidung anwendbaren Recht unterliegen, soll es hingegen bei der objektiven Anküpfung nach Art. 8 Rom III-VO sein Bewenden haben.[165]

Hinweise des Notars:[166]

1. Bei der Maßgeblichkeit des gewählten deutschen Rechts auf die Ehescheidung bleibt es – vorbehaltlich einer neuen Rechtswahl – auch dann, wenn einer oder beide Ehegatten den gewöhnlichen Aufenthalt in Deutschland aufgeben sollten.
2. Die Rechtswahl wird in Staaten, die nicht an der Rom III-VO teilnehmen, möglicherweise nicht anerkannt.
3. Die Beschränkung der Rechtswahl auf die Scheidung selbst – unter Ausschluss der vermögensrechtlichen Scheidungsfolgen nach Art. 17 Abs. 1 und Abs. 3 EGBGB – ist bisher nicht durch die Rechtsprechung abgesichert.

[163] MüKoBGB/*Winkler v. Mohrenfels* Rom III-VO Art. 5 Rn. 10; *Andrae* IntFamR § 4 Rn. 16 aE; Althammer/*Mayer* Rom III-VO Art. 5 Rn. 16.
[164] So auch *Mörsdorf-Schulte* RabelsZ 77 (2013), 786 (812); *Schall/Weber* IPRax 2014, 381 (384); PWW/*Martiny* EGBGB Anh. I Art. 17 Rn. 12; NK-BGB/*Hilbig-Lugani* Rom III-VO Art. 5 Rn. 31.
[165] Zur Zulässigkeit einer solchen Beschränkung der Rechtswahl → Rn. 118.
[166] Erläuterungen dazu → Rn. 122ff.

73 **b) Letzter gewöhnlicher Aufenthalt der Ehegatten.** Hat ein Ehegatte im Vorfeld des Ehescheidungs- oder Ehetrennungsverfahrens den Staat des bisherigen gemeinsamen gewöhnlichen Aufenthalts bereits verlassen, so können die Ehegatten dessen Recht nach lit. b dennoch weiter wählen, wenn und solange der andere Ehegatte in diesem Staat noch seinen gewöhnlichen Aufenthalt beibehält. Vorausgesetzt wird also ein bis zum Abschluss der Rechtswahlvereinbarung **ununterbrochener** gewöhnlicher Aufenthalt des anderen Ehegatten im bisherigen gemeinsamen Aufenthaltsstaat.[167] Nicht ausreichend ist es also, wenn beide Ehegatten den gemeinsamen gewöhnlichen Aufenthalt zwischenzeitlich aufgegeben hatten und ein Ehegatte in den Staat des früheren gemeinsamen gewöhnlichen Aufenthalts wieder zurückgekehrt ist. Die Wahlmöglichkeiten nach lit. a und lit. b schließen sich notwendig gegenseitig aus.

74 **Beispiel:**

Zieht der italienische Ehemann in dem vorerwähnten Beispiel nach einer Trennung von seiner deutschen Frau aus beruflichen Gründen allein nach Italien um, während die Ehefrau ihren gewöhnblichen Aufenthalt in Deutschland beibehält, so können die Ehegatten im Hinblick auf die beabsichtigte Durchführung des Scheidungsverfahrens vor deutschen Gerichten nach Art. 5 Abs. 1 lit. b Rom III-VO das deutsche Recht als das Recht des letzten gemeinsamen gewöhnlichen Aufenthalts wählen, solange die Ehefrau in Deutschland wohnen bleibt. Das gleiche Ziel erreichen sie auch mit einer Rechtswahl nach lit. d. An die Rechtswahl nach lit. b wäre freilich – anders als an eine Rechtswahl nach lit. d – auch ein italienisches Gericht gebunden, wenn der Ehemann den Scheidungsantrag dort stellt.

75 **Formulierungsbeispiel: Rechtswahl nach Art. 5 Abs. 1 lit. b Rom III-VO**

Die Ehefrau erklärt: Ich bin deutsche Staatsangehörige und habe meinen gewöhnlichen Aufenthalt seit der Eheschließung ununterbrochen in Deutschland.

Der Ehemann erklärt: Ich bin italienischer Staatsangehöriger und hatte meinen gewöhnlichen Aufenthalt von der Eheschließung bis zur Trennung von meiner Ehefrau ebenfalls in Deutschland. Seit drei Monaten habe ich meinen gewöhnlichen Aufenthalt wieder in Italien.

Beide Ehegatten erklären übereinstimmend:

1. Im Hinblick darauf, dass wir eine einvernehmliche Ehescheidung vor einem deutschen Gericht anstreben, vereinbaren wir gemäß Art. 5 Abs. 1 lit. b Rom III-VO die Geltung deutschen Rechts als des auf die Ehescheidung anwendbaren Rechts.
2. *(wie → Rn. 72)*

Hinweise des Notars:[168]

1. Bei der Maßgeblichkeit des gewählten deutschen Rechts auf die Ehescheidung bleibt es – vorbehaltlich einer neuen Rechtswahl – auch dann, wenn einer oder beide Ehegatten ihren derzeitigen gewöhnlichen Aufenthalt in Deutschland bzw. Italien aufgeben sollten.
2. *(wie → Rn. 72)*
3. *(wie → Rn. 72)*

76 **c) Staatsangehörigkeit eines Ehegatten.** Art. 5 Abs. 1 lit. c Rom III-VO ermöglicht weiterhin die Wahl des Rechts des Staates, dessen Staatsangehörigkeit *einer* der Ehegatten zur Zeit der Rechtswahl besitzt. Damit haben die Ehegatten die Möglichkeit, die Entscheidung des Verordnungsgebers für die Primärankünpfung an den gemeinsamen gewöhnlichen Aufenthalt in Art. 8 lit. a Rom III-VO zu korrigieren, wenn sie diese Anknüpfung in ihrer kon-

[167] Erman/*Hohloch* Rom III-VO Art. 5 Rn. 5; NK-BGB/*Hilbig-Lugani* Rom III-VO Art. 5 Rn. 42.
[168] Erläuterungen dazu → Rn. 122ff.

kreten Situation nicht für interessengerecht halten.[169] Welche Staatsangehörigkeit(en) die Ehegatten besitzen, entscheidet das Staatsangehörigkeitsrecht desjenigen Staates, um dessen Staatsangehörigkeit es geht. Ob ein Ehegatte die deutsche Staatsangehörigkeit besitzt, ergibt sich daher aus den Vorschriften des deutschen Staatsangehörigkeitsgesetzes vom 22.7.1913 in der aktuellen Fassung.[170] Unerheblich ist insoweit, *welche* Staatsangehörigkeit(en) die Ehegatten besitzen; dies kann im Hinblick auf Art. 4 Rom III-VO insbesondere auch die Staatsangehörigkeit eines an der Verstärkten Zusammenarbeit nicht teilnehmenden Mitgliedstaats oder eines Drittstaats sein.[171] Während die Wahl des Rechts nach lit. a und lit. b voraussetzt, dass die Ehegatten einen *gemeinsamen* gewöhnlichen Aufenthalt haben oder zumindest einmal gehabt haben, wird dieses Erfordernis in Bezug auf die Staatsangehörigkeit der Ehegatten nach lit. c nicht aufgestellt. Gewählt werden kann also nicht nur das Recht eines Staates, dessen Staatsangehörigkeit *beide* Ehegatten besitzen oder zumindest einmal besessen haben; vielmehr können die Ehegatten in einer gemischt-nationalen Ehe das Heimatrecht sowohl des Ehemannes wie der Ehefrau wählen.[172] Die Wahlmöglichkeiten nach Art. 5 Abs. 1 Rom III-VO werden mithin in diesem Fall um ein Recht erweitert.

Fraglich ist, wie weit die Rechtswahlmöglichkeiten nach lit. c in Fällen der **Doppel- oder Mehrstaatigkeit** der Ehegatten reichen. Erwägungsgrund 22, der für die Behandlung von Mehrstaatern auf das innerstaatliche Recht verweist, gilt seinem Wortlaut nach nicht nur für die objektive Anknüpfung an die Staatsangehörigkeit nach Art. 8 lit. c Rom III-VO (→ Rn. 38ff.), sondern auch für die Rechtswahl nach Art. 5 Abs. 1 lit. c. Da die Rechtsprechung des EuGH zur Auslegung von Art. 3 Abs. 1 lit. b EuEheVO[173] nicht zu den „allgemeinen Grundsätzen der Europäischen Union" gehört, verbliebe es hinsichtlich der Behandlung von Doppel- und Mehrstaatern auch iRd Rechtswahl nach der Rom III-VO bei der Geltung des **nationalen Kollisionsrechts.**[174] Deutsche Gerichte hätten also von Art. 5 Abs. 1 EGBGB auszugehen; danach könnte nur die effektive Staatsangehörigkeit (Satz 1) oder die deutsche Staatsangehörigkeit (Satz 2) eines Mehrstaaters gewählt werden. In diesem Zusammenhang ist freilich zu beachten, dass selbst im autonomen deutschen IPR die Regel des Art. 5 Abs. 1 EGBGB bei der Rechtswahl im internationalen Eherecht (Art. 14 Abs. 2 und Art. 15 Abs. 2 EGBGB) nicht strikt angewendet, den Ehegatten vielmehr auch die **Wahl eines nicht-effektiven Heimatrechts** gestattet wird (vgl. zu den allgemeinen Ehewirkungen → § 8 Rn. 29ff.; zum Ehegüterrecht → § 9 Rn. 102f.). Diese großzügige Sicht sollte auch auf die Rechtswahl im internationalen Ehescheidungsrecht nach Art. 5 Abs. 1 lit. c Rom III-VO übertragen werden.[175] Denn andernfalls könnte eine einheitliche Beurteilung des Personalstatuts von Doppelstaatern in den teilnehmenden Mitgliedstaaten nicht erreicht werden; außerdem ist die Feststellung einer „effektiven" Staatsangehörigkeit mit erheblichen Unsicherheiten behaftet, sodass das Ziel der Verordnung, durch Stärkung der Parteiautonomie mehr Rechtssicherheit zu erreichen (Erwägungsgrund 15), verfehlt würde.[176] Selbst wenn man dem nicht folgen wollte, käme jedenfalls eine Bevorzugung der deutschen staatsangehörigkeit des Mehrstaaters 77

[169] *Hau* FamRZ 2013, 249 (252); Althammer/*Mayer* Rom III-VO Art. 5 Rn. 17.

[170] Abgedruckt bei *Jayme/Hausmann* Nr. 275.

[171] Vgl. OLG Hamm IPRax 2014, 349 mAnm *Helms* IPRax 2014, 334: Wahl des gemeinsamen iranischen Heimatrechts.

[172] Erman/*Hohloch* Rom III-VO Art. 5 Rn. 6.

[173] Dazu → Rn. 38f. mit Fn. 86ff.

[174] So *Finger* FuR 2011, 61 (65).

[175] Ebenso RegBegr zum Rom III-AnpassungsG vom 23.1.2013, unter A I 5 lit. d; *Helms* FamRZ 2011, 1665 (1670); *Hausmann* IntEuSchR A Rn. 281; *Andrae* IntFamR § 4 Rn. 18; MüKoBGB/*v. Hein* EGBGB Art. 5 Rn. 78ff.; MüKoBGB/*Winkler v. Mohrenfels* Rom III-VO Art. 5 Rn. 7; Erman/*Hohloch* Rom III-VO Art. 5 Rn. 7; Palandt/*Thorn* Rom III-VO Art. 5 Rn. 4; NK-BGB/*Hilbig-Lugani* Rom III-VO Art. 5 Rn. 45, 45a; Althammer/*Mayer* Rom III-VO Art. 5 Rn. 19.

[176] *Helms* FamRZ 2011, 1765 (1770); *Traar* ÖJZ 2011, 805 (809); *Hau* FamRZ 2013, 249 (252); **aA** *Gruber* IPRax 2012, 381 (385f.); BeckOK BGB/*Heiderhoff* EGBGB Art. 17 Rn. 51.

nicht in Betracht; vielmehr wäre auch bei deutsch-ausländischen Mehrstaatern auf die effektive Staatsangehörigkeit abzustellen.[177]

78 **Beispiel:**
In dem unter → Rn. 72 erwähnten Ausgangsfall der deutsch-italienischen Ehe sind die Ehegatten nach Art. 5 Abs. 1 lit. c Rom III-VO berechtigt, für ihre Ehescheidung sowohl das deutsche wie das italienische Recht zu wählen, und zwar ganz unabhängig davon, in welchem Staat die Ehegatten ihren jeweiligen gewöhnlichen Aufenthalt haben. Ist ein Ehegatte oder sind beide Ehegatten Doppelstaater, so kann jedes ihrer Heimatrechte – ohne Rücksicht darauf, ob es „effektiv" ist – gewählt werden.

79 Ist ein **Ehegatte staatenlos** und wird sein Personalstatut daher gemäß Art. 12 Abs. 1 des New Yorker UN-Übereinkommens über die Rechtsstellung der Staatenlosen vom 28.9.1954[178] durch das Recht seines gewöhnlichen Aufenthalts bestimmt, so ist zweifelhaft, ob die Ehegatten befugt sind, dieses Recht in entsprechender Anwendung von lit. c als „Ersatzrecht" anstelle des nicht vorhandenen Heimatrechts dieses Ehegatten zu wählen. Da der Verordnungsgeber in Kenntnis der Problematik von einer solchen Regelung abgesehen hat, dürfte die Rechtswahl nach lit. c auf das durch die Staatsangehörigkeit bestimmte Personalstatut beschränkt sein und Staatenlosen daher nicht zur Verfügung stehen.[179] Die praktischen Konsequenzen sind freilich für die Betroffenen im Hinblick auf die Wahlmöglichkeiten nach lit. a, lit. b und lit. d nicht gravierend. Auch Ehegatten, die als **Flüchtlinge** iSd Genfer Flüchtlingskonvention vom 28.7.1951[180] oder als **Asylberechtigte** anerkannt sind, können nach lit. c nur ihr Heimatrecht, nicht hingegen das Recht ihres gewöhnlichen Aufenthalts wählen.[181]

80 **Formulierungsbeispiel: Rechtswahl nach Art. 5 Abs. 1 lit. c Rom III-VO**

Der Ehemann erklärt: Ich besitze sowohl die deutsche als auch die türkische Staatsangehörigkeit und habe meinen gewöhnlichen Aufenthalt seit der Eheschließung ununterbrochen in Deutschland.

Die Ehefrau erklärt: Ich bin nur türkische Staatsangehörige und habe meinen gewöhnlichen Aufenthalt seit der Eheschließung ebenfalls ununterbrochen in Deutschland.

Beide Ehegatten erklären übereinstimmend:
1. Da wir mit unserer türkischen Heimat weiterhin eng verbunden sind, vereinbaren wir gemäß Art. 5 Abs. 1 lit. c Rom III-VO die Geltung türkischen Rechts als des auf eine etwaige Ehescheidung anwendbaren Rechts.
2. Nach Belehrung durch den Notar über die Reichweite dieser Rechtswahl nehmen wir zur Kenntnis, dass das türkische Recht nach Maßgabe von Art. 17 Abs. 1 und Abs. 3 EGBGB auch für vermögensrechtliche Scheidungsfolgen gilt und ein Versorgungsausgleich nach deutschem Recht deshalb nicht stattfindet.

Hinweise des Notars:[182]
1. Der Notar ist zur Belehrung über ausländisches Recht nicht verpflichtet; er hat diesbezüglich auch keine Beratungspflichten übernommen.
2. Bei der Maßgeblichkeit des gewählten türkischen Rechts auf die Ehescheidung bleibt es – vorbehaltlich einer neuen Rechtswahl – auch dann, wenn einer oder beide Ehegatten den gewöhnlichen Aufenthalt in Deutschland aufgeben sollten.

[177] *Gruber* IPRax 2012, 381 (386); hilfsweise auch Palandt/*Thorn* Rom III-VO Art. 5 Rn. 4.
[178] BGBl. 1976 II 474.
[179] Abweichend *Gruber* IPRax 2012, 381 (386); Erman/*Hohloch* Rom III-VO Art. 5 Rn. 8; Althammer/*Mayer* Rom III-VO Art. 5 Rn. 20.
[180] BGBl. 1953 II 560.
[181] Ebenso *Andrae* IntFamR § 4 Rn. 18; **aA** *Gruber* IPRax 2012, 381 (386); Palandt/*Thorn* Rom III-VO Art. 5 Rn. 4; NK-BGB/*Hilbig-Lugani* Rom III-VO Art. 5 Rn. 47.
[182] Erläuterungen dazu → Rn. 122ff.

3. Die Rechtswahl wird in Staaten, die – wie die Türkei – nicht an der Rom III-VO teilnehmen, möglicherweise nicht anerkannt. Dies schließt nicht aus, dass die Ehescheidung auch aus türkischer Sicht dem türkischen Recht unterliegt.

Zur Frage, ob die Rechtswahl nach Art. 5 Rom III-VO auch **auf die Scheidung als solche beschränkt** werden kann, es dann also für den Versorgungsausgleich bei der objektiven Anknüpfung nach Art. 8 Rom III-VO verbleibt, → Rn. 118 und → § 12 Rn. 44f. 81

Handelt es sich beim gewählten Recht des Heimatstaats eines oder beider Ehegatten um einen **Mehrrechtsstaat** (zB die *USA*), so ist eine Unteranknüpfung erforderlich, die iRd Verordnung nach Art. 14 lit. c vorzunehmen ist. Danach haben die Ehegatten die Möglichkeit, auch die maßgebende Teilrechtsordnung (zB das Scheidungsrecht von New York oder Kalifornien) unmittelbar durch **Rechtswahl** zu bestimmen (näher → Rn. 159). 82

**d) Lex fori.** Für das deutsche Recht ungewohnt ist die Erweiterung der Rechtswahlmöglichkeiten auf das Recht des angerufenen Gerichts in lit. d. Sie hat jedoch erhebliche praktische Vorteile, weil sie es den Ehegatten gestattet, einen Gleichlauf zwischen der internationalen Gerichtszuständigkeit und dem anwendbaren Recht herbeizuführen, denn das nach Art. 3ff. EuEheVO zuständige Gericht wendet dann **sein eigenes materielles Scheidungsrecht** an. Dies erspart den Parteien im Regelfall Zeit und Kosten, die im Fall der Geltung ausländischen Scheidungsrechts kraft objektiver Anknüpfung nach Art. 8 Rom III-VO mit dessen Ermittlung verbunden wären; außerdem bietet die Anwendung des eigenen Rechts eine höhere Richtigkeitsgewähr.[183] Da Art. 3 EuEheVO nicht selten parallele Zuständigkeiten in verschiedenen Mitgliedstaaten eröffnet, werden die Rechtswahlmöglichkeiten durch lit. d erheblich ausgeweitet.[184] Die Rechtswahl ist auch nicht auf Fälle beschränkt, in denen das Gericht sich auf eine harmonisierte Zuständigkeit nach Art. 3 bis 5 EuEheVO stützt; gewählt werden kann vielmehr auch das Recht des Staates, dessen Gerichte nur aufgrund einer Restzuständigkeit des nationalen Rechts nach Art. 6, 7 Abs. 1 EuEheVO zuständig sind. Der **Nachteil der Anknüpfung** besteht darin, dass hierdurch der internationale Entscheidungseinklang gefährdet und ein *forum shopping* – entgegen der Zielsetzung der Verordnung (Erwägungsgrund 9) – gefördert wird.[185] 83

Im Gegensatz zu lit. a bis lit. c wird der **Zeitpunkt** für die zu treffende Wahl der *lex fori* in lit. d nicht bestimmt. Spätestens muss die Rechtswahl auch in diesem Fall zum Zeitpunkt der Anrufung des Gerichts vereinbart werden (Art. 5 Abs. 2 Rom III-VO). Sie kann aber – entgegen dem zu eng geratenen deutschen Wortlaut – auch jederzeit davor, zB in einer Trennungs- oder Scheidungsvereinbarung, getroffen werden.[186] Voraussetzung ist lediglich, dass sich die Ehegatten im Zeitpunkt der Rechtswahl einig sind, das Verfahren vor den Gerichten eines ganz **bestimmten Mitgliedstaats** – und damit nach einem bestimmten Recht – durchführen zu wollen. Möchten sie sich später doch lieber vor einem Gericht eines anderen Staates scheiden lassen, so müssen sie ihre Rechtswahlvereinbarung bis zur Anrufung des Gerichts entsprechend ändern. Eine *„floating choice of law"*, wonach das – im Zeitpunkt der Rechtswahl noch unbekannte – später von einem Ehegatten tatsächlich angerufene Gericht jeweils sein eigenes Recht anwenden möge, ist also 84

[183] Erman/*Hohloch* Rom III-VO Art. 5 Rn. 9.
[184] Palandt/*Thorn* Rom III-VO Art. 5 Rn. 5; NK-BGB/*Hilbig-Lugani* Rom III-VO Art. 5 Rn. 48.
[185] Althammer/*Mayer* Rom III-VO Art. 5 Rn. 23.
[186] *Helms* FamRZ 2011, 1665 (1667ff.); *Gruber* IPRax 2012, 381 (386); *Basedow* FS Pintens, 2012, 135 (142); *Hau* FS Stürner, 2012, 1237 (1242); Palandt/*Thorn* Rom III-VO Art. 5 Rn. 5; MüKoBGB/*Winkler v. Mohrenfels* Rom III-VO Art. 5 Rn. 9; Erman/*Hohloch* Rom III-VO Art. 5 Rn. 9.

nicht wirksam.[187] Denn bei ihrer Zulassung würde derjenige Ehegatte, der zuerst ein nach Art. 3 EuEheVO zuständiges Gericht anruft, mit seiner Gerichtswahl einseitig zugleich das anwendbare Scheidungsrecht bestimmen. Das damit eröffnete *„race to the courthouse"* wollte die Rom III-VO aber gerade vermeiden (vgl. Erwägungsgrund 21). Auch könnte bei dieser Auslegung kaum gesagt werden, dass beide Ehegatten ihre Rechtswahl „in voller Sachkenntnis" getroffen haben, wie Erwägungsgrund 18 dies verlangt. Zumindest in der Gestaltungspraxis sollte angesichts der Zweifel an der Wirksamkeit einer *„floating choice of law"* von ihr abgeraten werden.

85 Größere Bedeutung wird die Rechtswahlmöglichkeit nach Art. 5 Abs. 1 lit. d Rom III-VO erst erlangen, wenn im Zuge der bevorstehenden Reform der EuEheVO **Gerichtsstandsvereinbarungen** auch in Ehesachen zugelassen werden. Für diesen Fall bestünden gegen eine parallel getroffene Wahl der *lex fori* des prorogierten Gerichts unter dem Gesichtspunkt der hinreichenden Bestimmtheit keine Bedenken.

86 **Beispiel:**

In unserem Ausgangsfall → Rn. 72 der deutsch-italienischen Ehe sind die Ehegatten nach Art. 5 Abs. 1 lit. d Rom III-VO in jedem Fall berechtigt, für ihre Ehescheidung das deutsche Recht zu wählen, wenn sie sich einig sind, das Scheidungsverfahren vor deutschen Gerichten durchführen zu wollen. Für diesen Fall kommt es weder auf die Staatsangehörigkeit noch auf den gewöhnlichen Aufenthalt der Ehegatten zur Zeit der Anrufung des Gerichts an.

Eigenständige Bedeutung erlangt die Rechtswahlmöglichkeit nach Art. 5 Abs. 1 lit. d Rom III-VO freilich nur dann, wenn eine Rechtswahl nach Art. 5 Abs. 1 lit. a bis lit. c Rom III-VO nicht möglich wäre. Dies ist nur dann der Fall, wenn die Ehegatten keinen gemeinsamen gewöhnlichen Aufenthalt im Gerichtsstaat mehr haben (sonst lit. a) und auch der letzte gemeinsame gewöhnliche Aufenthalt nicht im Gerichtsstaat begründet war oder zumindest kein Ehegatte sich im Zeitpunkt der Rechtswahl mehr dort gewöhnlich aufhält (sonst lit. b). Ferner darf auch kein Ehegatte die Staatsangehörigkeit des Gerichtsstaats besitzen (sonst lit c.).

87 **Formulierungsbeispiel: Rechtswahl nach Art. 5 Abs. 1 lit. d Rom III-VO**

Der Ehemann erklärt: Ich bin deutscher Staatsangehöriger und habe meinen gewöhnlichen Aufenthalt seit der Trennung von meiner Frau in der Schweiz.

Die Ehefrau erklärt: Ich bin italienische Staatsangehörige und habe meinen gewöhnlichen Aufenthalt seit der Trennung von meinem Ehemann in Italien.

Beide Ehegatten erklären übereinstimmend:

1. Im Hinblick darauf, dass wir unsere Ehe 15 Jahre in Deutschland geführt haben und eine einvernehmliche Ehescheidung vor einem deutschen Gericht anstreben, vereinbaren wir gemäß Art. 5 Abs. 1 lit. d Rom III-VO die Geltung deutschen Rechts als des auf die Ehescheidung anwendbaren Rechts.
2. *(wie → Rn. 72)*

Hinweise des Notars:[188]

1. Bei der Maßgeblichkeit des gewählten deutschen Rechts auf die Ehescheidung bleibt es – vorbehaltlich einer neuen Rechtswahl – auch dann, wenn einer oder beide Ehegatten den gewöhnlichen Aufenthalt im bisherigen Aufenthaltsstaat (Schweiz/Italien) Deutschland aufgeben sollte(n).

[187] Wie hier *Helms* FamRZ 2011, 1665 (1667 ff.); *Gruber* IPRax 2012, 381 (386); Palandt/*Thorn* Rom III-VO Art. 5 Rn. 5, ferner *Mörsdorf-Schulte* RabelsZ 77 (2013), 786 (814); *Schall/Weber* IPRax 2014, 381 (384); *Andrae* IntFamR § 4 Rn. 16; PWW/*Martiny* EGBGB Anh. I Art. 17 Rn. 15. Gegen ein solches Bestimmtheitserfordernis aber Althammer/*Mayer* Rom III-VO Art. 5 Rn. 26 f. sowie iErg auch NK-BGB/*Hilbig-Lugani* Rom III-VO Art. 5 Rn. 49c.

[188] Erläuterungen dazu → Rn. 122 ff.

2. Die Rechtswahl wird in Staaten, die – wie die Schweiz – nicht an der Rom III-VO teilnehmen, möglicherweise nicht anerkannt.

### 3. Maßgebender Zeitpunkt für die Rechtswahl und ihre Änderung

88 **a) Grundsatz.** Die Parteien können auch im internationalen Ehescheidungsrecht ihre einmal getroffene Rechtswahl – nicht anders als im internationalen Vertragsrecht (vgl. Art. 3 Abs. 2 Rom I-VO) – grundsätzlich **jederzeit einvernehmlich ändern.**[189] Eine solche Änderung bietet sich insbesondere dann an, wenn die Ehegatten die im Zeitpunkt der Rechtswahl durch den gewöhnlichen Aufenthalt oder die Staatsangehörigkeit der Ehegatten begründete Verbindung zu der gewählten Rechtsordnung inzwischen verloren haben. Die Ehegatten sind dann nach Maßgabe von Art. 5 Abs. 1 Rom III-VO frei, das Recht ihres neuen gewöhnlichen Aufenthalts oder einer neu erworbenen Staatsangehörigkeit zu wählen. Die Änderung der Rechtswahl hängt jedoch von einer solchen Änderung der maßgebenden Anknüpfungskriterien keineswegs ab. Sie ist mithin auch dann zulässig, wenn in der tatsächlichen Lebenssituation der Ehegatten keine Änderung eingetreten ist, die Ehegatten aber zB zu der Auffassung gelangt sind, es sei aus Kostengründen vorteilhafter, ihre Scheidung der *lex fori* zu unterstellen als dem zuvor gewählten gemeinsamen Heimatrecht. Zu beachten ist, dass es für eine Rechtswahl nach Art. 5 Abs. 1 lit. a bis lit. c Rom III-VO dann auf den gewöhnlichen Aufenthalt bzw. die Staatsangehörigkeit im Zeitpunkt der neuen Rechtswahl ankommt.

89 Zum Zeitpunkt der Rechtswahl und ihrer späteren Änderung legt **Art. 5 Abs. 2 Rom III-VO** lediglich fest, dass die Vereinbarung **spätestens zum Zeitpunkt der Anrufung des Gerichts** geschlossen werden muss. Die Regelung entspricht dem schon bisher im deutschen Scheidungskollisionsrecht geltenden Grundsatz der Unwandelbarkeit des Scheidungsstatuts, demzufolge eine Änderung des nach Art. 17 Abs. 1 S. 1 iVm Art. 14 Abs. 2 oder Abs. 3 EGBGB gewählten Rechts nach Rechtshängigkeit des Scheidungsverfahrens ebenfalls ausgeschlossen war.[190] Was mit der „Anrufung des Gerichts" gemeint ist, wird in der Verordnung nicht definiert; im Hinblick auf die Erwägungsgründe 10 Abs. 1 und 13 S. 2 liegt es nahe, insoweit auf Art. 16 EuEheVO abzustellen.[191] Maßgebend ist daher in Deutschland der Zeitpunkt, zu dem der Scheidungsantrag bei Gericht eingereicht wird, sofern der Antragsteller es in der Folge nicht versäumt, die ihm obliegenden Maßnahmen zu treffen, um die Zustellung an den Antragsgegner zu bewirken.[192] Offen bleibt nach Art. 5 Abs. 2 Rom III-VO, wann *frühestens* eine Rechtswahl getroffen werden kann. Grundsätzlich wird man davon auszugehen haben, dass die Ehegatten eine solche von Beginn ihrer Ehe an treffen können, ferner auch schon zuvor in einem durch die Eheschließung aufschiebend bedingten Ehevertrag.[193]

90 Bezieht man auch **Privatscheidungen** in den Anwendungsbereich der Rom III-VO ein (→ Rn. 132 ff.), so tritt an die Stelle der Anrufung des Gerichts der Zeitpunkt, in dem der Antragsgegner erstmals förmlich mit der Scheidung befasst wird.[194] Maßgebend ist daher der Zugang des Scheidungsangebots bzw. die Übergabe des Scheidungsbriefs.[195] Ist die Privatscheidung auch ohne förmliche Beteiligung des Gegners wirksam, wie die Ver-

[189] Ein einseitiger Widerruf der Rechtswahl durch einen der Ehegatten hat hingegen auszuscheiden, vgl. OLG Hamm FamRZ 2013, 1498 = IPRax 2014, 349 mAnm *Helms* IPRax 2014, 334.
[190] OLG Hamm FamRZ 1995, 933; NK-BGB/*Gruber* EGBGB Art. 17 Rn. 18.
[191] *Helms* FamRZ 2011, 1765 (1768); NK-BGB/*Hilbig-Lugani* Rom III-VO Art. 5 Rn. 53; Althammer/*Tolani* Rom III-VO Art. 8 Rn. 14.
[192] Erman/*Hohloch* Rom III-VO Art. 5 Rn. 10.
[193] *Mörsdorf-Schulte* RabelsZ 77 (2013), 786 (812); NK-BGB/*Hilbig-Lugani* Rom III-VO Art. 5 Rn. 51; *Schall/Weber* IPRax 2014, 381 (383) mwN; **aA** *Andrae* IntFamR § 4 Rn. 16.
[194] BGHZ 110, 267 (273 ff.) = NJW 1990, 2194; OLG Celle FamRZ 1998, 686.
[195] Staudinger/*Mankowski* EGBGB Art. 17 Rn. 147.

stoßung nach islamischem Recht, so ist auf den Zeitpunkt der Registrierung der Scheidung abzustellen.[196]

91 **b) Ausnahme nach nationalem Recht.** Während des schon laufenden Scheidungs- oder Trennungsverfahrens können die Ehegatten eine Rechtswahl nach **Art. 5 Abs. 3 S. 1 Rom III-VO** nur dann noch treffen, wenn das nationale Recht des angerufenen Gerichts dies vorsieht.[197] Das deutsche Eheverfahrensrecht eröffnete die Möglichkeit, das auf die Scheidung anzuwendende Recht noch im laufenden Verfahren zu wählen, bisher schon deshalb nicht, weil eine auf das Scheidungsstatut beschränkte Rechtswahl als unzulässig erachtet wurde. Um die Vorschrift des Art. 5 Abs. 3 S. 1 Rom III-VO in Scheidungs- oder Trennungsverfahren vor deutschen Gerichten nicht leerlaufen zu lassen, hat der Gesetzgeber im Rom III-AnpassungsG vom 23.1.2013 die Zulässigkeit einer nachträglichen Rechtswahl ausdrücklich angeordnet (Art. 46d Abs. 2 S. 1 EGBGB). Danach können die Ehegatten die Rechtswahl nach Art. 5 Abs. 1 Rom III-VO auch noch im Laufe des gerichtlichen Verfahrens **bis zum Schluss der mündlichen Verhandlung** im ersten Rechtszug treffen.[198] Eine Zulassung der Rechtswahl auch noch in der Rechtsmittelinstanz hielt der Gesetzgeber im Interesse der Verfahrensökonomie zu Recht für überzogen.[199]

92 Die Zulassung einer nachträglichen Rechtswahl im internationalen Ehescheidungsrecht ist deshalb **zweckmäßig,** weil Ehegatten sich häufig erst nach Einleitung des Scheidungsverfahrens darüber klar werden, welches Recht nach Art. 8 Rom III-VO in Ermangelung einer Rechtswahl zur Anwendung kommt.[200] Ist dies ein ausländisches Recht, so können sie im Interesse einer Beschleunigung der Scheidung nach Art. 5 Abs. 1 lit. d Rom III-VO deutsches Recht wählen. Ist Scheidungsstatut hingegen – wie im Regelfall – aufgrund des gewöhnlichen Aufenthalts der Ehegatten im Inland nach Art. 8 lit. a Rom III-VO deutsches Recht, so können diese, wenn auch nur einer von ihnen eine ausländische Staatsangehörigkeit besitzt, nach Art. 5 Abs. 1 lit. c Rom III-VO dessen Heimatrecht wählen, wenn dieses die Scheidung stärker begünstigt. Auf diese Weise kann etwa einem wegen Nichteinhaltung der Jahresfrist nach § 1565 Abs. 2 BGB derzeit noch unbegründeten Scheidungsantrag zum Erfolg verholfen werden.

93 Auch für Rechtswahlvereinbarungen, die nach Art. 46d Abs. 2 EGBGB erst während eines gerichtlichen Verfahrens geschlossen werden, ist grundsätzlich die **Form nach Art. 46d Abs. 1 EGBGB** einzuhalten. Dadurch wird sichergestellt, dass die Formanforderungen für eine Rechtswahlvereinbarung nicht schwächer sind als diejenigen für einen Verzicht auf den Versorgungsausgleich im materiellen deutschen Recht (§ 7 VersAusglG). Dies ist deshalb angemessen, weil der Versorgungsausgleich infolge seiner akzessorischen Anknüpfung nach Art. 17 Abs. 3 EGBGB faktisch durch die Wahl eines ausländischen Scheidungsstatuts ausgeschlossen wird.[201] Allerdings sieht Art. 46d Abs. 2 S. 2 EGBGB – ebenfalls in Übereinstimmung mit § 7 Abs. 1 VersAusglG – für erst während des Verfahrens getroffene Rechtswahlvereinbarungen insoweit eine Formerleichterung vor, als die notarielle Beurkundung gemäß § 127a BGB durch die Aufnahme der Rechtswahl in ein nach den Vorschriften der ZPO errichtetes **gerichtliches Protokoll** ersetzt werden kann.[202]

---

[196] BayObLG NJW 1994, 771 (772); **aA** (Zeitpunkt der Abgabe der Verstoßungserklärung) NK-BGB/*Gruber* EGBGB Art. 17 Rn. 17.
[197] Krit. dazu *Hau* FamRZ 2013, 249 (252).
[198] Für diese Lösung schon *Helms* FamRZ 2011, 1765 (1768); näher NK-BGB/*Hilbig-Lugani* Rom III-VO Art. 5 Rn. 57.
[199] RegBegr zum Rom III-AnpassungsG vom 23.1.2013, BT-Drs. 17/11049, 11 ff. unter B Nr. 5.
[200] *Schurig* FS v. Hoffmann, 2011, 405 (408); Althammer/*Mayer* Rom III-VO Art. 5 Rn. 29.
[201] Vgl. aber → Rn. 117 f. und → § 12 Rn. 44 ff.
[202] OLG Nürnberg FamRZ 2013, 1321.

Nach Art. 5 Abs. 3 S. 2 Rom III-VO hat das Gericht eine erst im Laufe des Verfahrens erklärte Rechtswahl der Parteien im Einklang mit seiner *lex fori* **zu Protokoll** zu nehmen. Diesbezüglich hat der deutsche Gesetzgeber auf eine spezifische Durchführungsvorschrift verzichtet. Denn für Scheidungsverfahren gelten über § 113 Abs. 1 FamFG die Vorschriften über das Sitzungsprotokoll nach §§ 159ff. ZPO. Nach § 160 Abs. 2 ZPO sind aber die wesentlichen Vorgänge der Verhandlung, zu denen auch die Abgabe von Rechtswahlerklärungen gehört,[203] in das Protokoll aufzunehmen.[204] Für die Rechtswahl im Verfahren besteht aber **kein Anwaltszwang.**[205] 94

### 4. Zustandekommen und materielle Wirksamkeit der Rechtswahl

**a) Allgemeines.** Die Frage, ob die Parteien sich über die Rechtswahl wirksam geeinigt haben, ist gemäß Art. 6 Abs. 1 Rom III-VO nicht nach der *lex fori,* sondern nach dem Recht zu beantworten, das im Falle der Wirksamkeit der Rechtswahl anwendbar wäre. Damit hat die Rom III-VO im Wesentlichen die Regelung in Art. 3 Abs. 5 iVm Art. 10 Rom I-VO zum Zustandekommen und zur materiellen Wirksamkeit einer Rechtswahlvereinbarung im **internationalen Schuldvertragsrecht** übernommen.[206] Ferner wird der Grundsatz des Art. 6 Abs. 1 Rom III-VO – ebenso wie im internationalen Schuldvertragsrecht nach Art. 3 Abs. 5 iVm Art. 10 Abs. 2 Rom I-VO – in Abs. 2 durch eine **Sonderanknüpfung** eingeschränkt, wenn ein Ehegatte nach dem Recht des Staates seines gewöhnlichen Aufenthalts nicht damit rechnen musste, dass sein Verhalten nach dem gewählten Recht als Zustimmung zur Rechtswahlvereinbarung gewertet würde. Die Regeln des Art. 6 Rom III-VO sollen den Ehegatten die in voller Sachkenntnis zu treffende Rechtswahl erleichtern und das Einvernehmen der Ehegatten achten, um damit Rechtssicherheit sowie einen besseren Zugang zur Justiz zu gewährleisten (Erwägungsgrund 19 S. 1). Ob diese Ziele durch eine schlichte Übernahme der zum internationalen Vertragsrecht entwickelten Grundsätze erreicht werden, ist freilich zweifelhaft.[207] 95

**b) Grundsatz.** Das Zustandekommen und die Wirksamkeit der Rechtswahl oder einzelner ihrer Bestimmungen wird in **Art. 6 Abs. 1 Rom III-VO** grundsätzlich dem **gewählten Scheidungs- oder Trennungsstatut** unterworfen. Auf diese Weise wird schon die Frage, ob die Parteien sich über das auf ihre Scheidung/Trennung anwendbare Recht geeinigt haben, dem gleichen Recht unterstellt wie die Wirkungen einer gültig getroffenen Rechtswahl. Die Unterscheidung zwischen dem Zustandekommen und der materiellen Wirksamkeit der Vereinbarung hat zwar für die Grundsatzanknüpfung nach Art. 6 Abs. 1 Rom III-VO keine Bedeutung; sie wird jedoch relevant für die Sonderanknüpfung nach Art. 6 Abs. 2 Rom III-VO. Denn dort wird eine Korrektur der Anknüpfung an das Scheidungs- bzw. Trennungsstatut durch das Umweltrecht eines Ehegatten nur für bestimmte Aspekte des *Zustandekommens* der Einigung, nicht aber für die Wirksamkeit der Rechtswahlvereinbarung bestimmt.[208] Maßgebender Zeitpunkt für das Zustandekommen und die materielle Wirksamkeit der Rechtswahl ist gleichermaßen der Zeitpunkt, zu dem sie vereinbart wird. 96

Nach der insoweit gebotenen autonomen Auslegung betrifft das **Zustandekommen** (englisch und französisch: *„existence"*) allein den **äußeren Abschlusstatbestand,** dh das zur Rechtswahlvereinbarung führende Erklärungsverhalten der Ehegatten.[209] Hierzu gehören die Voraussetzungen und der notwendige Umfang der Einigung sowie die Rechtsfolgen eines Einigungsmangels (Dissens), die Regeln über Angebot und Annahme sowie 97

[203] RegBegr zum Rom III-AnpassungsG vom 23.1.2013, BT-Drs. 17/11049, 11ff. unter B Nr. 5.
[204] Vgl. *Andrae* IntFamR § 4 Rn. 20.
[205] Althammer/*Mayer* Rom III-VO Art. 5 Rn. 29 aE.
[206] Dazu näher Staudinger/*Hausmann* Rom III-VO Art. 10 Rn. 11, 34ff.
[207] Kritisch *Kohler* FS v. Hoffmann, 2011, 208 (214ff.);NK-BGB/*Hilbig-Lugani* Rom III-VO Art. 5 Rn. 7.
[208] Vgl. zum internationalen Vertragsrecht Staudinger/*Hausmann* Rom III-VO Art. 10 Rn. 13.
[209] Erman/*Hohloch* Rom III-VO Art. 6 Rn. 1.

über den Zugang der auf die Rechtswahl gerichteten Willenserklärungen, ferner die Bewertung des *Schweigens* eines Ehegatten auf das ihm zugegangene Angebot des anderen auf Abschluss einer Rechtswahlvereinbarung.[210]

98 Demgegenüber ist mit der **Wirksamkeit** (englisch: *„validity"*; französisch: *„validité"*) der **innere Abschlusstatbestand** gemeint. Hierher gehören grundsätzlich sämtliche Aspekte, die nicht dem Zustandekommen der Vereinbarung zuzurechnen sind, insbesondere alle Anforderungen an den Geschäftswillen. Praktische Bedeutung kommt in diesem Zusammenhang insbesondere der Unwirksamkeit der Vereinbarung wegen *Willensmängeln* (zB Irrtum, Drohung oder Täuschung)[211] eines oder beider Ehegatten sowie aufgrund einer gerichtlichen *Inhaltskontrolle* zu.[212] Der Inhaltskontrolle nach mitgliedstaatlichem Recht dürfte gerade wegen des Fehlens von unionsrechtlichen Vorgaben für die in den Erwägungsgründen angemahnte Aufklärung der Parteien über die Konsequenzen der Rechtswahl besondere Bedeutung zukommen.[213] Demgegenüber hat ein Verstoß der Rechtswahl gegen ein gesetzliches Verbot des gewählten nationalen Rechts schon wegen des Anwendungsvorrangs der Art. 5 ff. Rom III-VO auszuscheiden.[214] Auch ein Verstoß gegen die guten Sitten ist nur schwer vorstellbar.

99 Zwischen dem wirksamen Zustandekommen der Rechtswahl und ihrer **Zulässigkeit** ist allerdings sorgfältig zu unterscheiden. Die Zulässigkeit bestimmt sich stets nach dem IPR der *lex fori*, bei einem Scheidungs- oder Trennungsverfahren vor deutschen Gerichten also nach Art. 5 ff. Rom III-VO. Die Vorschriften der Verordnung – und nicht das gewählte nationale Recht – entscheiden daher auch über die an eine Rechtswahlvereinbarung zu stellenden **inhaltlichen Anforderungen;** aus der Verordnung selbst ist insbesondere zu entnehmen, ob und gegebenenfalls unter welchen Voraussetzungen eine Rechtswahl auch *stillschweigend* getroffen werden kann (→ Rn. 64 f.). Demgegenüber entscheidet das von den Parteien gewählte – materielle (Art. 11 Rom III-VO) – Recht nur darüber, ob der äußere und innere Konsens hinsichtlich der Rechtswahl vorliegt.

100 Gesondert angeknüpft wird ferner die **Formgültigkeit** der Rechtswahl, die sich nach Art. 7 Rom III-VO (→ Rn. 104 ff.) beurteilt. Auch die **Geschäfts- oder Handlungsfähigkeit** der Ehegatten wird nicht als ein Aspekt der materiellen Wirksamkeit der Rechtswahl iSv Art. 6 Abs. 1 Rom III-VO angesehen, sondern ist nach Art. 1 Abs. 2 lit. a aus dem sachlichen Anwendungsbereich der Verordnung ganz ausgeschlossen. Insoweit verbleibt es bei der Geltung des nationalen IPR der *lex fori*, vor deutschen Gerichten also bei Art. 7 EGBGB(→ § 4 Rn. 6 ff.). Das hiernach maßgebende Heimatrecht des geschäftsunfähigen Ehegatten – und nicht Art. 6 Rom III-VO – entscheidet auch über die Rechtsfolgen der mangelnden Geschäftsfähigkeit.[215] Schließlich werden auch die Voraussetzungen und Wirkungen einer **Stellvertretung** beim Abschluss der Rechtswahlvereinbarung selbständig nach dem IPR der *lex fori*, vor deutschen Gerichten also nach dem Recht des Wirkungslandes angeknüpft (→ § 6 Rn. 5 ff.). Ob überhaupt eine Stellvertretung der Ehegatten beim Abschluss der Rechtswahlvereinbarung zulässig ist, bestimmt sich hingegen nach dem gemäß Art. 5 Abs. 1 Rom III-VO gewählten Scheidungs- oder Trennungsstatut.

101 **c) Sonderanknüpfung des Verhaltens eines Ehegatten. Art. 6 Abs. 2 Rom III-VO** bezweckt – wie Art. 10 Abs. 2 Rom I-VO – den Schutz einer Partei vor einer überraschenden rechtlichen Bindung nach fremdem Recht durch ein Verhalten, dessen Erklärungswert die Partei nicht zu kennen braucht. In der Vorschrift geht es allerdings nur um „die Wirkung des Verhaltens eines Ehegatten" in Bezug auf die Beurteilung der

[210] Vgl. näher Staudinger/*Hausmann* Rom III-VO Art. 10 Rn. 15 ff.
[211] MüKoBGB/*Winkler v. Mohrenfels* Rom III-VO Art. 6 Rn. 3.
[212] Vgl. *Andrae* IntFamR § 4 Rn. 22.
[213] So auch NK-BGB/*Hilbig-Lugani* Rom III-VO Art. 6 Rn. 4a, 5; **aA** *Hau* FamRZ 2013, 249 (252).
[214] Althammer/*Mayer* Rom III-VO Art. 6 Rn. 3; **aA** Erman/*Hohloch* Rom III-VO Art. 6 Rn. 1.
[215] Dazu → § 4 Rn. 46 ff.; **aA** Althammer/*Mayer* Rom III-VO Art. 6 Rn. 3.

Frage, ob dieser der Rechtswahlvereinbarung *„zugestimmt"* hat, dh um Regeln mit verhaltenssteuernder Funktion im Vorfeld rechtsgeschäftlicher Bindung. Die Vorschrift schützt damit nur vor dem **Fehlen des Erklärungsbewusstseins,** wenn ein Ehegatte mit der rechtlichen Bewertung seines Verhaltens durch ein ihm fremdes Scheidungs- bzw. Trennungsstatut nicht zu rechnen brauchte. Demgegenüber wird die Frage der materiellen Wirksamkeit dieser Erklärung in Art. 6 Abs. 2 Rom III-VO nicht geregelt. Daher scheidet die Berufung auf **Willensmängel** nach Maßgabe des Rechts am gewöhnlichen Aufenthalt eines Ehegatten aus, weil diese zum inneren Vertragsabschlusstatbestand zählen.[216]

Wichtigster Anwendungsfall der Parallelvorschrift in Art. 10 Abs. 2 Rom I-VO ist die 102
**Beurteilung des Schweigens** einer Vertragspartei auf ein ihr zugegangens Vertragsangebot oder diesem beigefügte AGB. Im internationalen Ehescheidungsrecht ist die praktische Bedeutung von Art. 6 Abs. 2 Rom III-VO freilich wegen der **Formerfordernisse der Rechtswahl** nach Art. 7 Rom III-VO wesentlich geringer als im internationalen Vertragsrecht; denn durch bloßes Schweigen kann eine gültige Rechtswahlvereinbarung hier nicht zustandekommen.[217] Dies bedeutet jedoch nicht, dass die Vorschrift überhaupt keinen Anwendungsbereich hätte.[218] Sie kann vielmehr etwa dann eingreifen, wenn die Ehegatten einen schriftlichen oder notariellen Ehevertrag abgeschlossen haben, der zwar keine ausdrückliche Rechtswahl für eine künftige Ehescheidung enthält, aus dessen Inhalt aber nach Maßgabe des gewählten Rechts (Art. 6 Abs. 1 Rom I-VO) eine *stillschweigende* Rechtswahl zu entnehmen ist.[219] Kann es in diesem Fall einem Ehegatten mangels hinreichender Nähe zu dem gewählten Scheidungs- oder Trennungsstatut nicht zum Vorwurf gemacht werden, dass er in seiner Zustimmung zu diesem Ehevertrag keine konkludente Rechtswahlerklärung gesehen hat, so kann es gerechtfertigt sein, die Beurteilung seines Verhaltens nicht ausschließlich dem gewählten Recht zu unterwerfen, sondern diesem Ehegatten zu gestatten, sich diesbezüglich auf das Recht seines gewöhnlichen Aufenthalts zu berufen.

Nach Art. 6 Abs. 2 Rom III-VO ist eine solche Sonderanknüpfung des Verhaltens ei- 103
nes Ehegatten nach Maßgabe seines Aufenthaltsrechts jedoch nicht in jedem Fall vorzunehmen, sondern nur dann, wenn es nach den Umständen „nicht gerechtfertigt" wäre, die Wirkung seines Verhaltens nach dem gewählten Scheidungs- bzw. Trennungsstatut zu beurteilen. Voraussetzung für die Sonderanknüpfung ist damit eine umfassende **Interessenabwägung.** Dabei kommt freilich den Verkehrsinteressen[220] eine deutlich geringere Bedeutung zu als im internationalen Vertragsrecht; im Vordergrund stehen vielmehr die Parteiinteressen. Entscheidend ist insbesondere, inwieweit derjenige Ehegatte, der sich auf Art. 6 Abs. 2 Rom I-VO beruft, unter den gegebenen Umständen der konkret getroffenen Rechtswahl schutzbedürftig erscheint. Wendet sich ein Ehegatte gegen seine Bindung an die nach Art. 6 Abs. 1 Rom I-VO wirksam zustande gekommene Rechtswahl, so kann er sich auf das Recht des Staates berufen, in dem er im **Zeitpunkt der Anrufung des Gerichts** seinen gewöhnlichen Aufenthalt hat. Dies kann freilich nicht bedeuten, dass ein Ehegatte, der an seine Zustimmung auch nach dem Recht des Staates, in dem er bei Abgabe der Zustimmungserklärung seinen gewöhnlichen Aufenthalt hatte, gebunden war, sich von der Rechtswahlvereinbarung dadurch wieder lösen kann, dass er seinen gewöhnlichen Aufenthalt in einen Staat verlegt, der eine solche Bindung verneint. In einem sol-

[216] NK-BGB/*Hilbig-Lugani* Rom III-VO Art. 6 Rn. 10; **aA** Erman/*Hohloch* Rom III-VO Art. 6 Rn. 2.

[217] *Kohler* FS v. Hoffmann, 2011, 208 (215); Palandt/*Thorn* Rom III-VO Art. 5 Rn. 2.

[218] So aber *Rieck* NJW 2014, 257 (261); MüKoBGB/*Winkler v. Mohrenfels* Rom III-VO Art. 6 Rn. 5; Althammer/*Mayer* Rom III-VO Art. 6 Rn. 6 („kaum Fälle vorstellbar").

[219] NK-BGB/*Hilbig-Lugani* Rom III-VO Art. 6 Rn. 10; vgl. dazu das Beispiel → Rn. 65. Anders MüKo-BGB/*Winkler v. Mohrenfels* Rom III-VO Art. 5 Rn. 5, 9.

[220] Zu diesen Staudinger/*Hausmann* Rom I-VO Art. 10 Rn. 61 ff.

chen Falle bleibt die Bindung an die Rechtswahl vielmehr iSd Vorschrift weiterhin „gerechtfertigt".[221]

### 5. Formgültigkeit der Rechtswahl

104 **a) Allgemeines.** Um den Ehegatten die Tragweite ihrer Rechtswahl bewusst zu machen, werden in **Art. 7 Rom III-VO** bestimmte Schutzvorkehrungen bezüglich der einzuhaltenden Form getroffen (Erwägungsgrund 19 S. 2). Art. 7 Abs. 1 S. 1 schreibt daher für die Rechtswahl in allen teilnehmenden Mitgliedstaaten als **Mindestform** die Einhaltung der *Schriftform* vor, die – anders als im deutschen Recht – durch die *elektronische Form* ersetzt werden kann (Abs. 1 S. 2). Damit weicht die Verordnung einerseits deutlich von der Rom I-VO ab, die hinsichtlich der Form der Rechtswahl in Art. 3 Abs. 5 auf die Regelung des Formstatuts für den Hauptvertrag in Art. 11 Rom I-VO verweist und damit alternativ die Einhaltung der Form nach dem gewählten Recht oder nach dem Ortsrecht genügen lässt. Andererseits erleichtert die Rom III-VO die Rechtswahl gegenüber den Rechten derjenigen Mitgliedstaaten, die schon bisher eine Rechtswahl im internationalen Ehescheidungsrecht zugelassen haben. So bedurfte die Rechtswahl nach bisherigem deutschen Recht (Art. 17 Abs. 1 S. 1 iVm Art. 14 Abs. 4 EGBGB) grundsätzlich der notariellen Beurkundung, wenn sie im Inland vorgenommen wurde, ansonsten zumindest der Form des Ehevertrags nach dem gewählten Recht oder dem Recht am Ort der Rechtswahl (→ § 8 Rn. 38f.). Die bloße Einhaltung der privatschriftlichen oder elektronischen Form steht auch kaum im Einklang mit dem in den Erwägungsgründen 18 und 19 S. 1 formulierten Ziel der Verordnung, wonach jeder Ehegatte sich „genau über die rechtlichen und sozialen Folgen der Rechtswahl im Klaren sein" sollte.[222] Hierfür sind die in Art. 7 getroffenen formalen „Schutzvorkehrungen" (Erwägungsgrund Art. 19 S. 2) nicht ausreichend.[223]

105 Nicht zuletzt aus diesem Grund wird den teilnehmenden Mitgliedstaaten daher in Art. 7 Abs. 2 bis Abs. 4 Rom III-VO die Möglichkeit eingeräumt, **strengere Formvorschriften** für die Rechtswahl vorzusehen, die dann Vorrang vor Abs. 1 haben. Dies zielt insbesondere auf Rechtswahlvereinbarungen, die in einem Ehevertrag enthalten sind, der seinerseits nach nationalem Recht zB der notariellen Beurkundung bedarf (Erwägungsgrund 19 S. 5). Von dieser Möglichkeit hat der deutsche Gesetzgeber in **Art. 46d Abs. 1 EGBGB** Gebrauch gemacht (→ Rn. 110ff.). In den teilnehmenden Mitgliedstaaten, die nach Art. 5 Abs. 3 Rom III-VO eine **Rechtswahl noch im Laufe des Verfahrens** zulassen, bestimmt sich auch deren Form nach der *lex fori;* sie muss aber zumindest zu gerichtlichem Protokoll genommen werden(→ Rn. 93f.). Wird die Form nach Art. 7 Abs. 1 bzw. nach Abs. 2 bis Abs. 4 Rom III-VO iVm dem nationalen Recht nicht eingehalten, ist die Rechtswahl formnichtig. Das auf die Scheidung bzw. Trennung anzuwendende Recht beurteilt sich dann nach Art. 8 Rom III-VO.

106 **b) Schriftform und elektronische Form.** Nach Art. 7 Abs. 1 Rom III-VO bedarf die Rechtswahl grundsätzlich nur der Schriftform. Auf das Erfordernis einer **notariellen Beurkundung** (einschließlich der damit verbundenen Belehrung) wird bewusst verzichtet, wohl nicht zuletzt deshalb, weil nicht alle teilnehmenden Mitgliedstaaten das „lateinische" Notariat kennen und die Anforderungen an eine solche Beurkundung daher in den nationalen Rechten unterschiedlich sind. Außerdem sollen die Ehegatten nicht mit den Kosten

---

[221] Anders – unter Hinweis auf den Wortlaut – offenbar *Gruber* IPRax 2012, 381 (387); NK-BGB/*Hilbig-Lugani* Rom III-VO Art. 6 Rn. 12. Kritisch zu dieser Regelung *Basedow* FS Pintens, 2012, 135 (143); *Mörsdorf-Schulte* RabelsZ 77 (2013), 786 (820); Althammer/*Mayer* Rom III-VO Art. 6 Rn. 6.

[222] Zu Recht kritisch *Kohler* FS v. Hoffmann, 2011, 208 (214); *Schurig* FS v. Hoffmann, 2011, 405 (408); MüKoBGB/*Winkler v. Mohrenfels* Rom III-VO Art. 7 Rn. 1.

[223] Vgl. *Rösler* RabelsZ 78 (2014), 155 (178); *Mörsdorf-Schulte* RabelsZ 77 (2013), 786 (817); *Hau* FamRZ 2013, 249 (252); NK-BGB/*Hilbig-Lugani* Rom III-VO Art. 7 Rn. 1.

einer notariellen Beurkundung belastet werden, weil diese sie von der wünschenswerten Vornahme einer Rechtswahl abhalten könnten.

**Schriftform** bedeutet, dass der Text der Rechtswahlvereinbarung schriftlich niederge- 107 legt werden muss, wobei es unerheblich ist, ob dies hand- oder maschinenschriftlich geschieht. Ergänzend kann auf die Auslegung des Schriftformerfordernisses in anderen Rechtsakten der justiziellen Zusammenarbeit in Zivilsachen (zB Art. 25 Abs. 1 lit. a Brüssel Ia-VO; Art. 4 Abs. 2 S. 1 EuUntVO; Art. 8 Abs. 2 HUP → § 10 Rn. 93f.) Bezug genommen werden. Das nationale Recht der Mitgliedstaaten (zB § 126 BGB) hat hingegen außer Betracht zu bleiben. Zusätzlich schreibt Art. 7 Abs. 1 S. 1 Rom III-VO vor, dass die Vereinbarung **datiert und von beiden Ehegatten unterzeichnet** sein muss. Keine ausdrückliche Antwort gibt Abs. 1 hingegen auf die Frage, ob die Unterschrift eigenhändig geleistet werden muss oder ob auch **Vertretung zulässig** ist. Da eine höchstpersönliche Unterzeichnung nicht verlangt wird, sollte die Unterzeichnung durch einen Vertreter genügen, soweit sie nicht durch das nach Art. 7 Abs. 2 bis Abs. 4 Rom III-VO vorrangig geltende nationale Recht ausgeschlossen wird.[224] Auch eine einheitliche Urkunde erfordert Art. 7 Abs. 1 S. 1 Rom III-VO nicht, sodass die Rechtswahl auch – wie die Gerichtswahl nach Art. 25 Abs. 1 Brüssel Ia-VO – in getrennten Schriftstücken (Korrespondenz, E-Mail-Verkehr) formwirksam getroffen werden kann.[225]

Die Schriftform kann nach Art. 7 Abs. 1 S. 2 Rom III-VO durch eine **elektronische** 108 **Übermittlung,** die eine dauerhafte Aufzeichnung der Vereinbarung ermöglicht, erfüllt werden. Die Vorschrift stimmt wörtlich mit Art. 25 Abs. 2 Brüssel Ia-VO und Art. 4 Abs. 2 S. 2 EuUntVO (→ § 10 Rn. 235) überein, so dass zu ihrer Auslegung die Rechtsprechung und Literatur zu diesen Vorschriften mit herangezogen werden können. Danach genügt die Einhaltung der elektronischen Form iSv § 126a BGB, bei der das elektronische Dokument mit einer qualifizierten **elektronischen Signatur** nach dem Signaturgesetz versehen ist;[226] hingegen reicht die Textform iSv § 126b BGB nicht aus, weil sie zwar die Schriftform ersetzt, nicht aber die in Satz 1 zusätzlich vorgeschriebene Unterzeichnung durch beide Ehegatten.[227]

**c) Zusätzliche Formvorschriften nach nationalem Recht. aa) Gemeinsamer ge-** 109 **wöhnlicher Aufenthalt der Ehegatten in einem teilnehmenden Mitgliedstaat.** Haben beide Ehegatten ihren gewöhnlichen Aufenthalt zum Zeitpunkt der Rechtswahl in einem teilnehmenden Mitgliedstaat, dessen Recht zusätzliche Formvorschriften für solche Vereinbarungen vorsieht, so sind nach **Art. 7 Abs. 2 Rom III-VO** diese anzuwenden. Die nationalen Formvorschriften des gemeinsamen Aufenthaltsstaates verdrängen also für diesen Fall die einheitlichen europäischen Formvorschriften für die Rechtswahlvereinbarung nach Art. 7 Abs. 1 Rom III-VO. Voraussetzung hierfür ist einerseits, dass das Recht des teilnehmenden Mitgliedstaats, in dem die Ehegatten sich gemeinsamen gewöhnlich aufhalten, für die Rechtswahl nach Art. 5 Rom III-VO überhaupt eine eigene Form vorschreibt; andererseits muss es sich dabei um „zusätzliche", dh strengere bzw. **weitergehende Formvorschriften** handeln. Derartige Formvorschriften können etwa in einem teilnehmenden Mitgliedstaat bestehen, in dem die Rechtswahlvereinbarung Bestandteil eines Ehevertrages ist (Erwägungsgrund 19 S. 5). Lässt das nach Art. 7 Abs. 2 Rom III-VO anzuwendende nationale Recht hingegen eine formlose Rechtswahl zu, so verbleibt es bei dem Schriftformerfordernis nach Abs. 1 als der einzuhaltenden Mindestform.

[224] *Gruber* IPRax 2012, 381 (387); Althammer/*Mayer* Rom III-VO Art. 7 Rn. 4; Erman/*Hohloch* Rom III-VO Art. 7 Rn. 2; NK-BGB/*Hilbig-Lugani* Rom III-VO Art. 7 Rn. 10; **aA** (Unzulässigkeit der Stellvertretung) *Andrae* IntFamR § 4 Rn. 24; MüKoBGB/*Winkler v. Mohrenfels* Rom III-VO Art. 7 Rn. 3.

[225] NK-BGB/*Hilbig-Lugani* Rom III-VO Art. 7 Rn. 5.

[226] Palandt/*Thorn* Rom III-VO Art. 7 Rn. 2; NK-BGB/*Hilbig-Lugani* Rom III-VO Art. 7 Rn. 9; Erman/*Hohloch* Rom III-VO Art. 7 Rn. 2.

[227] Erman/*Hohloch* Rom III-VO Art. 7 Rn. 2.

110 Art. 7 Abs. 2 Rom III-VO kommt insbesondere zur Anwendung, wenn beide Ehegatten sich zum Zeitpunkt ihrer Rechtswahl **in Deutschland** gewöhnlich aufhalten. Denn der deutsche Gesetzgeber hat durch das Rom III-AnpassungsG vom 23.1.2013 in Art. 46d Abs. 1 EGBGB für Rechtswahlvereinbarungen nach Art. 5 Rom III-VO die **notarielle Beurkundung** (§ 128 BGB) zwingend vorgeschrieben.[228] Die Vorschrift gilt allerdings – entgegen ihrem zu weiten Wortlaut – nur unter den Voraussetzungen des Art. 7 Abs. 2 bis Abs. 4 Rom III-VO.[229] Danach ist eine nur privatschriftlich nach Art. 7 Abs. 1 Rom III-VO getroffene Rechtswahlvereinbarung formnichtig, wenn beide Ehegatten ihren gewöhnlichen Aufenthalt zum Zeitpunkt der Rechtswahl in Deutschland haben.[230] Haben die Ehegatten ihren gewöhnlichen Aufenthalt zur Zeit der Rechtswahl hingegen in einem Drittstaaat (zB in der *Schweiz*) oder in einem teilnehmenden Mitgliedstaat, der keine besonderen Formvorschriften iSv Abs. 2 erlassen hat, so reicht die Schriftform nach Abs. 1 selbst dann aus, wenn die Vereinbarung im Inland abgeschlossen wird.[231]

111 **bb) Gewöhnlicher Aufenthalt der Ehegatten in verschiedenen teilnehmenden Mitgliedstaaten.** Haben die Ehegatten zum Zeitpunkt der Rechtswahl ihren gewöhnlichen Aufenthalt in verschiedenen teilnehmenden Mitgliedstaaten, deren Rechte **unterschiedliche Formvorschriften** für solche Vereinbarungen vorsehen, so lässt es **Art. 7 Abs. 3 Rom III-VO** – in Anlehnung an Art. 11 Abs. 2 Rom I-VO – ausreichen, dass die Form nach nur einem dieser Rechte eingehalten wird. Nicht erforderlich ist also die *kumulative* Einhaltung der Formvorschriften beider Aufenthaltsrechte oder des strengeren der beiden Rechte. Art. 7 Abs. 3 Rom III-VO setzt nicht voraus, dass die Rechtswahl auch in einem der beiden Aufenthaltsstaaten der Ehegatten *vorgenommen* worden ist. Wird also der Form nach dem Recht eines teilnehmenden Mitgliedstaats genügt, in dem nur ein Ehegatte sich gewöhnlich aufhält, so ist auch die in einem nicht teilnehmenden Mitgliedstaat oder in einem Drittstaat getroffene Rechtswahl formgültig.

112 Hat einer der beiden Ehegatten seinen gewöhnlichen Aufenthalt **in Deutschland,** so ist die Rechtswahl jedenfalls formgültig, wenn die Form der notariellen Beurkundung nach Art. 46d Abs. 1 EGBGB gewahrt wird. Wird sie nicht gewahrt, so folgt daraus – entgegen dem zu weiten Wortlaut dieser Vorschrift – allerdings noch nicht die Formnichtigkeit der Rechtswahl. Vielmehr bedarf es in einem Scheidungs- oder Trennungsverfahren vor deutschen Gerichten dann weiterhin der Prüfung, ob nicht die Formvorschriften desjenigen teilnehmenden Mitgliedstaats beobachtet wurden, im dem sich der andere Ehegatte zur Zeit der Rechtswahl gewöhnlich aufgehalten hat. Kennt das Recht dieses Mitgliedstaats keine besonderen Formvorschriften für die Wahl des Ehescheidungs- oder Ehetrennungsstatuts und gilt deshalb dort die Formvorschrift des Art. 7 Abs. 1 Rom III-VO, so reicht auch deren Einhaltung aus.[232] Die Verweisung auf das Recht eines anderen teilnehmenden Mitgliedstaats in Art. 7 Abs. 3 Rom III-VO ist stets auf dessen materielle Formvorschriften gerichtet; das IPR dieses Staates ist schon im Hinblick auf Art. 11 Rom III-VO nicht zu berücksichtigen.[233]

[228] Art. 46d EGBGB hat insoweit Vorrang vor Art. 11 EGBGB, so dass die Einhaltung der vom Scheidungsstatut oder vom Recht des Vornahmeorts vorgeschriebenen Form nicht ausreicht, vgl. *Schall/Weber* IPRax 2014, 381 (385).

[229] *Rauscher/Pabst* NJW 2012, 3490 (3497); *Hau* FamRZ 2013, 249 (252); *Hausmann* IntEuSchR A Rn. 345. Althammer/*Mayer* Rom III-VO Art. 7 Rn. 7.

[230] Die privatschriftliche Rechtswahl kann allerdings die hinreichende Erfolgsaussicht für einen Scheidungsantrag nach dem gewählten Recht iSv § 114 ZPO begründen, weildavon auszugehen ist, dass die Ehegatten im Laufe des Scheidungsverfahrens noch eine nach Art. 46d EGBGB formgültige Rechtswahl treffen werden, vgl.OLG Nürnberg FamRZ 2013, 1321.

[231] Erman/*Hohloch* Rom III-VO Art. 7 Rn. 3.

[232] *Hau* FamRZ 2013, 249 (252); *Rauscher* FPR 2013, 257 (260); *Schall/Weber* IPRax 2014, 381 (385). Palandt/*Thorn* Rom III-VO Art. 7 Rn. 4; *Andrae* IntFamR § 4 Rn. 24.

[233] *Hausmann* IntEuSchR A Rn. 308; Erman/*Hohloch* Rom III-VO Art. 7 Rn. 4.

**cc) Gewöhnlicher Aufenthalt nur eines Ehegatten in einem teilnehmenden Mitgliedstaat.** Art. 7 Abs. 4 Rom III-VO dehnt die Regelung des Abs. 2 auf den Fall aus, dass nur einer der Ehegatten seinen gewöhnlichen Aufenthalt zum Zeitpunkt der Rechtswahl in einem teilnehmenden Mitgliedstaat hat, sofern sich der andere Ehegatte zu diesem Zeitpunkt in einem nicht an der Verordnung teilnehmenden Mitgliedstaat oder in einem Drittstaat gewöhnlich aufhält. Auch in diesem Fall sind dann die in dem teilnehmenden Mitgliedstaat für die Wahl des Scheidungs- oder Trennungsstatuts geltenden schärferen Formvorschriften maßgebend (Erwägungsgrund 19 S. 4. Hat daher auch nur einer der Ehegatten seinen gewöhnlichen Aufenthalt zum Zeitpunkt der Rechtswahl **in Deutschland,** so bedarf die Rechtswahl nach Art. 46d Abs. 1 EGBGB zwingend der **notariellen Beurkundung.** Demgegenüber reicht die Einhaltung der Formvorschriften des Staates, in dem sich der andere Ehegatte gewöhnlich aufhält, abweichend von Abs. 3 nicht aus, wenn es sich bei diesem Staat um einen nicht teilnehmenden Mitgliedstaat oder einen Drittstaat handelt.[234] Fehlt es an „zusätzlichen" Formvorschriften in dem teilnehmenden Mitgliedstaat, in dem einer der beiden Ehegatten seinen gewöhnlichen Aufenthalt hat, so verbleibt es auch unter den Voraussetzungen des Abs. 4 wiederum beim Schriftformerfordernis nach der Grundregel in Abs. 1. Auf die Frage, in welchem Staat die Rechtswahl vorgenommen worden ist, kommt es auch in diesem Fall nicht an. 113

Nicht gesondert geregelt in Art. 7 Abs. 2 bis Abs. 4 Rom III-VO ist der Fall, dass **keiner der Ehegatten seinen gewöhnlichen Aufenthalt in einem teilnehmenden Mitgliedstaat** hat. Dies hat freilich nicht etwa zur Folge, dass eine von den Ehegatten getroffene Rechtswahl in einem vor deutschen Gerichten oder vor den Gerichten eines anderen teilnehmenden Mitgliedstaats eingeleiteten Scheidungs- oder Trennungsverfahren nicht zu beachten wäre. Vielmehr greift in diesem Falle die Grundregel des Art. 7 Abs. 1 Rom III-VO ein, wonach die Rechtswahl zumindest der Schriftform bedarf.[235] Dies gilt auch dann, wenn das Recht des gemeinsamen Aufenthaltsstaates der Ehegatten eine weniger strenge Form genügen lassen sollte, was freilich kaum vorkommen dürfte. Wird in einem solchen Fall die Rechtswahl in Deutschland getroffen, so findet Art. 46d Abs. 1 EGBGB keine Anwendung. Die notarielle Beurkundung ist jedoch auch in diesem Fall ratsam. 114

## 6. Allgemeine Schranken der Parteiautonomie im Scheidungsrecht

Außer dem allgemeinen *ordre public*-Vorbehalt nach Art. 12 Rom III-VO gelten auch die in Art. 10 Rom III-VO normierten Schranken für die Anwendung ausländischen Scheidungsrechts (→ Rn. 46 ff.) nicht nur im Fall der objektiven Anknüpfung des Scheidungsstatuts nach Art. 8 Rom III-VO, sondern auch im Falle der Rechtswahl nach Art. 5 Rom III-VO. Zwar werden Ehegatten, namentlich wenn sie rechtlich beraten sind, in einer Scheidungsvereinbarung nur höchst selten ein Recht wählen, das die Scheidung nicht zulässt. Haben sie jedoch – bewusst oder unbewusst – ein **scheidungsfeindliches Recht gewählt,** so scheitert diese Rechtswahl an Art. 10, 1. Fall Rom III-VO und es ist die *lex fori* des in einem teilnehmenden Mitgliedstaat angerufenen Gerichts anzuwenden. Die grundsätzliche Scheidbarkeit der Ehe ist also nach der Verordnung Bestandteil des europäischen *ordre public,* der sich auch gegen einen abweichenden Parteiwillen durchsetzt.[236] 115

Entsprechendes gilt nach Art. 10, 2. Fall Rom III-VO, wenn die Parteien ein Recht gewählt haben, das einem der Ehegatten – idR der Ehefrau – aus Gründen der Geschlechtszugehörigkeit den Zugang zu einer Ehescheidung oder Ehetrennung erschwert, weil auch dies mit der Charta der Grundrechte der Europäischen Union nicht vereinbar 116

[234] Erman/*Hohloch* Rom III-VO Art. 7 Rn. 5; Althammer/*Mayer* Rom III-VO Art. 7 Rn. 9.

[235] *Hau* FamRZ 2013, 249 (252); Erman/*Hohloch* Rom III-VO Art. 7 Rn. 6; Palandt/*Thorn* Rom III-VO Art. 7 Rn. 4.

[236] NK-BGB/*Gruber* EGBGB Anh. zu Art. 17 Rn. 20. Vgl. auch *Gruber* IPRax 2012, 381 (391): „Grundrecht auf Scheidung".

ist (vgl. Erwägungsgrund 16). Die Scheidung von in Deutschland lebenden ägyptischen Ehegatten islamischen Glaubens ist daher selbst dann nach deutschem Recht durchzuführen, wenn die Ehegatten nach Art. 5 Abs. 1 lit. c Rom III-VO eine ausdrückliche Rechtswahl zugunsten ihres gemeinsamen Heimatrechts getroffen haben.[237] Dies muss auch dann gelten, wenn das deutsche Scheidungsurteil aus diesem Grunde im gemeinsamen Heimatstaat der Ehegatten nicht anerkannt werden würde.

### 7. Rechtswahl und Scheidungsfolgen

117 In der rechtsgestaltenden Praxis von besonderer Bedeutung sind die Konsequenzen einer von den Ehegatten getroffenen Wahl des Scheidungsstatuts nach Art. 5 Rom III-VO für die vermögensrechtlichen Scheidungsfolgen. Hierzu stellt der Katalog der von der Rom III-VO ausgenommenen Rechtsgebiete in Art. 1 Abs. 2 zwar klar, dass sich die Verordnung grundsätzlich auf vermögensrechtliche Scheidungsfolgen nicht erstreckt (→ Rn. 138ff.). Die teilnehmenden Mitgleidstaaten sind hierdurch jedoch nicht gehindert, in ihrem nationalen Kollisionsrecht für bestimmte Scheidungsfolgen eine **akzessorische Anknüpfung** an das von der Rom III-VO bestimmte Scheidungsstatut vorzusehen. Von dieser Möglichkeit hat der deutsche Gesetzgeber in Bezug auf den **Versorgungsausgleich** in Art. 17 Abs. 3 EGBGB (→ § 12 Rn. 20ff.) und in Bezug auf **sonstige vermögensrechtliche Scheidungsfolgen,** die nicht gesondert angeknüpft werden, in Art. 17 Abs. 1 EGBGB nF (→ Rn. 142ff.) Gebrauch gemacht. Diese akzessorischen Anknüpfungen gelten nicht nur in Fällen einer objektiven Anknüpfung des Scheidungsstatuts nach Art. 8 Rom III-VO, sondern auch in Fällen einer Rechtswahl nach Art. 5 Rom III-VO.

118 Aus dieser akzessorischen Ankúpfung folgt, dass ausländische Ehegatten, die für ihre Ehescheidung nach Art. 5 Abs. 1 lit. c Rom III-VO ihr gemeinsames ausländisches Heimatrecht vereinbaren, damit automatisch die Durchführung eines Versorgungsausgleichs von Amts wegen nach Art. 17 Abs. 3 S. 1 EGBGB ausschließen, der ohne eine solche Rechtswahl wegen ihres gemeinsamen gewöhnlichen Aufenthalts im Inland nach deutschem Recht durchzuführen gewesen wäre (Art. 17 Abs. 3 S. 1 EGBGB iVm Art. 8 lit. a Rom III-VO).[238]. Umgekehrt optieren deutsche Ehegatten, die sich gemeinsam im Ausland gewöhnlich aufhalten und für deren Scheidung daher auch vor deutschen Gerichten mangels Rechtswahl das Recht ihres gemeinsamen gewöhnlichen Aufenthaltsstaates maßgebend wäre (Art. 8 lit. a Rom III-VO), durch die Wahl ihres deutschen Heimatrechts nach Art. 5 Abs. 1 lit. c Rom III-VO für die Durchführung des Versorgungsausgleichs, der ohne diese Rechtswahl jedenfalls nicht von Amts wegen stattfinden würde. Entsprechendes gilt für die sonstigen vermögensrechtlichen Scheidungsfolgen, die nach Art. 17 Abs. 1 EGBGB nF scheidungsakzessorisch angeknüpft werden. Während diese Konsequenz in der Literatur zT als unumgänglich hingenommen wird,[239] stellt sich doch die Frage, ob die akzessorische Anknüpfung auch in Fällen einer Wahl des Scheidungsstatuts zwingend ist oder ob sie von den Ehegatten abbedungen werden kann mit der Folge, dass nur die Scheidung selbst dem gewählten Recht unterliegt, während es für die vom nationalen Kollisionsrecht akzessorisch angeknüpften Scheidungsfolgen beim objektiven Scheidungsstatut nach Art. 8 Rom III-VO verbleibt. Für die Zulassung einer **Begrenzung der Rechtswahl auf die Scheidung selbst**[240] spricht vor allem, dass der deutsche Gesetzgeber andernfalls massiv in die den Ehegatten diesbezüglich vom europäischen Gesetzgeber eingeräumte Rechtswahlfreiheit eingreifen würde. Denn diese könnten zB von der Möglichkeit, nach Art. 5 Abs. 1 lit. c Rom III-VO ihr scheidungsfreundliches gemeinsames Heimatrecht zu wählen, faktisch keinen Gebrauch machen, wenn mit dieser Rechtswahl

[237] *Weller/Hauber/Schulz* IPRax 2016, 123ff.

[238] Weitere Voraussetzung ist freilich, dass zumindest das Heimatrecht eines Ehegatten das Rechtsinstitut des Versorgungsausgleichs kennt; → § 12 Rn. 34ff.

[239] *Hau* FamRZ 2013, 249 (253); Althammer/*Mayer* Rom III-VO Art. 5 Rn. 30f.

[240] Dafür *Schall/Weber* IPRax 2014, 381 (385).

für einen Ehegatten der Verlust seines Anspruchs auf den Versorgungsausgleich oder die Verpflichtung zur Durchführung eines ansonsten nicht stattfindenden Versorgungsausgleichs verbunden wäre.

Anders als bisher nach Art. 8 HUntÜ bzw. Art. 18 Abs. 4 EGBGB aF hat die Wahl des Scheidungsstatuts unter Geltung des Haager Unterhaltsprotokolls keine Auswirkungen mehr auf das Statut des **nachehlichen Unterhalts** (näher → § 10 Rn. 54ff.). Allerdings haben die Ehegatten nach Art. 8 Abs. 1 lit. d, 1. Fall HUP die Möglichkeit, das auf ihre Ehescheidung oder Trennung ohne Auflösung des Ehebandes gemäß Art. 5 Rom III-VO gewählte Recht zugleich als Unterhaltsstatut zu wählen und damit die früher gesetzlich angeordnete Parallelität der Anknüpfung parteiautonom wiederherzustellen. 119

Ebenfalls ohne Einfluss ist das für die Ehescheidung gewählte Recht auf die **güterrechtliche Auseinandersetzung** aus Anlass der Ehescheidung. Denn die Bestimmung des Güterrechtsstatuts bleibt bis zur Geltung der EuGüVO (ab dem 29.1.2019 → § 9 Rn. 2ff.) dem nationalen Kollisionsrecht der Mitgliedstaaten vorbehalten. Aus deutscher Sicht ist daher Art. 15 EGBGB maßgeblich. Dieser eröffnet allerdings mit seinen Rechtswahlmöglichkeiten nach Abs. 2 Nr. 1 (Heimatrecht eines Ehegatten) und Nr. 2 (gewöhnlicher Aufenthalt eines Ehegatten) weitreichende gestalterische Optionen für die zweckmäßige Wahl eines einheitlichen Rechts für die Scheidung und die güterrechtliche Abwicklung der Ehe (näher → § 9 Rn. 99ff.). Daran wird sich auch unter Geltung der EuGüVO nichts ändern (Art. 22 Abs. 1 lit. a und lit. b EuGüVO). Wird außerdem von der zuvor erwähnten Wahlmöglichkeit nach Art. 8 Abs. 1 lit. d, 1. Fall HUP Gebrauch gemacht, werden zudem die häufig schwierigen Qualifikationsfragen im Grenzbereich zwischen Unterhalts- und Güterrechtsstatut vermieden. 120

### 8. Gründe für eine Rechtswahl im Scheidungsrecht

Wichtige Gründe, die für eine scheidungsrechtliche Rechtswahl sprechen, sind insbesondere die folgenden: 121

- Wahl eines Rechts, das die **Scheidung** gegenüber dem objektiv nach Art. 8 Rom-VO zur Anwendung berufenen Recht **erleichtert;**
- **Anpassung** des – objektiv maßgeblichen oder früher gewählten – Scheidungsstatuts **an die neuen Lebensverhältnisse** der Ehegatten (zB nach einem Umzug in ein anderes Land);
- **Absicherung** des auf die Ehescheidung anwendbaren Rechts **gegen künftige Veränderungen** der tatsächlichen Lebensumstände der Ehegatten (insbesondere gegen eine Verlegung des gewöhnlichen Aufenthalts eines Ehegatten ins Ausland und den damit uU verbundenen Statutenwechsel);
- **einheitliche Anknüpfung von Scheidungs- und Ehegüterrecht** durch eine übereinstimmende Rechtswahl nach Art. 5 Abs. 1 Rom III-VO und nach Art. 15 Abs. 2 EGBGB (bzw. ab dem 29.1.2019 nach Art. 22 bis 24 EuGüVO), um schwierige Qualifikationsfragen im Grenzbereich zwischen beiden Statuten zu vermeiden;
- **einheitliche Anknüpfung von Scheidungs- und Unterhaltsrecht** durch eine übereinstimmende Rechtswahl nach Art. 5 Abs. 1 Rom III-VO und Art. 8 Abs. 1 lit. d HUP, um die Durchsetzung von nacheheIichen Unterhaltsansprüchen zu erleichtern, insbesondere wenn die *lex fori* des für die Scheidung zuständigen Gerichts gewählt wird.
- Schließlich sollten Ehegatten in Fällen, in denen kraft objektiver Anknüpfung nach Art. 8 Rom III-VO ein Recht zur Awendung käme, das – wie zB die meisten islamischen Rechte – der Ehefrau **keinen gleichberechtigten Zugang zur Ehescheidung** gewährt, hilfsweise ein anderes nach Art. 5 Rom III-VO mögliches Recht wählen, weil nicht vorsehbar ist, wie das angerufene Gericht die Schranke des Art. 10, 2. Fall Rom III-VO auslegen wird.[241]

[241] NK-BGB/*Budzikiewicz* Rom III-VO Art. 10 Rn. 35; dazu → Rn. 49ff.

### 9. Belehrungen und Hinweise des Notars

122 Wird die Wahl des Scheidungsstatuts notariell beurkundet, wie dies jedenfalls bei gewöhnlichem Aufenthalt mindestens eines Ehegatten im Inland zwingend vorgeschrieben ist (Art. 46d Abs. 1 EGBGB; → Rn. 109f.), so soll der Notar für den Fall, dass **ausländisches Recht** zur Anwendung kommen kann, die Beteiligten nach § 17 Abs. 3 S. 1 BeurkG darauf hinweisen und dies in der der Niederschrift vermerken. Zur Belehrung über den Inhalt ausländischen Rechts ist der Notar jedoch nach § 17 Abs. 3 S. 2 BeurkG nicht verpflichtet. In seinem eigenen Interesse sollte er aber die Beteiligten auch darüber informieren (und dies in der Niederschrift vermerken), dass er ausländische Rechte nicht kennen muss, über deren Inhalt nicht belehrt und insoweit auch keine Beratungspflichten übernommen hat. Dies gilt gleichermaßen für ein ausländisches Recht, das die Ehegatten gewählt haben als auch für ein solches, das sie abgewählt haben. Andererseits hat der Notar ausländische Ehegatten, die **deutsches Scheidungsrecht** als Recht ihres gemeinsamen gewöhnlichen Aufenthalts oder als *lex fori* wählen möchten, über dessen wesentlichen Inhalt zu belehren.

123 Während von der im Kollisionsrecht der meisten Staaten verankerten Rechtswahlfreiheit auf dem Gebiet des Ehegüterrechts in der Praxis häufig Gebrauch gemacht wird, ist das erst Ende 2010 mit der Rom III-VO eingeführte Recht von Ehegatten, auch das Scheidungsstatut zu wählen, den Parteien häufig nicht bekannt. Es ist daher Aufgabe des Notars, der in einem Sachverhalt mit Auslandsbezug beauftragt ist, in einem Ehevertrag oder einer Scheidungsvereinbarung bestimmte Scheidungsfolgen (Zugewinnausgleich, Versorgungsausgleich, nachehelichen Unterhalt) zu regeln, die Parteien auf die heute bestehende Möglichkeiten zu einer Wahl nicht nur des Güterrechts- und des Unterhaltsstatuts, sondern auch des Scheidungsstatuts und deren Vorteile hinzuweisen.[242] Ferner sollte er auch darüber aufklären, welche nachteiligen Konsequenzen der Verzicht auf eine solche Rechtswahl für die Parteien haben kann.

124 Wünschen die Parteien eine Wahl des Scheidungsstatuts, so der Notar insbesondere darüber zu belehren, dass diese Rechtswahl sich grundsätzlich **nicht auf vermögensrechtliche Folgen** der Ehescheidung erstreckt. Er hat aber auch darauf hinzuweisen, dass für bestimmte Scheidungsfolgen eine gesonderte Rechtswahl getroffen werden kann, die zu einem Gleichlauf der Anknüpfung von Scheidung und Scheidungsfolgen führt. Dies gilt insbesondere auf dem Gebiet des **nachehelichen Unterhalts** (Art. 8 Abs. 1 lit. d, 1. Fall HUP), in den Grenzen des Art. 15 Abs. 2 EGBGB (bzw. künftig des Art. 22 EuGüVO) aber auch für das **eheliche Güterrecht.**

125 Besonders wichtig ist schließlich, dass der Notar Ehegatten, die eine Beurkundung ihrer Wahl des Scheidungsstatuts wünschen, darüber aufklärt, dass sich diese Wahl – abweichend von dem zuvor Gesagten – aufgrund der in Art. 17 Abs. 3 EGBGB angeordneten akzessorischen Anknüpfung auch **auf den Versorgungsausgleich erstreck**t, so dass dieser durch eine nur für die Ehescheidung getroffene Wahl ausländischen Rechts ausgeschlossen bzw. eine Verpflichtung zu seiner Durchführung allein durch die Wahl deutschen Scheidungsstatuts begründet werden kann. Die hier befürwortete Zulassung einer ausdrücklichen Beschränkung der Rechtswahl auf die Scheidung selbst ist bisher durch Rechtsprechung nicht abgesichert.

126 Bei der Wahl des Scheidungsstatuts durch ausländische Ehegatten, die keinem teilnehmenden Mitgliedstaat angehören, sollte der Notar schließlich auch darauf hinweisen, dass eine **Anerkennung der Rechtswahl im Heimatstaat der Ehegatten nicht gesichert** ist, weil eine solche noch immer in zahlreichen Staaten nicht zugelassen wird. Von der Rechtswahlmöglichkeit sollte daher nur Gebrauch gemacht werden, wenn die Ehegatten die Absicht haben, sich auf Dauer in *Deutschland* oder in einem anderen teilnehmenden Mitgliedstaat niederzulassen. Steht hingegen bereits fest, dass sie später in ihre(n) Heimat-

[242] Ebenso Althammer/*Mayer* Rom III-VO Art. 5 Rn. 40.

staat(en) – zB in die *Türkei* – zurückkehren möchten, so ist ein **hinkendes Rechtsverhältnis** mit allen sich daraus ergebenden Problemen (→ § 3 Rn. 95 ff.) idR vorprogrammiert; darüber sind die Ehegatten aufzuklären.

## III. Anwendungsbereich des Scheidungsstatuts

**Schrifttum:**

*Spernat,* Die gleichgeschlechtliche Ehe im Internationalen Priatrecht, 2011; *Spickhoff,* Zur Qualifikation der nichtehelichen Lebensgemeinschaft im Europäischen Zivilprozess- und Kollisionsrecht, FS Schurig, 2012, 285.

### 1. Allgemeines

Die Rom III-VO bestimmt ihren sachlichen Anwendungsbereich in Art. 1 Abs. 1 dahingehend, dass sich ihre Kollisionsnormen nur auf die **Ehescheidung** und die **Trennung ohne Auflösung des Ehebandes** beziehen. Sie stellt ferner durch die **Ausschlusstatbestände** in Art. 1 Abs. 2 klar, dass sie das Kollisionsrecht für die Ungültigerklärung der Ehe (→ Rn. 136 f.). sowie für wichtige Scheidungsfolgen, insbesondere solche vermögensrechtlicher Art (→ Rn. 138 ff.), nicht regelt. Sie beschränkt sich außerdem auf eine Bestimmung des in den genannten Ehesachen **anwendbaren Rechts,** weil die internationale Zuständigkeit der Gerichte der teilnehmenden Mitgliedstaaten und die gegenseitige Anerkennung und Vollstreckung der von diesen Gerichten getroffenen Entscheidungen in Ehesachen bereits zuvor durch die EuEheVO mit Wirkung für sämtliche EU-Mitgliedstaaten vereinheitlicht worden war. Schließlich erfasst die Rom III-VO nur Sachverhalte, die eine Verbindung zum Recht verschiedener Staaten aufweisen. Allerdings ist hierfür ein Bezug zu einem anderen an der Verordnung teilnehmenden Mitgliedstaat nicht erforderlich; ausreichend ist vielmehr auch ein Bezug zu einem Drittstaat.[243] 127

### 2. Ehescheidung und Ehetrennung

**a) Begriff.** Die Begriffe der Ehescheidung und der Trennung ohne Auflösung des Ehebandes sind – wie Erwägungsgrund 10 Abs. 1 S. 1 klarstellt – im gleichen Sinne zu verstehen wie in Art. 1. Abs. 1 lit. a EuEheVO. Da die Ehescheidung inzwischen in allen Mitgliedstaaten der EU bekannt ist,[244] ist die **gerichtliche Ehetrennung** zumeist nur eine notwendige Vorstufe zu der letztlich angestrebten Ehescheidung. Sie betrifft formalisierte Trennungsverfahren unter Mitwirkung eines Gerichts oder einer Behörde, die nur zu einer Lockerung, nicht zur Beseitigung des ehelichen Status führen.[245] Solche Trennungsverfahren sind insbesondere den romanischen Rechten bekannt (zB die *„separazione giudiziale"* nach italienischem Recht, Art. 151 CC).[246] Die Rom III-VO ist aber auch in Verfahren anzuwenden, die lediglich auf eine gerichtliche Bestätigung einer zwischen den Parteien vorgenommenen Trennungsvereinbarung abzielen (zB die *„omologazione"* einer *„separazione consensuale"* nach italienischem Recht, Art. 158 CC).[247] Das deutsche Recht kennt Trennungsverfahren iSv Art. 1 Abs. 1 Rom III-VO nicht; vor deutschen Gerichten sind sie daher nur dann durchzuführen, wenn das von der Verordnung zur Anwendung berufene ausländische Recht eine formalisierte Ehetrennung vorsieht.[248] Die Rom III-VO 128

---

243 *Hau* FamRZ 2013, 249; Althammer/*Arnold* Rom I-VO Art. 1 Rn. 5.

244 In *Malta* als letztem scheidungsfeindlichen Mitgliedstaat wurde die Scheidung mit Wirkung vom 1.10.2011 eingeführt; dazu *Pietsch* FamRZ 2012, 426.

245 Rauscher/*Rauscher* EuEheVO Art. 1 Rn. 2; Palandt/*Thorn* Rom III-VO Art. 1 Rn. 2.

246 Vgl. AG Leverkusen FamRZ 2007, 565; *Hausmann* EuLF 2000/01, 271 (273).

247 Vgl. *Hausmann* EuLF 2000/01, 271 (274); Palandt/*Thorn* Rom III-VO Art. 1 Rn. 2; vgl. OLG Karlsruhe FamRZ 1991, 1308.

248 BGHZ 47, 324 (333 ff.) = NJW 1967, 2109; BGH FamRZ 1987, 793; OLG Stuttgart FamRZ 1997, 879 und NJW-RR 1989, 261 ff.; OLG Hamm NJW-RR 1989, 1346; AG Leverkusen FamRZ 2007, 565.

gilt freilich auch für eine scheidungsersetzende Ehetrennung nach drittstaatlichem Recht.[249] Demgegenüber richtet sich die Zulässigkeit eines nur **faktischen Getrenntlebens** nach nationalem Kollisionsrecht, in Deutschland nach Art. 14 EGBGB.[250]

129 **b) Voraussetzungen.** Die materiellen Voraussetzungen einer Ehescheidung bzw. Ehetrennung beurteilen sich ausschließlich nach dem von der Rom III-VO zur Anwendung berufenen Recht. Dies betrifft etwa die Frage, ob die Scheidung das **Verschulden** eines Ehegatten oder nur die **Zerrüttung** der ehelichen Beziehung erfordert,[251] welche **Trennungsfristen** einzuhalten sind,[252] ob eine einverständliche Ehescheidung möglich ist und welche Bedeutung dem Widerspruch eines Ehegatten zukommt.[253] Hat das Gericht die Ehegatten vor der Scheidung zunächst aufzufordern, in die eheliche Lebensgemeinschaft zurückzukehren (sog. **Rückkehraufforderung**), so entscheidet auch hierüber das Scheidungsstatut nach Art. 5 ff. Rom III-VO.[254] Demgegenüber wurde das Erfordernis eines **Aussöhnungsversuchs** bisher überwiegend prozessual qualifiziert und der *lex fori* des angerufenen Gerichts unterworfen;[255] daran ist auch unter Geltung der Rom III-VO festzuhalten.[256] Ein Aussöhnungsversuch sollte jedoch ausnahmsweise auch im deutschen Scheidungsverfahren durchgeführt werden, wenn er nach dem von der Rom III-VO zur Anwendung berufenen ausländischen Recht notwendige Voraussetzung für den Ausspruch der Scheidung ist.[257]

130 **c) Wirkungen.** Demgegenüber ist bezüglich der Wirkungen der Ehescheidung bzw. Ehetrennung zu unterscheiden: Die Rom III-VO regelt unmittelbar nur deren **nichtvermögensrechtliche** Wirkungen. Demgegenüber sind die vermögensrechtlichen Wirkungen einer Ehescheidung oder Ehetrennung aus dem unmittelbaren sachlichen Anwendungsbereich der Verordnung ausgeschlossen (Art. 1 Abs. 2 lit. e und lit. g Rom III-VO; → Rn. 138 ff.). Auf sie findet das nach Art. 5 ff. Rom III-VO bestimmte Scheidungsstatut nur Anwendung, wenn und soweit das nationale Kollisionsrecht der Mitgliedstaaten dies ausdrücklich anordnet (→ Rn. 142 ff.).

131 Das von der Rom III-VO bestimmte Scheidungsstatut gilt insbesondere für die Frage, ob das Eheband durch die gerichtliche Entscheidung nur gelockert oder endgültig durchschnitten worden ist;[258] demgegenüber unterliegt die Frage, ob die Ehegatten infolge der Ehescheidung das Recht zur **Wiederheirat** erlangt haben, dem Eheschließungsstatut, in Deutschland also dem von Art. 13 EGBGB bezeichneten Recht.[259] Dem Scheidungsstatut ist ferner zu entnehmen, ob – auf Antrag oder von Amts wegen – ein **Schuldausspruch** zu erfolgen hat, da es sich insoweit nicht um eine verfahrens-, sondern um eine materiellrechtliche Frage handelt.[260] Die nach dem ausländischen Scheidungsstatut vorgesehene

---

[249] Erman/*Hohloch* Rom I-VO Art. 1 Rn. 1.

[250] NK-BGB/*Gruber* Rom III-VO Art. 1 Rn. 8.

[251] *Gruber* IPRax 2012, 381 (383); NK-BGB/*Gruber* Rom III-VO Art. 1 Rn. 42 m. ausf. Nachweisen.

[252] OLG Hamm NJW 1991, 3099.

[253] Palandt/*Thorn* Rom III-VO Art. 1 Rn. 6; Althammer/*Arnold* Rom III-VO Art. 1 Rn. 8. Vgl. zum *türkischen* Recht OLG Stuttgart FamRZ 2012, 1497 (1498); OLG Hamm FamRZ 2011, 220 (221); OLG Frankfurt a.M. FamRZ 1994, 1112; OLG Düsseldorf FamRZ 1992, 946 (947 ff.); NK-BGB/*Gruber* Rom III-VO Art. 1 Rn. 43 mwN.

[254] Vgl. zum *türkischen* Recht OLG Stuttgart IPRax 2007, 131 mAnm *Heiderhoff* IPRax 2007, 118.

[255] Vgl. OLG Frankfurt a.M. FamRZ 2001, 293; OLG München IPRax 1989, 239; AG Leverkusen FamRZ 2004, 1493; Palandt/*Thorn* Rom III-VO Art. 1 Rn. 6; Erman/*Hohloch* Rom III-VO Art. 1 Rn. 5; dazu näher *Hausmann* IntEuSchR A Rn. 256 mwN.

[256] NK-BGB/*Gruber* Rom III-VO Art. 1 Rn. 50 f.; MüKoBGB/*Winkler v. Mohrenfels* Rom III-VO Vorb. Art. 1 Rn. 19.

[257] OLG Hamburg FamRZ 2001, 1007; *Hau* FamRZ 2013, 249 (250); *Andrae* IntFamR § 4 Rn. 63 mwN.

[258] Palandt/*Thorn* Rom III-VO Art. 1 Rn. 6.

[259] Erman/*Hohloch* Rom III-VO Art. 1 Rn. 6; BeckOK BGB/*Heiderhoff* EGBGB Art. 17 Rn. 11.

[260] *Gruber* IPRax 2012, 381 (383); NK-BGB/*Gruber* Rom I-VO Art. 1 Rn. 57; Palandt/*Thorn* Rom I-VO Art. 1 Rn. 6; Althammer/*Arnold* Rom I-VO Art. 1 Rn. 8; *Andrae* IntFamR § 4 Rn. 60 ff.; BeckOK BGB/*Heiderhoff* EGBGB Art. 17 Rn. 29; ebenso zu Art. 17 Abs. 1 EGBGB aF BGH NJW 1988, 636

Schuldfeststellung sollte – trotz Beseitigung der Verschuldensscheidung im deutschen Recht – auch weiterhin in den **Tenor** (und nicht nur in die Gründe) eines deutschen Scheidungsurteils aufgenommen werden, wenn sie – wie zB im *italienischen* Recht – für die Rechtsfolgen der Scheidung bzw. Ehetrennung von Bedeutung ist.[261] Ist sie unterblieben, so kommt eine Ergänzung nach § 113 Abs. 1 S. 2 FamFG iVm § 321 ZPO nicht in Betracht; vielmehr muss das Urteil mit Rechtsmitteln angegriffen werden.[262]

**d) Einbeziehung von Privatscheidungen?** Eine klare Stellungnahme des europäischen Gesetzgebers zu der Frage, ob auch Privatscheidungen in den Anwendungsbereich der Rom III-VO fallen, findet sich weder im Text der Verordnung noch in den Erwägungsgründen. Dagegen könnte vor allem die im Erwägungsgrund 10 Abs. 1 ausdrücklich betonte Vorgabe sprechen, dass der sachliche Anwendungsbereich der Rom III-VO mit demjenigen der EuEheVO übereinstimmen soll. Denn für die EuEheVO besteht Einigkeit darüber, dass sie Privatscheidungen, an denen weder ein Gericht noch eine Behörde konstitutiv mitwirkt, nicht erfasst.[263] Darüber hinaus geht auch die Rom III-VO selbst in mehreren Vorschriften (zB in Art. 5 Abs. 1 lit. d und Abs. 2, Abs. 3; Art. 8 lit a bis lit. d; Art. 10) davon aus, dass nicht lediglich ein Rechtsgeschäft zwischen den Ehegatten abgeschlossen, sondern ein **staatliches Gericht angerufen** wird. Daraus wird zT abgeleitet, dass die Verordnung auf die Vornahme und Anerkennung von Privatscheidungen in den teilnehmenden Mitgliedstaaten keine Anwendung finde.[264] 132

Der Verordnungstext orientiert sich indes nur deshalb weitgehend am „Normalfall" der Ehescheidung durch ein Gericht, weil Privatscheidungen in den Rechten der teilnehmenden Mitgliedstaaten nicht bekannt sind. Die Kollisionsnormen der Verordnung nehmen indessen nach Art. 4 einen **universellen Anwendungsbereich** für sich in Anspruch und verweisen damit auch auf das Scheidungsrecht von Staaten, die (nur) eine Privatscheidung kennen, ohne diesbezüglich eine Einschränkung vorzunehmen. Auch in den Katalog der von der Verordnung nicht erfassten Regelungsgegenstände nach Art. 1 Abs. 2 ist die Privatscheidung nicht aufgenommen worden. Daraus ist zu entnehmen, dass die Rom III-VO grundsätzlich auch auf Privatscheidungen Anwendung findet.[265] Zu dieser Ansicht tendiert auch das OLG München,[266] das diese Frage dem EuGH zur Vorabentscheidung vorgelegt hat. Der Wirksamkeit einer **in Deutschland** vollzogenen Privatscheidung stehen freilich weiterhin Art. 17 Abs. 2 EGBGB und § 1564 S. 1 BGB entgegen; die Fortgeltung dieser verfahrensrechtlichen deutschen Vorschriften wird durch das Inkrafttreten der Rom III-VO nicht berührt.[267] Art. 17 Abs. 2 EGBGB schließt jedoch nicht aus, dass ein in Deutschland angerufenes Gericht die Kollisionsnormen der Rom III-VO auch dann zugrunde zu legen hat, wenn diese zu einem Recht führen, das nur eine Privatscheidung kennt. Denn wenn das Gericht die im Inland vorgenommene rechtsgeschäftliche Scheidung nach dem gemäß Art. 5 ff. der Verordnung maßgeblichen Recht als 133

---

(637 ff.); OLG Zweibrücken FamRZ 1997, 430 (431); OLG Düsseldorf FamRZ 1994, 1261 (1262); OLG Hamm FamRZ 1989, 625 ff.

261 BGH NJW 1988, 636 (638); OLG Hamm FamRZ 2000, 308 mAnm *Roth* FamRZ 2000, 292; OLG Karlsruhe FamRZ 1995, 738; NK-BGB/*Gruber* EGBGB Art. 17 Rn. 73 mwN.

262 OLG Hamm FamRZ 2000, 308; *Roth* IPRax 2000, 292 (294).

263 *Hausmann* IntEuSchR A Rn. 20; Rauscher/*Rauscher* Brüssel IIa-VO Art. 1 Rn. 12.

264 So *Gruber* IPRax 2012, 381 (383); NK-BGB/*Gruber* Rom I-VO Art. 1 Rn. 64 ff.; jurisPK-BGB/*Ludwig* Rom III-VO Einl. Rn. 10; *Schurig* FS v. Hoffmann, 2011, 405 (411 f.).

265 So auch die RegBegr zum Rom III-AnpassungsG vom 23.1.2013, BT-Drs. 17/11049, 8 unter A I, 1. Spiegelstrich; ferner *Helms* FamRZ 2011, 1765 (1766 ff.); *Gärtner* StAZ 2012, 3567 (358 ff.); *Hau* FamRZ 2013, 249 (250); *Winkler v. Mohrenfels* ZEuP 2013, 699 (704); Althammer/*Mayer* Rom III-VO Art. 1 Rn. 33 ff.; Palandt/*Thorn* Rom III-VO Art. 1 Rn. 3; *Henrich* IntSchR Rn. 77; PWW/*Martiny* EGBGB Anh. I Art. 17 Rn. 5.

266 FamRZ 2015, 1613 (1615).

267 *Helms* FamRZ 2011, 1765 (1766); *Makowsky* GPR 2012, 266 (268); Erman/*Hohloch* EGBGB Art. 17 Rn. 23 ff.; Althammer/*Mayer* Rom III-VO Art. 5 Rn. 33.

Grundlage für die von ihm ausgesprochene Auflösung der Ehe ausreichen lässt, liegt darin kein Verstoß gegen das Scheidungsmonopol der deutschen Gerichte.[268]

134 Darüber hinaus ist die Rom III-VO – wie bisher Art. 17 Abs 1 EGBGB aF[269] – auf die **Anerkennung von im Ausland vollzogenen Privatscheidungen** anzuwenden. Da solche Privatscheidungen in den teilnehmenden Mitgliedstaaten weder nach Art. 21 Abs. 1 EuEheVO noch nach autonomem Recht verfahrensrechtlich anerkannt werden können, wenn an ihnen kein Gericht und keine Behörde *konstitutiv* mitgewirkt haben,[270] kommt nur eine kollisionsrechtliche Anerkennung auf der Grundlage der Rom III-VO in Betracht, auch wenn die Verordnung in erster Linie auf die gerichtliche Scheidung zugeschnitten ist.[271] Dies gilt auch für ausländische Privatscheidungen, die durch Hoheitsakt *deklaratorisch* bestätigt oder registriert worden sind.[272] Dementsprechend ist der Begriff der „Ehescheidung" in Art. 1 Abs. 1 Rom III-VO erweiternd in dem Sinne auszulegen, dass er auch funktionsäquivalente Rechtsinstitute des ausländischen Rechts erfasst. Die im Ausland vollzogene Privatscheidung entfaltet ihre rechtsgestaltendeWirkung im Inland daher immer (aber auch nur) dann, wenn sie nach vom von den Parteien gewählten (Art. 5 ff. Rom III-VO) oder kraft objektiver Anknüpfung (Art. 8 Rom III-VO) maßgebenden Recht wirksam ist.[273] Dies ist dann nicht der Fall, wenn Scheidungsstatut das *deutsche* Recht ist (§ 1564 S. 1 BGB).[274] Soweit einzelne Vorschriften der Rom III-VO ein anhängiges Gerichtsverfahren voraussetzen, indem sie zB an die „Anrufung des Gerichts" anknüpfen, um den maßgeblichen Zeitpunkt für das Vorliegen der Anknüpfungskriterien zu bestimmen (vgl. Art. 8 lit. a bis lit. c und Art. 18), muss stattdessen auf die Abgabe der auf die Privatscheidung gerichteten Willenserklärung(en) abgestellt werden.[275] Die Anknüpfung an die *lex fori* nach Art. 5 Abs. 1 lit. d bzw. Art. 8 lit. d Rom III-VO hat allerdings bei der Privatscheidung auszuscheiden.

### 3. Ausgeschlossene Rechtsgebiete

135 Die Rom III-VO enthält in ihrem Art. 1 Abs. 2 einen ausführlichen Katalog von Gegenständen, die aus ihrem sachlichen Anwendungsbereich ausdrücklich ausgeschlossen werden. Für den Kautelarjuristen ist vor allem wichtig, dass sich die Verordnung nach lit. b und lit. c nicht auf die Gültigkeit und die Aufhebung der Ehe bezieht und dass nach lit. e und lit. g die vermögensrechtlichen Folgen der Ehescheidung bzw. Ehetrennung (einschließlich des nachehelichen Unterhalts) ausgeklammert werden. Ferner beschränkt sich die Rom III-VO auf die Anknüpfung der Ehescheidung und Ehetrennung als **Hauptfrage;** demgegenüber überlässt sie die Anknüpfung von Vorfragen dem nationalen IPRder teilnehmenden Mitgliedstaaten.[276]

136 **a) Gültigkeit der Ehe.** Keine Anwendung findet die Rom III-VO gemäß Art. 1 Abs. 2 lit. b auf das Bestehen, die Gültigkeit oder die Anerkennung einer Ehe. Obwohl eine

268 OLG Hamm IPRax 2014, 349; NK-BGB/*Gruber* Rom I-VO Art. 1 Rn. 63, 79.

269 BGHZ 110, 267 (273) = FamRZ 1990, 607; BGH FamRZ 2008, 1409 (1412); KG FamRZ 2013, 1484 mAnm *Henrich*.

270 Die lediglich deklaratorische Registrierung oder gerichtliche Beurkundung ändert an der Rechtsnatur der Scheidung als Privatscheidung nichts, vgl. BGH NJW 1982, 517 (518); OLG München FamRZ 2012, 1142; KG FamRZ 2013, 1484 mAnm *Henrich; Hausmann* IntEuSchR H Rn. 16, 282 mwN.

271 *Helms* FamRZ 2011, 1765 (1766); *Weller/Hauber/Schulz* IPRax 2016, 123 (127); Palandt/*Thorn* Rom III-VO Art. 1 Rn. 3; Erman/*Hohloch* Rom III-VO Art. 2 Rn. 16; **aA** *Gärtner* S. 306 ff.

272 Vgl. zum bisherigen Recht BGHZ 176, 365 = NJW-RR 2008, 1169; 110, 267 = NJW 1990, 2194; OLG München FamRZ 2012, 1142.

273 *Hausmann* IntEuSchR A Rn. 238; Althammer/*Mayer* Rom III-VO Art. 5 Rn. 35; **aA** NK-BGB/*Gruber* Rom I-VO Art. 1 Rn. 66.

274 BGHZ 110, 267 (276) = FamRZ 1990, 607; OLG München FamRZ 2015, 1611 (1613) und 1613 (1615).

275 *Helms* FamRZ 2011, 1765 (1766); Palandt/*Thorn* Rom III-VO Art. 8 Rn. 7; vgl. idS schon zu Art. 17 EGBGB aF BGHZ 110, 267 (273); dazu näher *Hausmann* IntEuSchR H Rn. 283 ff.

276 Vgl. Erwägungsgrund 10 Abs. 3; krit. Althammer/*Arnold* Rom III-VO Art. 1 Rn. 12.

Anwendung der Kollisionsnormen der Rom III-VO den Bestand der zu scheidenden Ehe notwendig voraussetzt, regelt die Verordnung das auf die Beantwortung dieser Erstfrage anzuwendende Recht nicht selbst, sondern überlässt dies weiterhin dem nationalen Kollisionsrecht im Staat des angerufenen Gerichts (Erwägungsgrund 10 S. 3). Deutsche Gerichte haben diese Erstfrage selbständig anzuknüpfen (→ § 3 Rn 32 ff.) und über die Ehegültigkeit – vorbehaltlich der vorrangigen Anwendung von Staatsverträgen (zB des deutsch-*iranischen* Niederlassungsabkommens von 1929 oder des Haager Eheschließungsabkommens vom 12.6.1902 im Verhältnis zu *Italien*) – nach dem von Art. 11 und Art. 13 EGBGB zur Anwendung berufenen Recht zu entscheiden.[277] Dies gilt auch in selbständigen Verfahren, die auf die Feststellung des Bestehens/Nichtbestehens oder die Anerkennung/Nichtanerkennung einer Ehe gerichtet sind.

Ausgeschlossen aus dem sachlichen Anwendungsbereich der Rom III-VO sind auch 137 Verfahren zur **Ungültigerklärung einer Ehe** (Erwägungsgrund 10 Abs. 1 S. 2),[278] obwohl diese Verfahren von der EuEheVO erfasst werden, soweit es um die internationale Gerichtszuständigkeit und die Anerkennung der Entscheidungen geht (vgl. Art. 1 Abs. 1 lit. a EuEheVO). Vor deutschen Gerichten sind daher auch insoweit – dh für Verfahren auf Aufhebung bzw. Nichtigerklärung einer Ehe oder auf Feststellung ihrer Nichtigkeit – weiterhin Art. 11 und Art. 13 EGBGB maßgebend.[279] Für die Abgrenzung zwischen einem Eheaufhebungs- und einem Scheidungsverfahren ist allein auf das Ziel des gestellten Antrags, nicht auf die angeführten Gründe abzustellen.[280] Die Ausnahmen nach Art. 1 Abs. 2 lit. b und lit. c Rom III-VO müssen vor dem Hintergrund gesehen werden, dass Fragen des Bestehens/Nichtbestehens oder der Ungültigerklärung einer Ehe auch im IPR anderer Mitgliedstaaten traditionell dem Eheschließungsstatut unterliegen; eine Einbeziehung auch des internationalen Eheschließungsrechts in die Rom III-VO hätte aber zu einer weiteren erheblichen Verzögerung der ohnehin schon schwierigen Vereinheitlichung des Kollisionsrechts der Ehescheidung geführt.[281]

**b) Vermögensrechtliche Scheidungsfolgen.** Praktisch besonders wichtig ist die Ein- 138 schränkung des sachlichen Anwendungsbereichs der Rom III-VO durch Art. 1 Abs. 2 lit. e, wonach die vereinheitlichten Kollisionsnormen der Verordnung auch auf die vermögensrechtlichen Folgen der Ehe keine Anwendung finden. Die sehr weit gefasste Ausnahme soll sich ersichtlich nicht auf die vermögensrechtlichen Folgen einer *intakten* Ehe beziehen, für die eine Anwendung der auf die Ehescheidung und die Trennung ohne Auflösung des Ehebandes zugeschnittenen Kollisionsnormen der Verordnung von vorneherein nicht in Betracht kommt. So gilt etwa für vermögensrechtliche Folgen der Ehe, die im deutschen Recht als allgemeine Ehewirkungen qualifiziert werden, wie zB die Schlüsselgewalt (vgl. § 1357 BGB) oder die Eigentumsvermutungen (vgl. § 1362 BGB), auch nach Inkrafttreten der Rom III-VO vor deutschen Gerichten das von Art. 14 EGBGB (bzw. für ab dem 29.1.2019 geschlossene Ehen das von Art. 20 ff. EuGüVO) bestimmte Recht (→ § 8 Rn. 54). Gemeint sind also in lit. e ersichtlich nur solche vermögensrechtlichen Folgen der Ehe, über die aus Anlass einer Ehescheidung oder Ehetrennung mitentschieden wird.

Der Ausschluss bezieht sich daher – wie in Erwägungsgrund 10 Abs. 3 betont wird – 139 vor allem auf die güterrechtlichen Folgen einer Ehescheidung oder Ehetrennung. Deren

[277] *Hau* FamRZ 2013, 249 (250); *Schurig* FS v. Hoffmann, 2011, 405 (410 f.); *Helms* FamRZ 2011, 1765 f.; Althammer/*Althammer* Rom III-VO Vorb. Rn. 14; Erman/*Hohloch* Rom III-VO Art. 1 Rn. 10; *Andrae* IntFamR § 4 Rn. 41 f.; MüKoBGB/*v. Hein* IPR Einl. Rn. 164; NK-BGB/*Gruber* Rom III-VO Vorb. Art. 1 Rn. 67 ff., 73; ebenso schon zu Art. 17 EGBGB aF BGHZ 169, 240 (243) = JZ 2007, 738 mAnm *Rauscher;* **aA** (unselbständige Anknüpfung) Palandt/*Thorn* Rom III-VO Art. 1 Rn. 8.

[278] *Helms* FamRZ 2011, 1765 (1766); *Hau* FamRZ 2013, 249 ff.; *Andrae* IntFamR § 4 Rn. 13; MüKoBGB/*Winkler v. Mohrenfels* Rom III-VO Art. 1 Rn. 41 ff.

[279] Erman/*Hohloch* Rom III-VO Art. 1 Rn. 11; vgl. dazu *Hausmann* IntEuSchR A Rn. 452 ff.

[280] MüKoBGB/*Winkler v. Mohrenfels* Rom III-VO Art. 1 Rn. 43 f.

[281] Vgl. NK-BGB/*Gruber* Rom III-VO Art. 1 Rn. 12.

kollisionsrechtliche Regelung soll der am 24.6.2016 verabschiedeten eigenständigen Verordnung auf dem Gebiet des internationalen Ehegüterrechts (EuGüVO) vorbehalten bleiben (→ § 9 Rn. 2ff.). Bis zur Geltung dieser Verordnung unterliegen die güterrechtlichen Scheidungs- und Trennungsfolgen weiterhin dem nationalen Kollisionsrecht.[282] Die Liquidation des Güterstands aus Anlass der Ehescheidung, insbesondere die Frage, ob ein Zugewinnausgleich nach deutschem Recht durchzuführen ist, beurteilt sich daher vor deutschen Gerichten nach dem von Art. 15 Abs. 1 und Abs. 2, Art. 220 Abs. 3 EGBGB zur Anwendung berufenen Recht (näher → § 9 Rn. 142ff.).

140 Der Ausschlusstatbestand nach lit. e ist allerdings – wie die umfassende Formulierung des Erwägungsgrunds 10 Abs. 3 („sonstige mögliche Nebenaspekte") belegt – weit auszulegen und erfasst über das Ehegüterrecht hinaus sämtliche vermögensrechtlichen Konsequenzen einer Ehescheidung oder Ehetrennung. Dem nationalen Kollisionsrecht der teilnehmenden Mitgliedstaaten bleibt daher auch weiterhin die Zuweisung der Ehewohnung und die Verteilung der Haushaltsgegenstände unterworfen.[283] Sind diese *im Inland* belegen, so haben deutsche Gerichte hierüber gemäß Art. 17a EGBGB nach deutschem Recht zu befinden.[284] Befindet sich die Ehewohnung oder der Hausrat hingegen *im Ausland,* so ist aus deutscher Sicht zu unterscheiden: Wird über die Zuweisung aus Anlass einer *Ehetrennung* ohne Auflösung des Ehebandes entschieden, so ist das Ehewirkungsstatut des Art. 14 EGBGB maßgebend. Schwieriger ist das anzuwendende Recht für die Zuweisung der Ehewohnung und des Hausrats aus Anlass der *Ehescheidung* zu bestimmen. Nach der Vorgabe des europäischen Gesetzgebers in Erwägungsgrund 10 Abs. 3 sollen auch solche „Nebenaspekte" der Scheidung weiterhin durch das autonome Kollisionsrecht der Mitgliedstaaten geregelt werden. Die nationalen Gesetzgeber sind allerdings nicht gehindert, insoweit eine akzessorische Anknüpfung an die Rom III-VO vorzusehen. Von dieser Möglichkeit hat der deutsche Gesetzgeber in Art. 17 Abs. 1 und Abs. 3 EGBGB nF Gebrauch gemacht (näher → Rn. 142ff.). Da es sich bei der Nutzungsbefugnis an der Ehewohnung und an den Haushaltsgegenständen um güterrechtliche Ehewirkungen iSv Art. 3 lit. a EuGüVO handelt (→ § 9 Rn. 5), werden die Art. 17 Abs. 1 und 17a EGBGB allerdings insoweit ab dem 29.1.2019 durch die Kollisionsnormen der Verordnung verdrängt, soweit diese nach Art. 69 Abs. 3 EuGüVO Anwendung finden.

141 **c) Unterhaltspflichten.** Eine praktisch besonders wichtige Folge der Ehescheidung bzw. Ehetrennung sind deren Auswirkungen auf Unterhaltspflichten im Verhältnis der Ehegatten zueinander sowie gegenüber den aus der Ehe hervorgegangenen Kindern. Auch die Frage, welchem Recht diese Unterhaltspflichten unterliegen, wird gemäß Art. 1 Abs. 2 lit. g von der Rom III-VO nicht geregelt, sondern bleibt dem IPR der an der Verordnung teilnehmenden Mitgliedstaaten überlassen, deren Gerichte mit dem Ehescheidungs- oder Ehetrennungsverfahren befasst sind. Deutsche Gerichte haben diesbezüglich – wie die Gerichte der übrigen EU-Mitgliedstaaten mit Ausnahme von *Dänemark* und dem *Vereinigten Königreich* – seit dem 18.6.2011 die Kollisionsregeln des Haager Unterhaltsprotokolls (HUP) vom 23.11.2007[285] anzuwenden (vgl. Art. 15 EuUntVO; → § 10 Rn. 4ff.); diese sind gemäß Art. 2 dieses Protokolls auch dann maßgebend, wenn auf das Recht eines Staates verwiesen wird, der dem Protokoll nicht beigetreten ist. Abweichend von dem zuvor geltenden Kollisionsrecht (Art. 8 HUntÜ, Art. 18 Abs. 4 EGBGB aF) verzichtet das Protokoll für den nachehelichen Unterhalt auf eine akzessorische Anknüpfung an das Scheidungsstatut, so dass die Rom III-VO auf dem Gebiet des Unterhaltsrechts auch mittelbar keine Wirkung entfaltet. Das Statut des nachehelichen Unterhalts wird vielmehr in Art. 3, 5 HUP losgelöst vom Scheidungsstatut angeknüpft (→ § 10 Rn. 54ff.).

[282] Althammer/*Althammer* Rom III-VO Vorb. Rn. 13; Erman/*Hohloch* Rom III-VO Art. 1 Rn. 13.
[283] *Hau* FamRZ 2013, 249 (251); *Rauscher* FPR 2013, 257 (258).
[284] Vgl. dazu näher *Hausmann* IntEuSchR E Rn. 25ff.
[285] ABl. 2009 L 331, 19.

### 4. Scheidungsakzessorische Anknüpfung vermögensrechtlicher Scheidungsfolgen

142 Die wichtigsten vermögensrechtlichen Konsequenzen einer Ehescheidung werden – wie vorstehend gezeigt – derzeit nach von der Europäischen Union bzw. von der *Bundesrepublik Deutschland* abgeschlossenen Staatsverträgen oder nach autonomem deutschen Kollisionsrecht gesondert angeknüpft. Die von diesen Sonderanknüpfungen nicht erfassten vermögensrechtlichen Scheidungsfolgen unterliegen hingegen dem durch Art. 5ff. Rom III-VO bestimmten Scheidungsstatut. Dies folgt zwar nicht aus der Verordnung selbst, die vermögensrechtliche Wirkungen in Art. 1 Abs. 2 lit. e und lit. g vielmehr ausdrücklich aus ihrem sachlichen Anwendungsbereich ausschließt (→ Rn. 138ff.), sondern aus dem **nationalen deutschen Kollisionsrecht.** Zu einer solchern sachlichen Erweiterung der Rom III-VO sind die teilnehmenden Mitgliedstaaten kraft ihrer fortbestehenden Gesetzgebungskompetenz für die von der Verordnung nicht erfassten Scheidungsfolgen ohne Weiteres berechtigt.[286] Den Ehegatten sollte allerdings das Recht eingeräumt werden, eine von ihnen getroffene Rechtswahl nach Art. 5ff. Rom I-VO – wie von der Verordnung vorgesehen – auf die Ehescheidung bzw. Ehetrennung als solche zu beschränken und es bezüglich der vermögensrechtlichen Scheidungsfolgen bei der Verweisung auf das objektiv maßgebliche Scheidungsstatut nach Art. 8 Rom III-VO zu belassen (→ Rn. 118; zum Versorgungsausgleich auch → § 12 Rn. 44f.).

143 **a) Versorgungsausgleich.** Eine akzessorische Anknüpfung an das von der Rom III-VO bestimmte Scheidungsstatut hat der deutsche Gesetzgeber insbesondere in **Art. 17 Abs. 3 EGBGB** für den Versorgungsausgleich normiert. Insoweit wurde die Vorschrift, die bisher auf das nach Art. 17 Abs. 1 S. 1 EGBGB aF maßgebende Scheidungsstatut verwiesen hatte, durch das Rom III-AnpassungsG vom 23.1.2013 an die Rom III-VO angeglichen. Die Einzelheiten werden anschließend in → § 12 behandelt.

144 **b) Sonstige vermögensrechtliche Scheidungsfolgen.** Darüber hinaus hat der deutsche Gesetzgeber auch für sonstige vermögensrechtliche Scheidungsfolgen, die nicht gesondert angeknüpft wurden und deshalb schon bisher dem Scheidungsstatut nach Art. 17 EGBGB aF unterlagen, in **Art. 17 Abs. 1 EGBGB** ausdrücklich eine scheidungsakzessorische Anknüpfung angeordnet.Hiervon erfasst werden etwa die aus Anlass der Scheidung eingeräumten Nutzungsbefugnisse an einer **im Ausland belegenen Ehewohnung** (zB einer Ferienwohnung) und deren Ausstattung mit Haushaltsgegenständen.[287] Den Vorschlag, für die Zuweisung der Ehewohnung und die Verteilung des Hausrats Art. 17a EGBGB zu einer allseitigen Kollisionsnorm auszubauen und die jeweilige *lex rei sitae* anzuwenden,[288] hat der Gesetzgeber nicht aufgegriffen.

145 Ferner kann die Vorschrift auf Rechtsinstitute des ausländischen Scheidungsfolgenrechts angewandt werden, die im deutschem Recht keine Entsprechung haben, wie zB **Genugtuungs-, Entschädigungs- oder Schadensersatzansprüche** desjenigen Ehegatten, der die Scheidung nicht verschuldet hat, gegen den „schuldigen" Ehegatten.[289] Eine scheidungsrechtliche Qualifikation kommt vor allem für den Genugtuungsanspruchs des unschuldig geschiedenen Ehegatten nach *türkischem Recht* (Art. 174 Abs. 2 ZGB) in Betracht.[290] Denn dieser Anspruch dient nicht der materiellen Versorgung des Berechtigten,

[286] *Basedow* FS Posch, 2011, 17 (19ff.); *Hau* FamRZ 2013, 249 (251); Althammer/*Mayer* Rom III-VO Art. 5 Rn. 30.

[287] RegBegr zum Rom III-AnpassungsG vom 23.1.2013, BT-Drs. 17/11049, 10 unter B Nr. 2; Palandt/*Thorn* Rom III-VO Art. 1 Rn. 7; dazu näher *Hausmann* IntEuSchR E Rn. 34ff.

[288] Dafür Erman/*Hohloch*, 13. Aufl., EGBGB Art. 17 Rn. 6.

[289] RegBegr zum Rom III-AnpassungsG vom 23.1.2013, BT-Drs. 17/11049, 10 unter B Nr. 2; Palandt/*Thorn* Rom III-VO Art. 1 Rn. 7.

[290] Vgl. OLG Stuttgart FamRZ 2012, 999 (1001) und 1993, 974; OLG Karlsruhe NJW-RR 2006, 369 (370) und 2003, 725; OLG Frankfurt a.M. FamRZ 1992, 1182; NK-BGB/*Gruber* EGBGB Art. 17 Rn. 77.

sondern der Kompensation seelischen Leidens; er kann daher auch nicht als Rente, sondern nur in Form einer Einmalzahlung gewährt werden und unterliegt auch nicht der Abänderung aufgrund veränderter Umstände.[291] Hat die Schadensersatzpflicht hingegen vornehmlich *unterhaltsrechtliche Funktion,* gilt das Haager Unterhaltsprotokoll. Im *türkischen* Recht trifft dies auf die Entschädigungsansprüche nach Art. 174 Abs. 1 und Art. 175 ZGB (= Art. 143 Abs. 1, 144 ZGB aF) zu. Während diese Qualifikationsfrage bisher vor deutschen Gerichten wegen Art. 8 Abs. 1 HUntÜ/Art. 18 Abs. 4 EGBGB offenbleiben konnte, muss sie heute aufgrund der geänderten Anknüpfung des nachehelichen Unterhalts im HUP entschieden werden (näher → § 10 Rn. 54 ff. mwN).

146 Von Art. 17 Abs. 1 EGBGB nF erfasst werden auch die vor allem in romanischen Rechten vorgesehenen Ansprüche wegen **Widerrufs von Schenkungen** aus Anlass der Ehescheidung.[292] Demgegenüber unterliegt der Widerruf einer Schenkung aus anderen Gründen (zB wegen groben Undanks, vgl. § 531 BGB) dem mit Hilfe der Rom I-VO zu ermittelnden Schenkungsstatut. Kommt eine Anfechtung sowohl nach dem Scheidungs- wie nach dem Schenkungsstatut in Betracht, so kann der Schenker das für ihn günstigere Recht wählen.[293]

147 Auch Ansprüche auf **Herausgabe des persönlichen Eigentums** im Zusammenhang mit der Ehescheidung können als vermögensrechtliche Ansprüche iSv Art. 17 Abs. 1 EGBGB qualifiziert werden, sofern sie ihre Grundlage nicht im Güterrecht haben.[294] Fehlt ein spezifischer Bezug des Anspruchs zur Ehescheidung, so gilt freilich die *lex rei sitae* nach Art. 43 EGBGB.[295]

148 Besonders umstritten ist die Anknüpfung der nach islamischem Recht aus Anlass der Ehescheidung geschuldeten **Morgen- bzw Brautgabe** *(„mahr“).*[296] Während der BGH sich für eine Qualifikation der während noch bestehender Ehe geschuldeten Brautgabe als allgemeine Ehewirkung iSv Art. 14 EGBGB (und sowohl gegen eine unterhaltsrechtliche als auch gegen eine güterrechtliche Einordnung) ausgesprochen hat,[297] wird der erst als Scheidungsfolge geltend gemachte Anspruch auf die Brautgabe bisher überwiegend *scheidungsrechtlich* qualifiziert.[298] Damit würde der Anspruch nunmehr von Art. 17 Abs. 1 EGBGB nF erfasst. Die Geltendmachung des Anspruchs verstößt auch nicht gegen den deutschen *ordre public.*[299] Wegen des Vorrangs des Haager Unterhaltsprotokolls vor dem nationalen IPR der Mitgliedstaaten (vgl. Art. 3 Nr. 1 lit. c EGBGB) hätte allerdings eine *unterhaltsrechtliche* Qualifikation der Brautgabe Vorrang vor einer Anwendung der autonomen Kollisionsnorm in Art. 17 Abs. 1 EGBGB nF.[300] Während diese Qualifikationsfrage unter Geltung von Art. 8 HUntÜ/Art. 18 Abs. 4 EGBGB offengelassen werden konnte,

[291] OLG Stuttgart FamRZ 2012, 999 (1001).

[292] Palandt/*Thorn* Rom III-VO Art. 1 Rn. 7; BeckOK BGB/*Heiderhoff* EGBGB Art. 17 Rn. 34; ausf. zum früheren Recht *Kühne* FamRZ 1969, 371 ff.

[293] *Kühne* FamRZ 1969, 371 (379); Staudinger/*Mankowski* EGBGB Art. 17 Rn. 275.

[294] Vgl. zum bisherigen Recht OLG Köln FamRZ 1994, 1476.

[295] OLG Hamm FamRZ 1994, 1259 und 1993, 211 (212); OLG Köln NJW-RR 1994, 200; Palandt/*Thorn* Rom III-VO Art. 1 Rn. 7; für güterrechtliche Qualifikation nach Art. 15 EGBGB hingegen OLG Hamm FamRZ 1992, 963 (964 ff.).

[296] Vgl. *Henrich* FS Sonnenberger, 2004, 389 ff.; *Wurmnest* FamRZ 2005, 1878 ff.

[297] BGHZ 183, 287 = FamRZ 2010, 533 m. zust. Anm. *Henrich* = JZ 2010, 733 m. abl. Anm. *Wurmnest;* krit. auch *Mörsdorf-Schulte* ZfRV 2010, 166 und *Yassari* IPRax 2011, 62; ebenso schon OLG Köln FamRZ 2006, 1380 (1381); zust. auch Staudinger/*Mankowski* EGBGB Art. 14 Rn. 273 ff. Dazu → § 8 Rn. 74.

[298] Vgl. OLG Stuttgart FamRZ 2009, 1580 = FuR 2009, 231 mAnm *Soyka* und FamRZ 2008, 1756 (1757) = FamRBint 2008, 49 mAnm *Mörsdorf-Schulte;* OLG Saarbrücken FamRZ 2006, 1378; OLG Nürnberg FamRZ 2001, 1613; OLG Celle FamRZ 1998, 374 (375); OLG Düsseldorf FamRZ 1998, 623 ff.; AG Fürth FPR 2002, 450; Palandt/*Thorn* EGBGB Art. 13 Rn. 9; **aA** BeckOK BGB/*Heiderhoff* EGBGB Art. 17 Rn. 37.

[299] OLG Stuttgart FamRZ 2009, 1580; **aA** bei unüblicher Höhe OLG Bamberg IPRspr. 2010 Nr. 89.

[300] Dafür Palandt/*Thorn* Rom III-VO Art. 1 Rn. 7; näher → § 10 Rn. 135 mwN.

weil danach ebenfalls das Scheidungsstatut zur Anwendung berufen war,[301] bedarf sie unter Geltung des Haager Unterhaltsprotokolls, das diesen Gleichlauf zwischen dem Statut des nachehelichen Unterhalts und dem Scheidungsstatut aufgegeben hat, der Entscheidung. Gegen eine unterhaltsrechtliche Qualifikation spricht freilich, dass der Anspruch auf die Brautgabe nicht von der Bedürftigkeit der Ehefrau oder der Leistungsfähigkeit des Ehemannes abhängt und dass das islamische Recht der Ehefrau Unterhaltsansprüche unabhängig davon gewährt, ob eine Brautgabe vereinbart und bezahlt worden ist oder nicht.[302]

Der Anwendungsbereich des Art. 17 Abs. 1 EGBGB wird unter Geltung der **EuGüVO** für Ehen, die ab dem 29.1.2019 geschlossen werden (Art. 69 Abs. 3 EuGüVO), allerdings stark eingeschränkt. Denn bei allen zuvor in → Rn. 144–148 genannten Ansprüchen dürfte es sich dann um **güterrechtliche Ansprüche** im weiten Sinne des Art. 3 lit. a EuGüVO handeln. Damit werden sowohl Art. 17 Abs. 1 wie Art. 17a EGBGB (hinsichtlich der Nutzungsbefugnisse an einer im Inland gelegenen Ehewohnung bzw. an im Inland befindlichen Haushaltsgegenständen) durch die güterrechtlichen Kollisionsnormen der EuGüVO verdrängt.[303] 148a

## 5. Einbeziehung von gleichgeschlechtlichen Ehen und registrierten Lebenspartnerschaften?

Bisher nicht geklärt ist auch die Frage, welche Art von „Ehen" nach der Rom III-VO geschieden werden können. Während die Vorfrage der Gültigkeit einer Ehe aus dem Anwendungsbereich der Verordnung ausgeklammert wird (Art. 1 Abs. 2 lit. b; → Rn. 136), ist der von der Verordnung verwendete Begriff der „Ehe" autonom auszulegen.[304] Er umfasst jedenfalls die in den Mitgliedstaaten traditionell anerkannte Ehe iSe monogamen Verbindung von Mann und Frau. Es besteht aber auch kein Anlass, eine aus der Sicht des angerufenen Gerichts wirksam geschlossene polygame Ehe aus dem sachlichen Anwendungsbereich der Verordnung auszuschließen.[305] Demgegenüber ging die bisher hM zur EuEheVO davon aus, dass gleichgeschlechtliche Ehen nicht in den sachlichen Anwendungsbereich jener Verordnung fallen.[306] Dies könnte wegen der grundsätzlich gebotenen einheitlichen Auslegung von Begriffen in der EuEheVO und in der Rom III-VO zur Folge haben, den Ehebegriff für die Rom III-VO ähnlich eng zu ziehen.[307] 149

Die Materialien zur Rom III-VO deuten allerdings darauf hin, dass der europäische Gesetzgeber offenbar von einer **Einbeziehung gleichgeschlechtlicher Ehen** in diese Verordnung ausgegangen ist.[308] Insbesondere Art. 13 Var. 2 Rom III-VO zielt vor allem auf die gleichgeschlechtliche Ehe ab, wenn er die Gerichte eines teilnehmenden Mitgliedstaats, die eine Ehe „nicht als gültig" erachten, nicht dazu zwingt, die Scheidung einer solchen Ehe auszusprechen. Der 26. Erwägungsgrund zur Rom III-VO bekräftigt in sei- 150

[301] Vgl. BGH NJW 1999, 574; OLG Saarbrücken FamRZ 2006, 1378 (1380); OLG Hamburg FamRZ 2004, 459; OLG Celle FamRZ 1998, 374 (375); OLG Düsseldorf FamRZ 1998, 623 (624).

[302] BGHZ 183, 287 Rn. 15 = FamRZ 2010, 533; *Wurmnest* RabelsZ 71 (2007), 527 (551 ff.); *Yassari* IPRax 2011, 62 (66); NK-BGB/*Gruber* EGBGB Art. 17 Rn. 80. Zu den Vorzügen einer güterrechtlichen Qualifikation → § 9 Rn. 203 ff.

[303] Zur Einschränkung von Art. 17 Abs. 1 und 17a EGBGB durch die EuGüVO ab dem 29.1.2019 → § 9 Rn. 5.

[304] Insoweit gilt das gleiche wie für die EuEheVO, vgl. zu dieser *Pabst* Rn. 222 ff.

[305] *Pietsch* NJW 2012, 1768; *Hausmann* IntEuSchR A Rn. 233; ebenso zu EuEheVO Staudinger/*Spellenberg* EuEheVO Art. 1 Rn. 11.

[306] *Helms* FamRZ 2002, 1593 (1594); *Gruber* FamRZ 2005, 293; *Gröschl* S. 76 ff.; Rauscher/*Rauscher* EuEheVO Art. 1 Rn. 6 f. Ob daran noch festgehalten werden kann, nachdem gleichgeschechtliche Ehen inzwischen in zahlreichen EU-Mitgliedstaaten (*Belgien, Dänemark, Frankreich, Niederlande, Portugal, Schweden, Spanien, Vereinigtes Königreich*) zugelassen sind, erscheint allerdings sehr fraglich; zu Recht abl. *Boele-Woelki* ZfRV 2001, 121 (127); Staudinger/*Spellenberg* EuEheVO Art. 1 Rn. 4 ff.

[307] So *Pietsch* NJW 2012, 1768; *Mörsdorf-Schulte* RabelsZ 77 (2013), 786 (801); *Andrae* IntFamR § 4 Rn. 11; Palandt/*Thorn* Rom III-VO Art. 1 Rn. 4; *Hau* FamRZ 2013, 249 (251).

[308] *Gruber* IPRax 2012, 381 (382 f.); NK-BGB/*Gruber* Rom III-VO Art. 1 Rn. 21 ff. mit Hinweisen auf die Materialien zur Rom III-VO.

nem Abs. 2 diese Sichtweise, wenn er davon spricht, die Gerichte eines teilnehmenden Mitgliedstaats seien zur Scheidung oder Trennung einer Ehe nicht verpflichtet, wenn „im Recht dieses teilnehmenden Mitgliedstaats eine solche Ehe nicht vorgesehen" sei. Da alle teilnehmenden Mitgliedstaaten die traditionelle Ehe zwischen Mann und Frau kennen, kann mit einer „solchen Ehe", die im Recht einiger Mitgliedstaaten nicht vorgesehen ist, nur die gleichgeschlechtliche Ehe gemeint sein. Daraus folgt, dass die Gerichte derjenigen teilnehmenden Mitgliedstaaten, deren Recht gleichgeschlechtliche Ehen zulässt, diese Ehen in Fällen mit Auslandsberührung unter Zugrundelegung der Kollisionsnormen der Rom III-VO auch scheiden können. Dies gilt auch dann, wenn die Rom III-VO für die Scheidung auf das Recht eines Mitglied- oder Drittstaats verweist, das die gleichgeschlechtliche Ehe nicht kennt; anzuwenden sind dann die Vorschriften dieses Rechts über die Scheidung heterosexueller Ehen.[309]

151 Demgegenüber sind die Gerichte der übrigen Mitgliedstaaten grundsätzlich berechtigt, die Scheidung einer „solchen Ehe" unter Berufung auf Art. 13 Var. 2 Rom III-VO abzulehnen;[310] sie müssen also zu diesem Zweck nicht auf den Vorbehalt des *ordre public* nach Art. 12 Rom III-VO zurückgreifen. In Deutschland werden gleichgeschlechtliche Ehen, die im Ausland als solche wirksam geschlossen wurden, bisher überwiegend als *eingetragene Lebenspartnerschaften* qualifiziert.[311] Auf ihre Auflösung fand daher bisher nicht Art. 17 Abs. 1 EGBGB aF, sondern Art. 17b EGBGB Anwendung.[312] Dieser Qualifikation ist zwar hinsichtlich der Vorfrage des wirksamen Zustandekommens einer gleichgeschlechtlichen Ehe zuzustimmen, weil nur die Anwendung des Rechts des Registrierungsstaates die Anerkennung der Gültigkeit der Eheschließung durch Partner sicherstellt, deren Heimatrechte eine solche Ehe nicht zulassen.[313] Dagegen sind keine überzeugenden Argumente ersichtlich, warum wirksam im Ausland geschlossene gleichgeschlechtliche Ehen nicht auch in Deutschland – wie in *Belgien, Frankreich, Portugal* oder *Spanien* – **unter Zugrundlegung der Rom III-VO geschieden** werden sollten.[314] Denn ob ein deutsches Urteil, das eine gleichgeschlechtliche Ehe lediglich als eingetragene Lebenspartnerschaft auflöst, als Scheidungsurteil im Eheschließungsstaat anerkannt werden kann, ist zumindest sehr zweifelhaft.

152 **Beispiel:**
Der französische Antragsteller und der spanische Antragsgegner haben im Jahr 2013 in Spanien eine gleichgeschlechtliche Ehe geschlossen. Sie haben ihren gemeinsamen gewöhnlichen Aufenthalt seit zwei Jahren in Deutschland. Nach welchem Recht hat das vom Antragsteller angerufene deutsche Familiengericht über die Scheidung der Ehe zu befinden?

Die Vorfrage des Bestehens einer gültigen Ehe hat das Familiengericht selbständig gemäß Art. 17b Abs. 1 EGBGB anzuknüpfen und nach dem spanischen Recht von einer gültigen Eheschließung auszugehen. Demgegenüber sollte auf die Scheidung dieser Ehe die Rom III-VO Anwendung finden. In Ermangelung einer Rechtswahl der Parteien findet daher gemäß Art. 8 lit. a Rom III-VO deutsches Recht Anwendung. Die Ehe ist daher nach den §§ 1564 ff. BGB zu scheiden; der Umstand, dass diese Vorschriften nur die Scheidung einer

[309] *Gruber* IPRax 2012, 381 (382); NK-BGB/*Gruber* Rom I-VO Art. 1 Rn. 28 ff.; für entsprechende Anwendung der im Gerichtsstaat geltenden Vorschriften zur Auflösung eingetragener Lebenspartnerschaften NK-BGB/*Budzikiewicz* Rom III-VO Art. 10 Rn. 14.

[310] *Martiny* IPRax 2011, 437 (441); Althammer/*Althammer* Rom III-VO Vorb. Rn. 11.

[311] KG FamRZ 2011, 1525; OLG Zweibrücken FamRZ 2011, 1526; OLG München FamRZ 2011, 1526; VG Berlin IPRax 2011, 270; *Andrae/Abbas* StAZ 2011, 97 (102 f.); **aA** (Verstoß gegen den deutschen *ordre public*) AG Nürnberg FamRZ 2011, 308. Dazu auch → § 13 Rn. 36 ff.

[312] AG Münster IPRax 2011, 269; *Mankowski/Höffmann* IPRax 2011, 247 (250 f.).

[313] Zutr. insoweit AG Münster IPRax 2011, 269; ferner *Gruber* IPRax 2012, 381 (389).

[314] Wie hier *Gruber* IPRax 2012, 281 (282 f.); *Spernat* S. 62 ff.; MüKoBGB/*Winkler v. Mohrenfels* Rom III-VO Art. 1 Rn. 3, NK-BGB/*Gruber* Rom III-VO Art. 1 Rn. 23 ff.; Corneloup/*Corneloup* Rom III-VO Art. 1 Rn. 20; PWW/*Martiny* EGBGB Anh. I Art. 17 Rn. 4; *Hausmann* IntEuSchR A Rn. 235.

heterosexuellen Ehe regeln, sollte dem nicht entgegenstehen. Für eine Berufung der deutschen Gerichte auf Art. 13, 2. Fall Rom III-VO besteht kein hinreichender Grund.[315]

Das Europäische Parlament hatte im Gesetzgebungsverfahren vorgeschlagen, auch eingetragene Lebenspartnerschaften in den sachlichen Anwendungsbereich der Rom III-VO einzubeziehen.[316] Der europäische Gesetzgeber hat diesen Vorschlag indes nicht aufgegriffen. Daher werden sonstige Lebensformen zweier Personen verschiedenen oder auch gleichen Geschlechts[317] *de lege lata* nicht von der Rom III-VO erfasst (vgl. auch Erwägungsgrund 10 Abs. 2 S. 1).[318] Dies gilt auch für registrierte Lebenspartnerschaften die – wie zB die eingetragene Lebenspartnerschaft nach deutschem Recht – in ihren Wirkungen der Ehe weitgehend gleichgestellt sind. Gleichgeschlechtliche Partnerschaften sind also nur dann als „Ehen" iSd Rom III-VO zu qualifizieren, wenn sie nach dem als Eheschließungsstatut zur Anwendung berufenen nationalen Recht der traditionellen heterosexuellen „Ehe" in jeder Hinsicht gleichgestellt sind.[319] Dementsprechend unterscheidet der europäische Gesetzgeber auch in seinen Vorschlägen für das internationale Güterrecht weiterhin zwischen Ehen und eingetragenen Partnerschaften.[320] 153

## IV. Allgemeine Vorschriften

### 1. Ausschluss des Renvoi

Der in der Verordnung verwendetete Begriff „Recht eines Staates" ist nach ihrem Art. 11 154
so zu verstehen, dass damit die in diesem Staat geltenden Rechtsnormen unter Ausschluss derjenigen des Internationalen Privatrechts zu verstehen sind. Die Rom III-VO spricht damit nur **Sachnormverweisungen** auf das jeweilige materielle Ehescheidungs- bzw. Ehetrennungsrecht aus. Sowohl eine Rück- wie eine Weiterverweisung durch das IPR der zur Anwendung berufenen Rechtsordnung bleiben also außer Betracht. Dies entspricht der im bisherigen deutschen IPR geltenden Rechtslage, soweit die Ehegatten das Scheidungsstatut durch *Rechtswahl* bestimmen konnten (vgl. Art. 4 Abs. 2 EGBGB). Neu ist hingegen, dass auch im Fall der *objektiven Anknüpfung* nach Art. 8 Rom III-VO auf den Standpunkt des Kollisionsrechts der verwiesenen Rechtsordnung keine Rücksicht genommen wird. Dies gilt auch dann, wenn umgekehrt die Gerichte jenes Staates einen Renvoi durch die Kollisionsnormen der Verordnung akzeptieren und dementsprechend ihr eigenes oder das Recht eines dritten Staates anwenden würden. Dahinter steht die Überlegung, dass der Verordnungsgeber in Art. 8 selbst in einer ausdifferenzierten Anknüpfungsleiter bestimmt hat, mit welchem Recht der Sachverhalt am engsten verknüpft ist; die Annahme einer Rück- oder Weiterverweisung auf ein Recht, mit dem der Sachverhalt aus europäischer Sicht notwendigerweise weniger eng verbunden ist, würde daher dem

[315] Wie hier NK-BGB/*Gruber* Rom III-VO Art. 1 Rn. 36; **aA** *Andrae* IntFamR § 4 Rn. 11, die in dieser Konstellation auch die Scheidung analog Art. 17b Abs. 1 EGBGB nach spanischem Recht durchführen möchte. IErg ebenso OLG München FamRZ 2011, 1526; *Hau* FamRZ 2013, 249 (250); *Mankowski/Hoffmann* IPRax 2011, 247; *Helms* FamRZ 2011, 1765 f.; *Schurig* FS v. Hoffmann, 2011, 405 (411); *Pietsch* NJW 2012, 1768; *Rauscher* FPR 2013, 257 (259); Althammer/*Arnold* Rom III-VO Art. 1 Rn. 13; Erman/*Hohloch* Rom III-VO Art. 1 Rn. 18; vgl. auch → § 13 Rn. 36 f. mit Beispiel → § 13 Rn. 38.

[316] Vgl. den Entwurf einer Legislativen Entschließung des Parlaments zum Vorschlag der EU-Kommission, C7–0315/2010–2010/0067 (CNS).

[317] Zu den verschiedenen Partnerschaftsmodellen in Europa *Hausmann* FS Henrich, 2000, 242 ff.; *Winkler v. Mohrenfels* FS Ansay, 2006, 527 ff.

[318] *Andrae* FPR 2010, 505 (506); *Gruber* IPRax 2012, 381 (383); NK-BGB/*Gruber* Rom III-VO Art. 1 Rn. 37 ff.; Palandt/*Thorn* Rom III-VO Art. 1 Rn. 4; *Hausmann* IntEuSchR A Rn. 236; ebenso zur EuEheVO Rauscher/*Rauscher* EuEheVO Art. 1 Rn. 5, 8; Thomas/Putzo/*Hüßtege* EuEheVO Vorb. Art. 1 Rn. 5; krit. *Kohler* NJW 2001, 10 (15).

[319] NK-BGB/*Gruber* Rom III-VO Art. 1 Rn. 37 ff.

[320] Vgl. dazu → § 9 Rn. 4 einerseits, → § 13 Rn. 7 andererseits.

Sinn dieser Verweisung widersprechen.[321] Unter Geltung der Rom III-VO kommt insbesondere auch die in der Praxis bisher beliebte **versteckte Rückverweisung** auf deutsches Scheidungsrecht durch Common Law-Jurisdiktionen[322] nicht mehr in Betracht.[323]

155 Dieser umfassende Ausschluss des Renvoi nach Art. 11 Rom III-VO ist **problematisch,** soweit auf das Recht eines nicht teilnehmenden Mitgliedstaats oder eines **Drittstaats** verwiesen wird. Verweist nämlich das IPR dieses Drittstaats auf das Recht des Gerichtsstaates zurück, so sprechen gute Gründe dafür, eine solche Rückverweisung anzunehmen.[324] Deshalb hat auch der europäische Gesetzgeber die Beachtung eines solchen Renvoi nunmehr im internationalen Erbrecht ausdrücklich angeordnet (Art. 34 Abs. 1 EuErbVO; → § 15 Rn. 52ff.). Denn zum einen hat der Drittstaat selbst kein Interesse an der Anwendung seines Scheidungsrechts im Verfahren vor dem angerufenen Gericht eines teilnehmenden Mitgliedstaats, zum anderen würde die Annahme der Rückverweisung dem Gericht und den Parteien die Schwierigkeiten und Kosten der Ermittlung des drittstaatlichen Sachrechts ersparen. Außerdem trägt der vollständige Ausschluss des Renvoi auch in Drittstaatsfällen dem in Statusfragen wichtigen Anliegen der Erzielung internationalen Entscheidungseinklangs nicht hinreichend Rechnung.[325]

## 2. Mehrrechtsstaaten

156 **a) Räumliche Rechtsspaltung, Art. 14 Rom III-VO.** In zahlreichen Staaten ist das Ehescheidungs- und Ehetrennungsrecht nicht vereinheitlicht, sondern räumlich gespalten, weil diese Staaten die Regelung des Familienrechts regionalen oder lokalen Normgebern übertragen haben (allg. → § 2 Rn. 129ff.) Unter den teilnehmenden Mitgliedstaaten ist nur *Spanien* ein solcher Mehrrechtsstaat iSv Art. 14 Rom III-VO, nachdem *Katalonien* ein eigenes Zivilgesetzbuch erlassen hat, in dem zwar nicht die Scheidungsgründe, wohl aber die Scheidungsfolgen abweichend vom gemeinspanischen Recht geregelt sind.[326] Seine Hauptbedeutung hat Art. 14 daher aufgrund der universellen Anwendung der Rom III-VO im Fall der Verweisung auf Drittstaaten.[327] Prototyp eines Mehrrechtsstaats sind die *USA,* in denen die Gesetzgebungskompetenz auf dem Gebiet des Scheidungsrechts nicht beim Bund, sondern bei den einzelnen Bundesstaaten liegt. Verweist eine Kollisionsnorm der Rom III-VO auf das Recht eines fremden Mehrrechtsstaates, so reicht dies nicht aus, um die maßgebenden Vorschriften des materiellen Scheidungsrechts zu bezeichnen; die Verweisung muss vielmehr bis zu einer der verschiedenen regionalen Rechtsordnungen „verlängert“ werden. Verwiesen wird allerdings jeweils nicht auf das an einem bestimmten „Ort“ geltende Recht, sondern auf das Recht des „Staates“, in dem die ortsbezogene Anknüpfung verwirklicht ist. Daneben verwendet die Verordnung die gemeinsame Staatsangehörigkeit der Ehegatten als Anknüpfungsmerkmal, bei der die „Verlängerung“ zu einem bestimmten Teilrechtsgebiet besondere Schwierigkeiten bereitet. Hierfür bieten sich grundsätzlich zwei unterschiedliche Lösungswege an: Entweder man begreift die Verweisung als eine solche auf das Recht des ausländischen Mehrrechtsstaates und überlässt diesem die Verteilung auf seine lokalen Partikularrechte oder man bestimmt die maßgebende Teilrechtsordnung selbst. Die Rom III-VO macht in Art. 14 von *beiden* Lösungsmöglichkeiten Gebrauch.

[321] NK-BGB/*Budzikiewicz* Rom III-VO Art. 11 Rn. 4; dazu allg. Staudinger/*Hausmann* EGBGB Art. 4 Rn. 105ff.
[322] Dazu Staudinger/*Hausmann* EGBGB Art. 4 Rn. 79ff., 238ff.
[323] *Henrich* IntSchR Rn. 93ff.; *Hau* FamRZ 2013, 249 (2549.
[324] Dazu allg. Staudinger/*Hausmann* EGBGB Art. 4 Rn. 17ff.
[325] Zu Recht krit. daher *v. Hein* FS Kropholler, 2008, 553 (558); *Kohler* NJW 2008, 1673 (1679); *Traar* ÖJZ 2011, 805 (813); *Schurig* FS v. Hoffmann, 2011, 405 (412ff.); *Hau* FamRZ 2013, 249 (254); NK-BGB/*Gruber* EGBGB Anh. zu Art. 17 Rn. 22; Palandt/*Thorn* Rom III-VO Art. 11 Rn. 1; Erman/*Hohloch* Rom III-VO Art. 11 Rn. 1; Althammer/*Tolani* Rom III-VO Art. 11 Rn. 3.
[326] Vgl. Süß/Ring/*Ferrer*/*Riba* Katalonien S. 701 (710).
[327] Erman/*Hohloch* Rom III-VO Art. 14 Rn. 1.

Den letztgenannten Weg beschreitet die Verordnung sowohl iRd Anknüpfung an die von ihr vorwiegend verwendeten **raumbezogene Anknüpfungen,** insbesondere an den gewöhnlichen Aufenthalt der Ehegatten oder an die *lex fori.* Demgemäß erklärt sie im Falle der allgemeinen Anknüpfung an das Recht des Mehrrechtsstaates in Art. 14 lit. a – ohne Rücksicht auf den diesbezüglichen Standpunkt des Mehrrechtsstaates[328] – das Recht der jeweiligen Gebietseinheit für maßgeblich. Dies betrifft die Anknüpfungen an die *lex fori* nach Art. 5 Abs. 1 lit. d oder Art. 8 lit. d Rom III-VO, in denen daher das Recht derjenigen Gebietseinheit maßgeblich ist, in der das angerufene Gericht seinen Sitz hat. Entsprechendes gilt im Falle der Verweisung auf den **gewöhnlichen Aufenthalt** der Beteiligten in einem Mehrrechtsstaat (zB nach Art. 5 Abs. 1 lit. a und lit. b bzw. Art. 8 lit. a und lit. b Rom III-VO). Hier verlängert Art. 14 lit. b Rom III-VO diese Verweisungen selbst bis zu derjenigern Teilrechtsordnung, in der der gewöhnliche Aufenthalt der Ehegatten begründet ist bzw. zuletzt war. Auf diese Weise wird im Falle der Verweisung auf das Recht eines Mehrrechtsstaates, der – wie zB *Spanien* – über ein gesamtstaatliches interlokales Privatrecht verfügt, dessen Anwendung ausgeschlossen. Ferner ist im Fall der Verweisung auf das Recht von Mehrrechtsstaaten, die – wie zB das *Vereingte Königreich, Australien, Kanada* oder die *USA* – kein gesamtstaatliches interlokales Privatrecht kennen, sondern den jeweiligenTeilstaaten die Bestimmung des interlokalen Geltungsbereichs ihrer Gesetze überlassen, die Beachtung einer interlokalen Weiterverweisung auf das Recht eines anderen Teilstaats unbeachtlich.[329] Diese unmittelbate Verweisung auf das Recht der Gebietseinheit, in der die Ehegatten ihren gewöhnlichen Aufenthalt haben oder hatten, gilt nicht nur im Falle der objektiven Anknüpfung nach Art. 8 lit. a und lit. b Rom III-VO, sondern auch im Rahmen einer Rechtswahl nach Art. 5 Abs. 1 lit. a oder lit. b Rom III-VO. Den Ehegatten ist es mithin verwehrt, in diesen beiden Fällen das Recht eines anderen Teilsstaats als desjenigen zu wählen, in dem sie ihren gemeinsamen gewöhnlichen Aufenthalt haben oder hatten, so dass Ehegatten mit gewöhnlichem Aufenthalt in England nicht schottisches Recht wählen können.[330] 157

Keine Lösung enthält die Verordnung für den Fall, dass die Ehegatten zwar ihren gewöhnlichen Aufenthalt im gleichen Mehrrechtsstaat haben, sich dort aber getrennt haben und sich **in verschiedenen Teilstaaten** gewöhnlich aufhalten. Daher kann die Ehe von Gatten, die beide ihren letzten gemeinsamen gewöhnlichen Aufenthalt in den *USA* hatten, jedenfalls in Ermangelung einer Rechtswahl nicht nach Maßgabe von Art. 8 lit. b Rom III-VO geschieden werden, wenn dieser gewöhnliche Aufenthalt nicht in dem gleichen US-Bundesstaat begründet war.[331] Hatte die Ehefrau daher die gemeinsame Ehewohnung in New York mehr als ein Jahre vor Anrufung des deutschen Gerichts verlassen und ihren neuen gewöhnlichen Aufenthalt in Florida begründet, so kann die Ehe nach Art. 8 lit. b oder Art. 5 Abs. 1 lit. b iVm Art. 14 lit. b Rom III-VO nicht geschieden werden. Ob die Ehegatten in diesem Fall berechtigt sind, in entsprechender Anwendung von Art. 14 lit. c Rom III-VO die maßgebende Rechtsordnung durch Rechtswahl zu bestimmen oder das Gericht in Ermangelung einer solchen Rechtswahl auf die engste Verbindung beider Ehegatten zu einem Teilstaat abstellen darf,[332] ist zumindest zweifelhaft.[333] 158

Demgegenüber überlässt die Rom III-VO im Fall der **Anknüpfung an die Staatsangehörigkeit** in Art. 14 lit. c die Verlängerung zu einer bestimmten Gebietseinheit primär dem (interlokalen) Recht des Mehrrechtsstaates. Wird daher ein spanisches Ehepaar mit 159

[328] *Hausmann* IntEuSchR Rn. 388; NK-BGB/*Nordmeier* Rom III-VO Art. 14 Rn. 1.

[329] *Hausmann* IntEuSchR Rn. 388; NK-BGB/*Nordmeier* Rom III-VO Art. 14 Rn. 1.

[330] Palandt/*Thorn* Rom III-VO Art. 14 Rn. 1; jurisPK-BGB/*Ludwig* Rom III-VO Art. 14 Rn. 3; NK-BGB/*Nordmeier* Rom III-VO Art. 14 Rn. 18.

[331] Vgl. *Andrae* IntFamR § 4 Rn. 39.

[332] So *Hausmann* IntEuSchR A Rn. 391; Erman/*Hohloch* Rom III-VO Art. 14 Rn. 2; dazu auch → § 2 Rn. 150f.

[333] Abl. Palandt/*Thorn* Rom III-VO Art. 14 Rn. 1; jurisPK-BGB/*Ludwig* Rom III-VO Art. 14 Rn. 3; NK-BGB/*Nordmeier* Rom III-VO Art. 14 Rn. 18.

Bezug zu *Katalonien* in Deutschland geschieden, so entscheidet die *„vecindad civil"* der Ehegatten darüber, ob das gemeinspanische Scheidungsrecht des *Codigo civil* oder das Recht von Katalonien zur Anwendung kommt. Nur hilfsweise, wenn es also an einer solchen Regelung in dem maßgeblichen Mehrrechtsstaat – wie zB in den *USA* – fehlt, können die Parteien iRv Art. 5 Rom III-VO die maßgebliche Gebietseinheit selbst durch Rechtswahl[334] bestimmen; dabei können sie auch das Recht einer Gebietseinheit wählen, zu der sie keinen Bezug haben.[335] Haben sie sich auf die Wahl des „Rechts der USA" beschränkt, so können sie diese Rechtswahl in den zeitlichen Grenzen des Art. 5 Abs. 3 Rom III-VO noch konkretisieren. Fehlt es an einer Rechtswahl, gilt hilfsweise das Recht derjenigen Gebietseinheit, zu der die Ehegatten gemeinsam (oder ein Ehegatte allein in den Fällen des Art. 5 Abs. 1 lit. b bzw. Art. 8 lit. b Rom III-VO) die engste Verbindung[336] haben. Besteht die engste Verbindung der beiden Ehegatten zu unterschiedlichen Teilrechtsordnungen des Mehrrechtsstaates, so scheitert die Anknüpfung an das gemeinsame Heimatrecht.

160 **Beispiel:**
Wird vor einem deutschen Familiengericht von einer US-Amerikanerin, die ihren gewöhnlichen Aufenthalt in Deutschland hat, die Scheidung gegen ihren in den USA lebenden Ehemann anhängig gemacht, so können sich die Ehegatten nach Art. 5 Abs. 1 lit. c iVm Art. 14 lit. c Rom III-VO durch Rechtswahl auf das Recht desjenigen US-Bundesstaats verständigen, nach dessen Recht sie geschieden werden wollen. Kommt eine solche Rechtswahl nicht zustande, so kann die Ehe gemäß Art. 8 lit. c iVm Art. 14 lit. c Rom III-VO nur dann nach dem gemeinsamen Heimatrecht der Ehegatten geschieden werden, wenn beide die engste Verbindung zum gleichen US-Bundesstaat haben. Ist dies nicht der Fall, so muss die Ehe gemäß Art. 8 lit. d Rom III-VO nach deutschem Recht geschieden werden.

**Hinweis:**
Ehegatten, die gemäß Art. 5 Abs. 1 lit. c Rom III-VO das gemeinsame Heimatrecht oder das Heimatrecht eines Ehegatten als Scheidungsstatut wählen, ist dann, wenn es sich bei dem gewählten Recht um dasjenige eines Mehrrechtsstaats handelt, dringend anzuraten, auch die maßgebliche Teilrechtsordnung zu wählen.[337]

161 Art. 14 Rom III-VO bestimmt für das internationale Scheidungsrecht die Anknüpfung, die das autonome deutsche Kollisionsrecht in Art. 4 Abs. 3 EGBGB regelt (dazu → § 2 Rn. 147 ff.). Wie Art. 11 Rom III-VO im Verhältnis zu Art. 4 Abs. 1 und Abs. 2 EGBGB ist auch Art. 14 Rom III-VO in Fällen lokaler Rechtsspaltung im Verhältnis zu Art. 4 Abs. 3 EGBGB *lex specialis*. Die Vorschrift gilt daher aufgrund des **Anwendungsvorrangs** des Unionsrechts für alle Kollisionsnormen der Verordnung und verdrängt in deren sachlichem Anwendungsbereich das autonome Kollisionsrecht vollständig.[338] Der Unterschied zu Art. 4 Abs. 3 EGBGB ist freilich nicht allzu groß, weil die Anwendung des interlokalen Privatrechts des Mehrrechtsstaates auch nach dem autonomen IPR unter dem Vorbehalt steht, dass die inländische Kollisionsnorm nicht bereits selbst die maßgebende Teilrechtsordnung bezeichnet.[339]

---

[334] Für Inhalt und Form dieser Rechtswahl gelten die Art. 6, 7 Rom III-VO entsprechend, vgl. NK-BGB/*Nordmeier* Rom III-VO Art. 14 Rn. 22.
[335] Krit. dazu *Gruber* IPRax 2012, 381 (389); NK-BGB/*Nordmeier* Rom III-VO Art. 14 Rn. 22.
[336] Der Begriff der „engsten Verbindung" ist ebenso auszulegen wie in Art. 4 Abs. 3 S. 2 EGBGB; dazu → § 2 Rn. 149; ferner NK-BGB/*Nordmeier* Rom III-VO Art. 14 Rn. 23.
[337] Vgl. Erwägungsgrund 28 zur Rom III-VO; ferner NK-BGB/*Nordmeier* Rom III-VO Art. 14 Rn. 6.
[338] NK-BGB/*Nordmeier* Rom III-VO Art. 14 Rn. 1; Althammer/*Schäuble* Rom III-VO Art. 14 Rn. 1; Erman/*Hohloch* Rom III-VO Art. 14 Rn. 16.
[339] Vgl. Staudinger/*Hausmann* EGBGB Art. 4 Rn. 388 ff.

**b) Personale Rechtsspaltung.** Ist das von den Kollisionsnormen der Verordnung zur Anwendung berufene Scheidungsrecht „personal gespalten", gilt also für verschiedene Personengruppen aus Gründen der Religions- oder Stammeszugehörigkeit unterschiedliches Scheidungsrecht (allg. → § 2 Rn. 163), so ist nach Art. 15 S. 1 Rom III-VO primär zu prüfen, ob der betreffende Staat selbst Normen des interpersonalen Kollisionsrechts bereithält, die eine Unteranknüpfung an das Recht einer bestimmten Religionsgemeinschaft oder einer ethnischen Personengruppe ermöglichen.[340] Dies ist in in Staaten mit personaler Rechtsspaltung fast durchwegs der Fall. Das interpersonale Privatrecht des Mehrrechtsstaates entscheidet dann auch darüber, welches Teilrecht auf religiöse oder ethnische Mischehen Anwendung findet. Nur in den seltenen Fällen, in denen es an einem staatlichen interpersonalen Kollisionsrecht des Mehrrechtsstaates fehlt, ist nach Art. 15 S. 2 Rom III-VO hilfsweise auf das Recht der engsten Verbindung eines oder beider Ehegatten zu einer bestimmten Personengruppe abzustellen. 162

## 3. Ordre public

Zu den allgemeinen Voraussetzungen und Rechtsfolgen eines *ordre public*-Verstoßes → § 3 Rn. 110 ff.[341] Auf dem Gebiet des internationalen Ehescheidungsrechts hat Art. 12 Rom III-VO Anwendungsvorrang vor Art. 6 EGBGB, wird aber seinerseits durch die spezielle Vorbehaltsklausel in Art. 10 Rom III-VO (→ Rn. 46 ff.) verdrängt. Im einzelenen gilt für einen Verstoß ausländischen Scheidungsrecht gegen den deutschen *ordre public* folgendes: 163

Die in einer zunehmenden Zahl von EU-Mitgliedstaaten zugelassene **gleichgeschlechtliche Ehe** verstößt zwar nicht gegen den deutschen *ordre public.*[342] Sie wird im Inland jedoch nach bisher hM unter Berufung auf Art. 13, 2. Fall nicht nach Maßgabe der Rom III-VO geschieden, sondern in entsprechender Anwendung der Vorschriften über die eingetragene Lebenspartnerschaft aufgelöst (zur Kritik näher → Rn. 150 f.). Demgegenüber ist die grundsätzliche **Unauflöslichkeit der Ehe** nach ausländischem Recht – allerdings nur bei hinreichendem Inlandsbezug – mit dem deutschen *ordre public* nicht vereinbar. Dies gilt etwa für das Scheidungsverbot des kanonischen Rechts;[343] denn es widerspricht dem deutschen *ordre public,* wenn das ausländische Recht Ehegatten an einer unheilbar zerrütteten Ehe lebenslänglich festhält. Der Rückgriff auf die Vorbehaltsklausel erübrigt sich freilich seit Inkrafttreten der Rom III-VO idR wegen Art. 10, 1. Fall (→ Rn. 48). Auch eine sonstige unzumutbare Erschwerung der Scheidung – zB durch Scheidungsstrafen – kann gegen den *deutschen ordre public* verstoßen.[344] 164

Im Vergleich zum deutschen Recht **längere Trennungsfristen** nach ausländischem Recht verstoßen grundsätzlich nicht gegen den deutschen *ordre public,*[345] und zwar auch dann nicht, wenn die Frist erst vom Abschluss eines zwingend druchzuführenden förmlichen Ehetrennungsverfahrens zu laufen beginnt.[346] Etwas anderes muss jedoch gelten, wenn die Trennungsfristen nach dem ausländischen Scheidungsstatut unzumutbar lang sind.[347] Eine leichtere Scheidbarkeit der Ehe nach ausländischem Recht, zB durch Festlegung kürzerer Trennungsfristen, ist hingegen grundsätzlich hinzunehmen, auch wenn 165

[340] Zur Auslegung näher NK-BGB/*Nordmeier* Rom III-VO Art. 15 Rn. 6 f.

[341] Dazu in Bezug auch ausf. NK-BGB/*Budzikiewicz* Rom III-VO Art. 12 Rn. 6 ff.

[342] AG Münster IPRax 2011, 269 (270); VG Karlsruhe IPRax 2006, 284 (286 ff.); *Röthel* IPRax 2002, 496 und 2006, 250; **aA** AG Nürnberg FamRZ 2011, 308.

[343] BGHZ 169, 240 (251 ff.) = FamRZ 2007, 109 m. zust. Anm. *Henrich* = JZ 2007, 738 m. zust. Anm. *Rauscher,* **aA** noch die Vorinstanz OLG Karlsruhe IPRax 2006, 181 (182) m. abl. Anm. *Rauscher* IPRax 2006, 140; OLG Frankfurt a.M. NJW 1989, 3101 (3102).

[344] *Gruber* IPRax 2012, 381 (391); Palandt/*Thorn* Rom III-VO Art. 12 Rn. 3.

[345] OLG Hamm FPR 2004, 391; AG Sinzig FamRZ 2005, 1678; Palandt/*Thorn* Rom III-VO Art. 12 Rn. 3.

[346] BGH FamRZ 2007, 113; Palandt/*Thorn* Rom III-VO Art. 12 Rn. 3.

[347] *Andrae* IntFamR § 4 Rn. 58; vgl. *Rauscher* JZ 2007, 741 (744): dreijährige Verzögerung der Scheidung; zurückhaltender NK-BGB/*Gruber* EGBGB Art. 17 Rn. 4; MüKoBGB/*Winkler v. Mohrenfels* Rom III-VO Art. 12 Rn. 3.

deutsche Staatsangehörige betroffen sind.[348] Dies gilt auch, wenn das Scheidungsstatut auf die im deutschen Recht (§ 1565 Abs. 2 BGB) vorgesehene Mindesttrennungsfrist von einem Jahr verzichtet.[349]

166 Auch die Anwendung ausländischen Scheidungsrechts, das die Auflösung der Ehe noch vom **Verschulden eines Ehegatten** abhängig macht, verletzt den deutschen *ordre public* nicht; allerdings muss der „schuldige" Ehegatte die Möglichkeit haben, ein Mitverschulden des anderen Ehegatten geltend zu machen.[350] Ferner darf dem allein „schuldigen" Ehegatten das Recht auf Scheidung nicht vollständig verwehrt werden.[351] Auch die vom Scheidungsstatut vorgesehene Zubilligung von Ansprüchen wegen des vom „nicht-schuldigen" Ehegatten durch die Scheidung erlittenen immateriellen Schadens kann vor deutschen Gerichten geltend gemacht werden, ohne dass Art. 12 Rom III-VO bemüht werden muss, wenn die Verfehlungen des „schuldigen" Ehegatten zu einer schwerwiegenden Persönlichkeitsverletzung bei seinem Partner geführt haben.[352] Eine Verletzung der deutschen öffentlichen Ordnung kommt hingegen in Betracht, wenn die Ehe nach ausländischem Recht aus rassischen oder religiösen Gründen aufgelöst werden kann.[353]

167 Die Durchführung einer reinen **Privatscheidung** im Inland scheitert bereits an Art. 17 Abs. 2 EGBGB (→ Rn. 133 ff.). Die Anerkennung einer im gemeinsamen Heimatstaat der Ehegatten wirksam vorgenommenen Privatscheidung verstößt nicht gegen deutschen *ordre public.*[354] Etwas anderes kann gelten, wenn an der Privatscheidung im Ausland ein deutscher Ehegatte beteiligt war, auch wenn die Ehe durch die Privatscheidung nach dem – in entsprechender Anwendung von Art. 5 ff. Rom III-VO bestimmten (→ Rn. 132 ff.) – Scheidungsstatut aufgelöst worden ist.[355] Den deutschen *ordre public* verletzt auch die Verurteilung eines Ehegatten zur Vornahme einer Privatscheidung im Ausland.[356]

168 Die einseitige **Verstoßung der Ehefrau** durch den Ehemann nach islamischem Recht verstößt hingegen grundsätzlich gegen den deutschen *ordre public,* weil der Ehefrau das gleiche Recht zur einseitigen Auflösung der Ehe in gleichberechtigungswidriger Weise vorenthalten und sie damit zum Objekt einer Willkürentscheidung gemacht wird.[357] Dies gilt auch, wenn beide Ehegatten eine ausländische Staatsangehörigkeit besitzen und der erforderliche Inlandsbezug nur über den gewöhnlichen Aufenthalt eines oder beider Ehegatten hergestellt wird.[358] Die Anerkennung einer *im Ausland* bereits vollzogenen Verstoßungsscheidung ist jedoch nur dann mit dem deutschen *ordre public* unvereinbar, wenn eine hinreichend starke **Inlandsbeziehung** besteht (zB bei gewöhnlichem Aufenthalt der Ehegatten im Inland),[359] insbesondere wenn eine deutsche Frau gegen ihren Willen oder ohne ihr Wissen verstoßen worden ist.[360] Hingegen wird die deutsche öffentliche Ordnung nicht verletzt, wenn die Ehefrau mit der im Ausland vollzogenen Verstoßung ein-

---

[348] MüKoBGB/*Winkler v. Mohrenfels* Rom III-VO Art. 12 Rn. 7; Erman/*Hohloch* Rom III-VO Art. 12 Rn. 24; NK-BGB/*Budzikiewicz* Rom III-VO Art. 12 Rn. 34; ebenso schon zu Art. 17 Abs. 1 EGBGB aF Staudinger/*Mankowski* EGBGB Art. 17 Abs. 1 Rn. 108.

[349] OLG Hamm FamRZ 1997, 881.

[350] BGH NJW 1982, 1940 (1942); OLG Oldenburg FamRZ 1990, 632.

[351] Vgl. MüKoBGB/ *Winkler v. Mohrenfels* Rom III-VO Art. 12 Rn. 2 (zu Art. 166 türk. ZGB).

[352] OLG Frankfurt a.M. NJW-RR-2003, 725 ff.; NK-BGB/*Gruber* EGBGB Art. 17 Rn. 78.

[353] Staudinger/*Mankowski* EGBGB Art. 17 Rn. 109; NK-BGB/*Gruber* EGBGB Art. 17 Rn. 66.

[354] BayObLGZ 1998, 103 (108).

[355] JM NRW IPRax 1982, 25 ff. zu Art. 17 EGBGB aF; vgl. aber auch BayObLGZ 1998, 103 (108).

[356] Vgl. BGH NJW-RR 2008, 1169 (1171) zur Verurteilung des Ehemannes zur Übergabe des Scheidebriefs in *Israel* gemäß jüdischem Recht.

[357] OLG Rostock FamRZ 2006, 947 (948); iErg ebenso OLG Hamm FamRZ 2011, 1056; OLG Stuttgart FamRZ 2004, 25 (26) und 1997, 882 (883); OLG Köln FamRZ 2002, 166; OLG Zweibrücken NJW-RR 2002, 581; OLG Düsseldorf FamRZ 1998, 1113 (1114) und 1997, 882 (Ls.); *Andrae* IntFamR § 4 Rn. 6.

[358] OLG Hamm FamRZ 2011, 1056 (1057); OLG Rostock FamRZ 2006, 947 (948) und OLG Zweibrücken NJW-RR 2002, 581; OLG München IPRax 1989, 238 (241).

[359] Vgl. OLG Stuttgart FamRZ 2000, 171.

[360] BayObLG IPRax 1982, 104 (105).

verstanden war[361] oder wenn die Voraussetzungen für die Ehescheidung auch nach deutschem Recht vorgelegen haben.[362] Die Problematik der Verstoßung nach islamischem Recht ist seit Inkrafttreten der Rom III-VO durch die Möglichkeit des – vorrangigen – Rückgriffs auf die *lex fori* nach Art. 10, 2. Fall (→ Rn. 49ff.) freilich deutlich entschärft worden.

**Beispiel:** 169
Der iranische Arzt Dr. M beantragt vor dem Familiengericht Konstanz die Scheidung von seiner Ehefrau F, die gleichfalls die iranische Staatsangehörigkeit besitzt. Zur Begründung seines Scheidungsantrags stützt sich der Ehemann auf Art. 1133 des iranischen Zivilgesetzbuchs. Danach kann ein Mann „seine Ehefrau verstoßen, wann er will." Diese Verstoßung spricht er formgerecht in der mündlichen Verhandlung vor dem Familiengericht aus. Die F beruft sich gegenüber der Wirksamkeit dieser Scheidung auf den deutschen *ordre public.* Sie weist darauf hin, dass das iranische Recht ein Scheidungsrecht der Ehefrau nur in engen Grenzen anerkenne und rügt daher einen Verstoß gegen Art. 3 Abs. 2 GG.[363]

Die Verstoßung der Ehefrau durch ihren Ehemann beurteilt sich gemäß Art. 8 Abs. 3 des deutsch-iranischen Niederlassungsabkommens von 1929 nach iranischem Recht. Sie verletzt auch dann, wenn sie im Inland vorgenommen worden ist, nicht in jedem Fall den in Art. 8 Abs. 3 S. 2 ausdrücklich vorbehaltenen deutschen *ordre public* nach Art. 6 EGBGB. Es kommt vielmehr auf das Ergebnis der Anwendung des iranischen Scheidungsrechts im konkreten Fall an. Dieses Ergebnis – Auflösung der Ehe – ist jedenfalls dann mit den grundlegenden deutschen Rechtsvorstellungen vereinbar, wenn die Voraussetzungen für eine Ehescheidung auch nach deutschem Recht vorlagen oder die Ehefrau mit der Verstoßungsscheidung einverstanden war bzw. sie selbst vorgenommen hat.[364] Die Wirksamkeit der Scheidung kann auch nicht über Art. 10, 2. Fall Rom III-VO in Frage gestellt werden, weil die Rom III-VO auf rein iranische Ehen keine Anwendung findet (→ Rn. 13 ff.).

## C. Anerkennung von Entscheidungen in Ehesachen

### I. EU-Recht

Die Anerkennung von Entscheidungen in Ehesachen richtet sich in der *Bundesrepublik* 170
*Deutschland* heute vorrangig nach der **EuEheVO,** soweit der Erststaat Mitgliedstaat der EU (mit Ausnahme *Dänemarks*) ist. Die EuEheVO gilt nach ihrem Art. 64 Abs. 1 jedenfalls, wenn das Verfahren, in dem das ausländische Eheurteil gesprochen wurde, erst nach dem 1.3.2005 eingeleitet worden ist. Darüberhinaus sind aber auch Entscheidungen, die in vor diesem Zeitpunkt eingeleiteten Verfahren ergangen sind, unter den Voraussetzungen des Art. 64 Abs. 2 bis Abs. 4 EuEheVO nach Maßgabe des III. Kapitels dieser Verordnung anzuerkennen.[365] Entscheidungen in Ehesachen werden nach Art. 21 Abs. 1 EuEheVO automatisch anerkannt. Die Durchführung eines besonderen Anerkennungsverfahrens darf vom nationalen Recht nicht vorgeschrieben werden; die Anerkennung erfolgt vielmehr *ipso iure.*[366] Damit ist für das deutsche Recht klargestellt, dass das Anerkennungsverfahren in

[361] OLG Frankfurt a.M. NJW 1985, 1293 (1294).
[362] OLG Koblenz FamRZ 1993, 563; **aA** OLG Stuttgart FamRZ 2000, 171. Dazu auch *Hausmann* IntEuSchR H Rn. 285.
[363] Vgl. OLG München IPRax 1989, 238; AG Frankfurt a.M. IPRax 1989, 237; ferner OLG Stuttgart FamRZ 1997, 882; OLG Düsseldorf FamRZ 1998, 1114; OLG Köln FamRZ 2002, 166; OLG Zweibrücken FamRZ 2002, 581.
[364] BGH FamRZ 2004, 1952 (1955); OLG Hamm IPRax 2014, 349 mAnm *Helms* IPRax 2014, 334; OLG Hamm NJW-RR 2010, 1090; OLG Frankfurt a.M. FamRZ 2009, 1504; ebenso *Andrae* NJW 2007, 1730 (1731f.); MüKoBGB/*v. Hein* EGBGB Art. 6 Rn. 266.
[365] Näher *Hausmann* IntEuSchR H Rn. 132ff.
[366] Rauscher/*Rauscher* EuEheVO Art. 21 Rn. 15ff.; Rauscher/*Andrae* EuEheVO Art. 21 Rn. 15.

Ehesachen nach § 107 FamFG im Anwendungsbereich der EuEheVO nicht mehr stattfindet; über die Anerkennungsfähigkeit von Entscheidungen aus anderen Mitgliedstaaten wird vielmehr inzident in dem jeweiligen Hauptsacheverfahren entschieden.[367] Die Hindernisse für eine Anerkennung von Entscheidungen in Ehesachen sind in Art. 22 EuEheVO abschließend aufgezählt.[368] Dabei hat die anerkennungsfreundliche Grundtendenz der EuEheVO, die Ausdruck des gegenseitigen Vertrauens zwischen den Mitgliedstaaten ist, zur Folge, dass die Anerkennungsversagungsgründe auf ein Mindestmaß reduziert sind und ihre Auslegung sich stets an dem Ziel einer möglichst weitgehenden Freizügigkeit von Entscheidungen innerhalb der EU zu orientieren hat (vgl. Art. 81 Abs. 1 und Abs. 2 lit. a AEUV). Insbesondere die internationale Zuständigkeit des Erststaates wird – wie Art. 24 S. 1 EuEheVO klarstellt – iRd Anerkennung von Entscheidungen in Ehesachen nach der EuEheVO nicht nachgeprüft.

## II. Staatsverträge

171 An *multilateralen* Übereinkommen über die Anerkennung von Entscheidungen in Ehesachen (vgl. Art. 60 lit. b und lit. c EuEheVO) ist die *Bundesrepublik Deutschland* nicht beteiligt. Die meisten der von ihr abgeschlossenen *bilateralen* Anerkennungs- und Vollstreckungsabkommen werden, soweit sie auch Entscheidungen in Ehesachen erfassen, gemäß Art. 59 Abs. 1 EuEheVO durch die Art. 21 bis 22, Art. 24 bis 27 EuEheVO verdrängt.[369] Praktische Bedeutung behalten hingegen diejenigen bilateralen Abkommen, die von der *Bunderepublik Deutschland* mit Drittstaaten – wie der *Schweiz* und *Tunesien* – abgeschlossen wurden.[370]

## III. Autonomes Zivilverfahrensrecht

172 Das autonome Recht der EU-Mitgliedstaaten (mit Ausnahme *Dänemarks*) gilt nur noch für die Anerkennung von *dänischen* und von **drittstaatlichen Entscheidungen** in Ehesachen sowie für die Anerkennung von mitgliedstaatlichen Entscheidungen, die in Verfahren ergangen sind, die vor dem 1.3.2005 eingeleitet wurden, soweit diese nicht deshalb nach Art. 64 Abs. 2 bis Abs. 4 EuEheVO gemäß Art. 21 ff. EuEheVO anerkannt werden können, weil im Ursprungsstaat zuvor die Vorgänger-Verordnung Nr. 1347/2000 galt. In Deutschland sind dann – vorbehaltlich der genannten bilateralen Abkommen mit der *Schweiz* und *Tunesien* – die §§ 107 bis 109 FamFG anzuwenden. Danach hängt die Anerkennung grundsätzlich[371] weiterhin von einer entsprechenden Feststellung der zuständigen Landesjustizverwaltung nach § 107 Abs. 1 FamFG ab.[372] Das Feststellungsverfahren nach § 107 FamFG ist auch dann durchzuführen, wenn sich die sachlichen Voraussetzungen der Anerkennung nach staatsvertraglichen Vorschriften beurteilen. Die Anerkennungshindernisse des autonomen Rechts ergeben sich aus § 109 FamFG; danach ist – abweichend von Art. 22 EuEheVO – auch erforderlich, dass das ausländische Gericht in spiegelbildlicher Anwendung von § 98 FamFG für die Entscheidung in der Ehesache international zuständig war.[373]

[367] *Andrae/Heidrich* FPR 2004, 292.
[368] Zu Einzelheiten *Hausmann* IntEuSchR H Rn. 52 ff.
[369] Zu Einzelheiten *Hausmann* IntEuSchR H Rn. 117 ff.
[370] Dazu *Hausmann* IntEuSchR H Rn. 138 ff., 148 ff.
[371] Eine Ausnahme gilt für Entscheidungen aus dem gemeinsamen Heimatstaat der Ehegatten, § 107 Abs. 1 S. 2 FamFG, vgl. zuletzt OLG Düsseldorf IPRax 2014, 286 mAnm *Heiderhoff* IPRax 2014, 264.
[372] Dazu näher *Hausmann* IntEuSchR H Rn. 185 ff.
[373] Vgl. OLG Düsseldorf IPRax 2014, 286 mAnm *Heiderhoff* IPRax 2014, 264; dazu näher *Hausmann* IntEuSchR H Rn. 242 ff.

# § 12. Versorgungsausgleich

## Übersicht



**Schrifttum:**


*Adam,* Internationaler Versorgungsausgleich, 1985; *ders.,* Zur Anwendbarkeit des deutschen Versorgungsausgleichs aufgrund versteckter Rückverweisung durch das englische Recht, IPRax 1987, 98; *von Bar,* Nachträglicher Versorgungsausgleich und Ehewirkungsstatut in einer deutsch-niederländischen Ehe, IPRax 1994, 100; *Bergner,* Der nach Brüssel entsandte Beamte im Versorgungsausgleich oder: Wie man die Bewertung ausländischer Versorgungsanrechte vermeidet, IPRax 1988, 281; *Bopp/Grolimund,* Schweizerischer Versorgungsausgleich bei ausländischen Scheidungsurteilen, FamPrax 2003, 497; *Carstensen,* Kindergeld, Kindesunterhalt und Versorgungsausgleich im grenzüberschreitenden Rechtsverkehr mit Dänemark, SchlHA 2008, 117; *Finger,* Versorgungsausgleich mit Auslandsbezug – Art. 17 Abs. 3 EGBGB, FamRBint 2010, 18; *Greiner,* Vorsorgeleistungen mit Auslandsbezug, Art. 17 Abs. 3 EGBGB, Forum 2002, 154; *Hochheim,* Versorgungsausgleich und IPR, 2004; *Hohloch/Klöckner,* Versorgungsausgleich mit Auslandsberührung – vom alten zum neuen Recht – Korrektur eines Irrwegs, IPRax 2010, 522; *Jayme,* Versorgungsausgleich in Auslandsfällen, NJW 1978, 2417; *ders.,* Versorgungsausgleich und Internationales Privatrecht unter besonderer Berücksichtigung der deutsch-österreichischen Scheidungsfälle, ZfRV 1980, 175; *Klattenhoff,* Das Internationale Privatrecht und der Versorgungsausgleich, Teil I, FuR 2000, 49 und Teil II, FuR 2000, 108; *Kretschmann,* Versorgungsausgleich auf der Grundlage eines Auslandsrechts, 2005; *Pirrung,* EuGH und Versorgungsausgleich – keine Diskriminierung durch Anknüpfung an die Staatsangehörigkeit, GS Lüderitz, 2000, 543; *Rauscher,* Regelwidriger Versorgungsausgleich (Art. 17 Abs. 3, 2 EGBGB) und Abgeschlossenheit (Art. 220 I EGBGB), IPRax 1989, 224; *ders.,* Versorgungsausgleich bei unklarem ausländischen Rentenanrecht, IPRax 2005, 431; *ders.,* Unbilligkeit bei Versorgungsausgleich mit Auslandsbezug, IPRax 2015, 139; *Reinhard,* Ausländische Versorgungsanwartschaften im Versorgungsausgleich, FamRZ 2007, 866; *Rigaux,* „Versorgungsausgleich" und Art. 12 EC: Discriminations based on the nationality and German private international law,

IPRax 2000, 287; *Sonnenberger,* Zur Qualifikation des Versorgungsausgleichs und zur Berücksichtigung ausländischer Rechtslagen im deutschen Versorgungsausgleich, IPRax 1981, 50; *Trachsel,* Der Versorgungsausgleich im internationalen Verhältnis, FamPrax 2010, 241; *R. Wagner,* Versorgungsausgleich mit Auslandsberührung, 1996; *ders.,* Versorgungsausgleich bei deutsch-amerikanischer Ehe, IPRax 1999, 94; *Zacher* (Hrsg.), Der Versorgungsausgleich im internationalen Vergleich und in der zwischenstaatlichen Praxis, 1985.

1 Zu den rechtsgestalterischen Aufgaben auf dem Gebiet des Familienrechts gehört auch die Regelung des Versorgungsausgleichs, der in Eheverträgen und Scheidungsvereinbarungen nicht selten ausgeschlossen oder durch andere vermögensrechtliche Zuwendungen kompensiert wird. In Fällen mit Auslandsberührung kommt dies regelmäßig nur in Betracht, wenn der Versorgungsausgleich dem deutschen Recht unterliegt, da dieses Rechtsinstitut im Ausland weitgehend unbekannt ist. Wegen der akzessorischen Anknüpfung des Versorgungsausgleichs an das Scheidungsstatut kommt seit Inkrafttreten der Rom III-VO insbesondere der Frage, wie sich eine Wahl des Scheidungsstatuts nach Art. 5 Rom III-VO auf die Durchführung des Versorgungsausgleichs auswirkt, erhebliche praktische Bedeutung zu.

## A. Rechtsquellen

### I. Internationales Privatrecht

#### 1. EU-Recht

2 Das auf den Versorgungsausgleich zwischen Ehegatten anwendbare Recht ist bisher nicht durch EU-Recht geregelt. Hinzuweisen ist in diesem Zusammenhang jedoch auf die Verordnung (EU) Nr. 2016/1103 über die Zuständigkeit, das anzuwendende Recht und die Anerkennung und Vollstreckung von Entscheidungen in Fraugen des ehelichen Güterstands vom 24.6.2016 **(EuGüVO).**[1] Diese Verordnung soll zwar nach ihrem Art. 1 Abs. 1 nur auf „die ehelichen Güterstände" Anwendung finden, die aus der Sicht des deutschen Rechts den Versorgungsausgleich nicht umfassen. Der Begriff der ehelichen Güterstände ist jedoch für die Zwecke der EuGüVO **autonom** und damit ebenso weit auszulegen wie die bisherige Ausnahmeregelung in Art. 1 Abs. 2 lit. a Brüssel I-VO. Er betrifft daher nach der Definition in Art. 3 lit. a EuGüVO „sämtliche vermögensrechtlichen Regelungen, die zwischen den Ehegatten und in ihren Beziehungen zu Dritten aufgrund der Ehe oder der Auflösung der Ehe gelten", was auch den Versorgungsausgleich mit einschließen würde. Ausgenommen sind jedoch diejenigen Bereiche, die in Art. 1 Abs. 2 der Verordnung – abschließend – aufgeführt sind. Anders als noch im ersten Kommissionsvorschlag vom 16.3.2011[2] nimmt Art. 1 Abs. 2 EuGüVO nunmehr nicht nur Fragen der **Sozialversicherung** (lit. e), sondern auch das Recht zur Übertragung oder zur Anpassung von während der Ehe erworbenen Anwartschaften auf Altersversorgung oder Erbwerbsunfähigkeitsrente im Falle der Ehescheidung, Ehetrennung oder Ehenichtigkeit ausdrücklich aus dem sachlichen Anwendungsbereich der Verordnung aus. (lit. f). Dies gilt insbesondere für den **Versorgungsausgleich** deutscher Prägung, für den es daher auch künftig bei der Anknüpfung nach Art. 17 Abs. 3 EGBGB bleibt. Diese Ausnahme in Art. 1 Abs. 2 lit. f EuGüVO ist allerdings eng auszulegen. Insbesondere die Fragen der Kategorisierung von Rentenkapital, der während der Ehe bereits ausbezahlten Beträge und des eventuell zu gewährenden Ausgleichs bei mit gemeinsamem Vermögen finanzierten Rentenversicherungen fallen daher in den Anwendungsbereich der Verordnung.[3]

3 Entsprechendes gilt für den Versorgungsausgleich zwischen **eingetragenen Lebenspartnern,** denn die Verordnung (EU) Nr. 2016/1104 über die Zuständigkeit, das anzuwendende Recht und die Anerkennung und Vollstreckung von Entscheidungen in Fra-

[1] ABl. L 183, 1 = *Jayme/Hausmann* Nr. 33; dazu näher → § 9 Rn. 2 ff.
[2] COM(2011) 126 final.
[3] Vgl. Erwägungsgrund 23 zur Verordnung.

gen der güterrechtlichen Wirkungen eingetragener Partnerschaften **(EuPartVO)** vom 24.6.2016[4] enthält in ihrem Art. 1 Abs. 2 lit. f eine mit Art. 1 Abs. 2 lit. f EuGüVO wörtlich übereinstimmende Ausschlussklausel.

Mittelbar hat das europäische Kollisionsrecht freilich bereits mit Wirkung vom 21.6.2012 an auch für die Anknüpfung des Versorgungsausgleichs Bedeutung erlangt. Denn mit Inkrafttreten der Rom III-VO[5] konnte an der bisherigen Verweisung des deutschen Kollisionsrechts in Art. 17 Abs. 3 S. 1 Hs. 1 EGBGB auf das nach Art. 17 Abs. 1 S. 1 EGBGB aF maßgebliche Scheidungsstatut nicht mehr festgehalten werden, weil das autonome Scheidungskollisionsrecht der Mitgliedstaaten durch die Rom III-VO vollständig verdrängt wird (näher → § 11 Rn. 2ff.). Der deutsche Gesetzgeber hat daher durch das **Gesetz zur Anpassung des deutschen IPR an die Rom III-VO** vom 23.1.2013[6] auch die Kollisionsnorm für den Versorgungsausgleich in Art. 17 Abs. 3 EGBGB geändert. Dabei hat er zwar an der akzessorischen Anknüpfung des von Amts wegen durchzuführenden Versorgungsausgleichs an das Scheidungsstatut in Satz 1 festgehalten; verwiesen wird jedoch nunmehr auf das durch die Rom III-VO bestimmte Scheidungsstatut. 4

## 2. Staatsverträge

Das Kollisionsrecht des Versorgungsausgleichs ist auch in multilateralen Staatsverträgen bisher nicht geregelt. Insbesondere ist das **Haager Unterhaltsprotokoll** (→ § 10 Rn. 4ff.) auf den Versorgungsausgleich nicht anwendbar, weil dieser nicht von der Bedürftigkeit des ausgleichsberechtigten Ehegatten abhängt und daher auch bei der gebotenen autonomen Auslegung von § 1 HUP nicht als „Unterhalt" qualifiziert werden kann.[7] Der Umstand, dass trotz der Zunahme gemischt-nationaler Ehen kaum Staatsverträge auf dem Gebiet des internationalen Privatrechts des Versorgungsausgleichs existieren, ist vor allem darauf zurückzuführen, dass der Versorgungsausgleich, wie ihn das deutsche Recht kennt, international kaum verbreitet ist.[8] Dabei spielt auch die enge Verbindung des Versorgungsausgleichs zum öffentlichen Recht eine Rolle.[9] 5

Jedoch sind bilaterale Abkommen zu beachten, die gemäß Art. 3 Nr. 2 EGBGB der autonomen Kollisionsnorm in Art. 17 Abs. 3 EGBGB vorgehen. So enthält insbesondere Art. 8 Abs. 3 des **deutsch-iranischen Niederlassungsabkommens** vom 17.2.1929[10] eine vorrangige Kollisionsnorm für das gesamte Familienrecht, die auch den Versorgungsausgleich umfasst, obwohl dieser bei Vertragsschluss im Jahr 1929 weder dem deutschen noch dem iranischen Recht bekannt war und deshalb in im Schlussprotokoll zum Abkommen[11] nicht ausdrücklich erwähnt wird. Da das iranische Recht den Versorgungsausgleich nach wie vor nicht kennt, schließt Art. 8 Abs. 3 des Abkommens die Durchführung des Versorgungsausgleichs in einer Ehe von ausschließlich iranischen Staatsangehörigen aus.[12] Etwas anderes würde nur dann gelten, wenn es sich bei Art. 17 Abs. 3 S. 2 EGBGB um eine Vorschrift des deutschen *ordre public* handeln würde; denn dieser ist auch iRd deutsch-iranischen Niederlassungsabkommens zu beachten.[13] Die Durchführung des Versorgungsausgleichs nach deutschem Recht gemäß Art. 17 Abs. 3 S. 2 EGBGB ist indessen kein zwingendes Gebot der deutschen öffentlichen Ordnung, so dass im Verhältnis iranischer Ehegatten zueinander ein 6

[4] ABl. L 183, 30 = *Jayme/Hausmann* Nr. 39; dazu näher → § 13 Rn. 5ff.
[5] Zu dieser Verordnung näher → § 11 Rn. 1ff.
[6] BGBl. 2013 I 101.
[7] Münch/*Süß* FamR § 20 Rn. 226.
[8] BT-Drs. 10/504, 59; vgl auch *Jayme* ZfRV 10980, 175 (176).
[9] BT-Drs. 16/10144, 113; BeckOK BGB/*Heiderhoff* EGBGB Art. 17 Rn. 97.
[10] RGBl. 1930 II 1006; näher dazu → § 10 Rn. 17ff.
[11] RGBl. 1930 II 1012 = *Jayme/Hausmann* Nr. 22 Fn. 2.
[12] Besitzt auch nur einer der Ehegatten neben der iranischen auch die deutsche Staatsangehörigkeit, findet das Abkommen keine Anwendung; → § 10 Rn. 17.
[13] Vgl. Art. 8 Abs. 3 letzter Hs. des Abkommens; dazu BGHZ 160, 332 (344) = FamRZ 2004, 1952 mAnm *Henrich*; *Schotten/Wittkowski* FamRZ 1995, 264 (267).

Versorgungsausgleich nicht durchzuführen ist, selbst wenn ein Ehegatte während der Ehe in Deutschland Versorgungsanwartschaften erworben hat.[14]

### 3. Autonomes Kollisionsrecht

7 Greift – wie derzeit noch im Regelfall – weder EU-Recht noch ein Staatsvertrag ein, so ist das auf den Versorgungsausgleich anzuwendende Recht mit Hilfe des autonomen deutschen Kollisionsrechts zu bestimmen; einschlägig ist dann Art. 17 Abs. 3 EGBGB in der durch Gesetz zur Anpassung des deutschen IPR an die Rom III-VO vom 23.1.2013 geänderten Fassung. Diese Neufassung des Art. 17 Abs. 3 EGBGB gilt allerdings nicht rückwirkend seit der Anwendbarkeit der Rom III-Verordnung am 12.6.2012, sondern nur in Verfahren, die **ab dem 29.1.2013 eingeleitet** worden sind (Art. 229 § 28 Abs. 2 EGBGB).[15]

## II. Internationale Zuständigkeit

### 1. EU-Recht

8 Regelungen des sekundären Unionsrechts finden auf dem Gebiet der internationalen Zuständigkeit für Verfahren betreffend den Versorgungsausgleich derzeit noch keine Anwendung. Der Versorgungsausgleich ist insbesondere aus dem Anwendungsbereich der **Brüssel Ia-VO** nach deren Art. 1 Abs. 2 lit. a ausgeschlossen. Dieser Ausschlusstatbestand ist weit auszulegen; er umfasst alle vermögensrechtlichen Beziehungen zwischen Ehegatten, die sich unmittelbar aus der Ehe oder ihrer Auflösung ergeben,[16] und damit auch den Versorgungsausgleich.[17]

9 Auch die bisher auf dem Gebiet des Ehe- und Familienrechts in Kraft getretenen EU-Verordnungen erfassen den Versorgungsausgleich nicht.[18] Dies gilt insbesondere für die **EuEheVO,** die überhaupt keine vermögensrechtlichen Scheidungsfolgen regelt (vgl. Erwägungsgrund 8; näher → § 11 Rn. 138ff.).[19] Auch der Anwendungsbereich der **EuUntVO** ist nach ihrem Art. 1 Abs. 1 auf das Unterhaltsrecht beschränkt.[20]

10 Schließlich nimmt auch Art. 1 Abs. 2 lit. f **EuGüVO** den Versorgungsausgleich – wie gezeigt (→ Rn. 2) – ausdrücklich aus seinem sachlichen Anwendungsbereich aus. Entsprechendes gilt für den Versorgungsausgleich zwischen eingetragenen Lebenspartnern nach Art. 1 Abs. 2 lit. f **EuPartVO** (→ Rn. 2a).

### 2. Staatsverträge

11 Die internationale Zuständigkeit in Verfahren des Versorgungsausgleichs ist bisher auch nicht in Staatsverträgen geregelt, die von der *Bundesrepublik Deutschland* abgeschlossen worden sind. Insbesondere ist der Versorgungsausgleich aus dem **Luganer Übereinkommen** von 2007 in gleichem Umfang ausgeschlossen wie aus der Brüssel Ia-VO (Art. 1 Abs. 1 lit. a LugÜ 2007).

---

[14] BGH FamRZ 2005, 1666; OLG Hamm FamRZ 2013, 1486; OLG Frankfurt a.M. FamRZ 2011, 1065 und OLGR 2003, 303; OLG Köln FamRZ 2002, 613 (614); BeckOK BGB/*Heiderhoff* EGBGB Art. 17 Rn. 6; *Schotten/Schmellenkamp* IPR Rn. 233a; **aA** *Andrae* IntFamR § 4 Rn. 85; dazu auch → Rn. 51.

[15] OLG Hamm FamFR 2013, 492; jurisPK-BGB/*Ludwig* EGBGB Art. 17 Rn. 63.

[16] EuGH 27.3.1979 – 143/78, Slg. 1979, 1055 Rn. 7 – de Cavel; zu Einzelheiten unalexKomm/*Hausmann* Brüssel I-VO Art. 1 Rn. 56ff.

[17] BGH FamRZ 2009, 677.

[18] *Hausmann* IntEuSchR D Rn. 2 mwN.

[19] So ausdrücklich zum Versorgungsausgleich BGH FamRZ 2009, 677 (678).

[20] Zur Abgrenzung zwischen Unterhalt und Versorgungsausgleich *Hausmann* IntEuSchR C Rn. 54.

### 3. Autonomes Zivilverfahrensrecht

Bis zu einer Regelung der internationalen Zuständigkeit für Verfahren betreffend den Versorgungsausgleich durch den europäischen Gesetzgeber bestimmt diese sich allein nach dem autonomen Verfahrensrecht der Mitgliedstaaten. In Deutschland sind hierfür die §§ 98 Abs. 2, 102 FamFG maßgebend; danach ist in Versorgungsausgleichssachen iSv § 217 FamFG zu unterscheiden, ob sie als Folgesachen iSv § 137 Abs. 2 Nr. 1 FamFG im Rahmen eines Scheidungsverfahrens oder unabhängig von einem solchen Verfahren isoliert anhängig gemacht werden. 12

Wird der Versorgungsausgleich nach § 137 Abs. 2 Nr. 1 FamFG im **Scheidungsverbund** geltend gemacht, so ist hierfür nach § 98 Abs. 2 FamFG dasjenige Gericht zuständig, bei dem die Ehescheidung anhängig gemacht wurde, sofern die deutschen Gerichte für die Scheidung international zuständig sind.[21] § 98 Abs. 2 FamFG wird nicht durch die EuEheVO verdrängt, da sich in dieser Verordnung keine (vorrangige) Regelung über die Verbundzuständigkeit des Gerichts der Ehesache für Scheidungsfolgensachen findet. Die internationale Verbundszuständigkeit nach § 98 Abs. 2 FamFG ist – entgegen dem Wortlaut der Vorschrift – nicht davon abhängig, dass sich die internationale Zuständigkeit für die Scheidung aus § 98 Abs. 1 FamFG ergibt; sie greift vielmehr auch dann ein, wenn das deutsche Familiengericht – wie im Regelfall – für die Scheidung nach Art. 3 ff. EuEheVO international zuständig ist.[22] 13

In **isolierten Versorgungsausgleichsverfahren** sind die deutschen Gerichte nach § 102 FamFG international zuständig, wenn 14

1. der Antragsteller oder der Antragsgegner seinen gewöhnlichen Aufenthalt im Inland hat,
2. über inländische Anrechte zu entscheiden ist oder
3. ein deutsches Gericht die Ehe zwischen Antragsteller und Antragsgegner geschieden hat.

Die in § 102 FamFG enthaltene Aufzählung ist **abschließend.** Insbesondere genügt – anders als nach früherem Recht – die **deutsche Staatsangehörigkeit** eines oder beider Ehegatten zur Begründung der internationalen Zuständigkeit der deutschen Gerichte nicht mehr. Sofern keiner der drei Anknüpfungspunkte eingreift, müssen die deutschen Gerichte einen bei ihnen eingereichten Antrag auf nachträgliche Durchführung des Versorgungsausgleichs als unzulässig abweisen. 15

Gemäß **§ 102 Nr. 1 FamFG** sind die deutschen Gerichte zunächst zuständig, wenn der Antragsteller oder der Antragsgegner seinen **gewöhnlichen Aufenthalt im Inland** hat. Wegen des Grundsatzes der *perpetuatio fori* bleibt das angerufene Gericht zuständig, auch wenn der Antragsgegner seinen gewöhnlichen Aufenthalt nach Eintritt der Rechtshängigkeit ins Ausland verlegt. Die Zuständigkeit nach § 102 Nr. 1 FamFG umfasst auch die Befugnis zur Entscheidung über ausländische Anrechte.[23] Darüber hinaus sind die deutschen Gerichte gemäß **§ 102 Nr. 2 FamFG** auch zuständig, wenn über **inländische Anrechte** zu entscheiden ist. Anrechte sind dann als „inländisch" anzusehen, wenn sie gegen einen Versorgungsträger gerichtet sind, der seinen Sitz im Inland hat.[24] Auf die öffentlich- oder privatrechtliche Natur der Anrechte kommt es dabei nicht an. Ist die internationale Zuständigkeit hiernach gegeben, so kann das deutsche Gericht auch über – daneben erworbene – ausländische Anrechte mit entscheiden.[25] 16

Schließlich besteht eine internationale Zuständigkeit der deutschen Gerichte nach **§ 102 Nr. 3 FamFG** auch dann, wenn ein **deutsches Gericht die Ehe** zwischen Antragsteller und Antragsgegner **geschieden** hat. Die Vorschrift greift allerdings nicht ein, 17

[21] OLG Jena NJW 2015, 2270 Rn. 12; OLG Koblenz FamRZ 2009, 611 (613).
[22] *Hau* FamRZ 2009, 821 (823); MüKoFamFG/*Rauscher* § 98 Rn. 11; *Hausmann* IntEuSchR D Rn. 11.
[23] MüKoFamFG/*Rauscher* § 102 Rn. 8.
[24] MüKoFamFG/*Rauscher* § 102 Rn. 9; *Hausmann* IntEuSchR D Rn. 17.
[25] MüKoFamFG/*Rauscher* § 102 Rn. 10.

wenn der Versorgungsausgleich zunächst im Verbund mit der Ehesache vor einem deutschen Gericht anhängig gemacht und später abgetrennt worden ist, da sich in diesem Fall die internationale Zuständigkeit gemäß dem Grundsatz der *perpetuatio fori* weiterhin aus § 98 Abs. 2 FamFG iVm Art. 3ff. EuEheVO bzw. § 98 Abs. 1 FamFG ergibt.[26] Die Zuständigkeit nach § 102 Nr. 3 FamFG erlangt daher nur dann Bedeutung, wenn der Versorgungsausgleich erst *nachträglich* beantragt wird; sie erstreckt sich dann aber auch auf die Entscheidung über ausländische Anrechte, über die wegen der damit verbundenen Verzögerung des Verfahrens meist nicht im Scheidungsverbund befunden wird (§ 140 Abs. 2 Nr. 1 FamFG).

## B. Objektive Anknüpfung

### I. Allgemeines

18 Durch die Neufassung des Art. 17 Abs. 3 EGBGB vom 23.1.2013 wurde die Grundsatzanknüpfung für den *von Amts wegen* durchzuführenden Versorgungsausgleich in Satz 1 an die Neuregelung des internationalen Ehescheidungsrechts in der Rom III-VO angepasst. Demgemäß unterstellt Satz 1 den Versorgungsausgleich nunmehr dem Recht, das unter Zugrundelegung der Kollisionsnormen dieser Verordnung auf die Ehescheidung anzuwenden ist.[27] Darüber hinaus sind durch die Neufassung auch die Voraussetzungen für den *auf Antrag* eines Ehegatten nach deutschem Recht durchzuführenden Versorgungsausgleich in Satz 2 vereinfacht worden. Erforderlich hierfür ist nach der Neufassung, dass zumindest ein Ehegatte inländische Versorgungsanwartschaften erworben hat. Dies muss – abweichend vom bisherigen Recht – nicht notwendig der Antragsgegner sein. Entfallen ist die weitere Alternative, wonach es auch ausreichte, dass die allgemeinen Ehewirkungen während eines Teils der Ehezeit einem Recht unterlagen, das den Versorgungsausgleich kennt (Art. 17 Abs. 3 S. 2 Nr. 2 EGBGB aF).

19 Die auf den ersten Blick widersprüchliche Anknüpfung des Versorgungsausgleichs muss vor dem Hintergrund gesehen werden, dass den meisten ausländischen Rechtsordnungen das Rechtsinstitut des Versorgungsausgleichs iSd deutschen Rechtsverständnisses nicht bekannt ist. In Anbetracht dieser Ausgangslage verfolgt die Kollisionsregel **zwei gegenläufige Ziele:** Zum einen soll ausländischen Ehegatten ein Versorgungsausgleich nach deutschem Recht nicht aufgezwungen werden, wenn ihre beiderseitigen Heimatrechte einen solchen nicht vorsehen; dem trägt die Einschränkung der grundsätzlichen Anwendung des Scheidungsstatuts durch Art. 17 Abs. 3 S. 1 Hs. 2 EGBGB Rechnung. Zum anderen soll auch bei Geltung ausländischen Scheidungsstatuts ein Versorgungsausgleich nicht in jedem Fall ausgeschlossen sein, wenn zumindest ein Ehegatte inländische Versorgungsanwartschaften erworben hat. Aus diesem Grunde ist in einem solchen Fall der Versorgungsausgleich nach Art. 17 Abs. 3 S. 2 EGBGB auf Antrag eines Ehegatten nach deutschem Recht durchzuführen, soweit dies der Billigkeit nicht widerspricht. Im Rahmen des Art. 17 Abs. 3 EGBGB gilt es daher zwischen den in Satz 1 und Satz 2 geregelten zwei Fällen scharf zu unterscheiden.

### II. Grundsatzanknüpfung

#### 1. Anknüpfung an das Scheidungsstatut

20 Gemäß Art. 17 Abs. 3 S. 1 Hs. 1 EGBGB wird das auf den Versorgungsausgleich anzuwendende Recht – unabhängig davon, ob der Versorgungsausgleich als Folgesache in oder außerhalb des Scheidungsverbunds oder als selbständiges Verfahren durchgeführt

[26] *Althammer* IPRax 2009, 381 (384); *Hausmann* IntEuSchR D Rn. 18.
[27] RegBegr zum Rom III-AnpassungsG unter A I 6.

wird – **akzessorisch an das Scheidungsstatut** angeknüpft. An diesem schon bisher geltenden Grundsatz[28] hat sich durch das Inkrafttreten der Rom III-VO nichts geändert. Die Anknüpfung an das Scheidungsstatut trägt dem Wesen des Versorgungsausgleichs Rechnung, der die Auflösung der Ehe durch Scheidung notwendig voraussetzt und auf diesen Fall beschränkt ist, also eine **eigenständige Scheidungsfolge** darstellt.[29]

Maßgebend war bis zum 29.1.2013 das Recht, das im Zeitpunkt des Eintritts der Rechtshängigkeit des Scheidungsantrags für die **allgemeinen Wirkungen der Ehe** maßgeblich war (Art. 17 Abs. 1 S. 1 EGBGB aF iVm Art. 14 EGBGB).[30] Dabei spielte es keine Rolle, ob nach Art. 14 Abs. 1 EGBGB an die gemeinsame Staatsangehörigkeit (Nr. 1)[31] oder an den gemeinsamen gewöhnlichen Aufenthalt (Nr. 2)[32] oder aber an eine Rechtswahl der Ehegatten nach Art. 14 Abs. 2 oder Abs. 3 EGBGB[33] angeknüpft wurde. Verwiesen wurde aber nur auf die **Regelanknüpfung des Scheidungsstatuts** in Art. 17 Abs. 1 S. 1 EGBGB aF. Die hilfsweise Anwendung deutschen Rechts nach Art. 17 Abs. 1 S. 2 EGBGB aF war mithin für die Bestimmung des auf den Versorgungsausgleich anwendbaren Rechts unbeachtlich.[34] Dies bedeutete, dass es für die Durchführung des Versorgungsausgleichs auch dann bei dem von Art. 17 Abs. 1 S. 1 EGBGB aF zur Anwendung berufenen ausländischen Recht verblieb, wenn die Ehe nach diesem Recht überhaupt nicht geschieden werden konnte und das deutsche Gericht aus diesem Grunde auf die Ehescheidung selbst nach Art. 17 Abs. 1 S. 2 EGBGB aF deutsches Recht angewandt hatte; allerdings griff in diesem Fall dann die Schranke des Art. 17 Abs. 3 S. 1 Hs. 2, 2. Fall EGBGB ein (dazu → Rn. 34 ff.). 21

In seit dem 29.1.2013 eingeleiteten Verfahren unterliegt der Versorgungsausgleich gemäß Art. 17 Abs. 3 S. 1 EGBGB dem nach der **Rom III-VO** auf die Scheidung anzuwendenden Recht.[35] Denn die Kollisionsnormen der Verordnung beanspruchen in den an der Verstärkten Zusammenarbeit beteiligten Mitgliedstaaten universelle Geltung und regeln das Scheidungsstatut damit abschließend (→ § 11 Rn. 8 f.). Welcher Kollisionsnorm der Verordnung das Scheidungsstatut im konkreten Fall zu entnehmen ist, bleibt insoweit gleich. Insbesondere macht es keinen Unterschied, ob dieses **durch Rechtswahl** der Ehegatten nach Art. 5 ff. (→ § 11 Rn. 54 ff.)[36] oder **durch objektive Anknüpfung** nach Art. 8 Rom III-VO (→ § 11 Rn. 25 ff.)[37] bestimmt wird. Auch ist es unerheblich, ob die Ehe im Inland oder im Ausland geschieden wurde.[38] Im Fall der Scheidung in einem anderen EU-Mitgliedstaat (mit Ausnahme *Dänemarks*) muss diese allerdings nach Art. 21 ff. EuEheVO im Inland anerkennungsfähig,[39] bei Scheidung in einem Drittstaat nach §§ 107 bis 109 FamFG von der zuständigen Landesjustizverwaltung anerkannt worden sein.[40] Im 22

[28] Vgl. BGH FamRZ 2006, 321 (322); 2005, 142, 1994, 824 (825); *Klattenhoff* FuR 2000, 49.

[29] BT-Drs. 10/504, 61.

[30] NK-BGB/*Gruber* EGBGB Art. 17 Rn. 107.

[31] Vgl. etwa BGH FamRZ 2009, 681 (682).

[32] Vgl. etwa OLG München FamRZ 2007, 1244; OLG Hamm FamRZ 1988, 516 (517).

[33] Dazu *Klattenhoff* FuR 2000, 49 (53 ff.); *Finger* FF 2002, 154 (156); **aA** OLG Frankfurt a.M. NJW 1990, 582.

[34] AG Mainz NJW-RR 1990, 779; *Jayme* IPRax 1998, 374; *Klattenhoff* FuR 2000, 49 (54); *Schotten/Schmellenkamp* IPR Rn. 234; MüKoBGB/*Winkler v. Mohrenfels* EGBGB Art. 17 Rn. 215 mwN; unrichtig OLG Karlsruhe IPRax 1990, 52 ff. m. abl. Anm. *Jayme* IPRax 1990, 32.

[35] OLG Zweibrücken NZFam 2015, 784 mAnm *Hilbig-Lugani*; OLG Jena NJW 2015, 2270 (2271); Palandt/*Thorn* EGBGB Art. 17 Rn. 8; BeckOK BGB/*Heiderhoff* EGBGB Art. 17 Rn. 97.

[36] Vgl. aber zur Zulässigkeit einer Beschränkung des gewählten Rechts auf die Ehescheidung als solche → Rn. 45 f.

[37] Zur Durchführung des Versorgungsausgleichs bei gemeinsamem gewöhnlichen Aufenthalt der Ehegatten im Inland (Art. 8 lit. a Rom III-VO), wenn außerdem ein Ehegatte die deutsche Staatangehörigkeit besitzt, OLG Jena NJW 2015, 2270 Rn. 14 ff.

[38] BGH FamRZ 2009, 677 (678) und 681 (682).

[39] Zur Anerkennung von Scheidungsurteilen aus EU-Mitgliedstaaten ausf. *Hausmann* IntEuSchR H Rn. 8 ff.

[40] BGH FamRZ 2009, 677 (678); NJW 1993, 2047 (2048); OLG Stuttgart NJW-RR 1992, 262; Staudinger/*Mankowski* EGBGB Art. 17 Rn. 286. Zur Anerkennung von Scheidungsurteilen aus Drittstaaten ausf. *Hausmann* IntEuSchR H Rn. 185 ff.

Rahmen der objektiven Anknüpfung ist auf den Versorgungsausgleich gemäß Art. 17 Abs. 3 S. 1 Hs. 1 EGBGB iVm Art. 8 lit. a Rom III-VO – abweichend vom bisherigen Recht – trotz gemeinsamer ausländischer Staatsangehörigkeit der Ehegatten nicht mehr das gemeinsame Heimatrecht, sondern deutsches Recht anzuwenden, wenn beide Ehegatten **ihren gewöhnlichen Aufenthalt in Deutschland** haben,[41] so dass auch in diesem Fall die Durchführung des Versorgungsausgleichs von Amts wegen in Betracht kommt.[42]

### 2. Schranken

23 Die akzessorische Anknüpfung des Versorgungsausgleichs an das Scheidungsstatut wird jedoch in Art. 17 Abs. 3 S. 1 Hs. 2 EGBGB erheblich eingeschränkt. Danach kann der Versorgungsausgleich nur durchgeführt werden, wenn

1. die Ehescheidung dem **deutschen Recht** unterliegt und
2. das Recht eines der Staaten, denen die Ehegatten im Zeitpunkt des Eintritts der Rechtshängigkeit des Scheidungsantrags angehören, den Versorgungsausgleich **kennt.**[43]

24 Wegen der geringen internationalen Verbreitung des Rechtsinstituts des Versorgungsausgleichs deutscher Prägung (→ Rn. 38 f.) hielt der deutsche Gesetzgeber die Aufrechterhaltung dieser Schranke auch unter Geltung der Rom III-VO weiterhin für zweckmäßig.[44] Weitere Voraussetzungen für die Durchführung des Versorgungsausgleichs bestehen nicht. Insbesondere steht der Wohnsitz oder gewöhnliche Aufenthalt eines Ehegatten im Ausland nicht entgegen, wenn deutsches Recht Scheidungsstatut ist.

25 **a) Geltung deutschen Rechts.** Die Anwendbarkeit deutschen materiellen Rechts auf die Ehescheidung als Voraussetzung für die Durchführung des Versorgungsausgleichs ist erst durch das am 1.9.2009 in Kraft getretene Gesetz zur Strukturreform des Versorgungsausgleichs (VAStrRefG) vom 3.4.2009[45] eingeführt worden. Die Änderung trägt **praktischen Schwierigkeiten** Rechnung, die dadurch entstehen, dass inländische Gerichte ausländische Versorgungsanwartschaften nicht öffentlich-rechtlich ausgleichen können, selbst wenn das anwendbare ausländische Recht dies vorsieht.[46] Eine nennenswerte Einschränkung des Versorgungsausgleichs ist mit der Neuregelung freilich nicht verbunden, weil dieser auch zuvor praktisch fast ausschließlich nach deutschem Recht durchgeführt wurde.[47] Aus welcher Vorschrift der Rom III-VO sich die Geltung deutschen Rechts ergibt, bleibt gleich. Neben der objektiven Anknüpfung nach Art. 8 Rom III-VO kommt vor allem eine Rechtswahl nach Art. 5 Rom III-VO in Betracht; ausreichend ist aber auch der Rückgriff auf deutsches Recht als *lex fori* nach Art. 10, 2. Fall Rom III-VO.[48] Andererseits wird durch die Wahl ausländischen Scheidungsstatuts die Durchführung des Versorgungsausgleichs grundsätzlich ausgeschlossen.[49]

26 Nach dem insoweit auch durch die Neufassung nicht geänderten Gesetzeswortlaut kommt es bei der Anknüpfung nach Art. 17 Abs. 3 S. 1 EGBGB – anders als etwa früher im internationalen Unterhaltsrecht (Art. 8 HUntÜ bzw. Art. 18 Abs. 4 EGBGB) – nicht auf das vom Scheidungsgericht tatsächlich angewandte, sondern auf dasjenige Recht an,

[41] Gleiches gilt unter den Voraussetzungen des Art. 8 lit. b Rom III-VO, wenn der letzte gemeinsame gewöhnliche Aufenthalt der Ehegatten im Inland begründet war.
[42] RegBegr zum Rom III-AnpassungsG vom 23.1.2013, BT-Drs. 17/11049, 10 unter B Nr. 2.
[43] Vgl. OLG Zweibrücken FamRZ 2015, 2063 (2065); OLG Jena NJW 2015, 2270 (2271).
[44] RegBegr zum Rom III-AnpassungsG vom 23.1.2013, BT-Drs. 17/11049, 10 unter B Nr. 2.
[45] BGBl. 2009 I 700.
[46] BT-Drs. 16/10147, 113; BeckOK BGB/*Heiderhoff* EGBGB Art. 17 Rn. 97.
[47] Ein Versorgungsausgleich kann allerdings vor deutschen Gerichten weder nach Satz 1 noch nach Satz 2 durchgeführt werden, wenn deutsche Ehegatten ihren gewöhnlichen Aufenthalt im Ausland haben; krit. dazu *Rauscher* FPR 2013, 257 (259).
[48] Palandt/*Thorn* EGBGB Art. 17 Rn. 8; zu Art. 10 Rom III-VO → § 11 Rn. 49 ff.
[49] OLG Hamm IPRax 2014, 349 mAnm *Helms* IPRax 2014, 334: Wahl *iranischen* Scheidungsrechts; siehe aber → Rn. 44 ff.

das nach der Rom III-VO auf die Scheidung anwendbar war.[50] Dies wirkt sich etwa dann aus, wenn der Versorgungsausgleich in einem isolierten Verfahren **nachträglich** durchgeführt wird und das Familiengericht auf die vorhergehende Scheidung irrtümlich das falsche Recht angewendet hatte.[51] Zu denken ist aber auch an Fälle, in denen die **Ehe im Ausland geschieden** wurde und das – nicht an die Rom III-VO gebundene – ausländische Gericht nach seinem eigenen IPR ein anderes als das von der Verordnung (bzw. in Altfällen von Art. 17 Abs. 1 EGBGB aF) zur Anwendung berufene Scheidungsstatut zugrunde gelegt hat. In einem solchen Fall ist für die Durchführung des Versorgungsausgleichs dennoch das von der Rom III-VO bestimmte Scheidungsstatut maßgebend.[52] Ist dies jedoch nicht deutsches, sondern ausländisches Recht, so kann der Versorgungsausgleich schon aus diesem Grunde nicht nach Satz 1, sondern allenfalls unter den zusätzlichen Voraussetzungen des Satzes 2 durchgeführt werden.

Beispiel: 27
Die Ehe zwischen dem Franzosen M und seiner Ehefrau F, die sowohl die deutsche als auch die französische Staatsangehörigkeit besitzt, ist am 1.5.2012 (vor Inkrafttreten der Rom III-VO) auf Antrag des M durch ein französisches Gericht nach französischem Recht geschieden worden. Beide Ehegatten hatten zu diesem Zeitpunkt ihren gewöhnlichen Aufenthalt noch in Deutschland. Im Januar 2015 beantragt die F beim Familiengericht Karlsruhe die nachträgliche Durchführung des Versorgungsausgleichs. Ist dieser nach Art. 17 Abs. 3 S. 1 oder S. 2 EGBGB durchzuführen?

Nach Art. 17 Abs. 3 S. 1 EGBGB ist hierfür das auf die Scheidung nach der Rom III-VO anzuwendende Recht maßgebend. Dies ist – in Ermangelung einer Rechtswahl – gemäß Art. 8 lit. a Rom III-VO das deutsche Recht, weil beide Ehegatten ihren gewöhnlichen Aufenthalt zur Zeit der Anrufung des französischen Gerichts durch M in Deutschland hatten. Da das (effektive) deutsche Heimatrecht der F den Versorgungsausgleich auch kennt, ist dieser nach Art. 17 Abs. 3 S. 1 EGBGB nach deutschem Recht durchzuführen. Unerheblich ist in diesem Zusammenhang, dass das französische Gericht nach dem damals noch maßgeblichen autonomen französischen IPR auf die Ehescheidung französisches Recht angewandt hatte.

Bei der Beurteilung, ob auf den Versorgungsausgleich deutsches Recht anzuwenden ist, **28** waren unter Geltung von Art. 17 Abs. 3 iVm Abs. 1 S. 1 EGBGB aF **Rück- und Weiterverweisungen** grundsätzlich beachtlich.[53] Der Versorgungsausgleich unterlag daher nicht nur dann dem deutschen Recht, wenn das deutsche IPR unmittelbar das deutsche Sachrecht für anwendbar erklärte, sondern auch dann, wenn zunächst auf eine ausländische Rechtsordnung verwiesen wurde, deren Kollisionsnormen ihrerseits auf das deutsche Recht zurückverwiesen.[54] Wegen der Verselbständigung des Statuts des Versorgungsausgleichs gegenüber dem Scheidungsstatut entschied auch im ausländischen IPR über die Frage einer etwaigen Rück- oder Weiterverweisung nicht die dortige scheidungsrechtliche Kollisionsnorm, sondern – soweit vorhanden – die Kollisionsnorm zur Anknüpfung des Versorgungsausgleichs,[55] auch wenn diese zur Anwendung eines vom Scheidungsstatut abweichenden Rechts führte.[56]

[50] Palandt/*Thorn* EGBGB Art. 17 Rn. 8; MüKoBGB/*Winkler v. Mohrenfels* EGBGB Art. 17 Rn. 80; jurisPK-BGB/*Ludwig* EGBGB Art. 17 Rn. 64; ebenso zum früheren Recht *Klattenhoff* FuR 2000, 49 (53).
[51] Ebenso schon bisher OLG Zweibrücken NJW 2000, 2432; OLG Celle FamRZ 2007, 1566 (1567).
[52] BeckOK BGB/*Heiderhoff* EGBGB Art. 17 Rn. 99; *Palandt/Thorn* EGBGB Art. 17 Rn. 8; vgl. idS schon zum früheren Recht BGH NJW 1993, 2047; OLG Köln FamRZ 2009, 1589 (1590); OLG Celle FamRZ 2007, 1566 (1567); OLG Zweibrücken FamRZ 2001, 33; Staudinger/*Mankowski* EGBGB Art. 17 Rn. 291 ff.; NK-BGB/*Gruber* EGBGB Art. 17 Rn. 110.
[53] Vgl. die Gesetzesbegründung BT-Drs. 16/10144, 113; OLG Bremen FamRZ 2016, 141; MüKoBGB/*Winkler v. Mohrenfels*, 5. Aufl., EGBGB Art. 17 Rn. 219ff.
[54] NK-BGB/*Gruber* EGBGB Art. 17 Rn. 113; vgl. OLG Düsseldorf FamRZ 2005, 912 (913) (*Türkei*).
[55] *Klattenhoff* FuR 2000, 49 (52); Staudinger/*Hausmann* EGBGB Art. 4 Rn. 255.
[56] NK-BGB/*Gruber* EGBGB Art. 17 Rn. 107. Vgl. auch das Beispiel bei Münch/*Süß* FamR § 20 Rn. 232.

29 Ein *Renvoi* war auch dann zu beachten, wenn das ausländische Kollisionsrecht den **Versorgungsausgleich nicht kannte.**[57] Denn dem IPR eines jeden Staates ist die Aufgabe gestellt, auch solche Rechtsinstitute zu qualifizieren und anzuknüpfen, die im eigenen Sachrecht keine Entsprechung haben. Fehlte es im ausländischen Kollisionsrecht – wie meist – an einer besonderen Kollisionsnorm zum Versorgungsausgleich, so war dieser grundsätzlich immer dann nach deutschem Recht durchzuführen, wenn das von Art. 17 Abs. 1 S. 1 EGBGB aF zur Anwendung berufene ausländische Scheidungsstatut hinsichtlich der Scheidung auf deutsches Recht zurückverwies; denn diese Rückverweisung umfasste dann im Zweifel auch den Versorgungsausgleich als Scheidungsfolge.[58] Nahm das ausländische Recht eine **abweichende Qualifikation** des Versorgungsausgleichs vor, in dem es ihn zB als ein Institut des Unterhalts- oder Güterrechts einordnete, so war dem auch im Rahmen der Beachtung eines *renvoi* zu folgen.[59] Auch eine „versteckte Rückverweisung", die den Regeln der Common Law Staaten über die *„jurisdiction"* entnommen werden konnte, war im Inland zu beachten.[60]

30 Maßgebend dafür, ob eine Rück- oder Weiterverweisung auf dem Gebiet des Versorgungsausgleichs zu beachten ist, ist zwar auch nach der Anpassung von Art. 17 Abs. 3 S. 1 EGBGB an die Rom III-VO grundsätzlich Art. 4 EGBGB. Da es sich jedoch um eine akzessorische Anknüpfung handelt, die das Ziel verfolgt, den Versorgungsausgleich möglichst dem gleichen materiellen Recht zu unterwerfen wie die Scheidung selbst, gilt der **Ausschluss des *renvoi*** für die Scheidung nach Art. 11 Rom III-VO (→ § 11 Rn. 154 f.) im Ergebnis auch für die Anknüpfung des Versorgungsausgleichs nach Art. 17 Abs. 3 S. 1 EGBGB.[61]

31 **Beispiel:**

Die Eheleute M und F, die beide nur die deutsche Staatsangehörigkeit besitzen, haben ihren gemeinsamen gewöhnlichen Aufenthalt seit 2005 in der Türkei. Am 5.10.2014 stellt die F Scheidungsantrag beim Familiengericht Berlin-Schöneberg. Hat das Gericht den Versorgungsausgleich von Amts wegen durchzuführen?

Das angerufene Gericht ist nach Art. 3 Abs. 1 lit. b EuEheVO für die Durchführung des Scheidungsverfahrens und damit gemäß §§ 98 Abs. 2, 137 Abs. 1 und Abs. 2 Nr. 1 FamFG auch zur Entscheidung über den Versorgungsausgleich im Verbund international zuständig.[62] Wäre der Antrag vor dem 29.1.2013 gestellt worden, wäre der Versorgungsausgleich von Amts wegen durchzuführen gewesen, weil Scheidungsstatut nach Art. 17 Abs. 3 S. 1 iVm Abs. 1 S. 1 und Art. 14 Abs. 1 Nr. 1 EGBGB aF das gemeinsame deutsche Heimatrecht der Ehegatten gewesen wäre. Unter Geltung der Rom III-VO wird hingegen für die Scheidung in Art. 8 lit. a auf das türkische Recht am gemeinsamen gewöhnlichen Aufenthalt der Ehegatten verwiesen. Dieses entscheidet daher auch über die Durchführung des Versorgungsausgleichs von Amts wegen, der folglich nach Art. 17 Abs. 3 S. 1 EGBGB ausgeschlossen ist. Daran ändert auch der Umstand nichts, dass das türkische Recht hinsichtlich der Ehescheidung auf das gemeinsame deutsche Heimatrecht der Ehegatten zurückver-

[57] Vgl. zur versteckten Rückverweisung durch das englische Recht OLG Stuttgart FamRZ 1986, 687 = IPRax 1987, 121 m. krit. Anm. *Adam* IPRax 1087, 98; ferner OLG Hamm IPRspr. 1990 Nr. 82; Staudinger/*Mankowski* EGBGB Art. 17 Rn. 296 mwN; **aA** OLG Oldenburg FamRZ 1984, 715.

[58] Staudinger/*Hausmann* EGBGB Art. 4 Rn. 259; Staudinger/*Mankowski* EGBGB Art. 17 Rn. 297; NK-BGB/*Gruber* EGBGB Art. 17 Rn. 117; ebenso in der *Schweiz* BGE 131 II 289 (291).

[59] Vgl. näher Staudinger/*Hausmann* EGBGB Art. 4 Rn. 258; MüKoBGB/*Winkler v. Mohrenfels,* 5. Aufl., EGBGB Art. 17 Rn. 221 ff.

[60] OLG Hamm IPRspr. 1990 Nr. 82; Staudinger/*Mankowski* EGBGB Art. 17 Rn. 295; Staudinger/*Hausmann* EGBGB Art. 4 Rn. 260 mwN.

[61] Vgl. zu Art. 17 Abs. 1 EGBGB nF die RegBegr zum Rom III-AnpassungsG vom 23.1.2013, BT-Drs. 17/11049, 10 unter B Nr. 2; Staudinger/*Hausmann* EGBGB Art. 4 Rn. 253; MüKoBGB/*Winkler v. Mohrenfels* EGBGB Art. 17 Rn. 81; jurisPK-BGB/*Ludwig* EGBGB Art. 17 Rn. 70; allg. zum Verstoß der Beachtung eines *Renvoi* gegen den Sinn der Verweisung iSv Art. 4 Abs. 1 S. 1 EGBGB in Fällen der akzessorischen Anknüpfung Staudinger/*Hausmann* EGBGB Art. 4 Rn. 98 ff. mwN.

[62] Vgl. *Hausmann* IntEuSchR D Rn. 10 ff.

weist, denn diese Rückverweisung ist nach Art. 11 Rom III-VO nicht zu beachten und dies gilt dann auch für den Versorgungsausgleich.

Deutsche Ehegatten, die ihren gewöhnlichen Aufenthalt – wie im Beispiel – im Ausland haben, können die Durchführung des Versorgungsausgleichs von Amts wegen daher nur noch erreichen, wenn sie eine entsprechende **Rechtswahl** nach Art. 5 Abs. 1 lit. c Rom III-VO treffen. In diesem Fall findet der Versorgungsausgleich auch dann nach deutschem Recht statt, wenn die Ehegatten keine inländischen Versorgungsanwartschaften erworben haben.[63] Ausländische Anwartschaften sind dann vom deutschen Gericht schuldrechtlich nach §§ 20 ff. VersAusglG auszugleichen (näher → Rn. 67 ff.). 32

Ein **Versorgungsausgleich nach ausländischem Recht** wird seit dem 1.9.2009 von einem deutschen Gericht nicht mehr durchgeführt.[64] Ist er auch im ausländischen Heimatrecht der Ehegatten vorgesehen und wird seine Durchführung von den Ehegatten gewünscht, so müssen diese in ihrem Heimatstaat ein Ausgleichsverfahren einleiten.[65] Liegen die Voraussetzungen des Art. 17 Abs. 3 S. 1 EGBGB nicht vor (und wird ein Antrag nach Satz 2 nicht gestellt), so hat eine Feststellung im Scheidungsurteil, dass ein Versorgungsausgleich nicht stattfindet, zu unterbleiben.[66] 33

**b) „Kenntnis" des Versorgungsausgleichs im Heimatrecht mindestens eines Ehegatten.** Trotz Geltung deutschen Rechts findet ein Versorgungsausgleich nach Art. 17 Abs. 3 S. 1 EGBGB nicht statt, wenn ihn nicht das Heimatrecht mindestens eines Ehegatten kennt. Damit trägt der deutsche Gesetzgeber dem Umstand Rechnung, dass gemischt-nationale Ehen schon bisher gemäß Art. 17 Abs. 1 S. 1 EGBGB aF iVm Art. 14 Abs. 1 Nr. 2 EGBGB idR nach dem Recht des Staates geschieden wurden, in dem die Ehegatten ihren gewöhnlichen Aufenthalt hatten. Die vornehmlich aus Gründen der Gleichberechtigung gewählte Aufenthaltsanknüpfung sollte jedoch nicht zwangsläufig dazu führen, den Versorgungsausgleich für alle in Deutschland gelebten und geschiedenen gemischt-nationalen Ausländerehen durchführen zu müssen, weil die ausländischen Ehegatten mit dieser Scheidungsfolge zumeist bei Eheschließung nicht gerechnet hatten.[67] Dies gilt heute erst recht, wenn deutsches Recht auch die Scheidung von solchen ausländischen Ehegatten beherrscht, die beide demselben Staat angehören (Art. 8 lit. a, lit. b Rom III-VO; → § 11 Rn. 30 ff.). 34

Das Heimatrecht von **Mehrstaatern** bestimmt sich in diesem Zusammenhang nach Maßgabe von Art. 5 Abs. 1 EGBGB;[68] die von Satz 1 geforderte Kenntnis muss mithin in dem Staat vorliegen, dessen effektive Staatsangehörigkeit der Mehrstaater-Ehegatte besitzt. Bei einem staatenlosen Ehegatten ist gemäß Art. 5 Abs. 2 EGBGB auf das Recht des Wohnsitz- bzw. Aufenthaltsstaates abzustellen. Ist ein Ehegatte auch Deutscher (Art. 5 Abs. 1 S. 2 EGBGB) oder hat er als Staatenloser, Flüchtling oder Asylberechtigter seinen gewöhnlichen Aufenthalt im Inland, so kennt sein „Heimatrecht" den Versorgungsausgleich.[69] Die Verweisung auf das ausländische Heimatrecht eines Ehegatten ist stets Sachnormverweisung. Das Institut des Versorgungsausgleichs muss daher dem **materiellen** 35

[63] RegBegr zum Rom III-AnpassungsG vom 23.1.2013, BT-Drs. 17/11049, 10 unter B Nr. 2.
[64] BeckOK BGB/*Heiderhoff* EGBGB Art. 17 Rn. 100.
[65] MüKoBGB/*Winkler v. Mohrenfels* EGBGB Art. 17 Rn. 84.
[66] OLG München NJW-RR 2000, 815; BeckOK BGB/*Heiderhoff* EGBGB Art. 17 Rn. 112. Eine dennoch aufgenommene Feststellung erwächst nicht in Rechtskraft, vgl. OLG Karlsruhe FamRZ 2006, 955; OLG Düsseldorf FamRZ 1999, 1210.
[67] BT-Drs. 10/504, 62; *Klattenhoff* FuR 2000, 49 (55); BeckOK BGB/*Heiderhoff* EGBGB Art. 17 Rn. 103.
[68] Palandt/*Thorn* EGBGB Art. 17 Rn. 9; BeckOK BGB/*Heiderhoff* EGBGB Art. 17 Rn. 103; Staudinger/*Mankowski* EGBGB Art. 17 Rn. 300.
[69] MüKoBGB/*Winkler v. Mohrenfels* EGBGB Art. 17 Rn. 90.

**Heimatrecht** mindestens eines Ehegatten bekannt sein; Rück- und Weiterverweisungen (zB auf deutsches Recht) sind auch insoweit nicht zu beachten.[70]

36 Das Heimatrecht eines Ehegatten „kennt" den Versorgungsausgleich, wenn **ein Ehegatte Deutscher** ist[71] oder wenn das ausländische Heimatrecht eines Ehegatten ein Rechtsinstitut vorsieht, das in seinem Kerngehalt mit den **wesentlichen Strukturmerkmalen des deutschen Versorgungsausgleichs** vergleichbar ist.[72] Ob diese Voraussetzungen vorliegen, entscheidet nicht das ausländische Recht, sondern der deutsche Rechtsanwender.[73] Hierfür ist zwar nicht erforderlich, dass das ausländische Recht dem deutschen Recht auch in der rechtstechnischen Ausgestaltung des Wertausgleichs entspricht; andererseits reicht es nicht aus, wenn das ausländische Recht lediglich bei der Bemessung des Unterhalts oder einer Ausgleichszahlung berücksichtigt, dass ein Ehegatte sich nach der Scheidung versorgungsrechtlich schlechter steht, als er ohne die Scheidung gestanden hätte.[74] Vielmehr muss die ausländische Regelung darauf gerichtet sein, anlässlich der Scheidung die wesentlichen in der Ehezeit erworbenen Versorgungsanrechte unabhängig von der Bedürftigkeit, der Leistungsfähigkeit und dem Güterstand der Ehegatten nahezu hälftig aufzuteilen und dem Ausgleichsberechtigten **eigenständige Ansprüche gegen einen Versorgungsträger** zu verschaffen.[75]

37 Diesen Anforderungen kann auch ein **schuldrechtlich** ausgestalteter Ausgleichsmechanismus genügen.[76] Der Anspruch darf aber nicht nur von dem Anspruch des anderen Ehegatten abgeleitet sein, so dass er bei dessen Vorversterben entfällt.[77] Nicht ausreichend ist es auch, wenn das maßgebende Recht einer geschiedenen Frau unter bestimmten Voraussetzungen die Witwenpension belässt, wie dies etwa in *Österreich* der Fall ist.[78] Auch die Gewährung einer pauschalen Entschädigung an einen Ehegatten im Scheidungsfalle, die teilweise auch versorgungsrechtlichen Charakter hat, wie dies auf die *„prestations compensatoires"* des *französischen* Rechts (Art. 270ff. CC) zutrifft, erfüllt das Tatbestandsmerkmal der „Kenntnis des Versorgungsausgleichs" nicht, wenn der Unterhaltscharakter überwiegt.[79] Kennt das ausländische Recht den Versorgungsausgleich, so kommt es allerdings nicht darauf an, ob die Voraussetzungen für einen Ausgleichsanspruch des Antragstellers auch nach diesem Recht im konkreten Fall erfüllt sind.[80]

38 Insgesamt gibt es **nur wenige Staaten** geben, die ein dem deutschen Versorgungsausgleich vergleichbares Rechtsinstitut kennen.[81] Immerhin dürfte dies in der *Schweiz*[82] und in

---

[70] Palandt/*Thorn* EGBGB Art. 17 Rn. 9; jurisPK-BGB/*Ludwig* EGBGB Art. 17 Rn. 72; MüKoBGB/*Winkler v. Mohrenfels* EGBGB Art. 17 Rn. 82; Staudinger/*Hausmann* EGBGB Art. 4 Rn. 257 mwN. Ebenso schon zum bisherigen Recht AG Heidelberg IPRax 1990, 126 (Ls.); AG Detmold IPRax 1990, 415; AG Minden IPRax 1992, 108, jeweils mAnm *Jayme; Henrich* FamRZ 1986, 841; *Kartzke* IPRax 1988, 8 (13).

[71] OLG Jena NJW 2015, 2270 Rn. 15f. (deutsch-angolanische Ehe).

[72] BGH FamRZ 2009, 677 Rn. 15.

[73] Staudinger/*Mankowski* EGBGB Art. 17 Rn. 318.

[74] OLG Düsseldorf FamRZ 1993, 433 (434); OLG Koblenz FamRZ 1991, 1323 (1324), jeweils zu *Italien*.

[75] Vgl. BGH FamRZ 2009, 677 Rn. 14 = IPRax 2010, 537 mAnm *Hohloch/Klöckner* IPRax 2010, 520; FamRZ 2009, 681 Rn. 12; *Henrich* FamRZ 1986, 841 (851); MüKoBGB/*Winkler v. Mohrenfels* EGBGB Art. 17 Rn. 85.

[76] BGH FamRZ 2009, 677 Rn. 14 und 681 Rn. 12; *Klattenhoff* FuR 2000, 49 (55); jurisPK-BGB/*Ludwig* EGBGB Art. 17 Rn. 80; NK-BGB/*Gruber* EGBGB Art. 17 Rn. 127 aE.

[77] BGH FamRZ 2009, 677 Rn. 20; *Hohloch/Klöckner* IPRax 2010, 520 (522); einschränkend Staudinger/*Mankowski* EGBGB Art. 17 Rn. 326ff.

[78] BGH NJW-RR 1994, 322.

[79] MüKoBGB/*Winkler v. Mohrenfels* EGBGB Art. 17 Rn. 88; Münch/*Süß* FamR § 20 Rn. 235. Vgl. auch *Hausmann* IPRax 1990, 382ff.

[80] BGH FamRZ 2009, 677 Rn. 20; MüKoBGB/*Winkler v. Mohrenfels* EGBGB Art. 17 Rn. 84.

[81] Vgl. die ausführlichen Länderübersichten bei *Klattenhoff* FuR 2000, 49 (55ff.); jurisPK-BGB/*Ludwig* EGBGB Art. 17 Rn. 81ff.; Staudinger/*Mankowski* EGBGB Art. 17 Rn. 305ff., 329ff. Ablehnend für die *Türkei* BGH NJW-RR 2007, 361; OLG Hamm FamRZ 2014, 862 mAnm *Heiderhoff*; OLG München NJW 2014, 1893 (1894); für *China* AG Duisburg BeckRS 2010, 16617; für *Iran* OLG Koblenz NJW-RR 2009, 1014.

[82] AG Königstein IPRspr 2000 Nr. 59; *Hohloch/Klöckner* IPRax 2010, 520 (526).

*Südafrika*[83] der Fall sein; weiter genannt werden *Griechenland, Großbritannien* und *Irland.*[84] Demgegenüber hat der BGH die Vergleichbarkeit des zum 1.5.1995 in den *Niederlanden* eingeführten Versorgungsausgleichs mit den wesentlichen Strukturmerkmalen des deutschen Versorgungsausgleichs abgelehnt;[85] ob daran auch heute noch festgehalten werden kann, ist allerdings fraglich.[86] Im Lichte dieser strengen Auslegung des Merkmals „Kenntnis des Versorgungsausgleichs" in Art. 17 Abs. 3 S. 1 Hs. 2 EGBGB[87] durch den BGH ist es auch zweifelhaft geworden, ob die Rechte derjenigen *US-amerikanischen* Einzelstaaten und *kanadischen* Provinzen einen Versorgungsausgleich kennen, in denen der Richter die Möglichkeit hat, *pension rights* bei der Scheidung der Ehe unter den Ehegatten aufzuteilen, soweit es sich um *„marital property"* handelt.[88]

**Beispiel:** 39
Wird die Ehe eines Italieners und einer Österreicherin geschieden, die ihren gewöhnlichen Aufenthalt in Deutschland haben, so sieht das deutsche Recht als das nach Art. 8 lit. a Rom III-VO maßgebende Scheidungsstatut zwar einen Versorgungsausgleich vor. Gleichwohl ist er nicht durchzuführen, weil weder das italienische noch das österreichische Recht einen Versorgungsausgleich iSd deutschen Rechts kennen.[89]

Sind die Voraussetzungen des Art. 17 Abs. 3 S. 1 Hs. 2 EGBGB hingegen erfüllt, führt das deutsche Gericht den Versorgungsausgleich **von Amts wegen** nach deutschem Recht durch. Dies gilt auch dann, wenn das deutsche Recht einen weitergehenden Ausgleich vorsieht als das ausländische Heimatrecht desjenigen Ehegatten, das den Versorgungsausgleich ebenfalls kennt.[90] 40

## III. Vertraglicher Ausschluss des Versorgungsausgleichs

Auch die Wirksamkeit eines vertraglichen Ausschlusses des Versorgungsausgleichs unterliegt grundsätzlich dem Versorgungsausgleichsstatut. Er ist daher in jedem Fall wirksam, wenn er den Anforderungen des nach Art. 17 Abs. 3 S. 1 EGBGB iVm der Rom III-VO anwendbaren *deutschen* Rechts genügt.[91] Erforderlich ist danach die Einhaltung der Voraussetzungen des § 7 VersAusglG. Haben sich die maßgebenden Anknüpfungskriterien für das Scheidungs- und damit auch für das Versorgungsausgleichsstatut in der Zeit zwischen der notariellen Beurkundung des Ausschlusses und der Einreichung des Scheidungsantrags geändert (Statutenwechsel), so ist es jedoch aus Gründen des Vertrauensschutzes auch ausreichend, dass der Versorgungsausgleich nach demjenigen *ausländischen* Recht wirksam ausgeschlossen worden ist, das im Zeitpunkt der Vereinbarung **hypothetisches Scheidungsstatut** gewesen wäre.[92] Die praktische Bedeutung dieser Konstellation ist freilich wegen der geringen 41

[83] Palandt/*Thorn* EGBGB Art. 17 Rn. 20; NK-BGB/*Gruber* EGBGB Art. 17 Rn. 128.
[84] BeckOK BGB/*Heiderhoff* EGBGB Art. 17 Rn. 104.1.
[85] BGH FamRZ 2009, 677 Rn. 14ff. und 681 Rn. 13ff.
[86] Abl. *Hohloch/Klöckner* IPRax 2010, 520 (522); *Bergner* FamRZ 2011, 3 (4); MüKoBGB/*Winkler v. Mohrenfels* EGBGB Art. 17 Rn. 89.
[87] Für eine enge Auslegung insbesondere auch Johannsen/Henrich/*Henrich* EGBGB Art. 17 Rn. 11f.
[88] NK-BGB/*Gruber* EGBGB Art. 17 Rn. 129; anders noch Münch/*Süß* FamR § 20 Rn. 236; *Klattenhoff* FuR 2000, 49 (55); vgl. auch AG Heidelberg IPRspr. 1989 Nr. 93 (*Florida*).
[89] Vgl. zum *österreichischen* Recht BGH NJW-RR 1994, 322; zum *italienischen* Recht BGH NJW-RR 1994, 962; OLG Celle NJW-RR 2007, 1558; OLG Düsseldorf FamRZ 1993, 433 (434); OLG Koblenz FamRZ 1991, 1323 (1324).
[90] Palandt/*Thorn* EGBGB Art. 17 Rn. 9; NK-BGB/*Gruber* EGBGB Art. 17 Rn. 122.
[91] In gleicher Weise kann auch der hilfsweise gemäß Art. 17 Abs. 3 S. 2 EGBGB auf Antrag nach deutschem Recht durchzuführende Versorgungsausgleich wirksam nur nach deutschem Recht ausgeschlossen werden.
[92] Dies gilt jedenfalls für die Wirksamkeitskontrolle am Maßstab der guten Sitten; vgl. BeckOK BGB/*Heiderhoff* EGBGB Art. 17 Rn. 102; NK-BGB/*Gruber* EGBGB Art. 17 Rn. 114; Staudinger/*Mankowski* EGBGB Art. 17 Rn. 350f. Für die vom BGH daneben geforderte Ausübungskontrolle wird man hinge-

Verbreitung des Versorgungsausgleichs in ausländischen Rechten gering. Die Formgültigkeit der Vereinbarung über den Ausschluss des Versorgungsausgleichs beurteilt sich nach Art. 11 EGBGB; allerdings bleibt es bei der alleinigen Maßgeblichkeit des Scheidungsstatuts als Geschäftsstatut, wenn das Ortsrecht den Versorgungsausgleich nicht kennt und deshalb auch keine Formvorschriften für dessen vertraglichen Ausschluss bereithält.[93] Ist Scheidungsstatut deutsches Recht, so ist in diesem Fall die **Form des § 7 VersAusglG** einzuhalten.

42 Welche Auswirkungen der Ausschluss des Versorgungsausgleichs auf die **güterrechtlichen Beziehungen** der Ehegatten hat, bestimmt nicht das Statut des Versorgungsausgleichs, sondern das nach Art. 15 EGBGB (bzw. künftig nach Art. 20ff. EuGüVO) maßgebliche Güterrechtstatut.[94] Die bis zum 1.9.2009 in § 1414 S. 2 BGB normierte Rechtsfolge, wonach der Ausschluss des Versorgungsausgleichs zur Gütertrennung führte, falls sich nicht aus dem Ehevertrag etwas anderes ergab, trat daher nur ein, wenn die Ehegatten im deutschen gesetzlichen Güterstand der Zugewinngemeinschaft oder im Wahlgüterstand der Gütergemeinschaft lebten, nicht hingegen bei Maßgeblichkeit ausländischen Güterrechts.[95] Auch nach Aufhebung dieser Vorschrift empfiehlt sich bei einem Ausschluss des Versorgungsausgleichs in jedem Falle eine vertragliche Klarstellung, dass dieser keine güterrechtlichen Auswirkungen haben soll. Diese Regelung wirkt freilich nur, soweit sie einer gerichtlichen Inhaltskontrolle standhält (näher → § 9 Rn. 165a).

43 **Beispiel:**

Die Eheleute M und F – er Franzose, sie Deutsche – haben 1998 in Dijon geheiratet und dort auch die ersten beiden Jahre nach der Eheschließung zusammen gelebt. Seit 2000 haben die Ehegatten ihren gemeinsamen gewöhnlichen Aufenthalt in München. Sie suchen dort den Notar N auf und wünschen eine ehevertragliche Vereinbarung, die sicherstellt, dass im Scheidungsfalle kein Versorgungsausgleich stattfindet. Welche Überlegungen wird der Notar anstellen?

Der Notar wird zunächst prüfen, nach welchem Recht sich der Versorgungsausgleich zwischen den Ehegatten beurteilt, ob er nach diesem Recht durchzuführen ist und deshalb ausgeschlossen werden muss. Das Statut des Versorgungsausgleichs ergibt sich aus Art. 17 Abs. 3 S. 1 Hs. 1 EGBGB iVm Art. 8 lit. a Rom III-VO. Danach ist deutsches Recht maßgebend, wenn und solange die Ehegatten ihren gewöhnlichen Aufenthalt in Deutschland haben. Der Versorgungsausgleich ist daher von Amts wegen durchzuführen, weil ihn auch das Heimatrecht eines Ehegatten – nämlich der deutschen Ehefrau F – kennt, Art. 17 Abs. 3 S. 1 Hs. 2 EGBGB. Das deutsche Recht entscheidet demgemäß auch über die materiellen und formellen Voraussetzungen für einen wirksamen vertraglichen Ausschluss des Versorgungsausgleichs; insoweit ist daher § 17 VersAusglG maßgebend.

Weiterhin hat der Notar die Ehegatten aber auch über mögliche Auswirkungen eines Ausschlusses des Versorgungsausgleichs auf das eheliche Güterrecht aufzuklären. Diese beurteilen sich allerdings nicht nach dem Statut des Versorgungsausgleichs, sondern nach dem Güterrechtsstatut. Verwiesen wird insoweit gemäß Art. 15 Abs. 1 iVm Art. 14 Abs. 1 Nr. 2 EGBGB auf französisches Recht, weil die Ehegatten dort ihren ersten gemeinsamen gewöhnlichen Aufenthalt hatten. Diese Gesamtverweisung wird vom französischen IPR (Art. 4 des Haager Ehegüterrechtsübereinkommens von 1978) angenommen. Nach französischem Güterrecht hat der Ausschluss des deutschen Versorgungsausgleichs keine güterrechtlichen Auswirkungen. Die Rechtsprechung des BGH zur Inhaltskontrolle von Eheverträgen findet insoweit keine Anwendung (→ § 9 Rn. 165a).

---

gen auf das tatsächlich zugrunde gelegte Scheidungsstatut abstellen müssen; zutr. BeckOK BGB/*Heiderhoff* EGBGB Art. 17 Rn. 102.

[93] OLG Schleswig FamRZ 2012, 132 (133); OLG Köln FamRZ 2009, 1589 (1590ff.); OLG Celle FamRZ 2007, 1566 (1568).

[94] Staudinger/*Mankowski* EGBGB Art. 17 Rn. 351; Palandt/*Thorn* EGBGB Art. 17 Rn. 8.

[95] *Walter* MittBayNot 2005, 193 (195); *Schotten/Schmellenkamp* IPR Rn. 237.

## C. Rechtswahl

### I. Grundsatz

44 Art. 17 Abs. 3 S. 1 EGBGB knüpft den Versorgungsausgleich nicht nur dann akzessorisch an das Scheidungsstatut an, wenn dieses objektiv nach Art. 8 Rom III-VO bestimmt wird. Gleiches gilt vielmehr auch dann, wenn die Ehegatten das Scheidungsstatut nach Art. 5ff. Rom III-VO durch Rechtswahl festgelegt haben.[96] Insbesondere ausländische Ehegatten, die mit einem deutschen Partner verheiratet sind, müssen also bedenken, dass eine Wahl des deutschen Rechts – als Recht des (letzten) gemeinsamen gewöhnlichen Aufenthalts der Ehegatten oder als *lex fori* (Art. 5 lit a, lit. b oder lit. d Rom III-VO) – für die Ehescheidung, vorbehaltlich der anschließend erörterten Schranken des Art. 17 Abs. 3 S. 1 Hs. 2 EGBGB, dahin auszulegen ist, dass die Parteien damit zugleich für die Durchführung des Versorgungsausgleichs von Amts wegen nach deutschem Recht optieren. Umgekehrt kann die Wahl eines ausländischen Scheidungsrechts durch einen deutschen Ehegatten zur Folge haben, dass dieser seine Ansprüche auf die Durchführung des Versorgungsausgleichs verliert, die ihm ohne eine solche Rechtswahl nach Art. 17 Abs. 3 S. 1 EGBGB iVm Art. 8 Rom III-VO zustünden.

45 Auf diese Auswirkungen einer Wahl des Scheidungsstatuts für den Versorgungsausgleich müssen rechtliche Berater sowie der beurkundende Notar die Ehegatten **hinweisen.** In diesem Zusammenhang stellt sich die Frage, ob diese akzessorische Anknüpfung an ein gewähltes Scheidungsstatut zwingend ist oder ob die Ehegatten berechtigt sind, es hinsichtlich des Versorgungsausgleichs bei dem objektiven Scheidungsstatut nach Art. 8 Rom III-VO zu belassen und ihre Rechtswahl auf die Ehescheidung bzw. Ehetrennung als solche zu beschränken. Die Antwort ergibt sich nicht aus der Rom III-VO, die vermögensrechtliche Scheidungsfolgen aus ihrem sachlichen Anwendungsbereich ausklammert, sondern ist im Wege der Auslegung von Art. 17 Abs. 3 S. 1 EGBGB zu entwickeln. Dessen Wortlaut lässt es durchaus zu, den Versorgungsausgleich trotz einer abweichenden Rechtswahl für die Scheidung dem objektiv nach Art. 8 Rom III-VO maßgeblichen Scheidungsstatut zu unterwerfen.[97] Für eine solche auf die Scheidung selbst begrenzte Rechtswahlmöglichkeit spricht insbesondere, dass die von Art. 5 Rom III-VO für die Ehescheidung eingeräumte Parteiautonomie massiv eingeschränkt würde, wenn Ehegatten deutsches Recht als Scheidungsstatut nur wählen könnten, wenn sie sich damit zugleich für die Durchführung des Versorgungsausgleichs entscheiden; zu einer solchen Beschränkung der unionsrechtlich eingeräumten Rechtswahlfreiheit ist der deutsche Gesetzgeber wohl nicht berechtigt.[98] Eine isolierte – vom Scheidungsstatut abweichende – Wahl des Versorgungsausgleichsstatuts ist hingegen nicht zulässig.[99]

**Beispiel:** 46
Der deutsche Ehemann und seine italienische Ehefrau führen ihre Ehe seit zwölf Jahren in Rom. Sie streben eine rasche einvernehmliche Ehescheidung an. Um diese zu erreichen, möchten sie das Ehescheidungsverfahren vor deutschen Gerichten durchführen und hierfür das deutsche Heimatrecht des Ehemannes nach Art. 5 Abs. 1 lit. c Rom III-VO als Scheidungsstatut wählen.

Wäre die akzessorische Anknüpfung des Versorgungsausgleichs nach Art. 17 Abs. 3 S. 1 EGBGB an das gewählte Scheidungsstatut zwingend, so hätte die Rechtswahl zur Folge,

[96] Zu Voraussetzungen, Schranken und Zeitpunkt einer solchen Rechtswahl näher → § 11 Rn. 54ff.
[97] Zutr. *Schall/Weber* IPRax 2014, 381 (384f.); **aA** aber *Hau* FamRZ 2013, 249 (253); Althammer/*Mayer* Rom III-VO Art. 5 Rn. 30f.
[98] Anders BeckOK BGB/*Heiderhoff* EGBGB Art. 17 Rn. 102a, die es für ausreichend hält, dass die Ehegatten den Versorgungsausgleich nach deutschem Sachrecht (§§ 6ff. VersAusglG) ausschließen können.
[99] *Andrae* IntFamR § 4 Rn. 88; *Hau* FamRZ 2013, 249 (253); MüKoBGB/*Winkler v. Mohrenfels* EGBGB Art. 17 Rn. 80; jurisPK-BGB/*Ludwig* EGBGB Art. 17 Rn. 66; BeckOK BGB/*Heiderhoff* EGBGB Art. 17 Rn. 102a.

dass das angerufene deutsche Familiengericht auch den Versorgungsausgleich von Amts wegen nach deutschem Recht durchzuführen hätte. Wäre danach der deutsche Ehemann als Hauptverdiener zum hälftigen Ausgleich seiner während der Ehe erworbenen Versorgungsanwartschaften verpflichtet, so würde ihm durch Art. 17 Abs. 3 S. 1 EGBGB faktisch das Recht zur Wahl des deutschen Scheidungsstatuts verwehrt; denn ohne eine solche Rechtswahl wäre ein Versorgungsausgleich nicht durchzuführen, weil Scheidungsstatut dann nach Art. 8 lit. a Rom III-VO das im Staat des gemeinsamen gewöhnlichen Aufenthalts der Eheleute geltende italienischen Recht wäre, das einen Versorgungsausgleich im deutschen Sinne nicht kennt.

## II. Einschränkung durch Art. 17 Abs. 3 S. 1 Hs. 2 EGBGB?

47 In der Literatur ist zum bisherigen Recht die Ansicht vertreten worden, Art. 17 Abs. 3 S. 1 Hs. 2 EGBGB sei dann nicht anzuwenden, wenn die Ehegatten das deutsche Recht nach Art. 14 Abs. 2 bis Abs. 4 EGBGB als Ehewirkungsstatut – und damit mittelbar auch als Scheidungs- und Versorgungsausgleichsstatut – gewählt hätten. In diesem Fall sei der Versorgungsausgleich mithin auch dann nach deutschem Recht durchzuführen, wenn keines der Heimatrechte der Ehegatten dieses Rechtsinstitut kenne.[100] Unter der Geltung der Rom III-VO wird man von einer solchen **teleologischen Reduktion** der Vorschrift indessen nicht mehr ausgehen können. Denn da die Rechtswahl nach der Verordnung die Primäranknüpfung für das Scheidungsstatut ist, wird von ihr in Eheverträgen und Scheidungsvereinbarungen künftig in weit größerem Umfang als bisher Gebrauch gemacht werden. Der sachliche Anwendungsbereich der Verordnung und damit auch der Rechtswahl nach Art. 5 Rom III-VO ist aber ausdrücklich auf die Bestimmung des Scheidungsstatuts begrenzt und erfasst keine vermögensrechtlichen Wirkungen der Scheidung (→ § 11 Rn. 138ff.), so dass ausländischen Ehegatten, die deutsches Recht als Scheidungsstatut wählen, nicht ohne weiteres unterstellt werden kann, sie wollten damit zugleich für die Durchführung des Versorgungsausgleichs nach deutschem Recht optieren, obwohl ihre Heimatrechte dieses Rechtsinstitut nicht kennen.[101]

48 **Beispiel:**
Ehegatten, die beide die kroatische Staatsangehörigkeit besitzen, leben seit zwei Jahren getrennt, weil die Ehefrau nach einer über zehn Jahre in Deutschland geführten Ehe nach Kroatien zurückgekehrt ist. Um die von beiden Ehegatten gewünschte Ehescheidung vor deutschen Gerichten zu beschleunigen, kommen sie überein, die Scheidung nicht nach kroatischem Recht – als dem nach Art. 8 lit. c Rom III-VO objektiv maßgeblichen Scheidungsstatut – durchzuführen, sondern nach Art. 5 Abs. 1 lit. b bzw. lit. d Rom III-VO deutsches Recht zu wählen.

Nach der bisher zur Rechtswahl nach Art. 17 Abs. 1 iVm Art. 14 Abs. 2, Abs. 3 EGBGB aF vertretenen Auffassung hätte die Wahl des deutschen Scheidungsstatuts zur Folge, dass auch der Versorgungsausgleich nach deutschem Recht von Amts wegen durchzuführen wäre, obwohl das gemeinsame kroatische Heimatrecht der Ehegatten dieses Rechtsinstitut nicht kennt. Demgegenüber sollte es richtigerweise auch in diesem Fall bei der Anwendung von Art. 17 Abs. 1 S. 1 Hs. 2 EGBGB verbleiben, der den Versorgungsausgleich ausschließt, wenn ihn das Recht keines der Staaten kennt, denen die Ehegatten im Zeitpunkt der Rechtshängigkeit des Scheidungsantrags angehören.

[100] *Klattenhoff* FuR 2000, 49 (56); Staudinger/*Mankowski* EGBGB Art. 17 Rn. 348; NK-BGB/*Gruber* EGBGB Art. 17 Rn. 123.
[101] Ähnlich *Andrae* IntFamR § 4 Rn. 92; **aA** jurisPK-BGB/*Ludwig* EGBGB Art. 17 Rn. 73.

**Formulierungsbeispiel: Rechtswahl nach Art. 5 Abs. 1 lit. a Rom III-VO** 49

Die Ehefrau erklärt: Ich bin deutsche Staatsangehörige.

Der Ehemann erklärt: Ich bin italienischer Staatsangehöriger.

Beide Ehegatten erklären übereinstimmend:

1. Im Hinblick darauf, dass wir unseren gemeinsamen gewöhnlichen Aufenthalt in Deutschland haben, vereinbaren wir gemäß Art. 5 Abs. 1 lit. a Rom III-VO die Geltung deutschen Rechts als des auf eine etwaige Ehescheidung anwendbaren Rechts.
2. Nach Belehrung durch den Notar über die Reichweite dieser Rechtswahl erklären wir, dass das deutsche Recht auch für vermögensrechtliche Scheidungsfolgen gelten soll, die – wie insbesondere der Versorgungsausgleich – nach Maßgabe von Art. 17 Abs. 1 und Abs. 3 EGBGB ebenfalls dem auf die Scheidung anwendbaren Recht unterliegen.
   *Alt.:* Nach Belehrung durch den Notar über die Reichweite dieser Rechtswahl erklären wir, dass sich die Rechtswahl ausdrücklich nur auf die Ehescheidung bzw. die Trennung ohne Auflösung des Ehebandes beziehen soll. Für vermögensrechtliche Scheidungsfolgen, die – wie insbesondere der Versorgungsausgleich – nach Maßgabe von Art. 17 Abs. 1 und Abs. 3 EGBGB ebenfalls dem auf die Scheidung anwendbaren Recht unterliegen, soll es hingegen bei der objektiven Anknüpfung nach Art. 8 Rom III-VO sein Bewenden haben.

Hinweise des Notars:

1. Bei der Maßgeblichkeit des gewählten deutschen Rechts auf die Ehescheidung bleibt es – vorbehaltlich einer neuen Rechtswahl – auch dann, wenn einer oder beide Ehegatten den gewöhnlichen Aufenthalt in Deutschland aufgeben sollten.
2. Die Rechtswahl wird in Staaten, die nicht an der Rom III-VO teilnehmen, möglicherweise nicht anerkannt.

## D. Regelwidrige Durchführung des Versorgungsausgleichs auf Antrag

### I. Allgemeines

Unterliegen die Scheidung und damit auch der Versorgungsausgleich entweder nach Art. 17 Abs. 3 S. 1 Hs. 1 iVm Art. 5ff. Rom III-VO nicht dem deutschen Sachrecht oder ist der Versorgungsausgleich weder dem Heimatrecht des Ehemannes noch dem Heimatrecht der Ehefrau bekannt, so scheidet ein von Amts wegen durchzuführender Versorgungsausgleich vor einem deutschen Gericht aus. Die Versagung des Versorgungsausgleichs kann jedoch **unbillig** sein, weil sie einem Ehegatten einen Anspruch vorenthält, der ihm unter vergleichbaren Umständen in einem reinen Inlandsfall ohne weiteres zustünde.[102] Art. 17 Abs. 3 S. 2 EGBGB ermöglicht es daher, den Versorgungsausgleich ausnahmsweise **auf Antrag nach deutschem Recht** durchführen.[103] Dies gilt auch, wenn beide Ehegatten eine ausländische Staatsangehörigkeit besitzen und die Ehe im Ausland geschieden wurde.[104] 50

Bei dieser Vorschrift soll es sich nach zT vertretener Ansicht um eine besondere Ausprägung des deutschen **ordre public** (Art. 6 EGBGB) handeln,[105] die auch im staatsvertraglichen Kollisionsrecht zur Anwendung komme, soweit die Vertragsstaaten sich die Be- 51

102 BGH FamRZ 1994, 825 (826).

103 BGH FamRZ 2009, 977 Rn. 13; NJW 2007, 2477 mAnm *Bergner*; NJW-RR 2007, 361; OLG Stuttgart FamRZ 2009, 1587 mAnm *Borth;* OLG Bremen FamRZ 2016, 141 f.

104 OLG Hamm FamRZ 2014, 843 = IPRax 2015, 1767 mAnm *Rauscher* IPRax 2015, 139.

105 So OLG Oldenburg FamRZ 1995, 1590; MüKoBGB/*Winkler v. Mohrenfels* EGBGB Art. 17 Rn. 91; *Schotten/Wittkowski* FamRZ 1995, 264 (265); *Finger* FuR 1999, 215 (219).

rufung auf ihren *ordre public* vorbehalten hätten.[106] Dagegen spricht freilich schon das Antragserfordernis. Außerdem ist die Nichtdurchführung des Versorgungsausgleichs, mag sie auch im Einzelfall unbillig sein, deswegen noch kein schlechthin unerträgliches Ergebnis; andernfalls müsste man das Scheidungsfolgenrecht der meisten ausländischen Rechte, die – wie gezeigt (→ Rn. 38) – das Rechtsinstitut des Versorgungsausgleichs nicht kennen, für *ordre public*-widrig erklären.[107] Daher kann iRd **deutsch-iranischen Niederlassungsabkommens** kein Versorgungsausgleich nach Art. 17 Abs. 3 S. 2 EGBGB stattfinden.[108] Auch die EMRK verpflichtet die deutschen Gerichte nicht dazu, das deutsch-iranische Niederlassungsabkommen zu missachten und den Versorgungsausgleich unter Berufung auf den deutschen *ordre public* durchzuführen.[109]

## II. Voraussetzungen

52 Die subsidiäre Anwendung des deutschen Rechts nach Art. 17 Abs. 3 S. 2 EGBGB hängt von **vier Voraussetzungen** ab, die **kumulativ** erfüllt sein müssen:

1. ein Versorgungsausgleich nach dem von Abs. 3 S. 1 bestimmten Recht findet nicht statt,
2. ein Ehegatte hat die Durchführung des Versorgungsausgleichs nach deutschem Recht beantragt,
3. mindestens ein Ehegatte hat inländische Anwartschaften erworben und
4. die Durchführung des Versorgungsausgleichs entspricht im Hinblick auf die beiderseitigen wirtschaftlichen Verhältnisse während der gesamten Ehezeit der Billigkeit.

53 **Beweispflichtig** für diese Voraussetzungen ist derjenige Ehegatte, der sich auf die Ausnahmeregel in Satz 2 beruft.[110]

### 1. Kein Versorgungsausgleich von Amts wegen

54 Der Versorgungsausgleich darf nicht bereits nach Art. 17 Abs. 3 S. 1 EGBGB von Amts wegen stattfinden. Dies ist zum einen dann der Fall, wenn **ausländisches Recht** als Scheidungsstatut nach S. 1 Hs. 1 iVm Art. 5 ff. Rom III-VO zur Anwendung berufen ist; denn in diesem Fall kommt es seit der Neufassung der Vorschrift durch Art. 20 Nr. 1 VAStrRefG nicht mehr darauf an, ob das ausländische Recht einen Versorgungsausgleich vorsieht oder nicht.[111] Zum anderen kann der Versorgungsausgleich auch dann nicht von Amts wegen durchgeführt werden, wenn zwar **deutsches Recht** als Scheidungsstatut zur Anwendung berufen ist, aber keinem der Heimatrechte der Ehegatten das Institut des Versorgungsausgleichs bekannt ist.[112] Dabei ist es schon ausreichend, wenn der Versorgungsausgleich nach Art und Umfang deutlich hinter dem deutschen Recht zurückbleibt;[113] Art. 17 Abs. 3 S. 2 EGBGB schaltet dann die kumulative Anwendung der Heimatrechte der Ehegatten aus und beruft ausschließlich deutsches Recht zur Anwendung.

---

[106] Vgl. zum deutsch-iranischen Niederlassungsabkommen OLG Oldenburg FamRZ 1995, 1590; *Schotten/Wittkowski* FamRZ 1995, 264 (267).

[107] Staudinger/*Mankowski* EGBGB Art. 17 Rn. 355; *Klattenhoff* FuR 2000, 49 (52).

[108] So auch BGH FamRZ 2005, 1666 (1667); OLG Frankfurt a.M. FamRZ 2011, 1065; OLG Celle JAmt 2011, 490; OLG Köln FamRZ 2002, 613; Palandt/*Thorn* EGBGB Art. 17 Rn. 10; NK-BGB/*Gruber* EGBGB Art. 17 Rn. 162; dazu schon → Rn. 6.

[109] EuGHMR FamRZ 2011, 1037.

[110] BGH FamRZ 2007, 366; OLG Frankfurt a.M. FamRZ 2009, 1586.

[111] BT-Drs. 16/10144, 113; Palandt/*Thorn* EGBGB Art. 17 Rn. 9.

[112] BGH NJW 2007, 2477; NJW-RR 2007, 361; OLG Oldenburg FamRZ 1995, 1590.

[113] Vgl. MüKoBGB/*Winkler v. Mohrenfels* EGBGB Art. 17 Rn. 234; **aA** *Lüderitz* IPRax 1987, 74 (79).

## 2. Antrag eines Ehegatten

Einer der Ehegatten muss die Durchführung des Versorgungsausgleichs nach deutschem Recht beantragen.[114] Hierfür reicht die Übersendung der ausgefüllten Formblätter zum Versorgungsausgleich aus.[115] Ohne einen entsprechenden Antrag darf das deutsche Gericht den Versorgungsausgleich nach Art. 17 Abs. 3 S. 2 EGBGB auch in Fällen grober Unbilligkeit nicht von Amts wegen durchführen. Unerheblich ist hingegen, ob der ausgleichsberechtigte Ehegatte den Antrag iRd Scheidungsverbundverfahrens oder – auch erst Jahre nach rechtskräftiger Scheidung – in einem **isolierten Verfahren** stellt.[116] Der besondere Antrag nach Satz 2 ist zu unterscheiden von dem allgemeinen Antrag, der nach §§ 137 Abs. 2 S. 2, 223 FamFG verfahrensrechtlich zur Durchführung des *schuldrechtlichen* Versorgungsausgleichs erforderlich ist.[117] Ein bei Einleitung des Verfahrens fehlender Antrag kann durch nachträglich erklärtes Einverständnis oder rügelose Einlassung der Parteien ersetzt werden.[118] Wird der Antrag nicht gestellt, so hat die Feststellung im Urteilstenor, dass ein Versorgungsausgleich nicht stattfindet, zu unterbleiben.[119] Wird sie dennoch aufgenommen, so erwächst sie jedenfalls nicht in Rechtskraft und steht einem späteren isolierten Verfahren auf Durchführung des Versorgungsausgleichs nicht entgegen.[120] 55

## 3. Inländische Versorgungsanwartschaften eines Ehegatten

Weiterhin muss ein Ehegatte während der Ehezeit inländische Versorgungsanwartschaften[121] erworben haben. Dies muss seit der Neufassung von Art. 17 Abs. 3 EGBGB durch das AnpassungsG zur Rom III-VO vom 23.1.2013 (→ Rn. 4) nicht mehr der ausgleichspflichtige Ehegatte sein; ausreichend ist vielmehr auch, dass nur der **ausgleichsberechtigte Ehegatte** solche Anwartschaften erlangt hat. In diesem Zusammenhang ist insbesondere zu berücksichtigen, dass inländische Anrechte auch ohne Erwerbsarbeit, zB durch Ausbildungs- und Kindererziehungszeiten, erworben werden können.[122] Auf die Höhe der inländischen Anwartschaften kommt es dabei nicht an.[123] Als **Ehezeit** ist die Zeit bis zur Zustellung des Scheidungsantrags zugrunde zu legen.[124] Dies gilt auch dann, wenn dem Scheidungsverfahren ein gerichtliches Ehetrennungsverfahren nach ausländischem Recht vorausgegangen ist.[125] 56

Hat vor allem der ausgleichspflichtige Ehegatte **inländische Versorgungsanwartschaften** erworben, so wäre es unbillig, den Versorgungsausgleich nur deshalb nicht durchzuführen, weil das anwendbare ausländische Recht keinen Ausgleich ermöglicht und daher die Voraussetzungen des Art. 17 Abs. 3 S. 1 EGBGB nicht vorliegen, obwohl der Versorgungsausgleich hinsichtlich der inländischen Anwartschaften von dem deut- 57

[114] OLG München NJW 2014, 1893; OLG Braunschweig FamRZ 2005, 1683 (1684); OLG München FamRZ 2000, 165; *Palandt/Thorn* EGBGB Art. 17 Rn. 11; BeckOK BGB/*Heiderhoff* EGBGB Art. 17 Rn. 110 mwN.

[115] OLG München FuR 1993, 169; *Klattenhoff* FuR 2000, 108 (109).

[116] BGH FamRZ 2007, 996 (1000); OLG Stuttgart FamRZ 2009, 1587 (1588); OLG Karlsruhe FamRZ 2006, 955; OLG Braunschweig FamRZ 2005, 1683 (1684); OLG Hamm FamRZ 1991, 204. Wird der Antrag im Verbundverfahren nicht rechtzeitig in der ersten Instanz gestellt, kann er im Beschwerdeverfahren nicht mehr nachgeholt werden; vielmehr ist dann ein selbständiges neues Verfahren einzuleiten, vgl. OLG München NJW 2014, 1893 (1894).

[117] Palandt/*Thorn* EGBGB Art. 17 Rn. 11.

[118] OLG Schleswig FamRZ 1991, 96 (97); *Finger* FamRBint 2010, 18 (20).

[119] *Henrich* IntSchR Rn. 313.

[120] OLG Bremen NJW-Spezial 2012, 422; jurisPK-BGB/*Ludwig* EGBGB Art. 17 Rn. 94.

[121] Es muss sich um Anrechte iSv § 2 VersAusglG handeln, die ein Versorgungsträger im Inland zu erbringen hat, vgl. jurisPK-BGB/*Ludwig* EGBGB Art. 17 Rn. 95 mwN.

[122] RegBegr zum Rom III-AnpassungsG, BT-Drs. 17/11049, 10 unter B Nr. 2.

[123] OLG Stuttgart FamRZ 2005, 911.

[124] BGH FamRZ 2009, 677 und 681; NK-BGB/*Gruber* EGBGB Art. 17 Rn. 145ff.

[125] BGH FamRZ 1994, 825ff.; OLG Koblenz FamRZ 1991, 1323 (1324); OLG Saarbrücken IPRspr. 2004 Nr. 57; BeckOK BGB/*Heiderhoff* EGBGB Art. 17 Rn. 113.

schen Gericht problemlos vorgenommen werden kann.[126] Insoweit ist zu beachten, dass inländische Anwartschaften auf der Grundlage von Sozialversicherungsabkommen mit ausländischen Staaten auch durch **Beschäftigungszeiten im Ausland** erworben werden können.[127] Auf den Fall, dass ein Ehegatte Versorgungsanwartschaften in einem ausländischen Staat erworben hat, der den Versorgungsausgleich ebenfalls kennt (und dem anderen Ehegatten deshalb keine Geschiedenen-Witwenrente gewährt), wurde die Regelung zT entsprechend (dh allseitig) angewandt;[128] dafür besteht indes kein Bedürfnis, weil auch ausländische Versorgungsanwartschaften in den Versorgungsausgleich nach Art. 17 Abs. 3 S. 2 EGBGB einbezogen werden können (→ Rn. 65 ff.).[129]

58 Alternativ zum Erwerb inländischer Versorgungsanwartschaften genügte es zur Durchführung des Versorgungsausgleichs nach Art. 17 Abs. 3 S. 2 Nr. 2 EGBGB aF auch, wenn die **allgemeinen Wirkungen der Ehe** zumindest während eines Teils der Ehezeit einem Recht unterlagen, das den Versorgungsausgleich kennt; denn in diesem Fall mussten die Eheleute jedenfalls für eine gewisse Zeit mit der Durchführung des Versorgungsausgleichs rechnen. Das Ehewirkungsstatut richtete sich, soweit keine zulässige Rechtswahl nach Art. 14 Abs. 2 bis Abs. 4 EGBGB getroffen wurde, nach Art. 14 Abs. 1 EGBGB; näher → § 8 Rn. 8 ff. Dabei war es grundsätzlich unerheblich, wie lange die Ehe diesem Ehewirkungsstatut unterlegen hatte. Auch wenn dies nur während eines Teils der Ehezeit der Fall war, war der Versorgungsausgleich dennoch **für die gesamte Ehedauer** durchzuführen;[130] ausländische Anwartschaften waren dann im Wege des schuldrechtlichen Versorgungsausgleichs einzubeziehen.[131] War der Zeitraum nur sehr kurz, konnte die Durchführung des Versorgungsausgleichs jedoch der Billigkeit widersprechen.[132] Die praktische Bedeutung dieser 2. Fallgruppe war indes – wie die Auswertung der Rechtsprechung zeigt – gering. Aus diesem Grunde hat der Gesetzgeber diese Variante im Zuge der seit dem 29.1.2013 geltenden Neufassung von Art. 17 Abs. 3 S. 2 EGBGB **aufgehoben.**

#### 4. Billiges Ergebnis

59 Die Durchführung des Versorgungsausgleichs darf schließlich – wie bisher – der Billigkeit nicht widersprechen. Ob dies der Fall ist, hat das Gericht unter Berücksichtigung sämtlicher Umstände des Einzelfalls zu prüfen.[133] Von Bedeutung für die Abwägung sind nach Satz 2 letzter Halbsatz insbesondere die **beiderseitigen wirtschaftlichen Verhältnisse** der Ehegatten während der gesamten Ehezeit. Das Gericht ist jedoch bei seiner Entscheidung nicht auf diese in der Vorschrift ausdrücklich genannten Gesichtspunkte beschränkt.[134] Die Billigkeitsklausel in Art. 17 Abs. 3 S. 2 EGBGB ergänzt die materiellrechtliche Härteklausel in § 27 VersAusglG und dient insbesondere der Berücksichtigung der internationalen Aspekte des Sachverhalts, auf die § 27 VersAusglG nicht abzielt.[135] Der Versorgungsausgleich ist danach insbesondere dann ausgeschlossen (oder nur eingeschränkt

[126] BGH FamRZ 2009, 677 Rn. 13; 1994, 825 (826); jurisPK-BGB/*Ludwig* EGBGB Art. 17 Rn. 99 mwN.
[127] Vgl. OLG Düsseldorf FamRZ 1999, 1210 (*Polen*); OLG Frankfurt a.M. FamRZ 2000, 163 (164); MüKo-BGB/*Winkler v. Mohrenfels* EGBGB Art. 17 Rn. 94.
[128] *E. Lorenz* FamRZ 1987, 645 (653); NK-BGB/*Gruber* EGBGB Art. 17 Rn. 144 aE.
[129] Staudinger/*Mankowski* EGBGB Art. 17 Rn. 384; BeckOK BGB/*Heiderhoff* EGBGB Art. 17 Rn. 114; MüKoBGB/*Winkler v. Mohrenfels* EGBGB Art. 17 Rn. 95.
[130] BGH FamRZ 2009, 677 Rn. 13; Staudinger/*Mankowski* EGBGB Art. 17 Rn. 401 ff.
[131] OLG Zweibrücken FuR 2000, 425 (430).
[132] BGH FamRZ 2009, 677 Rn. 13.
[133] BGH FamRZ 2009, 681 Rn. 18; vgl. auch BGH FamRZ 2000, 418 (419); jurisPK-BGB/*Ludwig* EGBGB Art. 17 Rn. 99 mwN.
[134] BGH FamRZ 2009, 681 Rn. 18; OLG Bremen FamRZ 2016, 131 (142); OLG Hamm IPRax 2015, 167 Rn. 7 mAnm *Rauscher* IPRax 2015, 139 und NZFam 2015, 226; OLG Stuttgart FamRZ 2009, 1587; Palandt/*Thorn* EGBGB Art. 17 Rn. 12.
[135] *Bergmann* FuR 2009, 4521 (424); BeckOK BGB/*Heiderhoff* EGBGB Art. 17 Rn. 114; vgl. zum Verhältnis zur Härteklausel in § 1587c BGB aF BGH FamRZ 1994, 825 (827); 2007, 996 (1000); OLG Stuttgart FamRZ 2008, 1759; OLG Düsseldorf FamRZ 1993, 433 (434); *Klattenhoff* FuR 2000, 108 (112); Staudinger/*Mankowski* EGBGB Art. 17 Rn. 394.

durchzuführen; → Rn. 63), wenn **nur ein Ehegatte eine inländische Altersversorgung** aufgebaut hat, die zum Ausgleich herangezogen werden kann, während der andere Ehegatte nur ausländische Anrechte erworben hat oder sonstige Vermögenswerte im Ausland besitzt, die nicht ermittelt werden können oder auf die nicht zugegriffen werden kann.[136] In einem solchen Fall kommt allenfalls ein schuldrechtlicher Versorgungsausgleich in Betracht.[137] Der Umstand allein, dass die Versorgungsanwartschaften ausschließlich oder ganz überwiegend von einem Ehegatten erworben wurden, begründet hingegen noch keine Unbilligkeit, selbst wenn der andere Ehegatte aufgrund seiner Einkünfte die Möglichkeit hatte, sich eine eigene Altersversorgung aufzubauen.[138]

Auch **Unterschiede der Kaufkraft** bzw. der Lebenshaltungskosten in den jeweiligen 60 Aufenthaltsstaaten der beiden Ehegatten vom Versorgungsausgleich betroffenen Ländern müssen berücksichtigt werden.[139] Gleiches gilt für **Absprachen** der Ehegatten vor der Scheidung oder im Scheidungsverfahren, die sich auf den Versorgungsausgleich beziehen.[140] Sind Anwartschaften nach ausländischem Ehegüterrecht bereits in den güterrechtlichen Ausgleich einbezogen worden, so kann ihre erneute Berücksichtigung iRd Versorgungsausgleichs unbillig sein.[141] Auch die **Übertragung erheblicher Vermögenswerte** an einen Ehegatten aus Anlass der Ehescheidung kann zur Unbilligkeit eines zusätzlich geforderten Versorgungsausgleichs führen.[142]

Ansonsten ist die Billigkeitsklausel aber als **Ausnahmevorschrift** eher eng auszulegen.[143] 61 Als nicht ausreichend für ihr Eingreifen wurden daher etwa die **Wiederheirat**[144] oder der außergewöhnliche berufliche Aufstieg eines Ehegatten,[145] mangelnde Beiträge des Berechtigten zum Unterhalt der Familie während des Zusammenlebens[146] oder die Einbeziehung einer längeren Trennungszeit angesehen. Letztere kann allenfalls im Rahmen der materiell-rechtlichen Härteklausel (§ 27 VersAusglG) berücksichtigt werden;[147] dies gilt auch im Falle einer gerichtlichen Trennung nach ausländischem Recht.[148] Auch das **Verschulden an der Scheidung** bleibt als Kriterium der Unbilligkeit iSv Art. 17

[136] BT-Drs. 10/5632, 42f.; BGH NJW 2014, 61 Rn. 14 mAnm *Rauscher* IPRax 2015, 139; BGH FamRZ 2007, 996 (997) und 366ff. und 996 Rn. 10; 1994, 825 (826); OLG Bremen FamRZ 2016, 141f.; OLG Stuttgart FamRZ 2008, 1759ff.; OLG Karlsruhe FamRZ 2002, 1633 (1634); OLG Celle FamRZ 1991, 204 (205); einschränkend aber BGH FamRZ 2003, 1737 = IPRax 2005, 447, wenn die ausländischen Anwartschaften für den berechtigten Ehegatten nicht realisierbar sind; zust. *Palandt/Thorn* EGBGB Art. 17 *Rn. 12.* Für Lösung im deutschen Sachrecht über die Ausgleichssperre nach § 19 Abs. 3 VersAusglG OLG Zweibrücken FamRZ 2015, 2063 (2065). Vgl. auch OLG Celle FamRZ 2014, 42: Ausschluss oder Einschränkung des Versorgungsausgleichs, wenn die Ehegatten während der Ehe ganz überwiegend im Ausland gelebt haben; ebenso OLG Bremen FamRZ 2016, 141 (242).

[137] OLG Schleswig NJOZ 2004, 4480; OLG München FamRZ 2005, 990.

[138] BGH DNotZ 2012, 705 mAnm *Rauscher;* FamRZ 2011, 877; OLG Köln FamRZ 2014, 844; OLG Karlsruhe NJW-RR 2004, 652 (653).

[139] BGH NJW-RR 2007, 361; FamRZ 2000, 418 (419); OLG Frankfurt a.M. FamRZ 2000, 163 (164); BeckOK BGB/*Heiderhoff* EGBGB Art. 17 Rn. 117.

[140] BGH FamRZ 2009, 681 (683); einschränkend aber OLG Hamm FamRZ 2014, 843 = IPRax 2015, 167 mAnm *Rauscher* IPRax 2015, 139, wenn die Vereinbarung sich nur auf den güterrechtlichen Ausgleich bezieht. Anders bei Nichtberücksichtigung des Versorgungsausgleichs aus Unkenntnis in einer Scheidungsvereinbarung im Rahmen eines *ausländischen* Scheidungsverfahrens; vgl. OLG Köln FamRZ 2006, 44 (Ls.).

[141] Staudinger/*Mankowski* EGBGB Art. 17 Rn. 396ff.; NK-BGB/*Gruber* EGBGB Art. 17 Rn. 149.

[142] OLG Celle FamRZ 2014, 42 (44).

[143] Vgl. BGH FamRZ 1994, 825 (826); OLG Hamm FamRZ 1994, 573 (578); OLG Düsseldorf FamRZ 1993, 434; OLG Frankfurt a.M. FamRZ 1990, 417; NK-BGB/*Gruber* EGBGB Art. 17 Rn. 147; MüKo-BGB/*Winkler v. Mohrenfels* EGBGB Art. 17 Rn. 97 mwN.

[144] BGH FamRZ 2007, 996 (998).

[145] OLG Frankfurt a.M. FamRZ 1990, 417.

[146] OLG Karlsruhe FamRZ 2004, 463.

[147] BGH FamRZ 1994, 825 (827); OLG Stuttgart FamRZ 2008, 1759 (1760); OLG Düsseldorf FamRZ 1993, 433 (434ff.).

[148] BGH FamRZ 1994, 825 (826ff.); OLG Düsseldorf FamRZ 1993, 433 (434ff.); OLG Koblenz FamRZ 1991, 1323 (1324).

Abs. 3 S. 2 EGBGB außer Betracht.[149] Gleiches gilt für persönliches Fehlverhalten nach Aufhebung der ehelichen Lebensgemeinschaft.[150]

62 Aus der negativen Formulierung der Billigkeitsklausel („soweit nicht widerspricht") wird ferner entnommen, dass der Versorgungsausgleich nach deutschem Recht grundsätzlich durchzuführen ist, soweit dies nicht wegen der besonderen Umstände des konkreten Falles ausnahmsweise dem Grundgedanken des Versorgungsausgleichs in unerträglicher Weise widerspräche.[151] Die **Darlegungslast** für derartige Umstände trägt – trotz Geltung des Grundsatzes der Amtsermittlung im Verfahren des Versorgungsausgleichs[152] – derjenige Ehegatte, der sich auf die Unbilligkeit beruft.[153] Der allgemeine **Verwirkungseinwand** nach § 242 BGB wegen verspäteter Geltendmachung des Versorgungsausgleichs wird durch die Billigkeitsklausel gesperrt.[154]

### III. Rechtsfolge

63 Ist der Versorgungsausgleich nicht wegen Unbilligkeit ausgeschlossen, so ist dieser **nach deutschem Recht** durchführen, wenn die übrigen Voraussetzungen erfüllt sind. Er ist in diesem Fall auch nicht auf die inländischen Anwartschaften beschränkt, sondern grundsätzlich **umfassend** vorzunehmen.[155] Allerdings lässt der Wortlaut der Vorschrift („soweit") aus Gründen der Billigkeit auch einen nur teilweisen Ausgleich von Versorgungsanwartschaften, dh eine Herabsetzung des Ausgleichs auf ein billiges Maß, zu.[156] Die Höhe der Ausgleichsansprüche ist daher schon in die Billigkeitsprüfung einzubeziehen.[157] Ein nach §§ 6, 8 VersAusglG wirksamer **ehevertraglicher Ausschluss** des Versorgungsausgleichs nach § 1408 Abs. 2 BGB ist in jedem Falle zu beachten.[158]

## E. Berücksichtigung und Bewertung ausländischer Versorgungsanwartschaften

64 Führt ein inländisches Gericht den Versorgungsausgleich gemäß Art. 17 Abs. 3 EGBGB nach deutschem Recht durch, so ergeben sich regelmäßig keine besonderen Probleme, soweit es um die Verteilung **inländischer Versorgungsanwartschaften** oder Anrechte geht. Der bloße Umstand, dass der Berechtigte sich gewöhnlich im Ausland aufhält, hindert die Durchführung des (auch öffentlich-rechtlichen) Ausgleichs nicht.[159] Wirkt sich in einem solchen Fall die Übertragung oder Begründung von Rentenanwartschaften in der (deutschen) gesetzlichen Rentenversicherung nicht zugunsten des Berechtigten aus, ist auf den schuldrechtlichen Versorgungsausgleich auszuweichen.

---

[149] OLG Hamm FamRZ 1994, 573 (578); OLG Celle FamRZ 1991, 204 (205); Palandt/*Thorn* EGBGB Art. 17 Rn. 12; NK-BGB/*Gruber* EGBGB Art. 17 Rn. 151.

[150] BGH NJW 2014, 61.

[151] Vgl. zu § 27 VersAusglG BGH FamRZ 2012, 434 Rn. 10; 2011, 877 Rn. 11; 2008, 1836.

[152] § 26 FamFG; vgl. BGH NJW 2014, 61.

[153] BGH NJW 2014, 61 Rn. 18; FamRZ 2007, 366 (367) und 996 (998); 1990, 1341 (1342); Palandt/*Thorn* EGBGB Art. 17 Rn. 12 mwN.

[154] BGH NJW 2014, 61 Rn. 21 mAnm *Rauscher* IPRax 2015, 139; 2007, 2477 Rn. 26.

[155] BeckOK BGB/*Heiderhoff* EGBGB Art. 17 Rn. 119; Johannsen/Henrich/*Henrich* EGBGB Art. 17 Rn. 69; **aA** Palandt/*Thorn* EGBGB Art. 17 Rn. 13; näher → Rn. 65ff.

[156] BGH NJW-RR 2007, 361; FamRZ 2000, 418 (419); MüKoBGB/*Winkler v. Mohrenfels* EGBGB Art. 17 Rn. 98 („weiter Ermessensspielraum").

[157] BGH NJW 2014, 61 m. zust. Anm. *Rauscher* IPRax 2015, 139; NJW-RR 2007, 361; BeckOK BGB/*Heiderhoff* EGBGB Art. 17 Rn. 116, 120.

[158] OLG Düsseldorf FamRZ 2003, 1287.

[159] BGH NJW 1983, 512 (513); 1986, 1932 (1933); OLG Karlsruhe FamRZ 1998, 1029ff.; Palandt/*Thorn* EGBGB Art. 17 Rn. 14; Erman/*Hohloch* EGBGB Art. 17 Rn. 59.

## I. Berücksichtigung ausländischer Anwartschaften

Schwieriger wird es hingegen, wenn im Ausland erworbene Anwartschaften oder Anrechte aufzuteilen oder in die Verteilung mit einzubeziehen sind. Gemäß § 2 Abs. 1 VersAusglG werden zwar auch ausländische Anwartschaften oder Anrechte grundsätzlich vom Versorgungsausgleich erfasst.[160] Hinsichtlich der Ausgleichsmethode ist aber danach zu differenzieren, ob ausländische Anrechte des Ausgleichs*berechtigten* oder des Ausgleichs*verpflichteten* einzubeziehen sind. 65

### 1. Anwartschaften des Berechtigten

Ausländische Versorgungsanrechte auf Seiten des Ausgleichsberechtigten können auch bei einem öffentlich-rechtlichen Versorgungsausgleich als Rechnungsposten berücksichtigt werden, wenn der ausgleichspflichtige Ehegatte höhere Anwartschaften nach deutschem Recht erworben hat; denn durch eine solche Anrechnung wird lediglich der Ausgleichsanspruch des Berechtigten gemindert, nicht aber in die ausländischen Anrechte eingegriffen.[161] Voraussetzung ist allerdings, dass der Wert dieser ausländischen Anrechte festgestellt werden kann. Die mangelnde Aufklärbarkeit geht zu Lasten des insoweit beweispflichtigen Antragstellers, der sich dann mit einem schuldrechtlichen Ausgleich begnügen muss.[162] 66

### 2. Anwartschaften des Verpflichteten

Ausländische Versorgungsanrechte auf Seiten des Ausgleichsverpflichteten können hingegen in einen öffentlich-rechtlichen Versorgungsausgleich gemäß §§ 6 ff. VersAusglG nicht einbezogen werden, und zwar weder im Wege der internen Teilung (§§ 10 ff. VersAusglG) noch der externen Teilung (§§ 14 ff. VersAusglG). Denn ein ausländischer Versorgungsträger kann durch deutsche Gerichte nicht verpflichtet werden, den Ausgleichsberechtigten in sein Versorgungssystem aufzunehmen oder das Anrecht extern auszugleichen (§ 19 Abs. 2 Nr. 4 VersAusglG).[163] Insoweit hat daher ein **schuldrechtlicher Ausgleich** gemäß §§ 20 ff., 23 f. VersAusglG zu erfolgen.[164] 67

### 3. Berücksichtigungsfähige Anwartschaften

Allerdings sind nicht alle Anwartschaften berücksichtigungsfähig, sondern nur solche, die auf eine **Versorgung wegen Alters oder wegen Berufs- oder Erwerbsunfähigkeit** gerichtet sind (§ 2 VersAusglG).[165] Letzteres trifft zB für die in der *schweizerischen* AHV begründeten Rentenanwartschaften zu;[166] ebenso für Anwartschaften in der *österreichischen*[167] oder *belgischen* Pensionsversicherung,[168] für Anwartschaften auf eine *französische* 68

[160] BGH FamRZ 2007, 996 und 2006, 321 mAnm *Reinhard* FamRZ 2006, 866.

[161] BGH FamRZ 2008, 770 (771) = IPRax 2009, 81 mAnm *Eichenhofer* IPRax 2009, 60; BGH NJW-RR 2004, 1; OLG Karlsruhe FamRZ 2010, 1989; *Wagner* IPRax 1999, 94 (96); NK-BGB/*Gruber* EGBGB Art. 17 Rn. 156.

[162] OLG Köln FamRZ 1986, 689 (690); OLG Düsseldorf FamRZ 1994, 903; OLG Nürnberg FamRZ 1999, 1203; NK-BGB/*Gruber* EGBGB Art. 17 Rn. 157.

[163] Vgl. BT-Drs. 16/10144, 62; BGH FamRZ 1980, 29 (30); OLG Stuttgart FamRZ 1989, 760; *Rauscher* IPRax 2005, 431 (432); MüKoBGB/*Winkler v. Mohrenfels* EGBGB Art. 17 Rn. 119 mwN.

[164] BGH FamRZ 2013, 106 Rn. 14; 2008, 2263; 2007, 996; *Bergner* NJW 2009, 1169; *Wick* FuR 2009, 482; NK-BGB/*Gruber* EGBGB Art. 17 Rn. 155; BeckOK BGB/*Heiderhoff* EGBGB Art. 17 Rn. 123 ff. mwN; ebenso schon zum früheren Recht BGH NJW 1989, 1997; OLG Bamberg FamRZ 2003, 1567 (1568); OLG Schleswig NJOZ 2004, 4480; OLG München FamRZ 2005, 990; OLG Köln FamRZ 2006, 1847.

[165] BGH FamRZ 2008, 770 (773); *Rauscher* IPRax 2005, 431 (432); *Reinhard* FamRZ 2007, 866; NK-BGB/*Gruber* EGBGB Art. 17 Rn. 154; jurisPK-BGB/*Ludwig* EGBGB Art. 17 Rn. 104; MüKoBGB/*Winkler v. Mohrenfels* EGBGB Art. 17 Rn. 118 mwN.

[166] OLG Karlsruhe IPRax 1982, 245; OLG Hamm FamRZ 1989, 759 (760); KG FamRZ 1990, 1257.

[167] AG Kaufbeuren FamRZ 1982, 76.

[168] OLG Köln FamRZ 2002, 1632.

Sozialversicherungsrente,[169] sowie für Anwartschaften eines französischen Berufssoldaten.[170] Nicht zu berücksichtigen waren hingegen nach langer Zeit hM Rentenanwartschaften, die nicht auf vorausgegangenen Beitragsleistungen des Anspruchsberechtigten beruhten, sondern aus dem allgemeinen Steueraufkommen finanziert wurden (**„Volksrenten"**).[171] An dieser Auffassung kann indes nicht mehr festgehalten werden, nachdem auch die deutsche Rentenversicherung heute steuerfinanziert ist.[172] Voraussetzung ist nur, dass das Teilhaberecht des Ehegatten auf seine Arbeit als Teil der gemeinsamen Lebensleistung zurückzuführen ist.[173]

## II. Bewertung ausländischer Anwartschaften

69 Schwierigkeiten bereiten zuweilen die Feststellung und Bewertung ausländischer Versorgungsanrechte, weil ausländische Rentenversicherungsträger nicht immer bereit sind, Auskunft über die Höhe der auf die Ehezeit entfallenden Rentenanwartschaften zu erteilen.[174] Hier muss versucht werden, vom Ausgleichspflichtigen die notwendigen Auskünfte zu erhalten.[175] Abhilfe können die **Auskunftspflichten der Ehegatten** gemäß § 4 VersAusglG bzw. § 220 FamFG und die von der *Bundesrepublik Deutschland* abgeschlossenen sozialrechtlichen Rechtshilfeabkommen sowie EU-Verordnungen schaffen, welche die länderübergreifende Zusammenarbeit von Familiengerichten und Versorgungsträgern regeln.[176] Ohne Schwierigkeiten lässt sich dennoch meistens nur feststellen, ob eine Rentenanwartschaft besteht. Ist die Berechnung des Ehezeitanteils nicht möglich oder wird eine Auskunft darüber verweigert, wird oft nichts anderes übrigbleiben, als entweder das Versorgungsausgleichsverfahren als „zur Zeit nicht durchführbar" abzuschließen[177] oder die ausländischen Versorgungsanwartschaften nach billigem Ermessen (zB unter Heranziehung vergleichbarer deutscher Versorgungsanwartschaften) zu bewerten (vgl. § 42 VersAusglG).[178] Teilweise wird auch eine Verweisung der Parteien auf den schuldrechtlichen Versorgungsausgleich[179] und eine Lösung nach Beweislastgrundsätzen befürwortet.[180] Sind ausländische Anrechte bereits in einem Verfahren vor ausländischen Gerichten ausgeglichen worden, so muss dies im Rahmen der Durchführung des Versorgungsausgleichs nach deutschem Recht berücksichtigt werden.

[169] OLG Karlsruhe FamRZ 2010, 1989 und 2002, 962; AG Hamburg FamRZ 1982, 717.

[170] AG Kelheim IPRax 1985, 109; OLG Stuttgart FamRZ 1989, 760 (761).

[171] Vgl. zum *schwedischen* Recht OLG Bamberg FamRZ 1980, 62 (63); zum *australischen* Recht OLG Koblenz FamRZ 1981, 293; zur *US-amerikanischen „social security"* AG Heidelberg IPRax 1990, 126; zu *polnischen* Versorgungsansprüchen BGH NJW 1989, 1997. Ebenso noch *Andrae* IntFamR § 4 Rn. 126.

[172] Vgl. grundlegend für Anrechte auf die *niederländische* AOW-Pension BGH FamRZ 2008, 770 (771 ff.) = IPRax 2009, 81 mAnm *Eichenhofer* IPRax 2009, 60; BGH FamRZ 2009, 677 Rn. 24; ebenso zur *irischen* Sozialversicherung BGH FamRZ 2013, 106; zur *dänischen* Volksrente (*„folkepension"*) AG Flensburg FamRZ 2009, 1585, bestätigt durch OLG Schleswig SchlHA 2012, 105.

[173] BGH FamRZ 2013, 106; jurisPK-BGB/*Ludwig* EGBGB Art. 17 Rn. 106 f.

[174] Vgl. *Bergner* IPRax 1984, 189; OLG Karlsruhe FamRZ 1989, 399 (400); OLG Köln FamRZ 1986, 689 (690).

[175] *Lüderitz* IPRax 1987, 74 (78).

[176] Vgl. etwa die Verordnung (EG) Nr. 987/2009 vom 16.9.2009 zur Festlegung der Modalitäten für die Durchführung der Verordnung (EG) Nr. 883/2004 über die Koordinierung der Systeme der sozialen Sicherheit.

[177] OLG Oldenburg NJOZ 2005, 1582; OLG Celle FamRZ 2001, 1462 (1463).

[178] *Bergner* IPRax 1988, 281 (284); krit. zu einer Schätzung *Rauscher* IPRax 2005, 431 (433).

[179] So OLG Düsseldorf FamRZ 1994, 903; OLG Hamm FamRZ 1994, 573 (578 ff.), OLG Karlsruhe FamRZ 1989, 399 (400); MüKoBGB/*Winkler v. Mohrenfels* EGBGB Art. 17 Rn. 120.

[180] OLG Köln FamRZ 1986, 689 (690).

# § 13. Lebenspartnerschaftsrecht

## Übersicht



Die Zunahme alternativer Lebensformen zur Ehe wirkt sich in jüngerer Zeit verstärkt auch auf dem Gebiet der Rechtsgestaltung aus. Gerade weil es für solche Partnerschaften häufig noch an gesetzlichen Grundlagen fehlt, wird der Abschluss von Partnerschaftsverträgen empfohlen, um bei einer Aufhebung der Partnerschaft Streit über die vermögens- und unterhaltsrechtlichen Konsequenzen zu vermeiden. Im internationalen Rechtsverkehr kommt hinzu, dass ausländische Rechte gesetzlich geregelte Formen des Zusammenlebens kennen, die – wie die homosexuelle Ehe oder die eingetragene heterosexuelle Lebenspartnerschaft – im deutschen Recht noch keine Regelung erfahren haben, so dass sich die Frage stellt, ob sie in Analogie zum Eherecht (Art. 13 ff. EGBGB) oder zur eingetragenen Lebenspartnerschaft (Art. 17b EGBGB) angeknüpft werden sollen. Dabei muss auch zwischen der Begründung, den einzelnen Wirkungen und der Aufhebung der jeweiligen Lebenspartnerschaft unterschieden werden. Diesen für die gestalterische Praxis zunehmend wichtiger werdenden Fragen wird nachfolgend 1 für die eingetragene Lebenspartnerschaft und die faktische Lebensgemeinschaft getrennt nachgegangen.

## A. Eingetragene Lebenspartnerschaft

**Schrifttum:**

*Andrae/Abbas,* Personenstandsrechtliche Behandlung einer gleichgeschlechtlichen Eheschließung, StAZ 11, 97; *Becker,* Die Qualifikation der *cohabitation légale* des belgischen Rechts im deutschen IPR, 2011; *Boele-Woelki/Fuchs* (Hrsg.), Legal Recognition of Same Sex Couples in Europe, 2003; *Brandt,* Die Adoption durch eingetragene Lebenspartner im internationalen Privat- und Verfahrensrecht, 2004; *Buschbaum,* Kollisionsrecht der Partnerschaften außerhalb der traditionellen Ehe, Teil 1, RNotZ 2010, 73, Teil 2, RNotZ 2010, 149; *Coester,* Die kollisionsrechtliche Bedeutung des Bundesverfassungsgerichtsurteils zur Lebenspartnerschaft, FS Sonnenberger, 2004, 321; *ders.,* Art. 17b EGBGB unter dem Einfluss des Europäischen Kollisionsrechts, IPRax 2013, 114; *ders.,* Das Erbrecht registrierter Lebenspartner unter der EU-Erbrechtsverordnung, ZEV 2013, 115; *Coester-Waltjen/Coester,* Ehe und eingetragene Lebenspartnerschaft, sachrechtliche Visionen und kollisionsrechtliche Konsequenzen, FS Brudermüller, 2014, 23; *Dethloff,* Registrierte Partnerschaften in Europa, ZEuP 2004, 59; *Dörner,* Grundfragen der Anknüpfung gleichgeschlechtlicher Partnerschaften, FS Jayme, 2004, 143; *Finger,* Das neue Internationale Privat- und Verfahrensrecht zur eingetragenen Lebenspartnerschaft, IPRax 2001, 281; *Forkert,* Eingetragene Lebenspartnerschaften im deutschen IPR: Art. 17b EGBGB, 2003; *Frank,* Die eingetragene Lebenspartnerschaft unter Beteiligung von Ausländern, MittBayNot (Sonderheft Lebenspartnerschaften) 2001, 30; *Gebauer/Staudinger,* Registrierte Lebenspartnerschaft und die Kappungsregel des Art. 17b Abs. 4 EGBGB, IPRax 2002, 275; *Hausmann,* Überlegungen zum Kollisionsrecht registrierter Partnerschaften, FS Henrich, 2000, 241; *Henrich,* Kollisionsrechtliche Fragen der eingetragenen Lebenspartnerschaft, FamRZ 2002, 137; *Jakob,* Die eingetragene Lebenspartnerschaft im internationalen Privatrecht, 2002; *Jessurun d'Oliveira,* Registered Partnerships, Pacses and Private International Law, Riv.dir.int.priv.proc. 2000, 293; *Kessler,* Les partenariats enregistrés en droit international privé, 2004; *Khairaliah,* Les „partenariats organisés" en droit international privé (Propos autour de la loi du 15 novembre 1999 sur le pacte civil de solidarité), Rev. crit. 2000, 317; *Kostkiewics,* Registrierte Partnerschaften gleichgeschlechtlicher Personen aus der Sicht des IPR (de lege lata), SZIER 2001, 101; *Mankowski/Höffmann,* Scheidung ausländischer gleichgeschlechtlicher Ehen in Deutschland?, IPRax 2011, 247; *Markus,* Registrierte Partnerschaften – Handlungsbedarf und Handlungsmöglichkeiten im IPR, SZIER 2001, 109; *Martiny,* Internationales Privatrecht, in: Hausmann/Hohloch (Hrsg.), Das Recht der nichtehelichen Lebensgemeinschaften, 2. Aufl. 2004, Kap. 12; *Mignot,* Le partenariat enregistré en droit international privé, Rev.int.dr.comp. 2001, 601; *Péroz,* La loi applicable aux partenariats enregistrés, Clunet 2010, 399; *Röthel,* Registrierte Partnerschaften im internationalen Privatrecht, IPRax 2000, 74; *dies.,* Gleichgeschlechtliche Ehe und ordre public, IPRax 2002, 496; *Schotten,* Lebenspartnerschaften im Internationalen Privatrecht, FPR 2001, 458; *Schwander,* Registrierte Partnerschaften im internationalen Privat- und Zivilprozessrecht, AJP 2001, 350; *Spernat,* Die gleichgeschlechtliche Ehe im internationalen Privatrecht, 2011; *Süß,* Notarieller Gestaltungsbedarf bei eingetragenen Lebenspartnerschaften mit Ausländern, DNotZ 2001,168; *Wagner,* Das neue internationale Privat- und Verfahrensrecht zur eingetragenen Lebenspartnerschaft, IPRax 2001, 281; *Wasmuth,* Eheschließung unter Gleichgeschlechtlichen in den Niederlanden und deutscher ordre public, FS Kegel, 2002, 237; *Wiggerich,* Bis dass der Tod euch scheidet – Probleme der Scheidung inländischer gleichgeschlechtlicher Ehen am Beispiel Kanadas, FamRZ 2012, 1116; *Wintemute/Andenæs,* Legal recognition of same-sex partnerships, 2001.

2 Institutionalisierte Formen für Lebensgemeinschaften gleichgeschlechtlicher Paare sind heute nicht nur den meisten Mitgliedstaaten der Europäischen Union bekannt,[1] sondern

[1] Dies gilt etwa für *Belgien* (Art. 1475–1479 CC idF vom 23.11.1998), *Dänemark* (Gesetz vom 7.6.1989; dazu *Wacke* FamRZ 1990, 357; *Jayme* IPRax 1990, 197; *Ring/Olsen-Ring* ZRP 1999, 459), *Finnland* (Gesetz vom 13.12.2001), *Island* (Gesetz vom 12.6.1996), *Kroatien, Luxemburg* (Gesetz vom 9.7.2004), die *Niederlande* (Gesetz vom 5.7.1997), *Österreich* (Gesetz vom 30.12.2009; dazu *Gröger* ÖJZ 2010, 197), *Portugal, Schweden* (Gesetz vom 23.6.1994), *Slowenien* (Gesetz vom 22.6.2005), *Tschechien* (Gesetz vom 15.3.2006), *Ungarn* (Gesetz vom 17.12.2007; dazu *Weiss* FamRZ 2008, 1724) und das *Vereinigte Königreich* (Civil Partnership Act 2004; vgl. *Martiny* FF 2011, 345 (347)); Staudinger/*Mankowski* EGBGB Art. 17b Rn. 10. Zum französischen *Pacte civil de solidarité* (PACS) nach Art. 515–1 ff. CC idF vom 15.11.1999 vgl. *Ferrand* FamRZ 2000, 517; *Hauser* DEuFamR 2000, 29; Staudinger/*Mankowski* EGBGB Art. 17b Rn. 19 ff. Zu eingetragenen Lebenspartnerschaften in den spanischen Foralrechten vgl. Ferid/Firsching/Dörner/Hausmann/*Hierneis*, Internationales Erbrecht, Spanien, Grundzüge Rn. 472 ff.; Staudinger/*Mankowski* EGBGB Art. 17b Rn. 15.

sind inzwischen auch in weiteren europäischen[2] und außereuropäischen Staaten[3] eingeführt worden. In einer zunehmenden Zahl von Staaten ist man inzwischen noch einen Schritt weiter gegangen und hat das Institut der Ehe – zT unter gleichzeitiger Abschaffung der registrierten Lebenspartnerschaft[4] – auch für homosexuelle Paare geöffnet (→ Rn. 36 ff.). Ferner bieten manche Staaten auch heterosexuellen Paaren die Rechtsform der eingetragenen Lebenspartnerschaft als Alternative zur Ehe an (→ Rn. 39 ff.). Auf der anderen Seite stößt die rechtliche Anerkennung gleichgeschlechtlicher Lebenspartnerschaften, insbesondere wenn sie weitgehend ehegleiche Wirkungen entfalten, in zahlreichen Staaten – darunter auch Mitgliedstaaten der Europäischen Union – noch immer auf erhebliche Vorbehalte. Das im internationalen Eherecht noch geltende Staatsangehörigkeitsprinzip würde daher der wirksamen Eingehung einer Lebenspartnerschaft von Angehörigen solcher Staaten in Deutschland entgegenstehen. Aus diesem Grunde waren für eingetragene Lebenspartnerschaften eigenständige Kollisionsregeln zu entwickeln.

## I. Rechtsquellen

### 1. Internationales Privatrecht

**a) EU-Recht. aa) Statusverfahren.** Regelungen des sekundären Unionsrechts finden auf die **Begründung und Aufhebung von registrierten Lebenspartnerschaften** derzeit keine Anwendung. Die Rom III-VO regelt das Kollisionsrecht nur für die Scheidung und die Trennung von Ehen. Die Verordnung ist zwar in den Mitgliedstaaten, die gleichgeschlechtliche Ehen zulassen, auch auf deren Scheidung anwendbar (→ § 11 Rn. 150 f.); in Deutschland werden im Ausland geschlossene homosexuelle Ehen jedoch bisher überwiegend als eingetragene Lebenspartnerschaft qualifiziert und nach dem von Art. 17b EGBGB bezeichneten Recht aufgelöst (zur Kritik → Rn. 36 f.). 3

**bb) Unterhaltsrecht.** Eine andere Beurteilung gilt hingegen für die **Rechtswirkungen** von registrierten Lebenspartnerschaften (einschließlich der Rechtsfolgen ihrer Aufhebung). So sind auf Unterhaltspflichten zwischen den (ehemaligen) Lebenspartnern und im Verhältnis zwischen diesen und ihren Kindern seit dem 18.6.2011 die Vorschriften des **Haager Unterhaltsprotokolls** anzuwenden, dem die Qualität von sekundärem Unionsrecht zukommt. Aufgrund der gebotenen universellen Anwendung des Protokolls gilt dieses auch im Verhältnis zu Staaten, die nicht der EU angehören (näher → § 10 Rn. 11). 4

**cc) Güterrecht**

**Schrifttum:**

*Buschbaum/Simon,* Die Vorschläge der EU-Kommission zur Harmonisierung des Güterkollisionsrechts für Ehen und eingetragene Partnerschaften – eine erste kritische Analyse, GPR 2011, 262; *Kohler/Pintens,* Entwicklungen im europäischen Personen- und Familienrecht 2010–2011, FamRZ 2011, 1433; *Martiny,* Die Kommissionsvorschläge für das internationale Ehegüterrecht sowie für das internationale Güterrecht eingetragener Partnerschaften, IPRax 2011, 437.

**(1) Allgemeines.** Bereits am 16.3.2011 hatte die EU-Kommission Verordnungsvorschläge nicht nur zum internationalen Ehegüterrecht,[5] sondern auch zum internationalen Güterrecht eingetragener Lebenspartner[6] vorgelegt. Die ursprünglich geplante Zusammenfassung in einem Verordnungsvorschlag wurde im Laufe der Arbeiten aufgrund der 5

[2] So zB in *Norwegen* (Gesetz vom 30.4.1993) und der *Schweiz* (Bundesgesetz vom 18.6.2004; dazu *Hausheer* FamRZ 2006, 246 ff.; *Widmer* IPRax 2007, 155 ff.; *Heussler* StAZ 2007, 361 ff.).

[3] Vgl. zur Einführung von *civil unions* bzw. *domestic partnerships* in zahlreichen US-Bundesstaaten und kanadischen Provinzen Staudinger/*Mankowski* EGBGB Art. 17b Rn. 11 ff.

[4] So in *Island, Norwegen* und *Schweden.*

[5] KOM(2011) 126 endg.

[6] KOM(2011) 127 endg.

Besonderheiten eingetragener Partnerschaften aufgegeben.[7] Rechtsgrundlage des Vorschlags ist Art. 81 Abs. 3 AEUV, weil auch das Partnerschaftsrecht Teil des Familienrechts ist. Ziel dieser Vorschläge war die Bereitstellung eines klaren Rechtsrahmens für die internationale Zuständigkeit, das anwendbare Recht und die Anerkennung und Vollstreckung von Entscheidungen und Urkunden auf dem Gebiet der vermögensrechtlichen Beziehungen zwischen Ehegatten und eingetragenen Lebenspartnern. Denn die geltende Rechtslage ist durch ein hohes Maß an Rechtszersplitterung gekennzeichnet und schränkt damit für verheiratete und registrierte Paare die mit der Unionsbürgerschaft verbundene Freizügigkeit ein.[8] Die Regelung des Güterrechts für eingetragene Lebenspartner stieß allerdings in mehreren Mitgliedstaaten auf Widerstand. Die EU-Kommission war auf der anderen Seite nicht bereit, die Regelung des internationalen Güterrechts auf Ehegatten zu beschränken. Aus diesem Grunde scheiterten im Dezember 2015 die Verhandlungen über eine einheitliche europäische Regelung auf der Grundlage der Verordnungsvorschläge vom März 2011.

6 Daraufhin haben die Bundesrepublik Deutschland und 17 weitere Mitgliedstaaten – nämlich *Belgien, Bulgarien, Finnland, Frankreich, Griechenland, Italien, Kroatien, Luxemburg, Malta,* die *Niederlande, Österreich, Portugal, Schweden, Slowenien, Spanien,* die *Tschechische Republik* und *Zypern* – an die EU-Kommission nach dem Vorbild der Rom III-VO (→ § 11 Rn. 2) den Antrag auf **Durchführung einer Verstärkten Zusammenarbeit** auf diesem Gebiet gestellt. Die EU-Kommission hat diesem Antrag entsprochen und hat am 2.3.2016 einen Vorschlag für eine Ratsentscheidung über die Genehmigung der Verstärkten Zusammenarbeit der genannten Mitgliedstaaten auf dem Gebiet des Güterrechts von Ehegatten und registrierten Lebenspartnern verabschiedet.[9] Zugleich hat sie überarbeitete und erweiterte Verordnungsvorschläge für das eheliche Güterrecht[10] und das Güterrecht eingetragener Lebenspartner[11] vorgelegt. Der Rat hat die Ermächtigung zur Verstärkten Zusammenarbeit mit Beschluss (EU) Nr. 2016/954 vom 9.6.2016[12] erteilt und die Vorschläge der Kommission nach Billigung durch das Europäische Parlament mit nur geringfügigen Änderungen in die am 24.6.2016 verabschiedeten Verordnungen (EU) Nr. 2016/1103 zum internationalen Ehegüterrecht **(EuGüVO)**[13] und (EU) Nr. 2016/1104 zum internationalen Güterrecht eingetragener Lebenspartner **(EuPartVO)**[14] übernommen. Beide Verordnungen fassen nach dem Vorbild der EuErbVO[15] – und abweichend von den bisher auf dem Gebiet des internationalen Eherechts erlassenen Verordnungen (EuEheVO, Rom III-VO) – die Regeln zum internationalen Verfahrensrecht und zum Kollisionsrecht jeweils in einem Rechtsinstrument zusammen, um ein hohes Maß an Rechtssicherheit und Vorhersehbarkeit zu erreichen.[16] In den nicht teilnehmenden Mitgliedstaaten verbleibt es bis zu einem nach Art. 328 Abs. 1 AEUV jederzeit möglichen nachträglichen Beitritt vorerst bei der Geltung des nationalen IPR und IZPR.

7 **(2) Anwendungsbereich.** In **persönlicher Hinsicht** gilt die Verordnung nur für die Beziehungen zwischen den Partnern einer **eingetragenen Lebenspartnerschaft**; faktische Lebensgemeinschaften sind hingegen auch dann nicht erfasst, wenn sie im Recht eines Mitgliedstaats als familienrechtliche Statusbeziehung gesetzlich geregelt sind.[17] Die eingetragene Lebenspartnerschaft wird in Art. 3 lit. a EuPartVO definiert als „eine recht-

[7] Vgl. Erwägungsgrund 8.
[8] *Kohler/Pintens* FamRZ 2011, 1433 (1435).
[9] COM(2016) 108 final.
[10] COM(2016) 106 final.
[11] COM(2016) 107 final.
[12] ABl. 2016 L 159, 16.
[13] ABl. 2016 L 183, 1 = *Jayme/Hausmann* Nr. 33.
[14] ABl. 2016 L 183, 30 = *Jayme/Hausmann* Nr. 39.
[15] Verordnung Nr. 650/2012 vom 4.7.2012, ABl. 2012 L 201, 107 = *Jayme/Hausmann* Nr. 61.
[16] Erwägungsgründe 15 und 16 zur Verordnung.
[17] Erwägungsgrund 16 zur Verordnung.

lich vorgesehene Form der Lebensgemeinschaft zweier Personen, deren Eintragung nach den betreffenden rechtlichen Vorschriften verbindlich ist und welche die in den betreffenden Vorschriften vorgesehenen rechtlichen Formvorschriften für ihre Begründung erfüllt." Durch diese geschlechtsneutrale Definition wird klargestellt, dass sich die künftige Verordnung nicht nur auf gleichgeschlechtliche Lebenspartnerschaften iSd deutschen Lebenspartnerschaftsgesetzes bezieht, sondern auch die in anderen Mitgliedstaaten zT gesetzlich anerkannten **heterosexuellen Partnerschaften** einbezieht, soweit diese in einem Register eingetragen worden sind.[18] Die Definition bezweckt allerdings nur die Bestimmung des persönlichen Anwendungsbereichs der sachlich auf das Güterrecht der Partner beschränkten Verordnung. Ob und mit welchen Wirkungen eine eingetragene Partnerschaft im Übrigen anzuerkennen ist, bleibt dem nationalen Recht des jeweiligen Mitgliedstaats überlassen.[19] Auch die Abgrenzung zwischen Ehegatten und eingetragenen Lebenspartnern – und damit zwischen der EuPartVO und der Parallelverordnung zum Ehegüterrecht (EuGüVO; → § 9 Rn. 2ff.) – wird damit nicht autonom vorgenommen, sondern bleibt dem nationalen Recht der teilnehmenden Mitgliedstaaten überlassen.[20]

Die Verordnung findet **in sachlicher Hinsicht** nach ihrem Art. 1 Abs. 1 nur auf „die güterrechtlichen Wirkungen eingetragener Partnerschaften" Anwendung, gilt also nicht für die personenbezogenen Wirkungen der Eintragung. Dieser autonom auszulegende Begriff wird in Art. 3 Abs. 1 lit. b EuPartVO dahin definiert, dass er „die vermögensrechtlichen Regelungen, die im Verhältnis der Partner untereinander und in ihren Beziehungen zu Dritten aufgrund des mit der Eintragung der Partnerschaft oder ihrer Auflösung begründeten Rechtsverhältnisses gelten", umfasst. Diese Definition knüpft an die weite Auslegung des Begriffs der ehelichen Güterstände in Art. 1 Abs. 2 lit. a Brüssel I-VO durch den EuGH[21] an und bezieht sich nicht nur auf das Güterrecht im engeren Sinne, dh die in den Mitgliedstaaten für eingetragene Partner vorgesehenen gesetzlichen und vertraglichen Güterstände, sondern darüber hinaus auf **alle vermögensrechtlichen Beziehungen** zwischen den Partnern, **die sich unmittelbar aus der Eintragung der Partnerschaft oder ihrer Auflösung ergeben,** soweit sie nicht in Art. 1 Abs. 2 EuPartVO aus dem Anwendungsbereich der Verordnung ausgeschlossen werden. Erfasst sind daher auch die allgemeinen Wirkungen der Partnerschaft *(„régime primaire")*, soweit deren vermögensrechtliche Aspekte betroffen sind; auf diese Weise sollen Zuständigkeitslücken im Grenzbereich zwischen der Brüssel Ia-VO, der EuUntVO und der EuPartVO vermieden werden. Das gleiche Ziel wird auf dem Gebiet des Kollisionsrechts im Verhältnis zwischen der für vertragliche Schuldverhältnisse maßgeblichen Rom I-VO[22] und der EuPartVO angestrebt. Letztere gilt daher nicht nur für die vermögensrechtlichen Beziehungen zwischen den Partnern während bestehender Partnerschaft, sondern auch für die **Vermögensauseinandersetzung bei deren Auflösung** durch Trennung oder Tod sowie für die Rechtsbeziehungen zu Dritten, die ihren Grund in der Partnerschaft haben.[23] Zu Einzelheiten → § 9 Rn. 5. 8

Die EuPartVO schränkt ihren sachlichen Anwendungsbereich in Art. 1 Abs. 2 – in fast wörtlicher Übereinstimmung mit Art. 1 Abs. 2 EuGüVO – durch eine abschließende Aufzählung derjenigen Bereiche ein, für welche die Verordnung nicht gilt, obwohl sie einen gewissen Bezug zum Güterrecht der Partner haben.[24] Dabei handelt es sich vor allem um Gebiete, die bereits Gegenstand anderer Rechtsinstrumente des Unionsrechts 9

[18] *Kohler/Pintens* FamRZ 2011, 1433 (1437).
[19] Erwägungsgründe 17 und 18 zur Verordnung, wo auch klargestellt wird, dass Mitgliedstaaten, die das Rechtsinstitut der eingetragenen Lebenspartnerschaft bisher nicht kennen, durch die Verordnung nicht verpflichtet werden sollen, dieses in ihr nationales Recht einzuführen.
[20] Ebenso *Andrae* IntFamR § 10 Rn. 11.
[21] Vgl. zum Ehegüterrecht EuGH 27.3.1979 – 143/78, Slg. 1979, 1055 Rn. 7 – de Cavel; zu Einzelheiten unalexKomm/*Hausmann* Art. 1 Rn. 58ff.
[22] Verordnung (EG) Nr. 593/2008 vom 4.7.2008, ABl. L 177, 6; dazu → § 16 Rn. 1ff.
[23] Vgl. Erwägungsgrund 18 zur Verordnung.
[24] Vgl. Erwägungsgrund 19 zur Verordnung.

sind, wie die in der **EuUntVO** und dem Haager Unterhaltsprotokoll von 2007 auch für eingetragene Lebenspartner geregelten Unterhaltspflichten (lit. c) und die von der **EuErb-VO** abgedeckten Ansprüche des überlebenden Partners auf eine Beteiligung am Nachlass des verstorbenen Partners (lit. d).[25] Ausgenommen sind ferner die allgemeine Rechts-, Geschäfts- und Handlungsfähigkeit der eingetragenen Partner (lit. a).[26] Auch Vorfragen, wie insbesondere die Gültigkeit und die Anerkennung einer eingetragenen Lebenspartnerschaft, sind gemäß Art. 1 Abs. 2 lit. b EuPartVO weiterhin nach dem nationalen IPR der teilnehmenden Mitgliedstaaten – in Deutschland also nach Art. 17b Abs. 1 S. 1 EGBGB – zu beantworten.[27]

10 Anders als noch im Verordnungsvorschlag vom 16.3.2011 schließt Art. 1 Abs. 2 nicht nur Fragen der **Sozialversicherung** (lit. e), sondern auch das Recht zur Übertragung oder zum Ausgleich von Anwartschaften auf Altersversorgung oder Erwerbsunfähigkeitsrente, die während der eingetragenen Lebenspartnerschaft erworben wurden, im Fall einer Trennung der Partner aus dem sachlichen Anwendungsbereich der Verordnung aus. (lit. f).[28] Dies gilt insbesondere für den **Versorgungsausgleich** deutscher Prägung (→ § 12 Rn. 2), für den es daher bei der Anknüpfung nach Art. 17b Abs. 1 S. 3 EGBGB verbleibt. Nicht mehr im Ausnahmekatalog enthalten sind hingegen die im Vorschlag vom 16.3.2011 (Art. 1 Abs. 3 lit. c) noch genannten **Schenkungen** und sonstigen unentgeltlichen Zuwendungen zwischen eingetragenen Lebenspartnern unter Lebenden; sie werden daher künftig von der EuPartVO – und nicht von der Rom I-VO – erfasst, soweit sie ihren Grund in der eingetragenen Partnerschaft oder deren Auflösung haben.

11 Die vom Güterrechtsstatut eingetragener Lebenspartner vorgesehene Begründung oder Übertragung von Rechten an beweglichen oder unbeweglichen Sachen ist grundsätzlich in allen teilnehmenden Mitgliedstaaten anzuerkennen. Allerdings ist kein Mitgliedstaat verpflichtet, dingliche Rechte an Sachen, die in seinem Hoheitsgebiet belegen sind, auch dann anzuerkennen, wenn diese der dortigen Sachenrechtsordnung „ihrer Art nach" – zB wegen des nach der *lex rei sitae* bestehenden *numerus clausus* von Sachenrechten – unbekannt sind (Art. 1 Abs. 2 lit. g).[29] Ein solches **unbekanntes dingliches Recht,** das kraft ausländischen Güterrechts entstanden ist, ist jedoch nach dem Vorbild von Art. 31 EuErb-VO gemäß Art. 29 EuPartVO im Wege der Anpassung in ein dem Mitgliedstaat der Belegenheit bekanntes dingliches Recht umzuwandeln, das dem unbekannten ausländischen Recht möglichst nahekommt.[30] Schließlich bleibt auch für die Voraussetzungen der Publizität solcher Rechte durch Registereintragung vorerst weiterhin das nationale Verfahrens- und Kollisionsrecht maßgeblich (lit. h).[31]

12 Der **zeitliche Anwendungsbereich** der Verordnung wird auf dem Gebiet des Kollisionsrechts allerdings in Art. 69 Abs. 3 stark eingeschränkt. Denn danach sind die Kollisionsnormen der Art. 20 bis 35 EuPartVO auch ab dem 29.1.2019 nur auf solche Partnerschaften anzuwenden, die **nach diesem Stichtag eingetragen** werden. Damit verbleibt es also für die Beurteilung des Güterrechts in allen zuvor eingetragenen Partnerschaften aus deutscher Sicht auch nach dem 29.1.2019 bei der Geltung von Art. 17b EGBGB. Eine Ausnahme gilt nur für Rechtswahlvereinbarungen, die zwischen den Partnern einer solchen Alt-Partnerschaft erst ab dem 29.1.2019 getroffen werden; deren Voraussetzungen und Wirkungen unterliegen dann den Art. 22 ff. EuPartVO.

[25] Vgl. Erwägungsgrund 22 zur Verordnung.
[26] Dies gilt allerdings nicht für Verfügungs- und Verpflichtungsbeschränkungen, die ihre Grundlage im Güterrecht der eingetragenen Partner haben, vgl. Erwägungsgrund 20 zur Verordnung.
[27] Erwägungsgrund 21 zur Verordnung.
[28] Zur engen Auslegung dieses Ausnahmetatbestands vgl. Erwägungsgrund 23 zur Verordnung; ferner → § 12 Rn. 2.
[29] Erwägungsgrund 24 zur Verordnung.
[30] Erwägungsgründe 24 bis 26 zur Verordnung.
[31] Vgl. näher Erwägungsgründe 27 und 28 zur Verordnung; dazu → § 9 Rn. 8a.

**(3) Anwendbares Recht.** Das Kapitel III der Verordnung zum anwendbaren Recht beansprucht gemäß Art. 20 **universelle Geltung,** dh die Kollisionsnormen der Verordnung sind in den teilnehmenden Mitgliedstaaten auch dann anzuwenden, wenn sie auf das Recht von Staaten verweisen, die nicht der Europäischen Union angehören oder die an der Verstärkten Zusammenarbeit auf dem Gebiet des internationalen Güterrechts eingetragener Partner nicht teilnehmen. Für die Anwendung des autonomen Kollisionsrechts der teilnehmenden Mitgliedstaaten – in Deutschland also von Art. 17b EGBGB – bleibt daher auf dem Gebiet der vermögensrechtlichen Wirkungen von Partnerschaften, die erst unter Geltung der Verordnung eingetragen wurden, kein Raum mehr. 13

Ausgesprochen werden nur **Sachnormverweisungen;** Rück und Weiterverweisung werden also – wie in den Verordnungen Rom I bis Rom III und der EuGüVO – gemäß Art. 32 auch dann ausgeschlossen, wenn auf das Recht eines Drittstaats verwiesen wird. Anregungen in der Literatur, den Renvoi in diesem Fall nach dem Vorbild von Art. 34 EuErbVO in eingeschränktem Umfang zu beachten,[32] hat der europäische Gesetzgeber nicht aufgegriffen. Die Unteranknüpfung im Fall der Verweisung auf das Recht eines Mehrrechtsstaates ist in Art. 33 bis 35 in enger Anlehnung an die entsprechenden Vorschriften der Art. 36 bis 38 EuErbVO geregelt. 13a

Die Berufung auf den nationalen **ordre public** eines teilnehmenden Mitgliedstaats bleibt gemäß Art. 31 EuPartVO auch im Geltungsbereich der Verordnung möglich, allerdings nur in Übereinstimmung mit der Europäischen Grundrechte-Charta.[33] Vorrang vor dem nach der Verordnung bestimmten Güterrechtsstatut eingetragener Partner haben ferner nach Art. 30 Abs. 1 EuPartVO die **Eingriffsnormen der lex fori;** als solche kommen etwa Vorschriften zum Schutz der Wohnung der Partner in Betracht. Solche zwingenden Normen eines teilnehmenden Mitgliedstaats zur Wahrung von dessen politischer, sozialer oder wirtschaftlicher Ordnung sind jedoch als Ausnahmevorschriften eng auszulegen.[34] Anders als noch in Art. 17 des Vorschlags von 2011 ist die Möglichkeit, auch Eingriffsnormen anderer Mitgliedstaaten zu berücksichtigen, nicht mehr vorgesehen. 14

Um eingetragenen Lebenspartnern die Regelung ihrer güterrechtlichen Beziehungen zu erleichtern, räumt die EuPartVO – anders als noch der Vorschlag vom 16.3.2011 und das autonome deutsche IPR in § 17b Abs. 1 EGBGB (→ Rn. 57 f.)[35] – den Partnern in Art. 22 **Rechtswahlfreiheit** im gleichen Umfang wie Ehegatten ein. Die Partner sollen allerdings nur solche Rechte wählen dürfen, die mit ihrer realen Lebenssituation und ihrer künftigen Lebensplanung einen hinreichenden Zusammenhang aufweisen und die einer eingetragenen Lebenspartnerschaft überhaupt vermögensrechtliche Konsequenzen beilegen.[36] Die Partner können sich demgemäß nach Art. 22 Abs. 1 EuPartVO zwischen folgenden Rechten entscheiden: 15

1. dem Recht des Staates, in dem sie zur Zeit der Rechtswahl ihren gemeinsamen gewöhnlichen Aufenthalt haben oder in dem zu dieser Zeit einer der Partner seinen gewöhnlichen Aufenthalt hat (lit. a), oder
2. dem Recht des Staates, dessen Staatsangehörigkeit einer der Partner zur Zeit der Rechtswahl besitzt (lit. b), oder
3. dem Recht des Staates, nach dessen Recht die Partnerschaft registriert wurde (lit. c).

Gehört ein Partner mehreren Staaten an, so sind die Partner berechtigt, jedes seiner Heimatrechte als Güterrechtsstatut zu wählen. Die Rechtswahl kann schon vor der Eintragung der Partnerschaft getroffen werden, ab er auch jederzeit während ihres Bestehens. Sie muss nicht notwendig ausdrücklich erfolgen. Im Hinblick auf den Grundsatz der Einheitlichkeit des Güterrechtsstatuts (Art. 21 EuPartVO) kann die Rechtswahl jedoch **nur** 16

[32] Vgl. dazu *Hausmann* Riv.dir.int.priv.proc. 2015, 499 (516 ff.).
[33] Vgl. Erwägungsgrund 54 zur Verordnung.
[34] Erwägungsgrund 53 zur Verordnung; *Kohler/Pintens* FamRZ 2011, 1433 (1437).
[35] Zu Recht kritisch zum Ausschluss einer Rechtswahl im Vorschlag vom 16.3.2011 *Kohler/Pintens* FamRZ 2011, 1433 (1437).
[36] Erwägungsgrund 44 zur Verordnung.

**für das gesamte Vermögen** der Partner – ohne Rücksicht auf dessen Belegenheit – getroffen werden. Eine gerichtliche Kontrolle der Rechtswahl auf ihre Billigkeit – nach dem Vorbild von Art. 8 Abs. 5 des Haager Unterhaltsprotokolls (dazu → § 10 Rn. 120ff.) – ist jedoch nicht vorgesehen.[37] Das Zustandekommen und die materielle Wirksamkeit der Rechtswahl beurteilen sich gemäß Art. 24 Abs. 1 EuPartVO nach dem gewählten Recht.

17 Um es den Partnern einerseits zu erleichtern, ihre Rechtswahl in voller Sachkenntnis zu treffen und ihnen die Tragweite der Rechtswahl bewusst zu machen, und um andererseits zu gewährleisten, dass diese Rechtswahl auch respektiert wird,[38] übernimmt Art. 23 EuPartVO hinsichtlich der **Form der Rechtswahl** in vollem Umfang die Regelung in Art. 7 Rom III-VO (dazu näher → § 11 Rn. 104ff.). Als **europäische Mindestform** wird daher auch hier die Schriftform, Datierung und Unterzeichnung durch die eingetragenen Partner gefordert. Dem steht die elektronische Form gleich, wenn sie zu einer dauerhaften Aufzeichnung der Vereinbarung geführt hat. Diese Mindestform gilt nach Art. 25 Abs. 1 auch für **Partnerschaftsverträge.** Wenn jedoch nach dem Recht des Mitgliedstaats, in dem die Partner bei Abschluss der Rechtswahl bzw. des Partnerschaftsvertrags ihren gemeinsamen gewöhnlichen Aufenthalt haben, weitergehende Formerfordernisse vorgeschrieben sind, so sind auch diese einzuhalten (Art. 23 Abs. 2, 25 Abs. 2 UAbs. 1 EuPartVO). Haben die eingetragenen Lebenspartner ihren gemeinsamen gewöhnlichen Aufenthalt daher bei Abschluss des Partnerschaftsvertrages in Deutschland, so bedarf dieser nach § 7 LPartG iVm § 1410 BGB zwingend der notariellen Beurkundung, auch wenn die Partner bisher unter einem ausländischen Güterstand leben. Demgegenüber sieht das das deutsche Recht für die – nach Art. 17b Abs. 1 EGBGB bisher nicht zulässige – güterrechtliche Rechtswahl durch eingetragene Lebenspartner keine besondere Form vor; insoweit bleibt es daher bei der Mindestform nach Art. 23 Abs. 1 EuPartVO, sofern der deutsche Gesetzgeber im Ausführungsgesetz zur künftigen EuPartVO keine strengere Form bestimmt. Haben die Partner hingegen ihren gewöhnlichen Aufenthalt in verschiedenen Mitgliedstaaten, so ist es für die Form sowohl der Rechtswahl wie eines Partnerschaftsvertrages ausreichend, wenn die Formvorschriften nur eines dieser beiden Staaten eingehalten wurden (Art. 23 Abs. 3, 25 Abs. 2 UAbs. 2 EuPartVO). Hat nur ein Partner zur Zeit des Abschlusses der Rechtswahl oder des Partnerschaftsvertrages seinen gewöhnlichen Aufenthalt in einem teilnehmenden Mitgliedstaat, so muss die Form nach dem Recht dieses Staates beobachtet werden; die Einhaltung der Form nach dem Recht des (Dritt-) Staates, in dem sich der andere Partner gewöhnlich aufhält, reicht dann nicht aus (Art. 23 Abs. 4, 25 Abs. 2 UAbs. 3 EuPartVO). Für Partnerschaftsverträge müssen nach Art. 25 Abs. 3 EuPartVO schließlich auch etwaige zusätzliche Formerfordernisse des nach der Verordnung auf die Vermögensbeziehungen der Partner anwendbaren Rechts beachtet werden.[39]

18 **In Ermangelung einer Rechtswahl** ist für den Güterstand einer eingetragenen Partnerschaft – in Übereinstimmung mit dem Recht der meisten Mitgliedstaaten (vgl. im deutschen Recht Art. 17b Abs. 1 S. 1 EGBGB; → Rn. 44ff.) – nach Art. 26 Abs. 1 EuPartVO das Recht des Staates maßgebend, in dem die Partnerschaft eingetragen worden ist **(Recht des Registrierungsstaates).** Neu in die Verordnung aufgenommen wurde in Art. 26 Abs. 2 EuPartVO schließlich eine **Ausweichklausel.** Danach kann das Gericht ausnahmsweise von der Primäranknüpfung an das Recht des Registrierungsstaates zugunsten des Rechts des Staates absehen, in dem die Partner ihren *letzten* gemeinsamen gewöhnlichen Aufenthalt hatten, sofern dieser lange Zeit gewährt hat und beide Partner bei der Planung und Regelung ihrer Vermögensbeziehungen auf die Geltung dieses letzten

[37] Kritisch dazu *Dethloff* FS v. Hoffmann, 2011, 73 (77f.).

[38] Zu den Formzwecken des Art. 23 EuPartVO vgl. Erwägungsgrund 47 zur Verordnung.

[39] Vgl. Erwägungsgründe 47 und 48 zur Verordnung.

gemeinsamen Aufenthaltsrechts vertraut haben.[40] Für diesen Fall gilt das Recht am letzten gemeinsamen gewöhnlichen Aufenthalt der Partner vom Zeitpunkt der Begründung dieses gewöhnlichen Aufenthalts an, sofern kein Partner widerspricht. Die Ausweichklausel findet keine Anwendung, wenn die Partner vor der Begründung des letzten gemeinsamen gewöhnlichen Aufenthalts einen Partnerschaftsvertrag abgeschlossen hatten.

Wie für Ehegatten gilt auch für eingetragene Lebenspartner nach Art. 21 EuPartVO das Prinzip der **Einheitlichkeit des Güterrechtsstatuts**, von dem es im Interesse der Rechtssicherheit keine Ausnahme gibt. Insbesondere wird ein Vorrang des Einzelstatuts vor dem Güterrechtsstatut nach Art. 3a Abs. 2 EGBGB (→ § 2 Rn. 164 ff.), wie er in bis zum 28.1.2019 eingetragenen Partnerschaften unter Geltung von Art. 17b EGBGB zu beachten ist (→ Rn. 57a), nicht mehr anerkannt. Nach der Verordnung unterliegt vielmehr das gesamte bewegliche und unbewegliche Vermögen der Partner unabhängig von der Belegenheit der einzelnen Vermögensgegenstände stets nur einem einzigen Güterrecht, nämlich entweder dem nach Art. 22 EuPartVO wirksam gewählten Recht oder dem Recht des Registrierungsstaates. Ferner ist auch das Güterrechtsstatut eingetragener Partner **unwandelbar.** Eine Änderung des auf ihre güterrechtlichen Beziehungen anwendbaren Rechts können die Partner nur durch eine Rechtswahl nach Art. 22 EuPartVO oder durch eine erneute Registrierung in einem anderen Staat erreichen. 19

**b) Staatsverträge.** Das internationale Privatrecht der **Aufhebung** von Lebenspartnerschaften und ihrer vermögensrechtlichen Folgen ist bisher auch nicht in Staatsverträgen geregelt, die von der *Bundesrepublik Deutschland* abgeschlossen worden sind. Soweit es um die **elterliche Verantwortung** (einschließlich der gesetzlichen Vertretung) für die gemeinsamen oder einseitigen Kinder von Lebenspartnern geht, sind insbesondere das Haager Kinderschutzübereinkommen von 1996 (**KSÜ;** → § 5 Rn. 3 f.) und das Haager Minderjährigenschutzabkommen von 1961 (**MSA;** → § 5 Rn. 5 f.) zu beachten; denn insoweit macht es keinen Unterschied, ob die Eltern des Kindes in einer Ehe, einer eingetragenen Lebenspartnerschaft oder einer formlosen Lebensgemeinschaft zusammengelebt haben. 20

Im Verhältnis zum *Iran* gilt das Niederlassungsabkommen von 1929 (→ § 9 Rn. 27 ff.), das an die gemeinsame Staatsangehörigkeit anknüpft und deshalb im Inland lebenden Iranern die Registrierung einer gleichgeschlechtlichen Lebenspartnerschaft nicht gestattet. Daran wird sich auch unter Geltung der EuPartVO ab dem 29.1.2019 nichts ändern, weil die Verordnung bestehende Staatsverträge der teilnehmenden Mitgliedstaaten unberührt lässt (Art. 62 Abs. 1 EuPartVO). Das Güterrechtsstatut nach dem Abkommen ist allerdings **wandelbar**, so dass der Erwerb der deutschen Staatsangehörigkeit oder des Status als Flüchtling bzw. Asylberechtigter durch einen der iranischen Partner nach der Eintragung zur Unanwendbarkeit des Abkommens und zu einer Neuanknüpfung nach Art. 17b EGBGB bzw. Art. 20 ff. EuPartVO führt. Die Anwendung des iranischen Rechts kann ferner im Einzelfall nach Art. 8 Abs. 3 S. 2 des Abkommens ausgeschlossen werden, um eine nach Art. 3 GG verfassungswidrige Diskriminierung zu vermeiden. 20a

**c) Autonomes Kollisionsrecht.** Das Kollisionsrecht von – im In- oder Ausland – eingetragenen Lebenspartner bestimmt sich daher für die deutsche Gestaltungspraxis mit den vorgenannten Einschränkungen weiterhin nach Art. 17b EGBGB. 21

## 2. Internationale Zuständigkeit

**a) EU-Recht.** Wie in Ehesachen muss auch in Lebenspartnerschaftssachen sorgfältig zwischen der Statusentscheidung (Aufhebung der Lebenspartnerschaft) und deren Rechtsfolgen unterschieden werden. Regelungen des sekundären Unionsrechts finden auf dem Ge- 22

[40] Erwägungsgrund 50 zur Verordnung.

biet der internationalen Zuständigkeit für Verfahren zur **Aufhebung von registrierten Lebenspartnerschaften** derzeit keine Anwendung. Die **EuEheVO** regelt die internationale Zuständigkeit nur für die Scheidung, Trennung oder Aufhebung von Ehen; die Art. 3 bis 7 EuEheVO sind auf eingetragene Lebenspartnerschaften auch nicht entsprechend anzuwenden.[41] (→ § 11 Rn. 149).

23 Eine andere Beurteilung gilt hingegen zT für die **Folgen** einer Aufhebung von registrierten Lebenspartnerschaften. So gelten für die internationale Zuständigkeit auf dem Gebiet der **Unterhaltspflichten** zwischen den (ehemaligen) Lebenspartnern und im Verhältnis zwischen diesen und ihren gemeinsamen Kindern seit dem 18.6.2011 die Vorschriften der **Art. 3 ff. EuUntVO.**[42] Insoweit kann die internationale Zuständigkeit auch im Verhältnis zwischen Lebenspartnern in einem Partnerschaftsvertrag durch eine **Gerichtsstandsvereinbarung** nach Art. 4 EuUntVO geregelt werden (→ § 10 Rn. 201 ff).

24 Auch soweit aus Anlass der Aufhebung einer eingetragenen Lebenspartnerschaft über die **elterliche Sorge,** das Umgangsrecht oder die Herausgabe in Bezug auf ein gemeinschaftliches Kind gestritten wird, beurteilt sich die internationale Zuständigkeit inzwischen nach europäischem Recht, nämlich nach **Art. 8 ff. EuEheVO;** denn anders als für die auf die Auflösung von Ehen beschränkte Regelung in Art. 3 ff. EuEheVO macht es für die internationale Zuständigkeit in Verfahren der elterlichen Verantwortung keinen Unterschied, ob die Eltern des Kindes in einer Ehe, einer eingetragenen Lebenspartnerschaft oder einer formlosen Lebensgemeinschaft zusammengelebt haben.

25 Die **güterrechtlichen Beziehungen** zwischen eingetragenen Lebenspartnern sind – in entsprechender Anwendung des unmittelbar nur für die ehelichen Güterstände geltenden Ausschlusstatbestandes in Art. 1 Abs. 2 lit. a – auch aus dem Anwendungsbereich der **EuEheVO** ausgeschlossen. Dieser Ausschluss umfasst alle vermögensrechtlichen Beziehungen zwischen den Lebenspartnern, die sich unmittelbar aus der Lebenspartnerschaft oder deren Auflösung ergeben[43]. Ist allerdings im Rahmen einer vermögensrechtlichen Streitigkeit über Fragen des Ehegüterrechts lediglich als Vorfrage zu entscheiden, so wird hierdurch die Anwendbarkeit der **Brüssel Ia-VO** nicht in Frage gestellt.

25a Demgegenüber enthält die **EuPartVO** vom 24.6.2016 (→ Rn. 5 ff.) in ihrem Kapitel II (Art. 4 bis 19) eine ausführliche Regelung der internationalen Zuständigkeit in Güterrechtssachen eingetragener Lebenspartner, die jedoch nach Art. 69 Abs. 1 nur für Verfahren, öffentliche Urkunden und gerichtliche Vergleiche gilt, die **am 29.1.2019** oder danach eingeleitet, förmlich errichtet oder eingetragen bzw. gebilligt oder geschlossen worden sind. Die Verordnung sieht vor allem **akzessorische Anknüpfungen** an die internationale Zuständigkeit in Erb- und Partnerschaftssachen vor, wenn die Güterrechtssache in Verbindung mit einem Verfahren über den Nachlass des zuerst verstorbenen Partners oder in Verbindung mit einem Verfahren über die Auflösung oder Ungültigkeitserklärung einer eingetragenen Partnerschaft anhängig gemacht wird (Art. 4 und 5 EuPartVO). Ansonsten sind vor allem die Gerichte im Staat des (letzten) gemeinsamen gewöhnlichen Aufenthalts der Partner oder in ihrem gemeinsamen Heimatstaat international zuständig (Art. 6 EuPartVO). Darüber hinaus besteht nach Art. 7 EuPartVO die Möglichkeit, eine **Gerichtsstandsvereinbarung** zugunsten der Gerichte des Staates zu treffen, dessen Recht aufgrund einer Rechtswahl nach Art. 22 oder kraft objektiver Anknüpfung nach 26 Abs. 1 EuPartVO auf die güterrechtlichen Beziehungen der Partner anwendbar ist. Auch die rügelose Einlassung des Beklagten kann nach Art. 8 EuPartVO die internationale Zuständigkeit in Güterrechtssachen eingetragener Partner begründen. Für den Fall, dass kein Gericht eines teilnehmenden Mitgliedstaats nach Art. 4 bis 8 EuPartVO international zuständig ist, sieht die Verordnung in Art. 10 und 11 eine **subsidiä-**

[41] *Heiter* FamRB 2010, 22 (24); *Hausmann* IntEuSchR G Rn. 15; MüKoBGB/*Coester* EGBGB Art. 17b Rn. 119; Palandt/*Thorn* EGBGB Art. 17b Rn. 11; Erman/*Hohloch* EGBGB Art. 17b Rn. 18.
[42] NK-BGB/*Gebauer* EGBGB Art. 17b Rn. 82; *Hausmann* IntEuSchR C Rn. 50.
[43] EuGH 143/78, Slg. 1979, 1055 Rn. 7 – de Cavel; zu Einzelheiten unalexKomm/*Hausmann* Brüssel I-VO Art. 1 Rn. 58 ff.

**re Zuständigkeit** und eine **Notzuständigkeit** (*forum necessitatis*) vor. Ein Rückgriff auf das nationale Zuständigkeitsrecht der teilnehmenden Mitgliedstaaten ist hingegen in ab dem 29.1.2019 eingeleiteten Verfahren ausgeschlossen.

**b) Staatsverträge.** Die internationale Zuständigkeit für die **Aufhebung** von Lebenspartnerschaften ist bisher auch nicht in Staatsverträgen geregelt, die von der *Bundesrepublik Deutschland* abgeschlossen worden sind. Auf dem Gebiet der **Folgesachen** sind neben dem Haager Unterhaltsprotokoll (→ Rn. 63f.) insbesondere das Haager Kinderschutzübereinkommen von 1996 (**KSÜ;** → § 5 Rn. 3f.) und das Haager Minderjährigenschutzabkommen von 1961 (**MSA;** → § 5 Rn. 5f.) zu beachten, soweit es um die elterliche Sorge und das Umgangsrecht der Lebenspartner in Bezug auf gemeinsame oder einseitige Kinder geht und die insoweit vorrangig anzuwendende EuEheVO nicht eingreift. Demgegenüber ist die internationale Zuständigkeit für die vermögensrechtlichen Konsequenzen der Aufhebung von eingetragenen Lebenspartnerschaften bisher auch staatsvertraglich nicht geregelt. Insbesondere ist das Güterrecht der Lebenspartner aus dem Luganer Übereinkommen von 2007 in gleichem Umfang ausgeschlossen wie aus der Brüssel Ia-VO (Art. 1 Abs. 2 lit. a LugÜ 2007). 26

**c) Autonomes Zivilverfahrensrecht.** Die internationale Zuständigkeit in Lebenspartnerschaftssachen bestimmt sich daher in bis zum 28.1.2019 eingeleiteten Verfahren vor deutschen Gerichten mit den vorgenannten Einschränkungen weiterhin nach dem im FamFG geregelten autonomen Verfahrensrecht. Dieses regelt die internationale Zuständigkeit für die in § 269 FamFG aufgeführten Lebenspartnerschaftssachen in § 103 Abs. 1 FamFG; diese Zuständigkeit wird sodann – wie in § 98 Abs. 2 FamFG für Scheidungsfolgesachen – in § 103 Abs. 2 FamFG auf die Folgen der Auflösung einer Lebenspartnerschaft erstreckt. 27

Nach **§ 103 Abs. 1 FamFG** sind die deutschen Gerichte in Lebenspartnerschaftssachen, die die **Aufhebung der Lebenspartnerschaft** oder die Feststellung des Bestehens oder Nichtbestehens einer Lebenspartnerschaft zum Gegenstand haben, zuständig, wenn 28
- ein Lebenspartner Deutscher ist oder bei Begründung der Lebenspartnerschaft war,
- einer der Lebenspartner seinen gewöhnlichen Aufenthalt im Inland hat oder
- die Lebenspartnerschaft vor einer zuständigen deutschen Stelle begründet worden ist.

Die internationale Zuständigkeit gemäß § 103 Abs. 1 FamFG ist, wie sich aus § 106 FamFG ergibt, nicht ausschließlich. Es gilt außerdem der Grundsatz der *perpetuatio fori*. Verlegt ein Lebenspartner also seinen gewöhnlichen Aufenthalt nach dem Eintritt der Rechtshängigkeit ins Ausland oder verliert er die deutsche Staatsbürgerschaft, so lässt dies die Zuständigkeit der deutschen Gerichte nicht entfallen.[44] 29

Bei **Mehrstaatern** genügt es für die Anwendung von Nr. 1, wenn sie zumindest auch die deutsche Staatsangehörigkeit besitzen. Auf die Effektivität dieser Staatsangehörigkeit kommt es also für die internationale Zuständigkeit – anders als im internationalen Privatrecht (Art. 5 Abs. 1 EGBGB) – nicht an. 30

Ferner sind die deutschen Gerichte gemäß Nr. 2 international zuständig, wenn nur *einer* der Lebenspartner seinen gewöhnlichen Aufenthalt im Inland hat. Abweichend von der für Ehesachen in § 98 Abs. 1 Nr. 4 getroffenen Regelung[45] kommt es also nicht darauf an, dass die deutsche Entscheidung über die Aufhebung der eingetragenen Lebenspartnerschaft in einem der Heimatstaaten der Partner anerkannt wird.[46] Ebenso wenig ist es erforderlich, das der ausländische Registrierungsstaat die deutsche Entscheidung voraussichtlich anerkennen wird. Schließlich sind die deutschen Gerichte nach Nr. 3 auch zu- 31

[44] MüKoFamFG/*Rauscher* § 103 Rn. 17.
[45] *Hausmann* IntEuSchR A Rn. 202ff.
[46] *Wagner* IPRax 2001, 281 (287); *Henrich* FamRZ 2002, 137 (141); MüKoBGB/*Coester* EGBGB Art. 17b Rn. 122.

ständig, wenn die Lebenspartnerschaft vor einer zuständigen deutschen Stelle begründet worden ist. Hierdurch soll sichergestellt werden, dass Lebenspartnerschaften, die in deutsche Register eingetragen worden sind, unabhängig von der Staatsangehörigkeit oder dem gewöhnlichen Aufenthalt der Beteiligten in jedem Fall auf Antrag eines der Partner wieder aufgelöst werden können.[47]

32 In **anderen Lebenspartnerschaftssachen** hängt die internationale Zuständigkeit davon ab, ob das Verfahren kraft Gesetzes oder auf Antrag in den **Verbund von Aufhebungs- und Folgesachen** (§ 270 Abs. 1 iVm § 137 Abs. 2, Abs. 3 FamFG) fällt oder nicht. Im ersteren Fall erstreckt sich die internationale Zuständigkeit der deutschen Gerichte für die Aufhebung der Lebenspartnerschaft – dem Vorbild des § 98 Abs. 2 FamFG entsprechend – gemäß **§ 103 Abs. 2 FamFG** auch auf die Folgesache. Die deutschen Gerichte sind in diesem Fall also auch dann für die Verhandlung der anderen Lebenspartnerschaftssache zuständig sind, wenn sie für ein isoliertes Verfahren nicht zuständig wären.

33 Fällt eine Lebenspartnerschaftssache **nicht in den Verbund,** richtet sich die internationale Zuständigkeit gemäß **§ 103 Abs. 3 FamFG** nach den allgemeinen Vorschriften der §§ 99, 101, 102, 105 FamFG, soweit keine vorrangigen Rechtsakte der EU oder Staatsverträge eingreifen. Das mit einer (verbundfähigen) isolierten Lebenspartnerschaftssache befasste Gericht ist also nicht allein deshalb international zuständig, weil ein deutsches Gericht hypothetisch zuständig wäre, wenn die Aufhebung der Lebenspartnerschaft anhängig gemacht würde, aber nicht anhängig gemacht worden ist.[48]

## II. Objektive Anknüpfung an das Recht des registerführenden Staates

### 1. Allgemeines

34 Das Rechtsinstitut der eingetragenen Lebenspartnerschaft ist in der *Bundesrepublik Deutschland* durch das „Gesetz zur Beendigung der Diskriminierung gleichgeschlechtlicher Lebenspartnerschaften" vom 16.2.2001.[49] eingeführt worden. Zusammen mit diesem Gesetz trat auch die neu konzipierte Kollisionsnorm für eingetragene Lebenspartnerschaften am 1.8.2001 in Kraft. Sie hat allerdings erst nach Einfügung der nachträglich geschaffenen Kollisionsnorm des Art. 17a EGBGB für die Zuweisung einer im Inland belegenen Ehewohnung bzw. von im Inland belegenen Hausrat mit Wirkung vom 1.1.2002 ihren heutigen Standort in Art. 17b EGBGB gefunden. Grundsätzlicher Anknüpfungspunkt ist – abweichend vom internationalen Eherecht – weder die Staatsangehörigkeit noch der gewöhnliche Aufenthalt der Lebenspartner, sondern das Recht des Staates, in dem diese ihre Lebenspartnerschaft haben registrieren lassen. Dieses sog Registerstatut setzt also keine enge Verbindung der Partner zum Registrierungsstaat voraus. Es dient vor allem der Rechtssicherheit, weil gewährleistet wird, dass ein Recht zur Anwendung kommt, welches das Rechtinstitut der eingetragenen Lebenspartnerschaft auch kennt.[50] Außerdem wird durch diese Anknüpfung die Diskriminierung gleichgeschlechtlicher Partnerschaften bekämpft, weil sie auch Personen, deren Heimatrecht diesem Rechtsinstitut ablehnend gegenübersteht, die Möglichkeit zur Eintragung ihrer Lebenspartnerschaft im Inland eröffnet.[51] Aus diesen Gründen hält auch die EuPartVO in Art. 26 an dieser Anknüpfung fest.

[47] *Thorn* IPRax 2002, 349 (355); Erman/*Hohloch* EGBGB Art. 17b Rn. 18; NK-BGB/*Gebauer* EGBGB Art. 17b Rn. 83.

[48] Zur internationalen Zuständigkeit für die einzelnen isoliert anhängig gemachten Lebenspartnerschaftssachen näher *Hausmann* IntEuSchR G Rn. 23–32.

[49] BGBl. 2001 I 266.

[50] BT-Drs. 14/3751, 60; *Wagner* IPRax 2001, 281 (288); *Forkert* S. 88ff.; *Andrae* IntFamR § 10 Rn. 15; NK-BGB/*Gebauer* EGBGB Art. 17b Rn. 39.

[51] BT-Drs. 14/3751, 60; *Hausmann* FS Henrich, 2000, 241 (252f.); *Wagner* IPRax 2001, 281 (288f.).

### 2. Persönlicher Anwendungsbereich von Art. 17b EGBGB

**a) Homosexuelle eingetragene Lebenspartnerschaften.** Art. 17b EGBGB gilt unmittelbar jedenfalls für alle Formen gleichgeschlechtlicher Lebenspartnerschaften, die im In- oder Ausland durch einen Registrierungsakt formalisiert worden sind (→ Rn. 2). Zur Beschränkung auf homosexuelle Partnerschaften könnte man auf den Titel des Gesetzes vom 16.2.2001 und den sachlichen Zusammenhang mit dem in Art. 1 dieses Gesetzes enthaltenen „Gesetz zur Beendigung der Diskriminierung gleichgeschlechtlicher Lebenspartnerschaften" (LPartG) verweisen.[52] Unerheblich ist dabei, ob die Wirkungen einer im Ausland registrierten homosexuellen Partnerschaft von denjenigen nach dem deutschen LPartG abweichen, insbesondere hinter diesen zurückbleiben. Denn gerade für diesen Fall ermöglicht Art. 17b Abs. 3 EGBGB durch die Neuregistrierung im Inland eine Anhebung der Wirkungen auf das deutsche Niveau.[53] 35

**b) Homosexuelle Ehen.** Eine zunehmende Zahl von ausländischen Rechten ermöglicht gleichgeschlechtlichen Paaren nicht nur die Registrierung, sondern eröffnet ihnen das Recht zur Eheschließung im gleichen Umfang wie heterosexuellen Paaren. In der Europäischen Union gilt dies inzwischen für *Belgien,*[54] *Dänemark,*[55] *Finnland, Frankreich,*[56] *Irland,*[57] die *Niederlande,*[58] *Portugal,*[59] *Schweden,*[60] *Spanien*[61] und das *Vereinigte Königreich;*[62] ferner für *Island,*[63] *Norwegen,*[64] *Kanada,*[65] die *USA*[66] sowie *Argentinien* und *Südafrika*[67]. Der Funktion der gleichgeschlechtlichen Ehe in diesen Staaten würde eigentlich eine Einordnung unter den kollisionsrechtlichen Ehebegriff der Art. 13 ff. EGBGB entsprechen.[68] Im **deutschen Recht** werden gleichgeschlechtliche Ehen, die im Ausland als solche wirksam geschlossen wurden, demgegenüber – insbesondere in der Rechtsprechung – bisher ganz überwiegend als **eingetragene Lebenspartnerschaften** qualifiziert,[69] weil man die Geschlechtsverschiedenheit als ein konstitutives Merkmal einer „Ehe" im deutschen Ver- 36

[52] *Wagner* IPRax 2001, 281 (288); Palandt/*Thorn* EGBGB Art. 17b Rn. 1; Staudinger/*Mankowski* EGBGB Art. 17b Rn. 7.

[53] Zum Erfordernis einer weiten Auslegung des Begriffs „eingetragene Lebenspartnerschaft" statt vieler MüKoBGB/*Coester* EGBGB Art. 17b Rn. 10 ff.; Staudinger/*Mankowski* EGBGB Art. 17b Rn. 19 ff.; BeckOK BGB/*Heiderhoff* EGBGB Art. 17b Rn. 13 f.; *Andrae* IntFamR § 10 Rn. 3.

[54] Gesetz vom 13.2.2003; dazu *Pintens/Scherpe* StAZ 2003, 321; *dies.* FamRZ 2004, 290; *Pintens* FamRZ 2012, 1434.

[55] Gesetz von 2012; dazu *Scherpe* FamRZ 2012, 1434; *Ring/Olsen-Ring* StAZ 2012, 264.

[56] Gesetz Nr. 2013-404 vom 17.5.2013, dazu *Ougier* StAZ 2014, 8.

[57] Sec. 4(a) Marriage Act 2015.

[58] Gesetz vom 21.12.2000; dazu *Winkler v. Mohrenfels* FS Ansay, 2006, 527 (528 f.).

[59] Gesetz Nr. 9/2010 vom 31.5.2010.

[60] Gesetz von 2009; dazu *Ring/Olsen-Ring* ZEV 2009, 508; *Carsten* StAZ 2010, 173; *Jänterä-Jareborg* FamRZ 2010, 173.

[61] Gesetz 13/2005 vom 1.7.2005; dazu *Martín-Casals/Ribots* FamRZ 2006, 1331; *Winkler v. Mohrenfels* FS Ansay, 2006, 527 (529 f.).

[62] Marriage (Same Sex Couples) Act 2013; dazu *Sloan* StAZ 2014, 136; *Scherpe/Sloan* FamRZ 2013, 1469.

[63] Gesetz vom 11.6.2010.

[64] Gesetz vom 27.6.2008; dazu *Frantzen* FamRZ 2008, 1707; *Ring/Olsen-Ring* StAZ 2008, 304.

[65] Civil Marriage Act 2005.

[66] U.S. Supreme Court 26.6.2015 – Obergefell vs. Hodges, 135 S. Ct. 2584; ferner *Buschbaum* RNotZ 2010, 73; *Andrae/Abbas* StAZ 2011, 97; *Mankowski/Höffmann* IPRax 2011, 247 (248 ff.); Staudinger/*Mankowski* EGBGB Art. 17b Rn. 22a-22e.

[67] Civil Union Act 2006.

[68] Vgl. idS *Forkert* S. 78 ff.; *Röthel* IPRax 2002, 496 (498); *Gebauer/Staudinger* IPRax 2002, 275 (277); NK-BGB/*Gebauer* EGBGB Art. 17b Rn. 18 ff.; *Winkler v. Mohrenfels* FS Ansay, 2006, 527 (537); für analoge Anwendung der Art. 13 ff. EGBGB Palandt/*Thorn* EGBGB Art. 17b Rn. 1; Erman/*Hohloch* EGBGB Art. 17b Rn. 6.

[69] OLG Zweibrücken NJW-RR 2011, 1256; OLG München FGPrax 2011, 249; KG StAZ 2011, 181; FamRZ 2015, 667; *Kissner* StAZ 2010, 159 f.; Hausmann/Hohloch/*Martiny* Kap. 12 Rn. 62; *Dörner* FS Jayme, 2004, 143 (151); *Wiggerich* FamRZ 2012, 1116 ff.; Staudinger/*Mankowski* EGBGB Art. 17b Rn. 24 f.; BeckOK BGB/*Heiderhoff* EGBGB Art. 17b Rn. 12; MüKoBGB/*Coester* EGBGB Art. 17b Rn. 139 ff. mwN.

ständnis dieses Rechtsinstituts erachtet[70] und eine über die eingetragene Lebenspartnerschaft hinausgehende „Eheähnlichkeit" ausländischer Rechtsinstitute mit der speziellen Vorbehaltsklausel des Art. 17b Abs. 4 EGBGB abwehren möchte.[71]

37 Nach hier vertretener Auffassung ist zu **differenzieren:** Die sachlichen Voraussetzungen der **Eingehung** einer homosexuellen Ehe beurteilen sich solange, wie dieses Rechtsinstitut nur in einer beschränkten Zahl von Rechtsordnungen rechtlich anerkannt ist, in entsprechender Anwendung von Art. 17b EGBGB nach dem Recht des Staates, in dem diese Art von Ehe geschlossen und registriert wurde. Denn bei einer entsprechenden Anwendung von Art. 13 Abs. 1 EGBGB könnten homosexuelle Ehen im Inland immer dann keine Anerkennung finden, wenn auch nur ein Partner Deutscher ist oder einem anderen Staat angehört, der homosexuelle Ehen nicht zulässt.[72] Insoweit erheischen die Gründe, die zu einer Anknüpfung des wirksamen Zustandekommens einer eingetragenen Lebenspartnerschaft an das Recht des Registrierungsstaates geführt haben, auch für das Zustandekommen einer homosexuellen Ehe Beachtung. Ist eine solche Ehe nach dem Recht des Abschlussstaates allerdings wirksam zustande gekommen, so gibt es keine überzeugenden Gründe, ihre **Wirkungen** und die Voraussetzungen ihrer **Auflösung** nicht nach den Art. 14, 15 EGBGB bzw. nach den Art. 5ff. Rom III-VO zu beurteilen.[73] Eine Tenorierung als „Ehescheidung" trotz Anwendung von Art. 17b EGBGB[74] erscheint als gekünstelter Umweg.

38 **Beispiel:**

Der Deutsche A und sein niederländischer Partner B haben im Jahr 2006 in den Niederlanden die Ehe geschlossen. Beide Partner haben seither ihren gewöhnlichen Aufenthalt in Köln, wo A als Kaufmann erhebliche Einkünfte erzielt, während B als Künstler kein nennenswertes Einkommen hat. Am 15.5.2015 beantragen A und B vor dem Familiengericht in Köln die einvernehmliche Scheidung ihrer Ehe. Zur Regelung der Scheidungsfolgen – insbesondere des nachehelichen Unterhalts und des güterrechtlichen Ausgleichs zugunsten von B – suchen die Beteiligten einen Notar in Köln auf und bitten um die Abfassung einer Scheidungsvereinbarung. Welche kollisionsrechtlichen Überlegungen wird der Notar anstellen?

Weitgehend Einigkeit besteht darüber, dass über die Vorfrage der wirksamen Eingehung einer homosexuellen Ehe in analoger Anwendung von Art. 17b Abs. 1 S. 1 EGBGB zu entscheiden ist. Maßgebend ist insoweit also das niederländische Recht, weil die Ehe dort geschlossen und registriert worden ist. Ebenfalls unstreitig beurteilt sich der nacheheliche Unterhalt des B nach Art. 3 und Art. 5 des Haager Unterhaltsprotokolls, das nicht danach unterscheidet, ob ein Unterhaltsanspruch seine Grundlage in einer heterosexuellen oder einer homosexuellen Ehe oder in einer registrierten Lebenspartnerschaft hat (→ § 10 Rn. 145 ff.). Auf die Qualifikation der homosexuellen Ehe kommt es hingegen an, wenn zu entscheiden ist, nach welchem Recht eine solche Ehe zu scheiden ist und welches Recht den von B geforderten güterrechtlichen Ausgleich beherrscht. Nach der in Deutschland hM ist über beide Fragen in analoger Anwendung von Art. 17b Abs. 1 EGBGB, dh nach dem niederländischen Registerstatut zu befinden. Demgegenüber sind mE keine durchgreifenden Argumente gegen eine analoge Anwendung der eherechtlichen Kollisionsnormen auf die Wirkungen und die Scheidung einer homosexuellen Ehe ersichtlich. Die Ehe ist daher in – unmittelbarer oder

[70] Die Gerichtsentscheidungen idS liegen allerdings inzwischen schon mehr als 20 Jahre zurück, vgl. BVerfGE 105, 313 (345) = NJW 2002, 2543; BayObLG FamRZ 1993, 558; OLG Köln FamRZ 1993, 1081; OLG Celle FamRZ 1993, 1082; KG StAZ 1994, 220.

[71] Vgl. MüKoBGB/*v. Hein* IPR Einl. Rn. 121.

[72] Zutr. OLG München StAZ 2011, 308 (309); AG Münster IPRax 2011, 269.

[73] Dazu schon → § 11 Rn. 151 f.; **aA** für die Auflösung einer homosexuellen Ehe aber AG Münster IPRax 2011, 269 m. zust. Anm. *Mankowski/Höffmann* IPRax 2011, 247; *Helms* FamRZ 2011, 1765 (1766).

[74] Dafür AG Münster FamRZ 2010, 1580 = IPRax 2011, 269; *Andrae/Abbas* SAZ 2011, 97 (103); *Wiggerich* FamRZ 2012, 1116 (1118).

zumindest entsprechender – Anwendung von Art. 8 lit. a Rom III-VO nach deutschem Recht zu scheiden (→ § 11 Rn. 149 ff.) und auch der güterrechtliche Ausgleich unterliegt nach Art. 15 Abs. 1 iVm Art. 14 Abs. 1 Nr. 2 EGBGB dem deutschen Recht, weil beide Ehegatten hier seit der Eheschließung ihren gewöhnlichen Aufenthalt haben.

**c) Heterosexuelle eingetragene Lebenspartnerschaft.** In manchen Staaten steht das Rechtsinstitut der eingetragenen Lebenspartnerschaft auch heterosexuellen Paaren alternativ zur Ehe (und mit geringeren Rechtswirkungen) zur Verfügung.[75] Gegen die auch insoweit vertretene analoge Anwendung der Art. 13 ff. EGBGB[76] spricht, dass die eingetragene Lebenspartnerschaft von Mann und Frau nach den Rechten, die sie kennen, gerade keine Ehe ist, sondern eine Alternative zu der auch möglichen traditionellen Ehe.[77] Außerdem würde damit zB deutschen Staatsangehörigen die Eingehung einer solchen Partnerschaft unmöglich gemacht. Den Vorzug verdient daher insoweit die direkte oder zumindest analoge Anwendung von Art. 17b EGBGB. Der Wortlaut steht einer unmittelbaren Anwendung nicht entgegen, weil die Vorschrift – anders als § 1 LPartG – keine ausdrückliche Beschränkung auf gleichgeschlechtliche Lebenspartnerschaften enthält.[78] Geht man davon aus, dass der Gesetzgeber bei der im Jahre 2001 eingeführten Kollisionsnorm des Art. 17b EGBGB dennoch nur homosexuelle Partnerschaften im Blick hatte, so bietet sich jedenfalls eine analoge Anwendung der Vorschrift auf heterosexuelle eingetragene Partnerschaften an.[79] Dafür spricht insbesondere das Argument der Rechtssicherheit, weil mit der Registrierung ein eindeutiges und leicht feststellbares Anknüpfungsmerkmal gegeben ist. Ferner wird eine kollisionsrechtliche Spaltung von ausländischen Rechtsinstituten vermieden, die – wie der französische *„Pacte civil de solidarité" (PACS)*[80] – die Registrierung und deren Rechtswirkungen einheitlich für homo- wie heterosexuelle Partnerschaften geregelt haben. 39

Nicht anwendbar auf heterosexuelle registrierte Partnerschaften ist allerdings die **Kappungsregel des Art. 17b Abs. 4 EGBGB** (dazu → Rn. 76 ff.), weil Maßstab hierfür die nur auf gleichgeschlechtliche Lebenspartnerschaften passenden Sachvorschriften des deutschen LPartG sind.[81] Der grundgesetzlich gebotene Schutz der Ehe (Art. 6 Abs. 1 GG) gegenüber konkurrierenden ausländischen Rechtsinstituten kann hinreichend mit dem *ordre public*-Vorbehalt des Art. 6 EGBGB gewährleistet werden. Eine Diskriminierung gleichgeschlechtlicher Partnerschaften, deren Wirkungen über Art. 17b Abs. 4 EGBGB uU weitergehend beschnitten werden als diejenigen von heterosexuellen Partnerschaften über Art. 6 EGBGB, liegt darin nicht.[82] 40

Beurteilen sich einzelne **Wirkungen** einer im Ausland registrierten heterosexuellen Partnerschaft aufgrund von Sonderanknüpfungen nach **deutschem Recht,** so passen die auf gleichgeschlechtliche Lebensgemeinschaften zugeschnittenen Vorschriften des LPartG nicht. Stattdessen bietet sich insoweit eine entsprechende Anwendung des Eherechts im Wege der Substitution (→ § 3 Rn. 89 ff.) jedenfalls dann an, wenn die registrierte Partner- 41

[75] So zB in *Belgien* (*„cohabitation légale"*, Art. 1475 CC), *Frankreich* (*„PACS"*, Art. 515.1 CC) und den *Niederlanden* (*„geregistreerd partnerschap"*, Art. 80a Abs. 3 Buch I B.W.).

[76] Dafür Hausmann/Hohloch/*Martiny* Kap. 12 Rn. 63; Kegel/*Schurig* IPR § 20 III; Staudinger/*Mankowski* EGBGB Art. 17b Rn. 101 f.

[77] MüKoBGB/*Coester* EGBGB Art. 17b Rn. 123.

[78] *Thorn* IPRax 2002, 349 (355); *Buschbaum* RNotZ 2010, 73 (83); BeckOK BGB/*Heiderhoff* EGBGB Art. 17b Rn. 14; NK-BGB/*Gebauer* EGBGB Art. 17b Rn. 10.

[79] Dafür *Wagner* IPRax 2001, 281 (289 ff.); *Coester* FS Sonnenberger, 2004, 321 (331); *Dörner* FS Jayme, 2004, 143 (151); *Buschbaum* RNotZ 2010, 73 (83); *Andrae* IntFamR § 10 Rn. 61; Palandt/*Thorn* EGBGB Art. 17b Rn. 1, 12; Erman/*Hohloch* EGBGB Art. 17b Rn. 6; MüKoBGB/*Coester* EGBGB Art. 17b Rn. 125; jurisPK-BGB/*Ludwig* EGBGB Art. 17b Rn. 10; hilfsweise auch NK-BGB/*Gebauer* Rn. 8 ff. m. ausf. Begründung); **aA** (Anwendung der Kollisionsregeln für faktische Lebensgemeinschaften) Münch/*Süß* FamR § 20 Rn. 323 ff.

[80] Dazu *Ferrand* FamRZ 2000, 517; Staudinger/*Mankowski* EGBGB Art. 17b Rn. 19.

[81] *Wagner* IPRax 2001, 281 (292); *Andrae* IntFamR § 10 Rn. 62; NK-BGB/*Gebauer* EGBGB Art. 17b Rn. 16; MüKoBGB/*Coester* EGBGB Art. 17b Rn. 127.

[82] Zutr. MüKoBGB/*Coester* EGBGB Art. 17b Rn. 128.

schaft nach dem auf ihre Begründung anwendbaren ausländischen Recht einer Ehe nahesteht.[83] Bleibt sie hingegen – wie der französische PACS – in ihren Wirkungen deutlich hinter einer Ehe zurück, so bietet sich als Ausweg nur die Anwendung der deutschen Vorschriften über faktische Lebensgemeinschaften (→ Rn. 96 ff.) an.[84]

42 **Beispiel:**
Der Franzose M und die Deutsche F haben ihre Lebensgemeinschaft im Jahre 2008 als PACS in Frankreich registrieren lassen. Seit 2010 leben sie gemeinsam in Stuttgart. Im Hinblick auf die bevorstehende Trennung sucht F einen Rechtsanwalt in Stuttgart auf und fragt nach ihren Rechten. Sie will insbesondere wissen, ob sie einen güterrechtlichen Ausgleich und Trennungsunterhalt beanspruchen kann.

Auf eingetragene heterosexuelle Partnerschaften ist grundsätzlich Art. 17b EGBGB entsprechend anzuwenden. Für die Begründung, die allgemeinen und die güterrechtlichen Wirkungen sowie für die Aufhebung der Lebensgemeinschaft gilt daher das Recht des Registrierungsstaates, hier also das französische Recht. Nach der gesetzlichen Regelung des PACS im französischen Recht (Art. 515–5 ff. CC) findet ein güterrechtlicher Ausgleich aus Anlass der Aufhebung der Lebensgemeinschaft nicht statt.

Demgegenüber werden die unterhaltsrechtlichen Beziehungen der Partner gesondert angeknüpft (→ Rn. 63 f.). Sie unterliegen gemäß Art. 3, 5 HUP grundsätzlich dem Recht am gewöhnlichen Aufenthalt des Unterhalsberechtigten. Damit gilt insoweit deutsches Recht. Da das deutsche Unterhaltsrecht eingetragene heterosexuelle Lebensgemeinschaften nicht kennt, stellt sich die Frage, ob der PACS des französischen Rechts mit der eingetragenen gleichgeschlechtlichen Lebenspartnerschaft des deutschen Rechts zumindest annähernd vergleichbar ist. Da dies wegen seiner weitaus schwächeren Wirkungen nicht der Fall ist, kommt nur eine Anwendung der deutschen Vorschriften über faktische Lebensgemeinschaften in Betracht. Danach hat die F ebenso wenig einen Anspruch auf Unterhalt nach Aufhebung der Lebenspartnerschaft wie nach der französischen Regelung des PACS.

43 **d) Formlose (faktische) Lebensgemeinschaften.** Keine Anwendung findet Art. 17b EGBGB hingegen auf formlose nichteheliche Lebensgemeinschaften, weil die Vorschrift eine Registrierung als zentrales Anknüpfungsmerkmal zwingend voraussetzt.[85] Dies gilt gleichermaßen für homo- wie heterosexuelle Verbindungen. Zur Anknüpfung der Wirkungen solcher faktischer Lebensgemeinschaften → Rn. 96 ff.

### 3. Einzelfragen der Anknüpfung

44 Die Begründung, Wirkung und Aufhebung einer eingetragenen Lebenspartnerschaft wird nach Art. 17b Abs. 1 S. 1 EGBGB grundsätzlich nach den Sachvorschriften des Register führenden Staates beurteilt. Haben die Partner sich im **Inland** registrieren lassen, so wird daher auf das materielle deutsche Recht, insbesondere auf die Vorschriften des LPartG verwiesen. Dabei kommt weder der Staatsangehörigkeit noch dem gewöhnlichen Aufenthalt oder Wohnsitz der Lebenspartner Bedeutung für das Kollisionsrecht zu. Die Registrierung im Inland steht daher auch ausländischen Lebenspartnern offen, ohne dass eine hinreichende Inlandsbeziehung vorausgesetzt würde.[86] Zu beachten ist freilich, dass der Registrierungsort nicht zwingend im Gebiet des Register führenden Staates liegen muss.[87]

[83] MüKoBGB/*Coester* EGBGB Art. 17b Rn. 131.
[84] Krit. zu dieser Lösung MüKoBGB/*Coester* EGBGB Art. 17b Rn. 133.
[85] Palandt/*Thorn* EGBGB Art. 17b Rn. 12.
[86] *Wagner* IPRax 2001, 281 (287); krit. *Thorn* FS Jayme, 2004, 959 ff., der Deutschland als „Lebenspartnerschaftsparadies" bezeichnet.
[87] Zur Möglichkeit, einen französischen PACS auch vor ausländischen französischen Konsulaten abzuschließen, vgl. Art. 515–3 Abs. 8 und Art. 515–7 Abs. 7 CC; dazu MüKoBGB/*Coester* EGBGB Art. 17b Rn. 20; jurisPK-BGB/*Ludwig* EGBGB Art. 17b Rn. 18.

Bei Art. 17b Abs. 1 S. 1 EGBGB handelt es sich um eine allseitige Kollisionsnorm, die auch das Recht eines ausländischen Registrierungsstaates zur Anwendung beruft.[88] Unter Registrierung ist jede Eintragung in amtliche Bücher durch ein Gericht, eine Behörde oder einen Notar zu verstehen.[89] Die Verweisung auf das Recht eines ausländischen Registrierungsstaates ist stets Sachnormverweisung iSv Art. 3a Abs. 1 EGBGB. Rück- oder Weiterverweisung sind also nicht zu beachten.[90] Dies erleichtert die Ermittlung des anwendbaren Rechts, weil es in zahlreichen Rechten noch an ausdrücklichen Kollisionsnormen zur Beurteilung von eingetragenen Lebenspartnerschaften fehlt, auch wenn diese im Sachrecht dieser Staaten bereits eingeführt worden sind.[91] Der inländische Rechtsverkehr wird allerdings gegenüber einem ausländischen Registerstatut nach Maßgabe von Art. 17b Abs. 2 S. 2 (→ Rn. 85f.) und Abs. 4 EGBGB („Kappungsgrenze"; → Rn. 76ff.) geschützt. 45

Während das Scheidungsstatut nach Art. 5ff. Rom III-VO heute in erster Linie durch Rechtswahl der Parteien bestimmt wird (→ § 11 Rn. 54ff.), wird nicht nur die Begründung, sondern auch die Aufhebung einer eingetragenen Lebenspartnerschaft nach Art. 17b Abs. 1 S. 1 EGBGB **ausschließlich objektiv angeknüpft.** Gleiches gilt – im Gegensatz zu den allgemeinen und güterrechtlichen Ehewirkungen (Art. 14 Abs. 2 bis Abs. 4, 15 Abs. 2 EGBGB) – auch für die Wirkungen der Eintragung.[92] Die Partner können das anwendbare Recht allerdings mittelbar dadurch beeinflussen, dass sie entscheiden können, in welchem Staat sie ihre Lebenspartnerschaft registrieren lassen wollen.[93] Ferner haben sie die Möglichkeit, das auf die Wirkungen und die Aufhebung ihrer Lebenspartnerschaft anwendbare Recht nachträglich dadurch zu ändern, dass sie sich noch einmal in einem anderen Staat registrieren lassen (Art. 17b Abs. 3 EGBGB; → Rn. 48ff.); das kommt im Ergebnis einer Rechtswahl nahe.[94] 46

Die Anknüpfung an das Registerstatut ist **unwandelbar.**[95] Ein Statutenwechsel kann nur durch Neuregistrierung gemäß Art. 17b Abs. 3 EGBGB herbeigeführt werden. Durch diese Möglichkeit wird der Grundsatz der Unwandelbarkeit allerdings stark relativiert.[96] 47

### 4. Mehrfachregistrierung

Lebenspartner können nicht daran gehindert werden, ihre Partnerschaft in mehreren Ländern nacheinander registrieren zu lassen. Um zu verhindern, dass in einem solchen Falle die Rechte dieser mehreren Staaten kumulativ gelten oder sich widersprechende Rechtsfolgen der Registrierung anordnen, stellt Art. 17 Abs. 3 EGBGB klar, dass sich die Wirkungen der Lebenspartnerschaft und ihre Aufhebung nur nach dem Recht des Staates richten, in dem die **letzte Registrierung** vorgenommen wurde.[97] Damit haben Lebenspartner die Möglichkeit, die Wirkungen ihrer Partnerschaft beim Umzug in ein anderes Land ihrem neuen Umweltrecht anzupassen. Insbesondere Lebenspartner, die ihre Partnerschaft ursprünglich im Ausland haben registrieren lassen, können sich daher mit **Wirkung *ex nunc*** dem deutschen Recht unterstellen, wenn sie anschließend ihren gewöhnlichen Aufenthalt ins Inland verlegen.[98] Dies hat vor allem den Vorteil, dass sie damit die 48

[88] Palandt/*Thorn* EGBGB Art. 17b Rn. 2; MüKoBGB/*Coester* EGBGB Art. 17b Rn. 13.
[89] MüKoBGB/*Coester* EGBGB Art. 17b Rn. 23.
[90] Anders noch *de lege ferenda Hausmann* FS Henrich, 2000, 241 (255).
[91] MüKoBGB/*Coester* EGBGB Art. 17b Rn. 14; NK-BGB/*Gebauer* EGBGB Art. 17b Rn. 21.
[92] Krit. *Forkert* S. 117ff.; Staudinger/*Mankowski* EGBGB Art. 17b Rn. 41.
[93] MüKoBGB/*Coester* EGBGB Art. 17b Rn. 22; Staudinger/*Mankowski* EGBGB Art. 17b Rn. 4.
[94] BT-Drs. 14/3751, 60; Palandt/*Thorn* EGBGB Art. 17b Rn. 3.
[95] BT-Drs. 14/3751, 60; Palandt/*Thorn* EGBGB Art. 17b Rn. 3; BeckOK BGB/*Heiderhoff* EGBGB Art. 17b Rn. 25.
[96] MüKoBGB/*Coester* EGBGB Art. 17b Rn. 16.
[97] Kritisch zu dieser Reglung Staudinger/*Mankowski* EGBGB Art. 17b Rn. 76ff., 79; *Andrae* IntFamR § 10 Rn. 19.
[98] NK-BGB/*Gebauer* EGBGB Art. 17b Rn. 71; Staudinger/*Mankowski* EGBGB Art. 17b Rn. 80; MüKoBGB/*Coester* EGBGB Art. 17b Rn. 16; Palandt/*Thorn* EGBGB Art. 17b Rn. 3.

Risiken und Unwägbarkeiten der Kappungsgrenze in Art. 17 Abs. 4 EGBGB ausschalten können.[99] Auf dem Gebiet des Güterrechts kann der Statutenwechsel zur Folge haben, dass der bisherige Güterstand abzuwickeln ist; insoweit gelten die Ausführungen zum Statutenwechsel im Ehegüterrecht entsprechend (→ § 9 Rn. 128 ff.).

49 Die Frage, ob und unter welchen Voraussetzungen die **erneute Registrierung einer Lebenspartnerschaft zulässig** ist, beurteilt sich nach dem Recht des Staates, in dem sie vorgenommen werden soll.[100] Während das deutsche Recht die erneute Registrierung im Inland stark begünstigt, indem es hierfür keinerlei Inlandsbezug der Lebenspartner voraussetzt, wird eine Registrierung im Ausland zumeist davon abhängig gemacht, dass die Lebenspartner entweder die Staatsangehörigkeit des Registrierungsstaates besitzen oder dort ihren gewöhnlichen Aufenthalt begründet haben. Zu beachten ist auch, dass die Regelung in Art. 17b Abs. 3 EGBGB nur für deutsche Gerichte und Behörden verbindlich ist. Ob der Statutenwechsel auch in anderen Staaten – insbesondere im Staat einer früheren Registrierung – anerkannt wird, ist keineswegs gesichert.[101] Darauf sollte der beurkundende Notar oder der beratende Anwalt die Beteiligten hinweisen.

50 **Beispiel:**
Der Deutsche A und der Niederländer B haben ihre gleichgeschlechtliche Lebenspartnerschaft im Jahr 2012 in den Niederlanden registrieren lassen. Im Jahr 2015 ziehen sie gemeinsam nach München um. B beabsichtigt, dort eine Eigentumswohnung zu Alleineigentum zu erwerben. Zur Finanzierung möchte er zugleich eine in den Niederlanden belegene Eigentumswohnung veräußern. Wie kann dieses Ziel gesichert erreicht werden?

Nach Art. 17b Abs. 1 S. 1 EGBGB unterliegen die güterrechtlichen Wirkungen der Lebenspartnerschaft dem Recht des registerführenden Staates. Ob ein Lebenspartner nach niederländischem Güterrecht eine Immobilie zu Alleineigentum erwerben kann, ist zumindest zweifelhaft. Der beurkundende Notar ist auch nicht verpflichtet, hierüber verbindlich Auskunft zu erteilen, § 17 Abs. 3 BeurkG. Die für Ehegatten eröffnete Möglichkeit, ihre güterrechtlichen Beziehungen ihrem neuen deutschen Aufenthaltsrecht durch Rechtswahl nach Art. 15 Abs. 2 Nr. 2 EGBGB zu unterstellen, besteht für eingetragene Lebenspartner nicht. Erst recht ist eine auf das inländische Grundvermögen beschränkte Rechtswahl analog Art. 15 Abs. 2 Nr. 3 EGBGB ausgeschlossen (→ Rn. 57 f.). Das Ziel einer Anwendung des deutschen gesetzlichen Güterstands der Zugewinngemeinschaft, in dem der Erwerb von Alleineigentum durch einen Partner allein unproblematisch zulässig ist, kann nur durch erneute Registrierung der Lebenspartnerschaft im Inland nach Art. 17b Abs. 3 EGBGB erreicht werden. Die hierauf gerichtete Erklärung nimmt in Bayern der Notar entgegen (§§ 1, 23 LPartG).

Möchte B nach der Neuregistrierung der Lebenspartnerschaft in Deutschland über die in seinem Eigentum stehende niederländische Immobilie verfügen, so kann er jedoch nicht ohne weiteres davon ausgehen, dass auch die niederländischen Behörden (Notar, Grundbuchamt) den Statutenwechsel anerkennen und hinsichtlich der Verfügungsbefugnis des B deutsches Güterrecht zugrunde legen werden.

[99] Palandt/*Thorn* EGBGB Art. 17b Rn. 4; Staudinger/*Mankowski* EGBGB Art. 17b Rn. 83.
[100] Hausmann/Hohloch/*Martiny* Kap. 12 Rn. 78; Staudinger/*Mankowski* EGBGB Art. 17b Rn. 79; *Andrae* IntFamR § 10 Rn. 22.
[101] MüKoBGB/*Coester* EGBGB Art. 17b Rn. 18.

**Formulierungsbeispiel: Neuregistrierung nach Art. 16 Abs. 3 EGBGB** 51

A erklärt: Ich bin deutscher Staatsangehöriger.

B erklärt: Ich bin niederländischer Statsangehöriger.

Die Beteiligten erklären übereinstimmend: Wir haben unsere Lebenspartnerschaft am 5.6.2012 in Amsterdam/Niederlande registrieren lassen. Die Registrierungsurkunde haben wir dem beurkundenden Notar vorgelegt.

Im Hinblick darauf, dass wir unseren gemeinsamen gewöhnlichen Aufenthalt nach Deutschland verlegt haben und B hier Grundbesitz zu Alleineigentum erwerben möchte, streben wir die Geltung des deutschen gesetzlichen Güterstands der Zugewinngemeinschaft für unsere güterrechtlichen Beziehungen an. Um dieses Ziel zu erreichen, wünschen wir nach Beratung durch den Notar eine erneute Registrierung unserer Lebenspartnerschaft in Deutschland nach Art. 17b Abs. 3 EGBGB.

Der Notar hat daher beide Lebenspartner befragt, ob sie eine neue Lebenspartnerschaft nach deutschem Recht begründen wollen. Da beide Lebenspartner diese Frage bejaht haben, stellt der Notar fest, dass die Lebenspartnerschaft nach deutschem Recht wirksam begründet worden ist.

Hinweise des Notars:

1. Bei der Maßgeblichkeit des deutschen Rechts auf die güterrechtlichen Wirkungen der Lebenspartnerschaft bleibt es – vorbehaltlich einer erneuten Registrierung im Ausland – auch dann, wenn einer oder beide Lebenspartner den gewöhnlichen Aufenthalt in Deutschland aufgeben sollte(n).
2. Die Neuregistrierung entfaltet Wirkungen nur für die Zukunft. Für die Zeit davor verbleibt es bei der Geltung des niederländischen Rechts der Erstregistrierung.
3. Die Neuregistrierung wird im Ausland – insbesondere in den Niederlanden als dem Staat der erstmaligen Registrierung – möglicherweise nicht oder nur mit Einschränkungen anerkannt.

## III. Anwendungsbereich des Registerstatuts

### 1. Begründung der Lebenspartnerschaft

Das Recht des Register führenden Staates gilt zunächst für die Begründung der Lebenspartnerschaft. Es beherrscht daher – ähnlich wie Art. 13 EGBGB bezüglich der Eheschließung – sowohl die in der Person der Partner erforderlichen sachlichen Voraussetzungen als auch den Inhalt und die Form der hierfür erforderlichen Erklärungen. Eine Sonderanknüpfung der **Form** nach Art. 11 EGBGB findet also nicht statt, weil die *lex causae* mit dem Recht des Vornahmeorts *(lex loci)* regelmäßig zusammenfällt.[102] Art. 17b Abs. 1 S. 1 EGBGB schließt allerdings die Registrierung nach ausländischem Recht auf deutschem Boden nicht aus. Wird ein PACS vor einem französischen Konsulat in Deutschland registriert, so ist Frankreich der Register führende Staat; das französische Recht bestimmt daher über die materiellen Voraussetzungen und die Form dieser Registrierung.[103] Der Registrierungsstaat kann für die Begründung der Lebenspartnerschaft auch die Form der Eheschließung vorschreiben; darin liegt kein Verstoß gegen den deutschen *ordre public.*[104] 52

Zu den **materiellen Voraussetzungen** der wirksamen Eingehung einer Lebenspartnerschaft gehören – in Anlehnung an § 1 LPartG – insbesondere das Geschlecht der Part- 53

[102] *Forkert* S. 92; Palandt/*Thorn* EGBGB Art. 17b Rn. 3; MüKoBGB/*Coester* EGBGB Art. 17b Rn. 25; Staudinger/*Mankowski* EGBGB Art. 17b Rn. 36; NK-BGB/*Gebauer* Rn. 28.

[103] MüKoBGB/*Coester* EGBGB Art. 17b Rn. 26.

[104] *Wasmuth* FS Kegel, 2002, 237.

ner,[105] der Konsens und etwaige Eingehungshindernisse, wie eine bestehende Ehe oder eine anderweitige Lebenspartnerschaft sowie enge verwandtschaftliche Beziehungen zwischen den Partnern.[106] Das Recht des Register führenden Staates entscheidet auch darüber, ob die Partner eine durch ihre Staatsangehörigkeit oder ihren gewöhnlichen Aufenthalt begründete hinreichende Beziehung zu diesem Staat haben, wenn hiervon – anders als nach deutschem Recht – die Registrierung abhängt.[107] Dieses Recht regelt schließlich auch die Rechtsfolgen des Fehlens einer vorgeschriebenen Voraussetzung im Falle einer dennoch erfolgten Registrierung.[108]

54 Die **Vorfrage,** ob ein Partner im Zeitpunkt der Registrierung im Ausland noch an eine wirksam geschlossene Ehe oder eine bereits früher registrierte Lebenspartnerschaft mit einem anderen Partner gebunden war, ist nicht unselbständig nach der *lex causae* (dem Recht des Register führenden Staates), sondern **selbständig** nach deutschem IPR anzuknüpfen.[109] Welche Auswirkungen das Bestehen einer solchen früheren Verbindung auf die Gültigkeit der registrierten neuen Lebenspartnerschaft hat, bestimmt hingegen das ausländische Registrierungsstatut.[110] Der Grundsatz der selbständigen Vorfragenanknüpfung gilt auch für sonstige vom ausländischen Registerstatut aufgeworfene Vorfragen (zB nach der Geschäftsfähigkeit eines Partners).

## 2. Allgemeine Wirkungen der Lebenspartnerschaft

55 Auch die allgemeinen Wirkungen einer eingetragenen Lebenspartnerschaft unterliegen dem Sachrecht des Register führenden Staates. Rechtswahlmöglichkeiten, wie sie für Ehegatten in Art. 14 Abs. 2 und Abs. 3 EGBGB vorgesehen sind, bestehen für eingetragene Lebenspartner nicht. Die allgemeinen Wirkungen umfassen insbesondere die in §§ 2, 4, 8 und 11 LPartG geregelten Fragen, also die gegenseitige Verpflichtung zur Fürsorge und Unterstützung und zur gemeinsamen Lebensgestaltung, Haftungsbeschränkungen bei Erfüllung der Verpflichtungen aus der Lebenspartnerschaft, Eigentumsvermutungen und die Berechtigung, den Partner aus Geschäften zur Deckung des gemeinsamen Lebensbedarfs zu verpflichten **(Schlüsselgewalt).** Zu beachten ist freilich, dass die zuletzt genannten vermögensrechtlichen Wirkungen einer Lebenspartnerschaft, die erst ab dem 29.1.2019 eingetragen wird, vom Anwendungsbereich der EuPartVO erfasst werden (→ § 8 Rn. 3). Daraus ergibt sich zwar im Falle der objektiven Anknüpfung idR keine Änderung, da auch Art. 26 Abs. 1 EuPartVO grundsätzlich an das Recht des Registrierungsstaates anknüpft. Allerdings ermöglicht die Ausweichklausel des Art. 26 Abs. 2 EuPartVO (→ Rn. 34) auch eine abweichende Anknüpfung. Vor allem aber haben die Partner – und zwar auch solche, die sich schon vor dem 29.1.2019 haben registrieren lassen – unter der Geltung der EuPartVO die Möglichkeit, nach Art. 22 ein vom Registerstatut abweichendes Recht für die vermögensrechtlichen Wirkungen ihrer Partnerschaft zu wählen, auch soweit diese unter Art. 17b EGBGB als allgemeine Ehewirkungen zu qualifizieren waren.

56 **Ausgenommen** sind insbesondere das das **Unterhalts-** und das **Namensrecht,** die gesondert angeknüpft werden (→ Rn. 63f., 72f.). Gleiches gilt für die Wirkungen der Partnerschaft auf dem Gebiet der **elterlichen Sorge** und des Umgangs mit in der Partnerschaft lebenden Kindern. Da insoweit die Rechtsbeziehungen der Partner zum (Stief-) Kind im Vordergrund stehen, gilt nicht das Recht des Register führenden Staates, son-

[105] Zur Zulässigkeit der Eintragung auch heterosexueller Partnerschaften im Ausland → Rn. 39ff.

[106] MüKoBGB/*Coester* EGBGB Art. 17b Rn. 27; Erman/*Hohloch* EGBGB Art. 17b Rn. 11; Staudinger/*Mankowski* EGBGB Art. 17b Rn. 30ff.

[107] Staudinger/*Mankowski* EGBGB Art. 17b Rn. 31; *Andrae* IntFamR § 10 Rn. 31.

[108] NK-BGB/*Gebauer* EGBGB Art. 17b Rn. 41.

[109] BT-Drs. 143/3751, 60; *Hausmann* FS Henrich, 2000, 241 (256); *Wagner* IPRax 2001, 281 (288); Hausmann/Hohloch/*Martiny* Kap. 12 Rn. 66, 75; NK-BGB/*Gebauer* EGBGB Art. 17b Rn. 42; MüKoBGB/*Coester* EGBGB Art. 17b Rn. 29; Staudinger/*Mankowski* EGBGB Art. 17b Rn. 34.

[110] NK-BGB/*Gebauer* EGBGB Art. 17b Rn. 23.

dern das von Art. 15ff. KSÜ, hilfsweise von Art. 21 EGBGB zur Anwendung berufene Recht.[111]

### 3. Güterrechtliche Wirkungen der Lebenspartnerschaft

Auch die güterrechtlichen Wirkungen der eingetragenen Lebenspartnerschaft unterliegen zwingend dem **Recht des Registrierungsstaates.** Für die Gestaltungspraxis zu beachten ist insbesondere, dass die für Ehegatten bestehende Möglichkeit, das Güterrechtsstatut nach Maßgabe von Art. 15 Abs. 2 EGBGB durch **Rechtswahl** zu bestimmen (→ § 9 Rn. 91ff.), eingetragenen Lebenspartnern bis zur Geltung der EuPartVO ab dem 29.1.2019 nicht eingeräumt wird.[112] Dies ist insbesondere bei der Abfassung von Partnerschaftsverträgen zu beachten. Der Gesetzgeber hielt es insoweit ersichtlich für ausreichend, dass die Partner durch die Wahl des Registrierungsstaates mittelbar auch das Güterrechtsstatut festlegen können. Da es sich insoweit um eine bewusste gesetzgeberische Entscheidung handelt, kommt auch eine analoge Anwendung von Art. 15 Abs. 2 EGBGB nicht in Betracht.[113] *De lege ferenda* wurde freilich schon länger zu Recht die Einführung der güterrechtlichen Rechtswahl auch für eingetragene Lebenspartner gefordert.[114] Dieser Forderung hat der europäische Gesetzgeber – anders als noch der Kommissionsvorschlag von 2011 – in Art. 22 EuPartVO Rechnung getragen und eingetragenen Lebenspartnern im gleichen Umfang Parteiautonomie eingeräumt wie Ehegatten. Von dieser Rechtswahlmöglichkeit können ab dem 29.1.2019 auch Partner Gebrauch machen, die sich schon vor diesem Stichtag haben eintragen lassen (vgl. Art. 69 Abs. 3 EuPartVO). Zu den Schranken und der Form der Rechtswahl nach Art. 22, 23 EuPartVO näher → Rn. 15ff. 57

Ebenso wie das Güterrechtsstatut von Ehegatten nach Art. 15 EGBGB kann allerdings auch das durch das Recht des Registrierungsstaates nach Art. 17b Abs. 1 S. 1 EGBGB bestimmte Güterrechtsstatut von eingetragenen Lebenspartnern durch den **Vorrang des Einzelstatuts** nach Art. 3a Abs. 2 EGBGB verdrängt werden.[115] Demgegenüber setzt sich für Lebenspartner, die erst ab dem 29.1.2019 eingetragen werden, der Grundsatz der Einheit des Güterrechtsstatuts in Art. 21 EuPartVO auch gegenüber dem Einzelstatut der zum Vermögen der Partner gehörenden Gegenstände durch. 57a

Der **Begriff der güterrechtlichen Wirkungen** – in Abgrenzung zu den allgemeinen Wirkungen – einer Lebenspartnerschaft ist ebenso zu ziehen wie in der Ehe (näher → § 8 Rn. 58ff.); die Abgrenzung hat wegen der einheitlichen Anknüpfung in Art. 17 Abs. 1 S. 1 EGBGB allerdings keine praktische Bedeutung. Zu den güterrechtlichen Wirkungen gehört insbesondere die Frage, ob die Partner **kraft Gesetzes** in einem bestimmten Güterstand leben oder ob hierfür – wie nach dem früheren deutschen Recht (§ 6 LPartG aF) eine Erklärung erforderlich ist. Ferner entscheidet das Recht des Register führenden Staates darüber, unter welchen Voraussetzungen die Partner **durch Vertrag** den gesetzlichen Güterstand ändern oder ausschließen können (vgl. § 7 LPartG).[116] Dieses Recht beherrscht ferner die Fragen, welche Gütermassen zu unterscheiden sind, wie die Verwaltungs- und Nutzungsbefugnisse geregelt sind und nach welchen Regeln die Vermögens- 58

[111] MüKoBGB/*Coester* EGBGB Art. 17b Rn. 33, 73; Staudinger/*Mankowski* EGBGB Art. 17b Rn. 93; NK-BGB/*Gebauer* EGBGB Art. 17b Rn. 43; BeckOR-BGB/*Heiderhoff* EGBGB Art. 17b Rn. 18; **aA** *Forkert* S. 113; Erman/*Hohloch* EGBGB Art. 17b Rn. 12; zu Art. 16ff. KSÜ näher → § 5 Rn. 37ff.

[112] *Süß* DNotZ 2001, 168 (169); Erman/*Hohloch* EGBGB Art. 17b Rn. 13; zu Recht krit. dazu *Forkert* S. 117ff., 134; Hausmann/Hohloch/*Martiny* Kap. 12 Rn. 88; Staudinger/*Mankowski* EGBGB Art. 17b Rn. 41.

[113] MüKoBGB/*Coester* EGBGB Art. 17b Rn. 42; NK-BGB/*Gebauer* EGBGB Art. 17b Rn. 45; **aA** Staudinger/*Mankowski* EGBGB Art. 17b Rn. 41.

[114] *Hausmann* FS Henrich, 2000, 241 (259); *Forkert* S. 137 ff.; *Henrich* FamRZ 2002, 137 (140); NK-BGB/*Gebauer* EGBGB Art. 17b Rn. 44.

[115] *Gebauer/Staudinger* IPRax 2002, 275 (279); Staudinger/*Mankowski* EGBGB Art. 17b Rn. 52, 66; *Andrae* IntFamR § 10 Rn. 36; **aA** *Forkert* S. 135 ff., 230 f. Dazu allg. → § 3 Rn. 134 ff.

[116] Staudinger/*Mankowski* EGBGB Art. 17b Rn. 39.

auseinandersetzung bei Auflösung der Partnerschaft vorzunehmen ist.[117] Für ab dem 29.1.2019 eingetragene Lebenspartnerschaften wird die Reichweite von deren „güterrechtlichen Wirkungen" in Art. 28 EuPartVO festgelegt.[118]

58a Geht man mit dem BGH von einer güterrechtlichen Qualifikation von **§ 1371 Abs. 1 BGB** aus (dazu näher → § 3 Rn. 22), so erhöht sich das gesetzliche Erbrecht des überlebenden Partners nur dann um ein Viertel, wenn die Lebenspartnerschaft im Inland registriert wurde und ihre güterrechtlichen Wirkungen daher dem deutschen Recht unterliegen. Führt dies in Verbindung mit einem nach der EuErbVO maßgeblichen ausländischen gesetzlichen Erbrecht insgesamt zu einer höheren Beteiligung des überlebenden Partners am Nachlass als bei Geltung deutschen Erbrechts, so sind die Auswirkungen des § 1371 Abs. 1 BGB mit Hilfe der Kappungsregelung des Art. 17 Abs. 4 EGBGB zu begrenzen.[119] Voraussetzung für diese Lösung ist allerdings, dass an der güterrechtlichen Qualifikation des § 1371 Abs. 1 BGB auch bei der nunmehr gebotenen autonomen Auslegung der EuErbVO – künftig auch in Abgrenzung zur EuPartVO – festgehalten werden kann (dazu → § 15 Rn. 309).

### 4. Auflösung der Lebenspartnerschaft

59 Um sicherzustellen, dass eine eingetragene Lebenspartnerschaft auch wieder aufgelöst werden kann, unterstellt Art. 17 Abs. 1 S. 1 EGBGB die Auflösung dem gleichen Recht wie die Begründung der Partnerschaft.[120] Diese Anknüpfung ist zwingend; eine **Rechtswahlmöglichkeit** wird den Lebenspartnern insoweit – anders als Ehegatten für die Ehescheidung nach Art. 5 Rom III-VO (→ § 11 Rn. 54 ff.) – nicht eingeräumt. Dem Recht des Register führenden Staates unterliegen daher insbesondere die **materiell-rechtlichen Voraussetzungen** der Auflösung, also die Frage, ob diese jederzeit ohne Begründung oder erst nach Ablauf von Trennungsfristen oder nur bei Unzumutbarkeit einer Fortsetzung der Lebenspartnerschaft (vgl. § 15 Abs. 2 LPartG) verlangt werden kann.[121] Auch die Frage, ob die Lebenspartnerschaft durch Eheschließung oder durch Eingehung einer neuen Lebenspartnerschaft mit einem anderen Partner von Rechts wegen aufgelöst wird,[122] unterliegt dem Registerstatut.[123] Die Vorfrage, ob eine Ehe trotz Bestehens einer eingetragenen Lebenspartnerschaft wirksam geschlossen werden konnte (vgl. im deutschen Recht § 1 Abs. 2 Nr. 1 LPartG), ist selbständig nach Art. 13 EGBGB anzuknüpfen.[124] Liegen die Voraussetzungen für eine Auflösung der Lebenspartnerschaft nach deutschem Recht (§ 15 LPartG) vor, so stehen deren Vornahme im Inland wegen der Kappungsregelung in Art. 17b Abs. 4 EGBGB etwaige strengere Anforderungen nach dem Recht des ausländischen Registrierungsstaates nicht entgegen.[125]

60 Das Recht des Register führenden Staates regelt auch die **Art und Weise,** in der eine Lebenspartnerschaft aufgelöst wird, also insbesondere die Frage, ob dies durch Rechtsgeschäft (einvernehmliche Erklärung, einseitige Aufkündigung), gegebenenfalls unter Mitwirkung einer (Registrierungs-) Behörde, oder nur – wie im deutschen Recht (§ 15 Abs. 1 LPartG) – durch rechtsgestaltende Gerichtsentscheidung erfolgen kann. Zwar könnte man insoweit an eine verfahrensrechtliche Qualifikation denken, so dass auch eine im Ausland registrierte Lebenspartnerschaft in Deutschland gemäß § 15 Abs. 1 LPartG nur

---

[117] *Forkert* S. 125 ff.; NK-BGB/*Gebauer* EGBGB Art. 17b Rn. 44.
[118] Vgl. zur wörtlich übereinstimmenden Regelung in Art. 28 EuGüVO → § 9 Rn. 159a.
[119] MüKoBGB/*Coester* EGBGB Art. 17b Rn. 60.
[120] *Hausmann* FS Henrich, 2000, 241 (262); *Wagner* IPRax 2001, 281 (289).
[121] *Henrich* FamRZ 2002, 137 (140).
[122] Vgl. im frz. Recht Art. 515–7 Abs. 7 Nr. 3 CC.
[123] Vgl. *Henrich* FamRZ 2002, 137 (140 ff.); Staudinger/*Mankowski* EGBGB Art. 17b Rn. 45; MüKoBGB/*Coester* EGBGB Art. 17b Rn. 34.
[124] Staudinger/*Mankowski* EGBGB Art. 17b Rn. 46; NK-BGB/*Gebauer* EGBGB Art. 17b Rn. 49.
[125] *Andrae* IntFamR § 10 Rn. 46.

durch gerichtliches Urteil aufgelöst werden könnte.[126] Dagegen spricht freilich, dass Art. 17b EGBGB keine dem Art. 17 Abs. 2 EGBGB für die Ehescheidung entsprechende Kollisionsnorm enthält. § 15 Abs. 1 LPartG ist vielmehr eine dem § 1564 S. 1 BGB für die Ehescheidung korrespondierende materiell-rechtliche Vorschrift, die auf die Auflösung von Lebenspartnerschaften nur bei Geltung deutschen Rechts, dh nur im Falle ihrer **Registrierung im Inland** Anwendung findet.[127] Das Tätigwerden eines deutschen Gerichts ist allerdings hierfür nicht zwingend erforderlich; vielmehr kann eine im Inland registrierte Lebenspartnerschaft auch durch eine – nach §§ 108, 109 FamFG im Inland anzuerkennende – Entscheidung eines *ausländischen* Gerichts aufgelöst werden. Eine rechtsgeschäftliche Privatauflösung der im Inland registrierten Partnerschaft scheitert hingegen an dem auf die Auflösung nach Art. 17b Abs. 1 S. 1 EGBGB anzuwendenden § 15 Abs. 1 LPartG. Dies gilt auch dann, wenn das hierauf gerichtete Rechtsgeschäft in einem Staat vorgenommen wird, der diese Art der Auflösung eingetragener Lebenspartnerschaften kennt und für wirksam hält.[128]

Umgekehrt kann eine **im Ausland registrierte** Lebenspartnerschaft im Inland nicht 61 nur durch ein deutsches Gericht, sondern auch durch privates Rechtsgeschäft aufhoben werden, wenn das Registrierungsstatut eine gerichtliche Entscheidung nicht verlangt.[129] Lässt das ausländische Registerstatut eine rechtsgeschäftliche Auflösung der Lebenspartnerschaft zu, so regelt es auch, ob es hierfür der Mitwirkung eines Gerichts oder einer Behörde (zB durch Registrierung) bedarf. Ist dies der Fall, so genügt es zwar in jedem Fall, wenn die Lebenspartner die vorgeschriebene Mitwirkung der zuständigen Behörde im ausländischen Registrierungsstaat in Anspruch nehmen. Sie sind jedoch nicht gezwungen, sich zum Zwecke der Auflösung ihrer Partnerschaft in den ausländischen Registrierungsstaat zu begeben, sondern können sich zB für deren vorgeschriebene Registrierung auch an die entsprechenden deutschen Behörden wenden.[130]

Das Registerstatut beherrscht schließlich auch die **Rechtsfolgen** der Aufhebung einer 62 Lebenspartnerschaft, soweit diese nicht nach Art. 17b Abs. 1 S. 2 bis S. 4 und Abs. 2 EGBGB gesondert angeknüpft werden.[131] Die Reichweite dieser Anknüpfung entspricht im Wesentlichen derjenigen von Art. 17 Abs. 1 EGBGB nF im Fall der Ehescheidung (→ § 11 Rn. 142ff.).

## IV. Sonderanknüpfungen

### 1. Unterhaltsrecht

Das Kollisionsrecht der Unterhaltspflichten wird in Deutschland für seit dem 18.6.2011 63 eingeleitete Verfahren mit universeller Wirkung durch das Haager Unterhaltsprotokoll (HUP) bestimmt (näher → § 10 Rn. 4ff.). Dieses erfasst alle Unterhaltspflichten, die sich aus Beziehungen der Familie ergeben und damit auch die Unterhaltspflichten zwischen eingetragenen Lebenspartnern sowohl während des Bestehens der Partnerschaft wie auch nach deren Auflösung (näher → § 10 Rn. 145ff.).[132] Wegen dieser vorrangigen Geltung des HUP hat der deutsche Gesetzgeber nicht nur Art. 18 EGBGB aF aufgehoben, son-

---

[126] So Palandt/*Thorn* EGBGB Art. 17b Rn. 6.
[127] *Hausmann* FS Henrich, 2000, 241 (262f.); Hausmann/Hohloch/*Martiny* Kap. 12 Rn. 105; MüKoBGB/*Coester* EGBGB Art. 17b Rn. 38f.; Staudinger/*Mankowski* EGBGB Art. 17b Rn. 44f.
[128] Etwas anderes gilt nur dann, wenn die Partner sich zuvor nach Art. 17 Abs. 3 EGBGB in dem betreffenden ausländischen Staat haben neu registrieren lassen, vgl. MüKoBGB/*Coester* EGBGB Art. 17b Rn. 39.
[129] *Henrich* FamRZ 2002, 137 (141); *Buschbaum* RNotZ 2010, 73 (94); *Andrae* IntFamR § 10 Rn. 43; MüKoBGB/*Coester* EGBGB Art. 17b Rn. 38, 40; NK-BGB/*Gebauer* EGBGB Art. 17b Rn. 48; BeckOK BGB/*Heiderhoff* EGBGB Art. 17b Rn. 21.
[130] Für Zulässigkeit einer Substitution *Henrich* FamRZ 2002, 137 (141); *Buschbaum* RNotZ 2010, 73 (94); Hausmann/Hohloch/*Martiny* Kap. 12 Rn. 105; MüKoBGB/*Coester* EGBGB Art. 17b Rn. 40; NK-BGB/*Gebauer* EGBGB Art. 17b Rn. 48; einschränkend *Andrae* IntFamR § 10 Rn. 45.
[131] MüKoBGB/*Coester* EGBGB Art. 17b Rn. 34; Staudinger/*Mankowski* EGBGB Art. 17b Rn. 44.
[132] Vgl. auch *Coester* IPRax 2013, 114 (119f.) mwN.

dern auch die früher in Art. 17b Abs. 1 S. 2 EGBGB enthaltene unterhaltsrechtliche Komponente dieser Vorschrift für eingetragene Lebenspartner gestrichen.[133] Kennt das nach Art. 3 HUP maßgebliche **gesetzliche Unterhaltsstatut** keine Unterhaltspflicht zwischen eingetragenen Lebenspartnern, so kann daher nicht mehr – wie früher (Art. 17b Abs. 1 S. 2 Hs. 2 EGBGB aF) – ohne weiteres zum Schutz des unterhaltsberechtigten Lebenspartners auf das Registrierungsstatut zurückgegriffen werden. Obwohl sich die Unterhaltspflichten zwischen eingetragenen Lebenspartnern nicht aus einer Ehe, sondern nur aus einer ihr ähnlichen Familienbeziehung ergeben, sollte jedoch Art. 5 HUP entsprechende Anwendung finden.[134]. Danach kann sich auch ein eingetragener Lebenspartner darauf berufen, dass eine engere Verbindung der Lebenspartnerschaft zum Registrierungsstaat besteht als zu demjenigen Staat, in dem der Unterhaltsgläubiger seinen gewöhnlichen Aufenthalt iSv Art. 3 HUP hat (näher → § 10 Rn. 57). Die Registrierung in einem bestimmten Staat begründet für sich allein allerdings noch nicht die von Art. 5 HUP geforderte „engere Verbindung" zu diesem Staat; vielmehr ist hierfür eine Verstärkung durch weitere Faktoren erforderlich.[135] In Härtefällen bleibt nur die Anwendung des *ordre public* (Art. 13 HUP; → § 10 Rn. 192).

64 Für die Rechtsgestaltung von Bedeutung ist aber vor allem, dass die vom Haager Unterhaltsprotokoll in Art. 7 und Art. 8 eingeräumten **Rechtswahlmöglichkeiten** auch eingetragenen Lebenspartnern offenstehen. Diese können daher in einem Partnerschaftsvertrag auf ihre unterhaltsrechtlichen Beziehungen während und nach Beendigung der Lebenspartnerschaft das Recht des Staates wählen, dem entweder zumindest ein Lebenspartner angehört oder in dem zumindest ein Lebenspartner seinen gewöhnlichen Aufenthalt hat (Art. 8 Abs. 1 lit. a und lit. b HUP). Demgegenüber stehen die Rechtswahlmöglichkeiten nach Art. 8 Abs. 1 lit. c, 1. Fall und lit d, 1. Fall HUP eingetragenen Lebenspartnern nicht zur Verfügung, weil diese – anders als Ehegatten – weder das auf ihre güterrechtlichen Beziehungen noch das auf die Aufhebung ihrer Lebenspartnerschaft anzuwendende Recht wählen können; vielmehr werden beide Aspekte nach Art. 17b Abs. 1 S. 1 EGBGB zwingend objektiv an das Registerstatut angeknüpft (→ Rn. 57, 59). Hingegen bestehen keine Bedenken, auch eingetragenen Lebenspartnern zu gestatten, das von einem Gericht tatsächlich auf ihren Güterstand oder die Aufhebung ihrer Lebenspartnerschaft angewandte Recht des Registrierungsstaates nach Art. 8 Abs. 1 lit. c bzw. lit. d, 2. Fall HUP zB auch für den nachpartnerschaftlichen Unterhalt zu vereinbaren.

## 2. Erbrecht

65 Zum Schutz Dritter sowie im Interesse einer in sich stimmigen Nachlassverteilung wurden auch die erbrechtlichen Folgen der eingetragenen Lebenspartnerschaft schon bisher grundsätzlich nicht dem Recht des Register führenden Staates unterworfen; vielmehr verblieb es insoweit bei den *„allgemeinen Vorschriften"*. Das Erbstatut war daher – vorbehaltlich vorrangig eingreifender Staatsverträge – für Erbfälle, die bis zum 17.8.2015 eingetreten sind, nach den **Art. 25, 26 EGBGB aF** zu bestimmen.[136] Wenn das nach den allgemeinen erbrechtlichen Kollisionsregeln zur Anwendung berufene Recht ein gesetzliches Erbrecht des überlebenden Lebenspartners nicht begründete, war nach Art. 17 Abs. 1 S. 2 Hs. 2 EGBGB zur Bestimmung der erbrechtlichen Folgen der eingetragenen Lebenspartnerschaft jedoch **hilfsweise** auf **das Registerstatut** zurückzugreifen, um ein Recht zur Anwendung zu bringen, welches das Rechtsinstitut der eingetragenen Lebenspartnerschaft kennt. Diese Hilfsanknüpfung setzte voraus, dass dem überlebenden Partner nach dem von Art. 25, 26 EGBGB aF bezeichneten Recht **kein gesetzliches Erbrecht** zu-

[133] Art. 12 Nr. 2 Gesetz vom 23.5.2011, BGBl. I 898; vgl. BT-Drs. 17/4887, 52.
[134] BeckOK BGB/*Heiderhoff* EGBGB Art. 17b Rn. 31; MüKoBGB/*Coester* EGBGB Art. 17b Rn. 49f.; Palandt/*Thorn* EGBGB Art. 17b Rn. 9; näher → § 10 Rn. 145f.
[135] *Coester* IPRax 2013, 114 (120); Palandt/*Thorn* HUP Rn. 21.
[136] Vgl. zum bisherigen Recht statt vieler NK-BGB/*Gebauer* EGBGB Art. 17b Rn. 57ff.

stand; das bloße Fehlen von Pflichtteilsansprüchen reichte hierfür nicht aus.[137] Ob eine testamentarische Bedenkung des überlebenden Partners dessen Recht, sich auf die Hilfsanknüpfung nach Art. 17 Abs. 1 S. 2 EGBGB zu berufen, ausschloss, war umstritten.[138] Durch diese Hilfsanknüpfung wurde aber nur bestimmt, ob und in welchem Umfang **der überlebende Partner** kraft Gesetzes am Nachlass seines verstorbenen Partners beteiligt war. Hinsichtlich der Erbfolge in den restlichen Nachlass verblieb es hingegen bei dem von den allgemeinen erbrechtlichen Kollisionsnormen berufenen Recht, das lediglich bezüglich des Ausschnitts „gesetzliches Erbrecht des Partners" durch das Recht des Register führenden Staates überlagert wurde („Normenmix").[139]

Die Sonderregelung in Art. 17b Abs. 1 S. 2 EGBGB für die Beerbung eingetragener 66 Lebenspartner ist durch Art. 15 Nr. 3 des Gesetzes zum internationalen Erbrecht vom 29.6.2015[140] mit Wirkung ab Inkrafttreten der EuErbVO[141] am 17.8.2015 für die unter der Verordnung neu eintretenden Erbfälle **aufgehoben** worden. Denn die EuErbVO regelt das Kollisionsrecht der gesetzlichen und gewillkürten Erbfolge umfassend und damit auch für eingetragene Lebenspartner.[142] Auch für sie gilt daher in Ermangelung einer Rechtswahl nach Art. 22 EuErbVO grundsätzlich das Recht am letzten gewöhnlichen Aufenthalt des Erblassers (Art. 21 Abs. 1 EuErbVO). Liegt dieser in einem Drittstaat, so handelt es sich um eine Gesamtverweisung, so dass – anders als für das bisher hilfsweise geltende Registrierungsstatut nach Art. 17b Abs. 1 S. 2 Hs. 2 EGBGB aF – auch **Rück- oder Weiterverweisungen** nach Maßgabe von Art. 34 EuErbVO zu beachten sind. Die vom ausländischen Erbstatut aufgeworfene **Vorfrage** nach dem wirksamen Bestand der Lebenspartnerschaft im Zeitpunkt des Todes des Erblassers (zB im Fall einer nachträglichen Eheschließung des Erblassers) ist auch unter Geltung der EuErbVO selbständig anzuknüpfen.[143]

Kennt das nach 21 EuErbVO maßgebliche Sachrecht – wie das deutsche Recht (§ 10 67 LPartG) – ein gesetzliches Erbrecht für Lebenspartner, so muss allerdings entschieden werden, ob dies auch dem überlebenden Partner einer im Ausland registrierten Lebenspartnerschaft zusteht. Dies ist nur dann der Fall, wenn das ausländische Registerstatut der Lebenspartnerschaft vergleichbare erbrechtliche Wirkungen wie das deutsche Recht beimisst. Daran fehlt es zB beim PACS des französischen Rechts, der kein gesetzliches Erbrecht begründet. Haben sich die Partner aber für die Eingehung einer solchen Lebenspartnerschaft im Ausland mit schwächeren Rechtswirkungen entscheiden, können ihnen nicht die stärkeren Wirkungen des deutschen LPartG übergestülpt werden. Dies ist nur im Falle einer Neuregistrierung in Deutschland nach Art. 17b Abs. 3 EGBGB gerechtfertigt.[144]

Beurteilt sich die Erbfolge hingegen – umgekehrt – gemäß Art. 21 EuErbVO nach ei- 68 nem Recht, das ein gesetzliches Erb- und Pflichtteilsrecht eingetragener Lebenspartner nicht kennt, so steht dem überlebenden Partner ein solches auch nicht mehr zu. Dies gilt – abweichend vom bisherigen Recht – auch dann, wenn die Lebenspartnerschaft im Inland registriert wurde, weil das deutsche Recht als Registerstatut auf dem Gebiet des Erb-

---

137 MüKoBGB/*Coester* EGBGB Art. 17b Rn. 57; Staudinger/*Mankowski* EGBGB Art. 17b Rn. 61.

138 Bejahend BeckOK BGB/*Heiderhoff* EGBGB Art. 17b Rn. 35; MüKoBGB/*Coester* EGBGB Art. 17b Rn. 57; **aA** Staudinger/*Mankowski* EGBGB Art. 17b Rn. 64; NK-BGB/*Gebauer* EGBGB Art. 17b Rn. 60.

139 Vgl. *Süß* DNotZ 2001, 168 (172); MüKoBGB/*Coester* EGBGB Art. 17b Rn. 58; NK-BGB/*Gebauer* EGBGB Art. 17b Rn. 63.

140 BGBl. 2015 I 1042.

141 Verordnung (EU) Nr. 650/2012 vom 4.7.2012, ABl. L 201, 107 = *Jayme/Hausmann* Nr. 61.

142 Vgl. Art. 23 Abs. 2 lit. b EuErbVO und Erwägungsgrund 12; ferner *Dörner* ZEV 2012, 505; *Coester* ZEV 2013, 115 ff.; MüKoBGB/*Coester* EGBGB Art. 17b Rn. 52.

143 Vgl. zum bisherigen Recht NK-BGB/*Gebauer* EGBGB Art. 17b Rn. 25 ff., 58; **aA** für die Frage der Auflösung der Lebenspartnerschaft nach bisherigem Recht *Henrich* FamRZ 2002, 137 (143); BeckOK BGB/*Heiderhoff* EGBGB Art. 17b Rn. 34; MüKoBGB/*Coester* EGBGB Art. 17b Rn. 53.

144 Zutr. MüKoBGB/*Coester* EGBGB Art. 17b Rn. 55.

rechts durch die EuErbVO vollständig verdrängt wird. In Härtefällen kann nur noch mit der Vorbehaltsklausel des Art. 35 EuErbVO geholfen werden.

69 Für Erbfälle von **iranischen und türkischen Erblassern** haben die bilateralen Staatsverträge mit dem *Iran* und der *Türkei* auf dem Gebiet des internationalen Erbrechts[145] auch nach dem 17.8.2015 Vorrang vor der EuErbVO (Art. 75 Abs. 1 EuErbVO) und können in gemischt-nationalen Lebenspartnerschaften zu einer Ungleichbehandlung des jeweils überlebenden Partners beim Erbfall führen.[146] Dem kann nur durch eine (allerdings nur in den Grenzen des jeweiligen Erbstatuts zulässige) testamentarische Gestaltung oder durch Vorsorge zu Lebzeiten begegnet werden.

### 3. Versorgungsausgleich

70 **a) Durchführung von Amts wegen.** Der Versorgungsausgleich – wie auch die Voraussetzungen für seinen Ausschluss durch Ehevertrag oder Scheidungsvereinbarung[147] – unterliegen zwar nach Art. 17 Abs. 1 S. 3 Hs. 1 EGBGB grundsätzlich dem von S. 1 berufenen Sachrecht des Register führenden Staates. Er ist nach Hs. 2 jedoch nur durchzuführen, wenn danach **deutsches Recht anzuwenden** ist und das Recht eines der Staaten, denen die Lebenspartner im Zeitpunkt der Rechtshängigkeit des Antrags auf Aufhebung der Lebenspartnerschaft angehören, einen Versorgungsausgleich zwischen Lebenspartnern kennt. Die einschränkende Regelung in Hs. 2 entspricht Art. 17 Abs. 3 S. 1 Hs. 2 EGBGB zum Versorgungsausgleich zwischen Ehegatten; auf die dortigen Ausführungen – namentlich zur Vergleichbarkeit ausländischer Rechtsinstitute mit dem deutschen Versorgungsausgleich – kann daher verwiesen werden (→ § 12 Rn. 34ff.). Dies bedeutet, dass ein Versorgungsausgleich von Amts wegen nur stattfindet, wenn die Lebenspartnerschaft **im Inland registriert** worden ist.[148] Ferner muss das Heimatrecht zumindest eines Partners das Rechtsinstitut des Versorgungsausgleichs **zwischen Lebenspartnern** kennen; es reicht also nicht aus, dass das Heimatrecht eines Partners lediglich den Versorgungsausgleich zwischen geschiedenen Ehegatten kennt.[149]

71 **b) Durchführung auf Antrag nach deutschem Recht.** In weitgehender Anlehnung an Art. 17 Abs. 3 S. 2 EGBGB kommt ein Versorgungsausgleich gemäß Art. 17 Abs. 1 S. 4 EGBGB auf Antrag eines Lebenspartners ausnahmsweise auch dann nach deutschem Recht in Betracht, wenn die Lebenspartnerschaft **im Ausland registriert** worden ist (und damit ein Recht gilt, das idR keinen Versorgungsausgleich im deutschen Sinne vorsieht). Vorausgesetzt wird hierfür, dass einer der Lebenspartner während bestehender Lebenspartnerschaft inländische Versorgungsanwartschaften erworben hat und die Durchführung des Versorgungsausgleichs im Hinblick auf die beiderseitigen wirtschaftlichen Verhältnisse während der gesamten Zeit der Lebenspartnerschaft der Billigkeit entspricht. Die Regelung in Satz 4 entspricht Art. 17 Abs. 3 S. 2 EGBGB zum Versorgungsausgleich zwischen Ehegatten; auf die dortigen Ausführungen kann daher wiederum verwiesen werden (→ § 12 Rn. 50ff.). Die Vorschrift wurde durch das Gesetz zur Anpassung des deutschen IPR an die Rom III-VO geringfügig modifiziert. Danach ist es nicht mehr erforderlich, dass der *Antragsgegner* die inländischen Versorgungsanwartschaften erworben hat; vielmehr reicht es auch aus, wenn nur der *Antragsteller* während der Lebenspartnerschaftszeit Anrechte bei einem inländischen Versorgungsträger erworben hat. Die Neufassung gilt gemäß Art. 229 § 29 EGBGB nur in Verfahren, die ab dem 21.6.2012 eingeleitet worden sind.

---

[145] Zu diesen Staatsverträgen → § 1 Rn. 32.
[146] Dieser Vorrang galt schon bisher im Verhältnis zu Art. 17 Abs. 1 S. 2 EGBGB, vgl. *Süß* DNotZ 2001, 168 (174); *Gebauer/Staudinger* IPRax 2002, 275 (279); MüKoBGB/*Coester* EGBGB Art. 17b Rn. 51.
[147] Palandt/*Thorn* EGBGB Art. 17b Rn. 8.
[148] MüKoBGB/*Coester* EGBGB Art. 17b Rn. 35; Erman/*Hohloch* EGBGB Art. 17b Rn. 15.
[149] BeckOK BGB/*Heiderhoff* EGBGB Art. 17b Rn. 33; Erman/*Hohloch* EGBGB Art. 17b Rn. 15.

## 4. Namensrecht

Das Namensrecht wird für eingetragene Lebenspartner in Art. 17b EGBGB nicht eigenständig geregelt. Vielmehr verweist Abs. 2 S. 1 diesbezüglich nur auf die **Rechtswahlmöglichkeiten von Ehegatten** nach Art. 10 Abs. 2 EGBGB, die im gleichen Umfang auch eingetragenen Lebenspartnern eingeräumt werden. Danach können diese entweder den Namen nach dem Heimatrecht eines der Partner wählen, und zwar im Falle der Mehrstaatigkeit auch den Namen nach einem nicht effektiven Heimatrecht (Art. 10 Abs. 2 Nr. 1 EGBGB)[150] oder den sich nach deutschem Recht ergebenden Namen, wenn einer der Partner seinen gewöhnlichen Aufenthalt in Deutschland hat (Art. 10 Abs. 2 Nr. 2 EGBGB). Auf die Frage, ob die Lebenspartnerschaft im In- oder Ausland registriert worden ist, kommt es insoweit nicht an;[151] die Partner können ihren Namen auch nach einer Registrierung im Ausland durch Erklärung gegenüber dem zuständigen deutschen Standesamt oder der sonst nach Landesrecht zur Registrierung zuständigen Behörde (zB einem Notar in Bayern) durch Rechtswahl ändern, wenn sie ihren gewöhnlichen Aufenthalt im Inland begründen.[152] Art. 10 Abs. 2 EGBGB gestattet nur die *kollisionsrechtliche* Rechtswahl. Das von den Partnern gewählte Recht bestimmt sodann, ob und in welchen Grenzen die Wahl eines gemeinsamen Lebenspartnerschaftsnamens auch *materiell-rechtlich* zulässig ist.[153] Bei einer Wahl deutschen Rechts gilt dann § 3 LPartG. 72

Machen die Partner von der Rechtswahlmöglichkeit analog Art. 10 Abs. 2 EGBGB keinen Gebrauch, so bestimmt sich der Name eines jeden Partners gemäß Art. 10 Abs. 1 EGBGB nach seinem **Heimatrecht;** dabei handelt es sich um eine Gesamtverweisung, so dass eine etwaige Rück- oder Weiterverweisung zu beachten ist.[154] Die Grundsatzanknüpfung an das Sachrecht des Registrierungsstaates findet insoweit keine Anwendung.[155] Die Vorfrage nach dem Bestand oder der Auflösung der Lebensgemeinschaft ist selbständig anzuknüpfen.[156] 73

## 5. Wohnung und Hausrat

Die Zuweisung der bisherigen Wohnung und des Hausrats an einen der Lebenspartner aus Anlass der Trennung oder Aufhebung der Partnerschaft sowie etwaige damit zusammenhängende Betretungs-, Näherungs- und Kontaktverbote unterliegen aufgrund der Verweisung in Art. 17b Abs. 2 S. 1 auf Art. 17a EGBGB dem deutschen Recht, wenn die Partnerschaftswohnung oder der Hausrat **im Inland** belegen sind. Ist die Wohnung oder der Hausrat **im Ausland** belegen, so gilt sowohl während bestehender Lebenspartnerschaft wie auch nach deren Aufhebung die Grundsatzanknüpfung an das Recht des Register führenden Staates.[157] Unter Geltung der **EuPartVO** spricht vieles dafür, die Zuweisung der Wohnung und der Haushaltsgegenstände an einen Partner als eine güterrechtliche Wirkung iSd weiten Definition in Art. 3 lit. b EuPartVO zu qualifizieren. 74

[150] Vgl. *Thorn* IPRax 2002, 349 (352); Staudinger/*Hepting/Hausmann* EGBGB Art. 10 Rn. 248 mwN.

[151] NK-BGB/*Gebauer* EGBGB Art. 17b Rn. 66; Palandt/*Thorn* EGBGB Art. 17b Rn. 7.

[152] Palandt/*Thorn* EGBGB Art. 17b Rn. 7; Staudinger/*Mankowski* EGBGB Art. 17b Rn. 70.

[153] *Rauhmeier* StAZ 2011, 117; Palandt/*Thorn* EGBGB Art. 17b Rn. 7; Staudinger/*Hepting/Hausmann* EGBGB Art. 10 Rn. 265.

[154] Vgl. statt vieler Staudinger/*Hepting/Hausmann* EGBGB Art. 10 Rn. 114ff. m. ausf. Nachweisen.

[155] BT-Drs. 14/3751, 60; *Henrich* FamRZ 2002, 137 (138); Palandt/*Thorn* EGBGB Art. 17b Rn. 7; MüKoBGB/*Coester* EGBGB Art. 17b Rn. 62; NK-BGB/*Gebauer* EGBGB Art. 17b Rn. 65.

[156] NK-BGB/*Mankowski* EGBGB Art. 17b Rn. 17f.; Staudinger/*Hepting/Hausmann* EGBGB Art. 10 Rn. 129ff. m. ausf. Begründung; anders die noch hM, zB BGHZ 90, 129 (140) = StAZ 1984, 194; BayObLGZ 2002, 299 = StAZ 2003, 13; OLG Hamm StAZ 2004, 171; Palandt/*Thorn* EGBGB Art. 10 Rn. 2; MüKoBGB/*Coester* EGBGB Art. 17b Rn. 62.

[157] *Forkert* S. 114ff., 276ff.; Palandt/*Thorn* EGBGB Art. 17b Rn. 7; NK-BGB/*Gebauer* EGBGB Art. 17b Rn. 69.

### 6. Adoption

75 Die Frage, ob eingetragene Lebenspartner berechtigt sind, einzeln oder gemeinschaftlich Kinder zu adoptieren, beurteilt sich nach dem **Adoptionsstatut.** Dieses ist durch Reformgesetz vom 20.6.2014[158] in Art. 22 Abs. 1 S. 3 EGBGB erstmals für die Adoption durch eingetragene Lebenspartner eigenständig geregelt worden (näher → § 14 Rn. 35 ff.). Danach unterliegt die **Einzeladoption** durch einen Lebenspartner ausdrücklich dem allgemeinen Wirkungsstatut der Lebenspartnerschaft, dh dem Recht des Register führenden Staates. Dieses Recht muss in entsprechender Anwendung von Art. 22 Abs. 1 S. 3 EGBGB auch für eine **gemeinschaftliche Adoption** durch beide Lebenspartner gelten, soweit sie nach dem hiernach maßgeblichen ausländischen Recht zulässig ist.[159] Gegenüber einem ausländischen Recht, das – abweichend vom deutschen Sachrecht – die gemeinschaftliche Adoption durch eingetragene Lebenspartner zulässt oder die Einzeladoption von geringeren Voraussetzungen abhängig macht, sollte die Kappungsgrenze des Art. 17b Abs. 4 EGBGB keine Anwendung finden, weil mit ihrer Hilfe nur solche Wirkungen beschränkt werden können, die sich unmittelbar aus dem ausländischen Registerstatut ergeben.[160] Dies trifft für Adoptionswirkungen nicht zu, auch wenn diesbezüglich nach der Neuregelung in Art. 22 Abs. 1 S. 3 EGBGB nunmehr ebenfalls auf das Registerstatut verwiesen wird.

## V. Beschränkung der Wirkungen von im Ausland registrierten Lebenspartnerschaften („Kappungsgrenze")

### 1. Allgemeines

76 Die Wirkungen einer im Ausland eingetragenen Lebenspartnerschaft werden gemäß Art. 17b Abs. 4 EGBGB im Inland nicht in einem weiteren Umfang anerkannt als das deutsche Recht, insbesondere das LPartG, einer Lebenspartnerschaft Wirkungen im Falle einer Inlandsregistrierung beilegt. Durch diese sog „Kappungsgrenze" werden mithin auf der Grundlage eines abstrakten Normenvergleichs alle Wirkungen des ausländischen Rechts abgeschnitten, die über die im deutschen Recht durch die Registrierung ausgelösten Wirkungen hinausgehen; damit verwirklicht Art. 17b Abs. 4 EGBGB im Ergebnis den **Grundsatz des schwächeren Rechts.**[161] Während der Gesetzgeber die Regelung mit der „Sicherheit und Leichtigkeit des Rechtsverkehrs im Inland" gerechtfertigt hat,[162] hat man in der Literatur vor allem die Befürchtung geäußert, die weitergehenden Wirkungen einer eingetragenen Lebenspartnerschaft nach ausländischem Recht könnten diese auf eine Stufe mit der Ehe stellen und deshalb gegen den verfassungsrechtlichen Schutz der Ehe nach Art. 6 Abs. 1 GG, nämlich das sog „Abstandsgebot" verstoßen.[163]

77 Die Kappungsgrenze wird in der Literatur zu Recht **kritisiert,** weil ihre tatbestandliche Reichweite unklar und ihre Anwendung deshalb kompliziert ist. Der mit ihr bezweckte Schutz des inländischen Rechtsverkehrs wird aus diesem Grunde nicht erreicht. Außerdem führt sie zu Wertungswidersprüchen und diskriminiert bestimmte Lebensformen. Dem zur Rechtfertigung bemühten vermeintlichen „Abstandsgebot" zwischen Ehe und eingetragener Lebenspartnerschaft hat das BVerfG inzwischen eine deutliche Absage erteilt.[164] Weitergehend hat das BVerfG in seiner jüngeren Rechtsprechung klargestellt,

[158] BGBl. 2014 I 786.

[159] MüKoBGB/*Coester* EGBGB Art. 17b Rn. 75; näher → § 14 Rn. 36.

[160] *Andrae* IntFamR § 10 Rn. 25; näher → Rn. 81 f.

[161] MüKoBGB/*Coester* EGBGB Art. 17b Rn. 78; Palandt/*Thorn* EGBGB Art. 17b Rn. 4; Staudinger/*Mankowski* EGBGB Art. 17b Rn. 86.

[162] RegBegr BT-Drs. 14/3751, 61.

[163] *Wagner* IPRax 2001, 281 (291 ff.); *Süß* DNotZ 2001, 168 (172); *Henrich* FamRZ 2002, 137 (144); *Thorn* IPRax 2002, 349 (355); NK-BGB/*Gebauer* EGBGB Art. 17b Rn. 72.

[164] Vgl. schon BVerfGE 105, 313 = NJW 2002, 2543, wonach der Gesetzgeber die Ehe gegenüber anderen Lebensformen lediglich nicht benachteiligen darf; dazu näher *Coester* FS Sonnenberger, 2004, 321 ff.

dass jede Ungleichbehandlung der eingetragenen Lebenspartnerschaft gegenüber der Ehe einem „strengen Rechtfertigungsmaßstab" unterliegt, um eine nach Art. 3 GG verfassungswidrige Diskriminierung zu vermeiden.[165] Das BVerfG hat daher zuletzt in der Ungleichbehandlung von eingetragenen Lebenspartnern im Erbschaft- und Schenkungsteuerrecht,[166] bei der Grunderwerbsteuer,[167] beim Familienzuschlag für Beamte[168] und in ihrem Ausschluss vom Ehegattensplitting[169] eine unzulässige Benachteiligung dieser Lebensform gesehen. Der deutsche Gesetzgeber hat die eingetragene Lebenspartnerschaft daher durch das „Gesetz zur Bereinigung des Rechts der Lebenspartner" vom 20.11.2015[170] in vielen Bereichen der Ehe gleichgestellt. Vor diesem Hintergrund wird *de lege ferenda* mit guten Gründen für eine Aufhebung der Kappungsgrenze plädiert.[171] Angesichts ihres begrenzten Anwendungsbereichs wegen der weitgehenden Annäherung der Wirkungen einer eingetragenen Lebenspartnerschaft an die Ehe durch die Gesetze vom 15.12.2004[172] und vom 20.11.2015[173] und ihrer geringen Bedeutung in der Rechtspraxis bedarf es einer solchen Regelung in der Tat nicht. Die allgemeine Vorbehaltsklausel des Art. 6 EGBGB reicht vielmehr völlig aus, um mit deutschen Rechtsvorstellungen nicht zu vereinbarende Wirkungen einer im Ausland registrierten Lebenspartnerschaft abzuwehren.[174]

## 2. Sachlicher Anwendungsbereich

In sachlicher Hinsicht ist die Anwendung der Kappungsgrenze nach Art. 17 Abs. 4 EGBGB 78
auf diejenigen Wirkungen einer im Ausland eingetragenen Lebenspartnerschaft begrenzt, die von den Verweisungen in Art. 17b Abs. 1 und Abs. 2 EGBGB erfasst sind. Ausgenommen sind hingegen Wirkungen, die einer nationalen Regelung durch den deutschen Gesetzgeber deshalb entzogen sind, weil sie in EU-Verordnungen oder in Staatsverträgen enthalten sind, die keine solche Kappungsgrenze vorsehen. Aus diesem Grunde greift Art. 17b Abs. 4 EGBGB etwa gegenüber weitergehenden **unterhaltsrechtlichen Wirkungen** eingetragener Lebenspartnerschaften nach ausländischem Recht nicht ein; weil Deutschland diesbezüglich an das Haager Unterhaltsprotokoll gebunden ist, das die Anerkennung dieser Wirkungen nach Maßgabe des ausländischen Unterhaltsstatuts – in den Grenzen des deutschen *ordre public* (Art. 13 HUP) – vorschreibt.[175] Gleiches gilt für die Anerkennung der **erbrechtlichen Wirkungen** einer eingetragenen Lebenspartnerschaft nach Maßgabe des ausländischen Erbstatuts seit Inkrafttreten der EuErbVO.

Obwohl Art. 17 Abs. 4 EGBGB nur die Wirkungen einer im Ausland registrierten Le- 79
benspartnerschaft erwähnt, ist die Vorschrift auch auf **die materiellen Voraussetzungen der Registrierung** anzuwenden. Denn wenn eine Partnerschaft nach deutschem Recht überhaupt nicht registriert werden könnte, würde sie auch keine Wirkungen entfalten. Soweit das nach Art. 17 Abs. 1 S. 1 EGBGB maßgebliche ausländische Recht daher geringere Anforderungen an die Registrierung als das deutsche Recht stellt, sind die Rechtsfolgen eines Verstoßes gegen ein inländisches Registrierungshindernis dem strengeren deutschen Recht zu entnehmen.[176] Gleiches gilt auch dann, wenn gegen eine in bei-

[165] BVerfGE 124, 199 Rn. 87 = NJW 2010, 1439; näher zur Entwicklung der Rechtsprechung des BVerfG betr. die eingetragene Lebenspartnerschaft *Bömelburg* NJW 2012, 2753.
[166] BVerfGE 126, 400 Rn. 87 ff. = NJW 2010, 2783.
[167] BVerfG NJW 2012, 2719.
[168] BVerfG NVwZ 2012, 1304.
[169] BVerfG NJW 2013, 2257 Rn. 84 ff.
[170] BGBl. 2015 I 2010.
[171] Vgl. schon *Hausmann* FS Henrich, 2000, 241 (252); *Süß* DNotZ 2001, 168 (170 f.); ebenso *Coester* FS Sonnenberger, 2004, 321 (324 ff.); *ders.* IPRax 2013, 114 (121); *Andrae* IntFamR § 10 Rn. 25; *Buschbaum* RNotZ 2010, 73 (86 f.); NK-BGB/*Gebauer* EGBGB Art. 17b Rn. 73 ff., jeweils mwN.
[172] BGBl. 2004 I 3396.
[173] BGBl. 2015 I 2010.
[174] *Gebauer/Staudinger* IPRax 2002, 275 (282); MüKoBGB/*Coester* EGBGB Art. 17b Rn. 82.
[175] Vgl. MüKoBGB/*Coester* EGBGB Art. 17b Rn. 83; NK-BGB/*Gebauer* EGBGB Art. 17b Rn. 74.
[176] MüKoBGB/*Coester* EGBGB Art. 17b Rn. 94.

den Rechten übereinstimmende Registrierungsvoraussetzung verstoßen wird und lediglich die Wirkungen dieses Verstoßes nach dem ausländischen Recht hinter dem deutschen Recht zurückbleiben.[177]

### 3. Persönlicher Anwendungsbereich

80 In persönlicher Hinsicht gilt Art. 17b EGBGB zwar auch für **registrierte heterosexuelle Lebenspartnerschaften** entsprechend (→ Rn. 39ff.). Diese analoge Anwendung ist jedoch auf die Kappungsgrenze in Abs. 4 nicht zu erstrecken. Zwar lässt sich die gesetzgeberische Zielvorstellung, mit Hilfe dieser Regelung einen gewissen Abstand zwischen Ehe und eingetragener Lebenspartnerschaft zu wahren, durchaus auch auf heterosexuelle Lebenspartnerschaften übertragen. Der von Abs. 4 vorausgesetzte Vergleich mit der korrespondierenden Regelung der Wirkungen im deutschen Recht ist jedoch notwendig auf solche Typen von Lebenspartnerschaften beschränkt, die das deutsche Recht überhaupt kennt. Da heterosexuelle registrierte Lebenspartnerschaften als familienrechtliche Statusbeziehungen im deutschen Recht bisher nicht anerkannt sind, fehlt es auch an einer Regelung ihrer Wirkungen. Die Anwendung der Kappungsgrenze würde mithin zu dem Ergebnis führen, dass im Ausland registrierte Lebenspartnerschaften zwischen Personen verschiedenen Geschlechts in Deutschland **überhaupt keine Wirkungen** entfalten könnten. Eine derart weitreichende Wirkung des Art. 17b Abs. 4 EGBGB war indes ganz offenbar nicht beabsichtigt.[178]

### 4. Teleologische Reduktion

81 Zur Vermeidung von Wertungswidersprüchen ist der Anwendungsbereich von Art. 17 Abs. 4 EGBGB auch in dem ihm hiernach verbleibenden Anwendungsbereich weiter teleologisch zu reduzieren. Entgegen einer verbreiteten Auffassung, die alle Wirkungen einer im Ausland registrierten Lebenspartnerschaft der Beschränkung durch Art. 17b Abs. 4 EGBGB unterwirft,[179] sollte die Kappungsregelung nur auf solche Wirkungen Anwendung finden, die sich aus deutscher Sicht **nach dem Recht des ausländischen Registrierungsstaates** beurteilen. Dies trifft gemäß Art. 17 Abs. 1 S. 1 EGBGB nur auf die allgemeinen und güterrechtlichen Wirkungen der eingetragenen Lebenspartnerschaft sowie neuerdings auch auf die Wirkungen einer Adoption durch Lebenspartner zu (→ Rn. 75). Keine Begrenzung durch das deutsche BGB/LPartG kommt hingegen für solche Wirkungen in Betracht, die nach deutschem IPR gesondert angeknüpft werden, denn andernfalls würden im Ausland registrierte Lebenspartnerschaften gegenüber im Inland registrierten in unzulässiger Weise diskriminiert.[180] Hinsichtlich der praktisch besonders wichtigen unterhalts- und erbrechtlichen Wirkungen steht schon der Vorrang des Haager Unterhaltsprotokolls bzw. der EuErbVO vor dem nationalen Kollisionsrecht einer Anwendung der Kappungsgrenze des Art. 17b Abs. 4 EGBGB entgegen.

82 Da Art. 17b Abs. 4 EGBGB die Funktion einer speziellen *ordre public*-Klausel hat, sollte von der Vorschrift auch nur Gebrauch gemacht werden, wenn der Sachverhalt einen hinreichenden **Inlandsbezug** aufweist.[181] Auch auf dem Gebiet der allgemeinen und güterrechtli-

[177] *Andrae* IntFamR § 10 Rn. 34.

[178] Ebenso *Buschbaum* RNotZ 2010, 88; NK-BGB/*Gebauer* EGBGB Art. 17b Rn. 16, 79; MüKoBGB/*Coester* EGBGB Art. 17b Rn. 127f.

[179] *Henrich* FamRZ 2002, 2002, 137 (140); *Gebauer/Staudinger* IPRax 2002, 275 (276); Hausmann/Hohloch/*Martiny* Kap. 12 Rn. 71; Staudinger/*Mankowski* EGBGB Art. 17b Rn. 84.

[180] *Andrae* IntFamR § 10 Rn. 26; NK-BGB/*Gebauer* EGBGB Art. 17b Rn. 77; MüKoBGB/*Coester* EGBGB Art. 17b Rn. 85ff.; BeckOK BGB/*Heiderhoff* EGBGB Art. 17b Rn. 48.; **aA** Palandt/*Thorn* EGBGB Art. 17b Rn. 10.

[181] *Andrae* IntFamR § 10 Rn. 27; Palandt/*Thorn* EGBGB Art. 17b Rn. 4; NK-BGB/*Gebauer* EGBGB Art. 17b Rn. 77; MüKoBGB/*Coester* EGBGB Art. 17b Rn. 90; BeckOK BGB/*Heiderhoff* EGBGB Art. 17b Rn. 49; Staudinger/*Mankowski* EGBGB Art. 17b Rn. 86; **aA** *Wagner* IPRax 2001, 281 (292); *Süß* DNotZ 2001, 168 (171) Erman/*Hohloch* EGBGB Art. 17b Rn. 10.

chen Wirkungen sollte Art. 17b Abs. 4 EGBGB auf das **Verhältnis der Lebenspartner zu Dritten** beschränkt werden. Die Vorschrift hat daher zur Folge, dass Verpflichtungs- und Verfügungsbeschränkungen nach dem Recht des ausländischen Registrierungsstaates im Inland nicht in weiterem Umfang anerkannt werden können, als sie nach deutschem Recht vorgesehen sind. Hingegen besteht kein Grund, diese Wirkungen mit Hilfe der Kappungsgrenze zu beschränken, soweit es nur um die Beziehungen der Lebenspartner im Innenverhältnis geht.[182]

### 5. Vergleichsmaßstab

Als Vergleichsmaßstab nennt Art. 17 Abs. 4 EGBGB nur das BGB und das LPartG. Es 83
besteht jedoch Einigkeit darüber, dass das **gesamte deutsche Recht** zur eingetragenen Lebenspartnerschaft heranzuziehen ist.[183]

### 6. Erneute Inlandsregistrierung

Hinreichende Rechtssicherheit wird freilich auch durch die – zudem umstrittene – teleo- 84
logische Reduktion des Anwendungsbereichs von Art. 17 Abs. 4 EGBGB nicht erreicht. So ist in Ermangelung einschlägiger Rechtsprechung völlig offen, wie ein nach dem Recht des ausländischen Registrierungsstaates kraft Gesetzes eintretender Güterstand der Gütergemeinschaft auf das nach deutschem Recht gerade noch zulässige Maß „gekappt“ werden soll,[184] zumal ein ausländischer Güterstand im Wege einer materiellen Verweisung (mit der Schranke des § 1419 BGB) von eingetragenen Lebenspartnern auch bei Geltung deutschen Registrierungsstatuts vereinbart werden könnte.[185] Nicht zuletzt vor diesem Hintergrund sind auch die Bemühungen des europäischen Gesetzgebers um eine einheitliche europäische Regelung der Anknüpfung des Güterrechts eingetragener Lebenspartnerschaften zu sehen (→ Rn. 5 ff.). Bis zum Inkrafttreten der vorgeschlagenen Verordnung empfiehlt sich für Partner, die ihren gewöhnlichen Aufenthalt nach einer Registrierung im Ausland, ins Inland verlegen, dringend eine erneute Registrierung vor den zuständigen deutschen Behörden.[186] Darauf sollte auch der Notar hinwirken, wenn im Ausland registrierte Lebenspartner, die ihren gewöhnlichen Aufenthalt im Inland haben, ihre güterrechtlichen Beziehungen in einem Partnerschaftsvertrag regeln möchten. Die Inlandsregistrierung führt dann güterrechtlich zu einem **Statutenwechsel** wie er vergleichbar bei einer Wahl deutschen Güterrechts durch Ehegatten nach Art. 15 Abs. 2 EGBGB eintritt, die zuvor in einem ausländischen Güterstand gelebt hatten. Auf die sich hieraus ergebenden Rechtsfolgen sollte der Notar die Beteiligten hinweisen (dazu → § 9 Rn. 128 ff.).

## VI. Schutz des Rechtsverkehrs

Unabhängig von der Kappungsgrenze nach Art. 17 Abs. 4 EGBGB erklärt Art. 17b Abs. 2 85
S. 2 EGBGB – in Anlehnung an die Verkehrsschutzvorschrift für die allgemeinen Ehewirkungen in Art. 16 Abs. 2 EGBGB – die deutschen Verkehrsschutzvorschriften in § 8 Abs. 1 LPartG (Eigentumsvermutungen) und § 8 Abs. 2 LPartG (Schlüsselgewalt) bei der Vornahme von Inlandsgeschäften für anwendbar, wenn die **allgemeinen Wirkungen der Lebenspartnerschaft** ausländischem Recht unterliegen und die deutschen Vorschriften für gutgläubige Dritte günstiger sind als das ausländische Recht des Registrierungsstaates. Vorausgesetzt wird lediglich ein hinreichender **Inlandsbezug,** der für § 8 Abs. 1

[182] *Süß* DNotZ 2001, 168 (171); *Andrae* IntFamR § 10 Rn. 37.
[183] MüKoBGB/*Coester* EGBGB Art. 17b Rn. 91; Palandt/*Thorn* EGBGB Art. 17b Rn. 4.
[184] Vgl. dazu *Süß* DNotZ 2001, 168 (170); *Gebauer/Staudinger* IPRax 2002, 275 (280); NK-BGB/*Gebauer* EGBGB Art. 17b Rn. 75.
[185] MüKoBGB/*Coester* EGBGB Art. 17b Rn. 99.
[186] Erman/*Hohloch* EGBGB Art. 17b Rn. 10 aE.

LPartG durch die Inlandsbelegenheit der beweglichen Sachen und für § 8 Abs. 2 LPartG durch die Vornahme des Rechtsgeschäfts im Inland hergestellt wird. Auf diese Weise soll der inländische Rechtsverkehr vor überraschenden allgemeinen Wirkungen eines ausländischen Lebenspartnerschaftsrechts im gleichen Umfang geschützt werden wie vor entsprechenden Ehewirkungen nach Art. 16 Abs. 2 EGBGB (näher → § 8 Rn. 75 ff.).[187]

86 Demgegenüber wurde ein dem Art. 16 Abs. 1 EGBGB entsprechender Verkehrsschutz gegenüber den **Wirkungen eines ausländischen Güterstands** der Lebenspartner zunächst nicht angeordnet, weil bei Einführung des Art. 17b EGBGB im Jahr 2001 das Güterrechtsregister den Lebenspartnern nicht offenstand. Letzteres hat sich zwar mit der Reform des deutschen materiellen Lebenspartnerschaftsrechts ab dem 1.1.2005[188] geändert; denn seither ist gesetzlicher Güterstand auch für eingetragene Lebenspartner die Zugewinngemeinschaft (§ 7 S. 1 LPartG) und § 7 S. 2 LPartG verweist ausdrücklich auf § 1412 BGB. Dennoch hat der Gesetzgeber auf eine Anpassung von Art. 17b Abs. 2 EGBGB an das neue deutsche Sachrecht auch im Reformgesetz von 2004 verzichtet, weil seiner Ansicht nach der Verkehrsschutz hinreichend durch die Kappungsgrenze in Art. 17 Abs. 4 EGBGB sichergestellt war.[189] Vorzuziehen war freilich im Lichte des geänderten deutschen Sachrechts eine entsprechende Anwendung von Art. 16 Abs. 1 EGBGB.[190] Dieser Auffassung hat sich zuletzt auch der deutsche Gesetzgeber angeschlossen, indem er durch das „Gesetz zur Bereinigung des Rechts der Lebenspartner" vom 20.11.2015[191] an Art. 17b Abs. 2 EGBGB einen neuen Satz 3 angefügt hat, der den Inhalt von Art. 16 Abs. 1 EGBGB in das Recht der eingetragenen Lebenspartnerschaft übernimmt.[192]

86a Unter Geltung der **EuPartVO** richtet sich der Schutz gutgläubiger Dritter gegenüber Beschränkungen, die sich aus einem fremden Güterrecht von nach dem 29.1.2019 registrierten Partnern ergeben, nach Art. 28 EuPartVO. Näher zum Inhalt der Parallelvorschrift in Art. 28 EuGüVO → § 9 Rn. 213a.

## VII. Anerkennung und Vollstreckung von Entscheidungen

### 1. EU-Recht

87 **a) Aufhebung der Lebenspartnerschaft.** Wie in Ehesachen muss auch in Lebenspartnerschaftssachen sorgfältig zwischen der Statusentscheidung (Aufhebung der Lebenspartnerschaft) und deren Rechtsfolgen unterschieden werden. Regelungen des sekundären Unionsrechts finden auf dem Gebiet der Anerkennung und Vollstreckung von Entscheidungen über die **Aufhebung von registrierten Lebenspartnerschaften** derzeit keine Anwendung. Die **EuEheVO** regelt die Anerkennung und Vollstreckung mitgliedstaatlicher Entscheidungen nur für die Scheidung, Trennung oder Aufhebung von Ehen; die Art. 21 ff. EuEheVO sind auf eingetragene Lebenspartnerschaften auch nicht entsprechend anzuwenden.[193]

88 **b) Sonstige Lebenspartnerschaftssachen.** Eine andere Beurteilung gilt hingegen zT für die **Folgen** einer Aufhebung von registrierten Lebenspartnerschaften. So unterliegt die Anerkennung und Vollstreckung von mitgliedstaatlichen Entscheidungen auf dem Gebiet der **Unterhaltspflichten** zwischen den (ehemaligen) Lebenspartnern und im Verhältnis zwischen diesen und ihren gemeinsamen Kindern seit dem 18.6.2011 den Vorschriften der **Art. 17 ff. bzw. Art. 23 ff. EuUntVO.**[194]

---

[187] *Forkert* S. 282 ff.; MüKoBGB/*Coester* EGBGB Art. 17b Rn. 44; Erman/*Hohloch* Rn. 8.
[188] Gesetz vom 15.12.2004, BGBl. I 3396.
[189] BT-Drs. 14/3571, 60; *Wagner* IPRax 2001, 281 (290); *Andrae* IntFamR § 10 Rn. 39.
[190] So auch MüKoBGB/*Coester* EGBGB Art. 17b Rn. 45, 99.
[191] BGBl. 2015 I 2010.
[192] Zum Inhalt des damit angeordneten Verkehrsschutzes näher → § 9 Rn. 218 ff.
[193] *Hausmann* IntEuSchR A Rn. 28.
[194] NK-BGB/*Gebauer* EGBGB Art. 17b Rn. 82; näher → § 10 Rn. 248 f.

Auch soweit aus Anlass der Aufhebung einer eingetragenen Lebenspartnerschaft über die **elterliche Sorge,** das Umgangsrecht oder die Herausgabe in Bezug auf ein gemeinschaftliches Kind entschieden worden ist, beurteilt sich die Anerkennung und Vollstreckung im Verhältnis der EU-Mitgliedstaaten (mit Ausnahme *Dänemarks*) nach europäischem Recht, nämlich nach **Art. 21, 23 ff. EuEheVO** (→ § 5 Rn. 71); denn anders als für die Entscheidung über die Aufhebung der Lebenspartnerschaft, die einer Ehescheidung nicht gleichgestellt ist, macht es für die Anwendbarkeit des Kapitels III der EuEheVO auf Entscheidungen über die elterliche Verantwortung keinen Unterschied, ob die Eltern des Kindes in einer Ehe, einer eingetragenen Lebenspartnerschaft oder einer formlosen Lebensgemeinschaft zusammengelebt haben.

Die **güterrechtlichen Beziehungen** zwischen eingetragenen Lebenspartnern sind – 90 in entsprechender Anwendung des unmittelbar nur für die ehelichen Güterstände geltenden Ausschlusstatbestandes in Art. 1 Abs. 2 lit. a – auch aus dem Anwendungsbereich der **Brüssel Ia-VO** ausgeschlossen. Dieser Ausschluss umfasst alle vermögensrechtlichen Beziehungen zwischen den Lebenspartnern, die sich unmittelbar aus der Lebenspartnerschaft oder deren Auflösung ergeben[195]. Entscheidungen hierüber können daher nicht nach Art. 36 ff. Brüssel Ia-VO anerkannt und vollstreckt werden.

Auf dem Gebiet der vermögensrechtlichen Beziehungen zwischen eingetragenen Le- 91 benspartnern hat die EU-Kommission allerdings am 2.3.2016 einen verbesserten Vorschlag für eine Verordnung zum Güterrecht eingetragener Partnerschaften (**EuPartVO;** → Rn. 5 ff.) vorgelegt. Die Verordnung strebt auch eine Harmonisierung der Vorschriften über die Anerkennung und Vollstreckung von Entscheidungen auf europäischer Ebene an (Art. 36 bis 57 EuPartVO). Der endgültige Text dieser Verordnung ist jedoch noch nicht verabschiedet worden.

Unter Geltung der **EuPartVO** wird sich die Anerkennung und Vollstreckung güter- 91a rechtlicher Entscheidungen aus den anderen 17 an der Verordnung teilnehmenden Mitgliedstaaten (→ Rn. 5), die in Verfahren ergangen sind, die ab dem 29.1.2019 eingeleitet wurden, abschließend nach den Vorschriften dieser Verordnung richten. Gleiches gilt nach der Übergangsvorschrift in Art. 69 Abs. 2 EuPartVO auch dann, wenn das Verfahren im Ursprungsmitgliedstaat zwar vor dem 29.1.2019 eingeleitet wurde, die nach diesem Zeitpunkt ergangene Entscheidung aber auf Zuständigkeitsvorschriften gestützt wurde, die mit denen des Kapitels II der Verordnung übereinstimmen. Die EuPartVO sieht in ihrem Kapitel IV (Art. 36 bis 57) eine einheitliche europäische Regelung der Anerkennung und Vollstreckung güterrechtlicher Entscheidungen zwischen eingetragenen Lebenspartnern vor, die sich weitgehend am Vorbild der Brüssel I-VO orientiert. Abweichend von der neuen Brüssel Ia-VO wird jedoch in Güterrechtssachen eingetragener Lebenspartner an dem Erfordernis einer Vollstreckbarerklärung von Entscheidungen aus anderen Mitgliedstaaten festgehalten (Art. 42 ff. EuPartVO).

## 2. Staatsverträge

**a) Aufhebung der Lebenspartnerschaft.** Die Anerkennung und Vollstreckung von 92 Entscheidungen über die **Aufhebung** von Lebenspartnerschaften ist bisher auch nicht in **multilateralen Staatsverträgen** geregelt, die von der *Bundesrepublik Deutschland* abgeschlossen worden sind. Insbesondere sind derartige Entscheidungen aus dem Anwendungsbereich des Luganer Übereinkommens von 2007 im gleichen Umfang ausgeschlossen wie aus der Brüssel Ia-VO. Entscheidungen über die Aufhebung von Lebenspartnerschaften können hingegen grundsätzlich unter die von der *Bundesrepublik Deutschland* geschlossenen **bilateralen Anerkennungs- und Vollstreckungsabkom-**

[195] EuGH 27.3.1979 – 143/78, Slg. 1979, 1055 Rn. 7 – de Cavel; zu Einzelheiten unalexKomm/*Hausmann* Brüssel I-VO Art. 1 Rn. 58 ff.

**men** fallen, soweit diese das Familienrecht nicht aus ihrem sachlichen Anwendungsbereich ausschließen.[196]

93 **b) Sonstige Lebenspartnerschaftssachen.** Auf dem Gebiet der Folgesachen sind insbesondere das Haager Kinderschutzübereinkommen von 1996 (**KSÜ;** → § 5 Rn. 74),[197] das Haager Minderjährigenschutzabkommen von 1961 **(MSA)**[198] und das Europäische Sorgerechtsübereinkommen von 1980 (**EuSorgeRÜ;** → § 5 Rn. 75)[199] zu beachten, soweit es um die Anerkennung von Entscheidungen zur **elterlichen Sorge** und zum Umgangsrecht der Lebenspartner in Bezug auf gemeinsame oder einseitige Kinder geht und die vorrangig anzuwendende EuEheVO nicht eingreift.

94 Zahlreiche Staatsverträge gelten auf dem Gebiet der Anerkennung und Vollstreckung von **Unterhaltsentscheidungen,** die in jedem Fall Unterhaltsansprüche von Kindern der Lebenspartner, nach heute vorherrschender Auffassung aber auch den (nach-) partnerschaftlichen Unterhalt erfassen. Zu nennen ist etwa das **Luganer Übereinkommen** vom 30.10.2007,[200] soweit es um die Anerkennung und Vollstreckung von Unterhaltstiteln aus *Island, Norwegen* oder der *Schweiz* geht. Größere praktische Bedeutung hat ferner derzeit noch das Haager Übereinkommen über die Anerkennung und Vollstreckung von Unterhaltsentscheidungen vom 2.10.1973 **(HUntVÜ).**[201] Daneben gilt im Verhältnis zu einigen Staaten, die dem HUntVÜ nicht beigetreten sind, auf dem Gebiet des Kindesunterhalts noch das Haager Übereinkommen über die Anerkennung und Vollstreckung von Entscheidungen auf dem Gebiet der Unterhaltspflicht gegenüber Kindern vom 15.4.1958 **(HKUntVÜ)**[202]**.** Beide vorgenannten Übereinkommen werden im Verhältnis der Vertragsstaaten des für die EU am 1.8.2014 in Kraft getretenen neuen Haager Übereinkommens über die internationale Geltendmachung der Unterhaltsansprüche von Kindern und anderen Familienangehörigen vom 23.11.2007 **(HUntGÜ)**[203] durch dieses Übereinkommen ersetzt.[204] Im Verhältnis zu *Israel* und *Tunesien,* die den Haager Übereinkommen nicht beigetreten sind, gelten auf dem Gebiet des Unterhaltsrechts vorrangig die mit beiden Staaten geschlossenen bilateralen Abkommen.[205]

### 3. Autonomes Zivilverfahrensrecht

95 Vorbehaltlich der vorgenannten Staatsverträge beurteilt sich die Anerkennung und Vollstreckung von Entscheidungen über die Auflösung von eingetragenen Lebenspartnerschaften nach §§ 108, 109 FamFG.[206] Ein besonderes Anerkennungsverfahren, wie es für Entscheidungen in Ehesachen außerhalb des Anwendungsbereichs der EuEheVO in § 107 FamFG vorgeschrieben ist (→ § 11 Rn. 172),[207] besteht für Entscheidungen über die Aufhebung eingetragener Lebenspartnerschaften nicht.[208] Soweit bilaterale Anerkennungs- und Vollstreckungsverträge eingreifen, muss die Anerkennung nicht auf den Staatsvertrag gestützt werden, sondern kann nach Maßgabe des **Günstigkeitsprinzips** auch gemäß den Regeln des autonomen Rechts erfolgen.

---

[196] *Wagner* IPRax 2001, 281 (283); *Hausmann* IntEuSchR M Rn. 7 ff.; MüKoFamFG/*Rauscher* § 97 Rn. 24 und § 108 Rn. 6a.
[197] Zu Art. 23–28 KSÜ näher *Hausmann* IntEuSchR J Rn. 311 ff.
[198] Zu Art. 7 MSA näher *Hausmann* IntEuSchR J Rn. 474 ff.
[199] Zu Art. 7 ff. EuSorgeRÜ näher *Hausmann* IntEuSchR J Rn. 365 ff.
[200] ABl. 2009 L 147, 5 = *Jayme/Hausmann* Nr. 152;. dazu *Hausmann* IntEuSchR K Rn. 335 ff.
[201] BGBl. 1986 II 826 = *Jayme/Hausmann* Nr. 181; dazu *Hausmann* IntEuSchR K Rn. 420 ff.
[202] BGBl. 1961 II 1006 = *Jayme/Hausmann* Nr. 180.
[203] ABl. 2011 L 192, 51 = *Jayme/Hausmann* Nr. 182.
[204] Vgl. Art. 48 HUntGÜ.
[205] Vgl. *Hausmann* IntEuSchR K Rn. 481 ff., 484 ff.
[206] Dazu näher *Hausmann* IntEuSchR M Rn. 17 ff.
[207] Dazu näher *Hausmann* IntEuSchR H Rn. 185 ff.
[208] Vgl. *Hau* FamRZ 2009, 821 (825); *Althammer* IPRax 2009, 381 (386); *Hausmann* IntEuSchR M Rn. 15.

## B. Faktische Lebensgemeinschaften

**Schrifttum:**
*Henrich,* Ansprüche bei Auflösung einer nichtehelichen Lebensgemeinschaft in Fällen mit Auslandsberührung, FS Kropholler, 2008, 305; *Martiny,* Internationales Privatrecht, in: Hausmann/Hohloch (Hrsg.), Das Recht der nichtehelichen Lebensgemeinschaft, 2. Aufl. 2004, Kap. 12; *ders.,* Europäische Vielfalt – Paare, Kulturen und das Recht, FF 2001, 345; *Schaal,* International-Privatrechtliche Probleme der nichtehelichen Lebensgemeinschaft in der notariellen Praxis, Teil 1, ZNotP 2009, 290, Teil II, ZNotP 2010, 207 und 246; *Scherpe/Yassari,* Die Rechtsstellung nichtehelicher Lebensgemeinschaften – The Legal Status of Cohabitants, 2005; *Schümann,* Nichteheliche Lebensgemeinschaften und ihre Einordnung im internationalen Privatrecht, 2001; *Spickhoff,* Zur Qualifikation der nichtehelichen Lebensgemeinschaft im europäischen Zivilprozess- und Kollisionsrecht, FS Schurig, 2012, 285.

Die Rechtsprobleme faktischer Lebensgemeinschaften sind bisher weder im deutschen 96 materiellen Recht noch im Kollisionsrecht geregelt. Auch die künftige EuPartVO beschränkt ihren persönlichen Anwendungsbereich auf eingetragene Lebenspartner (→ Rn. 7). Während der BGH aber inzwischen zu den praktisch wichtigen Fragen der vermögensrechtlichen Auseinandersetzung solcher Lebensgemeinschaften nach Trennung der Partner im deutschen Sachrecht klare Leitlinien entwickelt hat,[209] fehlt zur internationalprivatrechtlichen Einordnung faktischer Lebensgemeinschaften auch eine gesicherte höchstrichterliche Rechtsprechung. Aus diesem Grunde kommt der Rechtsgestaltung auf diesem Gebiet eine besonders wichtige Rolle zu. Denn wegen der unterschiedlich weitreichenden Integration faktischer Lebensgemeinschaften in das Familienrecht ausländischer Staaten[210] besteht bei einem grenzüberschreitenden Umzug einerseits die Gefahr des Verlusts gesichert geglaubter Rechtspositionen, andererseits einer von den Partnern nicht erwarteten Übernahme von familienrechtlichen Pflichten.[211]

### I. Qualifikation

Die Qualifikation faktischer Lebensgemeinschaften ist umstritten. In Betracht kommt eine 97 Anlehnung an das Eherecht (Art. 14 ff. EGBGB), an das Recht der registrierten Lebenspartnerschaft (Art. 17b EGBGB) oder die Entwicklung eigenständiger Kollisionsregeln im Wege der Rechtsfortbildung. In der Literatur werden die Rechtsbeziehungen zwischen den Lebensgefährten teilweise noch den allgemeinen Vorschriften des **Schuld- und Sachenrechts** unterworfen werden.[212] Dieser Auffassung scheint auch der BGH jedenfalls für Ausgleichsansprüche nach Auflösung der Lebensgemeinschaft zuzuneigen. Da diese Ansprüche nach deutschem Sachrecht vornehmlich mit Hilfe der Lehre vom Wegfall der Geschäftsgrundlage, der BGB-Innengesellschaft oder der *condictio ob rem* (§ 812 Abs. 1 S. 1, 2. Fall BGB) zugebilligt werden,[213] hat der BGH in einem deutsch-schweizerischen Fall den Vermögensausgleich dem der Zuwendung zugrundeliegenden Kausalgeschäft bzw. dem Bereicherungsstatut des Art. 10 Abs. 2 Rom II-VO unterstellt.[214] Diese Einordnung hilft freilich nicht weiter, wenn nach Auflösung der Lebensgemeinschaft familienrechtliche Ansprüche – zB Unterhalt, Zugewinn- oder Versorgungsausgleich – erhoben werden. Dies kommt insbesondere dann in Betracht, wenn die Lebensgemeinschaft in einem Staat begründet worden ist, der sie als ein Institut des Familienrechts gesetzlich

[209] Vgl. BGH FamRZ 2008, 1823 und 1828 mAnm *Grziwotz*; 2009, 849 mAnm *Grziwotz*; Palandt/*Brudermüller* BGB Vorb. § 1297 Rn. 33 f. mwN.
[210] Dazu *Henrich* FS Kropholler, 2008, 305 ff.
[211] Zutreffend Münch/*Süß* FamR § 20 Rn. 303.
[212] Palandt/*Thorn* EGBGB Art. 17b Rn. 13 und Art. 13 Rn. 3; Erman/*Hohloch* EGBGB Vorb. Art. 13 Rn. 13; tendenziell auch BGH FamRZ 2005, 1089 (1090 ff.).
[213] Vgl. die Nachweise in → Fn. 201; ferner Hausmann/Hohloch/*Hausmann* Kap. 4; *Hausmann* FS Strätz, 2009, 209 ff.
[214] BGH FamRZ 2005, 1151 = IPRax 2005, 545 mAnm *Lorenz/Unberath* IPRax 2005, 518.

geregelt hat, dh allein an das langjährige faktische Zusammenleben die Entstehung eheähnlicher Rechte und Pflichten knüpft.[215]

98 Im Hinblick darauf, dass für die Lebenspartner die persönlichen Beziehungen ganz im Vordergrund stehen,[216] befürwortet die inzwischen ganz hL zu Recht eine **familienrechtliche Qualifikation.**[217] Nur eine solche Qualifikation wird der Funktion solcher Gemeinschaften gerecht, die als Vorstufe oder Alternative zur Ehe gelebt werde. Dem trägt auch die deutsche Gesetzgebung und Rechtsprechung zum materiellen Recht inzwischen Rechnung, die sowohl im Kindschaftsrecht wie beim vermögensrechtlichen Ausgleich zwischen den Partnern eine allmähliche Annäherung an das Eherecht vollzieht.[218]

## II. Anknüpfung der Wirkungen

99 Über die genauen Konsequenzen der familienrechtlichen Qualifikation sind die Ansichten freilich geteilt. Da in Ermangelung eines rechtlichen Status eine Anwendung von Art. 13 EGBGB nicht Betracht kommt, wurde bisher überwiegend eine entsprechende Anwendung der Vorschriften des internationalen Ehewirkungsrechts (Art. 14 ff. EGBGB) befürwortet.[219] Danach wäre auf die allgemeinen und güterrechtlichen Wirkungen einer faktischen Lebensgemeinschaft primär das Recht der gemeinsamen Staatsangehörigkeit der Partner anzuwenden. Vorzuziehen ist demgegenüber die Bildung einer **eigenständigen Kollisionsnorm,** die an den **gemeinsamen gewöhnlichen Aufenthalt** der Lebensgefährten, dh an das Recht des Staates anknüpft, in dem diese ihre Lebensgemeinschaft tatsächlich führen bzw. geführt haben.[220] Dafür spricht insbesondere, dass das Staatsangehörigkeitsprinzip derzeit sowohl im nationalen wie im europäischen Kollisionsrecht schrittweise durch das Aufenthaltsprinzip ersetzt wird. Das Recht des gewöhnlichen Aufenthalts ist ferner objektive Primäranknüpfung im internationalen Unterhaltsrecht nach dem Haager Unterhaltsprotokoll, das auch für Unterhaltsansprüche zwischen Lebensgefährten gilt (→ § 10 Rn. 146 f.) sowie im internationalen Erbrecht nach der EuErbVO (→ § 15 Rn. 18 ff.). In Bezug auf Ausgleichansprüche nach Auflösung der Lebensgemeinschaft verringert die familienrechtliche Anknüpfung an den gewöhnlichen Aufenthalt auch den Unterschied zur schuldvertraglichen Anknüpfung nach Art. 4 Rom I-VO und zur bereicherungsrechtlichen Anknüpfung nach Art. 10 Rom II-VO, die ebenfalls auf den gewöhnlichen Aufenthalt abstellen.

100 Die Anknüpfung an den – jeweiligen – gemeinsamen gewöhnlichen Aufenthalt sollte **einheitlich für alle – persönlichen und vermögensrechtlichen – Wirkungen** der Lebensgemeinschaft gelten.[221] Denn der für Ehegatten und eingetragene Lebenspartner geltende Grundsatz der Unwandelbarkeit des Güterrechtsstatuts passt für faktische Lebensgemeinschaften schlecht, weil es einen hinreichend sicher feststellbaren Zeitpunkt der Begründung einer solchen Gemeinschaft nicht gibt; die Verrechtlichung faktischer Lebens-

[215] MüKoBGB/*Coester* EGBGB Art. 17b Rn. 146.

[216] Vgl. dazu schon ausführlich *Hausmann*, Nichteheliche Lebensgemeinschaft und Vermögensausgleich, 1989, passim.

[217] So schon *Hausmann* FS Henrich, 2000, 241 (249); ferner Hausmann/Hohloch/*Martiny* Kap. 12 Rn. 7 f. (S. 786 ff.); *v. Bar* IPR II Rn. 121; *Kegel/Schurig* IPR § 20 III; *Kropholler* IPR § 46 V; Staudinger/*Mankowski* EGBGB Anh. Art. 13 Rn. 61 ff.; MüKoBGB/*Coester* EGBGB Art. 17b Rn. 147; NK-BGB/*Andrae* EGBGB Anh. II Art. 13 Rn. 2 ff.

[218] Vgl. BGHZ 177, 193 = NJW 2008, 3277; BGH NJW 2008, 3282; dazu *Hausmann* FS Strätz, 2009, 209 (223 ff.).

[219] So schon *Hausmann* FS Henrich, 2000, 241 (249); ferner *Wagner* IPRax 2001, 281 (282, 284); Hausmann/Hohloch/*Martiny* Kap. 12 Rn. 23; *v. Bar* IPR II Rn. 122; Staudinger/*Mankowski* EGBGB Anh. Art. 13 Rn. 82.

[220] (a) In diese Richtung schon *Hausmann* FS Henrich, 2000, 241 (251); ebenso *Thorn* IPRax 2002, 349 (355); *Dörner* FS Jayme, 2004, 143 (152); MüKoBGB/*Coester* EGBGB Art. 17b Rn. 147 ff.; Erman/*Hohloch* EGBGB Vorb. Art. 13–24 Rn. 12; NK-BGB/*Andrae* EGBGB Anh. II Art. 13 Rn. 14; Münch/*Süß* FamR. § 20 Rn. 308. Ausführlich *Schümann,* Nichteheliche Lebensgemeinschaften, 2001, S. 150 ff.

[221] MüKoBGB/*Coester* EGBGB Art. 17b Rn. 149.

gemeinschaft erfolgt vielmehr schrittweise. Auch die vermögensrechtlichen Wirkungen sollten daher – **wandelbar** – dem jeweiligen gewöhnlichen Aufenthalt der Lebensgefährten unterliegen. Besitzt keiner der Lebensgefährten die Staatsangehörigkeit des gemeinsamen Aufenthaltsstaates, so sollte man ihnen schließlich in Anlehnung an Art. 14 Abs. 3 S. 1 Nr. 1 EGBGB (→ § 8 Rn. 32f.) die Möglichkeit einräumen, eine **Rechtswahl** zugunsten ihres gemeinsamen Heimatrechts oder zugunsten des Heimatrechts eines Partners zu treffen.[222]

## III. Vorfrage der wirksamen Begründung der Lebensgemeinschaft?

Wenig geklärt ist bisher auch, ob faktische Lebensgemeinschaften überhaupt die Vorfrage 101
ihrer wirksamen Begründung aufwerfen und ob diese Vorfrage gegebenenfalls selbständig oder unselbständig angeknüpft werden soll. Eine selbständige Anknüpfung dieser Vorfrage hätte zur Folge, dass das Zustandekommen einer nichtehelichen Lebensgemeinschaft – entweder in Analogie zum Eherecht (Art. 13 EGBGB) oder nach Maßgabe des Rechts am gewöhnlichen Aufenthalt der Lebensgefährten im Zeitpunkt der Aufnahme der Lebensgemeinschaft – einem **eigenen Begründungsstatut** unterworfen würde; nur eine nach diesem Recht wirksam zustande gekommene Lebensgemeinschaft könnte dann Grundlage für unterhalts-, güter- oder erbrechtliche Ansprüche eines Lebensgefährten sein, auch wenn diese Rechtswirkungen einem hiervon abweichenden Recht unterliegen.[223] Diese Lösung bereitet freilich erhebliche Schwierigkeiten, weil die Voraussetzungen für die Begründung einer wirksamen faktischen Lebensgemeinschaft in den meisten Rechten nicht geregelt sind; nur in wenigen Staaten ist eine zu erfüllende Mindestdauer des Zusammenlebens gesetzlich vorgeschrieben.[224] Außerdem stehen die rechtlichen Wirkungen einer faktischen Lebensgemeinschaft in einem engen Zusammenhang mit den Anforderungen an das Zustandekommen einer solchen Lebensgemeinschaft. Dies spricht dafür, die Anforderungen an ihre Existenz jeweils demjenigen Recht zu entnehmen, das die streitgegenständliche Wirkung beherrscht, also dem Unterhalts-, Güterrechts- oder schuldrechtlichen Ausgleichsstatut.[225]

[222] MüKoBGB/*Coester* EGBGB Art. 17b Rn. 148.
[223] Dafür Staudinger/*Mankowski* EGBGB Anh. Art. 13 Rn. 79.
[224] Vgl. zum spanischen Recht Staudinger/*Mankowski* EGBGB Art. 17b Rn. 15.
[225] IdS schon *Hausmann* FS Henrich, 2000, 241 (253); ferner Hausmann/Hohloch/*Martiny* Kap. 12 Rn. 22; *Schaal* ZNotZP 2009, 293; *Andrae* IntFamR Rn. 31; NK-BGB/*Andrae* EGBGB Anh. II Art. 13 Rn. 7; MüKoBGB/*Coester* EGBGB Art. 17b Rn. 144; Münch/*Süß* FamR § 20 Rn. 310.

# § 14. Adoptionsrecht

## Übersicht

**Schrifttum:**

*Baumann,* Verfahren und anwendbares Recht bei Adoptionen mit Auslandsberührung, 1992; *Benicke,* Typenmehrheit im Adoptionsrecht und deutsches IPR, 1995; *ders.*, Die Anknüpfung der Adoption durch Lebenspartner in Art. 22 Abs. 1 S. 3 EGBGB, IPRax 2015, 393; *Botthoff,* Der Schutz des Familienlebens nach Art. 8 EMRK und sein Einfluss auf die Anerkennung ausländischer Adoptionsentscheidungen, StAZ 2013, 77; *Brandt,* Die Adoption durch eingetragene Lebenspartner im Internationalen Privat- und Verfahrensrecht, 2004; *Busch,* Adoptionswirkungsgesetz und Haager Adoptionsübereinkommen – von der Nachadoption zur Anerkennungs- und Wirkungsfeststellung, IPRax 2003, 13; *Dietz,* Das Erbrecht des Adoptivkindes im Internationalen Privatrecht, 2006; *Emmerling de Oliveira,* Adoptionen mit Auslandsberührung, MittBayNot 2010, 429; *Frank,* Neuregelungen auf dem Gebiet des internationalen Adoptionsrechts unter besonderer Berücksichtigung der Anerkennung von Auslandsadoptionen, StAZ 2003, 257; *Heiderhoff,* Das Erbrecht des adoptierten Kindes nach der Neuregelung des internationalen Adoptionsrechts, FamRZ 2002, 1282; *Helms,* Sind die am Staatsangehörigkeitsprinzip orientierten Anknüpfungsregeln der Art. 22, 23 EGBGB noch zeitgemäß?, FS Hahne, 2012, 69; *ders.*, Vorschlag zur Reform des internationalen Adoptionsrechts, StAZ 2015, 97; *Hohnerlein,* Internationale Adoption und Kindeswohl, 1991; *S. Lorenz,* Adoptionswirkungen, Vorfragenanknüpfung und Substitution im internationalen Adoptionsrecht nach der Umsetzung des Haager Adoptionsübereinkommens v. 19.5.1993, FS Sonnenberger, 2004, 497; *Ludwig,* Internationales Adoptionsrecht in der notariellen Praxis nach dem Adoptionswirkungsgesetz, RNotZ 2002, 353; *Maurer,* Das Gesetz zur Regelung von Rechtsfragen auf dem Gebiet der internationalen Adoption und zur Weiterentwicklung des Adoptionsvermittlungsrechts, FamRZ 2003, 1337; *Menhofer,* Zur Kafala des marokkanischen Rechts vor deutschen Gerichten, IPRax 1997, 252; *Mottl,* Zur Vorfrage nach der Wirksamkeit der Auslandsadoption, IPRax 1997, 294; *Staudinger,* Der ordre public-Vorbehalt bei der Anerkennung ausländischer Adoptionen, FamRBint 2007, 42; *Staudinger/Winkelsträter,* Grenzüberschreitende Adoptionen in Deutschland, FamRBint 2005, 84; *Steiger,* Im alten Fahrwasser zu neuen Ufern: Neuregelungen im Recht der internationalen Adoption mit Erläuterungen für die notarielle Praxis, DNotZ 2002, 184; *ders.*, Das neue Recht der internationalen Adoption, 2002; *Süß,* Ratifikation der Haager Adoptionskonvention – Folgen für die notarielle Praxis, MittBayNot 2008, 183; *Wandel,* Auslandsadoption, Anerkennung und erbrechtliche Auswirkungen im Inlandserbfall, BWNotZ 1992, 17; *Wedemann,* Volljährigenadoption im Ausland – ein Bereich für *forum shopping?*, FamRZ 2015, 2106; *Weitzel,* Zur Anerkennung ausländischer Adoptionsentscheidungen, IPRax 2007, 308; *Winkelsträter,* Anerkennung und Durchführung internationaler Adoptionen in Deutschland, 2007.

## A. Rechtsquellen

### I. Haager Adoptionsübereinkommen von 1993

1 Das Haager Übereinkommen über den Schutz von Kindern und die Zusammenarbeit auf dem Gebiet der internationalen Adoption (HAdoptÜ) vom 29.5.1993[1] regelt die **Zusammenarbeit der Behörden und Gerichte** bei internationalen Adoptionen mit dem Ziel, das Wohl des Kindes und seine völkerrechtlich anerkannten Grundrechte zu wahren, sowie die **Anerkennung von im Ausland durchgeführten Adoptionen** zu gewährleisten Das Übereinkommen, das für die *Bundesrepublik Deutschland* am 1.3.2002 in Kraft getreten ist und derzeit im Verhältnis zu 88 weiteren Staaten gilt,[2] enthält zwar **keine Kollisionsnormen.** Es ist jedoch nicht nur auf die Anerkennung von Auslandsadoptionen anwendbar (dazu näher → Rn. 69 ff.), sondern kann auch für im Inland durchzuführende grenzüberschreitende Adoptionen Bedeutung erlangen.

#### 1. Anwendungsbereich

2 Das Übereinkommen gilt in *sachlicher* Hinsicht nur für Adoptionen, die ein **dauerhaftes Eltern-Kind-Verhältnis** begründen, Art. 2 Abs. 2 HAdoptÜ. Es erfasst sowohl Adoptionen, die das Kind in vollem Umfang einem leiblichen Kind des Annehmenden und seiner Familie gleichstellen und die rechtlichen Beziehungen zwischen dem Kind und den leiblichen Eltern erlöschen lassen **(„starke“ oder Volladoption)**, als auch Adoptionen, die nur begrenzte Rechtsbeziehungen zwischen dem Kind und dem Annehmenden begründen und die Rechtsbeziehungen zu den leiblichen Eltern im Wesentlichen bestehen lassen

[1] BGBl. 2001 II 1035 – *Jayme/Hausmann* Nr. 223.
[2] Vgl. den Überblick über die weiteren Vertragsstaaten bei *Jayme/Hausmann* Nr. 223 in Fn. 1.

(**„schwache" Adoption**)[3] und erstreckt sich auch auf Fälle der Verwandten- und Stiefkindadoption.[4] Die *kafala* des islamischen Rechts, die Pflegekindschaft und die Vormundschaft sind hingegen keine „Adoptionen" iSd Übereinkommens; sie fallen vielmehr als Schutzmaßnahmen in den Anwendungsbereich des KSÜ.[5]

In *räumlicher* Hinsicht ist das Übereinkommen nach seinem Art. 2 Abs. 1 anzuwenden, wenn ein Kind, das seinen gewöhnlichen Aufenthalt in einem Vertragsstaat (*„Heimatstaat"*) hat, im Zusammenhang mit einer Adoption in einen anderen Vertragsstaat (*„Aufnahmestaat"* gebracht worden ist oder gebracht werden soll, in dem die Adoptiveltern ihren gewöhnlichen Aufenthalt haben. Das Abkommen regelt daher nur **grenzüberschreitende Adoptionen,** und zwar auch nur solche, bei denen aus Anlass oder als Folge der Adoption ein **Aufenthaltswechsel des Kindes** von einem Vertragsstaat in das Gebiet eines anderen Vertragsstaates stattfindet.[6] Das Abkommen findet daher **keine Anwendung,**[7] wenn 3

- das Kind seinen gewöhnlichen Aufenthalt nicht in einem Vertragsstaat hat,
- das Kind sich zwar in einem Vertragsstaat gewöhnlich aufhält, aber zum Zwecke der Adoption in einen Nichtvertragsstaat gebracht worden ist oder gebracht werden soll,
- das Kind und der Annehmende (bzw. die Annehmenden) ihren gewöhnlichen Aufenthalt in demselben Staat haben, auch wenn dies ein Vertragsstaat ist.

Das Übereinkommen greift daher typischerweise ein, wenn deutsche Adoptiveltern, ein Kind aus einem Staat der dritten Welt adoptieren möchten, sofern der Heimatstaat des Kindes ein Vertragsstaat ist. Demgegenüber kommt es auf die **Staatsangehörigkeit** der Beteiligten nicht an. Das Übereinkommen ist deshalb auch dann anzuwenden; wenn alle Beteiligten die gleiche Staatsangehörigkeit haben, also zB deutsche Ehegatten ein in Frankreich lebendes deutsches Kind annehmen möchten.[8] Die Anwendung des Abkommens hängt auch nicht davon ab, ob das Adoptionsverfahren im Heimatstaat oder im Aufnahmestaatdurchgeführt wird.[9] 4

In *persönlicher* Hinsicht gilt das Übereinkommen auf Seiten der Annehmenden nach seinem Art. 2 Abs. 1 nur für Adoptionen durch **Ehegatten oder Einzelpersonen.** Demgegenüber war die Adoption durch registrierte gleichgeschlechtliche Lebenspartner oder durch unverheiratete heterosexuelle Paare bei den Beratungen des Übereinkommens auf Bedenken gestoßen.[10] Aus dem Wortlaut des Art. 2 HAdoptÜ wird heute überwiegend entnommen, dass das Übereinkommen zwar die gemeinsame Adoption durch gleichgeschlechtliche eingetragene Lebenspartner (zB nach Art. 22 Abs. 1 S. 3 EGBGB; → Rn. 35 ff.) nicht erfasst, wohl aber die Stiefkindadoption durch einen hetero- oder homosexuellen eingetragenen Lebenspartner[11] sowie die gemeinsame Adoption durch heterosexuelle eingetragene oder faktische Lebenspartner.[12] Auf Seiten des Adoptivkindes ist die Altersgrenze des Art. 3 HAdoptÜ zu beachten; danach ist das Übereinkommen nicht mehr anwendbar, wenn die nach Art. 17 lit. c HAdoptÜ erforderlichen Zustimmungen nicht erteilt wurden, bevor das Kind das 18. Lebensjahr vollendet hat.[13] 5

[3] BT-Drs.14/76011, 27; *Frank* StAZ 2003, 257 (258); *Schotten/Schmellenkamp* IPR Rn. 247a.

[4] Bericht *Parra-Aranguren* BT-Drs. 14/5437, 38 Rn. 92; OLG Dresden FamRZ 2014, 1129; OLG Karlsruhe FamRZ 2015,1642 (1643); *Süß* MittBayNot 2002, 88 (89) Beispielsfall 2; *Andrae* IntFamR § 7 Rn. 3.

[5] Vgl. Art. 3 lit. c und lit. e KSÜ; dazu *Andrae* IntFamR § 7 Rn. 3; NK-BGB/*Benicke* EGBGB Art. 22 Rn. 3 f.

[6] OLG Karlsruhe FamRZ 2015,1642 (1643).

[7] Vgl. *Frank* StAZ 2003, 257 (258); *Süß* MittBayNot 2002, 88 (89); *Kropholler* IPR § 49 II 2 a; Staudinger/*Henrich* EGBGB Vorb. Art. 22 Rn. 12.

[8] *Süß* MittBayNot 2002, 88 (89) Beispielsfall 4; *Lange* FPR 2001, 327 (329); Staudinger/*Henrich* EGBGB Vorb. Art. 22 Rn. 19; *Schotten/Schmellenkamp* IPR Rn. 247.

[9] *Rudolf* ZfRV 2001, 183 (184); *Kropholler* IPR § 49 II 2 a.

[10] Bericht *Parra-Aranguren* BT-Drs. 14/5437, 37 Rn. 82 ff.

[11] *Bogdan* IPRax 2002, 534 (535); *Brandt* S. 188 f., 192 f.

[12] So *Brandt* S. 190, 196.

[13] *Frank* StAZ 2003, 257 (259 f.); Staudinger/*Henrich* EGBGB Vorb. Art. 22 Rn. 23 f.

### 2. Ziele und Inhalt

6 Die wesentlichen Ziele des Übereinkommens sind es nach seinem Art. 1:
- **Schutzvorschriften** einzuführen, damit internationale Adoptionen **zum Wohl des Kindes** und unter Wahrung seiner völkerrechtlich anerkannten Grundrechte stattfinden;
- ein System der **Zusammenarbeit unter den Vertragsstaaten** einzurichten, um die Erhaltung dieser Schutzvorschriften sicherzustellen und dadurch die Entführung und den Verkauf von Kindern sowie den Handel mit Kindern zu verhindern;
- in den Vertragsstaaten die Anerkennung der gemäß dem Übereinkommen zustande gekommenen **Adoptionen zu sichern.**

7 Zur Verwirklichung dieser Ziele regelt das Übereinkommen vor allem
- die **Adoptionsvermittlung über die Grenze** mit dem Ziel, ein bestimmtes Kind bestimmten Adoptionsbewerbern zuzuordnen. Hierfür sieht das Übereinkommen in Art. 14ff. ein zwingendes Vorverfahren vor, das dazu dient, das Wohl des Kindes und die Rechte der leiblichen Eltern zu sichern und den Kinderhandel bei grenzüberschreitenden Adoptionen zu unterbinden;[14]
- die Aufstellung von **sachlichen Mindestvoraussetzungen** für grenzüberschreitende Adoptionen, deren Einhaltung durch das Vorverfahren gesichert werden soll, vgl. Art. 4, 5 HAdoptÜ;
- die **Einrichtung Zentraler Behörden** in den Vertragsstaaten, welche die ihnen nach Art. 7ff. HAdoptÜ obliegenden Aufgaben wahrnehmen. Diese umfassen allgemeine Maßnahmen (zB Auskünfte über das Adoptionsrecht ihres Staates, Art. 7 Abs. 2 lit. a HAdoptÜ), aber auch konkrete Unterstützungsmaßnahmen für die Adoption eines bestimmten Kindes (vgl. Art. 9 HAdoptÜ);
- die Anerkennung und die Wirkungen einer Adoption in den anderen Vertragsstaaten (Art. 23ff. HAdoptÜ).

8 Das HAdoptÜ regelt hingegen **nicht:**
- die **internationale Zuständigkeit** für Adoptionsverfahren;
- dies Bestimmung des auf die Adoption **anzuwendenden Rechts;**
- das **Sach- und Verfahrensrecht** zur Durchführung von Adoptionen, vorbehaltlich der Mindestvoraussetzungen nach Art. 4f. HAdoptÜ.

### 3. Umsetzung durch ergänzendes nationales Recht

9 Im Zuge der Umsetzung des HAdoptÜ durch das am 1.1.2002 in Kraft getretene „Gesetz zur Regelung von Rechtsfragen auf dem Gebiet der internationalen Adoption und zur Weiterentwicklung des Adoptionsvermittlungsrechts vom 5.11.2001[15] wurde das deutsche Recht durch folgende für die Gestaltungspraxis wichtigen Gesetze ergänzt:

10 **a) Adoptionsübereinkommens-Ausführungsgesetz (AdÜbAG)**[16] Dieses Gesetz gilt ausschließlich für Adoptionen, die in den Anwendungsbereich des HAdoptÜ fallen. Es regelt hierfür
- die Zuständigkeit und das Verfahren der nach Art. 6 HAdoptÜ einzurichtenden Zentralen Behörden (§§ 1 bis 3);
- das innerstaatliche Verfahren für die internationale Adoptionsvermittlung im Verhältnis zu anderen Vertragsstaaten (§§ 4 bis 7);
- die Ausstellung von Bescheinigungen über das Zustandekommen oder die Umwandlung eines Annahmeverhältnisses (§§ 8 bis 9).

[14] Das Verfahren zur Adoptionsvermittlung nach dem HAdoptÜ kann in diesem Rahmen nicht näher dargestellt werden; vgl. dazu *Steiger* DNotZ 2002, 184 (189ff.); *Bornhofen* StAZ 2002, 1 (3ff.); *Lange* FPR 2001, 327 (329ff.); *Andrae* IntFamR § 7 Rn. 10ff.

[15] BGBl. 2001 I 2950.

[16] BGBl. 2001 I 2950 = *Jayme/Hausmann* Nr. 223a.

**b) Adoptionswirkungsgesetz (AdWirkG)**[17] Dieses Gesetz gilt für alle Adoptionen, die – im In- oder Ausland – **nach ausländischem Recht** erfolgt sind oder die auf einer ausländischen Entscheidung beruhen (§ 1 AdWirkG). Dies können sowohl Adoptionen sein, die in den Anwendungsbereich des HAdoptÜ fallen, als auch Adoptionen, auf die dies nicht zutrifft, weil zB sämtliche Beteiligte sich in dem gleichen Staat gewöhnlich aufgehalten haben. Durch das Gesetz ist in Deutschland ein eigenes familiengerichtliches Verfahren zur Anerkennung ausländischer Adoptionen und zur Feststellung ihrer Wirkungen sowie zur Umwandlung einer schwachen Auslandsadoption in eine deutsche Volladoption eingeführt worden (§§ 2ff. AdWirkG; dazu näher → Rn. 88ff.). 11

**c) Adoptionsvermittlungsgesetz**[18] Schließlich wurde in das Adoptionsvermittlungsgesetz ein neuer § 2a über die internationale Adoptionsvermittlung eingefügt, der im Anwendungsbereich des HAdoptÜ neben die Vorschriften des AdÜbAG tritt. 12

## II. Kollisionsrecht

### 1. EU-Recht

Das internationale Privatrecht der Adoption ist bisher nicht Gegenstand von Bemühungen zur Rechtsharmonisierung in der Europäischen Union. 13

### 2. Staatsverträge

Auch mehrseitige Staatsverträge, die das auf die Adoption anwendbare Recht regeln, gelten für die *Bundesrepublik Deutschland* derzeit nicht.[19] Das **Straßburger Europäische Übereinkommen** über die Adoption von Kindern vom 24.4.1967,[20] das für die *Bundesrepublik Deutschland* am 11.2.1981 in Kraft getreten ist,[21] harmonisiert nur das **materielle Adoptionsrecht;** es ist in Deutschland bereits durch das Adoptionsgesetz vom 2.7.1976 in deutsches Recht umgesetzt worden. Das Übereinkommen wird im Verhältnis der Vertragsstaaten zueinander durch das revidierte Straßburger Europäische Übereinkommen über die Adoption von Kindern v. 27.11.2008[22] abgelöst, das für die *Bundesrepublik Deutschland* am 1.7.2015 im Verhältnis zu *Dänemark, Finnland,* der *Niederlande, Norwegen, Rumänien, Spanien* und der *Ukraine* in Kraft getreten ist. Das Übereinkommen gilt inzwischen ferner für *Belgien* und *Malta.* Es wirkt sich insbesondere auf die Auslegung es *ordre public*-Vorbehalts in Art. 6 EGBGB aus.[23] 14

Das **deutsch-iranische Niederlassungsabkommen** vom 17.2.1929[24] erfasst sachlich das gesamte Familienrecht und damit auch die Adoption.[25] Obwohl das islamische Recht das Rechtsinstitut der Adoption nicht kennt, wird die Annahme an Kindes Statt in der zu Art. 8 Abs. 3 des Abkommens abgegebenen Erklärung, die nach dem Schlussprotokoll einen Teil des Abkommens selbst bildet, ausdrücklich aufgeführt. Das Abkommen gilt allerdings nur bei ausschließlich deutscher oder iranischer Staatsangehörigkeit der an der Adoption beteiligten Personen, also nicht bei der Adoption eines deutschen Kindes durch einen Iraner oder eines iranischen Kindes durch einen Deutschen.[26] Auch deutsch-iranische Doppelstaater fallen nicht unter das Abkommen, ohne dass es auf die Effektivität der Staatsangehörigkeit ankäme. Schließlich gilt das Abkommen auch dann nicht, wenn ein 15

[17] BGBl. 2001 I 2950 = *Jayme/Hausmann* Nr. 194.
[18] BGBl. 2002 I 355.
[19] Zum Ausschluss der Adoption aus dem Anwendungsbereich des KSÜ vgl. Art. 4 lit. b KSÜ.
[20] BGBl.1980 II 1094.
[21] BGBl. 1981 II 72.
[22] BGBl. 2015 II 2.
[23] Vgl. BGH NJW 2015, 2800 Rn. 40ff. mAnm *Kemper.*
[24] RGBl. 1930 II 1006.
[25] *Schotten/Wittkowski* FamRZ 1995, 264 (268); Erman/*Hohloch* EGBGB Art. 22 Rn. 4.
[26] *Baumann* S. 18; *Schotten/Schmellenkamp* IPR Rn. 248; Erman/*Hohloch* EGBGB Art. 22 Rn. 4.

an der Adoption Beteiligter die Rechtsstellung als Flüchtling iSd Genfer Flüchtlingskonvention oder als anerkannter Asylberechtigter hat (näher → § 2 Rn. 46 ff.).

### 3. Autonomes Kollisionsrecht

16 Sieht man vom deutsch-iranischen Niederlassungsabkommen ab, so bleiben Grundlage für die Anknüpfung internationaler Adoptionen daher vorerst Art. 22 und Art. 23 EGBGB. Sie gelten für alle im Inland durchzuführenden Adoptionen, also auch für solche, die in den Anwendungsbereich des HAdoptÜ fallen.

## III. Internationale Zuständigkeit

17 In Ermangelung von EU-Recht[27] und einschlägigen Staatsverträgen[28] beurteilt sich auch die internationale Zuständigkeit der deutschen Gerichte in Adoptionssachen weiterhin nach dem autonomen Verfahrensrecht. Nach **§ 101 FamFG** ist sie dann gegeben, wenn der Annehmende, einer der annehmenden Ehegatten oder das Kind entweder Deutscher iSv Art. 116 Abs. 1 GG ist oder seinen gewöhnlichen Aufenthalt im Inland hat. Diese Vorschrift ist gemäß § 103 Abs. 3 FamFG auch für die Adoption durch eingetragene Lebenspartner maßgebend. Die deutsche Staatsangehörigkeit begründet die internationale Zuständigkeit auch dann, wenn der Annehmende (oder einer der Annehmenden) daneben eine ausländische Staatsangehörigkeit besitzt, selbst wenn er mit seinem ausländischen Heimatrecht enger verbunden ist.

18 Auf die Anerkennungsfähigkeit der Inlandsadoption in dem Staat, dessen Recht nach Art. 22 Abs. 1 EGBGB als Adoptionsstatut berufen ist, kommt es nicht an.[29] Die internationale Zuständigkeit nach § 101 FamFG wird daher nicht dadurch ausgeschlossen, dass dieser Staat eine **ausschließliche Zuständigkeit** für sich in Anspruch nimmt.[30] Umgekehrt reicht die Geltung deutschen Adoptionsstatuts als Grundlage für die internationale Zuständigkeit deutscher Gerichte nicht mehr aus.[31]

19 Die **örtliche Zuständigkeit** für Adoptionsentscheidungen auf der Grundlage **ausländischen Sachrechts** ist nach § 187 Abs. 4 FamFG iVm § 5 Abs. 1 S. 1, Abs. 2 AdWirkG beim Familiengericht am Sitz des Oberlandesgerichts konzentriert, in dessen Bezirk die Anknüpfungskriterien für die örtliche Zuständigkeit nach § 187 Abs. 1, Abs. 2 und Abs. 3 FamFG erfüllt sind. Die Reichweite dieser Zuständigkeitskonzentration ist umstritten. Nach ihrem Zweck – Konzentration der Verfahren bei Gerichten mit Auslandserfahrung – ist sie *weit* auszulegen. Sie gilt daher nicht nur bei einer Verweisung durch Art. 22 Abs. 1, sondern auch durch Art. 23 S. 1 EGBGB auf ausländisches Recht.[32] Ferner reicht die Verweisung auf ausländisches Recht auch dann aus, wenn dieses auf deutsches Recht zurückverweist.[33]

[27] Die EuEheVO schließt nach ihrem Art. 1 Abs. 3 lit. b „Adoptionsentscheidungen und Maßnahmen zur Vorbereitung einer Adoption sowie die Ungültigkeit und den Widerruf einer Adoption" ausdrücklich aus ihrem Anwendungsbereich aus.

[28] Art. 4 lit. b KSÜ enthält einen mit Art. 1 Abs. 3 lit. b EuEheVO identischen Ausschlusstatbestand.

[29] Prütting/Helms/*Hau* FamFG § 101 Rn. 12; MüKoFamFG/*Rauscher* § 101 Rn. 21; Staudinger/*Henrich* EGBGB Art. 22 Rn. 74.

[30] MüKoBGB/*Helms* EGBGB Art. 22 Rn. 67 mwN.

[31] MüKoFamFG/*Rauscher* § 101 Rn. 18; MüKoBGB/*Helms* EGBGB Art. 22 Rn. 65.

[32] OLG München NJW-RR 2009, 592; Thomas/Putzo/*Hüßtege* FamFG § 187 Rn. 6; Münch/*Süß* FamR § 20 Rn. 360 mwN; **aA** OLG Schleswig FamRZ 2006, 1142; OLG Karlsruhe StAZ 2006, 234.

[33] OLG Frankfurt a.M. StAZ 2011, 333 (334); OLG Karlsruhe StAZ 2007, 84 (85).

## B. Anwendbares Recht

### I. Allgemeines

Art. 22 Abs. 1 EGBGB unterscheidet für die Annahme als Kind zwischen drei Konstellationen, nämlich 20
- der Adoption durch **Alleinstehende** (Satz 1; → Rn. 39ff.),
- der Adoption durch **Ehegatten** (Satz 2; → Rn. 26ff.) und
- seit dem 27.6.2014 der Adoption durch **eingetragene Lebenspartner** (Satz 3; → Rn. 35ff.).

Während für die Adoption durch Alleinstehende ausschließlich an die **Staatsangehörigkeit** des Annehmenden angeknüpft wird, wird in Satz 2 und Satz 3 jeweils das Statut der **allgemeinen Wirkungen der Ehe** (Art. 14 Abs. 1 EGBGB) **bzw. Lebenspartnerschaft** (Art. 17b Abs. 1 S. 1 EGBGB) für maßgeblich erklärt. Art. 22 Abs. 1 EGBGB gilt für die **Voraussetzungen** der Adoption; deren Wirkungen im Verhältnis des Kindes zum Annehmenden und zu seinen leiblichen Eltern unterliegen gemäß Art. 22 Abs. 2 EGBGB dem gleichen Recht. Art. 22 Abs. 3 EGBGB enthält schließlich eine ergänzende **Sachnorm des deutschen Erbrechts** mit dem Ziel, für das durch eine „schwache" Adoption nach ausländischem Recht angenommene Kind in der Erbfolge nach dem Annehmenden, dessen Ehegatten, Lebenspartner oder Verwandten eine Gleichstellung mit einem nach deutschem Recht angenommenen Kind zu erreichen. 21

Ergänzt wird Art. 22 EGBGB durch die **Sonderanknüpfung von Zustimmungserklärungen** in Art. 23 EGBGB (näher → Rn. 47f.). Danach unterliegen die Erforderlichkeit und die Erteilung der Zustimmung des Kindes und seiner leiblichen Eltern zur Adoption zusätzlich dem Recht des Staates, dem das Kind angehört (Satz 1). Ist danach ausländisches Recht maßgeblich, so kann dieses aus Gründen des Kindeswohls durch das deutsche Recht ersetzt werden (Satz 2). 22

Unter „Annahme als Kind" wird in Art. 22 EGBGB jede **Begründung eines dauerhaften Eltern-Kind-Verhältnisses** verstanden, das keine natürliche Verwandtschaft voraussetzt;[34] erfasst wird – wie im deutschen Sachrecht (§§ 1741ff., 1767ff. BGB) – sowohl die **Minderjährigen**- wie die **Volljährigenadoption.** Hinzukommen muss bei der Minderjährigenadoption die vollständige Übertragung der elterlichen Rechte auf die Annehmenden und die Begründung von deren vorrangiger Unterhaltspflicht.[35] Der vollständige Abbruch der Rechtsbeziehungen zur leiblichen Familie ist hingegen nicht erforderlich; bleiben zu dieser eingeschränkte familien- oder erbrechtliche Rechte und Pflichten bestehen, stehen diese also einer Adoption nicht entgegen.[36] Auch die Begründung von Rechtsbeziehungen zwischen dem Adoptivkind und den Aszendenten des Annehmenden oder zwischen dem Annehmenden und den Abkömmlingen des Adoptivkindes wird nicht vorausgesetzt. Art. 22 EGBGB gilt daher gleichermaßen für **starke wie schwache Adoptionen.**[37] 23

Eine Adoption kann nicht nur – wie nach geltendem deutschen Recht (§ 1752 Abs. 1 BGB) – durch Entscheidung eines Gerichts oder einer Behörde herbeigeführt werden (sog **„Dekretadoption"**), sondern auch durch private Willenserklärungen der Beteiligten (**„Vertragsadoption"**). 24

Die Art. 22, 23 EGBGB sind auch auf solche adoptionsähnlichen Rechtsinstitute des ausländischen Rechts analog anzuwenden, die auf andere Weise eine Eltern-Kind-Beziehung oder ein Verwandtschaftsverhältnis zwischen Personen begründen, die zuvor in keinem solchen Verhältnis zueinander standen. Demgegenüber werden reine **Pflegekind-** 25

[34] BT-Drs. 10/504, 70; *Andrae* IntFamR § 7 Rn. 21; MüKoBGB/*Helms* EGBGB Art. 22 Rn. 6 mwN.
[35] *Hohnerlein* S. 43; *Ludwig* RNotZ 2002, 203 (204) *Andrae* IntFamR § 7 Rn. 21.
[36] MüKoBGB/*Helms* EGBGB Art. 22 Rn. 6.
[37] BeckOK BGB/*Heiderhoff* EGGBGB Art. 22 Rn. 9.

**schaften nicht** erfasst.[38] Das Problem der Qualifikation der *kafala* des islamischen Rechts hat sich mit Inkrafttreten des KSÜ für die *Bundesrepublik Deutschland* am 1.1.2011 erledigt; seither ist die *kafala* nicht mehr als adoptionsähnliches Rechtsinstitut, sondern als Schutzmaßnahme im Sinne dieses Übereinkommens zu werten (Art. 3 lit. e KSÜ).[39] Dagegen wird das Rechtsinstitut „*sarparasti*" des iranischen Rechts als schwache Adoption qualifiziert.[40]

## II. Ehegattenadoption

26 In der rechtsgestaltenden Praxis steht die Adoption durch Ehegatten nach Art. 22 Abs. 1 S. 2 EGBGB im Vordergrund, obwohl sie im Gesetz lediglich als Ausnahme zur Grundregel in Satz 1 normiert ist.

### 1. Anwendungsbereich

27 Art. 22 Abs. 1 S. 2 EGBGB gilt insbesondere für die **gemeinschaftliche Annahme** eines Kindes durch Ehegatten, beschränkt sich aber nicht auf diesen Fall. Die Vorschrift erfasst vielmehr auch die Adoption eines Kindes des einen Ehegatten durch den anderen („*Stiefkindadoption*")[41] sowie die Annahme eines Kindes, das in keiner familienrechtlichen Beziehung zu den Ehegatten steht, durch einen Ehegatten allein, dh alle Fälle der **Einzeladoption** durch eine verheiratete Person.[42] Ist deutsches Recht Adoptionsstatut, so kommt die Annahme durch einen Ehegatten allein allerdings nur in Betracht, wenn der andere Ehegatte nicht geschäftsfähig oder noch nicht 21 Jahre alt ist, § 1741 Abs. 2 S. 4 BGB.

### 2. Anwendbares Recht

28 Die Adoption durch beide Ehegatten gemeinsam oder durch einen Ehegatten allein unterliegt im Interesse der Familieneinheit nach Art. 22 Abs. 1 S. 2 EGBGB dem **objektiven Ehewirkungsstatut** zur Zeit ihrer Vornahme. Maßgebend ist damit die Anknüpfungsleiter in Art. 14 Abs. 1 Nr. 1 bis Nr. 3 EGBGB.[43] Ein von den Ehegatten durch **Rechtswahl** gemäß Art. 14 Abs. 2 bis Abs. 4 bestimmtes Ehewirkungsstatut ist hingegen bei der Anknüpfung des Adoptionsstatuts nicht zu berücksichtigen;[44] es bleibt auf die persönlichen und güterrechtlichen Beziehungen der Ehegatten zueinander beschränkt. Danach gilt

- auf der **ersten Stufe** das Recht des Staates, dem die annehmenden Ehegatten gemeinsam angehören;
- auf der **zweiten Stufe** das Recht des Staates, dem die Ehegatten während der Ehe zuletzt angehört haben, sofern ein Ehegatte diese Staatsangehörigkeit bis zur Adoption ununterbrochen beibehalten hat;
- auf der **dritten Stufe** das Recht des Staates, in dem beide Ehegatten ihren gewöhnlichen Aufenthalt haben;

---

[38] Palandt/*Thorn* EGBGB Art. 22 Rn. 1; Erman/*Hohloch* EGBGB Art. 22 Rn. 12; Staudinger/*Henrich* EGBGB Art. 22 Rn. 2; *Andrae* IntFamR § 7 Rn. 23.

[39] Staudinger/*Henrich* EGBGB Art. 22 Rn. 2; MüKoBGB/*Helms* EGBGB Art. 22 Rn. 8; BeckOK BGB/*Heiderhoff* EGBGB Art. 22 Rn. 12; **aA** jurisPK-BGB/*Ludwig* EGBGB Art. 22 Rn. 8 ff.

[40] OLG Köln StAZ 2012, 339.

[41] BayObLG FamRZ 2005, 921 (922); Münch/*Süß* FamR § 20 Rn. 353; Palandt/*Thorn* EGBGB Art. 22 Rn. 7; BeckOK BGB/*Heiderhoff* EGBGB Art. 22 Rn. 42; MüKoBGB/*Helms* EGBGB Art. 22 Rn. 9.

[42] BayObLG FamRZ 2005, 921; LG Hamburg FamRZ 1999, 253 (254); *S. Lorenz* IPRax 1994, 193 (194); *Winkelsträter* S. 63 f.; Palandt/*Thorn* EGBGB Art. 22 Rn. 7; BeckOK BGB/*Heiderhoff* EGBGB Art. 22 Rn. 42; Staudinger/*Henrich* EGBGB Art. 22 Rn. 7.

[43] OLG Stuttgart FamRZ 2015, 1987 Rn. 8.

[44] *Andrae* IntFamR § 7 Rn. 26; Staudinger/*Henrich* EGBGB Art. 22 Rn. 7; Erman/*Hohloch* EGBGB Art. 22 Rn. 11; BeckOK BGB/*Heiderhoff* EGBGB Art. 22 Rn. 43; MüKoBGB/*Helms* EGBGB Art. 22 Rn. 11.

- auf der **vierten Stufe** das Recht des Staates, in dem die Ehegatten zuletzt während der Ehe einen gemeinsamen gewöhnlichen Aufenthalt hatten, sofern ihn ein Ehegatte bis zur Adoption ununterbrochen beibehalten hat;
- auf der **fünften und letzten Stufe** das Recht des Staates, mit dem die Ehegatten auf andere Weise gemeinsam am engsten verbunden sind.

**Beispiel:** 29
Der Deutsche M und seine österreichische Ehefrau F haben ihren gewöhnlichen Aufenthalt in Deutschland. Sie beabsichtigen, das in Pakistan lebende minderjährige Kind K, das die pakistanische Staatsangehörigkeit besitzt, zu adoptieren. Nach welchem Recht beurteilt sich die Adoption?

Insoweit ist zwischen dem Adoptionsvermittlungsverfahren und dem auf die Adoption anwendbaren Recht zu unterscheiden. Das Vermittlungsverfahren beurteilt sich nach dem HAdoptÜ, denn sowohl Deutschland als auch Österreich und Pakistan sind Vertragsstaaten dieses Übereinkommens. Außerdem soll im Zusammenhang mit der beabsichtigten Adoption eine Verlegung des gewöhnlichen Aufenthalts des Kindes von Pakistan nach Deutschland stattfinden. Daher sind die verfahrensrechtlichen und gewisse sachliche Mindestvoraussetzungen nach dem HAdoptÜ einzuhalten, vgl. Art. 4, 5 und Art. 14 bis 22 HAdoptÜ.[45] Dies gilt insbesondere für die zwingende Regelung in Art. 14 HAdoptÜ, wonach das Adoptionsverfahren mit einem Antrag an die Zentrale Behörde in dem Staat beginnen soll, in dem die künftigen Adoptionseltern ihren gewöhnlichen Aufenthalt haben. Im Beispiel ist der Antrag daher an die zuständige deutsche Behörde (Art. 14 iVm Art. 22 Abs. 1 AdoptÜ, § 1 Abs. 1 und Abs. 2 AdÜbAG) zu stellen. Das HAdoptÜ enthält allerdings keine Kollisionsnormen. Die zuständige deutsche Vermittlungsstelle hat die Frage, ob die Antragsteller die rechtlichen Voraussetzungen für eine Adoption erfüllen, daher nach dem von Art. 22 Abs. 1 EGBGB zur Anwendung berufenen Recht zu prüfen.

Gemäß Art. 22 Abs. 1 S. 2 EGBGB unterliegt die Annahme eines Kindes durch Ehegatten dem Recht, das im Zeitpunkt der Entscheidung über die Annahme für die allgemeinen Wirkungen der Ehe maßgebend ist. Da M und F keine gemeinsame Staatsangehörigkeit besitzen (und eine solche auch nie besessen haben), ist die dritte Stufe der Anknüpfungsleiter des Art. 14 Abs. 1 EGBGB maßgebend. Danach kommt es auf das Recht des Staates an, in dem die Ehegatten sich gemeinsam gewöhnlich aufhalten. Damit wird auf deutsches Adoptionsrecht verwiesen.

**Beispiel:** 30
Der deutsche M hat die Vietnamesin F in Vietnam geheiratet. Die F lebt derzeit noch mit ihrer Tochter T in Vietnam, M hat seinen gewöhnlichen Aufenthalt in Deutschland und besucht die F, die noch nie in Deutschland war, während mehrerer Wochen im Jahr. M plant, seine Ehefrau und deren Tochter nach Deutschland zu holen und mit ihnen hier als Familie zu leben. Er hat beim zuständigen deutschen Familiengericht den Antrag auf Adoption der T gestellt. Welches Recht ist auf die Adoption anwendbar?

Da die Ehegatten nie eine gemeinsame Staatsangehörigkeit hatten und auch bisher noch keinen gemeinsamen gewöhnlichen Aufenthalt begründet haben, ist das anwendbare Recht nach Art. 22 S. 2 iVm Art. 14 Abs. 1 Nr. 3 EGBGB zu bestimmen. Es kommt also darauf an, mit welchem Staat die Ehegatten im Zeitpunkt der Entscheidung über den Adoptionsantrag gemeinsam am engsten verbunden sind. Für Vietnam könnte zwar sprechen, dass die Ehegatten dort geheiratet und ihre gemeinsame Zeit bisher ausschließlich in diesem Land miteinander verbracht haben. Zur Ermittlung der engsten Verbindung nach Art. 14 Abs. 1 Nr. 3 EGBGB sind jedoch auch die Zukunftspläne der Ehegatten in die Be-

[45] Vgl. *Andrae* IntFamR § 7 Rn. 10ff.; *S. Lorenz* FS Sonnenberger, 2004, 497 (498ff.); Staudinger/*Henrich* EGBGB Vorb. Art. 22 Rn. 33.

trachtung einzubeziehen. Da M von Anfang an die Absicht hatte, seine Familie in Deutschland zusammenzuführen, unterliegt die Adoption dem deutschen Recht.[46] Das vietnamesische Recht ist nur ergänzend als Zustimmungsstatut nach Art. 23 S. 1 EGBGB heranzuziehen.

31 Im Fall der **Einzeladoption** durch nur einen Ehegatten ist die Anknüpfungsleiter des Art. 14 Abs. 1 EGBGB entsprechend auf den Annehmenden und seinen Ehegatten anzuwenden. Wegen der Einzelheiten zur Auslegung von Art. 14 Abs. 1 EGBGB, insbesondere der Behandlung von Mehrstaatern, Staatenlosen und Flüchtlingen, wird auf → § 8 Rn. 9ff. verwiesen. Die Anknüpfung an die gemeinsame Staatsangehörigkeit der annehmenden Ehegatten ist allerdings nicht mehr zeitgemäß, nachdem das Staatsangehörigkeitsprinzip im internationalen Kindschaftsrecht inzwischen weitgehend durch das Aufenthaltsprinzip verdrängt worden ist (→ § 2 Rn. 54ff.) und von Art. 14 EGBGB als ehemals zentraler familienrechtlicher Kollisionsnorm der IPR-Reform von 1986 heute nur noch Restbestände erhalten geblieben sind. *De lege ferenda* bietet sich daher für Art. 22 Abs. 1 S. 1 und S. 2 EGBGB ein Übergang zur Anknüpfung an den gewöhnlichen Aufenthalt der Beteiligten oder an die *lex fori* des angerufenen Gerichts an.[47]

32 Maßgebender Zeitpunkt für das Vorliegen der Anknüpfungsmomente des Art. 14 Abs. 1 EGBGB ist die Vornahme der Adoption. Obwohl Art. 22 Abs. 1 EGBGB diesen Grundsatz der **Unwandelbarkeit des Adoptionsstatuts**[48] nur in Satz 1 ausdrücklich bestimmt, gilt er auch im Fall des Satz 2.[49] Danach kommt es darauf an, wann das letzte Tatbestandsmerkmal der Adoption – also das Wirksamwerden der gerichtlichen Entscheidung bei der Dekretadoption,[50] der gerichtlichen Bestätigung bei der Vertragsadoption – erfüllt wird.[51] Ein nachträglicher Statutenwechsel ist auf die Wirksamkeit oder Unwirksamkeit der Adoption ohne Einfluss. Die von Art. 22 Abs. 1 S. 2 EGBGB aufgeworfene **Erstfrage** nach der Wirksamkeit der geschlossenen Ehe ist in diesem Zusammenhang grundsätzlich selbständig, dh nach Art. 13 EGBGB anzuknüpfen.[52]

33 Bei der Anwendung sämtlicher nach Art. 22 Abs. 1 S. 2 iVm Art. 14 Abs. 1 EGBGB berufenen Rechte sind nach dem Grundsatz des Art. 4 Abs. 1 EGBGB (allg. → § 2 Rn. 85ff.) **Rück- und Weiterverweisungen** zu beachten, soweit diese nicht im Einzelfall dem Sinn der Verweisung widersprechen.[53] Ein solcher Widerspruch ist auch im Fall der Anknüpfung nach Art. 14 Abs. 1 Nr. 3 EGBGB nicht anzunehmen.[54] Obwohl Art. 22 Abs. 1 S. 2 auf Art. 14 Abs. 1 EGBGB verweist, entscheidet über den Renvoi in der zur Anwendung berufenen ausländischen Rechtsordnung nicht die Kollisionsnorm für die all-

[46] Vgl. KG FamRZ 2013, 642.

[47] So auch *Helms* FS Hahne, 2012, 69ff.; *Helms* StAZ 2015, 97; *Andrae* IntFamR § 7 Rn. 27; Staudinger/*Henrich* EGBGB Vorb. Art. 22 Rn. 14.

[48] Dazu allg. *Andrae* IntFamR § 7 Rn. 24; *v. Hoffmann/Thorn* IPR § 8 Rn. 143; Staudinger/*Henrich* EGBGB Art. 22 Rn. 5; Palandt/*Thorn* EGBGB Art. 22 Rn. 3.

[49] LG Hamburg FamRZ 1999, 253 (254); Staudinger/*Henrich* EGBGB Art. 22 Rn. 7; MüKoBGB/*Helms* EGBGB Art. 22 Rn. 14.

[50] Vgl. im deutschen Recht § 197 Abs. 2 FamFG.

[51] BT-Drs. 10/504, 71; *Andrae* IntFamR § 7 Rn. 24.

[52] *Andra* IntFamR § 7 Rn. 32; *v. Hoffmann/Thorn* IPR § 8 Rn. 143; BeckOK BGB/*Heiderhoff* EGBGB Art. 22 Rn. 44; Staudinger/*Henrich* EGBGB Art. 22 Rn. 24; Erman/*Hohloch* EGBGB Art. 22 Rn. 7. Für eine alternative Anknüpfung nach dem Günstigkeitsprinzip hingegen MüKoBGB/*Helms* EGBGB Art. 22 Rn. 9. Dazu allg. → § 3 Rn. 29ff.

[53] OLG Stuttgart FamRZ 2015, 1987 Rn. 8; Staudinger/*Hausmann* EGBGB Art. 4 Rn. 284ff.; Palandt/*Thorn* EGBGB Art. 22 Rn. 2; Staudinger/*Henrich* EGBGB Art. 22 Rn. 13; BeckOK BGB/*Heiderhoff* EGBGB Art. 22 Rn. 45; MüKoBGB/*Helms* EGBGB Art. 22 Rn. 15; *Andrae* IntFamR § 7 Rn. 36.

[54] Erman/*Hohloch* EGBGB Art. 22 Rn. 5; BeckOK BGB/*Heiderhoff* EGBGB Art. 22 Rn. 45; Staudinger/*Henrich* EGBGB Art. 22 Rn. 5; MüKoBGB/*Helms* EGBGB Art. 22 Rn. 15; dazu näher → § 8 Rn. 17 mwN.

gemeinen Ehewirkungen, sondern im Interesse des internationalen Entscheidungseinklangs jene zur Adoption.[55]

34 Im Verhältnis zu den Rechtsordnungen des *Common Law* kann es auf dem Gebiet der Adoption auch zu einer **„versteckten Rückverweisung"** kommen, denn diese Rechte regeln nur ihre *„jurisdiction"* für Adoptionen mit Auslandsberührung und gehen im Übrigen davon aus, dass die zuständigen Gerichte oder Behörden stets ihr eigenes Recht anwenden. Besitzen die deutschen Gerichte daher aus der Sicht des nach Art. 22 Abs. 1 S. 2 EGBGB zur Anwendung berufenen Rechts die – ausschließliche oder konkurrierende – Zuständigkeit für die Adoption und ist mit der Anerkennung der vom deutschen Gericht in Anwendung deutschen Rechts ausgesprochenen Adoption zu rechnen, so kann die Adoption nach deutschem Recht vorgenommen werden.[56] Allein die Anerkennungsfähigkeit der deutschen Adoption – trotz internationaler Unzuständigkeit der deutschen Gerichte aus der Sicht des von Art. 22 Abs. 1 EGBGB zur Anwendung berufenen Rechts – dürfte hingegen für die Annahme einer versteckten Rückverweisung nicht ausreichen.[57]

## III. Adoption durch eingetragene Lebenspartner

35 Welches Recht auf die Adoption durch eingetragene Lebenspartner anwendbar sein sollte, war in der deutschen Rechtsprechung und Literatur bis vor kurzem heftig umstritten. Während teilweise für eine analoge Anwendung von Art. 22 Abs. 1 S. 2 iVm Art. 17b Abs. 1 EGBGB plädiert wurde,[58] lehnten andere eine solche Analogie ab und wandten Art. 22 Abs. 1 S. 1 EGBGB mit der Folge an, dass sich die Voraussetzungen für eine gemeinsame Adoption durch eingetragene Lebenspartner kumulativ nach den Heimatrechten beider Partner richteten.[59] Seit dem 27.6.2014 enthält Art. 22 Abs. 1 S. 3 EGBGB nunmehr eine Sonderregelung für die Adoption durch eingetragene Lebenspartner. Damit hat der Gesetzgeber[60] die Konsequenzen aus der Entscheidung BVerfG gezogen, das § 9 Abs. 7 LPartG insoweit für verfassungswidrig erklärt hatte, als diese Vorschrift eine **Sukzessivadoption** durch eingetragene Lebenspartner nicht zuließ.[61]

### 1. Anwendungsbereich

36 Die neue Regelung beschränkt sich zwar bewusst[62] auf die **Adoption nur durch „einen" Lebenspartner,** weil auch das deutsche Sachrecht (§ 1741 Abs. 2 S. 1 BGB) bisher nur diese zulässt. Dies dürfte allerdings aus verfassungsrechtlichen Gründen kaum haltbar sein, so dass der deutsche Gesetzgeber schon in naher Zukunft an der Einführung der gemeinschaftlichen Adoption durch eingetragene Lebenspartner nicht vorbeikommen

[55] BayObLG FamRZ 1997, 841; LG Hamburg FamRZ 1999, 253 (254); Staudinger/*Hausmann* EGBGB Art. 4 Rn. 285; Staudinger/*Henrich* EGBGB Art. 22 Rn. 14; BeckOK BGB/*Heiderhoff* EGBGB Art. 22 Rn. 46; MüKoBGB/*Helms* EGBGB Art. 22 Rn. 15; *Andrae* IntFamR § 7 Rn. 36; *Schotten/Schmellenkamp* IPR Rn. 249b (S. 246) mwN.

[56] Zur „versteckten Rückverweisung auf dem Gebiet des Adoptionsrechts AG Nürnberg FamRZ 2011, 308; AG Hannover FamRZ 2000, 1576; *Andrae* IntFamR § 7 Rn. 37ff.; Staudinger/*Hausmann* EGBGB Art. 4 Rn. 288f.; Staudinger/*Henrich* EGBGB Art. 22 Rn. 17ff.; BeckOK BGB/*Heiderhoff* EGBGB Art. 22 Rn. 47f.; NK-BGB/*Benicke* EGBGB Art. 22 Rn. 59.

[57] BeckOK BGB/*Heiderhoff* EGBGB Art. 22 Rn. 48; **aA** NK-BGB/*Benicke* EGBGB Art. 22 Rn. 59; Staudinger/*Henrich* EGBGB Art. 22 Rn. 19.

[58] So *Brandt* S. 108; ausführlich *Schotten/Schmellenkamp* IPR Rn. 249c mwN.

[59] So AG Nürnberg FamRZ 2011, 308; *Staudinger/Winkelsträter* FamRBint 2005, 84 (87); NK-BGB/*Benicke* EGBGB Art. 22 Rn. 54f.; Staudinger/*Mankowski* EGBGB Art. 17b Rn. 94; Münch/*Süß* FamR § 20 Rn. 354; *Andrae* IntFamR § 7 Rn. 28f. mwN.

[60] Gesetz zur Umsetzung der Entscheidung des BVerfG zur Sukzessivadoption durch Lebenspartner vom 20.6.2014, BGBl. I 786.

[61] BVerfG FamRZ 2013, 521.

[62] BT-Drs. 18/841, 6; *Benicke* IPRax 2015, 393 (394).

wird.[63] Lässt das nach Art. 22 Abs. 1 S. 3 EGBGB maßgebende ausländische Recht daher eine **gemeinschaftliche Adoption** durch eingetragene Lebenspartner zu, so ist dieses Recht auch von deutschen Gerichten und Behörden zur Beurteilung der Wirksamkeit einer solchen Adoption zugrunde zu legen. Denn die dem Wortlaut entsprechende kumulative Anwendung der Heimatrechte beider Lebenspartner nach Art. 22 Abs. 1 S. 1 EGBGB würde diese gegenüber Ehegatten in einer mit der Verfassung schwerlich zu vereinbarenden Weise diskriminieren. Aus diesem Grunde sollte Art. 22 Abs. 1 S. 3 EGBGB daher auf die gemeinschaftliche Adoption durch eingetragene Lebenspartner bereits *de lege lata* entsprechend angewandt werden.[64] Dem steht weder der deutsche *ordre public*[65] noch die sog „Kappungsgrenze" nach Art. 17 Abs. 4 EGBGB entgegen, weil es nicht um Wirkungen der Lebenspartnerschaft im engeren Sinne geht.[66] Behandelt man die im Ausland geschlossene **homosexuelle Ehe** mit der in Deutschland bisher hM[67] als eingetragene Lebenspartnerschaft iSv Art. 17b EGBGB, so gilt Art. 22 Abs. 1 S. 3 – und nicht S. 2 – EGBGB auch für die Adoption durch die Partner einer solchen Ehe.[68]

## 2. Anwendbares Recht

37 Die Adoption durch einen (oder beide) eingetragenen Lebenspartner unterliegt dem Recht, das nach Art. 17b Abs. 1 S. 1 EGBGB für die allgemeinen Wirkungen der Lebenspartnerschaft maßgebend ist. Dies ist das **Recht des registerführenden Staates** (näher → § 13 Rn. 24ff.). Da Art. 17b Abs. 1 S. 1 EGBGB auf die „Sachvorschriften" dieses Staates verweist und damit eine Rück- und Weiterverweisung hinsichtlich der allgemeinen Wirkungen der Lebenspartnerschaft ausschließt (→ § 13 Rn. 45), erstreckt sich dieser Ausschluss des Renvoi auch auf die Adoption durch eingetragene Lebenspartner nach Art. 22 Abs. 1 S. 3 EGBGB.[69] Die von Art. 22 Abs. 1 S. 3 EGBGB aufgeworfene **Erstfrage** nach der Wirksamkeit der eingetragenen Lebenspartnerschaft bzw. gleichgeschlechtlichen Ehe ist in diesem Zusammenhang grundsätzlich selbständig, dh nach Art. 17b EGBGB anzuknüpfen.[70] Durch die Möglichkeit, ein adoptionsfreundliches Land für die Registrierung ihrer Partnerschaft zu wählen und dieses Registrierungsstatut ggf. durch eine erneute Registrierung nach Art. 17b Abs. 3 EGBGB (→ § 13 Rn. 48ff.) auch zu ändern, können Lebenspartner mittelbar erheblichen Einfluss auf das Adoptionsstatut nehmen.

38 **Beispiel:**
Die deutsche Staatsangehörige A hat im Jahr 2014 die Niederländerin B in Utrecht/Niederlande geheiratet. Die Ehegatten möchten nunmehr gemeinsam das dreijährige Kind K der A adoptieren, das ebenfalls die deutsche Staatsangehörigkeit besitzt. Nach welchem Recht ist die Adoption zu beurteilen und ist sie danach zulässig?

---

[63] Der österreichische VerfGH hat das Verbot der gemeinschaftlichen Adoption durch eingetragene Lebenspartner in § 191 Abs. 2 S. 1 ABGB mit Entscheidung vom 11.12.2014 wegen Verletzung von Art. 8 iVm Art. 14 EMRK für verfassungswidrig erklärt und die Bestimmung mit Wirkung zum 31.12.2015 aufgehoben; vgl. *Ferrari* FamRZ 2015, 1556 (1557).

[64] Ebenso *Benicke* IPRax 2015, 393 (395); MüKoBGB/*Helms* EGBGB Art. 22 Rn. 9; BeckOK BGB/*Heiderhoff* EGBGB Art. 22 Rn. 41; MüKoBGB/*Coester* EGBGB Art. 17b Rn. 75; **aA** Erman/*Hohloch* EGBGB Art. 22 Rn. 10.

[65] Vgl. BGH NJW 2015, 2800 Rn. 35.

[66] *Benicke* IPRax 2015, 393 (395f.); *Andrae* IntFamR § 7 Rn. 29; BeckOK BGB/*Heiderhoff* EGBGB Art. 22 Rn. 41; **aA** noch Staudinger/*Henrich* EGBGB Art. 22 Rn. 6; NK-BGB/*Benicke* EGBGB Art. 22 Rn. 55; dazu auch → § 13 Rn. 75 mwN.

[67] OLG Zweibrücken NJW-RR 2011, 1256; OLG München FGPrax 2011, 249; KG StAZ 2011, 181; dazu näher → § 13 Rn. 36ff.

[68] So auch BeckOK BGB/*Heiderhoff* EGBGB Art. 22 Rn. 41.

[69] MüKoBGB/*Helms* EGBGB Art. 22 Rn. 17.

[70] *Andrae* IntFamR § 7 Rn. 32; *v. Hoffmann/Thorn* IPR § 8 Rn. 143; Staudinger/*Henrich* EGBGB Art. 22 Rn. 24; Erman/*Hohloch* EGBGB Art. 22 Rn. 7. Für eine alternative Anknüpfung nach dem Günstigkeitsprinzip hingegen MüKoBGB/*Helms* EGBGB Art. 22 Rn. 9 aE.

Die Adoption durch die Partner einer gleichgeschlechtlichen Ehe beurteilt sich nach der in Deutschland hM nicht nach Art. 22 Abs. 1 S. 2, sondern nach Art. 22 Abs. 1 S. 3 EGBGB. Diese Vorschrift regelt zwar nur die Einzeladoption durch *einen* eingetragenen Lebenspartner (im Beispiel also die Adoption von K allein durch B). Sie ist jedoch auf die gemeinschaftliche Adoption durch eingetragene Lebenspartner oder Gatten einer gleichgeschlechtlichen Ehe entsprechend anzuwenden. Damit entscheidet über die Zulässigkeit und die Voraussetzungen der gewünschten Adoption des Kindes K durch A und B gemäß Art. 22 Abs. 1 S. 3 iVm Art. 17b Abs. 1 S. 1 EGBGB das niederländische Recht, weil die Eheschließung von A und B dort registriert worden ist. Dabei handelt es sich um eine Sachnormverweisung, so dass eine etwaige Rück- oder Weiterverweisung durch das niederländische IPR nicht zu beachten ist. Nach dem somit maßgeblichen niederländischen materiellen Adoptionsrecht ist die Adoption des vorehelichen Kindes eines Partners einer gleichgeschlechtlichen Ehe mit dem Ziel, diesem Kind die Rechtsstellung eines gemeinschaftlichen Kindes beider Ehegatten zu verschaffen, zulässig. Die Voraussetzungen für diese Adoption beurteilen sich nach niederländischem Recht; ergänzend ist im Hinblick auf die deutsche Staatsangehörigkeit von K Art. 23 EGBGB zu beachten. Die Durchführung der Adoption in Deutschland verstößt weder gegen Art. 17b Abs. 4 noch gegen Art. 6 EGBGB.

## IV. Adoption durch Alleinstehende

Nur wenn Einzelpersonen adoptieren, die **weder verheiratet** sind, **noch in einer eingetragenen Lebenspartnerschaft** leben, kommt die Grundregel des Art. 22 Abs. 1 S. 1 EGBGB zur Anwendung, weil die Sätze 2 und 3 auch auf Einzeladoptionen durch einen Ehegatten bzw. Lebenspartner Anwendung finden. Danach unterliegt die Adoption dem Recht des Staates, dem der Annehmende bei der Annahme angehört. Maßgebend ist also das Heimatrecht des Annehmenden im Zeitpunkt der Erfüllung der letzten für die Wirksamkeit der Adoption erforderlichen Voraussetzung; das Adoptionsstatut ist damit auch in diesem Fall **unwandelbar.**[71] Ist der Annehmende Mehrstaater, Staatenloser oder Flüchtling, so gelten ergänzend die Vorschriften des Art. 5 EGBGB (→ § 2 Rn. 33ff.). Auch bei der Adoption durch Alleinstehende sind **Rück-oder Weiterverweisungen** – zB auf das Heimatrecht des Kindes oder das Aufenthalts-/Wohnsitzrecht der Beteiligten – zu beachten.[72] Im Verhältnis zu den Staaten des *Common Law*-Rechtskreises kann es auch hier zu einer „versteckten" Rückverweisung auf deutsches Recht kommen, wenn die deutschen Gerichte aus der Sicht des von Art. 22 Abs. 1 S. 1 EGBGB zur Anwendung berufenen Rechts für die Vornahme der Adoption (zumindest konkurrierend) international zuständig sind.[73] 39

Art. 22 Abs. 1 EGBGB geht – vor dem Hintergrund des deutschen Sachrechts (§ 1741 Abs. 2 S. 2 BGB) – von der Annahme aus, dass mehrere Personen gemeinsam ein Kind nur adoptieren können, wenn sie miteinander verheiratet sind. Während auf die gemeinsame Adoption durch Lebenspartner heute Art. 22 Abs. 1 S. 3 EGBGB analog angewandt werden kann (→ Rn. 36), kommt eine Analogie zu Art. 22 Abs. 1 S. 2 oder S. 3 EGBGB für die Adoption durch mehrere Personen, die weder in einer Ehe noch in einer Lebenspartnerschaft zusammenleben, nicht in Betracht. Auf eine solche Adoption – zB durch die Partner einer nur **faktischen Lebensgemeinschaft,** die von ausländischen Rechten zT zugelassen wird – ist vielmehr die Grundregel des Art. 22 Abs. 1 S. 1 EGBGB anzuwenden. Besitzen die Annehmenden daher nicht die gleiche 40

[71] *Baumann* S. 19f.; Palandt/*Thorn* EGBGB Art. 22 Rn. 3; Erman/*Hohloch* EGBGB Art. 22 Rn. 10; Staudinger/*Henrich* EGBGB Art. 22 Rn. 5; MüKoBGB/*Helms* EGBGB Art. 22 Rn. 60.

[72] AG Heidelberg IPRax 1992, 327 mAnm *Otto* IPRax 1992, 309; *v. Bar* IPR II Rn. 321; Staudinger/*Henrich* EGBGB Art. 22 Rn. 14ff.; Staudinger/*Hausmann* EGBGB Art. 4 Rn. 286f.

[73] BayObLGZ 1968, 331 (336); KG IPRax 1982, 246; AG Nürnberg FamRZ 2011, 308; NK-BGB/*Benicke* EGBGB Art. 22 Rn. 59; Erman/*Hohloch* EGBGB Art. 22 Rn. 5; Staudinger/*Hausmann* EGBGB Art. 4 Rn. 288f. mwN.

Staatsangehörigkeit, so ist die Adoption nur zulässig, wenn sie von beiden Heimatrechten erlaubt ist.[74] Ist einer der Annehmenden Deutscher, scheidet eine gemeinschaftliche Adoption daher aus.

41 **Beispiel:**
Wie wäre im Beispiel → Rn. 38 zu entscheiden, wenn A und B bisher weder geheiratet noch sich als Lebenspartner haben registrieren lassen, sondern in lediglich faktischer Lebensgemeinschaft in Düsseldorf zusammenleben und Antrag auf gemeinschaftliche Adoption des Kindes K der A stellen würden?

Die Adoption beurteilt sich für diesen Fall weder nach Satz 2 noch nach Satz 3 des Art. 22 Abs. 1 EGBGB, sondern nach der Grundregel in Art. 22 Abs. 1 S. 1 EGBGB. Beantragen also zwei Personen, die weder verheiratet noch verpartnert sind, die gemeinschaftliche Adoption eines Kindes, so entscheiden über die Zulässigkeit und die Voraussetzungen der Adoption – kumulativ – die Heimatrechte beider Annehmenden. Da das geltende deutsche Recht als Heimatrecht der A die gemeinschaftliche Adoption eines Kindes durch die Partner einer nur faktischen Lebensgemeinschaft nicht zulässt, kann die beantragte Adoption in Deutschland nicht vorgenommen werden.

## V. Die Schranke des ordre public

42 Der *ordre public* wird in der deutschen Praxis vornehmlich im Zusammenhang mit der Anerkennung ausländischer Adoptionen herangezogen (→ Rn. 81 ff.). Bei der Adoption Minderjähriger durch inländische Gerichte nach ausländischem Recht ist insbesondere zu prüfen, ob die Annahme dem **Wohl des Kindes** entspricht. Ist dies nicht der Fall, weil kein Eltern-Kind-Verhältnis hergestellt, sondern andere Zwecke mit der Adoption verfolgt werden, kann deren Vornahme bei hinreichendem Inlandsbezug (→ § 3 Rn. 132 ff.) unter Berufung auf den deutschen *ordre public* (Art. 6 EGBGB) abgelehnt werden.[75] Aus diesem Grunde verstößt etwa der **Vollzug einer reinen Vertragsadoption** nach ausländischem Recht im Inland gegen den deutschen *ordre public,* weil bei einer solchen Adoption die Wahrung des Kindeswohls nicht gewährleistet ist.[76]

43 Auch eine übermäßige Erschwerung der Adoption von Minderjährigen nach ausländischem Recht kann mit der deutschen öffentlichen Ordnung unvereinbar sein. Dies gilt etwa für das Erfordernis der **Kinderlosigkeit** der in Deutschland lebenden Annehmenden als Voraussetzung für die Adoption nach dem von Art. 22 Abs. 1 EGBGB zur Anwendung berufenen Recht.[77] Demgegenüber verstößt das **Verbot der Volljährigenadoption** nach ausländischem Recht nicht gegen den deutschen *ordre public.*[78] Ebenso wenig die Vornahme einer „schwachen" Inlandsadoption nach ausländischem Recht,[79] da deren Wirkungen durch eine Umwandlung nach § 3 AdWirkG verstärkt werden können (→ Rn. 105 ff.). Auch die gemeinschaftliche Adoption eines Kindes durch **eingetragene Lebenspartner** oder durch die Partner einer nur **faktischen Lebensgemeinschaft** auf-

[74] Staudinger/*Henrich* EGBGB Art. 22 Rn. 6; BeckOK BGB/*Heiderhoff* EGBGB Art. 22 Rn. 40; MüKo-BGB/*Helms* EGBGB Art. 22 Rn. 59; *Andrae* IntFamR § 7 Rn. 29.

[75] OLG Schleswig FamRZ 2002, 698; BeckOK BGB/*Heiderhoff* EGBGB Art. 22 Rn. 51; NK-BGB/*Benicke* EGBGB Art. 22 Rn. 62; *Andrae* IntFamR § 7 Rn. 41.

[76] Erman/*Hohloch* EGBGB Art. 22 Rn. 16; Staudinger/*Henrich* EGBGB Art. 22 Rn. 78; BeckOK BGB/*Heiderhoff* EGBGB Art. 22 Rn. 55 aE; *Andrae* IntFamR § 7 Rn. 46.

[77] OLG Schleswig FamRZ 2002, 698; AG Siegen IPRax 1993, 184 mAnm *Schurig* IPRax 1993, 169; NK-BGB/*Benicke* EGBGB Art. 22 Rn. 62.Vgl. auch zu einem sehr hohen Mindestalter der Annehmenden Staudinger/*Henrich* EGBGB Art. 22 Rn. 71.

[78] *Emmerling de Oliveira* MittBayNot 2010, 429 (430); *Andrae* IntFamR § 7 Rn. 41; BeckOK BGB/*Heiderhoff* EGBGB Art. 22 Rn. 51.

[79] VGH Kassel FamRZ 1994, 956 (958); BeckOK BGB/*Heiderhoff* EGBGB Art. 22 Rn. 52.

grund eines ausländischen Rechts, das eine solche Adoption zulässt, ist heute mit der deutschen öffentlichen Ordnung nicht mehr unvereinbar.[80]

Teilweise wird der *ordre public* auch bemüht, um das **Verbot der Adoption nach den islamischen Rechten** zu überwinden,[81] die anstelle der Adoption das Rechtsinstitut der *kafala* kennen, welche keine verwandtschaftlichen Beziehungen zwischen dem Kind und dem Annehmenden begründet, sondern nur die dauerhafte Versorgung und Erziehung des Kindes sichert. Die *kafala* verstößt als solche sicher nicht gegen den deutschen *ordre public.*[82] Das Problem besteht jedoch darin; dass sie nicht als Adoption zu qualifizieren, sondern als Schutzmaßnahme dem Bereich der elterlichen Sorge zuzuordnen ist (vgl. Art. 3 lit. c KSÜ). Welche Schutzmaßahmen getroffen werden können, richtet sich aber bei gewöhnlichem Aufenthalt des Kindes im Inland nach der deutschen *lex fori* (Art. 15 Abs. 1 KSÜ; → § 5 Rn. 23 ff.). Es liegt also ein Fall des **Normenmangels** vor, wenn das islamische Heimatrecht der Annehmenden keine Adoption kennt, die von diesem Recht stattdessen vorgesehen *kafala* aber wegen der Geltung deutschen Rechts für Schutzmaßnahmen nicht angeordnet werden kann. Dieser Normenmangel ist daher im Wege der kollisionsrechtlichen **Angleichung** (→ § 3 Rn. 59 ff.) zu beheben, indem das Adoptionsstatut nicht an das Heimatrecht der Annehmenden, sondern an den gewöhnlichen Aufenthalt des Kindes angeknüpft wird.[83] 44

## C. Reichweite des Adoptionsstatuts

### I. Voraussetzungen der Adoption

#### 1. Grundsatz

Das nach Art. 22 Abs. 1 EGBGB maßgebende Adoptionsstatut bestimmt, ob eine Adoption **überhaupt zulässig** ist[84] und ob sie in den Fällen des Art. 22 Abs. 1 S. 2 und S. 3 EGBGB nur gemeinschaftlich oder auch durch einen Ehegatten/Lebenspartner allein vorgenommen werden kann.[85] Es bestimmt auch die zulässigen Typen der Adoption (Volladoption, schwache Adoption) und regelt deren jeweilige **Voraussetzungen,** wie zB Alterserfordernisse, Altersunterschiede, Kinderlosigkeit und sonstige Eigenschaften des/der Annehmenden[86] und des Anzunehmenden (zB Minderjährigkeit). Es legt ferner fest, wer antragsberechtigt ist[87] und welche Erklärungen der Beteiligten für die Vornahme der Adoption notwendig sind. Auch die Rechtsfolgen des Fehlens einzelner der vorgenannten Voraussetzungen der Adoption für deren Wirksamkeit (zB Nichtigkeit, Anfechtbarkeit, Aufhebbarkeit) bestimmt das Adoptionsstatut.[88] 45

---

80 Vgl. BGH NJW 2015, 2800 Rn. 35 ff. (zur Anerkennung einer südafrikanischen Adoption durch nur faktisch zusammenlebende gleichgeschlechtliche Partner).

81 So OLG Schleswig FamRZ 2008, 1104; AG Hagen IPRax 1984 mAnm *Jayme*; NK-BGB/*Benicke* EGBGB Art. 22 Rn. 62; MüKoBGB/*Helms* EGBGB Art. 22 Rn. 50.

82 OLG Karlsruhe FamRZ 1998, 56; Staudinger/*Henrich* EGBGB Art. 22 Rn. 71; BeckOK BGB/*Heiderhoff* EGBGB Art. 22 Rn. 51.

83 *Andrae* IntFamR § 7 Rn. 41 Beispiel 6.

84 *Kegel/Schurig* IPR § 20 VIII 2 b; *v. Bar* IPR II Rn. 326; BeckOK BGB/*Heiderhoff* EGBGB Art. 22 Rn. 15; MüKoBGB/*Helms* EGBGB Art. 22 Rn. 18.

85 OLG Hamm FamRZ 1994, 657 (658); *Kropholler* IPR § 49 III 2 a; Palandt/*Thorn* EGBGB Art. 22 Rn. 8; Erman/*Hohloch* EGBGB Art. 22 Rn. 14. Ausländische Adoptionsverbote unterliegen allerdings der Kontrolle am Maßstab des deutschen *ordre public*; vgl. zuvor → Rn. 42 ff.

86 BayObLG NJW-RR 1997, 644 (645); FamRZ 2002, 1142 (1143); Palandt/*Thorn* EGBGB Art. 22 Rn. 4; BeckOK BGB/*Heiderhoff* EGBGB Art. 22 Rn. 16; Staudinger/*Henrich* EGBGB Art. 22 Rn. 23.

87 Palandt/*Thorn* EGBGB Art. 22 Rn. 5; BeckOK BGB/*Heiderhoff* EGBGB Art. 22 Rn. 17; NK-BGB/*Benicke* EGBGB Art. 22 Rn. 6, 75; **aA** (*lex fori*) BayObLG FamRZ 1982, 1133.

88 MüKoBGB/*Helms* EGBGB Art. 22 Rn. 18; Staudinger/*Henrich* EGBGB Art. 22 Rn. 36; BeckOK BGB/*Heiderhoff* EGBGB Art. 22 Rn. 35.

### 2. Vertrags-/Dekretadoption

46 Nach dem Adoptionsstatut zu beurteilen ist auch die **Art und Weise des Zustandekommens einer Adoption,** insbesondere, ob dazu ein Vertrag zwischen dem Annehmenden und dem Angenommenen oder eine gerichtliche Entscheidung erforderlich ist.[89] Bei Geltung deutschen Adoptionsstatuts erfolgt die Adoption durch Beschluss des Familiengerichts, § 1752 BGB, § 197 FamFG. Ist nach Art. 22 Abs. 1 EGBGB ausländisches Adoptionsrecht maßgeblich und folgt dieses dem Vertragssystem, so entscheidet es auch darüber, ob der Adoptionsvertrag gerichtlich bestätigt oder registriert werden muss. Das deutsche Familiengericht hat nach Prüfung des wirksamen Zustandekommens des Vertrages auf der Grundlage des fremden Rechts die Annahme als Kind auf Antrag durch Beschluss auszusprechen; denn § 1752 Abs. 1 BGB hat insoweit auch verfahrensrechtlichen Charakter.[90] Nach der Gegenmeinung ist ein solcher Beschluss zwar möglich und empfehlenswert, aber zur Wirksamkeit der Vertragsadoption nach ausländischem Recht nicht erforderlich, weil es – anders als zB bei der Ehescheidung (Art. 17 Abs. 2 EGBGB) – an einer Regelung fehle, die den Vollzug einer Adoption nach ausländischem Recht zwingend dem inländischen Recht unterwirft.[91] Folgt man dem, so kann die nach ausländischem Recht erforderliche gerichtliche Bestätigung des Adoptionsvertrages auch durch das nach § 101 FamFG international zuständige deutsche Familiengericht erfolgen.[92] Zum Verstoß gegen den *ordre public* → Rn. 42 ff.

### 3. Zustimmungserfordernisse

47 Auch die Frage, ob zur Adoption die Zustimmung des Kindes, seiner Eltern und sonstiger Dritter erforderlich ist, beurteilt sich grundsätzlich nach dem Adoptionsstatut des Art. 22 Abs. 1 EGBGB.[93] Dieses entscheidet ferner über die Widerruflichkeit und Anfechtbarkeit von Zustimmungserklärungen,[94] sowie darüber, wann diese ausnahmsweise entbehrlich sind und unter welchen Voraussetzungen eine erforderliche Zustimmung durch das Familiengericht **ersetzt** werden kann.[95] Es beherrscht schließlich auch die **Rechtsfolgen einer fehlenden Zustimmung.**[96] Die nach dem ausländischen Adoptionsstatut erforderlichen Zustimmungen sind auch dann einzuholen, wenn sie Adoption erheblich erschweren; anders als das Zustimmungsstatut nach Art. 23 EGBGB (→ Rn. 48) kann das Adoptionsstatut für diesen Fall nicht durch das deutsche Recht ersetzt werden.[97] Allerdings kommt uU eine Substitution der vom Adoptionsstatut geforderten Zustimmung durch funktionsäquivalente verfahrensrechtliche Feststellungen in Betracht.[98] Die **Form** der Zustimmungserklärung beurteilt sich nach Art. 11 Abs. 1 EGBGB.[99]

---

[89] Palandt/*Thorn* EGBGB Art. 22 Rn. 5; Erman/*Hohloch* EGBGB Art. 22 Rn. 15; Staudinger/*Henrich* EGBGB Art. 22 Rn. 33.

[90] BayObLGZ 1982, 318 (320 f.); 1997, 85 (87); *Ludwig* RNotZ 2002, 353 (376); *Henrich* IntFamR § 8 V 2; Palandt/*Thorn* EGBGB Art. 22 Rn. 5; Erman/*Hohloch* EGBGB Art. 22 Rn. 16.

[91] BeckOK BGB/*Heiderhoff* EGBGB Art. 22 Rn. 24, 55; NK-BGB/*Benicke* EGBGB Art. 22 Rn. 73; MüKoBGB/*Helms* EGBGB Art. 22 Rn. 19; *Andrae* IntFamR § 7 Rn. 44 ff.

[92] *Andrae* IntFamRG § 7 Rn. 49.

[93] BayObLG FamRZ 2002, 1142 (1143); *Andrae* IntFamR § 7 Rn. 42; Staudinger/*Henrich* EGBGB Art. 22 Rn. 23; MüKoBGB/*Helms* EGBGB Art. 22 Rn. 24.

[94] *Benicke* S. 88 ff.

[95] BayObLG FamRZ 2002, 1142 (1143); Palandt/*Thorn* EGBGB Art. 22 Rn. 5; Erman/*Hohloch* EGBGB Art. 22 Rn. 15; MüKoBGB/*Helms* EGBGB Art. 22 Rn. 25. Daher kommt § 1748 BGB nur bei Geltung deutschen Adoptionsstatuts zur Anwendung, vgl. Staudinger/*Henrich* EGBGB Art. 22 Rn. 30.

[96] OLG Hamm FamRZ 1996, 435; Palandt/*Thorn* EGBGB Art. 22 Rn. 4; BeckOK BGB/*Heiderhoff* EGBGB Art. 22 Rn. 35; MüKoBGB/*Helms* EGBGB Art. 22 Rn. 44.

[97] *Andrae* IntFamR § 7 Rn. 57.

[98] Vgl. zur Ersetzung der Einwilligung der leiblichen Mutter durch eine gerichtliche Verlassenheitserklärung nach chilenischem Recht AG Plettenberg IPRax 1994, 218 mAnm *Hohnerlein* IPRax 1994, 197; zust. *Andrae* IntFamR § 7 Rn. 60.

[99] BayObLG FamRZ 1969, 225 (229); OLG Frankfurt a.M. FamRZ 1992, 985; Staudinger/*Henrich* EGBGB Art. 22 Rn. 27.

Die Erforderlichkeit, Ersetzbarkeit und Erteilung der Zustimmung des Kindes und derjenigen Personen, zu denen das Kind in einem familienrechtlichen Verhältnis steht, insbesondere seiner leiblichen Eltern, zur Adoption unterliegen jedoch **gemäß Art. 23 EGBGB zusätzlich dem Recht des Staates, dem das Kind angehört.** Fallen also Adoptions- und Zustimmungsstatut auseinander, so sind bezüglich dieser Zustimmungserfordernisse die Anforderungen beider Rechte *kumulativ* zu erfüllen.[100] Damit werden die kollisionsrechtlichen Interessen des Kindes und seiner leiblichen Familie berücksichtigt, deren Rechtsbeziehungen zum Kind durch die Adoption beendet oder stark eingeschränkt werden. Hilfsweise gilt nach Art. 23 S. 2 EGBGB **deutsches Recht,** wenn dies zum Wohl des Kindes erforderlich ist, weil den Zustimmungserfordernissen des Heimatrechts des Kindes nur unter unverhältnismäßigen Schwierigkeiten Rechnung getragen werden kann.[101] Diese Ersetzungsmöglichkeit besteht jedoch nur bei der Minderjährigenadoption.[102] Kann die Zustimmung bereits nach dem deutschen Adoptionsstatut (§ 1748 BGB) nicht ersetzt werden, kommt es auf Beurteilung nach dem Heimatrecht des Kindes nicht mehr an.[103] 48

Die **Beachtung eines Renvoi** ist im Anwendungsbereich des Art. 23 S. 1 EGBGB umstritten. Die Vorschrift wird in der deutschen Praxis zT als Sachnormverweisung angesehen, so dass Rück- und Weiterverweisungen durch das Heimatrecht des Kindes nicht beachtet werden.[104] Dies vermag freilich nicht zu überzeugen, weil es nicht sinnvoll ist, die Adoption an einer fehlenden Zustimmung nach dem Heimatrecht des Kindes scheitern zu lassen, obwohl dieses Recht gar nicht angewandt sein will, sondern auf deutsches Recht zurückverweist. Der Entscheidungseinklang mit dem Heimatrecht muss in diesem Fall Vorrang haben.[105] 49

**Beispiel:** 50

K ist am 3.7.2014 als nichteheliches Kind türkischer Eltern in Deutschland geboren worden. Am 20.2.2015 hat die Mutter M ihre Einwilligung zur Adoption erklärt. Daraufhin wurde das Kind zu deutschen Pflegeeltern in Adoptionspflege gegeben. Diese haben am 10.7. 2015 beim Vormundschaftsgericht München beantragt, die Annahme als ihr gemeinsames Kind auszusprechen. Am 12.12.2015 hat das Jugendamt den Antrag gestellt, die Einwilligung des Vaters V gemäß § 1748 BGB wegen anhaltender grober Verletzungen seiner Elternpflichten zu ersetzen. Nach welchem Recht ist über diesen Antrag zu entscheiden?[106]

Nach Art. 22 Abs. 1 S. 2 iVm Art. 14 Abs. 1 Nr. 1 EGBGB unterliegt die Annahme dem deutschen Recht, weil beide Antragsteller die deutsche Staatsangehörigkeit besitzen. Nach dem Adoptionsstatut beurteilt sich die Art und Weise des Zustandekommens der Adoption, insbesondere welche Personen dabei mitwirken und welche Erklärungen sie abgeben müssen. Darunter fällt auch das Erfordernis der Einwilligung der leiblichen Eltern in die Adoption (§ 1747 BGB) und die Möglichkeit ihrer Ersetzung durch das Familiengericht nach § 1748 BGB.

[100] OLG Hamm FamRZ 2006, 1463; *Andrae* IntFamR § 7 Rn. 42; BeckOK BGB/*Heiderhoff* EGBGB Art. 22 Rn. 18; MüKoBGB/*Helms* EGBGB Art. 22 Rn. 26.

[101] BayObLG FamRZ 2002, 1282 (1284); Staudinger/*Henrich* EGBGB Art. 23 Rn. 32.

[102] BayObLG NJW-RR 1995, 327; Erman/*Hohloch* EGBGB Art. 22 Rn. 16; BeckOK BGB/*Heiderhoff* EGBGB Art. 22 Rn. 21.

[103] BayObLG FamRZ 2002, 1142 (1143).

[104] BayObLG FamRZ 1988, 868 (870); 2005, 1694 (1695); OLG Stuttgart IPRax 1990, 332 (333); zust. Palandt/*Thorn* EGBGB Art. 23 Rn. 2.

[105] AG Bielefeld IPRax 1989, 172; AG Siegen IPRax 1992, 259 mAnm *Jayme*; *Hohnerlein* IPRax 1994, 197; Münch/*Süß* FamR § 20 Rn. 358; Erman/*Hohloch* EGBGB Art. 23 Rn. 4; NK-BGB/*Benicke* EGBGB Art. 23 Rn. 19ff.; Staudinger/*Henrich* EGBGB Art. 23 Rn. 6; Staudinger/*Hausmann* EGBGB Art. 4 Rn. 292 mwN. Differenzierend nach Art der Verweisung durch das Zustimmungsstatut *Andrae* IntFamR §7 Rn. 58; BeckOK BGB/*Heiderhoff* EGBGB Art. 23 Rn. 19.

[106] Vgl. BayObLG FamRZ 1988, 868; 2002, 1142 und 1282; 2004, 1812.

Nach Art. 23 S. 1 EGBGB ist auf die Frage, ob eine Zustimmung der Eltern zur Adoption erforderlich ist und in welchen Fällen sie entbehrlich ist, oder ersetzt werden kann, *zusätzlich* das Heimatrecht des Kindes, hier das türkische Recht, anzuwenden, soweit nicht Art. 23 S. 2 EGBGB eingreift. Daraus folgt, dass es auf das türkische Recht nicht mehr ankommt, wenn eine Ersetzung der Zustimmung bereits nach § 1748 BGB ausscheidet. In diesem Fall ist der Antrag vielmehr abzulehnen. Liegen die – strengen – Voraussetzungen für eine Ersetzung der Zustimmung des V zur Adoption nach § 1748 BGB hingegen vor, so dürfte die Ersetzung auch am türkischen Heimatrecht des Kindes nicht scheitern; notfalls ist von der Anwendung dieses Rechts nach Art. 23 S. 2 EGBGB abzusehen.

### 4. Familiengerichtliche Genehmigung

51 Ob und welche Zustimmungserklärungen der Beteiligten einer familiengerichtlichen Genehmigung bedürfen und von welchen Voraussetzungen die Erteilung einer solchen Genehmigung abhängt, richtet sich – wie die Zustimmungserklärung selbst – ebenfalls nach Art. 22 Abs. 1 und Art. 23 EGBGB.[107] Auch insoweit ist also neben dem Adoptionsstatut das Heimatrecht des Kindes zu berücksichtigen. Ergänzend ist das sachrechtliche Zustimmungserfordernis in **§ 1746 Abs. 1 S. 4 BGB** zu beachten, wenn deutsches Recht zwar nicht als Adoptionsstatut nach Art. 22 Abs. 1 EGBGB,[108] wohl aber als Zustimmungsstatut nach Art. 23 EGBGB zur Anwendung berufen ist.[109] Nach dieser Vorschrift, die an die Stelle von Art. 22 Abs. 2 S. 2 EGBGB aF getreten ist, bedarf insbesondere die Adoption eines deutschen Kindes durch ausländische Annehmende der familiengerichtlichen Genehmigung. Gleiches gilt aber auch in anderen Fällen, in denen das angenommene Kind und der Annehmende ein unterschiedliches Personalstatut haben.[110] Damit soll gewährleistet werden, dass die wesentlichen Voraussetzungen der Adoption nach deutschem Recht – insbesondere deren Vereinbarkeit mit dem Kindeswohl – auch bei einer Adoption nach ausländischem Recht eingehalten werden. Das für die Einwilligung maßgebliche Adoptions- bzw. Zustimmungsstatut beantwortet auch die Frage, ob die gerichtliche Genehmigung der Einwilligung vorangehen oder ihr nachfolgen muss.

### 5. Vorfragen

52 Die Gültigkeit einer Eheschließung stellt sich im internationalen Adoptionsrecht nicht nur als Erstfrage bei der Anwendung von Art. 22 Abs. 1 S. 2 EGBGB (→ Rn. 32), sondern häufig auch als Vorfrage im Rahmen der Anwendung des ausländischen materiellen Adoptionsrechts, weil dort – ebenso wie im deutschen Recht (vgl. §§ 1741 Abs. 2, 1742, 1743, 1755 Abs. 2, 1756 Abs. 2 BGB) – für die Adoption durch Verheiratete andere Regeln gelten als für die Adoption durch Unverheiratete. Diese Vorfrage ist grundsätzlich **selbständig** nach Art. 13 EGBGB anzuknüpfen (allg. → § 3 Rn. 42).[111] Eine unselbständige Anknüpfung[112] ist ausnahmsweise in Betracht zu ziehen, wenn der Inlandsbezug des Sachverhalts nur sehr schwach ausgeprägt ist und deshalb das Interesse am internationalen Entscheidungseinklang mit dem Heimatstaat des Annehmenden deutlich überwiegt.[113]

[107] Palandt/*Thorn* EGBGB Art. 22 Rn. 5; MüKoBGB/*Helms* EGBGB Art. 22 Rn. 28; BeckOK BGB/*Heiderhoff* EGBGB Art. 22 Rn. 19.

[108] Richtet sich die Adoption nach deutschem Recht, bedarf es einer familiengerichtlichen Genehmigung nach § 1746 Abs. 1 S. 4 BGB deshalb nicht, weil eine Kindeswohlprüfung dann bereits nach § 1741 BGB vorgeschrieben ist, vgl. BT-Drs. 13/4899, 156.

[109] Staudinger/*Frank* BGB § 1746 Rn. 37; MüKoBGB/*Helms* EGBGB Art. 22 Rn. 29.

[110] *Henrich* IntFamR § 8 IV 3; MüKoBGB/*Helms* EGBGB Art. 22 Rn. 29.

[111] BayObLG StAZ 1996, 171; *v. Bar* IPR II Rn. 321; *Kegel/Schurig* IPR § 20 VIII 2 b; *Schotten/Schmellenkamp* IPR Rn. 249a (S. 243); BeckOK BGB/*Heiderhoff* EGBGB Art. 22 Rn. 49; Erman/*Hohloch* EGBGB Art. 22 Rn. 7, 14; *Baumann* S. 87 ff. mwN.

[112] Dafür grundsätzlich Staudinger/*Henrich* EGBGB Art. 22 Rn. 31.

[113] So auch *Andrae* IntFamR § 7 Rn. 35.

Teilweise wird auch insoweit eine alternative Anknüpfung nach dem Günstigkeitsprinzip befürwortet.[114]

Kommt es für die Adoption darauf an, ob der Angenommene noch **minderjährig oder bereits volljährig** ist, weil – wie im Regelfall – für die Minderjährigenadoption andere Regeln gelten als für die Erwachsenenadoption, wird überwiegend danach unterschieden, ob die Vorfrage vom deutschen Recht (dann selbständige Anknüpfung nach Art. 7 EGBGB)[115] oder vom ausländischen Adoptionsrecht aufgeworfen wird (dann unselbständige Anknüpfung).[116] Wegen des engen Zusammenhangs zwischen dem jeweiligen Adoptionstyp und den materiell-rechtlichen Folgen spricht freilich vieles dafür, auch darüber das Adoptionsstatut (bei deutschem Adoptionsstatut also § 2 BGB) entscheiden zu lassen.[117] Das von Art. 22 Abs. 1 (oder Art. 23; → Rn. 48) EGBGB berufene Recht ist auch dafür maßgebend, ob **Stellvertretung** bei Adoptionserklärungen notwendig bzw. zulässig ist[118] und ab wann ein Beteiligter die erforderliche Geschäftsfähigkeit erreicht, um die erforderlichen Erklärungen selbst abzugeben.[119] Nur wenn das Adoptionsstatut insoweit auf die allgemeinen Vorschriften zur Geschäftsfähigkeit bzw. gesetzlichen Vertretung verweist, ist diese Vorfrage selbständig nach Art. 7 EGBGB bzw. Art. 16ff. KSÜ anzuknüpfen.[120] Die **Form** der für eine Adoption erforderlichen Erklärungen beurteilt sich hingegen stets nach Art. 11 EGBGB.[121] 53

## II. Wirkungen der Adoption

### 1. Grundsatz

Nach dem Adoptionsstatut beurteilen sich gemäß Art. 22 Abs. 2 EGBGB auch die Wirkungen der Adoption. Dieser Grundsatz beschränkt sich allerdings im Wesentlichen darauf, welche Wirkungen die Adoption auf den **Status des Angenommenen** hat,[122] also auf die Fragen, ob die bisherigen verwandtschaftlichen Rechtsbeziehungen zur leiblichen Familien erlöschen oder eingeschränkt werden, ob das angenommene Kind einem leiblichen Kind des Annehmenden in jeder Hinsicht gleich steht, also eine Volladoption eintritt, und in welcher Rechtsbeziehung das angenommene Kind zu einem Ehegatten oder eingetragenen Lebenspartner und den Verwandten des Annehmenden steht.[123] Art. 22 Abs. 2 EGBGB gilt ferner nur für die **Inlandsadoption** und die im Ausland vorgenommene Vertragsadoption.[124] Zu den Wirkungen der Anerkennung einer ausländischen Dekretadoption im Inland → Rn. 73ff., 85; die Feststellung dieser Wirkungen nach § 2 AdWirkG und die Umwandlung einer nach ausländischem Recht ausgesprochenen Ad- 54

[114] MüKoBGB/*Helms* EGBGB Art. 22 Rn. 23.

[115] OLG Köln StAZ 2012, 88 Rn. 3; OLG Bremen FamRZ 2007, 930 (Ls.); OLG Karlsruhe FamRZ 2000, 768; 199, BayObLG FamRZ 1996, 183 und 1997, 638; *Andrae* IntFamR § 7 Rn. 33; Palandt/*Thorn* EGBGB Art. 22 Rn. 1; Erman/*Hohloch* EGBGB Art. 22 Rn. 14.

[116] NK-BGB/*Benicke* EGBGB Art. 22 Rn. 60; Staudinger/*Henrich* EGBGB Art. 22 Rn. 31; *Andrae* IntFamR § 7 Rn. 35.

[117] MüKoBGB/*Helms* EGBGB Art. 22 Rn. 20; NK-BGB/*Benicke* EGBGB Art. 22 Rn. 7, 60. Zumindest ist diese Vorfrage unselbständig anzuknüpfen, vgl. BeckOK BGB/*Heiderhoff* EGBGB Art. 22 Rn. 50.

[118] Erman/*Hohloch* EGBGB Art. 22 Rn. 15; MüKoBGB/*Helms* EGBGB Art. 22 Rn. 21.

[119] MüKoBGB/*Helms* EGBGB Art. 22 Rn. 21.

[120] *Baumann* S. 87ff.; *Benicke* S. 109f.; *Andrae* IntFamR § 7 Rn. 33; Staudinger/*Henrich* EGBGB Art. 22 Rn. 25, 31; BeckOK BGB/*Heiderhoff* EGBGB Art. 22 Rn. 18, 49.

[121] KG FamRZ 1993, 1363; BayObLG FamRZ 1969, 225 (229); *S. Lorenz* IPRax 1994, 193 (195); Palandt/*Thorn* EGBGB Art. 22 Rn. 5; Staudinger/*Henrich* EGBGB Art. 22 Rn. 27; MüKoBGB/*Helms* EGBGB Art. 22 Rn. 21.

[122] BT-Drs. 10/504, 72; Palandt/*Thorn* EGBGB Art. 22 Rn. 6; Erman/*Hohloch* EGBGB Art. 22 Rn. 17; NK-BGB/*Benicke* EGBGB Art. 22 Rn. 14; Staudinger/*Henrich* EGBGB Art. 22 Rn. 44; MüKoBGB/*Helms* EGBGB Art. 22 Rn. 31.

[123] Vgl. *Henrich* IntFamR § 8 III 5 a; *v. Bar* IPR II Rn. 329; *Andrae* IntFamR § 7 Rn. 62.

[124] NK-BGB/*Benicke* EGBGB Art. 22 Rn. 17.

option nach § 3 AdWirkG (dazu → Rn. 88ff., 105) modifizieren das von Art. 22 Abs. 2 EGBGB bestimmte Statut der Adoptionswirkungen.[125]

55 Spricht ein deutsches Gericht eine Adoption nach Maßgabe *ausländischen* Adoptionsrechts aus, so hat es zugleich eine **Feststellung der Wirkungen** nach § 2 Abs. 2 AdWirkG zu treffen (näher → Rn. 88ff.). Unterliegt die Inlandsadoption dem HAdoptÜ, so hat die zuständige deutsche Behörde die – für die Anerkennung der Adoption in anderen Vertragsstaaten erforderliche – **Bescheinigung nach Art. 23 HAdoptÜ** auszustellen, wonach die Adoption in Übereinstimmung mit den Vorgaben des Übereinkommens zustande gekommen ist.[126]

## 2. Sonderanknüpfungen

56 Soweit das Adoptivkind – wie heute nach den meisten Rechten – einem leiblichen Kind des Annehmenden weitgehend gleichgestellt wird, beurteilen sich die Rechtsbeziehungen zwischen ihm und dem/den Annehmenden grundsätzlich nach Art. 21 EGBGB, dh nach dem Recht am gewöhnlichen Aufenthalt des Adoptivkindes.[127] Auch dieser Grundsatz wird jedoch heute in erheblichem Umfang durch Sonderanknüpfungen bestimmter Adoptionswirkungen eingeschränkt.

57 **a) Name.** Der Name einer Person beurteilt sich auch dann nach Art. 10 Abs. 1 EGBGB, wenn und soweit er durch eine Adoption verändert wird. Maßgebend ist daher das Recht des Staates, dem das Adoptivkind angehört.[128] Hat sich die Staatsangehörigkeit des Angenommenen durch die Adoption geändert (→ Rn. 65f.), so ist dessen neues Heimatrecht maßgebend.[129] Unterscheidet das von Art. 10 EGBGB zur Anwendung berufene Recht hinsichtlich der Namensfolgen zwischen starken und schwachen Adoptionen, so kommt es darauf an, welche Art von Adoption im konkreten Fall ausgesprochen wurde.[130]

58 **b) Unterhalt.** Für Unterhaltsansprüche des Adoptivkindes gegen den Annehmenden sowie gegen dessen Ehegatten oder Lebenspartner gilt nach Art. 3 Abs. 1 Nr. 1 und Nr. 2 EGBGB vorrangig das **Haager Unterhaltsprotokoll** (näher → § 10 Rn. 147).[131]

59 **c) Elterliche Sorge.** Fragen der elterlichen Sorge bestimmen sich heute nach **Art. 15ff. KSÜ;** diese staatsvertragliche Regelung verdrängt nach Art. 3 Nr. 2 EGBGB die autonome Kollisionsnorm in Art. 21 EGBGB fast vollständig (näher → § 5 Rn. 11). Dies gilt auch für das durch Adoption begründete Sorgerechtsverhältnis. Umstritten ist in diesem Zusammenhang die Qualifikation von **§ 1751 Abs. 1 BGB,** der das Ruhen der elterlichen Sorge eines Elternteils anordnet, der seine Einwilligung in die Adoption des Kindes erteilt hat, mit der Folge, dass das Jugendamt kraft Gesetzes Vormund wird. Während zT eine Anknüpfung an das Sorgerechtsstatut nach Art. 16 KSÜ befürwortet wird,[132] spricht die systematische Stel-

[125] MüKoBGB/*Helms* EGBGB Art. 22 Rn. 31.

[126] Zur Zuständigkeit für diese Bescheinigung vgl. § 8 AdÜbAG.

[127] Palandt/*Thorn* EGBGB Art. 22 Rn. 6; BeckOK BGB/*Heiderhoff* EGBGB Art. 22 Rn. 26; Staudinger/*Henrich* EGBGB Art. 22 Rn. 46.

[128] OLG Karlsruhe IPRax 1998, 110 (111) mAnm *Henrich* IPRax 1998, 96; AG Rottweil StAZ 2006, 144 (145); Palandt/*Thorn* EGBGB Art. 22 Rn. 6; Erman/*Hohloch* EGBGB Art. 22 Rn. 18; NK-BGB/*Benicke* EGBGB Art. 22 Rn. 23; MüKoBGB/*Helms* EGBGB Art. 22 Rn. 36; Staudinger/*Hepting/Hausmann* EGBGB Art. 10 Rn. 442ff. mwN.

[129] NK-BGB/*Benicke* EGBGB Art. 22 Rn. 23; Staudinger/*Henrich* EGBGB Art. 22 Rn. 47; Staudinger/*Hepting/Hausmann* EGBGB Art. 10 Rn. 443. Zur Vorfragenanknüpfung in diesem Zusammenhang NK-BGB/*Benicke* EGBGB Art. 22 Rn. 25ff.

[130] *Henrich* IntFamR § 8 III Rn. 5b; NK-BGB/*Benicke* EGBGB Art. 22 Rn. 28; MüKoBGB/*Helms* EGBGB Art. 22 Rn. 36; Staudinger/*Hepting/Hausmann* EGBGB Art. 10 Rn. 453ff.

[131] Palandt/*Thorn* EGBGB Art. 22 Rn. 6; Erman/*Hohloch* EGBGB Art. 22 Rn. 18.

[132] So *Andrae* IntFamR § 7 Rn. 42; Staudinger/*Henrich* EGBGB Art. 22 Rn. 28.

lung der Vorschrift für eine adoptionsrechtliche Einordnung.[133] Damit steht die gesetzliche Vertretung des anzunehmenden Kindes nach Erteilung der Einwilligung durch den sorgeberechtigten Elternteil auch dann dem Jugendamt als Amtsvormund zu, wenn das Kind eine ausländische Staatsangehörigkeit besitzt, vorausgesetzt deutsches Recht ist nach Art. 22 Abs. 1 EGBGB Adoptionsstatut. Dies gilt freilich im Hinblick auf § 6 Abs. 1 S. 2 SGB VIII nur dann, wenn das Kind seinen gewöhnlichen Aufenthalt im Inland hat.[134]

**d) Erbrecht. aa) Verhältnis Adoptionsstatut – Erbstatut.** Über die mit einer Adoption verbundenen erbrechtlichen Konsequenzen entscheidet zwar grundsätzlich das Erbstatut. Dieses bestimmt insbesondere, ob Adoptivkinder zum Kreis der gesetzlichen Erben nach dem Annehmenden gehören, welche Erbquoten ihnen als solche zustehen und ob sie ein Pflichtteilsrecht haben. Gleiches gilt für die Fragen, ob auch die Verwandten des Kindes nach dem Annehmenden und die Verwandten des Annehmenden nach dem Adoptivkind erbberechtigt sind und wie sich die Adoption auf das gesetzliche Erbrecht des Kindes nach seinen leiblichen Verwandten auswirkt.[135] Andererseits kann auch das Adoptionsrecht nicht völlig unberücksichtigt bleiben, weil es die Wirkungen der Adoption bestimmt, zu deren wichtigsten das Erbrecht nach dem Annehmenden gehört. Erb- und Adoptionsstatut sind daher in der Weise miteinander zu kombinieren, dass dem von Art. 22 Abs. 1 EGBGB bestimmten Adoptionsstatut zu entnehmen ist, ob zwischen dem Erblasser und dem Adoptivkind durch die Adoption eine so starke Rechtsbeziehung begründet worden ist, wie sie das Erbstatut für eine Beteiligung an der Erbfolge voraussetzt.[136] Ist Erbstatut das deutsche Recht, so wird für die Substitution daher grundsätzlich eine Volladoption nach ausländischem Recht vorausgesetzt. Sieht das nach Art. 22 Abs. 1 EGBGB zur Anwendung berufene ausländische Recht hingegen nur eine schwache Adoption vor, die das angenommene Kind einem leiblichen Kind nicht gleichstellt, so hat das Adoptivkind auch kein gesetzliches Erbrecht oder Pflichtteilsrecht nach dem Annehmenden, dessen Ehegatten oder Verwandten nach deutschem Erbrecht. An dieser Beurteilung ist auch unter Geltung der EuErbVO festzuhalten. Entsprechend besteht auch ein **Erbrecht der leiblichen Verwandten** des Angenommenen nach diesem nur, wenn das Erbstatut ein solches kennt und die Adoption das vom Erbstatut vorausgesetzte Verwandtschaftsverhältnis nicht beseitigt hat.[137] 60

Bei im Ausland vorgenommenen und im Inland anerkannten Adoptionen ist in diesem Zusammenhang nicht von dem nach Art. 22 Abs. 1 EGBGB zur Anwendung berufenen, sondern von dem vom ausländischen Gericht oder der ausländischen Behörde auf die Adoption **tatsächlich angewandten Recht** auszugehen; denn nur auf dessen Wirkungen waren die erteilten Einwilligungen bezogen.[138] Nur wenn dieses Recht dem Adoptivkind ein Erbrecht nach dem Annehmenden einräumt, kann es Grundlage für eine Erbberechtigung nach deutschem Recht sein.[139] Handelt es sich hingegen um eine schwache Auslandsadoption, so ist zur Begründung eines gesetzlichen Erbrechts des Adoptivkindes deren Umwandlung in eine starke Inlandsadoption nach § 3 AdWirkG erforderlich (→ Rn. 105 ff.). 61

[133] So Palandt/*Thorn* EGBGB Art. 22 Rn. 5; BeckOK BGB/*Heiderhoff* EGBGB Art. 22 Rn. 22; MüKoBGB/*Helms* EGBGB Art. 22 Rn. 35.

[134] Staudinger/*Henrich* EGBGB Art. 21 Rn. 93; Erman/*Hohloch* EGBGB Art. 22 Rn. 15; MüKoBGB/*Helms* EGBGB Art. 22 Rn. 35.

[135] Vgl. *Ludwig* RNotZ 2002, 353 (379 ff.).

[136] BGH FamRZ 1989, 378 (379) = IPRax 1990, 55; OLG Düsseldorf FamRZ 1998, 1627 (1628 f.) = IPRax 1999, 380; *Andrae* IntFamR § 7 Rn. 113; Palandt/*Thorn* EGBGB Art. 22 Rn. 6; Erman/*Hohloch* EGBGB Art. 22 Rn. 19; BeckOK BGB/*Heiderhoff* EGBGB Art. 22 Rn. 28; NK-BGB/*Benicke* EGBGB Art. 22 Rn. 38; Staudinger/*Henrich* EGBGB Art. 22 Rn. 64 ff.; MüKoBGB/*Helms* EGBGB Art. 22 Rn. 37.

[137] NK-BGB/*Benicke* EGBGB Art. 22 Rn. 43; MüKoBGB/*Helms* EGBGB Art. 22 Rn. 39, Staudinger/*Henrich* EGBGB Art. 22 Rn. 69.

[138] NK-BGB/*Benicke* EGBGB Art. 22 Rn. 38; MüKoBGB/*Helms* EGBGB Art. 22 Rn. 38.

[139] BGH IPRax 1990, 55 f.; OLG Düsseldorf IPRax 1990, 380 (381); NK-BGB/*Benicke* EGBGB Art. 22 Rn. 38; MüKoBGB/*Helms* EGBGB Art. 22 Rn. 38.

62 **Beispiel:**
Die S wurde 1955 als nichteheliches Kind einer deutschen Staatsangehörigen geboren. Sie wurde im Jahr 1961 vor einem Notar in Montevideo/Uruguay durch die Erblasserin E adoptiert, die argentinische Staatsangehörige war. Die E siedelte 1974 nach Deutschland um, wo sie im Jahre 1990 unter Hinterlassung erheblichen Vermögens verstarb. In einem notariellen Testament von 1987 hatte sie ihre beiden ehelichen Söhne zu ihren alleinigen Erben eingesetzt und für ihr in Deutschland belegenes unbewegliches Vermögen die Geltung deutschen Rechts angeordnet. Die S nimmt die beiden Söhne der E auf Zahlung ihres Pflichtteils in Anspruch. Ist der Anspruch begründet, wenn die im Jahre 1961 durchgeführte Adoption nach dem damaligen Adoptionsrecht von Uruguay – seine Anwendbarkeit unterstellt – nur eingeschränkte Wirkungen hatte, insbesondere für das adoptierte Kind neben ehelichen Abkömmlingen des Adoptierenden kein Erb- und Pflichtteilsrecht begründete?[140]

Die Erbfolge nach der Erblasserin beurteilt sich gemäß Art. 25 Abs. 1 EGBGB aF nach argentinischem Recht als dem Heimatrecht der Erblasserin zur Zeit ihres Todes. Dies ist eine Gesamtverweisung, so dass eine Rück- oder Weiterverweisung durch das argentinische IPR nach Art. 4 Abs. 1 EGBGB zu beachten ist. Dieses verweist hinsichtlich des gesamten außerhalb von Argentinien belegenen Nachlassvermögens auf das Recht am letzten Wohnsitz der Erblasserin. Damit gilt kraft Rückverweisung durch das argentinische IPR deutsches Erbrecht. Für das in Deutschland belegene unbewegliche Nachlassvermögen ergibt sich dies bereits aus der von der Erblasserin wirksam nach Art. 25 Abs. 2 EGBGB aF getroffenen Rechtswahl.

Nach deutschem Erbrecht sind zwar auch Adoptivkinder gesetzlich erbberechtigt. Dabei wird jedoch stillschweigend eine nach deutschem Adoptionsrecht wirksame Volladoption vorausgesetzt, durch die das angenommene Kind die rechtliche Stellung eines Kindes des Annehmenden erlangt (§ 1754 Abs. 2 BGB). Ist die Adoption nicht nach deutschem, sondern – wie hier – nach ausländischem Recht durchgeführt worden, so ist sie nicht in jedem Fall geeignet, das in den Sachnormen des Erbstatuts als Voraussetzung für die Erbberechtigung formulierte Tatbestandsmerkmal „Adoption" auszufüllen. Dies ist vielmehr nur dann der Fall, wenn die Adoption eine so starke rechtliche Beziehung zwischen dem Annehmenden und dem Kind begründet, wie sie das für die Erbfolge maßgebende Recht für eine Beteiligung an der gesetzlichen Erbfolge voraussetzt. Ein wichtiges Indiz hierfür ist insbesondere, ob das als Adoptionsstatut maßgebende Recht das Adoptivkind auch am Nachlass des Erblassers ähnlich wie ein leibliches Kind beteiligen würde. Da die S nach dem ihrer Adoption zugrunde liegenden uruguayischen Recht idF von 1961 nur in sehr eingeschränktem Umfang erbberechtigt gewesen wäre und ihr kein Pflichtteilsrecht zugestanden hätte, handelte es sich um eine schwache Adoption, die zur Begründung eines gesetzlichen Erbrechts nach deutschem Erbstatut (§ 1924 BGB) nicht ausreicht.[141]

63 **bb) Erbrechtliche Gleichstellung.** Einen weiteren Weg, dem durch eine nur „schwache" Adoption im In- oder Ausland angenommenen Kind zu einem gesetzlichen Erbrecht zu verhelfen, eröffnet Art. 22 Abs. 3 EGBGB.[142] Danach kann der Erblasser – ohne Rücksicht auf das nach Art. 22 Abs. 1 und Abs. 2 EGBGB maßgebliche Adoptionsstatut – durch Verfügung von Todes wegen die erbrechtliche Gleichstellung des Kindes mit einem nach deutschem Sachrecht angenommenen Kind (vgl. § 1754 BGB) anordnen, wenn für die Erbfolge nach Art. 21 ff. EuErbVO oder Art. 25 EGBGB aF deutsches Recht als Erbstatut berufen ist (Satz 1) und der Angenommene im Zeitpunkt der Annahme das achtzehnte Lebensjahr noch nicht vollendet hatte (Satz 3). Bei Art. 22 Abs. 3 EGBGB handelt

[140] Vgl. OLG Düsseldorf IPRax 1999, 380 mAnm *Klinkhardt* IPRax 1999, 356.
[141] So OLG Düsseldorf IPRax 1999, 380 (382 f.); **aA** NK-BGB/*Benicke* EGBGB Art. 22 Rn. 40.
[142] Die Vorschrift wurde dem Art. 22 EGBGB durch Gesetz vom 5.11.2001 (BGBl. I 2950) mit Wirkung vom 1.1.2002 angefügt.

es sich um eine **Sachnorm des deutschen Erbrechts;**[143] im Fall der Nachlassspaltung – zB kraft Teilrückverweisung nach Art. 34 Abs. 1 EuErbVO – beschränkt sich die erbrechtliche Gleichstellung daher auf den Nachlassteil, der dem deutschen Recht unterliegt.[144]

Die wichtigste Funktion der Gleichstellung nach Art. 22 Abs. 3 EGBGB besteht darin, 64
dass sie dem Adoptivkind nicht nur ein gesetzliches Erbrecht, sondern – anders als eine bloße Erbeinsetzung – auch ein **Pflichtteilsrecht** verschafft, ohne dass zu diesem Zweck das Umwandlungsverfahren nach § 3 AdWirkG durchgeführt werden müsste.[145] Die Gleichstellungsanordnung ist andererseits aber auch keine Erbeinsetzung. Wird sie in einem gemeinschaftlichen Testament oder in einem Erbvertrag angeordnet, so hat sie daher keine Bindungswirkung iSv §§ 2270 Abs. 3, 2278 Abs. 2 BGB.[146] Vorsorglich sollte neben der Gleichstellung aber auch eine Erbeinsetzung des Adoptivkindes vorgenommen werden.[147] Die Gleichstellung kann ferner nur für die **Erbfolge nach dem Annehmenden, dessen Ehegatten, Lebenspartner oder Verwandten** bestimmt werden und gilt nur im Verhältnis zu derjenigen der vorgenannten Personen, die sie durch Verfügung von Todes wegen angeordnet hat; sie lässt daher insbesondere das Erbrecht des Adoptivkindes nach seinen leiblichen Verwandten unberührt.[148] Gemäß Art. 22 Abs. 3 S. 2 EGBGB kann sie auch dann angeordnet werden, wenn die Adoption auf einer – im Inland anzuerkennenden – ausländischen Entscheidung beruht. Die vollständige erbrechtliche Gleichstellung des nach ausländischem Recht angenommenen Kindes mit einem nach inländischem adoptierten Kind kann nur durch die Umwandlung der ausländischen Adoption in eine deutsche Volladoption nach § 3 AdWirkG erreicht werden.[149]

**e) Staatsangehörigkeitsrecht.** Ein ausländisches (oder staatenloses) Kind, das zur Zeit 65
der Beantragung der Adoption[150] das 18. Lebensjahr noch nicht vollendet hat,[151] erwirbt, wenn es durch einen Deutschen adoptiert wird, nach **§ 6 StAG** die deutsche Staatsangehörigkeit. Im Fall der gemeinschaftlichen Adoption durch Ehegatten oder Lebenspartner genügt es, wenn nur einer der beiden Annehmenden Deutscher ist.[152] Das deutsche Staatsangehörigkeitsrecht setzt hierfür eine „nach den deutschen Gesetzen wirksame Annahme als Kind" voraus. Dies ist jedenfalls dann gewährleistet, wenn sich die statusrechtlichen Wirkungen der Adoption nach deutschem Recht richten. Eine Inlandsadoption muss daher nach § 197 Abs. 2 FamFG wirksam geworden sein. Darüber hinaus genügt zum Erwerb der deutschen Staatsangehörigkeit aber auch eine nur **nach ausländischem Recht wirksame Adoption,** wenn diese einer solchen nach deutschem Recht **gleichwertig** ist.[153] Ist sie im Ausland erfolgt, so muss sie als Dekretadoption nach Art. 23 ff. HAdoptÜ bzw. § 108 FamFG anzuerkennen sein (dazu → Rn. 71 ff., 78 ff.) bzw. als Vertragsadoption den Erfordernissen der Art. 22, 23 EGBGB genügen. Die Gleichwertigkeit

---

[143] BT-Drs.14/6011, 58; *Ludwig* RNotZ 2002, 353 (383); *Steiger* DNotZ 2002, 184 (207).

[144] Palandt/*Thorn* EGBGB Art. 22 Rn. 6; *Schotten/Schmellenkamp* IPR Rn. 254.

[145] *Heiderhoff* FamRZ 2002, 1622 (1684 f.); *S. Lorenz* FS Sonnenberger, 2004, 497 (518 f.); Staudinger/*Henrich* EGBGB Art. 22 Rn. 68.

[146] *Ludwig* RNotZ 2002, 383 (383); *Süß* MittBayNot 2002, 88 (92).

[147] *Schotten/Schmellenkamp* IPR Rn. 254.

[148] Palandt/*Thorn* EGBGB Art. 22 Rn. 6; Staudinger/*Henrich* EGBGB Art. 22 Rn. 70; MüKoBGB/*Helms* EGBGB Art. 22 Rn. 40; *Schotten/Schmellenkamp* IPR Rn. 254.

[149] *Heiderhoff* FamRZ 2002, 1682 (1684 f.); Staudinger/*Henrich* EGBGB Art. 22 Rn. 68; NK-BGB/*Benicke* EGBGB Art. 22 Rn. 46 ff.

[150] Maßgebend ist der Zeitpunkt des Eingangs des notariell beurkundeten Annahmeantrags beim Familiengericht, vgl. BVerwGE 119, 111 = FamRZ 2004, 194; 108, 216 = NJW 1999, 1347. Zum Einfluss des Eintritts der Volljährigkeit im Lauf des Adoptionsverfahrens BVerwG StAZ 2012, 149.

[151] Nicht erforderlich ist, dass das Kind nach dem von Art. 7 EGBGB zur Anwendung berufenen Recht noch minderjährig ist, vgl. Staudinger/*Henrich* EGBGB Art. 22 Rn. 58.

[152] MüKoBGB/*Helms* EGBGB Art. 22 Rn. 41; vgl. auch BayVGH NJW 1989, 3107.

[153] OVG Hamburg StAZ 2007, 86; BayVGH StAZ 1989, 287 (288); Staudinger/*Henrich* EGBGB Art. 22 Rn. 61; BeckOK BGB/*Heiderhoff* EGBGB Art. 22 Rn. 33; NK-BGB/*Benicke* EGBGB Art. 22 Rn. 34.

ist jedenfalls gegeben, wenn es sich um eine Volladoption handelt. Auch eine Adoption mit schwächeren Wirkungen kann jedoch zum Erwerb der deutschen Staatsangehörigkeit nach § 6 StAG genügen, da an die Gleichwertigkeit keine allzu hohen Anforderungen zu stellen sind. Ausreichend muss sein, dass das Adoptivkind im Verhältnis zum Annehmenden einem leiblichen Kind gleichsteht (vgl. §§ 1754, 1755 BGB); unschädlich ist es dann, dass gewisse, insbesondere erbrechtliche, Beziehungen zu den leiblichen Eltern bestehen bleiben.[154] Wegen der insoweit bestehenden Rechtsunsicherheit sollte in der notariellen Praxis nach Möglichkeit die Umwandlung einer schwachen Auslandsadoption in eine deutsche Volladoption gemäß § 3 AdWirkG (dazu → Rn. 105 ff.) angestrebt werden.[155]

66 Wird – umgekehrt – ein deutsches Kind durch einen Ausländer adoptiert, so verliert es nach § 27 S. 1 StAG die deutsche Staatsangehörigkeit, wenn es hierdurch die Staatsangehörigkeit des Annehmenden erwirbt. Eine Ausnahme gilt nach § 27 S. 2 StAG nur dann, wenn ein deutscher Elternteil vorhanden ist und die verwandtschaftlichen Beziehungen zu diesem durch die Adoption nicht beendet werden. Dies trifft insbesondere bei einer Stiefkindadoption oder bei einer „schwachen" Adoption nach ausländischem Recht zu.[156]

## III. Aufhebung der Adoption

67 Ist die an Mängeln leidende Adoption durch eine – auch auf ausländisches Recht gestützte – inländische oder eine im Inland anzuerkennende ausländische Gerichtsentscheidung herbeigeführt worden, so kann sie nach **deutschem Verfahrensrecht** auch nur durch eine solche Entscheidung aufgehoben werden (§§ 186 Nr. 3, 198 Abs. 2 FamFG).[157] Die internationale Zuständigkeit der deutschen Gerichte für die Aufhebung ergibt sich aus § 101 FamFG.[158] Die Aufhebung einer **ausländischen Dekretadadoption** setzt voraus, dass diese in Deutschland anerkennungsfähig ist. Im Aufhebungsverfahren ist über das Vorliegen eines Begründungsmangels dann bei inländischen Adoptionen nach dem gemäß Art. 22 EGBGB maßgeblichen Recht und bei einer Auslandsadoption nach dem Recht zu entscheiden, das der Adoption vom ausländischen Gericht tatsächlich zugrunde gelegt wurde.[159] Demgegenüber sind die Folgen nachträglicher Mängel nach dem im Zeitpunkt der Aufhebung von Art. 22 EGBGB zur Anwendung berufenen Recht zu beurteilen.[160]

68 Die Aufhebung der von einem **deutschen Gericht** ausgesprochenen Adoption unterliegt dem Adoptionsstatut des Art. 22 Abs. 1 EGBGB, ohne dass nach den Gründen für die Aufhebung zu unterscheiden ist.[161] Bei deutschem Adoptionsstatut sind daher die §§ 1759 ff. BGB maßgebend. Ist die Adoption wegen der fehlenden Zustimmung des Kindes oder einer Person, zu der das Kind in einem familienrechtlichen Verhältnis steht, aufzuheben, so kann sich dieser Begründungsmangel auch aus dem von Art. 23 EGBGB zur Anwendung berufenen Recht ergeben.[162] Stellen das Adoptionsstatut nach Art. 22

[154] BVerwG FamRZ 2007, 1550 (1551); BayVGH NJW 1989, 3107 (3109 ff.); *Andrae* IntFamR § 7 Rn. 110; Staudinger/*Henrich* EGBGB Art. 22 Rn. 61; MüKoBGB/*Helms* EGBGB Art. 22 Rn. 41; **aA** OVG Hamburg IPRax 2008, 261.

[155] *Busch* StAZ 2003, 297 (299 f.); *Schotten/Schmellenkamp* IPR Rn. 249a (S. 245).

[156] Staudinger/*Henrich* EGBGB Art. 22 Rn. 62; BeckOK BGB/*Heiderhoff* EGBGB Art. 22 Rn. 34; MüKoBGB/*Helms* EGBGB Art. 22 Rn. 42.

[157] Staudinger/*Henrich* EGBGB Art. 22 Rn. 36; MüKoBGB/*Helms* EGBGB Art. 22 Rn. 45; NK-BGB/*Benicke* EGBGB Art. 22 Rn. 9 f.

[158] OLG Hamm FamRZ 1996, 435; Staudinger/*Henrich* EGBGB Art. 22 Rn. 71.

[159] *Hohnerlein* S. 246; *Andrae* IntFamR § 7 Rn. 98; *Kropholler* IPR § 49 III 2 d; NK-BGB/*Benicke* EGBGB Art. 22 Rn. 11; **aA** (Adoptionsstatut nach Art. 22 Abs. 1 EGBGB) Palandt/*Thorn* EGBGB Art. 22 Rn. 4; Staudinger/*Henrich* EGBGB Art. 22 Rn. 37; differenzierend Erman/*Hohloch* EGBGB Art. 22 Rn. 17b.

[160] Palandt/*Thorn* EGBGB Art. 22 Rn. 4; Erman/*Hohloch* EGBGB Art. 22 Rn. 17; BeckOK BGB/*Heiderhoff* EGBGB Art. 22 Rn. 37; Staudinger/*Henrich* EGBGB Art. 22 Rn. 40 f.

[161] OLG Hamm FamRZ 1996, 435 (Ls.); differenzierend zwischen Begründungsmängeln und nachträglichen Mängeln auch insoweit MüKoBGB/*Helms* EGBGB Art. 22 Rn. 44 f.

[162] *Henrich* IntFamR § 8 III 4; MüKoBGB/*Helms* EGBGB Art. 22 Rn. 44.

Abs. 1 EGBGB und das Einwilligungsstatut nach Art. 23 EGBGB diesbezüglich unterschiedliche Anforderungen, so setzt sich das „strengere" Recht durch.[163]

## D. Anerkennung ausländischer Adoptionen

### I. Allgemeines

Ausländische Adoptionen können im Inland nur Wirkungen hervorbringen, wenn sie anerkannt sind. Die Anerkennung erfolgt dabei grundsätzlich *ipso iure*. Über sie entscheidet jedes deutsche Gericht und jede Behörde *incidenter* in dem Verfahren, in dem es auf die Wirksamkeit der ausländischen Adoption ankommt. Das deutsche Recht macht die Anerkennung von ausländischen Adoptionsentscheidungen daher – anders als zB die Anerkennung von Entscheidungen in Ehesachen (außerhalb des Anwendungsbereichs der EuEheVO) in § 107 FamFG – nicht von einer allgemeinverbindlichen Feststellungsentscheidung abhängig. Lediglich fakultativ besteht für die Beteiligten die Möglichkeit, eine bindende Entscheidung über die Anerkennung einer ausländischen Adoption und deren Wirkungen nach § 2 AdWirkG herbeizuführen (→ Rn. 88ff.). 69

Ob und mit welchen Wirkungen eine im Ausland erfolgte Adoption im Inland anzuerkennen ist, hängt davon ab, ob die Adoption in den Anwendungsbereich des Haager Adoptionsübereinkommens von 1993 fällt oder nicht. Handelt es sich um eine grenzüberschreitende Adoption iSv Art. 2 HAdoptÜ, so ergibt sich der Prüfungsmaßstab aus den Art. 23, 24 HAdoptÜ (→ Rn. 71f.). Demgegenüber sind Adoptionen, die nicht vom AdoptÜ erfasst werden, nach Maßgabe des autonomen Kollisions- und Verfahrensrechts anzuerkennen. Im letzteren Fall kommt es also darauf an, ob es um die Anerkennung einer ausländischen *Dekretadoption* (verfahrensrechtliche Anerkennung nach §§ 108, 109 FamFG; → Rn. 78ff.) oder um die Prüfung des wirksamen Zustandekommens eines Adoptionsvertrages nach ausländischem Recht (kollisionsrechtliche Anerkennung nach Art. 22 EGBGB) geht. 70

### II. Anerkennung nach dem Haager Adoptionsübereinkommen

#### 1. Voraussetzungen der Anerkennung

Eine in einem Vertragsstaat vorgenommene grenzüberschreitende Adoption ist gemäß **Art. 23 Abs. 1 S. 1 HAdoptÜ** kraft Gesetzes in allen anderen Vertragsstaaten anzuerkennen, wenn die zuständige Behörde des Staates, in dem das Adoptionsverfahren durchgeführt wurde, das Zustandekommen der Adoption unter Einhaltung der Vorschriften des Übereinkommens **bescheinigt** hat.[164] Die zuständige Behörde wird von dem jeweiligen Vertragsstaat bestimmt (Art. 6 HAdoptÜ). In Deutschland sind das Bundesamt für Justiz als Bundeszentralstelle für Auslandsadoptionen und die zentralen Adoptionsstellen der Landesjugendämter für die Ausstellung der Bescheinigung nach Art. 23 Abs. 1 S. 1 HAdoptÜ zuständig (§§ 1 Abs. 1, 8 AdÜbAG). Aus der Bescheinigung muss nach Art. 23 Abs. 1 S. 2 HAdoptÜ hervorgehen, wann und von wem die Zustimmungen der Zentralen Behörden der beiden beteiligten Vertragsstaaten zur Fortsetzung des Adoptionsverfahrens nach Art. 17 lit. c HAdoptÜ erteilt worden sind. 71

Die Anerkennung einer grenzüberschreitenden Adoption kann nach Art. 24 HAdoptÜ in einem Vertragsstaat nur versagt werden, wenn die Adoption dem ***ordre public*** dieses Staates offensichtlich widerspricht, wobei das Wohl des Kindes zu berücksichtigen ist. Da sowohl die Behörden des Heimat- wie des Aufnahmestaates der Fortsetzung des Adoptionsverfahrens nach Art. 17 lit. c HAdoptÜ zugestimmt haben müssen, dürften Verstöße 72

[163] Staudinger/*Henrich* EGBGB Art. 22 Rn. 38; Palandt/*Thorn* EGBGB Art. 23 Rn. 3.
[164] *Bornhofer* StAZ 2001, 1 (4f.); *Busch* IPRax 2003, 14 (16); *Klinkhardt* FS Sonnenberger, 2004, 443 (450).

gegen die Vorbehaltsklausel selten sein. Diese greift aber zB dann ein, wenn sich nach der Durchführung der Adoption herausstellt, dass das Kind entführt worden ist, dass die erforderlichen Zustimmungen gefälscht worden sind oder durch arglistige Täuschung oder Drohung erlangt worden sind.[165]

## 2. Wirkungen der Anerkennung

73 Vor dem Hintergrund, dass Art. 2 Abs. 2 HAoptÜ nur Adoptionen erfasst, die ein dauerhaftes Eltern-Kind-Verhältnis begründen, hat die Anerkennung nach Art. 26 Abs. 1 HAdoptÜ als **Mindestwirkung** die Begründung eines Eltern-Kind-Verhältnisses zwischen dem oder den Annehmenden und dem Kind (lit. a) und die Begründung der elterlichen Verantwortung des/der Annehmenden für das Kind (lit. b) zur Folge.[166] Insoweit handelt es sich um **einheitliche materiellrechtliche Regelungen** zu den Wirkungen der Anerkennung, die unabhängig von davon eingreifen, welches Recht nach dem IPR des Heimat- oder Aufnahmestaats auf die Anerkennung Anwendung findet.[167]

74 Eine solche einheitliche Sachregelung konnte hingegen zur Frage, wie sich die Adoption auf die bisherigen Beziehungen des Kindes zu seinen leiblichen Eltern auswirkt, nicht getroffen werden, weil das Übereinkommen sowohl starke wie schwache Adoptionen umfasst.[168] Insoweit gilt daher der **Grundsatz der Wirkungserstreckung.** Die Anerkennung führt daher auch im Anerkennungsstaat nur dann zu einer Beendigung des früheren Rechtsverhältnisses zwischen dem Kind und seinen leiblichen Eltern, wenn diese Rechtsfolge auch nach dem Recht des Staates eingetreten ist, in dem die Adoption durchgeführt wurde.[169] Hat es sich also bei der – im Heimatstaat oder im Aufnahmestaat – nach Maßgabe des Übereinkommens durchgeführten Adoption nach dem dabei zugrunde gelegten Sachrecht um eine Adoption mit starken Wirkungen **(Volladoption)** gehandelt, ist die Beendigung des früheren Rechtsverhältnisses zwischen dem Kind und seinen Eltern in allen Vertragsstaaten anzuerkennen(Art. 26 Abs. 1 lit. c HAdoptÜ). Außerdem genießt das Kind dann im Aufnahmestaat und in jedem Vertragsstaat, dessen Sachrecht die Volladoption kennt, eine der Volladoption nach dem Sachrecht des jeweiligen Staates entsprechende Rechtsstellung (Art. 26 Abs. 2 HAdoptÜ). Damit wird klargestellt, dass insoweit keine Wirkungserstreckung auf die Anerkennungsstaaten erfolgt, sondern eine **Wirkungsgleichstellung,** dh wenn das im Durchführungsstaat begründete Adoptionsverhältnis einer Volladoption nach Maßgabe des Rechts im Aufnahme- oder Anerkennungsstaat gleichwertig ist, entfaltet es dort die gleichen Wirkungen wie eine Volladoption nach dem Recht dieses Aufnahme- oder Anerkennungsstaates.[170]

75 Nach Art. 26 Abs. 3 HAdoptÜ bleiben schließlich **das Kind begünstigende Regelungen** des Anerkennungsstaates hinsichtlich der Adoptionswirkungen unberührt. Der Anerkennungsstaat kann der Adoption also zugunsten des Kindes weiterreichende Wirkungen beimessen als sie in dem Staat eingetreten sind, dessen Behörden die Adoption durchgeführt haben. So kann der Anerkennungsstaat etwa dem Adoptivkind auch dann ein Erbrecht nach dem/den Annehmenden einräumen, wenn das Kind im Heimat- oder

---

[165] Dazu allg. *Frank* StAZ 2003, 257 (259); *Maurer* FamRZ 2003, 1337 (1339f.); Staudinger/*Henrich* EGBGB Vorb. Art. 22 Rn. 48.

[166] *Steiger* DNotZ 2002, 184 (191f.); *S. Lorenz* FS Sonnenberger, 2004, 497 (500f.); *Kropholler* IPR § 49 II 2 e; Staudinger/*Henrich* EGBGB Vorb. Art. 22 Rn. 50.

[167] *S. Lorenz* FS Sonnenberger, 2004, 497 (501); *Andrae* IntFamR § 7 Rn. 67.

[168] Bericht *Parra-Aranguren* BT-Drs. 14/5437, 66f. Rn. 459ff.

[169] NK-BGB/*Benicke* EGBGB Art. 22 Rn. 17; Palandt/*Thorn* EGBGB Art. 22 Rn. 10; *Andrae* IntFamR § 7 Rn. 67.

[170] *S. Lorenz* FS Sonnenberger, 2004, 497 (500f.): „Substitution auf der Ebene des Sachrechts"; *Steiger* DNotZ 2002, 184 (192); *Süß* MittBayNot 2002, 88 (90); *Busch* IPRax 2003, 14 (16); *Schotten/Schmellenkamp* IPR Rn. 250a; Staudinger/*Henrich* EGBGB Vorb. Art. 22 Rn. 51.

Aufnahmestaat nur mit schwachen Wirkungen adoptiert wurde, die kein solches Erbrech umfassten.[171]

### 3. Verhältnis zur Anerkennung nach §§ 108, 109 FamFG

Ob das HAdoptÜ es den Vertragsstaaten gestattet, Adoptionen aus anderen Vertragsstaaten auch nach ihrem autonomen Recht anzuerkennen, wenn die Voraussetzungen für eine Anerkennung nach Art. 23ff. HAdoptÜ nicht vorliegen, wird unterschiedlich beantwortet. Teilweise wird aus den über die Sicherung der Anerkennung hinausgehenden Zielen des Übereinkommens nach Art. 1 HAdoptÜ (→ Rn. 6f.) entnommen, dass das Günstigkeitsprinzip für dieses Übereinkommen nicht gelte. Die Anerkennung der vom Übereinkommen erfassten Adoptionen sei nur möglich, wenn dessen zwingende Verfahrensvorschriften eingehalten worden seien. Eine nachträgliche Heilung durch eine Anerkennung nach autonomem Recht sei daher ausgeschlossen. Die Beteiligten werden vielmehr auf die Möglichkeit einer Nachadoption verwiesen.[172] Teilweise wird die Versagung der Anerkennung in Fällen, in denen eine Bescheinigung nach Art. 23 HAdoptÜ nicht vorgelegt oder nachgewiesen werden kann, mit einem Verstoß gegen den *ordre public* nach Art. 24 HAdoptÜ begründet, weil es an einer hinreichenden Prüfung des Kindeswohls gefehlt habe.[173] Vorzuziehen ist jedoch die Ansicht, die eine Anerkennung nicht allein aus generalpräventiven Erwägungen an der Nichtvorlage der Bescheinigung nach Art. 23 HAdoptÜ scheitern lässt, sondern die Anerkennung nach §§ 108, 109 FamFG dann zulässt, wenn die – im Anerkennungsverfahren nachzuholende – Prüfung im konkreten Einzelfall ergibt, dass die Voraussetzungen der Art. 4, 5 HAdoptÜ trotz fehlender Bescheinigung vorliegen[174] oder dass die Adoption trotz formaler Verfahrensverstöße dem Kindeswohl entspricht.[175] 76

## III. Anerkennung nach autonomem Recht

Außerhalb des Anwendungsbereichs des Haager Adoptionsübereinkommens[176] ist bei der Beurteilung der Anerkennung einer im Ausland vorgenommenen Adoption und ihrer Wirkungen im Inland danach zu unterscheiden, ob es sich um eine Dekretadoption oder um eine Vertragsadoption handelt. Bei **Dekretadoptionen** beurteilt sich die Anerkennung nach §§ 108, 109 FamFG. Bei **Vertragsadoptionen** muss deren Wirksamkeit anhand des nach Art. 22, 23 EGBGB zur Anwendung berufenen Rechts geprüft werden.[177] 77

### 1. Dekretadoption

**a) Begriff.** Eine dem deutschen Recht (§ 1752 Abs. 1 BGB) vergleichbare Dekretadoption liegt vor, wenn das ausländische Recht eine Adoption ebenfalls durch **konstitutive gerichtliche Entscheidung** vorsieht.[178] Für diesen Fall beurteilt sich ihre Anerkennung in Deutschland nach §§ 108, 109 FamFG. Eine „Entscheidung" im Sinne dieser Vorschriften ist auch dann gegeben, wenn die Adoption durch eine *Behörde* ausgesprochen wird, die 78

[171] Bericht *Parra-Aranguren* BT-Drs. 14/5437, 66f. Rn. 459ff.; *Steiger* DNotZ 2002, 184 (192); *S. Lorenz* FS Sonnenberger, 2004, 497 (505).

[172] So OLG Schleswig FamRZ 2014, 498 m. abl. Anm. *Botthoff* StAZ 2014, 74; *Fuchs* IPRax 2006, 316; *Reinhardt* ZRP 2006, 247; Staudinger/*Henrich* EGBGB Vorb. Art. 22 Rn. 46; NK-BGB/*Benicke* EGBGB Art. 22 Rn. 80.

[173] So OLG Hamm FamRZ 2011, 310.

[174] So *Weitzel* NJW 2008, 186.

[175] So zu Recht OLG Karlsruhe FamRZ 2015, 1642 (1643f.); OLG Köln FamRZ 2010, 49 m. krit. Anm *Weitzel*; *Botthoff* StAZ 2013, 77; *Staudinger* FamRBint 2007, 42 (44f); *Andrae* IntFamR § 7 Rn. 68ff., 71; BeckOK BGB/*Heiderhoff* EGBGB Art. 22 Rn. 62; MüKoBGB/*Helms* EGBGB Art. 22 Rn. 82.

[176] Also zB bei Adoptionen ohne grenzüberschreitendes Element vgl. LG Düsseldorf FamRZ 2013, 713.

[177] *Ludwig* RNotZ 2002, 353 (357); *v. Bar* IPR II Rn. 317; Staudinger/*Henrich* EGBGB Art. 22 Rn. 85.

[178] *Ludwig* RNotZ 2002, 353 (357); Erman/*Hohloch* EGBGB Art. 22 Rn. 24 mwN.

nach Funktion und Verfahren einem Gericht der freiwilligen Gerichtsbarkeit vergleichbar ist.[179] Die verfahrensrechtliche Anerkennung nach §§ 108, 109 FamFG ist auch dann geboten, wenn das ausländische Recht die Adoption zwar als Vertrag zwischen Annehmendem und Anzunehmendem ausgestaltet, dieser Vertrag aber nur Rechtswirkungen entfaltet, wenn er **gerichtlich überprüft** und bestätigt wird.[180] Gleiches gilt auch dann; wenn der Adoptionsvertrag eine gerichtliche Bewilligung erfordert und diese nur erteilt wird, wenn das Vorliegen der gesetzlichen Voraussetzungen, insbesondere das Kindeswohl, vom Gericht zu prüfen ist.[181] Beschränkt sich die gerichtliche Mitwirkung hingegen auf eine bloße **Registrierung,** ohne dass eine sachliche Überprüfung der Adoptionsvoraussetzungen stattfindet, handelt es sich nicht um einen Akt der freiwilligen Gerichtsbarkeit, so dass nicht von einer Dekretadoption, sondern von einer Vertragsadoption auszugehen ist.[182]

79 **b) Anerkennungsvoraussetzungen.** Eine ausländische Dekretadoption ist *ipso iure* anzuerkennen, wenn kein Versagungsgrund nach § 109 Abs. 1 Nr. 1 bis Nr. 4 FamFG vorliegt. Dabei stehen in der Praxis die Versagungsgründe nach Nr. 1 (internationale Zuständigkeit) und Nr. 4 *(ordre public)* im Vordergrund). Sie allein sollen nachfolgen kurz behandelt werden. Weiterhin muss den Beteiligten bei der Einleitung des Verfahrens ausreichendes **rechtliches Gehör** nach § 109 Abs. 1 Nr. 2 FamFG gewährt worden sein und die Entscheidung darf nicht mit einer deutschen oder einer in Deutschland anzuerkennenden früheren ausländischen Entscheidung iSv § 109 Abs. 1 Nr. 3 FamFG unvereinbar oder in einem Verfahren ergangen sein, das eine frühere deutsche Rechtshängigkeit verletzt.[183]

80 **aa) Internationale Zuständigkeit.** Nach § 109 Abs. 1 Nr. 1 FamFG ist die Anerkennung zu versagen, wenn die Gerichte des Staates, in dem die Adoption durchgeführt wurde, hierfür nach deutschem Recht nicht zuständig waren. Die internationale Zuständigkeit des ausländischen Gerichts ist dabei aufgrund einer spiegelbildlichen Anwendung der deutschen Zuständigkeitsvorschriften zu prüfen. Nach § 109 Abs. 1 Nr. 1 iVm § 101 FamFG genügt es, dass der Annehmende, einer der annehmenden Ehegatten bzw. Lebenspartner oder das Kind zur Zeit der Adoption entweder die Staatsangehörigkeit des Entscheidungsstaates besessen oder seinen gewöhnlichen Aufenthalt in diesem Staat gehabt hat.[184] In Fällen der Mehrstaatigkeit reicht es aus, dass ein Beteiligter zumindest auch die Staatsangehörigkeit des Entscheidungsstaates innehat, also auch dann, wenn diese nicht seine effektive Staatsangehörigkeit ist oder er auch Deutscher ist.

81 **bb) Vereinbarkeit mit dem deutschen ordre public.** Schließlich darf die Anerkennung der Entscheidung nicht zu einem Ergebnis führen, die das mit wesentlichen Grundsätzen des deutschen Rechts offensichtlich unvereinbar ist, § 109 Abs. 1 Nr. 4 FamFG. Diese Prüfung am Maßstab des deutschen *ordre public* steht im Mittelpunkt der deutschen Praxis zur Anerkennung ausländischer Adoptionsentscheidungen. Maßgebend ist insoweit der

[179] BayObLG StAZ 2000, 194 (105); LG Frankfurt a.M. StAZ 1995, 74 (75); *Jayme* IPRax 1991, 129; *Benicke* S. 187; Staudinger/*Henrich* EGBGB Art. 22 Rn. 85.

[180] OLG Düsseldorf FamRZ 2011, 1522; OLG Frankfurt a.M. FamRZ 2009, 1605; KG IPRspr. 2010 Nr. 130b; *Ludwig* RNotZ 2002, 353 (357); *v. Bar* IPR II Rn. 317; Staudinger/*Henrich* EGBGB Art. 22 Rn. 98; MüKoBGB/*Helms* EGBGB Art. 22 Rn. 85; NK-BGB/*Benicke* EGBGB Art. 22 Rn. 82 mwN.

[181] KG FamRZ 2006, 1405; Staudinger/*Henrich* EGBGB Art. 22 Rn. 98. Die Wirksamkeit des Adoptionsvertrages ist dann nicht aus der Sicht des deutschen Rechts (Art. 22 Abs. 1 EGBGB), sondern aus der Sicht des Gerichts zu prüfen, das die Bewilligung erteilt hat, vgl. *Andrae* IntFamR § 7 Rn. 84. Differenzierend OVG Hamburg IPRax 2008, 261 (264).

[182] Staudinger/*Henrich* EGBGB Art. 22 Rn. 98; MüKo/BGB/*Helms* EGBGB Art. 22 Rn. 85; NK-BGB/*Benicke* EGBGB Art. 22 Rn. 82 aE.

[183] Vgl. zu diesen nicht spezifisch adoptionsrechtlichen Versagungsgründen die Kommentarliteratur zu § 109 FamFG.

[184] LG München IPRspr. 2010 Nr. 140; dazu näher MüKoBGB/*Helms* EGBGB Art. 22 Rn. 88 f.

großzügigere anerkennungsrechtliche *ordre public*. Mit diesem ist eine ausländische Entscheidung nicht schon dann unvereinbar, wenn der deutsche Richter – hätte er das Verfahren entschieden – auf Grund zwingenden deutschen Rechts zu einem anderen Ergebnis gekommen wäre. Vielmehr muss die die Anwendung des ausländischen Rechts im konkreten Fall zu den Grundgedanken der deutschen Regelungen und den in ihnen enthaltenen Gerechtigkeitsvorstellungen in so starkem Widerspruch stehen, dass es nach deutscher Vorstellung untragbar erscheint.[185] Im Interesse des internationalen Entscheidungseinklangs und zur Vermeidung hinkender Rechtsverhältnisse in Statusfragen muss die Annahme eines *ordre public*-Verstoßes daher auf Ausnahmefälle beschränkt bleiben.[186] Von zentraler Bedeutung für die Prüfung ausländischer Adoptionsentscheidungen am Maßstab des deutschen *ordre public* ist dabei die Ausrichtung der ausländischen Adoptionsentscheidung am **Wohl des angenommenen Kindes.**[187] Maßgebend für die Feststellung eines *ordre public*-Verstoßes ist der **Zeitpunkt,** zu dem über die Anerkennung entschieden wird.[188]

Ein Verstoß gegen den deutschen *ordre public* wurde von deutschen Gerichten insbesondere **bejaht,**[189] wenn 82

- der ausländischen Adoption **keine ausreichende Kindeswohlprüfung** vorausgegangen ist, dh wenn diese entweder ganz unterblieben ist oder gravierende Mängel aufweist.[190] Letzteres ist nach der in der Praxis vorherrschenden Auffassung schon dann gegeben, wenn keine Begutachtung der Adoptionsbewerber auf ihre Eignung durch eine Fachstelle im Aufnahmeland – also im Aufenthaltsstaat der Annehmenden – erfolgt ist[191] oder das ausländische Gericht den internationalen Charakter der Adoption nicht erkannt hat.[192] Auch eine Nachholung der Kindeswohlprüfung iRd Anerkennungsfeststellungsverfahrens scheide dann aus, denn die erstmalige Durchführung der vollständigen Prüfung des Kindeswohls sei nicht Zweck dieses Verfahrens.[193] Diese rigide Haltung überzeugt freilich insbesondere dann nicht; wenn inzwischen eine starke Bindung des Kindes zu den Annehmenden entstanden ist.[194] Entspricht die Adoption dem Wohl des Kindes im Zeitpunkt der Anerkennung, so müssen die erforderlichen Überprüfungen vielmehr nachgeholt werden;[195]
- keine gewichtigen Gründe dafür angeführt werden können, warum die Herausnahme des Kindes aus der Familie seiner noch lebenden Eltern und seinem bisherigen Kulturkreis dem Kindeswohl dienen soll; rein wirtschaftliche Erwägungen sind hierfür nicht ausreichend;[196]

---

[185] Vgl. zur Anerkennung ausländischer Adoptionen BGH NJW 2015, 2800 Rn. 34; OLG Hamm FamRZ 2015, 1983; allg. BGH NJW 2015, 479 Rn. 28; ferner → § 3 Rn. 121 f. mwN.

[186] BGH NJW 2015, 2800 Rn. 34 und 479 Rn. 29; BGHZ 189, 87 Rn. 25 = FamRZ 2011, 788.

[187] BGH NJW 2015, 2800 Rn. 34; OLG Celle FamRZ 2012, 1226 (1227); OLG Düsseldorf FamRZ 2011, 1522 (1523); OLG Karlsruhe StAZ 2011, 210 (211); OLG Köln FamRZ 2009, 1607 (1608); BayObLG StAZ 2000, 200 (302); Staudinger/*Henrich* EGBGB Art. 22 Rn. 88 mwN.

[188] BGH FamRZ 1989, 378 (381); OLG Hamm FamRZ 2011, 310 (311); KG IPRspr. 2010 Nr. 130b; FamRZ 2006, 1405; BeckOK BGB/*Heiderhoff* EGBGB Art. 22 Rn. 67; MüKoBGB/*Helms* EGBGB Art. 22 Rn. 92.

[189] Dazu näher *Ludwig* RNotZ 2002, 353 (357 f.).

[190] Vgl. dazu ausführlich NK-BGB/*Benicke* EGBGB Art. 22 Rn. 103–118.

[191] OLG Frankfurt a.M. StAZ 2012, 268; OLG Düsseldorf StAZ 2012, 175; FamRZ 2011, 1522; OLG Hamm FamRZ 2011, 310.

[192] OLG Nürnberg FamRZ 2015, 1640 (1641); OLG Düsseldorf FamRZ 2013, 714 und 2012, 1229; OLG Celle FamRZ 2012, 1226.

[193] OLG Nürnberg FamRZ 2015, 1640 (1641); OLG Düsseldorf FamRZ 2013, 714; OLG Karlsruhe FamRZ 2013, 715; OLG Frankfurt a.M. StAZ 2012, 268; OLG Düsseldorf StAZ 2012, 175; OLG Hamm FamRZ 2011, 310; OLG Karlsruhe StAZ 2011, 210; OLG Köln FamRZ 2009, 1607; OLG Celle FamRZ 2008, 1109 mAnm *Weitzel*; KG FGPrax 2006, 255.

[194] So auch OLG Hamm FamRZ 2015, 1983 Rn. 15 f.; OLG Bremen NJW-RR 2014, 1411.

[195] So zu Recht OLG Karlsruhe FamRZ 2015, 1642 (1643 f.); OLG Köln StAZ 2012, 339; KG IPRspr. 2010 Nr. 130b; *Andrae* IntFamR § 7 Rn. 78; MüKoBGB/*Helms* EGBGB Art. 22 Rn. 96 f. mwN.

[196] *Andrae* IntFamR § 7 Rn. 75.

- das **Kind im ausländischen Verfahren nicht angehört** wurde, obwohl es das hierfür erforderliche Alter hatte;[197]
- die leiblichen Eltern ihre Einwilligung zur Adoption nicht erteilt haben.[198]

83 Demgegenüber wurde ein Verstoß gegen den deutschen *ordre public* durch ausländische Adoptionsentscheidungen **verneint,** wenn
- die Elternstellung durch eine ausländische Adoptionsentscheidung einem **gleichgeschlechtlichen Paar** zugewiesen wird, denn allgemeine Bedenken gegen das Aufwachsen von Kindern in gleichgeschlechtlichen Elterngemeinschaften können heute nicht mehr erhoben werden;[199]
- die Adoption durch ein – gleich- oder verschiedengeschlechtliches – Paar gestattet wird, das in **keiner rechtlich gesicherten Verantwortungsbeziehung** lebt, dh weder verheiratet noch verpartnert ist;[200]
- die anzuerkennende Adoption nach ausländischem Recht **nur schwache Wirkungen** entfaltet.[201]

84 Hingegen findet nach § 109 Abs. 5 FamFG **keine Überprüfung der Gesetzmäßigkeit** der ausländischen Entscheidung statt. Der Umstand, dass das ausländische Gericht auf die Adoption ein anderes Recht angewandt hat als aus deutsche Sicht nach Art. 22, 23 EGBGB hätte angewandt werden müssen, reicht daher nicht aus, um der Entscheidung die Anerkennung zu versagen.[202] Auch ein Gegenseitigkeitserforderni besteht nach § 109 FamFG nicht.

85 **c) Wirkungen der Anerkennung.** Die Anerkennung erstreckt die Wirkungen des ausländischen Adoptionsdekrets nach § 108 FamFG auf das Inland. Aus diesem **Grundsatz der Wirkungserstreckung** folgt, dass die Wirkungen der anzuerkennenden Auslandsadoption sich nicht nach dem aus deutscher Sicht maßgeblichen Adoptionsstatut (Art. 22 Abs. 2 EGBGB), sondern nach dem Recht des Entscheidungsstaates (unter Einschluss des dortigen internationalen Privatrechts) bestimmen.[203] Denn insbesondere die Zustimmungserklärungen der Beteiligten waren nur auf den danach maßgebenden Adoptionstyp ausgerichtet. Haben die leiblichen Eltern zB nur einer schwachen Adoption zugestimmt, bei der die Beziehungen zu ihrem Kind in gewissem Umfang erhalten blieben, so darf die bloße Anerkennung dieser Adoption in Deutschland nicht zu einer Verstärkung der Adoptionswirkungen führen.[204] Eine Transformation in eine deutsche Volladoption ist nur im Verfahren nach § 3 AdWirkG zulässig, in dem die leiblichen Eltern eine entsprechend weiterreichende Zustimmung erklären müssen (→ Rn. 105 ff.).

## 2. Vertragsadoption

86 Die Wirksamkeit des in einem ausländischen Staat, der nicht Vertragsstaat des Haager Adoptionsübereinkommens ist, geschlossenen Adoptionsvertrages setzt die Einhaltung der

---

[197] OLG Frankfurt a.M. StAZ 2012, 268; BayObLG StAZ 2000, 300 (302); NK-BGB/*Benicke* EGBGB Art. 22 Rn. 100.

[198] Staudinger/*Henrich* EGBGB Art. 22 Rn. 90 ff.; NK-BGB/*Benicke* EGBGB Art. 22 Rn. 96 ff.; vgl. auch OLG Nürnberg FamRZ 2015, 1640.

[199] BGH NJW 2015, 2800 Rn. 35 unter Hinweis auf BVerfG NJW 2013, 847 Rn. 80; *Frie* FamRZ 2015, 889 (893); NK-BGB/*Benicke* EGBGB Art. 22 Rn. 94.

[200] BGH NJW 2015, 2800 Rn. 36 ff., 42 unter Hinweis auf Art. 7 Abs. 2 S. 2 des revidierten Europäischen Adoptionsübereinkommens vom 27.11.2008 (→ Rn. 14).

[201] OLG Köln StAZ 2012, 339 (341); OLG Düsseldorf StAZ 2012, 82 (83); *Andrae* IntFamR § 7 Rn. 81. Palandt/*Thorn* EGBGB Art. 22 Rn. 14; BeckOK BGB/*Heiderhoff* EGBGB Art. 22 Rn. 64; MüKoBGB/*Helms* EGBGB Art. 22 Rn. 98.

[202] Palandt/*Thorn* EGBGB Art. 22 Rn. 13; Erman/*Hohloch* EGBGB Art. 22 Rn. 26.

[203] *Ludwig* RNotZ 2002, 353 (356); *Steiger* RNotZ 2002, 184 (187); *Andrae* IntFamR § 7 Rn. 82; Münch/*Süß* FamR § 20 Rn. 364; Palandt/*Thorn* EGBGB Art. 22 Rn. 17; Erman/*Hohloch* EGBGB Art. 22 Rn. 26, NK-BGB/*Benicke* EGBGB Art. 22 Rn. 17.

[204] Vgl. BayObLGZ 1999, 352 (358 ff.).

Voraussetzungen des von Art. 22 Abs. 1 und Art. 23 EGBGB zur Anwendung berufenen Rechts voraus.[205] Ist daher **deutsches Recht** auf die Adoption anzuwenden, weil der Annehmende Deutscher ist oder weil bei einer Adoption durch Ehegatten das deutsche Recht die allgemeinen Wirkungen der Ehe im Zeitpunkt der Annahme beherrscht, ist eine im Ausland durchgeführte Vertragsadoption aus der Sicht des deutschen Rechts unwirksam und deshalb nicht anzuerkennen, weil § 1752 Abs. 1 BGB insoweit auch materiellen Charakter hat.[206] Darüber hinaus verstößt die Vertragsadoption eines Minderjährigen, auch wenn sie nach dem von Art. 22 Abs. 1 EGBGB zur Anwendung berufenen ausländischen Recht noch erlaubt ist, häufig gegen den inländischen *ordre public,* weil eine hinreichende Prüfung des Kindeswohls nicht gesichert ist.

Ist eine Ausland durchgeführte Vertragsadoption in Deutschland anzuerkennen, so unterliegen die **Folgen der Annahme** in Bezug auf das Verwandtschaftsverhältnis zwischen dem Kind und dem Annehmenden sowie zu den Personen, zu denen das Kind in einem familienrechtlichen Verhältnis steht, gemäß Art. 22 Abs. 2 EGBGB dem ausländischen Adoptionsstatut. 87

## IV. Förmliches Anerkennungs- und Wirkungsfeststellungsverfahren

### 1. Allgemeines

Bis zum 31.12.2001 gab es im deutschen Recht kein besonderes Anerkennungs-oder Bestätigungsverfahren, durch das bestehende Zweifel an der Wirksamkeit einer ausländischen Adoption ausgeräumt und die sich aus einer solchen Adoption ergebenden Rechtswirkungen verbindlich festgestellt werden konnten.[207] Ob eine im Ausland durchgeführte Dekretadoption anzuerkennen oder eine im Ausland erfolgte Vertragsadoption wirksam war, musste in jedem Verfahren, in dem es auf diese Frage ankam, *incidenter* geprüft werden.[208] Selbst wenn die Auslandsadoption anzuerkennen war, stand damit noch nicht fest, welche Wirkungen die Anerkennung im Inland hatte. Denn nach der Lehre von der Wirkungserstreckung konnte die Anerkennung einer ausländischen Adoption im Inland nur diejenigen Wirkungen hervorbringen, die ihr nach dem Recht des Vornahmestaates zukamen. Dem Bedürfnis nach einer Klärung der Anerkennung/Wirksamkeit und der Wirkungen der ausländischen Adoption wurde daher häufig durch eine **Wiederholung der Adoption** im Inland Rechnung getragen.[209] 88

Mit dem am 1.1.2002 in Kraft getretenen **Adoptionswirkungsgesetz**[210] wurde ein Verfahren eingeführt, mit dem die Anerkennung und die Wirkungen einer auf ausländischem Recht beruhenden Annahme eines minderjährigen Kindes aus der Sicht des materiellen deutschen Rechts verbindlich geklärt werden können, um diesbezüglich Rechtssicherheit für die Beteiligten zu schaffen.[211] Es handelt sich um ein **fakultatives Verfahren,** das den Grundsatz der *ex-lege* Anerkennung ausländischer Adoptionsentscheidungen unberührt lässt.[212] Wird das Verfahren nicht durchgeführt, so bleibt es mithin dabei, das über die Anerkennung einer ausländischen Adoption und ihre Wirkungen in jedem Verfahren, in dem diese Vorfrage eine Rolle spielt, nur *incidenter* und ohne Bindungswirkung für andere Verfahren entschieden wird.[213] 89

---

[205] Palandt/*Thorn* EGBGB Art. 22 Rn. 11; Erman/*Hohloch* EGBGB Art. 22 Rn. 27; Staudinger/*Henrich* EGBGB Art. 22 Rn. 98; *Schotten/Schmellenkamp* IPR Rn. 250d.

[206] KG FamRZ 2006, 1405; *Andrae* IntFamR § 7 Rn. 83; Münch/*Süß* FamR § 20 Rn. 362; BeckOK BGB/*Heiderhoff* EGBGB Art. 22 Rn. 63; Palandt/*Thorn* EGBGB Art. 22 Rn. 11.

[207] Vgl. *Hohnerlein* IPRax 1990, 312 (314); *Klinkhardt* FS Sonnenberger, 2004, 443 (445 f.).

[208] *Ludwig* RNotZ 2002, 353 (356 f.); *Maurer* FamRZ 2003, 1337 (1339).

[209] *Frank* StAZ 2003, 257 (260); *Klinkhardt* FS Sonnenberger, 2004, 443 (445); *v. Bar* IPR II Rn. 319.

[210] BGBl. 2001 I 2950 = *Jayme/Hausmann* Nr. 194.

[211] BT-Drs. 14/601, 46; *Steiger* RNotZ 2002, 184 (195).

[212] *Steiger* RNotZ 2002, 184 (197); *Busch* IPRax 2003, 13 (14); *Maurer* FamRZ 2003, 1337 (1341); *Schotten/Schmellenkamp* IPR Rn. 251.

[213] *Ludwig* RNotZ 2002, 353 (356 ff.).

## 2. Anwendungsbereich

90 Das Adoptionswirkungsgesetz gilt

- für **im Ausland ergangene Adoptionsentscheidungen aller Art,** also sowohl für grenzüberschreitende Adoptionen nach dem HAdoptÜ als auch für sonstige im Ausland erfolgte Adoptionen, die nach §§ 108, 109 FamFG anzuerkennen sind;[214]
- für im Inland aufgrund ausländischen Rechts getroffene bzw. zu treffende Adoptionsentscheidungen.

91 Denn § 1 S. 1 AdWirkG stellt lediglich darauf ab, dass die Annahme als Kind auf einer ausländischen Entscheidung oder auf ausländischen Sachvorschriften beruht.

92 Die Feststellungsentscheidung nach § 2 AdWirkG kann sich sowohl auf Dekretadoptionen wie auf Vertragsadoptionen beziehen.[215] Sie ist auch nicht auf Adoptionen beschränkt, die erst nach Inkrafttreten des Adoptionswirkungsgesetzes erfolgt sind.[216] Die Feststellung setzt nach § 1 S. 2 AdWirkG voraus, das der Angenommene im Zeitpunkt der Entscheidung über die Annahme[217] das **18. Lebensjahr noch nicht vollendet** hat. Darauf, ob er nach seinem Heimatrecht (Art. 7 EGBGB) noch minderjährig ist, kommt es nicht an. Für die verbindliche Feststellung der Anerkennung ausländischer Adoptionen von Erwachsenen steht nur das fakultative Verfahren nach § 108 Abs. 2 FamFG zur Verfügung; dieses gilt jedoch nicht für reine Vertragsadoptionen.[218]

93 Die in einem Vertragsstaat nach Maßgabe des HAdoptÜ durchgeführten Adoptionen sind zwar nach Art. 23 HAdoptÜ in allen Vertragsstaaten kraft Gesetzes anzuerkennen. Dennoch kann sich die Durchführung des förmlichen Anerkennungs- und Wirkungsfeststellungsverfahrens gemäß § 2 AdWirkG auch für solche Adoptionen empfehlen. Denn die Bescheinigung nach Art. 23 HAdoptÜ stellt lediglich fest, dass die Adoption unter Beachtung der Vorschriften des HAdoptÜ und damit wirksam zustande gekommen ist. Die Erteilung der Bescheinigung nach setzt jedoch keine inhaltliche Prüfung des Adoptionsbeschlusses voraus. Die Bescheinigung kann daher weder eine Aussage zu den Adoptionswirkungen nach dem Recht des Vornahmestaates treffen, also insbesondere zur Frage, ob es sich nach diesem Recht um eine starke oder schwache Adoption gehandelt hat, noch kann sie die Vereinbarkeit der Adoption mit dem inländischen *ordre public* (Art. 24 AdoptÜ) bestätigen.[219] Gerade diese beiden Punkte sind für die Beteiligten aber bedeutsam und können durch das Verfahren nach § 2 AdWirkG geklärt werden. Denn im Rahmen dieses Verfahrens wird festgestellt, ob es sich bei der grenzüberschreitenden Adoption um eine Adoption mit starken Wirkungen (Volladoption) oder nur um eine solche mit schwachen Wirkungen handelt.[220] Darüber hinaus kann nach Durchführung des Anerkennungs- und Wirkungsfeststellungsverfahrens von niemandem mehr geltend gemacht werden, der Adoptionsbeschluss stehe in offensichtlichem Widerspruch zum deutschen *ordre public,* denn diese Frage ist in diesem Verfahren von Amts wegen zu prüfen.[221]

---

[214] BT-Drs. 14/6011, 46; *Andrae* IntFamR § 7 Rn. 85; MüKoBGB/*Helms* EGBGB Art. 22 Rn. 76 mwN.

[215] BT-Drs. 14/6011, 46; *Steiger* RNotZ 2002, 184 (196f.); *Busch* IPRax 2003, 13 (15); Palandt/*Thorn* EGBGB Art. 22 Rn. 15; NK-BGB/*Benicke* EGBGB Anh. I Art. 22 Rn. 5.

[216] Zur Anwendung auf Altfälle vgl. *Steiger* RNotZ 2002, 184 (197); *Süß* MittBayNot 2002, 88 (91); Palandt/*Thorn* EGBGB Art. 22 Rn. 15; Erman/*Hohloch* EGBGB Art. 22 Rn. 28; NKGBG/*Benicke* EGBGB Anh. I Art. 22 Rn. 2.

[217] Betrifft die Anerkennungsfeststellung eine vom HAdoptÜ erfasste grenzüberschreitende Adoption, so ist wegen des Vorrangs der zwingenden Konventionsbestimmungen abweichend von § 2 AdWirkG auf den Zeitpunkt abzustellen, zu dem die erforderlichen Zustimmungen erteilt worden sind, Art. 3, 17 lit. c HAdoptÜ; vgl. *Maurer* FamRZ 2003, 1337 (1338); NK-BGB/*Benicke* EGBGB Anh. I Art. 22 Rn. 2; **aA** MüKoBGB/*Helms* EGBGB Art. 22 Rn. 76 in Fn. 200.

[218] *Andrae* IntFamR § 7 Rn. 90.

[219] BT-Drs. 14/6011, 45; *Busch* IPRax 2003, 13 (16f.); *Ludwig* RNotZ 2002, 353 (356); *Schotten/Schmellenkamp* IPR Rn. 250a (S. 254).

[220] *Steiger* RNotZ 2002, 184 (199ff.); *Staudinger/Winkelsträter* FamRBint 2006, 10 (12).

[221] *Ludwig* RNotZ 2002, 353 (356); *v. Bar* IPR II Rn. 317.

### 3. Antragserfordernis

Die Feststellungen nach § 2 Abs. 1 AdWirkG werden vom Familiengericht nur auf Antrag getroffen. **Antragsbefugt** sind nach § 4 Abs. 1 S. 1 Nr. 1 AdWirkG 94
- der Annehmende und im Fall der Annahme durch Ehegatten[222] jeder von ihnen (lit. a),
- das Kind (lit. b),
- ein bisheriger Elternteil (lit. c) oder
- in engen Grenzen das Standesamt für Eintragungen nach dem PStG (lit. d und Abs. 1 S. 2).

Im Übrigen entscheidet das Familiengericht im Verfahren der freiwilligen Gerichtsbarkeit nach dem FamFG, § 5 Abs. 3 AdWirkG. Die internationale und örtliche Zuständigkeit richten sich nach §§ 101, 187 FamFG, § 5 Abs. 1 S. 2 AdWirkG. 95

### 4. Prüfungsmaßstab

Das Familiengericht prüft die Anerkennungsfähigkeit einer ausländischen **Dekretadoption** 96
- nach Art. 23 HAdoptÜ, wenn die Adoption diesem Übereinkommen unterliegt,
- in allen anderen Fällen nach § 109 Abs. 1 und Abs. 5 FamFG.

Die Wirksamkeit einer **Vertragsadoption** wird nach dem von Art. 22 Abs. 1 EGBGB bestimmten Adoptionsstatut geprüft und sodann am deutschen *ordre public* (Art. 6 EGBGB) gemessen. 97

### 5. Inhalt der Feststellungen

Gemäß § 2 Abs. 1 AdWirkG stellt das Familiengericht auf Antrag fest, 98
- ob eine Adoption anzuerkennen oder wirksam ist und
- ob das Rechtsverhältnis des Kindes zu den bisherigen Eltern durch die Annahme erloschen ist.

Sind die Voraussetzungen für eine Anerkennung der Adoption oder die Feststellung ihrer Wirksamkeit *nicht* erfüllt, oder ist das Verwandtschaftsverhältnis des Kindes zu den bisherigen Eltern *nicht* erloschen, so ist auch dies festzustellen, wenn ein Antrag nach § 2 Abs. 1 AdWirkG gestellt worden ist.[223] 99

Im Fall einer anzuerkennenden oder wirksamen Annahme hat das Familiengericht die in § 2 Abs. 2 S. 1 AdWirkG – alternativ – vorgeschriebenen **zusätzlichen Feststellungen** zu treffen, nämlich 100
- wenn das Verhältnis des Kindes zu seinen bisherigen Eltern erloschen ist, dass das Annahmeverhältnis einem nach den deutschen Sachvorschriften begründeten Annahmeverhältnis gleichsteht (Nr. 1) oder
- wenn dies nicht der Fall ist, dass das Annahmeverhältnis in Ansehung der elterlichen Sorge und der Unterhaltspflicht des Annehmenden einem nach den deutschen Sachvorschriften begründeten Annahmeverhältnis gleichsteht (Nr. 2).

§ 2 Abs. 2 S. 1 AdWirkG ordnet damit in Nr. 1 – ähnlich wie Art. 26 Abs. 2 HAdoptÜ (→ Rn. 74) – eine **Substitution,** in Nr. 2 eine **Teilsubstitution** an. Infolge der Feststellungen durch das Familiengericht treten – unter grundsätzlicher Beibehaltung des ausländischen Adoptionsstatuts – die genannten Adoptionswirkungen des deutschen Recht ein, dh nur soweit diese Feststellungen reichen, steht das Kind einem nach deutschem Recht voll adoptierten Kind gleich.[224] Die Feststellung nach Nr. 1 bewirkt also, dass deutsche 101

[222] Bei der gemeinschaftlichen Annahme durch eingetragene Lebenspartner soll lit. a entsprechend angewandt werden.

[223] BT-Drs. 14/6011, 47; *Steiger* RNotZ 2002, 184 (201).

[224] Für eine solche bloße Substitution auf der Ebene des Sachrechts *S. Lorenz* FS Sonnenberger, 2004, 497 (509 ff.); NK-BGB/*Benicke* EGBGB Anh. I Art. 22 Rn. 17; MüKoBGB/*Helms* EGBGB Art. 22 Rn. 70; **aA** (Statutenwechsel) *Frank* StAZ 2003, 257 (260 f.); *Busch* IPRax 2013, 16 (18). Vgl. auch *Ludwig* RNotZ 2002, 353 (364 f.); *Steiger* RNotZ 2002, 184 (200); *Staudinger/Winkelsträter* FamRBint 2006, 10 (12).

Gerichte und Behörden, die im Rahmen der Anwendung deutschen Rechts (als Hauptfrage) über die Vorfrage der Adoption zu befinden haben, den Tatbestand der Adoption als erfüllt anzusehen haben (zB für den Erwerb der deutschen Staatsangehörigkeit nach § 6 StAG).[225] Demgegenüber ist die Bindungswirkung der Feststellung nach Nr. 2 auf die Bereiche der elterlichen Sorge und des Unterhaltsrechts beschränkt; stellt sich die Vorfrage der Adoption in anderem Zusammenhang – zB im Erbrecht – so muss das damit befasste Gericht über die Frage der Substitution eigenständig entscheiden (→ Rn. 60f.). Von den Feststellungen nach § 2 Abs. 2 S. 1 AdWirkG kann nach Satz 2 abgesehen werden, wenn gleichzeitig ein Umwandlungsausspruch nach § 3 AdWirkG (→ Rn. 105ff.) ergeht.

102 Schließlich bestimmt § 2 Abs. 3 S. 1 AdWirkG, dass das deutsche Familiengericht bei einer **im Inland auf der Grundlage ausländischen Sachrechts** nach dem 1.1.2002[226] erfolgenden Dekretadoption die in § 2 Abs. 1 und Abs. 2 AdWirkG vorgesehenen Feststellungen **von Amts wegen** zu treffen, also insbesondere festzustellen hat, ob das Eltern-Kind-Verhältnis zu den bisherigen Eltern durch die Annahme erloschen ist oder nicht. Eine Feststellung über die Anerkennung oder Wirksamkeit der Annahme ergeht in diesem Fall nicht (§ 2 Abs. 3 S. 2 AdWirkG).

103 **Beispiel:**
Die Eheleute M und F, die beide die österreichische Staatsangehörigkeit besitzen und ihren gewöhnlichen Aufenthalt in Salzburg haben, haben im Jahre 2012 ein dreijähriges Kind adoptiert, das ebenfalls die österreichische Staatsangehörigkeit innehat. Zu diesem Zweck haben sie nach Einholung der erforderlichen Zustimmungen der leiblichen Eltern mit der Mutter des Kindes einen Adoptionsvertrag geschlossen, der vom zuständigen österreichischen Gericht bestätigt worden ist. Nachdem die Familie im Jahr 2015 nach Rosenheim umgezogen ist, haben M und F beim international und örtlich zuständigen deutschen Familiengericht Antrag auf Feststellung der Anerkennung und ihrer Wirkungen in Deutschland gestellt. Wie wird das Gericht über den Antrag entscheiden?[227]

Da an der Adoption ein österreichisches Gericht konstitutiv mitgewirkt hat, erfolgt die Anerkennung der Vertragsadoption nicht auf der Grundlage des von Art. 22 Abs. 1 EGBGB zur Anwendung berufenen österreichischen Rechts, sondern nach den für ausländische Dekretadoptionen maßgeblichen verfahrensrechtlichen Anerkennungsvorschriften. Da es sich nicht um eine grenzüberschreitende Adoption iSv Art. 2 HAdoptÜ gehandelt hat, finden auf die Anerkennung nicht die Art. 23 ff. HAdoptÜ, sondern die §§ 108 Abs. 1, 109 Abs. 1 FamFG Anwendung. Da die österreichischen Gerichte nach § 109 Abs. 1 Nr. 1 iVm § 101 FamFG aus deutscher Sicht für die Adoption international zuständig waren und für sonstige Anerkennungshindernisse keine Anhaltspunkte vorliegen, wird das Gericht nach § 2 Abs. 1 Alt. 1 AdWirkG feststellen, dass die Adoption im Inland anzuerkennen ist.

Weiterhin hat das Gericht nach § 2 Abs. 1 Alt. 2 AdWirkG festzustellen, ob das Eltern-Kind-Verhältnis zwischen dem Kind und seinen bisherigen Eltern durch die Annahme erloschen ist oder nicht, es sich also um eine Volladoption oder eine Adoption mit nur schwachen Wirkungen gehandelt hat. Maßgebend für diese Feststellung ist nach dem Grundsatz der Wirkungserstreckung (→ Rn. 85) das Recht des Staates, das von dem ausländischen Gericht seinem Adoptionsbeschluss zugrunde gelegt worden ist, und zwar einschließlich des dortigen Kollisionsrechts. Im vorliegenden Fall ist dies nach §§ 26 Abs. 2, 18 Abs. 1 Nr. 1 öst. IPRG das österreichische Recht. Dieses sieht in § 182a ABGB vor, dass die im Familienrecht begründeten Pflichten der leiblichen Eltern und deren Verwandten zur Leistung des Unterhalts, des Heiratsguts und der Ausstattung gegenüber dem adoptierten Kind auf-

[225] *S. Lorenz* FS Sonnenberger, 2004, 497 (511); *Busch* IPRax 2013, 16 (18); *Ludwig* RNotZ 2002, 353 (364f.); *Andrae* IntFamR § 7 Rn. 88.

[226] Für zuvor erfolgte Adoptionen kann die Feststellung nur auf Antrag getroffen werden, vgl. *Steiger* DNotZ 2002, 184 (202).

[227] Vgl. zu dieser Fallkonstellation auch ausführlich *Andrae* IntFamR § 7 Rn. 85–88.

rechterhalten bleiben. Das gleiche gilt nach § 182b ABGB auch für die auf dem Gebiet des Erbrechts begründeten Pflichten der leiblichen Eltern gegenüber ihrem adoptierten Kind. Aus diesem Grunde wird das Gericht daher nach § 2 Abs. 1 S. 1 Nr. 2 ADWirkG feststellen, dass das Rechtsverhältnis des Kindes zu den bisherigen Eltern durch die Annahme nicht erloschen ist und dass das Annahmeverhältnis (nur) in Ansehung der elterlichen Sorge und der Unterhaltspflicht der Annehmenden einem nach den deutschen Sachvorschriften begründeten Annahmeverhältnis gleichsteht.

### 6. Wirkung der Feststellung

Die Feststellung nach § 2 AdWirkG wirkt gemäß § 4 Abs. 2 S. 1 AdWirkG **für und gegen** 104
**alle** mit Ausnahme der bisherigen Eltern. Insbesondere sind alle deutschen Gerichte und Verwaltungsbehörden – auch Standesämter – in Verfahren, in denen über die Wirksamkeit der Adoption als Vorfrage zu befinden ist, an die Feststellung des Familiengerichts gebunden.[228] Die Bindungswirkung kann nur ausnahmsweise entfallen, wenn die Feststellungsentscheidung an einem so offensichtlichen und schwerwiegenden rechtlichen Mangel leidet, dass sie wegen greifbarer Rechtswirksamkeit als unwirksam zu behandeln ist.[229] Dafür reicht aber nicht schon jeder – selbst eindeutiger – Verstoß gegen Rechtsvorschriften aus.[230] In dem Beschluss nach § 2 AdWirkG ist jedoch dessen Wirkung auch gegenüber einem bisherigen Elternteil auszusprechen, sofern dieser das Verfahren eingeleitet hat oder auf Antrag eines Antragsberechtigten am Verfahren beteiligt wurde, § 4 Abs. 2 S. 3 AdWirkG.

## V. Umwandlung einer ausländischen Adoption im Inland

### 1. Allgemeines

Ausländische „schwache" Adoptionen, die nicht zum Erlöschen des Eltern-Kind-Verhält- 105
nisses zu den bisherigen Eltern führten, wurden zum Zweck der Herbeiführung einer Volladoption früher häufig im Inland **wiederholt.** Heute sehen sowohl das Haager Adoptionsübereinkommen als auch das Adoptionswirkungsgesetz die Möglichkeit der Umwandlung einer schwachen Auslandsadoption in eine inländische Volladoption vor. Damit soll insbesondere das rechtliche Band zu den leiblichen Eltern zerschnitten und die erbrechtliche Stellung des Adoptivkindes verbessert werden; außerdem sollen häufig die Voraussetzungen für einen Erwerb der deutschen Staatsangehörigkeit nach § 6 StAG geschaffen werden. Durch Einführung des Umwandlungsverfahrens ist die die Notwendigkeit einer Wiederholung ausländischer Adoptionen im Inland zur Verstärkung ihrer Wirkungen weitgehend entfallen.

### 2. Umwandlung nach dem Haager Adoptionsübereinkommen

**a) Vorausetzungen.** Art. 27 Abs. 1 HAdoptÜ eröffnet die Möglichkeit, eine im Heimat- 106
staat[231] vollzogene Adoption mit schwachen Wirkungen im Aufnahmestaat in eine Volladoption umzuwandeln, wenn

- das nationale Recht des Aufnahmestaates dies gestattet und die Volladoption kennt und
- **die in Art. 4 lit. c und lit. d HAdoptÜ aufgeführten,** nach dem Recht des Heimatstaates des Kindes erforderlichen **Zustimmungen** (des Kindes, seiner leiblichen Eltern und sonstiger Personen oder Stellen) **zur Vornahme der Volladoption erteilt** worden sind oder erteilt werden.

[228] BGH NJW 2015, 2800 Rn. 27 mAnm *Kemper*, BVerwG BeckRS 2012, 54946 Rn. 3; FamRZ 2007, 1550; *Andrae* IntFamR § 7 Rn. 89.
[229] OVG Berlin-Brandenburg StAZ 2012, 210 (211); OVG Hamburg StAZ 2007, 86 (87 f.); MüKoBGB/*Helms* EGBGB Art. 22 Rn. 79 mwN.
[230] Dazu ausführlich BGH NJW 2015, 2800 Rn. 28 ff. mAnm *Kemper*.
[231] Zu den Begriffen „Heimatstaat" und „Aufnahmestaat" vgl. Art. 2 Abs. 1 HAdoptÜ; dazu → Rn. 3 f.

107 Wurde die Adoption nicht im Heimatstaat, sondern in einem anderen Vertragsstaat vollzogen, richtet sich die mögliche Umwandlung nach dem internationalen Privatrecht des umwandelnden Staates und wird von den Vorschriften des Übereinkommens, insbesondere von Art. 23 HAdoptÜ, nicht erfasst.[232]

108 **b) Wirkungen.** Die Entscheidung über die Umwandlung ist von allen Vertragsstaaten anzuerkennen, wenn die Zentrale Behörde des Staates, in dem die Umwandlung erfolgte, bescheinigt, dass sie gemäß dem Übereinkommen zustande gekommen ist, Art. 27 Abs. 2 iVm Art. 23 Abs. 1 S. 1 HAdoptÜ.[233]

### 3. Umwandlung nach dem Adoptionswirkungsgesetz

109 **a) Umwandlung ausländischer Adoptionen mit schwachen Wirkungen. aa) Anwendungsbereich.** Für ausländische Adoptionen mit schwachen Wirkungen eröffnet auch § 3 Abs. 1 AdWirkG die Möglichkeit, diese Adoptionen in Volladoptionen umzuwandeln. Die Vorschrift erfasst ausländische Adoptionen jeder Art, also sowohl grenzüberschreitende Adoptionen nach dem HAdoptÜ als auch sonstige im Ausland erfolgte Adoptionen, die im Inland nach §§ 108, 109 FamFG anzuerkennen sind.[234] In Bezug auf Adoptionen, die in den Anwendungsbereich des Haager Adoptionsübereinkommens fallen, fungiert § 3 Abs. 1 AdWirkG zugleich als Ausführungsvorschrift zu Art. 27 HAdoptÜ.[235]

110 **bb) Voraussetzungen.** Wie das Feststellungsverfahren nach § 2 AdWirkG setzt auch das Umwandlungsverfahren nach § 3 AdWirkG einen hierauf gerichteten **Antrag an das Familiengericht** voraus, § 3 Abs. 1 S. 1 AdWirkG. Antragsbefugt ist nur der Annehmende; annehmende Ehegatten sind es nur gemeinschaftlich, § 4 Abs. 1 S. 1 Nr. 2 AdWirkG.

111 Darüber hinaus macht § 3 Abs. 1 S. 1 AdWirkG die Umwandlung von **drei Voraussetzungen** abhängig. Danach kann sie nur stattfinden, wenn
- dies dem **Wohl des Kindes** dient (Nr. 1),
- die erforderlichen Zustimmungen zu einer Annahme mit einer das Eltern-Kind-Verhältnis beendenden Wirkung erteilt sind (Nr. 2) und
- überwiegende Interessen des Ehegatten, des Lebenspartners oder der Kinder des Annehmenden oder des Angenommen nicht entgegenstehen (Nr. 3).

112 Das Erfordernis nach Nr. 1 entfällt, wenn der Angenommene zur Zeit des Umwandlungsbeschlusses bereits das 18. Lebensjahr vollendet hat, § 3 Abs. 1 S. 4 AdWirkG. Wegen der Erforderlichkeit und der Erteilung der in § 3 Abs. 1 S. 1 Nr. 2 AdWirkG genannten Zustimmungen verweist § 3 Abs. 1 S. 2 AdWirkG auf die für Zustimmungen zu der Annahme maßgebenden Vorschriften sowie auf die Schranke des *ordre public* in Art. 6 EGBGB. Die Verweisung ist nicht auf die Vorschriften des aus deutscher Sicht (Art. 22 Abs. 1, 23 EGBGB) maßgebenden Adoptionsstatuts, sondern auf die Vorschriften des Rechts gerichtet, nach dem die Adoption tatsächlich vorgenommen wurde; es handelt sich mithin um eine **Gesamtverweisung** auf das Recht des Vornahmestaates unter Einschluss des dortigen internationalen Privatrechts.[236] Danach ist insbesondere zu prüfen, ob die im ursprünglichen Adoptionsverfahren zu einer nur schwachen Adoption erteilten

[232] Bericht *Parra-Aranguren* BT-Drs. 14/5437 Rn. 476f.; *Maurer* FamRZ 2003, 1337 (1341); *Schotten/Schmellenkamp* IPR Rn. 252a.
[233] Bericht *Parra-Aranguren* BT-Drs. 14/5437 Rn. 484.
[234] *Schotten/Schmellenkamp* IPR Rn. 252b.
[235] *Steiger* RNotZ 2002, 184 (203); *Ludwig* RNotZ 2002, 353 (369); Palandt/*Thorn* EGBGB Art. 22 Rn. 17.
[236] BT-Drs. 14/6011, 45; *Steiger* RNotZ 2002, 184 (204); *Ludwig* RNotZ 2002, 353 (370); *Busch* IPRax 2003, 13 (19); *Süß* MittBayNot 2002, 88 (90); *Staudinger/Winkelsträter* FamRBint 2006, 10 (13); *Andrae* IntFamR § 87 Rn. 94; Staudinger/*Henrich* EGBGB Art. 22 Rn. 102; MüKoBGB/*Helms* EGBGB Art. 22 Rn. 105; **aA** Palandt/*Thorn* EGBGB Art. 22 Rn. 17.

Zustimmungen auch eine Volladoption umfassen; daran wird es idR fehlen, so dass sie entsprechend erweitert oder neu eingeholt werden müssen.[237]

113 Alle Personen, deren Zustimmung nach dem von Gericht angewandten Recht für die Adoption erforderlich war, müssen ihre Zustimmung zu einer Volladoption erteilt haben. Fehlt auch nur *eine* solche Zustimmung oder kann sie nicht nachgewiesen werden, ist die Umwandlung der Adoption in eine Volladoption nicht möglich. Da § 3 Abs. 1 S. 2 AdWirkG aber nicht nur bezüglich der Erforderlichkeit, sondern auch bezüglich der Erteilung der Zustimmung auf die für die Annahme maßgebenden Vorschriften verweist, wird auch auf die Vorschriften über die **Ersetzung der Zustimmung** verwiesen.[238] Auf die Zustimmung des Kindes sind zusätzlich die Regeln über die Einwilligung in eine Adoption nach deutschem Recht in § 1746 BGB entsprechend anzuwenden, § 3 Abs. 1 S. 3 AdWirkG, allerdings mit Ausnahme der familiengerichtlichen Genehmigung bei unterschiedlicher Staatsangehörigkeit.

114 Das Umwandlungsverfahren wird eingeleitet auf **Antrag** des Annehmenden oder auf gemeinschaftlichen Antrag der annehmenden Ehegatten/Lebenspartner (§ 4 Abs. 1 S. 1 Nr. 2 AdWirkG). Der Umwandlungsantrag darf nicht unter einer Bedingung oder Zeitbestimmung oder durch einen Vertreter gestellt werden und bedarf der **notariellen Beurkundung** (§ 4 Abs. 1 S. 3 AdWirkG, § 1752 Abs. 2 BGB).[239]

115 Voraussetzung für die Umwandlung ist ferner die **förmliche Anerkennung der ausländischen Adoption** nach § 2 Abs. 2 S. 1 AdWirkG. Von der Feststellung der Wirkungen nach § 2 Abs. 2 S. 1 AdWirkG kann allerdings abgesehen werden, wenn gleichzeitig ein Umwandlungsausspruch ergeht (§ 2 Abs. 2 S. 2 AdWirkG). Die Anerkennung und die Umwandlung der ausländischen Adoption können also im gleichen Verfahren betrieben werden.[240]

116 **cc) Wirkungen.** Der Umwandlungsausspruch wirkt gemäß § 4 Abs. 2 S. 1 AdWirkG **für und gegen alle,** einschließlich der bisherigen Eltern, die immer am Verfahren zu beteiligen sind.[241] Vgl. im Übrigen → Rn. 104.

117 **b) Umwandlung inländischer Adoptionen mit schwachen Wirkungen.** Nach § 3 Abs. 2 AdWirkG können auch im Inland **auf der Grundlage ausländischen Rechts** ausgesprochene Adoptionen mit schwachen Wirkungen in eine Volladoption umgewandelt werden.[242] Insoweit gilt das zuvor zur Umwandlung ausländischer Adoptionen mit schwachen Wirkungen Gesagte entsprechend.

118 **c) Umwandlung ausländischer Adoptionen mit starken Wirkungen.** Schließlich sieht das Adoptionswirkungsgesetz auch die Möglichkeit der Umwandlung ausländischer Volladoptionen in Adoptionen des deutschen Rechts vor, wenn die Wirkungen der erfolgten Annahme von den in den deutschen Sachvorschriften vorgesehenen abweichen, § 3 Abs. 2 AdWirkG. Diese Umwandlungsmöglichkeit erlangt zB dann Bedeutung, wenn die Adoption zwar das Eltern-Kind-Verhältnis zu den bisherigen Eltern beendet, neue verwandtschaftliche Beziehungen aber nur zu den Adoptiveltern, nicht jedoch – wie im

---

[237] OLG Hamm FamRZ 2013, 1499 (1500f.).Vgl. auch MüKoBGB/*Helms* EGBGB Art. 22 Rn. 105; NK-BGB/*Benicke* EGBGB Anh. I Art. 22 Rn. 25ff.

[238] Staudinger/*Henrich* EGBGB Art. 22 Rn. 104; NK-BGB/*Benicke* EGBGB Anh. I Art. 22 Rn. 38ff; *Andrae* IntFamR § 87 Rn. 94; einschränkend aber *Steiger* RNotZ 2002, 184 (204); *Staudinger/Winkelsträter* FamRBint 2006, 10 (13).

[239] *Maurer* FamRZ 2003, 1337 (1343).

[240] BT-Drs. 14/6011, 47; *Steiger* RNotZ 2002, 184 (205); *Ludwig* RNotZ 2002, 353 (370).

[241] BT-Drs. 14/6011, 49; *Steiger* RNotZ 2002, 184 (205); *Ludwig* RNotZ 2002, 353 (372); *Maurer* FamRZ 2003, 1337 (1344).

[242] *Ludwig* RNotZ 2002, 353 (377); *S. Lorenz* FS Sonnenberger, 2004, 497 (515f.); *Brandt* S. 173; *Andrae* IntFamR § 7 Rn. 93; Staudinger/*Henrich* EGBGB Art. 22 Rn. 101; **aA** Palandt/*Thorn* EGBGB Art. 22 Rn. 17.

deutschen Recht – auch zu deren Verwandten begründet.[243] Ferner kann durch die Umwandlung nach § 3 Abs. 2 AdWirkG auch die volle erbrechtliche und namensrechtliche Gleichstellung des Angenommenen herbeigeführt werden, wenn sie trotz der Volladoption im Ausland nicht erreicht worden ist.[244] Die Umwandlung hat mithin bei im Ausland vollzogenen starken Adoptionen einen Wechsel des von Art. 22 Abs. 2 EGBGB bestimmten Adoptionswirkungsstatuts zur Folge.[245]

[243] BT-Drs. 14/6011, 48; *Steiger* RNotZ 2002, 184 (205); *Ludwig* RNotZ 2002, 353 (373); *Frank* StAZ 2003, 257 (260).

[244] AG Nürnberg StAZ 2003, 144; Palandt/*Thorn* EGBGB Art. 22 Rn. 17; MüKoBGB/*Helms* EGBGB Art. 22 Rn. 106.

[245] BT-Drs. 14/6011, 48; *Steiger* RNotZ 2002, 184 (205); *Ludwig* RNotZ 2002, 353 (373); NK-BGB/*Benicke* EGBGB Anh. I Art. 22 Rn. 42.

# 4. Teil. Erbrecht

## § 15. Anwendbares Erbrecht nach der Europäischen Erbrechtsverordnung

### Übersicht

**Schrifttum (Kommentare, Sammelwerke und Monographien):**

*Bergquist/Damscelli/Frimston/Lagarde/Odersky/Reinhartz,* EU-Erbrechtsverordnung, Kommentar, 2015 (inhaltsgleiche englische Fassung: „EU Regulation on Succession and Wills" sowie französische Fassung: „Commentaire du Règlement Européen sur les Successions"); *Bonomi/Wautelet,* Le droit européen des successions. Commentaire du règlement n 650/2012 du 4 juillet 2012, 2013; *Dutta/Herrler,* Die Europäische Erbrechtsverordnung, Festschrift 20 Jahre DNotI, 2014; *Dutta/Weber,* Internationales Erbrecht, 2016; *Frank/Döbereiner,* Nachlassfälle mit Auslandsbezug, 2015; *Gierl/Köhler/Kroiß/Wilsch,* Internationales Erbrecht, 2015; *Löhnig/Schwab/Henrich/Gottwald/Grziwotz/Reimann/Dutta,* Erbfälle unter Geltung der Europäischen Erbrechtsverordnung, 2014; *Krauß,* Vermögensnachfolge in der Praxis, 4. Aufl. 2015; *Müller-Lukoschek,* Die neue EU-Erbrechtsverordnung, 2. Aufl. 2015; *Roth,* Die Wahl ausländischen Rechts im Familien- und Erbrecht, 2014; *Soutier,* Die Geltung deutscher Rechtsgrundsätze im Anwendungsbereich der Europäischen Erbrechtsverordnung; Schriften der Deutschen Notarrechtlichen Vereinigung Nr. 43, 2015.

**Schrifttum (Zeitschriften und Einzelbeiträge):**

*Beyer,* Die Problematik gemeinschaftlicher Testamente im internationalen Erbrecht am Beispiel Deutschland – Italien, ZErb 2015, 170; *Bonomi/Öztürk;* Das Statut der Verfügung von Todes wegen, in Dutta/Herrler: Die Europäische Erbrechtsverordnung, S. 47; *Bruns,* Eingetragene Lebenspartnerschaften iRd EU-Erbrechtsverordnung, ZErb 2014, 181; *Buschbaum,* Die künftige Erbrechtsverordnung, GS für Ulrich Hübner, 589; *Buschbaum,* Europäisches Nachlasszeugnis und Annahme öffentlicher Urkunden – neue Mechanismen zur grenzüberschreitenden Nachlassabwicklung und ihr Verhältnis zum materiellen Sachenrecht, in: Hager, Die neue europäische Erbrechtsverordnung, 2013, S. 39; *Buschbaum/Simon,* EuErbVO: Das Europäische Nachlasszeugnis, ZEV 2012, 525; *Cach/Weber,* Privatautonomie im Internationalen Erbrecht – Überlegungen zu Art. 22 der Erbrechtsverordnung, ZfRV 2013, 263; *Coester,* Das Erbrecht registrierter Lebenspartner unter der EuErbVO, ZEV 2013, 115; *Döbereiner,* Das internationale Erbrecht nach der EU-Erbrechtsverordnung, Teil I, MittBayNot 2013, 358 und Teil II, MittBayNot 2013, 437; *ders.,* (Bindende?) Rechtswahlen nach der EU-Erbrechtsverordnung, DNotZ 2014, 323; *ders.*, Vindikationslegate unter Geltung der EU-Erbrechtsverordnung, GPR 2014, 42; *Dörner,* EuErbVO: Die Verordnung zum Internationalen Erb- und Erbverfahrensrecht ist in Kraft!, ZEV 2012, 505; *ders.*, Die Abgrenzung des Erbstatuts vom Güterrechtsstatut; in Dutta/Herrler: Die Europäische Erbrechtsverordnung, S. 73; *Dorsel,* Europäische Erbrechtsverordnung und Europäisches Nachlasszeugnis, ZErb 2014, 212; *Dutta,* Das neue internationale Erbrecht der Europäischen Union – Eine erste Lektüre der Erbrechtsverordnung, FamRZ 2013, 4; *ders.*, Die europäische Erbrechtsverordnung vor ihrem Anwendungsbeginn: Zehn ausgewählte Streitminiaturen, IPRax 2015, 32; *ders.*, Das neue Internationale Erbrechtsverfahrensgesetz, ZEV 2015, 493; *Everts,* Neue Perspektiven zur Pflichtteilsdämpfung aufgrund der EuErbVO, ZEV 2013, 124; *ders.*, Fälle und Formulierungsbeispiele zur EU-Erbrechtsverordnung, Teil I, NotBZ 2014, 441 und Teil II, NotBZ 2015, 3; *Frank/Leithold,* Die Ermittlung des anwendbaren Erbrechts im deutsch/US-amerikanischen Erbfall nach der EuErbVO, ZEV 2014, 462; *Geimer,* Die europäische Erbrechtsverordnung im Überblick, in: Hager, Die neue europäische Erbrechtsverordnung, 2013, S. 9; *Hausmann,* Verfügungen von Todes wegen im deutsch-italienischen Rechtsverkehr unter Geltung der Europäischen Erbrechtsverordnung, in: Jahrbuch des Italienischen Rechts 27 (2014), 21; *Hellner,* Probleme des allgemeinen Teils des Internationalen Privatrechts, in Dutta/Herrler: Die Europäische Erbrechtsverordnung, S. 107; *Heinig,* Rechtswahlen in Verfügungen von Todes wegen nach der EU-Erbrechtsverordnung, Teil 1, RNotZ 2014, 197 und Teil II, RNotZ 2014, 281; *Hertel,* Nachweis der Erbfolge im Grundbuchverfahren – bisher und nach der EuErbVO, ZEV 2013, 539; *ders.*, Die Abgrenzung des Erbstatuts vom Sachstatut und vom Gesellschaftsstatut, in Dutta/Herrler: Die Europäische Erbrechtsverordnung, S. 85; *Hilbig-Lugani,* Das gemeinschaftliche Testament im deutsch-französischen Rechtsverkehr – ein Stiefkind der Erbrechtsverordnung, IPRax 2014, 480; *Janzen,* Die EU-Erbrechtsverordnung, DNotZ 2012, 484; *Kaya,* Der Nachlass eines deutsch-türkischen Doppelstaaters, ZEV 2015, 208; *Keim,* Rechtswahl nach der Europäischen Erbrechtsverordnung, in: Roth, Die Wahl ausländischen Rechts im Familien- und Erbrecht, 2014, S. 67; *Kroll-Ludwigs,* Rechtswahl- und Gerichtsstandsvereinbarungen nach der Europäischen Erbrechtsverordnung, notar 2016, 75; *Kunz,* Nachlassspaltung durch die registerrechtliche Hintertür. Zur Koordination des Erb-, Sach- und Registerstatuts in der EuErbVO, GPR 2013, 293; *Lange,* Das Europäische Nachlasszeugnis; in Dutta/Herrler: Die Europäische Erbrechtsverordnung, S. 161; *Lechner,* Erbverträge und gemeinschaftliche Testamente in der neuen EU-Erbrechtsverordnung, NJW 2013, 26; *ders.*, Die EuErbVO im Spannungsfeld zwischen Erbstatut und Sachenrecht, IPRax 2013, 497; *ders.*, Die Entwicklung der Erbrechtsverordnung, in Dutta/Herrler: Die Europäische Erbrechtsverordnung, S. 5; *ders.*, Die Entwicklung der Erbrechtsverordnung – eine rechtspolitische Betrachtung zum Gesetzgebungsverfahren, ZErb 2014, 189; *Lehmann,* Die EU-Erbrechtsverordnung zur Abwicklung grenzüberschreitender Nachlässe, DStR 2012, 2085; *ders.*, Erhöhter Druck auf Erbvertrag, gemeinschaftliches Testament sowie Vor- und Nacherbfolge durch die EuErbVO, ZEV 2015, 309; *Lein,* Die Erbrechtsverordnung aus Sicht der Drittstaaten, in Dutta/Herrler: Die Europäische Erbrechtsverordnung, S. 199; *Leipold,* Das Europäische Erbrecht (EuErbVO) und das deutsche gemeinschaftliche Testament, ZEV 2014, 139; *Leitzen,* EuErbVO: Praxisfragen an der Schnittstelle zwischen Erb- und Gesellschaftsrecht, ZEV 2012, 520; *ders.*, Die Rechtswahl nach der EuErbVO, ZEV 2013, 128; *Ludwig,* Die Wahl zwischen zwei Rechtsordnungen durch bedingte Rechtswahl nach Art. 22 der EU-Erbrechtsverordnung, DNotZ 2014, 12; *S. Lorenz,* Internationaler Pflichtteilsschutz und Reaktionen des Erbstatuts auf letztwillige Zuwendungen, in Dutta/Herrler: Die Europäische Erbrechtsverordnung, S. 113; *Mankowski,* Gelten die bilateralen Staatsverträge der Bundesrepublik Deutschland im Internationalen Erbrecht nach dem Wirksamwerden der EuErbVO weiter? ZEV 2013, 529; *ders.*, Das erbrechtliche Viertel nach § 1371 Abs. 1 BGB im deutschen und europäischen Internationalen Privatrecht, ZEV 2014, 121; *ders.*, Erbrechtliche Schiedsgerichte in Fällen mit Auslandsbezug und die EuErbVO, ZEV 2014, 395; *Margonski,* Ausländische Vindikationslegate nach der EU-Erbrechtsverordnung, GPR 2013, 105; *Nordmeier,* EuErbVO: Neues Kollisionsrecht für gemeinschaftliche Testamente, ZEV 2012, 513; *ders.*, Erbverträge und nachlassbezogene Rechtsgeschäfte in der EuErbVO – eine Begriffsklärung, ZEV 2013, 117; *ders.*, Erbverträge in der neuen EU-Erbrechtsverordnung: Zur Ermittlung des hypothetischen Erbstatuts nach Art. 25 EuErbVO, ZErb 2013, 112; *Odersky,* Die EuErbVO in der Gestaltungspraxis, notar 2013, 3; *ders.*, Der wirksam-wirkungslose Erb- und Pflichtteilsverzicht nach der EuErbVO, notar 2014, 139; *Reich,* Verfügungen von Todes wegen mit Bindungswirkung in gemischt-nationalen Ehen unter Berücksichtigung der Besonderheiten der EuErbVO, ZEV 2014, 144; *Reimann,* Testamentsvollstrecker im Auslandseinsatz: Änderungen nach Inkrafttreten der EuErbVO?, ZEV 2015, 510; *Remde,* Die Europäische Erbrechtsverordnung nach dem Vorschlag der Kommission vom 14.10.2009, RNotZ 2012, 65; *Richters:* Anwendungsprobleme der EuErbVO im deutsch-britischen Rechtsverkehr, ZEV 2012, 576; *Schaal,* Aktuelles im IPR, EuErbVO, BWNotZ 2013, 29; *Schaub,* Die EU-Erbrechtsverordnung, in: Hereditare – Jahrbuch für Erbrecht und Schenkungsrecht 2013, 91; *J. P. Schmidt,* Die kollisionsrechtliche Behandlung dinglich wirkender Vermächtnisse, RabelsZ 77 (2013), 1; *ders.*, Ausländische Vindikationslegate über im Inland belegene Immobilien – zur Bedeutung des Art. 1 Abs. 2 lit. l EuErbVO, ZEV 2014, 133; *ders.*, Der Erwerb der Erbschaft in grenzüberschreitenden Sachverhalten unter besonderer Berücksichtigung der EuErbVO, ZEV 2014, 455; *J. Schmidt,* Der Erbnachweis in Deutschland ab 2015: Erbschein versus Europäisches Nachlasszeugnis, ZEV 2014, 389; *Simon/Buschbaum,* Die neue EU-Erbrechtsverordnung, NJW 2012, 2393; *Solomon,* Die allgemeine Kollisionsnorm (Art. 21, 22 EuErbVO), in Dutta/Herrler: Die Europäische Erbrechtsverordnung, S. 19; *Soutier,* Verbindliche Rechtswahlen im Erbrecht, ZEV 2015, 515; *Stade,* Die EU-Erbrechtsverordnung aus französischer Sicht, ZErb 2015, 69; *Steinmetz/Löber/Alcázar,* Die EuErbVO und ihre Anwendbarkeit im Mehrrechtsstaat Spanien, ZEV 2013, 535; *Süß,* Die Europäische Erbrechtsverordnung, ZErb, 2013, 340;

*ders.*, Der Vorbehalt zugunsten bilateraler Abkommen mit Drittstaaten, in Dutta/Herrler: Die Europäische Erbrechtsverordnung, S. 181; *ders.*, Der unnichtige Erbvertrag nach der Europäischen Erbrechtsverordnung, ZErb 2014, 225; *Volmer,* Die EU-Erbrechtsverordnung – erste Fragen an Dogmatik und Forensik, Rpfleger 2013, 421; *ders.*, Die neue europäische Erbrechtsverordnung – ein Überblick, ZErb 2012, 227; *ders.*, Definitive Entscheidung von Vorfragen aufgrund der Gerichtszuständigkeit nach der EuErbVO, ZEV 2014, 129; *Wachter,* Europäische Erbrechtsverordnung in der Gestaltungspraxis, ZNotP 2014, 2; *Wall,* Richtet sich die internationale Zuständigkeit zur Erbscheinserteilung künftig ausschließlich nach Art. 4 ff. EU-ErbVO?, ZErb 2015, 9; *Weber,* Erb- und Pflichtteilsverzichtsverträge im Spiegel der EuErbVO, ZEV 2015, 503; *Wilsch,* EuErbVO: Die Verordnung in der deutschen Grundbuchpraxis, ZEV 2012, 530.

## A. Die Anwendung der Europäischen Erbrechtsverordnung

1 Aufgrund der zunehmenden Mobilität der Bürger, der stetig wachsenden Zahl an gemischtnationalen Ehen und der immer größer werden Zahl an Nachlässen, die über die Grenzen mehrerer Länder verteilt sind, kam der Vereinheitlichung der internationalen Zuständigkeitsvorschriften und der Kollisionsregeln im Erbrecht durch die EU im Jahr 2012 eine enorme praktische Bedeutung zu.[1] Die EuErbVO[2] umfasst dabei alle Aspekte des internationalen Erbverfahrens- und Erbkollisionsrechts und schafft darüber hinaus mit dem **Europäischen Nachlasszeugnis (ENZ)** eine eigenständige grenzüberschreitende Nachweismöglichkeit. Die Verordnung gliedert sich demgemäß zunächst in die vier „klassischen" Regelungsbereiche:[3]

- Art. 1 bis 3 regeln den sachlichen Anwendungsbereich und enthalten notwendige Definitionen;
- Art. 4 bis 18 regeln die internationale Zuständigkeit; dies betrifft über Art. 64 auch die Frage, welches Land künftig zur Erteilung des ENZ zuständig ist;
- Art. 20 bis 38 enthalten als Kernbereich die Kollisionsregeln zur Bestimmung des anzuwendenden Erbrechts;
- Art. 39 bis 58 übernehmen weitgehend die im Europäischen Recht bekannte Systematik der Anerkennung und Vollstreckung von Entscheidungen und öffentlichen Urkunden, wobei im Bereich des Nachlassrechts weiterhin ein Exequatur-Verfahren notwendig ist (Art. 48).

2 Dies wird ergänzt um folgende zwei „neue" Regelungskomplexe:

- Art. 59 bis 61 enthalten das neuartige Konzept zur (formellen) „Annahme öffentlicher Urkunden" mit der wichtigen Folge, dass im Bereich des Erbrechts – vor allem zur Erteilung eines Erbscheins oder ENZ – für öffentliche Urkunden aus anderen Mitgliedstaaten keine Apostille mehr notwendig ist;
- Art. 62 bis 73 regeln schließlich die Einführung des ENZ, das grenzüberschreitend die Funktion eines Erbscheins oder Testamentsvollstreckerzeugnisses übernehmen kann.

3 Ergänzend zur EuErbVO gilt die europäische **Durchführungsverordnung,**[4] die vor allem die obligatorisch zu verwendenden Formulare zur Erteilung eines ENZ und entsprechende Antragsmuster, deren Verwendung jedoch fakultativ ist, enthält.

---

[1] Nach Schätzung der Kommission gab es bereits 2009 in der EU jährlich ca. 450.000 Erbfälle mit internationalen Bezügen, wobei der Gesamtwert der entsprechenden Nachlässe auf ca. 123 Mrd. EUR geschätzt wurde; vgl. Staff Working Paper SEK(2009) 411 endg.

[2] Verordnung (EU) Nr. 650/2012 v. 4.7.2012 über die Zuständigkeit, das anzuwendende Recht, die Anerkennung und Vollstreckung von Entscheidungen und die Annahme und Vollstreckung öffentlicher Urkunden in Erbsachen sowie zur Einführung eines europäischen Nachlasszeugnisses; ABl. 2012 L 201, 107; Berichtigungen: ABl. 2012 L 344, 3; ABl. 2013 L 41, 16; ABl. 2013 L 60, 140. Vgl. zum Verordnungsverfahren ausführlich Dutta/Herrler/*Lechner* S. 5 ff.; *Lechner* ZErb 2014, 188 ff.; Süß/*Süß*, ErbR in Europa, § 1 Rn. 11 ff.

[3] Artikel ohne weitere Bezeichnung beziehen sich in diesem Teil stets auf die EuErbVO.

[4] Durchführungsverordnung (EU) Nr. 1329/2014 der Kommission zur Festlegung der Formblätter nach Maßgabe der Verordnung (EU) Nr. 650/2012 des Europäischen Parlaments und des Rates über die Zuständigkeit, das anzuwendende Recht, die Anerkennung und Vollstreckung von Entscheidungen und die

In Deutschland wurden diese Verordnungen schließlich vom **Ausführungsgesetz** umgesetzt,[5] dessen Kernstück das Internationale Erbrechtsverfahrensgesetz (IntErbRVG) darstellt, mit dem insbesondere auch die örtlichen Zuständigkeitsvorschriften der Nachlassgerichte an den Begriff des gewöhnlichen Aufenthalts iSd EuErbVO angeglichen wurden. 4

## I. Zeitlicher Anwendungsbereich

Die EuErbVO ist gemäß Art. 83 Abs. 1 auf alle Erbfälle anwendbar, die **ab dem 17.8.2015** eingetreten sind. Dies gilt für alle inhaltlichen Bereiche der Verordnung, also von der internationalen Zuständigkeit bis zur Erteilung des ENZ.[6] 5

Für Erbfälle, die sich **bis einschließlich 16.8.2015** ereigneten, bleiben die nationalen Zuständigkeits-, Kollisions- und Erbscheinregeln, insbesondere also die Anknüpfung an das Staatsangehörigkeitsrecht und die beschränkte Rechtswahlmöglichkeit des Art. 25 Abs. 2 EGBG aF unverändert anwendbar.[7] 6

## II. Räumlicher Anwendungsbereich

Die EuErbVO ist von allen Staaten der Europäischen Union anzuwenden, mit Ausnahme Dänemarks, Irlands und des Vereinigten Königreichs, die sich trotz erheblicher Einflussnahme auf den Text der Verordnung (zB in Art. 29, der sich in erster Linie auf die britische Nachlassabwicklung bezieht, nun aber praktisch keinen Anwendungsbereich mehr hat) nicht zum erforderlichen „Opt-in" durchringen konnten.[8] **Dänemark, Irland und das Vereinigte Königreich** sind damit aus Sicht Deutschlands wie alle anderen Staaten außerhalb der EU-Mitgliedstaaten als „Drittstaaten" zu behandeln, was vor allem Bedeutung für die Rück- und Weiterverweisungsmöglichkeiten in Art. 34 hat.[9] 7

## III. Sachlicher Anwendungsbereich

Sachlich ist die EuErbVO auf die **„Rechtsnachfolge von Todes wegen"** (*„succession to the estates of deceased persons"*) anzuwenden, Art. 1 Abs. 1 iVm Art. 3 Abs. 1 lit. a. Dieser Begriff ist grundsätzlich weit zu verstehen[10] und wird positiv umschrieben von Art. 23. Dieser enthält mit seiner Aufzählung in Abs. 2 eine wichtige Vorschrift, um eine europaweit möglichst einheitliche Auslegung der Qualifikationsfrage zu erreichen, was vom Erbstatut iSd Art. 21 und Art. 22 iVm Art. 3 Abs. 1 lit. a im Einzelnen geregelt wird. In Verbindung mit der Definition in Art. 3 Abs. 1 lit. a wird dabei klargestellt, dass jede 8

Annahme und Vollstreckung öffentlicher Urkunden in Erbsachen sowie zur Einführung eines Europäischen Nachlasszeugnisses v. 9.12.2014, ABl. 2014 L 359, 30.

[5] Gesetz zum internationalen Erbrecht und zur Änderung von Vorschriften zum Erbschein sowie zur Änderung sonstiger Vorschriften v. 29.6.2015, BGBl. 2015 I 1042.

[6] Zu den Übergangsvorschriften bezüglich der Wirksamkeit einer Rechtswahl → Rn. 144ff.

[7] Vgl. zu dem nationalen Kollisionsrecht gemäß Art. 25f. EGBGB aF iE die Darstellung bei *Schotten/Schmellenkamp* IPR § 7. Zur möglichen Fortgeltung einer beschränkten Rechtswahl für Inlandsimmobilien → Rn. 157.

[8] Vgl. Erwägungsgründe 82 und 83.

[9] In England wird dagegen zum Teil vertreten, dass die Verordnung zwar für Großbritannien nicht anwendbar ist, aber das Land als EU-Mitglied dennoch „Mitgliedstaat" iSd Verordnung sei; vgl. Bergquist/*Frimston* Art. 3 Rn. 40ff. Begründet wird dies mit dem Wortlaut von Erwägungsgrund 82, in dem Großbritannien indirekt als „Mitgliedstaat" bezeichnet wird, und einem Umkehrschluss zu Art. 1 Abs. 3 Brüssel-I-VO, Art. 1 Abs. 4 Rom I-VO und Art. 1 Abs. 4 Rom-II-VO, die jeweils den Begriff des Drittstaats in Abgrenzung zu den tatsächlich teilnehmenden Mitgliedstaaten definieren. Soweit ersichtlich, schließt sich dieser Auffassung aber niemand außerhalb Großbritanniens an, da es keine einseitige Bindung der an der EuErbVO teilnehmenden Mitgliedstaaten gegenüber einen Land, das die wechselseitig konzipierten Zuständigkeits-, Anerkennungs- und Vollstreckungsregeln sowie das Europäische Nachlasszeugnis für sich selbst ablehnt, geben kann; vgl. *Richters* ZEV 2012, 576 (577); Dutta/Herrler/*Lein* S. 201 (Rn. 8f.); ebenso § 1 Abs. 2 IntErbRVG.

[10] Vgl. Erwägungsgrund 9.

Form des Übergangs von Nachlassaktiva wie -passiva von Todes wegen sowohl in der Form der gewillkürten Erbfolge als auch im Wege der gesetzlichen Erbfolge umfasst sein soll. Erwägungsgrund 42 stellt zudem den zeitlichen Aspekt der Erbfolge in den Vordergrund, indem er klarstellt, dass das zur Anwendung berufene Erbrecht vom Eintritt des Erbfalls bis zum Übergang des Eigentums der zum Nachlass gehörigen Vermögenswerte auf die Berechtigten gelten soll, und zudem alle Fragen der Nachlassverwaltung und der Haftung für Nachlassverbindlichkeiten umfasst. Aus den Sonderregeln der Art. 24 bis 27 ergibt sich ergänzend, dass alle Fragen der Zulässigkeit, der formellen und materiellen Wirksamkeit und der Bindungswirkung von letztwilligen Verfügungen ebenfalls zu dem von der Verordnung geregelten Bereich der Rechtsnachfolge von Todes wegen gehören.

9 Der sehr weite erbrechtliche Anwendungsbereich iSd Art. 1 Abs. 1, 23 wird jedoch negativ begrenzt durch den **Ausnahmenkatalog des Art. 1 Abs. 2.** Die darin enthaltene Negativliste beinhaltet zum einen die Abgrenzung zum Anwendungsbereich anderer bereits in Kraft getretener oder geplanter EU-Verordnungen (wie zB zum Unterhalts- und Güterrecht), so dass keine Doppelqualifikationen entstehen können, zum anderen definiert sie für bestimmte Fragen, die häufig mit dem Erbrecht eng verwoben sind (wie zB dem Gesellschafts- und Sachenrecht), den Vorrang nationaler Regelungen.[11] Systematisch ist die Negativliste des Art. 1 Abs. 2 damit auch vorrangig zur positiven Aufzählung des Art. 23 zu prüfen.[12]

10 Die EuErbVO ist ferner nicht anzuwenden, soweit ein Staat an vorrangige **internationale Abkommen** gebunden ist, auch wenn diese nur bilateral zwischen einem Mitgliedstaat und einem Drittstaat wirken (Art. 75 Abs. 1). Für Deutschland betrifft dies daher weiterhin:[13]

– das Deutsch-Persische Niederlassungsabkommen vom 17.2.1929[14], das im Verhältnis zum **Iran** gilt und das in Art. 8 Abs. 3 eine Kollisionsnorm enthält, die das gesamte Personen-, Familien- und Erbrecht dem Staatsangehörigkeitsrecht unterstellt, wenn sich ein Staatsangehöriger im Gebiet des jeweils anderen Staates aufhält;
– das **Deutsch-Türkische Nachlassabkommen** vom 28.5.1929[15], nach dem sich die Erbfolge in den beweglichen Nachlass von türkischen Staatsangehörigen weiterhin nach dem Staatsangehörigkeitsrecht richtet, wohingegen Immobilien immer nach dem Ortsrecht vererbt werden;
– der **deutsch-sowjetische Konsularvertrag** vom 25.4.1958[16], der weiterhin im Verhältnis zur Russischen Föderation, Armenien, Aserbaidschan, Georgien, Kasachstan, Kirgisistan, Moldawien, Tadschikistan, Ukraine, Usbekistan und Weißrussland gilt, aber inhaltlich nur die Erbfolge in Immobilien betrifft, für die er die Anwendung der *lex rei sitae* vorsieht.

## IV. Grundprinzipien der EuErbVO

11 Durch die Anknüpfung der „gesamten Rechtsnachfolge von Todes wegen" (Art. 21, 22, 23 Abs. 1) betont die Verordnung den **Grundsatz der Nachlasseinheit,** so dass es künftig nach der eigentlichen Intention der Verordnung keine Nachlassspaltungen, insbesondere keine bezüglich des beweglichen und unbeweglichen Vermögens des Erblassers mehr geben sollte. Die Umsetzung dieses Grundsatzes wurde jedoch im Verlauf des Normsetzungsprozesses aufgeweicht, indem eine in einem Drittstaat geltende kollisionsrechtliche

[11] Zu Einzelfragen bezüglich der Reichweite des Erbstatuts → Rn. 281 ff.
[12] Vgl. Geimer/Schütze/*Schall/Simon* IRV EuErbVO Art. 1 Rn. 11.
[13] Zur konkreten Anwendung und Einzelfragen → Rn. 346 ff. sowie Dutta/Herrler/*Süß* S. 181 ff.
[14] RGBl. 1930 II 1002; BGBl. 1955 II 829; vgl. ausführlich Staudinger/*Dörner* EGBGB Vorb. Art. 25 f. Rn. 149 ff.
[15] RGBl. 1930 II 747; BGBl. 1952 II 608; vgl. ausführlich Staudinger/*Dörner* EGBGB Vorb. Art. 25 f. Rn. 160 ff.; Süß/*Kilic*, ErbR in Europa, Länderbericht Türkei.
[16] BGBl. 1959 II 233; vgl. ausführlich Staudinger/*Dörner* EGBGB Vorb. Art. 25 f. Rn. 193 ff.

Nachlassspaltung im Rahmen einer Rück- oder Weiterverweisung gemäß Art. 34 zum Zwecke des internationalen Entscheidungseinklangs angenommen wird (→ Rn. 76ff.), und indem eine vor Inkrafttreten der EuErbVO erfolgte Rechtswahl, die sich nur auf einen Teil des Nachlasses bezieht (insbesondere solche nach Art. 25 Abs. 2 EGBGB aF) nach Art. 83 Abs. 2 Bestandsschutz genießen kann (→ Rn. 156).

Zentraler Anknüpfungspunkt der Verordnung ist dabei – wie im Europäischen Recht 12 üblich (→ § 2 Rn. 54ff.) – der **gewöhnliche Aufenthalt** des Erblassers. Dieser bestimmt insbesondere die internationale Zuständigkeit der Gerichte in Nachlasssachen (Art. 4) und als Grundregel das anwendbare Erbrecht (vgl. Art. 21 Abs. 1). Die Staatsangehörigkeit des Erblassers spielt dagegen nur noch im Fall einer Rechtswahl durch eine Verfügung von Todes wegen (Art. 22) eine Rolle. Auch wenn im Verlauf des Verordnungsverfahrens zum Teil vehement für das Staatsangehörigkeitsprinzip geworben wurde oder zumindest ein „verstärkter gewöhnlicher Aufenthalt", bei dem zB nach dem Vorbild von Art. 3 Abs. 2 des Haager Erbrechtsübereinkommens vom 1.8.1989 eine gewisse zeitliche Bindung zu einem Staat notwendig wäre, gefordert wurde, blieb das Anknüpfungsmerkmal des gewöhnlichen Aufenthaltsorts entsprechend dem Kommissionsvorschlag unverändert bestehen.[17] Allerdings wurde in einem sehr späten Verfahrensstadium noch die Ausnahmevorschrift des. Art. 21 Abs. 2 eingefügt (→ Rn. 40), um damit etwaigen verbleibenden Einwänden gegenüber dem Prinzip des gewöhnlichen Aufenthalts etwas entgegenzukommen.[18]

Der Begriff des gewöhnlichen Aufenthalts ist dabei für die Zuständigkeitsbestimmung 13 in Art. 4 in gleicher Weise auszulegen wie bei Bestimmung des Erbstatuts gemäß Art. 21 Abs. 1,[19] da die Verordnung grundsätzlich den **Gleichlauf** von internationaler Zuständigkeit ***(forum)*** und anwendbarem Recht ***(ius)*** anstrebt. Dieser Gleichlauf kommt auch in den Regelungen zur Gerichtsstandsvereinbarung und zur Unzuständigkeitserklärung in Art. 6 bis 9 zum Ausdruck, die gemäß Art. 5 zwingend eine wirksame Rechtswahl zum Staatsangehörigkeitsrecht iSv Art. 22 voraussetzen.

Die EuErbVO ist schließlich als ***loi uniforme*** nach dem Vorbild der Haager Überein- 14 kommen und aller weiteren EU-Verordnungen zum Kollisionsrecht ausgestaltet (Art. 20). Auch wenn die Verordnung auf das Recht eines Drittstaats verweist, ist dessen Recht anzuwenden, unabhängig davon welche IPR-Regeln der Drittstaat selbst anwendet. Allerdings ist gemäß Art. 34 erstmals im Europäischen Recht im eingeschränkten Rahmen eine Rück- oder Weiterverweisung zu beachten, durch die der internationale Entscheidungseinklang weiter gefördert werden soll.

Die Bestimmung des anwendbaren Erbrechts hat damit idR in folgenden **Prüfungs- 15 schritten** zu erfolgen:[20]

1. Prüfung des Anwendungsbereichs der EuErbVO:
   - für Erbfälle ab dem 17.8.2015 (für Erbfälle bis zum 16.8.2015 bleibt es bei der Anwendung der Art. 25f. EGBGB idF vom 1.9.1986; für Erbfälle vor diesem Datum gelten gemäß Art. 220 Abs. 1 EGBGB Art. 24 bis 26 EGBGB aF);
   - Qualifikation der Rechtsfrage als erbrechtlich (vgl. Art. 23) und kein Ausschluss vom Anwendungsbereich gemäß Art. 1 Abs. 2;
   - Vorrang internationaler Abkommen (Art. 75), insbesondere bei Immobilien eines deutschen Erblassers in der Türkei oder in einem Nachfolgestaat der Sowjetunion und bei türkischen oder iranischen Staatsangehörigen in Deutschland.

---

[17] Vgl. zur Kritik beispielhaft *Kanzleiter* FS Zimmermann, 2010, 165 (173ff.); *Lorenz* ErbR 2012, 39 (43f.). Allgemein zur Diskussion des Anknüpfungsmerkmals mit Übersicht zu den in den Mitgliedstaaten üblichen Anknüpfungsmerkmalen und den einzelnen Stellungnahmen *Dutta* RabelsZ 73 (2009), 547 (560ff.).

[18] Vgl. dazu Erwägungsgrund 25; Dutta/Herrler/*Lechner* S. 11 (Rn. 23).

[19] Vgl. Erwägungsgrund 27; ausdrücklich ebenso *Kindler* IPrax 2010, 44 (46); MüKoBGB/*Dutta* EuErbVO Art. 21 Rn. 4; Bonomi/Wautelet/*Bonomi* Art. 21 Rn. 16; zweifelnd insoweit nur *Schaub* Hereditare 2013, 91 (113), wobei diese Zweifel ansonsten in der Literatur keinen Niederschlag finden, die wohl einheitlich von dem einheitlichen Begriffsverständnis ausgeht.

[20] Vgl. auch Süß/*Süß*, ErbR in Europa, § 1 Rn. 75.

2. Prüfung der **formellen und materiellen Wirksamkeit** etwaiger Verfügungen von Todes wegen:
   - formelle Wirksamkeit anhand HTestformÜ oder Art. 27 (→ Rn. 172ff.);
   - materielle Wirksamkeit von Erbverträgen und gemeinschaftlichen Testamenten gemäß Art. 25 (→ Rn. 246ff.);
   - materielle Wirksamkeit von sonstigen letztwilligen Verfügungen gemäß Art. 24 (→ Rn. 232ff.).
3. Ermittlung des **Erbstatuts:**
   - nach Staatsangehörigkeitsrecht aufgrund wirksamer Rechtswahl, Art. 22, 84 Abs. 2, Abs. 4 (→ Rn. 97ff.);
   - sonst Anknüpfung an den gewöhnlichen Aufenthalt gemäß Art. 21 Abs. 1 (ausnahmsweise jedoch Vorrang des Art. 21 Abs. 2) und bei Verweis auf Drittstaaten Prüfung eines *Renvoi,* Art. 34;
   - bei Mehrrechtsstaaten Unteranknüpfung gemäß Art. 37, 38.
4. Anwendung des berufenen **Sachrechts:**
   - mit selbstständiger Anknüpfung von Vorfragen (strittig, → Rn. 302ff.);
   - ggf. Anpassung bei Normwidersprüchen (Art. 31, → § 3 Rn. 59ff.);
   - im Ausnahmefall Ergebniskorrektur aufgrund *ordre public*-Vorbehalt (Art. 35, → Rn. 340ff.).

### V. Autonomes Kollisionsrecht, Art. 25 EGBGB nF

16 Folge des Universalitätsprinzips ist, dass im Anwendungsbereich der EuErbVO kein autonomes Kollisionsrecht der Mitgliedstaaten fortgelten kann, da das Erbkollisionsrechts auch bei Fällen mit Berührung zu Drittstaaten umfassend vereinheitlicht ist. Konsequenterweise wurden daher die früheren Art. 25, 26 EGBGB mit Wirkung ab 17.8.2015 geändert und Art. 17b Abs. 1 S. 2 (zum Erbrecht eingetragener Lebenspartner) aufgehoben.[21]

17 Im Einzelfall möglich ist jedoch, dass eine bestimmte Rechtsfrage vom Anwendungsbereich der EuErbVO gemäß Art. 1 Abs. 2 ausgeschlossen und auch nicht Gegenstand anderer vorrangiger EU-Verordnungen oder international bindender Abkommen ist, aus Sicht des nationalen deutschen Kollisionsrechts aber erbrechtlich zu qualifizieren ist. Gemäß Art. 25 EGBGB (idF von Art. 15 des Ausführungsgesetzes vom 29.6.2015) sind in diesem Fall die Regeln der EuErbVO entsprechend anzuwenden. Zu beachten ist jedoch, dass diese Anwendungserstreckung nur für die Kollisionsnormen in Kapitel III der EuErbVO und nicht für deren sonstigen Inhalt, insbesondere nicht für die internationale Zuständigkeit und den Umfang des ENZ gilt.

## B. Objektive Anknüpfung des Erbstatuts

### I. Anknüpfung an den gewöhnlichen Aufenthalt

18 Nach Art. 21 Abs. 1 erfolgt die Bestimmung des Erbstatuts grundsätzlich nach dem gewöhnlichen Aufenthalt des Erblassers im Todeszeitpunkt.[22] Die Anknüpfung gilt einheitlich für „die gesamte Rechtsnachfolge von Todes wegen“, wie dieser Begriff in Art. 3 Abs. 1a definiert wird. Umfasst sind also alle erbrechtlichen Fragen, soweit diese im An-

[21] Vgl. Art. 15 des Ausführungsgesetzes v. 29.6.2015, BGBl. 2015 I 1042.

[22] Die genaue Bestimmung des Zeitpunkts des Todes ist durch die EuErbVO aber nicht geregelt. Art. 1 Abs. 2 lit. b und lit. c schließen vielmehr die Rechtsfähigkeit sowie Fragen betreffend die Verschollenheit und die Todesvermutung aus dem Anwendungsbereich der Verordnung aus. Insoweit verbleibt es also bei der Maßgeblichkeit des nationalen Rechts. Nach deutschem IPR gilt insoweit Art. 7 Abs. 1 und Art. 9 S. 1 EGBGB.

wendungsbereich der Verordnung liegen. Zur näheren Definition und Qualifikation der so umfassten Fragen ist Art. 23 heranzuziehen.[23]

Die Anknüpfung des Art. 21 Abs. 1 gilt nach dem Wortlaut, „sofern in dieser Verord- 19
nung nichts anderes geregelt ist". Vorrangig Vorschriften innerhalb der EuErbVO sind insbesondere die Anknüpfung an das Staatsangehörigkeitsrecht aufgrund Rechtswahl nach Art. 22, etwaige nach Art. 83 fortbestehende Rechtswahlen, Sondervorschriften zur formellen und materiellen Wirksamkeit von Verfügungen von Todes wegen in Art. 24 bis 27 sowie etwaige nach Art. 75 vorrangig zu beachtende staatsvertragliche Anknüpfungen.

## II. Bestimmung des gewöhnlichen Aufenthalts

### 1. Auslegungsgrundsätze

In der ganz überwiegenden Zahl der Erbfälle wird die Zuordnung zu einer einzigen 20
Rechtsordnung ohne größere Zweifel und Auslegungsfragen möglich sein, wenn man den Begriff des gewöhnlichen Aufenthalts im Sinne eines **„Lebens- bzw. Daseinsmittelpunkts"** zu Grunde legt. Häufig haben Menschen nie ihr Heimatland für längere Zeit verlassen und beabsichtigen auch nicht, dies im Alter noch zu tun. Im Einzelfall, insbesondere bei einem Umzug in den Jahren vor dem Tod und bei gleichzeitigen Aufenthalten in zwei oder gar mehreren Ländern kann die Bestimmung des gewöhnlichen Aufenthalts jedoch mit erheblichen Unsicherheiten verbunden sein.

Der Begriff des gewöhnlichen Aufenthalts wird auch in der EuErbVO – wie in allen 21
anderen Europäischen Rechtsakten – nicht näher definiert und ist damit autonom auf der Grundlage eines europäischen Begriffsverständnisses einheitlich in allen Mitgliedstaaten auszulegen.[24] Dabei gibt es aber, wie der EuGH bereits zu Art. 8 EuEheVO klargestellt hat, keinen insgesamt einheitlichen europäischen Begriff des „gewöhnlichen Aufenthalts", der für alle Rechtsgebiete auf dem Gebiet der justiziellen Zusammenarbeit in Zivilsachen in gleicher Weise gilt.[25] Der Begriff kann vielmehr im Hinblick auf den jeweiligen rechtlichen Zusammenhang, in dem er verwendet wird, unterschiedlich verstanden werden, was auch durch Erwägungsgrund 23 S. 3 („unter Berücksichtigung der spezifischen Zwecke dieser Verordnung") betont wird. Für Zwecke der EuErbVO ist also ein **spezifisch erbrechtlicher Anknüpfungszusammenhang** herzustellen, der sich insbesondere von den bekannt gewordenen Entscheidungen zur Interpretation im Kindschaftsrecht unterscheiden kann.[26]

Zumindest im erbrechtlichen Zusammenhang kann der Erblasser im Todeszeitpunkt auch 22
nur einen **einzigen gewöhnlichen Aufenthalt** haben, da nicht gleichzeitig auf mehrere konkurrierende Rechtsordnungen verwiesen werden kann.[27] Wäre es nach der EuErbVO vorstellbar, dass der Erblasser im Zeitpunkt seines Todes gleichzeitig mehrere gewöhnliche Aufenthalte haben könnte, hätte die Verordnung selbst ergänzende Regelungen zur Unteranknüpfung vorsehen müssen. Andererseits kann es keinen Erblasser ohne einen gewöhnlichen Aufenthalt geben, da zwingend ein anwendbares Erbrecht nach Art. 21 Abs. 1 zu bestimmen ist, und die Norm des Art. 21 Abs. 2 nicht als Auffangregel verwendet werden

---

[23] Zu Einzelfragen der Reichweite des Erbstatuts → Rn. 281 ff.

[24] Zur Begriffsdefinition allg. → § 2 Rn. 54 ff.

[25] Vgl. EuGH C-523/07, Slg. 2009, I-2805 Rn. 35 f. – A; C-497/10, Slg. 2010, I-14309 Rn. 45 ff. – Mercredi/Chaffe.

[26] Vgl. insbes. *Lehmann* DStR 2012, 2085 f.; BeckOGK/*J. Schmidt* EuErbVO Art. 4 Rn. 18; MüKoBGB/*Dutta* EuErbVO Art. 4 Rn. 3; Bonomi/Wautelet/*Bonomi* Art. 4 Rn. 14 und Art. 21 Rn. 7; Bergquist/*Lagarde* Art. 21 Rn. 7; Süß/*Süß*, ErbR in Europa, § 2 Rn. 5 ff.; für eine einheitliche Auslegung dagegen Dutta/Herrler/*Solomon* S. 27 (Rn. 19) und S. 31 (Rn. 33–38); Palandt/*Thorn* EuErbVO Art. 21 Rn. 5; NK-NachfolgeR/*Köhler* EuErbVO Art. 21 Rn. 5; Dutta/Weber/*Bauer* Art. 21 Rn. 4.

[27] Vgl. *Dörner* ZEV 2012, 505 (510) (unter 4.1); *Lehmann* DStR 2012, 2085 (2086); *Odersky* notar 2013, 3 (4); MüKoBGB/*Dutta* EuErbVO Art. 4 Rn. 6; Palandt/*Thorn* EuErbVO Art. 21 Rn. 6; Süß/*Süß*, ErbR in Europa, § 2 Rn. 33 ff.; aA aber NK-NachfolgeR/*Köhler* EuErbVO Art. 21 Rn. 11.

darf.[28] Auch wenn der Erblasser ständig seinen Aufenthalt in der Welt verändert hat, ist damit ein Schwerpunkt bei einem Land zu suchen, wobei vor allem der Zeitraum von einigen Jahren vor dem Tod des Erblassers maßgebliches Gewicht haben muss.

23 Bei zweifelhaften Fällen wird sich damit die Interpretation des Art. 21 Abs. 1 sowohl an der Auslegung des Begriffs durch den EuGH im Rahmen anderer europäischer Rechtsakte orientieren, als auch die Besonderheiten im erbrechtlichen Kontext, wie diese insbesondere in den Erwägungsgründen 23 und 24 zum Ausdruck kommen, berücksichtigen: Zu Art. 8 Abs. 1 EuEheVO hat der EuGH den Begriff des gewöhnlichen Aufenthalts in der Weise ausgelegt, dass darunter der Ort zu verstehen sei, der „Ausdruck einer gewissen Integration in ein soziales und familiäres Umfeld" ist, wobei dieser Ort unter Berücksichtigung aller tatsächlichen Umstände des Einzelfalls, insbesondere der Dauer, der Regelmäßigkeit und der Umstände des Aufenthalts in einem Mitgliedstaat und der Gründe für diesen Aufenthalt zu ermitteln ist.[29] Darauf aufbauend setzt Erwägungsgrund 23 voraus, dass die „befasste Behörde eine Gesamtbeurteilung der Lebensumstände des Erblassers in den Jahren vor seinem Tod und im Zeitpunkt seines Todes vorzunehmen und dabei alle relevanten Tatsachen zu berücksichtigen" hat. Unter Berücksichtigung der spezifisch erbrechtlichen Ziele der Verordnung habe sich daraus eine „besonders enge und feste Bindung zu dem betreffenden Staat" zu ergeben.

24 Die so definierten Auslegungsgrundsätze beziehen sich in erster Linie auf **objektiv feststellbare Tatsachen,** so dass iRd notwendigen Gesamtbetrachtung insbesondere folgende Kriterien – bezogen auf den Zeitpunkt des Todes und die Zeitspanne von einigen Jahren vor dem Tod – maßgeblich werden können:

25 – Besondere Bedeutung kommt zunächst der **„Dauer und Regelmäßigkeit des Aufenthalts"** zu.[30] Ohne zumindest zeitweisen Aufenthalt in einem Land, der in gewisser Weise verstetigt ist, kann nie ein „gewöhnlicher Aufenthalt" entstehen. Relativ kurze, zeitlich von vornherein begrenzte Aufenthalte (zB Urlaube, Praktika, Auslandssemester bei Studenten) können ebenfalls nicht diesen Begriff erfüllen. Je länger und regelmäßiger der Aufenthalt in einem Land andauert, desto eher wird man einen gewöhnlichen Aufenthalt annehmen. Häufig wird man dabei davon ausgehen, dass ein Aufenthalt zumindest sechs Monate, wenn nicht gar ein oder mehrere Jahre gedauert haben muss, bevor er „gewöhnlich" wurde. Die EuErbVO sieht aber bewusst keine Mindestfrist vor, die zur Begründung eines neuen gewöhnlichen Aufenthalts erforderlich wäre, so dass dieser ggf. auch schon mit einem Umzug in ein anderes Land verwirklicht werden kann, wenn dies durch weitere Merkmale gerechtfertigt ist.[31]

**Beispiel:**
Der französische Partner eines nichtehelichen Paares, das sich schon mehrere Jahre kennt, zieht von Paris nach München zu seiner Verlobten, wo er eine unbefristete Arbeitsstelle angenommen hat, das Paar auf unbestimmt lange Zeit leben will und er aufgrund häufiger Wochenendaufenthalte auch schon im Freundeskreis bekannt ist. Vier Wochen nach dem Umzug verstirbt er, wobei man seinen gewöhnlichen Aufenthalt schon in München und nicht mehr in Paris annehmen kann.

26 – Neben der Dauer des Aufenthalts, die eine wichtige Indizwirkung hat, sind gemäß Erwägungsgrund 23 S. 2 die **„Umstände und Gründe"** für die Präsenz in dem betreffenden Staat von besondere Bedeutung. Wie sich indirekt aus Erwägungsgrund 24 ergibt – der unmittelbar nur den Sonderfall von zwei nahezu gleichwertigen Aufenthaltsorten behandelt – sprechen dabei „private" Gründe (zB der Umzug zum Partner

[28] Vgl. Erwägungsgrund 25; MüKoBGB/*Dutta* EuErbVO Art. 4 Rn. 6.
[29] Vgl. EuGH C-523/07, Slg. 2009, I-2805 Rn. 38f., 44 – A; C-497/10, Slg. 2010, I-14309 Rn. 47ff. – Mercredi/Chaffe.
[30] Vgl. Erwägungsgrund 23 S. 2.
[31] Vgl. *Dörner* ZEV 2012, 505 (510); *Odersky* notar 2013, 1 (4); auch Erwägungsgrund 25 S. 1 geht davon aus, dass der gewöhnliche Aufenthalt durch einen Umzug „kurz vor dem Tod" geändert werden kann.

oder in die Nähe von Familienmitgliedern; der Umzug an einen neuen Ort, um dort den Ruhestand zu verbringen) eher für die Begründung eines gewöhnlichen Aufenthalts als wenn vorrangig berufliche oder gar „fremdbestimmte“ Gründe für den Aufenthalt in einem Land ursächlich sind.

– Ein wichtiges Merkmal für den gewöhnlichen Aufenthalt iSd Daseinsmittelpunkts stel- 27
len ferner die **familiären und/oder sozialen Bindungen** des Erblassers dar.[32] Bei den familiären Bindungen sind vor allem die Beziehungen zum Ehe- oder Lebenspartner und zwischen Eltern und Kindern zu beachten, ggf. aber auch die zu sonstigen nahen Verwandten in einem anderen Staat. Der Umfang familiärer Beziehungen kann auch je nach Rechtskultur des Heimatlandes unterschiedlich stark ausgeprägt sein (zB bei einer Bindung an die italienische Großfamilie). Soziale Bindungen können sich sowohl aus der Einbindung in Vereinen, Religionsgemeinschaften und anderen Organisationen ergeben als auch aus der Pflege eines festen Freundeskreises.

– Weitere ergänzende Merkmale können die **Staatsangehörigkeit** des Erblassers und 28
ggf. auch dessen **Sprachkenntnisse** (bzw. andere Merkmale, aus denen sich ein besonderes Interesse an einem Land ausdrücken kann) darstellen, sowie die Frage, wo (wesentlichen) **Vermögensgegenstände,** insbesondere (eigengenutzte) Immobilien belegen sind. Solche Kriterien wird man aber immer nur ergänzend heranziehen und nie als allein entscheidend gegenüber den anderen, stärker zu gewichtenden Merkmalen ansehen. Hat also beispielsweise der Erblasser im Ruhestand bereits mehrere Jahre die ganz überwiegende Zeit des Jahres in Mallorca gelebt, kann seine deutsche Staatsangehörigkeit und die Tatsache, dass sein gesamtes Immobilienvermögen in Deutschland belegen ist, nicht mehr einen gewöhnlichen Aufenthalt in Deutschland rechtfertigen.

Nicht ausdrücklich erwähnt wird dagegen in den Erwägungsgründen 23 und 24, inwie- 29
weit der **Wille des Erblassers** Einfluss auf die Bestimmung des gewöhnlichen Aufenthalts hat. Zur Anwendung des Art. 8 EuEheVO hat der EuGH entschieden, dass für die Begründung des gewöhnlichen Aufenthalts in einem neuen Staat vor allem der Wille des Betreffenden maßgeblich ist, dort den ständigen und gewöhnlichen Mittelpunkt seiner Interessen in der Absicht zu begründen, ihm Beständigkeit zu verleihen.[33] Da Erwägungsgrund 23 S. 2 ausdrücklich auch auf die Umstände und Gründe für den Aufenthalt in einem Staat abstellt, die natürlich erheblich von den subjektiven Vorstellungen des Erblassers abhängen können, wird man auch für die Bestimmung des gewöhnlichen Aufenthalts im Bereich der EuErbVO einem *animus manendi* des Erblassers eine zumindest mitbestimmende Bedeutung einräumen.[34] Dies gilt insbesondere für die Frage, wie schnell nach einem Umzug ein neuer gewöhnlicher Aufenthalt begründet wird: je mehr der Umzug von einem langen Bleibewillen des Erblassers bestimmt ist, desto schneller wird man den gewöhnlichen Aufenthalt im neuen Land verorten, wohingegen der Wille, sich nur für begrenzte Zeit in einem Land aufzuhalten (zB bei zeitlich befristeten „Expat“-Verträgen oder Auslandsabordnungen), den Wechsel des gewöhnlichen Aufenthalts auch über mehrere Jahre hinweg verhindern kann.

Andererseits sind auch dem Willenselement durch die objektiven Umstände Grenzen 30
gesetzt. Der Erblasser kann zum Einen einen klar untergeordneten Aufenthaltsort nicht durch seinen bloßen Willen zum gewöhnlichen Aufenthalt küren, da dadurch die Grenzen zur unzulässigen Rechtswahl überschritten würden. Zum Anderen wird ein relativ unbestimmter oder auf lange Zeit hinausgeschobener „Rückkehrwille“ – im Unterschied

[32] Vgl. auch deren Erwähnung in Erwägungsgrund 24 S. 2.

[33] Vgl. EuGH C-497/10, Slg. 2010, I-14309 Rn. 51 ff. – Mercredi/Chaffe; deutlich einschränkender aber zB OLG Stuttgart NJW 2012, 2043 (2044).

[34] Vgl. zB MüKoBGB/*Dutta* EuErbVO Art. 4 Rn. 4; BeckOGK/*J. Schmidt* EuErbVO Art. 4 Rn. 21; Bonomi/Wautelet/*Bonomi* Art. 4 Rn. 23; NK-NachfolgeR/*Köhler* EuErbVO Art. 21 Rn. 8 f.; Palandt/*Thorn* EuErbVO Art. 21 Rn. 6; *Lehmann* DStR 2012, 2085 (2086 f.); *Döbereiner* MittBayNot 2013, 358 (36); *Schaub* Hereditare 2013, 91 (113); Dutta/Herrler/*Solomon* S. 24 (Rn. 13 f.); *Mankowski* IPRax 2015, 39 (43).

zum *domicile*-Prinzip des *common law* – die Annahme eines gewöhnlichen Aufenthalts nicht über viele Jahre hinaus aufhalten.[35] So hat beispielsweise der EU-Angestellte, der mit seiner Familie in Brüssel lebt, seinen gewöhnlichen Aufenthalt idR in Belgien, auch wenn er den festen Willen hat, im Ruhestand nach Deutschland zurückzukehren. Im Ergebnis kann man also die objektiven und subjektiven Elemente mit kommunizierenden Röhren vergleichen: je vager und unsicherer die objektiven Umstände sind, desto größeres Gewicht kommt dem subjektiven Willen des Erblassers zu.

31 Problematisch kann sich dabei jedoch erweisen, nach dem Tod des Erblassers dessen subjektive Vorstellungen ermitteln zu müssen. Der EuGH hatte daher entschieden, dass wiederum die Dauer eines Aufenthalts als Indiz für die Beurteilung seiner Beständigkeit dienen könne,[36] so dass im Ergebnis aus den äußerlich erkennbaren objektiven Umständen auf einen inneren, äußerlich nicht erkennbaren subjektiven Willen geschlossen werden muss. Sofern iRd Nachlassplanung keine Rechtswahl nach Art. 22 erfolgt, sondern auf die Anknüpfung an den gewöhnlichen Aufenthaltsort abgestellt werden soll, spricht aber nichts dagegen neben objektiven Kriterien für die Annahme eines gewöhnlichen Aufenthalts auch die subjektiven Vorstellungen des Erblassers im Testament oder Erbvertrag darzustellen. Dies ist umso wichtiger, je mehr Zweifel sich aus den objektiven Umständen bezüglich des gewöhnlichen Aufenthalts ergeben können.

32 **Formulierungsbeispiel: Rechtswahl (ausländischer Erblasser mit gewöhnlichem Aufenthalt in Deutschland, der beruflich zeitweise auch im Ausland lebt)**

Ich bin ausschließlich *** Staatsangehöriger. Meinen gewöhnlichen Aufenthalt sehe ich in Deutschland, wo ich seit *** mit meiner Partnerin und unserem gemeinsamen Kind lebe und eine eigengenutzte Immobilie besitze. Auch wenn ich in Zukunft möglicherweise aus beruflichen Gründen wieder für einige Jahre im Ausland leben werde, beabsichtige ich in jedem Fall in mein Haus in *** zurück zu kehren, so dass ich in Deutschland dauerhaft meinen Lebensmittelpunkt sehe. In meinem Heimatland *** halte ich mich nur gelegentlich auf.

Eine Wahl meines Staatsangehörigkeitsrechts wünsche ich ausdrücklich nicht, so dass mein Testament möglichst auf dem deutschen Recht als gewöhnlichem Aufenthaltsrecht beruhen soll.

## 2. Anwendungsbeispiele

33 Die Bestimmung des gewöhnlichen Aufenthaltsorts wird in der Literatur häufig an typischen Fallkonstellationen diskutiert,[37] von denen auch Erwägungsgrund 24 zwei spezielle Fälle aufgreift, wobei immer zu beachten ist, dass einzelne Gründe im Einzelfall eine abweichende Beurteilung rechtfertigen können:

34 – **Berufspendler,** die zwar große Teile ihrer Zeit an dem Ort ihres Arbeitsplatzes wohnen, aber noch in einem anderen Staat familiär und sozial verwurzelt sind.

**Beispiele:**
Der seit zehn Jahren in London wohnende Investmentbanker, der jedes Wochenende zu seiner Ehefrau nach Frankfurt fliegt; die polnische Pflegekraft, die über viele Jahre hinweg jeweils drei Monate ohne große soziale Kontakte in Deutschland im Privathaushalt wohnt und dazwischen immer für einige Wochen zu ihrer Familie nach Polen fährt.

[35] Vgl. *Mankowski* IPRax 2015, 39 (43); Palandt/*Thorn* EuErbVO Art. 21 Rn. 6.
[36] Vgl. EuGH C-497/10, Slg. 2010, I-14309 Rn. 51 ff. – Mercredi/Chaffe.
[37] Vgl. zB BeckOGK/*J. Schmidt* EuErbVO Art. 4 Rn. 27 ff.; NK-NachfolgeR/*Köhler* EuErbVO Art. 4 Rn. 72 ff.; *Müller-Lukoschek* Rn. 144 ff.; *Lehmann* DStR 2012, 2085 (2086 f.); Dutta/Herrler/*Solomon* S. 26 (Rn. 17 ff.); *Odersky* notar 2013, 1 (5); *Everts* NotBZ 2014, 441 (443); *Volmer* Rpfleger 2015, 433 (437 f.).

Gemäß Erwägungsgrund 24 wird man in diesen Fällen vorrangig auf die enge und feste Bindung zum Herkunftsstaat aufgrund der familiären bzw. sozialen Kontakte abstellen, auch wenn der Aufenthalt am Arbeitsort schon lange Zeit andauert.

– Schwieriger zu beurteilen sind Fälle, in denen der **Aufenthalt** in einem Land zwar **berufs- oder ausbildungsbedingt** erfolgt, im Heimatland aber keine besonders engen familiären Verhältnisse bestehen, weil die engste Familie (Ehegatte, ggf. Kinder) mit umgezogen ist (zB bei beruflichen Abordnungen) oder nur relativ loser Kontakt zur weiteren Familie (Eltern, Geschwister) und früheren Freunden besteht. 35

**Beispiele:**
Studenten, die noch regelmäßig „nach Hause" fahren; die junge polnische Putzfrau, die zwar regelmäßig nach Polen zu den Eltern fährt, aber in München mit mehreren Polinnen in der WG zusammen lebt.

Sofern solche Aufenthalte in einem Staat nicht von vornherein zeitlich befristet oder relativ sicher begrenzt sind, wird zumindest mit zunehmender Dauer des Aufenthalts und zunehmender sozialer Integration am neuen Wohnort, dort auch der gewöhnliche Aufenthalt begründet werden.

– Erwägungsgrund 24 erwähnt als weiteren Sonderfall, dass der Erblasser abwechselnd in mehreren Staaten gelebt hat oder auch von Staat zu Staat gereist ist, ohne sich in einem Staat für längere Zeit niederzulassen. Geprägt sind diese Fälle der **„modernen Nomaden"** davon, dass es sich um Personen, mit häufiger wechselndem Aufenthalt, aber ohne feste (familiäre oder soziale) Bindungen handelt. 36

**Beispiele:**
Diplomaten oder Soldaten im regelmäßigen Auslandseinsatz ohne familiäre Bindungen; der alleinstehende Berufsmusiker mit zwei Wohnungen in Paris und New York, die er allenfalls für ein paar Wochen im Jahr aufsucht; der Profisportler, der sich immer nach kurzer Zeit Vereinen in verschiedenen Ländern anschließt.

Wenn der Erblasser ein Staatsangehöriger eines der Staaten, in dem zumindest zeitweise Aufenthalte bestanden, war, oder er seine wesentlichen Vermögensgegenstände in einem solchen Staat hatte, kann diesen Faktoren gemäß Erwägungsgrund 24 iRd Gesamtbetrachtung ein entscheidendes Gewicht zukommen.

– Bei den sog **„Mallorca-Rentner"** handelt es sich um Personen, deren Lebensstil dadurch geprägt ist, dass sie regelmäßig an zwei Orten leben (zB das Winterhalbjahr im Süden und das Sommerhalbjahr in Deutschland) und an beiden Orten über familiäre und/oder soziale Kontakte verfügen. Sofern es sich dabei tatsächlich um nahezu gleichwertige Aufenthalte, insbesondere im Hinblick auf die Dauer des jeweiligen Aufenthalts im Jahresdurchschnitt und auf die tatsächliche Integration im jeweiligen Land, handelt, wird man – wie im vorstehenden Beispiel – ggf. auch die Staatsangehörigkeit und/oder die Belegenheit des wesentlichen Vermögens als zwar nachrangige, aber letztlich entscheidende Kriterien heranziehen können.[38] 37

– Schwierigkeiten können sich schließlich bei **willenlosen Personen** ergeben (zB wenn der demente Vater mit langjährigem Wohnort in Rosenheim von der in Innsbruck lebenden Tochter in einem dortigen Pflegeheim untergebracht wird). Zum Teil wird in diesen Fällen – wie bei Kindern – auf den Willen und das soziale Umfeld der Bezugs- 38

[38] Etwas anders BeckOGK/*J. Schmidt* EuErbVO Art. 4 Rn. 32.1, die den gewöhnlichen Aufenthalt eher am freiwillig gewählten Ruhestandsort sieht, aber sich wohl eher auf Fälle bezieht, in denen dieser auch ganz überwiegend genutzt wird. NK-NachfolgeR/*Köhler* EuErbVO Art. 4 Rn. 80f. betont dagegen das Erfordernis einer tieferen Integration im Land (zB aufgrund erworbener Sprachkenntnisse uÄ), da es nur dadurch zu einer Beziehung zur dortigen Rechtsordnung kommen kann. Unklar *Mankowski* IPrax 2015, 39 (45), der wohl auch einen regelmäßig wechselnden gewöhnlichen Aufenthalt in Betracht zieht.

person abgestellt[39] Richtigerweise wird man aber wohl verstärkt auf objektive Merkmale, also vor allem auf die Dauer des Aufenthalts und auf die Frage, ob im natürlichen Sinn noch gewisse soziale Kontakte (im Heim und/oder zu nahen Angehörigen bzw. Betreuungspersonen) gebildet wurden.[40] Zumindest bei langjährigen Aufenthalten wird dann ein Wechsel des gewöhnlichen Aufenthalts nahe liegen, wobei ggf. im (missbräuchlichen) Einzelfall eine Korrektur nach Art. 21 Abs. 2 erfolgen kann (→ Rn. 49).

39 – Ähnliche Probleme können sich bei **Strafgefangenen** stellen (zB dem aus Köln stammenden, aber in Amsterdam für zehn Jahre inhaftierten Drogendealer). Zum Teil wird vertreten, dass aufgrund des entgegenstehenden Willens des Betroffenen in der Haft gar kein neuer Aufenthalt begründet werden kann.[41] Allerdings wird man auch in diesem Fall zumindest bei langer Dauer der Haft aufgrund der objektiven Merkmale einen gewöhnlichen Aufenthalt unterstellen können.[42]

## III. Die Ausweichklausel des Art. 21 Abs. 2

### 1. Anwendungsbereich

40 Mit Art. 21 Abs. 2 will die EuErbVO im Ausnahmefall eine Anknüpfung an ein sachnäheres Recht als das des gewöhnlichen Aufenthalts ermöglichen. Insbesondere im Hinblick darauf, dass diese Sonderanknüpfung nach dem Wortlaut „aus der Gesamtheit der Umstände" gewonnen werden soll, eine vergleichbare „Gesamtbeurteilung der Lebensumstände des Erblassers" aber bereits nach Erwägungsgrund 23 maßgeblich für die Annahme des gewöhnlichen Aufenthalts ist, wird der Anwendungsbereich dieser Norm aber vielfach für unklar, wenn nicht gar überflüssig gehalten.[43] Ob die Norm in der nachlassgerichtlichen Praxis überhaupt einen nennenswerten Anwendungsbereich findet, wird maßgeblich davon abhängen, wie „leicht" oder „schwer" (insbesondere im Hinblick auf subjektive Elemente und den Zeitfaktor) im Fall eines Umzugs ein neuer gewöhnlicher Aufenthalt angenommen werden wird. Sofern man den Begriff des gewöhnlichen Aufenthalts spezifisch erbrechtlich interpretiert, werden die allermeisten „Sonderfälle" bereits iRd allgemeinen Anknüpfung nach Art. 21 Abs. 1 sachgerecht zu lösen sein, ohne auf die Ausnahmevorschrift zurückgreifen zu müssen bzw. zu dürfen.

41 Die Anwendung des Art. 21 Abs. 2 hat in jedem Fall nach folgenden Maßgaben zu erfolgen: Nach ihrem Wortlaut und der Klarstellung in Erwägungsgrund 25 handelt es sich um eine **Ausnahmevorschrift,** die damit (sehr) eng auszulegen ist. Dies wird auch durch die Bezeichnung „offensichtlich" zum Ausdruck gebracht.[44]

42 Erwägungsgrund 25 S. 2 stellt ferner klar, dass das Merkmal der engsten Verbindung nicht als „subsidiärer Anknüpfungspunkt" gebraucht werden darf, wenn sich die Feststellung des gewöhnlichen Aufenthalts als schwierig erweist. Vorrangig zur Prüfung des Art. 21 Abs. 2 muss also immer die Festlegung auf einen bestimmten gewöhnlichen Aufenthalt iSd Art. 21 Abs. 1 erfolgen. Dies gilt insbesondere in den Fällen, in denen zwei

[39] So wohl Dutta/Herrler/*Solomon* S. 29 (Rn. 25); MüKoBGB/*Dutta* EuErbVO Art. 4 Rn. 9; wohl auch NK-NachfolgeR/*Köhler* EuErbVO Art. 4 Rn. 85.

[40] Vgl. Palandt/*Thorn* EuErbVO Art. 21 Rn. 6; *Lehmann* DStR 2012, 2085 (2087); *Odersky* notar 2013, 1 (5).

[41] Vgl. *Everts* NotBZ 2014, 441 (443).

[42] Vgl. *Lehmann* DStR 2012, 2085 (2087).

[43] Vgl. zur Kritik beispielhaft *Lange* ZErb 2012, 160 (162); *Wilke* RIW 2012, 601 (605), *Lehmann* DStR 2012, 285 f.; *Dutta* FamRZ 2013, 4 (8); *Volmer* Rpfleger 2013, 421 (423); *Döbereiner* MittBayNot 2013, 358 (362).

[44] Art. 21 Abs. 2 lehnt sich vom Wortlaut an die Auffangvorschriften der Art. 4 Abs. 3, 5 Abs. 3 und 8 Abs. 4 Rom I-VO bzw. Art. 4 Abs. 3, 10 Abs. 4, 11 Abs. 4 und 12 Abs. 2 lit. c Rom II-VO an. Da sich diese allerdings nicht auf eine Sonderregelung gegenüber der Anknüpfung an den gewöhnlichen Aufenthalt im Sinne einer umfassenden Betrachtung aller Lebensumstände beziehen, kann man aus dieser Parallelität bis auf die Tatsache, dass auch diese Vorschriften als Ausnahmevorschriften eng auszulegen sind, keine besonderen inhaltlichen Rückschlüsse ziehen.

nahezu gleichwertige Aufenthaltsorte vorliegen, oder bei denen ein häufiger Aufenthaltswechsel stattgefunden hat. Diese Voraussetzung ergibt sich auch zwingend aus der Tatsache, dass die Zuständigkeitsvorschrift des Art. 4 keine entsprechende „Auffangnorm" kennt, die Ermittlung des letzten gewöhnlichen Aufenthalts also schon für die Bestimmung der internationalen Zuständigkeit zwingend notwendig ist. Im Verhältnis zu Drittstaaten ist ferner der Unterschied zu beachten, dass die allgemeine Anknüpfung des Art. 21 Abs. 1 eine Rück- und Weiterverweisung gemäß Art. 34 Abs. 1 ermöglicht (→ Rn. 54), wohingegen dies bei der Sonderanknüpfung des Art. 21 Abs. 2 durch Art. 34 Abs. 2 ausgeschlossen ist.[45]

Maßgeblich ist ferner, dass der Erblasser selbst die engere Verbindung zu einem anderen Staat als dem Land seines gewöhnlichen Aufenthalts hatte. Sonstige Praktikabilitätsgründe, die nicht in seiner Person begründet sind, wie zB die Tatsache, dass alle Erben in einem anderen Land wohnen oder ein Land über den größten Teil der Nachlassgegenstände sachnäher entscheiden könnte, dürfen also nicht zur Anwendung des Art. 21 Abs.2 führen. 43

Aus der Betonung, dass „aus der Gesamtheit der Umstände" eine „offensichtlich engere Verbindung" abzuleiten ist, wird man schließlich folgern, dass die Sonderanknüpfung auf einem objektiv vorliegenden Merkmal beruhen muss, das möglicherweise bei der Anknüpfung des Art. 21 Abs. 1 von anderen Faktoren „überlagert" wurde, aber letztlich doch den entscheidenden Ausschlag zu einem anderen Recht rechtfertigt. Rein subjektive Bindungen des Erblassers zu einem anderen Land oder vage Motive, den gewöhnlichen Aufenthalt wieder verlagern zu wollen, sind dagegen wohl nicht als ausreichend offensichtliche Umstände anzusehen. 44

Keine formale Einschränkung enthält die Verordnung zu der Frage, zu welchem Recht eine engere Verbindung bestehen kann. Aus dem generell beschränkten Kreis der Anknüpfungsmerkmale der Verordnung, wie auch der Wertung des Art. 10 wird man aber eher eine Verknüpfung zu einem Land, dessen Staatsangehörigkeit der Erblasser besitzt oder in dem er zuvor den gewöhnlichen Aufenthalt hatte, annehmen können, als wenn die enge Verbindung zu einem Land führt, zu dem der Erblasser nie einen vergleichbaren Bezug hatte. 45

## 2. Anwendungsbeispiele

Konkrete Anwendungsbeispiele sind schwer vorherzusehen, solange keine tatsächlichen Fälle in die Rechtsprechung eingehen, und vor allem solange noch der Begriff des gewöhnlichen Aufenthalts iSd EuErbVO der Ausfüllung in der gerichtlichen Praxis bedarf. 46

Erwägungsgrund 25 nennt selbst den Beispielsfall, dass der Erblasser erst „kurz vor seinem Tod in den Staat seines gewöhnlichen Aufenthalts umgezogen ist", wobei diese Tatsache zweifellos auch schon bei Ermittlung des gewöhnlichen Aufenthalts zu berücksichtigen ist. Möglicherweise spiegelt sich in diesem Beispiel auch nur die Kritik wieder, dass die EuErbVO nicht generell eine Mindestfrist für den Wechsel des gewöhnlichen Aufenthalts vorgesehen hat. Da bei einem erst kurzfristig erfolgten Umzug meistens noch viele Verbindungen zum früheren Aufenthaltsort bestehen werden (zB zum Freundeskreis und zur Familie), wird man in entsprechenden Fällen meistens schon auf der Ebene des Art. 21 Abs. 1 zur Anknüpfung an das alte Aufenthaltsrecht kommen. 47

*Dörner* erwähnt den Fall, dass der Erblasser mit seiner ganzen Familie aus beruflichen Gründen für einen beschränkten Zeitraum im Ausland wohnt, aber ein fester Rückkehrwille besteht.[46] Die vorrangige Bestimmung des gewöhnlichen Aufenthalts führt in dieser Fallgruppe tatsächlich zu dem Problem, dass kein Vorrang des familiären Umfeldes vor einem rein beruflich begründeten Auslandsaufenthalts iSd Erwägungsgrunds 24 gegeben ist. Wenn der Auslandsaufenthalt nicht von vornherein auf einige Jahre befristet geplant ist 48

[45] Kritisch dazu Dutta/Herrler/*Solomon* S. 36 (Rn. 44).
[46] Vgl. *Dörner* ZEV 2012, 505 (511); ebenso *Müller-Lukoschek* Rn. 149.

(wie zB bei mehrjährigen „expat"-Abordnungen), mag die Annahme zutreffend sein, dass zwar der gewöhnliche Aufenthalt aufgrund des Schwerpunkts der objektiven Anknüpfungsmerkmale im Ausland liegt, aber die langfristige Bindung zur sonstigen Familie und/oder eine eigennutzbare Immobilie im Heimatland einen ausreichenden Rückkehrwillen und damit eine „offensichtlich engere Verbindung" dokumentieren kann. Ob dies auch bei Abordnungsfällen über sehr lange Zeit gilt (wie zB bei Mitarbeitern der Europäischen Kommission, die erst im Ruhestand zurückkehren wollen),[47] dürfte jedoch eher zweifelhaft sein, wenn man nicht die Sonderanknüpfung des Art. 21 Abs. 2 mit dem Domizilbegriff des *common-law* gleichstellen will.

49 Ein möglicher Anwendungsfall kann sich ergeben, wenn **pflegebedürftige Personen** in ein anderes Land verbracht werden und man nach gewisser Zeit allein aufgrund der objektiven Eingebundenheit in ein neues soziales Umfeld – also auch ohne einen entsprechenden Umzugswillen des bereits geschäftsunfähigen Erblassers – einen Wechsel des gewöhnlichen Aufenthalts annehmen will. Dies gilt umso mehr, wenn der Umzug möglicherweise von Angehörigen veranlasst wurde, um Einfluss auf das anwendbare Erbrecht zu nehmen. Art. 21 Abs. 2 kann also in gewissen Maße der **Vorbeugung von Missbrauchsfällen** dienen.[48]

50 Ausnahmsweise können ferner Fälle denkbar sein, in denen die offensichtlich engere Verbindung zu einem Land führt, in dem sich der Erblasser nie oder schon sehr lange Zeit nicht mehr aufgehalten hat. In diesem Fall kann die Anknüpfung des Art. 21 Abs. 1 nicht zu diesem Land führen, da Voraussetzung für die Annahme eines gewöhnlichen Aufenthalts immer ist, dass der Erblasser in den letzten Jahren vor seinem Tod in diesem Land überhaupt einen regelmäßigen Aufenthaltsort hatte.[49] Ist er lediglich über andere starke Merkmale (wie zB seine Staatsangehörigkeit und seine Familie) mit einem Land verbunden, kann dieses nie als gewöhnlicher Aufenthaltsort in Betracht kommen.

Beispiel:
Der brasilianische Fußballer, der bereits mit 14 Jahren mit seinem Vater Brasilien verlassen hat und bis zu seinem Tod mit 30 Jahren alle zwei bis drei Jahre in einem anderen europäischen Land wohnhaft war.

51 Diskutiert werden in der Literatur schließlich Fälle, bei denen sich die objektive Anknüpfung aus dem Testament des Erblassers ergibt, weil dieser selbst auf Rechtsbegriffe, Sprache uÄ einer anderen Rechtsordnung, der er sich verbunden fühlt, Bezug nimmt, ohne dass eine wirksame (konkludente) Rechtswahl iSd Art. 22 vorliegt. Eine solche „fehlgeschlagenen Rechtswahl" könnte sich beispielsweise auf den früheren Aufenthaltsort beziehen.[50] Um dabei die bewusst beschränkten Rechtswahlmöglichkeiten der EuErbVO nicht durch die Sonderanknüpfung des Art. 21 Abs. 2 zu umgehen, wird man aber solche Fälle äußerst restriktiv beurteilen müssen.

## IV. Rück- und Weiterverweisung

### 1. Grundprinzipien

52 Hat der Erblasser im Todesfall seinen gewöhnlichen Aufenthalt in einem Drittstaat ist die Möglichkeit einer Rück- oder Weiterverweisung nach Art. 34 zu prüfen. Zum ersten Mal im Europäischen Recht führt damit die EuErbVO ein *renvoi*-System ein, was allerdings zur Folge hat, dass es für einige Detailfragen noch keine vergleichbaren Erfahrungen aus

[47] So aber wohl *Schaub* Hereditare 2013, 91 (114); entsprechendes Beispiel auch bei Bergquist/*Lagarde* Art. 21 Rn. 15.

[48] Vgl. *Odersky* notar 2013, 3 (5); *Döbereiner* MittBayNot 2013, 358 (362); Dutta/Herrler/*Solomon* S. 29 (Rn. 25).

[49] Vgl. *Soutier*, Die Geltung deutscher Rechtsgrundsätze im Anwendungsbereich der EuErbVO, S. 43 f.

[50] So zB erwogen von MüKoBGB/*Dutta* EuErbVO Art. 21 Rn. 6; Süß/*Süß*, ErbR in Europa, § 2 Rn. 40.

anderen Verordnungen gibt und sich eindeutige Antworten darauf erst mit der Zeit entwickeln werden. Art. 26 des Kommissionsvorschlags KOM (2009) 154 sah dagegen noch eine reine Sachnormverweisung vor, auch wenn das Recht eines Drittstaates berufen wird. Dieser Vorschlag wurde ganz überwiegend kritisiert, weil dadurch der internationale Entscheidungseinklang gestört werde und es aus Sicht des Erblassers zu völlig unvorhergesehenen Ergebnissen kommen könne, insbesondere wenn der Drittstaat eine Anknüpfung an das Staatsangehörigkeitsrecht vornimmt.[51]

**a) Anwendungsbereich des Art. 34 EuErbVO.** Art. 34 Abs. 1 setzt zunächst voraus, dass das anzuwendende Erbrecht das **Recht eines Drittstaates** ist.[52] Eine ausdrückliche Klarstellung, dass es sich bei dem Verweis auf das Recht eines Mitgliedstaats zwingend um eine Sachnormverweisung handelt, wie diese Art. 26 des Kommissionsvorschlags KOM (2009) 154 enthielt, findet sich zwar in der Verordnung nicht mehr. Dies bedarf es allerdings auch nicht, da ein *renvoi* im Verhältnis der Mitgliedstaaten zueinander gedanklich ausgeschlossen ist, da alle Mitgliedstaaten das gleiche Kollisionsrecht anzuwenden haben.[53] 53

Daneben enthält Art. 34 Abs. 2 einen enumerativen **Katalog an Fällen,** bei denen die Verweisung der EuErbVO **als reine Sachnormverweisung** zu verstehen ist. Dies betrifft in erster Linie – entsprechend der Wertung des Art. 4 Abs. 2 EGBGB – die Rechtswahl des Erblassers gemäß Art. 22, da dieser bei der Wahl seines Staatsangehörigkeitsrechts ein ganz bestimmtes Erbrecht intendieren wird, nicht aber die ihm idR völlig unbekannten Vorschriften des internationalen Privatrechts seines Heimatlandes. Auch wenn Art. 34 Abs. 2 nicht ausdrücklich Art. 24 Abs. 2 und 25 Abs. 3 nennt, wird man aus diesem Grund eine Rechtswahl gemäß dieser Vorschriften auch als Sachnormverweisung verstehen, zumal diese Vorschriften wiederum auf Art. 22 verweisen.[54] Von Bedeutung ist ferner die Klarstellung, dass Fragen der Formgültigkeit einer Verfügung von Todes wegen nach Art. 27 vom *renvoi* ausgenommen sind, da auch Art. 1 des Haager Testamentsformübereinkommens auf die jeweiligen Sachnormen verweist. Berücksichtigt man die weiteren Ausnahmefälle des Art. 34 Abs. 2 ist eine Rück- oder Weiterverweisung nur im Fall der objektiven Anknüpfung des Art. 21 Abs. 1 sowie bei der Bestimmung des Errichtungsstatuts für Testamente (Art. 24 Abs. 1) bzw. Erbverträge (Art. 25 Abs. 1 und Abs. 2) zu prüfen. 54

Eine allgemeine Zweckmäßigkeitsklausel vergleichbar zu Art. 4 Abs. 1 S. 1 EGBGB („…, sofern dies nicht dem Sinn der Verweisung widerspricht"), enthält die EuErbVO neben dieser Ausnahmeregelung nicht, so dass eine einzelfallbezogene einschränkende Anwendung nicht vorgenommen werden darf. Andererseits ist im Hinblick auf den Ausnahmecharakter des Art. 34 auch eine erweiternde Auslegung grundsätzlich ausgeschlossen. 55

**b) Prinzip der Gesamtverweisung.** Grundlage einer möglichen Rück- oder Weiterverweisung ist das Prinzip der Gesamtverweisung, wie dies Art. 34 Abs. 1 vergleichbar zur Formulierung von Art. 4 Abs. 1 EGBGB klarstellt. Verweist Art. 21 Abs. 1 auf das Recht am letzten gewöhnlichen Aufenthaltsort des Erblassers, so ist dieses Recht als Gesamtheit aller dort geltenden Rechtsvorschriften, einschließlich derjenigen des internationalen Pri- 56

[51] Vgl. zB MPI RabelsZ 74 (2010), 522 (659 f.); *Kindler* IPrax 2010, 44 (49); *Schurig* FS Spellenberg, 2010, 343 (348); *Süß* ZErb 2009, 342 (344); *Wagner* DNotZ 2010, 506 (516); anders dagegen *Dutta* RabelsZ 73 (2009), 547 (558 f.) (in Fn. 65 mit einem Hinweis auf die überwiegende Zahl der Länder-Stellungnahmen, die eine Rückverweisung forderten); *Lorenz* ErbR 2012, 39 (47).

[52] Zum Begriff des Drittstaats, der auch das Vereinigte Königreich, Irland und Dänemark umfasst → Rn. 7.

[53] Zu beachten ist aber, dass ein Mitgliedstaat möglicherweise an ein internationales Abkommen iSv Art. 75 Abs. 1 gebunden sein kann und damit iErg ein anderes Erbrecht anwenden muss. Dies kann jedoch zu keiner von anderen Mitgliedstaaten zu beachtenden Weiterverweisung führen, da sich Art. 34 ausdrücklich nur auf Drittstaaten bezieht und es sonst zu einer unzulässigen Erweiterung der Ausnahmevorschrift des Art. 75 können würde; vgl. MüKoBGB/*Dutta* EuErbVO Art. 34 Rn. 12.

[54] Vgl. *Janzen* DNotZ 2012, 484 (490); Palandt/*Thorn* EuErbVO Art. 34 Rn. 2.

vatrechts zu prüfen. Diese Gesamtverweisung wird man grundsätzlich entsprechend dem deutschen Kollisionsrecht interpretieren können (→ § 2 Rn. 90).

57 Bei der Anwendung des ausländischen Kollisionsrechts gilt damit der Grundsatz, dass das ausländische Recht so angewendet werden soll, wie es tatsächlich gilt. Mit Ausnahme der *ordre-public*-Klausel des ausländischen Rechts sind daher sämtliche mit der Anwendung von Kollisionsnormen verbundenen Fragen (wie zB die Qualifikation der aufgeworfenen Anknüpfungsfragen, die Vorfragenanknüpfung, die Behandlung von Mehrstaatlern) aus der Sicht der ausländischen Rechtsordnung zu beantworten. Unterstellt diese Rechtsordnung den Anknüpfungsgegenstand abweichend von Art. 23 einer anderen Kollisionsnorm (zB dem Familienrecht), ist dem bei der Anwendung des ausländischen IPR zu folgen, was ggf. zu einem „*renvoi* kraft abweichender Qualifikation" führen kann. Ist die ausländische Rechtsordnung ihrerseits durch staatsvertragliche Kollisionsvorschriften gebunden, so sind diese ebenfalls als Teil dieser ausländischen Rechtsordnung zu beachten.[55]

58 Hält das Recht des Drittstaates keine (ausdrückliche oder versteckte) Kollisionsnorm bereit, oder ist eine solche nicht ermittelbar, ist die Verweisung des Art. 21 Abs. 1 aber als Sachnormverweisung zu verstehen, da Art. 34 als Ausnahmevorschrift konzipiert ist, für die eine positiv feststellbare Rück- oder Weiterverweisung notwendig ist.[56]

### 2. Varianten der Rück- oder Weiterverweisung

59 Die Verordnung eröffnet die Möglichkeit des *renvoi* gemäß Art. 34 Abs. 1 lit. a und lit. b nur wenn dadurch entweder das Recht eines Mitgliedstaates oder das Recht eines bestimmten weiteren Drittstaates zur Anwendung gelangt.

60 **a) Verweisung an einen Mitgliedstaat.** Der häufigste Anwendungsfall wird die **Rückverweisung auf das Recht eines Mitgliedstaates** gemäß lit. a sein, wenn das Kollisionsrecht des betroffenen Drittstaats an die Staatsangehörigkeit des Erblassers anknüpft, und dieser Staatsangehöriger eines Mitgliedstaates war. In diesem Fall wird es regelmäßig zum Gleichlauf von *forum* und *jus* kommen, da die subsidiäre Zuständigkeitsvorschrift des Art. 10 Abs. 1 lit. a ebenfalls vorrangig an die Staatsangehörigkeit anknüpft, sofern in dem Land, dessen Staatsangehörigkeit der Erblasser besaß, auch Nachlassgegenstände belegen sind.

61 **Beispiel:**
Der deutsche Staatsangehörige A lebt und arbeitet seit mehreren Jahren in Japan. Er verstirbt ohne ein Testament errichtet zu haben. Zum Nachlass gehört auch eine Immobilie in Stuttgart.

Die deutschen Nachlassgerichte sind nach Art. 10 Abs. 1 lit. a international zuständig. Der Erblasser hatte zwar seinen letzten gewöhnlichen Aufenthalt gemäß Art. 21 Abs. 1 in Japan. Da Japan aber die Erbfolge gemäß Art. 36 des Gesetzes über die Rechtsanwendung vom 21.6.2006 an das Heimatrecht, also die Staatsangehörigkeit anknüpft, kommt es zur Rückverweisung auf das deutsche Erbrecht.

62 Art. 34 Abs. 1 lit. a beschränkt sich jedoch nicht nur auf eine echte „Rückverweisung" auf das Recht des Gerichts, das international zuständig ist, sondern eröffnet zugleich auch die Möglichkeit einer **(Weiter-)Verweisung auf das Recht eines anderen Mitgliedstaats.** Das nach Art. 10 oder Art. 11 zuständige Gericht hat also ggf. über den „Umweg" des Art. 34 das Erbrecht eines anderen Mitgliedstaats anzuwenden. Dies kann insbesonde-

[55] Vgl. entsprechend zur Gesamtverweisung im deutschen Recht: Bamberger/Roth/*Lorenz* EGBGB Art. 4 Rn. 11 f.; MüKoBGB/*Sonnenberger* EGBGB Art. 4 Rn. 32 ff.

[56] Ebenso zum bisherigen deutschen Recht vgl. MüKoBGB/*Sonnenberger* EGBGB Art. 4 Rn. 71; Staudinger/*Hausmann* EGBGB Art. 4 Rn. 112; etwas weitergehend für den Vorrang einer analogen Lückenfüllung im ausländischen Recht: NK-NachfolgeR/*Köhler* EuErbVO Art. 34 Rn. 19.

re dann der Fall sein, wenn das Kollisionsrecht des Drittstaates weder an den gewöhnlichen Aufenthaltsort noch an die Staatsangehörigkeit des Erblassers anknüpft, sondern andere Anknüpfungsmerkmale, wie zB den einfachen Wohnsitzbegriff verwendet. Der praktisch häufigste Fall wird die Verweisung auf das Belegenheitsrecht von Nachlassgegenständen in anderen Mitgliedstaaten sein (→ Rn. 76ff. zu der daraus häufig resultierenden Nachlassspaltung).

Bei Anwendung der Rückverweisungsregel des Art. 34 Abs. 1 lit. a stellt sich jedoch die Frage, welches Recht nach der EuErbVO gelten soll, wenn das Recht des Drittstaates zwar im ersten Schritt auf das Recht eines Mitgliedstaats verweist, aber seinerseits wiederum aus der Anknüpfung des Art. 21 Abs. 1 eine Rückverweisung auf sein eigenes Sachrecht ableitet. 63

**Beispiel:** 64
Der deutsche Erblasser hatte seinen letzten gewöhnlichen Aufenthalt in Liechtenstein. Er hinterlässt kinderlos seine deutsche Witwe, mit der er im Güterstand der Zugewinngemeinschaft lebte, und seine Eltern. Diese streiten mit der Witwe um die Höhe ihres Erbteils, der nach § 757 liechtensteinischem ABGB ein Drittel, nach deutschem BGB nur ein Viertel beträgt. Zum Nachlass gehört Vermögen sowohl in Liechtenstein als auch in Deutschland.

Das liechtensteinische Kollisionsrecht knüpft zwar die Erbfolge einheitlich an das Personalstatut des Erblassers, dh an sein Staatsangehörigkeitsrecht an (Art. 29, 10 liechtensteinisches IPRG), sieht aber die Möglichkeit einer Rückverweisung vor und bricht diese bei Anwendung des eigenen Sachrechts ab. Aus Sicht eines liechtensteinischen Gerichts käme es damit zur Anwendung des eigenen Erbrechts.[57] Unklar ist dagegen, wie das nach Art. 10 Abs. 1 lit. a international zuständige deutsche Gericht entscheiden müsste:

Das deutsche Kollisionsrecht hatte vor Inkrafttreten der EuErbVO auf Grundlage des Art. 4 Abs. 1 S. 2 EGBGB seinerseits einen Abbruch der Verweisungskette beim deutschen Erbrecht vorgenommen. Art. 34 Abs. 1 enthält dagegen keine vergleichbare ausdrückliche Regelung, so dass es der autonomen Auslegung der EuErbVO obliegt,[58] ob diese einen unmittelbaren Verweis auf das Sachrecht eines Mitgliedstaats vorsieht (Prinzip des *single renvoi*), oder ob diese im Sinne einer *foreign court*-Theorie die Sichtweise des liechtensteinischen Gerichts einnimmt und mit der Anordnung der Gesamtverweisung auch die erneute Rückverweisung auf das drittstaatliche Sachrecht akzeptiert (Prinzip des *double renvoi*). 65

Die Kommentarliteratur geht fast übereinstimmend von dem **Abbruch der Verweisung** beim Sachrecht eines Mitgliedstaats aus.[59] Begründet wird dies vor allem mit dem Vorteil, dass damit häufig der Gleichlauf von internationaler Zuständigkeit und anwendbarem Recht erreicht wird, den die EuErbVO in ihrer Struktur generell anstrebe. Aber auch wenn auf das Recht eines anderen Mitgliedstaats weiterverwiesen wird, sei dieses für das zuständige Gericht leichter ermittelbar als das mitunter fremde Recht des Drittstaats. Ergänzend wird auf **Praktikabilitätsinteressen** hingewiesen, insbesondere auf das Interesse des EU, ihren „Heimatrechtsordnungen" in möglichst vielen Fällen Geltung zu verschaffen bzw. dem mutmaßlichen Willen des Erblassers und der Erben zu entsprechen. Im vorgenannten Beispielsfall könnte also das deutsche Gericht aufgrund Rückverweisung deutsches Erbrecht anwenden – natürlich mit der nachteiligen Folge, dass es zum internationalen Entscheidungsdissens zwischen Deutschland und Liechtenstein kommt. 66

[57] Vgl. Süß/*Süß/von Schönfeld*, ErbR in Europa, Länderbericht Liechtenstein Rn. 2f.

[58] *Köhler* sieht sogar eine „Regelungslücke", die durch unionsrechtliche Rechtsfortbildung geschlossen werden müsse; vgl. NK-NachfolgeR/*Köhler* EuErbVO Art. 34 Rn. 6; und Gierl/Köhler/Kroiß/Wilsch/*Köhler* EuErbVO Rn. 122.

[59] Vgl. MüKoBGB/*Dutta* EuErbVO Art. 34 Rn. 3; BeckOGK/*J. Schmidt* EuErbVO Art. 34 Rn. 7ff.; NK-NachfolgeR/*Köhler* EuErbVO Art. 34 Rn. 6ff.; Palandt/*Thorn* EuErbVO Art. 34 Rn. 3; Bonomi/Wautelet/*Bonomi* Art. 34 Rn. 17; Bergquist/*Lagarde* Art. 34 Rn. 3; Dutta/Weber/*Bauer* Art. 34 Rn. 14.

67 Allerdings finden die angeführten Praktikabilitätsgründe allenfalls in der Struktur der Verordnung – dem häufigen Gleichlauf von *forum* und *jus* – eine Stütze, nicht aber in deren Wortlaut und der Entstehungsgeschichte. Laut Erwägungsgrund 57 wurde die Rückverweisung vielmehr vorgesehen, „um den internationalen Entscheidungseinklang zu gewährleisten". Die Förderung des internationalen Entscheidungseinklangs war zudem das maßgebliche Argument vieler Stimmen, die sich gegen Art. 26 des Kommissionsvorschlags wandten, der noch – entsprechend der Tradition der sonstigen EU-Verordnungen – gar keine Rückverweisung vorsah. Dies kommt ergänzend auch in der Regelung des Art. 34 Abs. 1 lit. b zum Ausdruck, nach der eine Weiterverweisung nur dann zu berücksichtigen ist, wenn beide betroffene Drittstaaten zu einem einheitlichen Ergebnis kommen, wobei es auch dort auf die Sicht der Gerichte beider Länder ankommt. Berücksichtigt man zudem die Grundentscheidung zum Universalitätsprinzip (Art. 20) und den Ausnahmecharakter des Art. 34 wird die Intention der Verordnung eher gewahrt, wenn die Sicht des ausländischen Gerichts einschließlich der von diesem anzuwendenden *renvoi*-Lehre respektiert wird, und die (Rück-)Verweisung des Drittstaats nicht automatisch beim Recht eines Mitgliedstaats abgebrochen wird.[60]

**Hinweis:**

Letztlich wird nur eine Entscheidung des EuGH in diese Frage Sicherheit bringen. Wenn aber das Problem bereits zu Lebzeiten des Erblassers erkannt wird, sollte die Gestaltungspraxis darauf gerichtet sein, einen **Entscheidungsdissens möglichst** – zB durch die Wahl des Staatsangehörigkeitsrechts nach Art. 22 – **zu vermeiden.**

68 **b) Weiterverweisung an Drittstaat.** In der Variante des Art. 34 Abs. 1 lit. b erkennt die Verordnung eine Weiterverweisung zu einem anderen Drittstaat an. Dies erfolgt jedoch unter der einschränkenden Voraussetzung, dass dieser Drittstaat sein eigenes Sachrecht anwenden wird. Ziel der Verordnung ist es also wiederum, dass der internationale Entscheidungseinklang gefördert wird, indem beide beteiligten Drittstaaten zum gleichen Anwendungsergebnis kommen.

69 Zu prüfen ist damit aus Sicht des Gerichts des Mitgliedstaats, ob nach einer Weiterverweisung auf Grundlage der Rechtsordnung des ersten Drittstaats der berufene zweite Drittstaat die Verweisung annimmt und sein eigenes Sachrecht anwendet. Wie bei der Gesamtverweisung auf das Recht des ersten Drittstaats, handelt es sich auch bei der Weiterverweisung zunächst um eine Gesamtverweisung auf das Recht des zweiten Drittstaats, so dass letztlich auf die Sichtweise des Gerichts im zweiten Drittstaat abzustellen ist.[61] Welche Anknüpfungsmerkmale dabei der zweite Drittstaat verwendet (oder ob er sogar zunächst auf einen dritten Drittstaat verweist und dessen Rückverweisung wiederum annimmt)[62], ist dabei nicht entscheidend. Maßgeblich ist nur das Ergebnis, dass letztlich im zweiten Drittstaat das eigene Sachrecht angewendet wird.

70 **Beispiel:**

Der britische Staatsangehörige E lebt seit acht Jahren in Katar. Sein *domicile* iSd englischen Rechts hat er aber noch in London, wohin er im Ruhestand zurückkehren will. Als er zuvor verstirbt, hinterlässt er auch ein Bankkonto in Frankfurt.

---

[60] Vgl. Süß/*Süß*, ErbR in Europa, § 2 Rn. 48; Staudinger/*Hausmann*, 2012, EGBGB Art. 4 Rn. 165; Geimer/Schütze/*Odersky* IRV § 34 Rn. 16.

[61] Abweichend aber wohl jurisPK-BGB/*Ludwig* EuErbVO Art. 34 Rn. 44, der davon ausgeht, dass bei einer Sachnormverweisung des ersten Drittstaats auf das Recht eines zweiten Drittstaats, automatisch das Recht des zweiten Drittstaats anzuwenden ist. Diese Auffassung widerspricht aber dem Wortlaut der Verordnung, der ausdrücklich auf die Handhabung des „anderen Drittstaats" abstellt.

[62] Vgl. MüKoBGB/*Dutta* EuErbVO Art. 34 Rn. 4.

Das nach Art. 10 Abs. 2 international zuständige deutsche Gericht hat zunächst aufgrund des gewöhnlichen Aufenthaltsorts gemäß Art. 21 Abs. 1 das Recht von Katar zu prüfen. Katar wie andere islamisch geprägte Staaten bei Nicht-Muslimen auf das Staatsangehörigkeitsrecht abstellt, kommt eine Verweisung nach Art. 34 Abs. 1 lit. b auf das Recht des Vereinigten Königreichs (zur Unteranknüpfung innerhalb des Vereinigten Königreichs → Rn. 90 f.) in Betracht. Da ein englisches Gericht die Rechtsnachfolge in bewegliche Gegenstände dem Recht des letzten Domizils des Erblassers unterstellt (zum Domizilbegriff → § 2 Rn. 53), kommt aus Sicht beider Drittstaaten englisches Sachrecht zur Anwendung, so dass die Weiterverweisung auch aus Sicht der EuErbVO zu berücksichtigen ist.

Kommt aber das Gericht des zweiten Drittstaats zu einem anderen Anwendungsergebnis als das Gericht des ersten Drittstaats, bricht Art. 34 die Verweisung des Art. 21 Abs. 1 beim ersten Drittstaat ab. Die im deutschen IPR anerkannte nochmalige Weiterverweisung aufgrund der Kollisionsregeln des zweiten Drittstaats ist damit ausgeschlossen.[63] 71

**Beispiel:** 72
Bei dem Beispiel → Rn. 70 handelt es sich nicht um einen britischen Staatsangehörigen, sondern um einen Iren, der in London aufgewachsen ist und dort sein *domicile* hatte.

Das Recht von Katar verweist in diesem Fall auf das irische Staatsangehörigkeitsrecht. Irland würde aber nach dem Domizilprinzip für den beweglichen Nachlass wiederum auf das englische Recht weiterverweisen, kommt also im Ergebnis zur Anwendung eines anderen Sachrechts. Aus Sicht der EuErbVO ist damit Art. 34 nicht einschlägig und es bleibt bei der Anwendung des Rechts von Katar. Die Tatsache, dass es zwischen Irland und England keinen Entscheidungsdissens geben würde, spielt dabei keine Rolle.

Nach dem Wortlaut des Art. 34 Abs. 1 lit. b müsste dieses Ergebnis auch gelten, wenn es in der dritten Verweisungsstufe in einem Art Zirkelschluss zu einer (Rück-)Verweisung auf das Recht eines Mitgliedstaats käme. 73

**Beispiel:** 74
Der britische Staatsangehörige im Beispiel → Rn. 70 hatte sein Wahl-Domizil in Frankfurt a.M., wo er früher mit seiner Frau lebte, und wohin er im Ruhestand zurückkehren wollte. Aus englischer Sicht käme es damit zu einer Verweisung auf das deutsche Recht. Nach dem Wortlaut des Art. 34 Abs. 1 lit. b bliebe aber diese erneute Verweisung unberücksichtigt und das deutsche Gericht müsste das Recht von Katar anwenden.

Die ganz herrschende Literatur nimmt in diesem Fall jedoch eine Regelungslücke an, die der Verordnungsgeber nicht bedacht habe, und befürwortet dafür eine analoge Anwendung des Art. 34 Abs. 1 lit. a: Zwar beziehe sich der Wortlaut dieses Unterabsatzes auf eine unmittelbare Rück- bzw. Weiterverweisung vom erstberufenen Drittstaat auf das Recht eines Mitgliedstaats („soweit *diese* zurück- oder weiterverweisen"). Um die Anwendung eigenen Rechts zu fördern und in den meisten Fällen den internationalen Entscheidungseinklang herzustellen, spreche aber nichts dagegen, das von der Verordnung vorgesehene Ergebnis dieses Unterabsatzes auch anzuwenden, wenn es nur über eine mittelbare Rückverweisung über den Umweg eines zweitberufenen (oder sogar drittberufenen usw) Drittstaats erreicht wird.[64] 75

[63] Vgl. MüKoBGB/*Dutta* EuErbVO Art. 34 Rn. 5; BeckOGK/*J. Schmidt* EuErbVO Art. 34 Rn. 13; jurisPK-BGB/Ludwig EuErbVO Art. 34 Rn. 50; anders Süß/*Süß*, ErbR in Europa, § 2 Rn. 73, der im Hinblick auf den internationalen Entscheidungseinklang Art. 34 Abs. 1 lit. b erweiternd anwenden will, wenn der „dritte" Drittstaat dabei – in Übereinstimmung mit der Sichtweise des „zweiten" Drittstaats – zur Anwendung des eigenen Rechts kommt.

[64] Vgl. MüKoBGB/*Dutta* EuErbVO Art. 34 Rn. 5; NK-NachfolgeR/*Köhler* EuErbVO Art. 34 Rn. 11; *Solomon* Liber amicorum Schurig, 2012, 237 (255 ff.); Bonomi/Wautelet/*Bonomi* Art. 34 Rn. 18, Süß/*Süß*,

### 3. Gespaltene Verweisung

76 Die EuErbVO thematisiert nicht ausdrücklich den Sonderfall einer „gespaltenen Rückverweisung", bei der das Kollisionsrecht des angerufenen Drittstaats den Erbfall aufgrund unterschiedlicher Anknüpfungsmerkmale unterschiedlichen Rechten unterstellt. Am häufigsten erfolgt eine solche Spaltung im internationalen Erbrecht aufgrund einer unterschiedlichen Anknüpfung des Erbstatuts für bewegliche und unbewegliche Nachlassgegenstände, wie dies insbesondere der anglo-amerikanische Rechtskreis praktiziert.[65]

77 Allein die Tatsache, dass Art. 34 Abs. 1 lit. a und lit. b im Singular formuliert ist („das Recht *eines* Staates"), wird aber allgemein nicht als Ausdruck dafür angesehen, dass eine solche gespaltene Verweisung ausgeschlossen sein sollte. Entsprechend den früheren, in Europa insoweit einheitlichen *renvoi*-Grundsätzen wird vielmehr davon ausgegangen, dass auch eine **teilweise Rück- bzw. Weiterverweisung zugelassen** wird, sofern die Voraussetzungen des Art. 34 Abs. 1 im Übrigen vorliegen. Dies ergibt sich auch aus dem Wortlaut des Art. 34 Abs. 1, der eine Verweisung in dem Umfang für beachtlich erklärt, „soweit" (in der englischen Version: *„in so far"*) das IPR des Drittstaats eine solche anordnet.[66]

78 **Beispiel:**
Der deutsche Staatsangehörige A ist in Bonn aufgewachsen, hat aber vor seinem Tod 15 Jahren berufsbedingt in London gelebt. Er hinterlässt Immobilien in London, der Provence und sein Elternhaus in Bonn sowie bewegliches Vermögen in diesen drei Ländern.

Das nach Art. 10 Abs. 1 lit. a international zuständige deutsche Gericht hat zunächst aufgrund des letzten gewöhnlichen Aufenthaltsorts in London englisches Recht zu prüfen (zur Unteranknüpfung innerhalb des Vereinigten Königreichs → Rn. 90). Das englische IPR unterscheidet wie fast alle *common-law*-Staaten traditionell zwischen der Erbfolge in unbewegliches Vermögen *(succession to immovables)* und der Erbfolge in den beweglichen Nachlass *(succession to movables)*, wobei es jeweils dem Belegenheitsrecht die Qualifikation überlässt, ob ein Gegenstand als beweglich oder unbeweglich anzusehen ist (Qualifikationsverweisung).[67] Für das unbewegliche Vermögen gilt das jeweilige Ortsrecht (lex rei sitae), so dass es nach Art. 34 Abs. 1 lit. a bezüglich des Hauses in Bonn zu einer Rückverweisung auf das deutsche Recht und bezüglich des Hauses in der Provence zu einer Weiterverweisung auf das französische Recht kommt. Für die Vererbung des gesamten beweglichen Nachlasses ist es dagegen entscheidend, wo sich das domicile des Erblassers befand (zum Domizilbegriff → § 2 Rn. 39). Hat der Erblasser sein Geburtsdomizil *(domicile of origin)* in Deutschland behalten, zB weil er im Ruhestand wieder in sein Elternhaus ziehen wollte, findet auch insoweit eine Rückverweisung auf das deutsche Recht statt. Hatte der Erblasser dagegen ein Wahldomizil *(domicile of choice)* in England begründet, bleibt es dagegen für die Erbfolge in das bewegliche Vermögen bei der von Art. 21 Abs. 1 berufenen Anwendung englischen Rechts.

79 Aufgrund einer gespaltenen Rückverweisung kann es also auch in Zukunft zu einer **kollisionsrechtlichen Nachlassspaltung** kommen, die aufgrund des Vorteils des internationalen Entscheidungseinklangs von der EuErbVO als Ausnahme zu dem in Art. 21 und 23 Abs. 1 niedergelegten Prinzip der Nachlasseinheit akzeptiert wird.

80 Nachlassspaltung bedeutet, dass der jeweilige Teilnachlass, der einem eigenen Erbstatut unterliegt, grundsätzlich in allen Beziehungen allein nach dem für diesen Nachlass maßge-

ErbR in Europa, § 2 Rn. 72; abl. aufgrund des Wortlauts der EuErbVO dagegen jurisPK-BGB/*Ludwig* EuErbVO Art. 34 Rn. 52.

[65] Vgl. allg. Staudinger/*Dörner* EGBGB Art. 25 Rn. 680ff.

[66] Vgl. zB MüKoBGB/*Dutta* EuErbVO Art. 34 Rn. 8; NK-NachfolgeR/*Köhler* EuErbVO Art. 34 Rn. 12; *Janzen* DNotZ 2012, 484 (490); *Döbereiner* MittBayNot 2013, 358 (364).

[67] Vgl. allg. zum englischen Recht Staudinger/*Dörner* EGBGB Anh. Art. 25f. Rn. 279ff.; Ferid/Firsching/Dörner/Hausmann/*Henrich* Großbritannien Rn. 15ff.

benden Recht beurteilt wird. Das Vermögen des Erblassers spaltet sich demgemäß in zwei oder sogar mehrere selbständige Nachlässe, die grundsätzlich rechtlich unabhängig voneinander behandelt werden, als ob es sich bei jedem Teilnachlass um den einzigen Nachlass handelt.[68] Aus der rechtlichen Selbständigkeit jedes einzelnen Nachlasses folgt unter anderem, dass

- sich die Erbfolge in jeden Teilnachlass unabhängig von den anderen Teilnachlässen bestimmt, wobei dabei nicht nur unterschiedliche gesetzliche Erbfolgeregelungen zur Anwendung kommen können, sondern der Erblasser – entgegen des Grundsatzes der Universalsukzession – auch für jeden Teilnachlass gesondert testieren kann bzw. eine gesetzliche Erbfolge für den einen Teilnachlass mit einer testamentarischen Erbfolge für den anderen zusammentreffen kann;
- die Wirksamkeit und die Auslegung einer (scheinbar) einheitlichen Verfügung von Todes wegen grundsätzlich für jeden Teilnachlass nach dem für ihn geltenden Recht selbständig zu beurteilen ist;
- die Zulässigkeit und die mögliche Ausgestaltung von bestimmten inhaltlichen Verfügungen von Todes wegen (wie zB Umfang und Dauer einer Testamentsvollstreckung oder die Zulässigkeit einer Vor- und Nacherbschaft) sich gesondert nach jedem die Erbmasse beherrschenden Statut beurteilen;
- sich der Erbschaftserwerb für jeden Teilnachlass nach den für ihn geltenden Regelungen richtet, wobei die Erbschaft auch für einen Nachlass angenommen, für den anderen ausgeschlagen werden kann;
- Pflichtteils- und Noterbrechte für jeden Teilnachlass getrennt zu ermitteln sind und sich grundsätzlich nur auf das Nachlassvermögen, das dem jeweils maßgebenden Erbstatut unterliegt, beziehen;
- die Zulässigkeit und die Wirkungen eines Erb- oder Pflichtteilsverzichts für jeden Nachlass gesondert zu bestimmen sind;
- für jeden Nachlass eine eigenständige Erbengemeinschaft entsteht oder gesonderte Erbabwicklungsregelungen bestehen können, so dass zB ein Miterbe seinen Anteil an einer Erbengemeinschaft veräußern kann ohne seine Rechte am anderen Teilnachlass zu verlieren;
- jeder Teilnachlass grundsätzlich selbstständig für alle Nachlassverbindlichkeiten haftet.

Diese scheinbar einfache Trennung des Vermögens des Erblassers in selbständige, vonein- 81
ander unabhängig zu behandelnde Teilnachlässe kann jedoch nicht dazu führen, dass diese völlig beziehungslos nebeneinander stehen. Anpassungsbedarf kann es insbesondere in Einzelfällen bei der Auslegung einer Verfügung von Todes wegen geben (zB zur Frage, aus welchem Teilnachlass Geldvermächtnisse zu erfüllen sind), sowie bei der Ausgleichung von Vorempfängen und der Anrechnung auf den Pflichtteil, der Berücksichtigung von Pflichtteilsergänzungsansprüchen und beim Innenausgleich für Nachlassverbindlichkeiten.[69]

**Hinweis:**
Im Hinblick darauf, dass diese Einzelfragen zum Teil umstritten und weder im nationalen noch im europäischen Recht einheitlich geregelt sind, sollte die Gestaltungspraxis darauf gerichtet sein, **Nachlassspaltungen möglichst zu verhindern.**

Die Nachlassspaltung darf zudem nicht mit **hinkenden Rechtsverhältnissen** ver- 82
wechselt werden, die im Erbrecht zum Teil auch als „faktische Nachlassspaltung" be-

[68] Vgl. ausführlich Staudinger/*Dörner* EGBGB Art. 25 Rn. 767 ff.; *Schotten/Schmellenkamp* IPR § 7 Rn. 269; *Dörner* IPrax 1994, 362 ff.

[69] Vgl. dazu iE Staudinger/*Dörner* EGBGB Art. 25 Rn. 775 ff.; MüKoBGB/*Dutta* EGBGB Art. 25 Rn. 133 ff.

zeichnet werden.[70] Während bei der (echten) Nachlassspaltung unterschiedliche Erbstatute für abgegrenzte Teilnachlässe gelten, treten im Erbrecht hinkende Rechtsverhältnisse regelmäßig in der Weise auf, dass mehrere Rechtsordnungen im Hinblick auf den ganzen Nachlass oder zumindest auf den gleichen Teil eines Nachlasses die Geltung ihrer eigenen Sachnormen beanspruchen (sog hinkende Rechtsverhältnisse). Auch wenn das Problem der hinkenden Rechtsverhältnisse zumindest im Kreis der Mitgliedstaaten durch die Vereinheitlichung des Kollisionsrechts fast immer ausgeschlossen ist,[71] wird es sich im Verhältnis zu Drittstaaten, insbesondere solchen, die Nachlassvermögen ihrem jeweiligen Belegenheitsrecht unterstellen, eher noch verstärken, da die EuErbVO keinen dem Art. 3 Abs. 3 EGBGB entsprechenden Vorbehalt zu Gunsten des ausländischen Rechts kennt.

83 **Beispiel:**
Der Erblasser im Beispiel → Rn. 78 ist vor seinem Tod wieder nach Bonn zurückgekehrt; seine Immobilie in London hatte er jedoch behalten.

Aus Sicht der EuErbVO gilt damit gemäß Art. 21 Abs. 1 für den gesamten Nachlass, unabhängig davon ob dieser in Deutschland, Frankreich oder England belegen ist, das deutsche Erbrecht als Recht des letzten gewöhnlichen Aufenthaltsortes. Da England jedoch die in London belegene Immobilie der lex rei sitae unterstellt, richtet sich die Erbfolge in diese Immobilie aus Sicht eines englischen Gerichts ausschließlich nach englischem Recht.

Bedeutung kann der Wegfall des Art. 3 Abs. 3 EGBGB vor allem im Pflichtteilsrecht haben: Während es früher aufgrund der Anerkennung des Vorrangs des lex rei sitae zur echten Nachlassspaltung kam, so dass der Pflichtteil nach deutschem Recht ohne Berücksichtigung der im Ausland gelegenen Immobilie zu berechnen war, wird das nach Art. 4 zuständige deutsche Gericht in vergleichbaren Fällen den Pflichtteil künftig aus dem gesamten Nachlassvermögen berechnen – auch wenn sich das deutsche Erbrecht in England im Übrigen nicht durchsetzen wird. Während es vor Inkrafttreten der EuErbVO sinnvoll gewesen sein kann, zur Pflichtteilsreduzierung Vermögen in Immobilien in England oder den USA anzulegen, könnte künftig nur eine Verlagerung des gewöhnlichen Aufenthaltsorts entsprechend mindernde Wirkung haben.[72]

### 4. Versteckte Rückverweisung

84 Aufgrund der Verweisung auf die Gesamtheit der in dem Drittstaat geltenden Rechtsvorschriften kann sich eine Rück- oder Weiterverweisung nicht nur aus ausdrücklichen oder richterrechtlichen Kollisionsvorschriften ergeben, sondern auch aus „versteckten" materiell-rechtlichen oder prozessualen Vorschriften, die eine entsprechende Rechtswirkung entfalten.[73] Eine solche **versteckte Rückverweisung** wird nach bisherigem deutschen Verständnis insbesondere in den Fällen angenommen, in denen das ausländische Recht keine ausdrücklichen Kollisionsvorschriften aufstellt, aber die internationale Zuständigkeit regelt und zugleich davon ausgeht, dass das zuständige Gericht sein eigenes Recht *(lex fori)* anwendet.

85 Eine solche versteckte Rückverweisung wird man auch iRd autonomen Interpretation von Art. 34 Abs. 1 nicht generell ausschließen.[74] Allerdings wird man dabei im Hinblick darauf, dass die Gesamtverweisung im europäischen Kontext eine Ausnahme darstellt, die gemäß Erwägungsgrund 57 den internationalen Entscheidungseinklang fördern und nicht etwa nur dazu führen soll, dass ein Gericht in einem Mitgliedstaat möglichst einfach zur

[70] Vgl. zB WürzNotar-HdB/*Hertel* Teil 7 Rn. 75.
[71] Probleme können sich jedoch noch in den Fällen ergeben, in denen nur ein Mitgliedstaat an internationale Abkommen iSv Art. 75 gebunden ist, → Rn. 347 ff.
[72] Vgl. dazu auch *Everts* ZEV 2013, 124.
[73] Vgl. zur sog versteckten Rückverweisung insbes. Staudinger/*Hausmann* EGBGB Art. 4 Rn. 79 ff.; MüKoBGB/*v. Hein* EGBGB Art. 4 Rn. 43 ff.; Bamberger/Roth/*Lorenz* EGBGB Art. 4 Rn. 10.
[74] Vgl. ausführlich NK-NachfolgeR/*Köhler* EuErbVO Art. 34 Rn. 15 ff.

Anwendung seines eigenen Rechts kommt, Zurückhaltung üben müssen. Eine versteckte Rückverweisung sollte daher nicht in jedem Fall pauschal aus dem im Drittstaat geltenden *lex fori*-Prinzip abgeleitet werde, wenn ein mitgliedstaatliches Gericht seine (subsidiäre) Zuständigkeit nach Art. 10 ausübt. Vielmehr sollte dies nur dann der Fall sein, wenn die Ausübung dieser Zuständigkeit auch der Intention des eigentlich angerufenen Drittstaats entspricht. Maßgeblich für die Annahme einer versteckten Rückverweisung wird daher die Frage sein, ob der betroffene Drittstaat in erster Linie davon ausginge, dass der Rechtstreit vor einem Gericht in einem Mitgliedstaat oder einem anderen Drittstaat geführt wird, und selbst gar keine internationale Zuständigkeit oder allenfalls eine Hilfszuständigkeit in seinem Land eröffnet.[75]

Das bekannteste – und zugleich umstrittenste – Beispiel für eine solche versteckte Rückverweisung stellt im Erbrecht die Frage dar, ob man im **Verhältnis zu anglo-amerikanischen Rechtsordnungen** von einer teilweisen Rückverweisung für den Bereich des Nachlassübergangs und der **Nachlassabwicklung** ausgehen kann, da diese Länder eine sog „funktionelle Nachlassspaltung" vorsehen, dh die Nachlassabwicklung *(administration)* von den Erbfolgeregelungen *(succession)* unterscheiden. Kollisionsrechtlich unterstellen sie dabei die von einem englischen bzw. amerikanischen Gericht angeordnete *administration* – also die Abwicklung durch einen im Testament benannten *executor* oder einen vom Gericht zu bestellenden *administrator* – immer der eigenen *lex fori*. 86

**Beispiel:** 87

Der Erblasser im Beispiel → Rn. 78 hatte seinen letzten gewöhnlichen Aufenthaltsort und sein domicile in London. Das englische Gericht bestellt einen *administrator* zur Abwicklung des Nachlasses. Es stellt sich nun die Frage, ob dieser auf Grundlage „seines" englischen Rechts (als lex fori) auch den beweglichen Nachlass in Deutschland und Frankreich abwickelt, oder ob es zur teilweisen versteckten Rück- und Weiterverweisung gemäß Art. 34 Abs. 1 lit. a auf deutsches und französisches Recht bezüglich des Übergangs des beweglichen Nachlasses auf die Erben kommt.

Vor Inkrafttreten der EuErbVO war diese Frage im deutschen Recht höchst umstritten: Nach einer vor allem von *Firsching* begründeten Ansicht durfte der *administrator* in Deutschland nicht tätig werden, da das englische Recht durch die Anwendung der jeweiligen lex fori auf deutsches Recht (versteckt) zurückverweise.[76] Folge dieser Theorie wäre, dass in Deutschland nicht die Nachlassabwickler anglo-amerikanischer Prägung, sondern die – allerdings nach englischem Erbfolgerecht (als lex domicilii) zu bestimmenden – Begünstigten als Erben gemäß den Bestimmungen des deutschen Rechts unmittelbar abwicklungsberechtigt wären, allerdings auch für die Nachlassschulden unmittelbar haften. Nach anderer Ansicht war die Handlungsbefugnis des in England als Domizilland des Erblassers bestellten Nachlassabwicklers anzuerkennen, da Deutschland keine gesonderte Nachlassabwicklung nach *Common-Law*-Vorbild kennt und daher von dem Recht, einen eigenen Nachlassabwickler zu ernennen, keinen Gebrauch macht.[77]

---

[75] Vgl. Geimer/Schütze/*Odersky* IRV EuErbVO Art. 34 Rn. 11; weitergehend evtl. NK-NachfolgeR/*Köhler* EuErbVO Art. 34 Rn. 16f., der das Interesse der EuErbVO an einer schnellen und sicheren Entscheidung auf Grundlage des eigenen Rechts betont und damit wohl allg. eine konkurrierende Zuständigkeit als ausreichend für eine versteckte Rückverweisung erachtet.

[76] Vgl. insbes. Ferid/Firsching/Dörner/Hausmann/*Hausmann* USA Anm. 60d zum US-amerikanischen Recht; Staudinger/*Dörner* EGBGB Anh. Art. 25 Rn. 286 und Art. 25 Rn. 683, 893ff., 911ff.; diese Auffassung wurde häufig als „Spaltungstheorie" bezeichnet, da es zu territorial gespaltenen Nachlassabwicklungen, die sich auch vom Domizilrecht als einheitlichem Erbstatut unterscheiden, kommt.

[77] Vgl. insbes. Ferid/Firsching/Dörner/Hausmann/*Henrich* Großbritannien Rn. 80ff.; *Kegel/Schurig* IPR S. 859, 875ff.; *Odersky* Abwicklung S. 75ff.; *Hausmann* FS Heldrich, 656ff.; *v. Oertzen* ZEV 1996, 210 (213ff.). Diese Meinung wurde häufig auch als „Anerkennungstheorie" bezeichnet, um zum Ausdruck zu bringen, dass das Ergebnis des Art. 25 Abs. 1 EGBGB, ausländisches Recht einschließlich der verfahrensbezogenen Abwicklungsvorschriften anzuwenden, zu akzeptieren ist, hat aber mit einer „Anerkennung" im verfahrensrechtlichen Sinn nicht zu tun.

Im Anwendungsbereich der EuErbVO wird man eher letztere Auffassung vertreten, denn, wie oben ausgeführt, sind im Zweifel die Rückverweisungsregel eher einschränkend zugunsten der von der Verordnung angestrebten Nachlasseinheit und zur Erreichung eines internationalen Entscheidungseinklangs anzuwenden. Insbesondere in Art. 23 Abs. 2 lit. f stellt dabei die Verordnung selbst klar, dass zum anwendbaren Erbrecht auch die Befugnisse „anderer Nachlassverwalter" (in der englischen Fassung: *„other administrators of the estate"*) gehören. Bei Aufrechterhaltung der Spaltungstheorie käme es zudem zu einer nicht mehr schlüssig erklärbaren Diskrepanz: Ist aus Sicht der EuErbVO englisches Recht nicht nur aufgrund des gewöhnlichen Aufenthalts und Domizils des Erblassers in England anwendbar, sondern aufgrund einer Rechtswahl eines britischen Staatsangehörigen nach Art. 22, wäre die Annahme einer versteckten Rückverweisung für die Nachlassabwicklung nach Art. 34 Abs. 2 von vornherein ausgeschlossen.[78]

## V. Anknüpfung bei Mehrrechtsstaaten

### 1. Grundprinzipien

88 Mit den Art. 36 und 37 konkretisiert die EuErbVO die Anknüpfung der erbrechtlichen Kollisionsvorschriften für die Fällen, in denen innerhalb des Staates, auf dessen Recht eine Vorschrift der Verordnung verweist, mehrere Teilrechtsordnungen bezüglich mehrerer örtlicher Gebiete (sog interlokale Rechtsspaltung, Art. 36) oder bezüglich unterschiedlicher Personengruppen (sog interpersonale Rechtsspaltung, Art. 37) gelten.

89 Innerhalb des Kreises der Mitgliedstaaten betrifft dies praktisch nur das spanische Erbrecht,[79] das nicht vereinheitlich ist: vorrangig zum sog „gemeinspanischen Recht" des Código Civil gelten in den Provinzen Aragonien, Katalonien, Navarra, Galizien sowie dem Baskenland und auf den Balearen die sog „Foralrechte". Im Bereich der Drittstaaten, für die Art. 36, 37 ebenso gelten, findet sich eine interlokale Rechtsspaltung vor allem bei den vom *common-law* geprägten Staaten der USA, Australien, Kanada und dem Vereinigten Königreich, ferner in Mexiko und China. Eine interpersonale Rechtsspaltung aufgrund unterschiedlicher Religionszugehörigkeiten (sog interreligiöse Rechtsspaltung) gilt in vielen islamisch geprägten Staaten in Nord-Afrika und dem Nahen Osten, aber auch in Israel, Indien, Pakistan und Malaysia. Eine Abgrenzung nach sonstigen ethnischen Kriterien oder der Herkunft (sog intergentile Rechtsspaltung) findet sich zB in Indonesien und einzelnen afrikanischen Staaten.[80]

90 Bei einem Verweis auf das Recht eines Drittstaats ist ferner zu beachten, in welcher **Prüfungsreihenfolge** (im Verhältnis zum *renvoi*-System des Art. 34) die EuErbVO anzuwenden ist:

- Beinhaltet die Rechtsordnung des Staates, auf den nach den Bestimmungen der EuErbVO in erster Linie verwiesen wird, ein gesamtstaatliches internationales Privatrecht, so ist dieses aufgrund der Gesamtverweisung des Art. 34 Abs. 1 vorrangig zu prüfen. Verweist der Staat danach gemäß Art. 34 Abs. 1 auf einen Mitgliedstaat oder auf einen Drittstaat, der die Verweisung annimmt, so spielt der mögliche interlokale Konflikt keine Rolle mehr, so dass Art. 36, 37 unberücksichtigt bleiben. Nimmt der Staat die Verweisung an, erfolgt die Unteranknüpfung nach den Regeln der EuErbVO.
- Verfügt dagegen der von der Verordnung angerufene Staat über kein zentralstaatliches Kollisionsrecht, weil dies Teil der jeweiligen lokalen Rechtsordnungen ist, sind unmittelbar Art. 36 bzw. 37 anzuwenden. Allerdings ist in diesem Fall jede lokale Gebietsein-

[78] Vgl. Süß/*Odersky*, ErbR in Europa, Länderbericht Großbritannien: England und Wales Rn. 18 ff.; Dutta/Weber/*J.P. Schmidt* Art. 23 Rn. 86.

[79] Vgl. dazu ausführlich *Steinmetz/Löber/Alcazar* ZEV 2013, 535 ff. Zu beachten ist, dass Art. 36 aber auch in Deutschland, Österreich und Italien bezüglich des regional unterschiedlichen Landwirtschafts- und Höferechts Anwendung finden kann; vgl. MüKoBGB/*Dutta* EuErbVO Art. 36 Rn. 3.

[80] Vgl. Süß/*Süß*, ErbR in Europa, § 2 Rn. 129 ff.; WürzNotar-HdB/*Hertel* Teil 7 Kap. 3 Rn. 50 ff.

heit oder relevante Personengruppe als „Staat“ iSd EuErbVO anzusehen.[81] Das durch Art. 36, 37 berufene „Recht der Gebietseinheit“ bzw. „Recht der Personengruppe“ ist damit wiederum als Gesamtverweisung iSd Art. 34 Abs. 1 zu verstehen, so dass auch die Kollisionsvorschriften dieser Teilrechtsordnung anzuwenden sind. Bedeutung hat dies vor allem für die Staaten im anglo-amerikanischen Rechtsbereich, da diese jeweils zwar über kein gesamtstaatliches Kollisionsrecht verfügen, aber die Teilrechtsordnungen der jeweiligen Länder nahezu die gleichen (ungeschriebenen) Kollisionsnormen anwenden, wonach bewegliches Vermögen nach dem Recht des letzten Domizils des Erblassers und unbewegliches Vermögen nach der jeweiligen *lex rei sitae* vererbt wird.[82]

**Beispiel:** 91
Der aus Manchester stammende Erblasser hatte seinen letzten gewöhnlichen Aufenthalt in Edinburgh. Sein *domicile* nach englisch-schottischem Verständnis befand sich aber weiterhin als sog Geburtsdomizil *(domicile of origin)* in Manchester, da er in Schottland nicht auf unbestimmt lange Zeit wohnen bleiben wollte. Der Erblasser hinterlässt ein Bankkonto in Hamburg. Das nach Art. 10 Abs. 2 zuständige deutsche Nachlassgericht prüft bei Ermittlung der Erbfolge damit zunächst gemäß Art. 21 Abs. 1, 36 Abs. 2 lit. a das schottische Recht, hat aber dabei vorrangig dessen Kollisionsrechtrechtsgrundsätze zu beachten. Da das schottische Recht die Erbfolge in bewegliches Vermögen an das Domizilrecht anknüpft, und insoweit auf das englische Recht verweist, das die gleichen kollisionsrechtlichen Regeln anwendet, hat das deutsche Gericht im Ergebnis englisches Recht nach Art. 34 Abs. 1 lit. b anzuwenden.

### 2. Berücksichtigung interlokaler Kollisionsvorschriften, Art. 36 Abs. 1

Die EuErbVO enthält in Art. 36 Abs. 2 und Abs. 3 für interlokale Rechtsspaltungen detaillierte autonome Anknüpfungsregeln, die an die Bestimmung des Art. 14 Rom III-VO angelehnt sind, überlässt jedoch in Abs. 1 den **internen Kollisionsvorschriften** des betreffenden Staates, die **Unteranknüpfung** vorrangig selbst vorzunehmen. Dies gilt nicht nur für die Anknüpfung an das Recht des gewöhnlichen Aufenthaltsorts, sondern auch für das vom Erblasser gewählte Staatsangehörigkeitsrecht gemäß Art. 22 bis hin zu den diversen Formanknüpfungen in Art. 27 (da Art. 36 Abs. 3 nur vorrangig zu Abs. 2 ist). 92

Größere praktische Bedeutung wird der Vorrang des Art. 36 Abs. 1 derzeit wohl nur im Verhältnis zu **Spanien** haben, wobei aber die Zuordnung zum gemeinspanischen Recht oder zu einem der Foralrechte insbesondere bei Nicht-Spaniern noch mit Unsicherheiten behaftet ist:[83] 93

– Zur Lösung interlokaler Normkonflikte wendet Spanien gemäß Art. 13ff. *Código Civil* die nationalen IPR-Regeln entsprechend an.[84] Dabei folgt es im Erbrecht dem Personalstatut, wobei für die interlokale Zuordnung die Staatsangehörigkeit durch die bürgerlich-rechtliche Gebietszugehörigkeit *(vecindad cicil)* ersetzt wird. Eine bestimmte Gebietszugehörigkeit erwirbt jeder spanische Staatsangehörige bei Geburt gemäß bestimmter Abstammungsregeln, also unabhängig vom tatsächlichen Geburts- oder Wohnort. Lebt ein Spanier in einer anderen Provinz als der, der er bürgerlich-rechtlich zugehört, erhält er frühestens nach zwei Jahren auf seinen Antrag oder automatisch nach zehn Jahren die neue Gebietszugehörigkeit seines Wohnsitzortes. Verstirbt ein spanischer Erb-

[81] Dies kommt deutlicher im Wortlaut der Art. 22 Abs. 1 Rom I-VO und Art. 25 Rom II-VO (und dem Art. 28 des Kommissionsvorschlags) zum Ausdruck. Aber auch wenn dies nicht ausdrücklich in Art. 36, 37 wiederholt wird, sollte durch dessen differenzierte Regelung kein anderes Sinnverständnis verfolgt werden.

[82] Zu beachten ist allerdings, dass sich der Domizilbegriff in den einzelnen Staaten (zB in Großbritannien und den USA) zum Teil deutlich unterscheidet.

[83] Vgl. ausführlich *Steinmetz/Löber/Alcázar* ZEV 2013, 535ff.; Süß/*Steinmetz/Huzel/Garcia Alcázar*, ErbR in Europa, Länderbericht Spanien Rn. 50ff.

[84] Übersetzung bei Staudinger/*Dörner* EGBGB Anh. Art. 25f. Rn. 798.

lasser erfolgen demgemäß die Anknüpfungen der EuErbVO über die Unteranknüpfung des Art. 36 Abs. 1 und das spanische interlokale Recht an das durch die *vecindad civil* bestimmte Foralrecht; sofern keines der besonderen Foralrechte einschlägig ist, gilt für das Erbrecht das gemeinspanische Recht des *Código Civil*.
- Problematisch erweist sich jedoch die Tatsache, dass nur ein spanischer Staatsangehöriger eine *vecindad civil* besitzen kann. Ist spanisches Recht aufgrund des gewöhnlichen Aufenthaltsorts eines anderen Staatsangehörigen (zB eines Deutschen mit gewöhnlichem Aufenthalt auf Mallorca) gemäß Art. 21 Abs. 1 berufen, ist noch nicht sicher zu beurteilen, wie die Unteranknüpfung zu erfolgen hat: In Betracht käme die „Lücke" immer durch Anwendung des gemeinspanischen Rechts als Art „Auffangrecht" zu füllen,[85] oder im Wege einer autonomen Unteranknüpfung gemäß Art. 36 Abs. 2.[86] Die hM in Spanien geht aber wohl davon aus, dass auch in diesem Fall weiterhin der *Código Civil* nach Art. 36 Abs. 1 die lokale Zuordnung regelt, wobei statt der *vecindad civil* der gewöhnlichen Aufenthaltsort des Erblassers für die Anknüpfung maßgeblich sein soll.[87]

**Hinweis:**
Zumindest wenn der ausländische Erblasser in einer der Provinzen mit Foralrechten lebt, wird sich in der Beratungspraxis empfehlen, die Unsicherheiten bezüglich der Unteranknüpfung durch eine Rechtswahl zum Heimatrecht gemäß Art. 22 zu „umgehen".

### 3. Autonome Unteranknüpfung, Art. 36 Abs. 2

94 Existieren in dem Staat, auf den die Verordnung verweist, keine internen Kollisionsvorschriften, nimmt die Verordnung in Art. 36 Abs. 2 selbst eine Unteranknüpfung vor, die auf den unterschiedlichen Anknüpfungsmerkmalen der EuErbVO aufbaut:
- Größte praktische Bedeutung wird dabei lit. a zukommen, der den Begriff des gewöhnlichen Aufenthalts des Erblassers, sofern dieser für die Verweisung maßgeblich ist (insbesondere gemäß Art. 21 Abs. 1), autonom bis in das Recht der Gebietseinheit verlängert, in der der Erblasser im Zeitpunkt seines Todes seinen **gewöhnlichen Aufenthalt** hatte. An dem Begriff des gewöhnlichen Aufenthaltsorts verändert sich dadurch nichts, so dass die allgemeinen Grundsätze (nur ein gewöhnlicher Aufenthaltsort, der nach dem Lebensmittelpunkt zu bestimmen ist) auch bei der Unteranknüpfung unverändert gelten.
- Sofern die Verordnung als Anknüpfungsmerkmal auf die **Staatsangehörigkeit** des Erblassers abstellt, erfolgt die Anknüpfung über Art. 36 Abs. 2 lit. b an die Gebietseinheit, zu der der Erblasser die engste Verbindung hatte (zur Anwendung des Art. 36 bei einer Rechtswahl nach Art. 22 → Rn. 132 ff.).
- Sofern Anknüpfungsmerkmal weder der gewöhnliche Aufenthaltsort des Erblassers noch dessen Staatsangehörigkeit ist, kommt die **Auffangklausel** lit. c zur Anwendung, die abstrakt auf die Ortsbezogenheit des maßgeblichen Anknüpfungspunktes in der jeweiligen Gebietseinheit abstellt. Nachdem jedoch Art. 36 Abs. 3 Fragen der Formgültigkeit nach Art. 27 von dieser Vorschrift ausnimmt, bleibt für diese Unteranknüpfung kaum mehr ein Anwendungsfall. Betroffen kann also allenfalls die Sonderanknüpfung des Art. 21 Abs. 2 sein, bei der man dann eine besonders enge Verbindung zu einer betroffenen Gebietseinheit verlangen wird. Ferner kann die Sondervorschrift des Art. 28 lit. b zur Anwendung kommen, bei der es auf den gewöhnlichen Aufenthaltsort des Ausschlagenden in einer Gebietseinheit ankommen wird. Zu beachten sind schließ-

[85] Vgl. Süß/*Süß*, ErbR in Europa, § 2 Rn. 137 f.
[86] Vgl. MüKoBGB/*Dutta* EuErbVO Art. 36 Rn. 4.
[87] Vgl. Süß/*Steinmetz/Huzel/Garcia Alcázar*, ErbR in Europa, Länderbericht Spanien Rn. 70 f.; Ferid/Firsching/Dörner/Hausmann/*Hierneis* Spanien Rn. 28c.

lich die besonderen Vorschriften iSd Art. 30, die sich durch die Belegenheit der Vermögenswerte in der jeweiligen Gebietseinheit verwirklichen müssen.

### 4. Unteranknüpfung bei interpersonaler Rechtsspaltung, Art. 37

Art. 37 übernimmt für Staaten mit mehreren Rechtsordnungen für verschiedene Perso- 95
nengruppen das Vorbild des Art. 15 Rom III-VO und löst die notwendige Unterzuweisung in gleicher Weise wie Art. 36: Zunächst ist auf etwaige **nationale Vorschriften des betreffenden Staates** abzustellen, wenn dieser Staat zur Lösung des Zuordnungsproblems eigene Kollisionsvorschriften vorsieht; diese sind ggf. unmittelbar anzuwenden. Ersatzweise erfolgt nach Satz 2 die unmittelbare Unteranknüpfung durch die EuErbVO nach dem Begriff der **engsten Verbundenheit.** Ist das zur Anwendung berufene Recht eines Mehrrechtsstaates sowohl räumlich wie auch personal gespalten, ist in einem ersten Schritt die räumlich maßgebende Teilrechtsordnung nach Art. 36 und anschließend das dort geltende interpersonale Privatrecht nach Art. 37 zu ermitteln.[88]

Der Begriff der engsten Verbindung entspricht Art. 36 Abs. 2 lit. b, so dass objektiv auf 96
eine Gesamtbetrachtung aller Umstände abzustellen ist. Allerdings muss dies vor dem Hintergrund der Rechtspaltung in einer anderen Wertung erfolgen, da im Unterschied zu Art. 36 nicht die lokale Gebietszugehörigkeit, sondern die passende Zugehörigkeit zu der maßgeblichen Personengruppe zu ermitteln ist. Besonderer Bedeutung kommen damit den Faktoren zu, nach denen sich die Rechtsordnungen des betreffenden Staates untereinander unterscheiden, wie zB der Religion, der Stammes- oder der Volkszugehörigkeit.[89]

## C. Die Bestimmung des Erbstatuts durch Rechtswahl

### I. Bedeutung der Rechtswahl

Mit Art. 22 eröffnet die EuErbVO dem Erblasser die Möglichkeit, für die Rechtsnachfol- 97
ge von Todes wegen sein „Heimatrecht" in Form seines Staatsangehörigkeitsrechts zu wählen. Die Verordnung realisiert damit zumindest im beschränkten Maß den Grundsatz der Parteiautonomie auch im Bereich des Internationalen Erbrechts, um dem Erblasser eine sichere und vorhersehbare Planung seines Nachlasses zu erleichtern.[90] Die Rechtswahlmöglichkeit kompensiert dabei auch in gewisser Weise die Nachteile, die mit der Regelanknüpfung an den gewöhnlichen Aufenthaltsort verbunden sind, zB wenn der Erblasser diesen häufiger wechselt oder am aktuellen Aufenthaltsort nicht bis zu seinem Tod wohnen bleiben will. Allerdings setzt eine entsprechende Korrekturfunktion voraus, dass dem Erblasser die Möglichkeit der Rechtswahl bekannt ist, und er aktiv wird, indem er eine Verfügung von Todes wegen errichtet.

In der Gestaltungspraxis kommen mehrere **Gründe** für eine Rechtswahl zum Staatsan- 98
gehörigkeitsrecht in Betracht, wobei natürlich immer alle Vor- und Nachteile beider mögliche Rechtsordnungen – dem Aufenthaltsrecht oder dem Staatsangehörigkeitsrecht – in Betracht gezogen werden müssen, und der juristische Berater nicht nur zu seinem „eigenen" Recht tendieren sollte:

1. **Heimatverbundenheit:** Zunächst kann die Rechtswahl natürlich auf einer zu respektierenden Verbundenheit des Erblassers mit seinem „Heimatland" oder auf seiner Vertrautheit mit einer bestimmten Rechtsordnung beruhen. Eine solche enge Beziehung kann es beispielsweise bei der „ersten Generation" von Auswanderern auch dann noch geben, wenn diese schon lange Zeit im Aufenthaltsland leben, aber (vage) immer noch

[88] Vgl. *Hausmann*, Internationales und europäisches Ehescheidungsrecht, Teil A Rn. 396.
[89] Vgl. MüKoBGB/*Sonnenberger* EGBGB Art. 4 Rn. 112.
[90] Vgl. Erwägungsgrund 38 S. 1.

in ihr Herkunftsland zurückkehren wollen. Die Wahl des Staatsangehörigkeitsrechts kann sich damit im Ergebnis dem englischen Domizil-Begriff nähern.

2. **Rechtsicherheit:** Die Rechtswahl ermöglicht ferner, mögliche Unsicherheiten bei der Bestimmungen des gewöhnlichen Aufenthaltsorts zu beseitigen, zB wenn dieser häufig wechselt oder sich der Aufenthalt des Erblassers regelmäßig auf zwei oder mehrere Staaten verteilt. Ebenso lässt sich mit der Rechtswahl das anwendbare Erbstatut dauerhaft festschreiben und damit der Inhalt einer Verfügung von Todes wegen stabilisieren, wenn der Erblasser später möglicherweise für längere Zeit ins Ausland zieht.
3. Eröffnung von **Gestaltungsmöglichkeiten:** Fallen Aufenthalts- und Staatsangehörigkeitsrecht auseinander, eröffnet die Rechtswahl dem Erblasser größere Gestaltungsmöglichkeiten. Beispielsweise sind die im deutschen Erbrecht stark ausgestaltete Testamentsvollstreckung und die Vor- und Nacherbfolge in den meisten europäischen Rechtsordnungen gar nicht oder nur in deutlich schwächerer Form verfügbar. Erhebliche praktische Bedeutung für die Entscheidung zur oder gegen eine Rechtswahl werden dabei natürlich auch die unterschiedlichen Ausprägungen des **Pflichtteils- bzw. Noterbrechts** haben, wobei zumindest innerhalb des Kreises der Mitgliedstaaten der EuErbVO die bewusste Ausnutzung der Rechtswahl zur Pflichtteilsverringerung nicht am *ordre public*-Vorbehalt scheitern wird.[91]
4. **Internationaler Entscheidungseinklang:** Hat der Nachlass Bezüge zu **Drittstaaten,** weil dort Vermögen belegen ist oder der Erblasser dort seinen gewöhnlichen Aufenthaltsort hat, kann die Rechtswahl auch dazu dienen, einen internationalen Entscheidungsdissens mit einem solchen Drittstaat zu vermeiden. Dies ist insbesondere dann der Fall, wenn der betreffende Drittstaat nicht auch den gewöhnlichen Aufenthaltsort oder den Wohnsitz als Anknüpfungsmerkmal nutzt, sondern zur Bestimmung des Erbstatuts auf die Staatsangehörigkeit abstellt.[92]
5. **Ermöglichung einer Gerichtsstandsvereinbarung:** Schließlich kann die Rechtswahl auch dafür genutzt werden, um den Erben eine Gerichtsstandsvereinbarung nach Art. 5 oder den Antrag auf Unzuständigerklärung beim Gericht am gewöhnlichen Aufenthaltsorts des Erblassers nach Art. 6 lit. a zu ermöglichen. Denn das Zuständigkeitssystem der Art. 5ff. setzt zwingend voraus, dass zuvor der Erblasser nach Art. 22 das Recht eines Mitgliedstaats gewählt hat.

99 **Beispiel:**
Der verwitwete deutsche Staatsangehörige A lebt seit zehn Jahren in der Toskana. Er ist Eigentümer eines Hauses in Italien und von zwei vermieteten Wohnungen in Deutschland. Seine beiden Kinder, die zu gleichen Teilen Erben werden sollen, leben in München.

Auch wenn inhaltlich kein besonderer Bedarf für eine Verfügung von Todes wegen besteht, da sowohl nach italienischem als auch nach deutschem Erbrecht beide Kinder gleichberechtigt Erben würden, kann eine Rechtswahl zum deutschen Recht sinnvoll sein, da dann die Kinder gemeinsam an ihrem Wohnort in München den Antrag auf Erteilung eines ENZ stellen können. Das Nachlassgericht München wird in diesem Fall aufgrund der Gerichtsstandsvereinbarung der Erben international zuständig nach Art. 64 S. 1, Art. 5, Art. 7 lit. b EuErbVO und örtlich nach § 34 Abs. 1 Nr. 2 IntErbRVG.

100 Die Rechtswahl ist auch zulässig, wenn es sich beim gewählten Recht um das eines Drittstaats handelt.[93] Die Wahl führt in diesem Fall gemäß Art. 34 Abs. 2 zwingend zu einer Sachnormverweisung. Aus Sicht der Mitgliedstaaten der EuErbVO ist also bei einer Rechtswahl unmittelbar das gewählte materielle Erbrecht anwendbar, auch wenn der be-

[91] Zur Frage des *ordre public*-Vorbehalts bei einer Rechtswahl im Hinblick auf die Umgehung von Pflichtteilsrechten → Rn. 344.
[92] Vgl. das Beispiel → Rn. 64.
[93] Vgl. indirekt Erwägungsgrund 40 S. 1.

troffene Drittstaat selbst kein Rechtswahlmöglichkeit kennt oder aufgrund anderer Anknüpfungsmerkmale nicht sein eigenes Recht anwenden würde.

**Beispiel:** 101
Der aus Kalifornien stammende US-Staatsbürger A hat seinen gewöhnlichen Aufenthaltsort und sein *domicile* in Deutschland. Er hat zwei erwachsene Kinder, wobei er einem Kind möglichst wenig hinterlassen will. Er ist Eigentümer von Immobilien in Deutschland und Frankreich.

Der Erblasser kann das US-amerikanische Recht wählen (zur Unteranknüpfung an das kalifornische Heimatrecht, →Rn. 136) wählen, so dass das nach Art. 4 international zuständige deutsche Gericht den ganzen Nachlass nach kalifornischem Recht zu behandeln hat, das erwachsenen Kindern grundsätzlich kein Pflichtteilsrecht gewährt. Die Tatsache, dass aus Sicht des *common law* die Immobilien nach dem Recht von Deutschland bzw. Frankreich und der bewegliche Nachlass aufgrund des Domizils in Deutschland ebenfalls nach deutschem Recht vererbt würden, spielt für das deutsche Gericht aufgrund Art. 34 Abs. 2 keine Rolle.

Die Rechtswahl nach Art. 22 kann nur einheitlich erfolgen, dh weder in Form einer Teilrechtswahl bezüglich einzelner Nachlassgegenstände (wie zB nur für bestimmte Immobilien) noch als Auswahl bestimmter erbrechtlicher Rechtsfolgen. Auch wenn dies im deutschen Wortlaut des Art. 22 nicht in gleicher Weise wie im englischen und französischen Verordnungswortlaut („*his succession as a whole*" bzw. „*l'ensemble de sa succession*") klargestellt ist, ergibt sich dies aus Art. 23 Abs. 1, der die „gesamte Rechtsnachfolge von Todes" wegen dem nach Art. 21 oder Art. 22 anwendbaren Recht unterstellt.[94] 102

Von der Rechtswahl bezüglich des anwendbaren Rechts zu unterscheiden ist allerdings die Rechtswahl bezüglich der Zulässigkeit und materiellen Wirksamkeit eines Testaments bzw. Erbvertrags gemäß Art. 24 Abs. 2 (→ Rn. 235 ff.) und Art. 25 Abs. 3 (→ Rn. 260 ff.). Auch wenn eine solche Rechtswahl häufig – ausdrücklich oder konkludent – mit der des Art. 22 zusammenfallen wird, ist dies nicht zwingend und vor allem nicht in allen Fällen möglich. Insoweit sieht die Verordnung also eine Teilrechtswahl bezüglich des Errichtungsstatuts vor. 103

Zu beachten ist schließlich, dass eine Rechtswahl nach Art. 22 ausgeschlossen ist, soweit **bilaterale Abkommen** nach Art. 75 vorrangig anzuwenden sind und keine entsprechende Wahlmöglichkeiten vorsehen. Für Deutschland betrifft dies das deutsch-türkische Nachlassabkommen, das deutsch-persische Niederlassungsabkommen im Verhältnis zum Iran sowie im Verhältnis zu vielen Nachfolgestaaten der Sowjetunion den deutsch-sowjetischen Konsularvertrag (→ Rn. 346 ff.). Die Beschränkung durch die Abkommen gilt aber nicht aus der Sicht anderer Mitgliedstaaten der EuErbVO, in denen kein entsprechendes Abkommen gilt. Eine Rechtswahl nach Art. 22 EuErbVO würde damit in diesen Ländern vollumfänglich anerkannt, so dass im Ergebnis ein ENZ, das in einem solchen anderen Mitgliedstaat ausgestellt wird inhaltlich abweichen kann von einem Erbschein, der von dem an das Abkommen gebundenen deutschen Nachlassgericht erteilt würde. 104

## II. Ausübung der Rechtswahl nach Art. 22 EuErbVO

### 1. Wählbares Recht

Wählbar ist gemäß Art. 22 Abs. 1 S. 1 ausschließlich das Recht des Staates, dem der Erblasser im Zeitpunkt der Rechtswahl oder im Zeitpunkt seines Todes angehört. Nicht zulässig ist damit insbesondere eine bestätigende Wahl des Rechts des gewöhnlichen Aufenthaltsorts bei Errichtung der letztwilligen Verfügung oder die Wahl des Belegenheitsrechts 105

[94] Vgl. MüKoBGB/*Dutta* EuErbVO Art. 22 Rn. 8; Palandt/*Thorn* EuErbVO Art. Rn. 3; *Heinig* RNotZ 2014, 197 (206).

für Immobilien. Auch wenn weitergehende Rechtswahlmöglichkeiten für die Gestaltung letztwilliger Verfügungen wünschenswert wären, um deren Wirksamkeit dauerhaft sicherzustellen, konnte sich der Europäische Rat im Hinblick auf die Sorgen einiger Länder, dass damit Pflichtteils- bzw. Noterbrechte zu leicht umgangen werden könnten, nicht auf eine solche Lösung einigen.[95]

106 Die Wahl eines **zukünftigen Staatsangehörigkeitsrechts** wird bei der Gestaltung letztwilliger Verfügungen sicherlich nur in seltenen Fällen Bedeutung haben, wenn der Testator beabsichtigt, die entsprechende Staatsangehörigkeit zeitnah zu beantragen. Empfehlen wird sich eine solche Gestaltung möglicherweise im Einzelfall, wenn der Verfügung von Todes wegen schon aus anderen Gründen das gewählte Erbrecht zu Grunde liegt (zB aufgrund Rückverweisung oder weil der Testator aktuell dort seinen gewöhnlichen Aufenthalt hat), zusätzlich aber diese Anknüpfung durch die Wahl des künftigen Staatsangehörigkeitsrechts dauerhaft fixiert werden soll.

107 **Beispiel:**
Der portugiesische Staatsangehörige A lebt seit über zehn Jahren in Deutschland und beabsichtigt auch die deutsche Staatsangehörigkeit zu erwerben. Er will eine Verfügung von Todes wegen auf Grundlage des deutschen Erbrechts errichten, da ihm dies pflichtteilsrechtlich günstiger erscheint. Möglicherweise wird er aber zu einem späteren Zeitpunkt für längere Zeit im Ausland leben; ferner schließt er nicht aus, dass er im Ruhestand wieder nach Portugal ziehen wird.

Für das Testament des A käme auch bei einem überraschend frühen Tod das deutsche Erbrecht gemäß Art. 21 Abs. 1 als Recht des gewöhnlichen Aufenthalts zur Anwendung. Vorsorglich kann A das deutsche Recht nach Art. 22 als künftiges Staatsangehörigkeitsrecht wählen, da dann das deutsche Erbrecht dauerhaft anwendbar bleibt, wenn der gewöhnliche Aufenthalt wieder ins Ausland verlagert wird. Der juristische Berater wird A aber darauf hinweisen, dass diese Rechtswahl nur wirksam wird, wenn der Testator die deutsche Staatsangehörigkeit tatsächlich erwirbt.

108 In der Beratungs- und Gerichtspraxis vereinfacht die „doppelte zeitliche Anknüpfung", die der Kommissionsvorschlag noch nicht vorsah,[96] aber erheblich die Prüfungsarbeit:[97] Einerseits kann man bei der Gestaltung letztwilliger Verfügungen unproblematisch auf die **aktuelle Staatsangehörigkeit** des Testators abstellen, da die Rechtswahl dauerhaft wirksam bleibt, auch wenn der Erblasser diese Staatsangehörigkeit später verlieren sollte. Andererseits wird nach dem Erbfall die rückschauende Prüfung, wann die Verfügung errichtet wurde und welche Staatsangehörigkeit der Erblasser zu diesem Zeitpunkt tatsächlich besaß, überflüssig, wenn dieser die für die Rechtswahl maßgebliche Staatsangehörigkeit zumindest im Zeitpunkt seines Todes (noch) besitzt.

109 Die Frage, welche Staatsangehörigkeit der Erblasser besitzt, fällt aber nicht in den Anwendungsbereich der EuErbVO. Sie unterliegt gemäß Erwägungsgrund 41 S. 1 dem „innerstaatlichen Recht, ggf. auch internationalen Übereinkommen". Entsprechend den Grundsätzen des deutschen IPR (→ § 3 Rn. 45) ist diese **Vorfrage** damit nach dem öffentlichen Recht des Staates, dessen Recht gewählt werden soll, zu beantworten.[98] Dieses Recht entscheidet, ob und wann die Staatsangehörigkeit erworben oder wieder verloren wurde.

[95] Vgl. Erwägungsgrund 38 S. 2. Zur Verordnungsdiskussion mit Angabe weiterführender Literatur vgl. insbes. BeckOGK/*J. Schmidt* EuErbVO Art. 22 Rn. 6; MüKoBGB/*Dutta* EuErbVO Art. 22 Rn. 2.

[96] Vgl. Art. 17 Abs. 1 des Kommissionsentwurfs KOM(2009) 154, 21.

[97] Vgl. BeckOGK/*J. Schmidt* EuErbVO Art. 22 Rn. 8.

[98] Vgl. MüKoBGB/*Dutta* EuErbVO Art. 22 Rn. 4; Süß/*Süß*, ErbR in Europa, § 2 Rn. 80; BeckOGK/*J. Schmidt* EuErbVO Art. 10 Rn. 6; *Nordmeier* GPR 2013, 148 (149); *Cach/Weber* ZfRV 2013, 263 (268).

Besitzt jemand zum Zeitpunkt der Rechtswahl oder im Todeszeitpunkt mehrere Staatsangehörigkeiten **(Mehrstaater)** kann er gemäß Art. 22 Abs. 1 S. 2 das Recht jedes dieser Staaten wählen. Aufgrund des eindeutigen Wortlauts der Verordnung bedarf es dabei weder einer besonderen Nähebeziehung zur gewählten Rechtsordnung, noch ist der Vorrang einer „effektiven" Staatsangehörigkeit zu prüfen. Da andererseits alle Staatsangehörigkeiten gleichwertig sind, ist bei der Rechtswahl darauf zu achten, dass die Bezeichnung der gewählten Rechtsordnung eindeutig ist. Ist diese zu unbestimmt (zB „Ich wähle hiermit mein Staatsangehörigkeitsrecht") und auch nicht durch Auslegung der Verfügung hinreichend zu bestimmen, könnte sie im Einzelfall ins Leere laufen und unwirksam sein.[99] 110

## 2. Ausübungserklärung

**a) Verfügung von Todes wegen.** Die Rechtswahl muss sich aus einer Verfügung von Todes wegen ergeben (Art. 22 Abs. 2). Deren Inhalt kann sich auf eine bloße Rechtswahl beschränken, ohne weitere inhaltliche Verfügungen zu enthalten (so dass dann die gesetzliche Erbfolge gemäß dem gewählten Staatsangehörigkeitsrecht gilt),[100] oder die Rechtswahl in Ergänzung zu letztwilligen Verfügungen vorsehen. Unabhängig vom rechtlichen Charakter der Rechtswahl im nationalen Recht, charakterisiert die EuErbVO diese damit zumindest der Form nach als Verfügung von Todes wegen. Entsprechend der Definition des Art. 3 Abs. 1 lit. d kann diese in einem Testament, einem gemeinschaftlichen Testament oder einem Erbvertrag iSd EuErbVO (und damit auch in einem Erb- oder Pflichtteilsverzichtsvertrag als sog „negativen Erbvertrag", → Rn. 271) enthalten sein.[101] 111

Das auf die Form der Rechtswahl anwendbare Recht richtet sich damit nach den allgemeinen Regeln zum Formstatut einer Verfügung von Todes wegen gemäß Art. 27 bzw. dem HTestformÜ (→ Rn. 177 ff.). Zwar enthalten diese Regeln keine ausdrückliche Anknüpfung an das „gewählte Recht"; da es aber nach Art. 27 Abs. 1 lit. b bzw. Art. 1 Abs. 1 S. 1 lit. b HTestformÜ genügt, dass das Recht eines Staates eingehalten wird, dem der Erblasser angehörte, reicht es für die Formwirksamkeit in jedem Fall aus, wenn das Testament aus Sicht des gewählten Rechts formwirksam ist. Andererseits ist dies nicht notwendig, so dass die Rechtswahl auch wirksam wird, wenn zwar das gewählte Recht die Verfügung für formunwirksam erachten würde, aber eines der alternativen Anknüpfungsmerkmale (insbesondere die Ortsform) eingehalten wird.[102] 112

**Beispiel:** 113

Wenn der Erblasser im Beispiel → Rn. 101 das Testament mit der Rechtswahl in Deutschland ohne Hinzuziehung von Zeugen errichtet hat, mag dieses zwar aus Sicht von Kalifornien unwirksam sein, da für die USA das HTestformÜ nicht gilt, aus Sicht der Mitgliedstaaten ist die Rechtswahl aber aufgrund der Einhaltung des Ortsrechts (bzw. ebenso des Wohnsitz- und gewöhnlichen Aufenthaltsrechts) wirksam.

Für die materiellen Anforderungen an eine wirksame Rechtswahl verweist Art. 22 Abs. 3 dagegen auf das gewählte Recht. Für die Auslegung des Begriffs „materielle Wirksamkeit" wird man dabei das Begriffsverständnis der Art. 24 bis 26 verwenden, so dass insbesondere die Fragen, die in Art. 26 aufgeführt werden, allein unter (hypothetischer) 114

[99] Vgl. *Frank/Döbereiner* Nachlassfälle Rn. 183.

[100] Vgl. *Döbereiner* MittBayNot 2013, 358 (363); *Leitzen* ZEV 2013, 128 (129).

[101] Vgl. MüKoBGB/*Dutta* EuErbVO Art. 22 Rn. 15.

[102] Aufgrund des Grundsatzes der Einheitlichkeit der Rechtswahl für die gesamte Rechtsnachfolge von Todes wegen muss jedoch eine Anknüpfung an die bloße Belegenheit von unbeweglichem Vermögen iSv Art. 27 Abs. 1 lit. e ausscheiden, wenn die Rechtswahl dadurch nur für einen Teil des Nachlasses formwirksam würde; vgl. MüKoBGB/*Dutta* EuErbVO Art. 22 Rn. 15; *Nordmeier* GPR 2013, 148 (152 f.); aA BeckOGK/*J. Schmidt* EuErbVO Art. 22 Rn. 14.1, der in diesem Fall eine Nachlassspaltung annimmt.

Anwendung des gewählten Erbrechts zu prüfen sind.[103] Eine Rechtswahl kann damit wirksam bzw. unwirksam sein, auch wenn das Ortsrecht bzw. das Recht des gewöhnlichen Aufenthaltsorts die maßgebliche Wirksamkeitsfrage anders behandeln würde.

115 **Beispiel:**
Der 15-jährige A lebt in München, ist britischer Staatsangehöriger und stammt aufgrund seines Geburtsdomizils aus Schottland. Er schreibt eigenhändig ein Testament in dem er unter anderem schottisches Recht wählt.

Das nach Ortsrecht formwirksam errichtete Testament enthält auch eine materiell wirksame Rechtswahl, da sich die Testierfähigkeit gemäß Art. 22 Abs. 3 nach dem gewählten Recht richtet[104] und diese in Schottland nach S. 2 (2) Age of Legal Capacity (Scotland) Act 1991 bereits ab einem Alter von zwölf Jahren gegeben ist.

116 **Beispiel:**
Im umgekehrten Fall errichtet der 17-jährige Deutsche B, der seinen gewöhnlichen Aufenthaltsort in Edinburgh hat, ein handschriftliches Testament und wählt deutsches Recht.

Aus Sicht eines mitgliedstaatlichen Gerichts ist das Testament nach Art. 27 Abs. 1 lit. b zwar formwirksam errichtet. Jedoch ist die Rechtswahl unwirksam, da B nach dem gewählten deutschen Recht noch nicht testierfähig war. Mangels wirksamer Rechtswahl kommt damit für das Erbrecht schottisches Recht zur Anwendung (Art. 21 Abs. 1), wonach das Testament selbst (ohne Rechtswahl) wiederum materiell wirksam ist (Art. 24 Abs. 1). Dieses ist also ggf. in die Begriffe schottischen Rechts umzudeuten (Handeln unter falschem Recht).

117 Unsicher zu beurteilen ist die Frage, an welchem Maßstab sich die Frage orientiert, wie die Rechtswahl **konkludent** erfolgt. Nach einer Ansicht ist dies gemäß Art. 22 Abs. 3 als Frage der Auslegung einer Verfügung (entsprechend Art. 26 Abs. 1 lit. d) anhand des gewählten Rechts zu prüfen.[105] Nach anderer Ansicht ist die Antwort auf diese Frage autonom aus der Verordnung selbst zu entwickeln, da die Möglichkeit der konkludenten Rechtswahl bereits in Art. 22 Abs. 2 geregelt ist.[106] Überzeugender erscheint vor dem Hintergrund des Erwägungsgrunds 39 S. 2, der Beispiele für eine konkludente Rechtswahl nennt, die zweite Ansicht. Für diese Ansicht spricht auch die Übergangsregelung des Art. 83 Abs. 4, der eigenständig eine konkludente Rechtswahl fingiert, ohne auf das Erfordernis eines bestimmten Erklärungsinhalts nach nationalem Recht abzustellen.

118 Die Frage, ob die Rechtswahl in einem Erbvertrag mit **Bindungswirkung** erfolgen kann, bemisst sich dagegen über Art. 22 Abs. 3 nach dem gewählten Recht (→ Rn. 250).

119 **b) Erklärungsinhalt.** Die Rechtswahl muss **ausdrücklich** erfolgen **oder** kann sich **konkludent** aus dem Inhalt sonstiger Verfügen von Todes wegen ergeben (Art. 22 Abs. 2). Da die Unterschiede zwischen einer ausdrücklichen Verfügung zu einer konkludenten fließend sein können, sind an den Wortlaut einer ausdrücklichen Rechtswahl keine besonderen Anforderungen zu stellen, sofern aus diesem selbst zum Ausdruck kommt, dass der Erblasser ein bestimmtes Recht zur Anwendung bringen will. Dies ist sowohl dann der Fall, wenn der Erblasser sein „Staatsangehörigkeits-" oder „Heimatrecht" wählt (zB „Ich möchte nach meinem Heimatrecht beerbt werden"), sofern dies nicht ausnahmswei-

[103] Behandelt das gewählte Recht die Rechtswahl nicht als Verfügung von Todes wegen, wird man aufgrund der Einordnung der Rechtswahl in der EuErbVO als Verfügung von Todes wegen die entsprechenden nationalen Regelungen zumindest analog anwenden; vgl. *Döbereiner* DNotZ 2014, 323 (325).

[104] Zur Unteranknüpfung innerhalb des Vereinigten Königreichs als Mehrrechtsstaat → Rn. 135 ff.

[105] Vgl. NK-NachfolgeR/*Köhler* EuErbVO Art. 22 Rn. 10; *Dörner* ZEV 2012, 505 (511); *Leitzen* ZEV 2013, 128 (129); *Schaub* Hereditare 2013, 91 (115).

[106] Vgl. MüKoBGB/*Dutta* EuErbVO Art. 22 Rn. 16; Palandt/*Thorn* EuErbVO Art. 22 Rn. 6; BeckOGK/*J. Schmidt* EuErbVO Art. 22 Rn. 21; Dutta/Herrler/*Solomon* S. 40 (Rn. 56); *Nordmeier* GPR 2013, 148 (151 f., 153); Süß/*Süß*, ErbR in Europa, § 2 Rn. 89 (Fn. 76); *Cach/Weber* ZfRV 2013, 263 (265).

se bei Mehrstaatern zu unbestimmt wäre, als auch wenn er eine konkrete Rechtsordnung benennt (zB „Ich wähle hiermit deutsches Recht"; „ich wünsche, dass für dieses Testament französisches Recht gilt"). Im letzteren Fall muss sich der Erblasser noch nicht einmal bewusst sein, dass die Rechtswahl die entsprechende Staatsangehörigkeit voraussetzt, sofern er diese nur zu einem der beiden maßgeblichen Zeitpunkte tatsächlich besitzt.

Neben solchen ausdrücklichen Hinweisen auf ein bestimmtes Recht, kann sich die Rechtswahl auch „aus den Bestimmungen einer solchen Verfügung" ergeben (Art. 22 Abs. 2). Dabei können sich im Einzelfall Unsicherheiten ergeben, welche Anforderungen von der Verordnung an eine solche konkludente Rechtswahl gestellt werden. Allerdings kann man davon ausgehen, dass die EuErbVO relativ „großzügig" eine Rechtswahl unterstützt, wenn der Erblasser die Geltung einer bestimmten Rechtsordnung wollte, sich dazu aber nicht ausdrücklich geäußert hat. Denn im Gegensatz zu Art. 3 Rom I-VO und Art. 14 Abs. 1 Rom II-VO ist es nicht erforderlich, dass sich die Rechtswahl „eindeutig" bzw. „mit hinreichender Sicherheit aus den Umständen des Falles" ergibt. Und gemäß Erwägungsgrund 39 S. 2 kann es für eine Rechtswahl schon ausreichen, wenn „der Erblasser in seiner Verfügung Bezug auf spezifische Bestimmungen des Rechts des Staates, dem er angehört, genommen hat oder das Recht dieses Staates in anderer Weise erwähnt hat". Damit ist davon auszugehen, dass an das Vorliegen und die Ausdrucksform eines **Rechtswahlwillens** ggf. nur geringe Anforderungen gestellt werden.[107] 120

Andererseits wird man immer fordern müssen, dass der Erblasser die Anwendung einer spezifischen Rechtsordnung „vor Augen hatte". Eine Lückenfüllung in Form einer Art **ergänzenden Auslegung** auch in dem Fall, dass der Erblasser sich über die Anwendung des Rechts gar keine Gedanken gemacht hat, wird nach der Verordnung nicht ausreichen.[108] Dies ergibt sich schon aus dem Umkehrschluss zu Art. 83 Abs. 4, der als Übergangsbestimmung für eine fiktive Rechtswahl ausreichen lässt, dass der Erblasser seine Verfügung „nach einem bestimmten Recht" – also möglicherweise ohne weitergehenden Rechtswahlwillen – errichtet hat.[109] 121

Im Sinne eines „favor testamenti" wird man damit eine konkludente Rechtswahl vor allem annehmen, wenn die Verfügung von Todes wegen inhaltlich nur unter Zugrundelegung ihrer Heimatrechtsordnung die gewünschten Wirkungen entfalten kann.[110] Entsprechend den in Erwägungsgrund 39 bezeichneten Fällen kann ferner Indiz für eine entsprechende Rechtswahl sein, dass das Testament Gesetzeszitate aus der Heimatrechtsordnung oder rechtliche Spezialbegriffe aus einer Rechtsordnung, wie zB eine bestimmte Art der Testamentsvollstreckung oder eine typische Vor- und Nacherbfolge verwendet. Allein die Verwendung der heimatlichen Sprache wird man dagegen jedoch idR nicht als allein ausreichendes Indiz für einen entsprechenden Rechtswahlwillen ausreichen lassen, wenn es sich inhaltlich um Verfügungen handelt, die mit vergleichbarem Inhalt praktisch in allen betroffenen Rechtsordnungen bekannt sind (wie zB eine allgemeine Erbeinsetzung oder ein Vermächtnis).[111] 122

Lehnt der Testator die Anwendung des Aufenthaltsrechts ausdrücklich ab (sog negative Rechtswahl), kann darin möglicherweise eine konkludente Wahl des Staatsangehörigkeitsrechts gesehen werden. Voraussetzung dafür ist jedoch, dass die Wahl ausreichend be- 123

[107] Vgl. *Dutta* FamRZ 2013, 4 (8); Palandt/*Thorn* EuErbVO Art. 22 Rn. 6.
[108] Vgl. *Volmer* Rpfleger 2013, 421 (424); *Cach/Weber* ZfRV 2013, 263 (265); missverständlich dagegen Süß/*Süß*, ErbR in Europa, § 2 Rn. 89, der eine weiterreichende „ergänzende Testamentsauslegung" eröffnet sieht.
[109] Vgl. *Keim*, Rechtswahl nach der Europäischen Erbrechtsverordnung, S. 67, 70.
[110] Vgl. Süß/*Süß*, ErbR in Europa, § 2 Rn. 89; BeckOGK/*J. Schmidt* EuErbVO Art. 22 Rn. 26; *Nordmeier* ZEV 2012, 513 (519) zählt zu diese Kategorie auch die Verwendung eines gemeinschaftlichen Testaments von Deutschen im Ausland, wenn dieses dem ausländischen Recht nicht bekannt ist.
[111] Vgl. *Odersky* notar 2013, 3 (5); *Keim*, Rechtswahl nach der Europäischen Erbrechtsverordnung, S. 67, 70; *Müller-Lukoschek* § 2 Rn. 163; krit. gegenüber einem Abstellen auf bloße sprachliche Begriffe auch Dutta/Herrler/*Solomon* S. 41 (Rn. 58).

stimmt ist. Fehlt es daran, zB weil der Erblasser zwei Staatsangehörigkeiten besitzt, bleibt es bei der Anwendung des Art. 21 Abs. 1 auch gegen den Willen des Erblassers.[112]

124 In der juristischen Beratung sollte es selbstverständlich sein, die Rechtswahl ausdrücklich und eindeutig vorzusehen, wenn diese tatsächlich gewünscht wird. Allerdings wird es keine Pflicht geben, diese für jedes Testament vorsorglich vorzuschlagen, wenn der Testator seinen gewöhnlichen Aufenthalt in dem Land hat, dessen Staatsangehörigkeit er besitzt, und keine konkreten Anhaltspunkte für einen (künftigen) internationalen Bezug vorliegen.[113]

125 **Formulierungsbeispiel: Rechtswahl (Deutscher mit gewöhnlichem Aufenthalt im Ausland)**

Ich bin deutscher Staatsangehöriger und habe meinen gewöhnlichen Aufenthalt in ***. Ich wähle jedoch hiermit für die Rechtsnachfolge von Todes wegen in mein gesamtes Vermögen sowie für Fragen der Rechtswirksamkeit dieses Testaments das deutsche Recht als mein Staatsangehörigkeitsrecht.

Der Notar hat mich insbesondere darauf hingewiesen, dass
- die Rechtswahl nicht nur für das heutige Testament sondern für alle Aspekte der Rechtsnachfolge von Todes wegen (wie zB auch für Pflichtteilsrechte) gilt;
- ohne Rechtswahl das Erbrecht des gewöhnlichen Aufenthaltsorts zur Anwendung kommen würde. Der Notar muss ausländisches Recht nicht kennen und hat darüber als Alternative zu meinen heutigen Verfügungen auch nicht im Einzelnen beraten.

126 **Formulierungsbeispiel: Vorsorgliche Rechtswahl**

Ich bin ausschließlich deutsche/r Staatsangehörige/r und habe meinen gewöhnlichen Aufenthalt in Deutschland. Vorsorglich wähle ich für die Rechtsnachfolge von Todes wegen in mein gesamtes Vermögen sowie für Fragen der Rechtswirksamkeit dieses Testaments das deutsche Recht.

127 Lebt der Testator nicht in seinem Heimatland, will aber keine Rechtswahl treffen, da für seine Ziele das Recht am gewöhnlichen Aufenthaltsort geeigneter erscheint, kann eine entsprechende Klarstellung im Testament sinnvoll sein. Dadurch scheidet die Prüfung einer konkludenten Rechtswahl von vornherein aus.[114]

128 **Formulierungsbeispiel: Keine Rechtswahl**

Ich bin ausschließlich *** Staatsangehöriger, habe aber meinen gewöhnlichen Aufenthalt in Deutschland, den ich auch bis zu meinem Tod beibehalten will. *(Ggf.: Ergänzende Darstellung der Tatsachen, woraus sich der gewöhnliche Aufenthalt ergibt, wenn dies zweifelhaft sein kann).* Eine Wahl meines derzeitigen Staatsangehörigkeitsrechts wünsche ich ausdrücklich nicht, so dass das heutige Testament auf dem deutschen Recht beruht.

---

[112] Vgl. *Cach/Weber* ZfRV 2013, 263 (266).

[113] Vgl. Nieder/*Kössinger*, Handbuch der Testamentsgestaltung, 5. Aufl., § 5 Rn. 31; WürzNotar-HdB/*Hertel* Teil 7 Kap. 3 Rn. 81; *Odersky* notar 2013, 3 (7); In einem notariellen Testament ist zudem zu beachten, dass leider auch die rein vorsorgliche Rechtswahl gemäß § 104 Abs. 2 GNotKG den Geschäftswert der Verfügung um 30 % erhöht.

[114] Vgl. *Odersky* notar 2013, 3 (8); *Müller-Lukoschek* § 2 Rn. 164. Davon zu unterscheiden ist der Fall, dass der Testator in seinem Heimatland lebt, aber – zB aus Kostengründen – keine ausdrückliche Rechtswahl wünscht: In diesem Fall sollte kein (haftungsrechtlicher) Hinweis auf die unterbliebene Rechtswahl aufgenommen werden, damit die Verfügungen später möglicherweise noch als konkludente Rechtswahl ausgelegt werden können, wenn der Testator entgegen seinen ursprünglichen Vorstellungen doch noch in ein anderes Land zieht; vgl. Nieder/*Kössinger*, Handbuch der Testamentsgestaltung, 5. Aufl., § 5 Rn. 31.

Der Notar hat mich darauf hingewiesen, dass
- nach der Europäischen Erbrechtsverordnung zwar einheitlich deutsches Recht zur Anwendung kommt, wenn mein gewöhnlicher Aufenthaltsort zum Todeszeitpunkt unverändert in Deutschland liegt, aber wesentliche Ziele des Testaments verfehlt werden können, wenn ich diesen ins Ausland verlege;
- der Notar ausländisches Recht nicht kennen muss und darüber auch nicht beraten hat, insbesondere auch nicht als inhaltliche Alternative zum deutschen Recht.

**c) Bedingte und dynamische Rechtswahl.** Die Rechtswahl kann auch **befristet oder bedingt** angeordnet werden.[115] Auch wenn dies in der Verordnung nicht ausdrücklich erwähnt ist, ergibt sich dies aus der Regelung, dass eine Rechtswahl nach Art. 22 Abs. 4 grundsätzlich widerruflich und änderbar ist, und dass Art. 22 Abs. 1 mit der zulässigen Wahl der künftigen Staatsangehörigkeit selbst den Fall einer Bedingung normiert. Die Verwendung einer Bedingung kann beispielsweise sinnvoll sein, wenn unterschiedliche Rechte bei verschiedenen denkbaren Verwandtenkonstellationen im Todesfall gelten sollen (zB abhängig von der Frage, ob im Todesfall Abkömmlinge vorhanden sind). Nach hM muss jedoch auf den Zeitpunkt des Todesfalls eindeutig bestimmbar sein, ob die Bedingung eingetreten ist, da sich das anwendbare Erbrecht später nicht mehr ändern kann.[116] 129

Beispiel:[117] 130
Zwei kinderlose deutsche Ehegatten leben in Frankreich. Für den ersten Todesfall erachten sie die Anwendung des französischen Aufenthaltsrechts für sinnvoll, weil sie sich dann gegenseitig zu Erben einsetzen können, ohne Pflichtteilsrechte der Eltern fürchten zu müssen. Für den zweiten Todesfall bevorzugen sie jedoch das deutsche Staatsangehörigkeitsrecht, weil sie zwar die beidseitigen Eltern zu Erben einsetzen, aber zugleich eine umfassende Testamentsvollstreckung anordnen wollen. Mit der Bedingung, dass die Rechtswahl zum deutschen Recht nur eintritt, wenn der andere Ehegatte vorverstorben ist, können diese Vorstellungen umgesetzt werden.

Im Gegensatz zur bedingten Wahl des Staatsangehörigkeitsrechts wird in der Literatur häufig die Forderung aufgestellt, dass sich die Rechtswahl auf eine konkrete Rechtsordnung beziehen muss. Eine sog „abstrakte" bzw. „dynamische Wahl" in der Weise, dass der Erblasser pauschal auf das Recht verweist, dessen Staatsangehörigkeit er im Todesfall besitzen wird, sei dagegen unwirksam.[118] Auch wenn eine solche **abstrakte Wahl** nur in seltensten Fällen sinnvoll sein wird, ist aber kein zwingender Grund ersichtlich, dieser pauschal die Wirksamkeit abzuerkennen. Denn wenn die Verordnung konkludente und bedingte Rechtswahlen zulässt, kann ein entsprechender Wille auch auf eine abstrakte Bezeichnung gerichtet sein. Entscheidend ist nur, dass sich durch diese Ausdrucksform im Todesfall eindeutig bestimmen lässt, welches Recht zur Anwendung kommen soll. Nur wenn dies nicht eindeutig feststellbar ist, zB weil der Erblasser zwei Staatsangehörigkeiten besitzt, ist die Rechtswahl nichtig.[119] 131

---

[115] Vgl. *Ludwig* DNotZ 2014, 12; BeckOGK/*J. Schmidt* EuErbVO Art. 22 Rn. 5; MüKoBGB/*Dutta* EuErbVO Art. 22 Rn. 12; *Döbereiner* DNotZ 2014, 323 (324); *Leitzen* ZEV 2013, 128 (129); *Heinig* RNotZ 2014, 197 (202).

[116] Vgl. *Ludwig* DNotZ 2014, 12 (15); BeckOGK/*J. Schmidt* EuErbVO Art. 22 Rn. 5.2; *Heinig* RNotZ 2014, 197 (202); aA MüKoBGB/*Dutta* EuErbVO Art. 22 Rn. 12 mit dem Verweis auf die Möglichkeit eines späteren Bedingungseintritts im materiellen Erbrecht, wobei unklar bleibt, wie die Folgen eines Wechsels des anwendbaren Erbrechts geregelt wären.

[117] Beispiel nach *Ludwig* DNotZ 2014, 12f.

[118] Vgl. Palandt/*Thorn* EuErbVO Art. 22 Rn. 3; *Dörner* ZEV 2012, 505 (511); *Janzen* DNotZ 2012, 484 (486); *Leitzen* ZEV 2013, 128; *Döbereiner* MittBayNot 2013, 358 (363); *Müller-Lukoschek* § 2 Rn. 155.

[119] Für die Zulässigkeit einer abstrakten Wahl zB MüKoBGB/*Dutta* EuErbVO Art. 22 Rn. 11; BeckOGK/*J. Schmidt* EuErbVO Art. 22 Rn. 19; NK-NachfolgeR/*Köhler* EuErbVO Art. 22 Rn. 5; Dutta/Herrler/*So-*

### 3. Rechtswahl bei Mehrrechtsstaaten

132 Verfügt der Heimatstaat, dessen Recht der Erblasser nach Art. 22 wählen kann, über kein einheitliches Rechtssystem, sondern über lokal oder personal gespaltene Rechtsordnungen, muss in gleicher Weise wie bei der objektiven Bestimmung des Erbstatuts die Unteranknüpfung an die maßgebliche Teilrechtsordnung gemäß Art. 36, 37 erfolgen (→ Rn. 88 ff.).

133 Auch bei einer Rechtswahl sind damit vorrangig die Bestimmungen des interlokalen oder interpersonalen Kollisionsrechts des Heimatstaates zu beachten (Art. 36 Abs. 1 bzw. Art. 37 S. 1), so dass der Erblasser nicht unmittelbar eine Teilrechtsordnung wählen kann, sofern ihm dies nicht ausnahmsweise durch das Kollisionsrecht des nach Art. 22, 36 Abs. 1 berufenen Staates erlaubt wird.[120]

134 Verfügt der Heimatrechtsstaat über kein entsprechendes interlokales Recht, muss die Ermittlung des anwendbaren Erbrechts autonom durch die EuErbVO erfolgen, wobei die Bezugnahme auf die „Staatsangehörigkeit" durch Art. 36 Abs. 2 lit. b bzw. Art. 37 S. 2 zu der Teilrechtsordnung führt, zu der der Erblasser die **„engste Verbindung"** hat. Bei einem Vergleich von Art. 36 Abs. 2 lit. b mit Art. 14 lit. c Rom III-VO fällt auf, dass die Rom III-VO bei der Anknüpfung an die Staatsangehörigkeit eine entsprechende Wahl durch die beteiligten Personen ermöglicht. Diese Regelung wurde jedoch nicht in die EuErbVO übernommen, so dass sich der Umkehrschluss ergibt, dass der Erblasser den Begriff der „engsten Verbindung" nicht subjektiv bestimmen kann, also die „Wahl" seines eigentlichen Heimatrechts nicht möglich ist.[121] Diese einschränkende Regelung entspricht auch der Intention der Verordnung, die Rechtswahlmöglichkeiten des Art. 22 restriktiv zu handhaben, um gesetzliche Pflichtteils- und Noterbrechte nicht übermäßig individuell beeinflussen zu lassen.

135 Der Erblasser kann damit rechtlich also immer nur das **Recht des Gesamtstaates wählen,** wobei die **Unteranknüpfung** nach Art. 36 Abs. 2 lit. b bzw. Art. 37 S. 2 im Wege der **engsten Verbundenheit** vornehmlich aus objektiven Merkmalen abzuleiten ist. Dabei wird man regelmäßig eine Gesamtbetrachtung aller Umstände verlangen, aus der sich ein bestimmter regionaler Bezug des Erblassers ergibt.[122] Häufig werden sich diese Merkmale (wie zB Geburtsort, Wohnort als Kind und während der Ausbildung, Wohnort von Familienangehörigen, letzter gewöhnlicher Aufenthaltsort, Belegenheit von Vermögenswerten) auf eine Region beschränken, zB wenn ein früherer Gastarbeiter von seinem Heimatort nach Deutschland kam, wo er dauerhaft wohnen blieb. Im Extremfall kann die enge Verbindung auch nur aus einem einzigen Merkmal bestehen (zB der Herkunft von Vorfahren), wenn der Erblasser eigentlich gar keine näheren Verbindungen zu dem Land seiner Staatsangehörigkeit hat, ihm aber deswegen natürlich nicht die Wahl seines Staatsangehörigkeitsrechts nach Art. 22 versagt werden kann. In anderen Fällen kann diese Regelung aber auch dazu führen, dass das eindeutige Anknüpfungsmerkmal der Staatsangehörigkeit in Art. 22 durch eine extrem vage Unteranknüpfung verwässert

---

*lomon* S. 38 (Rn. 50); *Nordmeier* GPR 2013, 148 (151); *Volmer* Rpfleger 2013, 421 (423), *Frank/Döbereiner* Nachlassfälle Rn. 182 f.

[120] Will ein spanischer Staatsangehöriger sein Heimatrecht wählen, erfolgt damit die Zuordnung zum maßgeblichen Foralrecht oder gemeinspanischem Recht zwingend – wie bei der objektiven Anknüpfung des Art. 21 Abs. 1 – nach seiner bürgerlich-rechtlichen Gebietszugehörigkeit (*vecindad cicil*) im Zeitpunkt seines Todes (→ Rn. 93). Die direkte Wahl einer bestimmten Rechtsordnung ist ihm nicht möglich; vgl. *Steinmetz/Löber/Alcázar* ZEV 2013, 535 (537); Süß/*Steinmetz/Huzel/Garcia Alcázar*, ErbR in Europa, Länderbericht Spanien Rn. 65 ff.

[121] Vgl. MüKoBGB/*Dutta* EuErbVO Art. 36 Rn. 8 f.; Dutta/Herrler/*Solomon* S. 39 (Rn. 54 f.); NK-NachfolgeR/*Köhler* EuErbVO Art. 22 Rn. 3; *Nordmeier* GPR 2013, 148 (151); *Heinig* RNotZ 2014, 197 (204); *Frank/Döbereiner* Nachlassfälle Rn. 174, 177; aA (unmittelbare Wahl der Teilrechtsordnung) BeckOGK/*J. Schmidt* EuErbVO Art. 22 Rn. 10 und Art. 36 Rn. 17; evtl. auch Palandt/*Thorn* EuErbVO Art. 22 Rn. 3; zumindest missverständlich *Janzen* DNotZ 2012, 484 (486).

[122] Vgl. MüKoBGB/*Dutta* EuErbVO Art. 36 Rn. 8.

wird.[123] Aber auch wenn dies für den Rechtsanwender zu erheblichen Unsicherheiten führt, kann dies keine unmittelbare Wahl der Teilrechtsordnung entgegen dem Wortlaut der EuErbVO rechtfertigen. Allerdings sollte man zumindest in solch zweifelhaften Fällen einer subjektiven „Wahl" des Erblassers eine starke Indizwirkung beilegen, solange der Erblasser nicht eindeutig eine Teilrechtsordnung auswählt, zu der er nicht eine enge Verbundenheit hat.[124]

**Beispiel:** 136
Ein an der TU München lehrender und mit einer deutschen Ehefrau verheirateter Professor ist US-amerikanischer Staatangehöriger. Er stammt aus Kalifornien, wo seine Eltern und seine Schwester noch leben, die er regelmäßig besucht. Er hat zunächst in Berkeley und anschließend in Harvard studiert, wo er nach seinem Studium zehn Jahren an der Universität gearbeitet hat; dort lebt auch seine nichteheliche Tochter. Anschließend lebte er acht Jahre in New York, wo er noch eine Eigentumswohnung besitzt, in der er sich mehrmals im Jahr zu beruflichen Zwecken aufhält. Er möchte nun ein Testament errichten, in dem er in jedem Fall sein „Heimatrecht" wählen will, um Pflichtteilsrechte seiner Tochter nach deutschem Recht möglichst zu vermeiden.

Der Erblasser kann rechtlich nur US-amerikanisches Recht wählen. Die Bestimmung der anwendbaren Rechtsordnung innerhalb der USA hat dagegen über Art. 36 Abs. 2 lit. b nach der engsten Verbindung des Erblassers zu einem der genannten Staaten zu erfolgen. Nach objektiven Kriterien kämen dafür wohl sowohl Kalifornien als „Familienheimat" als auch New York als letzter gewöhnlicher Aufenthaltsort in den USA sowie als Ort, an dem Vermögen des Erblassers belegen ist, in Betracht. Wenn man bei Bestimmung der engsten Verbindung auch subjektive Wertungen des Erblassers einen gewissen Stellenwert einräumt, könnte der Erblasser ggf. einem dieser beiden Rechte durch seine Wertung im Testament einen Vorrang verschaffen. Unzulässig wäre dagegen aber wohl die „Wahl" des Rechts von Massachusetts, da der Erblasser zwar lange in Harvard lebte, aber nun dazu keine vergleichbar enge Verbindung wie zu den beiden anderen Orten mehr hat, zumal er die dort lebende Tochter enterben will.

Unsicher beurteilt werden könnte auch die Frage, auf welchen Zeitpunkt bei der Unteranknüpfung abzustellen ist. Im Regelfall wird dies der Zeitpunkt des Todes des Erblassers sein. Wenn aber die EuErbVO nach Art. 22 Abs. 1 erlaubt, das Recht seiner Staatsangehörigkeit zum Zeitpunkt der Rechtswahl zu wählen, erscheint es gerechtfertigt, dass man auch bezüglich der Unteranknüpfung auf die engste Verbindung zu diesem Zeitpunkt abstellt, da sich sonst das anwendbare Erbrecht nach der Rechtswahl ohne Wissen des Erblassers ändern könnte.[125] Im obigen Fall könnte sich beispielsweise die enge Verbindung nach Kalifornien im Lauf der Zeit abschwächen, wenn die Eltern des Erblassers versterben. An der Maßgeblichkeit des kalifornischen Rechts sollte sich deswegen aber ebenso wenig ändern, wie wenn der Erblasser nach der Errichtung des Testaments seine Staatsangehörigkeit gewechselt hätte. 137

Die von der eigentlichen Rechtswahl unabhängige Unteranknüpfung wird regelmäßig auch zur **Auslegungsbedürftigkeit** von letztwilligen Verfügungen führen, wenn der Erblasser nicht entsprechend der EuErbVO das gesamtstaatliche Recht gewählt hat, sondern unmittelbar eine Teilrechtsordnung: 138

– Im Ergebnis unproblematisch wird es sein, wenn er dabei die Teilrechtsordnung angegeben hat, zu der auch objektiv die engste Verbindung iSd Art. 36 Abs. 2 lit. b bzw. Art. 37 S. 2 besteht. Diese Wahl wird man regelmäßig als wirksame Wahl des gesamt-

[123] Kritisch dazu MüKoBGB/*Dutta* EuErbVO Art. 36 Rn. 9.
[124] Vgl. Dutta/Herrler/*Solomon* S. 40 (Rn. 55); MüKoBGB/*Dutta* EuErbVO Art. 36 Rn. 9; *Heinig* RNotZ 2014, 197 (204).
[125] Vgl. MüKoBGB/*Dutta* EuErbVO Art. 36 Rn. 9; BeckOGK/*J. Schmidt* EuErbVO Art. 36 Rn. 18; aA evtl. *Frank/Döbereiner* Nachlassfälle Rn. 176.

staatlichen Rechts auslegen, mit der Folge, dass die autonome Unteranknüpfung dann zum eigentlich gewünschten Recht führt. Ist die Ermittlung der engsten Verbindung zweifelhaft, sollte dieser „Wahl", wie oben ausgeführt, auch eine gewisse Indizwirkung zukommen.[126]

– Auslegungsbedürftig ist aber auch die Wahl einer Teilrechtsordnung, bei der sich letztlich herausstellt, dass der Erblasser zu dieser nicht die engste Verbindung hatte. Dies kann dazu führen, dass die Rechtswahl im Einzelfall ins Leere geht und unwirksam ist, so dass es letztlich zur objektiven Anknüpfung nach Art. 21 Abs. 1 kommt. Allerdings müssen meines Erachtens auch in diesem Fall die mit der Wahl verfolgten Zwecke des Erblassers berücksichtigt werden, so dass es durchaus vertretbar sein kann, auch eine solche fehlgeschlagene Wahl als wirksame Wahl des Staatsangehörigkeitsrechts auszulegen und sodann auf das Testament die nach Art. 36, 37 tatsächlich geltende Teilrechtsordnung anzuwenden.[127] Hätte beispielsweise der Erblasser im obigen Fallbeispiel das Recht von Massachusetts „gewählt", würden seine Regelungsziele sicherlich besser durch das Recht von Kalifornien oder New York verwirklicht als durch das deutsche Aufenthaltsrecht. Die Zulässigkeit einer solchen Auslegung, ergibt sich auch aus der Möglichkeit einer „negativen Rechtswahl", mit der der Erblasser vorrangig die Anwendung des Aufenthaltsrechts ausschließt (→ Rn. 123).[128]

139 Stammt der Erblasser aus einem Mehrrechtsstaat, sollte in der Beratungspraxis darauf geachtet werden, zwar rechtlich zutreffend das gesamtstaatliche Recht zu wählen, zugleich aber im Testament Hinweise darauf zu geben, zu welcher Teilrechtsordnung der Erblasser seine engste Verbindung sieht.

140 **Formulierungsbeispiel: Rechtswahl (Ausländer mit gewöhnlichem Aufenthalt in Deutschland)**

Ich habe meinen gewöhnlichen Aufenthalt in München, bin aber ausschließlich Staatsangehöriger der USA. Ich wähle hiermit für die Rechtsnachfolge von Todes wegen in mein gesamtes Vermögen mein Staatsangehörigkeitsrecht. Dabei gehe ich davon aus, dass meine engste Verbindung zu den Staaten innerhalb der USA nach Kalifornien besteht, weil ich dort *** *(Gründe für engste Verbindung angeben).* Soweit ich dies bestimmen kann, wünsche ich die Anwendung kalifornischen Rechts.

Der Notar hat mich insbesondere darauf hingewiesen, dass
- die Rechtswahl nicht nur für das heutige Testament sondern für alle Aspekte der Rechtsnachfolge von Todes wegen (wie zB auch für Pflichtteilsrechte) gilt;
- ohne Rechtswahl das Erbrecht des gewöhnlichen Aufenthaltsorts zur Anwendung kommen würde;
- er nicht beurteilen kann, ob die Rechtswahl von ausländischen Rechtsordnungen anerkannt wird, und ob das Testament im Ausland ganz oder teilweise als nicht wirksam oder nicht durchführbar angesehen wird;
- der Notar ausländisches Recht nicht kennen muss und darüber auch nicht beraten hat, insbesondere auch nicht als inhaltliche Alternative zum deutschen Recht. Ich verzichte hierauf und wünsche in Kenntnis der damit verbundenen Risiken die heutige Beurkundung. Der Notar wird von jeglicher Haftung, die sich aus der Anwendbarkeit ausländischen Rechts ergeben könnte, entbunden.

[126] Vgl. Dutta/Herrler/*Solomon* S. 40 (Rn. 55).

[127] Vgl. *Frank/Leithold* ZEV 2014, 462 (476); krit. für diesen Fall jedoch Dutta/Herrler/*Solomon* S. 40 (Rn. 55); evtl. auch Palandt/*Thorn* EuErbVO Art. 22 Rn. 3.

[128] Großzügig, aber zweifelnd auch MüKoBGB/*Dutta* EuErbVO Art. 22 Rn. 11.

#### 4. Anwendung bei Staatenlosen und Flüchtlingen

Sehr unsicher ist im Zusammenhang mit der Rechtswahlmöglichkeit des Art. 22 die Frage zu beantworten, wie Personen, die keine Staatsangehörigkeit besitzen, zu behandeln sind. Nach dem Wortlaut der Verordnung könnten diese keine Rechtswahl treffen, so dass für die Erbfolge ausschließlich das Recht des letzten gewöhnlichen Aufenthaltsorts zur Anwendung käme. Von der herrschenden Meinung in der Literatur wird jedoch gefordert, dass auch Staatenlosen die Möglichkeit eröffnet werden müsse, das anwendbare Erbrecht dauerhaft unveränderlich zu bestimmen. Im Hinblick auf die Regelung des Art. 12 Abs. 1 New Yorker Übereinkommen über die Rechtsstellung der Staatenlosen vom 28.9.1954[129], nach dem sich das Personalstatut von Staatenlosen nach dem Recht am jeweiligen Wohnsitz bestimmt, könne daher das Recht am jeweiligen Wohnsitz bzw. gewöhnlichen Aufenthaltsort zum Zeitpunkt der Errichtung der letztwilligen Verfügung gewählt werden.[130] 141

Ob diese Ansicht für die Gestaltungspraxis wirklich verlässlich ist, muss jedoch bezweifelt werden. Denn die EuErbVO stellt sich bewusst gegen eine dauerhafte Wahl des jeweiligen Wohnsitz- oder gewöhnlichen Aufenthaltsrechts und inhaltlich betrifft das New Yorker Übereinkommen nicht das Erbrecht, so dass eine unmittelbare Anwendung über Art. 75 Abs. 1 iRd Art. 22 keineswegs geboten erscheint. Außerdem ist hauptsächlicher Zweck des Art. 22 nicht die Verstetigung des anwendbaren Erbrechts, sondern die Nähebeziehung des Erblassers zu seinem Heimatstaat zu schützen.[131] 142

Eine entsprechende Diskussion ergibt sich für internationale Flüchtlinge, deren Personalstatut sich gemäß Art. 12 Abs. 1 des Abkommens über die Rechtsstellung der Flüchtlinge vom 28.7.1951 (Genfer Flüchtlingskonvention)[132] ebenfalls nach dem Recht des Wohnsitzlandes, hilfsweise des Aufenthaltslandes bestimmt. Entsprechend der Situation bei Staatenlosen geht daher auch bei diesen die hM davon aus, dass diese das Recht am jeweiligen Wohnsitzort dauerhaft wählen dürfen. Umgekehrt könnte sich die Frage stellen, ob Flüchtlinge aufgrund des in Art. 12 der Genfer Flüchtlingskonvention vorgesehenen geänderten Personalstatuts daran gehindert sind, ihr noch existierendes Staatsangehörigkeitsrecht zu wählen. Für eine solche Einschränkung der Rechtswahlmöglichkeit besteht jedoch kein Anlass, da die Genfer Flüchtlingskonvention nur davor schützen will, dass der Flüchtling zwingend gemäß seinem Heimatrecht, von dem er sich durch Flucht losgesagt hat, behandelt wird. Wählt der Erblasser dieses jedoch freiwillig selbst für sein Erbrecht, gibt es keinen Grund ihm dies zu untersagen.[133] 143

### III. Rechtswahl aufgrund der Übergangsbestimmungen in Art. 83 EuErbVO

Wurde eine **Verfügung von Todes wegen vor dem 17.8.2015** errichtet, ist zu prüfen, ob sich aus deren Inhalt eine – von den Voraussetzungen des Art. 22 unabhängige[134] – Rechtswahl ergibt, die aufgrund der Übergangsbestimmungen des Art. 83 weiterhin Bestand hat. 144

---

[129] BGBl. 1976 II 474.

[130] Vgl. MüKoBGB/*Dutta* EuErbVO Art. 22 Rn. 5; Dutta/Herrler/*Solomon* S. 39 (Rn. 53); Palandt/*Thorn* EuErbVO Art. 22 Rn. 4; NK-NachfolgeR/*Köhler* EuErbVO Art. 22 Rn. 6; PWW/*Martiny* EGBGB Anh. I Art. 26 Rn. 42; *Nordmeier* GPR 2013, 148f.; *Döbereiner* MittBayNot 2013, 358 (362f.).

[131] Vgl. Süß/*Süß*, ErbR in Europa, § 2 Rn. 85; abl. auch *Leitzen* ZEV 2013, 128; Hager/*Geimer* S. 9, 18; *Schaub* Hereditare 2013, 91 (115); zweifelnd auch Dutta/Weber/*Bauer* Art. 22 Rn. 9.

[132] BGBl. 1953 II 559.

[133] Vgl. NK-NachfolgeR/*Köhler* EuErbVO Art. 22 Rn. 6; Süß/*Süß*, ErbR in Europa, § 2 Rn. 86; aA wohl Palandt/*Thorn* EuErbVO Art. 22 Rn. 4.

[134] Sofern alle Voraussetzungen des Art. 22 erfüllt sind, stellt Art. 83 Abs. 2 Alt. 1 klar, dass die Rechtswahl gültig ist, auch wenn das Testament bereits vor dem Geltungsbeginn der EuErbVO am 17.8.2015 errichtet wurde. Dies gilt aber auch unabhängig davon, ob die Verfügung von Todes wegen aus der Zeit vor oder erst nach Inkrafttreten der EuErbVO stammt.

### 1. Fiktion des Art. 83 Abs. 4 EuErbVO

145 Eine Vertrauensschutzregelung enthält zunächst Art. 83 Abs. 4: Wurde die ältere Verfügung von Todes „nach dem Recht errichtet, welches der Erblasser gemäß dieser Verordnung hätte wählen können, so gilt dieses Recht als das auf die Rechtsfolge von Todes wegen anzuwendende gewählte Recht." Die EuErbVO stellt damit eine **Fiktion** auf,[135] dass ein Staatsangehörigkeitsrecht des Erblassers iSd Art. 22 als gewählt gilt, wenn der Erblasser bei Errichtung seiner Verfügung „nach diesem Recht" handelte. Diese Fiktion soll ihrem Zweck nach die Erblasser im Vertrauen auf die Wirksamkeit ihrer Verfügung schützen, die aufgrund des bisherigen Rechts keine Veranlassung hatten, an eine Rechtswahl zu denken.[136]

146 Die Übergangsregelung unterscheidet sich von der konkludenten Rechtswahl, für die unmittelbar Art. 22 (iVm Art. 83 Abs. 2 Alt. 1) gilt, nur darin, dass das für eine konkludente Rechtswahl erforderliche Erklärungsbewusstsein (Rechtswahlwillen) als subjektives Kriterium, das sich aus der Verfügung ergeben muss (→Rn. 120), durch das objektive Kriterium ersetzt wird, dass der Erblasser seine Verfügung nach seinem Heimatrecht errichtete. Er muss sich dabei also keine Gedanken über die Frage des anwendbaren Rechts gemacht haben.[137]

147 Allerdings stellt sich, auch wenn man die Übergangsregelung großzügig auslegt,[138] die Frage, was genau unter dem Begriff „nach dem Recht errichtet" (in der englischen Fassung: *„made ... in accordance with the law"*; in der französischen: *„conformément à ..."*) zu verstehen ist. Denn wenn der Erblasser ausdrücklich oder indirekt auf ein bestimmtes Recht Bezug genommen hätte, zB durch die Verwendung bestimmter rechtlicher Spezialbegriffe, läge meistens schon eine konkludente Rechtswahl nach Art. 22 vor. Der Übergangsregelung käme dann allenfalls eine bloße Vermutungswirkung zu. Als ausreichend wird daher in den meisten Fällen angesehen, dass der Erblasser eine wirksame Verfügung von Todes errichtet hat, für deren Inhalt nach dem für ihn geltenden früheren nationalen Kollisionsrecht das Staatsangehörigkeitsrecht gelten würde.[139]

148 **Beispiel:**
Der deutsche Erblasser hatte im Jahr 1995 in seinem Heimatort Köln ein Testament errichtet. Zehn Jahre später zog er dauerhaft nach Mallorca, wo er 2016 verstarb. Im Hinblick darauf, dass für ihn vor Inkrafttreten der EuErbVO – sowohl aus deutscher als auch aus spanischer Sicht – das deutsche Erbrecht als Staatangehörigkeitsrecht galt, ist davon auszugehen, dass das Testament „nach deutschem Recht" errichtet wurde und damit bezüglich der Rechtsnachfolge von Todes wegen eine Rechtswahl gemäß Art. 83 Abs. 3 enthält.

149 Etwas unsicherer bleiben dann im Einzelfall nur die Fälle zu beantworten, bei denen auch eine Prüfung auf Grundlage des früheren Kollisionsrechts zu keinem eindeutigen Ergebnis kommt, zB wenn der Erblasser mehrere gleichwertige Staatsangehörigkeiten besaß, oder wenn er in einem Land lebte, dessen Staatsangehörigkeit er zwar nicht besaß,

---

[135] AllgM, vgl. zB Palandt/*Thorn* EuErbVO Art. 83 Rn. 7; MüKoBGB/*Dutta* EuErbVO Art. 83 Rn. 8; BeckOGK/*J. Schmidt* EuErbVO Art. 83 Rn. 19 mwN; etwas abweichend als Rechtswahlvermutung *Schaal* BWNotZ 2013, 29; *Leitzen* ZEV 2013, 128 (131); *Schoppe* IPrax 2014, 27 (32).

[136] Vgl. Geimer/Schütze/*Lechner* IRV EuErbVO Art. 83 Rn. 13.

[137] Vgl. Geimer/Schütze/*Lechner* IRV EuErbVO Art. 83 Rn. 12; BeckOGK/*J. Schmidt* EuErbVO Art. 83 Rn. 20; Palandt/*Thorn* EuErbVO Art. 83 Rn. 7; *Lehmann* DStR 2012, 2085 (2088); *Heinig* RNotZ 2014, 197 (205); Dutta/Herrler/*Solomon* S. 44 (Rn. 67); NK-NachfolgeR/*Köhler* EuErbVO Art. 83 Rn. 5; aA aber MüKoBGB/*Dutta* EuErbVO Art. 83 Rn. 8, der zumindest eine Rechtsanwendungsbewusstsein des Erblassers fordert; ebenso *Fetsch* RNotZ 2015, 626 (627f.); NK-BGB/*Magnus* EuErbVO Art. 84 Rn. 38; so wohl auch *Frank/Döbereiner* Nachlassfälle Rn. 227.

[138] So ausdrücklich Dutta/Herrler/*Lechner* S. 15 (Rn. 41); Geimer/Schütze/*Lechner* IRV EuErbVO Art. 83 Rn. 12.

[139] Vgl. *Heinig* RNotZ 2014, 197 (205); Dutta/Herrler/*Solomon* S. 44 (Rn. 67); NK-NachfolgeR/*Köhler* EuErbVO Art. 83 Rn. 5; *Nordmeier* GPR 2013, 148 (155); *Döbereiner* MittBayNot 2013, 437 (446); WürzNotar-HdB/*Hertel* Teil 7 Kap. 3 Rn. 40.

das aber kollisionsrechtlich auf den Aufenthaltsort abstellte. In solchen Fällen wird man nach weiteren Indizien innerhalb oder außerhalb der Verfügung suchen müssen, nach welchem Rechtsverständnis der Erblasser testierte. Ein wichtiger Hinweis kann in diesem Fall sicherlich die Sprache sein, auch wenn dabei keine spezifischen Rechtsbegriffe verwendet wurden.

Zu beachten ist jedoch, dass die Fiktion des Art. 83 Abs. 4 nicht zwingend eingreift, 150
wenn erkennbar ist, dass der Erblasser die Anwendung des Staatsangehörigkeitsrechts gerade nicht wünschte, also zB seine Verfügung (schon) erkennbar auf dem Recht des gewöhnlichen Aufenthaltsorts aufbaute.[140] Dies ergibt sich daraus, dass auch die unmittelbare Rechtswahl des Art. 22 jederzeit änder- oder aufhebbar wäre und bedingt und befristet getroffen werden könnte.

Eine Teilrechtswahl kann dagegen nie nach Art. 83 Abs. 4 wirksam werden, da sie 151
nicht den grundsätzlichen Voraussetzungen des Art. 22 entspricht. Allerdings kann eine solche im Einzelfall Indiz dafür sein, dass das der Teilrechtswahl entsprechende Staatsangehörigkeitsrecht insgesamt gewollt war, zB wenn ein im Ausland lebender Deutscher vorsorglich eine Rechtswahl zum deutschen Recht nach Art. 25 Abs. 2 EGBGB formulierte.[141] Umgekehrt kann eine vom Staatsangehörigkeitsrecht abweichende Teilrechtswahl (wenn zB ein in Deutschland lebender Ausländer für seine deutsche Immobilie das deutsche Recht nach Art. 25 Abs. 2 EGBGB) gewählt hat, auch ein Hinweis dafür sein, dass er gerade keine fingierte Rechtswahl zu seinem Heimatrecht wünschte.

Greift die Fiktion des Art. 83 Abs. 4 ein, „gilt" das Heimatrecht als nach der EuErbVO 152
gewählt. Die Wirkungen entsprechen damit vollständig denen einer Rechtswahl nach Art. 22, so dass es insbesondere auch Grundlage für die besonderen Zuständigkeitsvorschriften der Art. 5 bis 9 sein kann.[142] Die Fiktion erlischt aber, wenn der Erblasser nach dem 17.8.2015 seine frühere Verfügung ändert oder widerrufen hat.[143]

### 2. Fortbestehende Rechtswahlen, 83 Abs. 2 EuErbVO

Über die Fiktion des 83 Abs. 4 hinaus, die die eingeschränkten Rechtswahlmöglichkeit 153
des Art. 22 im Grundsatz nicht erweitert, prolongiert die EuErbVO mit Art. 83 Abs. 2 Alt. 2 die meisten älteren Rechtswahlen, die nach der Verordnung selbst eigentlich unzulässig wären: Eine auf das anwendbare Erbrecht bezogene Rechtswahl in einer Verfügung von Todes wegen, die vor dem 17.8.2015 errichtet wurde, bleibt danach wirksam, wenn sie dem geltenden Kollisionsrechts des Staates entsprach, in dem der Erblasser zum Zeitpunkt der Rechtswahl seinen gewöhnlichen Aufenthalt hatte oder dessen Staatsangehörigkeit der Erblasser zu diesem Zeitpunkt besaß. Bedeutung hat diese Vorschrift insbesondere für die Rechtsordnungen, die vor Inkrafttreten der EuErbVO die dauerhafte Wahl des Rechts am gewöhnlichen Aufenthaltsort erlaubten. Eine solche Rechtswahl bleibt – entgegen der Grundsatzentscheidung des Art. 22 – in Kraft, auch wenn der Erblasser seinen gewöhnlichen Aufenthaltsort nach Errichtung der Verfügung von Todes wegen in ein anderes Land verlegt.[144]

**Beispiel:** 154
Ein in Amsterdam lebender deutscher Staatsangehöriger hat im Jahr 2001 ein Testament errichtet, in dem er das niederländische Recht als sein gewöhnliches Aufenthaltsrecht wählte. Im Jahr 2010 zog er dauerhaft nach Aachen, wo er 2016 verstarb. Da die Niederlande bis zum Inkrafttreten der EuErbVO einseitig das Haager Erbrechtsübereinkommen anwendeten, durfte der Erblasser nach § 5 des Übereinkommens das gewöhnliche Aufenthalts-

[140] Vgl. *Heinig* RNotZ 2014, 197 (205).
[141] Vgl. Geimer/Schütze/*Lechner* IRV EuErbVO Art. 83 Rn. 17.
[142] Vgl. MüKoBGB/*Dutta* EuErbVO Art. 5 Rn. 5; Geimer/Schütze/*Lechner* IRV EuErbVO Art. 83 Rn. 19.
[143] Vgl. Palandt/*Thorn* EuErbVO Art. 83 Abs. 4 Rn. 7; MüKoBGB/*Dutta* EuErbVO Art. 83 Rn. 8.
[144] Zu Rechtswahlmöglichkeiten in einzelnen Ländern vgl. insbes. die Länderberichte bei Süß/*Süß*, ErbR in Europa, sowie den Überblick bei *Heinig* RNotZ 2014, 281 (284 ff.).

recht zum Zeitpunkt der Testamentserrichtung wählen. Diese Rechtswahl behält über Art. 83 Abs. 2 ihre Wirkung.[145]

155 Die Begriffe des gewöhnlichen Aufenthaltsorts und der Staatsangehörigkeit sind dabei entsprechend den Regelungen in Teil III der EuErbVO anzuwenden, so dass es bei mehreren Staatsangehörigkeiten auch genügt, wenn die Voraussetzungen des früheren Kollisionsrechts einer der Staatsangehörigkeiten erfüllt sind. Sowohl bei der Bezugnahme auf den gewöhnlichen Aufenthaltsort als auch auf die Staatsangehörigkeit kann es sich um einen Mitgliedstaat oder einen Drittstaat handeln.[146] Nach hM ist es ferner für die Anwendung des Art. 83 Abs. 2 ausreichend, wenn sich die Rechtswahlmöglichkeit nicht unmittelbar aus dem Kollisionsrecht eines dieser Staaten ergibt, sondern erst aus dem IPR eines weiteren Staates, auf den das Kollisionsrecht am gewöhnlichen Aufenthaltsort oder des Heimatlandes zum Zeitpunkt der Errichtung des Testaments weiter verweist.[147]

156 Bei den Rechtswahlen, die nach Art. 83 Abs. 2 Bestandsschutz genießen, kann es sich nach allgemeiner Meinung auch um bloße **Teilrechtswahlen** handeln, da die Verordnung diesbezüglich keine Einschränkung enthält.[148] Folge einer solchen fortbestehenden Teilrechtswahl kann sein, dass es weiterhin zu einer Nachlassspaltung (→Rn. 80) kommt.[149]

157 Aus deutscher Sicht ist dabei natürlich der **Fortbestand eine Rechtswahl nach Art. 25 Abs. 2 EGBGB aF** von besonderem Interesse. Zu beachten ist jedoch, dass dies nicht in jedem Fall gewährleistet ist:

- Hatte der Testator bei Errichtung der maßgeblichen Verfügung von Todes wegen seinen gewöhnlichen Aufenthaltsort in Deutschland, bleibt die beschränkte Rechtswahl des Art. 25 Abs. 2 EGBGB aF in jedem Fall wirksam, da diese dem deutschen Recht als Kollisionsrecht am gewöhnlichen Aufenthaltsort iSd Art. 83 Abs. 2 entsprach. Dies gilt unabhängig davon, ob das Heimatland des Erblassers vor Inkrafttreten der EuErbVO eine solche Rechtswahl anerkannte, und auch wenn der Erblasser später seinen Aufenthaltsort in einen anderen Staat verlegte.
- Hat dagegen ein Ausländer, der bei Testamentserrichtung keinen gewöhnlichen Aufenthaltsort in Deutschland hatte, eine Rechtswahl nach Art. 25 Abs. 2 EGBGB vorgenommen und kennt sein nach Art. 83 Abs. 2 maßgebliches Heimatrecht keine entsprechende auf Immobilien beschränkte Wahl (was zumindest innerhalb des Kreises der Mitgliedstaaten nicht der Fall ist), verliert die Rechtswahl grundsätzlich ihre Wirkung. Dies gilt allerdings nach einer – zustimmungswürdigen, aber innerhalb Europas natürlich noch höchst unsicheren – Meinung nicht, wenn das Staatsangehörigkeitsrecht für Immobilien zwar keine Rechtswahl vorsah, aber selbst eine objektive Anknüpfung an das Belegenheitsrecht *(lex rei sitae)* vornahm, da es dann bezüglich dieser Frage wieder-

[145] Dies gilt auch im Hinblick darauf, dass die Rechtswahl aus deutscher Sicht, wo der deutsche Erblasser seit 2010 seinen gewöhnlichen Aufenthaltsort hatte, nicht wirksam war. Süß/*Süß*, ErbR in Europa, § 2 Rn. 115–117, neigt daher in einem solchen Fall auf den Zeitpunkt des Inkrafttretens der EuErbVO abzustellen. Dies widerspricht jedoch dem Wortlaut des Art. 83 Abs. 2, der auf den Zeitpunkt der Rechtswahl Bezug nimmt. Eine zu diesem Zeitpunkt nach einem betroffenen Kollisionsrecht gültige Rechtswahl, ist demgemäß von allen Mitgliedstaaten anzuerkennen, auch wenn diese vor Inkrafttreten der Verordnung keine Wirkung entfaltet hätte.

[146] Ganz hM, vgl. MüKoBGB/*Dutta* EuErbVO 83 Art. Rn. 7; Palandt/*Thorn* EuErbVO Art. 83 Rn. 5; Geimer/Schütze/*Lechner* IRV EuErbVO Art. 83 Rn. 22; einschränkend auf das IPR der Mitgliedstaaten nur Bonomi/Wautelet/*Wautelet* Art. 83 Rn. 18; entsprechend Dutta/Herrler/*Bonomi/Öztürk* S. 68 (Rn. 102) zum entsprechenden Art. 83 Abs. 3.

[147] Vgl. MüKoBGB/*Dutta* EuErbVO 83 Art. Rn. 7; BeckOGK/*J. Schmidt* EuErbVO Art. 83 Rn. 11f.; *Heinig* RNotZ 2014, 197 (214) und 281 (282); *Döbereiner* MittBayNot 2013, 437 (445).

[148] AllgM, vgl. zB Palandt/*Thorn* EuErbVO Art. 83 Rn. 5; MüKoBGB/*Dutta* EuErbVO 83 Art. Rn. 7.

[149] Zu möglichen Anpassungsproblemen, wenn aufgrund fortbestehender Teil-Rechtswahl und objektiver Anknüpfung des Restnachlasses gemäß Art. 21 Abs. 1 zwar künftig das gleiche Erbrecht zur Anwendung kommt, sich eine Verfügung von Todes wegen inhaltlich aber nur auf einen Teil-Nachlass bezieht bzw. frühere getrennte Verfügungen von Todes wegen für die Teil-Nachlässe vorliegen, ausführlich Süß/*Süß*, ErbR in Europa, § 2 Rn. 125ff.

um auf das deutsche Kollisionsrecht verwies. Auch in diesem Fall sei der Testator, der nach beiden betroffenen Rechtsordnungen davon ausgehen konnte, dass für den in Deutschland belegenen Grundbesitz deutsches Recht zur Anwendung kommt, schutzwürdig iSd Art. 83 Abs. 2.[150]

**Beispiel:** 158
Ein französischer Staatsangehöriger aus Straßburg hat im Jahr 2005 in Baden-Baden eine Eigentumswohnung gekauft, für die er ein gesondertes Testament errichtete, in dem er auch eine Rechtswahl nach Art. 25 Abs. 2 EGBGB erklärte. Als er im Jahr 2016 stirbt, gilt grundsätzlich das französische Recht gemäß Art. 21 Abs. 1. Da Frankreich aber vor Inkrafttreten der EuErbVO bezüglich Immobilien auf die lex rei sitae verwies, bleibt die beschränkte Rechtswahl gemäß Art. 83 Abs. 2 gültig.[151]

Die fortbestehende Rechtswahl kann aufgehoben oder geändert werden, wofür Art. 22 Abs. 4 gilt;[152] bei einer Änderung ist der Testator aber an die beschränkte Rechtswahlmöglichkeit des Art. 22 gebunden. Zweifelhaft kann dagegen erscheinen, ob der Erblasser auf Grundlage einer fortbestehenden Rechtswahl inhaltlich neue Verfügungen von Todes wegen treffen kann, mit denen er die Erbfolge nach einem Recht, das er nach Art. 22 nicht hätte wählen können, neu gestaltet. Nach dem Wortlaut der Verordnung wäre dies wohl zulässig, wobei aber fraglich erscheint, ob dies noch dem Schutzzweck des Art. 83 Abs. 2 entspricht.[153] 159

**Hinweis:**
In der Beratungspraxis wird es sich ohnehin empfehlen, iRd Neugestaltung einer letztwilligen Verfügung etwaige Rechtswahlen an die aktuelle Rechtslage anzupassen, sofern nicht besondere Gestaltungsgründe (wie zB bessere Pflichtteilsrechte) für die unbedingte Aufrechterhaltung einer weiteren Rechtsordnung neben dem Aufenthalts- und Staatsangehörigkeitsrecht sprechen.

Da eine nach früherem Kollisionsrecht fortbestehende Rechtswahl nicht als „nach Art. 22 (...) gewählte Recht" angesehen werden kann, kann diese Rechtswahl keine Grundlage für eine besondere Zuständigkeit nach Art. 5 bis 9 bilden.[154] 160

## IV. Änderung und Widerruf einer Rechtswahl

Ob eine Rechtswahl bezüglich des anwendbaren Erbrechts abänderbar und widerruflich ist, ergibt sich nicht unmittelbar aus der Verordnung, sondern entsprechend Art. 22 Abs. 3 aus dem ursprünglich vom Erblasser gewählten Recht.[155] Zumindest Rechtswahlen in einseitigen Testamenten werden danach immer widerruflich und änderbar sein. Eine spätere neue Rechtswahl beinhaltet zugleich den Widerruf aller bisherigen Rechtswahlen, da 161

[150] Dutta/Herrler/*Lechner* S. 15 (Rn. 42); Geimer/Schütze/*Lechner* IRV EuErbVO Art. 83 Rn. 26; *Heinig* RNotZ 2014, 197 (214) und 281 (282f.); WürzNotar-HdB/*Hertel* Teil 7 Kap. 3 Rn. 39; wohl ebenso, aber zweifelnd *Döbereiner* MittBayNot 2013, 437 (445); krit. Palandt/*Thorn* EuErbVO Art. 83 Rn. 5.

[151] Eine entsprechende Wirkung könnte nach dieser Auffassung im Verhältnis zum anglo-amerikanischen Rechtskreis eintreten, da für Immobilien nach *common law* immer die *lex rei sitae* maßgeblich ist. Da es sich dabei aber jeweils um Drittstaaten handelt, wird diese Frage in der Praxis nicht vergleichbare Bedeutung erhalten, da es bezüglich der in Deutschland gelegenen Immobilien häufiger zu Rückverweisungen auf das deutsche Recht gemäß Art. 34 Abs. 1 lit. a kommen wird.

[152] Vgl. Palandt/*Thorn* EuErbVO Art. 83 Rn. 5.

[153] Für einen Fortbestand Palandt/*Thorn* EuErbVO Art. 83 Rn. 5; *Heinig* RNotZ 2014, 197 (215); aA *Schoppe* IPrax 2015, 27 (31); zweifelnd insbes. bezüglich Teilrechtswahlen, die dem Grundsatz der Nachlasseinheit der EuErbVO widersprechen, *Odersky* notar 2013, 3 (6).

[154] Vgl. MüKoBGB/*Dutta* EuErbVO Art. 5 Rn. 5; Geimer/Schütze/*Lechner* IRV EuErbVO Art. 83 Rn. 32.

[155] Vgl. dazu und zur Bindungswirkung beim Erbvertrag → Rn. 250.

eine Rechtswahl nach Art. 22 immer nur einheitlich bezüglich der gesamten Rechtsnachfolge möglich ist, er also keine unterschiedlichen Rechtswahlen für verschiedene Nachlassteile geben kann. Erfolgt in einem Testament ein pauschaler Widerruf aller früher errichteten Verfügungen von Todes wegen, umfasst dies im Zweifel auch eine etwa getroffene Rechtswahl, da diese zumindest nach Art. 22 Abs. 2 als Verfügung von Todes wegen gilt.

162 Bezüglich der **Formwirksamkeit** einer neuen Verfügung, mit der eine Rechtswahl widerrufen oder geändert wird, verweist Art. 22 Abs. 4 auf die allgemeinen Bestimmungen zur Änderung und zum Widerruf einer Verfügung von Todes wegen, so dass dafür Art. 2 des HTestformÜ bzw. Art. 27 Abs. 2 EuErbVO gilt. Für die Formgültigkeit genügt es danach, wenn die Verfügung eines der zahlreichen Anknüpfungsmerkmale zum Zeitpunkt der neuen Verfügung erfüllt oder auch nur eines der Merkmale, aufgrund deren die ursprüngliche Rechtswahl formgültig getroffen war.

163 Keine ausdrückliche Regelung enthält die Verordnung dagegen nach welchem Recht sich Fragen der **materiellen Wirksamkeit** und der Auslegung einer neuen Verfügung, mit der eine alte Rechtswahl widerrufen und ggf. eine neue Rechtswahl getroffen wird, richtet. Erwägungsgrund 40 S. 3 erwähnt dazu, dass „das Gleiche" wie bei der Rechtswahl gelten soll, dh dass das „gewählte Recht" (vgl. Art. 22 Abs. 3 und Erwägungsgrund 40 S. 2) auch für die Rechtshandlung gelten soll, mit der die Rechtswahl geändert oder widerrufen wird. Unklar bleibt dabei jedoch, ob damit das ursprünglich gewählte Recht oder ein neu gewähltes Recht gemeint ist: Nach einer Ansicht müsste es sich immer um das frühere, nunmehr abgewählte Recht handeln.[156] Nach anderer, dem Wortlaut des Art. 22 Abs. 3 eher entsprechender Ansicht ist zumindest bei einer Änderung, dh Neufassung der Rechtswahl allein das neu gewählte Recht maßgeblich.[157] Handelt es sich jedoch nicht um eine neue Rechtswahl, sondern nur um den Widerruf einer früheren Rechtswahl, gibt es kein „neu gewähltes Recht", so dass dazu wiederum verschiedene Ansichten vertreten werden: Nach einer Meinung kann in diesem Fall nur auf das früher gewählte Recht abgestellt werden.[158] Nach anderer Ansicht soll für Fragen der materiellen Wirksamkeit des Widerrufs das Recht am gewöhnlichen Aufenthaltsort gelten, da der Testator dessen Anwendung mit dem Widerruf in vergleichbarer Weise wie bei einer neuen Rechtswahl intendiere.[159] Im Hinblick darauf, dass der Widerruf einer früheren Rechtswahl wohl in den allermeisten Fällen mit einer neuen inhaltlichen Verfügung von Todes wegen kombiniert wird, für deren materielle Wirksamkeit bereits das Aufenthaltsrecht (nach Art. 24 Abs. 1, Abs. 3 iVm Art. 21 Abs. 1) gilt, es aber rechtlich „gekünstelt" wirken würde, ein solches Testament bezüglich der materiellen Wirksamkeit in einen Widerrufsteil und einen inhaltlichen Teil aufzuspalten, erscheint die zweite Ansicht vorzugswürdiger.

**Hinweis:**
Sind Probleme der materiellen Wirksamkeit in der Beratungspraxis bereits erkennbar (zB bei Fragen der Testierfähigkeit), sollte man im Hinblick auf den ungeklärten Rechtsstand unbedingt die Wirksamkeit nach allen in Betracht kommenden Rechtsordnungen anstreben.

---

[156] Vgl. *Nordmeier* GPR 2013, 148 (154); BeckOGK/*J. Schmidt* EuErbVO Art. 22 Rn. 40, unter Berufung auf den hier aber nicht unmittelbar einschlägigen Art. 24 Abs. 3 S. 2.

[157] Ganz hM, vgl. die in den beiden nachfolgenden Fn. genannte Literatur; aA *Leitzen* ZEV 2013, 128 (129), der kumulativ das abgewählte und das neu gewählte Recht anwenden will.

[158] Vgl. Dutta/Herrler/*Solomon* S. 43 (Rn. 65); NK-NachfolgeR/*Köhler* EuErbVO Art. 22 Rn. 13; *Döbereiner* MittBayNot 2013, 358 (363); *Heinig* RNotZ 2014, 197 (206).

[159] Vgl. MüKoBGB/*Dutta* EuErbVO Art. 22 Rn. 20; Geimer/Schütze/*Frank* IRV EuErbVO Art. 22 Rn. 36; *Frank/Döbereiner* Nachlassfälle Rn. 212; *Müller-Lukoschek* Rn. 166, wohl auch Süß/*Süß*, ErbR in Europa, § 2 Rn. 97.

## V. Folgen der Rechtswahl

Eine wirksame Rechtswahl beinhaltet nach Art. 34 Abs. 2 zwingend eine **Sachnormverweisung** auf das gewählte Recht. Im Unterschied zur Anknüpfung des Art. 21 Abs. 1 ist also eine Rück- oder Weiterverweisung durch das IPR der gewählten Rechtsordnung unbeachtlich. Das gilt auch dann, wenn der Erblasser eine Weiterverweisung durch das ausländische IPR ausdrücklich wünschen würde. Er hat also nicht die Möglichkeit, über die Wahl seines Heimatrechts zu einer dritten Rechtsordnung zu gelangen, oder durch eine solche Wahl eine dauerhafte Rückverweisung auf sein aktuelles Aufenthaltsrecht festzuschreiben.[160] 164

Der Anwendung des gewählten Rechts können im Einzelfall besondere Bestimmungen des Belegenheitsrechts iSd Art. 30 (Beschränkung der Vererbung von Immobilien, Unternehmen und anderen besonderen Vermögenswerten aus wirtschaftlichen, familiären und sozialen Erwägungen) entgegenstehen, wobei eine bloße abweichende kollisionsrechtliche Anknüpfung der Erbfolge für Immobilien in Drittstaaten nicht zu diesen Beschränkungen zählt. Ferner kann aus Sicht eines Mitgliedstaats ausnahmsweise der *ordre public*-Vorbehalt des Art. 35 gegen die Anwendung des gewählten Rechts erhoben werden. 165

Die Wirkungen, die die EuErbVO einer Rechtswahl zulegt, gelten autonom auch für Rechtswahlen gemäß dem früheren nationalen Kollisionsrecht, die nach Art. 83 Abs. 2 Bestandsschutz genießen.[161] 166

Ist eine **Rechtswahl** aus formellen und inhaltlichen Gründen **unwirksam,** verbleibt es bei der objektiven Anknüpfung der Erbfolge nach Art. 21 Abs. 1.[162] Eine mit der Rechtswahl verbundene, aber wirksame Verfügung von Todes wegen ist ggf. nach den Grundsätzen des „Handelns unter falschem Recht" (→ § 3 Rn. 85) auszulegen. Auf diese Auslegung kann die Rechtswahl indirekt Auswirkungen haben, da sie kenntlich macht, nach welchem inhaltlichen Rechtsverständnis der Erblasser testierte.[163] 167

## VI. Rechtswahl nach ausländischem Recht

Hatte der Erblasser seinen letzten gewöhnlichen Aufenthaltsort in einem Drittstaat, kommt schließlich auch nach Inkrafttreten der EuErbVO eine Rechtswahl nach dem Kollisionsrecht dieses Staates in Betracht. Aus der Sichtweise der Mitgliedstaaten ist dafür jedoch zwingende Voraussetzung, dass das Erbstatut gemäß der objektiven Anknüpfung des Art. 21 Abs. 1 zu ermitteln ist, und dass entsprechend Art. 34 Abs. 1 lit. a oder lit. b das Recht eines Mitgliedstaats oder eines weiteren Drittstaats, der die Verweisung annimmt, gewählt wurde.[164] Nicht möglich ist dagegen, dass der Erblasser zunächst gemäß Art. 22 das Recht seiner Staatsangehörigkeit wählt und darauf aufbauend in seinem Heimatrecht eine weitere Rechtswahl trifft, da die Rechtswahl nach Art. 22 als zwingende Sachnormverweisung ausgestaltet ist (Art. 34 Abs. 2). 168

Einer solchen – über den Kreis der nach Art. 22 wählbaren Staatsangehörigkeitsrechte hinausgehende – Rechtswahl wird aus Sicht der Mitgliedstaaten also wohl allenfalls praktische Bedeutung für den Fall zukommen, dass damit ein Aufenthalts- oder Wohnsitzrecht „verstetigt" werden kann. 169

---

160 Vgl. Süß/*Süß*, ErbR in Europa, § 2 Rn. 88; vgl. im Unterschied dazu aber die Möglichkeit einer Rechtswahl nach ausländischem IPR, wenn der Erblasser sein gewöhnlichen Aufenthaltsort in einem Drittstaat hat → Rn. 168ff.

161 Vgl. MüKoBGB/*Dutta* EuErbVO Art. 83 Rn. 7, mit dem zutreffenden Hinweis, dass eine Wirkungserstreckung auf Grundlage des nationalen Kollisionsrechts ausscheidet, da eine solche Rechtswahl möglicherweise auf Grundlage mehrere Rechtsordnungen wirksam sein kann.

162 Im Verhältnis zu Drittstaaten wäre zu prüfen, ob die „unwirksame Rechtswahl" ggf. über die Gesamtverweisung des Art. 21 Abs. 1, 34 Abs. 1 als Teil des ausländischen Kollisionsrechts Wirkung entfaltet.

163 Vgl. *Frank/Döbereiner* Nachlassfälle Rn. 203ff.

164 Vgl. *Heinig* RNotZ 2014, 281 (283f.); Süß/*Süß*, ErbR in Europa, § 2 Rn. 112f.

170 **Beispiel:**[165]
Ein aus Süd-Korea stammender Ingenieur lebt seit längerer Zeit in München und will ein Testament errichten, in dem er eine Vor- und Nacherbfolge iSd deutschen Rechts anordnen will. Dieses Testament soll möglichst seine Wirksamkeit behalten, auch wenn er vor seinem Tod seinen gewöhnlichen Aufenthaltsort wieder nach Süd-Korea verlegen sollte. Da Art. 49 des koreanischen IPR die Wahl des gewöhnlichen Aufenthaltsrechts zum Zeitpunkt der Rechtswahl erlaubt, kann die Anwendung deutschen Rechts dauerhaft gesichert werden: Behält der Erblasser seinen gewöhnlichen Aufenthaltsort in Deutschland, bleibt deutsches Recht nach Art. 21 Abs. 1 anwendbar. Zieht er aber nach Südkorea um, kommt es aufgrund einer Rechtswahl zum Aufenthaltsrecht nach Art. 34 Abs. 1 lit. a zur Rückverweisung auf deutsches Recht (natürlich vorausgesetzt, dass das koreanische Recht in dem nach Art. 21 Abs. 1 maßgeblichen Zeitpunkt des Todes des Erblassers unverändert gilt).

171 Über eine solche, auch aus Sicht der Mitgliedstaaten wirksame Rechtswahl, wird die (zusätzliche) Rechtswahl gemäß dem IPR eines Drittstaats in der Gestaltungspraxis weiterhin Bedeutung haben, um einen Gleichlauf des anwendbaren Rechts sowohl aus Sicht der mitgliedstaatlichen Gerichte als auch aus Sicht eines Gerichts des betroffenen Drittstaats zu erreichen. Auf diese Weise können im Einzelfall sog hinkende Rechtsverhältnisse vermieden werden.

## D. Formelle Wirksamkeit von Verfügungen von Todes wegen

### I. Abgrenzung formelle und materielle Wirksamkeit

172 Die EuErbVO enthält in den Art. 24 bis 27 Sonderanknüpfungen bezüglich der Form sowie der Zulässigkeit und materiellen Wirksamkeit letztwilliger Verfügungen. Diese ergänzenden Regeln sind – entsprechend der früheren Regelung des Art. 26 EGBGB – notwendig, da sonst das allgemeine Erbstatut über die mit der Wirksamkeit eines Testaments bzw. Erbvertrags zusammenhängenden Fragen zu entscheiden hätte. Dies hätte aber zur Folge, dass erst im Fall des Todes des Erblassers über die endgültige Wirksamkeit der letztwilligen Verfügung entschieden werden könnte, und dass bei einem sog Statutenwechsel, zB wenn der gewöhnliche Aufenthaltsort durch einen Umzug in ein anderes Land verlegt wird, ein vermeintlich wirksames Testament unwirksam werden könnte.

173 Bezüglich aller Wirksamkeitsfragen wird traditionell zwischen der formellen Wirksamkeit und der sog materiellen Wirksamkeit unterschieden:

- Im Hinblick darauf, dass bezüglich der **formellen Wirksamkeit** die Mehrheit der Mitgliedstaaten – aber auch das Vereinigte Königreich, Irland und Dänemark – an das **HTestformÜ** gebunden sind,[166] übernimmt die Verordnung dessen Regelungen nahezu identisch in Art. 27, wobei auch verbleibende Anwendungslücken im Abkommen geschlossen werden. Ziel dieser Regelungen ist es, im internationalen Kontext die Unwirksamkeit der Errichtung oder des Widerrufs letztwilliger Verfügungen aus Formgründen zu vermeiden. Um dieses Ziel zu erreichen, sieht das Abkommen für die Beurteilung der Form zahlreiche alternative Anknüpfungspunkte vor (→ Rn. 180 ff.).
- Bezüglich der sog **materiellen Wirksamkeit** stellt die EuErbVO dagegen in Art. 24 bis 26 – entsprechend dem Gedanken des bisherigen Art. 26 Abs. 5 EGBGB – vorrangig auf den Gedanken des sog „hypothetischen Erbstatuts" ab, also dem anwendbaren Erbrecht, wie dieses gegolten hätte, wenn der Erblasser schon im Zeitpunkt der Errichtung der letztwilligen Verfügung verstorben wäre. Damit wird erreicht, dass eine Verfü-

[165] Beispiel gebildet nach Süß/*Süß*, ErbR in Europa, § 2 Rn. 109; für weitere denkbare Rechtsordnungen vgl. MüKoBGB/*Dutta* EuErbVO Art. 22 Fn. 61.

[166] Haager Übereinkommen über das auf die Form letztwilliger Verfügungen anzuwendende Recht v. 5.10.1961; BGBl. 1965 II 1145.

gung von Todes wegen, die zum Zeitpunkt der Errichtung als wirksam angesehen wird, nicht durch spätere Ereignisse im Leben des Erblassers wieder unwirksam werden kann.

Die Frage der genauen **Abgrenzung** der Formwirksamkeit und der materiellen Wirksamkeit definiert die EuErbVO nicht näher. Art. 27 Abs. 3 einerseits und Art. 26 Abs. 1 ordnen lediglich einzelne Aspekte den jeweiligen Anknüpfungssystemen zu. Im Ergebnis wird man – trotz dem Gebot der autonomen Verordnungsauslegung – einen Gleichlauf mit der Anwendung des HTestformÜ anstreben, wobei auch in diesem keine genaue Definition des Formbegriffs erfolgt ist.[167] Zweifellos zur Form gehörend sind alle Fragen, die spezielle Anforderungen an die unverfälschte „Darstellung" des Willens stellen (wie zB Schriftform, Handschriftlichkeit, Unterschrift, notarielle Beurkundung). Dazu zählt auch das Gebot der Hinzuziehung von Zeugen, einschließlich der Regelungen, die spezielle Eigenschaften für die Person der Zeugen vorschreiben (Art. 27 Abs. 3 S. 2). Einen besonderen Fall der Abgrenzung regelt ferner Art. 27 Abs. 3 S. 1 (in Entsprechung zu Art. 5 S. 1 HTestformÜ), indem er besondere Anforderungen an persönliche Eigenschaften des Erblassers (zB nach Alter, Staatsangehörigkeit, Rasse, Geschlecht, bestimmte Gesundheitsmerkmale), die nur für bestimmte, einzelne Verfügungsformen aufgestellt werden, zur Form gehörend ansieht. Dies ist abzugrenzen von der allgemeinen Testierfähigkeit als materielles Wirksamkeitserfordernis (Art. 26 Abs. 1 lit. a), dh der Fähigkeit insgesamt wirksam zu testieren.[168] 174

Eine Abgrenzung hat ferner zu dem von der EuErbVO in Art. 24 und Art. 25 eingeführten Begriff der „Zulässigkeit einer Verfügung von Todes wegen" zu erfolgen, wonach die Frage, ob ein bestimmtes Gestaltungsmittel generell „verboten" ist, wohl unabhängig von den Gründen eines etwaigen Verbots im nationalem Recht dem Regelungsbereich der materiellen Wirksamkeit zugeordnet wird (→ zum Erbvertrag und gemeinschaftlichen Testament Rn. 194 ff.) 175

Zu beachten bleibt natürlich, dass sich auch bei Fragen der formellen und materiellen Wirksamkeit die Sichtweise eines Drittstaates von der des HTestformÜ und der EuErbVO unterscheiden kann. Insbesondere in Staaten, die nicht das HTestformÜ ratifiziert haben (wie zB die USA), kann ein in Europa errichtetes Testament schon aus Formgründen unwirksam sein. 176

**Hinweis:**
In der Beratungspraxis sollte daher darauf geachtet werden, letztwillige Verfügungen nicht nur inhaltlich sondern vor allem auch bezüglich aller Wirksamkeitsfragen auch am Recht aller Staaten, in denen Vermögen des Erblassers belegen ist, auszurichten.

## II. Anwendbares Recht

Die Bundesrepublik Deutschland ist dem HTestformÜ mit Wirkung zum 1.1.1966 beigetreten, so dass die Regelungen des Abkommens seit diesem Zeitpunkt unmittelbar anwendbares Recht (mit universeller Wirkung, Art. 6 HTestformÜ) sind. Daran ändert sich auch nach Inkrafttreten der EuErbVO nichts, da nach Art. 75 Abs. 1 S. 2 die Bestimmungen dieses Übereinkommens vorrangig zu denen der Verordnung anzuwenden sind. 177

Gegenstand des HTestformÜ sind letztwillige Verfügungen in Form eines Testaments und gemeinschaftlichen Testaments in derselben Urkunde (Art. 1, 3 HTestformÜ) sowie der Widerruf solcher Verfügungen (Art. 2 HTestformÜ); dazu zählt auch die Rechtswahl zur Bestimmung des Erbstatuts, soweit die Rechtswahl in einem Testament oder in einem 178

[167] Vgl. BeckOGK/*J. Schmidt* EuErbVO Art. 27 Rn. 23.
[168] Vgl. Erwägungsgrund 53.

gemeinschaftlichen Testament erklärt wird.[169] Andere erbrechtliche Verfügungen bzw. Rechtsgeschäfte, insbesondere Erbverträge (einschließlich Erbverzichtsverträge) fallen nicht unter das Abkommen.

179 Aus Sicht Deutschlands, wie auch der meisten anderen Mitgliedstaaten, gilt damit für die Ermittlung der Formwirksamkeit einer Verfügung von Todes wegen folgendes Recht:

- Bezüglich von Testamenten und gemeinschaftlichen Testamenten ist vorrangig unmittelbar das HTestformÜ und nicht Art. 27 anzuwenden. Nach dem dadurch ermittelten Formstatut kann auch eine mündliche Verfügung von Todes wegen formwirksam sein, da Deutschland vom Vorbehalt des Art. 10 HTestformÜ keinen Gebrauch gemacht hat.
- Die Anknüpfung der Formwirksamkeit von Erbverträgen iSd EuErbVO (zum Begriff → Rn. 222 ff.) erfolgt dagegen unmittelbar durch Art. 27. Die Verordnung gilt jedoch aufgrund der Einschränkung des Anwendungsbereichs in Art. 1 Abs. 2 lit. f nicht für mündlich errichtete Erbverträge. Allerdings dürfte Art. 26 Abs. 2 EGBGB so zu verstehen sein, dass in Deutschland für solche Verträge die EuErbVO entsprechend anzuwenden ist.[170]
- Sofern man mit der hM das deutsche gemeinschaftliche Testament als Erbvertrag iSd EuErbVO qualifiziert (→ Rn. 230), gelten für dieses aber nicht nur die Anknüpfungsmerkmale des HTestformÜ, sondern ergänzend die des Art. 27, sofern diese über die Bestimmungen des HTestformÜ hinaus zur Formwirksamkeit des Testaments führen (vgl. die Begünstigungsklausel des Art. 3 HTestformÜ).[171] Dies kann insbesondere der Fall sein, wenn ein maßgebliches Anknüpfungsmerkmal nur in der Person eines Erblassers vorliegt.

180 Da die Vorschriften des Art. 27 „im Einklang“ mit dem HTestformÜ formuliert wurden, sind alle darin verwendeten Begriffe im Zweifel in Übereinstimmung mit dem bisherigen Begriffsverständnis zum HTestformÜ auszulegen.[172]

## III. Einzelne Anknüpfungsmerkmale

181 Das HTestformÜ und Art. 27 halten eine Vielzahl von alternativ anwendbaren Anknüpfungen bereit mit dem Ziel, die Unwirksamkeit der Errichtung oder des Widerrufs letztwilliger Verfügungen aus Formgründen zu vermeiden.

182 Eine Verfügung von Todes wegen ist demgemäß von der einzuhaltenden Form her als wirksam anzusehen, wenn sie zumindest einem der folgenden Rechte entspricht:[173]

1. Dem Recht des Ortes, an dem der Erblasser letztwillig verfügt hat oder ein Erbvertrag geschlossen wurde (Ortsform; Art. 1 Abs. 1 lit. a HTestformÜ bzw. Art. 27 Abs. 1 lit. a).[174] Dabei handelt es sich in der Praxis um die wichtigste Anknüpfungsregel, da damit der Erblasser, aber vor allem auch der ihn beratende Jurist bzw. beurkundende Notar die Sicherheit erhält, dass bei Einhaltung aller örtlich vorgeschriebenen Formvorschriften die Verfügung dauerhaft wirksam ist. Bei Erbverträgen iSd EuErbVO, bei denen nicht alle Beteiligten am gleichen Ort ihre Erklärungen abgeben (im deutschen Recht also allenfalls bei wechselbezüglichen Testamenten und ggf. beim Erbverzicht als sog negativem Erbvertrag vorstellbar) wird man für jeden beteiligten Erblasser die Ein-

---

[169] Vgl. zum HTestformÜ insg. *Schotten/Schmellenkamp* IPR Rn. 260.

[170] Palandt/*Thorn* EuErbVO Art. 27 Rn. 2.

[171] Vgl. *Leipold* ZEV 2014, 139 (143); *Hausmann* Jahrbuch für Italienisches Recht 27 (2014), 21 (41 f.).

[172] Vgl. Erwägungsgrund 52 S. 1; MüKoBGB/*Dutta* EuErbVO Art. 27 Rn. 2.

[173] Wobei es sich jeweils um Sachnormverweisungen handelt (vgl. Art. 1 HTestformÜ: „innerstaatliches Recht“; Art. 34 Abs. 2), so dass unmittelbar das jeweilige nationale Recht bezüglich der einzelnen Formvorschriften zu prüfen ist.

[174] Eine geringfügige rechtliche Abweichung zwischen HTestformÜ und Art. 27 könnte sich dabei im Fall der Errichtung des Testaments in einem Mehrrechtsstaat ergeben. Das HTestformÜ verweist nach seiner Formulierung auf den „Ort“ und damit unmittelbar auf die dort geltende Teilrechtsordnung. Im Rahmen des Art. 27 wäre Art. 36 Abs. 2 lit. c zu prüfen, der auf den „einschlägigen Anknüpfungspunkt“ verweist, was aber wohl wiederum dem Errichtungsort entspricht.

haltung der jeweiligen Ortsform (bzw. ersatzweise die Erfüllung eines der nachfolgenden Anknüpfungsmerkmale) verlangen.[175] Dies ergibt sich auch aus dem Umkehrschluss zu Art. 27 Abs. 1 lit. b, lit. c und lit. d, bei dem jeweils nur auf einen Erblasser abgestellt wird.

2. Dem Recht eines Staates, dem der Erblasser – bzw. beim mehrseitigen Erbvertrag nur einer der Erblasser[176] – im Zeitpunkt seiner Verfügung oder im Zeitpunkt seines Todes angehört hat (Staatsangehörigkeitsrecht; Art. 1 Abs. 1 lit. b HTestformÜ bzw. Art. 27 Abs. 1 lit. b). Die Frage, welche Staatsangehörigkeit der Erblasser besitzt, ist als selbstständige Vorfrage nach dem Recht des betroffenen Staates zu entscheiden. Bei Mehrstaatern genügt dafür aufgrund der Formulierung „eines Staates" die Einhaltung eines der möglichen Staatsangehörigkeitsrechte, ohne Rücksicht darauf, ob es sich hierbei um eine „effektive Staatsangehörigkeit" handelt, oder ob der Erblasser zu diesem Staat eine besondere Nähebeziehung hat.
3. Dem Recht des Ortes, an dem der Erblasser – bzw. beim mehrseitigen Erbvertrag nur einer der Erblasser – im Zeitpunkt seiner Verfügung oder im Zeitpunkt seines Todes seinen Wohnsitz hatte (Wohnsitzrecht; Art. 1 Abs. 1 lit. c HTestformÜ bzw. Art. 27 Abs. 1 lit. c). Ob der Erblasser an einem bestimmten Ort einen Wohnsitz hatte, regelt das an diesem Ort geltende Recht (Art. 1 Abs. 3 HTestformÜ bzw. Art. 27 Abs. 1 S. 2), so dass die Voraussetzungen je nach berufenem Recht unterschiedlich sein können.
4. Dem Recht des Ortes, an dem der Erblasser – bzw. beim mehrseitigen Erbvertrag nur einer der Erblasser – im Zeitpunkt seiner Verfügung oder im Zeitpunkt seines Todes seinen gewöhnlichen Aufenthalt hatte (Aufenthaltsrecht; Art. 1 Abs. 1 lit. d HTestformÜ bzw. Art. 27 Abs. 1 lit. d).
5. Dem Recht des Ortes, an dem sich unbewegliches Vermögen befindet, soweit die Verfügungen des Testaments dieses Vermögen betreffen (Art. 1 Abs. 1 lit. e HTestformÜ bzw. Art. 27 Abs. 1 lit. e). Nach dieser Auffangklausel, kann ein Testament bezüglich des unbeweglichen Vermögens formwirksam werden, wenn es zumindest den Formvorschriften der lex rei sitae entspricht, wobei dieses auch entscheidet, was unter dem Begriff des unbeweglichen Vermögens fällt (Qualifikationsverweisung).[177] Bezüglich des beweglichen Vermögens des Erblassers wäre das Testament jedoch unwirksam,[178] sofern es nicht ohnehin nach einem der vorstehenden Formstatute insgesamt wirksam wird. Ist unbewegliches Vermögen in mehreren Staaten belegen, entscheidet das jeweilige Ortsrecht über die Formwirksamkeit des Testaments.

In Ausübung der Öffnungsklausel des Art. 3 HTestformÜ wird diese Anknüpfungsliste in Deutschland sogar noch gemäß Art. 26 Abs. 1 S. 1 EGBGB (der inhaltlich dem Art. 26 Abs. 1 Nr. 5 EGBGB aF entspricht) um folgende Anknüpfung ergänzt:[179] 183

6. Dem Recht, das auf die Rechtsnachfolge von Todes wegen anzuwenden ist (Erbstatut) oder im Zeitpunkt der Verfügung anzuwenden wäre (hypothetisches Erbstatut). Diese ergänzende Anknüpfung kann jedoch als nationales Recht nur im Anwendungsbereich

[175] *Frank/Döbereiner* Nachlassfälle Rn. 455; wohl auch Geimer/Schütze/*Frank* IRV EuErbVO Art. 27 Rn. 12; anders noch Staudinger/*Dörner* EGBGB Art. 26 Rn. 43 zur früheren Auslegung in Deutschland.

[176] Der Text des Art. 27 ist insoweit etwas unklar, da er auf „eine der Personen, deren Rechtsnachfolge von Todes wegen durch einen Erbvertrag betroffen ist" abstellt. Da aber eine entsprechende „Betroffenheit" wohl nur bei Personen vorliegt, für deren Tod im Erbvertrag inhaltlich Verfügungen getroffen werden, dürfte die verwendete Umschreibung mit der eines Erblassers gleich zu setzen sein; auf andere am Erbvertrag beteiligte Personen kann bei den Anknüpfungsmerkmalen des Art. 27 damit wohl nicht abgestellt werden sind; vgl. MüKoBGB/*Dutta* EuErbVO Art. 27 Rn. 6; aA Geimer/Schütze/*Frank* IRV EuErbVO Art. 27 Rn. 14, die eine Betroffenheit bei allen am Erbvertrag beteiligten Personen annimmt.

[177] Vgl. Staudinger/*Dörner* EGBGB Vorb. Art. 25 f.; Palandt/*Thorn* EGBGB Art. 26 Rn. 4.

[178] Die Auslegungsfrage, ob dem Testament inhaltlich überhaupt eine Teilwirksamkeit zukommen soll, richtet sich dagegen nach dem Errichtungsstatut (Art. 24, 25 iVm Art. 26 Abs. 1 lit. d.

[179] Wobei entgegen dem Gesetzeswortlaut in der Literatur unsicher beurteilt wurde, ob die nationale Regelung über die Öffnungsklausel weiterhin zulässig bleibt; vgl. dazu BeckOGK/*J. Schmidt* EuErbVO Art. 27 Rn. 14.

des HTestformÜ weiter gelten, da Art. 27 keine entsprechende Öffnungsklausel enthält. Für Erbverträge gilt diese also nicht. Eine praktische Bedeutung wird diese Unterscheidung aber wohl allenfalls in seltensten Fällen haben, da die Anknüpfungsmerkmale des Erbstatuts (gewöhnlicher Aufenthalt oder gewählte Staatsangehörigkeit) schon unmittelbar in den vorgenannten Alternativ-Anknüpfungen verwendet werden.[180]

184 Die Fülle der alternativen Anknüpfungsmöglichkeiten führt dazu, dass in Fällen mit (geringfügiger) Auslandsberührung eine Verfügung von Todes wegen viel seltener formnichtig sein wird als in reinen Inlandsfällen. So ist es zB durchaus möglich, dass ein von einem Deutschen im Ausland (am Ort seines Wohnsitzes oder sogar nur mit nachweisbarem ausländischen Errichtungsort) oder von einem Ausländer in Deutschland mit Schreibmaschine bzw. Computer geschriebenes Testament formwirksam ist, und zwar auch dann, wenn für die Erbfolge deutsches Recht gilt und sich der gesamte Nachlass in Deutschland befindet.

185 **Beispiel:**
Der Erblasser ist deutscher und amerikanischer Staatsangehöriger, da er in New York geboren wurde. Er lebt seit seinem fünften Lebensjahr in Köln, wo er 2016 verstirbt. Im Jahr 2000 hat er in Köln mit der Schreibmaschine ein Testament geschrieben, das er und zwei Zeugen unterzeichnet haben. Der gesamte Nachlass befindet sich in Deutschland.

Für die Rechtsnachfolge von Todes wegen des Erblassers ist deutsches Recht nach Art. 21 Abs. 1 anzuwenden (sofern sich nicht aus dem Testament gemäß Art. 83 Abs. 4 eine Rechtswahl zum US-amerikanischen Recht ergeben sollte). Davon unabhängig ist die Frage der Formwirksamkeit des Testaments: Auch wenn alle anderen Anknüpfungsmerkmale des Art. 1 HTestformÜ auf Deutschland verweisen, genügt dafür nach Art. 1 Abs. 1 lit. b HTestformÜ, wenn das Sachrecht zumindest eines Staates, dessen Staatsangehörigkeit der Erblasser besaß, eingehalten wird. Unterstellt man, dass das Zwei-Zeugen-Testament nach dem Recht von New York formwirksam ist, gilt dies auch für Deutschland, unabhängig davon dass die Formvorschriften des deutschen Rechts für ein eigenhändiges Testament (§ 2247 BGB) nicht gewahrt sind. Aufgrund der universellen Anwendung des Abkommens (Art. 6 HTestformÜ) gilt dies auch unabhängig davon, dass die USA nicht zu den Vertragsstaaten des HTestformÜ gehören.

186 Führt eines der genannten Anknüpfungsmerkmale zu einem Mehrrechtsstaat, erfolgt die Zuordnung zur maßgeblichen Teilrechtsordnung vorrangig nach dem interlokalen Recht des berufenen Staates (Art. 1 Abs. 2 HTestformÜ bzw. Art. 36 Abs. 1, Art. 37). Hält aber dieser Staat kein entsprechendes interlokales Recht vor, unterscheiden sich die Regelungen des HTestformÜ und der EuErbVO im Detail:

- Gemäß Art. 1 Abs. 2 HTestformÜ ist bei Anknüpfung an das Staatsangehörigkeitsrecht (Art. 1 Abs. 1 lit. b) auf die „engste Bindung" des Erblassers in diesem Staat abzustellen. Für alle anderen Anknüpfungsmerkmale des Art. 1 Abs. 1 (Ort der Testamentserrichtung, Wohnsitz oder gewöhnlicher Aufenthalt des Erblassers bzw. Belegenheit der Immobilie) sieht es dagegen keinen Regelungsbedarf, da diese aufgrund ihrer Definition bereits unmittelbar zur entsprechenden Teilrechtsordnung führen.
- Ist hingegen das Formstatut eines Erbvertrags zu prüfen, gilt Art. 36 Abs. 3, der für alle Anknüpfungsfälle auf die engste Verbindung verweist, die die am Erbvertrag beteiligten Erblasser zu einer Teilrechtsordnung haben. Im Extremfall könnte dies zur Unwirksamkeit des Erbvertrags führen, wenn die Erblasser im Gebiet einer Teilrechtsordnung des betreffenden Staates verfügt haben, zu der sie aber aufgrund ihres Wohnsitzes und Aufenthaltes sowie aller sonstigen objektiven Merkmale nicht die engste Verbundenheit ha-

[180] Theoretisch vorstellbar wäre damit allenfalls eine „exotische" Anknüpfung des Erbstatuts über die Ausnahmeregel des Art. 21 Abs. 2 oder über eine nach Art. 34 Abs. 1 lit. b zu berücksichtigende Weiterverweisung.

ben (zB weil der Wohnsitz im Gebiet einer anderen Teilrechtsordnung liegt). Die Unteranknüpfung des Art. 36 Abs. 3 würde dann nur zu einer bestimmten Teilrechtsordnung weiter verweisen, nach deren Recht die Erblasser möglicherweise aber nicht wirksam handeln konnten.[181]

Die alternativen Anknüpfungen, die bei der Staatsangehörigkeit, beim Wohnsitz und 187
beim gewöhnlichen Aufenthalt sowohl auf den Zeitpunkt der Testamentserrichtung als auch auf den Zeitpunkt des Todes des Erblassers abstellen, können ferner dazu führen, dass eine ursprünglich formnichtige Verfügung nachträglich durch einen tatsächlichen Wechsel des Anknüpfungsmerkmals (zB durch Umzug in ein Land, in dem maschinengeschriebene Testamente zulässig sind) formwirksam wird. Aus Vertrauensschutzgründen wäre diese Bevorzugung gegenüber Fällen, in denen kein internationaler Bezug vorliegt, sicherlich nicht erforderlich. Der Vorteil dieser Lösung liegt aber darin, dass auf diese Weise im Erbfall nicht näher geprüft werden muss, wann genau die Verfügung errichtet wurde und wo sich zu diesem Zeitpunkt der Wohnsitz oder der gewöhnliche Aufenthaltsort des Testators befand, wenn zumindest nach einem maßgeblichen Recht im Todesfall das Testament formwirksam ist.[182]

Zu beachten ist schließlich, dass es nach dem Wortlaut des Art. 27 beim Erbvertrag 188
(einschließlich des gemeinschaftlichen Testaments, sofern man dieses mit der hM als Erbvertrag iSd EuErbVO qualifiziert; → Rn. 228 ff.) genügt, wenn die Anknüpfung an das Recht der Staatsangehörigkeit, des Wohnsitzes oder des gewöhnlichen Aufenthalts nur in der Person eines Erblassers erfüllt wird. Dies kann im Extremfall dazu führen, dass ein nicht beurkundeter und damit vermeintlich formnichtiger Erbvertrag in Deutschland durch die Anknüpfung an die (ggf. auch nur doppelte) Staatangehörigkeit eines Beteiligten tatsächlich wirksam ist. In Kombination mit der zeitlichen Alternative, dass ein relevantes Anknüpfungsmerkmal erst im Todesfall vorliegen muss, könnte sogar die „Heilung“ eines solchen Erbvertrags eintreten, wenn nur ein Vertragspartner seinen Wohnsitz in ein anderes Land verlegt, das eine entsprechend einfachere Form vorsieht, und dort verstirbt.[183]

## IV. Änderung und Widerruf

Soweit ein Testament eine Änderung oder den Widerruf einer früheren Verfügung von 189
Todes wegen enthält, wird der Kreis der Anknüpfungsmerkmale durch Art. 2 HTestformÜ sogar nochmals erweitert. Grundsätzlich wird die neue Verfügung einschließlich des Widerrufs bzw. der Änderung der alten Verfügung formwirksam, wenn sie selbst nach einem der in Abschnitt 3 dargestellten Rechte errichtet ist. Sollte dies ausnahmsweise nicht der Fall sein, ist der Widerruf der alten Verfügung formwirksam, wenn dieser zumindest einem der Rechte entspricht, nach denen die ursprüngliche Verfügung von Todes wegen formwirksam gewesen ist.

**Beispiel:** 190

Ein deutscher Staatsangehöriger hat einige Jahre in England gewohnt und dort ein von einem Zeugen unterschriebenes Testament, das mit der Schreibmaschine geschrieben wurde, errichtet. Nachdem er nach Hamburg umgezogen ist, verfasste er ein neues Testament in gleicher Form, mit dem er unter anderem sein altes Testament widerrufen hat. Kurz darauf starb er.

[181] Vgl. MüKoBGB/*Dutta* EuErbVO Art. 27 Rn. 8 f.

[182] Vgl. Süß/*Süß*, ErbR in Europa, § 4 Rn. 16.

[183] Vgl. dazu *Süß* ZErb 2014, 225 ff., der zudem diskutiert, ob dies sogar noch nach dem Tod des erstversterbenden Erblassers passieren kann. Allerdings muss man in diesem Fall wohl zu einer teleologischen Einschränkung des Art. 27 kommen, dass die Frage der Formwirksamkeit der Verfügung für den zuerst verstorbenen Erblasser im Zeitpunkt seines Todes endgültig entschieden sein muss.

Da alle Anknüpfungsmerkmale des Art. 1 Abs. 1 HTestformÜ nun auf das deutsche Recht verweisen, wäre das Testament nichtig, da es nicht vollständig eigenhändig errichtet oder notariell beurkundet wurde. Allerdings ist der Widerruf des alten Testaments formwirksam erfolgt, da dieser entsprechend dem früheren Wohnsitzrecht und damit nach einem der Rechte erfolgt ist, nach denen das widerrufene ältere Testament formwirksam errichtet war. Dies gilt allerdings nur für den Widerruf und nicht für etwaige neue Verfügungen von Todes wegen in dem späteren Testament, die nach deutschem Recht nichtig bleiben. Ob der isolierte Widerruf damit inhaltlich Bestand haben sollte, ist eine Auslegungsfrage, die sich nach dem Errichtungsstatut richtet.

191 Nach Art. 27 Abs. 2 gilt dies entsprechend für Erbverträge, so dass zB ein in Deutschland beurkundungsbedürftiger Erbvertrag durch einen schriftlichen Vertrag der Beteiligten aufgehoben werden kann, wenn zwischenzeitlich ein Vertragspartner seinen Wohnsitz in ein Land verlegt hat, in dem eine entsprechende Aufhebung bzw. Änderung keiner Beurkundung bedarf. Zu beachten ist jedoch, dass beim einseitigen Widerruf eines deutschen gemeinschaftlichen Testaments bzw. beim Rücktritt vom deutschen Erbvertrag nicht die Frage der Formbedürftigkeit sondern die der Bindungswirkung betroffen ist. Diese wird aber ausschließlich vom sog Errichtungsstatut behandelt (→ Rn. 247 ff.).

## E. Zulässigkeit, materielle Wirksamkeit und Bindungswirkung von Verfügungen von Todes wegen

192 Wie bei Fragen der Formwirksamkeit will die EuErbVO auch im Hinblick auf materielle Wirksamkeitsvoraussetzungen Problemen aufgrund eines möglichen Statutenwechsels, insbesondere durch Umzug in ein anderes Land, vorbeugen. Der Erblasser soll die Sicherheit haben, dass die von ihm einmal wirksam errichtete Verfügung dauerhaft wirksam bleibt (wobei sich natürlich deren Inhalt beim Statutenwechsel am letztlich anwendbaren Erbrecht messen lassen muss). Im Unterschied zu Formfragen, bei denen im Sinne eines *favor testamentii* eine Vielzahl von alternativen Anknüpfungsmerkmalen eröffnet wird, kann der Kreis der Anknüpfungsmerkmale bei Fragen der Zulässigkeit, materiellen Wirksamkeit und Bindungswirkung letztwilliger Verfügungen aber nicht beliebig erweitert werden, da diese Fragen zum Kernbereich jedes nationalen Erbrechts gehören. Entsprechend der früheren Regelung des Art. 26 EGBGB aF – aber zB im Unterschied zum früheren Kollisionsrecht in Frankreich, Belgien, Italien und weiterhin in Großbritannien und teilweise der Schweiz – übernimmt die EuErbVO dazu die Methode, die Anknüpfung dieser Fragen auf den Zeitpunkt der Errichtung der letztwilligen Verfügung „vorzuverlagern“. Anzuknüpfen ist daher an das Erbrecht, das gelten würde, wenn der Erblasser im Zeitpunkt der Errichtung der Verfügung verstorben wäre (sog „Errichtungsstatut“ oder „hypothetisches Erbstatut“). Entsprechend der Systematik der Art. 21 Abs. 1 und 22 hat dabei der Erblasser aber wiederum die Möglichkeit statt der Anknüpfung an den gewöhnlichen Aufenthaltsort zum Zeitpunkt der Errichtung der letztwilligen Verfügung sein Staatsangehörigkeitsrecht zu wählen.

### I. Reichweite des Errichtungsstatuts

193 Das Errichtungsstatut ist gemäß Art. 24 und Art. 25 für alle Fragen der Zulässigkeit und materiellen Wirksamkeit der letztwilligen Verfügung und beim Erbvertrag auch für Fragen der Bindungswirkung maßgeblich. Diese Begriffe sind wie alle Rechtsbegriffe der EuErbVO autonom auszulegen.

### 1. Zulässigkeit der letztwilligen Verfügung

Der Begriff der Zulässigkeit einer letztwilligen Verfügung betrifft die Frage, ob eine angestrebte Verfügung generell als Gestaltungsmittel für die Rechtsnachfolge von Todes wegen zur Verfügung steht oder verboten ist. Dies umfasst also die Prüfung, welche Testiermöglichkeiten es gibt (insbesondere im Sinne eines Typenzwangs) und ob bestimmte Arten von letztwilligen Verfügungen verboten sind oder nur einem bestimmten Personenkreis offen stehen.[184] 194

Besondere Bedeutung kommt der Regelung der Zulässigkeit einer bestimmten Verfügung von Todes wegen dem deutschen gemeinschaftlichen Testament und dem Erbvertrag zu, da die überwiegende Zahl der Rechtsordnungen (vor allem aus den romanisch, ehemals kommunistisch und islamisch geprägten Rechtskreisen) solche gemeinsamen Verfügungsarten aus unterschiedlichsten Gründen verbieten.[185] Nach hM zum früheren deutschen Kollisionsrecht wurde dabei unterschieden, ob das Verbot eines Erbvertrags oder gemeinschaftlichen Testament im maßgeblichen Erbrecht eher aus formellen Gründen oder aus materiellen, sachlichen Erwägungen angeordnet wurde. Zu den formelle Gründen zählte man Verbote, die nur zum Zwecke der besseren Beweisbarkeit und unverfälschten Niederlegung des Erblasserwillens angeordnet sind; dies kann indiziert sein, wenn das betroffene nationale Recht im Grunde keine Wirksamkeitsbedenken gegenüber Erbverträgen und gemeinschaftlichen Testamenten, die im Ausland errichtet wurden, erhebt. Materielle Gründe liegen dagegen vor, wenn das Verbot einer Beeinflussung des freien Willens des Erblassers vorbeugen oder die Testierfreiheit schützen sollte, wobei sich ein solches Verbot nach nationalem Recht dann idR auch gegen ausländische gemeinschaftliche Verfügungen durchsetzen soll. Ist demgemäß ein Verbot in einer Rechtsordnung aus bloßen formellen Gründen angeordnet, sollte sich die Frage der Wirksamkeit des Erbvertrags bzw. gemeinschaftlichen Testaments allein nach dem Formstatut richten. Das Verbot hätte damit keine negativen Auswirkungen, wenn die Verfügung aufgrund einer der zahlreichen anderen Anknüpfungsmomente nach einer anderen Rechtsordnung formwirksam errichtet wurde. Beruht das Verbot dagegen auf materiellen Erwägungen, sollte für die Frage der Wirksamkeit allein das (hypothetische) Erbstatut maßgeblich sein.[186] 195

**Beispiel:** 196
Zwei niederländische Erblasser mit gewöhnlichem Aufenthalt in Nijmegen haben bei einem Notar in Kleve ein gemeinschaftliches Testament errichtet. Das niederländische Erbrecht kennt jedoch das gemeinschaftliche Testament nicht. Sieht man dieses Verbot aber nur als bloße Formvorschrift an,[187] wäre das Testament wirksam, da zumindest die Formvorschriften am Errichtungsort in Deutschland gemäß Art. 1 Abs. 1 lit. a HTestformÜ eingehalten sind.

Im Anwendungsbereich der EuErbVO folgte zunächst die überwiegende Literatur bei der Qualifikationsfrage, wie ein Verbot gemeinschaftlicher Verfügungen einzuordnen ist, dieser Unterscheidung.[188] Begründet wird dies mit der fortbestehenden Unterscheidung zwischen Formfragen und materieller Wirksamkeit in Art. 25 und Art. 27, so dass die 197

---

[184] Vgl. Staudinger/*Dörner* EGBGB Art. 25 Rn. 246 mit dem Hinweis, dass bei einem totalen Testierverbot ein Verstoß gegen den deutschen *ordre public* indiziert ist.

[185] Vgl. tabellarische Übersichten zur Zulässigkeit bzw. Verboten insbes. bei Geimer/Schütze/*Döbereiner* IRV EuErbVO Art. 25 Rn. 7ff.; *Frank/Döbereiner* Nachlassfälle Anh. Rn. 630ff.; WürzNotar-HdB/*Hertel* Teil 7 Kap. 3 Rn. 190.

[186] Vgl. Staudinger/*Dörner* EGBGB Art. 25 Rn. 322ff., 355; Geimer/Schütze/*Döbereiner* IRV EuErbVO Art. 25 Rn. 38ff.

[187] Vgl. KG ZEV 2000, 512f.

[188] Vgl. Palandt/*Thorn* EuErbVO Art. 25 Rn. 4; *Nordmeier* ZEV 2012, 513 (515f.); *Döbereiner* MittBayNot 2013, 437 (440); *Heinig* RNotZ 2014, 197 (201f.); *Hilbig-Lugani* IPrax 2014, 480 (481); *Müller-Lukoschek* § 2 Rn. 199f.

Qualifikation eines Verbots entsprechend dem überwiegenden Verständnis der nationalen Rechtsordnungen zu erfolgen habe, zumal der Verordnungsgeber diese unsicher Frage ausdrücklich hätte klären können. Zumindest bezüglich gemeinschaftlicher Testamente folge dies auch aus dem Vorrang des HTestformÜ. Nach anderer, stark im Vordringen befindlicher Auffassung, richtet sich die Qualifikation nationaler Verbotsvorschriften aber immer nach dem hypothetischen Erbstatut (Art. 24, 25). Begründet wird diese – vorzugswürdige – Interpretation vor allem mit dem Wortlaut der Verordnung, der die „Zulässigkeit" von Verfügungen von Todes wegen ausdrücklich neben der materiellen Wirksamkeit nennt. Würde man lediglich sachliche Verbotsnormen dem Anwendungsbereich der Art. 24 und Art. 25 unterstellen, wäre dieser zusätzliche Begriff überflüssig, da solche Verbotsnormen ohnehin unter dem Begriff der materiellen Wirksamkeit zu subsumieren wären.[189]

**Hinweis:**
In der Beratungspraxis wird man schon aus Vorsichtsgründen der zweiten Ansicht folgen und einen Erbvertrag oder gemeinschaftliches Testament nicht ausschließlich auf einem der alternativen Anknüpfungsmerkmale des Formstatuts begründen. Nur wenn die Zulässigkeit gemäß dem hypothetischen Erbstatut in allen Ländern, in denen Vermögen belegen ist, gesichert ist, stellt der Erbvertrag ein geeignetes Instrument der Erbfolgeplanung dar. Dies gilt umso mehr, da sich die Bindungswirkung eines Erbvertrags ohnehin nicht nach dem Formstatut richtet, sondern immer nach dem hypothetischen Erbstatut zu prüfen ist.

198 Aber auch wenn das deutsche Recht als hypothetisches Erbstatut zur Anwendung kommt, ist zu beachten, dass in einzelnen Rechtsordnungen das Verbot eines Erbvertrags oder gemeinschaftlichen Testaments nicht nur als Wirksamkeitsfrage qualifiziert, sondern auch dem *ordre public* des jeweiligen Staates zugerechnet werden kann. In diesem Fall würde es sich in jedem Fall gegen das Erbstatut durchsetzen (Art. 35). Dabei stellt sich die Frage, ob dies auch aus dem Blickwinkel eines Mitgliedstaates der EuErbVO erfolgen dürfte.[190]

199 Dagegen spricht jedoch, dass die Verordnung mit der spezifischen Kollisionsnorm des Art. 25 das Institut des Erbvertrags ausdrücklich anerkennt. Es würde damit dem Vereinheitlichungsgedanken der Verordnung widersprechen, wenn ein nach dem Recht eines Mitgliedstaats wirksam errichteter Erbvertrag nicht auch in allen anderen Mitgliedstaaten Wirkung entfalten dürfte.[191] Zumindest im Verhältnis zu den anderen Mitgliedstaaten kann man damit wohl davon ausgehen, dass ein Erbvertrag uneingeschränkt verwendet werden kann, wenn das deutsche Recht als hypothetisches Erbstatut die Zulässigkeit und materielle Wirksamkeit dieser Verfügung von Todes wegen bestimmt.[192]

200 Zu beachten ist ferner, dass die Frage der Zulässigkeit einer Verfügung von Todes wegen immer von der Frage zu unterscheiden ist, ob die im Testament oder Erbvertrag getroffenen letztwilligen Verfügungen inhaltlich „zulässig", dh wirksam sind. Insoweit

[189] Vgl. MüKoBGB/*Dutta* EuErbVO Art. 24 Rn. 2; Dutta/Herrler/*Bonomi/Öztürk* S. 66 (Rn. 94); *Herzog* ErbR 2013, 2 (8); *Lehmann* ZErb 2013, 25 (29); *Soutier*, Die Geltung deutscher Rechtsgrundsätze im Anwendungsbereich der EuErbVO, S. 150ff.; Geimer/Schütze/*Döbereiner* IRV EuErbVO Art. 25 Rn. 38; Bonomi/Wautelet/*Bonomi* Art. 27 Rn. 14ff.; Bergquist/*Lagarde* Art. 27 Rn. 11; Dutta/Weber/*Bauer* Art. 24 Rn. 4.

[190] Strittig diskutiert zB in Frankreich, zumindest wenn der Erbfall engen Bezug zu Frankreich hat, zB weil es sich um Franzosen handelt; vgl. dazu *Stade* ZErb 2015, 69 (73f.). Zur entsprechenden Vorsicht auch im Hinblick auf Italien ratend: *Beyer* ZErb 2015, 170 (172f.).

[191] Vgl. dazu auch die Erwägungsgründe 49 S. 2 sowie 58 S.2, die kenntlich machen, dass der *ordre public*-Vorbehalt im Verhältnis der Mitgliedstaaten untereinander nur sehr eingeschränkt Vorrang beanspruchen darf.

[192] Vgl. *Heinig* RNotZ 2014, 197 (213); Bonomi/Wautelet/*Bonomi* Art. 22 Rn. 50 und Art. 35 Rn. 42; skeptisch aber MüKoBGB/*Dutta* EuErbVO Art. 24 Rn. 3; Bergquist/*Lagarde* Art. 35 Rn. 2.

gilt nicht das hypothetische Erbstatut zum Zeitpunkt der Errichtung der Verfügung, sondern ausschließlich das im Zeitpunkt des Todes anwendbare Erbrecht. Nach diesem können die inhaltlichen Verfügungen ganz oder teilweise unwirksam sein, mit der Folge, dass die rechtlich fehlgeschlagenen Vorstellungen des Erblassers soweit möglich in vergleichbare Rechtsinstitute des anwendbaren Erbrechts umzudeuten sind, ggf. aber auch ganz ihre Wirkung verlieren können. Aus Sicht des deutschen Rechts betrifft dies zB häufig die „Zulässigkeit" der Anordnung einer Vor- und Nacherbfolge, die in vielen Rechtsordnungen unbekannt ist, und den Wirkungsumfang einer Testamentsvollstreckung.[193]

> **Hinweis:**
> Erscheint ein sog Statutenwechsel nach Errichtung der Verfügung von Todes wegen möglich, insbesondere aufgrund eines Umzugs in ein anderes Land, sollte dem in der Beratungspraxis ggf. durch eine gültige Wahl des stabileren Staatsangehörigkeitsrechts als allgemeines Erbstatut (Art. 22) vorgebeugt werden.

## 2. Materielle Wirksamkeit der letztwilligen Verfügung

Um eine einheitliche Anwendung der Art. 24 und Art. 25 zu gewährleisten,[194] wird der Regelungsumfang, der mit dem auslegungsbedürftigen Begriff der „materiellen Wirksamkeit" verbunden ist, in Art. 26 Abs. 1 näher definiert: 201

**a) Testierfähigkeit, Art. 26 Abs. 1 lit. a, Abs. 2.** Unter dem Begriff der Testierfähigkeit der Person, die die Verfügung von Todes wegen errichtet (Art. 26 Abs. 1 lit. a), sind alle an diese Person anknüpfenden Voraussetzungen zu verstehen, ein Testament zu errichten, aufzuheben und zu ändern. Das hypothetische Erbstatut bestimmt also insbesondere über das Alter, ab dem jemand ganz oder zumindest für Teile des Nachlasses testieren kann,[195] über etwaige Zustimmungserfordernisse (zB der sorgeberechtigten Eltern oder eines Gerichts), und über die Frage, unter welchen Voraussetzungen man die Testierfähigkeit wieder verliert (zB durch „Entmündigung", Verlust der Geschäftsfähigkeit). Auch wenn der in der deutschen Fassung der EuErbVO verwendete Begriff der „Testier"-Fähigkeit eher einschränkend erscheint, fällt darunter aber auch die Fähigkeit, als Erblasser oder als weitere Partei einen Erbvertrag (einschließlich eines Erb- oder Pflichtteilsverzichtsvertrags; → Rn. 271) abzuschließen.[196] 202

Durch die Anknüpfung der Testierfähigkeit an das hypothetische Erbstatut wird idR das Erbrecht am gewöhnlichen Aufenthaltsort des Erblassers zum Zeitpunkt der Errichtung der Verfügung für die Bestimmung der Testierfähigkeit maßgeblich sein. Durch die 203

[193] Deutlich weitergehend dagegen Dutta/Herrler/*Bonomi/Öztürk* S. 56 (Rn. 46ff.), sowie MüKoBGB/*Dutta* EuErbVO Art. 26 Rn. 13, die aufgrund der Stabilitätsinteressen des Erblassers an der Wirksamkeit seiner Verfügung in weit größerem Umfang inhaltliche Wirksamkeitsverbote des anwendbaren Erbrechts, wie zB das Gebot der materiellen Höchstpersönlichkeit (§ 2065 BGB), zeitliche Schranken für Vor- und Nacherbfolgen und Dauertestamentsvollstreckung, Sittenwidrigkeitsschranken usw als zur materiellen Wirksamkeit gehörend dem Errichtungsstatut unterwerfen wollen. Mit der Regelungstechnik der EuErbVO – insbes. der Abgrenzung zwischen Art. 23 Abs. 2 lit. b, lit. f und lit. h einerseits und dem Katalog des Art. 26, der zwar nach hM nicht abschließend ist, aber doch alle wesentlichen Fragen der materiellen Wirksamkeit umfassen sollte – ist dieser Ansatz aber wohl kaum vereinbar.

[194] Vgl. Erwägungsgrund 48 S. 2.

[195] Vgl. zB in Frankreich Art. 903, 904 CC, wonach Minderjährige über 16 Jahre nur über die Hälfte des Vermögens verfügen dürfen.

[196] Allgemeiner im Vergleich zB die englische Fassung: „*the capacity of the person*"; vgl. MüKoBGB/*Dutta* EuErbVO Art. 26 Rn. 4; *Frank/Döbereiner* Nachlassfälle Rn. 318.

Rechtswahlmöglichkeiten in Art. 24 bzw. Art. 25 kann sich der Testator aber ggf. auch erst in eine Testierfähigkeit „hineinwählen".[197]

204 **Beispiel:**
Der 14-jährige A ist deutscher und britischer Staatsangehöriger (mit Geburtsdomizil in Glasgow, woher sein Vater stammt). Er lebt seit einigen Jahren bei seiner geschiedenen Mutter in Frankfurt. Unter deren Einfluss will er ein Testament errichten, in dem er seinen Vater von der Erbfolge ausschließt.

A kann sein schottisches Heimatrecht wählen (allgemein nach Art. 24 Abs. 1 iVm Art. 22 oder isoliert für die Wirksamkeit der Verfügung nach Art. 24 Abs. 2; zur Unteranknüpfung innerhalb des Vereinigten Königreichs an das Geburtsdomizil → Rn. 135). Da nach schottischem Recht Jugendliche bereits ab zwölf Jahren testierfähig sind,[198] kann er die Altersvoraussetzung des § 2229 Abs. 1 BGB „umgehen" und das Testament wirksam errichten.

205 Ist in dem zu prüfenden nationalen Erbrecht die Testierfähigkeit nicht speziell geregelt, sondern an die allgemeine Geschäftsfähigkeit angeknüpft, ist zu beachten, dass Fragen der Rechts-, Geschäfts- und Handlungsfähigkeit gemäß Art. 1 Abs. 2 lit. b vom Anwendungsbereich der EuErbVO ausgeschlossen sind. Bei der entsprechenden Bestimmung der Geschäftsfähigkeit handelt es sich damit um eine Vorfrage, die selbständig anzuknüpfen ist (→ Rn. 304).[199]

206 Die Testierfähigkeit ist ferner abzugrenzen von Vorschriften, mit denen im nationalen Recht nur bestimmte Formen von Verfügungen von Todes wegen vom Alter oder anderen persönlichen Voraussetzungen des Erblassers abhängig gemacht werden, wie zB im deutschen Recht in § 2247 Abs. 4 Alt. 1 BGB. Solche Regelungen sind gemäß Art. 27 Abs. 3 (bzw. Art. 5 S. 1 HTestformÜ) nicht als Teil der Testierfähigkeit sondern als Frage der Formwirksamkeit zu qualifizieren.

207 Schließlich enthält die EuErbVO bezüglich der Testierfähigkeit in Art. 26 Abs. 2 eine spezielle Schutzregelung für den Fall eines sog Statutenwechsels, insbesondere bei einem Umzug in ein anderes Land. Will der Erblasser in einem solchen Fall eine neue Verfügung errichten, gilt für deren materielle Wirksamkeit grundsätzlich das nach Art. 24 bzw. Art. 25 zu ermittelnde hypothetische Erbstatut zum Zeitpunkt der neuen Verfügung. War aber eine Person nach dem früheren Errichtungsstatut, das für eine ältere Verfügung von Todes wegen maßgeblich war, bereits testierfähig, beeinträchtigt der Wechsel des anzuwendenden Rechts nicht mehr die Fähigkeit zur Änderung oder zum Widerruf dieser Verfügung.

208 **Beispiel:**
Im Beispiel → Rn. 204 stammte der Jugendliche A mit Geburtsdomizil nicht aus Glasgow sondern aus Manchester. Er lebte jedoch mit seiner Familie lange in Glasgow, wo er nach der Trennung der Eltern mit zwölf Jahren ein Testament zu Gunsten seines Vaters errichtet hat. Nach dem Umzug zur Mutter will er dieses widerrufen.

Sowohl nach deutschem Recht (als neuem gewöhnlichen Aufenthaltsrecht) als auch nach englischem Recht, das aufgrund einer Rechtswahl zum Staatsangehörigkeitsrecht (mit Unteranknüpfung an das Domizilrecht) zur Anwendung kommen könnte, wäre A. nicht testierfähig, da England dafür Volljährigkeit voraussetzt. Gemäß Art. 26 Abs. 2 behält A aber

[197] Von der Testierfähigkeit ist ggf. eine spezielle „Rechtswahlfähigkeit" zu unterscheiden, dh wenn das Staatsangehörigkeitsrecht spezielle persönliche Anforderungen für die Wirksamkeit einer Rechtswahl stellt. Diese gehören zur materiellen Wirksamkeit der Rechtshandlung, mit der die Rechtswahl vorgenommen wird, und unterliegen damit gemäß Art. 22 Abs. 3 ausschließlich dem gewählten Recht; vgl. BeckOGK/*J. Schmidt* EuErbVO Art. 26 Rn. 11.

[198] S. 2 (2) *Age of Legal Capacity (Scotland) Act* 1991.

[199] Vgl. BeckOGK/*J. Schmidt* EuErbVO Art. 26 Rn. 8; MüKoBGB/*Dutta* EuErbVO Art. 1 Rn. 13 und Art. 26 Rn. 4.

seine Testierfähigkeit, die er aufgrund seines früheren gewöhnlichen Aufenthaltsorts in Schottland bei Errichtung des ersten Testaments hatte (Art. 24 Abs. 1 iVm Art. 21 Abs. 1), um dieses Testament nun zu widerrufen oder durch ein neue Verfügung von Todes wegen zu ersetzen.

Nach dem Wortlaut des Art. 26 Abs. 2, der auf die „Änderung und den Widerruf einer Verfügung" abstellt, kann diese spezielle Schutzvorschrift aber nur eingreifen, wenn der Erblasser tatsächlich vor einem Wechsel des maßgeblichen Anknüpfungsmerkmals testiert hat. Die bloße abstrakte Möglichkeit, dass er zu einem früheren Zeitpunkt unter Anwendung eines anderen Errichtungsstatuts hätte testieren können, reicht dagegen nicht aus.[200] Zudem schützt die Vorschrift nur vor einem Verlust der Testierfähigkeit aufgrund eines Statutenwechsels. Nach dem Zweck der Norm ist diese dagegen nicht anwendbar, wenn der Erblasser im Zeitpunkt der Errichtung der neuen Verfügung auch nach dem früheren Errichtungsstatut nicht mehr testierfähig wäre, zB weil er mittlerweile an Demenz erkrankt ist.[201] 209

**b) Zuwendungsverbote, Art. 26 Abs. 1 lit. b.** Vom unwandelbaren Errichtungsstatut geregelt werden ferner die besonderen Gründe, aufgrund derer der Erblasser nicht zugunsten bestimmter Personen verfügen darf, oder aufgrund derer eine Person kein Nachlassvermögen vom Erblasser erhalten darf. Dies betrifft insbesondere Vorschriften, nach denen bestimmte bei der Testamentserrichtung mitwirkende Personen (wie zB Notare oder Rechtsanwälte sowie Zeugen) oder Personen, die besonderen Einfluss auf den Erblasser haben können (zB Vormund, Ärzte, Apotheker und Geistliche) von der testamentarischen Erbfolge ausgeschlossen sind. 210

Dies gilt unabhängig vom rechtlichen Charakter der Vorschrift im nationalen Recht und vom Zweck der Verbotsvorschrift, dh ob der Schutz des unbeeinflussten Erblasserwillens im Vordergrund steht oder eher ordnungspolitische Zwecke, wie zB der Schutz des Heimfriedens.[202] Unter das Errichtungsstatut fällt damit auch die Frage, ob das Verbot des § 14 HeimG bzw. eines an seine Stelle tretenden Landesgesetzes Anwendung findet.[203] Im früheren deutschen IPR qualifizierte zwar die hM dieses Verbot nicht als erbrechtlich, sondern als eine außerhalb des Erbrechts stehende, kollisionsrechtlich ungeschriebene Eingriffsnorm, die sich auch bei Anwendbarkeit ausländischen Erbrechts durchsetzen sollte.[204] Für eine solche Qualifikation dürfte aber kein Raum mehr sein, da das Verbot aufgrund seiner erbrechtlichen Rechtsfolgen zweifellos vom Anwendungsbereich der EuErbVO umfasst ist, dieses aber Sondervorschriften zum Schutz besonderer nationaler Vorschriften nur iRd Art. 30 und 35 kennt. Und für einen *ordre-public*-Einwand wird der Schutzzweck des § 14 HeimG wohl nicht ausreichen.[205] Sofern also ein ausländisches Erbrecht als Errichtungsstatut zur Anwendung kommt, ggf. auch nur aufgrund einer Rechtswahl zum Staatsangehörigkeitsrecht, geht das deutsche Verbot künftig ins Leere. 211

Die Zuwendungsverbote iSd Art. 26 sind abzugrenzen von den Begriffen der Erbfähigkeit (worunter auch allgemeine Erwerbsverbote für bestimmte Personengruppen subsumiert werden können) und der Erbunwürdigkeit, bei der ein Berechtigter seine Stellung 212

[200] Vgl. MüKoBGB/*Dutta* EuErbVO Art. 26 Rn. 18; Geimer/Schütze/*Frank* IRV EuErbVO Art. 26 Rn. 9. Darin unterscheidet sich die EuErbVO von Art. 26 Abs. 5 EGBGB aF, bei dem es nach ganz hM nur auf das Vorliegen der Testierfähigkeit vor einem Statutenwechsel ankam; vgl. Staudinger/*Dörner* EGBGB Art. 25 Rn. 240. Allerdings betraf diese Regelung zum größten Teil nur die seltenen und leicht feststellbaren Fälle eines Staatsangehörigkeitswechsels.

[201] Vgl. BeckOGK/*J. Schmidt* EuErbVO Art. 26 Rn. 33.

[202] Vgl. MüKoBGB/*Dutta* EuErbVO Art. 26 Rn. 7; Palandt/*Thorn* EuErbVO Art. 26 Rn. 1.

[203] Vgl. Palandt/*Thorn* EuErbVO Art. 26 Rn. 1.

[204] Vgl. OLG Oldenburg FamRZ 1999, 1312; Staudinger/*Dörner* EGBGB Art. 25 Rn. 131.

[205] Offen gelassen aber insoweit von MüKoBGB/*Dutta* EuErbVO Art. 26 Rn. 7; Geimer/Schütze/*Frank* IRV EuErbVO Art. 26 Rn. 14 erwägt dagegen eine Subsumtion des Verbots unter Art. 30, was aber mit dessen Wortlaut kaum vereinbar erscheint.

aufgrund seines besonderen Verhaltens verlieren kann. Diese Fälle werden nicht vom Errichtungsstatut sondern gemäß Art. 23 Abs. 2 lit. c und lit. d vom Erbstatut geregelt. Die Abgrenzung zu den Zuwendungsverboten erfolgt dabei in der Weise, dass es sich bei diesen nur um spezielle Verbote gegenüber einer Begünstigung aufgrund einer letztwilligen Verfügung handelt, wohingegen die Erbfähigkeit bzw. -unwürdigkeit betroffen ist, wenn es sich um allgemeine Sanktionsnormen, die auch bei gesetzlicher Erbfolge gelten, handelt.[206]

213 **c) Stellvertretung, Art. 26 Abs. 1 lit. c.** Vom Errichtungsstatut erfasst wird ferner die Frage, ob eine Stellvertretung bei der Errichtung einer Verfügung von Todes zulässig ist. Während bei Testamenten die allermeisten Rechtsordnungen eine Höchstpersönlichkeit wie in § 2064 BGB vorschreiben werden, kann diese Frage insbesondere beim Erbvertrag (im europäischen Sinn, dh einschließlich dem Erbverzichtsvertrag) erhöhte Relevanz haben.

214 Unter den Begriff der Stellvertretung (in der englischen Fassung: *„representation"*) fallen aber nur Regelungen, die die Vertretung des Erblassers bei der Willensbildung betreffen. Ein Vertretungsverbot muss also dem Zweck dienen, dass die Verfügung tatsächlich dem Erblasserwillen und nicht eher dem einer anderen Person entspricht. Betreffen die Regelungen dagegen eher formelle Vorschriften, mit denen sichergestellt werden soll, dass der authentische Wille der Erblassers unverfälscht niedergelegt wird, unterfallen diese dem Formstatut.[207]

215 **d) Willensmängel, Art. 26 Abs. 1 lit. e.** Mit der weiten Formulierung des Art. 26 Abs. 1 lit. e ordnet die EuErbVO ferner alle Fragen, die die Wirksamkeit der Willensbildung des Erblassers berühren können, dem Errichtungsstatut zu. Ausdrücklich genannt werden dabei die möglichen Folgen von Täuschung, Nötigung Drohung und Irrtum. Durch die ergänzende Formulierung „alle sonstigen Fragen in Bezug auf Willensmängel oder Testierwillen" stellt die Verordnung jedoch klar, dass auch sonstige Merkmale und Rechtsbegriffe, die nach dem hypothetischen Erbstatut auf die Wirksamkeit der Willensbildung Einfluss haben können, umfasst sind, und dass die Aufzählung des Art. 26 Abs. 1 insgesamt nicht abschließend ist.

216 Unter diesem erweiterten Begriff der materiellen Wirksamkeit wird man grundsätzlich sämtliche weitere Fragen zum Zustandekommen einer Verfügung von Todes wegen oder eines Erbvertrages zählen können, wie zB Anforderungen an den objektiven oder subjektiven Tatbestand einer verbindlichen Willenserklärung, Fragen der Empfangsbedürftigkeit von Willenserklärungen sowie zum notwendigen Konsens beim Erbvertrag, Wirkungen von Bedingungen, (geheimen) Vorbehalten, Scheinerklärungen uÄ.[208]

217 Zu beachten ist, dass unter das Errichtungsstatut nicht nur die Voraussetzungen für das Vorliegen eines Willensmangels, sondern auch die Rechtsfolgen fallen, insbesondere also die Fragen, ob die Verfügung nichtig oder nur anfechtbar ist, wer anfechtungsberechtigt ist und wie die Anfechtung erfolgt. Hat also beispielsweise ein italienischer Staatsangehöriger mit gewöhnlichem Aufenthalt in Verona ein Testament errichtet, das auf einem maßgeblichen Irrtum iSd Art. 624, 625 CC beruhte, richtet sich die Anfechtbarkeit durch eine *azione di annullamento* ausschließlich nach italienischem Recht als Errichtungsstatut, auch wenn der Erblasser zwischenzeitlich seinen gewöhnlichen Aufenthaltsort nach Deutschland verlegt hat und deutsches Erbrecht nach Art. 21 Abs. 1 zur Anwendung kommt.

[206] Vgl. MüKoBGB/*Dutta* EuErbVO Art. 26 Rn. 8.
[207] Vgl. *Frank/Döbereiner* Nachlassfälle Rn. 346.
[208] Vgl. BeckOGK/*J. Schmidt* EuErbVO Art. 26 Rn. 27ff.; MüKoBGB/*Dutta* EuErbVO Art. 26 Rn. 13; Süß/*Süß*, ErbR in Europa, § 4 Rn. 7.

### 3. Auslegung der letztwilligen Verfügung

Bei der notwendigen Auslegung einer letztwilligen Verfügung handelt es sich eigentlich um keine Frage der Wirksamkeit der Verfügung sondern um deren inhaltliche Wirkung. Dementsprechend haben die meisten nationalen Kollisionsrechte Auslegungsfragen dem Erbstatut unterstellt.[209] Art. 26 Abs. 1 lit. d subsumiert dagegen die Auslegung einer letztwilligen Verfügung unter den Begriff der materiellen Wirksamkeit, um zur Anwendung des Errichtungsstatuts zu kommen.[210] Sie verfolgt damit das Ziel, dass der Wille des Erblassers bei einem Statutenwechsel möglichst nahe an seinen Vorstellungen bei Errichtung der letztwilligen Verfügung interpretiert wird. 218

Zur Auslegung zählen die Auslegungsfähigkeit und -bedürftigkeit einzelner Verfügungen und die dazu im maßgeblichen Erbrecht entwickelten allgemeinen Auslegungsregeln und -methoden, einschließlich deren Grenzen (wie zB die Möglichkeiten und Voraussetzungen einer ergänzenden Testamentsauslegung). Zur Auslegung zählen aber auch die gesetzlichen Auslegungsregeln, durch die verbleibende Zweifel im Willen des Erblassers in einer bestimmten Richtung interpretiert werden.[211] 219

Eine Grenze findet die Auslegung in zwingenden inhaltlichen Vorschriften des anwendbaren Erbrechts oder Sachenrechts. Im Fall eines Statutenwechsels sind daher ggf. die inhaltlichen Verfügungen in funktionsentsprechende Regelungen des anwendbaren Erbrechts umzudeuten. Inwieweit dies – unter Berücksichtigung des Grundsatzes, dass dem Erblasserwillen soweit wie möglich Geltung verschafft werden soll – möglich ist, bestimmt jedoch das Erbstatut und nicht das Errichtungsstatut. Das gleiche gilt bei einem „Handeln unter falschem Recht", wenn der Erblasser seine Verfügung auf Grundlage eines nur vermeintlich anwendbaren Rechts aufgebaut hat (→ § 3 Rn. 84 ff.), also der Inhalt weder dem Errichtungs- noch dem Erbstatut entspricht. Da in diesem Fall für die Auslegung kein tatsächlich anwendbares hypothetisches Erbstatut gibt, ist allein das Erbstatut für alle damit zusammenhängenden Auslegungs- und Umdeutungsfragen maßgeblich. 220

## II. Begriff des Erbvertrags in der EuErbVO

Bei der Bestimmung des maßgeblichen Errichtungsstatuts unterscheidet die EuErbVO „Verfügungen von Todes wegen mit Ausnahme des Erbvertrags", für die Art. 24 gilt, und den (einseitigen oder mehrseitigen) Erbvertrag, der in Art. 25 geregelt wird. Damit nimmt sie Bezug auf die Definitionen des Erbvertrags und der Verfügung von Todes wegen in Art. 3 Abs. 1 lit. b und lit. d. Da dort aber der Begriff der Verfügung von Todes als Oberbegriff verwendet wird, der auch gemeinschaftliche Testamente und Erbverträge umfasst, musste in Art. 24 die negative Formulierung („mit Ausnahme des Erbvertrags") gewählt werden. Maßgeblich für die Abgrenzung der Art. 24 und Art. 25 untereinander ist daher allein die Frage, ob es sich um einen Erbvertrag iSd EuErbVO handelt. 221

### 1. Definition des Erbvertrags

Art. 3 Abs. 1 lit. b definiert den Erbvertrag als „eine Vereinbarung, einschließlich einer Vereinbarung aufgrund gegenseitiger Testamente, die mit oder ohne Gegenleistung Rechte am künftigen Nachlass oder künftigen Nachlässen einer oder mehrerer an dieser Vereinbarung beteiligter Personen begründet, ändert oder entzieht". Der Erbvertragsbegriff der EuErbVO ist auf Grundlage dieser weiten Definition autonom auszulegen und darf 222

[209] Vgl. zum früheren deutschen Recht Staudinger/*Dörner* EGBGB Art. 25 Rn. 261 ff.

[210] Die Auslegung, ob das Staatsangehörigkeitsrecht als Errichtungsstatut konkludent gewählt wurde, richtet sich dagegen wohl nicht nach diesem Recht, sondern ist autonom aus der EuErbVO zu bestimmen; → Rn. 117.

[211] Vgl. Geimer/Schütze/*Frank* IRV EuErbVO Art. 26 Rn. 18 f.; MüKoBGB/*Dutta* EuErbVO Art. 26 Rn. 11.

keineswegs mit dem engeren Begriff des Erbvertrags, wie ihn das BGB verwendet, gleichgesetzt werden. Für das Vorliegen eines Erbvertrags iSd Verordnung bedarf es lediglich folgender Elemente:[212]

223 Zunächst muss es sich um eine „Vereinbarung“ handeln, dh einer Einigung von mindestens zwei Personen. Formal muss diese Einigung nicht in einem Dokument enthalten sein, sondern kann sich auch aus mehrere korrespondierenden Verfügungen ergeben, wie der Begriff „gegenseitige Testamente“ in Art. 3 Abs. 1 lit. b im Unterschied zum „gemeinschaftlichen Testament“, das nach Art. 3 Abs. 1 lit. c in einer einzigen Urkunde enthalten sein muss, zeigt.

224 Inhaltlich muss sich die Vereinbarung auf den künftigen Nachlass einer am Vertrag beteiligten Person beziehen. Ob es sich dabei um einen einseitigen oder mehrseitigen Erbvertrag handelt, ist für den Erbvertragsbegriff nicht entscheidend, sondern erst für die unterschiedlichen Regelungen des Art. 25. Zwingend ist aber, dass der Erblasser selbst ein Vertragsbeteiligter ist, so dass Verträge über den künftigen Nachlass Dritter (wie zB gemäß § 311b Abs. 4 und Abs. 5 BGB) keinen Erbvertrag iSd EuErbVO darstellen. Dass Rechte am künftigen Nachlass des Erblassers „begründet, geändert oder entzogen“ werden müssen, kann dabei aber nicht so einschränkend verstanden werden, dass diese Rechte bereits unmittelbar mit Vertragsabschluss – im Sinne eines Anwartschaftsrechts – entstehen müssten, da sonst der Anwendungsbereich des Art. 25 auf ein Minimum reduziert wäre. Ausreichend ist also, wenn diese Rechte erst im Erbfall entstehen, was zumindest immer dann der Fall ist, wenn es sich inhaltlich um letztwillige Verfügungen handelt (zum Erb- und Pflichtteilsverzicht als Form des Erbvertrags → Rn. 271).

225 Aus dem Begriff der Vereinbarung und der Regelung der Bindungswirkung in Art. 25 ergibt sich ferner, dass der Erbvertrag eine gewisse Bindung entfalten muss. Auch hier wird man im Hinblick auf die Vielgestaltigkeit der materiellen Rechtsordnungen keine zu engen Voraussetzungen in dem Sinn, dass es einer Art unwiderruflichen Vertragsschlusses bedarf, aufstellen. Ein Erbvertrag iSd EuErbVO liegt vielmehr auch vor, wenn sich ein Vertragsteil noch von der Vereinbarung lösen kann, zumal die EuErbVO Art und Umfang der Bindungswirkung nicht autonom regelt, sondern in Art. 25 dem Errichtungsstatut zuweist. Eine ausreichende Bindungswirkung ist daher schon zu bejahen, wenn ein einseitiger Widerruf oder ein Rücktritt vom Vertrag zwar möglich, aber vom hypothetischen Erbstatut an zusätzliche Voraussetzungen geknüpft ist, die über die freie Widerruflichkeit einer einseitigen Verfügung hinausgehen.

226 Besteht eine Vereinbarung teilweise aus solchen bindenden Verfügungen und teilweise aus frei widerruflichen, nicht bindenden Verfügungen, ist diese insgesamt als Erbvertrag anzusehen mit der Folge, dass Art. 25 auf den ganzen Vertrag anwendbar ist. Kein Erbvertrag iSd EuErbVO liegt dagegen vor, wenn zwar Verfügungen mehrerer Erblasser in einem Dokument zusammengefasst sind, aber keine von diesen bindend ist, weil sich jeder Erblasser von diesen ohne weitere Voraussetzungen durch eine neue Verfügung von Todes lösen kann (wie zB bei einer englischen *joint will*). In diesem Fall handelt es sich um die bloße Zusammenfassung mehrere Verfügungen, für die jeweils gesondert Art. 24 anwendbar ist.

227 Unerheblich ist, ob es sich um einen unentgeltlichen oder einen entgeltlichen Erbvertrag handelt. Entgeltlichkeit ist also kein konstitutives Merkmal eines Erbvertrags, ändert aber auch nichts an der Qualifikation des Erbvertrags als erbrechtlich iSd EuErbVO, soweit sich die Regelungen des Vertrags auf die Rechtsnachfolge von Todes wegen beziehen. Ist die Verpflichtung zur Gegenleistung in einer Weise zu qualifizieren, die vom Anwendungsbereich der Verordnung ausgeschlossen ist, wie zB bei dem Versprechen von

[212] Vgl. dazu sehr ausführlich Geimer/Schütze/*Döbereiner* IRV EuErbVO Art. 25 Rn. 13 ff.; *Frank/Döbereiner* Nachlassfälle Rn. 403 ff.

Unterhaltszahlungen, ist dieser Teil der Vereinbarung gesondert anzuknüpfen.[213] Das Gleiche gilt für zusammengesetzte Verträge, insbesondere Ehe- und Erbverträge. Ergibt sich dabei aufgrund der unterschiedlichen Anknüpfung, dass die Vereinbarung der Gegenleistung bzw. der mit dem Erbvertrag verbundene weitere Vertragsteil unwirksam ist, entscheidet wiederum das nach Art. 25 zu bestimmende Errichtungsstatut, welche Auswirkung dies auf den erbvertraglichen Teil hat, da dabei die Frage der Wirksamkeit bzw. Auslegung des Erbvertrags betroffen ist.

## 2. Einordung gemeinschaftlicher Testamente

Der Erbvertrag iSd deutschen Rechts wird damit regelmäßig den weiten Erbvertragsbegriff der EuErbVO erfüllen. Zweifelhaft ist jedoch die Einordnung von (wechselbezüglichen) gemeinschaftlichen Testamenten, was in der fehlenden Definition des Begriffs „Vereinbarung" und dem dazu erforderlichen Maß der Bindungswirkung und an den unterschiedlichen Definitionen der Art. 3 Abs. 1 lit. b bis lit. d begründet liegt. 228

Zum Teil werden gemeinschaftliche Testamente in der Literatur aufgrund des Wortlauts der Verordnung „nur" als Verfügung von Todes wegen und nicht als Erbvertrag angesehen. Begründet wird diese Ansicht vor allem mit einem Verweis auf die Definitionen in Art. 3 Abs. 1 lit. c und lit. d: Dort werde der Begriff der Verfügung von Todes wegen als Oberbegriff verwendet, der Testamente, gemeinschaftliche Testamente und Erbverträge umfasse. In Art. 24 werde dagegen nur der Erbvertrag nicht aber das gemeinschaftliche Testament vom Anwendungsbereich ausgenommen. Ferner ergebe sich zumindest beim deutschen gemeinschaftlichen Testament die erforderliche Bindungswirkung nicht aus einer Vereinbarung, sondern sei gesetzliche Folge der Wechselbezüglichkeit.[214] 229

Die herrschende Literatur in Deutschland unterstellt dagegen das wechselbezügliche gemeinschaftliche Testament dem weiten Erbvertragsbegriff des Art. 25.[215] Denn gemäß Art. 3 Abs. 1 lit. b kann sich eine erbvertragliche Vereinbarung auch „aufgrund gegenseitiger Testamente" ergeben. Wenn aber nach dieser Definition bereits zwei in unterschiedlichen Urkunden niedergelegte Testamente einen Erbvertrag darstellen können, muss dies erst recht für ein in einer Urkunde zusammengefasstes gemeinschaftliches Testament gelten. Berücksichtigt man zudem, dass dieser Zusatz im Verordnungsverfahren zu einem sehr späten Zeitpunkt unter anderem als Reaktion auf die fehlende Regelung zur materiellen Wirksamkeit von gemeinschaftlichen Testamenten aufgenommen wurde, kann aus der missverständlichen Struktur der Art. 3 Abs. 1 lit. b bis lit. d nicht abgeleitet werden, dass sich ein Erbvertrag iSd EuErbVO nicht auch aus einer Vereinbarung, die im anwendbaren materiellen Erbrecht als Testament bezeichnet wird, ergeben könne. Da eine Wechselbezüglichkeit iSd deutschen Rechts nur entstehen kann, wenn beide Erblasser die Verfügung des anderen kennen und als maßgeblich für ihre eigene Verfügungen billigen, spricht auch nichts dagegen, das gesetzliche Konzept der Wechselbezüglichkeit als ausrei- 230

[213] Vgl. *Nordmeier* ZEV 2013, 117 (119); *Hausman* Jahrbuch für das Italienische Recht 27 (2014), 21 (31 f.); aA Geimer/Schütze/*Döbereiner* IRV EuErbVO Art. 26 Rn. 105, der aus der Definition des Art. 3 Abs. 1 lit. b folgert, dass Gegenleistungen einheitlich vom hypothetischen Erbstatut umfasst sind, wenn es sich um unselbständige Bestandteile desselben handelt. Dieser Meinung dürfte aber der ausdrückliche Ausschluss insbes. der Unterhaltspflichten gemäß Art. 1 Abs. 2 lit. e entgegenstehen.

[214] Vgl. *Nordmeier* ZEV 2012, 513 (514), 2013, 117 (120); *Schaal* BWNotZ 2013, 29 (30); *Schaub* Hereditare 2013, 91 (117); *Simon/Buschbaum* NJW 2012, 2393 (2396); Süß/*Süß*, ErbR in Europa, § 4 Rn. 46 ff.; wohl auch *Müller-Lukoschek* Rn. 197 ff.

[215] Vgl. ausführlich *Soutier*, Die Geltung deutscher Rechtsgrundsätze im Anwendungsbereich der EuErbVO, S. 122 ff. sowie *Leipold* ZEV 2014, 139 ff.; entsprechend unter anderen MüKoBGB/*Dutta* EuErbVO Art. 3 Rn. 9; Palandt/*Thorn* EuErbVO Art. 25 Rn. 3; Geimer/Schütze/*Döbereiner* IRV EuErbVO Art. 25 Rn. 26 ff.; NK-NachfolgeR/*Köhler* EuErbVO Art. 25 Rn. 5; BeckOGK/*J. Schmidt* EuErbVO Art. 3 Rn. 9; Burandt/Rojahn/*Burandt* EuErbVO Art. 25 Rn. 2; *Lechner* NJW 2013, 26 f.; Dutta/Herrler/*Bonomi/Öztürk* S. 60 (Rn. 62 ff.); *Herzog* ErbR 2013, 2 (9); *Lehmann* ZErb 2013, 25 (26 f.); *Odersky* notar 2013, 3 (8); *Leipold* ZEV 2014, 139 (140 ff.); *Hausmann* Jahrbuch für Italienisches Recht 27 (2014), 21 (39 ff.); *Heinig* RNotZ 2014, 197 (200 f.); *Everts* NotBZ 2014, 441 (453 f.).

chende „Vereinbarung" iSd EuErbVO anzusehen. Denn wenn man der Vielgestaltigkeit der materiellen Rechtsordnungen bei der Auslegung der Verordnung gerecht werden will, ist die für einen Erbvertrag erforderliche Bindungswirkung immer schon dann zu bejahen, wenn eine Rechtsordnung für den einseitigen Widerruf oder die einseitige Abänderung der Verfügung Voraussetzungen aufstellt, die über die bei einem einseitigen Testament geltenden Widerrufs- bzw. Änderungsvoraussetzungen hinausgehen. Aufgrund des Erfordernis des Zugangs eines Widerrufs an den anderen Teil gemäß §§ 2271 Abs. 1 S. 1, 2296 Abs. 2 BGB unterfällt daher das gemeinschaftliche wechselbezügliche Testament der Regelung des Art. 25 für Erbverträge.[216]

231 Dies gilt auch, wenn das gemeinschaftliche Testament nur wechselbezügliche Verfügungen zu Gunsten Dritter (wie zB der Kinder) oder nur einseitig für einen Erblasser bindende Verfügungen enthält. Zwar könnte man bei einer engen Wortlautinterpretation zweifeln, ob dies vom Begriff der „gegenseitigen Testamente" iSd Art. 3 Abs. 1 lit. b umfasst ist. Doch dürfte dieser Begriff nicht abschließend zu verstehen sein, zumal Art. 25 selbst zwischen einseitigen und mehrseitigen Erbverträgen unterscheidet.[217] Enthält das gemeinschaftliche Testament dagegen gar keine wechselbezüglichen Verfügungen, handelt es sich inhaltlich um keine Vereinbarung, sondern um die bloße Zusammenfassung von zwei getrennten Verfügungen in einer Urkunde, für die jeweils (dh gesondert für jeden Erblasser) Art. 24 anwendbar ist.[218]

**Hinweis:**
In der Gestaltungspraxis beachtet werden sollte jedoch, dass diese herrschende Sichtweise in der deutschen Literatur möglicherweise von anderen europäischen Ländern, die im nationalen Recht zum Teil deutlich zwischen gemeinschaftlichen Testamenten und Erbverträgen unterscheiden und diese aus unterschiedlichen Gründen für unzulässig erachten, nicht geteilt wird.[219] Solange der EuGH diese Frage nicht entschieden hat, wird es sich daher in Deutschland empfehlen, den Erbvertrag dem gemeinschaftlichen Testament als Gestaltungsmittel vorzuziehen.[220]

## III. Die Anknüpfung von einseitigen Testamenten

232 Die Zulässigkeit und die materielle Wirksamkeit einseitiger Verfügungen von Todes wegen unterliegen nach Art. 24 Abs. 1 dem Recht, das auf die Rechtsnachfolge von Todes wegen anzuwenden gewesen wäre, wenn die Person, die die Verfügung errichtet hat, zu diesem Zeitpunkt verstorben wäre.

### 1. Objektive Anknüpfung

233 Damit verweist Art. 24 Abs. 1 zunächst auf die allgemeine Anknüpfungsregel des Art. 21 Abs. 1, also auf das Recht am gewöhnlichen Aufenthalt des Testierenden zum Zeitpunkt

[216] Zu beachten bleibt dabei aber der Unterschied zum HTestformÜ, das auch für gemeinschaftliche Testamente gilt. Die Anknüpfung der Formfragen erfolgt bei solchen Testament damit gemäß dem vorrangigen Übereinkommen und nicht nach Art. 27, der letztlich nur für Erbverträge im engeren Sinn anwendbar ist.

[217] Vgl. Geimer/Schütze/*Döbereiner* IRV EuErbVO Art. 25 Rn. 28; *Soutier*, Die Geltung deutscher Rechtsgrundsätze im Anwendungsbereich der EuErbVO, S. 129ff.

[218] Weitergehend jedoch aufgrund der Abgrenzungsschwierigkeiten und des Wortlauts des Art. 3 Abs. 1 lit. b *Leipold* ZEV 2014, 139 (144); *Hausmann* Jahrbuch für Italienisches Recht 27 (2014), 21 (41); *Kroll-Ludwigs* notar 2016, 75 (80f.): Zumindest wenn es sich um gegenseitige Testamente zweier Erblasser handelt, seien diese unmittelbar von Art. 3 Abs. 1 lit. b dem Erbvertrag zugeordnet, auch wenn sie nicht wechselbezüglich bindend sind.

[219] Vgl. zB *Stade* ZErb 2015, 69 (74).

[220] Vgl. *Leipold* ZEV 2014, 139 (144); *Lehmann* ZErb 2013, 25 (26); *Odersky* notar 2013, 3 (8); *Everts* NotBZ 2014, 441 (454).

der Errichtung des Testaments (in Ausnahmefällen ggf. aber auch auf die vorrangige Anknüpfung des Art. 21 Abs. 2). Liegt der gewöhnliche Aufenthaltsort in einem Drittstaat, ist in gleicher Weise wie bei Ermittlung des Erbstatuts ein möglicher *Renvoi* gemäß Art. 34 Abs. 1 zu prüfen, ebenfalls bezogen auf den Zeitpunkt der Testamentserrichtung.[221]

Verlegt der Testator seinen gewöhnlichen Aufenthalt nach der Testamentserrichtung in einen anderen Staat, berührt dies die Zulässigkeit und die materielle Wirksamkeit eines einmal wirksam errichteten Testaments nicht mehr. Nach dem Wortlaut des Art. 24 Abs. 1 wird aber umgekehrt ein unwirksam errichtetes Testament infolge des Statutenwechsels auch nicht geheilt, selbst wenn es aus Sicht des Erbstatuts wirksam errichtet worden wäre.[222] Dies ergibt sich auch aus dem Umkehrschluss zu der großzügigeren Übergangsregel des Art. 83 Abs. 3: Wurde das Testament bereits vor Inkrafttreten der EuErbVO errichtet, wird es dauerhaft als materiell wirksam angesehen, wenn es entweder schon entsprechend dem nun gemäß Art. 24, 25 maßgeblichen Errichtungsstatut errichtet wurde, oder wenn es nach dem früheren Kollisionsrecht des Landes wirksam war, in dem der Erblasser bei der Errichtung seinen gewöhnlichen Aufenthalt hatte, dessen Staatsangehörigkeit er damals besaß, oder dessen Gerichte bzw. Behörden nun mit der Erbsache befasst sind. 234

**Hinweis:**
Rückblickend kann es schwierig werden, den für das Errichtungsstatut entscheidenden Aufenthaltsort zum Zeitpunkt der Testamentserrichtung festzustellen, wenn bis zum Tod des Erblassers ein längerer Zeitraum vergeht, in dem der Aufenthalt möglicherweise geändert wird. Sofern in solchen Fällen nicht ohnehin eine Rechtswahl zum stabileren Staatsangehörigkeitsrecht erfolgt, ist in der Beratungspraxis zu empfehlen, im Testament nicht nur den Errichtungsort, sondern immer auch den aktuellen gewöhnlichen Aufenthalt des Testators zu dokumentieren.[223]

## 2. Rechtswahlmöglichkeiten

Wie bei Bestimmung des Erbstatus kann der Testator aber auch im Wege der Rechtswahl auf das Errichtungsstatut Einfluss nehmen. Dabei kann er einen Gleichlauf von Errichtungs- und Erbstatut herstellen, aber auch eine gezielte Trennung der beiden Statuten herbeiführen. 235

**a) Einheitliche Wahl von Errichtungs- und Erbstatut.** Wählt der Erblasser für das anwendbare Erbrecht nach Art. 22 wirksam sein Staatsangehörigkeitsrecht, wird dadurch idR über Art. 24 Abs. 1 auch das Errichtungsstatut festgelegt. Dies gilt unabhängig davon, ob die Rechtswahl für das Erbstatut bereits in einem früheren Testament getroffen worden ist, oder ob die Rechtswahl bezüglich Erbstatut und Errichtungsstatut einheitlich in einem Testament erfolgt. Aus der Systematik des Art. 24, der auf den Zeitpunkt der Testamentserrichtung abstellt, folgt jedoch, dass der Erblasser für das Errichtungsstatut nur das Recht eines Staates wählen kann, dessen Staatsangehörigkeit er im Zeitpunkt der Testamentserrichtung tatsächlich besitzt. Im Unterschied zur Rechtswahl bezüglich des an- 236

221 Vgl. Palandt/*Thorn* EuErbVO Art. 24 Rn. 3; MüKoBGB/*Dutta* EuErbVO Art. 24 Rn. 7. Einschränkend dagegen Dutta/Herrler/*Bomomi/Öztürk* S. 53 (Rn. 25), wenn der Drittstaat kein gesondertes Errichtungsstatut kennt. Kommt es aufgrund von Art. 34 zu einer Nachlass-Spaltung (→ Rn. 77), ist auch die Zulässigkeit und materielle Wirksamkeit nach unterschiedlichen Rechten für die Spalt-Nachlässe zu beurteilen; vgl. Süß/*Süß*, ErbR in Europa, § 4 Rn. 5.

222 Vgl. MüKoBGB/*Dutta* EuErbVO Art. 24 Rn. 11; Palandt/*Thorn* EuErbVO Art. 24 Rn. 3; *Hausmann* Jahrbuch für italienisches Recht 27 (2014), 21 (27); aA wohl Geimer/Schütze/*Frank* IRV EuErbVO Art. 24 Rn. 21, die dies als Entscheidung des nach Art. 21 Abs. 1 berufenen Erbstatuts ansieht.

223 Vgl. *Frank/Döbereiner* Nachlassfälle Rn. 307.

wendbaren Erbrechts kann er also für das Errichtungsstatut nicht das Recht einer erst künftig zu erwerbenden Staatsangehörigkeit wählen.[224]

237 **b) Getrennte Wahl von Errichtungs- oder Erbstatut.** Nach Art. 24 Abs. 2 kann der Testator aber auch nur für das Errichtungsstatut das Recht wählen, das er entsprechend den Regeln des Art. 22 für das Erbstatut (bezogen auf den Zeitpunkt der Errichtung des Testaments) hätte wählen können. Er kann also isoliert für die Zulässigkeit und die materielle Wirksamkeit des Testaments ein für ihn günstiges Recht wählen, nach dem er zB testierfähig ist.[225] Für das Erbstatut (einschließlich des Pflichtteilsrechts) kann er es dagegen bei der Anwendung des gewöhnlichen Aufenthaltsrechts nach Art. 21 Abs. 1 belassen. Doppelstaatler hätten sogar die Möglichkeit, für das Erbstatut gemäß Art. 22 ein anderes Staatsangehörigkeitsrecht zu wählen als für die Zulässigkeit und materielle Wirksamkeit des Testaments. Die isolierte Wahl des Errichtungsstatuts bleibt ferner wirksam bestehen, wenn der Erblasser für seine Rechtsnachfolge von Todes wegen später – zB nach einem Staatsangehörigkeitswechsel – eine abweichende Rechtswahl nach Art. 22 trifft.

238 Auch bei der isolierten Rechtswahl nach Art. 24 Abs. 2 gilt aber die Einschränkung, dass nur das Recht solcher Staaten gewählt werden kann, deren Staatsangehörigkeit der Testator bereits im Zeitpunkt der Testamentserrichtung besitzt. Die Rechtswahl kann ferner nur einheitlich für alle Fragen der Zulässigkeit und materiellen Wirksamkeit des Testaments erfolgen, so dass der Testator diese nicht auf Einzelaspekte (wie zB nur die Testierfähigkeit oder die Auslegung des Testaments) beschränken kann.

239 Aufgrund der eindeutigen Trennung der Rechtswahlen nach Art. 22 und Art. 24 Abs. 2 hat der Testator aber auch das „umgekehrte“ Recht, die Rechtswahl nach Art. 22 auf das Erbstatut zu beschränken und es bezüglich der Zulässigkeit und der materiellen Wirksamkeit des Testaments bei der objektiven Anknüpfung an das Recht des gewöhnlichen Aufenthalts im Zeitpunkt der Testamentserrichtung (Art. 24 Abs. 1 iVm Art. 21 Abs. 1) zu belassen.[226]

240 Ist zweifelhaft, welche dieser Kombinationen gewollt ist, zB wenn der Erblasser nur ganz allgemein eine bestimmte Rechtsordnung nennt, muss die – ggf. auch nur konkludent erfolgte – Rechtswahlerklärung ausgelegt werden. Da einem juristischen Laien die Unterscheidung zwischen Erb- und Errichtungsstatut nicht bekannt sein wird, und Art. 24 Abs. 1 auch auf eine allgemeine Rechtswahl im Erbstatut verweist, wird man idR davon ausgehen können, dass eine umfassende Rechtswahl für beide Statuten gewollt ist (was insbesondere die Auslegung des Verfügung gemäß den Grundsätzen des anwendbaren Erbstatuts ermöglicht).[227] Im Sinne eines *favor testamentii* wird man jedoch von diesem Grundsatz eine Ausnahme machen, wenn das Testament, das nach dem Aufenthaltsrecht wirksam wäre, nur durch eine Rechtswahl im Errichtungsstatut von Anfang an unwirksam würde. In einem juristisch präzise formulierten Testament sollte aber die einheitliche Rechtswahl für Errichtungs- und Erbstatut ausdrücklich klargestellt werden.[228] Soll das Errichtungsstatut gezielt ausgeklammert werden, muss dies als Abweichung vom Regelfall im Testament immer hinreichend deutlich zum Ausdruck gebracht werden.

### 3. Änderung und Widerruf des Testaments

241 Ändert der Testator eine frühere Verfügung, sind Fragen der Zulässigkeit und materiellen Wirksamkeit des Änderungs- oder Widerrufstestaments neu zu bestimmen, wenn es zwi-

[224] So auch klargestellt in Erwägungsgrund 51.

[225] Vgl. dazu das Beispiel in → Rn. 204: Der 14-jährige Sohn könnte dabei zwar das schottische Recht als Errichtungsstatut gemäß Art. 24 Abs. 2 wählen, inhaltlich aber die Verfügung am deutschen Recht als Aufenthaltsrecht nach Art. 21 Abs. 1 ausrichten, wenn damit seine Regelungsziele besser umgesetzt werden können.

[226] Vgl. *Kroll-Ludwigs* notar 2016, 75 (77).

[227] Vgl. Dutta/Herrler/*Bonomi/Öztürk* S. 55 (Rn. 37).

[228] Formulierungsbeispiel → Rn. 125.

schen den Verfügungen zu einem Statutenwechsel, zB durch Umzug des Erblassers in ein anderes Land kam. Auch wenn dieser Fall in Art. 24 Abs. 3 ausdrücklich angesprochen wird, bleiben Anwendungsfragen rechtlich ungeklärt, weil die Verordnung nicht klarstellt, auf welchen genauen Zeitpunkt abzustellen ist: auf das Errichtungsstatut der früheren Verfügung oder auf ein neu zu bestimmendes hypothetisches Erbstatut zum Zeitpunkt der neuen Verfügung? Im Ergebnis werden dazu in der herrschenden Literatur folgende Fälle unterschieden:

Auch wenn Art. 24 im Unterschied zu Art. 25 nicht die Bindungswirkung ausdrücklich nennt, sind seltene Fälle denkbar, bei denen auch ein einseitiges Testament rechtlich nicht widerruflich ist bzw. bei denen spezielle Vorschriften für einen wirksamen Widerruf (zB Zugangserfordernisse) zu beachten sind. Da solche Regelungen unproblematisch unter dem Oberbegriff der materiellen Wirksamkeit zu subsumieren sind, kann iSd Rechtssicherheit – im Gleichlauf zu Art. 25 – nur das ursprüngliche Errichtungsstatut darüber entscheiden, ob ein Testament überhaupt widerruflich ist, oder ob es gewisse Bindungswirkungen entfaltet.[229] 242

Ist diese vorrangige Frage einer ausnahmsweisen Bindungswirkung nicht betroffen, unterscheidet Art. 24 Abs. 3 zwischen den Fällen der objektiven Anknüpfung und der Rechtswahl. Hatte der Erblasser bei der früheren Verfügung eine Rechtswahl iSd Art. 24 Abs. 2 getroffen, bleibt diese nach Art. 24 Abs. 3 S. 2 als Errichtungsstatut auch für die neue Verfügung wirksam. Allerdings wird man dies nur als gesetzliche Vermutungsregelung ansehen können, da keine Gründe ersichtlich sind, dem Testator eine neue, geänderte Rechtswahl für seine neue Verfügung zu untersagen, wenn er nicht Bindungswirkungen aus einer früheren Verfügung unterliegt.[230] 243

Enthielt das frühere Testament keine Rechtswahl, ordnet dagegen Art. 24 Abs. 3 S. 1 die „entsprechende" Anwendung des Art. 24 Abs. 1 an. Zum Teil wird dazu vertreten, dass dabei zu differenzieren sei, zwischen dem Widerruf der früheren Verfügung, für den auch nur das frühere Errichtungsstatut gelten solle, und etwaigen neuen, ändernden Verfügungen, deren Wirksamkeit nach dem neuen hypothetischen Erbstatut, das auf den Zeitpunkt der späteren Verfügung zu bestimmen sei, zu behandeln wäre.[231] Diese Unterscheidung findet jedoch keine Stütze im Wortlaut der Verordnung, so dass mit der hM davon auszugehen ist, dass das Errichtungsstatut zum Zeitpunkt der Errichtung der neuen Verfügung einheitlich über Wirksamkeitsfragen des Widerrufs- und ggf. Änderungstestaments entscheidet. Dies ergibt sich auch aus einem Umkehrschluss zu Art. 26 Abs. 2, der keine eigenständige Bedeutung hätte, wenn man für den Widerruf ohnehin auf das frühere Errichtungsstatut abstellen würde.[232] 244

Art. 24 Abs. 3 gilt nach seinem Wortlaut jedoch nur für den Widerruf früherer Testamente durch eine neue Verfügung von Todes wegen und enthält keine Entscheidung zu der Frage, nach welchem Recht gesetzliche Regelungen zu bemessen sind, nach denen eine Verfügung von Todes wegen bei Eintritt bestimmter neuer Ereignisse automatisch als widerrufen gilt, außer Kraft tritt, oder anfechtbar wird. Beispiele für solche Regelungen sind im deutschen Recht die Auslegungsregel des § 2077 BGB bei einer Scheidung und die Anfechtungsregel des § 2079 BGB, wenn neue pflichtteilsberechtigte Personen hinzu- 245

[229] Vgl. MüKoBGB/*Dutta* EuErbVO Art. 24 Rn. 5; Palandt/*Thorn* EuErbVO Art. 24 Rn. 5; *Nordmeier* ZEV 2012, 513 (517 f.); Dutta/Herrler/*Bonomi/Öztürk* S. 58 (Rn. 53 f.); *Döbereiner* MittBayNot 2013, 358 (365); NK-NachfolgeR/*Köhler* EuErbVO Art. 24 Rn. 6; aA BeckOGK/*J. Schmidt* EuErbVO Art. 24 Rn. 30 unter Berufung auf den Wortlaut des Art. 24, der keine Differenzierung erlaube.

[230] Vgl. MüKoBGB/*Dutta* EuErbVO Art. 24 Rn. 16; so wohl auch Geimer/Schütze/*Frank* IRV EuErbVO Art. 24 Rn. 40.

[231] Vgl. *Döbereiner* MittBayNot 2013, 358 (365); *Hausmann* Jahrbuch für Italienisches Recht 27 (2014), 21 (29) f.; *Heinig* RNotZ 2014, 197 (200).

[232] Vgl. MüKoBGB/*Dutta* EuErbVO Art. 24 Rn. 16; BeckOGK/*J. Schmidt* EuErbVO Art. 24 Rn. 31, Dutta/Herrler/*Bonomi/Öztürk* S. 57 (Rn. 52); *Müller-Lukoschek* § 2 Rn. 180; NK-NachfolgeR/*Köhler* EuErbVO Art. 24 Rn. 6.

kommen.[233] Da solche Regeln die Wirksamkeit des Testaments betreffen, wird man diese wohl dem Errichtungsstatut und nicht dem endgültigen Erbstatut unterstellen.[234] Und im Hinblick auf den Vertrauensschutz des Erblassers, kommt dabei als geeigneter Anknüpfungszeitpunkt wohl nur das Errichtungsstatut, das für das ursprüngliche Testament maßgeblich war, und nicht ein fiktives Statut zum Zeitpunkt des Eintritts des Ereignisses in Betracht.[235]

## IV. Die Anknüpfung von Erbverträgen

246 Für Erbverträge (im weiten Sinne der EuErbVO)[236] enthält Art. 25 eine wichtige, zu Art. 24 vorrangige Anknüpfungsnorm, die neben dem Begriff der Zulässigkeit auch die Bindungswirkung solcher Verträge dem Errichtungsstatut unterstellt. Wie bei Testamenten eröffnet dabei die Verordnung neben der objektiven Anknüpfung an das Aufenthaltsrecht (geregelt in Art. 25 Abs. 1 für einseitige Erbverträge und in 25 Abs. 2 für mehrseitige Erbverträge) die Möglichkeit, das Staatsangehörigkeitsrecht zu wählen. Dabei enthält Art. 25 Abs. 3 den einzigen Fall in der EuErbVO, bei der ein Beteiligter ein abweichendes Recht als sein eigenes Staatangehörigkeitsrecht wählen kann.

### 1. Reichweite des Errichtungsstatuts bei Erbverträgen

247 Neben der Zulässigkeit und materiellen Wirksamkeit unterstellt Art. 25 auch die „Bindungswirkungen eines Erbvertrags, einschließlich der Voraussetzungen für seine Auflösung“ dem Errichtungsstatut.[237] Unter den Begriff der Bindungswirkung fallen dabei alle Regelungen, in welchem Umfang, in welcher rechtlichen Art und Weise und wie lange die Parteien an die Bestimmungen des Erbvertrags gebunden sind.[238] Dazu gehören insbesondere Fragen, welche Anordnungen mit Bindungswirkung getroffen werden können, wann die Bindungswirkung eintritt bzw. wieder endet, welche Auswirkungen der Erbvertrag auf später errichtete anderweitige Verfügungen von Todes oder auf Rechtsgeschäfte unter Lebenden hat.[239]

248 Durch die ausdrückliche Erwähnung der Auflösung des Erbvertrags unterstehen auch alle Regelungen zur einseitigen und konsensualen Beendigung eines Erbvertrags, wie zB durch Rücktritt, Widerruf, Anfechtung, Aufhebungsvertrag und Aufhebung durch spätere Verfügung von Todes wegen dem Errichtungsstatut, unabhängig davon, ob dies zu Lebzeiten oder erst nach dem Tod des Erblassers erfolgt. Das gleiche gilt für gesetzliche Beendigungsgründe, insbesondere im Falle eines nachträglich eintretenden Ereignisses (zB bei der Vermutung der Unwirksamkeit im Fall einer Scheidung).[240]

249 Der Begriff der „Voraussetzungen für die Auflösung“ umfasst dabei aber wohl nicht nur Fragen, ob und wie ein bindender Erbvertrag aufgelöst werden kann, sondern auch die materielle Wirksamkeit der Rechtshandlung, durch welche die „Auflösung“ erfolgt, insbesondere also die Wirksamkeit einer späteren (einseitigen oder gemeinschaftlichen)

[233] Im englischen Recht tritt zB ein Testament automatisch außer Kraft, wenn der Testator später heiratet, selbst wenn das Testament bereits zu Gunsten des Partners erfolgte; vgl. S. 18 (1) *Wills Act* 1837.

[234] Anders aber zum früheren deutschen IPR: Staudinger/*Dörner* EGBGB Art. 25 Rn. 310.

[235] Vgl. Dutta/Herrler/*Bonomi/Öztürk* S. 58 (Rn. 55); MüKoBGB/*Dutta* EuErbVO Art. 24 Rn. 30; aA Geimer/Schütze/*Frank* IRV EuErbVO Art. 24 Rn. 43ff., die die Anwendung des Art. 24 Abs. 3 aufgrund einer weiten Auslegung befürwortet.

[236] Zu gemeinschaftlichen Testamenten → Rn. 228ff.

[237] Zur Zulässigkeit des Erbvertrags als Gestaltungsmittel → Rn. 194ff.

[238] Vgl. ausführlich BeckOGK/*J. Schmidt* EuErbVO Art. 25 Rn. 9ff.; Geimer/Schütze/*Döbereiner* IRV EuErbVO Art. 25 Rn. 53ff.

[239] Bezüglich der Auswirkungen auf früher errichtete Verfügungen wird man dagegen grundsätzlich auf das Errichtungsstatut der früheren Verfügung abstellen, vgl. *Döbereiner* MittBayNot 2013, 437 (441); aA BeckOGK/*J. Schmidt* EuErbVO Art. 25 Rn. 9, wobei nach Art. 24 Abs. 3 bei nicht bindenden Verfügungen dieses Errichtungsstatut regelmäßig mit dem des Erbvertrags zusammen fallen wird.

[240] Vgl. Geimer/Schütze/*Döbereiner* IRV EuErbVO Art. 25 Rn. 46ff.

Verfügung von Todes wegen. Auch wenn der Begriff „Voraussetzungen" eher einschränkend erscheint,[241] ergibt sich dies aus der Annahme, dass die EuErbVO wohl kaum in Art. 24 Abs. 3 eine eigene Norm für Widerrufstestamente aufstellen, diese wichtige Frage in Art. 25 aber gänzlich ungeregelt lassen wollte. Durch die enge Verknüpfung der Auflösungshandlung mit Fragen der Bindungswirkung erscheint auch nur die Lösung sachgerecht, diese einheitlich dem Errichtungsstatut des Erbvertrags und nicht etwa dem einer späteren Verfügung zu unterstellen.[242]

Im Zusammenhang mit der Bindungswirkung wird ferner diskutiert, ob eine Rechtswahl bindend erfolgen kann, oder ob diese einseitig wieder geändert werden kann, ggf. sogar mit Auswirkungen auf das Errichtungsstatut und damit die Bindungswirkung des Erbvertrags. Auch wenn bei dieser Diskussion zum Teil sehr unterschiedliche Begründungen verwendet und unterschiedliche Fragen vermischt werden,[243] wird man mit der hM in der Literatur im Ergebnis zwei Fälle unterscheiden können: 250

- Sofern durch eine Rechtswahl des Art. 25 Abs. 3 (oder indirekt durch Art. 25 Abs. 1 bzw. Abs. 2 iVm Art. 22) das Errichtungsstatut bestimmt wird, ist eine einseitige spätere Änderung durch die EuErbVO selbst ausgeschlossen. Begründet wird dieses Ergebnis zum Teil mit dem Argument, dass das Errichtungsstatut ohnehin unwandelbar ist,[244] zum Teil mit einer in Art. 25 Abs. 3 angelegten kollisionsrechtlichen Vereinbarung, die von den Beteiligten nur gemeinsam geändert werden könne.[245]
- Davon zu unterscheiden ist die in dem Erbvertrag ggf. enthaltene Rechtswahl eines Erblassers bezüglich des anwendbaren Rechts. Da diese Rechtswahl grundsätzlich von der des Errichtungsstatuts zu unterscheiden ist, nach Art. 22 immer von einem Erblasser alleine getroffen wird (auch wenn dies innerhalb der Form des Erbvertrags erfolgt) und von der EuErbVO als Verfügung von Todes wegen ausgestaltet ist, entscheidet über die Frage der Bindungswirkung dieser Rechtswahl nicht das Errichtungsstatut, sondern das gewählte anwendbare Erbrecht.[246] Der deutsche Gesetzgeber hat dazu der höchst strittigen Frage, ob im nationalen deutschen Erbrecht eine Rechtswahl bindend erfolgen kann, vorgebeugt, indem er in § 2270 Abs. 3 BGB nF und § 2278 Abs. 2 BGB nF klargestellt hat, dass auch die Wahl des anzuwendenden Erbrechts zu den erbvertraglich bindenden bzw. wechselbezüglichen Verfügungen gehören kann. Sofern also von einem am Erbvertrag beteiligten deutschen Staatsangehörigen das deutsche Erbrecht iSv Art. 22 gewählt wird, kann diese Rechtswahl erbvertraglich bindend ausgestaltet werden, um zu vermeiden, dass durch eine spätere Aufhebung dieser Rechtswahl das gewöhnliche Aufenthaltsrecht anwendbar wird, und ggf. wesentliche inhaltliche Verfügungen des Erbvertrags ihre Wirkung verfehlen. Wird aber im Erbvertrag ein anderes nationales Erbrecht gewählt, entscheidet allein dieses Recht, ob die Rechtswahl ebenfalls bindend erfolgen kann. Und wenn ein Erblasser gar keine Rechtswahl iSd Art. 22 trifft, weil für ihn inhaltlich das gewöhnliche Aufenthaltsrecht gelten soll, wird diese „Entscheidung" nicht von der Bindungswirkung des Art. 25 erfasst, so dass der Erblas-

[241] Etwas weitergehend dagegen die anderen Sprachfassungen, die nicht von „Voraussetzungen" sondern zumindest von Bedingungen für die Auflösung sprechen („*conditions for its dissolution*"; „*conditions de sa dissolution*").

[242] Vgl. BeckOGK/*J. Schmidt* EuErbVO Art. 25 Rn. 11.

[243] Für eine umfassende Literaturübersicht vgl. insbes. *Heinig* RNotZ 2014, 197 (212). Zu beachten ist dabei, dass die Literatur bis 2015 auch von der nun überholten Diskussion, ob eine Rechtswahl im deutschen Recht bindend erfolgen kann, geprägt ist.

[244] Vgl. *Döbereiner* DNotZ 2014, 323 (331 ff.); Geimer/Schütze/*Döbereiner* IRV EuErbVO Art. 25 Rn. 82 ff.; NK-NachfolgeR/*Köhler* EuErbVO Art. 25 Rn. 10; aA *Nordmeier* ZErb 2013, 112 (117 f.); *Müller-Lukoschek* § 2 Rn. 184: jederzeit widerruflich, jedoch mit Ausnahme der Bindungswirkung.

[245] Vgl. MüKoBGB/*Dutta* EuErbVO Art. 25 Rn. 6; *Heinig* RNotZ 197, 212; BeckOGK/*J. Schmidt* EuErbVO Art. 25 Rn. 12; *Soutier* ZEV 2015, 515 (517).

[246] Vgl. MüKoBGB/*Dutta* EuErbVO Art. 22 Rn. 19; *Heinig* RNotZ 197, 212; *Soutier* ZEV 2015, 515 (517 f.); aA *Döbereiner* DNotZ 2014, 323 (335) und Geimer/Schütze/*Döbereiner* IRV EuErbVO Art. 25 Rn. 96, der auch insoweit eine teilweise Bindung aus der EuErbVO aufgrund von Vertrauensschutzgesichtspunkten befürwortet.

ser seine Verfügungen von Todes wegen durch eine spätere Rechtswahl zu seinem Staatsangehörigkeitsrecht noch beeinflussen kann.

251 **Beispiel:**
Ein deutscher Ehemann und seine portugiesische Ehefrau mit gewöhnlichem Aufenthaltsort in München errichten einen Erbvertrag, für dessen materielle Wirksamkeit und Bindungswirkung sie gemäß Art. 25 Abs. 3 das deutsche Recht wählen. In dem Erbvertrag setzen sie sich gegenseitig zu Erben und ihre zwei Kinder zu Schlusserben ein. Eine Rechtswahl nach Art. 22 trifft die Ehefrau nicht, da auch für sie das deutsche Erbrecht als Recht ihres gewöhnlichen Aufenthaltsorts gelten soll. Nach einem schweren Streit der Ehegatten schreibt sie ein Testament, in dem sie das portugiesische Recht wählt und ihren Ehemann „enterbt". Kurz darauf verstirbt sie.

Der Erbvertrag ist zwar nach Art. 25 Abs. 3 gemäß dem deutschen Recht als Errichtungsstatut zulässig und erbvertraglich bindend geworden, so dass die Erbeinsetzung des Ehemanns grundsätzlich nicht einseitig widerrufen werden kann (§ 2289 Abs. 1 BGB). Das anwendbare Erbrecht richtet sich jedoch aufgrund der späteren Rechtswahl der Ehefrau gemäß Art. 22 Abs. 1 nach portugiesischem Recht mit der Folge, dass die bindende Erbeinsetzung des Ehemanns nun nach portugiesischem Recht wirkt (dh „umzudeuten" ist). Allerdings steht dieser nun das zwingende portugiesische Noterbrecht der Kinder entgegen, denen ein Miterbanteil zu je 2/9 zusteht.[247]

## 2. Die Anknüpfung einseitiger Erbverträge

252 Die Anknüpfung einseitiger Erbverträge entspricht im Ergebnis der von Testamenten in Art. 24 (→ Rn. 232ff.): Nach Art. 25 Abs. 1 iVm 21 Abs. 1 erfolgt die objektive Anknüpfung an das gewöhnliche Aufenthaltsrecht des Erblassers im Zeitpunkt der Errichtung des Erbvertrages. Sofern der Erblasser für das Erbstatut sein Staatsangehörigkeitsrecht wählt (bereits vor Errichtung des Erbvertrags oder in diesem) gilt diese Wahl idR auch für das Errichtungsstatut (Art. 25 Abs. 1 iVm 22 Abs. 1). Alternativ können die Erbvertragsparteien – im präzisen Sinn also nicht nur der Erblasser allein – gemäß Art. 25 Abs. 3 ausschließlich für das Errichtungsstatut das Staatsangehörigkeitsrecht des Erblassers wählen, es für das Erbstatut aber auch bei der Anwendung dessen gewöhnlichen Aufenthaltsrechts belassen (oder bei Doppelstaatern dafür sogar ein anderes Staatsangehörigkeitsrecht wählen). Auf den gewöhnlichen Aufenthalt bzw. die Staatsangehörigkeit des Vertragspartners kommt es in diesem Fall nicht an.

253 **Beispiel:**
Zwei italienische Staatsangehörige sind verlobt. Der Partner lebt seit mehreren Jahren in Stuttgart, wohingegen die Partnerin ihren gewöhnlichen Aufenthaltsort (noch) in Mailand hat. Der Partner möchte in Form eines deutschen Erbvertrags seine Partnerin bindend zur Alleinerbin einsetzen.

Auch wenn das italienische (Staatsangehörigkeits-)Recht einen Erbvertrag verbietet, ist dies nach dem deutschen gewöhnlichen Aufenthaltsrecht des Partners (Art. 25 Abs. 1 iVm Art. 21 Abs. 1) zulässig, sofern es sich um einen Erbvertrag handelt, in dem nur der Partner letztwillige Verfügungen trifft. Der gewöhnliche Aufenthaltsort der Partnerin und die beidseitig italienische Staatsangehörigkeit spielen bei diesem einseitigen Erbvertrag dagegen keine Rolle (beim zweiseitigen Erbvertrag würde dagegen Art. 25 Abs. 2 gelten, der zur Unwirksamkeit nach italienischem Recht führen würde).

254 Ein einseitiger Erbvertrag iSd Art. 25 Abs. 1 liegt dabei vor, wenn der Erbvertrag nur den „Nachlass einer einzigen Person betrifft", der Vertragspartner also selbst keine Verfü-

[247] Vgl. dazu Süß/*Huzel/Wöllmann*, ErbR in Europa, Länderbericht Portugal Rn. 91ff.

gung von Todes wegen errichtet, sondern nur die Annahme des Vertrages erklärt und damit die vertragliche Bindungswirkung erzeugt. Entscheidend für den einseitigen Erbvertrag ist also nicht die Frage, ob beide Vertragspartner bindende Verfügungen errichten, sondern ob tatsächlich nur einer von ihnen inhaltlich Verfügungen von Todes wegen trifft. Auch ein Erbvertrag, in dem ein Erblasser bindende, der andere Erblasser jederzeit frei widerrufliche Verfügungen trifft, ist damit ein mehrseitiger Erbvertrag, für den nicht Art. 25 Abs. 1 sondern Abs. 2 gilt.[248]

### 3. Die Anknüpfung mehrseitiger Erbverträge

Handelt es sich um einen mehrseitigen Erbvertrag, also um einen Erbvertrag der Verfügungen von Todes wegen von zwei oder mehreren Personen enthält, setzt Art. 25 Abs. 2 die objektiven Anforderungen an die Zulässigkeit zunächst relativ hoch, was aber durch die großzügige Rechtswahlmöglichkeit des Art. 25 Abs. 3 relativiert wird. 255

**a) Objektive Anknüpfung, Art. 25 Abs. 2.** Im Rahmen der objektiven Anknüpfung des Art. 25 Abs. 2 unterscheidet die EuErbVO wiederum zwischen der Zulässigkeit des Erbvertrags einerseits (UAbs. 1) und seiner materiellen Wirksamkeit sowie seiner Bindungswirkung andererseits (UAbs. 2): 256

In einem ersten Schritt ist dabei zu prüfen, ob der **Erbvertrag** überhaupt **als Gestaltungsmittel zulässig oder nach nationalem Recht verboten** ist. Diese Prüfung ist gemäß UAbs. 1 kumulativ vorzunehmen, also für jeden beteiligten Erblasser gesondert nach dem für ihn jeweils geltenden Errichtungsstatut. Wie bei Art. 24 Abs. 1 und 25 Abs. 1 ist dabei das Errichtungsstatut grundsätzlich durch einen Verweis auf das Recht am gewöhnlichen Aufenthaltsort des jeweiligen Erblassers zum Zeitpunkt der Errichtung des Erbvertrags (Art. 21 Abs. 1) zu bestimmen. Hat ein Erblasser eine umfassende Rechtswahl iSd Art. 22 Abs. 1 getroffen, ist diese aber vorrangig zu beachten (wobei in diesem Fall meist auch eine gemeinsame Rechtswahl iSd Art. 25 Abs. 3 vorliegen wird). Ein bindender Erbvertrag ist danach idR zulässig, wenn beide beteiligte Erblasser zum Zeitpunkt der Errichtung des Vertrages ihren gewöhnlichen Aufenthalt in einem Land hatten, der diese Gestaltungsform gestattet. Haben also zB zwei italienische Staatsangehörige ihren gewöhnlichen Aufenthalt in München, können sie nach Art. 25 Abs. 2 iVm Art. 21 Abs. 1 einen deutschen Erbvertrag errichten, der dauerhaft wirksam bleibt, selbst wenn sie später wieder nach Italien umziehen.[249] Liegt der gewöhnliche Aufenthalt der Vertragsparteien aber in unterschiedlichen Ländern, kommt es darauf an, ob beide betroffene Erbrechte den entsprechenden Vertrag gestatten (sofern nicht der/die Erblasser zu einem insoweit günstigeren Staatsangehörigkeitsrecht optiert hat/haben). Verbietet in diesem Fall auch nur eines der maßgeblichen Errichtungsstatute den Erbvertrag, so ist die Verfügung jedenfalls als Erbvertrag unwirksam.[250] 257

Ist der mehrseitige Erbvertrag danach zulässig, ist für alle weiteren Fragen der **materiellen Wirksamkeit und** seiner **Bindungswirkung** ein einheitliches Errichtungsstatut 258

[248] Vgl. Geimer/Schütze/*Döbereiner* IRV EuErbVO Art. 25 Rn. 60f., der aber zutreffenderweise darauf hinweist, dass der Sonderfall, in dem zwei Erblasser sich nicht untereinander, sondern ausschließlich gegenüber einem Dritten binden (zB Ehegatten in einer Scheidungsvereinbarung ausschließlich gegenüber dem mitwirkenden Kind) als bloße Zusammenfassung zweier einseitiger Erbverträge anzusehen ist. Für diese würde dann jeweils gesondert Art. 25 Abs. 1 gelten, und vor allem wäre nicht die gemeinsame Rechtswahlmöglichkeit des Art. 25 Abs. 3 zu nur einem einheitlichen Staatsangehörigkeitsrecht eröffnet.

[249] Umgekehrt kann ein Erbvertrag (bzw. gemeinschaftliches Testament) von zwei deutschen Staatsangehörigen, die in einem Land mit einem Verbot gemeinsamer Verfügungen leben, unwirksam sein, wenn diese keine Rechtswahl nach Art. 25 Abs. 3 oder 25 Abs. 2 iVm 22 Abs. 1 treffen.

[250] Ob ein solcher nach dem Wortlaut des Art. 25 Abs. 2 „nicht zulässiger" Erbvertrag zumindest für den Erblasser, der keinem entsprechenden Verbot im nationalen Recht unterliegt, in eine einseitige Verfügung von Todes wegen umgedeutet werden kann, sollte dagegen dessen nach Art. 24 Abs. 1 zu bestimmendes Errichtungsstatut entscheiden; vgl. Geimer/Schütze/*Döbereiner* IRV EuErbVO Art. 25 Rn. 58; MüKoBGB/*Dutta* EuErbVO Art. 25 Rn. 9.

gemäß UAbs. 2 zu bestimmen. Diese Prüfung erfolgt also nicht mehr kumulativ, sondern nur noch alternativ zwischen den beiden für die Erblasser ermittelten Errichtungsstatute nach dem Kriterium, zu welchem dieser Statute der Erbvertrag „die engste Verbindung" aufweist. Auf diese Weise werden Probleme widersprüchlicher Auslegungs- und Bindungsregelungen vermieden, die sonst nur durch eine Angleichung zu lösen wären. Was unter dem Begriff der „engsten Verbindung" zu verstehen ist, wird jedoch auch in den Erwägungsgründen der Verordnung nicht näher erläutert. Wie bei Art. 21 Abs. 2 wird man dabei auf die „Gesamtheit der Umstände" abstellen, wozu vor allem alle in der Person der beteiligten Erblasser begründeten Merkmale gehören können (wie zB Planungen für einen künftigen gewöhnlichen Aufenthalt, Staatsangehörigkeiten, Belegenheit des Vermögens).[251] Zumindest als gewisses Indiz können aber auch der Ort der Errichtung des Erbvertrags sowie die verwendete Sprache und Begriffe herangezogen werden.[252]

**Hinweis:**
Wenn nicht ohnehin eine eindeutige Rechtswahl nach Art. 25 Abs. 3 möglich ist, wird es sich daher in der Beratungspraxis empfehlen, im Erbvertrag selbst nähere Ausführungen zu den Gründen zu machen, aus denen die Beteiligten die engste Verbindung zu einer bestimmten Rechtsordnung ableiten.[253]

259 Wurde der Erbvertrag bereits vor Inkrafttreten der EuErbVO errichtet, kann sich dessen Zulässigkeit und materielle Wirksamkeit aber auch aus der Übergangsvorschrift des Art. 83 Abs. 3 ergeben. Besondere Bedeutung wird dabei der hilfsweisen Anknüpfung an das Internationale Privatrecht des Staates, dessen Staatsangehörigkeit die Erblasser zum Zeitpunkt der Errichtung des Erbvertrags besaßen, zukommen. Haben zB zwei deutsche Staatsangehörige mit gewöhnlichem Aufenthalt auf Mallorca im Jahr 2010 ein gemeinschaftliches Testament errichtet, bleibt bzw. wird dieses – entgegen der Anknüpfung des Art. 25 Abs. 2 UAbs. 1 an den gewöhnlichen Aufenthaltsort – nach Art. 83 Abs. 3 iVm Art. 25 Abs. 1 EGBGB zulässig und wirksam. Dabei erstreckt sich Art. 83 Abs. 3 nach seinem Wortlaut aber nicht auf die Bindungswirkung des Erbvertrags, so dass diese mit Inkrafttreten der EuErbVO entfallen könnte,[254] sofern nicht zugleich die Fiktion einer Rechtswahl nach Art. 83 Abs. 4 iVm 25 Abs. 3 eingreift.

260 **b) Rechtswahl, Art. 25 Abs. 3.** Die Risiken der kumulativen Anknüpfung des Art. 25 Abs. 2 UAbs. 1 und die Unsicherheiten, die mit dem Begriff des engsten Verbindung des Art. 25 Abs. 2 UAbs. 2 verbunden sind, werden durch die großzügige und in der Beratungspraxis eminent wichtige Rechtswahlmöglichkeit des 25 Abs. 3 kompensiert. Danach können die Parteien für die Zulässigkeit, materielle Wirksamkeit und Bindungswirkung ihres Erbvertrags einheitlich das Staatsangehörigkeitsrecht nur eines der am Erbvertrag beteiligten Erblasser (nicht aber das eines Vertragspartners, der nur die bindende Verfügung annimmt) wählen. Auch dabei ist das Wahlrecht aber auf diejenigen Staatsangehörigkeiten beschränkt, welche ein Erblasser bereits bei Abschluss des Erbvertrags besitzt (→ Rn. 236)

261 Ist also an einem Erbvertrag zumindest ein Deutscher als Erblasser beteiligt, kann der Erbvertrag mittels Rechtswahl dauerhaft wirksam und bindend iSd deutschen Rechts vereinbart werden, und zwar unabhängig davon, wo die Beteiligten bei Abschluss des Vertra-

[251] Vgl. MüKoBGB/*Dutta* EuErbVO Art. 25 Rn. 10; BeckOGK/*J. Schmidt* EuErbVO Art. 25 Rn. 28 (mit Verweis auf die zu Art. 4 Abs. 4 Rom I-VO herangezogenen Indizien).

[252] Sogar vorrangig auf den Errichtungsort stellen (zumindest bei notarieller Beurkundung) ab: Palandt/*Thorn* EuErbVO Art. 25 Rn. 6; Dutta/Herrler/*Bonomi/Öztürk* S. 62 (Rn. 76); *Simon/Buschbaum* NJW 2012, 2393 (2396); *Herzog* ErbR 2013, 2 (8); NK-NachfolgeR/*Köhler* EuErbVO Art. 25 Rn. 7; *Heinig* RNotZ 197, 202; was im Hinblick darauf, dass die engste Verbindung von den Parteien nicht „wählbar" ist, aber krit. zu sehen ist.

[253] Vgl. mit Formulierungsbeispiel *Frank/Döbereiner* Nachlassfälle Rn. 513 ff.

[254] Vgl. MüKoBGB/*Dutta* EuErbVO Art. 83 Rn. 7; aA Palandt/*Thorn* EuErbVO Art. 83 Rn. 6.

ges oder zu einem späteren Zeitpunkt ihren gewöhnlichen Aufenthalt haben. Zumindest im Verhältnis zu den Mitgliedstaaten, die unmittelbar durch die EuErbVO gebunden sind, kann der deutsche Erbvertrag damit auf sicherer Grundlage „exportiert" werden (→ Rn. 199).

Zu beachten ist jedoch, dass sich trotz der Regelung des Art. 25 Abs. 2 und Abs. 3 und einer dabei ggf. erfolgten Rechtswahl das anwendbare Erbrecht für jeden Erblasser gesondert ausschließlich nach den Art. 21 bzw. Art. 22 richtet, also grundsätzlich nach dem Recht am letzten gewöhnlichen Aufenthaltsort oder nach einer gesonderten Rechtswahl zum Staatsangehörigkeitsrecht. Bei gemischt-nationalen Erblassern können damit auch unterschiedliche Erbstatute zur Anwendung kommen. Dabei kann auch das anwendbare Erbrecht trotz der Bindungswirkung des Erbvertrags aufgrund eines späteren Wechsels des gewöhnlichen Aufenthaltsorts oder einer neue Rechtswahl gemäß Art. 22, sofern diese nicht nach dem gewählten Erbrecht zulässigerweise bindend vereinbart wurde, noch geändert werden (→ Rn. 250 f.).[255] Die bindenden Verfügungen im Erbvertrag sind dann ggf. in möglichst entsprechende der ausländischen Rechtsordnung umzudeuten, können aber auch, wenn entsprechende Verbote oder Beschränkungen des letztlich anwendbaren Erbrechts entgegenstehen (zB gegenüber einer Vor- und Nacherbfolge oder einer umfassenden Testamentsvollstreckung iSd deutschen Rechts), ganz oder teilweise unwirksam werden. 262

**c) Anwendung in Deutschland.** Aus Sicht eines deutschen Beraters werden sich damit häufig folgende **Konstellationen** ergeben: 263

1. Zwei deutsche Staatsangehörige mit gewöhnlichem Aufenthalt in Deutschland: Wie beim Testament sind für diesen „normalen" Ausgangsfall keine besonderen Vorkehrungen zu treffen. Der Erbvertrag bleibt in jeden Fall, insbesondere auch bei einem unvorhergesehenen Wechsel des Aufenthaltsorts nach Art. 25 Abs. 2 iVm Art. 21 Abs. 1 dauerhaft wirksam und bindend, ohne dass es einer bestätigenden Rechtswahl bedarf. Ob bezüglich des anwendbaren Erbrechts jeweils eine vorsorgliche Rechtswahl auf das deutsche Staatsangehörigkeitsrecht ratsam ist, muss im Einzelfall wie beim Testament entschieden werden (→ Rn. 124 ff.).
2. Ein deutscher und ein ausländischer Staatsangehöriger mit gewöhnlichem Aufenthalt in Deutschland: Auch in diesem Fall wird der Erbvertrag schon aufgrund der allgemeinen Regelung des Art. 25 Abs. 2 iVm Art. 21 Abs. 1 dauerhaft wirksam. Vorsorglich kann man in diesem Fall zu einer Rechtswahl auf das durch die Staatsangehörigkeit eines Beteiligten vermittelte deutsche Recht (Art. 25 Abs. 3) raten, da es sich dann beim späteren Erbfall erübrigt, den gewöhnlichen Aufenthaltsort zum Zeitpunkt der Beurkundung des Erbvertrags positiv festzustellen. Inhaltlich ist für den am Erbvertrag beteiligten ausländischen Staatsangehörigen jedoch zu beachten, dass – wie beim Einzeltestament – Verfügungen auf Grundlage des deutschen Erbrechts nur solange zweifelsfrei möglich sind, wie der gewöhnliche Aufenthalt in Deutschland beibehalten wird. 264

**Formulierungsbeispiel: Erbvertrag bei gemischt-nationalem Paar** 265

Ich, A, bin ausschließlich deutsche/r Staatsangehörige/r. Ich, B, bin ausschließlich *** Staatsangehörige/r. Wir haben beide unseren gewöhnlichen Aufenthalt in Deutschland; diesen wollen wir auch dauerhaft beibehalten. Im Hinblick auf unsere unterschiedlichen Staatsangehörigkeiten treffen wir vorsorglich folgende Rechtswahlen:

(1) Für die Zulässigkeit, materielle Wirksamkeit und Bindungswirkung dieses Erbvertrags soll einheitlich das deutsche Recht als Staatsangehörigkeitsrecht des A gelten.

[255] Vgl. ausführlich *Soutier* ZEV 2015, 515 (518 f.).

(2) Ich, A, wähle außerdem für die Rechtsnachfolge von Todes wegen in mein gesamtes Vermögen das deutsche Recht als mein Staatsangehörigkeitsrecht.
(3) Ich, B, wünsche keine Wahl meines derzeitigen Staatsangehörigkeitsrechts. Sofern dies nach einem derzeit oder künftig anwendbaren Recht zulässig ist, wähle ich ebenfalls das deutsche Erbrecht.
(4) Diese Rechtswahlen sind, soweit rechtlich möglich, erbvertraglich bindend vereinbart.

Der Notar hat uns insbesondere auf Folgendes hingewiesen:
- Für die Rechtsnachfolge von Todes wegen von B kommt derzeit deutsches Recht nur zur Anwendung, wenn der gewöhnliche Aufenthaltsort zum Todeszeitpunkt noch unverändert in Deutschland liegt; wird dieser ins Ausland verlegt, oder wird nachträglich ein ausländisches Staatsangehörigkeitsrecht gewählt, können wesentliche Ziele des Erbvertrags verfehlt werden.
- Der Notar muss ausländisches Recht nicht kennen und hat darüber auch nicht beraten, insbesondere auch nicht als inhaltliche Alternative zum deutschen Recht. Wir entlassen ihn insoweit aus jedweder Haftung.

266 3. Zwei Deutsche bzw. ein deutscher und ein ausländischer Staatsangehörigkeit mit gewöhnlichem Aufenthalt im Ausland: Ohne ausdrückliche Rechtswahl käme es bezüglich der Wirksamkeit des Erbvertrags gemäß Art. 25 Abs. 2 darauf an, ob das Recht am gewöhnlichen Aufenthaltsort der Beteiligten einen entsprechenden Erbvertrag zulässt. Aufgrund der Staatsangehörigkeit eines Beteiligten kann aber wie in der vorhergehenden Fallvariante 2 (→ Rn. 265) das deutsche Recht nach Art. 25 Abs. 3 gewählt werden. Ebenso kann jeder deutsche Staatsangehörige inhaltlich sein Heimatrecht wählen.

267 **Formulierungsbeispiel: Zwei deutsche Erblasser**

Wir, A und B, sind deutsche Staatsangehörige und haben unseren gewöhnlichen Aufenthalt in ***. Da wir unsere Rechtsnachfolge von Todes wegen umfassend nach deutschem Recht gestalten wollen, wählen wir sowohl für die Zulässigkeit, materielle Wirksamkeit und Bindungswirkung dieses Erbvertrags als auch für das jeweils anwendbare Erbrecht erbvertraglich bindend das deutsche Recht.

Für die erbrechtlichen Verfügung eines ausländischen Beteiligten kann aber weder durch den gewöhnlichen Aufenthalt noch durch eine Rechtswahl das deutsche Recht zur Anwendung kommen. Auch wenn die Bindungswirkung des Erbvertrags dem deutschen Recht unterliegt, können damit nur solche Verfügungen aufgenommen werden, die das ausländische Erbstatut inhaltlich zulässt.

268 4. Zwei ausländische Staatsangehörige mit gewöhnlichem Aufenthalt in Deutschland: Die Form und die Bindung des deutschen Erbvertrags stehen nach Art. 25 Abs. 2 auch zur Verfügung, wenn nur ausländische Staatsangehörige beteiligt sind, die aber beide ihren gewöhnlichen Aufenthaltsort in Deutschland haben. Hat dagegen nur einer von ihnen seinen gewöhnlichen Aufenthaltsort bei Vertragsabschluss im Ausland, muss nach Art. 25 Abs. 2 kumulativ geprüft werden, ob auch dieses Recht (oder ein wählbares anderes Staatsangehörigkeitsrecht) den Erbvertrag materiell-rechtlich zulässt. Eine bestätigende Rechtswahl zum Recht des gewöhnlichen Aufenthaltsorts ist dagegen nicht

möglich, wobei aber Erläuterungen im Erbvertrag sinnvoll sein können, die den gewöhnlichen Aufenthalt belegen.

**Formulierungsbeispiel: Zwei ausländische Erblasser in Deutschland** 269

Ich, A, bin ausschließlich *** Staatsangehörige. Ich, B, bin ausschließlich *** Staatsangehöriger. Wir haben beide unseren gewöhnlichen Aufenthalt in Deutschland, wo wir seit ca. *** Jahren leben. *(Ggf.: nähere Erläuterung zum gewöhnlichen Aufenthaltsort.)* Diesen wollen wir auch dauerhaft beibehalten. Unsere Verfügungen in diesem Erbvertrag sollen auf dem deutschen Recht (als Recht unseres gewöhnlichen Aufenthalts) beruhen. Eine Wahl unseres jeweiligen Staatsangehörigkeitsrechts wünschen wir ausdrücklich nicht.

Der Notar hat uns insbesondere auf Folgendes hingewiesen:
- Für die jeweilige Rechtsnachfolge von Todes wegen kommt deutsches Recht nur zur Anwendung, wenn der gewöhnliche Aufenthalt zum Todeszeitpunkt jeweils noch unverändert in Deutschland liegt; wird dieser ins Ausland verlegt, oder wird nachträglich ein ausländisches Staatsangehörigkeitsrecht gewählt, können wesentliche Ziele des Erbvertrags verfehlt werden.
- Der Notar muss ausländisches Recht nicht kennen und hat darüber auch nicht beraten, insbesondere auch nicht als inhaltliche Alternative zum deutschen Recht. Wir entlassen ihn insoweit aus jedweder Haftung.

## V. Erb- und Pflichtteilsverzichtsverträge

Eine besonderer Bedeutung hat die kollisionsrechtliche Anknüpfung auch bei Erb- und Pflichtteilsverzichtsverträgen, da eine große Zahl nationaler Rechtsordnungen solche Verzichte zu Lebzeiten des Erblassers verbietet oder nur unter formalen oder inhaltlichen Beschränkungen gestattet.[256] 270

### 1. Qualifikation als Erbvertrag

Die ganz hM in der deutschen Literatur qualifiziert Erb-, Pflichtteils- und Zuwendungsverzichte als Erbvertrag iSd EuErbVO, da dieser Begriff nach Art. 3 Abs. 1 lit. lit. a auch Vereinbarungen umfasst, die „Rechte am künftigen Nachlass (...) entziehen".[257] Zwar passt die Wortwahl „entziehen" scheinbar nicht zum „Verzichtsvertrag",[258] doch würde eine engere Auslegung die Definition der EuErbVO in einer Weise einschränken, dass praktisch keine eigenständige Bedeutung für die – immerhin ausdrücklich aufgenommene – negative Formulierung mehr verbliebe. Denn ein typischer „Entzug" der Erbenstellung durch den Erblasser dürfte wohl kaum je in Form einer Vereinbarung erfolgen, so dass man dann allenfalls noch Zuwendungsverzichtsverträge, mit denen eine bereits eingetrete- 271

[256] Vgl. Übersicht bei Staudinger/*Schotten* BGB Vorb. §§ 2346 ff. Rn. 59 ff.; ein strenges Verbot gilt beispielsweise in Italien (Art. 458 S. 2 CC); inhaltliche Beschränkungen und besondere Formvorschriften (Beurkundung durch zwei Notare) stellt beispielsweise Frankreich auf (Art. 929 f. CC).

[257] Vgl. MüKoBGB/*Dutta* EuErbVO Art. 3 Rn. 9; BeckOGK/*J. Schmidt* EuErbVO Art. 3 Rn. 7; NK-NachfolgeR/*Köhler* EuErbVO Art. 25 Rn. 4; Geimer/Schütze/*Döbereiner* IRV EuErbVO Art. 25 Rn. 65; Palandt/*Thorn* EuErbVO Art. 25 Rn. 2; jurisPK-BGB/*Eichel* EuErbVO Art. 3 Rn. 3; Dutta/Herrler/*Bonomi/Öztürk* S. 59 (Rn. 59); Dutta/Herrler/*Lorenz* S. 118 (Rn. 12); *Weber* ZEV 2015, 503 (504). Ausführlich *Soutier*, Die Geltung deutscher Rechtsgrundsätze im Anwendungsbereich der EuErbVO, S. 164 ff., insbes. auch eingehend zur Problematik des Zuwendungsverzichts im Spannungsverhältnis zum ggf. abweichenden Errichtungsstatut des älteren Erbvertrags, S. 171 ff.

[258] Gegen eine Einordnung als Erbvertrag daher: *Wachter* ZNotP 2014, 2 (13); *Hausmann* Jahrbuch für Italienisches Recht 27 (2014), 21 (31). Da der Erb- und Pflichtteilsverzichtsvertrag aber auf jeden Fall erbrechtlich zu qualifizieren ist, wäre Folge dieser Auffassung, dass letztlich immer das Erbstatut über dessen Wirksamkeit entscheidet.

ne Rechtsposition wieder beseitigt wird, darunter subsumieren könnte. Berücksichtigt man zudem, dass andere Sprachfassungen eine neutralere Formulierung verwenden (zB im Englischen: „*terminates rights to the future estate*"), und dass es sich auch beim „positiven Erbvertrag" noch nicht um die Begründung von Anwartschaftsrechten oÄ zum Zeitpunkt des Erbvertragsabschlusses handeln muss, erscheint die weite Auslegung im Sinne eines „negativen Erbvertrags" überzeugend.[259]

### 2. Wirkungsumfang des Verzichtsvertrags

272 Mit der Einordung des Verzichtsvertrags als (negativer) Erbvertrag bestimmen sich dessen Zulässigkeit und Bindungswirkung grundsätzlich nach dem Errichtungsstatut, wobei es sich meist um einen einseitigen Vertrag iSv Art. 25 Abs. 1 handeln wird, sofern nicht zwei Parteien wechselseitig verzichten, wofür die kumulative Anknüpfung des Art. 25 Abs. 2 einschlägig wäre.[260] In jedem Fall ist aber auch eine Rechtswahl nach Art. 25 Abs. 3 möglich, insbesondere wenn der/ein Erblasser die deutsche Staatsangehörigkeit besitzt.

273 Höchst unsicher wird aber noch die sich daran anschließende Frage behandelt, ob das so ermittelte Errichtungsstatut sich tatsächlich gegen etwaige Verbote oder Beschränkungen des anwendbaren Erbrechts durchsetzt, wenn Errichtungs- und Erbstatut zB im Fall eines Statutenwechsels auseinander fallen.

274 **Beispiel:**
Der deutsche Erblasser findet die Kinder aus erster Ehe gegen Erklärung eines Erbverzichts nach deutschem Recht ab. Später zieht er mit seiner zweiten Ehefrau nach Italien und regelt dort seine Erbfolge unter Anwendung italienischen Erbrechts als Recht des gewöhnlichen Aufenthaltsorts ausschließlich zu Gunsten seiner neuen Familie.

275 **Beispiel:**
Die Unternehmerehegatten übergeben ihren mittelständischen Betrieb in Ulm an ihre Tochter, wobei zwei weitere Kinder einen beschränkten Pflichtteilsverzicht erklären. Den Ruhestand verbringen die Eltern ganz überwiegend in ihrem Haus an der Algarve, so dass es zum (unbewussten) Wechsel des gewöhnlichen Aufenthaltsorts kommt und portugiesisches Recht die gesetzliche Erbfolge bestimmt.

276 Zweifel an einer „Bestandsgarantie" des Errichtungsstatuts können sich aus dem Vergleich mit dem „positiven" Erbvertrag, bei dem sich der Inhalt der darin enthaltenen letztwilligen Verfügungen ausschließlich nach dem anwendbaren Erbrecht richtet, ergeben. Entspricht dieses Recht nicht mehr dem Errichtungsstatut, auf dem der Erbvertrag inhaltlich aufgebaut war, können materiell-rechtliche Verbote des anwendbaren Erbrechts entgegenstehen. Die Verfügungen müssen dann in möglichst sinnentsprechende Regelungen des Erbstatuts umgedeutet werden, können aber auch im Einzelfall (wie zB bei einer Vor- und Nacherbfolge) ihre eigentliche Wirkung verlieren (→ Rn. 262).

277 Auch beim Erb- oder Pflichtteilsverzichts kann der auf Grundlage des deutschen Erbrechts beurkundete Verzicht niemals als solcher Wirkung entfalten, sondern müsste sich im ausländischen Erbrecht durchsetzen, also entsprechend umgedeutet werden. Verbietet

---

[259] Ein dem Erbverzicht zu Grunde liegendes Kausalgeschäft dürfte dagegen – entsprechend der bisherigen hM im deutschen Kollisionsrecht – nicht erbrechtlich zu qualifizieren sein, sondern schuldvertraglich, vgl. *Soutier*, Die Geltung deutscher Rechtsgrundsätze im Anwendungsbereich der EuErbVO, S. 164 f.; allg. für Erbverträge *Nordmeier* ZEV 2013, 117 (119); *Heinig* RNotZ 2014, 197 (211). Eher für eine Einbeziehung in das Erbstatut aber aufgrund des Begriffs „mit und ohne Gegenleistung" in Art. 3 Abs. 1 lit. b: *Weber* ZEV 2015, 503 (504), Geimer/Schütze/*Döbereiner* IRV EuErbVO Art. 25 Rn. 105, wobei aber diese Formulierung gerade auch in der Weise verstanden werden kann, dass die Qualifikation des Erbvertrags von der einer Gegenleistung unabhängig ist.

[260] Vgl. Geimer/Schütze/*Döbereiner* IRV EuErbVO Art. 25 Rn. 67, der auch jeweils Art. 25 Abs. 1 für einschlägig hält, wenn ein Verzichtender in einer Urkunde gegenüber mehreren Erblassern verzichtet (zB ein Kind gegenüber seinen Eltern).

aber dieses Erbrecht einen entsprechenden Verzicht, muss die EuErbVO dahingehend ausgelegt werden, ob sich das Verbot des anwendbaren Erbrechts durchsetzt, oder ob mit dem Begriff der „Zulässigkeit" in Art. 25 der dauerhafte Vorrang des einmal wirksam geschlossenen Verzichtsvertrags verbunden sein soll.

Nach einer Meinung in der deutschen Literatur ist der Normzweck des Art. 25, bestimmte dem Errichtungsstatut zugewiesene Funktionen zu schützen, vorrangig zu beachten. Da sich der Verzicht aber in seiner bloßen negativen Wirkung erschöpft, könne die Wirkung nicht vom Begriff der Zulässigkeit getrennt werden, wenn man den „zulässigen" Erbverzicht nicht zu einer leeren Hülle herabstufen wolle. In dieser einfachen Wirkung unterscheide er sich vom positiven Erbvertrag, bei dem zwar auch einzelne Verfügungen innerhalb der geschützten zulässigen Erbvertragsform unwirksam werden können, immer aber noch ein vom Erblasser ausfüllbaren Gestaltungsspielraum im anwendbaren Recht verbleibe. Da zudem das Vertrauen des Erblassers in den Fortbestand des Verzichts aufgrund einer bindenden Vereinbarung schützenswert sei, müsse sich der Verzicht auch im Falle eines Statutenwechsels durchsetzen.[261] 278

Ob diese Sichtweise tatsächlich in Europa geteilt wird,[262] ist aber höchst zweifelhaft,[263] 279 da sie erheblich in die Grundstruktur der EuErbVO, die gesamte Rechtsnachfolge von Todes wegen dem Erbstatut zuzuweisen, eingreift. Dass der Verzicht sich oft nicht nur in der angenommenen „einmaligen" Wirkung wie beim totalen Erbverzicht ausdrückt, zeigt sich beispielweise beim Pflichtteilsverzicht, der in der Praxis in der Form eines teilweisen oder beschränkten Verzichts durchaus vielfältig ausgestaltet sein kann. Insoweit bliebe völlig unklar, in welchen Fällen der deutsche Verzicht noch in ein naheliegendes, funktionsäquivalentes Rechtsinstitut des anwendbaren Erbrechts umgedeutet werden kann, und in welchen Fällen er sich absolut aufgrund der angenommenen Vorrangwirkung des Errichtungsstatuts durchsetzen könnte. Gerade in der engen Verknüpfung der verschiedensten Verzichtsvarianten mit dem jeweiligen Erbrecht, zeigt sich die Schwierigkeit, einen Verzichtsvertrag – im Unterschied zum positiven Erbvertrag als bloßem Gestaltungsmittel – uneingeschränkt zu „exportieren".[264] Die übergeordnete Intention der EuErbVO, die Integrität des anwendbaren Erbrechts zu wahren, zeigt sich beispielsweise auch im Vergleich mit den bloßen Ausgleichungs- oder Anrechnungsregelungen, die in ihrer Funktion ja eine gewisse Nähe zum (beschränkten) Pflichtteilsverzicht haben. Art. 23 Abs. 2 lit. lit. i stellt dazu jedoch klar, dass sich deren Voraussetzungen und Wirkungen immer nach dem anwendbaren Erbrecht und nicht nach dem Vertragsstatut, das dem Erblasser Vertrauensschutz in die bindende Vereinbarung gewähren würde, richten.

**Hinweis:**
Bis zu einer Entscheidung des EuGH besteht damit die Gefahr, dass ein Erb- oder Pflichtteilsverzichtsvertrag in Deutschland zwar wirksam geschlossen, aber im Hinblick auf das anwendbare Erbrecht „wirkungslos" werden kann. Dieses Risiko wird der Notar zumindest dann erläutern, wenn es konkrete Anzeichen für einen möglichen Wechsel des maßgeblichen

[261] Vgl. *Weber* ZEV 2015, 503 (506ff.); *Everts* NotBZ 2015, 3 (4); *Soutier*, Die Geltung deutscher Rechtsgrundsätze im Anwendungsbereich der EuErbVO, S. 168ff.; WürzNotar-HdB/*Hertel* Teil 7 Kap. 3 Rn. 142.

[262] Zu beachten ist auch, dass über die Frage der Wirkungserstreckung eines deutschen Verzichts in der Regel ein ausländisches Gericht aufgrund der internationalen Zuständigkeit am gewöhnlichen Aufenthaltsort des Erblassers (Art. 4) entscheiden wird.

[263] Vgl. *Odersky* notar 2014, 139 (140f.); MüKoBGB/*Dutta* EuErbVO Art. 23 Rn. 23; *Döbereiner* MittBayNot 2013, 437 (443); *Frank/Döbereiner* Nachlassfälle Rn. 538; *Krauß*, Vermögensnachfolge in der Praxis, Rn. 3384; *Wachter* ZNotP 2014, 2 (12f.); *Kroll-Ludwigs* notar 2016, 75 (81f.), sowie *Hausmann* Jahrbuch für Italienisches Recht 27 (2014), 21 (38), sofern man den Verzichtsvertrag überhaupt als Erbvertrag qualifizieren will.

[264] Auch Erwägungsgrund 50 weist darauf hin, dass das Pflichtteilsrecht oder ein anderes Recht, das vom Erblasser nicht „entzogen" werden kann, vom Errichtungsstatut unberührt bleibt, ist aber in seiner genauen Bedeutung nicht eindeutig.

Erbstatuts gibt.[265] Um dies zu ermitteln, muss auch bei der Beurkundung von Verzichtsverträge nicht nur die Staatsangehörigkeit des Erblassers sondern auch dessen derzeitiger und ggf. künftig geplanter gewöhnlicher Aufenthaltsort besprochen werden. Bei einem ausländischen Erblasser muss dabei auch geklärt werden, ob dieser schon früher eine letztwillige Verfügung errichtet und möglicherweise sein Staatsangehörigkeitsrecht gemäß Art. 22 gewählt hat, was über die Verweisung des Art. 25 Abs. 1 von Anfang an zur Anwendbarkeit eines ausländischen Erbrechts und damit zur Unzulässigkeit des Verzichts führen könnte.

280 Bei deutschen Staatsangehörigen – wie in den obigen Beispielen → Rn. 274f. – kann es sich daher empfehlen, dass der Erblasser zur Vermeidung eines ungeplanten Statutenwechsels durch einen Umzug ins Ausland zeitgleich mit dem Verzichtsvertrag eine letztwillige Verfügung errichtet, in der er (vorsorglich) sein Staatsangehörigkeitsrecht gemäß Art. 22 wählt.

## F. Reichweite des Erbstatuts

281 Mit die schwierigsten – und zum Teil auch strittigsten – Fragen entstehen bei der Abgrenzung verschiedene Kollisionsnormen untereinander, dh bei der Bestimmung der Reichweite des anwendbaren Erbrechts gemäß der EuErbVO. Diese Reichweite wird zum einen bestimmt durch die Begrenzung des Anwendungsbereichs der Verordnung in Art. 1 Abs. 2, zum anderen positiv dargestellt in Art. 23 Abs. 2.

### I. Qualifikation des Art. 23 Abs. 2

282 Die Zwecke des Art. 23, der sich in seinem Aufbau an dem Vorbild des Art. 7 des Haager Erbrechtsübereinkommens von 1989 orientiert,[266] sind

- den Anwendungsbereich des nach der EuErbVO bestimmten Erbstatuts positiv mittels Beispielen zu umschreiben, wobei diese positive Liste einerseits ein Art Spiegelbild zu Art. 1 Abs. 2 darstellt, andererseits systematisch dieser Begrenzung des Anwendungsbereichs untergeordnet ist;[267]
- mangels eines einheitlichen europäischen Erbrechts Anhaltspunkte für eine europaweit möglichst einheitliche Qualifikation der durch Art. 21 bzw. Art. 22 berufenen Sachnormen als erbrechtlich zu geben.[268] Die Aufzählung in Abs. 2 ist aber nicht abschließend, so dass im Zweifel die erbrechtliche Bestimmung der jeweils berufenen Sachnormen mittels einer teleologischen, den Sinn und Zweck der fraglichen Sachnorm berücksichtigenden kollisionsrechtlichen Interessenanalyse vorzunehmen ist.

283 Im Einzelnen führt Abs. 2 folgende Beispiele für die Bestimmung des Umfangs des Erbstatuts auf, die zeitlich – wie Erwägungsgrund 42 umschreibt – vom Eintritt des Erbfalls bis zur Nachlassteilung als Form des endgültigen Übergangs auf die Berechtigten reichen:

284 – **Eintritt des Erbfalls,** Art. 23 Abs. 2 lit. lit. a: Dazu zählen unter anderen der genaue Zeitpunkt und der Ort des Erbfalls, wobei das Merkmal des Zeitpunkts insbesondere für die rechtliche Vermutung über die Reihenfolge mehrerer Todesfälle bei Kommorienten maßgeblich sein kann.[269] Durch Art. 1 Abs. 2 lit. d ausgenommen sind jedoch die

[265] Vgl. mit Formulierungsvorschlägen *Odersky* notar 2014, 139 (141).
[266] Vgl. Bonomi/Wautelet/*Bonomi* Art. 23 Nr. 19.
[267] Vgl. dazu Geimer/Schütze/*Schall/Simon* IRV EuErbVO Art. 1 Rn. 11. Sofern die Anwendung einer Sachnorm vom Anwendungsbereich der EuErbVO ausgeschlossen ist, ist dies vorrangig zu beachten, auch wenn die Sachnorm als erbrechtlich iSd Art. 23 zu qualifizieren wäre.
[268] Vgl. dazu Dutta/Herrler/*Hellner* S. 108 (Rn. 4f.).
[269] Dass Kommorientenregelungen zum jeweiligen Erbstatut gehören und nicht durch den Begriff der „Todesvermutung" in Art. 1 Abs. 2 lit. c ausgeschlossen sind, zeigt auch Art. 32, der aber wiederum eine

Verfahren bei Verschollenheit oder Abwesenheit einer natürlichen Person und die damit zusammenhängende Frage, ab wann und unter welchen Voraussetzungen eine Todesvermutung gilt. Aus deutscher Sicht ist dies nach Art. 9 EGBGB zu bestimmen.

- **Erbberechtigung:** Art. 23 Abs. 2 lit. lit. b nennt zunächst die „Berufung der Berechtigten", wobei dieser Begriff in einem weiten Sinne zu verstehen ist, der grundsätzlich alle Arten von erbrechtlich Begünstigten (vgl. auch im englischen Text *„beneficiaries"*, im französischen *„bénéficiaires"*) kraft gesetzlicher und gewillkürter Erbfolge umfasst. Erwägungsgrund 47 zählt dazu nicht nur Erben und Vermächtnisnehmer sondern auch die Pflichtteilsberechtigten. Auch die inhaltliche Ausgestaltung der Erbberechtigung unterliegt dem Erbstatut. Die EuErbVO nennt dazu nur die „Anteile" der Berechtigten, was nicht nur die Bestimmung von Erbquoten sondern jede Form einer gemeinschaftlichen Begünstigung (wie zB die Ausgestaltung einer Erbengemeinschaft) umfasst, und die „vom Erblasser auferlegten Pflichten". Diese Aufzählung ist aber nicht abschließend, so dass auch gesetzliche Pflichten und sonstige inhaltliche Beschränkungen der jeweiligen erbrechtlichen Begünstigung vom Erbstatut bestimmt werden. Eine Grenze in der unmittelbaren Anwendung des so berufenen Erbrechts setzt dabei nur der *numerus clausus* des jeweiligen Sachenrechts am Belegenheitsort und ggf. der Registervorbehalt nach Art. 1 Abs. 2 lit. k und lit. l, die zu einer notwendigen Anpassung nach Art. 31 führen können (→ Rn. 329). 285

  Art. 23 Abs. 2 lit. b betont besonders die Rechte der **Ehegatten** oder **Lebenspartner.** Dies beinhaltet jedoch nicht, dass diesen – oder irgendwelchen anderen Personen – generell Rechte am Nachlass zugewiesen sein müssen. In welchem Umfang Ehegatten und Lebenspartner erbberechtigt sind, entscheidet allein das berufene Erbrecht,[270] wobei ggf. im Wege der Substitution (→ § 3 Rn. 89 ff.) festzustellen ist, ob vergleichbare ausländische Rechtsformen die entsprechenden Begriffe des anwendbaren Erbrechts ausfüllen können. Sieht das Erbstatut aber überhaupt kein entsprechendes Erbrecht vor, zB weil es eingetragene Lebenspartnerschaften oder gleichgeschlechtliche Ehen generell nicht anerkennt oder diesen kein eigenes Erbrecht zubilligt, kann sich die Rechtsordnung, in der ein entsprechendes Familienverhältnis begründet wurde, grundsätzlich nicht mehr durchsetzen, so dass auch Art. 17b Abs. 1 S. 2 Hs. 2 EGBGB aF abgeschafft werden musste.[271] 286

- **Erbfähigkeit,** Art. 23 Abs. 2 lit. c: Das Erbstatut entscheidet über den Beginn und das Ende der persönlichen Fähigkeit, Erbe (bzw. allgemeiner erbrechtlich Begünstigter iSv lit. b zu sein wie auch – ggf. aber unter Berücksichtigung des *ordre public*-Vorbehalts – über allgemein geltende Empfangsverbote, wie zB den Ausschluss von Nicht-Muslimen als Erben in manchen islamischen Erbordnungen.[272] Solche Verbote sind aber zu unterscheiden von speziellen Zuwendungsverboten, die gemäß Art. 26 Abs. 1 lit. b zur Frage der materiellen Wirksamkeit der Verfügung von Todes wegen zählen. Verweist das anwendbare Erbrecht bei der Bestimmung der Erbfähigkeit auf die Rechts- oder Geschäftsfähigkeit einer natürlichen Person oder setzt diese für die Erbfähigkeit voraus, handelt es sich aber um eine Vorfrage, die gemäß Art. 1 Abs. 2 lit. b außerhalb des Anwendungsbereichs der EuErbVO liegt und selbständig anzuknüpfen ist. Aus Sicht Deutschlands kommt dabei Art. 7 EGBGB zur Anwendung. 287

---

vorrangige Sondervorschrift für den Fall enthält, dass sich widersprechende Erbstatute für mehrere Erblasser zur Anwendung berufen sind.

[270] Zur Abgrenzung zu güterrechtlich zu qualifizierenden Fragen → Rn. 306 ff.

[271] Vgl. *Coester* ZEV 2013, 115 ff.; Palandt/*Thorn* EuErbVO Art. 35 Rn. 2; *Müller-Lukoschek* S. 233 Rn. 6; *Buschbaum/Kohler* GPR 2010, 162 (164). MüKoBGB/*Dutta* EuErbVO Art. 23 Rn. 11 erwägt in diesen Fällen zwar eine Anpassungspflicht des Erbstatuts an die Bestimmungen des Staates, dessen Recht aufgrund des Vorbehalts in Art. 1 Abs. 2 a) für das Statusverhältnis maßgeblich ist, wobei dies aber aufgrund des abschließenden Normsetzungscharakters der EuErbVO unzulässig sein dürfte. Eine Korrektur dieses Ergebnisses wird man daher allenfalls im Einzelfall über den *ordre public*-Vorbehalt vornehmen können (→ Rn. 343 ff.).

[272] Vgl. MüKoBGB/*Dutta* EuErbVO Art. 23 Rn. 18.

288 – **Enterbung und Erbunwürdigkeit,** Art. 23 Abs. 2 lit. d: Unter Erbunwürdigkeit sind die Fälle zu subsumieren, in denen ein Berechtigter seine Stellung aufgrund seines besonderen Verhaltens verliert (vgl. im Englischen: *„disqualification by conduct"*), so dass diese Frage nun einheitlich dem Erbstatut und nicht dem Personalstatut unterliegt.[273] Der Begriff der Erbunwürdigkeit bezieht sich damit auf allgemeine Sanktionsnormen, die auch bei gesetzlicher Erbfolge gelten, wohingegen spezielle Zuwendungsverbote gegenüber letztwilligen Verfügungen gemäß Art. 26 Abs. 1 lit. b zu deren materieller Wirksamkeit zählen.

289 – **Übergang des Nachlasses,** Art. 23 Abs. 2 lit. e: Das Erbstatut umfasst nicht nur die Frage, wem etwa aus dem Nachlass als Begünstigter zusteht, sondern auch den „Übergang der zum Nachlass gehörenden Vermögenswerte, Rechte und Pflichten" auf die Begünstigten. Die Verordnung löst sich damit grundsätzlich, sofern ihr Anwendungsbereich eröffnet ist, von anderen kollisionsrechtlichen Einteilungen der Mitgliedstaaten, wie zB von der nationalen Abgrenzung zum Sachenrechtstatut (vgl. dazu jedoch → Rn. 328 ff.) oder von der im *common law* üblichen Unterscheidung zwischen der Bestimmung der Begünstigten *(succession)* und der Nachlassabwicklung *(administration).* Der „Übergang der zum Nachlass gehörenden Vermögenswerte" betrifft in erster Linie den sog Erbgang, also den Modus, wie der Nachlass als Gesamtheit auf den oder die Erben übergeht. Das Erbstatut bestimmt also, ob die Erben unmittelbar mit dem Todesfall Inhaber des Nachlasses werden (Vonselbsterwerb), ob der Nachlass in irgendeiner Form bis zur Annahme der Erbschaft oder bis zum Vorliegen weiterer Voraussetzungen ruht, ob es zum Übergang besondere Maßnahmen, wie zB die Einantwortung des österreichischen Rechts bedarf, oder ob der Nachlass zunächst auf besondere Nachlassabwickler, wie zB die *personal representatives* im *common law* übergeht. Vom anwendbaren Erbrecht bestimmt werden auch mehrstufige Erwerbsvorgänge, insbesondere die deutsche Vor- und Nacherbschaft einschließlich der Regeln zu einer Surrogation von Nachlassgegenständen ab dem Zeitpunkt des Erbfalls.[274]

290 Das Erbstatut regelt auch sämtliche Bedingungen und Voraussetzungen für den Anfall der Erbschaft oder eines Vermächtnisses bzw. für den späteren Wegfall einer entsprechenden Begünstigung. Die Verordnung nennt dazu beispielshaft die Annahme und Ausschlagung einer Erbschaft oder eines Vermächtnisses. Vom anwendbaren Erbrecht geregelt werden dabei grundsätzlich alle inhaltlichen und formellen Voraussetzungen für eine wirksame Annahme oder Ausschlagung (zB Fristen, richtiger Adressat, Zulässigkeit einer Stellvertretung) und deren jeweilige Wirkungen (zB zum rechtlichen Zeitpunkt des Wegfalls der Berechtigung und zu etwaigen Handlungen in der Zwischenzeit). Ausgenommen davon ist lediglich die Frage einer Formerleichterung nach Art. 28.

291 Trotz der ausdrücklichen Nennung der „Vermögenswerte, Rechte und Pflichten" bestimmt das Erbstatut aber nicht, ob diese vererblich sind, was sich auch aus der Formulierung „der zum Nachlass gehörenden" ergibt. Mit dieser Voraussetzung wird vielmehr zum Ausdruck gebracht, dass es sich um vererbliche Aktiva und Passiva handeln muss. Die Frage der Vererblichkeit von Rechten ist damit nach dem einschlägigen Vermögenstatut bzw. den gesellschaftsrechtlichen Verhältnissen oder Art. 14 Abs. 2 Rom I-VO bzw. Art. 15 lit. e Rom II-VO zu entscheiden.[275]

292 – **Abwicklungsrechte,** Art. 23 Abs. 2 lit. f: Das anwendbare Erbrecht regelt ferner, welche Rechte die „Erben, Testamentsvollstrecker und andere Nachlassverwalter" ausüben können. Der Begriff des Nachlassverwalters bezieht sich dabei in erster Linie auf den typischen *administrator* im *common law.* Im Gegensatz zu Art. 29 Abs. 2 und Abs. 3, der den Sonderfall regelt, dass ausländisches Erbrecht in einem Mitgliedstaat mit dem Sys-

[273] Vgl. dazu näher Reichelt/Rechberger/*Jayme*, Europäisches Erbrecht, S. 27, 35 f.
[274] Vgl. BeckOGK/*J. Schmidt* EuErbVO Art. 23 Rn. 31.
[275] Vgl. MüKoBGB/*Dutta* EuErbVO Art. 23 Rn. 22; für eine Zuordnung zum Erbstatut dagegen BeckOGK/*J. Schmidt* EuErbVO Art. 23 Rn. 31.

tem der gesonderten Nachlassabwicklung zur Anwendung kommen könnte, stellt Art. 23 Abs. 2 lit. f klar, dass Nachlassverwalter, die gemäß dem anwendbaren Erbrecht bestellt sind, ihre Rechte umfassend geltend machen können. Demgemäß kann also zB auch ein englischer *administrator* in den Mitgliedstaaten der EuErbVO tätig werden, wenn englisches Recht zur Anwendung berufen ist.[276] Darüber hinaus ist der Begriff des Nachlassverwalters aber verordnungsautonom auszulegen und umfasst vor dem Hintergrund der unterschiedlichen nationalen Erbsysteme alle Personen, denen im anwendbaren Erbrecht eine Funktion zur gesamten oder teilweisen Abwicklung oder Sicherung des Nachlasses eingeräumt wird.[277] Im deutschen Recht ist damit auch die Anordnung einer Nachlasspflegschaft (nach § 1960 BGB und in Form der Nachlassverwaltung) umfasst.[278]

Zu den Rechten der Erben zählt auch die Frage, ob und wie die Erbenstellung bzw. die Rechte anderer Begünstigter oder Nachlassverwalter auf Dritte übertragen werden können. Insbesondere Voraussetzungen und Regeln eines Erbschaftskauf oder ähnlicher Veräußerungsgeschäfte (im deutschen Recht also die Regelungen der §§ 2371 ff. BGB) unterliegen damit dem anwendbaren Erbrecht. Wie aber auch bei anderen Verpflichtungs- und Veräußerungsgeschäften, unterliegen auch beim Erbschaftskauf die weiteren schuldrechtlichen Vereinbarungen nicht dem Erbstatut, sondern dem maßgeblichen Schuldrechtsstatut, da diese Vereinbarungsteile keinen spezifisch erbrechtlichen Charakter haben.[279] 293

– **Haftung für Nachlassverbindlichkeiten,** Art. 23 Abs. 2 lit. g: Das Erbstatut entscheidet zunächst über den Haftungsadressaten, dh die Frage, ob der Erbe für Nachlassverbindlichkeiten (beschränkt oder unbeschränkt) haftet, ob andere Begünstigte, wie zB Vermächtnisnehmer unmittelbar haften, oder ob der Nachlass zum Zwecke der Schuldentilgung in der Hand einer dritten Person separiert wird, wie dies zB bei der angloamerikanischen *administration* der Fall ist. Sind mehrere Personen haftbar, umfasst dies auch die Frage, ob diese anteilig oder als Gesamtschuldner haften und in welcher Weise interne Ausgleichsansprüche zwischen den Miterben bestehen.[280] Das anwendbare Erbrecht entscheidet ferner darüber, auf welche Art und Weise der Erbe seine Haftung auf den Nachlass beschränken kann, wie zB durch Annahme unter Vorbehalt einer Inventarerrichtung oder durch Absonderung des Nachlasses durch eine Nachlassverwaltung.[281] Auch die Bestimmung des Zeitpunkts, ab dem die Haftung des Erben eintritt, sowie mögliche im Erbrecht begründete Einreden und Einwendungen gegenüber Forderungen unterliegen dem einheitlichen Haftungsregime des Erbstatuts. Das gleiche gilt für die Frage, unter welchen Voraussetzungen man mögliche Haftungsbeschränkungen wieder verliert. 294

Das Erbstatut entscheidet ferner darüber, welche Arten von Verbindlichkeiten zu den Nachlassverbindlichkeiten gehören, dh ob nur die vom Erblasser begründeten Erblasserschulden oder auch die mit dem Erbfall entstehen Erbfallschulden.[282] Das Bestehen, die Fälligkeit und die Durchsetzbarkeit von Erblasserschulden sind dagegen selbständig nach dem Forderungsstatut zu bestimmen.[283] Reicht der Nachlass nicht zur Begleichung aller Verbindlichkeiten, kann das anwendbare Erbrecht auch über die Reihenfolge der Befriedigung der Gläubiger bestimmen.[284] Kommt es allerdings zu einer 295

[276] Vgl. Süß/*Odersky*, ErbR in Europa, Länderbericht Großbritannien: England und Wales Rn. 18 ff.
[277] Vgl. dazu auch Erwägungsgrund 44.
[278] Vgl. BeckOGK/*J. Schmidt* EuErbVO Art. 23 Rn. 41; MüKoBGB/*Dutta* EuErbVO Art. 19 Rn. 3.
[279] Vgl. MüKoBGB/*Dutta* EuErbVO Art. 23 Rn. 24.
[280] Vgl. dazu Bonomi/Wautelet/*Wautelet* Art. 23 Nr. 74 ff.
[281] Sofern für eine Haftungsbeschränkung eine einfache Erklärung des Erben genügt, ohne dass weitere besondere Verfahren (wie zB eine Inventarerrichtung) notwendig werden, kann dabei nach Art. 28 die Einhaltung der Form am gewöhnlichen Aufenthaltsort des Erben genügen.
[282] Vgl. BeckOGK/*J. Schmidt* EuErbVO Art. 23 Rn. 45.
[283] Vgl. MüKoBGB/*Dutta* EuErbVO Art. 23 Rn. 25.
[284] Vgl. Erwägungsgrund 42 S. 3.

Nachlassinsolvenz ist nach Art. 76 die Europäische Insolvenzverordnung vorrangig anwendbar.

296 – **Pflichtteil und Beschränkungen der Testierfreiheit:** Mit der Formulierung „der verfügbare Teil des Nachlasses, die Pflichtteile (…)" stellt Art. 23 Abs. 2 lit. h klar, dass das jeweilige System der Mindestteilhabe bestimmter Personen am Nachlass vom Erbstatut geregelt wird. Dies gilt unabhängig davon, wie dieses System im jeweiligen Erbrecht ausgestaltet ist, dh ob es sich um einen (Pflichtteils-)Anspruch in Geld handelt oder um Noterbrechte, bei denen der Erblasser über einen quotenmäßigen Anteil am Nachlass oder über bestimmte Nachlassgegenstände nicht frei verfügen darf. Das Erbstatut entscheidet damit grundsätzlich über den Kreis der anspruchsberechtigten Personen, über die Voraussetzungen sowie die Höhe bzw. die Art und Ausgestaltung ihrer Beteiligung am Nachlass und über die sog Pflichtteilslast, also die Frage zu wessen Lasten die Ansprüche zu erfüllen sind. Auch Gründe, aus denen eine entsprechende Mindestbeteiligung versagt werden kann (wie zB für eine Pflichtteilsentziehung), unterliegen dem anwendbaren Erbrecht. Dies gilt auch für die Wirkungen eines lebzeitigen Verzichts des Berechtigten.

297 Die Verordnung erwähnt ferner „etwaige Ansprüche von Personen, die dem Erblasser nahe stehen, gegen den Nachlass oder gegen die Erben". Vorbild dieser Regelung war Art. 7 Abs. 2 lit. b des Haager Erbrechtsübereinkommens von 1989, das auf „Zuteilungen aus dem Nachlass durch ein Gericht oder eine andere Behörde zugunsten von Personen, die dem Erblasser nahestehen" Bezug nimmt. Das Übereinkommen wollte damit den Besonderheiten im anglo-amerikanischen Rechtskreis Ausdruck verleihen, in dem es zwar idR keinen festen Anspruch auf einen bestimmte Nachlassteilhabe gibt, die Gerichte aber im Rahmen einer Ermessensentscheidung anordnen können, dass aus dem Nachlass Leistungen an Angehörige und andere versorgungsbedürftige Personen zu erbringen sind (sog *family provisions*).[285] Zugleich enthält die Verordnung damit eine Klarstellung, dass auch die für *family provisions* typischen Unterhaltszahlungen erbrechtlich zu qualifizieren sind, wenn sie aus Anlass des Erbfalls geschuldet sind oder angeordnet werden.[286]

298 Vom anwendbaren Erb- und Pflichtteilsrecht umfasst ist grundsätzlich auch die Frage, inwieweit lebzeitige Zuwendungen im Pflichtteilsrecht zu berücksichtigen sind, wie dies zB im deutschen Recht durch die Pflichtteilsergänzung (§§ 2325 ff. BGB) vorgesehen ist. Sofern sich entsprechende Ansprüche gegen den Nachlass selbst, die Erben oder sonstige am Nachlass berechtigte Personen richten, ist dies unproblematisch vom Anwendungsbereich der EuErbVO umfasst.[287] Nicht eindeutig geregelt ist dagegen die Frage, ob sich ein Anspruch auf Pflichtteilsergänzung oder auf ganze oder teilweise Rückgängigmachung einer Schenkung (sog *clawback*) nach dem anwendbaren Erbrecht auch unmittelbar gegen solche Empfänger lebzeitiger Zuwendungen richten kann, die nicht zum Kreis der Erben oder sonstigen Berechtigten zählen. Von der ganz hM wird dies mit dem Verweis auf den nicht abschließenden Charakter des Katalogs in Art. 23 Abs. 2 bejaht.[288] Auch in der Diskussion zum Entwurf der EuErbVO ging man von einer entsprechend weitgehenden Wirkung des anwendbaren Erbrechts aus.[289] Letztlich war dies sogar der mitentscheidende Grund, dass Großbritannien nicht an der EuErb-

[285] Vgl. zB der englische *Inheritance (Provision for Family and Depandants) Act* 1975; dazu Süß/*Odersky*, ErbR in Europa, Länderbericht Großbritannien: England und Wales Rn. 51 ff.

[286] Vgl. BeckOGK/*J. Schmidt* EuErbVO Art. 23 Rn. 52; Bonomi/Wautelet/*Bonomi* Art. 23 Rn. 89 ff.; MüKoBGB/*Dutta* EuErbVO Art. 23 Rn. 27.

[287] Vgl. Dutta/Herrler/*S. Lorenz* S. 117 (Rn. 8).

[288] Vgl. BeckOGK/*J. Schmidt* EuErbVO Art. 23 Rn. 53 ff.; MüKoBGB/*Dutta* EuErbVO Art. 1 Rn. 23 und Art. 23 Rn. 28; Bergquist/*Lagarde* Art. 23 Rn. 39 f.; aA aber aufgrund des Wortlauts Dutta/Herrler/*S. Lorenz* S. 117 (Rn. 9 ff.).

[289] Vgl. zB *Max Planck Institute* RabelsZ 74 (2010), 522 ff. Rn. 175 ff. und *Dutta* RabelsZ 73 (2009), 547 (582 f.), die jeweils eine gesonderte Anknüpfung an das hypothetische Erbstatut vorschlugen, was aber nicht übernommen wurde.

VO teilnimmt, da ein möglicher *clawback* die Planungssicherheit der dort ansässigen gemeinnützigen Organisationen und *trusts* zerstöre.[290]

– **Ausgleichung und Anrechnung,** Art. 23 Abs. 2 lit. i: Auch wenn lebzeitige Zuwendungen gemäß Art. 1 Abs. 2 lit. g vom Anwendungsbereich der EuErbVO grundsätzlich ausgenommen sind, gilt dies nicht für deren Ausgleichung und Anrechnung. Diese Begriffe entsprechen jedoch nicht der (engen) wortgleichen Bedeutung iSd deutschen BGB, was auch in den erheblichen Abweichungen der jeweiligen Sprachfassungen der Verordnung deutlich wird.[291] Die Regelung beinhaltet vielmehr, dass jede Form der Berücksichtigung lebzeitiger Zuwendungen iRd Verteilung des Nachlasses vom anwendbaren Erbrecht bestimmt wird. Dies gilt unabhängig davon, ob es sich um einen wertmäßigen Ausgleich oder um eine Restitution in natura handelt, ob diese im Verhältnis zwischen mehreren Erben oder zwischen anderen Berechtigten, zu denen gemäß Art. 23 Abs. 2 lit. b auch Pflichtteilsberechtigte gehören, erfolgt, und ob dies bei gewillkürter und/oder bei gesetzlicher Erbfolge angeordnet ist. 299

Maßgeblich für eine Ausgleichung oder Anrechnung in diesem weiten Sinn ist ausschließlich das anwendbare Erbrecht im Zeitpunkt des Todes des Erblassers. Damit ist es möglich, dass lebzeitige Zuwendungen (ggf. sogar zwingend) ausgleichungs- und anrechnungspflichtig werden, auch wenn dies nach dem Schenkungsstatut oder dem „hypothetischen Erbstatut" im Zeitpunkt der Schenkung nicht der Fall war. Umgekehrt ist es möglich, dass lebzeitige Zuwendungen ihre erwartete Ausgleichungs- und Anrechnungswirkung „verlieren", wenn das letztlich anwendbare Erbrecht vergleichbare Wirkungen nicht kennt oder an zusätzliche Voraussetzungen knüpft.[292] Letzteres kann beispielsweise der Fall sein, wenn im Erbfall deutsches Erbrecht zur Anwendung kommt, der Erblasser zum Zeitpunkt der Schenkung seinen gewöhnlichen Aufenthalt aber noch in einem Land hatte, bei dem eine Pflichtteilsanrechnung automatisch erfolgt (wie zB in Frankreich) und deswegen keine ausdrückliche Ausgleichungs- oder Anrechnungsbestimmung iSd §§ 2050 Abs. 3, 2315 Abs. 1 BGB getroffen wurde. Inwieweit vertragliche Elemente, die auf dem maßgeblichen Schuldrecht basieren, im anwendbaren Erbrecht Wirkungen entfallen, ist dabei eine Frage der Substitution (→ § 3 Rn. 89ff.). 300

– **Nachlassteilung,** Art. 23 Abs. 2 lit. j: Das anwendbare Erbrecht entscheidet schließlich über die Art und Weise der Teilung des Nachlasses. Dazu zählen insbesondere die Fragen, wer zur Teilung berechtigt ist (beispielsweise die Berechtigten selbst, Testamentsvollstrecker oder Nachlassverwalter, auf Antrag oder von Amts wegen Gerichte oder andere Behörden), ob und wann ein Anspruch auf Auseinandersetzung besteht bzw. ob Auseinandersetzungsverbote bestehen, wie der Erblasser auf die Teilung durch Verfügung von Todes wegen Einfluss nehmen kann, sowie sonstige Vorschriften zur Art und Weise der Teilung. Ist für die Teilung eine Vereinbarung mehrerer Berechtigter notwendig, regelt das Erbstatut alle spezifisch erbrechtlichen Fragen der Teilung; eine Rechtswahl der Beteiligten ist insoweit nicht möglich. Für ergänzende Vereinbarungen kann daneben das Schuldrechtsstatut einschlägig sein. Die Übertragung von Nachlassgegenständen richtet sich ferner ausschließlich nach der maßgeblichen *lex rei sitae,* wenn dafür nach dem Tod des Erblassers Vereinbarungen unter Lebenden oder weitere im Erbrecht vorgesehene Vollzugsakte erforderlich sind. Dies gilt auch dann, wenn das anwendbare Erbrecht die Wirkungen einer solchen Teilung auf den Erbfall zurück fin- 301

[290] Vgl. Dutta/Herrler/*Lein* S. 202 (Rn. 10ff.).

[291] Vgl. zB die englische Fassung: „*any obligations to restore or account for gifts, advancements or legacies when determining the shares of the different beneficiaries*".

[292] Zu den daraus resultierenden Schwierigkeiten, die vorweggenommene Erbfolge mit dem anwendbaren Erbrecht dauerhaft sicher zu synchronisieren vgl. *Volmer* Rpfleger 2013, 421 (424f.); *Everts* ZEV 2013, 124 (126f.).

giert.[293] Etwas anderes gilt nur, wenn eine Teilungsanordnung unmittelbar dingliche Wirkung mit Eintritt des Todesfalls entfaltet.[294]

## II. Anknüpfung vor Vorfragen

302 Keine ausdrückliche Regelung enthält die EuErbVO zu der Frage, wie Vorfragen (wie zB das Bestehen einer Ehe oder Lebenspartnerschaft oder die Wirksamkeit einer Adoption als Voraussetzung für das gesetzliche Erbrecht) zu entscheiden sind. Aufgrund des von der Verordnung angestrebten Gleichlaufs von anwendbarem Recht und internationaler Zuständigkeit (→ Rn. 13) wird sich das Problem konkurrierender Zuständigkeiten (und damit verbunden einer unterschiedlichen Anknüpfung von Vorfragen) zwar künftig selten ergeben. Da aber die Erteilung eines deutschen Erbscheins neben einem ENZ, das vom international zuständigen Gericht im Ausland ausgestellt wird, zulässig bleibt (→ Rn. 377 ff.), kann zumindest im Bereich der konkurrierenden Erbnachweise die unterschiedliche Anknüpfung einer Vorfrage maßgeblichen Einfluss auf den jeweiligen Inhalt des Zeugnisses haben.[295]

303 Nach hM zum deutschen IPR sind Vorfragen grundsätzlich selbständig anzuknüpfen, dh nach dem Kollisionsrecht der *lex fori,* da dies dem inneren Entscheidungseinklang im jeweiligen Inland dient.[296] Das Argument des inneren Entscheidungseinklangs könnte grundsätzlich im europäischen Kontext zu Gunsten des Ziels eines äußeren/internationalen Entscheidungseinklangs, bei dem die Hauptfrage samt aller Vorfrage zumindest innerhalb aller Mitgliedstaaten einheitlich nach der von der EuErbVO berufenen Rechtsordnung zu beantworten ist, an Gewicht verlieren. Zum Ausdruck kommt das Ziel eines äußeren Entscheidungseinklangs insbesondere in der Funktion des ENZ, der nach Art. 69 in allen Mitgliedstaaten Wirkungen entfalten soll. Um die Effektivität des ENZ, der bei einer selbständigen Vorfragenanknüpfung möglicherweise nicht aus Sicht aller Mitgliedstaaten richtig wäre, zu schützen, folgert daher ein Teil der Literatur, dass Vorfragen (zumindest) im Anwendungsbereich der EuErbVO unselbständig anzuknüpfen sind.[297]

304 Gegen den von dieser Auffassung reklamierten, ungeschriebenen Effektivitätsgrundsatz ist jedoch einzuwenden, dass ohnehin ein Großteil der im Erbrecht relevanten Vorfragen, insbesondere das Personenstandsrecht gemäß Art. 1 Abs. 2 vom Anwendungsbereich der Verordnung ausgenommen werden. Zwar enthält die EuErbVO keinen klarstellenden Zusatz wie Art. 1 Abs. 2 der Rom III-VO, dass der Ausschluss des Anwendungsbereichs auch für Vorfragen gilt. Im Erbrecht kann jedoch nichts anderes gelten, da die Verordnung nicht indirekt über eine Vorfragenanknüpfung den Mitgliedstaaten die Anwendung von Rechtsnormen gebieten kann, die diese als Europäischer Rat ausdrücklich von der Anwendung ausgeschlossen haben. Richtigerweise wird man daher davon ausgehen, dass die EuErbVO zur Vorfragenproblematik insgesamt bewusst kein verbindlichen Vorgaben macht, so dass diese weiterhin vom nationalen Kollisionsrecht der *lex fori* bestimmt wird. In Deutschland bleibt es damit bei der selbständigen Anknüpfung.[298]

---

[293] Vgl. *J. Schmidt* ZEV 2013, 133 (136 f.); MüKoBGB/*Dutta* EuErbVO Art. 23 Rn. 31, 20; etwas einschränkender möglicherweise Dutta/Herrler/*Hertel* S. 100 (Rn. 47), und *Buschbaum* GS Hübner, 589 (596 f.), die grundsätzlich den Übergang dem Erbstatut zuordnen, sofern nicht der Registervorbehalt des Art. 1 Abs. 2 lit. l eingreift.

[294] Zum Vorrang des Art. 1 Abs. 2 lit. l im Grundbuch- und Registerrecht in diesem Fall → Rn. 331 ff.

[295] AA *Volmer* ZEV 2014, 129 ff., der aufgrund einer strikten Zuständigkeitskonzentration auch für Erbnachweise das Vorfragenproblem für erledigt ansieht.

[296] Vgl. insbes. BGH NJW 1981, 1900; Soergel/*Kegel* EGBGB Vorb. Art. 3 Rn. 130; Staudinger/*Sturm*/*Sturm* IPR Einl. Rn. 279, Staudinger/*Dörner* EGBGB Art. 25 Rn. 588 ff.; *Kegel*/*Schurig* § 9 II 1; MüKoBGB/*Birk* EGBGB Art. 25 Rn. 80–83; allg. → § 3 Rn. 34 ff.

[297] Vgl. *Dörner* ZEV 2012, 505 (513); MüKoBGB/*Dutta* EuErbVO Vorb. Art. 20 Rn. 28 f.; Palandt/*Thorn* Art. 1 Rn. 5; Dutta/Weber/*Weber* Einl. Rn. 98 ff.

[298] In diesem Sinne unter anderen *Schurig* FS Spellenberg, 2010, 350 f.; *Solomon* FS Spellenberg, 2010, 369 f.; NK-NachfolgeR/*Köhler* EuErbVO Vorb. Art. 20–38 Rn. 20 ff.; Frieser/*Martiny* EuErbVO Rn. 11; *Lorenz* ErbR 2012, 39 (48); *Buschbaum* GS Hübner, 2012, 589 (599); *Döbereiner* MittBayNot 2013, 358

## III. Einzelfragen des Anwendungsbereichs

Neben der positiven Umschreibung des Art. 23 sind für die Bestimmung der Reichweite des Erbstatuts die Beschränkungen des Anwendungsbereichs gemäß Art. 1 Abs. 2 zu beachten, aus denen sich zum Teil schwierige Abgrenzungsfragen an der Schnittstelle unterschiedlicher Kollisionsregeln und letztlich Anpassungsprobleme aus der Anwendung unterschiedlicher materieller Rechte ergeben können. 5

### 1. Abgrenzung zum Güterrecht, Art. 1 Abs. 2 lit. d

Relevant ist die Auslegung der Bereichsausnahmen des Art. 1 Abs. 2 zunächst bei der Abgrenzung des Güterrechtsstatuts vom Erbstatut, da aufgrund der unterschiedlichen Anknüpfungszeitpunkte – einerseits die Heirat für das Güterrecht und andererseits der Tod des Erblassers für das Erbrecht – häufig verschiedene Rechte zur Anwendung kommen werden.[299] Ausgangspunkt für die Abgrenzung ist Art. 23 Abs. 2 lit. b EuErbVO, nach dem das Erbstatut auch die „Nachlassansprüche des überlebenden Ehegatten oder Lebenspartners" umfasst. Andererseits geht Erwägungsgrund 12 davon aus, dass im Todesfall vorrangig die güterrechtliche Auseinandersetzung erfolgt, der Nachlass also nur das danach verbleibende Vermögen umfasst; dementsprechend sind güterrechtliche Ansprüche gemäß Art. 1 Abs. 2 lit. d vom Anwendungsbereich der EuErbVO ausgeschlossen. 306

**a) Auslegungsgrundsätze.** Die Verordnung enthält – wie auch die geplante EU-Güterrechts-VO – keine konkrete Auslegungsregel zur Abgrenzung des Erbstatuts vom Güterrechtsstatut, wobei die Begriffe weder auf der Basis des nationalen materiellen Rechts noch auf der Basis des bisherigen nationalen Kollisionsrechts qualifiziert werden können. Abzustellen ist vielmehr auf die spezifischen Zwecke der Verordnungen, wobei letztlich ein Rückgriff auf die allgemeinen Rechtsgrundsätze in Europa erfolgen muss. 307

Die Qualifikationsfrage wurde dabei in Deutschland häufig in der Weise beschrieben, dass eine Vermögenszuweisung zwischen Ehegatten im Todesfall **erbrechtlich** zu qualifizieren ist, wenn sie dem überlebenden Ehegatten eine Teilhabe allein aufgrund seiner **Nähebeziehung zum Erblasser** im Hinblick darauf gewährt, dass eine solche Distribution des Erblasservermögens an ehelich oder verwandtschaftlich verbundene Personen dem vermuteten Willen des Verstorbenen entspricht. Der güterrechtliche Charakter einer materiellen Vorschrift soll hingegen überwiegen, wenn dies einen Ausgleich für die während der Ehe erbrachten Leistungen des überlebenden Ehegatten oder zumindest eine Konsequenz des Umstands darstellt, dass die Ehegatten bereits während der Ehe ihre beiderseitigen Vermögen ganz oder teilweise verschmolzen haben.[300] Ergänzend kann ein wichtiges Indiz für eine güterrechtliche Zuordnung sein, dass die Beteiligung im Todesfall vom Bestehen eines **bestimmten Güterstands** abhängig ist, während die erbrechtliche Vermögensbeteiligung unabhängig vom Güterstand gewährt werde.[301] 308

**b) Qualifikation des § 1371 Abs. 1 BGB.** Besonders problematisch erweist sich dabei die Einordnung des § 1371 Abs. 1 BGB, wenn das Erbstatut nach der EuErbVO ein ausländisches Recht ist, zumindest aus deutscher Sicht aber das deutsche Güterrechtsstatut vorliegt. Es stellt sich dann die Frage, ob das nach ausländischem Recht ermittelte Erbrecht des überlebenden Ehegatten durch § 1371 Abs. 1 BGB erhöht werden kann. 309

(361); *Müller-Lukoschek* S. 70 ff.; *Nordmeier* ZEV 2012, 513 (515); Bonomi/Wautelet/*Bonomi* Art. 1 Rn. 17; Dutta/Herrler/*Hellner* S. 109 (Rn. 10); Bergquist/*Lagarde* Art. 23 Rn. 10.

[299] Zur Anknüpfung des Güterrechtsstatuts nach Art. 15 EGBGB und einer möglichen EU-Güterrechts-VO, die sich allerdings nur auf Ehen beziehen wird, die nach dem Inkrafttreten einer solchen Verordnung geschlossen werden, → § 9 Rn. 36 ff.

[300] Vgl. Staudinger/*Dörner* EGBGB Art. 25 Rn. 33; Staudinger/*Mankowski* EGBGB Art. 15 Rn. 328; Dutta/Weber/*J.P. Schmidt* Art. 1 Rn. 37 ff.

[301] Vgl. Staudinger/*Mankowski* EGBGB Art. 15 Rn. 326.

310 Die bislang hM in der Literatur befürwortete eine rein güterrechtliche Qualifikation des § 1371 Abs. 1 BGB und nahm damit – mit gewissen Anpassungen im Einzelfall – eine solche Änderung des ausländischen Erbrechts vor. Eine Gegenmeinung sprach sich dagegen für eine „Doppelqualifikation" in der Weise aus, dass im Ergebnis § 1371 Abs. 1 BGB nur Anwendung findet, wenn deutsches Recht sowohl als Erbstatut als auch als Güterrechtsstatut berufen ist.[302] Ferner wurde unter den Befürwortern der güterrechtlichen Qualifikation in unterschiedlich weiter Ausprägung vertreten, dass die tatsächliche Anwendung des § 1371 Abs. 1 BGB nur in Betracht kommt, wenn auf der Ebene der Substitution (→ § 3 Rn. 89 ff.) der Begriff des „gesetzlichen Erbteils des Ehegatten" vom ausländischen Erbrecht in der Weise „erfüllt" wird, dass es sich um eine spezifisch gleichwertige Erbberechtigung handelt, die der Erhöhung durch das deutsche Recht zugänglich ist. Die Rechtsprechung der Oberlandesgerichte der letzten Jahre war entsprechend gespalten, so dass man letztlich für nahezu jede Auffassung entsprechende Judikate fand.[303]

311 Mit der – noch zu Art. 25 EGBGB aF ergangenen – Entscheidung vom 13.5.2015 hat der BGH jedoch dieser letztlich verwirrenden Diskussion ein klares Ende gesetzt, indem er sich zunächst der **rein güterrechtlichen Qualifikation** des § 1371 Abs. 1 BGB anschloss. Denn der Grund für die Einführung dieser Regelung lag nicht in der nahen Verbundenheit des Ehegatten mit dem Verstorbenen, sondern in der gesetzgeberischen Fiktion zur Vermeidung der konkreten Berechnung des Zugewinns. Dem könne auch nicht das Argument entgegengehalten werden, dass mit der pauschalen Erhöhung eine Verfälschung des ausländischen Erbrechts eintrete, da dies eine hinzunehmende Folge der unterschiedlichen Anknüpfungen sei, und ansonsten das deutsche Güterrecht unzulässig verfälscht würde. Auch den sog äquivalenzorientierten Betrachtungen, die auf der Ebene der Substitution die Anwendung des § 1371 Abs. 1 BGB stark einschränken wollten, erteilt der BGH dabei eine Absage, da diese Argumentationen Fragen der konkreten Anwendung der Sachnormen und ggf. ihrer Anpassung mit denen der Qualifikation vermische.[304]

312 Kommt es also zur gleichzeitigen Anwendung eines ausländischen Erbrechts und deutschen Güterrechts (wobei natürlich zusätzlich hinkende Rechtsverhältnisse entstehen können, wenn das ausländische Recht seinerseits einer anderen Anknüpfung des Güterrechts folgt), ist damit grundsätzlich die Erhöhung der nach ausländischem Recht gebildeten Erbquote gemäß § 1371 Abs. 1 BGB geboten. Auf der Prüfungsebene der sog **Substitution** ist dabei nur zu fragen, ob das ausländische Recht dem Ehegatten einen echten (quotenmäßigen) Anteil am Nachlass des Erblassers verschafft. Ausgeschlossen wäre dies zB, wenn dem Ehegatte nur der Nießbrauch am Nachlass zusteht, so dass § 1371 Abs. 1 BGB ihm nicht originär einen Mindestanteil von 1/4 verschaffen kann. Nicht zu prüfen ist bei der Substitution dagegen, ob die Erbquote des ausländischen Rechts bereits ebenfalls einen güterrechtlichen Ausgleich bewirken sollte. Dieses Argument ist allenfalls in der darauf folgenden Prüfungsebene der **Anpassung** zu berücksichtigen, nach der sichergestellt werden muss, dass der Ehegatte insgesamt nicht mehr erhält, als er aus dem Sichtweise beider betroffenen Rechte – unterstellt diese wären für das Erb- und Güterrecht anwendbar – erhalten würde.[305] Diese kollisionsrechtliche Anpassung führt damit regelmäßig dazu, dass der Ehegatte aufgrund der Erfüllung des §§ 1371 Abs. 1 BGB insgesamt

[302] Vgl. dazu insgesamt mit umfassender Übersicht zur Literatur unter anderen Staudinger/*Dörner* EGBGB Art. 25 Rn. 34 ff.; Staudinger/*Mankowswki* EGBGB Art. 15 Rn. 342; *Schotten/Schmellenkamp* IPR S. 301 ff.

[303] Für eine rein güterrechtliche Qualifikation neben älterer Rechtsprechung, wie zB BayObLG FamRZ 1975, 416; IPRax 1981, 100; OLG Karlsruhe NJW 1990, 1421; OLG München ZEV 2012, 591; OLG Schleswig NJW 2014, 88; OLG Frankfurt a.M. FamRZ 2015, 144; gegen die Anwendung bei ausländischem Erbrecht mit unterschiedlichen Argumenten aber zB OLG Stuttgart ZEV 2005, 443; OLG Frankfurt a.M. ZEV 2010, 253; OLG Düsseldorf ZEV 2009, 190; OLG Köln ZEV 2012, 205.

[304] BGH ZEV 2015, 409 mAnm *Reimann* = FamRZ 2015, 1180 mAnm *Mankowski*.

[305] Vgl. zur Anpassung ausführlich *Schotten/Schmellenkamp* IPR S. 309 ff.

keine höhere Quote zustehen kann, als ihm das deutsche Erb- und Güterrecht in der Summe einräumen würde.[306]

Zu beachten ist jedoch, dass mit der Anwendung der EuErbVO sich auch diese Qualifikation des § 1371 Abs. 1 BGB ändern könnte, zumal zB Frankreich und Österreich schon bisher die deutsche Regelung erbrechtlich qualifizierten. In Deutschland spricht sich zwar die ganz überwiegende Zahl der Literaturstimmen weiterhin für eine güterrechtliche Qualifikation des § 1371 Abs. 1 BGB aus,[307] da der pauschalierte Ausgleich nur bei Vorliegen der deutschen Zugewinngemeinschaft zur Anwendung kommt und trotz seiner pauschalierten, erbrechtlich erscheinenden Wirkung letztlich dem Zweck dient, die Unterstützungsleistungen des Ehegatten bei dem Vermögensaufbau zu kompensieren.[308] Eine endgültig verlässliche Antwort wird man in dieser Frage aber erst durch eine Entscheidung des EuGH erlangen. Bis dahin besteht die Unsicherheit, ob ein ausländisches Gericht (das in meisten der vorgenannten Fällen international zuständig sein wird), § 1371 Abs. 1 BGB von sich aus anwendet oder dies aufgrund einer erbrechtlichen Qualifikation, Unwissen oder generell abweichender Anwendung eines anderen Güterrechtsstatuts unterlässt. Ferner ist zu beachten, dass die güterrechtlichen Folgen aufgrund des nach Art. 1 Abs. 2 eingeschränkten Anwendungsbereichs im ENZ, das vom ausländischen Gericht erstellt wird, regelmäßig nicht angegeben sein dürfen,[309] so dass das ENZ und ein in Deutschland ggf. erteilten Erbschein voneinander abweichen können. 313

**Hinweis:**
Um entsprechende Widersprüche zwischen ausländischer und inländischer Sichtweise zu vermeiden, sollte daher in der Beratungspraxis vor dem Todesfall unbedingt darauf geachtet werden, möglichst einen Gleichlauf beider Statuten durch entsprechende Rechtswahlen sicherzustellen.

## 2. Abgrenzung zu lebzeitigen Rechtsgeschäften, Art. 1 Abs. 2 lit. g

Vom Anwendungsbereich der Verordnung ausgenommen werden gemäß Art. 1 Abs. 2 lit. g „Rechte und Vermögenswerte, die auf andere Weise als durch Rechtsnachfolge von Todes wegen übertragen werden, wie unentgeltliche Zuwendungen, Miteigentum mit Anwachsungsrecht des Überlebenden *(joint tenany)*, Versicherungsverträge und ähnliche Vereinbarungen". 314

Qualifikationsfragen können dabei vor allem bei **Schenkungen von Todes wegen** entstehen. Auch wenn diese in den verschiedenen Rechtsordnungen von den Voraussetzungen und Folgen äußerst uneinheitlich ausgestaltet sind, entsprechen sie sich insoweit, als dass sie auf eine Verteilung des Vermögens erst mit oder nach dem Tode des Schenkers ausgerichtet sind. Schwierig ist in diesem Fall die Abgrenzung zwischen Erbstatut und Schuldrechtsstatut. Werden solche Schenkungen kollisionsrechtlich als Verfügungen unter Lebenden behandelt werden, sind deren Zulässigkeit und Folgen nach dem gemäß 315

[306] Vgl. Staudinger/*Dörner* EGBGB Art. 25 Rn. 37.

[307] Die Möglichkeit einer Doppelqualifikation dürfte eindeutig ausgeschlossen sein, da das europäische Verordnungskonzept auf in sich abgeschlossenen, in ihrem jeweiligen Anwendungsbereich untereinander abgegrenzte Kollisionsregeln beruht; vgl. *Mankowski* ZEV 2014, 121 (127).

[308] Vgl. unter anderen *Dörner* ZEV 2012, 505 (507 f.); Dutta/Herrler/*Dörner* S. 77 (Rn. 11 ff.); *Mankowski* ZEV 2014, 121 (126 ff.); Palandt/*Thorn* EuErbVO Art. 1 Rn. 8; NK-NachfolgeR/*Köhler* EuErbVO Art. 23 Rn. 18 ff.; *Schurig* FS Spellenberg, 2010, 343 (352); *Döbereiner* MittBayNot 2013, 358 f.; *Dutta* FamRZ 2013, 4 (9); MüKoBGB/*Dutta* EuErbVO Art. 1 Rn. 16; *Heinig* DNotZ 2014, 251 (255); *Kowalczyk* GPR 2012, 212 (217); Dutta/Weber/*J.P. Schmidt* Art. 1 Rn. 43; zur erbrechtlichen Qualifikation insbes. im Hinblick auf die ausländische Sichtweise neigen aber eher *Kleinschmidt* RabelsZ 77 (2013), 723 (757 f.); *Süß* MittBayNot 2013, 74 (75); Süß/*Süß*, ErbR in Europa, § 3 Rn. 85 ff.

[309] Vgl. zu der Problematik der Ausstellung eines ENZ in diesem Fall Dutta/Herrler/*Dörner* S. 80 (Rn. 20 ff.).

Art. 3ff. Rom I-VO bestimmten, insbesondere durch freie Rechtswahl definierbaren Schuldvertragsstatut zu beurteilen. Bei erbrechtlicher Qualifikation wäre dagegen die Schenkung als „Erbvertrag" iSv Art. 3 Abs. 1 lit. b EuErbVO anzusehen, so dass sich deren Zulässigkeit nach Art. 25 EuErbVO richten würde.

316 Die in Deutschland wohl hM zur Art. 25 EGBGB aF stellte darauf ab, ob es sich um ein vollzogenes Schenkungsversprechen von Todes wegen handelt oder ob der endgültige Vollzug erst im oder nach dem Todesfall erfolgt.[310] Bei vollzogenen Schenkungen sei das Schenkungsstatut, bei nicht vollzogenen das erbrechtliche Errichtungsstatut anzuwenden. Ob die Schenkung vollzogen ist, soll das für den Rechtsübergang maßgebliche Statut entscheiden, bei Grundstücken also die *lex rei sitae*.

317 Diese – auch an § 2301 BGB orientierte – Abgrenzung hat jedoch für die autonome Qualifikation des Begriffs des Erbvertrags in der EuErbVO keine maßgebliche Bedeutung. Vielmehr ist im Einzelfall anhand der – relativ weiten – Definition des Art. 3 Abs. 1 lit. b zu prüfen, ob ein Erbvertrag iSd Art. 25 EuErbVO vorliegt. Nach der zumindest in Deutschland wohl überwiegend vertretenen Auffassung ist dafür allein entscheidend, ob das Rechtsgeschäft gerade auf eine Vermögensverteilung nach dem Tod gerichtet ist, was bei allen Verträgen der Fall sei, die im Hinblick auf den Tod des Erblassers vorgenommen oder bei denen die Wirksamkeit der Schenkungsverpflichtung bzw. deren Erfüllung auf den Zeitpunkt des Todes des Schenkers hinausgeschoben wurde.[311] Zweifel an dieser weiten, am Erbvertragsbegriff orientierten Qualifikation können sich aber wiederum aus dem Wortlaut des Art. Art. 1 Abs. 2 lit. g ergeben, in dem die unentgeltlichen Zuwendungen in einer Reihe mit Anwachsungsrechten, Versicherungsverträgen (die ja typischerweise auch Bezugsberechtigungen auf den Todesfall umfassen) und ähnlichen Vereinbarungen genannt sind. Diese auch zur Definition des Erbvertrags vorrangige Regelung dürfte eher dafür sprechen, dass man alle Verträge und Verfügungen, die dazu führen, dass der betroffene Gegenstand nicht in den Nachlass fällt, sondern praktisch am Nachlass vorbei auf den Begünstigten übergeht, aus dem Anwendungsbereich des Erbstatuts ausnimmt.[312] Als Erbvertrag iSd Art. 25 wären dann nur die Schenkungsverträge auf den Todesfall anzusehen, deren Erfüllung durch die Erben aus dem Nachlass erfolgen muss.

### 3. Abgrenzung zum Gesellschaftsrecht, Art. 1 Abs. 2 lit. h und lit. i

318 Gemäß Art. 1 Abs. 2 lit. h sind „Fragen des Gesellschaftsrechts, des Vereinsrechts und des Rechts der juristischen Personen, wie Klauseln im Errichtungsakt oder in der Satzung einer Gesellschaft, eines Vereins oder einer juristischen Person, die das Schicksal der Anteile verstorbener Gesellschafter beziehungsweise Mitglieder regeln", vom Anwendungsbereich der EuErbVO ausgenommen.[313] Das Gleiche gilt gemäß Art. 1 Abs. 2 lit. h für die Auflösung, das Erlöschen und die Verschmelzung von Gesellschaften, Vereinen oder juristischen Personen. Durch diese weite Formulierung folgt die EuErbVO praktisch den gleichen Grundsätzen, die schon bisher im deutschen Recht galten:[314] Das Gesellschaftsstatut (→ § 18 Rn. 5ff.) entscheidet im Ergebnis vorrangig, welche Folgen der Tod eines Gesellschafters für die Existenz der Gesellschaft und den Gesellschaftsanteil des Erblassers hat, dh welche vermögenswerten Positionen überhaupt in den Nachlass fallen und zur Verteilung bzw. Verwaltung entsprechend dem anwendbaren Erbrecht freigegeben sind.

[310] Vgl. BGH NJW 1959, 1317 (1318); OLG Düsseldorf ZEV 1996, 423; MüKoBGB/*Birk* EGBGB Art. 26 Rn. 154; Palandt/*Thorn* EGBGB Art. 25 Rn. 15; *Schotten/Schmellenkamp* IPR Rn. 323; aA zB *Staudinger/Dörner* EGBGB Art. 25 Rn. 375: immer erbrechtliche Qualifikation.

[311] Vgl. *Frank/Döbereiner* Nachlassfälle Rn. 432ff.; *Dörner* ZEV 2012, 505 (508); *Dutta* FamRZ 2013, 4 (5); *Vollmer* ZErb 2012, 227 (229).

[312] Vgl. Süß/*Süß*, ErbR in Europa, § 4 Rn. 77ff.; Dutta/Weber/*J.P. Schmidt* Art. 1 Rn. 78ff.

[313] Dies korrespondiert mit der Systematik von Art. 1 Abs. 2 lit. f Rom I-VO und Art. 1 Abs. 2 lit. d Rom II-VO.

[314] Vgl. *Leitzen* ZEV 2012, 520 (524).

Gesellschaften iSd EuErbVO sind dabei nicht nur alle Personen- und Kapitalgesellschaften, sondern auch Genossenschaften, rechtsfähige Stiftungen, der nicht-rechtsfähige Verein und die Außen-BGB-Gesellschaft. Nicht erfasst sind dagegen mangels gesellschaftsrechtlicher Struktur Einzelunternehmen oder reine Innengesellschaften.[315] 319

Dem **Gesellschaftsstatut** sind demnach unter anderen folgende Fragen zuzuordnen:[316] 320

- Wird die Gesellschaft mit dem Tod des Gesellschafters aufgelöst oder unverändert fortgesetzt?
- Ist die Beteiligung des verstorbenen Gesellschafters überhaupt vererblich oder tritt vorrangig Anwachsung ein?
- Welche besondere Eigenschaften muss ein Erbe haben, um eine Beteiligung erben zu können (wie zB bei qualifizierten Nachfolgeklauseln in Personengesellschaftsrecht)?;
- Kann aus Anlass des Todes die Einziehung eines Anteils beschlossen oder ein Kündigungsrecht ausgeübt werden?
- Welche Abfindung erhalten Erben des verstorbenen Gesellschafters?
- Auf welche Weise können mehrere Erben an der Gesellschaft beteiligt sein (zB in Form einer Erben-Gemeinschaft oder nur einzeln)?
- Können sonstige Rechte, wie zB ein Nießbrauch am Gesellschaftsanteil begründet werden?
- Ist eine Testamentsvollstreckung oder sonstige Nachlassverwaltung über den Gesellschaftsanteil zulässig und welche Rechte können einem solchen Verwalter zustehen?
- In welchem Umfang geht eine etwaige Haftung des Gesellschafters auf Erben über?

Das Erbstatut bestimmt dagegen, wer Erbe, nachfolgeberechtigter Vermächtnisnehmer, Testamentsvollstrecker oder Nachlassabwickler wird und wie die vom Gesellschaftsstatut nicht erfassten Rechtspositionen und Vermögenswerte zu verteilen sind. 321

### 4. Ausschluss von Trusts, Art. 1 Abs. 2 lit. j

In wenigen Rechtsinstituten dürften sich das *common law* und das sog *civil law* so unterscheiden wie im Trust-Recht. Art. 2 des Haager Trust-Übereinkommens[317] definiert den Trust als die von einer Person, dem Begründer *(settlor)* – durch Rechtsgeschäft unter Lebenden oder für den Todesfall – geschaffenen Rechtsbeziehungen, wenn Vermögen zugunsten eines Begünstigten *(beneficiary)* oder für einen bestimmten Zweck der Aufsicht eines *trustee* unterstellt wird. Wesensmerkmale des Trust sind danach ein getrenntes Sondervermögen in der Person des *trustee,* der die Verpflichtung hat, das Vermögen gemäß den Trust-Bedingungen zu verwalten, wobei aber – im Unterschied zum Gesellschafts- und Stiftungsrecht – keine selbständige Rechtspersönlichkeit geschaffen wird. 322

Im Testament wird der Trust regelmäßig für besondere Zuwendungsformen genutzt, die im *common law* sachenrechtlich nicht unmittelbar zulässig sind (wie zB die Zuwendung von Grundbesitz an Minderjährige oder an eine Vielzahl von Personen), die eine gewisse Flexibilität ermöglichen (zB im *discretionary trust,* bei dem der *trustee* Vermögen zwischen mehreren Begünstigten nach seinem Ermessen verteilen darf) oder mit denen längerfristige Bindungen erreicht werden sollen (zB bei der Verwaltung für eine Person auf Lebenszeit im Rahmen eines sog *life interest*).[318] Insgesamt handelt es sich dabei überwiegend um 323

---

[315] Vgl. *Leitzen* ZEV 2012, 520; Staudinger/*Magnus* Rom I-VO Art. 1 Rn. 80.

[316] Vgl. *Leitzen* ZEV 2012, 520 (521); BeckOGK/*J. Schmidt* EuErbVO Art. 1 Rn. 38; ausführlich Geimer/Schütze/*Schall/Simon* IRV EuErbVO Art. 1 Rn. 34 ff.

[317] Haager Übereinkommen über das auf trusts anzuwendende Recht und über ihre Anerkennung v. 1.7.1985; von den Mitgliedstaaten, die über Art. 75 Abs. 1 an dieses Übereinkommen gebunden sind, gilt das Übereinkommen in Italien, Luxemburg, Malta und die Niederlande. Außerhalb der Mitgliedstaaten gilt das Abkommen unter anderen in Kanada, dem Vereinigten Königreich, Australien und der Schweiz. Gemäß Art. 6 des Übereinkommens ergibt sich das anwendbare Recht in erster Linie aus der Rechtswahl des Begründers (*settlor*). Ist eine solche nicht erfolgt, erfolgt die Anknüpfung in der Regel an das Recht, mit dem der *trust* die engste Verbindung aufweist (Art. 7).

[318] Vgl. Ferid/Firsching/Dörner/Hausmann/*Henrich* Internationales Erbrecht Rn. 217 ff.

Gestaltungen, die zB dem deutschen Recht im rechtlichen „Kleid" des Erbrechts (zB in Form einer Vor- und Nacherbfolge oder Dauertestamentsvollstreckung) keineswegs fremd sind. Als fremd und damit als Verstoß gegen die deutsche Sachenrechtsordnung wird aber die rechtliche Struktur des Trusts gesehen. Denn diese ist aufgrund seiner historischen Wurzeln durch eine Art Spaltung der Eigentumsrechte geprägt: während der *trustee* formal das Eigentum hält *(legal title)*, hat der *beneficiary* ebenfalls eine Eigentümerposition als sog *equitable interest* inne. Dies drückt sich zB im *right to trace* aus, dem Recht, das Eigentum von einem Besitzer herauszuverlangen, wenn dieser das Vermögen unberechtigt vom *trustee* erwirbt. Dieser ambivalenten Struktur folgend war aus Sicht des deutschen Kollisionsrechts der *testamentary trust* zwar grundsätzlich erbrechtlich zu qualifizieren, allerdings eingeschränkt durch den Vorrang der *lex rei sitae* zu Gunsten des deutschen Sachenrechts.[319]

324 Die EuErbVO nimmt nun gemäß Art. 1 Abs. 2 lit. j die „Errichtung, Funktionsweise und Auflösung eines Trusts" vom Anwendungsbereich aus. Zum Teil wird dieser Ausschluss sehr umfassend verstanden, so dass der Trust in seiner Gesamtheit von der Anwendung des europäischen Kollisionsrechts ausgeschlossen bleibt und daher weiterhin nach nationalem Kollisionsrecht – in Deutschland dann aber Art. 25 EGBGB nF – zu beurteilen wäre.[320]

325 Allerdings stellt zugleich Erwägungsgrund 13 S. 2 fest:

> „Wird ein Trust testamentarisch oder aber kraft Gesetzes iRd gesetzlichen Erbfolge errichtet, so sollte im Hinblick auf den Übergang der Vermögenswerte und die Bestimmung des Berechtigten das nach dieser Verordnung auf die Rechtsnachfolge von Todes wegen anzuwendende Recht gelten."

326 Berücksichtigt man ferner, dass die Formulierung der EuErbVO etwas enger ist als die vergleichbaren Art. 1 Abs. 2 lit. h Rom I-VO und Art. 1 Abs. 2 lit. e Rom II-VO sollten wohl nur die Rechtsbeziehungen im Trust, die nicht als typisch erbrechtlich zu qualifizieren sind, vom Anwendungsbereich ausgeschlossen werden. Für die typisch erbrechtlichen Gestaltungselemente im *testamentary trust* bliebe dagegen der Anwendungsbereich der EuErbVO eröffnet, so dass das nach der Verordnung ermittelte Erbstatut im Prinzip über den Übergang der Vermögenswerte und die Bestimmung der Berechtigten (iSv Art. 23 Abs. 2 EuErbVO) entscheidet.[321]

327 Die mit dieser Spaltung einhergehenden Anpassungsprobleme sind dann Gegenstand von Art. 31. Die im Trust verankerten erbrechtlichen Begriffe sind dabei umzudeuten in funktionsäquivalente der *lex rei sitae*. Dabei werden in den meisten Fällen die Begünstigten des Trust als „Erben" (ggf. auch in der Form der Vor- und Nacherbschaft), bei geringfügigeren Beteiligung am Nachlass evtl. auch nur als Vermächtnisnehmer angesehen, wohingegen der *trustee* – ebenso wie die Nachlassabwickler (*executor* und *administrator*), die eine rechtliche vergleichbare Stellung wie ein *trustee* haben, idR als (Dauer-) Testamentsvollstrecker zu behandeln sind.[322]

[319] Davon zu unterscheiden ist die kollisionsrechtliche Behandlung von lebzeitig begründeten (sog *inter vivos trusts* oder *living trusts)*, die in Detail lebhaft umstritten ist. Von der wohl hM wird dafür eine gesonderte Qualifikation gemäß der jeweiligen Rechtsbeziehungen zwischen den Beteiligten vorgenommen, so dass das Rechtsverhältnis zwischen *trustee* und den Begünstigten zum Teil vertragsrechtlich qualifiziert werden kann (bei den sog *express trusts*), zum Teil aber auch ein Vergleich mit dem Bereicherungsrecht, der Geschäftsführung ohne Auftrag und dem Deliktsrecht möglich ist (bei gesetzlich entstehenden Trust, den sog *statutory* oder *constructive trusts*). Nur wenn im maßgeblichen Trustrecht die Vererbung von Rechten in der Person des *trustee* oder des Begünstigten vorgesehen ist (dh nicht vorrangige Anwachsungs- und Nachfolgebestimmungen Anwendung finden), kann dabei eine erbrechtlich zu qualifizieren Frage auftauchen.

[320] Vgl. *Richters* ZEV 2012, 576 f.; Geimer/Schütze/*Schall/Simon* IRV EuErbVO Art. 1 Rn. 64 f.

[321] Vgl. Palandt/*Thorn* EuErbVO Art. 1 Rn. 14; MüKoBGB/*Dutta* EuErbVO Art. 1 Rn. 29; BeckOGK/*J. Schmidt* EuErbVO Art. 1 Rn. 42.

[322] Zu vergleichbaren Fragen bei der Umdeutung vgl. *Dutta* IPrax 2016, 139 ff.

### 5. Beschränkter Vorbehalt des Sachstatuts, Art. 1 Abs. 2 lit. k und lit. l

Nach Art. 23 Abs. 2 lit. e umfasst das Erbstatut nicht nur die Frage, wem etwa aus dem Nachlass als Begünstigter zusteht, sondern auch den „Übergang der zum Nachlass gehörenden Vermögenswerte, Rechte und Pflichten". Die EuErbVO räumt damit grundsätzlich dem Erbstatut im Bereich des Vermögensübergangs einen weiten Wirkungsbereich ein und löst sich von den jeweiligen nationalen kollisionsrechtlichen Vorstellungen zur Abgrenzung des Erb- vom Sachenrechtsstatut. 328

Allerdings enthalten Art. 1 Abs. 2 lit. k und lit. l zwei wichtige Einschränkungen des Anwendungsbereichs, die den Kernbereich des jeweiligen nationalen Sachenrechts schützen sollen. Eindeutig geregelt ist dabei der Vorbehalt zu Gunsten der „Art der dinglichen Rechte" in Art. 1 Abs. 2 lit. k. Gemäß Erwägungsgrund 15 S. 2 soll damit der ***numerus clausus* der dinglichen Rechte,** den das jeweilige innerstaatliche Recht der Mitgliedstaaten vorsieht, geschützt werden. Das Erbstatut entscheidet damit zwar, welche Art von Rechten es begründet. Eine unmittelbare Wirkung in einem anderen Mitgliedstaat können diese Rechte aber nicht erlangen, wenn dieser Mitgliedstaat ein funktional vergleichbares Recht nicht kennt und in seiner Sachenrechtsordnung entsprechend unbekannte ausländische Rechte nicht zulässt. Das im Erbstatut begründete Recht ist dann iSv Art. 31 und Erwägungsgrund 16 an das ihm am ehesten vergleichbare dingliche Recht des Mitgliedstaats anzupassen. 329

Sofern man aus dieser Regelung einen allgemeinen sachenrechtlichen Vorbehalt in der Weise ableiten wollte, dass die Entstehung und der Übergang aller Rechte einem Vorbehalt zu Gunsten des jeweiligen nationalen Sachenrechts unterliege,[323] findet dies aber keine Stütze im Wortlaut der Verordnung. Dieser bezieht sich in Art. 1 Abs. 2 lit. k nur auf die „Art des jeweiligen Rechts", also auf die Wirkungen eines gemäß dem anwendbaren Erbrecht begründeten Rechts. Gerade durch Art. 23 Abs. 2 lit. e wird dagegen deutlich, dass das Erbstatut selbst über die Entstehung bzw. den Übergang von Rechten entscheidet, dies also nicht als Teil der dinglichen Wirkungen des Rechts gesehen werden kann. Sofern nicht die weitere Ausnahme des Art. 1 Abs. 2 lit. l eingreift, die sich aber nur auf registrierte Rechte, insbesondere auf Immobilien bezieht, unterliegt die **Begründung und der Übergang eines Rechts** ausschließlich dem Erbstatut. 330

Gerade aber der unklare Wortlaut des Art. 1 Abs. 2 lit. l führt im Spannungsverhältnis zur Reichweitendefinition des Art. 23 Abs. 2 lit. e dazu, dass in der deutschen Literatur höchst streitig bleibt, inwieweit die „gesetzlichen Voraussetzungen für eine Eintragung im Register" auch materiell-rechtlich dem nationalen Sachenrecht Vorrang bei der Begründung eines Rechts, das in einem Register einzutragen ist, einräumen. In Deutschland betrifft dies die Frage, ob **Vindikationslegate** und unmittelbar **dinglich wirkende Teilungsanordnungen** des anwendbaren Erbrechts auch bezüglich Immobilien zum Eigentumserwerb außerhalb des Grundbuchs führen,[324] oder ob sich das deutsche Sachenrecht entsprechend der bisherigen Rechtsprechung insoweit durchsetzt, dass weiterhin eine Auflassung notwendig ist:[325] 331

Nach einer stark vertretenen Meinung ist Art. 1 Abs. 2 lit. l im Hinblick auf Art. 23 Abs. 2 lit. e, der auch die Singularsukzession ausdrücklich erwähnt, einschränkend auszulegen. Da Deutschland einen Eigentumsübergang außerhalb des Grundbuchs im Prinzip kenne, könne das Erfordernis der Auflassung beim Vindikationsvermächtnis nicht mit dem nur formal zu verstehenden Begriff der „Voraussetzungen für die Eintragung in ein Register" begründet werden. Den umfassenden Wirkungen des Erbstatuts komme damit 332

[323] So weitgehend aber *Dörner* ZEV 2012, 505 (509); *Müller-Lukoschek* § 2 Rn. 110, 113 f.

[324] Beim Handelsregister dürfte die Frage keine Rolle spielen, da dieses in Bezug auf die Rechtsnachfolge im Gesellschaftsanteile ohnehin keine konstitutive Wirkung kennt.

[325] Vgl. zur bisherigen Rechtsprechung insbes. BGH NJW 1995, 58.

Vorrang zu, mit der Folge, dass Art. 1 Abs. 2 lit. l in Deutschland nur eine eher deklaratorische Funktion zukomme.[326]

333 Die wohl überwiegende Auffassung lehnt diese weite Auslegung jedoch ab.[327] Denn richtigerweise wird nicht die Bereichsausnahme des Art. 1 Abs. 2 durch Art. 23 eingeschränkt, sondern es ist vorrangig die Auslegung vorzunehmen, welchem Zweck die Ausnahmeregel des Art. 1 Abs. 2 lit. l dient, dh welche Grenzen diese dem anwendbaren Erbrecht ziehen will. Diese Auslegung ist notwendig, da der Wortlaut „die gesetzlichen Voraussetzungen für eine solche Eintragung" unklar bleibt. Bei dieser Auslegung kann zunächst auf die Entstehungsgeschichte der Norm Bezug genommen werden, bei der Art. 1 Abs. 2 lit. l eine Kompromisslösung darstellt, nachdem Bedenken aufkamen, dass ein Textvorschlag des Europäischen Parlaments, der den gesamten Erwerbsvorgang im Grundbuchrecht vom Anwendungsbereich ausgenommen hätte, zu unbestimmt und weitreichend wäre.[328] Diese letztlich aufgenommene Kompromissregelung hätte es aber zweifellos nicht gebraucht, wenn die Verordnung mit der Formulierung der „gesetzlichen Voraussetzungen" nur das formale Registerrecht gemeint hätte. Dass der Vorbehalt vielmehr auch das materielle Recht am Registerort schützen wollte, zeigt dabei auch die ausdrückliche Erwähnung der *lex rei sitae* im zugleich aufgenommenen Erwägungsgrund 18.

334 Bei der Auslegung der Regelung muss ferner auf die praktische Bedeutung des Registervorbehalts geachtet werden. Gerade die teils schwierig zu verstehenden und zu beweisenden Ausgestaltungen der Vindikationslegate sowie dinglich wirkenden Teilungsanordnungen könnten erhebliche rechtliche Unsicherheiten erzeugen und die Funktionsfähigkeit der Register beeinträchtigen, wenn man diesen eine umfassende Prüfungspflicht bezüglich aller denkbaren Rechtsordnungen auferlegen wollte. Gerade um die Leistungsfähigkeit der Register zu schützen, ist die Auslegung durchaus gerechtfertigt, auch die sachenrechtlichen Wirkungen der unmittelbaren Erbfolge in einzelne Gegenstände außerhalb des Anwendungsbereichs der Verordnung zu belassen.[329]

335 Im Ergebnis ist das Spannungsverhältnis von Art. 1 Abs. 2 lit. l und Art. 23 Abs. 2 lit. e daher wie folgt zu lösen:

- Grundsätzlich entscheidet das anwendbare Erbrecht über den Übergang auch einzelner Vermögensgegenstände auf die Berechtigten. Dies hat vor allem Bedeutung für (bewegliche) Gegenstände, die nicht in ein Register einzutragen sind.
- Im Bereich des Register- bzw. Grundbuchrechts führt jedoch der Vorrang des Art. 1 Abs. 2 lit. l dazu, dass der jeweilige Belegenheitsstaat nicht nur formale Vorschriften zur Eintragung in das Register aufstellt, sondern auch sein jeweiliges Sachenrecht *(lex rei sitae)* zur Anwendung bringen kann. Ob er von diesem Recht Gebrauch macht, entscheidet das jeweilige nationale Recht, wobei kein Grund ersichtlich ist, warum in Deutschland durch die EuErbVO eine Änderung der bisherigen Rechtsprechung eintreten soll.

336 Dieser Sichtweise folgt letztlich auch der deutsche Gesetzgeber, wie sich aus der Gesetzesbegründung zum IntErbRVG ergibt.[330] Bis zu einem etwaigen anders lautenden Urteil

[326] Vgl. *J. Schmidt* ZEV 2014, 133 ff.; *Dutta* FamRZ 2013, 4 (12); MüKoBGB/*Dutta* EuErbVO Art. 1 Rn. 32 und Art. 23 Rn. 20; BeckOGK/*J. Schmidt* EuErbVO Art. 1 Rn. 51 und Art. 31 Rn. 26 ff.; Palandt/*Thorn* EuErbVO Art. 1 Rn. 15; NK-NachfolgeR/*Köhler* EuErbVO Art. 1 Rn. 22 und Art. 23 Rn. 17; *Margonski* GPR 2013, 106 (108).

[327] Vgl. *Buschbaum* GS Hübner, 2012, 589 (594 ff.); *Hertel* DNotZ 2012, 688 (690); *Lechner* IPRax 2013, 497; *Döbereiner* MittBayNot 2013, 358 (360 f.); *Döbereiner* GPR 2014, 42; Dutta/Herrler/*Hertel* S. 99 (Rn. 41 ff.); *Kunz* GPR 2012, 253 (255); *Lagarde* Rev.crit.dr.int.pr. 2012, 691 (716); *Volmer* Rpfleger 2013, 421 (426); *Wilsch* ZEV 2012, 530 f.; *Schaub* Hereditare 2013, 91 (119); *Wagner/Scholz* FamRZ 2014, 714 (721); Geimer/Schütze/*Schall/Simon* IRV EuErbVO Art. 1 Rn. 71 ff.; Geimer/Schütze/*Odersky* IRV EuErbVO Art. 23 Rn. 26 ff.

[328] Zur Entstehungsgeschichte vgl. insbes. Dutta/Herrler/*Lechner* S. 16 (Rn. 43 ff.); *Lechner* ZErb 2014, 188 (194); *Lechner* IPRax 2013, 497.

[329] Vgl. mit eindrücklichem Beispiel zum französischen Recht *Döbereiner* MittBayNot 2013, 358 (360 f.).

[330] Vgl. BT-Drs. 18/4201, 48.

des EuGH ist daher davon auszugehen, dass für die Umschreibung des Grundbuchs infolge eines Vindikationslegats oder einer dinglich wirkenden Teilungsanordnung bzw. Erbauseinandersetzung eine Auflassung gemäß § 925 BGB erforderlich ist.

## IV. Schutz besonderer Vermögenswerte, Art. 30

Die Regelung des Art. 30 soll die Anwendung der in vielen Staaten aus wirtschaftlichen, 337 familiären und sozialen Erwägungen vorgesehenen Sondererbrechtsfolgen für bestimmte Immobilien, Unternehmen und andere besondere Arten von Vermögenswerten sicherstellen. Art. 30 räumt damit dem anwendbaren (Sonder-)Sachrecht in dem Staat, in dem solche schützenswerten Nachlassbestandteile belegen sind, den Vorrang vor dem allgemeinen, nach Art. 21 bzw. Art. 22 bestimmten Erbstatut ein und führt im Ergebnis zu einer Nachlassspaltung.[331]

Voraussetzung für die Anwendung des Art. 30 ist zum einen, dass sich die erbrechtli- 338 chen Regelungen des Belegenheitsstaats auf bestimmte Vermögensgegenstände beschränken, also nicht abstrakt den ganzen Nachlass umfassen.[332] Dies wird vor allem Immobilien und Unternehmen betreffen – wobei häufigster Anwendungsfall landwirtschaftliche Familienbetriebe sein werden, wie diese auch in der **Höfeordnung** geregelt sind –, kann aber auch „andere besondere Arten von Vermögenswerten", wie zB spezielle Kunstgegenstände umfassen.[333] Zum anderen müssen die lokalen Sondervorschriften aus „wirtschaftlichen, familiären oder sozialen Erwägungen" angeordnet sein, wozu man aber auch ein spezifisch öffentliches Interesse an der aufgestellten Sonderregelung verlangen wird.[334]

Zu beachten ist, dass sich Art. 30 nur auf sachenrechtliche Eingriffsnormen des Bele- 339 genheitsstaates bezieht, so dass der Anwendungsbereich deutlich enger ist als beispielsweise Art. 3a Abs. 2 EGBGB. Lediglich eine abweichende kollisionsrechtliche Einteilung im nationalen Recht, insbesondere ein Vorbehalt zu Gunsten der *lex rei sitae* für Immobilien, kann also keinesfalls zu dessen Anwendung führen.[335]

## V. Ordre-Public-Vorbehalt, Art. 35

Die Anwendung des berufenen Erbrechts kann schließlich im Einzelfall durch den *ordre-* 340 *public*-Vorbehalt (Art. 35) begrenzt sein. Im Hinblick auf die grundsätzliche Gleichwertigkeit aller Rechtsordnungen ist dabei Art. 35 wie alle anderen vergleichbaren Vorbehaltsklauseln eng auszulegen, was auch im Zusatz „offensichtlich" zum Ausdruck kommt.

Obwohl Art. 35 im europäischen Recht verankert ist, normiert die EuErbVO keinen 341 autonom auszulegenden Begriff des *ordre public,* sondern gestattet dem nationalen Gericht im Einzelfall seine Wertmaßstäbe gegenüber dem anwendbaren Erbrecht zu erheben. Sind die deutschen Gerichte zuständig, gelten daher für die Konkretisierung des *ordre public* grundsätzlich die zu Art. 6 EGBGB entwickelten Kriterien weiter (→ § 3 Rn. 123ff.). Daneben nimmt das europäische Recht nach allgemeiner Auffassung aber auf die Prüfung in der Weise Einfluss, dass der EuGH über die Grenzen zu wachen hat, innerhalb derer sich das Gericht eines Mitgliedstaats auf den *ordre public* stützen darf, um ausländisches Recht von der Anwendung auszuschließen. Aufgrund dieser äußeren Schranken darf die Vorbehaltsklausel nicht zur Erreichung von Zielen eingesetzt werden, die mit dem Uni-

---

[331] Vgl. ausführlich NK-NachfolgeR/*Köhler* EuErbVO Art. 31 Rn. 6f.

[332] Vgl. Erwägungsgrund 54 S. 4, der zB einen größeren Pflichtteilsanspruch als Sonderrecht ausschließt.

[333] Vgl. BeckOGK/*J. Schmidt* EuErbVO Art. 30 Rn. 7.

[334] Vgl. BeckOGK/*J. Schmidt* EuErbVO Art. 30 Rn. 13f., die auf die Definition des Begriffs der Eingriffsnorm in Art. 9 Abs. 1 Rom I-VO Bezug nimmt. Ausführlich zum Charakter als Eingriffsnorm auch NK-NachfolgeR/*Köhler* EuErbVO Art. 31 Rn. 4.

[335] Vgl. Erwägungsgrund 54 S. 4; Palandt/*Thorn* EuErbVO Art. 30 Rn. 2.

onsrecht, insbesondere den Grundfreiheiten oder der Grundrechtecharta nicht in Einklang stehen.[336]

342 Im Bereich des Erbrechts wird man damit grundsätzlich die Beispiele, wie diese zu Art. 6 EGBGB entwickelt wurden, auch bei Anwendung des Art. 35 heranziehen können.[337] Dazu zählen insbesondere Verstöße gegen Art. 3 Abs. 2 und Abs. 3 GG, wenn einzelne Angehörige oder potenzielle Erben wegen ihres **Geschlechts,** ihrer **Religionszugehörigkeit** oder zB der Tatsache, dass sie **nichtehelich** geboren wurden, **benachteiligt** werden. Ferner kann im Hinblick auf Art. 14 Abs. 1 S. 1 GG ein wesentliches Prinzip der deutschen Rechtsordnung verletzt sein, wenn das fremde Recht das subjektive Erbrecht faktisch abschafft oder jegliche Testierfreiheit nimmt.

343 Besondere Bedeutung kann dem *ordre public*-Vorbehalt künftig möglicherweise bezüglich des gesetzlichen Erbrechts **eingetragenen Lebenspartner** zukommen. Da die spezielle Kollisionsnorm des Art. 17b Abs. 1 S. 2 EGBGB aF mit In-Kraft-Treten der EuErbVO aufgehoben werden musste, kann es zu dem Fall kommen, dass einem Lebenspartner nach dem anwendbaren Erbrecht keinerlei gesetzliche Rechte zustehen. Eine Korrektur dieses Ergebnisses auf Grundlage der Wertung des Grundgesetzes erscheint zumindest dann gerechtfertigt, wenn der vom Erbe ausgeschlossen Lebenspartner Deutscher ist oder sein gewöhnlichen Aufenthalt in Deutschland hatte.

344 Eine besondere Bedeutung kommt in den nationalen Erbrechten zweifellos den jeweiligen Bestimmungen zur **Mindestteilhabe** naher Angehöriger in Form eines **Pflichtteils** oder eines Noterbrechts zu, so dass sich auch insoweit die Frage stellt, ob diese Regelungen dem jeweiligen nationalen *ordre public*-Vorbehalt unterliegen können. Art. 27 Abs. 2 des Kommissionsvorschlags KOM (2009) 154 enthielt dazu noch die ausdrückliche Regelung, dass eine abweichende Regelung des Pflichtteils niemals zum Einwand des *ordre public* führen dürfe. Begründet wurde dies mit der Wahrung der Nachlasseinheit, die nicht durch solche Rechte gestört werden dürfe.[338] Diese Einschränkung wurde zwar in der endgültigen Fassung der EuErbVO fallen gelassen, ein „Umkehrschluss" in der Weise, dass Pflichtteils- oder Noterbrechten dadurch regelmäßig ein besonderer Rang iSd *ordre public*-Vorschriften eingeräumt werden sollte, ist damit aber sicherlich nicht verbunden. Aufgrund der Gleichwertigkeit der Rechtsordnungen, die insbesondere auch in Art. 20 zum Ausdruck kommt, ist vielmehr davon auszugehen, dass zumindest im Grundsatz die unterschiedlichen Vorschriften zur Mindestteilhabe in den Mitgliedstaaten einen ausreichenden Schutz für die nahen Angehörigen, insbesondere den Ehegatten und die Kinder enthalten. Zumindest zwischen den Mitgliedstaaten wird damit kein entsprechender Vorbehalt gerechtfertigt sein. Dies entspricht auch der Intention der EuErbVO, die den Bereich des Pflichtteilsrechts zwar nicht grundsätzlich vom Anwendungsbereich des *ordre public*-Vorbehalts ausschließen, aber doch auf enge Ausnahmefälle begrenzt wissen wollte.[339]

345 Bei Zuständigkeit eines deutschen Gerichts ist andererseits durch die Streichung der Einschränkung gesichert, dass das Urteil des Bundesverfassungsgerichts vom 19.4.2005 zur bedarfsunabhängigen Mindestteilhabe der Kinder am Nachlass des Erben, die durch die Erbrechtsgarantie des Art. 14 Abs. 1 S. 1 iVm Art. 6 Abs. 1 GG gewährleistet ist, berücksichtigt werden kann.[340] Diese Mindestgarantie ist als Teil der deutschen Grundwerteordnung zweifellos auch im Rahmen einer *ordre public*-Prüfung zu berücksichtigen. Im Hinblick darauf, dass das BVerfG jedoch lediglich die prinzipielle Beteiligung der Kinder am Nachlass vorgegeben und im Übrigen dem Gesetzgeber einen weiten Regelungsspielraum

---

[336] Vgl. insoweit auch Erwägungsgrund 58 S. 2.

[337] Vgl. dazu ausführlich Staudinger/*Dörner* EGBGB Art. 25 Rn. 726 ff.; NK-NachfolgeR/*Köhler* EuErbVO Art. 35 Rn. 8.

[338] Zur Kritik vgl. zB Rauscher/*Rauscher* EG-ErbVO Einf. Rn. 76; *Lorenz* ErbR 2012, 39 (48), der sich sogar *de lege ferenda* für einen ausdrücklichen Vorbehalt für die Pflichtteilsrechte aussprach.

[339] Vgl. *Dörner* ZEV 2012, 505 (512); *Simon/Buschbaum* NJW 2012, 2393 (2395); *Döbereiner* MittBayNot 2013, 358 (364); *Odersky* notar 2013, 3 (7).

[340] Vgl. BVerfG NJW 2005, 1561.

eingeräumt hat, wird man dieses Wertprinzip iRv Art. 35 nur dann zu berücksichtigen haben, wenn das ausländische Erbrecht einem nahen Angehörigen gar keine Mindestbeteiligung am Nachlass zubilligt.[341] Zumindest innerhalb der EU-Mitgliedstaaten dürfte damit wechselseitig der Einwand einer Umgehung der Pflichtteilsrechte ausgeschlossen sein.

## VI. Vorrang bilateraler Abkommen

Bei Anwendung der EuErbVO aus Sicht eines deutschen Gerichts ist zu beachten, dass die noch geltenden **bilateralen Abkommen** mit der Türkei, Persien (nun Iran) und der Sowjetunion (nun vor allem Russischen Föderation und weitere Nachfolgestaaten) vorrangig anzuwenden sind (Art. 75 Abs. 1; → Rn. 10). In ihrem jeweiligen Anwendungsbereich schließen diese Abkommen die Anwendung der EuErbVO aus, was nicht nur die objektive Anknüpfung des Art. 21 Abs. 1 betrifft, sondern regelmäßig auch die Möglichkeit einer Rechtswahl gemäß Art. 22 ausschließt.[342] 346

Da es sich aber nur um bilaterale Abkommen handelt, gilt dies nur aus Sicht eines Gerichts in den Ländern, die vom jeweiligen Abkommen gebunden sind, nicht bei der Rechtsanwendung der EuErbVO durch ein Gericht eines anderen Mitgliedstaats. Dies wird vor allem erhebliche Auswirkungen auf den Inhalt eines ENZ haben, der in einem anderen Mitgliedstaat ausgestellt ist, weil in diesem Fall die in Deutschland bindende Rechtslage regelmäßig nicht dargestellt werden wird. Für den Rechtsverkehr in Deutschland sollte daher in Erbfällen mit Bezug zu den Vertragsstaaten die Verwendung eines Erbscheins bevorzugt werden.[343] 347

### 1. Deutsch-türkisches Nachlassabkommen

Die zahlenmäßig größte Bedeutung wird in der Praxis das deutsch-türkische Nachlassabkommen haben, wobei die Rechtsanwendung dadurch erleichtert wird, dass das nach dem Vorbild der Schweiz gefasste türkische Erbrecht dem deutschen sehr ähnlich ist. 348

Der deutsch-türkische Konsularvertrag vom 28.5.1929[344] enthält in Art. 20 ein Nachlassabkommen mit folgenden kollisionsrechtlichen Bestimmungen in den §§ 12 Abs. 3, 14 und 18 der Anlage zu diesem Artikel: 349

**Artikel 20 deutsch-türkischer Konsularvertrag**

In Ansehung der in dem Gebiete des einen vertragschließenden Staates befindlichen Nachlässe von Angehörigen des anderen Staates haben die Konsuln die aus der Anlage dieses Vertrages ersichtlichen Befugnisse.

---

[341] Vgl. Dutta/Herrler/*Lorenz* S. 124 (Rn. 28); Staudinger/*Dörner* EGBGB Art. 25 Rn. 731.

[342] Vgl. dazu insbes. mit mwN Staudinger/*Dörner* EGBGB Vorb. Art. 25f. Rn. 149ff.; MüKoBGB/*Dutta* EGBGB Art. 25 Rn. 293ff.; *Schotten/Schmellenkamp* IPR § 7 Rn. 263ff.; *Schotten/Wittkowski* FamRZ 1995, 264 (jeweils noch im Verhältnis zu Art. 25 EGBGB aF); und mit Bezug zu EuErbVO: NK-NachfolgeR/*Köhler* EuErbVO Vorb. Art. 20–38 Rn. 41ff.; Geimer/Schütze/*Lechner* IRV EuErbVO Art. 75 Rn. 25ff.; *Mankowski* ZEV 2013, 529; *Müller-Lukoschek* § 2 Rn. 405.

[343] Vgl. zur Problematik in Bezug auf Erteilung eines ENZ in Deutschland und in anderen Mitgliedstaaten sowie auf die Pflicht des deutschen Grundbuchamts die Erbfolge abweichend von einem ausländischen ENZ zu prüfen ausführlich Dutta/Herrler/*Süß* S. 181ff. (allerdings noch unter der Annahme, dass ein Erbscheine nicht erteilt werden dürfe, wenn die deutschen Gerichte nicht international zuständig sind, → dazu aber Rn. 376ff.).

[344] RGBl. 1930 II 747; BGBl. 1952 II 608; vgl. ausführlich Staudinger/*Dörner* EGBGB Vorb. Art. 25f. Rn. 160ff.; Süß/*Kilic*, ErbR in Europa, Länderbericht Türkei.

**Anlage zu Artikel 20 des Konsularvertrages (Nachlassabkommen)**

**§ 12**

(3) Das Recht des Staates, in dem sich der Nachlass befindet, entscheidet darüber, was zum beweglichen und zum unbeweglichen Nachlass gehört.

**§ 14**

(1) Die erbrechtlichen Verhältnisse bestimmen sich in Ansehung des beweglichen Nachlasses nach den Gesetzen des Landes, dem der Erblasser zur Zeit seines Todes angehörte.

(2) Die erbrechtlichen Verhältnisse in Ansehung des unbeweglichen Nachlasses bestimmen sich nach den Gesetzen des Landes, in dem dieser Nachlass liegt, und zwar in der gleichen Weise, wie wenn der Erblasser zur Zeit seines Todes Angehöriger dieses Landes gewesen wäre.

**§ 16**

(1) Verfügungen von Todes wegen sind, was ihre Form anlangt, gültig, wenn die Gesetze des Landes beachtet sind, wo die Verfügungen errichtet sind, oder die Gesetze des Staates, dem der Erblasser zur Zeit der Errichtung angehörte.

(2) Das gleiche gilt für den Widerruf solcher Verfügungen von Todes wegen.

**§ 18**

Die Bestimmungen der § 1 bis 17 finden entsprechende Anwendung auf bewegliches oder unbewegliches Vermögen, das sich im Gebiet des einen Teils befindet und zu dem Nachlass eines außerhalb dieses Gebietes verstorbenen Angehörigen des anderen Teils gehört.

350 Gemäß § 14 gilt damit für den **beweglichen Nachlass** das Heimatrecht des Erblassers, also dessen **Staatsangehörigkeitsrecht** zum Zeitpunkt seines Todes, und für den **unbeweglichen Nachlass** des **Recht des Belegenheitsortes,** so dass es zur Nachlassspaltung (→ Rn. 80) kommen kann. Die Qualifikation des Begriffs „unbeweglicher Nachlass" richtet sich dabei nach der jeweiligen *lex rei sitae* (§ 12 Abs. 3). Bei beiden Anknüpfungen handelt es sich um Sachnormverweisungen, so dass im Anwendungsbereich des Abkommens keine Rück- oder Weiterverweisungen zu prüfen sind. Ferner sind Rechtswahlmöglichkeiten im Anwendungsbereich des Abkommens ausgeschlossen. Spezielle Regeln zur materiellen Wirksamkeit von Verfügungen von Todes wegen enthält das Abkommen nicht, so dass insoweit auch jeweils das nach Art. 14 zu bestimmende Erbrecht gilt. Bezüglich der Formwirksamkeit geht das HTestformÜ, soweit dieses einschlägig ist, der Anwendung des § 16 vor, da auch die Türkei mittlerweile Vertragsstaat dieses Abkommen ist.[345] Zu beachten ist schließlich, dass das Abkommen darüber hinaus auch die ausschließliche internationale Zuständigkeit für streitige erbrechtliche Verfahren (nicht aber für die Erteilung von Erbscheinen und damit auch nicht für die Erteilung eines ENZ) und die Anerkennung der einschlägigen Entscheidungen (§ 15) sowie die gegenseitige Anerkennung von Erbschein und Testamentsvollstreckerzeugnis (§ 17) festlegt.

351 Wichtig sind jedoch die Beschränkungen des Anwendungsbereichs zu beachten, so dass es im Erbfall häufig zu einer teilweisen Anwendung des Abkommens und im Übrigen zur Anwendung der Bestimmungen der EuErbVO kommen kann, was im Einzelfall zu einer Nachlassspaltung oder auch zu sog hinkenden Rechtsverhältnissen führen kann.

352 In **sachlicher Hinsicht** findet das Abkommen gemäß § 18 nur insoweit Anwendung, wie sich in einem Vertragsstaat Vermögenswerte befinden, die zum Nachlass eines Angehörigen des anderen Vertragsstaates gehören. Bei einem türkischen Staatsangehörigen gilt das Abkommen also nur für dessen in Deutschland gelegenen Nachlass, bei einem

[345] Vgl. Staudinger/*Dörner* EGBGB Vorb. Art. 25f. Rn. 185, wobei § 16 für Erbverträge anwendbar bleibt. Vgl. zum Beispiel eines Erbvertrags deutsch-türkischer Ehegatten DNotI-Report 2016, 19.

deutschen Erblasser nur für den in der Türkei belegenen Nachlass. Unerheblich ist dabei, in welchem Land der Erblasser seinen Wohnsitz oder gewöhnlichen Aufenthalt hatte.[346]

**Beispiel:** 353
Ein türkischer Staatsangehöriger mit letztem gewöhnlichem Aufenthalt in Deutschland hinterlässt Immobilien und bewegliches Vermögen in Deutschland und der Türkei.

Für das in Deutschland belegene Vermögen sind vorrangig die Kollisionsregeln des deutsch-türkischen Nachlassabkommens anzuwenden, so dass die Immobilie in Deutschland sich nach deutschem Belegenheitsrecht, das bewegliche Vermögen in Deutschland sich dagegen nach dem türkischen Staatsangehörigkeitsrecht vererbt. Für das in der Türkei belegene Vermögen des türkischen Staatsangehörigen findet dagegen das Nachlassabkommen keine Anwendung, so dass aus Sicht Deutschlands deutsches Erbrecht nach Art. 21 Abs. 1 zur Anwendung käme, sofern der türkische Erblasser keine Rechtswahl zu sein Heimatrecht nach Art. 22 trifft. Aus Sicht der Türkei wird sich diese Rechtsauffassung jedoch nicht durchsetzen, da die Türkei die Erbfolge für das in der Türkei belegene Vermögen einheitlich nach dem Staatsangehörigkeitsrecht des Erblassers anknüpft.

**Beispiel:** 354
Ein deutscher Erblasser mit gewöhnlichem Aufenthalt in Berlin hinterlässt eine Immobilie in der Türkei und bewegliches Vermögen in Deutschland und der Türkei.

Für die Immobilie gilt aufgrund des Nachlassabkommens ausschließlich türkisches Recht. Für das bewegliche Vermögen gilt dagegen deutsches Recht, und zwar bezüglich des in der Türkei belegenen Vermögens aufgrund des Nachlassabkommens als Staatsangehörigkeitsrecht, bezüglich des in Deutschland belegenen Vermögens aufgrund der Anknüpfung an den gewöhnlichen Aufenthalt nach Art. 21 Abs. 1. Zum gleichen Ergebnis käme man, wenn der deutsche Erblasser mit letzten gewöhnlichen Aufenthalt in Istanbul verstorben wäre. Auch hier würde für das in Deutschland belegene Vermögen nicht das Nachlassabkommen gelten, jedoch könnte es nach Art. 34 Abs. 1 zur Rückverweisung auf deutsches Recht kommen, da das autonome Kollisionsrecht der Türkei die Erbfolge einheitlich an das Staatsangehörigkeitsrecht anknüpft.

Nach hM sind dabei Vermögenswerte, die sich in anderen Ländern als der Türkei und Deutschland befinden, generell vom Anwendungsbereich des Abkommens ausgeschlossen, auch wenn über die Erbfolge ein deutsches oder türkisches Gericht entscheiden müsste.[347] 355

**Beispiel:** 356
Der türkische Staatsangehörige im obigen Beispiel (→ Rn. 353) hinterlässt auch eine Immobilie und bewegliches Vermögen in Frankreich. Da das Nachlassabkommen insoweit keine Anwendung findet, gilt für beide Vermögensarten in Frankreich aus Sicht des deutschen Gerichts das deutsche Erbrecht gemäß Art. 21 Abs. 1, sofern der Erblasser keine Rechtswahl zu seinem türkischen Heimatrecht gemäß Art. 22 trifft.

Umstritten ist ferner, inwieweit das Abkommen Anwendung findet, wenn der Erblasser **mehrere Staatsangehörigkeiten** besaß. Hatte der Erblasser sowohl die deutsche als auch die türkische Staatsangehörigkeit, schließt die wohl hM die Anwendung des Abkommens generell aus, da in diesem Fall der Erblasser nicht den Schutz eines typischen 357

[346] Eine weitergehenden Ausschluss vom Anwendungsbereichs des Abkommen befürwortet aber *Lechner*, wenn der Erblasser weder in der Türkei noch in Deutschland seinen gewöhnlichen Aufenthalt hatte; vgl. Geimer/Schütze/*Lechner* IRV EuErbVO Art. 75 Rn. 42 ff.

[347] Vgl. Staudinger/*Dörner* EGBGB Vorb. Art. 25 f. Rn. 173; *Schotten/Schmellenkamp* IPR § 7 Rn. 264; NK-NachfolgeR/*Köhler* EuErbVO Vorb. Art. 20–38 Rn. 52; Geimer/Schütze/*Lechner* IRV EuErbVO Art. 75 Rn. 48 f.; aA MüKoBGB/*Dutta* EGBGB Art. 25 Rn. 299.

Konsularvertrages bedürfe.[348] Zum Teil wird jedoch noch darauf abgestellt, ob aus Sicht des deutschen Gerichts die deutsche Staatsangehörigkeit die effektive war; ist dies nicht der Fall, wäre das Abkommen weiterhin abwendbar.[349] Zum Teil wird ferner vertreten, dass zumindest die Anwendung des § 14 Abs. 2 für unbeweglichen Nachlass unberührt bleibe, so dass im Fall des eines deutsch-türkischen Erblassers die in diesen Ländern belegenen Immobilien sich gemäß dem Nachlassabkommen vorrangig nach dem jeweiligen Ortsrecht vererben würden, wodurch hinkende Rechtsverhältnisse vermieden werden sollen.[350] Bei Erblassern, die neben der türkischen bzw. deutschen Staatsangehörigkeit eine weitere Staatsangehörigkeit besitzen, wird man die Anwendung des Abkommens zumindest in den Fällen ablehnen, in denen die türkische bzw. deutsche Staatsangehörigkeit nicht die effektive war.[351]

358 Das deutsch-türkische Nachlassabkommen findet ferner keine Anwendung auf Staatsangehörige, die die Rechtsstellung eines **Flüchtlings** iSd Genfer Flüchtlingskonvention oder eines Asylberechtigten haben. In diesen Fällen bestimmt sich das Erbstatut des Erblassers nicht nach den Bestimmungen des deutsch-türkischen Nachlassabkommens, sondern ausschließlich nach der EuErbVO.[352]

### 2. Deutsch-persisches Niederlassungsabkommen

359 Im Verhältnis zu Staatsangehörigen des Iran gilt weiterhin das deutsch-persische Niederlassungsabkommen,[353] das in Art. 8 Abs. 3 eine allgemeine Kollisionsnorm enthält, die das gesamte Personen-, Familien- und Erbrecht dem jeweiligen Staatsangehörigkeitsrecht unterstellt:

**Art. 8 deutsch-persisches Niederlassungsabkommen**

(3) In Bezug auf das Personen-, Familien- und Erbrecht bleiben die Angehörigen jedes der vertragschließenden Staaten im Gebiet des anderen Staates jedoch den Vorschriften ihrer heimischen Gesetze unterworfen. Die Anwendung dieser Gesetze kann von dem anderen vertragsschließenden Staat nur ausnahmsweise und nur insoweit ausgeschlossen werden, als ein solcher Ausschluß allgemein gegenüber jedem anderen fremden Staat erfolgt.

**Schlußprotokoll zu Art. 8 Abs. 3**

Die vertragschließenden Staaten sind sich darüber einig, daß das Personen-, Familien- und Erbrecht, das heißt das Personalstatut, die folgenden Angelegenheiten umfaßt: Ehe, eheliches Güterrecht, Scheidung, Aufhebung der ehelichen Gemeinschaft, Mitgift, Vaterschaft, Abstammung, Annahme an Kindes Statt, Geschäftsfähigkeit, Volljährigkeit, Vormundschaft und Pflegschaft, Entmündigung, testamentarische und gesetzliche Erbfolge, Nachlaßabwicklungen und Erbauseinandersetzungen, ferner alle anderen Angelegenheiten des Familienrechts unter Einschluß aller den Personenstand betreffenden Fragen.

360 Das Niederlassungsabkommen unterstellt damit die gesamte Rechtsnachfolge von Todes wegen einheitlich dem **Staatsangehörigkeitsrecht** des Erblassers, unabhängig von der Art des Vermögens. Die Anknüpfung umfasst dabei grundsätzlich alle erbrechtlich zu qualifizieren Rechtsfragen, ist also nicht auf die im Schlussprotokoll erwähnten Teilfragen

[348] Vgl. Geimer/Schütze/*Lechner* IRV EuErbVO Art. 75 Rn. 39ff.; BVerfG NJW-RR 2007, 577; OLG München ZEV 2010, 255; Bamberger/Roth/*S. Lorenz* EGBGB Art. 25 Rn. 11; *Schotten/Wittkowski* FamRZ 1995, 264 (265).

[349] Vgl. MüKoBGB/*Dutta* EGBGB Art. 25 Rn. 399; *Schotten/Schmellenkamp* IPR § 7 Rn. 264.

[350] Vgl. NK-NachfolgeR/*Köhler* EuErbVO Vorb. Art. 20–38 Rn. 52; *Schotten/Schmellenkamp* IPR § 7 Rn. 264.

[351] Vgl. Geimer/Schütze/*Lechner* IRV EuErbVO Art. 75 Rn. 40.

[352] Vgl. Geimer/Schütze/*Lechner* IRV EuErbVO Art. 75 Rn. 36ff.; NK-NachfolgeR/*Köhler* EuErbVO Vorb. Art. 20–38 Rn. 44.

[353] RGBl. 1930 II 1002; BGBl. 1955 II 829; vgl. ausführlich Staudinger/*Dörner* EGBGB Vorb. Art. 25f. Rn. 149ff.

beschränkt. Allerdings regelt das Abkommen nicht die Formgültigkeit von letztwilligen Verfügungen, so dass insoweit das autonome Kollisionsrecht, für Deutschland also das HTestformÜ bzw. Art. 27 EuErbVO gilt. Bei der Anknüpfungsregel des Abkommen handelt es sich – wie stets im staatsvertraglichen Kollisionsrecht – um eine Sachnormverweisung, so dass Rück- oder Weiterverweisungen ausgeschlossen sind. Ebenso bestehen keine Rechtswahlmöglichkeiten.

Wie beim deutsch-türkischen Konsularvertrag wird auch beim deutsch-persischen Nie- 361
derlassungsabkommen von der hM davon ausgegangen, dass der Anwendungsbereich auf Vermögensgegenstände begrenzt sind, die im Iran oder in Deutschland belegen sind.[354] Hinterlässt also beispielsweise ein iranischer Staatsangehöriger mit gewöhnlichem Aufenthalt in Deutschland Vermögen in Deutschland und Frankreich, gilt für das in Deutschland belegene Vermögen sein iranisches Staatsangehörigkeitsrecht, wohingegen das in Frankreich belegene Vermögen nach den Bestimmungen der Art. 21 f. vererbt wird.

Ebenso ist das Abkommen nicht anwendbar auf deutsch-iranische Doppelstaatler oder 362
auf Erblasser mit einer anderen weiterer Staatsangehörigkeit, wenn nicht die iranische oder die deutsche als effektive Staatsangehörigkeit anzusehen ist. Von praktischer Bedeutung kann im Fall des Iran ferner die Ausnahme sein, dass das Abkommen auf **Flüchtlinge** iSd (für beide Vertragsstaaten verbindlichen und daher vorrangig zu beachtenden) Genfer Flüchtlingskonvention nicht anwendbar ist, so dass in diesem Fall das Erbstatut nach der EuErbVO zu bestimmen ist.

Soweit die Anwendung des iranischen Erbrechts zu einem Ergebnis führt, das gegen 363
wesentliche Grundsätze des deutschen Rechts verstößt (wie zB bei unterschiedlichen Erbquoten aufgrund des Geschlechts von Abkömmlingen), kann gegen die konkrete Anwendung der Rechtsnorm der *ordre public*-Vorbehalt erhoben werden, da dieser auch im Anwendungsbereich der internationalen Verträge nicht ausgeschlossen ist.[355]

### 3. Deutsch-sowjetischer Konsularvertrag

Schließlich ist Deutschland an den deutsch-sowjetischer Konsularvertrag vom 25.4.1958 364
gebunden, der weiterhin im Verhältnis zur Russischen Föderation, Armenien, Aserbaidschan, Georgien, Kasachstan, Kirgisistan, Moldawien, Tadschikistan, Ukraine, Usbekistan und Weißrussland gilt.[356] Art. 28 Abs. 3 des Konsularvertrags enthält folgende Regelung:

**Art. 28 deutsch-sowjetischer Konsularvertrag**

(3) Hinsichtlich der unbeweglichen Nachlassgegenstände finden die Rechtsvorschriften des Staates Anwendung, in dessen Gebiet diese Gegenstände gelegen sind.

Diese Kollisionsregel erfasst also nur unbewegliche Nachlassgegenstände, wobei sich die 365
Qualifikation des Begriffs „unbeweglich" nach der jeweiligen *lex rei sitae* richtet.[357] Beweglicher Nachlass wird von diesem Abkommen nicht erfasst, so dass das maßgebliche Erbstatut hinsichtlich des beweglichen Vermögens aus Sicht Deutschlands nach der EuErbVO bestimmt werden muss. Im Ergebnis kann es damit zu einer Nachlassspaltung kommen. Der Konsularvertrag enthält ferner keine Regelungen zur Formgültigkeit letztwilliger Verfügungen.

In sachlicher Hinsicht findet das Abkommen Anwendung, wenn sich in einem Ver- 366
tragsstaat unbewegliche Nachlassgegenstände befinden, die zum Nachlass eines Angehörigen eines anderen Vertragsstaates gehören. Wie beim deutsch-türkischen Konsularvertrag

[354] Vgl. Staudinger/*Dörner* EGBGB Vorb. Art. 25f. Rn. 152. *Schotten/Schmellenkamp* IPR § 7 Rn. 263; Geimer/Schütze/*Lechner* IRV EuErbVO Art. 75 Rn. 75.

[355] Vgl. *Schotten/Schmellenkamp* IPR § 7 Rn. 263.

[356] BGBl. 1959 II 233; vgl. ausführlich Staudinger/*Dörner* EGBGB Vorb. Art. 25 f. Rn. 193 ff. Unsicherheiten bezüglich der Anwendbarkeit bestehen nur noch für Turkmenistan, wohingegen Estland, Lettland und Litauen als Mitgliedstatten der EuErbVO ohnehin nur noch diese anwenden.

[357] Vgl. Staudinger/*Dörner* EGBGB Vorb. Art. 25 f. Rn. 195.

und dem deutsch-iranischen Niederlassungsabkommen geht dabei die ganz hM davon aus, dass die Regelungen des deutsch-sowjetischen Konsularvertrages territorial begrenzt sind, so dass das Abkommen nicht für Immobilien gilt, die sich in einem dritten Staat befinden.

367 Ebenso wie bei den beiden anderen Abkommen gilt das Abkommen nicht für Erblasser, die Flüchtlinge iSd Genfer Flüchtlingskonvention sind, und nicht für Doppelstaatler.[358]

## G. Abwicklung im Erbfall

### I. Nachweis der Erbfolge durch ENZ und Erbschein

368 Einen gänzlich neuen Weg hat die EuErbVO mit der Einführung eines Europäischen Nachlasszeugnisses (ENZ) beschritten, das als Erbnachweis neben die nationalen Nachweisformen, in Deutschland also den Erbschein tritt. Das ENZ verdrängt nicht die innerstaatlichen Erbnachweise. Beide Zeugnisse können also beim international zuständigen Gericht nebeneinander beantragt und erteilt werden. Wenn allerdings ein ENZ erteilt wird, ist ein nationaler Erbnachweis entbehrlich (Art. 62 Abs. 3).

369 Das ENZ entfaltet unmittelbar gemäß Art. 69 Abs. 2 bis Abs. 4 Vermutungs- und Glaubenswirkungen, insbesondere bezüglich der Verfügungsbefugnis der darin genannten Erben, Testamentsvollstrecker oder Nachlassverwalter, sofern der andere Vertragsteil nicht die Unrichtigkeit des Zeugnisses kannte oder ihm dies aufgrund grober Fahrlässigkeit unbekannt war.[359] Ferner stellt das ENZ gemäß Art. 69 Abs. 5 ein „wirksames Schriftstück“ für die Eintragung in einschlägige Register dar, so dass in § 35 GBO das ENZ nun neben dem Erbschein und dem Testamentsvollstreckerzeugnis als gleichwertige Nachweisart geregelt ist.

#### 1. Europäisches Nachlasszeugnis

370 **a) Zuständigkeit.** Gemäß Art. 64 wird das Zeugnis in dem Mitgliedstaat ausgestellt, dessen Gerichte nach den Regeln der **Art. 4 ff. international zuständig** sind; es gelten also die gleichen Zuständigkeitsregelungen für die Ausstellung des ENZ wie für alle übrigen streitigen und nichtstreitigen Nachlassverfahren. Um möglichst häufig einen Gleichlauf von anwendbarem Erbrecht und internationaler Zuständigkeit zu erreichen, regelt die EuErbVO die internationale Zuständigkeit der Gerichte in folgender **Reihenfolge,** wobei es sich idR um eine ausschließliche Zuständigkeit handelt:[360]

- Nach Art. 4 grundsätzlich in dem Mitgliedstaat, in dem der Erblasser im Zeitpunkt seines Todes seinen **gewöhnlichen Aufenthalt** hatte.
- Sofern der gewöhnliche Aufenthalt in einem **Drittstaat** lag, nach Art. 10 Abs. 1 in dem Mitgliedstaat, dessen **Staatsangehörigkeit** der Erblasser besaß, ersatzweise in dem der Erblasser in den letzten fünf Jahren vor seinem Tod seinen (vorletzten) gewöhnlichen Aufenthaltsort hatte (vorausgesetzt, dass dort auch Nachlassgegenstände belegen sind).
- Hilfsweise nach Art. 10 Abs. 2 in jedem Mitgliedstaat, in dem **Nachlassvermögen** belegen ist, wobei dann die Zuständigkeit auf diesen Nachlassteil beschränkt ist.

[358] Vgl. NK-NachfolgeR/*Köhler* EuErbVO Vorb. Art. 20–38 Rn. 57; aA zu Doppelstaatlern *Schotten/Schmellenkamp* IPR § 7 Rn. 265.

[359] Vgl. zum ENZ und seinen Wirkungen insbes. *Dorsel* ZErb 2014, 212; *J. Schmidt* ZEV 2014, 389.

[360] Unter Gerichten iSd EuErbVO können gemäß Art. 3 Abs. 2 auch Notare und andere Behörden verstanden werden, wenn diese gerichtsähnliche Funktionen ausüben. In Deutschland betrifft dies jedoch nur (noch) die Amtsnotare in Baden-Württemberg. In anderen Mitgliedstaaten sind jedoch häufig Notare zuständig, ein ENZ auszustellen.

– Unter der zwingenden Voraussetzung, dass der Erblasser eine wirksame **Rechtswahl** gemäß Art. 22 zu seinem Staatsangehörigkeitsrecht getroffen hat,[361] können die Gerichte dieses Staates vorrangig international zuständig werden,[362] wenn
  – alle Verfahrensparteien die Zuständigkeit der Gerichte dieses Mitgliedstaats vereinbaren oder anerkannt haben (Art. 7 lit. b, lit. c; bei streitigen Verfahren kommt daneben gemäß Art. 9 eine rügelose Einlassung in Betracht), oder
  – sich zuvor das eigentlich nach Art. 4 bzw. Art. 10 Abs. 1 zuständige Gericht in einem Mitgliedstaat auf Antrag einer Verfahrenspartei für unzuständig erklärt hat, weil seines Erachtens die Gerichte des Mitgliedstaats des gewählten Rechts besser entscheiden können (Art. 7 lit. a iVm Art. 6 lit. a).

Nicht eindeutig geregelt ist dabei, wer die „betroffenen Parteien" bzw. **„Verfahrensparteien"** iSd Art. 5 und 7 sind, wenn es sich um eine **Gerichtsstandsvereinbarung** zum Zwecke der Erteilung eines ENZ handelt. Die EuErbVO enthält dazu keine nähere Definition, sondern lediglich in Erwägungsgrund 28 einen Vermerk, dass der Begriff abhängig vom jeweiligen Verfahren zu sehen ist, sofern „die Rechte der anderen Parteien am Nachlass nicht berührt werden". Der Begriff ist zwar autonom auszulegen, eine sinnvolle Orientierung kann aber der Beteiligtenbegriff des § 37 Abs. 1 IntErbRVG geben.[363] Da das ENZ mit seiner Gutglaubenswirkung Auswirkungen auf alle Erben, die potentiellen gesetzlichen Erben (unter dem Aspekt, dass die Verfügung von Todes wegen unwirksam sein könnte) sowie andere verfügungsbefugte Personen, wie zB Testamentsvollstrecker haben kann, wird man die Zustimmung all dieser Beteiligter verlangen müssen. Um andererseits Art. 5 noch handhabbar zu gestalten, wird man dagegen Personen, die einen bloßen Anspruch gegen die Erben haben (wie zB Vermächtnisnehmer beim Damnationslegat und Nachlassgläubiger), sowie Nach- und Ersatzerben nicht als ausreichend betroffen ansehen, zumal diesen offen steht, ihre Klage vor dem nach Art. 4 zuständigen Gericht anhängig zu machen, auch wenn zuvor ein Gericht eines anderen Landes aufgrund der Gerichtsstandsvereinbarung der Erben ein ENZ erteilt hat. 371

Die **örtliche Zuständigkeit** des Nachlassgerichts ergibt sich aus § 34 Abs. 3 IntErbRVG, wonach in erster das Gericht zuständig ist, in dessen Bezirk der Erblasser bei seinem Tod seinen gewöhnlichen Aufenthaltsort hatte, wobei der Begriff in gleicher Weise wie in der EuErbVO zu verstehen ist. Lag der gewöhnliche Aufenthalt dagegen in einem Drittstaat (Fallvarianten des Art. 10), ist das Gericht örtlich zuständig, in dessen Bezirk der Erblasser seinen letzten gewöhnlichen Aufenthalt in Deutschland hatte.[364] Gab es niemals einen solchen Aufenthaltsort in Deutschland, ist das Amtsgericht Schöneberg örtlich zuständig, das die Sache aber aus wichtigem Grund an ein anderes Nachlassgericht (insbesondere das Gericht, in dem Nachlassgegenstände belegen sind) verweisen kann. 372

**b) Verfahren zur Erteilung des ENZ.** Grundsätzlich gilt für das Verfahren (von der Antragstellung über die Erteilung des ENZ bis zu dessen Wirkungen) unmittelbar die EuErbVO, ergänzt von den Regelungen der §§ 33ff. IntErbRVG, das nur hilfsweise in § 35 auf die Bestimmungen des FamFG verweist. 373

---

[361] Wobei sich die Rechtswahl auch aus den Übergangsvorschriften der Art. 83 Abs. 2 Alt. 1 oder Abs. 4 EuErbVO ergeben kann, soweit diese im Übrigen die Anforderungen des Art. 22 erfüllt; vgl. MüKoBGB/*Dutta* EuErbVO Art. 5 Rn. 5. Nicht ausreichend sind dagegen wohl Teilrechtswahlen, die sich nicht auf den ganzen Nachlass beziehen, insbes. eine fortbestehende beschränkte Rechtswahl nach Art. 25 Abs. 2 EGBGB aF, und beschränkte Rechtswahlen nach Art. 24 Abs. 2 bzw. 25 Abs. 3.

[362] Eine analoge Anwendung dieser Vorschriften auf Fälle, bei denen das Erbrecht eines Mitgliedstaats nicht aufgrund einer Rechtswahl sondern aufgrund einer Rückverweisung gemäß Art. 34 Abs. 1 lit. a zur Anwendung kommt, scheidet dagegen aufgrund des einschränkenden Wortlauts der Art. 5ff. aus.

[363] So auch MüKoBGB/*Dutta* EuErbVO Art. 5 Rn. 8; vgl. auch Dutta/Weber/*Fornasier* Art. 66 Rn. 7f.

[364] Zu beachten ist, dass hierfür im Unterschied zu Art. 10 Abs. 1 lit. b EuErbVO keine Fünf-Jahres-Frist gilt, der letzte gewöhnliche Aufenthaltsort also möglicherweise auch sehr lange Zeit, ggf. sogar bis zur Kindheit zurückreichen kann.

374 Nach Art. 66 Abs. 3 EuErbVO, § 36 Abs. 2 IntErbRVG ist die Richtigkeit der im **Antrag** auf Erteilung eines ENZ enthaltenen Angaben vom Antragsteller vor dem Nachlassgericht oder einem Notar an Eides statt zu versichern. Im Prinzip ähnelt also das Verfahren zur Antragstellung einem Erbscheinsantrag, wobei die Funktion des ENZ darüber hinausgeht, da es sowohl die Rechte des/der Erben als auch die eines Testamentsvollstreckers und, soweit ausländisches Erbrecht anwendbar ist, auch weitere Angaben, wie zB eine Vindikationslegat oder dinglich wirkende Teilungsanordnungen ausweisen kann.

375 Generelle **Voraussetzung** für die Erteilung eines ENZ ist, dass der Erbe oder Testamentsvollstrecker (oder ggf. ein anderer Nachlassverwalter oder Vermächtnisnehmer eines Vindikationslegats) das Zeugnis benötigt, um seine Rechte in einem anderen Mitgliedstaat auszuüben (vgl. Art. 63). Dabei sind keine allzu strengen Anforderungen zu stellen, so dass es zB ausreicht, wenn ein Nachlassgegenstand im Ausland belegen ist oder vom Erben in das Ausland verbracht werden soll.[365] Dieser Grund ist auch im Antrag anzugeben (vgl. Art. 65 Abs. 3 lit. f). Für den Inhalt des Antrags gilt nicht das deutsche Verfahrensrecht sondern unmittelbar Art. 65, der eine Vielzahl von Angaben aufführt. Dies korrespondiert mit dem Formblatt IV der Kommission für die Antragstellung (vgl. Anhang 4 der EU-Durchführungsverordnung). Der tatsächliche Umfang des Antrags wird jedoch von Art. 65 Abs. 3 S. 1 begrenzt, da nur die Angaben zu machen sind, die „von der Ausstellungsbehörde zur Beschreibung des Sachverhalts, dessen Bestätigung der Antragsteller begehrt, benötigt werden". Der beabsichtigte Zweck des ENZ bestimmt damit letztlich über den Umfang des Antrags. Wird das ENZ also beispielsweise nur als Zeugnis dafür benötigt, dass der Testamentsvollstrecker über eine Immobilie im Ausland verfügen kann, bedarf es darin nicht der Angabe der Erben.

## 2. Zulassung des Fremdrechtserbscheins

376 Sind deutsche Gerichte nach Art. 4ff. international zuständig, liegt es am Antragsteller, ob er wahlweise ein ENZ oder einen deutschen Erbschein bzw. Testamentsvollstreckerzeugnis beantragt, wobei der Erbschein gemäß § 2369 Abs. 1 BGB auf im Inland befindliche Gegenstände beschränkt werden kann, nicht dagegen das vom gleichen Gericht ausgestellte ENZ, das sich immer auf alle Nachlassgegenstände bezieht.

377 Strittig behandelt wurde dagegen die Frage, ob deutsche Nachlassgerichte auch einen Erbschein erteilen dürfen, wenn sie gemäß der EuErbVO nicht international zuständig sind, der ENZ also ausschließlich in einem anderen Mitgliedstaat beantragt und erteilt werden darf.

378 **Beispiel:**
Der Erblasser hat die letzten Jahre vor seinem Tod in der Toskana gelebt und keine Rechtswahl iSd Art. 22 getroffen, so dass nach Art. 21 Abs. 1 italienisches Erbrecht zur Anwendung kommt und nach Art. 4 italienischer Gerichte ausschließlich international zuständig sind. Er hinterlässt ein Haus in München, in dem auch sein einziges Kind als Alleinerbe lebt. Zur Berichtigung des Grundbuchs möchte dieses vor Ort einen Erbschein und nicht in Italien ein ENZ beantragen.

379 Nach einer im Schrifttum vertretenen Auffassung sollte dies mangels internationaler Zuständigkeit der deutschen Gerichte nicht zulässig sein.[366] Der deutsche Gesetzgeber folgte jedoch im Ausführungsgesetz der Auffassung, dass das System der ausschließlichen internationalen Zuständigkeiten in der EuErbVO nicht die Erteilung eines nationalen Erbscheins ausschließt.[367] Für eine solche Auslegung spricht insbesondere Art. 62 Abs. 3 S. 1 („Das Zeugnis tritt nicht an die Stelle der innerstaatlichen Schriftstücke, die in den

[365] Vgl. MüKoBGB/*Dutta* EuErbVO Art. 63 Rn. 20.
[366] Vgl. unter anderen *Volmer* ZEV 2014, 129 (130ff.); *J. Schmidt* ZEV 2014, 389 (390f.); *Dutta* IPRax 2015, 32 (37f.); Dutta/Weber/*Fornasier* Art. 62 Rn. 15.
[367] Vgl. BT-Drs. 18/4201, 63f.

Mitgliedstaaten zu ähnlichen Zwecken verwendet werden") und die Parallelwertung, dass die EuErbVO selbst das ENZ nicht als anerkennungsfähige „Entscheidung" sondern als Nachweisinstrument sui generis ausgestaltet hat.[368] Die deutschen Nachlassgerichte können also in jedem Erbfall einen Erbschein erteilen, unabhängig davon ob materiell deutsches oder ausländisches Erbrecht zur Anwendung kommt, und wo sich der Erblasser bei seinem Tod aufhielt. Für die örtliche Zuständigkeit des Nachlassgerichts zur Erteilung eines solchen Erbscheins gilt § 343 FamFG nF. Aus dieser örtlichen Zuständigkeit folgt die internationale Zuständigkeit für die Erteilung des Erbscheins (§ 105 FamFG).

Wenn zu einem Erbfall künftig sowohl im Ausland ein ENZ als auch in Deutschland 380 ein Erbschein erteilt wird, kann sich allerdings im (seltenen) Einzelfall das Problem ergeben, dass sich deren **Inhalt widerspricht.** Dies kann nicht nur auf einer unterschiedlichen (ggf. fehlerhaften) Auslegung bzw. Anwendung der Kollisionsregeln oder des anwendbaren Erbrechts durch eines der Gerichte beruhen, sondern auch auf der unterschiedlichen nationalen Anknüpfung des maßgeblichen Güterrechts oder von Vorfragen, die außerhalb des Anwendungsbereichs der EuErbVO liegen, oder auf der unterschiedlichen Bindung einzelner Mitgliedstaaten an bilaterale internationale Abkommen gemäß Art. 75 Abs. 1. Welche Auswirkungen ein solcher Widerspruch auf die Gutglaubenswirkung der beiden Zeugnisse hat, ist gesetzlich nicht geregelt. Aufgrund der Gleichwertigkeit beider Zeugnisse (vgl. Art. 62 Abs. 3 S. 1 und Erwägungsgrund 67) wird man weder dem ENZ einen automatischen Vorrang einräumen (auch wenn eine streitige Feststellungsklage idR im gleichen Land zu erfolgen hat, in dem das ENZ ausgestellt wurde), noch den deutschen Erbschein bevorzugen können. Wie bei zwei sich widersprechenden Erbscheinen ist wohl der überzeugende Ansatz für die Lösung dieser Frage, dass die Vermutungs- und Gutglaubenswirkung beider Zeugnisse entfällt.[369]

## II. Ausschlagung bei ausländischem Erbstatut

Eine auf den ersten Blick einfach erscheinende Vorschrift enthält Art. 28: Lebt ein Erbe, 381 Vermächtnisnehmer oder Pflichtteilsberechtigter nicht in dem Land, dessen Erbrecht anwendbar ist, kann er eine „Erklärung zur Begrenzung der Haftung" entweder in der Form des anwendbaren Erbrechts (Art. 28 lit. a) oder gemäß den Formvorschriften des Staates, in dem der Erklärende seinen gewöhnlichen Aufenthalt hat (Art. 28 lit. b) abgeben.[370] Inhaltlich gilt dies für Erklärungen über die Annahme oder die Ausschlagung einer Erbschaft, eines Vermächtnisses oder eines Pflichtteils oder eine Erklärung zur Begrenzung der Haftung des Erklärenden (wie zB die Anfechtung einer zuvor erfolgten Annahme oder eine ggf. nach dem anwendbaren Erbrecht mögliche Annahme mit Beschränkung auf das Nachlassvermögen).[371] Wie sich aus Erwägungsgrund 33 ergibt, sind dagegen sonstige Anträge, Mitteilungen oder verfahrenseinleitende Schriftstücke an das zuständige Gericht und besondere Verfahren, die eine über die Erklärung hinausgehende Mitwirkung des Erben oder Antragstellers bedürfen (wie zB Verfahren zur Inventarerrichtung) nicht von der Regelung umfasst.

[368] Vgl. unter anderen *Wall* ZErb 2015, 9; *Dorsel* ZErb 2014, 212 (219 ff.).

[369] Vgl. *Wall* ZErb 2015, 9; *Dorsel* ZErb 2014, 212 (221 ff.); Palandt/*Weidlich* BGB § 2353 Rn. 21; *Buschbaum/Simon* ZEV 2012, 525 (528); einschränkend Dutta/Weber/*Fornasier* Art.62 Rn. 20.

[370] § 31 IntErbRVG stellt dazu indirekt klar, dass die Formvorschriften des deutschen Rechts in der zweiten Alternative durch Erklärung zur Niederschrift des Nachlassgerichts oder in öffentlich beglaubigter Form mit anschließender Einreichung beim (deutschen) Nachlassgericht erfüllt werden. Örtlich zuständig für die Entgegennahme einer entsprechenden Erklärung ist das Nachlassgericht, in dessen Bezirk der Erklärende seinen gewöhnlichen Aufenthaltsort hat.

[371] Die Bedeutung eines etwaigen stillschweigenden oder konkludenten Handelns, wie zB bei Annahme einer Erbschaft durch Vornahme von Nachlassabwicklungsmaßnahmen, und die gesetzliche Annahmefiktion durch Fristablauf richten sich dagegen ausschließlich nach den Bestimmungen des anwendbaren Erbrechts gemäß Art. 23 Abs. 2 lit. e.

382 Art. 28 betrifft aber nur die **Formgültigkeit der Erklärung.** Die „Bedingungen für die Annahme oder die Ausschlagung der Erbschaft" richten sich dagegen gemäß Art. 23 Abs. 2 lit. e ausschließlich nach dem anwendbaren Erbrecht. Alle Voraussetzungen, die nicht die bloße Form sondern die sonstige Wirksamkeit der Erklärung und deren inhaltliche Anforderungen betreffen, können damit nicht durch eine vergleichbare Erklärung in der Ortsform des Art. 28 lit. b „geheilt" werden, sondern sind ausschließlich am Maßstab des anwendbaren Erbrechts zu messen.

383 Bedeutung hat die Regelung des Art. 28 in den Fällen, in denen das Ortsrecht eine **einfachere Form** für Ausschlagungserklärungen uÄ vorsieht als das anwendbare Erbrecht. Ist also zB deutsches Erbrecht anwendbar, hat der Erbe aber seinen gewöhnlichen Aufenthalt in einem Land, in dem auch auf das Erbrecht durch einfache schriftliche Erklärung verzichtet werden kann, ist gemäß Art. 28 lit. b eine solche Erklärung auch für eine Ausschlagung iSd BGB ausreichend.

384 Weder die Zuständigkeitsregel des Art. 13 noch Art. 28 regeln in diesem Zusammenhang aber, wie eine der Form nach wirksame Erklärung dem für den Erbfall zuständigen Gericht bekannt wird. Auch wenn Erwägungsgrund 32 in diesem Zusammenhang nur sehr allgemein von „in Kenntnis setzen" spricht, was auch durch eine formlose Übermittlung (zB durch Fax oder als Scan-Datei) verwirklicht würde, wird man nicht auf den rechtzeitigen Zugang der formgerechten Erklärung bei dem zuständigen Gericht verzichten können, wenn nach dem anwendbaren Erbrecht ein solcher Zugang zwingend vorgesehen ist. Denn sowohl die Frage, ob der Zugang bei Gericht Wirksamkeitsvoraussetzung ist, als auch die Frage, ob dafür Fristen gelten, wird man nicht unter die Ortsform des Art. 28 lit. b subsumieren, sondern ausschließlich dem anwendbaren Erbrecht unterstellen.[372] Über die vage Formulierung des Erwägungsgrunds 32 hinaus enthält die EuErbVO auch keine weiteren Anhaltspunkte, dass der rechtzeitige Zugang bei Gericht bereits durch die Abgabe der Erklärung vor dem Ortsgericht substituiert werden sollte. An der Voraussetzung, dass die ggf. schriftliche Erklärung innerhalb der Frist von sechs Monaten (§ 1944 Abs. 3 BGB) dem deutschen Nachlassgericht gemäß § 1945 Abs. 1 zugehen muss, ändert dies also nichts, da diese Voraussetzungen zu den Wirksamkeitserfordernissen zählen.

385 Ist dagegen ein ausländisches Erbrecht anwendbar und will ein Erbe, der seinen gewöhnlichen Aufenthalt in Deutschland hat, die Erbschaft vorsorglich in der Form des Ortsrechts nach Art. 28 lit. b ausschlagen, ist zu beachten, dass Art. 13 eine **doppelte Zuständigkeitsbegrenzung enthält:** das deutsche Nachlassgericht muss eine Erklärung nicht annehmen, wenn schon nach dem anwendbaren Erbrecht eine einfachere Form möglich ist, bei der die Mitwirkung eines Gerichts gar nicht notwendig wird, oder wenn wiederum das (deutsche) Ortsrecht iSd Art. 28 lit. b eine einfachere Form vorsieht, da dann die Wahrung der einfacheren Form in jedem Fall die Rechte des Erben wahrt. Letzteres ist der Fall, wenn es sich um die Annahme oder Ausschlagung von Vermächtnissen und Pflichtteilsrechten, handelt auf diese nach dem deutschen Ortsrecht formfrei verzichtet werden könnte.[373]

[372] Vgl. *Dutta* FamRZ 2013, 4 (8); *Volmer* Rpfleger 2013, 421 (429).

[373] Vgl. BT-Drs. 18/4201, 63 f., in der klargestellt wird, dass deutsche Nachlassgerichte damit nur zur Annahme von Erklärungen bezüglich der Annahme oder Ausschlagung von Erbschaften verpflichtet sind.

# 5. Teil. Schuldvertrags- und Sachenrecht

## § 16. Schuldvertragsrecht

### Übersicht

**Schrifttum:**

*Antomo,* Aufwind für internationale Gerichtsstandsvereinbarungen – Inkrafttreten des Haager Übereinkommens, NJW 2015, 2919; *Bairlein,* Die Rechtswahl bei Masterfranchiseverträgen und mehrstufigen internationalen Liefer- oder Vertriebsverträgen, IHR 2014, 1; *Becker,* Das IPR der GmbH-Anteilsübertragung unter Lebenden, notar 2015, 60; *Begemann/Nölle,* Rechtswahlklauseln in Unternehmenskaufverträgen und ihre kostenrechtliche Relevanz nach dem Gerichts- und Notarkostengesetz, BB 2016, 137; *Bergschneider/Engels,* Leibrente statt Unterhalt, FamRZ 2014, 436; *Bläsi,* Das Haager Übereinkommen über Gerichtsstandsvereinbarungen, 2010; *Blumenthal,* Rechtswahlklauseln in notariellen Verträgen, BB 2014, 1612; *Christandl,* Die Ehegatteninnengeselschaft im internationalen Privatrecht mit besonderer Berücksichtigung deutsch-spanischer Sachverhalte, FamRZ 2012, 1692; *Döbereiner,* Das internationale Erbrecht nach der EU-Erbrechtsverordnung, Teil 1, MittBayNot 2013, 358 und Teil 2, MittBayNot 2013, 437; *Dörner,* EuErbVO: Die Verordnung zum Internationalen Erb- und Erbverfahrensrecht ist in Kraft!, ZEV 2012, 505; *Dutta,* Das Statut der Haftung aus Vertrag mit Schutzwirkung für Dritte, IPRax 2009, 293; *Eichel,* Das Haager Übereinkommen über Gerichtsstandsvereinbarungen auf dem Weg zur Ratifikation und zum Inkrafttreten, GPR 2014, 159; *Einsele,* Auswirkungen der Rom I-Verordnung auf Finanzdienstleistungen, WM 2009, 289; *ders.*, Die Forderungsabtretung nach der Rom I-Verordnung, RabelsZ 74 (2010), 91; *Engelstädter/Lubberich,* Neues Kostenrecht: Erste Erkenntnisse aus der Anwendung des Gerichts- und Notarkostengesetzes im Bereich Gesellschaftsrecht und M&A, NZG 2014, 564; *Fetsch,* IPR-Bezüge in notariellen Kauf- und Übertragungsverträgen – Verträge über Immobilien, Teil 1, RNotZ 2007, 456 und Teil 2, RNotZ 2007, 532; *Flessner,* Die internationale Forderungsabtretung nach der Rom I-Verordnung, IPRax 2009, 35–43; *Fogt,* Einheitlicher Vertrag oder Aufspaltung gemäß Art. 3 Abs. 2 CISG bei einem Mietkauf, IPRax 2003, 364; *Gebauer,* Forum non conveniens, ausländische Kläger und internationale Gerichtsstandsvereinbarungen, IPRax 2012, 555; *Geimer,* Das Schiedsvereinbarungsstatut in der Anerkennungsperspektive, IPRax 2006, 233; *Hartley/Dogauchi,* Erläuternder Bericht zum Übereinkommen vom 30. Juni 2005 über Gerichtstandsvereinbarungen, abrufbar auf der Internetseite der Haager Konfrenz für Internationales Privatrecht; *Hausmann,* Ausgleichsansprüche zwischen Ehegatten aus Anlass der Scheidung im internationalen Privatrecht – Zur Abgrenzung zwischen Vertragsstatut, Ehewirkungsstatus und Ehegüterstatut, FS Jayme (2004), 305; *Heinig,* Rechtswahlen in Verfügungen von Todes wegen nach der EU-Erbrechts-Verordnung, RNotZ 2014, 197; *Hohloch/Kjelland,* Abändernde stillschweigende Rechtswahl und Rechtswahlbewußtsein (zu BGH, 19.1.2000 – VIII ZR 275/98, unten S. 37 Nr. 2), IPRax 2002, 30; *Hoffmann/Stegemann,* Die Parteiautonomie im internationalen Schuldvertragsrecht, JuS 2013, 207; *Honsell,* Kommentar zum UN-Kaufrecht, 2009; *Huber,* Das Haager Übereinkommen über Gerichtsstandsvereinbarungen, IPRax 2016, 197; *Jacobs,* Die Notwendigkeit der Wahl des auf außervertragliche Ansprüche anwendbaren Rechts in internationalen Wirtschaftsverträgen, IPRax 2015, 293; *Jayme/Kohler,* Das Internationale Privat- und Verfahrensrecht der EG 1993 – Spannungen zwischen Staatsverträgen und Richtlinien, IPRax 1993, 357; *Jayme/Nordmeier,* Multimodaler Transport: Zur Anknüpfung an den hypothetischen Teilstreckenvertrag im Internationalen Transportrecht – Ist § 452a HGB Kollisions- oder Sachnorm?, IPRax 2008, 503; *Junker,* Die IPR-Reform von 1999 – Auswirkungen auf die Unternehmenspraxis, RIW 2000, 241; *ders.*, Internationales Arbeitsrecht in der geplanten Rom I-Verordnung, RIW 2006, 401; *Karollus,* Der Anwendungsbereich des UN-Kaufrechts im Überblick, JuS 1993, 378; *König,* Zur Bestimmung des Schiedsvertragsstatuts bei fehlender Gesetzesgrundlage nach Inkrafttreten der Rom I-Verordnung, SchiedsVZ 2012, 129; *Krasauskaite/Schwarz,* Rechtswahlklauseln in Unternehmenskaufverträgen nach Einführung des Gerichts- und Notarkostengesetzes, DZWIR 2014, 51; *Leible,* Rechtswahl IPR der außervertraglichen Schuldverhältnisse nach der Rom II-Verordnung, RiW 2008, 257; *Leible/Lehmann,* Die Verordnung über das auf vertragliche Schuldverhältnisse anzuwendende Recht (Rom I), RIW 2008, 528; *Leible,* Binnenmarkt, elektronischer Geschäftsverkehr und Verbraucherschutz, JZ 2010, 272; *Leible/Müller,* Die Bedeutung von Websites für die internationale Zuständigkeit in Verbrauchersachen, NJW 2011, 495; *Ludwig,* Qualifikation der Ansprüche aus Ehegatteninnengesellschaft, FamRB 2015, 366; *Lüttringhaus,* Eingriffsnormen im internationalen Unionsprivat- und Prozessrecht: Von Ingmar zu Unamar, IPRax 2014, 146; *Magnus,* Die Rom I-Verordnung, IPRax 2010, 27; *Mankowski,* Überlegungen zur sach- und interessengerechten Rechtswahl für Verträge des internationalen Wirtschaftsverkehrs, RIW 2003, 2; *ders.*, Die Rom I-Verordnung – Änderungen im europäischen IPR für Schuldverträge, IHR 2008, 133; *ders.*, Finanzverträge und das neue Internationale Verbrauchervertragsrecht des Art. 6 Rom I-VO, RIW 2009, 98; *ders.*, Änderungen bei der Auslandsbeurkundung von Anteilsübertragungen durch das MoMiG oder durch die Rom I-VO?, NZG 2010, 201; *ders.*, Der Schutz von Gerichtsstandsvereinbarungen vor abredewidrigen Klagen durch Art. 31 Abs. 2 EuGVVO n.F., RIW 2015, 17; *Martiny,* Europäisches Internationales Schuldrecht – Kampf um Kohärenz und Weiterentwicklung, ZEuP 2013, 838; *ders.*, Europäisches Internationales Schuldrecht – Rom I- und Rom II-Verordnungen in der Bewährung, ZEuP 2015, 838; *Maultzsch,* Rechtswahl und ius cogens im Internationalen Schuldvertragsrecht, RabelsZ 75 (2011), 60; *Merkt,* Internationaler Unternehmenskauf und Einheitskaufrecht, ZVglRWiss 93 (1993), 353; *Nordmeier,* Erbverträge und nachlassbezogene Rechtsgeschäfte in der EuErbVO – eine Begriffserklärung, ZEV 2013, 117; *ders.*, Schenkungen unter Ehegatten im Internationalen Privatrecht: Deutsch-portugiesische Fälle nach EGBGB, Rom I-VO und EheGüRVO-E, IPRax 2014, 411; *Nueber,* Nochmals: Schiedsgerichtsbarkeit ist vom Anwendungsbereich der ROM I-VO nicht erfasst, SchiedsVZ 2014, 186; *Pfeiffer,* Neues Internationales Vertragsrecht, EuZW 2008, 622; *Piltz,* Neue Entwicklungen im UN-Kaufrecht, NJW 2003, 2056; *ders.*, Gestaltung von Exportverträgen nach der Schuldrechtsreform, IHR 2002, 2; *Renner/Hesselbarth,* Unternehmensverträge und die Rom I-Verordnung, IPRax 2014, 117; *Rühl,* Das Haager Übereinkommen über die Vereinbarung gerichtlicher Zuständigkeiten: Rückschritt oder Fortschritt?, IPRax 2005, 410; *dies.*, Kausalität zwischen ausgerichteter Tätigkeit und Vertragsschluss: Neues zum situativen Anwendungsbereich der Art. 15 ff. EuGVVO, IPRax 2014, 41; *Schäuble,* Die Sicherung von Unterhaltsvereinbarungen zwischen Ehegatten durch Rechtswahl zu Gunsten deutschen Rechts, NZFam 2014, 1071; *ders.*, Internationales Schuldvertragsrecht in der notariellen Praxis, BWNotZ 2015, 2; *Schilling,* Eingriffsnormen im europäischen Richtlinienrecht, ZEuP 2014, 843; *Schlechtriem/Schwenzer,* Kommentar zum Einheitlichen UN-Kaufrecht, 6. Aufl. 2013; *Schmidt-Ahrendts/Höttler,* Anwendbares Recht bei Schiedsverfahren mit Sitz in Deutschland, SchiedsVZ 2011, 267; *Schneider/Korn,* Die Auswirkungen des neuen Kostenrechts auf Rechtswahlklauseln in M&A-Transaktionen, WM 2015, 62; *Schütze,* Kollisionsrechtliche Probleme der Schiedsvereinbarung, insbesondere der Erstreckung ihrer Bindungswirkung auf Dritte, SchiedsVZ 2014, 274; *Selke,* Die Anknüpfung der rechtsgeschäftlichen Vertragsübernahme, IPRax 2013, 205; *Stadler,* Die Einheitlichkeit des Verbrauchervertragsbegriffs im Europäischen Zivil- und Zivilverfahrensrecht – Zu den Grenzen rechtsaktübergreifender Auslegung; IPRax 2015, 203; *Stadler/Klöpfer,* Die Reform der EuGVVO – von Umwegen, Irrwegen und Sackgassen, ZEuP 2015, 732; *Staudinger/Steinrötter,* Europäisches Internationales Privatrecht: Die Rom-Verordnungen, JA 2011, 241; *dies.*, Das neue Zuständigkeitsregime bei zivilrechtlichen Auslandssachverhalten, JuS 2015, 1; *Stürner/Wendelstein,* Das Schiedsvereinbarungsstatut bei vertraglichen Streitigkeiten, IPRax 2014, 473; *Süß,* Das Europäische Nachlasszeugnis, ZEuP 2013, 725; *Vollmer,* Die neue europäische Erbrechtsverordnung – ein Überblick, ZErb 2012, 227; *von Hein,* Europäisches Internationales Deliktsrecht nach der Rom II-Verordnung, ZEuP 2009, 6; *Wagner,* Das Haager Übereinkommen vom 30.6.2005 über Gerichtsstandsvereinbarungen, RabelsZ 73 (2009), 100; *ders.*, Der Grundsatz der Rechtswahl und das mangels Rechtswahl anwendbare Recht (Rom I-Verordnung), IPRax 2008, 377; *Weber,* Erb- und Pflichtteilsverzichtsverträge im Spiegel der EuErbVO, ZEV 2015, 502; *Weller,* Keine Drittwirkung von Gerichtsstandsvereinbarungen bei Vertragsketten, IPRax 2013, 501; *Werkmüller,* Verträge zugunsten Dritter auf den Todesfall im Lichte der EuErbVO, ZEV 2016, 123; *Windmöller,* Die Vertragsspaltung im Internationalen Privatrecht des EGBGB und EGVVG, 2000; *Winkler von Mohrenfels,* Ehebezogene Zuwendungen im Internationalen Privatrecht, IPRax 1995, 379; *ders.*, Franchise- und Vertriebsverträge im internationalen Privatrecht, ZVertriebsR 2014, 281.

## A. Rechtsquellen

### I. Übersicht

1 Primäre Rechtsquelle des Internationalen Schuldvertragskollisionsrechts ist für Deutschland, wie auch für die übrigen Mitgliedstaaten der EU mit Ausnahme Dänemarks, seit dem 17.12.2009 die **Rom I-VO** als unmittelbar anwendbare Regelung des sekundären Unionsrechts. Die auf dem Römischen EWG-Übereinkommen vom 19.6.1980 über das auf vertragliche Schuldverhältnisse anzuwendenden Rechts (EVÜ) beruhenden nationalen Kollisionsregeln der Art. 27 bis 37 EGBGB aF wurden vom deutschen Gesetzgeber mit Wirkung zu diesem Datum aufgehoben.[1] Der europäische Gesetzgeber hat sich durch Art. 23 Rom I-VO vorbehalten, für „besondere Gegenstände" spezielle Kollisionsnormen zu erlassen. So bestehen im Bereich des Verbraucherschutzes im deutschen Recht durch **Art. 46b EGBGB** umgesetzte spezielle Kollisionsregeln in Gestalt von Richtlinien. Diese haben einen eigenständig bestimmten Anwendungsbereich und soweit sich dieser mit dem Anwendungsbereich der Rom I-VO deckt, (dogmatisch) Vorrang vor dieser (Art. 23 Rom I-VO).[2] Die Ausschlusstatbestände des Art. 1 Abs. 2 Rom I-VO gelten folglich nicht für Art. 46b EGBGB. Auch im Recht der Personenbeförderung bestehen gemäß Art. 23 Rom I-VO vorrangige Kollisionsregeln (→ Rn. 92).

### II. Staatsvertragliches Kollisionsrecht

2 Staatsvertragliches Kollisionsrecht hat Vorrang vor der Rom I-VO, sofern an dem Staatsvertrag auch ein Staat beteiligt ist, der nicht Mitgliedstaat der EU iSd Verordnung ist (Art. 25 Rom I-VO). Die Vorrang vor den Kollisionsregeln der Rom I-VO genießenden staatsvertraglichen Regelungen finden sich gemäß Art. 26 Abs. 2 Rom I-VO im Amtsblatt der EU veröffentlicht.[3] Deutschland ist lediglich Vertragspartei des Budapester Übereinkommens vom 22.6.2001 über den Vertrag über die Güterbeförderung in der Binnenschifffahrt (CMNI), das primär materielles Einheitsrecht, allerdings auch ergänzende Kollisionsnormen enthält.[4] Aufgrund der in Art. 20 Rom I-VO angeordneten Sachnormverweisung ist sonstiges staatsvertragliches Kollisionsrecht im Bereich des Vertragsrechts vom deutschen Richter auch nicht im Rahmen einer Rück- oder Weiterverweisung zu beachten.[5]

[1] Gesetz zur Anpassung der Vorschriften des IPR an die VO (EG) Nr. 593/2008, BGBl. 2009 I 1574.
[2] Zur praktischen Anwendung: BeckOGK/*Rühl* Rom I-VO Art. 6 Rn. 45 ff.
[3] ABl. 2010 C 343/4.
[4] Etwa MüKoHGB/*Otte* CMNI Vorb. Art. 1 Rn. 22 ff.
[5] Ferrari/*Schulze* Rom I-VO Art. 25 Rn. 4.

## III. Materielles Einheitsrecht

Materiellem Einheitsrecht, wie dem CISG, dem UNIDROIT-Übereinkommen über das internationale Factoring, dem Übereinkommen über den Beförderungsvertrag im internationalen Straßengüterverkehr (CMR) und weiteren transportrechtlichen Übereinkommen, wie etwa dem vorstehend genannten CMNI, kommt innerhalb ihres Anwendungsbereichs ebenfalls Vorrang vor dem durch die Kollisionsnormen der Rom I-VO berufenen materiellen Recht eines (Mitglied-)Staates zu. Ob dies, weil diese Konventionen immanent verdeckte Kollisionsnormen enthalten sollen, auf Art. 25 Rom I-VO gestützt wird,[6] oder diese Übereinkommen unabhängig von Art. 25 Rom I-VO zur Anwendung gelangen,[7] wird zwar unterschiedlich beurteilt, ist aber für die aktuelle Rechtsanwendung ohne Belang.[8] 3

### 1. Anwendungsbereich des CISG

**a) CISG: Sachlicher Anwendungsbereich.** Die Anwendbarkeit des CISG setzt gemäß Art. 1 Abs. 1 CISG einen Kaufvertrag über Waren voraus. Art. 2 und Art. 3 CISG erläutern sodann den sachlichen Anwendungsbereich des Übereinkommens näher. So grenzt Art. 2 CISG das Merkmal des Kaufvertrages über Waren ein und entzieht dem Einheitsrecht bestimmte Vertragstypen. Insbesondere wird die Anwendung des CISG auf Verträge über Waren für den persönlichen Gebrauch oder den Gebrauch in der Familie oder im Haushalt ausgeschlossen (Art. 2 lit. a CISG). Diesen **Verbraucherkauf** definiert das CISG damit ausschließlich nach dem Verwendungszweck der gekauften Ware. Persönliche Eigenschaften des Käufers, etwa Kaufmanns- oder Unternehmereigenschaft, oder etwaige Eigenarten der verkauften Ware sind unerheblich. Allein die vom Käufer im Zeitpunkt des Vertragsschlusses beabsichtigte (nicht die ggf. später abweichende tatsächliche) Nutzung ist maßgebend.[9] 4

Die nicht dem nationalen Recht überlassene, sondern vielmehr dem CISG selbst zu entnehmende[10] Regelung der **Beweislast** für das Vorliegen eines solchen Verbraucherkaufs wird unterschiedlich beurteilt. Während nach einer verbreiteten Ansicht der Käufer die Absicht privater Nutzung zu beweisen hat, liegt die Beweislast für die fehlende Kenntnis bzw. Nichterkennbarkeit des privaten Verwendungszwecks beim Verkäufer.[11] Richtigerweise ist die Beweislast unabhängig von der Rolle einer Partei als Käufer- oder Verkäufer dahingehend zu verteilen, dass das Vorliegen der privaten Zweckbestimmung diejenige Partei zu beweisen hat, die sich gegen die Anwendbarkeit des CISG wendet. Aufgrund der negativen Formulierung („es sei denn") wird die Beweislast für die Unkenntnis bzw. Nichterkennbarkeit der persönlichen Zweckbestimmung von der die Anwendbarkeit des CISG geltend machenden Partei getragen.[12] 5

Ebenfalls vom sachlichen Anwendungsbereich des Übereinkommens ausgenommen sind im Wege der gerichtlichen aber auch der privaten **Versteigerung** abgeschlossene Kaufverträge (Art. 2 lit. b und lit. c CISG).[13] 6

**aa) Kaufvertrag.** Das CISG beschreibt, ohne den Begriff des Kaufvertrags förmlich zu definieren in Art. 30 und Art. 53 CISG Käufer- und Verkäuferpflichten. Auch wenn es sich hierbei um dispositive Vorschriften handelt, lassen sich diese zur Ermittlung des 7

[6] So etwa *Jayme/Nordmeier* IPRax 2008, 503 (507 f.); Palandt/*Thorn* Rom I-VO Art. 25 Rn. 2 f.
[7] So etwa Staudinger/*Magnus* Rom I-VO Art. 25 Rn. 13.
[8] Ferrari/*Schulze* Rom I-VO Art. 25 Rn. 4.
[9] OGH 11.2.1997 – 10Ob1506/94 (Fundstelle: www.ris.bka.gv.at); Schlechtriem/Schwenzer/*Ferrari* CISG Art. 2 Rn. 8; Staudinger/*Magnus* CISG Art. 2 Rn. 11.
[10] Staudinger/*Magnus* CISG Art. 2 Rn. 28.
[11] Nachweise bei Staudinger/*Magnus* CISG Art. 2 Rn. 28.
[12] Ferrari/*Saenger* CISG Art. 2 Rn. 13; MüKoHGB/*Benicke* CISG Art. 2 Rn. 23 ff.
[13] Schlechtriem/Schwenzer/*Ferrari* CISG Art. 2 Rn. 27, 29.

durch das CISG erfassten Vertragstyps fruchtbar machen.[14] So ist der Verkäufer gemäß Art. 30 CISG zur Lieferung einer Sache und Übergabe entsprechender Urkunden, sowie zur Verschaffung des Eigentums an der Sache verpflichtet, der Käufer gemäß Art. 53 CISG zur Zahlung des Kaufpreises und zur Abnahme der Ware. Damit werden alle dem deutschen Recht bekannten Gestaltungsmöglichkeiten und Unterformen des Kaufvertrages durch das CISG erfasst,[15] insbesondere auch eine Rückkaufsverpflichtung.[16]

8 Dem Kaufvertrag gleichstellt ist der **Werklieferungsvertrag** iSv Art. 3 Abs. 1 CISG.[17] Art. 3 Abs. 2 CISG erweitert darüber hinaus den sachlichen Anwendungsbereich des CISG auf Verträge, die neben dem kaufvertraglichen Element, arbeits-, dienst- bzw. werkvertragliche Komponenten (etwa Überwachung oder Montage) enthalten. Diese Elemente dürfen jedoch den kaufvertraglichen Gehalt nicht überwiegen. Auch muss es sich bei einem solchen gemischten Vertrag um einen nach dem Parteiwillen einheitlichen Vertrag handeln.[18] Der Werklieferungsvertrag beurteilt sich nach hM allerdings ausschließlich nach Art. 3 Abs. 1 CISG, nicht auch nach Art. 3 Abs. 2 CISG.[19] Andere (Waren iSd CISG betreffende) Vertragstypen als Kaufverträge, wie etwa Mietverträge, unterfallen grundsätzlich nicht dem CISG. Allerdings gestaltet sich die Abgrenzung auf Grund der Vielzahl der in der Praxis vorkommenden Typenkombinations- und -verschmelzungsverträge schwierig. Teilweise wird insoweit eine allgemeine Interpretationsregel *in dubio pro conventione,* postuliert.[20]

9 Richtigerweise ist für gemischte Verträge der Rechtsgedanke des Art. 3 Abs. 2 CISG für dahingehend verallgemeinerungsfähig zu erachten, dass das CISG auf **gemischte Verträge** Anwendung findet, sofern das kaufrechtliche Element überwiegt, auch wenn die anderen, zusätzlichen Elemente nicht arbeits- oder dienstvertraglicher, sondern etwa miet- oder gesellschaftsrechtlicher Natur sind.[21]

10 Ob der **Mietkauf** (des deutschen Verständnisses), sprich ein unbedingt abgeschlossener Mietvertrag, der mit einem angebotenen oder durch Ausübungserklärung des Mieters bedingten Kaufvertrag verbunden ist, dem CISG unterfällt wird unterschiedlich beurteilt.[22] Gleiches gilt für den **Leasingvertrag** in seinen unterschiedlichen Gestaltungen.[23] Beim *sale-and-lease-back* Geschäft kann jedenfalls bei Eigenständigkeit des Kaufvertrages, durch den der Leasinggeber das Leasinggut vom Leasingnehmer erwirbt, der Kaufvertrag dem CISG unterfallen.[24] Die Vertragspraxis zeichnet sich indes im Bereich der Leasingverträge durch umfangreiche vertragliche Detailregelungen aus, durch welche die dispositiven Vorschriften des CISG oder etwa des BGB abbedungen werden.

11 Unterliegt ein nach dem Parteiwillen einheitlicher gemischter Vertrag dem Anwendungsbereich des CISG, so ist dieses zunächst auf den **gesamten Vertrag,** sprich auch

[14] Eingehend Schlechtriem/Schwenzer/*Ferrari* CISG Art. 1 Rn. 12f.
[15] Bamberger/Roth/*Saenger* CISG Art. 1 Rn. 3.
[16] BGH NJW-RR 2014, 1202 (1203).
[17] Vgl. etwa BGH NJW 2015, 867 (868).
[18] Staudinger/*Magnus* CISG Art. 3 Rn. 9f.
[19] Bamberger/Roth/*Saenger* CISG Art. 3 Rn. 1.
[20] *Fogt* IPRax 2003, 364 (368f.).
[21] Bamberger/Roth/*Saenger* CISG Art. 3 Rn. 6; Schlechtriem/Schwenzer/*Ferrari* CISG Art. 1 Rn. 14; Staudinger/*Magnus* CISG Art. 3 Rn. 30; *Piltz* NJW 2003, 2056 (2058).
[22] Für Anwendbarkeit des CISG etwa: Schweizer Botschaft zum CISG BGBl. 1989 I 745, 763 (abrufbar auch unter: http://www.cisg-library.org); gegen Anwendbarkeit des CISG: Schlechtriem/Schwenzer/*Ferrari* CISG Art. 1 Rn. 27; danach differenzierend, ob das überwiegende Interesse Parteien bei der Gebrauchsüberlassung oder der endgültigen entgeltlichen Überlassung der Sache liegt, etwa Ferrari/*Saenger* CISG Art. 1 Rn. 4; Staudinger/*Magnus* CISG Art. 1 Rn. 33; MüKoBGB/*H. P. Westermann* CISG Art. 1 Rn. 6.
[23] Gegen Anwendbarkeit des CISG etwa Honsell/*Siehr* CISG Art. 2 Rn. 7; Schlechtriem/Schwenzer/*Ferrari* CISG Art. 1 Rn. 28; für Anwendbarkeit des CISG auf Finanzierungsleasing mit Kaufoption etwa *Karollus* JuS 1993, 378 (380); für Anwendbarkeit des CISG nach Ausübung der Kauf- oder Verkaufsoption MüKoHGB/*Benicke* CISG Art. 1 Rn. 12; Ferrari/*Saenger* CISG Art. 1 Rn. 4.
[24] Schlechtriem/Schwenzer/*Ferrari* CISG Art. 1 Rn. 29.

auf kauffremde Elemente anzuwenden.[25] Lassen sich den auf den Kaufvertrag zugeschnittenen Regeln des CISG allerdings keine sachgerechten Lösungen entnehmen, ist auf das außerhalb des Anwendungs- bzw. Regelungsbereichs des CISG kollisionsrechtlich berufene Recht zurückzugreifen, soweit dadurch kein Widerspruch zum Einheitsrecht entsteht.[26] Aufgabe der Rechtsgestaltung ist es allerdings, derartige Konstellationen nach Möglichkeit zu vermeiden.

Das CISG erfasst jedenfalls nicht den Schenkungsvertrag, aber etwa den Kauf zum 12
Freundschaftspreis.[27] Tauschverträge, Gegen- oder Kompensationsgeschäfte werden überwiegend als nicht dem CISG unterfallend angesehen, da gegen die Einbeziehung der Wortlaut und die Entstehungsgeschichte des CISG sprechen.[28] Insoweit ist jedoch auf Grundlage des Parteiwillens zu prüfen, ob ein einheitlicher Vertrag oder lediglich zwei in Zusammenhang stehende wechselseitige Kaufverträge vorliegen. In letzterem Fall unterliegen beide Kaufverträge dem CISG.[29] Besteht bei einem Vertrag die Gegenleistung für die Warenlieferung in Geld und einer weiteren Leistung, so genügt es nach hM für die Anwendbarkeit des CISG, dass der Geldanteil überwiegt.[30]

**bb) Ware.** Der Warenbegriff umfasst – vorbehaltlich von Art. 2 CISG – in autonomer 13
Begriffsbestimmung körperliche, bewegliche Gegenstände.[31] Damit unterliegen Kaufverträge über **Grundstücke** nicht dem CISG.[32] Beweglich ist eine Sache in autonomer Begriffsbestimmung dann, wenn sie nicht fest mit dem Boden verbunden ist.[33] Auf einen einheitlichen Kaufvertrag von beweglichen und unbeweglichen Sachen ist das CISG jedenfalls in solchen Fällen nicht anwendbar, in denen der Immobilienanteil (wirtschaftlich) überwiegt.[34] Der Gegenstand muss nicht schon bei Vertragsschluss, sondern erst bei Lieferung als beweglich zu qualifizieren sein. Im Zeitpunkt des Vertragsschlusses kann der Gegenstand noch mit einem Grundstück oder Gebäude fest verbunden sein. Umgekehrt schadet es für die Anwendbarkeit des CISG nicht, dass der Gegenstand nach Lieferung mit einem Grundstück fest verbunden werden soll.[35] Tiere unterfallen dem Warenbegriff des CISG.[36]

**Rechte** stellen keine Waren iSd CISG dar, so dass insbesondere Kaufverträge über Ge- 14
sellschaftsanteile nicht dem UN-Kaufrecht unterliegen.[37] Der **Unternehmenskauf** unterfällt demnach nicht dem CISG, jedenfalls sofern er als *share deal* ausgestaltet ist. Auch in der Ausgestaltung als *asset deal* unterliegt der Unternehmenskauf regelmäßig nicht dem CISG, weil insoweit typischerweise eine wirtschaftliche Einheit aus (beweglichen und unbeweglichen) Sachen und Rechten verschiedener Art vertragsgegenständlich ist.[38] Für den Fall eines *asset deals* mit überwiegendem Warenanteil wird die Anwendbarkeit des CISG allerdings verbreitet bejaht.[39]

---

[25] Bamberger/Roth/*Saenger* CISG Art. 3 Rn. 7; Honsell/*Siehr* CISG Art. 3 Rn. 2; Schlechtriem/Schwenzer/*Ferrari* CISG Art. 3 Rn. 16; Staudinger/*Magnus* CISG Art. 3 Rn. 29.
[26] Bamberger/Roth/*Saenger* CISG Art. 3 Rn. 7.
[27] Staudinger/*Magnus* CISG Art. 1 Rn. 32.
[28] Staudinger/*Magnus* CISG Art. 1 Rn. 29 f. mwN.
[29] *Piltz* NJW 2003, 2056 (2058).
[30] Staudinger/*Magnus* CISG Art. 1 Rn. 30.
[31] Staudinger/*Magnus* CISG Art. 1 Rn. 42; juris-PK/*Münch* CISG Art. 1 Rn. 47.
[32] Bamberger/Roth/*Saenger* CISG Art. 1 Rn. 6.
[33] MüKoHGB/*Benicke* CISG Art. 1 Rn. 16.
[34] Schweizer Botschaft zum CISG, BGBl. 1989 I 745, 761 (abrufbar auch unter: http://www.cisg-library.org).
[35] Staudinger/*Magnus* CISG Art. 1 Rn. 50.
[36] OLG Schleswig IHR 2003, 67 (68); Honsell/*Siehr* CISG Art. 2 Rn. 2; juris-PK/*Münch* CISG Art. 1 Rn. 47.
[37] Staudinger/*Magnus* CISG Art. 1 Rn. 56.
[38] MüKoBGB/*H. P. Westermann* CISG Art. 1 Rn. 6; Bamberger/Roth/*Saenger* CISG Art. 1 Rn. 6; Schlechtriem/Schwenzer/*Ferrari* CISG Art. 1 Rn. 36; Staudinger/*Magnus* CISG Art. 1 Rn. 51.
[39] *Merkt* ZVglRWiss 93 (1994), 365 ff.

15 **b) CISG: Räumlicher und persönlicher Anwendungsbereich.** Der räumliche Anwendungsbereich des UN-Kaufrechts wird durch Art. 1 Abs. 1 CISG erläutert, den persönlichen Anwendungsbereich bestimmen Art. 1 Abs. 2 und Abs. 3 CISG. Danach ist das CISG anzuwenden, sofern die Parteien im Zeitpunkt des Vertragsschlusses ihre Niederlassung in verschiedenen Vertragsstaaten des CISG haben. Alternativ ist das CISG gemäß der in Art. 1 Abs. 1 lit. b CISG normierten sog Vorschaltlösung anwendbar, sofern die Regeln des internationalen Privatrechts des zur Entscheidung berufenen Gerichts zur Anwendung des Rechts eines Vertragsstaats führen, vorausgesetzt, dass die Parteien im Zeitpunkt des Vertragsschlusses ihre Niederlassung in verschiedenen Staaten haben und Art. 95 CISG die Anwendung von Art. 1 Abs. 1 lit. b CISG nicht ausschließt. Deutschland hat insoweit den Vorbehalt des Ausschlusses der Anwendung des CISG nach Art. 1 Abs. 1 lit. b CISG für den Fall erklärt, dass die Regeln des deutschen IPR zur Anwendung des Rechts eines Vertragsstaates führen, der einen Vorbehalt nach Art. 95 CISG erklärt hat. Von der Vorbehaltsmöglichkeit des Art. 95 CISG haben *China, Sankt Vincent und die Grenadinen, Singapur,* die *Slowakei,* die *Tschechische Republik* und die *USA* Gebrauch gemacht.[40] Dies bedeutet, dass der deutsche Richter nicht die Regelungen des CISG, sondern das unvereinheitlichte Recht eines der genannten Vorbehaltsstaaten anwendet, sofern die Vorschriften der Rom I-VO auf das Recht eines dieser Staaten verweisen. Im Übrigen wendet der deutsche Richter über Art. 1 Abs. 1 lit. b CISG das UN-Kaufrecht an. Danach haben deutsche Gerichte die Vorschriften des CISG etwa für einen gemäß Art. 4 Abs. 1 lit. a Rom I-VO deutschem Recht unterliegenden Kaufvertrag zwischen einem deutschen Händler und seinem englischen Abnehmer anzuwenden, auch wenn das *Vereinigte Königreich* kein Vertragsstaat des CISG ist.

16 Der im CISG nicht definierte Begriff der **Niederlassung** meint einen Ort, von dem aus eine nach außen gerichtete Teilnahme am Wirtschaftsverkehr von gewisser Dauer, Stabilität und mit gewisser Selbständigkeit erfolgt.[41] Eine Partei kann mehrere Niederlassungen haben. Maßgeblich ist dann die Niederlassung mit der engsten Beziehung zu dem Vertrag und zu seiner Erfüllung (Art. 10 lit. a CISG).[42] In Ermangelung einer Niederlassung ist auf den gewöhnlichen Aufenthalt der Vertragspartei abzustellen (Art. 10 lit. b CISG). Entscheidend ist die Niederlassung oder der gewöhnliche Aufenthalt der Vertragspartei; sprich nicht von dritten Personen, die – ohne Vertragspartei zu sein – am Abschluss oder an der Durchführung des Vertrages beteiligt sind. Die Parteistellung einer Person ist nach einer Ansicht grundsätzlich vertragsautonom zu bestimmen,[43] nach anderer Sichtweise ist die Eigenschaft als Vertragspartei durch das vom IPR bestimmte unvereinheitlichte nationale Recht zu ermitteln.[44] Für die Frage, wer bei einem Vertragsschluss durch Vertreter Vertragspartei wird, gelangen beide Sichtweisen zum gleichen Ergebnis, da das CISG die Stellvertretung nicht regelt und insoweit auf das nationale Sachrecht zurückgegriffen werden muss (→ § 6 Rn. 1 ff.). Sofern auf einer Vertragsseite mehrere Personen beteiligt sind, liegt das von Art. 1 Abs. 1 CISG geforderte internationale Element hinreichend vor, sofern nur eine Person ihre Niederlassung in einem anderen Staat hat, so dass das CISG auf den gesamten Vertrag anwendbar ist.[45]

### 2. CISG: Regelungsbereich

17 Art. 4 CISG grenzt diejenigen Rechtsfragen ein, auf die sich der sachliche Regelungsbereich des CISG erstreckt. Danach findet das CISG lediglich auf Fragen des **Abschlusses** des Kaufvertrages und die aus ihm erwachsenden **Rechte und Pflichten** der Vertragspar-

[40] Bamberger/Roth/*Saenger* CISG Art. 1 Rn. 20.
[41] Ferrari/*Saenger* CISG Art. 1 Rn. 10; Honsell/*Siehr* CISG Art. 2 Rn. 12.
[42] MüKoHGB/*Benicke* CISG Art. 1 Rn. 22; juris-PK/*Münch* CISG Art. 1 Rn. 58.
[43] MüKoHGB/*Benicke* CISG Art. 1 Rn. 24.
[44] Bamberger/Roth/*Saenger* CISG Art. 1 Rn. 9; Honsell/*Siehr* CISG Art. 1 Rn. 8; juris-PK/*Münch* CISG Art. 1 Rn. 50.
[45] MüKoHGB/*Benicke* CISG Art. 1 Rn. 23.

teien Anwendung. Insbesondere werden Gültigkeitsfragen und der Eigentumsübergang (dazu → § 17 Rn. 1, 17ff.) nicht vom CISG erfasst. Art. 5 CISG schließt die Produkthaftung für Personenschäden aus dem Regelungsbereich des CISG aus. Die vom CISG nicht erfassten Rechtsfragen, sind nach allgemeinen Grundsätzen kollisionsrechtlich anzuknüpfen, dh auf Grundlage der Vorschriften der Rom I-VO, sofern diese anwendbar ist und ihrerseits nicht durch vorrangiges Recht verdrängt wird.[46]

### 3. Opting-out

Das CISG ist im Rahmen seines Anwendungsbereichs von Amts wegen anzuwenden, 18 nicht lediglich bei Geltendmachung durch eine oder beide Parteien. Den Parteien steht es allerdings offen, mit Hilfe der ***opt-out* Klausel** des Art. 6 CISG die Anwendung des CISG insgesamt auszuschließen. Ein Ausschluss kann etwa aus Gründen der Rechtsklarheit erwogen werden, wenn gemäß vorstehenden Grundsätzen unsicher ist, ob das CISG auf das Vertragsverhältnis Anwendung findet. Vor einem unbesehenen Ausschluss des CISG ist allerdings zu warnen, damit nicht vorschnell durch das Einheitskaufrecht gegebene Rechtsvorteile aus der Hand geben werden.[47] Eine unbedachte Empfehlung, die Anwendung des CISG auszuschließen, kann für Rechtsberater zur Haftungsfalle werden.[48] Weiter ist es den Parteien erlaubt, im Falle eines **gemischten Vertrages,** die Anwendbarkeit des Übereinkommens lediglich für das kaufvertragliche Element zu vereinbaren.[49] Die Abwahl der Vorschriften des CISG kann vor oder nach Vertragsschluss erfolgen.[50] Sie muss nicht, kann aber mit einer Rechtswahl nach Art. 3 Rom I-VO einhergehen.[51]

Der Anwendungsausschluss des CISG erfolgt durch eine dahingehende Vereinbarung 19 der Parteien, deren Abschluss nach den Art. 14 bis 24 CISG zu beurteilen ist.[52] Formvorschriften für die *opt-out*-Vereinbarung bestehen nicht.[53] Diese Vereinbarung kann auch durch AGB erfolgen, sofern diese wirksam Vertragsbestandteil geworden sind.[54] Dies richtet sich für schuldrechtliche Ansprüche nach den Vorschriften des CISG, deren Inhaltskontrolle nach dem durch das IPR berufenen nationalen Sachrecht. Die pauschale Wahl deutschen oder etwa österreichischen Rechts bewirkt in Ermangelung weiterer Anhaltspunkte für einen abweichenden Parteiwillen nicht den Anwendungsausschluss des CISG, da dieses Teil des deutschen bzw. österreichischen Rechts ist.[55] Die Beweislast für einen Ausschluss des CISG trifft die vortragende Partei, da es sich bei dem Ausschluss des CISG um eine Abweichung von der ohne diese Vereinbarung bestehenden Rechtslage handelt.[56]

Die Parteien können es weiter bei der Anwendbarkeit des CISG belassen, aber iRd 20 Anwendungs- und Regelungsbereichs des Einheitskaufrechts **einzelne Vorschriften des CISG abbedingen** und statt dieser eigene vertragliche Regelungen formulieren, die Heranziehung der allgemeinen Grundsätze iSv Art. 7 Abs. 2 CISG vereinbaren oder die kraft der Rom I-VO anwendbaren nationalen Sachvorschriften zur Anwendung gelangen lassen. Denn die Vorschriften des CISG sind grundsätzlich dispositiver Natur. Ausgenom-

[46] Schlechtriem/Schwenzer/*Ferrari* CISG Art. 4 Rn. 6.
[47] Eingehend *Mankowski* RIW 2003, 2 (8ff.); *Piltz* IHR 2002, 2 (6ff.).
[48] OLG Koblenz IPRax 1991, 116; Staudinger/*Magnus* CISG Art. 6 Rn. 73.
[49] Bamberger/Roth/*Saenger* CISG Art. 3 Rn. 1; MüKoBGB/*H. P. Westermann* CISG Art. 3 Rn. 1.
[50] MüKoBGB/*Huber* CISG Art. 6 Rn. 22.
[51] Schlechtriem/Schwenzer/*Ferrari* CISG Art. 4 Rn. 15.
[52] MüKoHGB/*Benicke* CISG Art. 6 Rn. 2.
[53] Schlechtriem/Schwenzer/*Ferrari* CISG Art. 6 Rn. 12; juris-PK/*Münch* CISG Art. 6 Rn. 8.
[54] OGH 4.7.2007 – 2Ob95/06v (Fundstelle: www.ris.bka.gv.at); Schlechtriem/Schwenzer/*Ferrari* CISG Art. 6 Rn. 17.
[55] BGH NJW 1997, 3309 (3310); 1999, 1259 (1260); OGH IHR 2009, 246 (249).
[56] Bamberger/Roth/*Saenger* CISG Art. 6 Rn. 6.

men hiervon sind die Vorschriften der Art. 12 und 28 CISG, die jedoch durch einen vollständigen Ausschluss des CISG abbedungen werden können.[57]

### 4. Opting-in

21 In Fällen, in denen das Einheitskaufrecht sachlich räumlich oder persönlich nicht anwendbar ist, steht es den Parteien nach hM lediglich offen, die Anwendung der Vorschriften des CISG mit materiell-rechtlicher Verweisungswirkung zu vereinbaren (→ Rn. 24). Eine *opting-in* Klausel enthält das CISG nicht und die Vereinbarung kollisionsrechtlicher Verweisungswirkung erlaubt Art. 3 Rom I-VO nicht.[58] Anders ist dies iRd Rechtsanwendung vor **Schiedsgerichten** zu beurteilen. Insoweit ist es zulässig, die Vorschriften des CISG als rechtliche Grundlage für die Entscheidung zu bestimmen (vgl. auch → Rn. 209).[59]

## IV. Rom I-VO

22 Soweit nicht vorrangige Regelungen staatsvertraglicher oder europarechtlicher Natur zur Anwendung berufen sind (→ Rn. 1 ff.), ist das auf Schuldverträge anwendbare Recht im Anwendungsbereich der Rom I-VO nach deren Vorschriften zu ermitteln. Der räumliche Geltungsbereich der Rom I-VO erstreckt sich auf alle EU-Mitgliedstaaten mit Ausnahme *Dänemarks*. Aus deutscher Sicht ist aber auch in Sachverhalten mit Bezug zu *Dänemark* die Rom I-VO uneingeschränkt anwendbar.[60] Hinsichtlich ihres persönlichen Anwendungsbereichs enthält die Rom I-VO keine einschränkenden Bestimmungen.

# B. Rechtswahl

## I. Grundsatz der Parteiautonomie

23 Ausweislich des Erwägungsgrundes Nr. 11 der Rom I-VO stellt der Grundsatz der Parteiautonomie einen der Ecksteine des schuldvertraglichen Kollisionsrechts dar. Der Parteiwille ist der primär maßgebliche Bezugspunkt kollisionsrechtlicher Anknüpfung.[61] Er ist vorrangig vor der Prüfung einer objektiven Anknüpfung zu ermitteln[62] und sodann in der Vertragsurkunde wiederzugeben. Demgemäß wird in Art. 3 Rom I-VO, ähnlich der Vorgängervorschrift des Art. 3 EVÜ (Art. 27 EGBGB aF), die Rechtswahl an die Spitze der Verweisungsnormen der Rom I-VO gestellt. Den Parteien kommt, anders als etwa im internationalen Güter-, Erb-, Unterhalts- oder Scheidungsrecht, insbesondere hinsichtlich der wählbaren Rechtsordnungen und der Art und Reichweite der Verweisung weitgehende Autonomie zu. Das von den Parteien gewählte Recht muss keine (objektive) Beziehung zum Vertragsverhältnis aufweisen, noch bedarf es eines irgendwie gearteten anzuerkennenden Interesses an der Wahl gerade der gewählten Rechtsordnung (vgl. auch → Rn. 54).[63] Insbesondere ist die Wahl eines neutralen Rechts, zu dem keine örtlichen oder persönlichen Bezüge bestehen, zulässig,[64] aber aufgrund des für beide Parteien ggf.

---

[57] Staudinger/*Magnus* CISG Art. 6 Rn. 54, 57; die dispositive Natur wird zT auch für Art. 4 und Art. 7 CISG vereint, aber ganz mehrheitlich bejaht, siehe hierzu Schlechtriem/Schwenzer/*Ferrari* CISG Art. 4 Rn. 10 f.

[58] Ferrari/*Ferrari* Rom I-VO Art. 3 Rn. 19; Palandt/*Thorn* Rom-I-VO Art. 4 Rn. 5; *Mankowski* RIW 2003, 2 (10 f.).

[59] MüKoHGB/*Benicke* CISG Art. 6 Rn. 21.

[60] Staudinger/*Magnus* Rom I-VO Einl. Rn. 51.

[61] MüKoBGB/*Martiny* Rom I-VO Art. 3 Rn. 8.

[62] HK-BGB/*Staudinger* Rom I-VO Art. 3 Rn. 1.

[63] Rauscher/*v. Hein* Rom I-VO Art. 3 Rn. 47; Palandt/*Thorn* Rom I-VO Art. 3 Rn. 4.

[64] NK-BGB/*Leible* Rom I-VO Art. 4 Rn. 23; MüKoBGB/*Martiny* Rom I-VO Art. 3 Rn. 22.

erhöhten Beratungsaufwandes regelmäßig nur eingeschränkt empfehlbar.[65] Durch eine Rechtswahlvereinbarung können die Parteien – zumindest im räumlichen Geltungsbereich der Rom I-VO – Rechtssicherheit über das anwendbare Recht schaffen. Weiter werden die Anreize zu einem *forum shopping*, sowie mögliche Prozess- und Rechtsberatungskosten verringert. Durch eine Rechtswahl lässt sich unter Umständen das gleiche Vertragswerk im gesamten Binnenmarkt der EU verwenden.[66] Für Personenbeförderungsverträge (Art. 5 Rom I-VO, → Rn. 92), **Verbraucherverträge** (Art. 6 Rom I-VO, Art. 46b EGBGB, → Rn. 93ff.), bestimmte Versicherungsverträge (Art. 7 Rom I-VO, → Rn. 102) und für Arbeitsverträge (Art. 8 Rom I-VO, → Rn. 103) wird die allgemeine Rechtswahlmöglichkeit ergänzt und eingeschränkt.

## II. Materiell-rechtliche Verweisung

24 Keine Rechtswahlvereinbarung im kollisionsrechtlichen Sinne liegt vor, sofern sich die Parteien auf eine sog **materiell-rechtliche Verweisung** beschränken. Hier erklären die Parteien iRd von den materiell-rechtlichen Regeln eines Rechtssystems (etwa des BGB) gewährten Vertragsfreiheit ausländisches Recht für anwendbar. Das ausländische Recht wird dadurch insoweit als es anwendbar sein soll (wie eine jede andere Vertragsklausel) zum Vertragsinhalt. Die Verweisung bewegt sich auf dem Boden des kraft objektiver oder subjektiver (Rechtswahl) Anknüpfung anwendbaren Sachrechts und folglich innerhalb der zwingenden Vorschriften dieser Rechtsordnung; verdrängt werden lediglich die dispositiven Vorschriften des anwendbaren Rechts.[67] Bei der materiell-rechtlichen Verweisung wird die Verweisungsabrede, sofern auf Grundlage des anwendbaren Sachrechts ein entsprechender Konsens vorliegt (etwa §§ 145ff., 305ff. BGB), integraler Bestandteil des Vertrages. Eine kollisionsrechtliche (Rechtswahl) und eine materiell-rechtliche Verweisung können grundsätzlich miteinander verbunden werden. Sie erfolgen auf verschiedenen Ebenen. Die materiell-rechtliche Verweisung kann sich, sofern und soweit das verwiesene Recht dies erlaubt, auf eine oder mehrere Einzelfragen beschränken (sog materiell-rechtliche Teilverweisung).[68]

## III. Rechtswahlvereinbarung

25 Die Rechtswahl erfolgt durch einen ausdrücklich oder stillschweigend getroffenen **Verweisungsvertrag.** Der Verweisungsvertrag ist, auch wenn er gleichzeitig mit diesem abgeschlossen wird, ein vom Hauptvertrag zu unterscheidender eigenständiger Vertrag.[69] Daher kann eine Rechtswahl selbst dann wirksam sein, wenn der Hauptvertrag kraft des gewählten Rechts unwirksam ist.[70] Umgekehrt kann der Hauptvertrag auch bei unwirksamer Rechtswahlvereinbarung kraft des objektiv anwendbaren Statuts Gültigkeit haben.[71] Eine Rechtswahl nach der Rom I-VO ist darüber hinaus von einer Rechtswahlvereinbarung für das außervertragliche Schuldrecht nach Art. 14 Rom II-VO (→ Rn. 132ff.) zu unterscheiden, die in ihren Voraussetzungen und Wirkungen eigenständig zu prüfen ist. Ebenso ist die Rechtswahlvereinbarung von einer (parallel getroffenen) Gerichtstands- und/oder Schiedsvereinbarung (→ Rn. 175ff., 200ff.) zu unterscheiden.

[65] *Land* BB 2013, 2697 (2698).
[66] Rauscher/*v. Hein* Rom I-VO Art. 3 Rn. 1f.
[67] Ferrari/*Ferrari* Rom I-VO Art. 3 Rn. 6; MüKoBGB/*Martiny* Rom I-VO Art. 3 Rn. 15.
[68] MüKoBGB/*Martiny* Rom I-VO Art. 3 Rn. 69.
[69] NK-BGB/*Leible* Rom I-VO Art. 3 Rn. 69; Ferrari/*Ferrari* Rom I-VO Art. 3 Rn. 7; *Krasauskaite/Schwarz* DZWIR 2014, 51 (56).
[70] Ferrari/*Ferrari* Rom I-VO Art. 3 Rn. 7; MüKoBGB/*Martiny* Rom I-VO Art. 3 Rn. 14.
[71] NK-BGB/*Leible* Rom I-VO Art. 3 Rn. 69.

### 1. Zulässigkeit (insbesondere für Verbraucher- und Arbeitsverträge)

26 Die Zulässigkeit der Rechtswahlvereinbarung bestimmt sich nach den autonom auszulegenden Vorschriften der Rom I-VO; dh vorbehaltlich einer Ermächtigung des sekundären Unionsrechts nicht nach nationalem Recht.[72] Für die in Art. 7 Abs. 4 Rom I-VO genannten **Pflichtversicherungsverträge** hat der deutsche Gesetzgeber aufgrund der in Art. 7 Abs. 4 lit. b Rom I-VO enthaltenen Ermächtigung durch **Art. 46c EGBGB** die Parteiautonomie ausgeschlossen.[73]

27 Eine Rechtswahl ist auch bei Verbraucher- und Individualarbeitsverträgen ohne Einschränkung zulässig. Allerdings bleiben für **Verbraucherverträge** (Art. 6 Abs. 1, Abs. 4 Rom I-VO, → Rn. 94ff.) nach Art. 6 Abs. 2 S. 2 Rom I-VO im Domizilstaat des Verbrauchers geltende zwingende Bestimmungen unberührt, sofern deren Schutzstandard denjenigen der durch Rechtswahl bestimmten Rechtsordnung übersteigt. Für **Individualarbeitsverträge** darf die Rechtswahl gemäß Art. 8 Abs. 1 S. 2 Rom I-VO nicht dazu führen, dass dem Arbeitnehmer der Schutz entzogen wird, der ihm durch die zwingenden Bestimmungen des nach Art. 8 Abs. 2 bis Abs. 4 Rom I-VO kraft objektiver Anknüpfung anwendbaren Rechts gewährt wird.

28 Infolge dieser gesetzlichen Anordnungen hat ein auf den Zeitpunkt des Vertragsschlusses[74] bezogener amtswegig durchzuführender konkreter **Günstigkeitsvergleich** zu erfolgen, bei dem die zu entscheidende Sachfrage den maßgeblichen Bezugspunkt bildet.[75] Für den Verbrauchervertrag gilt, dass das gemäß Art. 3 Rom I-VO gewählte Recht dann anwendbar bleibt, sofern es für den Verbraucher einen größeren Schutz als sein Domizilrecht bietet. Art. 6 Abs. 2 S. 2 Rom I-VO möchte dem Verbraucher allerdings nicht ein solches für ihn vorteilhaftes Rechtsanwendungsergebnis gewähren, das ihm weder sein Domizilrecht, noch das gewählte Recht zuspricht. Daher sind in einem sog **Gruppenvergleich** die in unmittelbarem Zusammenhang stehenden Vorschriften zu vergleichen, die funktional eine Regelungseinheit bilden (keine Rosinentheorie).[76] Es ist insoweit zu prüfen, ob der Verbraucher das von ihm gewünschte Rechtsanwendungsergebnis insgesamt aus den Normen seines Domizilrechts ableiten kann.[77] Die gleichen Grundsätze gelten für Individualarbeitsverträge iSv Art. 8 Rom I-VO[78] (zum Verhältnis von Art. 6 Abs. 2 und Art. 8 Abs. 1 Rom I-VO zu Art. 3 Abs. 3 und Abs. 4 Rom I-VO → Rn. 52f.). Das kraft objektiver Anknüpfung zu bestimmende Recht bleibt folglich nicht insgesamt anwendbar, wenn es für den Verbraucher oder Arbeitnehmer günstiger ist. Der Günstigkeitsvergleich kann zu einem sog *„law mix"* führen.

29 In Bezug auf **Verbraucherverträge** erfasst Art. 6 Abs. 2 S. 2 Rom I-VO jedenfalls nicht abdingbare Vorschriften, wenn sie eine (auch) verbraucherschützende Funktion haben (zum Verhältnis von Art. 6 und Art. 9 Rom I-VO → Rn. 168f.). Nicht erforderlich ist, dass die Bestimmung speziell den Schutz von Verbrauchern bezweckt. Hinreichend ist vielmehr, dass eine Vorschrift (auch) Individualschutz gewähren möchte und im konkreten Fall der Begünstigte ein Verbraucher ist. Nicht mehr von Art. 6 Abs. 2 S. 2 Rom I-VO erfasst werden jedoch solche Regelungen, die ganz allgemein wirtschafts-, sozialordnungs- oder außenpolitischen Zwecken dienen, auch wenn sie sich im konkreten Fall vorteilhaft für den Verbraucher auswirken.[79] Die zwingende Natur der Vorschriften ist insoweit wie iRv Art. 3

[72] Staudinger/*Magnus* Rom I-VO Art. 3 Rn. 166.
[73] Palandt/*Thorn* EGBGB Art. 46c Rn. 1.
[74] BeckOGK/*Rühl* Rom I-VO Art. 6 Rn. 241.
[75] Für Verbraucherverträge: *Einsele* WM 2009, 289 (293); Ferrari/*Staudinger* Rom I-VO Art. 6 Rn. 73; NK-BGB/*Leible* Rom I-VO Art. 6 Rn. 72; für Individualarbeitsverträge: MüKoBGB/*Martiny* Rom I-VO Art. 8 Rn. 42.
[76] Ferrari/*Staudinger* Rom I-VO Art. 6 Rn. 73; juris-PK/*Limbach* Rom I-VO Art. 6 Rn. 55; NK-BGB/*Leible* Rom I-VO Art. 6 Rn. 72.
[77] Rauscher/*Heiderhoff* Rom I-VO Art. 6 Rn. 56.
[78] Bamberger/Roth/*Spickhoff* Rom I-VO Art. 8 Rn. 18; HK-BGB/*Staudinger* Rom I-VO Art. 8 Rn. 4; Palandt/*Thorn* Rom I-VO Art. 8 Rn. 8.
[79] MüKoBGB/*Martiny* Rom I-VO Art. 6 Rn. 48a.

Abs. 3 Rom I-VO (→ Rn. 49) zu verstehen. Sofern der Verbraucher seinen gewöhnlichen Aufenthalt in Deutschland hat, sind damit insbesondere die Vorschriften über Allgem. Geschäftsbedingungen (§§ 305ff. BGB), die Regeln der §§ 312ff. BGB über Verbraucherverträge, die Bestimmungen über den Verbrauchsgüterkauf (§§ 474f. BGB), Teilzeit-Wohnrechteverträge (§§ 481ff. BGB) sowie über Verbraucherdarlehensverträge (§§ 491ff. BGB) zu beachten. Ferner finden nach hM gemäß vorstehenden Grundsätzen alle nicht dispositiven Normen des geschriebenen und ungeschriebenen Rechts Berücksichtigung, sofern sie im konkreten Fall aufgrund ihrer individualbegünstigenden Intention auch verbraucherbegünstigend wirken, etwa §§ 134, 138, 242 BGB oder die Beweislastumkehr des § 280 Abs. 1 S. 2 BGB.[80]

Wie für Verbraucherverträge der zwingenden Vorschrift (auch) verbraucherschützende Funktion zukommen muss, verlangt Art. 8 Abs. 1 S. 2 Rom I-VO für **Individualarbeitsverträge,** dass die nicht disponible Norm (auch) arbeitnehmerschützende Funktion hat (zum Verhältnis von Art. 8 und Art. 9 Rom I-VO → Rn. 168f.).[81] Die Vorschrift kann entsprechend dem zum Verbrauchervertrag Ausgeführten auch dem allgemeinen Vertragsrecht entstammen, sofern sie auch den Schutz des Arbeitnehmers bezweckt.[82] Von Art. 8 Abs. 1 Rom I-VO erfasst werden im deutschen Recht danach neben den unter → Rn. 29 genannten Vorschriften insbesondere § 613a BGB, die Benachteiligungsverbote nach dem AGG oder der arbeitsrechtliche Gleichbehandlungsgrundsatz.[83] 30

## 2. Zustandekommen und Wirksamkeit der Rechtswahlvereinbarung

Die Rechtswahlvereinbarung (kollisionsrechtlicher Verweisungsvertrag) stellt zwar eine vom materiell-rechtlichen Hauptvertrag zu unterscheidende Vereinbarung dar (→ Rn. 25). Dessen ungeachtet unterstehen – quasi im Vorgriff – gemäß Art. 3 Abs. 5 iVm Art. 10, 20 Rom I-VO – das Zustandekommen und die Wirksamkeit der Rechtswahlvereinbarung grundsätzlich dem von den Parteien gewählten Recht, bei der Wahl deutschen Rechts damit den Vorschriften des BGB. 31

„Zustandekommen" der Rechtswahlvereinbarung meint in autonomer Auslegung (lediglich) den äußeren Abschlusstatbestand, dh das zur Rechtswahlvereinbarung führende Erklärungsverhalten der Parteien.[84] Hierhin gehören 32

- die Regeln über Angebot und Annahme, insbesondere die Abgrenzung von Angebot und bloßer *invitatio ad offerendum* und die **Einbeziehung** von in **AGB** enthaltenen Rechtswahlklauseln (etwa Einbeziehungskontrolle nach §§ 305 Abs. 2 bis 306 BGB).[85] Im Falle eines **Verbrauchervertrages** (Art. 6 Abs. 1, Abs. 4 Rom I-VO, → Rn. 94ff.) erfolgt die Einbeziehungskontrolle nach verbreiteter Meinung gemäß Art. 3 Abs. 5 iVm Art. 10 Abs. 1 iVm einer extensiven Auslegung (besser gesagt: analogen Anwendung) von Art. 6 Abs. 2 S. 2 Rom I-VO nicht nur auf Grundlage des gewählten Rechts, sondern zusätzlich auch auf Grundlage des Rechts des Staates, in dem der Verbraucher seinen gewöhnlichen Aufenthalt hat, sofern dieses Recht für den Verbraucher günstiger ist.[86] Günstiger soll das Aufenthaltsrecht für den Verbraucher dann sein, wenn dieses zu keiner Einbeziehung der Rechtswahlklausel führt. Der Verbraucher soll allerdings für die Rechtswahlvereinbarung auf die Anwendung seines Aufenthaltsrechts verzichten

---

[80] Ferrari/*Staudinger* Rom I-VO Art. 6 Rn. 74; juris-PK/*Limbach* Rom I-VO Art. 6 Rn. 54; NK-BGB/*Leible* Rom I-VO Art. 6 Rn. 70.

[81] Bamberger/Roth/*Spickhoff* Rom I-VO Art. 8 Rn. 3.

[82] BAG NZA 2014, 1076 (1078) (zu Art. 30 EGBGB aF); HK-BGB/*Staudinger* Rom I-VO Art. 8 Rn. 5.

[83] Palandt/*Thorn* Rom I-VO Art. 8 Rn. 9.

[84] Staudinger/*Hausmann* Rom I-VO Art. 10 Rn. 14.

[85] OLG Hamm BeckRS 2015, 11594; BeckOGK/*Wendland* Rom I-VO Art. 3 Rn. 284; Rauscher/*v. Hein* Rom I-VO Art. 3 Rn. 39.

[86] LG Dortmund BeckRS 2016, 03046; BeckOGK/*Wendland* Rom I-VO Art. 3 Rn. 285; Palandt/*Thorn* Rom I-VO Art. 3 Rn. 9; Staudinger/*Hausmann* Rom I-VO Art. 10 Rn. 93; **aA** BeckOGK/*Rühl* Rom I-VO Art. 6 Rn. 228, 230; MüKoBGB/*Martiny* Rom I-VO Art. 3 Rn. 13.

können, weil das „gewählte" Recht auf der Ebene des Sachrechts für ihn günstigere Regeln enthalten könne,[87] denn eine Rechtswahl ist isoliert betrachtet als „neutral" anzusehen. Für den Fall **kollidierender Rechtswahlklauseln in AGB** erklärt die hM die Rechtswahl für gescheitert, da durch die widersprechenden AGB der in Art. 3 Abs. 5 iVm Art. 10 Rom I-VO als Anknüpfungspunkt vorausgesetzte Anschein einer Rechtswahl nicht gegeben ist.[88] Die in den einzelnen Rechtsordnungen unterschiedlichen Anforderungen an die **Transparenz von AGB** sind zwar im Ausgangspunkt ebenfalls dem Zustandekommen des Vertrags zuzuordnen. Soweit es allerdings die Frage zu beantworten gilt, welche inhaltlichen Anforderungen an das äußere Zustandekommen eines Verweisungsvertrages zu stellen sind, ist vorrangig Art. 3 Abs. 1 S. 2 Rom I-VO, wonach die Rechtswahl ausdrücklich erfolgen oder sich eindeutig aus den Bestimmungen des Vertrags oder aus den Umständen des Falles ergeben muss, als Entscheidungsmaßstab berufen.[89] Ist dementsprechend die Rechtswahl etwa im Klauselwerk versteckt, so geht sie nicht eindeutig aus dem Vertrag iSv Art. 3 Abs. 1 S. 2 Rom I-VO hervor. Eines Rückgriffs auf Art. 10 Abs. 2 Rom I-VO bedarf es insoweit nicht, da die Rechtswahlklausel schon nicht den von der Rom I-VO aufgestellten Erfordernissen entspricht. Eine in AGB enthaltene Rechtswahl ist im ganz großen Regelfall nicht als überraschend iSv **§ 305c Abs. 1 BGB** anzusehen;[90]

- die Regeln über die Abgabe und den Zugang der auf die Rechtswahl gerichteten Willenserklärungen;
- die Bewertung des Schweigens einer Seite auf das ihr zugegangene Angebot der anderen Seite auf Abschluss einer Rechtswahlvereinbarung. Insoweit verweist Art. 3 Abs. 5 Rom I-VO auf die spezielle Bestimmung des **Art. 10 Abs. 2 Rom I-VO,** wonach sich eine Partei für die Behauptung, sie habe dem Verweisungsvertrag nicht zugestimmt, auf das Recht ihres gewöhnlichen Aufenthalts berufen kann. Diese Bestimmung gewinnt insbesondere für Rechtswahlklauseln in **AGB** praktische Bedeutung. Führt die Anwendung des hypothetisch gewählten Rechts zu dem Ergebnis, dass die in den AGB enthaltene und den Voraussetzungen des Art. 3 Abs. 1 S. 2 Rom I-VO genügende Rechtswahlklausel durch das Schweigen des Empfängers bzw. den mangelnden Widerspruch gegen ihre Geltung als vereinbart anzusehen ist, so ist in einem zweiten Schritt zu prüfen, ob die schweigende Partei sich hinsichtlich dieser Wertung ihres Verhaltens auf das Recht ihres gewöhnlichen Aufenthalts berufen kann;
- die Voraussetzungen und der erforderliche Umfang der Einigung (soweit nicht die aus Indizien zu erschließende stillschweigende Einigung in Frage steht; insoweit gelten die in autonomer Auslegung zu bestimmenden Maßstäbe des Art. 3 Abs. 1 S. 2 Rom I-VO);[91]
- die Rechtsfolgen eines Einigungsmangels (Dissens).

33 Mit „Wirksamkeit" der Rechtswahlvereinbarung ist der innere Abschlusstatbestand gemeint. Zur Wirksamkeit zählen grundsätzlich alle Aspekte, die nicht dem Zustandekommen der Vereinbarung zuzurechnen sind, etwa die Voraussetzungen und Rechtsfolgen von **Willensmängeln.**[92] Die Unterscheidung zwischen Zustandekommen und Wirksamkeit des Vertrages hat aufgrund der übereinstimmenden Anknüpfung beider Aspekte lediglich für die Reichweite der Sonderanknüpfung in Art. 10 Abs. 2 Rom I-VO Relevanz. Auch die Inhaltskontrolle einer AGB-Klausel unterliegt zwar grundsätzlich dem Aspekt der „Wirksamkeit des Vertrages". Allerdings ist zu beachten, dass die Rom I-VO

---

[87] BeckOGK/*Wendland* Rom I-VO Art. 3 Rn. 285.

[88] Palandt/*Thorn* Rom I-VO Art. 3 Rn. 9; Rauscher/*v. Hein* Rom I-VO Art. 3 Rn. 43; umf. zum Meinungsstand BeckOGK/*Wendland* Rom I-VO Art. 3 Rn. 290f.; MüKoBGB/*Spellenberg* Rom I-VO Art. 10 Rn. 164ff.

[89] Staudinger/*Hausmann* Rom I-VO Art. 10 Rn. 22, 35.

[90] MüKoBGB/*Spellenberg* Rom I-VO Art. 10 Rn. 162.

[91] Staudinger/*Magnus* Rom I-VO Art. 3 Rn. 171.

[92] Ferrari/*Ferrari* Rom I-VO Art. 10 Rn. 11; Staudinger/*Hausmann* Rom I-VO Art. 10 Rn. 23ff.

abschließend über die Zulässigkeit einer Rechtswahl und insbesondere über die wählbaren Rechtsordnungen befunden hat.[93]

### 3. Form

34 Die Form der Rechtswahlvereinbarung als eine vom Hauptvertrag zu trennende Vereinbarung beurteilt sich gemäß Art. 3 Abs. 5 Rom I-VO nach den von Art. 11 Rom I-VO (→ § 7 Rn. 23ff.) genannten Rechtsordnungen.[94] Soweit danach deutsches Recht Anwendung findet, ist die Rechtswahlvereinbarung im Schuldrecht in Ermangelung einer auf sie bezogenen Formvorschrift formfrei möglich.[95] Dies gilt auch dann, wenn der schuldrechtliche Hauptvertrag, wie etwa der Grundstückskauf, nach deutschem Recht seinerseits formgebunden ist.[96] Nur höchst selten werden alle über Art. 11 Abs. 1 und Abs. 2 Rom I-VO alternativ zur Anwendung berufenen Rechtsordnungen (→ § 7 Rn. 21) die Rechtswahl von der Einhaltung einer bestimmten Form abhängig machen. Nach verbreiteter Ansicht soll darüber hinaus Art. 3 Abs. 1 Rom I-VO vor dem Hintergrund, dass dieser eine konkludente Rechtswahl ermöglicht, eine die Formfreiheit anordnende Sachvorschrift entnommen werden können.[97]

35 Für **Verbraucherverträge** iSv Art. 6 Rom I-VO (zum Begriff des Verbrauchervertrages → Rn. 94ff.) bestimmt zwar die Sonderregel des Art. 11 Abs. 4 Rom I-VO, dass sich die Form von Rechtswahlvereinbarungen allein nach dem Recht des Staates richtet, in dem der Verbraucher seinen gewöhnlichen Aufenthalt hat.[98] Jedenfalls bei gewöhnlichem Aufenthalt des Verbrauchers in Deutschland bestehen für eine Rechtswahlvereinbarung keine besonderen Formerfordernisse.[99] Bei gewöhnlichem Aufenthalt des Verbrauchers in Frankreich ist allerdings aufgrund der französischen *„loi Toubon"*, die für Verbraucherverträge (worunter idS auch Rechtswahlvereinbarungen fallen könnten) die Verwendung der französischen Sprache vorschreibt, Vorsicht geboten. Allerdings ist die Einordnung von Regelungen, die Verwendung einer bestimmten Sprache vorschreiben und speziell genannter Norm, als Formvorschrift zweifelhaft (vgl. auch → § 7 Rn. 14, 31).[100]

### 4. Geschäfts- oder Handlungsfähigkeit

36 Die Geschäfts- oder Handlungsfähigkeit der Parteien ist nach Art. 1 Abs. 2 lit. a Rom I-VO bzw. bei juristischen Personen nach Art. 1 Abs. 2 lit. f Rom I-VO aus dem sachlichen Anwendungsbereich der Rom I-VO ausgenommen (→ Rn. 136). Sie ist insoweit nicht als ein Aspekt der materiellen Wirksamkeit der Rechtswahl iSv Art. 3 Abs. 5 iVm Art. 10 Abs. 1 Rom I-VO anzusehen. Es verbleibt bei der Geltung des nationalen Kollisionsrechts der *lex fori,* vor deutschen Gerichten findet demgemäß hinsichtlich natürlicher Personen Art. 7 EGBGB (→ § 4 Rn. 6ff.), hinsichtlich juristischer Personen das Gesellschaftsstatut Anwendung (→ §§ 18f.).[101]Allerdings gilt gemäß der Verweisung des Art. 3 Abs. 5 Rom I-VO der in Art. 13 Rom I-VO angeordnete Verkehrsschutz auch für den Abschluss einer Rechtswahlvereinbarung. Nach Art. 13 Rom I-VO darf eine Vertragspartei darauf vertrauen, dass die nach dem Recht des Vertragsschlussortes vorliegende Rechts-, Geschäfts- oder Handlungsfähigkeit des Vertragspartners, nicht durch Berufung

[93] MüKoBGB/*Spellenberg* Rom I-VO Art. 10 Rn. 161.
[94] HK-BGB/*Staudinger* Rom I-VO Art. 3 Rn. 10; NK-BGB/*Leible* Rom I-VO Art. 3 Rn. 76.
[95] Erman/*Hohloch* Rom I-VO Art. 3 Rn. 31; MüKoBGB/*Martiny* Rom I-VO Art. 3 Rn. 110; vgl. etwa schon BGH DtZ 1997, 288 (290).
[96] Bamberger/Roth/*Spickhoff* Rom I-VO Art. 3 Rn. 15; MüKoBGB/*Martiny* Rom I-VO Art. 3 Rn. 110; **aA** für § 15 Abs. 4 GmbHG: *Begemann/Nölle* BB 2016, 137 (140).
[97] Staudinger/*Magnus* Rom I-VO Art. 3 Rn. 180; zu Recht **aA** BeckOGK/*Gebauer* Rom I-VO Art. 11 Rn. 29; Rauscher/*v. Hein* Rom I-VO Art. 45.
[98] Staudinger/*Magnus* Rom I-VO Art. 3 Rn. 181.
[99] Rauscher/*v. Hein* Rom I-VO Art. 3 Rn. 45.
[100] Juris-PK/*Ringe* Rom I-VO Art. 11 Rn. 39; MüKoBGB/*Spellenberg* Rom I-VO Art. 10 Rn. 52.
[101] HK-BGB/*Staudinger* Rom I-VO Art. 3 Rn. 10; Rauscher/*v. Hein* Rom I-VO Art. 3 Rn. 46.

einer anderen Rechtsordnung negiert wird. Nur Kenntnis oder fahrlässige Unkenntnis der fehlenden Fähigkeit schließt den durch Art. 13 Rom I-VO gewährten Vertrauensschutz aus (näher → § 4 Rn. 54ff.).[102] Nicht nach dem von Art. 3 Abs. 5 iVm Art. 10 Abs. 1 Rom I-VO berufenen Recht, sondern richtigerweise nach nationalem Kollisionsrecht beurteilt sich, welcher Grad an Geschäftsfähigkeit für die Rechtswahlvereinbarung notwendig ist (→ § 4 Rn. 41). Ist etwa nach Art. 7 EGBGB deutsches Recht anzuwenden, so ist für den Abschluss der Vereinbarung volle Geschäftsfähigkeit oder der Zustimmung des gesetzlichen Vertreters des Minderjährigen (§§ 107f. BGB) erforderlich. Eine Rechtswahl stellt insoweit kein rechtlich neutrales Geschäft dar.[103]

### 5. Vertretung

37 Die organschaftliche, wie die rechtsgeschäftliche Vertretung sind gemäß Art. 1 Abs. 1 lit. g Rom I-VO aus dem sachlichen Anwendungsbereich der Verordnung ausgenommen; ebenso steht die gesetzliche Vertretung außerhalb des Schuldvertragsrechts (→ Rn. 153). Insoweit werden auch die Voraussetzungen und Wirkungen einer Stellvertretung beim Abschluss der Rechtswahlvereinbarung selbstständig nach dem IPR der *lex fori* angeknüpft (→ §§ 5, 6 sowie → § 19 Rn. 16). Die Zulässigkeit der Stellvertretung bei Abschluss der Rechtswahlvereinbarung bestimmt hingegen nach Art. 3 Abs. 5 iVm Art. 10 Abs. 1 Rom I-VO das gewählte Recht.[104] Für die Form der Bevollmächtigung gilt Art. 11 EGBGB (→ § 7 Rn. 43).

### 6. Zeitpunkt der Rechtswahl

38 Eine Rechtswahlvereinbarung kann sowohl vor, wie auch bei Vertragsabschluss, als auch zu jedem späteren Zeitpunkt geschlossen werden (Art. 3 Abs. 2 S. 1 Rom I-VO). Bis zu welchem Zeitpunkt eine nachträgliche Rechtswahl in einem Prozess Beachtung findet, bestimmen die Verfahrensvorschriften der *lex fori* des mit der Sache befassten Gerichts. Die nachträgliche Rechtswahl kann mit Wirkung *ex tunc* oder *ex nunc* erfolgen,[105] was die Vereinbarung verdeutlichen sollte. Enthält die nachträgliche Rechtswahlvereinbarung keine dahingehende Aussage wird zwar überwiegend eine Wirkung *ex tunc* angenommen,[106] dies ist jedoch in Rechtsprechung und Lehre bestritten.[107] Wird die Rechtswahl erst in einem Gerichtsverfahren durch die (Prozess)vertreter erklärt, ist zu prüfen, ob die Prozessvollmacht auch Vollmacht zum Abschluss einer kollisionsrechtlichen Rechtswahl gibt (→ Rn. 37).[108] Die Formgültigkeit des Vertrags (Art. 11 Rom I-VO, → § 7 Rn. 23ff.) und Rechte Dritter werden gemäß Art. 3 Abs. 2 S. 2 Rom I-VO durch eine nach Vertragsschluss erfolgende Änderung der Bestimmung des anzuwendenden Rechts nicht berührt. Stellt demgemäß die neue *lex causae* strengere Formanforderungen als das bisher anzuwendende Recht auf, so kann der Vertrag nicht formnichtig werden. Umgekehrt kann durch den Statutenwechsel eine ursprüngliche Formnichtigkeit geheilt werden, sofern der Vertrag nach der nunmehr heranziehbaren Rechtsordnung gültig ist.[109]

### 7. Änderung und Aufhebung

39 Eine Rechtswahlvereinbarung kann jederzeit geändert, aufgehoben oder neu vorgenommen werden. Der Änderungs- oder Aufhebungs- bzw. der erneute Rechtswahlvertrag folgt den gleichen Grundsätzen wie die ursprüngliche Rechtswahl. Nach Aufhebung ist

[102] Staudinger/*Magnus* Rom I-VO Art. 3 Rn. 182.
[103] Staudinger/*Hausmann* EGBGB Art. 7 Rn. 60; **aA** *v. Bar* IPR II Rn. 41.
[104] Staudinger/*Hausmann* Rom I-VO Art. 10 Rn. 42.
[105] Ferrari/*Ferrari* Rom I-VO Art. 3 Rn. 45; Jauernig/*Mansel* Rom I-VO Vorb. Rn. 16.
[106] Palandt/*Thorn* Rom I-VO Art. 3 Rn. 11; PWW/*Brödermann/Wegen* Rom I-VO Art. 3 Rn. 22.
[107] Für *ex-nunc*-Wirkung etwa OLG Frankfurt a.M. IPRax 1992, 314 (317).
[108] Jauernig/*Mansel* Rom I-VO Vorb. Rn. 18.
[109] Näher MüKoBGB/*Martiny* Rom I-VO Art. 3 Rn. 82.

das anwendbare Recht kraft objektiver Anknüpfung zu bestimmen, sofern nicht eine neue Rechtsordnung (mit *ex nunc*- oder *ex tunx*-Wirkung, → Rn. 38) gewählt wurde.[110]

### 8. Wählbare Rechtsregeln

Gewählt werden kann im Ausgangspunkt jedes staatliche Recht. Im Falle von Mehrrechtsstaaten (etwa Spanien, Kanada, Australien, Mexiko, Großbritannien, USA) kann gemäß Art. 22 Abs. 1 Rom I-VO das Recht jeder Gebietseinheit gewählt werden (zB das Recht Englands).[111] Eine kollisionsrechtliche Verweisung auf nichtstaatliche Vorschriften oder allgemeine Rechtsgrundsätze (zB *Halacha*-Regeln (jüdisches Recht), *lex mercatoria,* UNIDROIT bzw. Lando Principles, islamische Scharia) scheidet mithin nach hM aus.[112] Jedenfalls vor staatlichen Gerichten führen derartige Klauseln lediglich zu einer subsidiären materiell-rechtlichen Verweisung (Erwägungsgrund 13); dies mit der Folge, dass ihr Aussagegehalt zum Vertragsinhalt wird (zur materiell-rechtlichen Verweisung → Rn. 24). Auch die Verweisung auf ein objektiv auf den Sachverhalt nicht anwendbares internationales Übereinkommen (etwa CISG auf den Kauf eines Grundstücks) wird nach überwiegender Sichtweise nicht mit kollisionsrechtlicher, sondern lediglich mit materiell-rechtlicher Verweisungswirkung für zulässig erachtet (vgl. auch → Rn. 21).[113] 40

Anders ist dies iRd Rechtsanwendung vor **Schiedsgerichten** zu beurteilen 41
(→ Rn. 209). Die Rechtswahl kann nach wohl überwiegender Meinung nicht das Kollisionsrecht der gewählten Rechtsordnung erfassen bzw. sich nicht hierauf beschränken (Kollisionsrechtswahl), denn Rück- und Weiterverweisungen sind im Hinblick auf Art. 20 Rom I-VO stets unbeachtlich.[114] Allerdings dürfte es auch auf Grundlage der herrschenden Sichtweise zulässig sein, eine kollisionsrechtliche Verweisung der gewählten Rechtsordnung zur auflösenden Bedingung der Wahl diesen Rechts zu erheben und das verwiesene Recht als aufschiebend bedingt gewählt zu vereinbaren. In jedem Fall ist die gewählte Rechtsregelung unmissverständlich zum Ausdruck zu bringen.

### 9. Umfang der Rechtswahl

**a) Negative Rechtswahl.** Die Parteien können sich darauf beschränken, die Anwendbarkeit einer oder mehrerer Rechtsordnungen auszuschließen (sog **negative Rechtswahl**).[115] In diesem Fall ist das anwendbare Recht mittels objektiver Anknüpfung nach Art. 4 ff. Rom I-VO unter Ausschluss der abgewählten Rechtsordnung/en zu bestimmen, was zum Recht der „zweitengsten" Verbindung führt.[116] 42

**b) Teilweise Rechtswahl.** Art. 3 Abs. 1 S. 3 Rom I-VO erklärt eine auf einen Teil des Vertrages (sog *dépeçage*) beschränkte Rechtswahl für grundsätzlich zulässig. Die Parteien können darüber hinaus, auch wenn Art. 3 Abs. 1 S. 3 Rom I-VO diesen Fall nicht ausdrücklich nennt, verschiedene Rechtsordnungen für unterschiedliche Teile desselben Ver- 43

---

[110] Rauscher/*v. Hein* Rom I-VO Art. 3 Rn. 92, 95.

[111] Staudinger/*Hausmann* Rom I-VO Art. 22 Rn. 7.

[112] Bamberger/Roth/*Spickhoff* Rom I-VO Art. 3 Rn. 7; Erman/*Hohloch* Rom I-VO Art. 3 Rn. 9; eingehend BeckOGK/*Wendland* Rom I-VO Art. 3 Rn. 65 ff.

[113] BeckOGK/*Wendland* Rom I-VO Art. 3 Rn. 105 f.; Ferrari/*Ferrari* Rom I-VO Art. 3 Rn. 19; Palandt/*Thorn* Rom-I-VO Art. 4 Rn. 5; *Mankowski* RIW 2003, 2 (10 f.).

[114] Bamberger/Roth/*Spickhoff* Rom I-VO Art. 3 Rn. 9; Ferrari/*Ferrari* Rom I-VO Art. 3 Rn. 16; HK-BGB/*Staudinger* Rom I-VO Art. 3 Rn. 11; Rauscher/*v. Hein* Rom I-VO Art. 3 Rn. 65; Palandt/*Thorn* Rom I-VO Art. 3 Rn. 3; **aA** juris-PK/*Ringe* Rom I-VO Art. 20 Rn. 7; Staudinger/*Hausmann* Rom I-VO Art. 20 Rn. 12; Staudinger/*Magnus* Rom I-VO Art. 3 Rn. 19, 43. Eine auf das Kollisionsrecht beschränkte Rechtswahl erscheint allerdings nur dann als sinnhaft, wenn die Gerichte eines Nichtmitgliedstaats der Rom I-VO zur Entscheidung berufen sind. Durch die Beschränkung der Rechtswahl auf das Kollisionsrecht des Gerichtsstaats lassen sich unter Umständen die Chancen einer Vollstreckung des Urteils im Gerichtsstaat verbessern (Staudinger/*Hausmann* Rom I-VO Art. 20 Rn. 12).

[115] Ferrari/*Ferrari* Rom I-VO Art. 3 Rn. 15; Rauscher/*v. Hein* Rom I-VO Art. 3 Rn. 71.

[116] MüKoBGB/*Martiny* Rom I-VO Art. 3 Rn. 19.

trages vereinbaren.[117] Wird die Rechtswahl nur für einen Teil des Vertrages getroffen, bestimmt sich das Vertragsstatut für den nicht von der Rechtswahl betroffenen Teil kraft objektiver Anknüpfung.[118] Allerdings ist aus gestalterischer Sicht stets zu bedenken, dass eine nur teilweise oder mehrfach-teilweise Rechtswahl die Gefahr von Lücken oder gar Widersprüchen in sich birgt und den Beratungsaufwand erheblich erhöhen kann. In besonders begründeten Ausnahmekonstellationen kann eine Anwendung unterschiedlicher Rechtsordnungen allerdings den Parteiinteressen entsprechen.[119]

44 Art. 3 Abs. 1 S. 3 Rom I-VO enthält keine besonderen Beschränkungen für die Teilrechtswahl. Gleichwohl ist eine gewisse Selbständigkeit der Teilfrage notwendig.[120] Dies kann im Ausgangspunkt bei den in Art. 12 Rom I-VO aufgezählten Fragen im Verhältnis zueinander angenommen werden.[121] Eine Teilrechtswahl allein für die Form des Vertrages ist nicht möglich (→ § 7 Rn. 17). Im Rahmen der Rechtsgestaltung ist das Erfordernis einer gewissen Selbstständigkeit schon aus Praktikabilitätserwägungen zu beachten. Für eine Teilrechtswahl lassen sich folgende Beispiele anbringen, die teilweise als „objektbezogene" Spaltung (Beispiel → Rn. 45) oder als „sachnormbezogene" (Beispiel → Rn. 46) Spaltung[122] bezeichnet werden:

45 **Beispiel:**
E betreibt in Deutschland ein Hotel in der Rechtsform einer englischen Ltd. und ist als natürliche Person Inhaber des von dem Hotel genutzten Grundbesitzes. Für die Veräußerung des Grundbesitzes wird deutsches Recht gewählt, für die Veräußerung der Ltd. englisches Recht.

46 **Beispiele:**
Die Erfüllungsortvereinbarung sowie die Art und Weise der Erfüllung wird einem anderen Recht unterstellt als der übrige Vertrag.[123]

Für vertragliche Schadensersatzansprüche wird ein anderes Recht vereinbart als dasjenige, welches für die Wirksamkeit des Vertrages gilt.[124]

47 **c) Kumulative Rechtswahl.** Auch eine **kumulative Rechtswahl** ist nicht von vornherein ausgeschlossen. Da durch diese jedoch keine Normwidersprüche entstehen dürfen, ist sie lediglich bei einer teilbaren Rechtsfrage, die sich mit „Ja oder Nein" bzw. „Mehr oder Weniger" beantworten lässt zulässig. Dies kann etwa bei der Frage der Verjährung eines Anspruchs der Fall sein.[125]

### 10. Zwingendes Inlandsrecht im Falle eines Binnensachverhalts (Art. 3 Abs. 3, Abs. 4 Rom I-VO)

48 **a) Art. 3 Abs. 3 Rom I-VO.** Nach Art. 3 Abs. 3 Rom I-VO bleibt die Anwendung von nicht dispositiven Vorschriften des Staates in dem alle Elemente des Sachverhalts belegen sind von der Rechtswahl unberührt. Die Beschränkung des Art. 3 Abs. 3 Rom I-VO ist sowohl bei der Wahl ausländischen Rechts, wie auch bei der Wahl deutschen Rechts zu beachten. Im Falle der Wahl deutschen Rechts ist Art. 3 Abs. 3 Rom I-VO von Bedeutung, sofern der Sachverhalt (von der Rechtswahlklausel abgesehen) objektiv in einer ein-

[117] MüKoBGB/*Martiny* Rom I-VO Art. 3 Rn. 74.
[118] PWW/*Brödermann/Wegen* Rom I-VO Art. 3 Rn. 19.
[119] MüKoBGB/*Martiny* Rom I-VO Art. 3 Rn. 67.
[120] BeckOGK/*Wendland* Rom I-VO Art. 3 Rn. 196; HK-BGB/*Staudinger* Rom I-VO Art. 3 Rn. 4; **aA** *Windmöller* S. 80f., 117f.
[121] Ferrari/*Ferrari* Rom I-VO Art. 3 Rn. 40; Jauernig/*Mansel* Rom I-VO Vorb. Rn. 13.
[122] *Windmöller* S. 20ff.
[123] Obiter BGH IPRax 1981, 93 mAnm *Spellenberg* IPRax 1981, 75 = BeckRS 1980, 31071089.
[124] OLG Frankfurt a.M. IPRax 1992, 314 (316) mAnm *Bungert* IPrax 1992, 296.
[125] Rauscher/*v. Hein* Rom I-VO Art. 3 Rn. 82.

zigen anderen ausländischen Rechtsordnung lokalisiert ist. Im Falle der Wahl ausländischen Rechts ist Art. 3 Abs. 3 Rom I-VO zu beachten, sofern der Sachverhalt (von der Rechtswahlklausel abgesehen) keine Auslandsbeziehungen aufweist. Wird beispielsweise bei einem Sachverhalt, der lediglich Bezüge zu Frankreich aufweist, deutsches Recht gewählt, so ist zu beachten, dass zwingende französische Vorschriften nicht abbedungen werden können; sie sind demgemäß auch bei deutschem Vertragsstatut zu beachten.[126] Maßgebender Zeitpunkt für die Beurteilung des fehlenden Auslandsbezugs ist der Zeitpunkt der Rechtswahl.

Art. 3 Abs. 3 Rom I-VO bezieht sich auf zwingendes Inlandsrecht, dh nach der Legal- 49
definition des Art. 3 Abs. 3 Rom I-VO auf Vorschriften, von denen nach dem Recht des maßgeblichen Staates nicht durch Vereinbarung abgewichen werden kann. Dabei kann es sich um geschriebenes Recht, wobei sich der zwingende Charakter auch erst durch Auslegung ergeben kann, oder insbesondere mit Blick auf die *Common-Law*-Staaten um Gewohnheits- oder Richterrecht handeln. Ob die Regelung dem Privat- oder dem öffentlichen Recht entstammt, ist nicht von Relevanz (Beispiele → Rn. 29f.).[127]

Art. 3 Abs. 3 Rom I-VO meint Sachverhalte, in denen außer der Rechtswahlklausel 50
keine Beziehung zu einem anderen Staat ersichtlich ist. Die Norm trifft allerdings keine Aussage darüber, welche Umstände eine relevante Auslandsbeziehung begründen können. Gemäß Erwägungsgrund Nr. 15 zur Rom I-VO lässt sich allein jedenfalls durch die Progation ausländischer Gerichte eine Auslandsberührung nicht herstellen. Gleiches ist für eine Schiedsvereinbarung anzunehmen.[128] Beachtlich sind jedenfalls solche Anknüpfungsmerkmale, die iRd objektiven Anknüpfung gemäß Art. 4 Rom I-VO maßgebend wären. Aber auch weitere Umstände können einen relevanten Auslandssachverhalt begründen. Als relevante Umstände kommen danach etwa der gewöhnliche Aufenthalt oder die Niederlassung einer Partei im Ausland (wobei Ausland im Falle der Wahl deutschen Rechts auch Deutschland ist),[129] die Grundstücksbelegenheit im Ausland[130] oder der Erfüllungsort einer Verpflichtung im Ausland, in Betracht.[131] Ob der Abschlussort im Bereich des gewählten Rechts – jedenfalls soweit er nicht ganz flüchtig und zufällig erscheint – einen hinreichenden Auslandsbezug vermitteln kann, ist bis zu einem klärenden Judikat des EuGH für die praktische Rechtsanwendung nicht geklärt, wird jedoch zumindest von der inländischen Lehre überwiegend bejaht.[132] Allein die ausländische **Staatsangehörigkeit** vermittelt nach überwiegender Meinung keinen hinreichenden Auslandsbezug, da der Staatsangehörigkeit im Schuldvertragskollisionsrecht keine primäre kollisionsrechtliche Bedeutung zukommt. Sie ist aber als zu berücksichtigender Gesichtspunkt einzustellen.[133]

**Beispiel:** 51
Türkische Migranten, die ihren gewöhnlichen Aufenthalt in Deutschland haben, sich aber noch mit ihrer Heimat verbunden fühlen, wählen für einen Kaufvertrag über ein deutsches Grundstück türkisches Recht. Die Parteien können insoweit nicht die zwingenden Inlandsnormen abwählen. Im Übrigen gilt für den Vertrag aber türkisches Kaufrecht.[134]

---

[126] MüKoBGB/*Martiny* Rom I-VO Art. 3 Rn. 91.
[127] Ferrari/*Ferrari* Rom I-VO Art. 3 Rn. 56.
[128] MüKoBGB/*Martiny* Rom I-VO Art. 3 Rn. 87.
[129] HK-BGB/*Staudinger* Rom I-VO Art. 3 Rn. 7.
[130] Reithmann/Martiny/*Limmer* Rn. 1.551.
[131] HK-BGB/*Staudinger* Rom I-VO Art. 3 Rn. 7; Staudinger/*Magnus* Rom I-VO Art. 3 Rn. 138.
[132] Bamberger/Roth/*Spickhoff* Rom I-VO Art. 3 Rn. 36; HK-BGB/*Staudinger* Rom I-VO Art. 3 Rn. 7; MüKoBGB/*Martiny* Rom I-VO Art. 3 Rn. 93.
[133] Bamberger/Roth/*Spickhoff* Rom I-VO Art. 3 Rn. 34; Rauscher/*v. Hein* Rom I-VO Art. 3 Rn. 109. Vgl. auch EuGH C-327/10, Slg. 2011, I-11582 Rn. 31ff. – Hypoteční banka = NJW 2012, 1199 (zur Brüssel I-VO).
[134] Staudinger/*Magnus* Rom I-VO Einl. Rn. 140.

52 Art. 3 Abs. 3 Rom I-VO ist auch iRd Rechtswahl von Versicherungsverträgen zu beachten.[135] Hingegen wird das Verhältnis von Art. 6 Rom I-VO **(Verbraucherverträge)** zu Art. 3 Abs. 3 Rom I-VO unterschiedlich beurteilt. Nach überzeugender Ansicht ist Art. 3 Abs. 3 Rom I-VO als gegenüber dem Günstigkeitsprinzip des Art. 6 Abs. 2 S. 2 Rom I-VO vorrangig zu betrachten. Art. 6 Abs. 2 S. 1 verweist auf den gesamten Art. 3 Rom I-VO und damit auch auf Art. 3 Abs. 3 Rom I-VO.[136] Im Rahmen eines reinen Inlandssachverhalts (Art. 3 Abs. 3 Rom I-VO) sind demgemäß zwingende Vorschriften iSv Art. 3 Abs. 3 Rom I-VO stets anzuwenden. Sie können nicht durch das gewählte Recht verdrängt werden, auch wenn das gewählte Recht für den Verbraucher unter Umständen günstiger ist. Das in Art. 6 Abs. 2 S. 2 Rom I-VO enthaltene Günstigkeitsprinzip überschreitet das Maß notwendigen kollisionsrechtlichen Verbraucherschutzes ohnehin schon. Eine Ausdehnung auf reine Inlandsachverhalte ist daher nicht veranlasst. Nach einer gegenteiligen Ansicht ist Art. 6 Abs. 2 Rom I-VO aufgrund des in dieser Norm enthaltenen Günstigkeitsvergleichs als Art. 3 Abs. 3 Rom I-VO verdrängende Spezialvorschrift anzusehen. Denn das gewählte Recht könne für den Verbraucher gegenüber den zwingenden Vorschriften iSv Art. 3 Abs. 3 Rom I-VO günstigere Regelung enthalten, deren Anwendung dem Verbraucher nicht verweigert werden sollte.[137] Die gleiche Streitfrage stellt sich iRv **Individualarbeitsverträgen** für das Verhältnis von Art. 8 Abs. 1 Rom I-VO zu Art. 3 Abs. 3 Rom I-VO.

53 **b) Art. 3 Abs. 4 Rom I-VO.** Die Drittstaatenklausel des Art. 3 Abs. 4 Rom I-VO gelangt (lediglich) bei der Wahl des Rechts eines Nicht-EU-Staates zur Anwendung. Die Wahl des Rechts eines solchen Drittstaates berührt danach nicht die Anwendung der Bestimmungen des Unionsrechts (ggf. in der von dem Mitgliedstaat des angerufenen Gerichts umgesetzten Form), von denen nicht durch Vereinbarung abgewichen werden kann, sofern (von der Rechtswahlklausel abgesehen) alle Elemente des Sachverhalts zum Zeitpunkt der Rechtswahl in einem oder mehreren Mitgliedstaaten der EU belegen sind. Dänisches Recht stellt idS kein drittstaatliches Recht dar.[138] Art. 3 Abs. 4 Rom I-VO hat sein Vorbild in Art. 3 Abs. 3 Rom I-VO. Die Mitgliedstaaten der EU werden idS wie ein einziger Staat behandelt.[139] Ob alle Elemente des Sachverhalts zum Zeitpunkt der Rechtswahl in einem einzigen oder in mehreren Mitgliedstaaten belegen sind, ist parallel zu den für Art. 3 Abs. 3 Rom I-VO geltenden Grundsätzen zu bestimmen. Art. 3 Abs. 4 Rom I-VO ist auch iRd Rechtswahl von Versicherungsverträgen zu beachten.[140] Für die Bestimmung des Verhältnisses von Art. 6 und Art. 8 Rom I-VO zu Art. 3 Abs. 4 Rom I-VO gelten vorstehende Ausführungen entsprechend (→ Rn. 52). Art. 3 Abs. 4 Rom I-VO meint parallel zu Art. 3 Abs. 3 Rom I-VO nichtdispositive sachrechtliche Normen (ohne Vorschriften des Primärrechts, die ohnedies als zwingend anzuwenden sind).[141] Da im horizontalen Bereich nach der Rechtsprechung des EuGH EU-Richtlinien erst nach entsprechender Umsetzung unmittelbare Wirkung entfalten (→ § 1 Rn. 42, 62), tritt die Wirkung des Art. 3 Abs. 4 Rom I-VO erst nach der Umsetzung im Gerichtstaat ein. Eine sog überschießende Umsetzung ist indes über Art. 3 Abs. 4 Rom I-VO nicht durchzusetzen.[142]

---

[135] HK-BGB/*Staudinger* Rom I-VO Art. 7 Rn. 3.
[136] NK-BGB/*Leible* Rom I-VO Art. 6 Rn. 11; Rauscher/*v. Hein* Rom I-VO Art. 3 Rn. 124.
[137] HK-BGB/*Staudinger* Rom I-VO Art. 6 Rn. 2.
[138] Bamberger/Roth/*Spickhoff* Rom I-VO Art. 3 Rn. 35; Staudinger/*Magnus* Rom I-VO Art. 3 Rn. 153f.
[139] *Hoffmann/Stegemann* JuS 2013, 207 (208).
[140] Ferrari/*Staudinger* Rom I-VO Art. 7 Rn. 7.
[141] Bamberger/Roth/*Spickhoff* Rom I-VO Art. 3 Rn. 35.
[142] Palandt/*Thorn* Rom I-VO Art. 4 Rn. 5.

### 11. Allgemeine Einschränkungen

54 Die Wirkungen der durch Rechtswahl bewirkten subjektiven Anknüpfung sind durch die Sonderanknüpfung von **Eingriffsnormen** (Art. 9 Rom I-VO, → Rn. 163 ff.), sowie durch den ***ordre public*-Vorbehalt** (Art. 21 Rom I-VO, → Rn. 162) beschränkt. Hierbei handelt es sich nicht um Einschränkungen speziell der subjektiven Anknüpfung. Diese Einschränkungen finden auch im Falle objektiver Anknüpfung Anwendung. Daneben wird zum Teil auch der Gedanke der **Gesetzesumgehung** *(fraus legis)* als eine ungeschriebene Schranke der Rechtswahl genannt. Allerdings kann wegen der grundsätzlichen Gestattung einer freien Rechtswahl und der in der Verordnung selbst vorgesehenen Begrenzungen der Wirkungen einer Rechtswahl eine Gesetzesumgehung nur in extremen Ausnahmekonstellationen angenommen werden. Allein der Wille der Parteien, zwingende (Form-)Vorschriften einer Rechtsordnung auszuschalten, genügt nicht. Diesen Gesichtspunkt hat die Rom I-VO bereits berücksichtigt.

### 12. Bedingte Rechtswahl

55 Die Parteien können die Rechtswahlvereinbarung unter eine aufschiebende oder auflösende Bedingung stellen. Dies lässt sich bereits aus der Zulässigkeit einer nachträglichen Rechtswahl, sogar mit *ex tunc*-Wirkung (Art. 3 Abs. 2 Rom I-VO), entnehmen.[143] Auch kann die Bestimmung des anwendbaren Rechts einem Dritten überlassen werden. Daher ist auch eine zur Option einer Partei gestellte Rechtswahlvereinbarung *(floating choice of law clause)* zulässig. Die Parteien können etwa vereinbaren, dass jede Partei die andere in ihrem (Wohn-)Sitzstaat verklagen kann und in diesem Fall jeweils die *lex fori* des angerufenen Gerichts zur Anwendung kommt.[144] Der Sache nach handelt es sich um eine aufschiebend bedingte Rechtswahl, deren Bedingung die Klageerhebung ist. Das Vertragsstatut wird bis zur Ausübung der Rechtswahl (im Beispiel durch Anrufung des Gerichts) nach den Grundsätzen über die objektive Anknüpfung (Art. 4 ff. Rom I-VO) bestimmt. Für die Zeit nach Bedingungseintritt finden die Grundsätze der nachträglichen Rechtswahl Anwendung (→ Rn. 38 f.). Insoweit steht es auch zur Disposition der Parteien, ob der mit Bedingungseintritt vorgenommenen Rechtswahl Rückwirkung auf den Zeitpunkt des Vertragsschlusses zukommt oder nicht.[145]

### 13. Ausdrückliche und stillschweigende Rechtswahl

56 Die Rechtswahlvereinbarung kann ausdrücklich oder auch stillschweigend erfolgen. Die an eine stillschweigende Rechtswahl zu stellenden Anforderungen legt Art. 3 Abs. 1 S. 2 Rom I-VO autonom fest.[146] Die stillschweigende Vereinbarung muss sich eindeutig aus den Bestimmungen des Vertrages oder aus den Umständen des Falles ergeben, vage Anhaltspunkte für eine Rechtswahl sind demgemäß nicht ausreichend. Durch diese restriktive Formulierung soll einer extensiven Annahme stillschweigender Vereinbarungen entgegengewirkt werden.[147] Entscheidend für die Abgrenzung zwischen stillschweigender Rechtswahl (Art. 3 Abs. 1 S. 2 Rom I-VO) und objektiver Anknüpfung (insbesondere Art. 4 Rom I-VO) ist, ob – aus den Bestimmungen des Vertrages oder den Umständen des Falles (einschließlich des Parteiverhaltens) – ein tatsächlicher (realer) Rechtswahlwille der Parteien feststellbar ist.[148] Gewichtiges Indiz für eine konkludente Rechtswahl ist hierbei die Bezugnahme auf die Vorschriften einer gewissen Rechtsordnung.[149] Aufgabe der

---

[143] Ferrari/*Ferrari* Rom I-VO Art. 3 Rn. 6; HK-BGB/*Staudinger* Rom I-VO Art. 3 Rn. 2; eingehend BeckOGK/*Wendland* Rom I-VO Art. 3 Rn. 55 ff.
[144] BeckOGK/*Wendland* Rom I-VO Art. 3 Rn. 58; MüKoBGB/*Martiny* Rom I-VO Art. 3 Rn. 18.
[145] NK-BGB/*Leible* Rom I-VO Art. 3 Rn. 42.
[146] MüKoBGB/*Martiny* Rom I-VO Art. 3 Rn. 45; Rauscher/*v. Hein* Rom I-VO Art. 3 Rn. 11.
[147] HK-BGB/*Staudinger* Rom I-VO Art. 3 Rn. 3; *Leible/Lehmann* RIW 2008, 528 (532).
[148] OLG Saarbrücken BeckRS 2015, 12044; MüKoBGB/*Martiny* Rom I-VO Art. 3 Rn. 46.
[149] *Martiny* ZEuP 2015, 838 (845).

Rechtsgestaltung ist es insoweit den Parteiwillen klar herauszuarbeiten und in dem vertraglichen Regelungswerk niederzulegen.

### 14. Auslegung

57 Die Auslegung einer Rechtswahlvereinbarung sollte nach vorzugswürdiger Meinung kraft autonom zu entwickelnder Grundsätze erfolgen, wobei insoweit aus praktischer Perspektive zuzugeben ist, dass diese erst noch durch den EuGH zu bestimmen sind.[150] Nach anderer Sichtweise hat die Auslegung auf Grundlage des gewählten Rechts,[151] nach wiederum abweichender Sichtweise *lege fori* (zumindest soweit es um die Frage geht, auf welches Recht überhaupt verwiesen wird) zu erfolgen.[152]

## IV. Bedeutung des ausländischen Kollisionsrechts

58 Lediglich die an die Rom I-VO gebundenen mitgliedstaatlichen Gerichte haben diese anzuwenden. Drittstaatliche Gerichte, etwa schweizerische oder US-amerikanische Gerichte, wenden ihr eigenes Kollisionsrecht an. Dies führt dazu, dass ein und derselbe Vertrag, je nachdem welches Gericht über diesen zu befinden hat, kollisionsrechtlich und folglich ggf. auch materiell-rechtlich abweichend beurteilt wird. Dem Rechtsberater muss dementsprechend bewusst sein, dass durch eine Rechtswahl des Schuldstatuts auf Grundlage der Vorschriften der Rom I-VO, Rechtssicherheit nur innerhalb des durch die Rom I-VO vereinheitlichten Rechtsraums geschaffen werden kann. Daher empfiehlt es sich, sofern die Befassung eines drittstaatlichen Gerichts mit dem Sachverhalt in Betracht kommt, eine Rechtswahlvereinbarung nicht nur auf Grundlage der Art. 3ff. Rom I-VO, sondern auch auf Grundlage des drittstaatlichen IPR zu prüfen und etwaige von diesem Recht aufgestellte Erfordernisse einzuhalten.

59 Die durch die eventuelle Geltung ausländischen Kollisionsrechts bedingte Ungewissheit lässt sich durch eine (als ausschließlich wirkende) Gerichtstandsvereinbarung (→ Rn. 175ff.) mindern; etwa durch die Vereinbarung ausschließlicher Zuständigkeit deutscher Gerichte, die gleichzeitig eine Derogation ausländischer, etwa US-amerikanischer, Gerichte bedeutet. Ob die Derogation von einem ausländischen, etwa US-amerikanischen, Gericht anerkannt wird, beurteilt dieses wiederum nach seinem eigenen Prozessrecht. Seit der Entscheidung des Supreme Court in der Rechtssache *MS Bremen & Unterweser GmbH v. Zapata Off-Shore Co,* in der dieser von der *Non-Ouster*-Regel zu einer Angemessenheitsprüfung (*Reasonableness*-Doktrin, *forum non conveniens*-Prüfung) überging, ist dies zumindest für das US-amerikanische Recht nicht mehr prinzipiell ausgeschlossen.[153] Es ist zu erwarten, dass die USA dem Haager Übereinkommen über Gerichtstandsvereinbarungen beitreten (→ Rn. 188ff.).

60 Eine wiederum davon zu unterscheidende Frage ist, ob eine im Ausland, unter Missachtung einer auf der Gerichtstandsvereinbarung beruhenden ausschließlichen Zuständigkeit deutscher Gerichte, ergangene Entscheidung in Deutschland anerkannt wird und damit für den deutschen Rechtsraum Wirkung entfaltet. Für den durch die Brüssel Ia-VO, bzw. das Luganer Übereinkommen (weitgehend) vereinheitlichten Rechtsraum findet die Anerkennung zwar ohne Zuständigkeitskontrolle statt (→ Art. 45 Abs. 3 Brüssel Ia-VO, Art. 35 Abs. 3 LugÜ 2007), allerdings wenden die mitgliedstaatlichen Gerichte insoweit mit Art. 25 Brüssel Ia-VO bzw. Art. 23 LugÜ 2007 bereits auf der Ebene des Erkenntnisverfahrens die gleichen Regeln über Gerichtstandsvereinbarungen an (→ Rn. 176). Hinsichtlich gerichtlicher Entscheidungen von Drittstaaten erfolgt hingegen über § 328 Abs. 1

[150] Bamberger/Roth/*Spickhoff* Rom I-VO Art. 3 Rn. 18; BeckOGK/*Wendland* Rom I-VO Art. 3 Rn. 126 (mit eingehender Darstellung der Meinungsübersicht); Rauscher/*v. Hein* Rom I-VO Art. 3 Rn. 9.

[151] *V. Bar* IPR II Rn. 539 Fn. 596.

[152] *Hohloch/Kjelland* IPRax 2002, 30 (31).

[153] Siehe hierzu *Bläsi* S. 274ff.; *Gebauer* IPRax 2012, 555 (558f.).

Nr. 1 ZPO eine Zuständigkeitskontrolle aus inländischer Perspektive. Hierbei wendet die deutsche Praxis (derzeit noch) die Zuständigkeitsvorschriften der ZPO (vgl. für Gerichtstandsvereinbarungen §§ 38 ff. ZPO) und nicht jene der Brüssel Ia-VO (vgl. für Gerichtstandsvereinbarungen Art. 25 Brüssel Ia-VO) doppelfunktional an.[154] Ein Anerkennungshindernis des Widerspruchs zu Kollisionsregeln besteht heute weder im autonomen deutschen, noch im europäischen Anerkennungsrecht. Ob ein im Ausland unter Missachtung einer auf der Gerichtstandsvereinbarung beruhenden, aus deutscher Perspektive ausschließlichen Zuständigkeit deutscher Gerichte, anhängiges Verfahren die inländische Verfahrenseinleitung hindert, beurteilt sich nach Art. 29 ff. Brüssel Ia-VO, Art. 23 Abs. 3, 27 ff. LugÜ 2007, § 261 Abs. 3 Nr. 1 ZPO, wobei im autonomen deutschen Recht eine positive Anerkennungsprognose für die Beachtung ausländischer Rechtshängigkeit erforderlich ist.[155]

## C. Objektive Anknüpfung der Rom I-VO

Sofern und soweit die Parteien keine (wirksame), lediglich eine Teil- oder eine negative Rechtswahl (→ Rn. 42 ff.) getroffen haben, bestimmt sich das Vertragsstatut nach den in Art. 4 ff. Rom I-VO enthaltenen Regeln objektiver Anknüpfung, die für Mehrrechtsstaaten durch Art. 22 Rom I-VO ergänzt werden. Die allgemeine Anknüpfung des Art. 4 Rom I-VO wird für Beförderungsverträge (Art. 5 Rom I-VO, → Rn. 92), für Verbraucherverträge (Art. 6 Rom I-VO, Art. 46b EGBGB, → Rn. 93 ff.), für bestimmte Versicherungsverträge (Art. 7 Rom I-VO, → Rn. 109) und für Arbeitsverträge (Art. 8 Rom I-VO, → Rn. 110) durch die dort enthaltenen speziellen Kollisionsnormen verdrängt. 61

### I. Allgemeine Anknüpfung des Art. 4 Rom I-VO

Art. 4 Abs. 1 Rom I-VO benennt für wichtige oder häufige Vertragsverhältnisse konkrete Anknüpfungen. Für Verträge, die in der Liste des Art. 4 Abs. 1 Rom I-VO fehlen oder mehr als einer der dort genannten Varianten unterfallen, bestimmt Art. 4 Abs. 2 Rom I-VO die kollisionsrechtliche Anknüpfung. Sofern sich aus der Gesamtheit der Umstände ergibt, dass der Vertrag eine offensichtlich engere Verbindung zu einem anderen als dem nach Art. 4 Abs. 1 oder Abs. 2 Rom I-VO bestimmten Recht aufweist, so ist diese Rechtsordnung gemäß der Ausweichklausel des Art. 4 Abs. 3 Rom I-VO anzuwenden. Die Anknüpfungen des Art. 4 Abs. 1 stellen insoweit keine starren Regeln dar. Vertragsverhältnisse, die weder Art. 4 Abs. 1 Rom I-VO unterfallen, noch eine charakteristische Leistung aufweisen, unterstehen gemäß Art. 4 Abs. 4 Rom I-VO dem Recht des Staates, mit dem das Vertragsverhältnis die engste Verbindung aufweist. Maßgebender Zeitpunkt für das Vorliegen der anknüpfungsrelevanten Umstände ist stets der Zeitpunkt des Vertragsschlusses.[156] 62

#### 1. Art. 4 Abs. 1 Rom I-VO

Nachfolgend werden die für die Beratungspraxis bedeutsameren Anknüpfungsvarianten des Art. 4 Abs. 1 Rom I-VO näher erläutert. 63

**a) Kaufvertrag über bewegliche Sachen (Art. 4 Abs. 1 lit. a Rom I-VO).** Für Kaufverträge über bewegliche Sachen ist das CISG innerhalb seines Anwendungsbereichs vorrangig heranzuziehen, vorausgesetzt die Parteien haben dessen Anwendung nicht ausgeschlossen (→ Rn. 4 ff., 18 ff.). Auf Versteigerungen beweglicher Sachen ist primär 64

---

[154] HK-ZPO/*Dörner* § 328 Rn. 22; Musielak/*Stadler* ZPO § 328 Rn. 10.
[155] Hierzu etwa MüKoZPO/*Becker-Eberhard* § 261 Rn. 73 f.
[156] BeckOGK/*Köhler* Rom I-VO Art. 4 Rn. 27.

Art. 4 Abs. 1 lit. g Rom I-VO anzuwenden. Versteigerung idS meint in autonomer Auslegung der „öffentliche, publik gemachte Verkauf durch Zuschlag an den Meistbietenden".[157] Sofern an dem Kaufvertrag ein Verbraucher als Käufer beteiligt ist, geht Art. 6 Rom I-VO den Anknüpfungen des Art. 4 lit. a und lit. g Rom I-VO vor. Gemäß der Sachnormverweisung des Art. 4 Abs. 1 lit. a Rom I-VO unterliegen Kaufverträge über bewegliche Sachen dem Recht des Staates, in dem der **Verkäufer** zum Zeitpunkt des Vertragsschlusses seinen **gewöhnlichen Aufenthalt** hat. Das sich gemäß Art. 4 Abs. 1 lit. a Rom I-VO ergebende Recht gelangt allerdings nur insoweit zur Anwendung, als der Vertrag nicht eine offensichtlich engere Verbindung mit einem anderen Staat aufweist (Art. 4 Abs. 3 Rom I-VO; → Rn. 86ff.). Dies ist im Regelfall bei einem Bar- oder Handkauf (Platzkauf) der Fall.[158]

65 Art. 19 Rom I-VO enthält eine teilweise Begriffsbestimmung der Anknüpfung an den gewöhnlichen Aufenthalt. Die Norm differenziert in ihrem Abs. 1 zwischen Gesellschaften, Vereinen und juristischen Personen einerseits und natürlichen Personen andererseits. Erstgenannte haben ihren gewöhnlichen Aufenthalt am Ort ihrer **Hauptverwaltung.** Dieser ist verordnungsautonom im Sinne des effektiven Verwaltungssitzes zu verstehen.[159] Dies meint den Ort, an dem die zentralen Leitungsentscheidungen durch den oder die gesetzlichen Vertreter getroffen werden.[160] Die genannte Aufzählung nicht natürlicher Personen ist in einem untechnischen und funktionalen Sinne zu verstehen. Erfasst wird jede Vereinigung oder Vermögensmasse, die sich als solche selbst vertraglich verpflichten kann.[161] Denn dann muss sie lokalisiert werden können.[162]

66 Für eine **natürliche Person,** die iRd Ausübung ihrer beruflichen Tätigkeit handelt, entspricht der Ort ihrer **Hauptniederlassung** ihrem gewöhnlichen Aufenthalt. Als beruflich ist jede Tätigkeit anzusehen, die nicht der Privatsphäre zuzurechnen ist.[163] Der Ort der Hauptniederlassung ist selbst dann für die Anknüpfung maßgebend, wenn das Schuldverhältnis mit einer anderen Niederlassung als der Hauptniederlassung in Verbindung steht.[164] Wird der Vertrag allerdings iRd Betriebs einer Zweigniederlassung, Agentur oder sonstigen Niederlassung geschlossen oder ist gemäß dem Vertrag eine solche Niederlassung für die Erfüllung verantwortlich, so steht der Ort einer solchen Niederlassung gemäß **Art. 19 Abs. 2 Rom I-VO** einem gewöhnlichen Aufenthalt gleich. Vorstehende Trias entstammt der Zuständigkeitsvorschrift des Art. 7 Nr. 5 Brüssel Ia-VO und findet sich auch in Art. 23 Abs. 1 S. 2 Rom II-VO. Die hierzu entwickelten Grundsätze sind insoweit auch für Art. 19 Abs. 2 Rom I-VO zu berücksichtigen.[165] Durch dieses Anknüpfungsmoment soll den Erwartungen der Parteien entsprochen werden, dass sich das Statut nach der Niederlassung richtet, mit der sie in Kontakt treten.[166] Dabei sind die Begriffe der Agentur und der Zweigniederlassung als Beispiel des Oberbegriffs der Niederlassung zu verstehen. Gemeint ist jeweils

„ein Mittelpunkt geschäftlicher Tätigkeit, der auf Dauer als Außenstelle eines Stammhauses hervortritt, eine Geschäftsführung hat und sachlich so ausgestattet ist, dass er in der Weise Geschäfte mit Dritten betreiben kann, dass diese, obgleich sie wissen, dass möglicherweise ein Rechtsverhältnis mit dem im Ausland ansässigen Stammhaus begründet wird, sich nicht unmittelbar an die-

[157] Ferrari/*Ferrari* Rom I-VO Art. 4 Rn. 51.
[158] Bamberger/Roth/*Spickhoff* Rom I-VO Art. 4 Rn. 8; Palandt/*Thorn* Rom I-VO Art. 4 Rn. 6.
[159] MüKoBGB/*Martiny* Rom I-VO Art. 19 Rn. 6.
[160] Bamberger/Roth/*Spickhoff* Rom I-VO Art. 19 Rn. 2.
[161] Erman/*Hohloch* Rom I-VO Art. 19 Rn. 4.
[162] MüKoBGB/*Martiny* Rom I-VO Art. 19 Rn. 4.
[163] Palandt/*Thorn* Rom I-VO Art. 19 Rn. 5.
[164] Bamberger/Roth/*Spickhoff* Rom I-VO Art. 19 Rn. 4.
[165] Ferrari/*Ferrari* Rom I-VO Art. 19 Rn. 16.
[166] Juris-PK/*Ringe* Rom I-VO Art. 19 Rn. 15.

ses zu wenden brauchen, sondern Geschäfte am Mittelpunkt geschäftlicher Tätigkeit abschließen können, der dessen Außenstelle ist."[167]

Der gewöhnliche Aufenthalt einer **natürlichen Person,** die nicht in Ausübung ihrer beruflichen Tätigkeit handelt, findet sich demgegenüber in Art. 19 Rom I-VO nicht angesprochen. In autonomer Auslegung ist wie auch in anderen Bereichen des Internationalen Privatrechts hierunter der Ort des tatsächlichen **Lebensmittelpunktes** der Person, der Ort ihrer sozialien Integration gemeint.[168] Der gewöhnliche Aufenthalt muss folglich auf eine gewisse Dauer angelegt sein.[169] 67

**aa) Kaufvertrag.** Der Gegenstand der Anknüpfung („Verkauf beweglicher Sachen") ist laut Erwägungsgrund Nr. 17 der Rom I-VO ebenso wie iRv Art. 7 Nr. 1 lit. b Brüssel Ia-VO (Art. 5 Nr. 1 lit. b Brüssel I-VO) auszulegen. Dabei ist unter einem Kaufvertrag in autonomer Auslegung ein Vertrag zu verstehen, durch den der Verkäufer zur Lieferung der beweglichen Sache, sowie zur Verschaffung des Eigentums an dieser, und der Käufer zur Zahlung des Kaufpreises (und zur Annahme der Sache) verpflichtet ist.[170] Erfasst sind alle Arten von Kaufverträgen, insbesondere der Raten-, Sukzessivlieferungs-, Vorbehalts- oder Streckenkaufvertrag oder der Kauf auf oder nach Probe.[171] Auch der Werklieferungsvertrag des deutschen Rechts (§ 651 BGB) wird vom Begriff des Kaufvertrags erfasst, sofern der Verkäufer nicht nur überwiegend vom Käufer gestellte Sachen bearbeitet.[172] Der Begriff des Kaufvertrages ist von anderen Vertragstypen zu unterscheiden. Insbesondere unterfällt ein Tausch- oder Schenkungsvertrag nicht dem Kaufvertragstyp.[173] 68

**bb) Vertragsgegenstand: bewegliche Sache.** Sache iSd Vorschrift ist jeder körperlich im Raum abgrenzbare Gegenstand. Nicht unter den Sachbegriff fallen demgemäß Rechte, wie insbesondere Wertpapiere oder Gesellschaftsanteile;[174] ebensowenig – mangels Abgrenzbarkeit – Elektrizität und Fernwärme.[175] Öl und Gas werden dagegen als körperlich angesehen.[176] Tiere und Pflanzen oder sonstige lebende Organismen sind dem Sachbegriff zuzuordnen.[177] Ob eine Sache als beweglich oder unbeweglich anzusehen ist, ist für den Anwendungsbereich des Schuldstatuts und in dessen Rahmen in autonomer Auslegung zu bestimmen.[178] Im Rahmen des internationalen Sachenrechts entscheidet demgegenüber die *lex rei sitae.* Bedeutung gewinnt die Frage insbesondere für die Abgrenzung zu den lit. c unterfallenden Immobilien. Hier wird zum Teil die Frage, ob Gegenstände als Bestandteil oder „Zubehör" zu einem Grundstück zählen, nach der jeweiligen *lex rei sitae* des Grundstücks beantwortet. Auch insoweit sollte jedoch für Zwecke des Schuldstatuts eine autonome Abgrenzung erfolgen. Schiffe und Flugzeuge – selbst wenn sie in grundbuchähnlicher Weise registriert werden – unterfallen in Abweichung zum CISG dem beweglichen Sachbegriff.[179] 69

[167] EuGH C-33/78, Slg. 1978, 2183 Rn. 12 – Établissements Somafer; Bamberger/Roth/*Spickhoff* Rom I-VO Art. 19 Rn. 2; Ferrari/*Ferrari* Rom I-VO Art. 19 Rn. 16.

[168] Palandt/*Thorn* Rom I-VO Art. 19 Rn. 6.

[169] Juris-PK/*Ringe* Rom I-VO Art. 19 Rn. 24.

[170] Ferrari/*Ferrari* Rom I-VO Art. 4 Rn. 17; NK-BGB/*Leible* Rom I-VO Art. 4 Rn. 20.

[171] Staudinger/*Magnus* Rom I-VO Art. 4 Rn. 37.

[172] EuGH C-381/08, Slg. 2010, I-1255 Rn. 33ff. – Car Trim = NJW 2010, 1059 (1260) (zur Brüssel I-VO); juris-PK/*Ringe* Rom I-VO Art. 4 Rn. 21; MüKoBGB/*Martiny* Rom I-VO Art. 4 Rn. 32; Rauscher/*Thorn* Rom I-VO Art. 4 Rn. 23.

[173] HK-BGB/*Staudinger* Rom I-VO Art. 4 Rn. 3.

[174] Juris-PK/BGB/*Ringe* Rom I-VO Art. 4 Rn. 16.

[175] Rauscher/*Thorn* Rom I-VO Art. 4 Rn. 23.

[176] NK-BGB/*Leible* Rom I-VO Art. 4 Rn. 21.

[177] Rauscher/*Thorn* Rom I-VO Art. 4 Rn. 23; Staudinger/*Magnus* Rom I-VO Art. 4 Rn. 38.

[178] NK-BGB/*Leible* Rom I-VO Art. 4 Rn. 26; **aA** Rauscher/*Thorn* Rom I-VO Art. 4 Rn. 60 (mangels hinreichender Kriterien für eine autonome Auslegung ist das Recht des Lageorts maßgebend).

[179] Staudinger/*Magnus* Rom I-VO Art. 4 Rn. 38.

70 **b) Dienstleistungsvertrag (Art. 4 Abs. 1 lit. b Rom I-VO).** Nach der Sachnormverweisung des Art. 4 Abs. 1 lit. b Rom I-VO, die ihren Vorgänger in Art. 4 Abs. 2 EVÜ bzw. Art. 28 Abs. 2 EGBGB aF hat, unterliegen Dienstleistungsverträge dem Recht des Staates, in dem der Dienstleister bei Vertragsschluss seinen gewöhnlichen Aufenthalt (Art. 19 Rom I-VO, zum Begriff des gewöhnlichen Aufenthalts → Rn. 65 ff.) hat. Der Begriff des Dienstleistungsvertrages ist autonom zu ermitteln.[180] Er ist in einem weiteren Sinne als nach deutschem materiellem Recht zu verstehen.[181] Dem Dienstleistungsbegriff unterfallen im Ausgangspunkt sämtliche auf eine zweckgerichtete Tätigkeit zielenden entgeltlichen (sowie nach hM auch: unentgeltlichen) Rechtsgeschäfte.[182] Nach Erwägung 17 soll die „Erbringung von Dienstleistungen" in derselben Weise ausgelegt werden, wie iRd Anwendung von Art. 7 Nr. 1 lit. b Brüssel Ia-VO (= Art. 5 Nr. 1 lit. b Brüssel I-VO), sofern Dienstleistungen unter jene Verordnung fallen. Allerdings decken sich Systematik und Zweck der Zuständigkeitsvorschriften mit denjenigen des Internationalen Vertragsrechts nur teilweise,[183] so dass die Begriffsbildung der Brüssel Ia-VO nicht in jedem Fall zwingend zu übernehmen ist. Der Werkvertrag des deutschen Rechts ist entsprechend dem Begriffsverständnis der Brüssel Ia-VO als Dienstleistungsvertrag iSv Art. 4 Abs. 1 lit. b Rom I-VO einzuordnen.[184]

71 Die Frage, ob sich ein Rechtsverhältnis als Dienstleistungsvertrag unter Art. 4 lit. b Rom I-VO subsumieren lässt, kann in praktischer Hinsicht oftmals dahingestellt bleiben. Denn sofern keine der Anknüpfungsvarianten des Art. 4 Abs. 1 Rom I-VO vorliegt, gelangt Art. 4 Abs. 2 Rom I-VO zur Anwendung. Dieser führt idR zum gleichen Verweisungsergebnis, weil der „Dienstleistende" grundsätzlich die charakteristische Leistung iSv Art. 4 Abs. 2 Rom I-VO erbringt. Bedeutung kann die Abgrenzung iRv Art. 6 Rom I-VO gewinnen, dessen Abs. 4 lit. a den kollisionsrechtlichen Verbraucherschutz für Dienstleistungen versagt, die ausschließlich in einem anderen Staat als dem des gewöhnlichen Aufenthalts des Verbrauchers zu erbringen sind. Für die Anwendung von Art. 4 Abs. 1 lit. b Rom I-VO und Art. 6 Abs. 4 lit. a Rom I-VO wird für eine identische Auslegung des Dienstleistungsbegriffs plädiert.[185] Die spezielleren Anknüpfungen zugeordneten Beförderungsverträge (Art. 5 Rom I-VO, → Rn. 92), Individualarbeitsverträge (Art. 8 Rom I-VO, → Rn. 110), Vertriebsverträge (Art. 4 Abs. 1 lit. f Rom I-VO) und Verträge über Finanzinstrumente innerhalb multilateraler Systeme (iSv Art. 4 Abs. 1 lit. h Rom I-VO) unterfallen nicht der Anknüpfung des Art. 4 Abs. 1 lit. b Rom I-VO. Das über Art. 4 Abs. 1 lit. b Rom I-VO berufene Recht ist gemäß Art. 4 Abs. 3 Rom I-VO nur dann anwendbar, wenn der Vertrag nicht offensichtlich engere Verbindungen zu einem anderen Staat aufweist (→ Rn. 86 ff.).

72 **c) Verträge über ein dingliches Recht an unbeweglichen Sachen sowie Miete oder Pacht unbeweglicher Sachen (Art. 4 Abs. 1 lit. c Rom I-VO).** Verträge, die ein dingliches Recht an unbeweglichen Sachen sowie die Miete oder Pacht unbeweglicher Sachen zum Gegenstand haben, unterliegen gemäß der Sachnormverweisung des Art. 4 Abs. 1 lit. c Rom I-VO dem Recht des Staates, in dem die unbewegliche Sache belegen

[180] Bamberger/Roth/*Spickhoff* Rom I-VO Art. 4 Rn. 9; MüKoBGB/*Martiny* Rom I-VO Art. 4 Rn. 18; BGHZ 123, 380 (384) = NJW 1994, 262 (263) (zu Art. 29 EGBGB aF).

[181] Palandt/*Thorn* Rom I-VO Art. 4 Rn. 8.

[182] HK-BGB/*Staudinger* Rom I-VO Art. 4 Rn. 4; Staudinger/*Magnus* Rom I-VO Art. 4 Rn. 40; Palandt/*Thorn* Rom I-VO Art. 4 Rn. 8; **aA** – in Anlehnung an die EuGH-Rechtsprechung zum Dienstleistungsbegriff in Art. 7 Nr. 1 lit. b Brüssel Ia-VO (EuGH C-533/07, Slg. 2009, I-3327 Rn. 30 ff. – Falco Privatstiftung = IPRax 2009, 509 mAnm *Brinkmann* IPRax 2009, 487) – NK-BGB/*Leible* Rom I-VO Art. 4 Rn. 29 (nur entgeltliche Rechtsgeschäfte).

[183] MüKoBGB/*Martiny* Rom I-VO Art. 4 Rn. 20.

[184] Erman/*Hohloch* Rom I-VO Art. 4 Rn. 13.

[185] Staudinger/*Magnus* Rom I-VO Art. 4 Rn. 40 (der aber entgegen der wohl hM, die eine weite Auslegung des Dienstleistungsbegriffs iRv Art. 4 Rom I-VO befürwortert (so etwa HK-BGB/*Staudinger* Rom I-VO Art. 4 Rn. 4) eine enge Auslegung favorisiert).

ist. Das Belegenheitsrecht ist allerdings gemäß Art. 4 Abs. 3 Rom I-VO wiederum nur dann anwendbar, wenn der Vertrag nicht eine offensichtlich engere Verbindung zu einem anderen Staat aufweist (→ Rn. 86).

**aa) Unbewegliche Sachen.** Der Begriff der unbeweglichen Sache ist für den Anwendungsbereich des Schuldstatuts in autonomer Auslegung zu ermitteln (insoweit näher → Rn. 69).[186] Ihm unterfallen Grundstücke, aber auch grundstücksgleiche Rechte wie das Wohnungs- und Teileigentum und das Erbbaurecht; letzteres kann gleichzeitig ein dingliches Grundstücksrecht darstellen. 73

**bb) Vertragsgegenstand: Dingliches Recht.** Der Vertrag muss ein dingliches Recht an dieser unbeweglichen Sache zum Gegenstand haben, dh er muss sich als Obligationsgeschäft hierauf zentral beziehen.[187] Dingliche Grundstücksrechte sind Rechte die gegen jedermann wirken, wie etwa das Eigentumsrecht.[188] Zentral auf ein dingliches Recht bezieht sich der Vertrag etwa dann, wenn er die Verpflichtung zur Übertragung des dinglichen Rechts zum Gegenstand hat, sei es durch Kauf, Tausch oder etwa durch Schenkung. Unter Art. 4 Abs. 1 lit. c Rom I-VO fällt damit auch die Verpflichtung zur Einräumung oder Aufhebung von Wohnungs- oder Teileigentum oder eines Erbbaurechts, auch wenn letzteres materiell-rechtlich als ein auf einen Rechtserwerb (etwa Rechtskauf) gerichtetes Schuldverhältnis einzuordnen ist.[189] Als dingliches Recht an Grundstücken sind weiter Grundpfandrechte, Reallasten, Dienstbarkeiten (insbesondere auch deren Untervarianten Nießbrauchrecht und Dauerwohnrecht nach § 31 WEG)[190] zu verstehen. Daher unterfallen etwa auch Verträge über die Verpflichtung zur Bestellung von dinglichen Grundstückssicherheiten, wie etwa Grundpfandrechte oder Reallasten, Art. 4 Abs. 1 lit. c Rom I-VO;[191] ebenso insbesondere *Time-Sharing*-Verträge über Grundstücke, soweit sie eine dingliche Berechtigung schaffen sollen.[192] Im Falle einer gesellschaftsrechtlichen Ausgestaltung des *Time-Sharing* wird Art. 4 Abs. 1 lit. c Rom I-VO überwiegend für nicht anwendbar erachtet. In diesem Fall handelt es sich um einen über Art. 4 Abs. 2 Rom I-VO anzuknüpfenden Rechtskauf.[193] Gleiches gilt für die Übertragung von Anteilen an Grundbesitz haltenden BGB-Gesellschaften, sofern nicht über die Ausweichklausel des Art. 4 Abs. 3 Rom I-VO an das Belegenheitsrecht anzuknüpfen ist, was etwa in Betracht kommt, wenn das Gesellschaftsvermögen ganz überwiegend aus Grundvermögen in dem betreffenden Staat besteht.[194] Als dingliches Recht an einem Grundstück sind mit Blick auch im Grundbuch eingetragene und damit gegen Sonderrechtsnachfolger wirkende Sondernutzungsrechte nach WEG anzusehen. Der Normzweck des Art. 4 Abs. 1 lit. c Rom I-VO trifft aufgrund des untrennbaren Bezugs zur Stellung als Mitglied der Wohnungseigentümergemeinschaft trotz des materiell-rechtlich schuldrechtlichen Charakters des Sondernutzungsrechts auch auf diese zu. 74

Haus- oder Grundstücksverwaltungsverträge unterfallen nicht Art. 4 Abs. 1 lit. c Rom I-VO. Diese Verträge haben Dienstleistungen und nicht Grundstücksrechte zum Gegen- 75

[186] Bamberger/Roth/*Spickhoff* Rom I-VO Art. 4 Rn. 35; BeckOGK/*Köhler* Rom I-VO Art. 4 Rn. 87, 92; Ferrari/*Ferrari* Rom I-VO Art. 4 Rn. 36; HK-BGB/*Staudinger* Rom I-VO Art. 4 Rn. 2; **aA** Reithmann/Martiny/*Limmer* Rn. 1.502.

[187] Staudinger/*Magnus* Rom I-VO Art. 4 Rn. 46.

[188] Ferrari/*Ferrari* Rom I-VO Art. 4 Rn. 37; juris-PK/*Ringe* Rom I-VO Art. 4 Rn. 27; Rauscher/*Thorn* Rom I-VO Art. 4 Rn. 63.

[189] Vgl. zur Rechtsnatur des der Begründung eines Erbbaurechts zugrundeliegenden Verpflichtungsgeschäfts etwa: MüKoBGB/*v. Oefele/Heinemann* ErbbauRG § 11 Rn. 7.

[190] Rauscher/*Thorn* Rom I-VO Art. 4 Rn. 63; Ferrari/*Ferrari* Rom I-VO Art. 4 Rn. 40 (Gleichstellung zu dinglichen Rechten).

[191] Bamberger/Roth/*Spickhoff* Rom I-VO Art. 4 Rn. 36; **aA** Ferrari/*Ferrari* Rom I-VO Art. 4 Rn. 39.

[192] Rauscher/*Thorn* Rom I-VO Art. 4 Rn. 68; Staudinger/*Magnus* Rom I-VO Art. 4 Rn. 47.

[193] NK-BGB/*Leible* Rom I-VO Art. 4 Rn. 41.

[194] BeckOGK/*Köhler* Rom I-VO Art. 4 Rn. 193 (dieser allerdings bereits für Anwendung von Art. 4 Abs. 1 lit. c Rom I-VO in Fällen, in denen wirtschaftlich betrachtet eine Immobilie übertragen wird).

stand.[195] Gleiches gilt für Verträge, die zu Handwerks- oder Bauleistungen (ohne gleichzeitige Verschaffung des Eigentums) an Grundbesitz verpflichten.[196] Allerdings kann der Belegenheitsort der Baustelle über Art. 4 Abs. 3 Rom I-VO relevant werden, sofern sich durch diesen (idR im Zusammenspiel mit anderen Anhaltspunkten) eine offensichtlich engere Verbindung zum Belegenheitsrecht herstellen lässt.[197] Dagegen kann ein Grundbesitz betreffender **Verfügungsunterlassungsvertrag** Art. 4 Abs. 1 lit. c Rom I-VO unterfallen (→ Rn. 143).

76 **cc) Grundstücksmiete oder -pacht.** Die Reichweite der von Art. 4 Abs. 1 lit. c Rom I-VO erfassten Grundstücksmiete oder -pacht ist ebenfalls in autonomer Auslegung zu bestimmen. Gemeint ist in Anlehnung an Art. 24 Nr. 1 Brüssel Ia-VO (= Art. 22 Nr. 1 Brüssel I-VO/LugÜ 2007), dessen Formulierung Art. 4 Abs. 1 lit. c Rom I-VO übernommen hat, jede einen Rechtsanspruch begründende Überlassung des Gebrauchs der Immobilie auf Zeit (gegen Entgelt → Rn. 77).[198] Von der Anknüpfung des Art. 4 Abs. 1 lit. c Rom I-VO sind insoweit grundsätzlich die nicht nur vorübergehende (→ **Art. 4 Abs. 1 lit. d Rom I-VO**) Vermietung von Ferienwohnungen[199] oder von Park- und Stellplätzen[200] erfasst. Auch Untermiet- oder Unterpachtverträge über Grundstücke unterfallen der Sonderanknüpfung des Art. 4 Abs. 1 lit. c Rom I-VO;[201] ebenso das Immobilienleasing.[202]

77 Nach dem Wortlaut von Art. 4 Abs. 1 lit. c Rom I-VO scheint nur die entgeltliche Gebrauchsüberlassung von der genannten Sonderanknüpfung erfasst zu sein, nicht hingegen die unentgeltliche (damit etwa nicht das als Leihe zu qualifizierende, nicht im Grundbuch eingetragene und damit lediglich schuldrechtliche Wohnungsrecht). Mit dem Argument, dass nicht die Entgeltlichkeit der Gebrauchsüberlassung, sondern die Verpflichtung zur Gebrauchsüberlassung einer Immobilie oder eines Teils derselben, die kollisionsrechtliche Sonderanknüpfung rechtfertigt, ist auch die unentgeltliche Gebrauchsüberlassung Art. 4 Abs. 1 lit. c Rom I-VO zu unterwerfen.[203] Anders als iRd eine ausschließliche Zuständigkeit begründenden Art. 24 Nr. 1 Brüssel Ia-VO ist kollisionsrechtlich keine restriktive Auslegung geboten.[204] Andernfalls wären diese Verträge nach Art. 4 Abs. 2 Rom I-VO anzuknüpfen, sofern nicht wiederum Art. 4 Abs. 3 Rom I-VO zum Belegenheitsrecht führt.

### 2. Typenkombinations- und -verschmelzungsvertrag, uneinheitlicher Vertragsgegenstand

78 In der Gestaltungspraxis finden sich vertragliche Regelungswerke, die sich nicht ohne weiteres einer der in Art. 4 Abs. 1 Rom I-VO genannten Anknüpfungsvarianten zuordnen lassen. Dies kann etwa durch den Vertragsgegenstand (etwa Kauf von beweglichen und einer unbeweglichen Sache) oder durch das vertragliche Pflichtenprogramm bedingt sein, etwa dadurch, dass dieses mehreren Alternativen von Art. 4 Abs. 1 Rom I-VO zu-

[195] MüKoBGB/*Martiny* Rom I-VO Art. 4 Rn. 136.
[196] Ferrari/*Ferrari* Rom I-VO Art. 4 Rn. 39.
[197] Erman/*Hohloch* Rom I-VO Art. 4 Rn. 15; Rauscher/*Thorn* Rom I-VO Art. 4 Rn. 43.
[198] Ferrari/*Ferrari* Rom I-VO Art. 4 Rn. 39.
[199] Bamberger/Roth/*Spickhoff* Rom I-VO Art. 4 Rn. 36.
[200] Erman/*Hohloch* Rom I-VO Art. 4 Rn. 24; Staudinger/*Magnus* Rom I-VO Art. 4 Rn. 48.
[201] Staudinger/*Magnus* Rom I-VO Art. 4 Rn. 49.
[202] NK-BGB/*Leible* Rom I-VO Art. 4 Rn. 39, 143; PWW/*Brödermann/Wegen* Rom I-VO Anh. Art. 4 Rn. 41; Staudinger/*Magnus* Rom I-VO Art. 4 Rn. 297; Staudinger/*Mansel* EGBGB Art. 43 Rn. 656; **aA** Bamberger/Roth/*Spickhoff* Rom I-VO Art. 4 Rn. 68 (Anwendung von Art. 4 Abs. 2 und ggf. Art. 4 Abs. 3 Rom I-VO).
[203] MüKoBGB/*Martiny* Rom I-VO Art. 4 Rn. 42; Staudinger/*Magnus* Rom I-VO Art. 4 Rn. 48; NK-BGB/*Leible* Rom I-VO Art. 4 Rn. 39; **aA** Ferrari/*Ferrari* Rom I-VO Art. 4 Rn. 39.
[204] Staudinger/*Magnus* Rom I-VO Art. 4 Rn. 48; **aA** juris-PK/*Ringe* Rom I-VO Art. 4 Rn. 27 der für eine enge Auslegung von Art. 4 Abs. 1 lit. c Rom I-VO plädiert.

zuordnen ist oder der Vertrag nicht von Art. 4 Abs. 1 Rom I-VO erfasste Pflichten enthält.

79 In solchen Fällen ist zunächst in autonomer Weise nach dem Parteiwillen zu prüfen, ob ein **einheitlicher Vertrag** vorliegt. Ein einheitliches Vertragsverhältnis ist jedenfalls dann anzunehmen, wenn die einzelnen Elemente miteinander stehen und fallen sollen.[205] Sind nach dem Parteiwillen zwei oder mehrere isolierte, parallele Vertragsverhältnisse gegeben, so kann jedes dieser Vertragsverhältnisse nach den für dieses Verhältnis geltenden einschlägigen Vorschriften kollisionsrechtlich beurteilt werden. Liegt aber, wie im Regelfall, ein nach dem Parteiwillen einheitlicher Vertrag vor, so kommt eine Aufspaltung des Vertragsstatuts auf Grundlage von Art. 4 Rom I-VO in Abweichung zu der unter dem EVÜ geltenden Rechtslage nicht in Betracht.[206]

80 Enthält ein Vertrag verschiedene, jeweils unterschiedlichen Anknüpfungsvarianten von Art. 4 Abs. 1 Rom I-VO zuzuordnende Elemente (etwa Veräußerung von Grundbesitz und Verpflichtung zur Räumung des Grundbesitzes[207], Verkauf eines Grundstücks und von Mobilien), so führt dies bei wörtlicher Interpretation des Art. 4 Abs. 2 Rom I-VO zu einer Anwendung dieser Verweisungsvorschrift. Allerdings ist in Konstellationen, in denen das Vertragsverhältnis von **mehreren Anknüpfungsvarianten des Art. 4 Abs. 1 Rom I-VO** erfasst wird, nicht in allen Fällen auf die Anknüpfung des Art. 4 Abs. 2 Rom I-VO zurückzugreifen. Sofern nicht eine Anknüpfung des Abs. 1 als spezieller anzusehen ist, ist nach **hL** eine **Schwerpunktbetrachtung** durchzuführen,[208] die dann zu einer Reduktion von Art. 4 Abs. 2 Rom I-VO führt, falls eine Anknüpfung des Abs. 1 in der für notwendig erachteten Intensität überwiegt. Stets ist zu beachten, dass dann wenn die verschiedenen in Betracht kommenden Anknüpfungen (etwa Abgrenzung zwischen Art. 4 Abs. 1 lit. a und lit. b Rom I-VO bzw. Abgrenzung zu Art. 4 Abs. 2 Rom I-VO) zur Verweisung auf die gleiche Rechtsordnung führen, eine Entscheidung über die Zuordnung aus praktischer Perspektive obsolet wird.

81 Für das Verhältnis der Anknüpfungsvarianten des Art. 4 Abs. 1 lit. a Rom I-VO und lit. c Rom I-VO ist weiter denkbar, dass – entsprechend dem § 311c BGB zugrundeliegenden Rechtsgedanken – Zubehör für das Schuldvertragsstatut, genauer für Zwecke des Art. 4 Abs. 1 lit. a und lit. c Rom I-VO, unter den autonom auszulegenden Begriff des unbeweglichen Vermögens subsumiert wird. Für den **Bauträgervertrag** (nicht Bauvertrag) wird vielfach eine Anknüpfung an Art. 4 Abs. 1 lit. c Rom I-VO befürwortet,[209] auch wenn hier – wie dies etwa in § 3 Abs. 2 MaBV in anderem Zusammenhang zum Ausdruck kommt (30% Abschlagszahlung für Grund und Boden) – zumindest bei noch nicht errichtetem Gebäude das Grundstückselement gegenüber dem Dienstleistungselement (Werkvertragselement) zurücktritt.[210] Rechtssicherheit lässt sich insoweit durch eine Rechtswahl erreichen. Ist das Bauwerk dagegen hergestellt, ist der Vertrag kollisionsrechtlich unabhängig von der auf materiell-rechtlicher Ebene werkvertragliche Einordnung der

---

[205] So etwa die Feststellung des Einheitlichkeitswillens iRd sachrechtlichen Vorschrift des § 139 BGB, vgl. etwa BGH NJW 1976, 1931 (1932), BGHZ 112, 288 (293) = NJW 1991, 105; vgl. auch MüKoBGB/*Martiny* Rom I-VO Art. 4 Rn. 8.

[206] Ferrari/*Ferrari* Rom I-VO Art. 4 Rn. 8; Palandt/*Thorn* Rom I-VO Art. 4 Rn. 1; PPW/*Brödermann/Wegen* Rom I-VO Art. 4 Rn. 6.

[207] Beispiel nach Staudinger/*Magnus* Rom I-VO Art. 4 Rn. 31.

[208] BeckOGK/*Köhler* Rom I-VO Art. 4 Rn. 93 (Schwerpunkt); Erman/*Hohloch* Rom I-VO Art. 4 Rn. 24 (Maßgeblichkeit des wesentlichen Vertragszwecks); HK-BGB/*Staudinger* Rom I-VO Art. 4 Rn. 10 (bestimmtes Gewicht des weiteren Elements erforderlich) juris-PK/*Ringe* Rom I-VO Art. 4 Rn. 50 (deutliches Überwiegen einer Anknüpfungsvariante); MüKoBGB/*Martiny* Rom I-VO Art. 4 Rn. 196 (Schwerpunktbetrachtung); Rauscher/*Thorn* Rom I-VO Art. 4 Rn. 22 (Pflichten von geringer wirtschaftlicher Bedeutung bleiben unberücksichtigt); Staudinger/*Magnus* Rom I-VO Art. 4 Rn. 31 ff. (das weitere Element darf sich nicht als ganz unwesentlich erweisen).

[209] Erman/*Hohloch* Rom I-VO Art. 4 Rn. 24; MüKoBGB/*Martiny* Rom I-VO Art. 4 Rn. 120; NK-BGB/*Leible* Rom I-VO Art. 4 Rn. 38; PWW/*Brödermann/Wegen* Rom I-VO Anh. Art. 4 Rn. 10.

[210] Für eine Anwendung von Art. 4 Abs. 1 lit. b Rom I-VO bei Überwiegen des Dienstleistungselements etwa BeckOGK/*Köhler* Rom I-VO Art. 4 Rn. 93.

inländischen Rechtsprechung für neu errichtete Gebäude, unter Art. 4 Abs. 1 lit. c Rom I-VO einzuordnen. Umgekehrt wird zum Teil für eine enge Auslegung der Anknüpfungsalternative des Art. 4 Abs. 1 lit. c Rom I-VO geworben, da diese das Prinzip der Anknüpfung an die vertragscharakteristische Leistung einschränkt.[211] Die Anknüpfung an die charakteristische Leistung ist wiederum selbst Ausdruck der Suche nach der engsten Verbindung, die bei Grundstücksgeschäften am Lageort gesehen werden kann.[212]

82 Enthält der Vertrag neben einem unter die Anknüpfungen des Art. 4 Abs. 1 Rom I-VO fallenden Element ein oder mehrere Elemente eines **nicht in Art. 4 Abs. 1 Rom I-VO genannten Vertragstypus** (etwa Vertrag über den Kauf einer unbeweglichen Sache und von Rechten oder Kaufvertrag über bewegliche Sachen und kauffremde Elemente), so ist in gleicher Weise wie unter → Rn. 80 beschrieben eine **Schwerpunktbildung** vorzunehmen. Dies gilt etwa für die Abgrenzung zwischen Kauf- und Schenkungsvertrag. Überwiegt insoweit das kaufrechtliche Element in der notwendigen Intensität, so liegt weiterhin ein Kaufvertrag, beispielsweise über bewegliche Sachen iSv Art. 4 Abs. 1 lit. a Rom I-O vor, überwiegt das schenkungsrechtliche Element, so ist eine gemäß Art. 4 Abs. 2 Rom I-VO anzuknüpfende Schenkung anzunehmen.[213] Stets ist jedoch die praktische Relevanz der Einordnung im Auge zu behalten. Eine Entscheidung kann dahinstehen, wenn alle in Betracht kommenden Ankúpfungen des Art. 4 Rom I-VO zum gleichen Verweisungsergebnis führen. In Zweifelsfällen kann und sollte durch eine Rechtswahl (→ Rn. 23 ff.) Rechtssicherheit geschaffen werden.

83 Auch beim **Unternehmenskauf** sind im Ausgangspunkt vorstehende Grundsätze anzuwenden. Hier wird gewöhnlich zwischen *share deal* und *asset deal* unterschieden, wobei sich lediglich bei letzterem vorgenannte Problematik einer Schwerpunktbildung stellt. Denn beim ***share deal*** wird der Rechtsträger (Kapitalgesellschaft oder Personengesellschaft), bzw. ein Anteil daran veräußert. Der Vertrag unterliegt grundsätzlich keiner der in Art. 4 Abs. 1 Rom I-VO genannten Anknüpfungsvarianten, sondern gemäß Art. 4 Abs. 2 dem Recht des Staates, in dem der Verkäufer seinen gewöhnlichen Aufenthalt iSv Art. 19 Rom I-VO (→ Rn. 65 ff.) hat.[214] Allerdings kann die Ausweichklausel des Art. 4 Abs. 3 Rom I-VO – bei Hinzutreten weiterer Umstände – auf das Recht des Staats verweisen, indem das zu veräußernde Unternehmen seine Hauptverwaltung hat.[215] Erfolgt der Anteilskauf an der Börse und liegen die weiteren Voraussetzungen des Art. 4 Abs. 1 lit. h Rom I-VO vor, so ist dieser zu beachten.[216] Beim ***asset deal*** werden einzelne Wirtschaftsgüter (Mobilien, Immobilien, Rechte usw) als Sachgesamtheit veräußert, wobei die Feststellung eines **Schwerpunktes** im Regelfall ausscheidet. Ist im Einzelfall eine Schwerpunktbildung möglich, kommt eine Anwendung der Anknüpfungen des Art. 4 Abs. 1 Rom I-VO in Betracht. Andernfalls ist vorbehaltlich der Ausweichklausel des Art. 4 Abs. 3 Rom I-VO gemäß Art. 4 Abs. 2 Rom I-VO an das Recht des Staates, in dem der Verkäufer seinen gewöhnlichen Aufenthalt iSv Art. 19 Rom I-VO (→ Rn. 65 ff.) hat, anzuknüpfen.[217]

### 3. Recht der charakteristischen Leistung (Art. 4 Abs. 2 Rom I-VO)

84 Für Verträge, die in der Liste von Art. 4 Abs. 1 Rom I-VO fehlen oder auch unter Berücksichtigung genannter Reduktion von Art. 4 Abs. 2 Rom I-VO (→ Rn. 80 ff.) mehr als einer der dort genannten Varianten zuzuordnen sind, ist die maßgebende Rechtsordnung subsidiär über Art. 4 Abs. 2 Rom I-VO anhand der **charakteristischen Leistung**

[211] Juris-PK/*Ringe* Rom I-VO Art. 4 Rn. 27.
[212] Erman/*Hohloch* Rom I-VO Art. 4 Rn. 24.
[213] MüKoBGB/*Martiny* Rom I-VO Art. 4 Rn. 209; NK-BGB/*Leible* Rom I-VO Art. 4 Rn. 20, 100.
[214] Bamberger/Roth/*Spickhoff* Rom I-VO Art. 4 Rn. 66; Ferrari/*Ferrari* Rom I-VO Art. 4 Rn. 142; MüKo-BGB/*Martiny* Rom I-VO Art. 4 Rn. 207.
[215] *Land* BB 2013, 2697 (2699).
[216] Ferrari/*Ferrari* Rom I-VO Art. 4 Rn. 142.
[217] *Krasauskaite/Schwarz* DZWIR 2014, 51 (54); MüKoBGB/*Martiny* Rom I-VO Art. 4 Rn. 208.

zu ermitteln. Anzuwenden ist das Sachrecht jenen Staates, in dem die Partei, welche die charakteristische Leistung zu erbringen hat, im Zeitpunkt des Vertragsabschlusses ihren gewöhnlichen Aufenthalt (Art. 19 Rom I-VO, zum Begriff des gewöhnlichen Aufenthalts → Rn. 65 ff.) hat.

Die Rom I-VO definiert den Begriff der charakteristischen Leistung nicht. Gemeint ist 85 in autonomer Auslegung diejenige Verpflichtung, die für einen Vertrag typisch ist und ihn von anderen Verträgen unterscheidbar macht.[218] In Betracht kommen damit grundsätzlich nur Hauptleistungspflichten. Im Regelfall bildet nicht die Verpflichtung zur Zahlung eines Entgelts die den Vertrag charakterisierende Leistung.[219] Stehen sich insoweit in einem Vertrag eine Zahlungspflicht und die Verpflichtung zur Erbringung einer Natural-(Nichtgeld-)Leistung gegenüber, bildet im Regelfall letztgenannte Verpflichtung die den Vertrag charakterisierende Leistung.[220] Dies gilt auch für den Fall, dass eine Vertragspartei mehrere verschiedene Natural-(Nichtgeld-)Leistungspflichten gegen Zahlung eines Entgelts zu erbringen verpflichtet ist.[221] Im Falle eines unentgeltlichen Vertrages erbringt regelmäßig nur eine Partei eine (Haupt-)Leistung. So ist für die Schenkung beweglicher Sachen oder von Rechten die Zuwendung des Schenkenden kennzeichnend. Die Schenkung derartiger Gegenstände unterliegt demgemäß dem Recht am gewöhnlichen Aufenthaltsort des Schenkenden (Art. 19 Rom I-VO, → Rn. 67).[222] Lässt sich die charakteristische Leistung nicht bestimmen, kann eine Anknüpfung nach Art. 4 Abs. 2 Rom I-VO nicht erfolgen, so dass auf die Generalklausel des Art. 4 Abs. 4 Rom I-VO (→ Rn. 91) zurückgegriffen werden muss.

### 4. Ausweichklausel (Art. 4 Abs. 3 Rom I-VO)

Sofern sich aus der Gesamtheit der Umstände ergibt, dass der Vertrag eine offensichtlich 86 engere Verbindung mit einem anderen Staat aufweist, als dem Staat, dessen Recht nach Art. 4 Abs. 1 oder Abs. 2 Rom I-VO anzuwenden ist, so ist das Recht dieses Staates gemäß der Ausweichklausel des Art. 4 Abs. 3 Rom I-VO von Amts wegen[223] anzuwenden. Von der Ausweichklausel ist, wie sich insbesondere aus der gegenüber der Ausweichklausel des EVÜ restriktiveren Formulierung „offensichtlich" ergibt, nur zurückhaltend Gebrauch zu machen.[224] Die Kriterien, die zu einer offensichtlich engeren Verbindung führen können (aber nicht müssen), werden von der Rom I-VO nicht genannt. Es dürfen daher alle auslandsbezogenen Einzelfallumstände herangezogen werden, die eine **räumliche Verknüpfung** des Vertrages zu einer bestimmten Rechtsordnung begründen.[225] Solche können beispielsweise
- ein gemeinsamer gewöhnlicher Aufenthalt,
- eine gemeinsame Staatsangehörigkeit der Parteien oder
- die Mitwirkung einer staatlichen Stelle (Notar) sein.[226]

Die offensichtlich engere Verbindung muss **im Zeitpunkt des Vertragsschlusses** vorlie- 87 gen, so dass nachträglich eintretende Umstände nicht zu berücksichtigen sind.[227]

Die von Art. 4 Abs. 3 Rom I-VO genannte engere Verbindung zu einem anderen Staat 88 ist als engere Verbindung zu dem Recht dieses anderen Staates zu verstehen.[228] Dieses Verständnis erleichert eine über Art. 4 Abs. 3 Rom I-VO erfolgende und von Erwä-

[218] MüKoBGB/*Martiny* Rom I-VO Art. 4 Rn. 172; NK-BGB/*Leible* Rom I-VO Art. 4 Rn. 63.
[219] NK-BGB/*Leible* Rom I-VO Art. 4 Rn. 63; HK-BGB/*Staudinger* Rom I-VO Art. 4 Rn. 1.
[220] MüKoBGB/*Martiny* Rom I-VO Art. 4 Rn. 172; NK-BGB/*Leible* Rom I-VO Art. 4 Rn. 63.
[221] NK-BGB/*Leible* Rom I-VO Art. 4 Rn. 64.
[222] PWW/*Brödermann/Wegen* Rom I-VO Art. 4 Rn. 52.
[223] Ferrari/*Ferrari* Rom I-VO Art. 4 Rn. 12.
[224] Juris-PK/*Ringe* Rom I-VO Art. 4 Rn. 58.
[225] BeckOGK/*Köhler* Rom I-VO Art. 4 Rn. 168.
[226] HK-BGB/*Staudinger* Rom I-VO Art. 4 Rn. 11; iE str.
[227] Rauscher/*Thorn* Rom I-VO Art. 4 Rn. 138; Staudinger/*Magnus* Rom I-VO Art. 4 Rn. 138.
[228] Etwa NK-BGB/*Leible* Rom I-VO Art. 4 Rn. 70, 73.

gungsgrund 20 der Rom I-VO als zulässig erachtete akzessorische Anknüpfung eines Vertrages an einen anderen Vertrag.

89 **Beispiele:**
Anknüpfung des kausalen Schuldversprechens an das Recht des Hauptvertrages (→ Rn. 127). Für einen Unternehmenskaufvertrag kann eine offensichtlich engere Verbindung zu dem Recht bestehen, in dem das zu veräußernde Unternehmen seine Hauptverwaltung hat (→ Rn. 83).

90 Für den Fall, dass die das Verfügungsgeschäft beherrschende materielle Rechtsordnung zwischen Kausal- und Verfügungsvertrag unterscheidet, wird teilweise über Art. 4 Abs. 3 Rom I-VO eine Anknüpfung des schuldrechtlichen Kausalgeschäfts an das Recht des Verfügungsvertrags angedacht. So soll für ein, einem Erb- oder Pflichtteilsverzicht zugrundeliegendes Kausalgeschäft über Art. 4 Abs. 3 Rom I-VO eine Anknüpfung an das Errichtungsstatut des Verzichts (Art. 25 EuErbVO)[229] oder das Erbstatut (Art. 21 f. EuErbVO)[230] in Betracht kommen. Zu beachten ist, dass teilweise schon die Zuordnung derartiger Kausalgeschäfte zum Schuldstatut verneint wird, so dass sich die Frage einer akzessorischen Anknüfung unter Zugrundelegung dieser Ansicht nicht stellt (→ Rn. 142). Aufgrund der Eigenständigkeit des Kausalgeschäfts und der ggf. mannigfaltigen, auf Grundlage des Kausalgeschäfts schon vor dem Erbfall zu beantwortenden Rechtsfragen (etwa Rechtsfolgen einer Schlechterfüllung einer Abfindung für einen Pflichtteilsverzicht), erscheint auch mit Blick auf den Ausnahmecharakter des Art. 4 Abs. 3 Rom I-VO eine generell akzessorische Anknüpfung für genannte Fälle als nicht sachgerecht. *Lex specialis* zu Art. 4 Abs. 3 Rom I-VO ist Art. 22 Rom I-VO.

### 5. Recht der engsten Verbindung (Art. 4 Abs. 4 Rom I-VO)

91 Lässt sich der konkrete Vertrag nicht den Anknüpfungen der Art. 4 Abs. 1 und Abs. 2 Rom I-VO zuordnen, so ist das Vertragsstatut gemäß Art. 4 Abs. 4 Rom I-VO nach dem Prinzip der engsten Verbindung zu bestimmen. Dabei stellt Art. 4 Abs. 4 Rom I-VO geringere Anforderungen als Art. 4 Abs. 3 Rom I-VO an die Verbundenheit zu einer Rechtsordnung.[231] Die engste Verbindung ist im Wege einer **Gesamtbetrachtung** aller Umstände zu ermitteln.[232] Rechtssicherheit lässt sich insoweit durch eine Rechtswahl nach Art. 3 Rom I-VO erreichen. Die Anknüpfung des Art. 4 Abs. 4 Rom I-VO ist insbesondere für **BGB-Innengesellschaften** heranzuziehen (→ Rn. 151).

## II. Anknüpfung für Beförderungsverträge (Art. 5 Rom I-VO)

92 Auf dem Gebiet des internationalen Transportrechts besteht in erheblichemUmfang (Einheits-)Recht, welches den Kollisionsnormen der Rom I-VO vorgeht (→ Rn. 2 f.). Auch bleiben gemäß Art. 23 Rom I-VO einschlägige Sekundärrechtsakte anwendbar, zB die Fluggastrechte-VO, die Fahrgastrechte-VO im Eisenbahnverkehr, die Fahrgastrechte-VO im See- und Binnenschiffsverkehr oder die Fahrgastrechte-VO im Kraftomnibusverkehr.[233] Soweit danach die Rom I-VO nicht verdrängt wird, enthält diese in ihrem Art. 5 für Beförderungsverträge eine spezielle Kollisionsnorm. Dabei regelt Art. 5 Abs. 1 Rom I-VO den Transport von Gütern und Abs. 2 die Beförderung von Personen. Art. 5 Abs. 3 Rom I-VO ergänzt diese Regelungen durch eine für beide Absätze geltende Ausweichklausel. Die Regeln über Verbraucherverträge des Art. 6 Rom I-VO sind gemäß Art. 6

[229] *Nordmeier* ZEV 2013, 117 (119).
[230] *Weber* ZEV 2015, 503 (504 f.).
[231] HK-BGB/*Staudinger* Rom I-VO Art. 4 Rn. 12; juris-PK/*Ringe* Rom I-VO Art. 4 Rn. 64.
[232] Gebauer/Wiedmann/*Nordmeier* Kap. 37 Rn. 50.
[233] Eingehend Ferrari/*Staudinger* Rom I-VO Art. 5 Rn. 12.

Abs. 4 lit. b Rom I-VO auf Beförderungsverträge nicht anzuwenden, es sei denn ein Pauschalreisevertrag mit beförderungsvertraglichen Elementen steht in Frage.

## III. Anknüpfung für Verbraucherverträge (Art. 6 Rom I-VO)

Durch die Sachnormverweisung des Art. 6 Abs. 1 Rom I-VO an das Domizilrecht des 93 Verbrauchers soll insbesondere dessen Schutz als vermeintlich intellektuell und wirtschaftlich unterlegene, sowie weniger informierte Partei kollisionsrechtlich sichergestellt werden.[234] Verfahrensrechtlich möchten die Zuständigkeitsvorschriften der Art. 17, 19, 26 Abs. 2 Brüssel Ia-VO diesen Schutz gewähren. Die Anknüpfung des Art. 6 Rom I-VO verdrängt, soweit sie Sonderbestimmungen enthält, die allgemeine Regelung des Art. 4 Rom I-VO. Umgekehrt sind die von Art. 5 Rom I-VO und Art. 7 Rom I-VO erfassten Vertragsverhältnisse nach diesen Kollisionsnormen anzuknüpfen. Art. 6 Rom I-VO wird ausweislich seines Wortlauts insoweit verdrängt (vgl. auch Erwägungsgrund 32 der Rom I-VO). Zwischen Art. 6 Rom I-VO und Art. 8 Rom I-VO besteht keine Überschneidung. Die vermeintlich unterlegene Partei handelt *in concreto* entweder als Arbeitnehmer oder als Verbraucher.[235] Soweit Überschneidungen bestehen sollten, genießt Art. 8 Rom I-VO in seinem Anwendungsbereich Anwendungsvorrang vor Art. 6 Rom I-VO.[236] Ein Günstigkeitsvergleich mit der gemäß Art. 4 Rom I-VO objektiv anzuwendenden Rechtsordnung erfolgt ebenso wenig, wie sich die objektive Anknüpfung an das Domizilrecht des Verbrauchers nicht durch die Ausweichklausel des Art. 4 Abs. 3 Rom I-VO korrigieren lässt.[237] Neben Art. 6 Rom I-VO bleiben gemäß Art. 23 Rom I-VO das Art. 46b EGBGB umgesetzte verbraucherschützende Richtlininenkollisionsrecht anwendbar.[238]

### 1. Verbraucher

Für das Eingreifen der Sonderanknüpfung des Art. 6 Rom I-VO ist zunächst erforderlich, 94 dass der in Frage stehende Vertrag von einer natürlichen Person zu einem Zweck abgeschlossen wurde, der nicht ihrer beruflichen (etwa freiberufliche Tätigkeit) oder gewerblichen Tätigkeit zugerechnet werden kann (= Verbraucher). Dies ist nach den der anderen Partei zum Zeitpunkt des Vertragsschlusses objektiv erkennbaren Umständen zu beantworten.[239] Der Begriff des Verbrauchers ist funktional zu verstehen:[240] Schließt ein Gewerbetreibender im konkreten Fall einen Vertrag zu einem objektiv erkennbar privaten Zweck, handelt er für diesen Fall als Verbraucher.[241] Zu einem gewerblichen oder beruflichen Zweck sind solche Geschäfte abgeschlossen, die im Rahmen und für die Ausübung dieser Tätigkeit eingegangen werden.[242] Zum Privatbereich gehört hingegen die Verwaltung bzw. die Anlage privaten Vermögens.[243] Eine Ausnahme hiervon wird für den Fall befürwortet, dass für die Vermögensverwaltung – wie bisweilen im Falle großer Vermögen – eine unternehmerische Organisation erforderlich ist.[244]

Als die Anwendung des Art. 6 Rom I-VO ausschließende berufliche Zweckrichtung 95 ist nach der hL im Inland nur die **selbstständige berufliche Tätigkeit** anzusehen. Der Erwerb von Arbeitsmitteln durch einen Arbeitnehmer kann der verbraucherschützenden

[234] BeckOGK/*Rühl* Rom I-VO Art. 6 Rn. 1 ff.
[235] *Staudinger/Steinrötter* JA 2011, 241 (246) Fn. 102.
[236] BeckOGK/*Rühl* Rom I-VO Art. 6 Rn. 38; juris-PK/*Limbach* Rom I-VO Art. 6 Rn. 40.
[237] NK-BGB/*Leible* Rom I-VO Art. 6 Rn. 64.
[238] Vgl. zur praktischen Anwendung: BeckOGK/*Rühl* Rom I-VO Art. 6 Rn. 45 ff.
[239] Palandt/*Thorn* Rom I-VO Art. 6 Rn. 5; eingehend zur objektiven und subjektiven Zweckbestimmung BeckOGK/*Rühl* Rom I-VO Art. 6 Rn. 64 f.
[240] Erman/*Hohloch* Rom I-VO Art. 6 Rn. 10a; Reithmann/Martiny/*Martiny* Rn. 6.2272.
[241] NK-BGB/*Leible* Rom I-VO Art. 6 Rn. 23.
[242] Staudinger/*Magnus* Rom I-VO Art. 6 Rn. 52.
[243] MüKoBGB/*Martiny* Rom I-VO Art. 6 Rn. 8; juris-PK/*Limbach* Rom I-VO Art. 6 Rn. 15.
[244] Bamberger/Roth/*Spickhoff* Rom I-VO Art. 6 Rn. 20.

Anknüpfung des Art. 6 Rom I-VO unterliegen.[245] Täuscht der Verbraucher einen gewerblichen Zweck vor, ist der persönliche Schutzbereich von Art. 6 Rom I-VO nicht eröffnet.[246] Ein **Existenzgründer** handelt kollisionsrechtlich nicht als Verbraucher.[247] Gleiches gilt für eine Person, die ihr Unternehmen abwickelt und hierzu dem Unternehmen zugehörende Gegenstände veräußert.[248] Die nach dem Gesellschaftsstatut mit eigener Rechtspersönlichkeit ausgestatteten **Personenzusammenschlüsse** (BGB-Außengesellschaft, Wohnungseigentümergemeinschaft) sind insbesondere aus Rechtssicherheitsgesichtspunkten keine natürliche Personen iSv Art. 6 Rom I-VO. Schließt folglich ein solcher Verband etwa einen Reparaturvertrag für das Dach der gemeinsamen Wohnanlage, so handelt er nach dieser Sichtweise nicht als Verbraucher.[249] Nach der Rechtsprechung des BGH zum materiell-rechtlichen Verbraucherbegriff des § 13 BGB können die BGB-Außengesellschaft und die Wohnungseigentümergemeinschaft mit Blick auf den Schutzzweck der verbraucherschützenden Regelungen einer natürlichen Person gleichzusetzen sein.[250]

96 Für **gemischte Verträge,** die sowohl beruf- bzw. gewerblichen als auch privaten Zwecken dienen, verlangt der EuGH iRd Zuständigkeitsvorschrift des Art. 17 Brüssel Ia-VO (= Art. 15 Brüssel I-VO) für das Eingreifen der verbraucherschützenden Sonderanknüpfung, dass der beruflich-gewerbliche Zweck derart nebensächlich ist, dass er im Gesamtzusammenhang des betreffenden Geschäfts nur eine ganz untergeordnete Rolle spielt.[251] Aus rechtspraktischer Sicht muss zumindest damit gerechnet werden, dass im Hinblick auf das in Erwägungsgrund 7 und 24 der Rom I-VO niedergelegte Postulat einer einheitlichen Auslegung von Brüssel Ia-VO und Rom I-VO, der EuGH seine Rechtsprechung auf das Kollisionsrecht ausdehnen wird.[252] Nach anderer Ansicht ist vorgenannte Judikatur aufgrund ihres besonderen prozessrechtlichen Hintergrunds nicht auf die kollisionsrechtliche Vorschrift des Art. 6 Rom I-VO übertragbar. Vielmehr ist nach dieser Sichtweise auf den Schwerpunkt (privat oder beruflich) abzustellen, so dass Art. 6 Rom I-VO nach dieser Meinung ein größerer Anwendungsbereich zukommt.[253] Diese Schwerpunktbetrachtung liegt im materiell-rechtlichen Bereich gemäß deren Erwägungsgrund 17 auch der Verbraucherrechte-Richtlinie vom 25.10.2011 zugrunde. Zum Teil wird als praxisnächste Lösung dafür plädiert, darauf abzustellen, in welcher Funktion der Kunde bei Vertragsschluss auftritt.[254]

97 Im Falle eines **Bürgschaftsvertrages** genügt es nach vorzugswürdiger Auffassung, dass der Vertragsschluss zwischen einem Verbraucher und einem Unternehmer erfolgt. Ob auch die gesicherte Forderung einem Verbrauchervertrag entspringt, sollte kollisionsrechtlich unbeachtlich sein.[255] Allerdings hat der EuGH zur Haustürwiderrufsrichtlinie entschieden, dass Bürgschaften nur dann dem Anwendungsbereich genannter Richtline unterfallen, wenn auch die besicherte Forderung einem Verbrauchervertrag entspringt.[256]

---

[245] NK-BGB/*Leible* Rom I-VO Art. 6 Rn. 23f.; juris-PK/*Limbach* Rom I-VO Art. 6 Rn. 14; Staudinger/*Magnus* Rom I-VO Art. 6 Rn. 44; **aA** Rauscher/*Heiderhoff* Rom I-VO Art. 6 Rn. 20; Darstellung des Meinungsstands bei BeckOGK/*Rühl* Rom I-VO Art. 6 Rn. 63, 72ff.

[246] Ferrari/*Staudinger* Rom I-VO Art. 6 Rn. 22.

[247] HK-BGB/*Staudinger* Rom I-VO Art. 6 Rn. 5; Rauscher/*Heiderhoff* Rom I-VO Art. 6 Rn. 20.

[248] BeckOGK/*Rühl* Rom I-VO Art. 6 Rn. 69.

[249] BeckOGK/*Rühl* Rom I-VO Art. 6 Rn. 60; juris-PK/*Limbach* Rom I-VO Art. 6 Rn. 13; Staudinger/*Magnus* Rom I-VO Art. 6 Rn. 40.

[250] BGH NZG 2015, 905 (907ff.); DNotZ 2002, 528 (529f.).

[251] EuGH C-464/01, Slg. 2005, I-439 Rn. 41 – Gruber/BayWa AG = EuZW 2005, 241 (242); C-419/11, BeckRS 2013, 80540 Rn. 34 – Česká spořitelna.

[252] Für Übertragung etwa Ferrari/*Staudinger* Rom I-VO Art. 6 Rn. 21f.; vgl. auch *Mankowski* IHR 2008, 133 (142).

[253] So etwa NK-BGB/*Leible* Rom I-VO Art. 6 Rn. 24.

[254] Juris-PK/*Limbach* Rom I-VO Art. 6 Rn. 18.

[255] BeckOGK/*Rühl* Rom I-VO Art. 6 Rn. 76.

[256] EuGH C-45/96, Slg. 1993, I-139 Rn. 23 – Bayerische Hypotheken- und Wechselbank AG/Edgar Dietzinger = NJW 1993, 1251.

## 2. Unternehmer

Bei dem Vertragspartner des Verbrauchers muss es sich um eine Person (gleich ob natürlich oder juristisch) handeln, die den Vertrag gerade in Ausübung ihrer beruflichen oder gewerblichen Tätigkeit abschließt (= Unternehmer). Daraus folgt, dass reine Privatgeschäfte, an denen auf beiden Seiten ein Verbraucher beteiligt ist, nicht der Sonderanknüpfung des Art. 6 Rom I-VO unterliegen.[257] Allerdings greift Art. 6 Rom I-VO unter der Voraussetzung, dass die weiteren Tatbestandsvoraussetzungen der Sonderanknüpfung vorliegen, auch in Fällen ein, in denen der Verbraucher der Erbringer der charakteristischen Leistung und der Unternehmer deren Empfänger ist.[258] Für eine berufliche bzw. gewerbliche Tätigkeit soll eine Gewinnerzielungsabsicht nicht erforderlich sein, so dass auch die gesetzliche Vermögensverwaltung (zB Insolvenzverwalter) oder gemeinnützige Vereine und öffentlich-rechtlich organisierte Personen unter den Unternehmerbegriff fallen können.[259] Der Vertragsschluss muss nicht in den Kernbereich der beruflichen oder gewerblichen Tätigkeit fallen. Es genügt, dass der Vertragsschluss dieser Tätigkeit in irgendeiner Weise zugerechnet werden kann.[260] 98

## 3. Ausübung oder Ausrichtung der beruflichen oder gewerblichen Tätigkeit

Der Unternehmer muss gemäß Art. 6 Abs. 1 lit. a Rom I-VO entweder seine berufliche oder gewerbliche Tätigkeit in dem Staat ausüben, in dem der Verbraucher seinen gewöhnlichen Aufenthalt (→ Rn. 67) hat. Dies verlangt eine aktive Beteiligung am Wirtschaftsleben in dem Staat des gewöhnlichen Aufenthalts des Verbrauchers.[261] Hierfür genügt es, dass der Unternehmer in dem betreffenden Staat Dienstleistungen vornimmt oder Messestände bereithält.[262] Eine (Zweig-) Niederlassung muss nicht unterhalten werden.[263] Erfolgt lediglich der Vertragsschluss im Staat des gewöhnlichen Aufenthalts des Verbrauchers, genügt dies allein nicht für die Annahme einer Tätigkeitsausübung iSv Art. 6 Abs. 1 lit. a Rom I-VO.[264] 99

Alternativ genügt es für das Eingreifen der Sonderanknüpfung des Art. 6 Rom I-VO gemäß Art. 6 Abs. 1 lit. b Rom I-VO, dass der Unternehmer seine berufliche oder gewerbliche Tätigkeit auf irgendeine Weise auf den Staat, in dem der Verbraucher seinen gewöhnlichen Aufenthalt (→ Rn. 67) hat oder auf mehrere Staaten, einschließlich des Staates in dem der Verbraucher seinen gewöhnlichen Aufenthalt hat, ausrichtet und der Vertrag in den Bereich der beruflichen oder gewerblichen Tätigkeit des Unternehmers fällt. Diese Tatbestandsvariante hat in der Zuständigkeitsvorschrift des Art. 17 Abs. 1 lit. c Brüssel Ia-VO (= Art. 15 Abs. 1 lit. c Brüssel I-VO) ihr Vorbild.[265] 100

Als Tätigkeiten, die ein Ausrichten der unternehmerischen Tätigkeit auf den Domizilstaat des Verbrauchers iSv Art. 6 Abs. 1 lit. b Rom I-VO begründen, sind im umfassenden Sinne alle willensgetragenen auf diesen Staat ausgerichteten absatzfördernden Verhaltensweisen anzusehen, etwa Werbung, Anrufe, E-Mails, Teleshopping usw.[266] Die Vorschrift 101

[257] NK-BGB/*Leible* Rom I-VO Art. 6 Rn. 31; vgl. EuGH C-508/12, NJW 2014, 841 Rn. 31 ff. – Vapenik mAnm *Stadler* IPRax 2015, 203 (205).

[258] BeckOGK/*Rühl* Rom I-VO Art. 6 Rn. 55 f.; Gebauer/Wiedmann/*Nordmeier* Kap. 37 Rn. 63; PWW/*Remien* Rom I-VO Art. 6 Rn. 2.

[259] Erman/*Hohloch* Rom I-VO Art. 6 Rn. 10.

[260] BeckOGK/*Rühl* Rom I-VO Art. 6 Rn. 80.

[261] HK-BGB/*Staudinger* Rom I-VO Art. 6 Rn. 9; *Leible/Lehmann* RIW 2008, 528 (538); Gebauer/Wiedmann/*Nordmeier* Kap. 37 Rn. 71; PWW/*Remien* Rom I-VO Art. 6 Rn. 13.

[262] HK-BGB/*Staudinger* Rom I-VO Art. 6 Rn. 9; *Leible/Lehmann* RIW 2008, 528 (538); *Mankowski* IHR 2008, 133 (142); MüKoBGB/*Martiny* Rom I-VO Art. 6 Rn. 30; Palandt/*Thorn* Rom I-VO Art. 6 Rn. 7.

[263] *Leible/Lehmann* RIW 2008, 528 (538).

[264] HK-BGB/*Staudinger* Rom I-VO Art. 6 Rn. 9.

[265] Dazu ausf. Staudinger/*Hausmann* IntVertrVerfR Rn. 177 ff.

[266] EuGH C-585/08 und C-144/09, Slg. 2010, I-12527 – 12603 Rn. 66 ff. – Pammer und Hotel Alpenhof = NJW 2011, 505 (508).

erfasst damit zunächst alle konventionellen Werbemaßnahmen.[267] Eine (Zweig-)Niederlassung im Domizilstaat ist hierzu wiederum nicht notwendig.[268] Sog. **Gran Canaria-Fälle** dürften nicht Art. 6 Abs. 1 lit. b Rom I-VO unterfallen. Damit gemeint sind Fälle, in denen Touristen anlässlich einer nicht vom Vertragspartner beeinflussten Auslandsreise Einkäufe tätigen, die dann im Inland erfüllt werden sollen. Dieser Auslandsaufenthalt des Verbrauchers erfolgt gerade ohne Einflussnahme des Unternehmers.[269]

102 Ob ein Ausrichten der unternehmerischen Tätigkeit auf den Domizilstaat des Verbrauchers durch einen **Internetauftritt** begründet werden kann, der von genanntem Staat aus abrufbar ist, lässt sich nicht ohne weiteres beurteilen. Denn eine Internetpräsenz wirkt durch ihre Struktur (dh ohne einen entsprechenden Willen des Unternehmers und ohne für den Unternehmer Mehrkosten zu verursachen) extraterritorial. Allein durch einen solchen Internetauftritt lässt sich dementsprechend – wie der EuGH iRv Art. 15 Abs. 1 lit. c Brüssel I-VO (= Art. 17 Abs. 1 lit. c Brüssel Ia-VO) festgestellt hat – noch nicht schlussfolgern, dass der Unternehmer seinen Willen zum Ausdruck bringt, seine unternehmerische Tätigkeit auch auf den Domizilstaat des Verbrauchers zu erstrecken.[270] Die in der Literatur in der Vergangenheit vielfach befürwortete Unterscheidung zwischen einer, eine Ausrichtung begründenden aktiven Webseite (mit elektronischem Einkaufswagen oder „E-Shop" versehene Webseite) und einer keine Ausrichtung begründenden passiven Webseite, wird vom EuGH (für das Verfahrensrecht) ausdrücklich als untaugliches Abgrenzungskriterium verworfen.[271] Nach diesem auf die Rom I-VO übertragbaren Judikat, begründen interaktive Seiten nicht automatisch ein Ausrichten, während dieses wiederum bei einer passiven Internetpräsenz nicht automatisch ausscheidet.[272] Vielmehr ist anhand aller offenkundigen Ausdrucksformen des Willens des Unternehmers, Verbraucher in dem betreffenden Domizilstaat als Kunden zu gewinnen, ein Ausrichten der Tätigkeit zu ermitteln. Der EuGH nennt hierzu einen als nicht abschließend zu verstehenden Katalog von Umständen, anhand derer ein entsprechendes Ausrichten ermittelt werden kann.[273] Der zwischen Verbraucher und Unternehmer geschlossene Vertrag muss nicht im Fernabsatz geschlossen worden sein.[274]

### 4. Kausalität/Konnexitätskriterium

103 Für die Anwendbarkeit von Art. 6 Abs. 1 Rom I-VO ist notwendig, dass der Verbrauchervertrag überhaupt in den Bereich der ausgeübten oder ausgerichteten Tätigkeit des Unternehmers fällt. Weiter muss nach Erwägungsgrund 24 der Rom I-VO der Verbrauchervertrag iRd ausgerichteten Tätigkeiten geschlossen worden sein und nach Erwägungsgrund 25 der Rom I-VO muss der Verbrauchervertrag weiter auf eine bereits ausgeübte oder ausgerichtete Tätigkeit des Unternehmers „zurückzuführen" sein. Insoweit fordert die bislang hM für das Eingreifen der Sonderanknüpfung des Art. 6 Rom I-VO einen Kausalzusammenhang zwischen der ausgerichteten Tätigkeit und dem Vertrags-

[267] EuGH C-585/08 und C-144/09, Slg. 2010, I-12527–12603 Rn. 66f. – Pammer und Hotel Alpenhof = NJW 2011, 505 (508); Palandt/*Thorn* Rom I-VO Art. 6 Rn. 6.
[268] NK-BGB/*Leible* Rom I-VO Art. 6 Rn. 52.
[269] HK-BGB/*Staudinger* Rom I-VO Art. 6 Rn. 10; NK-BGB/*Leible* Rom I-VO Art. 6 Rn. 61f.
[270] EuGH C-585/08 und C-144/09, Slg. 2010, I-12527–12603 Rn. 68, 75f. – Pammer und Hotel Alpenhof = NJW 2011, 505 (508).
[271] EuGH C-585/08 und C-144/09, Slg. 2010, I-12527–12603 Rn. 79f. – Pammer und Hotel Alpenhof = NJW 2011, 505 (509).
[272] HK-BGB/*Staudinger* Rom I-VO Art. 6 Rn. 11; Palandt/*Thorn* Rom I-VO Art. 6 Rn. 6.
[273] *Leible/Müller* NJW 2011, 495 (496).
[274] EuGH C-190/11, NJW 2012, 3225 Rn. 45 – Mühlleitner/Yusufi (zu Art. 15 Abs. 1 lit. c Brüssel I-VO); die Entscheidung wird mit Blick auf das in Erwägungsgrund 7 und 24 der Rom I-VO ausgesprochene Postulat einer einheitlichen Auslegung von Brüssel I-VO und Rom I-VO auf Art. 6 Abs. 1 Rom I-VO übertragen werden können (so auch NK-BGB/*Leible* Rom I-VO Art. 6 Rn. 58; HK-BGB/*Staudinger* Rom I-VO Art. 6 Rn. 11; juris-PK/*Limbach* Rom I-VO Art. 6 Rn. 48; **aA** Palandt/*Thorn* Rom I-VO Art. 6 Rn. 6; krit. auch *Rühl* IPRax 2014, 41 (43)).

schluss.[275] Im Rahmen der parallel formulierten Zuständigkeitsvorschrift des Art. 17 Abs. 1 lit. c Brüssel Ia-VO (= Art. 15 Abs. 1 lit. c Brüssel I-VO) wird ein Ursachenzusammenhang zwischen ausgerichteter Tätigkeit und Vertragsschluss von Seiten des EuGH nicht für erforderlich gehalten, da dieses Erfordernis im Wortlaut der genannten Zuständigkeitsvorschrift nicht ausdrücklich genannt ist und den Verbraucher in Beweisschwierigkeiten bringen würde. Ein nachgewiesener Ursachenzusammenhang stellt nach dem EuGH ein weiteres Indiz für das Merkmal des „Ausrichtens" iSd Art. 17 Abs. 1 lit. c Brüssel Ia-VO (= Art. 15 Abs. 1 lit. c Brüssel I-VO) dar.[276] Vor dem Hintergrund der genannten Erwägungsgründe der Rom I-VO ist es zwar einerseits naheliegend, dass iRd kollisionsrechtlichen Vorschrift des Art. 6 Abs. 1 lit. b Rom I-VO ein Ursachenzusammenhang ein positives Tatbestandsmerkmal der Schutzvorschrift des Art. 6 Rom I-VO bildet,[277] andererseits muss mit Blick auf das in Erwägungsgrund 7 und 24 der Rom I-VO ausgesprochene Ziel einer einheitlichen Auslegung von Brüssel Ia-VO und Rom I-VO mit einer Übertragung der zur Brüssel Ia-VO ergangenen Rechtsprechung auf das Kollisionsrecht gerechnet werden.[278]

### 5. Keine Ausnahme nach Art. 6 Abs. 4 Rom I-VO

Nach Art. 6 Abs. 4 Rom I-VO werden bestimmte Verträge von der Sonderanknüpfung 104
des Art. 6 Rom I-VO ausgenommen. Ihre Anknüpfung unterliegt mithin der allgemeinen Vorschrift des Art. 4 Rom I-VO. Zu nennen sind insoweit insbesondere folgende Ausnahmetatbestände:

**a) Insbesondere Dienstleistungsvertrag (Art. 6 Abs. 4 lit. a Rom I-VO).** Verträge 105
über die Erbringung von Dienstleistungen unterliegen dann nicht dem besonderen Verbraucherschutz des Art. 6 Rom I-VO, wenn die dem Verbraucher geschuldeten Dienstleistungen ausschließlich in einem anderen als dem Staat erbracht werden müssen, in dem der Verbraucher seinen gewöhnlichen Aufenthalt (→ Rn. 67) hat. Hinter diesem Ausnahmetatbestand steht der Gedanke, dass sich der Verbraucher selbst auf einen fremden Markt begeben hat und keine Privilegierung gegenüber anderen dort domizilierten Verbrauchern erwarten kann.[279]

Der Begriff des Dienstleistungsvertrags ist in demselben Sinne wie in Art. 4 Abs. 1 lit. b 106
Rom I-VO zu verstehen (→ Rn. 70).[280] Ob der Unternehmer seine Leistung ausschließlich in einem anderen Staat als dem Domizilstaat des Verbrauchers zu erbringen hat (dazu notwendig ist, dass sowohl Leistungs- als auch Erfüllungsort im Ausland liegen[281]), bestimmt sich richtigerweise nach dem Vertragsstatut, wobei dieses nicht über Art. 4 Rom I-VO, sondern über Art. 6 Rom I-VO ermittelt wird; sofern dessen Anwendungsvoraussetzungen im Übrigen gegeben sind. Denn die Frage, ob der genannte Ausschlusstatbestand eingreift, setzt formal die grundsätzlich Anwendbarkeit von Art. 6 Rom I-VO voraus.[282] Wird die Leistung tatsächlich von dem Unternehmer erbracht, soll es auf den tatsächlichen Erfüllungsort ankommen.[283] Allerdings ist insoweit vorab eine konkludente Vertragsänderung auf Grundlage des Vertragsstatuts zu prüfen, so dass vertraglicher und

[275] *Leible* JZ 2010, 272 (277); *Magnus* IPRax 2010, 27 (39); *Mankowski* IHR 2008, 133 (142); Palandt/*Thorn* Rom I-VO Art. 6 Rn. 6; **aA** Bamberger/Roth/*Spickhoff* Rom I-VO Art. 4 Rn. 27; MüKoBGB/*Martiny* Rom I-VO Art. 6 Rn. 42.

[276] EuGH C-218/12, NJW 2013, 3504 Rn. 32 – Lokman Emrek/Vlado Sabranovic.

[277] *Staudinger/Steinrötter* NJW 2013, 3505 f.; NK-BGB/*Leible* Rom I-VO Art. 6 Rn. 60.

[278] Das Kausalitätserfordernis etwa ablehnend: Bamberger/Roth/*Spickhoff* Rom I-VO Art. 4 Rn. 27.

[279] MüKoBGB/*Martiny* Rom I-VO Art. 6 Rn. 17.

[280] NK-BGB/*Leible* Rom I-VO Art. 6 Rn. 36; Rauscher/*Heiderhoff* Rom I-VO Art. 6 Rn. 45; Staudinger/*Magnus* Rom I-VO Art. 6 Rn. 67.

[281] BeckOGK/*Rühl* Rom I-VO Art. 6 Rn. 110.

[282] Bamberger/Roth/*Spickhoff* Rom I-VO Art. 6 Rn. 14; Staudinger/*Magnus* Rom I-VO Art. 6 Rn. 72.

[283] So Staudinger/*Magnus* Rom I-VO Art. 6 Rn. 72; **aA** Bamberger/Roth/*Spickhoff* Rom I-VO Art. 6 Rn. 14.

tatsächlicher Erfüllungsort wiederum übereinstimmen können. Erbringt der Unternehmer einen, wenn auch nur geringen Teil seiner Leistung im Domizilstaat des Verbrauchers, greift der Ausschlusstatbestand gemäß seinem Wortlaut (ausschließlich) nicht ein.[284]

107 **b) Insbesondere Grundstücksvertrag (Art. 6 Abs. 4 lit. c Rom I-VO).** Nach Art. 6 Abs. 4 lit. c Rom I-VO sind Verträge, die ein dingliches Recht an unbeweglichen Sachen oder die Miete oder Pacht unbeweglicher Sachen zum Gegenstand haben, von der Sonderanknüpfung des Art. 6 Rom I-VO ausgenommen. Die genannten Begriffe sind in gleicher Weise zu verstehen, wie in Art. 4 Abs. 1 lit. c Rom I-VO[285] (→ Rn. 72 ff.). Anders als iRv Art. 4 Abs. 1 lit. c, lit. d Rom I-VO ist die Mietdauer für das Eingreifen des Ausschlusstatbestandes ohne Bedeutung.[286] Die unentgeltliche Überlassung (Leihe) von Grundbesitz ist vom Ausnahmetatbestand nicht erfasst.[287] Allerdings werden in diesen Fällen idR die Grundvoraussetzungen des Art. 6 Abs. 1 Rom I-VO fehlen. Eine Rückausnahme bilden Verträge über Teilzeitnutzungsrechte an Immobilien im Sinne der Time-Sharing-Richtlinie (2008/122/EG). Damit verbleibt es für Verträge mit einer Laufzeit von mehr als einem Jahr, mit denen der Verbraucher gegen Entgelt das Recht erwirbt, eine oder mehrere Übernachtungsunterkünfte für mehr als einen Nutzungszeitraum zu nutzen, bei der Anwendbarkeit von Art. 6 Rom I-VO.[288]

108 **c) Gemischter Vertrag.** Die Frage, ob gemischte, nach dem Parteiwillen ein einheitliches Rechtsgeschäft bildende Verträge, bei welchen ein Element des Vertrages von einem Ausschlusstatbestand des Art. 6 Abs. 4 Rom I-VO erfasst wird, ein weiteres Element jedoch nicht, der Sonderanknüpfung des Art. 6 Rom I-VO unterliegen, wurde bislang keiner Klärung durch den EuGH zugeführt. Zum Teil wird für solche gemischte Verträge, parallel zu der iRv Art. 4 Abs. 1 Rom I-VO herrschenden Vorgehensweise (→ Rn. 80, 82) dafür plädiert, auf den – wirtschaftlichen – Schwerpunkt des Vertrages abzustellen.[289] Diese Sichtweise führt dazu, dass dann, wenn der Schwerpunkt eines gemäß Art. 6 Abs. 1 Rom I-VO unter den besonderen kollisionsrechtlichen Verbraucherschutz fallenden Vertrages bei dem gemäß Art. 6 Abs. 4 Rom I-VO ausgeschlossenen Element liegt, der Vertrag insgesamt nicht der Sonderanknüpfung des Art. 6 Rom I-VO unterfällt. Vorstellbar ist allerdings auch, dass der Ausschlusstatbestand des Art. 6 Abs. 4 Rom I-VO als Ausnahmeregelung einer restriktiven Auslegung unterworfen und aus Gründen des Verbraucherschutzes im Falle eines einheitlichen Vertrages immer jenem nicht von Art. 6 Abs. 4 Rom I-VO erfassten Element der Vorrang gegeben wird, so dass es für das Eingreifen der Sonderanknüpfung des Art. 6 Rom I-VO genügen würde, wenn ein Element des Vertrages nicht unter Art. 6 Abs. 4 fällt.[290] Zum Teil wird angedacht, den Vertrag kollisionsrechtlich zu spalten.[291] Ein solche *dépeçage* ist jedoch von der Rom I-VO bewusst nicht mehr vorgesehen.[292]

---

[284] Staudinger/*Magnus* Rom I-VO Art. 6 Rn. 73; zum EVÜ: OLG Frankfurt a.M. NJW-RR 2000, 1367.
[285] NK-BGB/*Leible* Rom I-VO Art. 6 Rn. 43.
[286] Staudinger/*Magnus* Rom I-VO Art. 6 Rn. 85.
[287] Staudinger/*Magnus* Rom I-VO Art. 6 Rn. 84.
[288] *Wagner* IPRax 2008, 377 (379); die von Art. 6 Abs. 4 lit. c Rom I-VO genannte Richtlinie 94/47/EG wurde durch die Richtlinie 2008/122/EG ersetzt. Gemäß Art. 18 S. 2 der neuen Richtlinie gelten ab dem 23.2.2011 Verweisungen auf die inzwischen aufgehobene RL 94/47/EG als Verweisungen auf die neue Richtlinie.
[289] So BeckOGK/*Rühl* Rom I-VO Art. 6 Rn. 128; Staudinger/*Magnus* Rom I-VO Art. 6 Rn. 71; vgl. auch BGH NJW 1997, 1697 (1698) (zu Art. 29 EGBGB aF).
[290] Dies andenkend, aber dann ablehnend: Staudinger/*Magnus* Rom I-VO Art. 6 Rn. 71.
[291] So juris-PK/*Limbach* Rom I-VO Art. 6 Rn. 26.
[292] Staudinger/*Magnus* Rom I-VO Art. 6 Rn. 71.

### IV. Anknüpfung für Versicherungsverträge (Art. 7 Rom I-VO)

Im Rahmen ihres (sachlichen) Anwendungsbereichs erfasst die Rom I-VO alle Versicherungsverträge. Allerdings unterfällt Art. 7 Rom I-VO lediglich der dort genannte Teilbereich von Versicherungsverträgen. Soweit Art. 7 Rom I-VO keine Anwendung findet, sind die Anknüpfungen der Art. 3 ff., insbesondere Art. 6 Rom I-VO, heranzuziehen. Im Rahmen ihres Anwendungsbereichs verdrängt die Anknüpfung des Art. 7 Rom I-VO ausweislich des Wortlauts von Art. 6 Rom I-VO und gemäß Erwägungsgrund 32 der Rom I-VO die Anknüpfung des Art. 6 Rom I-VO. 109

### V. Anknüpfung für Arbeitsverträge (Art. 8 Rom I-VO)

Unter den für den sachlichen Anwendungsbereich der Sonderanknüpfung des Art. 8 Rom I-VO maßgebende Begriff des Individualarbeitsvertrages sind in autonomer Auslegung Dienstverträge zu verstehen, die zu einer weisungsgebundenen, abhängigen, fremdbestimmten und entgeltlichen Tätigkeit verpflichten.[293] Die Sonderanknüpfung findet unabhängig von der insoweit missverständlichen Überschrift des Art. 8 Rom I-VO auch auf Formular- sowie Gruppenarbeitsverträge Anwendung.[294] Tarifverträge sind nach der allgemeinen Anknüpfung der Art. 3, 4 Rom I-VO zu beurteilen.[295] Nicht von der Rom I-VO erfasst ist das kollektive Arbeitsrecht.[296] Das Betriebsverfassungsrecht unterliegt dem Territorialitätsprinzip, so dass das BetrVG auf alle in Deutschland gelegenen Betriebe unabhängig vom Vertragsstatut Anwendung findet.[297] Die unternehmerische Mitbestimmung iSd MitbestG ist dem Gesellschaftsstatut zuzuordnen.[298] Zwischen Art. 6 Rom I-VO und Art. 8 Rom I-VO besteht keine Überschneidung. Die vermeintlich unterlegene Partei handelt *in concreto* entweder als Arbeitnehmer oder als Verbraucher.[299] 110

## D. Reichweite des Vertragstatuts

### I. Sachlicher Anwendungsbereich der Rom I-VO

#### 1. Vertragliche Schuldverhältnis mit Auslandsbezug

Die Kollisionsregeln der Rom I-VO erfassen gemäß Art. 1 Abs. 1 Rom I-VO alle vertraglichen Schuldverhältnisse. Dieses von der Rom I-VO nicht definierte zentrale Anwendungserfordernis ist im Wege autonomer Auslegung zu ermitteln.[300] In Übereinstimmung mit der Rechtsprechung zur Zuständigkeitsvorschrift des Art. 7 Abs. 1 Brüssel Ia-VO[301] beruht ein vertragliches Schuldverhältnis auf der **freiwilligen Verpflichtung** einer Partei gegenüber einer anderen, die eine rechtsgeschäftliche Sonderverbindung zwischen diesen Parteien entstehen lässt.[302] Das vertragliche Schuldverhältnis muss einen Auslandsbezug aufweisen. Allerdings kann dieses Erfordernis für die praktische Rechtsanwendung vernachlässigt werden. Denn ein Auslandsbezug besteht bereits dann, wenn die Anknüpfungspunkte der Rom I-VO auf ausländisches Recht verweisen.[303] Umgekehrt kann sich 111

[293] Bamberger/Roth/*Spickhoff* Rom I-VO Art. 8 Rn. 9.
[294] *Junker* RIW 2006, 401 (402).
[295] Palandt/*Thorn* Rom I-VO Art. 8 Rn. 5; differenzierend: Reithmann/Martiny/*Martiny* Rn. 4.960 f.
[296] HK-BGB/*Staudinger* Rom I-VO Art. 8 Rn. 3.
[297] BAG NZA 2000, 1119 (1121).
[298] Palandt/*Thorn* Rom I-VO Art. 8 Rn. 5; HK-BGB/*Staudinger* Rom I-VO Art. 8 Rn. 3; → § 19 Rn. 28.
[299] Staudinger/*Steinrötter* JA 2011, 241 (246) Fn. 102.
[300] Bamberger/Roth/*Spickhoff* Rom I-VO Art. 1 Rn. 21.
[301] Dazu Staudinger/*Hausmann* IntVertrVerfR Rn. 81.
[302] BeckOGK/*Kindler* Rom I-VO Art. 1 Rn. 12; Palandt/*Thorn* Rom I-VO Art. 1 Rn. 3.
[303] Bamberger/Roth/*Spickhoff* Rom I-VO Art. 1 Rn. 24.

ein Auslandsbezug schon aus der Wahl ausländischen Rechts ergeben.[304] Der Auslandsbezug muss nicht schon im Zeitpunkt der Rechtswahl vorliegen.

### 2. Öffentlich-rechtliche Rechtsverhältnisse

112 Art. 1 Abs. 1 Rom I-VO fordert, dass das vertragliche Schuldverhältnis eine Zivil- oder Handelssache betrifft. Kein vertragliches Schuldverhältnis iSd Rom I-VO stellen insoweit Rechtsverhältnisse im Bereich des öffentlichen Rechts dar. Die insoweit erforderliche Abgrenzung und die Einordnung eines Schuldverhältnisses als Zivil- und Handelssache erfolgt im Wege autonomer Qualifikation.[305] Aus dem Anwendungsbereich der Rom I-VO ausgeschlossen sind Rechtsverhältnisse, die im Zusammenhang mit der Wahrnehmung öffentlicher Aufgaben und der Ausübung hoheitlicher Befugnisse eingegangen werden, was wiederum autonom zu ermitteln ist.[306] Hoheitliche Befugnisse werden ausgeübt, falls Rechte oder Befugnisse in Anspruch genommen werden, die Privatpersonen nicht zustehen.[307] Der Ausschluss solcher öffentlicher Rechtsverhältnisse wird in Art. 1 Abs. 1 Rom I-VO für Steuer- und Zollsachen sowie verwaltungsrechtliche Angelegenheiten besonders hervorgehoben.

113 Kein ausgeschlossenes öffentlich-rechtliches Rechtsverhältnis liegt damit etwa im Falle des vertraglichen Erwerbs von durch Privatpersonen erbrachten Leistungen durch staatliche Stellen. Gleiches gilt für Verträge zwischen Privatpersonen, auch wenn ein Kontrahierungszwang besteht[308] oder für einen Bürgschaftsvertrag, auch wenn er öffentlich-rechtliche Forderungen sichert.[309] Medizinische Behandlungsverhältnisse, auch gesetzlich versicherter Patienten, sind ebenfalls nicht öffentlich-rechtlich zu qualifizieren. Sie unterliegen der Rom I-VO.[310] Diese ist aber insbesondere nicht auf das Rechtsverhältnis zwischen **Notar** und Mandanten, etwa Gebührenforderung oder Haftung des Notars, anwendbar, sofern der Notar, wie nach deutschem Recht, Träger eines öffentlichen Amtes ist.[311] Honoraransprüche von **Rechtsanwälten** unterfallen dagegen nicht dem Ausschluss öffentlich-rechtlicher Rechtsverhältnisse.[312] Im Falle zweistufigen Handelns aus hoheitlicher Bewilligung und privatrechtlicher Vertragsvergabe, unterliegt die zweite Stufe der Vertragsvergabe der Rom I-VO.[313] Vom Anwendungsbereich ausgeschlossene öffentlich-rechtliche Vereinbarungen werden nach deutschem Verständnis überwiegend dem Recht des Staates des beteiligten Hoheitsträgers unterstellt.[314]

### 3. Nicht erfasste Rechtsfragen

114 Aus dem Begriff des vertraglichen Schuldverhältnisses und insbesondere der Existenz weiterer geschriebener oder ungeschriebener Verweisungsnormen ergibt sich, dass viele oftmals im Zusammenhang mit einem Schuldvertrag geregelte oder zu prüfende weitere Rechtsfragen, sachlich nicht von der Rom I-VO erfasst werden. Die Rom I-VO nimmt in ihrem Art. 1 Abs. 2 selbst einige das Schuldvertragsrecht berührende Rechtsverhältnisse explizit aus ihrem Anwendungsbereich aus. So ist iRd kollisionsrechtlichen Beurteilung eines von den Beteiligten gewünschten Regelwerks, etwa eines Schenkungsvertrages, zu beachten, dass dieses Regelwerk neben den schuldrechtlichen Element (im Beispiel:

[304] Palandt/*Thorn* Rom I-VO Art. 1 Rn. 5; *Hoffmann/Stegemann* JuS 2013, 207 (208).
[305] Bamberger/Roth/*Spickhoff* Rom I-VO Art. 1 Rn. 22.
[306] Ferrari/*Kieninger* Rom I-VO Art. 1 Rn. 3; Staudinger/*Magnus* Rom I-VO Art. 1 Rn. 18f.
[307] EuGH C-172/91, Slg. 1993, I-1963 Rn. 22 – Sonntag = NJW 1993, 2091 (2092).
[308] Ferrari/*Kieninger* Rom I-VO Art. 1 Rn. 3f.
[309] Staudinger/*Magnus* Rom I-VO Art. 1 Rn. 22.
[310] Bamberger/Roth/*Spickhoff* Rom I-VO Art. 1 Rn. 23.
[311] Rauscher/*Thorn* Rom I-VO Art. 4 Rn. 40; Staudinger/*Magnus* Rom I-VO Art. 1 Rn. 23.
[312] Ferrari/*Kieninger* Rom I-VO Art. 1 Rn. 4.
[313] Palandt/*Thorn* Rom I-VO Art. 1 Rn. 4.
[314] Staudinger/*Magnus* Rom I-VO Art. 1 Rn. 26; **aA** – Behandlung nach den allg. Anknüpfungsregeln für Verträge – etwa KG IPRax 1998, 280 (283).

Schenkung), oftmals weitere kollisionsrechtlich eigenständig zu beurteilende Elemente enthält, wie etwa die dingliche Übereignung des Schenkungsgegenstandes, eine Pflichtteilsanrechnungsbestimmung oder eine Zwangsvollstreckungsunterwerfung hinsichtlich einer vom Beschenkten gegenüber dem Schenker versprochenen Versorgungsrente. Hinsichtlich der von der Rom I-VO nicht erfassten, bzw. von ihr explizit ausgeschlossenen Bereiche, verbleibt es bei der Geltung des nationalen Kollisionsrechts der *lex fori*. Hierbei ist jedoch wiederum zu beachten, dass die Vorschriften des nationalen Kollisionsrechts durch vorrangig geltende staatsvertragliche Regelungen oder vorrangig anzuwendende Regelungen des europäischen Gesetzgebers verdrängt werden können.

**a) Sachenrechtliche und dingliche Rechtsfragen.** Die Abgrenzung zwischen obligatorischen und dinglichen Rechtsgeschäften, die viele Rechtsordnungen nicht oder nicht in der aus dem deutschen Recht bekannten Trennschärfe kennen, ist autonom vorzunehmen.[315] Als **Schuldverträge** sind solche Verträge zu qualifizieren, die nicht zwingend eine unmittelbare Rechtsänderung herbeiführen, die zu Lasten von jedermann wirkt, sondern nur die am Schuldverhältnis Beteiligten verpflichten und nur ihnen gegenüber wirken.[316] Dass einem Vertrag neben seinen schuldrechtlichen Wirkungen nach dem dingliche Rechtsfragen entscheidenden Statut auch eine verfügende Wirkung zukommt, ist iRd Schuldvertragsstatuts unerheblich.[317] 115

Die **dingliche Übertragung** von Forderungen beurteilt sich nach Art. 14f. Rom I-VO (→ Rn. 157ff.). Die dingliche Übertragung von Gesellschaftsanteilen unterliegt dem Gesellschaftsstatut (→ § 19 Rn. 19). Sachenrechtlich zu qualifizierende Rechtsfragen unterliegen grundsätzlich dem Belegenheitsrecht der jeweiligen Sache (Art. 43ff. EGBGB, → § 17 Rn. 19ff.). 116

Abgrenzungsfragen können sich für **zur Nutzung eines Gegenstands berechtigende Rechtsverhältnisse** stellen. Das Miet-, Pacht- oder Leihverhältnis kontinental-europäischer Rechtsordnungen ist schuldrechtlich einzuordnen. Einzelne aus diesem Schuldverhältnis erwachsende Berechtigungen mit Drittwirkung, wie der Grundsatz „Kauf bricht nicht Miete“ (etwa § 566 BGB) sind jedoch sachenrechtlich zu qualifizieren (→ § 17 Rn. 15). Dies bedeutet, dass für den Fall der Vereinbarung ausländischen Rechts auf die Vermietung inländischen Grundbesitzes die Norm des § 566 BGB weiterhin Anwendung finden kann, umgekehrt etwaige aus dem Mietverhältnis erwachsende dingliche oder quasi-dingliche Wirkungen der gewählten ausländischen Rechtsordnung nicht von der Verweisung des Schuldstatuts (der Rom I-VO) umfasst und damit im Inland nicht zu berücksichtigen sind.[318] 117

Aus einem Schuldvertrag erwachsende **Sicherungs- und Zurückbehaltungsrechte an Sachen** sind dem Schuldstatut zuzuordnen, sofern sie lediglich *inter partes* wirken; wirken sie dagegen (grundsätzlich) *erga omnes,* wie etwa das Vermieter- oder Werkunternehmerpfandrecht gemäß §§ 562, 647 BGB, so sind sie als sachenrechtliche Institute anzusehen. Folglich kann bei der Reparatur einer im Inland belegenen Sache ein Pfandrecht nach § 647 BGB entstehen, auch wenn der Reparaturvertrag ausländischem Recht untersteht. Umgekehrt sind die von einem ausländischen Schuldstatut vorgesehenen Sicherungs- oder Zurückbehaltungsrechte mit Drittwirkung nicht von der Verweisung der Rom I-VO umfasst. Die Vorfrage des Bestehens der zu sichernden Forderung ist dagegen selbstständig anzuknüpfen. Maßgebend ist für vertragliche Forderungen die Rom I-VO, für gesellschaftsrechtliche Forderungen das Gesellschaftsstatut usw (vgl. im Übrigen → § 17 Rn. 20).[319] 118

[315] Ferrari/*Ferrari* Rom I-VO Art. 4 Rn. 36; MüKoBGB/*Martiny* Rom I-VO Art. 1 Rn. 18; Staudinger/*Magnus* Rom I-VO Art. 4 Rn. 44.
[316] Staudinger/*Magnus* Rom I-VO Art. 4 Rn. 45.
[317] Bamberger/Roth/*Spickhoff* Rom I-VO Art. 4 Rn. 35.
[318] Staudinger/*Mansel* EGBGB Art. 43 Rn. 647.
[319] Staudinger/*Mansel* EGBGB Art. 43 Rn. 763ff.

119 Schuldvertragliche Ansprüche können mit sachenrechtlichen Ansprüchen (etwa auf Herausgabe einer Sache) konkurrieren. Sofern insoweit verschiedene Rechtsordnungen zur Anwendung berufen sind und diese nicht beide von einer freien Anspruchskonkurrenz ausgehen, kann sich die Frage des Vorrangs des schuldvertraglichen oder des sachenrechtlichen Anspruchs und die Frage stellen, welche der verwiesenen Rechtsordnungen über den Vorrang befindet oder, ob das Kollisionsrecht bereits eine Rechtsordnung als entscheidungsbefugt beruft.[320]

120 **b) Verfahrensrechtliche Rechtsfragen.** Verfahrensrechtlich zu qualifizierende Rechtsfragen unterliegen gemäß einer international allgemein anerkannten Regel grundsätzlich der *lex fori* des mit der Sache befassten Gerichts, bzw. der sonstigen öffentlichen Stelle (etwa des Notars).[321] Verfahrensrechtlich zu qualifizieren sind insbesondere alle den **Registervollzug von Rechtsgeschäften** als Verfahrensakt betreffenden Rechtsfragen. Hierzu gehören etwa Zuständigkeitsfragen oder die Vorschriften über die verfahrensmäßige Durchführung der Beweisaufnahme bzw. Nachweisfindung im Registerverfahren (Eintragungsvoraussetzungen; vgl. etwa § 29 GBO, § 12 HGB). So ist insbesondere die Form einer Vollmacht zur Abgabe von Verfahrenserklärungen oder der Nachweis einer Vollmacht im Registerverfahren allein nach den Vorschriften der verfahrensrechtlichen *lex fori* (vgl. etwa § 12 Abs. 1 S. 2 HGB, § 29 Abs. 1 GBO) zu beurteilen; die Anknüpfungen der Art. 11 EGBGB bzw. Art. 11 Rom I-VO finden keine Anwendung.[322]

121 Wird durch das deutsche Verfahrensrecht, wie etwa in den genannten Vorschriften der § 12 HGB oder § 29 GBO oder etwa in §§ 726 ff. ZPO, der Nachweis durch öffentliche oder öffentlich-beglaubigte Urkunde gefordert, so ist die Frage, ob eine ausländische Urkunde den Anforderungen des deutschen Nachweisverfahrensrechts genügt, allein auf Grundlage des deutschen Verfahrensrechts zu prüfen und zu entscheiden.[323] Ein geforderter Nachweis durch **öffentliche Beglaubigung** kann auch durch ausländische Amtspersonen (Notar, *notary public*)[324] oder Behörden erfolgen, sofern und soweit diese nach ihrem Recht zu öffentlicher Beglaubigung ermächtigt sind. Für Zwecke der öffentlichen Beglaubigung ist die ausländische Amtsperson grundsätzlich als dem deutschen Notar funktionell äquivalent anzusehen.[325] Öffentliche Beglaubigung einer Erklärung (auch) iSd deutschen Verfahrensrechts erfordert allerdings, dass die Unterzeichnung in Gegenwart des ausländischen Notars vollzogen oder anerkannt wurde. Entsprechendes gilt für die Beglaubigung von Handzeichen.

122 Die manchen Rechtsordnungen bekannte **„Fernbeglaubigung"** oder Fälle, in denen der Notar die Übereinstimmung einer ihm vorliegenden Unterschrift mit der ihm bekannten Unterschrift bzw. mit der bei einer anderen vor ihm vorgenommenen Beurkundung gezeichneten Unterschrift bestätigt (was beispielsweise in Frankreich, der Schweiz oder in Spanien möglich sein soll), genügen den Anforderungen des deutschen Verfahrensrechts nicht.[326] Als ausreichend ist es jedoch anzusehen, dass die ausländische Amtsperson die persönliche Wahrnehmung mit dem Beglaubigungsvermerk bescheinigt, auch wenn die persönliche Wahrnehmung iSv § 40 Abs. 1 BeurkG nach ausländischem Beurkundungsverfahrensrecht nicht notwendig ist.[327]

---

[320] Eingehend Staudinger/*Mansel* EGBGB Art. 43 Rn. 708 ff. (dieser für Vorrang des sachenrechtlichen Anspruchs).
[321] *V. Bar/Mankowski* IPR § 5 Rn. 75.
[322] Juris-PK/*Süß* EGBGB Art. 11 Rn. 5; MüKoBGB/*Spellenberg* EGBGB Art. 11 Rn. 63.
[323] MüKoBGB/*Spellenberg* EGBGB Art. 11 Rn. 192; Reithmann/Martiny/*Reithmann* Rn. 5.305.
[324] OLG Naumburg NZG 2001, 853 (betr. § 12 HGB und Belgien); OLG Zweibrücken MittBayNot 1999, 480 (betr. § 29 GBO und Ontario).
[325] OLG Zweibrücken MittBayNot 1999, 480 (betr. § 29 GBO und Ontario).
[326] OLG Schleswig BeckRS 2010, 17297; Staudinger/*Hertel* BGB § 129 Rn. 158; **aA** juris-PK/*Ludwig* BGB § 129 Rn. 28 (ausländisches Beurkundungsverfahrensrecht ist maßgebend).
[327] Staudinger/*Hertel* BGB § 129 Rn. 158.

Sofern das ausländische Recht § 40 Abs. 1 BeurkG entsprechende Erfordernisse aufstellt, so muss der ausländische Beglaubigungsvermerk zur inländischen Nachweisführung hierzu keine Ausführungen enthalten.[328] Auch im Übrigen scheitert die Nachweisführung nicht daran, dass der Beglaubigungsvermerk der ausländischen Amtsperson abweichend zum deutschen Recht abgefasst ist und etwa keine Aussage dazu trifft, ob die Unterschrift vor dem Notar vollzogen oder anerkannt wurde.[329] Französiche oder belgische Notare beschränken den Beglaubigungsvermerk oftmals mit der gesiegelten Feststellung *„Certification"* oder *„Certification de signature"* und ihrer Unterschrift. Die Personalien des Beteiligten werden vom Notar in seinen Vermerk nicht aufgeführt. Das dortige Beurkundungsrecht sieht die Unterschriftsbeglaubigung als eigene Form nicht vor. Dieser beschränkte Beglaubigungsvermerk schadet der Nachweisführung nicht, wenn sich die (dadurch vom Notar bezeugten) Personalien des Erklärenden etwa aus dem darüber stehenden Text oder anderweitig einwandfrei feststellen lassen,[330] was folglich bei der Entwurferstellung berücksichtigt werden sollte. 123

Zum Nachweis der **Echtheit** der ausländischen öffentlichen Urkunde (Verifizierung der Urkundsperson) kann eine deutsche öffentliche Stelle nach pflichtgemäßem Ermessen insoweit die **Legalisation** verlangen; sie muss jedoch nicht. Allein der Umstand, dass eine Legalisation auf Schwierigkeiten stößt oder der Verfahrensgegenstand von geringem Wert ist, führt nicht dazu, dass die registerführende Stelle vom Echtheitsnachweis durch Legalisation abzusehen hätte.[331] Im Rahmen des Haager Übereinkommens vom 5.10.1961 zur Befreiung ausländischer öffentlicher Urkunden von der Legalisation kann lediglich die **Apostille** verlangt werden.[332] 124

Österreichische, italienische, französische, belgische und dänische öffentliche Urkunden sind **ohne weiteren Echtheitsnachweis** verwendbar. Bestehen aber im konkreten Fall Zweifel an der Echtheit der Unterschrift, des Siegels usw, so darf eine Nachprüfung verlangt werden.[333] Der Vertrag mit der **Schweiz** vom 14.2.1907 befreit allein gerichtliche Urkunden von einem weiteren Echtheitsnachweis. Für notarielle Urkunden kann die deutsche öffentliche Stelle eine Apostille als Echtheitsnachweis verlangen. Der Vertrag mit **Griechenland** vom 11.5.1938 sieht lediglich für bestimmte gerichtliche Urkunden von einem weiteren Echtheitsnachweis ab. Insbesondere für Urkunden von Amtsgerichten, Grundbuchämtern und Notaren ist eine Überbeglaubigung erforderlich, die in der Praxis durch die Apostille ersetzt wird. 125

Ob eine ausländische Urkunde als **öffentliche Urkunde** einzuordnen ist, unterliegt ebenfalls der Prüfung nach deutschem Verfahrensrecht. Danach liegt eine ausländische öffentliche Urkunde vor, wenn die ausländische Stelle in funktional vergleichbarer Weise, wie das § 415 Abs 1 ZPO voraussetzt, eine öffentliche Behörde oder „mit öffentlichem Glauben versehene Person" ist, die im Rahmen ihrer Befugnisse – was sich nach deren Recht richtet – gehandelt hat.[334] Lässt sie sich auf dieser Grundlage nicht als öffentliche Urkunde einordnen, so wird sie auch durch Legalisation/Apostille nicht dazu.[335] Ist eine ausländische Urkunde nach vorstehenden Grundsätzen als echte öffentliche Urkunde anzusehen, so wendet die hM für die Beweiskraft der ausländischen öffentlichen Urkunde die *lex fori* an, dh die §§ 415, 418 und 419 ZPO.[336] 126

---

[328] OLG Schleswig BeckRS 2010, 17297 (betreffend Unterschriftsbeglaubigung nach dem Verfahrensrecht des Kantons Zug).

[329] Juris-PK/*Ludwig* BGB § 129 Rn. 29.

[330] LG Darmstadt MittBayNot 2008, 317; vgl. auch OLG Zweibrücken MittBayNot 1999, 480 (*„signature witnessed"*).

[331] BayObLG DNotZ 1993, 397 (398).

[332] Zu den Vertragsstaaten des Übereinkommens etwa *Jayme/Hausmann* Nr. 250 Fn. 6.

[333] MüKoBGB/*Spellenberg* EGBGB Art. 11 Rn. 197.

[334] Staudinger/*Magnus* Rom I-VO Art. 18 Rn. 34.

[335] MüKoBGB/*Spellenberg* EGBGB Art. 11 Rn. 35.

[336] BGH NJW-RR 2007, 1006; Staudinger/*Magnus* Rom I-VO Art. 18 Rn. 34; *Nagel/Gottwald* IZPR § 10 Rn. 130.

127 Eine **Zwangsvollstreckungsunterwerfung** stellt eine Prozesshandlung dar. Sie unterliegt gemäß dem *lex-fori*-Prinzip dem Verfahrensrecht am Amtssitz des Notars.[337] Von der Vollstreckungsunterwerfung ist der materiell-rechtliche Anspruch zu unterscheiden. Dessen Anknüpfung richtet sich für schuldrechtliche Ansprüche nach den Vorschriften der Rom I-VO. In Ermangelung einer Rechtswahl unterliegt beispielsweise ein abstraktes Schuldversprechen dem Recht am gewöhnlichen Aufenthaltsort des Schuldners (Art. 4 Abs. 2 Rom I-VO). Das kausale Schuldversprechen wird regelmäßig gemäß Art. 4 Abs. 3 Rom I-VO akzessorisch an das Forderungsstatut angeknüpft.[338] Die Unterwerfungserklärung vor einem deutschen Notar kann sich als Verfahrenshandlung auch auf einen ausländischem Recht unterliegenden materiellen Anspruch beziehen.[339]

128 Eine pauschale **Zuordnung beweisrechtlicher Vorschriften** zum Verfahrensrecht oder zum materiellen Recht und dort insbesondere wiederum zum Wirkungs- oder zum Formstatut kommt nicht in Betracht. Vielmehr ist auch insoweit gemäß allgemeiner Grundsätze jede Rechtsnorm nach ihrem Sinn und Zweck zu erfassen und sodann ihre Bedeutung zu würdigen.[340]

129 Fragen der **Beweislast** und gesetzlich angeordneter Vermutungen sind materiell-rechtlich einzuordnen. Sie unterliegen gemäß Art. 1 Abs. 3, 18 Abs. 1 Rom I-VO der von den Verweisungsnormen der Rom I-VO bestimmten Rechtsordnung. Diese Zuordnung zum Geschäfts-/Wirkungsstatut lässt sich für Rechtsgeschäfte außerhalb des Anwendungsbereichs der Rom I-VO verallgemeinern.[341] Klarstellend ist zu beachten, dass nicht zwingend alle nicht von Art. 18 Rom I-VO erfassten beweisrechtlichen Rechtsfragen verfahrensrechtlich zu qualifizieren sind. Vielmehr ist es Sache der jeweiligen, von dem befassten Gericht heranzuziehenden Rechtsordnung, ob diese nicht von der Rom I-VO erfasste beweisrechtliche Rechtsfragen seinen internationalprivatrechtlichen Verweisungsnormen zuordnet oder diese Fragen verfahrensrechtlich qualifiziert.[342]

130 Für den Beweis der Vornahme eines Rechtsgeschäfts sind gemäß Art. 18 Abs. 2 Rom I-VO neben den Beweismitteln der *lex fori* des befassten Gerichts auch die in den verschiedenen Formstatuten (→ § 7 Rn. 23ff.) zugelassenen Beweismittel zur Anwendung berufen, sofern sie der Art nach der *lex fori* bekannt sind. Art. 18 Abs. 2 Rom I-VO hat primär Verbote des Zeugenbeweises französischen oder anglo-amerikanischen Rechts für Verträge über einem bestimmten Gegenstandswert im Auge. Danach kann ein Beweis eines solchen Rechtsgeschäfts grundsätzlich nur durch Urkunden geführt werden. Derartige **Beweismittelverbote** werden unterschiedlich qualifiziert. Während sie unter anderem nach einer Ansicht verfahrensrechtlich eingeordnet werden,[343] sind sie nach abweichendem Standpunkt als materiell-rechtliche Formvorschriften anzusehen, da sie durch den Ausschluss des Zeugenbeweises mittelbar die Einhaltung bestimmter qualifizierter Formen bewirken wollen.[344] Daneben finden sich differenzierende Sichtweisen, unter anderem auch eine Einordnung zum Wirkungsstatut. Nach erstgenannter Ansicht hat der deutsche Richter solche Beweismittelverbote (als ausländisches Verfahrensrecht) nicht zu befolgen, nach letztgenannter Ansicht sind diese über Art. 11 Rom I-VO (Art. 11 EGBGB) zur Anwendung berufen. Art. 18 Abs. 2 Rom I-VO hat diese Qualifikationsfrage durch seine alternative Anknüpfung im Anwendungsbereich der Rom I-VO entschärft.

---

[337] *Fetsch* RNotZ 2007, 456 (463); BeckNotar-HdB/*Zimmermann* H Rn. 98.
[338] MüKoBGB/*Martiny* Rom I-VO Art. 4 Rn. 240; hierzu allg. → Rn. 86ff.
[339] *Fetsch* RNotZ 2007, 456 (463).
[340] Erman/*Hohloch* EGBGB Art. 11 Rn. 14.
[341] MüKoBGB/*Spellenberg* EGBGB Art. 11 Rn. 49.
[342] MüKoBGB/*Spellenberg* Rom I-VO Art. 18 Rn. 2.
[343] BGH JZ 1955, 702; *Nagel/Gottwald* IZPR § 10 Rn. 40; Palandt/*Thorn* EGBGB Art. 11 Rn. 7.
[344] OLG Oldenburg RIW 1996, 66; LG Mannheim NJW 1971, 2129; *Kropholler* IPR § 56 IV 1; Staudinger/*Winkler v. Mohrenfels* EGBGB Art. 11 Rn. 147; *Kegel/Schurig* IPR § 17 V 3 d; Erman/*Hohloch* EGBGB Art. 11 Rn. 14.

Beweismittelbeschränkungen im Registerverfahrensrecht sind dagegen verfahrensrechtlich zu qualifizieren.[345] Nach hM ist auch die **Beweiswürdigung** verfahrensrechtlich einordnen.[346] 131

**c) Außervertragliche Schuldverhältnisse.** Die Abgrenzung vertraglicher von außervertraglichen Schuldverhältnissen wirft in einigen Bereichen noch nicht endgültig geklärte Fragestellungen auf. Dies gilt beispielsweise für die Rechte des Dritten aus einem Vertrag mit Schutzwirkung zugunsten Dritter, für welchen eine außervertragliche Qualifikation vorzugswürdig erscheint.[347] Abweichend zu der in Deutschland hM sind für das europäische Recht Schuldverhältnisse aus Verhandlungen vor Abschluss eines Vertrags außervertraglich einzuordnen (Art. 1 Abs. 2 lit. i Rom I-VO). Alle als nicht vertraglich zu qualifizierenden Schuldverhältnisse unterfallen (in ihrem Anwendungsbereich) der **Rom II-VO.** Im Übrigen findet das nationale Kollisionsrecht Anwendung. Die Rom II-VO verweist allerdings, soweit für das außervertragliche Schuldverhältnis eine enge Beziehung zu einem Vertragsverhältnis besteht, auf die Vorschriften der Rom I-VO. So sehen Art. 4 Abs. 3 S. 2 (allgemeine Anknüpfung), Art. 5 Abs. 2 S. 2 (Produkthaftung), Art. 10 Abs. 1 (ungerechtfertigte Bereicherung), Art. 11 Abs. 1 (Geschäftsführung ohne Auftrag), Art. 12 Abs. 1 Rom II- VO *(culpa in contrahendo)* entweder im Wege einer Ausweichklausel eine Anknüpfung an das Vertragsstatut oder (unter den dort genannten Voraussetzungen) eine akzessorische Anknüpfung an das Vertragsstatut vor. Dabei kann das Vertragsstatut auch durch **Rechtswahl** nach der Rom I-VO bestimmt worden sein, so dass sich diese insoweit mittelbar auf außervertragliche Rechtsfragen erstrecken kann.[348] Diese indirekte Rechtswahl reicht ggf. weiter als die direkte Rechtswahl nach Art. 14 Abs. 1 S. 1 lit. b Rom II-VO, da sie nicht den Restriktionen des Art. 14 Rom II-VO (wohl aber jenen der Art. 3ff. Rom I-VO) unterworfen ist.[349] Die Anknüpfung des Art. 12 Abs. 1 Rom II-VO verweist nach ihrem Wortlaut auch im Anwendungsbereich des Art. 6 Rom I-VO (Verbraucherverträge, → Rn. 94ff.) lediglich auf das gemäß Art. 3 Rom I-VO durch Rechtswahl zur Anwendung berufene Recht. Das gemäß Art. 6 Abs. 2 S. 2 Rom I-VO unter Umständen günstigere Domizilrecht des Verbrauchers ist danach über Art. 12 Abs. 2 Rom II-VO nicht zur Anwendung berufen.[350] Außerhalb des Anwendungsbereichs der Rom II-VO gelangen die Vorschriften der **Art. 38ff. EGBGB** bzw. die von Rechtsprechung und Lehre entwickelten Grundsätze zur Anwendung. Dies gilt beispielsweise für die Erwerberhaftung bei Firmenfortführung (etwa §§ 25 bis 28 HGB).[351] Vertragliche Ansprüche können mit außervertraglichen Ansprüchen konkurrieren. Sofern insoweit verschiedene Rechtsordnungen zur Anwendung berufen sind und diese nicht beide von einer freien Anspruchskonkurrenz ausgehen, kann sich die Frage des Vorrangs des vertraglichen oder außervertraglichen Anspruchs und die Frage stellen, welche der verwiesenen Rechtsordnungen über den Vorrang befindet oder, ob das Kollisionsrecht bereits eine Rechtsordnung als entscheidungsbefugt beruft.[352] 132

Da bereits in der Verhandlungsphase, etwa beim Austausch von Absichtserklärungen *(Letter of Intent, Memorandum of Understanding, Term Sheet)* vorvertragliche Pflichten denk- 133

---

[345] Bamberger/Roth/*Spickhoff* Rom I-VO Art. 18 Rn. 6; Staudinger/*Magnus* Rom I-VO Art. 18 Rn. 31.

[346] *Schack* IZVR Rn. 693; *Nagel/Gottwald* IZPR § 10 Rn. 56; differenzierend MüKoBGB/*Spellenberg* EGBGB Art. 11 Rn. 45f.

[347] *Dutta* IPRax 2009, 293 (294ff.); MüKoBGB/*Martiny* Rom I-VO Art. 1 Rn. 10; **aA** BeckOGK/*Kindler* Rom I-VO Art. 1 Rn. 15; Staudinger/*Magnus* Rom I-VO Art. 1 Rn. 38 (da es auch beim Vertrag mit Schutzwirkung zugunsten Dritter um Wirkung und Reichweite eines Vertrages gehe).

[348] MüKoBGB/*Juncker* Rom II-VO Art. 12 Rn. 20 und Art. 14 Rn. 9f.

[349] Rauscher/*Jacob/Picht* Rom II-VO Art. 14 Rn. 17.

[350] BeckOGK/*Rühl* Rom I-VO Art. 6 Rn. 243 für analoge Anwendung des Günstigkeitsvergleichs etwa *Mankowski* RIW 2009, 98 (114ff.).

[351] BGH NZG 2014, 511 (512f.); MüKoBGB/*Kindler* IntGesR Rn. 253ff. (Anknüpfung an das Recht am Ort der gewerblichen Niederlassung des fortgeführten Unternehmens als dem Firmenstatut).

[352] Hierzu Bamberger/Roth/*Spickhoff* Rom II-VO Art. 4 Rn. 4.

bar sind, kann sich insoweit bereits in dieser Phase eine **Rechtswahl** empfehlen.[353] Die Rom II-VO erklärt zwischen Parteien, die beide einer **kommerziellen Tätigkeit** nachgehen, auch eine **vor Eintritt des schadensbegründenden Ereignisses** (vgl. auch Art. 2 Abs. 3 lit. a Rom II-VO) vereinbarte Wahl des „Deliktstatuts" für zulässig (vgl. Art. 14 Abs. 1 S. 1 lit. b Rom II-VO). Daher lässt sich eine Rechtswahl nach Art. 3 Rom I-VO, zusätzlich zu der unter → Rn. 132 angesprochenen indirekten Rechtswahl, durch eine Rechtswahl nach Art. 14 Rom II-VO auf außervertragliche Ansprüche iSd Rom II-VO „erstrecken".[354] In der Literatur wird insoweit teilweise von einer „verbundenen Rechtswahl" gesprochen.[355] Nach Eintritt des schadensbegründenden Ereignisses ist eine Rechtswahl nach Art. 14 Abs. 1 S. 1 lit. a Rom II-VO, Art. 42 EGBGB zulässig. Für die Haftung aus *culpa in contrahendo* erfolgt vorstehende zeitliche Zäsur durch die haftungsbegründende Handlung.[356] Die kommerzielle Tätigkeit, der beide Parteien der Rechtswahlabrede nachgehen müssen, damit sie diese vor Eintritt des schadensbegründenden Ereignisses treffen können, dürfte im Kern mit der Ausübung einer „beruflichen oder gewerblichen Tätigkeit" iSv Art. 6 Rom I-VO übereinstimmen.[357] Die Rechtswahlvereinbarung muss in den Bereich der kommerziellen (beruflichen oder gewerblichen) Tätigkeit fallen.[358] Vor Eintritt des schadensbegründenden Ereignisses ist die Rechtswahl nach Art. 14 Abs. 1 lit. b Rom II-VO nur durch eine „frei ausgehandelte Vereinbarung" zulässig. Dies meint nach zum Teil geäußerter Ansicht die Notwendigkeit einer Individualvereinbarung, wonach Rechtswahlklauseln in AGB unzulässig seien bzw. durch eine gesonderte Vereinbarung legitimiert werden müssten.[359] Für die Praxis wird vor diesem Hintergrund die Rechtswahl in einer gesonderten Vereinbarung vorgeschlagen.[360] Generelle Einschränkungen erfährt die Rechtswahlfreiheit durch Art. 6 Abs. 4, Art. 8 Abs. 3 und Art. 13 iVm Art. 8 Rom II-VO.

134 Art. 14 Rom II-VO regelt die Rechtswahl weniger detailreich als Art. 3 Rom I-VO. Auch iRv Art. 14 Rom II-VO kommt die Rechtswahl gemäß allgemeiner Grundsätze als kollisionsrechtlicher Verweisungsvertrag zustande. Art. 14 Abs. 1 Rom II-VO verlangt, dass die Vereinbarung ausdrücklich erfolgen oder sich mit hinreichender Sicherheit aus den Umständen des Falles ergeben muss. Gestützt auf das Gebot einheitlicher Anwendung der beiden Verordnungen (Erwägungsgrund Nr. 7 zur Rom II-VO) sind Regelungslücken des Art. 14 Rom II-VO durch eine analoge Anwendung der Regeln des Art. 3 Rom I-VO bzw. Übernahme der insoweit entwickelten Grundsätze zu schließen.[361] Insoweit ist für die Rechtswahlvereinbarung Art. 3 Abs. 5 Rom I-VO iVm Art. 10, 11 und 13 Rom I-VO entsprechend heranzuziehen (→ Rn. 31 ff.).[362] Soweit analog Art. 11 Rom I-VO für die Form der Rechtswahlvereinbarung deutsches Recht zur Anwendung berufen ist, kann diese in Ermangelung einer entsprechenden Formvorschrift formfrei abgeschlossen werden.[363] Für die Frage der Zulässigkeit einer Teilrechtswahl können die zu

[353] *Land* BB 2013, 2697 (2698).
[354] Rauscher/*v. Hein* Rom I-VO Art. 3 Rn. 7.
[355] Jauernig/*Mansel* Rom I-VO Vorb. Rn. 16; dort auch zur Frage, welche Auswirkungen die Unwirksamkeit „einer" Rechtswahl auf die andere hat und nach welchem Statut dies zu bestimmen ist.
[356] Rauscher/*Jacob/Picht* Rom II-VO Art. 14 Rn. 12.
[357] *V. Hein* ZEuP 2009, 6 (20).
[358] MüKoBGB/*Juncker* Rom II-VO Art. 14 Rn. 23.
[359] HK-BGB/*Dörner* Rom II-VO Art. 14 Rn. 5; *Leible* RIW 2008, 257 (260); **aA** Bamberger/Roth/*Spickhoff* Rom II-VO Art. 14 Rn. 5; MüKoBGB/*Juncker* Rom II-VO Art. 14 Rn. 36; Reithmann/Martiny/*Martiny* Rn. 4.8.
[360] *Jacobs* IPRax 2015, 293 (294 f.).
[361] Bamberger/Roth/*Spickhoff* Rom II-VO Art. 14 Rn. 1.
[362] Erman/*Hohloch* Rom II-VO Art. 14 Rn. 10; Palandt/*Thorn* Rom II-VO Art. 14 Rn. 11; HK-BGB/*Dörner* Rom II-VO Art. 14 Rn. 5; Rauscher/*Jacob/Picht* Rom II-VO Art. 14 Rn. 27; Reithmann/Martiny/*Martiny* Rn. 4.6; **aA** MüKoBGB/*Juncker* Rom II-VO Art. 14 Rn. 26 (Anwendung der *lex fori*). Für Anwendung von Art. 11 EGBGB auf die Form der Rechtswahlvereinbarung: Palandt/*Thorn* Rom II-VO Art. 14 Rn. 11.
[363] BeckOGK/*Gebauer* Rom I-VO Art. 11 Rn. 30.

Art. 3 Abs. 1 S. 2 Rom I-VO entwickelten Grundsätze angewendet werden (→ Rn. 43 ff.).[364] Wie bei der vertraglichen Rechtswahl ist stets genau zu prüfen, ob die Teilrechtswahl nicht zu einer sinnwidrigen Aufspaltung des außervertraglichen Schuldverhältnisses führt.[365] Eine Rechtswahl kann sich aber grundsätzlich etwa auf Ansprüche aus *culpa in contrahendo* beschränken.[366] Die Änderung einer Rechtswahlvereinbarung ist schließlich analog Art. 3 Abs. 2 Rom I-VO (→ Rn. 39 f.) zu beurteilen.[367] Auch iRv Art. 14 Rom II-VO ist nur staatliches Recht wählbar.[368] Die Rechtswahl erfasst mit Blick auf Art. 24 Rom II-VO nach wohl hM nicht das Kollisionsrecht (vgl. insoweit auch → Rn. 41).[369] Parallel zu Art. 3 Abs. 3 und Abs. 4 Rom I-VO enthält die Rom II-VO in **Art. 14 Abs. 2 und Abs. 3 Rom II-VO** (→ Rn. 48 ff.) eine Wirkungsbeschränkung der Rechtswahl für reine Inlands- bzw. EU-Binnensachverhalte. **Rechte Dritter** bleiben gemäß Art. 14 Abs. 1 S. 2 Rom II-VO von der Rechtswahl unberührt. Durch eine Rechtswahl können Eingriffsnormen des Staates des angerufenen Gerichts nicht umgangen werden (Art. 16 Rom II-VO), ebensowenig zum Tatzeitpunkt am Ort des haftungsbegründenden Ereignisses geltende Sicherheits- und Verhaltensregeln (vgl. näher Art. 17 Rom II-VO).[370] Die Wirkungen einer Rechtswahl werden ferner durch den *ordre public*-Vorbehalt in Art. 26 Rom II-VO beschränkt.

Im Anwendungsbereich des Art. 14 Abs. 1 S. 1 lit. b Rom II-VO lässt sich die vorste- 135
hend unter → Rn. 132 dargestellte „akzessorische" Anknüpfung an das Vertragsstatut durch eine anderweitige Rechtswahl bei Bedarf vermeiden. Dabei ist allerdings zu beachten, dass die Unterstellung aller zusammenhängenden Fragen unter eine Rechtsordnung im Regelfall – insbesondere zur Vermeidung widersprüchlicher Ergebnisse – sinnhaft ist.[371] Da die im deutschen Recht vorgesehene Haftung bei schuldhaftem Abbruch der Vertragsverhandlungen aus *culpa in contrahendo* (§§ 311 Abs. 2, 241 Abs. 2 BGB) in rechtsvergleichender Sicht relativ streng ist,[372] wird in der Literatur insoweit vorgeschlagen, eine Wahl deutschen Rechts dahingehend einzuengen, dass diese lediglich für den später abgeschlossenen Schuldvertrag, und nicht oder jedenfalls nur bei Abschluss des Hauptvertrages, für Ansprüche aus *culpa in contrahendo* gelten soll.[373]

**d) Personenstand und Geschäftsfähigkeit (Art. 1 Abs. 2 lit. a Rom I-VO).** Vom 136
sachlichen Anwendungsbereich der Rom I-VO nicht erfasst wird der Personenstand sowie – unbeschadet des Art. 13 Rom I-VO –, die Rechts-, Geschäfts- und Handlungsfähigkeit von natürlichen Personen. Personenstand meint den familienrechtlichen Status einer Person. Hierunter fallen insbesondere die Eheschließung, Eheaufhebung und Ehescheidung[374] oder Vereinbarungen über das Sorgerecht[375] und die Vertragsadoption.[376] Die beiden erstgenannten Rechtsverhältnisse sind – vorbehaltlich staatsvertraglicher Regelungen – nach Art. 13 EGBGB anzuknüpfen, während die Ehescheidung den Kollisionsnormen der Rom III-VO unterfällt (→ § 11 Rn. 25 ff.). Die elterliche Sorge unterliegt pri-

[364] MüKoBGB/*Juncker* Rom II-VO Art. 14 Rn. 37; Palandt/*Thorn* Rom II-VO Art. 14 Rn. 4; **aA** HK-BGB/*Dörner* Rom II-VO Art. 14 Rn. 5.
[365] Rauscher/*Jacob/Picht* Rom II-VO Art. 14 Rn. 34.
[366] Rauscher/*v. Hein* Rom I-VO Art. 3 Rn. 7.
[367] HK-BGB/*Dörner* Rom II-VO Art. 14 Rn. 5.
[368] Erman/*Hohloch* Rom II-VO Art. 14 Rn. 7; *v. Hein* ZEuP 2009, 6 (22).
[369] Bamberger/Roth/*Spickhoff* Rom II-VO Art. 24 Rn. 3; Staudinger/*Hausmann* EGBGB Art. 4 Rn. 160; **aA** MüKoBGB/*Junker* Rom II-VO Art. 24 Rn. 9; Rauscher/*Jacob/Picht* Rom II-VO Art. 14 Rn. 40.
[370] JurisPK/*Wurmnest* Rom II-VO Art. 14 Rn. 31.
[371] *Jacobs* IPRax 2015, 293 f.
[372] Vgl. zum deutschen Recht etwa MüKoBGB/*Emmerich* § 311 Rn. 175 ff.
[373] Rauscher/*v. Hein* Rom I-VO Art. 3 Rn. 7.
[374] Bamberger/Roth/*Spickhoff* Rom I-VO Art. 1 Rn. 26; Palandt/*Thorn* Rom I-VO Art. 1 Rn. 7.
[375] Rauscher/*v. Hein* Rom I-VO Art. 1 Rn. 22.
[376] BeckOGK/*Kindler* Rom I-VO Art. 1 Rn. 32.

mär den Vorschriften des KSÜ,[377] die Adoption untersteht – vorbehaltlich staatsvertraglicher Regelungen – Art. 22f. EGBGB. Auf Fragen der Rechts-, Geschäfts- und Handlungsfähigkeit natürlicher Personen ist gemäß Art. 7 EGBGB das jeweilige Heimatrecht der Vertragsschließenden anzuwenden (→ § 4 Rn. 6ff.). Aus dem Ausschluss dieser Materie vom Anwendungsbereich der Rom I-VO folgt insoweit, dass eine Person sich nicht durch Rechtswahl nach Art. 3 Rom I-VO eine nach ihrem Heimatrecht fehlende Geschäftsfähigkeit verleihen kann.[378] Für juristische Personen sieht Art. 1 Abs. 2 lit. f Rom I-VO einen entsprechenden Ausschluss vor.

137 **e) Schuldverpflichtungen aus Familienverhältnissen, Ehegüterrecht und aus Erbrecht (Art. 1 Abs. 2 lit. b und lit. c Rom I-VO).** Der Ausschluss familien- und erbrechtlicher Rechtsverhältnisse wird von der Rom I-VO auf Art. 1 Abs. 2 lit. b und lit. c Rom I-VO verteilt. Gemäß Erwägungsgrund 8 S. 1 der Rom I-VO stellen die Verwandtschaft in gerader Linie, die Ehe, die Schwägerschaft und die Verwandtschaft in der Seitenlinie Familienverhältnisse iSd Ausschlusstatbestandes dar. Der Ausschluss von Schuldverhältnissen aus einem Familienverhältnis bezieht sich allerdings nicht generell auf vertragliche Schuldverhältnisse zwischen Familienangehörigen.[379] Jedenfalls Vertragsverhältnisse, die gleichermaßen zwischen fremden Personen eingegangen werden könnten, unterfallen nicht schon deshalb dem Ausschlusstatbestand, weil die Vertragsbeziehung zwischen Familienangehörigen besteht. Damit erfasst die Rom I-VO auch Schenkungen oder sonstige Schuldverträge innerhalb der Familie. Eine trennscharfe Eingrenzung des Anwendungsbereichs der Rom I-VO ist für Zuwendungsvereinbarungen innerhalb der Familie schwierig zu finden, da sowohl auf die subjektive Intention, als auch auf eine (gesondert anzuknüpfende) objektive Rechtspflicht abgestellt werden kann.[380] Hält man die objektive Rechtspflicht für maßgebend, so wird man nicht geschuldete **Ausstattungen** dem Schuldvertragsrecht zuordnen.[381] Die im Zusammenhang mit einer Ausstattung auftretenden Rechtsfragen sollten dem Eltern-Kind-Verhältnis (sprich primär Art. 16 KSÜ, ggf. im Falle eines weiten Verständnisses dieser Norm, Art. 17 KSÜ) zugeordnet werden.[382]

138 Von dem Ausschlusstatbestand nach Art. 1 Abs. 2 lit. b sind auch Rechtsbeziehungen aus Verhältnissen, die nach dem auf diese Verhältnisse anzuwendenden Recht, vergleichbare Wirkungen wie Familienverhältnisse entfalten, erfasst. Dies zielt auf gleichgeschlechtliche Lebenspartnerschaften ab. Ob diesen tatsächlich solche Wirkungen zukommen, soll nach Erwägungsgrund 8 S. 2 der Rom I-VO nach dem Recht des Mitgliedstaats, indem sich das angerufene Gericht befindet, bestimmt werden. Dies wird zum Teil als Qualifikation (nach dem Sachrecht) der *lex fori* verstanden.[383] Richtigerweise ist eine Qualifikation nach der von den Kollisionsregeln des Forumstaates berufen Rechtsordnung gemeint (Gesamtverweisung).[384] Die gleiche Grenzziehung ist für (registrierte oder nichtregistrierte) nichteheliche Lebensgemeinschaften heranzuziehen.

139 Explizit als vom Ausschlusstatbestand erfasst nennt Art. 1 Abs. 2 lit. b Rom I-VO Schuldverhältnisse über **Unterhaltspflichten** aus einem Familienverhältnis (oder aus einem nach dem auf dieses Verhältnis anzuwendenden Recht vergleichbare Wirkungen entfaltenden Verhältnis). Korrespondierend hierzu erfasst das Haager Unterhaltsprotokoll

[377] Hierzu eingehend Althammer/*Schäuble* IPR Anh. zur Elterlichen Verantwortung Rn. 2ff.; *Hausmann* IntEuSchR B Rn. 268ff. sowie → § 5 Rn. 16ff.

[378] Staudinger/*Magnus* Rom I-VO Art. 1 Rn. 47.

[379] MüKoBGB/*Martiny* Rom I-VO Art. 1 Rn. 26; Staudinger/*Magnus* Rom I-VO Art. 1 Rn. 50f.; Rauscher/*v. Hein* Rom I-VO Art. 1 Rn. 29.

[380] *Nordmeier* IPRax 2014, 411 (416).

[381] So Staudinger/*Magnus* Rom I-VO Art. 1 Rn. 51.

[382] Staudinger/*Henrich* EGBGB Art. 21 Rn. 78.

[383] *Pfeiffer* EuZW 2008, 622 (623); PPW/*Brödermann*/*Wegen* Rom I-VO Art. 1 Rn. 12.

[384] NK-BGB/*Leible* Rom I-VO Art. 1 Rn. 26; Rauscher/*v. Hein* Rom I-VO Art. 1 Rn. 26; HK-BGB/*Staudinger* Art. 1 Rn. 6.

(HUP) gemäß Art. 1 Abs. 1 HUP wiederum Unterhaltsansprüche, die sich aus Beziehungen der Familie (Verwandtschaft, Ehe oder Schwägerschaft) ergeben (zum Unterhaltsstatut → § 10 Rn. 28 ff., 129 ff.). Wird zwischen Beteiligten eines Familien- oder diesem gleichzustellenden Verhältnisses eine vertragliche Unterhaltsvereinbarung geschlossen, so ist diese jedenfalls dann dem Unterhaltsstatut zuzuordnen, sofern sie eine nach der kollisionsrechtlich berufenen Rechtsordnung bestehende gesetzliche Unterhaltspflicht ändert oder konkretisiert. In der jüngeren inländischen Literatur wird aufgrund der komplizierten Ausgestaltung des deutschen materiellen Rechts des nachehelichen Unterhalts, insbesondere aus Gründen der Rechtssicherheit, dafür plädiert, den Anspruch auf nachehelichen Unterhalt gänzlich auszuschließen und stattdessen eine Leibrentenvereinbarung (§§ 759 ff. BGB) als eine (materiell-rechtlich gesehen) vom Unterhaltsrecht losgelöste Vereinbarung abzuschließen.[385] In solchen Fällen ist jedenfalls die Vereinbarung des **Unterhaltsverzichts** auf der Grundlage des Unterhaltsstatuts zu prüfen.[386] Ob dagegen auch die materiell-rechtlich gesehen vom Unterhaltsrecht losgelöste Leibrentenabrede, kollisionsrechtlich dem Unterhaltsrecht zuzuordnen ist, wird unterschiedlich beurteilt. Nach einer Sichtweise unterfallen Vereinbarungen über Geldzahlungen, die dem kollisionsrechtlichen Begriff des Unterhalts zuzuordnen sind (zum kollisionsrechtlichen Unterhaltsbegriff → § 10 Rn. 130 ff.) auch dann dem HUP, wenn diese Vereinbarung den Unterhaltsanspruch konstitutiv durch Vertrag begründet, sofern dieser Anspruch in irgendeiner Weise dem Familienverhältnis zuzurechnen ist.[387] Nach anderer Sichtweise sollen unterhaltsrechtliche Vereinbarungen nur insoweit nicht der Rom I-VO unterfallen, wie diese gesetzliche Unterhaltspflicht betreffen und diese etwa ändern oder konkretisieren.[388]

Die in Übergabeverträgen zum Teil, insbesondere bei der Übertragung von Betriebs- 140
vermögen aus steuerlichen Gründen, enthaltenen Leibrentenzahlungsvereinbarungen sind kollisionsrechtlich der Rom I-VO zuzuordnen. Denn diese Vereinbarungen betreffen nicht die gesetzliche Unterhaltspflicht eines Abkömmlings (Erwerbers) gegenüber seinem Elternteil (Übergeber). Vielmehr sind derartige Abreden der Vermögensübertragung von einer Generation auf die andere zuzuordnen. Auch die zum Teil in Übergabeverträgen enthaltenen Freistellungsvereinbarungen zugunsten der Geschwister des Erwerbers (Verpflichtung des Erwerbers seine Geschwister von einer Inanspruchnahme wegen Elternunterhalts freizustellen) sind schuldvertraglich zu qualifizieren, denn sie haben keinen Unterhaltsanspruch der die Vereinbarung abschließenden Parteien zum Gegenstand.

Der Ausschluss gemäß Art. 1 Abs. 2 lit. c Rom I-VO erfasst alle vertraglichen Schuldver- 141
hältnisse, die die generelle Güterzuordnung zwischen Ehegatten festlegen.[389] Diese Rechtsverhältnisse unterliegen dem Güterrechtsstatut (näher → § 9 Rn. 159 ff.). Im Grenzbereich von Schuld- und Güterrecht bereitet insbesondere die kollisionsrechtliche Zuordnung der von der Rechtsprechung entwickelten Grundsätze über **unbenannte Zuwendungen** Probleme. Während eine verbreitete Ansicht eine güterrechtliche Qualifikation befürwortet,[390] entschied sich die deutsche Rechtsprechung unter Geltung der Art. 27 ff. EGBGB aF (bzw. des EVÜ) für eine schuldvertragliche Einordnung,[391] was auch nach Inkrafttreten der Rom I-VO verbreitet Zustimmung erfährt (vgl. aber → § 9 Rn. 194 ff.).[392] Für die Rechtspraxis kann vor diesem Hintergrund – jedenfalls bis zur Anwendbarkeit einer europäischen Güterrechtsverordnung – von einer schuldvertraglichen Qualifikation ausgegangen werden. Glei-

[385] *Bergschneider/Engels* FamRZ 2014, 436 ff.
[386] Zum Unterhaltsverzicht *Schäuble* NZFam 2014, 1071 (1076); ferner → § 10 Rn. 113 ff., 149.
[387] *Hausmann* IntEuSchR C Rn. 494; ferner → § 10 Rn. 128 f.
[388] BeckOGK/*Kindler* Rom I-VO Art. 1 Rn. 35; Staudinger/*Magnus* Rom I-VO Art. 1 Rn. 50.
[389] Staudinger/*Magnus* Rom I-VO Art. 1 Rn. 60.
[390] Bamberger/Roth/*Mörsdorf-Schulte* EGBGB Art. 15 Rn. 37; *Hausmann* IntEuSchR F Rn. 111; Staudinger/*Magnus* Rom I-VO Art. 1 Rn. 55 (familienrechtliche Qualifikation); vor Inkrafttreten der Rom I-VO etwa: *Jayme/Kohler* IPRax 1993, 357 (369); *Winkler v. Mohrenfels* IPRax 1995, 379 (381).
[391] BGHZ 119, 392 = NJW 1993, 385 (386).
[392] Ermann/*Hohloch* Rom I-VO Art. 4 Rn. 36; Staudinger/*Mankoswki* EGBGB Art. 15 Rn. 415; Palandt/*Thorn* EGBGB Art. 15 Rn. 25.

ches gilt für die Ehegatteninnengesellschaft (→ Rn. 151). Auch für dem Schuldvertragsstatut zuzuordnende Rechtsgeschäfte zwischen Ehegatten ist das Ehewirkungs- (→ § 8 Rn. 8 ff.), bzw. das Güterrechtsstatut (→ § 9 Rn. 54 ff.) nicht ohne Bedeutung. So sehen manche Rechtsordnungen Verbote, Einschränkungen oder erleichterte Aufhebungsmöglichkeiten von Verträgen (insbesondere Schenkungen) zwischen Ehegatten vor. Derartige Bestimmungen entfalten neben den Kollisionsnormen der Rom I-VO Geltung (eingehend zur Qualifikation derartiger Bestimmungen → § 8 Rn. 54, 58 ff.).

142 Vom Anwendungsbereich der Verordnung ausgenommen sind weiter **Schuldverhältnisse aus Testamenten und Erbrecht** (näher → § 15 Rn. 314 ff.). Soweit ein Regelungswerk neben schuldrechtlichen Rechtsfragen, erbrechtliche Regelungen enthält, etwa Ausgleichungs-, Pflichtteilsanrechnungsbestimmungen, oder etwa einen (gegenständlich beschränkten) Pflichtteilsverzicht, unterliegen derartige Rechtsgeschäfte demgemäß nicht dem Schuldvertragsstatut, sondern vielmehr dem Erbstatut (vgl. auch Art. 23 Abs. 2 lit. h, lit. i iVm Art. 1 Abs. 2 lit. g EuErbVO). Sofern, wie etwa im deutschen Recht der Erb- bzw. Pflichtteils- oder Zuwendungsverzicht als abstraktes Verfügungsgeschäft ausgestaltet ist, dem ein schuldrechtliches **Kausalgeschäft** zugrunde liegt bzw. liegen kann, bereitet die Einordnung dieses schuldrechtlichen Kausalgeschäfts in der Abgrenzung zwischen Erb- und Schuldstatut Schwierigkeiten. Nach teilweiser Ansicht ist das Kausalgeschäft mit der Begründung den Kollisionsnormen der EuErbVO zuzuordnen, dass Art. 3 Abs. 1 lit. b EuErbVO, welcher den kollisionsrechtlichen Begriff des Erbvertrags iSd EuErbVO definiert, in diese Definition Vereinbarungen „mit oder ohne Gegenleistung" aufnimmt, was für eine Einbeziehung von Kausalgeschäften spreche.[393] Da das Kausalgeschäft bereits zu Lebzeiten des Erblassers zu beantwortende schuldrechtliche Rechtsfragen aufwerfen kann (etwa Rechtsfolgen der Schlechterfüllung einer Abfindung für den Verzicht) und es selbst keine unmittelbaren erbrechtlichen Wirkungen zeigt (weder nimmt das Kausalgeschäft auf die Erbfolge oder die Pflichtteilsberechtigung selbst direkten Einfluss, noch verändert es die für die Abwicklung des Nachlasses maßgeblichen Regeln), ist dieses bei nach dem Erbstatut abstrakten Verhältnis beider Geschäfte dem Schuldstatut zuzuordnen (vgl. zur Anknüpfung des Kausalgeschäfts auch → Rn. 90).[394] Allerdings entscheidet das Errichtungsstatut (Art. 25 EuErbVO), ob die Erfüllung eines aus dem Schuldstatut erwachsenden Anspruchs auf Aufhebung des Verzichts (etwa durch Aufhebungsvertrag) rechtlich möglich ist oder nicht. Das Schuldstatut entscheidet sodann über die Rechtsfolgen einer rechtlichen Unmöglichkeit (etwa Umwandlung des Aufhebungsanspruchs in einen Geldersatzanspruch).

143 Ähnliche Abgrenzungsfragen zwischen Erb- und Schuldstatut stellen sich für einen mit einem Erbvertrag verbundenen Vertrag unter Lebenden, etwa einem **Pflegevertrag.** Auch für derartige Verträge ist mit vorstehenden Argumenten eine Zuordnung zu den Kollisionsnormen der Rom I-VO angezeigt.[395] Der teilweise mit einem Erbvertrag in einer Urkunde verbundene **Verfügungsunterlassungsvertrag** (Verpflichtung unter Lebenden eine Verfügung zu Lebzeiten über einen Gegenstand nicht zu treffen; ggf. mit bedingter Übertragungsverpflichtung) ist ebenfalls schuldvertraglich zu qualifizieren und untersteht den Kollisionsnormen der Rom I-VO.[396] Erbschaftsverträge (etwa iSd § 311b Abs. 4 BGB) unterliegen ebenso wie die sich aus einem Erbschaftskaufs oder einem ähnlichen Geschäft (siehe etwa §§ 2371 ff., 2385 BGB) ergebenden schuldrechtlichen Verpflichtungen der Parteien der Rom I-VO. Dagegen befindet das Erbstatut über die Frage, ob die durch das Erbrecht verliehene Position auf Dritte übertragen werden kann und welche erbrechtlichen Konsequenzen sich aus einer solchen Übertragung ergeben.[397]

[393] *Döbereiner* MittBayNot 2013, 437 (445).

[394] *Heinig* RNotZ 2014, 197 (211); *Nordmeier* ZEV 2013, 117 (119); zum EGBGB OLG Hamm ZEV 2000, 507 (508).

[395] *Heinig* RNotZ 2014, 197 (211).

[396] *Heinig* RNotZ 2014, 197 (211); vgl. insoweit etwa → Rn. 75.

[397] MüKoBGB/*Dutta* EuErbVO Art. 3 Rn. 9.

144 Die Abgrenzung zwischen der Rom I-VO unterliegenden Schenkungen und der EuErbVO unterliegenden erbrechtlichen Rechtsgeschäften bereitet für **Schenkungen auf den Todesfall** bzw. Schenkungen von Todes wegen Probleme. Die Erbrechtsverordnung entzieht unentgeltliche Zuwendungen unter Lebenden nach Art. 1 Abs. 2 lit. g EuErbVO ausdrücklich dem Erbstatut, während Schuldverhältnisse aus Testamenten und Erbrecht gemäß Art. 1 Abs. 2 lit. c Rom I-VO dem Anwendungsbereich der Rom I-VO entzogen sind. Nach deutschem Sachrecht wird zunächst danach differenziert, ob ein Schenkungsversprechen ohne Überlebensbedingung iSv § 2301 BGB abgegeben wird und lediglich die Erfüllung auf den Zeitpunkt des Todes hinausgeschoben wird. In diesem Fall gelten die Regelungen über Schenkungen unter Lebenden. Wird das Schenkungsversprechen, unter der Bedingung abgegeben, dass der Beschenkte den Schenker überlebt, wird weiter danach differenziert, ob der Schenker die Schenkung bereits zu seinen Lebzeiten durch Leistung des zugewendeten Gegenstands vollzieht (§ 2301 Abs. 1, Abs. 2 BGB). Ist dies der Fall, so finden die Vorschriften über Schenkungen unter Lebenden Anwendung, andernfalls gelten die Vorschriften über Verfügungen von Todes wegen. Nach für das autonome deutsche Recht wohl hM, werden die der genannten materiell-rechtlichen Abgrenzung zugrunde liegenden Wertungen auf das Kollisionsrecht übertragen.[398] Für das europäische Kollisionsrecht wird zum Teil dahingehend unterschieden, ob die Schenkung – gleich, ob mit oder ohne Überlebensbedingung – vor dem Erbfall vollzogen wurde. Ist dies der Fall, ist das Rechtsgeschäft dem Vertragsstatut zuzuordnen. Erfolgt der Vollzug erst mit oder nach dem Tod, unterliegt das Rechtsgeschäft dem Erbstatut. Über den Zeitpunkt und die Erfordernisse der Vollziehung, dh des dinglichen Rechtsübergangs, entscheidet das für den Rechtserwerb maßgebliche Recht (zB Sachstatut, Abtretungs- und Forderungsstatut).[399] Lebzeitiger Vollzug einer deutschem Sachenrecht unterliegenden Grundstückszuwendung liegt schon mit lebzeitigem Erwerb eines Anwartschaftsrechts vor. Nach weitergehender Ansicht sollen auch zu Lebzeiten schon vollzogene Rechtsgeschäfte erbrechtlich zu qualifizieren sein, sofern sie im Hinblick auf den Tod des Erblassers („in Gedanken an den Tod“) vorgenommen werden.[400] Nach wiederum entgegengesetzter Ansicht sind Schenkungen von Todes wegen bzw. Schenkungen auf den Todesfall schuldrechtlich zu qualifizieren, da sie eine (aufschiebend bedingte) Übertragung in den schuldrechtlichen und sachenrechtlichen Formen eines Rechtsgeschäfts unter Lebenden bewirkten[401] und damit der Bereichsausnahme des Art. 1 Abs. 2 lit. g EuErbVO unterfallen (detailliert → § 15 Rn. 315).

145 Für Lebensversicherungsverträge, sowie für andere **Verträge zugunsten Dritter auf den Todesfall** (Spar-, Konten-, Depotverträge), richtet sich die Anknüpfung nach den Vorschriften der Art. 3 ff., 7 Rom I-VO.[402] Dies gilt jedenfalls für das Deckungsverhältnis und das Verhältnis zwischen Versprechendem und Begünstigtem. Nach teilweiser Ansicht soll stets auch das Valutaverhältnis der Rom I-VO zuzuordnen sein,[403] wohingegen andere für das Valutaverhältnis (weil insoweit der Wertung nach Schenkungen von Todes wegen oder auf den Todesfall vorliegen) nach dem Zeitpunkt des Eintritts der dinglichen Wirkung differenzieren. Liegt dieser nach dem Erbfall, so ist nach letztgenannter Sichtweise eine erbrechtliche Qualifikation angezeigt.[404] Testierverträge sind nicht schuldrechtlich, sondern erbrechtlich zu qualifizieren.[405] Auf die rechtsgeschäftliche Abtretung einer aus dem vom Anwendungsbereich der Rom I-VO ausgeschlossenen Rechtsbereich ent-

[398] Bamberger/Roth/*S. Lorenz* EGBGB Art. 25 Rn. 39; auch für das europäische Recht Rauscher/*v. Hein* Rom I-VO Art. 1 Rn. 30.
[399] Palandt/*Thorn* Rom I-VO Art. 1 Rn. 11; MüKoBGB/*Dutta* Rom I-VO Art. 1 Rn. 22.
[400] *Döbereiner* MittBayNot 2013, 437 (439).
[401] *Süß* ZEuP 2013, 725 (744).
[402] *Dörner* ZEV 2012, 505 (508).
[403] *Nordmeier* ZEV 2013, 117 (122 f.); *Werkmüller* ZEV 2016, 123 (124 f.).
[404] Erman/*Hohloch* Rom I-VO Art. 1 Rn. 9; NK-BGB/*Loschelders* EuErbVO Art. 1 Rn. 47; Palandt/*Thorn* Rom I-VO Art. 1 Rn. 11; *Vollmer* ZErb 2012, 227 (229).
[405] NK-BGB/*Loschelders* EuErbVO Art. 1 Rn. 48.

springenden Forderung (etwa eines Unterhalts-, Vermächtnis- oder Pflichtteilanspruchs) ist die Rom I-VO hingegen anwendbar. Der Ausschluss des Art. 1 Abs. 2 lit. b und lit. c Rom I-VO betrifft nur die Bestimmung des auf die ausgeschlossenen Forderungen anwendbaren Rechts, nicht die durch Schuldvertrag zwischen Alt- und Neugläubiger vereinbarte Übertragung der Forderung (→ Rn. 157 ff.).[406]

146 **f) Wertpapierrecht (Art. 1 Abs. 2 lit. d Rom I-VO).** Das Wertpapierrecht ist in erheblichem Umfang international vereinheitlicht. Namentlich zu nennen sind insoweit Art. 91 bis 98 WG und Art. 60 bis 66 ScheckG, welche auf dem Genfer Abkommen vom 7.6.1930 und 19.3.1931 zum Einheitlichen Wechsel- und Scheckrecht[407] beruhen. Vom Anwendungsbereich der Verordnung ist vor diesem Hintergrund das gesamte Wechsel- und Scheckrecht unter expliziter Einbeziehung der Eigenwechsel, ausgeschlossen. Dagegen unterliegen Verpflichtungen aus anderen Wertpapieren als Wechseln und Schecks nur dann nicht der Rom I-VO, wenn es sich um ein handelbares Wertpapier handelt und dies nur, „soweit die Verpflichtungen aus diesen anderen Wertpapieren aus deren Handelbarkeit entstehen". Die Ausschlussklausel des Art. 1 Abs. 2 lit. d Rom I-VO meint dabei weiter nur die schuldrechtlichen Auswirkungen der spezifisch wertpapierrechtlichen Funktionen dieser Papiere. Nicht von der Rom I-VO ausgeschlossen sind solche Pflichten, die auf Verträgen beruhen, auf Grund derer das Papier ausgestellt oder übertragen wurde.[408] Insoweit unterliegt etwa der Kauf vom Anwendungsbereich der Rom I-VO ausgeschlossener derartiger Papiere der Rom I-VO.[409]

147 **g) Schieds- und Gerichtstandsvereinbarungen (Art. 1 Abs. 2 lit. e Rom I-VO).** Gerichtstandsstands- und Schiedsvereinbarungen sind nach richtiger Ansicht als prozessuale Vereinbarungen zu werten. Folgerichtig entzieht der europäische Gesetzgeber Gerichtstands- (zu diesen → Rn. 175 ff.) und Schiedsvereinbarungen (zu diesen → Rn. 200 ff.) dem Anwendungsbereich der Rom I-VO. Der Ausschluss des Art. 1 Abs. 2 lit. e Rom I-VO beansprucht im Ausgangspunkt auch für sekundäre Ansprüche aus Gerichtsstands- und Schiedsvereinbarungen (etwa Anspruch auf Schadensersatz wegen der Verletzung einer vereinbarten prozessualen Pflicht) Geltung, allerdings wird man insoweit ergänzend auf die Vorschriften der Rom I-VO zurückgreifen müssen.[410]

148 Die nicht der Rom I-VO unterliegende Schiedsvereinbarung ist vom **Schiedsrichtervertrag** zu unterscheiden. Hierbei handelt es sich um eine zwischen den Parteien und dem Schiedsrichter geschlossene Vereinbarung, die Grundlage der Ausübung der schiedsrichterlichen Tätigkeit ist. Der Schiedsrichtervertrag regelt insbesondere Honorar- und Haftungsfragen. Dieses Vertragsverhältnis untersteht den Kollisionsnormen der Rom I-VO. In Ermangelung einer Rechtswahl nach Art. 3 Rom I-VO wird der Schiedsrichtervertrag zum Teil nach Art. 4 Abs. 1 lit. b Rom I-VO dem Recht am Sitz des Schiedsrichters unterstellt.[411] Richtigerweise wird idR eine offensichtlich engere Verbindung zu dem auf das Schiedsverfahren anzuwendenden Recht bestehen (Art. 4 Abs. 3 Rom I-VO).[412]

149 Die Schiedsvereinbarung ist weiter von der Vereinbarung eines **Schiedsgutachtens** (Schiedsgutachtenvereinbarung) abzugrenzen. Letzteres kann sowohl auf die Feststellung von Tatsachen (zB Bewertung von Gesellschaftsbeteiligungen), als auch die Entscheidung von sachlich begrenzten Rechtsfragen gerichtet sein.[413] Die Bestellung des Schiedsgutachters kann im ursprünglichen Vertrag als auch aufgrund nachträglicher Vereinbarung erfol-

[406] Staudinger/*Hausmann* Rom I-VO Art. 14 Rn. 3a.
[407] RGBl. 1933 II 377 und 537.
[408] Bamberger/Roth/*Spickhoff* Rom I-VO Art. 1 Rn. 29.
[409] HK-BGB/*Staudinger* Rom I-VO Art. 1 Rn. 8.
[410] BeckOGK/*Kindler* Rom I-VO Art. 1 Rn. 51; Staudinger/*Magnus* Rom I-VO Art. 1 Rn. 75.
[411] Rauscher/*Thorn* Rom I-VO Art. 4 Rn. 36.
[412] MüKoBGB/*Martiny* Rom I-VO Vorb. Art. 1 Rn. 125; Staudinger/*Magnus* Rom I-VO Art. 4 Rn. 394.
[413] Vgl. zum materiellen deutschen Recht: MüKoBGB/*Würdinger* § 317 Rn. 29 ff.

gen. Die Schiedsgutachtenvereinbarung ist nach hM nicht prozessual, sondern materiellrechtlich zu qualifizieren, was zur Anwendbarkeit der Rom I-VO führt.[414] Die nicht immer einfache Abgrenzung zwischen Schiedsvereinbarung und Schiedsgutachtenvereinbarung hat im Wege funktionaler Qualifikation nach dem (mutmaßlichen) Parteiwillen zu erfolgen und zwar dahingehend, ob der Dritte unter Ausschluss des ordentlichen Gerichts endgültig zu entscheiden (Schiedsvereinbarung) oder es den Parteien noch eröffnet ist, die Entscheidung des Dritten, wenn auch in nunmehr beschränktem Umfang, durch das ordentliche Gericht nachprüfen zu lassen.[415]

Schließlich ist auch die **Mediationsvereinbarung** materiell-rechtlich einzuordnen. Sie 150 wird ebenfalls von den Kollisionsnormen der Rom I-VO erfasst.[416] Allein der mit einer Mediationsvereinbarung regelmäßig verbundene (zeitlich beschränkte) Klageverzicht ist prozessual zu qualifizieren. Seine Beurteilung unterliegt der *lex fori* des angerufenen staatlichen Gerichts oder Schiedsgerichts.[417]

**h) Gesellschaftsrecht (Art. 1 Abs. 2 lit. f Rom I-VO).** Auch alle gesellschaftsrechtlich 151 zu qualifizierenden Rechtsfragen sind aus dem Anwendungsbereich der Rom I-VO ausgeklammert (hierzu → §§ 18, 19). Eine dem Anwendungsbereich der Rom I-VO unterliegende schuldvertragliche Rechtsbeziehung ihrer Mitglieder liegt allerdings im Falle reiner Innengesellschaften, etwa stiller Gesellschaften oder einer **BGB-Innengesellschaft** vor.[418] Diese unterliegt in Ermangelung einer Rechtswahl nach Art. 3 Rom I-VO dem Recht des Staates ihrer engsten Verbindungen (Art. 4 Abs. 4 Rom I-VO);[419] im Falle einer stillschweigend vereinbarten **Ehegatteninnengesellschaft,** welche die inländische Rechtsprechung entgegen zahlreicher eine güterrechtliche Qualifikation befürwortender Stimmen aus der Lehre, ebenfalls schuldrechtlich eingeordnet, kommt bei unterstellter schuldrechtlicher Qualifikation über Art. 4 Abs. 4 Rom I-VO für aus deren Beendigung enstehende Ausgleichsansprüche eine Anknüpfung an das Ehegüterstatut in Betracht.[420]

Nicht gesellschaftsrechtlicher Natur, sondern vertragsrechtlich einzuordnen (und daher 152 unter die Rom I-VO fallend) ist weiter insbesondere das **Verpflichtungsgeschäft zur Übertragung von Gesellschaftsanteilen.**[421] Auch iRd Gründung einer Gesellschaft abgeschlossene „Vorverträge", die nach dem Gesellschaftsstatut noch nicht zu einer Vorgesellschaft im Sinne einer eigenen Rechtsperson führen, sind schuldvertraglich einzuordnen.[422] Ausgeschlossen und gesellschaftsrechtlich zu qualifizieren sind dagegen insbesondere Fragen der Zulässigkeit und Voraussetzungen einer Teilung von GmbH-Geschäftsanteilen, deren dingliche Übertragung[423] und alle damit zusammenhängenden Fragen, wie etwa deren Zulässigkeit und Voraussetzungen, die Frage, ob und inwieweit die Eintragung in ein Register konstitutive Voraussetzung des Erwerbs des Gesellschaftsanteils ist und inwieweit ein Rückforderungsrecht aus einem Übergabevertrag zu einer auflösenden Bedingung der Abtretung des Gesellschaftsanteils erhoben werden kann. Ferner sind alle Fragen der inneren Verfassung einer Gesellschaft vom Anwendungsbereich der Rom I-VO ausgeschlossen,

[414] Reithmann/Martiny/*Hausmann* Rn. 8.193.
[415] MüKoZPO/*Münch* ZPO Vorb. §§ 1025 ff. Rn. 56.
[416] BeckOGK/*Kindler* Rom I-VO Art. 1 Rn. 52; Staudinger/*Magnus* Rom I-VO Art. 1 Rn. 76.
[417] Reithmann/Martiny/*Hausmann* Rn. 8.196.
[418] BeckOGK/*Kindler* Rom I-VO Art. 1 Rn. 56.
[419] Palandt/*Thorn* Rom I-VO Art. 4 Rn. 33.
[420] BGH DNotZ 2015, 686 (687); vgl. aber auch *Hausmann* FS Jayme, 2004, 305 (319 f.); für güterrechtliche Qualifikation etwa → § 9 Rn. 198 (umfassende Darstellung); *Christandl* FamRZ 2012, 1692 (1695); vgl. zur Frage einer stillschweigenden Rechtswahl in Fällen einer Ehegatteninengesellschaft *Ludwig* FamRB 2015, 366 (367).
[421] *Becker* notar 2015, 60; Bamberger/Roth/*Spickhoff* Rom I-VO Art. 1 Rn. 31; vgl. zur Frage vertraglicher oder gesellschaftsrechtlicher Anknüpfung von Rechtsbeziehungen innerhalb eines Konzerns, insbes. zu Unternehmensverträgen nach §§ 291 ff. AktG: *Renner/Hesselbarth* IPRax 2014, 117 ff.
[422] BeckOGK/*Kindler* Rom I-VO Art. 1 Rn. 60; → § 19 Rn. 30.
[423] *Mankowski* NZG 2010, 201 (206).

wie etwa die Bestellung und Abberufung von Gesellschaftsorganen, sowie alle die Rechte und Pflichten von Gesellschaftern betreffenden Fragen.[424]

153 **i) Stellvertretung (Art. 1 Abs. 2 lit. g Rom I-VO).** Vom sachlichen Anwendungsbereich der Rom I-VO ausgenommen, ist schließlich auch die organschaftliche wie die rechtsgeschäftliche Vertretung. Ebenso steht die gesetzliche Vertretung außerhalb des Anwendungsbereichs des Schuldvertragsstatuts (→ §§ 5f. und → § 19 Rn. 16). Vom Ausschlusstatbestand erfasst werden alle Formen der Vollmacht, insbesondere auch solche kraft Duldung oder Rechtsscheins.[425] Der Ausschluss des Art. 1 Abs. 1 lit. g Rom I-VO bezieht sich allerdings nur auf die Frage, ob der Vertreter den Vertretenen rechtsverbindlich gegenüber Dritten verpflichten kann. Hierzu zählen alle der Vertretungsmacht zuzuordneden Fragestellungen, insbesondere die Begründung und das Erlöschen von Vertretungsmacht, sowie deren Umfang (insbesondere auch Einschränkungen durch Gesetz oder Genehmigungserfordernisse) und die Wirkung des Handelns ohne Vertretungsmacht (zum Vertretungsstatut → §§ 5, 6). Alle anderen vertraglichen Beziehungen zwischen Vertreter, Vertretenem und Drittem unterstehen dagegen den Kollisionsnormen der Rom I-VO. Das gilt insbesondere für den Vertrag, der zwischen dem Vertretenen und dem Dritten zustande kommt und für das der Vollmacht zugrundeliegende Rechtsverhältnis.[426] Auch die Zulässigkeit einer Stellvertretung richtet sich nach dem Wirkungsstatut, dh iRd Schuldvertrags nach dem von der Rom I-VO berufenen Recht.

154 **j) Trusts (Art. 1 Abs. 2 lit. h Rom I-VO).** Der Ausschluss der Gründung von *„Trusts"*, sowie der dadurch geschaffenen Rechtsbeziehungen zwischen den Verfügenden, den Treuhändern und den Begünstigten zielt auf die entsprechende Figur des *Common Law* ab. Unter diesem Institut ist eine treuhänderische Übertragung eines Gegenstandes zu verstehen. Der Begründer oder Verfügende *(settlor)* überträgt in einer Art Stiftungsakt seine Rechtsposition zugunsten eines Begünstigten *(beneficiary)* auf den Treuhänder *(trustee)*. Der Begünstigte (auch der *settlor* selbst kann *beneficiary* sein) erhält dabei lediglich eine schuldrechtliche Berechtigung gegenüber dem Treugeber oder bösgläubigen Erwerbern/ Dritten.[427] Die Qualifikation des Trusts bzw. der sich hieraus ergebenden Rechtsbeziehungen wird unterschiedlich beurteilt. In Betracht kommt eine vertragliche, eine sachenrechtliche, bzw. gesellschafts- oder stiftungsrechtliche Qualifikation.[428] Der *testamentary trust* bzw. der nach dem Tode des *settlor* fortbestehenden *living trust* ist erbrechtlich zu qualifizieren (→ § 14 Rn. 324ff.). Vertragliche Treuhandverhältnisse, die nicht vorstehendem Institut entsprechen (sprich die nicht die gesellschaftsähnliche Führung einer rechtlich verselbständigten Vermögensmasse *(Trust)* zum Gegenstand haben, unterfallen hingegen der Rom I-VO.[429] Treuhandvereinbarungen haben regelmäßig eine Dienstleitung (etwa Geschäftsbesorgung) zum Gegenstand und werden insoweit vorbehaltlich der Ausweichklausel des Art. 4 Abs. 3 Rom I-VO über Art. 4 Abs. 1 lit. b Rom I-VO bzw. über Art. 4 Abs. 2 Rom I-VO angeknüpft, wobei der Treuhänder die den Vertrag charakterisierende Leistung im Sinne dieser Vorschrift erbringt.[430]

## II. Einheitliche Anknüpfung

155 Im Rahmen ihres Anwendungsbereichs versucht die Rom I-VO in ihren Art. 10 (Einigung und materielle Wirksamkeit des Vertrages) und Art. 12 (Geltungsbereich des anzu-

[424] BeckOGK/*Kindler* Rom I-VO Art. 1 Rn. 59.
[425] Ferrari/*Kieninger* Rom I-VO Art. 1 Rn. 23.
[426] Staudinger/*Magnus* Rom I-VO Art. 1 Rn. 89ff.
[427] Staudinger/*Magnus* Rom I-VO Art. 1 Rn. 94.
[428] Vgl. etwa MüKoBGB/*Wendehorst* EGBGB Art. 43 Rn. 49ff.
[429] Staudinger/*Magnus* Rom I-VO Art. 4 Rn. 395.
[430] Palandt/*Thorn* Rom I-VO Art. 4 Rn. 12.

wendenden Rechts) das Prinzip der möglichst einheitlichen Anknüpfung von Verträgen zu verwirklichen, wonach Voraussetzungen und Wirkungen des Schuldvertrages (der Vertrag von der Wiege bis zum Grabe) dem gleichen Recht unterliegen sollen.[431] So ist die Aufzählung des Art. 12 Rom I-VO ausweislich ihres Wortlauts lediglich beispielhafter Natur. Damit bestimmt beispielsweise das von der Rom I-VO bestimmte Schenkungsstatut etwa nicht nur über die Verpflichtung des Schenkers zur Übertragung des Schenkungsgegenstandes, sondern auch über die Frage der Aufhebung der Schenkung, das Recht zum Widerruf etwa wegen Undanks und über einen etwaigen Rückforderungsanspruch.[432] Ob dagegen die Rückforderung als dinglich auflösende Bedingung ausgestaltet werden kann, bestimmt das dinglich zu qualifizierende Rechtsfragen entscheidende Statut, etwa das Gesellschaftsstatut oder das Sachenrechtsstatut (vgl. für das deutsche Recht etwa § 925 Abs. 2 BGB).

Der Grundsatz der einheitlichen Anknüpfung von Schuldverträgen wird allerdings 156 durch die von Art. 1 Abs. 2 Rom I-VO angeordnete gesonderte Anknüpfung (→ Rn. 136 ff.) und im Falle einer Teil- oder kumulativen Rechtswahl (Art. 3 Abs. 1 S. 3 Rom I-VO, → Rn. 43 ff.) durchbrochen. Im Falle der Wahl drittstaatlichen Rechts iSv Art. 46b EGBGB sind die dort genannten Vorschriften zu beachten (→ Rn. 1). Auch im Übrigen sind bei Vorliegen eines Verbraucher- oder Arbeitsvertrages nach Art. 6 Abs. 2 und Art. 8 Abs. 1 Rom I-VO ggf. mehrere Rechtsordnungen zu prüfen und anzuwenden (→ Rn. 28 ff.). Für die Frage des Zustandekommens des Vertrages ist die Sonderanknüpfung des Art. 10 Abs. 2 Rom I-VO (→ Rn. 32; dort allerdings für die Rechtswahlvereinbarung) zu beachten. Die Formwirksamkeit von dem Anwendungsbereich der Rom I-VO unterliegenden Rechtsgeschäften wird in Art. 11 Rom I-VO im Interesse eines *favor negotii* gesondert angeknüpft (→ § 7 Rn. 23 ff.). Auch durch die unabhängig von den Verweisungsnormen der Rom I-VO ggf. zur Anwendung gelangenden Eingriffsnormen kann sich eine Durchbrechung des Grundsatzes einheitlicher Anknüpfung ergeben (→ Rn. 163 ff.). Umgekehrt stellt sich die Frage, ob Eingriffsnormen des Vertragsstatuts von der Verweisung der Art. 3 ff. Rom I-VO umfasst sind (→ Rn. 174).

## III. Forderungsübertragung

Die rechtsgeschäftliche Übertragung von vertraglich oder gesetzlich begründeten Forde- 157 rungen findet sich – wenn auch unvollständig – in Art. 14 Rom I-VO geregelt; die Legalzession in Art. 15 Rom I-VO. Art. 14 Abs. 1 Rom I-VO bestimmt zunächst, welche Rechtsordnung auf das der Abtretung zugrunde liegende kausale Verpflichtungsgeschäft zwischen Alt- und Neugläubiger anzuwenden ist. Maßgebend ist danach die nach den allgemeinen Regeln der Art. 3 ff. Rom I-VO das Verpflichtungsgeschäft beherrschende Rechtsordnung. Handelt es sich bei dem der Abtretung zugrundeliegenden Verpflichtungsgeschäft etwa um einen Forderungskauf oder um eine Schenkung, so wird – vorbehaltlich einer Rechtswahl und vorbehaltlich der Ausweichklausel des Art. 4 Abs. 3 Rom I-VO – auf das Recht am Sitz des Verkäufers/Schenkers verwiesen (Art. 4 Abs. 2 Rom I-VO). Das auf das Grundgeschäft anwendbare Recht betrifft gemäß Art. 10, 12 Rom I-VO wiederum den gesamten Bereich des Grundgeschäfts, so etwa die Haftung des Zedenten für die Verität und Bonität der abgetretenen Forderung oder die Haftungsfolgen im Falle fehlender Übertragbarkeit.[433]

Art. 14 Abs. 1 Rom I-VO erfasst ausweislich des Erwägungsgrundes 38 der Verord- 158 nung über das Kausalgeschäft hinaus – mit Ausnahme der in Art. 14 Abs. 2 Rom I-VO geregelten Aspekte des Schuldnerschutzes und unter Berücksichtigung von Rn. 159 – die

[431] Erman/*Hohloch* Rom I-VO Art. 12 Rn. 1; Ferrari/*Ferrari* Rom I-VO Art. 12 Rn. 1; *Kegel/Schurig* IPR § 17 V; MüKoBGB/*Spellenberg* EGBGB Vorb. Art. 11 Rn. 7.

[432] MüKoBGB/*Martiny* Rom I-VO Art. 4 Rn. 209.

[433] Erman/*Hohloch* Rom I-VO Art. 14 Rn. 3.

**dingliche Übertragung** der Forderung.[434] Das Verpflichtungs- und Verfügungsstatut sind demgemäß zu einem einheitlichen Abtretungsstatut verbunden.[435] Dieses einheitliche Abtretungsstatut bestimmt insbesondere über die Auslegung der Vereinbarung und darüber, auf welche Art und Weise die Forderung übertragen wird,[436] ob der Zessionar Inhaber der Forderung geworden ist (ob etwa zum Übergang der Forderung eine Benachrichtigung des Schuldners oder einer Registrierung der Abtretung notwendig ist).[437] Das von Art. 14 Abs. 1 Rom I-VO berufene Recht befindet ferner darüber, ob die Abtretung abstrakter oder kausaler Rechtsnatur ist.[438] Als Folge des einheitlichen Abtretungsstatuts wirkt eine Rechtswahl der Parteien – vorbehaltlich von Art. 14 Abs. 2 Rom I-VO – auch für die dingliche Abtretung. Wird die Forderung, wie dies im deutschen Recht der Fall ist, durch ein abstraktes Verfügungsgeschäft übertragen, so wird nach überzeugender Ansicht die Möglichkeit einer isolierten Wahlmöglichkeit für das Verfügungsgeschäft verneint, da dies dem Prinzip der einheitlichen Anknüpfung zuwiderliefe.[439]

159 Zum **Schutz des Schuldners** enthält Art. 14 Abs. 2 Rom I-VO als Ausnahme von der Grundregel des Abs. 1 eine Sonderanknüpfung. Die Übertragbarkeit der Forderung, das Verhältnis zwischen Zessionar und Schuldner, die Voraussetzungen, unter denen die Übertragung dem Schuldner entgegengehalten werden kann und die befreiende Wirkung einer Leistung durch den Schuldner bestimmen sich gemäß der genannten Sonderanknüpfung nach dem Forderungsstatut, dh dem Recht, dem die abzutretende Forderung zum Zeitpunkt ihrer (geplanten) Übertragung untersteht (im Falle einer vertraglichen Forderung also den Art. 3 ff. Rom I-VO, im Falle einer deliktischen Forderung dem Deliktsstatut usw).[440] Das Forderungsstatut erfasst mit dem Begriff Übertragbarkeit von Forderungen jedenfalls zum Schutz des Schuldners bestehende Zessionsverbote. Ob auch den Schutz des Gläubigers dienende Zessionsverbote (was idR beim Verbot der Abtretung von unpfändbaren Forderungen, wie zB von Unterhaltsforderungen, der Fall ist) gemäß dem Normzweck des Art. 14 Abs. 2 Rom I-VO dem Forderungsstatut unterliegen oder vielmehr das Abtretungsstatut nach Art. 14 Abs. 1 Rom I-VO maßgeblich ist, wird unterschiedlich beurteilt.[441] Das Forderungsstatut kann durch eine **Rechtswahl** zwischen Zedent und Zessionar nicht geändert werden. Auch kann durch Rechtswahl zwischen Zedent und Zessionar keine andere Rechtsordnung als das Forderungsstatut für die Übertragung der Forderung bestimmt werden. Beides ist nur unter Mitwirkung des Schuldners möglich.[442] Im Falle einer zulässigen nachträglichen Änderung des Forderungsstatuts durch Rechtswahlvereinbarung zwischen Zessionar und Schuldner ist die Einschränkung des Art. 3 Abs. 2 S. 2 zu beachten.[443]

160 Die Anknüpfung der **dinglichen Wirkungen** der Abtretung im **Verhältnis zu Dritten** ist für die praktische Rechtsanwendung bis zu einer Überarbeitung der Rom I-VO oder einem Judikat des EuGH ungeklärt. Gemeint ist hier die Frage, welche Rechtsordnung die Voraussetzungen eines Forderungsübergangs von dem Alt- auf den Neugläubiger mit *erga-omnes*-Wirkung bestimmt (das Recht des Zessionars, die Zugehörigkeit der Forderung zu seinem Vermögen sowohl den Gläubigern des Zedenten oder konkurrierenden Zessionaren entgegenhalten zu können). Ob die Anknüpfung der dinglichen Wir-

---

434 Bamberger/Roth/*Spickhoff* Rom I-VO Art. 14 Rn. 4; Palandt/*Thorn* Rom I-VO Art. 14 Rn. 3; **aA** juris-PK/*Rosch* Rom I-VO Art. 14 Rn. 25.
435 Staudinger/*Hausmann* Rom I-VO Art. 14 Rn. 35.
436 *Flessner* IPRax 2009, 35 (38 ff.).
437 Staudinger/*Hausmann* Rom I-VO Art. 14 Rn. 35.
438 Palandt/*Thorn* Rom I-VO Art. 14 Rn. 3.
439 Staudinger/*Hausmann* Art. 14 Rn. 40; **aA** *Flessner* IPRax 2009, 35 (41 f.) (Teilrechtswahl nach Art. 3 Abs. 1 S. 3).
440 Erman/*Hohloch* Rom I-VO Art. 14 Rn. 5.
441 Für eine Einordnung bei Art. 14 Abs. 1 Rom I-VO etwa: Staudinger/*Hausmann* Rom I-VO Art. 14 Rn. 45; für Forderungsstatut etwa: *Flessner* IPRax 2009, 35 (42).
442 Palandt/*Thorn* Rom I-VO Art. 14 Rn. 5.
443 Staudinger/*Hausmann* Rom I-VO Art. 14 Rn. 40.

kungen der Abtretung im Verhältnis zu Dritten überhaupt von der Rom I-VO erfasst wird oder, ob dieser Bereich in Ermangelung eines Regelungswillens des europäischen Gesetzgebers dem nationalen Kollisionsrecht überlassen bleibt,[444] wird unterschiedlich beurteilt. In letzterem Fall stellte sich für den deutschen Rechtsanwender aufgrund der Aufhebung von Art. 33 EGBGB aF die Frage, welche Grundsätze infolge des Fehlens einer eigenen kollisionsrechtlichen Regelung im nationalen Recht heranzuziehen sind. Denkbar wäre insbesondere gemäß der zu Art. 33 EGBGB aF in Deutschland hM an das Statut der abgetretenen Forderung anzuknüpfen.[445] Zu erwägen wäre ferner die Anknüpfung an das Recht des gewöhnlichen Aufenthalts bzw. der Niederlassung des Zedenten.[446] Nach anderer Sichtweise kann dem europäischen Gesetzgeber kein mangelnder Regelungswillen unterstellt werden.[447] Jedenfalls im Interesse einer einheitlichen Rechtsanwendung wird richtigerweise für eine Lösung iRv Art. 14 Rom I-VO plädiert.[448] Allerdings bestehen auch insoweit unterschiedliche Lösungsansätze. Vorstellbar ist, die Frage der dinglichen Wirkungen der Abtretung im Verhältnis zu Dritten als von Art. 14 Abs. 2 Rom I-VO erfasst anzusehen und dem dortigen Begriff der Übertragbarkeit der Forderung zuzuordnen. Insoweit enthält der Wortlaut von Art. 14 Abs. 2 Rom I-VO keine ausdrückliche Bezugnahme auf das Verhältnis zum Schuldner. Vorstellbar ist schließlich – unter teleologischer Reduktion des Wortlauts von Art. 14 Abs. 2 Rom I-VO – die Zuordnung zur Grundregel des Art. 14 Abs. 1 Rom I-VO. Schließlich könnte auch auf der Ebene des europäischen Rechts auf den gewöhnlichen Aufenthalts bzw. die Niederlassung des Zedenten abgestellt werden.[449]

## IV. Aufrechnung

Die Aufrechnung aufgrund Gesetzes unterliegt gemäß Art. 17 Rom I-VO dem Recht des 161
Staates, dem die Forderung unterliegt, gegen die aufgerechnet wird. Das Statut dieser Hauptforderung befindt über die Voraussetzungen, das Zustandekommen und die Wirkungen der Aufrechnung.[450] Sofern die Hauptforderung aus einem Schuldvertrag stammt, kann, da nach Art. 17 Rom I-VO ihr Statut allein Maß gibt, die Aufrechnungsforderung anderer Natur sein.[451] Die vereinbarte Aufrechnung ist dagegen nicht in einer eigenen Kollisionsnorm geregelt. Sofern die Aufrechnung vertraglicher Bestandteil einer anderen Vereinbarung ist (unselbstständiger Aufrechnungsvertrag), so wird dieser unselbstständige Aufrechnungsvertrag kraft akzessorischer Anknüpfung dem Recht der Hauptvereinbarung (welche ggf. durch Rechtswahl nach Art. 3 Rom I-VO bestimmt wurde) unterstellt.[452] Ein isolierter (selbstständiger) Aufrechnungsvertrag unterliegt der allgemeinen Anknüpfung für Verträge. Eine Rechtswahl nach Art. 3 Rom I-VO (ggf. unter Beachtung der Art. 6 bis 8 Rom I-VO) ist daher zulässig.[453] Die im Falle fehlender Rechtswahl kraft objektiver Anknüpfung maßgebenden Grundsätze sind nicht abschließend geklärt. Überwiegend wird in Ermangelung einer charakteristischen Leistung auf das Recht abgestellt, mit dem der Aufrechnungsvertrag im konkreten Fall am engsten verbunden ist (Art. 4 Abs. 4 Rom I-VO).[454] Über die Zulässigkeit und die verfahrensrechtlichen Wirkung der Aufrechnung im Prozess herrscht die *lex fori,* in der Insolvenz ist das Insolvenzstatut maß-

---

[444] So insbes. Ferrari/*Kieninger* Rom I-VO Art. 14 Rn. 11.
[445] BGHZ 111, 376 (379f.) = NJW 1991, 637; BGH IPRax 2000, 128; RIW 2004, 857.
[446] Ferrari/*Kieninger* Rom I-VO Art. 14 Rn. 12.
[447] *Flessner* IPRax 2009, 38f.; *Einsele* RabelsZ 74 (2010), 91.
[448] Staudinger/*Hausmann* Rom I-VO Art. 14 Rn. 55.
[449] Vgl. die umf. Darstellung von Staudinger/*Hausmann* Rom I-VO Art. 14 Rn. 56ff.
[450] BGH NJW 2014, 3156 (3157).
[451] MüKoBGB/*Spellenberg* Rom I-VO Art. 17 Rn. 8.
[452] Palandt/*Thorn* Rom I-VO Art. 17 Rn. 1; juris-PK/*Rosch* Rom I-VO Art. 17 Rn. 6.
[453] Bamberger/Roth/*Spickhoff* Rom I-VO Art. 17 Rn. 8.
[454] *Magnus* IPRax 2010, 27 (43); MüKoBGB/*Spellenberg* Rom I-VO Art. 17 Rn. 12; HK-BGB/*Staudinger* Rom I-VO Art. 17 Rn. 1.

gebend.[455] Im Übrigen stellt die Aufrechnung ein Erlöschensgrund der schuldvertraglichen Forderung iSv Art. 12 Abs. 1 lit. d Rom I-VO dar. Gemäß allgemeiner Grundsätze ist die Aufrechnung aus der Sicht des deutschen Rechts auch dann materiell-rechtlich zu qualifizieren, wenn sie ein ausländisches Vertragsstatut prozessrechtlich qualifiziert.[456]

### V. Ordre public

162 Die Verweisung der Rom I-VO auf eine aus der Sicht des Forumsstaats ausländische Sachnorm wird durch Art. 21 Rom I-VO unter den Vorbehalt des *ordre public* gestellt, so dass die Anwendung einer verwiesenen Norm versagt werden kann, sofern sie mit der öffentlichen Ordnung des Forumstaates offensichtlich unvereinbar ist. Die Geltung des *ordre public*-Vorbehalts steht folglich nicht zur Disposition der Parteien.[457]

## E. Eingriffsnormen

163 Die Berücksichtigung international zwingender Normen wird im Anwendungsbereich der Rom I-VO in Art. 9 geregelt.[458] Auch im Falle der Verweisung auf ausländisches Schuldvertragsrecht haben deutsche Gerichte gemäß Art. 9 Abs. 2 Rom I-VO inländische Eingriffsnormen anzuwenden. Diese Vorschriften können dementsprechend jedenfalls dann, wenn ein deutsches Gericht mit der Sache befasst ist, nicht durch Rechtswahl abbedungen werden. Gleiches gilt für das Recht eines jeden anderen EU-Mitgliedstaates (mit Ausnahme Dänemarks), sofern die Gerichte des entsprechenden EU-Mitgliedstaats mit der Sache befasst sind. Darüber hinaus können deutsche Eingriffsnormen über Art. 9 Abs. 3 Rom I-VO vor den Gerichten anderer Mitgliedstaaten Berücksichtigung finden, sofern die durch den Vertrag begründeten Verpflichtungen in Deutschland erfüllt werden sollen oder erfüllt worden sind. Gleiches gilt vor deutschen Gerichten für ausländische Eingriffsnormen, sofern die durch den Vertrag begründeten Verpflichtungen im betreffenden ausländischen Staat erfüllt werden sollen oder erfüllt worden sind (zur Frage einer weiter gehenden Berücksichtigung ausländischer Eingriffsnormen → Rn. 174). Die Berücksichtigung von Eingriffsnormen führt zu einer zweispurigen Anknüpfung. Gedacht wird im Bereich der Eingriffsnormen abweichend von der modernen Dogmatik des IPR nicht vom anzuknüpfenden Sachverhalt/Rechtsverhältnis. Ausgangspunkt der Rechtsanwendung ist die in Frage stehende Norm.

### I. Begriff

164 Der Begriff der Eingriffsnorm findet sich in Art. 9 Abs. 1 Rom I-VO – in Anlehnung an die sog *Arblade*-Formel des EuGH[459] – legaldefiniert. Die von Art. 9 Abs. 1 Rom I-VO aufgestellten Voraussetzungen sind zunächst mittels autonomer Auslegung zu bestimmen. Sodann ist in einem zweiten Schritt zu ermitteln, ob die nach nationalem Recht als Eingriffsnorm in Betracht kommende nationale Regelung den Vorgaben der Rom I-VO entspricht.[460] Danach muss die Vorschrift zwingender, sprich nach dem Recht des normsetzenden Staats, nicht dispositiver Natur sein. Darüber hinaus muss die Norm gemäß der Legaldefinition des Art. 9 Abs. 1 Rom I-VO, den Sachverhalt ungeachtet des nach den Kollisionsnormen der Rom I-VO auf den Vertrag anzuwendenden Rechts erfassen wol-

455 Erman/*Hohloch* Rom I-VO Art. 17 Rn. 5.
456 Palandt/*Thorn* Rom I-VO Art. 17 Rn. 1.
457 Juris-PK/*Ringe* Rom I-VO Art. 21 Rn. 22.
458 Vgl. zur Rechtsnormqualität von Art. 9 Rom I-VO BeckOGK/*Maultzsch* Rom I-VO Art. 9 Rn. 7 ff.
459 EuGH C-369/96 und C-376/96, Slg. 1999, I-8453–8530 – Arblade = EuZW 2000, 88; C-184/12, BeckEuRS 2013, 739488 Rn. 47 f. – Unamar.
460 MüKoBGB/*Martiny* Rom I-VO Art. 9 Rn. 9 f.; Reithmann/Martiny/*Freitag* Rn. 5.28.

len. In diesem Erfordernis liegt eine (idR ungeschriebene) Kollisionsnorm.[461] Der Vorschrift muss demgemäß, damit sie Eingriffsnorm sein kann, nach der normsetzenden Rechtsordnung ein internationaler Geltungsanspruch zukommen. Sie darf nach dieser Rechtsordnung nicht durch Rechtswahlvereinbarung abbedungen werden können. Sofern der internationale Geltungsanspruch nicht explizit angeordnet ist, ist dieser durch (insbesondere teleologische) Auslegung der Regelung zu ermitteln.[462]

Der internationale Geltungswille muss weiter zur Wahrung des öffentlichen Interesses 165 des normsetzenden Staates (insbesondere zur Wahrung seiner politischen, sozialen oder wirtschaftlichen Organisation) angeordnet sein. Insoweit hat die Vorschrift zumindest nicht nur dem Schutz und dem Ausgleich von reinen Individualbelangen zu dienen, sondern daneben zumindest auch öffentliche Gemeinwohlinteressen zu verfolgen.[463] Die im Inland wohl hM fordert, dass die Norm hauptsächlich oder überwiegend auf den Schutz von öffentlichen bzw. Gemeininteressen gerichtet ist. Jedenfalls genügt danach nicht, dass die Vorschrift nur reflexartig neben Privatinteressen öffentliche Gemeinwohlinteressen schützt.[464] Die Frage, ob und inwieweit der Schutz von Individualinteressen zugleich die Wahrung öffentlicher Interessen bedeuten kann, dh ob und inwieweit privatschützende, aus sozialpolitischen Gründen erlassene Normen (Sonderprivatrecht zum Schutz des Schwächeren), über Art. 9 Rom I-VO einer Sonderanknüpfung unterliegen können, wird in der inländischen Literatur unterschiedlich, jedoch überwiegend ablehnend beurteilt.[465] Dagegen besteht in anderen EU-Mitgliedstaaten, wie etwa in Frankreich, England und Italien weniger Zurückhaltung bei der Qualifikation von individualschützenden Vorschriften als Eingriffsnormen.[466] Auch der EuGH scheint individualschützende Vorschriften nicht aus dem Kreis der Eingriffsnormen herausnehmen zu wollen[467] und auch nach Ansicht der EU-Kommission wird der Rückgriff auf Art. 9 Rom I-VO nicht durch Art. 6 Rom I-VO gesperrt.[468]

Nach der in der Rechtssache *Unamar* geäußerten Ansicht des EuGH steht es zunächst 166 in der Befugnis des normsetzenden Staates, welche Normen er als zur Wahrung des öffentlichen Interesses entscheidend betrachtet (vgl. Art. 9 Abs. 1 Rom I-VO: „von einem Staat (…) angesehen wird"). Ausschlaggebend ist nach der genannten Entscheidung, ob der Mitgliedstaat das geschützte Interesse als **wesentlich** erachtet.[469] Der EuGH unterstellt dabei die Prüfung des Vorliegens dieser Voraussetzungen der Kompetenz der mitgliedstaatlichen Gerichte.[470] Allerdings wird jedenfalls eine „Missbrauchskontrolle" durch den EuGH erfolgen können.[471] Ob ein von einem Mitgliedstaat als wesentlich betrachtetes Interesse überhaupt als öffentliches Interesse iSv Art. 9 Abs. 1 Rom I-VO anzuerkennen ist, untersteht der Auslegungs- und Prüfungskompetenz des EuGH.[472] Zwar wird man der restriktiv gehaltenen Definition des Art. 9 Abs. 1 Rom I-VO entnehmen können, dass

[461] Jauernig/*Mansel* Rom I-VO Vorb. Rn. 53.
[462] HK-BGB/*Staudinger* Rom I-VO Art. 9 Rn. 4; Gebauer/Wiedmann/*Nordmeier* Kap. 37 Rn. 92; juris-PK/*Ringe* Rom I-VO Art. 9 Rn. 17.
[463] BGH GRUR 2015, 264 (268) (zu Art. 34 EGBGB aF).
[464] *Einsele* WM 2009, 289 (295); HK-BGB/*Staudinger* Rom I-VO Art. 9 Rn. 4; juris-PK/*Ringe* Rom I-VO Art. 9 Rn. 13; *Magnus* IPRax 2010, 27 (41); Übersicht über den Meinungsstand bei: BeckOGK/*Maultzsch* Rom I-VO Art. 9 Rn. 41 ff.
[465] Vgl. MüKoBGB/*Martiny* Rom I-VO Art. 9 Rn. 15 f.; HK-BGB/*Staudinger* Rom I-VO Art. 9 Rn. 7.
[466] *Lüttringhaus* IPRax 2014, 146 (147).
[467] EuGH C-184/12, BeckEuRS 2013, 739488 Rn. 50 ff. – Unamar; BeckOGK/*Maultzsch* Rom I-VO Art. 9 Rn. 53; juris-PK/*Ringe* Rom I-VO Art. 9 Rn. 12; *Lüttringhaus* IPRax 2014, 146 (148); *Schilling* ZEuP 2014, 843 (848).
[468] Vgl. KOM(2002) 654 endg., 40 f.
[469] EuGH C-184/12, BeckEuRS 2013, 739488 Rn. 50 ff. – Unamar; juris-PK/*Ringe* Rom I-VO Art. 9 Rn. 11.
[470] *Schilling* ZEuP 2014, 843 (847); NK-BGB/*Doehner* Rom I-VO Art. 9 Rn. 21 (Ermessen des Erlassstaates); Reithmann/Martiny/*Freitag* Rn. 5.18.
[471] BeckOGK/*Maultzsch* Rom I-VO Art. 9 Rn. 57 ff.
[472] BeckOGK/*Maultzsch* Rom I-VO Art. 9 Rn. 67.

der übermäßigen Heranziehung und Durchsetzung zwingenden Rechts gegen das (kraft objektiver oder subjektiver Anknüpfung bestimmte) Vertragsstatut entgegengewirkt werden soll,[473] was auch der EuGH anerkennt.[474] Allerdings birgt die in der Rechtssache *Unamar* judizierte Sichtweise des EuGH die Gefahr der Überhöhung von Sonderprivatrecht zu Eingriffsnormen.[475] Die Einordnung der Vorschrift als öffentlich-rechtlich oder privatrechtlich ist für ihre Qualifikation als Eingriffsnorm ohne Belang, die Grenzen sind fließend und häufig auch zufällig.[476]

**167** Ungeschriebene Voraussetzung der Anwendung von Eingriffsnormen der *lex fori* nach Art. 9 Abs. 2 Rom I-VO ist nach hM ein hinreichender Inlandsbezug des jeweiligen Sachverhalts zur eigenen Rechtsordnung.[477] Denn ansonsten bedarf es der Durchsetzung inländischer Norm nicht.[478] Ein solcher hinreichender Inlandsbezug kann sich etwa durch die Belegenheit des Vertragsgegenstandes ergeben.[479]

## II. Verhältnis zu Art. 3 Abs. 3 und Abs. 4, Art. 6, Art. 8 und Art. 46b EGBGB

**168** Steht die Anwendung einer Norm in Frage, so bedarf es aus rechtspraktischer Perspektive keines Rückgriffs auf Art. 9 Rom I-VO, wenn schon aus Art. 3 Abs. 3 und Abs. 4, Art. 6 Abs. 2 S. 2, Art. 8 Abs. 1 S. 2 Rom I-VO oder aus Art. 46b EGBGB die Geltung der einschlägigen zwingenden Vorschriften folgt.[480] Im Falle einer Normkollision eines über Art. 3 Abs. 3 Rom I-VO zur Anwendung kommenden ausländischen Rechts (→ Rn. 48 ff.) mit zwingendem inländischen Recht als *lex fori,* beansprucht Art. 9 Abs. 2 Rom I-VO den Vorrang.[481] Allerdings werden im Falle der Lokalisierung des Schuldverhältnisses im Ausland inländische Eingriffsnormen nur selten zur Anwendung gelangen.[482]

**169** Für das im Einzelnen facettenreich diskutierte Verhältnis von Art. 6 und Art. 9 Rom I-VO ist zunächst zu klären, ob sich im Einzelfall der Anwendungsbereich beider Normen überschneidet, sprich ob eine verbraucherschützende Norm überhaupt als Eingriffsnorm iSv Art. 9 Abs. 1 Rom I-VO qualifiziert werden kann (→ Rn. 165 f.). Sollte dies (im Einzelfall) zu bejahen sein, könnte der Sinn und Zweck von Art. 6 und Art. 8 Rom I-VO für einen Vorrang eines über diese Normen für den Verbraucher bzw. Arbeitnehmer günstigeren Rechts sprechen.[483] Sofern und soweit aber das in Art. 6 Abs. 2 S. 2, Art. 8 Abs. 1 S. 2 Rom I-VO zugrundeliegende Günstigkeitsprinzip dem eine Eingriffsnorm tragenden öffentlichen Interessen zuwiderliefe muss Art. 9 Abs. 2 Rom I-VO der Vorrang zukommen.[484] Die genannte Konkurrenz- bzw. Vorrangsfrage stellt sich nicht für die gemäß Art. 6 Abs. 4 Rom I-VO vom sachlichen Anwendungsbereich des Art. 6 Rom I-VO, und damit vom Günstigkeitsprinzip ausgenommenen Verträge; dh insbesondere nicht für Mietverträge über unbewegliche Sachen.[485]

---

[473] MüKoBGB/*Martiny* Rom I-VO Art. 9 Rn. 4; Reithmann/Martiny/*Freitag* Rn. 5.16.
[474] EuGH C-184/12, BeckEuRS 2013, 739488 Rn. 49 ff. – Unamar.
[475] *Lüttringhaus* IPRax 2014, 146 (149); *Mankowski* EwiR 2014, 11 (12).
[476] MüKoBGB/*Martiny* Rom I-VO Art. 9 Rn. 12; NK-BGB/*Doehner* Rom I-VO Art. 9 Rn. 24 f.; PWW/*Remien* Rom I-VO Art. 9 Rn. 2.
[477] Palandt/*Thorn* Rom I-VO Art. 9 Rn. 5; Reithmann/Martiny/*Freitag* Rn. 5.58 (jedenfalls sofern deutsches Recht die *lex fori* bildet).
[478] Staudinger/*Magnus* Rom I-VO Art. 9 Rn. 82 ff.
[479] MüKoBGB/*Martiny* Rom I-VO Art. 9 Rn. 127 ff.
[480] Bamberger/Roth/*Spickhoff* Rom I-VO Art. 9 Rn. 4.
[481] Rauscher/*v. Hein* Rom I-VO Art. 3 Rn. 125; Palandt/*Thorn* Rom I-VO Art. 9 Rn. 6.
[482] MüKoBGB/*Martiny* Rom I-VO Art. 3 Rn. 97.
[483] So etwa Palandt/*Thorn* Rom I-VO Art. 6 Rn. 2; HK-BGB/*Staudinger* Rom I-VO Art. 9 Rn. 7.
[484] Bamberger/Roth/*Spickhoff* Rom I-VO Art. 9 Rn. 4.
[485] BeckOGK/*Rühl* Rom I-VO Art. 6 Rn. 42.

## III. Verhältnis zum ordre public

Die Eingriffsnormen des Art. 9 Rom I-VO schalten den Verweisungsmechanismus der Rom I-VO von vornherein aus. Eingriffsnormen werden auch gegen die Normen des Vertragsstatuts durchgesetzt. Durch den *ordre public*-Vorbehalt (Art. 21 Rom I-VO) wird das durch die Verweisungsnormen der Rom I-VO gefundene Rechtsanwendungsergebnis korrigiert (allg. → § 3 Rn. 110ff., insbes. → § 3 Rn. 119). 170

## IV. Deutsche Eingriffsnormen vor deutschen Gerichten

Klassische Fälle von Eingriffsnormen sind Normen, die eindeutig öffentlichen Interessen dienen. Hierzu zählen insbesondere die zivilrechtliche Vorgaben enthaltenden Normen des **Boden- und Grundstückverkehrsrechts.** Solche Vorgaben können in den Vorschriften des GrdstVG (bzw. in Baden-Württemberg den Normen des ASVG), den Regelungen der GVO, des BauGB, der Landesbauordnungen oder anderer grundstücksbezogenen Gesetze über Vorkaufsrechte und Genehmigungserfordernisse (beispielsweise Erfordernis einer Teilungsgenehmigung auch für das Kausalgeschäft) enthalten sein.[486] Auch das Verbot von Verfallsvereinbarungen bei der Bestellung von inländischen Grundpfandrechten (§ 1149 BGB) ist als international zwingend anzusehen.[487] Da die inländischen Bodenverkehrsvorschriften lediglich die Regelung des inländischen Grundstückverkehrs intendieren, sind diese für Verträge über ausländische Grundstücke auch dann nicht heranzuziehen, wenn das Vertragsstatut (aufgrund Rechtswahl) durch das inländische Recht gebildet wird.[488] § 311b Abs. 1 BGB stellt nach hM keine international zwingende Formvorschrift des deutschen Rechts dar, die es nicht geben soll.[489] Gleiches gilt nach hM für § 15 Abs. 4 GmbHG.[490] Auch die §§95ff., 144 VVG sind nicht als Eingriffsnormen zu werten, diese werden vielmehr dem Sachenrechtsstatut zugeordnet.[491] Zu dem klassischen Bereich der Eingriffsnormen gehören ferner Ein- und Ausfuhrbestimmungen, das AWG,[492] Embargobestimmungen, sowie etwa Washingtoner Artenschutzübereinkommen. Auch die Schutzvorschriften des **Wohnraummietrechts** (insbesondere Kündigungsregeln) sind für inländische Wohnungen als Eingriffsnormen zu werten, auch wenn diese den Individualschutz des Mieters im Blick haben.[493] Gleiches gilt für die Vorschriften der **MaBV,** die neben dem Schutz der Auftraggeber, primär Missständen im Bauträgergeschäft entgegenwirken möchten. Voraussetzung ist jedoch ein Tätigkeit des Bauträgers im Inland und die Durchfürhung eines inländischen Bauvorhabens.[494] 171

Allgemein zivilrechtliche Normen wie §§ 138, 242, 313 BGB stellen grundsätzlich keine Eingriffsnormen dar.[495] So dient etwa die Generalklausel des § 138 BGB primär der Missbrauchskontrolle im Parteieninteresse. Auch § 343 BGB über die Herabsetzbarkeit einer Vertragsstrafe hat keinen Eingriffsnormcharakter.[496] Korrekturen des anwendbaren Sachrechts haben insoweit ggf. über den *ordre public* zu erfolgen.[497] Die genannten Normen können allenfalls insoweit Eingriffsnormen darstellen, als sie gemäß den dargestellten 172

---

486 *Fetsch* RNotZ 2007, 456 (461).
487 Reithmann/Martiny/*Freitag* Rn. 5.61.
488 MüKoBGB/*Martiny* Rom I-VO Art. 9 Rn. 94; Reithmann/Martiny/*Limmer* Rn. 6.832.
489 Bamberger/Roth/*Spickhoff* Rom I-VO Art. 9 Rn. 24; NK-BGB/*Doehner* Rom I-VO Art. 9 Rn. 31; **aA** Reithmann/Martiny/*Limmer* Rn. 6.851 (für Verbraucherverträge).
490 BeckOGK/*Gebauer* Rom I-VO Art. 11 Rn. 100f.
491 HK-BGB/*Staudinger* Rom I-VO Art. 9 Rn. 8.
492 PWW/*Remien* Rom I-VO Art. 9 Rn. 11.
493 BT-Drs. 10/504, 83f.; Staudinger/*Mansel* EGBGB Art. 43 Rn. 647; **aA** Reithmann/Martiny/*Mankowski* Rn. 6.990.
494 Reithmann/Martiny/*Mankowski* Rn. 6.823; Staudinger/*Magnus* Rom I-VO Art. 9 Rn. 168; NK-BGB/*Doehner* Rom I-VO Art. 9 Rn. 32.
495 Juris-PK/*Ringe* Rom I-VO Art. 9 Rn. 13; Palandt/*Thorn* Rom I-VO Art. 9 Rn. 10.
496 MüKoBGB/*Martiny* Rom I-VO Art. 9 Rn. 60.
497 Vgl. etwa BGHZ 135, 124 (139f.) = NJW 1997, 1697; MüKoBGB/*Martiny* Rom I-VO Art. 9 Rn. 60.

Grundsätzen im Einzelfall öffentliche Interessen schützen.[498] Die §§ 305ff. BGB über die Kontrolle von AGB enthalten lediglich intern zwingendes Recht, ihnen kommt kein Eingriffsnormcharakter zu.[499] Für speziell verbraucherschützende Vorschriften wie das Widerrufsrecht des Verbrauchers bei Haustürgeschäften (§ 312b BGB) wird der Eingriffsnormcharakter unterschiedlich beurteilt (→ Rn. 165). Für Verbraucherkredite (§§ 489, 491ff. BGB) ist die spezielle Kollisionsnorm des Art. 46b EGGBG zu beachten.

### V. Ausländische Eingriffsnormen vor deutschen Gerichten

173 Das seit langer Zeit streitige Problem einer potentiellen Sonderanknüpfung international zwingender ausländischer Eingriffsnormen wird von Art. 9 Abs. 3 Rom I-VO aufgegriffen. Danach kann der Richter den Eingriffsnormen des Staates, in dem die durch den Vertrag begründeten Verpflichtungen erfüllt werden sollen oder erfüllt worden sind, Wirkung verleihen, soweit diese Eingriffsnormen die Erfüllung des Vertrags unrechtmäßig werden lassen.[500] Die Rom I-VO spricht demgemäß auch bei Vorliegen des Tatbestandes von Art. 9 Abs. 3 Rom I-VO für ausländische Eingriffsnormen keinen unmittelbaren Rechtsanwendungsbefehl aus. Vielmehr kommt dem Richter insoweit ein Ermessen zu, wobei er die in Art. 9 Abs. 3 S. 2 Rom I-VO genannten Vorgaben zu berücksichtigen hat.[501]

174 Eine Anwendung ausländischer Eingriffsnormen kraft kollisionsrechtlicher Verweisung ist nur unter den Voraussetzungen des Art. 9 Abs. 3 Rom I-VO erlaubt. Ob diese Sperrwirkung auch für **Eingriffsnormen des Vertragsstatuts** gilt, bzw. anders formuliert, ob ausländische Eingriffsnormen von der Verweisung der Art. 3ff. Rom I-VO umfasst sein können, ist allerdings derzeit nicht geklärt. Nach der sog Schuldstatutstheorie sind auch ausländische Eingriffsnormen von der Verweisung der Art. 3ff. Rom I-VO erfasst, sofern die entsprechenden Vorschriften dem Anwendungsbereich der Rom I-VO unterliegen, dh insbesondere privatrechtlicher Natur sind und deutsche Eingriffsnormen oder der deutsche *ordre public* der Anwendung der ausländischen Eingriffsnorm nicht entgegenstehen. Art. 9 Abs. 3 Rom I-VO erfasst lediglich Eingriffsnormen einer Rechtsordnung, die weder *lex fori* noch *lex causae* ist.[502] Daneben muss die ausländische Eingriffsnorm für eine Anwendung nach ihrem selbst bestimmten Anwendungsbereich auf den zur Entscheidung berufenen Fall anwendbar sein wollen. Beispielsweise muss die ausländische Eingriffsnorm überhaupt einen inländischen Sachverhalt erfassen, was durch Auslegung der ausländischen Norm zu ermitteln ist. Nach gegenteiliger Sichtweise sind ausländische Eingriffsnormen nicht von der Verweisung der Art. 3ff. Rom I-VO erfasst. Sie können nur unter der Voraussetzung des Art. 9 Abs. 3 Rom I-VO vor deutschen Gerichten Anwendung finden.[503] Gemäß einem differenzierten Standpunkt unterfallen auch Eingriffsnormen des Vertragsstatuts Art. 9 Abs. 3 Rom I-VO. Allerdings ist im Falle von Eingriffsnormen des Vertragsstatuts nicht erforderlich, dass sie die Erfüllung unrechtmäßig werden lassen und das Vertragsstatut dem Recht des Erfüllungsortes entspricht. Damit ist im Ergebnis für Eingriffsnormen des Vertragsstatuts lediglich Art. 9 Abs. 3 S. 2 Rom I-VO anzuwenden.[504] Auch wenn man der Meinung folgt, dass ausländische Eingriffsnormen außerhalb des Anwendungsbereichs von Art. 9 Abs. 3 Rom I-VO kollisionsrechtlich nicht zur Anwendung berufen sind, muss dies nicht zwingend bedeuten, dass eine materiell-rechtliche Beachtung auf der Ebene des Sachrechts (etwa iRv Generalklauseln des Vertragsstatuts

[498] Bamberger/Roth/*Spickhoff* Rom I-VO Art. 9 Rn. 26.
[499] MüKoBGB/*Martiny* Rom I-VO Art. 9 Rn. 89.
[500] Vgl. zur Bestimmung des Erfüllungsorts und des Begriffs der Unrechtmäßigkeit der Erfüllung eingehend MüKoBGB/*Martiny* Rom I-VO Art. 9 Rn. 116ff.
[501] HK-BGB/*Staudinger* Rom I-VO Art. 9 Rn. 14.
[502] Bamberger/Roth/*Spickhoff* Rom I-VO Art. 9 Rn. 23; juris-PK/*Ringe* Rom I-VO Art. 9 Rn. 41.
[503] Reithmann/Martiny/*Freitag* Rn. 5.23f.; Palandt/*Thorn* Rom I-VO Art. 9 Rn. 15.
[504] Staudinger/*Magnus* Rom I-VO Art. 9 Rn. 133ff., 139.

wie §§ 138, 242 BGB) ausscheidet. So ist nach überzeugender Ansicht trotz angenommener Sperrwirkung des Art. 9 Abs. 3 Rom I-VO von der Zulässigkeit einer Berücksichtigung auf der Ebene des Sachrechts auszugehen.[505] Denn insoweit steht eine von der Rom I-VO nicht geregelte Frage der Anwendung und Auslegung des kollisionsrechtlich berufenen Sachrechts in Frage.[506] Nach abweichender Sichtweise ist aufgrund der Sperrwirkung des Art. 9 Abs. 3 Rom I-VO (so denn man eine solche annimmt) auch eine Berücksichtigung auf der Ebene des Sachrechts ausgeschlossen.[507]

## F. Gerichtstandsvereinbarung

175 Die den Parteien durch die Rom I-VO eröffnete weitgehende Parteiautonomie setzt sich im Bereich des Verfahrensrechts durch die grundsätzliche Erlaubnis von Gerichtstandsvereinbarungen fort (vgl. etwa Erwägungsgrund 19 zur Brüssel Ia-VO). Denn der Wunsch nach *„forum planning"* ist legitim: von der internationalen Zuständigkeit wird über das Internationale Privatrecht das anzuwendende materielle Recht abgeleitet (vgl. auch → Rn. 58 ff.), von ihr hängt das maßgebende Verfahrensrecht ab, das etwa über die Durchführung einer Beweisaufnahme oder die Höhe möglicher Prozesskosten befindet.[508] Eine Gerichtstandsvereinbarung bringt derjenigen Partei, der es gelingt die Zuständigkeit ihrer Heimatgerichte durchzusetzen, regelmäßig erhebliche Vorteile, da ein Gericht mit bekannter Organisation und Funktionsweise über den Prozess befindet und die mit einem Verfahren im Ausland typischerweise verbundenen Komplikationen, wie beispielsweise Aufwendungen für Übersetzungen und ausländische Prozessvertreter vermieden werden können.[509] Weitere für die Vereinbarung eines bestimmten Forums zu berücksichtigende Kriterien sind neben dem Gewinn an Rechtssicherheit, insbesondere die weiteren Zuständigkeitsinteressen, wie Dauer des Verfahrens, örtliche Nähe des Gerichts zum Ort einer Beweisaufnahme oder das Erfordernis einer Vollstreckung der Entscheidung im Ausland.

### I. Rechtsgrundlagen

176 Primär maßgebende Rechtsquelle im Bereich der internationalen gerichtlichen Zuständigkeit ist für deutsche Gerichte seit dem 10.1.2015 die **Brüssel Ia-VO,** welche die Brüssel I-VO abgelöst hat. Hat der Beklagte seinen (Wohn-)Sitz in Island, Norwegen oder in der Schweiz, so richtet sich die internationale Zuständigkeit nach den Vorschriften des revidierten Luganer Übereinkommens **(LugÜ 2007).** Gleiches gilt falls die Gerichte dieser Staaten nach Art. 22, 23 LugÜ 2007 zuständig sind (Art. 71 Abs. 1 Brüssel Ia-VO, Art. 64 Abs. 1, Abs. 2 lit. a LugÜ 2007). Dies ist für Gerichtstandsvereinbarungen dahingehend zu verstehen, dass diese etwa im deutsch-schweizerischen Verhältnis dann auf Grundlage von **Art. 23 LugÜ 2007** zu prüfen sind, falls die Zuständigkeit eines schweizerischen Gerichts vereinbart wird oder alternativ der (zum Zeitpunkt der Klageerhebung bestehende) schweizerische Wohnsitzgerichtsstand nach Art. 2 Abs. 1 LugÜ 2007 durch die Vereinbarung eines deutschen Gerichtsstands derogiert wird. Ein anderer Berührungspunkt zu einem Staat des LugÜ genügt hingegen nicht. Daher beurteilt sich die Vereinbarung eines deutschen Gerichtsstands zwischen einem deutschen Unternehmen und einem in Colmar wohnhaften Schweizer nicht nach Art. 23 LugÜ 2007, sondern

[505] *Einsele* WM 2009, 289 (296); PWW/*Remien* Rom I-VO Art. 9 Rn. 44.
[506] MüKoBGB/*Martiny* Rom I-VO Art. 9 Rn. 114b.
[507] HK-BGB/*Staudinger* Rom I-VO Art. 9 Rn. 12; *Maultzsch* RabelsZ 75 (2011), 60 (98 f.); bei Annahme einer Sperrwirkung von Art. 9 Abs. 3 Rom I-VO auch eine Berücksichtigung auf materiell-rechtlicher Ebene verneinend: Palandt/*Thorn* Rom I-VO Art. 9 Rn. 13.
[508] *Geimer* IZPR Rn. 1597.
[509] Reithmann/Martiny/*Hausmann* Rn. 8.2.

vielmehr nach **Art. 25 Brüssel Ia-VO.**[510] Art. 23 LugÜ 2007 fußt auf Art. 23 Brüssel I-VO. Die Vorschrift weicht teilweise inhaltlich von Art. 25 Brüssel Ia-VO ab. Im Verhältnis zu Dänemark ist das nunmehr angepasste Parallelübereinkommen mit Dänemark anzuwenden, was zu einer vollständigen inhaltlichen Konvergenz mit der Brüssel Ia-VO führt.[511]

177 Am 1.10.2015 ist für die EU (mit Ausnahme Dänemarks) und für Mexiko das Übereinkommen über Gerichtstandsvereinbarungen **(HGÜ)**[512] in Kraft getreten. Es regelt die Voraussetzungen der Gültigkeit einer internationalen Gerichtsstandsvereinbarung, sowie deren wesentliche Wirkungen, welche primär darin zu sehen sind, dass die derogierten Gerichte, ähnlich Art. 31 Abs. 2 Brüssel Ia-VO zur Klageabweisung oder zumindest Verfahrensaussetzung verpflichtet sind, bis das prorogierte Gericht über seine Zuständigkeit befunden hat (Art. 6 HGÜ). Darüberhinaus sind die Gerichte der Vertragsstaaten zur Anerkennung und Vollstreckung der im vereinbarten Gerichtsstand ergangenen Entscheidung verpflichtet (Art. 8 ff HGÜ). Das HGÜ findet nur für solche Vereinbarungen Anwendung, die seither geschlossen wurden (Art. 16 Abs. 1 HGÜ). Das Verhältnis zwischen HGÜ und Brüssel Ia-VO ist in **Art. 26 Abs. 6 HGÜ** geregelt. Das HGÜ ist danach auf eine Gerichtsstandsvereinbarung aus der Sicht deutscher Gerichte dann anzuwenden, wenn

- mindestens eine Partei ihren Aufenthalt (→ Rn. 194) in einem Vertragsstaat des HGÜ hat, der nicht zugleich EU-Mitgliedstaat ist, oder
- von Parteien mit Aufenthalt in der EU die Zuständigkeit in einem nicht der EU angehörenden Vertragsstaat des HGÜ vereinbart wird.[513]

178 Damit richtet sich die Zuständigkeit deutscher Gerichte dann nach den Vorschriften des HGÜ, wenn ein in Deutschland und ein in Mexiko ansässiges Unternehmen die ausschließliche Zuständigkeit deutscher Gerichte vereinbaren. Umgekehrt haben deutsche Gerichte im Fall der Prorogation mexikanischer Zuständigkeit die derogierende Wirkung der Gerichtstansvereinbarung nach den Vorschriften des HGÜ zu beachten. Haben beide Parteien ihren Aufenthalt iSd HGÜ in einem Staat, der nicht Vertragsstaat des HGÜ ist, findet die Brüssel Ia-VO Anwendung.[514] Die Verdrängung der Brüssel Ia-VO setzt allerdings voraus, dass das HGÜ auf die Gerichtstandsvereinbarung gemäß seinem eigenen Anwendungsbereich anwendbar ist (→ Rn. 189 ff.). Solange die Vertragsstaaten des **LugÜ 2007** *(Island, Norwegen, Schweiz)* nicht dem HGÜ beigetreten sind, ist für das Verhältnis von LugÜ 2007 und HGÜ **Art. 26 Abs. 3 HGÜ** anzuwenden. Es bleibt damit bei vorstehend beschriebenen Grundsätzen, wonach das LugÜ 2007 in den unter → Rn. 176 genannten Konstellationen anzuwenden ist.[515] Sobald einer der genannten Vertragsstaaten des LugÜ 2007 dem HGÜ beitritt, findet für diesen Staat für das Verhältnis zwischen LugÜ 2007 und HGÜ die Vorschrift des Art. 26 Abs. 2 HGÜ Anwendung. Danach ist das HGÜ anzuwenden, wenn eine der Parteien der Gerichtstandsvereinbarung ihren Aufenthalt in einem Vertragsstaat des HGÜ hat, der nicht Vertragsstaat des LugÜ 2007 ist. Auch hier wäre die weite Aufenthaltsdefinition des Art. 4 Abs. 2 HGÜ zu beachten.

179 Das autonome Verfahrensrecht der ZPO **(§§ 38 ff. ZPO)** wird im Bereich des Schuldvertragsrechts (dh im Anwendungsbereich der Brüssel Ia-VO) für Gerichtstandsvereinbarungen fast vollständig durch die Brüssel Ia-VO bzw. das LugÜ 2007 oder das HGÜ, sofern diese vorrangig anwendbar sind (Art. 71 Abs. 1 Brüssel Ia-VO, Art. 64 Abs. 1, Abs. 2 lit. a LugÜ 2007, Art. 26 Abs. 6 HGÜ), verdrängt. Nationale Prorogations- oder Derogationsverbote finden damit insoweit keine Beachtung.[516] Ein restlicher Anwen-

[510] Reithmann/Martiny/*Hausmann* Rn. 8.11.
[511] ABl. 2013 L 79, 4; *Staudinger/Steinrötter* JuS 2015, 1.
[512] Text bei *Jayme/Hausmann* Nr. 151.
[513] Staudinger/*Hausmann* IntVerfR Rn. 320.
[514] *Antomo* NJW 2015, 2919 (2020).
[515] *Eichel* GPR 2014, 159 (164); *Wagner* RabelsZ 73 (2009), 100 (136).
[516] OLG Frankfurt a.M. BeckRS 2015, 09133.

dungsbereich verbleibt iRd Anerkennungszuständigkeit drittstaatlicher Gerichte (→ Rn. 60). Die Anerkennung und Vollstreckung von Entscheidungen aufgrund ausschließlicher Gerichtstandsvereinbarung eines Vertragsstaats des HGÜ, der nicht Mitgliedstaat der EU ist (derzeit lediglich Mexiko), richtet sich allerdings nach den Art. 8f. HGÜ. Zwar gelangen die Zuständigkeitsvorschriften der Brüssel Ia-VO bzw. diejenigen des LugÜ 2007 grundsätzlich nur dann zur Anwendung, wenn der Beklagte im räumlichen Anwendungsbereich der Brüssel Ia-VO bzw. des LugÜ 2007 seinen (Wohn-)Sitz hat (vgl. näher Art. 6, 62f. Brüssel Ia-VO, Art. 4, 59f. LugÜ 2007). Für Zuständigkeitsvereinbarungen nach der Brüssel Ia-VO gilt diese Einschränkung allerdings nicht. Vielmehr bestimmt Art. 25 Brüssel Ia-VO iRd sachlichen Anwendungsbereichs der Brüssel Ia-VO (vgl. Art. 1 Brüssel Ia-VO), unter Verdrängung der §§ 38ff. ZPO, die auf einer Gerichtstandsvereinbarung beruhende internationale Zuständigkeit eines Gerichts der Mitgliedstaaten der EU, ohne dass es auf den (Wohn-)Sitz einer Partei ankommt, universell.[517] Dagegen verlangt Art. 23 LugÜ 2007, dass zumindest eine Partei (zum Zeitpunkt der Gerichtstandsvereinbarung oder der Klageerhebung)[518] ihren (Wohn-)Sitz in einem Mitgliedstaat des LugÜ 2007 hat. Wird daher von Parteien, die beide ihren (Wohn-)Sitz in einem Staat haben, der nicht Vertragsstaat des LugÜ ist, die Zuständigkeit etwa eines schweizerischen Gerichts vereinbart, so prüft dieses die Gerichtstandsabrede nach seinem autonomen Recht (Art. 5 IPRG, Art. 17 ZPO-CH).[519] Deutsche Gerichte haben bei der Prüfung der derogierenden Wirkung dieser Vereinbarung Art. 23 Abs. 3 LugÜ 2007 zu beachten, der insoweit nicht durch Art. 25 Abs. 1 Brüssel Ia-VO verdrängt wird. Die Brüssel Ia-VO bzw. das LugÜ 2007 finden keine Anwendung auf die Vereinbarung einer Zuständigkeit der Gerichte eines Staates der weder Mitgliedstaat der EU noch Vertragsstaat des LugÜ ist. Wird daher entgegen einer solchen Gerichtstandsvereinbarung ein deutsches Gericht angerufen, so prüft es die Wirksamkeit der Derogation nach §§ 38, 40 ZPO,[520] soweit nicht eine Entscheidung eines Vertragsstaats des HGÜ in Frage steht (derzeit lediglich Mexiko). Insoweit ist die derogative Wirkung nach dem HGÜ zu prüfen. Eine Ausnahme gilt allerdings für die in **Art. 25 Abs. 4 Brüssel Ia-VO** (bzw. Art. 23 Abs. 5 LugÜ 2007) normierten Schranken für Gerichtsstandsabreden.[521] Die Wirksamkeit der Prorogation richtet sich nach dem am gewählten Gerichtsort geltenden Recht.[522]

## II. Gerichtsstandsvereinbarung nach Brüssel Ia-VO/LugÜ 2007

Die Zuständigkeitsvereinbarung muss für die Anwendbarkeit von Art. 25 Brüssel Ia-VO **180** bzw. Art. 23 LugÜ 2007 nach überwiegender Meinung einen Auslandsbezug aufweisen, da sich beide Rechtsinstrumente auf die internationale Zuständigkeit beziehen.[523] Gerichtstandsvereinbarungen im Falle fehlenden Auslandsbezugs richten sich nach nationalem Prozessrecht.[524] Ob eine Auslandsberührung vorliegt, hängt allein vom (Wohn-)Sitz der Parteien und vom Inhalt ihrer Gerichtstandsvereinbarung ab. Die Staatsangehörigkeit der Parteien ist insoweit unerheblich. Ein hinreichender Auslandsbezug liegt damit insbe-

---

517 *Geimer* IZPR Rn. 1605; HK-ZPO/*Dörner* Brüssel Ia-VO Art. 25 Rn. 4, 6; *Staudinger/Steinrötter* JuS 2015, 1 (4).

518 Geimer/Schütze/*Geimer* Brüssel I-VO Art. 23 Rn. 28; **aA** OGH IHR 2008, 40 (43) (allein Zeitpunkt der Klageerhebung bzw. Urteilserlass ist entscheidend); Dasser/Oberhammer/*Killias*, 2007, LugÜ Art. 23 Rn. 29 (allein Zeitpunkt der Vereinbarung ist maßgebend).

519 Dasser/Oberhammer/*Killias*, 2007, LugÜ Art. 23 Rn. 30.

520 EuGH C-387/98, Slg. 2000, I-9337 Rn. 19 – Coreck Maritime/Handelsveem = NJW 2001, 501 (502); *Weller* IPRax 2013, 501 (502); **aA** *Schack* IZVR Rn. 531 (analog Art. 25 Brüssel Ia-VO).

521 Reithmann/Martiny/*Hausmann* Rn. 8.18, 8.108 und 8.112.

522 Reithmann/Martiny/*Hausmann* Rn. 8.18.

523 HK-ZPO/*Dörner* Brüssel Ia-VO Art. 25 Rn. 6; vgl. allgemein EuGH C-281/02, Slg. 2005, I-1445 Rn. 25ff. – Owusu/Jackson = EuZW 2005, 345 (347).

524 OLG Hamm IPRax 1999, 244 (245) mAnm *Aull* IPRax 1999, 226; Rauscher/*Mankowski* Brüssel I-VO Art. 23 Rn. 6; *Schack* IZVR Rn. 527.

sondere im Falle des (Wohn-)Sitzes in verschiedenen Staaten vor, oder falls die Prorogation der Gerichte des gemeinsamen (Wohn-)Sitzstaates der Parteien zur Derogation einer sonstigen nach der Brüssel Ia-VO (dem LugÜ 2007) eingeräumten Zuständigkeit im Ausland führt (etwa Erfüllungsort im Ausland).[525] Der erforderliche Auslandsbezug kann im Falle des Wohnsitzes beider Parteien in demselben Mitglieds- bzw. Vertragstaat durch die Wahl der Gerichte eines anderen Mitglieds-/Vertragstaats hergestellt werden.[526] Der Auslandsbezug muss nicht schon im Zeitpunkt der Gerichtstandsvereinbarung vorliegen; maßgebend ist vielmehr der Zeitpunkt der Verfahrenseinleitung.[527] Liegt er aber nur im Zeitpunkt der Vereinbarung vor, so ist dies aus Gründen der Rechtssicherheit ausreichend.[528] Ein darüberhinausgehender Bezug zu einem weiteren Mitglieds- bzw. Vertragsstaat (Gemeinschaftsbezug) ist nicht erforderlich.[529]

### 1. Vorliegen einer Vereinbarung

181 Das Vorliegen einer Vereinbarung über die Zuständigkeit eines Gerichtes iSv Art. 25 Brüssel Ia-VO (Art. 23 LugÜ 2007) hat im Wege autonomer Begriffsbildung zu erfolgen. Es muss sichergestellt werden, dass eine Willenseinigung der Parteien tatsächlich vorliegt.[530] Über das Zustandekommen einer Gerichtstandsvereinbarung befindet damit primär die Brüssel Ia-VO (bzw. das LugÜ 2007).[531] Diese verlangen für das Vorliegen einer Vereinbarung, dass beide Parteien der Pro- oder Derogation tatsächlich zugestimmt haben, was auch durch eine konkludente Vereinbarung oder durch Verweisung auf AGB erfolgen kann, sofern sich eine tatsächliche Einigung über deren Einbeziehung feststellen lässt.[532]

### 2. Bestimmtheit

182 Art. 25 Abs. 1 S. 1 Brüssel Ia-VO bzw. Art. 23 Abs. 1 S. 1 LugÜ 2007 fordern, dass sich die Gerichtstandsvereinbarung auf eine bereits entstandene oder auf eine „künftige, aus einem bestimmten Rechtsverhältnis entspringende Rechtsstreitigkeit" bezieht. Eine Gerichtstandsvereinbarung kann damit nur für diejenigen Rechtsstreitigkeiten Geltung beanspruchen, die ihren Ursprung in dem **Rechtsverhältnis** haben, anlässlich dessen die Vereinbarung geschlossen wurde.[533] Sie kann damit nicht pauschal für alle künftigen Rechtsbeziehungen der Parteien getroffen werden.[534] Dem Bestimmtheitserfordernis werden jedoch Klauseln gerecht, wonach sich die Gerichtstandsabrede auf *„all claims and disputes arising under or in connection with this contract"* oder auf alle Verträge beziehen, die im Rahmen laufender Geschäftsbeziehungen auf der Grundlage eines Rahmenvertrages abgeschlossen werden. Schließlich genügt es auch, dass sich das von der Gerichtstandsvereinbarung erfasste Rechtsverhältnis im Wege der Auslegung feststellen lässt.[535]

183 Das als zuständig vereinbarte **Gericht** muss zumindest bei Klageerhebung eindeutig bestimmbar sein. Nicht erforderlich ist, dass sich das Gericht bereits aus dem Wortlaut der Gerichtstandsabrede ergibt. Es genügt, dass die Kriterien so genau benannt werden, dass

[525] Reithmann/Martiny/*Hausmann* Rn. 8.20.
[526] HK-ZPO/*Dörner* Brüssel Ia-VO Art. 25 Rn. 5; *Schack* IZVR Rn. 530.
[527] OGH IHR 2008, 40 (43); Reithmann/Martiny/*Hausmann* Rn. 8.20; **aA** OLG Hamm IPRax 1999, 244 (246) mAnm *Aull* IPRax 1999, 226.
[528] Rauscher/*Mankowski* Brüssel I-VO Art. 23 Rn. 6b; **aA** *Czernich* WBL 2004, 458 (462) (allein Zeitpunkt der Klageerhebung).
[529] Dasser/Oberhammer/*Killias*, 2007, LugÜ Art. 27 Rn. 14; *Schack* IZVR Rn. 527 f.
[530] EuGH C-543/10, EuZW 2013, 316 Rn. 28 – Refcomp SpA/Axa; BGH BeckRS 2015, 09080; OGH 1.12.2004 – 9 Ob 134/04b (Fundstelle: www.ris.bka.gv.at); HK-ZPO/*Dörner* Brüssel Ia-VO Art. 25 Rn. 10.
[531] EuGH C-116/02, Slg. 2003, I-14721 Rn. 51 – Gasser/MISAT = EuZW 2004, 188 (191).
[532] Reithmann/Martiny/*Hausmann* Rn. 8.42.
[533] Musielak/Voit/*Stadler* Brüssel I-VO Art. 23 Rn. 4.
[534] MüKoBGB/*Martiny* Rom I-VO Vorb. Art. 1 Rn. 57.
[535] Reithmann/Martiny/*Hausmann* Rn. 8.11.

das später angerufene Gericht über seine Zuständigkeit befinden kann.[536] Dies ist etwa der Fall, sofern auf den Wohnsitz einer Partei bei Klageerhebung abgestellt wird. Die Vereinbarung, wonach einer Partei die freie Wahl über das zuständige Gericht zukommt, wird dem Bestimmtheitsgrundsatz nicht gerecht.[537] Als zulässig sind aber die Vereinbarung von Wahlgerichtsständen,[538] oder die Abrede, dass eine Partei befugt ist, außer dem prorogierten Gericht ein anderes zuständiges Gericht anzurufen, anzusehen, denn die Gerichtstandsvereinbarung muss keine ausschließliche sein (vgl. Art. 25 Abs. 1 S. 2 Brüssel Ia-VO, Art. 23 Abs. 1 S. 2 LugÜ 2007).[539] Die Gerichtstandsklausel kann ausweislich des Wortlauts von Art. 25 Brüssel Ia-VO (Art. 23 LugÜ 2007) auf die Vereinbarung der *internationalen* Zuständigkeit eines bestimmten Mitgliedstaates beschränkt werden. In einem solchen Fall richtet sich die örtliche Zuständigkeit nach dem nationalen Verfahrensrecht des prorogierten Staates.[540]

### 3. Form

Die Form der Gerichtstandsvereinbarung ist Art. 25 Abs. 1 S. 3 Brüssel Ia-VO (Art. 23 Abs. 1 S. 3 LugÜ 2007) als **Wirksamkeitsvoraussetzung**[541] geregelt. Die Vorschrift ist insbesondere mit Blick auf ihren Zweck, nämlich Dokumentation und Gewährleistung, dass die Einigung zwischen den Parteien über den Gerichtsstand tatsächlich feststeht, autonom auszulegen.[542] Die Grundsätze des nationalen Rechts, etwa hinsichtlich der Schriftform (§ 126 BGB) haben damit keine Geltung.[543] Auch eine für den Hauptvertrag nach der *lex causae* vorgeschriebene besondere Form, etwa die notarielle Beurkundung, erstreckt sich nicht auf die Gerichtstandsvereinbarung.[544] In autonomer Auslegung ist das Schriftformerfordernis iSv Art. 25 Abs. 1 S. 3 lit. a Var. 1 Brüssel Ia-VO erfüllt, wenn jede Vertragspartei ihre Willenserklärung schriftlich so niedergelegt hat, dass sie ihren Urheber erkennen lässt. Eine (beidseitige) Unterschrift ist – auch mit Blick auf Art. 25 Abs. 2 Brüssel Ia-VO – nicht zwingend erforderlich[545] (aber empfehlenswert[546]). Auch die elektronische Übermittlung, etwa mittels E-Mail oder im sog *click-wrapping*-Verfahren, kann das Schriftformerfordernis erfüllen, sofern nur die Identität des Erklärenden feststeht und eine dauerhafte Aufzeichnung ermöglicht ist (vgl. Art. 25 Abs. 2 Brüssel Ia-VO, Art. 23 Abs. 2 LugÜ 2007).[547] Ausreichend ist ferner die Verweisung auf eine in einer früheren Urkunde enthaltenen Gerichtstandsvereinbarung, sofern die Verweisungsurkunde den Formerfordernissen des Art. 25 Brüssel Ia-VO genügt.[548] 184

### 4. Zustandekommen und Wirksamkeit

Soweit nicht Art. 25 Rom I-VO die (Mindest-) Anforderungen an das Zustandekommen und die Wirksamkeit einer Gerichtstandsvereinbarung definiert, beurteilt sich dies nach 185

536 EuGH C-387/98, Slg. 2000, I-9337 Rn. 14f. – Coreck Maritime/Handelsveem = NJW 2001, 501 (502); OGH 1.12.2004 – 9 Ob 134/04b (Fundstelle: www.ris.bka.gv.at).
537 Rauscher/*Mankowski* Brüssel I-VO Art. 23 Rn. 47.
538 OLG Hamm IPRax 2007, 125 (126) mAnm *Spellenberg* IPRax 2007, 98; *Schack* IZVR Rn. 540.
539 *Schack* IZVR Rn. 540.
540 OGH IPRax 2004, 259 (269) mAnm *Oberhammer* IPRax 2004, 264; *Geimer* Brüssel I-VO Art. 23 Rn. 145; *Spellenberg* IPRax 2007, 98 (99).
541 Geimer/Schütze/*Geimer* Brüssel I-VO Art. 23 Rn. 102.
542 Etwa EuGH C-366/13, BeckRS 2016, 80666 Rn. 27; C-71/83, Slg. 1984, 2417 Rn. 14 – Tilly Russ/Nova; BGH BeckRS 2015, 09080.
543 OLG Köln BeckRS 2014, 03701.
544 Reithmann/Martiny/*Hausmann* Rn. 8.56; vgl. auch BGH BeckRS 2015, 09080.
545 OGH JBl 2001, 117 (119); *Geimer* Brüssel I-VO Art. 23 Rn. 104; **aA** OLG Karlsruhe NJOZ 2009, 2282 (2284) (von beiden Parteien handschriftlich unterzeichnete Willenserklärung notwendig).
546 Rauscher/*Mankowski* Brüssel I-VO Art. 23 Rn. 15.
547 EuGH C-322/14, NJW 2015, 2171 Rn. 32ff. – El Majdoub/CarsOnTheWeb.Deutschland GmbH; BGH BeckRS 2014, 03668.
548 Reithmann/Martiny/*Hausmann* Rn. 8.60.

dem Recht des Mitgliedstaats, dessen Gerichte in der Vereinbarung als zuständig bestimmt worden sind. Nach Erwägungsgrund 20 der Brüssel Ia-VO soll diese Verweisung auch das Kollisionsrecht des betreffenden Mitgliedstaats erfassen.[549] Demzufolge ist nach wohl überwiegender Sichtweise auf das **IPR des prorogierten Gerichts** abzustellen. Dies liegt auf der Linie der inländischen Rechtsprechung, die die Gerichtstandsvereinbarung als „materiellrechtlichen Vertrag über prozessrechtliche Beziehungen" wertet.[550] Da für das deutsche Recht nach Aufhebung der Art. 27 ff. EGBGB aF, in Ermangelung eigener Kollisionsnormen und mangels direkter Anwendbarkeit der Rom I-VO (vgl. Art. 1 Abs. 2 lit. e Rom I-VO), keine direkt anwendbaren Vorschriften bestehen, sind nach dieser Ansicht die Regeln der Rom I-VO analog heranzuziehen. Im Übrigen gelten die Vorschriften des nationalen Kollisionsrechts, etwa für Fragen der Geschäftsfähigkeit (Art. 7 EGBGB, → § 4 Rn. 6 ff.) oder der Stellvertretung (→ § 5 Rn. 16 ff., 81 ff. und → § 6 Rn. 5 ff.). Die Vertreter dieses Standpunkts knüpfen bei fehlender Rechtswahl zum Teil entsprechend Art. 4 Abs. 4 Rom I-VO an die *lex fori,*[551] teilweise an das Statut des materiell-rechtlichen Hauptvertrags an.[552] Nach überzeugender abweichender Sichtweise ist die Gerichtstandsvereinbarung rein prozessrechtlich zu qualifizieren.[553] Aufgrund dieser verfahrensrechtlicher Qualifikation sind daher die Normen der *lex fori* zur Anwendung berufen. Ist ein deutsches Gericht prorogiert worden, so beurteilt sich die materielle Wirksamkeit der Gerichtsstandsvereinbarung nach deutschem Recht, auch wenn der Hauptvertrag ausländischem Recht untersteht. Fragen der Geschäftsfähigkeit (→ Art. 7 EGBGB, → § 4 Rn. 6 ff.) und die Wirksamkeit einer Stellvertretung (→ § 5 Rn. 16 ff., 81 ff. und → § 6 Rn. 5 ff.) sind aber auch nach dieser Meinung gesondert nach den Regeln des IPR anzuknüpfen.[554] Das von Art. 25 Abs. 1 Brüssel Ia-VO berufene Recht des prorogierten Gerichts ist auch von einem derogierten Gericht anzuwenden, vor dem Klage mit der Behauptung erhoben wird, die Gerichtstandsvereinbarung sei nicht wirksam getroffen worden. Allerdings ist insoweit zu beachten, dass gemäß Art. 31 Abs. 2 und Abs. 3 Brüssel Ia-VO dem prorogierten Gericht die ausschließliche Kompetenz-Kompetenz zugewiesen ist. Nach bisher zu **Art. 23 LugÜ 2007** überwiegender Meinung ist auf das vom IPR des angerufenen (nicht des prorogierten) Gerichts für anwendbar erklärte Recht abzustellen.[555] Die Lehre spricht sich allerdings zum Teil dafür aus, die zu Art. 25 Brüssel Ia-VO zu entwickelnden Grundsätze auf Art. 23 LugÜ 2007 zu übertragen.[556]

### 5. Grenzen des Art. 25 Abs. 4 Brüssel Ia-VO, Art. 23 Abs. 5 LugÜ 2007

186 Eine Gerichtstandsklausel, die eine ausschließliche internationale Zuständigkeit nach Art. 24 Brüssel Ia-VO bzw. Art. 22 LugÜ 2007 zu derogieren versucht, ist unzulässig. Dies gilt insbesondere auch für die Schaffung eines fakultativen Wahlgerichtstands in einem anderen Mitgliedstaat. Darüberhinaus sind die besonderen Gerichtsstände für Verbraucher-, Versicherungs- und Arbeitssachen nur beschränkt dispositiv (vgl. Art. 15, 19, 23 Brüssel Ia-VO, Art. 13, 17, 21 LugÜ 2007). Verstößt die Gerichtstandsklausel gegen die genannten Schranken ist sie als nichtig anzusehen.[557]

---

[549] Kritisch hierzu: MüKoBGB/*v. Hein* EGBGB Art. 4 Rn. 154 f.
[550] Vgl. etwa BGHZ 49, 384 (386 f.) = NJW 1968, 1233.
[551] Palandt/*Thorn* Rom I-VO Art. 1 Rn. 11.
[552] MüKoBGB/*Martiny* Rom I-VO Vorb. Art. 1 Rn. 51; PWW/*Brödermann/Wegen* Rom I-VO Anh. Art. 4 Rn. 25.
[553] Reithmann/Martiny/*Hausmann* Rn. 8.8.
[554] HK-ZPO/*Dörner* Brüssel Ia-VO Art. 25 Rn. 15, 19; Reithmann/Martiny/*Hausmann* Rn. 8.45 f.
[555] Vgl. hierzu MüKoBGB/*v. Hein* EGBGB Art. 4 Rn. 154.
[556] Reithmann/Martiny/*Hausmann* Rn. 8.44.
[557] OGH 13.10.1999 – 9 ObA 230/99k (Fundstelle: www.ris.bka.gv.at).

### 6. Inhalt einer Gerichtsstandsvereinbarung

Die Parteien können der Gerichtstandsvereinbarung prorogative und, oder lediglich, derogative Natur zusprechen. Weiter können die Parteien einen Gerichtstand mit der Folge einer ausschließlichen oder lediglich mit der Folge fakulativer Zuständigkeit vereinbaren. Im Falle einer ausschließlichen Zuständigkeitsvereinbarung kann bei Anwendbarkeit der Brüssel Ia-VO der durch das Abhilfeverfahren gemäß Art. 31 Abs. 2 und Abs. 3 Brüssel Ia-VO geschaffene Schutz vor Verzögerungen durch sog „Torpedoklagen" greifen.[558] Im Rahmen des LugÜ 2007 finden die allgemeinen Grundsätze zur Rechtshängigkeit (Art. 27 LugÜ 2007) Anwendung.[559] Auch legen die Parteien die objektive Reichweite der Gerichtstandsvereinbarung fest. So bestimmen sie etwa darüber, ob die Gerichtstandsvereinbarung auch für Sekundäransprüche aus der Verletzung der Gerichtstandsabrede Geltung beanspruchen soll. Eine Gerichtstandsvereinbarung kann unter Wahrung der von Art. 25 Brüssel Ia-VO (Art. 23 LugÜ 2007) aufgestellten Erfordernisse jederzeit geändert oder aufgehoben werden. Die nachträgliche „Aufhebung" einer Gerichtstandsvereinbarung ist auch durch rügelose Einlassung in einem derogierten Gerichtstand (welche der EuGH als stillschweigende Gerichtstandsvereinbarung ansieht) möglich (Art. 26 Brüssel Ia-VO, Art. 24 LugÜ 2007).[560] 187

## III. Gerichtsstandsvereinbarung nach HGÜ

Vertragsstaaten des HGÜ sind nicht die Mitgliedstaaten der EU. Vielmehr ist diese selbst als Gesamtheit mit Wirkung für ihre Mitgliedstaaten (ausgenommen Dänemark) Vertragsstaat iSd HGÜ (Art. 29 Abs. 4, 31 HGÜ). Das HGÜ hat für deutsche Gerichte damit die Qualität sekundären Unionsrechts (Art. 216 Abs. 2 AEUV). Gemäß Art. 5 HGÜ hat das prorogierte Gericht, den Rechtsstreit anzunehmen. Es besteht kein richterliches Ermessen iSd angloamerikanischen *forum non conveniens*-Lehre.[561] Die derogative Wirkung einer ausschließlichen Gerichtstandsvereinbarung wird in Art. 6 HGÜ gesichert. Die Anerkennung und Vollstreckung einer Entscheidung, eines in einer ausschließlichen Gerichtstandsvereinbarung benannten Gerichts eines Vertragsstaats des HGÜ, richtet sich nach Art. 8f. HGÜ. 188

Das HGÜ ist nach Art. 1 Abs. 1 HGÜ (nur) „bei internationalen Sachverhalten auf ausschließliche Gerichtstandsvereinbarungen anzuwenden, die in Zivil- oder Handelssachen geschlossen werden". Die **derogative Wirkung** der Gerichtstandsvereinbarung wird gemäß Art. 3 lit. b HGÜ vermutet. Die Parteien müssen daher die fakultative Geltung der Gerichtstandsvereinbarung bestimmen, soll das HGÜ auf die Gerichtstandsvereinbarung nicht anwendbar sein. Auf fakultative (insbesondere auch halbseitig ausschließliche) Gerichtstandsvereinbarungen ist das HGÜ nur im Falle einer Erklärung gemäß Art. 22 HGÜ anwendbar.[562] Weder die EU noch Mexiko haben eine solche Erklärung abgegeben (näher → Rn. 199). 189

Das Anwendungserfordernis eines **internationalen Sachverhalts** wird für das Erkenntnisverfahren in Art. 1 Abs. 2 HGÜ und für die Anerkennung und Vollstreckung in Art. 1 Abs. 3 HGÜ erläutert. Der Begriff der **Zivil- oder Handelssache** ist autonom auszulegen. Primär soll das öffentliche Recht und das Strafrecht ausgeschlossen werden.[563] Art. 2 Abs. 5 HGÜ stellt klar, dass das Vorliegen einer Zivil- oder Handelssache nicht schon deswegen zu verneinen ist, weil ein Staat, einschließlich einer Regierung, einer Regierungsstelle oder einer für einen Staat handelnden Person, Verfahrenspartei ist. Das 190

[558] Vgl. hierzu *Mankowski* RIW 2015, 17ff.
[559] Vgl. hierzu EuGH C-116/02, Slg. 2004, I-1211 – Gasser/MISAT = EuZW 2004, 186.
[560] EuGH C175/15, BeckRS 2016, 80494 Rn. 21ff. – Taser International Inc.
[561] *Hartley/Dogauchi* Rn. 3.
[562] *Hartley/Dogauchi* Rn. 9.
[563] *Hartley/Dogauchi* Rn. 49; *Huber* IPRax 2016, 197 (198).

Übereinkommen ist gemäß Art. 3 lit. a HGÜ nur auf Gerichtstandsvereinbarungen zugunsten der Gerichte eines Vertragsstaats anzuwenden.

191 Das HGÜ findet gemäß seinem Art. 2 Abs. 1 lit. a keine Anwendung auf Gerichtstandsvereinbarungen, an denen ein **Verbraucher** beteiligt ist. Es ist folglich auf Verträge zwischen einem Unternehmer und einem Verbraucher und auf Verträge zwischen zwei Verbrauchern unanwendbar. Gleiches gilt für **Arbeitsverträge** (Art. 2 Abs. 1 lit. b HGÜ).

192 Art. 2 HGÜ nimmt bestimmte Bereiche aus dem sachlichen Anwendungsbereich des Übereinkommens aus. So ist das HGÜ nicht auf dingliche Rechte an unbeweglichen Sachen sowie deren Miete oder Pacht (Art. 2 Abs. 2 lit. l HGÜ) anzuwenden. Der Ausnahme dinglicher Rechte an unbeweglichen Sachen soll lediglich Verfahren erfassen, die das Eigentum oder ein anderes dingliches Recht an der Sache zum Gegenstand haben, nicht jedoch einen schuldrechtlichen Vertrag, der etwa einen Anspruch auf Schadenersatz wegen Verletzung eines Vertrags über den Verkauf von Grundbesitz zum Gegenstand hat.[564] Auf Versicherungsverträge ist das HGÜ für die EU gemäß Erklärung der EU zu Art. 21 HGÜ nur in den Fällen anwendbar, in denen auch die Brüssel Ia-VO für Versicherungsverträge Privatautonomie gewährt.[565]

193 Verfahren, die eine in den Anwendungsbereich des HGÜ fallende Angelegenheit zum Gegenstand haben, sind gemäß Art. 2 Abs. 3 HGÜ nicht schon deshalb vom Anwendungsbereich des HGÜ ausgeschlossen, weil das prorogierte Gericht eine der ausgeschlossenen Angelegenheiten vorfrageweise zu beurteilen hat. Vielmehr muss die ausgeschlossene Angelegenheit selbst verfahrensgegenständlich sein. Allerdings kann die durch das prorogierte Gericht vorgenommene Beurteilung der ausgeschlossenen Angelegenheit nicht selbständig anerkannt und vollstreckt werden (Art. 10 Abs. 1 HGÜ).[566]

194 Für die Anwendbarkeit des HGÜ kommt dem **Aufenthalt** der Parteien insbesondere für die Feststellung des internationalen Sachverhalts, als auch für die Abgrenzung zur Brüssel Ia-VO Bedeutung zu (Art. 1 Abs. 2, 26 HGÜ). Der Aufenthalt von juristischen Personen und Personengesellschaften wird in Art. 4 Abs. 2 HGÜ definiert. Danach befindet sich der Aufenthalt einer juristischen Person oder einer Personengesellschaft, sowohl an ihrem satzungsmäßigen Sitz, als auch an den Orten ihrer Gründung, ihrer Hauptverwaltung oder Hauptniederlassung. Es genügt, dass nur einer der genannten Anknüpfungspunkte in einem Vertragsstaat des HGÜ liegt.[567] Der Aufenthalt einer natürlichen Person findet sich weder im HGÜ noch in dessen erläuternden Bericht von *Hartley/Dogauchi* erläutert. Es wird vorgeschlagen, das Merkmal des Aufenthalts im Sinne eines gewöhnlichen Aufenthalts zu verstehen.[568] Auch der Zeitpunkt, zu dem der Aufenthalt der Partei in einem bestimmten Staat bestehen muss, wurde keiner Regelung zugeführt. Denkbar ist auf den Zeitpunkt der Vereinbarung, auf den (nicht autonom definierten) Zeitpunkt der Klageerhebung[569] oder parallel zum Wohnsitzerforndernis iRv Art. 23 LugÜ 2007 alternativ sowohl auf den Zeitpunkt der Gerichtstandsvereinbarung als auch der Zeitpunkt der Klageerhebung abzustellen (→ Rn. 179).

### 1. Vorliegen einer Vereinbarung

195 Ob auch iRd HGÜ wie iRd Brüssel Ia-VO (→ Rn. 181) das Vorliegen einer Vereinbarung im Wege autonomer Begriffsbildung erfolgt oder dieser Aspekt vom IPR des gewählten Forums ermittelt wird (→ Rn. 198), ist noch nicht geklärt.[570]

[564] *Hartley/Dogauchi* Rn. 67.
[565] ABl. L 353, 5.
[566] *Hartley/Dogauchi* Rn. 79.
[567] *Bläsi* S. 17.
[568] *Eichel* GPR 2014, 159 (163); **aA** *Huber* IPRax 2016, 197 (198): einfacher Aufenthalt.
[569] *Bläsi* S. 28 f.
[570] Hierzu *Huber* IPRax 2016, 197 (201 f.).

## 2. Bestimmtheit

Art. 3 lit. a HGÜ fordert wie Art. 25 Abs. 1 S. 1 Brüssel Ia-VO bzw. Art. 23 Abs. 1 S. 1 LugÜ 2007, dass sich die Gerichtstandsvereinbarung auf eine bereits entstandene oder auf eine künftige, aus einem bestimmten Rechtsverhältnis entspringende Rechtsstreitigkeit bezieht (→ Rn. 149). 196

## 3. Form

Gemäß Art. 3 lit. c HGÜ muss eine ausschließliche Gerichtstandsvereinbarung schriftlich geschlossen oder dokumentiert sein. Alternativ ist jedes andere Kommunikationsmittel, das es ermöglicht, auf die Information später zuzugreifen hinreichend. Insbesondere genügt eine mittels E-Mail/Telefaxe geschlossene oder dokumentierte Vereinbarung.[571] Es ist damit ausreichend, dass die Gerichtstandsvereinbarung zunächst mündlich geschlossen wird, sofern später eine formgerchte Dokumentation nachfolgt. Das Schriftlichkeitserfordernis des Art. 3 lit. c HGÜ verlangt nicht zwingend eine unterschriebene Vereinbarung, wobei diese schon aus Beweisgründen zu empfehlen ist.[572] Ist das Formerfordernis des Art. 3 lit. c HGÜ nicht erfüllt, so ist das HGÜ auf die Gerichtstandsvereinbarung nicht anwendbar. Den Vertragsstaaten ist es jedoch nicht untersagt, eine solche Gerichtstandsvereinbarung, bzw. eine sich daraus ergebende Entscheidung nach ihrem innerstaatlichen Recht anzuerkennen und zu vollstrecken.[573] 197

## 4. Zustandekommen und Wirksamkeit

Für die materiell-rechtliche Gültigkeit der Gerichtstandsvereinbarung ist wie iRv Art. 25 Abs. 1 S. 1 Brüssel Ia-VO das Recht des gewählten Forums anzuwenden. Nach hM ist auch das Kollisionsrecht des gewählten Forums und damit das durch dieses berufene Recht anzuwenden (→ Rn. 185).[574] Anders als iRd Brüssel Ia-VO (vgl. Art. 31 Abs. 2 Brüssel Ia-VO) haben sowohl das pro-, als auch das derogierte Gericht im Erkenntnisverfahren, sowie das Exequaturgericht im Vollstreckungsstaat, die Befugnis, die Wirksamkeit der Gerichtstandsvereinbarung zu überprüfen.[575] Die Gerichtstandsklausel ist als eine von sonstigen Vertragsbestimmungen eigenständige und unabhängige Vereinbarung zu behandeln (Art. 3 lit. d HGÜ). 198

## 5. Inhalt einer Gerichtstandsvereinbarung

Im Rahmen des HGÜ müssen die Parteien die ausschließliche Geltung der Gerichtstandsvereinbarung bestimmen, bzw. diese zumindest nicht ausschließen. Die Verabredung einer asymmetrischen (halbseitig ausschließlichen) Gerichtstandsvereinbarung ist – soll das HGÜ anwendbar sein – nicht möglich.[576] Die Gerichtstandsklausel kann sich allgemein auf die Gerichte eines Vertragsstaats beziehen (etwa Vereinbarung der Zuständigkeit mexikanischer Gerichte), sie kann jedoch auch ein bestimmtes Gericht bezeichnen (etwa Landgericht Waldshut-Tiengen). Zulässig ist auch, dass mehrere bestimmte Gerichte eines Vertragsstaats bezeichnet werden (vgl. Art. 3 lit. a HGÜ). Wird nur allgemein die Zuständigkeit der Gerichte eines Vertragsstaates vereinbart, so entscheidet dessen innerstaatliches Recht, welches Gericht konkret zuständig ist. Auch die Vereinbarung nach welcher eine Vertragspartei nur vor dem Landgericht Waldshut-Tiengen, die andere Vertragspartei nur vor dem Landgericht Düsseldorf Klage erheben kann, ist eine ausschließliche Gericht- 199

571 *Antomo* NJW 2015, 2919 (2920f.).
572 *Hartley/Dogauchi* Rn. 112.
573 *Hartley/Dogauchi* Rn. 13, 100; *Huber* IPRax 2016, 197 (200).
574 *Antomo* NJW 2015, 2919 (2921); *Hartley/Dogauchi* Rn. 94; *Eichel* GPR 2014, 159 (160); *Rühl* IPRax 2005, 410 (413) Fn. 54; *Wagner* RabelsZ 73 (2009), 100 (119, 122).
575 *Eichel* GPR 2014, 159 (160).
576 *Hartley/Dogauchi* Rn. 105f.; *Eichel* GPR 2014, 159 (161).

standsvereinbarung iSd HGÜ, weil die Zuständigkeit der Gerichte aller anderen Vertragsstaaten derogiert wird. Keine ausschließliche Gerichtstandsklausel liegt jedoch vor, wenn sich die Gerichte in verschiedenen Vertragsstaaten befinden.[577] Im Falle eines Mehrrechtsstaates (etwa Mexiko, im Falle ihres Beitritts insbesondere USA, Kanada) kann die Bezugnahme auf einen Vertragsstaat nach Art. 25 Abs. 1 HGÜ entweder als Bezugnahme auf den Gesamtstaat oder als Bezugnahme auf die Teilrechtsordnung verstanden werden. Für Zwecke des Art. 3 lit. a HGÜ ist sowohl die Vereinbarung der Zuständigkeit mexikanischer Gerichte als auch die Vereinbarung der Zuständigkeit der Gerichte einer mexikanischen Teilrechtsordnung als eine ausschließliche Gerichtstandsvereinbarung nach dem HGÜ möglich.[578] Gemäß Art. 29 Abs. 4 HGÜ gilt die EU in ihrer Gesamtheit als Vertragsstaat. Nach Art. 30 Abs. 2 HGÜ gilt jede Bezugnahme auf einen Vertragsstaat ggf. gleichermaßen als Bezugnahme auf die einzelnen Mitgliedstaaten der EU. Die Gerichtsstandsklausel muss sich nicht auf Ansprüche aus einem Vertragsverhältnis beschränken, vielmehr kann sie beispielsweise auch aus einem bestimmten Rechtsverhältnis entspringende Ansprüche aus unerlaubter Handlung erfassen.[579]

## G. Schiedsvereinbarung

200 Durch eine Schiedsvereinbarung werden Streitigkeiten der Entscheidung durch ein Schiedsgericht unter Ausschluss des Rechtswegs zu den staatlichen Gerichten unterworfen. Die Schiedsvereinbarung zielt damit auf ein Verfahren, das mit seiner Entscheidung ein staatliches Urteil ersetzt. Die Parteien intendieren folglich den Ausschluss der staatlichen Gerichtsbarkeit und die Entstehung einer prozesshindernden Einrede. Die Schiedsvereinbarung ist damit nach richtiger Sichtweise als prozessuales Institut zu qualifizieren.[580] Dagegen handelt es sich nach der inländischen Rechtsprechung und hL um einen materiell-rechtlichen Vertrag über prozessuale Beziehungen.[581] Davon zu unterscheiden ist die Vereinbarung einer Schiedsbegutachtung (→ Rn. 149). Die Schiedsvereinbarung ist, auch wenn sie in einen Hauptvertrag eingebunden ist (in diesem Fall wird sie idR als „Schiedsklausel" bezeichnet), kollisionsrechtlich von dem Hauptvertrag zu unterscheiden und selbstständig anzuknüpfen.[582] Eine Schiedsvereinbarung kann in verschiedenen Stadien zum Tragen kommen: Bei der Durchführung eines Schiedsverfahrens, im Rahmen eines gerichtlichen Verfahrens **(Einrede der Schiedsvereinbarung, § 1032 ZPO)** oder bei der Anerkennung und Vollstreckung eines ausländischen Schiedsspruchs im Inland (Vollstreckungsverfahren). Für die Einrede der Schiedsvereinbarung gilt unabhängig vom Schiedsort und dem Statut der Schiedsvereinbarung die *lex fori* des angerufenen Gerichts.[583]

### I. Rechtsgrundlagen

201 Das Recht der internationalen Schiedsgerichtsbarkeit wird durch eine Vielzahl von multi- und bilateralen Staatsverträgen gekennzeichnet. Als multilaterale Staatsverträge sind insbesondere das UNÜ[584] und das Genfer Europäische Übereinkommen von 1961 (EuÜ)[585] zu

[577] *Hartley/Dogauchi* Rn. 12, 17, 103f.; vgl. dort unter Rn. 108f. Beispiele für ausschließliche und nicht ausschließliche Gerichtstandsvereinbarungen.
[578] *Hartley/Dogauchi* Rn. 107.
[579] *Hartley/Dogauchi* Rn. 101.
[580] *Geimer* IPRax 2006, 233 (234); Reithmann/Martiny/*Hausmann* Rn. 8.184; *Schack* IZVR Rn. 1319.
[581] BGHZ 23, 198 (200) = NJW 1957, 589 (590); Musikalk/*Voit* ZPO § 1029 Rn. 3; Thomas/Putzo/*Reichhold* ZPO § 1029 Rn. 1.
[582] *Schack* IZVR Rn. 1320; *Schmidt-Ahrendts/Höttler* SchiedsVZ 2011, 267 (272).
[583] *Schack* IZVR Rn. 1356.
[584] BGBl. 1961 I 122; abgedr. bei *Jayme/Hausman* Nr. 240; vgl. dort in Fn. 1–5 auch einen Überblick über die mehr als 150 Vertragsstaaten und die von diesen erklärten Vorbehalte.

beachten. Unter den bilateralen Abkommen enthält insbesondere der deutsch-amerikanischen Freundschafts-, Handels- und Schifffahrtsvertrag von 1954[586] Vorschriften über die Anerkennung von Schiedsvereinbarungen. Das UNÜ ist nach seinem Art. I Abs. 1 anwendbar, wenn der Schiedsspruch in einem anderen Staat (nicht zwingend Vertragsstaat) als dem Vollstreckungsstaat erlassen worden ist oder im Vollstreckungsstaat nicht als „inländischer" Schiedsspruch gilt. Das EuÜ ist nach seinem Art. I Abs. 1 anwendbar, wenn die Parteien der Schiedsvereinbarung ihren gewöhnlichen Aufenthalt bzw. Sitz bei Vertragsschluss in verschiedenen Vertragsstaaten haben. Weiter ist erforderlich, dass die Schiedsvereinbarung die Regelung von Streitigkeiten aus „internationalen Handelsgeschäften" betrifft. Sofern eine Schiedsvereinbarung in den Anwendungsbereich mehrerer Übereinkünfte fällt, so ist deren Konkurrenzverhältnis im Verhältnis UNÜ zum EuÜ nach dem Prinzip *„lex posterior derogat legi priori"* zu bestimmen.[587] Im Verhältnis des UNÜ zu bilateralen Übereinkommen und zum autonomen Recht gilt der Meistbegünstigungsgrundsatz nach Art. VII Abs. 1 UNÜ. Die Brüssel Ia-VO findet gemäß Art. 1 Abs. 2 lit. d Brüssel Ia-VO,[588] die Rom I-VO gemäß Art. 1 Abs. 2 lit. e Rom I-VO (→ Rn. 147) keine Anwendung für und in Schiedsverfahren.

## II. Schiedsvereinbarungsstatut

Das Statut der Schiedsvereinbarung befindet über diejenigen Fragen, die im staatsvertraglichen oder autonomen Recht nicht durch vereinheitlichte Sachnormen geregelt sind und für die keine Sonderanknüpfungen bestehen. Dem Schiedsvereinbarungsstatut unterliegen insbesondere das Zustandekommen und die materielle Wirksamkeit, die Auslegung und objektive Reichweite der Schiedsvereinbarung (zB Erstreckung auf außervertragliche Ansprüche) und die Aufhebung und Abänderung der Schiedsvereinbarung.[589] Vom Schiedsvereinbarungsstatut zu unterscheiden sind die vertraglichen Beziehungen zu dem Schiedsrichter (→ Rn. 148). 202

Das Schiedsvereinbarungsstatut richtet sich im Geltungsbereich des UNÜ sowohl im Anerkennungs-, und richtigerweise auch im Einredeverfahren, gemäß Art. V Abs. 1 lit. a UNÜ primär nach dem von den Parteien (ausdrücklich oder konkludent) gewählten Recht, hilfsweise findet das Recht des Staates Anwendung, in dem der Schiedsspruch ergangen ist bzw. ergehen soll. Gleiches gilt gemäß Art. VI Abs. 2 EuÜ. Nach autonomem Recht findet vorzugswürdiger Ansicht nach § 1059 Abs. 2 Nr. 1 lit. a ZPO Anwendung. Dieser findet nicht nur für das Aufhebungsverfahren Anwendung, sondern ist vielmehr für alle anderen Verfahrensstadien analog heranzuziehen. Primär maßgebend ist gemäß § 1059 Abs. 2 Nr. 1 lit. a ZPO das von den Parteien (ausdrücklich oder konkludent) gewählte Recht. Im Falle fehlender Rechtswahl ist nach richtigem Standpunkt im Falle eines inländischen Schiedsorts an die deutsche *lex fori* anzuknüpfen.[590] Nach abweichender Sichtweise finden gemäß der von der hL praktizierten materiell-rechtlichen Einordnung der Schiedsvereinbarung die Art. 3 ff. Rom I-VO analoge[591] bzw. die aufgehobenen Art. 27 ff. EGBGB aF[592] Anwendung. Als engste Verbindung kommt mangels Rechtswahl das Statut des materiell-rechtlichen Hauptvertrages oder – vorzugswürdig – das Recht in 203

[585] BGBl. 1964 II 426; abgedr. bei *Jayme/Hausmann* Nr. 241; vgl. dort auch einen Überblick über die 32 Vertragsstaaten.

[586] BGBl. 1956 II 488; abgedr. bei *Jayme/Hausmann* Nr. 243.

[587] Reithmann/Martiny/*Hausmann* Rn. 8.233.

[588] Vgl. näher zur Bereichsausnahme der Brüssel Ia-VO *Stadler/Klöpfer* ZEuP 2015, 732 (735 ff.).

[589] Reithmann/Martiny/*Hausmann* Rn. 8.238, 8.266, 8.27 f.

[590] *Geimer* IZPR Rn. 3789; *König* SchiedsVZ 2012, 129 ff.; Reithmann/Martiny/*Hausmann* Rn. 8.261; *Schmidt-Ahrendts/Höttler* SchiedsVZ 2011, 267 (272 f.); krit. hierzu *Stürner/Wendlstein* IPRax 2014, 473 (475).

[591] *Schütze* SchiedsVZ 2014, 274 (275).

[592] *Schack* IZVR Rn. 1331.

Betracht, dem das Schiedsverfahren unterliegt.[593] Schließlich wird in Ermangelung einer Rechtswahl – unabhängig von der Frage der Anwendbarkeit der Rom I-VO – eine unselbstständige Anknüpfung der Schiedsvereinbarung an das Statut des Hauptvertrages vorgeschlagen.[594]

### III. Formstatut

204 Im Geltungsbereich des UNÜ sind die von Art. II Abs. 2 UNÜ aufgestellten Formerfordernisse als **Wirksamkeitsvoraussetzung** zu beachten. Diese verdrängen jedoch wiederum strengere Formvorschriften des nationalen Rechts (etwa § 1031 Abs. 5 ZPO). Auf Grund der Meistbegünstigungsklausel in Art. VII Abs. 1 UNÜ behalten allerdings weniger strenge Formvorschriften des nationalen Rechts (zB § 1031 Abs. 2 und Abs. 3 ZPO) auch im Anwendungsbereich des UNÜ Bedeutung.[595] Das EuÜ enthält in Art. I Abs. 2 lit. a Hs. 1 EuÜ eine Formvorschrift. Im Anwendungsbereich des EuÜ genügt die Einhaltung der durch das nationale Recht aufgestellten Formerfordernisse, wobei das Sitzrecht beider Vertragspartner maßgebend ist. Nach autonomem deutschen Recht ist die Form einer Schiedsvereinbarung (von deutschen staatlichen wie von Schiedsgerichten) stets über die einseitige Kollisionsnorm des § 1025 Abs. 1 ZPO nach § 1031 ZPO zu beurteilen, sofern der Schiedsort im Inland liegt.[596] Das Schriftformerfordernis wird durch notarielle Beurkundung als höhere Form erfüllt.[597] Im Falle eines ausländischen Schiedsorts ist richtiger Ansicht nach die *lex fori* des gewählten ausländischen Schiedsstaates zur Anwendung berufen.[598] Nach abweichender Sichtweise folgt aus der postulierten materiell-rechtlichen Natur der Schiedsvereinbarung die Anwendbarkeit von Art. 11 EGBGB.[599]

### IV. Zulässigkeit der Schiedsvereinbarung

205 Die Schiedsvereinbarung muss sich stets auf Rechtsstreitigkeiten aus einem bestimmten Rechtsverhältnis beziehen und das Schiedsgericht hinreichend bestimmen (Art. II Abs. 1 UNÜ, § 1029 Abs. 1 ZPO). Art. I Abs. 1 EuÜ enthält dagegen keine Einschränkung auf ein bestimmtes Rechtsverhältnis.

206 Unter **„objektiver Schiedsfähigkeit"** des Streitgegenstandes ist die Frage zu verstehen, ob die Parteien diesen überhaupt der Entscheidung eines Schiedsgerichts unterstellen können. Die objektive Schiedsfähigkeit ist von deutschen Gerichten sowohl im Einrede-, als auch im Vollstreckungsverfahren stets ausschließlich nach Maßgabe der deutschen *lex fori* zu beurteilen.[600] Gemäß § 1030 ZPO kann jeder vermögensrechtliche und vergleichsfähige, nicht vermögensrechtliche Anspruch Gegenstand eines Schiedsverfahrens sein.

[593] *Schack* IZVR Rn. 1332.
[594] MüKoBGB/*Martiny* Rom I-VO Vorb. Art. 1 Rn. 91; *Stürner/Wendelstein* IPRax 2014, 473 (475ff.).
[595] Reithmann/Martiny/*Hausmann*, Rn. 8.291ff.
[596] *Schmidt-Ahrendts/Höttler* SchiedsVZ 2011, 267 (274).
[597] Vgl. zur Beurkundung einer Schiedsvereinbarung DNotI-Report 2008, 188f.; BGH NJW 2014, 3652 (3654). Das Statut der Schiedsvereinbarung bestimmt darüber, ob die Gültigkeit der Schiedsvereinbarung von der Gütligkeit des Hauptvertrages abhängt, auf den sie sich bezieht. Nach deutschem Schiedsverfahrensrecht bedarf es lediglich der Einhaltung der in § 1031 ZPO geregelten Schriftform, auch wenn sich die Schiedsvereinbarung auf ein beurkundungsbedürftiges Rechtsgeschäft bezieht (BGH NJW 2014, 3652 (3654)). Eine andere Frage ist, ob sich aus materiell-rechtlichen Normen wie § 311b BGB bzw. § 15 Abs. 4 GmbHG – sofern diese kollisionsrechtlich zur Anwendung berufen sind – für den Hauptvertrag ein Beurkundungserfordernis der Schiedsvereinbarung ergibt (welche dann aber nur Bedeutung für die Wirksamkeit des Hauptvertrages hat), so BeckNotar-HdB/*Heckschen* A I Rn. 513. Gegen das Beurkundungserfordernis spricht, dass die formellen Voraussetzungen des § 1031 BGB als gegenüber dem beurkundungsrechtlichen Vollständigkeitsprinzip vorrangig und spezieller angesehen werden können.
[598] MüKoBGB/*Martiny* Rom I-VO Vorb. Art. 1 Rn. 101.
[599] *Schütze* SchiedsVZ 2014, 274 (275).
[600] Eingehend Reithmann/Martiny/*Hausmann* Rn. 8.356ff., 8.364, 8.372ff.; *Schack* IZVR Rn. 1327.

Unter subjektiver Schiedsfähigkeit ist die Fähigkeit einer Partei eine Schiedsvereinbarung wirksam abzuschließen zu verstehen.

Die **subjektive Schiedsfähigkeit** wird gesondert nach nationalem Kollisionsrecht angeknüpft. Für juristische Personen ist an deren Personalstatut (Sitz- oder Gründungsrecht, → § 18) anzuknüpfen, für natürliche Personen wird zum Teil an das Heimatrecht (Art. 7 EGBGB, → § 4),[601] nach vordringender Ansicht an den gewöhnlichen Aufenthalt angeknüpft.[602] Trotz Schiedsfähigkeit des Streitgegenstandes können sich für die Anerkennung internationaler Schiedsvereinbarungen insbesondere aus inländischen Eingriffsnormen Beschränkungen ergeben. 207

## V. Schiedsverfahrensstatut

Das Schiedsverfahren, sprich die die Organisation und den Ablauf eines Schiedsverfahrens betreffenden Vorschriften, richtet sich grundsätzlich dem Recht am vereinbarten Schiedsort.[603] Die Parteien können jedoch – vorbehaltlich zwingender Normen des am Schiedsort geltenden Rechts – ein hiervon abweichendes Verfahrensrecht bzw. eigene Verfahrensregeln festlegen; insbesondere können die Parteien die Schiedsordnung eines institutionellen Schiedsgerichts vereinbaren.[604] Im Falle eines inländischen Schiedsorts sind die zwingenden Vorschriften des Zehnten Buchs der ZPO nicht abdingbar (§ 1025 Abs. 1 ZPO). Nicht dispositiv sind damit insoweit insbesondere das Recht auf Gleichbehandlung und der Anspruch auf rechtliches Gehör (§ 1042 Abs. 1 ZPO). 208

## VI. Sachstatut

Schiedsgerichte mit Sitz in Deutschland haben hinsichtlich des in der Sache anwendbaren Rechts die Kollisionsnormen in § 1051 ZPO anzuwenden.[605] Danach unterliegt das in der Sache anwendbare Recht primär der Parteiautonomie. Der ausdrücklich oder konkludent erfolgten Rechtswahl sind allerdings vor allem durch die Eingriffsnormen derjenigen Staaten, in denen der Schiedsspruch anschließend vollstreckt werden soll, Schranken gezogen.[606] Treffen die Parteien keine Rechtswahl wendet ein Schiedsgericht mit Sitz im Inland das Recht an, mit dem der Streitgegenstand am engsten verbunden ist (§ 1051 Abs. 2 ZPO). Die Art. 3ff. Rom I-VO beanspruchen für ein inländisches Schiedsgericht keine Geltung.[607] Zu beachten ist, dass Schiedsgerichte auch nicht staatliches Recht anwenden dürfen. Gleiches gilt für staatsvertragliches Recht, das für den konkreten Sachverhalt kraft seines Anwendungsbereichs nicht anwendbar wäre (vgl. für das CISG → Rn. 41).[608] 209

[601] *Geimer* IZPR Rn. 3815a; *Schack* IZVR Rn. 1328; *Schmidt-Ahrendts/Höttler* SchiedsVZ 2011, 267 (275).
[602] Reithmann/Martiny/*Hausmann* Rn. 8.360, 8.376.
[603] *Geimer* IZPR Rn. 3832; MüKoBGB/*Martiny* Rom I-VO Vorb. Art. 1 Rn. 121f.
[604] Reithmann/Martiny/*Hausmann* Rn. 8.371f.
[605] Zöller/*Geimer* ZPO § 1051 Rn. 2.
[606] Umf. Reithmann/Martiny/*Hausmann* Rn. 8.426ff.
[607] MüKoBGB/*Martiny* Rom I-VO Vorb. Art. 1 Rn. 110; *Nueber* SchiedsVZ 2014, 186ff.; nach **aA** betrifft der Ausschlusstatbestand des Art. 1 Abs. 2 lit. e Rom I-VO lediglich die Schiedsvereinbarung und nicht das in der Sache anwendbare Recht, vgl. etwa auch MüKoZPO/*Münch* § 1051 Rn. 7ff.
[608] *Nagel/Gottwald* IZPR § 7 Rn. 123.

## H. Vertragsmuster

### I. Opt-out-Vereinbarung nach Art. 6 CISG

210 **Formulierungsbeispiel: Opt-out Vereinbarung nach Art. 6 CISG (deutsch/englisch)**[609]

| | |
|---|---|
| Auf diesen Vertrag finden die Vorschriften des CISG keine Anwendung. | The United Nations Convention of Contracts for the International Sale of Goods of 1980 shall be excluded. |

210a Die *opt-out*-Vereinbarung nach Art. 6 CISG stellt keine Rechtswahl iSv §§ 111 Nr. 4, 104 Abs. 3 GNotKG dar, sondern bildet denselben Beurkundungsgegenstand wie der Kaufvertrag. Sie hat daher keine gebührenrechtliche Relevanz.

### II. Rechtswahl nach Art. 3 Rom I-VO

211 **Formulierungsbeispiel: Rechtswahl nach Art. 3 Rom I-VO (deutsch/englisch)**[610]

| | |
|---|---|
| Für diesen Vertrag findet deutsches Sachrecht Anwendung. | This Agreement shall be governed by and construed in accordance with the substantive laws of Germany. |
| Alt.: Dieser Vertrag einschließlich seiner Anlagen und aller zusätzlichen und künftigen Vereinbarungen der Parteien unterliegt und ist auszulegen nach deutschem Sachrecht. | This agreement, its appendices as well as all additional and future agreements are to be governed by and construed under the laws of Germany. |

211a Die pauschale Wahl deutschen Rechts bewirkt in Ermangelung weiterer Anhaltspunkte für einen abweichenden Parteiwillen nicht den Anwendungsausschluss des CISG (→ Rn. 19). Soll auch die Anwendung des CISG ausgeschlossen werden, so lässt sich etwa formulieren:

212 **Formulierungsbeispiel: Rechtswahl mit Ausschluss CISG (deutsch/englisch)**

| | |
|---|---|
| Für diesen Vertrag findet deutsches Sachrecht – unter Ausschluss der Vorschriften des CISG – Anwendung. | This agreement is to be governed by and construed under the laws of Germany. The United Nations Convention of Contracts for the International Sale of Goods of 1980 shall not apply. |

212a Da eine Rechtswahl durch einen eigenständigen, vom Hauptvertrag zu trennenden und folglich (auch insbesondere hinsichtlich seiner Form) selbstständig zu beurteilenden Vertrag erfolgt (→ Rn. 25, 34), kann sich die den Hauptvertrag beinhaltende Urkunde auf eine sog Erinnerungsklausel beschränken. Diese kann etwa lauten:

[609] Näher → Rn. 18ff.
[610] Näher → Rn. 23ff.

**Formulierungsbeispiel: Erinnerungsklausel** 213

Das auf diesen Vertrag anzuwendende Recht bestimmt sich nach der Rechtswahlvereinbarung vom ***, welche dieser Urkunde als Anhang Nr. *** beigefügt ist.[611]

### III. Rechtswahl nach Art. 14 Rom II-VO

**Formulierungsbeispiel: Ergänzende Rechtswahl nach Art. 14 Rom II-VO**[612] 214

Für diesen Vertrag findet deutsches Sachrecht – unter Ausschluss der Vorschriften des CISG – Anwendung. Die Wahl deutschen Sachrechts gilt, soweit rechtlich zulässig, auch für sämtliche der Verordnung (EG) Nr. 864/2007 des Europäischen Parlaments und des Rates vom 11. Juli 2007 über das auf außervertragliche Schuldverhältnisse anzuwendende Recht („Rom II") unterliegende Ansprüche.

### IV. Gebührenrechtliche Folgen einer Rechtswahl

Für Zwecke der **notariellen Gebührenerhebung** gilt eine Rechtswahl, gleich ob sie auf Grundlage des EGBGB oder auf Grundlage staatsvertraglicher oder unionsrechtlicher (Art. 3 Rom I-VO, Art. 14 Rom II-VO) Vorschriften beruht, gemäß § 111 Nr. 4 GNotKG als besonderer Beurkundungsgegenstand und ist folglich isolierter Anknüpfungspunkt für die Wertermittlung. 215

Der **Geschäftswert** einer Rechtswahl nach Art. 3 Rom I-VO beträgt nach § 104 Abs. 3 GNotKG 30 % des Geschäftswerts für die Beurkundung des Rechtsgeschäfts, für das die Rechtswahl bestimmt ist. Diese gebührenrechtliche Relevanz einer Rechtswahlklausel beruht auf dem gesetzgeberischen Gedanken, dass die Rechtswahl oftmals über das eigentlich zu beurkundende Rechtsgeschäft hinausgehende Bedeutung hat. Sie führt zu über das eigentliche Beurkundungsgeschäft hinausgehenden Prüfungs- und Beratungspflichten des Notars, welche kostenmäßig eigenständig zu bewerten und abzugelten seien.[613] 216

Vorstehend genannte gebührenrechtliche Relevanz wird teilweise als unangemessen empfunden und insoweit für eine einschränkende Auslegung des § 111 Nr. 4 GNotKG plädiert.[614] Danach soll lediglich einer **konstitutiv wirkenden Rechtswahl** gebührenrechtliche Relevanz zukommen. Sofern das durch die Rechtswahl bestimmte Recht auch unter Zugrundelegung der objektiven Anknüpfungsmomente zur Anwendung gelangte, und die Rechtswahl folglich lediglich deklaratorischen Charakter habe, soll eine geschäftswerterhöhende Wirkung durch eine klarstellende Aufnahme der Rechtswahlklausel nicht eintreten. In diesen Fällen liege keine „Rechswahl" iSd GNotKG vor.[615] Dieser einschränkenden Auslegung dürfte jedoch die Gesetzgebungshistorie entgegenstehen.[616] Ob eine Rechtswahl tatsächlich rein deklaratorisch erfolgt, ist gerade mit Blick auf Art. 4 Abs. 3 und Abs. 4 Rom I-VO oftmals fraglich. Ob die Rechtswahlklausel für den konkreten Vertrag tatsächlich konstitutiv wirkt oder diese von den Parteien rein vorsorglich getroffen wurde, ist daher für die Verwirklichung des Gebührentatbestandes nicht von Belang.[617] Eine Rechtswahl liegt jedoch nicht vor, sofern lediglich die Voraussetzungen 217

[611] *Krasauskaite/Schwarz* DZWIR 2014, 51 (57 f.).
[612] Näher → Rn. 133 ff.
[613] BT-Drs. 17/11471, 183, 190.
[614] So etwa *Engelstädter/Lubberich* NZG 2014, 546 (566).
[615] *Krasauskaite/Schwarz* DZWIR 2014, 51 (56); *Ulrich* GmbHR 2013, R357.
[616] *Begemann/Nölle* BB 2016, 137 (139 f.).
[617] *Begemann/Nölle* BB 2016, 137 (140 f.); *Blumenthal* BB 2014, 1612 (1613); Fackelmann/Heinemann/*Otto/Fackelmann* GNotKG § 104 Rn. 3.

für die kraft objektiver Verweisung anwendbare Rechtsordnung in der Urkunde festgestellt werden.[618]

218 Nach der kostenrechtlichen Literatur liegt in der Beurkundung der Feststellung der Parteien, dass diese außerhalb der notariellen Urkunde bereits formfrei eine Rechtswahl getroffen haben, eine **gegenstandsverschiedene** Erklärung.[619] Die Rechtswahl nach Art. 3 Rom I-VO und die nach Art. 14 Rom II-VO sind dagegen als **gegenstandsgleich** zu beurteilen.

## V. Gerichtstandsvereinbarungen[620]

### 1. Ausschließliche Gerichtsstandsklausel

219 **Formulierungsbeispiel: Ausschließliche Gerichtsstandsklausel**

Für alle Streitigkeiten aus diesem Vertrag und im Zusammenhang mit diesem Vertrag und seiner Durchführung ist, soweit nicht gesetzlich zwingend etwas anderes bestimmt ist, ausschließlicher Gerichtstand Waldshut-Tiengen. Für das Zustandekommen und die Wirksamkeit dieser Gerichstandsvereinbarung findet, soweit nicht gesetzlich zwingend etwas anderes bestimmt ist, deutsches Recht Anwendung.

### 2. Alternative Gerichtsstandsklausel

220 **Formulierungsbeispiel: Alternative Gerichtsstandsklausel**

Für alle Streitigkeiten aus diesem Vertrag und im Zusammenhang mit diesem Vertrag und seiner Durchführung ist, soweit nicht gesetzlich zwingend etwas anderes bestimmt ist, nach Wahl des Klägers Waldshut-Tiengen oder Wien ausschließlicher Gerichtstand. Für das Zustandekommen und die Wirksamkeit dieser Gerichtsandsvereinbarung findet, soweit nicht gesetzlich zwingend etwas anderes bestimmt ist, deutsches Recht Anwendung.

### 3. Fakultative Gerichtsstandsklausel

221 **Formulierungsbeispiel: Fakultative Gerichtsstandsklausel**

Für alle Streitigkeiten aus diesem Vertrag und im Zusammenhang mit diesem Vertrag und seiner Durchführung ist, soweit nicht gesetzlich zwingend etwas anderes bestimmt ist, Gerichtstand Waldshut-Tiengen. Die Parteien sind jedoch berechtigt, auch an sonstigen gesetzlichen Gerichtsständen zu klagen. Für das Zustandekommen und die Wirksamkeit dieser Gerichtsandsvereinbarung findet, soweit nicht gesetzlich zwingend etwas anderes bestimmt ist, deutsches Recht Anwendung.

### 4. Einseitig begünstigende Gerichtsstandsklausel

222 **Formulierungsbeispiel: Einseitig begünstigende Gerichtsstandsklausel**

Für alle Streitigkeiten aus diesem Vertrag und im Zusammenhang mit diesem Vertrag und seiner Durchführung ist, soweit nicht gesetzlich zwingend etwas anderes bestimmt ist, ausschließlicher Gerichtstand Waldshut-Tiengen. *** ist jedoch auch berechtigt,

[618] Korintenberg/*Diehn* GNotKG § 111 Rn. 41.
[619] Korintenberg/*Diehn* GNotKG § 111 Rn. 41, wohl **aA** *Krasauskaite/Schwarz* DZWIR 2014, 51 (57 f.).
[620] Näher → Rn. 175 ff.

stattdessen am Sitz des Käufers in Wien ein gerichtliches Verfahren einzuleiten. Für das Zustandekommen und die Wirksamkeit dieser Gerichtsandsvereinbarung findet, soweit nicht gesetzlich zwingend etwas anderes bestimmt ist, deutsches Recht Anwendung.

Eine Gerichtstandsvereinbarung (prozessuales Rechtsverhältnis) bildet nach § 109 Abs. 1 GNotKG denselben Beurkundungsgegenstand wie das materiell-rechtliche Rechtsverhältnis 223

## VI. Schiedsvereinbarung

**Formulierungsbeispiel: Schiedsvereinbarung**[621] 224

Alle Streitigkeiten, die sich im Zusammenhang mit diesem Vertrag oder über seine Gültigkeit ergeben, werden nach der im Zeitpunkt der Verfahrenseinleitung geltenden Schiedsgerichtsordnung der Deutschen Institution für Schiedsgerichtsbarkeit e.V. (DIS) unter Ausschluss des ordentlichen Rechtswegs endgültig entschieden. Der Ort des schiedsgerichtlichen Verfahrens ist Waldshut-Tiengen. Das Schiedsgericht besteht aus drei Personen. Schiedssprache ist deutsch.

*Alt.:* Alle sich aus oder im Zusammenhang mit der Auslegung oder Durchführung dieses Vertrages, einschließlich der Auslegung und Durchführung dieser Klausel ergebenden Streitigkeiten der Parteien, die nicht gütlich beigelegt werden können, sollen unter Ausschluss des ordentlichen Rechtswegs durch drei Schiedsrichter abschließend entschieden werden. Das Schiedsgericht soll in Waldshut-Tiengen tagen. Im Übrigen richtet sich das Verfahren nach den §§ 1025 ff. ZPO. Für diese Schiedsvereinbarung findet deutsches Recht Anwendung. Das Schiedsgericht hat seine Sachentscheidung unter Anwendung deutschen Sachrechts – unter Ausschluss der Vorschriften des CISG – zu treffen.

[621] Näher → Rn. 200 ff.

# § 17. Sachenrecht

## Übersicht



**Schrifttum:**

*Döbereiner,* Das internationale Erbrecht nach der EU-Erbrechtsverordnung, MittBayNot 2013, 358; *ders.*, Vindikationslegate unter Geltung der EU-Erbrechtsverordnung, GPR 2014, 42; *Dutta,* Das neue internationale Erbrecht der Europäischen Union – Eine erste Lektüre der Erbrechtsverordnung, FamRZ 2013, 4; *Engel,* Internationales Sachenrecht: Verjährung nach Statutenwechsel?, IPRax 2014, 520; *Gruber,* International zwingende Eingriffsnormen im VVG, NVersZ 2001, 442; *Hertel,* Nachweis der Erbfolge im Grundbuchverfahren – bisher und nach der EuErbVO, ZEV 2013, 539; *Janzen,* Die EU-Erbrechtsverordnung, DNotZ 2012, 484; *Jayme,* Transposition und Parteiwille bei grenzüberschreitenden Mobiliarsicherheiten, FS Rolf Serick, 1992, 241; *Kieninger,* Perspektiven für ein Europäisches Mobiliarkreditsicherungsrecht, ZEuP 2016, 201; *Kleinschmidt,* Optionales Erbrecht: Das Europäische Nachlasszeugnis als Herausforderung an das Kollisionsrecht, RabelsZ 77 (2013), 723; *Kunz,* Die neue Europäische Erbrechtsverordnung – ein Überblick, Teil I, GPR 2012, 208 und Teil II, GPR 2012, 253; *Lechner,* Die EuErbVO im Spannungsfeld zwischen Erbstatut und Sachenrecht, IPRax 2013, 497; *S. Lorenz,* Rückverweisung des italienischen Erbrechts auf die lex rei sitae bezüglich der Ausgestaltung der Erbengemeinschaft, IPRax 1990, 82; *Margonski,* Ausländische Vindikationslegate nach der EU-Erbrechtsverordnung, GPR 2013, 106; *Odersky,* Europäische Erbrechtsverordnung in der Gestaltungspraxis, notar 2013, 3; *Pfeiffer,* Der Stand des Internationalen Sachenrechts nach seiner Kodifikation, IPRax 2000, 270; *Schäuble,* Die Einweisung der Erben in die Erbschaft nach österreichischem Recht durch deutsche Nachlassgerichte, 2011; *Schmidt,* Ausländische Vindikationslegate über im Inland belegene Immobilien – zur Bedeutung des Art. 1 Abs. 2 lit. l EuErbVO, ZEV 2014, 133; *Simon/Buschbaum,* Die neue EU-Erbrechtsverordnung, NJW 2012, 2393; *Stoll,* Zur gesetzlichen Regelung des internationalen Sachenrechts in Art. 43–46 EGBGB, IPRax 2000, 259; *von Bar,* Abtretung und Legalzession im neuen deutschen Internationalen Privatrecht, RabelsZ 53 (1989), 462; *Wagner/Scholz,* Der Referentenentwurf eines Gesetzes zur Durchführung der EU-Erbrechtsverordnung, FamRZ 2014, 714; *Wilsch,* EuErbVO: Die Verordnung in der deutschen Grundbuchpraxis, ZEV 2012, 530; *Winter,* Das Lösungsrecht nach gutgläubigem Erwerb, 2014.

## A. Rechtsquellen

Das Internationale Sachenrecht findet sich seit dem 1.6.1999[1] im deutschen Recht in den Art. 43 bis 46 EGBGB geregelt, die durch die Vorschriften der Art. 3 bis 12 EGBGB und die von der Rechtsprechung und Lehre entwickelten ungeschriebenen Grundsätze des deutschen IPR ergänzt werden. Vor dem 1.6.1999 war das deutsche Internationale Sachenrecht mit Ausnahme von einigen Sondergesetzen nicht kodifiziert und beruhte daher überwiegend auf Richterrecht. Das autonome IPR verdrängende Staatsverträge – die für rechtsgestaltende Praxis im Bereich des Internationalen Sachenrechts Bedeutung gewinnen könnten – bestehen nicht. Insbesondere das CISG enthält keine Regelungen betreffend das Internationale Sachenrecht (vgl. insbesondere Art. 4 lit. b CISG). Vorrangig anzuwendendes sekundäres Unionsrecht besteht im Bereich des Sachenrechts ebenfalls nicht. Die das Erbstatut regelnde EuErbVO nimmt gemäß Art. 1 Abs. 2 lit. k und lit. l, 1

[1] Gesetz v. 21.5.1999 (BGBl. I 1026); durch Gesetz v. 10.12.2008 zur Anpassung der Vorschriften des Internationalen Privatrechts an die Verordnung (EG) Nr. 864/2007 (BGBl. 2008 I 2401) wurde Art. 44 und Art. 46 geändert.

31 EuErbVO sachenrechtliche Fragen explizit von ihrem Anwendungsbereich aus. Allerdings bestehen für die Grenzziehung zwischen Erbstatut und Sachenrecht derzeit zahlreiche offene Fragen (zur Abgrenzung vom Erbstatut im Einzelnen → Rn. 24ff.). Für Verfügungen über Wertpapiere oder Sammelbestandanteile, die mit rechtsbegründender (nicht nur deklaratorischer) Wirkung in ein Register eingetragen oder auf einem Konto verbucht werden, enthält **§ 17a DepotG** eine kollisionsrechtliche Sonderregelung. Für Kulturgüter bestehen nach dem KultGüRückG Besonderheiten. Die Anfechtbarkeit der dinglichen Übertragung einer Sache außerhalb des Insolvenzverfahrens ist gemäß **§ 19 AnfG** nach dem Recht, dem die Wirkungen der anzufechtenden Rechtshandlung unterliegen, sprich dem von Art. 43ff. EGBGB berufenem Recht, anzuknüpfen.[2]

## B. Anknüpfung

### I. Lex rei sitae

2 Die **dinglichen Rechtsverhältnisse** an einer Sache unterliegen gemäß Art. 43 Abs. 1 EGBGB – vorbehaltlich der Ausweichklausel des Art. 46 EGBGB – dem Recht des Staates, in dem sich die Sache zur Zeit des Eintritts der dinglichen Rechtsfolge (Vollendung des jeweils zu beurteilenden sachenrechtlichen Tatbestands)[3] physisch befindet **(lex rei sitae).** Es handelt sich um eine Gesamtverweisung (Art. 4 Abs. 1 S. 1 EGBGB). Rück- und Weiterverweisungen erlangen jedoch wegen der grundsätzlich universellen Geltung[4] des *lex rei sitae*-Prinzips keine große praktische Relevanz. Unbewegliche, außerhalb des Hoheitsgebiets eines Staates aber innerhalb des Festlandsockels befindliche Sachen (*Offshore*-Windkraftanlagen), sind dem Staat, dem die betreffende Hoheitsmacht zusteht, zuzuordnen.[5] Extraterritoriales Gelände (etwa Botschaftsgelände) ist kein staatsfreies Territorium, sondern Gebiet des Gaststaates.[6] Spezielle Anknüpfungen finden sich in Art. 44 EGBGB für von Grundstücken ausgehende Einwirkungen und in Art. 45 EGBGB für Rechte an Luft-, Wasser- und Schienenfahrzeugen. Art. 45 Abs. 1 S. 2 EGBGB stellt richtigerweise eine Sachnormverweisung dar.[7]

### II. Ausweichklausel des Art. 46 EGBGB

3 Besteht eine wesentlich engere Verbindung zum Recht eines anderen Staates, als dem durch die Grundsatzanknüpfungen der Art. 43 und Art. 45 EGBGB ermittelten Recht, so ermöglicht die Ausweichklausel des Art. 46 EGBGB eine Korrektur der ursprünglichen Verweisung. Bei der Anwendung der als Sachnormverweisung ausgestalteten Ausweichklausel ist zu beachten, dass im internationalen Sachenrecht nicht nur die Interessen der Parteien, sondern auch jene des allgemeinen Rechtsverkehrs an einer klaren Zuordnung der dinglichen Rechtslage zu berücksichtigen sind. Folglich lassen sich die zum internationalen Vertragsrecht (Art. 4 Abs. 3 Rom I-VO, → § 16 Rn. 86ff.) entwickelten Grundsätze nicht ohne weiteres übernehmen. Die Ausweichklausel des Art. 46 EGBGB kann daher nur in besonders engen Grenzen zu einer Korrektur des ursprünglichen Verweisungsergebnisses führen.[8] Dementsprechend ist Voraussetzung für die Anwendung von

[2] BGH FamRZ 2012, 363 (364) (betreffend Übereignung eines inländischen Grundstücks); BeckOGK/*Prütting* EGBGB Art. 43 Rn. 108.
[3] BGH NJW 2009, 2824 (2825); OLG Oldenburg BeckRS 2008, 02690; vgl. zur Frage, ob für Fragen eines gutgläubigen Erwerbs und einer Ersitzung bei abhandengekommenen Sachen eine zeitlich abweichende Anknüpfung geboten ist, etwa Staudinger/*Mansel* EGBGB Art. 46 Rn. 63ff.
[4] Vgl. die rechtsvergleichende Übersicht bei Staudinger/*Mansel* EGBGB Art. 43 Rn. 90ff.
[5] Palandt/*Thorn* EGBGB Art. 43 Rn. 1.
[6] Staudinger/*Mansel* EGBGB Art. 43 Rn. 406f.
[7] BeckOGK/*Prütting* EGBGB Art. 43 Rn. 41.
[8] Palandt/*Thorn* EGBGB Art. 46 Rn. 1.

Art. 46 EGBGB, dass die Regelanknüpfung nach Art. 43 oder Art. 45 EGBGB zur Anwendbarkeit einer **extrem sachfernen Rechtsordnung** führen würde.[9] Eine Anwendung von Art. 46 EGBGB kommt etwa im Falle von Sachen in Betracht, die sich im internationalen Transport befinden *(res in transitu)*, wozu allerdings nicht die Transportmittel selbst gehören. Hier ist die Lage der Sache zur Zeit der Verfügung oftmals unklar oder zufällig.[10]

## III. Rechtswahl

4 Die Kollisionsnormen des deutschen Internationalen Sachenrechts sehen keine Rechtswahlmöglichkeit vor.[11] Eine Rechtswahl kann folglich grundsätzlich keine engere Verbindung gemäß Art. 46 EGBGB zu dem gewählten Recht begründen.[12] Im Falle ausländischer Sachbelegenheit kann, sofern das verwiesene ausländische Kollisionsrecht der Parteiautonomie Raum gewährt, eine Rechtswahl auf Grundlage des ausländischen IPR Wirkung erzeugen.[13] Eine begrenzte Rechtswahlmöglichkeit sieht zB Art. 104 des schweizerischen IPRG vor. Schließlich kann eine Rechtswahl im Bereich des Schuldrechts mittelbar für das Sachenrecht Bedeutung erlangen, etwa für den Fall, dass der Schuldvertrag im Rahmen sachenrechtlicher Tatbestandsmerkmale von Belang ist. Ggf. lässt sich eine sachenrechtliche Rechtswahl im konkreten Einzelfall als ein schuldrechtliches Verpflichtungsgeschäft mit dem Inhalt auslegen (bzw. in dieses umdeuten), den sachenrechtlichen Rechtszustand auf Grundlage des maßgeblichen Sachenrechtsstatuts rechtsgeschäftlich durch Verfügungen herzustellen, der sich bei Maßgeblichkeit der gewählten Sachenrechtsordnung ergeben hätte. Über diese Frage befindet das kraft objektiver oder subjektiver Anknüpfung gewonnene Schuldstatut.[14]

## IV. Statutenwechsel

5 Die Anknüpfung des Art. 43 Abs. 1 EGBGB an das jeweilige Belegenheitsrecht führt – vorbehaltlich eines etwaigen *Renvois* – für bewegliche Sachen zu Fragen des Statutenwechsels, wenn diese in einen anderen Staat als dem ursprünglichen gelangen. Für bereits **abgeschlossene sachenrechtliche Tatbestände** enthält Art. 43 Abs. 2 EGBGB eine diesbezügliche allseitige Regelung. Danach sind die unter Geltung der ursprünglich maßgeblichen Rechtsordnung begründeten Sachenrechte auf Grundlage der nunmehr anwendbaren Rechtsordnung anzuerkennen, sie können jedoch nicht in Widerspruch zur *lex reia sitae* ausgeübt werden. Die nunmehr berufene Rechtsordnung stellt nach dem Wortlaut des Art. 43 Abs. 2 EGBGB eine Ausübungsschranke der bisherigen Rechtsordnung dar. Art. 43 Abs. 2 EGBGB differenziert zwischen einem beständigen Entstehungsstatut **(Rechtsbestandsstatut)** und einem wandelbaren Wirkungsstatut **(Rechtswirkungsstatut).**[15] Unter erstgenanntem Rechtsbestandsstatut ist das anwendbare Sachenrecht im Moment der Begründung eines bestimmten sachenrechtlichen Rechtszustands, gleich ob dieser Rechtszustand erstmalig oder durch Änderung begründet wird, zu verstehen. Das Rechtswirkungsstatut befindet hingegen über die Rechtswirkungen eines sachenrechtlichen Rechtszustandes und unterstellt diese dem jeweiligen

[9] MüKoBGB/*Wendehorst* EGBGB Art. 46 Rn. 13; Palandt/*Thorn* EGBGB Art. 46 Rn. 1.

[10] Bamberger/Roth/*Spickhoff* EGBGB Art. 46 Rn. 7; *Pfeiffer* IPRax 2000, 270 (275); HK-BGB/*Dörner* EGBGB Art. 46 Rn. 1; **aA** MüKoBGB/*Wendehorst* EGBGB Art. 46 Rn. 43 f.

[11] BGH NJW 1997, 461 (462); OLG Hamm NJOZ 2012, 984; OLG Oldenburg BeckRS 2008, 02690.

[12] Bamberger/Roth/*Spickhoff* EGBGB Art. 46 Rn. 3; Palandt/*Thorn* EGBGB Art. 46 Rn. 3; Staudinger/*Mansel* EGBGB Art. 46 Rn. 37; *Junker* RIW 2000, 241 (251 f.); *Pfeiffer* IPRax 2000, 270 (274); **aA** *Stoll* IPRax 2000, 259 (265).

[13] BeckOGK/*Prütting* EGBGB Art. 43 Rn. 42; Erman/*Hohloch* EGBGB Art. 43 Rn. 6 (nur theoretischer Natur).

[14] Staudinger/*Mansel* EGBGB Art. 43 Rn. 14.

[15] BGH NJW-RR 2010, 983 (984); BeckRS 2010, 27592; BeckOGK/*Prütting* EGBGB Art. 43 Rn. 119; MüKoBGB/*Wendehorst* EGBGB Art. 43 Rn. 116 f.; *Jayme* FS Serick, 1992, 241 (244).

Belegenheitsrecht.[16] Damit tritt für abgeschlossene sachenrechtliche Tatbestände nur hinsichtlich dem Rechtswirkungsstatut ein Statutenwechsel ein.[17] Ob die Verbringung einer Sache in einen anderen Staat rechtmäßig oder rechtswidrig war, ist für den Eintritt des Statutenwechsels nicht erheblich.[18]

6 Ob ein bereits abgeschlossener Tatbestand iSv Art. 43 Abs. 2 EGBGB vorliegt, entscheidet die bis zum Statutenwechsel anwendbare Rechtsordnung.[19] Ein sachenrechtlicher Tatbestand kann positiv oder negativ abgeschlossen sein. **Positiv abgeschlossen** ist der Tatbestand, wenn nach dem bisher anwendbaren Recht eine Änderung der Rechtslage bewirkt wurde. **Negativ abgeschlossen** ist der Tatbestand, wenn die erstrebte Rechtslage nach dem bisher anwendbaren Recht in Bezug auf die ausgeführte Handlung endgültig nicht mehr eintreten kann.[20] Dies kann etwa dann der Fall sein, wenn ein Eigentumsübergang nach dem bisher anwendbaren Recht nicht erfolgen kann, weil dieses einen gutgläubigen Erwerb an gestohlenen Sachen nicht zulässt. Ist der sachenrechtliche Tatbestand negativ abgeschlossen, dann verbleibt es auch bei einem Wechsel des Wirkungsstatuts (Rechtswirkungsstatut) bei der bisherigen sachenrechtlichen Rechtslage. Eine nach dem Entstehungsstatut (Rechtsbestandsstatut) endgültig gescheiterte Übereignung kann nicht nach dem neuen Statut geheilt werden, auch wenn nach dem neuen Statut die unter dem alten Statut erfolgten Tatbestandsmerkmale einer Übereignung zum Eigentumswechsel geführt hätten;[21] mit *Fritz Raape* gesprochen: Nein bleibt nein!

7 Auf welche Art und Weise die unter dem bisherigen Statut entstandenen Rechte in die nach dem Statutenwechsel nunmehr anwendbare Rechtsordnung einzupassen ist, wird von Art. 43 Abs. 2 EGBGB nicht geregelt. Die vertretenen Meinungen sind vielfältig, wobei die praktische Relevanz des Theorienstreits heute teilweise als zu vernachlässigend angesehen wird.[22] Im Ausgangspunkt kann zwischen der sog Transpositionslehre und der sog Hinnahmetheorie (Anerkennungs-, bzw. Übernahmetheorie) unterschieden werden.

8 Nach der **Transpositionslehre** sind ausländische Sachenrechte bei Übertritt in das deutsche Recht in äquivalente Rechte des BGB überzuleiten.[23] Ist eine solche Überleitung wegen zu großer Abweichung zum inländischen Rechtsinstitut nicht möglich, so ist das ausländische Sachenrecht im Inland als nicht existent zu behandeln. Nach einer Unterform der Transpositionslehre soll ein im Inland als inexistent zu behandelndes Recht endgültig erloschen sein und folglich nicht wieder aufleben, wenn die Sache den Geltungsbereich des BGB verlässt (Reinigungseffekt, bzw. *effet de purge*). Überwiegend wird die Transpositionslehre nicht in diesem strengen Sinne verstanden. Vielmehr sollen ausländische Sachenrechte wieder Aufleben können, wenn die Sache den Geltungsbereich des inländischen Rechts verlässt.[24] Hat sich unter Geltung des deutschen Rechts allerdings ein auf das Sachenrecht einwirkender Tatbestand ereignet, so kommt ein Wiederaufleben nicht in Betracht. Dies ist beispielsweise bei einem gutgläubigen, lastenfreien Erwerb, der zum Erlöschen eines Sicherungsrechts führt, der Fall. Auch ein Lösungsrecht (etwa schweizerischen Rechts) kann durch Weiterveräußerung der Sache im Inland untergehen.[25]

9 Nach der sog **Hinnahmetheorie** bleiben die nach ausländischem Recht bestehenden Sachenrechte auch nach einem Statutenwechsel bestehen. Ihre Rechtswirkungen werden

[16] Staudinger/*Mansel* EGBGB Art. 43 Rn. 51.
[17] BGH NJW-RR 2010, 983 (984).
[18] BGH NJW-RR 2010, 983 (984); Palandt/*Thorn* EGBGB Art. 43 Rn. 5.
[19] Bamberger/Roth/*Spickhoff* EGBGB Art. 43 Rn. 12; NK-BGB/*v. Plehwe* EGBGB Art. 43 Rn. 26f.
[20] OLG Koblenz NJW-RR 2003, 1563 (1564); BeckOGK/*Prütting* EGBGB Art. 43 Rn. 114.
[21] Erman/*Hohloch* EGBGB Art. 43 Rn. 21; juris-PK/*Teubel* EGBGB Art. 43 Rn. 36; Staudinger/*Mansel* EGBGB Art. 43 Rn. 1234f. (dort finden sich auch weitere Beispiele).
[22] So etwa HK-BGB/*Dörner* EGBGB Art. 43 Rn. 5.
[23] BGH NJW 1991, 1415 (1416) (Überleitung einer besitzlose Hypothek an einem Pkw in eine Sicherungsübereignung deutschen Rechts).
[24] Vgl. die umfassende Darstellung bei Staudinger/*Mansel* EGBGB Art. 43 Rn. 1249ff.; vgl. auch BeckOGK/*Prütting* EGBGB Art. 43 Rn. 124ff.
[25] BGH NJW 1987, 3077 (3079); vgl. dazu *Winter* S. 283.

lediglich durch das Wirkungsstatut begrenzt.[26] Ein Statutenwechsel kann zum Entfallen der Wirkungsbegrenzung führen. Ob eine derartige Begrenzung angezeigt ist, richtet sich danach, ob das deutsche Recht vergleichbare Rechtswirkungen wie das bisherige Recht kennt.[27] Aufgrund der Einschränkung des Faustpfandprinzips im deutschen Recht besteht kein unüberbrückbarer Widerspruch bei der Verbringung einer mit einem besitzlosen Mobiliarsicherungsrecht belasteten Sache in das Inland (etwa französisches Registerpfandrecht an KfZ).[28] Auch die nach schweizerischem Recht bestehende Möglichkeit eines freihändigen Pfandverkaufs ist nach der Verbringung der Sache nach Deutschland im Inland hinzunehmen.[29] Gleiches gilt für das Lösungsrecht etwa des schweizerischen Rechts (allerdings nicht als veräußerungsbeständiges Recht, → Rn. 8).[30] Andere differenzieren zwischen einzelnen in Betracht kommenden Sachenrechten. Im Falle von Eigentum und Besitz soll eine Überleitung in das deutsche Recht erfolgen, beschränkte dingliche Rechte an Sachen sollen hingegen hingenommen und in ihren Rechtswirkungen begrenzt werden.[31] Die Wirkung von Sicherungsübereignungen und Eigentumsvorbehalten, die nach deutschem Recht begründet wurden, ist problematisch, wenn die betreffende Sache in das Ausland gelangt. Denn ausländische Rechtsordnungen lehnen publizitätslose Sicherungsrechte oftmals ab und verlangen eine Übergabe oder Registrierung. So ist ein Eigentumsvorbehalt an Sachen in der Schweiz lediglich in den ersten drei Monaten gültig und bedarf danach der Registrierung.[32] Der österreichische OGH erkannte eine Sicherungsübereignung nach §§ 929 S. 1, 930 BGB nach dem Statutenwechsel nicht an, da die österreichischen am Faustpfandprinzip orientierten Publizitätserfordernisse nicht erfüllt waren.[33]

Hinsichtlich noch **nicht** (positiv oder negativ) **abgeschlossener sachenrechtlicher** 10
**Tatbestände** enthält Art. 43 Abs. 3 EGBGB eine den Statutenwechsel betreffende Regelung. Ob ein Tatbestand abgeschlossen ist, beurteilt das Altstatut. Art. 43 Abs. 2 EGBGB ist einseitig formuliert und erfasst nach seinem Wortlaut lediglich die Konstellation, dass eine Sache aus dem Ausland nach Deutschland gelangt, bevor auf Grundlage der bislang maßgebenden ausländischen Rechtsordnung ein sachenrechtlicher Erwerbstatbestand (positiv oder negativ) vollendet wurde. Die im Ausland erfolgten Vorgänge sind wie inländische Vorgänge zu berücksichtigen. Ohne diese generelle Anordnung des Art. 43 Abs. 3 EGBGB wäre eine Berücksichtigung des Auslandssachverhalts jeweils durch Auslegung der betreffenden deutschen Sachvorschrift zu ermitteln.[34] Ein allseitiger Ausbau von Art. 43 Abs. 3 EGBGB ist nicht angezeigt. Denn ist eine ausländische Rechtsordnung zur Anwendung berufen, so hat diese darüber zu befinden, ob sie im Staat der früheren Belegenheit verwirklichte Tatbestandsmerkmale Bedeutung zuspricht.[35] Auf diese Konstellation findet Art. 43 Abs. 1 EGBGB Anwendung.[36] Art. 43 Abs. 3 EGBGB ist allerdings analog auf Fälle anzuwenden, in denen zwar nicht Erwerbstatbestände, sondern andere sachenrechtliche Tatbestände, nach einem Wechsel der Sachbelegenheit aus dem Ausland in das Inland zu beurteilen sind.[37]

---

[26] Etwa juris-PK/*Teubel* EGBGB Art. 43 Rn. 22; Palandt/*Thorn* EGBGB Art. 43 Rn. 5.
[27] Staudinger/*Mansel* EGBGB Art. 43 Rn. 1274.
[28] BGH NJW 1963, 1200; jurisPK/*Teubel* EGBGB Art. 43 Rn. 27; Palandt/*Thorn* EGBGB Art. 43 Rn. 5.
[29] OLG Frankfurt a.M. IPRspr. 1993 Nr. 50; Staudinger/*Mansel* EGBGB Art. 43 Rn. 1260.
[30] Palandt/*Thorn* EGBGB Art. 43 Rn. 5; vgl. auch BGH NJW 1987, 3077 (3079) (dort auch zu der Frage, wann ein Lösungsrecht ein bereits entstandenes Recht (abgeschlossener Tatbestand) ist und Meinungsübersicht zur Anerkennung des Lösungsrechts im Inland).
[31] So Erman/*Hohloch* EGBGB Art. 43 Rn. 21.
[32] Art. 102 Abs. 2 IPRG-CH, Art. 715 ZGB-CH.
[33] OGH IPRax 1985, 165 (167).
[34] HK-BGB/*Dörner* EGBGB Art. 43 Rn. 8; Palandt/*Thorn* EGBGB Art. 43 Rn. 11.
[35] BT-Drs. 14/343, 15; juris-PK/*Teubel* EGBGB Art. 43 Rn. 35; **aA** MüKo/*Wendehorst* EGBGB Art. 43 Rn. 174.
[36] BGH NJW 2009, 2824 (2825f.); BeckOGK/*Prütting* EGBGB Art. 43 Rn. 116.
[37] Staudinger/*Mansel* EGBGB Art. 43 Rn. 56.

11 Gemäß vorstehenden Grundsätzen beurteilt sich nach hM auch das **internationle Verkehrsgeschäft,** sprich ein Geschäft, bei welchen eine Sache bestimmungsgemäß von einem Absendestaat in einen Bestimmungsstaat verbracht wird (etwa grenzüberschreitendes Versendungsgeschäft). Ist bei einem solchen Geschäft bereits nach dem Recht des Absendestaates Eigentum auf den Erwerber übergegangen, so findet Art. 43 Abs. 2 EGBGB Anwendung. Ist das Eigentum noch nicht auf den Erwerber übergegeangen, so ist bei einer Versendung nach Deutschland Art. 43 Abs. 3 EGBGB anzuwenden. Damit wechselt das Eigentum mit Übergabe.[38] Bei einer Versendung in einen anderen Staat als Deutschland (auch wenn diese aus Deutschland heraus erfolgt) ist nach hM Art. 43 Abs. 1 EGBGB heranzuziehen. Ist bei einem derartigen internationalen Verkehrsgeschäft ein **Eigentumsvorbehalt** vereinbart, so erstarkt nach dem Willen des Gesetzgebers ein nach dem zunächst gemäß Art. 43 Abs. 1 EGBGB anzuwendenden ausländischen Recht bestehender, nur relativ wirkender Eigentumsvorbehalt, bei einer bestimmungsgemäßen Verbringung der Sache nach Deutschland, zu einem absolut wirkenden Eigentumsvorbehalt, sofern von Anfang an ein solcher Statutenwechsel intendiert ist und der Eigentumsvorbehalt gerade in Deutschland zum Tragen kommen soll.

12 **Beispiel:**
Eine Sache soll aufgrund Veräußerungsgeschäfts bestimmungsgemäß von Italien nach Deutschland verbracht werden. Ein in Italien mündlich vereinbarter Eigentumsvorbehalt, der dort nur zwischen den Parteien wirkt, soll mit Grenzübertritt nach Deutschland absolute Wirkung entfalten.[39]

## C. Reichweite des Sachenrechtsstatuts

13 Der Anknüpfungsgegenstand der Art. 43 bis 46 EGBGB ist im Kern übereinstimmend, denn stets wird das auf dingliche Rechtsverhältnisse an Sachen anwendbare Recht bestimmt.[40] Die Grundsatzanknüpfung des Art. 43 EGBGB definiert ihren Anwendungsbereich dadurch, dass sie von „Rechten an einer Sache“ spricht. Art. 44 EGBGB ist auf die dort genannten dinglichen Ansprüche wegen Grundstückseinwirkungen beschränkt. Art. 45 EGBGB erfasst lediglich die dinglichen Rechtsverhältnisse für die dort genannten Transportmittel.

### I. Rechte an einer Sache (Art. 43 EGBGB)

14 Die Kollisionsnormen des Internationalen Sachenrechts setzen voraus, dass überhaupt eine Sache vorliegt. Die Reichweite des kollisionsrechtlichen Sachbegriffs ist im Wege funktionaler Qualifikation *lege fori* und damit aus der Perspektive des deutschen Rechts zu ermitteln.[41] Dem Sachbegriff des Art. 43 EGBGB unterfallen demgemäß bewegliche und unbewegliche körperliche Gegenstände, sowie insbesondere Tiere.[42] Rechte und Immaterialgüter stellen auch kollisionsrechtlich keine Sachen dar. Absolute und beschränkte dingliche Rechte an Forderungen unterliegen daher dem Forderungsstatut (Art. 3ff. Rom I-VO, → § 16 Rn. 25ff.), Rechte an Gesellschaftsanteilen dem Gesell-

[38] Erman/*Hohloch* EGBGB Art. 43 Rn. 23ff.; Palandt/*Thorn* EGBGB Art. 43 Rn. 7.
[39] BT-Drs. 14/343, 16; Palandt/*Thorn* EGBGB Art. 43 Rn. 8; vgl. zu dogmatischen Begründungsversuchen Staudinger/*Mansel* EGBGB Art. 43 Rn. 1322ff.
[40] Staudinger/*Mansel* EGBGB Art. 43 Rn. 449.
[41] Bamberger/Roth/*Spickhoff* EGBGB Art. 43 Rn. 7f.; Palandt/*Thorn* EGBGB Art. 43 Rn. 1; eingehend BeckOGK/*Prütting* EGBGB Art. 43 Rn. 44ff.
[42] OLG Schleswig IPRspr. 1989 Nr. 77; MüKoBGB/*Wendehorst* EGBGB Art. 43 Rn. 17; vgl. zur Sachrechtsqualität von abgetrennten Körperteilen, sowie von Embryonen und Leichen eingehend Staudinger/*Mansel* EGBGB Art. 43 Rn. 344ff.

schaftsstatut (→ §§ 18, 19) usw.[43] Bei Wertpapieren entscheidet das Recht des Lageorts über das Recht am Papier (Wertpapiersachstatut), das verbriefte Recht aus dem Papier unterliegt dem jeweiligen Statut des Rechtes (Wertpapierrechtsstatut).[44] Sachgesamtheiten (etwa Warenlager), Unternehmen oder Gewerbetriebe stellen aus der Sicht des deutschen Rechts keine einheitliche Sache dar. Auch kollisionsrechtlich ist jede Einzelsache gesondert zu beurteilen.[45]

Der Anknüpfungsgegenstand des Art. 43 EGBGB, nämlich „Rechte an einer Sache“ 15 meint im Wege funktionaler Qualifikation **alle Rechtspositionen mit Wirkung *erga omnes*,** insbesondere das Eigentum und beschränkte dingliche Rechte an Sachen.[46] Zu letzteren ist kollisionsrechtlich auch die Vormerkung deutschen Rechts zu zählen.[47] Auch Sondernutzungsrechte nach WEG sind trotz ihres materiell-rechtlich schuldrechtlichen Charakters als Rechte an einer Sache einzuordnen, sofern sie im Grundbuch eingetragenen sind und damit gemäß der sachenrechtlich zu qualifizierenden Vorschrift des § 10 Abs. 3 WEG gegen Sonderrechtsnachfolger wirken. Rechte an einer Sache können auch Vorstadien dinglicher Rechte (zB das Anwartschaftsrecht) sein, sofern diese selbst schon mit gewissen Drittwirkungen ausgestattet sind.[48] Dass dem Berechtigten das Recht nur zeitlich befristet zusteht, hindert seine sachenrechtliche Qualifikation nicht. Die aus dem Grundsatz „Kauf bricht nicht Miete“ (vgl. **§ 566 BGB**) dem Mieter erwachsende Rechtsposition mit Drittwirkung wird sachenrechtlich qualifiziert und der *lex rei sitae* unterstellt,[49] gleiches gilt für die Vorschriften der **§§ 95 ff., 144 VVG.**[50] Auch ein **Lösungsrecht,** aufgrund dessen ein gutgläubiger Erwerber die Sache (nur) gegen Ersatz des von ihm geleisteten Kaufpreises dem früheren Eigentümer herauszugeben hat, ist sachenrechtlich einzuordnen.[51] Weiter sind (aus einem Schuldvertrag erwachsende gesetzliche) Sicherungsrechte und gesetzliche Zurückbehaltungsrechte an Sachen mit Rechtswirkungen gegenüber Dritten, wie etwa das Vermieterpfandrecht nach § 562 BGB oder das Werkunternehmerpfandrecht gemäß § 647 BGB, sachenrechtlich zu qualifizieren.[52]

Auch Rechtspositionen, die zwar nicht vollkommen aber grundsätzlich *erga omnes* wir- 16 ken und lediglich gegenüber bestimmten geschützten Personen keine Drittwirkung entfalten, sind als Rechte an einer Sache einzuordnen. Derartige **relative dingliche Rechte** können auf Grundlage des deutschen Sachenrechts etwa entstehen, wenn eine Verfügung gegen eine Vormerkung (§ 883 Abs. 2 BGB), ein dingliches Vorkaufsrecht (§ 1098 Abs. 2 BGB) oder ein relatives Veräußerungsverbot (§ 135 Abs. 1 BGB) verstößt. Die Verfügung ist gegenüber allen Personen mit Ausnahme des geschützten Personenkreises wirksam. Auch die Rechtsposition der geschützten Person nach erfolgter Verfügung ist weiterhin als sachenrechtlich einzuordnen.[53] Für relative Rechte an Sachen, die zunächst lediglich *inter partes* wirken und erst bei Vornahme eines Publizitätsakts Drittwirkung entfalten, ist

[43] MüKoBGB/*Wendehorst* EGBGB Art. 43 Rn. 31.
[44] Bamberger/Roth/*Spickhoff* EGBGB Art. 43 Rn. 11; Palandt/*Thorn* EGBGB Art. 43 Rn. 1.
[45] BeckOGK/*Prütting* EGBGB Art. 43 Rn. 61; Staudinger/*Mansel* EGBGB Art. 43 Rn. 381 ff.
[46] HK-BGB/*Dörner* EGBGB Art. 43 Rn. 2; juris-PK/*Teubel* EGBGB Art. 43 Rn. 10.
[47] BeckOGK/*Prütting* EGBGB Art. 43 Rn. 84.
[48] MüKoBGB/*Wendehorst* EGBGB Art. 43 Rn. 63.
[49] LG Hamburg IPRspr. 1991 Nr. 40; MüKoBGB/*Wendehorst* EGBGB Art. 43 Rn. 17; juris-PK/*Teubel* EGBGB Art. 43 Rn. 10; Staudinger/*Mansel* EGBGB Art. 43 Rn. 509, 647; allerdings ist klarstellend zu erwähnen, dass nur die Rechtswirkung des § 566 BGB dinglich einzuordnen ist. Der Mietvertrag ist schuldrechtlich zu qualifizieren. Nach französischem Recht besteht eine § 566 BGB ähnliche Bindung des Erwerbs eines Mietobjekts lediglich bei Mietverträgen auf bestimmte Zeit und nur bei notariell beurkundeten Mietverträgen (Art. 1743 CC). Das italienische Recht bindet den Erwerber eines Mietobjekts nur für einen Zeitraum von höchstens neun Jahren. Eine längere Bindung kann jedoch durch Registereintragung erreicht werden (Art. 1599 CC), vgl. Reithmann/Martiny/*Mankowski* Rn. 6.984.
[50] *Gruber* NVersZ 2001, 442 (446); Ferrari/*Staudinger* Rom I-VO Art. 9 Rn. 35.
[51] BGH NJW 1987, 3077 (3079) (zu Art. 934 Abs. 2 ZGB-CH); BeckOGK/*Prütting* EGBGB Art. 43 Rn. 85; juris-PK/*Teubel* EGBGB Art. 43 Rn. 11.
[52] Reithmann/Martiny/*Mankowski* Rn. 6.983; Staudinger/*Mansel* EGBGB Art. 43 Rn. 763 ff.
[53] JurisPK/*Teubel* EGBGB Art. 43 Rn. 10; MüKoBGB/*Wendehorst* EGBGB Art. 43 Rn. 44; Staudinger/*Mansel* EGBGB Art. 43 Rn. 521 f.

deren sachenrechtliche Qualifikation nicht ohne weiteres selbstverständlich. Sie ist aber auch zu bejahen, sofern ein solches relatives Recht bei Eintritt weiterer Umstände (regelmäßig bei Vornahme eines Publizitätsaktes) *erga omnes*-Wirkung entfalten kann und dies auch in der Vorbehaltsabrede angelegt ist.[54] Gemäß allgemeiner Grundsätze ist die deutsche Qualifikationsentscheidung unabhängig davon zu treffen, wie das verwiesene Recht ein Institut einordnet. Ein *„lien"* des englischen Rechts (Zurückbehaltungsrecht, welches ein Verwertungsrecht gewährt und damit einem Pfandrecht vergleichbar ist) ist sachenrechtlich einzuordnen, ebenso ein Zurückbehaltungsrecht mit Drittwirkung.[55]

17 Die *lex rei sitae*-Regel gilt für **alle sachenrechtlichen Tatbestände.**[56] Das Sachenrechrechtsstatut bestimmt zunächst (für sachenrechtlich zu qualifizierende Rechtsfragen),[57] ob eine Sache beweglicher oder unbeweglicher Natur ist, ob sie selbst Gegenstand eines dinglichen Rechts sein kann, demgemäß ob sie als rechtlich eigenständige Sache oder als lediglich nicht sonderrechtsfähiger Bestandteil einer anderen Sache anzusehen ist.[58] Der Anknüpfungsgegenstand „Rechte an einer Sache" erfasst weiter alle Rechtsfragen, die das **Entstehen** und **Bestehen** von dinglichen Rechten in oben genanntem Sinne an Sachen betreffen, insbesondere deren **Zulässigkeit** (*numerus clausus;* vgl. auch den Ausschlusstatbestand des Art. 1 Abs. 2 lit. k EuErbVO und Erwägungsgrund 15 der EuErbVO), deren **Inhalt** und **Belastung,** sowie schließlich deren **Aufhebung** bzw. deren erlöschen.[59] Folglich kann an aufgrund einer an einem deutschen Grundstück lastenden Hypothek kein *„receiver"* englischen Rechts bestellt werden, denn der *„receiver"* hat in gewissen Grenzen dingliche Verfügungsmacht, was dem deutschen Recht unbekannt ist.[60] Das Sachenrechtsstatut befindet weiter über die **Auslegung** und Umdeutung eines sachenrechtlichen Rechtsgeschäfts.[61]

18 Ebenso unterliegt die **Übertragung** von dinglichen Rechten dem Sachenrechtsstatut. Das Sachenrechtstatut bestimmt vorbehaltlich von Sonderanknüpfungen, ob eine Sache überhaupt übertragbar ist[62] und welche Tatbestandsmerkmale für eine Übertragung von dinglichen Rechten vorliegen müssen (etwa Erfordernis einer Übergabe bzw. eines Übergabesurrogats oder einer Eintragung in ein Register wie das Grundbuch (es handelt sich bei letzterem dementsprechend nicht um eine Form- sondern um eine dem Wirkungsstatut unterliegende Frage[63]); das Registerverfahren selbst unterliegt dagegen der verfahrensrechtlichen *lex fori* des registerführenden Staates (→ § 16 Rn. 120 ff.). Diese stimmt zwar idR im Ergebnis mit der *lex rei sitae* überein. Allerdings ist zu beachten, dass aufgrund der verfahrensrechtlichen Natur der zur Anwendung berufenen Normen die Grundsätze des Internationalen Privatrechts, etwa zur Formanknüpfung einer Rechtshandlung, nicht zur Anwendung gelangen (→ § 16 Rn. 120 ff.). Verfahrensrechtlich zu qualifizieren und sich nur an die zur Entgegennahme einer Auflassung befugten deutschen Stelle richtend, ist auch die Vorschrift des **§ 925a BGB,** nach welcher eine Auflassung nur entgegengenommen werden soll, wenn die nach § 311b Abs. 1 S. 1 BGB erforderliche Urkunde über den Vertrag vorgelegt oder gleichzeitig errichtet wird.

19 Das Sachenrechtsstatut bestimmt – soweit keine vorrangige (Teilfragen-)Anknüpfung besteht –, welche materiellen Voraussetzungen an **Übertragungsgeschäfte** zu stellen

---

54 Eingehend Staudinger/*Mansel* EGBGB Art. 43 Rn. 523 ff.

55 BeckOGK/*Prütting* EGBGB Art. 43 Rn. 85; Staudinger/*Mansel* EGBGB Art. 43 Rn. 454, 471.

56 BGH NJW 1996, 2233 (2234); OLG Oldenburg BeckRS 2008, 02690; BeckNotar-HdB/*Zimmermann* H Rn. 111.

57 Diese Qualifikationsentscheidung muss mit der des Schuldstatuts (etwa Anwendung von § 311c BGB) oder des Erbstatuts (etwa Anwendung von § 2164 BGB) nicht zwingend übereinstimmen, Staudinger/*Mansel* EGBGB Art. 43 Rn. 484.

58 Bamberger/Roth/*Spickhoff* EGBGB Art. 43 Rn. 8; juris-PK/*Teubel* EGBGB Art. 43 Rn. 9.

59 OLG Köln IPRspr 2008 Nr. 187; HK-BGB/*Dörner* EGBGB Art. 43 Rn. 2.

60 OLG Hamburg IPRspr. 1933 Nr. 29.

61 Staudinger/*Mansel* EGBGB Art. 43 Rn. 790.

62 Staudinger/*Mansel* EGBGB Art. 43 Rn. 341.

63 MüKoBGB/*Spellenberg* EGBGB Art. 11 Rn. 59.

sind.[64] Es befindet insoweit insbesondere über das Erfordernis und das Vorliegen von Verfügungsbefugnis[65] und den Erwerb vom Nichtberechtigten.[66] Die Frage, ob eine Übereignung wie im deutschen Recht abstrakt oder wie in den meisten anderen Rechtsordnungen kausal erfolgt, unterliegt in diesem Zusammenhang ebenfalls dem Sachenrechtsstatut.[67] Misst ein auf einen Schuldvertrag anzuwendendes ausländisches Schuldstatut dem Vertrag dingliche Rechtsfolgen bei, was auf Grundlage des ausländischen Schuldstatuts zu ermitteln ist, so bedeutet dies demgemäß noch keinen Rechtsübergang für eine in Deutschland belegene Sache. Vielmehr ist das Geschäft für die kollisionsrechtliche Beurteilung in einen schuldrechtlichen und einen dinglichen Teil **aufzuspalten.** So befindet allein das deutsche Recht als *lex rei sitae* darüber, ob eine Vereinbarung den Anforderungen einer dinglichen Einigung nach deutschem Recht genügt.[68] Daher ist auf Grundlage des deutschen Rechts zu ermitteln, ob insbesondere dem inländischen sachenrechtlichen Bestimmtheitserfordernis genüge getan ist.[69] Sofern umgekehrt ein ausländisches Belegenheitsrecht die Änderung der dinglichen Rechtslage von der Wirksamkeit eines Kausalgeschäfts abhängig macht, ist dessen Wirksamkeit nach hM als Vorfrage selbständig (nach den Vorschriften der Rom I-VO) anzuknüpfen.[70] Insbesondere würde ansonsten aus der Perspektive des deutschen Rechts die schuld- und die sachenrechtliche Rechtslage ggf. unterschiedlich beurteilt werden.[71] Beispielsweise verschafft nach französischem Sachenrecht ein rechtswirksamer Kaufvertrag dem Käufer das Eigentum. Der Kaufvertag darf dabei kraft Rechtswahl nach Art. 3 Rom I-VO deutschem Recht unterliegen.[72]

Die Übertragung dinglicher Rechte, die der Sicherung einer Forderung dienen, unterliegt ebenfalls der *lex rei sitae*. Dies gilt auch für akzessorische Sicherheiten, die das Bestehen einer Forderung voraussetzen (etwa Werkunternehmerpfandrecht nach § 647 BGB, Hypothek). Das Sachenrechtsstatut bestimmt für letztere zunächst, ob ein dingliches Recht akzessorisch ist und weiter über das Ausmaß der Akzessorietät. Die Wirksamkeit, Übertragung und die weitere Existenz der Forderung ist selbstständig anzuknüpfen. Die Übertragung einer schuldrechtlichen Forderung regeln die Art. 14 bis 16 Rom I-VO (→ § 16 Rn. 157 ff.). Es ist folglich kollisionsrechtlich zwischen dinglichem Recht und Forderung zu unterscheiden. Das Sachenrechtsstatut befindet darüber, welche Konsequenzen sich für das dingliche Recht aus dem Übergang, Erlöschen usw der Forderung ergeben.[73] Im Falle einer Grund- oder Rentenschuld deutschen Rechts stehen die Übertragung des dinglichen Rechts und die Übertragung der Forderung selbstständig nebeneinander. Die Akzessorietät der Hypothek deutschen Rechts (§ 1153 BGB) führt zu Problemen, wenn die Übertragung der gesicherten Forderung zwar nach der für die Übertragung maßgebenden Rechtsordnung (formlos) wirksam ist, aber die sachenrechtlichen Voraussetzungen des deutschen Rechts (etwa wegen Nichteinhaltung des § 1154 BGB, Art. 11 Abs. 4 EGBGB) nicht eingehalten sind. Nach teilweiser Ansicht ist im Wege der Anpassung davon auszugehen, dass die Hypothek an dem deutschen Grundstück aufgrund des nach ausländischem Recht wirksamen Übergangs der Forderung ausnahmsweise auf den Neugläubiger übergeht, auch wenn die Voraussetzungen nach der 20

[64] BGH NJW 1997, 461 (462).

[65] Aus einem Gesamtstatut (zB dem Erb-, Güter- oder Insolvenzstatut) können sich aufgrund des Vorrangs des Gesamtstatuts Verfügungsbeschränkungen ergeben.

[66] BGH NJW 2009, 2824 (2825 f.); Erman/*Hohloch* EGBGB Art. 43 Rn. 12.

[67] BeckOGK/*Prütting* EGBGB Art. 43 Rn. 37; Staudinger/*Mansel* EGBGB Art. 43 Rn. 787.

[68] BGH BeckRS 2012, 17500; Staudinger/*Mansel* EGBGB Art. 43 Rn. 788.

[69] OLG Saarbrücken BeckRS 2013, 17783.

[70] Bamberger/Roth/*Spickhoff* EGBGB Art. 43 Rn. 8; Palandt/*Thorn* EGBGB Art. 43 Rn. 4; einehend Staudinger/*Mansel* EGBGB Art. 43 Rn. 792 ff.; **aA** (unselbstständige Anknüpfung nach den Kollisionsnormen des Sachenrechtsstatuts) Staudinger/*Stoll*, 1996, EGBGB Art. 43 Rn. 159, 223 (iRd Geltungsbereichs der Rom I-VO gelangen beide Ansichten zum gleichen Ergebnis).

[71] MüKoBGB/*Wendehorst* EGBGB Art. 43 Rn. 82.

[72] Staudinger/*Mansel* EGBGB Art. 43 Rn. 789.

[73] BeckOGK/*Prütting* EGBGB Art. 43 Rn. 105; MüKoBGB/*Wendehorst* EGBGB Art. 43 Rn. 84.

deutschen *lex rei sitae* (§ 1154 BGB) nicht vorliegen.[74] Nach überzeugender Ansicht scheitert die Übertragung der Hypothek. Diese wird zur Eigentümergrundschuld.[75] Sind umgekehrt zwar die von der inländischen *lex rei sitae* aufgestellten Erfordernisse des dinglichen Rechtsübergangs erfüllt, nicht aber die von dem nach Art. 14 Rom I-VO berufenen Recht aufgestellten Erfordernisse für den Übergang der Forderung, so kann die Hypothek deutschen Rechts mangels wirksamer Forderungsabtretung nicht übergehen.[76] Allerdings können die Parteien des Abtretungsvertrages nach hM durch eine entsprechende **Rechtswahl** den Forderungsübergang nach Art. 14 Abs. 1 Rom I-VO der *lex rei sitae* unterstellen (→ § 16 Rn. 157, 159f.), damit Forderung und Hypothek nach dem gleichen Recht auf den Neugläubiger übergehen. Dem Schuldner kann die Forderungsabtretung gemäß Art. 14 Abs. 2 Rom I-VO allerdings nur dann entgegengehalten werden, wenn ihm gegenüber die Publizitätserfordernisse eines von der gewählten *lex rei sitae* abweichenden Forderungsstatuts eingehalten sind (→ § 16 Rn. 157).

21 Schließlich befindet das Sachenrechtsstatut über die Voraussetzungen und die Zulässigkeit von **Eigentumsvorbehalten**[77] und hier insbesondere von Verarbeitungsklauseln[78] und Sicherungsübereignungen.[79] Es befindet weiter über gesetzliche Eigentums- bzw. Rechtsvermutungen (etwa § 1006 BGB),[80] ausgenommen Eigentumsvermutungen, die im ehelichen Verhältnis als solchem (zB § 1362 BGB, → § 8 Rn. 54, 77; → § 13 Rn. 55, 85) oder in der güterrechtlichen Beziehung der Ehegatten wurzeln. Allerdings ist auf in Deutschland befindliche bewegliche Sachen gemäß Art. 16 Abs. 2 EGBGB die Eigentumsvermutung des § 1362 BGB anwendbar, soweit diese für Dritte günstiger als das ausländische Statut ist. Vorbehaltlich → Rn. 24f. entscheidet das Sachenrechtsstatut über die Ausgestaltung sachenrechtlicher Gemeinschaftsverhältnisse,[81] sowie – vorbehaltlich der Anwendbarkeit der Rom II-VO – über den Schutz dinglicher Rechte.[82]

22 Ein auf sachenrechtlicher Grundlage beruhendes **Legalschuldverhältnis** ist dem Sachenrechtsstatut zuzuordnen, wenn dieses die durch das dingliche Recht geschaffene Rechtsbeziehung konkretisiert, um dadurch das dingliche Recht auszugestalten und zu verwirklichen.[83] Damit sind insbesondere die mit der Grunddienstbarkeit verknüpfte Unterhaltungspflicht bezüglich einer Anlage (vgl. im deutschen Recht § 1029 BGB), die aus einem Nießbrauchrecht erwachsenden Rechte und Pflichten (vgl. im deutschen Recht §§ 1041 bis 1055 BGB) oder eine mit einer Reallast verbundene persönliche Leistungspflicht sachenrechtlich zu qualifizieren. Auch ist insbesondere das gesetzliche Schuldverhältnis zwischen Grundstückseigentümer und Grundpfandrechtsgläubiger oder zwischen den Miteigentümern sachenrechtlich einzuordnen.[84]

23 Ferner sind **alle besitzrechtlichen Rechtsfragen** sachenrechtlich zu qualifizieren.[85] Das Sachenrechtsstatut bestimmt damit insbesondere, welche Besitzesformen möglich sind und auf welche Art und Weise Besitz erworben und übertragen wird.[86] Es bestimmt richtiger Ansicht nach auch darüber, ob beim Tod des Besitzers der Besitz ohne weiteren Übertragungsakt auf den Erben übergeht (so die Grundsatzentscheidung des deutschen Rechts § 857 BGB). Das Erbstatut bestimmt über den Zeitpunkt des Erbfalls und die Per-

---

[74] *V. Bar* RabelsZ 53 (1989), 462 (474); Staudinger/*Mansel* EGBGB Art. 43 Rn. 633f.
[75] *Ferid* IPR Rn. 7–49.
[76] *Ferid* IPR Rn. 7–48; Staudinger/*Hausmann* Rom I-VO Art. 14 Rn. 82; **aA** Staudinger/*Mansel* EGBGB Art. 43 Rn. 635 (im Wege der Anpassung ist § 1138 BGB entsprechend anzuwenden).
[77] BGH NJW 2009, 2824.
[78] Palandt/*Thorn* EGBGB Art. 43 Rn. 3.
[79] OLG Saarbrücken BeckRS 2013, 17783.
[80] BGH NJW-RR 2000, 1583 (1585); NJW 1996, 2233 (2234).
[81] BGH NJW 1998, 1321 (1322); BeckOGK/*Prütting* EGBGB Art. 43 Rn. 111.
[82] Erman/*Hohloch* EGBGB Art. 43 Rn. 14.
[83] BeckOGK/*Prütting* EGBGB Art. 43 Rn. 111.
[84] Staudinger/*Mansel* EGBGB Art. 43 Rn. 609f.
[85] Erman/*Hohloch* EGBGB Art. 43 Rn. 15; MüKoBGB/*Wendehorst* EGBGB Art. 43 Rn. 64.
[86] Bamberger/Roth/*Spickhoff* EGBGB Art. 43 Rn. 9.

son des Erben.[87] Das auf den den mittelbaren Besitz deutschen Rechts vermittelnden Herausgabeanspruch (§ 868 BGB) anzuwendende Recht ist selbstständig anzuknüpfen, etwa nach den Vorschriften der Rom I-VO.[88]

## II. Verhältnis von Einzel- und Gesamtstatut

Soweit die Vorschriften eines Gesamtstatuts, insbesondere des Erb-, Güter-, Insolvenz-[89] oder des Gesellschaftsrechts, zweckgerichtet in die Sachenrechtszuordnung eingreifen, verdrängen sie grundsätzlich das Sachenrechtsstatut: der erbrechtlich angeordnete Übergang des Eigentums auf den Erben findet statt (→ § 14 Rn. 328, 330, 335), eine gesellschaftsrechtliche Gesamtrechsnachfolge führt zum Rechtsübergang, eine güterrechtliche Verfügungsbeschränkung ist wirksam (→ § 9 Rn. 178, 183) usw.[90] Insbesondere das Erbstatut sieht keine funktionelle Erbstatutenspaltung zwischen *titulus* und *modus* vor. Die EuErbVO weist die Art und Weise des Erwerbs dinglicher Rechte (an Sachen) nicht prinziell dem Sachenrechtsstatut zu.[91] Das Gesellschafts- bzw. Gemeinschaftsstatut – etwa Erben-, Güter-, Errungenschaftsgemeinschaft – befindet über das Entstehen von Gesamthands- oder Bruchteilseigentum an einer der Gesellschaft/Gemeinschaft zugehörigen Sache und über deren Aufhebung.[92] Allerdings ist zu beachten, dass das ausländische Gesamtstatut, etwa das Güterrechtsstatut, hinsichtlich der Ausgestaltung des Gemeinschaftsverhältnisses auf das Belegenheitsrecht zurückverweisen kann (Art. 4 Abs. 1 EGBGB, Art. 34 Abs. 1 EuErbVO).[93] Das Gesamtstatut kann eine Übertragung des betreffenden Gemeinschaftsgegenstandes an einzelne Personen nach allgemeinem Vermögensrecht vorsehen, etwa dadurch, dass es die Übertragung eines vermachten Gegenstandes von einem Erfüllungsgeschäft abhängig macht (Damnationslegat) oder eine Auseinandersetzungsvereinbarung nach allgemeinen Grundsätzen vorsieht.[94] 24

Dingliche Rechtsfolgen nach einem ausländischen Gesamtstatut können allerdings – parallel zu den sich iRv Art. 43 Abs. 2 EGBGB im Falle eines Statutenwechsels stellenden Fragen – nicht in Widerspruch zum Sachenrechtstatut ausgeübt werden.[95] Das erkennt etwa die EuErbVO in Art. 1 Abs. 2 lit. k und Art. 31 EuErbVO an. Das deutsche Sachenrecht steht allerdings vom BGB abweichenden Formen gemeinschaftlicher Berechtigung an einer Sache (etwa Errungenschaftsgemeinschaft) im Grundsatz nicht entgegen.[96] Auch können sich eine dingliche Surrogation anordnende Vorschriften eines ausländischen Gesamtstatuts gegenüber dem deutschen Sachstatut durchsetzen.[97] Entzieht jedoch ein ausländisches Gesamtstatut eine Sache generell der Verfügung, so steht dies im Widerspruch zur deutschen Sachenrechtsordnung.[98] 25

Gleiches gilt mit Blick auf das Publizitätserfordernis des deutschen Rechts für die gesetzliche Entstehung eines **Generalpfandrechts** an im Inland belegenem Vermögen und die Begründung eines solchen Pfandrechts durch Gesamtakt nach Maßgabe des Gesamt- 26

[87] Staudinger/*Mansel* EGBGB Art. 43 Rn. 601.
[88] BGH BeckRS 2010, 27592 Rn. 33; jurisPK/*Teubel* EGBGB Art. 43 Rn. 14.
[89] BeckOGK/*Prütting* EGBGB Art. 43 Rn. 23; Staudinger/*Mansel* EGBGB Art. 43 Rn. 949, 967 f.
[90] *Kropholler* IPR § 54 I e; MüKoBGB/*Wendehorst* EGBGB Art. 43 Rn. 102; Palandt/*Thorn* EGBGB Art. 43 Rn. 4.
[91] Staudinger/*Mansel* EGBGB Art. 43 Rn. 230 ff.; → § 14 Rn. 328.
[92] Erman/*Hohloch* EGBGB Art. 43 Rn. 16 und EuErbVO Art. 23 Rn. 3; Staudinger/*Mansel* EGBGB Art. 43 Rn. 1018.
[93] *S. Lorenz* IPRax 1990, 82 f. (zur Erbengemeinschaft).
[94] MüKoBGB/*Dutta* EuErbVO Art. 23 Rn. 20; Staudinger/*Mansel* EGBGB Art. 43 Rn. 244.
[95] Erman/*Hohloch* EGBGB Art. 43 Rn. 16; juris-PK/*Teubel* EGBGB Art. 43 Rn. 7.
[96] Vgl. etwa Staudinger/*Mankowski* EGBGB Art. 15 Rn. 394 ff.
[97] Staudinger/*Mansel* EGBGB Art. 43 Rn. 1002. Die Möglichkeit eines gutgläubigen Erwerbs im Falle einer Einzelverfügung über einen surrogierten Gegenstand richtet sich jedoch nach dem Sachenrechtsstatut.
[98] KG NJW 1973, 428 (429) (Unveräußerlichkeit des Familiengutes nach Art. 169, 170 ital. CC); Staudinger/*Mankowski* EGBGB Art. 15 Rn. 396.

statuts.[99] Auch widerspricht nach hM ein kraft Gesetzes entstehender **Generalnießbrauch** (eines Ehegatten am Vermögen des anderen oder der Eltern am Vermögen des Kindes) nach einem ausländischen Gesamtstatut der deutschen Sachenrechtsordnung.[100] Vorstehende Institute des Generalpfandrechts und des Generalnießbrauchs werden nach hM in einen schuldrechtlichen Anspruch auf Einräumung des entsprechenden Rechts an jeder einzelnen Sache angepasst.[101]

27 Für das autonome deutsche Recht wurde herrschend der dingliche Anfall eines Vermächtnisses **(Vindikationslegat)** nicht dem Erbstatut, sondern dem Sachenrechtsstatut unterstellt. Dinglich wirkende Vermächtnisse wurden daher für in Deutschland befindlichen Nachlass als nicht möglich angesehen und in Damnationslegate angepasst.[102] Gleiches galt für nach ausländischem Erbrecht dinglich wirkende **Teilungsanordnungen.**[103] Unter Geltung der EuErbVO steht dieser Standpunkt unter Prüfung des EuGH (C-281/16 – Kubicka). Es haben sich hierzu aktuell vornehmlich drei Sichtweisen herausgebildet, die hier nur überblicksweise dargestellt werden können.

1. Die erste Ansicht spricht dem Vindikationslegat (auch für in Deutschland belegene Nachlassgegenstände) dingliche Wirkung zu. Begründet wird dies hauptsächlich damit, dass Art. 23 Abs. 2 lit. e EuErbVO explizit den Übergang der zum Nachlass gehörenden Vermögenswerte auf den Vermächtnisnehmer dem Erbstatut unterstellt. Art. 31 EuErbVO könne zu keiner Anpassung des Vindikationslegats an das deutsche Damnationslegat führen. Denn Art. 31 EuErbVO betreffe nur die Art des dinglichen Rechts, nicht den Erwerbsvorgang dieses Rechts. Das durch das Vindikationslegat herbeigeführte Ergebnis, nämlich Eigentum des Vermächtnisnehmers, ist dem deutschen Recht kein unbekanntes dingliches Recht. Aus gleichen Gründen greife auch der Ausnahmetatbestand des Art. 1 Abs. 2 lit. k EuErbVO nicht. Dieser betreffe nur die Art der dinglichen Rechte und nicht die Art des Erwerbs der dinglichen Rechte. Auch Art. 1 Abs. 2 lit. l EuErbVO könne für Immobilien keine abweichende Sichtweise entnommen werden. Denn dieser Ausschlusstatbestand meine primär die formelle Seite des Eintragungsvorgangs sowie die daraus resultierenden Beweis- und Gutglaubenswirkungen.[104]
2. Eine andere Sichtweise stützt sich darauf, dass das BGB nicht nur hinsichtlich des Inhalts von Sachenrechten, sondern auch für deren Erwerb einen *numerus clausus* kennt, welcher zu den tragenden Grundsätzen der deutschen Sachenrechtsordnung zählt. Der Ausschlusstatbestand des Art. 1 Abs. 2 lit. k EuErbVO erfasse mit der Formulierung „Art dinglicher Rechte“ auch die Art des Erwerbsvorgangs.[105] Im Übrigen ist Art. 31 EuErbVO in der Weise auszulegen, dass dieser auch die Art und Weise der Entstehung bzw. Übertragung dinglicher Rechte erfasst und insoweit das Vindikationslegat, sowohl für Mobilien, wie auch für Immobilien, in ein Damnationslegat anzupassen ist.[106]
3. Nach dritter Meinung ist auf Grundlage des Ausschlusstatbestandes des Art. 1 Abs. 2 lit. l EuErbVO eine Anpassung von Vindikationslegaten für den Erwerb von Rechten an Vermögensgegenständen, die in ein Register, wie das deutsche Grundbuch, einzutragen sind, zulässig und notwendig. Die Vorschrift nehme ausdrücklich die Vorausset-

[99] Juris-PK/*Teubel* EGBGB Art. 43 Rn. 7; *Kropholler* IPR § 45 II 1; Staudinger/*Mansel* EGBGB Art. 43 Rn. 993, 1012 ff.
[100] BayObLG MittRhNotK 1996, 366 (369); Erman/*Hohloch* EGBGB Art. 43 Rn. 16; Staudinger/*Mansel* EGBGB Art. 43 Rn. 1016.
[101] BayObLG MittRhNotK 1996, 366 (369); Staudinger/*Frank* BGB Vorb. §§ 1030 ff. Rn. 68.
[102] BGH NJW 1995, 58 (59).
[103] *Hertel* ZEV 2013, 539 (540).
[104] *Dutta* FamRZ 2013, 4 (12); *Margonski* GPR 2013, 106; *Schmidt* ZEV 2014, 133; Staudinger/*Mansel* EGBGB Art. 43 Rn. 229 ff.
[105] Erman/*Hohloch* EuErbVO Art. 1 Rn. 13; *Dörner* ZEV 2012, 505 (509); *Martiny* IPRax 2012, 119 (128); *Remde* RNotZ 2012, 65 (81); vgl. auch BT-Drs. 18/4201, 48 und 58.
[106] *Döbereiner* MittBayNot 2013, 358 (360); Erman/*Hohloch* EuErbVO Art. 31 Rn. 4; *Hertel* ZEV 2013, 539 (540); *Simon/Buschbaum* NJW 2012, 2393 (2394); *Kunz* GPR 2012, 253 (255); *Volmer* Rpfleger 2013, 421 (426); *Wagner/Scholz* FamRZ 2014, 714 (721); *Wilsch* ZEV 2012, 530 (531); vgl. auch BT-Drs. 18/4201, 48 und 58.

zungen der Eintragung aus dem Anwendungsbereich der EuErbVO aus. Nach deutschem Recht werde ein Eigentumsübergang aufgrund Vermächtnisses nur aufgrund einer Auflassung im Register eingetragen. Würde man die Norm gemäß erstgenannter Ansicht auslegen, so hätte sie keinen praktischen Anwendungsbereich, da das Registerverfahren schon gemäß allgemeiner Grundsätze nicht dem Anwendungsbereich der EuErbVO unterliegt.[107]

Zwar ist aus dogmatischer Perspektive die erstgenannte Ansicht naheliegend, aus der Sicht 28 praktikabler Rechtsanwendung (insbesondere im Interesse der Verhinderung einer Überforderung der nationalen Register) erscheinen dagegen die beiden letztgenannten Sichtwiesen vorzugswürdig. Die vorstehenden Argumente lassen sich auf, nach dem Erbstatut dinglich wirkende, **Teilungsanordnungen** übertragen.[108]

Beurteilt sich die Rechtsnachfolge von Todes wegen nach österreichischem Recht, be- 29 darf es nach diesem für den Erwerb des Nachlasses und damit der Nachlassgegenstände der gerichtlichen **Einantwortung.** Der bis dahin bestehende ruhende Nachlass wird nach österreichischem Recht als juristische Person *(suis generis)* behandelt, welche durch die Erben (§ 810 ABGB), einen Nachlassverwalter oder einen Verlassenschaftskurator vertreten wird.[109] Auch insoweit stellt sich Frage, ob die Institute der Einantwortung und des ruhenden Nachlasses mit der deutschen Sachenrechtsordnung in Einklang zu bringen sind und, ob ähnlich wie beim Vindikationslegat, Art. 1 Abs. 2 lit. j bzw. lit. k EuErbVO oder Art. 31 EuErbVO eine Anpassung erlauben.[110] Eine davon zu trennende Frage ist, ob ein deutsches Nachlassgericht im Falle seiner gegebenen internationalen Zuständigkeit befähigt ist, einen Einantwortungsbeschluss zu erlassen oder, ob deutsches Nachlassverfahrensrecht der Durchführung eines Einantwortungsverfahrens als wesensfremder Tätigkeit entgegensteht, bzw. – mit Blick auf den Grundsatz der authentischen Anwendung des durch die Kollisionsnormen der EuErbVO berufenen österreichischen Rechts – entgegenstehen darf.[111] Die unter → Rn. 27 genannten Argumente eines weiten bzw. engen Verständnisses von Art. 1 Abs. 2 lit. j EuErbVO bzw. lit. k oder von Art. 31 EuErbVO lassen sich in ihren Grundgedanken auf die unter dieser Randnummer behandelte Frage übertragen. Aus dogamtischer Perspektive ist für die Einantwortung festzuhalten, dass dem deutschen Sachenrecht zwar der Rechtsübergang durch gerichtliche Einantwortung, nicht jedoch der Rechtsübergang aufgrund gerichtlichen Hoheitsaktes fremd ist. Ebenso ist dem deutschen Sachenrecht zwar die Tatsache, dass bis zur Einantwortung der ruhende Nachlass Zuordnungssubjekt von Rechten und Pflichten ist, unbekannt, nicht aber die Rechtsinhaberschaft einer juristischen Person, welche durch einen Gesamtrechtsnachfolger (dem eingeantworteten Erben) abgelöst wird. Aus dogmatischer Sicht darf der *numerus clausus* des deutschen Sachenrechts hinsichtlich des Erwerbs dinglicher Rechte nicht zu eng verstanden werden.[112] Aus der Perspektive praktischer Rechtsanwendung stellen die Institute des ruhenden Nachlasses und der Einantwortung Herausforderungen dar.

[107] *Döbereiner* GPR 2014, 42 (43); *Hertel* ZEV 2013, 539 (540); *Döbereiner* MittBayNot 2013, 358 (361); *Lechner* IPRax 2013, 497 (500); *Janzen* DNotZ 2012, 484 (487f.); *Odersky* notar 2013, 3 (4); *Simon/Buschbaum* NJW 2012, 2394 (2397).

[108] *Kleinschmidt* RabelsZ 77 (2013), 723 (759) Fn. 184.

[109] Eingehend *Schäuble* S. 27ff.

[110] Vgl. etwa *Ludwig* ZEV 2013, 151f.: „Der *numerus clausus* des deutschen Sachenrechts kennt nur den zeitlich lückenlosen Erwerb des Nachlasses durch den Erben. Der Übergang des Nachlasses auf einen „ruhenden Nachlass", der selbst Träger der Rechte und Pflichten des Erblassers wird, lässt sich nicht in das System des deutschen Sachenrechts transponieren."

[111] Für Möglichkeit einer Einantwortung etwa NK-BGB/*Loschelders* EuErbVO Art. 23 Rn. 16; vgl. die eingehende Darstellung bei *Schäuble* S. 199ff.

[112] Für die Notwendigkeit einer Einantwortung etwa *Schmidt* ZEV 2014, 455 (458).

# 6. Teil. Gesellschaftsrecht

## § 18. Anknüpfung im Internationalen Gesellschaftsrecht

### Übersicht



**Schrifttum:**

*Altmeppen,* Schutz vor „europäischen" Kapitalgesellschaften, NJW 2004, 97; *Behme,* Der grenzüberschreitende Formwechsel von Gesellschaften nach Cartesio und Vale, NZG 2012, 936; *Behrens,* Das Internationale Gesellschaftsrecht nach dem Überseering-Urteil des EuGH und den Schlussanträgen zu Inspire Art, IPRax 2003, 193; *ders.,* Kommt der grenzüberschreitende Formwechsel von Gesellschaften?, EuZW 2012, 121; *Böttcher/Kraft,* Grenzüberschreitender Formwechsel und tatsächliche Sitzverlegung – Die Entscheidung VALE des EuGH, NJW 2012, 2701; *Bohlscheid,* Ausländer als Gesellschafter und Geschäftsführer einer deutschen GmbH, RNotZ 2005, 505; *Eidenmüller,* Wettbewerb der Gesellschaftsrechte in Europa – Zugleich Besprechung des Urteils des Europäischen Gerichtshofs vom 5.11.2002 in der Rechtssache C-208/00 (Überseering BV gegen Nordic Construction Company Baumanagement GmbH), ZIP 2002, 2233; *ders.,* Geschäftsleiter- und Gesellschafterhaftung bei europäischen Auslandsgesellschaften mit tatsächlichem Inlandssitz, NJW 2005, 1618; *Engel,* Die Auslandsbeurkundung nach MoMiG und Schweizer GmbH-Reform, DStR 2008, 1593; *Frobenius,* „Cartesio": Partielle Wegzugsfreiheit für Gesellschaften in Europa, DStR 2009, 487; *Großerichter,* Ausländische Kapitalgesellschaften im deutschen Rechtsraum: Das deutsche Internationale Gesellschaftsrecht und seine Perspektiven nach der Entscheidung „Überseering", DStR 2003, 159; *Heidenhain,* Ausländische Kapitalgesellschaften mit Verwaltungssitz in Deutschland, NZG 2002, 1141; *Herrler,* Gewährleistung des Wegzugs von Gesellschaften durch Art. 43, 48 EG nur in Form der Herausumwandlung – Anmerkungen zum Urt. des EuGH v. 16.12.2008 – Rs. C-210/06 (Cartesio), DNotZ 2009, 484; *Höfling,* Die Sitztheorie, Centros und der österreichische OGH, EuZW 2000, 145; *Hoor,* Das Centros-Urteil des EuGH und seine Auswirkungen auf die Anknüpfung des Gesellschaftsstatuts, NZG 1999, 984; *Hübner,* Der grenzüberschreitende Formwechsel nach Vale – zur Satzungssitzverlegung von Luxemburg nach Deutschland (zu OLG Nürnberg, 19.6.2013 – 12 W 520/13), IPRax 2015, 134; *Kappes,* Zulässigkeit grenzüberschreitender Verschmelzungen, NZG 2006, 101; *Kindler,* Auf dem Weg zur Europäischen Briefkastengesellschaft? – Die „Überseering"-Entscheidung des EuGH und das internationale Privatrecht, NJW 2003, 1073; *ders.,* „Inspire Art" – Aus Luxemburg nichts Neues zum internationalen Gesellschaftsrecht, NZG 2003, 1086; *ders.,* Ende der Diskussion über die so genannte Wegzugsfreiheit, NZG 2009, 130; *ders.,* Der reale Niederlassungsbegriff nach dem VALE-Urteil des EuGH, EuZW 2012, 888; *König/Götte/Bormann,* Das Formstatut für die dingliche Abtretung von GmbH-Geschäftsanteilen nach geltendem und künftigem Recht, NZG 2009, 881; *König/Bormann,* „Genuine Link" und freie Rechtsformwahl im Binnenmarkt – Trendwende bei der Anerkennung von „Scheinauslandsgesellschaften" durch die VALE-Entscheidung des EuGH?, NZG 2012, 1241; *Leible/Hoffmann,* „Überseering" und das deutsche Gesellschaftskollisionsrecht – Zugleich Besprechung BGH, Urt. vom 13.3.2003 – VII ZR 370/98, ZIP 2003, 925; *dies.,* Die Grundbuchfähigkeit der Scheinauslandsgesellschaft: (teilweise) Aufgabe der Sitztheorie?, NZG 2003, 259; *dies.,* Wie inspiriert ist „Inspire Art"?, EuZW 2003, 677; *Mansel,* Anerkennung als Grundprinzip des Europäischen Rechtsraums – Zur Herausbildung eines europäischen Anerkennungs-Kollisionsrechts: Anerkennung statt Verweisung als neues Strukturprinzip des Europäischen internationalen Privatrechts, RabelsZ 70 (2006), 651; *Roth,* Internationales Gesellschaftsrecht nach Überseering, IPRax 2003, 117; *Schotten/Schmellenkamp,* Der Vorrang des Gesellschaftsrechts vor dem Güterrecht, DNotZ 2007, 729; *Sonnenberger,* Anerkennung statt Verweisung? Eine neue internationalprivatrechtliche Methode?, Festschrift für Ulrich Spellenberg, 2010, 371; *Thomale,* Die Gründungstheorie als versteckte Kollisionsnorm – Höchstrichterliche Fortbildung des internationalen Gesellschaftsrechts anhand von Art. 22 Nr. 2 EuGVO, NZG 2011, 1290; *Wall,* Enthält Art. 21 Abs. 1 AEUV eine „versteckte" Kollisionsnorm? (zu OLG München 19.1.2010 – 31 Wx 152/09), IPRax 2010, 433; *Weller,* „Inspire Art": Weitgehende Freiheiten beim Einsatz ausländischer Briefkastengesellschaften, DStR 2003, 1800; *ders.,* Die Rechtsquellendogmatik des Gesellschaftskollisionsrechts, IPRax 2009, 202; *ders.,* Die „Wechselbalgtheorie", Festschrift für Wulf Goette, 2011, 583; *Weller/Rentsch,* Die Kombinationslehre beim grenzüberschreitenden Rechtsformwechsel – Neue Impulse durch das Europarecht, IPRax 2013, 530; *Zimmer,* Nach „Inspire Art": Grenzenlose Gestaltungsfreiheit für deutsche Unternehmen?, NJW 2003, 3585; *Zimmer/Naendrup,* Das Cartesio-Urteil des EuGH: Rück- oder Fortschritt für das internationale Gesellschaftsrecht?, NJW 2009, 545.

## A. Das Gesellschaftsstatut nach deutschem Kollisionsrecht

1 Tritt eine im Ausland errichtete Gesellschaft in Deutschland auf, etwa wenn diese ein Grundstück erwirbt, eine Tochtergesellschaft gründet oder eine Zweigniederlassung errichtet, so stellt sich die Frage, ob diese Gesellschaft überhaupt als juristische Person anerkannt werden kann und ob sie aus Sicht der deutschen Rechtsordnung rechtsfähig ist.[1] Diese Frage richtet sich nach dem sog **„Gesellschaftsstatut".**[2]

### I. Keine Kodifikation des Gesellschaftsstatuts

2 Auf Ebene des **europäischen Sekundärrechts** gibt es bisher **keine Kollisionsnormen,** die das Gesellschaftsstatut kodifizieren.[3] Gemäß Art. 1 Abs. 2 lit. f Rom I-VO[4] sind Fragen betreffend das Gesellschaftsrecht, wie die Errichtung der Gesellschaft durch Eintragung oder auf andere Weise, die Rechts- und Handlungsfähigkeit, die innere Verfassung und die Auflösung von Gesellschaften sowie die persönliche Haftung der Gesellschafter und Organe für die Verbindlichkeiten der Gesellschaft vom Anwendungsbereich der Verordnung ausgenommen. Gleiches gilt gemäß Art. 1 Abs. 2 lit. g Rom I-VO für die Frage,

[1] Wachter/*Kraft* Teil 2 Kap. 8 Rn. 1.
[2] Wachter/*Kraft* Teil 2 Kap. 8 Rn. 2; PWW/*Brödermann/Wegen* IntGesR Rn. 3.
[3] MüKoBGB/*v. Hein* EGBGB Art. 3 Rn. 90; Henssler/Strohn/*Servatius* IntGesR Rn. 3.
[4] Verordnung (EG) Nr. 593/2008 v. 17.6.2008, ABl. 2008 L 177/6.

ob ein Organ einer Gesellschaft diese gegenüber Dritten verpflichten kann. Parallel hierzu sind gemäß Art. 1 Abs. 2 lit. d Rom II-VO[5] auch außervertragliche Schuldverhältnisse, die sich aus dem Gesellschaftsrecht ergeben, vom Anwendungsbereich der Verordnung ausgenommen.

Auch im **nationalen deutschen Recht** ist das Gesellschaftsstatut **weder im EGBGB** 3
noch andernorts **gesetzlich bestimmt.**[6] Es bleibt daher nach wie vor Rechtsprechung und Lehre überlassen, ein Gesellschaftskollisionsrecht zu entwickeln.

Ein am 7.1.2008 veröffentlichter **Referentenentwurf (RefE) eines „Gesetzes zum** 4
**Internationalen Privatrecht der Gesellschaften, Vereine und juristischen Personen"** des BMJ sah in Art. 10 Abs. 1 RefE vor, dass Gesellschaften dem Recht des Staates unterliegen, in dem sie in ein öffentliches Register eingetragen sind, hilfsweise dem Recht des Staates, nach dem sie organisiert sind.[7] Der RefE folgte damit der Gründungstheorie[8] und erstreckte diese auch auf Staaten, die nicht der EU oder dem EWR angehören.[9] Dieser RefE wird derzeit jedoch **nicht weiter verfolgt.**[10] Zudem muss man die Grundannahme des RefE, die Rechtsprechung des EuGH lege die Gründungstheorie nahe,[11] durch die spätere Entscheidung des EuGH in der Rechtssache „Cartesio" vom 16.12.2008[12] als überholt ansehen.[13]

## II. Anknüpfungsmomente zur Bestimmung des Gesellschaftsstatuts

Zur Bestimmung des Gesellschaftsstatuts sind zwei Anknüpfungsmomente denkbar, die 5
gemeinhin unter den Begriffen „Sitztheorie" und „Gründungstheorie" diskutiert werden.[14] Es handelt sich hierbei um die Bezeichnungen für gesellschaftsrechtliche Kollisionsnormen,[15] die jeweils ein unterschiedliches Anknüpfungsmoment aufweisen.

### 1. Sitztheorie

Nach der „Sitztheorie" unterliegt das Gesellschaftsstatut dem Recht desjenigen Staates, 6
auf dessen Gebiet die Gesellschaft hauptsächlich tätig ist, in dem sie also die Hauptverwaltung ihren tatsächlichen Sitz hat **(effektiver Verwaltungssitz).**[16] Der Satzungssitz der Gesellschaft ist für die Bestimmung des Gesellschaftsstatuts hingegen bedeutungslos.[17]

Als kollisionsrechtliche Rechtsnorm kann die Sitztheorie als abstrakter Rechtssatz wie 7
folgt formuliert werden:[18]

---

[5] Verordnung (EG) Nr. 864/2007 v. 11.7.2007, ABl. 2007 L 199/40.

[6] BayObLG NZG 2003, 290 (290); Palandt/*Thorn* EGBGB Anh. Art. 12 Rn. 1; PWW/*Brödermann/Wegen* IntGesR Rn. 1; WürzNotar-HdB/*Heggen* Teil 7 Kap. 6 Rn. 5; Wachter/*Kraft* Teil 2 Kap. 8 Rn. 5; Schwerdtfeger/*Reber/Kröger* GesR Kap. 4 Rn. 2.

[7] RefE v. 7.1.2008, 2.

[8] → Rn. 11 ff.

[9] BGH NZG 2009, 68 Rn. 22 – Trabrennbahn; PWW/*Brödermann/Wegen* IntGesR Rn. 5; Schwerdtfeger/*Reber/Kröger* GesR Kap. 4 Rn. 2.

[10] MüKoBGB/*v. Hein* EGBGB Art. 3 Rn. 90 Fn. 297; Wachter/*Kraft* Teil 2 Kap. 8 Rn. 5; Schwerdtfeger/*Reber/Kröger* GesR Kap. 4 Rn. 2; Henssler/Strohn/*Servatius* IntGesR Rn. 34.

[11] RefE v. 7.1.2008, 5 (unter A.I.).

[12] EuGH 16.12.2008 – C-210/06, NZG 2009, 61 – Cartesio.

[13] → Rn. 62 ff., insbesondere → Rn. 64.

[14] MüKoBGB/*Kindler* IntGesR Rn. 351.

[15] MHdB GesR VI/*Thölke* § 1 Rn. 3, 88; *Behrens* IPRax 2003, 193 (198); *Eidenmüller* ZIP 2002, 2233 (2234); *Großerichter* DStR 2003, 159 (159).

[16] BGH NJW 1970, 998 (999); NZG 2000, 926 (926); 2003, 531 (531); BayObLG NZG 2003, 290 (290); Wachter/*Kraft* Teil 2 Kap. 8 Rn. 7, 10; Schwerdtfeger/*Reber/Kröger* GesR Kap. 4 Rn. 3; Henssler/Strohn/*Servatius* IntGesR Rn. 5; MHdB GesR VI/*Thölke* § 1 Rn. 3, 14, 61; *Weller* FS Goette, 2011, 583 (590).

[17] OLG Düsseldorf NJW-RR 1995, 1124 (1124); Wachter/*Kraft* Teil 2 Kap. 8 Rn. 10; MHdB GesR VI/*Thölke* § 1 Rn. 73.

[18] MHdB GesR VI/*Thölke* § 1 Rn. 14.

**Rechtssatz:**
Eine Gesellschaft unterliegt dem Recht desjenigen Staates, in dem sich der tatsächliche Sitz ihrer Hauptverwaltung befindet (Verwaltungssitz).

8 Der tatsächliche Sitz der Hauptverwaltung befindet sich dabei nach der sog **„Sandrock'schen Formel"**[19] am Tätigkeitsort der Geschäftsführung und der dazu berufenen Vertretungsorgane, also an dem Ort, wo die **grundlegenden Entscheidungen der Unternehmensleitung effektiv in laufende Geschäftsführungsakte umgesetzt** werden.[20] Diese Umsetzung wird regelmäßig am Tätigkeitsort der für die laufende Verwaltung zuständigen Organe (Geschäftsführer) zu verorten sein.[21] Der Ort der internen Willensbildung, also der Wohnsitz der Gesellschafter, der Ort der Aufsichtsratssitzungen und der Vorstands- und Geschäftsführerversammlungen, ist nebensächlich.[22] Entscheidend ist, wo die Gesellschaft nach außen in Erscheinung tritt[23] und an welcher Stelle konkrete Verwaltungshandlungen in den unternehmensinternen Geschäftsablauf Eingang finden.[24] Jede Gesellschaft kann **nur einen Verwaltungssitz** haben,[25] da eine gleichzeitige kollisionsrechtliche Verweisung auf das Recht mehrerer Rechtsordnungen nicht möglich ist.

9 Der BGH folgt in ständiger Rechtsprechung der Sitztheorie;[26] diese wird in der Literatur heute als **Gewohnheitsrecht** angesehen.[27] Auch im Hinblick auf europarechtliche Vorgaben[28] hat der BGH die Sitztheorie nicht aufgegeben, sondern wendet sie weiterhin in Fällen an, in denen europarechtliche[29] oder staatsvertragliche[30] Vorgaben eine abweichende Anknüpfung nicht zwingend gebieten.[31]

10 Als Hauptvorteil der Sitztheorie wird angesehen, dass sie **Schutzinteressen des am meisten betroffenen Staates** Rechnung trägt.[32] Dieser Staat kann ein **„Wächteramt"** über die auf seinem Territorium agierende Gesellschaft ausüben.[33] Dadurch sollen die Interessen des inländischen Rechtsverkehrs und die Interessen Dritter, dh anderer Personen als (Mehrheits-) Gesellschafter – insbesondere die **Interessen von Vertragspartnern/Gesellschaftsgläubigern,** von **Minderheitsgesellschaftern** und von bei der Gesellschaft beschäftigten **Arbeitnehmern** – geschützt werden.[34] Der Umgehung drittschützender gesellschaftsrechtlicher Sachnormen, die zum Schutz der vorgenannten Personen-

[19] *Sandrock* FS Beitzke, 1979, 669 (683 ff.).
[20] BGH NJW 1986, 2194 (2195); KG NJW 1989, 3100 (3101); OLG Düsseldorf NJW-RR 1995, 1124 (1124); OLG Hamburg NZG 2007, 597 (598); Palandt/*Thorn* EGBGB Anh. Art. 12 Rn. 11; WürzNotar-HdB/*Heggen* Teil 7 Kap. 6 Rn. 7; Wachter/*Kraft* Teil 2 Kap. 8 Rn. 10.
[21] MHdB GesR VI/*Thölke* § 1 Rn. 74.
[22] WürzNotar-HdB/*Heggen* Teil 7 Kap. 6 Rn. 7; Wachter/*Kraft* Teil 2 Kap. 8 Rn. 10; MHdB GesR VI/*Thölke* § 1 Rn. 74.
[23] Wachter/*Kraft* Teil 2 Kap. 8 Rn. 10.
[24] MHdB GesR VI/*Thölke* § 1 Rn. 74.
[25] Palandt/*Thorn* EGBGB Anh. Art. 12 Rn. 11; Henssler/Strohn/*Servatius* IntGesR Rn. 15.
[26] BGH NJW 1970, 998 (999); 1981, 522 (525); 1986, 2194 (2195); 1992, 618 (618); NZG 2000, 926 (926); 2002, 1009 (1009); 2003, 531 (531); 2009, 86 Rn. 21 ff. – Trabrennbahn; 8.10.2009 – IX ZR 227/06, BeckRS 2009, 28205 Rn. 4.
[27] Schwerdtfeger/*Reber/Kröger* GesR Kap. 4 Rn. 7, 20; Henssler/Strohn/*Servatius* IntGesR Rn. 5; MHdB GesR VI/*Thölke* § 1 Rn. 61; *Weller* IPRax 2009, 202 (203, 207); *Weller* FS Goette, 2011, 583 (589).
[28] → Rn. 30 ff.
[29] Zur Umsetzung der europarechtlichen Vorgaben durch den BGH → Rn. 95 ff.
[30] → Rn. 25 ff.
[31] BGH NZG 2009, 68 Rn. 19–22 – Trabrennbahn; 8.10.2009 – IX ZR 227/06, BeckRS 2009, 28205 Rn. 4; NZG 2011, 1114 Rn. 16.
[32] MüKoBGB/*Kindler* IntGesR Rn. 421; *Großerichter* DStR 2003, 159 (159); *Kindler* NJW 2003, 1073 (1074) und NZG 2003, 1086 (1089); *Weller* FS Goette, 2011, 583 (590).
[33] MüKoBGB/*Kindler* IntGesR Rn. 423; Henssler/Strohn/*Servatius* IntGesR Rn. 5.
[34] BGH NZG 2000, 926 (927); 2009, 68 Rn. 21 – Trabrennbahn; *Raiser/Veil* KapGesR § 8 Rn. 17; *Weller* FS Goette, 2011, 583 (590); vgl. auch die vorgetragenen Rechtsfertigungsgründe in EuGH 5.11.2002 – C-208/00, NZG 2002, 1164 Rn. 87–90 – Überseering.

kreise erlassen wurden, soll durch die Sitztheorie effektiv vorgebeugt werden.[35] Die Sitztheorie passt daher auf Ebene des Kollisionsrechts gut zu einem Rechtssystem mit einem relativ stark regulierten materiellen Gesellschaftsrecht.[36]

## 2. Gründungstheorie

Nach der Gründungstheorie unterliegt das Gesellschaftsstatut dem Recht desjenigen Staates, nach dessen Recht die Gesellschaft gegründet wurde.[37] Das Gesellschaftsstatut unterliegt dabei dem Recht des **in der Satzung bestimmten Sitzes**[38] und damit im Ergebnis dem Recht desjenigen Staates, in dem die Gesellschaft **im Handelsregister eingetragen** ist bzw. wird.[39] Durch die Wahl des Satzungssitzes können die Gesellschafter daher – unabhängig davon, in welchem Staat die Gesellschaft später ihre hauptsächliche Geschäftstätigkeit entfalten soll[40] – das materielle Gesellschaftsrecht wählen, dem die Gesellschaft unterstehen soll.[41] 11

Als kollisionsrechtliche Rechtsnorm kann die Gründungstheorie als abstrakter Rechtssatz wie folgt formuliert werden:[42] 12

> **Rechtssatz:**
> Eine Gesellschaft unterliegt dem Recht desjenigen Staates, in dem sie in ein öffentliches Register eingetragen ist. Ist sie nicht oder noch nicht in einem solchen Register eingetragen, unterliegt sie dem Recht desjenigen Staates, in dem sich der in der Satzung der Gesellschaft bestimmte Sitz (Satzungssitz) befindet.

Die Gründungstheorie gilt im **Vereinigten Königreich** und in den **USA** sowie in anderen Staaten, die das angloamerikanische Rechtssystem rezipiert haben.[43] Auch in Staaten des kontinentalen Rechtssystems findet sie zunehmend Verbreitung, etwa in den Niederlanden, in der Schweiz und in Liechtenstein.[44] 13

Ein Vorteil der Gründungstheorie liegt darin, dass das Gesellschaftsstatut immer klar und **eindeutig bestimmbar** ist: Es lässt sich bereits der Satzung oder der Handelsregistereintragung der Gesellschaft entnehmen.[45] Nach der Sitztheorie hingegen lässt sich das Gesellschaftsstatut bei einer in mehreren Ländern tätigen Gesellschaft bisweilen nur schwer feststellen;[46] die Bestimmung des Verwaltungssitzes weist Unschärfen und Wertungsspielräume auf.[47] 14

Als weiterer Vorteil wird für die Gründungstheorie ins Feld geführt, dass die Gesellschaft ihren tatsächlichen Verwaltungssitz in einen anderen Staat verlegen kann, ohne da- 15

[35] Wachter/*Kraft* Teil 2 Kap. 8 Rn. 7.
[36] Wachter/*Kraft* Teil 2 Kap. 8 Rn. 7.
[37] BGH NZG 2009, 68 Rn. 19 – Trabrennbahn; Palandt/*Thorn* EGBGB Anh. Art. 12 Rn. 1; Wachter/*Kraft* Teil 2 Kap. 8 Rn. 5.
[38] BGH NZG 2011, 1114 Rn. 23, 28.
[39] MüKoBGB/*v. Hein* EGBGB Art. 3 Rn. 90; Wachter/*Kraft* Teil 2 Kap. 8 Rn. 41, 121 ff.; MHdB GesR VI/*Thölke* § 1 Rn. 88; *Behrens* IPRax 2003, 193 (194); *Mansel* RabelsZ 70 (2006), 651 (675).
[40] Henssler/Strohn/*Servatius* IntGesR Rn. 5.
[41] Wachter/*Kraft* Teil 2 Kap. 8 Rn. 5; MHdB GesR VI/*Thölke* § 1 Rn. 69; *Behrens* IPRax 2003, 193 (194); *Weller* FS Goette, 2011, 583 (590).
[42] In Anlehnung an die Formulierung des Art. 10 Abs. 1 RefE v. 7.1.2008, 2; → Rn. 4.
[43] BGH NZG 2011, 1114 Rn. 31; OLG Hamburg NZG 2007, 597 (597); MüKoGmbHG/*Weller* Einl. Rn. 336; Palandt/*Thorn* EGBGB Anh. Art. 12 Rn. 1; Wachter/*Kraft* Teil 2 Kap. 8 Rn. 5; *Eidenmüller* ZIP 2002, 2233 (2234).
[44] MüKoGmbHG/*Weller* Einl. Rn. 336; Wachter/*Kraft* Teil 2 Kap. 8 Rn. 5; *Eidenmüller* ZIP 2002, 2233 (2234).
[45] MüKoBGB/*Kindler* IntGesR Rn. 361; Wachter/*Kraft* Teil 2 Kap. 8 Rn. 6.
[46] Wachter/*Kraft* Teil 2 Kap. 8 Rn. 8; *Eidenmüller* ZIP 2002, 2233 (2243); *Großerichter* DStR 2003, 159 (167); *W. H. Roth* IPRax 2003, 117 (123).
[47] → Rn. 8.

bei befürchten zu müssen, ihren rechtlichen Status als Gesellschaft des Gründungsstaates zu verlieren.[48] Die Gründungstheorie begünstigt damit den identitäts- und statuswahrenden Wegzug von Gesellschaften;[49] sie korreliert daher mit einem **liberalen Konzept des Gesellschaftsrechts** und erhöht die Mobilität von Gesellschaften.[50]

16 Vor allem verwirklicht die Gründungstheorie den **Parteiwillen der Gründungsgesellschafter** und dient damit ihren Interessen.[51] Sie eröffnet durch die Wahlfreiheit der Gründungsgesellschafter jedem nationalen Gesellschaftsrecht die Möglichkeit, zur Anwendung zu gelangen.[52] Was aus Sicht der (Mehrheits-) Gesellschafter als Ausdruck von Freiheit und damit als Vorteil begriffen wird, kann aus Sicht anderer Personen indes einen Nachteil darstellen: Auf Grundlage der Gründungstheorie besteht die Gefahr, dass die (Mehrheits-) Gesellschafter bewusst ein weniger stark reguliertes materielles Gesellschaftsrecht wählen und dadurch staatliche Ordnungsinteressen sowie Interessen Dritter – etwa die Interessen von Gesellschaftsgläubigern, Minderheitsgesellschaftern und Arbeitnehmern – beeinträchtigen.[53]

17 Hierdurch kann es zu einem ***„race to the bottom"*** kommen, bei dem sich im Ergebnis die liberalste Rechtsordnung mit dem geringsten Schutzniveau für diese Dritten durchsetzt[54] (sog **„Delaware-Effekt"**[55]). Ob man diesen Effekt als negativ ansieht[56] oder ob man ihn positiv bewertet und hierin einen begrüßenswerten **„Wettbewerb der nationalen Gesellschaftsrechte",**[57] ein *„race to the top"*[58] erblickt und in der Sitztheorie einen gesellschaftsrechtlichen Protektionismus,[59] ist eine rechts*politische* Frage. Gründungstheorie und Sitztheorie sind damit letztlich Ausdruck unterschiedlicher ordnungspolitischer Konzeptionen.[60]

### 3. Praktische Relevanz der unterschiedlichen Anknüpfungsmomente

18 Hat eine Gesellschaft ihren Satzungs- und Verwaltungssitz im Staat A und tritt diese Gesellschaft ohne Verlegung ihres effektiven Verwaltungssitzes in einem anderen Staat B nach außen hin im Rechtsverkehr auf, so kommen Sitztheorie und Gründungstheorie zum gleichen Ergebnis: Die Gesellschaft ist im Staat B als solche anzuerkennen.[61] Die Gesellschaft ist als rechts- und parteifähig anzusehen; eine etwaige Vertretungsbefugnis ihrer Organe bestimmt sich nach ihrem Gesellschaftsstatut[62] und damit nach dem materiellen Gesellschaftsrecht des Staates A.

19 Die unterschiedlichen Anknüpfungsmomente wirken sich allerdings dann praktisch aus, wenn eine Gesellschaft zunächst ihren Satzungs- und Verwaltungssitz im Staat A hat und später ihren effektiven Verwaltungssitz in einen anderen Staat B verlegt. Diese **Verlegung des Verwaltungssitzes** kann auf einem bewussten Entschluss der Gesellschafter beruhen; sie kann aber auch dann eintreten, wenn die Tätigkeit einer Gesellschaft im Staat B einen Umfang einnimmt, der nach der Sitztheorie einen Wechsel des Verwaltungssitzes nach

[48] OLG Hamburg NZG 2007, 597 (597); Wachter/*Kraft* Teil 2 Kap. 8 Rn. 6.
[49] Henssler/Strohn/*Servatius* IntGesR Rn. 5.
[50] Wachter/*Kraft* Teil 2 Kap. 8 Rn. 6.
[51] *Raiser/Veil* KapGesR § 8 Rn. 17; Schwerdtfeger/*Reber/Kröger* GesR Kap. 4 Rn. 4; *Weller* FS Goette, 2011, 583 (590).
[52] BGH NZG 2000, 926 (927); Schwerdtfeger/*Reber/Kröger* GesR Kap. 4 Rn. 4.
[53] BGH NZG 2000, 926 (927).
[54] BGH NZG 2000, 926 (927); 2009, 68 Rn. 21 – Trabrennbahn.
[55] Schwerdtfeger/*Reber/Kröger* GesR Kap. 4 Rn. 25; MHdB GesR VI/*Thölke* § 1 Rn. 69; *Eidenmüller* ZIP 2002, 2233 (2235); *Müller* NZG 2003, 414 (418).
[56] So BGH NZG 2000, 926 (927) („… es ist zu befürchten …").
[57] So Schwerdtfeger/*Reber/Kröger* GesR Kap. 4 Rn. 24 ff.; *Behrens* IPRax 2003, 193 (195 ff., 206 ff.); *Eidenmüller* ZIP 2002, 2233 (2235–2237 und 2244).
[58] *Behrens* IPRax 2003, 193 (207); *Heidenhain* NZG 2002, 1141 (1142) und Fn. 13.
[59] *Behrens* IPRax 2003, 193 (206).
[60] *Eidenmüller* ZIP 2002, 2233 (2235).
[61] Henssler/Strohn/*Servatius* IntGesR Rn. 6.
[62] → § 19 Rn. 16.

sich zieht.[63] Verlegt die Gesellschaft ihren Verwaltungssitz in einen anderen Staat, so führt dies **nach der Sitztheorie** zu einem **Statutenwechsel,**[64] nach der Gründungstheorie nicht.

### 4. Rechtsfolgen eines Statutenwechsels nach der Sitztheorie

Der auf Grundlage der Sitztheorie eintretende Statutenwechsel bewirkt, dass die Gesellschaft nunmehr dem Gesellschaftsrecht des Staates B unterliegt und daher nicht mehr als eine Gesellschaft des Staates A fortbestehen kann. Eine Fortexistenz ist daher nur durch einen Rechtsformwechsel in eine Gesellschaftsform zulässig, die das materielle Gesellschaftsrecht des Staates B zur Verfügung stellt. Tritt die Gesellschaft weiterhin unter der Rechtsformbezeichnung des Staates A auf, handelt sie als eine sog **„Scheinauslandsgesellschaft",**[65] deren Gesellschaftsstatut – und damit insbesondere die Frage nach der Haftung der Gesellschafter für Verbindlichkeiten der Gesellschaft – gleichwohl nach den Vorschriften des Staates B beurteilt wird. 20

Verlegt eine ausländische Gesellschaft ihren **Verwaltungssitz nach Deutschland** (sog 21 **„Zuzugsfall"**), findet auf Grundlage der Sitztheorie ein sog **„Eingangsstatutenwechsel"** zum deutschen Recht statt. Die nach dem Recht des Gründungsstaates einmal erworbene Rechtsfähigkeit setzt sich dabei nicht ohne weiteres in Deutschland fort; es kommt vielmehr darauf an, ob die Gesellschaft auch nach deutschem Recht rechtsfähig ist.[66] Das auf die Gesellschaft nunmehr anzuwendende deutsche Sachrecht ergibt sich aus einem Vergleich der Gesellschaftsform, welche die Gesellschaft nach dem Sachrecht des Gründungsstaates bisher hatte, mit den Typen des deutschen Gesellschaftsrechts.[67] Die Gesellschaft muss dabei im Wege der **Angleichung in eine Gesellschaftsform** angepasst werden, die nach dem *numerus clausus* als **Gesellschaftstypus des deutschen Sachrechts** möglich ist (vor allem GbR, oHG, KG, GmbH, AG).[68]

Ein Rechtsformwechsel im Wege der Angleichung in eine vergleichbare deutsche Ka- 22 pitalgesellschaft (GmbH oder AG) kommt jedoch nicht in Betracht, da bei der nach ausländischem Sachrecht gegründeten Gesellschaft die Gründungsvorschriften für deutsche Kapitalgesellschaften nicht beachtet wurden,[69] insbesondere wenn die Gesellschaft als solche nicht – wie nach § 11 Abs. 1 GmbHG, § 41 Abs. 1 S. 1 AktG erforderlich – im deutschen Handelsregister eingetragen ist.[70] Als Rechtsform möglich ist bei einer Mehrpersonen-Kapitalgesellschaft danach nur ein Fortbestehen in der Rechtsform der GbR[71] oder oHG, die zu ihrer Entstehung keiner Eintragung im deutschen Handelsregister bedürfen.[72]

Diese automatisch *ex lege*, dh ohne besondere Erklärung der Gesellschafter und uU sogar 23 gegen deren Willen, eintretende Metamorphose der ausländischen Kapitalgesellschaft in eine

[63] Henssler/Strohn/*Servatius* IntGesR Rn. 6.

[64] OLG Hamburg NZG 2007, 597 (599); Palandt/*Thorn* EGBGB Anh. Art. 12 Rn. 11; Wachter/*Kraft* Teil 2 Kap. 8 Rn. 8, 15, 116; Schwerdtfeger/*Reber/Kröger* GesR Kap. 4 Rn. 5, 49; Henssler/Strohn/*Servatius* IntGesR Rn. 5, 16; *Kindler* NJW 2003, 1073 (1074) und NZG 2009, 130 (131); *W. H. Roth* IPRax 2003, 117 (117 und 122).

[65] *Raiser/Veil* KapGesR § 8 Rn. 21; *Großerichter* DStR 2003, 159 (160); *Kindler* NJW 2003, 1073 (1074); *Leible/Hoffmann* NZG 2003, 259 (259); *W. H. Roth* IPRax 2003, 117 (119).

[66] BGH NJW 1986, 2194 (2195); BGH NZG 2000, 926 (926); 2003, 531 (531).

[67] OLG Hamburg NZG 2007, 597 (599); Henssler/Strohn/*Servatius* IntGesR Rn. 16.

[68] Vgl. Schwerdtfeger/*Reber/Kröger* GesR Kap. 4 Rn. 20; *Weller* FS Goette, 2011, 583 (591 ff.).

[69] Henssler/Strohn/*Servatius* IntGesR Rn. 14.

[70] BGH NJW 1986, 2194 (2195); NZG 2000, 926 (927); 2009, 68 Rn. 21 – Trabrennbahn; 8.10.2009 – IX ZR 227/06, BeckRS 2009, 28205 Rn. 5; OLG Hamburg NZG 2007, 597 (599); *Eidenmüller* ZIP 2002, 2233 (2235); *Großerichter* DStR 2003, 159 (160); *Weller* FS Goette, 2011, 583 (592).

[71] BGH NZG 2002, 1009 (1009); OLG Hamburg NZG 2007, 597 (599).

[72] BGH NZG 2009, 68 Rn. 23 – Trabrennbahn; WürzNotar-HdB/*Heggen* Teil 7 Kap. 6 Rn. 10; Henssler/Strohn/*Servatius* IntGesR Rn. 16; *Raiser/Veil* KapGesR § 8 Rn. 21; Schwerdtfeger/*Reber/Kröger* GesR Kap. 4 Rn. 20; *Eidenmüller* ZIP 2002, 2233 (2235); *Goette* DStR 2009, 63 (63); *Großerichter* DStR 2003, 159 (160); *Kindler* NJW 2003, 1073 (1074); *Weller* FS Goette, 2011, 583 (592).

Personengesellschaft deutschen Rechts wird in der Literatur auch als **„Wechselbalgtheorie“**[73] bezeichnet: Bildlich gesprochen wird den Gesellschaftern als „Eltern“ der ausländischen Kapitalgesellschaft eine deutsche Personengesellschaft gleichsam als Wechselbalg „untergeschoben“, die ausländische Gesellschaft wird ihnen hingegen „entzogen“.[74]

24 Die **Folgen der Zwangsangleichung** sind für die Gesellschafter drastisch: Die Gesellschaft ist trotz Eingangsstatutenwechsel zwar als GbR oder oHG rechtsfähig und damit in Prozessen gemäß § 50 Abs. 1 ZPO auch aktiv und passiv parteifähig.[75] Die Gesellschafter trifft nunmehr aber die **persönliche und unbeschränkte Haftung** gemäß § 128 HGB;[76] die Haftungsbeschränkung der Gesellschafter auf das Gesellschaftsvermögen gemäß § 13 Abs. 2 GmbHG tritt ohne die Eintragung der Gesellschaft mit deutschem Sitz in das Handelsregister nicht ein.[77] Die Geschäftsführer der ehemals ausländischen Gesellschaft unterliegen zudem der Handelndenhaftung gemäß § 11 Abs. 2 GmbHG (analog).[78] Eine Einpersonen-Kapitalgesellschaft ausländischen Rechts kann nur als Einzelperson ihres Gesellschafters fortbestehen,[79] für Verbindlichkeiten haftet der Inhaber (= ehemalige Gesellschafter) unbeschränkt und persönlich. Wollen die Gesellschafter diese unbeschränkte Haftung vermeiden, so können sie die ausländische Kapitalgesellschaft auflösen und sie als GmbH nach deutschem Recht neu gründen.[80]

## III. Vorrangige Staatsverträge

25 Gemäß Art. 3 Nr. 2 EGBGB gehen völkerrechtliche Vereinbarungen den Regeln des deutschen Kollisionsrechts vor. Die vorstehend dargestellten Regeln des autonomen deutschen Gesellschaftskollisionsrechts finden daher keine Anwendung im Bereich bilateraler Staatsverträge, welche die vertragsschließenden Staaten zur Anerkennung der in dem anderen Staat errichteten Gesellschaften verpflichten.

26 Ein solcher bilateraler Staatsvertrag besteht etwa zwischen der Bundesrepublik Deutschland und den USA: Art. XXV Abs. 5 S. 2 des **„Freundschafts-, Handels- und Schifffahrtsvertrags vom 29.10.1954“** bestimmt dabei Folgendes:[81]

> „Gesellschaften, die gemäß den Gesetzen und sonstigen Vorschriften des einen Vertragsteils in dessen Gebiet errichtet sind, gelten als Gesellschaften dieses Vertragsteils; ihr rechtlicher Status wird in dem Gebiet des anderen Vertragsteils anerkannt.“

27 Art. XXV Abs. 5 S. 2 Hs. 2 des Staatsvertrages enthält dabei eine eigene Kollisionsnorm:[82] Das Gesellschaftsstatut von US-amerikanischen Gesellschaften wird dort unabhängig von ihrem effektiven Verwaltungssitz an das am Ort ihrer Gründung geltende

---

[73] *Weller* IPRax 2009, 202 (203, 207) und FS Goette, 2011, 583 (584, 592).

[74] *Weller* FS Goette, 2011, 583 (584).

[75] BGH NZG 2002, 1009 (1009); 2009, 68 Rn. 23 – Trabrennbahn; BayObLG 20.2.2003 – 1Z AR 160/02, BeckRS 2003, 02439; OLG Hamburg NZG 2007, 597 (599); *Weller* FS Goette, 2011, 583 (592); **aA** noch BGH NZG 2000, 926 (927).

[76] BGH NZG 2009, 68 Rn. 23 – Trabrennbahn; OLG Hamburg NZG 2007, 597 (599); Henssler/Strohn/*Servatius* IntGesR Rn. 16; *Raiser/Veil* KapGesR § 8 Rn. 21; Schwerdtfeger/*Reber/Kröger* GesR Kap. 4 Rn. 20; *Eidenmüller* ZIP 2002, 2233 (2235); *Großerichter* DStR 2003, 159 (160); *Weller* IPRax 2009, 202 (207) und FS Goette, 2011, 583 (596).

[77] BGH 8.10.2009 – IX ZR 227/06, BeckRS 2009, 28205 Rn. 5; KG NJW 1989, 3100 (3101).

[78] BGH 8.10.2009 – IX ZR 227/06, BeckRS 2009, 28205 Rn. 5; KG NJW 1989, 3100 (3101); OLG Düsseldorf NJW-RR 1995, 1124 (1125 ff.); Henssler/Strohn/*Servatius* IntGesR Rn. 16; Schwerdtfeger/*Reber/Kröger* GesR Kap. 4 Rn. 20; *Großerichter* DStR 2003, 159 (160).

[79] OLG Hamburg NZG 2007, 597 (599) (obiter dictum); Henssler/Strohn/*Servatius* IntGesR Rn. 16; *Eidenmüller* ZIP 2002, 2233 (2235).

[80] BGH NJW 1986, 2194 (2195); NZG 2009, 68 Rn. 21 – Trabrennbahn; Palandt/*Thorn* EGBGB Anh. Art. 12 Rn. 13.

[81] BGBl. 1956 II 487, 500.

[82] BGH NZG 2005, 44 (44); Palandt/*Thorn* EGBGB Anh. Art. 12 Rn. 3; *Leible/Hoffmann* ZIP 2003, 925 (930); *Weller* FS Goette, 2011, 583 (589).

Recht angeknüpft.[83] Die **in den USA errichteten Gesellschaften** sind somit in Deutschland auf Grundlage der **Gründungstheorie** anzuerkennen.[84] Hierbei handelt es sich um eine Sachnormverweisung,[85] sodass es nicht darauf ankommt, dass die USA auch in ihrem nationalen Kollisionsrecht der Gründungstheorie folgen.[86] Für eine Auslegung des Staatsvertrages im kollisionsrechtlichen Sinn der Gründungstheorie spricht dabei auch dessen Art. VII, der den Gesellschaften jedes Vertragsteils in dem Gebiet des anderen Vertragsteils Niederlassungsfreiheit gewährt;[87] die Gründungstheorie begünstigt hierbei den identitäts- und statuswahrenden Wegzug von Gesellschaften und damit deren Mobilität.[88]

Der Anwendung der Gründungstheorie auf Grundlage des Staatsvertrages steht es *nicht* 28
entgegen, wenn die in den USA gegründete Gesellschaft über **keinerlei tatsächliche, effektive Beziehungen (sog *„genuine link"*)** zu den USA verfügt und ihre sämtlichen Aktivitäten ausschließlich in der Bundesrepublik Deutschland entfaltet.[89] Um die Entscheidung des Staatsvertrages zugunsten der Gründungstheorie nicht zu unterlaufen, darf für das Erfordernis eines *„genuine link"* ohnehin nicht verlangt werden, dass die Gesellschaft ihren effektiven Verwaltungssitz in den USA hat.[90] Der Wortlaut des Staatsvertrages gibt für das Erfordernis eines *„genuine link"* nichts her. Als **ausreichende** und einen Rechtsmissbrauch ausschließende **Beziehung** ist es daher anzusehen, wenn die in den USA gegründete Gesellschaft dort ihren **Registereintrag im Handelsregister** aufrechterhält.[91] Dass die Gesellschaft daneben irgendwelche – und seien es geringfügige – geschäftliche Aktivitäten in den USA verfolgt, ist nicht erforderlich.

## B. Einflüsse des Europarechts

Aufgrund der Rechtsprechung des EuGH zu der durch Art. 49, 54 AEUV geschützten 29
Niederlassungsfreiheit ist die Sitztheorie, wie sie bisher von der deutschen Rechtsprechung im autonomen Kollisionsrecht befürwortet wurde,[92] auf dem Rückzug.[93]

### I. Die Rechtsprechung des EuGH

Im Folgenden wird daher die Rechtsprechung des EuGH zur Niederlassungsfreiheit dar- 30
gestellt. Dabei wird besonderen Wert darauf gelegt, die einzelnen Fallkonstellationen in ihren jeweiligen kollisionsrechtlichen Kontext – insbesondere im Hinblick auf die jeweils beteiligten nationalen Gesellschaftskollisionsrechte – einzuordnen.

[83] BGH NJW-RR 2002, 1359 (1360); NZG 2003, 531 (531); 2004, 1001 (1001); 2005, 4 (44).

[84] OLG Düsseldorf NJW-RR 1995, 1124 (1125); OLG Hamburg NZG 2007, 597 (597); PWW/*Brödermann/Wegen* IntGesR Rn. 31; Wachter/*Kraft* Teil 2 Kap. 8 Rn. 28; Schwerdtfeger/*Reber/Kröger* GesR Kap. 4 Rn. 29; *Behrens* IPRax 2003, 193 (206); *Eidenmüller* ZIP 2002, 2233 (2244); *Goette* DStR 2009, 63 (63); *Weller* IPRax 2009, 202 (206) und FS Goette, 2011, 583 (589).

[85] Vgl. allgemein zu Staatsverträgen PWW/*Brödermann/Wegen* IntGesR Rn. 38.

[86] → Rn. 13.

[87] BGH NZG 2003, 531 (532); 2004, 1001 (1001).

[88] → Rn. 15.

[89] Palandt/*Thorn* EGBGB Anh. Art. 12 Rn. 3; Schwerdtfeger/*Reber/Kröger* GesR Kap. 4 Rn. 30; *Leible/Hoffmann* ZIP 2003, 925 (930); **aA** OLG Düsseldorf NJW-RR 1995, 1124 (1125) (es handele sich um eine rechtsmissbräuchliche „pseudo-foreign Corporation"); offen gelassen von BGH NZG 2004, 1001 (1001); 2005, 44 (44 ff.).

[90] BGH NZG 2004, 1001 (1001); 2005, 44 (44 ff.); Wachter/*Kraft* Teil 2 Kap. 8 Rn. 28.

[91] Wachter/*Kraft* Teil 2 Kap. 8 Rn. 28.

[92] → Rn. 9; BGH NZG 2009, 68 Rn. 19–22 – Trabrennbahn; 8.10.2009 – IX ZR 227/06, BeckRS 2009, 28205 Rn. 4; NZG 2011, 1114 Rn. 16.

[93] Henssler/Strohn/*Servatius* IntGesR Rn. 5.

### 1. „Zuzugsfälle"

31 Eine **Beschränkung der Niederlassungsfreiheit** aus Art. 49, 54 AEUV hat der EuGH in den sog „Zuzugsfällen"[94] bejaht.[95] In diesen Fällen wurde eine Gesellschaft nach den Vorschriften des Mitgliedstaates A wirksam gegründet und im dortigen Handelsregister eingetragen. Der Satzungssitz der Gesellschaft befindet sich dabei im Mitgliedstaat A. Ihren tatsächlichen Sitz (= Verwaltungssitz) hat die Gesellschaft jedoch in einem anderen Mitgliedstaat B.

32 Dabei sind zwei Fallkonstellationen denkbar:

1. In der ersten Fallgruppe befindet sich der Verwaltungssitz niemals im Mitgliedstaat A, sondern – wie bereits bei der Gründung der Gesellschaft von den Gründungsgesellschaftern beabsichtigt – stets im Mitgliedstaat B.[96]
2. In der zweiten Fallgruppe hat die Gesellschaft ihren Verwaltungssitz hingegen zunächst im Mitgliedstaat A und verlegt diesen später in den Mitgliedstaat B.[97]

33 Die Behörden oder Gerichte des Mitgliedstaates B weigern sich daraufhin, die Gesellschaft als Gesellschaft des Mitgliedstaates A anzuerkennen; sie verlangen von der Gesellschaft bzw. von den Gesellschaftern, dass die Gesellschaft unter Einhaltung der hierfür geltenden nationalen Vorschriften des Mitgliedstaates B als Gesellschaft des Mitgliedstaates B in der im nationalen Sachrecht des Mitgliedstaates B vorgesehenen Rechtsform neu gegründet wird. Die Gesellschaft bzw. die hinter ihr stehenden Gesellschafter sehen hierin eine Beschränkung der der Gesellschaft aus Art. 49, 54 AEUV zustehenden Niederlassungsfreiheit.

34 Charakteristisch für diese „Zuzugsfälle" ist dabei, dass die Gesellschaft trotz Verlegung ihres Verwaltungssitzes in den Mitgliedstaat B ihren Satzungssitz im Wegzugsstaat A – und damit auch die Rechtsform des Wegzugsstaates A – beibehalten will; es handelt sich um einen sog **„rechtsformwahrenden Zuzug"**.[98] Im Einzelnen lassen sich die folgenden Entscheidungen des EuGH dieser Fallgruppe der „Zuzugsfälle" zuordnen:

35 **a) EuGH 9.3.1999 – C-212/97 – Centros.** In der Rechtssache „Centros" war die Gesellschaft, die *Centros Ltd.*, nach dem Recht von England und Wales als „private limited company" gegründet worden;[99] sie hatte ihren **Satzungssitz im Vereinigten Königreich.**[100] Die Gründungsgesellschafter, zwei dänische Staatsangehörige, wollten eine Zweigniederlassung dieser Gesellschaft in Dänemark eintragen lassen.[101] Diese Eintragung ist in Dänemark zwingende Voraussetzung für eine wirksame Geschäftstätigkeit ausländischer Unternehmen.[102] Die **dänischen Behörden verweigerten die Eintragung der Zweigniederlassung** mit dem Argument, dass die Gesellschaft im Vereinigten Königreich keine Geschäftstätigkeit entfaltet habe[103] und durch die Eintragung als Zweigniederlassung die dänischen Vorschriften über die Einzahlung eines Mindeststammkapitals um-

[94] Zum Begriff s. etwa *Eidenmüller* ZIP 2002, 2233 (2238); *W. H. Roth* IPRax 2003, 117 (119, 122); *Weller* IPRax 2009, 202 (206).

[95] EuGH 9.3.1999 – C-212/97, NZG 1999, 298 Rn. 17–30 – Centros; 5.11.2002 – C-208/00, NZG 2002, 1164 Rn. 78–82 – Überseering; 30.9.2003 – C-167/01, NZG 2003, 1064 Rn. 100ff., 104ff. – Inspire Art.

[96] So in der Rechtssache „Centros", s. EuGH 9.3.1999 – C-212/97, NZG 1999, 298 Rn. 2ff., 6ff., 11; s. hierzu BGH NZG 2000, 926 (927); ebenso in BayObLG NZG 2003, 290 (291).

[97] So in der Rechtssache „Überseering", s. EuGH 5.11.2002 – C-208/00, NZG 2002, 1164 Rn. 22; → Rn. 39ff.

[98] *Behme* NZG 2012, 936 (936ff.); zu den Fällen, in denen sich die Gesellschaft bei Verlegung ihres Verwaltungssitzes in den Mitgliedstaat B in eine Gesellschaftsform des Mitgliedstaates B umwandeln will (sog „rechtsformwechselnder Zuzug"), → Rn. 190ff.

[99] EuGH 9.3.1999 – C-212/97, NZG 1999, 298 Rn. 2 – Centros.

[100] MüKoBGB/*v. Hein* EGBGB Art. 3 Rn. 93.

[101] EuGH 9.3.1999 – C-212/97, NZG 1999, 298 Rn. 2, 6–10 – Centros.

[102] Schlussanträge GA *La Pergola* 16.7.1998 – C-212/97, Slg. 1999, I-1461 Rn. 3 – Centros; *Lange* DNotZ 1999, 599 (599).

[103] EuGH 9.3.1999 – C-212/97, NZG 1999, 298 Rn. 7, 11 – Centros.

gangen würden.[104] In Wirklichkeit beabsichtige die Gesellschaft, in Dänemark nicht eine Zweigniederlassung, sondern einen Hauptsitz zu errichten.[105]

Der EuGH sah die Weigerung der dänischen Behörden, eine Zweigniederlassung einzutragen, als **Beschränkung der Niederlassungsfreiheit** der *Centros Ltd.* aus Art. 49, 54 AEUV (ex-Art. 52, 58 EGV) an:[106] Dass die Gesellschaft im Vereinigten Königreich gegründet wurde und dort ihren satzungsmäßigen Sitz hat, schließe einen rein internen dänischen Sachverhalt aus.[107] Verweigere ein Mitgliedstaat die Eintragung der Zweigniederlassung einer Gesellschaft, die ihren Sitz in einem anderen Mitgliedstaat hat und nach dem Recht dieses anderen Mitgliedstaates gegründet wurde, so werde diese Gesellschaft an der Wahrnehmung ihres Niederlassungsrechts gehindert.[108] Es stellt nach Ansicht des EuGH auch **keine missbräuchliche Ausnutzung** des Niederlassungsrechts dar, wenn ein Staatsangehöriger eines Mitgliedstaats die Gesellschaft in dem Mitgliedstaat errichtet, dessen gesellschaftsrechtliche Vorschriften ihm die größte Freiheit lassen, und in anderen Mitgliedstaaten Zweigniederlassungen gründet.[109] In der bewussten Ausnutzung des Gefälles zwischen den dänischen und den englischen Mindestkapitalerfordernissen sah der EuGH einen zulässigen Gebrauch der Niederlassungsfreiheit.[110] 36

Der EuGH hatte in der Rechtssache „Centros" keine Veranlassung, zu kollisionsrechtlichen Fragen Stellung zu beziehen:[111] Dass die *Centros Ltd.* ihre ausschließliche Geschäftstätigkeit in Dänemark entfalten sollte und sie damit – in kollisionsrechtlichen Kategorien gedacht – von Anfang an ihren **effektiven Verwaltungssitz in Dänemark** hatte,[112] war aus Sicht beider beteiligter Rechtsordnungen kollisionsrechtlich irrelevant: Sowohl das **Vereinigte Königreich**[113] als auch **Dänemark**[114] folgen in ihrem nationalen Gesellschaftskollisionsrecht der **Gründungstheorie.** Trotz effektiven Verwaltungssitzes in Dänemark wurde der Status der *Centros Ltd.* als einer wirksam gegründeten Gesellschaft englischen Rechts aufgrund ihres Satzungssitzes im Vereinigten Königreich daher auch aus Sicht der dänischen Rechtsordnung nicht infrage gestellt;[115] die *Centros Ltd.* war – wie der EuGH beiläufig bemerkt[116] – nach dänischem Recht als eine *ausländische* Gesellschaft mit beschränkter Haftung anzusehen.[117] 37

Die Gründungsgesellschafter hatten nicht bestritten, dass sie die *Centros Ltd.* im Vereinigten Königreich gerade zu dem **Zweck** gegründet hatten, die **Vorschriften** des dänischen *Sachrechts* **über die Einzahlung eines Mindeststammkapitals zu umgehen.**[118] Diese Möglichkeit wurde indes durch die – der Anwendung dänischen Sachrechts vorgelagerte (!) – Entscheidung des dänischen *Kollisionsrechts* zugunsten der Gründungstheorie erst eröffnet. Auf der Ebene des Kollisionsrechts findet dabei eine Vorentscheidung statt, ob dem Schutz von Interessen Dritter (insbesondere von Gesellschaftsgläubigern) oder der 38

[104] EuGH 9.3.1999 – C-212/97, NZG 1999, 298 Rn. 12, 18, 23 – Centros.
[105] EuGH 9.3.1999 – C-212/97, NZG 1999, 298 Rn. 7 – Centros.
[106] EuGH 9.3.1999 – C-212/97, NZG 1999, 298 Rn. 17–30 – Centros.
[107] EuGH 9.3.1999 – C-212/97, NZG 1999, 298 Rn. 17 f. – Centros.
[108] EuGH 9.3.1999 – C-212/97, NZG 1999, 298 Rn. 21 – Centros.
[109] EuGH 9.3.1999 – C-212/97, NZG 1999, 298 Rn. 27 – Centros; bestätigt von EuGH 30.9.2003 – C167/01, NZG 2003, 1064 Rn. 96 – Inspire Art; 12.9.2006 – C-196/04, NZG 2006, 835 Rn. 37 – Cadbury Schweppes.
[110] MüKoBGB/*v. Hein* EGBGB Art. 3 Rn. 94.
[111] *Lange* DNotZ 1999, 599 (607).
[112] BGH NZG 2000, 926 (927); MüKoGmbHG/*Weller* Einl. Rn. 351; *Behrens* IPRax 2003, 193 (201); *Hoor* NZG 1999, 984 (984).
[113] → Rn. 13.
[114] MüKoGmbHG/*Weller* Einl. Rn. 336; *Eidenmüller* ZIP 2002, 2233 (2234); *Großerichter* DStR 2003, 159 (161); *Höfling* EuZW 2000, 145 (146); *Hoor* NZG 1999, 984 (984); *Lange* DNotZ 1999, 599 (600, 606 ff.); *Leible* NZG 1999, 300 (301); *Schnitger* IStR 2002, 818 (818).
[115] *Großerichter* DStR 2003, 159 (161); *Hoor* NZG 1999, 984 (984).
[116] EuGH 9.3.1999 – C-212/97, NZG 1999, 298 Rn. 4 – Centros.
[117] *Leible* NZG 1999, 300 (301).
[118] EuGH 9.3.1999 – C-212/97, NZG 1999, 298 Rn. 18 – Centros.

Wahlfreiheit der Gründungsgesellschafter der Vorrang gebühren soll.[119] Wenn sich ein Mitgliedstaat – wie Dänemark – durch Anknüpfung des Gesellschaftsstatuts nach der Gründungstheorie für das Letztere entscheidet, dann ist es widersprüchlich, wenn die Behörden dieses Staates ein Ausnutzen der durch die Gründungstheorie erst eröffneten Möglichkeiten als missbräuchliches Verhalten ansehen. Der EuGH hat den von den dänischen Behörden erhobenen[120] Einwand einer missbräuchlichen Ausnutzung des Niederlassungsrechts durch die Gründungsgesellschafter daher im Ergebnis zu Recht nicht durchgreifen lassen.[121]

39 **b) EuGH 5.11.2002 – C-208/00 – Überseering.** Kollisionsrechtlich interessantere Fragen als in der Rechtssache „Centros" stellten sich in der auf Vorlagebeschluss des BGH[122] ergangenen Entscheidung des EuGH in der Rechtssache „Überseering": Die betroffene Gesellschaft, die *Überseering BV*, war als Kapitalgesellschaft niederländischen Rechts gegründet worden. Sie war im niederländischen Handelsregister eingetragen[123] und hatte ihren Satzungssitz immer in den Niederlanden.[124] Es war jedoch davon auszugehen, dass sie infolge einer Geschäftsanteilsabtretung ihren **Verwaltungssitz von den Niederlanden nach Deutschland verlegt** hatte.[125]

40 Auf Grundlage der in Deutschland geltenden Sitztheorie[126] führte die Verlegung des effektiven Verwaltungssitzes zu einem **Eingangsstatutenwechsel** zum deutschen Recht.[127] Dies hatte zur Folge, dass die *Überseering BV* aus Sicht der deutschen Rechtsordnung jedenfalls nicht mehr als Gesellschaft niederländischen Rechts fortbestehen konnte. Da die *Überseering BV* keine Neugründung nach den Vorschriften des deutschen GmbHG vorgenommen hatte, es insbesondere an der hierfür gemäß § 11 Abs. 1 GmbHG erforderlichen Eintragung im deutschen Handelsregister fehlte,[128] ging der BGH in seinem Vorlagebeschluss davon aus, dass die *Überseering BV* **in Deutschland nicht rechtsfähig** und damit in einem Prozess auch nicht gemäß § 50 Abs. 1 ZPO aktiv parteifähig sei.[129]

41 Erst später hat der BGH – offenbar unter dem Eindruck der massiven Kritik an diesem Rechtsanwendungsergebnis in den Schlussanträgen des Generalanwalts *Ruiz-Jarabo Colomer* vom 4.12.2001[130] – diese rigide Form der Nichtanerkennung der Gesellschaft abgemildert:[131] Der BGH sah nunmehr bei dem auf Grundlage der Sitztheorie eintretenden Eingangsstatutenwechsel zum deutschen Recht die **Angleichung** der ausländischen Kapitalgesellschaft **in eine Personengesellschaft deutschen Rechts** (GbR oder oHG) als möglich an[132] und verneinte damit in einem der Rechtssache „Überseering" vergleichbaren Fall nicht mehr kategorisch die Rechts- und Parteifähigkeit der Gesellschaft vor deut-

119 → Rn. 16.
120 EuGH 9.3.1999 – C-212/97, NZG 1999, 298 Rn. 12, 23 – Centros.
121 EuGH 9.3.1999 – C-212/97, NZG 1999, 298 Rn. 18, 27 – Centros.
122 BGH NZG 2000, 926.
123 EuGH 5.11.2002 – C-208/00, IStR 2002, 809 Rn. 2 – Überseering (in NZG 2002, 1164 insoweit nicht abgedruckt).
124 EuGH 5.11.2002 – C-208/00, NZG 2002, 1164 Rn. 22, 52, 80 – Überseering.
125 EuGH 5.11.2002 – C-208/00, NZG 2002, 1164 Rn. 22 – Überseering; BGH NZG 2000, 926 (926); MüKoBGB/*v. Hein* EGBGB Art. 3 Rn. 96; *Raiser/Veil* KapGesR § 8 Rn. 30; *Großerichter* DStR 2003, 159 (162); *W. H. Roth* IPRax 2003, 117 (117).
126 → Rn. 9; BGH NJW 1970, 998 (999); 1981, 522 (525); 1986, 2194 (2195); 1992, 618 (618); NZG 2000, 926 (926); 2002, 1009 (1009); 2003, 531 (531); 2009, 86 Rn. 21 ff. – Trabrennbahn; 8.10.2009 – IX ZR 227/06, BeckRS 2009, 28205 Rn. 4.
127 → Rn. 21 ff.
128 BGH NZG 2000, 926 (927).
129 BGH NZG 2000, 926 (927).
130 Schlussanträge GA *Ruiz-Jarabo Colomer* 4.12.2001 – C-208/00, NZG 2002, 16 Rn. 46 ff., 52–62 – Überseering.
131 *Behrens* IPRax 2003, 193 (199); *Heidenhain* NZG 2002, 1141 (1142).
132 → Rn. 24.

schen Gerichten.[133] Vom EuGH wurde diese nationale Rechtsprechungsänderung in seiner Entscheidung allerdings nicht mehr berücksichtigt.[134]

Aus Sicht der niederländischen Rechtsordnung war die Verlegung des effektiven Verwaltungssitzes nach Deutschland kollisionsrechtlich hingegen irrelevant: Die Niederlande folgen in ihrem nationalen Gesellschaftskollisionsrecht der Gründungstheorie,[135] sodass es **aus Sicht der niederländischen Rechtsordnung** *nicht* zu einem Statutenwechsel zum deutschen Recht kam. Die *Überseering BV* hatte daher aus Sicht der niederländischen Rechtsordnung niemals aufgehört, als **Kapitalgesellschaft niederländischen Rechts** fortzubestehen.[136] 42

Die unterschiedliche Anknüpfung des Gesellschaftsstatuts in den Niederlanden (Gründungstheorie) und in Deutschland (Sitztheorie) führte somit in der Rechtssache „Überseering" zu einem **„hinkenden Rechtsverhältnis":**[137] Während die Gesellschaft aus Sicht der niederländischen Rechtsordnung als Kapitalgesellschaft *niederländischen* Sachrechts (BV) fortbestand, wurde diese Eigenschaft aus Sicht der deutschen Rechtsordnung negiert,[138] sei es, dass man die Gesellschaft als rechtlich überhaupt nicht existent ansieht,[139] sei es, dass man die Gesellschaft als eine Personengesellschaft *deutschen* Sachrechts (GbR oder oHG) ansieht.[140] 43

Der EuGH bejahte eine **Beschränkung der Niederlassungsfreiheit** durch den Mitgliedstaat Deutschland:[141] Aus der Niederlassungsfreiheit der Art. 49, 54 AEUV (ex-Art. 43, 48 EG) folge unmittelbar, dass die in einem Mitgliedstaat gegründeten Gesellschaften das Recht haben, ihre Tätigkeit in einem anderen Mitgliedstaat auszuüben, wobei ihr satzungsmäßiger Sitz, ihre Hauptverwaltung oder ihre Hauptniederlassung, ebenso wie die Staatsangehörigkeit bei natürlichen Personen, dazu diene, ihre **Zugehörigkeit zur Rechtsordnung eines Mitgliedstaats** zu bestimmen.[142] Die Inanspruchnahme der Niederlassungsfreiheit setze zwingend die Anerkennung dieser Gesellschaften durch alle Mitgliedstaaten voraus, in denen sie sich niederlassen wollen.[143] Die *Überseering BV* genieße aufgrund der Art. 49, 54 AEUV das Recht, als eine Gesellschaft niederländischen Rechts in Deutschland von ihrer Niederlassungsfreiheit Gebrauch zu machen.[144] Das Erfordernis, dieselbe Gesellschaft in Deutschland neu zu gründen, komme der Negierung der Niederlassungsfreiheit gleich.[145] 44

Der **EuGH differenzierte** in der Entscheidung „Überseering" erstmals klar zwischen **„Zuzugsfällen"** und **„Wegzugsfällen":**[146] Im vorliegenden Fall ging es um die Anerkennung einer nach dem Recht eines Mitgliedstaats (hier. Niederlande) gegründeten Gesellschaft durch einen *anderen* Mitgliedstaat (hier: Deutschland),[147] dh um die Frage, ob dieser andere Mitgliedstaat (dh der „Zuzugsstaat") sich weigern darf, die Rechtspersönlichkeit anzuerkennen, die der Gesellschaft nach der Rechtsordnung ihres Gründungs- 45

[133] BGH NZG 2002, 1009 (1009); bestätigt durch BGH NZG 2009, 68 Rn. 23 – Trabrennbahn.
[134] *W. H. Roth* IPRax 2003, 117 (120); vgl. EuGH 5.11.2002 – C-208/00, NZG 2002, 1164 Rn. 22, 62, 82, 93 ff. – Überseering.
[135] Art. 2 *Wet conflictenrecht corporaties* (Gesetz mit Kollisionsnormen für Körperschaften) v. 17.12.1997, s. EuGH 30.9.2003 – C-167/01, NZG 2003, 1064 Rn. 77 ff. – Inspire Art; BGH NVwZ-RR 2006, 28 (29); MüKoBGB/*v. Hein* EGBGB Art. 3 Rn. 91, 97; MüKoGmbHG/*Weller* Einl. Rn. 336; Wachter/*Kraft* Teil 2 Kap. 8 Rn. 5; *Behrens* IPRax 2003, 193 (201); *Kindler* NZG 2003, 1086 (1086).
[136] EuGH 5.11.2002 – C-208/00, NZG 2002, 1164 Rn. 63, 80 – Überseering.
[137] *Weller* IPRax 2009, 202 (208) und FS Goette, 2011, 583 (593).
[138] *Behrens* IPRax 2003, 193 (194).
[139] So noch BGH NZG 2000, 926 ff.
[140] So BGH NZG 2002, 1009 ff.
[141] EuGH 5.11.2002 – C-208/00, NZG 2002, 1164 Rn. 78–82 – Überseering.
[142] EuGH 5.11.2002 – C-208/00, NZG 2002, 1164 Rn. 56 ff. – Überseering.
[143] EuGH 5.11.2002 – C-208/00, NZG 2002, 1164 Rn. 59 – Überseering.
[144] EuGH 5.11.2002 – C-208/00, NZG 2002, 1164 Rn. 80 – Überseering.
[145] EuGH 5.11.2002 – C-208/00, NZG 2002, 1164 Rn. 81, 93 – Überseering.
[146] *W. H. Roth* IPRax 2003, 117 (118, 121).
[147] EuGH 5.11.2002 – C-208/00, NZG 2002, 1164 Rn. 62 – Überseering.

staats zuerkannt wird.[148] In der Rechtssache „Daily Mail“[149] ging es hingegen um die Frage, wie der Gründungsstaat selbst (dh der „Wegzugsstaat“) auf die Verlegung des tatsächlichen Verwaltungssitzes einer nach seinem Recht gegründeten Gesellschaft reagieren darf.[150]

46 **c) EuGH 30.9.2003 – C-167/01 – Inspire Art.** In der Rechtssache „Inspire Art“ wurde die betroffene Gesellschaft, die *Inspire Art Ltd.*, als eine „private company limited by shares“ nach dem Recht des Vereinigten Königreichs gegründet; sie hatte ihren Satzungssitz im Vereinigten Königreich.[151] Da sowohl das Vereinigte Königreich[152] als auch die Niederlande (in Art. 2 *Wet conflictenrecht corporaties* = Gesetz mit Kollisionsnormen für Körperschaften)[153] in ihrem Gesellschaftskollisionsrecht beide der Gründungstheorie folgen, stand die Anerkennung der Gesellschaft als einer Kapitalgesellschaft britischen Rechts durch den Zuzugsstaat Niederlande nicht in Frage.[154] Anders als die dänischen Behörden in der Rechtssache „Centros“[155] verweigerten die niederländischen Behörden der Gesellschaft auch nicht die Errichtung einer Zweigniederlassung in den Niederlanden;[156] die Zweigniederlassung der *Inspire Art Ltd.* war als solche im niederländischen Handelsregister eingetragen.[157]

47 Das **niederländische Recht** sah aber bei in einem eigenen Gesetz (*Wet op de formeel buitenlandse vennootschappen* = Gesetz über formal ausländische Gesellschaften, WFBV) bei einer Kapitalgesellschaft, die nach einem anderen als dem niederländischen Recht gegründet wurde und die ihre Tätigkeit vollständig oder nahezu vollständig in den Niederlanden ausübt (sog „formal ausländische Gesellschaft“[158]) verschiedene **sachrechtliche Sonderregelungen und Offenlegungspflichten** vor, die von dieser Gesellschaft einzuhalten sind.[159] Insbesondere musste die Gesellschaft ein **Mindeststammkapital wie bei einer niederländische Kapitalgesellschaft** aufweisen.[160] Die Nichteinhaltung dieser Vorschriften durch die „formal ausländische Gesellschaft“ wurde durch eine gesamtschuldnerische persönliche Haftung der Geschäftsführer für die Verbindlichkeiten der Gesellschaft sanktioniert.[161]

48 Die Vorschriften des WFBV, etwa zur Höhe des Stammkapitals und zur Haftung der Geschäftsführer, stellen inhaltlich gesellschaftsrechtliche *Sachnormen* dar.[162] Sie wären eigentlich auf eine Gesellschaft wie die *Inspire Art Ltd.* auf Grundlage der im niederländischen *Kollisions*recht vorgesehenen Gründungstheorie gar nicht anwendbar. Aus diesem Grund bestimmte die Vorschrift des Art. 6 *Wet conflictenrecht corporaties* (= Gesetz mit Kollisionsnormen für Körperschaften) ausdrücklich, dass dieses Gesetz die Vorschriften des WFBV unberührt lasse.[163] In kollisionsrechtlichen Kategorien gedacht, lässt sich diese Vorschrift dogmatisch entweder als eine **spezielle einseitige Kollisionsnorm (Sonderanknüpfung[164])** zugunsten des niederländischen Rechts ansehen oder aber als eine **spezielle *ordre public*-Klausel,** die dazu führt, dass – abweichend von dem über die

[148] EuGH 5.11.2002 – C-208/00, NZG 2002, 1164 Rn. 71 – Überseering.
[149] EuGH 27.9.1988 – 81/87, Slg. 1988, 5505 – Daily Mail; → Rn. 53 ff.
[150] EuGH 5.11.2002 – C-208/00, NZG 2002, 1164 Rn. 62, 65–73 – Überseering.
[151] EuGH 30.9.2003 – C-167/01, NZG 2003, 1064 Rn. 34 – Inspire Art.
[152] → Rn. 13.
[153] EuGH 30.9.2003 – C-167/01, NZG 2003, 1064 Rn. 77 – Inspire Art; → Rn. 42.
[154] EuGH 30.9.2003 – C-167/01, NZG 2003, 1064 Rn. 78, 88 – Inspire Art.
[155] → Rn. 35.
[156] EuGH 30.9.2003 – C-167/01, NZG 2003, 1064 Rn. 88 – Inspire Art.
[157] EuGH 30.9.2003 – C-167/01, NZG 2003, 1064 Rn. 34 ff. – Inspire Art.
[158] EuGH 30.9.2003 – C-167/01, NZG 2003, 1064 Rn. 1, 22 – Inspire Art.
[159] EuGH 30.9.2003 – C-167/01, NZG 2003, 1064 Rn. 22–33 – Inspire Art.
[160] EuGH 30.9.2003 – C-167/01, NZG 2003, 1064 Rn. 27 – Inspire Art.
[161] EuGH 30.9.2003 – C-167/01, NZG 2003, 1064 Rn. 25, 28, 60 – Inspire Art.
[162] *Weller* FS Goette, 2011, 583 (588).
[163] EuGH 30.9.2003 – C-167/01, NZG 2003, 1064 Rn. 80 – Inspire Art.
[164] MüKoBGB/*v. Hein* EGBGB Art. 3 Rn. 97; *Kindler* NJW 2003, 1073 (1078).

Gründungstheorie an und für sich berufenen Sachrecht des Gründungsstaates (hier: Vereinigtes Königreich) – das **niederländische Sachrecht** des WFVB zur Anwendung langt.

Der EuGH sah die Anwendung der Sachvorschriften des niederländischen WFVB, insbesondere der Vorschriften über ein bestimmtes Mindeststammkapital (und die Sanktionierung von deren Nichteinhaltung durch eine persönliche Haftung der Geschäftsführer), auf die nach englischem Sachrecht gegründete *Inspire Art Ltd.* als eine **Beschränkung der Niederlassungsfreiheit** aus Art. 49, 54 AEUV (ex-Art. 43, 48 EG) an.[165] Der EuGH bestätigte dabei seine Entscheidung *„Centros"*,[166] wonach es keine missbräuchliche Ausnutzung des Niederlassungsrechts darstellt, wenn ein Staatsangehöriger eines Mitgliedstaats die Gesellschaft in demjenigen Mitgliedstaat errichtet, dessen gesellschaftsrechtliche Vorschriften ihm die größte Freiheit lassen, und sodann in anderen Mitgliedstaaten Zweigniederlassungen gründet.[167] Jede **Aufspaltung des Gesellschaftsstatuts durch Sonderanknüpfungen** führt daher zu einer **Beschränkung der Niederlassungsfreiheit,** die der Rechtfertigung bedarf.[168] 49

## 2. „Wegzugsfälle"

Eine **Beschränkung der Niederlassungsfreiheit** aus Art. 49, 54 AEUV hat der EuGH **in den sog „Wegzugsfällen"**[169] **verneint.**[170] In diesen Fällen wurde eine Gesellschaft nach den Vorschriften des Mitgliedstaates A wirksam gegründet und im dortigen Handelsregister eingetragen. Satzungssitz und Verwaltungssitz der Gesellschaft befinden sich dabei zunächst einheitlich im Mitgliedstaat A. Die Gesellschaft verlegt sodann ihren tatsächlichen Sitz (= Verwaltungssitz) in einen anderen Mitgliedstaat B. 50

Die Behörden und Gerichte des bisher registerführenden Mitgliedstaates A knüpfen an der **Verlegung des Verwaltungssitzes** für die Gesellschaft **nachteilige Konsequenzen,** sei es, dass sie dieser generell die Fähigkeit aberkennen, weiterhin eine Gesellschaft des Mitgliedstaates A zu bleiben,[171] sei es, dass sie die Verlegung des tatsächlichen Verwaltungssitzes von der Zustimmung der Finanzbehörden des Wegzugsstaates abhängig machen[172] oder diese Verlegung mit negativen steuerlichen Auswirkungen für die Gesellschaft belegen.[173] Die Gesellschaft bzw. die hinter ihr stehenden Gesellschafter sehen hierin eine Beschränkung der der Gesellschaft aus Art. 49, 54 AEUV zustehenden Niederlassungsfreiheit. Anders als in den „Zuzugsfällen" geht die behauptete Beschränkung der Niederlassungsfreiheit hier also nicht von den Behörden und Gerichten des Zuzugsstaates B aus, sondern von den Behörden und Gerichten des registerführenden Mitgliedstaates A. 51

Charakteristisch für diese „Wegzugsfälle" ist dabei, dass die Gesellschaft trotz Verlegung ihres Verwaltungssitzes in den Mitgliedstaat B ihren Satzungssitz im Wegzugsstaat A – und damit auch die **Rechtsform des Wegzugsstaates A – beibehalten will;** es handelt sich um einen sog **„rechtsformwahrenden Wegzug".**[174] Im Einzelnen lassen sich die folgenden Entscheidungen des EuGH dieser Fallgruppe der „Wegzugsfälle" zuordnen: 52

---

[165] EuGH 30.9.2003 – C-167/01, NZG 2003, 1064 Rn. 100ff., 104ff. – Inspire Art.

[166] *Leible/Hoffmann* EuZW 2003, 677 (681).

[167] EuGH 30.9.2003 – C-167/01, NZG 2003, 1064 Rn. 96, 98 – Inspire Art.

[168] *Eidenmüller* NJW 2005, 1618 (1618); *Leible/Hoffmann* EuZW 2003, 677 (681).

[169] Zum Begriff s. etwa *Eidenmüller* ZIP 2002, 2233 (2238); *W. H. Roth* IPRax 2003, 117 (119, 121ff.); *Weller* IPRax 2009, 202 (206).

[170] EuGH 27.9.1988 – 81/87, Slg. 1988, 5505 Rn. 15–25 – Daily Mail; 16.12.2008 – C-210/06, NZG 2009, 61 Rn. 99–124 – Cartesio; zur insoweit bestehenden Besonderheit der Entscheidung EuGH 29.11.2011 – C-371/10, NZG 2012, 114 – National Grid Indus; → Rn. 66ff., 70ff.

[171] So in EuGH 16.12.2008 – C-210/06, NZG 2009, 61 Rn. 24, 102 – Cartesio.

[172] So in EuGH 27.9.1988 – 81/87, Slg. 1988, 5505 Rn. 4ff., 18 – Daily Mail.

[173] So in EuGH 29.11.2011 – C-371/10, NZG 2012, 114 Rn. 12, 14 – National Grid Indus.

[174] *Behme* NZG 2012, 936 (936ff.); zu den Fällen, in denen sich die Gesellschaft bei Verlegung ihres Verwaltungssitzes in den Mitgliedstaat B in eine Gesellschaftsform des Mitgliedstaates B umwandeln will (sog „rechtsformwechselnder Wegzug"); → Rn. 190ff.

53 a) **EuGH 27.9.1988 – 81/87 – Daily Mail.** In der Rechtssache „Daily Mail“ war die Gesellschaft, die *Daily Mail and General Trust PLC*, als Gesellschaft **nach dem Recht des Vereinigten Königreichs gegründet** worden; sie hatte dort ihren Satzungssitz *(registered office)* und zunächst auch ihren effektiven Verwaltungssitz. Im Jahr 1984 verlegte die Gesellschaft ihre Geschäftsleitung und damit – in kollisionsrechtlichen Kategorien gesprochen – ihren **Verwaltungssitz in die Niederlande.**[175] **Kollisionsrechtlich** hatte dies allerdings aus Sicht beider beteiligten Rechtsordnungen **keine Auswirkungen:**[176] Da das Vereinigte Königreich der Gründungstheorie folgt,[177] hatte die Verlegung des Verwaltungssitzes auf deren Fortbestand als Gesellschaft britischen Rechts keinen Einfluss.[178] Auch der Zuzugsstaat Niederlande folgt kollisionsrechtlich der Gründungstheorie,[179] sodass die Gesellschaft in den Niederlanden ohne weiteres als Gesellschaft britischen Rechts anerkannt wurde.[180]

54 Das **Steuerrecht** des Vereinigten Königreichs machte die Verlegung des effektiven Verwaltungssitzes jedoch von einer **vorherigen Zustimmung des Finanzministeriums** abhängig.[181] Die Gesellschaft machte geltend, die Niederlassungsfreiheit aus Art. 49, 54 AEUV (ex-Art. 52, 58 EWG-Vertrag) gäbe ihr das Recht, den Sitz ihrer Geschäftsleitung ohne vorherige Zustimmung in einen anderen Mitgliedstaat zu übertragen oder zumindest eine solche Zustimmung ohne Bedingung zu erhalten.[182]

55 Der EuGH folgte dieser Argumentation indes nicht; er sah die britischen Vorschriften über die erforderliche Zustimmung des Finanzministeriums **nicht als Beschränkung der Niederlassungsfreiheit** aus Art. 49, 54 AEUV (ex-Art. 52, 58 EWG-Vertrag) an:[183] Gesellschaften würden aufgrund einer nationalen Rechtsordnung gegründet.[184] **Jenseits der nationalen Rechtsordnung,** die ihre Gründung und Existenz regelt, **hätten sie keine Realität.**[185] Im deutschen Schrifttum hat sich hierfür die Bezeichnung **„Geschöpftheorie“** etabliert.[186]

56 Der EuGH betonte dabei die **Unterschiede zwischen den nationalen Gesellschaftskollisionsrechten der Mitgliedstaaten** und erkannte diese Unterschiede primärrechtlich an: In einigen Staaten – gemeint sind damit Mitgliedstaaten, die der Sitztheorie folgen – müsse nicht nur der satzungsmäßige Sitz, sondern auch die Hauptverwaltung der Gesellschaft im Hoheitsgebiet liegen; die Verlegung der Geschäftsleitung aus diesem Gebiet hinaus setze somit die Liquidierung der Gesellschaft mit allen Folgen voraus, die eine solche Liquidierung auf gesellschafts- und steuerrechtlichem Gebiet mit sich bringt.[187] Andere Staaten – gemeint sind damit Mitgliedstaaten, die der Gründungstheorie folgen – gestehen den Gesellschaften das Recht zu, ihre Geschäftsleitung ins Ausland zu verlegen.[188]

---

[175] EuGH 27.9.1988 – 81/87, Slg. 1988, 5505 Rn. 6 – Daily Mail; MüKoBGB/*v. Hein* EGBGB Art. 3 Rn. 92; *Behrens* IPRax 2003, 193 (201).
[176] MüKoBGB/*v. Hein* EGBGB Art. 3 Rn. 91.
[177] → Rn. 13.
[178] EuGH 27.9.1988 – 81/87, Slg. 1988, 5505 Rn. 3 – Daily Mail; MüKoBGB/*v. Hein* EGBGB Art. 3 Rn. 91.
[179] → Rn. 42.
[180] EuGH 27.9.1988 – 81/87, Slg. 1988, 5505 Rn. 6 – Daily Mail; MüKoBGB/*v. Hein* EGBGB Art. 3 Rn. 91.
[181] EuGH 27.9.1988 – 81/87, Slg. 1988, 5505 Rn. 4f. – Daily Mail; *Frobenius* DStR 2009, 487 (490).
[182] EuGH 27.9.1988 – 81/87, Slg. 1988, 5505 Rn. 2, 8 – Daily Mail.
[183] EuGH 27.9.1988 – 81/87, Slg. 1988, 5505 Rn. 15–25 – Daily Mail.
[184] EuGH 27.9.1988 – 81/87, Slg. 1988, 5505 Rn. 19 – Daily Mail.
[185] EuGH 27.9.1988 – 81/87, Slg. 1988, 5505 Rn. 19 – Daily Mail; diese Wendung wurde später bestätigt in EuGH 5.11.2002 – C-208/00, NZG 2002, 1164 Rn. 67, 81 – Überseering; 16.12.2008 – C-210/06, NZG 2009, 61 Rn. 104 – Cartesio.
[186] MüKoBGB/*v. Hein* EGBGB Art. 3 Rn. 91; Schwerdtfeger/*Reber/Kröger* GesR Kap. 4 Rn. 48; *Herrler* DNotZ 2009, 484 (487); *Kindler* NZG 2009, 130 (131) Fn. 14 und EuZW 2012, 888 (888, 891); *Zimmer/Naendrup* NJW 2009, 545 (547).
[187] EuGH 27.9.1988 – 81/87, Slg. 1988, 5505 Rn. 20 – Daily Mail.
[188] EuGH 27.9.1988 – 81/87, Slg. 1988, 5505 Rn. 20 – Daily Mail.

Das Primärrecht trage diesen Unterschieden im nationalen Recht Rechnung. Bei der **Definition der Gesellschaften,** denen die Niederlassungsfreiheit zugutekommt, **in Art. 54 AEUV** (= ex-Art. 58 EWG-Vertrag) würden der **satzungsmäßige Sitz,** die **Hauptverwaltung** und die Hauptniederlassung einer Gesellschaft **als Anknüpfung gleich geachtet.**[189] 57

Aus Sicht des nationalen Gesellschaftskollisionsrechts des Wegzugsstaates Vereinigtes Königreich war die Verlegung des effektiven Verwaltungssitzes allerdings kollisionsrechtlich irrelevant[190] und bewirkte **keinen Statutenwechsel.**[191] Der EuGH gestand den Mitgliedstaaten jedoch nicht nur die *kollisionsrechtliche* Kompetenz zu, das Gesellschaftsstatut entweder iSd Sitztheorie oder der Gründungstheorie anzuknüpfen, sondern auch eine nachgelagerte *sachrechtliche* Kompetenz, die Verlegung des Verwaltungssitzes ungeachtet der gewählten kollisionsrechtlichen Anknüpfung Beschränkungen zu unterwerfen, etwa diese von einer behördlichen Zustimmung abhängig zu machen.[192] 58

Ohne dies ausdrücklich zu formulieren, zog der EuGH dabei wohl folgenden *Erst-recht*-Schluss: Wenn der Wegzugsstaat primärrechtlich schon berechtigt ist, sein nationales Gesellschaftskollisionsrecht iSd Sitztheorie anzuknüpfen und damit eine Verlegung des Verwaltungssitzes der Gesellschaft mit der **vollständigen Aberkennung der Rechtsfähigkeit** zu sanktionieren, dann muss es dem Wegzugsstaat – quasi als für die Gesellschaft weniger einschneidende Maßnahme („Minus") – *a forteriori* auch erlaubt sein, die Beibehaltung der Rechtspersönlichkeit als einer Gesellschaft des Wegzugsstaates von der Zustimmung der Behörden des Wegzugsstaates abhängig zu machen. 59

**b) EuGH 16.12.2008 – C-210/06 – Cartesio.** In der Rechtssache „Cartesio" war die Gesellschaft, die *Cartesio betéti társaság*, als eine Kommanditgesellschaft ungarischen Rechts gegründet worden. Die Gesellschaft hatte **in Ungarn ihren Satzungssitz** und zunächst auch ihren effektiven Verwaltungssitz; sie war dort im Handelsregister eingetragen.[193] Im Jahr 2005 verlegte die Gesellschaft ihren **Verwaltungssitz nach Italien**[194] und beantragte beim ungarischen Registergericht, die Sitzverlegung nach Italien im ungarischen Handelsregister einzutragen.[195] Dabei wollte *Cartesio* ihre **Eigenschaft als Gesellschaft ungarischen Rechts beibehalten**[196] – und sich nicht etwa im Wege des Formwechsels in eine Gesellschaft italienischen Rechts umwandeln.[197] 60

Das ungarische Registergericht lehnte diesen Antrag mit der Begründung ab, dass eine in Ungarn gegründete Gesellschaft nach geltendem ungarischem Recht ihren Sitz nicht unter Beibehaltung ihres ungarischen Personalstatuts ins Ausland verlegen könne.[198] Kollisionsrechtlich lässt sich diese Argumentation wie folgt erklären: Nach dem ungarischen IPRG richtet sich das Gesellschaftsstatut in erster Linie nach dem Recht des Staates, in dem die Gesellschaft eingetragen ist.[199] Nach dem ungarischen Gesetz über die Handelsregistereintragung befindet sich der Sitz einer Gesellschaft an dem Ort, an dem sich die 61

---

189 EuGH 27.9.1988 – 81/87, Slg. 1988, 5505 Rn. 21 – Daily Mail.

190 → Rn. 53.

191 → Rn. 19.

192 Vgl. EuGH 27.9.1988 – 81/87, Slg. 1988, 5505 Rn. 20 (aE), 23f. – Daily Mail.

193 EuGH 16.12.2008 – C-210/06, NZG 2009, 61 Rn. 21 – Cartesio.

194 EuGH 16.12.2008 – C-210/06, NZG 2009, 61 Rn. 47, 119 – Cartesio (Verlegung des „tatsächlichen Sitzes" von Ungarn nach Italien), (Verlegung des „wahren Sitzes" von Ungarn nach Italien"); Schlussanträge GA *Maduro* 22.5.2008 – C-210/06, NZG 2008, 498 Rn. 22 – Cartesio; ebenso die Interpretation der Entscheidung bei MüKoBGB/*v. Hein* EGBGB Art. 3 Rn. 99; *Raiser/Veil* KapGesR § 8 Rn. 33; *Frobenius* DStR 2009, 487 (488); *Herrler* DNotZ 2009, 484 (486) Fn. 11; *Kindler* NZG 2009, 130 (130).

195 EuGH 16.12.2008 – C-210/06, NZG 2009, 61 Rn. 23 – Cartesio.

196 EuGH 16.12.2008 – C-210/06, NZG 2009, 61 Rn. 99, 111, 119 – Cartesio; MüKoBGB/*v. Hein* EGBGB Art. 3 Rn. 99; *Frobenius* DStR 2009, 487 (488); *Goette* DStR 2009, 128 (128).

197 Zu dieser Fallkonstellation eines grenzüberschreitenden Rechtsformwechsels → Rn. 192ff.

198 EuGH 16.12.2008 – C-210/06, NZG 2009, 61 Rn. 24, 102 – Cartesio.

199 EuGH 16.12.2008 – C-210/06, NZG 2009, 61 Rn. 20 – Cartesio.

Hauptverwaltung befindet.[200] **Ungarn folgt** somit (zumindest für bereits im ungarischen Handelsregister eingetragene Gesellschaften) **der Sitztheorie.**[201] Eine Verlegung des Verwaltungssitzes ins Ausland erfordert nach ungarischem Recht daher, dass die Gesellschaft zunächst als Gesellschaft ungarischen Rechts zu bestehen aufhört und dann nach dem Recht des Staates, in den der Verwaltungssitz verlegt werden soll, neu gegründet wird.[202]

62 Der EuGH sah in der Weigerung des ungarischen Registergerichts – **entgegen den Schlussanträgen des Generalanwalts *Maduro***[203] und auch für viele im Schrifttum überraschend[204] – **keine Beschränkung der Niederlassungsfreiheit** aus Art. 49, 54 AEUV (ex-Art. 43, 48 EG).[205] Das Primärrecht stehe Rechtsvorschriften eines Mitgliedstaats nicht entgegen, die es einer nach dem nationalen Recht dieses Mitgliedstaats gegründeten Gesellschaft verwehren, ihren Sitz in einen anderen Mitgliedstaat zu verlegen und dabei ihre Eigenschaft als Gesellschaft des nationalen Rechts des Mitgliedstaats, nach dessen Recht sie gegründet wurde, zu behalten.[206]

63 In Ermangelung einer einheitlichen gemeinschaftsrechtlichen Definition der Gesellschaften, denen die Niederlassungsfreiheit zugutekommt, anhand einer einheitlichen Anknüpfung, nach der sich **das auf eine Gesellschaft anwendbare Recht** bestimmt, sei die Frage, ob Art. 49 AEUV (ex-Art. 43 EG) auf eine Gesellschaft anwendbar ist, die sich auf die dort verankerte Niederlassungsfreiheit beruft, ebenso wie im Übrigen die Frage, ob eine natürliche Person ein Staatsangehöriger eines Mitgliedstaats ist und sich aus diesem Grund auf diese Freiheit berufen kann, daher gemäß Art. 54 AEUV (ex-Art. 48 EG) eine **Vorfrage,** die beim gegenwärtigen Stand des Gemeinschaftsrechts nur **nach dem geltenden nationalem Recht beantwortet** werden kann.[207] Nur wenn die Prüfung ergibt, dass dieser Gesellschaft in Anbetracht der in Art. 54 AEUV genannten Voraussetzungen tatsächlich die Niederlassungsfreiheit zugutekommt, stelle sich die Frage, ob sich die Gesellschaft einer Beschränkung dieser Freiheit iSd Art. 49 AEUV gegenübersieht.[208]

64 Ein Mitgliedstaat könne somit sowohl die Anknüpfung bestimmen, die eine Gesellschaft aufweisen muss, um als nach seinem innerstaatlichen Recht gegründet angesehen werden und damit in den Genuss der Niederlassungsfreiheit gelangen zu können, als auch die Anknüpfung, die für den Erhalt dieser Eigenschaft verlangt wird.[209] Diese Befugnis umfasse die Möglichkeit für diesen Mitgliedstaat, es einer Gesellschaft seines nationalen Rechts nicht zu gestatten, diese Eigenschaft zu behalten, wenn sie sich durch die Verlegung ihres Sitzes in einen anderen Mitgliedstaat dort neu organisieren möchte und damit die **Anknüpfung löst,** die das nationale Recht des Gründungsmitgliedstaats vorsieht.[210] Der **Gründungsstaat entscheidet damit über „Leben und Tod"** der nach seinem Recht gegründeten Gesellschaft.[211]

---

[200] EuGH 16.12.2008 – C-210/06, NZG 2009, 61 Rn. 17, 48, 101 – Cartesio.

[201] Schlussanträge GA *Maduro* 22.5.2008 – C-210/06, NZG 2008, 498 Rn. 23 – Cartesio („Theorie des tatsächlichen Sitzes" – damit ist inhaltlich die Sitztheorie gemeint, s. Schlussanträge GA *Maduro* aaO Rn. 30); ebenso die Interpretation des ungarischen Gesellschaftskollisionsrechts bei *Frobenius* DStR 2009, 487 (488); *Herrler* DNotZ 2009, 484 (486) Fn. 11.

[202] EuGH 16.12.2008 – C-210/06, NZG 2009, 61 Rn. 103 – Cartesio.

[203] Schlussanträge GA *Maduro* 22.5.2008 – C-210/06, NZG 2008, 498 Rn. 31, 35 – Cartesio.

[204] *Böttcher/Kraft* NJW 2012, 2701 (2703); *Frobenius* DStR 2009, 487 (488); *Goette* DStR 2009, 128 (128); *Herrler* DNotZ 2009, 484 (486 ff.); *Zimmer/Naendrup* NJW 2009, 545 (545).

[205] EuGH 16.12.2008 – C-210/06, NZG 2009, 61 Rn. 99–124 – Cartesio.

[206] EuGH 16.12.2008 – C-210/06, NZG 2009, 61 Rn. 124 – Cartesio.

[207] EuGH 16.12.2008 – C-210/06, NZG 2009, 61 Rn. 109 – Cartesio.

[208] EuGH 16.12.2008 – C-210/06, NZG 2009, 61 Rn. 109 – Cartesio.

[209] EuGH 16.12.2008 – C-210/06, NZG 2009, 61 Rn. 110 – Cartesio.

[210] EuGH 16.12.2008 – C-210/06, NZG 2009, 61 Rn. 110 – Cartesio.

[211] PWW/*Brödermann/Wegen* IntGesR Rn. 14.

Der EuGH behält die bereits in seinen früheren Entscheidungen angelegte **Differenzierung** zwischen **„Wegzugsfällen"** und **„Zuzugsfällen"** ausdrücklich aufrecht:[212] Anders als in den „Wegzugsfällen" („Daily Mail" und „Cartesio") habe sich in den „Zuzugsfällen" („Centros", „Überseering" und „Inspire Art") die Vorfrage nicht gestellt, ob die betreffende Gesellschaft als eine Gesellschaft des Wegzugsstaats anzusehen ist und ob sie diese Rechtsfähigkeit infolge der Verlegung ihres Verwaltungssitzes verliert. Vielmehr bestand die Gesellschaft in den bisherigen „Zuzugsfällen" trotz Verlegung ihres Verwaltungssitzes nach dem nationalen Recht des Wegzugsstaates unstreitig fort, sodass sie sich auf die Niederlassungsfreiheit aus Art. 49, 54 AEUV berufen konnte und sich hieran sodann die Frage nach einer Beschränkung dieser Freiheit durch Maßnahmen des Zuzugsstaats anschloss.[213] 65

**c) EuGH 29.11.2011 – C-371/10 – National Grid Indus.** In der Rechtssache „National Grid Indus" war die Gesellschaft, die *National Grid Indus BV*, als Kapitalgesellschaft niederländischen Rechts gegründet worden. Die Gesellschaft hatte **in den Niederlanden ihren Satzungssitz** und zunächst auch ihren Verwaltungssitz; sie war dort im Handelsregister eingetragen.[214] Im Jahr 2000 verlegte die Gesellschaft ihren **Verwaltungssitz in das Vereinigte Königreich.**[215] Aufgrund eines zwischen den Niederlanden und dem Vereinigten Königreich abgeschlossenen Doppelbesteuerungsabkommens stand ab diesem Zeitpunkt die Befugnis zur Besteuerung des Unternehmensgewinns und der Vermögenserträge der Gesellschaft ausschließlich dem Vereinigten Königreich zu.[216] Die niederländischen Finanzbehörden erstellten daher für den Zeitpunkt der Verlegung des Verwaltungssitzes eine Schlussrechnung, was dazu führte, dass die Gesellschaft einen zuvor erzielten Kursgewinn versteuern musste.[217] Das vorlegende niederländische Gericht sah hierin eine **Beschränkung der Niederlassungsfreiheit** der Gesellschaft.[218] 66

Der **EuGH ist dieser Argumentation gefolgt:**[219] Der EuGH bestätigte zunächst seine Rechtsprechung aus der Rechtssache „Cartesio", wonach ein Mitgliedstaat sowohl die Anknüpfung bestimmen kann, die eine Gesellschaft aufweisen muss, um als nach seinem innerstaatlichen Recht gegründet angesehen werden und damit in den Genuss der Niederlassungsfreiheit gelangen zu können, als auch die Anknüpfung, die für den Erhalt dieser Eigenschaft verlangt wird.[220] Da die **Niederlande** aber – anders als der Wegzugsstaat Ungarn in der Rechtssache „Cartesio"[221] – kollisionsrechtlich **der Gründungstheorie folgen,** wurde durch die Verlegung des tatsächlichen Verwaltungssitzes in das Vereinigte Königreich aus Sicht der Rechtsordnung des Wegzugsstaates Niederlande die **Eigenschaft** der *National Grid Indus BV* **als einer Gesellschaft niederländischen Rechts nicht berührt.**[222] Der EuGH folgerte hieraus, dass sich die Gesellschaft weiterhin auf die Niederlassungsfreiheit aus Art. 49 AEUV berufen kann.[223] 67

Indem der Mitgliedstaat Niederlande die nicht realisierten Wertzuwächse beim Vermögen der Gesellschaft **zu dem Zeitpunkt besteuert,** zu dem die Gesellschaft ihren tatsächlichen Verwaltungssitz in einen anderen Mitgliedstaat verlegt, erleidet die Gesellschaft im Vergleich zu Gesellschaften, die ihren Verwaltungssitz nicht ins EU-Ausland verlegen, einen Liquidi- 68

[212] EuGH 16.12.2008 – C-210/06, NZG 2009, 61 Rn. 122ff. – Cartesio; so auch die Würdigung der Entscheidung von MüKoBGB/*v. Hein* EGBGB Art. 3 Rn. 102; *Zimmer/Naendrup* NJW 2009, 545 (546, 549).
[213] EuGH 16.12.2008 – C-210/06, NZG 2009, 61 Rn. 123 – Cartesio.
[214] EuGH 29.11.2011 – C-371/10, NZG 2012, 114 Rn. 10 – National Grid Indus.
[215] EuGH 29.11.2011 – C-371/10, NZG 2012, 114 Rn. 13 – National Grid Indus.
[216] EuGH 29.11.2011 – C-371/10, NZG 2012, 114 Rn. 3–6, 13 – National Grid Indus.
[217] EuGH 29.11.2011 – C-371/10, NZG 2012, 114 Rn. 12, 14 – National Grid Indus.
[218] EuGH 29.11.2011 – C-371/10, NZG 2012, 114 Rn. 17 – National Grid Indus.
[219] EuGH 29.11.2011 – C-371/10, NZG 2012, 114 Rn. 26–41 – National Grid Indus.
[220] EuGH 29.11.2011 – C-371/10, NZG 2012, 114 Rn. 27 – National Grid Indus.
[221] → Rn. 61.
[222] EuGH 29.11.2011 – C-371/10, NZG 2012, 114 Rn. 28 – National Grid Indus; MüKoBGB/*v. Hein* EGBGB Art. 3 Rn. 103.
[223] EuGH 29.11.2011 – C-371/10, NZG 2012, 114 Rn. 32 – National Grid Indus.

tätsnachteil.[224] Diese unterschiedliche Behandlung ist dazu geeignet, eine Gesellschaft davon abzuhalten, ihren Verwaltungssitz in einen anderen Mitgliedstaat zu verlegen,[225] und führt somit zu einer grundsätzlich verbotenen Beschränkung der Niederlassungsfreiheit aus Art. 49 AEUV.[226] Eine Rechtfertigung der Beschränkung hat der EuGH verneint, da er die nach niederländischem Steuerrecht eintretende sofortige Fälligkeit der Steuerschuld als unverhältnismäßig ansah.[227]

69 Für die Frage, ob eine nationale Regelung in den „Wegzugsfällen" zu einer Beschränkung der Niederlassungsfreiheit führt, differenziert der EuGH also danach, ob diese Regelung den **rechtlichen Status der Gesellschaft als einer Gesellschaft des Wegzugsstaates** berührt:[228] Beschränkt sich die nationale Regelung – wie in der Rechtssache „National Grid Indus" die niederländischen Regelungen – darauf, für die nach dem nationalem Recht gegründeten Gesellschaften steuerliche Folgen an eine Sitzverlegung zwischen Mitgliedstaaten zu knüpfen, ohne dass diese Sitzverlegung ihre Eigenschaft als Gesellschaften des fraglichen Mitgliedstaats berührt, so ist der Schutzbereich der Niederlassungsfreiheit eröffnet.[229] Anders ist dies jedoch, wenn die nationale Regelung Voraussetzungen aufstellt, damit die Gesellschaft ihre Eigenschaft als Gesellschaft dieses Mitgliedstaats nach der Verlegung ihres tatsächlichen Verwaltungssitzes in einen anderen Mitgliedstaat behalten kann.[230]

70 Der EuGH konnte eine Beschränkung der Niederlassungsfreiheit somit nur deshalb bejahen, weil die Niederlande **keine gesellschaftsrechtliche Regulierungskompetenz genutzt** hatten, sondern **lediglich eine steuerrechtliche.**[231] Der EuGH hätte eine Beschränkung der Niederlassungsfreiheit hingegen verneinen müssen, wenn die Niederlande es nicht bei der steuerrechtlichen Verpflichtung belassen hätten, sondern zugleich an die Nichtzahlung der Steuer Sanktionen auf gesellschaftsrechtlicher Ebene geknüpft hätten:

71 So wäre eine **Beschränkung der Niederlassungsfreiheit zu verneinen** gewesen, wenn die Niederlande die Beibehaltung des Status als einer Gesellschaft niederländischen Rechts *präventiv* von einer **Zustimmung der Finanzbehörden** des Wegzugsstaates Niederlande abhängig gemacht hätten. Auf diese Weise hatte der Wegzugsstaat Vereinigtes Königreich in **„Daily Mail"** gehandelt,[232] sodass diese Entscheidung durch die spätere Entscheidung „National Grid Indus" nicht als „overruled" anzusehen ist.

72 Ebenso wäre eine **Beschränkung der Niederlassungsfreiheit zu verneinen** gewesen, wenn die Niederlande die **Nichtzahlung der Steuer** *repressiv* mit einer **Auflösung der Gesellschaft** nach ihrem nationalen Gesellschaftssachrecht sanktioniert hätten. In Anlehnung an das von Generalanwalt *Maduro* in der Rechtssache „Cartesio" geprägte Bild von der **„Todesstrafe"**, die der Wegzugsstaat über die Gesellschaft auf Grundlage der Sitztheorie bei einer Verlegung des Verwaltungssitzes verhänge,[233] kann man dies auch so ausdrücken: Die Befugnis des Wegzugsstaates zur Verhängung der „Todesstrafe" (Auflösung, Liquidation) enthält nicht die Kompetenz zur Verhängung einer steuerrechtlichen „Geldstrafe", wenn die Gesellschaft trotz Verlegung des Verwaltungssitzes vom Wegzugsstaat weiterhin „am Leben gelassen" wird.[234]

---

[224] EuGH 29.11.2011 – C-371/10, NZG 2012, 114 Rn. 37 – National Grid Indus.

[225] EuGH 29.11.2011 – C-371/10, NZG 2012, 114 Rn. 37 – National Grid Indus; ebenso bei Besteuerung nicht realisierter Wertzuwächse, wenn eine natürliche Person ihren Wohnsitz in einen anderen Mitgliedstaat verlegt, vgl. EuGH 11.3.2004 – C-9/02, EuZW 2004, 273 Rn. 46 – de Lasteyrie du Saillant.

[226] EuGH 29.11.2011 – C-371/10, NZG 2012, 114 Rn. 41 – National Grid Indus; ebenso bei Wohnsitzverlegung einer natürlichen Person, vgl. EuGH 11.3.2004 – C-9/02, EuZW 2004, 273 Rn. 48 – de Lasteyrie du Saillant.

[227] EuGH 29.11.2011 – C-371/10, NZG 2012, 114 Rn. 65–85 – National Grid Indus.

[228] EuGH 29.11.2011 – C-371/10, NZG 2012, 114 Rn. 31 – National Grid Indus.

[229] EuGH 29.11.2011 – C-371/10, NZG 2012, 114 Rn. 31–33 – National Grid Indus.

[230] EuGH 29.11.2011 – C-371/10, NZG 2012, 114 Rn. 31 – National Grid Indus.

[231] Palandt/*Thorn* EGBGB Anh. Art. 12 Rn. 7.

[232] → Rn. 54.

[233] Schlussanträge GA *Maduro* 22.5.2008 – C-210/06, NZG 2008, 498 Rn. 31 – Cartesio.

[234] MüKoBGB/*v. Hein* EGBGB Art. 3 Rn. 104.

### 3. Keine Rechtfertigung der Beschränkung in den „Zuzugsfällen"

Eine Beschränkung der Niederlassungsfreiheit kann europarechtlich gerechtfertigt sein.[235] 73
Nach der Rechtsprechung des EuGH sind dabei nationale Maßnahmen, die die Ausübung der durch den AEUV garantierten Grundfreiheiten behindern oder weniger attraktiv machen können, nach der sog ***„Gebhard-Formel"*** (Vier-Konditionen-Test[236]) jedoch nur dann zulässig, wenn kumulativ **vier Voraussetzungen** erfüllt sind:
- die nationalen Maßnahmen müssen in nichtdiskriminierender Weise angewandt werden,
- sie müssen **zwingenden Gründen des Allgemeininteresses** entsprechen,
- sie müssen zur Erreichung des verfolgten Zieles **geeignet** sein und
- sie dürfen nicht über das hinausgehen, was zur Erreichung dieses Zieles **erforderlich** ist.[237]

Die „Gebhard-Formel" wendete der EuGH zunächst als Prüfungsmaßstab auch dann an, wenn es darum geht, die Beschränkung der Niederlassungsfreiheit aus Art. 49, 54 AEUV zu rechtfertigen.[238] Mittlerweile **verzichtet der EuGH** (zumindest verbal) auf die erste **Voraussetzung einer nichtdiskriminierenden Anwendung** und prüft die Rechtfertigung der Beschränkung der Niederlassungsfreiheit lediglich anhand der übrigen drei Voraussetzungen: Eine Beschränkung der Niederlassungsfreiheit ist danach nur statthaft, 74
- wenn sie durch zwingende Gründe des Allgemeininteresses gerechtfertigt ist,
- die Beschränkung muss außerdem geeignet sein, die Erreichung des fraglichen Ziels zu gewährleisten, und
- darf nicht über das hinausgehen, was zur Erreichung dieses Ziels erforderlich ist.[239]

Hierbei handelt es sich letztlich um eine Prüfung am Maßstab des **Grundsatzes der Verhältnismäßigkeit.**[240] 75

In den bisherigen „Zuzugsfällen", in denen der EuGH tatbestandlich eine Beschränkung der Niederlassungsfreiheit aus Art. 49, 54 AEUV bejaht hatte, hat er allerdings die vom jeweils betroffenen Mitgliedstaat für die Beschränkung angeführten Gründe *nicht* als ausreichend angesehen.[241] 76

**a) EuGH 9.3.1999 – C-212/97 – Centros.** In der Rechtssache „Centros" hatten die dänischen Behörden als zwingenden Grund des Allgemeininteresses den **Zweck des Gläubigerschutzes** ins Feld geführt.[242] Der EuGH hielt die Weigerung der dänischen Behörden, die Zweigniederlassung der englischen *Centros Ltd.* im dänischen Handelsregister einzutragen für die Erreichung dieses Zwecks für nicht geeignet, da die Zweigniederlassung in Dänemark eingetragen worden wäre, wenn die Gesellschaft eine Geschäftstätigkeit im Vereinigten Königreich ausgeübt hätte, obwohl die dänischen Gläubiger in diesem Fall ebenso gefährdet gewesen wären.[243] Da die *Centros Ltd.* als Gesellschaft englischen Rechts, nicht als Gesellschaft dänischen Rechts auftritt, sei deren **Gläubigern weiter be-** 77

---

[235] EuGH 9.3.1999 – C-212/97, NZG 1999, 298 Rn. 31 – Centros; 5.11.2002 – C-208/00, NZG 2002, 1164 Rn. 83 – Überseering.
[236] *Böttcher/Kraft* NJW 2012, 2701 (2702); *Herrler* DNotZ 2009, 484 (484).
[237] EuGH 31.3.1993 – C-19/92, NVwZ 1993, 661 Rn. 32 – Kraus; 30.11.1995 – C-55/94, NJW 1996, 579 Rn. 37 – Gebhard.
[238] EuGH 9.3.1999 – C-212/97, NZG 1999, 298 Rn. 34 – Centros; 30.9.2003 – C-167/01, NZG 2003, 1064 Rn. 133 – Inspire Art.
[239] EuGH 11.3.2004 – C-9/02, EuZW 2004, 273 Rn. 49 – de Lasteyrie du Saillant; 13.12.2005 – C-411/03, NZG 2006, 112 Rn. 23 – SEVIC Systems; 12.9.2006 – C-196/04, NZG 2006, 835 Rn. 47 – Cadbury Schweppes; 29.11.2011 – C-371/10, NZG 2012, 114 Rn. 42 – National Grid Indus; 12.7.2012 – C-378/10, NZG 2012, 871 Rn. 39 – VALE.
[240] EuGH 31.3.1993 – C-19/92, NVwZ 1993, 661 Rn. 37 – Kraus.
[241] EuGH 9.3.1999 – C-212/97, NZG 1999, 298 Rn. 35 ff. – Centros; 5.11.2002 – C-208/00, NZG 2002, 1164 Rn. 93 ff. – Überseering; 30.9.2003 – C-167/01, NZG 2003, 1064 Rn. 134 ff., 142 – Inspire Art.
[242] EuGH 9.3.1999 – C-212/97, NZG 1999, 298 Rn. 32 ff. – Centros.
[243] EuGH 9.3.1999 – C-212/97, NZG 1999, 298 Rn. 35 – Centros.

**kannt,** dass sie nicht dem dänischen Recht über die Errichtung von Gesellschaften mit beschränkter Haftung unterliegt.[244]

78 **b) EuGH 5.11.2002 – C-208/00 – Überseering.** In der Rechtssache „Überseering" hatten die deutsche Bundesregierung und der BGH als Rechtfertigungsgründe für die Sitztheorie den **Schutz von Gesellschaftsgläubigern,** den Schutz von **Minderheitsgesellschaftern** und **Arbeitnehmern** sowie **fiskalische Interessen** (Wahrung der Wirksamkeit der Steueraufsicht) vorgetragen.[245] Der EuGH erkannte zwar an, dass es sich hierbei um zwingende Gründe des Allgemeinwohls handeln könne,[246] sah es jedoch als nicht gerechtfertigt an, dass der in einem anderen Mitgliedstaat gegründeten Gesellschaft die Rechts- und Parteifähigkeit abzuerkennen, da eine solche Maßnahme der Negierung der Niederlassungsfreiheit gleichkomme.[247] Offenbar hielt der EuGH die **Unverhältnismäßigkeit der Aberkennung der Rechts- und Parteifähigkeit** der Gesellschaft für schlechthin evident und keiner näheren Begründung für bedürftig.[248]

79 Auch auf Grundlage der – vom EuGH nicht mehr berücksichtigten – geänderten Rechtsprechung des BGH, wonach der von der Sitztheorie oktroyierte Statutenwechsel nicht mehr zum Verlust der Rechts- und Parteifähigkeit führt, sondern **„nur" zur Angleichung in eine deutsche Personengesellschaft** (GbR oder oHG),[249] erscheint dies angesichts der hiermit verbundenen, für die Gesellschafter drastischen Rechtsfolge einer persönlichen Haftung nach § 128 HGB[250] als **unverhältnismäßige Beschränkung der Niederlassungsfreiheit.**[251] Auch bei dieser Lösung wird nämlich gerade der Status der Gesellschaft als einer Kapitalgesellschaft *ausländischen* Rechts negiert.[252] Die Gesellschafter werden durch die zwangsweise Angleichung der körperschaftlichen Verfassung der Gesellschaft, an der sie beteiligt sind, beraubt.[253]

80 **c) EuGH 30.9.2003 – C-167/01 – Inspire Art.** In der Rechtssache „Inspire Art" hatten die niederländische Handelskammer und diverse Regierungen als Rechtfertigung für das Erfordernis eines **Mindeststammkapitals** den **Schutz von Gesellschaftsgläubigern** angeführt.[254] Der EuGH hat jedoch eine Rechtfertigung mit dem Argument verneint, dass die Inspire Art als Gesellschaft englischen Rechts und nicht als Gesellschaft niederländischen Rechts auftrete.[255] Ihre potenziellen Gläubiger seien somit **hinreichend darüber unterrichtet,** dass sie anderen Rechtsvorschriften als denen unterliegt, die in den Niederlanden die Gründung von Gesellschaften mit beschränkter Haftung regeln, u. a., was die Vorschriften über das Mindestkapital und die Haftung der Geschäftsführer betrifft.[256] Der Aspekt der **Erkennbarkeit des ausländischen Gesellschaftsstatuts** schließt somit

[244] EuGH 9.3.1999 – C-212/97, NZG 1999, 298 Rn. 36 – Centros; kritisch hierzu im Hinblick auf Informationsdefizite bei Endverbrauchern *W.-H. Roth* IPRax 2003, 117 (124).

[245] EuGH 5.11.2002 – C-208/00, NZG 2002, 1164 Rn. 87–90 – Überseering; vgl. zu diesen rechtspolitischen Argumenten für die Sitztheorie allgemein → Rn. 16.

[246] EuGH 5.11.2002 – C-208/00, NZG 2002, 1164 Rn. 92 – Überseering; bestätigt in EuGH 13.12.2005 – C-411/03, NZG 2006, 112 Rn. 28 – SEVIC Systems; 12.7.2012 – C-378/10, NZG 2012, 871 Rn. 39 – VALE.

[247] EuGH 5.11.2002 – C-208/00, NZG 2002, 1164 Rn. 93 – Überseering.

[248] *Heidenhain* NZG 2002, 1141 (1143).

[249] → Rn. 41.

[250] → Rn. 24.

[251] BGH NZG 2003, 431 (432); Wachter/*Kraft* Teil 2 Kap. 8 Rn. 15; *Behrens* IPRax 2003, 193 (200, 202ff.); *Eidenmüller* ZIP 2002, 2233 (2240); *Großerichter* DStR 2003, 159 (166ff.); *Heidenhain* NZG 2002, 1141 (1143); *Leible/Hoffmann* ZIP 2003, 925 (928); *Müller* NZG 2003, 414 (416); *Schnitger* IStR 2002, 818 (818); *W.-H. Roth* IPRax 2003, 117 (123); *Zimmer* NJW 2003, 3585 (3586ff.); **aA** *Kindler* NJW 2003, 1073 (1076ff.).

[252] → Rn. 43.

[253] *Heidenhain* NZG 2002, 1141 (1142).

[254] EuGH 30.9.2003 – C-167/01, NZG 2003, 1064 Rn. 109ff. – Inspire Art.

[255] EuGH 30.9.2003 – C-167/01, NZG 2003, 1064 Rn. 135 – Inspire Art.

[256] EuGH 30.9.2003 – C-167/01, NZG 2003, 1064 Rn. 135 – Inspire Art.

eine Rechtfertigung auf Grund des Gläubigerschutzes aus.[257] Für die Mitgliedstaaten verbleibt somit lediglich das Recht, ein falsches Auftreten der *Limited* als inländische Gesellschaft zu sanktionieren.[258]

Die niederländische Handelskammer Amsterdam hatte als Rechtfertigungsgrund weiter vorgetragen, dass die Nichteinhaltung der niederländischen Vorschriften über das Mindestkapital ein klares Indiz dafür sei, dass die **Gefahr eines Missbrauchs** oder eines Betruges bestehe.[259] Der EuGH hat einen Missbrauch jedoch mit dem Argument abgelehnt, dass der verfolgte Zweck, der Anwendung des als strenger angesehenen niederländischen Gesellschaftsrechts zu entgehen, gerade Ziel der Vertragsvorschriften über die Niederlassungsfreiheit sei.[260] Insofern lässt sich plakativ formulieren, dass die Gründungsgesellschafter lediglich Möglichkeiten *gebrauchen*, die ihnen die Art. 49, 54 AEUV im Binnenmarkt bieten, diese aber – ohne Hinzutreten konkreter Umstände – nicht *missbrauchen*. Dass die Gesellschaft im Mitgliedstaat ihres Satzungssitzes keine Tätigkeit entfaltet und ihre Tätigkeit ausschließlich oder hauptsächlich im Mitgliedstaat ihrer Zweigniederlassung ausübt, stelle daher noch kein missbräuchliches und betrügerisches Verhalten dar.[261] 81

### 4. Erfordernis eines „genuine link" – Verbot von „Briefkastenfirmen"?

In der Rechtssache **„Centros"** handelte es sich bei der *Centros Ltd.* um eine „Briefkastenfirma", die im Vereinigten Königreich lediglich ihren Satzungssitz und eine Postadresse unterhielt, ihre Geschäftstätigkeit jedoch **von vornherein ausschließlich auf Dänemark ausrichtete.**[262] Gleichwohl sah der EuGH in der Gründung im Vereinigten Königreich, dessen gesellschaftsrechtliche Vorschriften den Gründungsgesellschaftern größere Freiheiten ließen als die dänischen Vorschriften, **keine missbräuchliche Ausnutzung der Niederlassungsfreiheit.**[263] Auch **„Briefkastenfirmen"**, die im Registerstaat nicht aktiv handeln wollen, können sich gegenüber dem Mitgliedstaat ihres Verwaltungssitzes somit auf die Niederlassungsfreiheit berufen.[264] 82

Teilweise folgert das Schrifttum jedoch aus den später ergangenen Urteilen des EuGH in den Rechtssachen **„Cadbury Schweppes"**[265] und vor allem **„VALE"**[266], dass die Erstreckung der Niederlassungsfreiheit auf Briefkastenfirmen, wie sie vom EuGH in „Centros" und „Inspire Art" noch befürwortet worden war, mittlerweile überholt *(„overruled")* sei.[267] Danach sei bei Briefkastenfirmen, die zwar im Gründungsstaat registriert sind, dort aber keine nennenswerten geschäftlichen Aktivitäten entfalten und damit **keinen realwirtschaftlichen Bezug *(„genuine link")*** zu diesem Staat aufweisen, der Schutzbereich der Niederlassungsfreiheit von Anfang an nicht eröffnet.[268] 83

Tatsächlich lässt sich das Erfordernis eines *„genuine link"* zum Gründungsstaat (= Registerstaat, Wegzugsstaat) als ungeschriebenes Tatbestandsmerkmal der Niederlassungsfreiheit auch den **neueren Entscheidungen des EuGH** nicht entnehmen; diese stehen inhaltlich **nicht in Widerspruch zu** den früheren Entscheidungen **„Centros" und „Inspire Art":** 84

[257] *Leible/Hoffmann* EuZW 2003, 677 (680).
[258] *Leible/Hoffmann* EuZW 2003, 677 (682).
[259] EuGH 30.9.2003 – C-167/01, NZG 2003, 1064 Rn. 117 – Inspire Art.
[260] EuGH 30.9.2003 – C-167/01, NZG 2003, 1064 Rn. 137 ff. – Inspire Art.
[261] EuGH 30.9.2003 – C-167/01, NZG 2003, 1064 Rn. 139 – Inspire Art; ebenso zuvor bereits (noch ohne dogmatische Verortung) EuGH 9.3.1999 – C-212/97, NZG 1999, 298 Rn. 29 – Centros.
[262] *Großerichter* DStR 2003, 159 (161).
[263] EuGH 9.3.1999 – C-212/97, NZG 1999, 298 Rn. 27 – Centros; 30.9.2003 – C-167/01, NZG 2003, 1064 Rn. 96 – Inspire Art.
[264] *Eidenmüller* ZIP 2002, 2233 (2244).
[265] EuGH 12.9.2006 – C-196/04, NZG 2006, 835 Rn. 51, 54, 68 – Cadbury Schweppes.
[266] EuGH 12.7.2012 – C-378/10, NZG 2012, 871 Rn. 34 – VALE.
[267] MüKoGmbHG/*Mayer* § 4a Rn. 17a; *Böttcher/Kraft* NJW 2012, 2701 (2702 ff.); *Kindler* EuZW 2012, 888 (892); *König/Bormann* NZG 2012, 1241 (1242 ff.).
[268] MüKoGmbHG/*Mayer* § 4a Rn. 17a; *König/Bormann* NZG 2012, 1241 (1242).

85 **a) EuGH 12.9.2006 – C-196/04 – Cadbury Schweppes.** Die *Cadbury Schweppes plc* hatte ihren **Sitz im Vereinigten Königreich;** sie war Muttergesellschaft in einem Konzern, bestehend aus Tochtergesellschaften im Vereinigten Königreich, in anderen Mitgliedstaaten und in Drittstaaten.[269] Eine dieser **Tochtergesellschaften,** die *Cadbury Schweppes Treasury International,* hatte ihren Sitz in Irland;[270] sie war dort **ausschließlich zu dem Zweck gegründet** worden, um für die durch sie innerhalb des Konzerns erzielten Gewinne in den Genuss der **niedrigeren irischen Steuersätze** zu gelangen.[271] Die britischen Steuerbehörden besteuerten gleichwohl auf Grundlage des britischen Steuerrechts die Gewinne der Gesellschaft nach den höheren britischen Steuersätzen bei der britischen Muttergesellschaft.[272]

86 Der EuGH hat die Regelungen des britischen Steuerrechts, wonach Gewinne einer Tochtergesellschaft mit dem Sitz in einem Mitgliedstaat mit niedrigeren Steuersätzen unter gewissen Voraussetzungen der die Tochtergesellschaft beherrschenden britischen Muttergesellschaft zugerechnet und bei dieser besteuert werden können, als eine **Beschränkung der Niederlassungsfreiheit** aus Art. 49, 54 AEUV (ex-Art. 43, 48 EG) angesehen.[273] Dass die Tochtergesellschaft in einem Mitgliedstaat (hier: Irland) mit dem Ziel gegründet worden sei, um in den Genuss vorteilhafterer (hier: steuerrechtlicher) Rechtsvorschriften zu kommen, reiche für sich allein nicht aus, um auf eine missbräuchliche Ausnutzung der Niederlassungsfreiheit zu schließen.[274] Der EuGH zitiert und bestätigt dabei ausdrücklich seine früheren Entscheidungen „Centros" und „Inspire Art".

87 Eine nationale Maßnahme, die die Niederlassungsfreiheit beschränkt, kann nach Ansicht des EuGH jedoch gerechtfertigt sein, wenn sie sich speziell auf **„rein künstliche Gestaltungen"** bezieht, die darauf ausgerichtet sind, der Anwendung der Rechtsvorschriften des betreffenden Mitgliedstaats (hier: Vereinigtes Königreich) zu entgehen.[275] Eine Beschränkung der Niederlassungsfreiheit lässt sich allerdings nur dann mit Gründen der Bekämpfung missbräuchlicher Praktiken rechtfertigen, wenn das spezifische Ziel der Beschränkung darin liegt, Verhaltensweisen zu verhindern, die darin bestehen, rein **künstliche, jeder wirtschaftlichen Realität bare Gestaltungen** zu dem Zweck zu errichten, der Steuer zu entgehen.[276]

88 Das Ziel der Niederlassungsfreiheit bestehe darin, es den Staatsangehörigen eines Mitgliedstaats zu erlauben, in einem anderen Mitgliedstaat eine **Zweigniederlassung** zu gründen, **um dort ihren Tätigkeiten nachzugehen,** und so die gegenseitige wirtschaftliche und soziale Durchdringung auf dem Gebiet der selbständigen Erwerbstätigkeit innerhalb der Gemeinschaft zu fördern.[277] Zu diesem Zweck wolle die Niederlassungsfreiheit es den Staatsangehörigen der Gemeinschaft ermöglichen, in stabiler und kontinuierlicher Weise am Wirtschaftsleben eines anderen Mitgliedstaats als desjenigen ihrer Herkunft teilzunehmen und daraus Nutzen zu ziehen.[278] Der Niederlassungsbegriff setze daher die tatsächliche Ausübung einer wirtschaftlichen Tätigkeit mittels einer festen Einrichtung in diesem Staat auf unbestimmte Zeit voraus.[279] Demgegenüber liege eine rein künstliche Gestaltung vor, wenn eine Zweigniederlassung oder Tochtergesellschaft eine

[269] EuGH 12.9.2006 – C-196/04, NZG 2006, 835 Rn. 2, 13 – Cadbury Schweppes.
[270] EuGH 12.9.2006 – C-196/04, NZG 2006, 835 Rn. 2, 13, 17 – Cadbury Schweppes.
[271] EuGH 12.9.2006 – C-196/04, NZG 2006, 835 Rn. 18 – Cadbury Schweppes.
[272] EuGH 12.9.2006 – C-196/04, NZG 2006, 835 Rn. 20 – Cadbury Schweppes.
[273] EuGH 12.9.2006 – C-196/04, NZG 2006, 835 Rn. 46 – Cadbury Schweppes.
[274] EuGH 12.9.2006 – C-196/04, NZG 2006, 835 Rn. 37 ff. – Cadbury Schweppes.
[275] EuGH 12.9.2006 – C-196/04, NZG 2006, 835 Rn. 51 – Cadbury Schweppes.
[276] EuGH 12.9.2006 – C-196/04, NZG 2006, 835 Rn. 55 – Cadbury Schweppes.
[277] EuGH 12.9.2006 – C-196/04, NZG 2006, 835 Rn. 53 – Cadbury Schweppes.
[278] EuGH 30.11.1995 – C-55/94, NJW 1996, 579 Rn. 25 – Gebhard; 12.9.2006 – C-196/04, NZG 2006, 835 Rn. 53 – Cadbury Schweppes.
[279] EuGH 12.9.2006 – C-196/04, NZG 2006, 835 Rn. 54 – Cadbury Schweppes.

**„Briefkastenfirma"** oder „Strohfirma" ist, die keine wirkliche wirtschaftliche Tätigkeit im Hoheitsgebiet des Aufnahmemitgliedstaats entfaltet.[280]

Eine Abkehr von den Entscheidungen „Centros" und „Inspire Art" liegt hierin jedoch nicht:[281] Hierfür spricht schon, dass der EuGH die zentralen Aussagen dieser Entscheidungen, wonach sich auch Briefkastenfirmen auf die Niederlassungsfreiheit aus Art. 49, 54 AEUV berufen können, ausdrücklich zitiert und damit bestätigt.[282] Die von den Fallgestaltungen der Rechtssachen „Centros" und „Inspire Art" abweichende **„rein künstliche Gestaltung"** sieht der EuGH in „Cadbury Schweppes" offenbar **in der gewählten Konzernstruktur,** bestehend aus Mutter- und Tochtergesellschaften, die ein Verschieben der **steuerlichen Gewinne innerhalb des Konzerns** ohne Rücksicht darauf ermöglichen sollte, in welchem Mitgliedstaat die einzelnen Gesellschaften des Konzerns ihre wirkliche wirtschaftliche Tätigkeit entfalten. Aufgrund dieser **steuerlichen Besonderheit** lässt sich die Aussage des EuGH nicht verallgemeinern.[283] In „Centros" und „Inspire Art" bestand solch eine „rein künstliche Gestaltung" einer Konzernstruktur hingegen schon deshalb nicht, weil es jeweils nur *eine* betroffene Gesellschaft gab. 89

**b) EuGH 12.7.2012 – C-378/10 – VALE.** In der Rechtssache „VALE" hielt der EuGH den Zuzugs-Mitgliedstaat (konkret: Ungarn) aus Art. 49, 54 AEUV für verpflichtet, einer in einem anderen Mitgliedstaat (konkret: Italien) gegründeten Gesellschaft, die ihren Satzungs- und Verwaltungssitz in den Zuzugsstaat verlegen wollte, die **Umwandlung** in eine dem Recht des Zuzugsstaats unterliegende Gesellschaft **im Wege des Rechtsformwechsels** zu ermöglichen.[284] Im konkreten Fall bestanden keine Anhaltspunkte dafür, dass die Gesellschaft in Wirklichkeit nur ihren Satzungssitz nach Ungarn verlegen, ihren Verwaltungssitz aber weiterhin im Wegzugsstaat Italien beibehalten wollte.[285] Gleichwohl machte der EuGH *obiter dictum*[286] Ausführungen zu dieser hypothetischen Fallkonstellation: 90

„In Bezug auf das Vorliegen einer Beschränkung der Niederlassungsfreiheit ist darauf hinzuweisen, dass der Niederlassungsbegriff im Sinne der Bestimmungen des Vertrags über die Niederlassungsfreiheit die **tatsächliche Ausübung einer wirtschaftlichen Tätigkeit** mittels einer festen Einrichtung im Aufnahmemitgliedstaat auf unbestimmte Zeit impliziert. Daher setzt er eine tatsächliche Ansiedlung der betreffenden Gesellschaft und die Ausübung einer wirklichen wirtschaftlichen Tätigkeit in diesem Staat voraus."[287]

Diese Aussage steht – anders als teilweise in der Literatur angenommen[288] – **nicht in Widerspruch** zu den Entscheidungen **„Centros", „Überseering" und „Inspire Art":** Auch in diesen letztgenannten „Zuzugsfällen" entfaltete die Gesellschaft im Zuzugsstaat („Aufnahmestaat") eine wirtschaftliche Tätigkeit mittels einer festen Einrichtung und hatte – in kollisionsrechtlichen Kategorien gesprochen – dort ihren Verwaltungssitz und konnte sich deshalb gegenüber dem Zuzugsstaat auf die Niederlassungsfreiheit aus Art. 49, 54 AEUV berufen. Die vom EuGH in der Rechtssache „VALE" *obiter dictum* behandelte hypothetische Fallkonstellaton betrifft demgegenüber einen Fall, in dem die Gesellschaft ihren Verwaltungssitz gerade *nicht* im Zuzugsstaat hat, sondern diesen im Wegzugsstaat 91

[280] EuGH 12.9.2006 – C-196/04, NZG 2006, 835 Rn. 68 – Cadbury Schweppes.
[281] So auch BGH NZG 2011, 1114 Rn. 20–22.
[282] EuGH 12.9.2006 – C-196/04, NZG 2006, 835 Rn. 37 – Cadbury Schweppes; → Rn. 85.
[283] *Behme* NZG 2012, 936 (939).
[284] Ausführlich hierzu → Rn. 195 ff.
[285] EuGH 12.7.2012 – C-378/10, NZG 2012, 871 Rn. 35 – VALE.
[286] *König/Bormann* NZG 2012, 1241 (1242, 1244).
[287] EuGH 12.7.2012 – C-378/10, NZG 2012, 871 Rn. 34 – VALE.
[288] MüKoGmbHG/*Mayer* § 4a Rn. 17a; *Böttcher/Kraft* NJW 2012, 2701 (2702 ff.); *Kindler* EuZW 2012, 888 (892); *König/Bormann* NZG 2012, 1241 (1242 ff.).

beibehalten will und nur ihren Satzungssitz in den Zuzugsstaat verlegen und sich dabei in eine Gesellschaft des Zuzugsstaates umwandeln will.

92 Die Niederlassungsfreiheit aus Art. 49, 54 AEUV gebietet die Anerkennung solch eines identitätswahrenden Rechtsformwechsels aufgrund **„isolierter“ Satzungssitzänderung** nicht.[289] Dies folgt schon aus der **„Geschöpftheorie“:** Durch den Rechtsformwechsel unterliegt die Gesellschaft nunmehr dem Recht des Zuzugsstaates, der dabei nicht nur sein Gesellschaftssachrecht, sondern auch sein Gesellschaftskollisionsrecht autonom ausgestalten und dieses dabei – **wie der Zuzugsstaat Ungarn** in „VALE“[290] – **iSd Sitztheorie anknüpfen kann.**[291] Folgt der Zuzugsstaat in seinem nationalen Kollisionsrecht der Sitztheorie, so kann er den „Hineinformwechsel“ davon abhängig machen, dass nicht nur der Satzungssitz, sondern auch der Verwaltungssitz in den Zuzugsstaat verlegt wird.[292] Hier wirkt sich aus, dass der EuGH für den **identitätswahrenden Rechtsformwechsel die sukzessive Anwendung von zwei nationalen Rechtsordnungen,** nämlich des Wegzugsstaates und des Zuzugsstaates, verlangt[293] und den Rechtsformwechsel aus Sicht des Zuzugsstaates wie eine Neugründung der Gesellschaft behandelt:[294] Der Zuzugsstaat kann neben der Beachtung der Vorschriften über innerstaatliche Umwandlungen einschließlich der sachrechtlichen Gründungsvorschriften daher auch die Beachtung seines nationalen Gesellschaftskollisionsrechts verlangen.[295]

93 Die Aussage des EuGH in der Rechtssache „VALE“ zum Erfordernis eines realwirtschaftlichen Bezugs ist somit immer nur auf denjenigen Mitgliedstaat zu beziehen, gegenüber dem die Gesellschaft sich auf ihre Niederlassungsfreiheit beruft. Dies ist in den „Zuzugsfällen“ aber immer der Zuzugsstaat, in dem sich – in kollisionsrechtlichen Kategorien gesprochen – der Verwaltungssitz der Gesellschaft befindet.[296] Auch nach „VALE“ gilt:

- Ein Mitgliedstaat A wird durch Art. 49, 54 AEUV *nicht* verpflichtet, die Gründung einer Briefkastenfirma nach seinem eigenen Recht zu ermöglichen, wenn die Gesellschaft zu diesem Mitgliedstaat A überhaupt keinen realwirtschaftlichen Bezug *(„genuine link“)* hat und sich ihr Verwaltungssitz in einem anderen Mitgliedstaat B befindet.[297]
- Einem Mitgliedstaat A ist es europarechtlich jedoch erlaubt, die Gründung einer Briefkastenfirma nach seinem eigenen Recht zu ermöglichen, auch wenn die Gesellschaft zu diesem Mitgliedstaat A keinen realwirtschaftlichen Bezug *(„genuine link“)* hat und sich ihr Verwaltungssitz in einem anderen Mitgliedstaat B befindet.[298] Macht der Mitgliedstaat A von dieser Möglichkeit Gebrauch, so ist der Mitgliedstaat B aus Art. 49, 54 AEUV verpflichtet, die Briefkastengesellschaft als eine Gesellschaft des Mitgliedstaats A zu achten.[299]

## II. Umsetzung der primärrechtlichen Vorgaben im deutschen Kollisionsrecht

94 Der EuGH hatte in der Rechtssache „Überseering“ ausgesprochen, dass der Zuzugsstaat nach Art. 49, 54 AEUV (ex-Art. 43, 48 EG) verpflichtet ist, die Rechtsfähigkeit und damit die Parteifähigkeit zu achten, die diese Gesellschaft nach dem Recht ihres Gründung-

[289] MüKoGmbHG/*Mayer* § 4a Rn. 17a; Wachter/*Kraft* Teil 2 Kap. 8 Rn. 128; *Böttcher/Kraft* NJW 2012, 2701 (2701).
[290] → Rn. 61.
[291] *Behme* NZG 2012, 936 (939).
[292] Wachter/*Kraft* Teil 2 Kap. 8 Rn. 128.
[293] EuGH 12.7.2012 – C-378/10, NZG 2012, 871 Rn. 37, 44 – VALE.
[294] EuGH 12.7.2012 – C-378/10, NZG 2012, 871 Rn. 31, 41, 51 ff. – VALE.
[295] *Kindler* EuZW 2012, 888 (890).
[296] MüKoBGB/*v. Hein* EGBGB Art. 3 Rn. 109.
[297] EuGH 16.12.2008 – C-210/06, NZG 2009, 61 Rn. 110 – Cartesio; 12.7.2012 – C-378/10, NZG 2012, 871 Rn. 34 ff. – VALE.
[298] MüKoBGB/*v. Hein* EGBGB Art. 3 Rn. 109.
[299] EuGH 9.3.1999 – C-212/97, NZG 1999, 298 Rn. 17 ff., 21, 27 – Centros; 30.9.2003 – C-167/01, NZG 2003, 1064 Rn. 96, 98 – Inspire Art.

staats besitzt.[300] Wie diese Vorgabe methodisch umzusetzen ist, hat der EuGH nicht gesagt.

### 1. Rechtsprechung des BGH

**a) Geltung der Gründungstheorie in „Zuzugsfällen" aus Mitgliedstaaten.** Aufgrund der Entscheidung des EuGH in der Rechtssache „Überseering" steht fest, dass die uneingeschränkte Anwendung der Sitztheorie für „Zuzugsfälle" mit der Niederlassungsfreiheit aus Art. 49, 54 AEUV nicht vereinbar und deren Anwendung damit in diesen Fällen *verboten* ist.[301] Der BGH,[302] die instanzgerichtliche Rechtsprechung[303] und Teile der Literatur[304] folgern hieraus im Umkehrschluss, dass **in den „Zuzugsfällen"** die Anwendung der **Gründungstheorie primärrechtlich aus Art. 49, 54 AEUV *geboten*** ist. 95

Diese Auslegung führt dazu, dass eine Gesellschaft dem Recht desjenigen Mitgliedstaates unterliegt, in dem sie ihren Satzungssitz hat und in dem sie folglich auch im Handelsregister eingetragen ist. Hieran ändert sich nichts, wenn die Gesellschaft ihren Verwaltungssitz aus diesem Mitgliedstaat nach der Gründung nach Deutschland verlegt (Fallkonstellation „Überseering"). Das Recht des Mitgliedstaates, in dem die Gesellschaft ihren Satzungssitz hat und in dem sie im Handelsregister eingetragen ist, ist sogar dann maßgeblich, wenn sich der Verwaltungssitz der Gesellschaft bereits bei ihrer Gründung in Deutschland befindet (Fallkonstellation „Centros"). 96

Der BGH versteht die Vorgaben des EuGH in einem kollisionsrechtlichen Sinne als eine Verpflichtung der Mitgliedstaaten zur Anwendung des Gründungsrechts.[305] Der BGH argumentiert hierbei allerdings nicht etwa über den Anwendungsvorrang einer „versteckten" europarechtlichen Kollisionsnorm,[306] sondern nimmt insoweit eine **Verankerung der Gründungstheorie im nationalen deutschen Kollisionsrecht** vor.[307] Der BGH sieht die **Rechtsprechung des EuGH** zu Art. 49, 54 AEUV dabei als **bloße Zielvorgabe** an, die den rechtstechnischen Weg zur Erreichung dieses Ziels den Mitgliedstaaten überlässt.[308] 97

Ein solches **Denkmodell** ist dem Europarecht nicht unbekannt, es orientiert sich an dem sekundärrechtlichen Rechtsinstitut der **Richtlinie gemäß Art. 288 Abs. 3 AEUV.**[309] Folgt man dieser Sichtweise, sind die nationalen Gesetzgeber und die Gerichte der Mitgliedstaaten verpflichtet, ihr nationales Recht an die Vorgaben des EuGH anzupassen. Dabei bleibt es allerdings den Mitgliedstaaten überlassen, ob sie das Ziel der „Ach- 98

300 EuGH 5.11.2002 – C-208/00, NZG 2002, 1164 Rn. 95 – Überseering.

301 MüKoBGB/*v. Hein* EGBGB Art. 3 Rn. 97; *Schnitger* IStR 2002, 818 (818).

302 BGH NZG 2003, 431 (432ff.) – Überseering; NVwZ-RR 2006, 28 (29); NZG 2005, 508 (509); 2009, 68 Rn. 19 – Trabrennbahn; 2011, 1114 Rn. 17, 22.

303 OLG Hamburg NZG 2007, 597 (597); OLG Jena NZG 2007, 877 (878); OLG Nürnberg NZG 2008, 76 (76ff.); KG 15.10.2009 – 8 U 34/09, BeckRS 2009, 88784; OLG Köln NZI 2010, 1001 (1002); KG NZG 2014, 901 (901); OLG Hamm NZG 2014, 703 (704).

304 Palandt/*Thorn* EGBGB Anh. Art. 12 Rn. 1, 5; WürzNotar-HdB/*Heggen* Teil 7 Kap. 6 Rn. 6, 11; Schwerdtfeger/*Reber/Kröger* GesR Kap. 4 Rn. 11; Henssler/Strohn/*Servatius* IntGesR Rn. 18; *Behrens* IPRax 2003, 193 (204ff.); *Goette* DStR 2009, 63 (63); *Leible/Hoffmann* EuZW 2003, 677 (677).

305 *Kindler* EuZW 2012, 888 (888).

306 Zu diesem Ansatz → Rn. 130ff.

307 MüKoBGB/*Kindler* IntGesR Rn. 122 und Fn. 501; *Leible/Hoffmann* ZIP 2003, 925 (928ff.); *Mansel* RabelsZ 70 (2006), 651, (675ff., 679). – Der Entscheidung des BayObLG NZG 2003, 290ff. lässt sich eine solche Auslegung hingegen nicht entnehmen (**aA** *Leible/Hoffmann* NZG 2003, 259, (260)); die vom BayObLG gebrauchte Wendung, dass Art. 43, 48 EG unmittelbar anwendbares Recht sind und entgegenstehendes nationales Recht verdrängen, spricht eher für eine Auslegung der EuGH-Rechtsprechung als „versteckte" europarechtliche Kollisionsnorm, → Rn. 151; vgl. *Frobenius* DStR 2009, 487 (489); *Leible/Hoffmann* ZIP 2003, 925 (926) und NZG 2003, 259 (260); *Weller* FS Goette, 2011, 583 (586ff.); allgemein zum Anwendungsvorrang des Europarechts s. EuGH 15.7.1964 – 6/64, Slg. 1964, 1251 (1269ff.) – Costa/ENEL.

308 Ebenso MüKoBGB/*Kindler* IntGesR Rn. 123, 144; *Mansel* RabelsZ 70 (2006), 651 (671ff.), insbesondere 674ff., 678.

309 *Wall* IPRax 2010, 433 (437).

tung" der Rechtsfähigkeit der Gesellschaft über eine Anerkennungslösung nach IZPR-Grundsätzen oder über die Änderung ihres nationalen Gesellschaftskollisionsrechts erreichen.[310]

99 Da das deutsche Gesellschaftskollisionsrecht nicht kodifiziert ist, hatte der BGH nach deutscher Methodenlehre allerdings kein Problem, die Sitztheorie partiell aufzugeben, soweit ihn dies zur Umsetzung der Vorgaben des EuGH als notwendig erschien.[311] Methodisch ereignete sich die Umsetzung der EuGH-Rechtsprechung mithin auf der Ebene des mitgliedstaatlichen Rechts, dh durch eine **Auslegung des deutschen Gesellschaftskollisionsrechts „im Lichte" der Niederlassungsfreiheit** aus Art. 49, 54 AEUV.

100 Art. 31 des EWR-Abkommens[312] erstreckt die Niederlassungsfreiheit auf EFTA-Staaten, die diesem Abkommen beigetreten sind. **Art. 31, 34 EWR-Abkommen** entsprechen dabei im Wesentlichen den gleich lautenden Vorschriften der Art. 49, 54 AEUV und sind wie diese auszulegen.[313] Die Gründungstheorie gilt daher aufgrund der Auslegung deutschen Gesellschaftskollisionsrechts „im Lichte" der Niederlassungsfreiheit aus Art. 31, 34 EWR-Abkommen auch für den **Zuzug von Gesellschaften aus Island, Norwegen und Liechtenstein.**[314]

101 **b) Geltung der Sitztheorie in „Zuzugsfällen" aus Drittstaaten.** Aufgrund des methodischen Ansatzes einer primärrechtskonformen Auslegung des deutschen Gesellschaftskollisionsrechts hat der BGH die Sitztheorie nur insoweit aufgegeben, als dies durch die Niederlassungsfreiheit zwingend geboten ist. Die Anwendung der Gründungstheorie setzt daher voraus, dass eine nach ausländischem Recht gegründete Gesellschaft im Inland das Recht der Niederlassungsfreiheit genießt.[315] Sofern dies nicht der Fall ist, wendet der BGH weiterhin die Sitztheorie als nationales Gesellschaftskollisionsrecht an.

102 Die **Sitztheorie gilt** daher auch weiterhin in **„Zuzugsfällen" aus Drittstaaten,**[316] also in Fällen, in denen eine Gesellschaft ihren Verwaltungssitz nach Deutschland verlegt oder diesen bereits bei Gründung in Deutschland hat, und diese Gesellschaft im Handelsregister eines Staates eingetragen wurde, der **weder EU-Mitgliedstaat ist noch dem EWR-Abkommen unterfällt.** Drittstaaten idS sind insbesondere die **Schweiz,**[317] die englischen Kanalinseln (Guernsey und Jersey),[318] die Isle of Man,[319] Sambia[320] und Singa-

[310] *Mansel* RabelsZ 70 (2006), 651 (674 ff., 681); *W. H. Roth* IPRax 2003, 117 (120) Fn. 45, 121; *Sonnenberger* FS Spellenberg, 2010, 371 (388, 390 ff.).

[311] *Frobenius* DStR 2009, 487 (491); *Wall* IPRax 2010, 433 (435) Fn. 43; zu einer **aA** würde man allerdings dann gelangen, wenn man die Sitztheorie im deutschen Gesellschaftskollisionsrecht bereits die Normqualität von Gewohnheitsrecht zuerkennt (→ Rn. 9) und die Bindung an Recht und Gesetz aus Art. 20 Abs. 3 GG insoweit auch auf Gewohnheitsrecht erstreckt (so *Weller* IPRax 2009, 202 (207)).

[312] Für Deutschland in Kraft getreten aufgrund Gesetzes v. 31.3.1993, BGBl. 1993 II 266, 271.

[313] BGH NZG 2005, 974 (975); *Thölke* DNotZ 2006, 145 (145); *Weller* IPRax 2009, 202 (206).

[314] BGH NZG 2005, 974 (975) (Liechtenstein); 2009, 68 Rn. 19 – Trabrennbahn; PWW/*Brödermann/Wegen* IntGesR Rn. 15; WürzNotar-HdB/*Heggen* Teil 7 Kap. 6 Rn. 6; Henssler/Strohn/*Servatius* IntGesR Rn. 20.

[315] BGH NZG 2009, 68 Rn. 19 (Schweiz) – Trabrennbahn; 8.10.2009 – IX ZR 227/06, BeckRS 2009, 28205 Rn. 4; ebenso KG NZG 2005, 758 (759); OLG Hamburg NZG 2007, 597 (598) (beide Instanzgerichte begründen die Anwendung der Sitztheorie auf die Isle of Man damit, dass sich nach dem Recht der Isle of Man gegründete Gesellschaften nicht auf die Niederlassungsfreiheit aus Art. 43, 48 EGV berufen können); Schwerdtfeger/*Reber/Kröger* GesR Kap. 4 Rn. 14; → Rn. 9; BGH NZG 2011, 1114 Rn. 16.

[316] BayObLG 20.2.2003 – 1Z AR 160/02, BeckRS 2003, 02439; OLG Hamburg NZG 2007, 597 (598); Schwerdtfeger/*Reber/Kröger* GesR Kap. 4 Rn. 20; Henssler/Strohn/*Servatius* IntGesR Rn. 17; *Weller* IPRax 2009, 202 (206 ff.).

[317] BGH NZG 2009, 68 Rn. 13–18, 20 – Trabrennbahn; PWW/*Brödermann/Wegen* IntGesR Rn. 40; *Weller* IPRax 2009, 202 (203, 206 ff.); **aA** noch OLG Hamm 26.5.2006 – 30 U 166/05, BeckRS 2006, 09857 (Vorinstanz zum BGH); *Thölke* DNotZ 2006, 145 (147 ff.).

[318] *Thölke* DNotZ 2006, 145 (147).

[319] KG NZG 2005, 758 (759); OLG Hamburg NZG 2007, 597 (597 ff.); *Thölke* DNotZ 2006, 145 (147).

[320] BayObLG 20.2.2003 – 1Z AR 160/02, BeckRS 2003, 02439.

pur.[321] Aus deutscher Perspektive spielt es in diesen Fällen auch keine Rolle, ob das nationale Gesellschaftskollisionsrecht des Gründungsstaats (Drittstaats) seinerseits der Sitz- oder der Gründungstheorie folgt.[322]

Gemäß Art. 355 Abs. 2 AEUV gilt für die in Anhang II zum AEUV aufgeführten überseeischen Länder und Hoheitsgebiete ein besonderes Assoziierungssystem, das im Vierten Teil des AEV, also in den Art. 198 bis 204 AEUV festgelegt ist. Unter den in Anhang II genannten Ländern und Hoheitsgebieten befinden sich **zahlreiche bekannte Steuerparadiese,** wie zB die Niederländischen Antillen, Cayman Islands, Turks and Caicos Islands, British Virgin Islands und Bermuda.[323] Diese sind – entgegen der Ansicht des BGH[324] – als Drittstaaten anzusehen; für sie gilt daher weiterhin die Sitztheorie.[325] 103

Zwar gelten gemäß Art. 198 Abs. 1, 199 Nr. 5 AEUV zwischen den Mitgliedstaaten und den Ländern und Hoheitsgebieten des Anhangs II für das Niederlassungsrecht ihrer Staatsangehörigen und Gesellschaften grundsätzlich die Bestimmungen und Verfahrensregeln des Kapitels über die Niederlassungsfreiheit, und zwar unter Ausschluss jeder Diskriminierung.[326] Die Niederlassungsfreiheit wird Gesellschaften aus den Ländern des Anhangs II allerdings nicht uneingeschränkt gewährt; Art. 199 Nr. 5 AEUV lässt vielmehr ausdrücklich Sonderregelungen auf Grundlage des Art. 203 AEUV zu. Solche zulässigen **Sonderregelungen** enthalten aber die Art. 44, 45 des sog **„Übersee-Assoziationsbeschlusses“.**[327] 104

Für den Anwendungsbereich der Niederlassungsfreiheit reicht es – anders als nach Art. 54 AEUV – nicht aus, dass eine Gesellschaft ihren Satzungssitz in einem der überseeischen Länder oder Gebiete hat:[328] Gemäß Art. 45 Abs. 1 lit. a des Übersee-Assoziationsbeschlusses muss ihre Tätigkeit zusätzlich in tatsächlicher und dauerhafter Verbindung mit der Wirtschaft des betreffenden Landes bzw. Gebietes stehen. Eine reine Offshore-Gesellschaft mit Verwaltungssitz in Deutschland ohne Bezug zur Wirtschaft des Gründungsstaates ist damit nicht erfasst.[329] 105

Aber selbst wenn eine Gesellschaft aus einem der in Anhang II zum AEUV aufgeführten **überseeischen Ländern und Gebieten** – bei den genannten „Steuerparadiesen“ unwahrscheinlich – einen Bezug zu dessen Wirtschaft aufweist, sind die **Mitgliedstaaten zu einer vorbehaltlosen Anerkennung der Gesellschaft nicht verpflichtet:**[330] Gemäß Art. 45 Abs. 2 lit. a des Übersee-Assoziationsbeschlusses wendet die EU hinsichtlich der Niederlassungsregelung auf die überseeischen Länder und Gebiete nämlich die iRd „Allgemeinen Übereinkommens über den Handel mit Dienstleistungen“ (GATS) eingegangenen Verpflichtungen an. Danach besteht lediglich eine Verpflichtung zur Nichtdiskriminierung der Gesellschaften aus den in Anhang II zum AEUV aufgeführten Ländern und Gebieten;[331] sie dürfen also nicht schlechter gestellt werden als die Gesellschaften aus anderen Drittstaaten.[332] 106

[321] BGH 8.10.2009 – IX ZR 227/06, BeckRS 2009, 28205 Rn. 4.

[322] Henssler/Strohn/*Servatius* IntGesR Rn. 17.

[323] WürzNotar-HdB/*Heggen* Teil 7 Kap. 6 Rn. 6; Wachter/*Kraft* Teil 2 Kap. 8 Rn. 24.

[324] BGH NJW 2004, 3706 (3707).

[325] WürzNotar-HdB/*Heggen* Teil 7 Kap. 6 Rn. 6; Wachter/*Kraft* Teil 2 Kap. 8 Rn. 25; *Thölke* DNotZ 2006, 145 (146).

[326] BGH NJW 2004, 3706 (3707) (zu den British Virgin Islands; die Entscheidung ist ergangen zu ex-Art. 182 Abs. 1, 183 Nr. 5 EG – heute unverändert in Art. 198 Abs. 1, 199 Nr. 5 AEUV).

[327] Beschluss des Rates v. 27.11.2001 über die Assoziation der überseeischen Länder und Gebiete mit der Europäischen Gemeinschaft („Übersee-Assoziationsbeschluss“) (2001/822/EG), ABl. 2001 L 314, 1; Streinz/*Streinz/Kruis* AEUVArt. 199 Rn. 8; von der Groeben/*Zimmermann* AEUV Art. 199 Rn. 5.

[328] *Thölke* DNotZ 2006, 145 (146).

[329] Wachter/*Kraft* Teil 2 Kap. 8 Rn. 25; *Thölke* DNotZ 2006, 145 (146).

[330] Wachter/*Kraft* Teil 2 Kap. 8 Rn. 25.

[331] Streinz/*Streinz/Kruis* AEUV Art. 199 Rn. 8; von der Groeben/*Zimmmermann* AEUV Art. 199 Rn. 7.

[332] *Thölke* DNotZ 2006, 145 (147).

107 **c) Geltung der Sitztheorie in „Wegzugsfällen".** Folgt man der Logik des BGH, die Gründungstheorie nur insoweit anzuwenden, als dies europarechtlich durch Art. 49, 54 AEUV vorgegeben ist, so **gilt die Sitztheorie** gewohnheitsrechtlich auch weiterhin **in den „Wegzugsfällen":**[333] Nach den Entscheidungen des EuGH in den Rechtssachen „Daily Mail"[334] und „Cartesio"[335] liegt nämlich gerade ***keine*** **Beschränkung der Niederlassungsfreiheit** vor, wenn ein Mitgliedstaat (hier: Deutschland) es einer nach seinem Recht gegründeten Gesellschaft verwehrt, ihren Verwaltungssitz in einen anderen Mitgliedstaat zu verlegen und dabei zugleich eine dem Recht des Wegzugsstaates unterliegende Gesellschaft zu bleiben.[336] Auch die § 4a GmbHG, § 5 AktG idF des MoMiG enthalten keine einseitige Kollisionsnorm iSd Gründungstheorie.[337]

### 2. Formulierung der deutschen Gesellschaftskollisionsnorm nach BGH

108 Das bisher nicht kodifizierte deutsche Gesellschaftskollisionsrecht lässt sich nach der vorgenannten Rechtsprechung des BGH als abstrakter Rechtssatz wie folgt formulieren:

**Rechtssatz:**

(1) Eine Gesellschaft unterliegt
1. dem Recht desjenigen EU-Mitgliedstaates mit Ausnahme von Deutschland (anderer EU-Mitgliedstaat) oder desjenigen Staates des EWR, in dem die Gesellschaft in ein öffentliches Register eingetragen ist (Registerstaat), sonst
2. dem Recht desjenigen anderen EU-Mitgliedstaats oder desjenigen Staates des EWR, in dem sich der in der Satzung der Gesellschaft bestimmte Sitz (Satzungssitz) befindet, sonst
3. dem Recht desjenigen Staates, in dem sich der tatsächliche Sitz der Hauptverwaltung der Gesellschaft befindet (Verwaltungssitz).

(2) Wird nach Abs. 1 auf das Recht eines anderen Staates verwiesen, so ist auch dessen Internationales Privatrecht anzuwenden (Art. 4 Abs. 1 S. 1 Hs. 1 EGBGB). Verweist das Recht des anderen Staates auf deutsches Recht zurück, so sind die deutschen Sachvorschriften anzuwenden (Art. 4 Abs. 1 S. 2 EGBGB).[338]

### 3. Kritik im Schrifttum an der „gespaltenen" Anknüpfung

109 Indem der BGH die Sitztheorie partiell und nur insoweit aufgibt, als dies europarechtlich zwingend geboten ist, kommt es zu einer sog **„gespaltenen" Anknüpfung.**[339] Das Nebeneinander von Gründungstheorie in „Zuzugsfällen" aus Mitgliedstaaten bzw. EWR-Staaten einerseits und Sitztheorie in allen anderen Fällen andererseits erhöht dabei die Komplexität des internationalen Gesellschaftsrechts[340] und erschwert eine systematische Fortentwicklung des internationalen Gesellschaftsrechts durch Rechtsprechung und Leh-

---

[333] Schwerdtfeger/*Reber/Kröger* GesR Kap. 4 Rn. 15; **aA** (vor der „Cartesio"-Entscheidung des EuGH) noch *Schnitger* IStR 2002, 818 (818); *Sedemund* IStR 2002, 816 (816ff.).

[334] EuGH 27.9.1988 – 81/87, Slg. 1988, 5505 Rn. 15–25 – Daily Mail; → Rn. 55ff.

[335] EuGH 16.12.2008 – C-210/06, NZG 2009, 61 Rn. 99–124 – Cartesio; → Rn. 62ff.

[336] Henssler/Strohn/*Servatius* IntGesR Rn. 37.

[337] → Rn. 124; Palandt/*Thorn* EGBGB Anh. Art. 12 Rn. 2; *Kindler* NZG 2009, 130 (132); **aA** (= auch kollisionsrechtlicher Gehalt) → Rn. 125; Wachter/*Kraft* Teil 2 Kap. 8 Rn. 119; MHdB GesR VI/*Thölke* § 1 Rn. 63; *Herrler* DNotZ 2009, 484 (489); *Leitzen* NZG 2009, 728 (728); *Zimmer/Naendrup* NJW 2009, 545 (548); → Rn. 125ff.

[338] Ausführlich zur praktischen Anwendung des Art. 4 Abs. 1 EGBGB, insbesondere einem etwaigen *Renvoi* nach Art. 4 Abs. 1 S. 2 EGBGB, → Rn. 113ff.

[339] BGH NZG 2009, 68 Rn. 21 – Trabrennbahn; OLG Hamburg NZG 2007, 597 (598); PWW/*Brödermann/Wegen* IntGesR Rn. 2; Wachter/*Kraft* Teil 2 Kap. 8 Rn. 9; Schwerdtfeger/*Reber/Kröger* GesR Kap. 4 Rn. 22; *Leible/Hoffmann* ZIP 2003, 925 (930) und NZG 2003, 259 (260); *Weller* DStR 2003, 1800 (1803).

[340] *Behrens* IPRax 2003, 193 (205ff.); *Eidenmüller* ZIP 2002, 2233 (2243).

re.[341] Auch für die Praxis sei die Atomisierung des Internationalen Gesellschaftsrechts in Deutschland eine Zumutung.[342] Im Interesse der Einfachheit der Rechtsanwendung und der Rechtsklarheit wurde daher in der instanzgerichtlichen Rechtsprechung[343] und wird **im Schrifttum**[344] eine einheitliche Anknüpfung des deutschen Gesellschaftskollisionsrechts und damit der **generelle Übergang zur Gründungstheorie** gefordert, auch soweit diese europarechtlich *nicht* geboten ist.

Hierfür spricht zudem, dass die Sitztheorie in vielen Fällen die mit ihr ursprünglich verfolgten Zwecke nicht mehr erreichen kann: Mit der Sitztheorie sollte in erster Linie der deutsche Rechtsbereich vor dem unkontrollierten Zuzug besonders „regelungsarmer" ausländischer Gesellschaften geschützt werden. Aufgrund europarechtlicher Vorgaben lässt sich dieser Zweck aber in vielen praktisch relevanten Fällen – man denke etwa an englische Limiteds und an Anstalten liechtensteinischen Rechts – ohnehin nicht mehr erreichen.[345] Ein **Schutz vor dem Zuzug „regelungsarmer" Gesellschaften** bleibt somit lediglich für Zuzugsfälle aus Drittstaaten. Als praktisch nicht unerhebliche Fallgruppe ist dabei allerdings der **Schutz vor dem Zuzug von Briefkastenfirmen aus Steuerparadiesen** wie den Cayman Islands, den Turks and Caicos Islands oder den British Virgin Islands zu nennen.[346] 110

Umgekehrt wirkt sich die **partielle Beibehaltung der Sitztheorie** in „Wegzugsfällen" *de facto* als **Mobilitätshindernis** („Wegzugssperre") aus,[347] da deutschen Gesellschaften bei Verlegung des Verwaltungssitzes ins Ausland die Auflösung droht[348] und sie zu dessen Vermeidung einen Rechtsformwechsel in eine Gesellschaftsform des Zuzugsstaates vornehmen müssen.[349] Der generelle Übergang zur Gründungstheorie würde für deutsche Gesellschaften gegenüber Gesellschaften aus anderen Mitgliedstaaten, die der Gründungstheorie folgen, eine Art „Waffengleichheit" herstellen,[350] dadurch die Attraktivität deutscher Gesellschaftsformen im internationalen Vergleich erhöhen und damit im **„Wettbewerb der Gesellschaftsrechtsordnungen"** dem Interesse Deutschlands an einem „Export" seines Gesellschaftsrechts dienen.[351] 111

Der BGH hat diese Einwände gegen eine partielle Beibehaltung der Sitztheorie indes zu Recht nicht durchgreifen lassen und sich im Interesse der Gewaltenteilung (Art. 20 Abs. 3 GG) in **richterlicher Selbstbeschränkung** *(„judicial self-restraint")* geübt: Ein **genereller Übergang zur Gründungstheorie** anstelle der bisher gewohnheitsrechtlich in Deutschland geltenden Sitztheorie könne **nur durch den deutschen Gesetzgeber** erfolgen.[352] 112

### III. Ausgestaltung als Gesamtverweisung (Art. 4 Abs. 1 EGBGB)

#### 1. Verweisung der Gründungstheorie in „Zuzugsfällen" aus Mitgliedstaaten

Die für „Zuzugsfälle" aus Mitgliedstaaten geltende Gründungstheorie[353] ist als eine **Gesamtverweisung auf das Recht des Registerstaates** zu verstehen.[354] Dies folgt nicht 113

[341] MHdB GesR VI/*Thölke* § 1 Rn. 4.
[342] *Thölke* DNotZ 2006, 145 (149).
[343] OLG Hamburg NZG 2007, 597 (598).
[344] Schwerdtfeger/*Reber/Kröger* GesR Kap. 4 Rn. 24 ff., 48, 50; *Behrens* IPRax 2003, 193 (205 ff.); *Frobenius* DStR 2009, 487 (491); *Leible/Hoffmann* ZIP 2003, 925 (930 ff.) und NZG 2003, 259 (260); *Müller* NZG 2003, 414 (416); *Schnitger* IStR 2002, 818 (818).
[345] OLG Hamburg NZG 2007, 597 (598).
[346] → Rn. 103 ff.
[347] Schwerdtfeger/*Reber/Kröger* GesR Kap. 4 Rn. 24; *Leible/Hoffmann* NZG 2003, 259 (260).
[348] *Behrens* IPRax 2003, 193 (194).
[349] *Behrens* IPRax 2003, 193 (205).
[350] *Eidenmüller* ZIP 2002, 2233 (2243); *Leible/Hoffmann* ZIP 2003, 925 (929 ff.); *Kappes* NZG 2006, 101 (102).
[351] Schwerdtfeger/*Reber/Kröger* GesR Kap. 4 Rn. 24; *Eidenmüller* ZIP 2002, 2233 (2243).
[352] BGH NZG 2009, 68 Rn. 22 – Trabrennbahn.
[353] → Rn. 95 ff.
[354] *W. H. Roth* IPRax 2003, 117 (120) Fn. 44; **aA** PWW/*Brödermann/Wegen* IntGesR Rn. 18.

nur aus Art. 4 Abs. 1 S. 1 Hs. 1 EGBGB, sondern auch daraus, dass die Anwendung der Gründungstheorie nach Art. 49, 54 AEUV nur dann geboten ist, wenn die Gesellschaft infolge der Verlegung des Verwaltungssitzes den Status als Gesellschaft des Registerstaates aus der Sicht der Rechtsordnung des Registerstaates nicht verliert.[355] Die Mitgliedstaaten sind nach Art. 49, 54 AEUV daher nur dann verpflichtet, die Rechtsfähigkeit einer ausländischen Gesellschaft zu achten, wenn die Gesellschaft diese nach dem Recht ihres Gründungstaats auch weiterhin besitzt.[356]

114 Die Gesamtverweisung auf das Recht des Registerstaates wirkt sich in den Fällen, in denen die Gesellschaft ihren Verwaltungssitz aus dem Registerstaat nach Deutschland verlegt, unterschiedlich aus, je nachdem ob der Registerstaat in seinem nationalen Gesellschaftskollisionsrecht der Gründungstheorie oder der Sitztheorie folgt:

115 **a) Registerstaat folgt ebenfalls der Gründungstheorie.** Folgt der Registerstaat – wie etwa die Niederlande in der Rechtssache „Überseering"[357] – der Gründungstheorie, so nimmt das nationale Gesellschaftskollisionsrecht, auf das gemäß Art. 4 Abs. 1 S. 1 Hs. 1 EGBGB verwiesen wird, die Gesamtverweisung an. Danach unterliegt die Gesellschaft trotz Verlegung ihres Verwaltungssitzes nach Deutschland weiterhin dem Gesellschaftssachrecht des Registerstaates und ist folglich auch in Deutschland als eine Gesellschaft des Registerstaates – in „Überseering" also als eine *BV*, dh als Kapitalgesellschaft niederländischen Rechts – zu behandeln. Damit wird die primärrechtliche Vorgabe erfüllt, die Rechts- und Parteifähigkeit „zu achten", die die Gesellschaft nach dem Recht ihres Gründungstaats (Niederlande) besitzt.[358]

116 **b) Registerstaat folgt seinerseits der Sitztheorie.** Folgt der Registerstaat hingegen seinerseits in seinem nationalen Gesellschaftskollisionsrecht der Sitztheorie, so verweist dieses im Falle einer Verlegung des Verwaltungssitzes nach Deutschland auf das deutsche Recht zurück (sog ***„Renvoi"***).[359] Gemäß Art. 4 S. 1, S. 2 EGBGB sind daher auf die Gesellschaft nach Verlegung ihres Verwaltungssitzes **mit Wirkung *ex nunc*** die **Sachvorschriften des deutschen Gesellschaftsrechts** anzuwenden. Macht die Gesellschaft nicht von der Möglichkeit eines identitätswahrenden Rechtsformwechsels in eine Kapitalgesellschaft deutschen Rechts – unter Einhaltung der hierfür geltenden deutschen Gründungsvorschriften (!) – Gebrauch[360] und handelt sie nach Verlegung ihres Verwaltungssitzes nach Deutschland weiterhin unter der Firma der ausländischen Kapitalgesellschaft, so handelt es sich um eine sog **„Scheinauslandsgesellschaft"**,[361] die im Wege der **Angleichung** mangels deutscher Handelsregistereintragung **als GbR oder oHG anzusehen** ist,[362] verbunden mit der negativen Folge der persönlichen Haftung der Gesellschafter (§ 128 HGB) und der Geschäftsführer (§ 11 Abs. 2 GmbHG analog).[363]

117 Dieses Ergebnis verstößt auch nicht gegen die Niederlassungsfreiheit der Gesellschaft aus Art. 49, 54 AEUV:[364] **Aus Sicht des Registerstaates** handelt es sich bei der Verlegung des Verwaltungssitzes nach Deutschland nämlich um einen **„Wegzugsfall"**. Der Wegzugsstaat kann aber nach der **„Geschöpftheorie"** selbst darüber entscheiden, welche Rechtsfolgen er

[355] EuGH 5.11.2002 – C-208/00, NZG 2002, 1164 Rn. 63, 80 – Überseering.
[356] EuGH 5.11.2002 – C-208/00, NZG 2002, 1164 Rn. 95 – Überseering.
[357] → Rn. 42.
[358] EuGH 5.11.2002 – C-208/00, NZG 2002, 1164 Rn. 95 – Überseering.
[359] MüKoBGB/*Kindler* IntGesR Rn. 507.
[360] Zu dieser Möglichkeit → Rn. 190 ff., 203.
[361] → Rn. 20.
[362] → Rn. 22.
[363] → Rn. 24.
[364] **AA** PWW/*Brödermann/Wegen* IntGesR Rn. 18 (praktisch sei eine Rückverweisung des Gründungsrechts nicht denkbar, weil das IPR der anderen Mitgliedstaaten auch den Beschränkungen der Grundfreiheiten unterliegt).

an die Verlegung des Verwaltungssitzes ins Ausland knüpft[365] und ob er insoweit in seinem nationalen Gesellschaftskollisionsrecht der Gründungstheorie oder der Sitztheorie folgt. Entscheidet sich der Wegzugsstaat für Letzteres und verwehrt der Gesellschaft bei Verlegung ihres Verwaltungssitzes ins Ausland die Möglichkeit, eine Gesellschaft des Wegzugsstaates zu bleiben, so ist auch der Zuzugsstaat europarechtlich nicht verpflichtet, eine Gesellschaft zu achten, die nach der Rechtsordnung des Registerstaates „keine Realität"[366] mehr hat.

Im Gegenteil kann man dabei sogar daran zweifeln, ob es dem Zuzugsstaat europarechtlich überhaupt erlaubt wäre, die Gesellschaft weiterhin als eine Gesellschaft des Wegzugsstaates zu behandeln, wenn der Wegzugsstaat selbst der Gesellschaft diese Möglichkeit verwehrt: Zwar handelt es sich hierbei nicht mehr um ein Problem der Niederlassungsfreiheit aus Art. 49, 54 AEUV (die Gesellschaft würde sich über eine Behandlung als Kapitalgesellschaft ausländischen Rechts statt als deutsche oHG aufgrund der hiermit verbundenen Haftungsprivilegierung wohl kaum zur Wehr setzen). Der Zuzugsstaat würde hierbei aber in die – nach der „Geschöpftheorie": ausschließliche – **Kompetenz des Wegzugsstaates** eingreifen, darüber zu entscheiden, **welches Anknüpfungsmoment erforderlich** ist, um eine Gesellschaft des Wegzugsstaates bleiben zu können.[367] Hierin läge ein Verstoß gegen die von Art. 54 AEUV vorausgesetzte Kompetenz jedes Mitgliedstaates, über die Anknüpfung des für seine eigenen Gesellschaften geltenden Gesellschaftskollisionsrechts selbst zu entscheiden, solange eine sekundärrechtliche, auf Grundlage des Art. 81 AEUV erlassene gesellschaftskollisionsrechtliche EU-Verordnung (noch) nicht existiert. Eine Pflicht der anderen Mitgliedstaaten gegenüber dem Registerstaat zur **Achtung von dessen „kollisionsrechtlicher Hoheit"** über seine eigene Gesellschaften lässt sich dogmatisch dabei aus dem **Grundsatz der loyalen Zusammenarbeit der Mitgliedstaaten** untereinander (Art. 4 Abs. 3 UAbs. 1 EUV) herleiten.[368] 118

Die Gesamtverweisung auf das Recht des Wegzugsstaates gemäß Art. 4 Abs. 1 S. 1 Hs. 1 EGBGB verstößt daher nicht nur nicht gegen die Niederlassungsfreiheit der Gesellschaft aus Art. 49, 54 AEUV (und ist europarechtlich daher nicht *verboten*), sondern ist darüber hinaus aufgrund der Pflicht zur loyalen Zusammenarbeit der Mitgliedstaaten untereinander aus Art. 4 Abs. 3 UAbs. 1 EUV iVm Art. 54 AEUV dem Wegzugsstaat gegenüber europarechtlich sogar *geboten*. 119

## 2. Verweisung der Sitztheorie in „Wegzugsfällen"

Die für „Wegzugsfälle", dh für die Verlegung des Verwaltungssitzes einer deutschen Gesellschaft aus Deutschland in einen anderen Mitgliedstaat, weiterhin geltende Sitztheorie[369] ist gemäß Art. 4 Abs. 1 S. 1 Hs. 1 EGBGB eine **Gesamtverweisung** auf das Recht desjenigen Staates, in den der Verwaltungssitz verlegt wird (Zuzugsstaat).[370] Bei diesem Zuzugsstaat kann es sich sowohl um einen EU-Mitgliedstaat/EWR-Staat als auch um einen Drittstaat handeln. Verlegt die Gesellschaft ihren Verwaltungssitz in einen anderen Staat, so ist danach zu differenzieren, ob dieser Zuzugsstaat in seinem nationalen Gesellschaftskollisionsrecht der Sitztheorie oder der Gründungstheorie folgt.[371] 120

365 EuGH 5.11.2002 – C-208/00, NZG 2002, 1164 Rn. 70 – Überseering; 16.12.2008 – C-210/06, NZG 2009, 61 Rn. 110 – Cartesio; 29.11.2011 – C-371/10, NZG 2012, 114 Rn. 27 – National Grid Indus.

366 Vgl. EuGH 27.9.1988 – 81/87, Slg. 1988, 5505 Rn. 19 – Daily Mail; 5.11.2002 – C-208/00, NZG 2002, 1164 Rn. 67, 81 – Überseering; 16.12.2008 – C-210/06, NZG 2009, 61 Rn. 104 – Cartesio.

367 EuGH 5.11.2002 – C-208/00, NZG 2002, 1164 Rn. 70 – Überseering; 16.12.2008 – C-210/06, NZG 2009, 61 Rn. 110 – Cartesio; 29.11.2011 – C-371/10, NZG 2012, 114 Rn. 27 – National Grid Indus.

368 Zur insoweit bestehenden Parallele zum internationalen Namensrecht, in dem es bisher – ebenso wie im internationalen Gesellschaftsrecht – an sekundärrechtlichen Verordnungen fehlt, s. *Wall* StAZ 2010, 225 (232).

369 → Rn. 107.

370 PWW/*Brödermann/Wegen* IntGesR Rn. 42; WürzNotar-HdB/*Heggen* Teil 7 Kap. 6 Rn. 9; MHdB GesR VI/*Thölke* § 1 Rn. 84.

371 MüKoBGB/*Kindler* IntGesR Rn. 515; *Schnitger* IStR 2002, 818 (818).

121 **a) Zuzugsstaat folgt seinerseits der Gründungstheorie.** Folgt der Zuzugsstaat seinerseits in seinem nationalen Gesellschaftskollisionsrecht der Gründungstheorie, kommt es zu einer **Rückverweisung *(Renvoi)* auf deutsches Recht,**[372] sodass die Gesellschaft trotz Verlegung ihres Verwaltungssitzes ins Ausland gemäß Art. 4 Abs. 1 S. 2 EGBGB weiterhin dem deutschen Gesellschaftsrecht unterliegt und damit als Gesellschaft deutschen Rechts fortbestehen kann.

122 § 4a Abs. 2 GmbHG aF und § 5 Abs. 2 AktG aF verlangten einen inländischen Verwaltungssitz, sodass eine deutsche GmbH oder eine deutsche AG nach Verlegung ihres Verwaltungssitzes ins Ausland aus *sachrechtlichen* Gründen nicht weiter fortbestehen konnte. Das am 1.11.2008 in Kraft getretene **MoMiG**[373] **hat § 4a GmbHG und § 5 AktG geändert** und auf die früher zwingende Koppelung von Satzungssitz und inländischem Verwaltungssitz verzichtet. Bei Personengesellschaften gilt das Gleiche, vgl. § 106 Abs. 2 Nr. 2 HGB. Eine deutsche GmbH oder AG muss heute folglich nur noch ihren Satzungssitz in Deutschland haben; ihr **Verwaltungssitz kann sich auch im Ausland befinden.**[374] Folgt der Zuzugsstaat der Gründungstheorie und verweist daher bei Verlegung des Verwaltungssitzes in den Zuzugsstaat gemäß Art. 4 Abs. 1 S. 2 EGBGB auf das deutsche Gründungsrecht zurück, so steht das deutsche Sachrecht gemäß § 4a GmbHG bzw. § 5 AktG dem Fortbestand der Gesellschaft als deutsche Auslands-GmbH bzw. Auslands-AG nicht mehr entgegen.[375]

123 **b) Zuzugsstaat folgt ebenfalls der Sitztheorie.** Folgt der Zuzugsstaat seinerseits in seinem nationalen Gesellschaftskollisionsrecht ebenfalls der Sitztheorie, so nimmt dessen Gesellschaftskollisionsrecht die Gesamtverweisung an, die durch die in Deutschland in den „Wegzugsfällen" weiterhin geltende Sitztheorie ausgesprochen wird.[376] Infolge der Verlegung des Verwaltungssitzes kommt es zu einem sog **„Ausgangsstatutenwechsel";** die Gesellschaft unterliegt **mit Wirkung *ex nunc*** ab dem Zeitpunkt der Verlegung des Verwaltungssitzes dem **Gesellschaftssachrecht des Zuzugsstaates.** Dies führt zu einer zwangsweisen Auflösung und Liquidation der deutschen Gesellschaft.

124 Hieran hat auch die Neufassung der **§ 4a GmbHG und § 5 AktG** durch das MoMiG nichts geändert: Diese Vorschriften **haben lediglich einen sachrechtlichen Gehalt;**[377] ihre Anwendung setzt daher voraus, dass das deutsche Gesellschaftssachrecht aufgrund einer Rückverweisung gemäß Art. 4 Abs. 1 S. 2 EGBGB weiterhin berufen ist. Das ist nur dann der Fall, wenn das nationale Gesellschaftskollisionsrecht des Zuzugsstaates seinerseits der Gründungstheorie folgt. Bei Verlegung des Verwaltungssitzes in einen Staat, der in seinem nationalen Gesellschaftskollisionsrecht der Sitztheorie folgt, ist das deutsche Gesellschaftssachrecht ab diesem Zeitpunkt hingegen überhaupt nicht mehr anwendbar.[378]

125 Zu einem anderen Ergebnis würde man nur dann gelangen, wenn man § 4a GmbH und § 5 AktG *auch* einen kollisionsrechtlichen Gehalt zuerkennt[379] und in ihnen eine **einseitige Kollisionsnorm,** dh eine begrenzte Sonderanknüpfung, **iSd Gründungstheorie** sieht.[380] Eine solche Lesart der § 4a GmbHG, § 5 AktG würde dazu führen, dass die GmbH oder AG trotz Verlegung ihres Verwaltungssitzes ins Ausland kollisionsrechtlich

[372] MüKoBGB/*Kindler* IntGesR Rn. 516, 823; Wachter/*Kraft* Teil 2 Kap. 8 Rn. 14, 117; MHdB GesR VI/*Thölke* § 1 Rn. 85.

[373] „Gesetz zur Modernisierung des GmbH-Rechts und zur Bekämpfung von Missbräuchen" (MoMiG) v. 23.10.2008, BGBl. 2008 I 2026.

[374] PWW/*Brödermann/Wegen* IntGesR Rn. 19.

[375] Wachter/*Kraft* Teil 2 Kap. 8 Rn. 118; Schwerdtfeger/*Reber/Kröger* GesR Kap. 4 Rn. 15; *Raiser/Veil* KapGesR § 8 Rn. 23; Henssler/Strohn/*Servatius* IntGesR Rn. 37; *Kindler* NZG 2009, 130 (132).

[376] MüKoBGB/*Kindler* IntGesR Rn. 507, 517, 821.

[377] Palandt/*Thorn* EGBGB Anh. Art. 12 Rn. 2; *Kindler* NZG 2009, 130 (132); **aA** (= auch kollisionsrechtlicher Gehalt) → Rn. 125.

[378] MüKoBGB/*Kindler* IntGesR Rn. 517; Schwerdtfeger/*Reber/Kröger* GesR Kap. 4 Rn. 15; *Kindler* NZG 2009, 130 (132).

[379] So Wachter/*Kraft* Teil 2 Kap. 8 Rn. 119; MHdB GesR VI/*Thölke* § 1 Rn. 63; *Herrler* DNotZ 2009, 484 (489); *Leitzen* NZG 2009, 728 (728); *Zimmer/Naendrup* NJW 2009, 545 (548).

[380] *Herrler* DNotZ 2009, 484 (489); *Leitzen* NZG 2009, 728 (728).

weiterhin dem deutschen Sachrecht (GmbH-Recht bzw. AG-Recht) unterliegt – und zwar auch dann, wenn der Zuzugsstaat in seinem Kollisionsrecht selbst der Sitztheorie folgt.

Ein solcher **kollisionsrechtlicher Gehalt der § 4a GmbHG, § 5 AktG** ist jedoch **abzulehnen:** Der Gesetzgeber des MoMiG hatte, wie seine Bezugnahme auf die EuGH-Urteile „Überseering“ und „Inspire Art“ zeigt, lediglich Fälle im Blick, in denen der andere Mitgliedstaat der Gründungtheorie folgt und dadurch seinen Gesellschaften die Verlagerung des Verwaltungssitzes ins Ausland erlaubt.[381] Durch die Änderung der § 4a GmbHG, § 5 AktG wollte der Gesetzgeber ein *level playing field,* also gleiche Ausgangsbedingungen gegenüber diesen Auslandsgesellschaften schaffen.[382] Dass der Gesetzgeber des MoMiG – darüber hinaus – deutschen GmbHs und AGs im „Wettbewerb der Rechtsordnungen“ hinsichtlich der Mobilität einen Vorteil auch gegenüber Gesellschaften aus Sitztheorie-Staaten zukommen lassen wollte, lässt sich den Gesetzesmaterialien zum MoMiG hingegen nicht entnehmen.[383] 126

Gegen eine Auslegung der § 4a GmbHG, § 5 AktG als einseitige Kollisionsnorm iSd Gründungstheorie spricht auch ihre **systematische Stellung im GmbHG bzw. AktG** – und nicht, wie bei einer Kollisionsnorm zu erwarten gewesen wäre, im EGBGB. Eine kollisionsrechtliche Lesart in den „Wegzugsfällen“ ist, wie sich aus den Entscheidungen des EuGH in den Rechtssachen „Daily Mail“ und „Cartesio“ ergibt, auch europarechtlich durch Art. 49, 54 AEUV nicht geboten.[384] Eine kollisionsrechtliche Sonderanknüpfung in § 4a GmbHG, § 5 AktG würde zudem das deutsche Gesellschaftskollisionsrecht, das im Grundsatz weiterhin der Sitztheorie folgt,[385] durch seinen Ausnahmecharakter weiter verkomplizieren. 127

**Folgt der Zuzugsstaat seinerseits der Sitztheorie,** so kommt bei Verlegung des Verwaltungssitzes in diesen Staat somit lediglich ein **identitätswahrender Rechtsformwechsel** in Betracht, also eine Umwandlung in eine dem Recht des Zuzugsstaates unterliegende Gesellschaft.[386] Handelt es sich bei dem Zuzugsstaat um einen EU-Mitgliedstaat (bzw. EWR-Staat), so ist dieser aufgrund der der Gesellschaft zustehenden Niederlassungsfreiheit aus Art. 49, 54 AEUV (bzw. Art. 31 EWR-Abkommen) verpflichtet, der Gesellschaft den identitätswahrenden Rechtsformwechsel in eine Gesellschaft seines eigenen Rechts zu gestatten,[387] unter den Voraussetzungen, dass erstens das nationale Recht des Zuzugsstaat die Möglichkeit der Umwandlung in vergleichbaren innerstaatlichen Fällen vorsieht[388] und zweitens die Gesellschaft die im Zuzugsstaat für die neue Gesellschaftsform geltenden Gründungsvorschriften einhält.[389] Auch der **Wegzugsstaat Deutschland** ist dann aus Art. 49, 54 AEUV **verpflichtet,** der Gesellschaft den identitätswahrenden **Rechtsformwechsel in eine Gesellschaftsform des Zuzugsstaates zu ermöglichen.**[390] 128

[381] RegE v. 25.7.2007, BT-Drs. 16/6140, 29 (linke Spalte).
[382] RegE v. 25.7.2007, BT-Drs. 16/6140, 29 (rechte Spalte).
[383] Vgl. demgegenüber etwa die Begründung zum RefE v. 7.1.2008, 5.
[384] *Zimmer/Naendrup* NJW 2009, 545 (548).
[385] → Rn. 9; BGH NZG 2009, 68 Rn. 19–22 – Trabrennbahn; 8.10.2009 – IX ZR 227/06, BeckRS 2009, 28205 Rn. 4; NZG 2011, 1114 Rn. 16; → Rn. 101 ff.
[386] Henssler/Strohn/*Servatius* IntGesR Rn. 37.
[387] EuGH 12.7.2012 – C-378/10, NZG 2012, 871 Rn. 41 – VALE.
[388] EuGH 12.7.2012 – C-378/10, NZG 2012, 871 Rn. 33, 36, 41 – VALE.
[389] EuGH 12.7.2012 – C-378/10, NZG 2012, 871 Rn. 31, 41, 51 ff. – VALE.
[390] EuGH 16.12.2008 – C-210/06, NZG 2009, 61 Rn. 112 ff. – Cartesio; **aA** noch OLG München NZG 2007, 915 (915 ff.).

### 3. Tabelle – Auswirkung einer Verwaltungssitzverlegung nach BGH

129

| | „Zuzugsfall" | „Wegzugsfall" |
|---|---|---|
| Auseinanderfallen von **Verwaltungssitz** und **Satzungssitz** | **Verwaltungssitz** wird nach Deutschland verlegt<br>**Satzungssitz** befindet sich in anderem Mitgliedstaat | **Verwaltungssitz** wird in anderen Mitgliedstaat verlegt<br>**Satzungssitz** befindet sich in Deutschland |
| Der andere Mitgliedstaat folgt der **Gründungstheorie** | (I) EuGH-Fall **„Überseering"**<br>(1) Gründungstheorie (europarechtskonformes deutsches Gesellschaftskollisionsrecht) verweist auf Kollisionsrecht des anderen Mitgliedstaates (Art. 4 Abs. 1 S. 1 Hs. 1 EGBGB)<br>(2) Kollisionsrecht des anderen Mitgliedstaates nimmt die Verweisung an<br>(3) Gesellschaft unterliegt (weiterhin) dem Sachrecht des anderen Mitgliedstaates | (II) Bisher kein EuGH-Fall<br>(1) Sitztheorie (gewohnheitsrechtliches deutsches Gesellschaftskollisionsrecht) verweist auf Kollisionsrecht des anderen Mitgliedstaates (Art. 4 Abs. 1 S. 1 Hs. 1 EGBGB)<br>(2) Kollisionsrecht des anderen Mitgliedstaates verweist auf deutsches Recht zurück (Art. 4 Abs. 1 S. 2 EGBGB)<br>(3) Gesellschaft unterliegt (weiterhin) dem deutschen Sachrecht |
| Der andere Mitgliedstaat folgt der **Sitztheorie** | (III) Bisher kein EuGH-Fall<br>(1) Gründungstheorie (europarechtskonformes deutsches Gesellschaftskollisionsrecht) verweist auf Kollisionsrecht des anderen Mitgliedstaates (Art. 4 Abs. 1 S. 1 Hs. 1 EGBGB)<br>(2) Kollisionsrecht des anderen Mitgliedstaates verweist auf deutsches Recht zurück (Art. 4 Abs. 1 S. 2 EGBGB)<br>(3) Gesellschaft unterliegt *ex nunc* deutschem Sachrecht („Eingangsstatutenwechsel")<br>„Hinein-Formwechsel" in deutsche Gesellschaft möglich | (IV) EuGH-Fall **„Cartesio"**<br>(1) Sitztheorie (gewohnheitsrechtliches deutsches Gesellschaftskollisionsrecht) verweist auf Kollisionsrecht des anderen Mitgliedstaates (Art. 4 Abs. 1 S. 1 Hs. 1 EGBGB)<br>(2) Kollisionsrecht des anderen Mitgliedstaates nimmt die Verweisung an<br>(3) Gesellschaft unterliegt *ex nunc* dem Sachrecht des anderen Mitgliedstaates („Ausgangsstatutenwechsel")<br>ggf. „Hinaus-Formwechsel" in Gesellschaft des anderen Mitgliedstaates möglich |

## IV. Auslegung der EuGH-Rechtsprechung als „versteckte" Kollisionsnorm

Der EuGH hielt in der Rechtssache „Überseering" den Zuzugsstaat nach Art. 49, 54 AEUV (ex-Art. 43, 48 EG) für verpflichtet, die **Rechtsfähigkeit** und damit die Parteifähigkeit **zu achten,** die diese Gesellschaft nach dem Recht ihres Gründungstaats besitzt.[391] Als Alternative zu einer Auslegung als bloße Zielvorgabe[392] erscheint es denkbar, der Rechtsprechung des EuGH einen **kollisionsrechtlichen Gehalt** zuzuerkennen,[393] und zwar mit dem Inhalt, dass die Art. 49, 54 AEUV selbst eine **„versteckte" Kollisionsnorm** enthalten. Folgt man diesem Ansatz, so existiert auf der Normebene des Primärrechts (= Art. 49, 54 AEUV) eine ungeschriebene kollisionsrechtliche Vorschrift, die **Anwendungsvorrang** vor entgegenstehenden nationalen Gesellschaftskollisionsrechten der Mitgliedstaaten hat und diese insoweit verdrängt.[394] Ein solches **Denkmodell** ist dem Europarecht nicht unbekannt, es orientiert sich an dem sekundärrechtlichen Rechtsinstitut der **Verordnung gemäß Art. 288 Abs. 2 AEUV.**[395] Klärungsbedürftig ist dabei jedoch, welchen ***Inhalt*** die aus der Rechtsprechung des EuGH zu Art. 49, 54 AEUV abzuleitende **„versteckte" Kollisionsnorm des Primärrechts** genau hat: 130

### 1. Europarechtliche Sachnormverweisungs-Gründungstheorie

Teilweise leitet man aus der Rechtsprechung des EuGH zu Art. 49, 54 AEUV eine **„versteckte" primärrechtliche Kollisionsnorm iSd Gründungstheorie** ab.[396] Geht man dabei davon aus, dass diese „versteckte" europarechtliche Kollisionsnorm die nationalen Gesellschaftskollisionsrechte der Mitgliedstaaten verdrängen soll, liegt es auf den ersten Blick nahe, diese als ***Sachnormverweisung*** **auf das Gesellschaftssachrecht des Registerstaates** anzusehen, sodass die nationalen Gesellschaftskollisionsrechte der Mitgliedstaaten bei der Frage nach der Rechtsfähigkeit der Gesellschaft und des auf sie anzuwendenden Sachrechts überhaupt nicht mehr befragt werden müssen oder dürfen. Hierdurch lassen sich in der Tat **„hinkende" Rechtsverhältnisse** wie in der Rechtssache „Überseering", die auf den nicht vereinheitlichen nationalen Gesellschaftskollisionsrechten der Mitgliedstaaten berufen,[397] **vermeiden.** Diese Spielart einer „versteckten" europarechtlichen Kollisionsnorm wird im Folgenden schlagwortartig **„Sachnormverweisungs-Gründungstheorie"** genannt. 131

In Weiterentwicklung der allgemeinen Formulierung der Gründungstheorie[398] – lässt sich die „versteckte" primärrechtliche Kollisionsnorm als abstrakter Rechtssatz dann wie folgt formulieren: 132

[391] EuGH 5.11.2002 – C-208/00, NZG 2002, 1164 Rn. 95 – Überseering.

[392] → Rn. 97 ff.

[393] *Eidenmüller* ZIP 2002, 2233 (2240 ff.); *Leible/Hoffmann* EuZW 2003, 677 (681).

[394] MüKoGmbHG/*Weller* Einl. Rn. 356; zu einem vergleichbaren Argumentationsmuster im internationalen Namensrecht (Entwicklung einer „versteckten" Kollisionsnorm aus dem Freizügigkeitsrecht des Art. 21 Abs. 1 AEUV) s. *Wall* StAZ 2009, 261 (264); IPRax 2010, 433 (434, 437); StAZ 2012, 169 (172 ff.) und 2014, 294 (299 ff.).

[395] *Wall* IPRax 2010, 433 (437).

[396] MüKoGmbHG/*Weller* Einl. Rn. 355; *Eidenmüller* ZIP 2002, 2233 (2241, 2244) und NJW 2005, 1618 (1618); *Leible/Hoffmann* ZIP 2003, 925 (926) und NZG 2003, 259 (260); *Thomale* NZG 2011, 1290 (1293); *Weller* DStR 2003, 1800 (1800); IPRax 2009, 202 (204 ff., 208) und FS Goette, 2011, 583 (587 ff., 598); *Weller/Rentsch* IPRax 2013, 530 (533); unentschieden PWW/*Brödermann/Wegen* IntGesR Rn. 17; *Behrens* IPRax 2003, 193 (201).

[397] → Rn. 43.

[398] → Rn. 12.

**Rechtssatz:**

(1) Eine Gesellschaft unterliegt
1. dem Recht desjenigen EU-Mitgliedstaates oder desjenigen Staates des EWR, in dem die Gesellschaft in ein öffentliches Register eingetragen ist (Registerstaat), sonst
2. dem Recht desjenigen EU-Mitgliedstaats oder desjenigen Staates des EWR, in dem sich der in der Satzung der Gesellschaft bestimmte Sitz (Satzungssitz) befindet.

(2) Wird nach Abs. 1 auf das Recht eines EU-Mitgliedstaates oder eines EWR-Staates verwiesen, so sind dessen Sachvorschriften anzuwenden; das nationale Kollisionsrecht dieses Staates ist nicht anzuwenden.

(3) Soweit kein Recht über Abs. 1 berufen ist, bestimmt jeder EU-Mitgliedstaat und jeder EWR-Staat gemäß seinem nationalen Kollisionsrecht selbst, welchem Recht eine Gesellschaft unterliegt.

133 Eine in diese Sinne formulierte „versteckte" europarechtliche Kollisionsnorm iSd „Sachnormverweisungs-Gründungstheorie" ist jedoch aus den nachfolgend genannten Gründen abzulehnen:[399]

134 **a) Nichtbeantwortung der zweiten Vorlagefrage in „Überseering".** In der Rechtssache „Überseering" hat der EuGH eine Auslegung der Art. 49, 54 AEUV als eine „versteckte" Kollisionsnorm iSd Gründungstheorie nicht ausdrücklich bejaht, obwohl ihm der Verfahrensablauf dazu Gelegenheit gegeben hätte.[400] Der BGH hatte seine zweite Vorlagefrage konkret wie folgt formuliert:[401]

„Gebietet es die Niederlassungsfreiheit für Gesellschaften (Art. 43 EG und Art. 48 EG), die Rechtsfähigkeit und die Parteifähigkeit nach dem Recht des Gründungsstaates zu beurteilen?"

135 Generalanwalt *Ruiz-Jarabo Colomer* hatte in seinen Schlussanträgen empfohlen, die zweite Vorlagefrage unbeantwortet zu lassen.[402] Der EuGH folgte diesem Ansatz;[403] er beantwortete die Vorlagefrage jedenfalls nicht mit einem einfachen „Ja" (wie er es bei einer primärrechtlich gebotenen Anknüpfung iSd „Sachnormverweisungs-Gründungstheorie" hätte tun können), sondern formulierte seine Antwort sibyllinisch dahingehend, dass der Mitgliedstaat Deutschland nach Art. 49, 54 AEUV verpflichtet sei, die Rechtsfähigkeit und damit die Parteifähigkeit „zu achten", die die Gesellschaft nach dem Recht ihres Gründungstaats (Niederlande) besitzt.[404]

136 **b) Keine dogmatische Erklärung der „Wegzugsfälle".** Gegen eine Auslegung der Rechtsprechung des EuGH iSd oben aufgestellten „Sachnormverweisungs-Gründungstheorie" spricht zudem, dass diese sich in **Widerspruch zur Behandlung der „Wegzugsfälle"** und dabei insbesondere zur Entscheidung des EuGH in der Rechtssache „Cartesio"[405] setzt:

137 Ließe sich aus Art. 49, 54 AEUV eine „versteckte" europarechtliche Kollisionsnorm iSd Sachnormverweisungs-Gründungstheorie ableiten, so hätte diese in der Rechtssache **„Cartesio"** auf das Gesellschaftssachrecht des Mitgliedstaates Ungarn verwiesen, in des-

[399] So auch (allerdings ohne hier vorgenommene Differenzierung zwischen „Sachnormverweisungs-Gründungstheorie" und „Gesamtverweisungs-Gründungstheorie") MüKoBGB/*Kindler* IntGesR Rn. 143 ff.; *Großerichter* DStR 2003, 159 (165 ff., 169); *Kindler* NZG 2009, 130 (131); *Mansel* RabelsZ 70 (2006), 651 (674).

[400] *Heidenhain* NZG 2002, 1141 (1143).

[401] EuGH 5.11.2002 – C-208/00, NZG 2002, 1164 Rn. 21 – Überseering; BGH NZG 2000, 926.

[402] Schlussanträge GA *Ruiz-Jarabo Colomer* 4.12.2001 – C-208/00, NZG 2002, 16 Rn. 63–66, 69 – Überseering.

[403] So die Bewertung von *Kindler* NJW 2003, 1073 (1077); **aA** *Eidenmüller* ZIP 2002, 2233 (2238).

[404] EuGH 5.11.2002 – C-208/00, NZG 2002, 1164 Rn. 95 – Überseering.

[405] → Rn. 60 ff.

sen Handelsregister die Gesellschaft eingetragen war. Dass **Ungarn** in seinem nationalen Kollisionsrecht **der Sitztheorie folgt,**[406] wäre aufgrund des Anwendungsvorrangs der „versteckten" primärrechtlichen Kollisionsnorm dabei irrelevant gewesen. Die Verlegung des Verwaltungssitzes von Ungarn nach Italien hätte auf Grundlage der Sachnormverweisungs-Gründungstheorie ***nicht* zu einem Statutenwechsel** geführt; die Beibehaltung des Satzungssitzes in Ungarn hätte genügt, um der Gesellschaft ihre Rechtsfähigkeit nach ungarischem Recht zu erhalten. Der Wegzugsstaat (Ungarn) wäre dann aber nicht berechtigt gewesen, der Gesellschaft ihren Fortbestand als eine Gesellschaft ungarischen Rechts allein deshalb zu verweigern, weil sie ihren Verwaltungssitz in einen anderen Mitgliedstaat (Italien) verlegt hat. Genau dies hat der EuGH aber als zulässig angesehen und einen Verstoß gegen die Niederlassungsfreiheit aus Art. 49, 54 AEUV insofern verneint.[407]

**c) „Kollisionsrechtsneutralität" der Art. 49, 54 AEUV.** Die Art. 49, 54 AEUV enthalten keine inhaltliche Entscheidung für eine Anknüpfung des Gesellschaftskollisionsrechts iSd Gründungstheorie oder der Sitztheorie;[408] das Primärrecht verhält sich zu diesen beiden denkbaren Anknüpfungsmomenten vielmehr „kollisionsrechtsneutral":[409] 138

In Art. 54 Abs. 1 AEUV werden **satzungsmäßiger Sitz, Hauptverwaltung** und Hauptniederlassung einer Gesellschaft **als Anknüpfungsmomente gleich geachtet.**[410] Diese Kriterien dienen, ebenso wie die Staatsangehörigkeit bei einer natürlichen Person, dazu, die Zugehörigkeit einer Gesellschaft zur Rechtsordnung eines Mitgliedstaats zu bestimmen.[411] Da eine sekundärrechtliche EU-Verordnung zur Vereinheitlichung des internationalen Gesellschaftskollisionsrechts (trotz vorhandenen Kompetenztitels der EU in Art. 81 Abs. 2 lit. c AEUV) bisher noch nicht existiert, kann die Frage des auf eine Gesellschaft anwendbaren Rechts – und damit auch die hierauf aufbauende Frage, ob das Recht der Niederlassungsfreiheit aus Art. 49 AEUV auf eine Gesellschaft anwendbar ist – nur nach den nationalen Kollisionsrechten der Mitgliedstaaten beantwortet werden.[412] 139

Dabei bleibt es **jedem Mitgliedstaat überlassen, in seinem nationalen Kollisionsrecht** sowohl die **Anknüpfung zu bestimmen,** die eine Gesellschaft aufweisen muss, um als nach seinem innerstaatlichen Recht gegründet angesehen zu werden und damit in den Genuss der Niederlassungsfreiheit zu gelangen, als auch die Anknüpfung, die für den Erhalt dieser Eigenschaft verlangt wird.[413] Den Mitgliedstaaten steht es danach frei, ob sie die von ihnen zur Verfügung gestellten Rechtsformen iSd Gründungstheorie „mobil" ausgestalten oder aber iSd Sitztheorie „Standorttreue" verlangen wollen.[414] Das Primärrecht erlaubt es also, dass das mitgliedstaatliche Gesellschaftskollisionsrecht der Sitztheorie folgt[415] und an die Verlegung des Verwaltungssitzes einen Statutenwechsel knüpft, dh die Gesellschaft aus der bis dahin für sie maßgeblichen Rechtsordnung entlässt.[416] 140

---

[406] → Rn. 61.

[407] EuGH 16.12.2008 – C-210/06, NZG 2009, 61 Rn. 99–124 – Cartesio; → Rn. 62 ff.

[408] MüKoBGB/*Kindler* IntGesR Rn. 147; *Frobenius* DStR 2009, 487 (488); *Heidenhain* NZG 2002, 1141 (1143); *Herrler* DNotZ 2009, 484 (487, 492); *Kindler* NZG 2003, 1086 (1089); *Mansel* RabelsZ 70 (2006), 651 (674).

[409] *Kindler* NZG 2009, 130 (131).

[410] EuGH 27.9.1988 – 81/87, Slg. 1988, 5505 Rn. 21 – Daily Mail.

[411] EuGH 9.3.1999 – C-212/97, NZG 1999, 298 Rn. 20 – Centros; 5.11.2002 – C-208/00, NZG 2002, 1164 Rn. 57 – Überseering; 30.9.2003 – C-167/01, NZG 2003, 1064 Rn. 97 – Inspire Art.

[412] EuGH 16.12.2008 – C-210/06, NZG 2009, 61 Rn. 109 – Cartesio; 29.11.2011 – C-371/10, NZG 2012, 11 Rn. 264 – National Grid Indus; 12.7.2012 – C-378/10, NZG 2012, 871 Rn. 28 – VALE; Schlussanträge GA *Ruiz-Jarabo Colomer* 4.12.2001 – C-208/00, NZG 2002, 16 Rn. 69 und Fn. 49 – Überseering.

[413] EuGH 16.12.2008 – C-210/06, NZG 2009, 61 Rn. 110 – Cartesio; 29.11.2011 – C-371/10, NZG 2012, 114 Rn. 27 – National Grid Indus; 12.7.2012 – C-378/10, NZG 2012, 871 Rn. 29 – VALE.

[414] *Zimmer/Naendrup* NJW 2009, 545 (547).

[415] *Frobenius* DStR 2009, 487 (488, 491); *Herrler* DNotZ 2009, 484 (487, 492); **aA** noch *Behrens* IPRax 2003, 193 (197).

[416] *Kindler* NZG 2009, 130 (131).

141 Um die „Kollisionsrechtsneutralität" der Art. 49, 54 AEUV nicht zu unterlaufen, darf eine aus der Rechtsprechung des EuGH abzuleitende „versteckte" primärrechtliche Kollisionsnorm daher **keine „materielle" Entscheidung zwischen Gründungstheorie und Sitztheorie** dergestalt treffen, dass sie die nationalen Gesellschaftskollisionsrechte der Mitgliedstaaten vollständig ersetzt. Genau dies wäre aber nach der Sachnormverweisungs-Gründungstheorie der Fall.

### 2. Europarechtliche Gesamtverweisungs-Gründungstheorie

142 Mit der Neutralität der Art. 49, 54 AEUV gegenüber den unterschiedlichen Anknüpfungsmomenten in den Gesellschaftskollisionsrechten der Mitgliedstaaten vereinbar ist daher nur eine „versteckte" primärrechtliche Kollisionsnorm, die lediglich den **„Startpunkt" der kollisionsrechtlichen Prüfung innerhalb der EU vereinheitlicht,** aber gleichwohl die Unterschiedlichkeit der Anknüpfungsmomente in den Mitgliedstaaten (Sitztheorie oder Gründungstheorie) nicht außer Acht lässt. Ein solches Ziel lässt sich erreichen, wenn man die „versteckte", aus Art. 49, 54 AEUV abzuleitende primärrechtliche Kollisionsnorm als ***Gesamtverweisung* auf das Recht des Registerstaates** begreift.[417] Diese Spielart einer „versteckten" europarechtlichen Kollisionsnorm wird im Folgenden schlagwortartig **„Gesamtverweisungs-Gründungstheorie"** genannt.

143 In Weiterentwicklung der allgemeinen Formulierung der Gründungstheorie[418] lässt sich die „versteckte" primärrechtliche Kollisionsnorm als abstrakter Rechtssatz dann wie folgt formulieren:

**Rechtssatz:**

(1) Eine Gesellschaft unterliegt
   1. dem Recht desjenigen EU-Mitgliedstaates oder desjenigen Staates des EWR, in dem die Gesellschaft in ein öffentliches Register eingetragen ist (Registerstaat), sonst
   2. dem Recht desjenigen EU-Mitgliedstaats oder desjenigen Staates des EWR, in dem sich der in der Satzung der Gesellschaft bestimmte Sitz (Satzungssitz) befindet.

(2) Wird nach Abs. 1 auf das Recht eines EU-Mitgliedstaates oder eines EWR-Staates verwiesen, so ist auch dessen nationales Kollisionsrecht anzuwenden.

(3) Soweit kein Recht über Abs. 1 berufen ist, bestimmt jeder EU-Mitgliedstaat und jeder EWR-Staat gemäß seinem nationalen Kollisionsrecht selbst, welchem Recht eine Gesellschaft unterliegt.

144 Eine iSd Gesamtverweisungs-Gründungstheorie formulierte, aus Art. 49, 54 AEUV abzuleitende „versteckte" europarechtliche Kollisionsnorm lässt sich dogmatisch wie folgt begründen:

145 **a) „Hinkendes" Rechtsverhältnis als Verletzung der Art. 49, 54 AEUV.** Überlässt man – aufgrund der primärrechtlichen **„Kollisionsrechtsneutralität" des Art. 54 Abs. 1 AEUV** und mangels sekundärrechtlicher Verordnung zum Gesellschaftskollisionsrecht – den nationalen Gesellschaftskollisionsrechten der Mitgliedstaaten die Anknüpfung des Gesellschaftsstatuts,[419] so kann es zu einem sog „hinkenden" Rechtsverhältnis kommen, wenn verschiedene Mitgliedstaaten das Gesellschaftsstatut unterschiedlich anknüpfen.[420] Ein solches **„hinkendes" Rechtsverhältnis** entstand beispielsweise **in der**

[417] *Wall* StAZ 2012, 169 (173); **aA** (= generell gegen eine Ableitung „versteckter" Kollisionsnormen aus den Grundfreiheiten des AEUV – und damit auch aus Art. 49, 54 AEUV) aber *Mansel* RabelsZ 70 (2006), 651 (671 ff., 677 ff.); *Sonnenberger* FS Spellenberg, 2010, 371 (388 ff.).
[418] → Rn. 12.
[419] → Rn. 140.
[420] MHdB GesR VI/*Thölke* § 1 Rn. 9.

**Rechtssache „Überseering"** infolge der Verlegung des Verwaltungssitzes der *Überseering BV* aus den Niederlanden nach Deutschland: Aus Sicht des niederländischen Rechts, das kollisionsrechtlich der Gründungstheorie folgt, bestand die Gesellschaft als Kapitalgesellschaft niederländischen Rechts (BV) fort; aus Sicht des deutschen Rechts, das kollisionsrechtlich der Sitztheorie folgt(e), konnte die Gesellschaft nur als Personengesellschaft deutschen Rechts (GbR oder oHG) fortbestehen.[421]

Es ist das **„hinkende" Rechtsverhältnis** als solches, das einen **europarechtswidrigen Zustand bewirkt.**[422] Die wirksame Ausübung der Niederlassungsfreiheit aus Art. 49, 54 AEUV erfordert daher zumindest einen **gewissen Grad an gegenseitiger Anerkennung** und Koordinierung der unterschiedlichen Regelungssysteme.[423] Der EuGH hält dabei einen Mitgliedstaat aus Art. 49, 54 AEUV für **verpflichtet, die Rechtsfähigkeit „zu achten"**, die die Gesellschaft nach dem Recht eines anderen Mitgliedstaates besitzt.[424] „Achten" ist dabei die Vorgabe eines Ergebnisses.[425] Das „hinkende" Rechtsverhältnis ist also nach Ansicht des EuGH dadurch aufzulösen, dass einer der beiden beteiligten Mitgliedstaaten die auf seinem eigenen nationalen Gesellschaftskollisionsrecht beruhende Sichtweise aufgeben und die Sichtweise der Rechtsordnung des anderen Mitgliedstaates „achten", dh übernehmen muss. Hierdurch wird die Gesellschaft im Ergebnis *einheitlich* aus Sicht beider beteiligter Mitgliedstaaten als Gesellschaft *desselben* Mitgliedstaates angesehen und damit ein mit Art. 49, 54 AEUV konformes Ergebnis erzielt. 146

**b) Rechtsordnung des Registerstaates als „Ankerrechtsordnung".** Das Gebot, eine von Art. 49, 54 AEUV verbotenes „hinkendes" Rechtsverhältnis aufzulösen, erfordert indes ein Kriterium dafür, die Sichtweise welche der beiden beteiligten Rechtsordnungen den Vorrang genießt und welche im Konfliktfall zurücktreten und die Sichtweise der anderen Rechtsordnung übernehmen („achten") muss. Unter mehreren beteiligten nationalen Rechtsordnungen muss also eine Art **„Ankerrechtsordnung"**[426] gefunden werden. Hierdurch wird bestimmt, welches der nationalen Kollisionsrechte mehrerer beteiligter Mitgliedstaaten für die gesamte EU verbindlich darüber entscheiden darf, welchem Sachrecht die Gesellschaft unterliegt. 147

Nimmt man die „Kollisionsrechtsneutralität" der Art. 49, 54 AEUV[427] ernst, so kann man die Entstehung des „hinkenden" Rechtsverhältnisses nicht einseitig der Sitztheorie oder der Gründungstheorie zum Vorwurf machen. Das **„hinkende" Rechtsverhältnis entsteht** ja gerade erst aus dem **Nebeneinander unterschiedlicher nationaler Anknüpfungsmomente.** Es handelt sich hierbei um eine **systembedingte Schwäche** nicht vereinheitlichter nationaler Kollisionsrechtssysteme.[428] In der Rechtssache „Überseering" kann man die Verpflichtung des Mitgliedstaats Deutschland, die *Überseering BV* als Gesellschaft niederländischen Rechts zu achten,[429] somit nicht damit begründen, dass Deutschland in seinem nationalen Gesellschaftskollisionsrecht der Sitztheorie folgt(e), die Niederlande hingegen der Gründungstheorie. 148

Als Vorrangkriterium bietet sich dabei an, auf die **Eintragung in ein öffentliches Register,** insbesondere in das **Handelsregister,** abzustellen: Der EuGH hält einen Mitglied- 149

[421] → Rn. 43.

[422] Insoweit besteht eine Parallele zum internationalen Namensrecht; ein „hinkendes" Namensverhältnis führt hier zu einer Beschränkung des Freizügigkeitsrechts aus Art. 21 Abs. 1 AEUV, s. EuGH 14.10.2008 – C-353/06, StAZ 2009, 9 Rn. 23–28, 39 – Grunkin-Paul; zu Parallelen der EuGH-Entscheidungen „Überseering" und „Grunkin-Paul" s. *Sonnenberger* FS Spellenberg, 2010, 371 (372 ff.).

[423] Schlussanträge GA *Maduro* 22.5.2008 – C-210/06, NZG 2008, 498 Rn. 30 – Cartesio.

[424] EuGH 5.11.2002 – C-208/00, NZG 2002, 1164 Rn. 95 – Überseering; 16.12.2008 – C-210/06, NZG 2009, 61 Rn. 123 – Cartesio.

[425] *Großerichter* DStR 2003, 159 (166).

[426] Begriff nach Staudinger/*Hepting*/*Hausmann* EGBGB Art. 10 Rn. 543.

[427] → Rn. 138 ff.

[428] Vgl. *Wall* StAZ 2009, 261 (263) (zum internationalen Namensrecht).

[429] EuGH 5.11.2002 – C-208/00, NZG 2002, 1164 Rn. 95 – Überseering.

staat aus Art. 49, 54 AEUV für verpflichtet, die Rechtsfähigkeit „zu achten“, welche die Gesellschaft nach dem Recht eines anderen Mitgliedstaates besitzt.[430] Die Gesellschaft ist dabei so anzuerkennen, wie sie in einem anderen Mitgliedstaat wirksam entstanden ist.[431] Die Eintragung im Handelsregister ist **bei Kapitalgesellschaften** regelmäßig **konstitutiv** für deren Entstehung und für die Erlangung der Rechtsfähigkeit (vgl. im deutschen Sachrecht § 11 Abs. 1 GmbHG, § 41 Abs. 1 S. 1 AktG). Die Eintragung setzt dabei regelmäßig voraus, dass sich die Gesellschaft nach dem am Ort des Registers geltenden Recht gegründet hat[432] und dass sie ihren Satzungssitz im Registerstaat hat. Bei **Personengesellschaften** ist die Eintragung im Handelsregister zwar lediglich **deklaratorisch;** sie bildet aber die Grundlage für den guten Glauben und damit das **Vertrauen des Rechtsverkehrs** in die Existenz der Gesellschaft und in die Vertretungsverhältnisse, und ist damit ebenfalls rechtlich relevant.

150 Als **„Ankerrechtsordnung“** bietet sich daher die Rechtsordnung desjenigen Mitgliedstaates an, **in dem die Gesellschaft im Handelsregister eingetragen** ist. Dieser Mitgliedstaat wird im Folgenden auch „Registerstaat“ genannt. Rechtstechnisch lässt sich der Vorrang der Sichtweise des Registerstaates dadurch verwirklichen, dass man eine „versteckte“ europarechtliche Kollisionsnorm des Inhalts annimmt, dass diese im Wege der Gesamtverweisung auf das Recht des Registerstaates verweist.[433]

151 Die solchermaßen aus der Niederlassungsfreiheit und aus der Rechtsprechung des EuGH abgeleitete „versteckte“ primärrechtliche Kollisionsnorm genießt **Anwendungsvorrang vor entgegenstehendem nationalem Gesellschaftskollisionsrecht der Mitgliedstaaten.**[434] Die Behörden und Gerichte eines Mitgliedstaates müssen daher, sofern sie die Rechtsfähigkeit einer im Handelsregister eines anderen Mitgliedstaates eingetragenen Gesellschaft zu beurteilen haben, ihre kollisionsrechtliche Prüfung mit der „versteckten“ europarechtlichen Kollisionsnorm beginnen; ihr jeweiliges nationales Gesellschaftskollisionsrecht (Sitztheorie oder Gründungstheorie) haben sie dabei unangewendet zu lassen.[435] Die „versteckte“ europarechtliche Kollisionsnorm verweist im Wege der Gesamtverweisung auf das nationale Gesellschaftskollisionsrecht des Registerstaates. Durch diese „versteckte“ europarechtliche Kollisionsnorm wird daher sichergestellt, dass die Behörden jedes EU-Mitgliedstaates die „materielle“ Prüfung eines Falls im Internationalen Gesellschaftsrecht **EU-weit *einheitlich*** im nationalen Gesellschaftskollisionsrecht des Registerstaates beginnen.

152 Die **Funktion** der „versteckten“ primärrechtlichen Kollisionsnorm beschränkt sich somit darauf, den **„Startpunkt“ der gesellschaftskollisionsrechtlichen Prüfung innerhalb der EU zu vereinheitlichen;**[436] sie hat eine Art **„Zubringerfunktion“.** Dies ist erforderlich, aber auch ausreichend, um ein von Art. 49, 54 AEUV verbotenes „hinkendes“ Rechtsverhältnis zu vermeiden.[437]

153 **c) Unterschiede zur traditionellen Gründungstheorie.** Die europarechtliche „Gesamtverweisungs-Gründungstheorie“ wirkt – trotz ihres scheinbar gleichen Anknüpfungsmoments – praktisch völlig anders als die traditionelle Gründungstheorie, wie sie aus dem

[430] EuGH 5.11.2002 – C-208/00, NZG 2002, 1164 Rn. 95 – Überseering; 16.12.2008 – C-210/06, NZG 2009, 61 Rn. 123 – Cartesio.
[431] *Behrens* IPRax 2003, 193 (202).
[432] *Behrens* IPRax 2003, 193 (194).
[433] Zur Entwicklung einer „versteckten“ primärrechtlichen Kollisionsnorm mit einem Verweis auf das Recht des Registerstaates im internationalen Namensrecht s. *Wall* StAZ 2009, 261 (264).
[434] Vgl. *Frobenius* DStR 2009, 487 (489); *Leible/Hoffmann* ZIP 2003, 925 (926) und NZG 2003, 259 (260); *Weller* FS Goette, 2011, 583 (586 ff.); allgemein zum Anwendungsvorrang des Europarechts s. EuGH 15.7.1964 – 6/64, Slg. 1964, 1251 (1269 ff.) – Costa/ENEL.
[435] Zur vergleichbaren Situation auf Grundlage einer aus dem Freizügigkeitsrechts des Art. 21 Abs. 1 AEUV ableitbaren „versteckten“ namensrechtlichen Kollisionsnorm und der hiermit verbundenen Nichtanwendung von Art. 10 Abs. 1 EGBGB s. *Wall* StAZ 2009, 261 (264) und IPRax 2010, 433 (434).
[436] Vgl. *Wall* StAZ 2012, 169 (172 ff.) und 2014, 294 (300) (zum internationalen Namensrecht).
[437] Vgl. *Wall* StAZ 2012, 169 (172).

Gesellschaftskollisionsrecht bekannt ist[438] und wie sie in den nationalen Gesellschaftskollisionsrechten einiger Mitgliedstaaten verwendet wird.[439] Dies liegt begründet in dem **System mehrerer,** einander ergänzender und **miteinander verzahnter Normebenen,**[440] in dem die europarechtliche „versteckte" Gesamtverweisungs-Gründungstheorie die nationalen Gesellschaftskollisionsrechte der Mitgliedstaaten nicht vollständig ersetzt, sondern diese lediglich ergänzt und ihnen **in der kollisionsrechtlichen Prüfung „vorgeschaltet"** ist:

Nach der traditionellen Gründungstheorie können die Gesellschafter durch die Wahl 154 des Satzungssitzes (und damit mittelbar des Registerstaates) *direkt* das ihnen genehmste Gesellschaftssachrecht mit den geringsten Anforderungen, etwa in Bezug auf die Höhe des **Mindeststammkapitals,** wählen.[441] Nach der europarechtlichen Gesamtverweisungs-Gründungstheorie können die Gesellschafter hingegen nicht „isoliert" das ihnen genehmste Gesellschaftssachrecht wählen, sondern müssen zuvor das **nationale Gesellschaftskollisionsrecht** des betreffenden Mitgliedstaates **„mitwählen".**

Ob den Gesellschaftern die Wahl des ihnen genehmsten Gesellschaftssachrechts im Er- 155 gebnis möglich ist, hängt dann davon ab, ob und inwieweit ein Mitgliedstaat das für sein eigenes Gesellschaftssachrecht überhaupt zulässt: Folgt ein Mitgliedstaat in seinem nationalen Gesellschaftskollisionsrecht der **Sitztheorie, wirkt diese wie eine Art „Filter",** der den Gründungsgesellschaftern durch das Erfordernis eines Verwaltungssitzes die Wahl des Gesellschaftssachrechts dieses Mitgliedstaates erschwert. Folgt ein Mitgliedstaat hingegen in seinem nationalen Gesellschaftskollisionsrecht der Gründungstheorie, so wird den Gesellschaftern der Weg zur freien Wahl des Gesellschaftssachrechts dieses Mitgliedstaates eröffnet.

Dass das nationale Gesellschafts*kollisionsrecht* des Registerstaates aufgrund der europarecht- 156 lichen Gesamtverweisungs-Gründungstheorie erst „befragt" werden muss, bevor das Gesellschafts*sachrecht* des Registerstaates angewendet werden kann, lässt sich auch der **Rechtsprechung des EuGH** entnehmen: In der **Rechtssache „Überseering"** betonte der EuGH, dass die *Überseering BV* ihren **Status als Gesellschaft niederländischen Rechts** aus Sicht der Rechtsordnung des Registerstaates (Niederlande) nicht verloren hatte.[442] Der EuGH griff hierbei indirekt auf das **niederländische Gesellschaftskollisionsrecht** (Gründungstheorie) zurück, wonach die Verlegung des tatsächlichen Verwaltungssitzes aus Sicht der niederländischen Rechtsordnung keine Auswirkungen auf den Status der Gesellschaft als einer Gesellschaft niederländischen Rechts hatte.[443] In **der Rechtssache „Cartesio"** betonte der EuGH, dass die *Cartesio betéti társaság* unstreitig eine **Gesellschaft des Wegzugsstaates Ungarn** war.[444]

Die Rechtsfähigkeit einer Gesellschaft ist daher nur insoweit „zu achten", als der Re- 157 gisterstaat diese trotz Verlegung ihres Verwaltungssitzes in einen anderen Mitgliedstaat aufrechterhält, dh die Gesellschaft nicht selbst infolge der Verlegung ihres Verwaltungssitzes für aufgelöst erklärt.[445] Der kollisionsrechtliche Gehalt der Verpflichtung der Rechtsfähigkeit erschöpft sich mithin darin, dass das **Recht des Registerstaates (= Wegzugsstaates)** – einschließlich seines nationalen Gesellschaftskollisionsrechts – **zu befragen ist,** ob die Gesellschaft nach ihrem Wegzug noch fortbesteht.[446]

---

438 → Rn. 11ff.
439 → Rn. 13.
440 S. hierzu *Weller* FS Goette, 2011, 583 (585ff., 598).
441 → Rn. 16ff.
442 EuGH 5.11.2002 – C-208/00, NZG 2002, 1164 Rn. 63, 80 – Überseering.
443 → Rn. 42.
444 EuGH 16.12.2008 – C-210/06, NZG 2009, 61 Rn. 123 – Cartesio.
445 *Großerichter* DStR 2003, 159 (166).
446 *Großerichter* DStR 2003, 159 (166).

### d) Tabelle – Auswirkung einer Verwaltungssitzverlegung

158

| | „Zuzugsfall" | „Wegzugsfall" |
|---|---|---|
| Auseinanderfallen von<br>**Verwaltungssitz** und<br>**Satzungssitz** (Registerstaat) | **Verwaltungssitz** wird nach Deutschland verlegt<br>**Satzungssitz** befindet sich in anderem Mitgliedstaat (= Registerstaat) | **Verwaltungssitz** wird in anderen Mitgliedstaat verlegt<br>**Satzungssitz** befindet sich in Deutschland (= Registerstaat) |
| Der andere Mitgliedstaat folgt der<br>**Gründungstheorie** | (I) EuGH-Fall **„Überseering"**<br>(1) Europarechtliche Gesamtverweisungs-Gründungstheorie verweist auf Kollisionsrecht des anderen Mitgliedstaates<br>(2) Kollisionsrecht des anderen Mitgliedstaates nimmt die Verweisung an<br>(3) Gesellschaft unterliegt (weiterhin) dem Sachrecht des anderen Mitgliedstaates | (II) Bisher kein EuGH-Fall<br>(1) Europarechtliche Gesamtverweisungs-Gründungstheorie verweist auf deutsches Kollisionsrecht<br>(2) Sitztheorie (gewohnheitsrechtliches deutsches Gesellschaftskollisionsrecht) verweist auf Kollisionsrecht des anderen Mitgliedstaates (Art. 4 Abs. 1 S. 1 Hs. 1 EGBGB)<br>(3) Kollisionsrecht des anderen Mitgliedstaates verweist auf deutsches Recht zurück (Art. 4 Abs. 1 S. 2 EGBGB)<br>(4) Gesellschaft unterliegt (weiterhin) dem deutschen Sachrecht |
| Der andere Mitgliedstaat folgt der<br>**Sitztheorie** | (III) Bisher kein EuGH-Fall<br>(1) Europarechtliche Gesamtverweisungs-Gründungstheorie verweist auf Kollisionsrecht des anderen Mitgliedstaates<br>(2) Kollisionsrecht des anderen Mitgliedstaates verweist auf deutsches Recht zurück<br>(3) Sitztheorie (gewohnheitsrechtliches deutsches Gesellschaftskollisionsrecht) nimmt die Verweisung an<br>(4) Gesellschaft unterliegt *ex nunc* deutschem Sachrecht („Eingangsstatutenwechsel") | (IV) EuGH-Fall **„Cartesio"**<br>(1) Europarechtliche Gesamtverweisungs-Gründungstheorie verweist auf deutsches Kollisionsrecht<br>(2) Sitztheorie (gewohnheitsrechtliches deutsches Gesellschaftskollisionsrecht) verweist auf Kollisionsrecht des anderen Mitgliedstaates<br>(3) Kollisionsrecht des anderen Mitgliedstaates nimmt die Verweisung an<br>(4) Gesellschaft unterliegt *ex - nunc* dem Sachrecht des anderen Mitgliedstaates („Ausgangsstatutenwechsel") |

## V. Vergleich der methodischen Lösungsansätze

### 1. Auswirkungen bei „Zuzugsfall" aus Sitztheorie-Mitgliedstaat

Die Umsetzung der Rechtsprechung des EuGH zur Niederlassungsfreiheit auf der Ebene des Europarechts, nämlich durch Annahme einer in Art. 49, 54 AEUV enthaltenen „versteckten" Kollisionsnorm mit dem Inhalt der Gesamtverweisungs-Gründungstheorie, führt trotz einer anderen methodischen Begründung **vielfach zu den gleichen Ergebnissen** wie die Lösung des BGH, der die Rechtsprechung des EuGH durch eine Veränderung des nationalen deutschen Gesellschaftskollisionsrechts, nämlich durch partielle Aufgabe der Sitztheorie in „Zuzugsfällen" aus Mitgliedstaaten, umsetzt. Dies zeigt die vorstehende Tabelle,[447] die zu den gleichen Ergebnissen führt wie die in der obigen Tabelle[448] zusammengefasste Lösung des BGH. 159

Die Lösung des BGH über eine europarechtskonforme Ausgestaltung des deutschen Gesellschaftskollisionsrechts iSd Gründungstheorie für „Zuzugsfälle" kann allerdings zu einer (vom BGH wohl nicht bedachten und unbeabsichtigten) „Nebenwirkung" führen, wenn der Wegzugsstaat seinerseits der Sitztheorie folgt.[449] 160

**a) BGH-Lösung über Auslegung nationalen Kollisionsrechts.** Folgt man mit dem BGH in „Zuzugsfällen" aus einem anderen EU-Mitgliedstaat der Gründungstheorie,[450] so stellt sich aus Sicht der Behörden des Wegzugsstaats die kollisionsrechtliche Lage so dar: Die Verlegung des Verwaltungssitzes nach Deutschland führt **aus Sicht der Behörden und Gerichte des Wegzugsstaates** dazu, dass dessen nationales Gesellschaftskollisionsrecht (Sitztheorie) nunmehr auf das deutsche Recht verweist. Sofern es sich hierbei um eine **Gesamtverweisung** handelt, ist danach das **deutsche Kollisionsrecht** zu befragen. Da es sich aus Sicht der deutschen Rechtsordnung aber um einen „Zuzugsfall" aus einem Mitgliedstaat handelt, verweist die vom BGH für diese Fallgruppe nunmehr vertretene Gründungstheorie auf das Recht des Wegzugsstaates zurück! Aufgrund dieses ***Renvoi*** unterliegt die Gesellschaft trotz Verlegung ihres Verwaltungssitzes nach Deutschland aus Sicht der Behörden und Gerichte des Wegzugsstaates somit weiterhin dem **Sachrecht des Wegzugsstaates!** 161

**Aus Sicht der deutschen Behörden und Gerichte,** die ihre kollisionsrechtliche Prüfung bei der Gründungstheorie des deutschen Kollisionsrechts für „Zuzugsfälle" aus Mitgliedstaaten beginnen (müssen), führt hingegen umgekehrt die Anknüpfung des Wegzugsstaates nach der Sitztheorie zu einem ***Renvoi*** auf deutsches Recht, sodass die Gesellschaft gemäß Art. 4 Abs. 1 S. 2 EGBGB dem **deutschen Sachrecht** unterliegt.[451] 162

Dieses **Ergebnis erscheint paradox** und ist durch nichts zu rechtfertigen: Das „hinkende" Rechtsverhältnis verstößt als solches gegen die Niederlassungsfreiheit der Gesellschaft aus Art. 49, 54 AEUV; diese hat ein Recht darauf, innerhalb der EU einheitlich als Gesellschaft *eines* Mitgliedstaates angesehen zu werden.[452] Das Ergebnis widerspricht auch dem intendierten Bestreben des BGH, die Gründungstheorie nur insoweit anzuwenden, als dies europarechtlich zwingend geboten ist, es im Übrigen aber bei der Anknüpfung des Gesellschaftskollisionsrechts nach der Sitztheorie zu belassen. Ohne den partiellen Wechsel des BGH zur Gründungstheorie hätte im vorliegenden Fall aber überhaupt **kein Konflikt zwischen beiden beteiligten Rechtsordnungen** bestanden, da die Verlegung des Verwaltungssitzes nach Deutschland dann sowohl aus Sicht des Wegzugsstaates als auch aus deutscher Sicht nach der in beiden Staaten gleichermaßen geltenden Sitztheorie zu einem Statutenwechsel zum deutschen Recht geführt hätte. 163

---

447 → Rn. 158.
448 → Rn. 129.
449 Diese Fallgruppe findet sich in den Tabellen in → Rn. 129 und → Rn. 158 jeweils unter (III).
450 → Rn. 95 ff.
451 → Rn. 116.
452 → Rn. 146.

164 **b) Lösung über eine „versteckte" Kollisionsnorm.** Das soeben skizzierte paradoxe Ergebnis, dass sich auf Grundlage der Lösung des BGH ergibt, lässt sich vermeiden, wenn man die Rechtsprechung des EuGH zu Art. 49, 54 AEUV bereits auf der Ebene des Europarechts über eine „versteckte" Kollisionsnorm mit dem Inhalt der **Gesamtverweisungs-Gründungstheorie** umsetzt: Aufgrund des **Anwendungsvorrangs des Europarechts** beginnen die **Behörden und Gerichte jedes Mitgliedstaates** danach ihre kollisionsrechtliche Prüfung einheitlich bei dieser „versteckten" europarechtlichen Kollisionsnorm. Diese verweist in vorliegendem Fall auf das nationale Gesellschaftskollisionsrecht des Wegzugsstaates, in dem die Gesellschaft ihren Satzungssitz hat und **im Handelsregister eingetragen** ist. Da der Wegzugsstaat der Sitztheorie folgt, führt die Verlegung des Verwaltungssitzes nach Deutschland dazu, dass das Kollisionsrecht des Wegzugsstaates auf das deutsche Recht (weiter-) verweist.

165 Geht man davon aus, dass die Rechtsprechung des EuGH zur Niederlassungsfreiheit methodisch auf der Ebene des Europarechts über eine „versteckte" primärrechtliche Kollisionsnorm umgesetzt wird, ist es auch nicht (mehr) erforderlich, dass die Mitgliedstaaten ihr nationales Gesellschaftskollisionsrecht verändern. Ohne primärrechtliches Anpassungsgebot verbleibt es für das deutsche Gesellschaftskollisionsrecht aber bei der gewohnheitsrechtlich anerkannten Sitztheorie.[453] Sofern das nationale Gesellschaftskollisionsrecht des Wegzugsstaates eine Gesamtverweisung ausspricht, nimmt das deutsche Gesellschaftskollisionsrecht die Verweisung des Wegzugsstaates somit an. Die Verlegung des Verwaltungssitzes nach Deutschland führt somit sowohl aus Sicht der Rechtsordnung des Wegzugsstaates als auch aus Sicht des Zuzugsstaates Deutschland zu einem Statutenwechsel zum deutschen Recht, sodass die Gesellschaft aus Sicht *beider* beteiligter Rechtsordnungen nicht mehr als Gesellschaft des Wegzugsstaates fortbestehen kann und sich im Wege des identitätswahrenden Rechtsformwechsels in eine deutsche Gesellschaft umwandeln muss.

### 2. Rechtfertigung einer „versteckten" Kollisionsnorm aufgrund des „effet utile"

166 **a) Erfordernis einer kollisionsrechtlichen Lösung.** Die Rechtsprechung des EuGH zur Niederlassungsfreiheit lässt sich effektiv nur auf kollisionsrechtlichem – und nicht etwa auf sachrechtlichem – Wege umsetzen:[454] Der EuGH verlangt von den Mitgliedstaaten, die Rechtsfähigkeit der in einem anderen Mitgliedstaat gegründeten Gesellschaft als dem Recht dieses Mitgliedstaates unterliegende Gesellschaft „zu achten".[455] Es ist daher europarechtlich **nicht zulässig,** in „Zuzugsfällen" aus anderen Mitgliedstaaten uneingeschränkt an der Sitztheorie festzuhalten und bei Verlegung des Verwaltungssitzes die Rechtsfähigkeit der Gesellschaft lediglich dadurch aufrecht zu erhalten, dass man **auf *sachrechtlicher* Ebene im Wege der Angleichung** einen Formwechsel der Gesellschaft in eine Gesellschaftsform des Zuzugsstaates erzwingt.[456]

167 Würde man von einer ausländischen Kapitalgesellschaft bei Zuzug nach Deutschland eine Angleichung in eine deutsche GbR oder oHG vornehmen, so wäre dies wegen der hiermit einhergehenden **unbeschränkten persönlichen Haftung der Gesellschafter**[457] geeignet, die Gesellschafter insgesamt von der Verlegung des Verwaltungssitzes abzuhalten; hierin läge eine **nicht gerechtfertigte Beschränkung** ihrer Niederlassungsfreiheit.[458] Die Gesellschaft ist vielmehr in derjenigen ausländischen Rechtsform anzuerken-

---

[453] → Rn. 9; BGH NZG 2009, 68 Rn. 19–22 – Trabrennbahn; 8.10.2009 – IX ZR 227/06, BeckRS 2009, 28205 Rn. 4; NZG 2011, 1114 Rn. 16; → Rn. 101 ff.

[454] *Leible/Hoffmann* ZIP 2003, 925 (926); *Mansel* RabelsZ 70 (2006), 651 (679); **aA** *Großerichter* DStR 2003, 159 (162).

[455] EuGH 5.11.2002 – C-208/00, NZG 2002, 1164 Rn. 80 ff., 95 – Überseering.

[456] BGH NZG 2003, 431 (432); PWW/*Brödermann/Wegen* IntGesR Rn. 13; *Behrens* IPRax 2003, 193 (203); *Eidenmüller* ZIP 2002, 2233 (2238 ff.); *Leible/Hoffmann* ZIP 2003, 925 (926) und NZG 2003, 259 (260); *Schnitger* IStR 2002, 818 (818); **aA** *Kindler* NJW 2003, 1073 (1077, 1079) und NZG 2009, 130 (132).

[457] → Rn. 24.

[458] → Rn. 78.

nen, in der sie gegründet wurde und auch fortbesteht.[459] Das setzt dogmatisch aber eine **kollisionsrechtliche Verweisung auf das Recht des Registerstaates** voraus.[460]

**b) Entbehrlichkeit nationaler Umsetzungsakte aufgrund „effet utile".** Für eine Verortung dieser **Kollisionsnorm auf der Ebene des Primärrechts** spricht der **Grundsatz des *„effet utile"*,** da hierdurch der Niederlassungsfreiheit der Gesellschaft aus Art. 49, 54 AEUV am besten zu **praktischer Wirksamkeit** verholfen wird:[461] Wenn nach der Rechtsprechung des EuGH zu Art. 49, 54 AEUV eine kollisionsrechtliche Lösung ohnehin der einzig gangbare Weg zur Erreichung des Ziels der „Achtung" der Rechtsfähigkeit der Gesellschaft ist und den Mitgliedstaaten insofern zur Zielerreichung **kein methodischer Spielraum** mehr verbleibt, dann sollte man den Aussagen des EuGH nicht nur Vorgaben für den Inhalt und die Ausgestaltung der nationalen Kollisionsrechte der Mitgliedstaaten entnehmen (die von den Mitgliedstaaten ggf. erst umzusetzen wären), sondern die Aussagen des EuGH selbst als eine **„versteckte" primärrechtliche Kollisionsnorm** interpretieren, die Anwendungsvorrang vor entgegenstehendem nationalen Recht genießt und daher keines legislative Umsetzungsaktes in den nationalen Rechtsordnungen der Mitgliedstaaten mehr bedarf. 168

Der Unterschied zwischen einer bloßen Zielvorgabe an die nationalen Gesellschaftskollisionsrechte und einer „versteckten" primärrechtlichen Kollisionsnorm zeigt sich dabei in Fallkonstellationen, in denen das nationale Kollisionsrecht eines Mitgliedstaates eine Auslegung oder Rechtsfortbildung iSd primärrechtlichen Vorgaben methodisch nicht zulässt,[462] etwa wenn ein nationales IPR-Gesetz eines Mitgliedstaates ausdrücklich die Sitztheorie als kollisionsrechtliches Anknüpfungsmerkmal benennt. 169

Interpretiert man die Rechtsprechung des EuGH als eine bloße (wenn auch kollisionsrechtliche) Vorgabe, welche die Mitgliedstaaten in ihrem eigenen nationalen Recht erst umsetzen müssen, so bedarf es eines gesetzgeberischen oder gerichtlichen – auslegenden oder rechtsfortbildenden – **Umsetzungsaktes,** durch den die primärrechtlichen Vorgaben im nationalen Gesellschaftskollisionsrecht berücksichtigt werden. In der **Rechtssache „Überseering"** konnte dieser Umsetzungsakt durch den BGH erfolgen, da das **Gesellschaftskollisionsrecht in Deutschland nicht kodifiziert** ist und insoweit keine methodische Sperre für den BGH bestand, sich über eine geschriebene Norm des EGBGB hinwegsetzen zu müssen.[463] Dass das deutsche Gesellschaftskollisionsrecht bisher nicht kodifiziert ist und insoweit die erforderliche **Flexibilität für eine primärrechtskonforme Auslegung** aufweist, ändert aber am methodischen Grundproblem nichts. 170

Sofern ein nationaler Gesetzgeber eines Mitgliedstaates sein Gesellschaftskollisionsrecht *bewusst* iSd Sitztheorie ausgestaltet hat, wären nationale Gerichte dieses Mitgliedstaates bis zu einer gesetzgeberischen Änderung des nationalen IPR-Gesetzes hieran gebunden. Auch das Europarecht verlangt von den nationalen Gerichten nämlich **keine Rechtsfortbildung *contra legem*.**[464] Die primärrechtlichen Vorgaben ließen sich dann in der Praxis erst umsetzen, nachdem der betroffene nationale Gesetzgeber sein Gesellschaftskollisionsrecht geändert und an die kollisionsrechtlichen Vorgaben des EuGH angepasst hätte. 171

[459] BGH NZG 2005, 974 (974); *Behrens* IPRax 2003, 193 (200); *Goette* DStR 2009, 63 (63); *Leible/Hoffmann* ZIP 2003, 925 (926 ff.).

[460] *Behrens* IPRax 2003, 193 (203); *W. H. Roth* IPRax 2003, 117 (120, 123); *Weller* IPRax 2009, 202 (205) und FS Goette, 2011, 583 (588).

[461] Vgl. *Wall* IPRax 2010, 433 (437); StAZ 2012, 169 (172) und 2014, 294 (300) (zum internationalen Namensrecht).

[462] Dies war ursprünglich im deutschen internationalen Namensrecht der Fall; Art. 10 EGBGB ließ hier die Umsetzung der primärrechtlichen Vorgaben aus der Entscheidung EuGH 14.10.2008 – C-353/06, StAZ 2009, 9 Rn. 23–28, 39 – Grunkin-Paul, nach deutscher Methodenlehre nicht zu, s. hierzu *Wall* IPRax 2010, 433 (435). – Zur heutigen, allerdings lediglich sachrechtlichen Lösung s. Art. 48 EGBGB.

[463] → Rn. 99.

[464] EuGH 16.6.2005 – C-105/03, EuZW 2005, 433 Rn. 47 – Pupino; 4.7.2006 – C-212/04, NJW 2006, 2465 Rn. 110 – Adeneler.

172 **c) Unmittelbare Anwendbarkeit der Niederlassungsfreiheit.** Hiervon hätte die betroffene Gesellschaft bis zu einer solchen Gesetzesänderung indes nichts. Dies widerspräche aber der Kernaussage des EuGH, wonach die Niederlassungsfreiheit aus Art. 49, 54 AEUV für Gesellschaften unmittelbar anwendbar ist.[465] **Maßnahmen der Rechtsangleichung,** etwa durch Änderung der nationalen Gesellschaftskollisionsrechte oder gar durch Schaffung einer EU-Kollisionsrechtsverordnung zum internationalen Gesellschaftsrecht, könnten die Verwirklichung der Niederlassungsfreiheit zwar erleichtern, der Gebrauch der Niederlassungsfreiheit hängt aber nicht vom Erlass solcher Vorschriften ab.[466]

173 Um die betroffene Gesellschaft vor einer **Untätigkeit der Gesetzgeber der Mitgliedstaaten** bei der Anpassung der nationalen Gesellschaftskollisionsrechte zu schützen, erscheint es iSd praktischen Wirksamkeit *(„effet utile")* der Niederlassungsfreiheit daher vorzugswürdig, der Rechtsprechung des EuGH zum internationalen Gesellschaftsrecht selbst eine unmittelbar anwendbare „versteckte" europarechtliche Kollisionsnorm zu entnehmen. Diese genießt aufgrund ihres **Rechtssatzcharakters** ohne weiteres Anwendungsvorrang vor entgegenstehendem nationalem – geschriebenem oder ungeschriebenem – Gesellschaftskollisionsrecht, sodass der Rechtsanwender dieses unangewendet lassen kann und muss. Nationales Gesellschaftskollisionsrecht der Mitgliedstaaten gelangt nur dann zur Anwendung, wenn die „versteckte" primärrechtliche Kollisionsnorm auf dieses verweist oder das durch sie berufene nationale Gesellschaftskollisionsrecht des Registerstaates auf dieses weiterverweist.

## C. Kollisionsrecht bei grenzüberschreitenden Umwandlungen

174 Auch bei **grenzüberschreitenden Umwandlungen** sind bei Bezug zu Gesellschaften aus anderen Mitgliedstaaten und EWR-Staaten die europarechtlichen Vorgaben aus der Rechtsprechung des EuGH zur **Niederlassungsfreiheit** (Art. 49, 54 AEUV) zu beachten. Zu unterscheiden sind dabei zwei Fallgruppen, die im Folgenden getrennt behandelt werden:

175 In den Fällen einer **grenzüberschreitenden Verschmelzung** sind ***zwei*** **Gesellschaften** aus verschiedenen Staaten an dem Umwandlungsvorgang beteiligt. Der EuGH hat sich mit einem solchen Fall in der **Rechtssache „SEVIC Systems"**[467] beschäftigt. Daneben verpflichtete eine Richtlinie der EU vom 26.10.2005[468] die Mitgliedstaaten – und damit auch den deutschen Gesetzgeber – zur Aufstellung von Regelungen für grenzüberschreitende Verschmelzungen. Der deutsche Gesetzgeber hat diese Richtlinie durch das „Zweite Gesetz zur Änderung des Umwandlungsgesetzes vom 19.4.2007"[469] umgesetzt und dabei die **§§ 122a bis 122l UmwG** geschaffen.[470]

176 In den Fällen eines **grenzüberschreitenden Rechtsformwechsels** ist hingegen nur ***eine*** **Gesellschaft** an dem Umwandlungsvorgang beteiligt, die ihren Satzungssitz (und ggf. auch Verwaltungssitz) unter Wahrung ihrer Identität, aber unter Wechsel des Gesellschaftsstatuts von einem Staat in einen anderen Staat verlegen will.[471] Der EuGH hat sich mit dem Fall eines grenzüberschreitenden Rechtsformwechsels in der **Rechtssache „VALE"**[472] und bereits zuvor in einem *obiter dictum* in der **Rechtssache „Cartesio"**[473] beschäftigt. Auf der Ebene des EU-Sekundärrechts existieren hingegen – anders als für

[465] *Behrens* IPRax 2003, 193 (198, 203).
[466] EuGH 5.11.2002 – C-208/00, NZG 2002, 1164 Rn. 55, 60 – Überseering; **aA** etwa noch KG NJW 1989, 3100 (3101).
[467] EuGH 13.12.2005 – C-411/03, NZG 2006, 112 – SEVIC Systems; → Rn. 183 ff.
[468] Richtlinie 2005/56/EG des Europäischen Parlaments und des Rates v. 26.10.2005 über die Verschmelzung von Kapitalgesellschaften verschiedener Mitgliedstaaten, ABl. 2005 L 310, 1.
[469] BGBl. 2007 I 542.
[470] Schwerdtfeger/*Reber/Kröger* GesR Kap. 4 Rn. 104; Henssler/Strohn/*Servatius* IntGesR Rn. 38.
[471] *Behrens* EuZW 2012, 121 (122); *Böttcher/Kraft* NJW 2012, 2701 (2703).
[472] EuGH 12.7.2012 – C-378/10, NZG 2012, 871 – VALE; → Rn. 195 ff.
[473] EuGH 16.12.2008 – C-210/06, NZG 2009, 61 Rn. 112 f. – Cartesio; → Rn. 192 ff.

Verschmelzungen – keine Vorschriften zum grenzüberschreitenden Rechtsformwechsel.[474] Auch der deutsche Gesetzgeber hat es bisher noch nicht für nötig erachtet, die §§ 190ff. UmwG zu ändern und sie an die primärrechtlichen Vorgaben des EuGH anzupassen.[475]

## I. Grenzüberschreitende Verschmelzung

### 1. Vereinigungstheorie nach deutschem Kollisionsrecht

Das deutsche Recht enthält keine geschriebenen Regeln für die kollisionsrechtliche Behandlung grenzüberschreitender Umwandlungen.[476] Entgegen früher vertretenen „Einzeltheorien", die einseitig entweder auf das Recht der aufnehmenden Gesellschaft (sog „Aufnahmetheorie") oder auf das Recht der übertragenden Gesellschaft (sog „Übertragungstheorie") abstellten, hat sich die sog **„Vereinigungstheorie"** etabliert, nach der das **Umwandlungssachrecht aller** an der grenzüberschreitenden Verschmelzung **beteiligten Rechtsordnungen** zu berücksichtigen ist.[477] 177

Aus der Verschmelzungsrichtlinie[478] folgt, dass die Mitgliedstaaten der EU auch europarechtlich verpflichtet sind, ihr nationales Kollisionsrecht für Verschmelzungen iSd „Vereinigungstheorie" auszugestalten: Art. 4 Abs. 1 lit. b der Verschmelzungsrichtlinie bestimmt, dass jede an der Verschmelzung beteiligte Gesellschaft die Vorschriften und Formalitäten des für sie geltenden innerstaatlichen Rechts einhalten bzw. erledigen muss. Die Richtlinie setzt also eine kollisionsrechtliche Vorentscheidung dahingehend voraus, dass die Gesellschaftsstatute aller an der Verschmelzung beteiligten Gesellschaften heranzuziehen sind.[479] 178

Nach der Vereinigungstheorie ist allerdings nicht der gesamte Verschmelzungsvorgang einer Kumulierung aller Gesellschaftsstatute unterworfen, vielmehr ist zwischen den Voraussetzungen und dem Verfahren der Verschmelzung einerseits und den Wirkungen der Verschmelzung andererseits zu differenzieren: 179

**a) Zulässigkeit und Verfahren der Verschmelzung.** Die Zulässigkeit der Verschmelzung (zB aktive und passive Verschmelzungsfähigkeit der Gesellschaft) und das dabei einzuhaltende Verfahren, soweit es **nur eine der beteiligten Gesellschaften** allein betrifft – insbesondere die Prüfung des Verschmelzungsvertrages, die Beschlussfassung über den Verschmelzungsvertrag (Anforderungen an Zustimmungsbeschlüsse) und die Offenlegung der Verschmelzung –, richten sich nach dem Gesellschaftsstatut der jeweils betroffenen Gesellschaft.[480] 180

Soweit ein **gemeinsames Tätigwerden** der am Umwandlungsvorgang beteiligten Gesellschaften erforderlich ist (zB bei Abschluss des Verschmelzungsvertrages und bei Erstellung des Verschmelzungsberichts) sind die Rechtsordnungen zu kumulieren.[481] Dabei setzt sich die Rechtsordnung durch, welche die strengeren Anforderungen stellt (sog **„Grundsatz des ärgeren Rechts"**).[482] 181

**b) Wirkungen der Verschmelzung.** Bei den Wirkungen der Verschmelzung ist ebenfalls zu differenzieren: Hinsichtlich des Vermögensübergangs und das **Erlöschen** der übertragenden Gesellschaft gilt das **Gesellschaftsstatut der übertragenden Gesell-** 182

[474] EuGH 12.7.2012 – C-378/10, NZG 2012, 871 Rn. 43 – VALE; *Böttcher/Kraft* NJW 2012, 2701 (2703).
[475] *Herrler* DNotZ 2009, 484 (490ff.).
[476] Henssler/Strohn/*Servatius* IntGesR Rn. 38.
[477] Wachter/*Kraft* Teil 2 Kap. 8 Rn. 102; Schwerdtfeger/*Reber/Kröger* GesR Kap. 4 Rn. 95; *Kappes* NZG 2006, 101 (103).
[478] Richtlinie 2005/56/EG des Europäischen Parlaments und des Rates v. 26.10.2005 über die Verschmelzung von Kapitalgesellschaften aus verschiedenen Mitgliedstaaten, ABl. 2005 L 310, 1.
[479] Schwerdtfeger/*Reber/Kröger* GesR Kap. 4 Rn. 111.
[480] Schwerdtfeger/*Reber/Kröger* GesR Kap. 4 Rn. 95; *Kappes* NZG 2006, 101 (103).
[481] Schwerdtfeger/*Reber/Kröger* GesR Kap. 4 Rn. 95; *Kappes* NZG 2006, 101 (103).
[482] *Kappes* NZG 2006, 101 (103).

**schaft.**[483] Ab Eintreten der Wirkungen der Verschmelzung, also ab Erlöschen der übertragenden Gesellschaft, ist allein das Gesellschaftsstatut der aufnehmenden Gesellschaft maßgeblich.[484] Der Zeitpunkt des Wirksamwerdens der Verschmelzung richtet sich nach dem Recht des Staates, dem die aus der Verschmelzung hervorgehende Gesellschaft unterliegt.[485]

### 2. EuGH 13.12.2005 – C-411/03 – SEVIC Systems

183 In der Rechtssache „SEVIC Systems" wurde im Jahr 2002 ein Verschmelzungsvertrag zwischen der *SEVIC Systems AG*, einer Aktiengesellschaft mit Sitz in Deutschland, und der *Security Vision Concept SA*, einer Aktiengesellschaft mit Sitz in Luxemburg, geschlossen.[486] Der Verschmelzungsvertrag sah die Auflösung der *Security Vision Concept SA* ohne Abwicklung und die Übertragung ihres Vermögens als Ganzes auf die *SEVIC Systems AG* vor.[487] Das deutsche Amtsgericht – Registergericht – verweigerte die Eintragung der Verschmelzung im deutschen Handelsregister mit der Begründung, dass § 1 UmwG nur die Verschmelzung von Gesellschaften mit Sitz in Deutschland vorsehe.[488]

184 Durch das deutsche UmwG wurden innerstaatliche Verschmelzungen und grenzüberschreitende Verschmelzungen unterschiedlich behandelt.[489] Der EuGH zählt zu den von Art. 49 AEUV (ex-Art. 43 EG) geschützten Tätigkeiten aber auch grenzüberschreitende Verschmelzungen, diese entsprechen den Zusammenarbeits- und Umgestaltungsbedürfnissen von Gesellschaften mit Sitz in verschiedenen Mitgliedstaaten.[490] Eine Verschmelzung stellt dabei ein wirksames Mittel zur Umwandlung von Gesellschaften dar, das es im Rahmen eines einzigen Vorgangs ermöglicht, eine bestimmte Tätigkeit in neuer Form und ohne Unterbrechung auszuüben, so dass Komplikationen sowie Zeit- und Kostenaufwand verringert werden, die andere Formen der Umgestaltung von Gesellschaften mit sich bringen, etwa die Auflösung einer Gesellschaft mit Vermögensabwicklung und die Gründung einer neuen Gesellschaft unter Übertragung der einzelnen Vermögensgegenstände auf diese.[491] Der **Ausschluss grenzüberschreitende Verschmelzungen** durch das deutsche Umwandlungsrecht führt somit zu einer **Beschränkung der Niederlassungsfreiheit** aus Art. 49, 54 AEUV (= ex-Art. 43, 48 EG).[492]

185 Eine **Rechtfertigung** hat der EuGH **verneint:** Da das deutsche Umwandlungsrecht grenzüberschreitende Verschmelzungen generell ausschließe, unabhängig davon, ob konkrete Interessen bedroht sind, gehe diese Regelung über das hinaus, was zur Erreichung der zum Schutz der genannten Interessen bestehenden Ziele erforderlich ist.[493] Art. 49, 54 AEUV (ex-Art. 43, 48 EG) stehen daher dem entgegen, dass in einem Mitgliedstaat die **Eintragung einer Verschmelzung** durch Auflösung ohne Abwicklung einer Gesellschaft und durch Übertragung ihres Vermögens als Ganzes auf eine andere Gesellschaft in das nationale Handelsregister **generell verweigert wird,** wenn eine der beiden Gesellschaften ihren Sitz in einem anderen Mitgliedstaat hat, während eine solche Eintragung,

[483] Schwerdtfeger/*Reber/Kröger* GesR Kap. 4 Rn. 95.
[484] Schwerdtfeger/*Reber/Kröger* GesR Kap. 4 Rn. 95.
[485] Schwerdtfeger/*Reber/Kröger* GesR Kap. 4 Rn. 95.
[486] EuGH 13.12.2005 – C-411/03, NZG 2006, 112 Rn. 2, 6 – SEVIC Systems.
[487] EuGH 13.12.2005 – C-411/03, NZG 2006, 112 Rn. 6, 11 – SEVIC Systems.
[488] EuGH 13.12.2005 – C-411/03, NZG 2006, 112 Rn. 2, 7, 12 – SEVIC Systems; Schwerdtfeger/*Reber/Kröger* GesR Kap. 4 Rn. 100.
[489] EuGH 13.12.2005 – C-411/03, NZG 2006, 112 Rn. 13ff., 20 – SEVIC Systems.
[490] EuGH 13.12.2005 – C-411/03, NZG 2006, 112 Rn. 19 – SEVIC Systems.
[491] EuGH 13.12.2005 – C-411/03, NZG 2006, 112 Rn. 21 – SEVIC Systems.
[492] EuGH 13.12.2005 – C-411/03, NZG 2006, 112 Rn. 22ff. – SEVIC Systems.
[493] EuGH 13.12.2005 – C-411/03, NZG 2006, 112 Rn. 30 – SEVIC Systems; zum parallelen Argumentationsmuster in den Fällen eines grenzüberschreitenden Formwechsels s. EuGH 12.7.2012 – C-378/10, NZG 2012, 871 Rn. 40 – VALE; → Rn. 200; s. hierzu *Behme* NZG 2012, 936 (938).

sofern bestimmte Voraussetzungen erfüllt sind, möglich ist, wenn beide an der Verschmelzung beteiligten Gesellschaften ihren Sitz im erstgenannten Mitgliedstaat haben.[494]

Nicht deutlich wird in der Entscheidung „SEVIC Systems" allerdings, auf die **Niederlassungsfreiheit welcher der beiden beteiligten Gesellschaften** der EuGH abstellt, ob also durch die Verweigerung der grenzüberschreitenden Verschmelzung die Niederlassungsfreiheit nur der luxemburgischen *Security Vision Concept SA* (= übertragender Rechtsträger), die Niederlassungsfreiheit der deutschen *SEVIC Systems AG* (= übernehmender Rechtsträger) oder kumulativ die Niederlassungsfreiheit beider Gesellschaften aus Art. 49, 54 AEUV beschränkt wurde. Stellt man auf die Niederlassungsfreiheit der *Security Vision Concept SA* ab, so lässt sich die Entscheidung des EuGH in der Rechtssache „SEVIC Systems" in der **Fallgruppe der Zuzugsfälle** einordnen.[495] 186

### 3. Umsetzung der primärrechtlichen Vorgaben in der Praxis

Die **primärrechtlichen Vorgaben** des EuGH aus der Rechtssache „SEVIC Systems" lassen sich im deutschen Recht mittlerweile **auf Grundlage der §§ 122a bis 122l UmwG umsetzen,** die erst nach der Entscheidung des EuGH in Kraft getreten sind.[496] Wegen Einzelheiten der grenzüberschreitenden Verschmelzung wird daher auf die Kommentierungen zu §§ 122a bis 122l UmwG verwiesen. 187

Da die Voraussetzungen für eine grenzüberschreitende Verschmelzung auf eine deutsche Gesellschaft mittlerweile in §§ 122a bis 122l UmwG kodifiziert sind und insofern – insbesondere im Vergleich zu dem weiterhin nicht kodifizierten grenzüberschreitenden Rechtsformwechsel[497] – Rechtssicherheit in Bezug auf das einzuhaltende Verfahren einer grenzüberschreitenden Verschmelzung schaffen,[498] bietet sich die grenzüberschreitende Verschmelzung als Gestaltungsalternative für diejenigen an, denen ein grenzüberschreitender Formwechsel mangels geschriebener Voraussetzungen derzeit (noch) zu unsicher ist: 188

Soll etwa im Ergebnis eine Kapitalgesellschaft aus einem anderen EU-Mitgliedstaat in eine Kapitalgesellschaft deutschen Rechts (GmbH oder AG) umgewandelt werden, so bietet sich zur Zielerreichung neben dem direkten Rechtsformwechsel als Gestaltungsalternative an, dass zunächst in einem **ersten Schritt** im Zuzugsstaat (Deutschland) eine **Kapitalgesellschaft (GmbH oder AG) nach deutschem Recht gegründet** wird und sodann in einem **zweiten Schritt** die Gesellschaft des Wegzugsstaates im Wege einer sog **„Hereinverschmelzung"**[499] auf die neu gegründete Gesellschaft des Zuzugsstaates (Deutschland) als aufnehmender Rechtsträger verschmolzen wird.[500] 189

## II. Grenzüberschreitender Rechtsformwechsel

### 1. Europarechtliche Vorgaben

Ähnlich wie in den Fällen einer *rechtsformwahrenden* Verlegung des (Verwaltungs-) Sitzes[501] ist auch bei einer ***rechtsformwechselnden* Sitzverlegung zwischen „Wegzugsfällen" und „Zuzugsfällen" zu unterscheiden,**[502] wobei hier nicht nur der Verwaltungssitz, sondern auch der **Satzungssitz in den Zuzugsstaat verlegt** wird[503] und die Gesellschaft deshalb im 190

[494] EuGH 13.12.2005 – C-411/03, NZG 2006, 112 Rn. 31 – SEVIC Systems.
[495] *Kindler* NZG 2009, 130 (132).
[496] → Rn. 175.
[497] Wachter/*Kraft* Teil 2 Kap. 8 Rn. 128; *Hübner* IPRax 2015, 134 (139); → Rn. 210.
[498] *Herrler* DNotZ 2009, 484 (491).
[499] *Behme* NZG 2012, 936 (937).
[500] WürzNotar-HdB/*Heggen* Teil 7 Kap. 6 Rn. 13; Wachter/*Kraft* Teil 2 Kap. 8 Rn. 129.
[501] → Rn. 30 ff.
[502] *Behme* NZG 2012, 936 (936 ff.).
[503] *Hübner* IPRax 2015, 134 (137).

Handelsregister des Zuzugsstaates eingetragen werden soll.[504] Die Gesellschaft erstrebt hierbei also einen Wechsel des Gesellschaftsstatuts, dh des auf die Gesellschaft anwendbaren Sachrechts;[505] hierin unterscheidet sich der grenzüberschreitende Rechtsformwechsel entscheidend von den oben untersuchten „Zuzugsfällen"[506] und „Wegzugsfällen"[507] einer rechtsformwahrenden Verwaltungssitzverlegung,[508] in denen die Gesellschaft ihren Satzungssitz im Wegzugsstaat beibehalten und weiterhin eine Gesellschaft des Wegzugsstaates bleiben will.

191 In der **Rechtssache „Daily Mail"** war noch **offen geblieben,** ob der Gesellschaft gegenüber dem Wegzugstaat aus der Niederlassungsfreiheit ein Recht auf einen identitätswahrenden Rechtsformwechsel zusteht.[509] Unter welchen Voraussetzungen ein Mitgliedstaat aufgrund der Niederlassungsfreiheit (Art. 49, 54 AEUV) verpflichtet ist, einer Gesellschaft einen identitätswahrenden grenzüberschreitenden Rechtsformwechsel zu ermöglichen, hat der EuGH **in Bezug auf den Wegzugsstaat** in der **Rechtssache „Cartesio"** und in **Bezug auf den Zuzugsstaat** in der **Rechtssache „VALE"** entschieden:[510]

192 **a) EuGH 16.12.2008 – C-210/06 – Cartesio.** In der Rechtssache „Cartesio" wollte die betroffene Gesellschaft unter Beibehaltung ihrer bisherigen Rechtsform (konkret: als Kommanditgesellschaft ungarischen Rechts) ihren Verwaltungssitz aus dem Wegzugsstaat (konkret: Ungarn) in den Zuzugsstaat (konkret: Italien) verlegen.[511] Dies wurde ihr vom EuGH gemäß der von ihm beibehaltenen „Geschöpftheorie"[512] versagt.[513] In einem *obiter dictum*[514] äußerte der EuGH sich jedoch zu der hypothetischen Fallkonstellation, wenn die Gesellschaft sich in eine Gesellschaft des Zuzugsstaates (konkret: Italien) hätte umwandeln wollen:

193 Wenn eine Gesellschaft ihren (zu ergänzen ist wohl: Verwaltungs- und Satzungs-) Sitz aus einem Mitgliedstaat in einen anderen Mitgliedstaat unter Änderung des anwendbaren nationalen Rechts verlegt und dabei in eine dem nationalen Recht des zweiten Mitgliedstaats unterliegende Gesellschaftsform umgewandelt wird, ist es **nicht gerechtfertigt,** dass der Gründungsmitgliedstaat (= Wegzugsstaat) die Gesellschaft dadurch, dass er ihre Auflösung und Liquidation verlangt, **daran hindert, sich in eine Gesellschaft nach dem nationalen Recht dieses anderen Mitgliedstaats (= Zuzugsstaat) umzuwandeln,** soweit dies nach diesem Recht möglich ist.[515] Ein solches Hemmnis für die tatsächliche Umwandlung, ohne vorherige Auflösung und Liquidation, einer solchen Gesellschaft in eine Gesellschaft des nationalen Rechts des Zuzugsstaates stellt eine **Beschränkung der Niederlassungsfreiheit** der betreffenden Gesellschaft dar, die, wenn sie nicht zwingenden Gründen des Allgemeininteresses entspricht, nach Art. 49 AEUV verboten ist.[516]

194 Dem Mitgliedstaat verbleibt daher nur die **Kompetenz,** in Wegzugsfällen über die Existenz der Gesellschaft **als einer solchen seines eigenen Sachrechts** zu entschei-

[504] Vgl. EuGH 12.7.2012 – C-378/10, BeckRS 2012, 81448 Rn. 9, 11 – VALE (in NZG 2012, 871 insoweit nicht abgedruckt).
[505] *Frobenius* DStR 2009, 487 (490).
[506] → Rn. 31 ff., insbesondere → Rn. 34.
[507] → Rn. 50 ff., insbesondere → Rn. 52.
[508] OLG Nürnberg NZG 2012, 468 (470); *Herrler* DNotZ 2009, 484 (488); *Weller/Rentsch* IPRax 2013, 530 (530).
[509] *W. H. Roth* IPRax 2003, 117 (121 ff.).
[510] MüKoBGB/*v. Hein* EGBGB Art. 3 Rn. 105; *Weller/Rentsch* IPRax 2013, 530 (530).
[511] EuGH 16.12.2008 – C-210/06, NZG 2009, 61 Rn. 99 ff., 111, 119 – Cartesio; → Rn. 60.
[512] → Rn. 55.
[513] EuGH 16.12.2008 – C-210/06, NZG 2009, 61 Rn. 109 ff. – Cartesio; → Rn. 62 ff.
[514] PWW/*Brödermann/Wegen* IntGesR Rn. 14; *Raiser/Veil* KapGesR § 8 Rn. 33; *Behme* NZG 2012, 936 (937); *Behrens* EuZW 2012, 121 (121); *Böttcher/Kraft* NJW 2012, 2701 (2701); *Hübner* IPRax 2015, 134 (138); *Herrler* DNotZ 2009, 484 (488); *Kindler* NZG 2009, 130 (131) und EuZW 2012, 888 (888); *Weller/Rentsch* IPRax 2013, 530 (532).
[515] EuGH 16.12.2008 – C-210/06, NZG 2009, 61 Rn. 112 – Cartesio.
[516] EuGH 16.12.2008 – C-210/06, NZG 2009, 61 Rn. 113 – Cartesio.

den.[517] Geht der Wegzug hingegen mit einem Wechsel des Gesellschaftsstatuts einher, will sich die wegziehende Gesellschaft also aus dem bisherigen Rechtskreis lösen und sich in eine Gesellschaftsform des Zuzugsstaates umwandeln (sog „Hinausumwandlung"), ist es dem Wegzugsstaat aus Art. 49, 54 AEUV verwehrt, der Gesellschaft diesen identitätswahrenden Rechtsformwechsel zu verweigern.[518] Der Wegzugsstaat darf den grenzüberschreitenden Formwechsel insbesondere nicht mit dem Argument verweigern, dass hierfür in seinem nationalen Umwandlungsrecht kein Verfahren vorgesehen sei.[519] Die Art. 49, 54 AEUV gewährt einer Gesellschaft also eine **Auswanderungsfreiheit,** soweit sie nur bereit ist, ihr bisheriges Gesellschaftsstatut preiszugeben.[520] Es besteht insoweit keine freie Entscheidungsmöglichkeit des Wegzugsstaates über „Leben oder Tod" seiner Gesellschaften.[521]

**b) EuGH 12.7.2012 – C-378/10 – VALE.** In der Rechtssache „VALE" war die Gesellschaft, die *VALE Costruzioni Srl,* als eine Gesellschaft mit beschränkter italienischen Rechts gegründet worden; sie hatte ihren **Verwaltungssitz in Italien** und war **im Handelsregister von Rom eingetragen.**[522] Im Jahr 2006 wollte die Gesellschaft ihren Verwaltungssitz und Satzungssitz nach Ungarn verlegen.[523] Die Gesellschaft beantragte ihre Löschung im italienischen Handelsregister.[524] Das italienische Registergericht nahm diese Löschung vor und vermerkte, dass die Gesellschaft ihren Sitz nach Ungarn verlegt habe.[525] 195

Die Geschäftsführer der *VALE Costruzioni Srl* und eine weitere natürliche Person schlossen danach in Rom den Gesellschaftsvertrag der *VALE Építési kft,* als einer Gesellschaft mit beschränkter Haftung ungarischen Rechts, um dadurch ihre Eintragung in das ungarische Handelsregister zu erwirken.[526] Ferner wurde das nach ungarischem Recht für die Eintragung in das Handelsregister erforderliche Gesellschaftskapital eingezahlt.[527] Daraufhin **beantragte** der Vertreter der *VALE Építési kft* deren **Eintragung im ungarischen Handelsregister,** wobei als Rechtsvorgängerin die *VALE Costruzioni Srl* eingetragen werden sollte.[528] 196

Die ungarischen Behörden und Gerichte wiesen den Eintragungsantrag zurück, da nach ungarischem Recht eine nichtungarische Gesellschaft nicht als Rechtsvorgängerin im Handelsregister eingetragen werden könne.[529] 197

Der EuGH hat hierzu entschieden, dass Umwandlungen von Gesellschaften grundsätzlich zu den wirtschaftlichen Tätigkeiten gehören, hinsichtlich deren die Mitgliedstaaten die Niederlassungsfreiheit beachten müssen.[530] Zwar könnte man argumentieren, dass die Gesellschaft durch ihre Löschung im italienischen Handelsregister bereits aufgehört hatte zu existieren, sodass sich die Gesellschaft nach ihrer Löschung nicht *mehr* auf die Niederlassungsfreiheit aus Art. 49, 54 AEUV berufen kann.[531] Der EuGH unterstellt hier jedoch 198

[517] *Zimmer/Naendrup* NJW 2009, 545 (547).
[518] Wachter/*Kraft* Teil 2 Kap. 8 Rn. 123, 126; *Frobenius* DStR 2009, 487 (488); *Herrler* DNotZ 2009, 484 (485, 488); *Zimmer/Naendrup* NJW 2009, 545 (549); **aA** (durch die EuGH-Entscheidung „Cartesio" überholt) noch OLG München NZG 2007, 915 (915f.).
[519] *Frobenius* DStR 2009, 487 (489).
[520] *Frobenius* DStR 2009, 487 (488).
[521] *Zimmer/Naendrup* NJW 2009, 545 (547).
[522] EuGH 12.7.2012 – C-378/10, BeckRS 2012, 81448 Rn. 9 – VALE (in NZG 2012, 871 nicht abgedruckt).
[523] EuGH 12.7.2012 – C-378/10, BeckRS 2012, 81448 Rn. 9 – VALE (in NZG 2012, 871 nicht abgedruckt); MüKoBGB/*v. Hein* EGBGB Art. 3 Rn. 105.
[524] EuGH 12.7.2012 – C-378/10, BeckRS 2012, 81448 Rn. 9 – VALE (in NZG 2012, 871 nicht abgedruckt).
[525] EuGH 12.7.2012 – C-378/10, BeckRS 2012, 81448 Rn. 9 – VALE (in NZG 2012, 871 nicht abgedruckt).
[526] EuGH 12.7.2012 – C-378/10, BeckRS 2012, 81448 Rn. 10 – VALE (in NZG 2012, 871 nicht abgedruckt).
[527] EuGH 12.7.2012 – C-378/10, BeckRS 2012, 81448 Rn. 10 – VALE (in NZG 2012, 871 nicht abgedruckt).
[528] EuGH 12.7.2012 – C-378/10, BeckRS 2012, 81448 Rn. 11 – VALE (in NZG 2012, 871 nicht abgedruckt).
[529] EuGH 12.7.2012 – C-378/10, BeckRS 2012, 81448 Rn. 12 – VALE (in NZG 2012, 871 nicht abgedruckt).
[530] EuGH 12.7.2012 – C-378/10, NZG 2012, 871 Rn. 24 – VALE.
[531] *Behme* NZG 2012, 936 (937); *Kindler* EuZW 2012, 888 (889).

einfach, dass die italienische Gesellschaft trotz ihrer Löschung im italienischen Unternehmensregister nicht erloschen ist; der EuGH fingiert also letztlich den Fortbestand der italienischen Gesellschaft.[532] Dahinter steht letztlich der Gedanke, dass Träger der Niederlassungsfreiheit nicht die Gesellschaft in ihrer konkreten Organisationsform ist, sondern deren Rechtsträger, der iRd Umwandlung gerade identitätswahrend fortbestehen soll.[533]

199 Sieht das nationale Umwandlungsrecht des Zuzugsstaates lediglich die Umwandlung einer Gesellschaft vor, die ihren Sitz bereits in diesem Mitgliedstaat hat, so begründet diese Regelung eine **unterschiedliche Behandlung** von Gesellschaften in Abhängigkeit davon, ob es sich um eine **innerstaatliche** oder um eine **grenzüberschreitende Umwandlung** handelt; diese unterschiedliche Behandlung ist geeignet, Gesellschaften mit Sitz in anderen Mitgliedstaaten davon abzuhalten, von der Niederlassungsfreiheit Gebrauch zu machen, und stellt somit eine **Beschränkung** iSd Art. 49 AEUV dar.[534]

200 Eine **Rechtfertigung** hat der EuGH **verneint:** Da das Recht des Zuzugsstaates (im konkreten Fall: Ungarn) grenzüberschreitende Umwandlungen **generell ausschließe,** unabhängig davon, ob konkrete Interessen bedroht sind, **gehe diese Regelung über das hinaus,** was zur Erreichung der im Schutz der genannten Interessen bestehenden Ziele **erforderlich** ist.[535] Art. 49, 54 AEUV sind daher dahin auszulegen, dass sie einer nationalen Regelung entgegenstehen, die zwar für inländische Gesellschaften die Möglichkeit einer Umwandlung vorsieht, aber die Umwandlung einer dem Recht eines anderen Mitgliedstaats unterliegenden Gesellschaft in eine inländische Gesellschaft mittels Gründung der letztgenannten Gesellschaft generell nicht zulässt.[536]

### 2. Kollisionsrechtliche Auswirkungen – Kombinationstheorie

201 Für das Kollisionsrecht des identitätswahrenden Rechtsformwechsels gilt die sog **„Kombinationstheorie“:** Die Umwandlung unterliegt hiernach einer kombinierten Anwendung sowohl der Rechtsordnung des Wegzugsstaates als auch des Zuzugsstaates.[537] Dies bedeutet, dass **kumulativ** sowohl die Rechtsordnung des **Wegzugsstaates** als auch die Rechtsordnung des **Zuzugsstaates** auf der Ebene ihres Umwandlungssachrechts den grenzüberschreitenden Rechtsformwechsel gestatten müssen.[538]

202 Hierbei handelt es sich um eine aufeinanderfolgende intertemporale Verweisungsregel;[539] sie setzt die sukzessive Anwendung von zwei nationalen Rechtsordnungen voraus:[540] Für den **Löschungsvorgang der Gesellschaft im Wegzugsstaat** ist dabei noch das Recht des Wegzugsstaates maßgeblich.[541] Die **Neugründung der Gesellschaft im Zuzugsstaat** erfolgt hingegen bereits nach dem Recht des Zuzugsstaates.[542]

203 Im Falle des grenzüberschreitenden Formwechsels unterliegt die Gesellschaft zwangsläufig allein dem innerstaatlichen Recht des Zuzugsstaates, das die erforderliche Anknüpfung wie auch die Gründung und die Funktionsweise der Gesellschaft regelt.[543] Ein grenzüberschreitender Formwechsel führt **im Zuzugsstaat zur Gründung einer Gesellschaft** nach dem

532 *Kindler* EuZW 2012, 888 (890); ebenso in einem vergleichbaren Fall OLG Nürnberg NZG 2014, 349 (350); zustimmend im Hinblick auf den Effektivitätsgrundsatz *Hübner* IPRax 2015, 134 (137).
533 *Weller/Rentsch* IPRax 2013, 530 (531).
534 EuGH 12.7.2012 – C-378/10, NZG 2012, 871 Rn. 36 – VALE.
535 EuGH 12.7.2012 – C-378/10, NZG 2012, 871 Rn. 40 – VALE; zum parallelen Argumentationsmuster in den Fällen einer grenzüberschreitenden Verschmelzung s. EuGH 13.12.2005 – C-411/03, NZG 2006, 112 Rn. 30 – SEVIC Systems; → Rn. 185.
536 EuGH 12.7.2012 – C-378/10, NZG 2012, 871 Rn. 41 – VALE.
537 OLG Nürnberg NZG 2012, 468 (469); *Weller/Rentsch* IPRax 2013, 530 (532).
538 *Weller/Rentsch* IPRax 2013, 530 (533).
539 *Weller/Rentsch* IPRax 2013, 530 (532).
540 EuGH 12.7.2012 – C-378/10, NZG 2012, 871 Rn. 37, 44 – VALE; MüKoBGB/*Kindler* IntGesR Rn. 819, 835.
541 *Weller/Rentsch* IPRax 2013, 530 (532).
542 *Weller/Rentsch* IPRax 2013, 530 (532).
543 EuGH 12.7.2012 – C-378/10, NZG 2012, 871 Rn. 31 – VALE.

Recht dieses Mitgliedstaates.[544] Dies bedeutet, dass die Gesellschaft die Sachvorschriften einhalten muss, die für die Gründung einer entsprechenden Gesellschaft nach dem nationalen Gesellschaftssachrecht des Zuzugsstaates gelten.[545] Der Zuzugsstaat ist daher berechtigt, die Bestimmungen seines nationalen Rechts über innerstaatliche Umwandlungen anzuwenden, die – wie die Anforderungen an die Erstellung einer Bilanz und eines Vermögensverzeichnisses – die Gründung und die Funktionsweise einer Gesellschaft regeln.[546]

Die Kombinationstheorie beschränkt sich darauf, dass Gesellschaftsstatut sowohl des Wegzugsstaates als auch das Gesellschaftsstatut des Zuzugsstaates kumulativ für anwendbar zu erklären.[547] Sie äußert sich jedoch nicht dazu, nach welcher Kollisionsnorm (Gründungstheorie oder Sitztheorie) Wegzugs- und Zuzugsstaat in ihrem nationalen Gesellschaftskollisionsrecht das Gesellschaftsstatut bestimmen.[548] 204

### 3. Umsetzung europarechtlicher Vorgaben im Umwandlungssachrecht

Nach den Entscheidungen des EuGH in den Rechtssachen „Cartesio" und „VALE" steht fest, dass der grenzüberschreitende Rechtsformwechsel „in beide Richtungen", also sowohl gegenüber dem Wegzugs-Mitgliedstaat als auch gegenüber dem Zuzugs-Mitgliedstaat, von der Niederlassungsfreiheit aus Art. 49, 54 AEUV geschützt ist.[549] Mangels unionsrechtlicher Regeln hängt die **Durchführung dieses grenzüberschreitenden Formwechsels** allerdings von der **Anwendung der nationalen Umwandlungsrechte** von Wegzugsstaat und Zuzugsstaat ab.[550] 205

Die Modalitäten, die den Schutz der Niederlassungsfreiheit aus Art. 49, 54 AEUV gewährleisten sollen, sind dabei Sache der innerstaatlichen Rechtsordnung eines jeden Mitgliedstaats; sie dürfen jedoch nicht ungünstiger sein als diejenigen, die gleichartige innerstaatliche Sachverhalte regeln **(Äquivalenzgrundsatz),** und sie dürfen die Ausübung der durch die Unionsrechtsordnung verliehenen Rechte nicht praktisch unmöglich machen oder übermäßig erschweren **(Effektivitätsgrundsatz).**[551] Die rechtstechnische Umsetzung des Äquivalenz- und Effektivitätsgrundsatzes bleibt unter diesen europarechtlichen Vorgaben sodann den nationalen Gerichten überlassen.[552] 206

**a) Äquivalenzgrundsatz – Analoge Anwendung der §§ 190 ff. UmwG.** Die Weigerung der Behörden des Zuzugsstaates, bei einem grenzüberschreitenden Rechtsformwechsel die Gesellschaft des Wegzugsstaates als „Rechtsvorgängerin" der umgewandelten Gesellschaft im Handelsregister des Zuzugsstaates einzutragen, ist mit dem Äquivalenzgrundsatz nicht vereinbar, wenn das Recht des Zuzugsstaates bei innerstaatlichen Umwandlungen eine solche Eintragung der Vorgängergesellschaft zulässt.[553] Sieht der Zuzugsmitgliedstaat für inländische Gesellschaften in seinem Umwandlungssachrecht die Möglichkeit eines Rechtsformwechsels vor, so ist er gemäß Art. 49, 54 AEUV verpflichtet, dieselbe Möglichkeit auch einer Gesellschaft zu geben, die dem Recht des Wegzugs-Mitgliedstaates unterliegt und sich in eine Gesellschaft nach dem Recht des Zuzugsmitgliedstaates umwandeln möchte.[554] 207

[544] EuGH 12.7.2012 – C-378/10, NZG 2012, 871 Rn. 51 – VALE; *Behme* NZG 2012, 936 (938).
[545] *Hübner* IPRax 2015, 134 (137).
[546] EuGH 12.7.2012 – C-378/10, NZG 2012, 871 Rn. 52 – VALE.
[547] *Weller/Rentsch* IPRax 2013, 530 (533).
[548] *Weller/Rentsch* IPRax 2013, 530 (533).
[549] *Behme* NZG 2012, 936 (939); *Hübner* IPRax 2015, 134 (138); *Weller/Rentsch* IPRax 2013, 530 (532); ebenso zuvor in der Literatur bereits *Frobenius* DStR 2009, 487 (491); **aA** (durch die EuGH-Entscheidung „Cartesio" überholt) noch OLG München NZG 2007, 915 (915 ff.).
[550] EuGH 12.7.2012 – C-378/10, NZG 2012, 871 Rn. 49 – VALE.
[551] EuGH 12.7.2012 – C-378/10, NZG 2012, 871 Rn. 48 – VALE.
[552] *Weller/Rentsch* IPRax 2013, 530 (534).
[553] EuGH 12.7.2012 – C-378/10, NZG 2012, 871 Rn. 56 – VALE.
[554] EuGH 12.7.2012 – C-378/10, NZG 2012, 871 Rn. 36, 40, 46 – VALE; *Behme* NZG 2012, 936 (938).

208 Die §§ 190 ff. UmwG lassen in internen Sachverhalten die Umwandlung in eine Kapitalgesellschaft (GmbH oder AG) im Wege des identitätswahrenden Rechtsformwechsel zu. Somit ist der Mitgliedstaat Deutschland aus Art. 49, 54 AEUV verpflichtet, diese **Möglichkeit auch ausländischen Gesellschaften zu eröffnen,** die im Wege des grenzüberschreitenden „Herein-Formwechsels" die Rechtsform einer deutschen GmbH oder AG einnehmen wollen.[555]

209 Es ist daher mit der Niederlassungsfreiheit der Art. 49, 54 AEUV nicht vereinbar, einen Rechtsformwechsel in eine deutsche GmbH (sog „Hereinformwechsel"[556]) – wie es das OLG Nürnberg noch im Jahr 2012 machte[557] – mit dem Argument zu verweigern, dass der deutsche Gesetzgeber die §§ 190 ff. UmwG bisher noch nicht angepasst habe und ein grenzüberschreitender Formwechsel mangels rechtlicher Grundlage im deutschen Recht derzeit noch nicht möglich sei.[558] Aus der Niederlassungsfreiheit der Art. 49, 54 AEUV steht der betroffenen Gesellschaft vielmehr ein **unmittelbarer Anspruch auf identitätswahrenden Rechtsformwechsel** zu, der von den Gerichten der Mitgliedstaaten im Wege europarechtskonformer Auslegung und **Rechtsfortbildung ihres nationalen Umwandlungssachrechts** umzusetzen ist. Dies hat – nach der Entscheidung „VALE" – mittlerweile auch das OLG Nürnberg erkannt.[559]

210 Eine *direkte* Anwendung der §§ 190 ff. UmwG auf einen grenzüberschreitenden Rechtsformwechsel scheitert daran, dass die §§ 1 Abs. 1, 191 Abs. 1 UmwG einen Rechtsformwechsel in eine deutsche GmbH oder AG nur Gesellschaften mit Sitz im Inland ermöglichen.[560] Möglich erscheint allerdings eine ***analoge* Anwendung der §§ 190 ff. UmwG,**[561] insbesondere des § 191 Abs. 1 UmwG.[562] Hierbei kann das kollisionsrechtliche Instrument der **Substitution** herangezogen werden: Ein Rechtsformwechsel ist zulässig, wenn die ausländische Gesellschaftsform mit den in § 191 Abs. 1 UmwG genannten Gesellschaftsformen funktionell vergleichbar ist.[563]

211 **b) Effektivitätsgrundsatz – Beachtung von Dokumenten des Wegzugsstaates.** Der Effektivitätsgrundsatz gebietet es den Behörden des Zuzugsstaates, die von den Behörden des Wegzugsmitgliedstaates ausgestellten Dokumenten im Rahmen eines Eintragungsverfahrens nicht unbeachtet zu lassen:[564] Eine Praxis der Behörden des Aufnahmemitgliedstaates, die dahin geht, eine Berücksichtigung der von den Behörden des Wegzugsmitgliedstaates ausgestellten Dokumente iRd Eintragungsverfahrens generell abzulehnen, birgt die Gefahr, dass es der die Umwandlung beantragenden Gesellschaft unmöglich gemacht wird nachzuweisen, dass sie den Anforderungen des Wegzugsmitgliedstaates tatsächlich entsprochen hat, und gefährdet dadurch die Verwirklichung des von der Gesellschaft eingeleiteten grenzüberschreitenden Rechtsformwechsels.[565] Infolgedessen sind die Behörden des Aufnahmemitgliedstaats nach dem Effektivitätsgrundsatz **verpflichtet,** bei der Prüfung eines Eintragungsantrags einer Gesellschaft den **von den Behörden des Wegzugsstaates ausgestellten Dokumenten,** die bestätigen, dass die Gesellschaft des-

[555] KG NZG 2016, 834 Rn. 6; *Zimmer/Naendrup* NJW 2009, 545 (549).
[556] *Böttcher/Kraft* NJW 2012, 2701 (2701); *Kindler* EuZW 2012, 888 (890); *Stiegler* NZG 2014, 351 (351).
[557] OLG Nürnberg NZG 2012, 468 (469); ebenso früher OLG Zweibrücken DNotZ 1991, 624 (625 ff.).
[558] *W. H. Roth* IPRax 2003, 117 (122).
[559] OLG NZG 2014, 349 (350).
[560] *Böttcher/Kraft* NJW 2012, 2701 (2703); *Zimmer/Naendrup* NJW 2009, 545 (549).
[561] OLG Nürnberg NZG 2014, 349 (350 ff.); KG NZG 2016, 834 Rn. 7, 10; MüKoBGB/*Kindler* IntGesR Rn. 842; *Hübner* IPRax 2015, 134 (136); *Kindler* EuZW 2012, 888 (892); **aA** (= für analoge Anwendung der §§ 122a-122l UmwG) *Herrler* DNotZ 2009, 484 (491); **aA** (= für analoge Anwendung des Art. 8 SE-VO) *Hushahn* RNotZ 2014, 137 (140) und notar 2014, 176 ff.; *Hermanns* MittBayNot 2016, 297 (298 ff.).
[562] OLG Nürnberg NZG 2014, 349 (350); *Weller/Rentsch* IPRax 2013, 530 (534).
[563] *Hübner* IPRax 2015, 134 (136); *Kindler* EuZW 2012, 888 (890); *Weller/Rentsch* IPRax 2013, 530 (534).
[564] EuGH 12.7.2012 – C-378/10, NZG 2012, 871 Rn. 58 – VALE.
[565] EuGH 12.7.2012 – C-378/10, NZG 2012, 871 Rn. 60 – VALE.

sen Bedingungen tatsächlich entsprochen hat, **gebührend Rechnung zu tragen,** sofern diese Bedingungen mit dem Unionsrecht vereinbar sind.[566]

Untermauern lässt sich diese Argumentation zudem über eine ***Rechtmäßigkeitsvermutung* für behördliche Registrierungen und Dokumente** aus anderen EU-Mitgliedstaaten: Aufgrund des in allen EU-Mitgliedstaaten geltenden Prinzips der Rechtsstaatlichkeit (vgl. Art. 2 S. 1 EUV) und des hieraus abzuleitenden Grundsatzes der Gesetzmäßigkeit der Verwaltung[567] ist davon auszugehen, dass die Behörden jedes Mitgliedstaats – in den Fällen des „Hineinformwechsels" also insbesondere das **Registergericht des Wegzugs-Mitgliedstaates** – grundsätzlich nur rechtmäßige Eintragungen vornehmen; innerhalb der EU besteht folglich eine *Vermutung* für die Rechtmäßigkeit behördlicher Registrierungen.[568] Der Zuzugsstaat (Deutschland) ist danach zwar nicht verpflichtet, den Inhalt der ausländischen Registereintragung ungeprüft zu übernehmen – hierin läge eine europarechtlich nicht gebotene „Urkundsanerkennung". Der Zuzugsstaat darf die Registereintragung des Wegzugsstaates und die von dessen Behörden ausgestellten Dokumente aber nur dann unbeachtet lassen, wenn deren Richtigkeit durch konkrete, auf den jeweiligen Einzelfall bezogene Anhaltspunkte ernstlich in Frage gestellt ist.[569] 212

[566] EuGH 12.7.2012 – C-378/10, NZG 2012, 871 Rn. 61 – VALE.

[567] EuGH 21.5.1987 – 133–136/85, Slg. 1987, 2334 (2341 ff.) Rn. 29–32 – Rau.

[568] IdS speziell für die Rechtmäßigkeit von Personenstandsurkunden EuGH 2.12.1997 – C-336/94, Slg. 1997, I-6761 Rn. 19, 21 – Dafeki; Staudinger/*Hepting/Hausmann* EGBGB Art. 10 Rn. 562; *Wall* StAZ 2010, 225 (232 ff.); IPRax 2010, 433 (434); FA-Nr. 3998, StAZ 2014, 246 (248) und 2015, 41 (47).

[569] Vgl. EuGH 2.12.1997– C-336/94, Slg. 1997, I-6761 Rn. 19, 21 – Dafeki.

# § 19. Qualifikationsfragen im Internationalen Gesellschaftsrecht

## Übersicht



## A. „Einheitslehre“

Für die Reichweite des Gesellschaftsstatuts kommt es auf die Qualifikation des in Frage stehenden Rechtsverhältnisses an, dh darauf, ob und inwieweit dieses als gesellschaftsrechtlich einzuordnen ist.[1] Im deutschen Internationalen Gesellschaftsrecht gilt dabei die sog **„Einheitslehre“.**[2] Diese besagt, dass alle das Innen- und Außenverhältnis der Gesellschaft betreffenden gesellschaftsrechtlichen Rechtsbeziehungen einheitlich nach demsel- 1

[1] *Raiser/Veil* KapGesR § 8 Rn. 7.
[2] PWW/*Brödermann/Wegen* IntGesR Rn. 1, 9; Henssler/Strohn/*Servatius* IntGesR Rn. 4, 26.

ben Recht bestimmt werden.[3] Hierfür spricht, dass die Regeln zum Innen- und Außenverhältnis erst im Zusammenspiel ein sinnvolles Ganzes ergeben; eine Mischung von Normen aus unterschiedlichen Rechtsordnungen würde zu unlösbaren Anpassungsproblemen führen.[4]

2 Die Einheitslehre wird für Gesellschaften aus anderen EU-Mitgliedstaaten auch von der Niederlassungsfreiheit aus Art. 49, 54 AEUV vorgegeben:[5] In der **Rechtssache „Inspire Art"** verlangte das niederländische Recht – trotz grundsätzlicher Geltung der Gründungstheorie – im Wege einer Sonderanknüpfung die Einhaltung einzelner Sachvorschriften des niederländischen Rechts, insbesondere zur Kapitalerhaltung.[6] Der EuGH sah hierin eine Beschränkung der Niederlassungsfreiheit,[7] eine Rechtfertigung lehnte er im konkreten Fall ab.[8] Eine Aufspaltung des Gesellschaftsstatuts durch **Sonderanknüpfungen** ist **mit der Niederlassungsfreiheit** daher im Allgemeinen **nicht vereinbar.**[9]

## B. Reichweite des Gesellschaftsstatuts

3 Art. 10 Abs. 2 des **RefE eines „Gesetzes zum Internationalen Privatrecht der Gesellschaften, Vereine und juristischen Personen"** des BMJ vom 7.1.2008 enthielt einen nicht abschließenden Katalog einzelner Regelungsgegenstände, die vom Gesellschaftsstatut umfasst werden sollten.[10] Diese Vorschrift lautete:

Das nach Absatz 1 anzuwendende Recht ist insbesondere maßgebend für
1. die Rechtsnatur und die Rechts- und Handlungsfähigkeit,
2. die Gründung und die Auflösung,
3. den Namen und die Firma,
4. die Organisations- sowie die Finanzverfassung,
5. die Vertretungsmacht der Organe,
6. den Erwerb und den Verlust der Mitgliedschaft und die mit dieser verbundenen Rechte und Pflichten,
7. die Haftung der Gesellschaft, des Vereins oder der juristischen Person sowie die Haftung ihrer Mitglieder und Organmitglieder für Verbindlichkeiten der Gesellschaft, des Vereins oder der juristischen Person,
8. die Haftung wegen der Verletzung gesellschaftsrechtlicher Pflichten.

4 Auch wenn der RefE bisher nicht Gesetz wurde (und hiermit auch nicht mehr zu rechnen ist),[11] bildet dieser Gesetzentwurf die Reichweite des Gesellschaftsstatuts entsprechend der Einheitslehre zutreffend ab.[12] Art. 10 Abs. 2 RefE hätte insofern lediglich zu einer Kodifikation dessen geführt, was bisher ohnehin in der Rechtsprechung und im Schrifttum vertreten wurde. Zum Zwecke einer **Systematisierung der einzelnen Qualifikationsfra-**

[3] BGH NJW 1957, 1433 (1434); 1981, 522 (525); NZG 2000, 926 (927); MüKoBGB/*Kindler* IntGesR Rn. 521; MHdB GesR VI/*Thölke* § 1 Rn. 6.
[4] BGH NZG 2000, 926 (927); *Weller* DStR 2003, 1800 (1803).
[5] *Weller* DStR 2003, 1800 (1804); IPRax 2009, 202 (205) und FS Goette, 2011, 583 (588); *Zimmer* NJW 2003, 3585 (3591); **aA** *Altmeppen* NJW 2004, 97 (102, 104).
[6] → § 18 Rn. 47 ff.
[7] EuGH 30.9.2003 – C-167/01, NZG 2003, 1064 Rn. 100 ff., 104 ff. – Inspire Art; → § 18 Rn. 49.
[8] EuGH 30.9.2003 – C-167/01, NZG 2003, 1064 Rn. 133–142 – Inspire Art;→ § 18 Rn. 80 f.
[9] Schwerdtfeger/*Reber/Kröger* GesR Kap. 4 Rn. 17; *Weller* DStR 2003, 1800 (1803) und IPRax 2009, 202 (205).
[10] RefE v. 7.1.2008, 3.
[11] → § 18 Rn. 4.
[12] MüKoGmbHG/*Weller* Einl. Rn. 389.

**gen** orientiert sich die folgende Darstellung daher an dem Katalog des Art. 10 Abs. 2 RefE.[13]

## I. Art. 10 Abs. 2 Nr. 1 RefE – Rechtsnatur, Rechts- und Handlungsfähigkeit

Das Gesellschaftsstatut umfasst folgende Aspekte: 5
- Art der Gesellschaft und Typus, insbesondere, ob und in welchem Umfang einer Gesellschaft **juristische Persönlichkeit** zuerkannt wird;
- **Rechtsfähigkeit** der Gesellschaft.[14]

## II. Fragen des Art. 10 Abs. 2 Nr. 2 RefE

### 1. Gründung der Gesellschaft

Das Gesellschaftsstatut umfasst die Frage der Entstehung der Gesellschaft[15] und dabei insbesondere folgende Aspekte: 6
- materielle Voraussetzungen für die Gründung der Gesellschaft,[16] insbesondere Anforderungen an die Errichtung des Gesellschaftsvertrages und dessen notwendigen Inhalt,[17] an eine etwaige Mindestzahl der Gesellschafter,[18] an die Höhe eines **Mindeststammkapitals**[19] und an die Kapitalaufbringung;[20]
- Register- und Publizitätspflichten, insbesondere, ob es zu einer wirksamen Gründung 7 der Gesellschaft einer **konstitutiven Eintragung ins Handelsregister** bedarf[21] oder ob die Eintragung im Handelsregister lediglich **deklaratorische Wirkung** hat;
- Verfahren der Eintragung in ein dafür vorgesehenes Handelsregister;[22]
- Recht der Vorgesellschaft (etwa einer Vor-GmbH),[23] insbesondere Voraussetzungen für das Entstehen der Vorgesellschaft, ihre Rechtsfähigkeit und Organisation, die Haftung der Gesellschafter für die Verbindlichkeiten und die Übernahme der Rechte und Verbindlichkeiten durch die spätere Vollgesellschaft.[24] Dies folgt daraus, dass die Vorgesellschaft rechtlich mit der späteren Gesellschaft identisch ist, bis auf den Umstand, dass das Gründungsverfahren noch nicht abgeschlossen ist. Diese Identität bedingt auch die Identität des Personalstatuts beider Gesellschaften.[25]

### 2. Auflösung der Gesellschaft

Das Gesellschaftsstatut umfasst die Frage der **Auflösung der Gesellschaft außerhalb der Insolvenz**[26] und dabei insbesondere folgende Aspekte: 8

[13] Übersichten über die Reichweite des Gesellschaftsstatuts auch bei BeckOK BGB/*Mäsch* EGBGB Anh. II Art. 12 Rn. 73; PWW/*Brödermann/Wegen* IntGesR Rn. 10; Schwerdtfeger/*Reber/Kröger* GesR Kap. 4 Rn. 43–92; Henssler/Strohn/*Servatius* IntGesR Rn. 25.

[14] BGH NJW 1970, 998 (999); 1986, 2194 (2195); 1981, 522 (525); DtZ 1995, 250, 251; NJW 1998, 2452, 2452; NZG 2000, 926 (926); KG NJW 1989, 3100 (3101); OLG Düsseldorf NJW-RR 1995, 1124 (1124); MüKoBGB/*Kindler* IntGesR Rn. 542; PWW/*Brödermann/Wegen* IntGesR Rn. 3, 10; *Raiser/Veil* KapGesR § 8 Rn. 10; Schwerdtfeger/*Reber/Kröger* GesR Kap. 4 Rn. 46.

[15] BGH NJW 1957, 1433 (1434).

[16] Schwerdtfeger/*Reber/Kröger* GesR Kap. 4 Rn. 55.

[17] Wachter/*Kraft* Teil 2 Kap. 8 Rn. 37.

[18] RefE v. 7.1.2008, 10.

[19] RefE v. 7.1.2008, 10; *Raiser/Veil* KapGesR § 8 Rn. 9.

[20] RefE v. 7.1.2008, 10.

[21] Schwerdtfeger/*Reber/Kröger* GesR Kap. 4 Rn. 62.

[22] *Raiser/Veil* KapGesR § 8 Rn. 9.

[23] MüKoBGB/*Kindler* IntGesR Rn. 528; Schwerdtfeger/*Reber/Kröger* GesR Kap. 4 Rn. 58.

[24] Wachter/*Kraft* Teil 2 Kap. 8 Rn. 38.

[25] Wachter/*Kraft* Teil 2 Kap. 8 Rn. 38. Zum Recht der Vorgründungsgesellschaft → Rn. 30.

[26] BGH NJW 1969, 188 (189); *Raiser/Veil* KapGesR § 8 Rn. 14; Schwerdtfeger/*Reber/Kröger* GesR Kap. 4 Rn. 85.

- Auflösungsgründe, Wirkungen der Auflösung, Stellung und Rechtsnatur der Abwicklungsgesellschaft, Auswirkung auf die Rechtsstellung der bisherigen Geschäftsführer,[27] Rechtsstellung und Befugnisse der Liquidatoren, Vertretungsmacht der Liquidatoren, Durchführung der Liquidation;
- **Erlöschen der Rechtspersönlichkeit** der Gesellschaft, etwa aufgrund konstitutiver Löschung der Gesellschaft im Handelsregister,[28] Möglichkeit einer Nachtragsliquidation,[29] Wiedereintragung einer erloschenen Gesellschaft im Handelsregister.

### 3. Insbesondere: Löschung einer englischen Limited

9 Besondere praktische Bedeutung haben in den letzten Jahren *Limiteds* erlangt, die im englischen Handelsregister gelöscht wurden, aber noch über Restvermögen in Deutschland verfügen. Erlischt die Rechtsfähigkeit einer Gesellschaft nach dem maßgeblichen ausländischen Gesellschaftsstatut, so ist dies grundsätzlich auch in Deutschland zu beachten.[30] Ausländische Rechtsordnungen sehen jedoch bisweilen vor, dass bei der Liquidation „vergessene" Gegenstände als ***bona vacantia,*** also herrenloses Vermögen, im Wege eines hoheitlichen Aneignungsrechts dem Staat anheimfallen.[31] Dies ist insbesondere **bei Löschung einer englischen *Limited*** der Fall; ein etwaiges Restvermögen geht kraft Gesetzes auf die englische Krone über.[32] Nach dem Territorialitätsprinzip greift ein solches hoheitliches Aneignungsrecht für in Deutschland belegene Gegenstände jedoch nicht ein.[33]

10 Um einen Normenmangel zu verhindern, ist die Gesellschaft daher als **Rest- und Spaltgesellschaft** noch so lange als rechtsfähig (und damit auch parteifähig und prozessfähig) anzusehen, solange sie in Deutschland noch Vermögen besitzt, das ansonsten keinem Rechtsträger zugeordnet werden kann.[34] Dadurch soll verhindert werden, dass Vermögen der Gesellschaft in Deutschland „herrenlos" wird;[35] zudem soll den Gläubigern der gelöschten Gesellschaft so ein Zugriff auf deren inländisches Restvermögen ermöglicht werden.[36]

11 Eine Vertretung der Gesellschaft durch das bisher nach dem Gesellschaftsstatut vertretungsberechtigte Organ (also den bisherigen *director* der *Limited*), scheitert allerdings daran, dass es nach dem maßgeblichen ausländischen Gesellschaftsstatut aufgrund des Erlöschens der Gesellschaft **kein vertretungsberechtigtes Organ** (mehr) gibt, das für die gelöschte Gesellschaft handeln kann.[37] Die Restgesellschaft dem deutschen Sachrecht zu unterstellen und diese im deutschen Handelsregister als Spaltgesellschaft einzutragen und sodann einen

[27] Wachter/*Kraft* Teil 2 Kap. 8 Rn. 113.
[28] OLG Nürnberg NZG 2008, 76 (77); OLG Jena NZG 2007, 877, 878; OLG Düsseldorf NZG 2010, 1226 (1227); OLG NZG 2012, 738 (738); KG NZG 2014, 901 (901); OLG Hamm NZG 2014, 703 (704) (alle zum Erlöschen einer englischen Limited).
[29] Wachter/*Kraft* Teil 2 Kap. 8 Rn. 113.
[30] OLG Stuttgart NJW 1974, 1627 (1628); OLG Nürnberg NZG 2008, 76 (77); KG NZG 2014, 901 (901); Schwerdtfeger/*Reber/Kröger* GesR Kap. 4 Rn. 86.
[31] Wachter/*Kraft* Teil 2 Kap. 8 Rn. 114.
[32] OLG Nürnberg NZG 2008, 76 (77); OLG Jena NZG 2007, 877 (878); KG 15.10.2009 – 8 U 34/09, BeckRS 2009, 88784; OLG Düsseldorf NZG 2010, 1226 (1227); KG NZG 2014, 901 (901); OLG Hamm NZG 2014, 703 (704).
[33] OLG Nürnberg NZG 2008, 76 (77); KG 15.10.2009 – 8 U 34/09, BeckRS 2009, 88784; KG NZG 2014, 901 (901); OLG Hamm NZG 2014, 703 (704); Wachter/*Kraft* Teil 2 Kap. 8 Rn. 114.
[34] OLG Stuttgart NJW 1974, 1627 (1628); OLG Nürnberg NZG 2008, 76 (77); OLG Jena NZG 2007, 877 (878); KG 15.10.2009 – 8 U 34/09, BeckRS 2009, 88784; OLG Düsseldorf NZG 2010, 1226 (1227); OLG Celle NZG 2012, 738 (738); KG NZG 2014, 901 (901); OLG Hamm NZG 2014, 703 (704); MüKoBGB/*Kindler* IntGesR Rn. 637; Wachter/*Kraft* Teil 2 Kap. 8 Rn. 114; *Raiser/Veil* KapGesR § 8 Rn. 14; Schwerdtfeger/*Reber/Kröger* GesR Kap. 4 Rn. 86.
[35] OLG Stuttgart NJW 1974, 1627 (1628); OLG Nürnberg NZG 2008, 76 (77); OLG Jena NZG 2007, 877 (878); KG NZG 2014, 901 (902); OLG Hamm NZG 2014, 703 (704).
[36] OLG NZG 2008, 76 (77); OLG Düsseldorf NZG 2010, 1226 (1227); OLG Celle NZG 2012, 738 (738); KG NZG 2014, 901 (902).
[37] OLG Stuttgart NJW 1974, 1627 (1628).

Liquidator gemäß § 66 Abs. 5 GmbHG für eine Nachtragsliquidation zu bestellen,[38] scheitert daran, dass die Gesellschaft niemals ein deutsches Gesellschaftsstatut hatte und daher die deutsche Sachnorm des § 66 Abs. 5 GmbHG überhaupt nicht anwendbar ist. Dies spricht dafür, einen **Fall der Pflegschaft** anzunehmen. Diese ist gemäß Art. 24 Abs. 2 EGBGB gesondert anzuknüpfen.[39] Wegen des in Deutschland belegenen Restvermögens verweist Art. 24 Abs. 2 EGBGB auf die deutsche *lex rei sitae* (Art. 43 Abs. 1 EGBGB).[40] Nach deutschem Sachrecht ist daher **gemäß § 1913 BGB ein Pfleger zu bestellen.**[41] Die Zuständigkeit der deutschen Gerichte ergibt sich aus § 340 Nr. 1 iVm §§ 105, 341, 272 Abs. 1 Nr. 3, 340 Nr. 1 FamFG.[42]

Bleibt eine Gesellschaft, insbesondere eine *Limited*, **nach ihrer Löschung im ausländischen Handelsregister** in Deutschland **weiterhin werbend tätig,** so entsteht in Deutschland eine **neue Gesellschaft.** Das Gesellschaftsstatut der Gesellschaft ist dabei, da die Gesellschaft nicht *mehr* im Handelsregister eines anderen Mitgliedstaates eingetragen ist, nach der Sitztheorie zu bestimmen,[43] sodass die Gesellschaft als deutsche GbR oder oHG anzusehen ist,[44] mit der Folge einer unbeschränkten Haftung der Gesellschafter nach § 128 HGB. 12

## III. Art. 10 Abs. 2 Nr. 3 RefE – Name und Firma

Das Gesellschaftsstatut umfasst die Frage der Firma der Gesellschaft[45] und dabei insbesondere folgende Aspekte: 13
- Berechtigung zum Tragen einer Firma;
- Anforderungen an die Bildung der Firma und den Rechtsformzusatz sowie deren Schreibweise und Abkürzung,[46] notwendige oder untersagte Firmenbestandteile.

## IV. Fragen des Art. 10 Abs. 2 Nr. 4 RefE

### 1. Organisationsverfassung

Das Gesellschaftsstatut umfasst die Frage der Organisation der Gesellschaft und dabei insbesondere folgende Aspekte: 14
- Zusammensetzung, **Ernennung und Abberufung von Organen** sowie deren Aufgaben und Befugnisse/Kompetenzen,[47] insbesondere Voraussetzungen und Durchführung einer Amtsniederlegung durch ein Vertretungsorgan (Geschäftsführer),[48] Form und Adressat der Niederlegungserklärung,[49] Bestellung von Notorganen;
- Fassung und Wirksamkeit von Organisationsbeschlüssen,[50] Schutz von Minderheitsgesellschaftern und Mitwirkungsrechte der Gesellschafter;[51]

[38] So OLG Jena NZG 2007, 877 (878).
[39] Wachter/*Kraft* Teil 2 Kap. 8 Rn. 115.
[40] Wachter/*Kraft* Teil 2 Kap. 8 Rn. 115.
[41] OLG Nürnberg NZG 2008, 76 (77 ff.); Wachter/*Kraft* Teil 2 Kap. 8 Rn. 115.
[42] Wachter/*Kraft* Teil 2 Kap. 8 Rn. 115.
[43] OLG Hamm NZG 2014, 703 (704).
[44] OLG Celle NZG 2012, 738 (738); OLG Hamm NZG 2014, 703 (704); Wachter/*Kraft* Teil 2 Kap. 8 Rn. 114; Schwerdtfeger/*Reber/Kröger* GesR Kap. 4 Rn. 86.
[45] OLG München NZG 2007, 824 (825); OLG Hamm FGPrax 2008, 262 (263).
[46] RefE v. 7.1.2008, 10.
[47] RefE v. 7.1.2008, 10; *Raiser/Veil* KapGesR § 8 Rn. 14; Schwerdtfeger/*Reber/Kröger* GesR Kap. 4 Rn. 65.
[48] BGH NZG 2011, 907 Rn. 13.
[49] BeckOK BGB/*Mäsch* EGBGB Anh. II Art. 12 Rn. 73.
[50] RefE v. 7.1.2008, 10.
[51] RefE v. 7.1.2008, 10.

– Befugnisse zum Erlass der Satzung und von **Satzungsänderungen,**[52] einschließlich **Kapitalerhöhungen** und Kapitalherabsetzungen,[53] sowie hierbei zu beachtende Mehrheitserfordernisse.

### 2. Finanzverfassung

15 Das Gesellschaftsstatut umfasst die Frage der Finanzverfassung, dh die Kapitalstruktur der Gesellschaft,[54] und dabei insbesondere folgende Aspekte:
- Regeln über die **Kapitalaufbringung und Kapitalerhaltung,**[55] insbesondere über die Höhe des gesetzlichen **Mindeststammkapitals;**[56]
- Art und Weise der Kapitalaufbringung (Bareinlagen oder Sacheinlagen), Zulässigkeit und Wirksamkeit von Sacheinlagen,[57] Regelungen über die Bewertung von Sacheinlagen;[58]
- Kapitalmaßnahmen wie Kapitalerhöhung und Kapitalherabsetzung;[59]
- Schutz des satzungsmäßigen Kapitals, auch wenn es höher ist als das Mindeststammkapital,[60] Ausschüttungssperren und Beitrags- und Nachschusspflichten der Gesellschafter,[61] Ausfallhaftung der Gesellschafter.[62]

## V. Fragen des Art. 10 Abs. 2 Nr. 5 RefE

### 1. Vertretungsmacht der Organe

16 Das Gesellschaftsstatut umfasst die Frage der sich aus der organschaftlichen Stellung ergebende Vertretungsmacht der Organe[63] und dabei insbesondere folgende Aspekte:
- Art und Weise der **Vertretung durch die Mitglieder des Organs** (Einzel- oder Gesamtvertretungsbefugnis);[64]
- Beschränkungen der Vertretungsmacht durch das Verbot des Selbstkontrahierens;[65]
- Möglichkeit einer Befreiung vom Verbot des Selbstkontrahierens. Im deutschen Handelsregister kann bei Eintragung einer Zweigniederlassung einer im Vereinigten Königreich registrierten (und daher dem englischen Gesellschaftssachrecht unterliegenden) *Limited* daher keine Befreiung des *director* vom Selbstkontrahierungsverbot des § 181 BGB eingetragen werden,[66] da das englische Gesellschaftssachrecht eine § 181 BGB vergleichbare Vorschrift nicht kennt.[67]

---

[52] *Altmeppen* NJW 2004, 97 (100).
[53] *Raiser/Veil* KapGesR § 8 Rn. 14.
[54] RefE v. 7.1.2008, 11.
[55] BGH NJW 1991, 1414 (1414); NZG 2001, 893 (894); *Raiser/Veil* KapGesR § 8 Rn. 14; Schwerdtfeger/*Reber/Kröger* GesR Kap. 4 Rn. 76.
[56] RefE v. 7.1.2008, 11; MüKoBGB/*Kindler* IntGesR Rn. 594; Wachter/*Kraft* Teil 2 Kap. 8 Rn. 51; Schwerdtfeger/*Reber/Kröger* GesR Kap. 4 Rn. 76.
[57] BGH NJW 1991, 1414 (1414); MüKoBGB/*Kindler* IntGesR Rn. 594.
[58] Schwerdtfeger/*Reber/Kröger* GesR Kap. 4 Rn. 76.
[59] MüKoBGB/*Kindler* IntGesR Rn. 599; Schwerdtfeger/*Reber/Kröger* GesR Kap. 4 Rn. 76.
[60] Schwerdtfeger/*Reber/Kröger* GesR Kap. 4 Rn. 77.
[61] RefE v. 7.1.2008, 11.
[62] Zur Behandlung von Gesellschafterdarlehen in der Insolvenz → Rn. 34.
[63] BGH NJW 1992, 618 (618); DtZ 1995, 250 (251); NJW 2004, 1315 (1316); NZG 2009, 68 Rn. 25 – Trabrennbahn; 2011, 907 Rn. 13, 19; 2012, 1192 Rn. 27; OLG München NJW-RR 2005, 1486 (1486); *Raiser/Veil* KapGesR § 8 Rn. 10; Wachter/*Kraft* Teil 2 Kap. 8 Rn. 67; Schwerdtfeger/*Reber/Kröger* GesR Kap. 4 Rn. 66; *Weller* IPRax 2009, 202 (207).
[64] Wachter/*Kraft* Teil 2 Kap. 8 Rn. 67; Schwerdtfeger/*Reber/Kröger* GesR Kap. 4 Rn. 66.
[65] BGH NJW 1992, 618 (618).
[66] OLG Celle NJW-RR 2006, 324 ff.; OLG München NJW-RR 2005, 1486 ff.; OLG Frankfurt a.M. FGPrax 2008, 165 (166); BeckOK BGB/*Mäsch* EGBGB Anh. II Art. 12 Rn. 73.
[67] OLG München NJW-RR 2005, 1486 (1486); OLG Frankfurt a.M. FGPrax 2008, 165 (166).

### 2. Handeln „ultra vires", Verkehrsschutz nach Art. 12 S. 1 EGBGB

Insbesondere in Rechtsordnungen des **angloamerikanischen Rechtskreises** kann der Geschäftsführer eine Gesellschaft bei solchen Rechtsgeschäften nicht vertreten, die vom satzungsmäßig bestimmen Zweck der Gesellschaft nicht gedeckt sind **(Handeln *ultra vires*).**[68] Dadurch sollen Gesellschafter vor der Veruntreuung ihres Gesellschaftskapitals durch die Geschäftsführer geschützt werden.[69] Beschränkt ein ausländisches Gesellschaftsstatut die Vertretungsmacht aufgrund der *„ultra-vires-Lehre"*, so ist dies grundsätzlich in Deutschland hinzunehmen.[70] 17

Ein **Verkehrsschutz eines gutgläubigen Vertragspartners** wird jedoch über eine analoge Anwendung des Art. 12 S. 1 EGBGB erreicht:[71] Befinden sich das Vertretungsorgan der Gesellschaft und der Vertragspartner bei Abschluss des Vertrages in demselben Staat, so kann sich die ausländische Gesellschaft gegenüber dem Vertragspartner nicht darauf berufen, dass sie nach ihrem Gesellschaftsstatut nicht wirksam vertreten worden sei, wenn sie nach dem Recht des Staates, in dem der Vertrag geschlossen wurde, wirksam vertreten war und der Vertragspartner die fehlende Vertretungsbefugnis weder kannte noch kennen musste.[72] Bei einem Vertragsschluss in Deutschland wird der gutgläubige Vertragspartner somit geschützt durch das für ihn günstigere deutsche Ortsrecht (§ 35 S. 1 GmbHG),[73] das eine Beschränkung der Vertretungsbefugnis iSd *„ultra vires-Lehre"* nicht kennt. 18

## VI. Fragen des Art. 10 Abs. 2 Nr. 6 RefE

### 1. Erwerb und Verlust der Mitgliedschaft

Das Gesellschaftsstatut umfasst die Frage der **Übertragung von Geschäftsanteilen durch Abtretung**[74] und dabei insbesondere folgende Aspekte: 19

- **erforderliche Rechtsgeschäfte** für die Übertragung eines Geschäftsanteils, insbesondere die Frage, ob der Geschäftsanteil nach dem ***Konsensprinzip*** bereits mit Abschluss des schuldrechtlichen Kausalgeschäfts übergeht (so zB in Frankreich), ob es nach dem *Abstraktionsprinzip* eine vom Kausalgeschäft verselbstständigte **„abstrakte" Abtretung** gibt (so zB in Deutschland), oder ob nach der ***titulus-modus-Lehre*** eine Abtretungserklärung erforderlich ist, die in ihrem Bestand von der Wirksamkeit eines Kausalgeschäfts abhängt (so zB in Österreich).[75] Sofern nach dem danach berufenen Gesellschaftssachrecht die dingliche Wirkung der Geschäftsanteilsabtretung (wie in Frankreich oder Österreich) vom Kausalgeschäft abhängt, handelt es sich bei der Frage nach der Wirksamkeit dieses Kausalgeschäfts um eine gesondert nach dem Schuldvertragsstatut der Art. 3 ff. Rom I-VO anzuknüpfende Vorfrage;
- Zeitpunkt der Wirksamkeit der Abtretung;[76]
- **Form der Abtretung** eines Geschäftsanteils;[77]
- Belastung eines Geschäftsanteils,[78] insbesondere dessen Verpfändung;

[68] MüKoBGB/*Kindler* IntGesR Rn. 545; Wachter/*Kraft* Teil 2 Kap. 8 Rn. 65.
[69] Wachter/*Kraft* Teil 2 Kap. 8 Rn. 65.
[70] *Raiser/Veil* KapGesR § 8 Rn. 10.
[71] MüKoBGB/*Kindler* IntGesR Rn. 544; Wachter/*Kraft* Teil 2 Kap. 8 Rn. 67; Schwerdtfeger/*Reber/Kröger* GesR Kap. 4 Rn. 67; ausdrücklich offen gelassen von BGH NJW 1998, 2452 (2453).
[72] *Raiser/Veil* KapGesR § 8 Rn. 10; Schwerdtfeger/*Reber/Kröger* GesR Kap. 4 Rn. 67.
[73] Wachter/*Kraft* Teil 2 Kap. 8 Rn. 67.
[74] BGH NJW 1994, 939 (940); OLG Stuttgart NZG 2001, 40 (43); MüKoBGB/*Kindler* IntGesR Rn. 589; Wachter/*Kraft* Teil 2 Kap. 8 Rn. 82; Schwerdtfeger/*Reber/Kröger* GesR Kap. 4 Rn. 70.
[75] Wachter/*Kraft* Teil 2 Kap. 8 Rn. 82.
[76] Wachter/*Kraft* Teil 2 Kap. 8 Rn. 82.
[77] Zum Streitstand → Rn. 40 ff.
[78] MüKoBGB/*Kindler* IntGesR Rn. 589; Schwerdtfeger/*Reber/Kröger* GesR Kap. 4 Rn. 70.

- **Übertragbarkeit des Geschäftsanteils,**[79] dh die Frage, ob die rechtsgeschäftliche Übertragung durch Abtretung überhaupt möglich ist, insbesondere, ob der Geschäftsanteil kraft Gesetzes übertragbar ist oder nicht, ob die Satzung durch eine **Vinkulierungsklausel** eine nach dem Gesetz an und für sich gegebene Übertragbarkeit ausschließen kann, und *vice versa*, ob die Satzung einen kraft Gesetzes an und für sich nicht übertragbaren Geschäftsanteil als übertragbar ausgestalten kann;
- Beschränkungen der Übertragbarkeit des Geschäftsanteils, insbesondere die Zulassung der Übertragung nur an bestimmte Personen (zB Mitgesellschafter) und Erfordernis der Zustimmung der Gesellschaft oder der Mitgesellschafter;[80]
- **Vererblichkeit der Gesellschafterstellung** bzw. des Geschäftsanteils,[81] dh die Frage, ob bei Tod eines Gesellschafters dessen Gesellschafterstellung bzw. Geschäftsanteil unmittelbar auf die Rechtsnachfolger des Erblasser-Gesellschafters (Erben oder Vermächtnisnehmer) übergeht, oder ob der Geschäftsanteil stattdessen den verbliebenen Gesellschaftern anwächst und den Erben des verstorbenen Gesellschafters lediglich ein in den Nachlass fallender schuldrechtlicher Abfindungsanspruch in Geld zusteht.[82] Das nach Art. 21, 22 EU-ErbVO anzuwendende Erbrecht gelangt erst und nur insoweit zur Anwendung, als das Gesellschaftsstatut die Gesellschafterstellung bzw. den Geschäftsanteil als vererblich ansieht. Dem Gesellschaftsstatut kommt insoweit ein **Vorrang gegenüber dem Erbstatut** zu.[83]

### 2. Mit der Mitgliedschaft verbundene Rechte und Pflichten

20 Das Gesellschaftsstatut umfasst die Frage der **Rechte und Pflichten der Gesellschafter** innerhalb der Gesellschaft und dabei insbesondere folgende Aspekte:
- Teilnahme und Stimmrechte in Gesellschafterversammlungen,[84] Stimmrechtsquoren bei Abstimmungen,[85] Mitwirkungsrechte, Informationsrechte, Minderheitenschutz;
- die internen Beziehungen der Gesellschaft zu ihren Gesellschaftern (Treuepflichten; Beitrags- und Nachschusspflichten);
- Zulässigkeit von schuldrechtlichen Vereinbarungen der Mitglieder über Rechte und Pflichten, zB Stimmbindungsverträge.[86]

## VII. Fragen des Art. 10 Abs. 2 Nr. 7 RefE

### 1. Haftung der Mitglieder für Verbindlichkeiten der Gesellschaft

21 Das Gesellschaftsstatut umfasst die Frage der **persönlichen Außenhaftung der Gesellschafter** gegenüber den Gesellschaftsgläubigern für die Verbindlichkeiten der Gesellschaft[87] und dabei insbesondere folgende Aspekte:
- Voraussetzungen einer akzessorischen Haftung der Gesellschafter für Verbindlichkeiten der Gesellschaft bei Personengesellschaften;[88]

[79] RefE v. 7.1.2008, 11; *Schotten/Schmellenkamp* IPR Rn. 212h; *Schotten/Schmellenkamp* DNotZ 2007, 729 (737).
[80] Wachter/*Kraft* Teil 2 Kap. 8 Rn. 82.
[81] Schwerdtfeger/*Reber/Kröger* GesR Kap. 4 Rn. 73.
[82] MüKoBGB/*Kindler* IntGesR Rn. 659; MüKoBGB/*Dutta* EGBGB Art. 25 Rn. 182; Wachter/*Kraft* Teil 2 Kap. 8 Rn. 95.
[83] Wachter/*Kraft* Teil 2 Kap. 8 Rn. 95.
[84] Schwerdtfeger/*Reber/Kröger* GesR Kap. 4 Rn. 68.
[85] Schwerdtfeger/*Reber/Kröger* GesR Kap. 4 Rn. 68.
[86] RefE v. 7.1.2008, 11; die schuldrechtlichen Vereinbarungen selbst unterliegen dann wieder dem Schuldvertragsstatut der Art. 3 ff. Rom I-VO.
[87] BGH NJW-RR 2002, 1359 (1360); NZG 2004, 1001 (1001); 2005, 508 (509); MüKoBGB/*Kindler* IntGesR Rn. 611; Schwerdtfeger/*Reber/Kröger* GesR Kap. 4 Rn. 80.
[88] Schwerdtfeger/*Reber/Kröger* GesR Kap. 4 Rn. 80.

– Voraussetzungen für einen **Haftungsdurchgriff** auf die Gesellschafter bei Kapitalgesellschaften,[89] dh die Frage, ob die Gesellschafter einer als juristische Person organisierten Gesellschaft ausnahmsweise im Wege der Durchgriffshaftung den Gesellschaftsgläubigern haften.[90]

### 2. Haftung der Organmitglieder für Verbindlichkeiten der Gesellschaft

Das Gesellschaftsstatut umfasst die Frage der Außenhaftung der für die Gesellschaft handelnden Organe[91] und dabei insbesondere folgende Aspekte: 22
– die Voraussetzungen für einen Haftungsdurchgriff auf die im Namen der Gesellschaft handelnden Personen (Organhaftung), insbesondere die Voraussetzungen für eine Handelndenhaftung der Geschäftsführer.[92]

Der ***director*** einer im Vereinigten Königreich registrierten (und damit dem englischen Gesellschaftssachrecht unterliegenden[93]) ***Limited*** haftet daher **nicht persönlich gemäß § 11 Abs. 2 GmbHG (analog)** für rechtsgeschäftliche Verbindlichkeiten der Gesellschaft.[94] Dies gilt selbst dann, wenn der *director* es entgegen § 13e Abs. 2 S. 1 HGB unterlassen hat, die Zweigniederlassung der *Limited* zum deutschen Handelsregister anzumelden:[95] Ein Verstoß gegen diese Verpflichtung kann gemäß § 14 HGB nur durch die Festsetzung von Zwangsgeld sanktioniert werden;[96] eine hinzutretende persönliche Haftung des *director* wäre im Hinblick auf die Niederlassungsfreiheit aus Art. 49, 54 AEUV eine unverhältnismäßige Sanktion.[97] 23

### 3. Haftung der Gesellschaft

Das Gesellschaftsstatut umfasst die Frage eines Durchgriffs „in umgekehrter Richtung", also die Frage, ob und inwieweit die Gesellschaft für Verbindlichkeiten der hinter ihr stehenden Gesellschafter haftet.[98] 24

## VIII. Fragen des Art. 10 Abs. 2 Nr. 8 RefE

### 1. Haftung wegen Verletzung gesellschaftsrechtlicher Pflichten

Das Gesellschaftsstatut umfasst die Frage der Innenhaftung der Organe und der Gesellschafter aus der Verletzung gesellschaftsrechtlicher Vorschriften,[99] und dabei insbesondere folgende Aspekte: 25
– Innenhaftung von Organmitgliedern und Gesellschaftern untereinander wegen **Verletzung allgemeiner Treuepflichten** oder sonstiger besonderer Verhaltenspflichten aus dem Gesellschaftsvertrag oder aus dem Gesetz.[100]

---

[89] *Raiser/Veil* KapGesR § 8 Rn. 13; Schwerdtfeger/*Reber/Kröger* GesR Kap. 4 Rn. 81.
[90] BGH NJW 1981, 522 (525); KG NJW 1989, 3100 (3101); OLG Düsseldorf NJW-RR 1995, 1124 (1124); RefE v. 7.1.2008, 12; MüKoBGB/*Kindler* IntGesR Rn. 614 ff.; *Zimmer* NJW 2003, 3585 (3588).
[91] Schwerdtfeger/*Reber/Kröger* GesR Kap. 4 Rn. 82.
[92] BGH NZG 2005, 508 (509).
[93] Zu diesem Ergebnis gelangt man sowohl – mit dem BGH – über eine Anwendung der Gründungstheorie für „Zuzugsfälle" aus EU-Mitgliedstaaten im deutschen Kollisionsrecht (→ § 18 Rn. 95 ff.) als auch – wie hier vertreten – über eine aus Art. 49, 54 AEUV abgeleitete „versteckte" europarechtliche Kollisionsnorm iSd „Gesamtverweisungs-Gründungstheorie" (→ § 18 Rn. 142 ff.), letztere verweist dabei auf das nationale Gesellschaftskollisionsrecht des EU-Mitgliedstaates Vereinigten Königreichs, das seinerseits der Gründungstheorie folgt und damit die Verweisung annimmt.
[94] BGH NZG 2005, 508 (509); BeckOK BGB/*Mäsch* EGBGB Anh. II Art. 12 Rn. 73.
[95] BGH NZG 2005, 508 (509); Schwerdtfeger/*Reber/Kröger* GesR Kap. 4 Rn. 64; *Eidenmüller* NJW 2005, 1618 (1619 ff.).
[96] BGH NZG 2005, 508 (510).
[97] BGH NZG 2005, 508 (509); *Eidenmüller* NJW 2005, 1618 (1619 ff.).
[98] BGH NJW 1981, 522 (525 ff.).
[99] OLG München NZG 1999, 1170 (1171).
[100] RefE v. 7.1.2008, 12.

### 2. Haftung der Gesellschafter wegen „existenzvernichtenden Eingriffs"

26 Bei der Haftung der Gesellschafter wegen **„existenzvernichtenden Eingriffs"**, also wegen des **Verstoßes gegen die Pflicht zur Kapitalausstattung,** handelt es sich um eine ausschließlich dem Gesellschaftsstatut unterliegende Frage:[101] Der haftungsbegründende Vorwurf wird hier aus der Verletzung gläubigerschützender gesellschaftsrechtlicher Pflichten abgeleitet, insbesondere aus dem Verbot des planmäßigen Vermögensabzugs in der Krise der Gesellschaft.[102]

27 Eine **Doppelqualifikation** dahingehend, dass man eine Haftung der Gesellschafter wegen existenzvernichtenden Eingriffs nicht nur gesellschaftsrechtlich, sondern daneben entweder **auch deliktsrechtlich**[103] oder **auch insolvenzrechtlich**[104] qualifiziert, würde hingegen dazu führen, dass man über Art. 40 EGBGB – die Rom II-VO ist nach deren Art. 1 Abs. 2 lit. d wohl nicht anwendbar – zur Anknüpfung an den Tatort[105] oder über Art. 4 Abs. 1 iVm Art. 3 Abs. 1 EU-InsVO zur Anknüpfung an den Verwaltungssitz der Gesellschaft[106] gelangt und damit die Gesellschafter einer Haftung für Gesellschafterpflichten aussetzt, die sie nach dem Gesellschaftsstatut maßgeblichen Finanzverfassung gerade nicht haben.

## IX. Sonstige gesellschaftsrechtlich zu qualifizierende Aspekte

28 Folgende Fragen sind ebenfalls gesellschaftsrechtlich zu qualifizieren, obwohl der RefE sie vom Anwendungsbereich noch ausgeklammert hatte[107] und sie daher in dem Katalog des Art. 10 Abs. 2 Nr. 1 bis Nr. 8 RefE nicht enthalten waren:

- Vorschriften über die Pflicht zur Rechnungslegung,[108] insbesondere zur Erstellung des Jahresabschlusses einschließlich der Abschlussprüfung, Aufbewahrungspflichten in Bezug auf Handelsbücher;
- die **Vertretung der Arbeitnehmer** in den Organen der Gesellschaft, etwa im Aufsichtsrat einer AG **(Unternehmerische Mitbestimmung).**[109] In „Zuzugsfällen" aus einem anderen Mitgliedstaat, welcher der Gründungstheorie folgt, unterliegt diese Gesellschaft aufgrund ihres ausländischen Gesellschaftsstatuts daher nicht der unternehmerischen Mitbestimmung nach dem MitBestG.[110] Eine **Sonderanknüpfung** dieser Frage an den Verwaltungssitz oder eine Heranziehung deutschen Sachrechts über den international-privatrechtlichen *ordre public* (Art. 6 EGBGB) würde zu einer **nicht gerechtfertigten Beschränkung der Niederlassungsfreiheit** der Gesellschaft aus Art. 49, 54 AEUV führen:[111] Das dualistische System von Vorstand und Aufsichtsrat stellt eine Spezialität der deutschsprachigen Länder dar.[112] Die Anwendung der Regeln über die unternehmerische Mitbestimmung lässt sich bei einer monistisch strukturierten ausländischen Gesellschaft daher nicht verwirklichen;[113] sie würde eine Umstrukturierung der

[101] *Raiser/Veil* KapGesR § 8 Rn. 13; *Eidenmüller* NJW 2005, 1618 (1620); *Leitzen* NZG 2009, 728 (729).
[102] *Eidenmüller* NJW 2005, 1618 (1620).
[103] MüKoBGB/*Kindler* IntGesR Rn. 594; *Gloger/Goette/van Huet* DStR 2008, 1194 (1195 ff.); *Kindler* NZG 2003, 1086 (1090); *Zimmer* NJW 2003, 3585 (3588 ff.); wohl auch BGH NZG 2005, 508 (510).
[104] Schwerdtfeger/*Reber/Kröger* GesR Kap. 4 Rn. 77, 81, 90; *Kindler* NZG 2003, 1086 (1090).
[105] Schwerdtfeger/*Reber/Kröger* GesR Kap. 4 Rn. 77, 81; *Zimmer* NJW 2003, 3585 (3589).
[106] Schwerdtfeger/*Reber/Kröger* GesR Kap. 4 Rn. 77, 81.
[107] RefE v. 7.1.2008, 7.
[108] Schwerdtfeger/*Reber/Kröger* GesR Kap. 4 Rn. 83 ff.; *Leitzen* NZG 2009, 728 (728 ff.).
[109] BGH NJW 1982, 933 (934); BGH NZG 2000, 926 (927); MüKoBGB/*Kindler* IntGesR Rn. 568; Wachter/*Kraft* Teil 2 Kap. 8 Rn. 79; *Raiser/Veil* KapGesR § 8 Rn. 16; Schwerdtfeger/*Reber/Kröger* GesR Kap. 4 Rn. 78; Henssler/Strohn/*Servatius* IntGesR Rn. 25.
[110] Wachter/*Kraft* Teil 2 Kap. 8 Rn. 79; Schwerdtfeger/*Reber/Kröger* GesR Kap. 4 Rn. 79.
[111] **AA** *Kindler* NJW 2003, 1073 (1079).
[112] Wachter/*Kraft* Teil 2 Kap. 8 Rn. 79.
[113] BGH NZG 2000, 926 (927); *Zimmer* NJW 2003, 3585 (3591).

Gesellschaft erzwingen, die häufig sogar das zwingende Organisationsrecht des Gesellschaftsstatuts verletzt.[114]

## C. Abgrenzung des Gesellschaftsstatuts von anderen Statuten

Die schwierigsten Probleme bei der Zuordnung gewisser Rechtsfragen **(Qualifikation)** 29
zum Gesellschaftsstatut ergeben sich dann, wenn diese auch den Regelungsbereich anderer Kollisionsnormen berühren.[115] **Vom Gesellschaftsstatut nicht erfasst** werden hingegen folgende Einzelaspekte:

### I. Fragen des Schuldvertragsstatuts (Art. 3 ff. Rom I-VO)

#### 1. Recht der Vorgründungsgesellschaft

Eine etwaige **Vorgründungsgesellschaft** sowie Vereinbarungen der Gesellschafter un- 30
tereinander unterliegen nicht dem Gesellschaftsstatut, sondern dem Schuldvertragsstatut der Art. 3ff. Rom I-VO,[116] sodass die Gesellschafter dieses gemäß Art. 3 Rom I-VO frei wählen können. Nur dann, wenn diese eine solche Rechtswahl nicht getroffen haben, besteht gemäß Art. 4 Abs. 3 und Art. 4 Abs. 4 Rom I-VO die engste Beziehung zu dem Staat, nach dessen Recht die Gesellschaft gegründet werden soll,[117] sodass sich dann auch die Haftung der Gesellschafter für die Vorgründungsgesellschaft nach dem Gesellschaftsstatut richtet.[118]

#### 2. Kausalgeschäft zur Abtretung von Geschäftsanteilen

Das der Übertragung von Geschäftsanteilen zugrunde liegende Kausalgeschäft (zB Kauf- 31
vertrag, Schenkungsvertrag), dh die **schuldrechtliche Verpflichtung zur Abtretung von Geschäftsanteilen** an einer Gesellschaft, unterliegt nicht dem Gesellschaftsstatut, sondern dem Schuldvertragsstatut der Art. 3ff. Rom I-VO.[119] Dabei können die Vertragsparteien das anwendbare Recht gemäß Art. 3 Rom I-VO frei wählen. Machen sie hiervon keinen Gebrauch, so unterliegt das Kausalgeschäft nicht etwa gemäß Art. 4 Abs. 2 Rom I-VO dem Recht des Staates, in dem der Veräußerer/Verkäufer seinen gewöhnlichen Aufenthalt hat.[120] **Wegen der Eigenart des übertragenen Gegenstandes** (Geschäftsanteil) besteht vielmehr eine **„offensichtlich engere Verbindung" iSv Art. 4 Abs. 3 Rom I-VO** zu demjenigen Staat, nach dessen Recht sich das Gesellschaftsstatut der Gesellschaft richtet, deren Anteile übertragen werden.[121]

Die Frage der **Form des Verpflichtungsgeschäfts** zur Übertragung von Geschäftsan- 32
teilen richtet sich gemäß Art. 11 Abs. 1 Rom I-VO alternativ nach dem auf das schuldrechtliche Rechtsgeschäft (zB Kaufvertrag) anwendbaren Recht oder nach dem Recht des Abschlussortes (Ortsrecht).[122]

---

[114] Wachter/*Kraft* Teil 2 Kap. 8 Rn. 79.
[115] Wachter/*Kraft* Teil 2 Kap. 8 Rn. 34.
[116] Wachter/*Kraft* Teil 2 Kap. 8 Rn. 39ff.; Schwerdtfeger/*Reber/Kröger* GesR Kap. 4 Rn. 57.
[117] Schwerdtfeger/*Reber/Kröger* GesR Kap. 4 Rn. 57.
[118] Schwerdtfeger/*Reber/Kröger* GesR Kap. 4 Rn. 57.
[119] BeckOK BGB/*Mäsch* EGBGB Anh. II Art. 12 Rn. 73; MüKoBGB/*Kindler* IntGesR Rn. 591; Wachter/*Kraft* Teil 2 Kap. 8 Rn. 91; Schwerdtfeger/*Reber/Kröger* GesR Kap. 4 Rn. 72.
[120] So aber Wachter/*Kraft* Teil 2 Kap. 8 Rn. 91.
[121] Schwerdtfeger/*Reber/Kröger* GesR Kap. 4 Rn. 72.
[122] Wachter/*Kraft* Teil 2 Kap. 8 Rn. 91. Zur Frage der Qualifikation der Form der dinglichen Übertragung → Rn. 40ff.

### II. Fragen des Deliktsstatuts (Art. 4 ff. Rom II-VO)

33 Ob und unter welchen Voraussetzungen einer Gesellschaft unerlaubte Handlungen einer natürlichen Person zuzurechnen sind und wie sie dafür haftet (Deliktsfähigkeit), unterliegt dem Deliktsstatut der Art. 4ff. Rom II-VO.[123] Kommt danach deutsches Sachrecht als Deliktsstatut zur Anwendung, so bestimmt sich die Haftung der Gesellschaft für eine unerlaubte Handlung ihrer Organe nach der Zurechnungsnorm des § 31 BGB.[124] Die im Rahmen dieser deutschen Sachnorm auftauchende **Vorfrage,** ob eine Person als **organschaftlicher Vertreter der Gesellschaft** anzusehen ist, ist wiederum **gesondert anzuknüpfen** und unterliegt dem **Gesellschaftsstatut.**[125]

### III. Fragen des Insolvenzstatuts (Art. 3 Abs. 1, 4 Abs. 1 EU-InsVO)

#### 1. Recht der Gesellschafterdarlehen

34 Nicht dem Gesellschaftsstatut, sondern dem Insolvenzstatut des Art. 4 Abs. 1 *(lex fori concursus)* iVm Art. 3 Abs. 1 EU-InsVO unterliegt dagegen die Frage, wie **Rückzahlungsansprüche von Gesellschaftern wegen der Gesellschaft gewährten Darlehen** in der Insolvenz der Gesellschaft zu behandeln sind.[126] Nach dem Insolvenzstatut richten sich daher insbesondere ein etwaiges Recht des Insolvenzverwalters, die Befriedigung von Gesellschafterdarlehen anzufechten (vgl. im deutschen Sachrecht § 135 InsO) sowie gemäß Art. 4 Abs. 2 lit. i EU-InsVO ein etwaiger Nachrang solcher Forderungen im Insolvenzverfahren (vgl. im deutschen Sachrecht § 39 Abs. 1 Nr. 5 InsO).[127]

#### 2. Organhaftung für Insolvenzverschleppung und Masseschmälerung

35 Nicht dem Gesellschaftsstatut, sondern dem Insolvenzstatut des Art. 4 Abs. 1 iVm Art. 3 Abs. 1 EU-InsVO unterliegt die **Haftung eines Vertretungsorgans wegen Insolvenzverschleppung,** also wegen eines Verstoßes gegen die Verpflichtung zur rechtzeitigen Stellung eines Insolvenzantrags (wie sie im deutschen Sachrecht heute rechtsformneutral in § 15 Abs. 1 S. 1 InsO enthalten ist und bis zum MoMiG in § 64 Abs. 1 GmbHG aF enthalten war).[128] Der insolvenzrechtliche Zweck dieser Vorschrift liegt darin, insolvenzreife Gesellschaften aus dem Verkehr zu ziehen, damit Neugläubiger nicht im Vertrauen auf den Anschein ihrer Lebensfähigkeit in Geschäftsbeziehung zu ihnen treten und dadurch wirtschaftliche Verluste erleiden.[129]

36 Dem **Insolvenzstatut** des Art. 4 Abs. 1 iVm Art. 3 Abs. 1 EU-InsVO unterliegt auch die **persönliche Haftung des Vertretungsorgans** (Geschäftsführer) auf Ersatz von Zahlungen, die dieses Organ nach Eintritt der Zahlungsfähigkeit der Gesellschaft geleistet hat (im deutschen Sachrecht geregelt in **§ 64 S. 1 GmbH, § 92 Abs. 2 S. 1 AktG):**[130] Der Zweck dieser Haftung besteht darin, Masseverkürzungen im Vorfeld des Insolvenzverfahrens zu verhindern und für den Fall, dass das Vertretungsorgan seiner Massesicherungspflicht nicht nachkommt, sicherzustellen, dass das Gesellschaftsvermögen wieder aufgefüllt wird, damit es im Insolvenzverfahren zur ranggerechten und – vor allem –

[123] Wachter/*Kraft* Teil 2 Kap. 8 Rn. 76.
[124] Wachter/*Kraft* Teil 2 Kap. 8 Rn. 76.
[125] Wachter/*Kraft* Teil 2 Kap. 8 Rn. 76.
[126] RefE v. 7.1.2008, 11; *Raiser/Veil* KapGesR § 8 Rn. 15.
[127] OLG Köln NZI 2010, 1001 (1002); MüKoBGB/*Kindler* IntGesR Rn. 598; *Raiser/Veil* KapGesR § 8 Rn. 15; Schwerdtfeger/*Reber/Kröger* GesR Kap. 4 Rn. 77, 90; *Mankowski* NZG 2010, 1004 (1004).
[128] RefE v. 7.1.2008, 12; Schwerdtfeger/*Reber/Kröger* GesR Kap. 4 Rn. 82; *Eidenmüller* NJW 2005, 1618 (1620); *Müller* NZG 2003, 414 (416ff.); *Weller* DStR 2003, 1800 (1804); **aA** (= gesellschaftsrechtliche Qualifikation) *Ringe/Willemer* NZG 2010, 56 (56ff.).
[129] *Altmeppen* NJW 2004, 97 (100); *Eidenmüller* NJW 2005, 1618 (1620).
[130] EuGH 10.12.2015 – C-594/14, NZI 2016, 115 Rn. 17 – Kornhaas; BGH NZI 2015, 85 Rn. 18; KG NZI 2010, 542 (543) (alle zu § 64 Abs. 2 S. 1 GmbHG aF); MüKoBGB/*Kindler* IntGesR Rn. 631.

**gleichmäßigen Befriedigung aller Gesellschaftsgläubiger** zur Verfügung steht.[131] Der Zweck der Vorschrift, das Vermögen der Gesellschaft gegen Abflüsse zu schützen und so im Interesse der späteren Insolvenzgläubiger die Insolvenzmasse zu erhalten, spricht daher für ein insolvenzrechtliches Verständnis der Norm.[132]

Liegt der Verwaltungssitz der Gesellschaft – und damit der Mittelpunkt ihrer haupt- 37 sächlichen Interessen iSv Art. 3 Abs. 1 S. 1 EU-InsVO – in Deutschland, so kann § 64 Abs. 1 GmbHG im Wege der **Substitution** auch auf die Geschäftsführer einer ausländischen Gesellschaft mit limitiertem Haftungsfonds angewendet werden.[133] Dies gilt insbesondere für eine **englische *Limited* mit Verwaltungssitz in Deutschland;** deren ***director*** unterliegt aufgrund der insolvenzrechtlichen Qualifikation gemäß Art. 4 Abs. 1 *(lex fori concursus)* iVm Art. 3 Abs. 1 EU-InsVO der **Haftung gemäß § 64 S. 1 GmbHG.**[134] Die insolvenzrechtliche (und nicht gesellschaftsrechtliche) Qualifikation dieser Frage verstößt nach zutreffender Ansicht des EuGH auch **nicht gegen die Niederlassungsfreiheit** der Gesellschaft aus Art. 49, 54 AEUV.[135]

## IV. Fragen des Vollmachtsstatuts

38 Die **rechtsgeschäftliche Vertretungsmacht** für die Gesellschaft handelnder Personen unterliegt dem **Vollmachtsstatut.**[136] Dies gilt auch für Anscheins- und Duldungsvollmacht. Die Vollmacht unterliegt dabei nicht dem Vertragsstatut, sondern ist **gesondert anzuknüpfen.**[137] Umfang und Wirksamkeit der Vollmacht sind dabei nach dem sog **Wirkungsstatut** zu beurteilen, also nach dem Recht des Staates, in dem von ihr Gebrach gemacht wird[138] und in dem die Vollmacht ihre Wirkung entfalten soll.[139]

39 Das Vollmachtsstatut gilt insbesondere für **Prokuristen und Handlungsbevollmächtigte.**[140] Wirkungsland ist hierbei in der Regel das Recht desjenigen Staates, in dem die Gesellschaft hauptsächlich tätig ist und in dem sie daher – in kollisionsrechtlichen Kategorien gesprochen – **ihren Verwaltungssitz** hat. Bei einer **englischen *Limited* mit Verwaltungssitz in Deutschland** unterliegt die Prokura daher dem deutschen Recht.[141] Ist die Prokura oder Handlungsvollmacht auf die Zweigniederlassung beschränkt **(Filialprokura),** gilt als Wirkungsland das Recht des Staates, in dem sich die **Zweigniederlassung** befindet.[142] Dies gilt erst recht für die Vertretungsmacht eines ständigen Vertreters der Gesellschaft gemäß § 13e Abs. 2 S. 3 Nr. 3 HGB.[143]

## V. Fragen des Formstatuts

### 1. Form der Abtretung von Geschäftsanteilen

40 Art. 11 Abs. 1 EGBGB erfasst dem Wortlaut nach alle Rechtsgeschäfte und damit auch für die Form der Abtretung von Geschäftsanteilen.[144] Wendet man diese Norm wortlaut-

---

[131] EuGH 10.12.2015 – C-594/14, NZI 2016, 115 Rn. 20 – Kornhaas; BGH NZI 2000, 120 (121); 2008, 509 Rn. 10; 2015, 85 Rn. 8; KG NZI 2010, 542 (543); *Altmeppen* NJW 2004, 97 (100).
[132] BGH NZI 2015, 85 Rn. 8, 19.
[133] *Eidenmüller* NJW 2005, 1618 (1620 ff.).
[134] BGH NZI 2015, 85 Rn. 11; KG NZI 2010, 542 (543).
[135] EuGH 10.12.2015 – C-594/14, NZI 2016, 115 Rn. 22 ff., 28 – Kornhaas; ebenso BGH NZI 2015, 85 Rn. 21 (Vorlagebeschluss); KG NZI 2010, 542 (543); Wachter/*Kraft* Teil 2 Kap. 8 Rn. 60.
[136] BGH NJW 2004, 1315 (1316); RefE v. 7.1.2008, 11; Wachter/*Kraft* Teil 2 Kap. 8 Rn. 68; Schwerdtfeger/*Reber/Kröger* GesR Kap. 4 Rn. 66.
[137] BGH NJW 1982, 2733 (2733).
[138] BGH NJW 1990, 3088; DtZ 1995, 250 (251).
[139] BGH GRUR Int 1975, 361 (364); NJW 1982, 2733 (2733); 2004, 1315 (1316).
[140] Schwerdtfeger/*Reber/Kröger* GesR Kap. 4 Rn. 66.
[141] Wachter/*Kraft* Teil 2 Kap. 8 Rn. 69.
[142] Wachter/*Kraft* Teil 2 Kap. 8 Rn. 69.
[143] Wachter/*Kraft* Teil 2 Kap. 8 Rn. 69.
[144] *König/Götte/Bormann* NZG 2009, 881 (882).

getreu auf die Form der Geschäftsanteilsabtretung an,[145] so ist die Abtretung von Geschäftsanteilen wirksam, wenn sie alternativ entweder gemäß Art. 11 Abs. 1 Alt. 1 EGBGB dem Geschäftsstatut – bei der Abtretung von Geschäftsanteilen also dem Gesellschaftsstaut der betroffenen Gesellschaft[146] – oder aber gemäß Art. 11 Abs. 1 Alt. 2 EGBGB der Ortsform genügt. Danach wäre die Abtretung von Geschäftsanteilen an einer deutschen GmbH auch in Schriftform möglich, sofern das Recht des Staates, in dem die Abtretung der GmbH-Anteile vorgenommen wird, die Schriftform in seinem Gesellschaftssachrecht – wie etwa mittlerweile die Schweiz in Art. 785 Abs. 1 OR[147] – für die Abtretung von GmbH-Anteilen als ausreichend ansieht.[148]

41 **a) Gesellschaftsrechtliche Qualifikation des § 15 Abs. 3 GmbHG.** Soweit deutsches Sachrecht als Gesellschaftsstatut berufen ist und es um die Frage geht, ob die **Abtretung** des Geschäftsanteils an einer deutschen GmbH **gemäß § 15 Abs. 3 GmbH der notariellen Beurkundung** bedarf, ist Art. 11 Abs. 1 EGBGB jedoch *nicht* anwendbar: Dies lässt sich mit dem Zweck des § 15 Abs. 3 GmbHG begründen, der über klassische Formzwecke, nämlich der Beweissicherung und dem Übereilungsschutz,[149] hinausgeht: Nach dem Willen des historischen Gesetzgebers verfolgt Art. 15 Abs. 3 GmbHG in erster Linie den Zweck, den **leichten und spekulativen Handel mit GmbH-Anteilen zu unterbinden** bzw. ihn jedenfalls zu erschweren; die Geschäftsanteile an einer GmbH sollen nicht Gegenstand des freien Handelsverkehrs sein.[150]

42 Der Beurkundungszwang des Art. 15 Abs. 3 GmbHG muss deshalb als Abgrenzungskriterium gegenüber der AG betrachtet werden, so dass ihm rechtsformprägende, typenschützende Funktion – vergleichbar einem Kernbereich unentziehbarer Strukturelemente – zukommt.[151] Dieser **spezifisch gesellschaftsrechtliche Zweck des § 15 Abs. 3 GmbHG** spricht dafür, diese Vorschrift **als materiellrechtliche Vorschrift zu qualifizieren** und sie daher nicht dem Formstatut des Art. 11 Abs. 1 EGBGB, sondern stattdessen dem Gesellschaftsstatut zu unterwerfen.[152] Hiervon geht offenbar auch der BGH aus,[153] denn bei einer Anknüpfung an die Ortsform des Art. 11 Abs. 1 Alt. 2 EGBGB käme es auf die nachfolgend erörterte Frage der Substitution und die hierauf aufbauende Frage der Gleichwertigkeit des ausländischen Notars gar nicht an.

43 **b) Substitution bei Auslandsbeurkundung.** Qualifiziert man die Norm des § 15 Abs. 3 GmbHG gesellschaftsrechtlich, so stellt sich bei deutschem Gesellschaftsstatut iRd Anwendung dieser deutschen Sachnorm die Frage, ob die **Beurkundung auch vor einem ausländischen Notar** erfolgen kann. Hierbei handelt es sich um das kollisionsrechtliche Problem der **Substitution,**[154] dh um eine Frage, ob der ausländische Notar dem deutschen Notar **funktional gleichwertig** ist.[155]

44 Eine solche Gleichwertigkeit ist gegeben, wenn die ausländische Urkundsperson nach Vorbildung und Stellung im Rechtsleben eine der Tätigkeit des deutschen Notars ent-

[145] So BGH NZG 2005, 41 (42) (*obiter dictum*; betreffend die Abtretung von Geschäftsanteilen an einer polnischen GmbH); OLG Stuttgart NZG 2001, 40 (43); OLG Düsseldorf NZG 2011, 388 (388) (beide OLGe für die Abtretung von Geschäftsanteilen an einer deutschen GmbH); Schwerdtfeger/*Reber/Kröger* GesR Kap. 4 Rn. 60, 70; *Bauer* NZG 2001, 45 (46); *Engel* DStR 2008, 1593 (1594).

[146] Wachter/*Kraft* Teil 2 Kap. 8 Rn. 84.

[147] Vgl. OLG Düsseldorf NZG 2011, 388 (389); MüKoBGB/*Kindler* IntGesR Rn. 536 Fn. 2212; *Engel* DStR 2008, 1593 (1596 ff., 1599).

[148] Wachter/*Kraft* Teil 2 Kap. 8 Rn. 86.

[149] *König/Götte/Bormann* NZG 2009, 881 (882).

[150] OLG München NJW-RR 1993, 998 (999); *König/Götte/Bormann* NZG 2009, 881 (881).

[151] MüKoBGB/*Kindler* IntGesR Rn. 536; *König/Götte/Bormann* NZG 2009, 881 (883).

[152] OLG München NJW-RR 1993, 998 (999); MüKoBGB/*Kindler* IntGesR Rn. 536 ff.; Henssler/Strohn/*Servatius* IntGesR Rn. 32; *König/Götte/Bormann* NZG 2009, 881 (883).

[153] Vgl. BGH NZG 2014, 219 Rn. 21.

[154] OLG Düsseldorf NZG 2011, 388 (389); *Engel* DStR 2008, 1593 (1595).

[155] BGH NZG 2014, 219 Rn. 14.

sprechende Funktion ausübt und für die Errichtung der Urkunde ein Verfahrensrecht zu beachten hat, das den **tragenden Grundsätzen des deutschen Beurkundungsrechts** entspricht.[156] Eine solche Gleichwertigkeit ist für einen ***notary public*** des angloamerikanischen Rechtsbereichs **zu verneinen,** und zwar schon deshalb, weil das dortige Verfahrensrecht sich nur auf eine Beglaubigung der Unterschrift, nicht aber auf den Inhalt der Erklärung bezieht.[157] Für eine Beurkundung vor einem **Schweizer Notar** mit dem Amtssitz in den Kantonen Basel/Stadt[158] und Zürich[159] hat die Rechtsprechung eine solche funktionelle Gleichwertigkeit hingegen bejaht.

Hiergegen lässt sich allerdings anführen, dass im Falle der Geschäftsanteilsabtretung 45 **nach dem MoMiG** nur ein deutscher Notar gemäß § 40 Abs. 2 GmbH zur Einreichung einer **aktualisierten Gesellschafterliste** beim deutschen Handelsregister verpflichtet ist.[160] Einem ausländischen Notar kann der deutsche Gesetzgeber aufgrund des Territorialitätsprinzips eine solche Pflicht zur Einreichung der Gesellschafterliste nicht auferlegen.[161] Es fehlt daher an einem Sanktionsmechanismus, wenn der Schweizer Notar eine solche Einreichung unterlässt. Hierdurch würde die vom MoMiG beabsichtigte Aufwertung der Gesellschafterliste zu einem Rechtsscheinsträger (vgl. § 16 Abs. 1 GmbHG) unterlaufen, die im Interesse der Rechtssicherheit und des Verkehrsschutzes eine Verbesserung der Richtigkeitsgewähr – und daher im Falle der Geschäftsanteilsabtretung eine zwingende Einreichung durch den Notar – voraussetzt.[162]

## 2. Form der Gründung einer Kapitalgesellschaft

Ähnliche Fragen wie bei der Abtretung von Anteilen an der GmbH stellen sich auch bei 46 der **Gründung einer deutschen GmbH,** für die das deutsche Sachrecht in § 2 Abs. 1 S. 1 GmbHG die notarielle Beurkundung vorschreibt.

Art. 11 Abs. 1 EGBGB ist für die Frage der bei der GmbH-Gründung einzuhaltenden 47 Form aufgrund einer teleologischen Reduktion nicht anwendbar: Der **Gesetzgeber der IPR-Reform** wollte nämlich Fragen, die sich auf die Verfassung von Gesellschaften und Juristischen Personen beziehen, **in Art. 11 Abs. 1 EGBGB bewusst nicht mitregeln.**[163] Dem liegt die Erwägung zugrunde, dass organisationsrechtliche Vorgänge im Gesellschaftsrecht nicht nur die Interessen der direkt am Geschäft beteiligten Parteien betreffen, sondern darüber hinaus auch Interessen Dritter wie etwa der gegenwärtigen oder künftigen Mitgesellschafter oder der Gläubiger.[164] Durch die Begründung einer gesellschaftsrechtlichen Organisationsform werden Vermögenszuständigkeiten geändert und Sondervermögen geschaffen; dies spricht für eine analoge Anwendung des Art. 11 Abs. 4 EGBGB.[165]

Die Frage nach der bei der Gründung einer deutschen GmbH einzuhaltenden Form 48 unterliegt damit dem **deutschen Gesellschaftsstatut,** sodass sich bei einer Auslandsbeurkundung – wie schon bei einer Abtretung eines GmbH-Geschäftsanteils – die Frage der **Substitution** stellt. Das **AG Berlin-Charlottenburg** hat die insoweit erforderliche Gleichwertigkeit zur Beurkundung durch einen deutschen Notar jüngst in einer ausführ-

---

[156] BGH NJW 1981, 1160 (1160); NZG 2014, 219 Rn. 14; OLG Stuttgart NZG 2001, 40 (43); Schwerdtfeger/*Reber/Kröger* GesR Kap. 4 Rn. 61; → § 7 Rn. 54.

[157] OLG Stuttgart NZG 2001, 40 (43); Wachter/*Kraft* Teil 2 Kap. 8 Rn. 85; → § 7 Rn. 58.

[158] BGH NZG 2014, 219 Rn. 23; OLG München NZG 1998, 156 (156); OLG Düsseldorf NZG 2011, 388 (388 ff.); → § 7 Rn. 57.

[159] BGH NJW 1981, 1160 (1160); → § 7 Rn. 57.

[160] OLG Düsseldorf NZG 2011, 388 (390); *König/Götte/Bormann* NZG 2009, 881 (884 ff.).

[161] *Engel* DStR 2008, 1593 (1598); *König/Götte/Bormann* NZG 2009, 881 (886).

[162] *König/Götte/Bormann* NZG 2009, 881 (885); **aA** BGH NZG 2014, 219 Rn. 22; *Engel* DStR 2008, 1593 (1598).

[163] RegE v. 20.10.1983, BT-Drs. 10/504, 49; dies betonen zu Recht AG Berlin-Charlottenburg RNotZ 2016, 119 (121); Wachter/*Kraft* Teil 2 Kap. 8 Rn. 87.

[164] *König/Götte/Bormann* NZG 2009, 881 (884).

[165] MüKoBGB/*Kindler* IntGesR Rn. 535; → § 7 Rn. 47.

lich begründeten Entscheidung für einen Schweizer Notar aus dem Kanton Bern verneint.[166]

## VI. Fragen des Ehegüterstatuts

49 Die Frage, ob ein Geschäftsanteil von einem Gesellschafter-Ehegatten allein erworben werden kann oder ob er kraft Gesetzes in das **Gesamtgut einer dinglich wirkenden Errungenschaftsgemeinschaft** fällt, unterfällt dem gemäß Art. 15 Abs. 1 EGBGB zu bestimmenden **Güterrechtsstatut.**[167] Ein Erwerb in Errungenschaftsgemeinschaft nach einem ausländischen Ehegüterrecht ist aber nur dann möglich, soweit das Gesellschaftsstatut den Geschäftsanteil zur Übertragung freigibt.[168] Diese **Vorfrage nach der Übertragbarkeit** des Geschäftsanteils unterfällt dem **Gesellschaftsstatut.**[169]

50 Der Vorrang des Gesellschaftsstatuts gilt unstreitig dann, wenn das berufene Gesellschaftssachrecht bereits **kraft gesetzlicher Regelung** einen Erwerb in Errungenschaftsgemeinschaft nicht duldet, wie dies etwa in Bezug auf den Anteil an einer deutschen Personengesellschaft (oHG oder KG) der Fall ist.[170] Auch durch eine gesellschaftsrechtliche **Vinkulierungsklausel**, die nach dem maßgeblichen Gesellschaftsstatut zulässig ist (etwa im deutschen Sachrecht nach § 15 Abs. 5 GmbHG), wird einem nach dem Gesellschaftsstatut grundsätzlich frei übertragbaren Geschäftsanteil diese Eigenschaft genommen. Hierdurch wird der **Geschäftsanteil einer ausländischen Errungenschaftsgemeinschaft entzogen** und zum Eigengut des Gesellschafter-Ehegatten.[171] Der Vorrang des Gesellschaftsstatuts vor dem Ehegüterstatut sollte im Interesse dogmatischer Klarheit der Abgrenzung dabei selbst dann gelten, wenn der Gesellschafter-Ehegatte eine Ein-Mann-GmbH gründet und sich die Vinkulierungsklausel daher (derzeit) praktisch nicht auswirkt.[172]

51 Ob eine Vinkulierungsklausel in der Satzung einer deutschen GmbH den Erwerb des Geschäftsanteils zum Gesamtgut einer ausländischen Errungenschaftsgemeinschaft verhindern kann, ist in der Rechtsprechung jedoch bisher noch nicht entschieden worden, sodass insofern **Rechtsunsicherheit** besteht.[173] Dies gilt umso mehr, als ein **ähnliches Abgrenzungsproblem für interne Sachverhalte** auch für das Verhältnis des deutschen Gesellschaftsrechts zu den Vorschriften über die deutsche Gütergemeinschaft nach §§ 1415 ff. BGB diskutiert wird,[174] und auch hier umstritten ist, ob der GmbH-Geschäftsanteil aufgrund der gewillkürten Übertragungsbeschränkung gemäß § 1416 BGB in das Gesamtgut fällt[175] oder gemäß § 1417 Abs. 2 BGB Sondergut des Gesellschafter-Ehegatten wird.[176]

52 Für die Rechtsgestaltung empfehlenswerter ist es daher, den Weg über eine (vor dem deutschen Notar abzuschließende) **güterkollisionsrechtliche Rechtswahl** nach Art. 15 Abs. 2 Nr. 1, Nr. 2 EGBGB oder über eine (vor einem ausländischen Notar abzuschließende) Vereinbarung nach ausländischem Ehegütersachrecht zu gehen.[177]

[166] AG Berlin-Charlottenburg RNotZ 2016, 119 (122–124).
[167] Wachter/*Kraft* Teil 2 Kap. 8 Rn. 96.
[168] *Schotten/Schmellenkamp* DNotZ 2007, 729 (737).
[169] → Rn. 19; → § 9 Rn. 184.
[170] Wachter/*Kraft* Teil 2 Kap. 8 Rn. 97; *Schotten/Schmellenkamp* DNotZ 2007, 729 (738); → § 9 Rn. 186.
[171] MüKoBGB/*Kindler* IntGesR Rn. 658; *Schotten/Schmellenkamp* IPR Rn. 212h; *Schotten/Schmellenkamp* DNotZ 2007, 729 (738); → § 9 Rn. 187.
[172] **AA** *Schotten/Schmellenkamp* IPR Rn. 212h; *Schotten/Schmellenkamp* DNotZ 2007, 729 (738 ff.).
[173] Wachter/*Kraft* Teil 2 Kap. 8 Rn. 97; *Schotten/Schmellenkamp* IPR Rn. 212h; *Bohlscheid* RNotZ 2005, 505 (533).
[174] *Schotten/Schmellenkamp* IPR Rn. 212a–212f.
[175] So *Apfelbaum* MittBayNot 2006, 185 (190); *Bohlscheid* RNotZ 2005, 505 (533).
[176] So *Schotten/Schmellenkamp* DNotZ 2007, 729 (732 ff.).
[177] *Schotten/Schmellenkamp* IPR Rn. 212h; *Bohlscheid* RNotZ 2005, 505 (532).

# Sachregister

fette Zahlen = Paragrafen, magere Zahlen = Randnummern

# Länderregister

fette Zahlen = Paragrafen, magere Zahlen = Randnummern